RÉPERTOIRE

DES

CONNAISSANCES USUELLES

LISTE DES AUTEURS QUI ONT CONTRIBUÉ A LA RÉDACTION DU 3ᵉ VOLUME DE CETTE ÉDITION.

MM.

Aalholm, d'Arendal.
Ahrens (H.), à Gœttingue.
Aicard (Jean).
Alembert (Dʳ).
Ancelot (Madame Virginie).
Arago (Étienne).
Arago (Jacques).
Artaud, ancien inspecteur général.
Aubert de Vitry.
Audiffret (H.).
Auger, de l'Académie française.
Bandeville (l'abbé).
Barbier (Ant.-Alex.), anc. bibliothécaire de l'Empereur.
Bardin (le général).
Bertin (l'abbé J.).
Bordas-Demoulin.
Bouchitté, recteur de l'Acad. de Chartres.
Bouillet, ancien proviseur.
Bourdon (Dʳ Isid.), de l'Acad. de médec.
Bradi (Madame la comtesse de).
Breton, de la *Gazette des Tribunaux*.
Brunet (Gustave), à Bordeaux.
Buchon, anc. insp. général des Archives.
Castil-Blaze.
Champagnac.
Champollion-Figeac (J. J.), ancien conservateur de la Bibliothèque nationale.
Charbonnier (Dʳ).
Chasles (Philarète), professeur au Collège de France.
Chateaubriand, de l'Académ. française.
Chevalier (Auguste), ancien secrétaire général de la Présidence.
Clavier, de l'Académie des inscriptions.
Corbière (Édouard).
Corcy (B. de).
Cormenin (Vicomte de), conseiller d'État.
Cottereau (P. L.), anc. professeur agrégé à la Faculté de médecine de Paris.
Cuvier (Georges), anc. secrétaire perpétuel de l'Académie des sciences.
Danjou (F.).
Delaforest (A.).
Delambre, anc. secrétaire perpétuel de l'Académie des sciences.
Delbare (Th.), anc. précept. des Inf. d'Esp.
Démezil.
Denne-Baron.
Des Genevez (A.).

MM.

Despretz, de l'Académie des sciences.
Dubard, ancien procureur général.
Dubief.
Duchesne aîné, conserv. de la Bibl. nat.
Dufey (de l'Yonne).
Duckett (W. A.).
Dupetit-Thouars, de l'Acad. des sciences.
Du Rozoir (Charles), ancien professeur suppléant à la Faculté des lettr. de Paris.
Fauche (H.), anc. profess. de rhétorique.
Favé (I.), capit. d'artill., officier d'ordonnance du Prince-Président de la républ.
Favrot, ancien chef des travaux chimiques à l'École des mines.
Fayot (Frédéric).
Fellet (A.).
Ferry, anc. examinat. à l'École polytechn.
Français (de Nantes), anc. pair de France.
Fiévée (Joseph).
Forget (Dʳ), professeur à la Faculté de médecine de Strasbourg.
Friess-Colonna, archiviste du département de la Corse.
Gallois (Napoléon).
Gaultier de Claubry, profess. à l'École polytechnique.
Ginguené, de l'Académie des inscriptions.
Granier de Cassagnac, dép. au Corps lég.
Guinot (Eugène).
Guy d'Agde (A.).
Hauréau (B.), anc. conserv. à la Bibl. nat.
Héreau (Edme).
Jacob (P. Lacroix), le Bibliophile.
Janin (Jules).
Kératry, ancien pair de France.
Lafage (Adrien de).
Lainé, anc. généalogiste des ordres du Roi.
Lally-Tollendal, de l'Académ. française.
Lassime (J. de), avocat à la Cour d'appel de Paris.
Laurent (de l'Ardèche), biblioth. du Sénat.
Laurent (L.), ancien chirurgien en chef de la marine.
Laurentie, anc. inspect. én. gde l'Univ.
Lavigne (E.)
Lecomte (Jules).
Lemoine (Édouard).
Lemoinne (John).
Le Roux de Lincy.
Louvet.

MM.

Maluni (A.), ancien préfet.
Marmontel.
Marrast (Armand), anc. prés. de l'Ass. nat.
Merlieux (Éd.).
Martin (Henri).
Monglave (Eugène Garay de).
Muller (J.).
Muntz.
Nodier (Charles), de l'Académie française.
Norvins (J. de).
Ortigue (J. d'), prof. au Conserv. de mus.
Ourry.
Paffe, ancien professeur de philosophie.
Page (Théogène), capitaine de vaisseau.
Paris (Paulin), de l'Acad. des inscriptions.
Patou (Jules), banquier.
Pautet (Jules).
Pelouze père.
Reiffenberg (Baron de).
Roche (Achille).
Roile (Hipp.), biblioth. de la ville de Paris.
Romey (Charles).
Saint Prosper.
Saint-Prosper jeune.
Salvandy (N. A.), de l'Académie franç.
Sandeau (Jules).
Sarrans jeune, anc. membre de l'Ass. nat.
Savagner (Auguste), ancien professeur au lycée Charlemagne.
Say (J. B.), de l'Institut.
Ségalas (Madame Anaïs).
Simon (Dʳ Léon).
Sismondi (Simonde de).
Suard, de l'Académie française.
Talleyrand-Périgord (Prince-duc de), de l'Acad. des sciences moral. et politiq.
Teyssèdre.
Tissot, de l'Académie française.
Tollard aîné.
Tousenel, prof. au lycée Charlemagne.
Vaudoncourt (le général G. de), ancien aide de camp du prince Eugène.
Vaulabelle (Achille de), ancien ministre de l'Instruction publique.
Vaulabelle (Éléonore de).
Viennet, de l'Académie française.
Viollet-Leduc.
Virey.
Vivien, de l'Acad. des sc. mor. et politiq.
Voltaire.

Paris. — Typographie de Firmin Didot frères, rue Jacob, 56.

DICTIONNAIRE

DE LA

CONVERSATION

ET DE LA LECTURE

INVENTAIRE RAISONNÉ DES NOTIONS GÉNÉRALES LES PLUS INDISPENSABLES A TOUS

PAR UNE SOCIÉTÉ DE SAVANTS ET DE GENS DE LETTRES

SOUS LA DIRECTION DE M. W. DUCKETT

Seconde édition
ENTIÈREMENT REFONDUE
CORRIGÉE, ET AUGMENTÉE DE PLUSIEURS MILLIERS D'ARTICLES TOUT D'ACTUALITÉ

Celui qui voit tout abrége tout.

MONTESQUIEU.

TOME TROISIÈME

PARIS

AUX COMPTOIRS DE LA DIRECTION, 9, RUE MAZARINE
ET CHEZ MICHEL LÉVY FRÈRES, LIBRAIRES, 2 *bis*, RUE VIVIENNE

M DCCC LVII

8.5L4336
(3)

DICTIONNAIRE

DE

LA CONVERSATION

ET DE LA LECTURE.

BÉRANGER (Pierre-Jean de), poëte national, est né à Paris, le 17 août 1780.

Panard s'enivrait et s'endormait à table, mais le vin et le sommeil lui donnaient des inspirations ; et si on l'éveillait pour lui demander des couplets, il en produisait de charmants, comme un arbre dont on agite les branches laisse tomber les fruits mûrs qu'il porte dans la saison de sa fécondité. La table et le vin inspiraient également un épicurien qui n'était pas sans quelque ressemblance avec le La Fontaine de la chanson : en supprimant les bons repas à Désaugiers, vous auriez supprimé sa muse ; le jour où les bouteilles de Champagne et les tonneaux de Bourgogne eussent été réduits pour elle à la lie, vous l'auriez vue sortir de chez son hôte comme la courtisane infidèle dont parle Horace. Le vin ne fait pas ainsi le génie de Béranger : convive délicat, il s'humecte à petits coups, et ne trouve pas ses vers à force de rasades. Quand Béranger chante sur le ton de Panard, vous ne trouvez point en lui cet abandon de l'ivresse, qui était une espèce de muse pour l'auteur de *La grande et la petite Mesure* ; mais sa franche et libre gaieté éclate sous la direction cachée d'une raison qui ne sommeille jamais. Cette raison habite plus haut que celle de Panard ; l'horizon des idées s'est beaucoup étendu devant elle ; ses tableaux tiennent de la grandeur des sujets dont ils nous représentent l'image. Ainsi, deux seuls couplets de la chanson intitulée *Le Nouveau Diogène* suffisent pour nous apprendre que la liberté est venue visiter la France, et qu'il existe un congrès de rois qui, au lieu de se faire représenter par des ministres, ont voulu régler eux-mêmes les destinées de l'Europe.

Puisque j'ai prononcé le nom de Diogène, je ne dois pas taire que je crois voir en notre Béranger quelque chose de ce philosophe, orgueilleux de sa pauvreté indépendante, ne demandant au plus puissant des rois que de ne pas lui ôter son soleil, et occupé toute sa vie à regarder dans le cœur de l'homme avec une curiosité d'observateur satirique. Aussi, les plus fortes saillies de Béranger sont encore des peintures de mœurs ou même de hautes leçons. Dans le nombre des premières, on peut compter *le Sénateur*, qui dérida le front sévère de Napoléon au temps de ses plus grands embarras. Dans la catégorie des secondes, il faut ranger *le Roi d'Yvetot*, censure aussi vive que généreuse et gaie du conquérant qui donnait alors des lois à l'Europe. Seul, au milieu de cette Europe qui se taisait devant un autre Cyrus ou un autre Alexandre, un simple chansonnier, commis dans un bureau du gouvernement, osa faire la critique du prince guerrier. La nation entière applaudit à la plaisanterie charmante et philosophique du *Roi d'Yvetot*. Le vainqueur de Darius, dans un premier accès d'emportement, aurait pu envoyer aux carrières le poëte capable d'une telle témérité ; Napoléon lui-même se prit plus d'une fois à fredonner la naïve satire, mais il ne profita pas de la leçon qu'elle contenait. C'est par la chanson du *Roi d'Yvetot* que la France fit connaissance avec Béranger.

La gaieté de Béranger, moins vive et moins communicative que celle de Panard et de Désaugiers, ressemble au comique de Molière, souvent si sérieux quand il nous fait rire de nous-mêmes et des autres ; mais, comme le contemplateur, il a pensé au peuple et à tant de gens comme il faut qui sont peuple aussi. *Le Petit homme gris*, *La Mère aveugle*, *Le Voisin*, sont des farces que Béranger nous donne après de graves comédies. Le rigorisme a repris dans ces tableaux à la Téniers des traits qui vont jusqu'à la licence, mais la cour du plus majestueux acteur de la royauté que l'on ait vu sur le trône passait à Molière bien des libertés que notre pruderie de nouvelle date repousserait aujourd'hui, sans qu'on puisse inférer justement de ce scrupule que nos mœurs soient préférables à celles de nos devanciers. Avouons toutefois qu'il serait à souhaiter, malgré la verve et la poésie dont elles brillent, que certaines chansons, empreintes d'une liberté vraiment cynique, ne figurassent pas parmi les belles et morales compositions de Béranger ; du moins faudrait-il qu'elles fussent imprimées dans un volume à part.

Béranger laisserait encore un nom, même quand il ne serait que le rival des Panard et des Collé ; mais il y a plus en lui qu'un membre de cet ancien Caveau, si bien surnommé l'académie du plaisir par M. Étienne. Né pour ainsi dire avec une époque qui fit plus pour les progrès et le bonheur du monde que toutes les autres époques de la civilisation, sevré du lait des écoles, mais aussi préservé des erreurs qu'elles enseignent avec les bonnes doctrines, il a formé sa raison à même les événements, et son talent a reçu d'eux cette empreinte originale, libre et forte, qui le caractérise. Nourri d'indépendance dans le sein de la pauvreté, abreuvé de philosophie par Montaigne, Molière, La Fontaine, Voltaire et Rousseau, Béranger n'a point d'idole, point de fétiche, point de marotte ; il ne sait baisser la tête devant aucun préjugé moral, politique ou littéraire ; il ne recule devant aucune vérité. Au lieu de perdre son temps et son génie à essayer de ressusciter le passé, prétention ou faiblesse qui ont égaré plus d'un écrivain habile de nos jours, il adopte les lumières, il reconnaît les bienfaits du présent, et marche vers l'avenir le front levé.

Béranger est un poëte, c'est-à-dire un faiseur, un homme qui crée : l'invention, voilà son premier mérite. Il conçoit avec bonheur, médite avec force et constance; il creuse ses idées au lieu de céder à cette impatience des jeunes écrivains dont le pinceau brûle de jeter de la couleur sur le premier germe éclos de leur imagination : chez eux, le titre d'une pièce la révèle tout entière; chez lui, le titre cache souvent un mystère que l'on cherche vainement à deviner, même quand on a une longue habitude du genre de ses compositions.

Béranger a toujours affirmé qu'il ne savait pas les langues classiques. On ne peut guère douter de ce que dit un homme de ce caractère; cependant, après avoir lu un certain nombre de ses belles chansons, qui respirent tout le parfum de la poésie antique, on éprouve bien de la peine à se défendre de l'incrédulité. Mais si Béranger n'a lu ni Homère, ni Virgile, ni Horace et leurs pareils dans leur propre idiome, il n'en a pas moins fait de ces auteurs une étude approfondie, qui éclate par ses jugements sur eux, et surtout par sa manière de composer et d'écrire. On dirait qu'en se pénétrant de leur substance il a deviné le caractère et les formes de leur style, réfléchi par celui de nos grands écrivains qu'il a tant étudiés dans un travail continuel de sa tête méditative. Béranger, qui ne les copie jamais, doit beaucoup à Montaigne, à Molière et à notre fabuliste. Béranger est souvent un satirique; il donne quelquefois de sanglantes leçons, mais elles ne sont pas odieuses comme certains traits de Juvénal et d'Aristophane, qui brisent le masque sur le visage des coupables, et les nomment en les montrant; méchant à la manière de Regnard ou de La Fontaine, on sent de la bonhomie jusque dans ses plus grandes colères.

Au reste, si l'on pouvait en vouloir un moment à Béranger, on ne lui garderait pas longtemps rancune, en voyant combien les affections douces et tendres dominent dans ses compositions. Si j'ouvre Anacréon, je trouve un homme occupé de lui seul, qui ne pense qu'à sa coupe et à sa maîtresse. Il y a toujours un ami en tiers dans les plaisirs de Béranger; l'amitié est sans cesse auprès de lui pour recevoir ces confidences de l'amour, si précieuses aux cœurs sensibles. Qu'un ami de Béranger tombe dans le malheur, il obtiendra du poëte des tributs que la richesse et la puissance tenteraient en vain de payer au poids de l'or.

Je n'ai jamais flatté que l'infortune,

est la devise de Béranger; il ignore surtout comment on supprime l'éloge de Gallus. Les élégantes compositions, les vers exquis d'Horace, les descriptions brillantes et quelquefois passionnées de Properce, les tendres supplications du bon Tibulle, nous inspirent fort peu d'intérêt pour les femmes dont ils portent les chaînes; la Lisette de Béranger, simple, tendre, sensible, et pourtant friponne, a un charme particulier : on croit la voir auprès de son poëte. Et puis, comme il lui parle d'amour! Tantôt c'est l'accent de Parny, qui invite Éléonore à venir habiter les champs; tantôt c'est le ton de Voltaire dans l'épître du *Tu* et des *Vous*; ailleurs on dirait d'un autre Chaulieu, devenu plus sensible, mêlant la gaieté d'un convive heureux à des souvenirs politiques, et baissant humblement la tête sous le joug prescrit par l'arbitre souverain de ses volontés. Ce dernier trait rappelle la chanson qui a pour titre : *La République*, chanson pleine de grâce et d'originalité, qui contient, sous une forme légère, des allusions aux plus grands événements du siècle.

Par une certaine habitude de mélancolie, Béranger aime à remonter le cours des années. Ce retour triste et doux sur un passé qui tient encore au présent lui a inspiré *Le bon Vieillard*, la plus pure peut-être de ses compositions. Les souvenirs, les sentiments, les espérances, les délicatesses du cœur, l'amour sacré de la patrie, font de cette ode une pièce achevée, dont il n'y a de modèle ni dans l'antiquité ni chez les modernes; on ne peut la lire sans répandre des larmes. Ainsi que Tibulle et Parny, Béranger interrompt les transports d'une passion fortunée pour chanter sa mort et adresser ses derniers adieux à sa maîtresse. Encore jeune et jolie, il en fait tout à coup une bonne vieille qui survit à son ami et le pleure au coin du feu. L'esprit adopte avec plaisir cette fiction attendrissante; mais comme l'intérêt s'élève et sort du cercle étroit des choses personnelles quand le poëte termine ses adieux en reportant notre pensée sur les malheurs de la patrie et l'espérance de l'immortalité!

Béranger n'affecte pas tel ou tel état de l'âme pour complaire au caprice de son talent qui veut montrer sa flexibilité; il cède à des impressions du moment, à des impressions secrètes et inattendues, dont ses ouvrages portent l'empreinte. Triste aujourd'hui, il fait une ode élégiaque comme celle d'Horace sur la mort de Quintilius; demain, le ciel sourit, son imagination reprend les riantes couleurs de l'horizon et enfante des rêves de bonheur. Alors, il invente, il compose à la manière des Grecs, sans penser à imiter personne. Que sont les souhaits tant vantés d'Anacréon auprès de la chanson du *Petit Oiseau*, où le sourire est toujours près des larmes? Ce même genre de mérite, avec un intérêt encore plus touchant, donne beaucoup de prix à *l'Aveugle de Bagnolet*, le Bélisaire de la chanson. On retrouve aussi la teinte d'une douce sensibilité dans la chanson si originale des *Étoiles qui filent*, et dans la pièce intitulée *Ma Lampe*, l'un des éloges les plus heureux et les plus délicats qu'une sympathie généreuse pour le talent ait jamais inspirés à un poëte (la pièce est adressée à madame Dufrénoi). Mais Béranger ne chante pas longtemps sur le même ton; tout à coup il nous réveille par de piquantes peintures de mœurs, par des portraits ressemblants qui étincellent de verve, de raison et de gaieté : témoin *Le marquis de Carabas*, qui a couru toute la France, et frappé d'un ridicule éternel les prétentions de cette classe incorrigible de gens à vieux blasons et à vieux parchemins, assez fous pour entreprendre de ressusciter toutes les prétentions de leur caste. On peut citer encore dans le même genre *Le Prince de Navarre* et *Le Vilain*, auxquels Béranger oppose *La Vivandière*, création neuve, pleine de la gaieté la plus entraînante et propre à éterniser de race en race et chez les autres peuples le souvenir de la gloire des armées françaises. Une autre fois, Béranger sort de son siècle, et c'est pour nous offrir, dans une pièce vraiment lyrique, l'image de Louis XI, semblable à un pâle fantôme, et cherchant à retrouver un sourire dans le spectacle du bonheur des villageois. Je demande si le Tibère de Tacite est mieux peint et surtout mieux puni que le Louis XI de Béranger; je demande si jamais personne a conçu un tableau plus effrayant et mieux contrasté.

C'est ici le lieu de remarquer de nouveau que Béranger fait entrer tous les genres dans la chanson, comme La Fontaine les a tous introduits dans l'apologue. Il excelle surtout à trouver un cadre, à inventer une action où il jette ses personnages d'une manière dramatique; le plus souvent il se met lui-même en scène, et cette manière de donner de la vie à une composition ne lui réussit pas moins qu'au fabuliste. Le *moi*, si déplaisant de sa nature, le *moi*, qui impatiente quelquefois jusque dans Montaigne, malgré la grâce et l'abandon de sa causerie philosophique, nous plaît dans La Fontaine et dans Béranger. Pourquoi cette exception à une règle générale et défendue par la susceptibilité de notre amour-propre? Parce que leur *moi* diffère des autres *moi*, et nous paraît exempt d'égoïsme, d'amertume et de sotte vanité; parce que les confidences de ce *moi*, si aimable dans leur bouche, sont de naïves révélations du cœur humain. Mais une passion ardente paraît le dominer, c'est l'amour de la patrie. Cette passion est sa première muse, elle remplit toutes ses compositions, en se prêtant aux diverses métamorphoses que le sujet demande. Comment ne pas se sentir ému des adieux à la gloire de la France, exprimés dans la pièce qui a pour titre *Plus de politique?* Vit-on jamais détour plus ingénieux que celui du poëte? Il a l'air d'abjurer la politique aux genoux de sa maîtresse, et ne cesse de l'entretenir des exploits, des grandeurs et des revers de notre pays. L'amour de la patrie respire avec tout ce que le regret d'une séparation cruelle peut y ajouter de touchant, soit dans la chanson de *L'Exilé*, soit dans celle du *Champ d'Asile*. La première excite de douces larmes, la seconde fait battre le cœur et nous pénètre de cette admiration que nous cause le souvenir des grandes choses, en remuant toute la partie généreuse de notre cœur. Mais il fallait qu'une révolution eût lieu, qu'un empire fût créé, que la France devînt la maîtresse du continent, qu'elle tombât du faîte de sa gloire, que quelques-uns de ses défenseurs se vissent condamnés à l'exil, que des Européens allassent demander l'hospitalité à des sauvages, pour que cette chanson pût exister. C'est bien ici le cas de dire : « Que de choses dans une chanson ! »

Une autre ode du poète national commence par cette invocation, que l'on ne trouve dans aucun poëte d'Athènes déchue de la souveraineté de la Grèce, mais reine encore par le génie, l'éloquence et les arts :

Reine du monde, ô France, ô ma patrie !
Soulève enfin ton front cicatrisé ;
Sans qu'à tes yeux leur gloire en soit flétrie,
De tes enfants l'étendard s'est brisé.
Quand la fortune outrageait leur vaillance,
Quand de tes mains tombait ton sceptre d'or,
Tes ennemis disaient encor :
Honneur aux enfants de la France !

Si, après toutes ces belles inspirations, quelqu'un pouvait douter encore que Béranger aime la France comme un fils aime sa mère, je lui rappellerais la belle chanson du *Retour dans la patrie*. On ne peut lire cette chanson sans un serrement de cœur et sans mouiller la page de ses larmes. Ulysse baisant la terre natale et adressant les plus tendres prières aux nymphes du lieu n'est pas plus touchant peut-être.

Au temps où il était le maître de l'Europe, Napoléon n'a pu obtenir un vers de Béranger ; mais le grand capitaine trahi par la fortune, mais le représentant de la gloire du siècle, mais l'homme de génie qui a enfanté tant de merveilles pour agrandir et honorer notre pays, mais le bienfaiteur, le sauveur des rois, enchaîné par eux sur le rocher de Sainte-Hélène, inspire le plus religieux attachement, la plus éloquente admiration au poëte national. Béranger plaint, chante et regrette Napoléon, tombé avec cette France qu'il avait faite si puissante et si belle ; il associe ensemble ces deux grandes victimes du sort, et il relève par le souvenir de leur commune gloire : ainsi, en célébrant un héros, Béranger célèbre encore la patrie, et ne court jamais le risque d'une idolâtrie trop fréquente qui met un homme au-dessus d'une nation, comme Virgile l'a fait pour Auguste aux dépens de Rome. Entre toutes ces hautes inspirations que Béranger doit à ce colosse de gloire qui est venu éterniser le nom sonore, mais peu connu, de Napoléon , *Le cinq mai* me paraît l'une des plus heureuses. Tandis que le plus grand débris de la fortune, dans ce siècle si fécond en ruines, tandis que Napoléon, privé d'un fils, objet du plus tendre amour, séparé de tous les siens par une cruelle politique, expire en tournant ses derniers regards vers la France, comme Moïse regardait en mourant la terre promise, interdite aux vœux brûlants de son cœur, des Espagnols, oubliant leurs ressentiments devant cette auguste infortune, mêlent leurs regrets à ceux d'un vieux soldat français qui reverra la France, où la main d'un fils lui fermera les yeux. Ou je me trompe beaucoup, ou c'est là un trait de génie.

Dans une autre ode, quelquefois sublime, Béranger, parlant à son âme prête à partir pour le séjour de l'immortalité, célèbre encore la gloire et les malheurs de la France, dont il va rejoindre les héros. Quelle haute inspiration dans cette strophe :

Cherchez au-dessus des orages
Tant de Français morts à propos,
Qui, se dérobant aux outrages,
Ont au ciel porté leurs drapeaux !
Pour conjurer la foudre qu'on irrite,
Unissez-vous à tous ces demi-dieux !
Ah ! sans regret, mon âme, partez vite !
En souriant remontez dans les cieux !
Remontez, remontez dans les cieux !

La chanson qui porte pour titre *La Sainte-Alliance des peuples* offre aussi un hommage à la France, comme à toutes les familles du genre humain, que le poëte veut réconcilier aux accords de sa lyre, et rallier au nom de cette paix universelle, le rêve d'une belle âme, rêve qui deviendra peut-être une vérité, grâce aux progrès de la raison. Cette création appartient tout entière à des idées et à des événements d'un ordre nouveau dans le monde. L'auteur fait descendre la Paix sur la terre pour conseiller aux peuples le traité d'une éternelle amitié, qui les préservera de la terrible union des rois contre la liberté.

Cette ode appartient au genre philosophique, où Béranger n'a point d'égal. *L'orage*, *Les deux Sœurs de Charité*, *Le Bon Dieu*, *Le Dieu des bonnes gens*, sont des modèles que le patriarche de Ferney aurait répétés à La Harpe, son disciple, en lui disant : « Mon fils, j'aime ce Béranger : je vous le recommande. »

Voilà bien des éloges, mais la critique réclame aussi sa part ; Béranger n'est pas sans défauts. On trouve des disparates dans quelques-unes de ses plus belles chansons ; il termine faiblement telle strophe de la plus touchante poésie ; il fait entrer de force certaines images dans un sujet qui les repousse ; chez lui le refrain obligé ne s'applique pas toujours avec la même justesse et le même bonheur à la pensée ; le poëte tombe parfois dans la sécheresse et surtout dans l'obscurité. Son recueil contient des pièces médiocres, d'autres tout à fait indignes de son talent. Il devrait faire ce que Dieu fera, dit-on, au jour du jugement dernier, la séparation des bons et des mauvais, des élus et des damnés. Mais combien les beautés l'emportent sur les défauts dans son recueil !

Successeur des Blot, des Passerat et des autres auteurs de la *Satire Ménippée*, Béranger n'excelle pas moins dans la chanson politique proprement dite que dans les autres sujets, et le courage n'a point manqué à son talent toutes les fois qu'il a voulu poursuivre de ses reproches les princes qui, après avoir soulevé les peuples au nom sacré de la liberté, ont oublié leurs serments le lendemain même de la victoire, arrosée du plus pur sang de ces mêmes peuples, victimes de leur aveugle confiance. L'inexorable chansonnier a été de même le plus constant des adversaires des Bourbons de la branche aînée. Tantôt il les accable du poids de notre gloire nationale, à laquelle ils n'ont pris aucune part, et qu'ils ont voulu punir dans ses plus nobles représentants, en les offrant comme holocaustes aux rois si longtemps vaincus par des héros plébéiens et par un soldat couronné ; tantôt il leur reproche, sous une forme vive et piquante, leur alliance avec l'étranger appelé pour le seul intérêt de leur ambition au sein de la France. Ailleurs, dans une peinture à la manière de Juvénal, il marque avec un trait de feu le souvenir ineffaçable d'une grande injure faite aux mœurs par un vieillard qui nous devait d'autres exemples après les scandales de ses pères. Une autre fois, il leur montre le drapeau tricolore déployé dans le ciel au-dessus de la phalange des héros français, ou caché sous la paille dans la chaumière d'un vieux grenadier qui arrose en secret de ses pleurs cet étendard de la gloire.

Ainsi que tous les écrivains et tous les orateurs de l'opposition, Béranger eut aussi une guerre à soutenir contre les agents du pouvoir, surpris chaque jour en flagrant délit de conspiration contre les libertés publiques. Il expia cette témérité par neuf mois de détention, qui furent pour lui un sujet de triomphe dans l'opinion. En dépit des réquisitoires fulminés par des furieux, en dépit des arrêts rendus par des juges passionnés, qui étaient pour la plupart des hommes de parti et de réaction, tout le monde voulut voir le poète captif. La beauté, la grâce et la jeunesse se disputaient chaque jour le plaisir de déposer des couronnes de fleurs sur sa tête et de lui faire oublier l'ennui d'une captivité qui l'empêchait d'aller saluer dans les bois le retour du printemps, de cette saison favorite qui renouvela toujours sa voix, comme elle renouvelle le chant des oiseaux. Béranger avait en prison une espèce de cour selon son cœur, et conforme à ses propres penchants, c'est-à-dire composée de flatteurs de l'infortune. Il lui vint même du fond des départements un certain nombre d'interprètes de la sympathie générale pour le chantre de la patrie. Jamais Béranger ne peut oublier ces tributs de la reconnaissance et de l'affection publiques, ils font époque dans sa vie et dans les annales des lettres.

La prison augmenta singulièrement la popularité de Béranger, et redoubla son audace à réveiller tous les beaux souvenirs de notre moderne histoire, à défendre la cause de la liberté, à signaler les fautes du pouvoir, qui finit par se perdre lui-même par la plus inconcevable des imprudences.

Après avoir salué avec transport la victoire du peuple en juillet 1830, Béranger nous donna un nouveau recueil de chansons. Elles sont empreintes du même caractère que toutes les autres. C'est toujours l'ami de l'humanité, toujours le philosophe, toujours le bon Français, toujours le poète du peuple, qui nous laisse voir le fond de son cœur; mais dans ces chants du cygne, il règne quelque chose de plus grave, de plus sévère, de plus mélancolique : témoin l'hymne de douleur sur le double suicide d'Augustin Le Bras et de Victor Escousse, dont l'un mourut parce que l'autre voulait mourir. Béranger avait connu ces deux victimes d'une maladie de la jeunesse du temps, qui, ayant vu trop tôt le bout de toutes les choses humaines, et acquis une trop prompte maturité, voit s'évanouir toutes ses illusions, perd tout, jusqu'à l'espérance, et se décourage enfin de la vie, dont elle n'attend plus rien ni pour elle-même ni pour les autres.

L'originalité est encore le cachet des nouvelles productions de Béranger, c'est ce que prouvent *La Fête du prisonnier*, *Le cordon, s'il vous plaît*, *Le Bonheur*, *Mon tombeau*, *Le Cardinal et le Chansonnier*, *Les Dix mille francs*, satire si vive des sangsues de la fortune publique sous la Restauration. Ce mérite brille au plus haut degré dans *Le Juif errant*. Béranger seul pouvait tirer une aussi belle ode d'une superstition populaire; dans ce portrait d'un damné de la terre condamné à vivre pour souffrir un supplice qui n'a point de modèle et qui ne saurait espérer de fin, Béranger ressemble au terrible Dante. Les premières chansons de Béranger s'emparent plus vivement de l'esprit et du cœur que celles qu'il nous donne pour les derniers tributs de sa muse; mais, à une seconde lecture, on entre dans la pensée du poète, et on sent tout ce qu'elle a de grave, de pénétrant, de réfléchi, de mélancolique et de touchant.

Le plus noble tribut de reconnaissance payé à Lucien Bonaparte, qui le premier accueillit la muse de Béranger, encore inconnue, ouvre le recueil et honore également le poète et son bienfaiteur. A cet hommage succède une préface où Béranger se révèle tout entier. Le bonheur de l'humanité, voilà le songe de toute sa vie; le peuple étudié avec un soin religieux, avec une attention pleine d'amour, voilà la muse de Béranger. C'est pour le peuple, dit-il avec beaucoup de sens, que l'on doit maintenant cultiver les lettres, c'est lui dont on doit rechercher les suffrages, c'est à lui qu'il faut parler la langue du génie, du bon sens et de la vérité. Rien de beau, de grand, de sublime même, que le peuple ne saisisse d'abord; donnez-lui du Corneille, du Racine, du Voltaire, il applaudira avec un enthousiasme plein de discernement; exprimez pour lui des choses utiles dans un langage digne d'elles, vous serez sûr de réussir, et vous aurez contribué à instruire le peuple en faisant la fortune de votre talent : ces conseils, donnés en d'autres termes par Béranger à la jeunesse de nos jours, sont les meilleurs qu'elle puisse recevoir.

M. Laffitte, qui fût le meilleur des citoyens et le plus excellent des hommes, est dignement apprécié par Béranger, d'autant plus libre dans ses éloges qu'il a toujours résisté aux offres généreuses du *seul homme de notre temps qui ait su rendre la richesse populaire*. Béranger élève aussi bien haut son *Manuel*, qui a manqué à la révolution de 1830.

Béranger est un poète éminemment national et populaire. On lit Béranger dans la chaumière comme dans les palais. Béranger a un ami partout où se trouve un Français qui ait combattu en Asie, en Afrique, en Europe et sur notre propre territoire, pour la cause sacrée de l'indépendance. Béranger, quoique préparé par la méditation, et déjà éprouvé par des succès, ignorait peut-être son avenir, lorsqu'il entendit résonner dans le cœur d'un ami une voix puissante qui lui disait : « Viens consoler mes malheurs, et célébrer ma gloire, dont on voudrait étouffer le souvenir. » Cette voix était celle de la patrie ; il l'entendit, et devint un nouvel homme. Aucune époque de notre histoire ne vit une pareille sympathie entre le peuple et un poète ; jamais le chant lyrique n'éveilla tant d'échos dans le cœur d'un si grand nombre d'hommes réunis sous le même ciel.

P.-F. Tissot, de l'Académie Françoise.

Béranger, ce chansonnier *très-vilain* malgré sa noble particule, enfant de Paris comme Molière, homme du peuple, primitivement ouvrier, naquit chez son *pauvre et vieux grand-père*, honnête tailleur, habitant rue Montorgueil, dans une des maisons qu'on a abattues pour construire le marché aux huitres. Son père, né dans le village de Flamicourt, près de Péronne, était doué de brillantes facultés, d'une imagination aventureuse, qui le portait à changer sans cesse d'état et de résidence. Aussi ne put-il s'occuper de l'éducation de son fils, qui resta confié à ses grands-parents.

Jusqu'à l'âge de neuf ans il demeure chez son grand-père, le tailleur, qui le traite avec indulgence, le gronde peu, l'aime beaucoup, et, loin de l'accabler de leçons et de travaux, lui permet d'être heureux et de s'instruire à sa guise. Son enfance, libre d'entraves et quelque peu vagabonde, fut celle d'un vrai gamin de Paris. Il se trouvait dans cette capitale lors de la prise de la Bastille, et, quarante ans plus tard, il chantait ce grand événement sous les verrous de Sainte-Pélagie et de la Force. Peu de jours après cette première victoire du peuple, il part pour Péronne, où il va demeurer chez une tante paternelle, aubergiste dans un faubourg, et qui fut bien pour quelque chose dans le développement des facultés de cet enfant pauvre et chétif. Aussi s'est-elle montrée fière du poète quand la gloire a confirmé ses vagues prévisions. Elle mit entre ses mains quelques livres achetés au hasard, un *Télémaque*, et des volumes dépareillés de Racine et de Voltaire.

Un jour, par un violent orage, la bonne tante aspergeait la maison d'eau bénite. Le petit Pierre riait sous cape et ruminait déjà peut-être son hérétique chanson du *Bon Dieu*, quand la foudre tombe sur lui et le paralyse momentanément de tous ses membres. Un pareil accident fit de Luther un moine ; Béranger, sortant de sa léthargie, dit à sa tante : « Eh bien ! à quoi te sert ton eau bénite? » Les sentiments républicains fermentaient déjà dans son âme. Les strophes brûlantes de *la Marseillaise*, le canon de Péronne célébrant la délivrance de Toulon, les journaux de l'époque, tout pleins de traits de dévouement, arrachaient des larmes au futur Tyrtée de la France.

A quatorze ans il entre, comme apprenti, chez Laisney, imprimeur à Péronne ; il étudie sa langue en *composant* la prose d'autrui, il chante avant de parler. Un ancien membre de la première Assemblée législative, Bellue de Bélanglise, créateur d'une école primaire et grand admirateur de Jean-Jacques, avait fondé, parmi les marmots qui fréquentaient cette école, un petit club, dans lequel on nommait des députés, on prononçait des discours, on votait des adresses. Or le rédacteur le plus habile, l'orateur le plus influent de cette Convention en miniature était Béranger. Dans cette institution démocratique on apprenait la gymnastique, le maniement du fusil, les manœuvres militaires. En revanche, on n'y étudiait ni le grec ni le latin.

A dix-sept ans, le futur chantre des *Gueux* revient à Paris chez son père. Au bout d'un mois, ce *je ne sais quoi* qu'on appelle la poésie bouillonne dans sa tête : il ébauche *les Hermaphrodites*, comédie aristophanesque, dirigée contre les hommes mous et les femmes ambitieuses ; puis il commence un poëme épique, intitulé *Clovis*, travail stérile, dans lequel il consume plusieurs de ses plus belles années.

La misère frappait à sa porte. Il songe à passer en Égypte, où Bonaparte triomphe. Un membre de l'expédition, de retour en France, l'en dissuade. C'était, pourtant, au fond un bon temps que celui-là ; c'était le règne de *Lisette* et des joyeux compagnons, l'époque de cette halte *dans un grenier où l'on est si bien à vingt ans*, et de cette reprise de beaux jours au *Vieil Habit* tant aimé, le temps des folles orgies, des amitiés chaleureuses et des fugitives amours.

Il avait envoyé quelques vers à Lucien Bonaparte, qui l'autorisa à toucher pour lui son traitement de membre de l'Institut. Landon l'employa aux *Annales du Musée*, dont il rédigea cinq volumes. Enfin Arnault le fit entrer comme expéditionnaire au secrétariat de l'université, où il resta douze ans, griffonnant sur du papier-ministre *La Gaudriole*, *Frétillon* et *Le roi d'Yvetot*. C'est par pur instinct qu'il avait adopté la forme du couplet à refrain. Comment osait-il se comparer à Désaugiers. Mais le succès des *Gueux* et des *Infidélités de Lisette*, sa réception au Caveau, les applaudissements qui accueillirent à un dîner chez Étienne le *Dieu des Bonnes Gens*, déterminèrent sa vocation.

Son recueil de 1821, attaqué par Marchangy, défendu par Dupin aîné, lui valut trois mois de prison. Celui de 1825 échappa à la vigilance du parquet. Celui de 1828, mis en cause sous le ministère Martignac, et défendu par M. Barthe, le fit condamner à neuf mois de captivité. Le dernier, publié en 1833, n'a été suivi que d'une douzaine de chansons inédites, en tête desquelles on cite l'étrange prophétie qui ne s'est réalisée qu'un instant :

Ces pauvres rois, ils seront tous noyés.

Béranger n'a jamais consenti, on le sait, à aller frapper à la porte de l'Académie pour obtenir l'honneur de s'asseoir dans le fauteuil de La Fontaine ou de Voltaire. Après la république, dont il avait été un des précurseurs, il ne songea pas davantage à mendier les votes de ses concitoyens pour le représenter à la Constituante, mais on y songea pour lui. Malheureusement le suffrage universel avait compté sans son hôte. Béranger ne tarda pas à s'apercevoir que son royaume n'est pas de ce monde, et supplia l'Assemblée d'accepter sa démission d'une charge dont il avait d'avance décliné l'honneur. « Le fardeau est trop lourd, dit-il, et les forces me manquent. » On n'en voulut rien croire, et l'offre de sa démission fut solennellement rejetée ; mais Béranger n'est pas de ces hommes ordinaires, dont il est facile d'ébranler la résolution : il persista à vouloir *s'en aller*, et l'Assemblée, n'ayant aucun droit de lui faire violence, dut renoncer à le voir siéger dans son sein. Des acclamations de joie l'avaient porté à la Constituante, des manifestations universelles de regret le suivirent dans sa retraite.

De Passy Béranger a transporté ses pénates dans la rue d'Enfer, à l'autre bout de Paris. Il avait précédemment habité Fontainebleau et Tours.   E. G. DE MONGLAVE.

BÉRARD (AUGUSTE-SIMON-LOUIS), né à Paris, en 1783, auditeur au conseil d'État en 1810, maître des requêtes et chevalier de la Légion-d'Honneur en 1814, redevenu auditeur au conseil d'État pendant les Cent-Jours, membre de la chambre des députés pour Seine-et-Oise de 1827 à 1830, vota cette adresse des 221, un des principaux avant-coureurs de la révolution de juillet. Cependant son nom probablement serait passé inaperçu comme celui de tant d'autres sans cette révolution qui vint lui fournir l'occasion de déployer toute l'activité de son hardi patriotisme. Sa conduite pendant les trois jours fut digne d'éloges. Des quarante députés présents à Paris, il fut le seul qui, le 26 au matin, parla de protester contre les ordonnances. Le 27 il offrit son hôtel à ses collègues pour leurs réunions, et flétrit le peu de courage de ceux qui refusèrent de signer la protestation. Le 30 il proposa une proclamation, qui fut repoussée comme trop républicaine, et le 3 août il fit le premier la proposition des changements à opérer à la Charte de la branche aînée. Ces changements, qui furent presque tous adoptés, peuvent le faire considérer comme le principal auteur de ce nouveau pacte social ; mais il avait demandé que l'âge des députés fût fixé à vingt-cinq ans, disposition que la chambre repoussa sans pitié ; et il voulait que la Charte, pour la confection de laquelle il demandait trois mois et non pas quatre heures, fût soumise à l'acceptation du peuple. Aussi son refus de signer l'*association nationale* pour la défense du territoire excita-t-il l'étonnement des patriotes qui ne s'étaient pas séparés de lui.

Il est vrai que dans l'intervalle le député d'Arpajon avait été nommé directeur général des ponts et chaussées et des mines le 25 août, et conseiller d'État le 5 septembre. Ces faveurs du pouvoir, il ne les conserva pas longtemps, et, libre enfin de tout lien, nous voyons, en 1834, l'auteur de la Charte de 1830 (qui ne l'avait faite que pour qu'elle fût une vérité), publier, redevenu simple député, une brochure sur les événements de juillet et sur la part qu'il avait prise à ces événements : c'est un livre qui contient d'utiles révélations. On y découvre dès le principe le germe de cette influence doctrinaire qui depuis a toujours été en grandissant pour le malheur de la France. M. Bérard a rendu un véritable service au pays en soulevant un coin du voile qui a couvert les premières combinaisons de la quasi-légitimité. Député, il s'associa constamment dans la lutte que l'opposition soutenait en faveur des libertés publiques, et alors même qu'il cessa de faire partie de la chambre, il ne dépouilla aucune de ses convictions, et ne renonça à aucune de ses espérances.

Presque septuagénaire, voué à la retraite et à l'étude, M. Bérard n'a point fait acte d'apparition dans le monde politique depuis la révolution de 1848. On a de lui un ouvrage intitulé : *Essai bibliographique sur les éditions des Elzevirs* (Paris, en 1822).

BÉRARD. Quatre savants d'un mérite reconnu ont porté ce nom dans ces derniers temps.

BÉRARD (JOSEPH-FRÉDÉRIC), professeur d'hygiène à la Faculté de Médecine de Montpellier, était né dans cette ville, le 4 novembre 1789. Appelé au professorat sous M. Frayssinous, il s'est rendu recommandable par plusieurs ouvrages. Son *Histoire des Doctrines de Montpellier* fut légitimement remarquée : personne n'a mieux apprécié ni plus vanté les opinions de Barthez, de Bordeu, de Sauvages, etc. Pour mettre à couvert sa modestie dans ses éloges quelquefois excessifs, il avait coutume de dire qu'il vantait les œuvres de l'École de Montpellier avec autant d'abnégation qu'un tambour racontait les prouesses guerrières de son régiment. Son second ouvrage, traitant de *l'Homme physique et moral*, fut fait en haine des opinions de Cabanis, et dut paraître aussi exagéré dans le sens spiritualiste que l'ouvrage de Cabanis dans le sens opposé. Bérard allait jusqu'à dire et peut-être jusqu'à croire qu'un homme pourrait encore penser sans tête et sans cervelle. Il convient de remarquer que ses opinions furent malheureusement influencées par les instigations d'une ambition trop mal servie par sa santé pour lutter et pour attendre. Les passions et l'étude avaient fait de Bérard un squelette ambulant, que la seule controverse avait de temps en temps le don d'animer et de rajeunir. A considérer la finesse de son regard et la douceur de sa voix, personne ne se serait imaginé qu'il fût sourd à ne plus rien entendre. Cette surdité radicale donnait à ses discussions une apparence rétive et despotique : aucune réplique ne pouvait le convertir ni le déconcerter, car aucun mot ne parvenait à son oreille. Sans aimer les jésuites, il avait appuyé sa fortune sur leur pouvoir. Nommé professeur à l'époque de leur plus grand crédit, il perdit son reste de vie vers le moment de leur renvoi. Si grande fut son appréhension de déplaire et d'échouer à l'époque où il était venu solliciter à Paris (1823), qu'il avait défendu à ses meilleurs amis de l'accompagner aux voitures publiques, tant il craignait de s'y voir reconduit par des opinions différentes de celles qu'alors il était urgent d'afficher. Faible caractère autant qu'esprit puissant, intelligence admirable, homme à plaindre ! F. Bérard est mort le 16 avril 1828.

Un autre BÉRARD de Montpellier, mais qui n'appartient pas à la famille du précédent, s'est fait connaître par de beaux travaux chimiques et plusieurs découvertes. Professeur de chimie médicale et de toxicologie à la Faculté de Médecine de Montpellier, il devint doyen de cette Faculté en 1846 ; mais peu de temps avant la révolution de Février, ses opinions politiques lui valurent une destitution. Les événements de 1848 lui rendirent le décanat. Il est membre de la Légion d'Honneur.

BÉRARD (PIERRE-HONORÉ), docteur en médecine, est né à Lichtenberg (Bas-Rhin) en 1797. Au concours professeur de physiologie à la Faculté de Médecine de Paris (1831), il devint doyen de cette Faculté en 1848, et fut enfin appelé par le président de la république, au mois de mars 1852, à la place d'inspecteur général des écoles de médecine, avec entrée dans le nouveau conseil supérieur de l'instruction publique. On lui doit des *Notices historiques sur Broussais et sur Haller*, et il a revu, corrigé et augmenté la dixième édition des *Nouveaux Éléments de Physiologie* de Richerand. Il a en outre commencé la publication d'un grand ouvrage de physiologie et fait à l'Académie de Médecine d'excellents rapports.

BÉRARD (AUGUSTE), frère du précédent, comme lui élève de Béclard, était né en 1802. Professeur de clinique chirurgicale à la Faculté de Paris, membre de l'Académie de Médecine, chirurgien de l'hôpital de la Pitié, il est mort à Paris, le 14 octobre 1846. Dr Isid. BOURDON.

BERBERIS, genre de plantes qui sert de type à la famille des *berbéridées*. L'espèce la plus connue est l'épinevinette. Les berberis reçoivent aussi le nom de *vinettiers*.

BERBERS ou BERBÈRES. Les Européens désignent exclusivement aujourd'hui sous ce nom diverses parties de la population aborigène de la Barbarie, sur les côtes septentrionales d'Afrique. Mais quelques historiens et géographes arabes étendent cette dénomination aux peuplades qui occupent toutes les oasis du désert. Gibbon, Volney, Saint-Martin, pensent avec bien d'autres que ce nom de *Berbers* est une corruption de la qualification de *barbares* (βάρ-

βαροι) que les Grecs donnaient aux peuples qui parlaient un autre idiome qu'eux, et que les Romains avaient également adoptée. Hodgson, de son côté, s'appuyant de l'opinion d'Hérodote, fait remonter jusqu'aux Égyptiens l'épithète de βάρβαροι, d'où l'on pourrait conclure que le mot est égyptien, et que les Arabes l'ont pris dans leurs pérégrinations à travers l'Égypte. Ce qu'il y a de certain, c'est que l'appellation de *Berbers* ne désigne pas un corps de nation homogène, mais un mélange confus de populations diverses qui devaient être appelées *les Barbares* par les dominateurs romains et byzantins, lors de l'invasion des Arabes musulmans. Le contraste des caractères physiques et des traits du visage, qui frappe encore l'observateur le moins attentif, témoigne hautement de cette hétérogénéité chez le peuple qu'on désigne et se range lui-même sous la dénomination commune de *Berbers*. D'un autre côté cependant, chose à remarquer, les dialectes de ces peuples présentent une identité des plus évidentes, à laquelle fait exception la seule tribu des Tibbous, identité qui prouve à elle seule le lien commun des peuplades appartenant à cette race.

Voici le relevé de tous les rameaux hétérogènes qui composent la famille berbère :

Les *Amazighs*, mot qui dans la langue veut dire noble, libre, et que les Maures appellent *Schellouhh* (pluriel de *Schillahh*), sont ceux qui habitent l'ouest de la contrée, et sont répandus dans les montagnes du Maroc.

Dans les montagnes des trois régences, les Berbers sont désignés par les Arabes sous la simple dénomination de *Kabyles* ou *Kabaïl* (pluriel de *Kabileh*, tribu).

Ceux qui vivent entre le Fezzan et l'Égypte sont connus sous le nom de *Tibbous* ; leur idiome est radicalement différent de celui des autres tribus, et ces hommes, au teint noir cuivré, aux traits saillants, au nez épaté, aux lèvres épaisses, ne possèdent aucun des points de similitude qui semblent relier entre eux les autres Berbers.

Il y a enfin les *Touareks* (pluriel de *Terka*, tribu). Ils habitent cette partie du Sahara qui est comprise entre le Maroc, le Fezzan et le Soudan, et passent pour être les plus farouches de cette race.

Le Berber Ebn Khaldoun, écrivain arabe, a écrit dans le quatorzième siècle une histoire de son pays, dans laquelle, résumant et corrigeant les indications des explorateurs précédents, il classe les principales tribus berbères sous deux grandes divisions, qu'il ramène à une seule et même souche, à *Berr*, père de la race entière. Ainsi, deux lignes portant, l'une le nom des *Berânis*, et l'autre celui des *Botar*, descendant des deux fils de Berr, embrassent, suivant lui, la totalité des tribus.

Il n'en est pas moins vrai que jusqu'à présent la question du noyau primordial des populations berbères est demeurée insoluble. Des investigations les plus sûres et les plus vraisemblables, il résulte et demeure acquis néanmoins qu'au temps de Iarbas, contemporain de Didon et roi des Mazikes Gétules, les Bérânis avaient déjà établi leurs pénates dans la Libye ; mais quant à savoir s'ils étaient réellement autochthones, ainsi que Salluste et Hiempsal l'ont cru, c'est ce qui est encore incertain.

BERBICE, l'un des trois districts dont se compose le gouvernement de la Guyane anglaise, dans l'Amérique méridionale, sur les bords du fleuve du même nom, forme un comté avec les deux autres districts, *Demerara*, et *Essequibo*, et, sur une superficie de 99 myriamètres carrés, comprend une population de 40,000 habitants, dont 28,000 nègres.

Les Hollandais fondèrent des colonies en 1626 dans ces contrées ; aussi la plupart des blancs y sont-ils d'origine hollandaise, et c'est la langue hollandaise qui y est encore en usage dans les tribunaux et dans les chaires. En 1799 les Anglais s'emparèrent de ce pays ; puis ils le rendirent en 1803, mais pour s'en rendre maîtres de nouveau dès l'année suivante ; et aux termes de la paix de Paris la Hollande dut la leur abandonner en 1814 avec Demerara et Essequibo.

A l'embouchure du Berbice s'élève, dans une charmante situation, la *Nouvelle-Amsterdam*, chef-lieu de tout le gouvernement et siége des autorités centrales, avec un bon port et un commerce des plus actifs. Les voyages et les explorations de R. Schomburgk ont jeté un jour tout nouveau sur la connaissance du Berbice et des autres principaux cours d'eau de la Guyane anglaise, et justifient les brillantes espérances qu'on peut fonder sur l'avenir de cette colonie.

BERCE, genre de plantes de la famille des ombellifères, dont l'espèce la plus répandue est aussi connue sous le nom de *fausse branche-ursine* (*heracleum sphondylium*). Cette berce est vivace. Elle croît dans les bois et dans les prés de l'Europe ; elle est très-commune dans le nord. Sa racine est longue, pivotante, blanchâtre, et l'écorce en est douceâtre ; de son collet naissent quelques feuilles d'un vert foncé, amples, velues, découpées profondément en plusieurs segments étroits et refendus, et plus souvent crénelés sur leurs bords. Le segment qui termine sa feuille est ordinairement divisé en trois parties. La tige est haute d'un mètre, velue, cannelée, creuse. Son extrémité et celles de ses branches sont couronnées par des ombelles de fleurs blanches fleurdelisées.

Le bétail mange les jeunes pousses de la berce ; mais ses tiges sont dures et ne peuvent par cette raison être mangées en sec : il faut donc avoir l'attention, lorsqu'on veut l'employer comme fourrage, de la couper près de terre, au moment où elle va fleurir. On empêche en même temps par là sa trop grande reproduction, qui finit par devenir nuisible aux prairies.

Les Russes, les Lithuaniens et les Polonais retirent de ses semences et de ses feuilles, par le moyen de la fermentation, une liqueur alcoolique très-enivrante, qui leur tient lieu de bière ; mais c'est à tort qu'on a prétendu que les Polonais employaient la berce contre la *plique*.

BERCEAU, lit des enfants, ordinairement assez mobile et assez léger pour permettre de les y *bercer*. Ce mot vient, selon Ménage, de *versus*, *versullus*, dirivé de *vertere*, dont on a fait d'abord *bers* par abréviation et par la transformation du *v* en *b*.

La forme des *berceaux* a varié selon les pays et les modes : tantôt ce fut un petit lit ou un vase, tantôt un bouclier concave ou une nacelle, que les Grecs appelaient *scaphé* (σκαφη). Aujourd'hui, les berceaux sont faits de planches, d'osier, de barres de bois, de fils de fer, ou de cerceaux artistement arrangés. Cette forme, du reste, et la nature des matériaux dont on les fabrique, sont d'une faible importance ; mais il importe beaucoup qu'un *berceau* soit assez large pour que l'enfant, en se remuant, ne se heurte point aux parois, et assez creux pour qu'il ne puisse en franchir les bords.

L'étymologie du mot *berceau* prouve assez que l'usage de bercer les enfants est aussi ancien que le lit lui-même, dont il a déterminé la forme. Toutefois, l'observation attentive a dû montrer combien l'abus de cette pratique est pernicieux, et l'on ne saurait trop appeler l'attention des mères sur ce sujet. On conçoit jusqu'à un certain point que les enfants, après leur naissance, puissent éprouver de temps en temps le besoin d'un mouvement doux, analogue à celui auquel ils étaient habitués dans le sein maternel ; mais autant ce mouvement peut être agréable et utile aux enfants lorsqu'il est uniforme et modéré, autant il devient nuisible et même dangereux lorsqu'il est brusque et sans mesure. Le cerveau, dans les jeunes enfants, est encore si faible et si impressionnable que la moindre secousse peut y porter les plus grands et les plus funestes désordres.

On appelle *berceau*, en architecture, une voûte cylindrique, dont le cintre est formé par une courbe quelconque et dont les naissances portent sur deux murs parallèles. Ces voûtes se construisent en pierres de taille, en moellons ou en briques. Une *voûte en berceau* prend le nom d'*arc* toutes les fois que sa longueur est moindre que le diamètre de la courbe dont elle fait partie. Comme les arcs, les voûtes en berceau sont susceptibles de diverses modifications, c'est-à-dire qu'elles peuvent être *surhaussées*, *surbaissées*, *en plein cintre*, *biaises*, *rampantes*, etc.

Un *berceau*, en jardinage, se fait ordinairement de treillages, qu'on soutient par des montants de traverses, cercles, arcs-boutants et barres de fer. On forme ce treillage avec des lattes de bois de chêne ou de châtaignier, bien planées et bien dressées, dont on fait des mailles de 5 à 7 décimètres carrés, qu'on lie avec du fil de fer. Ces sortes de *berceaux* n'ont de rapport avec l'architecture que parce qu'on leur donne volontiers des élévations où l'on figure, avec les treillages, des voûtes, des arcades, ornées de colonnes, de frises et d'entablements. On les entoure de plantes grimpantes, vivaces ou annuelles, telles que la vigne, la cobée, la vigne vierge, le houblon, la clématite, le chèvrefeuille, le jasmin, etc.

Une allée de jardin peut devenir un berceau naturel, si l'on dispose les branches des arbres qui la forment de manière à la couvrir entièrement : le marronnier d'Inde, l'ormeau, le platane, le chêne, le hêtre, le noyer, se prêtent plus ou moins à ce dessein ; mais le tilleul, et surtout le tilleul de Hollande, est l'arbre le plus favorable à une pareille opération, qui exige du reste beaucoup de soins, de temps et de patience. La première et la principale attention à avoir pour cette sorte de construction consiste à ménager les branches qui sont les plus propres à former l'arcade, et à couper toutes celles qui sont du côté opposé, en sorte que l'on élague l'arbre perpendiculairement, comme on fait pour une palissade, mais en dehors seulement, tandis qu'en dedans de l'allée on taille seulement les branches en cintre pour opérer avec méthode. On oblige ensuite les principales branches, les plus droites et celles qui forment pour ainsi dire le corps de l'arbre, à se pencher par une courbure insensible, ce que l'on fait au moyen de cordes ou de jets de vigne sauvage. Il faut aussi avoir soin de conserver les proportions dans une construction de ce genre, qui doit avoir en hauteur au moins le double de sa largeur, c'est-à-dire qu'une allée de 10 mètres de largeur doit en avoir 20 de hauteur dans le milieu de son arcade, et pour cela on doit laisser les arbres s'élever à 5 ou 6 mètres avant de songer à leur faire former leur courbure.

BERCEAU DE LA VIERGE, nom vulgaire de la clématite des haies.

BERCHEM (Van). *Voyez* Berquen.

BERCHET (Giovanni), l'un des poëtes éminents de l'Italie contemporaine, et de plus prosateur et critique distingué, naquit à Milan, vers 1790. Sa famille, originaire de France, était depuis plusieurs générations établie dans la Lombardie. Le poëte, enfant, vit la belle terre sur laquelle il était né réunie sous un même sceptre avec la France, et grande fut sa douleur lorsqu'au lieu de la gloire, sinon de l'indépendance absolue qu'il avait rêvée pour son pays, il vit sa patrie retomber en 1814 sous le joug autrichien. Non content de pleurer sa liberté, Berchet, devenu homme, consacra toute sa vie, toutes les hautes facultés dont le ciel l'avait doué, à relever son pays de l'oppression étrangère.

Né pour les lettres comme pour la liberté, il se fit remarquer de bonne heure parmi la jeune pléiade romantico-libérale italienne, au milieu de laquelle Manzoni brillait de l'éclat de France, Silvio Pellico offrait l'auréole du malheur. En 1820 cette école fonda à Milan le journal *le Conciliateur*, dont le but était à peu près celui que cinq années plus tard tenta d'atteindre chez nous le journal *le Globe*. Berchet prit une part active à la rédaction de cette feuille, à laquelle il fournit d'excellents articles de critique littéraire, particulièrement sur la littérature allemande, qu'il contribua plus qu'aucun autre à faire connaître à l'Italie. Au bout de quelque temps, fatigué de censurer et de mutiler les articles destinés au *Conciliateur*, la police autrichienne frappa personnellement ses rédacteurs, dont quelques-uns furent jetés en prison, d'autres condamnés à mort et forcés de s'exiler. Berchet dut quitter l'Italie.

Bientôt le journal français *le Globe* imprima sans nom d'auteur deux petits poëmes italiens remarquables par la forme, par la pensée, surtout par l'énergie et la profondeur du sentiment. Ces poëmes, divisés en strophes, que tous les patriotes italiens répètent encore, soit sur la terre d'exil, soit tout bas, dans la terre natale où règne l'Autrichien, avaient reçu de leur auteur le modeste titre de *romances*: c'étaient *Le Remords* (*il Rimorso*) et *L'Ermite du Mont-Cénis* (*il Romito del Cenigio*); tous deux étaient une énergique protestation contre la domination étrangère. Berchet s'y révélait comme poëte national. Aussi fut-il salué du nom de *Béranger italien*.

Né dans cette belle Lombardie, qui, plus rapprochée du nord que les autres parties de l'Italie, plus française aussi, a su se faire une langue qui n'a ni la mollesse du toscan, ni la grâce enfantine et coquette du doux parler vénitien, mais plutôt une sorte de vigoureuse senteur que semble lui communiquer le vent sain et parfois âpre des Alpes, Berchet a su tirer tout le parti possible du bel idiome milanais, comme l'atteste un petit volume publié à Paris, en 1841, dans la *Biblioteca Poetica Italiana*. Outre *l'Ermite* et le *Remords*, ce recueil contient six autres poëmes : *les Fugitifs de Parga*, œuvre véritablement grande, malgré des dimensions peu étendues, et traduite par M. Fauriel; *Clarina, Mathilde*, et *le Troubadour*, romances d'amour, où s'entend, plus haut que la voix de la tendresse, le cri de l'indépendance nationale; *Julia*, la plus belle pièce du recueil peut-être, la plus douloureusement patriotique, et enfin *les Fantaisies*, poëme de sept cents vers, que les Italiens considèrent comme le chef-d'œuvre de la poésie lyrique et patriotique moderne, et qu'ils placent à côté, sinon au-dessus des chants de Tyrtée.

Berchet planta ensuite sa tente à Genève, d'où venaient au noble poëte et les doux souffles de l'Italie, et les bruits de cette France, patrie de ses pères.

BERCHINY, ou BERCHENY, nom d'une famille originaire de Transylvanie, qui, en 1633, s'établit en Hongrie, où elle fut connue sous le nom de *Berc'sony*.

Son rejeton le plus remarquable, Nicolas Berchiny, né en 1664, après s'être brillamment distingué dans une guerre contre les Turcs, ce qui lui avait valu de grandes faveurs de l'empereur Léopold, concerta avec le prince Ragotzky, son parent, le soulèvement de la Hongrie. Obligé de fuir en Pologne, il ne tarda pas à revenir, soutenu par la France, à la dignité d'un corps de troupes, et fut nommé grand général du royaume et des armées des confédérés. Sourd aux offres séduisantes que lui fit l'empereur Joseph Ier, il refusa la dignité de prince de l'Empire, et fut en revanche investi, par les Hongrois, du titre de lieutenant-ducal. Mais, par la suite, la confédération peu éprouvé de nombreux revers fut obligée de se dissoudre, et Berchiny, après avoir été ambassadeur en Pologne et en Russie, se retira en Turquie dès que son parti eut succombé. Il mourut à Rodosto, le 6 novembre 1725.

Son fils, *Ladislas-Ignace* BERCHINY, né à Épéries, en Hongrie, le 3 août 1689, servit en 1708, 1709 et 1710, dans la compagnie des gentils-hommes hongrois qui faisaient partie de la maison du prince Ragotzky. En 1712 il vint en France, où il obtint de grandes dignités. Il y reçut même le bâton de maréchal, et un régiment de hussards français a porté son nom jusqu'en 1790.

BERCHOUX (JOSEPH) naquit en 1765, dans la petite ville de Saint-Symphorien de Lay, voisine de Lyon, où il fit ses études. Lors de l'institution des juges de paix, il fut élu, dans sa patrie, à ces honorables fonctions; mais à l'époque de la Terreur ses opinions monarchiques bien connues seraient devenues pour lui un arrêt de proscription s'il n'avait alors, comme beaucoup d'autres, cherché un asile sous nos drapeaux victorieux. Du reste, sans imiter tout à fait l'excessive prudence du poëte Horace, le jeune Berchoux ne se piqua point de contribuer beaucoup au succès des armes républicaines. Lui-même en fit l'aveu plus tard dans ces jolis vers de son meilleur poëme :

Je m'armai tristement d'un fusil inhumain,
Qui jamais, grâce au ciel, n'a fait feu dans ma main ;
Je me chargeai d'un sac, humble dépositaire
De tout ce qui devait me servir sur la terre.
Ainsi, nouveau Bias, je partis accablé
Du poids de tout mon bien sur mon dos rassemblé.

Des jours plus tranquilles lui permirent de revenir dans son pays et d'y suivre une carrière plus convenable à ses goûts. Ce fut alors que, sous le voile de l'anonyme, il adressa à un journal de la capitale cette boutade si piquante, que les éditeurs de ses œuvres se sont obstinés à nommer *Élégie* :

Qui me délivrera des Grecs et des Romains? etc.

Appelé à Paris par la réussite de cet essai et une coopération spirituelle à *la Quotidienne*, où ses articles paraissaient sous le nom d'*un habitant de Mâcon*, Berchoux y arriva en 1800 avec son poëme de *la Gastronomie*, dont le premier jet offrait, avec beaucoup de verve et de gaieté, de nombreuses traces de mauvais goût et d'affectation. Docile aux conseils de critiques éclairés, et particulièrement de l'historien des croisades, Michaud, de l'Académie Française, auquel il dut la décoration de la Légion-d'Honneur, il fit d'heureux changements à cet ouvrage, qui, publié sans nom d'auteur, obtint, par son seul mérite, trois éditions en moins d'une année; ce ne fut qu'à la troisième que le modeste écrivain révéla sa paternité. *La Gastronomie*, le premier des titres littéraires de Berchoux, est, après *le Lutrin*, l'un des plus ingénieux badinages de notre poésie. S'il y a plus d'invention dans *le Lutrin*, *la Gastronomie* n'a pas fourni moins de ces vers devenus proverbes en naissant :

Ayez un bon château dans l'Auvergne ou la Bresse.

Un dîner sans façon est une perfidie.

Rien ne doit déranger l'honnête homme qui dîne, etc.

Le poëme de Berchoux intitulé : *la Danse, ou les Dieux de l'Opéra*, que l'auteur fit paraître en 1806, fut accueilli avec moins de faveur : il était en effet très-inférieur à son aîné. L'action en semble froide, le comique peu naturel. Cependant on y remarque quelques tirades heureuses, quelques vers bien tournés. Mais il eût été difficile de reconnaître l'auteur de *la Gastronomie* dans le soi-disant poëme comico-satirique de *Voltaire, ou le Triomphe de la philosophie moderne*, qui parut en 1814. Berchoux n'était pas de taille à s'attaquer à si haute renommée; son imprudente témérité fut à peine aperçue. En 1804 il avait aussi voulu prendre rang parmi nos prosateurs par un volume ayant pour titre : *le Philosophe de Charenton*, roman critique, où quelques traits malins et spirituels ne purent triompher de l'obscurité du sujet et de la faiblesse de l'action.

Berchoux parut avoir terminé en 1819 sa carrière littéraire par la publication d'un petit poëme qu'il nomma *l'Art politique*. Quoiqu'on y trouvât encore de loin en loin ce que l'auteur d'un autre *Art* appelle *disjecti membra poetæ*, il ne put même obtenir un succès de parti : c'était de l'opposition arriérée, une vieille réminiscence de 89. Retiré à Marcigny (Saône-et-Loire), il ne produisit plus rien depuis : il avait fait ses adieux à la capitale et aux lettres, et mourut dans son ermitage, le 17 décembre 1838. Ses autres ouvrages n'ont pas tenu ce que promettaient sa première sa-

tire et sa *Gastronomie*, il n'en a pas moins eu l'honneur par ces deux écrits remarquables de laisser trace de poëte dans notre époque et dans les souvenirs de ses contemporains.
OURRY.

BERCHTESGADEN ou BERCHTHOLDSGADEN, justice de paix (*Landgericht*) du cercle de la Haute-Bavière, formait jadis une prévôté dont le titulaire avait le titre et le rang de prince, et dont la fondation remontait à l'année 1196. Sécularisée en 1803, elle fut attribuée alors comme principauté à l'électorat de Salzbourg, puis en 1805 à l'Autriche; enfin, en 1810, elle fut définitivement adjugée à la Bavière. C'est une contrée d'une nature éminemment alpestre, assez élevée, entourée par les montagnes de Salzbourg, et fort importante par ses salines ainsi que par l'industrie de ses habitants. La petite commune protestante qui essaya de s'y constituer au commencement du dix-huitième siècle, émigra dès 1732 à Berlin et dans la marche de Brandebourg.

Le chef-lieu de la principauté et du *Landgericht* est le bourg de *Berchtesgaden*, avec une population de 3,000 habitants, un château, une église collégiale, une inspection supérieure des salines, etc., etc. Il est justement renommé par sa situation ravissante, par le caractère distinctif de ses habitants, par les objets de toute espèce, en bois, en os et en ivoire qu'on y fabrique ainsi que dans les environs, mais surtout par l'exploitation de ses mines de sel, par la saline de Frauenreuth et par le grand canal, qui de là conduit l'eau salée aux salines de Reichenhall, Traunstein et Rosenheim. Des routes magnifiques mettent Berchtesgaden en communication avec Salzbourg, Hallein et Reichenhall, et sillonnent toute la principauté, dont la nature grandiose, avec ses montagnes et ses vallées, qu'habitent le chamois et la marmotte, excite vivement la curiosité du voyageur. Le bourg de Ramsau, célèbre par ses carrières de pierres meulières, et le lac de Schellenberg font encore partie du *Landgericht* de Berchtesgaden; et à peu de distance on trouve le lac Saint-Barthélemy (*Bartolomæussee*), à bon droit célèbre par le caractère éminemment pittoresque de ses rives. Il a 13 kilomètres de long sur 4 de large, et est situé à 662 mètres au-dessus du niveau de l'Océan, au pied du mont Watzmann, haut lui-même de plus de 3,000 mètres.

BERCY, commune importante du département de la Seine, arrondissement de Sceaux, canton de Charenton-le-Pont, située à la porte de Paris, sur la rive droite de la Seine, à l'endroit où ce fleuve entre dans la capitale. Bercy compte une population de 7,913 habitants; c'est le centre d'un commerce immense en vins et eaux-de-vie, qui lui arrivent par la Seine. Aussi est-ce à Bercy surtout qu'on peut chanter :

C'est l'eau qui nous fait boire
Du vin, du vin, du vin.

On y fabrique du sucre raffiné, des vinaigres, des produits chimiques. On y trouve un grand nombre de distilleries, etc. Un beau pont suspendu avec des chaines, construit par MM. Bayard et Vergès, met Bercy en communication avec la rive gauche à la hauteur du boulevard extérieur. Un viaduc de cinq arches doit y être construit à la hauteur des fortifications pour servir au chemin de fer de ceinture qui doit relier la gare d'Orléans aux autres gares.

Ce qui donne une physionomie particulière à Bercy, ce sont ses immenses magasins en caveaux qui bordent des espèces de rues ornées d'arbres. Le long du quai, qui en cet endroit prend le nom de *La Râpée*, on voit de joyeux cabarets et des restaurants, célèbres les uns et les autres par leurs *matelotes*, et où se donnent rendez-vous la population du port, les marchands de vin, les courtiers, les acheteurs, et les nombreux amis des uns et des autres, qui, sous prétexte de déguster, vont faire en catimini leurs dévotions au dieu du lieu. Le dimanche, les canotiers parisiens, ces innocents émules des Jean Bart et des Duguay-Trouin, remplacent dans ces parages la population mercantile.

La prospérité de Bercy date des premières années de ce siècle. Ce n'était auparavant qu'un village fort insignifiant, célèbre seulement par le magnifique château qu'y possédait et qu'y possède encore la famille Nicolaï. Ce château, demeure toute royale et bâti dans les dernières années du dix-septième siècle par l'architecte Pierre Leveau, appartenait originairement au marquis de Bercy, financier opulent qui avait épousé la fille de Desmarests, contrôleur général des finances sous Louis XIV. La fille du dernier marquis de Bercy apporta par mariage cette belle propriété dans la famille Nicolaï. L'importance que prend chaque jour le commerce de la place de Bercy est telle que tous les ans l'heureux propriétaire du vaste parc riverain de la Seine et dépendant du château se voit obligé de céder aux sollicitations des entrepositaires de vins, et d'abattre les arbres séculaires qui faisaient la gloire de cette demeure aristocratique, pour les remplacer par des magasins qu'il loue ensuite à prix d'or : aussi peut-on prévoir qu'avant peu ce parc tout entier, que planta Le Nôtre, disparaîtra sous la cognée, ainsi qu'il est déjà arrivé, il y a une trentaine d'années, du petit château et de ses dépendances qui étaient plus rapprochés de la barrière, et dont il reste aujourd'hui à peine le souvenir. Ce petit château, qu'avait acquis le baron Louis, est devenu la source de l'immense fortune de ce célèbre financier.

BERDYCZEW (on prononce *Berditchef*). Cette ville de Russie, qui faisait autrefois partie du gouvernement de Kief, et qui dépend aujourd'hui du gouvernement de Volhynie, est située sur les frontières de la Podolie, et compte une population d'environ 20,000 âmes. Les maisons des habitants, pour la plupart juifs de religion, offrent en général tout l'aspect de la misère et de la malpropreté qui en est ordinairement la conséquence. Cependant Berdyczew est le centre d'un commerce assez actif, et il s'y tient deux fois par an des foires de chevaux et de bêtes à cornes, qui y attirent un grand nombre d'étrangers. On se fera une idée de l'importance des transactions auxquelles donnent lieu ces foires, quand on saura qu'il s'y vend, année commune, de 100 à 150,000 chevaux venus de la Podolie, de l'Ukraine, de la Valachie même et de la Turquie. Berdyczew fait aussi un grand commerce avec Odessa et Brody, et peut être considérée comme l'entrepôt de ces deux villes. Une grande quantité de voitures et de pianos, fabriqués à Varsovie, y trouvent aussi placement à chaque foire.

BÉRENGARIENS, nom qu'on donnait aux hérétiques qui partageaient les opinions de Bérenger de Tours touchant l'Eucharistie. Bérenger, au milieu de ses nombreuses rétractations, en revient toujours à penser que dans la consécration le pain demeure pain, et que c'est uniquement par la foi des fidèles qu'il peut acquérir les vertus que l'Église attribue au corps de Jésus-Christ.

BÉRENGER Ier, roi d'Italie. Fils d'Éberard, duc de Frioul, et de Gisèle, fille de Louis le Débonnaire, il prétendit à la couronne après la déchéance de Charles le Gros, et fut reconnu roi d'Italie par une assemblée des états du royaume. Pendant les trente-six années que dura son règne, il eut continuellement à lutter contre les compétiteurs que lui suscitèrent les grands, jaloux de son autorité. Tout à tour servi par la mort et par la victoire, débarrassé de Guido, ex-duc de Spolète, de Lambert, fils de ce dernier, et d'Arnolphe, roi de Germanie, enlevés tous les trois par une fin précoce, vainqueur de Louis, fils de Boson, roi de Provence, de Rodolphe II, roi de la Bourgogne Transjurane, il allait enfin demeurer seul et sans rivaux maître du pays, quand une défaite inattendue vint tout changer, et l'obligea à se réfugier à Vérone. Il y tomba sous les coups d'un assassin, nommé Flambert, au mois de mars 924.

BÉRENGER II, roi d'Italie, petit-fils de Bérenger I er par

Gisèle, sa mère, était fils d'Adalbert, marquis d'Ivrée. Réfugié à la cour d'Othon le Grand, en Allemagne, pour échapper à son frère Hugues, comte de Provence, que sa belle-mère Ermengarde avait placé sur le trône d'Italie, il parvint, à force d'intrigues, à soulever les grands feudataires. Hugues dut renoncer à la couronne en faveur de son fils Lothaire, et Bérenger devint de fait le chef de la péninsule. Mais les persécutions qu'il employa contre Adélaïde, veuve de Lothaire, mort empoisonné, pour la forcer à devenir l'épouse de son fils Adalbert, lui attirèrent l'hostilité de ce même Othon le Grand qui l'avait accueilli à sa cour, et sous la protection duquel se plaça, à son tour, la princesse. Dépossédé de l'Italie par ce terrible adversaire, Bérenger en obtint la restitution, à titre de fief relevant de l'Allemagne. Mais ayant de nouveau provoqué son courroux, après plusieurs défaites que lui firent essuyer soit Ludolphe, fils d'Othon, soit Othon lui-même, il s'enferma dans la forteresse de Saint-Léo, comté de Montefeltro, où la famine l'obligea à se rendre après un siége assez long. Envoyé avec Willa, sa femme, dans les prisons de Bamberg, il y mourut, en 966.

BÉRENGER DE TOURS, ainsi appelé de la ville où il naquit, en 998, fit ses études à Chartres, sous l'évêque Fulbert, auprès duquel il demeura jusqu'à sa mort. Il retourna alors à Tours, en 1030, et fut choisi pour enseigner dans les écoles publiques de Saint-Martin. Il devint camérier, puis trésorier de cette église. La dignité d'archidiacre d'Angers, qui lui fut conférée en 1039, ne lui fit point abandonner son école, qui était très-fréquentée, et d'où sortirent des hommes qui devinrent plus tard éminents dans l'Église.

L'histoire de Bérenger de Tours n'est que l'histoire de sa controverse sur l'Eucharistie et des persécutions qu'elle lui attira. Il parait que ce fut en 1047 qu'il commença à renouveler sur la présence réelle les opinions de Scot-Erigène, qui avait attaqué ce dogme vers le milieu du siècle précédent. Brunon, évêque d'Angers, soutint ses sentiments, et lui attira en peu de temps quelques sectateurs. Lanfranc s'étant élevé contre lui, Bérenger lui écrivit, et défendit dans sa lettre son sentiment et celui de Scot. Lanfranc se trouva à Rome au concile tenu dans cette ville, sous le pape Léon IX, l'an 1050. Sur la lecture de sa lettre, Bérenger fut excommunié, et un concile fut ordonné pour le mois de septembre à Verceil, auquel il serait appelé. Ayant appris sa condamnation, Bérenger se retira en Normandie, comptant sur la protection de Guillaume le Bâtard; mais, condamné par un synode à Brienne, il fut obligé de sortir de la province, et se retira à Tours. Le concile de Verceil, où il n'osa point paraître en personne, condamna son sentiment et le livre de Jean Scot duquel il l'avait emprunté. Dans cette même année 1050, un concile fut tenu à Paris, le 16 novembre, par ordre d'Henri 1er. Mais Bérenger ni Brunon n'y parurent. Ils furent condamnés tous deux.

Cependant, le premier soutint son opinion dans d'actives controverses avec les théologiens contemporains, parmi lesquels on remarque surtout Adesman, clerc de l'église de Liége, et Ascelin, moine de Saint-Évron en Normandie. Déçu dans l'espoir dont il s'était flatté d'être protégé par Richard, roi d'Angleterre, qui se trouvait alors à la cour de France, il rétracta ses opinions, en 1055, au concile de Tours, présidé par le légat de Victor II, Hildebrand, depuis Grégoire VII. Mais aussitôt après il recommença à soutenir le sentiment qu'il venait de condamner lui-même. Anathématisé par le concile de Rouen en 1063, et en 1075 par celui de Poitiers, où il courut le danger d'être tué, il resta dans ses opinions, malgré les sages représentations de Brunon, qui avait pris la résolution d'éviter toute dispute, et qui lui conseillait de suivre son exemple. Enfin il fit une nouvelle et dernière rétractation au mois de décembre de l'année 1078, au concile de Rome, présidé par Grégoire VII.

Il est naturel de suspecter la sincérité de ce dernier changement, quoiqu'il puisse être raisonnablement attribué à la faiblesse de l'âge, car Bérenger avait alors quatre-vingts ans. Le sentiment qu'il défendit pendant la plus grande partie de sa vie étant devenu dans la suite une des bases de la Réforme, les protestants, qui cherchent dans la tradition des écrivains qui leur soient favorables, se sont trouvés intéressés à soutenir que Bérenger n'avait cédé qu'à la force et au désir de la paix, et les catholiques, de leur côté, ont dû s'appliquer à prouver sa sincérité. Quoi qu'il en soit, il paraît que sa rétractation parut sincère aux églises qui furent le plus agitées par ses opinions. On en a la preuve dans le service annuel célébré pour lui dans l'église de Tours.

Il mourut le 6 janvier 1088, dans l'île de Saint-Côme, près de Tours, après avoir encore été obligé, dans ses dernières années, de rendre compte de sa foi au concile de Bordeaux, en 1080. Il ne reste de lui que peu d'ouvrages, qui tous ont rapport à ses opinions sur l'Eucharistie, et qui sont écrits dans un style sec et tout rempli de subtilités scolastiques. H. BOUCHITTÉ, recteur de l'Acad. d'Eure-et-Loir.

BÉRENGER (ALPHONSE-MARIE-MARCELLIN-THOMAS) dit *de la Drôme*, fils d'un avocat célèbre que le tiers état du Dauphiné nomma député aux états généraux, et qui exerça sous la République et sous l'Empire les plus hautes fonctions de la magistrature dans sa province, naquit à Valence, le 31 mai 1785. Il suivit la même carrière que son père, et devint avocat général à la cour impériale de Grenoble. Il occupait ce poste élevé en mars 1815, lorsque Napoléon, venant de l'île d'Elbe, s'arrêta dans cette ville. M. Bérenger désirait que sa compagnie, en se présentant devant l'empereur, lui exprimât des vœux pour des institutions libérales et de sages réformes. Il rédigea même dans ce sens un projet d'adresse que la majorité trouva trop énergique. La minorité obtint du moins que la cour s'abstînt du langage banal de la flatterie, et qu'elle se renfermât dans un morne et noble silence. Mais l'empereur ne voulut pas que l'audience donnée à la magistrature ne fût qu'une scène muette. Il parla beaucoup lui-même, et demanda quelle était l'influence de la cour dans les départements de son ressort. « Nulle, lui répondit M. Bérenger. — Pourquoi cela? — Parce que dans les constitutions de l'empire le pouvoir judiciaire a été trop subordonné au pouvoir exécutif, et que la considération et le crédit politiques s'obtiennent en raison de l'étendue, de l'autorité et de l'indépendance de la fonction. — Je ne me suis pas mêlé de ces choses-là, repartit l'empereur; j'avoue que je m'en suis peu occupé; c'est Treilhard qui a tout fait : il était dominé par la crainte de ressusciter les anciens parlements, en accordant trop de prépondérance à la magistrature. »

Peu de temps après M. Bérenger fut nommé à la chambre des représentants par le département de la Drôme. Sa conduite au sein de cette assemblée fut conforme aux principes libéraux qu'il avait toujours professés, et pour lesquels il avait rendu témoignage en présence même de l'empereur. Sa sollicitude pour la liberté ne l'empêcha pas de reconnaître que le maintien de la dynastie impériale était nécessaire à l'indépendance nationale et au salut de la révolution. Après le terrible désastre de Waterloo et la seconde abdication de Napoléon, il insista pour faire déclarer que, par la seule force des constitutions existantes, Napoléon II était devenu empereur des Français, et il entraîna la majorité à proclamer ce jeune prince par acclamation. Plus tard, et en face des baïonnettes étrangères, M. Bérenger fut du nombre des députés qui signèrent, entre les mains du président Lanjuinais, une protestation contre la violence que subissait la représentation nationale.

La seconde restauration accomplie, il se démit de ses fonctions d'avocat général, et vécut dans la retraite, appliqué à l'étude de notre législation criminelle et à la recherche des perfectionnements dont elle était susceptible. En 1818 il quitta le Dauphiné, et se rendit à Paris, où il publia le résultat de ses méditations et de ses veilles. Son livre, qui eut pour titre : *De la Justice criminelle en France*, produisit une vive sensation et obtint un grand succès. Ce fut une occasion pour lui de livrer à la sévérité de l'histoire, dans des allusions saillantes, les réacteurs qui avaient désolé sa province. Mais cette réprobation spéciale n'était pas le vrai but ni la pensée principale de son œuvre. M. Bérenger s'était placé bien au-dessus des passions du moment et des intérêts de localité. L'administration de la justice, en général, était l'objet de ses préoccupations les plus vives et de ses études les plus sérieuses. Il fut chargé, vers le même temps, d'un cours de droit public à l'Athénée de Paris.

Cependant la réaction nobiliaire et cléricale marchait de manière à faire craindre que la parole et la presse ne devinssent bientôt des armes inutiles contre ses envahissements et ses fureurs. Les hommes qui avaient l'intelligence des besoins du pays et des nécessités du siècle, s'émurent à l'imminence des périls que couraient les grands principes et les intérêts immenses consacrés par la révolution française. M. Bérenger était de ces hommes, et l'un des plus éminents, par sa réputation, ses lumières, ses talents, son caractère. Ce n'est pas ici le lieu de dire ce que lui inspira sa sollicitude patriotique et la part qu'il prit à ces luttes généreuses que le génie de la France nouvelle et de la civilisation moderne essaya contre l'esprit rétrograde, dans la voie dangereuse des sociétés secrètes et des conspirations. L'heure de la Restauration n'avait pas encore sonné; nos efforts furent vains : la contre-révolution triompha.

Mais bientôt le corps électoral s'effraya des progrès du jésuitisme; une majorité libérale sortit du scrutin, et M. Bérenger alla prendre place au milieu d'elle en 1827. Sous le gouvernement de juillet M. Bérenger devint vice-président de la chambre des députés. Il fut aussi chargé de soutenir devant la chambre des pairs l'accusation contre les derniers ministres de la Restauration, signataires des fameuses ordonnances. Il s'acquitta de cette pénible tâche avec cette fermeté mêlée de modération qui l'a toujours distingué. Quoique séparé de l'opposition, il n'hésita pas à voter avec elle toutes les fois que les principes libéraux et l'esprit de progrès lui parurent menacés par les projets du gouvernement. Lors de la discussion de la nouvelle loi sur les élections, il réclama, comme rapporteur, une part d'action politique pour le travail, en faisant attribuer au fermier une portion de l'impôt pour la constitution du cens.

Sa parole exerça également une grande influence à l'occasion de la réforme du Code pénal. Il contribua beaucoup à faire étendre au jury la faculté d'appliquer l'article 463, par l'admission des circonstances a t t é n u a n t e s; et malgré tout ce que l'expérience semble accumuler contre cette innovation, ce savant criminaliste ne paraît pas ébranlé dans ses convictions. Dans un travail lu à l'Académie des sciences morales, il a établi des calculs statistiques desquels il résulte que, si les circonstances atténuantes sont souvent mal appliquées, elles évitent par le scandale des semi-impunités le scandale, plus grand, d'impunités complètes et fréquentes. Au reste, M. Bérenger ne s'est pas borné à l'étude de notre législation criminelle, il s'est aussi occupé de la réforme de la judicature civile, et une analyse des statistiques du ministère de la justice l'a conduit à penser et à dire qu'il y aurait utilité à supprimer le second degré de juridiction, c'est-à-dire les cours d'appel.

M. Bérenger appartient à cette classe honorable de libéraux qui, tout en se groupant autour du pouvoir issu de la révolution de 1830, restèrent fidèles à la cause du perfectionnement social et aux principes constitutifs des États libres. Il est de ceux qui prennent pour devise le mot de Bossuet, qu'*il n'y a pas de droit contre le droit* : aussi vota-t-il constamment contre les lois d'exception.

LAURENT (de l'Ardèche).

Nommé conseiller à la cour de cassation en 1832, pair de France le 7 novembre 1839, membre de l'Académie des sciences morales et politiques lors du rétablissement de cette classe de l'Institut, M. Bérenger devint président de chambre à la cour de cassation en 1849. Choisi par ses collègues, aux termes de la constitution de 1848, comme l'un des cinq membres de la haute cour de justice, c'est lui qui fut appelé à diriger les débats de cette cour qui jugea à Bourges les attentats de mai 1848, et à Versailles ceux de juin 1849. Comme toujours, M. Bérenger apporta une grande modération dans ces fonctions délicates. Il est commandeur de la Légion d'Honneur depuis 1838.

BÉRENGER DE PALASOL, troubadour français, qui florissait à la cour du comte de Toulouse Raymond, mourut en 1194. Lacurne de Sainte-Palaye nous apprend que c'était un chevalier du Roussillon, pauvre, mais distingué par sa figure et ses manières, joignant à une grande bravoure l'amour des plaisirs et le goût de la poésie. Dans le petit nombre de vers qu'on a conservés de lui, et qui sont consacrés à chanter les incomparables charmes et les vertus sans pareilles d'Ermesine, femme d'Arnaud d'Avignon, et fille de Marie de Pierrelatte, il y a du sentiment et du naturel, mais rien d'ailleurs au point de vue de l'art qui les distingue des autres chants d'amour que nous ont laissés les poëtes de la langue d'Oc. « Si toujours je vous voyais, dit-il dans un couplet adressé à la belle Ermesine, toujours je vous aimerais! c'est folie de s'attacher à vous, malgré la défense que vous m'en faites; mais je ne puis me délivrer de cette folie. Je suis votre esclave; je ne vous payerai jamais ma rançon, car je ne veux pas ravoir ma liberté! »

On attribue à un autre BÉRENGER, ou plutôt *Bernard de Parasols*, confondu souvent avec Bérenger de Palasol, et qui était attaché à la reine Jeanne de Naples, cinq tragédies que dans ses *Vies des Poëtes provençaux* Jean de Nostradamus traite de magnifiques. Les quatre premières, par allusion aux quatre maris de la reine, André de Hongrie, Louis de Tarente, Jacques de Majorque et Othon de Brunswick, étaient intitulées : *Andrealla, Tarentala, Maillorquina* et *Alemanna*; et la cinquième, du nom de la reine Jeanne, *Jehanella*. Ces cinq pièces formaient une manière d'histoire complète de la vie de la princesse depuis sa naissance jusqu'à sa mort.

BÉRENGER DE LA TOUR, poëte du seizième siècle, né à Aubenas dans le Vivarais, vers 1500, mort vers 1560, avait obtenu de bonne heure une charge de magistrature, mais n'en sut pas moins trouver les loisirs nécessaires pour faire des vers. Ajoutons, d'ailleurs, qu'à l'exemple des hommes les plus graves de son temps, il put, sans être accusé de manquer en rien aux devoirs et aux convenances de son état, composer des œuvres badines et même burlesques. On a de lui : *Le Siècle d'or* (Lyon, 1551); *La Choréide, ou Louange du bal* (Lyon, 1556); *L'Amye des Amyes* (1558), imitation de l'Arioste. Le même volume contient le 1er livre de *La Moschéide, ou combat des mouches et des fourmis*, imitation de Martin Coccaïe; des chansons, un roman burlesque intitulé *Nazéide d'Alcofibras*, imprimé à la suite de *L'Amye rustique* (Lyon, 1558), etc.

BÉRENGÈRE. Deux reines ont porté ce nom en Espagne. La première était fille de Raymond IV, et femme d'Alphonse VIII, roi de Castille. Les Maures étant venus, en 1139, mettre le siège devant Tolède, Bérengère parut sur les remparts, et traita de lâches des hommes qui ne rougissaient pas de venir ainsi assiéger une femme, tandis que la gloire les appelait sous les murs d'Oreja, dont le roi de Castille faisait le siège. Par esprit de galanterie, les Maures, à ce que dit la chronique, abandonnèrent le siège de Tolède, et défilèrent devant notre héroïne en rendant hommage à son courage et à sa beauté. Elle mourut le 3 février 1149.

L'autre BÉRENGÈRE, fille aînée d'Alphonse IX, roi de Castille, avait épousé le roi de Léon, Alphonse IX, qui la répudia en 1209, sous prétexte de parenté. Elle rentra en

Castille, où elle fut nommée régente durant la minorité de son frère Henri 1er; mais ayant abdiqué en faveur du comte de Lara, celui-ci la bannit de la Castille. Elle y rentra en 1217, pour succéder à son frère, qui était mort, et céda le trône à Ferdinand, son fils aîné. Elle mourut en 1244.

BERENHORST (GEORGES-HENRI DE), bon stratégiste allemand, connu surtout par ses vives controverses sur l'ancienne tactique, né en 1733 à Sandersleben, dans le pays d'Anhalt-Dessau, et mort en 1814, était le fils naturel du prince Léopold d'Anhalt-Dessau. Il entra au service de Prusse en 1748, en qualité de lieutenant dans le régiment d'infanterie d'Anhalt. En 1757 il fut attaché en qualité de *brigade-major* à l'état-major du prince Henri de Prusse, et trois ans plus tard Frédéric le Grand le prit pour aide de camp.

Après la guerre de sept ans Berenhorst vécut à la cour du prince d'Anhalt-Dessau, qu'il accompagna ensuite dans ses voyages en France, en Italie et en Angleterre, de même que plus tard le prince Georges, à qui il servit de mentor, après avoir eu la présidence de l'espèce d'Académie qui avait été instituée pour diriger son éducation. Dès lors, il vécut entièrement dans la retraite. Dans ses *Considérations sur l'art de la guerre, ses progrès, ses contradictions et ses certitudes* (Leipzig, 1797), il a exposé des principes nouveaux en même temps qu'il s'est efforcé de combattre des préjugés encore trop généralement accrédités. Il faut aussi mentionner ses *Aphorismes* (1805).

BÉRÉNICE (c'est-à-dire, *qui porte la victoire*, du grec φέρω, je porte, et νίκη, victoire). Plusieurs femmes célèbres dans l'antiquité ont porté ce nom.

BÉRÉNICE, seconde épouse du roi d'Égypte Ptolémée Ier Soter (323-284 avant J.-C.), a été célébrée par les poètes, par exemple par Théocrite dans la quinzième et la dix-septième de ses idylles. Elle était fille de Lagus et nièce d'Antipater, et avait épousé en premières noces un Macédonien obscur du nom de Philippe, dont elle avait eu plusieurs enfants, entre autres Magas et Antigone. Plus tard, venue en Égypte à la suite d'Eurydice, femme de Ptolémée Soter, elle inspira une passion si violente à ce prince, qu'il l'épousa, quoiqu'il eût des enfants de celle qu'il avait abandonnée. Elle eut de lui Ptolémée Philadelphe, Argée, Arsinoé et Philotère. Son influence sur Ptolémée Soter fut telle qu'elle le détermina à désigner pour son successeur au trône Ptolémée Philadelphe, son fils du second lit, au détriment des enfants d'Eurydice, et malgré l'opposition de Démétrius de Phalère. A sa mort, ce prince lui fit rendre les honneurs divins.

BÉRÉNICE, fille de Ptolémée Philadelphe et d'Arsinoé, fille de Lysimaque, épousa, l'an 252 avant J.-C., Antiochus II, roi de Syrie, à la mort duquel elle périt assassinée par ordre de Laodicée, première femme d'Antiochus, et de son fils, Séleucus II Callinicus.

BÉRÉNICE, fille de Magas qui s'était rendu indépendant à Cyrène, où Ptolémée-Philadelphe l'avait nommé gouverneur, dut, aux termes d'un traité intervenu entre Magas et Ptolémée-Philadelphe, épouser son frère germain Ptolémée, adopté par Arsinoé, femme de ce dernier. Mais elle fut offerte en mariage à Démétrius-Poliorcète par cette même Arsinoé, qui fit de Démétrius son amant. Celui-ci se conduisit avec tant de brutalité envers Bérénice qu'elle entra dans un complot tramé contre lui, et par suite duquel il fut assassiné dans le lit même d'Arsinoé. Bérénice épousa alors son propre frère, Ptolémée Évergète (la loi égyptienne autorisant de pareilles unions), et elle l'aima tendrement. Ce prince ayant entrepris une expédition en Syrie, Bérénice, alarmée des périls qu'il allait affronter, fit vœu de se faire couper les cheveux et d'en faire une offrande à Vénus Aphrodite s'il revenait vainqueur. Évergète, après avoir soumis à ses lois la Mésopotamie, la Susiane, la Perse, la Médie et la Babylonie, rentra sain et sauf dans ses États; et alors Bérénice, exacte à accomplir son vœu, déposa sa chevelure, qui rehaussait tant l'éclat de ses charmes, dans le temple de Vénus, d'où elle fut enlevée dès la première nuit. Ptolémée Évergète témoigna une profonde douleur de ce larcin, considéré tout aussitôt comme odieux sacrilège, et ordonna les recherches les plus sévères pour en découvrir l'auteur. Toutes les perquisitions étant demeurées inutiles, l'irritation du roi n'en devint que plus vive; et il était à redouter qu'il ne se livrât à tous les excès d'une aveugle vengeance et ne frappât une foule d'innocents, lorsque l'astronome Comon, de Samos, imagina de lui certifier qu'il avait aperçu dans les cieux la chevelure de son épouse chérie, et qu'elle y formait une constellation, composée de sept étoiles disposées en une espèce de triangle dans la queue du Lion. Ce sont ces sept étoiles que de nos jours encore les astronomes ont l'habitude de désigner sous le nom de *Chevelure de Bérénice*. Callimaque composa sur le merveilleux enlèvement de cette chevelure un petit poëme aujourd'hui perdu, mais que Catulle traduisit plus tard en latin. Bérénice survécut à Ptolémée Évergète, et fut mise à mort (216 av. J.-C.) par ordre de son fils Ptolémée Philopator, inquiet et jaloux de l'attachement que le peuple et l'armée lui conservaient.

BÉRÉNICE, épouse de Mithridate le Grand, fut mise à mort par son époux, qui, battu par Lucullus, l'an 72 av. J.-C., craignait qu'elle ne tombât entre les mains de l'ennemi. Il agit de même à l'égard de son autre femme, Monime, et de ses deux sœurs, Roxane et Statira.

BÉRÉNICE, fille de Ptolémée Aulètes et sœur de la fameuse Cléopâtre, mourut l'an 58 avant J.-C. Quand les habitants d'Alexandrie se révoltèrent contre son père, et le chassèrent de leur territoire, ce fut elle qu'ils appelèrent à s'asseoir sur le trône. Mariée d'abord à Séleucus Cybiosactés, elle le prit bientôt en dégoût à cause de ses vices et de ses difformités, et le fit assassiner. Après quoi elle épousa Archélaüs, que Pompée nomma grand-prêtre et roi de Comane. Lorsque le gouverneur romain de la Syrie eut rétabli Ptolémée Aulètes en possession de ses États, celui-ci fit mettre à mort la fille dénaturée qui avait usurpé son trône.

BÉRÉNICE, appelée aussi Cléopâtre, fille de Ptolémée IX (Lathyre), succéda à son père vers l'an 81 avant J.-C., et fut contrainte par Sylla d'épouser son cousin Alexandre et de l'associer au trône. Quelques jours après, elle fut assassinée par son époux, jaloux de régner sans partage, et qui à son tour périt bientôt égorgé par ses sujets révoltés.

BÉRÉNICE, fille d'Hérode Ier Agrippa, roi des Juifs, fut d'abord mariée à un prince de Cilicie. Devenue veuve, elle vint se fixer à Césarée, auprès de son frère Agrippa, et leurs relations donnèrent lieu à des suppositions injurieuses. Elle était avec lui, lorsque saint Paul eut à se défendre devant le tribunal de ce prince. Elle se trouvait à Jérusalem, en l'an 65, lors du siége de cette ville, où elle rendit de nombreux services à ses compatriotes. Elle s'attira ensuite par ses présents la bienveillance de Vespasien, et l'amour de Titus par sa beauté. Sa liaison avec ce prince durait encore lors du sac de Jérusalem. Elle l'accompagna à Rome, vécut pendant quelque temps avec lui dans le palais impérial, et fut même sur le point de devenir son épouser par ce prince, qui ne fut pas plutôt monté sur le trône qu'il la renvoya pour ne point blesser les préjugés nationaux et religieux des Romains en la prenant pour femme. C'est ce sujet que Racine a traité dans sa tragédie de *Bérénice*.

Diverses villes portèrent aussi dans l'antiquité le nom de *Bérénice*, entre autres Bérénice Cyrène, ainsi nommée en l'honneur de la fille de Magas; et Bérénice d'Égypte, sur la mer Rouge, qui tirait son nom de l'épouse de Ptolémée Ier.

BÉRÉNICE (*Zoologie*), genre de méduses de forme discoïde, déprimée ou renflée, garnies à leur circonférence d'une rangée de longs tantacules filamenteux; corps excavé inférieurement, de manière à ce que cette surface remplisse les fonctions de bouche; canaux de l'estomac vasculiformes, aboutissant par quatre troncs principaux à un sinus médian. Ce genre est le type de la tribu des *bérénicidées*, proposée par M. Lesson, qui la caractérise ainsi : méduses dont les ombrelles arrondies ou convexes sont parcourues par quatre canaux en croix, dichotomés et recouverts de suçoirs ; bouche non apparente ; nombreux tentacules circulaires partant d'un canal capillaire et formant le rebord de l'ombrelle. Cette tribu ne renferme que les deux genres bérénice et stanphore. L. LAURENT.

BÉRÉNICE (Chevelure de). *Voyez* CHEVELURE DE BÉRÉNICE.

BERESFORD (Famille), l'une des plus anciennes qu'il y ait en Angleterre, tire son nom d'un vieux château féodal, *Bereford* ou *Beresford*, situé dans le Straffordshire.

Tristram BERESFORD, qui, sous le règne de Jacques Ier, passa en Irlande comme agent de la société créée à Londres pour la colonisation de la province d'Ulster, s'y établit à Coleraine, dans le comté de Londonderry. — Son fils, *Tristram* BERESFORD, fut membre du parlement irlandais, et reçut en 1665 le titre de baronet d'Irlande. — Le petit-fils de celui-ci, *Marcus* BERESFORD, par suite de son mariage avec Catherine DE POER, fille unique et héritière de Jacques, comte de Tyrone, fut élevé en 1720 à la dignité de pair d'Irlande comme *baron Beresford de Beresford*, *comte Cavan et vicomte de Tyrone*, et, à la mort de son beau-père, comme *comte de Tyrone*. — Son second fils, *John* BERESFORD, fut d'abord barrister, puis, à partir de 1770, membre et plus tard pendant longtemps *president of the revenue* d'Irlande, de même qu'il fit partie des deux conseils intimes du roi, tandis qu'un troisième fils de Marcus, *William*, obtenait la dignité d'archevêque de Tuam et était nommé baron de Decies. — Le fils aîné de sir Marcus Beresford, *George de Poer* BERESFORD, hérita en 1763 du titre de son père, et fut créé en 1789 *marquis de Waterford*. A ce titre succédèrent seuls légalement les aînés de la famille Beresford. — Le marquis de Waterford actuel, *Henri* DE POER BERESFORD, est né le 26 avril 1811, et succéda comme membre de la chambre haute à son père en 1826. — *John-Claude* BERESFORD, second fils de sir Marcus Beresford, né le 23 octobre 1766, fut destiné à la carrière commerciale. Il devint en peu de temps l'un des négociants les plus considérés de Dublin, et fut même élevé aux fonctions de lord-maire de cette ville, où jusque dans ces derniers temps il exerça une grande influence dans le parti conservateur, et où il est mort le 3 juillet 1846.

BERESFORD (WILLIAM CARR, vicomte), le plus célèbre d'entre les membres de la famille Beresford, second fils naturel de Georges de Poer, marquis de Waterford, entra au service en 1785 comme enseigne ; servit jusqu'en 1790 dans la Nouvelle-Écosse, où il perdit un œil à la chasse ; prit part ensuite aux expéditions des Anglais contre Toulon et en Corse ; alla en 1795 aux Indes occidentales, et en 1799 aux Indes orientales, où il anéantit les derniers débris de l'insurrection du cap de Bonne-Espérance, duquel il contribua. De là il fut envoyé en Égypte par la mer Rouge, à la tête d'une petite brigade de l'armée de sir David Baird. En 1800 on l'envoya en Irlande, comme colonel ; en 1805 il fut expédié à Buénos-Ayres à la tête d'un petit corps d'armée, et avec le grade de général de brigade. Il s'empara de cette ville, mais il se trouva plus tard dans l'impossibilité de la défendre contre des forces numériquement supérieures. Contraint de capituler, il resta six mois prisonnier sur parole, mais s'échappa alors, parce que les Espagnols, de leur côté, violèrent les clauses de la capitulation, et arriva en Angleterre en 1807.

Le gouvernement le fit immédiatement partir pour Madère avec le commandement des troupes de terre, et après la conquête de l'île il en fut nommé gouverneur. Mais dès 1808 il se voyait appelé à un commandement en Portugal. Il régla les stipulations de la convention de Cintra, et accompagna ensuite sir John Moore en Espagne, où il assista à l'affaire de la Corogne, et protégea l'embarquement des fuyards. Au mois de mars 1809 il fut nommé feld-maréchal et généralissime de l'armée portugaise, position dans laquelle il ne se distingua pas seulement par de brillants faits d'armes, mais aussi par la réorganisation des troupes péninsulaires. A la tête de douze mille hommes, il battit sur les rives du Douro supérieur le corps d'armée commandé par le général Loison, et opéra sa jonction avec les forces aux ordres de Wellington, à l'effet de poursuivre l'ennemi. Il battit aussi le maréchal Soult à Albuhéra, quoique sa perte dans cette affaire ne se soit pas élevée à moins de sept mille hommes. Dans les campagnes de 1812 et 1813 il lui fut également donné de remporter des avantages signalés, tantôt comme commandant en chef, tantôt comme commandant en second (en qualité de lieutenant général anglais). Le 13 mars 1814 il entra à Bordeaux avec le duc d'Angoulême.

En 1817 le gouvernement portugais l'employa à Rio-Janeiro, où il comprima sévèrement un mouvement insurrectionnel tenté par le général Freyre, et cette conduite le dépopularisa profondément dans l'armée portugaise, dont il continuait à exercer le commandement en chef. Bientôt s'accomplit, en 1820, la révolution à la suite de laquelle la constitution des Cortès fut proclamée à Lisbonne, et l'opinion s'accrédita alors en Portugal que Beresford ne reviendrait d'Amérique que porteur d'ordres et d'instructions marqués au coin de l'absolutisme le plus exagéré : aussi s'opposa-t-on à son débarquement. Considéré plus tard comme l'un des plus fermes champions de la cause de dom Miguel, le gouvernement portugais lui retira en 1838 le traitement considérable resté alors attaché à son grade de feld-maréchal dans l'armée portugaise.

Depuis 1810 Beresford (duc *d'Elvas* et marquis *de Campo-Mayor*, en Portugal) représentait à la chambre des communes d'Angleterre le comté de Waterford, où il est né. En 1814 il fut promu à la pairie sous le titre de *baron Beresford*, et figura dès lors parmi les meneurs du parti tory dans la chambre haute. Le parlement lui vota en même temps une dotation annuelle de 2,000 livres sterling, transmissible aux deux héritiers les plus proches de son titre. Il fut en outre créé *vicomte* en 1823, promu en 1825 au grade de *général dans l'armée*, et en 1828 nommé *grand-maître de l'artillerie*. Il a épousé en 1832 Louise, veuve de Thomas Hope, et fille de lord Decies, dont il a été question dans l'article relatif à la famille Beresford.

BERESFORD (sir JOHN POER), frère du précédent, né en 1769, fut nommé vice-amiral en 1825, amiral en 1838, et siégea à la chambre des communes de 1812 à 1828. Il est mort le 22 octobre 1844, dans son domaine de Bedale (Yorkshire). C'est lui qui avait été choisi en 1814 pour escorter Louis XVIII à Calais.

BÉRET ou BERRET. *Voyez* BARRETTE.
BERETTINI (PIETRO). *Voyez* CORTONA.
BÉRÉZINA (Passage de la). L'armée française ayant quitté Moscou et s'étant mise en retraite au milieu du mois d'octobre 1812, le général en chef russe conçut le projet de l'envelopper au passage de la Bérézina, si elle lui échappait avant le Borysthène. L'amiral Tchitchakof reçut en conséquence l'ordre de se diriger avec la moitié des forces sur Minsk, pour se rendre maître des magasins immenses réunis dans cette place, de marcher ensuite sur Borissof, et de s'y déployer sur la rive droite de la Bérézina. Le général Wittgenstein, poussant devant lui les Français qui lui étaient opposés, devait aussi se rendre à Borissof, sur la rive gauche de la Bérézina. Le maréchal Koutousof, avec le corps principal, suivant l'armée française en queue, cette dernière se serait trouvée acculée à une rivière non guéable, et attaquée de toutes parts. Le général russe ne réfléchissait pas qu'en resserrant ainsi une armée qui comptait encore quatre-vingt mille vieux soldats, il en faisait un globe de compression dont l'explosion amènerait inévitablement

sa perte. Les combats de la Bérézina ont prouvé que si le plan de Koutousof eût été exécuté comme il avait été conçu, le résultat en aurait été la destruction totale de l'armée russo, et la possibilité pour nous d'hiverner en Lithuanie. Malheureusement ce plan fut mal exécuté, et le manque de son exécution fut précisément la cause de notre perte.

Le 27 octobre, l'amiral Tchitchakof partit de Brecz-Litewski avec environ trente mille hommes, dont dix mille de cavalerie. Le prince de Schwartzenberg, commandant le corps autrichien, n'inquiéta pas ce mouvement. Le cabinet de Vienne, dirigé par un agent anglais (M. Walpoole), méditait déjà de profiter de nos revers par la défection qui fut consommée plus tard. Schwartzenberg resta derrière le Bug, et s'il fit un mouvement en avant à Wolkowisk pour battre le général Sacken, que Tchitchakof avait laissé en Volhynie, ce mouvement n'eut aucune suite. Le 12 novembre, l'amiral Tchitchakof arriva sur le bord de la Bérézina, en face de Sverjin. A cette même époque, le corps du duc de Reggio se retirait de Cholopeniczy sur Bobr; celui du duc de Bellune était à Czasniky en face du général Wittgenstein, qui couvrait Lepel; la division Loison, forte de douze mille hommes, occupait Wilna; la division de Dombrowsky s'étendait entre Jgumen et Bobruisk. Il y avait à Minsk environ trois mille hommes. A la nouvelle de l'arrivée d'un corps russe sur le Niémen, le gouverneur de Minsk perdit la tête, et s'avisa de vouloir disputer le passage de cette rivière. Il y envoya un bataillon de la garnison et trois qu'il avait demandés au général Dombrowsky, opposant ainsi environ trois mille hommes à trente mille. Ainsi qu'il était facile de le prévoir, ce détachement fut battu et presque dispersé, et le 15 au soir l'avant-garde russe se trouva à quatre lieues de Minsk. Le gouverneur se décida alors à quitter la ville en toute hâte pour se rendre à Borissof, où il parvint encore à réunir trois mille homme de recrues qui venaient de l'armée, et qu'il fit rétrograder. Le général Dombrowsky, qui était accouru de sa personne à Minsk, retourna en hâte à sa division à Jgumen, afin de la diriger sur Borissof.

Le gouverneur de Minsk resta pendant cinq jours à Borissof sans que l'ennemi parût; mais il perdit ce temps dans une apathie qui tenait de l'imbécillité. Il ne s'occupa pas de faire mettre au moins en état le réduit du camp retranché qui couvrait le pont; il ne plaça aucune troupe sur la rive droite. Si l'ennemi avait marché droit sur lui, au lieu de s'arrêter à Minsk, il serait entré dans le bourg sans rencontrer d'obstacles. Le 20, vers 10 heures du soir, la division Dombrowska arriva vers la tête du pont, et s'y plaça comme elle put. Dès le point du jour, le 21, elle fut attaquée par les divisions russes de Lambert et Langeron, fortes de dix mille hommes d'infanterie et de six mille chevaux. Dombrowsky n'en avait pas cinq mille. Le combat se soutint cependant depuis six heures du matin jusqu'à cinq heures du soir. Après des efforts inouïs de valeur, la brave division polonaise fut obligée de repasser le pont sans pouvoir le détruire, ayant perdu près de quinze cents hommes et quatre canons; mais elle prit position sur les hauteurs qui dominent Borissof, en arrière de la route de Bobr, et arrêta l'ennemi vainqueur. Que faisait pendant ce temps le duc de Reggio, qui était à Bobr, et dont une division, celle du général Merle, occupait Nacza? De l'un et de l'autre de ces points, on avait parfaitement entendu la canonnade, qui avait duré onze heures, et où près de cent bouches à feu avaient été engagées. A une autre époque l'on aurait poussé sur Borissof une division, qui y serait arrivée à dix heures du matin, et aurait suffi pour repousser les Russes et conserver le pont. Mais les temps de la fortune de Napoléon commençaient à passer. Quoi qu'il en soit, le défaut de coopération du corps du duc de Reggio au combat du 21 novembre fut la véritable cause des désastres de la Bérézina.

Ce même jour la grande armée française était entre Orsza et Toloczin. Le corps du duc de Bellune s'était rapproché de Czasniky à Cholopeniczy. Wittgenstein suivait le duc de Bellune. Koutousof était encore en arrière du Boristhène. Ce ne fut que le 23 que le duc de Reggio se décida à marcher sur Borissof. Une division russe en débouchait alors, se dirigeant vers Bobr. Elle fut facilement culbutée, et perdit son artillerie et ses bagages; mais l'amiral Tchitchakof put faire couper le pont de son côté, et garnir de batteries les hauteurs qui le dominent. Le 25, le gros de l'armée française se trouva réuni sur les hauteurs en arrière de Borissof, ayant une arrière-garde à Losznitza. Le duc de Reggio était à Borissof, le duc de Bellune sur la gauche à Ratulicsy. Wittgenstein avait cessé de le suivre et était à Baran, s'avançant du côté de Borissof. Le maréchal Koutousof occupait Kopis, sur le Boristhène; l'amiral Tchitchakof avait la division Tchaplitz à Zembin, et était avec les trois autres devant Borissof. Ce même jour il reçut de Koutousof l'ordre de s'étendre à droite sur Bérézino, parce que l'armée française se dirigeait de Bobr sur ce point. Le 26 l'amiral s'y rendit en effet, avec une division.

Cependant l'empereur Napoléon, ayant rassemblé son armée et déployé une nombreuse artillerie en face de Borissof, parut d'abord vouloir forcer le passage. L'opération était peu praticable, quand même on serait parvenu à réparer le pont, parce qu'il fallait passer un défilé de 600 mètres formé par le pont et les digues qui traversent les marais, et sous le feu des batteries qui couronnaient les hauteurs semi-circulaires dans la concavité desquelles on arrivait. L'armée, néanmoins, n'avait à choisir que'entre deux routes, celle de Minsk et celle de Wilna, par Pleszczesnitzy. Napoléon se décida pour la dernière, qui paraissait la moins gardée; mais il lui importait de faire croire à l'ennemi qu'il choisirait la première, afin de se rapprocher de l'armée de Schwartzenberg, qui s'était aussi avancée du côté de Niesvy. Tandis qu'il poussait des reconnaissances vers Veselovo, il envoya d'assez forts partis de cavalerie vers Ucholoda, en descendant la Bérézina, et fit même commencer à y réunir des matériaux pour un pont. La position de Veselovo ayant été bien reconnue, le corps du duc de Reggio et la division Dombrowsky s'y rendirent le 26 au matin. Les autres corps de l'armée suivirent ce mouvement, excepté celui du duc de Bellune, qui reçut l'ordre de se rendre à Borissof, pour continuer à tromper l'ennemi. Dès son arrivée le duc de Reggio fit construire deux ponts, dont un pour l'infanterie, avec les matériaux que fournit la démolition du village. Ce travail fut protégé par le feu de l'artillerie, à laquelle les ennemis ne répondirent que faiblement, et pendant une heure au plus. Tchaplitz resta dans le bois que sillonne la route de Zembin. Un peu avant la nuit, Napoléon, voyant que l'infanterie ennemie s'était retirée de la plaine jusque dans le bois, ordonna au duc de Reggio de traverser la rivière. Une forte gelée, qui avait repris le 24, rendit les marais praticables et facilita le passage. Tchaplitz, vivement attaqué, fut culbuté sur Brilova, et la route de Zembin se trouva ouverte. Le général Dombrowsky fut blessé à cette affaire.

Aussitôt après, Napoléon passa avec la garde et s'établit sur les hauteurs qui bordent le bois. Le 3e et le 5e corps passèrent ensuite, et se placèrent en réserve derrière le duc de Reggio, qui avait pris position à Brilova, pour contenir l'amiral Tchitchakof, qu'on s'attendait à voir accourir au secours de Tchaplitz. Ce passage dura toute la nuit, parce que la mauvaise qualité et la faiblesse des matériaux qu'on avait été forcé d'employer pour les ponts obligeaient à les réparer souvent. Le 27, vers midi, le duc de Bellune arriva devant Veselovo, avec les divisions Daensdels et Girard, et y prit position pour couvrir le passage. La division Partouneaux resta à Borissof jusqu'à six heures du soir; alors elle se mit en route pour rejoindre son corps d'armée; mais le général s'étant trompé de chemin alla se jeter au milieu du corps de Wittgenstein, qui était arrivé à Studentzy. Le passage des 1er, 4e, 7e et 8e corps, du grand parc et des équipages dura toute la journée du 27 et la nuit suivante, à cause des fréquentes réparations à faire au pont.

Le 28, au point du jour, l'amiral Tchitchakof, qui avait réuni toute son armée, déboucha de Stachova, et attaqua les corps du duc de Reggio, du duc d'Elchingen (3e) et du prince Poniatowsky (5e), qui étaient en avant de Brilova. Malgré la disproportion du nombre (12,000 contre 30,000), le combat se soutint toute la journée à avantage égal. Le soir, une charge brillante de la division de cuirassiers du général Doumerc décida l'amiral à la retraite. Sur l'autre rive, le général Wittgenstein attaqua en même temps le duc de Bellune. Ici la disproportion était encore plus grande : le 9e corps ne comptait que 15,000 combattants, l'ennemi en avait 45,000. Le duc de Bellune avait sa droite flanquée d'une batterie de la garde, appuyée à la rivière; sa gauche en l'air n'était couverte que par la brigade de cavalerie du général Fournier, qui fit des prodiges de valeur. Derrière le 9e corps, dans la plaine qui s'étend jusqu'au pont, se trouvaient quelques milliers de voitures, fourgons ou caissons, et une multitude d'employés civils et militaires, de femmes, d'enfants et de blessés, qui, devant passer les derniers, étaient encore sur la rive gauche de la Bérézina, et commençaient à peine à défiler sur les ponts. Le 9e corps soutint le combat avec une valeur et une constance héroïques, il tint longtemps la victoire indécise; mais enfin, vers trois heures après midi, il fut obligé de céder et de repasser les ponts, qu'on fit sauter, abandonnant l'artillerie et tous les non-combattants qui n'avaient pu gagner la rive droite.

La plaine de Veselovo offrait le soir un spectacle dont l'horreur est difficile à peindre. Elle était couverte de voitures et de fourgons, la plupart renversés les uns sur les autres et brisés; elle était jonchée de cadavres, parmi lesquels il n'y avait qu'un trop grand nombre d'individus non militaires, de femmes et d'enfants, traînés à la suite de l'armée jusqu'à Moscou, ou fuyant cette ville pour suivre leurs compatriotes. Le sort de ces malheureux, au milieu de la mêlée des deux armées, fut d'être écrasés sous les roues des voitures ou sous les pieds des chevaux, frappés par les boulets ou les balles des deux partis, noyés en voulant passer les ponts avec les troupes, ou dépouillés par les Russes et jetés sur la neige, où le froid termina bientôt leurs souffrances. La perte totale de l'armée française, dans les deux combats du 28, peut être évaluée à environ 10,000 hommes, dont 6,000 combattants seulement; le reste était des blessés et des non-combattants de tout âge et de tout sexe.

Le projet d'envelopper l'armée française, qu'on attribue à l'empereur Alexandre, manqua par les causes suivantes : 1° le général Wittgenstein, après avoir reçu des instructions qui le concernaient, aurait dû se porter de Senno directement sur Pleszczenitzy et Zembin, où il aurait joint l'amiral Tchitchakof dès le 21 novembre; dans ce cas, le passage de la Bérézina serait devenu bien plus difficile, ou plutôt presque impossible. Au lieu de cela, Wittgenstein, en s'attachant à suivre le 9e corps, fit un long détour, qui le plaça à la queue de l'armée française au lieu d'être devant elle. 2° Le maréchal Koutousof fit la faute d'ordonner à l'amiral Tchitchakof de s'étendre à droite, en sorte que le 26 il ne se trouva à Zembin qu'une division russe, au lieu de deux. 3° Le maréchal commit lui-même une énorme faute en retardant tellement sa marche que, le 27, il était encore sur les bords du Boristhène, et en se dirigeant de là sur Bérézino, sans avoir fait reconnaître si réellement l'armée française suivait cette route.

Au reste, l'armée française ne fut qu'en partie sauvée à la Bérézina. Le désordre devint si grand après le passage de cette rivière, que la plupart des corps qui avaient encore maintenu jusque-là une apparence d'organisation, se débandèrent entièrement. Plus de trente mille individus de tous les corps, désarmés et marchant pêle-mêle comme des troupeaux de moutons, sans vouloir reconnaître aucune discipline, tombèrent entre les mains de l'ennemi depuis là jusqu'à Wilna. L'ennemi ne pouvait pas espérer un résultat aussi avantageux de la bataille générale qu'il avait voulu amener sur les bords de la Bérézina. Gal G. DE VAUDONCOURT.

BERG (c'est-à-dire *montagne*), jadis duché indépendant d'Allemagne, aujourd'hui partie intégrante de la province Rhénane (Prusse), est séparé à l'ouest, par le Rhin, de l'ancien archevêché de Cologne, qui le limite aussi au sud. A l'est, il touche au territoire de Nassau-Siegen, devenu de nos jours le cercle de Siegen, au duché de Westphalie et au comté de la Marche; au nord au duché de Clèves; et le Rhin le sépare encore du duché de Meurs. C'est le pays de fabriques par excellence de l'Allemagne, et l'industrie de même que le commerce y ont acquis un haut degré de prospérité, particulièrement dans la vallée de Wupper, où s'élèvent les villes d'*Elberfeld* et de *Barmen*. Toute cette contrée est de nature montagneuse. Le fer, le plomb et la houille y abondent, mais on est loin d'y récolter assez de grains pour les besoins de la population, qui n'est nulle autre part en Allemagne agglomérée en aussi grand nombre sur un petit espace. Cette nombreuse population, le haut degré de perfection de son industrie et les richesses qui en sont la source, ce pays les doit aux conditions physiques dans lesquelles il se trouve placé, et aux mesures prises par le gouvernement pour en favoriser le développement. Une circonstance qui contribua surtout à assurer la prospérité du duché de Berg, ce fut la neutralité qu'il lui fut donné d'observer presque constamment pendant les longues guerres du dix-septième et du dix-huitième siècle, et qui engagea à s'y fixer une foule d'individus riches et industrieux expulsés de France ou des Pays-Bas pour cause de religion. La révocation de l'édit de Nantes par Louis XIV eut surtout pour résultat d'y appeler un grand nombre d'émigrés français fuyant la persécution religieuse, et qui y apportèrent le goût et la délicatesse qui distinguent les manufacturiers de leur pays dans la fabrication des soieries, des toiles peintes, des dentelles, dans le blanchiment des toiles et dans la papeterie fine.

A l'époque de la domination des Romains, le pays de Berg était habité par les Ubiens, qui y restèrent indépendants jusqu'à la grande migration des peuples, moment où ils disparaissent de l'histoire et où leur territoire fut occupé par les Franks Ripuaires.

Depuis le commencement du douzième siècle, une partie du pays de Berg, érigé plus tard en duché, fut gouvernée par des comtes particuliers, de la famille des comtes de Teisterband, parmi lesquels Adolphe et Éberhard, dit le chevalier d'Altena, furent, en récompense de leurs services militaires, créés comtes de Berg et d'Altena par l'empereur Henri V, en 1108. Leurs descendants accrurent encore leur héritage par des mariages, des donations, etc., jusqu'à ce que les fils d'Adolphe III en fissent le partage.

A la suite de l'extinction de la descendance mâle des comtes de Berg, ce pays échut ensuite, d'abord par voie d'héritage, en 1219, au duc Henri IV de Limbourg, et à l'extinction de la race de celui-ci, en 1348, par mariage, à Gérard, prince de Juliers, dont le fils Guillaume 1er fut créé duc de Berg par l'empereur Wenceslas; et à partir de cette époque le pays de Berg partagea les destinées de celui de Juliers.

Quand, en 1609, la famille souveraine de Juliers-Berg vint à s'éteindre, l'Autriche éleva des prétentions à la possession de ce territoire à titre de fief de l'Empire tombé en déshérence, et l'Espagne lui promit son appui pour les faire prévaloir. Mais elles furent énergiquement combattues par la Saxe électorale, par l'électeur de Brandebourg et par le prince palatin de Neubourg. Ces deux derniers candidats se firent autoriser par les états du pays à le gouverner collectivement. Ce régime, que la république des Pays-Bas garantit, se perpétua au grand avantage de la population jusqu'en l'année 1624, époque où, à la suite de difficultés nouvelles, une convention passée à Dusseldorf décida que les pays de Clèves, de la Marche, de Ravensberg et de Meurs appartiendraient à l'électeur de Brandebourg, et Juliers avec Berg au prince palatin de Neubourg. Cet arrangement fut confirmé en 1666 dans ses dispositions les plus essentielles ; après quoi, lors de l'extinction de la maison palatine, en 1742, le pays de Berg passa sous l'autorité de l'électeur Charles-Philippe-Théodore de la ligne de Sulzbach, et à la mort de celui-ci, en 1799, au duc palatin Maximilien-Joseph de Deux-Ponts, ainsi que les autres parties du territoire.

En 1806 le duché de Berg fut cédé à la France ; Napoléon l'érigea en *grand-duché* en faveur de son beau-frère, Joachim Murat, et divisa son territoire de 165 myriamètres carrés, avec une population de 900,000 âmes, en quatre départements, à savoir : les départements du Rhin, de la Sieg, de la Ruhr et de l'Ems. Quand, en 1808, Murat fut appelé à occuper le trône de Naples, il dut céder son grand-duché au fils aîné, et encore mineur, du roi Louis de Hollande; mais Napoléon s'en réserva l'administration. Ce jeune prince n'était point arrivé à l'âge de majorité quand, en 1813, les troupes des alliés occupèrent le grand-duché de Berg, où l'on établit un gouvernement provisoire, qui continua à fonctionner jusqu'à ce que le congrès de Vienne, en 1815, eût adjugé ce territoire à la Prusse.

BERG (Grand-duc de). *Voyez* MURAT.

BERGAME (*Bergamo*), délégation du royaume Lombardo-Vénitien, d'une superficie totale de 36 myriamètres carrés, avec une population de 345,000 habitants.

Cette province est très-montagneuse et fortement boisée dans sa partie septentrionale, tandis que sa partie méridionale appartient aux fertiles plaines de la Lombardie. La sériculture et l'industrie du fer constituent les principales richesses de la population, race active et industrieuse, qui exploite de nombreuses manufactures de draps et de soieries, s'occupe beaucoup aussi de l'élève du bétail, et fait un commerce important en bois de construction. Les Bergamasques parlent un dialecte d'une grande rudesse, et passent parmi les Italiens pour aussi rusés qu'ils paraissent en général lourds et ridicules. Les personnages bouffons du théâtre populaire italien, Arlequin, Truffaldino, Pantalon et Colombine, sont originaires de Bergame, et les auteurs comiques leur mettent toujours dans la bouche le dialecte de cette province. On a les *Métamorphoses* d'Ovide traduites en bergamasque par un auteur qui a pris le nom et la qualité de *Baricocol, dottor dal val Bambrena*.

Le chef-lieu de la délégation est *Bergamo*, le *Bergamum* des anciens, ville bâtie dans une situation ravissante, entre plusieurs collines, sur les rives du Brembo et du Serio. Elle est le siège d'un évêché et des autorités supérieures de la province. On y compte environ 32,000 âmes. Elle possède une école de peinture et de sculpture, un musée, un lycée avec une bibliothèque de 45,000 volumes, et plusieurs fabriques, notamment de soieries, de draperies et de fer. Parmi les 65 églises et chapelles qu'elle renferme, les plus remarquables par leur antiquité, leur architecture et leurs tableaux sont celles de *Santa-Maria-Maggiore*, *San-Alessandro della croce* (ancienne église arienne), *San-Bartolomeo*, *San-Andrea*, *Santa-Maria del Sepolcro* et *Santa-Grata*. La foire de Saint-Barthélemy, dont la fondation remonte, dit-on, au dixième siècle, et qui se tient chaque année au mois d'août dans le faubourg de San-Leonardo, est célèbre à bon droit. Elle a lieu dans un bâtiment en pierres construit à cet effet et contenant plus de 600 boutiques. On évalue à plusieurs millions de lire l'importance des affaires qui s'y traitent chaque année. Les troubles dont l'Italie a été le théâtre dans ces dernières années ont d'ailleurs singulièrement nui à cette foire. Le chiffre de la population de Bergame est resté stationnaire depuis longues années, parce qu'une grande partie de ses plus pauvres habitants émigrent annuellement pour chercher du travail ailleurs. C'est ainsi que jusqu'en 1848, époque où on leur enleva ce monopole, les *facchini* de la douane de Florence étaient exclusivement des Bergamasques.

BERGAMI (BARTOLOMEO). *Les rois s'en vont ;* mais pendant longtemps encore leurs vertus, leurs vices, leurs malheurs feront partie de l'histoire des peuples, et serviront à peindre les mœurs de l'époque où ils auront vécu. Georges, prince de Galles, épousant Caroline de Brunswick, sa cousine, et s'enivrant si complètement les trois premiers jours de son mariage que Rome même l'aurait déclaré nul, représente une triste mode anglaise en l'année 1795 ; et quand en 1820, devenu roi, il l'accuse d'adultère et lui intente un procès, afin de prouver que l'accusation est vraie, les usages anglais qui interviennent nous révoltent et nous indignent. Entre ces deux rejetons de tant de têtes couronnées, s'élève le pauvre Bartolomeo Bergami, qu'ils vont rendre célèbre à jamais. Il a été maréchal-des-logis chef dans un régiment italien. Des passe-droits (on en fait partout) le décident à quitter le service ; mais comme il a l'habitude du cheval, il devient courrier du général Pino. Cette servitude lui déplaît, car il dit qu'il est gentilhomme, et peut-être le prouverait-il ; mais le fait positif est qu'il a une taille herculéenne, un visage régulier, une chevelure blonde, épaisse, bouclée, un esprit naturel fort gai, de la finesse, et un courage, une audace, qui ne se démentent jamais. Avec de semblables avantages, on peut être le courrier d'une princesse : aussi le marquis Ghislieri le présenta-t-il à celle de Galles, qui voyageait en Italie en 1814.

La princesse Caroline de Brunswick avait quarante-sept ans, peu de beauté ; mais elle était bonne, malheureuse, et accusée depuis longtemps de ne guère tenir compte des convenances. Elle n'avait pas encore distingué le grand et beau Bergami, lorsqu'un des camarades de celui-ci lui donna un verre de vin destiné à la reine. Ce vin était empoisonné ; Bergami faillit mourir, et son auguste maîtresse crut devoir le dédommager des douleurs qu'il souffrait pour elle, bien qu'il ne lui dût qu'au hasard. Bergami fut fait écuyer, baron, chambellan ; et sa sœur, la comtesse Oldi, devint dame d'honneur. Depuis cette époque Bergami ne s'occupa qu'à préserver la vie de Caroline, même aux dépens de la sienne ; car des scélérats, pour leur compte ou pour celui d'un tiers bien connu, tentèrent souvent de l'assassiner. La reconnaissance de la princesse se manifesta sous toutes les formes, et surtout envers la petite fille de Bergami, qui se disait veuf, et achetait le silence de sa femme au moyen d'une pension. Cette enfant, malade, ne recevait de soins que de Caroline ; mais le roi d'Angleterre a fait constater juridiquement que Bergami n'en recevait pas de moins affectueux ; et la gratitude de Caroline n'était que de l'amour, s'il faut en croire les accusations d'adultère intentées contre elle en 1820, lorsque, son mari devenu roi, elle eut (chose inconcevable pour une femme d'esprit !) la fantaisie de s'asseoir aussi sur le trône. On tenta vainement Bergami par l'appât de sommes immenses de joindre ses aveux aux dépositions de ceux qui accusaient la reine ; il s'y refusa constamment. Sa discrétion eût été inutile, si le duc d'York n'eût pas eu lui-même intérêt à ce que le divorce ne fût pas prononcé. Plus tard un courrier apprit à Bergami, retiré à Pesaro, que Caroline, étant au spectacle, avait pris une glace et était morte quelques heures après. « Elle a été empoisonnée ! » s'écria-t-il ; et il ne cessa de le croire.

Quoi qu'il en soit, Bergami était devenu riche. Il vécut quelque temps entouré d'une considération telle, qu'on lui avait permis d'avoir une garde et qu'on lui avait donné six canons pour la défense de sa personne. Lors du soulèvement des Italiens en 1831, il fit enfouir ces canons, dont les insurgés voulaient s'emparer, et évita toujours de prendre part aux dissensions politiques. A son tour, il éleva une servante obscure au rang de surintendante de sa maison, et lui témoigna une affection sans bornes. La fille et les gens de Bergami regrettèrent le joug de la princesse, beaucoup plus doux, disait-on, que celui de cette maritorne. Cependant Bergami conserva toujours le souvenir de sa royale maîtresse; n'en parlant qu'avec respect, portant à son intention des bracelets d'or rivés au haut de ses bras. Beaucoup de personnes d'un rang élevé accueillaient Bergami comme un ami, à Rome, à Naples et à Milan; et l'histoire, car il faudra qu'on l'y nomme, ne confondra point le favori de Caroline avec ceux de Catherine II. Comtesse de BRADI.

BERGAMOTTE. Il y a deux fruits de ce nom : le premier, que donne une variété du *citrus margaritta*, est une sorte de citron ou de petite orange, ronde et verte, très-estimée, d'une odeur et d'une saveur très-agréables, dont la feuille et le fruit sont plus courts que ceux des citrons et des oranges ordinaires, et dont l'écorce donne, par l'extraction, une huile employée comme parfum et quelquefois en médecine. On fait aussi avec son écorce de petites boîtes à bonbons parfumées, et qui conservent le nom de *bergamottes*.

Un grand nombre d'espèces de poires sont comprises également sous le nom commun de *bergamottes* : ce sont 1° la *bergamotte d'été* ou *de la Beuvrière*, appelée aussi *milan blanc*; 2° la *bergamotte rouge*; 3° la *bergamotte suisse*; 4° la *bergamotte d'automne*; 5° la *bergamotte crassane*; 6° la *bergamotte de Soulers* (ou *bonne de Soulers*); 7° la *bergamotte de Pâques* (ou *d'hiver*); 8° la *bergamotte de Hollande* (ou *d'Alençon*); et 9° la *bergamotte cadette* (ou *poire de Cadet*). Ces diverses variétés de la même espèce ont plus ou moins d'analogie entre elles et plus ou moins de qualités; mais elles sont, en général, d'une nature tendre, fondante, sucrée et parfumée, qui les fait rechercher des amateurs.

Les deux espèces de fruits dont nous venons de parler viennent, dit-on, l'une et l'autre de Bergame, en Italie, d'où elles ont retenu leur nom.

BERGARA ou VERGARA, ville d'Espagne, dans la province basque de Guipuscoa, sur le Deva, au nord-est de Vittoria, compte une population de 5,000 âmes, et possède une école des mines, une société savante et des fabriques d'acier. Le souvenir d'un fait important de l'histoire contemporaine se rattache au nom de cette ville. C'est en effet dans ses murs que le général carliste Maroto conclut, le 31 août 1839, avec le gouvernement de Madrid, représenté par Espartero, une capitulation connue sous le nom de *convention de Bergara*, laquelle mit fin à la guerre civile dans la péninsule en contraignant le prétendant don Carlos à chercher un asile en France. *Voyez* ESPAGNE.

BERGASSE (NICOLAS), avocat de Lyon, né en 1750, est connu surtout par ses débats et sa lutte avec un écrivain célèbre, l'auteur du *Mariage de Figaro* (*voyez* BEAUMARCHAIS, t. II, p. 671 et 672). Rien n'était plus simple au fond que le procès de Kornmann contre son épouse. C'était une de ces malheureuses affaires que de sages conseillers font vider en famille, pour éviter un éclat préjudiciable à toutes les parties. L'époux trompé, peut-être l'épouse victime de la séduction et plus malheureuse que coupable, ont un égal intérêt à rompre spontanément dans le silence du foyer domestique des liens qui ne peuvent plus être pour l'un et l'autre qu'un avenir de honte et de douleur. C'est ainsi qu'aurait pu être évité le plus scandaleux des procès. Beaumarchais, qui n'avait jamais eu avec les époux Kornmann aucun rapport d'affection ni d'intérêt, imagina de se faire tout à coup le champion de la femme malheureuse et persécutée. L'époux outragé invoqua les conseils et la courageuse éloquence de Bergasse. Le modeste avocat de Lyon se trouva en présence d'un écrivain déjà célèbre, et dont le talent et l'audace grandissaient avec les obstacles. Le procès se compliqua de plus en plus, et dura plusieurs années. Bergasse opposait aux sarcasmes, aux outrageantes personnalités de son spirituel adversaire, cette éloquence calme, sévère et consciencieuse, qui puise toute sa force dans la double autorité des principes de la raison et des lois. Les épigrammes de Beaumarchais étaient applaudies dans les salons. Bergasse n'oubliait jamais la dignité de sa cause, et restait sur le terrain des convenances et de la légalité. Il fit preuve, dans ces longs et orageux débats, d'un rare talent et d'une courageuse probité. Son procès avait été gagné au tribunal de l'opinion avant que les magistrats eussent prononcé.

Ses concitoyens ne l'oublièrent pas, et il fut élu député aux états généraux de 1789. Ce fut alors qu'il publia une brochure intitulée *Cahier du tiers état à l'assemblée des états généraux*. C'était l'œuvre d'un citoyen aussi probe qu'éclairé. Dès l'ouverture de cette session mémorable, il se prononça pour la réunion des trois ordres. Il monta rarement à la tribune; et il se plaçait au fond de la salle, à une égale distance du côté droit et du côté gauche. Nommé membre du premier comité de constitution, il conserva dans la discussion toute l'indépendance de ses opinions. L'organisation judiciaire avait d'abord fixé l'attention de l'assemblée. Le rapport de Bergasse sur la nécessité de la réformation des parlements, des autres cours de justice et des tribunaux, est remarquable par sa sagesse, l'impartialité de ses motifs et la précision de ses dispositions. Il ne voulait pas la suppression de l'ordre judiciaire établi, mais sa réformation, l'abolition de la vénalité des charges, le retour à l'ancienne constitution de la France, l'élection par candidature, telle qu'elle avait été déterminée par les états d'Orléans en 1560.

Après les événements d'octobre, Bergasse abandonna l'assemblée, et quelques mois après il publia une brochure où il tâcha de justifier son refus de se soumettre aux principes constitutionnels qu'elle avait adoptés et qui étaient précisés dans la déclaration des droits. Bergasse prétendait qu'on ne pouvait exiger de serment que pour la constitution elle-même, et lorsqu'elle serait entièrement terminée. Toutefois, il ne resta pas complètement étranger aux graves débats de l'assemblée, et publia successivement plusieurs brochures contre les assignats, et sur le plan de constitution présenté par les comités. Au sein de l'assemblée il avait affecté une entière neutralité entre les deux fractions; depuis sa retraite il s'était rapproché du parti de la cour, et se livrait tout entier à la rédaction d'un son plan de réformation politique. Il voulait la monarchie à tout prix, non pas absolue, mais avec des modifications qu'il croyait praticables. Cependant les événements se compliquaient avec une gravité toujours croissante. Les mémoires, les plans proposés par Bergasse, furent trouvés aux Tuileries après le 10 août. Réfugié à Tarbes en 1793, il y fut arrêté comme suspect et conduit à Paris.

Emprisonné à la Conciergerie, il travaillait à sa défense. L'accusation portée contre lui était spécialement motivée sur son ouvrage contre les assignats. Son plaidoyer n'eût pu le sauver; il devait comparaître bientôt devant le tribunal révolutionnaire, quand le gouvernement de la Terreur fut renversé, le 9 thermidor.

Bergasse s'était dévoué par conviction à la défense de l'ancienne monarchie, des intérêts du clergé et de la noblesse. On n'aurait pas dû oublier ses services après les événements de 1814 et de 1815; un prince étranger seul se rappela le défenseur infatigable de l'autel et du trône. L'empereur Alexandre, après avoir fait, dans le palais de l'Élysée, l'accueil le plus bienveillant à Bergasse, qui travailla, dit-on, avec Mme de Krudener à la rédaction du fameux traité de la Sainte-Alliance, alla le visiter dans sa modeste demeure, et lui offrit une honorable retraite dans ses États.

Bergasse ne voulut point quitter la France. La foule des solliciteurs obstruait alors toutes les avenues du pouvoir, Bergasse fut oublié. Il continua néanmoins à défendre la cause qu'il avait embrassée. Fidèle à ses précédents, il publia, en 1821, un nouvel ouvrage en faveur des émigrés, et contre la *confiscation* de leurs biens. Ce livre, intitulé *De la Propriété*, fut déféré aux tribunaux; l'auteur comparut devant la cour d'assises de la Seine le 28 avril 1821, et fut acquitté.

Bergasse avait, dans le cours de sa longue carrière, éparpillé ses talents et ses vastes connaissances en droit public et en histoire dans une foule d'ouvrages nés des circonstances, et qui ont passé avec elles. Quelques-uns cependant peuvent être utilement consultés, et les bibliophiles en conservent la collection. Il a publié aussi quelques travaux sur divers sujets de piété et sur le magnétisme animal. Entièrement retiré de la scène politique, il n'y reparut un instant qu'en 1830 pour être nommé, à la stupéfaction générale, conseiller d'État par une des petites ordonnances qui servaient d'escorte aux grandes et désastreuses ordonnances de juillet, rentrer de nouveau dans l'obscurité et y mourir, le 28 mai 1832, à l'âge de quatre-vingt-deux ans.

DUPEY (de l'Yonne).

BERGE. On entend proprement par ce mot les bords ou levées des rivières.

On donne aussi ce nom aux grands chemins qui, étant taillés dans quelque côte, sont escarpés en contre-haut ou dressés en contre-bas, avec talus, pour empêcher l'éboulement des terres et retenir les chaussées faites de terres rapportées.

En termes de marine, les *berges* ou *barges* sont de grands rochers âpres, élevés à pic au-dessus de l'eau : tels sont ceux d'Olonne, de Scylla et de Charybde, en Sicile.

Une *berge* ou *barge* est encore une chaloupe longue et étroite dont on se sert sur quelques rivières.

BERGEN, chef-lieu du bailliage du même nom, en Norvège, avec une superficie de 330 myriamètres carrés et une population de 200,000 âmes, en même temps la ville la plus peuplée du royaume de Norvège, est située à l'extrémité du golfe de Waag, qui entre profondément dans les terres, où il forme un excellent port entouré de rochers à pic, dont quelques-uns ont plus de 2,000 pieds d'élévation. Du côté de la terre la ville s'appuie sur sept montagnes qui s'élèvent en demi-cercle autour de ses murailles. Du côté de la mer elle est protégée par le fort de *Bergenhuus*, par la citadelle appelée *Frederiksberg*, et par plusieurs batteries. Au total, elle est bien bâtie; cependant les rues en sont souvent étroites, tortueuses et inégales; et la plupart des maisons sont construites en bois, d'après l'architecture particulière à la Norvège. Elle se compose de trois parties : la ville proprement dite, le *Sandvigen* et le *Nosted*, et on n'y entre que par deux portes. On y compte six places publiques, cinq églises et un château royal. Le nombre de ses habitants s'élève à 25,000.

Bergen est le siége d'un évêché et des autorités centrales du bailliage; elle possède une école supérieure, quatre écoles secondaires et plusieurs écoles élémentaires, une école de navigation, trois bibliothèques publiques, un musée national d'histoire naturelle, d'art et d'archéologie, un théâtre, une succursale de la banque, une caisse d'escompte, une bourse, un hôpital et divers autres établissements de charité. Une circonstance climatérique particulière, non pas seulement à cette ville, mais encore à toute la côte occidentale de ce bailliage, c'est que l'influence de l'Océan contribue à y rendre la température bien moins froide que dans l'intérieur du royaume, de même que le voisinage de la mer y rend les pluies très-communes : aussi une journée de beau soleil y est-elle chose extrêmement rare.

C'est à Bergen que les habitants des côtes septentrionales viennent échanger leurs produits, tels que planches, mâts, lattes, bois à brûler, goudron, huile de baleine, cuirs, etc., mais surtout poissons secs, contre des grains et autres objets de première nécessité qu'y importent des Danois, des Anglais, des Hollandais et des Allemands. Bergen, qui possède un nombre considérable de navires, est le centre d'un commerce fort actif; aussi en 1846 ses exportations s'élevèrent à plus de 300,000 tonnes de hareng, 200,000 quintaux de morue salée, et 50,000 tonneaux d'œufs et d'huile de poisson.

En 1445 les villes hanséatiques allemandes fondèrent dans ces parages une factorerie et des magasins; et pendant longtemps les ouvriers allemands qui habitaient Bergen furent placés sous la protection de la Hanse. C'est à cette époque aussi que remonte la fondation de l'église allemande, la seule qu'il y ait en Norvège, de l'hospice et du comptoir allemand. Ce dernier établissement, qui se composait de soixante boutiques, appartient aujourd'hui à la ville, et sert d'entrepôt. C'est à Bergen que naquit le célèbre poëte danois Holberg.

BERGEN, bourg de l'arrondissement d'Alkmaer, dans la Hollande septentrionale (Pays-Bas), est célèbre dans l'histoire par un combat qui s'y livra, le 19 septembre 1799, après le débarquement d'une armée anglo-russe aux ordres du duc d'York, entre le général russe Hermann et une division de l'armée franco-batave commandée par le général Brune. La victoire remportée par celui-ci, qui fit prisonnier le général Hermann, eut pour suite, le 10 octobre, la capitulation d'Alkmaer, aux termes de laquelle l'armée anglo-russe dut évacuer le territoire de la république Batave.

BERGER. La profession de berger est la plus ancienne et la plus honorable qu'il y ait au monde; et l'on en croit l'histoire, on a vu jadis des rois, et même des dieux, occupés à garder leurs troupeaux. C'est sans doute à cette noble origine qu'il faut attribuer la création de l'ordre des *Toisons*, qui sont ainsi devenues les insignes des plus hautes dignités. On doit probablement aussi lui attribuer la qualification de *bon pasteur*, que l'on donne à ces curés respectables qui s'occupent plutôt de soigner leurs brebis que de les tondre, qui laissent les agneaux bêler toute la semaine, et les béliers sauter le dimanche.

Cette noble profession exige beaucoup de connaissances, celle de garde ou de conducteur, d'herboriste, nourrisseur, appareilleur, accoucheur, opérateur, pharmacien, tondeur, etc. Le proverbe dit : *Tant vaut le berger, tant vaut le troupeau.*

En votre qualité de conducteur de troupeau, vous ne devez le conduire aux champs que lorsque la rosée du matin est dissipée, éviter les chemins fangeux, les lieux marécageux ou simplement humides, les herbages trop succulents et nourrissants, les clairières de bois, qui conservent trop longtemps l'impression de la gelée blanche et du froid; et enfin ne le faire paître que dans les lieux les plus élevés, les plus secs et les plus âcres, dans lesquels croissent naturellement l'avoine élevée, la fétuque des brebis, la pimprenelle, qui fortifie le troupeau, le sainfoin sauvage et les graminées, qui viennent en terre sèche et maigre. Vous devez conduire votre troupeau lentement, le laisser aller, venir, vaguer à sa fantaisie dans les lieux où il ne peut faire de dommage, le retenir plutôt que de le hâter, parce qu'une marche trop vive fatigue les agneaux et nuit à leur accroissement, donne trop de chaleur aux moutons, et fait quelquefois avorter les brebis pleines.

La bête ovine est timide et imitative. Un coup de fusil, l'explosion du tonnerre, les cris, les aboiements inaccoutumés d'une meute, l'apparition du loup, lui causent des frayeurs quelquefois mortelles. Si durant un accès de terreur panique la bête qui est en tête du troupeau vient à se précipiter, toutes vont l'imiter, à moins que le berger, assisté de quelques autres personnes, ne se jette en travers.

Ceux de vos chiens qui ont la mauvaise habitude d'attaquer la bête par l'oreille, le pied ou la queue, doivent être désarmés de celles de leurs dents qui sont placées sur le devant. Les morsures que font les chiens donnent naissance à des plaies que des insectes enveniment en y déposant leurs œufs, qui durant les saisons chaudes deviennent des larves et produisent la gangrène.

L'espèce ovine veut une température moyenne. Comme elle est vêtue chaudement, elle craint beaucoup plus le chaud que le froid. Cette considération doit déterminer un berger attentif à placer durant les chaleurs de l'été son troupeau à l'ombre, depuis midi jusqu'à quatre heures. Les bêtes, en plaçant leur tête, lorsque le soleil est ardent, sous le ventre les unes des autres, semblent elles-mêmes implorer cette grâce. Cette situation, forcée par l'ardeur du soleil, leur est préjudiciable. Elles s'échaufferaient moins sous les rayons solaires que sous les toisons.

Comme grand-maréchal du palais pastoral, c'est à vous qu'il appartient de veiller à ce que l'habitation soit spacieuse, commode, salubre et bien aérée; et si vous apercevez que la température y soit trop élevée, et qu'il s'y répande une odeur d'ammoniaque, c'est un avertissement pour vous de redoubler de soins, en élargissant les ouvertures extérieures, en établissant des courants d'air, en faisant enlever les litières, et jusqu'aux parquets eux-mêmes, pour en substituer de nouveaux. *Voyez* BERGERIE.

La race ovine, comme toutes les espèces ruminantes, étant essentiellement herbivore, lorsque l'hiver arrive et que les champs sont dépouillés de verdure, il faut, par de sages gradations, ménager le passage de la nourriture verte qu'elle aime à la nourriture sèche qui l'échauffe, et lui servir à l'étable des choux cavaliers ou frisés, et des betteraves, dont le feuillage résiste longtemps à l'action des gelées. Il faut lui servir des rameaux d'orme, de bouleau, d'*acacia inermis*, qui conservent leur feuillage tout l'hiver, lorsqu'on les a coupés immédiatement après la sève d'août. La nourriture sèche altère beaucoup l'animal; elle l'excite à de fréquentes et abondantes boissons qui nuisent à sa santé. Durant l'hiver, on doit donner deux repas au troupeau, à raison de deux kilogrammes de chou vert, ou bien d'un kilogramme de fourrage sec, par tête et par jour. Durant les premiers froids, on leur donne de la paille de froment, qu'ils aiment médiocrement, puis de la paille de seigle qu'ils aiment un peu plus, et enfin de la paille d'avoine, qu'ils préfèrent à toutes les autres; mais on doit s'abstenir de leur donner de la paille d'orge, dont les barbes leur blesseraient les papilles nerveuses du palais ou de la langue. Si dès le commencement de l'hiver on leur donnait les mets les plus friands, ils rebuteraient par la suite les mets les plus grossiers, qu'il faut cependant consommer faute d'autres.

Un mouton constamment à l'herbage éprouve à un faible degré le besoin de boire. Le breuvage qu'il préfère est l'eau courante; il faut la lui présenter, mais sans le provoquer. Il sait mieux que le berger ce qui convient à sa soif. Lorsque l'eau est pure et limpide, il en boit jusqu'à deux kilogrammes par jour durant l'hiver, tandis que, durant l'été, l'herbe verte l'humecte suffisamment. Le mouton mange beaucoup de neige; elle ne l'incommode pas, parce que l'état de réclusion et l'espèce de la nourriture l'échauffent; tandis que durant les chaleurs de l'été une rosée froide lui donne la colique, parce qu'il se trouve dans un état de relâchement. On peut lui servir durant l'hiver des carottes, panais, raves, navets, pommes de terre, et la plupart des racines pivotantes ou tuberculeuses; mais il leur préfère les grains, les graines de toutes les espèces, féculeuses ou graminées, telles qu'elles se trouvent dans les bourres de foin, de trèfle ou de luzerne, dans les fonds de grenier, les pailles et poutils des fonds de grange, les colzas, œillettes, fèves, féverolles, vesces, pois, lentilles, haricots, lupulines et graines de lupin stratifiées dans l'eau, les baies de genêt, de bruyère, et les chaillats composés des tiges, feuilles et siliques des légumineuses grimpantes. Un peu de sel, donné tous les huit jours durant l'hiver, excite leur appétit, facilite leur digestion, soit qu'on le leur donne en nature, soit en saumure, dont on asperge leurs fourrages. Le sel préserve de beaucoup de maladies les bêtes à cornes; il est excitant et non nourrissant; c'est par cette espèce de café que le troupeau doit terminer son repas.

L'espèce pécorale est polygame par sa nature, et par cela seul qu'elle produit plus de femelles que de mâles. On ne peut corriger cette loi. La raison veut que dans l'état social on tolère ce que l'on ne peut empêcher, et qu'on rectifie ce qu'on ne peut supprimer. Tout règlement qui va contre la nature des choses; toute loi contraire aux mœurs générales, est nécessairement impuissante, augmente les résistances et aigrit les esprits contre l'autorité. Pour que la vôtre soit toujours respectée, vous devez donc vous prêter aux besoins et aux instincts du peuple que vous avez à gouverner. Vous devez mettre tous vos soins et employer toute votre intelligence dans l'organisation d'un harem sagement combiné. Le bélier, qui en est le chef, doit avoir la tête grosse, le nez camus, les naseaux étroits, le front élevé, l'oreille longue, l'encolure large, le cou allongé, le râble large, le ventre grand, l'allure vive, le regard licencieux, la voix rauque et profonde, et l'odeur pénétrante.

Le rut se manifeste plus ou moins vite, suivant que le pays est plus ou moins chaud, que la saison est plus ou moins avancée, et la nourriture plus ou moins succulente ou échauffante. Dans les régions froides et situées au nord de la Loire, on doit donner à la brebis le bélier en septembre et en octobre, afin que les agneaux qui proviennent de cette alliance puissent naître en février et en mars, ne soient pas exposés à des froids trop vifs, et que les mères puissent trouver dans une nourriture printanière un lait plus abondant et plus salubre. La gestation dure ordinairement cinq mois, en d'autres termes, cent cinquante jours. Le bélier est adulte dès l'âge de six mois, et il conserve sa faculté virile jusqu'au delà de huit ans; mais il ne lui faut donner la brebis que depuis dix-huit mois jusqu'à six ans. Celle-ci acquiert sa qualité adulte et conserve sa puissance générative aussi longtemps que le bélier. On préfère toujours celui qui, n'ayant pas de cornes, demeure inoffensif dans le parc, celui qui a la laine la plus fine, la plus douce, la plus longue et la plus élastique. On connaît l'époque de la mise bas par la date de la saillie, et par les mouillures qui précèdent de quinze à vingt jours l'accouchement. Lorsque ce symptôme se manifeste, il convient de laisser les brebis à l'étable. Quelques heures après la délivrance, on donne à la mère de l'eau blanchie avec de la farine d'orge ou d'avoine, ou avec de la recoupe. Afin que la mère allaite, il faut lui percer le pis, et en approcher les lèvres de l'agneau, s'il ne s'en approche pas de lui-même. Si la mère ne lèche pas le nouveau-né, il faut lui couvrir le corps de sel pour l'y déterminer. Si l'agneau meurt, on prend sa peau, on en couvre le corps d'un autre agneau qui n'a pas de nourrice, et par cette supposition de part on détermine presque toujours la mère à l'allaiter comme le sien. Il faut ensuite veiller à ce que la bête ne suce et n'avale pas en tétant des brins de laine, qui, se réunissant sous une forme sphérique dans le canal alimentaire, l'obstruent et causent souvent la mort de l'individu. Le sevrage s'opère après deux mois d'allaitement. Avant cette époque, vous devez couper la queue à l'agneau, afin qu'il ne se charge pas de boue dans les terres vaseuses, et qu'il ne se forme pas à son extrémité une boule qui lui donne dans les jambes, embarrasse et retarde sa marche. On mutile les agneaux deux jours après leur naissance, afin de rendre leur chair plus tendre et plus grasse, leur laine plus fine et leur caractère plus doux; il y a plusieurs manières de mutiler, soit en liant, bistournant on extirpant. On coupe les agnelettes à six semaines, plus tard que les agneaux, afin que les ovaires soient assez gros pour qu'on puisse les distinguer et les enlever sûrement, et c'est ainsi qu'on forme des moutonnes connues dans le Midi, et des moutons connus partout.

On entretient un troupeau pour avoir de la laine, de la chair, du suif, des peaux, et dans certaines montagnes des fromages. Les lieux secs, montueux, aérés, conviennent mieux à la finesse des laines et à la santé des troupeaux que l'on ne veut pas engraisser; mais quant à ceux qu'on destine à l'engraissage, ils exigent des pâturages et des lieux humides. L'engraissage est une maladie passagère qu'on donne à ces bêtes pour en tirer un meilleur parti, et qui deviendrait mortelle si on ne les vendait à l'époque où elle a atteint son dernier degré. Le trèfle et la luzerne engraissent promptement, mais ils donnent une graisse jaune. Le sainfoin offre le même avantage sans produire le même inconvénient. Du reste, le pâturage dans les prairies naturelles et permanentes produit toujours sur ces prairies un dommage considérable. Le bélier arrache l'herbe avec véhémence; le jeune agneau, avec son museau pointu, la saisit jusque dans ses racines.

La plupart des animaux éprouvent lors du renouvellement des saisons une éruption que l'on appelle mue. Le mouton éprouve la même crise, produite par la même cause: une laine nouvelle pousse sous l'ancienne, qui tomberait ou demeurerait accrochée à tous les buissons, si on ne la tondait pas pour en profiter.

Les bêtes à laine fournissent d'autant plus de suif qu'elles ont été mieux engraissées. Le suif a d'autant plus de prix qu'il a plus de densité. La chair de mouton a d'autant plus de saveur que les herbes dont on le nourrit ont plus d'arome, et les herbes sauvages ont d'autant plus d'arome qu'elles respirent un air plus vital sur les montagnes, et qu'elles croissent sur un terrain plus sec. Le mouton normand, nourri dans des prés salés, est, à la vérité, très-gros, très-tendre et très-gras, mais le mouton des Ardennes, celui des Alpes et des Cévennes, qui pèsent la moitié moins, ont la chair plus noire et plus savoureuse.

On distingue l'engrais d'herbe et l'engrais de pouture. Le premier peut, sur un pâturage gras, s'opérer en trois mois, et conséquemment on peut faire trois engrais dans les neuf mois qui succèdent à l'hiver. L'engrais de pouture se distingue encore en engrais de grain et en engrais de fourrage sec et de racines coupées. On doit mettre le mouton à l'engrais lorsqu'il a trois ans. Plus tôt il n'a pas de goût, plus tard il est dur et rebelle à l'engraissage. On est parvenu au plus haut degré de l'engrais lorsqu'on voit s'élever sur le dos de la bête qui y est soumise de petites vessies pleines de graisse; et si l'on ne se hâtait de vendre ou de tuer le mouton parvenu à ce degré, il périrait d'une maladie occasionnée par l'infiltration de la graisse dans le tissu cellulaire.

Quant aux peaux de brebis ou de mouton, il est reconnu que les meilleures sont celles qui, n'étant pas couvertes de laine, se sont fortifiées par l'action de l'air. Leur qualité relative est dans le degré de leur densité. Les peaux sont appelées c r e u s e s lorsqu'elles ne sont pas compactes, et alors on les destine à faire des parchemins, ou bien on les vend à des tanneurs qui les passent en basane, à l'usage des bourreliers. Si elles sont f r a n c h e s, on en fait des maroquins.

Il existe diverses races qu'il est dans le devoir d'un berger de connaître et de distinguer, et cette connaissance est difficile, à cause des croisements qui s'opèrent sur des espèces qui ont déjà été cent fois croisées. Nous parlerons de ces différentes races à l'article MOUTON.

Les moutons sont sujets à beaucoup de maladies aiguës et de maladies chroniques. Nous citerons la maladie du sang ou l'apoplexie, la météorisation du ventre ou colique de panse, la cachexie ou pourriture, le tournoiement, le tournis, le claveau ou la clavelée, etc. Ces maladies auront des articles particuliers dans notre ouvrage.

Enfin un berger est tout à fait inexcusable, et il doit être congédié sans miséricorde, si la gale attaque une grande partie de son troupeau. Il y a toujours un premier galeux qui la communique à tous les autres. On le reconnaît comme tel quand il éprouve des démangeaisons qui l'obligent à se frotter sans cesse contre les râteliers, les haies et les arbres, et à s'écorcher le corps avec les dents et les pieds. On doit se hâter de mettre ce galeux à l'écart. Le remède le plus efficace contre cette maladie est aussi le plus simple et le plus à la portée de tous les bergers. Il consiste dans un onguent composé avec 5 hectogrammes de suif et 125 grammes d'huile de térébenthine. On frotte les parties galeuses sans les tondre; on se borne à écarter les flocons de laine que cet onguent rend plus fine et plus douce.

Votre équipage de parc doit être fort simple. Au lieu d'être peint en vert et de se confondre ainsi avec la couleur des pâturages, il doit être peint en rouge foncé qui effraye les bêtes fauves. Il doit être léger, monté sur deux roues, avoir 2 mètres de long et $1^m,30$ seulement de large dans œuvre. Votre cabriolet doit être garni sur chacune de ses faces de fenêtres vitrées, et il doit être constamment tourné vers le côté du bois par où débouche ordinairement le loup; vos deux chiens placés à l'avant-garde comme sentinelles perdues. Il doit être surmonté d'une cloche, indispensable pour sonner l'alarme quand la bête fauve paraît, et d'une lanterne, dont la lumière effraye à la vérité fort peu les loups expérimentés à la guerre, mais impose aux louveteaux qui entrent pour la première fois en campagne. Vous devez être armé d'un fusil de calibre chargé à balle, et jamais d'un fusil de chasse, qui serait pour vous un sujet perpétuel de tentation à tirer le lapin. Vous savez, et vous devez savoir mieux qu'un autre, que le loup qui médite une attaque s'avance toujours contre le vent, afin que les chiens et le troupeau ne puissent pas sentir l'odeur infecte qu'il exhale, et qu'il exécute le plus ordinairement ses plans de campagne durant les nuits les plus sombres et les orages les plus violents.

Le parc destiné à renfermer quatre cent cinquante bêtes de grandeur moyenne, y compris cent agneaux, doit être composé de soixante et une claies, ayant $1^m,30$ de hauteur et $2^m,60$ de longueur (ce qui se réduit à $2^m,30$ quand on les a ajustées entre elles). Il doit être partagé dans son milieu par sept claies, de manière à ce qu'on puisse, en en enlevant une, faire passer le troupeau toutes les quatre heures d'une moitié du parc dans l'autre.

Quant à la bibliothèque renfermée dans votre maison roulante, au lieu de La Belle au Bois Dormant, du Petit Albert, du Manuel de saint Ignace, et de l'Élixir de Béatitude, qui sont la lecture ordinaire des bergers, et qui remplissent leur esprit de mille sottes superstitions, procurez-vous le Catéchisme des Bergers, par Daubenton; le Traité sur la Monte et l'Agnelage, de M. Morel de Vindé; l'Instruction élémentaire adressée aux bergers de la Haute-Saône, par M. Marc; l'Instruction sur les Bêtes à laine, contenant la manière de former de bons troupeaux, par M. Tessier; le Nouveau Traité sur la Laine et sur les Moutons, par MM. Perrault, Fabry et Girod de l'Ain, et les Observations sur les Bêtes à Laine, faites dans les environs de Genève pendant vingt ans, par Lullin.

Comte FRANÇAIS (de Nantes).

BERGER (JEAN-JACQUES), aujourd'hui préfet de la Seine, ancien député, ancien représentant du peuple, est le fils d'un fabricant de papier. Né en juin 1790, à Thiers (Puy-de-Dôme), il vint à Paris faire ses études au lycée Napoléon, et acheta ensuite, dans cette capitale, une charge d'avoué. On le vit aux barricades de 1830, et il dut à cette circonstance la décoration de Juillet, celle de la Légion d'Honneur et les fonctions de maire du deuxième arrondissement. En 1833 il vendit sa charge pour se vouer désormais exclusivement à la politique. Élu par son arrondissement natal, il vint siéger à la Chambre des Députés en 1837. Assis d'abord au centre gauche, il appartenait à l'opposition dynastique, et fit partie plus tard de cette phalange sacrée du petit ministre Thiers, qui envoyait au *Siècle* et au *National* ces formidables listes de fonctionnaires à sacrifier, afin de pénétrer les esprits de leurs adversaires d'une sainte terreur. Aussi, dès le mois de décembre 1840, M. Guizot le destituait-il de ses fonctions de maire; ce qui lui valait en 1841 de devenir un des secrétaires de la Chambre par le crédit du 1er mars. Du reste il n'en demeurait pas moins imperturbablement silencieux dans les bureaux comme dans les séances publiques. En 1846 il fut élu député dans son département et dans le deuxième arrondissement de Paris, pour lequel il opta.

Dans les dernières années du règne de Louis-Philippe, on le vit gravir, à vue d'œil, la pente de l'opposition; aussi n'y eut-il point de manœuvre électorale que le gouvernement ne mit en œuvre pour l'empêcher d'être réélu maire de son arrondissement. Ses électeurs tinrent bon; ils l'entourèrent de noms non moins hostiles, plus hostiles même que le sien, et, de guerre las, le pouvoir royal fut bien forcé de le choisir. M. Berger, qui s'était piqué au jeu, persista dans sa ligne de conduite, assista au banquet du Château-Rouge, accepta d'être un des commissaires de celui du douzième arrondissement, et signa, le 21 février 1848, l'acte d'accusation fulminé contre les ministres de Louis-Philippe.

La révolution éclate, elle triomphe, les élections pour la constituante vont avoir lieu. Alors on lit sur tous les murs de Paris une pancarte ainsi conçue : « Citoyens, oublierez-vous Berger, le maire des barricades de 1830? » Plus de 136,000 voix répondirent à cet appel, et son nom sortit de l'urne le quinzième, entre ceux du général Cavaignac et du libraire Pagnerre. C'est même sur la proposition de ce dernier, chargé d'organiser les municipalités de Paris, qu'il avait été maintenu dans ses fonctions de maire par le gouvernement provisoire. Dans la séance d'ouverture de la Constituante, on le vit avec surprise, au nom de la députation de Paris et de l'assemblée tout entière, déterminer la proclamation enthousiaste et unanime de la république. M. Berger, qui faisait partie du comité de l'intérieur, vota pour les deux chambres, pour la proposition Rateau-Lanjuinais, pour l'ordre du jour en faveur du ministère dans la discussion sur les affaires d'Italie, et contre la proposition d'amnistie présentée dans la dernière séance. Envoyé, le sixième, à la Législative par plus de 52,000 voix du Puy-de-Dôme, il ne prit aucune part aux votes importants de cette assemblée.

Cependant l'avénement de Louis-Napoléon à la présidence valut la préfecture de la Seine à M. Berger, il sut se maintenir dans ce poste important sous tous les ministères qui se succédèrent depuis. Quelques dîners officiels, quelques réceptions le forçaient bien de temps à autre à parler politique, mais c'était toujours avec une prudence qui ne le compromettait vis-à-vis d'aucune des grandes fractions du parti de l'ordre, et les compliments qu'il adressait parfois au chef de l'État étaient assez vulgaires pour pouvoir passer sur le compte de sa position officielle. Lorsque le conseil municipal de la capitale s'avisa de vouloir festoyer le lord-maire de Londres, ce fut M. Berger qu'on chargea de faire les honneurs de la ville de Paris à ses hôtes. Il s'en acquitta comme il put. Un dîner monstre où l'on but à l'entente cordiale autant que si Louis-Philippe eût été encore sur le trône, fut suivi d'un bal monstre où la cohue le disputait aux bals des Tuileries d'autrefois; une fête monstre fut donnée à l'Opéra, où l'on joua une pièce de circonstance avec une musique aussi triste qu'improvisée. On finit par une fête militaire très-intéressante pour des Français, mais assez peu divertissante pour ces marchands de la Cité, qui n'ont pas, à ce qu'on dit, le même amour que nous pour le jeu du soldat. Néanmoins, de retour en Angleterre, le conseil municipal de Londres se déclara satisfait. Tout le monde doit l'être.

Le 2 décembre 1851 ne pouvait pas surprendre M. Berger. Il fut aussitôt appelé à la commission consultative. Ce qu'il y fit, nous l'ignorons; mais après le recensement des votes du 26 décembre, il reçut les délégués des départements à l'hôtel de ville, et porta un toast au succès des entreprises du prince Louis-Napoléon. M. Berger avait été nommé commandeur de la Légion d'Honneur lors de la pose de la première pierre des halles centrales. On avait remarqué la harangue flatteuse qu'il avait adressée ce jour-là au neveu de celui qui disait que les halles étaient le Louvre du peuple.

Sous l'administration de M. Berger, Paris a vu s'achever les travaux de canalisation du bras gauche de la Seine, le Palais de justice se continuer, les boulevards et d'autres voies publiques s'empierrer, l'Hôtel de Ville s'isoler, les travaux de prolongement de la rue de Rivoli s'ouvrir, la place du Carrousel se déblayer, etc., etc.; et malgré tant de dépenses l'argent abonde dans les caisses municipales, grâce à un emprunt de 50 millions qui a pu être contracté à des prix avantageux. M. Berger a été nommé sénateur en 1853.

BERGER DE XIVREY (JULES), membre de l'Académie des Inscriptions et Belles-Lettres de l'Institut de France, que ses recherches philologiques et historiques classent honorablement parmi les savants contemporains, est né le 16 juin 1801, à Versailles. Son début dans la carrière des lettres fut une traduction de la *Batracomyomachie* (Paris, 1823; 2e édit., 1837), qu'il fit suivre d'un *Traité de la prononciation grecque moderne* (1828). Son édition des *Fables de Phèdre* (1830) est un remarquable travail d'érudition. On trouve d'intéressantes notions sur l'histoire de la littérature du moyen âge dans ses *Recherches sur les sources antiques de la Littérature française* (Paris, 1829), dans ses *Traditions tératologiques* (1836), et dans sa *Notice sur la plupart des manuscrits grecs, latins et en vieux français, contenant l'histoire fabuleuse d'Alexandre le Grand*. Il a publié aussi un très-grand nombre d'ouvrages historiques, parmi lesquels nous citerons ici plus spécialement ses *Essais d'appréciations historiques* (2 vol., Paris, 1837) et son *Recueil des lettres missives de Henri IV* (3 vol., Paris, 1843-1846). Par sa dissertation intitulée : *Sur la polémique relative au cœur de saint Louis*, qu'il fit suivre plus tard de *Preuves de la découverte du cœur de saint Louis* (Paris, 1846), M. Berger de Xivrey s'est mêlé activement et utilement à une discussion qui occupa vivement le monde savant entre les années 1843 à 1846. Cet érudit a aussi enrichi d'un grand nombre d'articles du plus haut intérêt divers recueils contemporains, notamment le *Journal des Débats*. M. Berger de Xivrey a été nommé conservateur adjoint de la bibliothèque de l'Arsenal en mars 1851.

BERGERAC, ville de France, chef-lieu d'arrondissement, dans le département de la Dordogne, sur la rive droite de la rivière, qu'on y passe sur un beau pont. Située à 49 kilomètres S.-O. de Périgueux, au milieu d'une plaine vaste et fertile, et entourée de coteaux que couvrent de riches vignobles et de jolies maisons de campagne, cette ville ne répond pas à la beauté de son site; on y remarque toutefois des traces du séjour des Anglais, qui l'occupèrent de 1345 à 1371, époque où elle fut reconquise par le duc d'Anjou, frère de Charles V. Pendant les guerres de religion, Bergerac fut souvent le théâtre de combats meurtriers. Louis XIII en fit raser la citadelle et les fortifications.

Cette ville possède un tribunal de commerce, une église consistoriale calviniste, et un collège communal. Sa population est de 9,873 habitants. On y récolte de bons vins fins, rouges et blancs; on y fabrique de la quincaillerie, des serges, de la bonneterie; elle possède des papeteries, des tanneries, des distilleries, une imprimerie. Son commerce est très-actif: elle a un grand entrepôt de vins et d'eau-de-vie; elle exporte des grains, des truffes, des pierres meulières et du bois.

BERGERAC (CYRANO DE). *Voyez* CYRANO.

BERGERIE (*Économie rurale*), lieu où l'on enferme les moutons et les brebis. La *bergerie* diffère du *parc*, en ce qu'elle est couverte et presque toujours murée, et de l'*étable*, qui sert également aux bœufs, aux cochons et aux brebis. La disposition d'une bergerie et les soins de sa tenue intérieure contribuent puissamment au bon ou au mauvais état des troupeaux, et doivent attirer toute l'attention des propriétaires.

La race ovine, étant revêtue d'un vêtement de laine suffisant, ne craint point le froid, mais elle est souvent altérée par la chaleur. Il faut donc que la bergerie soit le plus élevée et le plus spacieuse possible, et rafraîchie par des courants d'air, qu'il faut renouveler quand on y sent une odeur d'ammoniaque. On conçoit que la laine de cinq à six cents bêtes, leurs urines et leurs déjections, doivent nécessairement vicier cette atmosphère. C'est pour cette raison que notre illustre berger Daubenton prescrivait de les tenir toujours dans le parc et jamais dans la bergerie ; mais si ce quadrupède supporte bien le froid, il craint en même temps beaucoup l'humidité, comme l'indique la forme de son pied, qui annonce qu'il est un animal de coteaux ou de montagnes. L'humidité des vallées et des prés à irrigation et la boue des chemins dans lesquels on les conduit occasionnent des épizooties nombreuses. Dans les pays d'argile, on est obligé de vendre ou de changer le troupeau tous les ans, pour qu'il ne périsse pas. Dans une bergerie, il faut compter 80 décimètres carrés pour une brebis et son agneau, 30 décimètres carrés pour un mouton, et un peu plus pour le bélier. Une portion de la bergerie doit être séparée pour former une infirmerie et pour les brebis qui viennent d'agneler. Une porte à deux battants portant ensemble 1^m,60, qu'on ouvre tous deux quand le troupeau rentre ou sort, et dont on n'ouvre qu'un seul quand on veut les compter, est absolument nécessaire.

On peut, par des cloisons, séparer les moutons que l'on veut engraisser, les agneaux de primeur, les bêtes fines et les bêtes grossières ou jarreuses, et il n'est pas nécessaire d'ajouter que la litière et même la terre doivent souvent être changées, et qu'il faut des râteliers et des mangeoires tout autour de l'étable. La nourriture d'une bête ovine renfermée dans la bergerie doit être d'un kilogramme de fourrage sec, et pour les brebis prégnantes 5 hectogrammes de plus de divers grains. Les racines des plantes tubéreuses doivent être comptées pour la moitié d'un poids égal de fourrage sec.

Une lanterne et la chambre du berger sont nécessaires dans une bergerie.

Comte Français (de Nantes).

BERGERIES (*Littérature*). Ce mot se prend habituellement pour synonyme d'idylle, églogue, bucoliques. Les *Bergeries* étaient généralement des espèces de comédies et tragédies pastorales à *imbroglio*, qui faisaient fureur au théâtre vers la fin du seizième siècle et jusqu'au milieu du suivant. Le roman célèbre de d'Urfé, l'*Astrée*, les délices de La Fontaine et de Ségrais, et que jamais La Harpe ne put lire, était l'abondante source où venaient puiser les auteurs de ces drames singuliers, dont le plus renommé, quoique pris ailleurs, fut celui de Racan. Intitulé d'abord *Artenice*, nom d'une femme de la cour aimée du poëte, il prit bientôt le titre de *Bergeries* de M. de Racan. Se douterait-on sous l'innocence d'un pareil titre, qui ne promet que le calme des bois, que les fontaines où viennent se mirer des bergères au plus beau jour de fête, que des pelouses foulées par les danses, que des échos retentissant du son des chalumeaux, il se passe des monstruosités dont pourraient s'étonner aujourd'hui nos plus hardis dramaturges ? On y voit un berger Lucidas dont les trames pour perdre son rival sentent la ville la plus corrompue ; un Polistène, magicien éhonté ; un Chindonnax, druide fanatique et cruel, qui, assisté d'un prêtre tenant le couteau sacré sur la gorge d'une bergère dont le nom est Idalie, lui débite ces jolis vers :

> Ces yeux et ce beau teint de roses et de lys,
> Sous celui de la mort seront ensevelis ;
> L'horreur qui l'accompagne est à toutes commune,
> On n'y reconnaît point la blanche ni la brune !

Voilà ce qu'au seizième siècle, en France, on appelait *Bergeries*. Telles ne sont point les scènes naïves de Théocrite, les tableaux calmes et enchanteurs de Virgile, ces modèles de la poésie pastorale ; tels ne sont encore l'*Aminta* et le *Pastor fido*, ces deux poëmes d'une délicieuse peinture, frais comme les prairies, harmonieux comme les bois, théâtre de leurs doux sentiments, et où des chœurs, des fêtes et des danses vous transportent dans l'âge d'or.

Denne-Baron.

BERGERON (Louis), né à Chauny (Aisne), le 1er octobre 1811, remplissait dans l'une des pensions de Paris les modestes fonctions de maître d'études, quand, le 19 novembre 1832, jour d'ouverture de la session des Chambres, il fut arrêté à la descente du Pont-Royal, sous l'inculpation d'avoir tiré un coup de pistolet sur Louis-Philippe, qui se rendait, en grand cortège, à la Chambre des Députés pour y prononcer ce qu'on appelait sous le régime constitutionnel le *discours du trône*. C'était pour la première fois qu'une tentative d'assassinat était dirigée contre la personne du prince acclamé roi deux années auparavant. L'opposition républicaine, qui pendant toute la durée du règne nia obstinément la réalité des complots tramés contre la dynastie nouvelle, puis qui en 1848 se vanta à la tribune, par l'organe de ses représentants les plus purs, d'avoir toujours menti et de n'avoir pas cessé de conspirer pendant trente ans ; l'opposition républicaine, disons-nous, prétendit que c'était là une basse manœuvre de police, que le pistolet n'était chargé qu'à poudre, et qu'un *mouchard* seul avait exécuté ce coup imaginé par le pouvoir pour effrayer l'opinion et se faire autoriser à restreindre les libertés publiques.

Traduit aux assises, l'accusé nia les faits mis à sa charge. Ils n'étaient attestés que par un seul témoin, une jeune provinciale, mademoiselle Boury, que le hasard avait placée dans les rangs pressés des curieux à côté même de Bergeron, et qui déclara avoir instinctivement fait, en voyant l'arme que son voisin ajustait, un mouvement par suite duquel la balle du régicide avait dû dévier dans sa direction.

Mlle Boury, considérée par la famille royale et par ses nombreux partisans comme ayant été en cette circonstance l'instrument de la Providence, fut fêtée, louée, récompensée outre mesure ; mais à l'audience le témoin n'apporta plus à la justice que des souvenirs peu précis, et la défense profita habilement des incertitudes de sa déposition pour jeter du doute dans l'esprit des jurés, qui rendirent un verdict négatif.

Absous par la justice des hommes, Bergeron, nous aimons à le croire, l'était aussi par sa conscience. Mais il eut tort de tirer alors parti de l'espèce de célébrité que lui avait donnée la terrible accusation qui avait pesé un instant sur sa tête, pour se créer une position dans la presse la plus hostile au pouvoir nouveau. En effet, immédiatement après son acquittement, il fut admis à l'honneur insigne (pour un conscrit) de découper les *faits-Paris* dans le *National*, qui en cela savait faire une habile spéculation, en même temps que jouer une bonne niche aux hommes de la *Tribune*, ses concurrents dans l'exploitation de l'opinion républicaine, assez mal avisés pour laisser échapper une si belle occasion de donner à peu de frais de ces gages de plus au parti. Ces fonctions mirent tout naturellement Bergeron en relations directes et continuelles avec la fine fleur des conspirateurs de ce temps-là, et bientôt il se vit adopté et glorifié comme martyr et comme héros par toutes les sociétés secrètes.

La police, de son côté, qui était parfaitement sûre qu'un coup de pistolet chargé à balles avait été tiré sur Louis-Philippe au bas du Pont-Royal ; qui aussi, en dépit des clameurs de l'opposition républicaine, avait la certitude de n'être pour rien dans cette tentative d'assassinat, et dont le verdict d'acquittement du jury de la Seine n'avait peut-être pas détruit tous les doutes à l'égard de l'innocence de Bergeron ; la police, disons-nous, le surveilla de près, et, à tort ou à raison, voulut absolument le trouver au fond de tous les complots organisés ensuite contre la vie ou la couronne du roi-citoyen. De ces défiances à la persécution il n'y avait qu'un pas. Il fut bientôt franchi; mais peut-être Bergeron en fut-il surtout redevable à des forfanteries de tabagie que son extrême jeunesse explique, sans les excuser. Quoi qu'il en soit, la police finit par comprendre qu'elle finirait à ce jeu par rendre intéressant l'homme qu'elle voulait perdre. Elle prit donc le parti de le laisser tranquille; et plus tard quatre ou cinq meurtres purent être tentés contre Louis-Philippe sans qu'elle songeât à en rendre complice le héros de *l'affaire du coup de pistolet du Pont-Royal*.

Bergeron, en 1836, fut attaché à la rédaction du *Siècle*, auquel il fournit, sous un nom d'emprunt, un assez grand nombre de feuilletons de la force de tous ceux qui ont fait la fortune de cette feuille, alors monarchique et constitutionnelle. M. E. Girardin, à cette époque conservateur ardent, et toujours adversaire haineux; M. Girardin, qui ne pouvait pardonner au *Siècle* d'avoir trois fois plus d'abonnés que sa *Presse*, crut de bonne guerre de révéler un beau jour que dans la boutique rivale écrivait un homme que, de sa propre autorité et pour l'effet de son argumentation, il déclarait coupable d'un fait dont l'avait absous un verdict solennel et souverain du jury. Le rédacteur du *Siècle* ainsi désigné demanda au rédacteur de la *Presse* ou la rétractation ou la réparation d'une assertion nécessairement calomnieuse. M. E. Girardin crut avoir assez de fois fait ses preuves pour oser refuser et de se battre et de retirer sa phrase. Bergeron, exaspéré, alla alors le frapper au visage en plein Opéra. L'offensé demanda justice à la police correctionnelle, qui condamna le délinquant à deux ans d'emprisonnement; et, sur l'appel qu'il interjeta, la cour royale, plus sévère, porta même la condamnation à trois années, *maximum* de la peine dont la loi frappe un tel délit. Ce qu'il y a de curieux, c'est qu'en 1848 cet arrêt valut à Bergeron l'honneur d'être porté pour une pension de 500 fr. sur la liste des récompenses nationales.

Il n'y avait pas longtemps que les portes de la prison s'étaient ouvertes pour Bergeron quand la révolution de février éclata. Il figura alors un instant parmi les commissaires extraordinaires envoyés dans les départements par M. Ledru-Rollin, quoique précédemment et précisément pendant sa longue détention bien des nuages se fussent élevés dans l'esprit des pointus du parti sur son patriotisme immaculé : tant il est vrai que si de nos jours les grands citoyens se font à bon marché, il faut peu de chose aussi pour les démonétiser! La loi Tinguy, en astreignant les journalistes à signer de leur nom leurs moindres élucubrations, a prouvé que *Le Siècle* comptait encore en 1852 parmi ses rédacteurs le personnage qui fait l'objet de cette notice.

BERGERONNETTE, genre de petits oiseaux à une taille svelte et élégante, appartenant à la famille des becs-fins. On les voit voltiger d'ordinaire près des *berges*, des rivières et des eaux douces, ou bien encore à la suite des *bergers* et des troupeaux : d'où leur est venu leur nom, auquel on a quelquefois substitué celui de *hoche-queues*, parce qu'ils remuent incessamment, et par un balancement vertical, cette partie de leur corps, qui est fourchue et beaucoup plus longue que le reste. Les caractères génériques des bergeronnettes sont : un bec très-menu, droit, subulé; des tarses grêles, très-élevés, avec les doigts latéraux à peu près égaux et notablement plus courts que le médian; des ailes longues, avec les trois premières rémiges presque égales; enfin, une queue longue, composée de pennes étroites, mais très-susceptibles de se développer.

On connaît en Europe trois espèces de bergeronnettes : la plus commune est la *bergeronnette jaune* (*motacilla flava*); elle ne peut toutefois cette dénomination que sur le ventre et vers la queue; tandis que la *bergeronnette de printemps* (*motacilla vernalis*) est plus jaune qu'elle, puisque cette couleur est étendue sur tout son corps, et forme un trait au-dessous des yeux en même temps qu'une petite bande transversale sur les ailes. Elles ne peuvent vivre en cage ni l'une ni l'autre; mais la seconde seule émigre à l'approche de l'hiver. Au retour, elle fait son nid avec beaucoup d'art dans les prairies, ou au bord des eaux, sous une racine de saule; sa ponte est de six à huit œufs, tachetés de brun, sur un fond blanc sale. La troisième espèce européenne est la *bergeronnette grise*, dont le plumage varie avec les saisons.

Les bergeronnettes ne s'attachent au bétail que pour se nourrir des insectes qui pullulent autour de lui, surtout à l'automne, et qui, l'empêchant de paître, le font dépérir. Malheureusement pour cette espèce d'oiseau, et plus malheureusement encore pour l'agriculture, cette nourriture abondante et facile que les bergeronnettes trouvent en suivant les troupeaux donne à leur chair un embonpoint et une saveur qui les font rechercher des gourmets, et font employer à leur chasse et à leur destruction une industrie qu'on devrait consacrer au contraire à leur conservation et à leur multiplication.

BERGHEM (NICOLAS), l'un des peintres les plus célèbres de l'école hollandaise, né à Harlem, en 1624, y reçut de son père, peintre assez médiocre, connu sous le nom de *Pierre de Harlem*, les premières leçons de son art. Il continua successivement ses études sous van Goyen, Weeninx l'aîné et différents autres maîtres. On rapporte de son père, qui le traitait fort durement, l'ayant poursuivi un jour jusque dans l'atelier de van Goyen, où il s'était réfugié, celui-ci, pour le soustraire au courroux paternel, cria vivement à ses autres élèves : *Berghem!* ce qui veut dire en hollandais *cachez-le!* et c'est ainsi qu'on explique ce surnom de *Berghem*, qu'il continua à porter par la suite, à l'exemple de la plupart des artistes de cette époque, qui ne sont guère désignés que par des sobriquets, au lieu de l'être par leur nom de famille.

L'amour de l'art, joint à l'empressement avec lequel ses tableaux étaient recherchés et à l'avidité de sa femme, le porta à travailler avec une activité et une application infatigables. On raconte de lui qu'il avait l'habitude de travailler en chantant, et on ajoute que lorsque sa femme ne l'entendait plus, elle frappait au plancher de son atelier, dans la crainte qu'il ne fût endormi. Une facilité extraordinaire lui rendait le travail et l'étude agréables. Comme il aimait passionnément les gravures, il se trouvait souvent obligé, pour en acheter, d'emprunter à ses élèves de l'argent, qu'il rendait ensuite en trompant sa femme sur le produit de ses tableaux. Il se fit de cette manière une superbe collection.

Les paysages et les tableaux d'animaux de Berghem font l'ornement des plus riches galeries. Le mérite de cet artiste consiste dans la légèreté et la clarté de sa manière, le séduisant de son coloris et le naturel de ses figures. Quoiqu'il ne quittât presque jamais son atelier, il eut cependant le temps de bien observer la nature, grâce au long séjour qu'il fit au château de Bentheim. Les critiques exigeants pourraient lui reprocher une trop grande légèreté, peu d'art et une trop grande simplicité dans l'imitation, et désirer plus de correction dans les contours et le dessin de ses animaux; mais ces légers défauts sont rachetés par une foule de qualités, et c'est avec raison qu'on place Berghem au rang des meilleurs paysagistes connus.

Il n'a pas seulement laissé la réputation d'un peintre habile, il s'était aussi exercé avec bonheur dans la gravure. On a de lui des études à l'eau-forte, au nombre de trente-six, représentant des brebis et des chèvres, ou des paysages, dont les amateurs font grand cas, mais qui sont devenues très-rares. Berghem mourut à Harlem, en 1683.

BERGHEN. *Voyez* BERQUEN.

BERGIER (NICOLAS-SYLVESTRE), né à Darnay, en Lorraine, le 31 décembre 1718, et mort à Paris, le 9 avril 1790, fut successivement curé d'un petit village de Franche-Comté, professeur de théologie, principal du collège de Besançon, chanoine de la cathédrale de Paris, confesseur de Mesdames, tantes de Louis XVI, membre de l'Académie des Inscriptions et Belles-Lettres, et l'un des adversaires les plus implacables de la philosophie moderne. Parmi ses innombrables ouvrages, on ne cite plus guère que ses *Éléments primitifs des Langues*, découverts par la comparaison des racines de l'hébreu avec celles du grec, du latin et du français; son *Origine des Dieux du Paganisme*, suivie des poésies d'Hésiode; sa *Certitude des Preuves du Christianisme*, faussement attribuée à Fréret, puis à Morellet, et à laquelle répondirent successivement Voltaire et Anacharsis Cloots; deux volumes dirigés contre Jean-Jacques Rousseau; deux contre le baron d'Holbach; ses *Principes de Métaphysique*, faisant partie du cours d'études à l'usage de l'École militaire; et son œuvre principale, le *Dictionnaire Théologique*, travail qui ne manque ni d'ordre ni de logique, mais qui est écrit d'un style lourd et diffus.

BERGMAN (Torbern-Olof), l'un des plus beaux noms dont s'honore la Suède, s'est principalement illustré dans la chimie. Il naquit à Katharinberg (Westgothland), le 9 mars 1735. Sa jeunesse eut cela de commun avec celle d'une foule d'hommes célèbres, qu'il lui fallut vaincre par un enthousiasme opiniâtre l'opposition de ses parents à son goût pour les sciences. Lorsqu'il eut enfin obtenu la permission d'aller les étudier à l'université d'Upsal, avide de tout savoir, propre à tout retenir, il approfondit presque toutes les branches de l'histoire naturelle, de la physique et des mathématiques; et cette universalité de connaissances, sous laquelle un esprit médiocre aurait succombé, fut la source où plus tard il puisa l'excellente méthode et la solide érudition qui ont présidé à tous ses travaux.

Comme il avait commencé par suivre les leçons de Linné, ses premières recherches eurent lieu dans le domaine de l'histoire naturelle. Il annonça son talent d'observation en découvrant que les sangsues sont ovipares, et que leurs œufs ne sont autre chose que le *coccus aquaticus*, substance dont la nature était encore inconnue. Linné, d'abord incrédule, fut convaincu à la lecture du mémoire, et écrivit au bas ces mots flatteurs : *Vidi, et obstupui* (Je l'ai vu, et j'en ai été frappé d'étonnement). D'autres travaux sur les insectes et sur la botanique, et surtout une méthode pour classer les insectes à l'état de larve; des dissertations curieuses sur diverses parties de la physique, le talent et le zèle avec lequel il suppléait souvent les astronomes de l'observatoire royal dans leurs observations et les professeurs de mathématiques dans leurs leçons, lui avaient déjà fait la réputation d'un savant distingué, lorsqu'en 1766 il obtint, par la protection éclairée du prince Gustave (depuis Gustave III), alors chancelier de l'université, la chaire de chimie et de minéralogie, devenue vacante par la retraite de Wallerius.

Libre de préjugés, parce qu'il avait appris la chimie sans maître, habitué aux méthodes rigoureuses des géomètres, Bergman résolut de bannir de la science tout esprit de système, et de ne marcher qu'appuyé sur l'observation des faits. Il a consigné ses vues à cet égard dans un beau *Discours sur la recherche de la vérité*, où il distingue la méthode cartésienne ou contemplative et la méthode newtonienne ou expérimentale. C'est cette dernière qui le conduisit bientôt à de grandes découvertes et lui fit considérer comme son premier devoir d'agrandir le laboratoire, d'y réunir tous les moyens d'expérimentation connus et d'y former de vastes collections minéralogiques rangées méthodiquement. Le premier, il reconnut que l'acide dont Blake avait signalé la présence dans les terres calcaires était un acide particulier, qu'il nomma *acide aérien* (aujourd'hui l'acide carbonique). En faisant bouillir de l'acide nitrique sur le sucre, la gomme, et d'autres matières végétales, il produisait l'*acide oxalique*, précieux réactif pour constater la présence de la chaux. Par l'habile emploi de réactifs inusités il fit de l'*analyse des eaux minérales* un art nouveau; il y découvrit le gaz hydrogène sulfuré, qu'il appelait *gaz hépatique*. En même temps il formait, par la synthèse, des *eaux minérales factices*, et, malgré les obstacles que rencontre presque toujours la plus utile nouveauté dans la prévention de l'ignorance, il en propageait l'usage par la persévérance de ses conseils. Il émit dans ses recherches sur les eaux minérales l'opinion que le calorique est un fluide comme l'électricité.

Jusqu'à lui on n'avait essayé les minéraux que par la voie sèche; il fit voir que l'analyse par voie humide était le seul moyen d'arriver à la connaissance complète de leur nature. Ce n'était pas qu'il conseillât de renoncer à l'ancienne méthode; au contraire, après l'avoir perfectionnée, il la combinait avec bonheur à la nouvelle pour attaquer les pierres précieuses, et faire ainsi connaître les principaux éléments de l'émeraude, de la topaze, du rubis-spinelle, du saphir, etc. C'est lui qui a presque créé, tant il l'a développée, la *chimie du chalumeau*, de cet instrument si utile par les connaissances préliminaires qu'il donne au chimiste pour se diriger dans ses opérations. Tous ces travaux le conduisirent à une *classification chimique des minéraux*, où les genres ont pour caractère la substance dominante du morceau; la différence des parties intégrantes constitue les espèces, et les variétés sont déterminées par la forme extérieure. Personne n'avait encore réuni tant d'éléments pour une bonne classification; car le premier, appliquant la géométrie aux formes des minéraux, il posa la base de la *cristallographie*. Il a jeté sur les opérations sidérurgiques une vive lumière, en démontrant que la supériorité des aciers retirés des fontes blanches était due à la présence du manganèse; que le fer obtenu en grand dans les forges, loin d'être pur, renfermait toujours plusieurs corps en alliage, et que les fers cassants à froid devaient leur fragilité à la *sidérite*, substance qu'il croyait être un métal nouveau et qu'on a reconnu plus tard pour du phosphure de fer.

La théorie des affinités, créée par Geoffroi en 1718, avait été le premier pas fait pour asseoir la chimie sur les bases vraiment philosophiques. Bergman, reprenant cette idée de génie, se l'appropria en quelque sorte par une masse immense d'expériences, et publia des tableaux où tous les corps étaient classés dans leurs rapports mutuels, et où les phénomènes chimiques sont présentés comme des modifications de la grande loi qui régit l'univers, quoique soumis à un ordre particulier d'*attractions* qu'il appelle *électives*. Toujours attentif à rapprocher la chimie des mathématiques, il exprimait par des formules toutes les opérations chimiques; idée nouvelle et heureuse qu'ont fécondée depuis les travaux des chimistes modernes, et surtout ceux de son compatriote Berzélius.

Bergman avait adopté les idées ingénieuses, mais erronées, de son ami Scheele sur le phlogistique; aussi a-t-il montré plus de talent pour la découverte des faits que pour l'explication des phénomènes. Ses écrits sur la géologie, quoique très-remarquables, ne peuvent que confirmer ce jugement. Il a publié une *Description physique de la terre*, estimable par l'ordre dans lequel les faits sont présentés, et surtout par les aperçus géologiques qu'il donne sur plusieurs parts. Il chercha dans l'analyse de tous les produits volcaniques et des eaux minérales qui sourdent près des volcans l'explication de ces terribles phénomènes, et se crut en droit de conclure que les *foyers des volcans* ne sont pas à une grande profondeur, mais seulement dans les couches déposées sur le noyau du globe, et que les incendies souterrains sont dus à la décomposition des pyrites. Enfin, il voulut relier en un faisceau les connaissances de tout genre qu'il avait acquises sur la physique de notre planète, et formula un *Système de la Terre* basé sur cette hypothèse, que l'eau enveloppait primitivement le noyau, probablement magnétique, du globe; que cette eau contenait tous les éléments des substances solides plus ou moins parfaitement dissous, et que la quantité de ce fluide a toujours été en diminuant par une lente évaporation, qui accroissait proportionnellement l'étendue des terres.

Bergman fut longtemps recteur de l'université d'Upsal. C'était alors, au milieu de la Suède, une espèce de république, fière de ses priviléges et puissante par ses possessions. Deux grands partis s'y disputaient l'empire, les physiciens et les naturalistes d'une part, les théologiens et les jurisconsultes de l'autre. Par une exception bien honorable, la magistrature de Bergman ne fut point troublée par la guerre civile. Ces hommes irascibles, qui auraient bravé volontiers la rigueur des règlements, furent subjugués par leur respect pour son génie et leur attachement pour son caractère. Trop souvent les hommes de talent font preuve d'une mesquine jalousie envers leurs rivaux ; mais tout ce qui avait un caractère de grandeur et d'utilité trouvait dans Bergman un sincère admirateur. La postérité n'a pas oublié qu'il prononça avec une égale impartialité, devant l'Académie de Stockholm, l'éloge de Wallerius, son plus grand ennemi, et celui de Swab, le plus cher de ses amis. Une de ses plus heureuses découvertes est assurément celle qu'il fit de l'illustre Scheele dans la boutique d'un apothicaire, et l'on ne saurait trop louer l'ardeur, le désintéressement, avec lesquels il mit en lumière cette mine inconnue et déjà si riche. Unissant tant de vertus à tant de génie, et marié à une femme charmante, qui pour lui plaire s'associait à ses goûts, pouvait-il ne pas être heureux ? A voir l'immense liste de ses travaux, on dirait qu'il a vécu de longues années ; cependant, épuisé par cette prodigieuse fécondité, il est mort avant l'âge de cinquante ans, en 1784. — Condorcet et Vicq d'Azyr ont fait son éloge.   A. DES GENEVEZ.

BERG-OP-ZOOM (*Bergen-op-Zoom*), place forte de la province hollandaise du Brabant septentrional, à 4 myriamètres au nord d'Anvers, bâtie à l'embouchure du Zoom, petite rivière qui se jette dans l'Escaut oriental, avec lequel la ville communique par un canal et un bon port. On y compte 7,000 habitants, dont la principale industrie consiste dans la fabrication des poteries fines, des briques et tuiles, et dans la préparation des anchois dont la pêche a lieu dans l'Escaut. On voit à Berg-op-Zoom un vieux château avec une tour s'élargissant extérieurement où le vent fait remuer, un bel hôtel de ville, trois églises, un collège, une école de dessin et d'architecture.

Berg-op-Zoom (*Bajorzuna* ou *Bercizoma*) fut prise en 880 par les Normands, et entourée de murailles crénelées au treizième siècle comme chef-lieu de la seigneurie du comte Gerhard de Wesemaele. Le marquisat de Berg-op-Zoom fut confisqué par Marguerite de Parme, gouvernante des Pays-Bas. En 1576 cette ville accéda à l'union des Provinces-Unies ; et l'année d'après, quand la garnison espagnole en eut été expulsée, elle fut entourée de fortifications. Pour plus de sûreté, on y éleva en 1628 du côté du sud un camp retranché, et au moyen de trois forts on établit une communication avec le *Steenbergen*, situé à l'est. En 1688 et 1727 on ajouta encore de nouveaux travaux de défense aux fortifications déjà existantes, de manière à rendre cette place presque imprenable.

L'importance stratégique de Berg-op-Zoom excita à diverses reprises les Espagnols à essayer de s'en emparer. En 1583 cette ville ouvrit volontairement ses portes au duc d'Alençon, qui l'occupa pendant quelque temps pour la France ainsi que quelques autres villes de Flandre, à titre d'ami des Provinces-Unies. En 1588 le duc de Parme en tenta inutilement le siége. En 1597 la vigilance des troupes des Pays-Bas déjoua un projet de surprise conçu par l'archiduc Albert pour s'en emparer. Trois attaques tentées par les Espagnols, en mars, août et septembre 1605, échouè-

rent également. Il en fut de même du siége entrepris en 1622 par le marquis de Spinola, qui, après soixante-dix-huit jours de tranchée ouverte et après avoir perdu plus de 10,000 hommes, dut le lever par suite de l'arrivée du prince Maurice d'Orange.

Les Français furent plus heureux en 1747. Après deux mois de siége le maréchal de Lœwendal s'en empara. Les assiégeants avaient fait jouer quarante et une mines et les assiégés trente-huit. Mais à la paix Berg-op-Zoom fut rendue aux Hollandais. Dans l'hiver de 1795 Pichegru contraignit cette place à capituler. Incorporée à la France à partir de 1810, elle fut bloquée en 1814 par les Anglais, qui dans la nuit du 9 mars essayèrent, avec 4,000 hommes commandés par Goorer, une surprise, que l'héroïque bravoure de la garnison française déjoua complètement. Ce ne fut que la paix de Paris qui la replaça sous les lois de la Hollande.

BERIBERI, nom d'une maladie encore assez mal connue et endémique aux Indes, notamment dans l'île de Ceylan et sur la côte de Malabar. Il arrive le plus souvent que les malades y succombent en vingt-quatre ou trente heures, et quelquefois même en moins de six heures ; il n'est pas rare cependant d'en voir dont les souffrances se prolongent trois et même quatre semaines. Lorsque la guérison a lieu, rien de plus fréquent que les rechutes, alors toujours mortelles. Les indigènes ne sont pas moins sujets à cette maladie que les étrangers lorsqu'ils habitent déjà depuis quelques mois un district où sévit le fléau. On a remarqué que ses apparitions sont plus fréquentes pendant la diminution des moussons, et qu'elles sont provoquées par les brusques changements de température d'une atmosphère chargée d'humidité.

BÉRIL. *Voyez* BÉRYL.

BÉRILISTIQUE. Les anciens nommaient ainsi un prétendu art magique, consistant à tirer des augures des apparences extraordinaires obtenues à l'aide d'une espèce de miroir qu'ils appelaient *berilli*.

BERING ou **BEHRING** (VITUS), né à Horsens, dans le Jutland, commença à naviguer pour sa patrie dans les Indes orientales, où il acquit la réputation d'un excellent marin. Entré au service de Pierre le Grand, alors que la marine de Cronstadt était encore au berceau, il se distingua comme lieutenant et comme capitaine dans toutes les expéditions navales contre la Suède. Plus tard son intrépidité et ses talents lui méritèrent l'honneur d'être choisi pour commander l'expédition de découvertes que la Russie envoya dans les mers du Kamtschatka.

La reconnaissance de toutes les côtes septentrionales de cette grande presqu'île, jusqu'au 67° 18′, et les premières preuves de la séparation des deux continents d'Asie et d'Amérique, furent le résultat de ce voyage, terminé en 1728 ; mais la question de savoir si les terres dont on avait une connaissance vague, à l'opposé de la côte du Kamtschatka, faisaient partie de l'Amérique, ou si elles n'étaient que des îles intermédiaires entre les deux continents, n'était point encore résolue : Bering fut chargé de la décider. Il partit le 4 juin 1741, avec deux vaisseaux. Après avoir abordé la côte nord-ouest de l'Amérique, entre 55° et 60° de longitude nord, les tempêtes et le scorbut l'empêchèrent de poursuivre ses découvertes. Il fut jeté loin de sa route sur l'île déserte d'Awatscha, qui porte aujourd'hui son nom. La neige couvrait alors cette terre stérile et sans abri. Bering était dangereusement malade ; il fut porté à terre, et placé dans une fosse creusée entre deux monticules de sable, et couverte d'une voile. C'est dans cette espèce de tombeau que mourut l'infortuné commandant, le 8 décembre 1741.

La postérité a donné le nom de Bering au détroit qui sépare l'Asie de l'Amérique, et dont Cook a achevé la reconnaissance.

BÉRING (Détroit de), appelé aussi *détroit d'Anian*, et encore, par les Anglais, *détroit de Cook*. C'est le détroit qui sépare la côte occidentale de l'Amérique septentrionale, de la côte orientale de l'Asie.

Le premier voyageur qui constata que le continent américain est séparé du continent asiatique fut le Kosak Deschnef, lequel, en 1648, partit de l'un des ports de la Sibérie situés dans l'océan Polaire, et pénétra dans la mer du Kamtschatka par un canal séparant ces deux parties du monde. Toutefois, ce fait fut longtemps tenu pour fabuleux par les Européens, jusqu'à ce qu'il eut été confirmé en 1728 par le témoignage de Bering, qui donna son nom à ce détroit. Plus tard, en 1778, le capitaine Cook le visita également. Dans sa moindre largeur, par 66° de latitude septentrionale, il n'a pas plus de 74 kilomètres; mais par 69° sa largeur est déjà de 555 kilomètres. Au centre, il a de vingt-neuf à trente brasses de profondeur; et cette profondeur diminue à mesure qu'on approche des côtes, mais plus sensiblement sur la côte américaine que sur la côte asiatique. Entre les deux caps de Tchoukoltsk et du Prince-de-Galles, où il est le plus resserré, et près du cercle polaire, ce détroit est souvent fermé par les glaces.

On a aussi donné le nom de *mer de Béring* à cette partie de l'océan Pacifique qui s'étend de 160° de longitude orientale à 160° de longitude occidentale, et de 52° à 66° de latitude septentrionale, entre le Kamtschatka à l'ouest, l'Amérique à l'est, et les îles Aléoutes au sud.

BÉRINGÈNE. *Voyez* AUBERGINE.

BÉRIOT (CHARLES-AUGUSTE DE), l'un des plus habiles violons de notre époque, est né le 20 février 1802, à Louvain, où il reçut sa première instruction musicale de M. Tiby, professeur de musique, qui fut son tuteur et son second père. Il resta dans sa ville natale jusqu'à l'âge de dix-neuf ans, et vint à Paris en 1821, pour y continuer ses études sous la direction de Baillot. Mais il ne fréquenta que fort peu de temps le Conservatoire, et ne tarda pas à suivre sa propre direction, avec tant de bonheur qu'il put se faire entendre en même temps que Paganini lors du premier début de ce grand artiste à Paris. Quand Bériot revint de Paris dans son pays natal, il reçut du roi des Pays-Bas le titre de premier musicien de sa chambre, avec une pension de 2,000 flor., que les événements de 1830, en amenant la séparation de la Belgique et de la Hollande, lui firent perdre.

Ayant peu après cette époque contracté une liaison intime avec la célèbre Malibran, il la suivit dans les différentes villes où elle se fit entendre, donnant lui-même des concerts qui obtenaient le plus grand succès. Revenu avec elle à Paris, en 1836, il l'épousa aussitôt qu'elle fut parvenue à faire rompre son premier mariage, et partit de nouveau avec elle pour l'Angleterre, où il eut le malheur de la perdre au bout de quelques mois. De retour sur le continent, il se fixa dans son pays natal, où il avait acquis une belle propriété. Il y a depuis contracté un nouveau mariage.

Lors de la mort de Baillot, il fut un instant question de Bériot pour le remplacer au Conservatoire de Paris; mais on jugea peut-être avec raison qu'il était préférable de choisir à ce grand maître un successeur qui continuât son école. Bériot en fut dédommagé par la place de professeur au Conservatoire de Bruxelles, qu'il a depuis cédée à Léonard, qui, après Vieuxtemps, est le plus distingué de ses élèves. Bériot a publié beaucoup d'airs variés, qui ont obtenu un grand succès; et pour répondre au reproche qu'on lui faisait de se borner à un genre si mesquin et si uniforme, il a fait entendre des concertos et autres pièces, qui prouvent son talent de compositeur. Mais c'est surtout comme exécutant de premier ordre qu'il mérite d'être remarqué, et c'est aussi sous ce rapport qu'il a fait école. Dans l'andante son jeu est plein de grandeur et d'expression; dans les morceaux de vivacité, il montre de la finesse, de l'originalité, une parfaite connaissance du mécanisme de l'instrument et surtout de la conduite de l'archet, ce qui fait qu'on oublie volontiers certains traits et certaines formules que les véritables connaisseurs ne trouvent pas toujours d'un goût irréprochable.

BERKELEY (GEORGES), le vertueux et savant évêque de Cloyne, si connu par le système philosophique auquel on donne le nom d'*idéalisme de Berkeley*, était né à Kilcrin, en Irlande, le 12 mars 1684. Après avoir reçu la première partie de son éducation à l'école de Kilkenny, il fut admis comme pensionnaire au collège de La Trinité de Dublin, à l'âge de quinze ans; et en 1707 il obtenait le titre ou degré de *fellow* dans ce même collège. La première preuve publique qu'il donna de l'étendue de ses connaissances scientifiques et littéraires fut son *Arithmetica absque Algebra aut Euclide demonstrata*. On voit par la préface placée en tête de cet ouvrage qu'il le composa à l'âge de vingt ans, bien qu'il n'ait vu le jour qu'en 1707. Il le fit suivre de *A Mathematical Miscellany*, contenant des observations et des théorèmes dédiés à son pupille Samuel Molyneux.

En 1709 parut la *Theory of Vision*, qui de tous ses ouvrages semble être celui qui fait le plus d'honneur à sa sagacité; car, ainsi qu'on l'a déjà fait observer, ce fut la première tentative faite pour distinguer les objets naturels et immédiats de la vue, des conclusions que nous sommes habitués dès l'enfance à en déduire. La limite qui sépare les idées de la vue et du toucher y est marquée avec une admirable précision; et l'auteur démontre que bien que l'habitude ait tellement associé ces deux classes d'idées dans l'esprit qu'il faille ensuite un violent effort pour les séparer l'une de l'autre, elles n'ont pourtant pas à l'origine cette liaison entre elles; qu'au contraire une personne aveugle de naissance qui recouvrerait subitement la vue serait d'abord complétement hors d'état de dire comment un objet quelconque qui affecte sa vue pourrait affecter son toucher; et en particulier que la vue ne pourrait lui donner aucune idée de la distance ou de l'espace externe; mais qu'elle s'imaginerait que tous les objets sont dans son œil, ou plutôt dans son esprit.

Les *Principles of human Knowledge* furent publiés en 1710, et les *Dialogues between Hylas and Philonoüs* en 1713. Le but de ces deux dissertations est de démontrer la fausseté de la notion généralement admise de l'existence de la matière; et que les objets sensiblement matériels, comme on les appelle, ne sont point externes à l'esprit, mais existent en lui et ne sont rien plus que l'action immédiate de Dieu, suivant certaines règles qualifiées de *lois de la nature*. Ce scepticisme touchant la réalité du monde corporel a sa source dans la doctrine philosophique qui veut que l'esprit, être immatériel, ne puisse percevoir directement les choses matérielles, mais seulement les *idées* de ces choses. De là le nom d'*idéalisme* donné au système de Berkeley, qui une fois admis comme vrai est inattaquable. Car si tout ce que nous percevons sont des idées, ces idées n'ayant pas d'existence hors de notre esprit, il s'en suit que le monde matériel n'est plus qu'une hypothèse, dont il devient à jamais impossible de vérifier la réalité. Mais ce principe est-il vrai? Reid démontre qu'il doit être jugé absurde par quiconque n'a pas l'esprit faussé par les rêveries métaphysiques. Il serait bien difficile de prouver à un homme libre de tout système que le soleil, que la lune, la mer, la terre, tous les objets immédiats dont il a connaissance, ne sont que des idées de son esprit et cessent d'exister du moment où il cesse d'y penser. Ce système, que combat le sens commun, Berkeley l'a défendu non-seulement comme vrai, mais encore comme d'une haute importance pour la religion. Dans sa préface des *Dialogues* entre Hylas et Philonoüs, il déclare que les conséquences immédiates des principes qu'il va développer seront la ruine de l'athéisme et du scepticisme. Force nous est bien de convenir qu'avec cette doctrine il n'y a plus de matérialisme possible, puisqu'elle ne laisse plus rien subsister de la réalité corporelle; mais toutes les vérités étant solidaires, la doctrine de Berkeley est en réalité plus nuisible qu'utile aux idées religieuses.

La finesse des aperçus et la beauté de l'imagination sont si remarquables dans les œuvres de Berkeley, que sa réputation fut désormais fondée et que chacun rechercha sa compagnie. Les hommes des partis les plus opposés s'accordèrent pour le recommander. Il rédigea pour Steele quelques articles dans *The Guardian*, et il reçut chez lui Pope, dont il resta toujours l'ami depuis. Swift le recommanda au célèbre comte de Peterborough, qui, lorsqu'il fut nommé ambassadeur près le roi des Deux-Siciles et les différents États italiens, emmena avec lui en 1713 Berkeley à titre de chapelain et de secrétaire. Il revint en Angleterre avec ce seigneur, l'année suivante.

Les espérances d'avancement qu'il avait pu concevoir ayant été déçues, par suite de la chute du ministère de la reine Anne, il accepta à peu de temps de là l'offre que lui fit Ashe, évêque de Clogher, d'accompagner son fils dans un voyage en Europe. Il y consacra cinq années de sa vie ; et indépendamment des endroits que tout voyageur ne manque jamais et qu'il est même tenu de visiter, il alla en voir beaucoup d'autres où ne pénètre jamais le *servum pecus*, recueillant en route une admirable industrie des matériaux pour une histoire naturelle des contrées par lui parcourues ; malheureusement il les perdit dans la traversée, en se rendant à Naples. On trouve partout l'anecdote suivant laquelle, à son passage à Paris, en 1715, Berkeley serait allé rendre visite à Malebranche, qu'il trouva malade d'une fluxion de poitrine. La discussion ne s'en établit pas moins entre les deux penseurs, et Malebranche, dit-on, y apporta une telle vivacité en combattant les idées de Berkeley sur l'immatérialisme, que son mal augmenta au point qu'il en mourut quelques jours après. Quelle mort pour un philosophe ! C'est là le cas de dire : *Si non e vero, e ben trovato*.

Il était de retour avec son élève en Angleterre en 1721. Il faut savoir qu'à ce moment les esprits n'étaient pas moins hallucinés sur les bords de la Tamise que sur ceux de la Seine, et que de l'un et l'autre côté du détroit on se livrait avec l'entraînement le plus stupide à un monstrueux agiotage sur les actions de la Compagnie de la mer du Sud. Témoin des misères individuelles et de la démoralisation générale qui étaient le résultat de cette aberration, il publia dès la même année son *Essay towards preventing the ruin of Great-Britain* (Essai sur les moyens de prévenir la ruine de la Grande-Bretagne), réimprimé depuis dans ses *Miscellaneous Tracts*.

A partir de ce moment les portes de la plus grande compagnie s'ouvrirent devant lui. Pope le présenta à lord Burlington, lequel le recommanda au duc de Grafton, nommé tout récemment lord lieutenant d'Irlande ; et celui-ci en 1731 admit Berkeley au nombre de ses chapelains. Il consacra les derniers six mois de cette même année 1731 à se faire recevoir d'abord bachelier, puis docteur en théologie ; et l'année suivante la mort de mistriss Vanhomrigh, si connue par son attachement pour Swift, fut très-inopinément pour lui la source d'un accroissement de fortune. Cette dame avait d'abord eu l'intention d'instituer pour héritier l'homme qu'elle aimait ; mais s'étant aperçue qu'il l'avait trompée pour Stella Johnson, elle déshérita l'infidèle, et partagea sa fortune, montant à 8,000 liv. st. (200,000 fr.), entre ses deux exécuteurs testamentaires. Berkeley, qu'elle ne connaissait pas parce qu'il lui avait été présenté dans le temps par Swift, était l'un d'eux. En 1724 il obtint, par le crédit du duc de Grafton, le doyenné de Derry, valant 1,100 liv. st. (27,500 fr.) de rente. Il s'était marié, et dès lors sa carrière paraissait fixée ; lorsqu'en 1728, tourmenté du désir de convertir au christianisme les sauvages d'Amérique, il s'embarqua pour Rhode-Island, où, sous la dénomination de *collège de Saint-Paul*, il fonda un établissement destiné à devenir l'instrument et le moyen de cette conversion. Mais les ressources sur lesquelles il avait compté lui ayant fait défaut, force lui fut de s'en revenir en Angleterre, en 1732, après avoir perdu dans cette pieuse entreprise une partie de son avoir.

Cette même année 1732 il publia *Alciphron, or the minute philosopher* (2 vol. in-8°), ouvrage spécialement dirigé contre les libres penseurs. L'année suivante il fut nommé évêque de Cloyne ; et en 1745 lord Chesterfield lui offrit de le faire nommer à l'évêché de Clogher, auquel étaient attachés des revenus bien plus considérables. Mais Berkeley refusa. Il résida constamment à Cloyne, où il s'acquitta avec la plus grande conscience de tous ses devoirs épiscopaux, sans pour cela renoncer à ses études favorites.

C'est vers cette époque qu'il engagea avec quelques mathématiciens une controverse qui excita la plus vive attention dans le monde savant. Voici à quelle occasion : Addison avait transmis à l'évêque de Cloyne, au sujet de la conduite tenue à ses derniers moments par leur ami commun le Dr Garth, des détails qui avaient également affligé ces deux défenseurs de la religion révélée. En effet, Addison étant allé rendre visite au docteur et ayant entamé avec lui une conversation des plus sérieuses sur l'existence d'un autre monde : « Assurément, mon cher Addison, lui répliqua le moribond, j'ai de bonnes raisons pour ne pas croire à toutes ces sornettes-là, depuis que mon excellent ami le Dr Halley, qui s'est tant occupé de démonstrations, m'a assuré que les doctrines du christianisme sont incompréhensibles, et que cette religion elle-même n'est qu'une immense imposture. » En conséquence l'évêque crut devoir descendre dans la lice contre Halley, et il lui adressa, comme à un mathématicien infidèle, un discours intitulé : *The Analyst*, dont le but est de prouver que les mathématiciens ont tort d'élever des objections contre les mystères de la foi, puisque dans la science ils admettent des mystères bien plus grands encore et même des faussetés ; et il fournissait pour preuve à l'appui de son assertion la théorie des fluxions. Il en résulta de longues discussions entre lui et quelques-uns des mathématiciens les plus éminents de l'époque.

En 1736 l'évêque de Cloyne fit paraître *The Querist* (le Questionneur), discours adressé aux magistrats à l'occasion des progrès toujours croissants de l'immoralité et de l'irréligion. Cette publication fut suivie de quelques autres de moindre importance. En 1744 il publia le livre si curieux et si intéressant qui a pour titre : *Siris, a chain of philosophical reflections and inquiries concerning the vertues of tar-water* (Siris, ou enchaînement de réflexions et de recherches philosophiques sur l'eau de goudron), spécifique contre la colique nerveuse dont il avait lui-même éprouvé la vertu. Au mois de juillet de la même année, il vint s'établir à Oxford avec toute sa famille, en partie pour surveiller de plus près l'éducation d'un fils, mais surtout afin de pouvoir satisfaire son goût pour l'étude, qui jamais n'avait été plus vif. Il eût volontiers changé son évêché pour un canonicat à Oxford ; mais il n'obtint pas la permission de permuter. Dans cette capitale scientifique et littéraire de la Grande-Bretagne, il vécut entouré des respects universels, occupé de revoir et d'imprimer divers petits ouvrages qu'il avait encore en portefeuille ; mais il ne lui fut pas donné de goûter longtemps cette vie calme et studieuse, et il mourut subitement, le 14 janvier 1753, à l'âge de soixante-neuf ans, au moment où il écoutait un sermon que lui lisait sa femme. La belle âme de Berkeley se réfléchit dans tous ses écrits, de même qu'il y déploie l'érudition la plus profonde et la plus variée ; et toute sa vie, si honorable et si honorée, justifie le témoignage que Pope a porté de lui :

To Berkeley every virtue under heaven.

(Berkeley avait toutes les vertus qui existent sous le ciel). Ce ne fut que longtemps après sa mort qu'il parut une édition complète de ses œuvres (Londres, 1784, 2 vol.).

Le second fils de l'évêque de Cloyne, George BERKELEY, né à Londres, en 1733, mort en 1795, commença sous les soins de son père, d'excellentes études, qu'il termina à Oxford. Il entra dans les ordres, fut chanoine de la cathédrale de Cantorbéry, et devint un bon prédicateur. Il a laissé quelques sermons imprimés.

BERKELEY (Élisabeth). *Voyez* Craven (Lady).

BERKHEY (Jean Lefranq van), l'un des écrivains hollandais les plus distingués du dix-huitième siècle, naquit le 23 janvier 1729, à Leyde, où il mourut, le 3 mars 1812. Son *Histoire naturelle de la Hollande* (4 vol., Leyde, 1769) le fit nommer professeur d'histoire naturelle à l'Académie de Leyde. Il ne fit pas preuve de moins de talent dans quelques dissertations sur l'histoire naturelle, disséminées dans divers recueils, et aussi dans son grand ouvrage intitulé : *Natuurlijke historie van het rundvee in Holland* (6 parties avec planches ; Amsterdam, 1805-1811). Il n'est pas non plus à dédaigner comme poète ; et bien qu'on puisse reprocher à ses productions en ce genre de l'enflure et du pathos, on y rencontre des passages de la meilleure poésie, notamment dans son *Het verheerlijkt Leiden*, grand poëme composé à l'occasion du 200° anniversaire de la fondation de sa ville natale, et dont il donna lui-même lecture le 4 octobre 1774, dans l'église de l'hôpital, aux applaudissements d'une nombreuse assistance. Ses opinions, vivement orangistes, furent pour lui une source de désagréments et de persécutions, à une époque où la majorité de ses concitoyens attachait une importance extrême à diminuer les droits et les prérogatives du stathoudérat. Une explosion qui eut lieu en 1807, et qui détruisit sa propriété, affligea les dernières années de la vie de ce vieillard, et le réduisit à un état voisin de l'indigence.

BERLICHINGEN (Goetz ou Godefroi de), surnommé *Main-de-Fer*, brave chevalier du seizième siècle, qu'on peut considérer, avec Ulrich de Hutten et Franz de Sickingen, comme l'un des derniers représentants de la chevalerie du moyen âge, était né à Iaxthausen en Wurtemberg, dans le manoir de sa famille, dont l'origine remontait au dixième siècle. Son cousin Kuno de Berlichingen dirigea son éducation, et l'emmena avec lui à Worms, en 1495, pour assister aux délibérations de la diète. Attaché à l'état militaire par habitude et par goût, il prit du service dans l'armée de l'électeur Frédéric de Brandebourg, servit ensuite l'électeur Albert V de Bavière-Munich dans la guerre qu'il eut à soutenir contre le palatin Rupert pour la succession de Landshut. C'est dans cette lutte et au siége même de Landshut qu'il perdit la main droite. Il la remplaça par une main en fer fort habilement fabriquée, et qu'on montre encore aujourd'hui au château de Iaxthausen. (Consultez une dissertation publiée par Michel : *la Main de fer du brave chevalier de Gœtz de Berlichingen* [Berlin, 1815 ; avec planches].) Quand l'empereur Maximilien réussit à rétablir enfin la paix générale dans l'empire, Goetz de Berlichingen se retira dans son manoir. Mais alors, par suite de l'état agité de ce temps-là, il fut constamment obligé de soutenir contre tous ses voisins, les villes impériales riveraines du Neckar et les châtelains du Kocher ; déployant autant de bravoure que de chevaleresque loyauté dans ses guerres privées, le fléau de l'Allemagne. Ayant plus tard prêté assistance au duc Ulric de Wurtemberg contre la ligue de Souabe, il fut fait prisonnier en 1522 ; et quand le duc eut été chassé de ses États, il fut obligé de racheter sa liberté moyennant une rançon de deux mille florins.

Il prit également part à la guerre des Paysans en 1525, comme contraint et forcé, à ce qu'il prétend, mais peut-être bien déterminé par sa passion de guerroyer et aussi par le désir secret de tirer vengeance de ses vieux ennemis de la ligue de Souabe. Gœtz de Berlichingen devint même le chef de la bande des insurgés de l'Odenwald ; et ce ne fut pas sans peine qu'après l'issue malheureuse de cette lutte il parvint à s'échapper. Mais plus tard, en se rendant à Stuttgard sur l'invitation de Truchers, capitaine de la ligue, il fut assailli en route par un parti de ligueurs, qui lui fit prêter le serment de comparaître devant la diète toutes les fois qu'il en serait sommé. Il fut effectivement mandé à quelque temps de là à Augsbourg, où, après avoir subi une assez longue détention, il fut condamné à ne pas sortir de son manoir héréditaire, sous peine, en cas de contravention, de 20,000 florins d'amende. Gœtz de Berlichingen mourut le 23 juillet 1563, après avoir encore fait quelques campagnes en Hongrie et en France. On a de lui une relation exacte de ses aventures, qui fut imprimée d'abord en 1731 à Nuremberg, et en 1818 à Breslau. La dernière édition est celle qui a été donnée à Pforzheim par Gessert, en 1843. Ce livre est une excellente peinture de la vie privée et des mœurs du moyen âge. Gœthe en a tiré le sujet d'un de ses drames.

BERLIER (Théophile, comte), né en 1761, était avocat à Dijon, sa patrie, quand il fut nommé, en septembre 1792, député de la Côte-d'Or à la Convention nationale. Savant et consciencieux jurisconsulte, il prit une part très-active à la réformation de notre législation civile et criminelle. Dans le procès de Louis XVI, il combattit le principe d'inviolabilité, considéré dans son application aux actes politiques de ce prince, et vota pour sa condamnation à la peine capitale. Il provoqua le décret d'accusation contre Duchâtel pour intelligences avec les rebelles. Envoyé en mission près de l'armée du Nord, à Dunkerque, il donna tous ses soins aux besoins de cette armée. De retour à la Convention, il reparut souvent à la tribune, et s'occupa presque exclusivement des améliorations de notre droit civil ; il fit adopter quelques changements à la loi des successions ; on lui doit aussi de sages modifications dans les attributions des tribunaux de famille. Après le 9 thermidor, il proposa la réorganisation des comités du gouvernement, et fit ordonner la mise en liberté des cultivateurs détenus dans les prisons pour cause politique. L'assemblée, sur son rapport, établit d'après des données plus équitables la législation sur les donations et les successions. Nommé membre du comité de constitution pour la rédaction des lois organiques, il proposa d'abolir les confiscations prononcées par les tribunaux et commissions révolutionnaires, et de supprimer immédiatement le tribunal révolutionnaire de Paris.

Berlier proposa un système universel d'élections graduelles d'après lequel le principe d'élection eût dominé partout. Ainsi, dans l'ordre administratif, les administrateurs de district ou arrondissement n'auraient pu être choisis que parmi les maires, les adjoints ou conseillers municipaux ; les administrateurs de département, parmi les citoyens qui auraient été membres d'une administration de district. La même candidature graduelle aurait eu lieu dans l'ordre judiciaire. Un magistrat n'aurait pu être élu membre du tribunal de cassation qu'après avoir exercé les fonctions de juge de paix et de juge d'un tribunal civil ou criminel. Les législateurs auraient été choisis parmi ceux qui auraient parcouru tous les degrés dans l'une ou l'autre partie de l'administration publique ; des hommes spéciaux et d'une capacité éprouvée auraient été ainsi seuls admissibles à toutes les fonctions.

L'opinion de Berlier ne fut pas adoptée. Il fut plus heureux en s'opposant au jury constitutionnaire de Sieyès. C'était encore là un sénat conservateur, et l'on sait que l'ancien sénat n'a rien fait pour conserver la constitution qui l'avait créé. Une nation ne doit s'en remettre qu'à elle-même du soin de maintenir ou de perfectionner ses institutions : c'est pour elle un droit et un devoir. Tout le principe de souveraineté nationale est là. Berlier est resté fidèle à ce principe et au mandat dans toutes les opinions qu'il a émises à la tribune de la Convention nationale. Il présidait cette assemblée lorsqu'une section de Paris (celle des Arcis) vint demander que l'assemblée terminât sa session : Berlier rappela aux pétitionnaires l'inconvenance et l'inconstitutionnalité de leur prétention, et déclara que la Convention nationale tenait son mandat de la nation elle-même, et qu'elle conserverait le pouvoir constituant jusqu'au moment où le vœu de la nation serait constitutionnellement constaté. Il pensait aussi que les citoyens armés ne cessent pas d'être citoyens : défenseurs des droits de tous, ils ne doivent pas cesser d'en jouir. Il fit décider que l'armée serait appelée à exprimer son vote sur la constitution. Les délibérations des camps et des garnisons s'ouvrirent et se terminèrent avec calme et dignité.

Il avait été membre du comité de salut public après le 9 thermidor et réélu député lors de la mise en activité de la constitution de l'an III. Il se montra dans le Conseil des Cinq Cents tel qu'il avait été à la Convention, toujours étranger à l'esprit de parti; il s'opposa avec une constante énergie aux déplorables excès de la réaction, et, sur sa proposition, les prévenus d'émigration provisoirement rayés furent admis à voter dans les assemblées primaires. La session législative terminée, il remplit les fonctions de substitut du commissaire du Directoire (avocat général) près de la cour de cassation.

Les suffrages de ses concitoyens le rappelèrent au Conseil des Cinq Cents, dont il fut élu secrétaire. Il se démit immédiatement de ses fonctions de substitut. La réaction avait fait d'effrayants progrès. Le Directoire, avec son système de bascule, avec ses hésitations, croyant faire de la force quand il ne faisait que de l'arbitraire, avait contre lui tous les partis ; toutes les assemblées électorales s'étaient fractionnées ; de scandaleuses scissions s'étaient partout manifestées ; la liberté de la presse n'était plus qu'une déception ; les principes n'avaient plus d'organes ; les journaux n'ouvraient leurs colonnes qu'à une polémique toute de personnalités. Berlier proposa diverses mesures pour ramener cette puissance nouvelle à la dignité, à l'indépendance de son institution, et lui garantir le libre contrôle des actes du gouvernement; il ne voyait de délit que dans la calomnie : ainsi, la presse rentrait dans le droit commun, et, conservant tous ses avantages, n'était passible de répression que dans ses attaques contre les personnes, quand ces attaques blessaient la vérité. Il parvint à faire rapporter l'article de la loi du 19 fructidor qui avait placé la presse sous la censure du Directoire, et prit une grande part à la discussion sur la nouvelle organisation des sociétés patriotiques qu'on appela *cercles constitutionnels*.

Berlier, après le 18 brumaire, fut nommé conseiller d'État et ensuite président du conseil des prises, membre de la Légion d'Honneur et comte de l'empire. Il s'était pourtant, comme conseiller d'État, opposé à l'institution de la Légion d'Honneur, disant que l'ordre proposé conduisait à l'aristocratie. « Les croix et les rubans, avait-il ajouté, sont les hochets de la monarchie, » mots souvent répétés depuis. Il contribua beaucoup à la rédaction des nouveaux codes ; il présenta plusieurs projets de loi sur la réorganisation de la Cour de cassation , et soutint la discussion de ces projets de loi au Corps législatif contre les orateurs du Tribunat. Lors de la suppression arbitraire du Tribunat par Napoléon, il continua ses fonctions au Conseil d'État ; fut révoqué en 1814, et reprit ses fonctions en 1815. En 1816 il fut compris dans ce qu'on appelait la *loi d'amnistie*, et, banni comme conventionnel, il se retira à Bruxelles, où il se consacra pendant son exil à de longues et laborieuses études historiques. Il publia en 1822 un *Précis historique de l'ancienne Gaule*, 1 vol. in-8°. Il s'était arrêté à l'invasion des Gaules par Jules César ; il continua plus tard son excellent travail, et en publia la suite, qui forme une histoire complète de cette période si féconde en grands événements.

Après la révolution de 1830, M. Berlier attendit, pour rentrer sur le sol de sa patrie, que Louis-Philippe eût abrogé l'ordonnance qui l'avait banni. Retiré dans sa propriété avec sa jeune famille, qui avait grandi dans l'exil, il poursuivit ses utiles travaux d'histoire et de législation. Pendant son long séjour à Bruxelles, il avait rédigé pour l'*Encyclopédie moderne* les articles *Code civil*, *Code criminel* et d'autres non moins importants, qui se font remarquer par une profonde érudition et par un rare talent d'analyse. Berlier, qui était correspondant de l'Académie des Sciences morales et politiques, section de législation, est mort à Dijon, le 12 septembre 1844, à l'âge de quatre-vingt-trois ans.

DUFEY (de l'Yonne).

BERLIN, capitale du royaume de Prusse, résidence ordinaire du roi, et siège de toutes les autorités supérieures. Cette ville, remarquable par la beauté et le grandiose de ses édifices publics, par la régularité de ses rues, par l'importance de ses établissements scientifiques et artistiques , par l'activité de son industrie et de son commerce, qui en font une des plus considérables et des plus belles cités de l'Europe, est bâtie dans une plaine sablonneuse, sur les rives arides de la Sprée, et se compose, à bien dire, de six villes différentes, qui avec le temps en sont arrivées à n'en plus former qu'une, à savoir : Berlin proprement dit, Cologne-sur-la-Sprée (*Kœlln-an-der-Spree*), Friedrichswerder, Neustadt ou Dorotheenstadt, Friedrichstadt et Friedrich-Wilhelmstadt. Elle porte par conséquent jusque dans l'histoire de son origine le type de la formation de la Prusse elle-même, résultat de la lente agglomération de diverses parties longtemps séparées pour arriver à former un tout formidable.

Les opinions sont partagées au sujet de l'époque de la fondation de Berlin et de Kœlln, les deux plus anciens quartiers, ainsi que sur la signification du nom même de *Berlin*, mot que les uns traduisent par *sol désert et boisé*, comme venant de la langue des Wendes, les autres dérivent de la langue des Celtes, dans laquelle il signifierait *vaste plaine*. Les recherches les plus récentes désignent, avec une grande probabilité, comme fondateur de ces deux villes le petit-fils du margrave Albert l'Ours, Albert II, qui régnait de 1206 à 1220. Mais il ne reste plus aujourd'hui qu'un bien petit nombre d'édifices dont la construction remonte au treizième siècle ; entre autres, il faut citer les églises du cloître, de Saint-Nicolas et de Notre-Dame (*Kloster-Nicolai-Marien-Kirchen*). L'hôtel de ville, autrefois habité par les margraves, n'a de remarquable que son ancienneté.

De l'avénement de la maison de Hohenzollern date un progrès remarquable dans l'histoire architecturale de Berlin. L'électeur Frédéric II *aux Dents de fer* construisit en 1442 à Berlin un château sur l'emplacement duquel s'élève le château actuel, et l'électeur Jean-Cicéron fit de cette ville la résidence habituelle de sa cour. On peut considérer comme le second fondateur de Berlin Frédéric-Guillaume, dit *le Grand Électeur*, qui non-seulement l'embellit beaucoup, mais encore l'agrandit singulièrement (1658 à 1681), surtout en y attirant de nombreux colons, émigrés français pour la plupart. Aussi la population s'en élevait-elle déjà de son temps à 20,000 âmes. C'est ce prince qui fonda la bibliothèque royale actuelle, la galerie de tableaux, le musée des antiques, ainsi qu'un grand nombre d'églises et d'écoles, donnant ainsi l'impulsion première à la culture des lettres, des sciences et des arts, qui depuis lors a toujours pris plus de développements. C'est encore lui qui, en 1699, transforma sous la direction de l'architecte Schluter, la masse confuse de bâtiments de styles différents dont se composait l'ancien château, en un tout formant le château actuel. On lui doit aussi l'Arsenal, édifice d'une bonne architecture, commencé par Nehring, en 1695, et terminé en 1706 par Jean de Bodt. Il agrandit considérablement les faubourgs, et donna de plus en plus l'aspect d'une capitale européenne à la ville de Berlin, dont, sur la fin de son règne, la population atteignait déjà le chiffre de 50,000 âmes.

La construction colossale du château royal fut terminée en 1716, sous Frédéric-Guillaume Ier, par l'architecte Boehm. On continua également alors à bâtir la *Friedrichsstadt*, où vinrent s'établir, surtout à partir de 1727, un grand nombre de Bohèmes fuyant la persécution religieuse, et qui, en 1737, y construisirent une église particulière à leur usage. Les autres quartiers de la ville participèrent à ce mouvement continuel d'accroissement, et c'est de cette époque que datent les places de *Dœnhof*, *de Belle-Alliance* et *de Paris*, ainsi que la construction de la plupart des hôtels de la *Wilhemsstrasse* et du palais déjà commencé sous le règne du grand électeur par l'architecte Nehring pour servir de demeure au maréchal de Schoenberg, et où mourut, le 7 juin 1840, le roi Frédéric-Guillaume III. A cette époque Berlin comptait déjà 90,000 habitants.

Sous le règne de Frédéric le Grand, Berlin fut enrichi des plus magnifiques palais et édifices en tout genre. On construisit de 1741 à 1742 la salle de l'Opéra, l'un des plus beaux monuments d'architecture de la ville; l'église catholique, achevée en 1775, sur le plan du Panthéon; les deux tours des Gendarmes, dont le roi donna l'idée d'après le modèle des églises de la *Piazza del Popolo*, et qui sont aujourd'hui complétement restaurées; le bâtiment de l'Université (ci-devant palais du prince Henri), construit pendant la guerre de Sept Ans; la cathédrale, terminée en 1748, et diverses autres constructions qui, avec la création du Parc (*Thiergarten*) contribuèrent essentiellement à embellir la ville. Le commerce et l'industrie y prirent aussi de notables développements. En 1751 on y établit la première raffinerie de sucre. La fondation de la Banque et de l'Institution de commerce maritime, ainsi que d'autres grands établissements industriels, eut lieu ensuite. A la mort de Frédéric le Grand on comptait à Berlin 145,000 habitants. Sous le règne de Frédéric-Guillaume II, qui, de 1789 à 1793, fit construire la Porte de Brandebourg, le château de Monbijou et divers autres édifices, les fabriques et les manufactures, notamment celles de soie et de coton, firent de remarquables progrès.

Frédéric-Guillaume III contribua cependant bien autrement encore que tous ses prédécesseurs à donner à la ville de Berlin le caractère grandiose d'une capitale, par la construction d'une foule d'édifices et de monuments publics, de même que par les améliorations de tout genre opérées dans l'ensemble même du chef-lieu de la monarchie. Une nouvelle ère architecturale s'ouvrit pour Berlin à la suite des guerres de 1813 et 1815, sous l'habile direction de l'architecte Schinkel. Le premier monument qu'il ait construit fut le nouveau théâtre; vinrent ensuite le Museum, bâti sur un ancien lit de la Sprée consolidé au moyen de 8,000 pilotis, l'église de Werder, l'école d'architecture, et une foule de constructions particulières. C'est aussi sous le règne de Frédéric-Guillaume que fut inaugurée, le 15 octobre 1810, la nouvelle université fondée par le prince dans la capitale de ses États. A la mort de ce souverain, le chiffre de la population de Berlin était de 330,230 habitants.

Parmi les constructions nouvelles terminées sous le règne de Frédéric-Guillaume IV, il faut surtout mentionner la nouvelle École royale Vétérinaire de la *Luisenstrasse*, et parmi celles auxquelles on travaille encore en ce moment le nouveau Museum; la nouvelle cathédrale, élevée sur l'emplacement de l'ancienne, qui mettra en communication, au moyen d'une magnifique colonnade, le château avec l'ancien Musée, et qui contiendra un *Campo-Santo*, orné de fresques par Cornélius; enfin le magnifique hôpital de Béthanie, qui s'élève dans la plaine de Kœpnick. Le monument à la mémoire de Frédéric le Grand, élevé à l'extrémité des *Tilleuls*, dont la première pierre fut déjà posée sous le règne de Frédéric-Guillaume III, et qui a été exécuté par Rauch dans le style le plus grandiose, a été inauguré le 31 mai 1851, jour anniversaire de l'avénement du roi actuel au trône. L'incendie de la salle de l'Opéra, arrivé dans la nuit du 18 au 19 août 1843, donna lieu à de notables améliorations et embellissements du plan primitif, et dont le roi lui-même fournit l'idée. Dès 1844 avait lieu l'ouverture de la nouvelle salle. Les travaux entrepris pour transformer en jardin zoologique la ci-devant faisanderie dans le *Thiergarten* et le *Friedrichshain*, en avant de la nouvelle Porte du Roi, sont aujourd'hui complétement achevés. Les constructions entreprises dans la plaine de Kœpnick ont pris également l'essor le plus vaste et le plus rapide, et forment peut-être à présent la moitié de tout Berlin. Le recensement général, opéré à la fin de 1849, donnait un chiffre total de 13,398 maisons, 37 églises, etc., et de 401,154 habitants, dont 380,639 protestants, 10,737 catholiques, 14 mennonites et 9,535 juifs. Cette population est incontestablement d'origine wende ou slave; mais à la suite des nombreuses immigrations qui sont venues successivement l'accroître, elle a subi de fortes modifications. En ce qui touche le nombre des habitants, Berlin est la septième ville d'Europe, et n'est primée que par Londres, Paris, Constantinople, Saint-Pétersbourg, Vienne et Naples; encore ces deux dernières villes n'ont-elles peut-être pas une population réellement plus nombreuse. Sous le rapport de la superficie, elle est à Vienne (y compris les faubourgs), comme cinq est à six, et à Paris comme un est à deux. L'élévation du sol de Berlin au-dessus du niveau de l'Océan est de 120 à 150 pieds.

Berlin est aujourd'hui divisé en neuf quartiers : Berlin, le vieux et le nouveau Kœlln, le Friedrichswerder, la Luisenstadt, la Dorotheenstadt, la Friedrich-Wilhelmstadt, le quartier de Spandau, la Kœnigstadt et le quartier de Stralau; à quoi il faut ajouter les faubourgs de Rosenthal et d'Oranienburg.

Les édifices les plus importants du quartier de Berlin sont le Château, dont il a été fait mention plus haut, occupé aujourd'hui par diverses administrations et caisses publiques, la poste, l'hôtel de ville, le tribunal municipal, l'École militaire générale, l'École des Cadets, le Gymnase du *Grauen Kloster*, le Gymnase du *Joachimsthal*, transféré à Berlin en 1655; le palais Provincial (*Landschaftsgebæude*) où se réunissaient les États provinciaux de Brandebourg et de la basse Lusace; l'église Notre-Dame (*Marienkirche*) avec sa tour haute de 286 pieds, l'église Saint-Nicolas et l'église de la Garnison.

Dans le vieux Kœlln (nom dérivé du wende *Koll*, *Kollne*, poteau, pilier, parce que la plupart des maisons de cette partie de la ville sont construites sur pilotis), on trouve le château royal, situé entre la place du Château, le parc, la *Schlossfreiheit* et la Sprée, et où se trouvent le Musée et autres collections précieuses. A la suite du château on découvre le pont de l'Électeur, nommé aussi le Long-Pont, à cause de son ancien développement sur la Sprée, qui jadis était beaucoup plus large en cet endroit qu'aujourd'hui. Il unit le vieux Kœlln au quartier de Berlin, et est décoré de la statue équestre du grand électeur, modelée par Schluter, fondue en bronze par Jacobi, et inaugurée le 3 juillet 1703. En face du château est situé le parc, avec le Museum, où l'on a réuni la plus grande partie des trésors artistiques dispersés autrefois à Berlin et à Potsdam. Derrière se trouve le nouveau Musée. Une coquille colossale en granit du poids de 1,500 quintaux, placée dans l'axe du Museum, orne le parc, où l'on voit aussi un jet d'eau de 45 pieds de hauteur alimenté par une machine à vapeur qui se trouve près de la Bourse.

Les monuments les plus remarquables du Friedrichswerder sont : l'église du Werder, construite dans le style gothique du moyen âge, achevée en 1830, sur les plans de Schinkel, ornée avec un goût infini, à l'intérieur, d'un tableau d'autel par Begas et des *Quatre Évangélistes* par Schadow, mais où l'on regrette de trouver quelques défauts acoustiques; l'Arsenal, l'un des plus beaux monuments de l'Allemagne, formant un carré régulier et isolé, avec le buste en bronze du roi Frédéric Ier, placé dans son portail et les têtes de guerriers mourants exécutées en haut relief par Schluter au-dessus des vingt et une fenêtres de l'étage inférieur; le palais du roi, le palais des princesses, la grande garde du roi, construite d'après le plan de Schinkel en forme d'ancien camp romain, entourée des deux côtés des statues en marbre de Carrare de Scharnhorst et de Bulow, deux chefs-d'œuvre dus au ciseau si puissamment original de l'illustre Rauch. En face, sur la petite place de l'Opéra, s'élève la statue en pied de Blucher, de vingt-sept pieds de hauteur, exécutée en bronze d'après le modèle de Rauch, et inaugurée le 18 juin 1826. C'est là aussi que se trouvent situés l'Académie de chant, le pont du Château, long de cent cinquante-six pieds et large de cent, et la Monnaie.

Le quartier le plus beau et le plus régulier de la ville est la Friedrichstadt, où l'on voit la Friedrichsstrasse, qui a plus de 1,200 mètres de longueur ; la belle Leipzigerstrasse, la non moins belle Wilhemsstrasse, et la superbe place Wilhelm, ornée de six statues en marbre élevées à la mémoire du vieux Dessau, de Schwerin, de Winterfeldt, de Keith, de Ziethen et de Seydlitz, ces hommes qui ont laissé de si belles pages dans l'histoire militaire de la Prusse. Parmi les édifices les plus remarquables de la Friedrichstadt, mentionnons : le théâtre, situé dans le marché aux Gendarmes, construit sur les dessins de Schinkel, en remplacement de la salle détruite en 1817, par un incendie, et qui contient une belle salle de concert; l'église catholique, la Fondation de Louise, la manufacture de *porcelaines*, les hôtels de différents ministères, et la Porte de Leipzig, monument de construction toute récente et du meilleur goût.

Dans la ville neuve ou Dorotheenstadt, ainsi appelée de l'épouse du grand électeur, est située la promenade favorite des Berlinois, *les Tilleuls*, allée longue de plus de cinq cents mètres sur vingt-quatre large, et contenant quatre rangées d'arbres. En fait d'édifices, on y remarque : le palais du prince de Prusse, construit, de 1834 à 1836, uniquement avec des matériaux provenant du sol prussien, par Langhauns, qui a su admirablement tirer parti du petit espace de terrain mis à sa disposition ; les bâtiments de l'Université, la Bibliothèque, l'Académie, l'École d'Artillerie et du Génie, l'Opéra, et la Porte de Brandebourg, haute de quatre-vingts pieds, large de cent cinquante-six, et pourvue de cinq portiques, construite par Langhauns, de 1789 à 1793, sur le plan des Propylées d'Athènes, avec la Victoire dans un quadrige , que les Français transportèrent à Paris pour en orner l'arc de triomphe de la place du Carrousel, et que la victoire ramena à Berlin en 1815. En avant de la Porte de Brandebourg est situé le *Thiergarten*, la plus fréquentée et la plus belle partie des environs de Berlin , parc d'environ sept cents perches de long sur deux cent quatre-vingts de largeur, où l'on trouve les plus charmantes promenades, une foule d'élégantes villas appartenant aux riches Berlinois, et le beau monument élevé à la mémoire de Frédéric-Guillaume III , sur les dessins de Drake.

Dans la Luisenstadt, appelée autrefois Kœllnische ou *Kœpnicker Vorstadt*, demeurée jusqu'à ce jour la partie la moins peuplée de la ville, on trouve dans la Lindenstrasse le *Kammergericht* (tribunal de la chambre), vulgairement appelé maison du collége, où siègent le tribunal suprême secret, le *Kammergericht*, et le collége des Pupilles de la Marche électorale. En avant de la Porte de Halle on trouve l'établissement de la compagnie anglaise pour l'éclairage au gaz, l'une des succursales fondées sur le continent par la grande association impériale et continentale de Londres pour l'éclairage au gaz. Sur le mont de la Croix (*Kreuzberg*), qui s'élève en face de la-Porte de Halle, on aperçoit le monument élevé en 1821 en commémoration des glorieux événements de 1813 et 1815. Il consiste en un baldaquin en forme de tour, et fondu d'après les dessins de Schinkel dans les ateliers de la fonderie royale de fer, avec douze chapelles consacrées aux douze principaux faits d'armes de cette mémorable époque.

Sous le rapport de la vie intellectuelle et scientifique, qui suit les directions les plus diverses, et y produit partout les plus brillants résultats, Berlin peut être appelée la grande serre-chaude de l'intelligence humaine. Pas de tendance, pas de faculté, pas même de déviation de la science et de l'esprit humain, qui ne s'y trouvent puissamment représentées. Rien de plus imposant que de voir fonctionner ce vaste ensemble d'institutions scientifiques, trouvant constamment de nouveaux éléments d'activité dans la libérale sollicitude d'un gouvernement éclairé, qui ne recule devant aucune dépense pour accroître les ressources et les moyens d'instruction. L'université de Berlin a fait déjà époque dans diverses branches de la science, et parmi ses professeurs on compte quelques-uns des hommes les plus justement célèbres de l'époque contemporaine.

Dans la faculté de philosophie, qui , par les glorieux travaux des Fichte et des Hegel, exerça une si décisive influence sur les développements de la philosophie allemande, la chaire rendue vacante par la mort de ce dernier est occupée par Gabler, l'un de ses élèves ; mais l'éclat dont brillait jadis l'enseignement philosophique de l'université de Berlin a singulièrement diminué. L'ingénieux Steffens n'est plus, et jusqu'à ce jour Schelling, qui depuis 1842 fait partie du personnel enseignant de l'université, y a exercé une médiocre influence. La faculté de théologie, si rudement éprouvée par la perte d'abord de Schleiermacher, puis de Marheinecke, et tout récemment de Neander, cet homme si pratique, et qui connaissait si bien le chemin de l'âme, ne suit plus d'autre direction que celle de Hengstenberg, de Strauss et de Twesten. Nitzsch, ce penseur si profond, appelé de Bonn pour remplacer Marheinecke, incline dans son enseignement vers des tendances plus philosophiques. La faculté de droit nous présente les noms de Homeyer, Heffter, Lancizolle, Rudorff, Stahl, Keller et Richter. Élève de Schelling, Stahl a été nommé en remplacement de Gans d'Erlangen, mort en 1838 ; mais l'absence de son prédécesseur n'est pas moins sensible que celle de Savigny, dont la nomination aux fonctions de ministre secrétaire d'État de la justice a été une perte si douloureuse pour l'université. Dans la philologie, Bœkh et Bekker, de même que parmi les germanistes les frères Grimm, sont des noms entourés de l'estime générale. La philologie latine déplore encore la perte de Lachmann et de Zumpt, auxquels on a bien pu donner des successeurs, mais qu'on n'a pas remplacés. L'étude de l'archéologie, favorisée par des collections d'une richesse immense, est surtout cultivée par Gerhard et par la Société archéologique, dont il est le président. Pour les études relatives à l'Orient, et notamment pour les langues orientales , Bopp peut être regardé comme le créateur d'une école particulière. Ruckert, si connu comme poète et comme orientaliste, le seconde dans ses efforts, sans toutefois posséder un talent de professeur bien saillant. Ranke et Raumer enseignent l'histoire ; Ritter, la géographie ; Ohm et Dirichlet, les sciences mathématiques ; Encke, l'astronomie ; Lichtenstein, Mitscherlich, Rose, Schmberth, Dove et Ehrenberg, les sciences naturelles, la physique et la chimie.

La faculté de médecine continue à briller d'un vif éclat, grâce aux noms de Schœnlein, de Muller, de Jungken, de Langenbeck, appelé à succéder à l'ingénieux Dieffenbach, etc., etc., de même que par la parfaite organisation des établissements accessoires qui en dépendent, tels que le jardin botanique, situé hors de la ville, à Schimberg, l'amphithéâtre d'anatomie, le muséum d'anatomie et de zoologie, le cabinet de minéralogie, la clinique, la maison d'accouchements, etc. Le séminaire théologique et philologique sert à former de jeunes théologiens et de jeunes philologues.

Le nombre total des étudiants des diverses facultés s'est élevé, pendant le semestre d'été de l'année 1850, à 1,834, qui suivaient les cours de cinquante-sept professeurs ordinaires, de quarante-quatre professeurs agrégés, de cinquante-neuf professeurs honoraires, de cinquante-neuf professeurs particuliers, de sept maîtres et lecteurs, en tout par conséquent de cent soixante-douze professeurs académiques.

Parmi les établissements destinés à faciliter l'instruction générale, la bibliothèque royale occupe incontestablement le premier rang. Placée depuis la mort de Wilken sous la direction du bibliothécaire en chef Pertz, elle contient plus de 500,000 volumes, une précieuse collection de manuscrits, et a pour annexe une division particulière de la bibliothèque de l'Université, où l'on a eu soin de réunir les divers ouvrages les plus nécessaires aux besoins des diverses facultés. Berlin possède en outre une Académie des sciences et des arts, six gymnases, une école polytechnique et une école d'architecture, deux séminaires destinés à former des instituteurs et des institutrices, un autre pour former des missionnaires, une école pour les chirurgiens militaires, une école militaire, une école d'artillerie, une école du génie, neuf écoles de métiers, plusieurs écoles du dimanche et bon nombre d'écoles particulières. Grâce aux nombreuses sociétés savantes existant dans cette capitale, la science sert comme d'un nouveau lien social, et pénètre ainsi de plus en plus directement dans le cercle d'action de la vie réelle. On doit mentionner surtout la Société des Amis de la Nature, la Société Philomathique, la Société de l'Humanité, la Société Berlinoise pour la langue et l'archéologie allemandes, l'Association artistique des Sciences, la Société de Géographie, la Société Pédagogique, etc., etc. Que si ces diverses associations semblent concentrer la vie scientifique de Berlin dans la science pure, des cours publics ne laissent pas que de la faire pénétrer également dans les cercles éclairés de la société. Ils sont faits surtout dans l'Association scientifique par Raumer, Lichtenstein, Ruter, Dove, Ehrenberg, Encke, etc.

Les arts ne sont pas cultivés avec moins de soin à Berlin que les sciences, et leurs progrès sont favorisés par des institutions et des associations de tout genre. La construction incessante dans la capitale d'édifices du meilleur goût, le grand nombre d'artistes distingués et les idées éclairées du public provoquent et propagent continuellement l'amour de l'art. Les ateliers de Rauch, de Wichmann, de Drake, de Kiss, de Magnus, de Begas et de Cornelius sont toujours libéralement ouverts aux amis des arts, et une exposition des beaux-arts a lieu tous les ans dans les bâtiments de l'Académie. L'ancien Muséum contient en outre les trésors artistiques des châteaux royaux, les galeries de tableaux de Giustiniani et de Solly, la collection de vases antiques de Koller. On a placé dans le nouveau musée égyptien les collections égyptiennes d'objets d'art et d'antiquité de Passalacqua et de Minutoli, en même temps que les acquisitions, bien autrement riches encore, provenant de la grande expédition faite en Égypte sous la direction de Lepsius. Les si riches cabinets de Wolff, du consul Wagener et du comte Raczynski forment autant d'expositions permanentes. La population témoigne d'un goût décidé pour la musique, et cet art est en possession de charmer les loisirs des classes inférieures même de la société. En tête des associations musicales, il faut mentionner l'Académie de Chant, fondée en 1790 par Fasch, et en possession d'exécuter avec une incomparable perfection, dans de grandes solennités plus particulièrement, de la musique sacrée et les oratorios des grands maîtres allemands. Deux associations de chant de table, une foule de soirées musicales données par les diverses notabilités de l'art, et une foule de sociétés de musique vocale et instrumentale, font les délices de tous ceux qui aiment l'harmonie. L'Opéra-Royal et le Théâtre, ce dernier illustré autrefois par Fleck, Wolff et Devrient, et à qui plus tard Mme Crelinger et Seydelman, mort en 1843, donnèrent un nouvel éclat, laissent encore sans doute beaucoup à désirer; cependant il y a aujourd'hui amélioration et progrès sensibles dans l'un et l'autre de ces établissements, puisque le ballet a cessé d'être leur grande et unique préoccupation. Une troupe française, qui pendant neuf mois de l'année donnait des représentations au Théâtre-Royal, a charmé jusqu'en 1848 un public d'élite, devant lequel elle a exploité le répertoire si varié du théâtre de Paris, et monté de remarquables ouvrages lyriques. Le théâtre de la Kœnigsstadt, fondé en 1824, placé sous une direction particulière indépendante, et dont Henriette Sontag a fait les beaux jours, était singulièrement déchu. Une troupe d'opéra italien, formée et engagée en 1841, y rappela passagèrement un public choisi; mais il a fallu finir par le fermer en 1851.

Le commerce et l'industrie sont aussi en progrès constants à Berlin depuis plusieurs siècles. La Société pour la protection de l'industrie en Prusse favorise l'essor de l'industrie nationale par les primes qu'elle offre à la concurrence soutenue contre l'étranger, et aussi par les expositions qu'elle organise tous les quatre ans. L'abolition des jurandes et des maîtrises, qui date de 1810, permet à l'activité industrielle des habitants de se développer librement dans toutes les directions. Le commerce y acquiert chaque jour plus d'importance; des banques, des compagnies d'assurances, des sociétés pour le commerce maritime, pour la navigation à vapeur, pour la navigation de l'Elbe, une foule de fabriques et de manufactures, plusieurs foires annuelles en activent et en facilitent les transactions. Les fabriques livrent surtout à la consommation des draps, des tapis, des étoffes de soie et de coton, des toiles, des papiers de tenture, des papiers à écrire et d'impression, des porcelaines, des objets de joaillerie et de bijouterie, de la quincaillerie fine, des instruments de chirurgie, de mathématiques, d'optique et de musique. Les chemins de fer qui mettent Berlin en communication avec tant d'autres grandes villes de l'Allemagne, par exemple avec Leipzig, Magdebourg et Dresde, par le chemin de Berlin à Anhalt, et aussi par ceux de Potsdam, de Stettin, de Francfort et de Hambourg, ont exercé une influence puissante sur la prospérité commerciale et industrielle de Berlin.

Parmi les établissements de charité que possède cette capitale, il faut citer en première ligne la Charité, où l'on reçoit des malades de toute espèce, qui pour la plupart y sont traités gratuitement, un établissement pour les aliénés et une maison d'accouchements; et ensuite le grand hôpital de Béthanie, dont il a déjà été fait mention. L'Institut de Salut civil (*Burgerrettungintistut*), fondé en 1796 par le conseiller intime Baumgarten, vient en aide aux habitants pauvres, en leur faisant des avances pour faciliter leur industrie. Citons encore les différents hospices d'orphelins, l'établissement de Wadzeck, fondé par le professeur Wadzeck pour recueillir et élever des enfants pauvres; l'établissement pour les aveugles fondé par Zeune; la maison des Invalides; un grand nombre d'écoles industrielles et d'écoles pour les petits enfants, la caisse d'épargne, etc. La grande Société biblique prussienne a été fondée en 1814, à l'effet de distribuer des Bibles parmi les classes pauvres.

Le 19 novembre 1808 Berlin obtint une constitution municipale en vertu de laquelle elle administre elle-même ses intérêts. L'introduction de la nouvelle loi sur l'organisation des communes devra singulièrement modifier l'administration urbaine actuelle, de même que la physionomie générale de Berlin a aussi bien changé à la suite des catastrophes qui ont marqué ces dernières années, et dont le commerce et l'industrie n'ont pas laissé que de recevoir le contre-coup.

BERLIN (Bleu de). *Voyez* BLEU DE PRUSSE.

BERLINE, voiture légère, suspendue à ressorts, posée sur deux brancards et soutenue par des soupentes, douce et commode en voyage, recouverte d'une espèce de capote ou mantelet, qu'on abaisse pour le mauvais temps, et qu'on relève quand il fait beau et qu'on veut jouir de l'air et de la vue.

On a dit autrefois *brelingue* ou *brelinde*, mais à tort, car cette espèce de voiture tire son nom de la ville de Berlin, où la première paraît avoir été fabriquée par Philippe Chiese, natif d'Orange et premier architecte de l'électeur de Brandebourg Frédéric-Guillaume.

On dit *berlingot* et plus souvent *brelingot*, pour désigner une berline coupée.

BERLIOZ (Hector) est né à la Côte-Saint-André (Isère), le 11 décembre 1803. Son père, médecin fort distingué, le destinait à la carrière qu'il avait parcourue lui-même. Cependant, dans le seul but de compléter son éducation, il donna à son fils, lorsque celui-ci avait déjà atteint l'âge de douze à treize ans, un maître de musique. Au bout de six mois, le jeune Berlioz solfiait parfaitement à première vue et jouait passablement de la flûte. Son aversion pour les études pathologiques croissait à mesure qu'il voyait approcher le moment de s'y consacrer exclusivement. Cependant, doucement entraîné par les caresses de son père, il s'abandonna pendant deux ans à sa direction. Mais le démon musical le possédait déjà; il passait des nuits à pâlir sur des traités d'harmonie qu'il ne pouvait comprendre; il faisait d'inutiles essais de composition, qui, confiés aux amateurs de la Côte-Saint-André, étaient accueillis par des quolibets et des éclats de rire.

Un quatuor de Haydn dévoila spontanément au jeune Hector le mystère de l'harmonie, et ce que le fatras des livres didactiques avait dérobé à son intelligence. Il composa aussitôt un quintette qui fut fort applaudi par les exécutants. Peu après cette époque, le jeune Berlioz vint à Paris dans le but d'achever ses études médicales; mais le séjour de Paris ne faisant qu'augmenter son penchant pour la musique et son antipathie pour la médecine, il écrivit dès l'année suivante à son père pour le prier de le laisser libre de suivre son goût dominant, forcé qu'il serait de désobéir si l'on voulait le contraindre à se sacrifier. Ce fut alors qu'il s'établit entre les parents de Berlioz et lui une polémique qui dura près de quatre ans, et qui n'aboutit qu'à jeter de l'irritation dans leurs rapports de famille. M. Berlioz père crut devoir supprimer la pension qu'il faisait à son fils. Notre jeune musicien luttait contre la détresse, mais il ne se découragea pas. Il alla trouver le directeur du théâtre des Nouveautés, qu'on bâtissait en ce moment, et lui demanda une place de flûte à l'orchestre. Les places de flûte étant données, il réussit à se faire accepter comme choriste, aux appointements de cinquante francs par mois. Voilà donc M. Berlioz hurlant régulièrement tous les soirs des flonflons de vaudeville. Ayant eu le bonheur de trouver trois mois plus tard quelques élèves de solfége, il quitta le théâtre des Nouveautés, et se mit à travailler à un opéra des *Francs Juges*, dont le poëme avait été écrit par un grave publiciste et dont l'ouverture, le seul morceau de cet ouvrage conservé par le compositeur, est devenu célèbre. Les parents de M. Berlioz, vaincus par sa persévérance, lui rendirent la modique pension qu'ils lui avaient retirée.

Déjà il avait terminé au Conservatoire, sous Reicha, les études d'harmonie et de composition qu'il avait commencées avec Lesueur, lorsqu'un événement décida de l'existence et peut-être aussi pour un certain nombre d'années de la direction de son talent. Le théâtre anglais vint importer à Paris les merveilles du génie de Shakspeare. Une actrice s'y fit justement admirer dans le rôle d'Ophélie d'*Hamlet*. M. Berlioz la vit, et combinant dans son esprit la prodigieuse création poétique de Shakspeare avec les grâces et la beauté de la tragédienne, un amour subit, inexplicable, effrayant par sa violence, s'empara de son cœur. M. Berlioz se nourrit pendant trois ans de cette inconcevable passion sans s'en rassasier; au bout de la troisième année, ayant recueilli de la bouche d'un imprudent ami une calomnie absurde sur miss S......, le musicien disparut pendant plusieurs jours; ses amis le cherchèrent vainement, et finirent par se

persuader qu'il avait mis fin à son existence. Il reparut pourtant, et ce ne fut que longtemps après qu'il se souvint qu'étant sorti seul de Paris, il avait erré à travers les champs dans un état complet de désespoir et de stupidité, courant le jour sans nourriture, ayant perdu la conscience de lui-même et des objets environnants, passant la nuit à la belle étoile. Du reste, la jeunesse de M. Berlioz fournit plusieurs exemples de pareilles *excentricités*, et l'on ne peut se dissimuler que c'est à des dispositions aussi peu raisonnables que l'on doit attribuer ce qu'on remarque d'exagéré, d'extravagant même dans plusieurs de ses compositions de cette époque. Depuis lors, l'homme s'est formé, la raison a repris son empire sur lui; mais les premières impressions subsistent encore dans le public, et il reste dans ce talent, si puissant sous d'autres rapports, une tendance aux choses violentes et heurtées, dont il ne se débarrassera peut-être jamais totalement.

Quoi qu'il en soit, la *Symphonie fantastique* date de l'époque de ce délire effréné dans lequel la vue de miss S...... jeta notre compositeur. Le plan de cette composition est assez connu pour nous dispenser de le retracer; cette composition hardie fit une vive sensation. Pour la première fois, le musicien y dessina son système : c'était de prendre pour sujet de symphonie une idée dramatique avec ses scènes, ses incidents, ses péripéties; de charger la musique seule d'être l'interprète des sentiments, des sensations les plus intimes de l'homme; de reproduire, à l'aide des ressources de l'instrumentation, certains effets physiques; de donner, au moyen des sons, une forme aux créations poétiques, aux fantaisies de l'imagination. Que cette tentative si audacieuse eût été couronnée d'un plein succès, c'est ce que nous sommes loin d'admettre. En plusieurs circonstances, la musique entre les mains de M. Berlioz sortit de ses propres limites, de sa propre sphère. A force de vouloir tout peindre, à force de chercher une expression arrêtée, littérale, et de n'omettre aucun détail de la description, il excéda les bornes de l'art, en sorte que plus l'auteur s'efforçait d'être clair, plus il entassait d'obscurités dans son style; car l'auditeur, ne pouvant saisir le fil et les intentions de la chose que l'auteur avait dans l'esprit, se perdait dans cette multitude de détails. La nature de l'expression musicale est telle qu'elle disparaît dès qu'elle cesse d'être idéale et vague. Il s'agit en effet bien moins de peindre que de réveiller dans l'esprit de l'auditeur des impressions analogues à celles qui résultent de l'objet qu'on se propose. De ce système de tout exprimer viennent aussi ces rythmes brisés, ces phrases entrecoupées, que le musicien affectionne tant. Nous le répétons, dans l'idée du musicien toutes ces choses ont un sens, mais ce sens, ces intentions, échappent à l'auditeur.

Tout cela n'empêcha pas que l'introduction de cette *Symphonie fantastique*, la phrase principale à l'aide de laquelle le musicien représente la bien-aimée, et qui revient avec tant de bonheur dans tous les morceaux, la scène du bal, la marche au supplice, la scène aux champs, la ronde du sabbat, dans laquelle l'auteur sut être dramatique sans rien emprunter à Weber, ne produisissent dès l'abord une grande surprise. On fut frappé surtout d'une instrumentation neuve, riche, colorée, pittoresque. Ce qui ajoute encore au mérite de l'auteur, c'est qu'à cette époque il ne connaissait pas les grandes symphonies de Beethoven. Le *Robin des Bois* seulement avait pu lui donner l'idée des développements dont l'orchestration était susceptible.

Pendant les fameuses journées de juillet, tandis que le canon grondait dans Paris et que la façade du palais de l'Institut était sillonnée de balles et de boulets, M. Berlioz était tranquillement dans l'intérieur, écrivant sa cantate de *Sardanapale*, qui lui valut le premier grand prix de composition. Il partit donc pour Rome; mais, pour faire suite à la *Symphonie fantastique*, il écrivit *le Mélologue* ou *le Retour à la vie*, qui se compose de diverses scènes, telles que la *Ballade du Pêcheur*, de Goethe; un chœur d'ombres, d'*Hamlet*, sur des paroles de fantaisie; une scène de brigands, et un chœur symphonique sur *la Tempête* de Shakspeare. Tous ces morceaux n'avaient aucun rapport entre eux; ils étaient séparés par des tirades en prose, débitées par un acteur habile, et qui servaient tant bien que mal de liaison de l'une à l'autre. Par cela même, cette seconde partie ne pouvait exciter l'intérêt de la première, bien que le chœur d'ombres, la scène de brigands et la tempête offrissent d'incontestables beautés. Depuis lors l'auteur a renoncé à faire entendre le *Mélologue* après la symphonie, et il a eu raison.

M. Berlioz revint de Rome avec le *Mélologue*, et deux ouvertures, celle du *Roi Léar* et une autre de *Rob Roy*: cette dernière, exécutée aux concerts du Conservatoire, n'eut aucun succès. M. Berlioz avoua qu'il s'était trompé, et la brûla. Il n'en conserva que l'introduction, qui a depuis figuré dans la symphonie d'*Harold*. Ce fut vers 1833 qu'il composa cette symphonie; Paganini était alors à Paris, mais il ne se faisait plus entendre en public. Un jour, l'illustre virtuose alla trouver M. Berlioz, et lui demanda d'écrire une symphonie pour alto principal. Il avait, disait-il, envie de se montrer en public et de s'y faire applaudir sur cet instrument. M. Berlioz conçut alors l'idée de la symphonie d'*Harold*: on sait que, comme dans la *Fantastique*, il y a une pensée dominante qui revient dans tous les morceaux, et qui se présente toujours sous un aspect différent. Lorsque l'œuvre fut achevée, soit que Paganini ne trouvât pas la partie d'alto assez brillante, soit que son état de maladie le rendît indifférent aux applaudissements de la foule, il chercha un prétexte et ne joua pas. Heureusement Urhan se chargea de la partie d'alto principal, on sait avec quel succès. Cette symphonie accrut le nombre des partisans de M. Berlioz. La solennelle, majestueuse introduction, la marche des pèlerins, la sérénade, conquirent d'abord tous les suffrages. Jamais divers motifs, de nature et d'expression différents, n'avaient été associés plus heureusement, plus habilement entrelacés que dans ces deux derniers morceaux. Au total, cette symphonie était peut-être moins éclatante, moins saisissante que la première; mais le style en était plus ferme, plus serré. Néanmoins, à notre avis, de grands défauts, qui tiennent au principe que nous avons tâché d'éclaircir plus haut, déparent encore cette œuvre. Dans la seconde partie de l'allegro et dans plusieurs endroits du finale, *l'orgie des brigands*, on trouve de ces énigmes dont le sens échappe à l'auditeur. Ce dernier morceau, du reste, quoique plein de verve et d'inspirations franches, est trop bruyant; il fatigue, il entête comme une véritable orgie; il est trop *vrai*.

Depuis longtemps M. Berlioz faisait de vains efforts pour arriver à l'Opéra; les administrateurs craignaient que ses hardiesses ne compromissent le succès d'un ouvrage; les auteurs ne voulaient pas lui confier un poëme. Trois poëtes, MM. de Vigny, Auguste Barbier et Léon de Wailly, se mirent d'abréger ce temps d'épreuve, et esquissèrent à la hâte cet informe canevas qui a nom *Benvenuto Cellini*, lequel renferme de charmantes choses comme poésie, mais est dépourvu de tout intérêt dramatique. Pressé d'avoir son tour à l'Opéra, M. Berlioz ne s'arrêta pas aux défauts de la pièce, et en composa la musique. On sait l'histoire de cette chute éclatante. M. Berlioz avait à la fois contre lui le mauvais vouloir de l'administration, les préventions des artistes, les préjugés du public, les exagérations de son propre système et les rancunes qu'il avait soulevées par une critique trop franche et trop acerbe parfois. Aujourd'hui que toutes ces passions sont calmées, nous pouvons dire que M. Berlioz n'a point été jugé comme compositeur lyrique. Quoi qu'il en soit, la polémique suscitée à l'occasion de cet ouvrage fut très-vive, et se prolongea longtemps dans la presse: les opinions diverses furent résumées dans deux brochures, l'une pour, l'autre contre, dans lesquelles toutes les questions vitales et fondamentales de l'art, la mélodie, le rhythme, l'instrumentation, etc., étaient examinées suivant les tendances des esprits qui rêvent un art stationnaire, et de ceux qui pensent qu'il subit aussi la loi du progrès.

C'est après la chute malheureuse de *Benvenuto* que l'auteur, découragé, fit une longue maladie, qui épuisa toutes ses ressources. Il donna néanmoins un concert dans lequel il dirigea lui-même ses deux symphonies, la *Fantastique* et *Harold*. Paganini, qui ne connaissait pas encore le dernier de ces ouvrages, s'achemina après l'exécution vers l'orchestre, et, ne craignant pas de se prosterner devant l'auteur, il s'écria les larmes aux yeux: *C'est un prodige!* Le surlendemain, 18 décembre 1838, M. Berlioz, forcé par sa maladie de garder le lit, reçut la lettre dont nous donnerons la traduction: « Mon cher ami, Beethoven « mort, il n'y avait que Berlioz qui pût le faire revivre, et « moi, qui ai goûté vos divines compositions, dignes d'un « génie tel que le vôtre, je crois de mon devoir de vous « prier de vouloir bien accepter comme un hommage de « ma part vingt mille francs qui vous seront remis par « M. le baron de Rothschild, sur la présentation de l'in- « cluse. Croyez-moi toujours votre très-affectionné, NICOLO « PAGANINI. »

Pour suivre l'ordre chronologique, nous avons d'abord parlé de *Benvenuto*; mais le *Requiem*, composé après cet ouvrage, fut exécuté dans l'église des Invalides le 5 décembre 1837, au service funèbre du général Damrémont. Le grand effet produit par le *Tuba mirum*, le *Lacrymosa* et par l'*Offertoire*, bien que ce dernier morceau soit d'un genre tout différent, est encore présent à l'esprit de ceux qui l'ont entendu.

Voulant témoigner à Paganini sa reconnaissance en lui dédiant une œuvre capitale, M. Berlioz conçut le plan de la symphonie dramatique de *Roméo et Juliette*, dont il avait confié le livret à M. Émile Deschamps; malheureusement la mort vint frapper Paganini avant que ce grand ouvrage fût achevé. M. Berlioz venait d'être décoré de la Légion d'Honneur. Au mois de novembre 1839 il fit exécuter au Conservatoire *Roméo et Juliette*, dont l'effet fut immense. Nous ne craignons pas de dire que dans la *fête*, l'adagio, le scherzo de la reine Mab, et le finale, il s'est montré l'égal de Beethoven. L'idée des prologues ou des chœurs chantant sur le ton du récitatif lui appartient en propre. Ces chœurs, dont le rôle est assimilé ici à celui du chœur de la tragédie antique, produisent l'effet le plus neuf et le plus heureux. Cette œuvre, si belle qu'elle soit, n'est pourtant pas à l'abri de tout reproche. On y trouve des détails d'une expression forcée et trop crue, mais ces défauts deviennent toujours plus rares. Ce qu'il faut admirer surtout dans *Roméo et Juliette*, c'est la puissance et l'habileté avec lesquelles M. Berlioz a mêlé le drame à la symphonie, la symphonie au drame, sans jamais les confondre.

M. Berlioz mit le comble à sa renommée comme instrumentaliste dans sa grande *Symphonie funèbre et triomphale* composée en 1840, à la demande du ministre de l'intérieur, pour la translation des cendres des combattants de juillet. Cette composition offrait les plus grandes difficultés: la musique devant être exécutée en plein vent, sur la place de la Bastille, autour de la colonne: M. Berlioz ne pouvait y employer les violons. Il disposa si habilement les masses des instruments à vent que l'effet fut celui d'un orchestre complet. Jamais les sentiments qui animent la multitude dans les grandes circonstances nationales, la douleur publique, l'enthousiasme des combats, les joies du triomphe, n'avaient été rendus avec des accents plus touchants et plus nobles. C'est là de la vraie musique populaire.

En 1843 M. Berlioz parcourut la Belgique et toute l'Allemagne, en donnant des concerts dans les principales villes. Mendelssohn et Meyer Beer mirent tour à tour à sa disposition toutes les ressources musicales dont ils pouvaient disposer. Dans un concert donné par MM. Berlioz et Mendelssohn, les deux jeunes représentants de la musique instrumentale en France et en Allemagne, rappelés sur la scène, s'embrassèrent et échangèrent leurs bâtons de mesure. De retour à Paris, M. Berlioz nous a fait entendre dans plusieurs concerts son ouverture du *Carnaval romain*. Cette charmante symphonie, composée sur les motifs de *Benvenuto Cellini*, prouve que cette partition n'était pas aussi dépourvue de mélodie qu'on l'avait dit d'abord.

On connaît l'habileté de M. Berlioz comme chef d'orchestre. Personne n'exerce plus d'ascendant sur les musiciens et ne sait leur communiquer plus d'enthousiasme. Quelles que soient les opinions personnelles des artistes à l'égard des compositions de leur chef, une fois réunis sous son bâton de mesure, ils obéissent comme un seul homme. Depuis longtemps M. Berlioz cherchait l'occasion de réunir toutes les ressources musicales de Paris dans une grande solennité. L'exposition des produits de l'industrie vint la lui fournir : le 1er août 1844, il donna dans la vaste salle des machines un grand festival qui avait vivement excité la curiosité. Malheureusement, ce local n'avait pas été construit d'après des conditions de sonorité assez favorables. Néanmoins les effets de masses furent saisissants, et jamais on n'avait vu une armée de plus de mille exécutants manœuvrer avec plus d'ensemble et de chaleur. M. Berlioz avait écrit pour cette solennité un *Hymne à la France*, paroles de M. A. Barbier, dont la mélodie principale pourrait avoir plus de distinction, mais d'une instrumentation admirable, et dont la dernière strophe est d'un effet grandiose.

Il nous resterait à apprécier M. Berlioz comme critique, écrivain et théoricien. Sous ce rapport, il est plein de verve; ses expositions sont nettes, ses analyses animées et pittoresques, ses jugements tranchants et parfois passionnés. Il est admirable quand il parle de Gluck, de Beethoven, de Weber, de Meyer-Beer, de Mendelssohn, de Spontini. Mais certaines de ses opinions ne nous paraissent pas plus admissibles que certaines données de son talent musical. Ce fut en 1828 qu'il débuta dans le *Correspondant* par quelques articles très-remarquables sur Beethoven; il travailla successivement dans la *Revue Européenne* et le *Courrier de l'Europe*. Vers 1835 il contribua pour une part notable au succès de la *Gazette Musicale*. A la fin de la même année, il fut chargé du feuilleton musical des *Débats*, qu'il continue toujours. Il a publié au commencement de 1844 son beau *Traité d'Instrumentation*, et il a fait paraître deux volumes d'un *Voyage musical* en Italie et en Allemagne.

M. Berlioz est un des quatre ou cinq musiciens contemporains qui ont un style à eux, une individualité propre. Il est rare qu'un de ses ouvrages n'ait pas produit une polémique animée et soulevé les questions les plus fondamentales qui tiennent à l'essence de la musique. Nous avons tâché d'apprécier ce musicien avec impartialité. Quoi qu'il en soit, il restera de M. Berlioz de grandes œuvres entachées, les premières surtout, de grands défauts, mais qui seront destinées en France à agrandir la sphère de l'art. Lui seul a tenté parmi nous des effets gigantesques; lui seul a remué des masses colossales; il n'a pas toujours réussi, mais il est vrai de dire aussi que plusieurs de ses insuccès doivent être attribués aux défauts de l'exécution. Depuis qu'il dirige lui-même ses concerts, on a pu mieux entendre sa musique, et il a fini par grouper autour de lui, parmi les artistes et les amateurs, tout ce qui est jeune et fort.

Aux grandes compositions de M. Berlioz dont il vient d'être question, il faut ajouter une ouverture de *Waverley*, neuf mélodies écossaises, *le Cinq Mai*, une fantaisie pour le violon, plusieurs mélodies sur des paroles de MM. Victor Hugo, Brizeux et autres poètes. J. D'ORTIGUE.

M. Berlioz est aujourd'hui bibliothécaire du Conservatoire. Néanmoins il va souvent encore à l'étranger diriger des concerts. A Paris, il préside chaque année à ceux que donne une société musicale dont il est le grand maître. Partisan des orchestres immenses, c'est aussi lui qui a eu l'idée de donner en 1845 un concert monstre dans la salle du Cirque des Champs-Élysées. M. Berlioz a frappé déjà à la porte de l'Académie des Beaux-Arts, mais sans pouvoir y entrer. Aux productions citées plus haut il faut joindre *la Damnation de Faust*, légende-symphonie exécutée en 1846.

Il y a pourtant des esprits chagrins qui s'obstinent à ne pas admirer M. Berlioz, et qui lui reprochent de prendre sa bizarrerie pour du génie, le bruit pour l'harmonie, des notes cousues sans suite pour de la mélodie, etc. On leur répond qu'ils n'entendent rien au progrès de l'art, et ils se consolent en répétant cette plaisanterie du maréchal Lobau, qui disait, après avoir entendu aux Invalides le *Requiem* de M. Berlioz : « C'était fort bien; ce qui m'a fait surtout beaucoup de plaisir, ce sont les tambours. »

BERLUE. C'est une affection dans laquelle le cerveau perçoit l'image d'objets qui n'existent réellement pas. Les individus qui en sont affectés croient apercevoir un insecte, une mouche, qui suit leurs mouvements ou se fixe sur les objets vers lesquels ils portent leurs regards; d'autres fois, ce sont des ombres, des points noirs, des toiles d'araignée, qui passent et repassent en mille sens différents devant leurs yeux; d'autres fois, les malades aperçoivent subitement des éclairs, des étincelles brillantes, des globes ou des croissants lumineux, des espèces de pluies de feu, etc.

Cette affection s'observe particulièrement chez les individus qui ont la vue tendre et dont la rétine jouit d'une sensibilité trop exquise, ou bien chez les personnes qui, habituellement, ou accidentellement, habitent dans des lieux très-éclairés. Elle peut être également le résultat de quelques affections du cerveau, à la suite de congestion ou d'inflammation de cet organe, ou bien de l'ivresse, de l'épilepsie, etc.

Dans tous les cas, la berlue est de peu d'importance en elle-même, disparaissant avec la maladie qui lui a donné naissance. Quelquefois cependant elle reste stationnaire et même devient permanente, et dans ce cas les individus qui en sont affectés cherchent à faire disparaître les objets qu'ils croient voir se fixer sur ceux qu'ils regardent, par des mouvements automatiques. Cette erreur de la vue paraît dépendre d'une lésion de la rétine, qui semble avoir quelqu'analogie avec l'amaurose, et celle-ci est peut-être le second degré de la première.

On emploie généralement contre cette aberration de la vision les vapeurs de différentes natures dirigées sur l'œil, puis les dérivatifs, tels que les pédiluves, les sinapismes, les vésicatoires, etc.

BERME. C'est, en termes de ponts et chaussées et de fortifications, un prolongement régnant parallèlement et en continuité d'une route pavée, d'une chaussée, d'un ouvrage.

Une *berme de batterie de siège offensif* a un mètre de large et règne entre le fossé et le parapet. Une batterie de gabions, qu'elle soit ou non batterie de siège, a une berme.

La *berme de chemin* forme l'acotement du pavé d'un chemin militaire; c'est le bas côté ou le côté de terre d'une route pavée ou ferrée.

On appelle *berme de fortification* ou *berme de rempart* une sorte de berme qui prend le nom de *fausse braie* ou de *basse enceinte* quand elle a un parapet. Une telle berme présente un repos, un corridor ménagé au pied de l'escarpe d'un rempart non revêtu : elle règne au-dessus du fossé de la forteresse, et au niveau de la campagne; sa largeur varie à raison du besoin, mais elle est ordinairement de quatre mètres. Ces bermes ont surtout pour objet de retenir les éboulements quand les fortifications sont battues par le canon ou détériorées par la vétusté; sans cette précaution, les débris encombreraient le fossé. Elles sont vues des flancs des bastions; elles sont hérissées ordinairement de *fraises*, et quelquefois défendues par des haies vives; une rangée de palissades est plantée le long de leur milieu.

Les bermes de rempart se sont aussi nommées *lisières, pas de souris, accompagnement d'enceinte, relais, retraite, ronde*; mais ce dernier mot exprime maintenant autre chose, et le terme *pas de souris* s'applique surtout aux degrés descendant au fond des fossés secs.

BERMUDES (Iles), en espagnol *Bermudas*, appelées aussi *îles Somers*, groupe océanien isolé, composé d'environ quatre cents petites îles, rochers et écueils appartenant à l'Angleterre et placées sous l'autorité d'un gouverneur particulier. Elles sont situées dans l'océan Atlantique, à 111 myriamètres de la côte de la Caroline du sud, l'un des États dont se compose l'Union américaine du nord, sur la grande route maritime conduisant des Indes occidentales en Europe, par 32° 20' de latitude septentrionale et 67° 10' de longitude orientale. Elles ne se composent que de bancs de corail qui ne s'élèvent nulle part à plus de deux cents pieds au-dessus du niveau de la mer, mais qui se prolongent fort loin encore sous l'eau, et qui rendent ainsi très-dangereuse l'entrée des ports, d'ailleurs excellents, qu'on y trouve.

Il n'y a que neuf de ces îles qui soient habitées, à savoir : *Saint-George*, avec le port de *Georgetown* pour chef-lieu, protégé par le fort Davers, siège du gouvernement, avec quatre mille habitants, et remarquable par ses vastes citernes; *Saint-David, Bermudæ*, où se trouve le port d'*Hamilton*; *Somerset, Ireland, Coopers, Gates, Bird-Island* et *Nensuch*. Quoique située dans la région tropicale, le climat y est si tempéré, que la température moyenne de l'année n'y dépasse pas 16° Réaumur. Tous les produits des tropiques, comme le café, le sucre, l'indigo, le coton, etc., y prospèrent. Toutefois le sol, de nature rocheuse, couvert seulement d'une légère couche de terre végétale, et dénué de cours d'eau, ne permet pas à l'agriculture d'y prendre de grands développements; aussi, depuis l'émancipation des nègres, ces îles ne fournissent-elles guère à l'exportation que de l'arrow-root, et surtout ce qu'on appelle le bois de cèdre des Bermudés (*juniperus bermudina*); essence qui croît également aux îles Bahama, qui convient admirablement à la construction des vaisseaux, et qu'on utilise aussi pour la fabrication des crayons de mine de plomb. Les légumes, les fruits, les grains et la viande qu'on y consomme, sont des importations des États-Unis. Les plus effroyables ouragans y règnent toute l'année; aussi les maisons du chef-lieu n'ont-elles toutes qu'un étage.

Le chiffre total de la population est de onze mille habitants, dont plus de la moitié de race nègre. Le reste est anglais d'origine. Les hommes se distinguent par leur esprit industrieux, et se livrent avec beaucoup de succès à la fabrication des toiles à voiles et des tissus de coton, à la construction des navires, à la pêche, notamment à celle de la baleine. Les femmes sont généralement fort belles. Les deux sexes se distinguent par une grande moralité et par la manière gracieuse dont ils s'acquittent des devoirs de l'hospitalité.

Les frais occasionnés par l'entretien de cette colonie ne sont pas, à beaucoup près, couverts par le produit des contributions publiques, au nombre desquelles les droits de douane tiennent la première place. Mais, comme station de commerce et lieu de rafraîchissement, ces îles, au point de vue stratégique surtout, sont d'une importance extrême pour l'Angleterre. C'est ce qui explique comment dans ces dernières années le gouvernement anglais a pu y dépenser annuellement plus de 100,000 livres sterling (2,500,000 fr.) en travaux de fortifications et pour y fonder un arsenal maritime.

L'administration de cette colonie se compose d'un gouverneur, d'un conseil de huit membres choisis par le gouverneur, et d'une *assembly*, dont les trente-six membres sont élus par les propriétaires de l'île.

Juan Bermudez, espagnol, découvrit les îles Bermudas en 1522. En 1609, sir Georges Somers, se rendant à la Virginie, fit naufrage aux îles Bermudes; et dès 1612 les Anglais s'y établissaient sans que l'Espagne s'y opposât, malgré les droits de priorité de découverte qu'elle avait à la possession de cet archipel. L'organisation administrative de la colonie est encore aujourd'hui celle qui lui fut donnée en 1620. Consultez : *An historical and statistical Account of Bermudas* (Londres, 1848).

BERMUDEZ (Jérôme), poëte espagnol du seizième siècle, était originaire de la Galice. Mais sa famille, l'époque de sa naissance et celle de sa mort sont restées enveloppées de la même obscurité; on suppose toutefois qu'il descendait de Diego Bermudez, l'un des neveux du Cid. Célèbre comme humaniste et comme théologien, il s'est fait aussi un nom comme auteur dramatique. On a de lui deux tragédies : *Nisa* (Inès) *malheureuse* et *Nisa couronnée*, qu'il publia sous le pseudonyme d'Antonio Sylva (1575), et un poëme intitulé : l'*Hesperodia*. Le fameux duc d'Albe est le héros que sa muse s'est choisi.

— Plusieurs rois des Asturies ont porté le nom de Bermudez. Bermudez Ier fut élevé au trône en 788, et Bermudez III périt à la bataille de Carion, en 1037. C'était le dernier rejeton couronné de la famille des anciens rois goths.

BERMUDEZ (Zéa-). *Voyez* Zéa-Bermudez.

BERNADOTTE (Jean-Baptiste-Jules), mort roi de Suède et de Norvège sous le nom de Charles-Jean XIV, était né à Pau, le 26 janvier 1764, d'une famille honorable de la bourgeoisie de cette ville. Son père exerçait la profession d'avocat. A peine âgé de dix-sept ans, se sentant peu de goût pour le barreau, il s'engagea volontairement dans le régiment Royal-Marine, et partit à l'instant même pour Marseille, où son corps s'embarquait pour la Corse. Son éducation n'avait été qu'ébauchée, comme il est facile de s'en convaincre par les graves et nombreuses incorrections grammaticales que l'on remarque dans ses lettres autographes. Quand éclata la grande commotion de 1789, il n'avait encore obtenu pour toute récompense de neuf années de service que les galons de sergent-major. Le 7 février 1790 il fut promu au grade d'adjudant sous-officier. Son régiment se trouvait alors à Marseille, où commençait à se faire sentir le contre-coup des grands événements de Paris. Un jour le peuple se révolte au nom de la liberté; le colonel de Royal-Marine veut réprimer l'insurrection par la force. Repoussé avec perte, il va payer de sa vie son imprudente audace, quand deux jeunes gens, s'élançant devant lui, lui font un rempart de leur corps et calment la foule exaspérée. Ces deux jeunes gens étaient Bernadotte et Barbaroux. Ils s'embrassèrent avec effusion sur le perron de l'hôtel de ville, en se jurant une amitié éternelle; mais ils ne devaient plus se revoir.

On conçoit d'après ce qui précède que Bernadotte ait embrassé avec ardeur et professé avec énergie les principes d'une révolution qui, détruisant toutes les distinctions fondées sur la naissance ou l'éducation première, permettait à un bas-officier d'aspirer au plus haut rang. D'ailleurs son avancement fut rapide, et il gagna tous ses grades sur le champ de bataille : colonel dans l'armée de Custine, il fut nommé général de brigade par Kléber, qui, en mainte occasion, avait été à même d'apprécier son courage et sa rare intelligence. En 1794 il commandait une division à la célèbre bataille de Fleurus. Son nom se rattache aux grands et nombreux faits d'armes des premières campagnes de la guerre d'indépendance sur les rives de la Lahn, du Rhin, à Mayence, à Neuhof, au passage de la Rednitz, à la prise d'Altorf, à Neumark et sur les bords du Mein. Ses soldats paraissaient-ils hésiter, il les électrisait tout à la fois par sa parole et par ses actions. Un jour il jeta ses épaulettes dans les rangs ennemis. « Allons les reprendre ! » s'écria-t-il; et tous ceux qui l'avaient vu ou qui l'avaient entendu s'élancèrent sur ses pas à la victoire. A la fin de cette campagne, le Directoire lui écrivait : « La république est accoutumée à voir triompher ceux de ses défenseurs qui vous obéissent. »

Peu de temps après la bataille de Neuwied, Bernadotte fut chargé de conduire à l'armée d'Italie 20,000 hommes de l'armée de Sambre-et-Meuse. C'était la première fois qu'il se trouvait face à face avec Bonaparte. Dès que ces deux hommes s'aperçurent, ils éprouvèrent l'un pour l'autre une secrète antipathie. « Je viens de voir, dit Bernadotte en rentrant à son quartier général, un homme de vingt-six à vingt-sept ans qui veut avoir l'air d'en avoir cinquante, et cela ne me présage rien de bon pour la république. » A en croire certains biographes, Bonaparte aurait dit de lui, à son tour, que c'était une tête française sur le cœur d'un Romain. Les *messieurs* de l'armée d'Allemagne ne fraternisèrent pas d'abord avec les *sans-culottes* de l'armée d'Italie; mais quand il s'agit de battre l'ennemi toutes ces haines, toutes ces rivalités disparurent. Pendant la mémorable campagne qui amena la paix de Campo-Formio, Bernadotte se signala surtout au passage du Tagliamento et à la prise de la forteresse de Gradisca.

Chargé de présenter au Directoire les drapeaux enlevés à l'ennemi, il arriva à Paris quelques jours avant le coup d'État du 18 fructidor. Il était porteur d'une lettre du général en chef de l'armée d'Italie, se terminant ainsi : « Vous voyez dans le général Bernadotte un des amis les plus solides de la république, incapable par principes comme par caractère de capituler avec les ennemis de la liberté pas plus qu'avec l'honneur. »

Les partis qui divisaient la France se trouvaient alors en présence, et la guerre était déclarée entre le Directoire et les Conseils. La contre-révolution marchait tête levée; elle avait ses agents dans les premiers pouvoirs de l'État, son armée, ses journaux, ses comités dans la capitale et les départements. Elle se trahissait souvent par d'indiscrètes rodomontades, et ses séides, se flattant d'un triomphe infaillible et prochain, criaient hautement : « Nous sommes cinq cent mille, et Pichegru est à notre tête. » Le Directoire opposait les armées aux factieux de l'intérieur. Chaque jour des adresses annonçaient au Directoire que les armées étaient prêtes à voler à son secours. Le discours prononcé par Bernadotte, en présentant les drapeaux conquis en Italie, exprimait les mêmes vœux. Cette présentation était donc un événement remarquable; aussi la réponse du président du Directoire au représentant de l'armée d'Italie fut-elle un manifeste de guerre et le signal du coup d'État du 18 fructidor.

Seul de tous les généraux des armées républicaines présents à Paris, Bernadotte avait refusé de jouer un rôle dans ce coup d'État; il avait laissé faire Augereau; le Directoire lui offrit le commandement de l'armée du midi, destinée à comprimer les bandes royalistes qui s'y étaient organisées. Ses services méritaient une plus noble récompense; il refusa, et alla rejoindre Bonaparte avec des ordres particuliers et des instructions verbales. Ce fut au château de Passeriano qu'ils se rencontrèrent. Bonaparte lui demanda son avis sur la conduite qu'il avait à tenir; Bernadotte ne balança pas à lui conseiller la paix. « Et quel est l'avis du Directoire? — Juste l'opposé du mien. — Pensez-vous qu'on me fournisse longtemps les moyens de faire la guerre? — Non; la nation désire la paix, et le Directoire ne tient à la guerre que pour prolonger son existence. » Voilà ce qui décida Bonaparte à signer le traité de Campo-Formio.

A cette époque Bernadotte écrivait au Directoire pour lui demander un commandement aux îles de France, de la Réunion, dans l'Inde, dans l'armée de Portugal, ou, enfin, sa retraite. Le Directoire, heureux de la rivalité qu'il voyait poindre entre les deux généraux, s'empressa de désigner Bernadotte pour commander en chef l'armée d'Italie à la place de Berthier, qui exerçait cette fonction par *interim*. Il se rendait à son poste lorsque, à sa grande surprise, il reçut un nouvel arrêté, qui le nommait ambassadeur à Vienne.

Il n'était alors rien moins que diplomate; il représenta néanmoins sa patrie avec dignité, et fit pour la première fois arborer le drapeau tricolore au palais do France : c'était pour lui un droit et un devoir. L'apparition de l'étendard républicain devint le prétexte d'une émeute organisée par la police autrichienne, à la suite de laquelle Bernadotte dut quitter Vienne. L'*affaire du drapeau* eut les plus funestes conséquences. Les petits princes d'Allemagne, qui jusqu'alors avaient paru résignés à de fortes concessions, parce qu'ils croyaient l'Autriche sincèrement unie à la France, reprirent courage et se montrèrent très-exigeants.

On sait comment finit le congrès de Rastadt : les hostilités recommencèrent bientôt avec une effrayante intensité. Bernadotte accusa l'ambition de Bonaparte de les avoir fomentées. De retour à Paris, il refusa le commandement de la 8e division (Marseille) et l'ambassade de La Haye. Sa lettre de remerciment au Directoire, motivée sur le besoin de repos, se termine par ces mots : « Je vous prie, citoyens directeurs, d'agréer le tribut de ma gratitude. Vous aurez justement senti que la réputation d'un homme qui a contribué à placer sur son piédestal la statue de la liberté *est une propriété nationale*. » Le Directoire ne pouvait cependant laisser Bernadotte sans emploi après son rappel de l'ambassade de Vienne; c'eût été improuver et punir la conduite de son ambassadeur dans l'*affaire du drapeau*. Il fut donc nommé général en chef de l'armée d'observation du Bas-Rhin, et il ouvrit la campagne par le bombardement de Philipsbourg et la prise de Manheim.

Tandis que l'expédition d'Égypte se préparait, Bernadotte, de retour à Paris, y épousait la belle-sœur de Joseph Bonaparte, Melle *Eugénie-Bernardine-Désirée Clary*, fille d'un négociant de Marseille. Singulière destinée que celle de cette jeune fille, née pour être impératrice ou reine! Quelques années auparavant, Napoléon Bonaparte, alors général d'artillerie en disponibilité, l'avait demandée à son père, qui lui avait répondu : « C'est bien assez d'un Bonaparte dans la famille. »

Le système de destitutions arbitraires d'Aubry, qui, du temps de la Convention, avait frappé les meilleurs généraux des armées de la république, s'était renouvelé sous le Directoire. Sieyès, qui voyait partout s'avancer comme un redoutable fantôme le régime de 93; Sieyès, que la moindre manifestation d'indépendance terrifiait, avait révélé son effroi dans un discours prononcé au Champ-de-Mars dans une grande solennité nationale. Devenu à son tour président du Directoire, il avait fait partager ses craintes à ses collègues, Barras et Roger-Ducos. L'armée était découragée : des revers funestes et fréquents avaient succédé aux victoires, et l'on rappelait avec affectation les brillants succès de l'armée d'Italie, pour ramener l'admiration et les regrets sur un jeune général, alors en Égypte. Était-ce la conséquence d'un plan arrêté pour justifier son retour ? Quoi qu'il en ait été, le Directoire avait senti la nécessité d'appeler au ministère de la guerre un général, qui eût toute la confiance de l'armée, et dont les talents et l'activité pussent rétablir l'ordre dans l'administration militaire. Bernadotte fut chargé de ce portefeuille. De grands abus ne tardèrent pas à être réformés; les cadres furent bientôt portés au complet. Mais Bernadotte était républicain ; il était lié avec les membres de la même opinion les plus influents des deux conseils. C'en était assez pour alarmer l'ombrageuse susceptibilité de la majorité du Directoire. Elle chercha donc promptement une occasion de *s'en débarrasser*. Ce fut une intrigue assez plaisante. A la suite d'une conversation qu'il eut avec Sieyès, Bernadotte reçut sa démission, acceptée par trois membres du Directoire, avec la promesse d'un commandement. Les deux autres directeurs, Gohier et Moulin, qui n'avaient point eu connaissance de cet acte, allèrent en grande pompe féliciter le général, désavouant ainsi leurs collègues. Bernadotte n'en demanda pas moins son traitement de réforme. Il s'effaça lui-même de la scène politique jusqu'au 18 brumaire. Vingt-cinq jours après, Bonaparte débarquait à Fréjus; un mois plus tard, il n'y avait plus de Directoire, et Sieyès était réduit à annoncer que *la France avait un maître.*

Il est douteux que Bernadotte ait été dans l'entière confidence de ce complot. Il ne pouvait cependant ignorer qu'un changement dans le gouvernement ne fût prochain. Si l'on en croit certaines relations, il aurait dit à Napoléon Bonaparte : « Je conçois la liberté autrement que vous, et votre plan la tue. Je ne suis que simple citoyen; depuis trois semaines, j'ai ma retraite comme militaire; mais si je reçois des ordres de ceux qui ont encore droit de m'en donner, je combattrai toute tentative illégale contre les pouvoirs établis. » Il fut même un temps, dit-on, où non-seulement il avait conspiré pour le renversement de Bonaparte, mais où il s'était même efforcé à plusieurs reprises et vainement de pousser à une résolution Moreau, toujours mécontent, toujours faible, toujours indécis et toujours compromis. Un soir, à un bal, à la suite d'une longue conversation, il lui aurait dit : « Vous n'osez prendre la cause de la liberté. Eh bien ! Bonaparte se jouera de la liberté et de vous; elle périra malgré nos efforts, et vous serez enveloppé dans sa ruine sans avoir combattu. » D'un autre côté, son beau-frère Joseph Bonaparte affirme l'avoir rencontré quelques jours auparavant chez Napoléon, et lui avoir dit en se retirant avec lui : « Allons, Bernadotte, convertissez le général Jourdan; il faut qu'il soit des nôtres. » A quoi Bernadotte aurait répondu : « Je tâcherai, mais je crains que ce ne soit difficile. »

Quelques personnes expliquent par le souvenir d'une ancienne passion mal éteinte dans le cœur de Bonaparte le pacte constamment heureux que l'époux de mademoiselle Désirée Clary sembla avoir fait avec la fortune, une fois que Napoléon fut devenu tout-puissant. Quand en effet l'empire arriva, les grandeurs, les dignités et les dotations plurent sur le républicain Bernadotte, qui devint successivement maréchal de l'empire et prince de *Ponte-Corvo*, malgré les justes motifs de mécontentement qu'il donnait souvent à l'empereur. Une influence secrète et mystérieuse le soutint évidemment alors contre les volontés même de Napoléon, pour qui Bernadotte dissimulait mal sa jalousie, pour ne pas dire sa haine.

Après la campagne de Prusse, Bernadotte fut mis à la tête d'un corps d'observation placé au nord de l'Allemagne, et établit son quartier général à Hambourg. Les pleins pouvoirs dont il était revêtu, l'importance de sa position, tout concourait à donner à son état-major une pompe, un air de cour, qui durent vivement fixer les regards des habitants du Nord, déjà fascinés par l'éclat des triomphes de la grande armée, auxquels le prince de Ponte-Corvo, comme les autres maréchaux, avait eu une part si brillante.

Pendant que le vice-roi de Napoléon trônait à Hambourg ou dans les palais du pauvre roi de Danemark, une des plus singulières révolutions dont l'histoire fasse mention venait de précipiter du trône de Suède Gustave IV. La nation, dont il avait méconnu les droits et compromis l'existence politique par ses rodomontades contre-révolutionnaires, le fit abdiquer, au détriment de sa descendance directe, en faveur de son oncle le duc de Sudermanie, qui prit les rênes du gouvernement sous le nom de Charles XIII. Ce prince n'avait jamais eu d'enfants et n'était pas d'âge à en espérer; il fallait dès lors lui choisir un héritier. La diète élut à une immense majorité le prince Chrétien-Auguste de Holstein-Augustenbourg, dont la nation suédoise avait eu lieu d'apprécier les rares qualités, et qui sortait de cette illustre maison de Holstein qui a donné des souverains à la Suède, au Danemark et à la Russie. Charles XIII était trop affaibli par l'âge et les infirmités pour pouvoir soutenir le poids d'une couronne; aussi le prince royal régnait-il sous son nom. Six mois s'étaient écoulés depuis l'élection du prince de Holstein, et déjà on parlait avec assez de certitude d'un projet de mariage entre lui et une des nièces de l'empereur des Français, quand le peuple suédois apprit un jour que l'homme en qui reposaient toutes les espérances de la patrie venait de périr mystérieusement en se rendant d'Helsingbourg à un camp de plaisance formé en Scanie. Cette catastrophe jetait la Suède dans un crise analogue à celle d'où l'avait tirée l'élection du prince Chrétien-Auguste. Pour ne pas prolonger un état d'incertitude qui pouvait devenir fatal à la sécurité du pays, la diète résolut de procéder à l'élection d'un autre candidat à l'héritage de la couronne. Le frère aîné du prince Chrétien-Auguste, le duc alors régnant de Holstein-Augustenbourg, réunissait en sa faveur la majeure partie des voix qui avaient porté son frère; son élection paraissait certaine, quand l'ambition d'un tiers, le roi de Danemark, qui se portait ouvertement candidat, rêvant ainsi la réunion des trois couronnes, vint la contrarier. Les intrigues se croisèrent et se multiplièrent au sein de la diète.

Ce fut alors que quelques membres mirent pour la première fois en avant le nom du prince de Ponte-Corvo, de Bernadotte. Tout autre maréchal d'empire qui aurait été investi à cette époque du même commandement à une distance si peu éloignée du théâtre où s'agitaient ces graves intérêts aurait eu, dit-on, le même honneur. On assure en effet que l'élection du prince de Ponte-Corvo n'était qu'un *mezzo termine* trouvé alors par quelques habiles de la diète à l'effet de gagner du temps et de repousser par une fin de non recevoir les instances par trop pressantes d'un candidat qui avait trouvé commode de faire arrêter son compétiteur pour l'empêcher d'être élu. On comptait que l'orgueil de Napoléon ne consentirait jamais à l'élévation d'un de ses lieutenants à un trône qu'il ne tiendrait ni directement ni indirectement de sa munificence, puisque son ministre à Stockholm avait travaillé publiquement et avec ardeur dans les intérêts du roi de Danemark. On se trompa. Napoléon, comme tous les hommes qui sont partis de bas et sont parvenus bien haut en peu de temps, croyait à la fatalité. Aussi, quand le prince de Ponte-Corvo, que la nouvelle de son élection surprit à Paris, vint lui en faire part, s'il hésita un instant sur le parti qu'il devait prendre dans cette occurrence, s'il essaya, mais en vain, de ne laisser partir Bernadotte qu'après lui avoir fait signer l'engagement de ne porter jamais les armes contre la France, ce fut pour s'écrier enfin : « *Partez ! que les destins s'accomplissent !* » Ces paroles étaient prophétiques. Bernadotte arriva en Suède nanti de deux millions de francs que lui avait donnés Napoléon, pour qu'il n'eût pas l'air, a-t-il dit plus tard, d'y venir avec toute sa fortune dans son bissac.

Le 19 octobre 1810, le prince de Ponte-Corvo arriva de Copenhague à Elseneur, et descendit à l'hôtel du consul que la Suède entretient dans ce port. Ce fut dans cette maison, en présence d'une nombreuse assistance, qu'il abjura la religion catholique, dans laquelle il était né, pour embrasser la religion luthérienne : cette abjuration de sa foi religieuse était une condition essentielle de son élection. Le lendemain, 20, une frégate suédoise transporta sur l'autre rive du Sund, à Helsingbourg, le nouveau prince royal de Suède, qui eut là sa première entrevue avec son père adoptif le roi Charles XIII. Le 31 il fut solennellement présenté à la diète. Le 5 novembre suivant, une déclaration officielle du vieux roi annonça au peuple suédois qu'il l'avait adopté pour son fils. Le prince de Ponte-Corvo prêta le même jour entre les mains du monarque serment de fidélité en sa qualité nouvelle de prince royal de Suède et héritier du trône, et reçut les serments et les hommages des membres de la diète. A cette occasion il prit le nom de *Charles-Jean*, et son fils Oscar reçut le titre de *duc de Sudermanie*.

A ce moment commence réellement le règne de Charles-Jean, bien qu'il ne date officiellement que du 5 février 1818, époque de la mort du roi, son père adoptif; mais on sait que ce prince, déjà affaibli par l'âge, lui abandonna complètement la direction des affaires. A lui donc toute la responsabilité du bien et du mal qui vont suivre!

Devenu Suédois, Bernadotte avait-il cessé d'être Français à ce point qu'il pût se réunir aux ennemis de la France et s'armer contre elle, sans être ingrat et parjure? C'est une question d'honneur et de conscience que ceux-là seuls peuvent résoudre qui croient encore à la puissance de ces mots. Pour réaliser son blocus continental, Napoléon avait besoin du concours loyal de tous ses alliés : c'était l'unique moyen d'enlever à l'Angleterre le monopole de l'industrie et de la navigation des deux mondes. Mais ce système devait rencontrer de graves obstacles dans son exécution. Il imposait en effet aux populations de pénibles privations ; le mal présent se faisait vivement sentir, tandis que les avantages qui devaient en résulter étaient dans le domaine de l'avenir. Les efforts prodigieux faits par l'Angleterre pour détourner le coup terrible qui devait anéantir sa puissance ont prouvé qu'elle avait su en apprécier les dangers. La Suède se trouvant particulièrement lésée dans ses intérêts du moment par le système continental, Bernadotte, pour se rendre populaire, lutta contre les exigences de Napoléon. S'il acquérait ainsi les sympathies de ses nouveaux concitoyens, il satisfaisait en même temps sa vieille rivalité, heureuse enfin de traiter d'égale à égale avec une supériorité impatiemment supportée pendant si longtemps. La correspondance directe échangée à ce sujet entre le prince royal de Suède et l'empereur ne cessa toutefois qu'en 1813.

Napoléon ne voulait consentir à aucune concession en faveur de la Suède, qui par sa position ne pouvait, sans les plus graves inconvénients, rompre ses relations commerciales avec l'Angleterre. De là l'aigreur, puis la mésintelligence que l'on remarqua bientôt dans les relations diplomatiques des deux puissances. Les coalisés en profitèrent pour presser Bernadotte de faire cause commune avec eux. La fameuse conférence secrète d'Abo s'ouvrit dès 1812. L'accession de la Suède à la coalition y fut décidée entre l'empereur Alexandre, le plénipotentiaire anglais et le prince royal de Suède Bernadotte. On conseillait à celui-ci d'exiger la restitution de la Finlande; d'autres n'insistaient que sur la mise en possession immédiate des îles d'Aland et de la terre ferme jusqu'à Uleaborg. Bernadotte partageait ces vues ; mais l'empereur Alexandre répondit à ses pressantes réclamations, dont il ne pouvait contester la légitimité : « Cette concession me dépopulariserait ; je préfère vous remettre, s'il le faut, les îles d'Œsel et de Dago. » Bernadotte se contenta de répondre : « Je ne veux d'autre garantie que votre parole. »

Par une convention ultérieure, il fut décidé que Bernadotte recevrait en indemnité la Norvège au lieu de la Finlande; mais c'était là une véritable déception, le marché de la peau de l'ours. On ne possédait même pas ce que l'on cédait, et l'on sait que la Suède n'obtint plus tard la Norvège que par la conquête. Or il n'y a pas de conquête qui ne coute de l'or et du sang. Cette acquisition, chèrement achetée, ne pouvait d'ailleurs compenser la perte de la Finlande, qui, par sa position géographique, doit être considérée comme le boulevard de la nationalité suédoise. Du moment où la Russie est en possession de cette province et des îles d'Aland, une armée russe peut en quelques jours se trouver au cœur de la Suède, qui est restée sur ce point important sans frontière défensive.

Les seigneurs suédois, qui aux conférences d'Abo pressaient Bernadotte d'insister auprès de l'empereur de Russie sur la restitution immédiate de la Finlande et des îles d'Aland, comprenaient mieux que le nouveau prince royal les véritables intérêts politiques de leur pays. Charles-Jean, en se contentant d'une promesse verbale, se mit à la merci de la Russie alors qu'il eût pu obtenir des garanties réelles. La restitution de la Finlande aurait à la rigueur justifié son adhésion à la coalition ; c'était tout au moins, le seul moyen de la faire excuser.

Cet abandon de la Norvège promis par l'empereur de Russie, Bernadotte l'avait aussi demandé à Napoléon à l'époque même des conférences d'Abo. Il en faisait alors la condition expresse de son alliance avec la France; dans son ultimatum, il avait proposé de faire céder cette province à la Suède par le Danemark, qu'on aurait indemnisé ailleurs; prenant l'empereur par son faible, il faisait remarquer qu'une descente de Norvège en Écosse serait facile. Napoléon répondit qu'il ne pouvait consentir à cette cession sans violer les traités existant avec le Danemark. C'est quand il vit l'empereur bien déterminé à ne point dépouiller le Danemark au profit de la Suède, que Bernadotte signa avec la Russie et l'Angleterre le fameux traité d'Abo. En refusant son concours à l'expédition de Russie, qu'eût singulièrement favorisée une diversion en Finlande, il porta un coup mortel à la puissance de Napoléon. Sans doute il avait compris qu'il y avait plus de chances de sécurité pour lui avec les vieilles dynasties qu'avec l'homme encore maître de l'Europe, mais qui n'était en réalité que le colosse aux pieds d'argile. Vainement on prétendrait que Bernadotte pensait alors que l'objet unique de la coalition était de forcer Napoléon à changer de système politique; que l'Europe n'était armée que contre son ambition. Mieux que personne il savait que les souverains de l'Europe ne pouvaient pardonner à Napoléon d'avoir porté si haut le nom et la puissance de la France. Entre eux et lui il n'y avait pas de réconciliation possible. En signant la convention d'Abo, il se plaça franchement dans les rangs des ennemis de son pays. Le désastre de Moscou vint bientôt surexciter les espérances du parti anglo-russe à la cour de Stockholm, et le gouvernement suédois n'hésita plus alors à envoyer à l'ambassadeur de France ses passeports.

Bernadotte, affectant de croire aux *bonnes intentions* de la coalition à l'égard de la France, écrivait encore à Napoléon, le 23 mars 1813 : « Je connais les bonnes dispositions de l'empereur Alexandre et du cabinet de Saint-James pour la paix. Les calamités du continent la réclament, et Votre Majesté ne doit pas la repousser. Possesseur de la plus belle monarchie de la terre, voudra-t-elle toujours en étendre les limites et léguer à un bras moins puissant que le sien le triste héritage de guerres interminables ? Votre Majesté ne s'attachera-t-elle pas à cicatriser les plaies d'une révolution dont il ne reste plus à la France que le souvenir de sa gloire militaire et des malheurs réels dans son intérieur? Sire, les leçons de l'histoire rejettent l'idée d'une monarchie universelle, et le sentiment de l'indépendance peut être amorti, mais non effacé du cœur des nations. Que Votre Majesté pèse toutes ces considérations et pense réellement à une paix générale, dont le nom profané a fait couler tant de sang. Je suis né dans cette belle France que vous gouvernez, sire : sa gloire et sa prospérité ne peuvent jamais m'être indifférentes ; mais, sans cesser de faire des vœux pour son bonheur, je défendrai de toutes les facultés de mon âme et les droits du peuple qui m'a appelé et l'honneur du souverain qui a daigné me nommer son fils. Dans cette lutte entre la liberté du monde et l'oppression, je dirai aux Suédois : Je combats pour vous et avec vous, et les vœux des nations libres accompagneront nos efforts. En politique, sire, il n'y a ni amitié ni haine; il n'y a que des devoirs à remplir envers les peuples que la Providence nous appelle à gouverner. Leurs lois et leurs priviléges sont des biens qui leur sont chers ; et si pour les leur conserver on est obligé de renoncer à d'anciennes liaisons et à des affections de famille, un prince qui veut remplir sa vocation ne doit jamais hésiter sur le parti à prendre... Pour ce qui concerne mon ambition personnelle, j'en ai une très-grande, et je l'avoue: c'est celle de servir la cause de l'humanité et d'assurer l'indépendance de la presqu'île scandinave. Pour y parvenir, je compte sur la justice de la cause que le roi m'a ordonné de défendre, sur la persévérance de la nation et sur la loyauté de ses alliés. Quelle que soit votre détermination, sire, pour la paix ou pour la guerre, je n'en conserverai pas moins pour Votre Majesté les sentiments d'un ancien frère d'armes. CHARLES-JEAN. » Bernadotte, dans cette lettre, semblait aspirer à l'honneur d'intervenir comme médiateur.

Peu de mois cependant avaient suffi à Napoléon pour créer une nouvelle et puissante armée, et son entrée en campagne avait été signalée par la brillante victoire de Lutzen; il avait refoulé les Prussiens et les Russes jusqu'en Silésie; toute la rive de l'Elbe avait été balayée jusqu'à Dresde, où il établit son quartier général. Un armistice fit cesser les hostilités, des négociations s'ouvrirent. Bernadotte profita-t-il de la trêve pour proposer *cette paix générale, dont le nom profané a fait couler tant de sang?* Nullement. La trêve fut à peine expirée, qu'à la tête de 30,000 Suédois, il joignit l'armée alliée sous les murs de Berlin, et repoussa le corps d'armée du maréchal Ney à Dennwitz. La grande armée française s'était repliée sur Leipzig; la victoire était incertaine, quand Bernadotte parut avec ses Suédois, et décida du sort de la bataille. L'empereur Alexandre et le roi de Prusse l'embrassèrent publiquement sur la grande place de Leipzig. Ils lui devaient une victoire inespérée : ils le proclamèrent leur libérateur. La coalition paya ce service en permettant à Bernadotte d'employer la force pour s'emparer de la Norvège. Chargé d'agir contre le corps aux ordres de Davoust et contre les troupes danoises, Bernadotte songea alors un instant, dit-on, à se faire proclamer roi de Nordalbingie, dénomination sous laquelle aurait été compris un nouvel État constitué à son profit au nord de l'Europe au moyen des duchés de Schleswig-Holstein et du Jutland enlevés au Danemark. Mais, changeant bientôt d'idées, il se contenta de forcer le roi de Danemark à ratifier les stipulations d'Abo et à consentir à l'abandon de la Norvège par la paix signée à Kiel le 14 janvier 1814.

Est-il vrai que cette *modération* de Bernadotte provint de la conviction où il était que ses augustes et victorieux alliés avaient le projet de placer sur sa tête la couronne qu'ils se disposaient à arracher à Napoléon? Ce qui autoriserait à penser qu'il voulait, en s'effaçant, ménager les susceptibilités nationales, c'est la lenteur extrême qu'il mit à rejoindre la grande armée alliée. Il n'entra d'ailleurs en France qu'en s'y faisant précéder de la proclamation suivante : « Français, j'ai pris les armes par l'ordre de mon roi, pour défendre les droits du peuple suédois. Après avoir vengé les affronts qu'il avait reçus et concouru à la délivrance de l'Allemagne, j'ai passé le Rhin. Revoyant les bords de ce fleuve, où j'ai souvent et si heureusement combattu pour vous, j'éprouve le besoin de vous faire connaître ma pensée. Votre gouvernement a constamment essayé de tout avilir, pour avoir le droit de tout mépriser; il est temps que ce système change. Tous les hommes éclairés forment des vœux pour la conservation de la France: ils désirent seulement qu'elle ne soit pas le fléau de la terre. *Les souverains ne se sont pas coalisés pour faire la guerre aux nations, mais pour forcer votre gouvernement à reconnaître l'indépendance des États*; telles sont leurs intentions, et je suis auprès de vous garant de leur sincérité. Fils adoptif de Charles XIII, placé par l'élection d'un peuple libre sur les marches du trône du grand Gustave, je ne puis désormais avoir d'autre ambition que celle de travailler à la prospérité de la presqu'île scandinave. Puissé-je, en remplissant ce devoir sacré envers ma nouvelle patrie, *contribuer en même temps au bonheur* de mes anciens compatriotes! »

Les termes de cette proclamation ne posaient sans doute pas ouvertement sa candidature au trône de France; mais peut-être Bernadotte n'hésitait-il tant à faire fouler le sol français par son armée, que pour se rendre *possible* en paraissant être resté étranger aux désastres du peuple français? Quoi qu'il en ait pu être, il n'arriva à Paris que longtemps après les souverains alliés, alors que l'entrée du comte d'Artois dans cette capitale et les conventions intervenues entre ce prince et les coalisés avaient dû lui enlever toute espérance, s'il en avait jamais eu réellement.

L'accueil que reçut à Paris l'ancien prince de Ponte-Corvo le détermina à regagner promptement sa seconde patrie. Ses futurs sujets le reçurent avec les plus vifs transports de joie et le portèrent en triomphe à son palais. De ces deux réceptions si différentes, à laquelle fut-il le plus sensible?

Après la chute et l'abdication de Napoléon, l'Europe fut en paix, la Suède exceptée. L'armée suédoise avait repassé le Belt et s'était dirigée sur la Norvège. Le prince Christian de Danemark, gouverneur général de ce royaume au nom de Frédéric VI, essaya de le conserver à son pays en s'y déclarant indépendant, et en s'y faisant couronner roi sous le nom de Chrétien Ier; mais la lutte était trop disproportionnée pour avoir des chances de succès. Le 10 octobre le prince Christian se rembarquait pour le Danemark, et abandonnait la Norvège à Bernadotte, à la suite d'une convention par laquelle celui-ci consentit pourtant à reconnaître comme loi fondamentale de ce royaume la constitution que les notables habitants réunis à Eidswold s'étaient donnée quelques mois auparavant; constitution qui est incontestablement la plus libérale de celles qui fonctionnent encore aujourd'hui en Europe. Pendant les Cent-Jours, Bernadotte refusa de se mêler en rien des affaires intérieures de la France. « Déclarer la guerre à une nation contre laquelle nous n'avons maintenant aucun grief, écrivait-il au représentant de la Suède au congrès de Vienne, le comte de Lœwenbjelm, ne serait-ce pas s'interdire les avantages d'un système que nous prescrivent à la fois notre position géographique, nos relations commerciales et notre organisation politique? Il ne s'agit que de replacer les choses dans leur état primitif en partant du traité de Paris, qui a terminé la guerre entre la France et la Suède et mis fin à la coalition. »

L'attitude douteuse gardée pendant cette crise décisive par Bernadotte le compromit singulièrement avec la Sainte-Alliance. Une conspiration eut lieu en Suède contre sa vie en 1818; et certains souverains, l'empereur d'Autriche notamment, ne se gênaient pas alors pour exprimer publiquement le vœu de voir le principe de la légitimité triompher aussi dans cette partie de l'Europe. Gustave-Adolphe, errant en Allemagne, avait fait protester son fils contre l'abdication qu'il soutenait lui avoir été arrachée par violence. A ce moment Bernadotte fit savoir aux puissances garantes du traité de Kiel que si les diètes suédoise et norvégienne le dégageaient de ses serments, il descendrait du trône où leur suffrage l'avait fait monter.

La protection accordée publiquement par l'empereur Alexandre au jeune Gustave Wasa, le mariage d'une fille de Gustave IV avec un prince de la maison de Bade, furent encore pour le soldat parvenu autant de causes de sérieuses inquiétudes.

Bernadotte, après avoir surmonté tous ces obstacles avec une habileté qu'on ne saurait nier, succéda pourtant sans opposition au roi Charles XIII, mort le 5 février 1818, et prit en montant sur le trône les noms de *Charles-Jean XIV*. Il signa devant le conseil d'État l'*acte d'assurance et de garantie* exigé par la constitution; puis il se fit couronner le 11 mai à Stockholm, et le 7 septembre à Drontheim. Au sacre célébré dans la première de ces villes on eut lieu de remarquer une particularité ingénieuse : à chacun des degrés qui conduisaient au trône fort élevé où le nouveau souverain devait recevoir l'hommage des États et des fonctionnaires publics, on lisait sur des écussons les noms de ses principales victoires, et ces noms semblaient indiquer que tels étaient les titres de sa grandeur véritables, ceux qui l'avaient conduit au trône. Malgré l'origine populaire de son autorité, tous les princes de droit divin finirent par en prendre leur parti, et lui adressèrent leurs félicitations.

Les premières années du règne de Charles-Jean XIV comteront parmi les plus heureuses des annales de la Suède. Sauf des difficultés toujours renaissantes avec les Norvégiens, peuple rude, ombrageux, fier de sa constitution distincte de celle de la Suède, et dont l'assemblée nationale (*storthing*) se mettait souvent en opposition avec les idées et les plans de Bernadotte, nul orage ne vint de longtemps troubler les jours du Béarnais suédois, qui fut un moment peut-être le plus populaire des rois de l'Europe, dont il était le doyen d'âge. Sur ce trône gagné au grand jeu du destin, il développa des qualités qu'on n'eût pas osé attendre d'un soldat. La Suède vit l'agriculture, restée jusqu'alors en oubli, renaître, prospérer et fleurir, le commerce tiré d'une langueur qui semblait incurable, le crédit public restauré, l'industrie, expirante, rendue à la vie et encouragée. De nombreux travaux d'utilité publique furent exécutés sur divers points du royaume; une large route creusée à travers les Alpes scandinaves vint lier physiquement la Suède et la Norvège, et l'immense canal de Gothie, qui unit la Baltique à la mer du Nord, restera comme un monument impérissable des grandes et utiles pensées de Charles-Jean XIV.

Malheureusement, sous le point de vue intellectuel et politique, le progrès fut infiniment moindre. Cependant dans le principe le nouveau roi, bien qu'imbu au fond, en matière de gouvernement, des traditions de l'école impériale, prit souvent l'initiative d'innovations généreuses. Mais à ses goûts de harangueur, qui dataient de l'an XI, il joignit sur le trône un penchant assez prononcé pour la petite guerre de journaux : ne pouvant plus se servir de son épée, il se battait de temps à autre, tant bien que mal, avec sa plume, littérairement aussi peu suédoise que française, contre les journalistes de l'opposition.

Sur les dernières années de son règne, l'opposition, devenue de plus en plus formidable, avait réussi à le dépopulariser à peu près complétement. On lui reprochait d'aimer trop le pouvoir absolu et de s'attacher avec une puérile exactitude aux minutieuses prescriptions de l'étiquette. L'héritier présomptif, le prince Oscar, était, selon l'usage, le chef des mécontents. Une fois, pourtant, Charles XIV, trouvant que son fils jouait son rôle trop au naturel, et n'osant pas l'en blâmer ouvertement, recommanda à tous les ecclésiastiques du royaume de prêcher « sur le commandement de Dieu qui ordonne aux enfants de respecter leurs père et mère ».

Benjamin Constant avait déjà tracé le portrait suivant de Bernadotte : « Quelque chose de chevaleresque dans la figure, de noble dans les manières, de très-fin dans l'esprit, de déclamatoire dans la conversation, en font un homme remarquable, courageux dans les combats, hardi dans les propos, timide dans les actions qui ne sont pas militaires, irrésolu dans ses projets.... »

Il fut frappé d'apoplexie le 26 janvier 1844, le jour même où il entrait dans sa quatre-vingtième année. Dès les premiers instants les médecins conservèrent peu d'espoir de sauver ses jours. Cependant durant six semaines sa vigoureuse organisation lutta contre les progrès du mal. Il expira le 8 mars, laissant, dit-on, à son fils Oscar une fortune personnelle évaluée à plus de quatre-vingt millions de francs, et provenant de spéculations heureuses que d'économies faites pendant son long règne sur sa liste civile.

BERNARD, roi d'Italie, était fils de Pépin et petit-fils de Charlemagne, qui lui donna le gouvernement de l'Italie en 812, deux ans après la mort de son père, possesseur de ce trône avant lui. Lorsque Louis le Débonnaire, son oncle, eut été reconnu successeur de Charlemagne, le nouvel empereur ne vit pas sans inquiétude un neveu dont les droits étaient supérieurs aux siens régner si près de lui, et, l'ayant fait venir à Aix-la-Chapelle, il ne le laissa retourner en Italie qu'après l'avoir séparé de ses fidèles conseillers. A peu de temps de là il associa son fils Lothaire à l'empire. Cette nouvelle atteinte aux droits de Bernard détermina de la part de celui-ci une tentative de résistance ; mais, battu et fait prisonnier en 818, il fut incarcéré, jugé, et condamné à mort. Sa peine fut commuée toutefois, et son *débonnaire* vainqueur lui fit simplement crever les yeux ; mais l'infortuné mourut de cet affreux supplice au bout de trois jours.

BERNARD, fils de saint Guillaume, duc de Toulouse, fut substitué en 820, par Louis le Débonnaire, à Béra, d'origine gothique, dans le duché de Septimanie. Appelé en 828 à la cour de France par l'impératrice Judith, qui voulait s'en faire un appui contre les enfants que son époux avait eus d'un premier lit, il y jouit d'une telle faveur et y prit de telles mesures pour assurer à Charles, fils de Judith, un royaume dont la formation devait ébrécher l'héritage de ses frères consanguins, qu'il excita contre lui le mécontentement des seigneurs et fut accusé de sortilège et d'adultère. Obligé de fuir, il prit part à toutes les entreprises de Pépin, roi d'Aquitaine, contre son père. Louis, irrité, le dépouilla de son duché en 832 ; mais il le lui rendit l'année suivante, parce qu'il l'avait secouru avec Pépin contre Lothaire. Plus tard, ses relations avec Pépin II, roi d'Aquitaine, le mirent en suspicion auprès de Charles le Chauve, qui, voyant dans sa conduite équivoque à la bataille de Fontenai une trahison, le fit mettre à mort en 844, comme coupable de lèse-majesté.

D'autres chroniques le font traitreusement poignarder par Charles, après une réconciliation et un traité qu'ils avaient tous deux signés du *sang de Jésus-Christ*. Ce meurtre n'aurait même été, s'il faut en croire certaines relations du temps, ni plus ni moins qu'un parricide. L'intimité de Bernard avec Judith, la ressemblance de Charles avec le duc de Septimanie, pouvaient bien ne pas rendre tout à fait invraisemblable une telle supposition. Quoi qu'il en soit, Bernard laissait de Dodane, sa femme, deux fils, Guillaume et Bernard ; le premier, âgé alors de dix-sept ans, se réfugia en Espagne, et fut assassiné plus tard à son père dans le duché de Septimanie et d'Aquitaine, dont il fut redevable à Pépin II.

BERNARD *de Menthon* (Saint), fondateur de l'hospice du mont Saint-Bernard, était né en 923, près d'Annecy, d'une des plus illustres maisons de Savoie. Porté par inclination à la piété, il refusa un mariage avantageux auquel ses parents attachaient une grande importance, et embrassa l'état ecclésiastique. Devenu archidiacre d'Aoste, et remplissant en même temps les fonctions d'official et de grand vicaire, il imagina d'établir sur le sommet des Alpes deux hospices qui portent encore son nom. Bernard de Menthon termina sa carrière à Novarre, le 28 mai 1008.

BERNARD (Saint) naquit, l'an 1091, à Fontaine, village de Bourgogne, dont son père, nommé Tescelin, était seigneur. Sa mère se nommait Aleth de Montbar. Malgré les avantages de l'esprit et du corps, qui, joints à ceux de sa position, lui assuraient des succès dans le monde, il montra de bonne heure une véritable passion pour la solitude. Il commença ses études dans l'école du chapitre de Châtillon, et parut plus tard avec éclat dans l'université de Paris. Après avoir passé quelque temps avec ses frères et quelques amis en retraite dans la maison de son père, il entraîna ses compagnons, au nombre de trente, à l'abbaye de Cîteaux, où ils prirent l'habit de l'ordre. L'an 1115, l'abbé Étienne, chef de l'ordre, ayant fondé l'abbaye de Clairvaux, dans une vallée aride et déserte du diocèse de Langres, nommée *la Vallée d'Absinthe*, près de la rivière d'Aube, saint Bernard en fut nommé abbé, et béni en cette qualité par Guillaume de Champeaux, évêque de Châlons, pendant la vacance du siège de Langres. Il n'avait alors que vingt-cinq ans.

La régularité de la vie qu'on menait sous la direction du nouvel abbé attira autour de lui un grand nombre de disciples ; puis cette multitude se sépara en diverses colonies, qui fondèrent autant de nouveaux monastères, reconnaissant tous la suprématie de l'abbé de Clairvaux. A cette époque, où l'enthousiasme religieux, qui se manifestait depuis quelque temps par les croisades, emportait tous les esprits, la réputation de science et de piété de saint

Bernard devait attirer sur lui l'attention des puissances rivales du sacerdoce et de l'empire. Aussi assista-t-il aux conciles de Troyes en 1128, et de Châlons en 1129. Ce fut d'après son jugement, auquel on était convenu de s'en rapporter, que l'assemblée d'Étampes, réunie par la volonté de Louis le Gros, en 1130, reconnut Innocent II pour souverain pontife, et rejeta Anaclet. Ce pape étant venu en France, saint Bernard l'accompagna à Orléans, et persuada au roi d'Angleterre, Henri Ier, de le reconnaître. De là il le suivit en Allemagne, et, dans la conférence que le pontife eut avec l'empereur Lothaire II, il parla avec liberté à ce prince pour le détourner de la demande qu'il avait faite au pape du rétablissement des investitures. De retour en France, Innocent II tint un concile à Reims, visita Cluny et Clairvaux, et emmena saint Bernard à Rome; de là il le fit passer en Allemagne, où il réussit à ménager la paix entre Conrad et Lothaire. Rappelé auprès du pape, qui avait été forcé de se réfugier à Pise, il assista en 1134 au concile de cette ville, à l'issue duquel il réconcilia avec le clergé romain celui de Milan, qui s'était attaché à Anaclet. Le succès de sa mission fut si grand, qu'il eut peine à se soustraire aux honneurs que voulaient lui rendre les Milanais.

Un moment rendu au repos de son monastère, il fut forcé d'accompagner le légat du pape en Guienne, où le duc de cette province refusait d'obéir au saint-siége, et de rétablir les évêques de Poitiers et de Limoges, qu'il avait expulsés. Mais l'obstination de ce prince fut vaincue par la hardiesse de saint Bernard, les évêques rétablis dans leurs siéges, et le schisme étouffé. Il n'eut pas moins de succès lorsque, rappelé en Italie en 1137, il détacha de la cause d'Anaclet plusieurs Romains, et surtout Roger, duc de Sicile, le seul des princes qui lui prêtât encore son appui. Anaclet étant mort, celui que l'on élut à sa place obtint son pardon d'Innocent II par l'entremise de saint Bernard, et le schisme fut éteint.

A cette époque, Abélard avait entrepris, avec une grande liberté, en appliquant la dialectique aux matières de la foi, de reproduire et d'expliquer par des principes rationnels les dogmes obscurs de la religion chrétienne, et principalement la Trinité, ainsi que les principales idées de la morale théologique, comme celle du péché et de la vertu. Saint Bernard, après l'avoir en vain averti en particulier de corriger ses erreurs, le poursuivit devant le concile de Sens, et le fit condamner en 1140.

L'un de ses religieux, qu'il avait fait abbé du couvent de Saint-Anastase, étant devenu pape sous le nom d'Eugène III, le pria de prêcher une croisade pour satisfaire au désir de Louis VII, et l'enthousiasme de l'abbé de Clairvaux, flattant la piété chevaleresque des croisés, l'emporta sur les sages conseils du prudent Suger, abbé de Saint-Denis. La croisade ayant été malheureuse, le prédicateur l'attribua aux péchés des croisés. C'était une excuse sur laquelle il pouvait toujours compter. Il donna des règles aux Templiers, s'opposa au moine Raoul, qui voulait qu'on tuât tous les Juifs, et poursuivit les disciples d'Arnaud de Brescia. Après avoir assisté à trois conciles en l'an 1147, et confondu les erreurs de Pierre de Brueys de Hensi, il força l'évêque de Poitiers, Gilbert de la Porée, de rétracter ses erreurs au concile de Reims en 1148. Choisi pour médiateur entre les peuples de Metz et quelques princes voisins, il termina leurs différends, et mourut le 20 août 1153. Il fut canonisé vingt ans après sa mort par le pape Alexandre III.

On a porté sur saint Bernard des jugements tout à fait opposés : les uns, révérant la qualité dont l'Église l'a revêtu, l'ont regardé comme irréprochable; les autres n'ont voulu voir en lui qu'un hypocrite ambitieux et habile : tous se sont trompés. Saint Bernard a été sincère dans son enthousiasme religieux ; ce qui n'empêche pas de découvrir au fond de toute sa conduite la passion d'exercer une grande influence. Comme il ne parvint pas aux dignités de l'Église, auxquelles il eût pu prétendre, on en peut conclure qu'il préférait le pouvoir réel au titre qui semble ordinairement le conférer. Il est du reste difficile de croire que, mêlé à toutes les intrigues politiques de son temps, il ait toujours conservé la simplicité évangélique, et l'amertume de ses expressions contre ceux qui se séparaient de l'orthodoxie, dont il s'était fait le défenseur, ne peut être justifiée par son zèle. Le style de saint Bernard est vif, noble et serré, ses pensées sublimes, son discours délicat. Il est également plein d'onction, de tendresse et de force; il est doux et véhément. Nous ajouterons cependant qu'il est souvent gâté par l'affectation et les jeux de mots. Il exprime le culte qu'il rend à la Vierge par les termes d'une galanterie mystique et d'une afféterie souvent ridicule. Ce défaut du reste tenait à son siècle, et n'empêche pas que ce ne soit à juste titre qu'il a été appelé le dernier des Pères. Ses ouvrages se composent de lettres, de traités théologiques et mystiques, de sermons. Un de ses plus remarquables écrits est sans contredit le *Traité de la Considération*, adressé à Eugène III, et dans lequel il donne à la papauté d'excellents conseils, dont il eût bien fait de s'appliquer plusieurs à lui-même. La meilleure biographie de saint Bernard a été donnée par M. de Villefore. La seule édition de ses ouvrages qui soit consultée aujourd'hui est celle de D. Mabillon (1690, 2 vol. in-fol.).

H. BOUCHITTÉ, recteur de l'Académie d'Eure-et-Loir.

BERNARD *de Thuringe*, visionnaire du dixième siècle, qui, sur la foi de l'Apocalypse, où il avait lu que *l'ancien serpent serait délié*, s'imagina que ce serpent signifiait l'antéchrist. Or, comme l'Annonciation de la Vierge se rencontrait avec le vendredi saint de l'année 960, il en conclut que cette coïncidence de la conception et de la mort de Jésus-Christ annonçait évidemment la fin du monde, les temps ne pouvant point aller au delà de cette période. De cette vision ou charlatanisme il n'y avait qu'un pas. L'ermite Bernard fit l'inspiré, et prêcha cette fin du monde comme une révélation de Dieu même. Les prédicateurs ajoutèrent à l'effroi que provoqua cette prédiction, et une éclipse totale de soleil vint mettre le comble à la terreur universelle. La reine Gerberge, femme de Louis d'Outremer, roi de France, engagea plusieurs théologiens à rassurer le peuple, en combattant l'extravagance du visionnaire. La crédulité l'emporta sur la raison, et les moines firent une ample récolte d'héritages et de donations. Il fallut que le onzième siècle arrivât pour dessiller les yeux de cette population d'imbéciles; alors, quand on vit que le soleil se levait encore tous les matins, on finit par se moquer des visions de l'ermite charlatan, qui ne fut pas le dernier de sa race.

VIENNET, de l'Académie Française.

BERNARD DE VENTADOUR, l'un des plus célèbres troubadours provençaux du douzième siècle, naquit d'une famille humble et pauvre, au château de Ventadour, dans le Limousin, on ne sait pas précisément en quelle année. Raynouard dit que son père était de la classe des valets. Quoi qu'il en soit, les heureuses dispositions de Bernard, la vivacité de son esprit et le tour brillant de son imagination le firent de bonne heure distinguer par ses nobles seigneurs. Tout enfant, il composait des vers ; il les chantait d'une si douce voix, en accompagnant son chant de gestes si gracieux, qu'on jugea bientôt qu'il était destiné à surpasser tous les autres troubadours. Le vicomte Èble III, qui aimait son talent, voulut le garder auprès de lui ; il l'encouragea, l'aida de ses conseils et le combla de marques d'honneur. Èble avait une femme aimable et belle, Agnès de Montluçon, et le troubadour adolescent ne put la voir sans l'aimer d'amour. Il chanta sa peine, et il ne paraît pas que cet amour ait révolté la noble châtelaine. Loin de là, touchée du mérite de son troubadour, elle oublia sans doute l'obscurité de sa naissance, et, ne voyant plus que l'éclat de son talent, l'agréa pour chevalier, car l'heureux Bernard lui jura protection et fidélité comme à la souveraine de sa vie.

Cette liaison chevaleresque et mystérieuse lui inspira une

foule de pièces charmantes, où il célèbre sa dame comme une amante incomparable, quoique sous un nom convenu entre elle et lui. Mais de quelque mystère que ce couple heureux cherchât à voiler ses amours, Èble les soupçonna, et lorsque l'indiscrète confiance que donne le bonheur eut inspiré au troubadour des aveux téméraires, le vicomte, ému de jalousie, chassa Bernard, et fit enfermer sa femme.

Bernard se mit alors à voyager. A la cour de Normandie, où sa grande réputation l'avait devancé, il se vit gracieusement accueilli par la duchesse Éléonore. Elle était belle et n'avait que trente ans; elle était passionnée pour la poésie, et Bernard était le plus célèbre des troubadours; elle l'aima pour ses vers, et lui l'aima aussi, vaincu par l'éclat de la beauté uni au prestige de la puissance. Ce nouvel amour lui inspira aussi de beaux vers.

On raconte qu'après un long séjour à la cour de Normandie, Éléonore ayant épousé Henri II, qu'elle suivit en Angleterre, le troubadour alla se consoler de la perte de sa royale amante à la cour du comte de Toulouse, Raymond V, où plusieurs beautés le captivèrent tour à tour. Là il apprit qu'Èble III s'était retiré dans le monastère du Mont-Cassin; quant à la dame captive, on ne savait ce qu'elle était devenue. Bernard l'aimait encore; touché de la destinée peut-être tragique qu'il lui avait faite par son amour, il la pleura dans plusieurs pièces de vers pleines de la plus tendre sensibilité et d'une délicatesse si parfaite qu'elle étonne quand on songe à l'état de barbarie où était alors l'Europe. Bernard partit ensuite pour la Terre Sainte; on ne sait rien de plus de sa vie, sinon qu'il mourut dans l'abbaye de Dalon, en Limousin, où sa vieillesse avait cherché quelques années de calme et de recueillement.

Il nous reste de Bernard cinquante chansons et deux tensons. Outre que ce troubadour est un de ceux dont il nous est resté le plus de vers, ses poésies ont pour nous un charme particulier : elles ont été inspirées par les circonstances de sa vie, douces ou pénibles, mais réelles; elles répondent à des émotions vraies, et l'accent en est toujours, ou à peu près, sincère. Jean AICARD.

BERNARD (CLAUDE), appelé communément le *Pauvre Prêtre*, ou le *Père Bernard*, naquit à Dijon, en 1588; il était fils d'Étienne Bernard, magistrat distingué du temps d'Henri IV. Après avoir vécu quelque temps en ecclésiastique mondain, il renonça à la dissipation et au plaisir pour se vouer tout entier au service des pauvres. Il se dépouilla en leur faveur d'un héritage de 400,000 fr.

Vingt ans de sa vie furent consacrés à soulager les malades de l'Hôtel-Dieu de Paris, d'où il passa à l'hôpital de la Charité, dans l'église duquel il fut enterré en mars 1641. Il improvisait presque toujours ses sermons.

BERNARD, duc de Saxe-Weimar, l'un des plus grands capitaines du dix-septième siècle, né le 16 août 1604, pupille, ayant perdu ses sept frères, de l'électeur de Saxe Christian II, et, après lui, de Jean-Georges, se sauva de l'Académie d'Iéna, après la mort de sa mère (1617). Il avait appris de bonne heure, et sans longues études, les noms de Maurice de Saxe, de Philippe de Hesse, l'attachement de sa famille à la Réforme, son courage et ses malheurs. Le jeune Bernard traversa la cour et les tournois du duc de Saxe-Cobourg, et vint dès l'année 1621 partager avec honneur à Wimpfen la défaite de l'union protestante. Bernard assistait encore à la tête d'un régiment à Stadtloe (1623), où son frère Guillaume fut fait prisonnier; il alla servir un moment dans les Pays-Bas, sous Maurice de Nassau, revint en Allemagne prendre le commandement d'un régiment de cavalerie, sous les ordres de son frère Jean-Ernest, et vit le nouveau protecteur de l'Union évangélique, Christian IV, roi de Danemark, battu par Wallenstein et Tilly, rejeté jusque dans le Jutland, conclure la paix de Lubeck (1629) avec la maison d'Autriche.

Réconcilié avec l'empereur Ferdinand II, par l'entremise de Wallenstein, il reprit à Weimar ses études stratégiques; alla, durant l'été de 1629, en faire l'application au siège de Bois-le-Duc, et revint en Allemagne après la prise de cette ville par le prince d'Orange. Cependant Gustave-Adolphe, allié du cardinal de Richelieu, allait descendre en Allemagne, au secours de la Réforme, contre cette orgueilleuse et dévote maison d'Habsbourg, qui menaçait la Hollande par la Westphalie, la Suède par la Pologne, et tous les réformés allemands par l'édit de restitution des biens ecclésiastiques. Le duc de Weimar, qui comprenait par son génie celui de Gustave, actif et religieux comme lui, courut droit au camp du héros, à Werben. Encouragé par l'estime du roi de Suède, qui lui promit les évêchés de Bamberg et de Wurtzbourg avec le titre de duc de Franconie, Bernard défendit vigoureusement le camp suédois contre une attaque de Tilly, chassa les Impériaux du landgraviat de Hesse-Cassel, prit part à la réduction de Wurtzbourg, à celle de Mayence, fut mis à la tête d'un petit corps dans le Palatinat, puis à la tête de toute l'infanterie sur le Rhin, mais subit avec répugnance, en l'absence de Gustave, la suprématie de son ministre Oxenstiern. Rappelé par Gustave en Bavière en 1632, il fut chargé d'achever la conquête de ce duché, s'empara dans le Tyrol des trois forteresses d'Ehrenbourg, les clés de ce pays, et menaçait Ferdinand II, soit dans l'Autriche, soit dans ses États d'Italie, quand il reçut l'ordre de rejoindre Gustave en Franconie. Bernard prit à cette époque le commandement de l'un des deux corps de l'armée suédoise, et à la journée de Lutzen (16 novembre 1632), il ramassait l'épée de Gustave mourant, pour continuer la victoire comme son exécuteur testamentaire.

Le lendemain de la bataille, toute l'armée suédoise fut rassemblée à Weissenfels : là, Bernard annonça d'abord aux officiers la mort du roi, et la résolution de venger; s'assura du dévouement des chefs, et fit jurer aux soldats, sur le cadavre de Gustave, de le suivre partout. En quelques jours, il délivra des Impériaux la Saxe et son électeur, très-équivoque allié de la Suède. Pendant qu'Oxenstiern, dans le nord, contrariait les intrigues de ce même électeur, assemblait à Heilbronn les états protestants des quatre cercles de la Haute-Allemagne, la Souabe, la Franconie, le Haut et le Bas-Rhin, Bernard, non seulement général en chef par Oxenstiern, résolut de tenter de nouveau l'invasion de l'Autriche par la Bavière, une première fois interrompue par Gustave-Adolphe, comme on vient de le voir; mais ses soldats et ceux du maréchal Horn, las d'attendre leur solde, et de conquérir des domaines et principautés aux *gens de plume et de cabinet*, refusèrent tout à coup de marcher. Bernard se chargea d'aller à Francfort réclamer près du chancelier pour eux et pour lui, se fit adjuger, ou peut-être reçut à l'amiable le duché de Franconie, avec les évêchés de Bamberg et de Wurtzbourg comme fief relevant de la Suède, mais distribua les terres de ce duché à ses officiers comme fief de l'empire : aussi le prince allemand fut-il accusé par le parti suédois d'avoir excité la mutinerie de ses troupes. Menacé par Oxenstiern d'une destitution, il répondit fièrement, dit-on, qu'un prince de l'empire valait mieux que dix gentils-hommes suédois. Cette fois encore, il demanda vainement le titre de généralissime, rejoignit ses troupes avec l'argent de leur solde, profita de la perfide inaction de Wallenstein, et prit Ratisbonne. Sans la jalousie du maréchal Horn, sans les défiances d'Oxenstiern, il eût envahi l'Autriche. Après l'assassinat du duc de Friedland, il pouvait l'envahir encore; mais, abandonné de ses collègues, il s'adresse inutilement à l'électeur de Saxe, il perd Ratisbonne, il est réduit à défendre son duché de Franconie, et perd encore, avec la bataille de Nordlingen (1634), ce duché et les principaux postes des Suédois sur le Danube, le Mein et le Necker. Bernard avait refusé d'attendre les troupes du landgrave Othon, comme le conseillait le maréchal Horn, qui fut fait prisonnier ; sa précipitation fut cause de sa défaite. Dans sa fuite, il brûla lui-même ses archives, perte irréparable pour l'histoire.

Après le désastre de Nordlingen, qui fit perdre aux Suédois la confiance des Allemands, qui décida l'électeur de Saxe à conclure la paix déloyale de Prague, et qui sans la dureté de l'empereur eût mis tous les États protestants à ses pieds, Bernard rassembla péniblement les débris de son armée dans les environs de Francfort. Une défaite fit pour lui plus qu'une victoire ; car, au moment où les Impériaux s'emparaient de plusieurs États de la confédération sur le Haut-Rhin, au moment où, pour secourir cette ville, les Français passaient sur la rive droite du fleuve, contre les termes d'un traité récent, il fut nommé généralissime par les états protestants réunis à Worms, sur les instances du ministre français résidant en cette ville, qui connaissait les offres de l'Autriche au duc de Weimar. Avec l'aide des Français, Bernard reprit Spire, qui, avec Wurtzbourg et Philipsbourg, était tombée pendant les négociations au pouvoir des Impériaux ; mais, bientôt abandonné par les Français, par ses trois frères, par les princes protestants qui avaient maudit l'électeur de Saxe, et qui l'imitaient, réduit à garder seul les deux rives du Rhin, Bernard comprit que l'heure prédite par Grotius était venue, où l'Allemagne protestante devait subir l'alliance de la France catholique. Avant le voyage d'Oxenstiern à Compiègne, il avait déjà traité séparément avec la France pour l'entretien de son armée, que les confédérés d'Heilbronn ne pouvaient plus nourrir. Avec les premiers secours amenés par le cardinal de La Valette, il rejeta le général impérial Gallas au delà du Rhin, qu'il venait de franchir ; toutefois, il ne put s'emparer de Francfort, se joindre au landgrave de Hesse-Cassel, le seul prince allemand qui fût encore allié de la Suède, et réparer les désastres de Nordlingen, paralyser les effets de la paix de Prague, en chassant Gallas de la Haute-Allemagne. Craignant d'être séparé de la France, il fit vers Metz , à travers un terrain montueux, une retraite victorieuse, admirée par Gallas, son adversaire , comme la plus belle action qu'il eût jamais vue.

Par un traité conclu à Saint-Germain-en-Laye, Bernard devait recevoir du roi de France quatre millions de livres par an pour l'entretien de douze mille hommes d'infanterie, de six mille chevaux avec l'artillerie nécessaire ; par les articles secrets, on lui donnait l'Alsace, à la condition d'y tolérer la religion catholique ; mais il s'engageait à conduire son armée, indépendante de la Suède, partout où le roi de France l'ordonnerait. Richelieu donnait l'Alsace à Bernard pour qu'il en fît la conquête, et Bernard, en recevant cette province, songeait moins à s'indemniser de la perte de son duché de Franconie qu'à s'assurer contre la France elle-même un asile, une forteresse pour lui, pour ses frères d'armes et de religion. Pour éviter avec les agents de la France des contestations sans cesse renaissantes, Bernard fit un voyage à Paris, et, malgré sa dépendance secrète, parut à la cour avec la noble assurance d'un prince de l'Empire. Richelieu le reçut comme le meilleur ami qu'il eût au monde. Le père Joseph, qui avait contribué à la chute de Wallenstein, lui parlait de guerre, et lui montrait sur la carte les villes à prendre : « Tout cela serait fort bien, mon bon père , dit Bernard, si l'on pouvait les villes avec le bout du doigt. » En somme, Bernard revint à son armée avec de nouvelles promesses, et avec le cardinal de La Valette prit d'assaut Saverne, presque sous les yeux de Gallas, et se trouva maître de l'Alsace.

Il songeait à poursuivre Gallas jusque dans la Souabe; mais la France envahie de deux côtés à la fois, par les Espagnols et les Autrichiens, l'appelait à son secours. On pliait déjà bagage à Paris pour échapper à Jean de Werth, qui venait de la Picardie ; Richelieu ne rendit au peuple, par ses proclamations, le courage qu'il avait perdu lui-même qu'après avoir été, dit-on , ranimé par le père Joseph. Tandis qu'une armée levée à la hâte repoussait les Espagnols au delà de la Somme, Bernard chassa les Impériaux de la Lorraine, et se souvint dans ce pays de la promesse qu'il avait faite à la reine de France de protéger contre les soldats l'honneur des femmes et des nonnes. Il courut ensuite en Bourgogne au-devant de Gallas, se retrancha savamment en face d'une armée supérieure en nombre, et, secondé par l'héroïque résistance de la petite ville de Saint-Jean-de-Losne, par les maladies et le mauvais temps, fit repasser le Rhin à Gallas, avec une perte de six mille hommes. Dans le nord de l'Allemagne, Baner relevait à Witstork (24 septembre 1636) l'honneur du nom suédois.

Bernard , toujours en dispute avec le cardinal de La Valette, trompé d'un million par la cour de France, lui soumettait toute la Franche-Comté jusqu'à Montbéliard, et se faisait demander par Oxenstiern s'il était encore au service de la cause commune ou simplement à celui de la France. Il avoua ses obligations envers elle, mais promit de passer le Rhin, fit un second voyage à Paris, réunit des forces suffisantes, leur fit traverser le Rhin près de Bâle, et vint camper devant Rhinfeld, place alors très-importante. Attaqué par les Impériaux, bien supérieurs en nombre, Bernard perdit dans une première action huit canons, envoya quelques drapeaux autrichiens à Paris, revint trois jours après attaquer les Impériaux, les mit en déroute après une heure de combat, et prit tous les officiers ennemis, moins deux. Le peuple de Paris et de Lyon put se venger du prisonnier de la France, Jean de Werth, Jean le Pris, le Bien Battu, qui l'avait fait trembler. La prise de Rhinfeld, le siège de Brisach, l'un des diamants de la couronne impériale, comme disait l'empereur, furent les résultats de cette fameuse victoire. La cour de Vienne fit aussitôt partir Gœtz, avec l'armée austro-bavaroise, pour défendre Brisach, et les jésuites pour soulever tous les habitants de la Forêt-Noire. Bernard battit Gœtz près du village de Wittenwihr. Abandonné par les Français, ces *chrétiens moins fidèles à leur parole que des Turcs*, surpris par la fièvre, Bernard monta pourtant à cheval pour aller battre Charles de Lorraine. « Il est écrit, dit-il , voyant la belle armée du Lorrain , que l'esprit est fort et la chair faible ; on peut dire ici que l'esprit est faible et la chair forte. » Charles de Lorraine fit place à Gœtz et Lamboi, qui revenaient avec quatorze mille hommes ; Bernard se leva pour la troisième fois de son lit de douleur, et mit les Impériaux en fuite. Brisach se rendit : c'était, dirent les protestants, le Capitole de l'Autriche. « Courage, père Joseph ; Brisach est à nous! » criait Richelieu au capucin mourant. Mais Bernard n'avait fait mention dans la capitulation, ni de la France, ni de la Suède, ni de l'union d'Heilbronn.

On espérait que Bernard, maître de Brisach, allait désormais protéger en Allemagne les opérations de Baner, quand on apprit qu'il venait de rentrer en Franche-Comté pour soumettre la dernière place forte de cette province, et assurer ses communications avec l'Alsace. Bernard voulait conserver l'Alsace avec ses forteresses comme un fief de l'Empire, indemniser la France par la Franche-Comté, se mettre à la tête des protestants abattus, et former une troisième puissance, médiatrice entre eux et l'Autriche. Richelieu lui offrait sa nièce, et le prince saxon n'en voulait pas ; l'Autriche, sans plus de succès, lui faisait proposer une archiduchesse avec une principauté en échange de l'Alsace. Au sortir de cette campagne (1638), où Bernard avait pris trois forteresses réputées imprenables et gagné huit batailles, à ce moment de sa jeunesse où, placé sur les frontières de la France et de l'Allemagne, il entendait ses louanges répétées par les deux peuples, le héros fut saisi de tristesse, et crut sa mort prochaine. En voyant les soldats allemands et français piller Pontarlier, il s'écria : « La vie m'est à charge : je ne peux plus vivre en repos avec ma conscience au milieu de ces impies. » A Pfirt, où la foule accourait pour le voir, il dit tout haut : « Je crains bien de partager le sort du roi de Suède; car du moment que le peuple espéra plus en lui qu'en Dieu, il dut mourir. » Arrivé à Huningue pour y passer le Rhin, il tomba malade, et mourut le même jour à Neubourg (1639), à l'âge de trente-cinq ans, trois ans plus tôt que Gustave-Adolphe.

Cette mort peut sembler naturelle après les fatigues de Bernard et sa lutte violente contre les maladies qui en deux jours lui enlevaient quatre mille hommes; mais cette mort avait été calculée comme prochaine par Richelieu dans son traité avec le gouverneur de Brisach, Jean-Louis d'Erlach, qu'il avait corrompu. Cette mort fut encore moins imprévue pour l'Autriche, puisque dans le camp impérial on disait Bernard mort avant sa dernière maladie. Lui-même se crut empoisonné, et son aumônier exprima hautement ce soupçon dans son oraison funèbre. On avait dit aussi que le duc Albert de Saxe-Lauenbourg avait tué Gustave-Adolphe au profit de l'Autriche : il est en effet remarquable que Gustave-Adolphe, Wallenstein et Bernard de Weimar, les trois génies révolutionnaires de cette époque, moururent de mort prématurée, et toujours à propos pour l'Autriche.

T. TOUSSENEL.

BERNARD (SAMUEL). Son père, peintre et graveur, né en 1615, connu particulièrement pour ses miniatures et ses gouaches, avait été professeur de l'Académie de Peinture, et était décédé en 1687. Plus avide de richesses que de gloire, son fils, né en 1651, à Paris, se livra tout entier aux spéculations de la haute finance, et devint un des plus opulents banquiers de l'Europe. Il amassa, dit-on, plus de 33 millions. Il avait fait d'immenses bénéfices sous le ministère de Chamillard, qui de son aveu n'entendait rien en administration. Mais lorsque ce ministre tomba, Samuel Bernard, si longtemps sa seconde providence, lui avait déjà impitoyablement fermé sa caisse. Le financier, qui lui devait sa grande et rapide fortune, ne voulut pas la compromettre; il se montra également sourd aux sollicitations et aux flagorneries de son successeur Desmarests. Le nouveau ministre hasarda un dernier effort. Il parvint à faire adopter à Louis XIV l'expédient qu'il avait imaginé en désespoir de cause, et qui consistait à amener le plus fier des monarques à caresser la vanité d'un financier. L'histoire contemporaine offre des exemples de ce genre. Mais alors c'était un véritable prodige. Le besoin rapproche les distances. Le duc de Saint-Simon raconte ainsi cette singulière entrevue du roi et du banquier :

« La cour était à Marly. On y vit Desmarests, qui présenta avec le célèbre banquier Samuel Bernard, qu'il avait mandé pour dîner et travailler avec lui; c'était le plus riche de l'Europe, et qui faisait le plus grand et le plus assuré commerce d'argent. Il sentait ses forces, il y voulait des ménagements proportionnés; et les contrôleurs généraux, qui avaient bien plus souvent affaire à lui qu'il n'avait affaire à eux, le traitaient avec des égards et des distinctions fort grandes. Le roi dit à Desmarests qu'il était bien aise de le voir avec M. Bernard; puis tout de suite dit à ce dernier : « Vous êtes bon homme à n'avoir jamais « vu Marly; venez le voir à ma promenade, je vous ren-« drai après à Desmarests. » Bernard suivit, et tant qu'elle dura le roi ne parla qu'à Bergheyck et à lui, et autant à l'un qu'à l'autre, les menant partout et leur montrant tout également, avec les égards qu'il savait si bien employer quand il avait dessein de combler. J'admirais, et je n'étais pas seul, cette espèce de prodigalité du roi, si avare de ses paroles, à un homme de la médiocrité de Bernard. Je ne fus pas longtemps sans en apprendre la cause; et j'admirai alors jusqu'où les plus grands rois se trouvent quelquefois réduits. Desmarests ne savait plus de quel bois faire flèche; tout manquait et tout était épuisé. Il avait été à Paris frapper à toutes les portes; on avait si souvent et si nettement manqué à toutes sortes d'engagements pris et aux paroles les plus précises qu'il ne trouva partout que des excuses et des portes fermées. Bernard, comme les autres, ne voulait rien avancer. Il lui était beaucoup dû. En vain Desmarests lui représenta l'excès des besoins les plus pressants, et l'énormité des gains qu'il avait faits avec le roi; Bernard demeure inébranlable : voilà le roi et le ministre cruellement embarrassés. Desmarests dit au roi que, tout bien examiné, il n'y avait plus que Bernard qui pût le tirer d'affaire, parce qu'il n'était pas douteux qu'il n'était question que de vaincre sa volonté et l'opiniâtreté qu'il avait montrée; que c'était un homme accessible à la vanité, capable d'ouvrir sa bourse si le roi daignait le flatter. Dans la nécessité si pressante des affaires, le roi y consentit; et pour tenter le secours avec moins d'indécence et sans essuyer de refus, Desmarests proposa l'expédient que je viens de raconter. Bernard revint de la promenade du roi tellement enchanté de ce qu'il lui dit qu'il aimait mieux risquer sa ruine que de laisser dans l'embarras un prince qui venait de le combler, et dont il se mit à faire les plus grands éloges. Desmarests en profita sur-le-champ, et en tira beaucoup plus qu'il ne s'était proposé. »

La véritable, la bonne comédie, n'est que l'histoire des mœurs contemporaines mise en action. Notre Molière est le meilleur peintre des mœurs de son siècle. Samuel Bernard n'est autre que M. Jourdain; le prince et son ministre ne ressemblent pas mal au grand seigneur et à la marquise du *Bourgeois Gentilhomme*. Les portraits du grand maître sont frappants de ressemblance. Les originaux venaient à leur insu poser dans son atelier; seulement il réduisait son cadre aux proportions de la scène et des convenances. Le Bergheyck dont parle Saint-Simon dans ses Mémoires avait dirigé avec une rare habileté les finances de Charles II dans les Pays-Bas, et après la mort de ce prince celles de l'électeur. Il était, dit le même auteur, « fort homme de bien, point du tout riche et n'ayant jamais rien fait pour sa famille. Ses voyages à Versailles étaient rares et toujours fort courts. » Bernard, aussi habile financier, s'était au contraire beaucoup occupé de l'accroissement de sa fortune et de l'élévation de sa famille. Son nom trahissant son origine bourgeoise, il fit les plus grands sacrifices pour le déguiser et pour qu'il ne passât point à sa postérité. Il acheta donc pour ses fils de grandes charges et des terres titrées. Son fils aîné fut président au parlement de Paris, et ne signait que son nom seigneurial de Rieux; l'autre, comte de Cauhert. Son petit-fils, prévôt de Paris, se faisait appeler marquis de Boulainvilliers. Il avait marié sa fille au premier président Molé, et se trouva par conséquent beau-père de la duchesse de Cossé-Brissac. L'histoire de Samuel Bernard et de sa famille est celle de tous les riches financiers d'alors parvenus au point de pouvoir, par leurs capitaux, leur crédit, exercer une grande influence et donner à l'industrie française une impulsion progressive; tous, aussitôt qu'ils en étaient là, abandonnaient leurs comptoirs et leurs usines pour se faire anoblir.

Samuel Bernard, au milieu de ses rêves d'ambition et de fortune, était le plus malheureux des hommes. Esprit superstitieux, il croyait son existence attachée à celle d'une poule noire, dont il faisait prendre et prenait lui-même le plus grand soin. C'était pour lui le tison de Méléagre. Il survécut pourtant à sa poule noire, et mourut en 1739. Il avait acquis de grands domaines; ses héritiers trouvèrent ses caisses bien garnies et un portefeuille de dix millions de francs de créances. On a prétendu que la moitié de cette somme environ avait été prêtée sans intérêt. Les plus grands seigneurs de la cour figuraient à l'*avoir* de son livre de caisse. Cinq millions prêtés sans intérêt par Samuel Bernard! il est permis de douter d'un fait aussi extraordinaire.

DUFEY (de l'Yonne).

BERNARD (CATHERINE), née à Rouen, en 1662, morte à Paris, en 1712, était de la famille des Corneille. Élevée dans la religion réformée, elle renonça au culte de ses pères, et se fit catholique : elle vint alors s'établir à Paris, et parut dans le monde littéraire sous le patronage de Fontenelle, son parent et son ami. Elle avait préludé par trois petits poëmes en l'honneur de Louis XIV, qui furent couronnés par l'Académie Française. D'un autre côté, l'Académie des Jeux Floraux prodigua ses couronnes à Mlle Bernard, et celle des *Ricovrati*, de Padoue, l'admit au nombre de ses membres. L'intérêt que Fontenelle prenait aux productions de Mlle Bernard l'a fait soupçonner de n'être pas demeuré étranger à leur rédaction.

Mlle Bernard a fait paraître trois romans : *les Malheurs de l'Amour* (1684), *le Comte d'Amboise* (1689), *Inès de Cordoue* (1689). Quelques auteurs lui attribuent la *Relation de l'Île de Bornéo*. La pensée dominante des nombreux romans de Catherine Bernard est de combattre le penchant à l'amour : aussi tous ses héros ne sont que des amants malheureux. Mlle Bernard s'était d'abord élancée dans la carrière dramatique; mais elle renonça au théâtre à la prière de Mlle de Pontchartrain, qui lui faisait une pension. Sa *Laodamie* et son *Brutus* obtinrent une vingtaine de représentations : l'une fut jouée le 11 février 1689, l'autre le 18 décembre 1690. Le *Brutus* de Voltaire, représenté quarante ans après, a fait oublier celui de Mlle Bernard, auquel pourtant le grand poète a fait de nombreux emprunts. S'il faut en croire l'auteur des *Tablettes dramatiques*, la tragédie de *Bradamante*, jouée et imprimée sous le nom de Mlle Bernard, n'est autre que celle de Thomas Corneille. Voltaire attribue à M. de la Parisière, évêque de Nismes, l'apologue intitulé *l'Imagination et le Bonheur*, imprimé sous le nom de Mlle Bernard.

Des pièces de vers de Mlle Bernard il est resté surtout ce placet, qu'elle adressait à Louis XIV pour rappeler à ce prince les quartiers échus d'une pension qu'il lui faisait :

Sire, deux cents écus sont-ils si nécessaires
Au bonheur de l'État, au bien de vos affaires,
Que sans ma pension vous ne puissiez dompter
Les faibles alliés et du Rhin et du Tage ?
A vos armes grand roi, s'ils peuvent résister,
Si pour vaincre l'effort de leur injuste rage
Il fallait ces deux cents écus,
Je ne les demanderais plus.
Ne pouvant aux combats pour vous perdre la vie,
Je voudrais me creuser un illustre tombeau,
Et, souffrant une mort d'un genre tout nouveau,
Mourir de faim pour la patrie.
Sire, sans ce secours tout suivra votre loi,
Et vous pouvez en croire Apollon sur sa foi;
Le Sort n'a point pour vous démenti ses oracles.
Ah ! puisqu'il vous promet miracles sur miracles,
Faites-moi vivre et tout ce que je prévois.

BERNARD (PIERRE-JOSEPH), né en 1710. On sait qu'il s'appelait Bernard tout court; ce fut Voltaire qui accola à son nom l'épithète mignonne, et c'est comment il en fit un *Gentil Bernard*. Chargé par Mme de La Vallière de l'inviter à souper, il lui adressa ce billet :

Au nom du Pinde et de Cythère,
Gentil Bernard est averti
Que l'Art d'aimer doit samedi
Venir souper chez l'Art de plaire.

Une autre fois le patriarche de Ferney écrivait à notre poëte : « Mon cher petit Bernard, souvenez-vous de moi au milieu de vos lauriers et de vos myrtes. » Gentil, petit, jamais mots n'exprimèrent mieux les choses; Bernard en effet fut un esprit gentil et un petit esprit; et Voltaire, mérite qu'il a eu si souvent, avait deviné juste et estimé l'homme ce qu'il valait, fond et superficie.

Le curieux pour les amateurs de contrastes piquants, c'est que Gentil Bernard, cet épicurien de vie libertine, ce galant rimeur de vers libertins, quoiqu'il se vante quelque part de la pudeur de sa muse, naquit à Grenoble, la patrie du chaste chevalier Bayard, et fit ses études chez les jésuites de Lyon, qui cherchèrent en vain à le retenir pour en faire un des leurs. Son père était sculpteur. Il vint à Paris très-jeune, et commença par manier les dossiers chez un procureur, tout en rimant déjà des vers à Chloris, l'*Epître à Claudine*, et la *Chanson de la Rose*. De la robe et du Palais, il passa au bout de deux ans à l'épée et aux champs de bataille d'Italie (1733-1734), sous les maréchaux de Maillebois et de Coigny, et il paya de sa personne à Guastalla et à Parme. Nous devons à cette escapade militaire de notre Bernard un assez mauvais poëme adressé à la duchesse de Gontaut. Il fit en même temps la guerre et l'amour, moitié laurier, moitié myrte, pour parler comme Voltaire, à la façon des braves dont Bernard fait ainsi le portrait dans son poëme :

On les voit, partout aguerris,
Tenter des conquêtes nouvelles,
Et des rois venger les querelles,
Et s'en faire avec les maris.

L'Opéra-Comique n'a jamais dit mieux.

Le maréchal de Coigny s'intéressa à Bernard, et le prit pour secrétaire, à condition qu'il renoncerait à la poésie. Le fils du maréchal en levant la défense donna au poëte la place de secrétaire général des dragons, place de vingt mille livres de rentes, qui lui valut en outre cet envoi anacréontique de son grand ami Arouet : « Le secrétaire de l'Amour and le secrétaire des dragons ! » Bernard avait habité l'hôtel de Coigny jusqu'à la mort du vieux maréchal, et son crédit dans la maison de Coigny descendit de l'aïeul aux petits-fils.

Après une longue vie toute parfumée de roses et de rimes à la rose, dont la plus grande affaire fut le plaisir, et un continuel sourire la plus grande tristesse, Gentil Bernard perdit, en 1771, la raison : faut-il dire le mot, le mot horrible? Il devint imbécile. On vit donc l'Anacréon français, comme on l'appelait en ce temps-là, aller par la ville l'œil terne, les lèvres pendantes, le front abaissé vers la terre, avec tous les signes de l'idiotisme; ce n'était plus Gentil Bernard, hélas ! c'était Bernard l'hébété ; qu'en pensaient les Églé et les Amaryllis qu'il avait tant chantées? Sans doute elles se souvenaient du conte de *Zadig*, et volaient à d'autres amours.

Voltaire, on le retrouve partout, a fait ce très-mauvais jeu de mots sur cette disgrâce intellectuelle du pauvre Bernard : « On dit que Gentil Bernard a perdu la mémoire ; il a pourtant pour mère une des filles de Mémoire, et il doit avoir du crédit dans la famille. »

Grimm en parle plus sérieusement, et profite de l'occasion pour tracer de l'auteur de *l'Art d'Aimer* une esquisse très-ressemblante et spirituelle : « On peut rayer du nombre des vivants, quoiqu'il soit encore en vie, M. Bernard, qui doit à M. de Voltaire le surnom de *Gentil Bernard*. A force d'avoir usé de la vie de toute manière, Gentil Bernard, né robuste, infatigable serviteur des dames, est tombé dans l'enfance à l'âge de soixante ans passés ; il prétendait vivre à soixante ans comme à trente. Ce calcul n'était pas celui de la nature, il eut au mois de juillet dernier une attaque qui vient d'être suivie d'un affaissement du cerveau. Il a perdu la tête, il déraisonne ; mais il n'est pas malade : il boit, il mange ; et comme il n'a pas la connaissance de son état, il n'est pas même malheureux. »

Bernard était taillé exprès pour faire fortune, et il ne manqua pas sa vocation : c'était un homme frivole, essentiellement indifférent sur tout ce qui n'était pas son plaisir, mais supérieurement doué de l'esprit de conduite, n'affichant jamais rien que d'être galant, aimable, plein d'égards pour tout le monde, sans attachement pour personne, joignant à un tempérament infatigable la grâce et la gentillesse de l'esprit, et, chose inouïe dans un Français, une discrétion à toute épreuve. S'il faut en croire la chronique amoureuse, cette dernière qualité lui valut une infinité de bonnes fortunes.

Notre Seigneur prétend qu'on ne peut servir deux maîtres à la fois; Bernard prétendait au contraire qu'on peut très-bien servir deux et même plusieurs maîtresses. En conséquence, il ne quittait jamais, à moins qu'on ne le voulût bien; et quand il était quitté, il se résignait à son sort sans faire de bruit. Il ne bornait pas ses jouissances aux plaisirs de l'amour, il aimait avec tout autant de passion les plaisirs de la table. Bernard dînait et soupait noblement, et à fond, tous les jours de sa vie. Au moment où il perdit la raison, le chevalier de Chastellux dit spirituellement : « Les hommes, sans exception, attribuent cet accident à son goût effréné pour les femmes, et les femmes à sa passion immodérée pour la table. »

Bernard vécut toujours dans la bonne compagnie, sans préjudice de la mauvaise, qu'il fréquentait sans s'afficher; c'était l'homme le plus habile pour jouir de tout sans bruit. Il avait connu Mme de Pompadour avant qu'elle fût reine; Bernard et l'abbé de Bernis étaient les beaux-esprits de la société obscure de Mme d'Étioles sous-fermière. Elle s'en souvint dans sa fortune : Bernis devint ministre et cardinal; Bernard resta Gentil Bernard sur le pavé de Paris; trop sage pour vouloir autre chose et pour sacrifier son indépendance à l'ambition, car, sérieusement, nous ne comptons pas pour des places celles de bibliothécaire à Choisy, et de garde des médailles, marbres, etc.

Le même esprit de sagesse empêcha Bernard de publier aucun de ses ouvrages; le fameux opéra de *Castor et Pollux*, musique de Rameau, est le seul qui fut imprimé de son aveu. Le gentil poëte a dit lui-même le secret de cette modestie, en parlant des grands vers et des grands poëtes qui cherchent la renommée :

Vous n'eûtes pas ce vain désir comme eux,
Mes petits vers, et vous fûtes heureux.

Qu'ils plaisent à Pompadour, c'est tout ce qu'il leur demande; et, en vérité, ils étaient faits tout exprès pour lui plaire; jamais poésie ne fut plus Pompadour et plus pompadourette. « Si vous voulez vous contenter de fleurs, dit Grimm malicieusement, vous n'aurez pas cela; ce ne sont que fleurs, et encore des fleurs. » Grimm oublie d'ajouter *fleurs artificielles*. Qui pourrait en faire un reproche à Gentil Bernard? Il ne se vante pas d'autre chose, et n'a jamais eu la prétention de l'épique :

Vers, chansons, études frivoles,
Muse, Amour, voilà tous mes vœux.

Gentil-Bernard fut donc l'Anacréon de la France; du moins on le disait de son temps, un Anacréon frisé, poudré, fanfreluché, que Beaudoin aurait pu peindre étalé sur un sopha, dans un boudoir, en robe de chambre, en caleçon de taffetas, en pantoufles de maroquin jaune. C'est dans ce costume qu'il écrivit son poëme de *l'Art d'aimer*, qui triompha par la lecture de salon en salon, et jouit de ce succès pendant trente ans, sans avoir passé par l'épreuve de l'impression.

Quand le poëme parut, on se récria. Voltaire, — encore lui! — qui avait placé Bernard au-dessus d'Ovide et de Tibulle, — dit : « C'est un ouvrage ennuyeux, qui ne renferme qu'une trentaine de vers admirables, un mélange de grains de sable avec quelques petits diamants joliment taillés. » Grimm annonce qu'il a fait, après l'impression, la plus belle chute du monde, et que chacun s'étonne d'avoir admiré de si faibles rimes. Ceci prouve le bon esprit et le bon sens de Gentil Bernard, qui s'était contenté du huis-clos, et toute sa vie avait redouté le grand jour et l'imprimeur. Aussi vécut-il heureux, le plus heureux de son temps, dit un contemporain, heureux même, qui sait? de finir en perdant la raison.

Après avoir végété cinq ans ainsi, il mourut en 1775, le 1er novembre, à Choisy.

Hippolyte ROLLE, bibliothécaire de la ville de Paris.

BERNARD *de Rennes* (LOUIS-DÉSIRÉ), magistrat et ancien député, est fils d'un négociant de Brest, où il est né, en 1788. Ne voulant pas être confondu dans la foule des Bernard, il pouvait joindre à son nom celui de sa ville natale; mais il préféra celui de Rennes, où il a fait son droit et commencé sa réputation. Il avait été admis au barreau de cette ville en 1810, après de brillantes études à La Flèche, et à l'institution Sainte-Barbe, à Paris. Bien qu'il se fût prononcé par un vote public, en 1815, contre le fameux Acte additionnel, il prit rang dans la compagnie des fédérés de Rennes pendant les *Cent-Jours*, et fut nommé conseiller à la cour d'appel de Rennes par Napoléon; mais sa nomination fut bientôt révoquée sous la seconde Restauration. Rendu au barreau, il défendit avec tant d'énergie le malheureux général Travot, que, sur la dénonciation du général Canuel, président du conseil de guerre, il fut arrêté et mis au secret pendant huit jours.

M. Bernard venait de publier un roman, *Charles* (Paris, 1825, 4 vol.), et préparait une nouvelle édition du *Traité des Assurances*, par Émérigon, lorsqu'il fut appelé à Paris la même année, par les petits-fils de Caradeuc de La Chalotais, pour y venger la mémoire de ce respectable procureur général du parlement de Bretagne contre les outrages de *l'Étoile*, feuille jésuitique de l'époque. M. Bernard se fit le plus grand honneur dans cette affaire, et le barreau de Rennes lui en témoigna autant de satisfaction que celui de Paris, qui ne tarda pas à l'inscrire sur le tableau de ses avocats. Sous le ministère Polignac, il défendit *le Commerce* dans la cause de l'Association bretonne pour le refus de l'impôt. En 1830, aux élections qui suivirent le vote de l'adresse des 221, il fut honoré d'une double élection par les départements des Côtes-du-Nord et d'Ille-et-Vilaine; il opta pour le premier, signa la protestation contre les fameuses ordonnances du 25 juillet, et prit une part active à la révolution des trois jours. Nommé alors membre de la Légion d'Honneur et procureur général à la cour royale de Paris, il fut chargé de verbaliser sur la mort du duc de Bourbon. Peu de temps après, M. Bernard renonça à des fonctions qui le forçaient de provoquer la vindicte des lois plusieurs de ses amis, compromis dans les réactions libérales, et préféra, pour son repos, la place inamovible de conseiller à la cour de cassation. Constamment réélu député depuis, il a toujours fait partie de la chambre élective, où il était encore à la révolution de 1848 un des mandataires du département du Morbihan; depuis il a disparu de la scène politique. Outre son *plaidoyer pour les petits-fils de Caradeuc de la Chalotais, contre M. Aubry*, éditeur responsable de l'*Étoile* (Paris, 1826), on lui doit un *Résumé de l'histoire de Bretagne* (Paris, 1826).

BERNARD (JOSEPH), frère puîné du précédent, est né à Brest, vers 1790, a fait son droit à Rennes, où il s'est marié. Mais d'abord il s'y occupait plus d'anatomie que de jurisprudence, car, en 1814, il avait obtenu l'autorisation de faire bouillir des cadavres de prisonniers de guerre espagnols, dont il détachait ensuite les os. Se trouvant à Paris en 1830, il y prit une part si active à la révolution de juillet qu'il fut nommé préfet du Var. N'ayant pas voulu suivre les instructions du ministre Casimir Périer, il fut révoqué; mais les électeurs de Toulon le dédommagèrent de sa disgrâce en le nommant, en 1831 et 1833, leur représentant à la Chambre des Députés. Il y siégea, vota avec l'opposition et se prononça contre l'hérédité de la pairie, le privilège universitaire, les monopoles et les abus, et aussi pour la révision des lois électorale et communale, la diminution des charges publiques, la responsabilité des ministres et la réduction du budget de la liste civile à six millions. N'ayant pas été réélu en 1835, il se retira du monde politique pour se livrer entièrement aux lettres, fut décoré en 1836 et nommé, sous le ministère de M. de Salvandy, l'un des conservateurs de la bibliothèque Sainte-Geneviève, place qu'il occupe encore. On a de M. Bernard : *Le bon sens d'un homme de rien, ou la vraie politique à l'usage des simples* (Paris, 1828), excellent ouvrage, qui n'a pas fait grand bruit, et qui est cependant fort remarquable par un style mordant et par les excellentes vérités qu'il contient.

BERNARD (CHARLES DE), naquit en 1805, à Besançon. Ses débuts littéraires révélèrent un talent d'une maturité remarquable. Dès ses premières publications, la critique n'hésita pas à le mettre au rang de nos romanciers les plus estimés. Aucune hésitation, aucun tâtonnement ne se fit sentir dans sa manière; ce fut tout d'abord un style ferme, correct, souple et varié, mais sans éclat; une rare finesse d'aperçus, une richesse inépuisable d'observation, une faculté brillante d'analyse. Tous ses livres pourraient être considérés comme autant de proverbes moraux où les ridicules, les aberrations, les excentricités sociales, les faiblesses, les modes absurdes, les engouements injustes, sont énergiquement et toujours spirituellement redressés : c'est dire que Bernard excellait dans la comédie. Peu fécond, peu dramatique, il conduit avec une rare habileté le fil un peu faible, un peu léger de son action ; il intéresse et pique la curiosité, mais sans émouvoir, sans passionner son lecteur. Ses dénouments sont généralement défectueux; on voudrait quelque chose de plus complet, de plus définitif; mais ses caractères sont burinés; ce sont de patientes et lumineuses études, travaillées à la manière des maîtres, c'est-à-dire pleines de relief et de couleur.

Voici les principaux ouvrages de Charles de Bernard : 1° *Gerfaut*, son œuvre de début : on y remarqua le caractère de Marcillac, jeune barbu de la réaction artistique et littéraire de 1830, enthousiaste sincère, sectaire convaincu, mais fort comique, des nouvelles doctrines sur les conditions du beau et du laid. Écrit de verve d'un bout à l'autre, ce roman eut un franc succès et se fait toujours lire avec plaisir ; 2° *La Femme de quarante ans*, plaisante histoire des roueries d'un cœur blasé et vieilli spéculant sur de jeunes et novices ardeurs; 3° *Les Ailes d'Icare*, sémillant, véridique et quelquefois mélancolique récit des déceptions, des désenchantements d'un jeune licencié de province, qui vient chercher l'amour et la gloire à Paris, pour rejoindre bientôt après, confus, meurtri et traînant l'aile, le pigeonnier paternel; 4° *La Cinquantaine*, épisode charmant, dans lequel un vieillard amoureux, et qui rougit de l'être, cherche à préserver, au lieu et place d'un mari qu'absorbent de folles préoccupations politiques, une jeune femme sans expérience des séductions d'un roué vulgaire, et n'aboutit qu'à accélérer le triomphe de son rival ; 5° *La Peau du Lion*, une de ces ravissantes toiles du chevalet que tous les tableaux d'histoire. C'est un mari que sa rude et épaisse veloppe fait dédaigner par sa femme, railler par ses amis, bafouer et exploiter par tout le monde, et qui, au moment suprême, au moment où l'on va attenter à son honneur, jette son masque, pour dévoiler une de ces esprits fermes, vigoureux, résolus, une de ces fortes natures bretonnes, qui étonnent et effrayent nos légères générations parisiennes; 6° *L'Homme sérieux*, charge spirituelle, incisive, jamais grotesque, d'une notabilité provinciale, d'une sommité de clocher, qui se croit appelée, par une sorte de vocation divine, à devenir le réformateur politique de son pays.

Charles de Bernard est mort à Neuilly, le 6 mars 1850, à la suite d'une longue et douloureuse maladie.

BERNARDIN DE SAINT-PIERRE (JACQUES-HENRI) naquit au Havre, le 19 janvier 1737. Son père, Nicolas de Saint-Pierre, comptait pour orgueil au nombre de ses aïeux le célèbre Eustache de Saint-Pierre, maire de Calais. Il ne donna jamais de preuve bien claire de cette illustration; mais elle importe moins que jamais à sa famille, aujourd'hui qu'elle peut se parer d'une illustration plus nouvelle et moins contestable. Bernardin eut deux frères : Dutailly et Dominique, et une sœur nommée Catherine. Nous n'avons pas à nous occuper ici de leur biographie. Disons seulement que Dutailly fut tourmenté toute sa vie d'une ambition dévorante; que Dominique fut doux et calme, Catherine pleine de vanité. Ces trois caractères réunis formèrent avec leurs défauts et leurs qualités celui du jeune Bernardin, qui, doué par-dessus tout d'une imagination brillante, consuma sa vie à la poursuite d'illusions qui jamais ne le délaissèrent, et qu'il ne put saisir jamais.

Dès sa plus tendre jeunesse, il manifesta un goût ardent de retraite et de solitude, une haine profonde de l'injustice, un instinct énergique de la Divinité. Ces trois sentiments dominèrent toute son existence, et résument tous ses ouvrages. Le caractère de son enfance se refléta sur toute sa vie, comme ses impressions premières se reflétèrent sur tous ses écrits : amant passionné de la nature, ce fut son premier et son dernier amour. On raconte qu'à l'âge de huit ans, il avait un petit jardin qu'il cultivait lui-même, où chaque soir il allait épier religieusement le développement de ses plantations, étudier l'attraction de ses fleurs, surprendre leurs caresses, arroser leur tige, et passer de longues heures à contempler les insectes d'or qui dormaient dans leurs calices tout couverts de rosée. Il suivait dans leurs mille nervures les fraisiers qui bordaient les allées ; il comptait les familles ailées qui venaient aux rayons du midi s'abattre en bourdonnant sur la giroflée jaune; il respirait avec amour la violette qui fleurissait le long du mur, timide et pâle, sous les buissons de framboisiers. C'étaient des larmes amères et des chagrins réels lorsque ses frères venaient déranger l'harmonie de ses plates-bandes, lançant au travers de ses roses et de ses tulipes leurs balles ou leurs cerceaux, ou que sa sœur les lui dérobait sans pitié pour son jeune corsage. Il ne dépouillait volontiers son parterre que pour en offrir les richesses à sa mère ou à sa marraine.

Il aimait surtout les animaux; ils étonnaient son intelligence. On rapporte qu'un jour il trouva dans l'égout d'un ruisseau un malheureux chat percé d'une broche, poussant des cris affreux et près d'expirer. Bernardin fut pris de pitié pour le pauvre animal. Il le cacha dans son habit, le porta au grenier de sa maison, lui fit un lit de duvet et de foin, et ne laissa point passer un jour sans apporter à son malade la viande et le lait qu'il dérobait à la cuisine. Androclès n'en agissait pas plus pieusement avec le lion du désert. Grâce aux soins de l'enfant, le chat entra bientôt en convalescence; sa blessure se cicatrisa et ses forces revinrent. Aussitôt guéri, aussitôt libre; il s'élança sur les toits, courut s'ébattre au soleil et devint bientôt l'Attila des rats. Bernardin racontait souvent ce trait de sa jeunesse à J.-J. Rousseau, et il ajoutait toujours que son protégé, ennemi furieux du genre humain, qui l'avait si cruellement embroché, garda aux hommes une haine éternelle, et lui, Bernardin, une reconnaissance éternelle comme sa haine. Il ne se laissait approcher que par lui, enfant son dos sous ses caresses, et rôdant autour de lui, le poil hérissé et la queue relevée ou en panache.

Sa haine de l'injustice, son amour de la solitude, sa confiance instinctive en Dieu, influèrent sur toute son enfance, et donnèrent lieu à un fait étrange. Un jour qu'il était sur les bancs de l'école (il avait neuf ans alors), un maître qui lui enseignait la langue latine le menaça de le fouetter le lendemain devant tous ses condisciples s'il ne récitait pas couramment sa leçon. Cette menace le révolta tellement qu'il résolut aussitôt de se retirer d'un monde où le fort opprimait le faible, où la force faisait le droit. « Eh bien ! s'écria-t-il, en fermant son rudiment avec colère et en le foulant aux pieds, eh bien ! je fuirai les hommes; j'irai vivre au fond d'un bois, vivre seul, de lait et de racines.

J'irai me faire ermite; je prierai Dieu, je chanterai ses louanges comme le solitaire de la Thébaïde; s'il le faut, je marcherai nu-pieds, je ceindrai le cilice; mais j'échapperai du moins au fouet du pédagogue. » Ce qui fut dit fut fait : le lendemain du jour fatal, le matin du jour de l'exécution, au lieu de se rendre à l'école, il glissa furtivement comme une ombre le long des murs, s'échappa par des rues étroites et sombres, et se trouva bientôt aux portes de la ville, l'école derrière et les champs devant lui, les champs, les bois, les vastes solitudes, le silence et la retraite, la Providence et l'ermitage. Il arriva après quelques heures de marche vers un massif de bouleaux et de chênes, au milieu d'une prairie bien verte et bien solitaire. Notre ermite n'avait pas rêvé d'autres aspects aux forêts vierges et aux savanes immenses du Nouveau-Monde : le voilà qui s'enfonce sous les branches du taillis, enlevant les mûres et les senelles aux buissons, mangeant des racines, étudiant la fleur, buvant l'eau claire du ruisseau, et admirant les mousses vertes et les lichens dorés qui bordaient ses rives. Puis, comme la nuit arrivait, et que le solitaire commençait à s'effrayer de la solitude où il s'était jeté, et de l'appétit vigoureux que n'avait point apaisé le frugal festin de la journée, il se jeta à genoux, priant Dieu avec ferveur de lui envoyer un ange avec quelque chose de plus substantiel que les fruits de la haie et les racines du vallon. Ses prières furent exaucées : il vit bientôt un ange s'avancer dans la plaine, sous la forme de Marie Talbot, bonne femme qui l'avait vu naître et qui l'avait élevé. Il s'élança vers elle avec transport, et ils se mirent tous les deux à pleurer de joie. Puis, Bernardin ouvrit le panier qu'elle avait sous le bras, et calma les besoins impérieux de la faim ; puis lorsque son estomac fut plus résigné, sa vocation se réveilla dans son cœur, et il persista à se faire ermite et à vivre au fond d'un bois, loin du monde et de sa famille.

Il fallut bien des larmes, bien des prières, bien des caresses, bien des supplications, pour le ramener le soir même sous le toit paternel. Son père et sa mère lui firent raconter comment il avait vécu : il le raconta naïvement, et comme ils lui demandaient ensuite ce qu'il serait devenu, et ce qu'il aurait fait dans le cas où il n'eût rien trouvé dans les champs, il répondit gravement que Dieu n'abandonnait aucune de ses créatures, qu'à défaut d'un ange il lui avait expédié Marie Talbot avec un panier, et qu'à défaut de Marie Talbot il lui eût envoyé un corbeau chargé de son dîner, comme cela était arrivé à saint Paul l'ermite. Peut-être Bernardin de Saint-Pierre s'inspira-t-il plus tard de ce souvenir de ses jeunes années, lorsqu'il peignit Paul et Virginie égarés sur les bords de la rivière Noire, abattant un palmiste pour se nourrir de ses fruits, buvant l'eau du torrent, priant Dieu, s'effrayant du soir, et pleurant de joie en voyant accourir leur chien fidèle et leur fidèle serviteur.

Il passa quelques années à Caen, chez un curé qui avait un presbytère aux portes de la ville, et un grand nombre d'élèves, auxquels il enseignait les langues latine et grecque. Ces années d'études lui furent âpres et pénibles, et ce fut avec grande joie qu'il vint reprendre dans la maison paternelle ses premières occupations.

Ce fut à peu près à cette époque qu'un goût nouveau, le goût des voyages, se développa en lui. Il s'était lié avec un capucin du voisinage, qui s'était fait lui-même l'ami de sa famille. Le frère Paul était instruit, le jeune Bernardin avide d'apprendre ; une douce intimité s'établit aussitôt entre eux. Ils se trouvaient chaque soir sous les grands arbres du jardin, et là l'enfant s'enivrait des récits de ses courses lointaines et des merveilles de ses voyages. Sur le point de partir pour la Normandie, le capucin pria M. de Saint-Pierre de lui confier son fils : c'était un homme d'un cœur élevé et d'une âme droite. M. de Saint-Pierre n'hésita pas un instant; Bernardin et frère Paul partirent par une belle matinée, le sac sur le dos, le bâton épineux à la main.

Voyageant à pied, ils passèrent ensemble quinze jours en tournée, frappant tantôt aux riches châteaux, tantôt aux pauvres chaumières, s'arrêtant à tous les couvents qu'ils rencontraient sur leur route; partout accueillis et fêtés, frère Paul comme le meilleur des hommes, Bernardin comme le plus aimable et le plus gentil des capucins. Jamais visage plus frais et plus rosé ne s'était tapi sous un capuchon. Les dames lui firent tant de caresses qu'il prit sérieusement goût au métier, et qu'au retour il parla gravement à son père d'entrer chez les frères de l'ordre, tant il était ravi de l'indépendance de leur existence et des bénéfices de leurs courses. Ce ne fut pas sans peine que M. de Saint-Pierre parvint à vaincre cette pieuse résolution : il y parvint pourtant, et depuis quelques mois ces goûts nomades et voyageurs commençaient à s'assoupir dans le cœur de son fils, lorsque sa marraine lui fit cadeau de quelques livres, parmi lesquels se trouvait *Robinson* : ce livre décida de sa destinée; il s'empara de toutes ses facultés, il le prit au cœur, au cerveau, partout. Le vaisseau naufragé, l'île déserte, la chasse aux hommes, Vendredi, les sauvages, occupèrent toutes ses pensées : ce fut un enchantement. Il voulait, comme son héros bien aimé, se livrer aux houles de la mer, aborder à quelque île lointaine, y fonder une colonie et y réaliser la république de Platon. Ce dernier rêve fut celui de toute sa vie.

Au milieu de ces dispositions romanesques, son oncle Godebout, capitaine de vaisseau, vint lui proposer de s'embarquer avec lui pour la Martinique. Voilà l'enfant qui bondit de joie ; le voilà possesseur d'une île inconnue. Monarque d'un monde nouveau, tout lui sourit, tout l'attend, tout l'invite. C'est en vain que sa mère pleure et que son père résiste ; il pleure plus fort que sa mère, il résiste plus haut que son père ; son oncle joint ses prières aux siennes ; il l'emporte enfin, cargue les voiles et lève l'ancre ! Hélas ! jamais voyage ne fut plus triste, jamais retour ne fut plus désenchanté ! Pauvre enfant ! il avait rêvé une mer agitée, bondissant sous la tempête, belle de fureur : il ne trouva qu'une mer calme et plate, dont le roulis monotone le berçait mollement sur les flots endormis. Le mal de mer le prit bientôt au cœur, et ternit bien vite les songes dorés de son imagination ; puis, au lieu de douces rêveries, de longues contemplations sur le pont, il fallut s'employer à de rudes manœuvres, ployer humblement sous la brusquerie de son oncle, obéir servilement au sifflet du contre-maître, et se coucher le soir dans un hamac, brisé par la douleur et la fatigue. Et les îles désertes, et les plages inconnues, où étaient-elles ? Il s'en revint aussi découragé que l'eût été sans doute Christophe Colomb s'il eût retouré à la cour d'Espagne sans avoir dérobé l'Amérique aux mers qui la recélaient.

A la recommandation de madame de Bayard, sa marraine, le jeune Bernardin, quelque temps après son retour de ce fatal voyage de la Martinique, fut envoyé à Caen, chez les jésuites, pour continuer ses études. M. de Saint-Pierre espérait qu'il y prendrait des goûts plus sérieux, et que son esprit, devenu plus grave, finirait par se jeter sur quelque spécialité. Il en arriva tout autrement. Les jésuites, qui cherchaient avec ardeur des disciples à captiver et des âmes à convertir, ne tardèrent pas à reconnaître dans leur nouvel élève un cœur facile et romanesque, qui se prêtait merveilleusement au succès de leurs entreprises. Ils essayèrent donc sur lui leur esprit de prosélytisme, et Bernardin était si bien disposé à recevoir des impressions nouvelles que jamais conversion ne fut plus rapide et moins rebelle. Il y avait, les veilles des jours de fête, des réunions dans la grande salle du séminaire, que présidait le supérieur, et durant lesquelles un professeur lisait à l'auditoire la relation des voyages des jésuites missionnaires. Ces lectures, se mêlant dans l'esprit du jeune de Saint-Pierre aux souvenirs tout récents des lectures qu'il avait faites, en réveillaient les impressions et le rendaient à toutes les fantaisies de son imagination. Seulement, au lieu des îles désertes qu'il voulait autrefois conquérir, des républiques qu'il devait fonder, des colonies qu'il devait établir; au lieu de ces rêves d'enfant, où il réalisait la province-utopie de Thomas Morus, c'étaient des voyages pieux sur le rivage du Gange, des peuplades converties à la religion du Christ, des persécutions à braver, des néophytes à gagner; c'était le ciel à ouvrir aux barbares, c'étaient les palmes du martyre à cueillir au milieu des flammes du bûcher! Cette double vocation du voyage et du martyre devint si fervente qu'il finit par l'avouer aux saints pères. Cet aveu les combla de joie, et ils lui proposèrent de l'associer à ceux de leurs frères qui allaient prêcher la foi aux Indes, au Japon et à la Chine. Le néophyte, transporté, écrivit aussitôt à son père pour lui demander la permission de se faire jésuite. M. de Saint-Pierre goûta peu ce projet d'aller convertir des Chinois, des Japonais et des anthropophages: il arracha son fils à ces nouvelles séductions, et l'envoya au collège de Rouen, où il fit sa philosophie et obtint le premier prix de mathématiques, en 1757; il avait vingt ans alors.

C'est là que finit l'enfance de Bernardin de Saint-Pierre; elle fut couronnée par une amitié douce et tendre, comme le fut celle de Montaigne et d'Étienne de La Boëtie: la mort de son ami, M. de Chabrilliant, fut le premier malheur réel dont il fut frappé; son âme ne s'en releva pas, et vers le soir de sa vie il se rappelait encore avec une joie délicieuse cette amitié toujours chère et toujours pleurée.

Au sortir de ses études, il s'interrogea scrupuleusement sur l'emploi qu'il se croyait appelé à remplir, et, croyant sa vocation indiquée par le prix de mathématiques qu'il avait obtenu au collège de Rouen, il entra à l'école des ponts et chaussées : il y étudiait depuis un an, lorsqu'il apprit que son père venait de se remarier. Ce fut à la même époque que les fonds destinés à l'école furent réformés, par une mesure d'économie extraordinaire. La plupart des ingénieurs et tous les élèves furent licenciés. Bernardin comprit qu'il n'avait plus de ressource en son père, et sollicita du service dans le génie militaire. Il obtint son brevet, six cents livres de gratification et cent louis d'appointements. Il partit aussitôt pour Dusseldorf, où se rassemblait une armée de 30,000 hommes, commandée par le comte de Saint-Germain. Quelque temps après la malheureuse affaire de Warburg, Bernardin de Saint-Pierre, victime de l'envie, fut suspendu de ses fonctions, et reçut l'ordre de se rendre à Paris. Sans argent, sans état, sans ressource aucune, il se hasarda à passer quelques années près de son père; mais il s'aperçut au bout de quelque temps que sa présence n'était rien moins qu'agréable à sa belle-mère, et, jaloux de ne point troubler l'harmonie du nouveau ménage, il s'en éloigna, résolu de tenter la fortune. Il prit la route de Paris, deux six louis et l'espérance, vers le commencement de mars de l'année 1760.

A cette époque, un vaisseau de guerre turc jeta l'ancre près des rives de la Morée pour lever le tribut payé au grand seigneur par les Grecs des îles de l'Archipel. Pendant qu'une partie de l'équipage était descendue à terre, soixante esclaves français s'emparèrent du vaisseau, coupèrent les câbles, se dirigèrent vers la rade de Malte, et y entrèrent un dimanche matin. Le grand seigneur somma l'île de rendre le vaisseau: on craignit un siège, et plusieurs ingénieurs furent envoyés au service de l'ordre. M. de Saint-Pierre fut du nombre. Comme à la campagne du pays de Hesse, il fut encore desservi, calomnié, repoussé, méconnu. Le siège n'eut pas lieu, et il s'embarqua pour la France, après avoir reçu six cents francs pour les frais de son voyage: ce furent là tous les bénéfices de sa campagne. Après avoir essuyé une affreuse tempête à la vue de la Sardaigne, entre le banc de La Case et les rochers qui hérissent la côte, il toucha avec transport la terre natale, et se dirigea vers Paris.

Il y vécut quelque temps pauvre, misérable, délaissé de ses amis, abandonné de sa famille. Ce fut au milieu des désenchantements de la misère que son imagination de poète se ranima, et que ses projets de république et de législation se dressèrent de nouveau devant lui plus attrayants que jamais. Il n'y résista pas. Il résolut d'aller fonder sa république tant rêvée, cette chimère de sa jeunesse, cet enfantillage de tous les jeunes cerveaux; mais en quels lieux? dans quel monde? Il emprunte quelques cents francs à ses amis, vend ses habits pour payer ses dettes, se munit de quelques lettres de recommandation, et, léger, joyeux, son petit paquet sous le bras, la tête et le cœur plein de songes de fortune et de gloire, le voilà qui descend de sa mansarde... Où va-t-il? Il court s'asseoir sur la banquette de la diligence qui doit l'emporter à Bruxelles. Quel est le ciel qui lui sourit? quelles sont les rives qui l'invitent? Il part pour la Hollande; il va fonder une république au fond de la Russie. Il va coloniser la neige et les glaçons.

Après un voyage hérissé de difficultés, durant lequel son courage ne fléchit jamais, pauvre, et sans cesse obligé d'aviser aux moyens de poursuivre sa route, manquant de tout, mais opiniâtre comme le génie, plein de confiance dans l'élévation de Catherine au trône impérial, il arriva enfin à Pétersbourg. Contre son attente, la cour était à Moscou, où s'était rendue l'impératrice pour son couronnement. Il ne lui restait que six francs, qui furent bientôt dépensés, et son hôtesse commençait à se lasser d'une hospitalité sans profits, lorsqu'il fut présenté au maréchal de Munich, gouverneur de Pétersbourg. La première entrevue lui fut favorable; à la seconde, il apporta au maréchal un plan dont celui-ci fut si satisfait qu'il promit d'en recommander l'auteur à M. de Villebois, grand maître de l'artillerie; en même temps, le maréchal offrit un sac de roubles à M. de Saint-Pierre, en lui disant que cette somme servirait à payer ses frais de voyage jusqu'à Moscou : celui-ci répondit que les ingénieurs du roi de France ne pouvaient recevoir que l'argent d'un souverain, et il refusa. Munich, pénétré de sa dignité, lui proposa alors de le confier au général Sivers, qui se rendait à la cour. M. de Saint-Pierre accepta.

Le général Sivers fit placer notre jeune législateur dans un traîneau découvert; on était en janvier; dès la première nuit, le traîneau versa deux fois; le second jour, le législateur eut une joue gelée, plus une oreille; pour toute nourriture, il obtint du pain froid et dur comme la glace, plus du vin que l'on coupait avec la hache. L'austérité de ce régime lui rendit celle du froid et plus âpre et plus rude : l'aspect mort de la nature le jeta dans une noire mélancolie, et son courage ne se réveilla qu'en apercevant les dômes de Moscou, qui étincelaient, dans la brune du soir, aux rayons du soleil.

Délaissé à son arrivée par le général Sivers, avec un écu pour toute fortune, il se présenta le lendemain au général Bosquet, pour lequel le maréchal Munich lui avait donné une lettre de recommandation. Le général Bosquet était Français; il accueillit son compatriote avec bienveillance, et lui fit obtenir quelques jours après une sous-lieutenance dans le corps du génie. Présenté à M. de Villebois, le grand maître de l'artillerie, il fut bientôt admis dans sa familiarité, et son nouveau protecteur résolut de le présenter à Catherine. Lorsqu'il lui fit part de cette nouvelle, Bernardin faillit devenir fou; il avait écrit un mémoire qui fut publié plus tard sous le titre de *Projet d'une compagnie pour la découverte d'un passage aux Indes par la Russie*. Sous le titre de compagnie, il voulait fonder une république près des rives orientales de la mer Caspienne, entre les Indes et l'empire de Russie. Cette république devait être la réalisation de tout ce qu'il y avait de grand et de beau dans son jeune cœur; elle devait être le refuge de tous les êtres bons et souffrants. Et de ces beaux rêves, Catherine pouvait faire de belles réalités! et le génie de Catherine était vaste et gigantesque! et son âme comprenait les grandes choses! et il allait voir Catherine! il allait l'approcher, lui pauvre tout à l'heure, lui misérable hier encore! lui, pauvre jeune homme qui avait traversé sans argent, sans amis, la France, la Hollande, l'Allemagne, la Prusse et la Russie! Il bénit la Providence, et ne douta plus un instant qu'il ne fût appelé par elle à de hautes destinées. Hélas! l'heure de l'audience approche : il se trouve dans une riche galerie, au milieu de courtisans étincelants d'or et de pierreries ; une porte s'ouvre, l'impératrice paraît ; Bernardin se trouble, met un genou en terre, baise la main impériale, et murmure quelques flatteries qui viennent expirer sur ses lèvres. Catherine sourit et se retire, et la république avec elle. Bernardin n'avait pas plus pensé à son mémoire que s'il n'eût jamais existé : législateur républicain, il n'avait su que s'incliner devant la majesté impériale.

Désolé de n'avoir point saisi une occasion si opportune, il se présenta le lendemain chez Orlof, ministre favori de l'impératrice, et lui remit son mémoire. Orlof le lut avec indifférence, le laissa tomber négligemment sur son tapis, et ne s'en occupa jamais. A la douleur profonde qu'il éprouva lorsqu'il vit ses idées repoussées et les espérances de toute sa jeunesse détruites, vint se mêler une douleur non moins amère : ce fut l'aspect du despotisme des grands et la servilité du peuple. Il s'indignait des misères de l'esclavage ; il déplorait la tristesse morne du paysage, la stupide inertie des habitants, l'abandon des terres, la pauvreté des populations ; il pleurait sur tant de contrées désolées. Il accusait de tous leurs maux la servitude qui pesait sur elles. « Il n'y a que des mains libres, s'écriait-il en la parcourant, qui puissent faire fleurir la terre! La Grèce et l'Italie ont donné des lois au monde ; maintenant ces beaux pays sont incultes et déserts, parce qu'ils sont asservis. La Hollande n'offrait sous le gouvernement des Espagnols que des sables et des marais : l'indépendance en a fait l'État le plus riche et le mieux cultivé de l'Europe. Protégez donc, si vous voulez régner, car c'est le bonheur des peuples qui fait la force des rois ! »

Après plusieurs excursions dans la Finlande russe et dans la Finlande suédoise, il revint à Pétersbourg plein de ces émotions douloureuses qu'avait fait naître en lui la vue de ces contrées esclaves. Bien des choses s'étaient passées durant son absence ; tout était changé à Pétersbourg ; on y parlait d'une guerre prochaine. Auguste III, roi de Pologne, venait de mourir ; la Russie et la Prusse plaçaient d'un commun accord Poniatowski sur le trône électif. La France s'inquiétait de l'agrandissement de ces deux puissances. La Pologne, jalouse de prendre rang parmi les nations, se remuait sourdement, et faisait mine de vouloir se cabrer bientôt sous le joug dont elle était lasse. Alors un jeune prince, nommé Radziwil, sortit des forêts de la Lithuanie, fit un appel énergique aux mécontents, rallia les faibles, soudoya les forts, et proclama d'une voix haute et fière l'indépendance de la Pologne. A ce spectacle inattendu d'un peuple qui se levait les armes à la main pour conquérir sa liberté, M. de Saint-Pierre se sentit transporté d'un pieux enthousiasme. Entraîné vers Radziwil par une invincible sympathie, il abandonna le service de la Russie, et s'élança vers la Pologne avec la joie du prisonnier dont on vient de briser les fers, et qui n'a plus que l'air entre lui et le soleil lui ; il s'avança vers Varsovie, rêvant les beaux jours de la Grèce et de Rome, et mêlant la gloire de ses souvenirs à celle de ses espérances. Pauvre âme enthousiaste, qui ne savait pas combien, dans nos révolutions nouvelles, il se jette d'intrigues et d'ambitions mesquines entre le peuple et la liberté qu'il appelle, et combien sont rudes, difficiles et grossiers les premiers efforts qu'il essaye pour la soutenir lorsqu'il s'est énervé dans un long esclavage! Il ne trouva qu'un peuple abruti, des contrées ravagées, des factions furieuses, un conflit désordonné d'opinions et de volontés, quelques grands seigneurs qui se disputaient des esclaves, la misère partout, l'intérêt du bien public nulle part. Il se jeta dans le parti des républicains polonais, que protégeaient la France et l'Autriche.

Comme il allait, en 1765, avec l'agrément de l'ambassadeur de l'Empire et du ministre de France à Varsovie, se jeter dans l'armée du prince Radziwil, il fut fait prisonnier à trois milles de Varsovie, par l'imprudence ou l'indiscrétion de son guide. Il fut ramené dans cette ville, mis en prison et menacé d'être livré aux Russes, du service desquels il sortait, s'il n'avouait que l'ambassadeur de Vienne et le ministre de France avaient concouru à lui faire faire cette démarche. Bien qu'il eût tout à redouter des Russes, et qu'il n'eût pu envelopper dans sa disgrâce deux personnes illustres par leur emploi, et la rendre par conséquent plus éclatante, il persista à la prendre entièrement sur son compte ; il disculpa aussi de son mieux son guide, à qui il avait donné le temps de brûler les lettres dont il était porteur, en s'opposant, le pistolet à la main, aux houlans qui vinrent le surprendre la nuit dans la maison de poste, où ils firent leur premier campement, au milieu des bois. Il resta prisonnier neuf jours ; et il n'avait plus en perspective que la Sibérie avec toutes ses horreurs, lorsque le soir du neuvième jour les portes de sa prison s'ouvrirent, grâce aux vives sollicitations de plusieurs éminents personnages qui s'intéressaient à lui.

Une passion plus terrible et plus dévorante que celle qui avait déjà ravagé sa jeunesse l'attendait sur cette terre où il était venu chercher la liberté, et où il ne trouva pour lui que le plus impérieux et le plus absolu des despotismes, l'amour. A son arrivée à Varsovie, M. de Saint-Pierre avait vu s'ouvrir devant lui les salons de tous les chefs de partis : une parente du prince de Radziwil, la princesse Marie M....., le reçut avec empressement. Elle était jeune, belle et spirituelle, grave comme une Romaine, héroïque comme la femme de Sparte, aimable et légère comme celle de Paris (vieux style). Bernardin de Saint-Pierre l'aima avec fureur, et fut aimé de même ; et son séjour là absorba tout entier par cette passion nouvelle, dont l'ambition l'avait préservé jusque alors. Cet amour, comme tous les amours, fut un mélange des joies du ciel et des douleurs de la terre, une vie tumultueuse, pleine de ravissements ineffables, de douleurs inouïes et de félicités orageuses ; comme tous les amours, comme tous les bonheurs de ce monde, il n'échappa point aux attaques de l'envie, de la médisance et de la calomnie : il en fut la victime. La famille de la princesse Marie se souleva contre elle, sa mère la rappela ; il fallut obéir. La séparation fut cruelle. Marie se rendit près de sa mère ; Bernardin partit pour Vienne. Il y vivait depuis quelques mois triste et solitaire, lorsqu'il reçut une lettre de la princesse ; abusé par l'expression brûlante de son amour et par la peinture animée de ses souffrances, il crut y voir le désir qu'elle avait de renouer cette vie d'amour si brusquement interrompue : il se persuada que la lettre n'avait été écrite que pour le rappeler à Varsovie. Il partit pour Varsovie, plein d'amour et de joie. Toujours l'illusion, qui se brise contre l'écueil inévitable de la réalité! Il arrive : la princesse est au bal. Il court au bal. La princesse le remarque à peine : le lendemain il reçoit une lettre de Marie, où elle l'engage à revenir à la raison et à retourner à Vienne.

La guerre venait d'éclater entre la Pologne et la Saxe. Il résolut d'entrer en Pologne les armes à la main ; il se rendit à Dresde, et y arriva le 15 avril 1765. Il fut accueilli avec empressement par le comte de Bellegarde, qui lui promit du service et lui donna son amitié ; mais l'amitié du comte de Bellegarde fut impuissante aussi bien que ses promesses. Rien ne put le distraire de cet amour malheureux, plus énergique, plus brûlant que jamais. Il passait ses journées à se promener sur les rives de l'Elbe, dans les jardins du comte de Brühl, repoussant toutes consolations, aimant ses souf-

4.

frances et s'attachant à elles avec autant d'ardeur qu'elles s'acharnaient à lui.

Par suite d'une aventure tellement romanesque que nous n'osons pas la confier à la sévérité de l'histoire, le séjour de Dresde lui devint odieux ; il prit congé de M. de Bellegarde, et partit pour Berlin, résolu de demander du service au grand Frédéric ; mais il ne put obtenir ce qu'il désirait. A son tour, il refusa ce qu'on lui offrait, et il allait quitter Berlin, lorsque le hasard lui offrit un ami qui l'y retint quelques mois encore. C'était un digne homme nommé Taubenheim, que Bernardin avait rencontré chez l'ambassadeur de Russie. Taubenheim essaya de fixer le jeune voyageur auprès de lui. Il lui offrit sa fortune, sa maison et sa fille Virginie, la plus aimable et la plus belle de ses filles ; mais Bernardin refusa toutes ses offres. L'amour de la patrie, qui ne s'éteint jamais, le poussait vers la France ; un autre amour, plus violent et plus âpre, que l'âge seul devait amortir, occupait son cœur et n'y laissait point de place pour une passion nouvelle : il refusa tout avec douleur, et n'accepta que l'assurance d'une éternelle amitié en échange de la sienne, qui ne mourut qu'avec lui.

Il revit la France. Son père n'était plus ; il ne retrouva plus au Havre que sa vieille bonne, Marie Talbot, celle qui dans sa jeunesse lui était apparue au désert. Elle lui apprit que sa sœur était entrée dans un couvent à Honfleur. Il partit le même soir pour Honfleur. Il vit sa sœur, et se sentit le cœur plein de remords et d'amertume, en comprenant qu'il ne possédait rien, et qu'il ne pouvait arracher la pauvre Catherine aux ennuis rongeurs du cloître pour lui faire une destinée plus facile et plus belle. Il la quitta après lui avoir cédé plusieurs petites rentes sur son patrimoine, résolu de trouver un emploi qui les mît à même de vivre réunis sous le même toit, et de ne plus se séparer jamais. Il loua une chambrette chez le curé de Ville-d'Avray, et se retira dans ce petit village pour mettre en ordre ses *Voyages dans le Nord*. Lorsque ses mémoires furent achevés, il les présenta à M. Durand, premier commis des affaires étrangères, qu'il avait connu en Pologne. M. Durand ne lut pas les mémoires, et les égara. Alors, fatigué, découragé, las de solliciter, et de solliciter en vain, M. de Saint-Pierre témoigna au baron de Breteuil, qui l'avait accueilli avec bienveillance à Pétersbourg, le désir de passer aux colonies. M. de Breteuil lui fit obtenir un brevet d'ingénieur pour l'île de France, et lui confia que sa destination véritable était pour Madagascar ; qu'il était chargé de relever les murs du fort Dauphin et de civiliser la colonie. « Cette île, ajouta-t-il, est divisée en une multitude de petites nations qui se font souvent la guerre, et que les Européens n'ont jamais pu soumettre. C'est vous qui devez les réunir, non par la puissance des armes, mais par celle de la sagesse : c'est en leur offrant le spectacle du bonheur que vous les attirerez à vous, et que vous les donnerez à la France. »

Il serait difficile d'imaginer quels furent les transports de surprise et de joie auxquels se livra Bernardin de Saint-Pierre à cette proposition. Toutes les douleurs du passé tombèrent pièce à pièce devant la position nouvelle qui s'ouvrait devant lui. L'amour s'évanouit, l'ambition envahit son cœur, et ce cœur, qu'elle avait tant lassé, tant vieilli de ses déceptions, se réveille à ses séductions aussi jeune, aussi docile que s'il n'avait jamais été trompé par elle. Ce fut au milieu de ces doux rêves qui revenaient l'assaillir qu'il s'embarqua avec le chef de l'entreprise, et un jour, qu'assis tous les deux sur la dunette, il lui faisait part de ses beaux projets de législation et de félicité publique, le maître de l'expédition lui confia en souriant qu'il était temps de renoncer à tous ces enfantillages, et qu'il n'avait jamais eu d'autre dessein que de faire la traite des noirs, en vendant ses futurs sujets. Indigné de tant de perversité, M. de Saint-Pierre se sépara de l'expédition, acheta une mauvaise cabane à l'île de France, et prit du service comme ingénieur sous les ordres de M. de Breuil, ingénieur en chef. Nous n'entrerons dans aucun détail sur son séjour à l'île de France, sur ses études d'histoire naturelle, sur ses excursions à l'île Bourbon et au cap de Bonne-Espérance ; ils se trouvent tous dans les relations de son voyage et dans le récit de son retour à Paris, qui eut lieu vers le mois de juin 1771.

Ce fut à peu près vers cette époque qu'il fut introduit par d'Alembert dans la société de Mlle de L'Espinasse ; il y entra plein de respect pour la philosophie nouvelle, qu'il admirait sur la foi de l'Europe, et il s'en retira bientôt plein de haine et de mépris pour elle. Qu'avait-il à faire dans un monde qui professait l'athéisme et niait la Providence, lui qui avait trouvé Dieu partout, et que la Providence n'avait jamais délaissé ? Ce monde le révoltait, et il y devenait lui-même un sujet de risée et de scandale. Lorsque les philosophes comprirent qu'il avait des principes dont il ne se départait pas, que ses opinions sur la nature étaient contraires à leur système, qu'il n'était propre à être ni leur prôneur ni leur protégé, ils devinrent ses ennemis. Il chercha des amis dans les hommes d'un parti contraire, qui avaient témoigné le plus grand désir de l'y attirer quand il n'en était pas, et qui ne firent plus aucun compte de son mérite dès qu'il fut parmi eux. Lorsqu'ils virent qu'il n'adoptait pas tous leurs préjugés, qu'il ne cherchait que la vérité, qu'il ne voulait médire ni de leurs ennemis ni des siens, qu'il n'était propre ni à intriguer ni à aduler, que ses vertus, qu'ils avaient tant exaltées, ne l'avaient mené à rien d'utile, qu'elles ne pouvaient nuire à personne, et qu'enfin il ne tenait plus ni à eux ni à leurs antagonistes, ils le négligèrent tout à fait et le persécutèrent même à leur tour.

Ramené de plus en plus vers la vie solitaire, il s'éloigna des hommes, emportant dans son cœur la conscience divine, qu'ils n'avaient pu lui ravir ; mais ses malheurs n'étaient pas à leur dernier période. Il avait publié, au retour de son dernier voyage, en 1773, ses *Mémoires sur l'île de France*, dont le manuscrit devait être payé 1,000 francs. Il ne les avait écrits que dans la seule vue de remédier aux misères qui affligeaient cette île, et de rendre un service essentiel à sa patrie, en faisant voir que l'île de France, que l'on remplissait de troupes, n'était propre en aucune manière à être l'entrepôt ni la citadelle de notre commerce des Indes, dont elle est éloignée de quinze cents lieues. Cet ouvrage lui valut quelques admirations, de nombreuses inimitiés, ne lui fut point payé, et l'introduisit dans un monde brillant, qui le railla pour ses malheurs, et le méprisa pour ses vertus. L'ingratitude des hommes dont il avait le mieux mérité, des chagrins de famille imprévus, l'épuisement total de son faible patrimoine, les dettes dont il était grevé, ses espérances de fortune évanouies, ses intentions calomniées, un passé douloureux, un avenir incertain, le présent qui lui échappait sans cesse, tant de maux combinés, tant de calamités réunies, ébranlèrent à la fois sa santé et sa raison. Il fut frappé d'un mal étrange, qu'il décrit lui-même dans le préambule de l'*Arcadie*. Ce qu'il y a de bizarre, c'est que ce mal ne le prenait que dans la société des hommes. Il ressentait à leur aspect la répugnance que nous éprouvons tous à la vue des mets dont nous avons souffert. Il lui était impossible de rester dans un appartement où il y avait du monde ; il ne pouvait pas même traverser une allée de jardin public où se trouvaient plusieurs personnes assemblées. Comme Jean-Jacques Rousseau, il avait toute la susceptibilité du malheur ; méfiant comme lui, il se croyait poursuivi par tous les regards qu'il rencontrait, calomnié par toutes les paroles dont le murmure arrivait à ses oreilles. Lorsqu'il était seul, son mal se dissipait ; il se calmait encore dans les lieux où il ne voyait que des enfants. Voyant qu'il n'avait rien à espérer ni des hommes ni de lui-même, il se résigna et s'abandonna à Dieu. Le premier fruit de sa résignation fut le soulagement de ses maux; ses anxiétés se calmèrent dès qu'il n'y résista plus.

Bientôt il lui échut, sans la moindre sollicitation, un secours annuel du roi. C'était un bienfait médiocre, incertain, dépendant de la volonté d'un ministre, du caprice des intermédiaires et de la méchanceté de ses ennemis; mais il trouva que la Providence le traitait comme le genre humain, auquel elle ne donne, dans la récolte des moissons, qu'une subsistance incertaine, portée par des herbes sans cesse battues des vents et exposées aux déprédations des oiseaux et des insectes. Le premier usage qu'il en fit fut de s'éloigner des hommes. Dès qu'il ne les vit plus, son âme se calma, et se réfugia dans l'amour de la nature, le seul qui ne trompe pas, le seul dont les richesses ne s'épuisent jamais. Il y trouva l'oubli des maux qu'il avait soufferts et des méchants qui l'avaient persécuté; son cœur, rempli de Dieu, ne recéla jamais de fiel contre aucun des méchants qui l'en avaient abreuvé. Il croyait leur devoir des obligations, et il se surprenait parfois à les bénir en secret. Leurs persécutions avaient causé son repos; il devait à leur ambition dédaigneuse une liberté préférable à leur grandeur, et les études délicieuses auxquelles il s'abandonnait dans le silence et le recueillement.

Cette époque de sa vie est remarquable par sa liaison avec J.-J. Rousseau. Les mêmes sympathies et les mêmes douleurs réunirent ces deux âmes froissées et méconnues : les âmes qui souffrent sont sœurs. Ce fut à Jean-Jacques que Bernardin dut le retour de sa santé. Il avait lu dans ses écrits que l'homme est fait pour travailler et non pour méditer, et il avait changé de régime; au lieu d'exercer son âme comme il l'avait fait jusque alors, et de reposer son corps, il avait exercé son corps et reposé son âme. « Je jetai les yeux sur les ouvrages de la nature, qui parlait à tous mes sens un langage que ni le temps ni les nations ne peuvent altérer. Je renonçai à la plupart de mes livres; mon histoire et mes journaux, c'étaient les herbes des champs et des prairies. » On trouve plusieurs détails pleins de charmes sur cette intimité à la fin du tome III des *Études*, dans le préambule de l'*Arcadie* et dans la préface de l'*Essai sur J.-J. Rousseau*..... Souvent ils se dirigeaient vers la campagne, dinant assis au pied d'un arbre et ne reprenant que le soir le chemin de la ville. La nature, la religion, l'immortalité, étaient les objets habituels de leurs méditations. A ces idées d'une philosophie profonde ils mêlaient quelquefois les peintures vives et animées de leurs sentiments, les anecdotes de leur enfance, les souvenirs de leurs beaux jours, et des réflexions touchantes sur la recherche du bonheur, le mépris de la mort et de la constance dans l'adversité, questions qui ont si souvent occupé les anciens et qui donnent tant d'intérêt à leurs ouvrages.

Ces consolantes méditations ramenèrent insensiblement Bernardin de Saint-Pierre à ses anciens projets de félicité publique, non plus pour les exécuter lui-même comme autrefois, mais au moins pour en faire un tableau intéressant. La simple spéculation d'un bonheur général suffisait alors à son bonheur particulier. Il pensait aussi que ses plans imaginaires pourraient un jour se réaliser par des hommes plus heureux. Ce désir redoublait en lui à la vue des malheureux dont nos sociétés sont composées; et sentant, par ses propres privations, la nécessité d'un ordre politique conforme à l'ordre naturel, il en composa un d'après l'instinct et les besoins de son propre cœur. Telle fut l'origine de l'*Arcadie*: une conversation qu'il eut une après-midi au bois de Boulogne avec J.-J. Rousseau, et qui est rapportée dans le préambule de l'*Arcadie*, donne une idée assez complète de ce livre. « Mes Arcadiens, disait-il à son ami, exercent tous les arts de la vie champêtre; il y a parmi eux des bergers, des laboureurs, des pêcheurs, des vignerons..... Leurs mœurs sont patriarcales comme au premier temps du monde. Il n'y a dans la république ni prêtres, ni soldats, ni esclaves; car ils sont si religieux que chaque père de famille en est le pontife, si belliqueux que chaque habitant est toujours prêt à défendre sa patrie sans en tirer de solde, et si égaux qu'il n'y a pas parmi eux de domestiques. Il n'y a point de querelles entre les jeunes gens, si ce n'est quelques débats entre amants, comme ceux du *Devin du Village*; mais la vertu y appelle souvent les citoyens dans les assemblées du peuple pour délibérer entre eux de ce qu'il est utile de faire pour le bien public. Ils élisent à la pluralité des voix leurs magistrats, qui gouvernent l'État comme une famille, étant chargés à la fois des fonctions de la paix, de la guerre et de la religion. On ne voit dans leur pays aucun monument inutile, fastueux, dégoûtant ou épouvantable; point de colonnades, d'arcs de triomphe, d'hôpitaux ni de prisons. Mais un pont sur un torrent, un puits au milieu d'une plaine aride, un bocage d'arbres fruitiers sur une montagne inculte, autour d'un petit temple dont le péristyle sert d'abri aux voyageurs, annoncent dans les lieux les plus déserts l'humanité des habitants.... Les tombeaux des ancêtres sont au milieu des bocages de myrtes, de cyprès et de sapins; leurs descendants, dont ils se sont fait chérir pendant leur vie, viennent dans leurs plaisirs ou leurs peines les décorer de fleurs et invoquer leurs mânes. Le passé, le présent, l'avenir, lient tous les membres de cette société des chaînons de la loi naturelle, en sorte qu'il est également doux d'y vivre et d'y mourir. » C'est ainsi qu'il poursuivait toujours les illusions de sa jeunesse et qu'il jouait encore à la république, comme l'oncle Tobie de Sterne, qui creusait des tranchées dans son jardin, élevait des bastions avec Trimm, prenait des forts et gagnait des batailles pour se venger de celles qu'il avait perdues.

Bernardin de Saint-Pierre eut toujours une profonde vénération pour J.-J. Rousseau, qu'il plaçait dans son cœur auprès de Fénelon. Tous les deux d'ailleurs professaient pour ce dernier le même culte et le même amour.

M. de Saint-Pierre ayant perdu par un changement de ministère la gratification annuelle de mille francs, qui était son unique ressource, se décida à publier ses écrits, et recueillit les fragments de l'*Arcadie*, afin d'en former les *Études*. L'auteur a retracé lui-même les difficultés qu'on lui fit éprouver lors de la publication de son ouvrage. D'abord, la censure lui retrancha deux morceaux fort remarquables, qu'il regretta avec la douleur d'un père qui voit mutiler son fils; puis le manuscrit fut successivement rejeté par plusieurs libraires, et l'auteur fut obligé de le faire publier à ses frais. Les *Études* parurent enfin en 1784, et leur succès consola l'auteur des tribulations qu'il avait éprouvées.

Ce fut quatre ans après, en 1788, que M. de Saint-Pierre fit paraître *Paul et Virginie*. Il en avait fait lecture dans les salons de madame Necker quelque temps avant la publication du livre des *Études*. La froide indifférence qui accueillit cette lecture jeta l'auteur dans un profond accablement. Il avait bien surpris, durant cette fatale soirée, parmi les femmes qui l'entouraient, des visages émus qui n'osaient se trahir, des sympathies qui rougissaient de s'avouer, des larmes honteuses qui se cachaient silencieusement dans les mouchoirs de batiste; mais il se rappelait aussi la figure ennuyée de M. de Buffon, les bâillements de M. Necker, la somnolence de Thomas, et la retraite furtive des auditeurs les plus voisins de la porte, qui s'esquivaient en jurant qu'on ne les y prendrait plus. Ces cruels souvenirs le plongeaient dans un morne abattement, et il n'essayait plus de s'en arracher, fatigué qu'il était de s'épuiser en efforts stériles contre la destinée qui le repoussait sans cesse. Il était décidé à ne plus lutter et à ployer sans se roidir sous le découragement, renonçant à recueillir le fruit de ses travaux, songeant à livrer aux flammes ses manuscrits, dont l'aspect l'importunait, lorsque le peintre Vernet vint s'asseoir un jour à son modeste foyer, dans la mansarde qu'il occupait alors rue Saint-Étienne-du-Mont. Voyant Bernardin triste et silencieux, Vernet voulut connaître la cause de sa tristesse : une vieille amitié lui en donnait le droit. Bernardin avoua tout. Alors Vernet voulut entendre ce livre réprouvé par l'aristocratique aréopage qu'avait présidé madame Necker; et lorsque Bernardin eut cédé à ses vives instances, lorsqu'il fut arrivé à la dernière page de ce manuscrit frappé depuis longtemps d'indifférence et d'oubli, Vernet se leva, le visage inondé de larmes, et, pressant Bernardin dans ses bras : « Mon ami! oh! mon ami! s'écria-t-il, vous avez fait un chef-d'œuvre! » C'est ainsi que Boileau consola Racine des sifflets qui accueillirent *Athalie* sur la scène française.

Vernet avait été prophète : le succès de *Paul et Virginie* fut immense, et mit M. de Saint-Pierre en état d'abandonner son donjon de la rue Saint-Étienne-du-Mont pour acheter une petite maison avec un jardin rue de la Reine-Blanche, à l'extrémité du faubourg Saint-Marceau. Ce fut de cette solitude qu'il adressa à Louis XVI *Les Vœux d'un Solitaire*, méditations morales, empreintes d'une grande inexpérience des hommes et des choses, qui tendaient à concilier les intérêts nouveaux qui s'agitaient dans la nation avec les vieux intérêts de la royauté, qui déjà commençaient à plier; œuvre de candeur et de vertu, qui se perdit sans retentissement au milieu des orages de cette époque tumultueuse.

Deux ans après, en 1791, il publia *la Chaumière indienne*, critique spirituelle et douce des académies, des sociétés, de la science et du bonheur des villes; satire ingénieuse, écrite avec le cœur, et que Voltaire eût écrite s'il avait eu l'âme de Jean-Jacques.

En 1792, comme il s'occupait de mettre en ordre quelques fragments des *Harmonies*, Louis XVI l'enleva à sa solitude pour lui confier l'intendance du Jardin des Plantes et du cabinet d'histoire naturelle. « J'ai lu vos ouvrages, lui dit-il en le voyant; ils sont d'un honnête homme, et j'ai cru nommer en vous un digne successeur de Buffon. » M. de Saint-Pierre se montra digne en effet du choix qui l'avait appelé à remplacer ce grand naturaliste; il apporta dans la direction des richesses qui lui étaient confiées la science et l'activité de son esprit, la grandeur et la droiture de son âme. Malheureusement, les brillants projets qu'il avait nourris ne purent se réaliser, tant il était difficile, à cette époque turbulente, de bâtir et de fonder sur un terrain mouvant qui s'éboulait de toutes parts! Ce fut grâce à lui cependant que le cabinet d'histoire naturelle fut ouvert chaque jour aux recherches des naturalistes; ce fut aussi lui qui donna l'idée de joindre la ménagerie au Jardin-des-Plantes et d'établir une bibliothèque pour les étudiants et un journal pour les professeurs. Idée féconde, étouffée par la révolution, qui éclatait alors dans toute sa force et dans toute sa puissance. M. de Saint-Pierre se vit bientôt relancé par elle jusqu'au milieu du monde pacifique qui semblait devoir échapper à ses coups. La ménagerie de Versailles fut massacrée par les furieux, le Jardin-des-Plantes envahi, ravagé, labouré en tous sens; tout allait être détruit si le ministre n'avait pas placé les débris de l'établissement sous *la garde fraternelle des citoyens du faubourg Marceau*. L'ordre fut rétabli, et l'intendance supprimée.

Bernardin profita aussitôt de sa liberté pour se réfugier à Essonne, où il avait fait construire une jolie maisonnette; il sortit d'ailleurs du Jardin des Plantes tellement pauvre et dénué de tout, qu'il fut obligé de solliciter une légère gratification pour compléter le payement de deux arpents de terre qu'il possédait. Il s'y retira avec sa femme, Mlle Didot, qu'il avait épousée par amour peu de temps avant sa nomination à l'intendance du cabinet d'histoire naturelle; il y vécut heureux et solitaire, étranger aux passions qui bouillonnaient autour de lui, s'occupant de ses auteurs chéris, et pleurant sur la patrie comme le naufragé qui, du rivage où l'ont poussé les flots, pleure à l'abri de la tourmente sur le vaisseau que vont briser les vagues. C'est ainsi qu'il passa dans sa retraite l'hiver de 1793 et celui de 1794, près de sa femme et de ses petits enfants, qui se roulaient à leurs pieds devant le foyer brillant. On a accusé M. de Saint-Pierre de n'avoir point aimé sa femme et de l'avoir rendue malheureuse. Nous sommes tellement convaincu qu'un homme se met tout entier dans ses ouvrages et que toute œuvre du génie porte l'empreinte du cœur où elle est moulée, que cette accusation nous semble une puérile calomnie à laquelle *Paul et Virginie*, les *Harmonies* et les *Études* répondent assez hautement.

Vers la fin de 1794, lors de la création de l'École Normale, il y fut nommé professeur de morale. Jaloux de son obscurité, il voulut vainement se soustraire à cette publicité nouvelle; des gendarmes lui apportèrent son diplôme à la pointe de leurs sabres. Il fallut bien obéir. Il se présenta à son auditoire avec une assurance noble et modeste à la fois, il en fut accueilli avec enthousiasme, et les doctrines religieuses qu'il professa avec hardiesse furent reçues au milieu de l'impiété de ce siècle comme la manne inespérée tombant du ciel dans le désert. L'année suivante, l'Institut fut créé, et Bernardin de Saint-Pierre fut appelé à la classe de morale, avec des hommes qui, ennemis de ses principes, se liguèrent aussitôt contre lui. Il lutta courageusement, mais en vain, contre la doctrine de l'Institut; il pressa vainement ses membres de proclamer la Providence et d'asseoir toute morale sur l'existence de Dieu. Sa voix éloquente se perdit au milieu des blasphèmes; il mourut dans le silence du mépris et de l'indifférence.

Après la mort de sa femme, enlevée par une maladie de poitrine, M. de Saint-Pierre quitta sa retraite d'Essonne, qui lui était devenue insupportable, et vint s'établir à Paris avec ses deux enfants, Paul et Virginie, dont il résolut de diriger l'éducation; mais cette tâche était trop lourde à ses soixante-trois ans, et il épousa pour la partager mademoiselle de Pelleport, qui voua avec enthousiasme sa jeunesse et sa vertu aux vieux jours de l'homme dont le génie l'avait captivée.

Il passa ses dernières années dans une maison de campagne située sur les bords de l'Oise, dans le petit village d'Épagny. Après tant de fatigues et de traverses, il put enfin se reposer dans le calme et dans le bonheur. Le soir de sa vie fut pur et serein; la tendresse de sa jeune épouse dissipa les nuages qui auraient pu en voiler l'azur, et l'amitié de Ducis l'égaya comme un soleil doux et bienfaisant. Sa fortune avait éprouvé un échec considérable; la munificence de Joseph Bonaparte le répara. Bernardin ayant refusé la place qu'il lui offrait, Joseph le força d'accepter une pension de six mille francs, qui, jointe aux six mille francs qu'il possédait déjà, procura à sa famille tout le bien-être d'une vie douce et facile. Enfin le gouvernement lui accorda plus tard une pension de deux mille francs avec la croix d'Honneur. Ainsi, libre de soucis et d'inquiétudes sur l'avenir de ses enfants, il put s'endormir dans le repos, la dernière de ses ambitions. Il consacra ses heures de loisir à rédiger *l'Amazone* et à mettre en ordre sa *Théorie de l'Univers*. Son système des marées devint la monomanie de son vieil âge. Il sacrifiait volontiers toutes ses prétentions à sa gloire d'écrivain, il n'en cédait aucune à celle de lire dans les cieux. En un mot, il était astronome, comme Girodet était poëte.

Il se sentit vieillir sans effroi de la mort; il la vit approcher sans pâlir ni se troubler. « Si je considère les peines de la vie, disait-il, la mort ne peut être qu'un bienfait, puisqu'elle vient après tant de maux, comme le repos après le travail, comme la nuit qui succède au jour et qui me découvre de nouveaux cieux. Ce besoin d'aimer, de connaître, ce besoin de m'élever à la source de toute vérité, la mort va le satisfaire; et comment craindrais-je de me réunir à celui que j'ai cherché pendant la vie? » Quelques heures avant sa mort, il tendit la main à ceux qui l'entouraient et qui pleuraient agenouillés près de son lit : « Ce n'est qu'une séparation de quelques jours, leur dit-il d'une voix faible, ne me la rendez pas douloureuse; je sens que je quitte la terre et non la vie. » Il mourut dans sa maison d'Épagny, entre les bras de sa femme et de sa fille, le 21 janvier 1814.

M. de Saint-Pierre avait eu l'intention d'écrire ses mémoires; il laissa des notes précieuses et des matériaux nombreux, dont M. Aimé Martin, qui épousa la veuve de Bernardin de Saint-Pierre, devint le dépositaire. Celui-ci en composa un *Essai sur la vie de Bernardin de Saint-Pierre*, qui précède l'édition de ses œuvres complètes, mises en ordre par le même écrivain. Jules SANDEAU.

BERNARDINS, nom que l'on donna aux religieux de Cîteaux après que saint Bernard, qui était entré dans leur ordre, l'eut réformé.

BERNAUER (AGNÈS) était la belle et vertueuse fille d'un pauvre bourgeois d'Augsbourg, *Gaspard Bernauer*, originaire du pays de Bade. Le duc Albert de Bavière, fils unique du duc régnant Ernest, vit cette jeune fille à l'occasion d'un tournoi célébré en son honneur par les familles patriciennes d'Augsbourg, et conçut aussitôt pour elle la passion la plus vive. De son côté, Agnès ne resta pas insensible à la mâle beauté et au rang élevé de son adorateur, alors âgé de vingt-huit ans seulement; mais elle avait trop de piété et des mœurs trop pures pour consentir à accueillir des hommages qui n'auraient pas le mariage pour but. Albert lui promit donc de l'épouser, et tint loyalement parole. Toutefois, leur union fut bénie en secret, et après la célébration de l'acte religieux, Albert conduisit mystérieusement sa jeune épouse au château de Vohburg, qu'il tenait du chef de sa mère. Ils y vécurent dans la plus heureuse et la plus tranquille union jusqu'au moment où le père d'Albert, le duc Ernest, songea à marier son fils avec Anne, fille du duc Éric de Brunswick. L'opiniâtre résistance à ce projet qu'il rencontra de la part d'Albert lui eut bientôt révélé l'amour du jeune prince pour la belle Agnès et la vivacité d'un attachement avec lequel il résolut aussitôt d'en finir par l'emploi de la violence. Il commença par s'arranger de façon à ce que dans un tournoi célébré à Ratisbonne, on refusât de laisser son fils entrer en lice, comme étant en contravention avec les règlements de la chevalerie, qui interdisaient l'accès des tournois à tout chevalier entretenant d'impures relations avec une jeune fille. Albert eut beau affirmer sur l'honneur qu'Agnès était sa légitime épouse, on persista à tenir les barrières closes pour lui.

Le prince se vengea de cet affront public en faisant à son tour rendre publiquement à Agnès les honneurs dus à une duchesse de Bavière; il lui donna donc une brillante et nombreuse domesticité, comme il convenait à une princesse, et lui assigna pour demeure le château de Straubing. Mais comme si elle eût eu le douloureux pressentiment de sa sombre destinée, Agnès fondait, pendant ce temps-là, dans le cloître des religieux de l'ordre du Mont-Carmel, situé à peu de distance de sa résidence, une chapelle funéraire.

Tant que vécut l'oncle d'Albert, le duc Guillaume, qui aimait tendrement son neveu, il n'y eut plus d'autre tentative faite pour troubler le bonheur mutuel des deux époux. Mais son frère ne fut pas plus tôt mort, que le duc Ernest, incapable de dissimuler plus longtemps son profond ressentiment, fit arrêter Agnès pendant une absence d'Albert, et ordonna qu'elle fût mise à mort sans délai, comme coupable d'avoir usé de maléfices pour ensorceler le duc Albert. Le bourreau traîna l'infortunée toute garrottée, le 12 octobre 1435, sur le pont du Danube, du haut duquel il la précipita dans le fleuve en présence d'une immense multitude de peuple. Mais alors, au lieu de disparaître aussitôt emporté par le courant, le corps d'Agnès surnagea à la surface des flots, qui le ramenaient mollement au rivage. Un des valets du bourreau y courut bien vite, parvint à se saisir avec une longue perche de la belle chevelure d'or qui flottait éparse à la surface de l'onde, l'enroula autour de cet instrument, à l'aide duquel il put plonger de nouveau dans l'eau le corps de la victime et l'y retenir jusqu'à ce que la suffocation fût complète.

Indigné d'un tel attentat, le duc Albert prit les armes contre son père, et s'unit à ses ennemis pour ravager ses États. En vain le duc Ernest eut recours alors aux prières et aux supplications pour fléchir le légitime courroux de son fils. Ce fut longtemps après seulement que les exhortations de l'empereur Sigismond et les instances de ses amis déterminèrent Albert à reparaître à la cour de son père, où il finit toutefois par consentir à épouser Anne de Brunswick. Dans l'espoir de regagner l'affection de son fils, le duc Ernest fit ériger lui-même une chapelle expiatoire sur le tombeau de la malheureuse Agnès. Dès le premier anniversaire de cette horrible catastrophe, Albert avait fondé dans le monastère des Carmélites de Straubing des messes à perpétuité pour le repos de l'âme de sa chère Agnès. Douze ans plus tard il renouvelait encore cette pieuse fondation à l'occasion de la translation solennelle du cercueil contenant la dépouille mortelle de *l'honnête dame* aux lieux qu'elle avait autrefois désignés elle-même pour lui servir de sépulture, et où il fit élever un beau tombeau en marbre. Pendant longtemps la complainte des infortunées amours d'Albert et d'Agnès demeura populaire en Bavière. Elles ont aussi servi de sujet à divers poètes tragiques, par exemple au comte Tœrring (1780), à Jules Kœrner (1821), et tout récemment à A. Bœttger (Leipzig, 1846 ; 3ᵉ édit., 1850).

BERNAY, ville de France, département de l'Eure, chef-lieu d'arrondissement, à 38 kil. d'Évreux, sur la Charentonne, compte 7,460 hab. Elle possède un tribunal de commerce et un collége fréquenté par 125 élèves. L'industrie est active à Bernay, où l'on fabrique des toiles et des rubans de fil, des cuirs et des peaux mégissées, des draps, des lainages, des bretelles, de la bonneterie. Il y a trois typographies. Cette ville fait un grand commerce de grains, de bestiaux, de papiers, de fer, etc. Sa foire pour la vente des chevaux est la plus considérable de la France : elle est fréquentée par plus de quarante mille personnes.

BERNAY (ALEXANDRE DE). *Voyez* ALEXANDRE DE BERNAY.

BERNBURG, capitale du duché d'Anhalt-Bernburg (*voyez* ANHALT), bâtie sur les deux rives de la Saale, avec une population de 10,000 âmes, est divisée en ville Vieille et ville Neuve, avec le faubourg de Waldau sur la rive gauche, et la *Bergstadt* sur la rive droite, qui est fort élevée. Un beau pont, bien qu'un peu massif en total, met les deux rives en communication. En fait d'édifices il faut surtout citer le château, dont certaines parties sont d'une construction fort ancienne et qu'entoure un beau parc. Il est situé dans la Bergstadt. La ville possède quatre églises, dont la plus remarquable est celle de Notre-Dame (*Marienkirche*), un gymnase, une école des arts et métiers et une école supérieure pour les filles. Les habitants s'occupent d'agriculture, d'horticulture, et récoltent un peu de vin; ils ont des manufactures de faïence, de papier, d'alcool, des raffineries de sucre, des fonderies de cuivre et de fer. Un embranchement du chemin de fer de Leipzig à Magdebourg et aboutissant à Kœthen ne contribue pas peu à y donner une remarquable activité au mouvement commercial.

BERNE, le canton de la Suisse le plus considérable après celui des Grisons, avec une superficie de 77 myriamètres carrés, est borné par Bâle-Campagne, Soleure, Argovie, Lucerne, Unterwald, Ury, le Valais, le pays de Vaud, Fribourg, Neuchatel, et la frontière de France. Le recensement opéré en 1850 y accuse une population de 487,921 habitants, et par suite de ce chiffre le canton de Berne envoie vingt-trois députés à la diète fédérale. La grande majorité des habitants professe la religion réformée. On ne compte guère que 50,000 catholiques, qui habitent pour la plupart les districts de l'ancien évêché de Bâle réunis en 1815 au canton de Berne, et où existent aussi un millier d'anabaptistes.

Au nord, ce canton est montagneux, mais entrecoupé de belles plaines et de riches vallées, au sol fertile et soigneusement cultivé, produisant du blé en quantité suffisante pour les besoins de la population, du chanvre, des fruits de toute espèce et même un peu de vin. C'est là qu'est située l'*Emmenthal*, l'une des plus riches, des plus belles et des plus fertiles vallées de la Suisse, où l'élève du bétail a acquis un degré de perfection remarquable, et où la fabrication du célèbre fromage d'Emmenthal constitue une des principales branches de l'industrie de la population.

La partie méridionale du canton, désignée sous le nom d'*Oberland*, avec les vallées de Hassli, de Grindelwald, de Lauterbrunnen, de Kanter, de Frutigen, d'Adelboden, de Simmen, de Saanen, et de nombreuses vallées transversales, appartient complétement à la région des plateaux. Elle commence au pied des hautes montagnes voisines du Valais, et s'étend jusqu'à leur plus grande élévation. Les profondes vallées de cette contrée produisent d'excellents fruits, sont fertiles et agréables. A une hauteur plus considérable, on trouve d'excellents pâturages alpestres, auxquels succèdent des rochers nus, d'immenses glaciers et les plus hautes montagnes de toute la Suisse, le *Finsteraarhorn*, le *Schreckhorn* et le *Wetterhorn*, l'*Eiger* et la *Jungfrau*. C'est dans cette chaîne de montagnes que prend sa source l'Aar, avec de nombreux affluents qui traversent les lacs de Brienz et de Thun et la plus grande partie de ce canton, fort riche en général sous le rapport hydrographique, qui a en outre pour limites au nord le Doubs et la partie septentrionale du lac de Neuchâtel, et comprend presque tout le lac de Biel.

Les beautés naturelles de l'Oberland avec ses gigantesques montagnes, ses glaciers, ses cataractes, ses pâturages, y attirent chaque année de nombreux étrangers; et il en résulte pour la population d'importantes ressources de subsistance. L'élève du bétail et la fabrication d'une foule de petits objets en bois sculpté constituent d'ailleurs une des principales industries locales. La parqueterie en est une branche particulière de date encore fort récente. Au total, l'industrie y est cependant assez peu étendue, et la fabrication des toiles ainsi que celle des draps en forment toujours les branches les plus importantes, notamment dans l'*Emmenthal*. Dans la région jurassique du nord-ouest jusqu'à Biel, la fabrication des montres et pendules a pris dans ces derniers temps une grande importance. Les articles d'exportation se composent des produits de toutes ces industries diverses, surtout de fromages (environ 40,000 quintaux par an). Une banque cantonale fondée à Berne ne peut qu'exercer la plus heureuse influence sur le développement de la production, et déjà d'heureux résultats ont été obtenus par les améliorations apportées au système général des voies de communication.

Après que la domination romaine eut été détruite dans ces contrées par les Alemans, les Bourguignons vinrent au cinquième siècle s'établir dans la plus grande partie du canton de Berne, qui plus tard se soumit aux Franks, puis devint à la fin du neuvième siècle partie intégrante du royaume de la Petite-Bourgogne, et au onzième siècle, de l'empire d'Allemagne. Vers la fin du douzième siècle le duc Berthold V de Zæhringen, dans le but tout à la fois de donner plus de sécurité aux domaines qu'il y possédait, et de protéger la noblesse inférieure ainsi que les petits propriétaires fonciers contre les exactions et les brigandages de la haute noblesse, fit construire et fortifier par Kuno de Bubenberg, sur un sol faisant partie de l'Empire, un bourg longtemps peu important, et devenu plus tard chef-lieu du canton. Une charte portant la signature de l'empereur Frédéric II, que l'on conserve encore dans les archives de Berne, déclara dès l'an 1218 ce bourg, d'origine si récente, ville libre impériale, investie des mêmes droits et priviléges que Cologne et Fribourg. Dès le treizième siècle la population s'en accrut rapidement, par suite de la sécurité plus grande et de la protection que venaient y chercher la noblesse des environs ainsi qu'un grand nombre d'habitants des campagnes, et surtout des bourgeois de Fribourg et de Zurich. Ce mouvement d'accroissement devint bien plus prononcé après que Rodolphe de Habsbourg eut vainement assiégé Berne, et lorsque cette ville eut réussi en 1291 à mettre à la raison la noblesse qu'elle renfermait dans ses propres murs. Sa puissance et son importance augmentèrent encore à la suite de la glorieuse victoire remportée le 21 juin 1339, dans les plaines de Laupen, par Rodolphe d'Erlach, qui avec des forces trois fois moindres mit en complète déroute l'armée des chevaliers et des autres villes coalisées, par suite de la profonde jalousie que leur inspirait la prospérité de Berne. En 1353 cette ville, déjà considérablement agrandie, entra dans la confédération, et dans le cours du quatorzième siècle continua toujours à accroître son territoire, soit par voie d'acquisition, soit par voie de conquête. Détruite pour la plus grande partie en 1405 par un incendie, Berne fut reconstruite sur un plan plus régulier, et prit plus tard une glorieuse part aux longues luttes soutenues par la confédération contre l'Autriche, le Milanais, la Bourgogne et l'Espagne. Dès le commencement du quinzième siècle, les dépendances de Berne, après qu'elle eut conquis le Bas-Argovie et participé à la conquête du pays de Bade, s'étendaient depuis le Valais jusqu'au Jura. En 1536 Berne enleva aux ducs de Savoie tout le pays de Vaud, qui dès lors fut administré, comme toutes ses autres conquêtes, par des baillis, de telle sorte que son territoire, qui au premier siècle de son existence ne se composait que de quelques pacages et de quelques forêts, comprenait alors une superficie de 236 milles géographiques carrés. Dès 1526 la réformation avait pénétré sans grande résistance dans le canton de Berne, qui postérieurement se trouva avec le canton de Zurich à la tête de la Suisse protestante.

A l'origine l'égalité démocratique des droits dominait dans le canton de Berne, ainsi qu'on en a la preuve dans toutes les vieilles chartes, et même dans un acte de déclaration de guerre contre la Savoie qui date du seizième siècle. Toutefois les membres de l'ordre de la noblesse, distingués par leur prudence, par leur expérience à la guerre et par des alliances influentes, étaient ceux à qui on confiait de préférence les principales fonctions publiques. Afin d'organiser la démocratie sans lui substituer une aristocratie, et aussi de prévenir les abus du pouvoir suprême, on adjoignit vers la fin du treizième siècle au *Schultheiss* (maire) et à son conseil un comité de deux cents hommes respectables, choisis dans la bourgeoisie; mais dès qu'il s'agissait d'affaires graves, la commune seule, divisée en quatre quartiers, était apte à donner une solution valable. Chaque quartier élisait pour la guerre un porte-bannière, qui en temps de paix exerçait l'autorité de tribun du peuple ou de chef de corps de métier. En 1470 la commune châtia les insolentes prétentions de la noblesse, qui de dépit quitta alors la ville, trop heureuse cependant de pouvoir y revenir dès l'année suivante.

Ce régime démocratique dura jusqu'à la conquête du pays de Vaud. A partir de cette époque la bourgeoisie cessa d'être consultée sur les affaires politiques, tandis que le grand conseil des Deux-Cents s'attribuait des prérogatives de plus en plus étendues, et devenait en fait le seul souverain. Le grand Conseil limita d'abord, puis interdit ensuite l'admission de nouveaux membres dans l'ordre de la bourgeoisie; et il en résulta de nombreuses lignes de démarcation entre ce qu'on appelait les habitants perpétuels (*ewigen Einwohnern*) de la ville et les bourgeois proprement dits, de même que parmi ces derniers entre les nobles et les roturiers, entre les familles de non-gouvernants et de gouvernants, ou de patriciens véritables, qui occupaient héréditairement toutes les premières charges. Parmi les patriciens eux-mêmes, on distinguait des principaux et des inférieurs. Le conseil souverain se complétait lui-même par un comité, c'est-à-dire qu'il se confirmait chaque année dans le nombre de membres dont il se composait déjà, et qu'il comblait les vides qui survenaient de temps à autre dans son sein en y appelant des bourgeois capables de gouverner. C'est ainsi qu'un gouvernement originairement démocratique en arriva par voie d'exclusion à constituer un gouvernement aristocratique, puis une oligarchie pure. Désormais le pouvoir municipal se trouvant tout entier aux mains d'un petit nombre de familles, celles-ci gouvernèrent également le territoire conquis ou acquis. De là résulta cette maxime, qu'il fallait laisser à chaque partie distincte du territoire l'usage de ses droits et de ses priviléges particuliers. Elles étaient chacune administrées par des baillis appartenant aux familles patriciennes ; et ces charges de baillis, toutes extrêmement productives, contribuaient singulièrement à rehausser l'éclat et la puissance du patriciat.

Au milieu des luttes et des guerres continuelles que pendant les premiers siècles de son existence la ville eut à soutenir, d'abord pour la défense de son indépendance, puis par esprit de conquête, se développa dans la *Venise des Alpes* (comme les historiens appellent souvent Berne) cet esprit orgueilleusement belliqueux qui faisait autrefois dire à l'habitant de Berne que le bon Dieu lui-même s'était fait bourgeois de cette ville. Par contre, Berne prit une part bien moins vive que Zurich, Bâle et Genève au mouvement des intelligences, quoique dans ces derniers temps elle ait produit quelques hommes importants. La politique de ses hommes d'État finit d'ailleurs par dégénérer en une pure routine des affaires, désormais tout à fait au-dessous des nécessités du temps, en dépit des efforts qu'elle faisait pour dissimuler son impuissance sous les formes vides d'une dignité tout extérieure. Mais la roideur de cette gentilhommerie était impuissante à opposer une digue durable aux progrès du temps. Par suite de l'accroissement de la prospérité et des lumières générales dans les villes les plus importantes de son territoire, comme Lausanne, Aarau, Thun, Burgdorf, etc., le sentiment de leur propre importance alla toujours croissant dans ces différentes localités, qui n'en ressentirent alors que plus vivement l'injurieux îlotisme dans lequel on les retenait. A Berne même, quelque unanimité qu'il y eût dans l'opinion sur la nécessité de maintenir les campagnes dans la dépendance de la ville, des discordes éclatèrent entre les diverses classes de citoyens, à la suite desquelles les patriciens se virent contraints de faire aux autres bourgeois quelques concessions, assez insignifiantes d'ailleurs.

Dans une telle situation des choses il était impossible que l'oligarchie bernoise agonisante résistât aux terribles ébranlements de la révolution française. La réunion à Berne de cinquante-deux représentants des sujets avec le conseil souverain fut une mesure trop tardive. Le pays de Vaud et Argovie s'étaient déjà soulevés; et quelques jours après une bataille malheureuse livrée le 2 mars 1798 aux troupes de la république française, les vainqueurs firent leur entrée dans la capitale. Le territoire de l'État de Berne fut subdivisé, pendant toute la durée de la république Helvétique, en quatre parties distinctes, le pays de Vaud, Argovie, Oberland et Berne, les deux dernières ne tardèrent pas à être de nouveau réunies, tandis que les deux premières demeurèrent des cantons indépendants tant que dura la médiation.

Les événements de 1813 et l'invasion de la Suisse par les Autrichiens éveillèrent de nouveau les espérances de l'oligarchie, qui ne douta même pas qu'on allait rétablir la domination qu'elle avait exercée autrefois sur les parties de territoire maintenant distraites du canton. Mais Argovie et le pays de Vaud réclamèrent énergiquement contre ces prétentions; et il en résulta que le congrès de Vienne reconnut l'indépendance de ces deux cantons, en accordant à Berne comme indemnité une grande partie de l'ancien évêché de Bâle. L'oligarchie bernoise toutefois mit à profit l'influence des baïonnettes étrangères pour rétablir l'ancienne constitution aristocratique, sauf d'insignifiantes concessions faites à l'élément démocratique. Quatre-vingt-dix-neuf membres nommés par les villes et par la campagne de tout le canton furent en effet adjoints au conseil restauré des Deux Cents, dont les membres étaient jadis à la nomination unique des bourgeois de la ville. Mais les causes anciennes du mécontentement subsistant toujours, il fit éruption quand la révolution de 1830 vint provoquer de nouvelles commotions politiques en Suisse. La campagne prit l'attitude la plus menaçante, et la bourgeoisie de la capitale elle-même se montra médiocrement disposée à se sacrifier aux intérêts du patriciat. Par suite d'une énergique déclaration faite le 10 janvier 1831 à Munsingen, dans une assemblée populaire composée de citoyens de toutes les parties du canton, le grand Conseil convoqua un conseil constituant élu par les vingt-sept bailliages, et résigna ses pouvoirs. La constitution nouvelle acceptée le 31 juillet 1831 confia le pouvoir législatif et celui de surveillance générale à un grand Conseil de deux cent quarante membres, élus pour six ans, se renouvelant par tiers tous les deux ans, mais rééligibles. La condition régulière pour pouvoir en être élu membre consistait, outre une limite d'âge, à justifier de la possession d'une propriété foncière ou d'un capital de 5,000 francs de Suisse. Cette fois encore le système d'élection à deux degrés fut maintenu. Chaque commune, fonctionnant comme assemblée primaire, nommait un électeur par cent habitants. Ces électeurs se réunissaient dans les arrondissements en assemblée électorale chargée d'élire seulement deux cents députés. Les quarante autres, de même que le président choisi par le grand Conseil. Le *Schulteiss* (maire) présidait le conseil de gouvernement, composé de seize membres qui devaient en même temps faire partie du grand Conseil. Sept départements administratifs étaient subordonnés au conseil de gouvernement.

Après la chute de l'oligarchie urbaine, il était dans la nature des choses que le pouvoir passât en grande partie aux mains des notabilités de la campagne. Mais les hommes qui se trouvèrent poussés à la direction des affaires manquaient pour la plupart de l'expérience nécessaire. C'est là ce qui, joint aux nombreuses difficultés de la situation, tant intérieure qu'extérieure, explique les incertitudes de la politique bernoise pendant une longue série d'années. A une marche pénible des affaires il faut encore ajouter les vices de la constitution de 1831, restée fort en arrière des constitutions des autres cantons régénérés; vices qui de jour en jour devinrent plus manifestes. Sous l'influence de la fermentation produite dans toute la Suisse par la question des jésuites, et surtout après la seconde expédition des corps francs contre Lucerne, la question de la révision complète de la constitution souleva à Berne l'agitation la plus vive. Dès le mois de janvier 1846 quelques milliers de bourgeois et beaucoup de communes ainsi que de conseils municipaux demandèrent une révision totale. Le 12 janvier le grand Conseil se prononça bien pour la révision de la constitution, mais à la condition que cette révision serait faite par lui-même d'accord avec le pouvoir exécutif. Les assemblées populaires ayant repoussé une pareille prétention, le grand Conseil résolut de soumettre la question de la révision au peuple, qui se prononça à une grande majorité pour la convocation d'un conseil constituant. A la suite de cette détermination, Neuhaus, alors *Schulteiss* ou maire et chef du gouvernement, se démit de toutes fonctions publiques. Le peuple élut son conseil constituant sur la base d'un membre pour 3,000 habitants, et la nouvelle constitution fut sanctionnée par le peuple le 31 juillet, à la majorité de 36,079 *oui* contre 1,257 *non*.

Cette constitution de 1846 forme un chapitre important, non pas seulement dans l'histoire du canton de Berne, mais dans celle de toute la Suisse. En voici les dispositions principales.

L'élection à deux degrés a été abolie, et les droits électoraux ont été accordés à tous les citoyens âgés de vingt ans au moins. Les membres du grand Conseil sont élus au scrutin secret dans les assemblées électorales d'arrondissements, sur la base d'un membre par 2,000 habitants. Est éligible tout citoyen possédant le droit de voter, quand il a vingt-cinq ans accomplis. Ne sauraient être élus membres du grand Conseil les individus remplissant des emplois ecclésiastiques ou civils salariés par l'État. Tous les quatre ans on procède à la réélection du corps législatif de même qu'à celle de toutes les autorités supérieures. Il y a lieu à y procéder extraordinairement quand cette mesure est réclamée, sur la proposition d'au moins 8,000 citoyens actifs, par la majorité des citoyens ayant droit de voter dans les assemblées politiques. Tout projet de loi est soumis à deux délibérations du grand Conseil, avec un intervalle d'au moins trois mois entre chaque délibération. Avant son adoption définitive tout projet de loi doit être en temps utile porté à la connaissance du peuple. Un conseil de gouvernement composé de neuf membres que nomme le grand Conseil fonctionne comme pouvoir exécutif. C'est aussi le grand Conseil qui chaque année élit le président du conseil de gouvernement, dont les membres assistent aux délibérations du grand Conseil. Le conseil de gouvernement rend compte de tous les objets qu'il soumet aux délibérations du grand Conseil, lui fournit tous les renseignements qu'il demande, et a le droit de soumettre toute espèce de questions à ses délibérations. Pour l'étude des affaires et l'exécution des diverses décisions dont elles sont l'objet, le conseil de gouvernement a sous ses ordres six directions : celles de l'intérieur, de la justice et de la police, des finances, de l'instruction publique, de la guerre et des travaux publics. Il existe pour tout le canton un tribunal supérieur, composé au plus de quinze membres élus par le grand Conseil, et de quatre suppléants. La durée de leurs fonctions est de huit années, et ils se renouvellent par moitié tous les quatre ans, tandis que le renouvellement intégral du conseil de gouvernement a lieu en même temps que celui du grand Conseil. Les membres du tribunal supérieur assistent également aux séances du grand Conseil, et, sur l'invitation de cette assemblée, prennent part à ses délibérations sur des matières de législation. Des tribunaux de bailliage existent pour les instances inférieures. Leurs présidents, leurs quatre assesseurs et leurs deux suppléants sont nommés par le grand Conseil, sur la double présentation des arrondissements eux-mêmes et du tribunal supérieur. L'institution des justices de paix a été maintenue pour les diverses communes, et il est question de soumettre à l'appréciation du jury les causes criminelles, les délits politiques et ceux de la presse.

Les assemblées communales élisent les diverses autorités de chaque commune. Le conseil municipal et son président fonctionnent comme pouvoir exécutif et sont en même temps chargés de la direction de la police locale. La séparation de la puissance administrative et de la puissance judiciaire existe à tous les degrés de la hiérarchie.

En fait de droits généraux reconnus par la constitution, il faut citer : l'égalité de tous les citoyens devant la loi, sans distinction de privilèges locaux, de personnes ni de familles, et sans que les titres nobiliaires soient reconnus par la loi; la liberté individuelle; le droit à une indemnité quand on a été illégalement arrêté; l'inviolabilité du domicile, avec déclaration expresse que toute tentative illégale faite pour pénétrer dans le domicile d'un citoyen peut être repoussée par la force; liberté de la presse; droit de pétition, de réunion et d'association; liberté d'enseignement; droit de transporter et de fixer son domicile où l'on veut; liberté absolue des cultes, sans autres limites que les mesures de décence, de moralité et d'ordre public à observer, mais avec exclusion du territoire du canton de toute corporation, de tout ordre religieux étranger. Toute demande de la révision de la constitution doit être faite par le grand Conseil, ou par au moins mille citoyens aptes à voter. Le peuple décide ensuite dans les assemblées politiques si la révision doit avoir lieu, et si on en chargera le grand Conseil ou un conseil constituant. Enfin, le projet de la constitution révisée doit être soumis à l'acceptation définitive ou au rejet des assemblées politiques.

La constitution impose aussi à tous les citoyens suisses habitant le canton l'obligation du service militaire, et en même temps interdit l'entretien de troupes permanentes de même que la conclusion de capitulations militaires avec les États étrangers. En exécution de ces prescriptions, et conformément aux résolutions de la diète fédérale, une organisation militaire particulière a été résolue en 1847. Ces importantes réformes, qui ont fait droit à tant de griefs, ne purent toutefois s'accomplir sans qu'il en résultât des charges nouvelles pour une partie de la population, par exemple l'établissement d'un impôt d'un millième sur le revenu foncier et industriel. Les événements politiques sont venus accroître le chiffre des impôts extraordinaires, de sorte que les inévitables sacrifices qu'ils ont entraînés ont fait oublier les avantages qu'ils avaient produits. Aussi la partie riche de la population, astreinte désormais à une plus large participation aux charges publiques, se montra-t-elle disposée à écarter de la direction des affaires publiques, lors des élections nouvelles pour l'année 1850, les auteurs de la nouvelle constitution et ceux qui en avaient provoqué l'établissement, pour replacer le pouvoir aux mains des anciens adversaires de la révision de la constitution. Mettant à profit cette disposition des esprits, l'aristocratie, ou ce qu'on appelle le parti conservateur, commença à faire une opposition des plus vives, notamment à partir des premiers mois de l'année 1850, en prenant pour point de mire de ses attaques l'administration financière. La loi sur l'instruction publique, qui rendait plus sévèrement obligatoire la fréquentation des écoles, fournit également un spécieux prétexte à son hostilité. Les deux partis se préparèrent aux luttes électorales annoncées pour le mois de mai, en organisant à l'envi des réunions populaires. Dans ces élections le parti conservateur l'emporta à une majorité minime, mais suffisante pour enlever la direction des affaires aux radicaux. Au total, cependant, il n'y eut là qu'un changement de personnes, car les deux partis avaient arboré à peu près le même programme; et les hommes arrivés alors au pouvoir durent, dans leur propre intérêt, s'en tenir au maintien de la constitution de 1846. Le 26 octobre 1851 l'opposition obtint une certaine majorité dans les élections fédérales. Les radicaux, prétendant que le peuple condamnait son gouvernement, demandèrent un vote général pour la révocation des autorités. Le scrutin ouvert le 18 avril 1852 a donné, contre toute attente, une immense majorité au parti conservateur, en repoussant la révocation.

Le budget des recettes du canton de Berne s'élevait pour l'année 1851 à un peu plus de 3,730,000 francs, argent de Suisse. L'excédant de la dépense sur la recette, rendu inévitable par les événements et par la réalisation des diverses mesures d'intérêt général, était évalué pour cet exercice à environ 240,000 fr. Malgré le déficit total des dernières années, provenant des mêmes causes et montant à 3 millions de francs, le canton de Berne, qui possède en propriétés plus de 16 millions et demi et en capitaux plus de 12 millions, ne cessera pas, de longtemps encore, d'être, toutes proportions gardées, l'État le plus riche de l'Europe.

BERNE, chef-lieu du canton suisse du même nom, avec 27,475 habitants, siège à son tour de toutes les autorités supérieures de la Confédération Helvétique, située dans une presqu'île qu'entoure l'Aar, est une des villes les mieux bâties de toute la Suisse. Les rues en sont pour la plupart droites, larges et bien pavées, et les maisons généralement pourvues d'arcades. Les monuments les plus remarquables sont la cathédrale, édifice gothique de 160 pieds de longueur sur 50 de largeur, avec une tour haute de 190 pieds; l'église du Saint-Esprit, construite en 1122; la bibliothèque de la ville, à laquelle est adjoint un musée, la Monnaie, l'Hospice des Orphelins, le vaste et magnifique hôpital civil, l'hôpital appelé l'Ile, qui a tout l'air d'un palais, et dont les revenus ne s'élèvent pas à moins de trois millions de francs; la porte de Murtner, consistant en belles grilles de fer, et l'Arsenal, riche surtout en armures et en armes du moyen âge. Le conseil municipal a récemment voté 200,000 francs pour contribuer aux frais de construction d'un nouveau palais destiné aux séances de la diète fédérale. En fait d'établissements scientifiques, il faut citer en première ligne l'Université, ouverte en 1834, qui compte une vingtaine de professeurs ordinaires, autant de professeurs particuliers, et environ 200 étudiants; et ensuite le Gymnase, l'École académique de dessin, et l'Association d'artistes. Les principales sociétés savantes sont la Société économique et la Société suisse d'histoire naturelle, qui ont rendu l'une et l'autre d'incontestables services aux sciences. La Galerie d'histoire naturelle nationale, fondée en 1802, renferme la collection complète de tous les mammifères, oiseaux, papillons, insectes et plantes de la Suisse. La Bibliothèque compte 30,000 volumes et possède d'inappréciables richesses, tant en livres imprimés qu'en manuscrits relatifs à l'histoire particulière de la Suisse. Divers particuliers possèdent en outre de remarquables collections d'art. L'industrie et le commerce sont en progrès; les fabriques fournissent à la consommation des cotonnades, des toiles imprimées, des étoffes de soie, des bas, etc. Peu de villes en Europe ont de plus belles promenades. Une des plus remarquables est la plate-forme garnie de quatre rangées d'arbres, et au milieu de laquelle s'élève la cathédrale. Le côté de cette place que regarde l'Aar est à 108 pieds au-dessus de cette rivière, qui forme en cet endroit une belle cataracte. Le côté qui regarde le Rhin à Laupen n'a pas tout à fait la même hauteur, mais la largeur est à peu près égale. Consultez Tscharner, *Histoire de la ville de Berne* (en allemand, 1794-1796); Waldhard, *Description topographique et historique de la ville de Berne* (1829); Tillier, *Histoire du canton de Berne* (3 vol., 1838).

— Une autre BERNE, très-peu connue, et que les voyageurs ne visitent point, fut fondée en 1763, en Russie, au delà du Volga, dans le gouvernement de Saratof. Une quarantaine de familles bernoises, attirées en Russie par l'impératrice Catherine II, firent leur établissement sur le bord du *Petit-Caraman*, rivière qui tombe dans le Volga, et donnèrent à leur hameau le nom de la capitale de leur canton natal.

BERNE (Ours de). *Voyez* OURS.

BERNI (FRANCESCO), qu'on nomme aussi BERNA et BERNIA, est au rang des poëtes les plus célèbres qui ont illustré l'Italie au seizième siècle. Il naquit vers la fin du quinzième, à Lamporecchio, en Toscane; son père était d'une famille noble, mais pauvre, de Florence. C'est dans cette ville que le Berni fut envoyé tout jeune; il y resta jusqu'à dix-neuf ans dans un état voisin de l'indigence. Au milieu de sa détresse, Rome fixa ses regards; il avait dans cette capitale de la chrétienté un parent, le cardinal de Bibbiena; il se rendit près de lui; mais ses espérances furent bientôt déçues, car il ne trouva qu'un indifférent, et fut trop heureux d'entrer comme secrétaire particulier chez un dataire du pape Léon X, Giammateo Ghiberti, évêque de Vérone. Ce fut pour complaire à l'ingrat évêque, qui le faisait manger à l'office avec son cuisinier, qu'il prit l'habit ecclésiastique, sous lequel il ne continua pas moins de manger avec le *cuoco*, le cuisinier maître Pierre, à qui une de ses joviales épîtres est adressée.

Il y avait alors à Rome une société de jeunes ecclésiastiques que réunissait l'amour de la joie, du vin, de la bonne chère et surtout de la poésie. Le Berni, dans le besoin où il était d'épancher sa verve et de laisser déborder son esprit facétieux et ardent, que la sévérité du prélat avait si longtemps contenu, se jeta dans cette académie, dite des *Vignerons* (*Vignajuoli*), dont Jean della Casa, dans la suite archevêque, était l'un des membres, ainsi que le Mauro, le Molza et le Firenzuola. Le rire inextinguible, le fou-rire, était l'âme de ces banquets, où l'on plaisantait sur tout, sur les sujets même les plus graves et les plus lugubres; on y chantait, on y improvisait, on s'y portait des défis poétiques, desquels le Berni sortait toujours vainqueur, quoiqu'il n'improvisât pas : aussi son nom est-il resté attaché chez les Italiens au genre de poésie burlesque, appelé depuis lui *bernesque* ou *berniesque*. Pour la satire, Boccalini met au-dessus de Juvénal notre poëte, auquel, malgré son indolence, la langue grecque était familière, et qui écrivait purement l'idiome d'Horace, dont il imita l'enjouement dans sa propre langue, et l'élégance dans des vers latins qu'il composa sur différents sujets.

L'ouvrage qui illustra le Berni est l'*Orlando innamorato* (le *Roland amoureux*) du Bojardo, qu'il refit entièrement. Il n'y a point ajouté un seul épisode, il le suit pas à pas, corrigeant le style, sur lequel il laisse le coloris de son pinceau; seulement, à la manière de l'Arioste, il orne chaque chant d'un début, qui en est comme l'élégant frontispice. Il brode avec art sur ce canevas écrit en style sérieux, et des vers satiriques, et des vers burlesques, et des détails épiques, que le lecteur, au milieu de tant de variétés, est entraîné par un charme irrésistible. Ainsi, Bojardo et le Berni se sont donné tour à tour l'immortalité. C'est sous le titre de *Rime burlesche* que la plupart de ses autres poésies sont imprimées. On en blâme avec raison la licence, qui d'ailleurs n'était qu'un reflet des mœurs de ce siècle. Son *capitolo* ou chapitre le plus facétieux est celui de l'*Éloge de la peste*; le plus mordant est celui qu'il composa contre le pape Adrien VI. Son sonnet contre l'Arétin est si licencieux que ce dernier en fut jaloux. Son style est pur, gracieux, quoique familier; ses expressions sont neuves. Le Berni composait difficilement ses vers, si faciles; son manuscrit est couvert de ratures.

Tout fut successivement heur et malheur dans sa vie. En 1527 Rome et le Vatican furent saccagés par le connétable de Bourbon; le Berni perdit tout ce qu'il possédait. Il finit par se retirer à Florence, où il vivait avec les muses, ses compagnes chéries, du revenu d'un médiocre canonicat; il y vivait, sinon opulent, du moins heureux, quand la funeste amitié du cardinal Hippolyte de Médicis et du duc Alexandre de Médicis le perdit. Le premier mourut empoisonné par le duc son ennemi. Le poëte, invité par Alexandre se charger de cet infâme office, avait précédemment repoussé avec indignation une proposition pareille. Le duc, redoutant les suites d'une telle confidence, empoisonna l'infortuné poëte, qui mourut à quarante ans, victime de ce double et lâche forfait. Le portrait que le Berni fait de lui-même est curieux; il parle ainsi de lui à la troisième personne : « Il était grand, maigre et fort dispos; il avait le nez long, la face large, les sourcils rapprochés, les yeux un peu creux, bleu d'Azur, la vue très-nette, et la barbe épaisse. » C'est effectivement ainsi qu'il est peint dans une des voûtes de la galerie de Florence.

— Il ne faut pas confondre avec ce poëte le comte *Francesco* BERNI, né en 1610, mort en 1693, auteur de onze drames et de diverses poésies lyriques.   DENNE-BARON.

BERNICLES. C'était une sorte de torture, de *gehenne* en usage chez les Sarrasins, et que le sire de Joinville décrit ainsi : « Les *bernicles* sont deux grands tisons de bois, qui sont entretenants en chief. Et quand ils veulent y mettre aucun, ils le couchent sur le cousté entre ces deux tisons, et lui font passer les jambes à travers de grosses chevilles, puis couchent la pièce de bois qui est là-dessus, et font assoir un homme dessus les tisons, dont il advient qu'il ne demeure à celui qui est là couché point demi-pied d'ossements qu'il ne soit tout dérompu et escaché. Et, pour pis lui faire, au bout de trois jours, ils lui remettent les jambes, qui sont grosses et enflées, dedans celles *bernicles*, et les brisent derechief. » « Le sultan, dit Fleury, menaça saint Louis de le mettre aux *bernicles*, et il se contenta de dire à ceux qui lui firent cette menace qu'il était leur prisonnier, et qu'ils pouvaient faire de lui ce qu'ils voudraient. »

BERNIER (François), surnommé *le Mogol*, voyageur et philosophe célèbre, né à Angers, vers 1625, étudia d'abord la médecine à Montpellier. En 1654, le goût des voyages le conduisit en Syrie. Il visita l'Égypte, où il eut la peste; puis passa dans l'Inde, où il résida douze années, dont huit en qualité de médecin de l'empereur Aureng-Zeyb. Aimé de ce prince, estimé de ses ministres, il put, grâce à leur protection, parcourir des contrées jusque alors inaccessibles aux Européens. De retour en France, il publia ses observations et les renseignements qu'il avait recueillis. D'autres voyageurs ont visité depuis le Cachemir, le Delhi et l'Indoustan, mais n'ont pas fait oublier sa relation, écrite avec une élégante simplicité, une exactitude exempte de sécheresse, une érudition qui n'exclut pas l'intérêt. Il avait vu de grandes choses, et sut les raconter sans rester au-dessous de son sujet. Il compte encore aujourd'hui parmi les meilleurs historiens de l'Inde au temps d'Aureng-Zeyb.

Ami de Gassendi, et son plus illustre disciple, il avait porté au Mogol sa philosophie épicurienne. Il a résumé, mis en ordre, présenté pour la première fois en français et popularisé par un abrégé lumineux les idées de ce rival de Descartes. Comme Épicure, Gassendi et Bernier voulaient qu'au lieu de chercher à deviner la nature, on se contentât de l'observer, et que l'on fît consister la vertu, non pas dans l'abstinence des plaisirs, mais dans la haine des excès; non pas à se mettre au-dessus des lois de l'humanité, mais à s'assurer la paix et le bien-être intérieur par la modération des désirs. Bernier réunissait, par un rare bonheur, les charmes de la figure et les grâces de l'extérieur à la finesse de l'esprit, à la solidité du jugement. Aussi, Saint-Évremond le nommait-il *le Joli Philosophe*, et n'est-on pas surpris de le voir recherché des plus illustres personnages de son temps, lié avec les plus grands écrivains. C'est lui qui composa avec Boileau ce fameux *Arrêt burlesque* qui sauva les doctrines et le nom d'Aristote de la proscription dont les menaçait le parlement de Paris. Il visita l'Angleterre en 1685, et voulut y attirer La Fontaine. Ninon de Lenclos, madame de la Sablière, Chapelle, Saint-Évremond, furent ses amis intimes. C'est assez dire quels étaient ses goûts; mais s'il aima le plaisir en homme voluptueux, il sut se ménager en homme sage, et mourut, dit Voltaire, en vrai philosophe, à l'âge de soixante-trois ans (1688).
A. DES GENEVEZ.

BERNIER (Étienne-Alexandre-Jean-Baptiste-Marie, abbé), né d'une famille obscure de l'Anjou, en 1764, fut pourtant élevé au collège d'Angers, d'où il sortit pour entrer au séminaire. Sa conduite régulière, son application à l'étude, de l'esprit et de l'adresse, lui valurent, jeune encore, la cure de Saint-Laud d'Angers. Il se plaça très-haut dans l'estime de ses compatriotes lorsqu'en 1790 il refusa de prêter le serment qu'exigeait la constitution civile du clergé, et se déclara dès le mois de mars 1793 pour le parti royaliste qui soulevait la Vendée. Les paysans s'armaient à la voix de l'abbé Bernier, et leurs seigneurs, devenus chefs militaires, comme au temps des croisades, appelaient à les conseiller le prêtre, qui ne courait pas moins de dangers que ces guerriers improvisés. Bernier, parlant et écrivant avec une grande facilité, animait les soldats par ses sermons et rédigeait les proclamations des généraux; il était de plus chargé de correspondre avec les différents corps d'armée; enfin, cette guerre étant soumise aux lois d'une stratégie tout exceptionnelle, l'abbé Bernier prit souvent part aux opérations militaires, non-seulement en portant la croix comme un étendard au milieu des bataillons républicains, mais encore en commandant des manœuvres.

Les circonstances qui avaient décidé de la guerre civile en Vendée étaient telles qu'il serait téméraire de juger Bernier d'après ce que nous savons des devoirs du sacerdoce. Cependant il faut remarquer que l'influence de Bernier et le respect qu'il inspirait aux chefs vendéens ne s'accrurent pas avec le temps. Il fut taxé de semer la discorde parmi les royalistes, d'intriguer, d'employer tous les moyens pour arriver à une domination absolue, plus utile à son ambition qu'aux intérêts de la cause royale. Enfin, s'étant attaché à différents corps d'armée et se trouvant dans celui de Stofflet lorsqu'on y fusilla le vicomte de Marigny, ce fut Bernier qui fut accusé de la mort de ce chef vendéen, violent et cruel, mais brave et dévoué aux Bourbons. Plus tard, caché dans une métairie où il avait mandé Stofflet et où il apprit qu'on allait venir l'arrêter, Bernier se sauva sans faire avertir ce chef, qui, tombé au pouvoir des républicains, fut passé par les armes. Cependant M. d'Autichamp, qui lui conservait sa confiance, le fit nommer agent général des armées catholiques auprès des puissances étrangères. Mais Bernier ne voulut jamais s'éloigner du foyer de la guerre, et lorsqu'il ne fut plus possible de la soutenir, il traita lui-même avec le général républicain Hédouville des conditions qui devaient la terminer.

Lorsqu'on vit de près à Paris l'abbé Bernier, on s'étonna de l'influence qu'il avait exercée; ce qui n'empêcha pas qu'il ne fût nommé évêque d'Orléans et compris parmi les plénipotentiaires chargés de traiter du concordat. L'abbé Bernier avait aspiré au cardinalat; et, quoiqu'il prétendît que cette dignité lui avait été promise par Bonaparte lors de la pacification de la Vendée, il n'obtint point la barrette. Un jour, le premier consul, commandant à Gérard un dessin qui devait le représenter signant le concordat, lui désignait les places que devaient occuper Portalis et les autres personnages. « Il faudra aussi que vous y mettiez Bernier, dit-il au célèbre artiste; c'est un coquin :.... vous le mettrez dans un coin. » Les Orléanais jugèrent autrement de leur évêque, dont l'administration fut sage et la conduite irréprochable. Aussi, bien qu'il fût blâmé de quelques-uns pour s'être rallié à Bonaparte, bien que l'on attribuât à l'ambition la maladie de langueur dont il mourut à Paris, le 1er octobre 1806, fut-il regretté de la majorité de ses diocésains.
Cse DE BRADI.

BERNINI (Giovanni-Lorenzo), que les Français nomment *le cavalier Bernin*, naquit à Naples, en 1598, de Pierre Bernin, originaire de Toscane, assez bon sculpteur, et d'Angelica Galante. Pierre Bernin, appelé à Rome par Paul V, s'établit dans cette ville avec sa famille. Le jeune Bernin montra de très-bonne heure du goût et des dispositions extraordinaires pour les arts du dessin. Dès l'âge de dix ans il exécuta des sujets de sculpture qui firent l'étonnement de Paul V. Ce pontife chargea le cardinal Maffei-Barberini de diriger ses études, prévoyant déjà que cet enfant serait un jour le Michel-Ange de son siècle. Les pressentiments de Paul furent justifiés : le Bernin fut bon peintre, bon sculpteur et grand architecte.

Après la mort de Grégoire XV, le cardinal Maffei étant parvenu au souverain pontificat, fit appeler notre artiste, lui fit part de ses projets d'embellissement pour la ville de Rome, et lui commanda le *baldaquin de Saint-Pierre*. Le Bernin s'acquitta de cette entreprise avec un rare bonheur, quoique les difficultés qu'il eut à vaincre fussent grandes et nombreuses. Il fut ensuite chargé de décorer de niches et de statues les quatre piliers qui soutiennent le dôme de Saint-Pierre ; il pratiqua en même temps des escaliers dans l'intérieur de ces piliers pour monter dans les tribunes. Quoique les constructeurs de ces masses eussent ménagé des vides dans l'intérieur, Bernin n'en fut pas moins accusé par ses ennemis d'être la cause des lézardes qui s'étaient manifestées en plusieurs endroits de la coupole. Le Bernin répondit à ses envieux par le palais Barberini, où l'on admire, entre autres beautés, un magnifique escalier en vis dont le plan est elliptique.

Urbain VIII chargea ensuite notre artiste de la construction de deux campaniles qui devaient orner le portail de Saint-Pierre. Le succès de cette construction ne répondit pas au talent de l'architecte. Il n'y eut pas de sa faute si les murs menacèrent ruine : la mauvaise confection des fondements en fut cause ; néanmoins le nouveau pape Innocent X se promit de ne pas l'occuper dans les travaux qu'il se proposait de faire exécuter. Par suite de cette prévention, le saint-père ayant voulu décorer la place Navone d'une fontaine surmontée d'un obélisque qui était enseveli sous les ruines du cirque de Caracalla, tous les artistes, à l'exception de Bernin, furent invités à présenter des projets ; mais Ludovisi, neveu du pape, qui avait toujours affectionné le Bernin, lui dit de composer secrètement son modèle ; quand il l'eut fait, il le plaça dans une salle que le pape devait traverser en sortant de table. Le pontife fut si enchanté de l'excellente composition de ce projet qu'il s'écria : « Il faudra donc à toute force employer Bernini. » Dès ce moment il lui rendit ses bonnes grâces, et le chargea de l'exécution de la fontaine. L'ouvrage était sur le point d'être terminé, quand le pape alla le visiter : il demanda en se retirant à l'artiste dans combien de temps les eaux commenceraient à couler : « Le plus tôt possible, » répondit celui-ci. Et à peine Innocent X était-il sorti de l'enceinte des travaux, que le murmure des eaux le fit revenir sur ses pas. Ce trait prouve que le Bernin était aussi bon courtisan qu'habile artiste.

Le chef-d'œuvre du Bernin est sans contredit la magnifique colonnade dont il décora la place qui précède l'entrée de Saint-Pierre de Rome. Elle lui fut commandée par le pape Alexandre VIII. Rien de si magnifique, comme pure décoration, ne s'est fait depuis les anciens. La chaire de Saint-Pierre, ouvrage colossal en bronze, est aussi l'œuvre de Bernin. Il serait trop long d'énumérer et surtout de décrire les statues, les tableaux, les palais, les églises, les mausolées, etc., que l'on doit au génie de cet artiste.

Vers 1664, Louis XIV et ses ministres résolurent de terminer le Louvre sur un plan qui fût digne de la façade magnifique que François Iᵉʳ avait fait élever sur les dessins de Pierre Lescot. « Dans ce temps-là, il y avait à Paris, dit Perrault, un certain abbé Benedetti, qui avait fait connaissance avec M. Colbert. Cet abbé, ami du cavalier Bernin, prôna tellement son mérite et le mit si fort au-dessus de tous les architectes d'Italie, que M. Colbert prit la résolution de le faire venir en France. Le roi lui-même lui écrivit à ce sujet. » Les honneurs insignes qui furent rendus au Bernin par les souverains dont il traversa les États pour venir en France et par les autorités des villes de France, l'accueil qui lui fut fait à son arrivée à la cour, passent toute croyance, aussi bien que les largesses, pour ne pas dire les prodigalités du roi en sa faveur. Il fit d'abord le buste de Louis XIV ; puis il s'occupa des plans du Louvre, qui furent goûtés, moins pour leur mérite qu'à cause de la renommée de l'auteur. Cependant, après diverses contestations, on jeta, suivant ses dessins, les fondations de la façade orientale de ce palais ; après quoi il demanda à s'en retourner, prétextant la rigueur de l'hiver de notre climat. « La veille de son départ, dit Perrault, je lui portai moi-même, et dans mes bras, pour lui faire plus d'honneur, 3,000 louis d'or en trois sacs, avec un brevet de 12,000 livres de pension par an, et un de 1,200 livres pour son fils. Il me dit pour toute réponse que de pareils bonjours seraient bien agréables si l'on en donnait souvent... On lui promit 3,000 louis d'or par an s'il voulait rester, 6,000 livres pour son fils, et autant au seigneur Mathias, son élève ; 900 livres au sieur Jules, 600 livres au sieur Cosme, camérier, et 500 livres à chacun de ses estafiers. »

De retour à Rome, le Bernin y continua pendant douze ou treize ans ses travaux comme sculpteur, peintre et architecte. Son dernier ouvrage de sculpture fut un Christ, demi-figure, offert par lui à Christine, reine de Suède, qui ne voulut pas l'accepter, par la raison qu'elle se croyait incapable de reconnaître dignement un tel présent. Bernin le lui légua par son testament. Il était occupé à la restauration de la Chancellerie, lorsqu'une attaque d'apoplexie, précédée d'une fièvre lente, l'enleva aux arts et à ses admirateurs, le 28 novembre 1680. Il laissa une fortune de 2 millions de francs, somme que la reine Christine trouva fort au-dessous de son mérite.

Voici le portrait que Perrault fait du *cavaliere* : « Il avait une taille un peu au-dessous de la médiocre, bonne mine, un air hardi ; son âge avancé (soixante-huit ans) et sa grande réputation lui donnaient encore beaucoup de confiance. Il avait l'esprit vif et brillant, et un grand talent pour se faire valoir : beau parleur, tout plein de sentences, de paraboles, d'historiettes et de bons mots dont il assaisonnait la plupart de ses réponses... Il ne louait et ne prisait guère que les hommes et les ouvrages de son pays. Il citait fort souvent Michel-Ange, et disait à tout propos : *Si come diceva il Michael-Angelo Buonarotti*. Il disait encore qu'il avait un grand ennemi à Paris, la grande opinion que l'on avait de lui : *Il concetto che trovo di me.* » TEYSSÈDRE.

BERNIS (FRANÇOIS-JOACHIM DE PIERRES DE), né à Saint-Marcel (Ardèche), le 22 mai 1715, d'une famille noble et pauvre. Poète galant et spirituel, unissant à des formes athlétiques une figure séduisante, le jeune de Bernis pouvait prétendre à tout à une époque où les femmes tenaient le sceptre du pouvoir. Le plus brillant avenir s'ouvrait donc devant lui, quelle que fût la carrière qu'il choisit ; mais il eût vécu et serait mort dans l'obscurité s'il se fût contenté de son premier bénéfice. Nommé chanoine-comte de Brioude, il suivit les inspirations de son ambition naissante, et vint à Paris. Lié d'abord avec une petite marchande de modes assez jolie, il fut présenté par elle à quelques-unes de ses pratiques, et descendit de la mansarde aux salons du premier étage. Aimable convive, causeur amusant, il fut recherché par la meilleure compagnie. Les hommes d'esprit applaudirent à ses premiers essais poétiques. Ses ouvrages littéraires lui ouvrirent les portes de l'Académie Française le 29 décembre 1744. Admis dans les cercles de la haute finance, il fixa l'attention de Mˡˡᵉ Poisson, d'abord maîtresse, puis femme légitime du financier Le Normand d'Étioles. Devenue grande dame, l'amie de Bernis fut bientôt favorite en titre, et régna sous le nom de marquise de Pompadour.

L'abbé de Bernis n'était encore que simple clerc tonsuré. La princesse de Rohan, née Courcillon, nom tant soit peu roturier, était une des beautés de la cour. La mort de son époux l'avait mise en possession d'un beau titre, d'une grande fortune et de sa liberté. Elle s'attacha Bernis. L'abbé lui aida à faire les honneurs de son hôtel, qui devint le rendez-vous de tous les Français et de tous les étrangers de distinction. Le comte, depuis prince, de Kaunitz, alors ambassadeur de Vienne en France, y était un des plus assidus. Bernis, qui savait prendre tous les tons, parlait tour à tour plaisir et galanterie avec les dames, littérature et beaux-arts avec les académiciens et avec ceux qui espéraient le devenir, et politique avec les hommes d'État ou prétendus tels ; il était de l'avis de tout le monde. La princesse de Rohan s'était chargée de sa fortune ; elle n'éprouvait d'obstacle que de la part de son cher protégé, qui, nommé chanoine-comte de Lyon, paraissait satisfait de son sort. Ce n'était pas assez pour sa protectrice; elle voulait le voir arriver aux dignités ecclésiastiques; mais elle fut obligée d'y renoncer, par l'opposition sévère du théatin Boyer, devenu évêque de Mirepoix et dispensateur suprême de la feuille des bénéfices. Une riche abbaye se trouvait vacante; il fallait triompher de l'insouciance de l'abbé : Mme de Rohan exigea qu'il se présentât chez l'évêque de Mirepoix, qui l'accueillit fort mal, et refusa tout net. Il motiva son refus sur ce que, « n'étant pas engagé dans les ordres, il n'était pas susceptible de posséder des bénéfices à charge d'âmes; il ajouta qu'il n'y avait rien de moins ecclésiastique que sa conduite, et qu'il n'obtiendrait rien tant qu'il serait, lui, en place. » Le jeune abbé répondit au vieux prélat : « Eh bien, monseigneur! j'attendrai »; et il lui tira sa révérence. La repartie de l'abbé fut le grand événement du jour. Elle fut répétée, commentée, applaudie dans les petits appartements de Versailles, à l'Œil-de-Bœuf et dans tous les salons de la capitale. Quelques personnes prétendirent même que c'était au cardinal de Fleury, premier ministre, qu'elle avait été adressée.

Le refus *brutal* de l'évêque de Mirepoix ne découragea point Mme de Rohan : n'ayant pu faire de son ami un prélat, elle voulut en faire un diplomate, et se donna tous les mouvements possibles auprès du prince, depuis maréchal, de Soubise, et du duc de Nivernois, pour qu'ils le recommandassent à Mme de Pompadour. Elle ignorait sans doute l'intimité qui avait existé entre la favorite et l'abbé de Bernis; mais le prince de Soubise et le duc de Nivernois ne l'ignoraient pas. Il ne leur fut pas difficile de *réchauffer leur ancienne connaissance*, et Mme de Pompadour écrivit à Paris-Duverney ce petit billet : « J'ai oublié, mon cher *nigaud*, de vous demander ce que vous avez fait pour l'abbé de *Berny*; mandez-le-moi, je vous prie, car il doit venir dimanche. » Une femme peut changer d'état, oublier ce qu'elle fut, mais elle n'oublie jamais ses premières inclinations. Mme de Pompadour se rappela l'ami de Mlle Poisson, et beaucoup plus la personne que l'orthographe de son nom. L'abbé fut nommé à l'ambassade de Venise le 2 novembre 1751. La favorite l'avait fait loger aux Tuileries : il ne partit pour son ambassade qu'en octobre de l'année suivante. Il y resta jusqu'à la fin d'avril 1755. Il allait souvent à Parme pour y faire sa cour à la duchesse, fille de Louis XV. Le reste de son temps, il le passait à écrire à Paris-Duverney qu'il s'ennuyait fort à Venise, *où il n'y avait rien à faire*. Il sollicitait son ami d'obtenir son rappel, et se plaignait surtout de ce qu'on persistait à ne vouloir lui donner de nouveaux bénéfices qu'autant qu'il s'engagerait dans les ordres ecclésiastiques. Il se détermina enfin à faire le sacrifice de sa répugnance, et annonça cette grande nouvelle à Paris-Duverney le 19 avril 1755. Son retour en France ne pouvait se faire attendre. De grandes dames sollicitaient pour lui.

De retour en France, l'abbé, devenu prêtre, obtint successivement plusieurs gros bénéfices. Sa fortune était assurée, mais son ambition n'était point satisfaite; il ne quittait plus l'appartement de la favorite, dont il était devenu le conseiller intime. L'ambassade d'Espagne lui fut donnée en septembre 1755; mais il était devenu trop nécessaire à Mme de Pompadour, il ne partit point.

Le roi de Prusse s'égayait souvent aux dépens des maîtresses du roi de France et des poëtes courtisans. L'abbé diplomate ne pouvait pardonner au roi poëte d'avoir écrit :

Évitez de Bernis la stérile abondance.

Mme de Pompadour, que l'impératrice-reine Marie-Thérèse appelait sa *cousine*, haïssait aussi mortellement le petit roi de Prusse, qui l'avait numérotée Cotillon II dans la chronologie des amours de Louis XV. Les épigrammes de Frédéric, plus peut-être que l'enivrante et louangeuse politique de Marie-Thérèse, avaient inspiré à Mme de Pompadour et à l'abbé favori une haine implacable contre le roi de Prusse, en même temps que la plus vive sympathie pour l'impératrice-reine. Le ressentiment du poëte et de la maîtresse paraît avoir été une des principales causes de la guerre désastreuse de 1756, dite guerre de Sept-Ans et du honteux traité qui la termina. La récompense du dévouement de Bernis à la favorite ne se fit pas attendre : il fut nommé conseiller d'État le 27 juin, et en septembre suivant ambassadeur extraordinaire à Vienne. Mais il n'eut pas le temps de cette nomination comme de celle de Madrid; le nouvel ambassadeur ne quitta point Versailles. La favorite lui réservait de plus hautes destinées. Après avoir fait brutalement renvoyer du conseil MM. de Machau et d'Argenson, elle réussit à y faire entrer, le lendemain même, Bernis, en qualité de ministre d'État, et quatre mois plus tard il prenait le portefeuille des affaires étrangères, qu'on enlevait à M. Rouillé. Le funeste traité avait déjà porté ses fruits. Les Prussiens étaient entrés en Allemagne, et devaient envahir la Saxe, alliée secrètement à l'Autriche. Les campagnes suivantes ne furent qu'une déplorable série de revers. Frédéric n'avait pourtant pas cessé, même après les victoires de Rosbach et de Lissa, de proposer la paix; et il avait été jusqu'à offrir à Mme de Pompadour la principauté de Neufchâtel. C'est une singularité de plus à ajouter aux bizarres événements de cette époque. Personne, au reste, ne prit le change sur la véritable cause de ce déplorable traité, et une pièce de vers satirique disait en terminant :

Six cent mille hommes. égorgés,
Monsieur l'abbé, de grâce, est-ce assez de victimes;
Et les mépris d'un roi pour vos petites rimes
Vous semblent-ils assez vengés?

Bernis, détrompé par l'expérience, ou effrayé par les cris de douleur et d'indignation de la France, désirait mettre un terme à tant de hontes et de calamités; il était disposé à traiter avec le roi de Prusse. Mme de Pompadour persistait dans sa haine contre ce prince. La favorite et son confident, ou plutôt son complice, avaient cessé de s'entendre. Cette mésintelligence n'échappa point au comte de Stainville, depuis duc de Choiseul; il remplaça l'abbé dans le cœur et dans la confiance de la favorite. Bernis, nommé cordon-bleu le 2 février 1758, reçut encore le chapeau de cardinal le 2 octobre suivant. Mais il fut brusquement renvoyé du ministère en novembre de la même année, et exilé immédiatement à Vic-sur-Aisne, entre Compiègne et Soissons. Il y resta jusqu'en octobre 1760. Comme l'abbé de Bernis avait reçu presque en même temps la pourpre romaine et son renvoi du ministère, on fit à ce sujet cette épigramme :

On dirait que son Éminence
N'eut le chapeau de cardinal
Que pour tirer sa révérence.

Un dernier trait avait rendu la favorite et Bernis irréconciliables. Celui-ci avait remis au roi un mémoire dans lequel étaient énumérés les revers qui accablaient la France, et dont la cause était attribuée à Mme de Pompadour. Le roi avait eu la faiblesse de le communiquer à sa maîtresse; et dès lors la disgrâce du ministre avait été résolue. Élevé au cardinalat avant d'avoir occupé un siège épiscopal, il ne fut promu à l'archevêché d'Albi qu'en juillet 1764. Il partit pour le conclave en 1769, chargé d'appuyer l'élection de Ganganelli, qui fut en effet élu et prit le nom de Clément XIV. L'appui de la France ne lui avait été assuré qu'à la condition d'abolir la congrégation des jésuites. Il tint parole, tout en ne se dissimulant pas qu'il payerait de sa vie l'exécution de sa promesse.

Bernis jouit d'un grand crédit sous ce pontificat, et fut nommé évêque d'Albano. Déterminé à s'établir à Rome, il n'en conserva pas moins l'archevêché d'Albi; il ne tenait plus à la France que par sa qualité d'ambassadeur près le saint-siége. Lors de la promulgation de la constitution civile du clergé en 1791, il protesta avec la presque totalité des prélats et des grands bénéficiers de France, déclarant schismatiques ceux qui prêteraient serment à la nouvelle constitution.

Il avait commencé en 1737 un poëme intitulé : *La Religion vengée*, qu'il n'acheva jamais. Ses œuvres poétiques, d'un genre tout opposé, contribuèrent beaucoup à son avancement en lui ouvrant les portes de l'Académie Française. On sait qu'à ce propos Voltaire l'avait appelé *Babet la Bouquetière* par une double allusion aux fleurs mythologiques dont il semait beaucoup trop ses vers et à une grosse bouquetière en vogue qui se tenait à la porte de l'Opéra.

Les voyageurs que Bernis recevait dans son palais avec la plus bienveillante politesse, les artistes français ou étrangers, qu'il accueillait ou encourageait avec une générosité rare, n'ont parlé de lui qu'avec l'expression de la reconnaissance. Il mourut à Rome dans un âge très-avancé, en 1794. Sa correspondance avec Paris-Duverney, depuis 1752 jusqu'en 1769, a été imprimée pour la première fois en 1790. Ces lettres offrent des détails intéressants sur les principaux personnages et les principaux événements du règne de Louis XV. Les neveux et petits-neveux du cardinal de Bernis, aidés de la légation française à Rome, firent exécuter par un habile artiste italien un beau mausolée où ils déposèrent le corps de leur oncle. Ce monument a été plus tard transporté en France et placé dans la cathédrale de Nîmes.

DUFEY (de l'Yonne).

BERNOULLI ou BERNOUILLI. Cette famille a produit une foule d'hommes distingués, surtout dans les mathématiques, et dans l'espace d'un siècle l'éclat de leur nom a rejailli sur notre Académie des Sciences, qui de 1699 à 1790 a toujours compté quelque Bernoulli parmi ses membres associés.

Les Bernoulli descendent de *Jacques* BERNOULLI, mort en 1583, qui avait émigré d'Anvers à Francfort, à la suite des persécutions religieuses exercées dans les Pays-Bas par le duc d'Albe. Son petit-fils, *Jacques* BERNOULLI, fut, en 1622, reçu citoyen de Bâle, où il vint s'établir, et où son fils, *Nicolas* BERNOULLI, occupa bientôt une charge importante. Quant à la branche de la famille fixée à Francfort, on n'a conservé que le nom de *Léon* BERNOULLI, qui accompagna Oléarius dans l'ambassade que le duc de Holstein envoya en Perse, et dont Varnhagen von Ense a raconté les aventures dans ses *Monuments Biographiques* (4ᵉ vol., Berlin, 1846), à propos de la biographie de Paul Flemming.

BERNOULLI (JACQUES), le premier qui commença l'illustration de sa race, naquit à Bâle, le 27 décembre 1654, de Nicolas Bernoulli, dont nous avons parlé plus haut. Destiné par son père au ministère sacré, il reçut une éducation toute littéraire. Mais, entraîné par un penchant invincible vers les mathématiques, il les étudiait à la dérobée, et parvint sans secours à comprendre les plus hautes théories de l'astronomie. Après avoir parcouru une grande partie de l'Europe, il revint dans sa patrie se livrer exclusivement à l'étude des sciences. En 1680, l'apparition d'une comète fut l'occasion de son premier ouvrage, et il y donna la portée de son génie en démontrant l'opinion, déjà indiquée par de grands géomètres, que les comètes sont des corps éternels, dont les retours peuvent être prédits. En 1684, Leibnitz ayant publié les premiers essais du *calcul différentiel*, qu'il venait d'inventer, Jacques Bernoulli et son frère Jean comprirent toute l'importance de ce nouvel instrument dont ils surent à la science, et se l'approprièrent tellement par d'heureuses recherches et de profonds développements, que Leibnitz disait avec une généreuse candeur que cette découverte leur appartenait aussi bien qu'à lui. C'est Jacques Bernoulli qui a donné les premiers exemples du *calcul intégral*, cette source de tant de belles découvertes. Il préparait sur le *calcul des probabilités* un grand ouvrage, où il comptait non-seulement approfondir les chances des jeux, mais aussi éclairer la morale et la politique, lorsqu'il mourut, le 16 août 1705. Comme Archimède, il voulut que son plus beau titre de gloire fût gravé sur sa tombe. On y mit une spirale logarithmique, genre de courbe qui se reproduit sans cesse dans ses développements, avec ces mots : *Eadem mutata resurgo*, mots que l'on pouvait prendre pour la profession de foi du chrétien mourant. Il réunissait au génie des mathématiques le talent de la poésie et faisait des vers latins, allemands et français. Il professa depuis 1687 jusqu'à sa mort les mathématiques à l'université de Bâle, avec une élégance et une clarté qui attiraient à ses leçons un grand concours d'auditeurs.

BERNOULLI (JEAN), son frère, lui succéda dans cette chaire. Né à Bâle, le 27 juillet 1667, il avait été destiné au commerce; mais, se sentant appelé par la nature à l'étude des sciences, il suivit l'exemple de son frère, se fit son disciple, et fut bientôt son égal. Il partage avec lui la gloire d'avoir étendu et fécondé la belle découverte de Leibnitz. Pendant deux ou trois ans une noble émulation, resserrée par les liens du sang, de l'amitié et de la reconnaissance, anima les deux frères dans leurs travaux. Mais, pleins d'orgueil tous deux, tous deux âpres disputeurs, ils furent insensiblement conduits par la jalousie à la haine; les premiers torts appartinrent à Jean. C'était alors l'usage parmi les géomètres de se proposer des problèmes difficiles à résoudre, et cette guerre savante avait l'avantage d'enrichir la science d'utiles résultats. Les deux Bernoulli parurent souvent avec honneur dans la lice; mais la lutte finit par s'établir entre eux, et Jean fut vaincu, non pas par impuissance, mais par une légèreté orgueilleuse qui ne lui permit pas de donner à ses solutions une assez longue attention.

Comme Jacques avait adopté de bonne heure les principes de la philosophie newtonienne, Jean, en haine de son frère, défendit toute sa vie les principes de la physique céleste de Descartes, et il faut reconnaître qu'il déploya en faveur de cette mauvaise cause toutes les ressources d'un grand génie. Il fut aussi en discussion avec la plupart des géomètres de son temps; car il jugeait avec dureté les ouvrages des autres mathématiciens, et se montrait très-chatouilleux sur les siens. Il n'épargna pas même son fils Daniel, dont il accueillit fort mal les premiers essais ; et ce fils ayant partagé avec son père le prix de l'Académie des Sciences, celui-ci lui reprocha avec amertume ce qu'il appelait « son manque de respect ». Depuis lors il conserva contre Daniel une jalouse rancune ; et lorsque ce dernier publia son fameux *Traité d'Hydrodynamique*, il se hâta d'en composer un pour détourner à son profit le concert d'éloges que ce beau livre attirait sur son auteur.

Il ne faut pas croire cependant que Jean Bernoulli fût un homme insociable. Un caractère dominateur et emporté le jetait tout d'abord dans une querelle, puis l'orgueil l'empêchait de revenir sur ces pas. Mais il eut des amis, le grand Leibnitz entre autres, qu'il défendit avec une chaleureuse habileté contre les attaques des géomètres anglais, et l'illustre Euler, son disciple, dont il encouragea les débuts. Il combattit à armes courtoises le chevalier Renau, ingénieux inventeur des bombardes, sur sa *Théorie de la Manœuvre des Vaisseaux*, et après une discussion aussi savante que polie, il triompha par la publication de son grand traité sur cette partie si importante de l'art de la navigation.

Jean Bernoulli avait étendu sa puissance d'assimilation bien au delà du cercle des mathématiques, comme le prouvent ses écrits sur la physique, la physiologie, la métaphysique et ses poésies latines et grecques. Ses excursions dans le domaine de la physiologie méritent d'être signalées. Il avait publié une dissertation sur la nutrition, dans laquelle il prouvait que les corps se transforment sans cesse, s'enrichissant chaque jour de quelque emprunt fait au dehors et perdant par compensation une portion de leur substance. Les théologiens attaquèrent ces résultats, comme contraires au dogme de la résurrection. Comment, en effet, concevoir qu'au moment où tous les hommes devront reprendre leur enveloppe terrestre pour comparaître devant le souverain juge, comment concevoir qu'ils puissent donner place dans la reconstruction de leur corps à toutes les molécules qui y auront successivement fait séjour, comme en un chemin où chaque passant apporte de la poussière, d'où chaque passant en emporte? Ces débats avec les théologiens, quoique laissant suspendue sur la tête de Jean Bernoulli l'accusation d'impiété, ne le détournèrent pas des études physiologiques. Il fit encore des recherches sur le mouvement des muscles, et essaya d'employer les mathématiques à l'évaluation des forces musculaires de l'homme.

Jean Bernoulli mourut le 1er janvier 1748. Lui et son frère Jacques étaient associés des Académies des Sciences de Paris et de Berlin.

BERNOULLI (NICOLAS), fils d'un frère des deux précédents, sans s'élever au même rang qu'eux, fut cependant un mathématicien distingué. Après avoir édité l'*Ars Conjectandi* de son oncle Jacques, il fit en 1709 une importante application des principes de cet ouvrage à la durée de la vie humaine. Il résolut aussi plusieurs des problèmes proposés aux géomètres par Jean Bernoulli : la solution d'un de ces problèmes contient le germe de la théorie des conditions d'intégrabilité des fonctions différentielles.

Nicolas Bernoulli professa successivement les mathématiques et la logique à Padoue, puis la science du droit à Bâle. Il était membre de l'Académie de Berlin, de la Société royale de Londres et de l'Institut de Bologne. On trouve quelques morceaux de lui dans les œuvres de Jean Bernoulli, dans les *Acta Eruditorum* de Leipzig, et dans le *Giornale de' Letterati d'Italia*.

BERNOULLI (NICOLAS), fils aîné de Jean Bernoulli, naquit à Bâle, le 27 janvier 1695. Dès sa plus tendre enfance, il se montra rempli des plus heureuses dispositions, et à l'âge de seize ans il put aider son père dans sa correspondance avec les savants.

Nicolas Bernoulli était déjà professeur de droit à Berne et membre de l'Institut de Bologne, lorsqu'en 1725 il fut appelé à Saint-Pétersbourg, avec son jeune frère Daniel, pour y professer les mathématiques. C'est dans cette ville qu'une maladie cruelle l'enleva tout à coup à la science, le 26 juillet 1726. Quelques-uns de ses mémoires sur diverses branches des sciences se trouvent dans les œuvres de son père et dans les *Acta Eruditorum* de Leipzig.

BERNOULLI (DANIEL), né à Groningue, le 9 février 1700, frère du précédent, fut, comme son père et son oncle, un grand mathématicien malgré la volonté de ses parents. Son père le destinait au commerce; mais, passionné pour les sciences, il préféra la carrière de la médecine, et alla en Italie étudier à fond l'art de guérir, sous d'illustres maîtres, Michelotti et Morgagni. Ce fut là qu'il fit ses premières armes comme géomètre. Michelotti, homme profondément versé dans les mathématiques, ayant eu quelques discussions avec d'autres savants, Daniel prit la défense de son maître, et en sortit à son honneur. Appelé à professer les mathématiques à Saint-Pétersbourg, il y demeura jusqu'en 1733. Il vint alors occuper à Bâle une chaire de philosophie spéculative et de physique. Le nombre de ses travaux est immense. Dix fois il remporta ou partagea les prix de l'Académie des Sciences, dont il fut nommé associé étranger en 1748, en remplacement de son père. Lui aussi embrassa des sujets très-divers dans ses recherches, et, plus qu'aucun autre des Bernoulli, il s'est fait remarquer par l'alliance de la finesse et de la grandeur dans les vues, par la sagacité avec laquelle il saisissait le point fondamental de la question, par l'adresse qu'il mettait à choisir les hypothèses les plus propres à simplifier le problème. Pour lui le calcul n'était pas le but, mais seulement le moyen, et il semblait ne considérer les mathématiques que comme un instrument dont la valeur devait se mesurer à son usage.

Les immenses progrès que venaient de faire les mathématiques depuis un siècle avaient surtout servi le développement de la physique céleste; mais les sciences spécialement applicables aux besoins de la vie sociale en avaient reçu peu de leçons : Daniel porta ses regards sur la mécanique, et ouvrit une ère nouvelle pour cette science par la publication de son *Traité d'Hydrodynamique*, le premier ouvrage qui ait paru sur cette matière. L'art de la navigation, qui avait fourni à son père l'un de ses plus beaux ouvrages, dut à Daniel d'importants résultats. L'arithmétique sociale, où Pascal et Jacques Bernoulli avaient fait les premiers pas, ne pouvait manquer d'inspirer un esprit si curieux d'applications. Aussi fit-il servir le calcul des probabilités à démontrer les avantages de l'inoculation pour les États en général, à connaître le nombre des mariages, à déterminer l'inégalité numérique des naissances dans les deux sexes.

En physique, il est connu pour avoir, le premier, observé la vaporisation des liquides dans le vide à une température qui les laisse fixes dans l'air libre. Il s'occupa plusieurs fois de la théorie du son, et eut avec Euler une discussion célèbre sur les cordes vibrantes. En physiologie, il a évalué la quantité d'air qui pénètre dans les poumons à chaque inspiration, recherché l'usage des feuilles dans l'économie végétale, et combattu l'existence des vaisseaux aériens dans les plantes. Physicien autant que géomètre, il avait dès sa jeunesse adopté la théorie newtonienne. Philosophe autant que savant, il n'avait rien accepté des préjugés religieux de son époque, et, après une vie sage et heureuse, il mourut paisiblement, le 17 mars 1782.

BERNOULLI (JEAN), frère du précédent, né le 18 mai 1710, à Bâle, succéda en 1743 à son père Jean, dans la chaire de mathématiques de l'université de Bâle. Ce fut aussi un profond géomètre et un physicien habile. L'Académie des Sciences couronna trois de ses mémoires sur le cabestan, sur la propagation de la lumière et sur l'aimant. Il succéda à son frère Daniel comme associé de cette Académie. Nommé également membre de l'Académie de Berlin, il mourut à Bâle, le 17 juillet 1790.

BERNOULLI (JEAN), fils du précédent, né à Bâle, le 4 novembre 1744, mort à Berlin, le 13 juillet 1807, acquit de bonne heure une grande réputation comme géomètre et comme astronome. A treize ans il était reçu docteur en philosophie, en prononçant son discours *De historia inoculationis variolarum*, qui se trouve dans le tome IV des *Épîtres latines écrites à Haller*, et il n'était âgé que de dix-neuf ans quand l'Académie de Berlin l'appela dans son sein comme astronome. Après avoir parcouru une grande partie de l'Europe, il revint en 1779 se fixer à Berlin, où il fut nommé directeur de la classe des mathématiques de l'Académie et honoré du titre d'astronome royal. Il était aussi membre des Académies de Saint-Pétersbourg et de Stockholm et de la Société royale de Londres. Parmi les nombreux ouvrages qu'il a publiés, ceux qui ont pour objet les mathématiques sont : 1° *Recueil pour les Astronomes*; 2° *Lettres Astronomiques*; 3° une traduction des *Éléments d'Algèbre* d'Euler; 4° des travaux insérés dans les *Mémoires de l'Académie de Berlin* et dans les *Éphémérides Astronomiques* de cette ville.

BERNOULLI (JACQUES), frère du précédent, né à Bâle, le 17 octobre 1759, se fit d'abord recevoir licencié en droit. Disciple de son oncle Daniel, il le suppléa dans sa chaire de physique. Il vint ensuite se fixer à Saint-Pétersbourg, où l'attendait une chaire de mathématiques. Ses premiers travaux, insérés dans les *Nova Acta Academiæ Petropolitanæ*, donnaient déjà les plus hautes espérances, lorsque, le 3 juillet 1789, il périt frappé d'apoplexie en se baignant dans la Néva. A peine âgé de trente ans, il était déjà membre des Académies de Bâle, de Turin et de Saint-Pétersbourg, et s'était récemment marié à une petite-fille d'Euler.

BERNOULLI (Daniel), frère du précédent et troisième fils de Jean, naquit à Bâle, où il professa l'éloquence; il fut ensuite suppléant de son oncle Daniel.

BERNOULLI (Christophe), fils du précédent, né à Bâle, le 15 mai 1782, entra en 1799 dans les bureaux du ministre Stapfer à Lucerne. Au mois d'octobre 1801, il se rendit à Gœttingue, où il se livra presque exclusivement à l'étude des sciences naturelles; puis en 1802 à Halle, où il fut nommé professeur au *Pedagogium*. Deux ans plus tard, ayant renoncé volontairement à ces fonctions, il se rendit à Berlin, et de là à Paris; puis, après un court séjour à l'école d'Aarau, il s'en revint dans sa ville natale, où, en 1806, mettant enfin à exécution un projet qu'il avait formé depuis longtemps, il ouvrit une maison d'éducation, qu'il laissa périr en 1817. A peu de temps de là il fut appelé à professer l'histoire naturelle à l'université de Bâle.

Christophe Bernoulli appartient aux plus laborieux écrivains qui se soient occupés de technologie rationnelle. Nous citerons ici sa *Dissertation sur la Lumière de la Mer* (Gœttingue, 1802); son *Anthropologie physique* (2 vol., Halle, 1804); ses *Guides pour l'étude de la Physique et de la Minéralogie* (Halle, 1811); *De l'Influence pernicieuse des Corporations et des Maîtrises sur l'industrie* (Bâle, 1822); *Éléments de la Théorie des Machines à Vapeur* (Bâle, 1824); *Considérations sur la Fabrication du Coton* (Bâle, 1829); *Manuel de Technologie* (1833, 2ᵉ édit., 1840), ouvrage dans lequel tout le domaine de la technologie se trouve rationnellement passé en revue; *Manuel de la Théorie des Machines à Vapeur* (Stuttgard, 1833; 3ᵉ édit., 1847); *Manuel de Physique, de Mécanique et d'Hydraulique rationnelle* (2 vol., 1835); une traduction de l'ouvrage de Baines, *l'Histoire de la Fabrication anglaise du Coton* (1836); *Théorie des mouvements de la population* (*Populationistique*; Ulm, 1840); enfin l'*Encyclopédie Technologique*; (Stuttgard, 1850). Il a publié aussi une *Feuille du Citoyen*, qui se fusionna plus tard avec les *Archives suisses de Statistique et d'Économie politique* (5 vol., Bâle, 1828-1830).

BERNOULLI (Jean-Gustave), fils du précédent, né à Bâle, en 1811, s'est fait connaître par sa publication du *Vade-mecum du Mécanicien* (7ᵉ édit., Stuttgard, 1851).

BERNSTORFF (Famille). C'est une ancienne maison de la noblesse allemande, vraisemblablement originaire de la Bavière, mais dont il est question dès le douzième siècle comme seigneurs héréditaires des domaines de Bernstorff et de Teschaw, dans le Mecklenbourg. Divers membres remarquables de cette famille appartiennent à l'histoire du Danemark.

André-Gottlieb de Bernstorff, qui avait contribué à faire octroyer à Georges Iᵉʳ la dignité d'électeur pour le Hanovre, et plus tard à lui assurer le trône d'Angleterre, fut élevé en 1715 au titre de baron du Saint-Empire, et mourut en 1726, remplissant les fonctions de ministre d'État hanovrien. — Son frère, *Joachim-Engelke* de Bernstorff, fut le père du ministre d'État danois *Jean-Hartwig-Ernest* de Bernstorff, auquel nous consacrons plus loin un article particulier.

André-Gottlieb de Bernstorff, fils du ministre hanovrien dont il vient d'être fait mention, eut deux fils, *Joachim Berchtold* de Bernstorff, né en 1734, mort en 1807, et *André-Pierre* de Bernstorff, célèbre également comme ministre d'État danois (*voyez* ci-après), qui fondèrent les deux lignes de la maison de Bernstorff encore existantes. — La ligne aînée a aujourd'hui pour chef le comte *Berchtold* de Bernstorff, né le 25 octobre 1803. — *André-Pierre* de Bernstorff, fondateur de la ligne cadette, né en 1735, mort en 1797, avait épousé en 1763 Henriette-Frédérique, comtesse de Stolberg, sœur du célèbre poëte allemand de ce nom. Après la mort de sa première femme, arrivée en 1781, il se remaria en secondes noces, en 1783, avec Augusta de Stolberg, sa belle-sœur. De son premier mariage il avait eu six fils et trois filles. Un fils fut le seul fruit de sa seconde union. La plupart de ces enfants obtinrent de grands emplois à la cour de Copenhague, et formèrent des établissements en Danemark.

Nous ne mentionnerons ici que l'aîné, *Christian-Gunther*, comte de Bernstorff, né à Copenhague, le 3 avril 1769. Il fut attaché, dès qu'il eut achevé ses études, à la légation de Danemark à Berlin. Plus tard il alla à Stockholm en qualité de plénipotentiaire, puis vécut pendant quelque temps sans emploi à Copenhague. A la mort de son père, en 1797, il le remplaça dans ses fonctions de ministre des affaires étrangères, mais sans parvenir au glorieux renom de son prédécesseur. C'est en grande partie aux fausses mesures politiques qu'il adopta qu'on doit attribuer les calamités et les désastres qui accablèrent le Danemark vers cette époque. En 1810 il abandonna son portefeuille pour aller remplir les fonctions d'envoyé danois à Vienne, où il prit part aussi en 1814 aux délibérations du congrès. En 1818 il abandonna le service danois pour entrer à celui du roi de Prusse, qui le nomma son ministre des affaires étrangères, et il assista en cette qualité aux congrès d'Aix-la-Chapelle, de Carlsbad, de Vienne, de Troppau, de Laybach et de Vérone. Cet homme d'État se signala dans toutes les circonstances par ses tendances réactionnaires; et il lui arriva un jour de déclarer positivement que les puissances ne devaient pas souffrir que le régime constitutionnel s'établît au midi de l'Allemagne. Mis à la retraite, sur sa demande, en 1831, il est mort le 28 mars 1835.

BERNSTORFF (Jean-Hartwig-Ernest, comte de), *l'Oracle du Danemark*, comme l'appelait Frédéric le Grand, naquit à Hanovre le 13 mai 1712. Entré de bonne heure au service du Danemark, il remplit dès l'année 1737 les fonctions d'envoyé à la diète de Ratisbonne, et en 1744 à Paris. En 1750 il fut nommé secrétaire d'État et conseiller intime, puis, l'année suivante, membre du conseil privé. Ce fut à l'habileté de ses négociations que le roi de Danemark fut redevable de pouvoir incorporer à ses États les possessions des ducs de Holstein-Plœn, quand cette maison vint à s'éteindre. La prudence, l'habileté et la fermeté dont il fit preuve dans les discussions qui pendant et après la guerre de Sept-Ans surgirent au sujet de Holstein-Gottorp entre la Russie et le Danemark furent récompensées par le titre de comte, que lui accorda le roi Chrétien VII. Bernstorff jouit en effet sous le règne de ce prince de tout autant de crédit que sous celui de Frédéric V, jusqu'au moment où Struensée, le nouveau favori de ce prince, réussit en 1770 à lui faire retirer ses emplois; et alors il alla vivre pendant quelque temps à Hambourg. Après la chute de Struensée, on s'empressa en Danemark de le rappeler de la façon la plus honorable; mais la mort le surprit le 19 février 1772, pendant qu'il se rendait à Copenhague.

Bernstorff est un des ministres qui ont le plus puissamment contribué au développement de la prospérité matérielle du Danemark. Il réussit à donner une vie nouvelle à l'industrie manufacturière et au commerce. Avant lui c'est à peine si le pavillon danois était connu dans les eaux de la Méditerranée; tandis qu'à la mort de Frédéric V on comptait dans les différents ports du royaume plus de deux cents gros navires naviguant habituellement dans cette mer. Bernstorff aimait et protégeait les sciences, les lettres et les arts. Il fit obtenir des fonds à la Société des Belles-Lettres. Il fonda aussi une Société royale d'Agriculture; et en même temps qu'il faisait voyager en Orient une compagnie de savants, dont on trouvera les travaux consignés dans la *Description de l'Arabie* par Niebuhr, il attirait en Danemark beaucoup de littérateurs allemands, Klopstock entre autres, qui trouva chez lui l'accueil le plus hospitalier. Bernstorff apportait une ardeur sans égale dans ses efforts pour venir au secours de l'humanité souffrante. Ce fut sur ses plans qu'on fonda la maison de secours de Copenhague, et il posa la première pierre du grand hôpital de cette ville, qui lui est en outre redevable de la première école d'accouchement qu'ait eue le Danemark. Tous les ans il distribuait le quart de ses revenus aux pauvres; et alors même qu'il fut obligé de s'éloigner du royaume, il consacra 3,000 florins à cette dépense. Le premier en Danemark, il affranchit les paysans de ses domaines. Une colonne de granit, élevée en 1783 à peu de distance de Copenhague, rappelle le souvenir de ce bienfait.

BERNSTORFF (André-Pierre, comte de), cousin du précédent, et qui dans ses fonctions de ministre d'État rendit au Danemark des services encore plus réels et plus distingués, naquit le 28 août 1735, à Gartow, dans le duché de Brunswick-Lunebourg. Après avoir terminé ses études à Gœttingue et à Leipzig, il alla voyager en Angleterre, en Suisse, en France et en Italie, et entra au service du roi de Danemark en 1755, comme gentilhomme de sa chambre. En 1767 il fut, en même temps que son cousin, promu à la dignité de comte, et en 1769 nommé ministre d'État; mais lui aussi il dut donner sa démission quand Struensée devint le ministre tout-puissant de Chrétien VII. Rappelé également après la chute de ce favori, il fut bientôt après nommé ministre. En 1773, il réussit à conclure l'échange de la partie du Holstein appartenant à la maison de Gottorp contre Oldenbourg et Delmenhorst, négociation qui avait déjà été entamée précédemment par son oncle, de même qu'à resserrer les liens de bonne intelligence existant entre le Danemark et la France ainsi que l'Angleterre. Au mois d'octobre 1788, ce fut lui qui fit à la cour de Suède la première ouverture relative à une déclaration de neutralité armée. En 1780, à la suite de la mésintelligence survenue entre lui et la reine douairière, Juliane-Marie, et le ministre Guldberg, il donna sa démission; mais dès 1784 il était remis en possession de son portefeuille. Il seconda alors l'introduction d'un nouveau système financier, et prépara l'abolition du servage en Schleswig et en Holstein, mesure qui fut mise à exécution après sa mort. Il se montra aussi le constant défenseur de la liberté civile et de la liberté de la presse. « La liberté de la presse, disait-il, est un grand « bien. Les avantages résultant du bon emploi qu'on en peut « faire l'emportent de beaucoup sur les inconvénients résul- « tant de ses abus. *Elle constitue un des droits imprescrip* « *tibles de tout peuple civilisé; tout gouvernement qui y* « *apporte des entraves se déshonore.* » Aussi, pendant son administration la liberté d'écrire la plus complète existait-elle en Danemark.

Ce grand ministre, protecteur éclairé de l'industrie, du commerce, de la navigation et de l'agriculture, dont toutes les pensées étaient constamment concentrées sur la prospérité du Danemark, mourut le 21 juin 1797, et sa mort fut considérée comme une calamité nationale.

BÉROALDE DE VERVILLE, né à Paris, en 1558, mort vers 1612. Cet écrivain doit l'espèce de renommée qui s'est attachée à son nom à une circonstance assez singulière : un ouvrage dont il n'est probablement point l'auteur lui a été attribué, et a survécu, tandis que les livres qu'il a signés sont tombés au rang de ces bouquins, très-nombreux, que dévore un juste oubli. Béroalde publia divers poëmes, tels que *Les Appréhensions spirituelles, L'Idée de la République, La Sérodokimasie, ou Histoire des Vers qui filent la Soie*; il mit au jour, entre autres romans, *Les Aventures de Floride,* le *Voyage des Princes fortunés,* l'*Histoire d'Hérodias*; il s'occupa beaucoup d'alchimie. Tout cela aurait laissé dans le néant; mais on a mis sur son compte un bizarre recueil de dialogues intitulé, *Le Moyen de parvenir,* et le voilà devenu presque célèbre. Dans ces dialogues les personnages les moins faits pour se rencontrer ensemble devisent gaiement autour d'une table chargée de vins. Zoroastre, Calvin, Jules César, l'Autre, Sapho, Monsieur, Alcibiade, Érasme, Pierre l'Ermite, Quelqu'un, Hermès, Marie-Madeleine, Lucrèce et bien d'autres narrent des contes plus que grivois, et font assaut de coqs-à-l'âne. Nulle suite, nul plan; ce sont entretiens de buveurs un jour de mardi gras, toute retenue étant bannie. Mais dans cette longue facétie il y a beaucoup de verve, d'entrain et d'originalité : aussi depuis près de deux siècles et demi n'a-t-elle pas manqué de lecteurs.

Divers savants ont cherché à montrer que Béroalde était en effet le père de cet écrit; mais depuis quelque temps la critique combat cette opinion. M. Paul Lacroix veut faire remonter *Le Moyen de parvenir* à Rabelais; M. Péricaud, de Lyon, penche pour Théodore d'Aubigné, l'auteur du *Baron de Fœneste*; Nodier inclinait pour Henri Estienne, et repoussait entièrement les prétentions émises pour Béroalde, se contentant, dit-il, d'un seul raisonnement, qui en vaut mille : l'auteur du *Moyen de parvenir* est un des écrivains les plus vifs, les plus variés, les plus originaux, les plus piquants de notre vieille langue, un des hommes qui en ont le mieux connu l'esprit et les ressources, et par-dessus tout un courtier inimitable; Béroalde de Verville est le plus lourd, le plus diffus, le plus ennuyeux, le plus languissant des prosateurs de son époque, même dans quelques sujets heureux, où son imagination paraît être à l'aise. Remarquons en outre que Béroalde de Verville était chanoine de Tours; et bien que dans quelques-uns de ses écrits avoués il ait montré peu de respect pour les lois de la décence, on aurait droit d'être surpris qu'un ecclésiastique eût eu l'idée d'écrire pareil ouvrage, et la hardiesse de le livrer à l'impression, même sous le masque d'un anonyme, qui pouvait être dévoilé.

La première édition connue et datée du *Moyen de parvenir* est de 1610; elle fut suivie de plusieurs autres, la plupart sans date, ou avec des dates bizarres : *Imprimé cette année*; *nulle part*; *l'année pantagruéline* 100070032 , 100070057. Une de ces éditions s'annonce comme étant *corrigée de diverses fautes qui n'y étoient point, et augmentée de plusieurs autres.* Parfois le titre ordinaire a été échangé pour celui du *Salmigondis*, ou de *Vénus en belle humeur*. C'est vers 1780 qu'avait été mis sous presse pour la dernière fois *Le Moyen de parvenir*, lorsqu'en 1841 il reparut à Paris, en un volume in-12 de plus de cinq cents pages, avec une notice et un commentaire étendu du bibliophile Jacob, fort utile pour l'explication de bien des mots vieillis et de bien des allusions, bien des circonstances, ignorés aujourd'hui du public. G. BRUNET.

BÉROSE, savant prêtre babylonien, qui avait acquis la connaissance de la langue et de la science des Grecs, et qui semble avoir vécu vers l'an 260 avant J.-C., composa en langue grecque trois livres relatifs à l'histoire de la Babylonie et de la Chaldée, pour lesquels il utilisa surtout, dit-on, les antiques archives du temple de Babylone. Cet ouvrage était fort estimé par les historiens grecs et romains. Malheureusement nous n'en possédons plus aujourd'hui que quelques fragments cités par Josèphe, Eusèbe, Syncelle, etc. Mais ils n'en sont pas moins d'une haute importance, parce qu'ils donnent de précieux renseignements sur les parties les plus obscures de l'antique histoire de l'Asie. Ces fragments ont été réunis par Richter sous le titre de *Bérosi Chaldæorum Historiæ quæ supersunt* (Leipzig, 1825). Les *Antiquitatum Libri quinque, cum commentariis Joannis Annii*, publiés pour la première fois à Rome, en 1498, par Eucharius Silber, et attribués à Bérose, ne sont qu'une invention pseudonyme du dominicain Giovanni Nanni de Viterbe.

L'historien Bérose est-il le même que l'astronome Bérose, Chaldéen comme lui et prêtre de Bélus à Babylone? C'est là une question au sujet de laquelle les savants ne sont pas d'accord et qui a été longtemps controversée. Au rapport de Vitruve, Bérose l'astronome aurait quitté son pays pour venir à Cos, dans la patrie d'Hippocrate, ouvrir une école; mais il ne nous apprend pas à quelle époque il vivait. On lui attribue l'invention d'une nouvelle espèce de cadran solaire, à pivot, et de forme demi-circulaire, pour marquer la position convenable aux diverses latitudes. Suivant Justin le martyr, ce même Bérose l'astronome aurait eu une fille, désignée sous le nom de la *Sibylle babylonienne*; et ce serait elle qui aurait offert à Tarquin les fameux livres s i b y l l i n s.

BERQUEN, BERGHEN, BERGHEM, ou encore BERKEN (Louis de), lapidaire flamand, qui découvrit, vers le milieu du quinzième siècle, l'art de tailler le diamant. Avant lui on n'employait le diamant que dans l'état où la nature le produit quelquefois, soit roulé dans les eaux, où il a acquis un certain poli, soit en petites pyramides, qui semblent être le résultat de la cristallisation. Mais alors le d i a m a n t, quoique dépouillé de la croûte obscure qui l'enveloppe ordinairement, n'avait que très-peu de feu, ou d'éclat. Berquen ayant remarqué que deux diamants s'entamaient quand on les frottait l'un contre l'autre, en prit deux bruts et réussit par des frottements prolongés à les couper en facettes assez régulières. Ce n'est pas tout; il eut encore l'idée des les soumettre à l'action d'une roue de son invention, et avec la poussière résultant du frottement des diamants mêmes il acheva de leur donner le poli le plus parfait. La taille du diamant a sans doute fait depuis bien des progrès; mais au nom de Berquen n'en reste pas moins attaché le souvenir d'une invention qui fait époque dans l'histoire d'une industrie restée jusqu'à ce jour à peu près spéciale à la ville d'Amsterdam.

BERQUIN (Arnauld), né à Bordeaux, vers 1749, mort à Paris, le 21 décembre 1791. C'est lui qu'est due l'importation en France des livres destinés à l'enfance par l'Angleterre calviniste et par l'Allemagne luthérienne, qui jusqu'à cette époque étaient restés étrangers à notre patrie. Sous ce point de vue, que personne n'a remarqué, il mérite une place dans l'histoire littéraire de son temps. Il ne manquait ni de talent, ni de grâce, ni de sensibilité; et dans un siècle de destruction, où l'orgueil des doctrines et l'emphase des paroles accompagnaient le mouvement violent par lequel la société était entraînée, il n'est pas étonnant que ses qualités aimables et ingénues aient disparu, éclipsées par les prétentions furieuses et les passions enflammées qui l'entouraient. Il faut demander à d'autres les grandes parties du talent, l'invention, l'énergie, le coloris, la profondeur; mais c'était une âme tendre, un esprit gracieux, une intelligence souple. Il apprit de bonne heure l'anglais, l'allemand et l'italien; et, voyant le cours orageux et ardent que prenaient les choses publiques, il abandonna toute prétention politique et même littéraire, pour consacrer ses veilles et ses connaissances variées à l'éducation morale de l'enfance. La tâche particulière qu'il s'imposa s'accordait très-bien avec les tendances et les goûts de ses contemporains. Le protestantisme anglais et allemand, dont le but spécial est de réformer l'individu par l'examen attentif de lui-même, avait depuis longtemps fourni des livres intéressants à la bibliothèque du premier âge. En effet, si l'homme doit s'examiner, se juger et se réformer lui-même, comme le protestantisme l'établit, de telles œuvres lui deviennent indispensables dès l'adolescence, comme guides et comme instructeurs.

Les ouvrages de ce genre par Weiss, mistress Trimmer, John Day, Hannah Moore, mistress Barbauld et plusieurs autres avaient acquis en Allemagne et en Angleterre une grande vogue populaire, lorsque Berquin, leur empruntant ce qui lui paraissait le plus conforme au mouvement intellectuel de son pays, et faisant disparaître de ses emprunts la teinte religieuse, sévère en Angleterre, mystique en Allemagne, qui eût contrarié les goûts philosophiques de ses concitoyens, composa une série de petits livres ingénieux et ingénus, qui plurent infiniment. On y retrouvait la morale de Jean-Jacques et de Locke, les idées de Saint-Lambert et de Hume, les espoirs et les désirs du temps; toute trace de catholicisme enseignant et de morale sacerdotale en était effacée. A tout prendre, cette introduction de la moralité protestante dans un pays et à une époque où toutes les bases sociales de l'ancienne moralité catholique s'écroulaient, fut utile à la génération qui s'élevait, et Berquin a droit à la reconnaissance du pays.

La modestie de sa vie répondait à la candeur agréable de ses ouvrages. Collaborateur de *La Feuille villageoise* avec Ginguené et Grouvelle, rédacteur du *Moniteur* pendant quelque temps, il avait obtenu, en 1784, le prix d'utilité morale que l'Académie Française décerna à juste titre à son *Ami des Enfants*. Il fut en 1791 un des candidats proposés pour être le précepteur du prince royal, fils de Louis XVI. Il mourut quelques jours après. On ne sait que trop à qui cette place fut donnée...

La verve poétique de Berquin était réelle, tendre et pure, bien que timide et peu profonde; dans d'autres circonstances, nous ne doutons pas qu'il n'eût accompli une destinée supérieure. La place de celui qui a écrit le délicieux et simple chant d'une mère :

Dors, mon enfant, clos ta paupière !

était marquée parmi les poëtes élégiaques ; et cette perle de pure et transparente poésie, jointe à une autre ballade charmante : *Geneviève de Brabant*, à quelques idylles délicieuses, et à une imitation délicate de l'*Orgoglioso Flumicello* de Métastase, composent un trésor poétique peu considérable, mais plus précieux que les hexamètres tendus de Roucher, les diffuses fatuités de Dorat et l'épopée prosaïque et emphatique de Thomas. Il n'y avait pas de place à cette époque pour un poëte naïf; Berquin a fait l'ami, le poëte, le romancier et l'historien des enfants. On ne peut lui reprocher ni la sentimentale diffusion de B o u i l l y, ni la corruption secrète et élégante de Mme de Genlis, ni la puérile parure et la fausse poésie de F l o r i a n. Enfin, il nous paraît juste de rendre à cet aimable esprit, à ce poëte ingénu, et la place qu'il mérite, et le regret de celle qu'il eût conquise sans peine, si la fleur de son doux génie avait pu se développer dans un temps calme et sous un ciel serein qui eût protégé sa grâce et sa timidité.   Philarète Chasles.

BERQUIN (Louis de), gentilhomme de l'Artois, né en 1489, fut brûlé à Paris, en place de Grève, le 22 avril 1529, pour cause d'hérésie. Ami particulier d'Érasme et bien à la cour en vertu de son mérite, c'était un de ces hommes religieux, mais qui détestaient les moines à raison de leur ignorance et de leur superstition. Il ne voulait pas qu'on rendît à la Vierge les mêmes honneurs qu'à Jésus-Christ, parce que pour cela partager les opinions des luthériens. Les écrits qu'il publia à ce sujet lui attirèrent un premier procès devant le parlement de Paris, en 1523 : cette fois, il en fut quitte pour une admonestation et l'injonction d'avoir à abjurer certaines propositions hérétiques, ce qu'il fit. Sa condamnation ne le rendit pas plus prudent dans ses propos; et trois ans après il fut arrêté comme hérétique relaps et enfermé à la Conciergerie. Heureusement François Ier, de retour pour cela moment de sa captivité d'Espagne, intervint pour qu'on le remit en liberté. En 1528 de nouvelles dénonciations amenèrent encore une fois l'arrestation de Berquin, qui refusa de se rétracter et fut condamné à périr par le feu. Le seul adoucissement apporté à cette sentence, ce fut d'étrangler le libre penseur avant de le brûler.

BERR (Michel), né à Nancy, en 1780, mort à Paris, en 1837, était fils d'Isaac Berr de Turique, israélite célèbre par le zèle actif qu'il déploya au commencement de la révolution, et plus tard encore, pour assurer à ses coreli-

5.

gionnaires le libre exercice de leur culte et cette égalité civile devant la loi que dix-huit siècles de persécution leur faisaient si vivement désirer. Il fut le premier de ses co-religionnaires qui, usant des droits que leur conférait leur émancipation politique, proclamée par la législation nouvelle, se fit recevoir avocat. Cependant il ne paraît pas que les luttes du barreau eussent beaucoup d'attrait à ses yeux; car il ne tarda pas à y renoncer pour se vouer tout entier à la philosophie et à la littérature. Ses nombreux ouvrages, composés tous dans un but utile, lui assurent une place honorable parmi les gens de lettres contemporains. Le but constant des efforts et des travaux de Michel Berr, ce fut d'éclairer, de moraliser, et, pour nous servir d'un mot que nous nous rappelions lui avoir entendu employer, de *christianiser* ses co-religionnaires.

Sous l'Empire, Michel Berr avait rempli les fonctions de chef de division au ministère de l'intérieur en Westphalie. Sous la Restauration, il prit une part active à la lutte que toutes les intelligences généreuses engagèrent bien vite, dans la presse, contre ce pouvoir imbu de principes et d'idées rétrogrades, défendant les droits ou les intérêts de ses co-religionnaires toutes les fois qu'ils étaient attaqués.

BERRET, BERRETTE. *Voyez* BARRETTE.

BERRI. *Voyez* BERRY.

BERRUGUETE (ALONSO), l'un des sculpteurs, des architectes et des peintres les plus célèbres qu'ait produits l'Espagne, naquit en 1480, à Paredès de Nava, et mourut en 1561, à Alcala. Il étudia en 1503 à 1520, d'abord à Rome, où il travailla beaucoup avec Michel-Ange, dont il s'assimila la manière; puis à Florence, où il se lia intimement avec André del Sarte et avec Bandinelli. A son retour en Espagne, il séjourna d'abord pendant quelque temps à Saragosse, où il exécuta le superbe mausolée du vice-chancelier d'Aragon. Il passa ensuite en Castille, et fut distingué par Charles-Quint, qui lui confia différents travaux et l'employa même comme architecte pour le palais du Pardo et pour des réparations à l'Alhambra. Ses principaux ouvrages de sculpture sont dans la cathédrale de Tolède, et ses toiles les plus remarquables à Valladolid, Tolède et Salamanque. Berruguete figure au premier rang des artistes espagnols qui, après s'être formé le goût en Italie, introduisirent la manière des grands maîtres en Espagne, en même temps que, comme architecte, il y transplantait un style d'architecture plus simple et moins surchargé d'ornements.

BERRUYER (JOSEPH-ISAAC), né à Rouen, le 7 novembre 1681, d'une famille honorable de cette ville, professa longtemps avec distinction les humanités chez les jésuites, et se retira dans la maison professe de Paris, où il mourut, le 18 février 1758, après avoir fait beaucoup de bruit dans le monde par son *Histoire du Peuple de Dieu*, histoire mêlée de traits singuliers et brillants, écrite avec une élégance abondante, que dépare quelquefois la prolixité, en un mot surchargée d'ornements qui ne sont pas toujours de bon goût. La seconde et la troisième partie de cet ouvrage furent condamnées par Benoît XIV et Clément XIII. La Sorbonne censura aussi les ouvrages du P. Berruyer. Les jésuites désavouèrent publiquement l'œuvre de leur confrère, et obtinrent de lui un acte de soumission, lu en Sorbonne en 1754. Malgré cette marque de déférence extérieure, Berruyer publia plusieurs brochures pour la justification de ses écrits. Ces apologies aussi bien que les livres qui en étaient l'objet furent condamnés par l'évêque de Soissons, Fitz-James. Quoi qu'il en soit, les erreurs mêmes du P. Berruyer prouvent qu'il était né avec beaucoup d'esprit et d'imagination.
CHAMPAGNAC.

BERRY ou BERRI, une des anciennes provinces de France; elle répondait à la plus grande partie du pays des *Bituriges Cubi*, et avait pour limites, au nord l'Orléanais, au sud la Marche, à l'ouest la Touraine, à l'est le Nivernais. Divisée en haut et en bas Berry, Bourges était sa capitale. Aujourd'hui cette province forme les départements de l'Indre et du Cher, et quelques fractions de ceux de Loir-et-Cher, de la Nièvre, de la Creuse et de l'Allier.

Les Bituriges tenaient le premier rang parmi les peuples de la Gaule celtique, et, s'il faut en croire plusieurs historiens, les sciences y étaient déjà fort avancées, même avant l'invasion de César. Celui-ci étant parvenu à les réduire, malgré l'énergique résistance de Vercingétorix, leur général en chef, le Berry demeura sous la domination romaine jusque vers l'an 475, époque où cette province fut envahie par Euric, roi des Visigoths. En 507, après la bataille de Vouillé, Clovis s'en empara et la réunit à l'empire des Francs. Elle fut alors gouvernée par des chefs militaires, qui prirent le titre de comtes de Bourges, et qui, s'étant rendus indépendants, l'érigèrent, sous Charles le Chauve, en comté héréditaire. En 1094, l'un de ces comtes, Eudes Arpin ou Herpin, se disposant à partir pour la Terre Sainte, vendit à Philippe Ier, roi de France, son comté de Berry pour 60,000 sous d'or, et prit la croix. Depuis ce moment, le Berry ne fut détaché de la couronne que pour servir d'apanage aux princes ou princesses du sang. Érigé en duché-pairie par le roi Jean le Bon (1360), à charge de réversion à la couronne en cas d'extinction d'héritiers mâles, il fut d'abord possédé par son troisième fils, Jean de France, et successivement ensuite par Jean, second fils de Charles VI, par Charles frère puîné de Jean, et depuis Charles VII, roi de France; par Charles, père de Louis XI; par Jeanne de France, qui épousa Louis d'Orléans, depuis Louis XII; par Marguerite de Navarre, sœur de François Ier; par Marguerite, duchesse de Savoie, sœur de Henri II; par le duc d'Anjou, qui le réunit à la couronne après son avènement au trône, sous le nom de Henri III, en 1574; et enfin par la reine Louise, veuve de Henri III, à qui Henri IV l'accorda en usufruit. Après la mort de cette princesse, le Berry fut définitivement uni à la couronne, et à partir de ce moment le titre de duc de Berry a été purement nominal; le dernier prince qui l'a porté était fils de Charles X (*voyez* plus loin).

Le Berry n'a pas été épargné par les guerres politiques ou religieuses qui ont tour à tour désolé la France; si pendant les agitations de la révolution de 1789, il fut une des provinces qui se distinguèrent le plus par leur modération et l'absence de tout désordre, il n'en a malheureusement pas été de même à la suite des évènements de 1848.

Le territoire de ce pays se compose en général de bruyères et de terrains sablonneux. La toison des bêtes à laine qu'on élève dans ses pâturages est recherchée à cause de sa finesse. Le sol renferme des mines de fer et de charbon de terre, et des carrières de marbre.

BERRY (JEAN DE FRANCE, duc DE), troisième fils de Jean le Bon, naquit à Vincennes, le 30 novembre 1340, et commença par porter le titre de comte de Poitou. Après la désastreuse bataille de Poitiers, à laquelle il assista, et qui amena la captivité de son père, il fut, en vertu du traité de Brétigny, envoyé comme otage en Angleterre. Édouard III lui ayant, au bout de neuf ans, accordé un congé pour venir *moyenner sa rançon* en France, il y resta jusqu'à la reprise de la guerre, et, devenu commandant de l'armée française en Guyenne, il enleva au Prince Noir plusieurs villes importantes. A la mort de son frère Charles V, il fut nommé tuteur du roi mineur Charles VI, avec les ducs d'Anjou et de Bourgogne. Plus tard, s'étant fait donner le gouvernement du Languedoc, il s'y fit exécrer par sa cupidité et ses exactions. Les plaintes allèrent si loin, que le roi, visitant cette province, chargea des prélats de faire une enquête; et pour qu'on ne semblât point faire un procès au duc de Berry lui-même, ce fut son principal agent, Béthisac, qui fut mis en jugement et brûlé comme *hérétique*.

Lors de la déplorable défaite d'Azincourt, le duc de Berry avait fait de vains efforts pour s'opposer à ce qu'on livrât la bataille. Il ne fut pas plus heureux pour faire accepter la paix que Sigismond proposait de négocier entre la France et l'Angleterre.

Il mourut à Paris le 15 juin 1416. Dans une maladie dont il avait été atteint cinq ans auparavant, il avait eu tellement peur de la mort qu'il avait fait implorer Dieu par des prières publiques, et offert des dons aux églises. Il avait fait même une remise de vingt mille écus sur les derniers impôts; mais comme il n'en resta pas moins maudit et abhorré par le peuple, il eut son hôtel de Nesle démoli, et son château de Bicêtre brûlé, pendant qu'il était malade.

BERRY (Charles, duc de), troisième fils de Louis, dauphin de France, et de Marie-Christine de Bavière, petit-fils de Louis XIV, naquit le 31 août 1686. Prince d'un caractère faible, il n'a joué aucun rôle politique; il serait à peine connu s'il n'avait été l'époux de cette duchesse de Berry, fille du duc d'Orléans, que la dissolution de ses mœurs a rendue si fameuse (*voyez* l'article suivant). Il l'avait épousée en 1710. Il mourut à Marly, le 4 mai 1714, à l'âge de vingt-huit ans, d'une mort prématurée et que l'on ne crut pas naturelle.

BERRY (Marie-Louise-Élisabeth d'Orléans, duchesse de), fille et maîtresse du régent Philippe d'Orléans, née en 1695, morte à la Muette, à vingt-quatre ans, le 20 juillet 1719. Plutarque, dans la *Vie de Marc-Antoine*, nous parle de la vie *inimitable* que l'ambitieuse et lascive Cléopâtre faisait mener à ce triumvir, qui préféra les caresses d'une reine à l'empire du monde. Il faudrait son pinceau naïf pour nous montrer la vie *inimitable* aussi que la duchesse de Berry, avec son orgueil de princesse et la beauté de courtisane, avec ses formes gâtées par l'embonpoint, et cependant encore belles, avec ses yeux allumés de luxure et de champagne, avec ses délirantes colères, avec son inexprimable abandon de maintien, de regards, de paroles, faisait mener à bon régent son père. Eh ! combien elle alla grand train, la vie de cette mademoiselle d'Orléans! Jetée dans la tombe à vingt-quatre ans, elle avait paru capable de tous les crimes, elle avait épuisé toutes les maladies qu'enfantent l'intempérance et la lubricité, rêvé toutes les ambitions, poussé à bout tous les vices, tari la coupe de toutes les voluptés, depuis la grossière et bruyante crapule du soldat aux gardes, qui s'enivre de vin et de tabac, jusqu'aux recherches raffinées de la courtisane habile à raviver les sens usés, ennuyés, blasés des princes. Quel biographe aurait la plume assez peu chaste pour nous faire voir la duchesse de Berry-Orléans montrant le premier jour au lit conjugal un aplomb capable d'étonner tout le monde, excepté son jeune et débonnaire époux, qui, sous l'empire de l'amour et de l'illusion, ne vit en cela qu'un charme de plus? Dès les premières semaines du mariage, le duc de Berry ne suffit plus seul à l'exigence des sens effrontés de la duchesse, et sa couche ducale devint un théâtre où l'acteur principal change souvent, mais l'héroïne reste toujours la même. Alors éclatent les indécences en public, alors commencent les courses avec les jeunes gens.

Devenue folle d'un écuyer de son époux, nommé Delahaye, au teint rosé, au cœur sensible, ardent, délicat, ne veut-elle pas, dans une visée d'héroïne de roman, se faire enlever par lui? Elle prétend qu'il l'emmène en Hollande; et l'amant trop favorisé n'échappe à cette périlleuse nécessité qu'en révélant au régent la nouvelle folie de sa fille. Au reste, Delahaye n'est pas le seul : elle admet dans sa maison, tenue avec le luxe d'une reine, maints braves aux belles moustaches, soit afin de remplir les entr'actes de sa passion en titre, soit « pour se faire compter, dit Saint-Simon, entre l'Espagne et son père, et se tourner du côté le plus avantageux; » car jamais elle ne cessa d'allier aux goûts d'une Messaline les soins ambitieux d'une femme qui se sent appelée à gouverner les hommes, sans doute parce qu'elle les méprisait autant qu'elle en était méprisée.

Le règne de Delahaye ne fut pas long. Ce Lauzun, qui avait épousé, tourmenté, vilipendé la grande Mademoiselle d'Orléans-Montpensier, ce Lauzun, dont l'insurmontable impudence avait imposé à l'orgueil, jusque alors invaincu, de Louis XIV ; ce Lauzun, qui tenait pour maxime, comme dit Saint-Simon « que les Bourbons veulent être rudoyés et menés le bâton haut, sans quoi on ne pourrait conserver sur eux aucun empire; » ce Lauzun avait un neveu, comme lui cadet de Gascogne : c'était Rion, au teint bilieux et verdâtre, mais aux puissantes épaules. Un tel homme, formé à pareille école, était bien digne de conquérir toutes les affections de la fille du régent. Avec cette duchesse de Berry, qui faisait trembler son père, qui tenait à distance respectueuse sa mère, qui avait bravé les mécontentements et la sévérité bigote du vieux sultan de Versailles, Rion prend le ton de maître; il la traite en esclave, la contrarie sur ses dépenses, sur sa toilette, sur tout; il la mène bride haute, il va jusqu'à ne pas lui dissimuler la préférence et les caresses qu'il accorde à Mme de Mouchy, l'une des femmes de la princesse ; enfin, à la mort du duc de Berry, il se fait épouser par la noble veuve, et, comme on le conçoit sans peine, le mari se montre encore bien moins traitable que l'amant. Trop heureux le régent, que la mort prématurée de sa fille l'ait débarrassé de la nécessité de reconnaître hautement ce mariage, car c'était chaque jour nouvelles scènes de la part de la duchesse pour qu'il le fît déclarer.

Afin de compléter ce tableau du vice puni par lui-même (car sans cela trop heureux seraient les gens de race royale), suivrai-je la duchesse de Berry dans ses amours incestueux avec son père? Digne et monstrueux couple! un père que la postérité, d'accord avec Louis XIV, a qualifié de *fanfaron de crimes*, une fille si merveilleusement chassant de race qu'elle semblait moins affectionnée de honteux tête-à-tête que de publiques orgies ! On peut, dans les *Mémoires de Saint-Simon*, l'ami du régent, l'époux de la dame d'honneur de la duchesse, lire la description d'un gala dans lequel le père et la fille se donnèrent en spectacle de la manière la plus extraordinaire : « Madame la duchesse de Berry, dit-il, et M. le duc d'Orléans s'y enivrèrent au point que tous ceux qui étaient là ne surent que devenir. L'effet du vin par haut et par bas fut tel qu'on en fut en peine, et ne la désenivra pas, tellement qu'il fallut la ramener en cet état à Versailles. » La duchesse de Berry et son père furent les inventeurs du bal de l'Opéra, non pas avec ses folies ridiculement innocentes, mais avec les mystères raffinés de la prostitution en petites loges : c'est là que cette princesse, si fière du sang royal qui coulait dans ses veines, trouvait qu'au *paradis* tous les mortels sont égaux, et s'abandonnait avec une joie frénétique aux caresses de maint séduisant roturier. Tous les mémoires contemporains affirment qu'incestueuse par ambition autant que par lubricité, cette princesse s'offrit à son père : elle espérait. le gouverner; et si elle ne put tout à fait y réussir, le régent étant peu accessible de ce côté, du moins elle acquit sur lui beaucoup plus d'influence qu'aucune autre maîtresse. Sur la fin, le régent, soit prudence, soit lassitude de libertin changeant, parvint à se soustraire presque entièrement au joug, et ce furent les efforts qu'elle fit pour le captiver de nouveau qui causèrent la mort de la duchesse.

Du vivant du duc de Berry, la cour retentit plus d'une fois des contestations qui éclatèrent entre le mari jaloux et le beau-père. Le duc de Berry, peu de temps après une scène des plus vives à ce sujet, fut frappé de la courte maladie qui l'enleva à la fleur de l'âge ; et le public douta peu que le poison, administré par la femme, ne fût venu à propos calmer la fureur du mari. Rien n'est moins prouvé que cet empoisonnement ; mais ce ne fut pas le seul crime de ce genre dont on ait accusé la duchesse de Berry. La mort du duc de Bourgogne et celle de sa vertueuse épouse lui furent attribuées : cela n'a pas été prouvé davantage ; mais toutes ces accusations ont eu la vraisemblance que leur donnait le caractère connu de la duchesse de Berry, tandis que l'histoire, pour laver le régent de tout soupçon de ce genre, n'a eu besoin que de jeter un coup d'œil impartial sur la bonté facile de son âme, à la fois si humaine et si corrompue.

La soif de dominer régnait aussi bien dans le cœur de la duchesse que la soif des plaisirs. Elle voulait primer à tout prix : elle avait tous les vices de l'ambition, et l'ingratitude au premier degré. Elle devait tout à la duchesse et au duc de Bourgogne, qui avaient amené son union avec le duc de Berry, malgré les répugnances de Louis XIV et du grand dauphin, répugnances fondées sur la connaissance de ses vices et de ses travers. A peine mariée, elle ne dissimula pas sa haine contre sa bienfaitrice et contre tous ceux qui avaient eu part à ce résultat; dans son immense vanité, elle ne craignait pas de déclarer qu'avoir contribué à son élévation c'était avoir encouru son inimitié.

Orgueilleuse jusqu'à l'extravagance, elle parut un soir au spectacle sous un dais, en présence de son père et de sa mère, et il fallut que les murmures du public châtiassent cette insolence. Sur une estrade également elle voulut recevoir l'ambassadeur de Venise. Le diplomate se retira confondu. « Cette folie d'une jeune personne occupa toute l'Europe, dit Lacretelle; les ambassadeurs protestèrent, et il fallut que le régent promît que pareille scène ne se renouvellerait plus. » La duchesse d'Orléans était, comme on sait, une fille légitimée de Louis XIV et de madame de Montespan : croirait-on que pour ce motif elle fut constamment l'objet des insultes de sa fille, la duchesse de Berry? Que de scènes scandaleuses au milieu desquelles le régent, mari infidèle, père incestueux, fut obligé de s'interposer entre son épouse délaissée et sa fille favorite! Celle-ci voulut un jour chasser un huissier dont le seul crime était d'avoir chez elle ouvert les deux battants à la duchesse d'Orléans, honneur qui ne s'accordait pas, à la vérité, aux filles du roi légitimées, mais que cet officier avait cru devoir à la mère de la duchesse venant faire visite à sa fille. La duchesse d'Orléans avait en sa possession des pendants d'oreilles en diamants que convoitait la duchesse de Berry. La veille d'un grand bal donné à la cour, elle avait essayé vainement de les obtenir de sa mère. Piquée de ce refus, elle menaça son père de rompre avec lui si elle n'avait par son moyen les diamants de sa mère. Le duc d'Orléans va docilement les demander à sa femme, sous prétexte de les mettre en gage pour acquitter une dette. Madame d'Orléans livre son écrin, et le lendemain la duchesse de Berry, triomphante, se montre au bal avec les pendants d'oreilles. Le scandale était au comble; les cris et les pleurs de la duchesse d'Orléans y ajoutèrent encore, en ne laissant aucun doute sur les odieuses accusations auxquelles étaient en butte le père et la fille.

La mort de la duchesse de Berry fut digne de sa vie. Elle voulait les derniers sacrements, car chez elle la peur du diable, dit Saint-Simon, s'alliait à l'amour de tous les vices. Le curé Languet, approuvé du cardinal de Noailles, archevêque de Paris, refusait de faire son office, si la princesse ne commençait par chasser de sa maison Rion, son amant, et la dame de Mouchy, maîtresse avouée du dernier. Dominée jusqu'à la fin par ces deux intrigants, la duchesse ne voulait rien moins que faire jeter le curé par la fenêtre. Elle accoucha, et parut sauvée; elle alla même jusqu'à se persuader que l'on avait pu cacher sa grossesse et sa délivrance. Après quelques jours de convalescence, voulant reconquérir son ancien ascendant sur son père, qui semblait s'éloigner d'elle, elle lui offrit une fête nocturne dans les jardins de Meudon. Le régent vint. Dans cette orgie, sur laquelle planait la mort, elle s'exposa d'autant plus imprudemment au froid qu'elle prétendait toujours donner le change au public sur son accouchement. Cette nuit fut la dernière de ces fêtes : atteinte à la fois d'un frisson glacial et d'une fièvre brûlante, il fallut l'emporter dans son lit : elle ne se releva plus. Cette fois les sacrements ne lui furent pas refusés : elle les reçut avec appareil, portes ouvertes, fit à l'assistance un beau discours, puis, restée seule avec ses intimes, leur demanda, comme l'empereur Auguste à ses amis, si elle n'avait pas bien joué son rôle. Un ou deux jours après, nouvelle peur du diable, nouveaux sacrements, mais reçus du moins cette fois avec décence. Elle morte, le régent fut seul à la regretter; mais il ne voulut point qu'elle eût d'oraison funèbre : cependant Massillon, qui avait sacré le cardinal Dubois, était là avec son habile et onctueuse phraséologie. Cette pudeur de la part du régent fut un trait d'esprit. Charles DU ROZOIR.

BERRY (CHARLES-FERDINAND, duc DE), second fils du comte d'Artois (*voyez* CHARLES X) et de Marie-Thérèse de Savoie, naquit à Versailles, le 24 janvier 1778, fut élevé avec le duc d'Angoulême, son frère aîné, par le duc de Sérent, et de bonne heure fit preuve d'un caractère heureux, d'une grande présence d'esprit, et de l'art, si difficile, de tenir à chacun le langage qui convient à sa position. En 1789, il suivit son père dans l'émigration, et servit avec lui à l'armée de Condé jusqu'en 1798. Plus tard, il accompagna le chef de sa maison en Russie; puis en 1801 il vint s'établir en Angleterre, vivant alternativement à Londres et à Édimbourg. Il y épousa même une jeune Anglaise de famille plébéienne; deux filles sont issues de ce mariage, que la politique de Louis XVIII lui fit ensuite annuler, comme ayant été contracté sans son consentement : l'une a depuis épousé le marquis de Charette, et l'autre le prince de Faucigny.

Lorsque nos désastres de 1813 et de 1814 eurent rouvert les portes de la France à la famille de Bourbon, le duc de Berry, qui était allé s'établir à Jersey, comme dans un poste d'observation, débarqua le 13 avril à Cherbourg, d'où il se dirigea sur Bayeux, Caen, Rouen, etc., gagnant partout sur son passage, disent les relations de l'époque, par l'affabilité de son langage, les populations et les gardes nationales à la cause royale, et triomphant des préjugés des soldats eux-mêmes par ses manières franches, brusques et toutes militaires. Accueilli, raconte-t-on, dans une revue par des cris de *Vive l'empereur*! il ne put contenir la fougue de son caractère, et s'écria avec humeur : « Et qu'avait-il donc de si merveilleux, cet homme? — Il nous conduisait à la victoire, répondit un grenadier. — Avec des gens tels que vous, cela n'était pas difficile, » repartit le prince. Une autre fois, il dit à un vieux général : « Nous commençons à peine à nous connaître; mais quand nous aurons fait ensemble quelques campagnes, nous nous connaîtrons mieux! » On remplirait un volume des mots heureux qu'on prêta alors à chacun des membres de la famille royale. Le duc d'Angoulême lui-même eut les siens, et ils n'étaient pas des moins bons; ce dont on ne devra pas s'étonner quand on saura que c'était le feu comte Beugnot, de spirituelle mémoire, qui en avait l'entreprise et la fourniture. Quoi qu'il en soit de la vérité de ces anecdotes, peut-être apocryphes, le duc de Berry, arrivé le 21 avril à Paris, fut nommé, le 15 mai suivant, colonel général des dragons, et reçut un apanage de 1,500,000 francs. Au mois d'août il alla parcourir les départements du Nord et inspecter les places fortes de la Lorraine, de la Franche-Comté et de l'Alsace.

Lorsqu'en mars 1815 Bonaparte débarqua au golfe Jouan, Louis XVIII confia au duc de Berry le commandement supérieur de toutes les troupes réunies autour de Paris ainsi que de la garnison de la capitale; mais le merveilleux succès de l'entreprise de Napoléon, qu'avaient si admirablement favorisée les fautes sans nombre commises par la Restauration, força le duc ainsi que le reste de sa famille à quitter Paris dans la nuit du 19 au 20 mars, et il suivit Louis XVIII, avec une partie de la maison militaire de ce prince, à Gand et à Alost, où il resta jusqu'au désastre de Waterloo. Le 8 juillet il fit sa rentrée à Paris, à la suite du roi, son oncle, et fut nommé, au mois d'août 1815, président du collége électoral du département du Nord. Mais le duc ne tarda pas alors à s'éloigner des coteries politiques dans lesquelles on prétendait à toute force lui faire jouer un rôle.

Marié, le 17 juin 1816, à Caroline-Ferdinande-Louise, petite-fille du vieux roi de Naples (voyez l'article suivant), le duc de Berry semblait ne plus vouloir vivre que de la vie de famille; il encourageait les arts, protégeait noblement les lettres, et montrait à l'égard des hommes qui s'étaient compromis qui n'en contrastait que plus vivement avec les idées réactionnaires dont la petite cour de son père était le foyer. Une princesse était déjà née, le 21 septembre 1819, de son mariage avec la princesse des Deux-Siciles, lorsqu'il fut assassiné, le 13 février 1820, au moment où il reconduisait la duchesse à sa voiture, au sortir de l'Opéra. Le meurtrier, arrêté à quelques pas de là, était un ouvrier sellier, employé dans les écuries du roi depuis trois mois, et qui, sous l'Empire, avait servi dans le train. Ce fanatique avait conçu, à ce qu'il paraît, dès 1816 le projet d'assassiner le duc de Berry, comme étant le seul des membres de la famille de Bourbon qui semblât destiné à la perpétuer. Au moment où le prince, après avoir aidé sa femme à monter en voiture, se retournait pour rentrer au théâtre, l'assassin, nommé Louvel, le saisit par le bras et lui plongea dans le côté droit un poignard à deux tranchants, long de huit centimètres. « Je suis assassiné! » s'écria au même instant le malheureux duc de Berry; et il tomba dans les bras d'un aide de camp accouru à son secours. Transporté aussitôt dans un salon dépendant des bureaux de l'administration du théâtre, l'agonie du prince dura encore sept heures. Il avait tout de suite perdu connaissance. Cependant il revint à lui vers deux heures du matin, et même reconnut tous ceux qui l'entouraient. C'étaient sa femme, son frère, son père, le duc de Bourbon, le duc et la duchesse d'Orléans, le maréchal Oudinot, le duc de Richelieu, etc. Le duc de Berry leur adressa la parole malgré les horribles douleurs qu'il ressentait, et leur annonça qu'il sentait que sa fin approchait. Il demanda à voir sa fille une dernière fois; on la lui apporta; il l'embrassa tendrement en lui disant : « Chère enfant ! puisses-tu être plus heureuse que ton père ! » Après s'être entretenu quelque temps à voix basse avec son frère, M. le duc d'Angoulême, il demanda à recevoir les secours de la religion. M. de Latil, aumônier de Monsieur, s'étant alors approché, se confessa à lui à haute voix en présence de tous ceux qui se trouvaient là, demanda à Dieu le pardon de ses fautes, et aux hommes celui des offenses qu'il pouvait leur avoir faites, reçut le saint viatique, et interrompit les prières des assistants pour réclamer la grâce de son meurtrier.

Vers cinq heures du matin, arriva enfin Louis XVIII, qu'on ne s'était décidé à prévenir du nouveau malheur qui frappait sa race qu'à la dernière extrémité et lorsqu'il ne restait plus d'espoir. En le voyant entrer, le duc de Berry lui dit d'une voix affaiblie : « Sire, la dernière grâce que je vous demande, c'est la vie de celui qui m'a blessé ! *Grâce pour l'homme!* (il ne désigna jamais autrement l'assassin). Ce sera sans doute quelqu'un que j'aurai offensé sans le vouloir ! » Le vieux roi se prit à pleurer. « Ce n'est pas le moment de parler de cela ! répondit-il à son neveu; occupons-nous d'abord de votre guérison ! — Oh ! repartit le prince, je ne me fais pas illusion sur mon état ! » En effet, tous les moyens employés par les gens de l'art furent inutiles; le sang s'agglomérait toujours davantage dans la poitrine, et le moment fatal approchait. Sous prétexte de laisser son époux prendre un peu de repos, on arracha la malheureuse duchesse de Berry à cette scène terrible, et on obtint de la duchesse d'Angoulême, de Monsieur et de son fils, le duc d'Angoulême, qu'ils passassent dans une pièce voisine. Le vieux roi seul refusa de s'éloigner : « Je n'ai pas peur de la mort, répondit-il aux instances de ceux qui l'entouraient, et il me reste un devoir à rendre à mon malheureux neveu. » La victime allait rendre le dernier soupir, elle eut encore la force de prononcer ces dernières et solennelles paroles : « Que ne suis-je mort dans une bataille !... Qu'il est dur pour moi de périr de la main d'un Français ! O ma patrie !..... Malheureuse France !... » Il pressa encore une fois la main de son oncle, et rendit l'âme. Il était six heures du matin : on était au mardi 14 février ! Louis XVIII s'approcha alors du cadavre de son neveu et abaissa les paupières sur les yeux restés fixes; c'était là le dernier et suprême service qu'il avait annoncé vouloir rendre encore à son fils adoptif.

Sept mois environ après la mort de son mari, la duchesse de Berry accoucha du duc de Bordeaux, dont la naissance combla de joie tous les amis de la légitimité, et qui semblait alors destiné à gouverner un jour notre pays. La douleur de toute cette royale famille fut digne ; mais les passions mauvaises des courtisans s'empressèrent de l'exploiter. On voulut à toute force rendre la France responsable d'un crime qui était celui d'un fanatique isolé, nous aimons au moins encore à le penser, malgré la présence d'indices plus ou moins accusateurs, de présomptions plus ou moins graves, qui donnèrent tout aussitôt lieu à quelques-uns de soupçonner l'existence d'une de ces machiavéliques combinaisons dont on ne retrouverait le fil qu'en remontant bien avant dans le siècle dernier. Quoi qu'il en ait été, on punit la France du crime de Louvel en y trouvant un prétexte pour lui ravir une à une ses libertés. On sait où cela a conduit la branche aînée des Bourbons.

BERRY (Caroline-Ferdinande-Louise, duchesse de), princesse des Deux-Siciles, aujourd'hui comtesse *de Lucchesi-Palli*, mère du duc de Bordeaux, est née à Palerme, le 5 novembre 1798, de François Ier, roi de Naples, et de Marie-Clémentine, archiduchesse d'Autriche. Le 16 avril 1816 elle fut mariée par procuration au duc de Berry (voyez l'article précédent), neveu de Louis XVIII, et second fils de Charles X, alors comte d'Artois.

Comme presque toutes les jeunes filles de Naples, la princesse Caroline n'avait reçu qu'une éducation très-insuffisante; mais, douée d'une âme chaleureuse et confiante, d'un esprit vif et d'une intelligence facile, disposée pour les arts et pour tous les plaisirs qui peuvent embellir la vie d'une femme aimable, elle devait exercer autour d'elle une grande séduction. Sans être belle, elle a dans le regard et dans sa physionomie porte une certaine expression de douceur et de mélancolie qui inspire à la fois le respect et la confiance. A son arrivée en France, où elle fit son entrée à Marseille le 30 mai 1816, elle se recommanda par la franchise et la simplicité de ses manières. Le duc de Lévis, que Louis XVIII lui avait donné pour chevalier d'honneur, voulut la complimenter en italien : « En français, dit-elle, en français; je ne connais pas d'autre langue. » A Fontainebleau, elle eut le 7 juin sa première entrevue avec la famille royale; entrée solennellement le 17 à Paris, elle reçut le lendemain la bénédiction nuptiale à Notre-Dame. Les deux conjoints étaient cousins, et descendaient de Louis XIV au sixième degré. On remarqua les temps que l'autel était tendu aux trois couleurs. La France avait alors, dans le corps législatif, deux majorités, qui faisaient au profit du pouvoir de l'enthousiasme et de la générosité aux dépens du pays. Le duc de Richelieu, président du conseil, en annonçant ce mariage à la Chambre des Députés, avait demandé un million pour augmenter l'apanage du duc de Berry, et cette assemblée vota 1,500,000 francs.

Tous les mémoires du temps s'accordent à dire que les nouveaux époux firent bon ménage, bien que la duchesse ne pût ignorer l'union, trop publique, de son mari avec Virginie Letellier, danseuse de l'Opéra. Le prince était plein d'égards pour sa femme, et vivait avec elle bourgeoisement. Il était comme elle amateur éclairé en peinture, et tous deux se faisaient un plaisir d'encourager les artistes, dont ils achetaient les tableaux avec une sorte d'émulation. Après deux fausses couches, la duchesse mit au monde, le 21 septembre 1819, une fille, qui fut nommée Louise-Marie-Thérèse, *Mademoiselle*. Six mois après (13 février 1820), le poignard de Louvel rendit veuve la duchesse de Berry. Elle recueillit les derniers soupirs de son époux, et montra tout le respect qu'elle avait pour sa mémoire en assurant le sort des filles qu'il avait eues d'un premier mariage contracté à Londres. Le prince défunt avait laissé sa royale veuve enceinte. Au mois de mai 1820, deux individus obscurs, Gravier et Bouton, en déposant un pétard auprès du pavillon Marsan, où logeait la princesse, tentèrent de détruire par un accouchement anticipé les espérances que les royalistes fondaient sur sa fécondité. Tous deux, sur la déclaration d'un jury, furent condamnés à mort. La duchesse de Berry s'honora en demandant leur grâce, et Louis XVIII commua la sentence.

Dans la nuit du 28 au 29 septembre, elle accoucha d'un fils, qui fut nommé Charles-Ferdinand-Marie-Dieudonné d'Artois, duc de Bordeaux. Personne ne se réjouit plus de cet événement que Louis XVIII, qui, dit-on, obsédé par les intrigues de son frère, s'écria : « Maintenant on ne nous fera pas l'affront de nous contraindre à désigner notre héritier de notre vivant. » Les royalistes appelèrent le duc de Bordeaux *l'enfant du miracle*. Leurs adorations autour d'un berceau furent tournées en ridicule par les libéraux, et même par les bonapartistes, qui oubliaient qu'ils en avaient fait autant pour le roi de Rome. Les ennemis de Napoléon avaient nié dans le temps l'identité de son fils; les ennemis des Bourbons prétendirent de même que le duc de Bordeaux était un enfant supposé; et, comme dans toutes les intrigues de ce genre contre la branche aînée, le nom d'Orléans fut toujours mis en avant; il parut dans les journaux anglais une protestation attribuée au chef de la branche cadette. Des écrivains zélés pour la royauté du 7 août 1830 n'ont pas manqué de reproduire cette pièce. C'est ainsi qu'à la naissance du dauphin, fils de Louis XVI, le père de Louis-Philippe avait protesté, dit-on, contre la légitimité du fils de Marie-Antoinette. Sans nous arrêter à toutes ces iniquités, sans examiner s'il n'est point des cas où l'on se rend complice de certaines assertions en s'abstenant de protester contre elles, sous prétexte qu'on les méprise, nous dirons qu'il suffit d'avoir vu le duc de Bordeaux auprès de sa mère pour être frappé de sa ressemblance avec elle. Quoiqu'il n'ait presque rien de Bourbon dans la physionomie, cette particularité ne prouve rien contre sa légitimité. La maison d'Autriche, le *type autrichien*, pour me servir de l'expression consacrée, domine chez le jeune prince aussi bien qu'il dominait dans le fils de Napoléon, et qu'il se montre encore aujourd'hui dans les fils de Louis-Philippe et de Marie-Amélie de Naples, tante de la duchesse de Berry.

La naissance du duc de Bordeaux commença à donner à sa mère quelque importance politique; et lorsque, après ses relevailles, elle reçut le corps diplomatique, elle eut à le remercier d'avoir donné à son fils le nom d'*enfant de l'Europe*. Le baptême, qui se fit le 1er mai 1821, fut, dit-on, conféré avec de l'eau du Jourdain conservée depuis plus de quinze ans par M. de Châteaubriand. Une souscription royaliste s'ouvrit pour faire du jeune prince du château de Chambord. Alors que toutes les ambitions se pressaient autour de son fils, la duchesse de Berry demeura étrangère aux affaires. Après avoir consacré à la retraite le temps de son deuil, elle recommença à chercher les amusements de son âge. Elle suivait les spectacles avec assiduité; elle devint la protectrice du *Gymnase dramatique*, dont les acteurs l'avaient suivie dans un voyage qu'elle fit à Dieppe. Ce théâtre naissant répondait, par le genre neuf et piquant de ses pièces, à un des besoins littéraires de notre époque. Il fut, en 1823, menacé par cet esprit de vandalisme qui présidait à l'administration surnommée *déplorable*. La protection de la duchesse de Berry sauva le *Gymnase*, qui fut appelé *Théâtre de Madame*.

Ses fréquents voyages à Dieppe, où elle fonda et protégea plusieurs établissements, ses visites aux eaux du Mont-Dore, son excursion en Béarn, contribuèrent à la rendre populaire; car partout elle se montrait aimable et bienfaisante. Les marchands de la capitale la regardaient comme la patronne de leurs boutiques : elle achetait beaucoup, et payait exactement. Des hommes de lettres et des artistes lui durent des encouragements. Cependant son revenu était modique en comparaison des sommes immenses dont la liste civile pouvait disposer. Rien n'était mieux entendu que les fêtes données par la duchesse de Berry au pavillon Marsan ou à son château de Rosny. On peut se rappeler son fameux *bal historique* du carnaval de 1830. Elle y parut en Marie Stuart, et le duc de Chartres en François II. On ne fit pas alors attention que le choix de ces deux infortunées personnes royales était assez malheureux. Les témoins de cette fête brillante ne peuvent avoir oublié le jeune prince, à peine échappé du collège, était heureux et fier d'être le chevalier de la reine de la fête. Pour la nouvelle Marie Stuart, aux yeux des personnes qui croient aux présages, le sinistre augure est suffisamment accompli. Le public savait presque gré à la duchesse de Berry de ses plaisirs, par cela seul qu'ils contrastaient avec la bigoterie du reste de la cour. Seulement elle eut à se reprocher d'avoir donné un bal le jour de l'exécution des quatre sergents de La Rochelle. De telles maladresses sont si faciles à éviter qu'on ne conçoit pas qu'elles se répètent si souvent chez le peuple le plus porté à les blâmer impitoyablement.

Cependant le duc de Bordeaux prenait des années. Des mains de madame la duchesse de Gontaut, gouvernante des enfants de France, il avait passé dans celles des hommes. En moins de trois années, il eut trois gouverneurs : MM. Matthieu de Montmorency, de Rivière et de Damas. On savait dans le public que la duchesse de Berry n'approuvait pas la direction monacale que le vieux roi voulait qu'on donnât à l'éducation de son fils. Ce fut malgré elle que l'abbé Tharin, évêque de Strasbourg, fut nommé précepteur. Elle avait obtenu, au commencement de l'année 1830, l'éloignement de cet instituteur. On parlait même d'améliorations introduites par l'influence d'un habile sous-précepteur (M. de Barande) dans l'éducation de cet héritier d'une couronne constitutionnelle. La duchesse de Berry venait d'avoir la satisfaction de faire les honneurs de Paris à son père, le roi de Naples, qui était venu rendre visite à Charles X, lorsque les folles combinaisons de M. de Polignac amenèrent une troisième fois la chute de la branche aînée. Durant les journées de juillet, la duchesse de Berry était à Saint-Cloud. On prétend qu'elle crut devoir faire à Charles X des représentations qui ne furent point écoutées. Quand le moment fut venu pour le vieux roi de quitter la France, la duchesse de Berry le suivit à Cherbourg, puis à Holy-Rood. Dans ce sombre palais, témoin de tant de sinistres catastrophes, elle put se rappeler cette Marie Stuart dont, huit mois auparavant, elle avait joué le rôle sous un costume qui lui allait fort bien.

Malgré son abdication, Charles X n'avait pas voulu consentir à accorder à la duchesse de Berry le titre de régente, de peur de perdre la direction de l'éducation du duc de Bordeaux. Cependant cette princesse avait pris la résolution personnelle de rentrer en France. Elle quitta l'Angleterre le 17 juin 1831, traversa la Hollande, l'Allemagne, la Suisse et la Lombardie jusqu'à Gênes, puis alla se fixer à Sestri, sous le nom de la comtesse de *Sagana*, mais sans prendre aucune précaution pour dissimuler sa présence et ses projets. Le gouvernement français réclama, et le roi de Sardaigne,

Charles-Albert, par une lettre diplomatique, la fit inviter poliment à quitter ses États. La duchesse de Berry, qui se rappelait l'accueil distingué que Charles-Albert avait reçu huit ans auparavant à la cour de Charles X, fut exaspérée de cette invitation. « La royauté s'en va, dit-elle : c'est comme l'architecture; mon aïeul a fait bâtir des palais, mon grand-père des maisons, mon père des bicoques, et mon frère des nids à rats; Dieu aidant, il faudra cependant bien que mon fils rebâtisse des palais à son tour. » Du Piémont, la princesse se rendit à Modène, où elle fut reçue avec le plus vif empressement. A Rome, où elle se rendit ensuite, la duchesse se vit obsédée par des personnes qui, dans l'espoir de remplir des fonctions éminentes auprès de la régente, la pressaient de faire une descente en France, où, à les entendre, l'ouest et le midi n'attendaient que sa présence pour se soulever. Cependant les hommes sages du parti lui écrivaient de la manière la plus positive pour la dissuader d'une telle entreprise. On a publié dans le temps la lettre dans laquelle Châteaubriand disait que « ce qui pourrait arriver de plus funeste à la petite-fille d'Henri IV serait d'être prise, jugée, condamnée et graciée ».

Placée ainsi entre les conseils de la prudence et ceux de la flatterie intéressée, la duchesse de Berry suivit l'impulsion de son naturel aventureux. Partie le 21 avril 1832, sur le bateau à vapeur le *Carlo-Alberto*, elle débarqua furtivement, en dépit d'une grosse tourmente, dans la soirée du 29, sur une des côtes de la rade de Marseille, et passa la nuit à l'abri d'un rocher, enveloppée dans un manteau, sous la garde de MM. de Ménars et de Bourmont. Elle avait compté sur un mouvement royaliste à Marseille; mais tout se borna à une émeute promptement réprimée par la force armée. La retraite aurait été possible que la princesse n'y eût point songé; elle se décida à traverser la France dans toute sa largeur, pour gagner les provinces de l'ouest. Avec la rapidité qui préside à toutes ses résolutions, elle ordonne à ses deux compagnons de se séparer d'elle pour éviter d'être reconnus, et, sous la conduite d'un guide campagnard que le hasard lui offre, elle se dirige vers Montpellier par des chemins de traverse. Une maison de belle apparence frappe ses regards : le guide lui apprend que le propriétaire est un maire républicain; sans hésiter, elle se présente à ce fonctionnaire, lui déclare qui elle est, se confie à son honneur, et celui-ci la conduit dans son char-à-bancs à la ville voisine.

De Montpellier, où M. de Ménars était arrivé sans encombre, elle se rend à Toulouse, où elle passe un jour; et de trois heures à huit heures du soir, elle reçoit les personnes dévouées à sa cause avec autant de tranquillité que si elle eût été aux Tuileries. Arrivée *en calèche découverte* à Bordeaux, où elle donne audience avec la même publicité, la princesse s'achemine vers cette forteresse de Blaye, qu'elle doit trop tôt revoir, puis se remet gaiement en route. D'un château voisin de Saint-Jean-d'Angely, où elle réside quelques jours, elle écrit aux légitimistes de Paris, et lance dans la Vendée une proclamation, datée du 15 mai, qui se termine ainsi : « Ouvrez à la fortune de la France; je me place à votre tête, sûre de vaincre avec de pareils hommes. Henri V vous appelle; sa mère, régente de France, se voue à votre bonheur : un jour, Henri V sera notre frère d'armes si l'ennemi menaçait nos fidèles pays. Répétons notre ancien et notre nouveau cri : *Vive le roi! vive Henri V!* » Ces phrases, du genre de celles qu'on avait prodiguées à certains jours de danger sous la Restauration, ne produisirent aucun effet : la Vendée était peu disposée à ce que les chefs légitimistes les plus dévoués appelèrent d'avance une *sanglante échauffourée*. D'ailleurs, tout matériel manquait, et l'Angleterre ne se crut pas intéressée à allumer une nouvelle guerre civile. Depuis le 15 la duchesse était entrée dans la Vendée, déguisée en paysanne; elle avait fait le sacrifice de sa longue chevelure. Au mémoire dans lequel les chefs de la Vendée déduisaient tous les motifs de ne pas prendre les armes, elle répondit par un ordre absolu de les prendre le 24. Les légitimistes de Paris voyaient la chose du même œil que les Vendéens.

Ici se placent le voyage de M. Berryer dans l'ouest et son entrevue avec la duchesse pour la détourner de son fatal projet. M. de Bourmont était tellement contraire à l'insurrection qu'il prit sur lui d'envoyer un contre-ordre pour retarder la prise d'armes. Malgré tant d'avis, dont l'unanimité aurait au moins dû l'arrêter, la duchesse persista, et ce fut dans la nuit du 3 au 4 juin que commença l'insurrection. Par une coïncidence assurément bien fortuite (car qui pouvait de la Vendée prévoir que le général Lamarque mourrait à Paris ce jour-là même?), les funérailles de ce député donnèrent lieu au soulèvement républicain, qui amena au 6 juin la canonnade et la sanglante réaction de Saint-Méry. Le même jour, les Vendéens se faisaient tuer au combat du Chêne, près de la Vieille-Vigne; et tandis que Louis-Philippe, victorieux, parcourait à cheval le pavé encore rouge de Paris, la duchesse de Berry, au milieu des balles, pansait de sa main ses blessés sur le champ de bataille : elle manqua d'être prise, et elle n'attendit pas pour se montrer que tout fût fini. Ce ne fut qu'en troquant son cheval, trop faible, contre celui de M. de Charette qu'elle put échapper à la poursuite. Pendant plus de trois semaines, des colonnes mobiles, aux ordres du général Dermoncourt, parcoururent le pays dans toutes les directions, vingt fois sur le point de la prendre, et n'y parvenant jamais; ce qui fit dire à un journal légitimiste : « Elle couche sous un buisson, elle passe la nuit au bruit du vent et des coups de fusil qu'on tire près d'elle et sur elle; on prend tout le monde, on ne la prend pas, elle. »

C'est dans le livre de ce général, qui fut le Renaud de cette nouvelle Marphise, qu'il faut lire tous les détails de cette vaine poursuite, de ces recherches infructueuses, qui avaient l'air d'une mystification pour tous les partis. « Elle avait toujours, dit M. Dermoncourt, quelques-uns de mes détachements sur les talons : aujourd'hui, on lui prenait ses harnais, le lendemain ses habits..... et elle était obligée de fuir, n'emportant avec elle que les vêtements qu'elle avait sur elle. Cette vie était intolérable : poursuivie comme elle l'était, la duchesse n'avait pas une nuit de sommeil complète; et au jour le danger et la fatigue se réveillaient en même temps pour elle. Elle résolut, de l'avis des chefs vendéens, de se rendre à Nantes, où depuis longtemps un asile lui était préparé. « Ce fut vêtue en paysanne, les pieds nus et souillés par la fange de la route, pour dissimuler l'*aristocratique* blancheur de ses jambes, que, suivie d'un vieillard et d'une jeune fille, M. de Ménars et Mlle de Kersabiec, la duchesse de Berry atteignit sa destination : la demeure des demoiselles Du Guigny; là, on lui avait disposé une chambre en mansarde, attenante à une étroite cachette pratiquée sous une portion de toit, et dont la seule communication avec la chambre habitée était une plaque de cheminée. Pendant cinq mois, grâce à cette cachette, qui paraissait introuvable, la duchesse déjoua toutes les recherches de la police. Peut-être y eût-elle échappé tout à fait sans la trahison du juif renégat Deutz.

Ce misérable était neveu d'un autre juif renégat, ce Drach que sous la Restauration nous vîmes avec scandale élevé au rang de bibliothécaire de la Faculté de théologie, *en Sorbonne*. Deutz, après s'être converti comme son oncle, fit des bassesses; mais il se dépaysa, et à Rome, en 1831, les personnes les plus vénérables le présentèrent à la duchesse de Berry comme un sujet précieux. La princesse n'en demanda pas davantage; et comme elle n'accorde pas sa confiance à demi, l'infâme eut la clef de tous les secrets de sa maîtresse. Était-il dès lors l'agent de la police de Paris, et la duchesse de Berry ne fut-elle qu'un automate que fit à son insu mouvoir, depuis Massa jusqu'à Marseille, et depuis Marseille jusqu'à Nantes, la politique machiavélique de ceux qu'empêchait de dormir le titre de régente que prenait la mère d'Henri V? C'est encore là un de ces mystères d'iniquité qu'il est impossible de pénétrer. Au surplus, on peut lire dans les *Mémoires* du général Dermoncourt celles des intrigues de Deutz qui ont pu venir à la connaissance des hommes qui ne sont pas dans les intimités de la police. On y verra que ce ne fut point par des agents secondaires, mais par les ministres, que fut négociée avec cette haute puissance une trahison payée, dit-on, au prix d'un demi-million. Après avoir ainsi fait son marché avec M. Thiers, Deutz arriva à Nantes, accompagné, surveillé par l'agent de police Joly. Il obtint, non sans peine, une audience de la duchesse; et une heure après, la maison où elle était cachée fut cernée de troupes, d'administrateurs et de mouchards. Je ne répéterai pas les détails de cette expédition si caractéristique : toutes les forces militaires d'une des premières places de France sur pied pendant deux jours consécutifs pour traquer, découvrir, arrêter une femme! Peut-être la duchesse de Berry aurait-elle encore échappé aux recherches (car Deutz avait bien le secret de la maison et de la chambre, mais non celui de la cachette), si le feu allumé dans la cheminée dont la plaque donnait entrée à cette cachette n'eût forcé la princesse à se découvrir elle-même. Qu'on juge de toutes les tortures morales, de tous les tourments physiques qu'elle eut à endurer pendant plus de trente heures qu'elle demeura, avec M. de Ménars, Mlle de Kersabiec et M. Guibourg, tapie dans ce recoin, exposée aux intempéries de l'air et à la pluie qui pénétrait par le châssis du toit, en butte à la faim, à la soif, à l'insomnie, à tous les besoins de la nature, puis, en dernier lieu, épuisée, torréfiée par la chaleur de l'âtre!

Durant tous ces supplices, elle montra non-seulement de la résignation et du courage, mais cette gaieté, cette liberté d'esprit qui ne l'abandonna jamais dans tous les périls et dans toutes les traverses qu'elle avait subies depuis son débarquement. Cette force d'âme extraordinaire dans une femme si frêle a fait dire au général Dermoncourt : « C'est une de ces organisations faibles qu'un souffle semble devoir courber, et qui cependant ne jouissent de la plénitude de leur existence qu'avec une tempête dans les airs ou dans le cœur. » Ce fut donc elle-même qui, quand il lui devint impossible, ainsi qu'à ses compagnons, de supporter la chaleur, adressa la parole aux gendarmes de faction dans la chambre : « Je suis la duchesse de Berry, leur dit-elle, ne me faites point de mal. » Le général Dermoncourt, qui avait présidé militairement à toutes les recherches, monta auprès de la princesse. Elle s'avança précipitamment vers lui en s'écriant : « Général! je me rends à vous et me remets à votre loyauté. — Madame, lui répondit-il, votre altesse est sous la sauvegarde de l'honneur français. — Général, lui dit-elle ensuite, je n'ai rien à me reprocher; j'ai rempli le devoir d'une mère pour reconquérir l'héritage de mon fils. » Dans ce moment, divers fonctionnaires se présentèrent pour constater son identité, et visiter les papiers qu'elle pouvait avoir. Si l'on en croit les mémoires du général Dermoncourt, le préfet Maurice Duval crut pouvoir rester couvert devant la princesse. Au moment de quitter la mansarde, elle dit encore au général : « Ah! si vous ne m'aviez pas fait une guerre à la saint Laurent, ce qui est, par parenthèse, indigne d'un brave militaire, vous ne me tiendriez pas à l'heure qu'il est. » La chose était si vraie que le bas de sa robe était tout brûlé ainsi que ses mains. Elle fut transférée aussitôt au château de Nantes. Ce trajet de soixante pas seulement ne fut pas sans danger; et la duchesse, qui s'appuyait sur le bras du général Dermoncourt, put voir aux regards dont elle était l'objet ce qu'elle avait pu gagner dans l'opinion en infligeant à Nantes et aux populations environnantes les fléaux de la guerre civile. Arrivée au château, elle fit un premier repas, après avoir été trente-six heures sans rien prendre.

De Nantes, elle fut, en vertu d'une ordonnance de Louis-Philippe, datée du 8 novembre, transportée à la citadelle de Blaye. Le premier bruit du débarquement de la duchesse à Marseille avait fait aux Tuileries l'effet d'une apparition *médusienne*; et par une dépêche télégraphique, l'on avait ordonné qu'elle fût transférée en Corse, puis de là embarquée pour Palerme. Cette décision, prise spontanément, n'était pas dénuée de prudence ni même d'une sorte de générosité. La présence de la duchesse dans la Vendée amena des pensées d'une autre nature. Il fut résolu que si on parvenait à la prendre, on la tiendrait assez longtemps en captivité, afin d'en faire un épouvantail pour la majorité de la Chambre, en attirant sur le même terrain et l'opposition patriote, scandalisée d'une détention arbitraire sans jugement, et l'opposition carliste exaspérée de voir la mère de Henri V dans les fers. En tous cas, ne pouvait-on pas espérer que l'auguste captive, pour obtenir sa liberté, ferait quelques concessions, sans importance assurément aux yeux du parti patriote, mais qui en auraient beaucoup aux yeux de l'Europe monarchique? Ces considérations dictèrent sans doute l'ordonnance du 8 novembre, qui releva à la fois les prisons d'État et l'institution des lettres de cachet. Il est vrai qu'un de ses articles promettait de déférer aux Chambres la duchesse de Berry; mais, ainsi que les ministres l'ont dit plus tard, jamais on n'eut sérieusement cette pensée. Ainsi fut annulé l'arrêt de la cour royale de Poitiers, qui avait, au mois de septembre précédent, mis en accusation la duchesse de Berry pour être traduite aux assises de la Vendée.

Sa détention à Blaye devint le sujet de tous les entretiens; tous les journaux s'en occupèrent, et l'on doit à la presse libérale la justice de dire qu'elle garda constamment pour la duchesse les égards dus au sexe et au malheur. S'il y eut des exceptions, ce fut de la part des feuilles ministérielles. Le parti royaliste s'épuisa en brochures, en protestations, en pétitions pour la princesse détenue. Les noms les plus respectables et les plus illustres, tels que ceux de MM. Châteaubriand, de Kergorlay, de Conny, Desèze, etc., figuraient au bas de ces actes; mais, aucune manifestation populaire ne se joignit à cette guerre de plume pour la légitimité. La Vendée même se pacifiait.

Ce fut le 5 février 1833 que fut fait à la Chambre des Députés le rapport sur les nombreuses pétitions dont la captive de Blaye était l'objet. Les unes demandaient sa mise en liberté, les autres sa mise en jugement. M. de Broglie, au nom du cabinet, invoqua de hautes convenances pour justifier la détention sans jugement de la duchesse; il dit que les membres des familles qui règnent ou qui ont régné ne pouvaient être placés sous le niveau le plus pénible et le plus humiliant de la loi. Il articula que cette même nécessité, qui avait fait chasser Charles X, avait forcé le gouvernement d'emprisonner la duchesse de Berry, et le contraignait aussi à ne pas la mettre en jugement, de peur de compromettre la tranquillité publique. La qualification d'*insensée* que le ministre donna à la duchesse de Berry fut improuvée des carlistes. Peut-être eût-il été de meilleur goût de s'abstenir de cette épithète, comme aussi de dire de la nièce de Louis-Philippe qu'elle n'était plus *Française*. Le pouvoir prévoyait-il dès lors l'incident qui devait faire perdre légalement cette qualité à la duchesse? M. Thiers, qui parla ensuite, établit qu'il faudrait échelonner plus de quatre-vingt mille hommes autour du lieu où l'on procéderait au jugement de la princesse. Le résultat de la discussion fut l'ordre du jour, que M. Dupin, président, ne mit pas aux voix sans explique que cette décision laisserait au ministère toute la responsabilité de l'ordonnance du 8 novembre et des dispositions qui l'avaient suivie. Il n'en demandait pas davantage. Toutes les mesures furent prises pour indiquer que la détention de la duchesse n'était pas près de finir.

Des bruits de grossesse commençaient cependant à se répandre, et les journaux dévoués au pouvoir étaient les premiers à les consigner. Les feuilles légitimistes ne manquèrent pas de repousser ces rumeurs comme d'infâmes calomnies. Le pouvoir parut insensible à toutes ces provocations. Et, en effet, qu'aurait-il pu répondre? Comme il tenait au secret la duchesse, et qu'assurément les royalistes n'avaient pas provoqué ces bruits, de qui pouvaient-ils venir, si ce n'est des agents du gouvernement? Bientôt deux médecins, MM. Orfila et Auvity., furent envoyés à Blaye le 23 janvier 1833. Rien d'officiel ne fut publié sur le motif de leur mission; mais l'insignifiance même de leur rapport, qui parut enfin dans le *Moniteur*, donna plus de consistance aux soupçons fâcheux qui planaient sur la princesse, tout en accusant encore mieux la marche tortueuse du pouvoir.

Pourtant les royalistes ne se lassaient pas de protester contre la détention de la duchesse. Ici se placent les inutiles démarches de MM. Desèze, Hennequin et Châteaubriand pour parvenir auprès d'elle. Depuis son arrestation à Nantes, elle avait été séparée de Mlle de Kersabiec et de M. de Ménars, qui alors était captif et traduit devant la cour d'assises de Montbrison. A la fin de décembre 1832, madame d'Hautefort vint s'enfermer avec elle. Un peu plus tard, il fut permis à M. de Brissac de partager sa captivité. Cependant le colonel Chousserie, qui commandait à Blaye, eut pour successeur le général B u g e a u d. Celui-ci prit possession de son poste le 3 janvier 1833.

Le moment était arrivé où la captive de Blaye ne pouvait plus jeter aucun voile sur son état de grossesse. Si le pouvoir eût voulu sauver le scandale, c'eût été l'instant de la rendre à la liberté pour qu'elle allât sur une terre étrangère accomplir une destinée qui ne pouvait plus inquiéter, ni même politiquement intéresser la France. Ce fut au contraire le moment choisi pour river les fers de la captive. Dès lors la duchesse put entrevoir l'abîme sans fond où son imprudence l'avait précipitée. Elle, qui avait entrepris une conspiration contre son oncle avec cette même fougue de jeune femme qui l'aurait jetée dans une partie de plaisir, se vit enveloppée dans les filets d'une conspiration impitoyable contre son existence comme princesse et contre sa réputation comme femme. Dans cette extrémité, elle fit la déclaration suivante, qui fut insérée au *Moniteur* : « Pressée par les circonstances et par les mesures ordonnées par le gouvernement, quoique j'eusse les motifs les plus graves pour tenir mon mariage secret, je crois devoir à moi-même ainsi qu'à mes enfants de déclarer m'être mariée secrètement pendant mon séjour en Italie. De la citadelle de Blaye, le 22 février 1833. MARIE-CAROLINE. »

Le gouvernement s'empressa de faire déposer cette déclaration à la chancellerie, dans la même pensée sans doute qui lui avait fait enregistrer les abdications de Charles X et de son fils. Le parti légitimiste fit tous ses efforts pour infirmer cette déclaration; il fit valoir la position de la duchesse, privée de tout conseil, de toute communication. Et sous le rapport des convenances de moralité, de famille et d'humanité, combien les organes de toutes les oppositions n'avaient-ils pas beau jeu! C'est une triste tâche pour un gouvernement, disait-on, que celle de proclamer officiellement la faiblesse d'une femme. Il y a longtemps qu'il devait avoir le soupçon de ce que sa captive voulait cacher; il ne l'a donc retenue que pour amener l'éclat scandaleux qui occupe toute l'Europe et consterne toutes les royales maisons. Or, quelle famille un peu honnête ne se fût pas imposé le devoir d'étouffer la publicité officiellement donnée à une déclaration telle que celle de la duchesse de Berry? Que de protestations légitimistes parurent encore, surtout au moment où le gouvernement fit partir pour Blaye une nouvelle commission de médecins, composée de MM. Orfila, Auvity, Fouquier, Andral! Malheureusement la présence à Blaye de M. Deneux, accoucheur ordinaire de la princesse, était de notoriété publique, et infirmait ces dénégations qu'une crédulité vertueuse arrachait à des hommes tels que MM. de Kergorlay, de Floirac, de Ménars, etc. Châteaubriand, qui venait d'être acquitté avec éclat sur le fait de la publication d'une brochure intitulée : *De la captivité de la duchesse de Berry*, fut demandé par la princesse comme conseil. Le ministère lui refusa l'autorisation d'aller à Blaye, ainsi qu'à MM. de Kergorlay et Hennequin, dont elle réclamait également l'assistance. Le gouvernement agit à peu près de même à l'égard de M. Ravez et des amis qu'elle avait à Bordeaux. Cependant la Chambre des Députés restait muette. Vainement, le 27 mars, à propos de je ne sais quel incident, un député patriote, à qui plus tard l'indignation fit donner sa démission, réclama au nom de la Charte contre la détention arbitraire de la duchesse de Berry : la voix de M. Thouvenel fut étouffée par les murmures de la majorité. Le moment prévu, espéré, ménagé par les geôliers arriva enfin; et le procès-verbal d'accouchement, daté du 10 mai 1833, trois heures et demie du matin, fut dressé avec toutes les précautions susceptibles de donner un caractère d'authenticité à cette scène, qui terminait par un dénoûment si bourgeois le roman de la régente de France.

L'homme de cette grande journée, M. Bugeaud, avait convié à l'accouchement toutes les autorités constituées de Blaye, depuis le sous-préfet jusqu'au curé. Étaient aussi présents le célèbre D u b o i s, ex-doyen de la Faculté de médecine, qu'on avait envoyé de Paris, et M. Olivier Dufresne, commissaire civil du gouvernement à la citadelle. Tous ces témoins, introduits dans la chambre de la duchesse, la trouvèrent couchée, ayant un enfant nouveau-né à sa gauche. Le président Pastoureau, pour constater l'identité de la princesse, lui adressa des questions auxquelles elle répondit avec beaucoup de calme. Interrogée si l'enfant était d'elle, et de quel sexe : « Oui, monsieur, dit-elle, cet enfant est de moi. Il est du sexe féminin. J'ai d'ailleurs chargé M. Deneux d'en faire la déclaration. » Et ce docteur fit la déclaration suivante : « Je viens d'accoucher Mme la duchesse de Berry, ici présente, épouse, en légitime mariage, du comte Hector Lucchesi-Palli, des princes de Campo-Franco, gentil-homme de la chambre du roi des Deux-Siciles, domicilié à Palerme. » Invités par le général Bugeaud à signer le procès-verbal des faits dont ils avaient été témoins, M. le comte de Brissac et Mme la comtesse d'Hautefort répondirent qu'ils étaient venus pour donner leurs soins à la princesse, et non pour signer un acte quelconque. Le *Moniteur*, dans lequel on ne manqua pas de publier cette pièce, contenait encore l'acte de naissance de l'enfant, à laquelle furent donnés les noms d'*Anne-Marie-Amélie* : il était signé par les mêmes témoins, et en outre par le maire, le juge de paix de Blaye, et un officier d'ordonnance du général Bugeaud. Ces actes ne produisirent pas un meilleur effet que la précédente déclaration, et à certains égards le public impartial adopta les opinions des journaux les plus tranchés dans les deux couleurs. M. Battur, avocat, lança une plainte *pour cause de présomption légale de supposition d'enfant commise par les ministres et les agents du gouvernement envers madame la duchesse de Berry*. MM. de Kergorlay, de Floirac, de Conny, etc., signèrent ce mémoire. « L'acte est nul et sans autorité, disaient-ils, puisqu'il ne parle ni de la signature de *Madame* ni de celle de ses amis. » M. Guibourg, dans une lettre du 12 mai, déclara « qu'il n'avait jamais été à Massa, qu'il était en prison le 13 août, qu'il n'avait vu *Madame* qu'à la fin d'octobre 1832; enfin, qu'il était, comme tous les autres, condamné à ne porter aucune lumière sur le cruel mystère de Blaye. »

En cette occasion, les journaux libéraux furent décents et dignes en parlant de la duchesse de Berry; les convenances ne furent méconnues à son égard que dans les feuilles qui sympathisaient le plus avec le pouvoir. Alors aussi la police laissait chanter d'infâmes couplets dont la citation ne salira point ces pages. Madame de Berry trouva encore dans cette occasion M. de Kergorlay pour défenseur. Déjà, dans deux lettres, adressées le 19 avril et le 8 mai à M. le ministre de la guerre, président du conseil, il avait annoncé que la supposition d'enfant allait se commettre à l'égard de la duchesse de Berry. Les procès-verbaux du 10 mai, loin d'ébranler la foi de cet intrépide champion de la royauté déchue, n'avaient fait que rendre plus profonde une indignation que nous concevons parfaitement, sans partager ses convictions. Dans une troisième lettre, adressée le 18 mai au président du conseil, M. de Kergorlay lui réitérait au nom de la loi, qui protège les prisonniers contre la séquestration et la calomnie, la réclamation de l'ordre nécessaire pour que la personne de la duchesse de Berry lui fût représentée par son geôlier. Pour toute réponse à cette lettre, le pouvoir ordonna des poursuites judiciaires contre les journaux qui l'avaient insérée. Cependant, puisque la naissance d'une fille et la déclaration forcée d'un mariage avec M. Lucchesi-Palli avaient couronné les menées les plus machiavéliques, le gouvernement n'avait aucun intérêt à garder plus longtemps sa prisonnière.

Enfin, le 8 juin 1833 Louis-Philippe ordonna la mise en liberté de sa nièce. Ce jour-là, elle s'embarqua sur l'*Agathe*, accompagnée de M. de Ménars, qui était venu la retrouver, et fit voile vers l'alerme. Le surlendemain, une discussion des plus vives s'éleva au sein de la chambre des députés sur la conduite arbitraire du pouvoir dans toute cette affaire : la position des ministres était assez embarrassante. Ces hautes convenances auxquelles, avaient-ils dit, dans la séance du 5 janvier, ils croyaient devoir sacrifier les principes les plus sacrés de la constitution, pouvaient-ils les invoquer, puisqu'ils les avaient violées depuis pour rendre la duchesse de Berry victime de la plus inexorable publicité? Après avoir professé pour les membres des familles royales un respect tel qu'on avait craint de commettre leur dignité en la plaçant sous la sauvegarde de la justice commune, ce respect n'aurait-il pas dû étendre à la vie privée de la duchesse de Berry la protection acquise à tous les membres de la société? Dans cette circonstance, M. Thiers, laissant ses collègues chercher des excuses ou des sophismes plus ou moins humbles, sut prendre une position toute nouvelle : « On nous accuse, s'écria-t-il, de nous être mis au-dessus de la loi commune : j'en conviens. L'arrestation, la détention, la mise en liberté, tout a été illégal. Où est donc l'excuse de notre conduite? elle est dans la franchise de notre conduite. » La majorité trouva de bon aloi cette défense inattendue : elle permit d'invoquer leur chasteté à ceux-là qui, dans toute cette affaire, avaient marché de stratagème en stratagème. Le président, effrayé de ces assertions, ferma la discussion de son autorité privée.

Les amis des libertés publiques écrivirent le lendemain dans tous leurs journaux : *plus de constitution!* Et en voyant le vaisseau emporter vers Palerme la duchesse de Berry, venue en France pour conquérir un royaume, et qui n'en rapportait que le nom de Lucchesi-Palli, ses partisans avaient pu aussi s'écrier : *plus de royauté!* Quant à nous, nous ne pensons pas que l'histoire attache un jour une telle importance à toutes les mystifications de Blaye, et qu'elle y voie autre chose qu'une affaire de famille.

Ch. Du Rozoir.

Pendant que ces événements se passaient, le vieux roi Charles X et le dauphin gémissaient dans un coin de la Bohême, et détachaient de plus en plus le dernier rejeton de leur race de l'influence de la duchesse. Celle-ci fut longtemps à se faire pardonner son escapade; et lorsque le duc de Bordeaux approcha du jour de sa majorité, un ordre autrichien empêcha sa mère d'aller à Prague. Cependant cet état de choses ne pouvait durer. Un rapprochement dut avoir lieu. L'ex-duchesse put venir près de son roi avec son nouveau mari, mais elle dut renoncer à toute influence politique.

Elle était bien vraiment devenue une étrangère à la cour de Frohsdorf. Elle aussi, elle avait voulu rompre avec les vieux errements de la monarchie; Châteaubriand était son conseil, son confident, on pourrait dire son ministre. Elle espérait qu'un jour encore la France voudrait voir fleurir ses libertés à l'ombre des lis, et elle désirait pousser son fils dans des voies nouvelles; mais elle n'avait aucune autorité sur ce fils, qui passa des mains du vieux roi à celles du pauvre dauphin, et enfin à celles de la dauphine, qu'il regardait comme sa véritable mère. La mort lui a enlevé aujourd'hui tous ses tuteurs, et le jeune prince peut être enfin lui-même. Cependant Madame de Berry a vu marier ses deux enfants de France : sa fille épousa, le 10 novembre 1845, Ferdinand-Charles, prince héréditaire de Lucques, aujourd'hui duc de Parme; le duc de Bordeaux épousa le 7 novembre 1846 Marie-Thérèse de Modène, plus âgée que lui de trois ans. Madame de Berry a eu plusieurs filles depuis son second mariage. Le duc de Bordeaux n'a pas d'enfants; mais sa sœur paraît avoir hérité de la fécondité de sa mère : elle a déjà donné le jour à quatre enfants : deux fils et deux filles.

BERRYAT SAINT-PRIX (JACQUES), né à Grenoble, en 1769, mort à Paris, le 4 octobre 1845, était doyen de la Faculté de Droit, où il occupait depuis 1819 la chaire de procédure civile et criminelle, dans laquelle il avait succédé à Pigeau; il avait rempli les mêmes fonctions depuis 1805 à la Faculté de Grenoble. Précédemment, il avait fait son cours complet de droit dans sa ville natale, il y avait étudié les sciences naturelles et médicales. Gradué en 1787, défenseur officieux au tribunal du district de Grenoble de 1791 à 1795, chef des bureaux du clergé et des contributions dans le même district; archiviste du département de l'Isère, adjoint aux commissaires des guerres à la suite d'un concours; capitaine commandant une des compagnies franches levées lors de l'invasion de la Maurienne et de la Tarentaise par une armée piémontaise pendant le siège de Lyon, quartier-maître trésorier du dixième bataillon des volontaires de l'Isère; élève de la grande École normale de Paris; administrateur du district de Lyon, professeur de législation à l'École centrale de la même ville, il passait à juste titre pour un de nos plus laborieux et de nos plus féconds jurisconsultes, et en même temps pour un de nos bons littérateurs. Il était depuis longtemps membre de la Société royale des Antiquaires de France, aux séances de laquelle il se montrait des plus assidus, quand un siège vint à vaquer à l'Institut (Académie des Sciences morales et politiques). Il se mit sur les rangs, et l'obtint, le 25 janvier 1840.

Travailleur infatigable, Berryat-Saint-Prix avait toujours rempli à l'École de Droit, avec la plus scrupuleuse exactitude, les devoirs, souvent pénibles, du professorat; ce qui ne l'avait point empêché de publier un grand nombre d'ouvrages fort estimés, qui ont été traduits dans plusieurs langues. Les étudiants, dans leur gratitude, respectaient en lui le professeur zélé, l'ami sincère, le père indulgent.

Le *Cours de Procédure civile* de Berryat Saint-Prix, qui depuis longtemps fait autorité dans cette matière, a paru pour la première fois en 1808. Cet ouvrage vraiment classique a eu depuis de nombreuses éditions, que l'auteur a toujours enrichies de notes et de dissertations nouvelles, fruits de ses études et de ses recherches. Citons encore de lui son *Cours de Droit criminel* (quatrième édition, 1824), ses *Observations sur le Divorce et l'Adoption*, et sur *l'usage ou l'abus qu'en faisaient les grandes familles de Rome et surtout les Césars* (1833).

On lui doit en outre d'excellentes dissertations sur différents sujets, et une édition des *Œuvres de Boileau*, qui contient des recherches précieuses sur la vie, la famille et les ouvrages du célèbre satirique.

BERRYER (PIERRE-NICOLAS), l'une des notabilités du barreau de Paris, né à Sainte-Menehould, en 1757, fut reçu avocat au parlement de Paris en 1780, et a continué de l'être à la cour royale jusqu'à sa mort, arrivée le 25 juin 1841. Aucun de ses confrères ne l'a surpassé dans la connaissance et la discussion des affaires commerciales; aussi était-il l'avocat des principaux banquiers et négociants. Sous le régime impérial, il plaida longtemps au conseil des prises; mais il ne laissa pas de se distinguer dans des causes fameuses, tant civiles que criminelles. Il défendit le maire d'Anvers, qui, accusé de malversations, avait été traduit devant la cour d'assises de Bruxelles, et il ne succomba que parce qu'il avait à lutter contre le gouvernement impérial.

Chargé, en 1815, de la défense du maréchal Ney devant la Cour des Pairs, et dignement assisté par M. Dupin aîné, son confrère, qui avait rédigé le premier mémoire, il affaiblit peut-être, par trop de considérations subalternes, l'intérêt qui s'attachait à son client; mais ce qui nuisit le plus au succès de sa cause, c'est qu'il fut forcé d'abandonner l'examen des questions politiques qui s'y liaient, tandis que son adversaire, le procureur général Bellart, avait toute latitude. Le deuxième mémoire publié par Berryer dans ce procès, sous le titre d'*Effet de la convention militaire du 5 juillet et du traité du 20 novembre 1815*, se distingue par l'érudition et la force de la dialectique. On a prétendu qu'après l'arrêt de condamnation, Berryer avait dit, en parlant de cette affaire, que *le linge était trop sale pour qu'on pût le blanchir*; mais ce propos a été démenti.

Berryer soutint contre la duchesse de Montebello et ses enfants les prétentions d'un fils aîné du maréchal Lannes, issu d'un premier lit. En 1816 il plaida et gagna la cause de Fauche-Borel contre Perlet, ancien agent de police et journaliste, dont il dévoila la conduite perfide et atroce. Berryer était chevalier de la Légion-d'Honneur, et il était autorisé à porter la croix de Malte, pour avoir défendu les intérêts de cet ordre. Outre l'article *Lettres de change*, qu'il a donné dans l'*Encyclopédie moderne*, on a de lui : 1° *Dissertation générale sur le commerce, son état actuel en France, et sa législation*, servant d'introduction à un *Traité complet de Droit commercial de terre et de mer, tel qu'il est observé en France et dans les pays étrangers* (Paris, 1829, in-8°). Il n'a paru que cette introduction, et le prospectus de l'ouvrage. 2° *Allocution d'un vieil ami de la liberté à la jeune France*, suivie d'une notice sur la vie politique de l'auteur et de ses premiers écrits sur les journées de juillet (Paris, 1830, in-8°). H. AUDIFFRET.

En 1838, Berryer père fit paraître ses *Souvenirs* ; c'est un livre curieux, où d'importants points d'histoire sont éclaircis. « Chose remarquable, a dit un critique, en s'efforçant pendant toute sa carrière de ne pas se mêler de politique, M. Berryer fut presque toute sa vie en opposition avec le pouvoir. Pendant la Terreur, il dispute aux bourreaux quelques-unes de leurs victimes ; en 1793, il s'élève avec succès contre la prétention d'assujettir sa profession à l'impôt de la patente. Opposé à la Convention et au Directoire par ses luttes perpétuelles en faveur des neutres, appelé plus tard à l'honneur de servir de conseil au général Moreau, le vote de l'ordre des avocats n'était pas fait pour le remettre bien en cour. Enfin la défense de quelques généraux tombés dans la disgrâce de Bonaparte et un procès contre M. de Bourienne n'avaient été que le prélude d'une lutte presque personnelle contre la volonté de fer du grand homme lui-même. Il s'y trouva encore plus engagé par la défense du maire d'Anvers, accusé de péculat dans la manutention des deniers de l'octroi de cette ville. Il semblait que dans sa position M. Berryer ne pouvait que gagner à un changement de gouvernement ; mais la défense du maréchal Ney le brouilla encore sous ce régime avec le procureur général, qui, aux termes du décret du 14 décembre 1810, devait composer lui-même le conseil de discipline, dont les membres pouvaient seuls prétendre à l'honneur de devenir bâtonniers de l'ordre. M. Berryer fut consolé de cette disgrâce par le vote persévérant de ses confrères, qui pendant plusieurs années se porta sur lui à une immense majorité. Rien n'a donc manqué à cette longue, honorable et périlleuse carrière. Un philosophe de l'antiquité a dit qu'un homme avait largement rempli tous ses devoirs sur la terre lorsque le ciel lui avait accordé de construire une maison, de faire un bon livre, et d'avoir un fils digne de lui. Il semble qu'un si vénérable auteur, qu'un si heureux père a pu, en toute sûreté de conscience, se dispenser de la maison. »

Outre le célèbre avocat à qui nous allons consacrer un article particulier, Berryer père a laissé deux autres fils : l'un, *Ludovic* BERRYER, est un juriste distingué ; l'autre, *Hippolyte-Nicolas* BERRYER, récemment nommé général de brigade, commandeur de la Légion d'Honneur, commandant le département des Ardennes, a été longtemps à la tête du 1er de hussards. Il se fit remarquer lors de l'attentat de Lecomte, par la vigueur qu'il mit à poursuivre l'assassin.

BERRYER (PIERRE-ANTOINE), fils du précédent, né à Paris, le 4 janvier 1790, suivit la carrière de son père, qui lui inspira les sentiments hostiles dont il était pénétré lui-même contre le gouvernement impérial. Aussi en 1815 M. Berryer fut-il des premiers à s'engager parmi les volontaires royaux, et ce premier acte d'une jeunesse ardente n'a pas été sans influence sur la destinée politique de ce grand orateur. A quelques nuances qu'elles appartiennent, les intelligences élevées répugnent toujours à changer de drapeau. Malgré ce témoignage de dévouement à la Restauration, ou peut-être à cause même de ce témoignage, M. Berryer fut adjoint à son père et à M. Dupin aîné dans la défense du maréchal Ney. Bientôt après, en 1816, il fut chargé tout seul de défendre les généraux Cambronne et Debelle devant le conseil de guerre de la 1re division. La susceptibilité ombrageuse des vainqueurs rendait la position des vaincus très-difficile. La réaction était encore furieuse, l'opinion publique abattue, la presse libérale timide et défiante, les partis implacables, et le tribunal exceptionnel. Le jeune avocat sut, en cette occasion, oublier ses opinions privées pour s'identifier avec ses clients. Son plaidoyer pour Cambronne promit tout le talent que M. Berryer a depuis réalisé : il dédaigna de se couvrir lui-même sous des réserves compromettantes pour sa cause. Il soutint hardiment que le général avait dû son obéissance au gouvernement de fait ; il rappela, d'ailleurs, que le traité de Fontainebleau avait conservé le titre et les droits de souverain à l'empereur ; et il fallait tout l'aveuglement de la haine pour ne pas comprendre la fidélité, quand l'homme qui le commandait s'appelait Napoléon, et que le soldat était Cambronne. On faisait donc un procès de haute trahison à celui-ci, parce qu'il n'avait pas abandonné sur le champ de bataille de Waterloo le souverain qu'il avait suivi à l'île d'Elbe ?

M. Berryer fit valoir toutes ces circonstances dans un plaidoyer où la puissance de la dialectique était relevée sous les formes d'un langage vigoureux et facile, abondant et passionné, plein de cette éloquence communicative qui a pour elle les harmonies de l'intonation, le feu du regard et la chaleur du sang. Le succès le plus complet couronna ces efforts : Cambronne fut acquitté. Mais les doctrines soutenues par le défenseur parurent fort scandaleuses à M. Bellart, l'accusateur public. Il avait fait ses réserves contre ce prêche de sédition du jeune orateur, et il le cita devant le conseil de discipline. On peut croire que c'était seulement un moyen d'intimidation dirigé habilement contre M. Berryer, pour frapper le reste du barreau. Dès qu'il fut à la barre, le ministère public se souvint qu'il avait affaire à un volontaire royal, à un jeune homme dont le talent pouvait être fort utile à son parti ; le réquisitoire fut indulgent et paternel, et l'avocat de Cambronne en fut quitte pour un simple avertissement.

Dès ce moment, M. Berryer fils s'était classé au barreau de Paris parmi les avocats auxquels s'ouvraient les plus brillantes perspectives. Il plaida pendant douze ans dans des causes où la publicité augmenta sa renommée; il figura plus d'une fois comme défenseur de la presse royaliste, et l'éclat de son talent y gagna plus, peut-être, que l'énergie de son caractère; car il y eut des circonstances où ses plaidoyers furent suivis pour lui de plus d'un grave désagrément. Entre toutes ces affaires, dont le temps a presque effacé le souvenir, il en est une qui a laissé des traces plus profondes, et dont l'opinion publique fut vivement préoccupée. Nous étions en plein règne des jésuites, lorsque le journal ministériel l'*Étoile*, intrépide champion du ministère Villèle, publia un article où la mémoire de La Chalotais était indignement outragée. Les héritiers de ce nom illustre intentèrent au journal un procès en diffamation, et l'un des membres de cette famille prit pour avocat M. Berryer, que des liens trop étroits unissaient à la feuille accusée. Celui-ci ne fit pas cette fois ce qui l'avait tant honoré dans le procès de Cambronne. L'homme de parti prévalut sur l'avocat : au lieu d'employer au service de sa cause ses brillants accents et cette vivacité hardie de logique qui lui était si familière, il se montra cauteleux, souple, plein d'égards pour son adversaire, et il semblait moins rechercher la punition que demander la grâce du calomniateur. Cette conduite lui attira de légitimes sévérités : les fonctions de l'avocat sont libres, et M. Berryer devait refuser une cause dans laquelle il ne se sentait pas à l'aise. Mais accepter de plaider contre les jésuites et parler pour eux, se charger de poursuivre un journal et prendre en quelque sorte sa défense, c'était un rôle peu honorable, et qui jeta sur la personne de M. Berryer une certaine défaveur.

Jusque alors, quoique bien connu pour ses opinions légitimistes, quoique renommé au barreau de Paris pour la rare distinction de son talent, il n'avait cependant pas encore été employé par son parti comme un de ces hommes dévoués et sûrs, auxquels on veut donner leur part d'influence, d'honneurs et de pouvoir. Supérieur de plusieurs coudées, et par l'intelligence et par tous les dons extérieurs au moyen desquels elle se manifeste, à la plupart de ces hommes de mince taille et de mince étoffe qui arrivaient aux affaires, M. Berryer voyait passer devant lui et monter les degrés du pouvoir jusqu'au sommet de l'échelle une foule d'avocats bretons ou gascons, protégés de prélats dévots, favoris des marquises de Pretintaille, esprits courts et cœurs plats, race sournoise et médiocre, dont la congrégation déposait l'œuf dans les ministères, dans la diplomatie ou dans les Chambres, pour le faire éclore à la chaleur du confessional et sous le miel du budget. M. Berryer ne fut pas du nombre de ces privilégiés de sacristie. Plébéien et Parisien, ces deux qualités originelles étaient également répulsives pour la cafarderie dominante. Ami des arts, curieux de gloire, il avait de l'aristocratie les goûts sensuels et mondains; mais son esprit, trempé d'humeur gauloise et de sève nationale, méprisait la morgue des grands et l'insolence des parvenus. Son éloquence spontanée, brûlante, n'était pas non plus un de ces instruments que la main des dévots pût ployer à son gré; génie flâneur, il attendait son moment, ne s'enflammait que d'inspiration, et l'inspiration ne lui venait que lorsqu'il était ému par quelque sentiment élevé, grandiose, chevaleresque. Tout cela pouvait en faire un homme puissant pour ses convictions, mais fort peu utile pour des passions qu'il ne partageait pas. La congrégation le comprit, et le laissait à l'écart.

Cependant le moment vint où le duel se posa nettement entre l'autorité royale et la puissance populaire. Le cabinet Polignac en avait dit le dernier mot, et le roi de France ne devait pas rendre son épée. Les dernières élections de 1830 amenèrent M. Berryer à la Chambre, où il prit hardiment parti pour les descendants avortés de Louis XIV. Il prononça plus d'un discours dans la discussion de la fameuse adresse des 221, qui eut lieu, comme c'était d'usage alors, en comité secret; et ceux qui l'entendirent reconnurent aussitôt que la tribune venait de conquérir un de ses plus grands, sinon son plus grand orateur. Quelques mois après, la rencontre avait eu lieu; trois jours y suffirent; le peuple sut arracher à Charles X l'épée qu'il ne devait pas rendre, et la remplaça par un bâton de voyage sur lequel le vieillard put s'appuyer pour conduire à l'exil tout ce qui restait de la branche aînée des Bourbons.

Au moment donc où M. Berryer mettait le pied dans la grande arène politique, il voyait s'éloigner et disparaître les espérances prochaines qui se montraient la veille même à sa légitime ambition. Homme d'épée, il aurait sans doute brisé la sienne sur les débris du trône; homme de cour et d'intimité, il aurait cru devoir suivre sur la terre étrangère ces trois générations de rois; mais la parole était son arme, il en avait éprouvé la force, il en calculait la puissance, et il ne l'avait pas compromise ni avilie à d'indignes services. Aussi, pendant que le parti, si puissant naguère, se débandait de toutes parts, tandis que les autres députés donnaient leur démission, que la pairie décimée abandonnait jusqu'à ses bagages dans la déroute, M. Berryer resta seul au milieu des vainqueurs, il y resta pour représenter la défaite, expliquant sa présence par quelques paroles aussi honorables pour la générosité du peuple que pour la dignité du vaincu, abaissant son drapeau, ne le reniant point, et proclamant dès le premier jour qu'au-dessus de tous les gouvernants, au-dessus de toutes les affections personnelles, il y a toujours une nation, une patrie, à laquelle tous les citoyens doivent leur premier culte et leur suprême dévouement. M. Berryer assista donc à la révision de la Charte de 1814; il y intervint plus d'une fois, et ne négligea même aucune occasion de ménager pour l'avenir de larges issues à ses principes. Il faut bien le reconnaître avec sincérité, il rencontrait à côté de lui des sympathies secrètes qui l'encourageaient; et quand seul il avait parlé, plus d'un membre de cette assemblée usurpatrice, composée de deux cent dix-neuf membres, le cherchait dans les couloirs et dans quelque coin obscur, lui serrait la main et lui disait en soupirant : « Mon cœur est avec vous ».

Tout était doute encore en ce moment : le peuple grondait toujours; on croyait que la Sainte-Alliance n'abandonnerait pas ses amis; le double fléau de l'anarchie et de la guerre étrangère menaçait à la fois et venait agiter les trembleurs, troubler les prudents et rendre toute position extrême fort difficile. Celle de M. Berryer ne s'améliora point dans l'année qui suivit celle-ci. Il ne pouvait se faire illusion lui-même sur les antipathies profondes et générales que rencontraient et les hommes et les choses auxquelles il gardait sa fidélité. De plus, à mesure que le nouveau régime se fortifiait, ses courtisans reprenaient courage. Mais déjà la division était parmi les vainqueurs; on rejetait comme des conseillers importuns Lafayette, Laffitte, Dupont (de l'Eure); le cabinet du 1er mars, inaugurant la réaction, abandonnait l'Italie, la Pologne, l'Espagne; on proclamait la *quasi-légitimité*, on se faisait accepter de l'Europe à prix d'honneur; on mendiait la paix genou en terre; on traquait la presse avec fureur; on réprimait avec violence toutes les manifestations populaires. C'était plus qu'il n'en fallait pour offrir à M. Berryer des occasions magnifiques d'attaquer ce que Juillet avait produit. Aussi ne négligea-t-il aucune circonstance pour demander si l'on avait fait une révolution de palais ou une révolution de principes; si la souveraineté du peuple était une de ces fictions redoutables qu'on invoque un jour de crise, et que l'on se hâte de replonger dans les abîmes dès qu'elle a donné leur pâture aux ambitieux.

Profitant habilement de sa solitude, séparé tout à la fois du pouvoir et de l'opposition, courant sur le flanc de ces deux armées, guettant toutes les fautes, il n'entrait dans la mêlée que lorsqu'il voyait un moment propice pour faire tourner le débat à l'avantage de ses opinions. Lorsque Casimir Périer venait réclamer au nom de l'ordre public des me-

sures sévères : « L'ordre! s'écriait l'orateur, vous con-
« vient-il de l'invoquer? Vous en avez sapé la base, vous
« avez déchaîné l'anarchie; le principe vous presse, il faut
« en subir les conséquences. » Et si l'opposition voulait à
son tour appliquer à nos lois, à nos mœurs, à notre état
social, quelques-unes de ces améliorations que commandaient
ou la politique, ou les conditions civiles, ou les besoins
moraux, la suppression de l'anniversaire du 21 janvier, le
bannissement perpétuel des Bourbons, le divorce, le mariage des prêtres, M. Berryer se levait aussitôt, et demandait avec douleur si l'on voulait anéantir toutes les traditions, absoudre tous les crimes, rompre tous les liens de la famille, jeter le schisme dans la religion, et réduire en poussière tout ce qui restait des éléments sociaux les plus nécessaires et les plus respectés.

Telle fut sa constante tactique dans les commencements de la lutte. Le premier discours qui fonda pour tous les partis sa puissance oratoire fut celui qu'il prononça dans la discussion de la pairie (5 octobre 1831). Le ministre Périer avait déclaré lui-même qu'il cédait à contre-cœur au vœu populaire en détruisant l'hérédité. Quelques orateurs vinrent la défendre dans des tissus d'inconséquences ; M. Berryer seul était à l'aise dans cette question. Le respect de l'hérédité était l'âme même de ses opinions politiques ; il le développa dans un discours d'une hardiesse véhémente, avec lequel il terrassa ce cabinet qui sapait une constitution en l'adorant, et ses traits ne furent ni moins piquants ni moins rudes contre cette pairie elle-même, qui se condamnait à un rôle subalterne, sans crédit, sans autorité, sans indépendance... Triste expiation des lâchetés qu'elle avait commises, expiation à laquelle elle ne pouvait échapper qu'en se retirant ! Cette vigoureuse sortie fut admirable : l'orateur s'y était révélé tout entier avec son regard hautain, son geste dominateur, cet organe incomparable dont les cordes métalliques agitent ses fibres nerveuses, cette parole qui brûlait ses lèvres et qui se répandait en flammes étincelantes sur toute cette assemblée, qui n'était ni convaincue ni persuadée, mais qui demeurait haletante, et qui se sentait enchaînée d'admiration par ce fluide irrésistible de la passion éloquente. M. Berryer eut les honneurs de cette longue discussion, et désormais il était sûr de commander le silence, car il avait pris son rang parmi les princes de la parole.

Plus tard, il défendit avec le même succès M. de Châteaubriand contre les attaques étourdies de M. Viennet (16 novembre 1831); sa place était faite, son autorité établie, sa puissance redoutable et redoutée. Alors seulement il devint pour son parti un homme considérable : seul il le représentait, seul il pouvait faire croire encore à son existence en jetant sur lui le reflet d'un talent plein d'éclat. Toutefois ce service ne suffisait plus. Une femme de cœur, entreprenante et digne de commander à d'autres hommes, la duchesse de Berry, avait été bravement se jeter au milieu de quelques bandes de chouans, reste dégénéré de la Vendée de 93 : les légitimistes s'étaient ranimés ; la conspiration de la rue des Prouvaires ayant échoué à Paris, on en voulut agrandir les proportions, en changer le terrain, et tenter la guerre civile. M. Berryer fut assurément mis dans le secret de ces mouvements, et le public ignore les conseils qu'il donna; mais ce qu'on sait positivement, c'est qu'il se rendit de sa personne auprès de la duchesse de Berry, et le pouvoir tracassier le fit arrêter et mettre en jugement. Ce procès fut pour les accusateurs un sujet de confusion, pour l'accusé un nouveau triomphe. Cette persécution augmentait son autorité sur son parti, et dans la session qui suivit son acquittement, M. Jollivet ayant voulu transporter à la tribune ce débat qui avait été honteux pour le ministère en cour d'assises, M. Berryer saisit du même coup l'interpellateur et ses patrons, et, après les avoir vigoureusement étreints sous sa serre, les envoya rouler meur-
tris et confus sur leurs bancs (28 novembre 1832, discussion de l'adresse). La tentative de guerre civile échoua d'abord par la plus odieuse trahison. On apprit bientôt que la duchesse de Berry était arrêtée; ce n'était pas assez : on annonça plus tard qu'elle était enceinte ; la fortune se plaisait à frapper ses coups les plus impitoyables sur la race déchue. M. Berryer fit pourtant tête à l'orage : des pétitionnaires demandaient la liberté de la princesse; d'autres réclamaient sa mise en jugement : discussions passionnées, irritantes, au milieu desquelles l'orateur déploya toujours la même puissance de talent. Mais la vengeance du pouvoir fut complète : il arracha la déclaration de sa grossesse à la captive, et la fit accoucher en prison, au milieu d'une surveillance dégoûtante, à laquelle présidait le général Bugeaud ; puis il la fit embarquer avec son enfant.

Le temps des luttes armées était fini : la réaction victorieuse se donna carrière ; l'attentat Fieschi lui fournit l'occasion de jeter sur la France ce réseau de lois arbitraires, inconstitutionnelles, violentes, qui détruisaient et le droit de discussion, et le droit d'association, et la constitution du jury, et les promesses solennelles de la Charte. C'est dans la session de 1835 que tout cet arsenal fut mis au jour. L'opposition combattit vigoureusement, et M. Berryer se joignit complètement à elle dans d'impuissants efforts. Son discours sur la loi des associations (17 mars 1834) produisit un immense effet sur l'assemblée. Nous nous rappelons encore avec quel accent il prononça ces paroles au milieu d'une violente agitation ; il répondait à une flasque déclamation de M. Barthe :

« M. le ministre nous a dit que le gouvernement de la
« Restauration était odieux et repoussé parce qu'il avait été
« imposé par l'étranger.....

Voix nombreuses. Oui! oui!

M. BERRYER. « Et qu'il était pour la France le triste fruit
« des désastres de Waterloo.

Au centre avec force : « Oui! oui!

M. BERRYER s'arrête un instant, et dirigeant sa main du côté même où devait figurer le portrait du roi, il s'écrie :
« Eh bien! je demanderai au ministre imprudent qui a osé
« tenir ce langage s'il a oublié les noms de ceux qui ne sont
« rentrés en France qu'à la suite de l'étranger et en passant
« sur le champ de bataille de Waterloo! »

En achevant ces mots, le regard dédaigneux de l'orateur s'arrêta sur M. Guizot, qui siégeait au banc des ministres. Les centres demeurèrent anéantis. Puis revenant au carbonaro Barthe, et l'apostrophant lui-même, il s'écria d'une voix terrible : « Punissez, monsieur, punissez quiconque a
« la bassesse, la lâcheté de s'enfermer dans des sociétés se-
« crètes, pour y prêter des serments incendiaires contre son
« pays ! » Et comme M. Guizot avait dit qu'il ne connaissait pas de plus dégoûtant que le cynisme révolutionnaire, M. Berryer lui répondit en s'écriant : *Il y a quelque chose de plus dégoûtant encore : c'est le cynisme des apostasies !...*

On ne parviendrait pas par des citations à donner l'idée de l'effet foudroyant de cette parole. il faut voir l'orateur, il faut l'entendre; car l'écriture ne saurait reproduire l'ensemble de ces facultés qui sont harmonisées précisément pour produire l'éloquence. Ceux mêmes qui la veille ont assisté aux séances ne retrouvent plus dans les discours imprimés que des cendres chaudes, ceux qui n'y assistent pas n'ont guère que le minerai figé du volcan. Nous ne prétendons pas dans cette rapide esquisse apprécier le talent de M. Berryer : cette œuvre est faite par un maître (1), et nous n'avons voulu ici que rendre quelques-unes de nos impressions. Ce qui est remarquable dans le talent de cet orateur, c'est qu'il lui échappe pour ainsi dire à lui-même. Il n'en dispose ni quand il veut ni comme il veut ; l'instrument lui

(1) Voir le *Livre des Orateurs parlementaires*, par Cormenin.

manque même les jours où il croyait l'avoir le mieux préparé. C'est là ce que nous avons vu dans une occasion importante, où la personne de M. Berryer et les intérêts de son parti se trouvaient également en cause. Il s'agissait du voyage de Belgrave-Square, pieux pèlerinage que les légitimistes avaient été faire auprès de leur prétendant. Accusé par le ministère, objet d'une animosité violente, menacé de se voir flétri lui et les siens dans un paragraphe de l'adresse, M. Berryer n'eut point à son service cette éloquence qu'il a fait admirer tant de fois. Ceci tient à deux causes, que nous avons souvent observées en l'étudiant. L'une fondamentale, et qui touche à la source même de toute inspiration : c'est que la première force de l'orateur, c'est la vérité. Jeté par ses précédents, par ses illusions, par une certaine tournure d'esprit chevaleresque, dans les opinions légitimistes, M. Berryer n'en est pas moins pénétré des besoins de la société nouvelle ; son intelligence en a les idées, son âme en reçoit les aspirations ; et lorsqu'il est forcé de se restreindre dans les intérêts du passé, il s'embarrasse dans ses béquilles, il perd en hauteur comme en largeur ; il doute de son action, parce qu'il sent le vide, et, mécontent de lui-même, l'artiste se décourage et se traîne au lieu de monter. L'autre cause tient à la nature toute spontanée de cette parole qui jaillit comme l'eau vive du sein du roc : c'est que M. Berryer perd à se trop préparer. Improvisateur par excellence, il a besoin de sentir bouillonner son cerveau ; sa pensée prompte souffre comme ces germes précieux qu'une trop longue incubation étouffe ; et les fils de son intelligence qu'il vêt avec le plus d'éclat et de bonheur sont précisément ces enfants trouvés que le temps, le lieu, la chaleur du sujet fécondent et font éclore.

Inférieur à lui-même dans l'affaire de Belgrave-Square, il retrouva toutes ses facultés quand il vint après sa réélection passer en revue la politique extérieure du cabinet. Il fut cette fois ce qu'il avait été l'année précédente en traitant la question de Syrie, ce qu'il avait été en 1840 lorsque après avoir ramassé en une toutes les lâchetés de ce régime, il s'était écrié, la voix émue et frappant de son poing le marbre de la tribune : « Céder partout ! céder toujours ! ah, c'est trop ! c'est trop !... » Et cette répétition, insignifiante ou vulgaire ici, frappa l'assemblée entière d'une commotion électrique. Homme d'affaires quand il le faut, M. Berryer discute les faits et les chiffres avec une merveilleuse clarté, et c'est lui qui fit échouer une première fois le projet de 25 millions pour les États-Unis. Il a souvent dans des débats ce qu'il avait montré la même habileté à débrouiller une question et à la vider en la simplifiant. Mais le caractère principal de son talent, sa véritable souveraineté, c'est l'éloquence, l'éloquence dans sa grandeur, avec sa puissance d'émotion, son pathétique, et ces belles formes que l'antiquité nous a transmises, que si peu d'hommes ont conservées. Aussi, bien que professant des opinions profondément contrastantes, bien que séparé de M. Berryer par tout l'espace qui sépare les deux pôles, nous n'en éprouvons pas moins pour les dons privilégiés qu'il a reçus l'admiration la plus sincère, et, fidèle à la doctrine qui a porté le vaincu de Juillet à servir la nation, nous croyons qu'il faut honorer tous ceux qui dans les sciences et les lettres, dans les armées ou dans les arts, par la gloire des armes, ou par celle de la parole, contribuent à élever aux yeux des autres peuples et notre langue et notre patrie.

Armand Marrast,
ancien président de l'Assemblée nationale.

M. Berryer a fait ses études chez les oratoriens, réunis en corporation privée à Juilly, où il eut pour condisciple le maréchal Jérôme Bonaparte. Il quitta cette maison en 1806. Il avait montré de bonne heure une vaste intelligence, mais sa paresse pouvait seule égaler : aussi brilla-t-il peu dans ses études. L'éducation religieuse qu'il avait reçue dans la maison de Juilly le poussait à entrer dans un séminaire ; sa famille parvint, non sans difficulté, à l'en détourner et à lui faire adopter la carrière du barreau. Son père lui aplanit les premières difficultés, et ses brillantes facultés ne tardèrent pas à se révéler. Après avoir pâli sur le code et passé quelques mois chez un avoué, il se maria, à peine âgé de vingt et un ans.

Ses opinions étaient loin d'être arrêtées alors. « Quoique enthousiaste du génie de Napoléon, a dit un biographe, il regardait le grand homme comme un despote disposé à répandre jusqu'à la dernière goutte du sang de ses sujets sur l'autel de son ambition, et il vit avec joie arriver la première restauration, à laquelle il se dévoua corps et âme. « Après avoir vainement essayé de sauver le général Debelle devant le conseil de guerre, il alla se jeter au pied du roi, et obtint sa grâce. Les généraux Canuel et Donadieu ayant été mis en cause après les insurrections de Grenoble et de Lyon, M. Berryer plaida pour eux, et en rejeta hardiment tout l'odieux sur le ministère Decazes. Il publia même à cette occasion une brochure qui causa un certain scandale, et le fit ranger parmi les royalistes purs.

Cependant les procès politiques ne lui faisaient point négliger les affaires civiles. Les discussions des banquiers Seguin et Ouvrard (1826), la succession du marquis de Vérac, l'affaire des marchés Ouvrard, puis les liquidations et les procès pour coupes de bois appartenant aux anciens émigrés, fournirent à M. Berryer autant d'occasions de mettre en relief son talent. Le 21 avril 1826 il prêta l'appui de sa parole à M. l'abbé de Lamennais, et obtint l'acquittement de son client. Sous le ministère Villèle il participa à la création de la Société des bonnes lettres et de la Société des bonnes études, sociétés qui avaient pour but de déguiser la propagande politique sous le manteau de la religion.

Faisant sans doute peu de cas des serments que réclament toujours les gouvernements à leur origine, et que chacun peut interpréter, quoi qu'on fasse, suivant sa conscience, il prêta en 1830 celui qu'exigeait Louis-Philippe. « Quand la force domine dans un État, disait-il alors, les gens de bien doivent encore à la société le tribut de leurs efforts pour détourner de plus grands maux. » Les affaires de la Vendée lui valurent quatre mois de prison préventive. Acquitté par la cour d'assises, il fut encore inculpé, avec Châteaubriand, de Brian et autres, pour avoir, dans une réunion royaliste, voté en l'honneur du noble vicomte une médaille avec l'exergue : Votre fils est mon roi. Mais comme il avait proposé l'exergue Le génie fidèle au malheur, il fut renvoyé de la plainte. Il en profita pour faire acquitter Châteaubriand en cour d'assises ; en même temps il défendait différents journaux royalistes.

Dans la session de 1834, venant en aide à MM. Audry de Puyraveau et Voyer d'Argenson, accusés de participation à la Société des Droits de l'homme, M. Berryer opposa aux objections de M. Guizot des arguments d'un radicalisme complet. Il prétendait que le droit de discussion et d'association était une conséquence forcée de la révolution, dût l'exercice de ce droit être fatal au nouveau gouvernement. Sans doute il ne pensait plus ainsi après la révolution de Février, lorsqu'il accepta, en 1850, d'être membre de cette commission des dix-sept chefs de parti qu'on a nommés les Burgraves, qui a préparé les mesures au moyen desquelles toutes les libertés publiques ont été sévèrement restreintes.

Quoi qu'il en soit, au milieu des préoccupations de la politique, qui lui avaient fait négliger une riche clientèle, M. Berryer se trouva un beau jour ruiné ; c'était vers 1836. Son parti ne fut pas ingrat, et, sur l'annonce de la mise en vente de la terre d'Angerville, qui appartenait au célèbre avocat, une souscription s'ouvrit, et produisit 400,000 fr., moyennant quoi ce bien fut conservé à son propriétaire. Chef de son parti à la tribune, M. Berryer ne tint pas toujours compte des avis et des prétentions des journaux royalistes soumis à d'autres influences. Il essaya même une fois de se créer un organe dans la presse parisienne, ce qui lui attira de vertes attaques des défenseurs patentés de la monarchie, dont l'un, engagé dans les ordres sacrés, s'oublia jusqu'à rappeler au député de Marseille qu'il n'était que l'*avocat* du parti légitimiste.

Avant le voyage de Belgrave-Square, M. Berryer était déjà allé en Allemagne déposer ses hommages aux pieds de la famille déchue. Le duc d'Angoulême lui confia une pièce qui avait pour but de maintenir les prétentions de ce dernier au titre de Louis XIX jusqu'à la troisième restauration exclusivement. Combattant toujours le ministère, M. Berryer appuya dès 1836 la proposition Gouin pour le remboursement des rentes; il attaqua le projet de loi de disjonction en 1837, repoussa l'année suivante la proposition relative à l'abolition de l'esclavage, et en 1839 il fut un des plus énergiques promoteurs de la coalition formée pour renverser le ministère Molé.

Le prince Louis-Napoléon, arrêté à Boulogne, se souvint du défenseur du maréchal Ney, et M. Berryer devint un de ses conseils devant la chambre des pairs.

Après la révolution de Février, le département des Bouches-du-Rhône choisit M. Berryer pour un de ses représentants à l'Assemblée constituante. Il fit partie du comité des finances; et l'un des chefs de la réunion de la rue de Poitiers, il fut réélu à l'Assemblée législative. La réaction dans laquelle tomba la majorité de cette assemblée donna une certaine importance à M. Berryer, qui finit par être proclamé le principal mandataire du comte de Chambord dans la circulaire Barthélemy, datée de Wiesbaden, où M. Berryer avait recommencé le pèlerinage de Belgrave-Square, sans *flétrissure* à la suite, cette fois; il est vrai que la république n'avait demandé aucun serment à ses représentants. L'année suivante, alors que les projets de fusion étaient à l'ordre du jour, l'Exposition universelle lui fournit l'occasion de rendre visite aux membres de la famille d'Orléans, à Claremont.

Toujours membre des commissions qui siégeaient pendant les prorogations de l'Assemblée, M. Berryer fit partie de la commission chargée de la surveillance de la caisse d'amortissement, et s'associa au blâme infligé au ministère qui avait osé destituer le général Changarnier. Reprochant au cabinet d'avoir tenté de scinder la majorité, il dit que la république n'était pour lui qu'un gouvernement de transition. Bientôt, champion avoué du représentant de la légitimité, repoussant la proposition Creton relative à l'abolition des lois de proscription contre les Bourbons, il déclara que M. de Chambord ne pouvait rentrer en France qu'avec le titre qui lui appartenait, c'est-à-dire comme *le premier des Français*.

La révision de la constitution le compta parmi les partisans sous certaines réserves. La république était incompatible, suivant lui, avec les mœurs, les traditions et les intérêts du pays : il voulait avant tout un changement de gouvernement; autrement, il était opposé à la réélection du président. Les événements du 2 décembre l'ont rendu tout entier au barreau. Il y a fait sa réapparition en plaidant avec Me Paillet la compétence du tribunal civil dans l'affaire des biens de la maison d'Orléans contre le déclinatoire introduit par le préfet de la Seine. Après la mort de M. de Saint-Priest, l'Académie Française appela M. Berryer à le remplacer dans son sein. Son discours de réception fut beaucoup remarqué. L'orateur se tira avec un rare bonheur des difficultés d'un tel sujet, où il s'agissait d'allier le respect des convenances avec le respect qu'il se devait à lui-même et aux convictions de toute sa vie.

BERSERKER (dérivé des mots *ber*, nu, et *serkr*, cuirasse). C'était, suivant la tradition scandinave, un célèbre et redoutable héros, petit-fils de *Starkader aux huit mains* et de la belle Alfhilde. La tradition porte que, méprisant les casques, les cuirasses et les boucliers, il se présentait au combat n'ayant, contrairement aux usages de l'époque, pour toute arme défensive que son courage et sa force. Ayant épousé la fille du roi *Swarfurlam*, qu'il avait tué dans un combat, il en eut douze fils, tous aussi braves et aussi courageux que lui, et qui portèrent son nom, demeuré synonyme d'homme déterminé.

BERTHÉ (du vieil allemand *Berchta, Perahta*), nom qui a été porté par plusieurs femmes célèbres du moyen âge.

Sainte BERTHE, dont l'Église honore la mémoire le 4 mai, était la belle et pieuse fille de Charibert, roi des Francs. Mariée en 560 à Æthelbert, roi de Kent, elle contribua beaucoup à la conversion de son époux, de même qu'à la propagation du christianisme parmi les Anglo-Saxons.

BERTHE, fille de Burkhard, duc des Alemans et épouse de Rodolphe II, roi de la Bourgogne Transjurane, prit, à la mort de ce prince, en 937, la régence au nom de son fils Conrad, encore mineur, se remaria plus tard à Hugues, roi d'Italie, et mourut vers la fin du dixième siècle. Cette reine avait la réputation d'être une excellente ménagère, et les monuments de l'époque la représentent toujours filant assise sur son trône. Aussi est-ce à elle qu'on fait remonter l'origine de ce proverbe, si connu encore aujourd'hui dans le territoire de l'ancien royaume de la petite Bourgogne : « Dans le bon vieux temps, lorsque la reine Berthe filait. » On cite cependant d'autres princesses de la même époque, laborieuses fileuses à la mémoire desquelles on rattache aussi ce proverbe. Il est à noter, au reste, que lors de la propagation du christianisme, on transféra les attributs de la vieille déesse germaine *Berchta* à diverses personnes d'une certaine importance historique. Nous consacrons ci-après un article spécial à BERTHE ou BERTHRADE *aux Grands Pieds*.

Les légendes de la Table Ronde font aussi mention d'une BERTHE, sœur de Charlemagne, mariée à Milon d'Angleris, de qui elle aurait eu un fils, le célèbre Roland.

BERTHE, reine des Français, épouse de Pepin le Bref et mère de Charlemagne. Elle mourut le 12 juillet 783, et fut inhumée à Saint-Denis : son tombeau, restauré par les soins de saint Louis, portait cette unique inscription : *Berta, mater Caroli Magni*. Les historiens disent que le grand empereur avait pour sa mère une tendresse respectueuse, et qu'il écoutait ses avis avec une certaine déférence. D'ailleurs, on ne sait pas exactement à quelle nation, à quelle famille elle appartenait. Suivant les uns, son père était Caribert, comte de Laon ; suivant les autres, un empereur de Constantinople. On sait qu'en général nos rois francs se préoccupaient alors assez peu de l'origine plus ou moins illustre de leurs épouses ; et personne n'aurait vraisemblablement recherché d'où venait la reine Berthe, si l'ancienne poésie héroïque et plusieurs légendes pieuses n'avaient essayé de trancher la question.

Il convient de rappeler ici rapidement ce que nos vieux trouvères ont raconté de la mère de Charlemagne. Douée d'une grande beauté, le surnom qu'ils lui donnent de Berthe *aux Grands Pieds* ne fait à leurs yeux aucun tort aux heureux dons que la nature lui avait prodigués. Elle était fille du roi Flore, de Hongrie, et de la reine Blanchefleur. Pépin le Bref, ayant entendu louer ses vertus et ses charmes, fit demander sa main ; le mariage fut résolu, et la princesse partit pour la France dans la compagnie de deux femmes : Margiste, et sa fille Aliste, qu'elle avait affranchies. Aliste était devenue à la cour de la reine de Hongrie, par la ressemblance de ses traits avec ceux de Berthe aux Grands Pieds. Cette ressemblance causa tous les malheurs de la jeune princesse en donnant à la vieille Margiste la pensée de tromper Pépin, et de substituer dans sa couche sa fille Aliste à sa noble maîtresse. Pour arriver à ses fins, elle représente à Berthe que le roi de France est une espèce de monstre, et qu'il met ordinairement en danger la vie des objets de ses premiers embrassements. En conséquence elle propose à la princesse de changer de nom pour quelques jours avec Aliste, qui, une fois le danger passé, s'empressera de reprendre sa véritable place. Berthe accepte la tromperie : la *serve* est conduite, au lieu de la reine, dans la couche royale. Le lendemain, au point du jour, des traîtres, rassemblés par Margiste, s'emparent de la vraie Berthe, la conduisent dans la forêt du Mans, et là se disposent à exécuter leur mission en lui tranchant la tête. Heureusement, un d'entre eux, nommé Morant, écoutant la voix de ses remords, obtint de ses complices qu'ils laisseraient fuir la princesse. Berthe, après de longues angoisses, vint frapper à la porte d'un voyer ou garde-chasse, nommé Simon. Ce brave homme reçut la princesse avec bonté, la confia aux soins de sa femme et de sa fille, et la retint à titre de chambrière. Elle demeura chez lui plusieurs années ; et cependant Aliste donnait au roi deux enfants et se faisait haïr de toute la nation par son avarice, son insolence et sa méchanceté.

La pieuse résignation de Berthe aux Grands Pieds n'aurait jamais mis le roi sur les traces de la vérité, si la reine de Hongrie, désireuse de revoir sa fille et de juger par elle-même de son bonheur, n'avait pas fait un voyage en France. Grande terreur alors dans l'âme de la serve : on peut abuser un mari, il est moins aisé de tromper une mère. Sur toute sa route Blanchefleur recueillit les malédictions des peuples. « Voilà, » disait-on, « la mère de la plus indigne reine qui fut jamais. » Blanchefleur ne pouvait revenir de sa douloureuse surprise. Elle entre dans Paris ; le roi vient à sa rencontre. Pour la reine, on lui dit qu'elle est malade, qu'elle ne peut supporter l'éclat du jour ni même la lumière des flambeaux. « Je veux pourtant la voir, » s'écria la mère. « Conduisez-moi vers elle. » Elle entre dans son appartement ; la fausse malade prononce quelques mots d'impatience et de dépit. « Qu'ai-je entendu ? » s'écrie Blanchefleur, « ma chère Berthe peut-elle ainsi me recevoir ! Non, ce n'est pas ma fille : elle eût voulu me voir ; elle se fût jetée dans mes bras. » Et tout en disant ces mots, elle tire violemment la couverture et regarde les pieds d'Aliste : « Je l'avais bien deviné, dit-elle, non, ce n'est pas ma fille. Mais qu'en ont-ils fait ? Ils l'ont tuée ! » Le roi accourt ; Aliste, dans son trouble, est contrainte de tout avouer, et bientôt la méchante mère subit le supplice que méritait son odieuse trahison. On épargna la fille en faveur des deux enfants qu'elle avait eus du roi, et l'on sut par le bon Morant comment la véritable Berthe avait été abandonnée. Mais comment la retrouver ? Longtemps toutes les recherches furent inutiles. Cependant, un jour que Pépin, emporté par l'ardeur de la chasse, s'était égaré dans la forêt du Mans, il aperçut, au pied d'une croix dressée dans le plus épais de la forêt, une jeune femme dont la beauté le frappa tellement, qu'un véritable roi de ces temps-là il s'approcha d'elle, et voulut lui faire violence. Berthe implora sa pitié ; mais ses larmes et ses prières n'auraient servi de rien, si pour sauver son honneur elle n'avait pris le parti de déclarer ce qu'elle avait caché jusque là, même à Simon le voyer. « Arrêtez, dit-elle, je suis la fille du roi Flore ; je suis Berthe aux Grands Pieds. » Ainsi fut-elle reconnue de Pépin et revint-elle à la cour en triomphe. Morant fut récompensé comme il le méritait. Simon le voyer obtint une charge à la cour, et reçut pour armoiries un écu d'azur à la fleur de lis d'or, que ses descendants portaient encore au treizième siècle. Nous avons le regret d'avouer que telles ne sont plus les armes de l'illustre famille des Le Voyer d'Argenson.

Pour terminer la légende poétique de la reine Berthe aux Grands Pieds, nous dirons que Dieu bénit son mariage et lui donna d'abord un fils, le puissant Charlemagne, puis une fille, nommée comme sa mère, et qui devait elle-même donner le jour au héros de l'épopée française, le terrible Roland.

L'histoire fabuleuse de Berthe aux Grands Pieds se trouve d'abord dans un manuscrit du douzième siècle conservé aujourd'hui dans la Bibliothèque Nationale. La tradition, apparemment plus ancienne, fut recueillie comme parfaitement véridique par un habile trouvère du siècle suivant, nommé Adenès, et surnommé *le Roi*, sans doute parce qu'il avait gagné plusieurs prix de poésie dans les Puis d'Arras ou de Lille, ces académies du moyen âge. Adenès en a fait le sujet d'une chanson de geste fort touchante et fort gracieuse, que l'auteur de cet article a publiée en 1836, sous ce titre : *Li Romans de Berte aus Grans Piés*, précédé d'une dissertation sur les Romans des Douze Pairs (Paris, Techener, un volume in-12).   Paulin Paris, de l'Institut.

BERTHEZÈNE (Pierre, baron), lieutenant général, naquit à Vandargues (Hérault), le 24 mars 1775. Aux premiers jours de la Révolution, il s'enrôla comme volontaire dans le 5ᵉ bataillon de l'Hérault, qui allait défendre le territoire national, menacé par les Espagnols. Au bout d'un an il était déjà sous-lieutenant, quand son corps passa à la division Garnier, de l'armée d'Italie. Nommé capitaine sur le champ de bataille de Saint-Julien, le 5 messidor an VII, il devint chef de bataillon au 72ᵉ de ligne, à la suite de combats sur le Mincio. Compris en 1804 dans la grande promotion de la Légion d'Honneur, au camp de Boulogne, il passa comme major au 65ᵉ de ligne, et obtint trois ans plus tard le grade de colonel du 10ᵉ d'infanterie légère. L'empereur après la bataille d'Heilsberg le fit officier de la Légion d'Honneur et le créa baron de l'empire, avec une dotation en Westphalie. A peine remis des graves blessures qu'il avait reçues à Eckmühl, à Wagram, il prit, en qualité d'adjudant général, le commandement des grenadiers de la garde impériale qui devaient faire la campagne de Russie, et rendit à l'armée les plus utiles services par sa bonne contenance devant l'ennemi, tant à la Bérézina qu'à Lutzen et à Bautzen. Nommé général de division le 4 août 1813, il fut forcé de capituler à Dresde par le manque de vivres et de munitions ; mais les coalisés, violant lâchement la capitulation, envoyèrent tous les Français prisonniers en Hongrie.

En 1814, le général Berthezène, rentré en France, fut mis en disponibilité. Cependant le maréchal Soult l'appela au comité de la guerre, et Louis XVIII le décora quelque temps après de la croix de Saint-Louis. Mais après le débarquement de Napoléon, ayant continué ses services et vaillamment combattu les alliés à Fleurus, à Wavres, à Bierges, à Namur et sous les murs de Paris, il fut obligé, au retour des Bourbons, de chercher un refuge en Belgique. Le maréchal Gouvion-Saint-Cyr, qui l'aimait et l'appréciait beaucoup, le fit rentrer en grâce. Il remplit successivement les fonctions de membre du comité consultatif d'infanterie et d'inspecteur général. Lors de l'expédition d'Alger en 1830, on jugea convenable qu'un lieutenant général bien vu des anciens fût adjoint au commandant en chef, M. de Bourmont. Le général Berthezène fut choisi à ce titre. Sa division aborda la première le sol africain. Ce fut par la vigueur qu'il inspira à nos jeunes soldats, lors du débarquement, que les batteries algériennes de Sidi-Ferruch furent enlevées si rapidement. On se rappelle encore l'enthousiasme que produisit en France son premier bulletin de victoire. Sa division concourut aussi très-activement à la bataille de Staouéli, qui ouvrit à l'armée française les portes d'Alger. Sa belle conduite au feu décida M. de Bourmont à demander pour lui la pairie, faveur sollicitée de nouveau à son intention par le général Clauzel, mais qui ne lui fut accordée que deux ans plus tard. Revenu en France grand-officier de la Légion d'Honneur, il dut au mois de février 1831 remplacer le général Clauzel dans son commandement de l'Algérie.

Dans l'incertitude où l'on était alors du maintien de la paix en Europe, on avait prescrit la rentrée en France d'une partie des troupes de l'armée expéditionnaire. Elle était réduite, à cette époque, à un effectif de 9,300 hommes, et c'est avec de si faibles moyens que le général Berthezène allait être obligé de faire face aux nombreuses exigences de la conquête. Ce fut pendant son gouvernement que les bataillons de zouaves furent organisés. Lors de la malheureuse expédition de Médéah, ce furent ces mêmes enfants de Paris qui, sous les ordres du chef de bataillon, depuis général Duvivier, protégèrent la retraite de l'armée en formant spontanément l'arrière-garde qui la sauva d'un affreux désastre. Cette expédition de Médéah n'aurait pu être différée sans donner de nous la plus mauvaise opinion aux Arabes; elle fut résolue au commencement de juin, et cette opération difficile, au lieu de calmer l'effervescence de l'ennemi, ne fit qu'irriter son audace et accroître sa haine. Soulevées par les intrigues de Sidi-Saïd et de Bou-Mezrag, encouragées par l'affaiblissement subit des forces de l'occupation, les tribus de la plaine se révoltèrent, et vinrent nous attaquer au gué de l'Arrach et à la Ferme-Modèle, sous les ordres de Ben-Aïssa et de Ben-Zamoun, les deux principaux chefs des tribus de l'Est. Quelques heures suffirent pour battre et disperser ces hordes indisciplinées, dont les plus fougueux agitateurs, dans leur dépit de cet échec, envoyèrent des vêtements de femme à Ben-Zamoun, le premier de tous qui lâcha pied devant nos troupes.

Dès son début à Alger, le général Berthezène avait imposé à l'administration de rigoureuses habitudes d'économie; il cherchait à rétablir un peu d'ordre dans les finances, notablement compromises par les gaspillages qu'avait trop tolérés son prédécesseur; non-seulement il restreignit les dépenses au strict nécessaire, mais, pour les diminuer encore, il alla jusqu'à donner, à l'occasion de l'investiture de l'agha des Arabes, un magnifique yatagan, garni en or, qui lui appartenait. 6,000 francs lui étaient accordés par mois sur les fonds secrets; pendant les onze mois de son commandement, il ne dépensa sur le total de ces sommes, montant à 66,000 francs, que 11,000 francs, dont 2,000 seulement pour les frais d'espionnage. Le surplus fut employé à des secours et à des indemnités. Cette probité excessive souleva de toutes parts d'interminables criailleries; on l'accusa de petitesse, de lésinerie, d'avarice; on regretta les prodigalités du général Clauzel. Le ministre, d'autant plus satisfait de ce désintéressement qu'on ne l'y avait guere habitué, ne put s'empêcher d'en exprimer sa satisfaction au général Berthezène. Au nombre des actes administratifs qui lui font le plus d'honneur, il ne faut pas oublier la séparation du domaine militaire d'avec le domaine civil, principe dont l'expérience démontre chaque jour l'opportunité; la construction des casernes de Mustapha-Pacha, au delà du faubourg de Bab-Azoun, d'un abattoir hors de la ville, et la réparation du port d'Alger.

Le duc de Rovigo, nommé gouverneur général de nos possessions en Afrique, le remplaça en décembre 1831. Depuis, il ne fut plus employé; mais il suivait assidûment les séances de la Chambre des Pairs. Malade depuis quelque temps, il revit son pays natal, et se retira dans sa terre de Vandargues, où il mourut d'une fièvre rémittente pleurétique, le 9 octobre 1847, à l'âge de soixante-treize ans.

BERTHIER (Alexandre), prince DE WAGRAM, l'un des généraux le plus utilement employés par l'empereur, naquit à Versailles, le 10 novembre 1753. Il acquit en quelques années les connaissances nécessaires à un officier d'état-major, sous son père, ingénieur géographe de beaucoup de mérite, l'un des premiers auteurs de la magnifique collection de cartes militaires du Dépôt de la guerre, et ne quitta ses leçons que pour entrer au service. Son dessin était facile et plein de netteté; Louis XVI, qui suivait avec plaisir les progrès de la géographie, qui aimait même à dessiner et à écrire des cartes, appela ce jeune homme à la composition d'une *carte des chasses* qui s'exécutait dans son cabinet, et dont il était lui-même occupé. Berthier passa du *cabinet topographique du roi* au service actif dans le régiment des dragons de Lorraine, dont le prince de Lambesc était colonel. C'est cet officier général lui-même qui demanda le jeune Berthier. Le régiment qu'il commandait était alors regardé comme la première école de cavalerie de l'Europe. Berthier y apprit à manier les armes et les chevaux : il s'y fit même remarquer par sa dextérité et par le calme de son esprit, que la violence des exercices n'altérait pas.

Lors de la guerre d'Amérique, Berthier fut appelé à l'état-major du comte de Rochambeau, et s'embarqua avec l'armée. Il se distingua au combat naval de la Chesapeak, et à la reconnaissance de New-York. Là il escortait avec quelques officiers le général en chef sous le feu des batteries anglaises, quand des soldats ennemis vinrent les assaillir. L'escorte tira aussitôt l'épée; Berthier tua de sa propre main un dragon qui se jetait sur les généraux Rochambeau et de Damas, et fit plusieurs prisonniers. Il se distingua dans les affaires suivantes par une impassible énergie. Son activité était inépuisable dans le travail du cabinet, où il déployait sous les yeux de ses chefs des connaissances géographiques et militaires fort étendues. Berthier passa ensuite à l'état-major du général Viomesnil : c'était au commencement de l'expédition contre la Jamaïque. Cette opération fut suspendue par la paix de 1783.

La guerre d'Amérique précisa et rendit tout à fait pratiques les connaissances de Berthier; il avait pu les éprouver sur le terrain. A son retour en France, il se mit à suivre le cours des meilleures écoles militaires, et rechercha dans les ouvrages classiques du temps toutes les connaissances immédiatement applicables à la guerre. Il alla même examiner dans les camps prussiens des théories vantées dans toute l'Europe. Le mouvement interne et puissant qui ébranlait déjà le vieux monde avertissait ce clairvoyant officier que les armes seraient la grande carrière de son temps, et que là seulement s'élèveraient des existences prédominantes durables. Il travailla en conséquence à se rendre propre au commandement secondaire du premier ordre, à diriger l'inexpérience enthousiaste des bataillons quand une guerre éclaterait. C'est dans ces moments-là surtout que des officiers décidés et riches de connaissances sont précieux. Berthier se tint prêt pour ce rôle. La révolution le trouva *colonel*, chef d'état-major, sous Bézenval. Il fut nommé ensuite commandant de la garde nationale de Versailles, et favorisa en cette qualité la fuite des tantes de Louis XVI. La crainte et la fureur révolutionnaire l'attaquèrent dans ce poste, mais il sut s'y maintenir assez longtemps. Au commencement de la Terreur, Berthier fut appelé aux armées, comme chef d'état-major d'abord de Lafayette, puis de Luckner. Il y passa les cinq années les plus orageuses de la révolution, et s'y battit bien. Patriote brave et officier habile, il y rendit d'éclatants services, mais en faisant pour s'effacer les mêmes efforts que d'autres faisaient pour paraître. Il ne se sentait pas l'ardente ambition du premier rang, et ne se l'est jamais sentie.

Le général Bonaparte trouva Berthier à l'armée d'Italie, en 1796. Il le prit pour son chef d'état-major, et depuis il ne l'a pas quitté. A ce moment, la vie de Berthier se confond avec celle de Napoléon; tous ses services s'y rattachent. Berthier n'a exécuté supérieurement que les détails des campagnes; il a su constamment les épargner au travail de l'empereur, qui, grâce à de pareils lieutenants, pouvait s'attacher quelquefois, dans ses grandes opérations, à ses seules vues générales. Il en résultait une précision d'exécution admirable. Bonaparte trouva en Berthier l'homme capable de saisir dans quelques mots, dans quelques traits, son impatiente pensée. Berthier agrandit, durant dix-neuf années de guerres consécutives, à *campagne double* pour le grand nombre, sa réputation d'*officier d'exécution*. Cette exécution développée d'ordres généraux communiqués seulement avec les renseignements essentiels, lui devint familière. Il refit la guerre avec cette précision mathématique qu'on avait remarquée dans les officiers de Turenne, et se donna ce génie expérimenté et patient qui garantirait presque l'exécution des idées générales par celle des détails; ses études spéciales

6.

s'affermirent de plus en plus. Personne n'eût mis dans les fonctions de major général la même assiduité, n'eût eu sa facilité et sa rapidité de travail, son ordre lumineux. Berthier fit seize campagnes, cependant il ne commanda en chef qu'un corps d'armée : c'est dans les quelques semaines qui précédèrent le second passage des Alpes. Alors il organisa à Dijon, puis réunit à Genève, et commanda un moment l'armée dite de réserve, mais sous la direction du premier consul, resté à Paris jusqu'au dernier moment. Berthier se trouva à Marengo dans son emploi ordinaire, et y dirigea tous les détails de la bataille avec fermeté, avec sagesse, avec une activité unique. Il a raconté depuis *cette campagne merveilleuse, achevée en quelques jours*, dans un ouvrage remarquable par la belle simplicité du récit et par la lumière historique qui en jaillit, et il l'a appuyé de cartes excellentes. Il a fait le même travail sur *l'expédition d'Égypte*.

Son activité dans la distribution des ordres, au feu son insouciance du danger, la force nerveuse et exercée de son corps, égale à toutes ces fatigues, le rendaient bien précieux à l'empereur. Il saisissait assez vite sa conception pour se faire aider avec habileté, et répondait ainsi au plus vaste travail. Il était toujours prêt à le reprendre au milieu des nuits, des marches, des mouvements de bataille. Toute sa présence d'esprit lui était rendue en un instant. Il suffisait à l'empereur de lui donner sa pensée dans quelques traits pour qu'il la traduisît aussitôt en ordres précis. C'était le même homme, doué de cet intrépide sang-froid, sur le terrain. L'ordre et la promptitude de son travail étaient vraiment admirables : c'est qu'*éclatait ce haut talent spécial que la nature lui avait donné*, que Napoléon a loué vivement à Sainte-Hélène; et puis sa prudence était sans cesse éveillée. Bien qu'il eût de la douceur dans le caractère et fût dépourvu de ces traits énergiques qui imposent aux hommes, il savait obtenir le respect de tout ce qui lui était subordonné. Berthier, qui ne gagna pas de bataille, servit utilement et même avec gloire dans toutes celles du Consulat et de l'Empire. En 1796, au pont de Lodi, il déploya sous les yeux de l'armée la plus rare intrépidité : pour tout dire en peu de mots, il se signala depuis Montenotte jusqu'à la marche sur Saint-Dizier, en mars 1814. Sa carrière militaire a donc été remplie et belle. Il occupera une place distinguée dans l'histoire contemporaine, celui qui remplaça un moment Bonaparte au commandement de l'armée d'Italie, acheva la conquête de Rome, organisa la république de Milan, attacha son nom à la capitulation d'Ulm, au traité de Munich, à la convention de Kœnigsberg, etc. Successivement ministre de la guerre après le 18 brumaire, maréchal de l'Empire, grand veneur, vice-connétable, chef de la première cohorte de la Légion d'Honneur, prince de Wagram, de Neuchâtel, de Valençay, il reçut pour épouse des mains de Napoléon la princesse Elisabeth-Marie, nièce du roi de Bavière.

L'histoire, après avoir fait cette belle part à la mémoire d'Alexandre Berthier, lui reprochera l'abaissement de son caractère lors de la première Restauration. Du dernier champ de bataille de 1814 il courut lui offrir des serments qu'elle n'attendait pas d'un homme couvert des plus belles dignités de l'Empire. Berthier descendit jusque là pour être nommé l'un des capitaines des gardes de Louis XVIII ! N'eût-il pas dû préférer à cette place, assez modeste pour lui, des loisirs mérités après cinquante batailles et trente années de marches dans trois parties du monde? Des fautes comme celle-ci sont tristes à noter; elles nous prouvent que, malgré des lumières élevées, le prince de Wagram n'eut pas le sentiment de tout ce qu'il était. Nous nous sentons profondément humiliés d'avoir à le suivre du camp de Fontainebleau dans les salons de la Restauration et des souverains étrangers. Après avoir vu renverser définitivement dans les batailles l'antique monarchie, dont nos sentiments et nos idées étaient en 1814 si éloignés, il n'eût pas dû croire qu'une calamité nationale pût la ressusciter. C'était montrer qu'il ne connaissait pas son temps et n'avait pas aimé sa cause. Berthier crut-il que sa fortune et son nom étaient simplement la rémunération de ses nombreux services? On ne saurait le supposer, car il avait l'esprit juste, et il eût alors compté à un prix trop élevé ce qu'il avait fait.

En 1815, lorsque Napoléon s'élança héroïquement du golfe Jouan sur Paris, Berthier, redoutant la colère du maître, se retira à Bamberg, au château du prince de Bavière, son beau-père, avec son épouse et ses trois enfants. C'est là qu'il termina quelques semaines après et bien tristement sa vie (le 1ᵉʳ juin 1815). De son palais, entendant battre les tambours de quelques régiments, il courut à une fenêtre pour les voir passer. Ces troupes étaient dirigées sur la France; leur vue l'émut si extraordinairement, qu'une attaque d'apoplexie le frappa à l'instant même, et le coup le précipita du balcon dans la rue, où il expira aussitôt. Tel est le récit plus ou moins véridique de l'*Observateur autrichien*. D'autres relations parlent de suicide; d'autres, d'aliénation mentale; quelques-unes y nouent même une lugubre tragédie, et le font assassiner à sa fenêtre par six hommes masqués qui lui jettent dans la rue. D'après cette version absurde, c'étaient les représentants des sociétés secrètes qu'il avait persécutées dans sa petite principauté de Neuchâtel.

Berthier avait la figure fine et douce, mais peu remarquable; elle contrastait avec les belles et mâles figures des généraux dont il rédigeait les opérations. Il était sans illusion dans la vie; son nom ne fut grand à aucune époque. Son éducation avait été très-soignée, comme nous l'avons dit, et il y avait réuni avec les années des connaissances solides; son esprit retraçait très-bien les faits, mais il les retraçait sans mouvement et sans coloris. C'est ce que prouvent tous ses rapports et quelques ouvrages remarquables qu'il a publiés. Tout y est raconté avec un sain fidèle, mais c'est tout. Rien ne s'y élève, rien n'y est peint avec feu. La simplicité qu'il a n'est pas la manière simple des esprits supérieurs, qui relèvent de temps en temps cette simplicité du récit par de belles pensées, des traits profonds ou éclatants. Il est visible que Berthier ne peut pas faire davantage, que sa portée d'esprit n'excède pas l'élan qu'il a pris.

Deux frères du prince de Wagram, Victor-Léopold, mort en 1807, et César, mort en 1819, servirent aussi avec distinction dans les armées françaises, et parvinrent l'un et l'autre au grade de général de division. Un fils du dernier a été tué en Afrique au combat du Typhour, en 1845. Il était parvenu au grade de lieutenant-colonel des chasseurs d'Afrique.

Frédéric Fayot.

BERTHIER DE SAUVIGNY (Louis-Bénigne-François), conseiller d'État et intendant de Paris à l'époque où éclata notre première révolution, était le gendre de Foulon. Appelé par Louis XVI à faire partie du ministère par lequel le prince faible et mal conseillé se décida à remplacer le cabinet dont Necker était le chef, Berthier de Sauvigny, par ses manières dures et hautaines, par son caractère odieusement inhumain, ne tarda pas à partager la haine que le peuple avait vouée à son beau-père. A la suite de la journée du 14 juillet 1789, qui vit les murs de la Bastille s'écrouler sous le canon de l'insurrection, Berthier de Sauvigny prit la fuite; mais, arrêté à Compiègne par des gardes nationaux et ramené à Paris, il y périt égorgé par les mêmes hommes qui venaient de pendre son beau-père; car il avait été, comme lui, désigné aux vengeances de la foule par les meneurs du Palais-Royal.

Il laissait un fils, M. *Ferdinand* Berthier, que la Restauration appela aux affaires, et qui fut successivement préfet du Calvados (1815), puis de l'Isère, et conseiller d'État (1821). Élu la même année membre de la Chambre des Députés, il siégea à l'extrême droite jusqu'en 1830, et s'est signalé dans tout le cours de sa carrière législative par l'exaltation de son zèle monarchique, ainsi que par sa haine instinctive pour tous les intérêts nés de la révolution. Nous ignorons l'époque de sa mort. Son fils fut accusé, en 1831, d'avoir voulu écraser le roi Louis-Philippe, sur la place du Carrousel. Il écrivit ensuite dans les journaux légitimistes; puis, rallié à la royauté de Juillet, il devint directeur des affaires civiles à Bone, et mourut dans cette ville, en novembre 1849.

BERTHOLD, le deuxième apôtre du christianisme parmi les Livoniens, était abbé d'un couvent de l'ordre de Cîteaux, établi à Loccum, dans la Basse-Saxe, lorsqu'il fut chargé par l'archevêque de Brème et de Hambourg d'aller porter la parole de l'Évangile aux populations encore païennes de la Livonie, au milieu desquelles Meinhard, premier missionnaire qui eût encore pénétré dans ces contrées, venait de souffrir le martyre. A son arrivée à Ixkull sur la Duna, siége des premiers chrétiens de la Livonie, il s'efforça de gagner les naturels par la douceur, mais ne tarda pas cependant à être expulsé par eux de leur pays. Il y rentra ensuite avec des croisés venus de la Basse-Saxe, essaya d'opérer par la force des armes des conversions qui avaient résisté aux moyens ordinaires de la prédication, et périt dans un combat livré aux païens, en 1198. La croisade n'en réussit pas moins, et les Livoniens embrassèrent le christianisme, mais pour retourner aux pratiques du paganisme dès que leurs vainqueurs se furent éloignés. Albert, successeur de Berthold, réussit seul, avec le secours des chevaliers de l'ordre Teutonique, à opérer la conquête de la Livonie et la conversion de ses habitants au christianisme.

BERTHOLLAGE. *Voyez* BERTHOLLET et BLANCHIMENT.

BERTHOLLET (CLAUDE-LOUIS) naquit à Talloire, près d'Annecy en Savoie, le 9 décembre 1748. Ses études, commencées à Chambéry, se continuèrent au collège des Provinces de Turin. A même, comme ses camarades, de choisir parmi des carrières dont plusieurs pouvaient le conduire aux plus hautes dignités de l'Église et de l'État, Berthollet s'en tint à la plus modeste. Il s'attacha à la médecine, moins encore pour les avantages qu'elle pouvait lui offrir que par l'attrait irrésistible qui l'entraînait déjà vers les sciences sur lesquelles elle repose. Ce même attrait, aussitôt qu'il eut pris ses degrés, le fit accourir à Paris, seule ville où il crût pouvoir satisfaire à une aise la passion qui le dominait. Il n'y avait ni connaissances ni recommandations; mais le célèbre médecin génevois Tronchin y jouissait au plus haut degré de la faveur publique, et le jeune Savoisien pensa que, né si près de Genève, ce voisinage l'autorisait à se réclamer de ce demi-compatriote. Son assurance ne fut pas trompée : prévenu par son air franc et sa tournure réfléchie, s'attachant à lui à mesure qu'il le connut davantage, Tronchin en fit en quelque sorte son enfant d'adoption, et pour lui assurer d'abord une existence tranquille, il engagea le duc d'Orléans, Louis, près duquel il pouvait tout, à le prendre pour l'un de ses médecins. Bien convaincu qu'il n'aurait pas besoin des moyens ordinaires dans les cours pour conserver la faveur que son ami venait de lui procurer, il se livra aussitôt, et tout entier, aux travaux dont la succession a rempli cinquante années de la vie la plus active.

Vers cette époque avait commencé dans la chimie l'espèce de fermentation qui en a changé le système et le langage. Lavoisier, excité par les observations nouvelles sur les airs, et les rapprochant de faits anciennement constatés sur les calcinations, s'était convaincu de la nécessité d'abandonner la théorie dominante. Il en cherchait une meilleure; et enfin en 1775 il saisit presque subitement dans quelques expériences de Bayen et de Priestley le point précis que depuis longtemps il cherchait, et il prononça contre le phlogistique un arrêt qui a été irrévocable. Mais pendant plusieurs années encore Lavoisier fut seul de son avis, et nous en avons des preuves remarquables dans les rapports mêmes qu'il fit à l'Académie sur les premiers mémoires que lui présenta Berthollet. Le jeune chimiste n'y avait suivi que ses propres idées, comme il le fit toujours; il adaptait encore à ses expériences ou les théories vulgaires, ou quelques vues isolées que lui suggéraient les faits qu'il observait. Lavoisier de son côté ne le combattait qu'avec réserve, et ne proposait que dans les termes modestes ces explications simples qui ressortaient de sa théorie. Peut-être aussi ne voulait-il pas rebuter par trop de rigueur un esprit dont il mesurait déjà la portée, et ne se croyait-il pas bien assuré que parmi ces explications hasardées et ces faits mal éclaircis il ne se trouvât quelques germes de vérités qui se développeraient plus tard. En effet, il s'y en trouvait qui lui serviraient à lui-même à compléter sa théorie.

C'est en 1785 que Berthollet prit un rang incontestable parmi les premiers chimistes en découvrant que l'alcali volatil est un composé d'un quart à peu près d'azote et de trois quarts d'hydrogène, et surtout que le caractère des substances animales est d'avoir l'azote pour l'un des principes essentiels de leur composition. Cette découverte, jointe à celle de Cavendish sur l'acide nitreux, compléta le système de la nouvelle chimie dans tout ce qui paraissait alors nécessaire pour satisfaire aux phénomènes connus.

Avec un pareil titre, Berthollet ne pouvait manquer d'être appelé à ce congrès où l'on essaya de fixer pour la chimie une nomenclature qui représentât méthodiquement les faits qu'elle avait constatés. Comparé au langage extravagant que la chimie avait hérité de l'art hermétique, ce nouvel idiome fut un service réel rendu à la science, et contribua à accélérer l'adoption des nouvelles théories. Berthollet était académicien avant cette époque; il avait été élu, en 1781, à la place de Bucquet, et de préférence à Fourcroy, à Quatremère d'Isjonval et à d'autres concurrents, qui furent admis plus tard. Il avait eu moins de succès dans un autre concours. Buffon, en 1784, lui avait préféré Fourcroy pour la chaire vacante, au Jardin du Roi, par la mort de Macquer. Buffon et l'Académie firent chacun ce qu'ils devaient. Berthollet fut porté à l'Académie parce qu'il enrichissait la science par des recherches profondes, et Fourcroy fut nommé professeur, parce que le charme inexprimable attaché à son élocution le rendait plus capable qu'aucun autre d'en inspirer le goût et d'en propager l'étude. Berthollet, peu méthodique dans ses mémoires, peu disposé à se mettre à la portée des commençants, et qui n'avait aucune facilité à parler, servait la chimie dans son laboratoire, mais ne l'aurait jamais répandue. On en eut la preuve en 1795, lorsqu'il fut chargé de l'enseigner à l'École Normale.

Cependant Berthollet obtint l'une des places qu'occupait Macquer, celle de commissaire du gouvernement pour les teintures. Il s'occupa aussitôt d'appliquer au perfectionnement de l'art les progrès récents de la chimie, et dès son début il l'enrichit d'un procédé dont les avantages ont été incalculables. Scheele avait observé que l'*acide muriatique déphlogistiqué*, comme on le nommait alors, ou le *chlore* des chimistes d'aujourd'hui, jouit de la propriété de détruire les couleurs végétales. Berthollet pensa à tirer parti de cette expérience pour le blanchiment des toiles en y appliquant simplement cet acide. La toile blanchissait à la vérité, mais sa blancheur ne se conservait point. Il dut donc se livrer à des études et à des expériences plus approfondies. Réfléchissant que les procédés ordinaires du blanchiment, ces alternatives de lessives et d'exposition à l'air et à la lumière, ne pouvaient avoir pour but que de rendre solubles les substances qui brunissent les fils, il conçut l'idée que l'acide muriatique déphlogistiqué, qui agit à la fois comme l'air et comme la lumière, pourrait faire en peu de temps ce que ces agents naturels ne font qu'en plusieurs mois, mais que pour compléter son effet il était nécessaire de combiner son action avec celle des lessives; et c'est alors seulement que naquit un art tout nouveau et d'un produit immense. Aussi, en peu d'années, l'emploi du chlore devint universel et tellement populaire qu'il a introduit de nouveaux mots dans le langage usuel. Personne n'ignore aujourd'hui ce que c'est qu'une *blanchisserie berthollienne*. On dit même dans les ateliers *bertholler*, *berthollage*; on y entretient des ouvriers que l'on y appelle des *bertholleurs*. Rien ne met plus authentiquement le sceau au mérite d'une découverte. C'est la seule récompense qu'en ait tirée l'auteur, et il n'en désira point d'autre. Toujours étranger à ce qui n'était pas la science elle-même, il ne prit pas seulement d'intérêt dans ces fabriques élevées sur sa découverte. Les Anglais, qui la mirent les premiers en usage, voulaient lui marquer leur reconnaissance par de beaux présents. Tout ce qu'il accepta fut un morceau de toile blanchi par son procédé.

En étudiant sous toutes ses faces cet agent singulier du blanchiment, le chlore, Berthollet fit encore une découverte bien remarquable : celle de l'acide chlorique. Mêlés à un corps combustible, ses sels détonent bien plus fortement que le nitre; bien plus aisément aussi, car il suffit de les frapper. On proposa d'en substituer au nitre dans la composition de la poudre. Cette poudre serait terrible, mais elle est trop dangereuse. La première fois que l'on voulut en faire à Essonne, le choc des pilons la fit éclater; le moulin sauta, et cinq personnes furent victimes de l'essai; on n'a pas osé le renouveler.

Il existe cependant une composition encore plus effrayante, et c'est aussi Berthollet qui le premier l'a observée et décrite. C'est l'argent fulminant, qui s'offrit à lui pendant ses recherches sur l'alcali volatil, et qu'il fit connaître en 1788. Depuis longtemps on possédait l'or fulminant, qu'une légère chaleur fait éclater avec fracas; mais il n'approche pas de l'argent fulminant. Sur celui-ci le plus léger contact produit une détonation épouvantable. Une fois la préparation faite, on est presque condamné à n'y plus toucher; le moindre grain resté dans un vase peut tuer celui qui le frotterait; et cependant on n'a pas laissé que de tirer parti d'une composition imitée de celle-là, le mercure fulminant d'Howard, que l'on emploie maintenant à amorcer les fusils à percussion. *Voyez* FULMINATES.

En 1790, Berthollet réunit toutes ses recherches sur la teinture dans un ouvrage élémentaire en deux volumes. Il y offre une théorie générale des principes de cet art; la doctrine des matières colorantes et de toutes les modifications qu'on peut leur faire subir, celle des mordants nécessaires pour les fixer, y sont exposées en détail; ce que l'on connaissait de plus avantageux alors y est expliqué; et, ce qui vaut mieux encore, on y trouve les idées qui peuvent conduire à découvrir des pratiques plus simples ou plus efficaces.

Lorsque la guerre de la révolution éclata, Berthollet était, après Lavoisier, le chimiste le plus connu du public. On recourut à lui au moment où la chimie devint pour la guerre un auxiliaire de première nécessité, lorsqu'il fallut demander à notre sol le salpêtre, la potasse et jusqu'aux matières colorantes, et qu'il fallut apprendre à faire en quelques jours toutes les opérations des arts. Chacun se souvient de cette prodigieuse et subite activité qui étonna l'Europe, et arracha des éloges même aux ennemis qu'elle arrêta : Berthollet et son ami Monge en furent l'âme. C'était d'après leurs instructions que cet immense mouvement était dirigé. Les chimistes que l'on chargeait des essais devenus nécessaires pour tant de procédés nouveaux ne travaillaient que sur leurs indications, et l'on dit que s'ils avaient voulu suivre tous les secrets qui se révélèrent à eux, des moyens destructifs plus intenses qu'aucun de ceux que l'on possède seraient sortis de leurs laboratoires.

Pour Berthollet, ce qu'il voyait surtout dans ces développements extraordinaires de l'industrie humaine excitée par les plus grands intérêts, c'étaient des expériences chimiques faites sur une grande échelle. Les phénomènes de l'extraction du salpêtre réveillèrent des idées qui déjà s'étaient présentées plus d'une fois à lui, et qui embrassaient l'essence même de la force dont la chimie dispose. Il remarquait qu'à mesure que le dissolvant s'empare de plus de sel, la terre retient ce sel avec plus de succès; qu'un dissolvant pur surmonte à son tour cette résistance, et que ces alternatives se répètent à plusieurs reprises. La nécessité d'employer de nouvelle eau bien avant que la première soit saturée, ces quantités toujours moindres que donnent les lavages successifs, lui firent conclure que l'affinité qui cause les dissolutions n'est pas une force absolue, mais qu'il y a dans ces phénomènes un balancement, un antagonisme de forces contraires.

Il avançait ainsi vers sa grande théorie des affinités, qui se développa à fait dans son esprit lorsque l'Égypte lui offrit dans le même genre des phénomènes encore plus caractérisés.

Le général en chef de l'armée d'Italie avait connu Berthollet en 1796, à l'occasion d'une commission que celui-ci avait reçue du Directoire pour le choix des monuments des arts au prix desquels on avait accordé la paix aux princes de ce pays, et il avait pris plaisir à une simplicité de manières qui s'alliait à tant de profondeur dans les idées. Pendant le séjour de quelques mois qu'il fit à Paris après le traité de Campo-Formio, il voulut employer ses loisirs à recevoir de lui des leçons de chimie. Il lui fit confidence de son projet d'expédition en Égypte, et lui demanda non-seulement de l'y accompagner, mais de choisir des hommes capables de le seconder par leurs talents et leurs connaissances dans une entreprise où toutes les connaissances pouvaient trouver de l'emploi. On conçoit aisément à quel point devait plaire à un homme tout chimiste l'idée de visiter sa patrie originaire de la chimie. Cependant les caractères mystérieux d'Hermès demeurèrent pour lui lettres closes; mais dans ce pays extraordinaire la nature parle aussi un langage particulier, et Berthollet sut l'entendre.

Les petits lacs placés à l'entrée du désert, et célèbres déjà dans l'antiquité par le natron, ou le carbonate de soude, dont ils sont des mines inépuisables, attirèrent toute son attention. C'est du muriate de soude, c'est-à-dire du sel ordinaire, qui en se décomposant sans cesse fournit continuellement autant de carbonate de soude que l'on vient en enlever; et cependant il ne se trouve à la portée du sel que du carbonate de chaux, de la pierre calcaire, qui dans les circonstances ordinaires ne possède point la force propre à opérer cette décomposition, mais qui la prend lorsqu'à une température donnée l'eau salée filtre au travers de ses pores. La grande quantité relative de la chaux donne donc ici plus d'intensité à son action chimique; l'acide ne demeure pas exclusivement attaché à la base pour laquelle il a le plus d'affinité, à la soude; il se partage entre elle et cette autre base que la nature lui présente en grande masse, la chaux. C'était encore un effet de ce balancement de forces déjà observé dans les dissolutions du salpêtre, un nouveau pas dans cette appréciation des causes, bien plus compliquées que l'on ne croyait, qui opèrent dans les phénomènes chimiques. C'était aussi un pas de plus dans un des arts les plus utiles à la société, art que Leblanc avait déjà mis en pratique, mais qui depuis le retour d'Égypte a pris en France une extension surprenante. Je veux parler de la décomposition du sel marin pour en extraire la soude.

Mais ce qui préoccupait surtout Berthollet, c'était ses vues sur les lois de l'affinité, sans cesse présentes à son esprit, et que ces dernières observations mûrirent à son gré. Soumises d'abord en esquisse à l'Institut du Caire, publiées sous une forme plus étendue dans les *Mémoires de l'Académie des Sciences* de 1801, appuyées sur un grand nombre de faits et d'expériences nouvelles, elles ont produit enfin, en 1803, la *Statique chimique*, ouvrage dont le titre annonce qu'il a pour objet ce balancement, cette espèce d'équilibre entre les forces qui maintiennent l'état d'un composé et celles qui tendent à en séparer les éléments.

L'action chimique, selon Berthollet, s'exerce en raison de l'affinité et de la quantité de chacun des corps mis en contact. L'affinité d'un corps pour un autre peut s'exprimer par la quantité qu'il doit en dissoudre pour en être saturé, ou, en d'autres termes, par sa capacité de saturation. Lorsque deux acides agissent à la fois sur une base, ils agissent chacun en raison de leur masse et de leur capacité de saturation, mais ces trois substances demeureraient unies et ne formeraient qu'un même liquide, et il en serait de même de la dissolution commune de deux composés binaires : leurs quatre substances demeureraient ensemble, s'il ne survenait pour les séparer des causes étrangères à leurs affinités mutuelles. Mais ces trois, ces quatre substances, peuvent former, prises deux à deux, diverses combinaisons, et si l'une de ces combinaisons est de nature, dans les circonstances données, à devenir cohérente ou à se changer en un fluide élastique, il se fait alors un précipité ou il s'élève une vapeur, et le liquide ne garde que les substances que ces causes n'en ont pas séparées. Rarement encore la séparation est-elle complète. Pour qu'elle le soit, il faut l'échange des combinaisons n'ait laissé au liquide aucune force dissolutive sur le composé qui tend à se précipiter ou sur celui qui cherche à devenir élastique. Ce n'est donc point une affinité élective qui sépare ces combinaisons nouvelles, mais leur propre nature, leur plus ou moins de tendance à changer d'état. Il en est de même des simples dissolutions : l'affinité considérée à elle seule n'opérerait dans toutes sortes de proportions, si telle de ces proportions, à l'instant où elle se réalise, n'amenait pas un effet qui contrarie ceux de l'affinité, comme une cristallisation ou une évaporation. C'est alors seulement qu'il se forme des composés à proportions fixes. Telles sont, dans leurs plus simples expressions, les idées fondamentales de Berthollet; mais le détail des applications qu'il en fait et des expériences qu'il imagine pour en démontrer l'exactitude serait infini.

La force avec laquelle le charbon retient l'hydrogène, les combinaisons sous lesquelles cet hydrogène en est chassé par la distillation, remplirent encore ses loisirs, et furent dans la suite d'un grand secours à ceux qui s'occupèrent de perfectionner et de rendre usuel l'art de l'éclairage par le gaz inflammable. Il semblait de sa destinée que ses recherches les plus abstraites comme les plus simples devinssent aussitôt profitables et d'une échelle immense. En s'occupant du charbon et de ses propriétés antiseptiques, il imagina un jour qu'en charbonnant l'intérieur des barils on pourrait conserver l'eau plus longtemps dans les voyages de long cours. Enfin, dans un dernier mémoire sur l'analyse des substances végétales et animales, il a prélude en quelque sorte aux méthodes découvertes par MM. Gay-Lussac et Thénard pour réduire à leurs éléments par la combustion ces combinaisons compliquées.

Ainsi se sont passées les cinquante années que Berthollet a consacrées sans relâche à sa science favorite, voyant alternativement naître de ses recherches ou quelque vérité neuve, ou quelque aperçu profond, ou quelque procédé d'un emploi immédiat. Aussi ne lui fut-il pas difficile de conserver le calme de l'esprit et de n'être point troublé par les choses du dehors. C'est une tranquillité dont Berthollet a joui peut-être plus qu'aucun homme dans sa position. Toujours prêt à remplir ses devoirs, toujours courageux, mais toujours désintéressé, ce qui lui arriva d'heureux ne fut point provoqué par ses sollicitations, et son propre avantage ne le retint jamais quand il lui fut possible d'empêcher le mal d'autrui. Dans le temps où la terreur régnait seule en France, il ne craignit point de dire la vérité à ceux dont un mot donnait la mort, et l'affection qu'à une autre époque lui montra l'homme qui distribuait des couronnes ne l'engagea point à lui faire sa cour.

Il ne manquait de courage d'aucune sorte. Momentanément chargé, après le 9 thermidor, de la direction de l'agriculture, il affronta, pour conserver les parcs de Sceaux et de Versailles, tout ce qui subsistait dans la Convention de la fureur révolutionnaire, et celui de Sceaux n'a été détruit que pendant son absence. En Égypte, Monge et lui ne s'exposaient pas moins que les militaires de profession : ils se montraient partout. Devenu inséparable de Berthollet, Bonaparte le prit avec lui, et l'embarqua à l'improviste pour ce retour qui devait produire en France une si prompte et si grande révolution. Dans cette immense puissance où il fut bientôt porté, au milieu de ce tourbillon qui ne lui permettait de prendre de rien une connaissance approfondie, son chimiste d'Égypte était devenu pour lui une sorte de savant officiel; et si quelqu'un ne lui faisait pas sur un objet scientifique une réponse assez précise à son gré, il avait coutume de dire, et quelquefois avec humeur : *Je le demanderai à Berthollet.* Il s'était habitué à placer toutes les découvertes chimiques sur sa tête, et il a fallu plus d'une fois que Berthollet, qui ne voulait point se parer du bien d'autrui, lui répétât les noms des véritables auteurs. En de telles circonstances, un peu d'assiduité l'aurait conduit à une aussi haute fortune qu'aucun des amis du nouveau maître. Ce fut le moment qu'il prit pour se confiner à la campagne. Nommé successivement administrateur des monnaies, sénateur, grand officier de la Légion d'Honneur, grand-croix de l'ordre de la Réunion, titulaire de la sénatorerie de Montpellier, il conserva toujours et les mêmes manières et les mêmes amis. Sa vanité ne fut pas mise en jeu plus que son ambition. Lorsque ceux qui se trouvaient dans une position élevée reçurent des titres et des insignes héréditaires, et que chacun s'efforçait de faire placer dans ses armoiries quelque emblème des faits dont il tirait le plus de gloire, il ne voulut mettre dans les siennes que son chien, que l'emblème de l'amitié et de la fidélité.

Aussi était-ce au milieu de l'amitié qu'il vivait dans sa retraite, mais d'une amitié encore toute chimique : il y avait construit un laboratoire; il y formait la science des jeunes gens dont il avait pressenti le mérite, et plus d'un chimiste renommé lui a dû la première direction de son génie; il y exerçait une noble hospitalité envers les chimistes étrangers, et même envers ceux d'entre eux qui avaient le plus combattu ses idées. Le monde doit à ces réunions savantes les trois excellents volumes connus sous le titre de *Mémoires de la Société d'Arcueil.* Berthollet fut le promoteur et le président de cette société. « Il y trouvait, dit-il dans sa préface, la douce satisfaction de contribuer encore à la fin de sa carrière aux progrès des sciences auxquelles il s'était attaché, plus efficacement qu'il n'aurait pu le faire par ses propres travaux : » dernier trait de modestie, car les mémoires qu'il a insérés dans ces volumes ne sont inférieurs ni à ceux qui les avaient précédés, ni même à ceux de ses jeunes émules.

Il ne fallait rien moins qu'un grand chagrin domestique pour altérer le bonheur d'un tel homme, et comme s'il ne devait point y avoir d'existence exempte de revers, il en éprouva un, et des plus cruels : la mort de son fils unique, arrivée avec des circonstances déchirantes. Dès lors toute gaieté fut perdue pour lui. Pendant le peu d'années qu'il survécut, son air morne et silencieux contrastait péniblement avec ses habitudes antérieures; on ne le vit plus sourire; quelquefois une larme s'échappait malgré lui; une discussion importante de physique ou de chimie, quelque expérience neuve et riche en conséquences, pouvait seule fixer assez ses idées pour le distraire de sa douleur.

Sa dernière maladie fut de celles qui surprennent et désespèrent toujours la médecine. Un ulcère charbonneux venu à la suite d'une fièvre légère le dévora lentement pendant plusieurs mois, mais sans lui arracher un mouvement d'impatience. Cette mort qui arrivait à lui par le chemin de la douleur, dont, comme médecin, il pouvait calculer les pas et prévoir l'heure, il l'envisagea avec constance jusqu'à son dernier moment.

Berthollet mourut le 6 novembre 1822, âgé de soixante-quatorze ans. Georges CUVIER, de l'Académie des Sciences.

BERTHOLLET (Poudre fulminante de). *Voyez* FULMINATES.

BERTHOUD (FERDINAND), né le 19 mars 1727, à Plancemont, dans le canton de Neuchâtel, mort le 20 juin 1807, à Groslay, près de Montmorency, contribua puissamment au perfectionnement de la géographie et de la navigation en faisant les premières horloges marines, ce qui lui mérita d'être nommé successivement horloger-mécanicien de la marine pour la construction et l'inspection des horloges à longitude, membre de l'Institut, de la Société Royale de Londres, et de la Légion d'Honneur. Il a publié plusieurs ouvrages dans lesquels il expose les principes de son art.

BERTHOUD (LOUIS), neveu et digne élève du précédent, remporta, en 1798, le prix proposé par le gouvernement pour le perfectionnement des horloges marines. Il fut membre de l'Institut et horloger de la marine, ainsi que l'avait été son oncle, dont il continua les travaux avec succès. Il mourut jeune encore, le 17 septembre 1813.

BERTIN (ANTOINE). Né le 10 octobre 1752, à l'île Bourbon, une année avant Parny, il vint comme lui étudier à Paris, et obtint de brillants succès au collége du Plessis. Suivant Ginguené, il aurait même remporté le prix d'honneur; mais cette assertion paraît tout à fait dénuée de fondement. Ainsi que le chantre d'Éléonore, il entra de bonne heure au service, et devint même chevalier de l'ordre de Saint-Louis. En 1777 et 1778 il exerça les fonctions d'écuyer auprès du comte d'Artois, et reçut des bienfaits de ce prince et de la reine Marie-Antoinette.

Aussi spirituel que brave et galant, Bertin manifesta dès l'âge de vingt ans un vif penchant pour la poésie. Une foule de jolis vers de sa composition étaient répandus dans la société. Il avait même imprimé, dit-on, un petit recueil de poésies en 1773, année du départ de Parny pour l'île Bourbon; ce recueil n'a laissé aucune trace; les érudits même et les bibliographes ne croient pas à son existence, malgré l'assertion positive de Ginguené. Quelle que soit la vérité à ce sujet, Bertin, dans ses premiers essais, suivait l'école de Dorat, avec lequel il avait contracté des liaisons de plaisir; il imitait la manière, le coloris faux et brillant de ce poëte, qui gâta comme à plaisir quelques dons heureux de la nature. Le succès universel de Parny et le discrédit rapide de Dorat dessillèrent les yeux de son élève. Enflammé du désir d'obtenir aussi quelque gloire, il embrassa Parny, et quitta Feuillancourt, leur retraite commune, pour un séjour plus solitaire, et ses joyeux amis pour les élégiaques de l'antiquité; il ne se contenta pas d'étudier avec soin Catulle, Tibulle et Properce, il les traduisit avec soin et en fit des extraits considérables avec l'intention de leur donner place dans ses élégies françaises. Avant que ce fait ne m'eût été révélé par le chantre d'Éléonore, confident de tous les secrets de Bertin, une lecture attentive et mes souvenirs m'avaient appris qu'il n'écrit presque jamais d'original.

Bertin demande son goût et ses peintures de la campagne à Tibulle, son esprit à Ovide, son enthousiasme d'amant à Properce, ses vives images des plaisirs des sens à Catulle ou à Jean Second, sa tendresse et ses larmes au chantre d'Éléonore. Presque toutes les élégies qu'il publia sous ce titre charmant : *Les Amours*, se composent de nombreux larcins, qu'il dissimule plus ou moins bien, mais qui n'entrent pas toujours à propos dans le cadre de la pensée première. Aussi manque-t-il entièrement d'unité dans la composition et de couleur propre dans le style. Quelquefois il reproduit les anciens avec un rare bonheur; telles de ses imitations de Tibulle sont peut-être supérieures à toutes les imitations que l'on a faites de ce poëte parmi nous. Mais la fureur de copier entraîne le chantre d'Eucharis au point de prendre dans Tibulle et d'appliquer à une brillante héroïne de nos cercles de Paris des détails de mœurs qui sembleraient annoncer une courtisane de Rome, occupée à filer son fuseau sous la garde d'une vieille esclave. D'autres imitations donnent lieu à d'autres reproches.

Bertin est plus heureux dans ses imitations de Parny, qui peint les mœurs de notre temps, et la vive passion de l'amour telle que la sentent les modernes. Mais il se pénètre si profondément de ce nouveau modèle, que souvent tout son mérite est de le répéter, comme une glace fidèle réfléchit les objets qu'on lui présente. Dans Parny la passion est vraie, tendre, et devient plus profonde chaque jour, après avoir paru légère dans la peinture de ses premiers plaisirs. Elle remplit le cœur du poëte, elle s'accroît en silence, et se répand sans peine au dehors, comme une eau vive que renouvelle sans cesse une source abondante. Dans Bertin l'amour paraît un sentiment factice ou emprunté; l'orgueil, la vanité, la fièvre des sens, font fermenter son esprit, mais le cœur reste froid. Aussi, dans le tête-à-tête, cette grande épreuve de l'amour, sa conversation avec Eucharis est stérile, et, pour prévenir la froideur, il est obligé de faire intervenir des tiers entre sa maîtresse et lui. Nous sentons que s'il n'appelait pas les anciens et Voltaire ou Parny à son secours, Eucharis lui adresserait bientôt une question semblable à celle de Bérénice à Titus, dont la froideur l'afflige :

Ce cœur, après huit jours, n'a-t-il rien à me dire?

On a cité avec de grands éloges, et les femmes ainsi que les jeunes gens, quelquefois également dupes de l'exaltation, ont retenu le début de la peinture du premier bonheur de Bertin :

Elle est à moi! divinités du Pinde,
De vos lauriers ceignez mon front vainqueur!
Elle est à moi! que les maîtres de l'Inde
Portent envie au maître de son cœur!

Ce début fait illusion au lecteur; mais, qui le croirait? un triomphe si magnifiquement célébré par un homme qui nous semble ivre d'orgueil et d'amour avait laissé en lui une impression si faible, qu'impuissant à trouver des souvenirs et des images, il s'est vu contraint de mettre à contribution Ovide, Properce et Voltaire, pour les détails même de sa victoire. Le cœur féconde tout dans Parny, l'esprit, l'imagination, les souvenirs des sens et le talent de peindre et d'orner la vérité sans l'altérer. C'est encore dans un cœur tendre et sensible que Parny a puisé ce sentiment délicat des convenances, ce choix d'expressions, cette pudeur de paroles dont la poésie érotique ne saurait se passer, et que Bertin oublie ou blesse quelquefois d'une manière si étrange. L'amant d'Éléonore est toujours de bonne compagnie ainsi que de bon goût. Bertin, qui avait cependant vécu au sein d'une société élégante et polie, n'en a pas toujours conservé l'empreinte. Dans ses élégies les plus agréables, certains traits communs et presque grossiers désenchantent de tableaux dignes de l'Albane; ils choquent les oreilles, comme une expression triviale qui s'échapperait tout à coup de la bouche d'une femme distinguée par la noblesse des manières et la grâce du langage.

Si Bertin ne respire pas la douceur et la mollesse de Parny, il le surpasse en éclat, en audace et en vigueur. Trempé dans les sources antiques, il y puise parfois des transports d'enthousiasme qui donnent presque le mouvement lyrique à ses vers. Peut-être même la nature l'avait-elle appelé à la haute poésie; c'est une opinion que font naître ses beaux vers sur l'Italie, et d'autres encore, qui sont pleins d'inspiration.

Dans quelques-unes de ses pièces, Bertin n'a pris conseil que de lui-même, et ce ne sont pas les plus faibles du recueil. L'élégie qui a pour titre *le Portrait d'Eucharis* respire tout l'enthousiasme d'un amant pour la beauté de sa maîtresse, et contient de ces détails brillants et vrais qui donnent à la poésie érotique une variété dont le genre a besoin. Toutefois, le nom d'*idylle*, suivant le sens que lui donnaient les Grecs, conviendrait mieux à ce petit poëme que celui d'élégie. D'autres pièces sont marquées au coin de la véritable poésie, et quelquefois les plus élégantes formes de style rendent avec éclat des pensées dignes d'elles. Les souvenirs de l'île Bourbon, sa patrie, fournissent surtout d'heureuses inspirations au compatriote de Parny. Il se montre amant et poëte dans l'élégie *Aux mânes d'Eucharis*, mais je ne voudrais pas voir Catilie intervenir dans la scène des derniers adieux de Bertin à sa première maîtresse; il devait payer seul un tribut de regrets à cette Eucharis tant célébrée, il ne devait s'occuper que d'elle sur son tombeau. Il y a dans les choses de sentiment une délicatesse, une pudeur et un caractère religieux qui demandent à être respectés. Parny connaissait tous ces mystères, qui ne s'apprennent pas, mais que l'on trouve en soi quand on a une âme tendre et que cette âme est vraiment touchée.

Bertin reconnaissait Parny pour son maître, Parny voyait dans Bertin son émule, et partagea toujours avec joie les succès de son ami. Tous deux nés sous le même ciel, tous deux courant la double carrière des armes et des lettres, tous deux favorisés des muses, tous deux célèbres dans les fastes de l'amour, ils se chérissaient comme des frères, et leur union ne fut jamais troublée par des jalousies d'auteur. Parny était pour Bertin le juge plein de candeur qu'Horace a vanté dans son cher Tibulle; Parny ne parlait jamais de Bertin qu'avec la plus tendre affection; mais dans la confidence intime il accusait Bertin d'être trop occupé de lui-même; il aurait voulu que Bertin s'oubliât pour être tout entier à sa maîtresse. Il trouvait trop d'orgueil personnel et pas assez d'amour dans le chantre d'Eucharis. « Mon ami, me disait-il un jour, les femmes sur le piédestal, et nous dans l'attitude de Pygmalion devant la beauté souveraine, voilà la poésie érotique. »

Bertin paraît avoir cessé de bonne heure son commerce avec les Muses; du moins on ne voit plus paraître de vers de lui depuis son édition de 1785. Est-ce une santé chancelante, est-ce le mariage de Catilie qui réduisit son amant au silence? On ne peut faire à cet égard que des conjectures. Nous ne savons pas davantage comment il accueillit la révolution française, qui avait excité l'enthousiasme de Parny.

Bertin quitta la France à la fin de 1789 pour aller à Saint-Domingue épouser une jeune créole qu'il avait connue à Paris. De longues formalités retardèrent la conclusion du mariage jusqu'au commencement de juin 1791. Le jour où la célébration devait avoir lieu, Bertin, déjà malade, demanda qu'elle se fît dans sa chambre; mais à peine eut-il prononcé le *oui* d'une voix très-faible qu'il s'évanouit. Il ne reprit connaissance qu'avec une forte fièvre et des vomissements. Après des étreintes douloureuses, il mourut le dix-septième jour de sa maladie, âgé d'un peu plus de trente-huit ans, laissant une jeune épouse et toute une famille dans le deuil. Parny lui survécut vingt-quatre ans, et ne cessa de donner des regrets à la mémoire de ce jeune poëte, qui du moins avait conquis avant de mourir toute la renommée qu'il pouvait attendre de son talent.

P.-F. TISSOT, de l'Académie Française.

BERTIN (THÉODORE-PIERRE), né à Donnemarie en Brie, près Provins, le 2 novembre 1751, était fils d'un avocat au parlement. Employé dans la ferme générale, il s'était livré avec ardeur, et, on peut le dire, avec une sorte de passion, à l'étude de la langue anglaise, dans un temps où les chefs-d'œuvre de la littérature de nos voisins d'outre-mer ne nous étaient guère connus que par des traductions. Étonné de l'oubli de Letourneur, qui n'avait point compris dans les œuvres choisies du célèbre auteur des *Nuits* la satire d'Young sur l'*Amour de la Renommée*, il en fit, vers 1788, une traduction. La *Vie de Bacon* et un ouvrage de William Paley sur la justice criminelle et le jury ont été traduits aussi avant la révolution de 1789 par T.-P. Bertin.

Ce fut en 1792 qu'il publia, non pas la traduction, mais une imitation adaptée à la langue française de la *Sténographie anglaise* de Samuel Taylor, laquelle eut quatre éditions, dont la dernière sortit des presses de l'Imprimerie impériale en 1804. Bertin a donc été, sinon par lui-même, car il n'était pas praticien, mais par ses élèves et ses imitateurs, l'introducteur en France de la sténographie.

Il avait préparé dans sa jeunesse une traduction complète de *Tom Jones*; son but était de venger l'ingénieux, le philosophe Fielding, des mutilations de Laplace. Son manuscrit était presque achevé lorsqu'il fut devancé par des concurrents plus diligents, entre autres par M. Davaux en 1794. Forcé de renoncer à cette entreprise, qui aurait pu lui procurer un succès durable, il traduisit une multitude de romans anglais. On lui doit aussi deux versions libres des *Curiosités de la Littérature* de d'Israéli, et des *Misères de la Vie humaine*. Ce dernier ouvrage, qui a obtenu deux éditions, a fourni le sujet d'une assez triste comédie, représentée et tombée au Théâtre-Français, en 1822.

Doué d'une imagination inventive, Bertin avait conçu le projet de reliures vernies, pour lesquelles il avait pris un brevet d'invention, et obtenu un logement à l'ancien Châtelet avant sa démolition. Constamment occupé de physique, il croyait avoir découvert une application nouvelle du siphon, pour élever l'eau sans pompe ni piston au-dessus de sa source, par la seule force ascensionnelle, qui, en faisant passer le liquide de la petite branche dans la grande, remplissait un réservoir placé au sommet. L'Institut nomma des commissaires pour examiner cet instrument; le célèbre physicien Charles en fut le rapporteur. On étonna beaucoup Bertin en lui montrant sa machine décrite et gravée dans le *Traité de la Magie naturelle*, par J.-B. Porta. Il a été plus heureux dans une invention que personne ne lui a disputée, celle des *lampes docimastiques*, destinées à remplacer par un éolipyle le chalumeau de l'émailleur, soit pour essayer les mines, soit pour travailler le verre.

Sur la fin de sa carrière, Bertin avait repris ses anciennes fonctions de chef de bureau dans l'administration des droits réunis. Il venait d'être mis à la retraite, lorsqu'une attaque de paralysie, suivie d'apoplexie, l'enleva le 25 janvier 1819.

BRETON.

BERTIN (JEAN-VICTOR), peintre de paysage, né à Paris, en 1767, et mort dans la même ville en 1842. Soit conscience, soit développement tardif, Bertin ne commença guère à se faire connaître que vers l'âge de trente-trois ans. Le premier ouvrage qu'il exposa lui attira des suffrages unanimes, et le mit à même d'entreprendre le voyage d'Italie, d'où il revint avec un talent mûri. En 1808 il obtint une médaille d'or, et sous la Restauration la croix de la Légion d'Honneur. Ce fut à cette époque qu'il fonda cette école de paysage qui est devenue celle d'où sont sortis tant de peintres habiles. Michallon, son élève, remporta le premier grand prix fondé pour l'école de paysage, et depuis lui jusqu'au moment de sa mort ce furent presque toujours ses élèves qui obtinrent cet honneur.

Ce qui distingue surtout Bertin, c'est une sévérité de lignes digne de Poussin et une heureuse harmonie de coloris. Seulement, on pourrait peut-être lui reprocher ce qui, du reste, était défaut général de son époque, d'avoir jeté la nature dans un moule un peu uniforme et presque de convention.

Les tableaux de Bertin se trouvent répandus dans les châteaux nationaux et dans les musées de province. Nous ne pourrions les citer tous ici; nous nous contenterons d'en indiquer quelques-uns, tels que: *une Fête du dieu Pan*, *une Offrande à Vénus*, *Cicéron à son retour de l'exil*, *une Vue de Nepi sur la route de Rome*, *une Forêt*, *la Fuite d'Angélique*, *une Fête de Bacchus*.

BERTIN (ROSE), marchande de modes, a mérité une sorte de célébrité par son désintéressement, son courage et sa reconnaissance. Née en 1744, à Amiens, et ayant reçu de ses parents une éducation assez soignée, elle vint à Paris, où elle fut ouvrière de la modiste du *Trait-Galant*, dont la maison, aussi renommée pour la régularité de ses mœurs que pour l'étendue de son commerce, fournissait plusieurs princesses de la cour. Associée à cette maison, Rose Bertin travailla ensuite pour son compte, et dut aux princesses de Conti et de Lamballe et à la duchesse de Chartres l'avantage de fournir, en 1770, les parures de la dauphine Marie-Antoinette. Celle-ci, devenue reine, admit dans sa familiarité Mlle Bertin, dont elle avait su apprécier l'esprit et le caractère, et la chargea de toutes les fournitures de modes pour la famille royale. Accueillie au château à toute heure, il était bien difficile qu'elle n'en éprouvât pas quelque mouvement de vanité. On cite, à ce sujet, l'anecdote suivante : une dame du plus haut rang venait lui redemander des articles commandés depuis longtemps : « Je ne puis vous satisfaire, lui répondit majestueusement Mlle Bertin ; dans le conseil tenu dernièrement chez la reine, nous avons décidé que ces modes ne paraîtraient que le mois prochain. » Malgré la vogue que cette modiste avait obtenue à Paris et à Versailles, comme elle était mal payée par les femmes des grands seigneurs et qu'elle excédait ses dépenses pour soutenir son espèce de rang à la cour, sa fortune se dérangea peu d'années avant la révolution, et sa petite vanité fut punie par les railleries que cet événement lui attira; mais les bienfaits de la reine ne lui firent pas défaut. Mlle Bertin, de son côté, ne se montra pas ingrate. En 1793, pendant la captivité de Marie-Antoinette, elle brûla des registres de commerce où figuraient des fournitures qui lui étaient encore dues par cette infortunée, et répondit aux agents du gouvernement révolutionnaire qui vinrent l'interroger que la reine ne lui devait rien.

Mlle Bertin mourut à Paris, en septembre 1813, à soixante-neuf ans. Les *Mémoires* publiés sous son nom en 1824 (à Paris et à Leipzig, in-8°) sont regardés comme apocryphes, quoiqu'ils portent le cachet d'une femme médiocrement lettrée. Ils finissent en 1791, ne contiennent rien de neuf ni de piquant, et paraissent n'avoir été écrits que pour justifier Marie-Antoinette des torts qui lui ont été imputés, surtout dans la fameuse affaire du *Collier*. La famille de Mlle Bertin a constamment réclamé contre l'authenticité de ce livre.   H. AUDIFFRET.

BERTIN (Famille). Deux frères ont illustré ce nom par la fondation du *Journal des Débats*, la plus grande affaire de presse qui se soit faite en Europe peut-être, feuille politique qui leur a survécu, et qui, encore dans les mains de leur famille, semble toujours destinée à marcher vers une fortune nouvelle à travers les révolutions les plus inouïes. Ces deux frères appartenaient à une famille riche et considérée. Leur père, secrétaire du duc de Choiseul, premier ministre, mourut de bonne heure. Leur mère, femme de beaucoup d'esprit et d'un grand sens, ne négligea rien pour leur éducation, qui fut forte, longue et complète.

BERTIN l'aîné (LOUIS-FRANÇOIS) naquit à Paris, le 13 décembre 1766. Il était venu au monde assez à temps pour admirer encore dans tout leur éclat les fugitives splendeurs du siècle passé. Il était né au beau milieu du doute et de l'ironie, mais aussi au milieu de la poésie et des espérances du dix-huitième siècle. Il aimait à parler de cette brillante époque, et c'était merveille de l'entendre raconter comment s'étaient évanouies toutes ces grandeurs, comment avait éclaté 1789 au milieu des transports unanimes, comment enfin la France entière, que l'on croyait sauvée pour jamais, s'était précipitée tête baissée dans la Terreur et dans l'anarchie. Quand éclatèrent ces fureurs sanglantes, M. Bertin était un tout jeune homme; mais déjà ces abus de la force l'indignaient outre mesure; déjà il se demandait avec inquiétude quelle était donc l'espèce de liberté que nous dérobaient les échafauds? Cependant il suivait d'un pas ferme et d'un regard assuré cette révolution éperdue. Il assistait, la tête haute, à ces condamnations insensées, à ces supplices stupides; il plongeait d'un regard dédaigneux et ferme dans l'ignoble cruauté des bourreaux, dans l'héroïque lâcheté des victimes. Aussi savait-il jour par jour cette révolution française dont il eût été un si digne, un si éloquent historien.

Voilà comment il mit à profit cette sanglante époque : plus il voyait ces excès terribles, et plus il se disait à lui-même que contre des forces ainsi déchaînées il fallait inventer une force nouvelle et qui n'existait pas encore. Or, quelle sera cette force qui peut sauver la société aux abois? La tribune n'est pas à l'abri de l'épouvante et de la surprise; l'armée appartient à qui la commande; le juge sur son tribunal marche souvent avec lenteur : il faut une force active, agissante, toujours prête, toujours mêlée aux passions du moment, qui se fasse sa part souveraine dans les haines, dans les amours, dans les libertés, dans les obéissances de la nation...... Cette force, ce sera la presse périodique : ainsi l'a deviné ce jeune homme. Mais cependant la liberté de la presse, à peine née, qu'est-elle devenue? où est-elle? qu'en a-t-on fait déjà? Hélas! on en a fait un affreux instrument de désordre, d'anarchie, de supplices, de calomnies : le sang a remplacé l'encre, et l'écrivain écrit avec le poignard !

Ce fut à cet instant même, où la presse périodique semblait s'être dévorée elle-même, que M. Bertin se mit à accomplir le grand projet qu'il avait rêvé au plus fort de nos bouleversements et de nos tumultes. Aussi, à peine eut-il paru, le *Journal des Débats*, sous cette direction puissante et forte, qu'il fut salué par tous les honnêtes gens comme une révolution salutaire. Cette fois enfin la langue du journal était trouvée; cette fois enfin la passion, l'intérêt, la poésie, l'événement, la bataille de chaque jour étaient racontés par d'honnêtes gens, dévoués à l'ordre, dévoués à l'art, au goût, à la liberté sage; les nobles instincts de cette nation française, violemment arrachée à cette urbanité qui faisait une partie de sa gloire, se montraient de nouveau dans cette histoire des événements de chaque jour. Or notez bien qu'en si peu de temps toutes choses avaient été brisées et jetées au vent, et que toutes choses étaient à refaire.

Destiné d'abord à l'état ecclésiastique, et pourvu d'un petit bénéfice, M. Bertin l'aîné avait pourtant salué d'un enthousiasme reconnaissant cette révolution de 1789 qui le forçait à chercher une autre carrière. Mais quand le torrent révolutionnaire menaça de tout détruire, M. Bertin se posa comme un obstacle. Poussé par je ne sais quelle curiosité funeste, il assistait malgré lui à ces vastes funérailles de la Terreur, et plus d'une fois sa haute taille, son beau visage, l'indignation qui animait ses traits, l'élégance même de sa personne, le désignèrent aux dénonciateurs et aux bourreaux de ces époques sanglantes; sa jeunesse le sauva, et il paya sa tribut à la révolution par quelques mois de prison qu'il fit en très-bonne compagnie, comme cela était d'usage, dans ces prisons ouvertes à tout ce qui restait de grand, d'honnête et de généreux dans cette nation au désespoir.

Vint le Consulat, vint Bonaparte, tout-puissant par la gloire, et tout-puissant surtout par la fatigue de la nation française, qui ne voulait plus entendre parler de tant de furibondes et sanglantes théories. Bonaparte, quand il eut dévasté l'orangerie de Saint-Cloud et nettoyé la place Saint-Roch, s'occupa de la liberté de la presse. Cette toute-puissante liberté, qui a besoin d'être si respectable et si sage, s'était tant vautrée dans le barbarisme et la fange, elle s'était tellement souillée de toutes les personnes et à tous les devoirs, qu'il n'y eut pas une seule réclamation en France quand le premier consul écrasa du talon de sa botte cette hydre aux mille têtes renaissantes. Bonaparte venait de décider que de toutes les feuilles politiques existantes douze seulement survivraient : et encore, que leur laissait-il à celles-là? l'annonce des biens à vendre, le récit des batailles copié dans le *Moniteur*, les lois nouvelles, et le spectacle du jour au bas de la feuille. Rien de plus. Autrefois, sous le Consulat et sous l'Empire, le plus grand journal se composait d'une simple feuille in-4°, dans laquelle on trouvait plus souvent une charade qu'un article de politique : la politique de cette époque ne se discutait pas. Il n'y avait qu'un homme dans ce temps qui eût le droit d'écrire le *premier-Paris*, c'était Bonaparte.

M. Bertin l'aîné, qui avait travaillé au *Journal Français*, à *l'Éclair* (1795), au *Courrier Universel*, acheta, après le 18 brumaire, le titre d'un journal d'annonces 20,000 fr. à Baudoin l'imprimeur. Quand il eut acheté ce privilége, restait à l'exploiter : comment faire? Avec le coup d'œil qui ne l'a jamais trompé, M. Bertin comprit fort bien que le journal qu'il projetait ne devait ressembler en rien aux journaux de l'ancien régime ni aux journaux de la révolution. L'ancien régime, vaniteux, tout-puissant, protégé par la Bastille, se contentait du *Mercure de France*, sous l'inspection de deux ou trois censeurs. Le lieutenant de police et la favorite usaient du *Mercure de France* à volonté et le donnaient à qui bon leur semblait. Marmontel y imprimait ses contes, et les beaux esprits de la cour y déposaient, sous un clairvoyant incognito, leurs logogriphes et leurs charades : cela suffisait. C'est en ce temps-là vivait, de toutes les forces de l'ironie et de toutes les grâces de l'esprit, le plus puissant, le plus impérieux, le plus sceptique, le plus moqueur, le plus redoutable, le plus français des journaux, la correspondance de Voltaire. Ajoutez que l'opposition au pouvoir, cette condition première de la presse, n'était pas dans le journal. Elle était dans les livres, elle était dans l'*Encyclopédie*, aux discours de J.-J. Rousseau, aux tragédies de Voltaire; elle était partout, excepté dans le journal. Voilà ce que M. Bertin l'aîné avait bien compris lorsqu'il entreprit le *Journal des Débats*. Mais, d'autre part, le journal tel que l'avait fait la révolution française était impossible sous un gouvernement qui voulait être craint et respecté. Quand bien même le maître l'eût permis, la nation française n'en eût pas voulu de longtemps. Et comment faire un journal sous un empereur tout-puissant, qui ne veut pas qu'on discute les lois, qu'on explique les faits, qu'on ne dise pas seulement pourquoi ses armées vont si loin et si vite? Comment attirer à soi l'intérêt et l'attention d'un peuple qui s'occupe de toutes ses gloires, et comment lui faire lire un journal, à ce peuple émerveillé, qui peut lire chaque matin une proclamation dictée par Bonaparte? C'était une tâche bien difficile, en effet, et il y avait de quoi désespérer un moins hardi; mais M. Bertin ne désespéra pas. Il comprit tout d'abord qu'on ne pouvait pas faire un journal si on ne pouvait pas parler librement. Alors, il se mit à parler de la seule chose dont on pût parler encore : il parla de la littérature et des théâtres; il se figura que la nation française, échappée à tant de tourmentes, ne serait pas fâchée de se reposer quelque peu avec ses souvenirs littéraires, car elle avait été arrêtée dans un beau moment littéraire, la France du dix-huitième siècle! elle avait été rejetée violemment de ses habitudes et de ses longues discussions, qu'elle aimait tant.

Pour accomplir son œuvre, M. Bertin appela à son secours des hommes de science, de talent et d'esprit, qui avaient fort peu l'habitude du journal, et qui en firent tout d'abord sans le savoir. Ces hommes, c'était Geoffroy, c'était Dussault, c'était Féletz, c'était Delalot, c'était M. Bertin de Vaux; et tout d'abord, quand la France lut un journal écrit avec mesure, pensé avec esprit, fait pour la bonne compagnie, incisif et aussi hardi qu'on pouvait l'être alors, la France fut émerveillée; on eût dit qu'elle avait un nouveau sens. La vogue du *Journal de l'Empire* (c'était son titre depuis 1805) fut bientôt établie; les Français d'alors ne demandaient pas mieux que de s'occuper de théâtres, de livres nouveaux et de comédiens à leur début. Justement, tout commençait en France, le théâtre surtout. Le dix-huitième siècle littéraire, coupé en deux par une révolution politique, s'était réfugié en Allemagne, et nos ignorants Français, sans s'inquiéter de ce siècle perdu et sans songer à le continuer, comme c'était leur devoir, remontaient tout simplement au dix-septième siècle, et s'évertuaient à refaire une poésie qui ressemblait au siècle de Louis le Grand; car eux-mêmes n'étaient-ils pas les poëtes, les historiens de *Napoléon le Grand?* Geoffroy se mit à attaquer Voltaire corps à corps, et la nation applaudit beaucoup à l'ennemi vivant de Voltaire mort. Le *Journal des Débats* eut bientôt trente-deux mille abonnés dans cette grande France que lui faisait Bonaparte. Après les arrêts de l'empereur, il n'y en avait pas auxquels on obéît comme à ceux du *Journal de l'Empire*.

L'influence toute-puissante de ce journal à cette époque, le nombre immense de ses lecteurs, c'est là une histoire unique dans l'histoire de la presse périodique. Il fallait bien que la France, réduite à ce grand silence, se sentît un immense besoin de s'entendre, même à demi-mot, pour s'être mise simultanément à lire un journal qui parlait plus souvent de prose et de vers que de gouvernement et de bataille, plus souvent de Racine et de Boileau que de Bonaparte et de l'empereur d'Autriche, d'autant plus qu'en dépit même du souverain, les plus hautes questions politiques s'agitaient dans ce journal, sans qu'aucune force pût l'empêcher. C'était là une habile manière de rentrer dans les affaires de l'État, par la littérature. D'autant plus que le chef de la France avait ses opinions littéraires très-prononcées ; et alors, ne pouvant faire d'opposition au gouvernement de l'empereur, on faisait de l'opposition à sa tragédie et à ses poëmes descriptifs. On ne pouvait guère attaquer ses généraux; on soutenait ses antipathies de salon et de poésie. Madame de Staël trouvait asile dans le *Journal de l'Empire*; chassée de la cour impériale, exilée de la France impériale, elle était soutenue et rendue populaire par le *Journal de l'Empire*. Châteaubriand était dans le même temps protégé, défendu et compris dans le *Journal de l'Empire*. Cette secousse donnée à l'art français par Châteaubriand et madame de Staël était trop vive et trop spontanée pour la France. L'empereur d'ailleurs n'aimait pas qu'un autre génie que le sien donnât des secousses ou même des étonnements à la France. Il n'y eut donc en France que le *Journal de l'Empire* qui vint au secours de ces deux génies; bien plus, ce fut de ce temps de persécutions que date la première amitié de M. de Châteaubriand et de M. Bertin. Le grand poëte confiait à la sévérité de son ami les épreuves de son ouvrage : or, en fait de critique consciencieuse, énergique, éclairée, amicale, intelligente, il était impossible de rencontrer une critique supérieure à celle de M. Bertin, homme du dix-septième siècle par ses études, homme du dix-huitième siècle par l'urbanité de ses mœurs, homme de toutes les époques par son admirable facilité à comprendre tout ce qui était jeune, tout ce qui était bon, tout ce qui était naïf, tout ce qui pouvait se promettre un avenir.

Vous sentez bien que cette opposition même littéraire dans un journal qui était lu, qui était dévoré de l'Europe entière, ne pouvait pas durer longtemps. Le maître souverain de ce monde agenouillé devant son épée et sa parole, s'était bien fâché en jour contre la nation française, qui n'avait pas admiré autant qu'il l'admirait lui-même la tragédie d'*Hector* par Luce de Lancival : à plus forte raison ne pardonnait-il pas l'admiration qui n'était pas la sienne. Vous savez d'ailleurs si c'était un homme obéi, et sur-le-champ. Un soir donc on avait joué sur le Théâtre-Français *Édouard en Écosse*, et le lendemain, par je ne sais quelle coïncidence, le *Journal de l'Empire* avait parlé avec éloge des Stuarts; sans compter que le *Mercure de France*, qui appartenait dans ce temps-là à M. de Châteaubriand et à M. Bertin, avait parlé aussi du Prétendant avec éloge. L'empereur, à son réveil, vit tout à coup une conjuration contre son trône et son pouvoir dans cette simultanéité de tous ces regrets et de tous ces éloges pour la famille légitime d'un roi d'Angleterre détrôné comme l'avait été Louis XVI. L'empereur fait avertir son préfet de police. Aussitôt, l'ordre est donné ; il y aura quelques proscrits de plus : M. de Châteaubriand, Alexandre Duval et M. Bertin l'aîné. M. Bertin l'aîné était exilé à l'île d'Elbe, ne se doutant guère à quel captif il ouvrait les voies de cet exil ; le préfet de police lui fit savoir qu'il eût à partir le lendemain pour son exil entre deux gendarmes ; en même temps, l'empereur disposait de cette propriété du *Journal de l'Empire*. Non content de cet exil sans jugement, il dépouilla les propriétaires de ce noble patrimoine qu'ils avaient fondé.

Une fois cette grande fortune partagée entre plusieurs hommes de sa police et de sa littérature, tout ce que put faire l'empereur pour l'homme qu'il avait dépouillé et exilé, ce fut de l'oublier parfaitement. M. Bertin s'en alla d'abord à l'île d'Elbe entre deux gendarmes. Il resta là plus d'une année, sans qu'on s'inquiétât de lui. A la fin, se voyant complétement oublié, il rompit son ban et s'enfuit en Italie, cette patrie des beaux-arts, toujours libre par le privilége des beaux-arts et du génie. En Italie, se voyant oublié comme il l'avait été à l'île d'Elbe, et poussé par un immense désir de revoir la patrie, M. Bertin revint à Paris, comme on revient d'un voyage d'agrément. Il avait été emporté de France entre deux gendarmes ; il rentrait en France comme on revient d'un long voyage. Telle était la légalité de cette époque ! Voilà un homme qui a fondé la plus grande entreprise littéraire et politique des temps modernes : ... un signe du maître l'exile ; on le dépouille de sa propriété, sous prétexte *qu'elle lui a été assez profitable* ; exilé, il revient à Paris sans être rappelé, et il serait encore caché à Paris, toujours dépouillé, toujours exilé, s'il n'avait pas été secouru par une révolution.

Il fallut que Louis XVIII régnât sur la France, et que la charte se fît jour dans les mœurs de ce peuple, plus guerrier que citoyen, pour qu'enfin la liberté de penser et d'écrire s'établît sur de justes bornes. A la Restauration, M. Bertin chassa les usurpateurs de son journal : c'est une restauration qui a duré plus longtemps que celle du roi Louis XVIII.

Le *Journal de l'Empire* avait été plus littéraire que politique ; sous la Restauration, le *Journal des Débats* fut plus politique que littéraire. Le premier a recueilli et remis en ordre ce qui restait en France de bonne littérature et de bon goût ; il remit en honneur les modèles oubliés ; il a réuni en faisceau tant de notions éparses dont nous profitons aujourd'hui ; il a été au-devant des innovations et des novateurs, peu à peu, d'un pas prudent, mais ferme. Sous ce rapport, le *Journal de l'Empire* a eu chez nous une influence très-salutaire, et dont on ne peut calculer tous les effets. Cette première période du journal a été accomplie par M. Bertin l'aîné, aidé de Geoffroy, de Dussault, de Féletz, de Delalot, d'Hoffman, de Fiévée, de Malte-Brun.

Sous la Restauration, il y eut un mouvement en progrès très-prononcé. C'était l'époque où la mort de Bonaparte venait de réveiller tant d'idées poétiques assoupies dans l'âme des peuples par la terreur, par l'étonnement ou par la fatigue. M. de Lamartine écrivait ses premières *Méditations poétiques*, ce livre qui était tout un avenir pour la poésie française. Byron, à Venise, faisait éclater sa sauvage misanthropie et s'abandonnait avec toute la verve du poëte, avec toute la rage du *dandy*, à ses sublimes caprices. En Allemagne, la vieille renommée de Gœthe grandissait encore au milieu de tant d'efforts tout allemands que faisait la philosophie française. En même temps, Schiller se révélait chez nous par l'imitation, comme se révèlent tous les grands poëtes étrangers. Victor Hugo était encore tout petit, peu lu et bien moqué, mais déjà ferme et âcre, et soutenu par la conscience de son talent. C'était donc une belle époque littéraire, qui ne demandait qu'à être comprise. Le *Journal des Débats* l'a comprise le premier. Cette fois encore, M. Bertin l'aîné ne manqua pas plus à la littérature de la Restauration qu'il n'avait manqué à la littérature de l'Empire. Il avait fait de l'opposition à la littérature de l'Empire comme à une chose morte et vaincue, il soutint de toutes ses forces la littérature naissante de la Restauration. Il ne manqua pas plus à lord Byron qu'il n'avait manqué à Châteaubriand. Quand il vit que Rossini devenait un pouvoir, il alla chercher dans la foule un musicien, un rare esprit, M. Castil-Blaze, pour faire parler, à la France, de Rossini et de Mozart. Il renouvela tout le personnel du *Journal des Débats* au moment même où d'autres doctrines littéraires allaient surgir. Il sentit que la vieille critique devait disparaître avec la vieille littérature. Une critique ardente et jeune s'empara du *Journal des Débats* en même temps qu'une poésie ardente et jeune s'emparait du monde des idées. C'est ainsi que, grâce à sa jeune critique, le *Journal des Débats* le premier proclama Walter Scott un grand romancier, M. de La Mennais un grand écrivain, Victor Hugo un grand poëte, après qu'il eût été exécuté par Hoffman ; mais l'exécution n'était pas sans appel. Ceci a été un des miracles de M. Bertin : il ne lui fallut que huit jours pour mettre le *Journal des Débats* à la hauteur de la génération nouvelle. Il a appelé à lui de jeunes écrivains, les plus ignorés et les plus jeunes, M. Saint-Marc-Girardin, M. de Sacy, le fils du savant orientaliste, E. Béquet, critique plein de sens, exact, ingénieux, railleur et bonhomme, M. de Salvandy, reflet vigoureux de M. de Châteaubriand, le premier jeune homme qui ait travaillé à la seconde période du *Journal des Débats*. C'est sur M. de Salvandy qu'a roulé toute l'opposition contre M. de Villèle. Enfin, quand le successeur de Geoffroy, Duvicquet, ce bon et digne vieillard, s'y indulgent pour la jeunesse, se sentit fatigué et déposa la plume, M. Bertin remit cette plume entre les mains d'un jeune homme qui est devenu vieux à son tour. Après une révolution à laquelle il avait tant contribué, après son procès du mois de juin, qui fut la première défaite des ordonnances de juillet, et dans lequel il porta la parole avec tant de noblesse et de courage, M. Bertin resta journaliste ; il ne voulut jamais être que journaliste.

Aussi, comme l'a dit M. de Sacy sur cette tombe honorée à tous les titres de l'esprit, du talent, du courage, de la bonté, « M. Bertin aimait la profession qu'il avait choisie ; il aurait pu être tout ce qu'il aurait voulu être : il préféra rester un journaliste ! Proscrit à une époque, spolié et exilé à une autre, battu par toutes les tempêtes, il revenait toujours à son journal comme un soldat intrépide à son poste. La vie de M. Bertin a été une vie de combat ; il a eu successivement pour ennemis tous les partis, toutes les factions ; mais si l'on demande quel a été le principe de M. Bertin dans cette vie si agitée, je ne craindrai pas de répondre, le journal qu'il a dirigé pendant cinquante ans à la main : « C'est la raison, une raison qui l'élevait au-dessus de tous les excès ; c'est un sentiment juste et vrai des besoins et des intérêts permanents de la société ; c'est le désir, après tant d'efforts infructueux, de concilier l'ordre avec la liberté. »

M. Bertin l'aîné mourut le 13 septembre 1841. La veille encore il signait le *Journal des Débats* comme gérant responsable. Ainsi pendant cinquante ans M. Bertin a suivi de très-près et de très-haut toutes ces révolutions qui se sont succédé l'une à l'autre comme autant de coups de foudre. Pendant cinquante ans il a été appelé à dire à l'Europe entière son opinion haute et franche sur tous les hommes, sur tous les événements de ce temps-ci. Travail pénible, tout rempli de difficultés, de périls et de calomnies de tout genre, auquel ce courageux politique a résisté jusqu'à la fin ! Œuvre presque incroyable, à laquelle il a usé deux générations d'écrivains qu'il avait associés à sa noble tâche. Et notez bien que pas un des détails de cet ensemble, qui n'est rien moins que l'histoire complète du dix-neuvième siècle tout entier, n'échappait au rédacteur en chef du *Journal des Débats*. Jules JANIN.

BERTIN de *Vaux* (LOUIS-FRANÇOIS), frère du précédent, naquit à Paris, le 18 août 1771. Il aida son frère dans la formation du *Journal des Débats politiques et littéraires*, dont le premier numéro parut le 21 janvier 1800. En 1801 il fonda une maison de banque à Paris. Quelques années après, il fut nommé juge, puis vice-président du tribunal de commerce. Son frère, impliqué en l'an IX dans une accusation de royalisme, se vit détenu pendant neuf mois dans la prison du Temple, où les épreuves de son journal lui étaient apportées. Ensuite Bertin l'aîné fut déporté à l'île d'Elbe, d'où il s'échappa pour l'Italie. Arrivé à Rome, il y lia connaissance avec Châteaubriand, dont il devint l'ami intime, et qui ne tarda pas à prendre une grande influence sur le *Journal des Débats*. En 1804 Bertin l'aîné revint à Paris; la police ferma les yeux sur sa présence. Il reprit même la direction de son journal; mais en 1805 Napoléon imposa le titre de *Journal de l'Empire* à la feuille des frères Bertin, qui durent charger Fiévée de la rédaction en chef, en lui payant un traitement de 50 à 60,000 fr. par an. Cependant Fiévée laissa passer un morceau extrait du *Mercure de France*, où Châteaubriand peignait Tacite marquant la tyrannie d'une empreinte qui désignait suffisamment l'empereur. Celui-ci mécontent remplaça Fiévée par Étienne, et les propriétaires du *Journal de l'Empire* perdirent toute influence sur la rédaction; ce qui n'empêcha pas qu'en 1811 ils furent tout à fait dépouillés, par un arrêté de l'empereur, de leur propriété. L'énorme revenu du journal, le mobilier de la rédaction, jusqu'aux glaces et aux fauteuils, l'argent en caisse, tout fut saisi sans arrêt des tribunaux.

A la chute du gouvernement impérial, les deux frères Bertin se prononcèrent hautement pour les Bourbons, et rentrèrent dans leur propriété. Au 20 mars, Bertin l'aîné suivit Louis XVIII dans l'exil, et contribua à la rédaction du *Moniteur de Gand* pendant que le *Journal de l'Empire* reprenait sous d'autres mains une couleur semi-officielle. Bertin revint à Paris en même temps que les princes. Le *Journal des Débats* se montra un des soutiens de la cause royaliste, mais il en se séparant des ultras, qui ne voulaient tenir aucun compte de la révolution. En septembre 1815 Bertin de Vaux présida un des colléges électoraux de Paris, qui le choisit pour député. Un mois après il devint secrétaire général du ministère de la police, place qu'il conserva jusqu'en 1817. Réélu en 1820, il échoua aux élections suivantes; mais il représenta ensuite Versailles à la Chambre. Conseiller d'État en 1827, puis démissionnaire en 1829, il se rangea parmi les 221 députés qui votèrent cette fameuse adresse dont le but était de renverser un ministère, et qui culbuta un trône. C'était sans doute plus que ne voulait Bertin de Vaux. Cependant, après les journées de Juillet il s'associa à ceux de ses collègues qui proclamèrent roi le duc d'Orléans.

Le renvoi de Châteaubriand du ministère avait jeté le *Journal des Débats* dans l'opposition. En juin 1830 un article de Béquet avait fait passer Bertin l'aîné en police correctionnelle, où il avait été condamné; mais la cour royale, sur la plaidoirie de M. Dupin aîné, avait cassé ce jugement. Lors des fameuses ordonnances de Juillet, les rédacteurs du *Journal des Débats* ne signèrent pas la protestation des journalistes. Néanmoins le journal ne s'attacha pas moins avec vigueur à un nouvel état de choses; bientôt même il parut refléter la pensée intime du nouveau roi, et les faveurs tombèrent dru sur tous ses rédacteurs. Bertin l'aîné eut l'esprit de ne rien accepter pour lui; il n'en eut que plus de puissance pour ses amis. Bertin de Vaux, rappelé d'abord au Conseil d'État, fut chargé de missions diplomatiques en Hollande (22 septembre 1830) et en Angleterre. Une ordonnance du 13 octobre 1832 l'appela à la Chambre des Pairs, où il ne parla jamais. Il survécut peu à son frère, et mourut à Paris le 23 avril 1842.

On attribue à son frère quelques romans en partie traduits de l'anglais (1798 et 1799) : *Éliza, ou la Famille d'Elderland*; *La Cloche de Minuit*; *La Caverne de la Mort*, et *L'Église de Saint-Silfrid*.

BERTIN de *Vaux* (AUGUSTE-FRANÇOIS-THOMAS), fils du précédent, est né à Paris, le 26 mai 1799. Ayant embrassé la carrière militaire, il devint officier d'ordonnance du duc d'Orléans, puis aide de camp du comte de Paris. Député de Saint-Germain-en-Laye de 1835 à 1842, il fut élevé à la pairie le 13 avril 1845. Colonel du 5ᵉ lanciers avant la révolution de Février, il fut nommé officier de la Légion d'Honneur à la suite des événements du 13 juin 1849.

BERTIN (LOUIS-MARIE-ARMAND), naguère rédacteur en chef du *Journal des Débats*, fils de Bertin l'aîné, naquit à Paris le 22 août 1801. Admis dès 1820 au nombre des collaborateurs de la feuille paternelle, il suivit Châteaubriand à Londres en qualité d'attaché d'ambassade, succéda à son père dans la direction du journal, et mourut d'apoplexie le 12 janvier 1854.

M. Armand Bertin sut, comme son père, conserver dans la direction de son journal une certaine indépendance, tout dévoué qu'il fût d'ailleurs au pouvoir. On raconte que Louis-Philippe lui ayant envoyé un jour, pour être publié dans le *Journal des Débats*, un article où les hauts faits de son fils le duc d'Aumale en Algérie étaient vantés outre toute mesure, M. Armand Bertin lui renvoya le manuscrit tout biffé; trait d'indépendance dont le vieux roi lui garda constamment rancune.

Depuis la révolution de Juillet, le *Journal des Débats*, fortement rattaché à la dynastie des trois jours, avait fait une certaine opposition à tous les ministères qui tendaient à restreindre l'influence royale. On l'avait vu attaquer Laffitte, soutenir Casimir Périer, M. Molé, attaquer la coalition, M. Thiers, etc., puis attaquer et défendre tour à tour M. Guizot, etc. Sous la direction de M. Armand Bertin, il continua la même politique. Combattant toute réforme, s'il était parfois en opposition avec les ministres, il ne semblait du moins jamais l'être avec ce qu'on appelait la *pensée immuable*. De nouveaux collaborateurs s'étaient adjoints à ceux que nous avons déjà cités : MM. Cuvillier-Fleury, précepteur du duc d'Aumale, Alloury, Michel Chevalier, Benazet, Th. Fix, J. Lemoinne, Ph. Chasles, Guéroult, Saint-Ange, Berlioz, étaient venus grossir le bataillon politique et littéraire du *Journal des Débats*.

Après la révolution de 1848, on aurait pu croire l'existence du *Journal des Débats* singulièrement compromise à cause de tous ses antécédents; mais à ce moment M. A. Bertin réussit à en assurer l'existence en se maintenant avec une grande habileté au point de vue du parti libéral conservateur, tandis que beaucoup d'autres feuilles qui avaient jusque alors défendu les mêmes principes se jetaient dans la réaction la plus violente, ou bien épousaient avec impudence les doctrines révolutionnaires les plus exagérées. Ne cachant ni sa couleur ni ses regrets, le *Journal des Débats* combattit les gouvernements qui se succédèrent avec toute la latitude que les lois laissaient la loi ou les circonstances, et sut du moins ne jamais se départir de l'urbanité que se doivent des gens bien élevés, même quand ils se trouvent dans des camps opposés. Tous les rapports des gens de lettres et des artistes avec M. Arm. Bertin étaient de la nature la plus bienveillante. Fidèle à la tactique paternelle, il avait fait donner des places, des pensions, des missions, des rubans de toutes couleurs à tous ses collaborateurs, sans jamais rien accepter pour lui-même.

Son frère *Edouard* BERTIN s'est fait un nom comme paysagiste.

[BERTIN (Mˡˡᵉ LOUISE-ANGÉLIQUE), née aux Roches, près de Bièvre, le 5 janvier 1805, est la sœur de M. Armand

Bertin. Mlle Bertin possède cette intelligence supérieure qui semble héréditaire dans sa famille, et qui, modifiée par sa qualité de femme, s'est manifestée dans de gracieuses et belles compositions poétiques et musicales. C'est quelque chose d'extraordinaire, et qui mérite l'admiration, qu'une femme ayant fait applaudir la musique d'un grand opéra, *Esméralda*, à l'Opéra, pendant que l'Académie Française couronnait son recueil de poésies intitulé *les Glanes*.

Voici ce que Mlle Bertin a publié, comme musicienne : *Le Loup-Garou*, opéra-comique en un acte, représenté à Feydeau le 10 mars 1827 ; *Fausto*, opéra italien, en 4 actes, représenté le 8 mars 1831 ; *la Esméralda*, opéra en 4 actes représenté le 12 novembre 1836 ; plusieurs *ballades* sur des paroles des *Glanes*. Comme poëte on lui doit un volume de poésies intitulé : *Glanes*, publié en 1842. Toutes les délicatesses d'un cœur tendre, rêveur et mélancolique, toutes les inspirations d'une pensée en même temps naïve et élevée, sont embellies par la forme pure, correcte et élégante, dans les vers de Mlle Bertin. On est ému avant d'avoir admiré. De même, les gracieuses et fortes mélodies sont des créations musicales sont rehaussées par la science, et l'on est charmé des airs harmonieux, de s'être convaincu qu'ils sont remarquables par l'art qui a présidé à leur composition. Et cependant aucune de ces compositions n'a eu un succès décidé. Il y a dans les ouvrages de Mlle Bertin, comme dans presque tous les ouvrages de femme, quelque chose de plus personnel et de plus intime que dans les ouvrages des hommes. On voit qu'ils se sont échappés de l'âme, bien plus qu'ils n'ont été cherchés par l'esprit, et l'on devine que c'est dans la retraite et le calme du foyer de famille que sont nées leurs douces rêveries et leurs tendres inspirations.

Mme Virginie ANCELOT.]

BERTINAZZI (CHARLES). *Voyez* CARLIN.

BERTIUS (PIERRE), cosmographe célèbre et historiographe de Louis XIII, était né en 1565, à Beveren, en Flandre, et mourut à Paris, en 1629. Il commença ses études à Londres, où les troubles de religion avaient fait passer sa famille, et alla à l'âge de douze ans les terminer à Leyde, où le fit venir son père, qui était devenu pasteur protestant à Rotterdam. Dès l'âge de dix-sept ans il embrassa la carrière de l'enseignement public, et professa successivement en Flandre, dans le Hainaut, dans le Brabant, à Strasbourg. Il voyagea ensuite, dans le but de perfectionner son instruction, en Allemagne, en Silésie, en Bohême, en Pologne, en Russie et en Prusse, et revint à la fin de ses voyages occuper une chaire à Leyde. On l'avait en même temps chargé de la bibliothèque de l'université de cette ville, et il en rédigea le catalogue. La part active qu'il prit ensuite aux querelles théologiques des partisans d'Arminius contre ceux de Gomar le força de quitter Leyde, après avoir perdu ses différents emplois. Chargé d'une nombreuse famille, Bertius passa en France, et, pour s'y assurer du pain, se convertit avec éclat au catholicisme. Les spéculations de ce genre ont rarement manqué leur effet. Celle-ci aussi fut couronnée de succès, et valut au néophyte une place de professeur surnuméraire de mathématiques au Collége de France, et le titre d'historiographe et de cosmographe du roi.

Bertius a laissé un grand nombre d'ouvrages. Nous ne parlerons pas ici de ses écrits de controverse, origine de toutes les misères de sa vie ; nous ne citerons que celui de ses ouvrages scientifiques qui obtint le plus de réputation : le *Theatrum Geographiæ veteris* (2 vol. in-fol., 1618 et 1619, Elzevir). Le premier volume comprend la géographie de Ptolémée, en grec et en latin ; le second renferme l'*Itinéraire d'Antonin*, la *Notice des provinces de l'Empire*, la *Table de Peutinger* avec les commentaires de Velser, un choix de cartes anciennes extraites du *Parergon* d'Ortelius, avec le texte descriptif de ce savant géographe. Bien que ce ne soit en définitive qu'une compilation assez mal exécutée, surtout sous le rapport de la pureté des textes, le *Theatrum* de Bertius est encore aujourd'hui consulté par les savants.

BERTON (JEAN-BAPTISTE, baron), général de brigade, né le 15 juin 1769 à Francheval (Ardennes), entra à l'école militaire de Brienne à l'âge de dix-sept ans, lorsque Bonaparte en sortait. Il passa de cette école à celle d'artillerie, qui venait d'être établie à Châlons (Marne), et fut ensuite nommé sous-lieutenant dans la légion des Ardennes. Promu au grade de capitaine dans les premières campagnes de la guerre de l'indépendance, il resta dans l'état-major de Bernadotte jusqu'en 1807. Le maréchal Victor, qui avait succédé à Bernadotte dans le commandement de son corps d'armée, promit à Berton, alors chef d'escadron, de le proposer pour le grade de colonel, en récompense de ses signalés services à la bataille de Friedland. Il n'obtint néanmoins ce grade que dans la campagne d'Espagne, en 1808.

Berton fut successivement chef d'état-major des généraux Valence et Sébastiani. Son courage, ses talents, croissaient avec le danger. Il fit des prodiges de valeur à la bataille de Talavera ; à celle d'Almonacid, il enleva la position la plus élevée du double pic sur lequel cette ville est assise. A la bataille d'Occaña, il fit une charge brillante à la tête des lanciers polonais ; son sang-froid et son habileté étonnèrent toute l'armée. Le prince Sobieski, à côté duquel il avait été blessé, l'embrassant en présence de son régiment : « Je ferai savoir à ma nation, lui dit-il, l'héroïque intrépidité avec laquelle vous venez de combattre à la tête de ses enfants ; je demanderai pour vous la croix du Mérite militaire : les Polonais seront fiers de la voir briller sur la poitrine d'un brave tel que vous. » Berton, à la tête de deux mille hommes, s'empara de Malaga, défendu par sept mille Espagnols, qu'il fit prisonniers. Il fut nommé, par le maréchal Soult, gouverneur de la place qu'il venait de conquérir. La guerre n'offrit plus, après la bataille des Arapiles, qu'une suite de retraites. Berton se distingua par ses talents stratégiques. Un décret impérial du 30 mai 1813 le nomma général de brigade. Il commandait une brigade à la bataille de Toulouse, où vingt mille Français eurent à combattre une armée triple en nombre, sous les ordres de Wellington, et perdit plus de monde que les Français n'avaient de combattants.

Mis à la demi-solde en 1814, il reprit son rang dans l'armée nationale en 1815, et combattit à Waterloo à la tête des 14e et 17e régiments de dragons. De retour dans les murs de la capitale avec sa demi-brigade, il suivit l'armée sur les bords de la Loire. Après le licenciement, il se fixa à Paris ; mais il n'y jouit pas longtemps de sa liberté ; il fut arrêté par ordre du directeur général de la police, Monnier, et détenu à la prison de l'Abbaye, dont il ne sortit qu'après cinq mois de captivité, et sans avoir été mis en jugement. Il publia ensuite plusieurs ouvrages de stratégie, et adressa plusieurs pétitions à la Chambre des Députés, dans lesquelles il rappelait avec une énergie toute française les promesses royales de la proclamation de Cambrai, et réclamait l'observation fidèle de la charte. Le ministre de la guerre Latour-Maubourg le fit rayer des contrôles de l'armée. Quelque ressentiment était permis à un vétéran de l'ancienne armée, dont le sang avait coulé sur tant de champs de bataille, et qui se voyait arbitrairement éliminé des contrôles des braves et privé de sa retraite. Il publia un mémoire contre le directeur général de la police, Monnier, auteur de sa longue et illégale détention ; puis il partit pour la Bretagne, et, après un court séjour à Brest et à Rennes, il se rendit à Saumur. Ce fut là qu'il vit les chefs de l'association patriotique connue sous le nom des *Chevaliers de la Liberté*. Cette association s'était formée depuis quelque temps ; son but avoué était de signaler les abus, de protéger les libertés publiques et de maintenir les institutions garanties par la charte. Berton eut quelques conférences avec les chefs de l'association. Il en accepta le commandement, à condition « qu'on ne tirerait pas un coup de fusil, même dans le cas où l'on résisterait et où l'on prendrait l'initiative ». Il aurait ajouté « qu'il était louable sans doute de vouloir empêcher son pays d'être esclave, mais qu'il fallait surtout éviter l'anarchie... » Telle est la version confirmée par une lettre de M. Chauvet, qui a joué un grand rôle dans ce qu'on appela la conspiration de Saumur, lettre datée de Londres, du 22 septembre 1822. L'auteur, parvenu à échapper à toutes les poursuites de la police, s'était réfugié dans la capitale de la Grande-Bretagne.

Le 24 février 1822, Berton se rendit, pendant la nuit, à Thouars, revêtu de son uniforme de général, la cocarde tricolore au chapeau, et à la tête de cinquante hommes armés. Le drapeau national flottait dans leurs rangs. Il proclama un gouvernement provisoire, qui devait être composé de cinq membres de la Chambre des Députés, dont les noms étaient indiqués. Cette proclamation fut publiée dans la ville; il pourvut à la nomination de nouveaux fonctionnaires publics : quelques magistrats furent conservés. Berton prenait le titre de général commandant la garde nationale de l'Ouest. Bientôt, aux cris de *Vive la liberté! vive Napoléon II!* il se dirigea sur Saumur. Sa troupe se composait de vingt cavaliers et de cent vingt fantassins. Prévenues de sa marche, les autorités s'étaient mises sur la défensive; il avait déjà traversé le pont Fouchard, quand le maire se présenta à lui, et obtint que son entrée serait différée au lendemain. Berton repassa le pont, le fit barricader, et établit des postes pour éviter d'être surpris. Il garda sa position jusqu'à minuit.

Informé alors que les autorités réunies avaient décidé de s'opposer de vive force à l'entrée de sa troupe le lendemain, il donna l'ordre de la retraite. Après avoir fait halte à Montreuil, il continua sa marche jusqu'à Brion. Son intention était de se replier sur Thouars; mais toutes les précautions avaient été prises pour s'opposer à son retour. Il jugea à propos de renoncer à son entreprise; les chefs et les autres attroupés se séparèrent, et lui-même erra pendant quelque temps dans les départements des Deux-Sèvres et de la Charente-Inférieure. On avait fait courir le bruit qu'il était passé en Espagne; mais il s'était réfugié à Laleu, chez un de ses amis. Un sous-officier de carabiniers, Wolfel, avait obtenu sa confiance par toutes les démonstrations d'un dévouement sans bornes et d'une discrétion à toute épreuve : c'était un traître; il avait tout révélé à son colonel, M. Bréon, et, d'après les ordres de ce chef, il avait continué des relations avec Berton, qu'il avait ordre de ne pas perdre de vue. Il poursuivit son rôle d'*observateur* tant que l'on conserva l'espérance d'obtenir quelques renseignements sur les projets du général et sur l'association des *Chevaliers de la Liberté*, que l'on supposait n'être autre chose que l'association des *carbonari* français; mais quand on eut acquis la certitude que les Chevaliers de la Liberté n'avaient plus de centre d'action et que l'association était dissoute de fait, on donna à Wolfel l'ordre d'arrêter le général.

L'apparition d'une force armée considérable eût pu avertir Berton du danger dont il était menacé, et provoquer de sa part une vive et éclatante résistance. Wolfel lui présenta plusieurs fois des militaires de son régiment, au nombre de trois, dont il lui garantissait le dévouement pour la cause de la liberté. Un jour qu'ils revenaient ensemble de la chasse, à peu de distance de la maison de M. Delalande, notaire, où ils étaient attendus pour dîner, Wolfel le couche en joue, en lui disant : Vous êtes prisonnier. » « Les trois autres tiennent le général en arrêt, et sont prêts à faire feu. Berton, surpris, mais non effrayé, répond à Wolfel : « Je ne m'attendais pas à cela de votre part, vous qui venez de m'embrasser. » Wolfel, sans l'écouter, avait ordonné aux trois soldats de tirer sur le prisonnier s'il faisait le moindre mouvement. Il allait chercher un détachement qui était embusqué à quelques pas, quand il s'aperçut que Magnan, qui accompagnait le général, se disposait à entrer dans la maison pour amener du secours et le délivrer; il déchargea à l'instant ses pistolets sur lui, et l'étendit mort à ses pieds. Le général était sans armes. Le détachement ne se fit pas attendre, et le général fut conduit au château de Saumur. De l'or, peut-être, et toujours du mépris, c'était ce que la police devait à Wolfel pour prix de ses services : il fut immédiatement nommé officier.

Ceci se passait le 22 juin. Le général Berton et ses cinquante-cinq coaccusés furent, par arrêt de la cour royale de Poitiers, renvoyés devant la cour d'assises de Niort, dans le ressort de laquelle la conspiration avait éclaté; mais sur la demande du procureur général, et malgré la plaidoirie de M⁰ O. Barrot, la cour de cassation renvoya l'affaire, pour cause de suspicion légitime et de sûreté publique, devant la cour d'assises de Poitiers. Le 26 août les débats commencèrent : quarante accusés étaient présents, et entourés de gendarmes armés de leurs carabines. Berton déclina la compétence de la cour, et insista pour son renvoi devant la Cour des Pairs, seule compétente pour juger les complots à main armée contre le gouvernement royal. Il avait choisi pour conseil et pour défenseur M⁰ Mérilhou, qui accepta; mais comme il appartenait au barreau de la cour de Paris, cet avocat ne pouvait, sans l'autorisation du garde des sceaux, plaider hors du ressort de cette cour. L'autorisation fut demandée et refusée *pour des considérations politiques*. M. Mérilhou écrivit au président de la chambre d'accusation de Poitiers, et demanda à défendre le général comme ami. Ce président promit de le permettre, si monseigneur le garde des sceaux ne s'y opposait pas. Nouveau refus! Et cependant notre législation criminelle de toutes les époques consacre le principe que la défense est de droit naturel. Privé d'un défenseur de son choix, le général, pour se renfermer dans les restrictions du Code, désigna M⁰ Mesnard, avocat à Rochefort, et, par conséquent, dans le ressort de la cour de Poitiers. Encore un refus! La cour nomma d'office un avocat de Poitiers, M⁰ Barbau, qui n'accepta point. Par une nouvelle décision, elle lui substitua M⁰ Drault. Berton persista à demander M⁰ Mesnard; il n'y avait rien de raisonnable, de légal à objecter à sa requête. La protestation du général, fondée sur le droit naturel et sur la législation, fut rejetée. L'accusé se vit donc contraint d'accepter l'avocat d'office : il l'eût demandé lui-même s'il l'eût connu. M⁰ Drault ne put lui parler qu'à travers deux grilles distantes l'une de l'autre de quelques pieds, et en présence du geôlier et de deux gendarmes. Plus l'accusation est grave, plus il importe que l'accusé ait une libre communication avec son conseil. Cette communication fut refusée à M⁰ Drault. Il y a plus, sa qualité d'avocat lui donnait le droit d'entrer dans la prison, et cette entrée ne lui était accordée que sur une permission spéciale du procureur général Mangin, visée par le colonel de la gendarmerie. M⁰ Drault, avocat désigné par la cour elle-même, réduit par les plus arbitraires prohibitions à ne pouvoir présenter qu'une défense incomplète, dut s'en abstenir et protester contre tant d'illégalités flagrantes. C'était son droit et son devoir : il fut rayé du tableau.

Les accusés étaient conduits à l'audience sur des charrettes fermées, garrottés avec des chaînes ou des cordes, et les soldats de leur nombreuse escorte avaient l'ordre de faire fermer toutes les fenêtres dans les rues qu'ils traversaient pour aller de la prison au palais. Le général se maintint dans un système absolu de dénégations quant à l'existence d'un complot; il soutint que l'unique but de son entreprise était d'obtenir le redressement des abus et l'accomplissement de toutes les garanties stipulées par la charte, sans l'emploi de moyens de vive force. Les débats se prolongèrent pendant dix-sept jours. Cinq accusés furent condamnés à la peine de mort, les autres à un long emprisonnement. Les enfants du général n'avaient pu, avant l'arrêt, voir leur père, et cependant ils y étaient formellement autorisés par le ministre de la guerre et le garde des sceaux. Ces deux ministres avaient sans doute en secret donné des ordres contraires au procureur général de Poitiers, qui refusa impitoyablement toute communication du père avec ses fils. Ces jeunes infortunés, instruits du fatal arrêt et munis de nouvelles permissions ministérielles, s'étaient hâtés de se rendre de Paris à Poitiers pour recevoir les derniers embrassements de leur père. Ils arrivèrent trop tard. Le pourvoi, appuyé sur des motifs qui semblaient devoir déterminer infailliblement la cassation de l'arrêt, avait été rapidement jugé, et le rejet transmis à Poitiers par estafette dans la nuit du 4 au 5 octobre 1822.

Sur les cinq condamnés à mort, trois étaient contumaces; le général Berton et le docteur Caffé, ancien chirurgien-major des armées, étaient seuls présents. Caffé avait dans tout le cours des débats montré le plus noble caractère, et s'était défendu avec un rare talent. Dès que le rejet du pourvoi lui eut été notifié, il s'ouvrit l'artère crurale. Le bourreau ne trouva plus qu'un cadavre. Berton restait seul. Les tristes préparatifs ne furent terminés qu'à onze heures du matin. Berton, dont les cheveux étaient coupés, et déjà tout préparé pour l'échafaud, fut conduit dans la cuisine de la prison, où l'attendaient deux missionnaires, mandés pour la double exécution. Le suicide de Caffé avait rendu inutile le ministère de l'un des deux. Tous deux étaient restés. « Messieurs, leur dit Berton, dispensez-vous de m'accompagner ! je sais aussi bien que vous tout ce que vous pouvez me dire. » Une petite charrette l'attendait dans la cour. Il y monta d'un pas ferme, et les deux missionnaires se placèrent à ses côtés. Il franchit avec une tranquille gravité les degrés de l'échafaud, en répétant ces cris : *Vive la liberté ! Vive la France !* Deux minutes après il n'était plus. Ses deux fils n'avaient pu le revoir à ses derniers moments; ils demandèrent qu'il leur fût permis de couvrir d'une pierre le lieu où leur père avait été inhumé... Cette dernière grâce leur fut refusée !

Le procès du général Berton eut un long retentissement en France. L'opinion publique, déjà froissée par le zèle farouche déployé dans le cours de cette affaire par le trop fameux Mangin, flétrit du nom d'assassinat une condamnation que le pouvoir n'eût peut-être pas obtenue du jury, si la défense avait été libre. Il y a dans ce fait une preuve de plus que la position des Bourbons n'était pas tenable.

DUFEY (de l'Yonne).

BERTON (HENRI MONTAN), compositeur de musique, né à Paris, le 17 septembre 1767, était fils de Pierre Montan Berton, compositeur, chanteur, acteur, organiste, et enfin chef d'orchestre, puis directeur de l'Opéra, qui, comme on le voit, jouissait d'une des plus belles positions musicales qui fussent alors. Destinant son fils à sa profession, il lui fit apprendre la musique dès l'âge de six ans, et bientôt après le violon, en sorte qu'à quinze ans le jeune Henri, qui en 1780 avait perdu son père, fut admis à l'orchestre de l'Opéra comme surnuméraire, et devint titulaire l'année suivante. Il reçut des leçons de composition de Rey, professeur et compositeur médiocre, qui ne parut pas soupçonner les heureuses dispositions de son élève. Par bonheur l'opinion de son maître ne le découragea ni, dans sans trop s'inquiéter de la rigueur des règles du contre-point, il chercha d'abord à se rendre compte de la musique qu'il exécutait à l'Opéra et de celle qu'il allait entendre aux Italiens les jours où il n'était pas occupé.

Il est à croire que les opéras de Paesiello, qui alors s'introduisaient en France, frappèrent vivement son imagination, car ses premiers ouvrages s'écartaient notablement du système de chant français alors en usage, dans lequel il était si rare de rencontrer une pensée mélodique habilement développée. Il avait débuté par des cantates ou pièces analogues, exécutées au Concert spirituel dont son père avait eu la direction ; mais il désirait ardemment mettre en musique une œuvre dramatique, et il s'essaya en 1786 dans un acte intitulé *le Premier Navigateur*, qui n'a jamais été représenté ; il en écrivit l'année suivante un autre sur des paroles de Morlière ; cet ouvrage, qui portait pour titre *la Dame invisible*, était achevé lorsque le jeune auteur se sentit tout à coup frappé de vives craintes pour le résultat, en sorte qu'il n'osait faire aucune démarche pour en obtenir la représentation. Mlle Maillard, première cantatrice de l'Opéra, s'intéressait vivement à lui ; elle s'empara de la partition, et, sans le lui dire, la porta au célèbre Sacchini, qui, trouvant dans cet essai les germes d'un beau talent, et voyant surtout avec plaisir un jeune compositeur français se rapprocher autant qu'il le pouvait du beau style et de la belle manière de l'école italienne, voulut voir l'auteur, et lui dit de venir chaque jour travailler chez lui. Berton avait trouvé précisément le maître qui lui convenait le mieux, car Sacchini se contentait de corriger ses compositions, en lui indiquant sommairement ce qui était défectueux et l'habituant surtout à ne jamais négliger la pureté et la beauté de la mélodie.

Ces leçons ne durèrent pas longtemps, car Sacchini mourut dans l'année même ; son élève en avait heureusement profité. Ne songeant plus à sa *Dame invisible*, il écrivit en 1787 *les Promesses de Mariage*, composition légère et gracieuse donnée à la Comédie Italienne, et suivie rapidement de deux autres actes, *les Brouilleries* (1789) et *les Deux Sentinelles* (1790), dont le succès fut grandement dépassé par *les Rigueurs du Cloître*, en deux actes, paroles de Fiévée, données presque aussitôt après. On aurait tort de croire que le succès prodigieux de ce dernier ouvrage vint surtout des paroles ; la musique y entra pour une bonne part. En 1790 Berton avait fait répéter à l'Opéra *Cora*, en trois actes, que la situation politique empêcha de représenter. Huit autres pièces, parmi lesquelles on remarque *Ponce de Léon*, dont il avait écrit les paroles et la musique, se succédèrent jusqu'en 1798. L'année suivante parut *Montano et Stéphanie*, chef-d'œuvre de l'auteur et l'un des ouvrages les plus remarquables qui se soient montrés sur la scène française depuis le mouvement musical opéré dans le dernier quart du dix-huitième siècle. Grâce, énergie, élégance de mélodie, originalité dans la cantilène, habileté et sagesse dans l'orchestration, tout s'y rencontre à un degré éminent, et aucun morceau faible ne suspend l'admiration de l'auditeur. Cet ouvrage produisit une impression qui ne s'est point ralentie à aucune des nombreuses reprises qu'on a faites de ce beau drame, qui marqua la place de Berton parmi les premiers compositeurs français.

Nous ne pouvons citer ici tous ceux des ouvrages de Berton qui ont obtenu plus ou moins de succès ; mais nous devons au moins mentionner d'une manière spéciale *le Délire* (1799), *Aline reine de Golconde* (1803), ouvrages qui, dans des genres fort différents, ne sont pas inférieurs à *Montano* ; la *Romance* (1804), où se trouve un duo comique, chef-d'œuvre d'esprit et de goût mélodique ; *les Maris garçons* (1806), *Françoise de Foix* (1809), *les Mousquetaires* (1824) ; tous ces ouvrages ont été représentés au théâtre Feydeau. Berton a aussi donné à l'Académie de Musique seul ou en société plusieurs opéras et ballets ; parmi ceux qui n'appartiennent qu'à lui on remarque *Virginie* (1823) ; ses œuvres de théâtre, en y comprenant les grandes cantates, s'élèvent à plus de cinquante-cinq. Il est en outre auteur de quantité de romances et de plusieurs charmants canons de société, dont quelques-uns sont devenus populaires.

Lors de la première organisation du Conservatoire de Musique à Paris, en 1795, Berton y fut nommé professeur d'harmonie. De 1807 à 1809 il eut la direction de l'Opéra-Buffa, puis devint chef du chant à l'Opéra sous l'administration de Picard jusqu'en 1815. Cette même année, le nombre des membres de la section de musique à l'Institut ayant été augmenté, il y fut nommé; et lors de la réorganisation du Conservatoire sous le nom d'*École royale de Musique et de Déclamation*, il y fut appelé comme professeur de composition et membre du jury d'examen, emplois qu'il a conservés jusqu'à sa mort. Il a formé pendant sa longue carrière un grand nombre d'élèves.

Berton n'était pas seulement musicien, il possédait des connaissances littéraires assez étendues; il s'est abusé sur l'utilité de ses ouvrages théoriques : son *Arbre généalogique des Accords*, son *Dictionnaire des Accords* et son *Traité d'Harmonie* n'ont obtenu aucun succès. Il a publié des articles dans quelques journaux, fourni à l'*Encyclopédie moderne* de Courtin ceux qui concernent la musique, et revu les définitions musicales de la dernière édition du *Dictionnaire de l'Académie Française*. Il a eu le malheur d'écrire contre la musique de Rossini une brochure assez promptement oubliée pour que sa réputation n'ait pas eu à en souffrir.

Au reste, cette attaque, qui étonnerait chez un musicien formé à l'école italienne si l'on ne savait combien il est facile de ne pas saisir le côté vrai des questions musicales, ne prouve rien contre le caractère et le mérite de Berton, qui tout au contraire a peut-être été le moins envieux des musiciens; aucun n'a eu un plus grand nombre d'amis, que séduisaient surtout la parfaite égalité et la gaieté habituelle de son caractère, son extrême bienveillance pour tout le monde, le plaisir qu'il avait à obliger et surtout à protéger les jeunes artistes. Et pourtant cet homme d'une humeur si égale et d'un si excellent cœur avait dès l'âge de vingt ans souffert les cruelles atteintes de la goutte, et les progrès de cette terrible maladie avaient suivi les années, en sorte qu'il restait souvent plusieurs mois entièrement perclu, mais conservant toujours une entière liberté d'esprit, et se plaisant même dans cet état à créer certaines compositions burlesques qu'il affectionnait infiniment. Ayant toujours vécu en artiste, qui ne songe guère au lendemain, il avait de bonne heure vendu ses droits d'auteur, et ne subsistait que de ses émoluments du Conservatoire et de l'Institut. Il eut de plus le malheur de perdre ses deux fils, dont l'un était professeur de chant et compositeur, l'autre peintre, tous deux distingués; sa fille, dont l'esprit plein d'élévation retraçait le caractère de son père, leur survécut bien peu; mais il eut la consolation de conserver la compagne de sa vie, entre les bras de laquelle il expira le 22 avril 1844, regretté de tous ceux qui avaient eu le bonheur de le connaître. Il était le doyen des compositeurs français, et en lui s'éteignit le dernier rejeton de cette école qui suivit celle de Monsigny et de Grétry, et dont l'influence a conservé à la musique de nos théâtres les principaux traits du genre français.

Adrien DE LAFAGE.

BERTRADE ou BERTHE *de Montfort*, fille de Simon, comte de Montfort, et seconde épouse de Philippe Ier, roi de France, avait été, jeune fille encore, mariée au comte d'Anjou, Foulques *le Rechin*, en 1089. Ce mari, vieux, difforme, usé par les débauches, avait déjà répudié deux femmes. Il convenait peu à la belle comtesse de Montfort; aussi, le roi Philippe Ier, qui vivait séparé de Berthe, sa femme, étant venu à Tours, reçut de Bertrade une lettre de félicitation, qui n'était qu'un message d'amour. Le roi le comprit ainsi. Il prit un rendez-vous avec la belle comtesse, et l'enleva pendant qu'on bénissait les fonts baptismaux, le jour de la Pentecôte de l'an 1092. Une fois réunis, les deux amants s'occupèrent du soin de légitimer leur amour par le mariage. Bertrade fit aisément annuler celui que la violence lui avait imposé précédemment; et Philippe, sous prétexte de parenté, fit casser le sien avec Berthe, qui du reste mourut peu de temps après. La bénédiction nuptiale leur fut donnée par l'évêque de Senlis à Paris. Mais l'évêque de Chartres, Yves, se mit à protester. Un concile s'assembla à Autun le 6 novembre 1094, et Philippe y fut excommunié pour avoir épousé Bertrade. Le pape Urbain II défendit de célébrer le saint sacrifice partout où le roi se trouverait. Philippe alla trouver le pape à Nîmes, et reçut l'absolution après s'être engagé en plein concile à se séparer de Bertrade. Mais la vie lui devint insupportable, et il reprit sa femme en 1097. La cour de Rome lança de nouveaux anathèmes. La mort vint soustraire Philippe à ses tourments, en 1108.

Quelques historiens assurent que le pape aurait cédé de guerre lasse, et par la crainte d'exciter un schisme en France, et que Philippe et Bertrade auraient été définitivement absous. Bertrade avait payé bien cher le beau titre de reine de France. Elle avait été l'objet des plus ridicules calomnies; mais il paraît démontré que sa conduite fut sans reproche, qu'elle aimait uniquement le roi son époux. Louis le Gros, fils aîné de Philippe et son successeur, avait pour sa belle-mère toute l'estime, toute la tendresse d'un fils. On peut opposer aux satires, au dévergondage d'incriminations d'Yves et de ses hargneux partisans le témoignage honorable du sage Suger, ami et premier ministre du roi Philippe. Bertrade était, à la mort de ce prince, dans tout l'éclat de sa beauté. Elle resta fidèle à la mémoire de son époux, et prit le voile parmi les religieuses de l'ordre de Fontevrault, qu'elle avait richement doté. Elle passa le reste de ses jours dans le monastère de Hautes-Bruyères, où elle mourut, le 19 janvier 1117 ou 1118.

Bertrade avait eu de son premier mariage, avec Foulques le Réchigné, un fils, qui fut depuis comte d'Anjou et roi de Jérusalem, et de son second mariage, avec le roi Philippe Ier, deux fils et une fille : 1° Philippe, comte de Mantes et seigneur de Melun-sur-Yèvres et de Montlhéry; 2° Florus, Flore ou Fleuri, qui depuis épousa l'héritière de Nangis; 3° Cécile, mariée en premières noces à Tancrède, prince de Tabarie, et ensuite à Ponce, comte de Tripoli. DUFEY (de l'Yonne.)

BERTRAND DE BORN fut à la fois un des plus célèbres troubadours et le plus grand batailleur peut-être du douzième siècle. Vicomte de Hautefort, et châtelain redouté dans l'évêché de Périgueux, réunissant près de mille hommes sous sa bannière féodale, « il était, dit son biographe provençal, bon cavalier, bon séducteur de femmes (*domnejaire*) et bon troubadour. » Brave, infatigable, adroit et bien portant, il embrassait également les bons et les mauvais projets, et tout son temps, même en campagne, il l'employait à exciter de nouvelles guerres, tantôt contre le comte de Périgord, tantôt contre le vicomte de Limoges, tantôt contre son propre frère Constantin. « La paix ne me convient pas, dit-il lui-même, la guerre seule me plaît. Que d'autres cherchent, s'ils veulent, à embellir leurs châteaux et à se faire une vie douce. Pour moi, faire provision de lances, de casques, d'épées, de chevaux, c'est ce que j'aime. »

Fidèle à cette ligne de conduite, Bertrand ne manqua pas de se mêler de toutes les querelles de Henri II, roi d'Angleterre, et de ses fils, Richard comte de Poitou et Henri duc de Guienne, que ce prince avait imprudemment associés à sa couronne. Intimement lié avec ce dernier, qui était l'aîné, Bertrand le poussa à se révolter contre son père et à se déclarer souverain des possessions continentales dont le gouvernement lui avait été confié. Sous son inspiration, en 1173, les principaux seigneurs d'Aquitaine se confédérèrent avec Henri *le jeune roi*, et Louis VII de France reconnut ce dernier. Mais, au grand chagrin de Bertrand, et tandis qu'il poussait la guerre avec vigueur, Henri se soumit à son père. Néanmoins, la ligue formée et excitée par ses chants subsista, grâce à lui, et il continua la lutte. « Puisque le seigneur Henri, s'écria-t-il, n'a plus de terre et qu'il n'en veut plus avoir, qu'il soit proclamé le roi des lâches. Puisqu'il a trahi les Poitevins et qu'il leur a menti, qu'il ne compte plus être aimé d'eux. » Et les Aquitains répétaient avec enthousiasme ce cri; mais les chances de la guerre leur furent contraires. Richard Cœur de Lion vint en force mettre le siège devant le château de Bertrand. Le troubadour, bien que trahi par ses alliés, négocia si adroitement que Richard, troubadour lui-même, lui fit merci et lui rendit son château. Bertrand se vengea alors d'Alphonse d'Aragon, dont la trahison avait hâté la prise d'Hautefort, par un *sirvente*.

En 1182, toujours sous l'inspiration de Bertrand, Henri, prince faible et indécis, se révolta de nouveau, sans trop savoir pourquoi, contre son père; mais sa mort, arrivée bientôt après, laissa derechef le troubadour exposé seul à la colère du roi d'Angleterre, qui vint l'assiéger dans Hautefort, et, malgré sa vigoureuse résistance, le fit prisonnier (1184). Amené devant le redoutable vainqueur, d'un mot il sut désarmer sa colère. « C'est donc vous qui vous vantiez d'avoir tant d'esprit? lui dit le roi. — Je pouvais dire cela dans un temps, repartit Bertrand; mais en perdant votre fils j'ai perdu tout ce que j'avais d'esprit et d'habileté. » Au nom de son fils, le roi d'Angleterre se prit à pleurer et s'écria : « Bertrand, malheureux Bertrand ! c'est bien raison que vous ayez perdu l'esprit depuis que mon fils est mort, car il vous aimait uniquement; et pour l'amour de lui, je vous rends votre liberté, vos biens, votre château. » Et il lui rendit tout en effet, poussant la générosité jusqu'à lui faire compter cinq cents marcs pour payer les frais de la guerre. Mais Dante, moins facile à apaiser, n'en a pas moins placé l'auteur de ces guerres parricides dans un des cercles de son Enfer, où il nous peint Bertrand portant sa tête séparée de son corps en guise de lanterne.

Bertrand, au fond peu touché de la clémence de Henri, ne cessa point d'*exciter des guerres*, et peu après il eut la joie de voir Richard Cœur de Lion, qui avait succédé à son frère Henri dans le gouvernement de l'Aquitaine, et qu'il avait surnommé *Oui-et-non*, prêter l'oreille à ses conseils et sur le point de se révolter contre son père. Avant que les armes eussent décidé du sort de cette révolte, le vieux roi d'Angleterre était mort (1188), et Richard lui ayant succédé de droit, les plans de Bertrand durent changer. Une nouvelle croisade était alors réclamée à grands cris; le nouveau roi d'Angleterre était jeune et aventureux; le roi de France, Philippe-Auguste, bien plus politique, avait néanmoins l'ambition de rivaliser en tout avec Richard : Bertrand ne crut pouvoir mieux faire que d'envoyer, d'un coup, les deux puissants ennemis de son pays en Palestine. Du haut des murailles de son château, il fit, par ses *sirventes*, pour la liberté de l'Aquitaine, ce que les papes firent tant de fois du haut du saint-siége pour agrandir leur pouvoir : il prêcha la croisade. Sans jamais s'éloigner de Hautefort, Bertrand ne cessait de gémir sur les envahissements des Sarrasins, et déplorant la lenteur des seigneurs et des rois à les réprimer, il plaisantait lui-même sur son inaction volontaire, tout en gourmandant celle des autres.

Les *sirventes* de Bertrand eurent la plus grande influence sur l'opinion publique; le roi d'Angleterre et le roi de France s'observaient l'un l'autre, et aucun d'eux ne voulait partir le premier; enfin, entraînés tous deux par la foi de la chrétienté, ils partirent ensemble, en 1191. On sait l'issue désastreuse de cette expédition, et la captivité de Richard. Lorsqu'il revint, il trouva ses domaines continentaux envahis, soit par Philippe, soit par ses vassaux d'Aquitaine. Il parvint à soumettre ses vassaux, et guerroya avec eux contre la France. Mais la fougue chevaleresque de Richard et des Aquitains se trouva bientôt paralysée par le génie politique du roi de France, qui finit par arracher la paix à Richard. Ce n'était pas le compte de l'Aquitaine, et Bertrand provoqua de nouveau la guerre entre ses deux puissants voisins par un *sirvente*. A ce nouveau *manifeste* en vers, il joignit d'actives négociations; la paix fut rompue, et il chanta cet événement, mais ce fut son dernier chant. Ici l'histoire le perd de vue, et les biographes ne parlent plus de lui que pour nous dire qu'il mourut sous le froc, à Citeaux.

— Son fils fut aussi troubadour, on lui attribue deux des cinquante-quatre pièces de vers qui composent le recueil de son père. Ayant fait hommage à Philippe-Auguste pour sa terre de Hautefort, il suivit ce prince à la bataille de Bouvines, et s'y fit tuer.

— Il y a eu, au treizième siècle, deux autres troubadours du nom de Bertrand, BERTRAND *d'Alamanon* et BERTRAND *de Gordon*. Ce dernier n'est connu que par un dialogue poétique (*tenson*) dont l'idée est la même que celle dont Molière a tiré un si grand parti dans sa scène entre Vadius et Trissotin des *Femmes Savantes*. Il reste de l'autre, Bertrand d'Alamanon, quelques pièces de vers adressées à une tante de la célèbre Laure, tant chantée par Pétrarque.

Jean AICARD.

BERTRAND DE MOLLEVILLE (ANTOINE-FRANÇOIS, marquis DE), ministre de Louis XVI, fut l'un de ses plus maladroits serviteurs, comme l'un des adversaires les plus incapables de la révolution française. Né à Toulouse, en 1744, il fit son apprentissage à l'école du ministre Maupeou, fut nommé maître des requêtes, puis intendant de la province de Bretagne, et reçut avec le titre de commissaire du roi la dangereuse mission de dissoudre le parlement de Rennes. Il n'échappa qu'avec peine, ainsi que le comte de Thiars, aux bâtons de la jeunesse bretonne, qui s'arma pour défendre ses magistrats et ses franchises provinciales. A peine eut-il été nommé ministre de la marine (4 octobre 1791) qu'une opposition très-vive éclata contre lui dans le sein de l'Assemblée législative, et cette opposition du côté gauche fut souvent soutenue par celle du côté droit, qui, voulant transiger avec la révolution et faire succéder au roi par la grâce de Dieu un roi constitutionnel, se défiait du zèle imprudent de Bertrand de Molleville et des traditions du ministère Maupeou.

Le texte ordinaire de l'opposition violente, des accusations multipliées du côté gauche, ce fut l'expédition de Saint-Domingue. On reprochait au ministre, tantôt de n'avoir choisi pour cette expédition que des aristocrates, tantôt de s'opposer secrètement à l'émancipation des noirs. Il paraît en effet prouvé que Bertrand de Molleville, qui, dans un discours mieux accueilli que les autres par l'Assemblée législative, avait attribué les maux de Saint-Domingue aux amis imprudents des noirs, ne sut point appliquer à ces maux les remèdes qu'il avait indiqués et mériter par ses actions l'approbation qu'on avait accordée à ses paroles; et que ses intrigues administratives, ses ordres contradictoires, mécontentèrent également les amis des noirs et leurs ennemis. La perte de Saint-Domingue lui fut attribuée, sans doute avec quelque raison. L'Assemblée législative usa d'équité peut-être autant que d'indulgence en refusant de donner suite à l'accusation proposée à ce sujet contre le ministre de la marine. Celui-ci n'avait remporté que des succès fort négatifs, puisque son triomphe ne bornait à n'avoir été ni condamné ni même jugé; il fut même contraint, pour satisfaire l'Assemblée sur quelques points, de lui annoncer la destitution du marquis de Vaudreuil, l'un de ses principaux agents et l'un des plus fougueux ennemis de la révolution.

Le lendemain même du jour où l'Assemblée l'avait absous, Hérault de Séchelles fut chargé par elle de faire sur la conduite de Bertrand de Molleville un rapport qu'on mit sous les yeux du roi. Celui-ci se déclara naturellement pour son ministre; et lorsque, cédant aux instances de ses collègues, Bertrand de Molleville eut quitté le ministère de la marine, Louis XVI lui donna celui de sa police secrète, c'est-à-dire la direction du comité autrichien, comme on disait alors

Dénoncé aux Jacobins en cette nouvelle qualité, il n'en continua pas moins ses fonctions occultes et ses ridicules efforts contre la révolution. Il avait observé que les tribunes publiques, occupées par les jacobins ou par leurs émissaires, communiquaient à l'Assemblée législative l'énergie révolutionnaire qui devait plus tard être le caractère de la Convention, et le ministre de la police secrète crut que la monarchie de saint Louis serait sauvée s'il faisait taire les tribunes, ou s'il les faisait applaudir et crier pour la cour.

Enfin Bertrand de Molleville, décrété d'accusation le 15 avril 1792, après avoir essayé vainement une nouvelle évasion de Louis XVI, fut forcé de se réfugier en Angleterre, où son séjour se prolongea jusqu'en 1814. Là, consacrant à des travaux littéraires les loisirs de l'émigration, il publia une *Histoire de la Révolution française*, en 10 vol. in-8° (Londres, 1801; Paris, 1803). Une seconde édition parut plus tard sous le titre d'*Annales de la Révolution française*, 9 vol. in-8°. Le ministre proscrit écrivit également une *Histoire d'Angleterre*, depuis les Romains jusqu'à la paix de 1763 (Paris, 1815, 6 vol. in-8°); et après son retour en France, il fit paraître (1816) des *Mémoires particuliers sur la fin du règne de Louis XVI*. Le vieil avocat de la contre-révolution était assez heureux cette fois pour plaider en faveur des coupables devant des juges qui lui donnaient volontiers gain de cause; mais nous ne conseillerions à personne d'étudier l'histoire de notre révolution dans ces différents ouvrages. Bertrand de Molleville est mort à Paris, en 1818. T. TOUSSENEL.

BERTRAND (Henri-Gratien, comte), général de division, connu surtout par son dévouement à l'empereur, naquit à Châteauroux, le 28 mars 1773, d'une famille honorable du Berry. D'après le désir de son père, maître des eaux et forêts, il se destina d'abord au génie civil; mais les guerres que la France avait à soutenir le déterminèrent à prendre du service et à entrer dans le génie militaire. Le 10 août 1792 il avait déjà fait partie, comme garde national, d'un des bataillons qui s'étaient portés volontairement aux Tuileries pour y défendre Louis XVI. En 1795 et 1796 il servit en qualité de sous-lieutenant dans l'armée des Pyrénées. En 1797, après avoir concouru à la formation de l'école Polytechnique et y avoir parfois suppléé Monge, il fit partie d'une ambassade envoyée à Constantinople. Compris dans l'expédition d'Égypte, il s'y distingua sous les yeux du grand homme, à la gloire et au malheur duquel il voua plus tard le reste de sa vie. Demeuré avec Kléber après le départ de Bonaparte, et s'étant signalé chaque jour, en fortifiant des places et des forêts, en rendant des services nouveaux, il reçut les brevets de lieutenant-colonel, de colonel et de général de brigade, qui lui furent accordés successivement, mais que le même vaisseau venu de France lui apporta à la fois en Égypte.

Ce fut principalement au camp de Boulogne, en 1804, que Napoléon, plus à même d'apprécier l'étendue des connaissances et toutes les qualités estimables du général Bertrand, lui accorda son amitié. A la bataille d'Austerlitz, le 2 décembre 1805, Bertrand donna de nouvelles preuves de ses talents militaires et de son courage. Après l'affaire, on le vit, à la tête d'un faible corps qu'il commandait, ramener un grand nombre de prisonniers et dix-neuf pièces de canon enlevées à l'ennemi. Ce fut à l'issue de cette campagne que Napoléon l'admit au nombre de ses aides de camp. Il le chargea d'attaquer la forteresse de Spandau, que Bertrand contraignit à capituler le 25 octobre 1806. Le vainqueur de cette place se montra de la manière la plus éclatante à Friedland, le 14 juin 1807, et reçut pour récompense les éloges de l'empereur, dont il fut le prodigué fils. A la fin de mai 1809, Bertrand, lors de la bataille d'Essling, rendit par la rapide construction de ponts hardis jetés sur le Danube, pour assurer les communications de l'armée française, le service le plus essentiel de la campagne et le plus hautement proclamé par la reconnaissance de Napoléon, qui plus tard a consigné ce fait dans ses *Mémoires*. Ce fut par l'active habileté du général Bertrand que l'armée française, enfermée dans l'île de Lobau, parvint à traverser ce fleuve pour se porter sur le champ de bataille de Wagram.

En 1812 il accompagna l'empereur en Russie, et en 1813 en Saxe; et la valeur qu'il y déploya le porta à un si haut degré dans l'estime de Napoléon, qu'à la mort du duc de Frioul, Duroc, tué à Wurtschen, Bertrand fut nommé grand maréchal du palais. L'armée applaudit à cette distinction, comme à la récompense de rares talents et de grands services. Les 2 et 20 mai 1813, le général Bertrand commandait à Lutzen et à Bautzen le 4ᵉ corps de la grande armée, et il soutint par sa bravoure sa première réputation. Il combattit en diverses circonstances et presque partout avec avantage Bernadotte et Blücher; et si le 6 septembre suivant ce héros de fidélité fut moins heureux à Donnewitz dans une attaque contre le prince royal de Suède, si le général prussien lui fit éprouver, le 16 octobre, au passage de l'Elbe, une perte assez considérable, c'est que déjà la fortune semblait vouloir abandonner nos armes. Mais dès le lendemain, 17, l'engagement fut repris, et le 18 le général Bertrand, en s'emparant de Weissenfeld et du pont sur la Saale, protégea efficacement la retraite de l'armée, à la suite de trois journées meurtrières, qui ne furent en quelque sorte qu'une seule et interminable bataille. Il rendit des services non moins importants après Hanau, en occupant la position de Hocheim dans la plaine qui s'étend entre Mayence et Francfort. Dans cette double circonstance, comme après que le départ de Napoléon lui eut laissé un difficile commandement, il déploya une admirable énergie et un persévérant courage pour sauver les derniers et glorieux débris de notre armée.

De retour à Paris en janvier 1814, Bertrand fut nommé par l'empereur aide-major général de la garde nationale; mais il n'en remplit qu'un moment les fonctions, et repartit dès le commencement de février pour cette campagne de Champagne, où Napoléon déploya, dans une situation que la trahison vint rendre désespérée, tout ce que le génie de la guerre peut concevoir et exécuter de plus merveilleux. Après la capitulation de Paris, le comte Bertrand, fidèle au malheur comme il l'avait été à la puissance et à la gloire, n'hésita pas un instant à suivre Napoléon. Toutefois, avant ce qu'il appelait lui-même la dette de la reconnaissance et de l'honneur, il faisait passer ses devoirs envers la France. En allant s'enfermer, avec son empereur, dans cette île dont on avait fait une souveraineté, il écrivit une lettre que de prétendus juges et des accusateurs passionnés ont bien pu incriminer, mais qui doit être un titre de plus pour les hommes qui mettent le culte de la patrie au-dessus de tous les autres. « Je reste sujet du roi, » avait-il, en partant, écrit au gouvernement nouveau; et il avait ajouté, avec une tendresse touchante, dans la lettre d'envoi de cette déclaration adressée au duc de Fitz-James, son très-proche allié, le 19 avril 1814 : « Je désire pouvoir aller visiter ma famille. Il y a plus de trois ans que je n'ai vu ma mère. Si dans un an j'ai recours à vous pour obtenir la permission de venir passer quelques mois à Châteauroux dans le sein de ma famille, je compte sur votre obligeance, mon cher Édouard. »

Moins d'un an après, les fautes de la Restauration, les humiliations de la France avaient préparé et provoqué le retour de Napoléon. Les déclarations les plus solennelles, trop tôt oubliées, avaient relevé le pays du serment qu'on lui avait fait prêter. Le comte Bertrand s'embarquait, le 26 février, en qualité de major général de cette armée de huit cents hommes, dont le drapeau et la cocarde suffirent à Napoléon pour reconquérir la France. Le 1ᵉʳ mars il contresignait au golfe Jouan les proclamations de l'empereur; le 20, après cette marche, à la rapidité, à l'entraînement triomphal de laquelle la postérité aura peine à croire, il entrait aux Tuileries avec Napoléon, auprès de qui il reprenait immédiatement ses fonctions de grand maréchal.

Le comte Bertrand contribua puissamment à la reconstitution de l'armée, qui se trouva réorganisée avec une activité qui tient du prodige. Enfin, arriva la journée de Waterloo. Parti pour l'armée à la suite de Napoléon, il y subit l'arrêt de la fortune que la bravoure ne put conjurer, et revint avec l'empereur pour ne plus le quitter à partir de ce moment. A Paris, à la Malmaison, à Rochefort, sur le *Bellérophon*, à Sainte-Hélène, il confondit sa destinée avec celle de l'homme extraordinaire à la gloire fabuleuse duquel quelque chose eût manqué peut-être si son malheur n'eût pas fait naître le plus sublime dévouement.

Si les vainqueurs d'un jour exercèrent leur haine en confinant et torturant sur un roc meurtrier celui qui les avait vaincus pendant vingt ans, ceux qui avaient profité de cette triste victoire ne surent pas respecter davantage le malheur, le dévouement, la vertu. Le 7 mai 1816, à un an de distance des grands événements dont nous nous sommes borné à dater, le conseil de guerre de la première division militaire condamnait à mort le général comte Bertrand pour crime de *trahison*. Cette condamnation fut un crime inutile : l'Angleterre ne livra point Bertrand. Et pourtant on avait osé plaider au nom de l'accusation que l'intérêt avait été le mobile secret du dévouement du général !

A Sainte-Hélène, Bertrand écrivit sous la dictée de Napoléon le récit des opérations de cette campagne d'Égypte où ils s'étaient trouvés réunis pour la première fois. Il prodigua ses respects et ses soins à l'illustre captif, et ne quitta ce roc inhospitalier, où la comtesse Bertrand, fille du général Arthur Dillon, et ses enfants l'avaient suivi, que quand il eut recueilli le dernier soupir de son empereur, de son ami. L'admiration que ce dévouement avait inspirée à l'Europe entière amena le roi Louis XVIII à annuler, en 1821, par ordonnance, le jugement de 1816. Le comte Bertrand put rentrer en France et y être réintégré dans son grade. Il se retira dans le département de l'Indre, où il se livra tout entier à l'éducation de ses enfants et à la culture d'un domaine qu'il possédait près de Châteauroux.

Après la révolution de juillet 1830, le roi Louis-Philippe appela le général Bertrand au commandement de l'école Polytechnique, qu'il garda fort peu de temps. Bientôt l'arrondissement de Châteauroux l'envoya à la Chambre des Députés. L'éducation toute libérale qu'il avait reçue, le dévouement au pays, que le culte de la gloire n'avait jamais ni remplacé ni affaibli dans son cœur, le firent asseoir sur ces bancs où siégeait un autre homme qui s'était dévoué à la même infortune, le comte de Las Cases. Le général Bertrand prit plusieurs fois la parole, et enleva les applaudissements de ses collègues, qu'il émut jusqu'aux larmes, par des allocutions à l'appui des réclamations militaires et de discussions sur l'arriéré de la Légion d'Honneur. Mais chacun de ces discours, comme tous ceux qu'il prononça dans d'autres circonstances, se terminait invariablement par un vœu en faveur de la liberté illimitée de la presse. C'était le vieux Caton demandant sans relâche la destruction de Carthage.

Le général Bertrand ne siégeait plus à la Chambre, et vivait de nouveau retiré depuis deux législatures, quand, en 1840, l'Angleterre, voulant dissimuler au gouvernement de Louis-Philippe, jusqu'à ce qu'elle fût consommée, la trahison qu'elle préméditait envers lui, consentit, sur les instances de M. Thiers, à restituer à la France les cendres de Napoléon. Le général Bertrand fut désigné le premier pour monter sur la frégate *la Belle-Poule*, que commandait le prince de Joinville, et qui appareillait pour Sainte-Hélène. Quelle traversée ! quel abordage ! quels souvenirs ! quelles émotions ! quel contraste entre l'embarquement de Rochefort en 1815 et le retour sur les côtes de Normandie en 1840 ! On n'oubliera jamais les transports universels qui éclatèrent sous les voûtes de l'église des Invalides quand on y vit entrer le glorieux cercueil et son compagnon fidèle.

Après avoir rendu à la France les cendres exilées de l'empereur, il ne restait plus au général Bertrand qu'à lui donner le complément des *Mémoires* dont il était resté le dépositaire, et qu'il avait pieusement mis en ordre. C'est un devoir qu'il s'était promis de remplir au retour d'un voyage qu'il avait été obligé de faire en 1843 dans l'Amérique du Nord, où il avait été reçu avec enthousiasme ; mais à peine de retour au milieu des siens, il fut emporté par une fièvre muqueuse, à Châteauroux, le 1er février 1844.

A cette nouvelle, une noble et touchante motion fut faite à la Chambre des Députés par le brave colonel de Bricqueville. Il demanda qu'on déposât dans le tombeau qu'on préparait aux Invalides les cendres de Bertrand près de celles de Napoléon, afin d'*unir tant de fidélité à tant de gloire*. Cette proposition fut votée avec un amendement accordant les mêmes honneurs à l'autre maréchal du palais de l'empereur, Duroc. Tous deux dorment maintenant auprès du héros des temps modernes.

Le général Bertrand a laissé deux fils, qui ont suivi la carrière militaire. L'aîné, HENRI, entra à l'école Polytechnique en 1830, et deux ans après il en était renvoyé pour opinion avec plus de soixante de ses camarades. Réintégré en décembre 1832, il reçut son brevet de sous-lieutenant d'artillerie en 1833, partit pour l'Afrique en 1836, fit la première expédition de Constantine avec le maréchal Clauzel, rentra en France en 1839, y fut nommé capitaine d'artillerie en 1840, et officier d'ordonnance du général Cavaignac quelques jours après la révolution de Février. Aux événements du 15 mai il vint dégager l'Assemblée à la tête de quelques compagnies de la garde mobile. Envoyé par le département de l'Indre à la Constituante, il eut un duel avec M. Clément Thomas, général de la garde nationale, qui avait à la tribune qualifié de *hochet* la croix de la Légion d'Honneur. — M. *Arthur* Bertrand, né à Sainte-Hélène, en 1817, aussi officier, a fait le voyage de Sainte-Hélène en 1840 avec son père.

BERTUCH (Frédéric-Justin), né à Weimar, en 1747, mort en 1822, a laissé en Allemagne un nom également cher aux amis des arts et à ceux des lettres. Destiné d'abord à l'état ecclésiastique, ses goûts l'entraînèrent dans une autre carrière ; lié d'amitié avec Wieland, Musæus, Goethe, etc., il commença par s'adonner à la littérature dramatique. Parmi les ouvrages datant de ses débuts dans la vie littéraire, nous citerons : *Wiegenlieder* (Chants du berceau [1772]), *le Gros Lot* (Weimar, 1774), opéra, et *Polyxène* (Weimar, 1774), mélodrame dont la musique fut composée par Schweizer. L'éducation des fils du baron d'Eck, ministre de Danemark en Espagne, dont il était chargé vers 1769, lui fournit l'occasion d'acquérir une connaissance approfondie des littératures espagnole et portugaise. La traduction du *Don Quichotte* de Cervantes avec la continuation d'Avellaneda (6 vol., Weimar, 1779) et son *Magasin des Littératures espagnole et portugaise* (1780-1782), entreprise en société avec Seckendorf et Zanthier, et dans lequel il chercha à faire pour ces langues ce que Meinhard avait fait pour la poésie italienne, sont restés au nombre des meilleurs livres de ce genre.

En 1775 Bertuch était entré au service du duc de Weimar en qualité de secrétaire du cabinet ; en 1785, ce prince lui conféra le titre de conseiller de légation. En 1785 il conçut avec Wieland et Schutz le plan de la *Gazette universelle littéraire d'Iéna*. A partir de 1786 il publia avec Kraus le *Journal du Luxe et des Modes*. En donnant le premier l'idée de la *Bibliothèque bleue de toutes les nations*, précieuse collection de contes des fées, habilement traduits et suivis de biographies intéressantes et de commentaires ingénieux, ouvrage dont le succès fut immense, il jeta les fondements de sa fortune industrielle, qui ne tarda pas à devenir considérable. On lui doit la fondation de l'Institut géographique de Weimar, établissement destiné à la gravure des cartes géographiques, et d'où est sorti le *Manuel complet de la Géographie moderne* (terminé seulement en 1832, 20 tomes gros in-8°, composés chacun de plusieurs volumes), vaste collection qu'on peut considérer comme une véritable encyclopédie géographique. Bertuch a publié en outre une *Nouvelle Bibliothèque des Voyages*, dont il a paru 60 volumes. Il avait fondé en 1817 la *Feuille d'Opposition*, journal que le pouvoir ne tarda pas à supprimer, à cause de l'indépendance de ses allures.

BÉRULLE (PIERRE DE), cardinal, naquit d'une famille noble, au château de Sérilly, près de Troyes, le 4 février 1575, et mourut à Paris, le 2 octobre 1629. De bonne heure il montra une pénétration, des lumières et une vertu qui frappèrent les maîtres sous lesquels il fit ses diverses études. Élevé à la prêtrise, il se signala dans la controverse. « Si c'est pour convaincre les hérétiques, disait le cardinal Du Perron, amenez-les-moi; si c'est pour les convertir, présentez-les à M. de Genève (saint François de Sales); mais si vous voulez les convaincre et les convertir tout ensemble, adressez-vous à M. de Bérulle. » Il l'avait pris pour son second dans le fameux duel théologique qu'il eut avec Duplessis-Mornay, le 4 mai 1600, à Fontainebleau, en présence de Henri IV, des princes et des premiers seigneurs des deux partis, au nombre d'environ deux cents, et où le *pape des huguenots* (c'est ainsi qu'on appelait Duplessis) fut battu. Bérulle, par ordre du roi, soutint lui-même, à Sézanne en Brie, un combat singulier de ce genre contre Pierre Dumoulin. Il en sortit également vainqueur. Après avoir opéré des conversions, refusé d'être précepteur du dauphin, introduit en France, non sans peine, les carmélites réformées d'Espagne, il songea à y fonder la congrégation de l'Oratoire, qui existait déjà en Italie. C'était afin de régénérer le clergé, en le retirant de l'ignorance et des vices, fruit des temps barbares et des guerres civiles. L'esprit de rénovation travaillait alors l'Église.

Il suscita d'autres établissements, tels que les prêtres de la Doctrine de saint Vincent de Paul, Port-Royal, et, par cette ardeur et ses travaux immenses, la science ecclésiastique se releva, les mœurs s'épurèrent. Une belle part de la gloire du sacerdoce au dix-septième siècle revient aux oratoriens. Pour les établir, Bérulle eut à surmonter beaucoup d'obstacles. Heureusement il n'était pas moins homme d'affaires que d'étude. Jouant un rôle important dans la politique, il réconcilia les membres de la famille royale, et fit partie du conseil de la couronne, où il se trouva plusieurs fois en opposition avec Richelieu, dont il excita la jalousie. A la mort de ce rival, Richelieu dissimula si peu le contentement d'être débarrassé qu'on crut qu'il l'avait fait empoisonner. Il s'en défendit avec indignation, et sans doute il était innocent. Les médecins avaient jugé Bérulle depuis longtemps atteint d'une maladie incurable. Bérulle concevait mieux l'indépendance de l'Église gallicane que la liberté des cultes. Chargé d'aller à Rome demander la dispense pour le mariage de Henriette, sœur du roi, avec le prince de Galles, depuis Charles Ier, roi d'Angleterre, il laissa entendre qu'on s'adressait au saint-siége par déférence, et que s'il n'agissait point convenablement, on saurait se passer de lui; qu'on avait en France des pouvoirs suffisants. Il fut nommé confesseur de la nouvelle reine, et l'accompagna en Angleterre, avec douze prêtres de l'Oratoire. Il revint en France exposer la triste état des catholiques; retenu par Louis XIII, il reprit ses anciennes fonctions.

Gardien sévère de la pureté de la foi, il repoussait à la fois le quiétisme et le molinisme. Il fuyait l'élévation, quoique par dévouement il se trouvât dans les plus hauts postes. Sans le prévenir, le roi demanda pour lui le chapeau de cardinal; le pape, en le lui envoyant, lui adressa deux brefs dont l'un avait pour objet de le relever du vœu par lequel il s'était engagé à n'accepter jamais aucune dignité ecclésiastique, et de lui enjoindre de recevoir celle qui venait de lui être conférée sous peine de désobéissance. Malgré ces ordres, quelque impératifs qu'ils fussent, il était tenté de faire des représentations pour être dispensé de s'y soumettre. Mais le père Condren, son confesseur, vint à bout de l'en dissuader, en lui remontrant qu'il devait se prêter à ce que Dieu exigeait visiblement de lui. Il était en garde contre tout ce qui pouvait, même de loin, le porter à se prévaloir du haut rang qu'il occupait; il ne permettait pas que les pères de sa maison adoptassent une nouvelle manière de traiter des communautés. La veille des grandes fêtes, il lavait la vaisselle, suivant un usage qui existait alors dans la plupart des communautés.

Ce cardinal remplissant l'office de marmiton se déclara en toute occasion le protecteur des gens de lettres. Ainsi, il fit lever les difficultés qui s'opposaient à l'impression de la *Polyglotte* de Le Jay. Un des premiers, il comprit le génie de Descartes, et l'encouragea à se produire. Dans une réunion de savants tenue chez le nonce Bagni, pour entendre un médecin bel esprit, nommé Chandoux, qui devait étaler un nouveau système philosophique, Bérulle s'aperçoit que Descartes, au milieu des applaudissements, écoute en silence; il le presse de s'expliquer sur ce qui vient d'être dit; Descartes obéit et ravit l'assemblée. Bérulle, frappé de la netteté et de la justesse de ses idées, désire avoir un entretien particulier avec lui; Descartes lui développe ses principes, et lui fait entrevoir les avantages que les hommes pourraient en retirer pour la perfection des arts et des sciences pratiques, comme la mécanique, la médecine et les autres. Bérulle l'engage vivement à poursuivre ses recherches et à les livrer au public. « Ce n'est point en vain, lui dit-il, que vous avez reçu de Dieu une force et une pénétration si peu communes. Vous lui rendrez compte de vos talents; vous répondrez à ce juge souverain des hommes du tort que vous feriez au genre humain en le privant du fruit de vos méditations. » De pareilles exhortations, plusieurs fois réitérées, raniment le courage de Descartes, effrayé jusque là des contradictions que les suppôts de la vieille philosophie commençaient à lui faire éprouver de toutes parts. Il prend la résolution inébranlable de suivre l'impulsion qui le porte à se frayer une route nouvelle.

On a de Bérulle plusieurs ouvrages et des lettres. Celui où il traite de *l'État et des grandeurs de Jésus* fit, lorsqu'il parut, une sensation extraordinaire. Après l'avoir lu, le pape Urbain VIII n'appelait plus l'auteur que *l'apôtre du Verbe incarné*. Ce livre a peut-être donné à Bossuet l'idée de ses *Élévations sur les Mystères* et de ses *Méditations sur l'Évangile*. En 1644, Bourgoing, troisième général de l'Oratoire, publia les œuvres réunies de Bérulle en un gros volume in-folio.   BORDAS-DEMOULIN.

BERVIC (CHARLES-CLÉMENT), célèbre graveur français, s'appelait véritablement *Jean-Guillaume* BALVAY. Il naquit à Paris, en 1756. Dès son enfance, cédant à un penchant irrésistible, il copiait toutes les images que le hasard faisait tomber dans ses mains. La vue de quelques tableaux et les leçons de dessin qu'il reçut de Leprince décidèrent de sa vocation: il voulut être peintre; mais, plus calculateurs qu'enthousiastes, ses parents préférèrent lui voir étudier la gravure. On le plaça chez le graveur Georges Wille dès l'âge de treize ans : l'élève devait laisser son maître bien loin derrière lui.

Après avoir successivement gravé plusieurs portraits, où il est intéressant de suivre pas à pas les progrès de son burin, après avoir fait à Lépicié l'honneur de graver ses froids tableaux du *Repos* et de *l'Accordée de village*, qu'il chercha vainement à réchauffer du feu de son talent, Bervic prit sa revanche en 1790, dans le grand portrait en pied de Louis XVI; et de la plus misérable peinture de Callet il fit une bonne estampe, pleine de vérité, de couleur et d'harmonie. Cette magnifique planche fut malheureusement brisée lors de la tempête révolutionnaire de 1793 : aussi les épreuves en sont-elles devenues très-rares et très-chères.

La peinture, déchue dans l'école de Boucher, se régénérait alors sous l'impulsion de David ; Bervic était appelé à rendre le même service à son art. Sa réputation s'accrut et s'affermit encore à l'apparition de l'*Éducation d'Achille* (an VI), d'après Regnault, et surtout de l'*Enlèvement de Déjanire* (an X), d'après le Guide. C'est là une belle œuvre, qui reproduit avec fidélité la légèreté de ton et la manière lumineuse de ce maître, la noblesse et le haut style de dessin et de pensée de la figure de Déjanire, avec l'expression passionnée de son ravisseur. Lorsqu'elle parut, Bervic, qui avait déjà reçu en 1792 le prix d'encouragement pour la gravure, fut désigné pour le prix de gravure par la commission des prix décennaux. « Cette estampe (l'*Enlèvement de Déjanire*) peut être regardée, dit le compte-rendu du jury, comme une des plus belles dans le genre historique qui aient paru depuis Louis XIV (1). »

Après avoir gravé le groupe de *Laocoon*, encore un des chefs-d'œuvre de l'école française, Bervic gémissait pourtant toujours de n'avoir pu réaliser les vues nouvelles qu'il avait sur son art. Ces vues étaient sans cesse présentes à son esprit : dans l'école de gravure, où de nombreux élèves recueillirent ses leçons, nul maître ne s'attacha plus à démontrer les dangers de l'imitation servile, nul ne dirigea mieux ses élèves dans la liberté du génie naturel de chacun : aussi cette école fut-elle distinguée entre toutes.

La vie de Bervic fut sans événements importants. Les souverains et les gouvernements s'empressèrent de lui décerner les récompenses et les encouragements dus à son talent. Il fut logé par Louis XVI au Louvre, et décoré successivement des ordres de Saint-Michel, de la Réunion et de la Légion d'Honneur. Il avait été membre de l'ancienne Académie royale de Peinture et de Sculpture ; il mourut à Paris, le 23 mars 1822, membre de l'Institut, *laissant un nom qui ne sera jamais prononcé*, dit Quatremère de Quincy, *sans rappeler une des plus belles époques de la gravure en France*.

BERVILLE (Saint-Albin), premier avocat général à la cour d'appel de Paris, est né à Amiens, le 22 octobre 1788. Son père, attaché, en qualité de secrétaire, à l'Assemblée provinciale de Picardie, devint plus tard secrétaire général de la préfecture de la Somme. Il fit, dans sa ville natale, en raison de sa frêle santé, de médiocres études, mais il vint dans la suite les compléter à Paris. Reçu avocat en 1812, il ne tarda pas à se distinguer, non moins par une probité sévère et un beau caractère politique, que par le talent élevé qui le plaça en peu de temps aux premiers rangs du barreau. Bientôt il dévoua sa vie à la défense des amis de la liberté persécutés par le gouvernement des Bourbons de la branche aînée. Comme les Dupin, les Barthe, les Mérilhou, les Mauguin, les Barrot, il fut l'un des chefs de ce jeune libéralisme qui ne cessait de combattre les mesures réactionnaires du gouvernement.

Peu fait pour le mouvement et pour le bruit, il ne se délassait des travaux de son état que par un autre genre de travaux. La littérature et la musique composaient les seules distractions qu'il recherchât. Aussi, malgré sa réputation étendue et bien acquise que ses talents lui méritèrent, il fut peu mêlé aux faits de la Restauration. Toute sa vie publique est dans ses plaidoyers ; ses instants sont été partagés entre les arts, que son goût délicat et sûr sut apprécier, et l'amitié, que son caractère, doux et simple, est fait pour rendre sincère et de longue durée. Cependant, quelque retiré qu'il fût, quelque modération que comportât sa nature, aucun avocat, pendant la longue durée de la Restauration,

(1) Qu'il nous soit permis de rappeler à nos premiers souscripteurs que ces deux dernières gravures, également appréciées par tous les juges compétents, sont celles que nous leur avons offertes en prime.

ne l'a surpassé en courage et en véritable énergie. Cherchant peu les occasions de se produire, et peu propre à la fougue qui pousse en avant les chefs de parti, il sut rester avec une grande vigueur de probité sur la brèche toutes les fois qu'il s'y trouva placé. Toujours ses principes furent la règle de sa conduite, et ses principes sont ceux d'un philosophe élevé et d'un bon citoyen.

Analyser tous les plaidoyers de Berville serait faire l'histoire de tous les procès politiques de la Restauration. Nous citerons seulement quelques-uns des principaux. Il faut mettre au premier rang sa défense des officiers de la légion de la Seine devant la Chambre des Pairs, à l'occasion de la conspiration du 19 août. D'autres appelèrent aux passions à leur secours : Berville, avec le calme de l'honnête homme, et des hauteurs de la philosophie du droit, analysa les articles de la loi pénale qui punissent le complot, prouva qu'on ne pouvait y voir qu'un arsenal de tyrannie et de vengeance, et non des prescriptions morales et justes, et fit acquitter ses clients en mettant au jour la cruauté du code et l'iniquité que demanderait l'application brutale de son texte. Jamais on ne pourra caractériser la loi de fer de l'Empire sans invoquer cette belle discussion : elle sera désormais la réponse des malheureux de tous les partis que voudra frapper une vengeance despotique. Dans la déplorable affaire des *carbonari*, Berville défendit le jeune avocat Baradère, et eut le bonheur de ne voir prononcer contre lui qu'une condamnation correctionnelle, tandis que Bories et trois autres militaires furent frappés d'une peine capitale. Jamais le barreau ne s'était montré plus dévoué, plus courageux, plus éloquent ; jamais Berville n'eut plus de force et plus de zèle. Il prêta souvent son secours à la presse dans sa guerre à mort contre la vieille dynastie. Béranger fut au nombre de ses clients. L'auteur de cet article eut également le bonheur de l'avoir pour défenseur. Dans cette affaire (les *Mémoires de Levasseur*, de la Sarthe), en s'associant complétement au prévenu, Berville a fait preuve d'un dévouement qui égalait son talent. Il osa venger la révolution des lâches attaques d'un pouvoir rétrograde, et revendiquer pour la Convention nationale, devant les juges de Charles X, la part glorieuse que lui fera l'histoire dans nos discordes et dans nos conquêtes. Ce plaidoyer fut le dernier que Berville eut à prononcer comme avocat.

Après la révolution de Juillet, qui enflamma toutes ses sympathies, au moment où Dupont (de l'Eure) était ministre de la justice, Berville accepta, avec quelque hésitation, les fonctions d'avocat général. Ce poste, si difficile et si glissant le vit comme par le passé pur et sans tache. Il aurait relevé le ministère public si le siège des Mangin et des Bellart, des Marchangy et des Persil n'était pas à jamais terni. Une fois il porta la parole dans une affaire de presse. Il s'agissait d'une éloquente et vive diatribe publiée par M. de La Mennais, dans un journal catholique intitulé *l'Avenir*. Le nouveau membre du parquet combattit avec force les erreurs philosophiques du prévenu, mais n'insista pas sur l'accusation. Il déclara même qu'il voyait seulement dans l'illustre prêtre un adversaire, et un de ces adversaires à qui l'on serait heureux de toucher la main. Une autre fois, il a rempli les fonctions de son ministère dans un procès de conspiration carliste, et ses ennemis mêmes, si toutefois il peut avoir des ennemis, ont dû rendre hommage à son impartialité, à sa modération et à sa haute probité judiciaire. Dès que le juste-milieu eut fait des tribunaux un instrument de vengeance, Berville se renferma dans la partie purement civile de ses attributions, et ne consentit jamais à prêter l'appui de son talent aux hommes qui avaient déchiré le programme de juillet. Sa carrière d'avocat général a donné une grande leçon aux hommes du pouvoir : elle a prouvé qu'il n'est pas de fonctions que la probité n'honore ; elle a prouvé que la fermeté de caractère s'allie très-bien avec la douceur des mœurs et la véritable modération.

Parmi les travaux purement littéraires de Berville, le plus connu est l'*Éloge de Rollin*, couronné par l'Académie Française, discours remarquable par la grâce et l'élégance de la diction et par la finesse des aperçus. Ces qualités sont au reste celles qui caractérisent l'éloquent avocat général. Son style reproduit parfaitement son âme douce et tendre. Il manque peut-être de mouvement et de passion, mais son élégante simplicité prend toujours de la vigueur quand la droiture et la probité ont besoin pour se montrer dans tout leur jour d'être appuyées sur une mâle énergie. Berville est le parfait modèle du calme et de la sérénité de la bonne conscience. D'autres peuvent émouvoir plus fortement, nul ne peut se faire plus aimer ni plus estimer. Achille ROCHE.

En 1837 le collège électoral de Pontoise envoya M. Berville, pour la première fois, à la Chambre des Députés, et ne cessa pas depuis de renouveler son mandat. Il y siégeait sur la limite de la gauche et du centre, sans que le pouvoir d'alors s'en préoccupât beaucoup et s'offensât des velléités du magistrat député. Il avait bien au fond une opinion progressive pour les choses, mais il n'avait que des services pour ses collègues de toutes les nuances ; et il lui arriva plus d'une fois, sur les marches de la tribune, de donner en même temps des boules noires au ministère et des poignées de main aux ministres, lesquels eussent peut-être bien préféré le contraire.

Il présenta en 1840 le rapport de la loi sur les fonds secrets et celui de la loi sur l'organisation du tribunal de la Seine. Il fit une proposition relative aux droits des veuves et des enfants des auteurs dramatiques, et parla encore sur la propriété littéraire et sur les sucres. Un pair de France avait introduit une nouvelle jurisprudence pour la répression des délits de presse, lorsqu'il s'agissait de diffamation exercée contre les fonctionnaires : on ne s'adressait plus au jury comme le voulait la charte, mais aux tribunaux civils, et, au lieu d'une condamnation pénale qu'on n'obtenait pas toujours, on obtenait une réparation pécuniaire. Cette jurisprudence, accueillie par la cour de cassation, trouva un adversaire dans M. Berville, qui fit une proposition à la Chambre pour rendre au jury sa compétence exclusive sur les délits de la presse. Quand vint la grande question de la réforme, il avoua qu'il désirait bien moins l'extension du suffrage électoral qu'une bonne distribution des électeurs. Il ne voyait la corruption que dans les petits collèges. Du reste ses avertissements ne cessèrent pas d'être pleins de bienveillance. « Il y a toujours moyen, disait-il, de s'entendre avec un pouvoir qui n'use pas de violence pour briser les institutions du pays. »

Après la révolution de Février, le département de Seine-et-Oise envoya encore M. Berville à la Constituante. Aux deux dernières sessions de l'ex-Chambre des Députés, il avait cessé de prendre la parole, son mince filet de voix n'arrivant qu'à grand'peine jusqu'au tube auditif de ses collègues les plus désireux de l'entendre. Dans la Constituante l'étendue du local et la turbulence d'une aussi nombreuse réunion achevèrent de lui fermer la bouche. Il ne se représenta pas pour l'Assemblée législative : la loi avait déclaré son mandat incompatible avec ses fonctions.

M. Berville est toujours, comme par le passé, premier avocat général à la cour d'appel de Paris. Il est de haute taille, mince et fluet ; sa petite figure, maigre et allongée, respire à la fois la candeur, la finesse et la bienveillance. Il doit une partie de sa fortune à la publication des *Mémoires sur la Révolution française*, annotés par lui et par son ami Barrière. Il a écrit dans le *Journal des Débats* au temps où cette feuille faisait feu sur les romantiques, en attendant le jour où elle le deviendrait, pour cesser de l'être plus tard. Enfin, il est un des membres éminents de la *Société Philotechnique*, espèce d'Institut au petit pied.

BERWICK, comté du sud-est de l'Écosse, borné par la mer du Nord et par les comtés d'Haddington, de Roxburgh et d'Édimbourg, séparé en outre de l'Angleterre par la Tweed, comprend une superficie de 11 myriamètres carrés, avec une population d'environ 36,000 habitants. Le sol, stérile dans les districts du nord et du nord-ouest, où il est couvert par des ramifications des monts Lammermoor, ayant au plus 360 mètres d'élévation, est au contraire très-apte à être mis en culture dans les districts méridionaux, où on ne laisse pas d'ailleurs que de rencontrer aussi des landes d'une grande étendue. Le grès domine dans tout ce comté, où le Leader, la Dye et le Whiteadder viennent, en se dirigeant au sud-est, se jeter dans la Tweed et l'Ege, fleuves qui se frayent passage à travers les rochers hauts, abrupts et presque inaccessibles qui bordent les côtes, pour se décharger dans la mer. Le climat est âpre, mais sec, et favorable par conséquent à l'agriculture. Dans les vallées des parties montagneuses, là où un sol marécageux a pu être mis en valeur, de même que dans les plaines bien situées où la propriété se trouve extrêmement divisée, morcelée, le sol est exploité avec beaucoup d'habileté, soit par les propriétaires eux-mêmes, soit par leurs fermiers ; les uns et les autres emploient les méthodes de culture les plus rationnelles et les plus perfectionnées. Les pâturages qu'on rencontre dans les montagnes nourrissent une remarquable race de bêtes à cornes, dont l'engraissage forme avec l'élève des moutons et des porcs une des principales ressources de la population.

BERWICK, sur la Tweed, bourg et port de mer, qui, de même que son territoire, de 440 kilomètres d'étendue environ, ne dépend, à bien dire, d'aucun comté particulier, bien qu'on le comprenne souvent dans le Northumberland, est bien bâti. Il possède plusieurs édifices remarquables, et environ 13,000 habitants, qui vivent pour la plupart du commerce des poissons, des grains, des charbons et de l'ale, en retour desquels ils font venir du bois, du chanvre, du fer, des os, etc. Il existe en outre à Berwick une importante usine, dans laquelle on fabrique les différents métiers et machines propres à la filature du lin et du coton. La pêche du saumon y a beaucoup perdu de l'importance qu'elle avait autrefois. Une grande jetée en pierre surmontée d'un phare rend sûre et commode l'entrée de la Tweed. On y traverse le fleuve lui-même sur un pont et sur un immense viaduc construit pour la compagnie du chemin de fer à Édimbourg par Stephenson.

BERWICK (JAMES FITZ-JAMES, duc DE), appelé ordinairement *le maréchal de Berwick*, pair de France et d'Angleterre, et grand d'Espagne, né le 21 août 1670, était fils naturel du duc d'York, qui fut plus tard le roi Jacques II, et d'*Arabella Churchill*, sœur du duc de Marlborough. Il porta d'abord le nom de *Fitz-James*. Élevé en France, il fit ses premières armes en Hongrie sous les ordres du duc Charles de Lorraine, général de l'empereur Léopold Ier. Peu de temps après éclata la révolution d'Angleterre. Berwick accompagna son père dans ses expéditions d'Irlande, et fut blessé pour la seule fois de sa vie dans une affaire qui eut lieu en 1689. Il servit ensuite en Flandre sous les ordres du maréchal de Luxembourg, en 1702 et 1703 sous ceux du duc de Bourgogne, puis sous le maréchal de Villeroi, et se fit naturaliser Français. En 1706 il passa maréchal, et fut envoyé en Espagne, où il remporta la victoire d'Almanza, qui rendit de nouveau le roi Philippe V maître de Valence, et lui assura la possession du trône d'Espagne. Philippe l'en récompensa en le créant *duc de Liria et de Xerica*. Mais en 1719 il dut envahir l'Espagne à la tête d'une armée française et combattre ce même Philippe V, qui, par reconnaissance pour ses services passés, avait appelé un de ses fils en Espagne. En entrant sur le territoire espagnol, Berwick écrivit à ce fils, connu sous le nom de *duc de Liria*, de faire son devoir en toute occurrence et défendre de son mieux les droits de son souverain.

Après être resté longtemps en inactivité, Berwick reçut la

commandement d'une armée chargée d'effectuer le passage du Rhin à Strasbourg, et alla mettre le siége devant Philippsbourg, où il fut tué d'un coup de canon. C'était un homme froid, mesuré, mais d'une grande énergie de caractère, et possédant toutes les qualités propres à un capitaine. De son premier mariage avec la fille du comte de Clanricarde descendent les ducs de Liria en Espagne. En 1699 il épousa en secondes noces une certaine miss Bulkelers, qui le rendit père du premier duc de Fitz-James. Les *Mémoires du maréchal de Berwick* (2 vol., La Haye, 1737-1738) sont apocryphes; mais plus tard le duc de Fitz-James publia les *Mémoires autographes du duc de Berwick* (2 vol., Paris, 1778).

BÉRYL, variété de l'émeraude. Les béryls de Sibérie sont d'un bleu verdâtre ou d'un jaune de miel (*émeraude miellée* des lapidaires); ceux de Bavière, de l'île d'Elbe et de France sont blancs (quelquefois limpides et incolores), blanc jaunâtre ou gris brunâtre. Quand le béryl est d'un vert bleuâtre, il prend le nom particulier d'*aigue-marine*.

La chaux sert de base à deux combinaisons qui portent dans le commerce le nom de *faux béryls* : ce sont cette variété de *phosphate de chaux* appelée *apatite*, et les gemmes de *chaux fluatée* que les marchands nomment *prime d'émeraude, fausse améthyste, fausse topaze*, suivant leur couleur.

BÉRYLLE ou BERYLLUS, évêque de Bosra, en Arabie, qui enseignait que Jésus-Christ n'avait point joui d'une existence particulière avant que de paraître parmi les hommes, et qu'il n'avait point d'autre divinité que celle du Père, qui habitait en lui. C'était anéantir la personne divine du Verbe éternel. Plusieurs évêques disputèrent contre Bérylle pour le tirer de son erreur, et, ne pouvant le réduire, ils appelèrent à leur secours Origène, qui le pressa par des raisons si fortes qu'il le convainquit et le ramena à l'orthodoxie. Il paraît toutefois que la secte qu'il avait fondée n'en continua pas moins de subsister, car un concile assemblé cent ans après fut obligé de promulguer encore des canons contre elle.

BÉRYLLIENS. *Voyez* BÉRYLLE et ALOGIENS.
BÉRYTE. *Voyez* BEIROUT.

BERZÉLIUS (JEAN-JACQUES), un des plus grands chimistes de notre temps, naquit le 20 août 1779, à Westerloesa, près de Linkœping, dans l'Ostrogothie, où son père était chapelain. Il reçut sa première éducation dans la maison paternelle, et alla en 1796 suivre les cours de l'université d'Upsal avec l'intention de se consacrer à la médecine. Son aptitude pour la chimie se fit remarquer de bonne heure, et il acheva ses études dans cette science sous le patronage du célèbre Gahn. Le premier fruit de ses études et aussi d'un an de séjour fait en qualité d'aide auprès d'un médecin d'un endroit thermal appelé Medewi, fut la *Nova Analysis Aquarum Medieviensium* (Upsal, 1800). Après avoir encore publié un petit écrit intitulé : *De Electricitatis galvanicæ in Corpora organica effectu* (Upsal, 1802), et s'être fait recevoir docteur en médecine, il fut nommé en mai 1802 adjoint pour la médecine et la pharmacie à Stockholm par le collége de santé. Berzélius, tout en remplissant ces fonctions, ne laissa pas que de s'occuper concurremment de pratique médicale, de faire des cours publics sur la chimie expérimentale et de donner des leçons particulières de pharmacie. En 1806 il fut nommé professeur de chimie à l'école militaire, et l'année suivante professeur de médecine et de pharmacie à Stockholm, où il fonda en 1807, avec le concours d'autres médecins, la Société Médicale de Suède, compagnie savante qui a bien mérité des sciences. Nommé membre de l'Académie des Sciences de Stockholm en 1808, il fut appelé à la présider dès l'année 1810, et en 1818 on l'en élut secrétaire perpétuel, fonctions qu'il remplit assidûment jusqu'au 7 août 1848, jour où la mort vint l'enlever à la science.

La découverte de la pile galvanique faite par Volta, la carrière nouvelle que cet ingénieux appareil ouvrait aux sciences en leur fournissant un nouveau moyen d'action, portèrent un grand nombre de savants à rechercher son influence sur une foule de corps. Berzélius s'occupa avec assiduité à déterminer celle qu'elle exerçait sur les sels, et ces travaux acquirent un intérêt particulier par la décomposition si inattendue des alcalis et des terres qu'opéra Davy. Cette époque si féconde en découvertes importantes, et qui devint pour cet illustre chimiste, et pour deux de nos compatriotes, Gay-Lussac et Thénard, l'occasion d'une lutte dont la science devait retirer de si grands avantages, imprima aux recherches chimiques un degré de précision inconnu jusque alors, et porta les esprits vers des travaux d'une plus grande exactitude.

Deux théories se disputaient l'empire de la chimie : celle de Berthollet, qui supposait la matière susceptible de combinaisons en nombre illimité, et celle de Proust, qui, traçant un cercle circonscrit, n'admettait que deux combinaisons possibles entre les mêmes corps. Les recherches de Berzélius vinrent confirmer les idées de Proust en les étendant seulement un peu, et l'analyse exacte d'un nombre presque incommensurable de composés devint pour la science une de ses plus belles acquisitions.

Il serait impossible, à moins d'entrer dans des détails extrêmement minutieux, de rappeler seulement le titre des mémoires de Berzélius : peu de chimistes en ont publié un aussi grand nombre, et la variété de ses recherches prouve la haute capacité de cet infatigable ami des sciences. On peut à peine citer quelques corps sur lesquels il n'ait fait d'essais, et chacun de ses travaux renferme quelque méthode nouvelle ou quelque modification des procédés connus, qui deviennent d'une utile application pour la science. De moitié avec Hisinger, il fit des recherches sur un minéral trouvé dans les mines de cuivre de la Westmanie (Suède), et découvrit l'oxyde d'un nouveau métal qu'il appela *cérium*, du nom de la planète Cérès, nouvellement découverte par Piazzi. Il découvrit encore le *sélénium* en traitant la pyrite de Fahlun, puis le *thorium*, et constata la présence du *lithium* dans les eaux de Carlsbad. Le premier il présenta à l'état métallique le *calcium*, le *baryum*, le *strontium*, le *tantale*, le *silicium* et le *zirconium*.

Depuis que Bergman a donné les premiers procédés d'analyse exacte, beaucoup de chimistes se sont occupés de cette branche importante de la chimie. Klaproth et Vauquelin se sont plus particulièrement adonnés à ce genre de travaux; leurs analyses sont des modèles; mais les méthodes de Berzélius l'emportent sur tout ce qui avait été fait de plus exact dans ce genre. Les chimistes suédois, parmi lesquels on peut citer principalement Gahn, ont fait un usage extrêmement précieux du *chalumeau* comme moyen d'essai des minéraux : à peine employé en France, cet important instrument est devenu entre les mains de Berzélius un moyen des plus exacts pour l'analyse des substances inorganiques; dans un ouvrage sur cet instrument, il a fait connaître toute l'utilité et toutes les ressources que l'on peut tirer de son emploi.

Presque toute la forme actuelle de la chimie a en grande partie pour bases les découvertes qu'il a faites dans cette science. Dans sa théorie électro-chimique il range les corps simples dans l'ordre de leurs intensités électriques, les divisant d'abord en deux grandes classes, en *électro-positifs* et en *électro-négatifs* : ceux de la première classe offrent toujours l'électricité positive en présence de ceux de la seconde, et leurs oxydes se comportent avec ceux des corps de la deuxième classe comme des bases salifiables avec des acides. La nomenclature chimique et la théorie atomistique lui sont redevables d'une grande partie de leurs progrès.

Outre un grand nombre de mémoires publiés dans les journaux étrangers, et particulièrement dans *Afhandlingar fisik*, journal suédois, on possède de Berzélius plusieurs ouvrages traduits en français. Les principaux sont : *Essai sur la théorie des proportions chimiques et sur l'influence chimique de l'électricité; Nouveau système de Minéralogie; De l'emploi du Chalumeau dans l'analyse chimique; Éléments de Chimie*, traduits par Jourdan avec des additions et des corrections par l'auteur (Paris, 1829), etc., etc. De plus, comme secrétaire de l'Académie des Sciences de Stockholm, Berzélius publiait annuellement, sous le titre d'*Annuaire des Progrès des Sciences physiques*, un compte-rendu de ce que la chimie, la physique et la minéralogie avaient produit de remarquable pendant l'année précédente : de 1820 à 1847, il fit paraître ainsi vingt-sept volumes qui ont été traduits en allemand par Gmelin, Wœhler, etc.

En 1819, l'illustre Suédois fit un voyage à Paris. Pendant son séjour en France, Berzélius, par l'affabilité de son caractère, sut captiver tout le monde. Les salons de Berthollet à Arcueil étaient à cette époque le rendez-vous de ce que les sciences et les lettres avaient de plus illustre. C'est là que Berzélius commença avec Laplace, Gay-Lussac, Arago, Ampère, Dulong, Fresnel, etc., des relations qui n'ont été interrompues que par la mort.

Anobli dès 1818 par le roi Charles-Jean, Berzélius, à l'occasion de son mariage avec la fille du conseiller d'État Pappius, fut créé baron en 1835. Député à la diète, il obtint en 1838 le titre de sénateur. Mais la faveur royale ne fit pas de Berzélius un homme politique ; son laboratoire ne fut pas négligé pour sa nouvelle dignité. Il resta simple et travailleur comme par le passé, et par cette sage conduite il laisse à sa patrie un nom illustre, inattaquable par les partis et les réactions politiques. Utile enseignement pour les savants de notre pays!

BESACE ou **BISSAC** (du latin *bis saccus*, double sac), sorte de sac ouvert par le milieu, qu'on porte sur l'épaule et dont l'un des bouts pend par devant et l'autre par derrière. La besace est surtout l'apanage des mendiants. De là les proverbes *Porter la besace*, *Réduire quelqu'un à la besace*. *Une besace bien promenée nourrit son maître*, dit-on proverbialement ; et sous leurs haillons, certains animaux à deux pieds qui se plaignent du poids de leurs charges répètent encore que c'est *toujours aux gueux la besace*. Enfin, si l'on en croit les fables des moralistes,

Le fabricateur souverain
Nous créa *besaciers*, tous de même manière,
Tant ceux du temps passé que du temps d'aujourd'hui.
Il fit pour nos défauts la poche de derrière,
Et celle de devant pour les défauts d'autrui.

BESAGUE ou **BESAIGUE**. Arme offensive et d'hast, en usage dans le moyen âge. C'était une sorte de serpe ou de hache à deux tranchants, garnie de pointes à son extrémité supérieure. On s'en servit dans les combats jusqu'à l'époque de l'invention de la poudre et des armes à feu. Elle cessa alors de faire partie de l'armement des troupes.

BESAN. *Voyez* BESANT.

BESANÇON (*Vesuntio*, nommée aussi *Chrysopolis* du temps de César), ville de France, chef-lieu du département du Doubs. Sa population est de 29,718 hab. Siége d'un archevêché, d'une cour d'appel, d'un tribunal de première instance et d'un tribunal de commerce, Besançon possède une faculté des lettres, une faculté des sciences, un lycée, une école secondaire de médecine, une école normale primaire, un séminaire théologique, une bibliothèque publique, renfermant 60,000 volumes, un musée d'antiquités, le musée *Pâris*, et un jardin botanique. Place forte, et quartier général de la 7e division militaire, Besançon possède une école d'artillerie et une citadelle.

L'origine de cette ville, dont le nom en langue celte signifierait *sépulcre dans une vallée*, se perd dans la nuit des temps. Déjà célèbre sous César, qui en parle avec éloge (lib. I, cap. 9, *De Bell. Gall.*), elle devint sous Auguste la métropole de la Grande Séquanie, et atteignit sa plus grande splendeur sous l'empereur Aurélien, à la mémoire duquel y fut élevé un arc de triomphe (*la Porte Noire*), dont les vestiges, avec ceux d'un amphithéâtre et d'un aqueduc, attestent encore aujourd'hui sa haute antiquité. Devenue ville libre et impériale, puis cédée aux Espagnols, reconquise par Louis XIV, elle resta définitivement à la France en 1674, et devint en 1676 le siége du parlement de la province.

Dans une situation agréable, à l'extrémité d'une vallée arrosée par le Doubs, la ville de Besançon, divisée en deux portions inégales par la rivière, se trouve dominée par de hautes montagnes couvertes de vignes, de bois, et couronnées par plusieurs forts dont les principaux sont la citadelle assise sur un roc inaccessible, la tour de Chaudanne et le fort du Griphon. La partie de la ville située sur la rive gauche du Doubs est très-bien bâtie, et renferme des places publiques vastes et régulières; l'hôtel de ville, bel édifice gothique ; un magnifique hôtel de préfecture, l'hôpital, l'ancien palais du cardinal de Granvelle, la cathédrale, les églises Saint-Jean et de la Madeleine, les casernes, de belles fontaines publiques, des bains, la porte *Taillée*, ouvrage des Romains, la salle de spectacle, le polygone, la promenade de Granvelle et celle de Chamars.

Besançon possède des manufactures d'armes à feu et d'armes blanches. On y fabrique de l'horlogerie, des draps, des toiles, de la mousseline, de la bonneterie, des toiles peintes, des gants, des papiers peints, de la quincaillerie. Cette ville a en outre une raffinerie de poudre et de salpêtre et des brasseries renommées. Son commerce est actif, surtout avec la Suisse, l'Alsace et le midi de la France. Elle possède un bureau de douanes.

A trois lieues sud-ouest de Besançon, se trouve la *grotte d'Osselle*, qui a plus d'un quart de lieue de long, et qui est remarquable par ses belles stalactites et les ossements fossiles qu'on y rencontre.

BESANT, BESAN ou BEZANT, nom d'une ancienne monnaie, qui a d'abord été frappée par les empereurs de Byzance, d'où elle aurait tiré son nom, et qui était d'or pur, au titre de vingt-quatre carats. Plus tard, il fut d'usage en France d'en présenter treize à la messe du sacre des rois, et Henri II en fit battre, expressément pour cette destination, un nombre pareil, en leur donnant le nom de *byzantins*. On s'est demandé pourquoi nos princes se servaient d'une monnaie étrangère dans leur sacre? Leblanc pense que ce nom était donné autrefois à toute monnaie d'or, même quand elle n'était pas frappée à Constantinople.

On ne paraît pas bien fixé sur la valeur du *besant* ancien. Ragneau et Baquet l'évaluent à 50 livres; le sire de Joinville dit qu'on demanda pour la rançon de Louis 200,000 *besants* d'or, qui valaient 500,000 livres : ce serait à raison de 50 sous pour chacun. Dans plusieurs titres d'abonnement de fiefs, le *besant* n'est apprécié qu'à 20 sous; dans un compte des baillifs de France de l'an 1277, il est évalué à 9 sous. Le tournois besant était alors à 1 denier 6 grains de loi, à la taille de 200 au marc : ainsi, il valait de notre monnaie courante 4 deniers un quart, et par conséquent le *besant* vaudrait environ 21 sous de la monnaie d'aujourd'hui.

BESANT (*Blason*). C'est une pièce de métal ronde et pleine dont on diffère l'écu, à la différence des *tourteaux*, qui sont de couleur, et des *cercles* et *anneaux*, qui sont à jour. Les paladins français mirent sur leurs écus de ces sortes de *besants*, pour faire voir qu'ils avaient fait le voyage de la Terre Sainte. On appelle *besant-tourteau* celui qui est mi-partie de métal et mi-partie de couleur. Les Espagnols confondent les *besants* et les *tourteaux*, et les appellent indifféremment *roeles* ; quelques-uns appellent aussi les *besants* d'argent *plates*, du mot espagnol *plata*, qui signifie *argent*. Upton nomme les *besants* d'or *talents*, et ceux d'argent *palets*. Il y a aussi des *besants saracéniques* (sarrazins).

BESBORODKO (Alexandre, prince), secrétaire d'État sous le règne de Catherine II et de Paul Ier de Russie, né en 1742, dans la Petite-Russie, mort à Saint-Pétersbourg, en 1799, avait accompagné en qualité de secrétaire le feld-maréchal Romanzoff dans ses premières campagnes contre les Turcs, lorsqu'il obtint un emploi de secrétaire à la chancellerie. Connaissant parfaitement sa langue maternelle, il brillait en outre par la facilité et la rapidité de la conception. Ayant reçu un jour l'ordre de rédiger un projet d'ukase, il oublia complétement la commission dont il était chargé, et se présenta au palais de l'impératrice sans être porteur du travail qui lui avait été demandé. Catherine II le lui rappela, et Besborodko, sans se troubler, tira de son portefeuille une feuille de papier blanc, puis donna lecture à sa souveraine du projet d'ukase comme s'il eût été réellement rédigé déjà depuis longtemps. L'impératrice, satisfaite, lui demanda le papier pour y apposer immédiatement sa signature, et sa surprise fut grande en le trouvant d'une entière blancheur. Toutefois elle prit la chose en bonne part, ne fit point de reproche à Besborodko, et le nomma, au contraire, conseiller intime, puis, en 1780, secrétaire d'État pour les affaires étrangères. Depuis lors, et surtout après la mort de Panin, en 1783, il posséda toute la confiance de Catherine II.

Créé comte du saint-empire par l'empereur Joseph II, et possesseur d'une fortune immense, Besborodko s'allia à la famille Woronzoff, et devint ainsi l'un des adversaires secrets de Potemkin. En 1791 l'impératrice l'envoya à Jassy pour renouer avec la Porte les négociations de paix rompues par Potemkin; et au retour de cette mission son crédit s'accrut encore. Il dirigeait presque à lui seul toutes les relations de la Russie avec les puissances étrangères, et il exerça la plus décisive influence sur le sort fait à la Pologne. Plus tard, le favori Platon Zouboff le remplaça dans la confiance de Catherine II, sans que cependant il tombât pour cela en disgrâce. A l'avénement de Paul Ier au trône, il fut créé prince, et en 1797 cet empereur le chargea de négocier une alliance entre la Russie et l'Angleterre contre la France. Il aimait passionnément les beaux-arts, et la magnifique galerie de tableaux qu'il forma prouvait la sûreté de son goût. Par son testament il consacra une grande partie de sa fortune à des établissements d'utilité publique.

BESCHIR (Émir). *Voyez* Béchir.

BESCHTIANS. *Voyez* Chasidim.

BESELER (Guillaume-Hartvig), l'un des hommes qui ont tenu le plus dignement en 1848, 1849 et 1850 le drapeau de l'indépendance, de la nationalité allemande et de l'inséparabilité politique des duchés de Schleswig-Holstein contre les projets d'absorption conçus par le cabinet de Copenhague, est né en 1806, dans le pays d'Oldenburg. Élevé à Schleswig, il fit ses études de 1825 à 1827 aux universités de Kiel et de Heidelberg, et reçu avocat, vint se fixer à Schleswig, où bientôt il se fit une une place des plus honorables au barreau de cette ville, en même temps qu'il prenait la part la plus active à toutes les discussions que soulevait dans le pays l'intention du *danisar*, hautement avouée par le gouvernement danois. Bien que devenu plus tard un des chefs de l'agitation anti-danoise, il s'efforça constamment de rester dans les voies de la stricte légalité. Son rôle dans cette date pourtant, à bien dire, que de l'année 1844, époque où la ville de Touderne l'élut pour son mandataire à la diète de Schleswig. A cette époque le parti radical danois s'efforçait d'entraîner dans son courant d'idées et d'efforts les populations du nord du Schleswig, tant par de belles promesses que par quelques concessions. M. Beseler fût un de ceux qui repoussèrent avec le plus d'énergie les insidieuses tentatives faites pour arriver à désunir ses concitoyens. La diète l'ayant élu pour son président, il eut en cette qualité à combattre les usurpations et les excès de pouvoir de tout genre commis par le commissaire du gouvernement Scheele. Sa conduite dans l'exercice de ces importantes fonctions lui valut les sympathies universelles de ses concitoyens, et plus particulièrement la gratitude des habitants du pays d'Angela et de la Frise.

La conviction profonde de M. Beseler a toujours été qu'il n'y aurait jamais de tranquillité durable à espérer pour le Schleswig qu'à la condition de réunir à l'Allemagne la partie allemande (plus des trois quarts) du territoire de ce duché, sans d'ailleurs porter en rien atteinte aux droits du souverain par le seul fait du maintien de l'union administrative et politique qui a constamment existé depuis plus de quatre cents ans entre le Schleswig et le Holstein, partie intégrante jadis de l'empire, et aujourd'hui encore de la Confédération germanique. Tels sont les principes qu'il s'est efforcé de faire prévaloir dans tout le cours de sa carrière politique. A la suite du mouvement produit en mars 1848 dans les duchés par le contre-coup de la révolution qui venait de mettre à Copenhague le pouvoir aux mains du parti radical, M. Beseler fut appelé par ses concitoyens à faire partie du gouvernement provisoire qui se constitua alors dans les duchés. Plus tard, il fut député par la ville de Rendsbourg au parlement allemand de Francfort; et quoique son rôle dans cette assemblée se soit à peu près borné à y défendre le droit de ses concitoyens, de conserver leurs lois, leurs institutions et leur langue nationale, il n'y obtint pas moins les honneurs de la *vice-présidence*. Quand, trahie par la Prusse, indignement sacrifiée par les jalousies réciproques de l'Angleterre et de la Russie, et niaisement abandonnée par la France se laissant, dans cette circonstance comme dans tant d'autres, trainer à la remorque par la diplomatie de ses ennemis intimes, la cause des duchés dut succomber en janvier 1851 sous la pression d'un corps d'exécution autrichien, M. Beseler, personnellement exclu des diverses amnisties proclamées par le roi de Danemark, se retira à Brunswick, où un asile lui avait été offert au nom du duc.

Son frère, *Charles-Georges-Chrétien* Beseler, professeur de droit à l'université de Greifswald (Prusse) et l'un des jurisconsultes les plus distingués de l'Allemagne, né en 1809, près de Husum, dans le duché de Schleswig, se vit refuser par le gouvernement danois le droit de s'établir comme avocat à Schleswig ou de faire des cours particuliers à l'université de Kiel, parce que sa conscience ne lui permit pas de prêter le serment de fidélité à la *loi du roi* (*voyez* l'article Danemark) que le gouvernement danois, à partir de 1831, imposa dans les duchés à tous les fonctionnaires publics, avocats, notaires, greffiers, etc. Prêter ce serment, c'était aux yeux de M. Beseler devenir complice de l'usurpation danoise. Après avoir successivement professé avec le plus grand succès à Gœttingue, à Heidelberg, à Bâle, à Rostock, il fut appelé, en 1842, par le gouvernement prussien, à occuper une chaire à l'université de Greifswald. Élu à l'Assemblée nationale allemande en 1848, par le cercle électoral de cette ville, il y devint l'un des chefs du centre droit. En toute occasion il combattit les projets d'omnipotence et de suprématie de l'Autriche. Il vota en outre l'hérédité de l'empire dans la maison de Hohenzollern, et fut un des membres de la députation que le parlement de Francfort envoya à Berlin pour y faire connaître au roi le vote de l'assemblée, qui lui offrait la couronne impériale. Plus tard, quand le parlement de Francfort prit une attitude décidément radicale, il engagea tous ses collègues prussiens à se retirer de cette assemblée, et son conseil allait être suivi quand arriva un ordre de Berlin prescrivant ce que M. Beseler se bornait à conseiller. En 1849 il a été élu par l'arrondissement de Mansfeld membre de la Chambre des Députés prussienne, et dans cette assemblée, où il siége à la gauche, il s'est prononcé pour la révision de la constitution dans le sens du système constitutionnel.

BESENVAL. *Voyez* BEZENVAL.

BESIADE (Famille DE). *Voyez* AVARAY.

BESICLES. *Voyez* LUNETTES.

BÉSIGUE. Composé d'emprunts faits au piquet et au mariage, le bésigue se joue à deux personnes et en cinq cents points, avec un jeu de trente-deux cartes, dont l'ordre et la valeur sont ainsi réglés : l'as vaut onze points; le dix en vaut dix; le roi, quatre; la dame, trois ; le valet, deux; les neuf, huit, sept, suivent la progression descendante, et peuvent servir à faire des levées, mais ils ne font pas compter de points.

Celui des deux joueurs que le sort a désigné pour donner le premier, donne alternativement, deux par deux, six cartes à son adversaire et autant à lui-même; puis il retourne la treizième, qui indique la couleur de l'atout. Si la retourne est un sept, le donneur marque dix points. Si c'est une autre carte, celui des deux joueurs qui a le sept de même couleur peut l'échanger contre la retourne, et il marque dix points.

Les diverses chances sont : la quinte majeure en atout, qui vaut cinq cents points et fait gagner d'emblée; les autres quintes, qui valent deux cent cinquante; les quatre as, qui valent cent; les quatre rois, quatre-vingts; les quatre dames, soixante; les quatre valets, quarante. Le *bésigue*, qui est la réunion du valet de carreau et de la dame de pique dans la même main, vaut quarante. Le mariage, c'est-à-dire le roi et la dame de même couleur, vaut quarante s'il est en atout, et vingt dans les autres cas; enfin la dernière levée vaut dix.

Après chaque levée, chacun des deux joueurs prend une carte sur le talon; celui qui a fait la levée prend le premier. On ne peut compter les points qu'on a en main, comme bésigue, mariages, cent d'as, etc., qu'après avoir fait une levée et avant de prendre la carte du talon. Quant aux points résultant des levées, on ne les compte qu'après le coup.

Tant qu'il y a des cartes au talon, on peut renoncer ou même couper avec de l'atout, bien qu'on ait en main de la couleur demandée. Mais lorsqu'il n'y a plus de cartes à relever, on est tenu de suivre les règles de l'écarté.

Le bésigue se joue aussi sans retourner la treizième carte; alors, c'est le premier mariage compté qui indique la couleur de l'atout.

BESKOW (BERNARD DE), grand maréchal de la cour du roi de Suède, né le 19 avril 1796, à Stockholm, est le fils d'un riche négociant, propriétaire de mines importantes. Dès son enfance il montra les dispositions les plus grandes pour la peinture et surtout pour la musique, et ne se laissa que plus tard entraîner par les charmes de la poésie. En 1814 il entra dans la chancellerie, fut, en 1824, attaché au cabinet du prince royal, puis nommé secrétaire de ses commandements, anobli en 1826, créé chambellan en 1827, et en 1833 grand maréchal de la cour. En février 1831 il prit la direction du théâtre royal de Stockholm, et fit représenter sur cette scène plusieurs pièces d'un grand mérite ; mais des motifs financiers le forcèrent dès l'année suivante de se résigner ce sceptre théâtral. Non content de renoncer aux émoluments attachés à ses différents emplois, il lui est souvent arrivé de consacrer une notable partie de sa fortune particulière à produire dans le monde et à y soutenir de jeunes talents encore inconnus. Il est l'un des dix-huit de l'Académie Suédoise, et depuis 1834 son secrétaire perpétuel. En 1818 et 1819 il fit paraître *Vitterheds forsak und Æreminne œfver Torkel Knuston*, aussi que le poëme *Carl XII*, dont la publication lui valut la reconnaissance et l'amitié de Tegner. En 1824 son poëme *Sveriges anor* lui valut le grand prix de l'Académie.

Pendant les années 1820 et 1821, 1827 et 1828, M. de Beskow parcourut les principales contrées de l'Europe, se liant partout avec les hommes les plus considérés dans les arts et les lettres. L'un des fruits de ce voyage fut la publication de ses *Vandring minnen* (Souvenirs de voyages, 2 vol.; Stockholm, 1832). *Erick den Fjortonde* fut sa première tragédie; vinrent ensuite *Hildegard*, *Torkel Knutson*, peut-être la plus remarquable des tragédies qu'offre la littérature suédoise; *Kong Birger och Hans Ætt* (1837), et *Gustav Adolfi Tykland*, traduites en danois et en allemand par Œhlenschlæger. Son opéra *les Troubadours* a été mis en musique par le prince royal lui-même, aujourd'hui roi de Suède sous le nom d'*Oscar I*^{er}.

M. de Beskow a aussi donné des articles à presque tous ceux des journaux suédois qui s'occupent de littérature et de beaux-arts. Abordant même le champ de la politique, il a fait de la polémique monarchique, notamment dans l'*Abeille suédoise*, et, comme on devait s'y attendre, s'est efforcé de démontrer que la Suède a le meilleur des gouvernements possibles, donnant ainsi, sans le vouloir peut-être, une nouvelle preuve de la puissance d'imagination poétique dont l'a doué la nature. Comme prosateur, on doit reconnaître que son style réunit la pureté à l'éclat, l'élégance à la noblesse; il manie avec un rare bonheur l'ironie, tout en sachant observer toujours les plus exactes convenances. Ses poésies respirent la grâce et tous les sentiments tendres qui parlent au cœur. Si la critique peut reprocher à quelques-unes de ses tragédies des vices de plan et des caractères faux, elle n'a que des éloges à donner à son style et à la facture de ses vers. En 1842 la Faculté de philosophie de l'université d'Upsal lui a décerné le titre de docteur, honneur qui n'avait encore été accordé qu'au baron de Brinkmann, bienfaiteur de la bibliothèque de l'université.

BESMES, ainsi appelé de ce qu'il était né en Bohême, mais dont le vrai nom était *Charles* DIANOWITZ, assassin à la solde des Guise, devenu fameux par son audace et sa férocité dans les massacres de la Saint-Barthélemi. Ce fut lui qui eut la principale part au meurtre de l'amiral Coligny, et qui jeta son corps par la fenêtre. Il se distingua à la tête des bandes d'égorgeurs tant que durèrent ces sanglantes exécutions. Pour prix de ses *services*, il reçut, avec une riche dot, la main d'Anne, fille naturelle du cardinal de Lorraine, qui avait été fille d'honneur d'Élisabeth de France, femme de Philippe II, roi d'Espagne. Par reconnaissance ou par goût, il continua de poursuivre à outrance les huguenots. Il revenait à Paris, après avoir exploité les provinces, lorsqu'il tomba au pouvoir d'un parti huguenot, entre Berbézieux et Château-Neuf. Les Rochelais demandèrent qu'il leur fût livré; mais il resta prisonnier au château de Bertanville. En 1575 il parvint à s'évader avec un soldat qui le gardait. Le gouverneur, informé immédiatement de son évasion, se mit lui-même à sa poursuite et l'atteignit. Besmes, qui ne pouvait lui échapper, s'arrête, et armant un pistolet : « N'avance pas, dit-il au gouverneur, ou tu es mort. Tu sais que je suis un mauvais garçon. » Besme manqua son coup. « Je ne veux pas que tu le sois, » répond le gouverneur, et il lui passe son épée au travers du corps. C'est une chose digne de remarque que les deux assassins de Coligny périrent de mort violente. Maurevel fut rencontré à Paris, rue Croix-des-Petits-Champs, par le fils du malheureux de Mouy, que ce scélérat avait assassiné à Niort. Maurevel, à l'aspect du fils de sa victime, prit la fuite; mais le jeune de Mouy l'atteignit dans la rue Saint-Honoré, et lui fit plusieurs blessures, dont il mourut le lendemain. DUFEY (de l'Yonne).

BESOIN (*Droit commercial*). Dans les effets de commerce, on indique pour payer *au besoin* une ou plusieurs personnes auprès desquelles on a recours faute de payement par le débiteur pour qui l'effet a été tiré. Ainsi, d'après l'article 173 du Code de Commerce, les protêts faute d'acceptation ou de payement doivent être faits au domicile de ceux qui ont été désignés par la lettre de change pour la payer *au besoin.* Le besoin, étant d'une main étrangère, n'oblige pas, bien entendu, la personne désignée. Celui qui consent à payer ainsi peut exiger la remise de l'effet acquitté, ainsi que le protêt dûment enregistré fait sur le tiré.

BESOINS. On fait venir ce mot de *bis somnium*, parce que les nécessités que cause le besoin doublent les soucis ou les songes. Cependant, on peut dire qu'il y a des *besoins par excès*, comme d'autres *par défaut*, que les animaux sont réduits aux *besoins physiques*, et que l'homme seul éprouve aussi des *besoins moraux*. Il est même dans notre nature de se créer des *besoins factices*, sources d'industrie comme de misère, et qui ont pu élever notre espèce au rang que la civilisation lui assigne sur tous les êtres organisés.

La plante, dans son insensibilité, semblerait exempte de vrais besoins, ou de la douleur que les privations des objets nécessaires à la vie imposent ; cependant elle appète sa nourriture, soit par les racines, soit par les feuilles, dont les pores absorbent les sucs nutritifs, avec l'humidité, l'acide carbonique, etc. Chez les animaux, les besoins d'alimentation, la faim, la soif, s'expriment par des actes plus manifestes encore. Il en est ainsi de tous ceux que leur instinct exécute spontanément pour la conservation de l'individu et de sa race. Tout ce qui fait vide dans l'économie animale ou végétale est cause d'un besoin, afin de réparer l'indigence de l'organisme : les sensations de la faim, de la soif, celles du froid, de la chaleur, etc.; elles demandent leur contraire, ou le rétablissement de cet équilibre, qui constitue la santé, le bien-être corporel.

L'économie vivante demande également à s'exonérer des matériaux superflus qui peuvent la surcharger ou gêner ses actes. Quand on ne citerait ici que les produits des excrétions, soit du résidu des aliments et des boissons, soit des humeurs surabondantes, dans l'état de santé comme dans les maladies, on comprend qu'il en résulte plusieurs besoins tout aussi réels que ceux par défaut. Il est surtout des excrétions qui ont une nombreuse série de besoins, telles sont celles relatives à la **génération** : ainsi l'évacuation menstruelle, celle du lait et du liquide reproducteur, sollicitent des besoins nés d'un excès naturel d'élaboration d'aliments dans l'âge de la vigueur et au faîte de notre existence. Ce n'est donc point la pénurie qui est la cause de tous les besoins, comme on l'a supposé ; car la diète même et l'abstinence sont désirées par les personnes trop largement repues. Ainsi le besoin de débarrasser l'estomac surchargé d'aliments, comme le faisaient l'empereur Vitellius et d'autres gastronomes, est une nécessité, quoique tout opposée à celle du pauvre affamé. Les excrétions spéciales, comme celles de la matière de la soie dans le ver à soie, et d'autres chenilles fileuses, sont également un besoin de leur constitution, puisqu'elles meurent si elles ne peuvent se décharger de cet amas de matière soyeuse. Les émissions comme les absorptions développent donc de vrais besoins chez les animaux et même dans les végétaux.

Ainsi il y a pour toutes les espèces vivantes un principe qui veille à leur existence, et qui les pousse vers des besoins appropriés à ce qui leur est utile. De là sont nés certains appétits remarquables, le besoin de nourritures ou de boissons acides, rafraîchissantes, chez les personnes trop échauffées, etc. De là ce besoin que le chien manifeste de se purger ou de vomir en mâchant du gramen, et tant d'autres actes d'instinct qui paraissent inexplicables. On comprendra facilement que si la fatigue appelle le besoin du repos, l'excès du repos engendre à son tour le besoin de l'activité, et qu'il y a un tel degré d'ennui qu'on lui préfère des travaux pénibles, la chasse, la guerre même, qui deviennent alors des plaisirs.

L'animal qui trouve sa nourriture, une femelle et un abri, accomplit sa destinée dans l'insouciance qui lui est naturelle, loin de ses ennemis. Il ne voit jamais au delà du présent ; il vit satisfait, parce qu'il ne sort aucunement de l'état où le sort l'a jeté. Voilà pourquoi il ne se perfectionne ni ne se détériore point de lui-même. A vrai dire, il agit moins par une volonté réfléchie qu'il n'est guidé par l'impulsion de ses instincts. Aveugle instrument d'une nature savante, qui le forme et le dirige pour des fins inconnues à l'individu, c'est une sorte de marionnette dépourvue de moralité, c'est-à-dire n'étant point digne de récompense ni coupable de crime, puisque le tigre obéit à un instinct sanguinaire autant que l'agneau subit le malheur de son innocence. De cet état passif résulte pour l'animal une vie toute subordonnée aux simples besoins corporels. De même, l'homme qui se réduit à une existence purement matérielle végète pour ainsi dire comme la brute. Telles sont ces peuplades de nègres sur le sol brûlant de la Guinée ; tels sont ces sauvages indépendants des forêts de l'Amérique : la terre fertile leur prodigue spontanément ses trésors ; ils en jouissent dans leur stupide indolence, satisfaits de laisser couler leurs jours et d'attendre le terme de cette carrière, insipide selon nos goûts, mais peut-être charmante par le bonheur de ce *dolce far niente* dont elle s'abreuve sans cesse. La nature dédommage ainsi de quelque manière les êtres dont elle restreint les jouissances ; car les sots, les imbéciles crétins, pour lesquels tant de besoins n'existent pas, subsistent, sinon bienheureux, tout au moins exempts de grandes peines, sur la terre où ils sommeillent.

L'arbre de la science et de la civilisation porte des fruits délicieux et des semences d'insupportable amertume pour notre espèce lorsqu'elle s'en nourrit. Et cependant, que serions-nous sans cette ardeur, peut-être insensée, de sortir de notre sphère étroite et obscure, pour nous élancer, à force de travaux et de fatigues, vers le faîte de grandeur, d'éclat, de puissance, que nous promettent la curiosité, l'ambition, le désir de nous surpasser aux regards de nos semblables et de la postérité ? C'est cette funeste passion qui met le fer meurtrier à la main du conquérant et le pousse à exposer sa vie pour régner sur les peuples. Des besoins moins cruels ont inspiré les travaux des sciences, des lettres, des beaux-arts ; ont élevé les dômes magnifiques des cités, ont lancé des vaisseaux audacieux sur les flots de l'Océan et déployé leurs ailes vers l'Orient, afin de recueillir au milieu de mille hasards l'or, les diamants, et d'autres produits non moins précieux. C'est le besoin de briller qui fait qu'on s'exténue pour s'enrichir, pour s'entourer d'objets de luxe ou des jouissances de la vanité, jusqu'à se glorifier de l'abaissement de ses rivaux.

Plus on accroîtra donc les besoins chez l'homme, plus on agacera ses désirs poignants de s'agrandir dans toutes les carrières, en savoir, en richesses, en jouissances physiques et morales, au delà de la nécessité ; mais plus aussi, afin de contenter un amour-propre inassouvissable, l'homme fera d'efforts d'industrie pour se distinguer ou se satisfaire. Voyez les peuples des climats prospérés de l'Inde ou de l'Asie : ils trouvent aisément tout ce qui peut combler leurs désirs et satisfaire leurs besoins ; ils s'en contentent, et ne font nul effort pour s'élever au delà de ce simple bien-être. Mais les nations nées sous des cieux plus âpres, subissant l'inclémence de longs hivers, dans la nécessité de se défendre par les vêtements, les habitations, les nourritures plus abondantes, et par mille soins qui ne peuvent se coordonner que dans un état de civilisation, de sécurité sociale. De là surgissent les lois protectrices de la propriété, du commerce et des arts ; de là cet essor des travaux de manufactures et de l'agriculture ; de là se construisent les cités où se rassemblent toutes les commodités de la vie, toutes les prospérités du luxe, tous les secours contre les besoins. Enfin, de là jaillissent les lumières des sciences, pour la propagation de ces moyens de civilisation et pour leurs progrès ultérieurs. Là fermentent ces associations puissantes qui créent des ouvrages gigantesques, ces canaux, ces chemins de fer, ces machines à vapeur, etc., qui centuplent les forces de l'homme, font concourir mille bras et les muscles robustes des animaux pour de grandes entreprises, avec l'or des uns et le génie des autres.

Le citadin opulent de Londres ou de Paris, se créant des besoins factices, réunit dans ses palais les productions des deux mondes; il savoure dans la porcelaine du Japon le thé de la Chine, ou le café de l'Yémen, avec le sucre pressuré par la main des nègres des colonies. Il faut qu'on aille au pôle harponner des baleines pour éclairer de leur huile ses portiques, ou pour tailler leurs fanons élastiques en légers parasols, en corsets flexibles. La perle qui rayonne sur le front de nos beautés a été dérobée aux abîmes des mers de l'Inde. Quels sont donc ces besoins factices qui mettent ainsi tout l'univers à contribution? Il est beau sans doute de visiter par la vue, à l'aide d'un télescope, les déserts du firmament, et d'y suivre une comète flamboyante; il est grand de traverser l'Océan et de ceindre le globe de sa longue navigation au milieu des écueils, pour le seul besoin de la science et de la gloire. L'homme s'ennoblit de toute la renommée que cette ardente curiosité lui inspire; il brave la mort, il affronte les douleurs et mille privations pour faire fleurir sa réputation parmi ses semblables; elle le dédommage de cruelles fatigues, et une simple inscription sur sa tombe, en témoignage de ses immenses labeurs, satisfait quelquefois elle seule cet immense besoin de louange, apanage des héros et des vastes génies.

Qu'on ne blâme donc plus ces besoins factices, puisqu'ils sont le stimulant le plus énergique de notre perfectionnement sur ce globe. C'est par eux que les nations modernes d'Europe se sont élevées si haut en puissance, en savoir, et qu'elles sont aussi parvenues à dominer, non-seulement les autres êtres, mais même les peuples moins éclairés, soit par les armes, soit par la supériorité des connaissances. On pourrait dire que malheureux sont les peuples physiquement heureux; ils languissent dans l'engourdissement. C'est la peine et la misère sur un territoire stérile qui sollicitent les travaux pour réparer à force d'habileté ce que déniait la nature. C'est ainsi qu'on oblige les abeilles à rassembler de nouveaux trésors en les privant chaque année de leur miel. La peine, le besoin, la privation, éveillent donc le génie. La nature n'a créé l'homme faible, nu, sensible, ou le plus délicat de tous les animaux, que pour lui faire conquérir le sceptre de son empire sur eux; elle lui a fait don, en même temps, de deux mains et d'un cerveau intelligent, curieux, pour le rendre capable d'inventer et d'exécuter tous les travaux que nécessitaient ses besoins. J.-J. VIREY.

BESOINS DES HOMMES. Ce sont eux qui déterminent les hommes au sacrifice nécessaire pour obtenir les *produits* capables de satisfaire ces *besoins*. Le sacrifice consiste, soit à prendre la peine de créer soi-même les produits, soit à donner en *échange*, pour les avoir, d'autres produits précédemment acquis.

Les besoins des hommes ont différents degrés d'intensité : depuis les besoins impérieux de la satisfaction desquels dépend leur existence, jusqu'aux goûts les plus légers.

Une jouissance quelconque est attachée à la satisfaction de chacun de nos besoins; d'où il suit que les expressions *pourvoir à nos besoins*, *multiplier nos jouissances*, et même *contenter nos goûts*, présentent des idées du même genre, et qui ne diffèrent entre elles que par des nuances. Les hommes ont des besoins comme individus, comme membres de la famille, comme membres de l'État. Ceux des deux premiers genres donnent lieu aux *consommations privées*; ceux du dernier genre donnent lieu aux *consommations publiques*. J.-B. SAY.

BESSARABIE, ancienne province de l'empire ottoman, aujourd'hui dépendance de la Russie, à laquelle elle fut cédée en 1812 par la Porte, aux termes de la paix de Bukarest. Située entre la mer Noire, le Dniester, le Pruth et l'embouchure du Danube, elle a pour limites les provinces russes de Cherson et de Podolie, la Gallicie, la Moldavie et la Bulgarie, et comprend en superficie environ 275 myriamètres carrés formant six cercles, *Kischneff, Bjettsu, Chotin, Bender, Akjerman* et *Ismaïl*, avec une population de 720,000 âmes. La Bessarabie manque de bois et d'eau; cependant une zone de forêts qui ont péri depuis longtemps a laissé sur les chauves plateaux des rochers une épaisse couche d'humus sur laquelle se développent d'immenses steppes où l'herbe parvient à plus d'un mètre de hauteur et où prospère d'une façon admirable l'élève des bestiaux. Le climat essentiellement continental de cette contrée, où à un hiver d'une grande âpreté succède un été d'une chaleur accablante, y favorise la production du froment, de l'orge, du millet, du maïs, du chanvre, du lin, du tabac, des melons, des légumes et des fruits de toute espèce, ainsi que de la vigne. Les bêtes à cornes et les chevaux sont au nombre des animaux domestiques qui y sont l'objet de plus de soins. Le gibier y est rare; mais partout où l'on trouve de l'eau, le poisson est extrêmement abondant. En fait de productions du règne minéral, il faut surtout citer, avec le salpêtre, le marbre et la chaux, le sel, particulièrement celui qui provient des marais salants d'Akjerman. L'industrie est encore bien arriérée, et se borne à peu près à la tannerie, à la fabrication des savons et à celle des chandelles. Le commerce est entre les mains des Juifs et des Arméniens et a surtout pour objet l'exportation des produits du sol. Les habitants sont Valaques, Moldaves, Bulgares, Grecs, Arméniens, Juifs, Bohémiens ou encore Tartares d'origine; cependant, à la longue, plus de huit mille familles de colons allemands sont venues s'établir dans la contrée. Elle a pour chef-lieu *Kischneff*. Sur les rives du Dniester on trouve les forteresses de Chotin et de B e n d e r, à l'embouchure de ce fleuve Akjerman, et, sur le bras septentrional du Danube, Ismaïl et Kilianava.

BESSARION (JEAN ou BASILE), moine grec de Saint-Basile, patriarche titulaire de Constantinople, archevêque de Nicée, ensuite cardinal et légat en France, sous Louis XI, n'était point né à Constantinople, comme l'écrivent quelques biographes, mais à Trébizonde, et dans l'année 1389, comme le fait voir son épitaphe, qu'il composa lui-même; il mourut à Ravenne, le 19 novembre 1472. Le philosophe Pléthon avait été un de ses maîtres. Après avoir passé vingt et un ans dans un monastère du Péloponnèse, occupé de l'étude des belles-lettres, qu'il joignait à celle de la théologie, il en fut tiré en 1438, par Jean Paléologue, qui avait formé le projet de se rendre au concile de Ferrare pour réunir l'Église grecque et l'Église latine. Il fut fait par lui évêque de Nicée, et suivit son protecteur en Italie, avec Pléthon, l'archevêque d'Éphèse, le patriarche de Constantinople et plusieurs autres Grecs distingués par leurs talents ou par leurs dignités. Il seconda de tout son pouvoir les projets de Jean Paléologue, et finit même par se rendre odieux aux Grecs schismatiques, pour le zèle avec lequel il travaillait à une réunion qu'ils éloignaient de leurs vœux et de leurs efforts.

Le pape Eugène IV l'en dédommagea et le récompensa de son dévouement à l'Église latine par la dignité de cardinal-prêtre du titre des Saints-Apôtres, qu'il lui conféra. Dès lors, Bessarion reprit sa vie studieuse, et sa maison devint le rendez-vous de tous ceux qui cultivaient ou aimaient les lettres. Il obtint successivement la confiance et les bonnes grâces de plusieurs papes, et fut sur le point d'atteindre lui-même à cette dignité et de succéder à Nicolas V; mais il aurait fallu acheter pour cela par une injustice la voix du cardinal Orsini, et Bessarion refusa de le faire. Le cardinal de la Rovère, moins scrupuleux, consentit à ce qu'on voulait de lui, et fut nommé. Bessarion fut chargé successivement de quatre ambassades délicates et difficiles : il se tira avec honneur et succès des trois premières; mais il échoua complètement dans la quatrième. Envoyé en France, par Sixte IV, pour réconcilier Louis XI avec le duc de Bourgogne et obtenir des secours contre les Turcs, non-seulement il ne réussit pas dans ce projet, mais encore on prétend que Louis XI l'humilia en pleine audience par de dures plaisanteries. Bessarion reprit tristement le chemin de Rome, où l'on veut que le chagrin ait causé sa mort, que l'âge seul (quatre-vingt-trois ans) suffisait du reste pour amener. Il a laissé plusieurs ouvrages sur le projet de réunion des deux Églises, et une défense de la philosophie de Platon, que l'on a réunis dans le tome XVI de la *Bibliothèque des Pères*.

BESSEL (FRÉDÉRIC-GUILLAUME), professeur d'astronomie à Kœnigsberg, associé étranger de notre Académie des Sciences, naquit à Minden, le 22 juillet 1784. Il entra à l'âge de quinze ans dans l'une des premières maisons de commerce de Brême en qualité de commis. Les relations maritimes de cette place lui inspirèrent d'abord le goût de la géographie, et plus tard celui de la navigation. Comme ses journées étaient absorbées tout entières par les devoirs de l'emploi qu'il remplissait, il prenait sur les nuits le temps nécessaire pour acquérir des connaissances mathématiques, et il ne tarda pas à concevoir le goût le plus vif pour l'astronomie. Un premier travail astronomique le mit en rapport avec Olbers, qui dès lors l'aida de ses conseils. Sur sa recommandation, Bessel fut nommé inspecteur des instruments astronomiques appartenant à l'université de Gœttingue, fonctions qu'il remplit pendant quatre années. Appelé alors à Kœnigsberg, il présida, en 1812 et 1813, à la construction de l'observatoire de cette ville.

Parmi les premiers ouvrages de Bessel, il faut mentionner celui qu'il publia en 1810 à Kœnigsberg *sur le mouvement vrai de la comète de 1807* et ses *Fundamenta astronomiæ deducta ex observationibus J. Bradley* (Kœnigsberg, 1818). Les *Recherches sur la longueur du pendule simple à secondes pour Berlin* (Berlin, 1828 et 1837) sont restées un livre classique. Citons encore de lui : *Observations astronomiques faites à l'Observatoire de Kœnigsberg*, comprenant la période de 1815 à 1835 (21 parties ; Kœnigsberg, 1815-1846 ; continuées par Busch) ; *Tabulæ regiomontanæ reductionum observationum ab anno 1750 usque ad annum 1830 computatæ* (Kœnigsberg, 1830) ; *Mesure d'un degré dans la Prusse orientale* (Berlin, 1838), publié en société avec Bayer ; *Exposition des recherches occasionnées de 1835 à 1838 pour établir l'unité d'un système de mesures prussien*, ouvrage publié aux frais des ministères du commerce et des finances, et *Recherches astronomiques* (Kœnigsberg, 1841-1842).

Dans les années 1824 à 1833, Bessel acheva une série de 75,011 observations, faites en cinq cent trente-six séances, sur la zone du ciel située entre le 15° degré de déclinaison septentrionale et le 15° degré de déclinaison méridionale. Ces observations, comprenant toutes les étoiles jusqu'à la neuvième grandeur, firent le sujet de plusieurs de ses publications ; l'une des plus intéressantes est celle qui est intitulée *Mesure de la distance de la 61° étoile de la constellation du Cygne*, publiée dans l'*Annuaire de Schumacher pour 1839*; Bessel y fixe la distance de cette étoile au soleil à 357,700 diamètres de l'orbite terrestre, c'est-à-dire à plus de treize millions de myriamètres.

En se livrant à un examen attentif des observations faites par Brandes et autres sur les étoiles filantes, Bessel trouva que leur ascension est sans exemple, résultat qui fait disparaître une des plus grandes difficultés de la théorie de ces phénomènes. En 1844 cet infatigable travailleur publia encore une dissertation qui contient des recherches d'un haut intérêt sur la mutabilité des mouvements particuliers des étoiles fixes. A la même époque il donnait une esquisse biographique sur son vénérable maître Olbers, à l'occasion de la 21° réunion annuelle des naturalistes et des médecins allemands à Brême. Mais déjà la santé de Bessel commençait à chanceler ; il finit par tomber dans une maladie de langueur, à laquelle il succomba le 17 mars 1846. Deux ans plus tard, son ami Schumacher publia les *Leçons populaires* sur divers sujets scientifiques que Bessel avait faites presque toutes de 1832 à 1844 dans la Société Physico-Économique de Kœnigsberg. Dans l'une de celles qu'il faisait en 1840, se trouve déjà annoncée la planète Neptune d'après les considérations qui un peu plus tard devaient amener sa découverte par M. Leverrier.

BESSES (*Bessi*), peuple de Thrace, qui habitait sur la rive gauche du Strymon, au nord du mont Rhodope. Ils étaient féroces, sauvages et voleurs. Après avoir été longtemps gouvernés par des rois, ils furent soumis par les Romains, dont ils parvinrent à secouer le joug ; mais Octavius, père d'Auguste, les fit rentrer sous la domination romaine. Ils firent une nouvelle tentative sous son successeur, pendant le règne duquel un de leurs prêtres, attaché au culte de Bacchus, souleva tout le pays et ravagea la Chersonèse ; mais ils furent vaincus par Pison, et restèrent depuis attachés aux Romains.

BESSIÈRES (JEAN-BAPTISTE), duc D'ISTRIE, maréchal de l'empire, colonel général de la garde impériale, grand-aigle de la Légion-d'Honneur, commandeur de la Couronne-de-Fer, naquit à Preissac (Lot), le 6 août 1768. Admis en 1790 dans la garde constitutionnelle de Louis XVI, il y trouva l'occasion de sauver la vie à plusieurs personnes de la maison de la reine. Au mois de novembre 1792 il passa avec le grade d'adjudant-sous-officier dans les chasseurs à cheval de la légion des Pyrénées. Il s'y battit bravement, et s'éleva rapidement au grade de capitaine. Il se fit remarquer aux belles affaires de Bascara, Basola, Lafluvia, et dans les combats qui furent livrés dans les plaines de Figuières. On l'envoya quelques années après à l'armée d'Italie. C'était à l'époque où Bonaparte en prenait le commandement.

Bressières se fit un grand nom sur ce nouveau théâtre. Suivi seulement de six chasseurs, il enleva deux canons aux Autrichiens au combat de Royeredo ; un autre jour, s'étant élancé seul sur une batterie ennemie, il perdit son cheval en l'abordant, mais il se releva et courut à pied sur une pièce ; les canonniers ennemis le sabraient, quand quelques-uns de ses chasseurs, qui avaient aperçu le péril où se trouvait leur capitaine, arrivèrent à son secours ; soutenu par eux, il enleva la batterie. Ces actions intrépides fixèrent sur Bessières les regards du jeune général en chef, qui le mit *à l'ordre du jour* et lui donna le commandement de ses *guides*. Ce beau corps devint le noyau de la garde impériale. Bessières s'y éleva, par les plus nombreux et les plus brillants faits d'armes, à une haute réputation militaire. Il passa en Égypte, et y garda le commandement du même corps. Il servit avec éclat parmi les plus braves et les plus intelligents, et prit une part importante aux batailles de Saint-Jean d'Acre et d'Aboukir. Bonaparte lui confia dans ces journées plusieurs charges décisives, dans lesquelles il fit preuve d'une haute et rapide intelligence.

Revenu en France avec Bonaparte, il prêta main-forte à l'entreprise du 18 brumaire. Il fit la seconde campagne d'Italie, et décida à Marengo, par une admirable charge de la cavalerie d'élite, la retraite des Autrichiens. C'est dans les derniers moments de cette charge qu'il s'honora par une action digne des temps chevaleresques ; ce fut le mouvement d'une bonté sublime, car ce mouvement lui vint dans l'élan furieux d'une dernière attaque victorieuse, dans un de ces instants où l'humanité semble avoir perdu tous ses droits. Il avait à disperser les Autrichiens foudroyés et battus de toutes parts. La cavalerie de la garde des consuls chargeait à coups redoublés l'arrière-garde ennemie. Bessières se trouvait au milieu du feu, au premier rang. Il aperçoit tout à coup un cavalier autrichien qui tombe, blessé, en suppliant les Français de ne pas l'écraser sous leurs chevaux. Bessières s'élance près de lui, et crie aussitôt : « Ouvrez vos rangs, soldats, épargnez ce brave! » A ces mots, les rangs s'ouvrent, et la vie du vaincu est épargnée. C'était un jeune homme qui appartenait à une des premières familles de la Moravie.

Bessières fut porté par Napoléon sur la première liste des maréchaux de l'empire (19 mai 1804), et élevé en 1808 à la dignité de *duc d'Istrie*. L'empereur l'envoya dans cette même année à la cour de Wurtemberg pour y *épouser, au nom du prince Jérôme*, une des filles du roi. Bessières resta constamment à la tête de la garde. L'empereur joignit dans plusieurs campagnes à ce commandement celui d'un corps d'armée. En 1805, en avant de Braunn, sur la route d'Olmütz, il défit avec la cavalerie de la garde et la division des cuirassiers d'Hautpoul un corps de six mille Russes, qui formait l'arrière-garde de Koutouzof; cela fait, sa cavalerie s'élança sur la garde noble d'Alexandre et l'enfonça; puis elle perça le centre de l'armée du czar. Les Russes perdirent dans cette affaire 27 pièces de canon. Durant la campagne de Prusse, le maréchal, placé à la tête du 2ᵉ corps de cavalerie, commanda de la manière la plus brillante aux fameuses batailles d'I é n a, d'H e i l s b e r g et de F r i e d l a n d. A Biezem, en avant de Thorn, il enleva aux Prussiens cinq pièces de canon, deux étendards, et fit huit cents prisonniers. A Eylau, l'empereur ayant réuni les divisions Milhaud, Klein, Grouchy et d'Hautpoul à la cavalerie du maréchal, celui-ci exécuta cette terrible charge qui culbuta 20,000 hommes d'infanterie dans les boues glacées. Bessières y prit toute l'artillerie de ce corps; un cheval fut tué sous lui.

En 1808 il fut nommé au commandement du deuxième corps de l'armée qui entrait en Espagne. Il établit son quartier général à Burgos. Son administration, juste, vigilante et douce, apaisa les agitations des populations qui lui furent confiées. Bessières fut détaché de ces soins par l'arrivée subite d'une armée espagnole ayant à sa tête le général Cuesta. Cette armée, s'élevant à 40,000 hommes, avait été équipée par les Anglais. Son général espérait couper les communications entre Madrid et la France. Bessières courut à lui, bien qu'il n'eût à sa disposition que 13 à 14,900 hommes. L'armée de Cuesta, rangée en bataille sur les montagnes de Medina de Rio-Secco, où elle était appuyée par quarante pièces en batterie, fut attaquée et culbutée de ces hauteurs, grâce aux habiles mesures du maréchal. Les premiers moments de l'attaque furent sanglants et nous coûtèrent de braves soldats. Les Espagnols s'enfuirent, laissant sur ces montagnes mille tués. L'ennemi fut vivement poursuivi sur Benavente, Léon, etc. Le maréchal trouva dans ces villes des dépôts de fusils anglais et un grand nombre de munitions. Cette admirable bataille, gagnée au sommet des montagnes, fut admirée par Napoléon. Il dit : « C'est une seconde bataille de Villa-Viciosa; Bessières a mis mon frère sur le trône d'Espagne. » Pendant cette campagne de 1808, Bessières rendit, à la tête de sa cavalerie, d'autres grands services. A la bataille de Burgos, au combat de Sommo-Sierra, il commanda des charges terribles.

La nature de son poste l'obligeant à accompagner partout l'empereur, il quitta l'Espagne avec lui, et le suivit à Paris; il se rendit presque aussitôt en Allemagne (1809), où il prit le commandement de la cavalerie de la garde et d'un corps de réserve de la même arme. Une nouvelle campagne contre les Autrichiens était décidée. L'empereur ne se fit pas attendre, et les hostilités commencèrent dès qu'il fut arrivé. Bessières défit un gros corps de cavalerie aux portes de Landshut, et fut chargé de poursuivre avec deux divisions d'infanterie et la brigade Marulaz le 5ᵉ et le 6ᵉ corps autrichien dans leur retraite sur l'Inn; puis, par d'habiles manœuvres, il contint le général Hiller, qui lui était bien supérieur en forces, et lui disputa avec avantage le terrain. A Ebersberg, il appuya vigoureusement les combinaisons de Masséna, qui réussirent toutes. A Essling, au moment où l'archiduc Charles parvenait à se placer au centre de l'armée française, qui se trouvait forcément vide entre Essling et Aspern, il s'élança au-devant de lui, et l'arrêta; il l'assaillit avec fureur, car il y allait du salut de l'armée, et Napoléon en avait appelé, dans cette circonstance, *au dévouement de son vieil ami*. Bessières foudroya les Autrichiens, les rompit, les repoussa dans un si épouvantable désordre qu'ils ne purent se rallier et revenir sur leurs pas. Il n'épargna pas un moment sa vie dans cette difficile opération. Elle fut décisive. Il voulut rester au milieu du feu pour exalter l'intrépidité du soldat. Le brave général d'Espagne, plusieurs colonels et un grand nombre d'officiers furent tués près de lui.

Dans la dernière journée, celle de W a g r a m, il prit encore une belle part à la bataille. Il conduisit toute la cavalerie sur les flancs de l'armée autrichienne, et la chargea *constamment avec une fureur froide et habile*. Un boulet ayant atteint son cheval, il fut renversé, et ses soldats frémirent en le voyant tomber; mais ce n'était heureusement qu'un accident, il n'avait pas été atteint. L'empereur apprit la chute de Bessières au moment où il remontait un second cheval; il courut à lui, et lui dit avec émotion en l'abordant : « Bessières, voilà un beau boulet; il a fait pleurer ma garde. » Il y avait plus qu'une bravoure chevaleresque et des sentiments élevés chez ce digne maréchal; il y avait de rares talents pour la guerre moderne. C'était un des officiers les plus éclairés de Napoléon. Il appuyait la pratique par la théorie la plus profonde. Lorsque cette nouvelle campagne d'Autriche fut terminée, Bessières fut nommé au commandement de l'armée chargée de soumettre Flessingue; il y remplaça Bernadotte. Bessières fut bientôt maître de cette place par suite de mesures plus habiles et plus fermement exécutées que les précédentes; et, grâce à son dévouement à l'empereur, l'intérêt de la France et de Napoléon était désormais en bonnes mains. L'influence qu'il avait, il la justifiait sans cesse par ses services. Comme il connaissait tous les sentiments de l'empereur, il pensait avec raison que le servir, c'était servir le pays. Son dévouement était sans limites comme sa confiance et son héroïsme. Toujours à cheval et prêt à payer de sa personne, il tirait un des premiers l'épée dans les moments difficiles. Il était intrépide dans le feu et à la suite de Napoléon.

En 1811, l'Espagne, qui ne fut jamais conquise, le revit sur son territoire à la tête d'une armée, celle du nord. L'empereur réunit à son commandement militaire le gouvernement de la Vieille-Castille et du royaume de Léon. Lorsque l'armée anglaise débarqua en Espagne, il vola au secours de Masséna, et partagea sa tâche et ses périls à la bataille de Fuentés de Onoro. La campagne de Russie étant décidée (1812), l'empereur le rappela, et lui donna le commandement de la garde et d'un corps de cavalerie. Il fit très-bien exécuter ce qui lui fut ordonné pendant notre marche sur Moscou; puis au retour, dans la retraite, à travers un océan de neige et sous les coups d'un froid mortel, son âme intrépide et son dévouement firent tout ce qui était humainement possible.

Au commencement de la campagne d'Allemagne (en 1813), le duc d'Istrie fut appelé au commandement en chef de toute la cavalerie de l'armée. L'empereur venait d'élever son poste et de lui offrir l'occasion de montrer ses talents actuels comme la guerre les avait développés. La veille de la bataille de Lutzen, le maréchal, chargé de l'attaque, se rendit au défilé de Rippach; l'ennemi le défendait vivement. Bessières commandait lui-même les tirailleurs; il avait mis pied à terre; il les électrisait. L'ennemi fléchit bientôt, et le défilé fut emporté. Dans ce moment un boulet l'atteignit à la poitrine et le tua (1ᵉʳ mai 1813). Ses officiers prescrivirent le silence aux témoins afin que ce malheur fût caché un jour à l'armée, qu'il eût pu consterner. Le corps fut enveloppé dans un linceul et caché jusqu'au surlendemain. L'empereur presque seul connut cette fatale nouvelle. Elle l'accabla de douleur. Il perdit un de ses plus habiles officiers et de ses meilleurs amis, un de ceux qui lui avaient ramené de Moscou les vieilles phalanges que le froid n'avait ni désarmées ni rompues. Il écrivit du champ de bataille à madame d'Istrie *que son mari venait de recevoir la mort pour la France, et qu'il avait terminé sans douleur la plus belle vie.* Il la dota ainsi que son fils d'une pension considérable. Depuis la mort de Muiron, de Desaix, de Lannes, il n'avait pas paru à ses officiers qu'il eût ressenti une peine aussi vive. Le lendemain de la bataille de Lutzen, il traversait silencieusement, les bras derrière le dos, quelques rangs de sa garde, quand un vieux soldat voulut lui présenter une demande; un de ses camarades le retint, et lui dit : « Laisse-le aujourd'hui, il ne pourrait t'écouter; vois comme *il est triste : il a perdu un de ses enfants.* » La France paya les frais des funérailles du maréchal, qui eussent sans cela anéanti la modeste fortune qu'il laissait. L'empereur à Sainte-Hélène inscrivit sur son testament le jeune duc d'Istrie, son fils, pour un don de 100,000 fr.   Frédéric FAYOT.

BESSIN, nom d'une ancienne division de la Basse-Normandie, comprise entre la campagne de Caen, la mer, le Bocage et le Cotentin. Elle fait aujourd'hui partie des départements du Calvados et de la Manche. Le Bessin ou Bayossin se divisait en *haut* et *bas Bessin*, le premier au levant et l'autre au couchant. Bayeux était sa capitale. Parmi les autres villes de ce pays, on cite encore Saint-Lô, Isigny et Port-en-Bessin.

BESSON (N...), plus connu sous le nom de BESSON-BEY, qu'il portait comme amiral de Méhémet-Ali, vice-roi d'Égypte, naquit en France, en 1782, et entra dans la marine dès l'âge de neuf ans. Il fit les campagnes de 1806 et de 1807, fut nommé lieutenant de vaisseau lors du siège de Dantzig, et se trouvait en 1815 attaché en cette qualité à l'état-major à Rochefort, d'où Napoléon, avant de se livrer aux Anglais, avait eu l'intention de se réfugier en Amérique. Marié avec la fille d'un propriétaire armateur de la ville de Kiel, en Holstein, il offrit ses services à l'empereur, et mit à sa disposition trois navires de son beau-père, qui par hasard se trouvaient précisément en ce moment dans le port de Rochefort. Déjà tous les détails de ce plan d'évasion avaient été discutés et arrêtés en présence de serviteurs dévoués, et rien ne s'opposait plus au départ, lorsque Napoléon hésita, remit l'embarquement à la nuit suivante, pour donner à son frère Joseph le temps d'arriver, puis s'arrêta au parti de se rendre à bord du *Bellérophon*, et de là en Angleterre. Besson s'efforça vainement de faire changer Napoléon de dessein; le monarque déchu, entraîné par la fatalité, y persista. Il congédia le courageux lieutenant de vaisseau, en lui disant : « Je n'ai plus rien dans le monde à vous offrir, mon ami, que cette arme. Veuillez l'accepter comme souvenir. » Et en même temps il lui donna un fusil de chasse.

Douloureusement affecté d'avoir vu ainsi échouer le plan d'évasion qu'il avait formé pour Napoléon, et l'âme meurtrie de la triste destinée du grand capitaine, Besson abandonna la France, se retira à Kiel auprès de son beau-père, et pendant quelques années capitaine au long cours. Ce ne fut qu'en 1821 qu'il entra au service de Méhémet-Ali. A ce moment, le vice-roi s'occupait de créer une marine; il eut tant à se louer des services que Besson lui rendit sous ce rapport, qu'il lui confia le commandement de la frégate *Bahiré*, construite à Marseille, et le nomma membre de son conseil d'amirauté. Besson mourut le 12 septembre 1837, à bord de son vaisseau amiral, dans le port d'Alexandrie.

BESSUS, satrape de la Bactriane, vivait dans la seconde moitié du quatrième siècle avant l'ère chrétienne. A la tête des Bactriens, des Sogdiens et des forces de l'Inde soumise aux rois de Perse, il vint au secours de Darius, attaqué par Alexandre de Macédoine, et prit part à la bataille de Gaugamèle. D'abord fidèle à son souverain dans la mauvaise fortune, Bessus l'accompagna lorsque après sa défaite il chercha à se retirer par l'Hyrcanie dans les forêts de la Bactriane, où il comptait bien que son vainqueur ne s'aventurerait pas à le poursuivre. Mais vint l'instant où Bessus comprit que c'en était irrémissiblement fait de Darius et de sa race, et que l'empire des Perses ne pourrait plus se reconstituer avec les mêmes éléments et sous la même dynastie. Alors son parti fut bientôt pris, et il résolut de traiter pour son compte avec le vainqueur, espérant bien qu'Alexandre le maintiendrait dans sa position de satrape du moment où il lui aurait livré Darius. Les ouvertures qu'il fit à ce sujet ayant été repoussées, Bessus tua Darius, et prit le titre de roi. Il n'en jouit pas longtemps; car deux ans après il tombait aux mains de Spitismanènes ou de Ptolémée-Lagus, et était conduit à Alexandrie. Le roi de Macédoine s'en remit du soin de venger la trahison dont Bessus s'était rendu coupable, au frère de sa victime, à Oxathrès, à qui il le livra après l'avoir fait battre de verges. Les historiens ne s'accordent pas sur la nature du supplice par lequel on lui fit expier son crime.

BESTIAIRES (en latin *bestiarius*). On appelait ainsi à Athènes et à Rome ceux qui combattaient contre les bêtes féroces. On en distinguait de deux sortes. Les premiers étaient des criminels, des esclaves ou des prisonniers de guerre, que l'on condamnait aux bêtes, et qu'on leur livrait sans armes et sans défense dans le cirque. Il ne leur servait de rien de trouver dans leur courage ou dans leur désespoir la force et les moyens de sortir vainqueurs d'une première lutte; car on les exposait à de nouvelles attaques jusqu'à ce qu'ils eussent succombé. Du reste, la plupart du temps les victimes succombaient dans leur premier combat. Bien plus, ordinairement une seule bête féroce suffisait à la destruction de plusieurs hommes. Cicéron, dans l'oraison pour Sextius, parle d'un lion qui seul avait suffi contre deux cents *bestiaires*. Les chrétiens furent souvent livrés aux bêtes sous les empereurs, même ceux qui avaient la qualité de citoyen romain, quoique cette qualité fût pour les Romains un droit qui les exemptât de ce supplice.

La seconde espèce de *bestiaires* se composait de jeunes gens appartenant souvent aux meilleures familles, et qui, pour faire preuve de courage ou s'habituer au rude métier de la guerre, descendaient armés dans l'arène pour y attaquer les bêtes féroces. Auguste excita souvent les Romains des premières classes à ces dangereux combats; Néron s'y exposa lui-même, et Commode, après y avoir remporté de grands succès, se fit proclamer l'Hercule romain.

BESTIAUX, BÉTAIL. Ces deux mots ont à très-peu près le même sens, quoique l'un ne soit employé qu'au pluriel, et l'autre au singulier. On ne fait point de distinction entre les *bestiaux*; et *bétail* est divisé en deux parties, le *gros* et le *menu*. Cette distinction fait voir que le mot *bétail* appartient plus spécialement au dictionnaire de l'économie rurale, au lieu que le mot *bestiaux* est d'un usage plus universel. L'un et l'autre désignent les animaux *domestiques* appartenant à une exploitation agricole (à l'exception des oiseaux de basse-cour), ou les troupeaux, qui font la richesse des peuples pasteurs. Ainsi, dans une ferme européenne, les *bestiaux* sont des chevaux, des bœufs et des vaches, des moutons, des chèvres; dans les steppes de l'Asie, le Tatar ajoute à ces espèces celle du chameau; et sur les côtes de la mer Glaciale, le Lapon leur substitue le renne, etc.

Aucune espèce d'animaux ne s'est perfectionnée sous la domination de l'homme; le chien même n'a rien gagné à devenir notre commensal et notre ami, quoique l'on cite quelques races dont la force, le courage et la sagacité semblent être le résultat des soins qu'on a donnés à leur propagation et à la culture de leurs facultés. En général, on observe que le joug imposé par l'homme aux animaux les a fait dégénérer d'autant plus qu'il devenait plus pesant. Ainsi, les bestiaux des peuples asiatiques, moins maltraités par leurs maîtres que ceux de l'Europe, conservent plus de vigueur et plus d'instinct primitif; l'homme peut en tirer un meilleur service.

L'économie rurale est déjà parvenue à quelques résultats généraux que l'on peut ériger en préceptes : tel est, par exemple, l'avantage de la nourriture à l'étable, au lieu de laisser vaguer les bestiaux dans les pâturages. Un autre point sur lequel les agronomes sont d'accord, ainsi que les naturalistes, c'est la diverse influence des qualités du mâle et de la femelle sur celle des produits de l'accouplement. Il semble constant que la part du mâle est de déterminer les formes extérieures, et d'agir plus fortement sur tout ce qui tient à la peau; que la femelle exerce sa prépondérance sur la taille des individus procréés, et sur certaines qualités dont les gastronomes savent apprécier l'importance. Si l'on recherche l'abondance du laitage, on n'attachera peu d'importance au choix du taureau ; les bonnes qualités de la mère seront le principal objet des investigations. Toutefois, pour des motifs dont le perfectionnement du laitage n'est pas le but, on donnera la préférence aux taureaux dont la tête est petite et les cornes peu saillantes. S'agit-il de l'amélioration des laines, le choix du bélier est de la plus haute importance; il est décisif pour le succès. Le propriétaire bien conseillé n'épargnera ni soins ni dépenses pour se procurer les individus les mieux pourvus des perfections qu'il veut propager dans ses troupeaux. Mais si l'on voulait avoir des moutons faciles à nourrir, et qui s'engraissent à peu de frais, il paraît que le choix des mères influerait essentiellement sur ces dispositions dans les agneaux, quoique le bélier y participe aussi, en sorte que le croisement des races n'est pas un moyen assuré d'arriver à ces sortes d'améliorations.

On voit que dans l'action exercée par l'homme sur les bestiaux qu'il réunit autour de lui pour son usage, il ne s'agit que d'obtenir des variétés et de les conserver; aucune espèce animale n'est considérée en elle-même par rapport à ses qualités spécifiques. Ainsi, les animaux domestiques ont dû varier prodigieusement en comparaison de ceux qui n'étaient soumis qu'à l'influence des causes naturelles. Si l'on s'était proposé de perfectionner chaque espèce pour la culture de l'ensemble de ses facultés, on aurait fait disparaître quelques variations locales, et en s'approchant de plus en plus de la limite du bien ou du mieux possible, les espèces ainsi perfectionnées eussent été amenées à la plus grande uniformité. Nos arts ont besoin tout au contraire de diversifier leurs moyens, et de les accommoder à leur propre mobilité ; ce qui est recherché aujourd'hui sera peut-être négligé à une époque peu distante ; à moins qu'on ne parvienne à fixer nos goûts, il faudra bien aussi tolérer quelque inconstance, même dans nos méthodes d'économie rurale. FERRY.

BESTOUSCHEFF ou BESTOUJEF (ALEXANDRE), romancier russe, né vers 1795, était officier aux gardes et aide de camp du duc Alexandre de Wurtemberg lorsqu'il fut impliqué avec son ami Rylejeff dans la conspiration de 1825. A la suite de l'enquête à laquelle elle donna lieu, il fut dégradé, réduit à la condition de simple soldat, et envoyé comme tel à Jakoutsk en Sibérie. Amnistié plus tard après de longues sollicitations, il eut ordre d'aller rejoindre l'armée du Caucase. Il y périt en juin 1837, dans un des combats livrés aux montagnards insurgés. Avant son bannissement en Sibérie, il avait publié, de concert avec Rylejeff, mort du dernier supplice à la suite de l'échauffourée de 1825, le premier almanach populaire qu'eût encore eu la Russie : *l'Étoile polaire* (Saint-Pétersbourg, 1823). Son genre de vie dans les montagnes du Caucase et le cercle au milieu duquel il se trouvait ont exercé une grande influence sur ses travaux postérieurs, qui se composent d'esquisses et de nouvelles, et qui ont été publiés sous le nom de Kosak Marlinski. On y remarque un rare talent de description, une grande habileté à saisir et à reproduire le grotesque des situations ainsi que la vie rude et agitée du soldat. Son style est plein de poésie et pétille d'esprit. Malheureusement il ne sait pas assez modérer sa verve, et trop souvent chez lui l'élément comique dégénère en farce de mauvais goût. Après la nouvelle intitulée *Mullah-Nur*, son meilleur ouvrage est le roman d'*Ammaleth Beg*, dont le sujet est l'histoire de la trahison d'un chef circassien envers la Russie, et dans lequel on trouve les plus attachantes descriptions des contrées caucasiennes. Une édition complète de ses œuvres a paru à Saint-Pétersbourg en 1840. Dès 1835 on y avait publié *Contes et Nouvelles*, par Marlinski.

— Ses frères, *Nicolas* BESTOUSCHEFF, lieutenant de vaisseau, poëte et auteur des *Souvenirs de Hollande*, et *Michel* BESTOUSCHEFF, capitaine dans la garde impériale à Moscou, ainsi que *Pierre* BESTOUSCHEFF, lieutenant de vaisseau et aide de camp de l'amiral Moller, furent tous impliqués comme lui dans la conspiration militaire de 1825. Nicolas et Michel, bien que condamnés seulement à vingt ans de bannissement, furent pendus en 1826 par ordre exprès de l'empereur.

Ces quatre frères étaient les fils du conseiller d'État en activité de service Bestouscheff, connu sous le règne d'Alexandre comme publiciste gouvernemental, et qui eut le bonheur de mourir avant cette fatale année 1825.

BESTOUSCHEFF-RJUMINE (ALEXIS, comte DE), chancelier d'État et feld-maréchal russe, né à Moscou, en 1693, fut élevé en Allemagne, partie à Berlin et partie à Hanovre, et ne parut à la cour de Russie qu'en 1718. Le czar Pierre Ier le nomma son envoyé près la cour de Danemark, ou plutôt le duc de Courlande, l'impératrice Anne, l'éleva au rang de conseiller intime et de ministre de cabinet. Après la chute de son protecteur, il resta pendant quelque temps en disgrâce, et fut même arrêté. L'impératrice Élisabeth non-seulement le fit rendre à la liberté, mais encore lui conféra le titre de comte et la dignité de vice-chancelier de l'empire. Investi de toute la confiance de l'impératrice, il profita de son crédit et de son influence pour satisfaire ses dispositions haineuses à l'égard des cours de Prusse et de France. Il conclut, en 1746, un traité d'alliance offensive et défensive avec le cabinet autrichien, fit marcher, en 1748, une armée de trente mille Russes vers le Rhin, et parvint à renverser Lestocq. Après avoir renouvelé, en 1756, l'alliance avec l'Autriche, il fit déclarer la guerre à la Prusse.

Une indisposition de l'impératrice lui ayant fait ensuite craindre la mort de cette princesse, il se décida à rappeler inopinément le général Apraxin, qui commandait en chef l'armée russe chargée d'agir contre la Prusse, ordre auquel celui-ci se hâta d'obéir. Il paraît que le projet de Bestouscheff était de faire exclure de la succession au trône le grand-duc Pierre Fédorovitch, duquel il se méfiait, et de le remplacer par le prince Paul-Pétrovitch. Mais l'impératrice recouvra la santé, et quand elle apprit le mouvement de retraite opéré par son armée, elle en fut tellement irritée qu'elle fit déclarer Bestouscheff coupable de haute trahison, comme tel déchu de tous ses titres et emplois, et qu'elle l'exila dans sa terre de Goretowo. Ces faits se passaient en 1758. Son exil dura pendant tout le reste du règne de Pierre III; mais en 1762 l'impératrice Catherine II rétablit Bestouscheff dans toutes ses dignités, et le nomma feld-maréchal, sans lui accorder cependant la moindre part d'influence sur la direction des affaires politiques. Il mourut en 1766. Il avait employé les loisirs que lui avaient faits ses quatre années de disgrâce à composer un recueil de *Maximes choisies, tirées des saintes Écritures, pour la consolation de tout chrétien qui souffre injustement*, compilation ascétique qui étonnerait de la part d'un homme d'une aussi profonde immoralité, si l'on ne savait qu'un courtisan disgracié est capable de tout. Il a donné son nom à un médicament ferrugineux, dit *tinctura tonica nervina Bestuzewi*, qu'il aurait inventé vers 1725, et dont la formule fut achetée plus tard trois mille roubles, par l'impératrice Catherine II, pour être rendue publique.

BESTOUSCHEFF-RJUMINE (MICHEL) appartenait à une branche collatérale de la famille du précédent. Lieutenant au régiment d'infanterie de Pultawa, dont le colonel faisait aussi partie des conjurés, ce fut lui qui en 1825 provoqua et dirigea avec Mourawief l'insurrection militaire dans le sud de la Russie, surtout après l'arrestation de Pestel. Déjà il avait été avec celui-ci à la tête des diverses sociétés secrètes de la Russie, et s'était efforcé, même après le 18 décembre 1824, de les réunir dans les tendances panslavistes avec les sociétés existant en Pologne; fusion des *Slaves-Unis* qui s'effectua pendant l'été de 1825 au camp de Leschtschin en Volhynie. Quand la révolution militaire eut été comprimée dans le sud de l'empire, Michel Bestouscheff, pris les armes à la main, fut ramené à Saint-Pétersbourg, où il périt sur le gibet avec Pestel, Rylejeff et Serge Mourawieff. Lui et les deux derniers de ses compagnons d'infortune subirent leur arrêt le 25 juillet 1826 avec une fermeté qui a laissé de profonds souvenirs. Une circonstance horrible signala cette exécution : pour *lancer les condamnés dans l'éternité*, comme disent les Anglais, le bourreau dut s'y prendre à deux fois, parce que la première fois la corde fatale n'avait pas été serrée assez fort autour du cou des patients pour que mort s'ensuivit.

BÊTA. *Voyez* B.

BÉTAIL. *Voyez* BESTIAUX.

BÊTE. Ce mot s'emploie dans la même acception que celui d'*animal*, surtout en tant qu'être privé de raison. Il y a plusieurs sortes de *bêtes*. Les *bêtes sauvages*, *bêtes féroces* ou *carnassières*, sont celles qui habitent les forêts, qui vivent dans l'état sauvage, sans communication avec l'homme, et qui se nourrissent pour la plupart en détruisant les autres animaux, telles que le lion, l'ours, le tigre, etc. On comprend sous la dénomination de *bêtes à cornes* les bœufs, les taureaux, les béliers, etc. Par *bêtes à laine* ou *bêtes blanches*, on entend les brebis, les moutons, les mérinos, etc. Les *bêtes de somme* sont les animaux à quatre pieds dont l'homme se sert, soit pour sa monture, soit pour le transport de ses fardeaux, tels que le cheval, le dromadaire, le mulet, l'âne, etc.

En termes de chasse, on distingue les quadrupèdes sauvages auxquels on fait la guerre en *bêtes fauves*, telles que le cerf, le chevreuil, le daim; en *bêtes noires* : ce sont les sangliers; en *bêtes rousses* ou *carnassières* : le loup, le renard, le blaireau. On applique aussi la dénomination de *bêtes rousses* aux jeunes sangliers, depuis l'âge de six mois jusqu'à un an; quand ils passent de la première année à la seconde, on les appelle *bêtes de compagnie*, parce qu'alors ils vont habituellement par troupes.

Comment la métaphore a-t-elle osé faire remonter cette qualification à notre espèce (*voyez* BÊTISE)? Est-il vrai que souvent entre l'âne et ses maîtres le plus *bête*

... n'est pas celui qu'on pense?

Quand nous sommes petits nous avons peur de la *bête*. Plus grands, nous trouvons parmi nos semblables des *bêtes noires*, que nous ne pouvons pas souffrir, de *mauvaises bêtes*, que nous estimons peu, et de *bonnes bêtes*, que nous aimons assez généralement. Nous en voyons qui *font la bête.... pour avoir du foin*, ajoute le proverbe. L'homme abattu par les événements ne sait pas toujours *remonter sur sa bête*; et en dépit de la sagesse des nations, le venin ne meurt pas si bien qu'on le croit avec la bête.

BÊTE (Faire la). *Voyez* HOMBRE.

BÊTE À BON DIEU ou BÊTE A DIEU. *Voyez* COCCINELLE.

BÊTE NOIRE. *Voyez* BLATTE.

BÉTEL, plante sarmenteuse, originaire des Indes, où elle croît naturellement le long des côtes. Dans l'intérieur des terres, on la cultive comme la vigne. Les botanistes rangent cette plante parmi les poivres. Ses fruits croissent en épis assez longs, et ressemblent à une queue de lézard. Les feuilles de cette plante sont très-remarquables; elles ont beaucoup d'analogie avec celles du citronnier, quoiqu'elles soient plus longues et plus pointues, ayant sept petites côtes ou nervures, qui s'étendent d'un bout à l'autre. Elles ont une saveur amère, et produisent une liqueur rougeâtre lorsqu'on les mâche. Aux Indes orientales, elles font la base principale d'une mixtion dont on fait grand usage, à peu près comme en d'autres pays on fait usage du tabac. Le bétel préparé par les uns avec de la chaux, de l'arec et des trochisques, par d'autres, plus riches, avec du camphre, de l'aloès, de l'ambre gris, du musc, donne une odeur très-agréable à la bouche, mais il a l'inconvénient de gâter et de faire tomber les dents. Les hommes et les femmes de tout rang mâchent continuellement du bétel, qu'ils ont coutume de porter dans une petite boîte, et qu'ils s'offrent mutuellement lorsqu'ils se rencontrent, comme nous faisons du tabac à priser. On n'aborde jamais une personne élevée en dignité sans avoir préalablement mâché du bétel, et il est même impoli de se parler entre gens de la même condition sans avoir la bouche parfumée de cet arôme. Le bétel, du reste, est bon pour l'estomac, et renforce les glandes salivaires; il prévient les sueurs trop abondantes, et garantit par là des affaiblissements, qui sont à craindre dans ces pays, où la chaleur est excessive.

BÊTES (Ame des). Les animaux ont-ils une âme, et s'ils en ont une, quelle est-elle? Telle est ici la double question qui se présente. Un grand nombre de philosophes, Descartes à leur tête, ont refusé une âme aux animaux, soit que la psychologie ne fût pas alors assez avancée pour qu'on pût distinguer nettement la nature du principe qui préside à leurs actes, soit que l'opinion qui leur accorde une âme ait paru contrarier certains dogmes du christianisme, qui fit ses efforts pour la rejeter, soit enfin que l'orgueil de l'homme ait été offensé d'une trop grande analogie avec des êtres d'une nature inférieure, et probablement pour toutes ces raisons à la fois. Maintenant les progrès de la science psychologique ne permettent pas de révoquer en doute que les animaux soient mus par un principe qu'il convient d'appeler une *âme*, si l'on veut continuer d'appeler les choses par leur nom. Qu'entendons-nous, en effet, par *âme humaine*, si ce n'est ce principe constitutif de notre être, en vertu duquel nous sommes capables de sentir, de connaître et de vouloir? Or, l'induction la plus simple nous amène à reconnaître dans les animaux une force autre que la force organique, une force à la fois sensible, intelligente, active, qui peut différer par degrés de la force analogue dans l'homme, mais qui n'en diffère pas par son essence, par ses attributs constitutifs, qui sont le *sentir*, le *connaître* et le *vouloir*.

Sentiment. Pourquoi sommes-nous assurés que les êtres revêtus d'un corps semblable au nôtre sont susceptibles de plaisir ou de douleur, quoique nous n'ayons aucun moyen d'atteindre directement le plaisir ou la douleur qu'ils éprouvent? C'est uniquement parce que nous leur voyons produire certains gestes et certains sons que nous produisons nous-mêmes quand nous sommes affectés de mêmes sentiments. Or, c'est aussi légitimement que nous sommes autorisés à conclure à l'existence de phénomènes agréables ou désagréables dans les animaux que nous voyons exécuter certains mouvements, que nous entendons émettre certains cris, qui sont pour nous les signes infaillibles de leur peine ou de leur plaisir. Quel est l'homme qui ne reconnaît dans l'animal une foule de phénomènes psychologiques dont il a conscience en lui-même, et qui ne les appelle du même nom, comme la souffrance, la crainte, la joie, l'attachement, la jalousie, le ressentiment, la colère? Or, si tous ces sentiments sont dans l'homme le fait de l'âme, et non du principe organique, pourquoi seraient-ils le fait du principe organique dans les animaux? Nous avons également à nous appuyer sur l'analogie de l'organisation; et quand nous voyons, par exemple, les nerfs disposés chez nous de manière à transmettre au cerveau une impression d'où résulte le sentiment, l'emploi des mêmes moyens chez les animaux atteste assez que la nature s'est proposé la même fin, c'est-à-dire l'apparition du phénomène affectif à la suite de l'ébranlement nerveux.

Connaissance. Des raisons aussi légitimes nous permettent de constater dans les animaux l'existence du principe intelligent. Voir et distinguer par la vue, c'est connaître. Or, un animal voit, regarde et distingue : comment peut-on dire qu'il ne connaît pas? Assurément, il ne se rend pas compte qu'il connaît, il n'opère pas comme nous sur ses connaissances au moyen de l'abstraction; toujours est-il que certaines formes se présentent à ses regards, qu'il se les représente telles qu'elles existent dans la nature, qu'il les distingue entre elles, en un mot qu'il les connaît. Le chien aperçoit son maître, le reconnaît, distingue ses vêtements, ses traits, sa voix, des vêtements, des traits, de la voix des personnes qui ne sont pas lui : il connaît sa cabane, comprend les signes impératifs de l'homme, c'est-à-dire y associe les idées que l'homme y a lui-même associées, exécute les différents ordres attachés à chacun de ces signes. Il y a des animaux susceptibles d'éducation, c'est-à-dire d'*apprendre* autre chose que ce que leur enseigne la nature; il y en a pour cette raison qu'on a qualifiés de *savants*; il y en a dans lesquels on ne reconnaît que peu d'*intelligence*, etc.; en un mot, toutes les expressions de la langue prouvent que, sans le savoir, chacun reconnaît dans les animaux l'existence du principe intellectuel.

Volonté. Enfin, ils sont doués comme nous d'une activité intelligente, c'est-à-dire de volonté : on dira le *mouvement* de la pierre qui tombe, de la fumée qui s'élève; on ne dira pas seulement le mouvement de l'animal qui fuit ou qui se jette sur sa proie, on dira son *action.* C'est qu'en effet son mouvement n'est point imputable à la même cause que le mouvement d'une pierre qui gravite. La force qui fait graviter le caillou ne réside pas dans le caillou lui-même, elle réside au centre de la terre. La force qui fait mouvoir l'animal ne réside qu'en lui; c'est de lui-même que partent les efforts qu'il déploie pour tendre vers son but. De plus, cette force n'obéit pas, comme dans le végétal, aveuglément et sans motif personnel, sans autre raison que l'impulsion communiquée par la loi générale qui préside à tel ou tel développement. Elle a dans l'animal le sentiment pour condition et pour mobile, et ce sentiment est accompagné de la notion de l'objet aimé ou haï. Menacez un chien d'un bâton, et les mouvements qu'il produira pour fuir auront pour cause la force qui réside en lui-même. Cette force sera mue par un sentiment de crainte, et ce sentiment supposera le souvenir d'une douleur ressentie et la notion d'un danger présent. Assurément, malgré l'intervention du sentiment et de la connaissance, il y a dans l'animal une sorte de fatalité qui n'existe pas pour l'homme; mais ses actions, pour n'être pas libres, n'en sont pas moins volontaires, et parce que l'animal ne peut pas vouloir atteindre un autre but que celui vers lequel il tend, il ne veut pas moins l'atteindre. Sensibilité, intelligence, activité volontaire, tels sont incontestablement les attributs qui élèvent l'animal au-dessus du minéral, au-dessus de la plante, et qui nous obligent à lui accorder une autre force que la force moléculaire ou la force organique, dans lesquelles rien jusqu'à présent ne nous a révélé vestige d'intelligence ou de sensibilité.

La plupart des philosophes qui refusent une âme aux animaux ont cru donner une explication suffisante de leur opinion en disant que les bêtes étaient sensibles, à la vérité, mais non point intelligentes, raisonnables, et que c'était là ce qui les distinguait de l'homme et ce qui empêchait de leur accorder une âme. Cette explication prouve seulement un esprit peu psychologique de la part de ceux qui l'ont tentée; car la sensibilité dont les animaux sont doués, l'homme l'a également reçue en partage, et dans l'homme elle est le fait de l'âme et non point du corps, puisque le principe qui connaît est aussi le principe qui sent. De plus, il est entièrement faux que l'animal soit borné à la sensibilité, c'est-à-dire au pouvoir d'éprouver du plaisir ou de la douleur. Car, comment pourrait-il chercher ou fuir ce qui lui fait éprouver un sentiment, s'il ne *connaissait* et le sentiment qu'il éprouve et l'objet qui le lui cause? Or, du moment où il connaît quoi que ce soit, par quelque moyen que ce soit, il est intelligent. Il est vrai que la sensibilité a jusqu'à présent été très-mal définie, et confondue dans un grand nombre de cas avec l'élément intellectuel. Ce n'est point ici le lieu d'établir cette distinction et de traiter une question aussi vaste; mais quand on confondrait encore l'élément affectif et l'élément intellectuel, il n'en faudrait pas moins rapporter à l'âme le principe qui sent; car, encore une fois, c'est le *moi* et non point l'organisme qui éprouve du plaisir ou de la douleur, c'est le *moi* qui est le sujet de la joie ou de la peine ressentie, comme des notions qu'il reçoit, comme des efforts qu'il produit, puisqu'il a conscience de tous ces faits qui se passent dans son sein, et point du tout des modifications qui se passent au sein de l'organisme.

Descartes a été plus conséquent lorsque, pour soutenir cette thèse, que les bêtes n'ont point d'âme, il a essayé d'expliquer leurs actes par un mécanisme disposé de la nature de manière à produire tous les mouvements que nous leur voyons effectuer. Mais cette hypothèse, quoique moins contradictoire, n'est pas moins dénuée de fondement; car si l'on suppose que les animaux sont de pures machines, merveilleusement organisées, si l'on veut, et avec infiniment plus d'art et de puissance que le canard de Vaucanson, comment expliquera-t-on une foule de phénomènes, l'éducation de certains animaux, par exemple? Pour changer l'action d'une mécanique, il nous faudrait déranger les ressorts qui la font mouvoir. Or, nous ne touchons nullement à ces ressorts : quand, par exemple, nous voulons dresser un chien de chasse, nous nous contentons de nous adresser à sa *sensibilité* et à son *intelligence*; nous le déterminons à agir d'une certaine manière par la *crainte* d'un châtiment ou l'*espoir* d'un bon morceau. Si ce chien était un assemblage de ressorts disposés de manière à le pousser dans une direction à l'approche de tel animal, il courrait à sa proie sans que rien pût l'en détourner, si ce n'est un obstacle physique. Or, les menaces l'en détournent, et les menaces supposent un être sensible et intelligent. Pour nous servir d'un exemple trivial, mais excellent, si l'âne placé à égale distance de deux paniers également remplis d'avoine, était une machine, il resterait aussi immobile que le fléau d'une balance que solliciteraient deux forces égales. Enfin, si l'on croyait pouvoir expliquer tous les actes des animaux par cette hypothèse du mécanisme, il n'y a pas de raison pour qu'on n'attribuât pas également au mécanisme les actions analogues dans l'homme et à un mécanisme plus parfait les actions qui nous placent dans l'échelle des êtres au-dessus de l'animal.

C'est donc pour nous une vérité au-dessus de toute contestation, que l'existence chez les animaux d'un principe qui sent, connaît et veut, c'est-à-dire d'une âme. Mais si nous sommes forcés d'avouer que les animaux ont avec l'homme une telle analogie, nous devons aussi reconnaître la prodigieuse distance qui sépare leur âme de la nôtre, et constater cette différence essentielle, qui met un abîme entre

8.

l'animal le plus intelligent et l'homme le plus ordinaire. Par là s'expliquera la répugnance qu'ont eue les meilleurs esprits à admettre une âme chez les animaux, et la comparaison que nous allons établir, en fournissant la solution de la seconde question, servira à jeter un nouveau jour sur la première.

En quoi l'âme des animaux diffère-t-elle de l'âme humaine? Quoique l'élément affectif, c'est-à-dire la sensibilité, soit chez les animaux le plus développé de tous, il est loin pourtant de posséder toutes les richesses dont la nature a doué la sensibilité de l'homme, et il est, à peu d'exceptions près, borné aux plaisirs et aux douleurs qui résultent des modifications organiques, c'est-à-dire aux sensations. Remarquez même que si les sensations de l'animal sont plus vives, elles sont bien moins nombreuses. Ainsi, il n'y aura guère pour lui de saveurs et d'odeurs agréables que celles des substances qui sont appropriées à sa nature et qui ne lui sont pas nuisibles. Pour l'homme, au contraire, il y a des parfums qu'il aimera inspirer pour eux-mêmes, et indépendamment de l'utilité des substances dont ils proviennent. Le café, par exemple, dont l'usage est pour moi pernicieux, me plaira infiniment par son odeur et sa saveur; pour l'animal ce sera le contraire, il ne trouvera de plaisir qu'à savourer et à odorer les objets dont il doit résulter un bien pour son organisation. Quant aux plaisirs qui résultent des perceptions de forme, de couleur, de son, de rapport, c'est-à-dire aux plaisirs du beau, ils sont à peu près nuls pour les animaux, si l'on en excepte quelques-uns que l'on voit attirés et agréablement flattés par une musique harmonieuse. Mais on n'en a jamais vu *admirer* une belle statue, un bel édifice, contempler avec plaisir tel assemblage de couleurs, *rire* à la vue de certains rapports qui excitent chez l'homme un vif sentiment de gaieté, etc. Cependant, on a remarqué dans certains animaux des sentiments qu'on a qualifiés de moraux chez l'homme, comme l'amour de la progéniture, l'attachement à son maître, le plaisir de la société, etc.; mais on aurait tort de donner ici à ces sentiments la même qualification d'affections morales; car on ne les a appelés ainsi que parce qu'ils sont pour nous les auxiliaires de la morale, et que l'homme, capable de les juger tels, est moralement obligé de ne pas les étouffer, de les nourrir dans son cœur, et d'en diriger l'impulsion. Chez les animaux ces sentiments restent constamment instinctifs; ils ne sont pas plus libres de leur désobéir que de s'y abandonner, et manque d'empire sur leurs instincts est précisément ce qui empêche ces sentiments de mériter le nom de moraux.

Mais c'est en comparant l'homme et l'animal sous le point de vue des facultés intellectuelles qu'on pourra mieux apprécier l'intervalle immense qui les sépare. Les animaux perçoivent les formes, les couleurs, les sons; ils sont donc comme nous pourvus de la faculté de percevoir à l'extérieur, c'est-à-dire de la perception externe. On ne peut non plus leur refuser une connaissance instinctive de certaines lois de la nature et la croyance à leur stabilité. Ainsi, l'on cite l'exemple de ce singe qui plaçait une pierre sous la noix qu'il voulait casser avec une autre pierre, parce qu'il avait remarqué que la terre ne lui offrait pas assez de résistance. Il fallait donc qu'il eût pris connaissance de la qualité de dureté dans les corps, et qu'il sût que les corps qui sont doués de cette propriété la conservent, et que les mêmes effets résultent des mêmes causes quand ces causes agissent dans les mêmes circonstances. Assurément, il ne se rendait pas compte de ce que c'est qu'un effet, une cause, un rapport, une loi de la nature; mais il ne prévoyait pas moins, à peu près comme eût pu le faire un enfant, que l'emploi de tels moyens amènerait tel résultat; et c'est ce que j'appelle connaître instinctivement certaines lois de la nature, et ce qu'on peut appeler aussi *raisonnement*. Je ne parle pas ici de ces instincts industrieux, qui jouent un si grand rôle, surtout chez les insectes (comme l'araignée, l'abeille, le ver à soie, etc.); l'accomplissement des actes de ces animaux ne peut être attribué à un raisonnement de l'espèce de ceux dont j'ai parlé plus haut, et dans lesquels il y a évidemment un calcul qui n'est point l'effet d'un instinct aveugle et mécanique. Les raisonnements que suppose la confection d'une toile d'araignée, ce n'est point l'araignée qui les fait, mais la nature qui en est l'auteur, qui raisonne ici pour l'insecte, et à son insu (*voyez* INSTINCT); tandis que ce n'est point en vertu d'un instinct aveugle et fatal que le chien, qui avait remarqué comment on demandait à dîner dans un couvent, tirait le cordon de la sonnette pour obtenir son repas de la même manière.

Nous serons donc forcés d'accorder aux animaux la faculté de percevoir des rapports et de raisonner jusqu'à un certain degré. Ils possèdent également la conception, c'est-à-dire la faculté de se représenter les objets en leur absence. Ainsi, le chien qui se réjouit en voyant son maître revêtir ses habits de chasse, doit nécessairement se représenter des circonstances dont l'idée, associée dans son esprit à celle de ces vêtements, cause maintenant par son réveil la joie qu'il ressent. Les idées peuvent donc aussi s'associer dans les animaux; mais c'est là leur seule mémoire. Je ne sais même si on peut leur accorder la mémoire proprement dite; car celle-ci ne consiste pas seulement dans la représentation d'une notion antérieurement acquise, et qui vient s'associer à une autre dont l'objet est présent; il consiste surtout à se rappeler l'objet d'une notion comme déjà connu et à remarquer son identité avec celui dont la perception a été acquise précédemment. Or, pour cela il faut avoir l'idée distincte du temps *passé*, et cette idée est refusée aux animaux. Tout entiers au présent et à un avenir extrêmement borné, qui se rattache au présent qui les occupe, le passé n'existe pas pour eux; et s'ils sont quelquefois occupés par des conceptions de faits antérieurement connus, ces faits leur apparaissent comme actuels. Ainsi, la douleur que redoute l'animal qui se voit menacé par le fouet dont il a été frappé ne se retrace pas à lui comme un fait plus ou moins éloigné dans le passé, mais bien comme un fait actuel et tellement présent qu'il l'indique souvent par ses cris. On peut donc regarder les animaux comme privés de la faculté de la mémoire, et doués seulement de la conception et de la faculté d'association.

Mais ce qui place l'animal à un rang si inférieur relativement à l'homme, ce qui lui interdit le *progrès* et la qualité d'*être moral*, c'est l'absence de la réflexion, et l'on peut dire que c'est cette défectuosité capitale qui entraîne avec elle toutes les autres. Un être incapable de faire un retour sur ses propres idées par la réflexion, et de les distinguer par l'abstraction, est également incapable d'attacher des signes à ces idées, et par conséquent d'avoir un langage. Qu'on ne le croie pas, en effet, que ce soit le langage seul qui permette d'avoir des idées abstraites et générales. C'est le langage, assurément, qui permet de les maintenir dans l'esprit et d'opérer sur elles, mais ce n'est point le langage qui les fait acquérir, c'est la réflexion seule qui les donne; le langage n'est qu'un instrument destiné à favoriser l'action de la pensée. Un animal qui serait doué d'un organe vocal beaucoup plus perfectionné encore que celui de l'homme ne parlerait pas plus pour cela s'il était privé de la réflexion. C'est ce que prouvent certains oiseaux à qui l'on parvient à faire prononcer un très-grand nombre de phrases sans qu'ils puissent néanmoins comprendre jamais un mot de ce qu'ils disent, parce qu'ils sont incapables de *réfléchir*, c'est-à-dire de concevoir les abstractions que ces mots représentent.

On conçoit alors que, privé de langage, l'animal soit incapable de se réunir en société, d'améliorer par conséquent son état physique et intellectuel, de se livrer aux sciences, mères de l'industrie et de la morale, lesquelles ne peuvent être étudiées qu'avec le secours des signes qui prêtent un soutien aux idées abstraites, dont elles ne sont qu'un long enchaînement. On concevra pareillement que sans le secours de la réflexion l'animal ne puisse pas s'élever à l'idée abstraite de devoir, c'est-à-dire d'une loi que la créature est obligée d'accomplir pour remplir sa destination ; car il faudrait qu'il se distinguât comme individu, comme personne, et qu'il se distinguât de la loi qui lui est imposée. Or, pour envisager distinctement et ses propres actes, et la loi qui y préside ou doit y présider, il faudrait s'élever à des abstractions auxquelles la réflexion peut seule conduire, et cette faculté est refusée à l'animal. Il ne peut donc pas séparer dans son esprit l'idée de ses actes et l'idée de la loi en vertu de laquelle ces actes doivent être produits. Il n'obéit qu'aux suggestions de la nature, dont il a conscience au moment où il les reçoit, mais qu'il ne distingue pas de l'acte même auquel il est poussé. Il n'est donc pas doué de cette liberté morale qui consiste dans l'homme à pouvoir choisir sciemment entre deux actes dont l'un est l'accomplissement de sa loi, et l'autre la satisfaction d'un désir contraire au but pour lequel il a été créé. D'ailleurs, et qu'on remarque bien ceci, l'animal n'éprouve pas de désirs qui ne le mènent à l'accomplissement des lois de sa nature. Ses instincts ont été calculés de manière à ce qu'il ne pût outrepasser comme l'homme les limites de ses besoins.

L'homme, au contraire, ressent des désirs dont la satisfaction l'entraînerait loin de son but : il a des instincts qu'il doit régler ou étouffer, des passions auxquelles il doit imposer silence s'il veut accomplir sa loi ; et c'est là précisément ce qui lui donne occasion d'exercer sa liberté ; autrement il aurait beau connaître sa loi et la distinguer de lui-même, si rien ne l'engageait à l'enfreindre, il ne serait réellement pas libre en l'accomplissant, parce qu'il n'aurait pas de motif pour le violer ; il ferait le bien sans vertu et sans mérite. Ce qui constitue le mérite chez l'homme, c'est ce conflit de penchants divers qui se disputent son cœur, et les efforts qu'il produit pour comprimer ceux qui sont un obstacle à l'accomplissement de sa destinée.

Pour l'animal, non-seulement il n'a pas la connaissance distincte de sa loi, il n'a pas même besoin de la connaître, puisque rien ne le porte à la transgresser ; et il n'est pas le maître de commander à ses penchants, parce qu'il n'en est pas distinct, et que la réflexion n'a pas éclairé sa conscience de manière à le séparer à ses yeux des instincts dont la nature l'a doué. Par là, il est privé de ce qui fait le plus noble attribut de la créature humaine, c'est-à-dire de la liberté, du pouvoir d'acquérir du mérite par la vertu, et par conséquent de tout droit à l'immortalité.

Nous pouvons donc, sans crainte d'abaisser l'homme ou de blesser son amour-propre, accorder à la bête une âme dont la nature est si inférieure à la nôtre, et dont les facultés, uniquement appropriées à la satisfaction des besoins terrestres, prouvent qu'elle n'a pas d'autre destination que cette demeure où elle est condamnée à vivre et à mourir, sans souvenir du passé, sans inquiétude de son avenir, sans autre pensée que celle de ses besoins présents, sans conscience de son être, sans intelligence de l'univers qui l'entoure et du Dieu qui l'y a placée.   C.-M. PAFFE.

BETH, nom de la seconde lettre de l'alphabet chez les hébreux. *Voyez* B.

BÉTHANIE, bourg et forteresse de la tribu de Benjamin ; il était situé aux environs de Jérusalem, au pied du mont des Oliviers. C'est à Béthanie que Jésus-Christ opéra la résurrection de Lazare.

Il y avait encore une autre *Béthanie*, au delà du Jourdain, appelée aussi *Béthabara*.

BÉTHESDA, c'est-à-dire *lieu de miséricorde* ou *lieu saint*. C'est le nom d'un étang situé à peu de distance de Jérusalem, mais dont l'Évangile de saint Jean (chap. v) fait seul mention. Il y avait cinq salles ou passages couverts sous lesquels les malades, au rapport de saint Jean, attendaient que l'eau se mît en mouvement pour s'y baigner. D'après une opinion populaire parmi les Juifs, c'était un ange qui opérait ce mouvement et qui faisait jaillir les sources salutaires. Le malade qui le premier s'y baignait immédiatement après était sûr de guérir. Les Pères de l'Église, Nonnus surtout, ce poétique commentateur de saint Jean, expliquaient déjà d'une manière naturelle ce phénomène. A une époque plus récente on attribuait l'effet de ces eaux soit à leurs vertus minérales, soit à cette circonstance que le sang des victimes sacrifiées dans le temple s'écoulait dans l'étang. Aujourd'hui encore, d'ailleurs, la tradition montre l'endroit où était jadis l'étang de Béthesda, depuis longtemps desséché.

BETHLÉHEM, originairement *Ephrata*, aujourd'hui *Beth-Lahm*, lieu de naissance du roi David et de Jésus-Christ, village et autrefois ville de la Palestine, à deux lieues de Jérusalem, sur une montagne toute couverte de vignes et d'oliviers, compte aujourd'hui près de 300 maisons et une population d'environ 3,000 Grecs et Arméniens, qui fabriquent à l'usage des pèlerins des chapelets de bois ainsi que des crucifix garnis de nacre de perle, et produisent de fort bon vin blanc. Sur l'emplacement où la tradition veut que soit né Jésus-Christ s'élève une église construite par Justinien, et non pas, comme on le dit quelquefois, par l'impératrice Hélène. Elle est consacrée à sainte Marie de la Crèche (*di Presepio*), et on y conserve une crèche en marbre, dans laquelle la tradition porte que fut placé Jésus-Christ alors enfant.

BETHLÉHEM, établissement central des frères Moraves ou herrnhutes dans l'Amérique du Nord, ville bâtie en Pensylvanie, dans le comté de Northampton, au confluent du Manakiny dans le Lehigh, au nord-ouest de Philadelphie, fut fondée en 1741. Elle est le siége d'un évêque, possède une belle église, 400 maisons et 3,000 habitants, trois d'importantes usines et trois grandes tanneries, trois maisons différentes établies pour loger les jeunes hommes non mariés ; les jeunes filles et les veuves sont soumises à un régime presque claustral. Dans les excellentes écoles dépendant de ces maisons on admet également des enfants de parents appartenant à d'autres confessions chrétiennes. Les villages herrnhutes de *Guadenthal*, *Christianbrunn*, *Guadenhutten* et *Schœneck*, dépendent de Bethléhem. Des frères Moraves habitent également les localités situées à peu de distance de là et désignées sous les noms de *Kitis* et de *Nazareth*.

BETHLÉHÉMITES. Ce nom a été celui d'un ordre religieux qui existait à Cambridge au treizième siècle, et qui portait l'habit des dominicains ; plus tard, d'un ordre fondé à Guatémala par Pierre de Bétancourt, qui ne fut confirmé qu'en 1673, qui portait l'habit des capucins et suivait la règle de Saint-Augustin. Les partisans de Jérôme Huss empruntèrent aussi le nom de *Bethléhémites* à l'église de Bethléhem de Prague, où il prêchait.

BETHLEN GABOR (c'est-à-dire *Gabriel* BETHLEN), prince de Transylvanie et roi de Hongrie, né en 1580, descendait d'une famille ancienne et considérée de la haute Hongrie, qui possédait aussi d'importants domaines en Transylvanie et avait embrassé la religion protestante. Pendant les troubles qui désolèrent la Transylvanie, sous le gouvernement de Sigismond et de Gabriel Bathori, Bethlen sut se faire des amis et des partisans parmi les grands du pays, et après la mort de ces deux malheureux princes, en 1613, il réussit, avec l'assistance de la Turquie, à faire élire prince souverain de Transylvanie, la maison d'Autriche ne se trouvant pas à ce moment en position de faire valoir ses droits contre lui. Lorsqu'en 1619 les États de Bohême se révoltèrent contre l'Autriche, Bethlen, faisant cause commune avec eux, pénétra en Hongrie à la tête d'une armée, s'empara de Presbourg, menaça un instant

Vienne, et se fit élire roi de Hongrie le 25 août 1620. La fortune ayant été plus favorable dès l'année suivante aux armées impériales, Gabor fit sa paix avec Ferdinand, renonça à la couronne de Hongrie, et reçut, à titre d'indemnité, sept palatinats de Hongrie, la ville de Kaschau et les principautés d'Oppeln, de Ratibor, en Silésie.

Mais cette paix dura peu, et fut violée par les Impériaux, à qui les victoires remportées par Tilly avaient rendu tout leur orgueil. Aussi Bethlen-Gabor dut-il prendre de nouveau les armes, en 1623. Il pénétra alors jusqu'à Brünn, en Moravie, à la tête d'une armée de soixante mille hommes. N'ayant pu opérer sa jonction avec les troupes du duc Christian de Brunswick, il fut contraint de conclure un armistice, et d'accepter la paix aux anciennes conditions. Le mariage qu'il contracta en 1626 avec Catherine de Brandebourg eut pour suites de lui faire prendre part aux luttes de la guerre de trente ans. Cependant dès 1626 il concluait pour la troisième fois sa paix avec l'empereur. Il ne s'occupa plus depuis que de l'administration de la Transylvanie, et mourut le 15 novembre 1629, sans laisser d'enfants. Dans son testament il recommandait son pays et sa veuve à la protection de l'empereur Ferdinand II, instituait le sultan des Turcs son exécuteur testamentaire, et lui faisait don, ainsi qu'au roi des Romains, Ferdinand III, d'un beau cheval richement caparaçonné, et d'une somme de quarante mille ducats payable en or.

La famille Bethlen a encore produit :

Jean BETHLEN, chancelier de Transylvanie, mort en 1687, célèbre par son intéressant ouvrage *Rerum Transilvanicarum libri IV* (Hermannstadt, 1683), qui contient l'histoire de la Transylvanie de 1629 à 1663. L'auteur laissa en manuscrit la continuation de cet ouvrage jusqu'à l'année 1674. Storanys l'a publiée à Vienne en 1783.

Wolfgang BETHLEN, qui fut aussi chancelier de Transylvanie, mort à l'âge de quarante ans, en 1679, est auteur d'une histoire de Transylvanie en seize livres, comprenant les événements qui se sont accomplis depuis la bataille de Mohacs jusqu'à l'an 1609; mais la mort l'empêcha de livrer à l'impression cet ouvrage, l'une des sources les plus précieuses auxquelles on puisse puiser pour l'histoire de la Hongrie et de la Transylvanie. Le manuscrit en avait singulièrement souffert; mais il a été restauré et complété avec beaucoup de bonheur, puis publié par J. Benkœ, sous le titre de *Wolfgangi de Bethlen Historia de Rebus Transilvanicis* (Hermannstadt, 1792, 6 vol.).

BETHMANN FRÈRES, raison sociale sous laquelle est connue, dans le monde financier, l'une des plus importantes maisons de banque de l'Europe, dont le siége est à Francfort.

La famille Bethmann est originaire des Pays-Bas, qu'elle dut quitter par suite de persécutions religieuses pour venir s'établir dans la petite ville de Nassau, située à peu de distance de Francfort. *Simon-Maurice* BETHMANN, né en 1687, mort en 1725 avec le titre de bailli de Nassau, laissa quatre enfants, *Jean-Philippe, Jean-Jacques, Catherine-Élisabeth* et *Maurice*, tous encore en bas âge. Leur oncle maternel, Jacques Adamy, négociant riche et considéré fixé à Francfort, qui, bien que marié, n'avait pas d'enfants, recueillit ces orphelins, et les fit élever avec le plus grand soin. L'aîné, *Jean-Philippe*, né en 1715, et qui était doué de remarquables facultés intellectuelles, fut associé de bonne heure par Adamy à ses affaires, déjà très-prospères, puis institué par lui son héritier universel en vertu d'une disposition testamentaire. Après la mort de son oncle, arrivée le 23 décembre 1745, Jean-Philippe Bethmann continua encore pendant quelque temps ses affaires sous la raison Jacques Adamy. Plus tard, il s'associa le plus jeune de ses frères, *Simon-Maurice*, né le 6 octobre 1721, et tous deux adoptèrent alors la raison sociale de BETHMANN FRÈRES. L'autre frère, Jean-Philippe, né en 1717, s'établit à Bordeaux.

Par leur intelligence, leur activité et leur loyauté en affaires, les frères Jean-Philippe et Simon-Maurice Bethmann réussirent à donner un essor immense à leurs opérations, et fondèrent la fortune de leur famille. L'un et l'autre se marièrent heureusement. L'aîné eut quatre enfants, un fils et trois filles; le cadet au contraire ne laissa pas d'héritiers en mourant. Leur sœur Catherine-Élisabeth était morte déjà longtemps auparavant, sans avoir jamais été mariée. Jean-Philippe Bethmann, banquier et conseiller de banque, mourut le 27 novembre 1793. — Son fils unique, *Simon-Maurice*, né le 31 octobre 1738, devint le chef de la maison, qui, par l'importance toujours croissante de ses opérations de banque, et par la négociation de différents grands emprunts pour le compte de l'Autriche, du Danemark et d'autres puissances, parvint à une prospérité extrême et même temps que son nom se répandait dans toutes les parties du monde.

Simon-Maurice BETHMANN était un homme aussi heureusement doué sous le rapport physique que sous le rapport intellectuel, qui vécut dans des temps extrêmement agités, et qui, dans les circonstances les plus difficiles et les plus critiques, excellait à distinguer et à saisir en toutes occasions l'instant favorable. Les hommes les plus distingués de l'époque recherchèrent son amitié, et les souverains les plus puissants reconnurent et récompensèrent ses services par des collations de titres et de décorations honorifiques. L'empereur d'Autriche l'anoblit, et l'empereur Alexandre de Russie le nomma conseiller d'État et consul général. Bienfaiteur des pauvres, il protégeait noblement les arts et les lettres; et dans toutes les circonstances difficiles qu'elle eut à traverser, sa ville natale trouva auprès de lui de sages et prudents conseils en même temps que l'appui et la protection les plus efficaces. Quand, à la suite de la bataille de Leipzig et de la bataille de Hanau, l'armée française battit précipitamment en retraite sur le Rhin, Napoléon passa avec son état-major la nuit du 31 octobre au 1er novembre 1813 dans la *villa Bethmann*, située en avant de la porte de Friedberg, et dont le propriétaire était déjà allé la veille dans l'après-midi, en compagnie du maire de Francfort Guiollet, de quelques cavaliers de la garde bourgeoise, au devant de l'empereur, qu'il n'avait pu joindre qu'à travers des dangers de tout genre. Dans ces quelques heures si décisives, Bethmann, par son influence personnelle sur l'esprit de Napoléon et par la prudence de toute sa conduite, réussit à détourner de sa ville natale d'incalculables calamités. Il mourut le 28 décembre 1826.

Sa veuve, *Louise-Frédérique* BOODE, issue d'une famille hollandaise de distinction, se remaria avec Mathias-François Borgnis, devenu plus tard associé de la maison *Bethmann frères*. Des trois sœurs de Simon-Maurice Bethmann, qui toutes lui survécurent, sont mortes depuis *Suzanne-Élisabeth*, mariée à Jean-Jacques HOLLWEG, associé de la maison *Bethmann frères*, qui prit le nom et les armes de la famille Bethmann, et devint le fondateur de la ligne de Bethmann-Hollweg, et *Marie-Élisabeth*, mariée en premières noces à Jean-Jacques Bethmann, associé de la maison *Bethmann frères*, et en secondes noces à Victor-François vicomte de Flavigny. De ce second mariage est issu *Maurice de Flavigny*, pair de France sous Louis-Philippe, et qui, après la révolution de Février, a fait partie de l'Assemblée nationale. La troisième sœur, encore vivante aujourd'hui, *Sophie-Élisabeth*, veuve De Luze, et en secondes noces veuve baronne de Mettingh, habite Munich.

La maison *Bethmann frères* continue à jouir d'une prospérité qui repose sur les bases les plus solides. Outre d'immenses affaires de banque et de commission, ainsi qu'une participation importante à toutes les grandes opérations financières de notre époque, elle s'est, dans ces derniers temps, mise à la tête de différentes entreprises de chemin de fer, tant sous le rapport financier qu'en ce qui est de l'exécution et de l'administration. Elle a aujourd'hui pour chef *Philippe-Henri-Maurice-Alexandre de* BETHMANN, né le 8 octobre 1811, fils aîné de Simon-Maurice Bethmann. Il possède les qualités du cœur et de l'esprit qui semblent héréditaires dans la famille Bethmann : aussi jouit-il de l'estime générale. Il est connu par son zèle à venir en aide à toutes les institutions charitables et à toutes les entreprises d'utilité publique. Il est consul général de Prusse à Francfort et décoré de plusieurs ordres. — Ses frères, *Charles-César-Louis*, nommé baron et chambellan par le roi de Bavière, et *Alexandre*, propriétaire des seigneuries de Krzinetz, Ronow et Dobrowan en Bohême, résident alternativement à Francfort et dans leurs terres. L'aîné a épousé Marie-Thérèse baronne de Prindts, de la maison Prindts de Treuenfeld ; le plus jeune, Jeanne-Frédérique Heyder, fille d'un banquier de Francfort.

Dans la *villa Bethmann*, dont il a été question plus haut, habitation où l'on trouve réunies toutes les délicatesses et toutes les recherches du bon goût et du luxe, et ornée d'une foule de trésors artistiques de tout genre, les amateurs des beaux-arts vont admirer une magnifique galerie où se trouve la célèbre *Ariadne*, montée sur la panthère, exécutée en marbre par Dannecker.

BETHMANN-HOLLWEG (Maurice-Auguste de), célèbre jurisconsulte, né le 10 avril 1795, à Francfort, est le fils de J.-J. Bethmann-Hollweg, alors second chef de la maison de banque Bethmann frères. Après d'excellentes études faites au gymnase de sa ville natale sous la direction de Ch. Ritter, il parcourut, de 1811 à 1813, la Suisse et l'Italie, revint en 1813 suivre les cours de l'université de Gœttingue, et en 1815 ceux de l'université de Berlin, pour s'y livrer à l'étude du droit sous Hugo et Savigny. Il passa l'été de 1817 avec Gœschen à Vérone, pour y déchiffrer le manuscrit des Institutes de Gaïus, et l'année suivante il fut reçu docteur en droit par l'université de Gœttingue. En 1819 il vint s'établir à Berlin, à la demande de Savigny, et y fit des cours particuliers. Un an après il était nommé professeur agrégé, puis trois ans plus tard professeur titulaire de droit civil et de procédure. De 1827 à 1828, il remplit les fonctions de recteur de l'université de Berlin. Transféré à Bonn, sur sa demande, en 1829, il y occupa les mêmes chaires jusqu'en 1842, époque où il renonça aux fonctions de professeur pour accepter celles de curateur de l'université, qu'il remplit jusqu'en 1845. Nommé cette même année conseiller d'État, il prit part, en 1846, en qualité de député du synode de la province rhénane, au synode général tenu à Berlin, et en 1849 il fut élu membre de la première chambre prussienne. En 1840, à l'occasion du couronnement de Frédéric-Guillaume IV, il avait été anobli comme l'un des plus grands propriétaires de la province rhénane. Il possède, entre autres, le château de Rheineck sur le Rhin, qu'il a fait reconstruire et dans lequel il a réuni un grand nombre de tableaux et d'objets d'art du plus grand prix. On a de lui, outre diverses dissertations, *Éléments de Procédure civile* (3e édit., Bonn, 1832), *Essais sur quelques parties de la Théorie de la Procédure civile* (Bonn, 1834), et *Origine des Libertés des villes lombardes* (Bonn, 1846), ouvrages qui témoignent de sa sagacité et de l'étendue de son savoir.

BETHSAMITES, habitants de la petite ville de Bethsamès, en Palestine, dont plusieurs périrent au passage de l'arche d'alliance.

Sous le pontificat d'Héli, l'arche était tombée au pouvoir des Philistins. Ceux-ci, lassés des maux qu'attirait sur leur pays la présence de ce symbole sacré, résolurent de s'en défaire. L'arche fut donc renvoyée, chargée de présents expiatoires, sur un chariot traîné par des animaux, qui se dirigèrent d'eux-mêmes vers le pays des Hébreux, et s'arrêtèrent non loin de Bethsamès. A la vue de cet objet de la vénération publique, les habitants de la ville, alors occupés aux travaux de la moisson, s'empressèrent de courir à sa rencontre, et bientôt l'arche fut entourée d'une foule immense qui poussait des cris de joie. Quelques Bethsamites, poussés par une profane curiosité, osèrent, au mépris de la loi (*Num.*, IV, 20), porter des regards indiscrets jusque dans l'intérieur de l'arche : ils tombèrent sur-le-champ frappés de mort.

On a porté à cinquante mille, d'après la Vulgate, le nombre de ceux qui périrent en cette occasion. Mais il y a sans doute erreur dans la traduction latine. Car, 1° il eût été difficile à cinquante mille personnes de regarder dans l'arche ; 2° la petite ville de Bethsamès ne comptait vraisemblablement pas cinquante mille habitants, et toute la population ne fut pas frappée ; 3° le texte original dit clairement que dans cinquante mille personnes qui étaient venues des pays circonvoisins au-devant de l'arche, soixante-dix hommes périrent pour avoir bravé la défense du Seigneur. Ainsi, au lieu de *septuaginta viros et quinquaginta millia plebis*, il faudrait lire : *septuaginta viros è quinquaginta millibus*, ce qui est bien différent. (*Joseph. Antiq.*, lib. VI, cap. 2.)
L'abbé C. Bandeville.

BÉTHULIE, ville de la Terre Sainte, dans la tribu de Zabulon, et qui était située sur une montagne, est célèbre par l'action hardie de Judith (la mort d'Holoferne) et la défaite des Assyriens, qui assiégeaient cette ville.

Les Francs ont eu aussi leur *Béthulie* : c'était une forteresse que les chrétiens avaient fait bâtir sur le sommet d'une montagne, ou plutôt d'un rocher, et que les Arabes appellent *Bethli-el-Franki*.

BÉTHUNE, ville forte de l'ancienne province d'Artois, à 25 kilomètres nord-nord-ouest d'Arras, aujourd'hui chef-lieu d'arrondissement du Pas-de-Calais, avec un tribunal de 1re instance, des fabriques de savon, de poterie, de sucre de betterave, des raffineries de sel, des blanchisseries, un commerce considérable de lin, toiles, fil, graines oléagineuses, et une population de près de 7,150 habitants. Elle avait autrefois des seigneurs particuliers ; en 1248 elle devint une des propriétés des comtes de Dampierre. Plus tard elle fut soumise par Philippe le Hardi. Louis XI s'en empara. Charles VIII la rendit à l'Espagne. Tombée en notre pouvoir en 1645, elle fut réunie à la France par la paix des Pyrénées. Vauban en agrandit les fortifications ; cependant les alliés la prirent encore en 1710 ; mais ils la rendirent quatre ans après, au traité d'Utrecht.

La petite ville de *Charost*, dans le Berry, à 24 kilomètres de Bourges, département du Cher, a pris le nom de Béthune après son érection en duché-pairie au dix-septième siècle, en faveur de Louis de Béthune (*voyez* l'article suivant). Elle portait auparavant le titre de comté. Située sur l'Arnon, ce chef-lieu de canton compte aujourd'hui 1,300 habitants.

BÉTHUNE (famille de). Cette maison, originaire de l'Artois et descendant de Robert dit *Faisseux*, né vers 970, était une des plus anciennes et des plus illustres du royaume. Un de ses descendants, *François* de Béthune, baron de *Rosny*, embrassa le calvinisme, et fut fait prisonnier à la bataille de Jarnac. Ses deux fils devinrent les souches de deux branches.

La branche aînée fut fondée par *Maximilien* de Béthune, marquis *de Rosny*, ministre de Henri IV, qui, ayant acheté la terre de Sully-sur-Loire, obtint qu'elle serait érigée en duché-pairie au mois de février 1606 (*voyez* Sully). Cette branche s'est éteinte le 20 septembre 1802, en la personne d'*Alexandre* de Béthune, dernier duc de Sully.

Le frère du célèbre Sully, *Philippe* de Béthune, qui remplit de hautes fonctions militaires ou administratives sous les règnes de Henri III et Henri IV, et mourut en 1649, fut le fondateur de la branche cadette. — La ville de Charost en Berry, qui portait le titre de comté, fut érigée en duché-pairie, dans l'année 1672, pour *Louis* de Béthune, petit neveu de Sully, et chef ainsi de cette branche, à laquelle appartenait d'abord le titre de *marquis de Chabris*, puis celui de *duc de Charost*, et qui s'est éteinte en 1807.

La famille Béthune des Plancques, qui existe encore aujourd'hui en France, descend de *Michel des Plancques*, seigneur d'Hesdigneul et lieutenant de la ville et du château de Béthune vers l'an 1522. Son fils, *Pierre des Plancques*, laissa deux fils, dont l'un, *Jean des Plancques*, seigneur d'*Hesdigneul*, fonda la ligne de *Béthune Hesdigneul*, et l'autre, *Georges*, seigneur de *Berlette*, la ligne des comtes de *Saint-Venant*. Depuis deux siècles les descendants de l'une et l'autre de ces maisons ont ajouté à leur nom celui de la ville de Béthune. L'un des descendants de Jean des Plancques, le marquis *Eugène-François-Léon* de Béthune, né en 1746, obtint de l'empereur Joseph II, le 6 septembre 1781, pour lui et ses descendants, le titre de *prince de Béthune-Hesdigneul*, et mourut le 17 août 1823. Son fils aîné, *Maximilien*, prince de Béthune, né le 17 septembre 1774, est aujourd'hui le chef de cette famille.

Un petit-fils de Georges des Plancques, appelé *Adrien-François* de Béthune, épousa Marie de Lierres, fille aînée de Maximilien de Lierres, comte de Saint-Venant ; mariage qui réunit dans la même branche tous les biens de la famille des Plancques. C'est pour ce motif que depuis lors les membres de cette branche prennent le titre de *comtes de Saint-Venant*. L'arrière-petit-fils d'Adrien-François de Béthune, *Marie-Louis-Eugène*, mort en 1812, crut pouvoir prendre le nom de Béthune-Sully, parce qu'il avait acheté en 1808 les biens du dernier duc de Sully. Son fils, *Maximilien-Léonard-Marie-Louis-Joseph*, comte de Béthune-Sully, est aujourd'hui le chef de cette branche de la famille.

BÉTHUNE (David). *Voyez* Beatoun.

BÉTHYLE, genre d'insectes, de l'ordre des hyménoptères, section des porte-tarière. Ce genre, établi par Latreille, est caractérisé par des mandibules longues, arquées et quadridentées ; par des palpes maxillaires filiformes ; par des antennes coudées, composées de douze ou treize articles, et par des pattes robustes, ayant les cuisses renflées et les jambes droites.

BÉTHYLES ou **BÉTYLES**, pierres informes, que les Orientaux adoraient, avant de donner des formes humaines à leurs divinités. Les Grecs appelaient ainsi la pierre abadir, que Cybèle fit avaler à Saturne. Bochart tire l'origine des béthyles de cette pierre mystérieuse sur laquelle Jacob reposant pendant la nuit eut une vision, et qu'à son réveil il oignit d'huile, d'où le lieu fut appelé *Beth-el*. Selon d'autres, Uranus fabriqua des pierres animées qui portèrent le nom de béthyles. Damascius, qui écrivait sous Justinien, racontait qu'il avait vu une de ces pierres se mouvoir en l'air. Héliogabale rapporta de la Phénicie à Rome une grosse pierre noire en forme de cône, qu'il voulut faire adorer. Les béthyles passaient aussi pour être descendues du ciel : de là des commentateurs en ont fait des aérolithes. On en trouvait dans les temples, chez des particuliers, et elles servirent naturellement d'amulettes.

BÉTIQUE, une des trois grandes contrées de l'Espagne, ainsi nommée du fleuve Bétis (aujourd'hui le Guadalquivir) qui la traversait dans toute sa longueur, et qui comprenait à peu près l'Andalousie et le royaume de Grenade. Elle était bornée à l'ouest par l'Anas, qui la séparait de la Lusitanie, à l'est par la mer et au nord par la Tarraconaise, et avait cinq sous-divisions principales (Béturie, Turdétains, Turdules, Bastules et Bastitains). Le sol de la Bétique était extraordinairement fertile, et elle offrait des sites délicieux. Ses ports excellents attiraient les navigateurs des contrées les plus lointaines, et les Carthaginois y menèrent de nombreuses colonies. Du temps des Romains la Bétique, au dire de Pline, comprenait cent soixante-quinze villes.

BÉTISE. La *bêtise* est chez l'homme un manque d'intelligence ; c'est l'opposé de cette précieuse faculté qu'on nomme *esprit*. La bêtise n'est pas moins que l'esprit un attribut qui distingue l'homme de la bête, douée seulement de l'instinct. Une bête des forêts n'est pas plus bête qu'une autre : tous les animaux de même espèce (il nous le semble du moins) ont la même dose d'instinct ; l'homme, au contraire, reçoit le don de l'esprit à doses plus ou moins fortes, et il existe autant de distance d'une intelligence humaine à une autre qu'il peut s'en trouver entre l'instinct de l'huître et celui du chien.

Tandis que l'esprit court, dit-on, les rues, la *bêtise*, presque toujours privilégiée dans ce monde, en attendant la béatitude qui lui est promise dans l'autre (*Beati pauperes spiritu*), s'est réfugiée dans les conseils des rois et des nations, voire dans les académies et dans les collèges. Pour indiquer tous les lieux où règne la bêtise, pour exprimer tous les cas où, à l'exclusion du bon sens et de la raison, elle trône, se prélasse, pérore, disserte, professe, il faudrait reprendre de haut et de loin l'histoire des institutions humaines, en religion, en politique, en administration, et dans tous les usages de la vie.

Il n'est personne dans le monde qui n'ait été à portée de constater la distinction qui existe entre la *bêtise* et la *sottise*. L'homme qui n'est que *bête* peut être ennuyeux, ridicule ; mais quand la vanité s'en mêle, quand une *bête* s'imagine avoir de l'esprit, alors elle devient incommode, importune, insupportable ; en un mot, elle tombe dans la *sottise*. On peut être une bonne *bête*, on n'est jamais bon quand on est *sot* ; car la sottise suppose à la fois un défaut d'esprit et un vice de caractère. *Il est plus bête que méchant ; Il est si bon qu'il en est bête*, voilà deux proverbes dont personne ne conteste la justesse. Les *bêtes* de cet acabit se confondent avec les *bénêts*, gens qui trouvent tout bon, tout bien ; *bene est*, voilà leur devise, d'où est tiré leur nom. L'*idiot* est la *bête* par défaut de connaissance et d'aptitude à rien apprendre. Le *stupide* est la bête renforcée. La *brute* est l'homme qui à la bêtise joint des manières grossières et brutales : il y a là, comme dans la sottise, défaut d'esprit et vice du cœur. L'*imbécile* est le faible d'esprit : être encore plus négatif que la *bête*, il n'a pas d'idées, il ne conçoit pas celles des autres ; la *bête* au moins a le triste avantage d'avoir des idées à elle, des idées telles qu'elle peut les concevoir. Le *niais*, le *nigaud*, ne doivent pas non plus être confondus avec la bête. Le *niais* est un être novice sur tout, qui se laisse mener comme à la lisière par le premier venu ; mais une fois *déniaisé*, grâce à l'expérience, il peut quelquefois n'être plus une *bête*. Le *nigaud* (*nugator*) est un grand innocent, qui ne s'occupe que de niaiseries. L'esprit du *nigaud*, comme celui du *niais*, est susceptible de se réveiller. Il serait facile de citer des niais qui sont toujours restés tels et qui ont fait des livres, des journaux, des constitutions, et jusqu'à des révolutions, pour ne s'en trouver ni plus riches ni mieux gouvernés. Il y a plus : en politique, les véritables gens d'esprit sont presque toujours des *niais* de comédie ; et ce sont des fripons assez bêtes, mais à la tête froide, qui emboursent la recette.

Rien, dit-on, *de si bête que les gens d'esprit*. Il est en effet des bêtises que la préoccupation, la distraction, l'habitude de se complaire à ses propres idées, font commettre à un homme d'esprit, et que ne commettrait pas une bête renforcée. Qui ne se rappelle le mot de la garde-malade de La Fontaine au confesseur de ce poète : « Laissez-le donc en paix ! Dieu n'aura pas le courage de le condamner, il est plus bête que méchant. »

L'amour, dit-on encore,

En gens d'esprit change les bêtes
Et rend bêtes les gens d'esprit.

Il est effectivement peu de passions qui bouleversent autant l'homme, donnant tant de ressources au plus stupide, et embarrassant en même temps le plus spirituel, comme pour rappeler à notre espèce son identité d'origine.

L'esprit est moins utile qu'on ne croit généralement à la

réussite dans ce monde. Pour un homme d'esprit qui perce, combien d'idiots qui parviennent! Une certaine dose de bêtise profite à beaucoup de gens. Un imbécile n'inspire jamais d'ombrage à ses supérieurs, on le protége de préférence. On se croit toujours sûr d'en faire ce qu'on voudra. On aide l'huître à fixer son byssus n'importe où, et l'huître s'engraisse. Aussi le poëte a bien eu raison de dire :

Pour être heureux faut être bête!

L'histoire n'est autre chose que les annales de la *bêtise* des rois et de leurs ministres : sous ce rapport elle est parfois assez divertissante, du moins pour la postérité. Il doit manquer aux rois une foule d'idées pratiques qui sont à l'usage du plus mince bourgeois : voilà pourquoi le sens commun est encore plus rare sur le trône que l'esprit et le génie. C'est en effet par un homme de génie que commencent d'ordinaire les races royales ; elles finissent le plus souvent par des *bêtes* méchantes et sottes. Ceci me remet en mémoire le trait par lequel de jeunes auteurs ont buriné dans un drame historique le personnage impérial de Claude : *Gros, gras et* bête! ces trois mots résumaient vingt pages de Tacite : aussi ont-ils fait fortune.

Il faut le reconnaître, l'homme du peuple qui, à la faveur d'une convulsion politique, devient un homme en place, contracte bientôt ce penchant à la *bêtise*. On a fait un volume entier des *âneries révolutionnaires*. Bien digne assurément était de figurer dans ce recueil cet officier municipal qui fit incarcérer comme patriote tiède un malheureux violoniste, pour avoir, dans un concert patriotique, observé les pauses. « Je vous apprendrai, lui dit le fonctionnaire, à rester les bras croisés la moitié du temps quand les autres jouent! » N'a-t-on pas entendu sous la Restauration un courtisan de Louis XVIII répondre à ce roi fin railleur, qui lui avait dit : « Vous venez de parler comme un Démosthène : — Sire, il est possible que je n'aie pas l'éloquence de Démosthène, mais Démosthène n'avait pas assurément plus d'amour pour son *roi*. » Ce trait nous rappelle ce seigneur de la cour de Louis XV qui demandait si Cicéron avait fait ses études chez les jésuites, et cet autre qui priait Cassini de recommencer l'éclipse. Du reste, plus près de nous, n'avons-nous pas vu un prince s'ébahir sur la haute température qu'avait dû ressentir un savant académicien dans une ascension aérostatique!

A la cour, les flatteurs réussissent quelquefois par des *bêtises* dites à propos. Le courtisan qui répondait à Louis XIV : « Sire, il est l'heure qu'il a plaira à Votre Majesté; » le cardinal d'Estrées montrant sans le vouloir les plus belles dents du monde en disant au même monarque, qui se plaignait de la perte des siennes : « Sire, qui est-ce qui a des dents! » ont su plaire au maître. Mais de nos jours furent sifflés, bafoués par tous les partis, ces sénateurs parvenus dont l'un, haranguant l'impératrice mère, la comparait à la mère du Christ, et l'autre, en offrant à Napoléon trois cent mille conscrits de dix-sept ans, vantait l'*exercice salutaire* qu'ils allaient prendre en allant laisser leurs os sur la route de Moscou ou de Madrid.

Que de bêtises n'ont pas dites les premiers hérésiarques du christianisme, depuis celui qui s'est attaché à nous faire connaître les joies promises aux deux sexes dans le paradis, jusqu'à cet autre qui avait mesuré la taille d'Adam, celle de Jésus, même celle du Saint-Esprit! Mais laissons Bayle et Voltaire moissonner dans le champ des *bêtises* sacrées.

Si des hauteurs du trône et de l'autel nous descendons aux usages des peuples, nous ne trouverons pas le genre humain en masse moins sujet à la bêtise que l'homme pris individuellement. Hérodote nous apprend que chez certain peuple d'Asie, les Tibaréniens, quand la femme accouchait, le mari se mettait au lit, puis se faisait soigner et recevait des visites comme une accouchée. Cela n'est pas assurément plus *bête* que de faire servir un somptueux repas pendant huit jours au cadavre d'un roi ou d'un évêque, assis, couvert d'oripeaux et de fard, sur un lit de parade.

Mais plus nous exploitons la matière de cet article, moins nous l'épuisons, et plus elle s'étend. Après avoir parlé des rois, des princes, et de leur entourage, il ne nous reste plus qu'à indiquer la *bêtise* observée, reproduite avec esprit par certains acteurs si aimables et si chers au public : depuis Janot, avec son fameux *c'en est*, qui fit fureur à la cour de Louis XVI, et qui au siècle même l'honneur de passer dans la belle bouche de Marie-Antoinette ; depuis Jocrisse Brunet, jusqu'à Potier, toujours divers et toujours si risible; jusqu'à Odry, toujours le même et toujours si divertissant; jusqu'à ce bon Arnal, si innocent et si persécuté, on a vu se succéder en France cinq générations au moins de *rois de la bêtise*. Ceux-là du moins n'ont fait que des heureux : plus fortunés que Titus, chaque soir ils ont pu dire : *Je n'ai pas perdu ma journée*.
Ch. DU ROZOIR.

BETJOUANS ou **BETSCHOUANS**, nombreuse et puissante nation de l'Afrique méridionale, où elle habite depuis le *Kou-Gariep* ou fleuve Jaune, par 28° de lat. sud, entre le canal de Mozambique et les Boschimans, un territoire de trente à quarante journées de marche, jusqu'au tropique du Capricorne. Ils appartiennent à la grande famille des Cafres, et se rapprochent beaucoup des Koosas. Leur langue a beaucoup d'analogie avec celle qu'on parle au Congo. Les nombreuses tribus dont se compose le peuple betjouan obéissent à un chef suprême, qui jouit d'une autorité à peu près absolue, et sont continuellement occupées à guerroyer, bien qu'elles aient moins le renom de bravoure que leurs voisins de l'ouest et du sud, et qu'elles soient parvenues à une certaine civilisation. Le *Malopo* est le principal cours d'eau qui arrose leur territoire, lequel est traversé par les belles vallées qu'y forment les monts Kammani. Comme il est situé dans la zone où réussissent les diverses espèces de céréales du midi de l'Europe, l'agriculture s'y pratique sans grande peine ; mais on s'y livre plus particulièrement à l'élève des bestiaux, des bêtes à cornes surtout. Les chevaux y sont un objet d'horreur. La fréquence des guerres, la préparation habile du fer, du cuivre, de l'ivoire et des peaux d'animaux expliquent pourquoi on y trouve d'assez grandes villes, dont quelques-unes ont jusqu'à 15,000 habitants, et dans lesquelles chaque maison constitue une espèce de forteresse défendue par des remparts et des fossés. La plupart des travaux ordinaires sont abandonnés aux femmes, qui y sont l'objet d'un profond mépris. Ces populations ne présentent d'ailleurs que de très-faibles traces d'idées religieuses. Ce n'est guère que vers 1801 que le nom de cette nation est parvenu en Europe, et jusqu'à présent on n'a encore obtenu sur elle que des renseignements fort insuffisants. Le peu que nous en savons nous a été appris par des missionnaires qui entretiennent d'importants établissements au Vieux et au Nouveau Latakou. Consultez Lechtenstein, *Voyages dans l'Afrique méridionale* (Berlin, 1812); Shaw, *Memorials of south Africa* (New-York, 1841); Napier, *Excursions in southern Africa* (2 vol., Londres, 1849), et Casali, *Études sur la langue séchuna* (Paris, 1841).

BÉTOINE, genre de la famille des labiées et de la didynamie gymnospermie, plante vivace, dont les fleurs sont en gueule. Sa racine est grosse comme le doigt et garnie de plusieurs fibres longues et chevelues. Les feuilles qui en partent sont oblongues, bosselées et velues. Sa tige est carrée, rarement branchue, haute de 45 centimètres, chargée par intervalles de quelques feuilles opposées, plus allongées que celles du bas et plus étroites. Cette tige se termine par un épi de fleurs purpurines assez pressées, dont chacune est un tuyau découpé par devant en deux lèvres, la supérieure relevée, pliée en gouttière et échancrée, et l'inférieure divisée en trois parties. Le calice est un cornet verdâtre, au fond duquel sont contenues quatre petites semences oblongues.

La *bétoine commune* (*betonica officinalis*) était très-renommée chez les anciens, qui employaient ses fleurs et ses feuilles en décoction contre la goutte, la sciatique, la céphalalgie, etc. Ce qui est resté de certain de toutes les vertus que l'on se plaisait à prêter ainsi à la bétoine, c'est que les racines de cette plante, qui a une odeur pénétrante, sont purgatives, et que ses feuilles sont sternutatoires et peuvent être prises en guise de tabac.

Quant au nom de *bétoine*, il paraît qu'il provient de celui d'un peuple d'Espagne, les *Vetones* (aujourd'hui habitants du Béarn), qui ont les premiers fait usage de cette plante.

BÉTOINE DES MONTAGNES. *Voyez* ARNICA.

BÉTON, sorte de mortier formé de chaux, de sable et de gravier. Pour obtenir ce mélange on prend de la chaux récemment tirée du four, et on l'éteint dans un bassin proportionné à sa quantité : ce bassin n'est autre chose que du gros gravier mêlé de sable disposé circulairement pour contenir l'eau. Dès que la chaux est éteinte et lorsqu'elle est encore chaude, plusieurs hommes armés de *broyons* mélangent cette chaux, ce sable et ce gravier; et lorsque le mélange est bien fait, c'est le moment de l'employer.

S'il s'agit d'un édifice à l'air libre et sur le sol, on commence par ouvrir les tranchées nécessaires; la terre étant enlevée, on place de distance en distance des bassins de sable ou de gravier, où l'on éteint la chaux. Aussitôt qu'elle a été broyée de la manière que nous avons indiquée, les ouvriers, armés de pelles, poussent le tout dans les tranchées, se hâtent d'éteindre la nouvelle chaux, et, procédant de la même manière, continuent l'opération jusqu'à ce que la tranchée soit remplie. Pendant ce temps, d'autres ouvriers tassent le béton dans la tranchée afin de chasser l'air qui pourrait rester entre les différentes couches. Enfin, quand la tranchée est remplie, elle est aussitôt recouverte de deux à trois pieds de terre, et reste ainsi pendant un an, ou, ce qui vaut mieux encore, pendant deux ans. Dans cet intervalle, la masse totale se cristallise tout d'une pièce, et quelques années après il est si dure que la scie ne peut y mordre. Il n'est pas nécessaire, pour cette opération, de choisir du gravier fin; lors même qu'il serait gros comme le poing, quand bien même à la place du gravier on emploierait des retailles de pierres, elle n'en serait pas moins parfaite. Enfin, lorsque la cristallisation, ou, pour parler vulgairement, lorsque la prise du mortier est faite, on enlève la terre de la surface, et l'on élève le reste de la maçonnerie. C'est ainsi qu'on été faites les fondations de toutes les maisons qui couvrent actuellement les Brotteaux, vis-à-vis de Lyon.

S'agit-il d'élever un quai, d'empêcher qu'un ruisseau n'emporte le terrain, de faire enfin des constructions sous l'eau, le béton fournit encore le moyen le moins dispendieux et le plus sûr. Lorsque les pilotis sont enfoncés, on coule sur le devant et contre eux des revêtements formés de vieilles planches qui servent d'encaissement pour la partie extérieure. Si le courant est rapide et profond, on plante en avant quelques pilotis, qu'on enfonce peu. Ces premiers pilotis retiennent les planches d'encaissement comme le ferait une coulisse. Tout étant ainsi disposé, on se hâte de remplir l'intervalle en béton jusqu'à la hauteur voulue. Il prend aussitôt de la consistance, et quelques années après il faut faire jouer la mine pour le détruire. Il est inutile de faire remarquer que c'est la chaux hydraulique, et non la chaux grasse, qui doit servir pour la fabrication du béton qui est destiné à être employé sous l'eau.

Le béton sert à une foule d'usages. On en fait encore les aires sur lesquelles on pose le bitume. On en fabrique d'énormes pierres artificielles qu'on emploie pour asseoir de grands travaux hydrauliques, comme le môle du port d'Alger.

BETTE, genre de la famille des chénopodées, dans lequel Linné reconnaît trois espèces distinctes : le *beta maritima*, plante indigène croissant sur les bords de la mer; le *beta vulgaris* ou poirée, et le *beta cycla* ou *betterave*. De l'avis d'un grand nombre de botanistes et d'agronomes, ces deux dernières ne seraient que des variétés du *beta maritima* modifié par la culture.

Le genre *bette* a pour caractères : un périgone à cinq divisions profondes, à moitié adhérent par sa base à l'ovaire, cinq étamines, deux ou trois styles très-courts, et un fruit réniforme entouré par le périgone, qui forme cinq côtes et qui est béant dans sa partie supérieure.

BETTERAVE ou **BETTE-RAVE**. Qu'elle constitue une espèce du genre *bette* ou qu'elle soit simplement une variété du *beta maritima*, la betterave n'occupe pas moins un rang important dans l'agriculture. Sa racine fournit un aliment agréable, quoique peu nourrissant, et d'une digestion assez difficile pour les estomacs délicats; dans certaines contrées, ses feuilles s'accommodent comme les épinards, on mange en salade les jeunes pousses que les racines jettent en hiver dans la cave où on les conserve. En mêlant des racines de betterave avec des poires, du houblon et des pommes de terre, on obtient une très bonne eau-de-vie. En Allemagne, et principalement dans la Thuringe, on prépare aussi avec ses racines torréfiées une poudre qui, mêlée au café, lui donne un très-bon goût. Mais la betterave est surtout précieuse pour le sucre qu'elle fournit et pour la nourriture abondante qu'elle procure aux bestiaux, qui en mangent avec avidité les feuilles et les racines.

La diversité des emplois de la betterave a multiplié le nombre de ses variétés, chaque cultivateur ayant cherché à développer au plus haut point les qualités qui se trouvaient être les principales pour remplir le but qu'il se proposait. C'est ainsi que la *betterave champêtre*, appelée aussi *betterave sur terre, racine d'abondance, racine de disette*, plus spécialement destinée à la nourriture des bestiaux, est beaucoup plus volumineuse dans ses racines, plus abondante en feuilles, d'une constitution plus robuste et d'un produit plus considérable que les autres betteraves; cette variété a une racine très-grosse, longue, et croissant plus de moitié hors de terre, rose en dehors et panachée à l'intérieur, ou bien quelquefois seulement marquée de stries rouges très-peu prononcées. C'est dans la betterave champêtre que Margraff eut la gloire de découvrir la présence du sucre, et c'est sur elle qu'Achard répéta les expériences de son devancier.

Le jardin potager possède la *betterave rouge ordinaire*, dont les racines, allongées, sont d'un rouge tirant sur le pourpre et entrent dans la composition des salades, et surtout de la salade de barbe de capucin; la *grosse betterave rouge de Castelnaudary*, encore plus foncée en couleur et plus volumineuse; la *petite betterave rouge ronde précoce*, variété plus petite dans toutes ses parties que les deux précédentes; la *betterave jaune ordinaire*, de forme allongée, d'une saveur sucrée prononcée, et sans aucun mélange d'âcreté; la *betterave jaune de Castelnaudary*, plus grosse, également d'une saveur douce; la *betterave jaune à chair blanche*, approchant beaucoup plus de la couleur blanche et beaucoup plus riche en principe saccharin; la *betterave jaune ronde*, née de la betterave de Castelnaudary, mais qui a la chair presque blanche, et dont la racine, très-grosse, a une tendance marquée à croître hors de terre.

Le caractère principal des *betteraves* à sucre est d'être de la plus grande blancheur possible. On en connaît trois variétés, qui sont : la *betterave blanche de Silésie*, née des betteraves acclimatées dans le Nord, d'un blanc mat dans toutes ses parties, mais très-sujette à dégénérer en betterave rose; la *betterave blanche de Prusse à collet rose*, plus sujette encore à dégénérer en betterave entièrement rose-rouge panachée; la *betterave jaune blanche de France*, d'une blancheur parfaite dans l'intérieur et d'un blanc tirant sur le jaune à l'extérieur; elle est la plus riche de toutes en sucre.

Toutes les betteraves se cultivent de même. Après avoir

bien ameublé la terre par un ou deux labours profonds, on sème, à la volée ou en rayons, depuis la mi-mars jusqu'en mai ; on éclaircit, suivant la qualité du sol et le volume de l'espèce, de manière à ce que les plants soient à trente ou cinquante centimètres les uns des autres : on sarcle et l'on donne plusieurs binages. On peut aussi semer en pépinière pour mettre en place lorsque la racine a atteint la grosseur du doigt, en ayant soin que l'extrémité ne soit pas repliée au fond du trou ; mais les racines plantées, quelque jeunes qu'elles soient alors, ne viennent jamais aussi belles que celles des betteraves qui ont été semées sur place : on ne doit donc employer la transplantation que pour regarnir les places du champ semé où le plant manquerait. Les betteraves aiment une terre douce, profonde, fumée de l'année précédente.

Les racines se récoltent en novembre : après avoir coupé les feuilles, on les laisse se ressuyer, et on les met dans une cave ou une serre sèche, à l'abri de la gelée. Pour récolter de la graine, on replante, en mars, des racines choisies et bien conservées ; cette graine se conserve quatre ou cinq ans.

En 1599 Olivier de Serres parla le premier de la betterave, qui venait d'être rapportée d'Italie. Plus tard, l'abbé de Commerel et le baron de Those contribuèrent puissamment à faire connaître cet intéressant végétal. La découverte de Margraff donna lieu à un grand nombre de travaux, dont les principaux sont ceux d'Achard, de MM. de Beaujeu et Payen, et de notre collaborateur M. Tollard.

BETTERTON (Thomas), comédien et auteur dramatique anglais, né à Londres, en 1635, et mort en 1710, était le fils d'un sous-chef des cuisines du roi Charles Ier. Son père lui donna une éducation au-dessus de son état. Ambitieux pour son fils, qui annonçait les plus heureuses dispositions, il le destinait à une profession ; mais la révolution renversa la marmite de notre maître queux en même temps que le trône de son maître, et il dut se résigner à placer son fils en qualité de commis chez un libraire. Thomas s'ennuya bientôt de cette position ; et il ne se sentit pas plus tôt en état de voler de ses propres ailes, qu'il s'engagea dans la troupe de William Davenant. Ses débuts sur la scène furent heureux. Il devint un des acteurs favoris du public, qui n'estimait pas moins en lui l'homme privé que le comédien. Au déclin de sa vie, Betterton eut le chagrin de perdre dans une entreprise commerciale une somme considérable, fruit des travaux et des épargnes de toute sa carrière dramatique ; et réduit à un état voisin de la misère, il supporta son malheur avec la plus philosophique résignation. On lui attribue les pièces suivantes : *The woman made a justice* (La femme prise pour juge), et une imitation du *Georges Dandin* de notre Molière, *The amourous Widow* (La Veuve amoureuse). Il refit aussi pour le théâtre une pièce de John Welster, *The injust Judge, or Appius and Virginia*.

BETTI. Deux peintres florentins ont porté ce nom. L'un, *Niccolo* Betti, florissait le milieu du seizième siècle. Il aida Vasari dans la décoration du *Palazzio Vecchio*, et peignit pour le cabinet d'étude un tableau représentant des *Soldats romains déposant aux pieds de César* les dépouilles des peuples vaincus. Cette toile orne aujourd'hui la galerie de Florence. L'autre, *Sigismondo* Betti, vivait au milieu du siècle dernier, et fut élève de Matteo Bonechi. C'était un bon dessinateur et un habile peintre à fresque et à l'huile. Parmi les principaux ouvrages qu'on en voit de lui à Florence, nous mentionnerons la voûte de la nef de l'église Saint-Joseph ; une fresque exécutée vers 1754 et représentant *Saint François de Paule ravi au ciel par les anges* ; et une *Vierge dans une gloire, entre saint Paul et sainte Catherine*, pour l'église des Barnabites. En 1765 il exécuta encore, pour le sanctuaire de Varallo, une *Présentation de J.-C. au Temple*. On a aussi de lui quelques bons pastels.

Un poète du même nom, *Zacharia* Betti, né à Vérone, en 1739, mort dans la même ville, en 1788, est auteur d'un poëme sur le ver à soie, intitulé : *Del Baco da Seta*,

Canti IV, con annotazioni (Vérone, 1756), et dédié au marquis Spolverini, auteur d'un poëme sur la culture du riz. Il avait fondé à Vérone une Académie d'Agriculture.

BETTINA, célèbre peintre de l'école milanaise, qui florissait dans les dernières années du dix-septième siècle. Elle excellait à peindre les fleurs et les fruits.

BETTINA D'ARNIM. *Voyez* Arnim (Élisabeth d').

BETTINELLI (Giuseppe-Maria), littérateur italien, né à Mantoue, en 1718, mort en 1808, entra dans la société de Jésus, et professa, de 1739 à 1744, les belles-lettres au collége de Brescia. En 1748, il alla occuper une chaire de rhétorique à Venise ; mais contraint bientôt après, par la faiblesse de sa santé, à la partie active de l'enseignement public, il dirigea pendant huit ans le collége noble de Parme. Des voyages qu'il eut occasion de faire en Italie, en Allemagne et en France, le mirent en rapport avec quelques-uns des littérateurs les plus éminents de son siècle, entre autres avec Voltaire, qui le reçut aux Délices. Bettinelli se trouvait à Modène lorsque eut lieu la suppression de l'ordre des Jésuites, et il se retira alors à Mantoue, où il continua à se livrer à la culture des lettres. Obligé de se réfugier à Vérone devant l'invasion française, en 1796, il ne revint dans sa ville natale qu'en 1797. Il y commença une édition de ses œuvres complètes, intitulée : *L'Abbate Bettinelli, Opere edite ed inedite, in prosa ed in versi* (Venise, 1801).

BETTINI (Antonio), écrivain ascétique italien, né à Sienne, en 1396, fut élu, à l'âge de soixante-cinq ans, évêque de Foligno, diocèse qu'il édifia par ses vertus chrétiennes. Parvenu à un âge très-avancé, il se démit de son évêché pour se retirer dans le monastère des Jésuites de Saint-Jérôme, où il avait fait profession dans sa jeunesse. Il est auteur d'un ouvrage mystique, intitulé : *Monte santo di Dio*, qui fut imprimé à Florence, in-4°, en 1477. C'est le premier livre imprimé avec des gravures en taille-douce dans le texte. Une autre édition, imprimée à Florence, en 1491, est ornée de gravures sur bois. On a en outre d'A. Bettini une *Esposizione della Dominicale Oratione* et un traité *De divina Prœordinatione Vitæ et mortis humanæ*.

BETTINI. On compte deux peintres italiens de ce nom. L'un, *Domenico* Bettini, né à Florence, en 1644, mort à Bologne, en 1705, fut à Rome l'élève de Mario Nuzzi, alors le plus célèbre peintre de fleurs qu'il y eût en Italie, et devint dans ce genre presque l'égal de son maître. Le premier il sut faire saillir ses groupes de fleurs ou de fruits sur des paysages éclairés et agréables, au lieu de les détacher sur des fonds obscurs et insignifiants, ainsi que cela s'était toujours pratiqué avant lui. Appelé à la cour du duc de Modène vers 1760, il y resta pendant dix-huit ans, puis alla travailler à Bologne, où s'écoula le reste de sa vie.

L'autre, *Giovanni-Antonio* Bettini, peintre bolonais, mort en 1773, étudia l'architecture, la perspective et l'ornement sous Carlo Giuseppe Carpi. Il déploya en ce genre une remarquable habileté, et on peut voir des échantillons de son talent dans divers palais et églises de Bologne.

BETTIO (Giuseppe), peintre de l'école vénitienne, né à Bellune, en 1720, mort en 1803, se forma par l'étude réfléchie des chefs-d'œuvre du Titien, de Paris de Bordone, de Paul Véronèse et du Bassano. Un amateur anglais l'attira à Londres, où avec ce peintre il acquit une fortune honorable. Il revint alors dans sa patrie, où, quoique en état de se livrer aux charmes du *far niente*, il ne cessa point de cultiver son art. Si à la facilité d'exécution, à la fraîcheur et à la vigueur du coloris, il avait réuni un dessin plus sévère et une observation plus exacte de la vérité du costume, sa mémoire occuperait plus de place dans l'histoire de l'art.

BÉTYLES. *Voyez* Béthyles.

BEUCHOT (Adrien-Jean-Quentin), savant et scrupuleux bibliographe, ancien bibliothécaire de la Chambre des Députés, naquit à Paris, le 13 mars 1773, d'un père qui y exerçait le profession d'avocat, et qui, vers 1781, fut nommé secrétaire de l'intendance de Lyon, où il alla s'établir avec sa famille. Le jeune Beuchot fut élevé au collége de la Trinité de Lyon, que dirigeaient des pères de l'Oratoire; il fut ensuite un moment clerc de notaire à Lyon, puis il se mit à étudier la médecine, et fut attaché en 1794, en qualité de chirurgien-major, au 9ᵉ bataillon de l'Isère. Après trois années de service, il renonça à ces fonctions, qui étaient peu conformes à ses goûts, revint à Lyon, et se remit à travailler chez un notaire. Tout en grossoyant, Beuchot cultivait déjà les lettres, faisait des chansons et des vers, et enrichissait de sa prose et de sa poésie la partie littéraire des *Petites-Affiches* du département du Rhône.

Beuchot se décida à venir à Paris en 1801. Il n'y trouva d'abord que de faibles ressources, et ne réussit à placer des articles que dans le *Courrier des Spectacles*, que publiait Lepan. Il eut alors l'idée de se faire libraire, et travailla aussi pour le théâtre, où il eut à passer par toutes les épreuves cruelles, à essuyer tous les déboires réservés aux auteurs encore inconnus, et où cependant il finit par se faire une place, car nous pourrions citer les titres de plusieurs de ses pièces jouées avec succès sur différents théâtres consacrés au vaudeville. Ceux qui l'ont connu à cette époque s'accordent à dire qu'il cultivait avec succès le couplet à la Collé et à la Panard. En 1808 il entreprit la publication du nouvel *Almanach des Muses*; il écrivit en même temps dans la *Décade Philosophique* avec Andrieux, Ginguené, etc.

Dès l'origine de la *Biographie Universelle* publiée par M. Michaud, il prit une part active à ce vaste et précieux recueil, et apporta dans la rédaction des articles dont il fut chargé cette science scrupuleuse devenue le cachet de tout ce qui est sorti de sa plume.

L'imprimerie, par l'immense multiplication des livres, a fait de la bibliographie une science vaste et compliquée, science qui oblige ceux-là même qui y sont le plus profondément versés, et malgré la plus grande mémoire, à recourir fréquemment aux catalogues, et à s'aider de moyens matériels pour ne pas perdre le fruit de leurs recherches et de leurs travaux. Le législateur a senti la nécessité, entre autres choses, de fonder légalement une sorte d'*état civil* de l'imprimerie, *ars artium conservatrix*. Un décret impérial du 14 octobre 1811 imposa à la direction de la librairie l'obligation d'insérer dans un journal l'annonce de tous les ouvrages qui seront imprimés, d'y indiquer le lieu et l'année de leur impression, le format et le nombre de leurs volumes, leur prix, les noms de leurs imprimeurs, ceux des libraires-éditeurs, ceux de leurs auteurs s'ils sont connus, etc. Beuchot fut choisi pour rédiger la *Bibliographie de la France*, dont Pillet aîné était alors l'imprimeur; rédaction que Beuchot a continuée avec le même zèle et la même autorité jusqu'à sa mort.

En 1814, Beuchot, qui n'avait jamais encensé la gloire despotique de Bonaparte empereur, s'indigna en voyant ceux qui s'étaient prosternés aux pieds de l'idole aux jours de sa puissance, lui jeter la pierre quand elle était tombée de son piédestal. Il prit la plume, et publia, sous le titre de : *Oraison funèbre de Bonaparte, par une société de gens de lettres, prononcée au Luxembourg, au Palais Bourbon et ailleurs* (Paris, 1814, Delaunay), le curieux recueil de toutes les basses adulations prodiguées à Napoléon par ses hauts fonctionnaires, et insérées à diverses époques au *Moniteur*. Pendant les Cent-Jours il fit acte de bon citoyen dans une courte brochure, où respire l'esprit de 1789, et qui est intitulée : *Opinion d'un Français sur l'Acte additionnel aux Constitutions de l'empire*. Il donna la même année, sous le voile de l'anonyme, son *Dictionnaire des Immobiles, par un homme qui jusqu'à présent n'a rien juré et n'ose jurer de rien* (Paris, septembre 1815), publication qui lui a fait à tort attribuer la paternité du *Dictionnaire des Girouettes*. On sent que Beuchot ne prend le mot *immobile* que dans une acception toute favorable et par opposition à *girouette*. Ses *Immobiles* ne sont autres que de fermes et généreux citoyens, tels que Lanjuinais, Lafayette, Daunou, Stanislas Girardin, etc. ; etc.

Nous ne mentionnerons pas ici tous les autres travaux de Beuchot, et nous nous bornerons à parler de sa magnifique édition de *Voltaire* en 70 volumes, commencée en 1828 et terminée en 1834. C'est la plus correcte et la plus complète qui existe. Beuchot ne s'est pas contenté de lire son auteur, il en a lu tous les réfutateurs, les Fréron, les La Beaumelle, les Nonotte, les Patouillet, les Clément; et quand il a trouvé que par hasard ils avaient noté quelque point à propos, il en a tenu compte. Deux volumes d'index ou de table alphabétique des matières, publiés en 1841, facilitent singulièrement les recherches, et achèvent de donner la clef de cette œuvre immense. Cette édition, fruit de vingt ans de travaux, est et restera le plus beau fleuron de la couronne de Beuchot. On lui doit aussi une édition du *Dictionnaire* de Bayle en 16 volumes.

Ce laborieux bibliographe reçut, le 4 mars 1831, la décoration de la Légion-d'Honneur; et la Chambre des Députés ayant perdu son bibliothécaire à la fin de 1833, Beuchot fut élu, au scrutin, le 18 janvier 1834, pour en remplir les fonctions, qu'il n'a quittées que peu de temps avant sa mort, arrivée en 1851. Ch. ROMEY.

BEUDANT (FRANÇOIS-SULPICE), membre de l'Académie des Sciences, un des minéralogistes les plus distingués de notre époque, était né le 5 septembre 1787, à Paris. Arrivé à l'âge de vingt et un ans sans avoir encore aucune carrière ouverte devant lui, Beudant, devenu maître de disposer à son gré du faible patrimoine que son père lui avait laissé, n'hésita pas à le sacrifier tout entier pour assurer un peu d'aisance à sa mère. Ne voulant devoir qu'à son travail les moyens d'existence dont il aurait lui-même désormais besoin, il entra comme élève à l'École Normale, où il se prépara à suivre la carrière ardue et obscure de l'enseignement secondaire. Il s'y distingua bientôt, et, après une année d'études solides, il obtint une chaire de mathématiques au lycée d'Avignon.

« ... Dix ans plus tard, a dit M. Milne-Edwards, après avoir occupé avec distinction la chaire de physique au lycée de Marseille, et avoir acquis un rang élevé dans la science par ses nombreux travaux de recherches, Beudant fut désigné par l'Académie des Sciences et par le Collége de France pour remplir la place de professeur de physique dans ce dernier établissement. L'ordonnance du roi Louis XVIII qui lui conférait ce titre était déjà signée par ce monarque, lorsque notre modeste collègue apprend que son ami Ampère désirait vivement obtenir cette position, et en avait réellement besoin pour pouvoir s'occuper d'expériences dont l'importance lui était connue; il pensa peut-être aussi que les droits scientifiques d'Ampère étaient supérieurs aux siens, et, n'obéissant qu'au noble mouvement de son cœur, il courut chez le ministre, demanda l'annulation de l'ordonnance rendue en sa faveur, et destinée à paraître dans le *Moniteur* du lendemain; plaida avec chaleur la cause de son ami, et, ne pouvant dans cette première entrevue vaincre la résolution déjà prise par M. Corbière, dans les attributions duquel le Collége de France était alors placé, il insista sans relâche, pendant quinze jours, pour obtenir le remplacement qu'il sollicitait comme bien d'autres auraient sollicité une faveur; et enfin, pour trancher la question, il rendit sa démission publique par la voie de la presse. Cet acte d'un désintéressement si rare ouvrit à Ampère les laboratoires de physique du Collége de France, où il fit bientôt après ses belles découvertes sur l'électro-magnétisme; et Beudant, en voyant son ami rendre à la science de pareils services, se sentit heureux d'avoir été la cause première de ses succès, et trouva dans la gloire d'Ampère la récompense du sacrifice qu'il s'était lui-même si généreusement imposé. »

Les recherches par lesquelles Beudant se fit d'abord connaître portèrent sur la zoologie, et avaient principalement pour objet les mollusques; elles datent de 1810, et on cite surtout ses expériences sur la possibilité de faire vivre des mollusques d'eau douce dans les eaux salées, et des mollusques marins dans les eaux douces; question qui intéresse les géologues ainsi que les physiologistes, et qui avait été soulevée par la découverte d'un mélange de coquilles fossiles fluviales et marines dans les grès de Beauchamp, fait dont la science était également redevable à Beudant.

Mais ses travaux les plus nombreux et les plus importants sont relatifs à la minéralogie et à la géologie. Chargé en 1815 de faire transporter d'Angleterre en France une belle collection minéralogique formée par le comte de Bournont et appartenant à Louis XVIII, collection que l'on voit aujourd'hui au Collége de France, Beudant fut bientôt après nommé sous-directeur de ce cabinet; et dès ce moment il se consacra spécialement à l'étude du règne minéral. En 1818 il visita la Hongrie, et y recueillit les matériaux d'un grand ouvrage sur la constitution géognostique de ce pays : *Voyage minéralogique et géologique en Hongrie*, etc. (Paris, 1822). On y remarque surtout ses observations sur le terrain aurifère de Schemnitz, dont il a déterminé la position géologique et le mode probable de formation; sur les trachytes qui abondent en Hongrie; sur les opales de ce pays si célèbre en bijouterie, et sur l'âge des grands dépôts de sel gemme de Villiczka. Il entreprit aussi vers la même époque de nombreuses expériences sur les causes qui peuvent faire varier les formes cristallines, et il publia sur ce sujet, dans les *Annales des Mines* de 1818, un mémoire où il montra que si le système cristallin est lié avec la composition chimique, les formes variées qui en dépendent sont le résultat des circonstances qui se produisent pendant l'acte de la cristallisation. Ce beau travail, qui restera toujours comme un modèle de recherches cristallographiques, fut suivi de plusieurs mémoires importants. Il avait précédemment fait paraître dans les *Annales des Mines* de 1817 des *Recherches tendant à déterminer l'importance relative des formes cristallines et de la composition chimique dans la détermination des espèces minérales*.

Depuis 1822 jusqu'à 1840, Beudant occupa la chaire de minéralogie à la Sorbonne, et donna à l'enseignement de cette science un caractère de généralité qui manquait jusqu'alors. Le *Traité de Minéralogie* qu'il publia en 1824 renferme la substance de ses leçons, et fait connaître avec détail sa classification naturelle des minéraux. Dans cet ouvrage, Beudant, comprenant qu'il ne fallait pas refaire l'immortel traité de Haüy, a spécialement étudié la minéralogie sous le rapport chimique. On lui doit aussi un *Traité de Physique*; et dans ces dernières années il a publié pour l'enseignement élémentaire de la géologie un petit manuel dont le succès a été si grand que déjà ce livre a eu cinq éditions.

Membre de l'Académie des Sciences depuis 1824, Beudant quitta la Faculté en 1840, pour aller remplir dans l'Université des fonctions administratives. Inspecteur général de l'instruction publique, il s'acquitta avec zèle et intelligence de tous ses devoirs jusqu'à son dernier moment. Il mourut le 9 décembre 1850. E. MERLIEUX.

BEUDIN (JACQUES-FÉLIX), ancien banquier, auteur dramatique et député, né à Paris, le 12 avril 1796, n'est guère connu par le côté le plus curieux de sa triplicité phénoménale (pour parler comme l'honorable M. Cousin), nous voulons dire par sa qualité d'auteur dramatique. M. Beudin est cependant auteur, en collaboration avec MM. Goubaux, Victor Ducange et Alexandre Dumas, de deux drames de la nouvelle école qui ont obtenu le plus de succès dans les dernières années de la Restauration : *Trente Ans, ou la Vie d'un Joueur*, et *Richard d'Arlington*. Il fut, avec ces messieurs, l'un des précurseurs et des introducteurs au théâtre du genre romantique, qui violait, aux grands applaudissements du public, les trois unités qui ne sont pas d'Aristote, quoi qu'on dise. On ne sait comment ni à quel propos vint à M. Félix Beudin, banquier, et à M. Prosper Goubaux, chef d'une maison d'éducation, l'idée de cette croisade dramatique. Ce qu'il y a de certain, c'est qu'ils convinrent de prendre un pseudonyme formé de la fin du nom du premier, réunie à la fin du nom du second, ce qui fit DINAUX, nom devenu célèbre dans les fastes du théâtre, et qui, à la suite de la dissolution de la société littéraire des deux amis après ces deux œuvres, échut en héritage à M. Goubaux, qui n'a pas cessé de l'exploiter depuis.

La banque et la politique absorbèrent ensuite tout M. Beudin. En 1837, M. Paturle, député de Paris, étant mort, M. Beudin se présenta pour le remplacer aux électeurs du 8me arrondissement. Son concurrent était le statuaire David (d'Angers); M. Beudin l'emporta (4 novembre 1837), et fut admis à la Chambre le 21 décembre suivant. Il alla prendre place au centre dans le bataillon sacré des conservateurs, et ne cessa pas de voter avec le ministère. Dans sa carrière législative, M. Beudin eut quelques vagues velléités littéraires, qu'il trouva le moyen de satisfaire au grand avantage de ses intérêts électoraux : c'est ainsi que le 18 janvier 1841 il montra un beau zèle pour les lettres, dans un rapport à la Chambre des Députés, à propos d'un crédit de 63,000 fr. demandé pour être appliqué aux dépenses des travaux à faire à la Bibliothèque de l'Arsenal. Nodier avait été l'inspirateur de la demande, qui eut un plein succès. Ch. ROMEY.

Malgré cela, les électeurs préférèrent M. Bethmont en 1842; mais en 1846 ils en revinrent à M. Beudin, qui était au nombre des *satisfaits*, lorsque la révolution de février mit fin à la mission de la Chambre des Députés. Déçu dans la politique, il quitta la banque, et du fond de sa retraite peut-être rêve-t-il au théâtre, qui seul fait encore quelquefois penser à lui.

BEUGNOT (JACQUES-CLAUDE, comte), né en 1761, à Bar-sur-Aube, et qui en 1788 exerçait les fonctions de lieutenant général du présidial de cette ville, est à coup sûr un des hommes qui depuis la révolution ont traversé le plus de places et d'emplois. Procureur général syndic du département de l'Aube en 1790, il y fut nommé l'année suivante député à l'Assemblée législative. C'est là qu'il commença à se faire connaître comme orateur distingué. Deux circonstances signalèrent honorablement ce début de sa carrière politique. Zélé défenseur de la liberté des cultes, Beugnot, dans une discussion sur cet objet, proposa, tout en accordant des traitements aux seuls prêtres assermentés, de laisser aux communes la faculté de salarier elles-mêmes les autres prêtres qu'elles désireraient conserver, en bornant l'action du pouvoir, dans ce cas, à la répression des troubles qui pourraient en résulter pour l'ordre public. L'époque n'était pas à la tolérance, cette proposition fut rejetée. Plus tard Beugnot ne montra pas moins de sagesse, et fit preuve de courage en demandant contre Marat un décret d'accusation pour avoir provoqué, par ses discours et ses écrits, l'assassinat du général Dillon, décret qu'il obtint de l'Assemblée, mais qui n'eut point de résultat. Il dénonça aussi la Commune et le ministre de la justice relativement à la publication du journal *l'Ami du Peuple*. Un tel souvenir devait être en 1793 sa sentence de mort. En effet il fut arrêté au mois d'octobre de cette année; mais il eut le bonheur d'être oublié dans l'immense population des prisons jusqu'au 9 thermidor, qui lui rendit la liberté.

Le 18 brumaire ramena Beugnot sur la scène politique. Tour à tour conseiller intime de Lucien Bonaparte, préfet de la Seine-Inférieure, conseiller d'État, président du collége électoral de la Haute-Marne, ministre des finances du royaume de Westphalie sous Jérôme Bonaparte, puis du grand-duché de Berg et de Clèves sous Murat, il fut en outre nommé comte de l'empire et grand-officier de la

Légion d'Honneur. Revenu dans sa patrie en 1813, après la fatale journée de Leipzig, il fut nommé préfet du Nord, et lorsque le sénat, en 1814, prononça la déchéance de l'empereur, il reçut du gouvernement provisoire le portefeuille de l'intérieur; Louis XVIII lui confia bientôt la direction générale de la police, et les gens de cette époque n'ont pas oublié sa fameuse ordonnance sur la stricte observation du dimanche, qui donna lieu à tant de plaisanteries.

Il était d'autant plus étonnant que Beugnot eût ainsi prêté le flanc à la raillerie, qu'il avait lui-même, outre ses autres talents, beaucoup de cet esprit français, fécond en saillies et en bons mots. Un des meilleurs est sans doute celui qu'il laissa, dit-on, échapper dans un comité secret de la Chambre de 1815, où il eut l'honneur de faire partie de la minorité. Un des *introuvables* demandait que la figure du Christ sur la croix fût placée au-dessus du président : « Je demande de plus, dit alors le caustique orateur, que l'on inscrive au-dessous ses dernières paroles : « Mon « Dieu, pardonnez-leur, car ils ne savent ce qu'ils font! »

Au commencement de 1815 il échangea la direction de la police contre le portefeuille de la marine; mais Napoléon étant revenu de l'île d'Elbe, Beugnot suivit Louis XVIII à Gand. Après le second retour des Bourbons, il devint successivement directeur général des postes, ministre d'État, membre du conseil privé, président de plusieurs colléges électoraux; de plus, député presque inamovible, il fut aussi, dans beaucoup de sessions, rapporteur de la commission du budget. Pair de France en expectative depuis le règne de Louis XVIII, et ayant dès lors dans sa poche, a ce qu'on a prétendu, sa lettre de nomination, sans qu'une ordonnance officielle l'en fit jamais sortir, le comte Beugnot, qu'on a surnommé, à bon droit, le *Tantale de la pairie*, n'obtint pas même du gouvernement de Juillet cette faveur, si désirée et si longtemps attendue. Il est mort à Bagneux, le 24 juin 1835, laissant de curieux mémoires, dont la *Revue Française* a publié des extraits en 1839.

BEUGNOT (ARTHUR-AUGUSTE, comte), membre de l'Institut (Académie des Inscriptions et Belles-Lettres), fils aîné du précédent, et de l'*Émilie* à laquelle Demoustier adressa ses *Lettres sur la Mythologie*, est né à Bar-sur-Aube, le 25 mars 1797. L'année, de désastreuse mémoire, qui vit les étrangers traiter Paris en ville conquise, le trouva terminant ses études dans un lycée impérial. Il en sortit vers la troisième année de la Restauration, pour suivre les cours de l'École de Droit. Reçu avocat très-jeune, il fit son stage, plaida plusieurs causes civiles devant la cour royale de Paris, et défendit quelques accusés politiques devant la cour des Pairs, mais non sans cultiver les sciences et les lettres. La muse de l'histoire le détourna bientôt du palais. En 1820, l'Académie des Inscriptions et Belles-Lettres ayant proposé pour sujet de prix cette question : « Examiner quel « était à l'époque de l'avénement de saint Louis l'état du « gouvernement et de la législation, et montrer quels étaient « à la fin de son règne les effets des institutions de ce prince, » M. Beugnot concourut, et partagea le prix *ex æquo* avec M. Mignet, alors avocat à Aix, aujourd'hui son confrère à l'Institut. Son travail fut publié en 1821, sous le titre de : *Essai sur les Institutions de saint Louis*.

Peu de temps après, la même Académie proposa un autre sujet de prix : « Examiner l'état civil, religieux et lit« téraire des juifs en France, en Espagne et en Italie, depuis « le commencement du douzième siècle jusqu'à la fin du « seizième. » M. Beugnot fut moins heureux cette fois, et n'obtint qu'une mention honorable. Il n'en publia pas moins son travail sous ce titre : *Les Juifs d'Occident, ou Recherches sur l'état civil, le commerce et la littérature des Juifs en France, en Espagne et en Italie, pendant la durée du moyen âge* (1824).

Dès cette époque, dit-on, M. Beugnot s'occupait de deux ouvrages qui, après longues années, sont encore à paraître; l'un devait être intitulé : *Recherches sur les cérémonies religieuses symboliques usitées dans l'ancienne jurisprudence des Français*, et l'autre : *Aperçu de l'influence que les corporations d'arts et métiers ont exercée sur le gouvernement municipal de la France*. En 1829 il rentrait de nouveau dans la lice des concours académiques, et obtenait une nouvelle couronne pour un mémoire intitulé : *Des Banques publiques de prêts sur gages, et de leurs inconvénients*. Enfin, M. Arthur Beugnot reçut en 1832 une dernière palme académique pour un ouvrage qui lui ouvrit la même année les portes de la classe qui venait de le couronner. Son mémoire avait pour titre : *Histoire de la Destruction du Paganisme en Occident*.

Vers 1840, le ministre de l'instruction publique confia à M. Beugnot le soin de publier, pour la Collection des documents inédits sur l'histoire de France, les *Olim*, ou registres des arrêts rendus par la cour du roi sous les règnes de saint Louis, de Philippe le Hardi, de Philippe le Bel, de Louis le Hutin et de Philippe le Long. On connaissait l'importance de ces registres; mais la gloire de M. Beugnot n'eût pas été moindre sans doute s'il se fût rappelé davantage ce qu'il pouvait devoir au laborieux archiviste qui avait passé une partie de sa vie à mettre en ordre ces actes qu'il n'avait, lui, que la peine de faire imprimer, et qu'il a fait précéder de préfaces dont ses travaux antérieurs font en partie les frais.

On doit encore à M. Beugnot une édition des *Assises de Jérusalem*, ou recueil des ouvrages de jurisprudence composés pendant la treizième siècle dans les royaumes de Jérusalem et de Chypre, et une *Chronologie des états généraux* (Annuaire de la Société d'Histoire de France pour 1840).

Arrivé à la Chambre des Pairs sous les dernières années du règne de Louis-Philippe, M. le comte Beugnot y faisait, avec le marquis de Barthélemy, partie de cette fameuse triade néo-catholique dirigée par M. de Montalembert, qui se signala surtout dans sa croisade en faveur de... d'autres diraient contre la liberté de l'enseignement. On le vit en 1845 prendre chaudement le parti des jésuites, et prétendre que le gouvernement était impuissant contre eux. Il regrettait que le ministère eût déserté la défense de la liberté religieuse. « C'était, disait-il, un moyen de réconciliation avec un parti séparé du gouvernement par une simple question dynastique, et que le bonheur dont la France jouissait devait appeler à se rallier à la grande famille nationale. » Ces avances furent entendues du gouvernement de Louis-Philippe: on se rapprochait beaucoup quand la révolution de Février survint. Si le parti qui prétendait que les jésuites n'avaient *ni armées ni trésors* n'avait pas aidé à cette révolution, il n'y avait du moins pas nui. Il ne se laissa donc pas abattre, et après un an de troubles il entrait en force à l'Assemblée législative. M. Beugnot avait trouvé le moyen de se faire élire le troisième dans la Haute-Marne, avec cette majorité de confusion qui avait pu faire de M. Thiers un défenseur des jésuites, M. Beugnot, un des dix-sept *burgraves* qui suspendirent le suffrage universel, fut le rapporteur de la loi sur l'instruction publique qui, sous le prétexte de liberté, devait remettre l'enseignement tout entier dans la main du clergé. Il en fut récompensé par l'Institut, qui le chargea de le représenter dans le conseil supérieur. Après le 2 décembre 1851 nous retrouvons M. Beugnot dans la commission consultative. Nous ne savons trop ce qu'il est devenu depuis. Ah! s'il pouvait être rendu à l'étude! peut-être finirait-il ces deux importants ouvrages que depuis si longtemps il promet à ses amis.

BEURNONVILLE (PIERRE RIEL, comte, puis marquis DE), pair, maréchal de France, ministre d'État, membre du conseil privé, etc., né le 10 mars 1762, à Champignolles, près de Bar-sur-Aube, fut destiné par ses parents à l'état ecclésiastique; mais, entraîné par son goût pour l'état militaire, il fut admis à l'âge de quatorze ans dans le corps des gendarmes de la Reine. En 1775, ayant passé avec le grade de sous-lieutenant dans le régiment colonial de l'île de France, il se signala dans les trois campagnes de l'Inde, sous les ordres de Suffren (1778-1781). Il était commandant des milices de l'île Bourbon lorsqu'au moment de la révolution de 1789 il fut destitué par le gouverneur. Il porta ses plaintes au ministre, et même à l'Assemblée nationale, et pour tout dédommagement obtint la croix de Saint-Louis. Au commencement de 1792 Beurnonville était aide de camp du maréchal Luckner, avec le grade de colonel; il passa maréchal de camp au mois de mai de cette même année. Chargé de la défense du camp de Maulde, il résista pendant plusieurs mois à des forces supérieures. Ce fut à cette occasion que le général en chef Dumouriez, qui l'avait pris en affection, le surnomma, à cause de sa haute stature et de son courage impétueux, l'*Ajax français*.

Beurnonville prit part aux journées de Valmy et de Jemmapes. Il reçut le jour même (4 novembre 1792) la mission d'aller conquérir le Luxembourg, tandis que Dumouriez envahissait la Belgique. Beurnonville n'effectua pas cette conquête sans difficulté ni sans éprouver des pertes, que dans ses rapports officiels il dissimulait soigneusement. C'est dans un de ces rapports qu'il ne craignait pas de dire que l'ennemi avait perdu beaucoup de monde, mais que les Français en avaient été *quittes pour le petit doigt d'un chasseur*.

> Quand d'ennemis tués on compte plus de mille,
> Nous ne perdons qu'un doigt, encor le plus petit,
> Holà! monsieur de Beurnonville,
> Le petit doigt n'a pas tout dit.

Telle fut l'épigramme qui flétrit cette impudente gasconnade. Beurnonville prit ses quartiers d'hiver derrière la Sarre. C'est là que, dans les premiers jours de février 1793, il reçut sa nomination au département de la guerre, à la place de Pache. Entouré de difficultés, il ne tarda pas à offrir à la Convention sa démission pour retourner à l'armée. Après de vifs débats, cette démission ne fut acceptée qu'à la condition que le ministre rendrait ses comptes avant de partir. Il venait de les rendre, lorsqu'une nouvelle nomination aux mêmes fonctions, du 4 mars 1793, le força de rester. C'était le parti modéré qui avait ménagé cet interrègne; aussi, plus que jamais, Beurnonville se vit-il en butte à l'animadversion du parti jacobin, qui tenta même de l'assassiner. La lettre qu'il reçut alors de Dumouriez, et dans laquelle ce général exhalait ses plaintes contre la Convention, mit le comble aux embarras de Beurnonville, qui ne crut pas pouvoir se dispenser de communiquer cette lettre à l'Assemblée. Un décret d'accusation s'ensuivit contre Dumouriez, et Beurnonville fut adjoint aux commissaires chargés d'aller l'arrêter dans son camp. Lorsque Dumouriez donna l'ordre d'arrêter ces commissaires, il allait excepter de cette mesure Beurnonville, qui, s'approchant de lui, lui dit tout bas : *Vous me perdez*. Dumouriez le comprit, et le fit arrêter comme les autres. Livré aux Autrichiens, il fut incarcéré dans diverses forteresses pendant trente-trois mois, dont il passa vingt-sept accablé par la fièvre et par les mauvais traitements. Échangé, en novembre 1795, avec les autres commissaires contre la fille de Louis XVI, il recouvra son grade, et fut chargé du commandement de l'armée de Sambre-et-Meuse, qu'il ne conserva que quelques mois. Se trouvant à Paris en 1797, il se lia avec Pichegru et quelques autres membres du parti clichien, et, porté par eux au Directoire, il ne lui manqua que peu de voix pour l'emporter sur Barthélemy. Toutefois, après le 18 fructidor, loin d'être inquiété par la faction qui triomphait, il fut investi par le Directoire du commandement de l'armée de Hollande, et chargé de faire dans ce pays de la propagande républicaine. Il paraît qu'on ne le trouva pas à la hauteur; on lui donna pour successeur Joubert, et il revint à Paris avec le titre d'inspecteur général, comme dédommagement.

Au 18 brumaire, Beurnonville se montra un des fauteurs les plus zélés des projets de Bonaparte. Il en fut bientôt récompensé par l'ambassade de Berlin; mais il se trouva effacé par Duroc, qui, possesseur de toute la confiance du premier consul, était seul instruit des secrets les plus importants. Beurnonville fut chargé d'intimer à la cour de Berlin l'ordre d'arrêter Précy et quelques autres royalistes qui s'étaient réfugiés à Baireuth. A son retour à Paris, il rapporta une correspondance qui révélait toutes les intrigues du parti royaliste, et que le gouvernement consulaire s'empressa de faire imprimer sous ce titre : *Papiers saisis à Baireuth* (1 vol. in-8°, 1800). Beurnonville fut envoyé ensuite, en la même qualité, à Madrid; mais il fut bientôt rappelé, le premier consul ne trouvant pas qu'il montrât assez de capacité ni d'énergie dans cette mission toute d'exigences envers la faible cour d'Espagne. Nommé alors membre du sénat, grand-officier de la Légion d'Honneur, comte de l'empire, Beurnonville eut le chagrin de se voir seul, de tous les généraux de la révolution qui avaient commandé en chef, exclu du titre de maréchal. Bonaparte, si l'on en croit le *Mémorial de Sainte-Hélène*, ne lui accordait aucune capacité militaire. Le seul emploi dont il fut encore investi sous l'empire fut celui de commissaire extraordinaire dans les départements de l'Est, mais il ne remplit pas longtemps cette mission. Les événements qui amenèrent la chute de Napoléon élevèrent Beurnonville au gouvernement provisoire, lequel servit de transition au rappel des Bourbons.

Louis XVIII, à peine de retour, le nomma pair de France et membre de son conseil privé. Proscrit, par un décret, pendant les Cent-Jours, Beurnonville suivit à Gand Louis XVIII, et après la seconde Restauration rentra dans toutes ses dignités. Il fut au mois d'août 1815 nommé président du collége électoral de la Moselle, adressa aux électeurs une allocution très-royaliste, et tint toujours le même langage quand il eut occasion de prendre la parole dans la Chambre des Pairs. A son retour des élections, désigné pour présider la commission chargée d'examiner les réclamations des anciens officiers vendéens, il s'acquitta avec beaucoup d'impartialité de cette mission délicate. C'est alors que Louis XVIII le nomma commandeur de l'ordre de Saint-Louis, puis, en 1816, marquis, maréchal de France, cordon-bleu, etc. Beurnonville mourut le 23 avril 1821. Ch. du Rozoir.

BEURRE (en latin *butyrum*, formé du grec βούτυρον, composé de βοῦς, vache, et de τυρός, lait, fromage), substance grasse et onctueuse, que l'on obtient du lait ou de la c r è m e épaissie par le battage.

Les Grecs n'ont connu le beurre que fort tard : Homère, Théocrite, Euripide et les autres poëtes grecs parlent souvent de lait et de fromage, jamais de beurre. Aristote a réuni plusieurs choses remarquables touchant le lait et le fromage dans son *Histoire des Animaux* (III, 20 et 21); il n'a pas dit un mot du beurre. Il paraît que les Grecs durent la découverte du beurre aux Scythes, aux Thraces ou aux Phrygiens, et que ce seraient les Germains qui en auraient fait connaître l'usage aux Romains. Pline (XVIII, 9) dit que le beurre était un mets délicieux chez les nations barbares, et qui faisait distinguer les riches d'avec les pauvres; mais les Romains ne s'en servirent que comme remède, et non comme aliment, de même que les Espagnols, qui n'en firent pendant très-longtemps que des topiques pour les plaies. Dans les ordonnances indiennes de Wishnou, écrites douze siècles avant l'ère chrétienne, il est question, dit Beckmann, de beurre pour certaines cérémonies religieuses; il en est parlé aussi dans la *Genèse* (XVIII, 8); mais le même auteur prétend que c'est une méprise du traducteur, et que le mot devait être rendu par celui de crème ou de lait aigri.

Durant les premiers siècles de l'Église, dit Clément d'Alexandrie, on brûlait du beurre dans les lampes au lieu d'huile; cette pratique s'observe encore dans l'Abyssinie.

Comme nos provinces méridionales sont les seules où l'olivier puisse croître avec un certain avantage, il ne s'est jusque ici que peu multiplié en France : aussi la quantité que produisaient ces provinces n'a-t-elle jamais été suffisante, à beaucoup près, pour la consommation du royaume. Ce fut cette disette qui, en 817, porta le concile d'Aix-la-Chapelle à permettre aux moines l'usage du jus de lard; plus tard, en 1491, le souverain pontife permit à la reine Anne, puis ensuite à la Bretagne, et successivement à nos autres provinces, l'usage du beurre en assaisonnement pour les jours maigres. Il a existé longtemps dans les églises un tronc pour le beurre, c'est-à-dire pour la permission qu'on obtenait d'en manger dans le carême. La cathédrale de Rouen a une tour appelée la *tour de Beurre*, nom qui lui vient de ce que Georges d'Amboise, qui était archevêque de cette ville en 1500, voyant que l'huile manquait dans son diocèse pendant le carême, autorisa l'usage du beurre, à condition que chaque diocésain payerait six deniers tournois pour obtenir cette permission. L'argent qu'on recueillit ainsi servit à la construction de cette tour. Notre-Dame de Paris et la cathédrale de Bourges ont aussi une tour du même nom, dont la construction doit être sans doute attribuée à la même source et au même principe.

Le beurre est la partie grasse, huileuse et inflammable du lait. Cette espèce d'huile est distribuée naturellement dans toute la substance du lait, en molécules très-petites, qui sont interposées entre les parties caséeuses et séreuses de cette liqueur, entre lesquelles elles se tiennent suspendues à l'aide d'une très-légère adhérence, mais sans être dissoutes. Cette huile est dans le même état où est celle des émulsions; et c'est par cette raison que les parties butyreuses contribuent à donner au lait le même blanc mat qu'ont les émulsions, et que, par le repos, les mêmes parties se séparent de la liqueur et viennent se rassembler à sa surface, où elles forment une crème. Tant que le beurre est seulement dans l'état de crème, ses parties propres ne sont point assez unies les unes aux autres pour qu'il se forme en une masse homogène; elles sont encore à moitié séparées par l'interposition d'une assez grande quantité de parties séreuses et caséeuses. On perfectionne le beurre en exprimant, par le moyen d'une percussion réitérée, ces parties hétérogènes d'entre ses parties propres; alors il est en une masse uniforme et d'une consistance molle. La liqueur qui reste après que le lait a été battu et converti en beurre, porte le nom de *babeurre* ou *lait de beurre* : elle renferme du *caséum* et une petite quantité de beurre.

Le beurre récent, et qui n'a éprouvé aucune altération, n'a presque point d'odeur; sa saveur est très-douce et agréable; il se fond à une chaleur très-faible, et ne laisse échapper aucun de ses principes au degré de l'eau bouillante. Ces propriétés, jointes à celles qu'a le beurre de ne pouvoir s'enflammer que lorsqu'on lui applique une chaleur bien supérieure à celle de l'eau bouillante, capable de le décomposer et de le réduire en vapeurs, prouve que la partie huileuse du beurre est de la nature des huiles douces, grasses et non volatiles, qu'on retire de plusieurs matières végétales par la seule expression. La consistance demi-ferme qu'a le beurre est due, comme celle de toutes les autres matières huileuses concrètes, à une quantité assez considérable d'acide butyrique qui est uni dans ce corps composé à la partie huileuse; mais cet acide est si bien combiné qu'il n'est aucunement sensible lorsque le beurre est récent et tant qu'il n'a reçu aucune altération. Lorsque le beurre vieillit et qu'il éprouve une sorte de fermentation, alors cet acide se développe de plus en plus, et c'est la cause de la rancidité qu'acquiert le beurre avec le temps, comme les huiles douces de son espèce.

La fabrication du beurre intéresse vivement l'économie domestique, et n'est pas un des produits les moins importants de la ferme dans certaines contrées. On aura sur-le-champ une idée de cette importance pour les environs de Paris, quand on saura que cette ville consomme annuellement pour environ onze millions de francs de beurre. La fabrication du beurre est d'ailleurs facile et ne demande que des soins et une propreté qui malheureusement ne sont pas aussi communs qu'on pourrait toujours le désirer. Le beurre, comme nous l'avons dit en tête de cet article, s'obtient ou du lait ou de la crème : la première méthode est moins économique; cependant on l'emploie dans quelques localités, surtout dans les départements du Nord, où le lait de beurre sert à la nourriture des gens de la ferme. L'usage de tirer le beurre de la crème est plus général et permet d'employer le lait à faire des fromages maigres. Pour opérer la séparation de la crème d'avec le lait, il faut mettre ce dernier, au sortir de l'étable, dans des vaisseaux de terre évasés, tenus proprement et dans un lieu frais; en été, cinq ou six heures suffisent pour opérer l'ascension des parties crémeuses; en hiver, il en faut au moins vingt-quatre pour que cette séparation soit complète; on s'en assure en posant le doigt légèrement sur la surface, et dès qu'on l'en retire intact, c'est un signe certain que toute la crème est montée. L'écrémage se fait de diverses manières, mais la pratique la plus générale et la plus simple consiste à l'enlever au moyen d'une cuillère presque plate et assez large.

On trouvera à l'article BARATTE le détail des diverses machines employées au battage et à la fabrication du beurre. Nous ferons seulement remarquer ici que dans l'hiver le beurre est lent à se séparer, et qu'on fera bien, pour en hâter la formation, d'envelopper la baratte d'un linge chaud en opérant près du feu et en ajoutant à la crème une certaine quantité de lait chaud. Quant aux matières étrangères conseillées quelquefois dans le même but, il vaut mieux s'en abstenir que de risquer de nuire à la qualité du beurre; ce qui s'est vu très-souvent. En été, et dans les grandes chaleurs, il faut procéder tout différemment, ne travailler à la fabrication du beurre que le matin, dans un lieu frais, en observant même de placer, au besoin, la machine dans une cuve pleine d'eau fraîche, précaution nécessaire pour empêcher la crème de s'aigrir. Lorsque le beurre est fait, ce dont on s'aperçoit aisément à une sorte de granulation qui se précipite, on retire le petit-lait. Si le beurre doit être consommé frais, surtout pour la table, et qu'il ait été fait avec de la crème nouvelle, on se contente de le pétrir légèrement avec une cuillère de bois et de le laver à l'eau fraîche. Neuf kilogrammes de lait donnent environ cinq cents grammes de beurre; ce qui est à peu près le produit d'une vache par jour.

Le beurre d'automne est généralement préféré, parce que le lait est meilleur dans cette saison, qui est aussi plus favorable à sa conservation. Il est à remarquer aussi que la qualité des fourrages influe sur la couleur et le goût du beurre, de même que ce produit offre souvent la saveur des plantes dont la vache a fait sa pâture. La fane des pommes de terre produit un beurre très-mauvais; celui que fournit par les vaches nourries de luzerne et de trèfle est de qualité inférieure; et enfin le meilleur est celui que donnent les vaches qui paissent dans les prairies naturelles.

Le beurre a une couleur jaune naturelle, plus ou moins foncée, selon la saison; mais celui d'hiver est presque blanc, et la préférence qu'obtiennent en général les beurres jaunes a amené l'habitude de colorer ceux qui ne le sont pas. On se sert ordinairement à cet effet de la fleur de souci, que l'on recueille et que l'on entasse dans des vases de grès, où elle dépose une substance jaune et épaisse, dont une très-petite quantité, délayée dans un peu de lait et jetée dans la baratte, suffit pour donner la couleur à une certaine quantité de beurre. On emploie aussi au même usage différentes autres matières colorantes moins innocentes, telles que le safran, la graine d'asperge, les baies d'alkekenge; mais souvent la qualité du beurre en est altérée, et il se conserve moins longtemps.

Le beurre frais peut se conserver quelques jours en été, et plus longtemps en hiver; le seul soin à prendre pour cela, c'est de le tenir sous une eau fréquemment renouvelée et dans un lieu frais et aéré; il suffit même de l'envelopper d'un linge humide, en observant que ce linge soit toujours tenu fort propre. Cette conservation, du reste, peut être plus ou moins longue, selon que la séparation du petit-lait aura été plus ou moins complète. Quant à la conservation du beurre pendant un temps plus long, qui peut s'étendre jusqu'à une et deux années, on l'obtient en le salant ou en le fondant, ce qui le rend en même temps propre à être transporté au loin. De ces deux méthodes, la première devrait sans aucun doute obtenir partout l'avantage, car le *beurre salé* perd moins de sa qualité et de son bon goût, et il peut se servir sur la table, tandis que le *beurre fondu* n'est guère propre qu'à l'usage de la cuisine; la cherté excessive du sel a pu seule faire choisir si souvent la seconde méthode, et l'on remarque en effet que dans les cantons désignés autrefois sous le nom de *pays de gabelle* l'usage de saler le beurre était à peine connu, tandis que cette pratique était constamment employée dans ceux qui jouissaient d'une franchise à l'égard de cet impôt.

La *salaison du beurre* se fait ordinairement au printemps ou à l'automne; les chaleurs de l'été, qui nuisent toujours plus ou moins à la qualité du beurre, doivent faire préférer cette seconde époque. On emploie communément le sel blanc pour le beurre fin, et le gris pour le beurre commun; mais il est toujours nécessaire que l'un et l'autre soient bien secs: il faut même faire sécher le sel gris au four et le broyer grossièrement avant de s'en servir. On emploie le sel dans la proportion de 60 à 120 grammes par kilogramme pour le beurre qui doit voyager, et moins pour celui qui doit être consommé sur les lieux. Pour bien saler le beurre, on l'étend par couches, que l'on saupoudre à mesure de sel, et que l'on manipule ensuite partiellement et en masse pour rendre le mélange bien complet et saler également. On le met ensuite dans des pots de grès ou des tonneaux, et il doit y être foulé avec force et ensuite recouvert d'une saumure très-épaisse.

Pour obtenir le *beurre fondu*, il ne faut pas attendre que le beurre que l'on a intention de fondre soit ancien, parce qu'il aurait pu contracter un état de rancidité que la chaleur nécessaire à l'opération ne parviendrait jamais à lui faire perdre entièrement. On prend un chaudron de cuivre jaune, extrêmement propre, d'une capacité proportionnée à la quantité de beurre qu'on veut fondre; on a soin que le feu auquel il est exposé soit clair, égal, modéré, et d'éviter, autant qu'il est possible, la fumée, qui, par suite de son contact avec la surface du beurre fluide et chaud, finirait par se combiner entièrement avec lui et lui communiquer un goût désagréable. Au moyen d'une chaleur douce et uniforme, le beurre se liquéfie très-facilement, et dès qu'il commence à frémir, il ne faut plus le perdre de vue. On l'agite pour favoriser l'évaporation de l'humidité, empêcher qu'il ne monte, et pour enlever à la matière caséeuse interposée dans le beurre son adhérence, sa fluidité et sa solubilité. Bientôt une portion de cette matière recouvre la surface comme une écume; on la sépare à mesure qu'elle se forme; l'autre, pendant la liquéfaction, se concrète, se précipite au fond du chaudron, y adhère, et présente une matière connue sous le nom vulgaire de *gratin*. Dès que cette matière est formée, il faut se hâter de diminuer le feu, car elle se décomposerait et communiquerait au beurre une mauvaise qualité; l'indice le plus certain pour juger si le beurre est parfaitement fondu, c'est lorsque la totalité a une transparence comparable à celle de l'huile, et qu'il s'enflamme sans pétiller quand on en jette quelques gouttes sur le feu. On achève alors d'écumer le beurre, et on retire le chaudron de dessus le feu. On laisse ensuite reposer un instant la liqueur sur le feu, puis on la verse par cuillerées dans des pots bien échaudés et séchés au feu, qu'on recouvre après que le beurre est tout à fait refroidi. Une autre méthode, que beaucoup de personnes préfèrent, parce qu'elle entraîne moins d'embarras et qu'elle exige moins de soins, est d'exposer le beurre au four après que le pain en est retiré. Pour cet effet, on emploie tout simplement des pots de terre: le beurre se fond insensiblement, et du soir au lendemain matin, on le retire, on l'écume et on le laisse se refroidir. Mais on sent facilement que par cette méthode le beurre n'est souvent pas assez dépouillé de son humidité, qu'il est mal écumé, et qu'enfin la séparation de la matière caséeuse ne s'opère pas assez complètement. Un troisième procédé consiste à tenir le beurre en liquéfaction pendant un certain temps au bain-marie, et à le verser ensuite par inclinaison dans des pots de terre. La matière caséeuse, en se déposant, entraîne avec elle une portion de beurre: pour l'en séparer entièrement, on ajoute au dépôt une quantité proportionnée d'eau bouillante, et on remue un instant le mélange; après quoi on le laisse en repos jusqu'au parfait refroidissement. Le beurre vient surnager à la surface du liquide, d'où on le retire facilement lorsqu'il est entièrement figé. On mêle à ce beurre, lorsqu'il n'est encore qu'à demi figé, une quantité proportionnée de sel séché, parfaitement égrugé; et lorsque son refroidissement est complet, on le met dans des pots, dont on couvre la surface d'une légère couche de sel pareillement pulvérisé. Ce beurre, fondu et salé en même temps, s'exporte au loin sans se détériorer.

On fait du beurre non-seulement avec le lait de vache, mais aussi avec le lait de brebis et de chèvre, et même avec le lait de cavale et d'ânesse.

L'analogie a fait donner le nom de *beurres* à plusieurs produits végétaux; ce sont en général des matières grasses, solides, extraites de fruits exotiques, comme les *beurres de Galam* (voyez ELÆIS), *de cacao, de coco, de muscade*, etc.

BEURRE (*Botanique*). Plusieurs plantes cryptogames portent vulgairement ce nom. Le *beurre d'eau* (*ulva pruniformis*) appartient au groupe des ulves d'eau douce. D'après Pallas, il est employé en Sibérie pour guérir les maux des jambes ou des yeux. Le *beurre de fourmi* est une espèce d'ulve qui croît dans les fourmilières. Le *beurre de terre* est une autre espèce d'ulve qui croît au pied des sapins.

BEURRE (*Chimie*). Dans l'ancienne chimie, ce mot était synonyme de *chlorure*: c'est ainsi que l'on disait *beurre d'antimoine, beurre d'arsenic, beurre de bismuth, beurre d'étain, beurre de zinc*, au lieu de *chlorure d'antimoine*, etc.

BEURRE DE CIRE. On nomme ainsi la cire distillée, à cause de sa consistance butyreuse après cette opération.

BEURRE DE MONTAGNE, BEURRE DE PIERRE, ou BEURRE DE ROCHE. C'est une matière onctueuse, de couleur jaunâtre, qui forme de petits amas, et quelquefois des espèces de stalactites dans les cavités des montagnes schisteuses de Sibérie. Cette substance est un mélange d'argile, d'alumine sulfatée, d'oxyde de fer et de pétrole.

BEURRÉ, sorte de poire ainsi appelée parce qu'elle a la chair douce et fondante.

BEUVRON. Voyez HARCOURT.

BEVERLAND (ADRIEN), savant Hollandais, qui, par la nature de plusieurs de ses ouvrages et par les obscénités qu'on y trouve, excita les plus vives discussions parmi les théologiens de son temps, était né à Middelbourg, vers le milieu du dix-septième siècle. Il avait étudié le droit, visité l'université d'Oxford, et était procureur en Hollande, lors-

DICT. DE LA CONVERS. — T. III.

qu'il fit paraître, en 1678, l'ouvrage intitulé : *Peccatum originale*. « Le but de ce livre est de prouver, dit M. Depping, que le péché d'Adam est son commerce charnel avec Ève, et que le péché originel est le penchant mutuel d'un sexe vers l'autre. » A La Haye, on le brûla publiquement par la main du bourreau, et on emprisonna l'auteur, à qui les villes de Leyde et d'Utrecht interdirent désormais tout séjour dans leurs murs. De retour à La Haye, il y composa sous ce titre : *De stolatæ virginitatis jure* (1680), un écrit qui l'emportait encore en obscénité sur le premier.

Peu de temps après, il passa en Angleterre, où il trouva un protecteur dans la personne d'Isaac Vossius, et il paraît même qu'il se fit alors recevoir docteur en droit à Oxford. Mais il rencontra parmi les théologiens des adversaires non moins ardents en Angleterre que dans sa patrie, à en juger du moins par les sales pamphlets qu'il composa contre plusieurs chefs de l'Église anglicane. Peut-être la mort de son protecteur, Isaac Vossius, en 1689, fut-elle ce qui le détermina à se rétracter et à exprimer le regret d'avoir employé pour démontrer les vérités du christianisme une méthode d'exposition qui avait si justement choqué le public savant. Il paraît qu'il finit par être atteint d'aliénation mentale, et qu'il mourut en Angleterre, vers 1712. Malgré les nombreux adversaires qu'il s'était attirés, Beverland compta des amis parmi les hommes les plus célèbres de son temps. Il faut reconnaître d'ailleurs que les opinions qu'il a émises au sujet du péché originel ont été partagées, tant avant qu'après lui, par un grand nombre d'auteurs, mais que ceux-ci les ont présentées avec plus de gravité. Ses ouvrages, devenus extrêmement rares, appartiennent aujourd'hui aux curiosités bibliographiques.

BEVERLEY (JEAN DE), *Joannes Beverlacius*, archevêque d'York, né à Harpham, dans le Northumberland, dans la seconde moitié du septième siècle, mort en 721, commença par être abbé du monastère de Saint-Hilda. En 685 Alfred, roi de Northumberland, lui donna l'évêché d'Hexham, et deux ans plus tard l'archevêché d'York. Ce prélat apporta un soin tout particulier à favoriser l'étude et la propagation des lumières. Dans ce but il fonda en 704, à Beverley, un collège pour les prêtres séculiers, où il se retira après trente-quatre ans d'épiscopat. Bède et quelques autres écrivains ecclésiastiques lui ayant attribué divers miracles, son corps fut exhumé au douzième siècle par Alfric, archevêque d'York, et exposé dans une châsse magnifique à la vénération des fidèles; et en 1416 un synode tenu à Londres institua une fête annuelle pour célébrer l'anniversaire de sa mort. Sa mémoire inspirait une si grande vénération aux populations du Northumberland, que Guillaume le Conquérant, lorsqu'il ravageait cette province, crut politique d'épargner la ville de Beverley.

BEVERN, petit bourg du Brunswick, situé dans le Harz, à 4 kilomètres de Holzminden, sur la Bever, avec 1,400 habitants. On y voit les ruines de l'ancien château d'Eberstein. Ce bourg avait donné son nom à une branche collatérale, aujourd'hui éteinte, de la maison de Brunswick.

BEVERN (AUGUSTE-GUILLAUME, duc DE BRUNSWICK-), général au service de Prusse pendant la guerre de sept ans, était né en 1715, à Brunswick, d'une branche collatérale de la maison de Wolfenbüttel. Il entra de bonne heure au service, et fit la campagne de 1734 sur le Rhin. Promu au grade de général, en récompense de la distinction avec laquelle il avait fait les deux guerres de Silésie, il contribua beaucoup au gain de la bataille de Lowositz, livrée le 1er octobre 1756. L'aile gauche qu'il commandait ayant consommé toutes ses cartouches sans que la position de Lowositz eût encore pu être enlevée, il s'écria, quand on vint lui apprendre que les munitions manquaient : « Ah çà, camarades ! n'avez-vous donc plus de baïonnettes au bout de vos fusils? » A ces mots, les Prussiens, enflammés d'une nouvelle ardeur, se précipitent à la baïonnette sur les retranchements autrichiens, les enlèvent, et décident du succès de la journée. Le 29 avril 1757, peu de temps avant la bataille de Prague, il enleva aussi, après des prodiges de valeur, le camp retranché du comte de Kœnigseck, près Reichenberg. Il prit également part aux batailles de Prague et de Collin. Pendant que Frédéric le Grand marchait contre Soubise, le duc de Bevern commandait l'armée de la Silésie et de la Lusace; il fut cause, par ses fausses manœuvres, de la mort prématurée du Winterfeldt. Constamment malheureux depuis ce moment, il se laissa complétement battre à Breslau, le 25 novembre 1757. Douloureusement affecté d'avoir si mal répondu à la confiance du grand Frédéric, il tenta de se soustraire à sa colère en se faisant faire prisonnier le lendemain de cette malheureuse affaire dans une reconnaissance poussée jusqu'aux avant-postes autrichiens. Il fut cependant échangé dès l'année suivante, et le roi de Prusse le nomma gouverneur de Stettin. En 1762 ce prince lui confia encore le commandement d'un corps détaché à Reichenbach, où il prit sa revanche sur les Autrichiens, qu'il battit le 7 août. Après la paix d'Hubertsbourg, il passa la plus grande partie du reste de sa vie à Stettin, et y mourut, en 1782.

BEVERNINGK (JÉRÔME VAN), célèbre homme d'État hollandais, né à Tergau, en 1614, mort aux environs de Leyde, en 1690, fut un des plus habiles diplomates de son temps. Ce fut lui qui, en 1654, dirigea les négociations de la paix qui se conclut alors entre les Provinces-Unies et l'Angleterre. Il prit également part à celles qui amenèrent en 1667 la conclusion du traité de Breda, en 1668 celle du traité d'Aix-la-Chapelle, et en 1678 celle de la paix de Nimègue. Botaniste instruit, c'est à lui qu'on est redevable de l'introduction en Europe de la capucine à grandes fleurs (*tropæolum majus*). Ce fut lui aussi qui détermina Paul Hermann à voyager dans l'Inde, d'où il rapporta un herbier des plus précieux. La protection généreuse que Beverningk accordait aux sciences et aux lettres lui avait mérité l'honneur d'être nommé curateur de l'université de Leyde.

BÉVUE. Ce mot, employé autrefois en pathologie dans le sens de diplopie, *vue double* (de *bis*, deux fois, et *visus*, vue) signifie dans le langage usuel une *méprise*, une *erreur*, dans laquelle on tombe par ignorance, par inadvertance, par défaut de réflexion. La *méprise* est l'action de mal prendre; elle est parfois un mauvais choix. L'*erreur* est un écart de la raison; elle est tantôt un faux principe, tantôt une fausse application de principe, tantôt enfin une fausse conséquence; elle est donc toujours en opposition avec la vérité.

Que de bévues se sont commises depuis que le monde est monde! Les auteurs en ont plus d'une à se reprocher, les traducteurs surtout. Ainsi les abréviateurs de la Bibliothèque de Gessner attribuent le roman d'*Amadis* à un certain *Acuerdo Olvido*, ignorant que ces deux mots, placés en épigraphe au frontispice de la traduction, signifient en espagnol : *souvenir oublié*. Un honnête franciscain, compilateur d'une *Histoire de l'Église*, place parmi les écrivains sacrés le poëte Guarini, trompé par le célèbre pastorale *Il Pastor fido*, qu'il traduisait *Le Pasteur fidèle*. Un autre traducteur français, l'abbé Vial, prétend que l'évêque de Canterbury disposa des *canons* sur les stalles de sa cathédrale. Le malheureux ignorait qu'en anglais le mot *cannon* ne signifie pas seulement *canon*, mais *chanoine*. Un écrivain français, enfin, dans une version de la comédie de Cibber : *Love's last Shift*, intitule la pièce non *La dernière Ruse de l'Amour*, mais *La dernière Chemise de l'Amour*.

Toute érudition d'emprunt expose aux bévues. Combien de *savantasses*, dans notre siècle de lumière, prendraient, comme le singe de la fable,

Un nom de port pour un nom d'homme !

Nous avons entendu un financier en renom de la rue Laffitte dire sérieusement à un gentil-homme du faubourg Saint-Germain qui avait une fille à marier : « Eh bien, cher, ne pensez-vous donc pas sérieusement à donner un *Plutarque* à votre *Laure?* » Un vaudevilliste bien connu, que la Restauration, en un jour de gaieté, avait transformé en bibliothécaire, trouvant sur tous les bouquins confiés à sa garde l'inévitable étiquette *ex libris*, s'imagina de la faire graver, en vedette de son nom, dans la coiffe de son chapeau, persuadé qu'elle voulait dire : *J'appartiens à...*

BEWICK (Thomas), né en 1753, au petit village de Cherryburn, dans le Northumberland, montra dès son enfance de grandes dispositions pour le dessin.

Il était venu au monde dans une ferme appartenant à son père. Nouveau Giotto, son unique plaisir était de reproduire avec un peu de craie ou de charbon les formes des animaux qui l'entouraient. Giotto avait été deviné par Cimabue : un graveur sur cuivre nommé Bielby, ayant vu par hasard les essais du jeune Bewick, pria instamment son père de lui laisser emmener l'enfant comme apprenti à Newcastle. La famille y consentit. Les progrès de l'apprenti furent rapides, et il se distingua surtout dans la gravure sur bois, dont il devait être le régénérateur.

Bewick eut bientôt sa part dans les travaux et dans les bénéfices de son maître, et en 1775 il remporta le prix proposé par la Société des Arts de Londres pour la meilleure gravure sur bois ; sa composition, qui représentait un chien de chasse, le plaça au premier rang des graveurs anglais. Ce dessin fut inséré plus tard dans une édition des fables de Gay, imprimée à Newcastle, illustrée par Bewick et par son frère *John*, qu'il s'était associé depuis plusieurs années.

L'œuvre de Bewick est immense. Dans les ventes, les amateurs et les artistes se disputent ses dessins. Le plus remarquable de ses ouvrages est son *Histoire des Quadrupèdes*, où il a surmonté d'immenses difficultés.

Entièrement voué à son art, Bewick mourut en 1828, après avoir formé un grand nombre d'élèves.

BEY, BEG, BEK, ou BEIGH, est un mot turc, dont l'orthographe varie d'après la prononciation en usage dans les divers pays où on l'emploie ; il répond au titre de *prince* et de *seigneur*, et se donne aux chefs militaires, aux capitaines de vaisseau et aux étrangers de distinction. Il désigne plus particulièrement le gouverneur d'un petit district nommé quelquefois *beylick*, lequel porte comme signe distinctif de sa dignité une queue de cheval. On sait que le sultan en a sept et le grand vizir cinq, et les pachas, suivant leur importance, trois ou deux. Nous trouvons ridicule cette distinction des rangs par queues de cheval ; mais combien les Orientaux, de leur côté, ne doivent-ils pas rire de nos croix, de nos cordons et de nos crachats !

Le fondateur de la puissante dynastie des Seldjoukides, Thogrul, en arrivant en Perse à la tête de sa nombreuse tribu, vers le milieu du onzième siècle, n'y apporta que le titre de *beigh*, qu'il conserva même après avoir reçu du khalife celui de *sulthan*.

Le fameux Timour (Tamerlan), le conquérant de la Perse, de l'Indoustan, de l'Asie Mineure, de la Syrie, d'une partie de la Tartarie et de la Russie, le vainqueur de Bajazet, qui était sulthan et khan (empereur), et de plusieurs khans tatares, ne portait que le titre de *bek* et celui d'*émir*, qui en arabe signifie également *prince*.

Les princes de la dynastie turcomane *Ac-Coinlu*, ou du *Mouton-Blanc*, qui ont régné en Perse à la fin du quinzième siècle, n'ont pas porté d'autre titre que celui de *bey*.

Le souverain héréditaire de Tunis porte le titre de *bey*. C'était aussi le titre que prenaient les gouverneurs de Constantine, d'Oran, de Tittery, avant la conquête de l'Algérie par la France.

BEYLE (Henri), plus connu comme écrivain que par les emplois qu'il a occupés, mort en 1844, était né à Grenoble vers 1776. Fils d'un riche propriétaire, avocat au parlement de cette ville, il devint par la protection du comte Daru, son parent, inspecteur du mobilier et des bâtiments de la couronne sous l'Empire, et auditeur au conseil d'État. Investi d'une mission en Allemagne, spécialement pour le choix des livres et manuscrits que l'on voulait tirer de la célèbre bibliothèque de Wolfenbuttel, à laquelle avait présidé Leibnitz, il nous apprend lui-même, dans sa publication sur *Rome, Naples et Florence*, qu'il séjourna à Cassel (Hesse), et qu'il y connut l'historien Jean de Müller. Nous étant trouvé dans la même ville, à la même époque, en rapport par nos fonctions avec cet homme illustre, ainsi qu'avec un M. Beyle remplissant alors l'emploi de secrétaire général du ministère des finances auprès du comte Beugnot, nous avons tout lieu de croire que notre collègue était l'écrivain à qui cette notice est consacrée.

Presque tous les travaux littéraires de M. Beyle ont été publiés sous les pseudonymes *L.-A.-C. Bombet* ou *de Stendhal*. Six voyages et un séjour de dix ans en Italie, son amour pour les arts du dessin et pour la musique, lui avaient donné le droit d'écrire sur les merveilles comme sur les mœurs de la Péninsule et sur le caractère de ses habitants. Refusé d'abord par l'Autriche en qualité de consul à Trieste, c'est cependant en Italie qu'il a terminé sa carrière, à Civita-Vecchia, où il avait été appelé à exercer les mêmes fonctions.

Le début de cet écrivain dans la carrière des lettres ne fut pas heureux. Publiant, en 1815, sous le pseudonyme *Bombet*, des *Lettres écrites de Vienne sur Haydn*, il avait *oublié* de signaler l'auteur italien de ces lettres, Carpani, l'ami du grand compositeur. Il reproduisit avec plus de succès ce travail en 1817, sous le titre de *Vies de Haydn, Mozart et Métastase*, in-8°.

M. Beyle s'est fait connaître comme amateur écrivant sur les arts, comme moraliste et voyageur, enfin comme romancier et conteur. A l'écrivain amateur appartiennent, outre l'œuvre que nous venons de citer : 1° son *Histoire de la Peinture en Italie* (Paris, 1817) ; 2° en italien, l'écrit intitulé : *Del Romanticismo nelle Arti* (Florence, 1819) ; 3° sur l'art dramatique, et en faveur du romantisme, *Racine et Shakspeare* (Paris, 1823 et 1825) ; 4° *Vie de Rossini* (1823 et 1824). Le voyageur, le moraliste, souvent satirique, réclame : 1° le livre intitulé *De l'Amour* (1822). On a vanté le mot *cristallisation*, donné par l'auteur comme définition de l'amour. Nous avouons nous en tenir de préférence à celle de Platon : « L'amour est une entremise des dieux avec la jeunesse » ; 2° *Rome, Naples et Florence* (1817, in-8°) ; 3° *D'un nouveau complot contre les industriels*, diatribe contre l'industrialisme, dans la feuille *le Globe* (1825) ; 4° *Promenades dans Rome* (1829) ; 5° *Mémoires d'un Touriste* (1838). Au romancier et au conteur doivent être rapportées les publications suivantes : 1° *Armance, ou quelques scènes de Paris* (1827) ; 2° *le Rouge et le Noir*, chronique du dix-neuvième siècle (1830) ; *la Chartreuse de Parme* (1839), dans les journaux et dans les revues, presque comme un chef-d'œuvre ; 3° *l'Abbesse de Castro*, publiée dans la *Revue des Deux Mondes*. On en a fait un drame ; 4° enfin, différentes nouvelles publiées dans les revues, entre autres *Vanino Vanini*, et *Le Cenci*, histoire de 1599.

L'écrivain à qui l'on a dû tant de publications en divers genres était certainement un homme de beaucoup d'esprit et de talent ; on lui a reproché un esprit frelaté, une affectation continuelle d'originalité, la prétention aux idées singulières et bizarres. Ce reproche avait déjà été fait à un écrivain dont Beyle semblait quelquefois avoir pris pour modèle, M. Simond, auteur de *Voyages*, curieux et estimés, *en Angleterre, en Suisse et en Italie*. Il arrive en effet trop souvent au premier, et peut-être à tous deux, de chercher ce que les Allemands appellent l'*excentricité*. Toutefois, il y a aussi beaucoup de naturel dans leur singularité, et c'est là ce qui les rend piquants ; on est agréablement surpris de rencontrer des hommes qui jugent comme ils ont senti. On a beau se trouver souvent choqué de leur témérité, on leur sait gré, en définitive, de ne pas se faire les échos de tous ceux qui ont écrit avant eux. Il y aurait d'ailleurs trop de rigueur à apprécier la plupart des écrits de M. Beyle comme des ouvrages ; car son humeur indépendante ne s'y astreignait à aucun plan, à aucune méthode : il suivait son impulsion et laissait courir sa plume ; à meilleur titre que Sterne, il eût pu dire : « J'écris ma première phrase, et je m'abandonne pour le reste à la Providence. » Nous ne le prendrons donc pas plus au sérieux qu'il n'a voulu l'être. Il était de l'école de Voltaire, mais du Voltaire qui a écrit *Candide*, *Babouc*, etc. Quoique M. Beyle sentît vivement les arts et les passions, et qu'il s'y connût, il s'en faut bien que ses opinions fussent toujours celles d'un homme d'un goût et d'un jugement sûrs. Mais avec ses défauts, ses boutades et ses *étrangetés* en goût et en morale, il se fait lire, parce qu'il intéresse quelquefois, et qu'il amuse presque toujours.

On aurait grand tort toutefois de ne voir dans M. Beyle qu'un *touriste* frivole et paradoxal : quand il peint les habitudes, les mœurs, les passions des peuples de l'Italie, il se montre bon observateur, et ses remarques sur les vices des institutions et des gouvernements, sur les funestes conséquences de ces abus invétérés, annoncent une âme honnête, indépendante, qui sent vivement le mal fait aux hommes, et réclame avec énergie en faveur des malheureux. Pourquoi faut-il que l'auteur n'ait pas apporté plus de sérieux et de soins dans ses travaux ! Selon lui, ce n'est pas la durée du succès qui classe une œuvre quelconque ; c'est la vivacité de l'impulsion produite, ou, pour parler net, la vogue du moment. « Il n'y a pas de prochain », écrivait l'abbé Galiani à l'un de ses amis. Nous disons à présent : « Il n'y a pas de postérité » : à la bonne heure !

AUBERT DE VITRY.

BEYROUTH. *Voyez* BEIROUT.
BEZANT. *Voyez* BESANT.
BÈZE (THÉODORE DE), *un des principaux piliers de la réforme* (Bayle), qui fut à Calvin ce que Mélanchthon fut à Luther, et que ses coreligionnaires avaient surnommé le *Phénix de son siècle*, naquit le 24 juin 1519, à Vézelai dans le Nivernais, au même lieu où saint Bernard avait prêché la seconde croisade. Il fut destiné d'abord à l'état ecclésiastique. Sa famille était riche et noble ; il avait fait avec succès les plus brillants progrès dans les lettres sacrées et profanes. A peine âgé de vingt-cinq ans, sans avoir encore pris les ordres, il était pourvu de deux ou trois riches bénéfices, entre autres du prieuré de Longjumeau. *Beau comme Adonis*, *fort comme Hercule*, éloquent, doué de la *prestance d'un prince et de l'esprit d'un ange*, pour me servir des expressions de ses contemporains, il pouvait prétendre aux premières dignités de l'Église catholique ; mais dès son enfance il avait été imbu des principes de la Réforme par Melchior Wolkmar de Rothwell, jurisconsulte et helléniste, qui professa pendant plusieurs années à Orléans et à Bourges. L'indépendance des nouvelles doctrines convenait merveilleusement à l'esprit fier, fougueux et emporté du jeune Théodore, qui, malgré les écarts d'une adolescence très-dissipée, était parvenu presque en se jouant à en savoir autant que son docte maître. Mais, par une loi de la nature qui admet peu d'exceptions, elle n'avait pu départir tant de dons à un mortel sans y mêler le germe des passions les plus orageuses. Homme complet s'il en fut jamais, Bèze les eut toutes. Il ne connaissait dans sa vie privée que cette autre loi, appelée par les épicuriens la *bonne loi naturelle*, et il s'y livra sans frein et ouvertement.

Celui qui, par la séduction de la parole, devait un jour faire tant de prosélytes à la Réforme, commença par faire chez l'un et l'autre sexe *maintes conquêtes à Satan* :

c'est l'expression dont plus tard il se servit lui-même pour faire allusion à cette époque de sa vie. Toutefois, dans l'infâme diversité de ses goûts, une femme, Claudine Denosse, épouse d'un tailleur, et un jeune homme de famille, d'esprit et de talent, Audebert, depuis président à l'élection d'Orléans, inspirèrent à Bèze une double passion, qu'il s'est plu à immortaliser dans des vers latins livrés par lui sans pudeur à l'impression. Je veux parler de cette fameuse pièce qui a toujours été contre lui un si grave sujet d'accusation, et qui a donné lieu à une polémique qui remplirait des *in-folio*. En vain Bayle, ordinairement plus impartial, a voulu le défendre de ce méfait, en vain a-t-il rassemblé toutes les preuves à côté de la question pour innocenter son *pape calviniste*, il n'a pu y parvenir. C'était impossible. On en jugera, du reste, par la citation suivante, qui n'a besoin ni de traduction ni de commentaire :

At est Candida sic avara novi,
Ut totum cupiat tenere Bezam :
Sic Bezæ est cupidus sui Audebertus
Bezâ ut gestiat integro potiri.
Amplector quoque sic et hunc et illam,
Ut totus cupiam videre utrumque,...

Ces vers, et diverses autres pièces érotiques, écrits avec le mol abandon de Catulle et toute la licence de Pétrone, parurent pour la première fois en 1548, avec le portrait de l'auteur, alors âgé de vingt-neuf ans. Depuis quatre ans, Bèze vivait avec sa Candida, qui voulait à toute force se faire épouser ; mais pour y parvenir, l'un et l'autre devaient, en apostasiant, rompre les liens qui attachaient Claudine à un honnête artisan, et Bèze à l'Église catholique. « Cette femme, dit Bayle, avait beau lui parler de noces, le revenu des bénéfices auquel il eût fallu renoncer réfutait fortement toutes ses instances. » Mais il rompit enfin *cette ligature*. Une maladie grave le fit sortir de cet état d'irrésolution ; il eut peur de l'enfer, et il abandonna ses bénéfices, ses espérances et sa famille, pour se rendre à Genève, où il épousa sa concubine, après avoir bien et dûment abjuré, comme il le dit lui-même, *la papauté*, ainsi *qu'il l'avait voué à Dieu depuis seize ans*.

Bayle admire son désintéressement, d'avoir ainsi, pour faire un mariage de conscience et embrasser la Réforme, sacrifié la douce opulence que lui promettait la prélature romaine ; mais il ne dit pas d'abord que la publication de ses *Juvenilia* allait lui attirer, de la part du parlement de Paris, un procès pour adultère et vice contre nature ; en second lieu, qu'il sut, en quittant la France, vendre à beaux deniers ses bénéfices, « commençant ainsi, dit Mézerai, la réforme de sa vie par une simonie et par un adultère ». On trouve en outre dans Bayle, indépendamment de ses réticences et de la faiblesse de ses arguments, une preuve plus positive de la culpabilité de Bèze : ce sont les insinuations mêmes que cet auteur, entraîné par la force de la vérité et la justesse de son esprit, a glissées dans les notes de son élogieux article. Il tance vertement les maladroits apologistes de Bèze : l'un d'eux, par exemple, pour prouver que la *Candida* des *Juvenilia* n'était pas Claudine Denosse, enlevée à son mari, soutenait que les vers sur *l'agrafe qui voilait le sein de Candida* ne pouvaient s'appliquer à la femme d'un tailleur, comme si la femme d'un tailleur de Paris n'était pas dans le cas, en ce temps-là, « de porter une agrafe, dit Bayle, qui empêchât qu'on ne lui vît à son aise ses appas ». D'ailleurs, n'était-elle pas en même temps la maîtresse entretenue d'un riche bénéficier ? Enfin, Bayle reconnaît lui-même, dans une autre note, que pour ne voir qu'*un jeu d'esprit dans une fatale épigramme*, pour la voir *nette et pure des horreurs que les missionnaires* (catholiques et luthériens) *prétendent y découvrir*, il faut *être des amis de l'auteur*. Cela n'équivaut-il pas à un aveu ?

Après son changement de religion, Bèze fut nommé professeur de grec à Lausanne : c'est là qu'il publia sa tragédie française d'*Abraham sacrifiant* (1550), qui fut bientôt traduite en latin et répandue partout. Quiconque essayera de la lire aujourd'hui aura peine à concevoir ce qu'en dit Estienne Pasquier : « qu'Abraham est si bien retiré au vif, qu'en le lisant il me fit autrefois tomber les larmes des yeux. » Mais un ouvrage qui étendit bien davantage la renommée de Bèze, et qui prouve qu'il n'y avait alors pas plus de philosophie et d'esprit de tolérance chez les réformateurs que chez leurs adversaires, c'est son fameux traité *De hæreticis a civili magistratu puniendis*. C'est l'apologie du jugement et du supplice de Servet, condamné au bûcher comme hérétique par les magistrats de Genève, le 27 octobre 1553. Bèze n'était au surplus, dans cette circonstance, que l'interprète des sentiments et de la doctrine des hommes les plus importants de son parti. Ils applaudirent vivement à son ouvrage, qu'ils regardaient comme *publié à propos pour refréner les esprits flottants*. Il devint dès lors un homme très-important parmi ses coreligionnaires, et fut chargé en 1558 d'aller en Allemagne solliciter l'intercession de quelques princes auprès du roi de France, en faveur des protestants de ce royaume. Dans cette mission, ses avantages extérieurs ne le servirent pas moins bien que son éloquence, sa dextérité, son zèle infatigable. L'année suivante il quitta Lausanne, pour aller s'établir à Genève. Était-il dans cette circonstance guidé par le seul désir de se fixer dans la métropole de la Réforme, ou l'aventure scandaleuse d'un enfant fait à sa servante lui rendait-elle impossible un plus long séjour à Lausanne? Car voilà encore contre lui une accusation que ses ennemis ont su fort bien établir, et que ses apologistes n'ont pas victorieusement réfutée. A l'article *Bèze*, Bayle, en la rapportant sans commentaire, ajoute que dans ce départ il y eut *quelque chose de caché*. Il est vrai que dans l'article *Calvin* il avance que ce déplacement n'eut d'autre motif que des *factions consistoriales et académiques*.

A cette époque Bèze était devenu l'ami intime de Calvin. Ce réformateur, malgré l'âpreté de son caractère, avait cédé comme tous les autres à la séduction que Bèze exerçait sur ceux qui l'approchaient. « En comparant l'aigreur sauvage de Calvin, sa sécheresse caustique et atrabilaire, dit un moderne, avec la douceur affable et enjouée de Théodore de Bèze, son plus constant ami, on disait qu'on aimerait mieux être en enfer avec Théodore de Bèze qu'en paradis avec Calvin. » On cherchait alors à Genève à perfectionner les études et à répandre le goût des lettres. Une académie venait d'être formée (1559) : Calvin voulut que Bèze en fût nommé recteur, et y occupât une chaire de théologie. L'éclat de son cours, qu'il interrompit pour aller en France convertir le roi de Navarre, Antoine de Bourbon, le succès de sa mission calviniste dans le Béarn, avaient fixé sur lui les yeux de l'Europe politique et lettrée, lorsque le colloque de Poissy vint ajouter à sa célébrité. Bèze y fut envoyé avec onze docteurs de la Réforme. Si l'on en croit les mémoires du temps, le cardinal de Lorraine, avant d'entrer en lice avec lui, tenta inutilement de le conquérir à la foi catholique par l'appât des honneurs. Il résista avec une fermeté modeste. Le jour de la conférence arrivé, Bèze et ses collègues, avant d'exposer leur doctrine, tombèrent à genoux, et il récita à voix haute une fervente oraison dans laquelle il implora les lumières du ciel. Il expliqua ensuite avec modération, d'une manière aussi peu polémique que possible, les points sur lesquels les calvinistes s'accordaient avec l'Église romaine, et ceux sur lesquels ils en différaient. Mais quand il vint à dire qu'encore bien que ses frères confessassent la présence réelle de Jésus-Christ dans l'Eucharistie, ils croyaient que son vrai corps, formé dans le sein d'une vierge, était aussi éloigné du pain et du vin après la consécration *que le plus haut ciel est éloigné de la terre*, cette parole parut si choquante aux évêques « qu'ils commencèrent à bruire et murmurer, dont les uns disoient : *blasphemavit* ; entre autres le cardinal de Tournon, doyen des cardinaux, qui étoit assis au premier lieu, requist au roy et à la reyne que l'on imposât silence à de Bèze, ou qu'il fust permis à sa compagnie de se retirer. (Bèze, *Hist. Ecclésiastique.*) » Catherine ne céda point à ce conseil violent, et il fut écouté jusqu'au bout. Cependant elle ne laissa pas de blâmer Bèze « de s'être oublié en une comparaison si absurde et tant offensive des oreilles de toute l'assistance ». Le cardinal de Lorraine, qui lui répondit quelques jours après, montra plus de modération : « Plût à Dieu, s'écria-t-il, que cet homme eût été muet, et que nous eussions été sourds! » Tout cela est sans doute bel et bien; mais, comme on l'a dit avec esprit, puisqu'on voulait des colloques, il fallait y apporter des oreilles plus aguerries. On sait quel fut le résultat du colloque : il fit briller les orateurs de chaque parti, et enflamma davantage le fanatisme des deux côtés.

Bèze ne retourna point à Genève : l'édit de janvier 1562 ayant permis aux réformés l'exercice public de leur culte, il prêcha à Paris, et se distingua dans toutes les occasions par la ferveur de son zèle. Ses adversaires disaient alors de lui qu'il était la trompette de discorde dans les guerres civiles. Il assista à la bataille de Dreux, où les protestants furent défaits (1563). On l'accusa de s'être battu, mais il se défend d'avoir jamais quitté la houlette du pasteur pour le glaive de l'homme de guerre. Poltrot de Méré, assassin du duc de Guise, dans son premier interrogatoire, nomma Bèze avec l'amiral de Coligny comme lui ayant inspiré son exécrable projet. Il se rétracta ensuite devant le président de Thou. On doit dire que sa première déclaration paraît avoir obtenu peu de créance parmi les contemporains.

Bèze quitta la France lors de la pacification de 1563, et revint prendre sa place dans l'académie de Genève. A la mort de Calvin, en 1564, il succéda à tous les emplois de son ami et de son maître, et fut dès lors regardé comme le chef des réformés en France et à Genève. Il ne revit désormais que rarement la France, et toujours pour l'intérêt des calvinistes. Au synode de La Rochelle, toutes les Églises réformées de France lui déférèrent l'honneur de présider l'assemblée. Il fut encore employé à une négociation importante en Allemagne, dans l'année 1574, et assista à différentes époques à des conférences tenues en Suisse et en Allemagne pour l'éclaircissement de quelques points de doctrine. En 1586 il eut à Montbéliard une conférence publique avec Jacques André, théologien de Tubingue. L'issue de cette dispute « fut comme toujours, observe Bayle : chaque parti se vanta d'avoir triomphé, et publia des relations victorieuses ».

Dans la discussion orale, Bèze conservait de la dignité, de la grâce, de la modération; il n'en est pas de même de ses écrits polémiques. Quel amas d'injures et de trivialités! avec quelle avidité il recueille et reproduit, en les envenimant, les bruits les plus hasardés qui couraient contre ses adversaires! *Vilain, effronté, misérable, pédant, puant, loup déguisé, serpent, singe*, telles sont les épithètes qui reviennent fréquemment sous sa plume. Les écrivains réformés, entre autres Jurien et Claude, ne lui ont pas reproché moins sévèrement que les catholiques « les médisances bouffonnes, impures, qui ne pouvaient convenir qu'à ceux qui n'ont point eu d'autre école que des lieux de prostitution. » Au surplus, si Bèze ménageait peu ses adversaires, ceux-ci le lui rendaient bien. On doit regretter qu'un esprit aussi distingué, qu'un homme qui avait tant de grâce dans la vie privée, ne se soit pas sous ce rapport élevé au-dessus de ses fanatiques amis et de ses fanatiques adversaires. Aucune philosophie dans ses écrits polémiques, rien qui décèle l'esprit de justice, de sagesse, de charité. La liberté ne s'y montre que sous les traits de la licence; l'obéissance y est servilité. Dans l'entraînement de son zèle, ses injures ne sont pas seulement pour les théologiens, les évêques et les pontifes; elles montent jusqu'aux souverains temporels. Antoine de Bourbon, roi de Navarre, est sous sa plume un *Julien l'Apostat*, Marie Stuart une *Médée*. Ses adulations furent pour la reine d'Angleterre Élisabeth et pour Jacques I*er*, son successeur. Il leur a dédié à l'un et à l'autre plusieurs de ses écrits; et l'on a reproché justement à Bèze, Français de naissance, d'avoir dans une de ses dédicaces donné à Élisabeth le titre de *reine de France*.

Si personne n'eut de plus ardents ennemis que Bèze, personne aussi n'a eu de partisans plus enthousiastes. De Genève, il guidait, il animait tous ses disciples, accoutumés à ne jurer que par lui. Gregorio Leti nous apprend que Sixte-Quint, qui se connaissait en hommes, songea sérieusement aux moyens d'ôter aux protestants « l'appui et le grand ressort qu'ils avaient en la personne de Bèze ». Des calvinistes ont écrit que la cour de Rome avait voulu employer le poison ou le poignard pour se défaire de lui. Toutefois, il est prouvé que, soit de bonne foi, soit pour faire croire à la méchanceté de ses ennemis, il prenait d.s précautions pour sa sûreté; il ne sortait jamais sans être accompagné de quelques disciples. Son caractère s'était fort adouci dans ses dernières années; et lorsqu'il eut le bonheur de voir Henri IV dans un village de la Savoie près de Genève, ce prince lui ayant demandé ce qu'il pourrait faire pour lui, Bèze, qui avait alors quatre-vingt-un ans, n'exprima qu'un seul vœu, celui de voir la France entièrement pacifiée. Il jouissait alors en France d'une considération universelle : Sully le comble d'éloges dans ses Mémoires, et dit que le suffrage de ce vieillard vénérable suffit seul pour le consoler de la perte de tous les autres suffrages protestants. Bèze, malgré son âge et ses infirmités, conservait toute sa verdeur. Il avait perdu en 1588 sa première femme, et à l'âge de soixante-dix ans il se remaria avec une jeune personne, mieux apparentée que la défunte, Catherine de la Plane, qu'il appelait sa *Sunamite*. « C'était, dit Étienne Pasquier, un vieux coq qui ne pouvait se détacher du char de Vénus, auquel il avait été attelé dès sa jeunesse. » Il n'eut pas plus d'enfants de cette seconde épouse que de la première.

Bèze ne discontinua qu'en 1600 ses leçons à l'académie de Genève. « Son meilleur titre à la gloire, dit M. de Barante père, celui qui doit lui assurer la reconnaissance de tous les amis des lettres et des sciences, c'est l'heureuse direction qu'il a donnée pendant quarante ans à toutes les études dans l'académie de Genève, dont il fut le premier recteur. Le malheur des temps ayant obligé le conseil de Genève de supprimer deux chaires de professeurs dont on ne pouvait payer le traitement, Bèze, âgé de plus de soixante-dix ans, et sans négliger aucun de ses autres travaux, suppléa les professeurs supprimés pendant plus de deux années. Quand on songe au nombre d'hommes illustres ou utiles que l'académie de Genève a produits pendant les deux derniers siècles, et à la renommée qu'ont procurée à cette petite cité ses institutions, ses lumières et les succès de l'enseignement qu'on y reçoit, on ne peut se défendre d'un sentiment vif d'estime et de reconnaissance pour Théodore de Bèze. C'est lui qui fut le véritable fondateur de cette académie, qui lui donna des règles, et légua à ses successeurs la tradition et les exemples dont l'utilité se fait encore sentir. Si l'on considère Théodore de Bèze sous ce point de vue, on sera plus disposé à lui pardonner les torts de sa jeunesse et ceux de l'esprit de parti. »

Nous ne donnerons pas la liste des écrits de Bèze : elle est immense. La *Comédie du Pape malade, par Thrasybule-Phénice* (1561); l'*Histoire de la Mappemonde papistique, par Frangidelphe Escorche-Messes*, sont des pamphlets mordants, mais sans délicatesse : il y avait là de quoi transporter d'aise la plébicule calviniste. On ne les lit plus depuis longtemps. Dans ses *Icones Virorum illustrium*, ouvrage d'un genre plus sérieux, et qui a été traduit en français, Bèze lance des coups de foudre contre l'épiscopat. Dans son *Histoire Ecclésiastique des Églises réformées au royaume de France, depuis l'an 1521 jusqu'en 1563*, écrite en français et publiée en 1580, il se montre plus modéré, plus impartial que dans ses écrits polémiques. Il avait fait imprimer en 1556 sa version du *Nouveau Testament* avec des notes. Cette traduction eut sept éditions du vivant de l'auteur, mais toujours avec de nouveaux changements dans les annotations, ce qui lui a attiré de grands reproches de la part de ses contemporains. Marot avait traduit en vers français les cinquante premiers psaumes de David. Bèze, d'après le conseil de Calvin, entreprit de compléter cette version, et donna les cent autres psaumes, traduits, dit un contemporain, *non avec la même joliveté* que Marot. Les révolutions de la langue ont rendu cette *joliveté* bien ridicule. La traduction de Marot et de Théodore de Bèze fut admise dans la liturgie protestante, et par là devint plus odieuse aux catholiques : dans la suite, elle fut rajeunie par Conrad et La Bastide, et longtemps les Églises protestantes, suivant leur degré de pédanterie, se partagèrent entre l'ancienne traduction et la nouvelle, toutes deux assez vieilles aujourd'hui.

Pendant que Bèze mettait la dernière main à la publication des psaumes, il fut attaqué de la peste qui régnait à Genève (1605). A ce propos il publia un écrit en latin, fort rare, et qui prouve qu'alors comme aujourd'hui il y avait, en fait d'épidémie, des *contagionistes* et des *non-contagionistes*. En voici le titre en français : *Solution de deux questions sur la peste : Est-elle ou non contagieuse? Est-il permis aux chrétiens de s'y soustraire par l'éloignement?*

En 1597, à soixante-dix-huit ans, il retrouva toute la verdeur de sa jeunesse pour faire la petite guerre aux jésuites. Clément Dupuy, l'un d'eux, avait écrit que Bèze était mort après avoir fait profession de la foi romaine. « Ne fallait-il pas, s'écria Bayle, être de la dernière bêtise pour s'imaginer que les protestants laisseraient perdre une si belle occasion de crier contre les impostures et les fourberies monacales. » Sous le titre de *Beza redivivus*, le prétendu mort publia une satire en vers latins, qui produisit tant d'effet, que les jésuites, habiles à se retourner, n'eurent d'autre ressource que de soutenir que la prétendue lettre à eux imputée, sur la mort et conversion de Bèze, était une pure imposture de des *Bézanites* ou des *Bézanites de Genève*, forgée par ceux-ci pour le plaisir de la leur imputer. Il est assez remarquable qu'un de ses derniers écrits rappelle, par le feu de la composition, toute la verve qui avait présidé à la composition de ses *Juvenilia*.

Cet étonnant vieillard, beau encore à quatre-vingt-six ans, n'eut pas, comme tant d'autres, le malheur de se survivre à lui-même. Seulement, comme dit Bayle, sa mémoire était « fort bonne et fort mauvaise : fort bonne à l'égard des choses qu'il avait apprises pendant la force de son esprit; car il pouvait réciter par cœur tous les psaumes et tous les chapitres de saint Paul; et fort mauvaise à l'égard des choses présentes, car après avoir dit une chose il ne s'en souvenait point. » Le testament de Bèze, qui est imprimé, respire partout l'amour de la France et de la paix, mêlé au souvenir et au regret de ses fautes. Il mourut à Genève en 1605.   Ch. DU ROZOIR.

BEZENVAL (PIERRE-VICTOR, baron DE), né à Soleure, en 1722, d'une famille noble de la Savoie, mériterait à peine d'être ici nommé si, après avoir traversé le règne de Louis XV et de Louis XVI, il n'avait assisté, dans ses derniers jours, au début de la révolution française; s'il n'en eût été le plus ridicule adversaire, et si enfin la petitesse de certains hommes ne servait à mesurer la grandeur d'une époque. Le baron de Bezenval entra dès l'âge de neuf ans dans les gardes suisses, fit en 1735 et 1748 les campagnes de Bohême et de Hanovre, fut nommé maréchal de camp en 1757, et après la paix de 1762 lieutenant général, inspecteur général des Suisses et des Grisons, grand-croix de Saint-Louis.

Ajoutez à toutes ces dignités une brillante réputation d'esprit et de courage, des succès de cour, succès de femmes et de chansons, la faveur de Marie-Antoinette, le renvoi de quelques ministres, le titre, fort honorable alors, d'officier suisse, une confiance illimitée en son heureuse étoile, et vous aurez une idée complète de l'arrogance du vieux courtisan, qui voulait lutter corps à corps avec la révolution française. Le baron de Bezenval la menaçait des mesures les plus énergiques dans le conseil privé, dans ce que le peuple appelait éloquemment le comité autrichien. Au 14 juillet, la cour, dans son embarras, jeta naturellement les yeux sur le baron suisse, et le fit commandant de l'intérieur. Bezenval, qui n'avait pas compté sur tant d'énergie populaire, perdit contenance, prit la fuite, fut arrêté à Villenaux, et mis en jugement, malgré toutes les démarches de Necker. Il ne pouvait nier ses intelligences avec le gouverneur de la Bastille; mais la cour et Necker redoublèrent d'instances et d'intrigues; Mirabeau s'employa pour lui, et Bezenval fut absous. Depuis ce jour, il vécut dans la plus profonde obscurité, guéri sans doute de son fanatisme, et mourut en 1794, cachant également sa vie et sa mort à ces révolutionnaires qu'il avait tant méprisés. Les mémoires de Bezenval ont été publiés en 1806 par son héritier, le comte de Ségur. T. TOUSSENEL.

BÉZÉRÉDJ (ÉTIENNE); l'un des membres les plus marquants de l'opposition hongroise avant 1848, né le 28 novembre 1796, à Szerdahely, dans le comitat d'OEdenbourg, fit ses études à OEdenbourg et à Presbourg, se fixa ensuite dans le comitat de Tolna, où il se rattacha à la fraction la plus avancée de l'opposition, et prit, dès l'année 1823, la part la plus active à la résistance aux mesures inconstitutionnelles du pouvoir. Élu en 1830 député à la diète par le comitat de Tolna, qui le réélut pour son mandataire jusqu'à l'année 1849, il figura constamment dans cette assemblée au premier rang de l'opposition, se distinguant de ses collègues en ce qu'il s'attachait à traiter plutôt les questions sociales que les questions politiques; c'est pourquoi il y avait la réputation d'un philanthrope par excellence. Ses discours, toujours remarquables par un style fleuri et par une chaleur entraînante, étaient souvent plus pathétiques que parlementaires. Il insistait surtout sur l'urgence d'améliorer la condition des paysans; et en donnant le premier l'exemple de se soumettre volontairement à l'impôt, alors qu'un projet de loi tendant à soumettre la noblesse au payement de l'impôt avait été repoussé par la diète dans sa session de 1833-1834, il prouva tout ce qu'il y avait de sincère dans ses efforts pour arriver à une plus équitable répartition des charges publiques. Plusieurs centaines de nobles et de magnats, électrisés par cette preuve de patriotisme, s'honorèrent en l'imitant. Il s'efforça aussi de faciliter aux paysans de ses domaines le rachat des corvées, de même que de favoriser autant que possible les entreprises de colonisation. Ses tendances, plus philanthropiques que politiques, l'empêchèrent de jouer un rôle bien saillant dans les événements de 1848 et 1849. Il ne prit part que comme député du comitat de Tolna aux délibérations de la diète, parla toujours pour le parti de la modération et de la conciliation : aussi, après la compression de la révolution hongroise, ne fut-il, de la part du gouvernement autrichien, l'objet d'aucune recherche.

Sa femme, *Amélie Bézérédj*, douée de toutes les qualités du cœur et de l'esprit, née en 1804, dans le comitat d'Eisenburg, s'est fait avantageusement connaître par la publication de ses *Nouvelles et Récits* (2 vol., Pesth, 1840). Elle mérita surtout de ses compatriotes par la part active qu'elle prit à la fondation de crèches et d'écoles pour l'enfance, de même que par d'excellents ouvrages à l'usage de la jeunesse, *Flori Exhive* (Pesth, 3° édit., 1846) et *Fœldesi estvék* (2° édit., Pesth, 1848). Elle est morte à l'âge de trente-trois ans, en 1837.

BÉZIERS, très-ancienne ville du bas Languedoc, aujourd'hui du département de l'Hérault, et dont la population s'élève à 17,442 habitants. Sa position géographique est au 43° degré de latitude, sur le parallèle de Livourne, et à 52′ de longitude à l'est du méridien de Paris. Les chaleurs de juillet et d'août y sont heureusement tempérées par la brise de mer qui vient tous les matins rafraîchir l'atmosphère. Cette ville est assise du côté de Narbonne sur la crête d'une montagne escarpée d'où se découvre un immense panorama; vers le midi, à 10 kilomètres, la Méditerranée forme la ceinture d'une riche plaine, parsemée de villages et de maisons de campagne. Au nord, les derniers contre-forts des Cévennes bornent l'horizon à 40 kilomètres de distance; à l'ouest, ce sont les montagnes qui touchent au département du Tarn. Entre ces deux chaînes s'étend une autre plaine, couverte d'habitations et de riches cultures. La rivière d'Orbe descend des hauteurs du nord, vient baigner le pied de la ville, y prête un moment ses eaux au canal des deux mers, et va se perdre dans la Méditerranée à deux kilomètres du village de Sérignan. Le canal y descend par neuf écluses de la colline de Fonceramnes, qui est en face de Béziers, et, après avoir franchi la rivière, se prolonge vers les ports d'Agde et de Cette. Un pont fort tortueux avait été jeté dans le moyen âge sur la rivière; un autre, plus digne de notre temps, l'a remplacé; là viennent aboutir la route de Sérignan et de la mer, celle de Narbonne et d'Espagne, celle de Carcassonne et celle de Castres. Au delà de la rivière est la route d'Agde, qui arrive au faubourg Saint-Pierre, comme les routes de Bédarieux et de Montpellier. Mais de ce côté, vers le levant, la ville n'est aperçue qu'au moment où l'on y entre; et c'est le point cette situation qui a donné lieu au proverbe latin dont elle se glorifie. C'est la perspective qu'elle offre du côté de l'Orbe et le beau climat dont elle jouit qui ont fait dire à quelques voyageurs du vieux temps : *Si vellet Deus in terris habitare, Biterris*. Les bourreaux des Albigeois ont ajouté ces trois mots injurieux : *ut iterum crucifigeretur*.

Le nom de *Biterræ* lui vient des Romains, et n'est qu'une corruption du nom primitif de la contrée, qui était celle de *Bliterres* ou *Bœterres*. Cette peuplade appartenait à la nation des Volces, et comme on la donne tantôt aux Tectosages et tantôt aux Arécomices, il est probable qu'elle était sur la frontière qui séparait ces deux divisions du peuple volce. Conquise par les Romains, elle fit partie de la Gaule narbonnaise, et devint la station des vétérans de la septième légion, qui lui imposèrent le nom de colonie des Septimaniens. Cinq cents ans plus tard, en 400, Béziers fut comprise dans le territoire concédé aux Wisigoths par Honorius; tomba trois siècles après au pouvoir des Sarrazins, qui la pillèrent; fut reconquise sur eux par Charles-Martel, qui la démantela en 737, au lieu de la fortifier. Rebâtie par les rois d'Espagne, elle fut reprise par Pépin en 752, gratifiée d'un vicomte particulier par Charlemagne, ruinée au treizième siècle par les sanguinaires compagnons du légat d'Innocent III, de Simon de Montfort et de saint Dominique, adjugée enfin à saint Louis et à la France par un traité signé en 1258, par la maison d'Aragon. Le premier évêque de Béziers fut saint Aphrodise, contemporain de saint Denis, et décapité comme lui pendant la même persécution. Ses successeurs partagèrent plus tard avec le vicomte le droit de justice, portèrent le titre de comtes, et laissèrent de grands biens que la Convention vendit pour du papier, comme tant d'autres.

Les Romains avaient élevé deux temples dans Béziers, l'un à l'empereur Auguste, l'autre à Julie, sa fille. C'étaient des dieux fort étranges. Il ne reste rien de ces édifices. La ville ne possède que des vestiges fort douteux d'un cirque, qui formerait aujourd'hui le jardin d'un établissement de bains. Les monuments du christianisme y étaient très-considérables : c'était la cathédrale de Saint-Nazaire, les églises paroissiales de Saint-Aphrodise, de Saint-Jacques, de la Madeleine et de Saint-Félix. La nef de celle-ci sert aujourd'hui de halle. Les quatre autres existent. De ses couvents, il ne reste que la moitié de l'église des Récollets. L'hospice des Enfants-Trouvés existe encore, ainsi que la maison des Sœurs de la Charité. Rien n'a été changé à l'église ni au collège fondés par les jésuites en 1599. Cet établissement sert aujourd'hui à un des meilleurs colléges communaux de France. Les monuments modernes sont la statue de Paul Riquet, ouvrage du statuaire David d'Angers, et une salle de spectacle.

Béziers possédait autrefois une académie des sciences et lettres, fondée en 1723. Elle a aujourd'hui une société archéologique, qui s'occupe de recueillir les débris de ses antiquités et de son histoire. Cette ville est depuis longtemps célèbre par son commerce. Elle était déjà au dixième siècle un entrepôt des produits asiatiques, italiens et mauresques. Plus tard, les soies, les cuirs, le vert-de-gris, exercèrent son industrie. Aujourd'hui toutes les spéculations se tournent vers les esprits et la culture de la vigne, qui en fournit avec abondance. Un fort marché s'y tient tous les vendredis : c'est une espèce de bourse hebdomadaire pour toute la contrée; et, malgré une distance de plus de deux cents kilomètres, grâce aux bateaux à vapeur, Marseille y approvisionne ses abattoirs et ses boucheries. L'évêché de Béziers était suffragant de l'archevêché de Narbonne. La ville avait en outre une sénéchaussée et un présidial, dépendant de la généralité de Montpellier; elle a aujourd'hui une sous-préfecture, un tribunal de première instance, un tribunal de commerce, une bibliothèque, quatre typographies, etc. Après le coup d'État du 2 décembre 1851, des troubles graves éclatèrent dans cette ville.

BEZOARD. Les Arabes ont désigné sous ce nom des concrétions calculeuses formées dans l'estomac ou les intestins de divers animaux, et auxquelles ils attribuaient la vertu de prévenir ou de guérir une foule de maladies, de préserver des contagions et de neutraliser les poisons. Ces propriétés merveilleuses, et généralement reconnues sur la foi des médecins arabes, faisaient des bezoards des objets très-précieux, que les grands recherchaient avec ardeur et payaient au poids de l'or. A l'époque de la découverte de l'Amérique, on apporta de ce continent de nouveaux bezoards, dont les voyageurs vantèrent les vertus, mais qui cependant n'atteignirent jamais la réputation des bezoards arabes, nommés dès lors *bezoards orientaux*, par opposition à ceux d'Amérique, que l'on réunit avec d'autres, trouvés en Europe, sous la dénomination commune de *bezoards occidentaux*.

Les *bezoards orientaux* présentent une surface lisse et brillante, une couleur brune ou d'un vert foncé; ils ont une saveur un peu acre et chaude, et dégagent, quand on les chauffe, une odeur forte et aromatique. Ils sont composés de couches concentriques, et ont ordinairement pour noyau un fruit, une graine ou quelque autre corps étranger. Leur forme est variable ainsi que leur grosseur : on en trouve quelquefois du volume d'un œuf de poule, mais ils sont ordinairement beaucoup plus petits. Ce sont des concrétions résino-bilieuses, solubles dans l'alcool et précipitées par l'eau de cette dissolution; elles se fondent à une chaleur douce, mais s'enflamment quand on les chauffe fortement. C'est dans la quatrième des cavités gastriques de l'antilope des Indes qu'on les trouve le plus ordinairement; toutefois, d'autres ruminants, et même, à ce qu'il paraît, toutes les chèvres et antilopes des montagnes de l'Asie et de l'Afrique, fournissaient jadis à l'Europe cette drogue précieuse. La famille des ruminants n'est pas la seule dans laquelle on l'ait prise : le bezoard de porc-épic, par exemple, qui se reconnaît à son toucher et à son aspect gras et savonneux, passait pour un préservatif infaillible contre toute espèce de contagion. Quant à la manière dont on employait les bezoards, nous nous bornerons à dire qu'on les portait en amulettes, qu'on les appliquait sur les plaies ou les parties malades, et qu'on les prenait à l'intérieur, soit en poudre, soit associés à d'autres substances. Est-il nécessaire d'ajouter que cette panacée merveilleuse est complétement tombée en désuétude, du moins chez les nations éclairées de l'Europe, et qu'elle ne fournit plus aujourd'hui qu'un fait assez curieux à l'histoire naturelle des animaux, et un article à l'histoire, malheureusement si longue, des aberrations de l'esprit humain.

Les *bezoards occidentaux* sont fournis par différents animaux herbivores des hautes montagnes de l'Europe, et surtout des parties élevées de l'Amérique méridionale, tels, par exemple, que le chamois, la vigogne, les cerfs des montagnes de la Nouvelle-Espagne. Ils sont formés, comme les bezoards orientaux, de couches concentriques, et il est bien difficile de les distinguer par des caractères précis, ce qui d'ailleurs est tout à fait naturel, puisque leur origine est semblable. Toutefois l'on a rangé également parmi les bezoards occidentaux des composés salins, blancs ou gris, formés de carbonate de chaux ou de phosphate ammonico-magnésien, et qui paraissent venir de la vessie plutôt que du canal intestinal. Quoi qu'il en soit, les bezoards de l'Occident, bien qu'employés dans diverses maladies, et préconisés surtout pour les cas de blessures empoisonnées, n'ont jamais eu ni la réputation ni la valeur des bezoards de l'Orient, et même on ne cherchait souvent à s'en procurer que pour mieux les distinguer des anciens et vrais bezoards. Les uns comme les autres ne figurent plus que pour mémoire dans nos matières médicales.
DÉMEZIL.

BEZONS (JACQUES BAZIN DE), fils de Claude Bazin, seigneur de Bezons, conseiller d'État, intendant de Languedoc, membre de l'Académie Française, naquit en 1645, et mourut en 1733. Il n'avait pas encore vingt-trois ans lorsqu'il servit en Portugal, sous le maréchal de Schomberg; puis il suivit La Feuillade à l'expédition de Candie. En 1671, au passage du Rhin, il était capitaine de cuirassiers; en 1674 il fut blessé à la bataille de Senef. Comme brigadier (général de brigade), il commandait, en 1692, le corps de réserve aux affaires de Steinkerque et de Nerwinde. Après la paix de Riswick, Louis XIV lui donna le gouvernement de Gravelines; il ne le quitta que pour aller combattre d'abord en Allemagne, sous Villeroi, en 1701, et passer ensuite en Italie pour assister à la bataille de Chieri. Nommé lieutenant général, il seconda le duc de Vendôme dans toutes ses expéditions. Il se trouva avec lui à l'affaire de Luzzara et au siége de Governolo. Tandis que le duc couvrait le Piémont, Bezons fut chargé de commander l'armée du Pô et de protéger Mantoue. On le retrouve plus tard aux siéges de Verceil, d'Ivrée et de Verrue; en 1708 il commandait la ville et la citadelle de Cambrai; en 1713 il prenait Landau, et dans la suite il activait le siége de Tortose en Espagne, sous le duc d'Orléans. Le bâton de maréchal, la grand'croix de Saint-Louis, et ensuite le cordon-bleu, furent la récompense de ses services.

Armand BAZIN DE BEZONS, son frère, docteur de Sorbonne, fut agent général du clergé de France, puis évêque d'Aire, ensuite archevêque de Bordeaux, de Rouen, membre du conseil de la régence, pendant laquelle il ordonna le fameux abbé Dubois, et chargé de la direction des économats après la mort de Louis XIV. Il mourut à Gaillon, en 1721, à l'âge de soixante-six ans.
Aug. SAVAGNER.

BÉZOUT (ÉTIENNE), membre de l'Académie des Sciences au siècle dernier, s'est surtout rendu célèbre par ses *Cours de Mathématiques à l'usage de la marine et de l'artillerie*, qui parurent pour la première fois en 1764 et en 1770, et dont on ne compte plus maintenant les éditions. Né à Nemours, en 1730, d'une famille fort pauvre, la lecture de quelques livres de mathématiques lui révéla sa vocation; l'Académie des Sciences lui ouvrit ses portes en 1758, à la suite de deux mémoires qu'il venait de publier sur le calcul intégral. On lui doit aussi une *Théorie générale des Équations algébriques* (Paris, 1779, in-4°), où se trouve la première démonstration qui ait été donnée de la proposition fondamentale de cette théorie envisagée dans toute sa généralité. Il mourut à Paris le 27 septembre 1783. Il était depuis 1763 examinateur des gardes du pavillon et de la marine, et depuis 1768 examinateur de l'artillerie. Quoique s'adonnant de préférence à l'étude de la géométrie, il cultivait aussi avec succès les sciences physiques. C'est lui qui le premier fit connaître les grès cristallisés de Fontainebleau, qui depuis ont été l'objet de savantes recherches.

Bezout fut le type du savant honnête et laborieux : aussi sa vie a-t-elle été paisible, pure et heureuse. Condorcet a relevé, dans l'éloge de ce géomètre, un trait qui honore à la fois son courage et la bonté de son cœur. Deux jeunes aspirants de marine étaient malades de la petite vérole, que Bezout n'avait pas eue. Il était alors dans un âge déjà avancé, et il eût été dangereux pour lui de contracter à cette époque cette cruelle maladie. Mais il n'hésita pas entre cette crainte et celle de retarder d'un an l'avancement de ses jeunes disciples; il alla les examiner dans leur lit. « On ne dit pas, ajoute M. Barginet, que Bezout ait eu l'habitude de n'agréer que ceux de ses élèves qui avaient étudié les mathématiques dans ses livres; les professeurs de notre époque ont seuls le triste droit de réclamer l'honneur d'un pareil progrès. »

BHAGAVAD-GITÂ (c'est-à-dire, *Révélations chantées par la divinité*), tel est le titre d'un poëme didactique, philosophico-religieux, intercalé comme épisode dans la grande épopée indienne, le *Mahâbhârata*. L'action en est à peu près celle-ci : Le dieu Krischna a accompagné, sous une forme invisible, le héros Ardjouna au combat qui va se livrer. C'est à ce moment que l'épisode commence. Les deux armées ennemies, celle des Kourouïdes et celle des Pandouïdes, qu'unissent des liens de proche parenté, sont en présence et déjà rangées en bataille. Les trompettes donnent le signal du combat, et le Pandouïde Ardjouna monte sur son char de guerre, que conduit la divinité elle-même sous la forme humaine de Krischna. Mais quand Ardjouna aperçoit dans les rangs ennemis ses parents, les amis de sa jeunesse, ses maîtres, il hésite à se précipiter dans la mêlée, tourmenté par le doute de savoir si lorsqu'il s'agit du gain d'un avantage terrestre, comme ici de reconquérir le royaume paternel, il est licite de violer les lois sacrées de tout l'organisme politique. Alors Krischna lui démontre dans une série de dix-huit chants la nécessité de l'action, sans se préoccuper du résultat; et dans la suite du dialogue qui s'établit entre le héros et le dieu, le poëte développe un système complet de philosophie religieuse des Indiens, où il s'efforce de résoudre avec autant de clarté de style que d'élégance d'exposition les problèmes les plus élevés de l'esprit humain.

Il a été jusqu'à ce jour impossible de déterminer à quelle époque appartenait ce poëme et par qui il a été composé. On ne saurait toutefois le faire dater de l'époque des premiers essais de l'esprit philosophique des Indiens. La nature en est plutôt éclectique, et suppose une longue culture de l'esprit obtenue par la fréquentation de nombreuses écoles philosophiques. Il est vraisemblable dès lors que le *Bhagavad-Gitâ* est contemporain du premier siècle de l'ère chrétienne. Cet ouvrage jouit dans toute l'Inde d'une immense réputation; aussi a-t-il été souvent commenté (le meilleur commentaire est celui de Srîdhara Svâmin; il a paru à Calcutta en 1832) et traduit dans les divers dialectes de l'Inde. Cinq imitations en vers en ont été publiées en 1842 à Bombay. Il en a paru une traduction en langue télégu à Madras (1840), et en langue canaresi à Bangalore (1846), etc., etc. On doit à Guillaume de Schlegel la meilleure édition critique du texte sanscrit avec traduction latine (2e édition, Bonn, 1846). Citons encore, en fait de traductions, celle qu'en a donnée, en langue anglaise, Wilkins (Londres, 1785), qui le premier fit connaître ce poëme à l'Europe ; la traduction allemande de Peiper (Leipzig, 1834), et la traduction grecque de Galanos (Athènes, 1848). Guillaume de Humboldt a exposé de la manière la plus ingénieuse le contenu de ce poëme, dans sa dissertation *Sur l'épisode du Mahâbhâratta connu sous le nom de Bhagavad-Gitâ* (Berlin, 1827).

BHARTRIHARI, célèbre poëte indien, auteur d'un grand nombre de sentences en vers. On n'a aucun détail précis sur les circonstances de sa vie. La tradition en fait un frère du roi Pikramâditya, qui vivait au premier siècle avant J.-C., et rapporte qu'il passa sa jeunesse dans des excès de tout genre pour finir comme ermite les dernières années dans les pratiques de la vie ascétique. Son nom figure en tête d'une collection de trois cents sentences, soit qu'il l'ait réellement composée, soit, ce qui est plus probable, que nous ne possédions là qu'une anthologie attribuée, suivant l'usage indien, à un personnage célèbre dans les fables et les traditions populaires. Dans ces sentences, de gracieux tableaux de la nature et de séduisantes images d'amour alternent avec de sages observations sur toutes les circonstances de la vie et avec des pensées pleines de profondeur sur Dieu et sur l'immortalité de l'âme.

M. de Bohlen a donné (Berlin, 1833) de ces sentences, dont la forme est remarquablement belle, une édition critique, à laquelle se rattachent les *variæ lectiones* du même commentateur (Berlin, 1850), qui en a également publié une traduction en vers (Hambourg, 1835). Bhartrihari n'a d'ailleurs aujourd'hui d'intérêt pour nous que parce que c'est le premier écrivain indien dont les œuvres aient été connues en Europe, attendu que le missionnaire Abraham Roger traduisit dans son savant ouvrage intitulé : *Porte ouverte pour arriver à la connaissance du Paganisme* (Nuremberg, 1653), deux cents de ces sentences, que Herder a beaucoup imitées dans ses *Zerstrenten Blættern*.

BHAWALPOUR ou **BAWLPOUR**, ancienne principauté, située à l'ouest de l'Inde, dans le Sind, et bornée par le territoire des Sikhs et les déserts de Bhatnir, Bikanaïr et Djessalmaïr, ne contient sur une superficie d'environ 53,000 kilomètres carrés qu'une population d'à peine 300,000 âmes, à cause de l'infécondité de son sol. La Ghara, le Pandjnoud et l'Indus baignent ses limites au nord-ouest, et ce n'est guère qu'au voisinage de ces cours d'eau que le sol est susceptible de culture. Les exportations consistent en coton, indigo, sucre, cuirs, laines, matières tinctoriales de tout genre et matières pharmaceutiques. La population, composée de Djâts, peuple aborigène de cette contrée, d'Hindous, de Béloutches et d'Afghans, fait le plus généralement profession d'islamisme; cependant les Hindous sont traités avec beaucoup de douceur et de tolérance. Les khans de Bhawalpour ont successivement reconnu la souveraineté des Afghans, celle des Sikhs, et depuis 1837 celle des Anglais, qui en 1847 ont placé cette contrée directement sous leur dépendance.

Bhawlpour, chef-lieu de la contrée, compte une population de 20,000 âmes. Bâtie sur un bras de la Ghara, elle est renommée par ses manufactures, et fait un important commerce, favorisé par sa situation, dans un centre naturel auquel viennent aboutir trois grandes routes. Les Hindous de Bhawlpour expédient des marchandises dans l'Asie centrale et jusqu'à Astrakkan.

BHÉLAD-AL-DSCHÉRID. Voyez BÉLUD-EL-DJÉRID.

BIACUMINÉ, épithète donnée, en botanique, aux poils des plantes qui ont deux branches opposées par la base, et qui semblent attachées par le milieu.

BIAIN ou **BIAN**, terme de coutume par lequel on indiquait, dans les anciennes provinces d'Angoumois, d'Anjou, de Bretagne, de Poitou et de Saint-Jean d'Angely, les corvées d'hommes ou de bêtes (*operarum præbitio*) auxquelles les paysans étaient sujets envers leurs seigneurs.

De Laurière pense que ces corvées étaient ainsi nommées de ce qu'elles se proclamaient ou se publiaient au *ban*.

BIAIS, ce qui n'est pas taillé, coupé à angle droit. On entend par là en architecture les obliquités qui se rencontrent dans la construction d'un bâtiment, dans un mur de face ou mitoyen, et qu'on ne peut éviter, à cause des coudes que forment souvent les rues d'une ville ou d'un grand chemin, ou le terrain d'une maison voisine. On distingue plusieurs sortes de *biais*. Le *biais gras* est celui qui résulte d'un angle obtus; le *biais maigre*, celui que produit un angle aigu. Le *biais par tête* est la déviation d'un plan qui provient de ce que le mur de l'entrée d'une voûte droite ou rampante n'est pas d'équerre avec ceux qui portent cette voûte; le *biais passé* est la fermeture d'un arc ou d'une voûte sur les pieds-droits de travers par leur plan. Selon l'explication qu'a laissée Frézier, on donne ce dernier nom, dans une voûte, à un berceau *biaisé* par devant et par derrière, dont les joints du lit ne sont pas parallèles aux côtés du passage, comme dans les voûtes ordinaires *biaises*, mais dont la direction tend à des divisions des voussoirs inégaux, en situation inverse du devant au derrière, c'est-à-dire de l'entrée à la sortie, de telle façon que les joints de lit à la droite ne doivent pas être droits. On désigne aussi sous le nom de *biais passé* certaines sujétions qui, dans les bâtiments, obligent à faire des portes ou des fenêtres de *biais*, qualification qui leur vient du trait géométrique qui se produit ou par équarrissement ou par panneaux; on appelle *corne de bœuf* ou *corne de vache* les ouvertures ou les passages construits de cette sorte, et qui sont seulement de *biais* d'un côté. Les expressions de *biais par tête*, *biais par dérobement*, *biais par équarrissement* s'emploient également dans la coupe des pierres.

En termes de manège, on dit *aller en biais*, *faire aller un cheval en biais*, c'est-à-dire les épaules avant la croupe, ou les parties de devant toujours avant celles de derrière. Pour cela, il faut aider à toutes mains le cheval de la rêne de dehors, et le soutenir, c'est-à-dire le tenir ferme, sans lui donner aucun temps, en l'aidant aussi de la jambe de dehors, de façon que la rêne et la jambe soient du même côté, et toujours en dehors.

Biais se dit par extension en morale, ou dans le sens figuré, avec la même acception que dans le sens propre et direct, des diverses faces sous lesquelles on peut envisager une chose, des divers moyens, des divers expédients dont on peut se servir pour y réussir, des diverses manières enfin de tourner, de regarder une affaire, une entreprise. Mais c'est surtout en politique que ce mot reçoit son acception la plus fréquente et la plus étendue. L'adresse et la ruse font plus en politique que la force et la violence; là l'habileté consiste souvent à savoir tourner les difficultés, à les aborder de *biais* et non en face, car il n'est pas donné à tout le monde de trancher le nœud gordien; mais en politique comme en architecture on ne doit jamais user d'un pareil moyen *sans nécessité absolue*, ni recourir à la ruse quand on peut employer la franchise, ni aller en *biaisant* quand on peut marcher droit, ni tourner la difficulté quand il est aussi sûr et plus honorable de l'aborder de face.

BIALOWICZ (Forêt de). Cette forêt primitive est située en Lithuanie, dans le gouvernement de Grodno, entre le Boug et la ville d'Isla. Sa plus grande longueur est de 31 myriamètres et demi, sa plus grande largeur de 27 myriamètres, et son circuit de 112 myriamètres. Arrosé par trois rivières, la Narwa, la Narewca et la Bialowiczonka, le sol en est généralement marécageux, et elle tire son nom d'un village appelé Bialowicza. On y trouve des sangliers, des loups, des ours et des élans. L'aurochs (*voyez* BŒUF), que l'on voyait autrefois dans toutes les grandes forêts de l'Europe, ne se rencontre plus aujourd'hui que dans la forêt de Bialowicz et dans les marais boisés du Caucase. La chasse à l'aurochs faisait un des plus magnifiques divertissements des rois de Pologne. Une pyramide élevée au milieu de la forêt de Bialowicz, et portant le millésime 1752, a pour but de consacrer le souvenir d'une grande chasse exécutée cette année-là par le roi Auguste III, et dans laquelle furent tués quarante-deux aurochs. Depuis, la crainte de voir l'espèce complètement s'éteindre (on estime qu'il n'en reste pas au plus cinq cents individus dans toute l'étendue de la forêt de Bialowicz) en a fait interdire la chasse sous les peines les plus sévères, même sous celle de mort. On conçoit dès lors que les exceptions admises à cette règle générale soient regardées comme de véritables événements, et que le souvenir s'en perpétue à l'instar des faits historiques. C'est ainsi que l'on cite une chasse à l'aurochs faite par l'empereur Alexandre en 1822; on y tua plusieurs de ces nobles animaux, dont les peaux furent envoyées à différents musées d'histoire naturelle de Russie et d'Allemagne, pour enrichir leurs collections zoologiques. On cite encore une grande chasse exécutée en 1836, par ordre du prince Dolgorouchi, gouverneur général de Lithuanie, et dans laquelle on abattit un aurochs en grande solennité.

Pendant la lutte que les Polonais soutinrent pour la défense de leur indépendance nationale, les patriotes de Grodno, après s'être soustraits à la surveillance des autorités russes, se réunirent dans la forêt de Bialowicz et y levèrent l'étendard de l'insurrection dans les premiers jours d'avril 1831. Grâce à la position qu'ils y avaient prise, ils causèrent beaucoup de mal aux Russes, et ne contribuèrent pas peu à les empêcher pendant quelque temps de franchir le Boug.

BIALYSTOCK, cercle du gouvernement russe de Grodno, dont il forme l'extrémité occidentale et confinant à la Pologne, qui forma jusqu'à la fin de l'année 1842 une province particulière de 158 myriamètres carrés, avec une population de 183,500 habitants, dans l'ancienne Podlaquie. C'était autrefois une voïvodie, et elle faisait alors partie intégrante de la Pologne. Lors du dernier partage, elle fut donnée à la Prusse; mais la paix conclue à Tilsitt en 1807 l'adjugea à la Russie.

Le sol en est plat et léger, mais fertile, arrosé dans sa plus grande partie par le Boug, qui y est navigable, et généralement sain, malgré ses nombreux marais, qui sur les bords du Bolz, par exemple, ont quelquefois jusqu'à dix myriamètres d'étendue. Les forêts, où les loups et les renards sont très-nombreux, fournissent d'excellents bois de construction. Le sapin y est l'essence la plus commune. Les habitants du cercle de Bialystock sont pour la grande majorité d'origine polonaise et catholique, sous l'autorité spirituelle de l'évêque de Luck; ceux qui professent la religion grecque ressortissent à l'évêché de Polotsk. On y trouve en outre des Lettons, des Russes, et des juifs, dont le nombre s'élève au neuvième de la population totale. L'agriculture, l'élève du bétail, celle des porcs surtout, l'exportation des céréales, du houblon, de la graine de lin, du bois de construction, des draps, constituent les principales ressources de cette contrée.

BIALYSTOCK, ville bien bâtie, sur la Bialy, et centre d'un commerce important, est le chef-lieu du cercle, avec une population de 10,500 habitants. On y voit un beau château, appartenant au comte Branicki, et entouré d'un parc de toute beauté, ce qui l'a fait surnommer le Versailles de la Podlaquie. On y trouve aussi un gymnase, un hôpital, une école de sages-femmes, deux églises, un couvent de religieuses et deux chapelles.

BIANCHINI (FRANCESCO), célèbre par ses travaux astronomiques et archéologiques, naquit en 1662, à Vérone, où il fut élevé au collège des jésuites. Destiné à la carrière ecclésiastique, il alla, en 1680, étudier à Padoue la théologie, les mathématiques, la physique et surtout la botanique, puis le droit à Rome, en 1684. Il s'y lia avec les savants les plus célèbres, et s'y livra en même temps à l'étude approfondie des langues et des littératures grecque, hébraïque et française. Les antiquités romaines devinrent aussi l'objet particulier de ses recherches, et il en exécuta lui-même des dessins avec autant de goût que d'habileté. Alexandre VIII lui accorda une riche prébende, et Clément XI le nomma secrétaire de la commission instituée pour rectifier le calendrier. Chargé de tracer une ligne méridienne et d'établir un cadran solaire dans l'église de *Santa-Maria degli Angeli*, il s'acquitta avec un rare bonheur de ce travail difficile. Dans un voyage qu'il fit en France, en Hollande et en Angleterre, il conçut le plan de tracer en Italie d'une mer à l'autre une méridienne, à l'instar de celle qu'avait tracée Cassini en France. Il consacra huit années à ce travail, qu'il exécuta à ses propres frais, mais qui resta inachevé. Indépendamment des nombreuses dissertations astronomiques et archéologiques qu'on a de lui, nous citerons son histoire universelle, *Storia universale provata co' monumenti e figurata co' simboli degli antichi* (Rome, 1694), et sa grande édition de l'ouvrage d'Anastasius, *De Vitis Romanorum Pontificum*, qu'acheva son neveu Giuseppe Bianchini (Rome, 1718-1724, 4 vol.). Il mourut en 1729; un monument lui a été érigé dans la cathédrale de Vérone.

BIANCOLELLI. *Voyez* DOMINIQUE.

BIARD (FRANÇOIS-AUGUSTE). Lyon nous a donné des poètes, des historiens, des philosophes, des mécaniciens, des peintres. Parmi ceux-ci, et en première ligne, citons Biard, créateur d'un genre qu'on avait rêvé peut-être, mais que nul encore n'avait eu le courage d'exploiter. Ce n'est point la caricature, comme l'ont faite les Charlet, les Bellangé, les Teniers, les Callot, les Decamps. C'est une pensée toujours rieuse, caustique; c'est le coup de lanière sur un ridicule, un sarcasme sur un travers. La main de Biard n'est point armée d'un pinceau, elle tient le fouet et la férule; elle frappe, elle siffle, elle fait crier, mais les douleurs de la victime excitent le rire, et c'est pour cela qu'on peut dire avec raison que Biard est un peintre de mœurs. Ce qu'on doit le plus admirer dans ses tableaux, c'est l'esprit, c'est la vérité, c'est le pittoresque des détails, c'est la physionomie de ses personnages. Les rôles sont donnés : à chacun le sien, plaisant ou grave. En présence de ses toiles, vous assistez à un jeu, à une lutte, à une revue, à une scène, auxquels vous aussi vous prenez une part. Vous riez avec le joyeux convive, vous pensez avec le philosophe, vous folâtrez avec le bambin ou la jeune fille, vous criez avec le malheureux dont le rasoir entaille la joue, vous entendez les sons discordants de la clarinette de village qu'un magistrat homérique a placée en tête de la formidable garde nationale habillée sous son balcon..... Biard veut que vous soyez un personnage de ses tableaux.

On se rappelle, comme d'hier, le triomphe de notre peintre lors de sa première apparition au musée. On criait en s'abordant, on se donnait la main en se disant : L'as-tu vu? n'est-ce pas que c'est piquant, original, curieux?..... Et la foule entourait les cadres de Biard, et la gravure se disputait ses grandes et ses petites créations. Mais quand le peintre se fut rassasié des scènes amusantes qu'il traduisait à sa barre impitoyable, il alla chercher au loin de nouvelles émotions, de nouvelles études, de nouveaux spectacles..... Il part vers le pôle, il est en face d'un monde inconnu de la foule; il nous le rapportera tel qu'il le voit, tel qu'il est, avec ses glaces éternelles, avec ses aurores si merveilleuses, avec ses avalanches, avec ses ours dévorateurs et ses scènes de deuil, qui ont jeté sur la côte tant de cadavres d'hommes et de navires. Biard est devenu grave, solennel comme le ciel d'airain qui pèse sur sa tête, comme l'ouragan qui balaye l'espace, comme le chaos qui l'accompagne, comme l'imposante solitude qui l'entoure. Sa palette a de la réflexion; elle revient du Groënland et du Spitzberg, séjour désolé du phoque et de la baleine, où le voyageur ne porte ses pas que lorsqu'il y est poussé par l'étude et par cette ardente passion de voir qui ne peut naître que dans les âmes élevées. Sa femme l'avait courageusement suivi dans ce voyage.

La seule nomenclature des tableaux de Biard nous mènerait trop loin. Paysages, scènes burlesques, terribles drames sous les zones brûlantes ou dans les glaces du pôle, tout passe sous l'habile pinceau de l'artiste, tout s'y colore; le monde est son domaine, et il s'en empare avec une audace que le succès seul pouvait justifier. *Le Baptême sous les tropiques; La Chasse à l'ours blanc; Du Gouédic recevant les adieux de son équipage; Le Duc d'Orléans descendant la grande cascade de l'Eyanpaïkka, sur le fleuve Muonio, en Laponie;* une *Vue de la presqu'île des Tombeaux, au nord du Spitzberg;* un superbe *Effet d'aurore boréale; Le Gros péché;* une *Chasse aux morses par des Groënlandais, dans l'océan Glacial;* une autre *Chasse aux rennes, en Laponie; Les Demoiselles à marier; Le Viatique dans la montagne, en Suisse; La Distraction;* un *Épisode de la guerre d'Espagne; Le Sacrifice de la veuve d'un brahmine; Le Désert*, où la pensée même ne trouve pas d'horizon; une *Scène de la douane à la frontière;* une *Scène sur les bords du Rhin; Divertissement troublé;* une *Distribution de prix dans une école allemande; Le Triomphe de l'Embonpoint; La Baie de la Madelaine, au Spitzberg; La Pudeur orientale; La Convalescence; Un Appartement à louer; Les Inconvénients d'un voyage d'agrément; L'Arrivée de l'artiste à l'île aux Ours, dans l'Océan Arctique......* Arrêtons-nous là; notre plume se fatiguerait à suivre l'ardent explorateur dans ses incessantes excursions. Chez lui, on peut dire que le pinceau crée, quoiqu'il copie; il ne tâtonne pas, il trouve l'effet du premier coup. Jacques ARAGO.

Nous ne reparlerons pas des tableaux de Biard inspirés par son expédition du Nord. Ces tableaux égayés trop nombreux, couverts de neige éternelle, trop souvent d'ours blancs, sont beaucoup trop semblables et d'une monotonie trop naturelle. Nous parlerons encore moins de ses tableaux d'histoire: *Louis-Philippe au bivouac de la garde nationale dans la soirée du 5 juin 1832* (1844); *Le Prince de Joinville au Liban* (1843); *Les Prisonniers au Sahara* (1848); *Proclamation de la liberté des Noirs aux colonies* (1849); encore bien moins de ses portraits. Mais nous reviendrons sur le genre qu'il a créé et qui lui doit : *Les Comédiens ambulants* (1833); *Le Repas interrompu; Le Concert de Famille; La Poste restante; Les Suites d'un Bal masqué* (1839); *La Traversée du Havre à Honfleur* (1842); *Le Droit de Visite; Le Peintre classique; Un Dessert chez le Curé* (1846); *Henri IV et Fleurette; Quatre Heures au Salon* (1847); *Le Propriétaire; Le Conseil de Révision* (1848); *Avant et Après la Soirée* (1849); *Les Pêcheurs* (1852). Ce sont là autant de petits chefs-d'œuvre pleins d'esprit, de mouvement et d'expression. M. Biard a reçu la décoration de la Légion d'Honneur en 1838. Peu de Salons s'ouvrent sans qu'il n'y dépose quelques-uns de ses charmants tableaux. Aussi fut-on bien étonné, en 1845, de ne rien trouver de lui à l'exposition; et tout le monde se demandait avec inquiétude s'il était arrivé quelque accident à l'aimable peintre, autrefois si fécond; s'il était retourné au Spitzberg avec sa courageuse moitié, ou bien si quelque commande du roi l'avait convié à la retraite, ou enfin si quelque faux ami lui avait fait prendre la peinture des ridicules en aversion. Heureusement il n'en était rien; les années suivantes M. Biard reparut plus brillant que jamais au Salon, et à l'heure qu'il est son talent est encore dans toute sa vigueur.

BIARMIE, nom d'un royaume finnois, au nord ou nord-est de la Russie, dont il est souvent question dans les traditions et les annales des pays scandinaves, mais dont il est impossible aujourd'hui de déterminer les limites. C'est de ce mot que vient sans doute le nom du gouvernement russe appelé *Permie*, *Perm*; mais ce serait à tort que l'on confondrait avec ce pays l'ancienne Biarmie, qui semble s'être étendue le long de la Dwina, sur une grande partie des gouvernements d'Archangel et de Vologda, et avoir été baignée par la mer Blanche.

BIARQUE (de βίος, vie, et ἀρχή, commandement), nom que l'on donnait dans l'empire d'Orient à l'intendant des vivres, charge analogue à celle du *præfectus annonæ* de Rome.

BIAS, l'un des sept sages de la Grèce, naquit à Priène, ville d'Ionie, vers l'an 570 avant J.-C. Il s'attacha principalement à l'étude de la morale et de la politique, et, philosophe pratique avant tout, il resta étranger aux spéculations hasardeuses qui caractérisent la métaphysique de l'école ionienne, disant que nos connaissances sur la Divinité se bornent à savoir qu'elle existe, et qu'on doit s'abstenir de raisonner sur son essence. Aussi éloquent que désintéressé, il consacra ses connaissances en législation à plaider devant les tribunaux, mais sans exiger de rétribution, et seulement pour les causes qu'il croyait justes. Aussi disait-on, pour désigner une cause excellente : *C'est une cause dont se chargerait Bias*. Lors de la conquête de l'Ionie par les généraux de Cyrus, les Priéniens, voyant leur ville assiégée, la quittèrent en emportant ce qu'ils avaient de plus précieux; et comme on demandait à Bias pourquoi il ne faisait pas comme les autres : « C'est, dit-il, parce que je porte tout mon bien avec moi. » Il resta dans sa patrie dans un âge très-avancé, avec la réputation d'orateur habile, de bon politique et d'excellent citoyen. Les Priéniens lui élevèrent un magnifique tombeau, et lui consacrèrent une enceinte, qu'on nommait le *Teutamium* (il était fils de Teutamus). Il composa un poème de deux mille vers, où il enseignait les moyens de rendre un État heureux et florissant. On nous a conservé de lui un grand nombre de maximes, qui attestent la finesse de son esprit, l'austérité de sa morale, et les sentiments d'une piété sage et élevée.
C.-M. PAFFE.

BIBACIER. On désigne sous ce nom vulgaire le bel arbrisseau que Thunberg a rapporté en 1784, et qu'on appelle encore *néflier du Japon* (*mespilus japonica*). Le bibacier s'est acclimaté dans notre pays, et a soutenu en pleine terre et dans toutes les localités un froid de treize degrés centigrades. Cet arbrisseau plaît par ses fruits jaunâtres acidulés et agréables au goût, par ses fleurs, qui sont très-odorantes, et par ses feuilles, qui sont larges et persistantes. On le cultive aussi dans l'Inde et à l'île de France. Lindley en a formé un nouveau genre, sous le nom de *eriobotrya* (du grec ἔριον, laine, et βότρυς, grappe), par allusion à ses fleurs en grappes lanugineuses.
L. LAURENT.

BIBANS. Au sud des montagnes de Bougie, dans la province de Constantine, règne une plaine assez étendue, que sépare du Sahara une suite non interrompue de mamelons liés aux montagnes de Bougie et de Flissa par une chaîne transversale dont le mont Jurjura est le nœud. C'est là que se trouve le fameux défilé des Bibans, appelé par plusieurs voyageurs *les Portes de Fer*. C'est une gorge étroite, formidable et sombre, d'un accès fort difficile et bordée de rochers à pic très-élevés. Le chaînon de l'Atlas qu'elle traverse est formé par un grand soulèvement qui a relevé verticalement des couches de roches horizontales à l'origine. L'action des siècles a successivement enlevé les portions de terrain qui réunissaient autrefois les bancs de roche, de telle sorte qu'elles offrent aujourd'hui l'aspect d'un mur presque droit, sans aspérités, impossible à franchir, et qui se prolonge au loin, se rattachant çà et là à des sommets tout à fait inabordables. Un ruisseau salé, l'Oued-Biban, qui s'est ouvert une route à travers un lit de calcaire dont les faces verticales s'élèvent à plus de 33 mètres de hauteur, et atteignent, par des escarpements successifs, aux crêtes anguleuses et bizarrement découpées qui couronnent les montagnes, coule en grondant au milieu de cette chaîne, et y fait tant de circuits qu'on est obligé de le traverser au moins quarante fois pendant les quelques heures qu'on met à passer le défilé. Le sentier, rude et cailloux ici, sablonneux et effondré plus loin, se dresse tantôt en montée à pic et tantôt fuit sous le pied par des pentes d'une roideur extrême, qui rendent la marche des hommes et des chevaux excessivement pénible. Bientôt on descend vers un fond, entouré d'une pittoresque couronne de rochers énormes, surplombants et comme pendants dans le vide : ce site est le plus sauvage qu'on puisse voir. C'est là qu'on rencontre une première ouverture pratiquée perpendiculairement dans ces masses de granit, sur une largeur de trois mètres environ. A partir de cette première porte, le sentier se rétrécit insensiblement pendant une centaine de pas, jusqu'à une seconde ouverture, mais si étroite, qu'un mulet chargé n'y passe qu'avec une grande difficulté. Ce chemin caverneux tourne alors un peu vers la droite, et par des sinuosités sans nombre, sous deux nouvelles voûtes de rochers, gris à leur base et rosés au sommet, vous permet enfin de continuer sans interruption, sans trop d'obstacles, le parcours de la gorge, qui s'élargit peu à peu dans une étendue de cinq cents pas à peu près. Un petit vallon, resserré par de hautes montagnes, sert d'écoulement aux eaux de l'Oued-Biban dans la saison des pluies, où, devenu torrent, ce ruisseau, arrêté dans son cours par les rétrécissements de ce passage, élève quelquefois le niveau de ses eaux jusqu'à dix mètres au-dessus du sol, puis s'échappe enfin avec violence par la seule issue que lui ait ménagée la nature en creusant cette vallée à l'extrémité même de la pente des Bibans.

Une fois hors de ce passage, où le soleil pénètre rarement, où le vent s'engouffre avec sa voix grondeuse et ses cris lamentables, où quelques palmiers nains, étiolés, étendent leurs maigres rameaux souvent brisés par l'aile puissante d'un vautour, on retrouve comme par enchantement le ciel chaud et rayonnant de l'Afrique, la verdure vigoureuse des vallées, et ces points de vue admirables qui reposent si heureusement le regard, encore fatigué de la désolation des Bibans. Trop heureux si des maraudeurs embusqués dans ces positions formidables ne vous fusillent pas à bout portant, car il serait impossible, en cas d'attaque, d'opposer la moindre résistance dans ces lieux. Avant notre conquête, les caravanes, quelque nombreuses et bien armées qu'elles fussent, ne manquaient jamais d'être surprises, à leur passage aux Bibans, par les Berbères. Il fallait composer avec eux sous peine de mort. Le bey de Constantine lui-même, qui n'allait à Alger qu'avec une armée, était obligé de leur payer une somme pour passer le défilé ; sans cela ils l'auraient attaqué et volé comme après la prise d'Alger, lorsqu'il se retira avec un trésor considérable pris dans la maison de l'aga.

Telle était donc la route d'Alger à Constantine du temps des Turcs. La mine et la pioche y avaient laissé leurs marques ; elles indiquaient que des travaux immenses avaient dû être exécutés avant d'obtenir seulement pour résultat un sentier à peine franchissable aux bêtes de somme en de certains endroits. Évidemment, elle n'existait pas avant l'établissement de la puissance algérienne ; car aucune trace des soldats romains ne se fait remarquer aux environs, et l'étude du système de routes qui liaient ensemble les différents points de la Mauritanie semble prouver que la communication entre *Sitifis Colonia* (Sétif) et *Auzia* (Aumale) se faisait, soit par *Saldæ* (Bougie) et la station de *Tubusuptus* (Bordj-el-Bouberak), soit par la route, plus longue encore, qui tourne par le désert les montagnes d'Ouennough.

Depuis quelque temps on avait compris la nécessité de reconnaître cette partie de la province de Constantine qui s'étend depuis la ville jusqu'aux Portes de Fer, et de là jusqu'à l'Oued-Kaddara, en passant par le fort de Hamza, où le dey

Omar avait fait ouvrir une route royale (*soltania*), qui conduit aux Bibans en passant par le sud et assez près du fort. La présence du duc d'Orléans, débarqué pour la seconde fois en Afrique, hâta le moment de cette importante opération. Le 25 octobre 1839, une colonne expéditionnaire, commandée par le maréchal Valée et composée de deux divisions, sous les ordres, la première, du prince royal, la seconde, du général Galbois, partit du Sétif et vint s'établir sur l'oued Bouselah. De là le corps expéditionnaire se porta rapidement vers Sidi-Embarek; et après avoir traversé le territoire des Ben-Bou-Kethon et des Beni-Abbas, les deux divisions se séparèrent. Le général Galbois rentrait dans la Medjanah; le gouverneur général et le duc d'Orléans, avec la première division, marchaient sur Alger. On s'engagea dans le terrible défilé des Bibans, gardé seulement par quelques compagnies d'élite à ses deux extrémités. Les chéiks arabes gardiens des Portes de Fer, qui devaient nous guider dans cette marche, ayant reconnu l'autorité de El-Mokrani, notre kalifa, reçurent du prince leurs burnous d'investiture, puis se placèrent à notre tête, et la colonne s'ébranla aux mâles accents du clairon. Il s'agissait de se porter sur Alger par les vallées de l'Oued-Beni-Mansour et de son affluent l'Oued-Hamza. Le passage, commencé le 28 à midi, ne fut terminé qu'à quatre heures du soir. Ce ne fut qu'une longue promenade, sans dangers sérieux, et qui n'eût pas eu autant de retentissement si le prince royal en personne ne l'avait dirigée; mais il y avait quelque chose de grand et de glorieux dans cette marche triomphale de nos drapeaux à travers ces gorges redoutables, que les Turcs eux-mêmes n'avaient jamais franchies sans payer tribut, et où n'étaient point parvenues les invincibles légions romaines. Nos soldats, grimpant comme des chamois sur les flancs de cette immense muraille, y tracèrent avec la pointe de leurs baïonnettes cette simple inscription, qu'on lit aussi sur les plus hautes pyramides d'Égypte : *Armée française!* Quelques coups de fusil de maraudeurs les interrompirent à peine dans leur orgueilleuse opération. On quitta le défilé en chantant la *Marseillaise*, et la colonne se dirigea vers le territoire des Beni-Mansour. Le 30 elle se porta sur Hamza. Au moment où l'avant-garde débouchait dans la vallée de Hamza, on aperçut les troupes d'Ahmed-ben-Salem, établies sur une crête parallèle à celle qui suivait la division. La cavalerie fut immédiatement lancée dans la vallée; mais les cavaliers de Ben-Salem ne l'attendirent pas. On trouva le fort de Hamza complètement abandonné. Sur le territoire des Beni-Djad, les tribus de cet outhan voulurent s'opposer à la marche de la colonne, mais sans pouvoir l'inquiéter sérieusement. Enfin le 1ᵉʳ novembre, au soleil couchant, la division expéditionnaire s'établissait sous la protection du camp du Fondouck, réunie à la division du général Dampierre, qu'elle avait rencontrée à l'Oued-Kadara. Le lendemain les troupes entraient à Alger, où une fête fut célébrée. Le passage des Bibans irrita l'orgueil de l'émir. C'était en quelque sorte la contre-partie de l'excursion tentée par lui peu de temps auparavant du côté de Bougie. Notre expédition tranchait par le fait une question de limites, et consommait la prise de possession des communications entre Alger et Constantine. Les dispositions hostiles d'Abd-el-Kader ne se dissimulaient plus. On avait pris pendant la route des courriers de l'émir qui portaient des lettres où il appelait des chefs à la guerre sainte. Bientôt les Arabes passaient la Chiffa, et la guerre éclatait de tous côtés.

BIBASIS. Nom d'un jeu en usage parmi les jeunes Lacédémoniens; c'était un exercice propre à donner de l'agilité et de la souplesse, une espèce de danse. Les jeunes garçons et les jeunes filles qui s'y livraient étaient nus. La *bibasis* consistait principalement en sauts, dans lesquels il fallait, en se repliant sur soi-même, frapper son derrière avec ses talons. Celui qui faisait les plus beaux sauts et les plus nombreux remportait le prix. Les peintures d'Herculanum et les pierres gravées offrent des sauteurs de bibasis; il y en a même qui l'exécutent sur la corde.

BIBBIENA (Bernard Dovizi, cardinal de), né de parents obscurs, en 1470, entra comme précepteur dans la maison de Laurent de Médicis, qui lui confia le soin de veiller sur la conduite de son fils, le cardinal Jean de Médicis. L'élève, qui devint pape sous le nom de Léon X, conféra la pourpre romaine, en 1513, à son gouverneur, et cinq ans plus tard l'envoya en qualité de légat du saint-siége en France, à l'effet de déterminer François 1ᵉʳ à laisser prêcher dans ses États une croisade contre les Turcs. Ce prince ne paraissait pas éloigné d'en entreprendre une pour son propre compte; mais les secrètes intrigues et les défiances de la cour pontificale ne tardèrent pas à l'en dissuader. Le cardinal Bibbiena, à ce que rapporte le P. Fabre, prévoyant les conséquences d'une conduite si peu politique, en écrivit à Rome dans les termes de reproches les plus vifs. On y interpréta mal une franchise qui, quelque sensée et bien intentionnée qu'elle fût, devint cause de sa perte. En effet, quelques jours après son arrivée dans la capitale du monde chrétien, il succomba tout à coup à une mystérieuse maladie, à l'âge de cinquante ans à peine, au moment où jamais sa santé n'avait été plus robuste. On croit, dit Paul Jove, qu'il fut empoisonné avec des œufs à la mouillette. Il était évêque de Coutances, en Normandie.

Ce prélat, homme d'esprit et de savoir, compte parmi les restaurateurs du théâtre. Sa comédie intitulée *la Calandra* (Rome, 1524) est la première qui ait été écrite en prose italienne. L'auteur la composa à l'époque d'un carnaval, à l'effet de divertir la marquise de Mantoue, Isabelle d'Este, dont la cour était le sanctuaire des arts et le siége du plaisir.

Le nom de Bibbiena a été aussi porté par plusieurs artistes du dix-septième siècle, issus du peintre J.-Marie Galli.

BIBBY, nom vulgaire d'un palmier de l'Amérique méridionale que les botanistes rapportent au genre *Elæis*.

BIBERACH est une ville du Wurtemberg, autrefois ville libre impériale, aujourd'hui chef-lieu de l'arrondissement de son nom, dans le cercle du Danube, à 34 kilom. sud-sud-ouest d'Ulm, sur la Riss, avec une fabrication très-active de peaux mégissées, de pelleteries, de toiles fortes, de lainages, un important commerce de grains et une population de près de 5,000 âmes, dont 1,800 catholiques environ. Elle fut témoin de deux victoires des Français sur les Autrichiens, dont la première remonte au 2 octobre 1796.

Afin de ne pas être cernée par toutes les forces autrichiennes, l'armée de Rhin et Moselle était rentrée en France au mois d'octobre 1796. Il ne lui était plus possible de continuer sa retraite, ni de forcer le passage des montagnes Noires, qu'après s'être débarrassée, au moins pour quelques jours, du général Latour, qu'il fallait rejeter à une certaine distance. Les Français avaient pour unique avantage de posséder des forces compactes. Ils ne pouvaient point se dissimuler cependant qu'ils étaient environnés de dangers. Mais ils avaient la faculté, dans cette position, de porter à leur gré leurs masses réunies contre les divers corps qui les pressaient isolément de tous côtés; ils pouvaient ainsi battre l'ennemi successivement et en détail. Le général Moreau garantit son armée d'une perte certaine en profitant habilement de cette situation.

Le corps de Naüendorf marchait dans les vallées de la Kinzig et de la Rench pour couper le passage des Français; il avait déjà passé Tubingue, il avait trop d'avance, et se trouvait trop éloigné du général Latour pour que celui-ci pût en recevoir des secours. Dans cet isolement, Moreau résolut d'attaquer ce général. Sa seule ressource était dans une bataille : ce parti était audacieux peut-être, mais la constance admirable des troupes semblait l'y convier. Il fit donc tous ses préparatifs : l'aile droite était commandée par le général Férino, qui devait laisser sur l'Argen un corps de troupes destiné à être opposé au général autrichien Frœlich. Dans le même moment, le surplus avait ordre de se diriger vers le village d'Essendorff, en poursuivant l'ennemi, après avoir passé par Waldsée. Le général Saint-Cyr, commandant le centre et la réserve, était chargé d'attaquer les Impériaux vers Steinhausen, et ses instructions lui enjoignaient de faire ses efforts pour pousser l'ennemi jusqu'à Biberach; dans le même temps, Desaix, à la tête de l'aile gauche, devait par la route de Rieldingen à Biberach aller attaquer l'ennemi de l'autre côté du lac. Il lui était expressément ordonné de tâcher de précéder le général Latour sur les hauteurs près de Steinhausen.

La principale attaque fut commencée par le centre, le 2 octobre 1796, vers sept heures du matin, sur la route qui conduit de Reichenbach à Biberach. Une seconde colonne fut commandée pour marcher à l'ennemi par la droite de Schussenried; une autre attaque enfin était disposée, et fut exécutée sur Oggelthausen. Après un combat très-animé de part et d'autre, les Français eurent la gloire de culbuter les Autrichiens, qui furent aussitôt vivement poursuivis. Tous les divers mouvements avaient été calculés, et tout fut exécuté avec une précision qui coopéra beaucoup au succès que nous obtînmes. L'aile gauche, s'étant mise en mouvement plus matin, devait arriver au centre à l'instant désigné pour l'attaque entre Seekirk et Ala. Alors, l'aile droite des Impériaux, pour soutenir leur centre, fut obligée de plier ainsi que leur corps de bataille, qui supportait tout le choc des Français, dont la victoire fut complète. Les trophées de cette brillante journée furent cinq mille prisonniers autrichiens, dix-huit pièces de canon et deux drapeaux.

Telle fut la première bataille de Biberach. Jetons un coup d'œil sur la seconde, qui fut livrée le 9 mai 1800.

Le cabinet de Vienne avait profité de l'absence de Bonaparte, qui était en Égypte, pour reprendre son ancienne domination en Italie et en Allemagne; mais Bonaparte, à son retour d'Égypte, placé à la tête du gouvernement, en qualité de premier consul de la nation française, réorganise ses armées, qui se sont ressenties de son éloignement. Son imagination le reporte encore vers l'Italie; il se repaît des souvenirs glorieux de cette époque. Déjà les Impériaux ont été vaincus par l'armée du Rhin à Engen et à Moëskirk. Ces deux batailles sanglantes ont fait penser que le général Kray se retirerait derrière l'Iller. Cependant, on le voit se porter, par des marches forcées, sur les hauteurs en avant de la Riss. Le général Lecourbe marche le 9 mai 1800 sur l'Atrachi. Il dirige sa droite vers la hauteur de Lenkirk, le centre vers Welishoffen et Arnach, la gauche sur Wurtzach, la réserve sur Biberach, par la route de Pfullendorf, tandis que le général Saint-Cyr s'y rend également en suivant la route de Buchau, avec les deux divisions Baraguay d'Hilliers et Thurreau. La première de ces divisions est rencontrée par l'ennemi; on en vient aux mains, mais ces escarmouches ne retardent presque point sa marche. Les Impériaux, forts de dix bataillons, voient arriver à eux devant les hauteurs qu'ils occupent les deux divisions françaises. L'ennemi a sur cette position quinze pièces d'artillerie et un corps nombreux de cavalerie. Le général Kray plaçait le reste de son armée en arrière de Biberach, dont la rivière forme par la rivière de la Riss couvre le front de ses troupes.

A peine arrivés en présence, les bataillons du général Saint-Cyr se précipitent avec une telle impétuosité sur les Autrichiens qui occupent les hauteurs, que du premier choc ils sont culbutés dans le ravin, et que, bien loin de chercher à reprendre leurs lignes pour résister, ils jettent en partie leurs armes. Le général Kray se hâte d'envoyer des secours assez puissants pour protéger la retraite ou plutôt la déroute des siens. Il fait aussi diriger son peu d'artillerie dans la même intention; sans cela on aurait fait un grand nombre de prisonniers sur ce point.

L'ennemi avait aussi été rencontré par le général Richepanse dans la direction de Pleinheiss, à un myriamètre de Biberach; il s'était avancé en combattant toujours depuis Indelfingen, et à peine il arrivait sur les hauteurs en deçà de Biberach, que le général Saint-Cyr, à la tête de ses troupes, pénétrait dans la ville. Bien que les Impériaux occupassent un plateau en arrière de la ville, et eussent une artillerie considérable et un corps nombreux, le général Richepanse résolut de les en débusquer. La situation des rives de la Riss est peu favorable à une pareille attaque : elle est encaissée dans un terrain bourbeux, bordée par des marécages; et c'est sur ce point que l'artillerie ennemie vomissait ses boulets et sa mitraille. Ces obstacles n'effrayèrent point les troupes françaises, et la division ayant de l'eau jusqu'à la ceinture; les hussards du 5e régiment la suivirent : ils eurent de la peine, car le terrain était devenu trop mou; il fut donc ordonné à deux régiments de cavalerie d'aller au galop traverser la Riss à Biberach; et comme l'ennemi se repliait directement sur Memmingen, Richepanse leur prescrivit de prendre ensuite le chemin de cette ville. D'après ces dispositions, dont l'exécution ne laissa rien à désirer, les hauteurs furent gravies, la baïonnette en avant, par les généraux Digonet et Durut. Au moment de leur arrivée, la cavalerie débouchait sur la route de Memmingen; alors les Autrichiens furent chargés par la division entière, qui les battit et les accabla avec cette impétuosité dont les Français seuls ont le secret, et l'on vit les Impériaux, loin de résister, abandonner précipitamment le champ de bataille, couvert de morts et de blessés.

Cependant un débris de leur armée se maintenait encore sur le prolongement du plateau qui se dirige vers Mitembach. Tandis que Digonet et Durut venaient de battre les Autrichiens auprès de Biberach, le général Saint-Cyr ordonne d'attaquer ce débris sur l'éminence, où l'on n'arrive que par un débouché, ce qui rendait au premier coup d'œil cette position inexpugnable; mais l'intelligence du général Saint-Cyr, égale à sa valeur, eut bientôt surmonté ces difficultés locales. Ses dispositions furent si bien prises, et son attaque fut exécutée avec tant de vigueur, que les Impériaux se défendirent à peine, et que la déroute fut bientôt dans leurs rangs; ils finirent par abandonner le champ de bataille aux Français, qui trouvèrent dans Biberach des magasins immenses. Cette brillante journée, où toutes les armes se distinguèrent, coûta aux Autrichiens 4,000 hommes, dont 2,000 prisonniers.

BIBERON. Ce n'est point de ces hommes *à rouge trogne* que le peuple nomme ainsi dont nous voulons parler, mais seulement d'un instrument destiné à remplacer le sein dans l'allaitement artificiel des enfants. Le plus simple et le plus généralement employé est une sorte de bouteille plate en verre blanc, ouverte en dessus d'un trou par lequel on fait entrer le liquide et qu'on peut fermer au moyen d'un bouchon. Le goulot est terminé par une sorte de bouchon aussi en verre et en forme de mamelon, percé d'un petit trou par lequel le lait s'écoule dans la bouche de l'enfant lorsque celui-ci tient ce mamelon entre ses lèvres. Quelquefois on entoure ce mamelon d'un linge pour empêcher le liquide de venir en trop grande abondance. On peut ôter le bouchon dont nous avons parlé plus haut lorsque l'enfant boit, afin que l'air ne manque pas dans la bouteille. Avant l'invention de ce biberon, on avait imaginé d'en faire dont le mamelon était en liège artistement travaillé ou en tétine de vache.

Les nourrices se servent tout bonnement de bouteilles qu'elles ferment avec une éponge, avec un linge ou avec un bouchon troué. Ces derniers ont un inconvénient assez grave : l'air ne pouvant entrer dans le vase au fur et à mesure que le liquide s'en échappe, l'enfant finit par s'épuiser en efforts inutiles pour attirer le lait. Un autre inconvénient de ces biberons, c'est que l'enfant aspire beaucoup d'air, qui, introduit dans l'estomac, se dilate et occasionne des flatuosités, suivies quelquefois de vomissements. D'ailleurs, quelque soin que l'on apporte à entretenir l'éponge propre, on ne peut guère éviter qu'il n'y séjourne un peu de lait, qui s'aigrit très-promptement et altère bientôt toute la nourriture de l'enfant.

BIBIANE ou **VIVIENNE** (Sainte), vierge romaine qui souffrit le martyre, à ce qu'on croit, sous le règne de Julien l'Apostat. On lit dans Ammien Marcellin qu'en l'an 363 de notre ère cet empereur nomma Apronien gouverneur de Rome, et que dans le voyage qu'il dut faire pour se rendre dans cette ville, Apronien eut le malheur de perdre un œil. Non moins superstitieux que son maître, ce fonctionnaire attribua aussitôt l'accident dont il était victime aux maléfices des magiciens; et dans cette folle persuasion il résolut d'exterminer les magiciens (sous ce nom on entendait les chrétiens). Parmi les victimes de cette persécution on comprit sainte Bibiane, son père Flavien, qui appartenait à l'ordre des chevaliers, Dafrose sa mère, et Démétrie sa sœur. Quand les chrétiens recouvrèrent le libre exercice de leur culte, ils érigèrent une chapelle sur l'emplacement où avaient été déposés ses restes mortels. En 465 le pape Simplice y fit construire une belle église, qu'on appela *Olympia*, du nom d'une pieuse dame romaine qui avait fait les frais de l'édifice. Plus tard, Honorius III la fit réparer; et comme elle finit avec le temps par tomber en ruines, on la réunit à Sainte-Marie-Majeure. Urbain VIII, qui fit reconstruire cette église en 1628, ordonna d'y déposer les reliques de sainte Bibiane, de sainte Dafrose et de sainte Démétrie.

BIBION (*Ornithologie*), nom vulgaire de l'oiseau qu'on appelle aussi *demoiselle de Numidie* (*Ardea virgo*, Linn.) Cette espèce de grue a été remarquée de tout temps, à cause de sa démarche cadencée, de ses mouvements mimiques et de ses sauts, par lesquels elle semble vouloir fixer l'attention, et qui lui avaient fait donner par les anciens le nom de *Comédien*.

Le bibion se reconnaît à son corps, d'un joli gris bleuâtre, avec la tête et le haut du cou noirs; il a derrière chaque œil un faisceau de plumes blanches, longues, flexibles, et pendantes en arrière; un troisième faisceau de même nature mais composé de plumes noires, prend naissance au bas du cou. Il offre dans son anatomie une particularité remarquable, qui ne s'est retrouvée jusqu'ici que chez quelques espèces de cygnes : sa trachée-artère vient s'engager par une double circonvolution dans la crête du sternum, creusée à cet effet. Cet oiseau se rencontre dans la Guinée, dans la Numidie et dans les parties de l'Asie voisines de l'Europe.

BIBION (*Entomologie*), genre d'insectes diptères, de la famille des *sarcosomes*, et dont plusieurs espèces sont connues sous des noms qui rappellent les époques où elles paraissent; telles sont les *mouches de Saint-Marc*, qui se montrent au printemps, et les *mouches de la Saint-Jean*, qu'on voit plus tard. Ces insectes se posent en grand nombre sur les arbres fruitiers, auxquels ils ne causent, du reste, aucun dommage. Les femelles fécondées déposent leurs œufs dans la terre; les larves qui en sortent sont apodes, cylindriques, munies de vingt stigmates et couvertes de poils qui les font ressembler à de certaines chenilles. Pendant l'hiver ces larves s'enfoncent dans les terres, pour se garantir de la gelée; elles y pénètrent encore au mois de mars, pour s'y changer en nymphes : sous cette dernière forme elles sont oblongues, et n'offrent plus que seize stigmates. Enfin, lorsque l'animal est parvenu à l'état parfait, ses caractères génériques sont : une tête presque entièrement occupée par les yeux dans les mâles, mais petite, allongée et inclinée dans les femelles; une trompe saillante; des antennes cylindriques, insérées sous les yeux et composées de neuf articles; des pieds velus; deux cellules basilaires aux ailes.

BIBLE (du grec τὰ βιβλία, c'est-à-dire *les livres*, ou *le livre des livres*). C'est le nom sous lequel on désigne depuis saint Jean Chrysostome la collection des saintes Écritures, considérées et honorées par les chrétiens comme la base de la religion qui leur a été révélée par Dieu. Nous n'avons point à faire ressortir ici l'excellence de ce livre, dans lequel Chateaubriand croyait retrouver comme un écho de l'Éternité : un homme d'une plus grande autorité se chargera d'ailleurs de cette tâche à l'article Écriture Sainte. Nous n'avons point à juger les raisons qui ont fait admettre tel ou tel livre dans le canon de la Bible, et nous donnerons au mot Canoniques (livres) la liste des ouvrages admis dans ce canon, et aussi celle des livres rejetés comme apocryphes, par les différentes églises chrétiennes. Nous laisserons pour les mots Exégèse, Interprétation, Inspiration, etc., les discussions relatives à la saine explication des saintes Écritures. Enfin chaque livre de ce livre des livres ayant dans notre Dictionnaire un article particulier, où nous ferons son histoire spéciale et où nous analyserons son contenu, il ne nous reste plus qu'à donner l'histoire littéraire de la collection, la manière dont elle s'est formée, l'historique de ses éditions et de ses traductions les plus importantes.

Au point de vue de la langue, comme à celui de leur contenu, les livres de la Bible se divisent en deux parties fort inégales, l'*Ancien* et le *Nouveau Testament*, c'est-à-dire l'Ancienne et la Nouvelle Alliance. En effet, le mot *Testamentum* n'est que la traduction en latin postérieur (du deuxième siècle) du grec διαθήκη, qui veut dire *alliance*, le système religieux du Mosaïsme étant considéré comme une alliance entre Jehova et Israel, et le principe de la rédemption dans le Christ étant mentionné de même à diverses reprises sous cette dénomination dans le Nouveau Testament.

L'*Ancien Testament* est la collection des trente-neuf livres en langue hébraïque ou chaldéenne considérés par les Juifs et par l'Église chrétienne comme saints et inspirés (le nombre en a été artificiellement réduit à vingt-deux, pour répondre aux lettres de l'alphabet hébraïque). Il contient tous les débris de la littérature hébraïque et chaldéenne jusque vers le milieu du deuxième siècle avant Jésus-Christ. À l'époque de Jésus-Christ cette collection portait indifféremment les titres d'*Écriture* (Γραφή), de *saintes Écritures*, ou, suivant leur contenu, de *la Loi et les Prophètes*; à quoi on ajoute quelquefois les *Psaumes* ou le reste des *Écritures*. De là aussi une division de l'Ancien Testament fort ancienne, et qui existait déjà avant le Nouveau Testament, en *la Loi*, *les Prophètes* et *les autres saintes Écritures*. La Loi comprend les cinq livres de Moïse : la G e n è s e, l'*E x o d e*, le *L é v i t i q u e*, les *N o m b r e s* et le *D e u t é r o n o m e*. Les *Prophètes* se divisent en *Anciens*, qui sont les livres de J o s u é, des J u g e s, de S a m u e l et des Rois; et en *Nouveaux*, lesquels se subdivisent en *grands* et en *petits* prophètes. Les premiers sont : Isaïe, Jérémie, Ézéchiel, auxquels les chrétiens ajoutent D a n i e l, d'après la traduction d'Alexandrie; les seconds comprennent tous les autres prophètes. La troisième division, contient les Écritures désignées sous le nom d'*Hagiographes*, et renferme, outre les livres poétiques de J o b, les P r o v e r b e s et les Psaumes, le Cantique des cantiques, l'Ecclésiaste, Ruth, Jérémie et Esther.

Les traducteurs d'Alexandrie et les Pères de l'Église, Luther, etc., n'adoptent pas pour le placement de ces livres le même ordre que les Juifs; ceux-ci eux-mêmes diffèrent entre eux, les Talmoudistes n'admettant pas l'ordre adopté par les Mazoreths; les manuscrits allemands en ayant un autre que les manuscrits espagnols.

Quant à l'origine même de la collection, en raison de l'usage excessivement restreint que Moïse, les poètes et les légendaires de l'époque héroïque suivante firent de l'Écriture, il faut admettre que ce fut seulement à dater des écoles de prophètes que se formèrent les rédactions plus complètes de lois et d'histoires qui portent le nom de Samuel, de même que quelques collections de cantiques. Les quatre livres qui nous possédons aujourd'hui sous le nom de Moïse datent de l'époque de Salomon (dixième siècle avant J.-C.), peut-être bien aussi le livre de Josué; plus tard vinrent les livres des Juges et de Samuel, puis les Prophéties au huitième siècle avant J.-C.; avant et à l'époque d'Ezéchias (vers l'an 712 avant J.-C.), une collection des Proverbes de Salomon; vers l'époque de Josias (environ vers l'an 627) eut lieu l'achèvement du Pentateuque, et dans l'exil seulement furent composés les livres des Rois. Par conséquent la première partie, *la Loi*, et la première moitié de la seconde partie, *les Prophètes*, datent de l'époque de l'exil. Après l'exil et après la mort du dernier prophète, Malachie (vers la fin du cinquième siècle avant J.-C.), se forma la collection de la seconde moitié de la seconde partie, laquelle fut terminée alors qu'existaient déjà les Paralipomènes (dans la seconde moitié du quatrième siècle) et le livre de Daniel (vers la fin du deuxième siècle), qui par conséquent auraient pu y être compris. Peut-être est-ce seulement à la fin de la période perse (dans la seconde moitié du quatrième siècle) que se forma la troisième partie, celle des Hagiographes, qui ne fut pas terminée avant le milieu du deuxième siècle avant J.-C., puisqu'on y comprit encore le Livre de Daniel, qui ne fut écrit que vers ce temps-là. La plus ancienne mention qui soit faite de la collection de l'Ancien Testament se trouve dans le prologue de Jésus Sirach (vers l'an 130 environ avant J.-C.), ce qui ne prouverait pas d'ailleurs que la troisième partie eût été terminée alors. Les citations qui en sont faites dans le Nouveau Testament (S. Luc, xxiv, 44; S. Matthieu, xxiii, 25) ne le prouveraient pas davantage; la preuve complète ne se trouve que dans la seconde moitié du premier siècle après J.-C. et dans les ouvrages de Josèphe, sans que pour cela toutes incertitudes en ce qui touche la troisième partie soient devenues impossibles parmi les Juifs et les chrétiens versés dans la connaissance des langues grecques.

Les écrits de Moïse, des Prophètes et de David, ou une certaine partie de ceux qui leur sont attribués, ne furent admis dans la sainte collection qu'en raison du caractère personnel de leurs auteurs; et les autres ouvrages, anonymes pour la plupart, tantôt à cause de leur contenu, tantôt en raison de l'espèce de consécration leur donnait leur antiquité; enfin, parmi les écrits postérieurs à l'exil, quelques-uns (le Cantique des Cantiques, l'Ecclésiaste, Daniel) en raison de l'époque reculée où vivait l'auteur qu'on leur donne; d'autres (les Paralipomènes, Esther), à cause de leur contenu; d'autres, enfin (Esdras et Néhémie), par égard pour les services importants rendus par leur auteur au rétablissement du culte et de la loi. Une critique sévère ne fut point exercée à cet égard, et ce soin a été laissé à la critique moderne, exempte de préventions. Mais tandis qu'en haine des Juifs, et par un prétendu respect pour Moïse, les Samaritains ne reconnaissaient comme canoniques que les cinq livres de Moïse et ne possédaient d'ailleurs encore qu'une paraphrase postérieure du livre de Josué, les Juifs d'Egypte ajoutaient dans leur traduction grecque d'Alexandrie, du moins partiellement, d'autres livres apocryphes que les Juifs de la Palestine ou rejetaient de l'Ancien Testament ou bien ne lisaient pas du tout.

L'Église chrétienne se trouva d'autant plus obligée de faire usage, dans son culte et dans ses enseignements dogmatiques, de l'Ancien Testament, que plusieurs siècles s'écoulèrent sans qu'on eût réuni en collection les livres du Nouveau Testament; seulement elle en fit usage avec toute liberté. Toutefois, par suite de l'ignorance des langues hébraïque et chaldéenne, qui était générale dans l'Église chrétienne primitive, elle ne put se servir que de la traduction de l'Ancien Testament faite en grec à Alexandrie. Or, comme celle-ci contenait aussi ce qu'on a coutume d'appeler les Apocryphes, livres que les Juifs de la Palestine ne considéraient pas comme des ouvrages canoniques, il en résulta que les premiers Pères de l'Église eux-mêmes firent un usage plus large et plus libre des Apocryphes. Toutefois, jusqu'au quatrième siècle dans l'Église grecque les livres de l'Ancien Testament appelés *apocryphes*, pour la première fois au cinquième siècle, par saint Jérôme, furent considérés comme des livres propres à être lus dans l'église et dont la lecture était recommandée par l'Église, sans qu'elle les assimilât aux livres canoniques. Des principes beaucoup plus sévères régnaient, au contraire, à cet égard dans l'Église latine. On y considérait précisément comme canoniques les livres regardés par les Grecs comme seulement propres à être lus à la foule, encore bien que quelques savants, comme saint Jérôme, saint Hilaire, Rufin, Junilius, peu d'accord entre eux à ce sujet, s'y opposassent et ne voulussent voir dans ce qu'on appelle aujourd'hui les Apocryphes que des *libri ecclesiastici* rejetés de l'Ancien Testament canonique.

Les protestants revinrent les premiers au canon juif de l'Ancien Testament, et séparèrent des livres hébreux de l'Ancien Testament les ouvrages ajoutés à la traduction latine et à celle d'Alexandrie, en n'admettant que les premiers à une démonstration dogmatique. On ne saurait nier toutefois que ces Apocryphes constituent une expression historique de l'époque de transition de l'Ancien Testament au Nouveau, et qu'il serait bien difficile de s'en passer si l'on tenait à se faire une idée complète des idées religieuses, et aussi qu'ils forment (le Livre de la Sagesse, par exemple) une très-précieuse partie de l'Ancien Testament. C'est donc au fond avec raison, quoique peut-être au point de vue d'une tradition et d'une dogmatique trop rigides, qu'au concile de Trente l'Église catholique, contrairement à l'opinion des protestants, sanctionna tous les ouvrages contenus dans la Vulgate, et qu'elle déclara par conséquent que les Apocryphes constituaient une partie canonique de l'Ancien Testament. Beaucoup de savants catholiques (par exemple, Bernard Lamy, Jahn, etc.) se sont efforcés pourtant de se rapprocher du droit historique, en établissant une distinction entre le premier et le second canon. Les protestants ont d'ailleurs admis aussi les Apocryphes dans leurs éditions de l'Ancien Testament. En effet, Luther les ayant compris dans sa traduction de la Bible en allemand, comme des livres « qu'il ne faut pas sans doute estimer à l'égal des saintes Écritures, mais qu'il est cependant utile de lire, » on les trouve encore aujourd'hui imprimés dans toutes les Bibles allemandes.

De ce qui précède il résulte que si de tout temps l'admission des Apocryphes a été contestée, par contre, de tout temps aussi les chrétiens, à l'exception des sociniens et de quelques autres sectaires, se sont accordés à reconnaître à l'Ancien Testament une autorité canonique égale à celle du Nouveau Testament. On ne saurait nier cependant, et il est tout au moins généralement reconnu tacitement, que le Nouveau Testament a remplacé l'Ancien Testament, dont le Christ a essentiellement accompli toutes les prophéties. Les auteurs du Nouveau Testament et les législateurs chrétiens se sont effectivement placés, au moyen d'une interprétation des plus libres, au-dessus de l'Ancien Testament par les rectifications qu'ils lui ont fait subir, et aussi en n'hésitant pas à supprimer de leur autorité privée certaines institutions de l'Ancien Testament (par exemple, celles des sacrifices, du sabbat, et de presque tout le cérémonial). Mettre l'Ancien Testament sur la même ligne que le Nouveau Testament, ce ne serait pas seulement renier celui-ci et jusqu'à un certain point le nouveau culte, mais encore, en était conséquent, aller droit aux contradictions les plus insolubles en ce qui est du dogme, des mœurs et du culte. Cependant l'Ancien Testament contient si bien l'histoire antérieure du Nouveau Testament qu'il est indispensable pour pouvoir comprendre la nouvelle alliance; il y en est si souvent fait mention, et par Jésus-Christ lui-même (Saint Matthieu surtout, v, 17 et suivants), comme d'une base qu'il faut bien se garder de détruire, parce que c'est sur elle que s'élèvera l'édifice du christianisme; il a exercé une influence si décisive sur le développement de l'Église chrétienne, et, malgré son point de vue judaïque et partial, il a produit en religion et en morale tant et de si grandes choses auxquelles aucun autre peuple n'a rien à comparer, que ce serait trahir l'histoire et la religion que vouloir l'effacer de la liste de nos livres saints et le séparer du Nouveau Testament.

Le *Nouveau Testament* est la collection des ouvrages considérés par les chrétiens comme inspirés, saints et véritables, datant de l'époque primitive du christianisme, de celle où vivaient encore les apôtres du Christ, ses aides et ses disciples, et ayant trait à l'histoire ainsi qu'aux dogmes de la religion chrétienne. Cette collection se compose également, d'après son origine et d'après son contenu, de trois parties bien distinctes.

La première comprend les livres historiques : les Évangiles, à savoir : les *synoptiques*, c'est-à-dire les Évangiles de saint Matthieu, de saint Marc et de saint Luc, l'Évangile de saint Jean, et les Actes des Apôtres de saint Luc, qui, en raison de leur grande ressemblance dans les faits et dans les paroles, se *rencontrent* souvent.

La seconde partie comprend les ouvrages épistolaires et didactiques : en premier lieu les Épîtres de saint Paul, deux aux Romains, deux aux Corinthiens, une aux Galates, une aux Éphésiens, une aux Philippiens, une aux Colossiens, deux aux Thessaloniciens; les épîtres pastorales (à Timothée et une à Tite); l'Épître de saint Paul à Philémon; enfin les épîtres catholiques, deux épîtres de saint Pierre et de saint Jean, de saint Jacques et saint Jude, et en outre l'épître aux Hébreux, écrite avant l'épître de saint Jacques.

La troisième partie est la partie prophétique, et ne contient que la révélation de saint Jean, l'Apocalypse.

Mais cette collection telle qu'elle existe aujourd'hui ne date pas, pour toutes ses parties, de l'origine du christianisme, et n'est pas non plus demeurée à l'abri des doutes de la critique ancienne et moderne pour quelques-unes de ses parties. Les premiers chrétiens ne reconnurent comme base de leur foi que l'Ancien Testament. Aussi à côté de citations accumulées de l'Ancien Testament ne trouve-t-on que très-rarement dans les Pères apostoliques des invocations bien précises des textes des épîtres des Apôtres, notamment de celles de saint Paul : par exemple, des épîtres aux Romains, aux Hébreux et aux Corinthiens, dans Clément Romain; de l'épître aux Éphésiens et de la première aux Corinthiens, dans Ignace; de l'Épître aux Philippiens et de la première aux Corinthiens dans Polycarpe. Les citations de textes des Évangiles, qui ne furent séparés que beaucoup plus tard des apocryphes, sont encore bien moins précises, par exemple dans Barnabas, Clément Romain, Ignace, Polycarpe; circonstance qui tend à prouver tout au moins que ce fut dès le premier siècle et au commencement du second qu'on s'occupa de recueillir et de fixer les traditions chrétiennes et les documents évangéliques. L'incertitude des textes réunis par l'Église est en outre démontrée par l'usage qu'on n'hésitait pas à faire dans les premiers siècles d'Évangiles déclarés plus tard apocryphes et à ce titre rejetés du Nouveau Testament, par exemple de l'*Évangile* égyptien cité par Clément d'Alexandrie, et d'autres Évangiles encore invoqués par Clément Romain et par Ignace. C'est seulement à partir de la seconde moitié du deuxième siècle qu'on trouve des citations plus précises des Évangiles et de l'Apocalypse dans saint Justin Martyr (mort vers l'an 166) et dans son disciple Tatien (mort en 176), des Épîtres de saint Paul dans Athénagoras (mort en 180), des Évangiles et des Épîtres de saint Paul dans Théophile (qui florissait vers l'an 188).

La conscience de la liberté dans l'Esprit saint qui pénétrait les premiers siècles chrétiens à l'égard de toute autorité, même de celle des Apôtres; la tradition ecclésiastique, encore récente et vivante; la lenteur extrême que mit l'Église catholique à se constituer; la difficulté qu'il y avait à obtenir communication d'écrits apostoliques dispersés pour la plupart dans diverses communautés; l'absence de critique à l'égard d'hérésies et de falsifications condamnées plus tard seulement; enfin les incertitudes existant dans la détermination des limites où cessait le caractère des hommes apostoliques et où commençait la canonicité, principe qui ne fut admis et reconnu qu'à la longue; la maxime encore généralement admise qu'il suffisait pour le but du culte chrétien de lectures de l'Ancien Testament ou de quelques ouvrages chrétiens existant par hasard dans les différentes communautés, sans avoir pour cela de caractère canonique; toutes ces circonstances empêchèrent jusque vers le milieu du second siècle qu'on s'occupât sérieusement de réunir les ouvrages du Nouveau Testament pour en former une collection d'une certaine étendue et la soumettre à une critique plus attentive. Des livres de la première moitié du premier siècle de l'ère chrétienne dont l'authenticité est évidente pour tout juge réfléchi, par exemple l'Épître aux Galates, ne parurent très-certainement que cent cinquante ans après l'époque où ils furent composés, à la fin du second et au commencement du troisième siècle, sans que pour cela, comme la critique moderne l'a essayé pour d'autres ouvrages du Nouveau Testament, il y eût à douter qu'ils fussent authentiques ou tout au moins qu'ils eussent été composés à une époque bien antérieure. On ne trouve donc pas de traces d'une collection des ouvrages du Nouveau Testament avant la seconde moitié du deuxième siècle; elle fut faite alors en opposition à une falsification gnostique du christianisme primitif par Marcion de Pont, lequel avait réuni dix épîtres de saint Paul en omettant ses pastorales, et s'était en outre servi d'un Évangile de saint Luc en lui faisant subir les mutilations les plus arbitraires.

L'origine du canon du Nouveau Testament actuel ne date donc à bien dire que de la fin du deuxième siècle et du commencement du troisième siècle, époque où saint Irénée, saint Clément d'Alexandrie et Tertullien reconnaissent comme canon déjà concordant les quatre Évangiles admis encore aujourd'hui pour canoniques, les Actes des Apôtres, les 13 épîtres de saint Paul, la première épître de saint Pierre, l'épître de saint Jean et l'Apocalypse. Deux recueils se trouvèrent alors en présence, mais ne tardèrent pas à se combiner : l'*Instrumentum evangelicum* (τὸ Εὐαγγέλιον), comprenant les quatre Évangiles, et l'*Instrumentum apostolicum* (ὁ Ἀπόστολος) avec les Épîtres de saint Paul et autres. Cependant les discussions de la critique se prolongèrent jusqu'au sixième siècle. C'est ainsi qu'Origène révoque encore en doute l'authenticité de l'Épître aux Hébreux, des Épîtres de saint Jacques et de saint Jude, de la seconde et de la troisième Épîtres de saint Jean, tandis qu'il incline à admettre comme canoniques beaucoup d'apocryphes du Nouveau Testament, notamment des ouvrages d'Hermas et de Barnabé, rejetés décidément plus tard par l'Église. L'Apocalypse elle-même fut révoquée en doute jusqu'au milieu du septième siècle par des motifs dogmatiques. Eusèbe, ce père de l'Église si instruit et si sagace, distingue encore au quatrième siècle trois classes de livres du Nouveau Testament : 1° les ouvrages généralement reconnus (ὁμολογούμενα), les quatre Évangiles, les Actes des Apôtres, 14 Épîtres de saint Paul, la première Épître de saint Jean et de saint Paul; 2° les ouvrages non généralement reconnus (ἀντιλεγόμενα), entre autres les épîtres de saint Jacques, de saint Jude, deux épîtres de saint Pierre (2ᵉ et 3ᵉ épîtres) ainsi que l'Apocalypse de saint Jean, et encore en seconde ligne les Actes de saint Paul, complètement rejetés plus tard, le livre du Berger (Hermas), la Révélation de saint Pierre, l'Épître de Barnabé, les Leçons des Apôtres et l'Évangile des Hébreux; 3° les ouvrages absurdes et impies (hérétiques).

L'Occident, plus porté à conserver, plus éloigné aussi de la source des traditions chrétiennes primitives, se décida à fixer le titre du Nouveau Testament beaucoup plus tôt que l'Orient, plus enclin à la critique. Le concile tenu à Laodicée (de 360 à 364) avait encore exclu l'Apocalypse du canon, tandis que les synodes tenus à Hippone (393) et à Carthage (397), l'évêque de Rome Innocent Ier au commencement du cinquième siècle, et le *concilium romanum* sous Gélase Ier (494), reconnurent et admirent l'ensemble du canon du Nouveau Testament tel qu'il existe actuellement. Les doutes au sujet de certains ouvrages du Nouveau Testament ne durèrent guère au delà du septième siècle. Le moyen âge, enchaîné très-hiérarchiquement et devenu, surtout dans sa première moitié, généralement étranger à la connaissance de la langue grecque, demeura sans critique. Ce fut la Réformation qui la première fit renaître les anciens doutes au sujet de l'Épître aux Hébreux, des Épîtres de saint Jacques et de saint Jude, et Luther ne craignit même pas de qualifier d'*apocryphes* l'Épître aux Hébreux et l'Apocalypse. Cependant l'engourdissante orthodoxie, qui, à partir de la deuxième moitié du seizième siècle, pendant tout le courant du dix-septième et jusque dans le milieu du dix-huitième, domina dans l'Église protestante, recula tellement sur ces matières tout libre développement scientifique, que ce fut un catholique libre penseur, Richard Simon (mort en 1712), qui, en opposition à l'étroite théologie des protestants, dut le premier faire prévaloir l'idée d'une *Introduction historique et critique* à la Bible contenant l'Ancien et le Nouveau Testament. Les protestants, à l'invitation de Lowth, de Semler, de Herder, de Grisbach, de Michaelis, d'Eichhorn, etc., finirent par se décider à faire des études plus critiques. A la vérité, nombre des hypothèses et aussi en partie le résultat de ces investigations scientifiques trouvèrent des adversaires aussi ardents parmi les catholiques que parmi les protestants restés orthodoxes. Mais l'œuvre de critique rationnelle n'en trouva pas moins d'intrépides continuateurs.

Depuis la publication de la *Vie de Jésus* de Strauss tous les ouvrages du Nouveau Testament, à l'exception des quatre grandes Épîtres de saint Paul, de l'Épître aux Romains, de deux Épîtres aux Corinthiens et de l'Épître aux Galates, ont été révoqués en doute par l'école de Tubingue; tout récemment même, Bruno Bauer a traité d'apocryphes les livres qui avaient trouvé grâce devant ses devanciers, et la lutte sur les autres ouvrages dure encore. Mais si la fausseté de la seconde épître de saint Pierre peut être aujourd'hui considérée comme scientifiquement démontrée, en revanche l'authenticité de tous les autres ouvrages du Nouveau Testament est reconnue par les plus habiles critiques (à l'exception de l'école de Tubingue), soit comme indubitable, soit comme présentant tous les caractères déterminants de la vraisemblance. Le canon du Nouveau Testament subsiste donc encore historiquement en entier, à l'exception de la deuxième Épître de saint Pierre. Mais c'est là un résultat plus important au point de vue historique qu'au point de vue dogmatique.

Quelque importance historique que puisse avoir la question de savoir si la plupart des livres du Nouveau Testament datent dans leur forme actuelle du milieu du deuxième siècle, ainsi que le prétend l'école de Tubingue, ou bien de la première moitié du premier siècle, comme l'affirme l'école opposée, elle n'en saurait avoir aucune en ce qui touche le dogme même. Un dogme, comme l'enseignent les protestants demeurés orthodoxes, ne doit pas être tenu pour vrai parce qu'il a été écrit dans tel ou tel livre, dans le premier ou dans le second siècle ou à toute autre époque, ou encore parce qu'il est commandé par une autorité extérieure, mais parce qu'il a pour lui la vérité qui résulte d'une nécessité intérieure particulière, alors même que les livres qui ont fait jusque alors autorité absolue le déclareraient faux. Cependant il n'en est pas moins nécessaire de combattre dogmatiquement les tendances d'une critique uniquement destructive, parce que le plus souvent elle est dirigée par de fausses prémisses et qu'elle mène à l'erreur.

L'Ancien et le Nouveau Testament ayant été écrits tous deux dans une langue ancienne et fixés dans leur forme extérieure à une époque où la critique n'avait pas encore de base solide, la restauration possible du texte original tant de l'Ancien que du Nouveau Testament constitue une partie importante de la théologie scientifique, dont les travaux se partagent le plus souvent entre l'Ancien et le Nouveau Testament.

L'opinion, jadis orthodoxe, suivant laquelle l'Ancien Testament serait parvenu intact jusqu'à nous, une fois écartée, comme aussi le reproche adressé aux Juifs par les anciens et les modernes d'y avoir intentionnellement introduit des falsifications destinées à favoriser leurs dogmes particuliers, il s'agissait d'abord pour la critique de fixer des leçons en général très-différentes, et d'indiquer les moyens de rétablir le texte dans sa pureté primitive. Les investigations les plus récentes prouvent qu'en général les Juifs de la Palestine et de Babylone ont traité leurs livres saints avec beaucoup plus de soin et de respect que les Samaritains et les Alexandrins. Dans les écoles savantes qui florissaient vers l'époque de Jésus-Christ à Jérusalem, peu après la destruction de cette ville en Palestine, et plus tard encore en Babylonie, le texte de l'Ancien Testament fut rectifié et fixé avec assez de soin, surtout après que le texte du Talmud eut été fixé au sixième siècle par ce qu'on appelle la Masora. Ce soin ne s'étendit d'abord qu'aux *consonnantes* du texte hébreu, de même que la ponctuation ne devint l'objet d'une grande sollicitude qu'à partir du onzième siècle, quoiqu'à un degré moindre que les anciennes consonnantes, réputées par cela même pour saintes. En 1477 parut d'abord (vraisemblablement à Bologne) le Psautier, imprimé aussi avec le commentaire de Kimchi; en 1488 à Soncino, pour la première fois, tout l'Ancien Testament petit in-folio, édition qui a été suivie pour celle de Brescia (1494), dont Luther se servit pour sa traduction de l'Ancien Testament. La *Biblia Polyglotta Complutensis* (1514-1517), la *Biblia Rabbinica* de Bamberg, publiée par le rabbin Jacob Ben-Chajim (Venise, 1525-1526), édition qui a été suivie par la plupart des éditions postérieures ; enfin la *Biblia Polyglotta* d'Anvers (8 vol., 1569-1572), les Bibles d'Hutterus (Hambourg, 1587; souvent réimprimées depuis), de Buxtorf (Bâle, 1611), et surtout celle de Jos. Athias (Amsterdam, 1660 et 1667), qu'on peut presque entièrement suivie les éditions les plus récentes et les plus estimées, par exemple, celles de Simonis, de Hahn, de Theile, etc.), sont justement célèbres. Par conséquent, si le caractère littéraire des écrivains de l'Ancien Testament peut être signalé comme incertain et induisant le critique en erreur, les éditions hébraïques que nous possédons aujourd'hui de l'Ancien Testament peuvent, au total, être considérées comme bonnes et exactes. La division qu'on y trouve du Pentateuque en six cent soixante-neuf *parasch* (chapitres) provient vraisemblablement de l'époque reculée où existait l'usage de donner publiquement lecture de l'Écriture sainte, et se trouve déjà dans le Talmud. Les grands *parasch* ou les cinquante-quatre péricopes actuels du Sabbath apparaissent, au contraire, pour la première fois dans la Masora, et ne se trouvent pas dans les rouleaux de la synagogue. Les morceaux de lecture choisis dans les prophètes, tous écrits sur des rouleaux particuliers et appelés *naphtares*, c'est-à-dire chapitres finaux, parce qu'on en donnait lecture à la fin des assemblées du culte, sont aussi déjà dans le Talmud. Notre division actuelle en chapitres est, au contraire, de beaucoup postérieure. Bien qu'empruntée aux Juifs, elle est d'origine chrétienne, et date à peu près de la fin du treizième siècle. La division des livres poétiques en phrases détachées ou membres rhythmiques (versets) est beaucoup plus ancienne, et précéda même les divisions des livres de prose en périodes logiques qui se trouvent aussi déjà dans le

Talmoud et qui servent de base à notre division actuelle de l'Ancien Testament en versets. Toutefois, c'est seulement à la longue et depuis le commencement du seizième siècle que s'introduisit l'indication par chiffres aujourd'hui en usage. Par conséquent, la mise en ordre et l'arrangement si commode actuel de l'Ancien Testament sont également sous ce rapport le travail de plusieurs siècles.

Indépendamment de Marcion, qui a été accusé d'avoir commis plusieurs falsifications dans le Nouveau Testament, et surtout plusieurs mutilations, indépendamment encore des erreurs qui étaient inévitables dans la reproduction des manuscrits, les chrétiens du premier siècle, qui n'étaient pas enchaînés par l'autorité de la lettre, se permirent un grand nombre d'interpolations, ou encore des modifications au texte primitif, sans les soumettre à une critique suffisante. Le courant d'idées et la civilisation si différents de l'Orient et de l'Occident aggravèrent encore le mal; et la critique moderne n'évalue pas à moins de 80,000 le nombre des variantes qui en sont résultées. Afin d'arriver à mettre un peu d'ordre dans ces matériaux critiques, Griesbach adopta trois leçons différentes des matériaux critiques : 1° la leçon occidentale; 2° la leçon d'Alexandrie; 3° la leçon de Constantinople. Ce point de vue a été ou combattu ou adopté par les critiques Matthæi Rink, Bachmann et Tischendorf, sans qu'on puisse dire jusqu'à ce jour que les matériaux critiques aient été l'objet d'investigations suffisantes et même que les bases de ce travail aient encore été posées.

Le Nouveau Testament fut imprimé beaucoup plus tard que l'Ancien : d'abord dans la *Polyglotta Complutensis*, en 1514, d'après des manuscrits non complètement authentiques, et à diverses reprises à partir de 1516 (5 fois, jusqu'en 1535), mais avec peu de soin au point de vue critique, par Érasme, à Bâle. Les nombreuses éditions du Nouveau Testament qui furent faites ensuite suivirent pour la plupart, sauf de minimes changements, l'édition d'Érasme ou la *Polyglotta Complutensis*, ou bien les deux textes combinés. On ne peut mentionner spécialement que celles de Colonœi (Paris, 1534), de Bogard (Paris, 1543), et la troisième édition d'Étienne l'aîné (1550) et d'Étienne le jeune (Genève, 1569). Théodore de Bèze fut le premier qui, par des études comparatives faites sur la troisième édition d'Étienne, fit progresser la critique du Nouveau Testament. On doit dire toutefois que ce fut moins son travail fondamental que sa réputation personnelle et l'active industrie des imprimeurs hollandais qui firent adopter leur édition comme texte ordinaire actuel du Nouveau Testament, comme *textus receptus*, imprimé pour la première fois (Genève, 1565) par Étienne, avec la Vulgate et des observations critiques; puis à diverses reprises, notamment par Elzévier (Leyde, 1624, et souvent depuis). Le labeur des Anglais Walton dans la Polyglotte de Londres (5° et 6° parties, 1657), Fels (Oxford, 1675) et surtout Mill (Oxford, 1707), ranima de nouveau la critique du Nouveau Testament; on peut associer honorablement à leurs travaux ceux de Bengel, si remarquables sous le rapport du tact et de la sagacité (Tubingen, 1734; nouvelle édition, avec additions par son fils, 1790), et de Welstein (2 parties, Rotterdam, 1731; 2° édit. par Lotze, 1732). Les uns et les autres toutefois ont été de beaucoup dépassés par la prudente critique et la réserve systématique de Griesbach (Halle, 1774), qui dans sa seconde édition (2 vol., Halle et Londres, 1796 et 1806) put mettre à profit les matériaux nouveaux recueillis dans l'intervalle par Matthœi, et extraits de plus de 100 manuscrits moscovites et autres, de même que les travaux de Birch (Copenhague, 1788), de Moldenhauer et d'Adler : aussi cette seconde édition de l'ouvrage de Griesbach avec sa savante Polyglotte forme-t-elle encore le manuel indispensable du critique. Les Essais de Scholz, la *Lucubratio critica* et l'édition critique de Rink (2 vol., Leipzig, 1830-1836) ainsi que celle de Lachmann (Berlin, 1831) et Tischendorf (Leipzig, 1851) ont fourni à la science de nouveaux matériaux, et lui ont permis d'aller bien au delà du point où Griesbach en était resté.

Parmi les manuscrits, les plus anciens (ils datent au plus du quatrième siècle), sont écrits en lettres initiales; les plus récents (à partir du dixième siècle), en écriture cursive. Les plus importants sont le *Codex Alexandrinus*, le *Codex Vaticanus*, le *Codex Ephræmi rescriptus* ou *palimpsestus* sur lequel sont écrits des ouvrages de saint Éphrem, Père de l'Église), le *Codex Cantabrigensis* ou *Bezæ* (ainsi appelé parce qu'il appartient à Bèze, qui en fit don à l'université de Cambridge, l'un des manuscrits les plus anciens, mais où ne se trouvent que les Évangiles et les Actes des Apôtres), etc., etc. Ceux que nous venons de citer sont ordinairement désignés par les critiques, dans l'ordre où nous les avons placés, par les lettres A, B, C, D. Dans la plupart il n'existe pas de séparations entre les mots, et c'est là précisément une des preuves de leur haute antiquité. Les divisions actuellement existantes dans le Nouveau Testament ne remontent qu'en partie à une époque reculée. Vers l'an 462, Euthalius, diacre à Alexandrie, imagina la division en versets (στίχοι); ce fut lui qui eut l'idée de diviser ainsi les Épîtres de saint Paul et les Actes des Apôtres ainsi que les Épîtres catholiques en alinéas, pour indiquer comment il faut les distinguer à la lecture. La division actuelle du Nouveau Testament en chapitres ne date, comme celle de l'Ancien Testament, que du treizième siècle, époque où elle fut introduite par le cardinal Hugo; celle des versets fut faite par Étienne dans son édition de 1551. De même, les titres et épigraphes sont d'origine postérieure, et tombent par conséquent complètement dans le domaine de la critique scientifique. Mais sur ce point encore il n'y a de progrès possible qu'à la condition d'une indépendance complète des dogmes. On doit reconnaître d'ailleurs que, en dépit de ses nombreuses incertitudes, le texte du Nouveau Testament est encore (sauf un petit nombre d'exceptions) dans un état tout à fait satisfaisant sur tous les points les plus importants.

Les traductions de la Bible devinrent d'autant plus importantes et nécessaires pour l'Ancien et pour le Nouveau Testament que l'usage de la Bible se répandit loin de son sol historique original et national. C'est ce qui explique les différences essentielles que présente l'histoire des traductions de la Bible, de l'Ancien et du Nouveau Testament.

En ce qui touche l'Ancien Testament, il faut signaler en première ligne, parmi les traductions faites directement du texte hébreu original :

1° Les traductions grecques, dont la plus remarquable est celle qui fut faite à Alexandrie et qu'on connaît sous le nom des Septante, puis celles d'Aquila, de Théodotion et de Symmaque, lesquelles datent de la fin du deuxième siècle. Toutes ces traductions, avec des fragments de quelques autres dont les auteurs ne sont point connus, se trouvaient réunies dans les Hexaples d'Origène. La traduction en grec de plusieurs livres de l'Ancien Testament qui fut faite au quatorzième siècle, et qui existe dans la bibliothèque de Saint-Marc à Venise, la *versio venetica* (publiée par Villoison, Strasbourg, 1784, et par Ammon, Erlangen, 1790), n'a été reproduite dans aucune autre langue. De bonne heure, au contraire, la traduction faite à Alexandrie par les Septante passa dans d'autres langues. Ainsi naquirent les anciennes traductions latines, dont la plus importante est celle qu'on désigne sous le nom d'*Itala*, que saint Jérôme corrigea en partie, et qui date des premiers temps du christianisme; puis les traductions syriaques, entre autres la traduction faite en 617 par Paul, évêque de Tela, et l'*Interpretatio figurata* (ce qui veut dire : traduction faite d'après celle des Septante), aujourd'hui presque complètement perdue, mais critiquée au commencement du huitième siècle

10.

par Jacob d'Édesse. La traduction éthiopienne faite par les chrétiens vers le quatrième siècle environ, et dont il n'a été publié jusqu'à ce jour que des fragments, provient également de la traduction des Septante, de même que la double traduction égyptienne, la traduction copte ou de Memphis et la traduction saïdique ou de la Thébaïde, toutes deux faites vraisemblablement vers la fin du troisième ou le commencement du quatrième siècle. La traduction arménienne faite au cinquième siècle par Miesrop et par ses disciples *Johannes Ekelensis* et *Josephus Palnensis* (publiée pour la première fois par l'évêque Uskan, Amsterdam, 1665 ; en dernier lieu, Venise, 1805) ; la traduction géorgienne ou grusinienne (Moscou, 1743) qui date du sixième siècle ; la traduction slave du neuvième siècle, ordinairement attribuée aux missionnaires Méthode et Cyrille (Moscou, 1766) ; enfin plusieurs traductions arabes du dixième au douzième siècle de l'ère chrétienne, proviennent toutes de la même source.

2° Les traductions chaldéennes (*Targumim*) remontent à une époque extrêmement ancienne ; mais le texte en a trop souffert pour que la critique puisse s'en occuper avec sûreté.

3° La traduction samaritaine du Pentateuque, le plus souvent littéralement fidèle, dont l'auteur et l'époque sont inconnus, remonte également au delà du troisième siècle de l'ère chrétienne.

4° La traduction ecclésiastique adoptée par tous les chrétiens de Syrie et qui à l'origine ne comprenait que les livres canoniques de l'Ancien Testament, désignée sous le nom de *Peschito*, qui veut dire simple, fidèle, paraît être l'une des plus anciennes traductions de la Bible et avoir été faite par un chrétien vers la fin du deuxième siècle. Elle a servi de source à plusieurs traductions arabes.

5° Les traductions arabes provenant, soit du texte judaïco-hébreu (par exemple, du rabbin Saadia Gaon), soit du Pentateuque samaritain, traduit au onzième ou douzième siècle par le Samaritain Abou-Said, sont d'une date postérieure.

6° La traduction persane du Pentateuque, œuvre d'un Juif appelé Jacob, qui remonte au plus au neuvième siècle de notre ère.

7° Enfin, il faut encore mentionner la Vulgate latine.

Parmi les traductions du Nouveau Testament il faut d'abord citer trois traductions syriaques :

1° La très-litérale *Peschito*, composée vers la fin du deuxième siècle (publiée par la Société Biblique d'Angleterre, Londres, 1816), avec une double reproduction : l'une en arabe (publiée par Erpennius, Leyde, 1816), et une traduction persane des Évangiles.

2° La traduction très-littérale de tous les livres du Nouveau Testament, à l'exception de l'Apocalypse, désignée sous le nom de Traduction de Philoxène ou de Charkel, faite en 508 sur l'ordre de Philoxène, évêque d'Hiérapolis, par le chorévêque Polycarpe, puis revue en 616 par Thomas de Chakel (Héraclée), dont White a donné une édition (2 vol., Oxford, 1778).

3° La traduction en syriaque hiérosolymitain contenue dans un manuscrit de l'an 1030, que possède la bibliothèque du Vatican.

A ces traductions syriaques se rattachent la très-littérale traduction éthiopienne, les traductions égyptiennes, d'une haute importance pour la critique, et datant vraisemblablement déjà de la seconde moitié du troisième siècle (l'une en dialecte de la Haute-Égypte ou saïdique, l'autre en dialecte de la Basse-Égypte ou de Memphis, et une troisième en dialecte de Basmuri) ; la traduction arménienne, peu importante pour la critique, mais fort ancienne dans quelques-unes de ses parties ; enfin les traductions géorgienne, persane, arabe et arabe-copte. Indépendamment de la traduction slave (Moscou, 1663), la traduction en langue gothe par Ulfilas est d'une importance historique toute particulière ; elle est cependant encore surpassée sous ce rapport par l'ancienne Bible latine dite *Itala* (publiée par Martianay ; Paris 1695), traduite à son tour en anglo-saxon (publiée par Thorpe ; Londres, 1845), mais surtout par la traduction latine retouchée par saint Jérôme et désignée sous le nom de *Vulgate*. C'est surtout au point de vue de la critique que ces différentes traductions ont de l'importance, laquelle s'accroît en raison de leur antiquité, et de cette circonstance qu'elles peuvent avoir été faites sur des manuscrits contenant les textes originaux.

En raison des efforts faits au moyen âge par l'Église pour empêcher le peuple de lire librement la Bible, l'imitation poétique de l'histoire évangélique, par Otfried de Wissembourg, la traduction du livre de Job et des Psaumes faite par Nokter Labeo vers l'an 980, et d'autres encore, eurent une importance toute particulière, et les efforts faits déjà à partir du quatorzième siècle pour traduire toute la Bible en allemand en eurent bien davantage encore. A cet égard, la France, de tout temps plus disposée que les autres nations du continent à faire acte d'indépendance, fit preuve et de plus d'activité et de plus d'énergie. Dès l'an 1170 le réformateur Petrus Waldus se faisait traduire le Nouveau Testament en provençal par Étienne d'Aure. Si cette traduction, qui produisit d'immenses résultats, de même que celles qui furent faites pour saint Louis (1227), Charles le Sage (1380), etc., n'existent plus aujourd'hui pour la plupart, *l'histoire de la Bible* (*Bible ystorieus, hystoire escolastre*), écrite en 1386 par Guyars de Moulins, ne laissa point que de les suppléer et d'exercer à son tour une grande influence. Cet exemple ne tarda pas à être imité par l'Espagne sous Alphonse V (au treizième siècle), par l'Angleterre, où Wiclef traduisit la Bible (imprimée à Londres, 1757 et 1810), par la Bohême, où Jean Huss traduisit également la Bible en langue nationale. Une fois que l'art de l'imprimerie eut été inventé, et surtout à partir de la seconde moitié du quinzième siècle, on vit poindre les signes avant-coureurs d'une reconstitution totale du christianisme dans les réimpressions sans nombre qu'on fit alors des textes bibliques : ainsi il nous faut citer les traductions espagnoles (1478 et 1515), la traduction italienne du bénédictin Nicolas Malherbi (1471), la traduction française de Des Moulins (1477-1546), la traduction en langue bohême (Prague, 1448 ; Venise, 1506, souvent réimprimée depuis), la traduction hollandaise (Delft, 1477), et surtout les dix-sept traductions allemandes publiées avant celle de Luther, dont cinq antérieurement à l'année 1477 et les autres de 1477 à 1518.

Luther éclipsa dans sa traduction de la Bible les réformateurs qui l'avaient précédé. Jamais on ne s'était encore aussi entièrement pénétré du sens et de l'esprit des saintes Écritures. Possédant des connaissances philologiques aussi étendues qu'on pouvait les avoir de son temps, il fut secondé dans son œuvre par quelques-uns de ses contemporains les plus savants, tous précurseurs et champions ardents de la Réformation, Mélanchthon, Bugenhagen, Jonas, Creutziger, Aurogallus, et Nicolas d'Amsdorf. Luther avait la conscience de l'importance que devait avoir sa traduction pour l'œuvre de sa vie, la Réformation ; car c'est en s'élevant jusqu'à l'étude de la Bible qu'il avait pu trouver la force nécessaire pour résister au despotisme spirituel. Allemand avant tout, il s'attacha à mettre entre les mains du peuple allemand une version des saintes Écritures claire, intelligible, reproduisant l'inspiration des anciens livres, afin de lui fournir une arme défensive contre l'asservissement systématique des intelligences, poursuivi sans cesse par l'Église de Rome. C'est ainsi que sa traduction de la Bible en langue allemande est restée un chef-d'œuvre inimitable, un livre essentiellement populaire, le bouclier et l'épée de l'Église protestante. Pendant son séjour à Warthourg, Luther avait déjà achevé sa traduction du Nouveau Testament. Elle fut publiée en septembre 1522. En 1523 parurent les cinq livres de Moïse ; et le tout se trouva successivement terminé et complété en 1534 par les Apocryphes. Cette traduction se répandit dans toute l'Allemagne avec la rapidité d'un torrent. Les presses seules de l'imprimeur Hans Luft à Wittemberg en mirent dans l'espace de quarante ans cent mille exemplaires en circulation sur tous les points de l'Allemagne ; on la réimprima en même temps. En 1558 il en existait déjà trente-huit éditions différentes, sans compter soixante-douze éditions du Nouveau Testament seul. Dans le nord de l'Allemagne on la réimprima en plat-allemand (depuis 1553, à Lubeck, Hambourg, Wittemberg, Magdebourg, etc.) ; on la traduisit à l'usage des populations du Danemark (le Nouveau Testament, 1524 ; la Bible entière, 1550), de la Suède (le Nouveau Testament, 1526) ; la Bible entière, 1550), de la Hollande (1526), de l'Islande (le Nouveau Testament, 1540 ; la Bible, 1584), et ainsi jusqu'en Laponie.

Le clergé catholique, irrité de l'énorme propagation de la traduction de Luther, lui reprocha de n'être qu'une falsification des saintes Écritures ; mais ses attaques ne firent qu'accroître le succès du livre.

Pendant ce temps-là Zwingle avait également entrepris de son côté, avec Léon Judæ et Gaspard Grossmann (Megander), une traduction de la Bible, qui parut de 1524 à 1531. Après Lefèvre d'Étaples (Faber Stapulensis, le Nouveau Testament, Paris 1523 ; la Bible, 1528), un cousin de Calvin, Oliveton, traduisit d'abord le Nouveau Testament (Neuchatel, 1535), puis toute la Bible (Genève, 1545 ; c'est pourquoi on la désigne sous le nom de *Bible de Genève*). Cette traduction, revue en 1551 par Calvin, et plus tard par Th. de Bèze, devint le texte officiel de la Bible pour l'Église réformée, qui rejeta alors celles de Faber et de Castellio, tandis que l'Angleterre, en proie aux plus sanglantes discordes religieuses, ne recevait qu'en 1568, sous le règne d'Élizabeth et par les soins de l'archevêque Parker, la *Bible épiscopale*, que précédèrent des tentatives de traduction faites par W. Tindal (le Nouveau Testament, imprimé en Hollande, 1527, et souvent depuis), par Taverner (Londres, 1539), par Matthew (1549), enfin par les puritains Coverdale et Gilbie, par Cranmer (1561). Pendant le cours du dix-septième siècle un grand nombre de souverains, soit spirituels, soit temporels, s'attachèrent à renouveler et à corriger les traductions de la Bible usitées dans les terres placées sous leur domination. Telle est l'origine des traductions encore en usage aujourd'hui dans diverses églises nationales. C'est ainsi qu'en 1611 l'Angleterre reçut la *Royal version* de Jacques Ier, à laquelle quarante-sept savants avaient travaillé pendant sept années consécutives ; la Hollande, en 1637, la Bible officielle publiée par le synode de Dordrecht ; la Suède, une édition officielle à laquelle a coopéré toute la Suède savante à partir de 1774 ; la Suisse (1665), une Bible toute nouvelle par J.-H. Hottinger, C. Sincer, P. Füsslin et autres (revue et corrigée en 1772) ; l'Église française réformée (les Huguenots), outre diverses autres éditions, celle publiée en 1588 par la *Vénérable Compagnie*, sous la direction de Bertram, à laquelle est venu s'ajouter un nouveau commentaire genevois de 1805 et de 1835.

Les catholiques aussi, notamment en France et en Allemagne, eurent leur part de travail dans l'œuvre biblique, là surtout où les doctrines du jansénisme et celles de la philosophie religieuse dont Joseph II fut le patron entrèrent en lutte ouverte contre l'ancienne Église. La Bible de Louvain fut ou revue ou traduite de nouveau en France (entre autres par Richard Simon, 1702), mais surtout par les jansénistes de Sacy, Arnauld, Nicole, dont la traduction de la Bible (Amsterdam, 1667 ; dite *Bible de Mons*, par suite de l'indication fausse du lieu d'impression) fut condamnée par Clément IX, tout comme le fut en 1708 par Clément XI *le Nouveau Testament en français avec des réflexions morales* (Paris, 1687 et 1693) du P. Quesnel.

Conséquente avec la base même de ses enseignements, l'Église catholique s'est toujours montrée jusqu'à ce jour opposée à la libre propagation de la Bible, dans quelque traduction que ce pût être ; encore bien qu'elle n'ait pu empêcher de paraître de nouvelles et de meilleures traductions de la Bible (par exemple, par van Ess, en 1807 ; par Schnappinger, 1807 ; par l'abbé de Genoude, en 1818 ; par Kistemaker, en 1825) par Scholz, en 1828 ; par Allioli, en 1836. L'Église protestante, de son côté, persistant dans ses principes, a voulu que peu à peu la Bible devint accessible aux peuples les plus lointains, et qu'on pût la lire dans toutes les langues de la terre. Elle entreprit cette œuvre dès le seizième siècle, mais c'est dans le siècle actuel, par la coopération des Sociétés Bibliques, et surtout par celle de la Société Biblique de Londres, qu'elle est parvenue à obtenir les résultats les plus certains. A l'exposition universelle qui a eu lieu à Londres en 1851, on vu la *British and foreign Bible Society* exposer la Bible traduite en cent trente langues différentes. Par une bizarre anomalie, la traduction de la Bible adoptée et avouée par l'église Anglicane n'est pas dans le domaine public en Angleterre, et y constitue une propriété particulière.

BIBLIA PAUPERUM, c'est-à-dire *Bible des pauvres*. On appelle ainsi un ouvrage qu'il ne faut pas confondre avec un livre de saint Bonaventure qui porte le même titre. C'est un système ou typique ou de typologie biblique, contenant, en quarante ou cinquante tableaux, les principaux événements de la rédemption du genre humain par Jésus-Christ, avec de courtes explications et des sentences des prophètes en langue latine. Le *Speculum humanæ Salvationis*, c'est-à-dire le Miroir du Salut, est le développement plus large de la même pensée première, tant sous le rapport des figures que par un texte rimé plus étendu. Avant la Réformation, ces deux ouvrages étaient les guides principaux des prédicateurs, de ceux surtout qui appartenaient aux ordres mendiants. Ils tenaient lieu de la Bible aux laïques et même aux ecclésiastiques. Les membres des ordres inférieurs, par exemple les franciscains, les chartreux, etc., se qualifiaient de *Pauperes Christi* ; de là le nom de *Biblia Pauperum* donné à un livre dont ils faisaient un si fréquent usage. Il existe encore aujourd'hui dans différentes langues un certain nombre d'exemplaires de la *Biblia Pauperum* et du *Speculum Salvationis* ; quelques-uns datent du treizième siècle. Cette série de tableaux était répétée en sculptures, en peintures de muraille et en verrines ; souvent aussi on y prenait des sujets pour les tableaux d'autels à compartiments. C'est ce qui leur donne une importance toute particulière pour l'art du moyen âge. Au quinzième siècle, la *Biblia Pauperum* fut peut-être le premier livre imprimé dans les Pays-Bas et plus tard en Allemagne (tout en planches de bois dans beaucoup d'éditions, et de la même manière typographiquement pour la première fois par Pfister, à Bamberg). Les premières impressions du *Speculum humanæ Salvationis* sont un des principaux arguments qu'on fait valoir pour attribuer à la ville de Harlem l'honneur de l'invention de l'imprimerie (*voyez* l'article COSTER). Consultez Heinecken, *Idée générale d'une collection d'estampes* (Leipzig, 1771).

BIBLIOGNOSIE. *Voyez* BIBLIOGRAPHIE.

BIBLIOGRAPHE. La découverte de l'imprimerie a répandu dans le monde une multitude d'ouvrages, dont les uns sont marqués au sceau du génie, tandis que d'autres sont frappés au coin de la médiocrité : il est essentiel de savoir distinguer les bons ouvrages d'avec les mauvais. Parmi les bons ouvrages, il y a des éditions qui méritent la préférence sur d'autres : il faut être capable d'en faire le discernement. Quelques éditions ou quelques ouvrages deviennent rares par différents motifs : la connaissance des livres rares peut donc avoir son utilité. Enfin, la multiplicité des livres qui encombrent aujourd'hui les bibliothèques publiques impose la nécessité de préférer les ouvrages les plus utiles à ceux qui le sont moins : la bibliographie apprend à faire ce choix. On voit donc que la bibliographie peut devenir la science de l'homme de lettres, et surtout de l'homme de goût. C'est quand elle est envisagée sous ces différents rapports que la bibliographie mérite d'occuper une place distinguée parmi les connaissances humaines.

Le *bibliographe* digne de ce nom sera celui qui, préférant les bons ouvrages à ceux qui ne sont remarquables que par leur rareté ou leur bizarrerie, aura puisé une véritable science dans les meilleurs auteurs anciens et modernes, et saura communiquer aux personnes qui le consulteront les renseignements les plus propres à les bien diriger dans les études auxquelles elles voudront se livrer. Les recherches diverses dont il se sera occupé lui donneront, en outre, la facilité d'assigner à chaque ouvrage la place qui lui convient ou de retrouver cet ouvrage dans une collection de livres, quelque nombreuse qu'on la suppose, pourvu qu'elle soit rangée suivant l'ordre des matières. On n'apprécie pas assez ce talent, qui ne peut être que le fruit d'une immense lecture et de profondes méditations. En effet, les livres sont presque aussi multipliés aujourd'hui que les productions de la nature; et comme le génie de l'homme, nécessairement borné, ne peut faire éclater dans les sujets qu'il se propose de traiter l'enchaînement et la régularité que l'on admire dans les diverses espèces d'êtres créés, le bibliographe doit éprouver dans le classement des travaux de l'esprit humain plus de difficultés que n'en rencontre le naturaliste dans la classification des êtres. Un bibliographe tel que je le dépeins mérite aussi le nom de *bibliophile*, c'est-à-dire d'amateur de livres; mais il ne faut pas le confondre avec le *bibliomane*, qui ne s'attache qu'à certains livres rares et chers, ni avec les *bibliotaphes*, qui ne possèdent des livres que pour eux-mêmes, sans vouloir les communiquer à leurs amis.

Ant.-Alex. BARBIER, biblioth. du Louvre.

BIBLIOGRAPHIE, BIBLIOGNOSIE, ou encore BIBLIOLOGIE (du grec βιβλίον, livre, et γράφω, j'écris; γνῶσις, connaissance, et λόγος, discours). Sous ces trois mots on entend une science qui s'occupe de la connaissance des productions littéraires de tous les siècles et de tous les peuples, considérées et en elles-mêmes et d'après certaines circonstances extérieures. Dans l'antiquité le mot grec βιβλιογράφος était synonyme de copiste. Depuis l'invention de l'imprimerie les imprimeurs portèrent d'abord quelquefois ce nom; plus tard on le donna aux connaisseurs et aux déchiffreurs d'anciens manuscrits, jusqu'à ce qu'enfin, vers le milieu du dix-huitième siècle, ce mot reçut en France sa signification actuelle.

Nous diviserons cette science d'après Ébert en *bibliographie pure* et *bibliographie appliquée*.

La *bibliographie pure* considère les livres et les manuscrits en eux-mêmes; elle a pour mission d'inventorier ce qui se trouve en général écrit ou imprimé. Son fondateur fut K. Gessner, au seizième siècle, qui la traita dans toute son extension, embrassant toutes les contrées, toutes les époques, toutes les sciences. Depuis lors, comme une pareille tâche, en raison de l'immense accroissement du nombre des livres, eût dépassé les forces d'un seul individu, elle n'a été cultivée que dans des ouvrages d'une étendue plus restreinte, d'après l'un ou l'autre de ces points de vue. Les ouvrages bibliographiques sont donc de trois espèces : 1° ceux qui se rapportent aux productions littéraires de certaines époques : ainsi, pour en citer un exemple, Ersch, le fondateur de la bibliographie en Allemagne, décrit dans son *Allgemeines Repertorium der Literatur* (8 vol., Iéna et Weimar, 1793-1809) toute la littérature des quinze années comprises entre 1785 et 1800; 2° les bibliographies nationales se rattachant à certains pays et à certaines localités : nous citerons comme exemples les *Serie de Testi* de Gamba (4e édit., Venise, 1839) pour l'Italie; le *Bibliographer's Manual* de Lowndes (4 vol., Londres, 1834) pour l'Angleterre; la *Bibliographie russe* de Sopikoff (5 vol., Saint-Pétersbourg, 1813-1821); la *Bibliotheca Scotico-Celtica* de Reid (Édimbourg, 1834); la *Bibliotheca Judaica* de Furst (3 vol., Leipzig, 1850) et le *Bibliographical Dictionary* du Turc Hadji-Chalfa (traduit par Flugel, tomes 1 à 5, Londres, 1845-1850). 3° Le plus grand nombre des ouvrages bibliographiques traitent d'une littérature particulière à une science ou bien à une branche de cette science : parmi les plus récents travaux de ce genre, on peut citer comme des modèles le *Thesaurus Literaturæ Botanicæ* de Pretzel (Leipzig, 1847 et suiv.); la *Bibliographie Biographique* d'Œttinger (Leipzig, 1850); la *Bibliotheca Medico-Historica* de Chouland (Leipzig, 1828, 2e édit., 1842); le *Manuel de Bibliographie classique* de Schweigger (3 vol., Leipzig, 1830-1844); le *Manuel de Littérature Théologique* de Winer (2 vol., 3e édit., Leipzig, 1837-1840); l'*Exposition de la Littérature Musicale* par Becker (2 vol., Leipzig, 1836; supplément, 1839); le *Manuel de Littérature Jurisprudentielle* de Schletter (tom. Ier, Grimma, 1843); la *Littérature des Grammaires et des Dictionnaires*, par Wafer (2e édit., Berlin, 1847); la *Science des Écritures du Blason*, par Bernd (4 vol., Bonn, 1830-1841). Dans cette catégorie rentrent encore les catalogues relatifs à l'histoire de certains pays et de certaines localités, à certains faits et événements (par exemple, le *Jubilé de la Réformation*), à des personnages célèbres, et à des sujets particuliers : nous citerons comme exemples la *Bibliographie parémiographique* de Duplessis (Paris, 1846); le *Shakspeariana* de Halliwell (Londres, 1841); la *Bibliotheca Petrarchesca* de Mansard (Milan, 1826); la *Serie degli Scritti impressi in dialetto veneziano* de Gamba (Venise, 1832); la *Bibliothecæ sanscritæ Specimen* de Gildemeister (Bonn, 1847); la *Littérature du Jeu des Échecs*, par Schmid (Vienne, 1846), etc., etc.

A ces différences constituées par la matière et par le contenu de la bibliographie il faut encore ajouter celles qui proviennent de la manière différente de les traiter. Les uns choisissent l'ordre alphabétique ou chronologique, les autres l'ordre systématique. Tantôt les livres sont indiqués purement et simplement, tantôt cette indication est accompagnée de notes critiques et raisonnées. Ceux-ci ont un but bibliographique, ceux-là un but scientifique; tantôt ils visent avant tout à être complets, tantôt ils s'attachent à faire un choix de ce qu'il y a de meilleur et de plus important. C'est ainsi que l'*Allgemeines Bucherlexicon* de Heinsius (tom. I à VII, Leipzig, 1812-1829 : tomes VIII et IX, par Schulz, Leipzig, 1836-1847; tom. X, par Schiller, Leipzig, 1847-1849) présente la liste, par ordre alphabétique, de tous les livres que la librairie allemande a fait paraître depuis l'année 1700, et qu'on trouve systématiquement classés par science dans le *Handbuch der Deutschen Literatur* d'Ersch (4 vol., 2e édit., Leipzig, 1822-1840; 3e édit., par Geissler, 1840 et suiv.) tous les ouvrages qui ont paru en Allemagne depuis 1750. L'excellent ouvrage de Quérard, *La France littéraire* (10 vol., Paris, 1837-1840), avec ses compléments; *La Littérature française contemporaine* (Paris, 1842 et suiv.), *Ouvrages polyonymes et anonymes* (Paris, 1848 et suiv.); *Supercheries littéraires dévoilées : galerie des auteurs apocryphes* (Paris, 1848), et *Les auteurs déguisés de la Littérature française* (Paris, 1845), présentent le tableau complet de la littérature française depuis 1700, par auteurs. Les Hollandais, les Danois, les Suédois, les Norvégiens, les Anglais et les Américains possèdent de semblables revues bibliographiques, quoique moins complètes, moins bien faites et méritant moins de confiance. C'est la France qui en donna le premier exemple avec sa *Bibliographie géné-*

rale de la France (voyez BEUCHOT), qui paraît régulièrement toutes les semaines depuis 1812. Ce recueil provoqua en 1828 la publication en Italie de la *Bibliografia Italiana*; en Hollande, de *Lijst van Niew intgekomen boeken*; en Suède, de la *Svensk Bibliographi* (1829) et du *Svensk Litteratur Bulletin* (1844); en Danemark, de la *Dansk Bibliographie*, par Hœst (1843); de la *Bibliographie de Belgique*, par Mucquardt (1838); en Espagne (1840), de la *Bibliografía de España* et du *Boletin Bibliografico*; en Angleterre (1838), de *The publisher's circular and general Record of british litterature* et du *Monthly List of New Books*; en Hongrie depuis 1843 du *Honi irodalmi Hirdelö*, par Eiggenberg; enfin en Allemagne depuis 1836 de l'*Allgemeine Bibliographie für Deutschland*. Le catalogue semestriel des livres, cartes, etc., par Heinrichs, paraît régulièrement depuis 1799. Le *Leipziger Repertorium der Deutschen und Auslændischen Literatur*, fondé en 1818 par Beck, continué après sa mort, en 1833, par Pœlitz, et depuis 1834 par Gersdorf, présente le tableau critique de toutes les publications les plus importantes.

La *Bibliographie appliquée*, appelée de préférence *Bibliographie*, considère les livres d'après leur état actuel, les destinées qu'ils ont éprouvées et leurs conditions extérieures, qui en constituent la valeur aux yeux des *collectionneurs* (bibliothécaires, bibliophiles, bibliomanes). C'est une science qui a fleuri surtout en France et en Angleterre, parce que c'est dans ces deux pays que le luxe des livres et la bibliomanie ont été poussés le plus loin. Les livres dont s'occupent les *collectionneurs*, et qui par suite rentrent dans le domaine de la bibliographie appliquée, sont ceux que leurs destinées, leur âge et leur état extérieur rendent remarquables; les livres rares, défendus, mutilés, les incunables, les *editiones principes* des anciens classiques, les Ana, les Facéties, les ouvrages provenant des presses de certains imprimeurs célèbres, comme les Elzevier, les Alde, les Giunti, les Bodoni, les Étienne, etc. Les conditions extérieures dont les bibliographes ont habitude de tenir compte varient à l'infini. Ils considèrent l'impression et la manière dont elle a été exécutée, les caractères, le papier, l'état particulier dans lequel se trouvent les exemplaires. La Bibliographie appliquée a pour créateur le Français Debure, auteur de la *Bibliographie instructive* (7 vol., Paris, 1763-1768). Plus tard Brunet fit paraître son excellent *Manuel du Libraire* (3 vol., Paris, 1810; 4° édit., Paris, 1845), qui a servi de base à l'*Allgemeines bibliographisches Lexicon* d'Ebert, ouvrage resté sans rival (2 vol., Leipzig, 1821-1830). Il faut dire toutefois que ce dernier inventaire des richesses de la bibliographie, comme en général tous ceux qui ont été dressés en Allemagne, répond plus aux besoins des savants et de la science que les bibliographies analogues publiés en Angleterre, entre autres ceux de Dibdin, destinés plutôt à flatter la passion de la bibliomanie. Panzer, Heller, Sotzmann, Fischer, Bessenmeyer, Weigel, Asher, Zunz, Grœtz, Vonder Hagen, Merzdorf, Mone, Hain, etc., sont en Allemagne les écrivains qui par de bonnes monographies ont contribué le plus aux progrès de la science bibliographique.

[Indépendamment des livres qui viennent d'être cités, quelques ouvrages bibliographiques méritent encore une mention; nous nommerons seulement : *Bibliotheca bibliothecarum*, par le P. Labbe, jésuite (Paris, 1664, in-4°), revue et augmentée par Ant. Teissier (Genève, 1786, in-4°); *Dictionnaire typographique, historique et critique des Livres rares, singuliers, estimés et recherchés en tous genres*, par Osmont, 1768, 2 volumes in-8°; *Dictionnaire bibliographique, historique et critique des Livres rares, précieux, singuliers, curieux, estimés et recherchés, soit imprimés, soit manuscrits, avec leur valeur*, par l'abbé Duclos, et le supplément par Brunet (1790 à 1802, 4 vol. in-8°); *Nouveau Dictionnaire portatif de Bibliographie, précédé d'un précis sur les bibliothèques et la bibliographie*, par Fr.-Ig. Fournier (1809, in-8°).

Parmi les ouvrages bibliographiques spéciaux, rappelons le *Dictionnaire Bibliographique choisi du quinzième siècle, ou Description par ordre alphabétique des éditions les plus rares et les plus recherchées*, etc., par de La Serna-Santander, bibliothécaire à Bruxelles (1805, 3 vol. in-8°); le *Dictionnaire Critique, Littéraire et Bibliographique des principaux livres condamnés au feu, supprimés ou censurés, précédé d'un discours sur ces sortes d'ouvrages*, par Gab. Peignot (1806, 2 vol. in-8°); l'*Essai Bibliographique sur les Éditions des Elzeviers les plus précieuses et les plus recherchées, précédé d'une notice sur ces imprimeurs célèbres*, par M. Bérard; le *Dictionnaire des Ouvrages Anonymes et Pseudonymes, composés, traduits ou publiés en français et en latin, avec les noms des auteurs et éditeurs*, par Ant.-Al. Barbier.

Sans entrer dans le détail des bibliographies particulières à chaque science et en diverses langues, nous indiquerons seulement : la *Bibliothèque Sacrée*, par le P. Lelong, oratorien (1709, 2 vol. in-8°); la *Bibliothèque Historique de la France*, par le même, augmentée et publiée par Fontette (Paris, 1768, 5 vol. in-fol.); la *Bibliothèque Latine* de Fabricius, revue par Ernest; la *Bibliothèque Arabe* de Schnurrer; la *Bibliothèque Orientale* de Hottinger (toutes deux en latin); la *Bibliographie Astronomique* de Lalande; la *Bibliographie des Voyages*, par Beckmann; la *Bibliothèque Américo-Septentrionale*, par Warden (en latin); le *Catalogue des Dictionnaires, Grammaires et Alphabets de toutes les Langues*, par Marsden (en anglais); la *Bibliothèque Orientale du Vatican*, par Assemani (en latin); la *Bibliothèque Arabe de l'Escurial*, par Casiri; le *Catalogue de la bibliothèque du sultan Tippou* (en anglais); la *Bibliothèque Italienne* de Haym; la *Bibliothèque Bodléienne* d'Oxford, par Ury et Nicholl, etc., etc.

Louis Jacob a publié un *Traité des plus belles Bibliothèques publiques et particulières* (in-8°, 1655). Il donna pendant quelques années (en latin) une *Bibliothèque Parisienne* et une *Bibliothèque Française*. On y trouve la liste de tous les ouvrages imprimés à Paris et en France depuis 1643 jusqu'en 1653. Les journaux remplacèrent longtemps au défaut de continuation de ces deux ouvrages bibliographiques : le *Journal des Savants*, le *Mercure de France*, le *Journal Encyclopédique*, le *Journal de Trévoux*, l'*Année Littéraire*; le *Journal de Bouillon*, l'*Almanach des Muses*, l'*Almanach Littéraire*, et divers journaux de sciences spéciales, etc.; et depuis : le *Magasin Encyclopédique*, la *Décade Philosophique*, la *Revue Encyclopédique*, et d'autres Revues encore, ont publié périodiquement des listes analytiques plus ou moins complètes d'ouvrages imprimés en France et dans les pays étrangers.

H. AUDIFFRET.]

BIBLIOLITHES (de βιβλίον, livre, et λίθος, pierre). On donnait anciennement ce nom à des schistes de contexture lamelleuse et à certaines pierres portant l'empreinte de feuilles végétales, parce que ces diverses productions minérales offrent l'apparence des feuillets d'un livre.

BIBLIOLOGIE. *Voyez* BIBLIOGRAPHIE.

BIBLIOMANCIE (de βιβλία, Bible, et μαντεία, divination), espèce de divination qui s'exerce au moyen et par le secours de la Bible, ouverte au hasard, pour connaître les sorciers et pour éviter les embûches du démon. Elle était fort en usage dans le moyen âge parmi les juifs.

BIBLIOMANIE (de βιβλίον, livre, μανία, manie), fureur d'avoir des livres et d'en ramasser.

Descartes disait que la lecture était une conversation qu'on avait avec les grands hommes des siècles passés, mais une conversation choisie, dans laquelle ils ne nous découvrent que les meilleures de leurs pensées. Cela peut être vrai des *grands hommes*; mais comme les grands hommes sont en petit nombre, on aurait tort d'étendre cette maxime à toutes sortes de livres et à toutes sortes de lectures. Tant de gens médiocres et tant de sots même ont écrit, que l'on peut en général regarder une grande collection de livres, dans quelque genre que ce soit, comme un recueil de mémoires pour servir à l'histoire de l'aveuglement et de la folie des hommes; et on pourrait mettre au-dessus de toutes les grandes bibliothèques cette inscription : *Les Petites Maisons de l'esprit humain.*

Il suit de là que l'amour des livres, quand il n'est pas guidé par un esprit éclairé, est une des passions les plus ridicules. Ce serait à peu près la folie d'un homme qui entasserait cinq ou six diamants sous un monceau de cailloux.

L'amour des livres n'est estimable que dans deux cas : 1° lorsqu'on sait les estimer ce qu'ils valent, qu'on les lit en philosophe, pour profiter de ce qu'il peut y avoir de bon, et rire de ce qu'ils contiennent de mauvais; 2° lorsqu'on les possède autant pour les autres que pour soi, et qu'on leur en fait part avec plaisir et sans réserve.

J'ai ouï dire à un bel esprit qu'il était parvenu à se faire, par un moyen assez singulier, une bibliothèque très-choisie, assez nombreuse, et qui pourtant n'occupait pas beaucoup de place. S'il achetait, par exemple, un ouvrage en douze volumes où il n'y eût que six pages qui méritassent d'être lues, il séparait ces six pages du reste, et jetait l'ouvrage au feu. Cette manière de former une bibliothèque m'accommoderait assez.

La passion d'avoir des livres est quelquefois poussée jusqu'à une avarice très-sordide. J'ai connu un fou qui avait conçu une extrême passion pour tous les livres d'astronomie, quoiqu'il ne sût pas un mot de cette science; il les achetait à un prix exorbitant, et les renfermait proprement dans une cassette sans les regarder. Il ne les eût pas prêtés ni même laissé voir à Halley ou à Monnier s'ils en eussent eu besoin. Un autre faisait relier les siens très-proprement; et de peur de les gâter, il les empruntait à d'autres quand il en avait besoin, quoiqu'il les eût dans sa bibliothèque. Il avait mis sur la porte de sa bibliothèque : *Ite ad vendentes*; aussi ne prêtait-il de livres à personne.

En général, la *bibliomanie*, à quelques exceptions près, est comme la passion des tableaux, des curiosités, des maisons; ceux qui les possèdent n'en jouissent guère. Ainsi en entrant dans une bibliothèque, on pourrait dire de presque tous les livres qu'on y voit ce qu'un philosophe disait autrefois en entrant dans une maison fort ornée : *Quam multis non indigeo!* que de choses dont je n'ai que faire !

D'ALEMBERT, de l'Académie des Sciences.

Le bibliomane n'est pas toujours un homme qui achète indistinctement tous les livres qui lui tombent sous la main; il collectionne ordinairement d'après certains principes, mais en attachant à certaines circonstances et conditions, toutes fortuites et extérieures, des livres une valeur extraordinaire; et il est déterminé dans ses acquisitions plutôt par l'existence de ces conditions que par l'importance scientifique ou littéraire des livres. Les principes qui le guident dans ses choix sont tantôt les destinées et l'âge des livres, tantôt leur matériel. Les collections de livres qu'on peut considérer comme faisant un ensemble, parce qu'ils se rapportent à un sujet ayant de l'importance aux yeux des bibliomanes (par exemple, les *Res publicæ* d'Elzevier), ou parce qu'ils sont fabriqués d'une manière à laquelle on attache un certain mérite, ou encore parce qu'ils sortent d'officines renommées (d'Elzévier, d'Alde, de Giunti, d'Étienne, de Bodoni, etc.), ont en outre relativement une valeur presque toujours scientifique. Toutefois, il est plus commun de voir la passion des bibliomanes s'attacher aux conditions matérielles mêmes des livres. On paye souvent à des prix inouïs des éditions de luxe, des exemplaires ornés de miniatures et de lettres initiales artistement peintes, des impressions sur parchemin ou vélin, sur papier de couleur ou sur des matières hors d'usage (par exemple de l'asbeste, de la peau humaine), sur grand papier (avec de très-larges marges), et des exemplaires non rognés d'ouvrages rares et anciens, des impressions en or, en argent et autres couleurs, des livres dont le texte a été complètement gravé sur cuivre; enfin des ouvrages tirés à un très-petit nombre d'exemplaires seulement et numérotés, portant l'indication du nombre total dont s'est composée l'édition. En France, en Angleterre surtout, on recherche aussi les reliures sorties des ateliers de relieurs en renom (Derome, Bozérian, Lewis, Payne); les livres dont les pages sont ornées de lignes simples ou doubles tracées à la plume (*exemplaires réglés*); ce qu'on appelle des exemplaires illustrés, enfin les livres portant l'indication des noms de leurs anciens propriétaires et ayant appartenu à des hommes célèbres, à quelque titre que ce puisse être; toutes ces circonstances fortuites et bien d'autres encore suffisent pour déterminer le véritable bibliomane à en donner des prix incroyables. De toutes les ventes publiques à l'occasion desquelles on vit les bibliomanes s'abandonner sans retenue à leur passion pour les livres, la plus remarquable est celle qui eut lieu à Londres en 1812 pour la bibliothèque du duc de Roxburgh. Presque tous les articles y furent poussés à des prix fabuleux. Ainsi, un exemplaire de la première édition de Boccace, publiée en 1471 chez Valdarfer, alla à 2,260 liv. sterl. (56,500 fr.). C'est pour en éterniser le souvenir qu'on fonda l'année suivante le *Roxburgh Club*, composé uniquement de bibliomanes pur-sang, dont lord Spencer fut longtemps le président, et qui se réunit tous les ans à la taverne de Saint-Alban, le 13 juillet, jour anniversaire de la vente du fameux exemplaire de Boccace. C'est en Hollande, et vers la fin du dix-septième siècle, que ce goût exagéré des livres revêtit pour la première fois des formes singulières; mais on ne saurait contester qu'en fait de bibliomanie les Anglais conservent une supériorité que les Français et les Italiens essayeraient vainement de leur disputer, et bien moins encore les rares amateurs qu'on peut rencontrer dans le midi de l'Allemagne. A eux la gloire d'avoir érigé en système les excentricités les plus bizarres dont soit capable un riche amateur, et qui ont fourni à Dibdin le sujet de son livre : *Bibliomania or Book-Madness* (Londres, 1811).

Ce qui distingue le bibliomane du bibliophile, c'est qu'il attache de l'importance à des circonstances tout accessoires et se laisse dominer par des considérations qu'aucun motif raisonnable ne saurait justifier. Le bibliophile, au contraire, ne commence à réunir les ouvrages les meilleurs et les plus utiles dont il veut composer sa bibliothèque, ou tout au moins à former une collection spéciale, que dans l'intention de s'en servir. Sans doute il se présente des cas où il devient bien difficile d'établir une ligne de démarcation précise entre l'un et l'autre; et c'est là vraisemblablement le motif qui fait qu'en Angleterre, où depuis vingt-cinq ans les hommes qui ont la passion des livres ont singulièrement perdu de l'espèce de considération qui s'attachait à ce travers de l'esprit, on persiste à appeler *bibliomanes* tous les collectionneurs de livres. Nous retrouverons les uns et les autres au mot COLLECTION, où nous aurons à parler des plus curieuses collections de livres qui aient été formées.

BIBLIOPHILE, BIBLIOMANE. Le premier de ces mots vient de βιβλίον, livre, et φίλος, ami. Il ne peut donc s'entendre que d'une manière favorable; c'est le nom de celui qui aime les livres plus pour ce qu'ils contiennent que pour leur aspect; qui recherche avant tout les bonnes éditions, qui estime les éditions correctes, qui prise les éditions rares et bien imprimées, celui enfin qui aime les livres avec intelligence. Le *bibliomane* est celui qui pousse l'amour des livres jusqu'à la fureur, jusqu'à la manie, qui en entasse sans les lire, qui court après les livres rares sans se demander s'ils ont d'autres mérites, qui fait d'une bibliothèque une collection de curiosités. Ce n'est pas un homme qui se procure des livres pour s'instruire. « Il a des livres, comme le disait Diderot, pour les avoir, pour en repaître sa vue; toute sa science se borne à connaître s'ils sont de la bonne édition, s'ils sont bien reliés : pour les choses qu'ils contiennent, c'est un mystère auquel il ne prétend pas être initié; cela est bon pour ceux qui auront du temps à perdre. »

On sait le portrait que La Bruyère a fait du bibliomane : « Je vais trouver, dit-il, cet homme, qui me reçoit dans une maison où dès l'escalier je tombe en faiblesse d'une odeur de maroquin noir dont ses livres sont tous couverts. Il a beau me crier aux oreilles, pour me ranimer, qu'ils sont dorés sur tranche, ornés de filets d'or, et de la bonne édition; me nommer les meilleurs l'un après l'autre; dire que sa galerie est remplie à quelques endroits près, qui sont peints de manière qu'on les prend pour de vrais livres arrangés sur des tablettes, et que l'œil s'y trompe; ajouter qu'il ne lit jamais, qu'il ne met pas le pied dans cette galerie; qu'il y viendra pour me faire plaisir : je le remercie de sa complaisance, et ne veux, non plus que lui, visiter sa tannerie, qu'il appelle *bibliothèque*. »

Malheureusement nous n'avons pas de mot pour désigner la passion du bibliophile comme nous en avons un pour désigner celle de bibliomane. De là sans doute cette sorte de confusion qu'on rencontre souvent entre ces deux genres d'amateurs. Ainsi, par exemple, dans le curieux article qu'on va lire, on reconnaîtra peut-être plus d'une fois un bibliophile sous le manteau du bibliomane.

[Toutes les manies ne sont pas ridicules et mauvaises; il en est de bonnes et de respectables, celle des livres, par exemple. L'amour devient passion : un *bibliophile* sera bientôt *bibliomane*. On aime les livres, on se passionne pour eux, à tout âge, dans toute position de vie et de fortune; mais, contrairement aux habitudes de l'amour, c'est la possession qui échauffe, active et développe la passion des livres; passion obstinée et fidèle, inquiète et dévorante, infatigable et jalouse. La bibliomanie s'empare d'une existence, la tourmente et la remplit, l'enivre de jouissances douces et paisibles, la stimule de désirs capricieux, et la concentre pour ainsi dire dans le corps d'une bibliothèque. On aurait tort de faire la bibliomanie contemporaine de l'imprimerie; elle existait peut-être avant les manuscrits d'écorce d'arbre, de peau de serpent et de papyrus; ceux qui recueillaient soigneusement les oracles des sibylles tracés sur les feuilles de chêne et jetés au vent, n'étaient-ils pas un peu bibliomanes et amateurs d'autographes? Il y eut de véritables bibliomanes quand on s'occupa de former des bibliothèques, et celle d'A-l e x a n d r i e atteste la patience, le zèle, le goût des prêtres égyptiens, qui cherchaient à rassembler le plus grand nombre de volumes et le meilleur choix d'ouvrages. Ce n'était pas l'usage des anciens Grecs, qui confiaient la garde de leur littérature à la mémoire des rapsodes.

Cependant, dans tous les temps et en tous les pays, la bibliomanie a été l'apanage des esprits délicats et cultivés. En France, à une époque où l'ignorance pesait sur les masses, qui ne connaissaient de livres que le Missel public enchaîné derrière un grillage à l'entrée des églises, les moines entassaient dans la *librairie* de leur monastère, avec autant de soin que les tonneaux dans leurs celliers, ces vieux *codices* grecs et latins, ces manuscrits en vélin, dorés et coloriés, qui sont encore les plus précieux ornements de nos bibliothèques.

Il semble que la bibliomanie soit la distraction des grands hommes et même des héros. Alexandre, il est vrai, ne composait sa bibliothèque de conquérant que d'un exemplaire des poëmes d'Homère, enfermé dans le cèdre, au milieu des parfums; mais Charles V et François Ier fondaient la B i b l i o-t h è q u e n a t i o n a l e ; mais Louis XIV envoyait acheter des livres en Orient et jusqu'en Chine; mais Bonaparte se délassait de sa rude guerre d'Espagne en dressant avec Barbier le plan, en feuilles, d'une bibliothèque portative. Ici M a z a r i n charge le savant N a u d é de créer sa bibliothèque, dont il ne posséda que le catalogue complet; là, le gouvernement républicain se fait bibliothécaire des 1,500,000 volumes sauvés de la ruine des couvents.

N'étaient-ils pas bibliomanes, ces imprimeurs du seizième et du dix-septième siècle qui eussent sacrifié à leurs livres tout, excepté l'honneur de les avoir faits? cet Antoine Vérard, qui, pour conserver à son art les richesses de la calligraphie, imprimait sur vélin et faisait peindre ses romans de chevalerie? ce Robert É t i e n n e, qui mettait son orgueil à ne pas voir ses publications défigurées par un *erratum?* ces frères E l z e v i e r s, qui se distinguèrent encore de tous les typographes par la netteté des caractères et la sonorité du papier? Hélas! aujourd'hui les bibliophiles ne sont plus bibliomanes.

La bibliomanie peut aller jusqu'au délire, jusqu'au suicide. Le marquis de Chalabre est mort, dit-on, du noir chagrin qu'il conçut à la recherche infructueuse d'une Bible imaginaire. Combien d'infortunés n'ont pu survivre à la perte de leurs livres chéris! Certainement plus d'un bénédictin s'éteignit de douleur avec l'incendie de la bibliothèque de Saint-Germain-des-Prés pendant la révolution. Le père Jacob, qui a laissé le *Traité des plus belles bibliothèques du monde*, fut sans cesse irrité du mépris où étaient tombés les anciens livres originaux « dont on fait des fusées, dit-il avec amertume, et dont les charcutiers parent leurs boutiques ». C'est ce mépris qui tua ce bon religieux, que l'on vit, aussitôt après sa mort, dans un carrosse, avec ses livres, pour être transporté à son couvent des Billettes.

La bibliomanie commence de bonne heure, quelquefois avant les autres passions : « Je me rappelle le temps, dit un camarade de classe de Barbier, où il rentrait tous les soirs au collége avec un nouveau *bouquin*. » Et moi je me rappelle aussi que j'aimais les livres avant de savoir lire; j'aimais d'avance à les examiner, à les toucher, à les caresser comme des amis d'enfance.

Le *bibliomane*, bien différent du *bibliographe*, ne s'attache qu'à certains livres curieux, rares et chers, qu'il ne connaîtra jamais qu'en dehors si vous voulez, mais qu'il léguera un jour à des dépositaires non moins religieux, qui ne dissiperont pas ce trésor. C'est une sorte d'avarice, je l'avoue, qui s'affiche au lieu de se cacher, et qui fait dans ses mains une sorte de propriété nationale des monuments intellectuels et typographiques, la plupart enlevés à l'oubli et à la destruction. Le bibliomane est le dragon du jardin des Hespérides.

Il y a des bibliomanes de toute espèce. Les fous ne sont pas plus variés, et bien des bibliomanes pourraient compter parmi les fous : l'un ne rêve qu'Elzeviers, et surtout Elzeviers non rognés, dont la marge se mesure au compas; l'autre n'estime des livres que l'habit, et se montre docte en fait de reliures, ne confondant jamais Padeloup et Derome, se pâmant d'aise à lorgner un filet et une nervure; celui-ci paye autant que des chevaux anglais ces bagatelles imprimées qui n'ont de mérite que leur rareté et leur bêtise; celui-là s'identifie en quelque façon avec un auteur favori, dont il pourchasse les moindres pièces fugitives, s'enquérant d'une variante comme s'il s'agissait de la pierre philosophale. En général, chaque bibliomane a son genre, sa fantaisie : tel passera cinquante ans à ramasser tout ce qui concerne la révolution, tout ce qui touche à l'histoire, à la géographie, à la philosophie, aux sciences occultes, les éditions *princeps*, les pièces de théâtre, les facéties, quelque matière spéciale enfin qui puisse faire collection. Tel s'intriguera enfin pour découvrir des livres de *bonne maison*, dont la condition généalogique soit constatée, ces livres qui portent les armes et les signatures d'Urfé, de Gaignat, de Goutard et de La Vallière.

Pour comprendre le bibliomane, il faut avoir vu le vénérable Boulard longer les quais, été comme hiver, gelée ou soleil, analyser d'un coup d'œil l'étalage d'un bouquiniste, et tirer la perle du fumier en homme qui sait la valeur de la perle, puis le soir rentrer dans son vaste sérail de livres pour débarrasser ses poches gonflées de leur butin journalier...
Il se fût arrêté découragé à l'idée que ce travail lent et progressif de quarante années de recherches et de bonheur serait dilapidé deux ans après sa mort! car le bibliomane aime ses livres comme un père ses enfants; il les choie, il les contemple, il leur rit; il s'exagère leurs qualités pour mieux s'aveugler sur leurs défauts; il se préoccupe de leur avenir. Heureux quand il espère que sa collection ira sous son nom s'engouffrer dans les catacombes de la Bibliothèque Nationale! C'est en cet illustre tombeau que reposent Dupuy, Baluze, Cangé et La Vallière. P. L. JACOB, *bibliophile*.]

BIBLIOPHILES (Sociétés de). On trouve fort bon qu'on se réunisse pour extraire du charbon d'un sol où il n'y a que du sable et des cailloux, pour tisser du chanvre ou du lin, faire du sucre de betterave, des machines à vapeur, des moulins de toute espèce, et se ruiner en société, sans se ruiner pour cela plus gaiement : et l'on blâmerait des gens inoffensifs qui, n'en voulant ni à la bourse ni au repos de personne, s'associent pour se procurer l'innocent plaisir d'avoir sur leurs tablettes un livre rare ou que d'autres ne peuvent posséder! Ne médisons pas, croyez-moi, de cette aimable passion.

On cite en France la société des *Bibliophiles français*, dont le siége est à Paris et qui a été instituée en 1820. Elle se compose de vingt-quatre membres au plus, et peut s'adjoindre cinq associés étrangers. Pour être admis dans son sein, il suffit d'aimer les livres, d'avoir une bibliothèque, et de se soumettre aux conditions imposées par les statuts. Chaque sociétaire verse une cotisation annuelle de cent francs. La société a pour but de faire imprimer soit des ouvrages français inédits ou devenus très-rares, soit des ouvrages en langue étrangère avec la traduction française. Lorsque l'importance de l'ouvrage à publier n'a qu'un intérêt de pure curiosité, elle se borne à en tirer un nombre égal à celui de ses membres; lorsqu'au contraire la nature de l'ouvrage lui semble exiger une publicité plus étendue, elle en fait imprimer sur papier ordinaire un certain nombre d'exemplaires destinés à être mis en vente; mais elle réserve toujours à ses membres des exemplaires d'un format et d'un papier particulier. Les ouvrages imprimés par la société portent sur leur titre l'indication suivante : *Publié par la Société des Bibliophiles français*, le fleuron de la société et la date de l'année. La liste des sociétaires est imprimée sur le feuillet qui suit le titre. La Société des Bibliophiles français a fait tirer, de 1820 à 1838, quatre-vingt-huit ouvrages, dont la liste figure dans le *Manuel du Libraire*. Depuis, elle a publié un volume in-folio sur les cartes à jouer, enrichi de cent planches; l'*Apparition de Jean de Meung* par Honoré Bonet (1398); un manuscrit unique appartenant à un des sociétaires, le *Ménagier de Paris*, ouvrage fort important pour l'histoire de la vie privée des Français et pour les statistiques de la ville de Paris au quatorzième siècle. La *Société des Bibliophiles français* se réunit deux fois par mois, et tient deux grandes assemblées annuelles, l'une en janvier et l'autre en mai.

En Angleterre les sociétés de bibliophiles se sont multipliées depuis le club de Roxburgh, de fastueuse mémoire, formé en 1812. L'Écosse a vu naître : en 1823, le club de Ballantyne; en 1828, Glasgow vit s'ouvrir le club Maitland ; postérieurement, celui d'Abbotsford fut fondé à Édimbourg, en l'honneur de Walter Scott ; il distribua à ses membres, en 1838, une magnifique édition du poëme d'*Arthour and Merlin*, d'après le manuscrit d'Auchinleck. Citons encore la Société de Camden (1837), qui est fort active et bien dirigée; la Société Historique, dont les choix sont excellents; la Société d'Alfred le Grand, dévouée à l'anglo-saxon; la *Percy-Society*, la *Shaskespeare-Society*, la *Parker's-Society*, la *Surtees-Society* (Durham, 1838), le *Spalding-Club* (Aberdeen, 1839), la *Welsh-Manuscript-Society*, etc. Nous ne connaissons en Allemagne que l'*Association littéraire* de Stuttgard, quoiqu'à Vienne M. Karajan fasse de véritables publications de bibliophile. En Belgique on compte la Société des Bibliophiles du Hainaut (à Mons), créée par Delmotte et M. Renier-Chalon, celle des Bibliophiles de Belgique, à Bruxelles, et celle des Bibliophiles Flamands. Ces trois associations impriment et dotent la littérature d'ouvrages sérieux et ignorés. Plus récemment une société s'est constituée à Stockholm pour la reproduction d'anciens ouvrages imprimés. DE REIFFENBERG.

BIBLIOTAPHE (du grec βιβλίον, livre, et τάφος, tombeau). C'est le nom qu'on a donné à ces espèces de maniaques qui n'ont des livres que pour les cacher (*voyez* BIBLIOMANIE). Encore lorsque ces livres appartiennent à ces avares, on ne peut que gémir sur cet abus de la propriété au préjudice de la science; mais que dire de ces Cerbères qui, payés par le budget, se plaisent à barrer l'entrée du sanctuaire, dont ils devraient être les guides fidèles et obligeants, à ceux qui ont soif d'instruction? Ne ressemblent-ils pas à ce chien de la fable, qui, couché près d'un tas de foin, voulait empêcher un bœuf d'en approcher? Par malheur Paul-Louis Courier n'est pas le seul qui ait eu à se plaindre de ces dépositaires envieux et ignorants, et les Furia ne sont pas tous en Italie.

BIBLIOTHÉCAIRE. On appelle ainsi celui qui est chargé de la conservation, du soin, de la classification et du service d'une bibliothèque. Sous les rois carlovingiens, les bibliothécaires écrivaient, dataient et expédiaient les actes de l'autorité royale. Les mêmes fonctions leur étaient confiées par les papes, et leur charge tenait le premier rang à la cour pontificale. Il en était de même des bibliothécaires des archevêchés, etc., surtout en Italie.

Toutes les qualités nécessaires à un bon bibliographe le sont aussi à un bibliothécaire, puisque cette science est celle à laquelle il doit surtout s'adonner. L'histoire littéraire et le mécanisme de la typographie lui sont essentiels pour décider du format, du caractère et de l'impression de certaines éditions des quinzième et seizième siècles. La gravure sur bois et sur cuivre et l'écriture des différents siècles doivent être connues de lui, pour qu'il puisse juger du mérite des miniatures qui ornent la plupart des livres imprimés ou manuscrits, déchiffrer les textes contenus dans le volume, dont il est aussi tenu de donner une description exacte, qui consiste à rendre fidèlement la lettre, la date, le nom de la ville, de l'imprimeur et de l'auteur d'un ouvrage, notions que l'on est obligé de chercher parfois, soit à la tête ou à la fin d'une dédicace, soit dans la préface ou dans le prologue pour les manuscrits, soit dans le privilége, dans les acrostiches, éloges, devises, emblèmes, etc.; il doit aussi compter les feuillets de l'ouvrage, ceux qui le précèdent ou le suivent, en désignant leur emploi; indiquer si le livre est imprimé ou écrit à longues lignes ou à colonnes ; si le caractère est romain, gothique, italique, etc.; si les chiffres, les réclames et les signatures s'y trouvent exactement; compter et examiner les miniatures, et annoncer les index, tables, répertoires, etc. : tous ces renseignements font partie d'une description utile pour reconnaître complétement, soit un manuscrit, soit une édition *princeps*, et distinguer celle-ci des éditions postérieures. Le bibliothécaire ne doit pas être étranger à la numismatique, parce que cette science prête son secours à l'explication des faits les plus marquants rapportés par les historiens classiques. Après s'être familiarisé avec la connaissance des livres, il doit se faire un système de classification simple, facile, et qui, suivant l'origine et la filiation des connaissances humaines et les rapports qu'elles ont entre elles, doit présenter au premier coup d'œil un résultat capable de plaire à l'imagination sans fatiguer l'esprit.

Parmi les bibliothécaires les plus fameux de l'antiquité, on cite d'abord : Démétrius de Phalère, qui présida à l'organisation de la fameuse bibliothèque d'Alexandrie, sous Ptolémée-Philadelphe, et eut pour successeurs Zénodote, Ératosthène, Apollonius, Aristonyme, Aristophane, etc. On rapporte ainsi les circonstances qui firent choisir ce dernier pour occuper cette charge à la bibliothèque des rois grecs d'Égypte. Lorsque Ptolémée-Épiphane eut nommé six juges pour examiner les ouvrages envoyés au concours des jeux institués par lui en l'honneur d'Apollon et des Muses, le septième manquant, les juges déjà désignés proposèrent à ce roi de leur adjoindre un certain Aristophane, occupé depuis longtemps à lire les livres de la bibliothèque. Cette proposition fut agréée, et Aristophane, contre l'avis des six autres juges, décerna le prix à un poète que l'on avait à peine écouté, accusant tous les autres concurrents de plagiat, ce dont il les convainquit en allant lui-même chercher les ouvrages, et en leur faisant voir les passages pillés par eux.

L'on ne connaît aucun bibliothécaire des diverses villes de la Grèce. Asinius Pollion organisa le premier une bibliothèque à Rome; la mort de Jules-César arrêta le plan qu'il avait conçu pour la réunion de livres grecs et latins, et dont le soin avait été confié par lui à Varron. Les deux grammairiens Melissus et Lucius Hygenus furent les bibliothécaires des bibliothèques Octavienne et Palatine. Un nommé Antiochus et un certain Julius Félix furent aussi chargés du conservement, le premier tous les ouvrages latins de la bibliothèque du temple d'Apollon, le second tous les livres grecs de la Palatine. Dans le moyen âge, la première personne qui fut chargée en France de ranger la bibliothèque des monarques, devenue publique, fut, sous Charles V, Gilles Malet, valet de chambre de ce prince, à qui l'on donna le titre de *maistre de la librairie du roy*. Il eut pour successeur Antoine des Essarts, Jean Maulin, Garnier de Saint-Yon. Robert Gaguin, un de nos vieux historiens, a été, selon plusieurs auteurs, bibliothécaire sous Louis XI, mais on n'en a pas de preuves bien certaines. Laurent Palmier était alors garde en titre de la bibliothèque royale. Guillaume Budé fût le premier bibliothécaire en chef; François 1er créa cette charge pour lui. Après Budé, les provisions en furent expédiées par les rois à Pierre Chastelin, Pierre de Montdoré, Jacques Amyot, Jacques-Auguste de Thou, François de Thou, Jérôme Bignon, Jérôme Bignon, fils du précédent, Camille Le Tellier, Jean-Paul Bignon, Jérôme Bignon, et Armand-Jérôme Bignon, dernier bibliothécaire du roi. Une loi de l'an IV organisa nationalement ce vaste établissement, supprima cette charge, et nomma des conservateurs qui, à droits égaux, partagèrent la responsabilité et l'administration. Depuis cette époque, plusieurs noms célèbres dans la littérature, les sciences et la bibliographie sont venus contribuer de leurs lumières et de leur zèle à augmenter ce dépôt si précieux. De ce nombre sont l'abbé Barthélemy, Millin, Langlès, La Porte du Theil, Legrand d'Aussy, Caperonnier, Gail, Abel Rémusat, Chézy, Dacier, Sylvestre de Sacy, Jomard, Hase, Letronne, Magnin, Naudet, Reinaud, Paulin Pâris, etc., etc.

D'autres bibliothèques de Paris ont eu Barbier et Beuchot pour bibliothécaires. Dans les départements se sont fait connaître l'abbé Saas, à Rouen; Laire, à Toulouse; Gabriel Peignot, à Vesoul; Delandine, à Lyon; Weiss, à Besançon; A. Leglay, à Valenciennes, etc., etc.; à l'étranger, en Allemagne, l'abbé Denis Lambecius, Chmel, Endlicher, à Vienne; Reuss, à Gœttingue; Wilken, à Berlin; Falkenstein, Ébert, à Dresde; en Suisse, Sinner (maintenant à Paris), Senebier; en Italie, Léon Allatius, les Assemani, l'abbé Morelli, Angelo Mai; au Brésil, monsignor Vidigal, le grand fondateur de villes, mort évêque et bibliothécaire de Rio de Janeiro, etc., etc.

La science du bibliothécaire devrait être pour ainsi dire universelle : Parent, dans son *Essai sur la Bibliographie*, trace ainsi les devoirs de ce fonctionnaire : « Le bibliothécaire doit être exempt de préjugés politiques et religieux; il n'est le prêtre d'aucun culte, le ministre d'aucune secte, l'initié d'aucune coterie, le partisan idolâtre d'aucun système. Il se doit au public, et surtout à la foule des vrais amateurs, qui trouveront en lui une bibliothèque parlante, qui tireront plus de secours de sa vaste et complaisante érudition que de ses registres d'ordre. Il se doit à une jeunesse studieuse, curieuse et avide d'instruction, pour qui il sera un guide sûr, qui la conduira aux sources les plus pures. Il doit être pour les professeurs des écoles publiques un confrère utile, un ami éclairé, un conseil permanent, qui, de concert avec eux, travaillera au succès de l'instruction publique. » Ce n'est donc pas sans raison que l'on compare le bibliothécaire ignorant à l'eunuque chargé de la garde du sérail. C'est un bibliothécaire de cette espèce qui, trouvant un livre hébreu, le porta ainsi sur son catalogue : « *Item*, un livre dont le commencement est à la fin. » L'académicien et ambassadeur Guill. Bautru, ayant visité la bibliothèque de l'Escurial, dont le bibliothécaire était si ignorant qu'il ne connaissait pas même la plupart des livres de sa collection, dit au roi d'Espagne qu'il devrait donner l'administration de ses finances à son bibliothécaire de l'Escurial. Le roi en demanda la raison : « C'est, lui répondit Bautru, parce qu'il n'a jamais touché à ce que Votre Majesté lui a confié. » Si l'on veut, au contraire, citer le modèle du bibliothécaire, pour la science, le zèle, l'obligeance et le dévouement le plus complet et le plus désintéressé, tout le monde nommera le vénérable Van Praet, dont les vieux habitués de la Bibliothèque Nationale n'ont pas perdu et ne perdront jamais le souvenir.

A. Champollion-Figeac.

BIBLIOTHÈQUE. Ce mot est formé de deux mots grecs, βιβλίον, livre, et θήκη, dépôt, lieu où l'on cache, où l'on conserve. Il se prend dans trois acceptions différentes : 1° comme lieu qui renferme des livres; 2° comme collection de livres; 3° comme recueil de travaux de divers auteurs dans une spécialité commune, tel que *Bibliothèque des Pères de l'Église*, *Bibliothèque des Auteurs ecclésiastiques*, *Bibliothèque choisie des Romans*, *Bibliothèque générale des Voyages*, *Bibliothèque du dix-neuvième siècle*; etc., etc. (*voyez* aussi l'article Bibliographie). Pendant le moyen âge, l'on donna encore le nom de bibliothèque à la *Bible*, réunion des livres sacrés.

La tradition veut que la première bibliothèque ait été fondée à Memphis par le roi Osymandias, qui régnait près de 2000 ans avant J.-C. Suivant Diodore de Sicile, on lisait sur la porte cette simple inscription : *Remèdes de l'âme*. Chez les Phéniciens, comme en Égypte, la conservation des archives était confiée aux prêtres. Les nombreuses connaissances que ce dernier peuple acquit par la navigation et le commerce lui firent recueillir de bonne heure et avec soin les livres les plus utiles. Les Hébreux n'avaient pas de livres avant Moïse, et ce ne fut qu'après la mort de ce patriarche que l'on songea à recueillir ses écrits. Un exemplaire du livre de la Loi était déposé dans le temple de Jérusalem; plus tard, on y ajouta les écrits de Josué et des prophètes; on les plaça dans la partie la plus secrète du sanctuaire, que le grand-prêtre avait seul le droit de visiter. Mais à la prise de cette ville par les Babyloniens, le temple et la bibliothèque furent brûlés. Néhémie, au retour de la captivité de Babylone, rassembla de nouveau, en forme de bibliothèque, et avec l'aide d'Esdras, les livres de Moïse, les livres des Rois, les livres des Prophètes. Chaque synagogue possédait aussi des livres sacrés. Du reste, fort peu de renseignements nous ont été conservés sur ces temps reculés.

Si nous tournons les yeux vers la Perse, Ctésias nous apprendra que les annales de cette nation étaient anciennement écrites par ordre des rois; que la loi forçait les familles à déposer dans des archives l'histoire de leurs ancêtres, et que c'était de ces monuments qu'il avait tiré une grande partie des fastes de ce peuple. Aucun historien postérieur n'a démenti ce récit, et l'on sait que le Grec Mégasthène se rendit à la bibliothèque de Suse pour y composer aussi une histoire des Perses. Diodore de Sicile et l'Écriture Sainte parlent également de la bibliothèque de cette ville. En Grèce ce furent Polycrate et Pisistrate qui formèrent les plus anciennes collections de livres, le premier à Samos, le second à Athènes. Xerxès enleva celle-ci lorsqu'il brûla cette ville, et elle fut transportée en Perse, où elle était encore du temps d'Alexandre. Aulu-Gelle rapporte qu'elle fut renvoyée à Athènes par Séleucus Nicator; Sylla la pilla de nouveau, et l'empereur Adrien la rétablit. La précieuse collection de livres de médecine conservée dans la bibliothèque de Cnide la rendit célèbre vers le même temps. Parmi les bibliothèques particulières des Grecs, on citait celles d'Euclide, de Nicocrate, d'Euripide, d'Aristote, etc. Cette dernière n'était ouverte qu'aux péripatéticiens, et passa, après la mort d'Aristote, à Théophraste, qui la joignit à la sienne. Ptolémée l'acheta de Nélée, héritier de Théophraste, et la fit porter en Égypte.

Mais la bibliothèque d'Alexandrie, due à la magnificence des rois grecs d'Égypte, est la plus célèbre de toutes celles de l'antiquité. Eumène en fonda une rivale à Pergame. Ptolémée-Épiphane, pour arrêter cette concurrence effrayante, fit défendre l'exportation du papyrus d'Égypte. On y suppléa en perfectionnant l'art, déjà connu, d'écrire sur des peaux d'animaux, et le parchemin (*pergamena charta*) devint d'un usage général. Plus tard Évergète II établit une seconde bibliothèque à Alexandrie.

Les Romains ne prirent le goût des lettres et des arts qu'après avoir vaincu les Grecs, qu'ils voulurent imiter en tout. Paul-Émile et Lucullus rapportèrent à Rome dans leur butin les premières bibliothèques qu'ait eues cette ville. L'atrium du temple de la Liberté, situé sur le mont Aventin, reçut la première bibliothèque publique qu'Asinius Pollion fonda à Rome avec les livres qu'il avait pris chez les Dalmates et chez les autres peuples conquis. Cicéron et Atticus possédèrent, eux aussi, de grandes et belles collections. L'empereur Auguste fonda deux bibliothèques, l'une appelée *Palatine*, parce qu'elle fut placée dans le temple d'Apollon sur le mont Palatin; l'autre *Octavienne*, parce qu'elle était sous le portique du temple de sa sœur Octavie. Les deux incendies qui détruisirent en partie la ville de Rome, sous Néron et Titus, consumèrent plusieurs bibliothèques, entre autres celle que Tibère avait établie dans son palais. Domitien voulut réparer ces pertes en faisant copier les manuscrits d'Alexandrie. Une bibliothèque fut placée dans le temple de la Paix par Vespasien et brûlée par un troisième incendie pendant le règne de Commode. Enfin le nom d'*Ulpienne* fut donné par Trajan à celle qu'il rassembla : elle l'emportait sur toutes les bibliothèques de ses prédécesseurs par sa richesse et son luxe. Pline le Jeune avait un grand nombre de livres dans sa maison de campagne à Laurentium. Ce favori de Trajan en fondant une école publique à Côme, sa ville natale, la dota d'une bibliothèque. On en a découvert une petite dans une maison de campagne d'Herculanum. En général, les bibliothèques des Romains étaient composées d'armoires dans lesquelles on plaçait les rouleaux ou volumes qu'on distinguait par des numéros. On décorait les bibliothèques de statues et des bustes des hommes célèbres. Le médecin Sammonius Sérénus légua à Gordien le jeune soixante-douze mille volumes qu'il avait ramassés. Enfin Publius Victor, qui décrivait la ville éternelle au quatrième siècle, y compte vingt-huit bibliothèques publiques, outre bon nombre de grandes bibliothèques particulières.

Constantin, en portant le siége de l'empire romain dans la ville qu'il fonda sur les ruines de Byzance, et à laquelle il donna son nom, y construisit des bâtiments qui pour le luxe et la somptuosité pouvaient rivaliser avec ceux de Rome. Il y réunit aussi une bibliothèque, qui de son vivant renfermait six mille volumes. Successivement augmentée par les héritiers de son empire, elle comptait plus de cent mille volumes à la mort de Théodose. Mais Léon l'Isaurien ne pouvant réussir à entraîner dans son parti les savants préposés à sa garde, les enferma dans le bâtiment où elle était rangée, et y fit mettre le feu. C'était l'an 727 de J.-C. Plusieurs importantes collections de livres furent formées du neuvième au onzième siècle par l'empereur Basile le Macédonien et par l'illustre famille des Comnènes, notamment dans les couvents des îles de l'Archipel et sur le mont Athos. Constantin Porphyrogénète, protecteur des sciences et des lettres, fonda de nouveau à Constantinople une bibliothèque, à l'arrangement de laquelle il travailla lui-même. Elle n'éprouva aucune perte lors de la prise de Constantinople par les Turcs. Les Arabes possédaient de même à Alexandrie une bibliothèque considérable dans leur langue, et Al-Mamoun faisait acheter et transporter à Bagdad un grand nombre de manuscrits grecs. Dans la suite, Amurath IV, dans un accès de dévotion, sacrifia la seconde bibliothèque de Constantinople à sa haine pour les chrétiens.

Quant à la bibliothèque actuelle du sérail, exclusivement réservée au service de la maison impériale, on en attribue généralement la fondation à Achmet III et à Mustapha III au commencement du dix-huitième siècle; ils l'enrichirent, ainsi que leurs successeurs. On croit qu'elle renferme aujourd'hui 15,000 volumes, et le nombre s'en augmente continuellement. Au-dessus de la porte on lit en arabe : *Entrez en paix*. A son cadenas pend le sceau du bibliothécaire. Outre cette bibliothèque on en compte plusieurs autres à Constantinople, toutes assez riches en manuscrits. Dans les bibliothèques turques, les volumes sont élégamment reliés, et, de plus, enfermés dans des étuis pour les préserver de la poussière, et c'est sur ces étuis que sont écrits les titres des ouvrages. Il y a encore en Égypte quelques bibliothèques dans les couvents *cophtes*.

Au milieu des querelles théologiques, la Grèce vit son génie national s'éclipser; plus heureuse cependant que l'Occident, elle échappa aux invasions des Barbares. Les chrétiens grecs, en fondant leurs monastères, y réunirent aussi des bibliothèques dans lesquelles passèrent probablement des volumes de l'ancienne bibliothèque des empereurs. Les couvents de l'île de Pathmos en possédaient encore de fort belles et en très bon ordre. Bagdad servit de retraite aux savants grecs que les querelles de religion portèrent à abandonner leur patrie pendant le huitième et le neuvième siècle. Le khalife Haroun-al-Raschid, et surtout son fils et successeur Adallah-al-Mamoun, les employèrent à traduire en arabe et en syriaque des ouvrages de sciences et de philosophie. Tous deux dépensèrent des sommes énormes pour recueillir dans leurs palais des livres d'Égypte, de Syrie, d'Arménie, etc. Ce dernier prince exigea même, lors d'un traité avec l'empereur de Byzance, Michel III, que des auteurs grecs de toute espèce lui fussent donnés. On citait surtout de son temps les bibliothèques de Fez et de Maroc, dont la première comptait plus de cent mille volumes.

Pendant que les sciences s'étaient réfugiées en Orient, sous la protection des khalifes, l'instruction disparaissait de l'Occident par suite des invasions des peuplades du Nord. La perte de presque toutes les bibliothèques de cette contrée la plongea dans l'ignorance, et la conquête de l'Égypte par les Arabes l'augmenta encore en rendant le papyrus très-rare, et les livres d'une cherté excessive. L'on se remit alors à écrire plus que jamais sur des peaux d'animaux; mais leur prix élevé força souvent les moines à gratter d'anciens manuscrits, et à convertir ainsi des *Tite-Live* et des *Cicéron* en de longues et souvent très-peu lucides dissertations mystiques. De là les manuscrits *palimpsestes*, où peuvent être retrouvés les livres des historiens classiques qui nous manquent. La barbarie ne fit pourtant que s'accroître en Occident pendant les neuvième, dixième et onzième siècles. Quelques seigneurs puissants et les principaux monastères possédaient seuls un petit nombre de livres. On citait comme magnifiques en France la bibliothèque de Charlemagne, celle de l'abbaye Saint-Germain-des-Prés, celle de l'abbaye de Pontivy, en Bretagne, contenant 200 volumes ; en Angleterre, celle que fonda, à York, Egbert, archevêque de cette ville, et celle du monastère de Saint-Alban, rassemblée par Richard de Bury, évêque de Durham et chancelier d'Angleterre. En Allemagne il y avait des bibliothèques à Fulda, à Corvey et depuis le onzième siècle à Hirschau. En Italie, l'abbaye du mont Cassin avait 90 volumes ; celle de Pompose, près de Ravenne, 60 ; et en Belgique, au commencement du onzième siècle, celle de l'abbaye de Gembloux en contenait 160.

Les Arabes, maîtres de l'Espagne méridionale, y firent fleurir leur littérature et leurs arts, en établissant des académies et des écoles à Cordoue, à Grenade, à Valence et à Séville. L'Andalousie possédait soixante-dix bibliothèques, parmi lesquelles celle de Cordoue, contenant, dit-on, 250,000 volumes. La plupart ont depuis enrichi celle de l'Escurial. Seuls les Arabes cultivaient alors les sciences, pendant que l'Europe chrétienne était sans livres, sans lettres, et plongée dans la barbarie.

L'invention du papier de chiffon, en fournissant d'abondantes matières à l'écriture, vint heureusement remplacer dans le treizième siècle le papyrus et le vélin, et multiplier ainsi les moyens de reproduire les livres jusque là enfouis dans les monastères. Saint Louis, de retour de la Terre Sainte, fit copier les meilleurs ouvrages conservés dans les couvents pour en former une bibliothèque. Malheureusement le roi et ses successeurs disposèrent, par une clause de leur testament, des livres rassemblés pendant leur règne. On peut voir au cabinet des titres de la Bibliothèque Nationale l'inventaire de la bibliothèque de la reine Clémence de Hongrie, deuxième femme de Louis X, morte au Temple, le 13 octobre 1338. Il peut servir à indiquer de quoi se composait une bibliothèque royale à cette époque, où les livres étaient d'un prix si élevé : quarante volumes formaient cette collection, et l'inventaire la divise en deux parties : les *livres de chapelle* et les *roumans*. Charles V fut le premier qui fonda en France une bibliothèque publique ; ses livres servirent de base à la Bibliothèque Nationale, devenue de nos jours la plus riche de l'Europe.

Après la découverte de l'imprimerie, la formation d'une bibliothèque devint plus facile. Celle du Vatican commençait à naître, quand elle fut transférée à Avignon, avec le saint-siège, sous Clément V, et ne revint à Rome que sous Martin V. Nicolas V l'augmenta tellement qu'il passe pour son fondateur. Elle se composait alors de 6,000 volumes des plus rares. Dispersée sous le pontificat de Calixte III, Sixte IV, Léon X et Clément VII travaillèrent à la rétablir ; mais elle fut de nouveau détruite en partie par l'armée de Charles-Quint qui saccagea la ville de Rome. Sixte-Quint lui rendit son ancienne splendeur, et l'enrichit d'un grand nombre de livres et de précieux manuscrits. Elle compte aujourd'hui 300,000 volumes et 24,000 manuscrits, dont quelques-uns sont du plus grand prix. Les autres principales bibliothèques de Rome sont : celle du cardinal François Barberini (25,000 volumes imprimés et 5,000 manuscrits) ; celles du palais Farnèse, du prince Borghèse, de Pamfili et de divers autres princes de Rome, ainsi que de plusieurs maisons religieuses. Ce fut le pape Clément VII qui fonda, au commencement du seizième siècle, une bibliothèque dans l'église Saint-Laurent à Florence (20,000 volumes). Côme de Médicis, de la même famille que ce pape, en réunit aussi une dans l'église de Saint-Marc de la même ville (20,000 volumes, 5,000 manuscrits grecs, latins, orientaux). La bibliothèque Magliabechiana du même lieu compte 100,000 volumes et 8,000 manuscrits. La bibliothèque de Saint-Ambroise de Milan, fondée par Frédéric Borromée (*voyez* AMBROSIENNE [Bibliothèque]), celles de Mantoue, Turin, Ferrare, Bologne (150,000 volumes et 9,000 manuscrits), de Saint-Juste, Saint-Antoine et Saint-Jean de Latran à Padoue ; celle du roi de Naples (150,000 volumes et une foule de manuscrits précieux), sont les plus célèbres d'Italie.

On remarque en Allemagne la bibliothèque royale de Munich (plus de 600,000 volumes, 18,000 manuscrits, plus de 12,000 incunables) ; la bibliothèque impériale de Vienne, fondée en 1430, par Maximilien, enrichie des collections de Mathias Corvin, du prince Eugène, etc., etc. (plus de 300,000 volumes et 16,000 manuscrits), et la bibliothèque de l'université dans la même ville (115,000 volumes) ; la bibliothèque de Gœttingue (300,000 volumes et 5,000 manuscrits ; la bibliothèque royale de Dresde (plus de 300,000 volumes, 182,000 dissertations et brochures, 2,000 incunables et 2,800 manuscrits) ; la bibliothèque royale de Stuttgard (200,000 volumes, 2,500 incunables et 1,800 manuscrits) ; la bibliothèque royale de Berlin, fondée par Frédéric-Guillaume (510,000 volumes et 500 manuscrits) ; la bibliothèque de Prague (130,000 volumes et 4,000 manuscrits) ; la bibliothèque de Bamberg (60,000 volumes, et 2,800 manuscrits) ; la bibliothèque de l'université de Bonn (70,000 volumes et 230 manuscrits) ; la bibliothèque de Carlsruhe (80,000 volumes et un grand nombre de manuscrits) ; la bibliothèque de Cassel (70,000 volumes et 400 manuscrits, pour la plupart d'une haute importance) ; la bibliothèque d'Erfurt (40,000 volumes) ; la bibliothèque d'Erlangen (100,000 volumes et 500 manuscrits) ; la bibliothèque de Francfort-sur-le-Mein (80,000 volumes) ; la bibliothèque de Fribourg en Brisgau (80,000 volumes) ; la bibliothèque de Giessen (près de 100,000 volumes) ; la bibliothèque de Gotha (140,000 volumes et 5,000 manuscrits) ; la bibliothèque de Halle (50,000 volumes) ; la bibliothèque de Hambourg (150,000 volumes et 5,000 manuscrits) ; la bibliothèque de Heidelberg (150,000 volumes et un grand nombre de manuscrits très-curieux relatifs à l'histoire d'Allemagne) ; la bibliothèque d'Iéna (60,000 volumes) ; la bibliothèque d'Inspruck (40,000 volumes) ; la bibliothèque de Kiel (80,000 volumes) ; la bibliothèque de Kœnigsberg (60,000 volumes) ; la bibliothèque de l'université de Leipzig (150,000 volumes, plus de 1,800 incunables et 2,000 manuscrits) ; la bibliothèque de la ville à Leipzig (80,000 volumes et 2,000 manuscrits) ; la bibliothèque de Marbourg (100,000 volumes) ; la bibliothèque de Meiningen (40,000 volumes) ; la bibliothèque de Nuremberg (50,000 volumes et 800 manuscrits) ; la bibliothèque d'Oldenbourg (80,000 volumes) ; la bibliothèque de Weimar (140,000 volumes) ; la bibliothèque de Wolfenbuttel (200,000 volumes et 4,500 manuscrits).

La bibliothèque *Bodléienne* est la plus riche de toutes celles d'Angleterre. Elle fut ainsi appelée du nom de son principal fondateur, Thomas Bodley, qui la légua à l'université d'Oxford. Elle commença à être publique en 1602. Dans le quinzième siècle, le duc de Gloucester avait donné à la même université la sienne, composée de 129 volumes. Il en résulte aujourd'hui un fonds de 220,000 vol. et 17,000 manuscrits. Georges III en établit une au château de Buckingham, qui contient aujourd'hui plus de 80,000 volumes. Elle a été augmentée par Georges IV, qui l'a léguée par son testament au *British-Museum*. Elle contient 350,000 vol., et près de 30,000 manuscrits, indépendamment d'environ 30,000 chartes, diplômes, etc. Celles de la Société royale, du collége des Hérauts, de Lambeth, et du collége des Médecins, sont aussi fort nombreuses. — Les débris des bibliothèques des Maures d'Espagne furent apportés au couvent de Saint-Laurent, et servirent à fonder la bibliothèque de l'Escurial, que Charles-Quint établit, et qui fut considérablement augmentée par Philippe II, de celles du roi de Fez et de Maroc, achetées lors du pillage de la forteresse de Larache. La foudre détruisit en partie la bibliothèque de l'Escurial en 1670. Elle contient aujourd'hui 200,000 vol. et un grand nombre de manuscrits arabes.

L'empire de Russie dut à Pierre Ier de nombreuses académies et de nombreuses bibliothèques. Sous son règne celle de l'Académie de Pétersbourg reçut un assez grand nombre de volumes, que Catherine II augmenta considérablement en y ajoutant ceux qu'elle acquit de Diderot et de Voltaire. La bibliothèque impériale de Pétersbourg est aujourd'hui très-belle; elle contient plus de 400,000 volumes et 20,000 manuscrits.

En 1721 les Russes découvrirent chez les Tatars Kalmouks une bibliothèque dont les livres étaient extrêmement longs, les feuillets épais, tissus d'une espèce de coton ou d'écorce d'arbre, enduits d'un double vernis; l'écriture blanche sous un double fond noir. Des fragments de ces manuscrits furent donnés à diverses bibliothèques d'Europe. On en voit quelques feuilles à la Bibliothèque Nationale de Paris.

Les autres principales bibliothèques d'Europe sont : en Suède, celle du Roi à Stockholm, et celle de l'université d'Upsal; en Danemarck, la Bibliothèque royale et celle de l'université de Copenhague (400,000 volumes et plus de 3,000 manuscrits); dans les Pays-Bas, celles d'Amsterdam, de Leyde, d'Utrecht, etc.; en Belgique, la bibliothèque de la ville à Bruxelles (100,000 volumes), et la Bibliothèque royale de la même ville (70,000 volumes et 25,000 manuscrits), fondée par le gouvernement en 1837, et qui renferme la célèbre bibliothèque des ducs de Bourgogne; et celles de Berne, Bade, Zurich (55,000 volumes et beaucoup de manuscrits), Saint-Gall et Genève en Suisse. Parmi les bibliothèques de l'Inde, on cite la bibliothèque impériale établie à Oummera-Pourra, capitale du royaume d'Ava, ou empire des Birmans, classée par ordre dans de grands coffres ornés de dorures et de jaspe, et portant sur le couvercle la note du contenu en lettres d'or. Il y a aussi dans chaque kioun ou monastère un dépôt de livres conservés ordinairement dans des caisses de laque. Ces livres se composent généralement de minces filaments de bambou, artistement tressés et vernis de manière à former une feuille solide, unie et aussi grande qu'on le veut. Cette feuille est ensuite dorée, et on y trace les lettres en noir et en beau vernis du Japon. La marge est ornée de guirlandes et de figures en or, sur un fond rouge, vert ou noir. Le gouvernement chinois met, de son côté, tous ses soins à former de vastes dépôts de livres et à les accroître sans cesse. Dès la dynastie de Lean, en 502, la bibliothèque impériale comptait, dit-on, 370,000 volumes. Des dépôts de livres existent aussi non-seulement dans la capitale et dans les palais des empereurs, mais encore dans les métropoles de provinces; et de tout temps, dans le but de prévenir les pertes que pourraient occasionner les guerres ou les révolutions, un exemplaire de tous les ouvrages précieux est envoyé dans les grandes bonzeries (monastères).

Enfin d'importantes bibliothèques ont été fondées en Amérique, notamment à Boston, à Cambridge, à New-York, à Philadelphie, à Providence, à Washington, etc. *Voyez* Edwards, *Statistical View of the principal public Libraries of Europe and America* (Londres, 1848).

BIBLIOTHÈQUES DE PARIS. Après la *Bibliothèque Nationale*, à laquelle nous consacrons un article particulier, les principales de la capitale sont :

1° La *Bibliothèque Mazarine*, fondée en 1648, par le cardinal dont elle porte le nom, dans le local occupé maintenant par la Bibliothèque Nationale, rendue publique dès cette époque, et transportée quarante ans après au Collège Mazarin, dont elle a fait partie jusqu'en 1792. A son origine elle se composait de 60,000 volumes; elle en compte aujourd'hui 150,000, y compris les manuscrits et un grand nombre d'opuscules remontant au quinzième siècle. Dans une de ses salles sont placés quatre-vingts modèles en relief des monuments pélasgiques de l'Italie et de la Grèce, collection formée par Petit-Radel, administrateur de cette bibliothèque, qui a publié de savants mémoires sur ces monuments, dits *cyclopéens*.

2° La *Bibliothèque de l'Arsenal*, créée par le marquis de Paulmy (*voyez* notre article ARGENSON, t. Ier, p. 785). Le comte d'Artois en fit l'acquisition en 1781. A cette époque il y réunit la plus grande partie de l'ancienne bibliothèque du duc de La Vallière. Aujourd'hui elle compte 175,000 volumes, sur lesquels il y a environ 6,000 manuscrits. Elle est riche surtout en romans depuis leur origine, en ouvrages de littérature moderne, en pièces de théâtre depuis l'époque des moralités et des mystères, et en recueils de poésies françaises depuis le commencement du seizième siècle.

3° La *Bibliothèque Sainte-Geneviève*, dont la fondation ne remonte qu'à 1624 : elle se compose aujourd'hui de 150,000 volumes et de 3,000 manuscrits. Elle avait reçu en don, du cardinal de La Rochefoucault, un fonds de 600 volumes; en 1687; elle en comptait déjà 20,000, et en 1710 Letellier, archevêque de Paris, lui légua tous ses livres. Sa collection typographique du seizième siècle est assez précieuse, et celle des Alde qui s'y trouve est une des plus complètes. Placée d'abord dans une dépendance de l'ancienne abbaye Sainte-Geneviève, que la révolution transforma en collège, elle occupe maintenant des bâtiments neufs élevés sur l'emplacement de l'ancien collège Montaigu, qui servait auparavant de prison militaire. Elle est ouverte le soir.

4° La *Bibliothèque de l'Institut*. Son premier fonds provient de l'ancienne bibliothèque de la ville de Paris, qui contenait alors à peine 20,000 volumes; celle de l'Institut en compte aujourd'hui plus de 80,000. Cette bibliothèque est réservée aux membres de l'Institut, mais tous les étrangers présentés par eux y sont admis.

5° La *Bibliothèque de la Ville*, composée en grande partie de livres modernes, au nombre de 50,000. Elle est riche en ouvrages sur les villes de France. La bibliothèque que légua à la ville le procureur du roi Moreau, en 1759, servit de base à l'ancienne collection; Romany, qui en fut le premier conservateur, y réunit, en 1760, sa bibliothèque particulière. A la révolution, cette ancienne bibliothèque de la ville fit le fonds de celle de l'Institut; celle qui existe aujourd'hui a été tirée des dépôts littéraires nationaux.

Parmi les bibliothèques les plus importantes de Paris, on compte encore celles du Louvre (80,000 vol.), du Corps législatif, formée en 1703 par le comité d'instruction publique de la Convention (50,000 vol.), du Sénat (18,000 vol.), du Muséum d'Histoire Naturelle (30,000 vol.), du Bureau des Longitudes (4,000 vol.), du Collège de France (5,000 vol.), de la Faculté des Lettres (30,000 vol., 314 manuscrits), de la Faculté de Droit (8,000 vol.), de la Faculté de Médecine (26,000 vol.), de l'École Normale (20,000 vol.), de l'École Polytechnique (27,000 vol.), de l'École des Mines (4,000 vol.), de l'École des Ponts et Chaussées (5,000 vol.), de l'École des Beaux-Arts (1,500 vol.), du Musée (3,000 vol.), du Conservatoire de Musique, créée en l'an II (5,000 vol.), du Conservatoire des Arts et Métiers (12,000 vol.), du séminaire Saint-Sulpice (20,000 vol.), du lycée Louis le Grand (30,000 vol.), de la Société Asiatique (2,000 livres ou manuscrits), du ministère des affaires étrangères (15,000 vol.) du ministère de l'intérieur (14,000 vol.), de la préfecture de police (8,000 vol. et quelques manuscrits curieux de 1793), du conseil des mines (12,000 vol.), de l'hospice des Quinze-Vingts (2,000 vol.), de l'Imprimerie nationale (3,000 vol.), du ministère de la guerre (7,000 vol.), du dépôt de la guerre (19,000 vol., 9,000 manuscrits), du dépôt d'artillerie (9,000 vol.), des Invalides (20,000 vol.), du ministère des finances (3,500 vol.), du ministère de la justice (12,000 vol.), de la cour de cassation (36,000 vol.), du conseil d'État (35,000 vol.), de la cour des comptes (6,000 vol.), du tribunal de 1re instance (25,000 vol.), des avocats, créée en 1810 par un legs de l'avocat Ferey (10,000 vol.), du ministère de la marine (2,700 vol.), du dépôt de la marine (15,000 vol.), des Archives nationales (14,000 vol.).

BIBLIOTHÈQUES DES DÉPARTEMENTS. On compte en France 211 villes possédant des bibliothèques, dont l'ensemble s'élève à 3 millions de volumes, ce qui fait à peu près un volume pour 15 habitants. Il y a en Belgique 95 vol. par 100 habitants et en Allemagne 373 pour le même nombre. 380 villes de 3 à 20,000 habitants n'ont pas encore chez nous de bibliothèque. De toutes nos bibliothèques départementales la plus considérable est celle de Lyon, qui contient 117,000 volumes et près de 1,300 manuscrits. D'abord placée au collége de la Trinité, elle reçut un assez grand nombre de volumes que lui envoyèrent Henri III, Henri IV, Louis XIII et Louis XIV, sur la demande des pères Auger, Coton et Lachaise. Une partie des livres et du bâtiment fut détruite par un incendie, en 1644. Placée dans des bâtiments de l'Oratoire, elle perdit un assez grand nombre de volumes lors de la suppression de la compagnie de Jésus. En 1793, pendant le siége de la ville, les boulets attaquèrent l'édifice, fracassèrent les tablettes et détruisirent encore une immense quantité de livres. Un bataillon de volontaires y fut logé, qui, sous prétexte de faire disparaître les œuvres d'église, en brûla et en dispersa beaucoup d'autres. Des commissaires du comité de salut public y vinrent aussi faire un choix d'ouvrages imprimés et manuscrits les plus précieux pour être envoyés à la Bibliothèque Nationale de Paris. Quatorze caisses furent emballées, mais la plupart n'arrivèrent pas à leur destination; quelques-unes descendirent le Rhône, d'autres se perdirent en chemin. Bientôt après, la bibliothèque de Lyon reçut, pour réparer ses pertes, celles de plusieurs ordres religieux. Le catalogue en a été publié par le bibliothécaire Delandine. Cette ville possède encore deux dépôts importants : la bibliothèque de l'Académie (6,000 vol.) et celle du palais des Beaux-Arts (6,000 également).

La *bibliothèque de Bordeaux* contient 110,000 volumes, et 150 manuscrits. — Après elle, la plus riche de nos départements est celle d'*Aix en Provence*, qui possède près de 100,000 volumes et 1,100 manuscrits. On y remarque un choix des plus belles productions des Alde, des Estienne, des Plantin, des Elzevir, etc., etc. — La *bibliothèque de Strasbourg*, riche en manuscrits et en livres des premiers temps de l'imprimerie, compte 80,000 volumes. Sa fondation remonte à l'an 1531. La bibliothèque de la faculté de médecine de cette ville contient 10,000 volumes. — La suppression des couvents et des maisons religieuses, en 1793, mit à la disposition des communes et des districts tous les ouvrages rassemblés par les religieux qui les avaient habités. Tel fut le premier fonds de l'établissement à *Marseille* d'une bibliothèque publique, qui compte 50,000 volumes et près de 1,300 manuscrits. — A *Rouen*, la bibliothèque de l'abbaye de Saint-Ouen possédait non-seulement un grand nombre de livres, mais encore une riche collection de manuscrits précieux, qui servirent de base à la bibliothèque de la ville lorsque les religieux abandonnèrent leur maison, au commencement de la révolution. Le second étage des bâtiments de la mairie de Rouen, qui a remplacé le réfectoire de l'ancienne abbaye, est le local qu'occupent aujourd'hui la bibliothèque et le musée. La première renferme 43,000 volumes et 1,100 manuscrits, pour la plupart en anglo-saxon, provenant de l'abbaye de Jumiéges. C'est un des plus précieux trésors bibliographiques de la France.

La fondation de la bibliothèque de *Grenoble* date de l'année 1772, et les livres de Jean Caulet, évêque de la ville, acquis par les Grenoblois au moyen d'une souscription, en furent le premier fonds. Bientôt après, l'ordre des avocats y réunit la sienne, et les bâtiments qu'occupaient anciennement les jésuites furent en partie cédés par l'administration du collége à la ville. Ce fut le 5 septembre 1773 que la bibliothèque devint publique. La révolution l'augmenta de plusieurs raretés bibliographiques, et d'un assez grand nombre de manuscrits, parmi lesquels il faut citer ceux de la Grande-Chartreuse. La ville dépense annuellement plus de 3,000 francs pour cette bibliothèque, qui contient aujourd'hui 54,000 volumes et 1,200 manuscrits, parmi lesquels on remarque celui des poésies de Charles d'Orléans. Champollion-Figeac et Champollion jeune en ont été bibliothécaires. Le titulaire actuel, M. Ducoin, en a publié le catalogue. — La ville d'*Amiens* possède aujourd'hui une bibliothèque riche de plus de 42,000 volumes, dont la plupart ont été fournis par la suppression des abbayes; elle compte aussi 1,500 manuscrits. La bibliothèque du séminaire contient 4,000 volumes. — A *Versailles*, la principale richesse de la bibliothèque consiste en un grand nombre d'éditions des Estienne, Plantin, Elzevir, Baskerville, etc.; 42,000 volumes y sont réunis. — La ville d'*Arras* en compte 40,000, et 1,000 manuscrits, dont le plus remarquable est un *Évangile* du dixième siècle. — La bibliothèque de *Cambray* a beaucoup de manuscrits; le catalogue en a été publié par M. Le Glay, bibliothécaire. Elle possède aussi plusieurs raretés bibliographiques. Elle s'accrut à la révolution des collections du chapitre métropolitain et de plusieurs abbayes. Le nombre de ses volumes s'élève aujourd'hui à plus de 30,000, dont 1,000 manuscrits, parmi lesquels on distingue un *Grégoire de Tours*, que dom Bouquet croit être du septième ou du huitième siècle. Ce précieux manuscrit contient plusieurs leçons inédites.

Après ces bibliothèques, les plus considérables de France sont celles : d'Abbeville (13,000 vol.), cataloguée par M. Louandre père; d'Agen (15,000 vol.); d'Ajaccio (14,000 vol.); d'Albi (14,000); d'Angers (28,000); d'Angoulême (16,000, avec plusieurs manuscrits précieux); d'Auxerre (25,000 vol. et 200 manuscrits); d'Avignon (28,000 vol. et 500 manuscrits); d'Avranches, dans laquelle M. Cousin a découvert le manuscrit du *Sic et non* d'Abeilard (10,000 vol.); de Beaune (10,000 vol.); de Besançon, riche en précieux manuscrits, entre autres ceux du cardinal Granvelle, et qui a pour bibliothécaire M. Weiss (60,000 vol.); de Blois, longtemps dirigée par M. de la Saussaye, de l'Institut, (20,000 vol. et quelques manuscrits rares); de Boulogne (21,000 vol.); de Bourg (17,000 vol.); de Bourges (20,000 vol. et curieux manuscrits); de Brest, bibliothèque de la marine (20,000 volumes); de Caen (25,000 vol.); de Cahors (12,000); de Carcassonne (20,000); de Carpentras (25,000, avec 800 manuscrits); de Châlons-sur-Marne (20,000 vol.); de Châlons-sur-Saône (10,000); de Charleville (22,000, avec 200 manuscrits); de Chartres (40,000 vol. et 800 manuscrits); de Chaumont (35,000 vol.); de Clermont-Ferrand (10,000 vol.); de Colmar (36,000); de Dijon (40,000 vol. et 600 manuscrits); de Douai (30,000 vol. et 600 manuscrits); d'Épernay (10,000 vol.); d'Épinal (17,000 vol.); d'Évreux (10,000); de La Flèche (20,000 vol.); de Fontainebleau (à l'État, 40,000 vol.); du Havre (15,000 vol.); de Langres (30,000 vol.); de Laon (20,000 vol., et 480 manuscrits); de Lille (21,000 vol.); de Limoges (12,000 vol. et quelques manuscrits); de Mâcon (10,000 vol.); du Mans, bibliothèque de la ville (41,000 vol. et 7,000 manuscrits), bibliothèque du séminaire (15,000 vol.); de Meaux (10,000 vol.); de Melun (10,000 vol.); de Metz (36,000 vol.); de Montauban (11,000 vol.); de Montbelliard (10,000 vol.); de Montbrison (15,000 vol.); de Montpellier (de la ville) (20,000 vol.), de la faculté de médecine (30,000), vol. et 600 manuscrits), du musée Fabre (25,000 vol.); de Moulins (20,000 vol.); de Nancy (25,000 vol.); de Nantes (30,000 vol. et 600 manuscrits, la plupart d'auteurs classiques); de Nemours (11,000 vol.); de Niort (20,000 vol.); de Nimes (30,000 vol.); d'Orléans (26,000 vol.); de Pau (15,000 vol.); de Périgueux (16,000 vol.); de Perpignan (15,000 vol.); de Poitiers (25,000 vol.); de Reims (30,000 vol. et 1,000 manuscrits); de Rennes (30,000 vol.); de La Rochelle (20,000 vol. et 200 manuscrits); de Saint-Brieuc (24,000 vol.); de Saint-Omer (36,000 vol.); de Saint-Quentin (17,000 vol.); de Saintes (25,000 vol.); de Semur (15,000 vol.); de Soissons (30,000 vol. et 220 manuscrits); de Toulouse (30,000 vol. et plusieurs curieux manuscrits); de Tours (32,000 vol. et 1,000 manuscrits); de Troyes (50,000 vol. et 400 manuscrits); de Valenciennes (30,000 vol.); de Valognes (15,000 vol. et 100 manuscrits); de Verdun (14,000 vol.), etc., etc.

BIBLIOTHÈQUE NATIONALE de Paris, la plus riche, la plus vaste de l'Europe. Elle est divisée en quatre départements : 1° livres imprimés; 2° livres manuscrits, chartes et diplômes; 3° médailles et antiques; 4° estampes, cartes et plans.

La réunion des conservateurs et des conservateurs-adjoints, qui ont voix consultative, forme, sous le nom de *Conservatoire*, l'administration responsable de cet établissement. Un administrateur général président, un vice-président et un secrétaire composent le bureau.

L'origine réelle de cette bibliothèque est, comme celle de la plupart des grands établissements publics, obscure et incertaine; elle eut de faibles commencements, et ce n'est qu'après de longues suites d'années et de nombreuses révolutions qu'elle est parvenue à ce degré de magnificence qui en fait aujourd'hui le plus vaste dépôt des connaissances humaines. Charlemagne avait une bibliothèque; il ordonna qu'elle fût vendue, et que le prix en fût distribué aux pauvres. Ses successeurs disposèrent aussi de leurs livres comme du reste de leur mobilier. Saint Louis forma à son tour une bibliothèque, dont il permit l'usage aux savants; il la dispersa encore par une clause de son testament. Philippe le Bel et ses trois fils imitèrent cet exemple; Philippe de Valois s'occupa peu des sciences et des livres; le roi Jean, au contraire, ramassa quelques volumes; Charles V en hérita, et en réunit avec soin un assez grand nombre d'autres : ce fut là l'origine et la base primitive de la Bibliothèque Nationale comme établissement public. Le premier inventaire qui s'y trouve, et qui remonte à 1373, est signé de Gilles Malet, valet de chambre de Charles V, garde de la *librairie* du Louvre. Il constate un total de 910 volumes, parmi lesquels les ouvrages de théologie, d'astrologie, de géomancie et de chiromancie figurent en grande majorité. En 1429, la bibliothèque du roi, qui était à la tour du Louvre depuis Charles V, fut achetée par le duc de Bedford, régent du royaume, pour 1,220 livres, et le seigneur en envoya une bonne partie en Angleterre. Louis XI en ramassa quelques débris épars dans les maisons royales. L'invention de l'imprimerie lui apporta de nouvelles richesses. Louis XII la transporta à Blois; François Ier la réunit à celle qu'il avait formée à Fontainebleau, et créa la charge de *maistre de la librairie du roi*. Henri II ordonna qu'il serait remis à la bibliothèque du Roi un exemplaire de chaque livre imprimé par privilège. Parmi les maistres de la librairie figurent Guillaume Budé, Mellin de Saint-Gelais, Jacques Amyot, Auguste de Thou, François de Thou, un fils du ministre Colbert, etc. La bibliothèque du roi fut pillée au temps de la Ligue. Henri IV la fit transporter à Paris au collège de Clermont, que les jésuites exilés venaient d'abandonner. Elle passa en 1604 aux Cordeliers, puis sous Louis XIII à la rue de La Harpe, en 1666 à la rue Vivienne, et enfin en 1724 au local actuel, hôtel de Nevers, rue Richelieu.

Les principales acquisitions dont elle s'enrichit furent : en 1657, le legs des frères Dupuy, anciens bibliothécaires, consistant en 126 manuscrits et plus de 9,000 vol. imprimés, les plus précieux peut-être qu'elle possède encore aujourd'hui; en 1665, celui du comte Hippolyte de Béthune, consistant en 1,923 volumes manuscrits; en 1678 le don fait par Cassini de 700 vol. sur les sciences mathématiques; en 1728 l'acquisition de mille volumes imprimés provenant du cabinet de Colbert, et en 1732 la plus importante que la Bibliothèque nationale ait jamais faite, celle des manuscrits du même cabinet, au nombre de près de 10,000, y compris 645 manuscrits orientaux et 1,000 manuscrits grecs; en 1733 l'acquisition de la bibliothèque du sieur de Cangé, 6,000 vol., presque tous relatifs à l'histoire littéraire de France; en 1756 l'acquisition des manuscrits de du Cange et de l'église de Paris, au nombre d'environ 300, la plupart des onzième et douzième siècles; en 1762, le legs de 11,000 volumes par Falconnet; en 1765, la bibliothèque du célèbre Huet, évêque d'Avranches (plus de 8,000 vol.); en 1766 l'acquisition du cabinet Fontanieu, riche surtout en manuscrits, parmi lesquels on remarque plus de 60,000 pièces originales sur l'histoire de France; l'acquisition des manuscrits et livres précieux qui composaient la magnifique collection du duc de La Vallière, et enfin, à la révolution de 89, les abondantes dépouilles des bibliothèques des émigrés, et de celles des nombreux monastères supprimés, sans compter les richesses étrangères dues à nos conquêtes.

Avant cette époque le vaste dépôt de la rue Richelieu était un établissement purement privé, mais que la magnificence du roi ouvrait, à de rares intervalles, à quelques lecteurs privilégiés. La révolution changea cet ordre de choses : la publicité, une publicité sans autres limites que les précautions à prendre pour la conservation des objets, fut pour la première fois posée en principe, et mise à exécution aussitôt qu'adoptée.

L'an XII, la Bibliothèque eut à regretter les pertes qu'éprouva son cabinet des antiques par le vol qui y fut commis le 26 pluviôse. Mais, quatre mois après, les cinq pièces capitales furent retrouvées à Amsterdam, entre les mains mêmes des voleurs, et furent réintégrées à la Bibliothèque. L'empereur Napoléon conçut à cette époque le projet de transporter la Bibliothèque au Louvre; mais l'examen du local fit abandonner ce projet à cause de l'insuffisance des surfaces. Ce projet a souvent été renouvelé depuis, toujours sans succès.

Les puissances étrangères, maîtresses de la France après les désastres de 1814, réclamèrent les objets d'art pris dans leurs capitales, et dont la plupart avaient été stipulés comme conditions de traités antérieurs. L'Autriche, la première, se fit restituer les différents monuments apportés de Vienne en 1809. L'ordre en fut expédié à l'administrateur de la Bibliothèque par l'abbé de Montesquiou, et les objets furent rendus le 14 septembre. Le retour de Napoléon mit fin, pour cette année, aux réclamations des autres cabinets; et en mars 1815 la Bibliothèque reprit son ancienne inscription de Bibliothèque Impériale. En 1815, le baron de Muffling, redevenu gouverneur de Paris au nom des puissances alliées, expédia promptement des ordres sévères pour faire restituer aux divers États les objets enlevés de leurs musées et bibliothèques. Il fit aussi réclamer au nom de l'Autriche les monuments d'Italie conquis par nos armées. Mais Dacier, alors administrateur, refusa de les rendre avant d'avoir reçu des instructions du ministre; sa fermeté et ses démarches réitérées auprès des autorités préservèrent alors la Bibliothèque des malheurs inséparables d'une invasion. Les ordres expédiés quelques jours après par M. de Barante, ministre de l'intérieur, avertissaient les conservateurs de ne céder qu'à la force, puisque aucun traité ne mettait l'Italie sous la domination de l'Autriche. Le commissaire de cette puissance renouvela sa visite le 4 octobre, accompagné d'un officier d'état-major, et ce ne fut que pour éviter les désordres et les dégâts qui pouvaient résulter de l'introduction des troupes dans un établissement littéraire, que l'administrateur céda aux injonctions des plus forts, et laissa enlever les objets que naguère encore on était fier de contempler en se rappelant les noms des victoires qui les avaient procurés à la France.

Pendant la Restauration de nombreuses acquisitions vinrent se classer de nouveau dans les galeries de la Bibliothèque Nationale. Citons, parmi les plus importantes, les manuscrits autographes de La Porte du Theil, Millin, Visconti, les pièces du duc de Mortemart sur l'histoire de France et du père Llorente sur l'inquisition d'Espagne, de curieux monuments rapportés d'Égypte par M. Caillaud, des médailles de MM. Cousinery, Rollin, Cadalvène, et une partie de la précieuse collection de M. Allier de Hauteroche.

En 1831, la Bibliothèque eut de nouveau à regretter le second vol fait dans son cabinet des antiques, malheur à jamais funeste aux sciences historiques, et dont la perte a justement retenti dans le monde savant. Ce vol, commis durant la nuit du 5 au 6 novembre, enleva à l'archéologie des moyens nombreux d'instruction, à l'étude de l'art de précieux modèles, et à la France un capital considérable. Dès avant le jour, les conservateurs, avertis de ce désastre, se rendirent en toute hâte au cabinet et trouvèrent toutes les armoires ouvertes ; une partie des montres placées sur le bureau étaient forcées, et un grand nombre de tablettes et de cartons avaient été entassés ou jetés pêle-mêle sur le parquet; quelques-uns de ces cartons étaient encore chargés de médailles d'or ou de bijoux, que les malfaiteurs n'avaient pas eu le temps d'emporter. Après de longues recherches, la police parvint enfin à découvrir leurs traces, et, sur la déclaration de l'un d'eux, une partie de ces richesses fut repêchée au fond de la Seine; l'autre avait été fondue.

Parmi les dernières acquisitions faites par la Bibliothèque, il faut encore citer la collection d'antiquités du général Guilleminot, les médailles de la Bactriane offertes par le général Allard, des antiquités du cabinet Durand, du prince de Canino, des manuscrits autographes de Champollion jeune, un précieux manuscrit du code Théodosien, un autre des frères Pithou, une grande partie de la riche collection de la duchesse de Berry.

Les bâtiments de la Bibliothèque Nationale ont à l'extérieur l'aspect le plus déplorable. A l'intérieur les proportions en sont vicieuses et manquent de symétrie. Une partie de la cour est convertie en jardin, dans lequel se trouve un jet d'eau. On y voit aussi une statue de Charles V. Près du jardin, et au pied de l'escalier qui conduit à la salle de lecture, est située la salle du Zodiaque, ornée du fameux zodiaque de Dendérah et de curiosités égyptiennes. Cette salle sert à des cours. Le reste du rez-de-chaussée est occupé par des bureaux. En entrant, un large escalier précédé d'un vestibule conduit au premier étage : le grand espace qu'il occupe et sa rampe de fer, citée comme un des plus beaux travaux de ce genre, attirent l'attention des visiteurs. Sur le mur on voit une grande tapisserie donnée par M. Jubinal et provenant du château de Bayard; on suppose qu'elle a appartenu à un célèbre chevalier de ce nom. De cet escalier on entre dans une galerie divisée en plusieurs salles, dans lesquelles est exposée, sous des montres, une curieuse collection d'incunables et de chefs-d'œuvre typographiques. Ces salles sont ornées de la statue en bronze de Voltaire par Houdon, et du plan en relief des pyramides d'Égypte par le colonel Grobert. Au bout de cette galerie se trouve le cabinet des antiques, dont nous reparlerons, et en retour d'équerre une grande salle ornée du *Parnasse français* de Titon du Tillet, pièce de bronze où figurent les poëtes français les plus connus depuis la Renaissance. Des deux côtés de charmantes petites tours chinoises. Par un nouveau retour d'équerre on entre dans la grande salle de lecture, laquelle communique avec la cour par un autre escalier. Derrière les bibliothécaires, une grande salle renferme les deux grands globes de Coronelli. Un autre bâtiment, faisant le quatrième côté du parallélogramme, ramène sur le grand escalier; une partie seulement de ce dernier bâtiment est publique, et conduit au département des manuscrits. On y voit une cuve de porphyre, qui était jadis dans l'église de Saint-Denis, et dans laquelle on dit que Clovis reçut le baptême des mains de saint Remy.

Les murs de ces diverses galeries sont garnis d'armoires remplies de livres. De belles et larges croisées s'ouvrent sur la cour. Les imprimés de la Bibliothèque Nationale ne s'élèvent pas à moins de 600,000 volumes, sans compter un pareil nombre au moins de brochures et pièces fugitives. Chaque année ce fonds s'augmente d'un exemplaire de chacun des ouvrages nouveaux et des éditions nouvelles et des opuscules publiés en France pendant l'année, soit d'environ 6,000 volumes ou brochures, et de 3,000 volumes publiés à l'étranger. C'est la plus belle collection des produits de l'imprimerie qui existe dans le monde.

Département des manuscrits. L'entrée de ce département est à gauche du grand escalier des imprimés; mais il communique aussi avec les livres par une pièce du premier étage. L'escalier particulier est étroit et d'assez mauvaise apparence; il conduit à une grande et belle suite de salles où l'on a réuni la plus belle collection de manuscrits de tout âge, de tout genre et de toutes langues. En entrant, l'on trouve trois grandes pièces dont les plafonds sont peints à fresque. Ils représentent différents sujets, et la plupart sont des fleurs, des oiseaux, des paysages, etc., que l'on croit avoir été peints par des élèves de Romanelli, d'après les cartons de ce maître. La cinquième pièce est une grande et superbe galerie, dite *Mazarine*, de 45 mètres 50 centim. de longueur, sur 7 mètres 20 centim. de largeur. Elle a fait partie des appartements du cardinal dont elle porte le nom, à l'époque où il habitait cet hôtel. Huit croisées en voussure éclairent cette salle dans sa longueur, et en face de chacune d'elles était une niche en coquilles décorée de paysages peints par Grimaldi Bolognèse; mais elles sont maintenant masquées par des corps de tablettes couverts de manuscrits. Le plafond en voûte est très-beau, il a été peint à fresque, en 1651, par Romanelli, qui y a représenté divers sujets de la Fable. Dans cette galerie, on a exposé dans des montres vitrées des manuscrits chinois, persans, anciens et modernes, éthiopiens, birmans, turcs, arabes, etc., et plusieurs autres des différents siècles du moyen âge, depuis le septième jusques et y compris le seizième siècle; des écritures autographes en grand nombre, celles, entre autres, d'Agnès Sorel et de Molière, des lettres d'Henri IV à Sully, de Voltaire, J.-J. Rousseau, Boileau, Corneille, Racine, mesdames de La Vallière, Maintenon et Sévigné; des manuscrits de Fénelon, Bossuet, Montesquieu, Pascal et saint Vincent de Paul. A l'extrémité nord de la galerie Mazarine est l'ancienne chambre à coucher du cardinal, occupée par un des bureaux des manuscrits orientaux. Viennent ensuite de nombreux manuscrits grecs et latins. L'ensemble de cette collection enfin ne s'élève pas à moins de 85,000 volumes, sans compter environ un million de pièces et documents historiques, dont un grand nombre sont du plus haut intérêt.

Département des médailles et antiques. L'origine de son établissement remonte à Henri IV. Ce roi choisit le gentilhomme provençal Bagarris pour former ce cabinet. Louis XIV, après l'avoir considérablement enrichi, le fit transporter au Louvre; plus tard, on le plaça près de la Bibliothèque, *pour le mettre plus en sûreté*. On y réunit plus tard le cabinet de Caylus, riche d'un nombre prodigieux de monuments en marbre, bronze, etc. De Boze, Barthélemy et Millin ont à jamais illustré leurs noms par les services rendus à ce cabinet, et leur mémoire sera toujours chère aux antiquaires. L'entrée est au bout de la première galerie des imprimés. Dans la salle où le public est admis, une infinité d'objets curieux sont exposés sous verre ou à nu. Des deux côtés de cette salle sont des tableaux de

Natoire et Van Loo, représentant Apollon et les Muses ; les dessus de porte sont de Boucher. Les pierres gravées sont rangées dans des montres : l'une est garnie de scarabées égyptiens, étrusques et grecs ; ceux des Égyptiens sont les plus anciens exemples connus de la gravure sur pierre fine. Dans une autre montre se trouvent des camées représentant des sujets religieux gravés pendant le moyen âge ; des portraits de rois et autres personnages illustres, tels que Charles II d'Angleterre, Cromwell, Marie Stuart, Henri IV, Élisabeth d'Angleterre, Louis XII, Anne d'Autriche, Louis XIII, Louis XIV, Richelieu, Mazarin, Louis XV, Charles-Quint ; les portraits de madame de Pompadour et de Laure et Pétrarque, etc. Des empereurs et différents personnages romains sont figurés sur les camées rangés dans une troisième montre, parmi lesquels quelques-uns se distinguent surtout par la finesse du travail et la beauté de la matière. On ne peut se dispenser de citer l'*Apothéose de Germanicus*, sardonyx à trois couches, conservée pendant plus de sept cents ans par les bénédictins de Saint-Èvre de Toul. Ces religieux avaient cru que ce camée représentait saint Jean enlevé par un aigle et couronné par un ange ; mais lorsqu'ils connurent son véritable sujet, ils l'offrirent au roi en 1684. Une quatrième montre est aussi remplie par des camées représentant des personnages romains, Agrippine, la vestale Néria, Claude, etc. Nous prenons ici le mot camée dans son acception générale, indiquant à la fois, quoique abusivement, les pierres gravées en relief et celles qui le sont en creux, qui se nomment proprement *intailles*.

Le casque, le bouclier, l'épée et deux masses d'armes qui ont appartenu à François Ier, sont appendus dans le cabinet des antiques, qui possédait aussi l'épée de ville de Henri IV, ornée de camées, et son épée de chasse, portant un pistolet. L'épée de ville avait été tirée du cabinet, lorsque les commissaires nommés par le peuple pour parcourir la Bibliothèque pendant la révolution de Juillet vinrent chercher des armes pour l'insurrection. Cette épée fut fidèlement rendue quelques jours après par les personnes qui l'avaient emportée en présence des conservateurs. Le cabinet des antiques possède encore le fauteuil dit de Dagobert, autrefois conservé à Saint-Denis. Les quatre pieds sont d'un travail meilleur que le reste de ce meuble ; il ressemble assez à la chaise curule des Romains ; il fut transporté à Boulogne pour la distribution des croix de la Légion d'Honneur faite par l'Empereur ; il servit encore à Napoléon lors de la cérémonie du Champ de mai, en 1815. D'autres montres vitrées contiennent encore des camées et des intailles, sur la plus grande partie desquels sont figurés les dieux du paganisme ; puis des pierres gravées représentant des princes de l'antiquité et du moyen âge. Parmi les objets antiques de premier ordre, on remarque le plus grand camée connu : il vient de la Sainte-Chapelle, où on le conservait à cause de son sujet, que l'on croyait être le triomphe de Joseph. Il fut apporté en France par Baudouin II, qui vint, en 1224, implorer le secours de saint Louis pour recouvrer Constantinople ; et il fut donné à la Sainte-Chapelle par Charles V. Ce monument, d'un prix inestimable, nous offre l'apothéose d'Auguste, dans sa partie supérieure ; et dans la ligne du milieu, Tibère sur son trône, Agrippine près de lui, etc. Volé en 1804, il perdit alors sa monture gothique en forme de reliquaire. Des vases, des boucliers, des armures, enrichissent encore ce cabinet.

Dans d'autres montres vitrées sont placées les premières monnaies de Rome ; des objets antiques, tels que aiguilles, dés, stylets, un coin à frapper les monnaies, etc., des colliers, des chaînes, des bagues et autres ornements ; des médailles, soit des empereurs romains, soit de la Grèce, de l'Asie Mineure, quelques-unes du moyen âge, et les médailles modernes les plus récemment frappées. D'autres curiosités complètent encore ce trésor.

Les médailles sont divisées en deux classes principales, médailles anciennes, médailles modernes : les unes et les autres forment plusieurs subdivisions.

Les *pierres gravées* ne furent réunies à la Bibliothèque qu'en 1791. La collection est assez belle. Quant aux *antiques*, cette partie a toujours été regardée comme accessoire, parce que le Louvre en possède une très-belle collection. Cependant il se trouve à la Bibliothèque quelques morceaux antiques du premier ordre.

La collection des médailles s'élevait, avant le vol de 1831, bien au delà de 100,000 pièces, tant en or qu'en argent et bronze, sans compter les pierres gravées et les antiques. Elle se compose aujourd'hui de 100,000 monnaies ou médailles, 7,000 pierres gravées, et 3,000 antiques.

On peut se faire une idée de la manière dont on comprenait la publicité des collections scientifiques avant la révolution par le passage d'un mémoire de l'abbé Barthélemy sur le cabinet des médailles, mémoire destiné à l'Assemblée constituante. Le meilleur moyen de conservation pour le cabinet était, selon lui, de ne jamais songer à le rendre public. Son prédécesseur le montrait fort rarement. Après sa mort, Barthélemy se laissa entraîner à un *zèle de novice*, mais il ne l'ouvrait jamais à personne sans être saisi de frayeur. Pendant son voyage d'Italie, qui d'ailleurs ne fut pas improductif pour la collection, il emporta la clef du cabinet, qui resta fermé pendant deux ans, de 1755 à 1757.

Département des estampes, cartes et plans. Quoique ce département soit un des plus importants de la Bibliothèque, et celui où les artistes viennent journellement consulter les chefs-d'œuvre des arts du dessin reproduits par la gravure, nous ne dirons cependant que quelques mots des monuments de tout genre qu'il renferme. La seconde section, celle des cartes et plans, n'est créée que depuis 1828, et l'on travaille avec beaucoup de zèle à l'enrichir. On y trouve quelques cartes anciennes, de précieuses cartes étrangères dessinées et gravées, et avec le temps la collection sera d'un grand secours pour l'étude de l'histoire et de la géographie. L'établissement du cabinet des estampes ne remonte pas au delà du règne de Louis XIII, et l'on en est surtout redevable à la protection de Colbert pour les sciences et les arts. On le plaça d'abord parmi les livres imprimés ; et ce ne fut qu'après plusieurs acquisitions importantes que l'on songea à l'établir à part. On peut évaluer au delà de 1,200,000 le nombre des estampes, la plupart en belles épreuves rares ou avant la lettre, augmentées annuellement comme les livres imprimés, et contenues dans près de 6,000 volumes ou portefeuilles. Cette collection est la plus riche en œuvres des vieux maîtres d'Italie et d'Allemagne ainsi que de Rembrandt, en eaux-fortes des peintres hollandais et en œuvres des graveurs allemands et français. Si d'autres cabinets possèdent de plus riches collections de portraits, aucun ne renferme des collections historiques, mythologiques et topographiques aussi considérables, et nulle collection d'Europe n'offre autant de diversité. L'exposition des gravures attire de tout temps l'attention des curieux ; on y voit les plus belles estampes au burin ; d'autres se font remarquer par leur ancienneté ; on y trouve aussi des gravures à l'eau-forte et les plus belles estampes modernes. En parcourant cette galerie l'on y peut suivre toutes les phases de l'art de la gravure, depuis les plus vieilles productions jusqu'à celles de nos jours. Les cartes géographiques sont au nombre de 50,000, et cette collection s'augmente également d'un exemplaire des atlas ou cartes publiés en France et d'acquisitions faites à l'étranger.

BIBLIOTHÈQUES RURALES. Il faut avouer que la somme de la richesse intellectuelle d'un pays, qui se résume par les bibliothèques, est bien inégalement répartie sur toute la surface de la France et même de l'Europe. Les hauteurs de la science sont illuminées, les bas-fonds restent dans l'ombre. Les grandes villes, hormis Paris, conservent précieusement dans de vastes locaux des livres tout poudreux, dont les rayons de leurs bibliothèques sont chargés, et qui ne sont lus que par un petit nombre de lecteurs. Il semblerait que la centralisation, dont on ne peut d'ailleurs contester les avantages politiques, ait fait refluer au cœur le sang de la France, en appauvrissant les extrémités. Aucun point lumineux ne s'élève au milieu des provinces, comme ces phares littéraires et scientifiques des cités de second ordre qui éclairent l'Allemagne. Nos chefs-lieux d'arrondissement possèdent à peine de chétives bibliothèques, meublées la plupart de livres ramassés çà et là, ou expédiés sur la recommandation de n'importe qui par le ministre de l'instruction publique, livres qu'on donne parce qu'on n'a pu les vendre. Elles sont même remplies à moitié de romans, de quelques voyages illustrés, d'histoires naturelles, de Flores et de livres dits *amusants*, les seuls que les oisifs des petites villes daignent parcourir lorsqu'ils veulent bien se donner la peine d'ouvrir un volume pendant un demi-quart d'heure. Quant aux artisans, ils travaillent toute la semaine ; les jours de fête ils vont au bal et au cabaret. Ils ne mettent jamais les pieds dans la bibliothèque dite *publique*, et la plupart ne savent pas même qu'il en existe une, ni où elle est. Et d'ailleurs elle n'est pas ouverte le dimanche. Mais il n'existe pas de bibliothèques dans les campagnes. Ici, ce n'est point sous la même forme qu'elles pourraient se produire, car il n'y a pas de local pour recevoir les lecteurs ; à peine y en a-t-il un, fort encombré, fort exigu, pour la tenue des écoles et des séances du conseil municipal. La bibliothèque des campagnes consiste dans une armoire vermoulue qui renferme les cartons du cadastre, les circulaires des préfets rongées par les souris, les numéros dépareillés du *Bulletin des Lois*, le registre des actes de l'état civil, qui souvent n'est pas en meilleur état, et les délibérations de la mairie. Des livres, il n'y en a point : qui les achèterait ? qui les garderait ? qui les lirait ?

Ce n'est pas que l'on n'ait souvent songé à en établir, mais jusque ici l'on a échoué. D'où cela vient-il ? Ne serait-ce pas peut-être de ce que, lorsqu'on se propose d'organiser un établissement populaire, il faut travailler sérieusement pour le peuple, et non pour soi ? Il ne faut pas l'endoctriner par surprise au profit de ses théories, de ses croyances ou de ses opinions. Le peuple s'aperçoit tout de suite de vos ruses, et il s'éloigne. C'est pour cela, en grande partie, que les bibliothèques rurales n'ont pu réussir. Les uns voulaient lui distribuer des contes de Berquin, où l'on ne voit figurer que des bergers la houlette à la main et des bergères avec des rubans roses. Les autres exprimaient leurs petits traités abstraits la quintessence de leurs problèmes scientifiques, ornés d'un jargon incompréhensible. Ceux-ci spéculaient, en façon de libraires, sur la vente de leurs drogues bibliographiques ; ceux-là distribuaient des catalogues de livres purement ascétiques ; d'autres enfin n'auraient pas été fâchés d'insinuer le désir et l'imitation de leurs utopies plus ou moins sociales. Chacun de ces entrepreneurs ne songeait absolument qu'à soi, et les communes rurales n'étaient pour eux que des unités ou des chiffres qu'ils groupaient très-artistement au profit de leurs systèmes ou de leur bourse, de leur bourse surtout, selon le précepte ordinaire du siècle. Le peuple des campagnes n'a pris confiance ni aux uns ni aux autres. Il résiste à tout ce qui lui est imposé, et il ne veut servir d'instrument à personne. Il faut lui exposer ce qu'il y a de mieux à faire et le laisser faire, lui donner à choisir et le laisser choisir, et, en un mot, ne forcer ni ses goûts ni sa volonté.

Y a-t-il cependant un objet qui soit plus digne que celui-ci d'attirer les yeux et de tenter le zèle et les efforts de la vraie philanthropie, de celle qui laisse les phrases aux faiseurs intéressés de plans et d'utopies, et qui, ne voulant d'autres guides que l'expérience des faits et l'étude des mœurs, va pas à pas, sans bruit de sonnettes, et s'applique à des œuvres de pratique usuelle et vulgaire ? Timon.

M. de Cormenin a tenté de résoudre le problème d'une manière ingénieuse. Il a composé une bibliothèque de cent cinquante volumes, et établi un système de roulement entre dix communes dont chacune possède à la fois quinze volumes qui s'échangent chaque année contre quinze volumes d'une autre commune, et ainsi de suite. L'instituteur est chargé de la garde de ces volumes, qu'il prête aux habitants. De cette façon la dépense est réduite à une très-faible somme, puisqu'elle est répartie entre dix communes et en dix années. Mais reste toujours à choisir les volumes. Pour l'essai tenté par M. de Cormenin les volumes ont été payés par lui. S'entendra-t-on quand il s'agira de renouveler cette bibliothèque ? Fera-t-on des livres exprès pour ces nouveaux lecteurs ? A quoi bon ? on a déjà bien essayé de pareilles collections, et on n'a jamais réussi. Le ministère s'en est mêlé sans succès. C'est s'exposer à des accusations de camaraderie, de tripotage. On ne lit guère un livre recommandé ; et d'ailleurs les bons livres ne manquent pas, Dieu merci, dans notre littérature ; il s'agit seulement de laisser chacun en prendre à son goût. Que l'État vienne donc au secours des communes qui veulent avoir des bibliothèques rurales, et qu'il les laisse libres de les composer à leur fantaisie ; qu'à côté des Encyclopédies, ces bibliothèques économiques des campagnes, des collections de petits traités, des bibliothèques classiques, etc., puissent venir se placer des romans, des chansons, des pamphlets, des revues, des journaux même ; que l'État n'intervienne en rien ni pour personne, qu'il n'ait pas même la prétention d'éclairer des gens qui savent mieux que lui ce qu'il leur faut, et qui ont d'ailleurs le curé ou telle personne lettrée du pays pour guider leur choix. Il y aura sans doute quelques abus ; mais qu'importe ! et pour un mauvais choix, il y en aura peut-être des milliers d'heureux. On aime à lire le livre qu'on a demandé, qu'on a voulu ; et comme il s'agit d'abord de créer des habitudes, le but sera atteint.
L. Louvet.

BIBLIQUE (Archéologie). C'est la science qui traite des antiquités, de la constitution, des mœurs et des usages des peuples parmi lesquels naquirent les ouvrages bibliques ou bien auxquels ils ont rapport. La connaissance de l'archéologie biblique est de toute nécessité pour bien comprendre l'Écriture, attendu que seule elle peut donner l'interprétation d'un grand nombre de passages de la Bible.

Quoique les antiquités du peuple hébreu en composent la partie la plus essentielle, elle n'en doit pas moins s'occuper des peuplades sémitiques de même origine, dont il est fait mention dans la Bible. Toutefois, il est généralement d'usage de ne rattacher qu'incidemment à l'archéologie hébraïque ce qui regarde les autres peuples.

Les sources principales de l'archéologie biblique sont l'Ancien et le Nouveau Testament. On trouve en outre de précieux renseignements à cet égard dans les ouvrages de Josèphe *sur les Antiquités juives* et *sur la guerre de Judée*, de même que dans ceux de Philon. Les autres sources sont les livres religieux postérieurs des Juifs, le Talmud et les rabbins, mais dont il ne faut accueillir le témoignage qu'avec une réserve extrême ; enfin les écrivains grecs, romains et arabes, de même que les monuments de l'art et les relations des voyageurs. Thomas Goodwin, dans son ouvrage intitulé : *Moses et Aaron S. civiles et ecclesiastici Ritus Antiquitatum hebraicarum* (Oxford, 1616), est le premier écrivain moderne qui ait fait de l'archéologie biblique l'objet spécial de ses investigations. Nous mentionnerons encore parmi ceux qui se sont occupés de cette science : Wanekros, *Essai sur les Antiquités hébraïques* (Weimar, 1781 ; 5ᵉ édition, 1832) ; John, *Archéologie Biblique* (5 vol. ; Vienne, 1796-1805) ; Winer, *Dictionnaire biblique* (3ᵉ édit., Leipzig, 1847).

BIBLIQUE (Géographie), science qui traite de la constitution physique des contrées qui furent le théâtre des événements racontés dans les saintes Écritures, c'est-à-dire des faits dont se compose l'histoire du peuple juif, ainsi que de la fondation et de la propagation du christianisme ; elle décrit la Palestine, mais elle fournit en même temps des renseignements sur les contrées avoisinantes et sur les provinces de l'empire romain où le christianisme trouva accès à l'époque des Apôtres. Les sources de la géographie biblique sont, indépendamment des livres de la Bible, les ouvrages de Josèphe, les géographes et les historiens grecs et romains, les Pères de l'Église (dont l'ouvrage le plus important sous ce rapport est l'*Onomasticon Urbium et Locorum Scripturæ Sacræ*, traduit par saint Jérôme du grec en latin) ; enfin les historiens des Croisades, les ouvrages historiques et géographiques des Arabes, ainsi que les ouvrages des voyageurs modernes. Les meilleurs guides à suivre pour l'étude de la géographie biblique sont : la *Description de la Palestine*, par le Hollandais Bachiene ; la *Géographie biblique*, par un autre Hollandais, Hamelsveld ; la *Géographie biblique* de Bellermann (2e édit. ; Erfurt, 1804), et *la Palestine*, par Raumer (3e édit. ; Leipzig, 1851).

BIBLIQUE (Histoire). Autrefois on désignait particulièrement ainsi l'exposition historique des récits contenus dans la Bible. On distingue cette exposition de l'histoire du peuple hébreu, en ce qu'elle comprend en même temps l'histoire primitive de l'humanité, l'histoire des autres peuples dont il est fait mention dans la Bible, enfin l'histoire de Jésus-Christ et des premiers temps chrétiens, tandis qu'elle néglige les périodes de l'histoire du peuple hébreu dont il n'est pas fait mention dans la Bible. Les premiers écrivains qui s'en occupèrent ne la présentèrent guère que comme une sèche introduction à l'histoire de l'Église chrétienne. D'autres en mirent plus en relief le côté pratique, et présentèrent les personnages bibliques comme autant de modèles à suivre. C'est là ce qu'a fait Hess, dans son *Histoire des Israélites avant la venue de Jésus-Christ* (12 volumes, Zurich, 1776-1788) ; Niemeyer, dans sa *Caractéristique de la Bible* (5 vol., Halle, 1732 ; nouvelle édition 1832), et Greiling, dans sa *Vie de Jésus de Nazareth* (Halle, 1813), ainsi que dans ses *Femmes de la Bible* (2 vol., Halle, 1815). L'histoire de la Bible fut traitée à l'aide d'autres sources par Prideaux (4 vol., Londres, 1725) ; par Shuckford (Londres, 1728-1738, 3 vol.) ; par Lardner (4 vol., Londres, 1764), et par G.-L. Bauer (2 vol., Nuremberg, 1804), dont l'ouvrage, demeuré inachevé, ne va que jusqu'à l'exil de Babylone. Les premiers écrivains qui se sont occupés de l'histoire biblique prirent tous pour point de départ la maxime que toutes les autres sources historiques sont inférieures à la Bible. Il en résulte que leurs ouvrages ne sauraient prétendre à une véritable valeur historique, sans compter qu'ils omettent à dessein les périodes historiques des peuples quand par hasard il n'en est pas fait mention dans la Bible. Une histoire biblique au point de vue de la science actuelle serait une entreprise d'une difficulté extrême, parce que les investigations historiques sur les livres bibliques eux-mêmes ne sont pas près d'être terminées.

BIBLIQUE (Littérature), et mieux *Histoire bibliographique des saintes Écritures*. Les Allemands appellent ainsi la science qui soumet à l'examen de la critique l'histoire des différents livres de la Bible en particulier, et aussi celle de toute la collection. Elle se divise naturellement en histoire générale et en histoire particulière : l'une qui s'occupe de l'état intellectuel et littéraire, de la langue et de l'écriture du peuple hébreu dans ses diverses périodes, de la collection, de son ordre et de l'importance ecclésiastique des livres bibliques comme formant un tout, le canon, des destinées du texte original, des modifications qu'il a subies, des moyens de le rétablir dans sa pureté primitive, des différents manuscrits, des anciennes traductions et des autres moyens servant à l'interprétation de l'Écriture ; l'autre qui traite des renseignements sur les auteurs des différents livres, de l'époque où ils les écrivirent, du degré de véracité ou d'authenticité et de l'intégrité des différents livres de la Bible, de leur but, de leur contenu et des destinées particulières qu'ils ont pu avoir. Saint Augustin, au commencement du cinquième siècle, dans sa *Doctrina Christiana*, et Cassiodore au sixième siècle, dans son livre *De Institutione Divinarum Scripturarum*, avaient déjà donné quelque chose de semblable à une histoire de la littérature biblique. Junilius, qui composa en Afrique (vers l'an 550) son traité *De Partibus Legis Divinæ*, et le dominicain Paguinus, de Lucques (mort en 1541), dans son *Isagoge ad Sacras Litteras* (Cologne, 1540), approchèrent davantage du but. La première histoire bibliographique des saintes Écritures est, à bien dire, la *Biblia sancta à Sixto Senensi collecta* (2 vol., Venise, 1566). Après les précieux travaux publiés par Calow, Hottinger, Leusden et Buxtorf, on vit paraître au dix-septième siècle et au commencement du dix-huitième des ouvrages qui jetèrent une vive lumière sur ces matières, notamment l'*Apparatus Biblicus* de l'Anglais Walton (publié par Hediger ; Zurich, 1623), et l'*Histoire critique du Vieux Testament* de Richard Simon (Paris, 1678 ; livre supprimé en France, et par suite réimprimé à Rotterdam, 1685), ainsi que l'*Histoire critique du texte du Nouveau Testament*, par le même (Rotterdam, 1689). Carpzov, dans son *Introductio ad libros canonicos Veteris Testamenti* (Leipzig, 1721), donna une forme précise à cette science ; et à quelque temps de là Cramer publia une traduction allemande des ouvrages critiques de Richard Simon relatifs au Nouveau Testament (3 volumes, avec des annotations par Semler ; Halle, 1776-1780). Il nous faut ensuite citer relativement à l'Ancien Testament les travaux d'Eichhorn, *Introduction à l'Ancien Testament* (3 vol., 4e édit., Leipzig, 1821), de De Wette, *Matériaux pour servir à l'Introduction à l'Ancien Testament* (2 vol. ; Berlin, 1807), son *Manuel* (6e édit. ; Berlin, 1846) ; et relativement au Nouveau Testament, les ouvrages d'Eichhorn, de Hug, de Credner, de Guerike, de Reuss, de Herbst et de De Wette.

BIBLIQUES (Sociétés). Ces associations, ayant pour but de répandre la Bible dans toutes les classes et tous les états de la société civile, ne pouvaient naître qu'après l'invention de l'imprimerie, et seulement dans le sein du protestantisme, puisque l'Église catholique persiste à penser qu'il y a imprudence à permettre la lecture de la Bible à tous les laïques indistinctement. Ce fut seulement lorsqu'on eut trouvé les moyens de multiplier rapidement et à peu de frais les exemplaires d'un ouvrage, et encore lorsque la Réformation eut proclamé que la Bible était le livre du peuple, que se trouva constitué le terrain solide sur lequel pouvaient naître et prospérer les sociétés bibliques. Cependant plusieurs siècles s'écoulèrent avant qu'elles entrassent en activité. Les imprimeurs qui, à partir de la moitié du seizième siècle, rivalisèrent en Allemagne pour rendre la traduction de la Bible par Luther la propriété commune des protestants, préparèrent la venue des sociétés bibliques, en mettant par leur industrieuse activité chaque famille aisée en état de se procurer une Bible et en éveillant ainsi de proche en proche le désir de posséder un pareil livre. Les malheurs de la guerre de Trente-Ans, l'absence de vie qui en fut le résultat dans la dogmatique protestante, furent cause d'un long temps d'arrêt, pour ne pas dire d'un immense recul dans cette direction des esprits ; et c'est à ce qu'on a appelé depuis l'école piétiste qu'il était réservé de réveiller les intelligences et de tenter pour la première fois d'y donner satisfaction. Dès les premières années du siècle passé, le baron Hildebrand de Canstein, l'un des plus intimes amis de Spener, avait fondé à Halle, avec la coopération de Francke, un établissement ayant pour but unique de fabriquer à bon marché des exemplaires, soit complets, soit partiels, de la Bible, afin qu'elle pût arriver ainsi aux mains de l'homme des classes les plus communes. En 1834 il était sorti de cet établissement 2,754,350 exemplaires de la Bible et 2 millions d'exemplaires du Nouveau Testament. L'écoulement de ces exemplaires s'était singulièrement accru aussitôt que des sociétés bibliques avaient aussi surgi en Allemagne.

La première association vraiment digne de ce nom, celle qui a provoqué la création de sociétés analogues dans toutes les contrées civilisées par le christianisme, celle qui, et sous le rapport des immenses moyens d'action dont elle dispose, et sous celui de la prudence et de l'énergie de ses représentants, ne saurait être comparée à aucune autre au monde, est la Société Biblique britannique et étrangère (*the Bristish and foreign Bible Society*) de Londres. Vers la fin de l'année 1802, un prêtre du nord du pays de Galles, appelé Charles, était venu dans cette capitale avec la ferme conviction que la connaissance de la Bible était le seul moyen de remédier à l'ignorance et à la rudesse de mœurs des populations galloises. Ses pressantes exhortations obtinrent un accueil sympathique parmi les nombreux partisans d'un christianisme agissant, mais surtout parmi les membres d'une société de missions anglaises créée depuis 1796. Sur la proposition expresse de Hughes de Battersea, dans le pays de Galles, il se forma une société (1803) ayant pour but de propager la Bible, non pas seulement dans une province particulière, non pas seulement dans toutes les possessions britanniques, mais dans le monde entier. C'est dans cet esprit que dès le premier jour de la fondation de cette société (4 mars 1804), il fut décidé qu'elle aurait uniquement pour but de répandre les saintes Écritures dans tous les pays de la terre, qu'ils fussent chrétiens, mahométans ou païens, et que les dissidents eux-mêmes auraient la liberté de participer à l'œuvre. Fut considéré comme membre de la société quiconque en approuvait le but et s'efforçait par le payement d'une cotisation annuelle d'aider à l'atteindre. Ces tendances si libérales et si éclairées provoquèrent une foule d'adhésions au projet proposé; et le nombre s'en accrut bientôt à tel point qu'il y eut nécessité de donner à la société une organisation complète. A cet effet, on nomma un comité composé par moitié de laïques et d'ecclésiastiques tant de l'Église épiscopale que des partis dissidents; et le comité ainsi constitué élut à son tour dans son sein un président, vingt-six vice-présidents, un trésorier et trois secrétaires. Des agents furent désignés pour parcourir l'Angleterre et le continent dans les intérêts de l'œuvre, dont le succès est demeuré un des faits saillants de notre époque. Des sociétés auxiliaires (*auxiliary societies*) s'organisèrent dans les grandes comme dans les petites villes d'Angleterre, établissant des affiliations (*branch societies*) dans les localités de moindre importance, et le nombre des unes et des autres ne tarda pas à dépasser sept mille, dont les membres prenaient l'engagement de verser au moins un penny par semaine au profit de l'œuvre. Des associations analogues se créèrent dans toutes les classes de la société; et en adressant le produit de leurs collectes respectives à la direction générale de l'œuvre, elles obtenaient le droit de recevoir des exemplaires de la Bible et du Nouveau Testament au-dessous du prix fixé pour la vente. En raison de l'empressement universel à participer à l'œuvre de la Société Biblique, des fonds considérables se trouvèrent bientôt à la disposition de son comité. Si dans la première année de son existence la Société ne put dépenser qu'une somme de 619 liv. sterl. (15,475 fr.), par suite ses recettes s'élevèrent, année commune, de 80 à 100,000 liv. sterl. La recette de l'exercice 1849-1850 atteignit le chiffre de 118,445 liv. sterl. (3,161,125 fr.). Depuis son origine jusqu'en 1850 la dépense totale faite par la Société s'est élevée au chiffre énorme de 3,648,012 liv. sterl. (91,200,300 fr.).

Si la Société dispose de ressources énormes, on doit dire aussi qu'il n'y a rien de comparable à l'activité qu'elle déploie. Elle ne fournit pas seulement de Bibles et de Nouveaux Testaments en anglais toute l'Angleterre et ses colonies; il résulte encore de son compte rendu pour l'année 1850 qu'elle a fait traduire soit la Bible tout entière, soit des parties détachées de la Bible, dans cent soixante-six langues différentes; et aujourd'hui encore elle poursuit son entreprise de traduction des saintes Écritures avec autant de prudence que d'habileté. De Calcutta et de Madras les populations de l'Asie centrale et de l'Asie orientale reçoivent les saintes Écritures traduites dans leurs langues respectives. Smyrne, Malte et quelques autres dépôts établis dans la Méditerranée fournissent aux besoins des populations du nord de l'Asie, du Levant et de l'Afrique septentrionale. La Société entretient en outre sur tous les points de la terre habitée des agents voyageant à ses frais, à l'effet de trouver et d'indiquer les voies les plus sûres et les plus convenables à employer pour la propagation de la Bible, et aussi afin de rencontrer d'habiles traducteurs ou d'acquérir des manuscrits d'anciennes traductions. C'est ainsi que dans le courant de l'année 1849 jusqu'à la fin de mars 1850 il avait été expédié de Londres 450,070 Bibles complètes et 886,625 Nouveaux Testaments. Depuis sa fondation, la société a répandu 8,840,891 Bibles complètes et 14,269,159 Nouveaux Testaments, en tout 23,110,050 exemplaires des saintes Écritures. Consultez *the 46th Report of the british and foreign Bible Society* (Londres, 1850). Enfin, la Société Biblique de Londres a établi des relations avec les sociétés analogues qui se sont créées sur les différents points du globe civilisé, contribuant à leurs efforts par des sommes d'argent, par des envois de caractères d'imprimerie, de planches toutes stéréotypées et de presses à imprimer, et aussi par des souscriptions à un certain nombre d'exemplaires des Bibles qu'elles se chargeaient d'établir pour leur propre compte. Toutefois, ces rapports de la Société de Londres avec les sociétés du continent subirent en 1825 une grave perturbation. A l'origine il avait été convenu en principe que l'on imprimerait la Bible purement et simplement, sans observations ni commentaires. Mais on n'avait point tardé à tolérer, avec la division par chapitres et par versets, les titres donnés aux chapitres eux-mêmes ainsi que l'indication des concordances. Les protestants d'Allemagne attachaient en effet un prix tout particulier à ces deux détails de l'exécution matérielle. Aussi le mécontentement fut-il général parmi eux quand la Société de Londres exigea qu'on les supprimât désormais dans tous les exemplaires de la Bible publiés sous son patronage. En 1825, le comité directeur de la Société ayant annoncé en outre l'intention de ne plus distribuer que les livres canoniques de l'Écriture sainte, d'en retrancher tous les apocryphes et de refuser à l'avenir toute espèce d'appui aux sociétés bibliques étrangères qui ne se conformeraient point à cette décision, un grand nombre d'entre elles rompirent les liens qui les avaient jusque alors rattachées à l'Angleterre.

A l'instar de la Société Biblique de Londres, des associations pour la propagation de la Bible se fondèrent partout, notamment en Russie, en Suède, en Norvège, en Danemark, en Allemagne, en Suisse, en Hollande et en France. On conçoit que nous ne pouvons nous occuper ici que de celles qui ont obtenu les résultats les plus importants.

On peut dire que la Société Biblique russe, qui a son siège à Saint-Pétersbourg, s'est montrée la digne rivale de la Société Biblique de Londres. Elle a fait imprimer la Bible en trente et une langues ou dialectes différents parlés par les diverses populations de l'empire russe, et elle est parvenue à organiser des succursales dans les provinces les plus lointaines de cet immense empire, à Irkutzk et à Tobolsk, parmi les Tcherkesses et les Géorgiens. Sa sollicitude s'est même étendue au delà des frontières de la Russie, et d'Odessa elle fait répandre des exemplaires de la Bible dans tout le Levant.

La grande Société Biblique Américaine, qui compte aujourd'hui plus de mille sociétés affiliées dans l'étendue de l'Union, n'a pas obtenu des résultats moins grandioses. Lors de sa création, elle s'est, il est vrai, imposé pour règle de ne point chercher à agir au dehors tant que chaque famille habitant le territoire de l'Union ne posséderait point un exemplaire de la Bible; mais en revanche l'activité qu'elle a déployée à l'intérieur n'en a été que plus grande et plus efficace. Elle imprime des Bibles stéréotypées que les sociétés affiliées sont chargées de répandre et de distribuer gratuitement parmi les pauvres, et depuis sa fondation elle n'a pas distribué moins d'un million d'exemplaires de la Bible. Dans la seule année 1848 elle a fait imprimer 760,000 exemplaires des saintes Écritures, tant en anglais qu'en allemand et en portugais.

La grande Société Biblique de Berlin est l'institution la plus importante de ce genre qui existe dans l'Allemagne protestante. Elle fut créée le 2 août 1814, et depuis cette époque elle ne discontinue pas de répandre tant à l'intérieur qu'à l'extérieur du pays des exemplaires de la Bible dans la traduction adoptée par chaque confession, sans notes ni commentaires. Le comité, composé d'un président, d'au moins trois vice-présidents, d'au moins douze directeurs, de trois secrétaires et d'un trésorier, s'attache avec le zèle le plus digne d'éloges à obtenir des renseignements certains sur les besoins des diverses provinces du royaume, et à fonder autant que possible des succursales sur tous les points un peu importants de la monarchie prussienne. Le nombre en 1849 en était de quatre-vingt-quinze. Au 1er janvier 1850 la société centrale avait distribué, en totalité, 1,073,686 exemplaires de la Bible et 492,345 exemplaires du Nouveau-Testament. Le mouvement général pour l'exercice de 1849 avait été de 34,927 exemplaires de la Bible et de 13,575 exemplaires du Nouveau Testament.

Indépendamment de la grande Société Biblique de Prusse, l'Allemagne compte encore bon nombre d'associations de ce genre, qui ne laissent pas, toutes proportions gardées, que de rendre d'importants services. La Société Biblique de Hambourg, fondée en 1817, a répandu jusqu'à ce jour 95,000 exemplaires des saintes Écritures. Les succursales qu'elle compte à Berggedorf, Eppendorf, Ham et Steinbeck ont déjà distribué pour leur propre compte 87,644 Bibles et 8,121 Nouveaux Testaments. La Société Biblique de Dresde, fondée en 1813, a répandu en tout 200,585 exemplaires de la Bible. La Société Biblique de Nuremberg (association centrale de l'Église protestante de Bavière), fondée en 1823, avait déjà distribué en 1850 126,274 Bibles, 57,741 Nouveaux Testaments, et 1,726 Psautiers. La Société Biblique de Lubeck, depuis son origine jusqu'à l'année 1849, avait distribué 14,049 exemplaires des saintes Écritures. La Société Biblique pour les duchés du Schleswig-Holstein, fondée en 1826 à Schleswig, a distribué dans les duchés, depuis son origine, 130,296 exemplaires de la Bible, dont 2,968 pendant l'année 1849-1850, au milieu même des graves perturbations apportées dans ce pays par la guerre qu'il dut soutenir contre le Danemark pour la défense de sa nationalité et de son indépendance. A Francfort-sur-le-Mein, à Brême, à Stuttgard, à Marbourg, existent aussi des Sociétés Bibliques rendant pour le moins utiles services.

D'un rapport publié par la Société Biblique de Paris pour l'exercice 1849, il résulte qu'elle avait distribué cette année-là 2,201 exemplaires de la Bible et 4,429 exemplaires du Nouveau Testament. La Société Biblique de Colmar, fondée en 1820, avait distribué en 1848 2,205 Bibles et 4,145 Nouveaux Testaments.

La Société Biblique de Bâle pendant l'exercice 1849 avait répandu, suivant son compte rendu, 4,959 exemplaires des saintes Écritures.

La Société Biblique de Suède, qui a son siége à Stockholm, a également fait savoir dans son compte rendu pour l'année 1850 qu'elle avait répandu à cette date 45,099 Bibles.

La société de Gœthaborg en avait distribué de son côté 112,983. En 1849 la Société Biblique de Copenhague a distribué 297 Bibles et 3,670 Nouveaux Testaments.

Sans parler des résultats obtenus par la grande Société Biblique de Londres, et qui restent en dehors de toute espèce de comparaison, on voit par ce qui précède que les différentes autres Sociétés Bibliques ont répandu jusqu'à ce jour au moins 14,500,000 exemplaires des saintes Écritures. Sur ce chiffre, environ 6 millions d'exemplaires ont été distribués dans l'Amérique septentrionale, 1,500,000 dans les Indes Orientales et 7 millions en Europe. La France figure dans ce dernier chiffre pour 500,000 exemplaires au moins; la Suisse, pour une égale quantité; le nord de l'Europe, l'Islande, les îles Fœroer, la Norwège, la Suède, la Finlande et le Danemark, pour 1 million; le Danemark, à lui seul, pour 185,000. La Russie y est comprise pour au moins un million, dont 800,000 répandus par une Société Biblique russe de Saint-Pétersbourg, qui comptait déjà 289 sociétés auxiliaires, et qui malheureusement fut supprimée en 1826 en vertu d'un oukase, et 200,000 par la Société Biblique protestante russe, fondée depuis 1826. L'Allemagne y entre pour environ 300,000 exemplaires. Ces chiffres sont plutôt réduits qu'exagérés; et beaucoup de sociétés, telles que celle de Hanovre, qui a elle seule a répandu 110,000 exemplaires de la Bible, n'y figurent même pas.

On devait s'attendre à ce que les Sociétés Bibliques auraient à triompher d'un grand nombre d'obstacles mis à leur activité. Ce n'est pas seulement en Russie que le clergé s'est opposé à la propagation de la Bible; en Autriche aussi un ordre de cabinet, rendu en 1817, proscrivit les Sociétés Bibliques. Par suite, celles qui s'étaient déjà fondées en Hongrie durent se dissoudre. Une bulle pontificale, publiée en 1816 à la sollicitation de l'archevêque de Gnesen, interdit la propagation d'une traduction du Nouveau Testament par les catholiques Van Est frères; mais, grâce aux efforts faits par la Société Biblique de Londres, cette traduction a pu arriver aux mains d'un grand nombre de catholiques.

Il faut se garder de croire que l'Église catholique soit restée impassible en présence de ces efforts si actifs faits par le protestantisme pour répandre ses doctrines dans le monde. A l'article PROPAGATION DE LA FOI (Association pour la) nous présenterons le tableau non moins curieux des efforts faits par le catholicisme pour conserver dans le monde sa supériorité morale et numérique.

BIBLISTE. Quelques auteurs ont donné ce nom aux hérétiques qui n'admettent pour règle de leur foi que le texte de la Bible et de l'Écriture sainte, et qui rejettent l'autorité de la tradition et celle de l'Église pour décider les controverses de la religion.

BIBRACTE. Voyez AUTUN.

BICARS, mendiants religieux qui se répandirent dans les Indes vers le neuvième siècle. Ils allaient tout nus, laissaient croître leur barbe, leurs cheveux et leurs ongles, et portaient au cou une écuelle de terre dans laquelle ils recevaient les offrandes des passants.

BICEPS (du latin *bis*, deux, et *ceps*, pour *caput*, tête, c'est-à-dire qui a deux têtes). C'est ainsi que les Romains avaient surnommé Janus, auquel ils attribuaient deux visages, l'un par-devant, l'autre au derrière de la tête, d'où ils concluaient qu'il avait également la connaissance de l'avenir et du passé. Ils le nommaient aussi *bifrons* (de *bis* et de *frons*, front). Les Athéniens mirent sur leur monnaie une tête de femme unie à celle de Cécrops, qu'ils regardaient comme l'auteur du mariage, et appelèrent cet emblème *Bifrons*.

Biceps est, en anatomie, le nom spécial de deux muscles, dont l'un appartient au bras (*biceps brachial*) et l'autre à la cuisse (*biceps crural* ou *fémoral*). Le premier, nommé aussi *muscle scapulo-radial*, est situé au-devant du bras, et forme cette saillie que l'on voit si fortement prononcée lorsque le bras est fléchi ; ce muscle s'attache par le bas au radius ; supérieurement, il est divisé en deux parties, dont l'une se fixe à la cavité articulaire de l'omoplate, et l'autre à son apophyse coracoïde : ce muscle fléchit le bras et l'avant-bras et détermine la rotation du membre en dedans. Le *biceps fémoral* ou *muscle ischio-fémoro-péronier* est situé à la partie postérieure de la cuisse ; il est allongé, aplati, divisé supérieurement en deux portions, dont l'une se fixe à la tubérosité de l'ischion (*voyez* BASSIN.), et l'autre à la face postérieure du fémur dans la partie qui porte le nom de *ligne âpre*; il sert à fléchir la jambe sur la cuisse, et *vice versa*.

BICÊTRE. Ce village, situé à quelques kilomètres au sud des barrières de Paris, fait partie du département de la Seine, de l'arrondissement de Sceaux, du canton de Villejuif, et de la commune de Gentilly. Voici ce qu'on raconte sur l'origine de son nom : Louis IX ayant acquis un terrain pour des chartreux qu'il établit près de Paris, Jean, évêque de Winchestre, en Angleterre, acheta une partie de ce terrain, sous Philippe le Bel, et y fit construire ou agrandir une maison qu'il voulait habiter. En 1294 le monarque confisqua cette maison et tous les biens du prélat, mais il lui en donna mainlevée en 1301. Le peuple appela cet édifice *Winchestre*, d'où sont venus par corruption *Bischestre*, *Bicestre*, et enfin *Bicêtre*, nom sous lequel il était inscrit, en 1523, sur les comptes de la prévôté de Paris. Ce lieu appartint plus tard à Amédée le Rouge, comte de Savoie, auquel il fut cédé probablement pour prix des secours qu'il avait amenés à Charles VI. C'est de son fils, Amédée VIII (qui fut depuis le pape Félix V), que Jean, duc de Berry, oncle du roi de France, acquit Bicêtre, sans doute en 1400. Ce lieu n'offrait plus que des ruines alors ; Jean le fit rebâtir avec magnificence ; mais l'évêque de Paris, en sa qualité de seigneur de ce territoire, qui dépendait de Gentilly, s'opposa à ce que le duc y fit des fossés et des ponts-levis. En 1411, la faction du duc de Bourgogne s'empara de ce bel édifice, et le détruisit de fond en comble. La perte fut irréparable sous le rapport des arts. On voyait, dans la grande salle les portraits originaux du pape Clément VI et de ses cardinaux, des rois et princes de France, des empereurs d'Orient et d'Occident, etc. Il ne resta d'entier que deux petites chambres enrichies de superbes mosaïques.

En 1416 le duc de Berry légua Bicêtre tel qu'il était, avec quelques dépendances, au chapitre de Notre-Dame de Paris, en échange de quelques obits et de deux processions ; la donation fut confirmée par Charles VII en 1441, et par Louis XI en 1464. Mais le chapitre n'y fit aucune réparation, et quarante-cinq ans plus tard les ruines de ce bâtiment étaient devenues un repaire de brigands, sur lesquels on le reprit en 1519. Dans un dialogue satirique du temps, Bicêtre est qualifié de masure où l'on a établi un hôpital d'hôtes languissants et de courtisans estropiés. En 1632 le cardinal de Richelieu le rasa jusqu'aux fondements, et le fit rebâtir pour y recevoir des soldats invalides. Cet hospice n'était pas encore terminé lorsqu'on y célébra l'office en 1634, dans une chapelle dédiée à saint Jean-Baptiste, qui vers 1670 fut remplacée par une église sous le même nom. En 1648 saint Vincent de Paul obtint de la reine Anne d'Autriche une partie de Bicêtre pour servir d'asile aux enfants trouvés, qui y restèrent peu de temps, parce que l'air y était trop vif. Louis XIV, songeant à fonder un véritable hôtel pour les invalides (qui fut commencé en 1672), réunit l'hôpital général à l'hospice de Bicêtre, et dès l'année 1657 on y reçut les pauvres qui s'y rendirent volontairement et les vagabonds qui furent arrêtés, après plusieurs publications d'une ordonnance qui prohibait la mendicité.

Sous Louis XVI Bicêtre fut destiné à recevoir les hommes et les filles publiques atteints du mal syphilitique. Avant de les panser dans les deux salles qui leur étaient spécialement consacrées, les chirurgiens les faisaient fustiger. Les aliénés, hommes et femmes, y étaient traités aussi dans un local particulier. On appelait *petite correction* une autre partie de la maison, où des jeunes gens étaient renfermés pour cause d'inconduite, de fainéantise ou de sévices envers leurs parents ; ceux que leur famille faisait mettre à Bicêtre payaient pension, ceux qu'on y conduisait par ordre supérieur ne payaient rien. On les employait tous aux travaux les plus rudes, on ne les nourrissait que de pain et d'eau avec un potage. On y ajoutait un peu de viande et quelques rafraîchissements quand ils s'amendaient. Pendant longtemps Bicêtre a été à la fois prison, hospice et maison de retraite. Le plan de l'édifice, sauf quelques additions, offre un carré d'environ 150 toises de chaque côté, renfermant trois principales cours. La première sert d'entrée par une avenue aboutissant à la grande route de Fontainebleau. Dans la seconde on voit, au sud, l'église, fort simple et en forme de croix, avec l'ancienne prison, et au nord le principal corps de bâtiment, où est placée l'infirmerie générale. La face opposée de cet édifice donne sur un jardin, qu'entourent des bâtiments moins élevés, occupés depuis longtemps par des vieillards infirmes. La troisième cour est formée par un grand nombre de constructions non symétriques. Là sont les portes d'entrée de la division des aliénés.

La position de Bicêtre, sur une colline et en pleine campagne, en fait un lieu très-agréable, et aucun hospice de la capitale ne lui serait comparable sous le rapport de la salubrité si l'on pouvait y conduire la Seine. On a remplacé cet avantage inappréciable par des canaux qui amènent l'eau d'Arcueil, et par deux puits, dont le principal, que tous les étrangers vont admirer, peut être placé parmi les plus grandes curiosités d'architecture. Il fut construit de 1733 à 1735, sur les dessins du célèbre Boffrand. Son diamètre est de 5 mètres ; sa profondeur de 57, et la hauteur de l'eau, intarissable, est de 3 mètres, tout le fond ayant été creusé dans le roc. La machine qui fait monter l'eau est fort simple. Une charpente tournante de 12 mètres de diamètre est fixée horizontalement autour d'un gros arbre, au sommet duquel est un tambour qui sépare deux câbles de 76 mètres de long, filant en sens contraire ; à ces deux câbles sont attachés deux seaux garnis de fer, pesant environ 600 kilogrammes, et dont l'un monte tandis que l'autre descend. Ils contiennent chacun près de 270 litres d'eau, et on en tire environ 500 par jour. Cette eau se rend dans un réservoir voûté, de 6 mètres 66 en carré sur près de 3 mètres de profondeur, et contenant 10,728 hectolitres ; ressortant de ce réservoir, 72 conduits distribuent cette eau dans l'établissement. Douze chevaux furent longtemps employés à faire mouvoir cette machine ; on en attelait quatre, et quelquefois huit. Le lieutenant général de police Lenoir y fit employer des prisonniers vigoureux. Aujourd'hui vingt-quatre hommes choisis parmi les aveugles et les idiots font marcher cette machine. On leur donne pour ce travail un supplément de ration. Avant la construction de ce puits, plusieurs voitures à tonneau allaient chercher de l'eau de la Seine au port de l'Hôpital pour la consommation de la maison.

La prison se composait de six corps de bâtiment à plusieurs étages, dont toutes les fenêtres étaient garnies d'énormes barreaux de fer. Là ont été longtemps confondus ensemble des prisonniers d'État, des hommes suspects à la police, des détenus par voie correctionnelle, des réclusionnaires, des condamnés à mort, des forçats attendant le départ de la chaîne. On fit d'abord un triage, et les trois dernières classes furent seules conservées. Des cachots noirs, construits en pierre de taille, étroits, humides et malsains, où un faible rayon de jour pénètre à peine à travers des piliers percés obliquement, recevaient des malheureux qu'on précipitait dans ces antres funèbres avec du pain noir et de l'eau pour toute nourriture. Avant la révolution chacun des habitants de ces tombeaux était retenu par quatre chaînes. Et pourtant, ainsi privés d'air, de lumière et d'espérance, des hommes ont pu vivre dans ces sombres demeures! Le complice, le délateur de Cartouche, y vécut quarante-trois ans : comme deux ou trois fois il avait contrefait le mort, pour qu'on lui fît respirer un peu d'air au haut de l'escalier, lorsqu'il mourut tout de bon, on eut peine à y croire. Vers 1789 on trouva dans un de ces cachots un nommé Isidore, menuisier, voleur de profession, qui pour avoir menacé le lieutenant de police, Sartine, de le tuer, y avait été enterré vivant depuis quatorze ans; il jouissait, dans son tombeau, d'une santé parfaite.

Bicêtre fut témoin de plusieurs révoltes. En 1774 un espion des condamnés fut crucifié par eux. D'autres tentatives d'évasion amenèrent encore des rixes dans la prison. En 1756 les prisonniers du local appelé la *petite fosse* forcèrent la sentinelle, et se saisirent des armes du poste ; mais la garde s'étant rassemblée à un coup de sifflet, un combat s'engagea : deux archers et quatorze mutins furent tués. Ceux qui s'échappèrent, reconnus à leur costume, furent bientôt rattrapés; et comme ils dirent que, las de la vie, ils n'avaient écouté que leur désespoir, on les prit au mot: plusieurs furent pendus, et les autres fouettés et resserrés plus étroitement.

En septembre 1792 Bicêtre fut compris dans les fameux massacres de cette époque sanglante. Une troupe d'assassins, munie d'armes et d'artillerie, se présenta devant cette maison. Le concierge fut tué au moment de mettre le feu à deux pièces de canon qu'il avait fait braquer contre eux. Les prisonniers, conduits par leurs gardiens, se défendirent avec courage, armés de pierres, de barres de fer arrachées de leurs cachots. Plusieurs se servirent des fers qu'on n'avait pas eu le temps de leur ôter. On vit alors des insensés recouvrer la raison et vendre chèrement leur vie. Les assaillants pointèrent enfin leur artillerie sur une cour où les détenus avaient établi leur principale défense, et tirèrent à mitraille. Pétion, arrivé au moment où l'on poursuivait dans les cours et dans les cabanons quelques fugitifs échappés à cette boucherie, et qu'on allait inonder au moyen des pompes dans leurs asiles, fit d'inutiles efforts pour arrêter le carnage. La mort plana pendant trois jours et trois nuits sur Bicêtre; les meurtriers n'épargnèrent personne : prisonniers, malades, gardiens, tout périt, excepté 200 individus, qui furent enfermés dans l'église. Depuis 1801 jusqu'en 1813, et particulièrement en 1806, plusieurs tentatives d'évasion eurent lieu. A la dernière, quelques détenus montèrent sur les toits ou gagnèrent les champs. L'un d'eux se sauva, un autre fut tué, et le reste fut promptement ressaisi ; un seul, prisonnier d'État, assis encore sur un toit d'où il criait qu'il se rendait, fut précipité de haut en bas par un féroce guichetier. Un autre prisonnier d'État, qui, malade dans son cabanon, n'en était pas sorti, fut arraché de son lit, frappé avec une barre de fer, et mourut trois jours après. C'est à Bicêtre que mourut, en 1812, Hervagot, fils d'un tailleur de Saint-Lô, qui pendant plusieurs années s'était fait passer pour le fils de Louis XVI. C'est là aussi que le marquis de Sade fut enfermé. En juillet 1815 on transféra les détenus de Bicêtre à Paris, à cause de l'approche des armées ennemies. En 1818 et 1819 beaucoup d'abus furent réformés dans cette prison. Enfin, sous le règne de Louis-Philippe la prison de la Roquette remplaça petit à petit la prison de Bicêtre, et toute la maison put être transformée en hospice.

Celui-ci n'avait jamais eu du reste aucune espèce de communication avec la prison. Avant la révolution il contenait des individus des deux sexes et de tout âge, atteints de toute espèce d'infirmité ou de maladie. Il y avait des lits où six malheureux couchaient ensemble, et se communiquaient leurs principes morbifiques. Mme Necker, lorsque son mari était ministre, fut frappée de ce hideux spectacle en visitant les salles ; elle employa tout son crédit pour faire construire des lits où il ne couchât plus que deux malades, qu'une séparation en bois préservait, tant bien que mal, des miasmes pestilentiels. En 1801 il y avait 1505 lits où les malades couchaient seuls, 262 où ils couchaient deux, 144 à double cloison qui séparait les pauvres couchés ensemble ; 172 lits à seul, scellés dans le mur, 126 lits appelés auges pour les galeux, et 36 lits de réserve. Les lits où quatre coucheurs, passant la moitié de la nuit, étaient ensuite remplacés par quatre autres, n'existaient plus depuis la révolution. En 1803 et après, de nombreux et utiles changements ont été faits dans cet hospice; des plantations, des constructions, y ont été exécutées. Destiné aux infirmes pauvres, aux vieillards sans moyens d'existence, aux aliénés dont les familles ne sont pas dans l'aisance, on n'y admet plus les femmes depuis cette époque, ni les enfants au-dessous de seize ans. Il n'y a que la caducité et l'infirmité qui soient oisives. En 1813 le nombre des travailleurs, pris parmi les indigents ordinaires, les fous et les épileptiques, y montait à 630. Sa population était de 3,000 individus en 1801, et de 2,500 en 1814.

Parmi les fous de Bicêtre on a vu, en 1801, l'abbé Fournier, renfermé par ordre du préfet de police Dubois, mis en liberté en 1804, à la recommandation du cardinal Fesch, et nommé depuis chapelain de Napoléon et évêque de Montpellier. Son délit était d'avoir, dans un sermon, fait allusion à la mort de Louis XVI.

Ce qu'on appelle le *petit Bicêtre* se compose de plusieurs maisons près de l'ancien château. H. AUDIFFRET.

La population totale de l'hospice de Bicêtre est d'environ quatre mille individus. Les vieillards doivent être septuagénaires pour y être admis ; mais on y reçoit aussi des infirmes plus jeunes. De vastes dortoirs, bien aérés, avec des lits bien entretenus, les abritent la nuit ; une nourriture saine leur est distribuée, et il leur est permis de sortir une fois par semaine ; mais alors ils doivent quitter les vêtements gris de la maison. Un temple protestant a été adjoint à l'église catholique. Des ateliers occupent en outre les bras de ceux qui sont valides, et avec le salaire que ces travaux leur rapportent ils peuvent encore se procurer, soit à la cantine, soit au dehors, des superfluités et des douceurs.

La division des aliénés est redevable déjà d'améliorations importantes à des hommes d'une haute philanthropie, parmi lesquels on cite M. Mallon, directeur de Bicêtre, et MM. Pinel, Ferrus, Voisin et Leuret, médecins de l'hospice. Parmi ces améliorations nous citerons les travaux des champs confiés aux aliénés, notamment l'exploitation de la ferme Sainte-Anne ; puis les travaux de plusieurs genres exécutés dans l'intérieur de l'établissement; l'école élémentaire fondée pour les idiots, les réunions pour l'exécution de chants ou de pièces de théâtre, etc., etc.

BICHAT (MARIE-FRANÇOIS-XAVIER). Il est des hommes privilégiés qui tirent avantage de toutes les circonstances de leur vie : d'une naissance sans éclat, de l'époque pleine d'agitation où ils paraissent, des personnages incultes et farouches auprès desquels ils ont accès, et même des malheurs publics qui désolent la patrie; qui, jeunes, méconnaissent ces passions envahissantes par lesquelles l'existence est infructueusement consumée; qui dès l'adolescence savent discerner la carrière le mieux appropriée à leur génie; qui ne se laissent ensuite ni décourager par les censures ni enivrer par les applaudissements, et qui, à la suite de nombreux succès, voyant tout près d'eux la fortune, lui préfèrent noblement la gloire, non parce qu'elle est le plus inaliénable et le plus important des biens, mais parce qu'on ne la peut conquérir que par des actions ou des pensées profitables aux progrès de l'esprit humain ou au bien-être des hommes. Tel fut Bichat, qui, mort à l'âge de trente et un ans, a laissé une réputation au moins égale à celle de Ga-

BICHAT

lien. — La vie de Bichat n'est connue que par ses ouvrages et ses découvertes : c'est une vie pleine de choses, sans aucune aventure.

Bichat naquit le 12 novembre 1771, à Thoirette-en-Bresse (Ain), et il est sans contredit le plus beau génie de cette province, où reçurent le jour en même temps que lui Richerand et Brillat-Savarin. Après de bonnes études au collége de Nantua, puis au séminaire de Lyon, il était en âge de choisir un état à l'époque où la révolution française venait d'éclater. Il n'y avait alors que trois carrières praticables avec probabilité de succès : proclamer à la tribune les droits du peuple, courir aux frontières pour les défendre, ou bien secourir humblement les blessés : il fallait opter entre ces rôles, et c'est au dernier des trois que se destina Bichat. Aussitôt voilà son parti pris, son plan conçu.

« Comme Bordeu, je suis fils de médecin : c'est un grand avantage. J'ai appris à lire dans J.-L. Petit, dans Haller et dans Sydenham ; je sais le langage de la profession presque aussi bien que ces mots plus doux dont ma mère a bercé mon enfance ; et de bonne heure, sous le toit paternel, j'ai été initié à des secrets précieux, qu'il serait long de deviner soi-même et qu'aucun maître ne peut enseigner. J'ai fait de bonnes études, puisque j'ai obtenu des couronnes ; j'en obtiendrai de plus brillantes, ou j'y perdrai la vie. En philosophie j'ai rivalisé avec mes professeurs et brûlé mes cahiers : il doit exister une philosophie plus profonde : je veux l'apprendre ; où la faire ? Je vais à Lyon. J'étudierai là sous un maître habile, sous Antoine Petit, tout ensemble chirurgien, médecin et poëte, consolant le soir, d'une voix harmonieuse, les douleurs qu'il a causées le matin. Le beau théâtre d'observation qu'un hôpital de grande ville ! que de douleurs à adoucir, que de misères dues à l'imprévoyance, que d'infirmités engendrées par les vices ! mais aussi quel champ fertile en découvertes ! que de moissons j'y ferais, si la France était tranquille, si Lyon n'était pas assiégé, et si ma jeunesse même n'y semblait pas un crime digne de l'échafaud, ou un motif suffisant pour être envoyé aux frontières !

« Courons donc à Paris. Il est bien vrai que le crime y suscite la terreur (1793) ; mais l'obscurité est une protection, et la foule un refuge assuré. J'irai m'enfermer à l'Hôtel-Dieu ; j'y suivrai là le célèbre Desault, et saurai mettre à profit son expérience et son habileté. L'Hôtel-Dieu est d'ailleurs le seul lieu de Paris où règnent l'ordre et la tranquillité, et où l'on retrouve l'image d'un État gouverné par une seule volonté à qui tous obéissent.... Desault a déjà remarqué mon zèle et ma personne (1794) : c'est à moi, dans son immense amphithéâtre, qu'il adresse avec prédilection ses paroles ; sans doute, le feu de mes regards lui aura révélé combien je sympathise avec son génie. Mais le voilà qui vient à moi !.... il m'écoute, il m'accueille, il m'adopte ; me voilà donc certain de la gloire : il a son trône, j'aurai le mien. Quelle révolution nous allons faire ! Nous allons renouveler la science, l'éclairer et la féconder. Sans cesse occupé de malades et d'opérations, Desault n'a pas le temps de méditer et d'écrire ; je composerai pour lui des ouvrages (il publia en effet, de 1796 à 1800, le dernier volume de son *Journal de Chirurgie* et ses *Œuvres chirurgicales* en 3 vol.), et ferai qu'ils resplendiront de ce vernis de philosophie générale et de pénétrante sagacité dont il n'aurait pu les empreindre ; je lui ferai don de mon style et de mon savoir, en retour de ses conseils et de sa direction. Pour éviter jusqu'aux vains prétextes de désunion entre nous, dès ce jour je quitte la chirurgie pour la médecine (1795). Plutôt né pour une science de méditation que pour un art d'adresse, j'avouerai d'ailleurs que mon cœur s'agite toujours à la vue de ces chairs palpitantes que le bistouri divise douloureusement et d'où le sang jaillit par flots : les cris des opérés me remplissent d'émotion ; je prends trop de part à leurs souffrances. Il faut au chirurgien une fermeté de caractère dont le ciel ne m'a pas assez pourvu, et qui, après tout, se concilierait difficilement avec des méditations habituelles.

« Ainsi, je serai médecin ; mais il faut qu'à moi seul j'opère en médecine une révolution équivalant à celle qui s'accomplit en politique. D'abord j'effacerai jusqu'aux dernières traces de l'*humorisme*, qui règne encore, et, pour mieux établir le *solidisme*, j'omettrai presque entièrement ce qui concerne les humeurs dans les ouvrages d'anatomie dont je médite le plan. Puisque j'ai déjà découvert les *membranes synoviales*, je m'autoriserai de cette découverte pour composer un *Traité complet des Membranes*, qui perpétuera ma célébrité. Je dois par-dessus tout affranchir la médecine de la tyrannie des sciences physiques ; je veux la soustraire au moins pour un temps au joug systématique de Boërhaave et de Fourcroy. Tous ces dons qu'on veut lui faire l'appauvrissent de jour en jour, outre qu'ils la rendent méconnaissable. D'ailleurs les fonctions de la vie n'ont rien d'identique avec les phénomènes de la physique et de la chimie ; et même je défierai les meilleurs chimistes de l'avenir de composer une seule goutte de sang ou de salive. Je prétends donc en revenir au vitalisme de Bordeu et de Barthez ; mais je veux être plus clair que l'un, mieux coordonné et plus complet que l'autre, plus utile que tous les deux. J'étudierai chaque propriété vitale dans chacun des tissus élémentaires, et éluderai ainsi l'écueil de ces généralités d'abstraction qu'une simple objection fait crouler.

« Aristote et Buffon ont eu raison, il existe en nous deux sortes de fonctions : les unes, purement automatiques, s'effectuent sans repos, sans interruption, à notre insu même, dans le sommeil comme durant la veille ; les autres sont arbitraires, intermittentes, car le sommeil les interrompt, et elles ne sont pas indispensables à la vie. Les premières servent à entretenir et à conserver les organes ; les autres, à éclairer notre intellect, à multiplier nos rapports. Les instruments des unes diffèrent beaucoup des organes des autres : je noterai scrupuleusement ces différences. Je m'approprierai en le modifiant le *trépied vital* de Bordeu, et j'analyserai avec tant de soin le jeu concordant des trois organes que ce mot désigne (cœur, poumon, cerveau), leurs influences respectives et leurs synergies, que cette partie de la physiologie paraîtra aussi évidente que le mécanisme d'une machine des arts et métiers. Je composerai sur ces différentes idées, ainsi que sur la manière dont les fonctions de la vie s'embarrassent dans l'agonie, puis s'interrompent à l'instant de la mort, un ouvrage rempli d'expériences curieuses, et presque aussi étonnant par son exécution même que par la hardiesse et l'originalité des vues.

« Cependant mes premiers ouvrages ne seront encore qu'un essai de mes forces, et comme le prologue d'une composition plus vaste à laquelle j'attacherai mon nom. Jusqu'à présent on s'est borné à étudier les organes un à un et tour à tour, les os, les muscles, les vaisseaux, puis les nerfs, puis les viscères ou les entrailles : voilà ce que je veux changer. Je réduirai le corps humain à peu près comme Montesquieu a réduit le corps social, dont il voulait scruter les lois, je veux dire en ses plus simples éléments. Je prendrai les uns après les autres chaque espèce de fibre, chaque tissu analogue, tissu cellulaire, diverses membranes, veines, artères, os, cartilages, muscles, nerfs, peau, épiderme, glandes et organes à parenchyme, vaisseaux lymphatiques ; j'aurai de la sorte vingt-un ou vingt-cinq tissus : n'importe, j'en voudrais avoir cinquante au lieu de vingt, car ce seront là autant de cases où viendront se ranger sans désordre mes observations et mes pensées, assez nombreuses pour les remplir toutes. A l'occasion de chaque genre de fibre, je dirai ses propriétés, sa sensibilité vive ou obscure, ses mouvements de cause purement physique, et ses mouvements instinctifs et arbitraires ; je dirai quels organes ce tissu concourt à former, à quelles souffrances il peut donner lieu, ses altérations maladives, les remèdes qui agissent sur lui, son développement chez l'enfant, son degré d'usure chez le vieillard, et cent autres choses souvent nouvelles, constamment vraies, et toujours utiles au praticien comme au savant spéculatif. Du tissu simple je remonterai ensuite à l'organe même que plusieurs tissus composent, et j'étudierai les fonctions de cet organe, ses sympathies, ses maladies spéciales et leurs moyens de guérison. Je grouperai enfin les organes par familles, ou par appareils, dans le même ordre où ils coopèrent aux fonctions de la vie, et j'en ferai la description sous le titre d'*Anatomie descriptive*.

« Ainsi, j'aurai soigneusement analysé les éléments du corps dans l'*Anatomie générale*, groupé et fait l'histoire des organes dans la *descriptive*, exposé, dans mes *Recherches sur la Vie et la Mort*, mes opinions sur les organes des *deux vies* (expression qu'on critiquera sans doute, mais dont j'ai besoin pour peindre une idée grande et neuve). Quelques années m'auront donc suffi pour reconstituer la médecine sur des bases solides et nouvelles, et peut-être alors me trouverai-je entraîné malgré moi à faire de la médecine ailleurs qu'à l'hôpital..... Mais, en attendant, il me faut redoubler d'activité : j'ai des cours à faire, des dissections, des autopsies à multiplier, mes observations cliniques à suivre, des essais thérapeutiques à réitérer. J'ai d'ailleurs à méditer sur les grandes lois de la nature. Je sais mal la chimie, il me faut l'apprendre. J'aurai beau faire, beaucoup de choses me manqueront : je ne suis pas assez érudit, je n'ai le loisir de lire ni du latin ni de l'anglais; et l'allemand me demanderait dix grandes années d'études que j'aime mieux employer à ma science personnelle. On se récriera si l'on veut; mais, pour ne point commettre de nombreuses erreurs, je ne citerai que quelques grands noms pour les idées les plus importantes.

« Mon projet après tout est d'une exécution facile. La médecine à l'heure où je prends la plume ne compte presque aucun homme éminent, aucun de ces maîtres hors de foule et qui doivent à l'étude moins qu'au génie. L'anatomie de Boyer est d'une exactitude rigoureuse, et profitable au chirurgien sans vues capitales; celle de Gavard est un sommaire; celle de Sabatier, une compilation. La physiologie est négligée ailleurs qu'à Montpellier; mais Barthez l'obscurcit et Dumas la rabaisse et la morcelle. Reste l'illustre ouvrage de Haller, que personne ne consulte, et les tableaux synoptiques fort arides de Chaussier, plutôt faits pour guider ou remémorer que pour instruire. En thérapeutique, Desbois de Rochefort est sans portée, Peyrilhe sans instruction et sans profondeur. Quant aux médecins, Pinel suit trop servilement les naturalistes; Hallé, dont la vaste mémoire fatigue infructueusement la raison, rapporte tout à l'hygiène, et n'en fait rien sortir. Corvisart, le grand médecin de nos jours, n'a ni le loisir ni la patience de faire un bon livre ou de lier des idées en doctrine; d'ailleurs, le médecin de Bonaparte ne doit prendre aucun souci de sa gloire : la postérité saura son nom, quoi qu'il arrive. Pour Cabanis, il ne laissera jamais que des paraphrases d'Helvétius, quelques secours que Locke lui prête. J'espère donc à moi seul tout embrasser, et faire plus que tous ensemble. Si je réussis, je mériterai qu'on dise un jour : Vers la fin du dix-huitième siècle, la médecine était en France assujettie à la physique quant aux dogmes, comme esclave de la chirurgie quant à la pratique de l'art ; détournée des voies sûres de l'observation et tributaire de la chimie ; livrée à la médiocrité et aux sophismes, seule, entre les sciences humaines, elle restait sans progrès. Un jeune homme la sortit de cette ornière; il se nommait Bichat, et n'avait rien d'habituel. Inconnu hors de l'Hôtel-Dieu, sa demeure habituelle, il n'était ni médecin titulaire de cet établissement (il ne fut nommé qu'en 1800), ni professeur à l'École de Médecine (il concourut, mais sans succès), ni membre d'aucune académie; il n'était pas même docteur. »

Voilà ce qu'aurait pu dire Bichat; mais il avait trop de modestie et trop de circonspection pour agir de la sorte. Il se borna à surpasser ses rivaux et ses maîtres, sans montrer jamais ni présomption ni jactance. Il avait une si grande simplicité de mœurs, si peu d'attache pour le lucre, et si peu de sentiment de la valeur vénale de ses ouvrages, qu'il abandonna au libraire Gabon pour vingt-cinq louis le manuscrit de l'*Anatomie générale*, ouvrage en 4 volumes in-8° dont il a été placé 30,000 exemplaires.

Si jeune que soit mort Bichat, l'anatomie lui doit plus qu'à Chaussier, qu'à Sœmmering, et peut-être plus qu'à Scarpa, lui cependant au nom de qui se rattachent tant de découvertes et d'admirables productions. Corvisart, âme noble et sans envie, écrivit au premier consul lorsque Bichat eut cessé d'exister : « Bichat vient de mourir. Il est resté sur un champ de bataille qui veut aussi du courage et qui compte plus d'une victime. Personne en si peu de temps n'a fait tant de choses et aussi bien... » Cette lettre fait honneur à Corvisart; car elle est la preuve, puisqu'il n'ajoute aucun commentaire, qu'il n'avait pas attendu la mort de Bichat pour entretenir Bonaparte de ce talent illustre.

Quelques jours après sa mort, le 2 août 1802, on grava sur une table de marbre les noms réunis de Desault (mort dès 1795) et de Bichat. On voit encore ce très-simple monument sous les dômes de l'Hôtel-Dieu, où il fut placé dès l'origine. La ville de Paris a donné le nom de Bichat à une de ses rues; les départements de l'Ain et du Jura lui ont érigé une statue dans la ville de Bourg (août 1843). Ant. Miquel et M. Ph.-G. Roux ont fait son éloge, et David un buste et sa statue, après l'avoir placé déjà au fronton du Panthéon.

Parmi les vérités qu'on doit à Bichat, il faut mettre au premier rang la découverte des membranes synoviales, comme aussi la généralisation du feuillet adhérent des membranes séreuses; découvertes d'autant plus belles qu'elles sont dues non au hasard, mais au raisonnement et à l'analogisme. L'anatomie des tissus est de sa création. Il a fait de l'anatomie pathologique une science toute française, qu'avant lui Morgagni avait comme concentrée dans l'Italie. Il a pour ainsi dire renouvelé toute la médecine, non par des conjectures et des systèmes, mais par des observations avérées et décisives.

Les ouvrages de Bichat seraient presque irréprochables, s'il n'avait pas ignoré l'action de la moelle épinière, supposé, puis décrit les *vaisseaux exhalants*, omis le tissu érectile, trop négligé l'histoire des humeurs, exagéré son idée abstraite des *deux vies*, et déraisonné sur les passions, causes malheureusement fécondes en erreurs de toute espèce.

La fin prématurée de Bichat laissa un vide immense dans la science. Il ne se trouvait personne pour remplacer cet homme étonnant : on fut réduit à partager ses dépouilles scientifiques, ses conquêtes. Ses principaux élèves, et il en comptait de remarquables, la plupart fort jeunes, se conduisirent en quelque sorte comme les lieutenants d'Alexandre. Roux et Marjolin s'emparèrent de l'anatomie; Laënnec, Broussais, Bayle et Dupuytren s'adjugèrent l'anatomie pathologique; Alibert et Schwilgué se réservèrent la matière médicale et la thérapeutique, comme Legallois et Nysten la physiologie. D'autres, plus paresseux à le suivre, ou perdant l'espoir de l'égaler en le continuant, prirent pour eux le rôle, moins fraternel, de joindre à ses œuvres des critiques ou de futiles annotations.

Sans doute l'époque où parut Bichat fut propice à ses travaux. La liberté de penser était alors à son comble : point de censure, si ce n'est les émules et quelques envieux passionnés; une foule de rivaux de gloire dans toutes les carrières, et nuls préjugés qui viennent entraver les investigations ou les expériences. Dans ces temps de révolution fondamentale, les esprits, plus exaltés, sont plus féconds; l'ambition, plus ardente, convoite et ose davantage : le cliquetis des armes et le bruit des tambours électrisent les imaginations et communiquent au génie plus d'animation, plus de ferveur. Chacun alors veut accomplir personnellement sa révolution à l'exemple du peuple, que ses préventions contre les choses établies disposent à accueillir les innovations de toute nature. On voit alors plus de puissance dans l'éloquence parlée, plus d'originalité dans la poésie; les écrivains, souvent plus inégaux, sont aussi plus sublimes, les savants plus inventifs. Dante, Corneille et Milton composèrent leurs glorieux écrits à la suite de révolutions ou de guerres civiles; les conquêtes d'Alexandre, sans parler d'une protection plus directe, stimulèrent le génie laborieux d'Aristote; enfin W. Harvey, à qui est due la découverte de la circulation du sang, vécut sous Cromwell, comme Bichat sous la Convention.

Bichat mourut à Paris, à la suite d'un accident encore aggravé par ses veilles et ses continuelles dissections, le 22 juillet 1802, n'ayant pas trente et un ans. Il fut inhumé au cimetière Sainte-Catherine; mais en 1845 ses restes ont été solennellement portés au cimetière du Père La Chaise.

On peut se demander ce que fût devenu Bichat si sa vie se fût prolongée jusqu'à la vieillesse. L'homme qu'à vingt-neuf ans les Allemands comparaient à leur Boërhaave sans doute n'aurait pu déchoir dans sa maturité, outre que Napoléon, ce judicieux rémunérateur des talents, aurait vraisemblablement compris dans les longues listes du sien un nom tout aussi digne d'y figurer que ceux des Daubenton, des Chaptal et des Berthollet.   Dr Isidore BOURDON.

BICHE, femelle du cerf. C'est aussi, en astronomie, l'un des noms de Cassiopée.

BICHET, ancienne mesure de grains, dont la contenance variait selon les lieux, que l'on évaluait en général au minot de Paris. Le bichet était particulièrement en usage en Bourgogne et dans le Lyonnais. A Montereau le bichet de froment pesait quarante livres. Huit bichets formaient le septier du pays, lequel était de la valeur de seize boisseaux de Paris; douze septiers formaient le muid ; mais on y ajoutait d'ordinaire quatre bichets, pour faire le compte rond de cent bichets pour un muid. Le septier de Meaux était de cinquante livres, c'est-à-dire de dix livres plus pesant que celui de Montereau. Ceux des autres localités variaient également.

On disait aussi un bichet ou une bicherée de terre, en parlant de la mesure d'une terre qui avait besoin d'un bichet de blé pour être ensemencée.

BICHO. Voyez CHIQUE.

BICHON ou CHIEN DE MALTE, petite et jolie race de chiens, qui a le nez court, le poil long, d'un foncé plus ou moins grisâtre ou jaunâtre, et qui provient du croisement d'un petit barbet et de l'épagneul. Les bichons ont été longtemps à la mode chez les dames, qui les portaient dans leur manchon. Ce mot est le diminutif de celui de barbet ; on a dit d'abord *barbiche*, *barbichon* ; puis, par contraction, *bichon*.

BICHON DE MER. Voyez BALATE.

BICONJUGUÉ ou BIGÉMINÉ, épithète donnée aux feuilles dont le pétiole commun se divise en deux rameaux, chargés chacun de deux folioles. Telles sont celles du *mimosa unguis cati*.

BICOQUE, village du royaume Lombardo-Vénitien, sur le chemin de Lodi à Milan, à sept kilomètres de cette dernière ville, où les Impériaux repoussèrent une attaque de l'armée française en 1522, et qui depuis a donné son nom à toute place sans importance.

Lautrec, qui depuis la perte de Milan s'était retiré à Crémone avec la cavalerie française, et qui avait déjà fait sa jonction avec l'armée vénitienne, passa l'Adda le 1er mars 1522, réunit les Suisses à son armée, et s'approcha jusqu'à quelques kilomètres de Milan. Jean de Médicis, capitaine aventurier issu d'une branche cadette de la famille dominante à Florence, vint le joindre avec le corps d'infanterie italienne qu'il avait formé. Il donnait à ce corps le nom de Bandes Noires (voyez BANDES MILITAIRES), en signe de deuil pour la mort de Léon X, et les soldats rassemblés autour de son drapeau noir s'étaient déjà illustrés par leur bravoure et leur discipline.

Cependant Prosper Colonna, général de la ligue, et Alphonse d'Avalos, marquis de Pescara, commandant de l'infanterie espagnole, avaient de leur côté reçu des renforts considérables; les deux armées étaient à peu près de force égale. Lautrec fut bientôt obligé de renoncer à son attaque sur Milan ; il prit Novarra, mais il fut repoussé devant Pavie. Enfin il se dirigea vers Monza, pour se rapprocher du Lac-Majeur. C'était par ses bords, et au travers du Valais, qu'il entretenait quelques communications avec la France. Le roi avait envoyé jusqu'à Arona une partie de l'argent dont Lautrec avait besoin pour la solde de ses troupes; mais Anchise Visconti, avec un corps de troupes milanaises, bloquait Arona ; et Prosper Colonna, retranché à la Bicoque, coupait à Lautrec le chemin du Lac-Majeur.

La situation de Lautrec était infiniment difficile : la gendarmerie française qu'il avait avec lui demeurait dévouée et fidèle : toutefois, elle n'avait pas touché de paye depuis dix-huit mois; aussi, faute d'argent, était-elle mal équipée et mal armée. Les Vénitiens s'étaient obligés, par leur traité, à se joindre au roi pour la défense du Milanais; mais ils n'entraient qu'avec répugnance dans une guerre qui les exposait à de grands dangers, sans compenser leurs risques par aucun avantage : aussi se refusaient-ils à toutes les actions hasardeuses, et ne voulaient-ils jamais s'éloigner de leurs frontières. Les Suisses s'ennuyaient de positions, où le général pouvait faire briller une science stratégique qu'ils méprisaient, mais où les soldats soupiraient après la bataille et le pillage des villes. C'étaient des jours de gloire et d'excès qu'on leur avait promis comme des fêtes, pour les engager à sortir de leur pays. Pleins de confiance en eux-mêmes et de dédain pour leurs ennemis, ils ne voulaient se soumettre à aucune des privations que nécessitaient la pauvreté de Lautrec et l'état hostile des campagnes. Lorsqu'ils apprirent que, tandis qu'on les laissait languir à Monza dans la misère, l'argent qui leur était dû était arrivé à Arona, ils commencèrent à s'attrouper devant la tente de Lautrec, en criant qu'ils voulaient leur solde ou la bataille.

Lautrec avait lieu de croire que Prosper Colonna, auquel le nouveau pape ne faisait point toucher de subsides, n'avait pas plus d'argent que lui ; que les lansquenets qui lui étaient arrivés d'Allemagne étaient aussi prêts à se mutiner que ses Suisses, et qu'il y avait, par conséquent, tout à gagner pour lui à traîner la guerre en longueur. De plus, il avait chargé Créqui, seigneur de Pont-Dormi, de reconnaître l'armée impériale, et celui-ci lui avait rapporté qu'elle était garantie sur les flancs par de profonds canaux d'arrosement, et en face par un chemin creux garni d'artillerie. Un pont de pierre en arrière de la gauche formait la seule entrée de cette position formidable, qui prenait son nom de la maison de campagne d'un seigneur milanais. Lautrec voulut faire comprendre que l'attaque de la position de la Bicoque présentait peu de chances de succès ; mais ils répondirent que leurs hallebardes les rendraient bientôt maîtres des batteries dont on les menaçait, et qu'ils persistaient à vouloir argent, bataille, ou congé.

La retraite des Suisses équivalait pour Lautrec à une déroute : elle aurait été bientôt suivie de celle des Vénitiens; d'autre part, l'ardeur des troupes, qui demandaient impatiemment la bataille, laissait espérer d'heureuses chances. Il partit donc de Monza le 29 avril pour attaquer la Bicoque, après avoir fait les meilleures dispositions que permit la situation des ennemis. Il consentit à ce que les Suisses, selon leur demande, l'attaquassent de front ; il chargea son frère Lescuns de tourner par la gauche, et d'entrer par le pont de pierre dans le camp des Impériaux ; avec une autre division, à laquelle il avait fait prendre la croix rouge, au lieu de la croix blanche de France, il tournait par la droite avec l'espoir que les soldats de Colonna le recevraient comme un des leurs. Les Bandes Noires, enfin, et l'armée vénitienne devaient soutenir les Suisses et former la réserve; mais, pour le succès de cette attaque combinée, il fallait que les trois corps d'armée arrivassent ensemble; il fallait que les Suisses, qui avaient beaucoup moins de chemin à faire que les deux autres corps, marchassent plus lentement ou attendissent : ils ne le voulurent pas; ils partirent avec impétuosité, et, doublant le pas, ils arrivèrent d'un trait au bord du chemin creux qui couvrait le front de Prosper Colonna. Avant d'y parvenir cependant mille d'entre eux avaient déjà été tués par le feu de l'artillerie espagnole; les survivants s'élancèrent avec courage dans le chemin creux; mais ils le trouvèrent plus profond qu'ils n'avaient voulu le croire; leurs hallebardes pouvaient à peine atteindre aux pieds de l'infanterie espagnole qui le bordait. Tous leurs efforts pour gravir de son côté furent infructueux; vingt-deux de leurs capitaines et trois mille soldats avaient trouvé leur tombeau dans le chemin creux, lorsque les Suisses reculèrent, laissant leurs ennemis, qu'ils ne pouvaient atteindre, étonnés de leur intrépidité et de leur acharnement. Dans cet instant seulement, Lautrec arrivait sur la droite de l'armée de Prosper Colonna; mais celle-ci avait ajouté une branche de feuillage à sa croix rouge, et elle tomba sur les Français, qu'elle reconnut sous leur déguisement. En même temps, Lescuns entrait par le pont de pierre, à gauche, dans la position des ennemis. Il était trop tard; Prosper Colonna, sans inquiétude désormais sur l'attaque des Suisses, qu'il avait repoussée, tourna toutes ses forces contre les deux maréchaux, et les contraignit également à la retraite.

Malgré la perte considérable qu'elle avait essuyée, l'armée française était encore redoutable; mais les Suisses, irrités d'une défaite qu'ils avaient provoquée, opposaient un silence hautain à toutes les instances de Lautrec, qui voulait les retenir en Italie : ils ne promirent rien, ils n'expliquèrent point leurs vues, et le lendemain ils reprirent le chemin du Bergamasque pour rentrer en Suisse. Lautrec se vit réduit à les suivre pour se rendre en France, se justifier du passé, et obtenir des secours plus efficaces pour l'avenir. André Gritti, avec l'armée vénitienne, se retira vers les frontières de sa république, qu'il s'efforça de défendre; Lescuns demeura chargé du commandement de la gendarmerie, qu'il distribua entre le petit nombre de places qui obéissaient encore aux Français; mais Lodi se laissa surprendre, Pizzighittone capitula, et Lescuns, retiré à Crémone, signa enfin, le 21 mai, une convention par laquelle il s'engageait à évacuer toute la Lombardie, à la réserve des trois châteaux de Crémone, Novarre et Milan, s'il n'était pas secouru avant quarante jours. Ainsi toute l'Italie fut perdue pour les Français; car Gênes, qui n'était pas comprise dans la capitulation de Lescuns, fut surprise, le 30 mai, par les Espagnols, et pillée avec la froide férocité qui signalait à la guerre les soldats de cette nation.

J.-C.-L.-S. SISMONDI.

BICUSPIDÉ (de *bis*, deux, et *cuspis*, pointe). En anatomie, on appelle *dents bicuspidées* les petites molaires.

En botanique, *bicuspidé* se dit des feuilles et des autres parties qui sont divisées au sommet, de manière à être terminées par deux pointes divergentes.

BIDASSOA, petite rivière presque toujours marécageuse, qui prend sa source à la cime du Bélat, dans les Pyrénées; française à sa source seulement, elle parcourt, en serpentant, un arc sinueux d'environ 48 kilom. sur le sol espagnol, pour venir, non loin du lieu où elle se jette dans la mer de Biscaye, tracer, sur une très-faible étendue, la limite de la France et de l'Espagne, entre le village de Hendaye et la place de Fontarabie. Elle coupe ainsi la route de Bayonne à Madrid. On la traverse sur un pont de bois au delà du village basque de Béhobie. Près de là apparaissent des îlots, derniers débris de *l'île des Faisans* ou de *la Conférence*, à laquelle on ne peut dire si ce dernier nom vient de l'entrevue de Louis XI et de don Enrique de Castille en avril 1463, ou du congrès qu'y tinrent en 1659 le cardinal Mazarin et don Luiz de Haro, et d'où résultèrent le traité de paix des Pyrénées et le mariage de Louis XIV et de l'infante Marie-Thérèse, à Saint-Jean-de-Luz.

Un siècle et demi plus tard, le 6 avril 1823, l'avant-garde d'une armée française, commandée par un descendant de Louis XIV, et marchant, d'après les ordres de la Sainte-Alliance, à la destruction des libertés espagnoles, parut sur la rive droite de la Bidassoa. Au même instant, deux cents proscrits français, après avoir fraternisé à Irun avec le régiment espagnol Impérial-Alexandre, se montrèrent sur la rive gauche, en uniforme de la vieille garde, commandés par le colonel Caron, portant tous la cocarde tricolore, et faisant flotter dans leurs rangs le drapeau de l'Empire. Ils essayaient vainement sept ans trop tôt le mouvement national qui devait réussir à Paris dans les journées de Juillet. « Vive la France! vive l'artillerie! » s'écriaient-ils unanimement en marchant vers la rivière, et tendant les bras à l'armée française, dont ils n'étaient séparés que par un étroit espace. Il y eut un moment d'indécision; mais la voix du général Valin se fit entendre : « A vos pièces, artilleurs! s'écria-t-il; à vos armes! voltigeurs! Feu, camarades! vive le roi! » Et une décharge à mitraille, soutenue par la mousqueterie, abattit douze malheureux proscrits; huit expirèrent sur le coup, quatre furent emportés blessés, quelques autres se virent traduits plus tard devant les tribunaux royalistes. Déjà le pouvoir d'alors proclamait dans toute la France que *le canon de la Bidassoa avait tué la révolution*. Et cependant ce succès avait tenu à bien peu de chose : l'armée qui marchait contre l'Espagne comptait dans son sein près de dix mille chevaliers de la Liberté; il n'y en avait pas moins de mille dans la seule garde royale. Un moment d'indécision avait tout perdu et retardé de sept ans le retour du drapeau tricolore.

BIDAULT (JOSEPH-XAVIER), peintre de paysages historiques, naquit à Carpentras, en 1758. Il eut pour maître son frère, Jean-Pierre-Xavier Bidault, peintre de paysages, qui vécut et mourut à Lyon (1814), et qui a laissé quelques bons cadres de lune et de petites toiles représentant avec fidélité des oiseaux et des fleurs. Joseph-Xavier apprit de son frère aîné à étudier la nature, car la nature avait été l'unique maître du peintre lyonnais. Le jeune Bidault profita des leçons fraternelles, et son nom rappelle l'exactitude dans les sites. C'est l'Italie et la France que Bidault a exploitées : *La Gorge d'Allevard*, la *Vue de San-Cosimato*, la *Vue du lac et de la ville de Bracciano*, le *Lac Majeur*, la *Vue de Tivoli et de la plaine de Rome*, sont les principaux souvenirs italiens que son pinceau a reproduits. Ceux dont nous sommes redevables aux promenades du peintre dans sa patrie sont : la *Vue de Grenoble et de ses environs*, la *Vue d'Ermenonville*, la *Plaine d'Ivry*, la *Vue du parc de Neuilly*, celle de la *Fontaine de Vaucluse*. La plupart de ses paysages sont animés par des figures plus ou moins importantes : ainsi, dans la *Vue de la fontaine de Vaucluse* François Ier écrit sur le tombeau de Laure des vers qu'il composa pour la belle prude tant aimée de Pétrarque. Bidault ne s'en est pas tenu à ces souvenirs d'une exactitude scrupuleuse, à ces paysages-portraits. En utilisant ses études nombreuses, il a composé des paysages animés tantôt par Psyché et Cupidon, tantôt par Pan, tantôt par Daphnis et Chloé, tantôt encore par un prêtre portant le viatique à la campagne. On voit que Bidault s'est inspiré tour à tour de la fable, de l'histoire et de la vie actuelle.

On disait, de 1812 à 1828, belle époque de Bidault, qu'il excellait à composer un paysage, que ses sites étaient d'un beau caractère; et la médaille d'or qui lui fut décernée au salon de 1812, le deuxième grand prix qu'il obtint dans le genre secondaire, la croix de la Légion d'Honneur dont sa boutonnière resplendit plus tard, enfin sa nomination à l'Académie des Beaux-Arts, où il remplaça Prud'hon, tout en son temps parut juste et naturel. Aujourd'hui on s'étonne quelque peu de ces succès. On a dit, on a même imprimé que ses paysages mythologiques sont du Poussin manqué; que ses autres toiles sont du Claude Lorrain sans vie, qu'elles n'offrent rien de hardi dans le pinceau ni même d'observé largement. C'est là sans doute un autre genre d'exagération. Certes, le sentiment large et poétique n'a pas dans Bidault un puissant interprète; sa couleur n'a pas non plus cet accent profond qui donne de la valeur aux moindres détails; mais il faut lui tenir compte de la fidélité locale et du choix des sites auxquels se rattachent d'intéressants souvenirs, comme aussi d'une sagesse dans l'ordonnance de ses tableaux arrangés et d'un certain charme pittoresque.

Bidault est mort le 20 octobre 1846, à Montmorency, où il vivait retiré depuis longtemps.   Étienne ARAGO.

BIDAUX, corps d'infanterie de l'ancienne milice française, sorte d'aventuriers, dont on faisait assez peu de cas. La Chronique de Flandre en parle au sujet de la bataille et de la prise de Furnes en 1297. Jean de Gare, qui s'était retiré dans cette ville, ne voulait point se rendre; mais *les bidaux lui saillirent au col par derrière*, l'abattirent, et le tuèrent. Guillaume Guyart, qui en fait aussi mention sous les années 1298, 1302 et 1304, semble faire entendre qu'ils tiraient leur origine des frontières d'Espagne.

De Navarre et devers Espagne
Reviennent bidaux à grans routes.

Il paraît, d'après le même auteur, que ces soldats portaient pour armes deux dards et une lance, et *un coutel à la ceinture*, d'où Hocsemius pense que les *bidaux* étaient ainsi appelés *a binis dardis*, des deux dards qu'ils portaient; mais on trouve plus ordinairement dans les auteurs *bidaux, bidaldi*, que *bidarii*, et Hocsemius est le seul qui leur ait donné ce second nom latin, pour l'approcher davantage de sa prétendue étymologie. Ménage les nomme *pitaux*.

Il paraît que les *bidaux* n'étaient pas de fort bonnes troupes; souvent ils lâchaient pied, et laissaient leurs dards en s'enfuyant. *Bidaux retraient*, c'est-à-dire *s'enfuient, et dards ruent*, dit le poëte que nous avons déjà cité; et le continuateur de Nangis rend à peu près le même témoignage de leur bravoure à la bataille de Cassel, où il dit que les *bidaux*, s'étant mis à fuir, *selon leur coutume*, causèrent quelque désordre dans l'armée française.

BIDDLE (NICOLAS), financier célèbre, président de la banque des États-Unis et de la banque de Pensylvanie, naquit le 8 janvier 1786, à Philadelphie. Son père était vice-président de l'État de Pensylvanie, et fit donner à ses neuf enfants, dont sept fils, une éducation soignée. Nicolas Biddle fut élevé à Philadelphie, puis à Princetown, dans le New-Jersey. En 1801 il quitta ce collége pour se livrer à l'étude de la jurisprudence. Il débuta au barreau en 1804, et peu de temps après il accompagna à Paris le général Armstrong, nommé ministre plénipotentiaire des États-Unis près la cour des Tuileries pour liquider l'indemnité que le gouvernement français s'était engagé à payer à divers négociants de l'Union. Il suivit plus tard à Londres, en qualité de secrétaire de légation, Monroe, alors plénipotentiaire des États-Unis en Angleterre, et devenu ensuite président de l'Union. En 1807 il revint dans sa patrie, s'y livra de nouveau à la pratique du droit, et publia pendant quelque temps, en société avec Dennie, un recueil périodique intitulé : *Portfolio*, rédigé dans le sens démocratique, et qui fit alors beaucoup de sensation. Dans les années 1810 et 1811, il représenta sa ville natale dans la législature de la Pensylvanie, et s'y signala comme l'un des plus chauds partisans du système dit *américain*, conçu et proposé par Henry Clay. A la fin de cette législature, il rentra dans la vie privée; mais en 1814 la ville de Philadelphie le nomma sénateur, et il profita alors de sa nouvelle position pour imprimer une vigoureuse direction aux moyens de défense organisés contre l'Angleterre. En 1817 le parti démocratique le porta comme candidat au congrès; mais il échoua à deux reprises dans ses efforts pour entrer dans le sein de la représentation nationale, toujours repoussé par une majorité fédéraliste.

Ce fut en 1819 que pour la première fois commencèrent ses rapports avec la banque nationale des États-Unis (*voyez* BANQUE), en proie à ce moment à la crise la plus périlleuse. Le congrès nomma dans les circonstances les plus alarmantes Biddle directeur, en même temps que Langdon-Cheves président de cet important établissement financier. Ces deux hommes étaient assurément très-capables; mais on doit reconnaître que ce fut surtout aux efforts et à l'activité de son président que la banque fut alors redevable de la résurrection de son crédit. Langdon-Cheves ayant résigné ses fonctions en 1821, elles furent conférées à Biddle, dont la réputation comme financier remplissait alors toute l'Union. Les choses allèrent au mieux pendant toute la durée de la présidence de Monroe et de celle de Quincy Adams. La confiance dans la banque nationale était illimitée; mais ce fut aussi vers cette époque que les directeurs de la banque et Biddle commencèrent à se mêler des affaires générales de l'État, à prendre des journaux à leurs gages, à solder des écrivains et des publicistes, et à vouloir influer sur l'élection du président de l'Union. Il en résulta une guerre ouverte entre la banque et le parti démocratique, guerre à la suite de laquelle le général Jackson enleva à la banque des États-Unis le dépôt des fonds appartenant à l'État, et refusa sa sanction à un bill déjà adopté par les deux chambres, et renouvelant le privilége de la banque.

Biddle essaya alors de maintenir la banque des États-Unis tout au moins comme banque provinciale, et dépensa des sommes immenses pour obtenir un nouveau privilége de la législature de Pensylvanie. Comme dans cet État, essentiellement démocratique, la banque était généralement détestée, il fallut pour se concilier l'opinion publique faire des sacrifices sans nombre et de tout genre. Il n'y eut point de compagnie de chemin de fer, d'entreprise de canal, de pont ou de construction de route qui n'eût son compte ouvert à la banque, laquelle prêta des millions à ces diverses entreprises, bien qu'il fût facile de prévoir que jamais la moitié de ces avances ne pourrait rentrer dans ses caisses. On espérait couvrir ces pertes en obtenant le dépôt des fonds appartenant au trésor public; et les frais et les pertes d'aller ainsi toujours en augmentant jusqu'au moment où, après l'élection de Van-Buren à la présidence, force fut à la banque de Pensylvanie de suspendre ses payements.

Une des circonstances qui contribuèrent peut-être le plus à cette catastrophe fut une spéculation faite sur les cotons par la banque avec un capital de 35 millions de dollars (180 millions de francs) pour lequel elle n'avait pas d'emploi; spéculation qui excita la rivalité de la banque d'Angleterre, et qui aboutit de la manière la plus désastreuse à une dépréciation subite du cours des cotons. On a souvent reproché à Biddle d'avoir entrepris cette énorme spéculation uniquement pour accroître sa popularité et se poser candidat à la présidence en s'assurant ainsi les suffrages des planteurs du sud et du sud-ouest. Quoi qu'il en puisse être de cette accusation, il est évident que la spéculation reposait sur des données fausses, et que Biddle ou s'était exagéré les ressources de la banque, ou avait trop compté sur la confiance, ou, pour mieux dire, sur la crédulité publique. En 1839 il quitta la direction des affaires de la banque, circonstance qui porta un coup funeste au crédit de cet établissement et fit douter qu'il pût jamais reprendre le cours de ses payements en numéraire. Un an plus tard en effet la banque de Pensylvanie fit ouvertement faillite (1840), et peu de temps après Biddle comparaissait en justice sous la prévention de dol et de fraude, ainsi que de conspiration contre l'État; mais le tribunal le renvoya absous. Depuis cette époque, il vécut complètement étranger aux affaires publiques, dans une propriété qu'il possédait non loin de Philadelphie, et où il mourut en 1844. C'était incontestablement un homme d'une haute capacité financière et politique; mais il était devenu l'objet de l'exécration populaire.

BIDENT, genre de plantes de la famille des corymbifères, dont les graines sont surmontées de deux dents très-marquées : telle est l'*eupatoire femelle* ou *chanvre aquatique* (*bidens tripartita*, L.), qui pousse en France naturellement dans les fossés et les lieux marécageux, passe pour sternutatoire, et sert, dans la teinture, à colorer en jaune.

BIDENTALES, prêtres institués chez les Romains pour faire certaines cérémonies et expiations prescrites lorsque la foudre était tombée quelque part. La principale consistait dans le sacrifice d'une brebis de deux ans, appelée en latin *bidens*, d'où le lieu frappé de la foudre s'appelait *bidental*, et les prêtres chargés de le purifier *bidentales*. Il n'était point permis de marcher dans ce lieu avant sa purification. On l'entourait de palissades, et l'on y dressait un autel pour le sacrifice expiatoire, après lequel seulement il était rendu libre.

BIDENTÉ, BIFIDE, BIPARTI. Ces trois expressions indiquent des degrés divers d'une même disposition d'un organe. Ainsi, un pétale, un sépale, un stigmate, etc., est *bidenté* quand il présente à son sommet une fente peu profonde qui le partage en deux dents; si la fente s'étend à peu près jusqu'au milieu de l'organe, celui-ci est *bifide*; enfin, il est *biparti* quand la fente, se prolongeant plus profondément, gagne presque la base.

BIDET, cheval de petite taille, cheval de main, cheval de monture. On appelle *double bidet* un cheval de taille médiocre au-dessus de celle du *bidet* ordinaire.

BIDON, terme de marine, vaisseau de bois, ou espèce de broc, dont on se sert sur mer pour mettre et distribuer la ration de vin aux équipages. — On appelle aussi *bidon* un vase de ferblanc dans lequel les soldats vont chercher leur provision d'eau.

BIDPAI ou **PILPAI**. C'est le nom que l'on donne à l'auteur d'une collection de fables et de récits qui sont répandus depuis plus de deux mille ans en Orient et en Occident, où on les regarde même comme le résumé de toute la sagesse pratique de la vie. Grâce aux recherches approfondies de Colebrooke, de Wilson, de Silvestre de Sacy et de Loiseleur de Longchamps (*voir son Essai sur les Fables indiennes*, Paris, 1838), on connaît maintenant positivement l'origine de ce recueil, ses publications successives, et les transformations qu'il a dû subir à travers les siècles et chez les différents peuples. Sa source première est l'ancien recueil de fables indiennes intitulé : *Pantchatantra*, qui a souvent été traduit, paraphrasé et publié dans l'Inde même sous le nom d'*Hitopadeça*. La meilleure édition critique est celle qu'en ont donnée A. G. de Schlegel et Lassen (Bonn, 1829). En fait de traductions, il faut surtout citer la traduction anglaise de Wilkins (Londres, 1787) et la traduction allemande de Müller (Leipzig, 1844).

Sous le règne du roi de Perse Nouschirvan le Grand (531-579) le *Pantchatantra* fut traduit en langue pehlwi par son médecin Barsouyé, sous le titre de *Kalila et Dimna* (noms de deux chacals qui figurent dans la première fable). Cette traduction en langue pehlwi a péri, comme toute le reste de la littérature profane de l'ancienne Perse; cependant elle fut traduite en arabe sous le règne du khalife Almansour (754-775), par Abdallah-Ibn-Almokaffa, mort en 760 (publiée par Silvestre de Sacy, Paris, 1816; puis au Caire, 1836; en allemand, par Holomboe, Christiania, 1832, et par Wolf, Stuttgard, 1837). Cette traduction arabe est la source de toutes les traductions et imitations différentes qui circulent aujourd'hui en Orient et en Occident. Dans son introduction, le traducteur arabe, Abdallah-Ibn-Almokaffa, nomme l'auteur du recueil *Bidpai*, chef des philosophes indiens; et sa traduction est le texte que plusieurs poètes arabes ont ou mis en vers, par exemple : Abdelmoumin-Ibn-Hassan (*Les Perles des sages doctrines*), ou imité, par exemple : Abou-Igali-al-Habariya, mort en 1115 (*Celui qui crie fort et celui qui parle à haute voix*).

Le plus ancien poète de la littérature moderne persane, Roudeji, mort en 914, en a fait le sujet d'une grande épopée d'animaux. Il en existe d'ailleurs dans la nouvelle prose persane de nombreuses imitations, savoir : celles d'Abou'l-Maali-Nar-Allah (vers 1150), de Hosséin-Ben-Ali, surnommé Al-Vaez (publiée vers la fin du quinzième siècle, sous le titre d'*Anvâhri Souhailî*, ce qui veut dire : *Lumières de Canope* (Calcutta, 1805; Bombay, 1824; en français, par David-Sahid, Paris, 1644, et d'Abou'l-Fasl (publiée en 1590, sous le titre d'*Ayyâri dânish*, ce qui veut dire ; *Pierre de touche de la sagesse*). L'ouvrage fut traduit en turc d'après la traduction d'Al-Vaez, par Ali Tschelebi, vers la fin 1540, sous le titre de *Homayoun Nameh*, ce qui veut dire : *Livre impérial*, Boulak, 1735 (traduit en français par Galland; Paris, 1778). Le recueil a en outre été traduit dans les langues malaise, mongole et afghane.

La traduction arabe d'Ibn-Almokaffa servit à répandre l'ouvrage dans tout l'Occident, et vers la fin du onzième siècle il fut traduit en grec par Siméon Sethus, sous le titre de Στεφανίτης καὶ Ἰχνηλάτης, ce qui veut dire : *Celui qui est couronné par la victoire, et celui qui cherche* (publié par Stark; Berlin, 1697). Un siècle plus tard, il en parut une traduction en langue hébraïque, par le rabbin Joël, que Jean de Capoue, juif converti, traduisit, dans la dernière moitié du treizième siècle, sous le titre de : *Directorium humanæ Vitæ* (1re édit., 1480). Eberhard Ier, duc de Wurtemberg, mort en 1325, en donna une traduction allemande, sous le titre de : *Exemples des anciens Sages* (Ulm, 1483).

Le travail d'Ibn-Almokaffa fut aussi traduit en Espagne, sous le règne d'Alphonse X (1251), en langue castillane; puis de nouveau en latin par Raymond de Béziers, savant médecin, sur l'ordre de la reine Jeanne de Navarre, épouse du roi Philippe le Beau. Les traductions de Jean de Capoue et de Raymond de Béziers ont servi de texte original aux différentes traductions publiées dans les langues modernes de l'Europe : en espagnol (Burgos, 1498), en italien (Florence, 1548), en français (Lyon, 1556), en anglais (1570); en hollandais (Amsterdam, 1623); en danois (Copenhague, 1618); en suédois (Stockholm, 1743); en allemand (traduction la plus récente, Leipzig, 1802, et Eisenach, 1803).

On a souvent confondu le recueil de Bidpai avec le livre populaire des *Sept Maîtres sages*.

[On ne sait rien de bien certain sur Bidpaï. Cependant voici ce que raconte Ali-Ben-Alchah-Farcsi sur l'auteur du livre de *Calila et Dimna*, ouvrage qu'il a fait passer dans la langue arabe : « Alexandre venait d'achever la conquête de l'Inde; le roi Four, vaincu, avait cédé son trône à l'un des officiers d'Alexandre. Mais bientôt le vainqueur s'éloigna, et les Indiens, mettant à profit le repos qu'il leur laissait, renvoyèrent l'élu d'Alexandre, et choisirent à sa place, pour les gouverner, Dabschelim, de race royale. Dabschelim ne se vit pas plutôt maître du souverain pouvoir qu'il se livra à toutes ses passions, et commit à l'endroit de ses sujets les actes de la plus cruelle tyrannie. Or, en ce temps-là vivait un brahmane fort sage, fort savant et en grande estime par toute l'Inde. Ce brahmane avait nom Bidpaï. Après avoir assemblé ses disciples, il leur représenta combien la conduite de Dabschelim était odieuse. « Il

« est de votre devoir, leur dit-il, d'éclairer le roi, et de
« lui faire comprendre les périls où il nous précipite. Ce n'est
« pas avec la force et la violence que nous parviendrons à
« le convaincre ; la ruse peut nous aider utilement. » Comme
les disciples de Bidpaï semblaient douter que le succès fût
possible même avec la ruse, le savant brahmane imagina la
fable des grenouilles qui, à l'aide des oiseaux, viennent à
bout de se venger de l'éléphant, qui les écrasait sous ses
pieds. Ses disciples, à ce qu'il paraît, eurent peu de confiance
en la moralité de cet apologue, et ils refusèrent net
d'être les oiseaux qui vengeraient les grenouilles des injures
de l'éléphant. Le brahmane, indigné de leur refus, se décida
à affronter seul la colère du roi. Il entre dans le palais
du tyran ; Dabschelim s'étonne, car un long temps s'écoule,
et le brahmane, les bras croisés sur sa poitrine, la tête penchée,
garde un profond silence. « Pourquoi ne parles-tu
« pas ? » lui demande enfin Dabschelim. « Grand roi, répond
« Bidpaï, les sages m'ont instruit à me taire. » Cela dit, le
brahmane adresse au roi toutes les remontrances que lui a
méritées sa conduite depuis le jour où il est monté sur le trône.
Le roi l'écoute avec impatience ; mais le courageux brahmane
n'en continue pas moins de lui reprocher sa tyrannie. Dabschelim,
outré de colère, ordonne qu'on le mette en croix.
« Tu périras ! » s'écrie-t-il. La voix terrible du tyran n'a pas
fait trembler le brahmane. Il se laisse entraîner à la mort.
Mais, par bonheur, le roi se ravise. « Je lui fais grâce de la
« vie, dit-il à ses gardes ; qu'on le jette dans un cachot ! »
« Bien longtemps après, une nuit que Dabschelim ne pouvait
dormir, il se mit à chercher la cause de l'univers. Il
pensa aux étoiles, au soleil, à la lune, et ne put se rendre
compte de toutes ces merveilles. Bidpaï lui revint en mémoire,
et il l'envoya chercher. Le brahmane venu, Dabschelim
lui demanda comment et pourquoi avait été fait l'univers.
Les réponses de Bidpaï furent si sages, si concluantes,
que le roi, charmé, voulut, après l'avoir délivré de ses
chaînes, lui confier l'administration de son empire. Le brahmane
hésita beaucoup à prendre cette charge périlleuse,
mais, vaincu par les instances du roi, il consentit. L'Inde
fut heureuse.

Cet événement remontait déjà à plusieurs années, lorsque
le roi, voyant son règne tranquille, songea à le remplir de
gloire comme avaient été précédemment remplis de gloire les
règnes des souverains ses ancêtres. « Les rois mes prédécesseurs,
« dit-il au brahmane, ont été célèbres par les grandes
« et merveilleuses choses qui furent écrites sous leur règne.
« Je veux être célèbre comme eux. Fais un livre qui puisse
« me couvrir d'une illustration éternelle. Je te donne un an
« pour accomplir cette glorieuse tâche. » Le brahmane s'empressa
d'obéir. Enfermé dans sa maison avec un de ses disciples,
il lui dictait et revoyait à mesure tout ce que celui-ci
venait d'écrire. C'est de cette façon que l'ouvrage fut fait. Il
le composa de quatorze chapitres, dont chacun renfermait
une question, suivie d'une réponse. Après quoi tous les chapitres
étant réunis dans un seul livre, il le nomma de recueil
Calila et Dimna. Une foule d'animaux de toute espèce y
jouaient un rôle, parlant et discutant sur les choses du gouvernement
et de la vie. Bidpaï s'était servi de cette enveloppe
pour faire parvenir la vérité aux hommes. Le roi, fort content
de cet ouvrage, demanda au brahmane quelle récompense
il voulait obtenir ? « Je ne souhaite qu'une chose, répondit
Bidpaï, c'est que mon livre prenne place à côté des
livres qui ont illustré les règnes de vos ancêtres ; c'est qu'on
le garde comme un trésor, de peur qu'il ne tombe entre les
mains des Perses. »

Dix-huit fables de La Fontaine sont des imitations plus
ou moins rapprochées des fables de Bidpaï. Nous citerons
entre autres : *Les Deux Amis*, *La Lionne et l'Ours*, *Les
deux Perroquets*, *Le Roi et son Fils*, *La Souris métamorphosée
en fille*, *La Tortue et les deux Canards*, *Le
Marchand*, *le Gentilhomme et le Fils de roi*. Quelques
orientalistes ont même découvert dans Bidpaï la fable des
Deux Pigeons. E. DE VAULABELLE.]

BIEF ou BIEZ, canal élevé qui conduit l'eau sur une
roue hydraulique. Son nom lui vient, suivant la plupart des
étymologistes, de ce qu'il est ordinairement incliné ou *biaisé*.
L'intervalle entre deux écluses d'un canal porte aussi le nom de *bief*. Quand le canal traverse une
chaîne de montagnes, les biefs montent par échelons sur
les deux versants jusqu'au *bief de partage*, point culminant
du canal. *Voyez* CANAL.

BIEL (Grotte de), nom d'une très-curieuse cavité naturelle,
située dans le Harz, duché de Brunswick, non loin
de la grotte de Baumann, sur la rive droite de la Bode,
dans une montagne appelée *Bielstein*. Elle fut découverte
en 1762, et en 1788 un certain Becker en fit disposer l'entrée
de manière à la rendre plus commode aux visiteurs. Cette
entrée est à 38 mètres environ au-dessus de la rivière.

La grotte de Biel se compose de onze salles séparées.
Parmi les figures bizarres qu'y forment les stalactites, on
remarque surtout le grand orgue de la huitième grotte, et
la mer en courroux de la neuvième. C'est sur le *Bielstein*
que l'on adorait, dit-on, dans les anciens temps l'idole de
Biel, dont saint Boniface fit détruire l'image.

BIÉLA (Comète de). *Voyez* COMÈTE.

BIELEFELD, chef-lieu de cercle de l'arrondissement
de Paderborn, dans la province de Westphalie, sur le
chemin de fer de Cologne à Minden et au pied de la forêt de
Teutobourg, avec dix mille habitants. Les environs de cette
ville dépendaient autrefois du comté de Ravensberg, qui en
1609 passa sous la souveraineté de Brandebourg. Bielefeld
est le grand centre de l'industrie linière de la Prusse ; aussi
la culture et la filature, le tissage et le blanchissage du lin
constituent-ils les principales industries de la population.
La fabrique de Bielefeld livre chaque année à la consommation
plus de soixante-dix mille pièces de toile fine et
damassée. Il existe aussi dans cette ville des fabriques de
soie, de cuir et de tabac, etc. Elle est le siège d'un tribunal de
cercle, d'une chambre de commerce, et d'une société d'agriculture.
On y trouve trois églises protestantes, une
église catholique, un gymnase, une école industrielle et
plusieurs autres établissements d'instruction publique. La
ville est couronnée par des hauteurs, sur l'une desquelles
s'élève un vieux château fort, construit au temps des luttes
entre Henri le Lion et Frédéric Barberousse, appelé *Sparrenburg*,
et servant aujourd'hui de pénitentiaire. L'autre,
le *Joannisberg*, a été transformée en un parc charmant. De
l'une et de l'autre on jouit d'une vue délicieuse sur une vaste
plaine parfaitement cultivée et couverte d'habitations.

BIELLE. On appelle ainsi, en mécanique, une pièce de
fer employée le plus souvent pour les transmissions de mouvements
circulaires et tournant dans l'œil d'une manivelle,
laquelle, à chaque tour, fait faire un mouvement de vibration
à un valet placé sur un essieu, en le tirant à soi ou en
le poussant en avant. Il y a des biellles pendantes attachées
aux extrémités d'une pièce de bois. Elles sont accrochées
par une des extrémités à un valet, et par l'autre à un des
bouts du balancier.

La meule du rémouleur offre un exemple vulgaire de
manivelle fixée au centre de la meule, et recevant un mouvement
circulaire continu au moyen d'une bielle attachée
à la fois à la manivelle et à la *pédale*, à laquelle le pied du
rémouleur imprime un mouvement circulaire alternatif.
C'est aussi au moyen d'une bielle que le mouvement rectiligne
du piston d'une machine à vapeur est transmis aux
roues des locomotives et transformé en mouvement circulaire.

BIELSKI (MARCIN), ancien historien de la Pologne,
né, vers l'an 1495, dans le domaine de Biala, appartenant
à son nom, et situé dans le district de Siérady, passa sa
jeunesse à la cour du voïvode Kmita, entra plus tard au
service et assista en 1531 à la glorieuse bataille d'Obertyn,

dans laquelle le prince de Valachie fut vaincu par l'hetmann Tarnowski. Il revint plus tard se fixer à Biala, où il mourut, en 1575. Il est l'auteur de deux poëmes satiriques. Dans l'un, intitulé : *Sen Majowy* (Cracovie, 1590), il décrit les déchirements de la Hongrie, et, dans un rêve allégorique, prédit à sa nation le même sort, si les mœurs publiques ne deviennent pas plus chevaleresques; dans l'autre, dont le titre est : *Seym Niewiesci* (Cracovie, 1595), il dépeint en termes éloquents l'état déplorable où se trouvait alors la Pologne. Sa *Sprawa rycerska* (Cracovie, 1569), contenant les règles de l'art de la guerre d'après les écrivains anciens et modernes, et faisant connaître comment on menait alors la guerre en Pologne et dans les pays voisins, est un ouvrage d'un haut intérêt. Mais c'est surtout par ses chroniques que Bielski est devenu célèbre; elles font époque pour la formation de la prose polonaise, et sont, à bien dire, les premiers ouvrages historiques qu'ait eus la littérature polonaise. Sa *Kronika swiata* (Cracovie, 1550 et 1554), histoire universelle, qui remonte à la création et conduit le lecteur jusqu'au temps où vivait l'écrivain, est le résumé d'une foule d'autres historiens.

BIELSKI (JOACHIM), fils du précédent, après avoir fait ses études à l'académie de Cracovie, entra au service, et fit les campagnes d'Étienne Bathori contre Dantzig et la Russie. Dans les premières années du règne de Sigismond III, il fut secrétaire de ce prince, et devint ensuite député au tribunal de Lublin. Jaloux de perpétuer le nom de son père, il publia non-seulement ses poëmes satiriques, mais encore sa *Kronika Polska* (Cracovie, 1597), restée manuscrite et augmentée d'un supplément qui la conduit jusqu'au règne de Sigismond III; ouvrage qui, bien que portant le nom du père, serait presque entièrement, à en croire Ossolinski, l'œuvre du fils tout seul. Le style en est beaucoup plus formé, et l'exposition des faits, qui non-seulement est calquée sur les chroniques latines, mais contient aussi beaucoup de faits nouveaux, en est impartiale et exacte.

La franchise dont ont fait preuve les deux Bielski, surtout en ce qui touche les affaires de l'Église, les rendit suspects d'hérésie : aussi leurs chroniques furent-elles interdites et anathématisées en 1617, par l'évêque de Cracovie; circonstance qui explique pourquoi elles sont devenues si rares.

BIEN. Ce mot sert à exprimer plusieurs idées. Le bien, dans son acception la plus générale, le *bien absolu*, c'est l'accomplissement régulier et harmonieux de toutes les lois qui régissent l'univers, c'est l'ordre sage et bienfaisant qui préside à l'ensemble des phénomènes dont la succession et l'enchaînement constituent la nature. Le *bien* diffère du *vrai* en ce que le *vrai* est la pensée même des lois de l'ordre, et que le *bien* en est l'accomplissement. Ainsi, dans la pensée du Créateur, la terre doit tourner autour du soleil, les corps doivent s'attirer en raison inverse du carré de leur distance, l'homme ne doit pas nuire à son semblable et lui prêter assistance : voici le *vrai*. Mais si nous considérons les pensées du Créateur ou, si l'on veut, ces lois de la nature recevant leur exécution, ce ne sera plus seulement le *vrai*, ce sera le *bien*. Ainsi, il est *bien* que la terre accomplisse sa révolution autour du soleil, *bien* que l'homme porte secours aux maux de son semblable, etc. Le *bien* est donc la mise en œuvre de la pensée suprême, la réalisation du *vrai*. Le principe du vrai est dans la *sagesse* éternelle, celui du *bien* dans la *puissance* dont cette sagesse est armée pour réaliser ses pensées.

L'homme ne peut connaître le *bien* dans tout son développement, il sait seulement qu'il existe; de même qu'il ne peut connaître le *vrai* dans toute son étendue, à cause des bornes de son intelligence; mais de même aussi qu'il lui suffit de voir un seul côté de la vérité pour s'élever aussitôt à son principe, pour affirmer son immobilité et sa sagesse, et pour étendre ensuite son affirmation à tout ce qu'il ne connaît pas comme à tout ce qu'il connaît, de même il lui suffit de voir un seul exemple de *bien* pour s'élever à l'idée de *bien* en général, pour affirmer que la sagesse bienveillante du Créateur préside à l'ensemble de l'univers. Voilà comme il se forme l'idée du *bien absolu*, au moyen de la raison, qui généralise.

Le *bien* d'un être en particulier, c'est l'accomplissement régulier et sans obstacle de la fin pour laquelle cet être a été créé. Ainsi, le bien pour une plante, c'est son développement facile et complet; le bien pour un organe, c'est l'accomplissement régulier de ses fonctions; le bien pour un animal, c'est la satisfaction de tous les besoins que la nature a mis en lui; le bien pour l'homme, c'est le développement régulier et harmonieux de ses facultés physiques, intellectuelles, affectives et morales, développement qui a pour but l'accomplissement de sa destinée, c'est-à-dire son bien.

On voit par là que l'idée du bien absolu ne diffère de l'idée du bien particulier que du plus au moins. Le bien d'un être, c'est toujours l'accomplissement régulier des lois qui président au développement de cet être, et qui doivent le conduire à sa fin. La somme de tous les biens particuliers doit donner le bien absolu, c'est-à-dire l'accomplissement régulier de toutes les lois de l'univers; seulement, il ne nous est point possible de connaître jamais la totalité de cette somme, tandis que nous pouvons connaître quelques-unes de ses parties.

On peut remarquer aussi pourquoi l'homme confond l'idée de son bien avec celle de son bonheur. C'est qu'en effet la nature a attaché un vif sentiment de plaisir à la satisfaction de chacun de ses besoins, et que l'homme le plus réellement heureux est celui qui satisfait ses penchants les plus importants et se développe de la manière la plus conforme à sa destinée. Le bonheur n'est pas identique avec le bien, il en est le résultat et le complément. Mais l'homme les a confondus dans sa pensée, parce que l'un le conduit à l'autre. Aussi se trompe-t-il toujours en poursuivant le bonheur, s'il ne le cherche pas dans son bien, c'est-à-dire dans la satisfaction des besoins les plus nobles et les plus essentiels de sa nature, dans l'accomplissement de sa loi dernière, et s'il prend pour le bonheur les plaisirs que procure la satisfaction d'un besoin moins important, et qui peuvent entraver le développement de ses facultés principales, empêcher l'accomplissement de sa véritable destinée, c'est-à-dire son bien, et par conséquent son bonheur.

Il est encore facile d'expliquer pourquoi on appelle du nom de *biens* les richesses de toute nature qui sont en la possession de l'homme : c'est que ces richesses sont pour lui des moyens de développement, et que les ressources dont elles accroissent sa puissance peuvent l'aider, s'il sait en faire usage, à accomplir plus aisément les lois de la nature, c'est-à-dire son *bien*. Ainsi, c'est le *moyen* auquel, par analogie, on a donné le nom de la fin elle-même.

Le mot *bien* a encore une autre acception, la plus importante de toutes : nous voulons parler du *bien moral* (*æquum*, *honestum*), et que nous définirons : l'accomplissement du devoir. Le bien moral ne diffère du bien en soi que parce qu'il est imputable à l'homme lui-même, qui l'accomplit librement. En effet, quand l'homme pratique le bien (*honestum*), il ne fait autre chose qu'exécuter les lois de la nature et réaliser la pensée du Créateur, que sa conscience et sa raison lui révèlent, et dont il lui a réservé l'accomplissement. Seulement, il y a cette différence entre le bien qui s'accomplit directement par le fait de la nature et le bien qui s'accomplit par le fait de l'homme, que c'est à l'activité humaine qu'a été confiée l'exécution d'un grand nombre de lois, et que ces lois ne s'exécutent qu'autant que l'homme se prête et consent librement à le faire. Ainsi, le bien moral n'est autre chose que le bien fait sciemment et librement par l'homme. Ainsi, c'est une loi de la nature que l'intelligence d'un individu se développe en raison des moyens qui lui sont fournis et du but particulier auquel il est appelé; c'est une loi de la nature que la mère nourrisse son enfant et lui procure, pour opérer son développement physique et moral, toutes les ressources qu'il ne possède pas par lui-même. Mais ces lois ne recevront leur exécution qu'autant que l'homme les connaîtra, et emploiera son activité à en assurer l'accomplissement. Le bien en soi est hors de l'homme, le bien moral seul lui appartient; il constitue son mérite, car l'homme qui fait le bien concourt avec le Créateur à effectuer les lois qu'a établies la sagesse éternelle ; il devient le réalisateur de la pensée suprême. Remarquons, en terminant, que ce qui rend le bien obligatoire pour l'homme, c'est précisément parce qu'il consiste dans des lois qui ne sont point son ouvrage, qui préexistent dans la pensée de l'auteur de la nature, et qu'il a seulement reçu mission d'accomplir librement, par un privilége qui en fait la plus noble de toutes les créatures. C.-M. Paffe.

BIEN (Souverain). Le bonheur est une idée abstraite composée de quelques sensations de plaisir. Platon, qui écrivait malgré qu'il ne raisonnait, imagina son monde archétype, c'est-à-dire son monde original, ses idées générales du beau, du bien, de l'ordre, du juste, comme s'il y avait des êtres éternels appelés *ordre, bien, beau, juste*, dont dérivassent les faibles copies de ce qui nous paraît ici-bas juste, beau et bon.

C'est donc d'après lui que les philosophes ont recherché le *souverain bien*, comme les chimistes cherchent la pierre philosophale; mais le souverain bien n'existe pas plus que le souverain carré ou le souverain cramoisi : il y a des couleurs cramoisies, il y a des carrés, mais il n'y a point d'être général qui s'appelle ainsi. Cette chimérique manière de raisonner a gâté longtemps la philosophie.

Les animaux ressentent du plaisir à faire toutes les fonctions auxquelles ils sont destinés. Le bonheur qu'on imagine serait une suite non interrompue de plaisirs : une telle série est incompatible avec nos organes et avec notre destination. Il y a un grand plaisir à manger et à boire, un plus grand plaisir est dans l'union des deux sexes; mais il est clair que si l'homme mangeait toujours ou était toujours dans l'extase de la jouissance, ses organes n'y pourraient suffire; il est encore évident qu'il ne pourrait remplir les destinations de la vie, et que le genre humain en ce cas périrait par le plaisir.

Passer continuellement, sans interruption, d'un plaisir à un autre, c'est encore une autre chimère. Il faut que la femme qui a conçu accouche, ce qui est une peine; il faut que l'homme fende le bois et taille la pierre, ce qui n'est pas un plaisir.

Si on donne le nom de *bonheur* à quelques plaisirs répandus dans cette vie, il y a du bonheur en effet; si on ne donne ce nom qu'à un plaisir toujours permanent, ou à une file continue et variée de sensations délicieuses, le bonheur n'est pas fait pour ce globe terraqué : cherchez ailleurs.

Si on appelle *bonheur* une situation de l'homme, comme des richesses, de la puissance , de la réputation , etc., on ne se trompe pas moins. Il y a tel charbonnier plus heureux que tel souverain. Qu'on demande à Cromwell s'il a été plus content quand il était protecteur que quand il allait au cabaret dans sa jeunesse, il répondra probablement que le temps de sa tyrannie n'a pas été le plus rempli de plaisirs. Combien de laides bourgeoises sont plus satisfaites qu'Hélène et que Cléopâtre !

Il n'appartient certainement qu'à Dieu, à un être qui verrait dans tous les cœurs, de décider quel est l'homme le plus heureux. Il n'y a qu'un seul cas où un homme puisse affirmer que son état actuel est pire ou meilleur que celui de son voisin : ce cas est celui de la rivalité et le moment de la victoire. En effet il n'y a que le seul cas du plaisir actuel et de la douleur actuelle où l'on puisse comparer le sort de deux hommes en faisant abstraction de tout le reste. Un homme sain qui mange une bonne perdrix a sans doute un moment préférable à celui d'un malade tourmenté de la colique ; mais on ne peut aller au delà avec sûreté, on ne peut évaluer l'être d'un homme avec celui d'un autre; on n'a point de balance pour peser les désirs et les sensations.

Nous avons commencé cet article par Platon et son souverain bien ; nous le finirons par Solon et par ce grand mot qui a fait tant de fortune : « Il ne faut appeler personne heureux avant sa mort. » Cet axiome n'est au fond qu'une puérilité, comme tant d'apophthegmes consacrés dans l'antiquité. Le moment de la mort n'a rien de commun avec le sort qu'on a éprouvé dans la vie; on peut périr d'une mort violente et infâme, et avoir goûté jusque là tous les plaisirs dont la nature humaine est susceptible. Il est très-possible et très-ordinaire qu'un homme heureux cesse de l'être : qui en doute ? mais il n'a pas moins eu ses moments heureux.

Que veut donc dire le mot de Solon ? qu'il n'est pas sûr qu'un homme qui a du plaisir aujourd'hui en ait demain ? En ce cas , c'est une vérité si incontestable et si triviale qu'elle ne valait pas la peine d'être dite. Voltaire.

BIEN (Homme de). *Voyez* Homme de bien.

BIEN-DIRE, langage poli et élégant, manière de s'exprimer agréable et engageante , mais qui doit être naturelle pour conserver une acception favorable ; lorsqu'elle est accompagnée d'affectation, elle touche au ridicule. Il y a des différences marquées entre *bien penser, bien dire* et *bien faire*. L'axiome de Cicéron : *vir bonus dicendi peritus*, n'est que trop souvent en défaut, et il ne suffit pas toujours de *bien penser* et de *bien agir* pour *bien parler*. Le *bien-dire* tient de qualités qui sont le résultat de la plus ou moins grande perfection de l'organe de la parole et d'une étude attentive et suivie, à laquelle les hommes d'action dédaignent quelquefois de donner un temps qu'ils pensent pouvoir mieux employer. Le *bien-dire* dépend davantage aussi de la rectitude de l'esprit ; le *bien-faire*, de la force de caractère. Bien des gens, par exemple, sont d'excellents donneurs de conseils qui ne sont pas toujours les mettre en pratique pour eux-mêmes. Il ne faut pas croire pour cela qu'ils manquent de franchise dans leurs paroles; ils peuvent sentir, apprécier la force et la vérité de leurs propres discours, ils peuvent parler enfin avec conviction ; mais c'est l'énergie, la force d'exécution qui leur fait faute. En général, les paroles perdent beaucoup de leur poids et de leur autorité dans la bouche de ceux qui ne peuvent y joindre l'action.

BIEN-ÊTRE, situation, état d'une personne qui vit commodément, à qui rien ne manque pour être heureuse dans sa condition : *Sors hominis cui nihil deest*. Furetière a dit avec raison que la nature a donné l'*être* aux enfants, et que leurs parents leur doivent le *bien-être*, c'est-à-dire une bonne éducation, de bons conseils et une bonne direction, qui les mettent à même de se le procurer. Celui qui n'a que le nécessaire n'a cependant pas encore ce qu'on peut appeler le *bien-être*, à moins qu'il ne sache se contenter du nécessaire ; et dans ce cas, qui est certainement fort rare, on peut même encore avancer que le *bien-être* se compose d'un peu plus. Sans doute Horace comprenait dans son *aurea mediocritas* non-seulement la possibilité de satisfaire les désirs personnels d'un homme modéré, mais encore la faculté de pouvoir quelquefois donner ou partager son superflu, pour participer au *bien-être* d'autrui. Proscrire ce désir si louable et si naturel chez l'homme dont le cœur n'est pas corrompu par une fausse civilisation, ce serait le réduire à l'état d'égoïsme, pour lequel il n'est pas fait, et qui est d'ailleurs opposé à l'état social. C'est donc dans la bienfaisance et dans les occupations utiles à la société que l'homme qui a plus que le nécessaire doit chercher son *bien-être*. Ceux qui le trouvent dans des jouissances égoïstes sont presque aussi nuisibles à la société que ceux qui le font consister dans le mal; car ils sont vis-à-vis d'elle dans un même état d'hostilité, avec cette différence seule qu'on ne se tient pas en garde contre eux comme on pourrait le faire avec un ennemi déclaré.

L'amour du *bien-être* est moins une passion que la source naturelle de toutes les passions nobles. S'il l'emporte quelquefois sur l'amour de la patrie, c'est la faute de celle-ci; car un État bien constitué ne doit pas seulement protection et sécurité aux individus, il leur doit encore les moyens de mettre en œuvre les talents et les facultés dont ils sont doués pour leur propre avantage et celui de la société dans laquelle ils vivent. Quand les gouvernements comprendront cette grande vérité, ils auront des amis et des citoyens, au lieu d'avoir des sujets et des créatures; et ils n'auront plus de *dépenses secrètes*, parce qu'ils pourront avouer tous leurs actes.

La langue française est redevable du mot *bien-être* à Antoine d'Urfé, qui s'en est servi le premier dans son épître au roi Henri IV. A qui devrons-nous la *chose*?   E. HÉREAU.

BIENEWITZ ou **BENNEWITZ**. *Voyez* APIANUS.

BIENFAISANCE, de toutes les vertus de l'homme la plus active. Pour accomplir les œuvres qu'elle s'impose, les jours lui paraissent trop courts, elle prend sur ses nuits; elle souffre du repos. La bienfaisance fait plus que de donner, elle se dépouille avec joie; si les ressources lui manquent, elle apporte la fertilité de ses conseils et la chaleur de son dévouement; elle n'est pas que la raison du bien, elle en est la passion. Un des caractères propres à la bienfaisance, c'est qu'elle possède toutes les vertus dont elle a besoin; elle est tour à tour patiente et impétueuse, vive et insinuante; elle compose avec les obstacles, elle sait aussi les franchir. Un premier succès la conduit infailliblement à un second. Commandant par les sacrifices qu'elle s'impose, elle en profite pour augmenter à l'infini tous les genres de soulagement et de consolation.

A son insu, la bienfaisance exerce une grande influence lorsque la société touche au plus haut degré de la civilisation. Sans être un rouage de l'État, elle se glisse entre ceux-ci, et empêche qu'ils ne se choquent et ne se brisent. En effet, la fortune établit alors des distances si prodigieuses et des disparates si désolantes, qu'une guerre civile permanente existerait entre les citoyens; mais la bienfaisance réussit à rétablir l'équilibre, et, sans qu'on s'en aperçoive, amène à un partage continuel. Elle constitue en définitive un pouvoir d'autant plus irrésistible, qu'à la différence des autres, il donne au lieu de demander.

On peut dès les premières années habituer l'enfant à la bienfaisance; c'est une vertu à laquelle on s'attache et dont on ne peut plus se séparer. Ce devrait être la partie essentielle de l'éducation. Sur ce point on abandonne trop les enfants à leur propre sensibilité: le cœur est comme l'esprit, il a besoin à une certaine époque d'une culture constante.

La bienfaisance pour s'introduire dans les capitales est forcée de revêtir des formes qui lui coûtent; elle séduit les uns pour venir au secours des autres; le plaisir est son agent, mais en l'approchant elle le purifie. Il n'y a pas d'acte de bienfaisance où les femmes ne soient mêlées: dans ce genre elles deviennent tout ce qu'on peut entreprendre; elles ont si bien toutes les grâces du succès, qu'elles séduisent ceux qu'elles ne peuvent toucher.

Un érudit a prétendu que le mot *bienfaisance* datait de loin, et que l'abbé de Saint-Pierre n'en était pas l'inventeur. On trouve en effet, au dix-septième siècle, dans Balzac l'ancien, *bienfaisant* et *bienfaisante*. Quoi qu'il en soit, ce mot est né de la philosophie; il exprime un sentiment de solidarité, de sympathie humaine, qui se manifeste entre individus, hors de la famille et indépendamment du patriotisme ou de l'amitié. C'est, pour emprunter une définition de Sénèque, un acte de la conscience, un acte volontaire par lequel nous donnons de la joie et nous en recevons. Sous le christianisme la bienfaisance des Grecs et des Romains, un peu sensuelle et orgueilleuse, s'absorba dans la charité, mot plus vaste, qui confondait la bienfaisance dans l'amour de Dieu et du prochain. Mais lorsque les progrès de la civilisation appelèrent les droits positifs de l'homme à remplacer un droit divin, poétique sans doute, mais insuffisant désormais, le mot de charité perdit de sa faveur, et la bienfaisance prit sa source dans la *philanthropie*.

BIENFAISANCE (Bureau de), administration locale de secours publics qui, sous divers titres et avec diverses modifications, existe dans tous les pays. En France, les bureaux de bienfaisance gèrent, dans les communes, les revenus des pauvres et distribuent les secours publics. Sous l'ancienne monarchie, la déclaration de juin 1642 avait institué les *bureaux des pauvres*. Il y avait à Paris avant la révolution un *grand bureau des pauvres*, dirigé et présidé par le procureur général au parlement, et prélevant arbitrairement une taxe annuelle sur tous les habitants laïques et ecclésiastiques de Paris sans distinction, depuis les princes jusqu'aux artisans aisés. Il avait ses huissiers pour exiger le payement de cette taxe et pour contraindre les commissaires des pauvres à accepter et à remplir leurs fonctions. Quant aux ordres monastiques, par leurs distributions de soupes à la porte de leurs couvents, ils offraient moins de ressources à l'indigence qu'ils n'encourageaient la paresse et la mendicité. Après leur suppression, on sentit la nécessité de remplacer ces secours, généralement mal appliqués, par des moyens mieux dirigés: on institua donc, en 1790, les *comités de bienfaisance*, lesquels furent régularisés par la loi du 27 novembre 1796, et auxquels on assigna pour revenu un droit sur les spectacles, les bals et les plaisirs publics, des fondations, des quêtes, des dons, des souscriptions, certaines amendes de police et des subventions sur les revenus communaux. Il y en avait quarante-huit dans Paris (un par section), et un nombre proportionnel dans toutes les villes de France.

Les comités devenus *bureaux de bienfaisance* survécurent à tous les gouvernements qui se succédèrent jusqu'à la Restauration. En 1814 on réduisit le nombre de ces établissements à douze pour Paris: on leur donna le nom de *bureaux de charité*, et on changea l'organisation de leur personnel. Le maire de l'arrondissement et ses adjoints, le curé de la paroisse, les desservants des églises succursales, les ministres protestants, en furent membres nés; il y avait de plus douze administrateurs nommés par le ministre de l'intérieur, les commissaires des pauvres, les dames de charité et un agent comptable. En 1831 on sentit que le mot de bienfaisance était plus significatif et moins humiliant que celui de charité, et les *bureaux de charité* redevinrent *bureaux de bienfaisance*. Toujours en tout, mode, chicane, et abus de mots. Leur organisation fut modifiée après 1830: les curés, les prêtres, sans en être membres-nés, purent être élus. Maintenant chaque bureau est composé: 1° du maire de l'arrondissement, président-né du bureau; des adjoints, membres-nés, qui président le bureau en l'absence du maire; 2° de douze administrateurs nommés par le ministre de l'intérieur; 3° de commissaires des pauvres et de dames de charité, dont le nombre est illimité. Un secrétaire trésorier comptable est attaché à chaque bureau. Ces bureaux, sous l'autorité du préfet de la Seine et la direction de l'administration générale de l'assistance publique, sont chargés de la distribution des secours à domicile dans chacun des douze arrondissements municipaux de Paris. Dans tous, on distribue de l'argent, du pain, du bois, de la soupe, du vin, du linge, des layettes pour les nouveaunés, de la farine, des draps, et des médicaments aux individus et aux familles inscrits sur le registre des indigents, qu'on appelait autrefois *pauvres honteux*; on subvient au dénûment dans lequel se trouvent les convalescents qui sortent des hôpitaux, en leur donnant des aliments pour plusieurs jours et en leur procurant des outils. De plus, des distributions mensuelles de bons de pain, de viande, de paille, de sabots, etc., sont faites aux plus nécessiteux, aux ménages chargés d'enfants, aux blessés, aux orphelins sans appui. On fournit aux pauvres des cercueils pour leur inhumation. Dans chaque bureau il y a une cuisine et un laboratoire de pharmacie confiés aux sœurs de la Charité. Dans quelques-uns, au lieu de donner du bouillon en nature, on distribue des cartes sur des entreprises particulières. Douze médecins et quatre chirurgiens sont attachés à chaque bureau d'arrondissement. Les écoles, les ouvroirs, les asiles de charité dépendent aussi de ces bureaux.

En 1833 les bureaux de bienfaisance de France avaient à leur disposition un revenu de 10,315,746 fr. ; ils dépensèrent 7,399,556 fr., et secoururent 695,932 indigents. Il ne faut pas croire cependant que ce soit là le chiffre des nécessiteux du pays. Beaucoup de pauvres répugnent à demander ces secours ; quelques-uns les regardent comme insuffisants pour soulager leur misère; d'autres préfèrent mendier aux passants, d'autres sont à charge à leur famille ou à d'anciens amis ; enfin, dans une foule de communes il n'y a pas de bureau de bienfaisance, ce qui n'empêche pas qu'il n'y ait des malheureux. Sur les 6,275 bureaux de bienfaisance qui existaient en 1833, le département du Nord en possédait 618, celui du Pas-de-Calais 396; celui de l'Aisne 260 ; celui des Basses-Pyrénées 242 et celui de Seine-et-Oise 200. Il n'y en avait que 2 dans la Corse et la Haute-Vienne, 3 dans les Pyrénées-Orientales, 4 dans la Creuse, etc. Dans le département de la Seine, il y en avait, en 1841, 92, dont les recettes s'étaient élevées à près de 2 millions. Les recettes des bureaux de bienfaisance étaient de 13 millions en 1840, de 12,249,000 fr. en 1841.

A Paris le nombre des indigents inscrits aux bureaux de bienfaisance était en 1835 de 62,539, formant ensemble 28,969 ménages, dont 19,862 recevaient un secours annuel et 9,107 un secours temporaire. La somme distribuée ainsi en secours à domicile s'élevait à 1,417,514 fr. En 1841 Paris comptait 66,487 indigents inscrits, répartis en 29,282 ménages. Ce chiffre se décomposait ainsi : ménages ayant reçu des secours temporaires, 10,424 ; des secours annuels ordinaires, 14,383 ; octogénaires, 1,223 ; septuagénaires, 1,962 ; aveugles, 1,054 ; paralytiques, 236. Les chefs de ces ménages indigents se classaient de la manière suivante : mariés, 11,917; veufs, 10,408 ; femmes abandonnées, 1,898 ; on y ajoutait 4,496 célibataires adultes, 563 célibataires orphelins. 15,230 chefs de ménage avaient moins de soixante ans ; 14,052 avaient dépassé cet âge. Un seul était centenaire. 15,495 chefs de ménage étaient des hommes. 5,399 de ces ménages secourus occupaient des loyers de 50 francs et au-dessous ; 12,681 des loyers de 51 à 100 fr. ; 5,681 des loyers de 101 à 200 fr. ; 187 des loyers de 201 à 300 francs ; 13 des loyers de 301 à 400 fr. ; 2 des loyers au-dessus de 400 fr. ; 3,003 étaient logés à titre gratuit, et 2,317 comme portiers. Parmi ces indigents il y avait 1,982 individus sans état, 1,805 journaliers, 1,129 commissionnaires ou hommes de peine ; 880 cordonniers ; 778 marchands revendeurs ; 477 tailleurs ; 406 menuisiers ; 333 serruriers ; 300 maçons ; 278 peintres vitriers ; 197 bonnetiers ; 192 ébénistes ; 189 porteurs d'eau ; 171 cochers ; 156 corroyeurs, tanneurs, mégissiers et peaussiers ; 149 balayeurs ; 140 manœuvres ; 140 employés et écrivains ; 140 charretiers ; 139 imprimeurs en caractères ; 132 domestiques ; 131 savetiers ; 130 terrassiers ; 129 tisserands ; 124 fileurs ; 122 chiffonniers ; 119 tourneurs ; 111 charpentiers ; 24 relieurs ; 15 graveurs ; 10 compositeurs ; 6 libraires et bouquinistes ; 4 dessinateurs ; 3 chantres de paroisse ; 3 artistes dramatiques, etc., etc.

Le rapport de la population indigente de Paris a été en 1841 de 1 sur 13 habitants. Cette proportion varie beaucoup d'un arrondissement à l'autre. Ainsi dans le 2ᵉ arrondissement on trouvait un indigent sur 33 habitants ; dans le 3ᵉ, 1 sur 27 ; dans les 10ᵉ, 1ᵉʳ, 5ᵉ, 7ᵉ, 11ᵉ, 6ᵉ et 4ᵉ arrondisssements 1 indigent sur 19 à 15 habitants, dans le 9ᵉ 1 sur 8, dans le 8ᵉ et dans le 12ᵉ 1 sur 6.

Les recettes faites par les bureaux de bienfaisance de Paris sont le produit d'une subvention de l'administration des hospices, de legs et donations, de dons, collectes et souscriptions (ces dernières ressources ont monté en 1841 à 259,549 fr.), des troncs et quêtes dans les églises (27,692 fr. la même année), des représentations théâtrales, bals et concerts (9,182 fr.) et d'autres fonds généraux et spéciaux. Leur dépense a été la même année de 1,361,635 fr. Le 12ᵉ arrondissement est entré dans ce chiffre pour 241,323 fr. 95,811 fr. ont été distribués en espèces.

En 1844 le nombre des indigents inscrits dans les bureaux de bienfaisance s'éleva à 86,401 ; il s'éleva bien plus haut en 1847, année de disette. En 1820 il avait atteint le même chiffre qu'en 1844. En 1803 le chiffre des indigents s'élevait à 112,626, et en 1813 à 102,806. En 1850 les secours à domicile vinrent en aide à 94,619 indigents et coûtèrent 2,418,227 fr.

BIENFAISANCE PUBLIQUE, CHARITÉ LÉGALE, ASSISTANCE OFFICIELLE. Ces noms divers servent à caractériser les institutions par lesquelles les sociétés organisées viennent publiquement au secours des infortunes qui naissent dans leur sein. Si le nom change avec le sentiment qui l'inspire, le but est toujours le même, à savoir de venir au secours de celui qui souffre.

Dans les sociétés antiques de l'Occident les pauvres n'étaient point isolés et livrés à eux-mêmes : ils étaient fortement groupés autour des riches, dans la famille par les liens de l'esclavage, dans la cité par ceux de la confraternité et du patronat. Le maître avait intérêt à conserver ses esclaves, qui formaient sa fortune ; le patron, à assurer le bien-être de ses clients, dont le nombre faisait sa puissance. Ce ne fut que lorsque les liens qui aggloméraient les pauvres autour des riches se furent relâchés, lorsqu'il se fut formé dans les villes un peuple indépendant, voué au négoce et aux travaux mécaniques, que la misère, c'est-à-dire la pauvreté extrême et permanente, se manifesta, puis obtint des riches, en excitant leur pitié ou en leur vendant ses suffrages, des largesses régulières, qui élevèrent insensiblement l'indigence et bientôt la mendicité au rang des faits normaux et des plaies désormais incurables du corps social.

Chez les anciens, dit Chateaubriand, l'assistance se résumait en deux mots : infanticide et esclavage. L'hospitalité patriarcale des temps primitifs s'était singulièrement amoindrie au contact des lois brutales de la Grèce et de Rome : un patriotisme farouche, la fatalité, la servitude, ne pouvaient faire naître de douces compassions. Ce fut bien lentement que les Grecs et les Romains modifièrent leurs sentiments à cet égard et cessèrent d'assimiler leurs esclaves aux bêtes. Tite-Live revient fréquemment sur la misère des Romains, mais sans mentionner jamais ni hôpitaux ni systèmes d'assistance publique. Le polythéisme de ces peuples ne faisait point de l'aumône un devoir religieux ; et si Virgile s'écrie : *Non ignara mali, miseris succurrere disco*, pensée d'un sage du paganisme qui se retrouve chez plus d'un auteur éclairé, chez plus d'un vrai philosophe des anciens jours, Plaute, qui écrivait dans l'avant-dernier siècle avant l'ère chrétienne, et qui ne faisait guère que copier les comiques grecs, ne met-il pas dans la bouche de *Frinummus*, un de ses personnages, cette sentence terrible : « C'est rendre un mauvais service à un mendiant que de lui donner de quoi manger ou de quoi boire, car on perd ainsi ce qu'on lui donne, et l'on ne fait que prolonger sans fruit pour la société une misérable existence. »

12.

Dans l'Orient, la religion faisait, au contraire, de la bienfaisance un devoir positif. Les livres sacrés des Indous, des Perses, des Juifs, vont jusqu'à prescrire la quotité de l'aumône que les riches doivent aux pauvres. Le Coran, sans fixer un *minimum*, formule, à plusieurs reprises, le précepte religieux de la charité. Moïse est à cet égard plus positif encore : « Faites part, dit-il, de votre pain à celui qui a faim; faites entrer dans votre maison les pauvres qui ne savent où se retirer, et lorsque vous verrez un homme nu, empressez-vous de le vêtir! » L'hospitalité arabe n'existe-t-elle pas encore de nos jours? Aussi l'indigence et la mendicité ont-elles atteint chez ces peuples un développement auquel l'immuable organisation des sociétés théocratiques était seule capable de résister.

Mais la véritable bienfaisance publique, il faut bien le reconnaître, est toute d'origine chrétienne. A tort on essayerait de ravir à la religion du fils de Marie cette glorieuse auréole; à tort on nierait la charité chrétienne, pour lui assigner une origine plus raffinée ou plus philosophique. On est forcé de convenir que l'application de cette vertu n'a été réelle que dans les jours nouveaux du christianisme. Le christianisme, qui est supérieur aux autres cultes en ce qu'il étend le devoir religieux à tout ce qui peut inspirer l'amour du prochain, mais qui n'en recommande pas moins l'aumône comme une des principales manifestations de cet amour, comme une forme et un produit essentiel de la charité, fit éclore dans l'empire romain de nombreuses institutions destinées au soulagement des pauvres, tandis que les abondantes aumônes distribuées par les couvents et par le clergé donnaient à l'accroissement de la mendicité une impulsion dont les conséquences sont encore visibles dans l'Europe moderne.

Toutefois, ni les sociétés antiques ni celles du moyen âge n'ont connu le **paupérisme**, cette lèpre qui envahit des classes entières, et devient leur état normal par l'effet même des causes qui favorisent l'accroissement de la richesse et le développement de la prospérité générale. On ignorait alors le prolétariat, c'est-à-dire l'apparition d'une classe ouvrière indépendante, soumise par son indépendance même à l'action immédiate des lois qui règlent la distribution des richesses. A quoi songent Gratien, Valentinien et Théodose pour couper court aux abus de la mendicité? Instituent-ils des maisons de travail, des ateliers, des ouvroirs, des asiles, des secours à domicile? Pas le moins du monde! Ils ordonnent tout simplement d'arrêter les mendiants valides pour rendre à leurs maîtres ceux qui sont esclaves, pour assujettir au colonat ceux qui sont libres.

Plus tard l'esclavage, au moins dans l'action préventive, fut remplacé pour la population agricole par le servage, et pour celle des villes par les **corporations** de métiers et par les **confréries** religieuses. Le pauvre qui ne trouvait place dans aucun de ces groupes cessait d'appartenir à la société. La **mendicité** ou le brigandage devenait sa seule ressource. Qui n'a entendu parler de ces bandes organisées qui jadis étalaient dans les villes ou promenaient dans les campagnes leurs ignobles ruses et leurs mœurs scandaleuses? Mais ce n'était pas le paupérisme, qui atteint le travailleur lui-même au sein de l'industrie. Les statuts des ordres religieux commandaient aux fidèles la charité et les secours envers les pauvres. Les voyageurs étaient inscrits en première ligne dans la nomenclature des devoirs du chrétien. Les invasions successives qui signalèrent le laps de temps qui s'écoula du cinquième au dixième siècle jetèrent la France dans une confusion telle, que les **fondations** pieuses ou furent détruites, ou dévièrent promptement de leur primitive vocation. Charlemagne lui-même, malgré ses lois et sa vigilance, ne put opposer une digue au torrent. Pendant les croisades les sentiments chrétiens des chevaliers et les maladies affreuses qui désolèrent les villes et les campagnes motivèrent la création d'une foule de **maladreries**, et donnèrent pour l'époque une extension remarquable à la charité publique.

De 1254 à 1259 Louis IX mit en œuvre les projets les plus généreux qu'il ait été donné à un roi d'accomplir pour le soulagement des misères publiques. En parcourant les historiens de cet homme si prodigieux de bienveillance et de simplicité, on a peine à comprendre comment il put venir à bout d'aussi monumentales fondations en présence des difficultés qu'il dut rencontrer dans les esprits de son temps. Mais après cette époque, où la charité française brille d'un si vif éclat, nous retombons dans les invasions étrangères et dans les malheurs qu'elles traînent à leur suite. Excepté quelques fondations, dues à des grands vassaux, à des particuliers, à Henri IV, à Louis XIV, à saint Vincent de Paul, dans la capitale ou dans les provinces, toutes régies par des ordonnances locales, des chartes, des titres spéciaux, la bienfaisance publique n'a rien de complet, de régulier, d'homogène. Cependant, en lisant nos vieilles chroniques municipales, le nombre considérable de bienfaiteurs, princes, abbés, prêtres, bourgeois, ouvriers enfants de leurs œuvres, femmes du peuple et grandes dames, prouve d'une manière irrécusable l'intérêt que l'infortune n'a jamais cessé d'inspirer à nos concitoyens, même au milieu des jours les plus néfastes de notre histoire nationale.

Le dix-huitième siècle devait par ses aspirations économiques offrir nécessairement une large part à la bienfaisance publique. Les Cochin, les Monthyon, les Necker, les lois spéciales des 3 septembre 1791, 19 mars 1793, 7 octobre 1796, en sont l'expression la plus frappante, la plus réelle. De leur côté, les nations étrangères développaient aussi cette vertu suivant leur génie et leurs besoins. En Angleterre la bienfaisance recevait une extension considérable, soit par le système d'*allowance* (secours aux valides), soit par la taxe des pauvres, soit par les sociétés charitables, soit par les secours aux invalides. Mais la plus forte partie de cette taxe revient à la bienfaisance. En 1832 elle s'élevait à 7,036,968 livres sterling (175,924,200 francs). En 1849 l'Angleterre secourait 815,523 indigents. En 1851 elle n'en secourait plus que 744,860. Cette diminution du paupérisme britannique, malgré l'accroissement notable de la population, est-elle un argument en faveur du bien-être croissant des classes laborieuses et prévoyantes de ce pays? Faut-il en faire honneur aux 607 *unions* et paroisses de l'Angleterre? En face du poids écrasant de la taxe des pauvres, nous n'avons pas à nous prononcer sur ce point.

En Hollande, en Prusse, la bienfaisance publique a rencontré dans son application moins d'obstacles, moins d'abus surtout qu'en Angleterre. La Belgique suit les idées françaises; mais elle n'est pas arrivée au degré de perfection de la Suède, du Danemark, de la Bavière et de la Suisse. Saxe-Weimar et le Wurtemberg pourraient donner d'utiles enseignements aux États méridionaux de l'Europe, et leur apprendre une assistance plus judicieuse que celle qui se pratique en Italie, en Espagne, en Portugal, ces beaux pays dans lesquels, malgré la somptuosité des institutions charitables, on chercherait vainement la trace d'une bienfaisance publique régulièrement organisée et sagement répartie. Toutefois, les établissements hospitaliers de Turin, Florence, Vienne, Milan, Gênes, et les associations religieuses philanthropiques de Rome sont bien dirigés, et font honneur à l'intelligence et aux vertueuses sympathies de leurs fondateurs. Au Brésil la bienfaisance publique ne mérite que des éloges. Elle est moins irréprochable aux États-Unis. Il est vrai que les immigrants d'Europe y augmentent incessamment le nombre des indigents secourus par les sociétés charitables, et que sur le chiffre de 62,000, auquel ils s'élèvent, ils ne figurent pas pour moins de 32,000.

Chez nous les plans de l'Assemblée constituante de 89 tendaient à organiser d'une manière judicieuse les secours publics; mais, comme beaucoup de bonnes choses que les hommes n'ont pas le temps d'appliquer, ces bonnes intentions restèrent à l'état de projet.

La bienfaisance publique s'exerce en France au moyen de secours à domicile distribués par les bureaux de bienfaisance et par un système d'h o s p i c e s et d'h ô p i t a u x. Voici quelques-unes de ses principales applications matérielles.

En 1849 les 1270 hôpitaux et hospices de France ont coûté 51,900,415 fr., et avec un revenu de 54,116,660 fr. ils ont secouru plus d'un million d'indigents. Pour Paris l'administration des hôpitaux et hospices a dépensé cette même année 15,132,164 fr. sur une recette de 15,236,473 fr., non compris 700,153 fr. de dons particuliers. Avec cette dépense on a réussi à soigner 21,997 personnes, et l'on a fait face à l'entretien de 27,296 lits, à celui des édifices, aux achats des médicaments, aux frais du personnel, etc. Enfin, les recettes générales de l'administration de la bienfaisance publique à Paris ont été en 1850 de 18,032,440 fr., et les dépenses de 15,156,962.

On a calculé qu'il y avait en France plus d'un million d'indigents, non compris ceux qui sont admis dans les hospices ou hôpitaux et ceux qui sont passagèrement privés de moyens suffisants de travail et d'existence. Le paupérisme a été divisé en zones, suivant son degré d'intensité. Ainsi les départements du Nord, de la Seine, du Rhône, de l'Aisne, de la Somme, d'Ille-et-Vilaine, du Morbihan et des Bouches-du-Rhône occupent le premier degré de la zone principale. En général, cependant, il n'y a guère que vingt départements où le nombre des indigents soit un peu considérable.

Après avoir jeté un coup d'œil sur l'exercice de la bienfaisance publique chez nous et chez quelques autres peuples, nous nous trouvons jeté à notre insu dans des doutes fort graves. Ainsi, d'un côté nous remarquons que les institutions charitables les plus étendues, les plus parfaites, sont en plein exercice, et de l'autre nous voyons qu'elles sont impuissantes à opposer une digue à la marée montante du paupérisme, qui envahit les sociétés modernes, et fait tristement penser à cette sombre vérité d'un poëte anglais :

What is the life? A war, eternal war, with woe!...

Aussi se demande-t-on partout avec anxiété si une population toujours croissante, une concurrence de plus en plus anarchique, l'abandon de l'agriculture, l'agglomération des ouvriers dans les villes, l'ignorance, l'intelligence de la vie, le manque de travail, la fréquence des révolutions, les mauvaises récoltes, l'immoralité, ne sont pas les principales causes des misères de toutes espèces qui désolent tant de pays. Et là dessus les gouvernements se mettent à réviser leurs législations charitables. Mais est-il donc possible, même avec une taxe comme celle de l'Angleterre, d'arriver à détruire le paupérisme ? Les illusions et les théories sont-elles encore permises quand il faut secourir collectivement malades, indigents, orphelins, enfants trouvés, sourds-muets, aveugles, aliénés, mendiants, prisonniers, etc?

Malheureusement, interroger ainsi, c'est mal interroger. Presque partout la question a été mal posée ; on en a fait une question de morale, de politique, presque de théologie. On s'est préoccupé exclusivement des devoirs de la société envers les pauvres, comme s'il ne fallait pas, avant de rechercher ce que la société *doit*, s'informer de ce qu'elle *peut*.

M. Duchâtel, dans son livre sur la charité, expose fort bien les causes de la misère et les tendances désastreuses de la charité légale ; mais après être ainsi entré dans la bonne voie, il s'arrête, et se borne à « faire un devoir à l'État d'intervenir à ses frais dans le soulagement des pauvres toutes les fois que la prudence ou la charité ne suffiront pas à prévenir ou à soulager l'indigence ». La charité légale ne pouvait pas s'exprimer autrement.

D'autres écrivains, MM. de Morogues, de Villeneuve-Bargemont, Degérando, Thiers, etc., se sont placés dans la question qui nous occupe sur un terrain si fictif, si mouvant, qu'avec eux aucune lutte sérieuse, profitable à la science, n'est possible. M. Thiers résume ainsi son opinion :

« L'État, comme l'individu, doit être bienfaisant; mais, comme lui, il doit l'être par vertu, c'est-à-dire librement, et, de plus, il doit l'être prudemment. Et ce n'est pas pour lui assurer le moyen de donner moins ou de donner peu, mais afin de garder la fortune publique, qui est celle des pauvres encore plus que celle des riches ; c'est afin de maintenir l'obligation du travail pour tous, et de prévenir les vices de l'oisiveté, vices qui chez la multitude deviennent facilement dangereux et même atroces. Mais l'État libre et prudent dans sa liberté n'en sera pas moins largement bienfaisant.... Il voudra que nos cités ne soient pas des repaires de misères ou de vices ; il s'attachera à diminuer la somme des souffrances par l'amour du bien, qui égalera dans son cœur l'amour du beau et du grand. Il sera aussi fier d'épargner aux étrangers le spectacle de mendiants mourant de faim que jaloux de leur montrer nos monuments d'art ou de gloire.... L'État, en un mot, sera un honnête homme, agissant par les impulsions qui conduisent l'honnête homme, l'amour du bien et du beau, et en étant un honnête homme, il sera aussi un homme juste et sage. Tels sont, à notre avis, les seuls principes vrais en fait d'assistance. »

Tout cela est admirablement écrit ; mais qu'est-ce que tout cela prouve? M. Thiers se fait gloire, nous le savons, d'ignorer et de nier les questions sociales. « Pour être conséquent avec lui-même, dit M. A.-E. Cherbulliez, M. Thiers doit nier bien d'autres choses encore. Mais l'arithmétique, pour être ignorée et niée par les dissipateurs, n'en est pas moins certaine. Pourvu, d'après l'ex-représentant, pourvu que l'État paraisse largement bienfaisant dans ses lois, dans son budget, et pourvu qu'on empêche les pauvres de vaguer en haillons, peu importe que la misère augmente d'année en année.

L'État, suivant M. Cherbulliez, ne doit ni pratiquer la bienfaisance publique ni intervenir dans l'exercice de la charité privée. La bienfaisance est un de ces besoins auxquels la société ne saurait pourvoir que par elle-même, par le libre développement de ses facultés morales et de ses forces productrices. Livrée à ses propres inspirations, la société ne tarderait pas à comprendre que la bienfaisance pour être efficace, pour ne pas devenir un encouragement à l'oisiveté, aux vices, à la fraude, doit adopter certains principes et s'imposer certains devoirs, principes et devoirs qui peuvent se résumer ainsi : la charité doit combattre les causes de l'indigence, c'est-à-dire la prévenir en même temps qu'elle s'applique à la soulager. Elle doit travailler à détruire la misère plutôt qu'à la secourir.

Mais, répond le prudent économiste, M. Félix Mornand, « les détracteurs de la bienfaisance publique, et M. Cherbulliez en tête, partent d'une donnée évidemment morale et équitable : à savoir, que tout homme ici-bas, sauf le cas flagrant d'impossibilité, dont ces rigides logiciens paraissent ne tenir aucun compte, est chargé de pourvoir à ses propres destinées ; que c'est à tort qu'il compte sur la collection de ses semblables, c'est-à-dire sur la société, pour l'exonérer de ses strictes obligations envers soi-même. Voilà le vrai, sans doute ; mais dans la pratique que d'exceptions, que de malheurs involontaires, que de précoces infirmités, que de constitutions débiles, que de *maladies* contractées sous l'influence même de ce travail qui *doit* donner à tous le bienêtre! Vous dites que chacun peut épargner : et comment, si votre loi suprême de l'offre et de la demande réduit dans tant de cas les salaires au taux strict, sinon au-dessous des besoins? Oui, les hôpitaux, comme toutes les autres institutions de bienfaisance, doivent tendre sans cesse à disparaître d'un milieu de plus en plus parfait, de plus en plus aisé ; il est permis de croire qu'avec le temps, grâce aux progrès de la richesse générale, grâce à l'hygiène, grâce à la moralisation, grâce à la charité, grâce à une répartition peut-être plus équitable et plus fraternelle des produits du travail humain, le pauvre échappera à la double épouvante et de l'infirmerie commune, et de l'ossuaire commun. Nous croyons au bien, non pas complet sans doute, non pas définitif, mais croissant, malgré des oblitérations passagères, plus apparentes que réelles. Toutes ces choses alors, hôpitaux et bureaux de charité, et autres, cesseront d'exister ou à peu près, non de par les arrêts des logiciens de Genève, mais comme les béquilles tombent à un boiteux guéri, qui n'en a plus besoin. En l'état actuel des sociétés chrétiennes, ces palliatifs sont-ils nécessaires? Là est apparemment la question. Que les théoriciens de Genève ou d'ailleurs répondent non, s'ils l'osent. Quant à moi, j'estime que condamner, au temps où nous vivons, de telles institutions, comme pouvant paralyser la prévoyance, c'est tout justement proscrire le vin, parce qu'il grise; l'eau, parce qu'elle noie; l'aliment, parce qu'il indigère; la flamme, parce qu'elle brûle. »

E. G. DE MONGLAVE.

BIENHEUREUX. C'est celui qui jouit de la béatitude, *beatus*, *beati*, *cœli cives*, *cœlites*. On dit la *bienheureuse* Vierge Marie, les *bienheureux* apôtres. Le paradis est le séjour des *bienheureux*, c'est-à-dire de ceux auxquels une vie pure et sainte a mérité le royaume des cieux. Le titre de *bienheureux* est particulièrement donné par l'Église à ceux qui ont été béatifiés (*voyez* BÉATIFICATION), comme on donne le nom de *saints* à ceux qui ont été canonisés.

BIENJOINT, nom d'un arbre de l'île de France, appelé par les botanistes *terminalia angustifolia* (*voyez* BADAMIER), dont le bois est dur et solide. Le mot s'est facilement transformé en celui de *benjoin*, quoique ce ne soit pas ce végétal qui fournisse le baume connu sous ce nom.

BIENNE, synonyme de bisannuel.

BIENNE (Lac de). Ce lac, assez rapproché de celui de Neuchâtel, dont il fut peut-être l'extrémité nord-est à une époque très-reculée, est traversé par la Thielle, qui en sort près de la petite ville de Nidau, et tombe dans l'Aar. Sa longueur est d'environ 17 kilomètres, et sa largeur moyenne n'excède guère 3 kilomètres. Beaucoup moins profond que le lac de Neuchâtel, dont il reçoit les eaux, il se comble sensiblement à l'embouchure des torrents et des ruisseaux qu'il reçoit, en sorte que la capacité de son bassin diminuant sans cesse, tandis que les eaux y affluent quelquefois avec abondance lors de la fonte des neiges, ses bords sont exposés à de fréquentes inondations. Nidau et ses environs en souffrent beaucoup; car les eaux y séjournent assez souvent, quelquefois pendant trois mois. Malgré cet inconvénient très-grave et l'insalubrité qui en est la suite inévitable, Bienne et son lac sont visités par tous les voyageurs en Suisse; aucun ne se dispense de parcourir l'île de Saint-Pierre, devenue si célèbre par le séjour qu'y fit J.-J. Rousseau. Il ne fallait rien moins que la plume et le cœur d'un écrivain pour répandre quelque charme sur ces lieux, que la nature n'a pas plus favorisés de ses dons qu'une multitude de contrées qui n'excitent pas la curiosité, quoique les sites y soient encore plus pittoresques que sur les bords du lac de Bienne.

La ville de *Bienne*, ou *Biel*, située à l'embouchure de la Suse dans ce lac, sert d'entrepôt au commerce de Neuchâtel. Bâtie au onzième ou au douzième siècle, elle a environ 4,300 habitants, dont le plus grand nombre appartiennent à la religion réformée. Réunie à la France à la suite de la révolution de 1798, elle fit retour en 1815 au canton de Berne, auquel elle appartenait depuis le quinzième siècle. Quoique la population y parle allemand, une espèce de patois français est déjà en usage dans les villages voisins. L'industrie de la ville de Bienne a pris des développements considérables dans ces dernières années. La fabrication des cotons, des cigares et du fil de fer s'y fait sur une large échelle; celle des montres y occupait en 1830 près de cinq cents ouvriers.

FERRY.

BIEN PUBLIC (Ligue du). C'est le nom donné à la coalition armée qui se forma contre Louis XI peu de temps après son avénement au trône. Ce prince s'était aliéné le peuple par les impôts dont il l'écrasait, la noblesse par les dédains dont il l'abreuvait et l'abaissement où il voulait la faire tomber, le clergé par l'abolition de la Pragmatique-Sanction. Spéculant sur le mécontentement général, le duc de Bretagne devint l'instigateur de la révolte, et, secondé par Charles, comte de Charolais, il parvint sans peine à entraîner le duc de Bourbon et le duc de Berry, frère du roi. Un manifeste, publié en mars 1465 par le duc de Bourbon, annonça que *la ligue du Bien public* avait pour objet la réforme de l'État, le bien et le soulagement du peuple, et les hostilités commencèrent.

Le duc de Bretagne devait arriver par l'Anjou avec 10,000 hommes, et le comte de Charolais par la Picardie avec les forces de la Flandre et de l'Artois. Le duc de Bourbon, soutenu d'un côté par le prince d'Armagnac, qui soulevait le Languedoc et la Guienne, de l'autre par les troupes de la Bourgogne, devait marcher sur le Berry; tandis qu'une armée de Lorrains et d'Italiens serait conduite à travers la Champagne par le duc de Calabre. Ce plan formidable était tracé de manière à envelopper Louis XI vers Paris par plus de 60,000 hommes. Il ne s'effraya pas cependant. Il dévoila nettement le but des seigneurs, et répondit au manifeste du duc de Bourbon : « Si j'avais voulu augmenter leurs pensions et leur permettre de fouler leurs vassaux comme par le passé, ils n'auraient jamais pensé au *bien public*. »

Après avoir pris d'énergiques mesures de défense, chargé le comte de Foix de maintenir le Languedoc, opposé le comte du Maine au duc de Bretagne, confié les marches de Picardie au comte de Nevers, et livré la garde de Paris à Charles de Meulan, au cardinal de Balue, et surtout à la fidélité des bourgeois, Louis XI entra lui-même dans le Berry, à la rencontre du duc de Bourbon ; l'ayant obligé ainsi que le prince d'Armagnac à conclure une trêve, et, à force d'habileté, de pardons, capitulations et grâces, ramené à lui le Berry, il revint à marches forcées vers la capitale, que le comte de Charolais avait tenté vainement de surprendre. Les deux armées se rencontrèrent près do Montlhéri; la bataille fut sanglante. Le roi et le comte signalèrent également leur bravoure, sans pouvoir décider la victoire. A la suite de ce combat, Louis XI se retira à Corbeil, retraite qui faillit lui coûter Paris, dont la haute bourgeoisie se serait donnée aux princes sans la résistance du peuple, qui prit les armes et fit échouer la trahison. Enfin, après deux mois de négociation, suivant le conseil de François Sforza, duc de Milan, qui lui disait que pour dissiper la ligue il fallait tout promettre, sauf à voir ensuite ce que les circonstances obligeraient de tenir, Louis XI signa le traité de Conflans, par lequel il cédait la Normandie à son frère, et donnait des terres considérables aux principaux chefs. Cette trêve n'était sincère ni d'un côté ni de l'autre, et le roi ne tarda pas à la violer. Dans ce traité il ne fut pas dit un mot du *bien public*, prétexte de la guerre, et le peuple fut plus accablé qu'auparavant.

BIENS. En droit on comprend sous ce nom tout ce qui est susceptible de propriété ou de possession. Les *biens* ont été ainsi nommés parce qu'ils contribuent au bien-être et au bonheur de l'homme; *bona ex eo dicuntur quod beant*, *quod beatos faciunt*.

Les biens se divisent en deux classes principales, les *meubles* et les *immeubles*. La nature, la destination des biens ou les déterminations de la loi règlent dans quelle classe on doit les ranger.

On distingue aussi les biens *corporels*, c'est-à-dire ceux qui ont une existence matérielle, et les biens *incorporels*, c'est-à-dire ceux qui ne se manifestent pas sous une forme physique. Ainsi un droit de servitude, une créance, un droit d'usufruit, sont des biens incorporels.

On distingue encore les biens qui sont dans le commerce de ceux qui sont hors du commerce. Ces derniers comprenaient, outre les biens du domaine public, ceux qui sont joints à la dotation présidentielle, aux majorats, etc.

Considérés dans leurs rapports avec ceux qui les possèdent, les biens appartiennent à des particuliers, à l'État, aux communes ou aux établissements publics. Les particuliers ont la libre disposition des biens qui leur appartiennent, sous les modifications établies par la loi. Des lois particulières déterminent de quelle manière doivent être administrés les biens qui appartiennent à l'État, dans quelles circonstances et avec quelles formalités ils peuvent être aliénés (*voyez* DOMAINE PUBLIC). Enfin, des dispositions spéciales régissent également les biens possédés par les communes, les fabriques et les établissements de bienfaisance (*voyez* BIENS COMMUNAUX). La loi protège également de garanties spéciales les biens des *mineurs*, des *interdits*, des *femmes*, des *absents*, etc.

Depuis que les ministres des cultes sont salariés par l'État, comme les fonctionnaires publics, la division des *biens ecclésiastiques* a disparu. Dans un article particulier, un savant académicien examinera la source et l'origine de ces biens. Un autre article sera consacré aux biens de diverses natures que la révolution réunit au domaine national, et que l'on confondit depuis sous le nom de *biens nationaux*.

Sous l'ancien régime on appelait biens *nobles* ceux qui étaient tenus en fiefs, et qui, par conséquent, jouissaient de certaines immunités; ce qui les distinguait des biens *roturiers*, soumis à toutes espèces de tailles.

Les biens se sont subdivisés encore se subdivisent en *propres*, *acquêts* et *conquêts*, droits réels, biens *paraphernaux*, etc. Les *biens profectices* sont ceux qui viennent de succession directe; leurs possesseurs sont désignés, dans la pratique, sous le nom de *bien-tenants*. Les *biens adventices* sont ceux qui procèdent d'ailleurs que de succession de père ou de mère, d'aïeul ou d'aïeule. Les *biens dotaux* procèdent de la dot, et leur aliénation n'est pas permise au mari. Il y avait encore autrefois les *biens réceptices*, qui étaient ceux que les femmes pouvaient retenir en pleine propriété pour en jouir à part, et qui étaient distincts des biens paraphernaux et des biens dotaux.

Enfin, les *biens vacants* sont ceux qui se trouvent abandonnés, soit que leurs possesseurs en mourant ne laissent point d'héritiers, soit par renonciation de la part de ceux-ci. Ils tombent alors dans le *domaine* de l'État, avec tous les autres biens *ad fiscum spectantia*, tels que chemins publics, fleuves et rivières navigables, etc.

BIENS COMMUNAUX. On comprend sous cette dénomination ceux à la propriété ou au produit desquels les habitants d'une ou plusieurs communes ont un droit acquis. (Code Napoléon, article 542.)

Dans l'ancien droit, on appelait *communaux* les marais, prés, pâtis, bois et autres biens qui appartenaient aux communautés d'habitants ou communes. Indépendamment des biens communaux proprement dits, on distinguait les *usages*, qui consistaient dans les droits que les communes possédaient sur certains biens dont elles n'avaient pas la propriété. Le droit intermédiaire, c'est-à-dire celui qui fut établi par les lois de la révolution, différait peu des dispositions actuelles.

Quelle était l'origine des biens communaux, ou, pour parler plus exactement, d'où provenait la propriété des communes? C'est que c'il n'est pas toujours facile de déterminer. Si l'on examine les lois qui ont été rendues à diverses époques, notamment sur la matière du *triage*, il paraît certain que le principe de la féodalité, qui dérivait de la conquête, ayant attribué aux seigneurs la totalité du territoire, ceux-ci l'ont concédé quelquefois à titre onéreux, mais plus ordinairement à titre gratuit, à leurs vassaux, à la charge de le cultiver ou de le faire valoir; et telle fut, pour un grand nombre de communes, la cause de leur établissement ou la source de leur prospérité. D'autres fois, le seigneur n'abandonnait pas la propriété des biens qu'il concédait aux habitants; il se bornait à leur en permettre l'*usage* d'une manière indéfinie. Au premier cas, la concession étant considérée comme gratuite, et faite non-seulement dans l'intérêt des vassaux, mais dans celui du seigneur lui-même, puisqu'il était membre de la commune, on supposait qu'il avait conservé son droit à la chose dans la proportion des besoins de sa famille ou de sa maison, et on lui attribuait une part très-considérable, qui était ordinairement fixée au tiers de la totalité des biens concédés; c'est ce qu'on appelait le *droit de triage*. Alors il devenait propriétaire exclusif de ce tiers, et la commune conservait exclusivement les deux autres tiers. Lorsque le seigneur n'avait concédé qu'un *droit d'usage* dans les biens de la seigneurie, il pouvait, à son choix, s'en affranchir ou le faire régler. Pour s'en affranchir il cédait aux habitants une portion déterminée de la terre, et cette autre espèce de triage était connue sous le nom de *cantonnement*. Pour modifier simplement le droit, ou le rendre moins onéreux à la seigneurie, moins nuisible à l'agriculture, le seigneur pouvait recourir à la voie de l'*aménagement*, c'est-à-dire qu'il faisait régler l'usage du droit, qui en conséquence s'exerçait tantôt sur une partie, tantôt sur une autre, de telle sorte que ce droit en lui-même n'était point altéré, et que de son côté le seigneur ne cessait pas d'être propriétaire du fonds. Il résulte de ce qui vient d'être dit que le droit de *cantonnement* ou d'*aménagement* ne pouvait être réclamé que par le maître du sol, puisque lui seul était propriétaire et que lui seul avait un intérêt véritable à l'affranchissement de la propriété. Cependant la loi du 19 septembre 1790 a interverti sur ce point les anciennes règles, en accordant aux *usagers* le droit de réclamer eux-mêmes le cantonnement. Du reste, quelle était l'étendue de ce droit, c'est-à-dire quelle était la portion attribuée aux communes? A cet égard il n'existait rien de bien précis : généralement il en était comme en matière de triage, et le *tiers* était la base ordinaire; mais cette mesure n'était pas invariable, elle pouvait être augmentée ou diminuée suivant les titres, les circonstances et les besoins bien constatés des communes.

Au surplus, tous les droits dont nous venons de parler ont été supprimés par les lois de la révolution. Il est essentiel de faire remarquer encore que non-seulement les lois ont aboli les droits dont il s'agit, mais que, par un effet rétroactif, elles ont anéanti les jugements et transactions qui avaient réglé les droits des anciens seigneurs à l'égard des communes, et ont attribué à celles-ci la propriété pleine et exclusive de tous les biens qui avaient fait l'objet de ces transactions. « Avant la loi du 28 août 1792, dit M. Merlin, les jugements passés en force de chose jugée, les transactions sur procès et la prescription avaient contre les communes, relativement aux biens communaux, les mêmes effets en faveur des seigneurs de leur territoire qu'en faveur des simples particuliers. Mais l'article 8 de cette loi en a disposé autrement : suivant cet article, les communes qui justifieront avoir anciennement possédé des biens ou droits d'usage quelconques dont elles auront été dépouillées, en totalité ou en partie, par des ci-devant seigneurs, pourront se faire réintégrer dans la propriété ou possession desdits biens ou droits d'usage, nonobstant tous édits, déclarations, arrêts du conseil, lettres-patentes, jugements et possessions contraires, à moins que les ci-devant seigneurs n'en représentent un acte authentique qui constate qu'ils ont légitimement acheté lesdits biens. »

Indépendamment de cette disposition législative, qui a ouvert la porte à une foule de prétentions et donné naissance à de nombreux procès, la même loi investit tout à coup les communes de toutes les terres vaines et vagues, landes, biens vacants situés dans l'étendue de leur territoire, alors même qu'elles ne pouvaient justifier qu'elles les avaient anciennement possédés, et il leur a suffi de les réclamer dans le délai de cinq ans pour en obtenir l'adjudication. Ce n'est pas tout : la loi du 28 août 1792 avait établi une exception, et elle avait maintenu les anciens seigneurs dans la propriété des terres vaines et vagues, landes, marais et biens vacants, lorsqu'ils justifiaient les avoir possédés depuis quarante années : la loi du 10 juin 1793 supprima encore l'exception, en statuant que la possession de quarante ans ne pourrait en aucun cas suppléer le titre légitime, et en ajoutant que ce titre légitime devait être un acte authentique constatant que les ci-devant seigneurs avaient réellement et régulièrement acheté lesdits biens. On conçoit qu'une semblable législation ont dû susciter de nombreuses difficultés : et en effet les tribunaux ont longtemps retenti des plaintes et des contestations auxquelles l'application des lois dont on vient de parler a donné lieu.

Mais cette matière des *biens communaux* était difficile à régler : il ne suffisait pas d'attribuer aux communes la propriété de certains corps d'héritage, il fallait déterminer un mode de jouissance, et là s'élevèrent de sérieuses contestations; là les prétentions individuelles se montrèrent à découvert.

La jouissance en commun ne satisfaisait guère l'intérêt personnel; car aux yeux des individus quelle est la valeur d'une possession qui appartient à tous, et dont aucun ne peut disposer? Aussi l'Assemblée législative se hâta-t-elle de décréter (14 août 1792) que les terrains et usages communaux, et autres que les bois, *seraient partagés* entre les citoyens de chaque commune, que ces citoyens jouiraient en toute propriété de leurs portions respectives; que les biens connus sous le nom de *sursis et vacants* seraient également divisés entre les habitants, et que pour fixer le mode de partage le comité d'agriculture présenterait *dans trois jours* un projet de décret.

Ce terme de *trois jours* annonçait assez l'impatience des prétendants au partage; mais il était évident qu'une loi de cette importance exigeait un peu plus de maturité. Aussi, le 11 octobre, fallut-il déclarer que le travail n'était pas achevé : la Convention nationale prorogea le délai. Mais le 10 juin 1793 la loi fut présentée, et le partage des biens communaux fut décrété. Tout habitant domicilié y fut appelé, quel que fût son âge ou son sexe, qu'il fût présent ou absent, qu'il eût le titre de maître ou qu'il fût simple domestique : chacun dut y recueillir part égale; et pour être réputé domicilié il suffisait d'avoir habité la commune pendant un an avant la promulgation de la loi. Toutefois, il fut dit que le partage serait facultatif, et que les habitants auraient le droit de s'assembler pour décider si les biens communaux devaient être partagés en tout ou en partie. Mais cette disposition, qui pouvait avoir un résultat avantageux, fut paralysée par celle qui déclara que le tiers des voix serait suffisant pour déterminer le partage. Et pourtant il arriva que dans plus d'une circonstance l'intérêt bien entendu de la commune prévalut sur l'avidité des individus; et c'est ainsi que plusieurs communes ont conservé les biens dont elles jouissent aujourd'hui.

N'oublions pas de remarquer que la Convention, qui s'était montrée si jalouse de faire rentrer dans les mains des communes ceux de leurs biens dont elles pouvaient avoir été dépouillées par l'effet ou l'abus de la puissance féodale, ne parut plus aussi empressée quand il fallut appliquer le principe aux biens communaux dont la nation était devenue propriétaire par l'effet de la confiscation opérée sur les ordres monastiques ou sur les émigrés. A cet égard elle décida formellement que la partie des *communaux* possédée par les communautés ecclésiastiques ou les émigrés appartiendrait à la nation et ne serait point restituée aux communes.

L'Assemblée nationale avait sagement excepté le sol des bois du partage des biens communaux; mais il restait à régler le mode du partage de ce qui concernait le produit de ces bois ou leur superficie : sur ce point la Convention nationale n'eut pas autre chose à faire qu'à appliquer le principe posé dans la loi du 10 juin, et il fut dit par le décret du 26 nivôse an II que les bois coupés seraient partagés, non par feux, mais par têtes. On alla même jusqu'à soutenir que cette disposition devait avoir un effet rétroactif; mais la prétention fut rejetée par le décret du 28 ventôse an II.

On voulut pousser plus loin encore le système de réaction. Une commune du département de l'Yonne, interprétant de la manière la plus large la loi du 28 août 1792, qui avait réintégré les communes dans les biens dont elles avaient été dépouillées par l'effet de la puissance féodale, demanda la restitution des fruits précédemment perçus par les ci-devant seigneurs. Peut-être cette prétention eût-elle été accueillie si les anciens seigneurs eussent été en possession de tous leurs biens; mais les lois sur l'émigration en avaient attribué une grande partie à la république : c'était donc sur la nation qu'en définitive la réclamation devait porter. Aussi la Convention décida-t-elle (6 germinal an II) « qu'on ne pouvait ordonner une pareille restitution de fruits sans donner lieu contre le trésor public à des réclamations dont l'effet serait aussi onéreux à la nation que la cause en serait injuste. »

De ce que nous avons dit plus haut, on a pu tirer la conséquence que les partages furent souvent effectués avec empressement, avec précipitation; et en effet il paraît que dans plus d'un cas il n'en fut pas même dressé un acte par écrit. C'est pour remédier à cet état de choses, et pour empêcher les perturbations qui pouvaient en résulter, que fut rendu le décret du 9 ventôse an XII. Par ce décret il fut dit que tous les partages de biens communaux dont il avait été dressé acte seraient exécutés, et qu'à l'égard de ceux qui n'avaient pas été rédigés par écrit, les détenteurs des biens seraient maintenus en possession provisoire et pourraient devenir propriétaires incommutables, à la charge par eux, « 1° de faire la déclaration, devant le sous-préfet, du terrain qu'ils occupent, de l'état dans lequel ils l'ont trouvé et de celui dans lequel ils l'ont mis; 2° de se soumettre à payer à la commune une redevance annuelle, rachetable en tout temps pour vingt fois la rente, et qui sera fixée, d'après estimation, à la moitié du produit annuel du bien ou du revenu dont il aurait été susceptible au moment de l'occupation. » Par cette espèce d'*amnistie* furent terminées toutes les contestations auxquelles les partages irréguliers des biens communaux avaient donné lieu, et de ce moment on entra dans un meilleur système d'administration.

Une première loi du 19 ventôse an X, confirmée par une autre du 9 floréal an XI, régla l'administration de l'espèce la plus précieuse de ces biens, c'est-à-dire des bois et forêts, et en confia la surveillance à l'agence forestière. Une autre loi, du 22 mars 1806, attribua à cette agence la poursuite des délits commis dans les bois. Bientôt on sentit la nécessité de revenir sur les dispositions de la loi du 26 nivôse an II, qui, du reste, avait été confirmée par un arrêté du 19 frimaire an X, et qui décidait que le partage des bois devait se faire par tête d'habitant. En conséquence, il fut ordonné par un décret impérial du 26 avril 1808 que les partages se fissent par feu, c'est-à-dire par chef de famille ayant domicile : tel est le mode qui s'exécute encore aujourd'hui.

Une autre décision avait mis obstacle à un abus qui avait semblé vouloir s'introduire : par un arrêté des consuls, en date du 7 germinal an IX, il fut établi qu'aucun bien rural appartenant aux hospices, aux établissements d'instruction publique, aux *communautés d'habitants*, ne pourrait être concédé à bail à longues années qu'en vertu d'arrêté spécial des consuls.

Ce n'était pas assez de pourvoir, par des règlements sévères, à l'administration des biens communaux, il fallait veiller à ce que ces biens ne fussent pas compromis par des procès entrepris ou soutenus témérairement. Aussi l'arrêté des consuls du 17 vendémiaire an X défendait-il aux créanciers des communes d'intenter contre elles aucune action sans en avoir préalablement obtenu la permission par écrit du conseil de préfecture. Et cet arrêté ne fut d'ailleurs rendu que par une conséquence des lois des 14 décembre 1789, 29 vendémiaire an V et 28 pluviôse an VIII, qui voulaient que les communes ne pussent plaider sans l'autorisation de l'administration supérieure.

A plus forte raison devait-on interdire aux communes de *transiger* sans une garantie expresse et formelle de l'opportunité de la transaction : c'est pourquoi l'arrêté du 21 frimaire an XII consacra les dispositions suivantes : « Article 1er. Dans les procès nés ou à naître qui auraient lieu entre les communes et des particuliers sur des droits de propriété, les communes ne pourront *transiger* qu'après une délibération du conseil municipal prise sur la consultation de trois jurisconsultes désignés par le préfet du département et sur l'autorisation de ce même préfet, donnée d'après l'avis du conseil de préfecture. — Article 2. Cette transaction, pour être définitivement valable, devra être homologuée par un arrêté du gouvernement, rendu dans la forme prescrite pour les règlements d'administration publique. »

Il va sans dire que les communes ne peuvent consentir aucune vente ou aliénation de leurs biens ni emprunter aucune somme sans y être autorisées dans la forme légale. L'édit du mois d'avril 1683, la déclaration du 2 août 1687 et l'arrêt du conseil du 24 juillet 1775 contenaient à cet égard des prohibitions expresses. Aujourd'hui les dispositions de la loi sont encore plus précises, et pour qu'une commune puisse aliéner ou emprunter il faut 1° que la demande en soit faite par le conseil municipal ; 2° que sur cette demande il intervienne un avis du préfet, le sous-préfet entendu ; 3° qu'une *loi* soit rendue sur la proposition du gouvernement.

On sait que l'amodiation des biens communaux rentre dans le système de l'administration ordinaire, et qu'elle est placée dans les attributions des maires des communes.

Enfin, pour compléter cet aperçu de la législation sur les biens communaux, nous devons ajouter que chaque année les recettes que les communes doivent effectuer et les dépenses qu'elles peuvent faire sont réglées d'avance par un acte que l'on est convenu d'appeler du nom étranger de budget. Aux termes d'un arrêté du gouvernement, en date du 4 thermidor an IV, les budgets, après avoir été préparés par les maires assistés des conseils municipaux, sont arrêtés par les préfets pour les communes qui n'ont pas plus de 20,000 fr. de revenu, et par le gouvernement pour les communes dont les revenus excèdent cette somme. Chacun sait, d'ailleurs, que les comptes de l'administration des deniers communaux sont soumis à la vérification de l'autorité supérieure, et que la cour des comptes est même appelée à exercer son contrôle sur la gestion des receveurs municipaux ; en sorte que le système légal de garantie paraît complet et assuré. DUBARD, ancien procureur général.

BIENS ECCLÉSIASTIQUES. Jésus-Christ avait dit : « Mon royaume n'est pas de ce monde. » Il avait enseigné au prêtre à ne posséder rien en propre, à vendre ce qu'il avait et à le distribuer aux pauvres, s'il voulait arriver à la perfection. Il lui défendait expressément de thésauriser sur la terre, et il ne rencontra parmi ses apôtres qu'un seul homme qui osa transgresser sa loi. Judas volait la bourse commune, dont il était chargé, et il vendit son maître lui-même pour accroître son pécule. Cet exemple fut peu suivi des chrétiens pendant les deux premiers siècles de l'Église : on y compta peu d'usuriers et de fripons. La masse des fidèles observait scrupuleusement les préceptes du divin législateur. On ne cherchait pas à posséder quand la persécution était toujours présente et qu'elle menaçait à chaque instant d'une confiscation soudaine. Les *collectes* et les *offrandes* étaient les seuls revenus de l'Église. L'évêque était chargé de la distribution ; et quand la multiplication des chrétiens eut augmenté les charges et les devoirs de l'épiscopat, les diacres furent créés pour avoir soin de recueillir et de distribuer les aumônes. Ils furent institués dans toutes les églises d'Occident et d'Orient, et celles qui prospéraient plus que les autres venaient au secours des plus pauvres. Saint Paul raconte qu'il faisait des collectes en Macédoine et en Grèce pour subvenir aux besoins de l'Église de Jérusalem.

C'est vers le milieu du troisième siècle que la corruption se glissa parmi les chrétiens. Les évêques cherchaient dès lors à s'enrichir à leurs dépens, et faisaient l'usure pour augmenter leurs richesses. Saint Cyprien le remarque comme un abus assez ordinaire, et leur prédit une persécution comme une punition divine. L'empereur Dèce se chargea d'accomplir cette prophétie. Cependant l'Église ne possédait encore aucun immeuble : les lois romaines s'y opposaient. Aucun collège, aucune communauté ne pouvait avoir de biens communs sans l'approbation du sénat ou de l'empereur, et les chrétiens n'étaient pas alors en position d'obtenir ces sortes de dispenses. L'exemple d'Ananie et de Saphire, qu'on a tant cité, est un témoignage irrécusable de la non-possession. Ils n'apportèrent pas leurs biens à saint Pierre ; ils les vendirent, et lui en remirent la valeur. Cependant, les débats perpétuels des Césars, leurs guerres sanglantes, les révoltes de leurs soldats, ayant produit partout le relâchement de la discipline et la violation des lois, les prêtres chrétiens osèrent accepter des donations d'immeubles, et ces donations furent considérables ; mais, en 302, Dioclétien et Maximien en ordonnèrent la confiscation, et le décret fut exécuté partout, hormis dans les Gaules, dont le gouverneur Constance-Chlore désobéit sur ce point aux deux empereurs. Huit ans après, ces biens furent rendus à l'Église par Maxence ; et cette indulgence fut bientôt convertie en droit par Constantin et Licinius, qui permirent aux ecclésiastiques d'acquérir et de posséder. Cet édit ou constitution est de l'an 321, et de cette époque datent la cupidité, l'ambition, la tyrannie, la corruption et tous les vices qui ont déshonoré l'Église.

Les prêtres oublièrent les enseignements du Christ et les paroles de saint Paul sur l'avarice ; et pourtant la loi de Jésus-Christ ordonne sans ambiguïté au prêtre de ne rien posséder en propre, de vivre d'offrandes et d'aumônes, et surtout de les distribuer aux pauvres. Il avait pu être permis à l'empereur Aurélien d'adjuger à l'Église d'Antioche une maison que lui disputait Paul de Samosate, évêque déposé de ce siège, et de consacrer ainsi pour les Églises le droit de possession ; Aurélien n'était pas obligé d'observer les lois du christianisme, qu'il ne professait pas. Mais Constantin, orthodoxe, violait ouvertement les préceptes de la religion qu'il adoptait ; et les évêques, plus éclairés que cet hypocrite, auraient dû refuser le privilège qu'il leur accordait. Ils usèrent au contraire de la permission avec une telle avidité, ils firent des acquisitions si scandaleuses, si outrageantes pour la morale publique, que cinquante ans après l'édit de Constantin, Valentinien Ier se vit dans l'obligation d'y mettre ordre, et les termes de ce nouvel édit n'attestent que trop les moyens illicites dont les prêtres se servaient pour accroître leurs richesses. Valentinien défend aux clercs de fréquenter les maisons des veuves et des pupilles, livre les délinquants au bras séculier, leur interdit d'accepter le legs d'une femme avec laquelle ils auraient eu des liaisons particulières, casse les testaments de ce genre, et confisque les biens qu'ils en auraient reçus. Six ans avant cette loi, en 364, saint Jérôme avait remarqué ces désordres. Il écrivait à Eustochie : « Quand vous voyez les prêtres aborder d'un air doux et sanctifié les riches veuves qu'ils rencontrent, vous croiriez que leur main ne s'étend que pour leur donner des bénédictions, c'est au contraire pour recevoir le prix de leur hypocrisie. »

Le scandale ayant continué, l'édit de Valentinien fut renouvelé en 390 par Théodose ; mais toutes ces ordonnances restèrent sans effet. Les évêques étaient déjà les maîtres du monde romain, et leur cupidité n'avait plus de bornes. Saint Jean Chrysostome leur reprochait, vers l'an 404, d'abandonner leurs fonctions ecclésiastiques pour vendre leurs denrées, pour soigner leurs métairies, de passer leur temps à plaider au lieu d'instruire le peuple. Dix ans plus tard, saint Augustin prêchait aussi contre les acquisitions immodérées des ecclésiastiques. Il publiait qu'il était mieux de laisser les biens aux héritiers naturels que de les donner aux prêtres ; et il joignait l'exemple au précepte, en refusant un grand nombre de donations pour son église d'Hippone, disant en chaire qu'il aimerait mieux vivre d'offrandes et de collectes, suivant la loi du Christ, et qu'il aurait plus de temps à donner à ses devoirs spirituels. Il ne cherchait pas ainsi dans les lois de Moïse ce qui était favorable à l'avarice ; il imitait au contraire les prêtres hébreux, qui se plaignirent un jour à leur législateur que le peuple leur donnait au-dessus de leurs besoins, et Moïse défendit au peuple de donner davantage. Jésus-Christ n'avait d'ailleurs demandé pour ses apôtres que le vivre et le vêtement, *victum et vestitum* ; et les successeurs des apôtres voulaient des châteaux, des palais, des fermes, des chars et des pierreries.

La corruption avait fait tant de progrès que ces biens, destinés primitivement à la nourriture des pauvres, étaient détournés de leur origine par les évêques. Ce nouveau désordre nécessita un nouveau réglement. Il fut statué en 470, dans les Églises d'Occident, que les biens ecclésiastiques seraient divisés en quatre parts : la première était pour l'évêque, la seconde pour les prêtres, la troisième pour l'entretien des églises et des maisons cléricales, la quatrième, enfin, pour les pauvres. Ce règlement fut compensé par l'édit de Marcien, qui, rapportant vers la même année ceux de Valentinien et de Théodose, remit les orphelins et les veuves au pillage ; et de peur que les gens d'Église ne l'eussent pas compris, l'édit de Marcien fut confirmé en 527 par Justinien. L'empereur Anastase avait fait plus : en 491 il avait déclaré que les legs faits à l'Église ne se prescriraient que par quarante ans. L'année suivante, il recula la prescription jusqu'à un siècle ; et une foule de testaments, de donations périmées furent tirées de la poussière par les ecclésiastiques pour recevoir leur effet : il s'ensuivit des spoliations sans nombre. La fraude même y ajouta des spoliations nouvelles. On falsifia des titres, et l'abus fut si criant, que Justinien fut forcé d'abroger le second édit d'Anastase et de fixer la prescription à quarante années. C'était trop encore : les richesses du clergé s'accrurent à tel point, que le roi de France Chilpéric disait, en 583 : « Nos coffres sont vides, nos richesses passent aux Églises ; les prélats deviennent des rois, et nos honneurs sont transférés aux évêques. »

A cette époque une nouvelle espèce d'ecclésiastiques vint prendre part à la curée. Les moines, inventés en Égypte, sous le nom de *solitaires*, pour prier dans le désert, voulurent jouir des joies du monde. Saint Basile les réunit en communautés dans la Grèce. Saint Athanase les introduisit, vers 370, en Italie ; mais cette institution n'y fit de progrès que vers le sixième siècle, par les prédications de saint Equice et les fondations de saint Benoît, qui s'établit au mont Cassin. Saint Maur, son disciple, les amena en France, et un siècle après ils avaient englouti le quart des propriétés de la Gaule. L'abbé Trithème écrivait que de son temps on comptait quinze mille maisons de bénédictins sur la terre. Ceux qui embrassaient la vie monastique apportaient leurs biens à la communauté : c'était le nouveau droit romain établi par les papes. Les rois de France les enrichissaient par des donations de toutes espèces, par les confiscations même qu'ils ordonnaient dans leurs États. Les superstitions dont les moines et les prêtres avaient rempli le monde étaient une source féconde d'acquisitions et de larcins. Ils refusaient la sépulture en terre sainte aux chrétiens qui mouraient sans laisser à l'Église une portion de leur héritage. La terreur des mourants était telle, qu'une pauvre femme, n'ayant rien à donner, légua son chat à l'église pour attraper les souris qui la pillaient, énonçant dans son testament que le chat était de bonne race. La confession était un des moyens les plus productifs qu'ils eussent mis en œuvre : elle leur procura des bénéfices sans nombre. On crut arrêter le mal en réglant la part que les mourants devaient laisser à l'Église : cette part fut fixée au dixième des biens, et ce règlement devait, au bout de dix générations, donner aux prêtres la totalité des biens de la chrétienté ; mais les obsessions des confesseurs avançaient ce terme en arrachant beaucoup plus des malheureux dont ils tourmentaient l'agonie.

Les ecclésiastiques allèrent plus loin, ils s'arrogèrent les exécutions testamentaires ; ils prétendirent que l'exécution des volontés du défunt leur appartenait, par la raison singulière que les morts avaient déjà subi leur jugement au tribunal de Dieu. Les papes confirmèrent ce droit ; saint Louis souffrit qu'il leur fût déféré, sous peine d'excommunication, et cette décision fut ratifiée plus tard par le concile de Trente. A défaut de testament, l'évêque nommait des arbitres qui réglaient ce que le défunt aurait dû donner à l'Église. Les curés eux-mêmes se mêlèrent d'augmenter leur pécule par des inventions fiscales. Ils s'attribuèrent le droit d'être invités à toutes les noces qu'ils célébraient, et d'y occuper la première place. Ce droit fut bientôt converti en argent, et les abbés et les évêques en réclamèrent leur part ; les mariés ne pouvaient même coucher ensemble pendant les trois premières nuits sans la permission des curés, qui la vendirent le plus cher qu'ils purent. La collation de tous les sacrements fut alors une occasion d'augmenter ce casuel. Quelques personnes pieuses avaient fait des dons volontaires pour les baptêmes et les enterrements, les curés finirent par les exiger de tous leurs paroissiens.

C'est au douzième siècle que ces prétentions se manifestèrent. Les fidèles eurent beau dire que c'était pour cela qu'ils payaient la dîme ; il fallut payer encore le casuel, sous peine de n'être ni baptisé, ni marié, ni communié, ni enterré. Le pape Innocent III mit fin à ces contestations vers l'an 1200, et il le fit à sa manière, c'est-à-dire à l'avantage du fisc ecclésiastique. Il défendit bien aux prêtres de refuser les sacrements sous prétexte de non-payement, mais il leur permit d'employer la voie des censures et de l'excommunication contre les fidèles qui refuseraient d'observer ce qu'il appelle dans sa bulle une *coutume louable*. La dîme dont nous venons de parler, et qui faisait entrer le dixième des biens chrétiens dans les trésors de l'Église, n'était pas une prescription de l'Évangile ; c'est dans les lois de Moïse que les prêtres allèrent la chercher vers le sixième siècle. Jusque là elle n'avait pas été obligatoire, et Fra Paolo prétend, dans son *Traité des Bénéfices*, que la France donna la première cet exemple. Mais les papes et les conciles ne tardèrent pas à généraliser cet usage.

Les croisades furent une occasion merveilleuse pour accroître les richesses du clergé. Les seigneurs lui cédaient leurs biens en partant ou les lui vendaient à vil prix. On leur faisait croire qu'ils recevraient dans le ciel autant d'arpents qu'ils en donneraient à Dieu sur la terre, et sur cette espérance ils se dépouillaient de leur patrimoine pour augmenter les biens de l'Église. Ceux qui ne voulaient point partir se rachetaient de leur vœu par des sommes considérables ou des fondations pieuses. Les prélats se faisaient les curateurs, les gardiens des biens que les croisés ne leur donnaient point; et non-seulement ils héritaient de ceux qui mouraient en Palestine, mais ils plaidaient encore contre ceux qui réclamaient à leur retour les héritages de leurs pères. Cette moisson du clergé fut des plus abondantes, et le patrimoine des églises s'en accrut outre mesure. Ce patrimoine n'était pas renfermé dans les limites de leur juridiction. Les abbayes, les évêchés, eurent des biens dans toutes les parties de l'Europe. Les Églises de Milan et de Ravenne en possédaient dans la Calabre, dans la Sicile, dans les autres contrées de l'Italie. Celle de Rome en avait partout.

L'ingénieuse rapacité des ecclésiastiques inventa, vers 887, le contrat appelé *précaire*, que nous nommons aujourd'hui *constitution de rente viagère*. Les chrétiens qui ne voulaient pas de leur vivant se dépouiller de leurs biens, et qui étaient sans héritiers directs, les cédaient à l'Église pour le double du revenu; et quand les moines ou les prêtres étaient pressés de jouir d'un domaine qui était à leur convenance, ils portaient ce revenu au triple en faveur du cédant.

Une chose étonnante, c'est que pendant le moyen âge la libéralité des chrétiens s'accroissait en proportion de la démoralisation du clergé. Mais la peur des anathèmes avait fait alors de tels progrès, même chez les hommes les plus vicieux et les plus sanguinaires, que tout cédait à cet épouvantail que l'hypocrisie avait imposé à l'ignorance. A l'exemple des églises et des monastères, les évêques et les abbés voulurent posséder plus d'un bénéfice. On a dit qu'un certain Ébrouin, évêque de Poitiers, avait été le premier à cumuler ainsi un évêché et une abbaye, avec la permission de Charles le Chauve. Voltaire remarque avec raison que c'est une erreur, et il cite Alcuin, favori de Charlemagne, qui était à la fois abbé de Ferrières, de Saint-Martin de Tours et autres abbayes. Si ce premier des Césars d'Occident n'avait pas trouvé en effet cet abus établi, il n'eût pas publié un capitulaire pour le réprimer; mais il est remarquable que l'auteur de cette réforme ait permis à son favori de s'en exempter.

Les jubilés furent encore une grande ressource pour Rome et pour ses prêtres. Les pèlerins affluaient dans la capitale du monde chrétien, et l'enrichissaient de leurs offrandes, après avoir gratifié les églises et les monastères qui se trouvaient sur leur route. Quelque impure que fût la source des biens que l'Église convoitait, elle ne se fit aucun scrupule de les dévorer. Les canons avaient défendu d'accepter aucun legs ou donation des sacrilèges, adultères et autres pécheurs de ce genre. Les gens d'église revinrent de cette délicatesse, et reçurent indistinctement de toute main. Ils allèrent plus loin : vers l'an 1200, ils imposèrent la dîme sur les aumônes que les mendiants recueillaient de porte en porte et sur les produits de la prostitution des courtisanes. A la dîme le pape Alexandre II ajouta les *prémices*, nouvelle imitation de la loi des Hébreux ; et ces prémices, longtemps contestées, furent enfin fixées au quarantième, qu'on nommait en Italie le quart, par allusion au décime, d'où la dîme était venue.

Les prêtres ne se contentèrent pas d'acquérir et d'augmenter leurs biens, ils prirent des mesures pour les conserver par des défenses d'aliénation. La défense était contraire aux commandements des versets 14 et 16 du chapitre XXVII du Lévitique ; mais le verset 28 défendait de vendre les biens consacrés au Seigneur, et ce fut la loi que les gens d'église adoptèrent. L'empereur Léon interdit toute aliénation en 470. Basilius Cœcina, préfet de Rome sous Odoacre, appliqua cette règle, en 483, aux églises d'Occident, pendant la vacance du saint-siège; mais, en 501, le pape Symmaque et son concile s'indignèrent qu'un laïque eût fait des constitutions dans l'Église; ils cassèrent son décret, et en firent un pareil. Les successeurs de ce pape, qui n'avait stipulé que pour le diocèse de Rome, souffrirent cependant que Justinien étendît à toute la chrétienté l'exécution du décret de Léon, à moins que l'aliénation n'eût lieu pour racheter les captifs ou nourrir les pauvres dans une disette extraordinaire. Saint Ambroise déclare que dans ces deux cas l'Église vendait non-seulement ses biens, mais les vases sacrés ; et pendant deux siècles cet usage fut généralement suivi, jusqu'au pontificat d'Adrien Ier. Quand l'Occident eut passé sous les lois de Charlemagne, l'édit de Justinien n'y fut plus observé, et les biens ecclésiastiques furent fréquemment aliénés pour servir à la dissipation des gens d'Église ou aux révoltes qu'ils suscitaient contre les imbéciles Carlovingiens. Mais la cour de Rome s'occupa de réprimer cet abus, et depuis l'an 1000 jusqu'en 1250 plusieurs bulles furent lancées contre les prélats qui aliénaient les biens de l'Église. Innocent IV annula même toutes les aliénations contraires à l'édit de Justinien, et dans le concile de Lyon, en 1274, Grégoire X cassa toutes celles qui pourraient être faites sans la permission du saint-siège, qui finit par ne plus l'accorder sous aucun prétexte. Il en résulta que les biens ecclésiastiques furent à perpétuité des biens de mainmorte, et qu'il n'y eut plus moyen de rendre au monde ce que les legs et donations faisaient entrer dans le domaine de l'Église.

Les plus fameuses de ces donations furent faites au pape ou, comme on disait, au patrimoine de saint Pierre. Nous ne parlons pas de celle de Constantin, qui est une fable ridicule inventée par la cour de Rome; mais celle du roi Pépin est réelle. C'est par lui que fut créé le patrimoine de saint Pierre, origine de la puissance temporelle des papes ; et comme parmi les biens donnés par ce roi de France, qui les avait conquis par la voie des armes, se trouvait l'exarchat de Ravenne, il répondit aux ambassadeurs de Constantin-Copronyme, qui le revendiquait, que c'était pour l'amour de l'apôtre qu'il s'était exposé à tant de combats, et que tous les trésors du monde ne lui feraient pas ôter ce qu'il lui avait donné. Après la bataille de Pavie, le même Pépin ajouta vingt-deux villes à ce patrimoine, qui s'accrut dès lors par toutes sortes d'usurpations et de violences. La séduction même y contribua sous Grégoire VII, en attirant dans ce gouffre les biens de la comtesse Mathilde, dont l'histoire est tellement liée à celle de ce pape qu'il est difficile de croire à la pureté évangélique de cette liaison. Charlemagne ne fit que confirmer la donation de son père, mais il songea dans son testament aux églises de France, et légua l'or, l'argent et les pierreries de son trésor aux vingt et un siéges métropolitains de son empire.

On ne finirait pas si l'on voulait signaler toutes les sources qui contribuèrent à alimenter les biens ecclésiastiques. Ils s'accrurent à tel point que l'évêque Jean de Palafos, canonisé par Clément XIII, écrivait à Innocent X, vers 1650, qu'il avait trouvé chez les jésuites de Portugal presque toutes les richesses du royaume; que deux de leurs colléges possédaient à eux seuls 300,000 moutons, de riches mines d'or et d'argent et six grandes sucreries, dont quelques-unes valaient un million d'écus. On sait quels biens les Templiers avaient amassés pendant le court espace de deux siècles qu'avait duré leur ordre. Le clergé de Castille possédait presque toutes les propriétés de ce royaume. En France, suivant le dénombrement fait en 1655 par l'ordre de Louis XIV, le clergé avait en sa possession 6,429 abbayes grandes ou petites, 9,000 châteaux, 252,000 métairies et 20,000 arpents de vigne. La totalité de ces biens lui rapportait 312 millions, sans compter les produits des bois, moulins, forges, scieries, tuileries et tours banaux, dont le revenu n'avait pu être estimé ; ce qui ferait aujourd'hui près de 600 millions : et la France n'avait encore acquis ni l'Alsace, ni la Franche-Comté, ni la Lorraine, ni la Flandre! On évaluait enfin au quart des propriétés de la terre chrétienne celles que possédaient les seuls monastères ; et Montesquieu, qui examine en législateur si le clergé, considéré comme une famille qui ne doit pas s'accroître, ne doit pas être borné dans ses acquisitions, estimait que sous les trois races des rois de France les ecclésiastiques avaient reçu trois fois les biens du royaume.

On sait quel effet produisit sur les mœurs du clergé cette opulence extraordinaire. Les déclamations de saint Bernard, du moine Glaber et de tant d'autres en font foi, et les plaintes des peuples forcèrent souvent les monarques d'arrêter le cours de ces spoliations, qui avaient élevé en Allemagne quelques archevêques au rang de princes souverains et d'électeurs du Saint-Empire. Chilpéric fut le premier qui, en 604, entreprit de modérer la rapacité des gens d'église : il défendit les institutions d'héritiers qui se faisaient à leur profit; mais ce capitulaire ne fut exécuté que pendant sa vie, et après lui les acquisitions reprirent leur cours. Charles Martel adopta une voie plus efficace, mais en introduisant un abus d'une autre espèce. Les seigneurs du royaume étaient au moins aussi avides que les ecclésiastiques ; et comme les premiers lui semblaient alors plus redoutables, comme le pape avait besoin de lui pour lutter contre les Lombards, il distribua un grand nombre de biens de l'Église à ceux de ses capitaines qui l'avaient servi dans la guerre contre les Sarrasins. On vit alors des comtes et des barons abbés de Saint-Denis ou de Saint-Germain-des-Prés, comme on vit bientôt après des évêques et des abbés prendre les titres de barons et de comtes, et marcher à la tête de leurs vassaux contre l'ennemi. La confusion amenait la confusion, et le ridicule usage de conférer à des laïques les bénéfices de l'Église, quoique condamné par Charlemagne, se prolongea jusqu'à la minorité de Louis XIV, qui n'eut que la gloire de prêter son nom à l'abolition de cet abus. Presque en même temps que Charles Martel reprenait sur l'Église une partie de ce qu'elle avait usurpé, Léon l'Isaurien, empereur d'Orient, attentait sur les biens ecclésiastiques, en faisant saisir les patrimoines que le clergé d'Italie avait en Calabre et en Sicile. Charlemagne fit à son tour restituer aux curés ce que les évêques s'étaient approprié de leurs possessions. Mais sa race dégénérée laissa tout envahir par les prêtres comme par les seigneurs, et les cinq premiers Capétiens montrèrent la même indulgence. Philippe-Auguste enfin recommença à y mettre ordre, et saint Louis, tout saint qu'il était, ne se gênait pas pour saisir le temporel des évêques toutes les fois qu'ils empiétaient sur son autorité ou qu'ils exécutaient les ordres de Rome qui étaient contraires à sa politique. Le Vatican n'était pas moins âpre à attaquer les biens ecclésiastiques ; mais c'était moins pour réprimer les usurpations du clergé que pour les attirer à lui.

On agita le moyen âge la question de savoir si les domaines de l'Église étaient de droit divin ou humain. Les jurisconsultes et les canonistes se divisèrent. Rome fit ce singulier raisonnement : Dieu étant le maître absolu des biens de l'Église, le vicaire de Dieu sur la terre doit en être également le maître. Une décrétale de Clément IV établit cette proposition vers le milieu du treizième siècle, époque féconde en controverses du même genre. Mais saint Thomas d'Aquin la combattit, en disant que le pape n'était que le dispensateur principal des bénéfices ecclésiastiques, sans qu'il pût en inférer qu'il en fût le maître ou possesseur. Le cardinal Cajétan, expliquant la pensée de saint Thomas, ajoute que le pape ne pouvait ni donner ni disposer d'aucune manière, mais qu'il pouvait seulement en faire l'application convenable. Cette dispute en produisit une autre. Le pape s'étaya du principe qu'il avait établi pour enlever aux rois la collation des bénéfices ecclésiastiques, et de là naquit la querelle des *investitures*.

Pour se venger de l'ordonnance de saint Louis, qui avait défendu aux clercs de rien payer à la cour de Rome sans son consentement, l'altier Boniface VIII contesta à Philippe le Bel le droit de régale, dont les rois de France étaient en possession depuis 511, par décision du concile d'Orléans. Il s'agissait sous ce titre de la jouissance des biens vacants pendant la première année. Cette querelle fut de longue durée. Les monarques français exercèrent ce droit malgré les anathèmes du saint-siège, et Innocent XI le leur disputait encore en 1681. Les évêques assemblés par Louis XIV n'osèrent en décider. Il fallut convoquer un concile, et le droit de régale fut maintenu. Boniface VIII avait inventé un nouveau droit pour l'opposer à celui des rois. Il s'était approprié, sous le nom d'*annates*, le même privilége sur les bénéfices qui viendraient à vaquer dans le monde catholique ; et comme les annates et la régale devaient s'exercer sur les mêmes biens, la question était de savoir à qui des rois ou du pape resterait la jouissance des bénéfices vacants pendant une année.

Ce mot d'*annates* n'était pas inconnu dans l'Église. Matthieu Pâris rapporte qu'en 746 l'archevêque de Cantorbéry les levait dans toute l'étendue de son diocèse, et dans le onzième et le douzième siècle les évêques et abbés de France avaient levé cet impôt sur les biens vacants de leurs subordonnés. Boniface VIII voulait travailler plus en grand, mais il ne travailla que pour ses successeurs. Clément V fut le premier qui obtint la jouissance de ce droit en 1305. Il réussit à faire payer les annates par le clergé d'Angleterre, et les porta même à deux ans de revenu, et d'autres royaumes se soumirent à cet impôt sur les biens ecclésiastiques. Les papes l'aggravèrent encore en demandant aux monastères, dont les bénéfices ne vaquaient jamais, la quinzième année de leur revenu. Ils exigèrent bientôt le droit d'annates sur les bénéfices transférés ou résignés en cour de Rome, comme ceux des cardinaux, légats, officiers de cour et autres. Ces sortes d'annates furent appelées *réserves*.

Mais toutes ces nouveautés excitèrent de violentes réclamations. Boniface IX essaya de les calmer en réduisant les annates à la moitié du revenu, et en fixant à trois ans la durée de ce privilége. Les oppositions continuèrent, et le pape Alexandre V y renonça dans le concile de Pise, en 1409. Elles furent bientôt après condamnées par les conciles de Constance et de Bâle. Vains efforts ! Le saint-siége reprit cette prétention avec plus de ténacité. Charles VII fut forcé de renouveler les défenses de Charles VI son père, et de signer enfin, le 7 juillet 1438, la pragmatique-sanction délibérée dans l'assemblée de Bourges, et dans laquelle fut insérée l'abolition des annates. Louis XI, les états de Tours, François Ier lui-même, résistèrent à leur tour à cette tentative du saint-siége. Mais le dernier de ces rois céda sottement à la cour de Rome en signant avec Léon X le concordat qui abolit la pragmatique : ce fut un grand scandale dans le royaume, qui paya à la chambre apostolique, pendant tout le règne de François Ier, une somme annuelle de 100,000 écus, qui vaudrait aujourd'hui de millions. Le clergé, les parlements, l'université, réclamèrent avec force le maintien de la pragmatique. Henri II, cédant aux cris de son peuple, renouvela, en 1551, la défense de payer les annates; mais le concordat fut rétabli en 1572 par Charles IX. Henri III consentit comme lui à payer; Henri IV lui-même confirma ce tribut par son édit du 22 janvier 1596, et la vanité royale se contenta de stipuler que le pape n'en jouirait que par la permission du roi.

Le temps était cependant venu où les empiétements et les usurpations du clergé devaient rencontrer de plus puissants obstacles, et attirer de grands châtiments sur l'Église. Les cinq ou six cents conciles qui avaient essayé de réprimer ces désordres n'avaient rédigé que des canons inutiles. Le mal fut attaqué dans sa racine. La vente des indulgences, qui donnait un grand revenu au saint-siége, produisit la révolte de Luther, et enleva la moitié de l'Allemagne à l'autorité de la cour de Rome. Calvin, Muncer et autres augmentèrent ces défections. Henri VIII, entraîné par un motif peu honorable, sépara l'Angleterre de la communion romaine, et s'appropria les immenses biens des monastères; mais il avait besoin des évêques, et leur laissa leur patrimoine, qui s'est scandaleusement accru jusqu'à nos jours. Henri III de France se contenta d'interdire aux religieux de disposer de leurs biens en faveur des couvents où ils étaient admis. Deux siècles plus tard, en Allemagne, le philosophe Joseph II supprima les monastères de ses États, assura la subsistance des moines, et consacra leurs biens à l'instruction du peuple.

Les biens ecclésiastiques avaient donné lieu à une autre querelle, qui dura quinze siècles. Les prêtres prétendirent que ces biens ne devaient pas payer l'impôt; ils se fondaient sur l'édit de Constantin, qui les en avait exemptés, et sur le caractère divin de leurs domaines. Mais ils oubliaient que cet empereur avait inséré dans son édit les mots *propter paupertatem* (à cause de leur pauvreté), et, ce qui est plus encore, que Jésus-Christ avait payé lui-même son tribut à César. Il est vrai qu'après avoir enfreint sa défense d'acquérir et de posséder, ils pouvaient pousser l'avarice jusqu'à méconnaître le plus commun de ses préceptes, qui était de rendre à César ce qui était à César; mais les successeurs de Constantin lui-même les en firent souvenir, et l'Église était devenue assez riche pour faire disparaître la condition de cette immunité. Constance, Honorius et Théodose le jeune les soumirent donc à l'impôt comme les autres sujets de l'empire. Saint Ambroise déclara que c'était juste, et que pour avoir le droit de réclamer le privilège des apôtres il fallait rester pauvre comme eux. Les évêques répondaient, il est vrai, que leurs biens étaient les biens des pauvres, et qu'on ne pouvait rien imposer sur ceux qui n'avaient rien. Mais c'étaient eux qui jouissaient de ces biens, et ils ne servaient qu'à leurs fastueuses dissipations. Saint Hilaire répliquait que s'ils ne voulaient pas être tributaires de César, ils ne devaient pas posséder les biens du monde. Saint Augustin ne voyait qu'un droit humain dans leurs possessions. Hincmar, archevêque de Reims, écrivait que le payement du tribut était l'accomplissement des préceptes de l'apôtre saint Paul, qui en avait fait un devoir de conscience. Plus près de nous, enfin, Bossuet, le seul moderne qu'on fût tenté d'inscrire au rang des Pères de l'Église, enseigna qu'il fallait payer le tribut au prince pour contribuer aux besoins de l'État et pour avoir le droit de jouir en paix du reste. Aussi les biens ecclésiastiques furent-ils soumis à l'impôt dès les premiers temps de la monarchie française, comme ils le furent en Orient jusqu'au dernier empereur. Clovis n'exempta les prêtres que des tributs personnels; mais il leur imposa même des subsides extraordinaires. Clotaire et tous les Mérovingiens suivirent cet exemple. Pépin régla cet impôt au décime; Charlemagne et Louis le Débonnaire l'imitèrent. Charles le Chauve y ajouta cette clause, que les biens des clercs qui ne le payeraient pas seraient rendus à véritables héritiers. En 1298 les clercs d'Angleterre tentèrent de refuser la taille, sous prétexte que Boniface VIII leur avait défendu de la payer. Édouard Ier les déclara déchus de sa protection; et comme leurs biens furent alors exposés à toutes sortes de pillages, ils vinrent lui offrir le cinquième de leurs revenus. La même résistance se manifesta partout à cette époque; les conciles l'encouragèrent.

La bulle de Boniface VIII *Clericis laicos* ayant parlé de *don gratuit* au lieu de taille obligatoire, le clergé de France s'empara de ce mot, et, après avoir payé la taille sous tous les règnes, il essaya de faire prévaloir cette nouvelle appellation de l'impôt, qui lui offrait l'espérance de s'en affranchir tôt ou tard. Mais Philippe le Bel força les successeurs de Boniface à lacérer la bulle qui avait causé les révoltes du clergé, et leva jusqu'au cinquième des revenus ecclésiastiques. Ses enfants se contentèrent du dixième; leurs successeurs fixèrent le tribut au quart, sans préjudice des subsides que la guerre les obligeait à demander. François Ier porta cette espèce de subside à quatre décimes, avec la permission du pape; mais il fit payer son concordat au saint-siège en s'affranchissant, en 1535, de cette humiliante autorisation, et réclama sur-le-champ le tiers du revenu des évêchés et des collégiales, et la moitié des autres bénéfices. Le clergé résista comme à son ordinaire. Il fut puni par la saisie de ses biens; mais celui de Chartres ayant offert de payer sa part sous le nom de don gratuit, tous les autres s'empressèrent de suivre cet exemple; et cette forme, ayant dès lors été convenue, fut définitivement arrêtée, en 1561, sous Charles IX, par l'assemblée générale de Poissy. Le clergé y gagna de ne pas voir les biens ecclésiastiques exposés à l'investigation des agents du fisc, et il ne donna que ce qu'il voulut. A chaque demande de subsides, il se hâtait d'offrir un abonnement, conservait les apparences d'une composition volontaire, et ne payait jamais dans la proportion des autres sujets du royaume.

Ce ne fut plus à partir de cette époque qu'une lutte de finesses, de tours de passe-passe, entre les rois et le clergé, les uns pour imposer les biens ecclésiastiques, l'autre pour s'en défendre. Ainsi, Henri IV créa en 1594 dix-sept offices de receveurs provinciaux des décimes, et fit payer leurs appointements sur les biens de l'Église. En 1506 il ordonna la revente de ces offices, força le clergé d'y consentir, et en accorda la suppression, en 1606, que pour un nouveau subside. Louis XIII et Louis XIV en créèrent de nouveaux, qui furent mis encore à la charge des biens du clergé, malgré son opposition et ses remontrances.

La *capitation* fut une nouvelle invention de ce règne; mais les évêques trouvèrent encore le moyen de s'en affranchir par une transaction et un don gratuit de 4 et 6 millions par année. Le dénombrement de 1655 fit voir clairement que ces sacrifices, dont le clergé exagérait l'importance, étaient au fond peu de chose pour lui. Qu'était en effet une somme de 12 millions, la plus forte qu'il consentît à payer sous Louis XIV, en 1710, pour un revenu si considérable? A cette époque la France avait acquis trois riches provinces de plus, et le revenu des biens ecclésiastiques dépassait 500 millions de livres : c'était à peine le quarantième qu'il s'imposait, tandis que les autres sujets du royaume payaient jusqu'au tiers.

Aussi, lorsqu'en 1750 Louis XV publia son édit du vingtième, le clergé ne manqua point de recommencer ses oppositions et ses doléances. Mais alors c'était en présence d'une philosophie qui attaquait de toutes parts les abus du sacerdoce, et jamais sa résistance n'avait été plus impolitique. Elle le fut beaucoup plus encore au moment de la révolution. Ce n'était plus à des rois bigots, à des parlements timides, qu'il avait affaire; c'était à une nation éclairée et déterminée à en finir avec les abus de toute espèce. Le clergé ne comprit ni sa position ni celle de ses adversaires. Qu'était pour la noblesse et pour lui un déficit annuel de 56 millions à combler? Mais sa vanité se révolta contre l'égalité des charges; il parla encore du caractère divin des biens ecclésiastiques, et l'origine n'en était déjà que trop bien démontrée. On lui répondit qu'il n'en était pas le propriétaire, que ces biens appartenaient à la nation, et il n'eut point assez d'esprit pour aller au-devant de cette observation ruineuse. L'Assemblée nationale commença cette grande réforme par l'abolition des annates, de la dîme et de la pluralité des bénéfices, et finit par s'emparer de tous les biens ecclésiastiques.

Il est remarquable que ce fut un membre du clergé, Talleyrand-Périgord, alors évêque d'Autun, qui en fit la proposition. Il prouva qu'il résultait de tous les titres de fondation et des diverses lois de l'Église, que le bénéficier n'avait droit qu'à la portion de ces biens nécessaire à sa subsistance, et qu'il n'était que l'administrateur du reste.

Mirabeau survint avec sa grande voix pour établir la propriété réelle de la nation; Thouret l'appuya de sa dialectique serrée. Barnave ajouta que le clergé n'existait que par la nation ; que les biens du clergé ne lui avaient été donnés que pour elle, pour l'utilité générale. L'abbé Maury essaya vainement de repousser leurs arguments; il défendit avec son éloquence ordinaire les titres de son ordre; il offrit même de venir enfin au secours du trésor. L'offre était trop tardive; l'opinion publique s'était prononcée : l'Assemblée nationale prononça le décret d'aliénation (*voyez* BIENS NATIONAUX), et le prêtre, devenu salarié de l'État ou de la communauté des fidèles, rentra dans les conditions de son origine. Il n'y eut de changé que le titre des collecteurs : au onzième siècle, on les avait appelés diacres, au dix-huitième on les appela percepteurs; mais le clergé vécut de collectes, comme Jésus-Christ l'avait décidé.

VIENNET, de l'Académie Française.

BIENS-FONDS. Quoique sous cette acception on entende en général les biens immobiliers, il est nécessaire de les définir plus exactement. Tous les biens-fonds sont des immeubles, mais tous les immeubles ne sont pas des biens-fonds. Les biens-fonds sont plus particulièrement connus dans le langage des légistes sous le nom d'*immeubles corporels* : ce sont les fonds de terre, les vignes, les bois, les édifices, etc. D'autres immeubles, et ce sont ceux désignés sous le nom d'*incorporels*, ne peuvent être rangés dans la classe des biens-fonds. Ainsi, les actions qui tendent à la poursuite ou à la revendication d'un immeuble sont de la même qualité que l'immeuble lui-même, et cependant on ne doit pas les comprendre sous la dénomination de *biens-fonds* : la faculté de rachat, les actions hypothécaires, les actions en rescision pour cause de lésion, constituent bien évidemment des droits immobiliers; on peut donc les qualifier *immeubles*, mais ce ne sont pas des *biens-fonds*. Les servitudes mêmes, qui sont établies pour l'usage ou l'utilité des fonds, participent de la nature immobilière de ceux-ci; mais, il faut encore le dire, les servitudes ne sont pas des biens-fonds.

Autrefois on reconnaissait un bien plus grand nombre d'immeubles de l'espèce de ceux que nous venons de désigner : tels étaient les droits de seigneurie, de justice, de cens, de terrage, de dîme, de banalité, etc. ; les *rentes constituées*, qui meubles dans certaines provinces étaient immeubles dans d'autres, et que le Code Napoléon a définitivement classées parmi les choses mobilières. Le même Code a permis d'établir, par exception, dans le contrat de mariage des *immeubles fictifs*, ainsi appelés parce que, meubles de leur nature, ils ne tiennent la qualité immobilière que de la fiction ou de la convention. Ces immeubles ne peuvent pas recevoir néanmoins le titre de biens-fonds; et cependant ils participent de l'essence de ceux-ci quant à certains effets, comme de limiter le pouvoir du mari sur leur aliénation, en échappant à la communauté.

DUDARD, anc. proc. général

BIENS NATIONAUX. On appelait autrefois *biens domaniaux* ceux qui constituaient le patrimoine ou la dot de la couronne; c'était le *domaine royal*. Quand la révolution vint changer l'ordre des idées politiques, et bouleverser tout à la fois la fortune de l'État et celle des particuliers, le domaine royal devint celui de la nation, ou, pour parler plus exactement, on le désigna sous le nom de *biens nationaux*, quoiqu'à vrai dire le corps de la nation n'en ait guère profité.

La première loi sur cette matière date du 2 novembre 1789. Un décret de l'Assemblée constituante plaça les biens ecclésiastiques sous la main de la nation, et, par compensation, mit à la charge de celle-ci les pensions et traitements qui furent alloués au clergé dépouillé, pour lui tenir lieu de ces biens. Il y avait dans cette disposition législative une raison apparente et un motif d'intérêt général ; car ces biens, inaliénables entre les mains du clergé, étaient devenus une valeur morte; ils étaient du moins sortis du commerce, et il pouvait paraître d'une bonne politique de les rendre à cette destination. Du reste, un décret du 17 mars 1790 pourvut à l'entretien du clergé par la disposition qui attribua les biens de ce grand corps aux municipalités jusqu'à concurrence de 400 millions, à la charge par elles de subvenir aux besoins du culte; et deux autres décrets, en date des 14 mai et 16 juillet suivants, permirent aux municipalités de revendre ces mêmes biens aux particuliers.

Cependant, il y avait dans ces biens un grand nombre de forêts, et on ne pouvait se dissimuler que si cette masse de bois était vendue et entrait dans le domaine des particuliers, il en résulterait une destruction presque complète de cette nature de propriété, qu'il était pourtant essentiel de conserver dans l'intérêt de l'État et de l'économie publique. On dut nécessairement penser que le grand nombre de forêts qui allaient être abattues avilirait le commerce des bois, et anéantirait une ressource précieuse. En conséquence, le 6 août 1790, il fut décrété que les grandes masses de bois et les forêts nationales seraient exceptées de la loi qui avait aliéné les domaines nationaux aux municipalités. Mais bientôt le mouvement révolutionnaire reçut une impulsion qui sembla s'être accrue en raison de cette sorte de résistance. Dès le 15 août de la même année un décret fut rendu sur la vente des biens nationaux ; et pourtant le 16 octobre l'esprit de conservation parut faire encore un nouvel effort en produisant le décret qui statua sur l'emploi des bâtiments et édifices publics dépendant des domaines nationaux, et sur l'emplacement des tribunaux et corps administratifs. Le 3 novembre nouveau décret sur la vente de certains biens nationaux ; mais le 22 novembre loi qui statue dans les termes suivants (articles 8 et 9) : « Les domaines nationaux et les droits qui en dépendent sont et demeurent inaliénables *sans le consentement ou le concours de la nation* ; mais ils peuvent être vendus et aliénés à titre perpétuel et incommutable, en vertu d'un décret formel du corps législatif, sanctionné par le roi, en observant les formalités prescrites pour la validité de ces sortes d'aliénations. Aucun laps de temps, aucune fin de non recevoir ou exception, hormis celle résultant de l'autorité de la chose jugée, ne peuvent couvrir l'irrégularité connue et bien prouvée des aliénations faites sans le consentement de la nation. »

Le 3 décembre un décret fut rendu sur l'ajournement de la vente des biens des séminaires, collèges, hôpitaux et autres établissements; mais dès le 6 mai de l'année suivante il fut statué sur la vente des églises, édifices et autres biens du culte, qui par l'effet de suppressions nouvelles, nous voulons parler des ordres monastiques, se trouvaient sans emploi.

Dès le 9 février 1792 les biens des émigrés furent saisis par la nation, et de ce moment fut réalisé le vaste système de confiscation dont jusque alors on n'avait fait que quelques essais, et qui donna lieu à la réunion dans les mains du gouvernement de cette masse immense de propriétés plus ordinairement connues sous le nom de *biens nationaux*. Nous ne retracerons pas les conséquences de cette résolution hardie; nous ne dirons rien du déplacement des fortunes ni de ces scandaleuses richesses acquises si promptement, et souvent avec un peu de papier presque sans valeur (*voyez* ASSIGNATS) ; nous nous tairons sur la notable atteinte portée par là aux mœurs publiques ; nous ne parlerons pas même des ressources que le gouvernement trouva dans les ventes nationales, ressources qui, bien que diminuées par le pillage et la mauvaise administration, fournirent à la nation les moyens de soutenir une lutte prodigieuse contre toutes les puissances coalisées; nous nous bornerons à rapporter les faits, et ces faits consistent dans l'historique de la législation.

La confiscation une fois décrétée, la vente des biens nationaux en fut la conséquence nécessaire ; mais il paraît que parfois cette mesure rencontra des obstacles, et que, soit scrupule, soit crainte de l'avenir, soit tout autre motif, les fonctionnaires publics ne se pressèrent pas toujours d'obéir à la loi révolutionnaire. Alors, et le 11 septembre 1793, la Convention nationale, qui avait hâte de consommer son œuvre, décréta les dispositions suivantes : « Art. 1er. Les administrateurs qui, sous quelque prétexte que ce soit, refuseront de mettre en vente les biens immeubles des émigrés et autres domaines nationaux dans la quinzaine des soumissions faites pour lesdits biens, seront punis de dix années de fers. — Art. 2. Les préposés des domaines nationaux qui refuseront d'affermer lesdits biens, sous prétexte que les soumissions ne sont pas suffisantes, ou sous quelque autre prétexte que ce soit, seront punis de dix années de fers. Les représentants du peuple veilleront à l'exécution du présent décret, et nommeront dans la société populaire des citoyens zélés pour faire vendre ou affermer les biens des émigrés. » Le 13 du même mois, nouveau décret pour accélérer la vente de ces biens. En exécution de ces violentes mesures, qui du reste furent puissamment secondées par la cupidité, les ventes ne rencontrèrent plus d'obstacles.

Mais ce n'était pas tout : pour enlever aux églises les moyens de se soutenir ou de se relever, il fut décrété, le 13 brumaire an II, que l'actif des fabriques et fondations serait propriété nationale. Il va sans dire que les presbytères furent compris dans la confiscation. Là ne s'arrêta pas la marche du système, et le 22 frimaire an II les biens des associations de piété et de charité furent déclarés *nationaux*. Et lorsque ces immenses richesses furent englouties dans le gouffre révolutionnaire, lorsqu'il n'y eut plus ni prêtres ni nobles à dépouiller, et qu'on se trouva en face d'exigences nouvelles ou de besoins sans cesse renaissants, il fallut bien jeter encore quelques miettes dans la bouche du géant affamé. C'est pourquoi les biens des tribunaux de commerce furent frappés de la condamnation : un décret du 4 nivôse an II les déclara aussi *nationaux*. Bien plus, au mépris du droit des gens, on comprit dans la fatale dénomination les biens des corporations étrangères situées en France (13 pluviôse an II). Dès le 19 mars 1793 on avait confisqué les biens des personnes condamnées pour crimes contre-révolutionnaires. Le 1er août suivant il devint suffisant pour encourir la peine de confiscation d'être mis hors la loi. Bientôt la mesure fut étendue au simple délit d'avoir laissé subsister sur ses propriétés des signes de la royauté. Mais le comble de l'absurdité et de l'atrocité tout ensemble fut d'ordonner la confiscation contre tout accusé qui se donnerait la mort ; car, la confiscation n'ayant lieu dans les premiers temps qu'après la condamnation, il se trouva des pères de famille qui pour laisser à leurs enfants les moyens de subsister se donnèrent la mort avant la sentence révolutionnaire ; et c'est pour paralyser l'effet de ce noble dévouement que la loi du 29 brumaire an II décréta qu'il suffisait d'être *accusé* pour encourir la confiscation. Et par un semblant d'humanité, qui n'était en effet qu'une dérision cruelle, il fut ordonné que les enfants de ceux dont les biens seraient frappés de confiscation seraient envoyés aux hospices des enfants trouvés ! (16 brumaire an II.)

Hâtons-nous d'arriver à des temps moins déplorables. Un premier décret du 14 floréal an III ordonna la restitution des biens confisqués par suite des jugements révolutionnaires ; mais il établit de nombreuses exceptions, que ce n'était, à vrai dire, qu'une apparence de retour aux idées de justice. Un autre décret, du 21 prairial an III, en expliquant le premier, lui donna une certaine extension ; mais ce ne fut que sous le gouvernement consulaire que la réparation devint réelle. Un arrêté du 9 floréal an IX ordonna d'abord de surseoir à la vente des biens nationaux. Une autre décision, du 7 messidor an IX, affecta certains de ces domaines à l'indemnisation de ceux des hospices dont les biens avaient été vendus. Et enfin, le 6 floréal an X, intervint le sénatus-consulte qui prononça sur les effets de l'amnistie accordée aux émigrés : tous ceux de leurs biens qui étaient encore entre les mains de la nation, autres que les bois et forêts, les immeubles affectés à un service public, et les droits sur les grands canaux, durent leur être restitués, et dès ce moment l'on put connaître qu'il fallait définitivement comprendre sous la dénomination de *biens nationaux*. Toutefois, il intervint encore quelques modifications à la règle. C'est ainsi que le 29 floréal an X, par la création de la Légion d'Honneur, 200 mille livres de rentes *en biens nationaux* furent affectées à chaque cohorte. Mais presqu'en même temps, c'est-à-dire le 18 germinal de la même année, parut le célèbre concordat, qui, en ratifiant définitivement la vente des biens ecclésiastiques, remit les églises non aliénées nécessaires au culte à la disposition des évêques et les presbytères entre les mains des curés. Cependant le système de confiscation n'était pas entièrement abandonné ; car c'est presque à la même époque, c'est-à-dire le 20 prairial an X, qu'intervint un arrêté des consuls sur la suppression des ordres monastiques, congrégations régulières, etc., dans les quatre nouveaux départements situés sur la rive gauche du Rhin. Les biens de ces ordres et corporations furent réunis au *domaine national*, et les lois relatives à l'administration, aux baux et à la vente des domaines nationaux leur furent appliquées.

La réparation dont Napoléon avait conçu la pensée, mais que l'empereur ne put effectuer, devenait possible pour le roi. De là cette fameuse *loi d'indemnité* en faveur des émigrés que fit rendre le gouvernement de Charles X. Ce fut, quoi qu'on en ait dit, une idée grande, politique et généreuse que celle d'indemniser les anciens possesseurs des *biens nationaux*. Elle tendait à réconcilier les partis, à dépouiller ces biens de l'espèce de tache qui les couvrait, à leur donner toute la valeur vénale qui leur manquait, en un mot à effacer la trace d'une origine qui les frappait de défaveur, et en même temps à dédommager les anciens propriétaires de la perte qu'ils avaient éprouvée. On ne peut nier que dans l'opposition que la *loi d'indemnité* rencontra, soit en dedans, soit en dehors des Chambres, il ne soit entré quelques sentiments peu louables, notamment une crainte jalouse de voir les anciens émigrés reprendre dans les affaires publiques la place que donne la propriété. Et peut-être cet acte n'influa-t-il pas médiocrement sur les causes de la révolution de Juillet, par la haine que les classes moyennes ressentaient en général contre les *indemnisés*. Peut-être aussi faut-il convenir que plusieurs de ceux-ci n'apportèrent pas dans leur triomphe toute la modération que la prudence leur commandait, et dont la disposition des esprits leur faisait une loi.

Ce n'était pourtant pas la première fois que des réparations de ce genre avaient eu lieu. On avait vu des rois de France, pressés par les besoins de l'État, et ne pouvant trouver des ressources suffisantes dans le trésor public, aliéner, *à titre d'engagement*, des biens de la couronne ; et plus tard, à diverses reprises, sous le règne même de Napoléon, on avait imposé de fortes redevances aux possesseurs de ces biens. Le recouvrement de cet impôt n'avait point rencontré d'obstacles. Et cependant un long espace de temps s'était écoulé, une longue prescription s'était acquise, et l'on ne s'était jamais avisé ni d'attaquer cette mesure ni d'en faire un crime à ses auteurs. C'est qu'elle portait principalement sur l'ancienne aristocratie, et que les ennemis de celle-ci voyaient d'un œil favorable tout ce qui pouvait diminuer ses moyens ou sa puissance. Et remarquons bien que le chef de l'État, en frappant les *domaines engagés*, avait agi directement contre les possesseurs de ces domaines. On n'avait pas appelé tous les Français à réparer des torts que, par fiction, et pour ne pas blesser la classe des *acquéreurs*, on a fait de nos jours supporter à la France entière. Qu'auraient donc dit ces acquéreurs, dont le plus grand nombre avaient acquis à vil prix, si on n'eût demandé qu'à eux seuls le juste supplément de ce prix? Ce moyen eût sans doute paru plus équitable, peut-être même eût-il rencontré moins d'opposition réelle ; mais on dut et l'on voulut ménager le principe d'irrévocabilité des ventes nationales; le prince demeura fidèle à ses serments. Il crut être plus juste, il parut plus faible; on feignit de ne pas croire à sa bonne foi, et, au lieu de la reconnaissance qui lui était due pour avoir voulu fermer les plaies de la révolution, il ne put satisfaire les uns et s'attira la haine des autres.

Nous ferons remarquer, en terminant cet article, que la régie des *biens nationaux* a toujours été confiée, et se trouve encore entre les mains de cette administration de l'enregistrement et des domaines, si recommandable par son zèle, sa parfaite connaissance des lois de la matière, et la régularité de son travail.

DUBARD, ancien procureur général.

BIENSÉANCE. Conformité d'une action avec les temps, les lieux et les personnes. C'est l'usage qui rend sensible à cette conformité. Manquer à la bienséance expose toujours au ridicule et dénote même parfois un vice. Cicéron va peut-être trop loin quand il définit la bienséance : ce qui consiste à ne rien faire en dépit de la nature. Les bienséances ne se devinent pas, elles s'apprennent ; l'éducation du monde vous les inculque, et encore ce n'est que d'une manière restreinte et tout à fait personnelle. En effet, chaque classe a ses bienséances particulières, qui varient à leur tour avec les localités. « Les bienséances d'une nation ne sont pas toujours les bienséances d'une autre nation, dit Voltaire, ni les bienséances d'un siècle celles d'un autre siècle. » Sur un même point, tout est contradiction. Il y a néanmoins une exception à faire pour certaines bienséances, qui tiennent aux sentiments du cœur; toutes les classes de la société les rencontrent par instinct, il n'y a de différence que dans les formes. « La bienséance du langage est, dit Rœderer, l'expression naturelle des mœurs honnêtes. Elle serait une loi du goût, quand elle ne serait pas une règle de morale, et c'est pour cette raison que la bienséance peut être respectée au plus haut point chez une nation où la corruption des mœurs est portée au dernier excès. » Les hommes les plus vertueux comme les plus instruits sont sujets à négliger quelques bienséances de détail; ils ne les aperçoivent pas, ils portent leur vue plus haut.

Auprès des gens en place manquer aux bienséances, c'est abjurer leur protection, c'est même une espèce de déclaration de guerre; avec ses égaux négliger quelques bienséances n'est qu'une faute de bon goût; avec ses véritables amis, c'est une légère imperfection que l'habitude de se voir fait oublier. A la suite d'une grande révolution règne une sorte de guerre civile entre les bienséances anciennes et les bienséances nouvelles; mais, comme dans les modes, ce sont toujours les dernières qui ont raison. Il n'y a jamais à hésiter entre les devoirs essentiels et les bienséances du moment; les uns tiennent à la moralité, les autres ne dérivent que de l'usage.

SAINT-PROSPER.

Dans l'imitation poétique, les convenances et les bienséances ne sont pas précisément la même chose : les convenances sont relatives aux personnages; les bienséances sont plus particulièrement relatives aux spectateurs. Les unes regardent les usages, les mœurs du temps et du lieu de l'action; les autres regardent l'opinion et les mœurs du pays et du siècle où l'action est représentée. Lorsqu'on a fait parler et agir un personnage comme il aurait agi et parlé dans son temps, on a observé les convenances; mais si les mœurs de ce temps-là étaient choquantes pour le nôtre, en les peignant sans les adoucir on aura manqué aux bienséances; et si une imitation trop fidèle blesse non-seulement la délicatesse, mais la pudeur, on aura manqué à la décence. Ainsi, pour mieux observer la décence et les bienséances actuelles, on est souvent obligé de s'éloigner des convenances en altérant la vérité. Celle-ci est toujours la même, et les convenances sont invariables comme elle; mais les bienséances varient selon les lieux et les temps : on en voit une preuve frappante dans l'histoire de notre théâtre.

Ce n'est pas le progrès des mœurs, mais le progrès du goût, de la culture de l'esprit, de la politesse d'un peuple, qui décide des bienséances. C'est à mesure que les idées de noblesse, de dignité, d'honnêteté se raffinent, et que la morale théorique se perfectionne, qu'on devient plus sévère et plus délicat.

...... Chastes sont les oreilles,
Encor que le cœur soit fripon,

a dit La Fontaine. On va plus loin, et l'on prétend que plus le cœur est corrompu, plus les oreilles sont chastes; mais ce n'est qu'une façon ingénieuse de faire la satire des siècles polis. L'innocence, il est vrai, n'entend malice à rien, et à ses yeux rien n'a besoin de voile; mais le monde ne peut pas toujours être innocent et naïf, comme dans son enfance; et les siècles, comme les personnes, peuvent en s'éclairant devenir à la fois et plus décents dans le langage et plus sévères dans les mœurs.

MARMONTEL.

BIENVEILLANCE. Heureuse disposition du cœur qui nous fait entrer dans les peines des autres et nous inspire la pensée de les adoucir. C'est un sentiment que Dieu imprime dans tous les cœurs, et par lequel nous sommes portés à nous vouloir du bien les uns aux autres. La société lui doit ses liens les plus doux et les plus forts. Le principal moyen dont s'est servi l'auteur de la nature pour établir et conserver le genre humain, a été de rendre communs entre tous les hommes leurs biens et leurs maux, toutes les fois que leur intérêt personnel n'y met point obstacle. Il est des hommes en qui l'intérêt, l'ambition, l'orgueil empêchent qu'il ne s'élève de ces mouvements de bienveillance, mais il n'en est point qui n'en portent dans le cœur les semences prêtes à éclore en faveur de l'humanité, de la vertu; on s'il en est qui n'aient point reçu de la nature ces précieux germes, ce doit être un défaut de conformation, semblable à celui qui rend certaines oreilles insensibles au charme de la musique.

« Il y a dans la nature de l'homme, dit Diderot, deux principes opposés : l'amour-propre, qui nous rappelle à nous, et la bienveillance, qui nous répand. Si l'un de deux ressorts venait à se briser, on serait ou méchant jusqu'à la fureur, ou généreux jusqu'à la folie. »

Sans doute il n'est pas toujours possible de donner, ni même de s'offrir à des périls pour sauver ceux qui souffrent, mais du moins on les console par la démonstration d'une véritable sympathie : telle est la bienveillance. On allègue contre elle qu'à force d'être générale, il lui arrive quelquefois de n'être utile à personne en particulier : c'est une grave erreur. Il est une foule de circonstances qui n'exigent ni secours ni sacrifices; la vie ne se compose pas que d'intérêts ou de besoins; on est déchiré dans ses sentiments et ses affections : c'est déjà un allégement que d'être compris, qu'est-ce donc quand la bienveillance pleure avec nous? Mais là ne s'arrête pas son rôle; elle intervient avec délices entre les prétentions et les haines ; si elle ne réussit pas toujours à les désarmer, souvent elle les apaise d'abord, pour les réconcilier ensuite.

Aux époques de crises et de désastres, la bienfaisance sans doute est d'une utilité plus immédiate; je conviendrai même que dans les temps ordinaires son activité embrasse les classes les plus nombreuses de la société : elle est toute en action. C'est dans un autre cercle que se meut la bienveillance; elle ne va pas qu'au-devant du malheur, elle est la mise en œuvre de la félicité; elle répand le calme, la douceur et le bien-être sur tout ce qui l'entoure : c'est un soin continuel. On reçoit avec empressement les dons de la bienfaisance; encore une minute peut-être, ils seraient arrivés trop tard. Mais, dans toutes les positions, c'est avec ravissement qu'on agrée l'aspect de la bienveillance : elle s'associe tout ce qui l'approche.

On confond quelquefois la politesse avec la bienveillance; il est pourtant bien facile de les distinguer : c'est pour soi qu'on possède la première; on la regarde comme l'apanage du rang que l'on occupe ou de l'éducation que l'on a reçue. La politesse est souvent haute et froide; la bienveillance, au contraire, a quelque chose de tendre et de caressant : elle laisse de côté tout ce qui est distinction; elle oblige à sa mesure, mais sans jamais classer. Saint-Prosper.

BIENVENUE, *bonne arrivée, heureuse arrivée*, ne se dit proprement que de la première fois qu'on arrive en quelque endroit ou qu'on est reçu en quelque corps : c'est, en style familier, ce que les Romains appellent sur leurs médailles *felix adventus*, ou simplement *adventus*. L'usage veut que celui qui est admis dans une compagnie offre un repas ou une collation à ceux qui en font partie et qui le reçoivent parmi eux; cela s'appelle *payer sa bienvenue*. Cet usage s'exerce principalement entre écoliers, entre militaires ou entre prisonniers; et il doit être fort ancien, comme il paraît avoir donné lieu à plus d'un abus, puisqu'une ordonnance du roi sur les matières criminelles, datée de 1670, défend, à peine de punition exemplaire, aux geôliers, greffiers, guichetiers, et à *l'ancien des prisonniers*, sous prétexte de *bienvenue*, de rien prendre des nouveaux arrivants, en argent ou en vivres, quand bien même il leur serait volontairement offert.

BIÈRE, cercueil de bois. *Voyez* Cercueil.

BIÈRE ou BIERRE. C'est après le vin la meilleure liqueur fermentée; on la prépare avec l'orge germé, auquel on associe le houblon, sans lequel la liqueur serait très-promptement altérée.

L'orge, ainsi que les autres graines, renferme une substance amilacée, qui ne peut directement subir la fermentation, mais qui se transforme en partie en sucre lorsque la graine germe, et peut alors fermenter (*voyez* Fermentation). Trois conditions sont nécessaires pour que la germination ait lieu : de l'humidité, une certaine température et la présence de l'air. On verse dans un grand bassin en bois ou en pierre une assez grande quantité d'eau pour que le grain en soit recouvert à six ou huit centimètres d'épaisseur, et on y jette peu à peu l'orge; si des grains viennent nager à la surface, on les retire, parce qu'ils donneraient un mauvais goût à la bière. L'orge est assez trempé quand ils se laissent écraser entre les doigts. On renouvelle deux ou trois fois l'eau du bassin pendant le cours de l'opération, qui dure environ quarante heures; et quand les grains sont arrivés au point convenable de gonflement, on soutire toute l'eau et on en passe une dernière pour les bien laver; on laisse égoutter les grains, qui continuent à se gonfler, et, au bout de huit heures à peu près en été, et de quinze heures à peu près en hiver, on retire l'orge, que l'on réunit en tas, dans lesquels il se développe bientôt de la chaleur, et peu de temps après on voit se former à l'extrémité du grain de petits points blancs, qui sont produits par la germination. Il faut alors retourner de temps à autre les tas pour en exposer toutes les parties à l'action de l'air. Après un certain temps, qui dépend de la température, des radicules se sont développées, et le grain est devenu sec et a pris une saveur sucrée. Arrivée à ce terme, si la germination continuait, la matière sucrée se décomposerait, et l'on ne pourrait plus se servir de l'orge pour fabriquer la bière.

On le porte alors dans un atelier nommé *touraille*, où il se trouve exposé à une température suffisante pour le torréfier légèrement; le germe se détache, et le grain peut se conserver pendant plusieurs mois sans éprouver d'altération. La touraille est formée d'un plancher en tôle, percé d'un grand nombre de petites ouvertures, et placé au-dessus d'un fourneau dans lequel on fait du feu avec un combustible qui donne très-peu de fumée; on étend l'orge en couches minces, afin que l'action de la chaleur s'exerce plus rapidement sur lui, et on le remue avec des râbles en fer pour en exposer toutes les parties à l'action de la chaleur. On l'agite ensuite dans des cribles, au travers desquels passent tous les germes desséchés : l'orge reste sur le crible. On broie l'orge sous les meules, de manière à obtenir une farine très-grossière, que l'on place dans des cuves en bois, munies d'un double fond percé d'un grand nombre de trous coniques, dont la base est tournée vers le bas, afin qu'ils ne puissent se boucher, et l'on fait arriver au-dessus du double-fond de l'eau chaude à 40° à peu près, en agitant toute la masse pour la bien mêler avec l'eau. Après l'avoir laissée reposer pendant quelque temps, on y ajoute de l'eau plus chaude, de manière que la masse marque environ 50°. On continue à l'agiter, et, après un certain temps, on jette à la surface une certaine quantité de farine de malt très-fine; on couvre bien la cuve, on abandonne la liqueur à elle-même pendant quelques heures; on la retire par le double fond et on la porte dans une chaudière; après quoi on fait arriver à deux fois dans la cuve une quantité d'eau semblable à celle que l'on avait employée la première fois.

A mesure que la liqueur qui sort de la cuve, et que l'on appelle *moût* de bière, arrive dans la chaudière, on y jette du houblon et on porte la liqueur jusqu'à l'ébullition; on la fait ensuite écouler dans de vastes cuves appelées *bacs*, qui présentent une très-grande surface pour faciliter le plus possible le refroidissement. Le moût s'aigrit aisément lorsque la température est élevée; il est de la plus grande importance d'éviter cet inconvénient, et malgré tous les soins que l'on donnait autrefois à cette partie de l'opération, il n'arrivait que trop souvent qu'une altération plus ou moins sensible de la liqueur avait lieu pendant les chaleurs de l'été. On a employé différents procédés pour obvier à cet inconvénient : celui qui a donné les meilleurs résultats consiste à faire passer la liqueur dans un appareil où elle se trouve refroidie par un courant d'eau froide qui circule dans une double enveloppe en sens inverse du moût. Ce système présente de grands avantages, par le refroidissement très-rapide du moût, qui ne risque pas de s'aigrir, et procure en même temps une grande quantité d'eau chaude, utile pour diverses opérations de la brasserie. La quantité d'eau nécessaire pour abaisser la température du moût au degré convenable n'excède pas celle du moût lui-même; il n'y a pas de brasserie où on ne puisse se la procurer facilement.

Le moût de bière, reçu dans une grande cuve destinée à cet usage, étant abaissé à une température convenable, on y ajoute de la levure; bientôt une fermentation s'y développe, et, selon la température de la saison, elle est achevée plus ou moins rapidement, ce qu'on reconnaît à la cessation du mouvement très-rapide que présente la liqueur. On la soutire alors dans des tonneaux, où la fermentation présente ses dernières phases, après qu'une écume épaisse qui est formée de la levure s'est déversée au dehors. Il suffit alors, pour que la bière puisse être bue, de la clarifier avec de la colle de poisson et de la tirer en bouteilles.

Pour coller la bière, on délaye dans dix fois son poids de la colle de poisson gonflée et divisée le plus possible en la malaxant entre les doigts, et on passe la liqueur dans un linge. On mélange cette liqueur avec un volume égal de bière, et on en verse une bouteille dans un quart de bière; on agite fortement avec un bâton; on laisse reposer, et on tire la liqueur après vingt-quatre heures. Si on veut avoir une bière très-mousseuse, on laisse les bouteilles couchées pendant vingt-quatre heures, et on les relève ensuite; si on les gardait trop longtemps couchées, un grand nombre se briseraient, parce que le gaz acide carbonique qui se développe dans la liqueur, ne trouvant aucune issue, acquerrait bientôt assez de force pour surmonter la résistance des parois.

L'action qu'exerce la colle de poisson quand elle clarifie la bière s'explique ainsi : elle forme en s'étendant un réseau qui, en descendant, entraîne toutes les substances qu'elle rencontre en suspension dans la liqueur, et cet effet remarquable explique bien pourquoi la gélatine, quelque pure qu'elle fût, n'a jamais pu servir à cet usage : cette dernière substance ne présente pas une organisation qui lui permette d'agir de la même manière, et il est certain que cette substitution ne pourra jamais avoir lieu.

La bière soumise à la distillation donne une liqueur alcoolique d'un goût désagréable, qui est dû à une substance âcre qui l'accompagne constamment.

Dans les pays où cette liqueur sert de boisson habituelle, comme en Angleterre, en Flandre, en Belgique, etc., on prépare des bières extrêmement fortes, qui enivrent très-promptement ceux qui en font usage, et on a même remarqué que cet enivrement est beaucoup plus dangereux que celui qui est dû au vin. Les bières épaisses que l'on boit dans quelques pays donnent souvent lieu à des accidents, qui sont dus à une quantité plus ou moins considérable de levure qu'elles tiennent en suspension. *Voyez* BOISSONS.

H. GAULTIER DE CLAUBRY.

BIERNACKI (ALOYS-PROSPER), agronome qui a rendu à la Pologne, sa patrie, les plus grands services, et qui fut ministre des finances pendant la révolution de 1830, naquit en 1778, dans le palatinat de Kalisch. Après avoir étudié à l'université de Francfort-sur-l'Oder et avoir acquis des connaissances agronomiques très-étendues, grâce à de nombreux voyages dans les différentes contrées de l'Europe, il réussit à faire de sa terre de Soulislawice, près de Kalisch, une véritable ferme modèle ; et les moutons de race électorale qu'il y introduisit dès l'année 1811 acquirent bientôt à ses troupeaux une réputation méritée. Jaloux de faire participer sa patrie à tous les perfectionnements, il fonda dans ses domaines une école d'enseignement mutuel pour l'agriculture, l'horticulture, l'histoire naturelle et les mathématiques. Il s'associa aussi aux efforts de l'opposition contre la Russie, et s'attira ainsi la haine du parti impérial, en même temps qu'il se faisait de nombreux partisans parmi ses concitoyens. A l'époque de la révolution de Pologne, en 1830, il fut nommé membre de la diète et président de la chambre des comptes, puis chargé du portefeuille des finances. Après la chute de Varsovie, il émigra en France.

BIETT (LAURENT-THOMAS), médecin en chef de l'hôpital Saint-Louis, était né à Scamf, en 1784, dans une des vallées les plus sauvages du pays des Grisons. Il avait fait en partie ses études en France, et était devenu Français de toutes façons, non toutefois sans conserver de son pays natal un vif souvenir et quelque chose d'embarrassé, d'original et de naïf qui ajoutait un charme singulier à son mérite et à l'attrait mélancolique que distingué de sa personne et de ses manières. Mais il était avant tout un homme de bien, un bon esprit, un cœur droit. Enclin à l'enthousiasme, il avait plus qu'un autre de ces instants de découragement et de *désillusion* qui font brèche au bonheur. Ceux qui ont connu le docteur Biett, ses élèves, ses amis et ses clients, savent avec quel dévouement, quelle douceur et quel zèle ingénieux il traitait ses malades, principalement ceux qui n'avaient à espérer aucun adoucissement de la fortune, et quelle délicatesse il apportait dans les relations sociales. Sa règle était de traiter sans aucune rétribution les artisans et les artistes en tous genres, et de recevoir des traitements qu'il leur plaisait de lui offrir. Hélas! par ce système si humain, il ne laissa à sa veuve, avec un nom sans tache et un cabinet magnifiquement orné, qu'une fortune fort disproportionnée à sa grande et légitime réputation.

Le docteur Biett avait une instruction solide et variée, un esprit délicat, un goût littéraire très-pur; il avait donné ses soins et son concours à deux des ouvrages de son maître, le célèbre docteur Alibert. Il était protestant, et connu pour ses opinions politiques, à la fois sages et libérales. Médecin et ami du comte Molé et de Benjamin Delessert, qui le premier avait éprouvé son zèle et ébauché sa fortune, Biett n'était ni sans influence ni sans crédit. Il excellait à protéger comme à conseiller.

Reçu docteur en 1814 à la faculté de Paris, il montra bientôt l'élévation et la fermeté de son caractère. On le nomma en 1815 médecin inspecteur des services sanitaires de l'hôpital Saint-Louis, alors encombré de soldats atteints du typhus : il vit tomber autour de lui onze élèves frappés par le fléau meurtrier sans quitter un poste si périlleux. Il devint médecin titulaire du même hôpital le 11 février 1819. A la suite d'un voyage en Angleterre, il créa dans cet hôpital, dévolu entièrement aux maladies de la peau, un traitement externe qui permit de secourir six mille dartreux par an. Sous son intelligente direction, les bains de Saint-Louis devinrent un établissement-modèle, où les riches prirent place tout à côté des pauvres.

D'abord prévenu en faveur des classifications de Willan et de Bateman, il finit cependant par distribuer d'après ses propres vues les affections cutanées en quinze classes. Il était réservé à ses élèves, MM. Schedel et A. Cazenave, de publier les idées qu'il avait surabondamment exposées dans les leçons cliniques qu'il donnait chaque année à Saint-Louis. Pendant le choléra de 1832, il se signala par un dévouement incomparable : on le vit passer sans désemparer jusqu'à quatorze heures par jour auprès de ses malades de l'hôpital.

Biett était membre de l'Académie de Médecine depuis 1823, et il avait publié quelques bons articles dans le grand *Dictionnaire des Sciences médicales* de Panckoucke, et dans divers recueils. Il succomba à une hydropisie de poitrine, le 3 mars 1840. Isid. BOURDON.

BIÈVRE. *Voyez* CASTOR.

BIÈVRE, petite rivière qui prend sa source aux environs de Versailles, entre Bouviers et Guyancourt, et vient se perdre dans la Seine à Paris, après un cours de 31 kilomètres, dans lequel elle baigne les villages de Jouy, de Bièvre, dont elle tire son nom, arrose des prairies, se couche dans de fraîches vallées, fait tourner des moulins et alimente des fabriques. Elle entre à Paris sur le boulevard Saint-Jacques. A cent pas en avant de l'enceinte, de beaux arbres la couvrent de leur ombrage, ses bords sont parés de gazon, et l'on s'étonne de trouver ses eaux encore assez pures. Elles n'ont pas fait cent pas dans Paris, que l'industrie s'en empare, les trouble, les épaissit, les altère. Cette corruption date de bien loin. La Bièvre suivait doucement sa pente naturelle, quand les religieux de Saint-Victor voulurent, sous Louis VII, la forcer d'entrer dans leur enclos et d'y moudre leurs grains. Saint Bernard les y aida, au préjudice des riverains. Le temps, les fortifications de la ville obligèrent, plus tard, à l'abandon d'une partie de ce nouveau canal. La partie *délaissée* devint pour le voisinage un égout; chacun y jeta ses immondices; on l'appela le *trou punais*. Ce fut pour tout ce côté de Paris un foyer de contagion ; et cependant de bien longtemps encore on n'osa porter remède au mal, tant on appréhendait de blesser les *droits seigneuriaux* des moines ! Ce canal est devenu la rue de Bièvre.

Mais la Bièvre coulait en même temps dans Paris pour le travail. Des drapiers et des teinturiers en laine s'étaient établis sur ses bords dès le *quatorzième* siècle. Jean Gobelin donna le premier beaucoup d'éclat et de célébrité à ses couleurs. Ses descendants l'imitèrent. Cette famille des Gobelins devint riche et puissante. Colbert, qui appréciait leurs travaux, fit de leur fabrique, en 1667, la manufacture royale des *Gobelins*. La Bièvre en prit le nom. C'était une dénomination et presque une illustration nouvelle. La petite rivière n'en fut ni plus fière ni plus propre. L'usurpation des moines, les saignées faites aux berges par les riverains, les batardeaux établis par des seigneurs du voisinage, le rouissage des chanvres, la lessive des blanchisseurs, le dépôt des teintures, le déversement des égouts, appauvrirent, corrompirent de plus en plus les eaux de la Bièvre. L'oubli de tous règlements, l'absence de toute répression pendant la révolution aggravèrent l'état des choses. Enfin un arrêté des consuls, signé Bonaparte, réglementa le cours, la jouissance, l'usage, l'entretien, la police de la rivière.

Les dispositions de cet arrêté des consuls étaient sages. Le libre cours de la Bièvre importe à beaucoup d'existences. Quarante mille ouvriers vivent, sur ses bords, des industries qu'elle alimente. Ses eaux, dont les exhalaisons ont été si souvent incommodes, si souvent nuisibles, retenues par des travaux bien dirigés, grossies par les tributs de sources voisines, surveillées par une propreté vigilante, peuvent rendre encore de plus grands services et devenir même un moyen de salubrité. C'est dans ce but que la ville de Paris en entreprit la canalisation vers 1844. Devenue maîtresse du plan des eaux par l'achat de plusieurs moulins, la ville a fait maçonner le lit de la rivière et réglé sa pente par des barrages. De plus, un long tunnel doit la recevoir à son embouchure sur le quai d'Austerlitz, et la conduire, grossie des eaux des égouts de la rive gauche, sous ce canal couvert, jusqu'au dessous du pont des Arts, et même plus tard plus loin, afin de l'empêcher de troubler les eaux de la Seine.

Dans son cours supérieur la Bièvre est voisine de plusieurs étangs, qui, dans les saisons pluvieuses, déversent leur trop-plein dans cette rivière, ce qui a plusieurs fois causé des inondations. Le *Journal de l'Étoile* nous a conservé la mémoire d'un débordement de la Bièvre, qui emporta plusieurs maisons et dans lequel plusieurs personnes perdirent la vie. Dans l'été, au contraire, le lit de cette petite rivière était à sec. Pour parer à ces accidents, il a été formé dans le bois de la Minière un étang-réservoir, qui recueille les eaux quand elles sont trop abondantes, et qui les déverse dans la rivière quand elle baisse. Ce vaste réservoir peut contenir 600,000 mètres cubes d'eau.

BIÈVRE (MARÉCHAL marquis DE), né en 1747, entra, fort jeune encore, dans les mousquetaires. Sa facilité à produire des *rébus*, des jeux de mots, des calembours, lui créa parmi ses camarades une sorte de réputation, qui bientôt s'étendit dans le monde. Pour la société frivole du règne de Louis XV, tous les genres d'esprit étaient bons, même dans leurs abus. Se voyant un homme fameux à si bon marché, de Bièvre voulut augmenter sa renommée en faisant des ouvrages avec ses mauvais bons-mots, et de la littérature avec ses coq-à-l'âne. En 1770 il publia une *Lettre à la comtesse Tation, par le sieur de Bois-flotté, étudiant en droit fil*, suivie bientôt de quelques autres chefs-d'œuvre de la même espèce, tels que la tragédie burlesque de *Vercingetorix*, où l'on trouve des vers de cette force :

Il plut à *verse* aux dieux de m'enlever ces biens,
Hélas! sans eux *brouillés* que peuvent les humains!

Puis vinrent encore *Les Amours de l'ange Lure et de la fée Lure* (1772), l'*Almanach des Calembours*, etc., etc.

Ces sottises imprimées eurent assez de succès et de vogue pour effrayer Voltaire, indigné, suivant son expression, de voir « un tyran si bête (le calembour) usurper l'empire du monde ». La mode avait prononcé, et il fallait attaquer son protégé avec ses propres armes : c'est ainsi que lorsqu'il lui convint de quitter son nom de famille, Maréchal, pour se donner un titre : « Pourquoi, lui dit un ami goguenard, ne vous faites-vous pas appeler, au lieu du marquis, le *maréchal de Bièvre?* » Le fait est que son grand-père, Georges Maréchal, avait dû à ses talents la place de premier chirurgien de Louis XIV. Cette illustration en valait bien une autre. Un railleur amusa aussi la capitale aux dépens du marquis par une plaisanterie d'un goût moins délicat. M. de Chambre (c'était son nom) fit circuler une lettre dans laquelle il l'invitait à dîner, en ne lui promettant que *la fortune du pot*, phrase immédiatement suivie de sa signature. Une leçon plus ingénieuse fut donnée au grand faiseur de calembours par une dame chez laquelle il dînait. A chaque mets demandé par lui, elle feignait de chercher dans les mots qu'il avait prononcés un double sens. En vain se tuait-il à protester du contraire. « Je n'entends pas celui-là, » répétait la maîtresse de la maison, qui s'amusa à le désespérer ainsi pendant tout le repas.

M. de Bièvre, approchant de la quarantaine, s'avisa enfin de penser qu'il était temps de produire, à l'appui de son titre d'homme de lettres, quelque ouvrage plus important et plus sérieux. Il fit jouer au Théâtre-Français, en 1783, *Le Séducteur*, prétendue comédie de caractère, mais drame écrit en général avec assez d'élégance, et parfois d'un style assez maniéré pour que Dorat en fût soupçonné le véritable auteur. Quoi qu'il en soit, la pièce eut un succès prononcé, et quelques jours après, la tragédie des *Brames*, de La Harpe, éprouva un échec; aussi le *calembouriste* ne manqua-t-il pas de dire : « *Le Séducteur* réussit, les bras me (*Brames*) tombent. » L'irascible La Harpe ne lui pardonna pas ce mot : un de ces *bons arrêts...., bien justes*, dont parle Figaro, fut rendu dans le *Cours de littérature* contre le *Séducteur* du marquis. En 1788 ce dernier fit représenter une autre comédie, en cinq actes et en vers, *Les Deux Réputations* ; mais elle éprouva une chute complète, et ce fut à qui répéterait que les *Deux Réputations* ne lui en feraient pas *une*.

Lorsque la révolution éclata, l'année suivante, M. de Bièvre, en sa double qualité de marquis et d'ancien mousquetaire, crut devoir suivre un des premiers le torrent de l'émigration. Les graves événements qui occupaient alors les esprits le firent oublier plus vite que son absence, à tel point qu'il reste encore quelque incertitude sur le lieu et l'époque de sa mort : suivant les uns, elle eut lieu peu de temps après son départ, en 1789, à Spa, où il prenait les eaux; et ils ajoutaient que, fidèle encore au calembour à ce moment suprême, il avait dit aux personnes qui l'entouraient : « Mes amis, je m'en vais de ce pas (de Spa). » Mais les auteurs de ce récit pourraient bien avoir cédé au besoin d'ajouter un calembour *in extremis* à tous ceux dont se compose la couronne du marquis. La seconde version, d'après laquelle de Bièvre serait mort à Anspach, dans le Palatinat, en 1792, paraît plus vraisemblable. Mais ce qu'on n'eût guère soupçonné alors, c'est que cet homme si profondément oublié, et le détestable genre qu'il avait créé, auraient quelques années plus tard ce qu'on pourrait appeler une *reprise de vogue* ; mais dans la réaction qui suivit la Terreur, sous le Directoire, un égal dévergondage détériora le goût et les mœurs. Cet abus de l'esprit reprit faveur : le *Bievriana*, collection des prétendus bons mots du marquis, eut jusqu'à trois éditions en peu de temps; lui-même fut mis sur la scène, comme on y montrait alors, avec accompagnement de couplets, tous les hommes célèbres de la nation, et, pour renchérir sur les facéties du maître, le théâtre des Variétés nous offrit celles de son *portier*.

Les personnes qui ont connu particulièrement de Bièvre assurent que son caractère valait beaucoup mieux que ses ouvrages, et que, souverainement bon et obligeant, il n'a guère moins de services qu'il n'a dit et publié de *rébus* et de niaiseries. Il est doux, en compensation des torts de son esprit, de pouvoir faire un pareil éloge de son cœur. OURRY.

BIEZ. *Voyez* BIEF.

BIFÈRE (du latin *bis*, deux fois, et *fero*, je porte). On donne ce nom aux plantes qui fleurissent et fructifient deux fois dans l'année.

BIFIDE. *Voyez* BIDENTÉ.

BIFLORE, qui porte ou renferme deux fleurs : tels sont le pédoncule du *geranium phæum* et la glume de l'*aira caryophylla*.

BIFRONS. *Voyez* BICEPS.

BIFURCATION, endroit où une chose fourchue se divise en deux : exemple, la bifurcation d'un chemin. Par suite, les botanistes nomment ainsi l'endroit où une branche, une tige, un poil, etc., se divise en deux, de manière à figurer une fourche. — *Bifurcation* se dit aussi de la séparation d'une artère, d'une veine ou d'un vaisseau, telle que celle de l'aorte abdominale.

BIGAILLE, terme générique sous lequel les habitants des Antilles comprennent tous les insectes volatiles, comme mouches, moucherons, etc.

BIGAMIE (mot hybride, formé du latin *bis*, deux fois, et du grec γαμειν, se marier). D'après la définition de l'article 340 du Code Pénal, la bigamie est l'état, le crime d'une personne qui, étant engagée dans les liens du mariage, en a contracté un autre avant la dissolution du précédent.

On conçoit que chez les peuples chrétiens, le mariage étant considéré comme une institution tout à la fois civile et religieuse, celui-là qui se joue d'un titre sacré, d'un contrat sur lequel reposent les fondements de la société, doive être soumis à une punition sévère. Les empereurs romains avaient poussé la rigueur jusqu'à prononcer la peine de mort contre la femme et son complice. Puis ils s'étaient relâchés de cet excès de sévérité, et alors la femme, assimilée à l'adultère, était fouettée et renfermée dans un monastère.

Les peuples protestants se sont surtout distingués dans la répression de la bigamie. En Suède on a infligé la peine de mort ; en Angleterre la même peine fut en vigueur jusqu'au règne de Guillaume III ; depuis, le coupable doit être condamné à rester en prison après avoir eu la main brûlée. Mais rien n'égale l'atrocité de la législation suisse, où lorsque deux femmes réclamaient le même mari, et que le crime de bigamie était prouvé, la loi ordonnait *que le corps du bigame fût coupé par la moitié*.

En France, et avant le Code Pénal de 1791, il n'existait aucune loi spéciale sur le crime de bigamie. Les parlements, juges souverains du fait et de sa gravité, appliquaient la peine qui leur paraissait proportionnée à son importance, et, il faut le dire, le dernier supplice a plus d'une fois été infligé aux coupables. L'exemple le moins ancien qu'on en puisse citer date de l'année 1626 : par arrêt du 12 février, le baron de Saint-Angel fut condamné à être pendu à Paris, pour avoir épousé plusieurs femmes alors encore vivantes. A partir de cette époque, on exposait le coupable au carcan ou au pilori, avec autant de quenouilles qu'il avait de femmes vivantes, ou, si c'était une femme, avec autant de chapeaux qu'elle avait de maris vivants. On aggravait ordinairement cette peine en y ajoutant celle des galères ou du bannissement à temps pour les hommes ; et à l'égard des femmes, on les condamnait au bannissement ou à être renfermées pendant un certain temps dans une maison de force.

La loi du 25 septembre 1791 établit enfin en France une règle uniforme : elle statua que toute personne engagée dans les liens du mariage, et qui en contracterait un second avant la dissolution du premier, serait punie de douze années de fers. Le Code Pénal de 1810, qui nous régit actuellement, n'a pas changé la nature de la peine ; mais il a converti le terme fixe de douze années de fers en une période de cinq à vingt ans de travaux forcés, variable à la volonté des juges, suivant le degré de culpabilité du bigame et les circonstances de son crime. Il a de plus ordonné que la même peine serait infligée à l'officier public qui aurait prêté son ministère au mariage bien qu'il connût l'existence du précédent. Mais c'est une question de savoir si l'on doit punir comme bigame celui qui s'est marié deux fois, et dont le premier mariage est nul. Assurément l'auteur de cette double action peut paraître grandement répréhensible aux yeux de la morale ; mais devant la loi le premier mariage, étant nul, est considéré comme s'il n'avait point existé.

Maintenant il s'agit d'examiner quels sont les effets de la bigamie à l'égard des enfants qui peuvent être issus de l'un ou de l'autre mariage. En ce qui concerne le premier, il est clair que la légitimité ne saurait être contestée ; et quant au second mariage, le lien étant illégitime, il n'a pu en provenir que des enfants naturels ou bâtards : d'où dérive la conséquence qu'ils ne peuvent hériter ni de leur père ni de leur mère. Cependant, si l'un des deux époux avait ignoré l'existence du premier mariage de son conjoint ; si, pour nous servir des expressions adoptées par les jurisconsultes, il avait été dans la *bonne foi*, alors cette exception profiterait à ses enfants, et ceux-ci pourraient être admis à la succession. Grand nombre d'arrêts l'ont décidé de la sorte. Le Code Pénal de 1791 admettait d'ailleurs en matière de bigamie la preuve de cette bonne foi.

C'est à la société, qui est blessée dans une de ses lois les plus essentielles, qu'appartient la poursuite du crime de bigamie, et le ministère public doit agir d'office pour en obtenir la répression ; les personnes qui en ont ressenti du dommage ont la faculté de se rendre parties civiles dans l'instance ; mais en aucun cas elles ne peuvent être contraintes d'y prendre qualité, encore moins de se charger de l'initiative. Du reste, la prescription de l'action publique et de l'action privée s'acquiert par le laps de dix années, ainsi qu'il résulte de l'article 637 du Code d'Instruction criminelle ; mais de quelle époque le délai commence-t-il à courir ? C'est à partir du jour du second mariage, à moins que la prescription n'ait été interrompue par des actes d'instruction ou des poursuites, cas auquel il faut compter les dix ans du jour de l'interruption. Ainsi l'ont décidé plusieurs arrêts de la cour de cassation, notamment celui du 30 décembre 1819.

DUBARD, ancien procureur général.

La *bigamie* ne s'entendait pas seulement autrefois de ceux qui étaient mariés à deux personnes vivantes à la fois, mais aussi de ceux qui avaient contracté mariage deux fois dans leur vie. Bien plus, on donnait quelquefois le nom de *bigame* à celui qui épousait une veuve, une femme débauchée ou une femme répudiée, toute femme enfin qui avait appartenu à un autre. Hermenopule met au nombre des bigames ceux qui, après s'être fiancés à une fille, contractent mariage avec une autre ou qui épousent la fiancée d'un autre homme. Quelques canonistes prétendent même qu'il y a *bigamie* lorsqu'un homme, après que sa femme est tombée en adultère, a commerce avec elle. On sait que l'Église déclarait les bigames *irréguliers*, c'est-à-dire inhabiles à être promus aux ordres sacrés ou mineurs, et incapables de posséder des bénéfices. Saint Thomas décide que l'évêque peut relever de la bigamie pour les ordres mineurs et les bénéfices simples ; mais Sixte V et le concile de Trente ont décidé le contraire.

Il y a une autre sorte de *bigamie* par interprétation, comme quand une personne qui est dans les ordres sacrés, ou qui s'est engagée dans quelque ordre monastique, se marie. Il y a aussi une sorte de *bigamie* spirituelle, comme quand une personne possède deux bénéfices incompatibles : deux évêchés, deux cures, deux canonicats, etc.

BIGARRADIER. *Voyez* ORANGER.

BIGARREAU, espèce de cerise, de la grosseur des guignes, mais dont la chair est beaucoup plus ferme ; sa figure, moins ronde que celle des cerises, approche de la forme du cœur ; il a reçu son nom de la bigarrure de sa peau, qui est mêlée de blanc et de rose. L'arbre qui porte ce fruit s'appelle *bigarreautier*. *Voyez* CERISIER.

BIGARRURE. Variété de couleurs tranchantes ou mal assorties. *Voyez* DIFFÉRENCE.

Bigarrure se dit aussi des ouvrages de l'esprit qui n'ont aucune liaison ni relation ensemble, et qui n'offrent qu'un mélange de choses disparates. Et. Tabourot, seigneur des Accords, a publié, sous le titre de *Bigarrures*, un recueil dont Pasquier a dit qu'il était « plein de gentillesses et de naïvetés d'esprit, bigarrées et diversifiées d'une infinité de beaux traits ».

En termes de fauconnerie, on appelle *bigarrures* des diversités de couleurs que l'on remarque sur le pennage de quelques oiseaux.

BIGAT (en latin *bigatus*), nom d'une ancienne monnaie des Romains qui portait un *bige* pour empreinte. Pline dit que ce fut aussi le nom du denier, dont la marque au temps de la république était un char conduit par une Victoire, et tiré par deux chevaux. Quelquefois, au lieu de deux chevaux, c'étaient deux cerfs qui tiraient le char, comme sur les médailles de la famille *Axsia*; ou deux hippopotames portant un Neptune sur leurs queues, comme sur celles de la famille *Crepercia*.

BIGE (en latin *biga*), chariot à deux chevaux, appelé aussi par les Romains *bijuga*, parce que les deux chevaux y étaient attelés au même joug. Les biges, comme les quadriges, étaient employés à la course dans la lice. Dans ces temps plus anciens, cette espèce de chariot avait été aussi d'un usage fort commun à la guerre et dans les combats. Dans Homère, Hésiode, Virgile, tous les héros combattent en *bige*, c'est-à-dire sur un char attelé de deux chevaux soumis au même joug. Plusieurs médailles, surtout celles de Syracuse et celles qu'on nomme consulaires, portent des biges pour effigie.

BIGÉMINÉ. *Voyez* Biconjugué.

BIGNAN (Anne). C'est un de ces hommes qui semblent toujours jeunes, mais on a même titre que les génies supérieurs. On dirait toujours un poëte qui donne les plus heureuses espérances. Nous allons cependant trahir son âge; et ce sera peut-être un malheur pour lui. Né à Lyon, le 3 août 1795, le jeune Bignan fut envoyé à Paris pour y faire ses études. Il se distingua dans l'université impériale, où il préluda aux nominations et aux prix académiques par des nominations et des prix de collège. Helléniste studieux sur les bancs de l'école, M. Bignan songea à utiliser ses premières et excellentes études. Loin de se livrer aux dissipations du monde, il se mit à traduire l'*Iliade*; et en 1819 il fit paraître trois chants du chef-d'œuvre d'Homère mis en vers français. On y sent un peu la version de collége; on voit qu'il y a effort, mais aussi application et conscience; et si l'exactitude et la fidélité sont les premiers mérites d'un pareil travail, on ne peut refuser à celui de M. Bignan une supériorité sur plusieurs de ceux qui l'ont précédé.

Loué par de bons critiques de l'époque, encouragé par ses amis, M. Bignan donna tout son avenir à la carrière poétique. Il concourut à toutes les académies; et trois fois lauréat aux Jeux Floraux, il fut nommé maître ès-art à l'Académie toulousaine. L'Académie Française eut aussi pour lui des couronnes et des nominations : il y remporta le prix de poésie sur un sujet bien aride : le *Voyage de Charles X dans les départements de l'Est*. L'*Invention de l'imprimerie*, qui aurait pu exalter davantage une muse chaleureuse, fut moins favorable à la sienne. M. Bignan n'obtint que l'accessit. *Le Dévouement des médecins français à Barcelone*, *l'Abolition de la traite des noirs*, autres sujets de concours qui prêtaient aussi aux élans poétiques et aux vives émotions, ne lui valurent que des mentions honorables. Son ode sur *Joseph Vernet* fut couronnée par l'Académie de Vaucluse; ses deux poëmes sur *Venise* et sur les *Ruines de la France* lui méritèrent la couronne de la Société d'Émulation de Cambrai.

Outre ces poëmes, M. Bignan a publié *la Grèce libre*, ode; *le pauvre Vieillard*, élégie; *Napoléon ou le Glaive*; *le Trône et le Tombeau*, poëme suivi du *Siége de Lyon*. Mais son titre sérieux, c'est une traduction de l'*Iliade*, précédée d'un *Essai sur l'épopée homérique*, œuvre longue et réfléchie dans ce siècle où tout s'improvise. L'*essai* est un morceau de critique historique et littéraire qui fait honneur à la sagacité de l'écrivain ; la *traduction* se lit avec intérêt, laisse deviner le génie d'Homère, et réunit l'exactitude et l'élégance.

On voit, en lisant ses compositions originales, que l'auteur aime et sent la poésie ; mais souvent son expression est forcée, sa précision sèche, son harmonie imparfaite. Il manque surtout de chaleur, d'animation, de vie, et son imagination n'est bien riche ni dans le fond de ses sujets ni dans les accessoires dont il les entoure; enfin, on éprouve en lisant ses poëmes, plus d'estime que de plaisir. Cette estime des ouvrages est un reflet de celle dont l'auteur s'est entouré. Dans un siècle positif, M. Bignan a su se renfermer dans les émotions poétiques ; et quand les littérateurs en vers et en prose vont à la curée des honneurs, des places et des pensions, il a su borner son ambition aux récompenses académiques.

Dès que le nom de Bignan est jeté dans une conversation, on se figure entendre un cliquetis de médailles et un *frou-frou* de palmes et de couronnes. C'est que M. Bignan est un des hommes qui ont été le plus souvent proclamés dans les concours poétiques ; c'est que sa tête est une de celles qui ont été le plus fréquemment ombragées du vert laurier. Il est dans notre dix-neuvième siècle comme le représentant des lutteurs académiques du dix-huitième, et nul auteur n'est plus que lui en droit de dire avec le métromane de Piron :

De Paris à Rouen, de Toulouse à Marseille,
J'ai concouru partout, partout j'ai fait merveille.

ÉTIENNE ARAGO.

M. Bignan a réuni et publié en 1837 sous le titre d'*Académiques* toutes ses productions couronnées. En 1823 il avait fait un voyage en Italie, et en 1828 il publia un recueil des poésies que la patrie des arts lui avait inspirées. En 1827 il écrivit une nouvelle en prose, *L'Ermite des Alpes*, qu'il fit suivre de plusieurs autres romans : *L'Échafaud* (1832), plaidoyer contre la guillotine; *Louis XV et le cardinal de Fleury* (1834); *Le dernier des Carlovingiens* (1836); *Une Fantaisie de Louis XIV* (1838). C'est M. Bignan qui a défini le roman actuel : roman épileptique, galvanique, pulmonique, fantastique, satanique, etc. On lui doit encore une pièce de théâtre intitulée : *La Manie de la Politique*, qui n'a pas été jouée. Dans ces dernières années il a donné ses soins à une édition de ses œuvres complètes. Il garde, dit-on, en portefeuille une traduction de l'*Odyssée*. Enfin, tourmenté sans doute par les progrès des doctrines nouvelles, il a eu la malheureuse pensée, en 1852, d'imprimer une traduction en vers de l'Évangile !

BIGNON (Jérôme) naquit à Paris, le 24 août 1589, de Rolland Bignon, homme érudit, qui lui enseigna les langues, les humanités, l'éloquence, la philosophie, les mathématiques, l'histoire, la jurisprudence, la théologie, si bien qu'à dix ans il publiait une *Chorographie de Terre Sainte*, et peu de temps après un *Discours sur la ville de Rome*, qui eût fait honneur à un savant consommé. Henri IV, ayant entendu parler de ce petit prodige, le choisit pour enfant d'honneur du dauphin, depuis Louis XIII. Il composa à quatorze ans pour ce prince un livre sur *l'élection des papes*, ouvrage fort estimé de Casaubon, de de Thou et de Grotius. A dix-neuf ans il dédiait à Henri IV son *Traité de l'excellence des rois et du royaume de France*. Il quitta la cour après la mort de ce roi, voyagea en Italie, et de retour en France se livra tout entier aux exercices du barreau. Son père le fit pourvoir en 1620 d'une charge d'avocat général au grand conseil, où il s'acquit une si belle réputation, que Louis XIII le nomma quelque temps après conseiller d'État, puis avocat général au parlement en

1625. En 1641 il céda cette charge à Briguet, son gendre, et fut, en 1642, nommé grand maître de la bibliothèque du roi après la mort de de Thou. Il refusa dans la suite la place de surintendant des finances. Son gendre étant mort en 1645, Bignon fut obligé de reprendre sa charge pour la conserver à son fils. Il avait été employé dans diverses affaires importantes, et Anne d'Autriche, pendant la régence, l'appela plusieurs fois au conseil. Il mourut à Paris, le 7 avril 1656.

Son fils aîné, JÉRÔME, obtint en 1651 la survivance de la charge de maître de la librairie, qu'occupait son père, et conserva cette place, qu'il réservait pour son fils, jusqu'à ce qu'en 1683, le marquis de Louvois le contraignit à donner sa démission pour en faire hommage à l'abbé de Louvois, son fils, âgé de huit ans.

BIGNON (JEAN-PAUL), abbé de Saint-Quentin, de l'Académie Française, bibliothécaire du roi à la mort de l'abbé de Louvois, et membre honoraire de l'Académie des Sciences et de celle des Inscriptions, né à Paris, en 1662, mort à l'Ile-Belle, près de Melun, en 1743, à l'âge de quatre-vingt-un ans, était petit-fils de l'avocat général Jérôme Bignon, dont nous avons parlé dans l'article précédent. Entré d'abord dans la congrégation de l'Oratoire, il devint ensuite prédicateur du roi et l'un des plus laborieux et des plus habiles collaborateurs du *Journal des Savants*. Ses *Explications historiques* des médailles du règne de Louis XIV se font remarquer par leur précision et une juste appréciation des faits. On lui doit aussi une *Description du sacre de Louis XV*, une *Vie du père François Levesque, oratorien* (1684); *Les Aventures d'Abdalla* (2 vol., 1713). Les gens de lettres, les savants, consultaient souvent l'abbé Bignon, qui n'affectait pas avec eux un orgueilleux patronage : érudit sans pédantisme, obligeant par caractère et par goût, il les accueillait avec tout l'abandon d'une franche amitié. Il fut un des plus zélés protecteurs de Tournefort, qui lui témoigna sa reconnaissance en donnant le nom de *Bignonia* (voyez BIGNONE) à un nouveau genre de plantes d'Amérique. Sa maison de plaisance de Saint-Côme était le rendez-vous des savants et des artistes. Les poètes ont célébré ce séjour champêtre avec plus de zèle que de talent. La chanson de Moreau de Mautour nous apprend que

C'est là que l'eau de la Seine
Se change en eau d'Hippocrène.

La Motte-Houdard a été plus heureux. Voici l'épitaphe qu'il a composée en l'honneur de l'abbé Bignon :

Les sciences, les arts, lui durent des hommages ;
Il en fut l'ardent protecteur ;
S'il fût né dans les premiers âges,
Il en eût été l'inventeur.

DUFEY (de l'Yonne).

BIGNON (ARMAND-JÉRÔME), neveu du précédent, né en 1711, mort en 1772, maître des requêtes et intendant de Soissons, obtint en 1722 la survivance de la charge de bibliothécaire du roi, occupa cette place dès 1741, date de la démission de son oncle, et s'en démit lui-même en 1770 en faveur de son fils.

BIGNON (JEAN-FRÉDÉRIC), son fils, né à Paris en 1747, était depuis quelques années à peine conseiller au parlement, lorsque, sur la démission de son père, il fut en 1770 nommé bibliothécaire du roi. Reçu à l'Académie des Inscriptions en 1781, il mourut en 1784.

BIGNON (LOUIS-PIERRE-ÉDOUARD, baron), ministre plénipotentiaire de Napoléon, député, pair de France, membre de l'Académie des Sciences morales et politiques, ministre de l'instruction publique et historien, naquit le 3 janvier 1771 à Guerbaville, près de La Meilleraye (Seine-Inférieure), d'un père qui exerçait la profession de teinturier. Il fit de bonnes études au collége de Lisieux, à Paris, et se trouvait dans cette capitale lorsqu'éclata la révolution de 1789, dont il embrassa chaudement les principes; et quand les étrangers menacèrent le sol de la France, il s'enrôla dans un bataillon de volontaires. Cependant Bignon, qui rêvait une autre carrière, s'avisa un jour d'adresser une requête en vers à Talleyrand, pour solliciter un emploi dans la diplomatie directoriale. Cette excentricité fut l'origine de sa fortune. Nommé en l'an IV secrétaire de la légation française près des Cantons helvétiques, il passa bientôt en cette même qualité près de la république Cisalpine. Sous le gouvernement consulaire, il fut successivement chargé d'affaires à la cour de Berlin et ministre plénipotentiaire près de l'électeur de Hesse-Cassel, et sa modération contribua longtemps à maintenir de bons rapports entre ces pays et la France.

Dès ce moment Bignon fut associé à tous les grands desseins de la politique impériale. Après la bataille d'Iéna, Napoléon le nomma administrateur général des domaines et des finances dans les pays conquis, difficiles fonctions, dans lesquelles il déploya autant de probité que de talents administratifs. En 1808 il rentra dans la diplomatie comme ministre de France à la cour de Bade; puis en 1809 il fut chargé de l'administration provisoire des provinces autrichiennes que la victoire avait rangées sous la domination française. Là encore Bignon s'attacha à adoucir le sort des vaincus. Devenu, au commencement de 1810, résident de France à Varsovie, il contribua, lors des désastres de 1812, à arrêter le mouvement rétrograde des Autrichiens et à ralentir l'évacuation du territoire polonais. En 1813 il fut l'un des plénipotentiaires de Napoléon au congrès de Dresde.

Quand l'empire se fut écroulé, Bignon publia, sous ce titre : *Exposé comparatif de l'état financier, militaire, politique et moral de la France et des principales puissances*, un livre qui produisit une vive impression en Europe, et rendit à la France le sentiment de sa prépondérance naturelle. Il passa dans la retraite le temps qui s'écoula entre la première restauration et le retour de l'île d'Elbe. Pendant les Cent Jours il exerça les fonctions de sous-secrétaire d'État aux affaires étrangères, et fut condamné, après la bataille de Waterloo, à signer la fatale convention du 3 juillet 1815.

Bignon entra en 1817 à la Chambre des Députés, où il combattit toujours dans les rangs des défenseurs des libertés publiques. C'est alors qu'il fit paraître son livre *Des Proscriptions*, allusion sanglante à la situation de la France, œuvre de conscience et de véritable courage, dans un moment où les proscriptions étaient partout à l'ordre du jour. Napoléon, en mourant, avait légué à Bignon une somme de cent mille francs, en l'engageant à écrire l'*Histoire de la Diplomatie française de 1792 à 1815*. Il accepta et accomplit religieusement cette tâche. De 1829 à 1840, il publia 10 vol. du vaste travail dont l'empereur lui avait légué la pensée. Ce livre, susceptible de quelques critiques, mais inspiré par de nobles sentiments, est à la fois l'œuvre d'un homme d'État, d'un écrivain habile et d'un bon citoyen.

La révolution de Juillet trouva Bignon au nombre des hommes les plus considérables du parti triomphant : aussi fut-il nommé tout d'abord commissaire provisoire du gouvernement pour les affaires étrangères, et puis ministre de l'instruction publique. Cependant il ne conserva ce portefeuille que jusqu'au 27 octobre 1830. Redevenu simple député, il reprit sa place dans l'opposition; mais le nouveau pouvoir ne trouva plus en lui qu'un athlète épuisé et bien plus disposé à excuser ses fautes qu'à les flétrir. Toutefois, il défendit avec énergie la cause polonaise, lâchement abandonnée par le cabinet Périer. Là finit la vie militante de Bignon. Élevé à la pairie en 1837, les dernières années de son existence parlementaire s'écoulèrent dans le silence et le désenchantement. Le 15 décembre 1840 il tomba malade, après avoir accompagné aux Invalides le char funèbre qui contenait les cendres de Napoléon, et mourut le 6 janvier suivant. B. SABRANS.

BIGNONE. Ce genre de plantes exotiques, type de la famille des bignoniacées, fut ainsi appelé par Tournefort, du nom de son ami l'académicien Bignon. Son caractère distinctif est d'avoir toujours quatre étamines didynames, et souvent une cinquième stérile. Nous citerons les espèces que l'horticulture est parvenue à acclimater en France.

La *bignone à vrilles* (*bignonia capreolata*, Linné), originaire de la partie méridionale des États-Unis, est une belle plante grimpante, à tiges longues et flexibles, à feuilles persistantes, géminées, sur un pétiole muni de vrilles. En mai et juin elle se couvre d'une profusion de fleurs tubuleuses, d'un rouge fauve. Longtemps cultivée en orangerie, elle a été livrée à la pleine terre, et résiste bien aux hivers avec une légère couverture de litière sur le pied. Plus elle est âgée, plus elle fleurit abondamment.

La *bignone à fleurs pourpres* (*bignonia speciosa*, Hook), qui croît naturellement à Buénos-Ayres, vient bien en pleine terre, contre le mur d'une serre tempérée. Sa tige sarmenteuse donne naissance à des feuilles géminées, à folioles ovales, oblongues et lisses; elle est terminée par des fleurs d'un beau pourpre lilas, veinées de lignes plus foncées.

N'oublions pas la *bignone de Virginie* (*bignonia radicans*, Linné), vulgairement appelée *jasmin de Virginie*, dont les tiges, grimpantes comme celles du lierre, s'attachent aux murailles et aux arbres par les petites racines qui poussent aux nœuds des branches. Lorsqu'elle trouve des soutiens convenables, cette belle plante porte jusqu'à dix à treize mètres de haut ses nombreux bouquets de grosses fleurs d'une couleur écarlate un peu sombre.

Du reste, toutes les espèces du genre bignone sont à tige sarmenteuse et grimpante, et plus ou moins armées de vrilles; ce qui les rend propres à être employées dans la décoration des berceaux. Seule, la *bignone catalpa* de Linné n'offrait pas ce caractère; mais De Candolle en a fait le type du nouveau genre *catalpa*.

BIGNONIACÉES. Cette famille de plantes dicotylédones monopétales hypogynes tire son nom du genre bignone. Elle est ainsi caractérisée par de Candolle : calice irrégulier, à cinq divisions plus ou moins profondes ou à deux lèvres; corolle à tube souvent renflé, à limbe divisé régulièrement, ou plus ordinairement partagé en deux lèvres, dont la supérieure est entière ou bilobée et l'inférieure trilobée; cinq étamines alternant avec les lobes; de ces cinq étamines, une (et même quelquefois trois) avorte presque constamment; anthères à deux loges; ovaire placé sur un disque annulaire, surmonté d'un style simple que termine un stigmate bilamellaire.

« Les bignoniacées, dit M. A. de Jussieu, sont des arbres ou des arbrisseaux, très-souvent des lianes; et le bois de celles-ci se reconnaît à un caractère particulier, extrêmement remarquable : le partage du corps ligneux en plusieurs lobes dont l'intervalle est rempli par le corps cortical, et qui, ordinairement au nombre de quatre, figurent une sorte de croix de Malte. Dépourvues de stipules, les feuilles sont presque constamment opposées, simples ou composées, et fréquemment terminées en une vrille simple ou rameuse. Les fleurs, souvent remarquables par leur beauté, forment le plus ordinairement des panicules terminales; l'inflorescence est plus rarement axillaire ou opposée aux feuilles, ou uniflore. C'est sous les tropiques, dans les deux hémisphères, et surtout en Amérique, qu'on trouve la plupart des bignoniacées, quoique quelques-unes se rencontrent dans les climats tempérés, au sud jusqu'au Chili, au nord jusque dans la Pensylvanie. »

Les genres *bignone*, *catalpa*, *paulownia*, sont les plus connus de cette famille, qui renferme près de quatre cents espèces.

BIGNOU, espèce de cornemuse, fort en usage en Basse-Bretagne. Le joueur de bignou remplace dans chaque village bas-breton le ménétrier de nos villages de l'Ile-de-France. C'est presque un personnage dans quelques-uns, et il n'y a pas de bonne fête sans lui. Il préside à la danse des villageois, aux kermesses bretonnes, aux noces et festins, et plus d'une tradition populaire sur certains d'entre eux, au bon vieux temps, a cours encore dans les Côtes-du-Nord, le Finistère et le Morbihan. Telle est la légende bretonne sur le joueur de bignou Nicolas Penhoët, qui pour avoir, au bourg de Goësnou, changé le matin son chapelet contre le ruban qui nouait son bignou, fut enlevé la nuit, en s'en retournant chez lui, par sept jeunes filles qui l'entraînèrent, non sans l'avoir préalablement forcé de les faire danser.

Souvent le joueur de bignou est considéré comme ayant donné son âme au malin esprit; et comme il y a les *lavandières de nuit*, forçant les passants à laver avec elles les chemises sales du diable, il y a le *joueur de bignou du diable*, qui donne à danser dans les bruyères au clair de la lune, et mène ensuite de force les danseurs au sabbat. Il faut bien se garder surtout du *bignou enchanté*, si l'on ne veut voir l'enfer avant le temps. Charles ROMEY.

BIGORRE, pays de France, qui faisait jadis partie, comme comté, du duché de Gascogne. Il était borné au nord par l'Armagnac, au sud par les Pyrénées, à l'est par les Quatre-Vallées, le Nébouzan, et l'Astarac, à l'ouest par le Béarn, et avait Tarbes pour capitale.

Ce pays, dont la superficie est de 242,000 hectares, et qui forme aujourd'hui la majeure partie du département des Hautes-Pyrénées, se divisait en trois parties : 1° la *plaine*, où se trouvait Tarbes; 2° les *montagnes*, comprenant la vallée de Lavedan, où se voit Lourdes; la vallée de Campan, où est situé Bagnères, et enfin la vallée de Barèges; 3° le *Rustan*, dont Saint-Séver était le chef-lieu. Arrosé par le Gave, l'Adour et l'Arroz, il jouit d'un climat doux et tempéré dans la plaine, mais se refroidissant à mesure qu'on se rapproche des régions montagneuses. Les arbres de la contrée fournissent de très-beaux bois de charpente, de construction et de mâture. On y trouve des vins d'assez bonne qualité, de magnifiques pâturages, de l'amiante, des eaux minérales fort renommées, et les marbres fins qu'on extrait de ses carrières, trop longtemps laissés dans l'oubli, sont depuis quelques années l'objet d'une exploitation digne de leur mérite.

Le Bigorre était un pays d'états. Le sénéchal les convoquait chaque année, pour une session de huit jours, en qualité de gouverneur du pays et de commissaire du roi; il les présidait dans l'origine; mais l'évêque de Tarbes parvint à s'approprier cette prérogative, et, en son absence, l'abbé de Saint-Pé le remplaçait. Le clergé était représenté aux états par l'évêque, quatre abbés mitrés, deux prieurs, et un commandeur de Malte; la noblesse, par douze barons, et le tiers état par les consuls et jurats des villes de Tarbes, Vic, Bagnères, Lourdes, etc., et par les vingt-huit députés des sept vallées. Les trois chambres commençaient par délibérer séparément, puis elles se réunissaient pour résoudre chaque question à la pluralité de deux voix contre une. Les impôts et toutes les affaires du pays étaient discutés et réglés par ces assemblées.

Lorsque Crassus soumit cette contrée à la puissance romaine, elle était habitée par les *Bigerri* ou *Bigerrones*, et près de cinq cents ans plus tard, quand elle tomba sous la domination des Visigoths, elle faisait partie de la Novempopulanie. Les Francs s'en emparèrent à leur tour après la mort d'Alaric, et les Gascons, l'ayant envahie, l'incorporèrent à leur territoire. Louis le Débonnaire, s'étant décidé à déposséder les ducs de Gascogne en 819, ne voulut pas envelopper les enfants de Loup-Centule, dernier duc mérovingien de Gascogne, dans la disgrâce de leur père; il sépara de ce duché le pays de Bigorre, et en investit, avec le titre de comte, Donat-Loup, fils aîné de Loup-Centule. Donat-Loup vivait encore en 845. On ne connaît pas ses successeurs jusqu'à Raimond, comte de Bigorre, qui vivait en 947, et fit réédifier le monastère de Saint-Savin, dans la vallée de Lavedan. Garcie-Arnaud Ier (983), Louis (1009) et Garcie-Arnaud II (1032) furent successivement comtes de Bigorre. Gersende, sœur et héritière de Garcie-Arnaud II, porta le comté de Bigorre, vers 1036, à son mari Bernard-Roger, comte en partie de Carcassonne et de Foix. Bernard Ier (1038) et Raimond Ier, son fils et son successeur en 1065, ont été les seuls comtes de Bigorre de la maison de Carcassonne.

Ce comté fut porté, en 1080, par Béatrix Ire, sœur du comte Raimond, dans la maison de Béarn. Centule, vicomte de Béarn, son mari, porta du chef de Béatrix le titre de comte de Bigorre, qui passa vers 1096 à Bernard II, son fils aîné. Celui-ci fut père de Centule II, comte de Bigorre en 1113, lequel contribua à la conquête de Saragosse sur les Maures d'Espagne en 1118. Béatrix II, fille unique de Centule II, lui succéda en 1127, avec son mari, Pierre, vicomte de Marsan, fondateur, en 1141, de la ville de Mont-de-Marsan. Centule III, fils de la comtesse Béatrix II, et de Pierre, vicomte de Marsan, et leur successeur (1163), soutint une guerre malheureuse contre Richard d'Angleterre, duc d'Aquitaine, qui le fit prisonnier en 1178, et ne lui accorda la liberté qu'après en avoir obtenu la ville de Clermont et le château de Montbrun. Béatrix III de Marsan, sa fille unique (nommée aussi Stéphanie), fut mariée d'abord à Pierre, vicomte de Dax, ensuite à Bernard IV, comte de Comminges. Elle eut de ce second mariage une fille nommée Pétronille de Comminges, comtesse de Bigorre, mariée : 1° en 1196 à Gaston VI, vicomte de Béarn, mort sans enfants en 1215 ; 2° à Nugnès-Sanche, comte de Cerdagne, mariage déclaré nul presque aussitôt; 3° en 1216 à Gui, fils du fameux Simon de Montfort; 4° avec Aimar de Rancon ; 5° avec Boson de Mathas.

Eschivat de Chabanais, fils de la fille aînée de Pétronille et de Gui de Montfort, eut à lutter contre Mathe de Mathas, sa tante, née de Boson, qui avait épousé Gaston VII, vicomte de Béarn, et qui se prétendait seule héritière légitime de Pétronille ; la médiation de Roger IV, comte de Foix, termina le différend, par un traité qui détacha du Bigorre la vicomté de Marsan et le pays de Rivière-Basse, pour les donner à Mathe. Eschivat étant mort sans postérité, ce fut sa sœur Laure de Chabanais qui lui succéda avec Raimond VI, vicomte de Turenne, son mari. Il y eut bientôt après, pour la succession du comté de Bigorre, six concurrents, tous issus de la comtesse Pétronille de Comminges. Les états du pays étaient partagés. Cette affaire ayant été évoquée au parlement de Paris, le roi Philippe le Bel séquestra le comté litigieux ; et comme Jeanne, reine de Navarre, sa femme, y formait aussi des prétentions, elle en rendit hommage, l'année suivante, à l'église du Puy. Dans la suite, Philippe le Bel, ayant éteint par des indemnités les droits des autres prétendants, fit porter le titre de comte de Bigorre au troisième de ses fils, qui fut depuis le roi Charles le Bel. En 1368, Édouard III, roi d'Angleterre, donna, comme duc de Guienne, le comté de Bigorre à Jean II, seigneur de Grailly; mais ce dernier en fut presque aussitôt dépouillé par Charles V, roi de France, qui investit de ce comté et de celui de Gaure Jean Ier, comte d'Armagnac. Ce monarque reprit le comté de Bigorre par un échange en 1374; et Charles VI le donna en 1389 à Gaston-Phébus, comte de Foix, descendu de Roger-Bernard III, qui avait épousé en 1262 Marguerite de Béarn, fille de Gaston VII, vicomte de Béarn, et de Mathe de Mathas-Bigorre, vicomtesse de Marsan, alliance qui avait réuni dans la même maison les pays de Foix, de Béarn, de Bigorre et de Marsan. Cependant, ce ne fut qu'à partir de 1425 que les comtes de Foix jouirent paisiblement du comté de Bigorre. Un arrêt du parlement de Paris mit fin à toutes les difficultés relatives à l'investiture de ce pays, qui depuis ce temps a suivi le sort du Béarn. Ils passèrent en 1484 dans la maison d'Albret. Henri IV, les ayant recueillis de Jeanne d'Albret, sa mère, les réunit à la couronne de France par lettres patentes du mois d'octobre 1607.

LAINÉ.

BIGOT, dévot outré, superstitieux. Camden rapporte, dans sa *Britannia*, que les Normands ont été appelés *bigots*, et voici pourquoi : Lorsque Charles le Simple eut résolu de donner la Normandie, avec sa fille Gissa, à Rollon, les courtisans ayant averti ce duc qu'il fallait qu'il baisât les pieds du roi, il répondit en anglais : *No so, by God*, c'est-à-dire : *Non, de par Dieu*. Aussitôt, le roi et les siens, en se moquant, l'appelèrent *Bygod*, dont on a fait *bigot*, et cette qualification passa à tous les Normands. Pasquier a adopté la même version sur l'origine de ce mot, ainsi que Guillaume de Nangis.

Le mot *bigot* ne se prend guère qu'en mauvaise part. Il y a cette différence entre les *bigots* et les *cagots*, que ceux-ci sont bien réellement de faux dévots, des hypocrites, des tartufes, tandis que la *bigoterie* ou le *bigotisme* est plutôt le vice des petits esprits, des esprits faibles, étroits et superstitieux, qui font consister la religion dans de menues pratiques, indignes souvent du caractère élevé qu'elle doit avoir.

BIGOT DE PRÉAMENEU (Félix-Julien-Jean), ministre des cultes sous l'empire, naquit à Rennes, le 26 mars 1747. Destiné d'abord à la carrière ecclésiastique, il y renonça pour se préparer à la profession d'avocat, que son père avait exercée avec succès. Après plusieurs années passées au parlement de Rennes, il vint se fixer à Paris, en 1779, et y fut bientôt remarqué par sa droiture, sa sagesse et l'étendue de ses connaissances. Les suffrages de ses concitoyens ne tardèrent point à lui prouver que ces mérites divers étaient appréciés. Il fut successivement nommé juge d'un des tribunaux créés à Paris par la loi du 5 décembre 1790, et membre de l'Assemblée législative pour le département de la Seine. Il siégea au côté droit de cette assemblée ; il était de ceux qui, acceptant sincèrement la constitution de 1791, cherchaient à y trouver des éléments d'ordre, étaient résolus à maintenir la monarchie, et croyaient nécessaire de lutter contre le débordement des passions populaires. Les violences dont le clergé commençait à être l'objet excitèrent sa résistance, et le courage qu'il déploya pour lutter contre l'entraînement des esprits l'exposa plus d'une fois aux murmures et aux attaques de ses adversaires politiques. Cependant la modération de son caractère, la loyauté de ses opinions, lui concilièrent l'estime de tous, et il eut l'honneur, bien que membre de la minorité, être appelé aux devoirs, toujours délicats et souvent périlleux, de la présidence. Au 20 juin il contribua à sauver les jours du roi et à conjurer une collision sanglante, qui n'éclata que quelques jours plus tard. Rentré dans la vie privée lorsque les événements eurent pris une direction incompatible avec ses sentiments et ses principes, il fut décrété d'accusation, arrêté à Rennes et transféré à Paris, dans la prison de Sainte-Pélagie, où il retrouva plusieurs de ses anciens collègues, et resta pendant six mois sous les verrous, menacé chaque jour de comparaître devant le tribunal révolutionnaire, qui était devenu le servile et cruel agent des proscripteurs. Enfin, les événements de thermidor lui rendirent la liberté : il en profita pour se retirer dans sa ville natale, où il demeura trois ans, n'acceptant pour tout emploi que l'utile et humble soin de réorganiser les écoles primaires.

Cependant son nom et ses services n'étaient point oubliés à Paris : en 1796 l'Institut l'appelait à faire partie d'une de ses classes, et lui faisait sentir le besoin de reparaître sur un théâtre où il avait laissé de si honorables souvenirs ;

bientôt l'élection le replaça dans le tribunal unique substitué aux anciens tribunaux d'arrondissement de la Seine, et ses collègues le choisirent pour présider une des sections. Le 18 brumaire, en rétablissant le règne de l'ordre et des lois, ouvrit une carrière plus élevée aux talents et au dévouement éclairé de M. Bigot de Préameneu. Le premier consul cherchait à s'attacher tous les hommes que leur caractère et leurs services antérieurs avaient entourés d'une juste considération. A ce titre M. Bigot se recommandait à son attention : il le nomma commissaire du gouvernement (procureur général) près le tribunal de cassation, et lui conféra quelques mois plus tard une mission plus glorieuse, bien que purement temporaire, et qui suffirait pour illustrer son nom. M. Bigot fut chargé, avec Tronchet et Portalis, de préparer la rédaction de ce Code civil, un des plus beaux titres de gloire de l'homme de génie qui sut le vouloir, qui en fut lui-même un des auteurs, et qui parvint enfin, en dépit des résistances, des préjugés et des obstacles de tous genres, à en doter la France. M. Bigot de Préameneu se livra avec ardeur à cet immense travail. Le premier consul, selon les habitudes de son esprit, avait assigné par avance le terme des travaux confiés aux trois commissaires. Ce terme ne fut point dépassé. M. Bigot, nommé conseiller d'État, puis président du comité de législation, prit en cette double qualité une part active aux discussions qui s'engagèrent plus tard devant le Corps législatif, et rédigea l'exposé des motifs de plusieurs titres. Son nom est donc resté attaché à cet admirable monument de législation.

Ses fonctions de président du comité de législation l'avaient initié aux questions ecclésiastiques ; il fut chargé de diriger exclusivement cette branche importante du gouvernement par sa nomination au ministère des cultes. Portalis, qui avait aussi contribué avec éclat à la rédaction du Code civil, et qui occupait ce ministère depuis plusieurs années, était mort le 5 août 1807 ; l'empereur lui donna M. de Préameneu pour successeur. Les circonstances étaient graves, et réclamaient des qualités spéciales. Le saint-siége se livrait depuis quelque temps à de sourdes hostilités ; il refusait l'institution canonique aux évêques nommés par l'empereur ; il n'avait pas voulu s'associer au système continental, et les nécessités de la politique étaient sur le point d'engager le gouvernement français dans des mesures de rigueur contre le pouvoir pontifical. Il fallait au moins que le ministre chargé de ces affaires tempérât par l'aménité des formes la sévérité des actes. Nul n'était plus propre à atteindre ce but que l'ancien défenseur du clergé à l'Assemblée législative, que le président du comité de législation, déjà habitué à régler ces grands intérêts. M. Bigot de Préameneu eut à intervenir dans les circonstances les plus critiques. Il est vrai que la volonté prépondérante de l'empereur ne lui laissait qu'une part secondaire de responsabilité, mais cette part était encore assez grande pour que l'aptitude spéciale qu'il y déploya exerçât une heureuse influence. Napoléon, poussé aux dernières extrémités contre le pape, s'emparant de ses États et de sa personne, voulait éviter de soulever dans le clergé français des résistances trop ouvertes. Il se proposait, pour assurer au culte une sorte de représentation et de pouvoir propre, de convoquer à Paris un concile œcuménique ; il avait formé, sous le nom de petit conseil du clergé de France, une commission composée de prélats et d'ecclésiastiques recommandables pour préparer le travail de ce concile et lui servir de conseil à lui-même. Il faisait venir à Paris tous les cardinaux italiens pour assister à son mariage. Le pape, bien que prisonnier, créait encore de grands embarras. C'était le ministre des cultes qui dirigeait toutes les négociations officielles ou secrètes appropriées à une situation si compliquée. M. Bigot de Préameneu remplit cette tâche difficile avec assez de succès pour conserver la confiance de l'empereur jusqu'aux événements de 1814, et pendant les Cent-Jours il eut encore l'honneur d'être placé à la tête de l'administration des cultes. Il demeura fidèle au gouvernement dont il avait été l'un des plus dignes auxiliaires.

La Restauration le rendit définitivement à l'étude qui avait toujours charmé sa vie, à sa famille, dont il était l'honneur, à ses amis, qui avaient toujours trouvé en lui des sentiments affectueux et sincères. Il mourut en 1825. Sa mort fut simple et modeste comme sa vie ; et c'est en vain que l'esprit de parti, égarant son pieux successeur à l'Académie Française, s'efforça de ternir sa mémoire. Son nom restera comme celui d'un homme de bien qui a traversé avec honneur des temps difficiles, et a su conserver toujours sa modération en face des violences populaires et des emportements d'un pouvoir sans frein.   VIVIEN, de l'Institut.

BIGOT DE MOROGUES (PIERRE-MARIE-SÉBASTIEN, baron), minéralogiste, géologue, économiste et agronome distingué, né à Orléans, le 5 avril 1776, mort dans la même ville, le 15 juin 1840, descendait d'une famille noble d'Angleterre, qui, vers le onzième ou douzième siècle, était venue s'établir en France, où elle avait acquis la seigneurie de Morogues, dans le Berry. Le père du savant auquel est consacrée cette notice était *Augustin-Pierre*, vicomte de MOROGUES, ce major de vaisseau qui sous Louis XVI était connu dans la marine sous le nom d'*Intrépide major*.

Le baron de Morogues était bien jeune lorsqu'il perdit son père. Sa mère l'envoya à l'école de Vannes, avec l'intention de lui faire suivre la carrière de la marine, qu'avaient dignement parcourue son père, son aïeul et son bisaïeul. L'enfant s'adonna avec ardeur à l'étude des sciences exactes ; mais la Révolution ne tarda pas à supprimer l'école de Vannes. Le baron de Morogues n'avait encore que quinze ans, quand il vit la foudre révolutionnaire frapper une partie de sa famille. Mais, loin de se laisser aller à la haine et d'armer son bras d'un fer étranger pour le tourner contre sa patrie, il voulut étudier encore pour être utile à ses concitoyens. En 1794 il entra à l'École des Mines, où il mérita les encouragements de ses maîtres, Vauquelin et Haüy. Compris dans la réforme que cet établissement subit en 1795, le baron de Morogues continua de suivre quelques cours et de se livrer à l'étude de la minéralogie dans le laboratoire de Vauquelin.

De retour à Orléans, il devint, par son mariage, le beau-frère du comte de Tristan. Unis déjà par les mêmes goûts scientifiques, ils firent ensemble un voyage où ils explorèrent la Bretagne, les Vosges, le Jura, la Suisse et la Savoie. Le *Journal des Mines*, les *Annales du Muséum d'Histoire Naturelle* et autres feuilles de l'époque suivirent presque jour par jour leurs traces en donnant au public des renseignements aussi positifs que curieux sur les productions minéralogiques des pays qu'ils venaient de parcourir. Revenu avec un grand nombre de matériaux, le baron de Morogues publia plusieurs mémoires intéressants. En 1810 il fit paraître des *Observations minéralogiques et géologiques sur les principales substances des départements du Morbihan, du Finistère et des Côtes-du-Nord* ; puis, en 1812, un *Mémoire historique et physique sur les chutes de pierres tombées sur la surface de la terre à diverses époques*, l'un des premiers qui aient paru sur cet ordre de phénomènes (*voyez* AÉROLITHES).

En 1811, définitivement fixé dans sa propriété de la Source du Loiret, près d'Orléans, le baron de Morogues se fit agronome. Il eut la généreuse pensée d'améliorer la Sologne, d'en régénérer les habitants, et rien ne lui coûta pour vaincre les obstacles presque insurmontables qu'il rencontrait à chaque pas. Il démontra la possibilité d'arriver à son but, dans une série d'écrits estimés, tels que : l'*Essai sur l'appropriation des bois aux divers terrains de la Sologne*; l'*Essai sur la topographie de la Sologne et sur les principaux moyens d'amélioration qu'elle présente*; l'*Essai sur les moyens d'améliorer l'agriculture en France*, etc.

L'étude de l'agriculture, considérée dans ses rapports

avec la prospérité du pays, avec le commerce intérieur et étranger, avec les besoins du peuple, conduisait naturellement le baron de Morogues à l'étude de l'économie politique. Son premier opuscule sur cette matière parut en 1815 sous ce titre : *De l'influence de la forme du gouvernement sur la gloire, l'honneur et la tranquillité nationale*. L'auteur l'écrivit pour prouver, lors des élections de 1815, la nécessité de se rallier aux formes constitutionnelles. De même qu'il avait appliqué ses connaissances agricoles à l'amélioration des pays pauvres, ce fut principalement à l'amélioration des classes souffrantes qu'il consacra ses études politiques. Dans son ouvrage intitulé : *La Noblesse constitutionnelle, ou Essai sur l'importance des honneurs et des distinctions héréditaires, appliqués et modifiés conformément aux progrès naturels de la Société* (Paris, 1825, in-8°), il démontra que les honneurs ne pouvaient plus être que la récompense du mérite et des services rendus à l'État, et que l'hérédité ne saurait les conserver sans le mérite personnel. Dans sa *Politique religieuse et philosophique, ou Constitution morale du gouvernement* (Paris, 1827, 4 vol. in-8°), après avoir remonté à l'origine des sociétés religieuses et politiques, il chercha à déduire de leurs progrès les causes de la révolution et la nécessité de ses institutions avec l'extension dont elles sont susceptibles. La censure l'empêcha de développer toutes ses opinions politiques ; mais en 1834 il les émit plus librement dans sa *Politique basée sur la morale*.

Quoique le baron de Morogues fût partisan de la légitimité, les tendances réactionnaires de la Restauration le poussèrent dans les rangs de l'opposition. Aussi la révolution de Juillet le trouva-t-elle rallié à la cause nationale, et en 1835 il fut élevé à la dignité de pair de France. Il apporta dans l'accomplissement de ses devoirs législatifs un zèle incomparable, et il allait encore à la Chambre quand déjà ses forces défaillantes lui annonçaient l'approche de sa fin.

Le *Cours complet d'Agriculture*, publié presque complètement sous sa direction, renferme un grand nombre d'articles du baron de Morogues, articles où les connaissances de l'agronome ne le cèdent en rien à celles de l'économiste. Il a aussi apporté sa collaboration aux premiers volumes de la *Biographie Universelle* de Michaud, à la *Revue Encyclopédique*, etc.

BIGOTINI (Mlle), célèbre artiste de l'Opéra. Née à Paris, vers 1784, et nièce de Milon, elle débuta en 1804, et fut reçue comme remplaçant dans le genre *noble*. Le premier sujet dans ce genre était alors Mlle Clotilde. Comme on voit aujourd'hui la manie, la vanité, la mode du chant introduite dans les classes les moins bien disposées à la culture de cet art, ainsi, au commencement de ce siècle, et pendant douze ou quinze ans, la société, à tous ses étages, avait ses virtuoses chorégraphiques. Sous l'Empire on ne chantait pas, on dansait. Aujourd'hui c'est le contraire : on ne danse pas, on chante. La vocalisation ayant pris un grand développement par le succès de l'opéra italien et de l'opéra français, nous avons eu des Sontag de salon, des Damoreau de comptoir ; mais pendant l'époque impériale c'était la gavotte et le *pas russe* qui régnaient dans les soirées domestiques. L'art public se reflétant sur l'art privé, tous les yeux étaient fixés sur Vestris et Clotilde, sur Duport et Bigotini, sur Albert et Noblet. Ils tenaient le sceptre de la chorégraphie théâtrale. On ne voyait qu'en eux la perfection de la grâce, de la noblesse, de la décence relative, et que dans leur pantomime l'expression d'actions ou de sujets élevés, gais sans bouffonnerie, comiques sans charge. Mlle Bigotini brillait au premier rang. Elle régna sans partage du jour où Mlle Clotilde se fut retirée du théâtre.

D'une taille au-dessus de la moyenne, d'une beauté régulière et sérieuse sans sévérité, douée des yeux noirs les plus expressifs et d'une chevelure d'ébène, Mlle Bigotini était assurément une des plus belles femmes du théâtre à cette époque. Il y avait dans toute sa personne un charme de noblesse et de sensibilité qui pénétrait la salle entière dès qu'elle paraissait sur la scène. Comme danseuse, elle mérita d'être distinguée parmi celles qui se distinguaient alors ; mais dans les dix dernières années de sa carrière théâtrale ce fut surtout et presque exclusivement dans la pantomime que Mlle Bigotini se plaça hors ligne. Rien aujourd'hui à l'Opéra ne saurait donner l'idée de ce que le véritable art mimique peut produire d'effet, et ce qu'il en produisait alors que Vestris, Goyon, Milon, Beaupré, et Mmes Chevigny, Clotilde, Gardel, prêtaient la mobilité de leurs traits, l'énergie, le naturel, la grâce de leurs gestes à l'expression des sentiments et des personnages de toute nature.

Quoique danseuse excellente, sous ce rapport elle avait plus que des rivales ; mais aussi finit-elle par s'adonner plus exclusivement à la pantomime, et y prima-t-elle d'autant plus qu'elle perdait ainsi une partie du charme de ses facultés dansantes. Ses airs de tête, ses expressions plastiques, sa démarche, ses gestes, sa *représentation* tout entière, avait alors la vérité de chacun des personnages qu'elle avait à représenter, dégagés de l'apprêt, de la roideur, de l'innaturel qui sont nécessairement dans la condition de la danse.

L'art théâtral, dans toutes ses expressions, est l'art de la transformation ; c'est ce que l'on ne rencontre plus aujourd'hui ; c'est ce que l'on voyait briller chez Mlle Bigotini, toujours vraie, toujours réelle, quoiqu'elle parût sous les traits des personnages les plus opposés, soit qu'elle eût à représenter le charme idéal et l'amour mystique du fils de Vénus dans *Psyché*, soit que, fille de condition, mélancolique et passionnée, elle nous attendrit sur les infortunes de *Mirza* ou de *Nina*, soit enfin qu'*Eucharis*, *Cendrillon* ou *Reine de Golconde*, elle se livrât à l'expression des caprices ou des sentiments de ces caractères si divers. Mlle Bigotini savait sans cesse faire naître, entretenir l'illusion, et porter jusqu'au bout les émotions que comportait chacun de ses rôles. Après elle et pour ceux qui ont pu en jouir encore, Mlle Legallois dans *Clari* et Mme Montessu ont seules donné quelque juste idée de la puissance de l'art mimique, cette dernière surtout, puisqu'elle jouait avec une égale supériorité la *Fille mal gardée* et la *Fée Nabotte*, la *Somnambule* et *Manon Lescaut*, derniers reflets du génie de Mlle Bigotini, qui, après avoir brillé sur la scène du monde entourée des hommages et même des attachements les plus illustres du siècle, avec en ses pieds non-seulement le fils adoptif de l'empereur, le grand-maréchal du palais impérial, le plus grand seigneur de l'Espagne, mais, ce qui valait mieux encore, le public tout entier, de Mlle Bigotini enfin qui, après avoir jeté le plus bel éclat sur l'Académie royale de Musique et sur l'art de la pantomime, s'est soustraite en 1825 à sa célébrité artistique, qu'elle pouvait augmenter encore, pour se livrer, dans la retraite modeste de la vie de famille, à l'éducation chrétienne et sévère d'une fille charmante, qu'elle croyait avoir honorablement mariée (1), et dont la mort prématurée ne lui a laissé qu'un fils et des regrets.

A. DELAFOREST.

BIGRE, mot souvent employé dans les chartes latines et françaises à partir du douzième siècle, désignait principalement un garde chargé de veiller, dans les forêts, à la conservation des abeilles, de réunir les essaims, de construire les ruches, de recueillir le miel et la cire. Les bigres avaient le droit de couper et d'abattre les arbres où se trouvaient les abeilles, sans pouvoir être recherchés ni inquiétés pour ce fait. Depuis, et agrandissant toujours leur pouvoir, ils en vinrent à s'arroger le droit de prendre dans les forêts tout le bois dont ils avaient besoin pour leur chauffage ; d'où ils furent appelés dans quelques endroits *francs bigres*. Un

---

(1) Elle avait épousé M. Dalloz, notaire à Paris, qui, marié en secondes noces, a eu à soutenir un procès si tristement célèbre pour lui, pour cette seconde épouse et pour le frère de sa première femme.

édit royal de 1669 ayant supprimé tous les droits de chauffage, à quelques exceptions près, les *bigres*, qui n'avaient d'autre titre que l'usage, durent renoncer à cet avantage. Selon le *Mercure de France* de février 1729, *bigre* viendrait du latin *apiger* ou *apicurus* (qui gouverne les mouches, qui a soin des abeilles).

BIGUE, forte et longue pièce de bois de sapin, placée debout près des navires en construction. Elle est garnie à sa tête de poulies et de cordages, et sert à élever les lourdes pièces de bois, de fer, etc., qui entrent dans la confection d'un bâtiment. Souvent on établit deux bigues à bord des grands navires; on les fait se joindre et se croiser par leurs têtes, qui sont dans cette position fortement liées ensemble à l'endroit où elles se croisent; leurs pieds s'écartent de tout l'espace offert par la largeur du navire; des cordages, fixés en étais à divers points de leur longueur, les maintiennent en équilibre. Dans cet état, ces deux bigues constituent, momentanément, un puissant appareil qui sert à mettre en place les bas-mâts d'un vaisseau, ou à les arracher et enlever de leur place quand ils ont besoin d'être réparés. Cet appareil est employé à défaut de *machine à mâter*, plus spécialement consacrée à la même opération.

Jules LECOMTE.

BIHAI, genre de plantes de la famille des musacées, qui croît en Amérique, principalement aux Antilles, où on le trouve dans les lieux humides. Les branches du bihai des Antilles (*heliconia caribæa*) sont assez semblables à celles du platane; elles jettent des rameaux et des verges, au milieu et autour desquels sont les feuilles, qui sont assez grandes et assez larges pour que les Indiens les emploient à couvrir leurs maisons. Ils s'en servent aussi pour eux-mêmes en guise de parapluie, et font avec ses jeunes branches des paniers ou corbeilles, qu'ils nomment *havas*. Dans le bojoli, ils en mangent aussi les racines ou jeunes pousses, qui sont blanches, tendres, et ressemblent assez à la partie du jonc qui est en terre, avec cette différence qu'elles ont une légère saveur qui n'a rien de désagréable.

BIHAR. *Voyez* BÉHAR.

BIHOREAU. Genre d'oiseaux du groupe des hérons, qui se distinguent des butors, dont ils ont le port, par un bec plus gros à proportion et par quelques plumes grêles implantées dans l'occiput de l'adulte. Cuvier n'en cite qu'une seule espèce, le *bihoreau d'Europe* (*ardea nycticorax*, Linné), dont le mâle est blanc, à calotte et à dos noirs; les jeunes sont gris, à manteau brun, calotte noirâtre. Il en indique trois autres espèces, caractérisées d'après leur couleur.

L. LAURENT.

BIJOU. Ce mot, ainsi que ceux de *joyau* et *joujou*, dérive de la racine *jo, joc, jou*, d'où sont aussi venus les mots *jeu, joie, jouir*; il exprime l'idée de tout ce qui réjouit, amuse, procure du plaisir. Bijou, composé des syllabes *bi* ou *bis* (deux fois) et *jou*, est donc en quelque sorte synonyme de *joujou*, car ils signifient tous deux *double jeu*, avec cette différence que le joujou n'amuse que les petits enfants, et que le bijou sert à divertir les grands enfants, tant les femmes que les hommes, qui en raffolent et y attachent un grand prix. Matériellement parlant, un bijou est un ouvrage d'orfévrerie, moins nécessaire à l'habillement qu'accessoire plus ou moins recherché de la toilette. Pour les femmes, ce sont des bracelets, des boucles d'oreilles, des aigrettes, des ceintures, des colliers, des écrins, des boîtes et paniers à ouvrage, des peignes, etc.; pour les hommes, des tabatières, des pommes de canne, des cachets, des boucles de souliers et de jarretières, etc.; pour les deux sexes, des agrafes, des anneaux, des bagues, des bombonnières, des chaînes, des breloques, des boutons, des croix, des étuis, des épingles, des flacons, des lorgnons, des lunettes, des montres, des nécessaires, des tablettes, etc., etc. Cette nomenclature, quoique assez longue, est pourtant bien loin d'être complète; car il est difficile de se souvenir de tout ce que le caprice et la mode ont produit en tous temps, en tous lieux, et de prévoir ce qu'ils peuvent inventer encore; mais nous laissons le soin d'y suppléer aux amateurs des deux sexes, plus versés que nous dans la connaissance et l'usage de ces colifichets.

Il serait pourtant curieux de savoir en quoi consistaient les bijoux qu'Isaac envoya à Rébecca; la forme, la matière et les ornements des diadèmes de Sémiramis et de Didon, du collier qui coûta la vie à Ériphyle et à son époux Amphiaraüs, de celui que portait le Gaulois qui fut tué par Manlius, surnommé depuis Torquatus, etc.; on voudrait avoir quelques détails sur l'anneau de Salomon, sur celui de Polycrate, sur ceux qui servaient de cachet à Mahomet et aux khalifes, ses successeurs, et qui généralement étaient d'argent, comme le sont encore ceux des Turcs; de la prétendue bague de la sainte Vierge, ou plutôt d'Agrippine, épouse de Germanicus, qu'on voit au cabinet des médailles de la Bibliothèque Nationale; sur les anneaux que des femmes indiennes et sauvages portent aux narines ou à la membrane intermédiaire du nez; sur l'anneau de chasteté des kalanders, etc.

Il est certain, du reste, que l'usage des bijoux est fort ancien. Si l'on réfléchit que l'art de découvrir, d'extraire, de travailler l'or et l'argent, de mettre en œuvre les pierreries, fait supposer un degré assez avancé de civilisation, et qu'avant de fabriquer des bijoux, les hommes ont dû songer à se nourrir, à se loger, à se vêtir, à inventer, à perfectionner les objets nécessaires, non-seulement aux premiers besoins, mais à l'aisance de la vie, on jugera avec nous que le monde est beaucoup plus vieux qu'on ne pense.

Les bijoux, les ornements d'or, d'argent et de pierres précieuses, ont été adoptés principalement par les femmes, dans tous les temps et dans tous les pays. L'Orient, Athènes, Rome, virent des excès en ce genre. On cite Cornélie, la mère des Gracques, comme ayant su s'affranchir de cette vanité ridicule, et préférer ses enfants à ses bijoux; mais les Cornélies sont rares, même de nos jours. On se souvient des fameuses perles que Cléopâtre fit dissoudre dans un festin. Sous les empereurs d'Orient, au cinquième siècle, les dames, outre leurs boucles d'oreilles, avaient d'autres bijoux, pour orner l'extrémité de leurs joues; elles portaient des lames d'or au-dessus de leurs mains. Les jeunes gens avaient des bracelets d'or. Comment le luxe n'aurait-il pas gagné toutes les classes, lorsque les pontifes de Jésus-Christ en donnaient l'exemple? Sans parler des mitres, des crosses, des croix des évêques, en or et en argent, de la belle améthyste qu'ils portaient au doigt, on sait que le pape Grégoire IX, à son couronnement, était couvert de pierreries, et que le faste de la cour de Rome, sauf quelques rares exceptions, n'a pas diminué. Le luxe des bijoux n'est pas général en Orient; les Turcs et leur sultan affectent beaucoup de simplicité dans leur costume; mais le chah de Perse est resplendissant de diamants et de pierreries. Là aussi ce sont les femmes qui poussent la manie plus loin que les hommes: en Turquie elles ont des colliers de sequins d'or, et des bagues à tous les doigts.

Autrefois, en France les bijoux étaient un des attributs de la puissance et de la noblesse; les vilains n'avaient pas le droit d'en porter. Aujourd'hui c'est presque le contraire: l'usage en est devenu si commun, que certaines femmes qui attirent le plus les regards par l'éclat de leurs diamants ne sont pas pour cela les plus considérées. Agnès Sorel est, dit-on, la première en France qui ait eu un collier de diamants bruts; car on ne savait pas encore les tailler. Comme ce collier la gênait beaucoup, elle l'appelait son *carcan*, et ne le portait que pour plaire à Charles VII. Les dames de la cour imitèrent la favorite, et les diamants furent en crédit. Le goût varia depuis. Françoise de Foix, comtesse de Châteaubriant, préférait l'or; elle fit fondre ses bijoux en lingots avant de les rendre à François Ier, qui voulait les donner à la duchesse d'Étampes, sa rivale. La belle Féronnière portait sur le front une plaque de pierreries, dont la mode s'est renouvelée de nos jours. Catherine de Médicis et Diane de Poitiers préférèrent les perles. Marie Stuart, épouse du dauphin qui fut François II, ayant apporté de superbes diamants, ce luxe reprit faveur. Après son départ pour l'Écosse, on revint à l'usage des perles ; au couronnement de Marie de Médicis, femme d'Henri IV, les dames de sa suite en portaient dans leurs cheveux et sur leurs robes. Sous Louis XIV on reprit les diamants et les pierreries, dont l'usage devint plus général en raison des relations que les voyageurs Tavernier, Chardin et Paul Lucas entretinrent avec la Perse et l'Inde. Les actrices qui figuraient aux spectacles de la cour, ne voulant pas se laisser éclipser par les marquises, parsemèrent leurs robes de pierres fausses, qui brillaient au théâtre comme des pierres fines. Les dames de haut rang adoptèrent les diamants comme parure distinctive : elles eurent des bracelets, des boucles d'oreilles, des colliers, des aigrettes, même des pièces en diamants placées sur le devant du corsage de leurs robes. La reine en avait à sa ceinture, à ses épaulettes, à l'agrafe de son manteau. On se rappelle le fameux collier acheté par le cardinal de Rohan pour Marie-Antoinette. Ce luxe gagna les hommes, et peu d'années avant la révolution de 1789 on fit des garnitures d'habit, des boutons, des ganses de chapeau, des nœuds et des poignées d'épée, des montres et des tabatières enrichis de diamants. On portait deux chaines de montre, qui descendaient jusqu'à mi-cuisse, et garnies de breloques dont le frémissement se faisait entendre de loin ; on avait des boîtes pour chaque saison, pour tous les jours de l'année. Le marquis de Crochant, à Avignon, possédait trois cents soixante-cinq bagues plus précieuses les unes que les autres. Sans pousser l'extravagance à ce point, de simples particuliers portaient à leurs doigts des bagues énormes, octogones, ovales, à losange, qu'on appelait des firmaments, parce qu'elles étaient composées de diamants montés sur une pierre fausse bleue ou violette. Tandis que les hommes faisaient la belle main, les femmes avaient des baguiers qui absorbaient un ou deux patrimoines; l'anneau conjugal y était totalement éclipsé. La Révolution fit disparaitre ce luxe, aussi insolent que bizarre, et ramena des idées plus saines et des goûts plus simples.

Il reparut, avec quelques modifications, sous Napoléon ; mais ses progrès n'ont pas été aussi rapides ni aussi scandaleux, et ses écarts ont été moins ridicules. La mode des boucles de souliers, quoique plus petites qu'autrefois, n'a pas pu se soutenir ; celle des pantalons a fait disparaitre les boucles de jarretière. A l'exception des épingles de chemise, pour lesquelles on a employé diverses pierres précieuses, et qui ont été remplacées par des boutons, les hommes ne portent presque plus de bijoux. Les femmes seules ont conservé ce privilège ; mais elles n'en abusent pas.

Le mot de joyau n'est pas tout à fait synonyme de celui de bijou. Il entraine avec lui l'idée de grand, de beau, de précieux : c'est ainsi que l'on dit les joyaux de la couronne. Le bijou est généralement plus petit, plus mignon, plus curieux ; aussi emploie-t-on d'ordinaire, par métaphore, le nom de bijou pour exprimer tout ce qui est propre, commode, agréable et gentil ; on dit d'une maison bien distribuée, d'un appartement décoré avec goût, d'un meuble élégant, d'une femme charmante, d'un enfant plein de grâce, d'un jeune cheval, d'un petit chien, d'un serin, etc. : C'est un vrai bijou. On dit également à son amie, à sa maîtresse, à son enfant, plus rarement à sa femme : mon bijou, mon petit bijou. Les dames de la halle, renommées par leur amour des bijoux, se servent aussi fréquemment de ce nom pour amadouer le chaland.   H. AUDIFFRET.

BIJOUTIER. Les bijoutiers sont les ouvriers qui s'adonnent à la confection de légers ouvrages d'art servant à l'ornement des personnes. Les orfèvres s'occupent plus spécialement de pièces dépendant du mobilier, et les pierres précieuses sont le domaine des joailliers.

Il y a cinq classes principales de bijouterie : 1° la bijouterie en fin, qui est toute d'or sur lequel l'ouvrier monte les émaux, les nielles, etc. ; 2° la bijouterie en argent, qui est souvent dorée ou vermeillée ; 3° la bijouterie en faux, qui a pour constituant le chrysocale, soit bruni, soit doré ; 4° la bijouterie d'acier ; 5° la bijouterie en fonte de fer.

Les pièces qu'exécute le bijoutier en fin passent en général par toutes les phases que nous allons décrire.

On en fait d'abord un dessin de grandeur naturelle ; sur ce dessin on exécute en cuivre un modèle sur lequel on moule. Quand on a à faire des pièces d'un assez fort volume, on commence par exécuter un premier modèle en cire sur lequel on ne fait figurer que les parties saillantes principales ; on le moule dans du sable fin, et on coule en cuivre un second modèle qu'on répare avec soin, et qui devient le modèle définitif après qu'on l'a ciselé exactement tel que l'objet doit être moulé ; on moule dans le sable pour l'or comme on l'a fait pour le modèle en cuivre. Le moulage des petits objets se fait dans des os de sèche, par un procédé particulier.

Les parties plates des bijoux, les plaques, les fils, etc., sont passés au laminoir ou à la filière. Les parties creuses sont estampées, les métaux employés en bijouterie ayant toujours une assez grande malléabilité pour qu'il soit facile de leur faire prendre toutes les formes au moyen de l'estampage. Très-souvent aussi on emploie la gravure pour orner les faces des bijoux. Voyez NIELLE.

Les soudures sont très-fréquentes dans la bijouterie. On les fait au moyen d'alliages plus fusibles que les parties à réunir, et dont le titre est déterminé par la loi. Ceux que l'on emploie pour souder l'or portent les différents noms de soudure au quart, soudure au tiers, soudure au deux, suivant la proportion des métaux étrangers qui entrent dans leur composition : la soudure au quart est composée de trois parties d'or et d'une partie d'un alliage formé de deux tiers d'argent fin et d'un tiers de cuivre ; la soudure au tiers, de deux parties d'or et d'une partie du même alliage ; la soudure au deux, d'une partie d'or et d'une partie d'un alliage composé moitié d'argent, moitié de cuivre. Les soudures pour l'argent sont : la soudure au six, qui contient cinq parties d'argent et une de cuivre jaune ; la soudure au quart, qui contient trois parties d'argent et une de cuivre jaune, et la soudure au tiers, qui contient deux parties d'argent et une de cuivre jaune. Le bijoutier fait lui-même ses alliages pour les soudures.

Pour souder, on réunit avec un fil de fer les deux parties à joindre ; on les saupoudre de limaille de soudure mêlée de poudre de borax (le borax en fondant prévient l'oxydation et opère un décapage qui facilite la réunion) ; puis on dirige dessus le dard d'un chalumeau, qui opère la fusion de la soudure, et par suite l'assemblage des pièces. Lorsqu'on a plusieurs soudures successives à faire sur la même pièce, on a soin d'employer, pour les premières, les alliages au titre le plus élevé, parce qu'étant les moins fusibles, ils ne peuvent être dissous quand on fait les autres soudures, pour lesquelles on emploie les alliages aux titres inférieurs, qui exigent moins de chaleur pour entrer en fusion.

Les bijoutiers se servent quelquefois de soudures de titres inférieurs ; mais la loi punit cette tromperie, qui ne doit pas d'ailleurs échapper au contrôle. Tous les bijoux fabriqués en France sont en effet vérifiés et poinçonnés suivant leur titre dans les bureaux de garantie à ce destinés. Certains fabricants trouvent cependant parfois les moyens d'éluder ces sages dispositions. Les bijoux fourrés en sont un exemple : on appelle ainsi des bijoux creux, qui, faits d'or au titre à l'extérieur, sont remplis de matières lourdes destinées à leur donner du poids; ces ouvrages, jadis tolérés, mais assujettis à une marque particulière, sont actuellement prohibés. D'autres fois, des marchands présentent au bureau de garantie de petites épingles ou de petits anneaux à bon titre, et qui par conséquent reçoivent le poinçon. Ces mêmes épingles ainsi marquées leur servent à faire des cliquets pour des boucles d'oreilles fourrées, en les y attachant à l'aide de goupilles; c'est ce qu'on appelle l'*entage*. Il est inutile de dire que tous ces délits, lorsqu'on parvient à les constater, sont l'objet d'une peine plus ou moins forte.

N'étant jamais faits qu'avec des alliages qui n'ont pas l'éclat de l'or fin, on est obligé de parer les bijoux en les plongeant dans des liquides qui exercent une action corrosive sur les alliages de la surface et laissent à nu une couche d'or fin. C'est cette dernière opération qu'on appelle la *mise en couleur*. La composition la plus employée est un mélange de deux parties de nitre, une de sel marin et une d'alun, en dissolution. On y fait bouillir la pièce après l'avoir fait *recuire* et *dérocher*.

Le besoin, la mode, le caprice font sortir des ateliers une multitude presque innombrable de bijoux que les ouvriers rangent en plusieurs catégories : le *gros bijou*, le *massif*, le *creux*, la *chatne*, le *filigrane*. Dans le *bijou* proprement dit, les pièces principales de fabrication sont les tabatières, les garnitures de lunettes, les encadrements en or et en argent des pierres précieuses, les bagues, chaînes, boucles d'oreilles, bracelets, bandeaux, boucles ornées, etc. Paris compte aujourd'hui un grand nombre de fabriques de bijouterie fine, qui occupent une population de bijoutiers, de polisseuses, de reperceuses ou brunisseuses, d'émailleurs, de sertisseurs, de graveurs, de ciseleurs, et d'ouvriers qui, sans être bijoutiers, ont des rapports directs ou indirects avec ce commerce, tels que doreurs, tourneurs, estampeurs, fondeurs, guillocheurs, apprêteurs, etc. Tout concourt à faire rechercher l'orfévrerie et la bijouterie de Paris : le titre des matières qu'on y emploie, la beauté, l'élégance, la grâce et la variété des dessins, la perfection de la main-d'œuvre, sont autant de causes qui lui donnent une prépondérance et une supériorité réelles sur celles des autres nations. A Paris, la place Dauphine et quelques autres quartiers offrent une réunion et en même temps une division du travail qui sont telles qu'on y exécute quelquefois des commandes avec une promptitude surprenante. Après Paris viennent Lyon, Marseille, Bordeaux, Clermont-Ferrand. A Lyon, on établit un peu de joaillerie et de la bijouterie pour une vie nouvelle du midi; à Marseille, on monte des roses et quelques brillants pour le Levant; à Bordeaux, il y a quelques fabriques de joaillerie; Clermont fait principalement des bijoux creux pour la campagne.

La seule bijouterie qu'on pourrait opposer à celle de la France est celle de Londres, qui sans contredit est fort belle ; en général, les ouvrages anglais sont bien soignés, mais on leur reproche de la sécheresse et un peu de maigreur dans les dessins. La bijouterie d'Anvers jouit d'une estime méritée. Celle de Genève est également renommée. L'Allemagne envoie tous les ans à la foire de Francfort une prodigieuse quantité de bijouterie, qui ne se distingue ni par l'élégance ni par le fini des ouvrages; elle est massive et de mauvais goût. Enfin, les Français ayant élevé quelques fabriques à New-York, les États-Unis ont fait des progrès rapides, et ils approvisionnent le Mexique et les mers du Sud.

La *bijouterie en faux*, abandonnée autrefois à quelques villes d'Allemagne, occupe aujourd'hui chez nous une foule d'artisans fort habiles ; car, en se substituant aux ouvriers de Manheim et de Nuremberg, qui ne travaillent que des bijoux assez grossiers en faux or, les Français ont élevé cet art à un grand degré de perfection, tant dans le bijou tout métal que dans la monture et le sertissage des pierres fausses enchaînées dans le chrysocale. C'est au rare perfectionnement des pierres fausses, du strass, des émeraudes factices, des améthystes de cristal, des saphirs, des grenats de composition, qu'il faut sans doute en grande partie attribuer la vogue du bijou en faux. La matière de ces sortes de bijoux, qu'on lui donne le nom de *similor*, d'*or de Manheim*, de *chrysocale*, etc., est toujours une espèce de laiton, dont la couleur ne peut être aussi pure et aussi flatteuse que celle de l'or. Pour obtenir une couleur agréable et une certaine durée dans l'éclat de ces bijoux, il faut nécessairement recourir à la dorure.

Paris a toujours eu la palme pour la fabrication de la *bijouterie en acier*, fabrication qui embrasse des objets encore plus variés que la bijouterie d'or. Pour donner au bijou d'acier cet admirable poli qui fait son principal mérite, l'ouvrier emploie d'abord l'émeri, puis la *potée d'étain*, et ensuite la *potée dite d'Angleterre*.

La *bijouterie de fonte de fer* ou *bijouterie de Berlin* est une industrie encore nouvelle et que nous devons à la Prusse. Mais si les Prussiens ont dans les plaines de Berlin un sable plus fin qui leur permet de couler des bijoux aussi délicats que la dentelle, nos fabriques, créées seulement depuis 1822, l'ont emporté sur leurs par le bon marché et par le bon goût parisien. Dans cette dernière branche de la bijouterie, comme dans les autres, la France occupe le premier rang.

Les bijoutiers, comme les coiffeurs, ont choisi pour patron saint Louis, sans doute à cause de la couronne qu'il a portée. Les bijoutiers ne faisaient autrefois qu'un corps avec les orfévres. Il fallait trois ans d'apprentissage pour être reçu bijoutier. Certaines précautions sont imposées aux marchands bijoutiers pour l'achat et la vente des bijoux. Leurs livres doivent être tenus avec une exactitude scrupuleuse. Ils ne doivent payer le prix des objets de quelque valeur qu'ils achètent qu'au domicile des vendeurs qui ne leur sont pas connus ; enfin, l'achat au-dessous de la valeur réelle les expose à être regardés comme complices dans le cas où les objets auraient été volés : et cependant aucun corps ne peut se vanter de savoir mieux profiter de la simplicité des clients.

BIJUGUÉ (de *bis* et de *jugum*) se dit, en botanique, des feuilles pinnées, dont le pétiole commun porte deux paires de folioles, telles que celles des *mimosa nodosa* et *fagifolia*.

BIKUNIS, religieuses du Japon, qui vivent d'aumônes et mènent une vie vagabonde, à laquelle se mêle la prostitution la plus effrénée. Elles sont soumises aux *jammabos*, célèbres moines du pays, qui n'admettent dans cet ordre que les plus belles femmes, et choisissent ordinairement leurs épouses dans ces coureuses privilégiées. On les rencontre à la porte des temples, dans les rues, sur les grandes routes, mettant en œuvre tout ce qu'elles ont de charmes pour émouvoir la charité des passants. C'est la débauche sanctifiée par la superstition.

BILABIÉ (de *bis*, deux fois, et *labium*, lèvre). On appelle ainsi, en botanique, les organes ou rudiments qui ont deux parties principales disposées comme les lèvres des animaux, et désignées, l'une par le nom de *lèvre supérieure*, l'autre par celui de *lèvre inférieure* : les calices et les corolles de la sauge, du phlomis, etc., ont cette conformation, ainsi que les pétales de la nigelle et de l'ellébore. *Voyez* LABIÉES.

BILAMELLÉ, c'est-à-dire composé de deux lames : tels sont, en botanique, le stigmate des mimules et les cloisons dont sont pourvues les capsules de la digitale.

BILAN. Ce mot, formé du latin *bilanx*, sert à désigner l'acte ou l'inventaire dans lequel le négociant relève chaque année, aux termes de la loi, l'état de ce qu'il doit, de ce qu'il possède et de ce qui lui est dû. C'est la balance de son actif et de son passif : l'*actif* se composant des meubles et immeubles, de l'argent en caisse, des marchandises en magasin, des effets en portefeuille et des autres créances; et le *passif* comprenant les effets à payer et généralement toutes les dettes. *Voyez* BALANCE GÉNÉRALE DES LIVRES.

Lorsqu'un commerçant se voit forcé par le mauvais état de ses affaires de suspendre ses payements, il dresse la balance de ses comptes, et, suivant l'expression consacrée, il *dépose son bilan*.

La loi du 28 mai 1838, qui a modifié plusieurs articles du Code de Commerce, a maintenu les art. 438 et 439, suivant lesquels la déclaration que le failli fait au greffe du tribunal doit être accompagnée du dépôt de son bilan, ou contenir l'indication des motifs qui l'empêchent de le déposer. Ce bilan doit renfermer l'énumération et l'évaluation de tous les biens mobiliers et immobiliers du débiteur, l'état des dettes actives et passives, le tableau des profits et pertes, et celui des dépenses.

L'accomplissement de cette formalité établit en faveur du failli une présomption en vertu de laquelle le tribunal peut l'affranchir du dépôt dans une maison d'arrêt ou de la garde de sa personne, s'il n'est pas déjà, au moment de la déclaration de la faillite, incarcéré pour dettes ou pour toute autre cause. Mais quand le failli n'a pas pris cette initiative, il est, aussitôt après les mesures conservatoires prises, procédé à la confection du bilan par les syndics provisoires que le tribunal de commerce a nommés dans son jugement déclaratif de la faillite.

BILAN D'ENTRÉE et BILAN DE SORTIE. *Voyez* BALANCE D'ENTRÉE et BALANCE DE SORTIE.

BILATÉRAL (de *bis*, deux fois, et *latus*, côté), qui a deux côtés, qui se dirige de deux côtés opposés. On dit d'un acte qu'il est *bilatéral* lorsqu'il contient des conventions réciproques de la part de plusieurs parties dont chacune s'engage à faire quelque chose, comme dans tout contrat synallagmatique; par opposition à l'acte *unilatéral*, dans lequel une seule partie souscrit l'obligation, où ne figure point celui au profit de qui elle est souscrite. Ainsi, une reconnaissance d'un prêt, un simple billet, un billet à ordre, sont des actes unilatéraux; un contrat de bail, un contrat de vente, sont, au contraire, des actes bilatéraux. Aussi doit-il en être fait, à peine de nullité, autant de copies qu'il y a de parties qui y figurent : chacune d'elles doit avoir sa copie, portant la mention que chacune des autres parties obligées a également la sienne.

BILBAO, ville d'Espagne, riche et florissante, chef-lieu de la province, autrefois seigneurie basque de Biscaye, est située dans une belle plaine, sur la rive droite de l'Ansa, qu'on y passe sur un pont de bois d'une seule arche et d'une grande élévation. Elle est à 8 kilom. de l'embouchure de cette rivière devant Portugalete, à 334 kilomètres de Madrid et à 65 de Saint-Sébastien. L'air y est très-pur. Fondée en 1300, Bilbao est le siége du célèbre *consulado* ou tribunal de commerce de Burgos, qui y fut transféré au quinzième siècle. On n'y compte guère plus de 900 maisons. Aussi ses 15,000 habitants s'y logent-ils avec peine, quoiqu'elles soient hautes et bien bâties; quelques-unes sont ornées de fresques au dehors. Ses rues sont droites et bien pavées.

On remarque à Bilbao la jolie promenade de l'Arsenal, une belle place, un beau quai, l'hôtel de ville, l'hôpital et la boucherie. Les environs sont couverts de jardins délicieux et de charmantes maisons de campagne. Rien de plus agréable que la perspective dont on jouit en remontant la rivière. Ce sont à chaque instant de nouveaux aspects de plus en plus attrayants, des groupes de maisons, des massifs de verdure, et à gauche la ville, qui se déploie en un majestueux amphithéâtre et anime tout le tableau.

L'industrie y est très-active; elle consiste en fabrication de toiles à voiles, cordages, ancres, quincaillerie, cuirs, papier, tabac et poterie. Il y a un arsenal de construction d'artillerie et des chantiers de construction pour la marine marchande. Le port est le plus important du nord de l'Espagne. C'est le principal entrepôt du commerce des laines de ce pays. On en exporte des fers, des aciers, du poisson, des fruits, surtout des châtaignes, des grains, quelquefois en quantité considérable. On y importe principalement des tissus de coton et de laine et des denrées coloniales. Les transports ont lieu, en grande partie, au moyen de navires étrangers, anglais, hollandais, et des villes anséatiques. Les gros bâtiments s'arrêtent à Portugalète ou à Olaveaga.

Bilbao a été prise et reprise dans les guerres de la France et de l'Espagne en 1795, 1808 et 1809, et dans la guerre de don Carlos en 1837.

BILBOQUET. C'est le nom qu'on donne, en architecture, à tout petit carré de pierre qui, ayant été scié d'un plus gros, reste dans le chantier. — On appelle aussi *bilboquets* les moindres carreaux de pierre provenus de la démolition d'un bâtiment.

Le *bilboquet* des monnayeurs est un morceau de fer, en forme d'ovale très-allongé, au milieu duquel est un cercle en creux et au centre un petit trou. Celui des perruquiers est un petit morceau de bois tourné, sur lequel ils roulent les cheveux pour les friser.

En termes de doreur, le *bilboquet* est un petit morceau de bois carré est en est attaché un morceau d'étoffe fine pour prendre l'or et le mettre dans les endroits les plus difficiles, comme dans les filets carrés, dans les gorges *et* dans les autres endroits creux.

Les imprimeurs appellent *bilboquets* certains petits *ouvrages de ville*, tels que les billets de mariage, d'enterrement, les adresses, cartes de visite, avis au public, etc.

Le *bilboquet* est aussi un jouet d'enfant fort connu, creusé par un bout et pointu par l'autre, au milieu duquel est attaché une ganse ou ficelle, terminée par une boule percée d'un trou, et que l'on doit chercher, en la lançant, à faire retomber et à fixer sur l'un de ces deux bouts. Le *Journal de Henri III* nous apprend que ce prince portait quelquefois un *bilboquet* à la main. Cet exercice était en effet très-commun de son temps, comme il l'était redevenu en 1789; après quoi il fut remplacé par le jeu de l'*émigrant*.

Gui Patin, prenant le mot de *bilboquet* dans une acception figurée, appelait des gens que la fortune avait élevés subitement, et dont la position ne paraissait pas bien assurée, les *bilboquets de la fortune*.

Enfin on donne le nom de bilboquets à de petites figures qui ont aux jambes des plombs dont le poids les fait toujours se retourner et se trouver debout, quelque autre position qu'on essaye de leur faire prendre.

BILDERDIJK (WILLEM), célèbre philologue et poëte hollandais, né à Amsterdam, le 7 septembre 1756, développa rapidement ses rares facultés en dépit d'une santé chancelante. Il étudia le droit à Leyde, et pratiqua ensuite à La Haye comme avocat. Lors de l'invasion de sa patrie par les troupes françaises, il la quitta par attachement pour les droits du stathouder, et se rendit d'abord à Brunswick, puis à Londres, où il fit des cours publics sur le droit, sur la poésie et sur la littérature. En 1806 il revint en Hollande, ce fut de lui que le roi Louis Bonaparte voulut apprendre la langue de ses nouveaux sujets, et il l'appela l'un des premiers à faire partie de l'Institut national de Hollande. La restauration lui fit perdre son traitement. Le roi Guillaume lui offrit cependant plus tard une place d'auditeur militaire, qu'il refusa. Après avoir passé quelques années à Leyde, il se retira vers la fin de sa vie à Harlem, où il mourut le 18 décembre 1831.

Familier avec les langues et les littératures grecque et latine, et aussi avec la plupart des langues et des littératures modernes de l'Europe, Bilderdijk possédait des connaissances non moins étendues en jurisprudence et en histoire, en archéologie, en géographie, en théologie et même en médecine. Cette si vaste érudition, il l'avait acquise à peu près tout seul, et les résultats utiles ou nuisibles que durent avoir sur sa vie son caractère et ses ouvrages, les efforts qu'il lui fallut faire pour atteindre le but qu'il s'était proposé, apparaissent visiblement aussi bien dans ce qu'on voit chez lui de résolu, de tranchant et de persévérant, que dans sa rudesse et son opiniâtreté. Dès l'année 1776 il avait fondé sa réputation comme poète par un chant intitulé : *De l'Influence de la Poésie sur l'art de gouverner les hommes*, lequel fut couronné par l'Académie de Leyde. Il le fit suivre, en 1777, d'un poème ayant pour titre : *Le véritable Amour de la Patrie*. Une célébrité d'autant plus grande s'attacha à son nom qu'il s'efforçait en même temps dans sa romance d'*Elius* et dans ses heureuses traductions des tragédies de Sophocle : *Koning Œdipus* et *De dood van Œdipus*, de s'affranchir de l'influence, jusqu'alors toute-puissante, de la littérature française. Nous ne citerons pas tous ses drames empruntés à l'histoire de la Hollande, non plus que ses nombreuses traductions ou imitations en vers d'Homère, Sapho, Pindare, Théocrite, Ovide, Horace, Ossian et Delille. Une mention particulière est due cependant à son poème sur l'astronomie, à ses *Adieux*, à ses *Fleurs d'Hiver*, à ses *Fleurs des Tombeaux* (Asphodèles), inspirées par la mort de son fils et de ses deux filles, et surtout à ses étranges poèmes de la *Destruction du premier monde* et des *Maladies des Savants*. N'oublions pas qu'il chercha ses modèles et ses inspirations bien moins dans les œuvres de ses contemporains étrangers ou nationaux que dans celles des anciens poètes de son pays, et dans les meilleurs écrivains de tous les siècles et de toutes les littératures. Une imagination aussi vive que hardie, une grande richesse de pensées, des images neuves et frappantes, beaucoup de correction dans l'expression, un style harmonieux, une heureuse coupe de vers, telles sont les qualités qui distinguent ses productions.

Si les œuvres de Bilderdijk sont à bon droit populaires dans sa patrie, elles sont encore peu connues à l'étranger, comme l'est en général toute la littérature hollandaise. Bilderdijk ne s'est pas uniquement occupé de poésie ; il a encore beaucoup fait pour la fixation de la langue nationale. Les ouvrages qu'on a de lui dans cette direction d'idées ou sont de nature grammaticale ou ont pour but d'élucider les plus anciens monuments écrits de la langue hollandaise. On a en outre de Bilderdijk divers ouvrages relatifs à la science du droit, notamment *Observationes et emendationes Juris*, un *Traité de Géologie* et une *Théorie de l'organisation végétale*. Il s'est également occupé de l'histoire de son pays, qu'il a traitée au point de vue aristocratique, dans son *Geschiedenis des Vaderlands*, publiée après sa mort par Tijdemann (12 volumes, Leyde, 1832-1839).

Sa seconde femme, *Catherine-Wilhelmine* Schwickhardt, était née à La Haye, en 1777, et mourut en 1830. Son éducation avait été des plus distinguées, et elle se livra avec un égal succès à la culture de la peinture et à celle de la poésie. Parmi ses ouvrages, dont la plupart parurent imprimés avec ceux de son mari, on regarde comme un chef-d'œuvre son *Roderigo de Goth*, traduction du *Roderick* de Southey. On estime aussi ses tragédies *Elfrede* et *Iphigénie* ; cette dernière est imitée de Racine.

BILE. Ce liquide, provenant de la sécrétion du foie, est répandu en partie dans les intestins, pour favoriser la digestion, et en partie dans une poche située derrière le foie, et que l'on nomme la *vésicule biliaire*.

La bile existe chez tous les animaux vertébrés, et y remplit sans doute les mêmes fonctions. Son analyse a fait reconnaître qu'elle était composée d'eau, d'albumine, d'une résine jaune qui lui est propre, de soude, d'hydrochlorate de soude, de phosphate de chaux et de soude, plus une substance particulière, à laquelle M. Thénard a donné le nom de *picromel* ; cependant cette dernière substance, qui existe constamment dans la bile de bœuf, n'est pas toujours rencontrée, dit M. Chevreul, dans la bile de l'homme. Cette dernière est verte, d'un brun jaunâtre, rougeâtre ou incolore ; elle n'est pas très-amère, peu limpide. Chauffée, elle répand l'odeur du blanc d'œuf.

La bile est un des liquides les plus irritants de l'économie ; épanchée dans le péritoine, à la suite de plaies du foie ou de la vésicule biliaire, elle donne lieu à des péritonites qui sont presque constamment mortelles. Dans certaines maladies on a vu la bile changer d'état, devenir ou noire, très-épaisse (*voyez* ATRABILE), ou d'une fluidité et d'une décoloration très-marquées. On l'a même vue dans quelques cas contracter des propriétés délétères.

On a regardé la bile comme la cause d'un grand nombre de maladies ; cette opinion était surtout fort en crédit du temps des médecins humoristes : ainsi on admettait une foule d'affections bilieuses, des fièvres, des pleurésies, des péripneumonies, etc., que l'on attribuait à la bile. Quoi qu'il en soit de l'action qu'exerce ce liquide, les maladies qui ont plus particulièrement reçu le nom de *bilieuses* offrent des symptômes à peu près constants, savoir : amertume et empâtement de la bouche, ordinairement accompagnés d'un enduit plus ou moins jaune sur la langue ; soif, perte d'appétit, nausées, et souvent vomissements et déjections bilieuses jaunes ou vertes. En même temps le malade éprouve une chaleur âcre, un brisement général, de la douleur au creux de l'estomac et souvent de la fièvre ; la peau est plus ou moins colorée en jaune ; l'urine, foncée en couleur, paraît également chargée de bile. Ces phénomènes peuvent se rencontrer séparés ou réunis à des degrés différents, depuis le simple embarras gastrique, affection passagère et sans danger, jusqu'à la fièvre jaune, qui est presque toujours mortelle.

Quand ces maladies sont portées à un certain degré, la bile est expulsée en plus ou moins grande quantité, et longtemps on a provoqué artificiellement cette expulsion à l'aide des vomitifs. Mais l'abus de cette médication a occasionné de nombreux accidents, et les praticiens les plus sages ont reconnu que dans le plus grand nombre des cas simples il suffit de soustraire les malades à l'action des causes déterminantes pour que la sécrétion biliaire reprenne son cours habituel, et que dans les circonstances graves le traitement qui convient aux inflammations aiguës est le plus efficace. Les boissons rafraîchissantes et acidules, que les malades recherchent par une sorte d'instinct salutaire, contribuent beaucoup à la guérison, ainsi que l'abstinence complète, au moins pendant les premiers jours.

On se sert de la bile du bœuf dans les arts pour dégraisser les étoffes de laine. Cette substance doit cette propriété de dissoudre les matières grasses à la soude libre, et au composé ternaire de soude, de picromel et de résine qu'elle contient.

BILEAM. *Voyez* BALAAM.
BILED-UL-GÉRID. *Voyez* BELUD-EL-DJÉRID.
BILIAIRES (Calculs). *Voyez* CALCULS.
BILIAIRES (Voies). On donne ce nom à l'ensemble des organes qui servent à sécréter, à conserver et à excréter la bile. Ces organes sont le foie, les pores biliaires ou les radicules des conduits hépatiques, la vésicule biliaire, son conduit cystique et le canal cholédoque. *Voyez* FOIE.
BILIEUX (Tempérament). *Voyez* TEMPÉRAMENT.
BILIN, petite ville de Bohême, située dans le majorat de la famille de Lobkowitz, sur les rives de la Bila, dans le cercle de Leitmeritz, et célèbre par ses eaux minérales. Sa population est de 3,200 habitants ; on y remarque un vieux château, une usine servant à l'extraction de la magnésie en dissolution dans l'eau acide de Seinschuts et de Seidlitz, ainsi qu'une grande fabrique de bouteilles de grès. La ville

est entourée de roches basaltiques, entre lesquelles on distingue la *pierre de Bilin*, immense rocher de forme ronde, du haut duquel on jouit de la plus belle vue sur la vallée de la Bohême.

On compte à Bilin quatre sources différentes, dont celle dite *de Joseph* est la plus renommée. L'eau en est d'une grande pureté, d'un goût rafraîchissant et légèrement acidulé, à la température moyenne de 12 à 15 degrés Réaumur, et pétille vivement, surtout lorsqu'on y mêle du vin et du sucre. Sous le rapport de la composition, les eaux provenant des quatre sources différent peu entre elles. L'eau de Bilin appartient à la classe des eaux alcalines, et contient plus d'acide carbonique que les autres eaux minérales de l'Allemagne. On ne l'emploie qu'en boisson, et elle agit de la manière la plus énergique sur le système des glandes et sur les vaisseaux absorbants. Elle provoque surtout l'activité de la membrane pituitaire, et est par conséquent souveraine dans les affections des organes génitaux, dans les douleurs des glandes et du système lymphatique. L'eau de Bilin se consomme bien plus au loin qu'à la source même ; on en expédie dans tous les établissements thermaux de la Bohême, notamment à Tœplitz, où on la prend concurremment avec l'eau locale. Les baigneurs de Tœplitz font de fréquentes excursions à Bilin. On évalue de 80 à 100,000 le nombre des bouteilles d'eau de Bilin qu'on *envoie* maintenant année commune à l'étranger, tandis qu'en 1779 cet envoi n'atteignait pas le chiffre de 3,000. L'analyse des eaux de Bilin a été faite par Reuts, Strave, Steinmann, etc. Consultez Reuts, *les Eaux Minérales de Bilin* (2ᵉ édit., Vienne, 1827).

Il y a aussi en Hongrie un établissement thermal du même nom.

BILINGUE (du latin *bilinguis*, en deux langues), terme employé récemment par les archéologues pour désigner les inscriptions et monuments anciens où les mêmes idées sont exprimées en deux langues.

BILL, mot qu'on fait dériver de *libellus*, et par lequel on désigne dans le parlement d'Angleterre ce qu'en France on appelle un projet de loi. Dans le langage juridique anglais, tout engagement écrit est un *bill* : ainsi, on dit *a bill of exchange*, une lettre de change ; *a bill of sale*, un contrat de vente, etc. Lorsque le grand jury pense qu'une accusation criminelle est recevable aux assises, il écrit au revers de l'acte : *a true bill*, un vrai bill (quand la langue latine était seule en usage dans les tribunaux, les termes consacrés étaient *vera billa*), sans préjuger d'ailleurs en rien de la réalité des faits qui servent de base à l'accusation, et uniquement en réponse à la question qui lui est adressée : « Résulte-t-il des faits rapportés quelque charge contre l'accusé ? » Quand, au contraire, le jury ne trouve pas les faits suffisamment prouvés, il écrit : *Not a true bill* ou *not founded* (mal fondé).

En matière civile, on entend par *bill* un acte introduisant l'instance et par lequel l'intimé est prévenu de la plainte et des conclusions auxquelles elle donne lieu. Il provient du tribunal compétent, et doit toujours reproduire les formules adoptées pour chaque espèce de plainte.

Dans le langage parlementaire, un bill est une proposition que son adoption doit transformer en loi.

Les bills d'intérêt particulier (*private bills*), c'est-à-dire contenant des dispositions ayant pour objet de favoriser des individus isolés ou des corporations (comme demandes de lettres de naturalisation, d'autorisations à l'effet de construire des ponts et d'y percevoir des droits de péage, de percer des routes, creuser des canaux, etc., etc.), ne peuvent être introduits qu'après une pétition adressée à cet effet par les intéressés. Il faut que cette pétition soit présentée par un des membres de la chambre. Celle-ci, s'il est nécessaire, renvoie la pétition à l'examen d'un comité, lequel décide alors si elle doit être transformée en bill ou bien écartée. Les projets de loi sur les affaires publiques (*public bills*) doivent, au contraire, toujours être précédés par une motion, c'est-à-dire par la demande de présenter un bill faite verbalement par l'un des membres de la chambre. Si cette permission est accordée, la proposition est présentée plus tard par écrit.

Dans la copie de cette proposition écrite, on laisse un grand nombre d'espaces en blanc (*blancks*) pour y insérer les fixations que le parlement seul a droit d'arrêter, comme les époques, les sommes et les quantités. Le bill est ensuite lu à la chambre, à trois reprises successives. Lors de la première lecture, il ne s'agit que du rejet pur et simple du bill. Il est discuté après la seconde lecture, soit par une commission, soit par la chambre elle-même, qui se transforme en comité si l'affaire a quelque importance. Dans ces occasions, l'orateur (*the speaker*, le président de l'assemblée) quitte son fauteuil, discute et vote ; et la chambre choisit un autre membre pour la présider momentanément, et qu'on appelle tout simplement alors *chairman*. On remplit les blancs, on fait au bill des additions ou des amendements, et souvent on en bouleverse toute l'économie. Cette tâche terminée, *l'orateur* remonte au fauteuil, et son remplaçant provisoire met aux voix le bill tel qu'il vient d'être arrêté. Si la majorité l'adopte, on le transcrit en gros caractères sur du parchemin, et on procède à la troisième lecture. S'il est à ce moment fait une nouvelle addition, on la consigne sur une feuille de parchemin séparée, appelée *rider*. En cet état, le bill est envoyé à l'autre chambre, où on observe encore la même série de formalités, à l'exception toutefois de la transcription sur parchemin. Si le bill ne passe pas à cette seconde épreuve, il n'en est plus question. Si on y fait de nouvelles additions ou de nouveaux amendements, on les communique à l'autre chambre ; et au besoin il s'établit, pour leur adoption, des conférences entre des délégués de l'une et de l'autre assemblée. Si les deux chambres ne peuvent tomber d'accord, la chose est regardée comme non avenue : *the bill is dropped*, dit-on alors.

La sanction royale se donne ou par le roi en personne, ou par écrit avec l'apposition du grand sceau de l'État, ainsi que l'usage s'en établit pour la première fois sous le règne de Henri VIII, à l'occasion du bill de condamnation à mort rendu contre la reine Catherine Howard. Si la sanction a lieu par le roi ou la reine en personne, ils se rendent à la chambre haute, à la barre de laquelle ils mandent la chambre des communes. Un secrétaire donne lecture des titres des différents bills, puis des réponses du roi, qui se sert toujours des vieilles formules en langue franco-normande, usitées depuis l'époque de la conquête. Pour un bill relatif aux affaires publiques, la formule de sanction est : *Le roi le veut* ; pour les bills relatifs à des intérêts particuliers : *Soit fait comme il est désiré* ; pour les bills qui accordent au gouvernement des taxes, impôts ou emprunts (*money-bills*) : *Le roi remercie ses loyaux sujets, accepte leur bénévolence, et aussi le veut*. La formule polie du refus de sanction est : *Le roi s'avisera*. En affaires de grâce, comme actes d'amnistie, lettres de grâce, etc., etc., le parlement répond par l'organe de son secrétaire : *Les Prélats, Seigneurs et Commons, en ce présent parliament assemblés, au nom de tous Vos autres subjets, remercient très-humblement Votre Majesté et prient à Dieu Vous donner en santé bonne vie et longue*. La reine Élisabeth usa fréquemment du droit de refus de sanction ; il lui arriva dans une seule session de la refuser à quarante-huit bills. Les princes de la maison de Hanovre, au contraire, n'y ont jamais eu recours. Le dernier exemple qu'en offre l'histoire date de 1692, sous le règne de Guillaume III. C'est en maniant habilement les majorités parlementaires et en les faisant servir à ses vues que le gouvernement préfère aujourd'hui arriver au but qu'il s'est proposé.

BILLARD. Ce jeu, qui est fort ancien, tire probablement son origine de celui de boule. En effet, il n'est pas absurde de supposer que le tapis vert est une imitation du gazon. Le billard, aujourd'hui fort en vogue, se compose, comme on sait, d'une table ayant en largeur la moitié de sa longueur, laquelle est en moyenne de 3^m,90. Le dessus d'une table de billard doit présenter constamment un plan horizontal, quelles que soient les variations de température, de sécheresse ou d'humidité de l'atmosphère. Pour leur donner autant que possible cette qualité, les constructeurs les font en bois vieux choisi avec soin, débité en petits morceaux, qu'ils assemblent de façon que leurs fils se croisent. La table présente donc un large feuillet de parquet divisé en plusieurs compartiments. Quoique cet assemblage soit fort ingénieux, et que les bois aient beaucoup d'épaisseur relativement à leur longueur et à leur largeur, néanmoins la table travaille sans cesse, tellement que si l'on tient à ce qu'elle soit à peu près régulière, on est obligé de la redresser presque tous les mois au moyen d'une longue varlope et du niveau. Cette opération nécessite quelques frais (à Paris, environ 150 francs par an). Pour obvier aux inconvénients des tables en bois, on en fait en marbre, en ardoise et même en fonte de fer.

Les billards ont reçu dans ces derniers temps quelques légers perfectionnements. Aujourd'hui, on peut soi-même enlever et replacer le tapis en très-peu de temps. On a fabriqué des billards qui jouent un air quand la bille tombe dans la blouse. On fait aussi des billards circulaires.

Ce serait ici le lieu de parler de la théorie des mouvements des billes, de la manière de les frapper pour leur faire décrire tel ou tel angle, leur faire produire tel ou tel effet, faire tel ou tel *carambolage*. Mais ces questions sont d'une grande complication, et demandent l'emploi de formules de l'analyse supérieure. Nous ne pouvons que renvoyer les lecteurs qui voudraient étudier cette matière à l'ouvrage de Coriolis, *Théorie mathématique des effets du jeu de billard*; Paris, 1835.

La France, qui a aujourd'hui le privilége presque exclusif de la fabrication des billards, en exporte en Suisse, en Belgique, en Amérique et en Angleterre. On compte à Paris une trentaine d'ateliers d'où sortent annuellement six à sept cents billards. Viennent ensuite les fabriques de Lyon, de Bordeaux, de Caen et de Rouen, bien moins importantes. Les prix des billards varient, depuis 7 ou 800 francs jusqu'à 2,500 et 3,000 francs. Les *queues* et les *billes*, qui peuvent être regardées comme des dépendances nécessaires du billard, sont l'objet d'industries spéciales.   TEYSSÈDRE.

Avant la révolution, la faculté de tenir billard était un privilége accordé aux seuls *billardiers-paulmiers*. Ils avaient leurs statuts et règlements, confirmés par lettres-patentes; ils n'étaient pas cent vingt dans l'origine, mais en 1789 on en comptait deux cents dans Paris. Leurs premiers statuts dataient de 1610. En 1812 un recensement général des billards publics donna pour résultat cinq cent cinquante dans Paris, deux cent deux dans les environs. On sait à quel point ce nombre s'est accru; aussi presque tout le monde aujourd'hui connaît ce *noble jeu d'adresse*, au moins pour l'avoir vu pratiquer. Nous pouvons donc, sans entrer dans des détails fastidieux, nous borner à donner les règles principales des différentes sortes de parties qui se jouent maintenant.

Partie au même. Cette partie, que le *doublet* a presque complétement détrônée, se joue ordinairement à deux personnes, avec deux billes blanches et une rouge. Après avoir tiré à qui commencera, on pose la rouge sur la *mouche* d'en haut, puis celui qui doit jouer le premier place sa bille dans le demi-cercle tracé au-dessous de la mouche du *quartier* (bas du billard), et vise la rouge en cherchant à la *faire* (faire tomber) dans l'une quelconque des blouses. S'il atteint ce résultat, on replace la rouge sur sa mouche; le joueur qui a fait ce premier coup recommence du point où se trouve sa bille, et ainsi de suite jusqu'à ce qu'il ne réussisse pas. Le second joueur commence alors de la même manière que le premier; seulement il peut chercher soit à faire la rouge, soit à faire la bille de son adversaire, soit enfin à *caramboler*. Quand il cesse de faire des points, le premier reprend, et ils continuent de même jusqu'à ce que l'un d'eux ait atteint le nombre de points fixé à l'avance, et qui le plus souvent est de vingt-quatre.

Celui qui fait une bille compte trois points si c'est la rouge, deux points si c'est la blanche. Un carambolage vaut deux points. On peut donc, en faisant les deux billes et en carambolant du même coup, marquer sept points. Suivant que l'un des joueurs manque de touche, *se perd* (sa bille tombant dans une blouse) en touchant la blanche, ou se perd en touchant la rouge, l'autre marque un, deux ou trois points. Un joueur faisant des points et se perdant en même temps, les points faits comptent à son adversaire.

Quand on joue la partie à trois ou à quatre, les règles précédentes ne reçoivent que les modifications qu'exige l'augmentation du nombre des joueurs.

Partie du doublet ou *doublé.* Les règles de cette partie sont les mêmes que celles de la partie au même, avec cette différence que, pour qu'une bille faite soit comptée, il faut qu'avant d'entrer dans la blouse elle aille frapper au moins une des bandes du billard.

Partie russe. Cette partie, qui trouve encore un assez grand nombre d'amateurs, se joue avec cinq billes, dont deux blanches, une rouge, une jaune et une bleue; ces trois dernières se placent respectivement sur les mouches du haut, du milieu et du quartier. Le premier joueur *donne son acquit*, c'est-à-dire qu'il pousse sa bille vers la bande d'en haut en cherchant à la placer le plus près possible de la *pénitence*; il ne faut pas, de ce coup, que sa bille touche aux autres, sans quoi il perd autant de points qu'il y a de billes touchées. Le second joue sur la bille blanche d'abord; s'il en touche d'autres avant elle, il perd autant de points qu'il a touché de billes de couleur.

Les billes blanches peuvent se faire dans toutes les blouses, et elles comptent deux points; la rouge ne peut se faire qu'aux quatre coins, et elle compte trois points; la bleue ne peut se faire également qu'aux quatre coins, et elle compte quatre points; la jaune ne peut se faire qu'aux blouses du milieu, et elle compte six points; le carambolage compte deux points. Mais toute bille faite dans l'une des blouses qui lui sont interdites fait perdre au joueur autant de points qu'il en eût gagné en la faisant à une des blouses qui lui sont assignées. Enfin, les pertes se comptent comme dans les parties précédentes.

Partie du carambolage. On joue ordinairement cette partie sur un billard sans blouses; car, ainsi que son nom l'indique, on n'y marque que les carambolages. Ses règles sont plus simples que celles des autres parties; mais la difficulté du jeu est beaucoup plus grande. Aussi est-ce la partie par excellence pour les véritables joueurs. On n'y tient compte ni des pertes ni des manques de touche.

Poule. Cette partie se joue entre un nombre illimité de joueurs. On convient de *mourir* (se retirer du jeu) en un certain nombre de points appelés *marques*; puis chacun donne sa *mise* au *marqueur*. Ce dernier, après avoir mis dans un panier en forme de bouteille autant de petites boules portant un numéro qu'il y a de joueurs, agite le panier, tire les boules au hasard, et une à une, et les distribue en commençant par sa droite aux joueurs rangés autour du billard. Cela terminé, le joueur qui a eu le numéro 1 donne son acquit (*voyez plus haut*); le numéro 2 joue sur le numéro 1; le numéro 3 joue sur le numéro 2 avec la bille du numéro 1 (car il n'y a que deux billes sur le tapis), et ainsi de suite. Chaque fois qu'une bille est faite, celui qui a joué le coup précédent est marqué; celui qui manque de touche est également marqué. Sitôt qu'un joueur a atteint le nombre de marques fixé, il est *mort*, il se retire. Celui qui reste le dernier empoche l'ensemble des mises diminué des frais du billard.

Outre les règles particulières que nous venons d'énoncer, toutes les parties sont soumises à des règles générales dont voici les principales : Le joueur qui est en main doit pour jouer se tenir dans le billard, c'est-à-dire que ni ses pieds ni son corps ne doivent dépasser les grandes bandes. — En jouant, il faut toujours avoir au moins un pied sur le parquet. — Bille touchée, bille jouée. — On ne doit jamais arrêter une bille qui roule sur le tapis, etc.... Toute infraction à ces règles générales est ordinairement préjudiciable au joueur qui s'en rend coupable : ainsi, celui qui *billarde*, c'est-à-dire qui chasse deux billes d'un même coup, perd un point; il en est de même de celui qui touche à une bille arrêtée, etc.... Si le cas est douteux, s'il y a contestation entre les joueurs, un tribunal est là qui prononce sans appel... Ce tribunal, dont les arrêts sont toujours respectés, c'est la *galerie*.

BILLARD DU MONCEAU, trésorier général des postes, doit moins sa triste célébrité au hasard, qui le fit parrain de madame Dubarry, qu'à ses relations avec le fameux abbé Grisel, et à la sentence qui le condamna comme banqueroutier frauduleux. L'abbé Grisel, sous-pénitencier du chapitre de Paris et confesseur de l'archevêque, cachait, sous l'apparence d'une grande sévérité de mœurs et d'une fastueuse dévotion, une insatiable cupidité. Il était à la piste de tous les vieillards riches et dévots, et directeur titulaire de toutes les douairières opulentes ; il recevait des dépôts qu'il ne rendait jamais s'ils étaient considérables; il se ménageait une place dans tous les testaments de ses pénitents et pénitentes, non sous son nom, mais sous celui de son digne ami Billard. Ainsi, les legs n'étaient que des *fidéicommis*, et chaque fois l'officieux Billard se parjurait en justice. Le partage venait ensuite, à quelques exceptions près; car si le legs était d'une quotité trop séduisante, le prête-nom éprouvait des scrupules, et gardait tout. L'autorité fut informée ; une pareille spéculation devait faire naître les plaintes des héritiers légitimes. L'association fut rompue, et l'abbé Grisel emprisonné. Soit que cette découverte eût fixé l'attention des fermiers généraux sur la gestion du caissier général des postes, soit toute autre cause, Billard du Monceau fut arrêté bientôt après l'abbé Grisel. Ses registres furent examinés, et il résulta de l'examen de ses livres et de sa caisse la preuve d'une soustraction de plusieurs millions.

Billard du Monceau ne témoigna ni surprise ni crainte; sa réputation de piété était bien établie, et la protection de sa filleule, favorite déclarée, ne pouvait lui manquer. Il entendait chaque jour une ou plusieurs messes à sa paroisse, et communiait tous les deux jours. Rien de plus curieux que le mémoire justificatif qu'il rédigea lui-même, et que tout Paris voulut lire. C'est lui seul qui parle; il n'invoque point de texte de loi, il n'élève aucune question d'irrégularité de procédure ou d'incompétence ; il ne met en avant aucun avis de jurisconsulte, il convient tout bonnement des soustractions qui lui sont reprochées. Ses aveux se confondent avec des citations des saintes Écritures et des décisions de casuistes; il trace un tableau peu édifiant des mœurs des fermiers généraux, ses chefs ; il déplore l'emploi qu'ils font de leurs énormes bénéfices, dont ils prodiguent la plus grande partie à des prostituées et à leurs passions pour les pompes et les vanités du monde. Il en conclut que s'il leur a soustrait des sommes considérables, c'est pour le bien des pauvres, pour consacrer à des œuvres pies une partie de l'or que ces grands pécheurs auraient employé en œuvres du démon. C'était sur de pareils arguments qu'il fondait la preuve de son innocence. Il n'avait, disait-il, cru devoir prendre aucune précaution pour cacher ses soustractions, le plus léger examen de ses écritures suffisait pour s'en convaincre ; et si MM. les fermiers généraux ne les avaient pas découvertes plus tôt, c'était sans doute parce que la Providence les avait frappés d'imprévoyance et d'aveuglement. Ces erreurs si *claires* se renouvelaient chaque jour depuis plusieurs années. Il en inférait « qu'il pouvait à bon droit se regarder comme étant sous la garde de Dieu ».

Le prince de Conti avait fait le pari que Billard ne serait point pendu, ni même condamné à une peine quelconque. Il le perdit. Le vol était si énorme, si évident ; le procès avait eu une si grande publicité, que madame Dubarry ne put sauver Billard; le chancelier lui-même, qui lui était tout dévoué, n'osa pas soustraire le coupable ni arrêter le cours de la justice. Billard fut condamné au pilori et au bannissement. « Le fameux banqueroutier Billard, écrivait madame du Deffant, a été au pilori à la Grève, une seule fois, pendant deux heures, avec un écriteau : *Banqueroutier frauduleux, commis infidèle*. Il était en bas de soie, en habit noir, bien frisé, bien poudré. Quand le bourreau vint le chercher à la Conciergerie, il voulut l'embrasser, l'appela son frère, le remercia de ce qu'il lui ouvrait la porte du ciel, bénit Dieu de son humiliation, et récita des psaumes tant qu'il resta au carcan. Il fut conduit après hors de Paris; et comme sa sentence porte le bannissement, on ne doute pas qu'il n'aille à Rome auprès du général des jésuites ; et comme sa banqueroute est de cinq millions, il aura eu la précaution de faire passer des fonds dans les pays étrangers. Il aurait été juste de le condamner aux galères. »

Les prévisions de madame du Deffant se réalisèrent. Une berline bien attelée attendait Billard du Monceau à la barrière; il prit la route de Rome. Il était jésuite de robe courte; il soutint son rôle jusqu'à la fin. Il avait été arrêté et mené à la Bastille le 17 décembre 1769; il y resta jusqu'au 18 février 1772, époque où il fut transféré à la Conciergerie, pour de là être conduit au pilori. L'abbé Grisel avait été plus heureux : il en fut quitte pour quelques mois de séjour à la Bastille.
DUFEY (de l'Yonne).

BILLARDIÈRE, genre de plantes de la famille des pittosporacées, institué par Smith, en l'honneur de La Billardière, auteur du *Novæ Hollandiæ Plantarum Specimen*.

Introduite en France il y a vingt-cinq à trente ans, dans nos collections de plantes de serre tempérée, la *billardière sarmenteuse* (billardiera scandens) y fut accueillie avec empressement, ainsi qu'un grand nombre de végétaux de la Nouvelle-Hollande, parce que ces plantes sont la plupart remarquables par leurs formes, la beauté de leurs fleurs, la singularité de leur feuillage, et, pour parler d'une manière générale, par leur ensemble, qui a peu d'analogie avec nos végétaux de France et même de l'Europe entière. La billardière sarmenteuse est ligneuse, grimpante, et acquiert 60 à 95 centimètres de hauteur ; ses rameaux sont grêles, ses feuilles dentées, velues et ovales, ses fleurs, tirant sur le jaune, sont remarquables par leurs longs pétales, qui, quoique divisés profondément, donnent par leur rapprochement une disposition tubuleuse à cette fleur, de forme, de couleur et d'un aspect réellement peu communs. Ses fruits inclinés et tombants, sont charnus et de forme oblongue.

On voit encore dans les collections de plantes de choix pour la serre tempérée la *billardière variable* (billardiera mutabilis), également originaire de l'Océanie, moins forte dans toutes ses parties que la précédente, et néanmoins fort recherchée par les amateurs.

Les billardières, étant originaires de l'une des parties froides de la Nouvelle-Hollande (le cap *Van-Diemen*), pourront sans doute, ainsi que les autres plantes qui ont été rapportées de ce point de l'Océanie, être cultivées un jour en pleine terre en France.

Les billardières se multiplient par boutures et par leurs graines ; on les tient en pot comme l'oranger : la terre qui leur convient le plus est celle de bruyère, ou toute autre terre douce et légère. C. TOLLARD aîné.

BILLAUD-VARENNES (JEAN-NICOLAS), né à La Rochelle, en 1760, et fils d'un avocat de cette ville, fut destiné de bonne heure à l'état ecclésiastique ; il fit partie de la congrégation de l'Oratoire, et devint professeur au collége de Juilly ; mais, son goût pour le théâtre lui ayant fait perdre sa place, il vint à Paris à l'âge de vingt-cinq ans, et fut reçu avocat au parlement de cette ville. Il épousa quelque temps après une fille naturelle de M. de Verdun, fermier général. Il avait fait une étude approfondie de notre histoire et de notre droit public ; et avant l'ouverture des états généraux il avait manifesté hautement son ardent amour pour la liberté et son horreur pour tous les genres de tyrannie.

Son premier ouvrage ne fut pas point, comme on l'a dit et répété dans toutes les biographies, un pamphlet éphémère, une diatribe fugitive passionnée, mais un grand tableau historique des révolutions dont la France avait été le théâtre depuis l'origine de la monarchie. Cet ouvrage, en 3 vol. in-8°, est intitulé : *Despotisme du Ministère de France, ou Exposition des principes et moyens employés par l'aristocratie pour mettre la France dans les fers* (Amsterdam, 1789). Son nom n'est indiqué que par les initiales B. V. Mais Billaud-Varennes a depuis déchiré le voile de l'anonyme, dont il avait cru devoir s'envelopper en 1789. Cet ouvrage, écrit sous l'influence d'une conviction profonde et de la plus vive irritation, se faisait remarquer par l'énergie du style et par une rare érudition. L'auteur ne raconte point, il ne discute point ; mais ses attaques ne portent que sur les ministres qui avaient abusé de l'autorité que les rois leur avaient confiée.

Voilà dans quelles dispositions la révolution trouva Billaud-Varennes. Il soutint d'abord les mêmes doctrines ; il montra la même indépendance d'opinion et de caractère à la tribune de la société des Amis de la Constitution, si connue depuis sous le nom de Société des Jacobins, où il fut admis dès l'origine. Il prit une part très-active à l'insurrection du 10 août. On lui a même reproché de s'être associé aux auteurs des massacres des 2 et 3 septembre.

Dans les derniers jours de l'orageuse session de l'Assemblée législative, il fut envoyé en mission dans les départements ; il ne dépendit pas de lui que les habitants et la municipalité de Châlons ne devinssent l'objet de mesures sévères et terribles de la part de l'Assemblée et de la municipalité de Paris. Il fut à cette époque élu substitut du procureur de la commune. Billaud-Varennes dut son élection à la part qu'il avait prise à l'insurrection du 10 août. Il était membre du club qui siégeait alors à l'ancien hôtel Soubise, occupé maintenant par l'Imprimerie nationale. Ce club eut une très-grande influence sur les élections des députés à la Convention. Les Girondins étaient en majorité au club des Jacobins, qui avait alors une couleur républicaine moins prononcée que le club des Cordeliers. Il était facile de prévoir les conséquences de l'ascendant de la commune de Paris sur l'Assemblée nationale et sur les départements. La nouvelle municipalité de Paris s'arrogea une véritable et toute-puissante dictature. Les Fédéralistes ou Girondins et les Montagnards se dessinèrent dès les premières séances de la Convention. Billaud, député de Paris, et membre de cette municipalité, appelée *Commune du 10 août*, appartenait par sa position, ses relations et ses doctrines politiques, au parti des Montagnards. Une nouvelle carrière s'ouvrait devant lui, il s'y jeta corps et âme ; c'était l'homme des partis extrêmes.

En 1789 il s'était prononcé avec la plus véhémente énergie contre l'arbitraire ministériel ; député à la Convention, il se constitua l'accusateur des rois et de la royauté. Mais dans cette seconde période de sa vie politique, comme dans la première, il ne parlait et n'agissait que par conviction ; il ne voyait de moyen possible pour consolider la liberté que dans la destruction de tout ce qui pouvait lui faire obstacle. Il n'était arrêté dans ses actions par aucune considération, même d'intérêt personnel.

Dans le procès de Louis XVI il proposa, le 13 décembre 1792, d'ajouter à l'acte d'accusation présenté par Barrère l'article suivant : « La nation t'accuse d'avoir fait prêter aux Suisses, dans la matinée du 10 août, le serment de soutenir ta puissance. La nation t'accuse d'avoir établi au château des Tuileries un bureau central, composé de plusieurs juges de paix, où se fomentaient tes desseins criminels. La nation t'accuse d'avoir donné ordre à Mandat, commandant de la garde nationale, de tirer sur le peuple par derrière, quand il serait entré dans les cours du château. Enfin, la nation te reproche l'arrestation du maire de Paris dans l'intérieur du château, pendant la nuit du 9 août. »

La Convention ayant, malgré son opposition, décidé que toutes les pièces dont Louis XVI pourrait avoir besoin pour sa défense lui seraient remises, et qu'il lui serait permis de choisir ses défenseurs, Billaud-Varennes *s'indigna* de ces formes dilatoires, s'emporta contre ceux qui en avaient appuyé la proposition, et qu'il qualifiait *d'amis du tyran*, et termina son impétueuse harangue en proposant de briser la statue de Brutus, placée dans la salle des séances. « Cet illustre Romain, s'écriait-il, n'a pas balancé à détruire un tyran, et la Convention ajourne la justice du peuple contre un roi ! » Il s'opposa avec la même véhémence à l'appel au peuple, et demanda si dans le cas où le *ridicule appel* serait prononcé, les Français des Grandes-Indes, de l'Amérique et des îles seraient aussi convoqués pour prononcer sur cet appel, comme faisant partie du gouvernement français. Il vota en ces termes : « La mort dans les vingt-quatre heures. »

La Convention hésitait à livrer à la publicité les pièces relatives à la trahison de Dumouriez ; Billaud s'écria qu'il ne fallait rien cacher au peuple : « C'est à la nouvelle de la prise de Verdun qu'il s'est levé et qu'il a sauvé la patrie. » Le décret qui instituait le tribunal révolutionnaire était à peine adopté que Billaud-Varennes n'hésita pas à témoigner ses craintes sur le pouvoir exorbitant et vraiment arbitraire conféré à cette redoutable juridiction. Il pensa que les accusés auraient une puissante garantie dans les jurés s'ils étaient choisis par tous les départements de la république, et souvent renouvelés. Sa proposition fut rejetée ; les jurés furent choisis dans le département de la Seine et les quatre départements les plus voisins de la capitale, et la Convention s'en attribua la nomination. La liste fut arrêtée les 14 et 15 mars 1793. Ces jurés devaient rester en fonctions jusqu'au 1er mai seulement. A cette époque la Convention devait procéder à leur remplacement en choisissant leurs successeurs dans tous les départements. Des décrets ultérieurs étendirent les attributions de ce tribunal. Le jour même où Billaud-Varennes proposait un jury départemental, il dénonçait à la Convention Clavière, ministre des finances, et le fameux Fournier l'Américain. Il signala celui-ci comme le provocateur et le chef de toutes les émeutes populaires, et l'autre comme son complice. Il était impossible de réunir dans une même accusation deux hommes plus opposés de caractère et d'opinion, et entre lesquels il ne pouvait y avoir aucun rapport.

Billaud-Varennes, envoyé en mission dans le département d'Ille-et-Vilaine, ne se fit point illusion sur le caractère, les forces et l'intensité de cette déplorable guerre de la Vendée, sur l'insuffisance des moyens adoptés pour en arrêter les progrès ; il se hâta de transmettre à la Convention le résultat de ses observations, et réclama avec instance l'envoi de nouvelles forces. Sa réclamation n'obtint aucun succès,

14.

et, convaincu de l'impuissance des moyens mis à sa disposition pour remplir sa mission, il revint s'asseoir à l'Assemblée, pour lui rendre, disait-il, son énergie républicaine.

Le 17 mai le conseil exécutif déposa sur le bureau de la Convention un travail sur l'organisation des états-majors. Billaud adressa les plus vifs reproches au conseil sur la présentation de plusieurs officiers généraux ; il déclara ne vouloir prendre aucune part à une délibération qui aurait pour objet la nomination des généraux Custine et Houchard au commandement en chef des armées du Nord et du Rhin. Le 27 du même mois il soutint avec la même acrimonie son opposition : il accusa formellement le général Custine d'avoir fait battre 30,000 Français par 6,000 ennemis.

La journée du 31 mai 1793 occupe une grande place dans les fastes de la Convention nationale. Les deux partis qui la divisaient ont cessé de s'observer ; le combat s'engage, et c'est un combat à outrance : d'un côté, les Girondins, sans autre appui leurs talents et leur courage ; de l'autre, la Montagne avec ses doctrines radicales, son audace, et l'immense pouvoir de la Commune de Paris et des sections armées. Lanjuinais se prononça contre la Commune et ses partisans, contre ce qu'on appelait déjà la révolution du 31 mai, à l'instant où elle ne faisait qu'éprouver ses forces. Billaud répondit à Lanjuinais par une accusation ; il lui reprocha d'avoir favorisé le parti de la contre-révolution à Rennes, et d'avoir protégé ouvertement les royalistes de cette ville. Il proposa le lendemain l'accusation des députés de la Gironde et de leurs partisans, et le renvoi de sa motion au comité de salut public pour faire, séance tenante, le rapport d'une pétition des *autorités* révolutionnaires de Paris, qui proposaient diverses mesures de salut public. La pétition se terminait en ces termes : « Citoyens, le peuple est las d'ajourner sans cesse l'instant de son bonheur ; il laisse encore un moment entre vos mains : sauvez-le, ou nous vous déclarons qu'il va se sauver lui-même. »

Billaud-Varennes avait considéré le gouvernement révolutionnaire « comme moyen nécessaire pour comprimer tous les partis opposés au système démocratique ». Il combattait avec la même violence tous ceux qui, par la modération ou l'exagération de leurs opinions politiques, pouvaient compromettre le succès de la révolution du 10 août. Il s'éleva avec le sentiment de la plus vive indignation contre les doctrines anarchiques de Jacques Roux, à l'occasion d'une adresse contre les riches. Il renouvela le 15 juillet ses attaques contre les Girondins, et fit décider leur mise en jugement. Le lendemain il fit comprendre dans la même accusation Polverel et Santonax, par le seul motif qu'ils étaient partisans de Brissot. Quinze jours après il partit en mission pour les départements du Nord et du Pas-de-Calais. La guerre civile ensanglantait les départements de l'Ouest ; de nombreuses armées ennemies menaçaient ceux du Nord. Billaud se hâta de revenir à Paris, et, après avoir exposé le tableau des dangers qui menaçaient l'indépendance nationale, il proposa de faire marcher vers le nord toutes les troupes de l'intérieur, et de mettre en réquisition tous les Français depuis l'âge de vingt ans jusqu'à celui de trente. Le 25 décembre quelques sections de Paris demandèrent la formation d'une armée révolutionnaire ; il appuya leur pétition, et fit révoquer le décret qui défendait les visites domiciliaires pendant la nuit. Un décret d'accusation fut rendu le même jour contre les ministres Clavière et Lebrun. « Il faut, disait-il, que le tribunal révolutionnaire les juge, toute affaire cessante, et qu'ils périssent avant huit jours. Lorsque leurs têtes seront tombées, ainsi que celle de Marie-Antoinette, dites aux puissances coalisées contre vous qu'un seul fil retient le fer suspendu sur la tête du fils du tyran, et que si elles font un pas de plus, il sera la première victime du peuple. »

Il fut le même jour nommé président de la Convention.

Le comité de salut public se vit presque entièrement renouvelé le 23 frimaire de l'an II. Billaud fut élu, et ne cessa d'en faire partie qu'un mois après le 9 thermidor. Alors qu'il y siégeait encore, il fut accusé. Avant cette époque il avait été obligé de défendre ce même comité contre les attaques dont il était l'objet, et qu'il attribuait aux ennemis de la république.

C'était Billaud-Varennes qui avait proposé l'établissement d'un tribunal criminel extraordinaire. Il demanda que ce tribunal prit le nom de *révolutionnaire*. Nous avons dit plus haut les modifications qu'il proposa ensuite de faire à cette institution. Le gouvernement conventionnel de la république ne devait être d'abord que provisoire ; il fut déclaré permanent jusqu'à la paix générale. Billaud-Varennes s'opposa à ce que le comité de salut public prît le nom de *comité de gouvernement*. « C'est la Convention, disait-il, qui seule doit gouverner. » Il fit décréter en nivôse an II que tout général ou fournisseur condamné serait exécuté à la tête des armées. Le 2 pluviôse, anniversaire de la mort de Louis XVI, il fit décréter que la Convention assisterait en corps à la fête de l'abolition de la royauté. Il s'était séparé de Danton dès qu'il l'avait soupçonné de vouloir substituer un nouveau patriciat à l'ancienne noblesse. Le système d'Hébert ne lui parut pas moins dangereux, et il se rendit l'accusateur de ce parti. Nul ne proposa plus d'accusations.

Vilatte, dans ses *Révélations sur les causes secrètes du 9 thermidor*, peint Billaud-Varennes « bilieux, inquiet et faux, pétri d'hypocrisie monacale, se laissant pénétrer par ses efforts mêmes à se rendre impénétrable, ayant toute la lenteur du crime qui médite et l'énergie concentrée pour le commettre.... Son ambition, ajoute-t-il, ne peut souffrir de rivaux : il est morne, silencieux ; ses regards sont vacillants et convulsifs, il marche comme à la dérobée ; sa figure, au teint pâle, froide, sinistre, montre les symptômes d'un esprit aliéné. » Ce portrait est-il aussi fidèle que hideux ? L'histoire a prononcé. Billaud-Varennes disait de la tragédie de *Timoléon* : « Elle ne vaut rien, elle n'aura pas l'honneur de la représentation. Qu'entend Chénier par ce vers contre-révolutionnaire :

N'est-on jamais tyran qu'avec un diadème ? »

En littérature comme en politique, Billaud-Varennes avait toujours une opinion tranchée. Il croyait sans doute que l'auteur faisait allusion à Robespierre, et alors Robespierre était pour Billaud-Varennes la personnification de toutes les vertus politiques. Billaud-Varennes, en provoquant des mesures terribles, ne s'est-il pas peint lui-même dans ces phrases : « Le sommeil est passé ; le lion n'est pas mort parce qu'il dort ; le moment où il s'éveille est celui où il étrangle et déchire ses victimes ! » Quel sens attachait-il au mot *acéphalocratie*, qu'il avait écrit et placé en tête d'un ouvrage sur la félicité publique, qu'il publia en 1791 ? Les utopies de Billaud-Varennes ne se présentaient point sous une forme séduisante ; sa philanthropie était effrayante.

Robespierre, qui jusqu'à l'époque de la fête de l'Être suprême avait suivi avec la plus grande exactitude les séances de la Convention et des Jacobins, n'y montrait plus que rarement ; il cessa tout à fait d'y paraître. Ce changement de conduite fixa l'attention de ses collègues du comité de salut public. Leur confiance fut ébranlée. Enfin, il rompit le silence le 8 thermidor. Cette brusque réapparition après une longue absence, la manifeste menaçant après un silence d'un mois, ne permettaient plus d'incertitude sur les nouveaux projets de Robespierre, de Saint-Just et de Couthon. De nouvelles proscriptions menaçaient les autres membres du comité et la Convention elle-même. Mais dès le 22 floréal précédent Billaud-Varennes avait rompu avec Robespierre ; il lui reprochait vivement d'avoir proposé à la Convention, au nom du comité, un projet de décret sur lequel il n'avait pas même été consulté. Robespierre s'était excusé sur ce que jusque alors *tout s'était fait de confiance, et qu'il avait cru pouvoir agir seul avec Couthon.* Billaud-Varennes, après lui avoir rappelé que jamais aucune mesure, en matière grave n'avait été proposée à l'Assemblée qu'après avoir été soumise aux délibérations du comité et approuvée par la majorité de ses membres, ajoutait : « Le jour où un membre du comité se permettra de présenter seul un décret à la Convention, il n'y aura plus de liberté, il n'y aura plus l'opinion de plusieurs, comme dans les pays libres, mais la volonté d'un seul, pour proposer la législation. » La discussion continua, et Robespierre, ne se sentant plus soutenu par la majorité du comité, entra dans une véritable fureur. Cette séance devait être le signal d'une crise prochaine.

Une dernière scène, plus vive, plus passionnée, plus décisive, se passa au comité de salut public dans la nuit du 8 au 9 thermidor. Le 8 Robespierre avait prononcé à la Convention le discours de *rentrée*, qui annonçait de nouvelles proscriptions; il l'avait répété le soir à la séance des Jacobins. Saint-Just était resté au comité jusqu'à minuit et demi; il avait beaucoup parlé d'un rapport qu'il devait faire le lendemain; il avait promis à ses collègues de le leur communiquer avant la séance, et il était sorti après avoir échangé des paroles vives avec Carnot et les autres membres qui restèrent en permanence. Ils délibéraient et travaillaient encore le matin, lorsque Couthon entra, et un instant après un huissier lui remit un billet de Saint-Just ainsi conçu : « L'injustice a fermé mon cœur; je vais l'ouvrir tout entier à la Convention. » On veut garder ce billet, Couthon le déchire, et sort. Ruhl se lève : « Allons, dit-il à ses collègues, allons démasquer ces scélérats, ou présenter nos têtes à la Convention. » Saint-Just n'avait encore prononcé que les premières phrases de son discours; il est interrompu par Billaud-Varennes, il ne peut continuer. On a cru ce discours perdu : Saint-Just avait laissé le manuscrit à la tribune; il a été publié dans un recueil de l'époque. Saint-Just y accusait tous ses collègues du comité et beaucoup d'autres membres de la Convention. Voici le passage relatif à Billaud, qu'il plaçait sur la même ligne que Collot-d'Herbois : « Collot et Billaud prennent peu de part depuis quelque temps aux délibérations; ils paraissent livrés à des intérêts et des vues plus particulières. Billaud assiste à toutes les séances sans parler, à moins que ce ne soit dans le sens de ses passions, ou contre Paris, contre le tribunal révolutionnaire, contre les hommes dont il paraît souhaiter la perte. Je me plains de ce que lorsqu'on délibère il ferme les yeux et feint de dormir, comme si son attention se concentrait sur d'autres objets. A sa conduite taciturne a succédé l'inquiétude depuis quelques jours. » Il rappelle ensuite que lorsque les premiers bruits de dictature commencèrent à circuler, Billaud avait dit à Robespierre : « Nous sommes tes amis, nous avons toujours marché ensemble », et que la veille il l'avait traité de Pisistrate; il concluait de ces contradictions que Billaud-Varennes conspirait pour un nouvel ordre de choses, et cherchait à faire perdre aux plus ardents défenseurs de la république leur popularité. C'était, selon Saint-Just, un système de diffamation imaginé pour concentrer dans les mains de deux ou trois hommes tous les pouvoirs du comité. « Car, ajoutait-il, en même temps que Billaud-Varennes et Collot-d'Herbois ont conduit le plan, ils ont manifesté depuis quelque temps leur haine contre les Jacobins; ils ont cessé de les fréquenter. »

Billaud-Varennes fut un des premiers qui accusèrent Robespierre dans la séance du 9 t h e r m i d o r. Six jours après il donna sa démission de membre du comité de salut public, et le 16 fructidor il fut, ainsi que Collot-d'Herbois, Barrère, Vadier, Amar, Vouland et David, dénoncé à la Convention nationale par le comité de Versailles, comme complice de Robespierre. Un décret déclara que sa conduite avait été conforme au vœu national. Une autre accusation fut peu de temps après portée contre lui à la tribune de la Convention par Legendre; elle fut écartée par un ordre du jour. Billaud-Varennes ne tarda pas à se convaincre que le parti de la contre-révolution s'était emparé des résultats de la journée du 9 thermidor pour l'exploiter à son profit. La réaction en était venue au point de ne plus dissimuler ses projets. Billaud-Varennes n'avait point cessé de se rendre aux séances des Jacobins. Son silence depuis le 9 thermidor avait été remarqué; il le rompit enfin le 14 brumaire an III (4 novembre 1794). Il retraça sous les plus sombres couleurs le tableau des progrès de la contre-révolution. « Le lion que l'on croit mort, dit-il, n'est qu'endormi; il est temps qu'il se réveille, qu'il se précipite sur ses ennemis, qu'il les déchire; le temps est venu d'écraser les ennemis de la république. » Son discours produisit la plus vive sensation. Le lendemain il fut accusé à la tribune d'avoir provoqué une insurrection contre la Convention nationale. Il ne rétracta pas ses paroles de la veille. Bentabole le somma de s'expliquer sur cette expression, *le réveil du lion*. Billaud éluda la question en se jetant dans les généralités. Il lutta encore quelque temps contre ses infatigables adversaires, et succomba enfin. Il fut condamné à la déportation, ainsi que Collot-d'Herbois, Barrère et Vadier, sur le rapport de Saladin, au nom de la commission des vingt-et-un, le 12 germinal an III (1er avril 1795). Il fut arrêté le lendemain, et conduit avec Barrère et Collot-d'Herbois au château de Ham, et ensuite à l'île d'Oléron. Vadier s'était soustrait par la fuite au décret. L'ordre d'embarquer les autres pour Cayenne fut expédié. Barrère était malade, il ne partit point. Le navire qui transportait Billaud-Varennes et Collot-d'Herbois était à peine en pleine mer, qu'un autre décret rendu dans l'orageuse séance du 1er prairial, et qui rappelait les déportés, parvint à Oléron. Il était trop tard. Les deux bannis arrivèrent à leur destination. Le nouveau décret ne les aurait pas rendus immédiatement à la liberté; ils devaient, ainsi que Barrère, être traduits devant le tribunal de la Charente-Inférieure pour y être jugés.

Arrivé à Cayenne, Billaud-Varennes fut envoyé dans l'intérieur du pays, et séparé de Collot-d'Herbois, qui mourut bientôt après. Quant à lui, il était encore à Sinnamari quand les déportés du 18 fructidor arrivèrent. On conçoit que les nouveaux prisonniers n'aient pas voulu se lier avec Billaud-Varennes; cependant la conformité de malheur aurait dû, sinon détruire, du moins modérer leur antipathie. L'abbé Brottier, qui dans une opinion toute à fait opposée montrait la même exaltation, se rapprocha de Billaud-Varennes, et bientôt une liaison intime s'établit entre le fougueux *Jacobin* et le fanatique défenseur de la royauté absolue.

On a publié en 1823 deux volumes in-8°, intitulés *Mémoires de Billaud-Varennes*; il en résulte qu'il aurait parcouru en missionnaire religieux et politique l'Amérique du Sud et les Antilles, et qu'il aurait pris une part très-active aux révolutions de l'Amérique méridionale et de Saint-Domingue. L'éditeur de ces mémoires, évidemment apocryphes, donne quelques fragments d'une lettre que lui aurait écrite l'abbé Grégoire, et cite un soi-disant ouvrage de Billaud-Varennes intitulé : *Question du droit des gens : Les républicains d'Haïti possédent-ils les conditions requises pour obtenir la ratification de leur indépendance? Par un observateur philosophe. Au Port-au-Prince*, 1818, *an XV de l'indépendance*). Pendant le cours de la révolution française Billaud-Varennes avait publié : 1° *Plus de ministres, ou Point de grâce; avertissement donné aux patriotes français et justifié par quelques circonstances de l'affaire de Nancy* (1790); 2° *le Dernier Coup porté aux préjugés et à la superstition* (1790); 3° *le Peintre politique, ou Tarif des opérations actuelles* (1790); 4° *l'Acéphalocratie, ou le Gouvernement fédératif démontré le meilleur de tous* (1791); 5° *Éléments du républica-*

nisme (1793). On reproche avec raison à Billaud-Varennes un style emphatique et boursouflé et un grand luxe de métaphores. Des pensées souvent justes jaillissent quelquefois de ce chaos ; ces défauts sont moins sensibles dans son premier ouvrage que dans ceux qui l'ont suivi. C'était le style obligé de la polémique de l'époque. Il avait dans sa jeunesse cultivé la poésie.   DUFEY (de l'Yonne).

Six ans s'étaient écoulés depuis que Billaud-Varennes supportait son exil en véritable Romain, lorsque je le vis à Cayenne, où je servais en qualité d'aide de camp du gouverneur de cette colonie. L'amnistie qui rendit la liberté à tous les déportés me fournit l'occasion de connaître ses sentiments et la fermeté de son caractère. Le gouverneur me dicta la lettre dans laquelle il annonçait à cet ancien membre du Comité de salut public que l'arrêté des consuls faisait cesser sa déportation et qu'il pouvait retourner dans sa patrie. J'allai moi-même porter ce message à Dorvilliers, petite habitation qui avait appartenu à un ancien gouverneur, et qui, restée sous le séquestre comme bien d'émigré, venait d'être affermée à Billaud. Elle était située sur la pente d'une belle montagne, dont la mer baigne le pied dans le quartier connu sous le nom de la Côte. Je le trouvai sous la galerie de sa petite maison sans étage, couché dans son hamac. Il se leva, vint à moi, et, avec la politesse qui lui était familière, me demanda ce qui lui procurait l'honneur de ma visite. « La fin de votre exil, » lui dis-je avec émotion ; et lui remettant la lettre, j'y ajoutai les félicitations du gouverneur et les miennes.

Billaud-Varennes prit la dépêche ; un sourire glissa sur ses lèvres, mais ce n'était pas un sourire de joie ; il me pria de me reposer dans son hamac, et lut lentement sans que je pusse reconnaître en lui le moindre émotion. Il était d'une haute stature ; sa figure large et pâle ne révélait son âme énergique par aucun signe extérieur. Sa physionomie était pleine de douceur ; il portait une perruque rousse, taillée à la jacobin. Son accent, ses manières, annonçaient de l'affabilité et une distinction que son costume, plus que simple, ne pouvait effacer. Un pantalon, une veste de toile grossière, un chapeau à larges bords, de gros souliers, tel était le costume du Spartiate. Il vivait paisiblement dans sa solitude. Les faibles produits de l'habitation suffisaient à ses besoins. Le hamac était le seul meuble de la galerie ; une table de sapin et trois chaises à moitié dépaillées composaient le mobilier de la pièce intérieure de cette maison, occupée par un des oligarques qui avaient gouverné la France. Sans me dire un seul mot sur le sujet de ma mission, il me pria d'accepter un verre de punch et de lui permettre d'aller répondre à la lettre obligeante du gouverneur. Pendant ce temps je visitai l'habitation ; et lorsque je rentrai, Billaud-Varennes me remit avec gravité sa réponse, sans me laisser rien soupçonner de son contenu. Je courus près du gouverneur. Celui-ci connaissait notre Romain ; il prit la lettre avec empressement, la lut, et me la remit en me disant : « Je m'y attendais. » Billaud s'exprimait à peu près ainsi dans quelques lignes tracées d'une main ferme : « Je sais, par l'histoire, que les consuls romains tenaient du peuple certains droits ; mais le droit de faire grâce, que s'arrogent les consuls français, n'ayant pas été puisé à la même source, je ne puis accepter l'amnistie qu'ils prétendent m'accorder. »

Ce refus, d'ailleurs, ne changea rien à la position du déporté. Depuis l'arrivée de V. Hugues, il jouissait d'une complète liberté et se voyait traité avec tous les égards qu'il méritait. Il était parti de France sans ressources ; quelques colons le soutinrent dans sa détresse, il lui fallait si peu de chose ! Il se suffit à lui-même par son travail quand il eut affermé Dorvilliers. Peu de temps après, il éprouva un changement favorable dans sa fortune ; son père mourut à La Rochelle, en lui laissant 30,000 francs. Dès ce moment il put jouir de la vie indépendante qu'il désirait. Du reste, Billaud était considéré à Cayenne comme citoyen français ; il y jouissait de ses droits civils, et y acheta une petite habitation avec huit nègres et négresses sur le bord de la rivière du Tour de l'Ile. Des esclaves à un ancien membre du comité de salut public ! quelle contradiction !

La situation de cette propriété était fort agréable. Billaud y construisit une demeure commode, et l'entoura de belles allées. Il choisit pour culture le girofle, et pour principale industrie l'élève du bétail.

Mon habitation était limitrophe de la sienne, et nous nous visitions quelquefois. Je le trouvais toujours au travail, tantôt l'herminette ou le ciseau de charpentier à la main, plantant les bois de sa maison, creusant les mortaises, sciant les tenons, tantôt ralliant son troupeau ou fouillant des trous pour ses plantations.

Un profond chagrin pesait néanmoins sur le cœur de Billaud. Après sa condamnation, sa jeune femme, qu'il avait adorée, et qu'il aimait peut-être encore, profitant de la loi du divorce, s'était remariée. Embarqué en 1806 sur le Vétéran, que commandait Jérôme Bonaparte, je suivis le prince à Paris. J'étais lié avec un chef de division du ministère des finances, qui m'invita à dîner, en me disant que je trouverais chez lui Prieur (de la Marne) et une dame qui désirait faire ma connaissance. Le mystère me fut expliqué tout de suite en apercevant au cou de cette dame un grand médaillon sur lequel étaient peints avec une ressemblance frappante les traits de Billaud-Varennes. Je connaissais l'histoire de son divorce, et la beauté de madame Billaud justifiait à mes yeux la passion qu'elle avait inspirée à son mari. Elle vit bien que le portrait lui épargnait la moitié de sa confidence, et, s'adressant à moi sans embarras, elle me dit : « Vous savez qui je suis, monsieur, et vous reconnaissez les traits de mon compagnon de campagne ? — Oui, madame. — Mais cette perruque rouge, la porte-t-il toujours ? — Oui, madame. — Mon Dieu ! que cette manie est bizarre, et combien elle lui a fait de tort ! Sa physionomie, naturellement douce, en a été changée. Vous allez le revoir, monsieur : veuillez bien vous charger de cette lettre. Mais j'attends plus encore de votre obligeance : soyez mon avocat auprès de cet homme inflexible ; obtenez de lui qu'il me permette d'aller partager son exil, devenu volontaire. Toutes mes lettres restent sans réponse, et je n'ai cessé de lui écrire depuis que la mort de mon second mari m'a rendu la liberté. Je sais tout ce qu'a d'affreux le séjour de Cayenne, et surtout la solitude que M. Billaud s'est faite sur sa petite habitation ; mais je n'attends plus de bonheur que dans notre réconciliation. Qu'il se rappelle la position dans laquelle il m'a laissée : je n'avais que vingt ans, un nom terrible à porter, et aucune ressource pour les premiers besoins de la vie. Un homme âgé et riche, touché de cette position déplorable, m'offrit sa main. Je l'acceptai. Il est mort ; j'ai hérité de sa fortune ; je désire la consacrer à améliorer le sort de M. Billaud à Cayenne, et pour me réunir à lui j'adopterai aussi sa nouvelle patrie. »

Je ne doutai pas du succès de ma mission en admirant les beaux yeux de la jolie veuve. Bientôt le ministre de la marine me renvoya à Cayenne sur un bâtiment neutre. En route je perdis la lettre de madame Billaud. Arrivé dans la colonie, je profitai de mon premier moment de liberté pour courir chez mon ancien voisin m'excuser de mon étourderie et remplir au moins ma mission verbale. Mon accent révélait le plus vif intérêt. Billaud m'écouta avec attention, et je saisis des larmes dans ses yeux. Je crus au succès de ma démarche ; mais quand j'eus cessé de parler, l'homme inflexible me dit : « Ne regrettez pas la perte de cette lettre ; je l'aurais déchirée sans la lire... Il est des fautes irréparables. » Puis le calme reparut sur son visage, et il me mena voir les progrès de ses plantations. Il évita aussi de me parler des affaires publiques, et d'une patrie où il avait pourtant laissé un nom marquant.

Il continua de vivre ainsi retiré jusqu'en 1809, époque de

la conquête de Cayenne par les Portugais. L'intendant de cette nation, M. Da Costa, le voyait souvent, et s'aidait de ses conseils. Mais lorsque Billaud-Varennes apprit le retour des Bourbons et la prochaine arrivée de l'expédition qui venait reprendre la colonie, il vendit son habitation, alors en plein rapport et devenue délicieuse par ses soins; puis il partit pour le Port-au-Prince, où il est mort en 1819, protégé par Pétion, président d'Haïti. Le nouveau propriétaire de l'habitation de Billaud-Varennes transporta, plus tard, son établissement dans l'intérieur. Ce n'est plus qu'une ruine. Dans un pareil climat la nature a bientôt détruit l'œuvre des hommes : les lianes et la mousse ont couvert les arbres fruitiers ; de grandes herbes épineuses embarrassent les allées, les cours, les jardins; les termites enfin rongent les bâtiments en bois, et les font écrouler... Gal B. BERNARD.

BILLAULT (ADOLPHE-AUGUSTE-MARIE), président du Corps législatif, est né à Vannes (Morbihan), le 12 novembre 1805. Il avait vingt ans à peine quand, après avoir achevé son droit à Rennes, il vint en 1825 exercer auprès du tribunal de première instance de Nantes la profession d'avocat. Son talent le plaça de prime abord à la tête du barreau de cette ville, dont quelques années après il devenait bâtonnier. Jusqu'en 1830 il ne s'occupa que de sa profession ; mais, une ère nouvelle s'ouvrant dès lors pour lui comme pour la France, il sembla prévoir son avenir et se faire un plan de conduite qu'il n'a pas cessé de suivre avec une rare persévérance en étudiant tous les degrés de l'administration publique pour en connaître les ressorts. Élu successivement membre du conseil municipal à vingt-cinq ans, et membre du conseil général à vingt-sept, il prit à leurs travaux la part la plus active, publiant en même temps plusieurs écrits : 1° *Recherches historiques sur les voies de transport*; 2° *Considérations sur l'organisation de la commune en France*; 3° *De l'Éducation en France, et de ce qu'elle devrait être pour satisfaire aux besoins du pays*, brochures d'un style élégant et net, abondantes en idées ingénieuses, libérales et surtout pratiques.

M. Billault venait d'avoir trente ans quand arrivèrent les élections générales de 1837. Trois collèges le portaient à la fois. Élu au premier tour de scrutin à Nantes et à Ancenis, il allait l'être également à un deuxième scrutin à Paimbœuf, quand la nouvelle de sa double élection vint changer le vote. Arrivé à la Chambre, M. Billault eut de nombreux obstacles à vaincre. Son début ne fut pas heureux. La forme un peu déclamatoire de son débit, quelques habitudes de barreau dont il n'avait pu réussir à se dépouiller entièrement, nuisirent à son succès. Mais il n'en fut pas découragé ; il se transforma. Son discours de 1837 sur la corruption électorale fut généralement goûté ; et dès lors il commença à fournir au labeur parlementaire un énorme contingent de rapports et de discours.

On distinguait à cette époque à la Chambre des hommes spéciaux et des hommes politiques : M. Billault commença par être un homme spécial, non, comme on eût pu le croire, dans le droit, la législation, la jurisprudence, mais dans les relations commerciales et dans les travaux publics. Dès 1838 il était nommé membre et secrétaire de la grande commission chargée de la question des chemins de fer. En 1839 deux autres commissions lui confiaient leurs rapports ; il avait déjà conquis droit de cité dans ces matières. La même pensée présida aux actes de sa vie politique. Lorsque l'administration du 12 mai se forma, le ministre de la justice Teste lui proposa le secrétariat général de son département. Il refusa sans hésiter. A quoi lui eût servi de s'occuper du personnel de la magistrature? Quand le cabinet du 1er mars se constitua, il fut fortement question de confier à M. Billault le portefeuille du commerce et de l'agriculture. M. Gouin ne lui fut préféré qu'après beaucoup d'hésitation. On voulut du moins l'avoir pour sous-secrétaire d'État, et l'on créa pour lui cette place, qui disparut avec le ministère de M. Thiers.

Ces fonctions nouvelles fournirent à M. Billault une occasion précieuse de compléter ses études et d'entrer dans la pratique des affaires. Il fut bientôt chargé de préparer et de rédiger le traité avec la Hollande ; soutint comme commissaire du roi, à la session de 1840, la discussion de la loi sur les sucres, donna son assentiment à la proposition de créer des chambres consultatives d'agriculture, défendit enfin les projets de loi relatifs aux fortifications de Paris, aux tarifs de douanes de 1841, à la propriété des œuvres littéraires, et donna sa démission lorsque le cabinet du 1er mars se retira. L'année suivante il se fit inscrire au tableau des avocats de Paris.

Déjà sa position à la Chambre avait complètement changé de face. Absorbé jusque là dans des questions spéciales, il hasardait rarement quelques pas sur le terrain brûlant de la politique. Les uns n'accordaient à ses discours qu'une médiocre attention, les autres lui déniaient jusqu'à la possibilité d'aborder de plus graves débats. Il s'affranchit de cette réserve dans la discussion de l'adresse de 1841 ; sa place fut dès lors marquée parmi les orateurs politiques ; et tandis que M. Thiers se tenait davantage en réserve, M. Billault harcelait continuellement le ministère du 29 octobre : aussi fut-il bientôt de toutes les combinaisons qu'on imaginait pour le cas où le ministère Guizot viendrait à être renversé. Deux discussions appelèrent d'abord l'attention sur lui, la question du droit de visite et celle de l'adjonction de la seconde liste du jury à la liste électorale. Ses discours étaient toujours longs, diffus, prétentieux ; mais il y avait une apparence de science pratique, qui n'ébranlait pas la majorité assurément, mais qui faisait de M. Billault un membre obligé du futur ministère si une révolution n'était venue renverser le trône avec le cabinet.

C'est alors que Timon faisait de M. Billault ce portrait, certainement flatté : « M. Billault est le plus remarquable de tous les nouveaux orateurs. S'il était plus précis, il serait, comme un autre Phocion, la hache des discours de M. Guizot, cet avocat Démosthène. Tout avocat qui veut cueillir les palmes de l'éloquence politique ne doit plus aller au palais courir le mur mitoyen et la question d'État. M. Billault a autant de principes qu'un avocat en puisse avoir, et beaucoup plus dans tous les cas qu'il n'en faut pour un ministre de ce temps-ci ; lieutenant de M. Thiers, il aime à se divertir comme son général dans les pérégrinations de la mer et de la terre ferme.... Ce n'est pas que M. Billault ne puisse être un jour un très-productif ministre de n'importe quelle branche de revenu public. Il n'est gêné, du côté droit ni du côté gauche, par aucun précédent. Il a ses petites entrées au Louvre sans y être ni échanson ni panetier. Il jouit des bonnes grâces de l'opposition, sans qu'il lui faille approcher les doigts des charbons ardents du radicalisme. Il a la parole à foison, se porte en avant, bat en retraite, se jette sur les talus du chemin et revient au lancé avec la même prestesse d'évolution. Ces sortes d'éloquences, chauffées à une température moyenne, sont encore, après tout, celles qui réussissent le mieux dans nos serres du monopole. »

La Chambre fut dissoute. Aux élections générales qui suivirent, le 3e arrondissement de Paris, agité par M. Perrée, directeur du *Siècle*, le choisit pour son candidat, quoiqu'un autre collège lui assurât l'unanimité de ses suffrages. Mais M. Billault se crut enchaîné par les liens qui l'attachaient aux électeurs d'Ancenis, et il opta pour son département.

L'amiral Lalande, sentant les approches de la mort, ne voulut pas que les fruits de son expérience fussent perdus pour le pays ; il résolut de parler encore à la France du fond de son tombeau. Ce fut à M. Billault qu'il légua cette sainte mission, et M. Billault justifia complètement le choix de l'illustre amiral. A propos de la célèbre affaire Pritchard, il prononça encore plusieurs discours qui resteront comme l'expression la plus éloquente de l'indignation soulevée dans le pays par l'administration du 29 octobre. Enfin, parlant à toute occasion, on le vit faire des discours à propos de l'Espagne, de la Plata, du Mexique, etc., etc., et en 1846 il signalait « la corruption coulant à pleins bords, débordant dans le pays, couvrant toute la France, menaçant d'engloutir à jamais les institutions représentatives ».

Cette opposition constante ne l'empêcha pas cependant d'accepter la clientèle du domaine privé du duc d'Aumale, pour lequel il rédigeait des consultations, plaidait, et duquel il recevait, comme de raison, des honoraires. Il consentit aussi à être le conseil judiciaire d'une compagnie de chemin de fer; mais il réclama contre la qualification de député qu'on lui donnait dans les annonces, prétendant ingénieusement qu'il y avait deux hommes en lui : d'un côté l'avocat, de l'autre le député.

Comme M. Thiers, qui l'avait fait chevalier de la Légion d'Honneur en 1840, mais dont il ne fréquentait pas les réunions et auquel il tenait peu d'ailleurs dans les derniers temps de la monarchie, et bien différent en cela de M. Odilon Barrot, qui ne se mettait en avant que pour reculer plus tard, M. Billault ne paraît avoir pris aucune part aux banquets réformistes qui préparèrent la chute du trône de Louis-Philippe et l'inauguration de la république. Après la révolution de Février, le suffrage universel songea dans la Loire-Inférieure à acquitter la dette du suffrage censitaire envers M. Billault, et l'envoya à l'Assemblée constituante avec un contingent de près de 89,000 voix. Là il se sépara de M. Thiers, pour défendre le droit au travail; puis, après l'élection du président de la république, il se posa en successeur obligé du ministère O. Barrot, comme il s'était posé en successeur obligé de M. Guizot avant le 24 février. Et pourtant il ne fut pas élu à la Législative. Radicaux ou légitimistes, il fallait à cette époque des caractères plus tranchés aux Bretons. Le 8 juin 1850 M. Billault, pour faire acte de politique, défendit devant la cour d'assises de la Seine le journal républicain avancé L'Événement, prévenu d'avoir outragé l'Assemblée et le gouvernement en attaquant la majorité et les Burgraves, MM. Thiers, Montalembert, etc., à propos de la loi du 31 mai. La feuille radicale fut acquittée, bonheur qu'elle n'eut pas toujours depuis.

Vers la fin d'octobre 1851, le bruit se répandit que le prince Louis-Napoléon voulait revenir au suffrage universel. Son ministère, craignant, disait-on, une rupture avec la majorité, n'osait accepter la responsabilité du message. Le président dut chercher de nouveaux ministres. M. Billault fut appelé; mais sa mission ne put aboutir. L'opposition de certains journaux, présage d'une autre opposition dans l'Assemblée, le fit reculer. Après le coup d'État du 2 décembre M. Billault, candidat du gouvernement, fut élu à Nantes député au corps législatif, et le prince Louis-Napoléon lui a confié la présidence de cette assemblée délibérante, dont il a fait l'ouverture par un discours où, en rappelant à ses collègues les fonctions que leur confère la nouvelle constitution, il n'a pas craint de faire, sans y penser peut-être, la critique la plus sévère de sa vie parlementaire.

BILLAUT (Adam), généralement connu sous le nom de *Maître Adam*, poète français du dix-septième siècle, dont une chanson pleine de verve,

Aussitôt que la lumière
Vient redorer nos coteaux, etc.,

dérobera toujours le nom à l'oubli, naquit à Nevers, vers la fin du règne de Louis XIII, et mourut dans sa ville natale, le 19 mai 1662. Il exerçait la profession de menuisier; aussi les poètes ses contemporains le surnommèrent-ils *le Virgile au rabot*. C'est tout en maniant le rabot et la varlope, et au milieu des rudes travaux de son métier, qu'il composait des vers pour se distraire, demandant le plus ordinairement ses inspirations à la divine bouteille. Ses *Chevilles* (1644), son *Vilbrequin* (1653), obtinrent un grand succès, tant à cause de quelques vers vraiment heureux et d'un grand nombre de pensées ingénieuses qu'on y rencontre au milieu de beaucoup de fatras, que par la singularité qu'il y avait à cette époque à voir un homme occupé de travaux tout matériels, chercher des distractions dans la culture de la poésie. Le cardinal Richelieu crut s'honorer en accordant des pensions au modeste menuisier de Nevers, qui eut le bon sens de se défendre contre les séductions de la gloire et de persister à ne pas quitter Nevers. S'il avait cédé aux sollicitations de ceux de ses protecteurs qui voulaient l'attirer dans la grande ville, il est probable que la curiosité publique une fois satisfaite il eût fini par y être oublié, et peut-être bien déprécié. Il ne faut pas croire au reste que Maître Adam fût au dix-septième siècle le seul ouvrier qui se mêlât de rimer. Il y avait aussi alors un pâtissier de Paris, appelé Ragueneau, qui faisait des vers, les imprimait et les servait à ses pratiques, sous forme d'enveloppes pour les biscuits dont il faisait un grand débit. Ragueneau adressa même à son rival de Nevers un sonnet dans lequel il lui disait, en détestables vers d'ailleurs, que s'il travaillait avec plus de bruit, lui travaillait avec plus de feu. Maynard, faisant de l'esprit sur son confrère en Apollon, disait que les Muses ne devaient être assises que sur des tabourets faits de la main de ce poëte menuisier.

BILLE (du latin *pila*, globe, ou *billus*, bâton, selon l'acception qu'on lui donne). Autrefois ce mot signifiait un bâton, ce que témoignent les mots de *biller* et de *débiller*, dont on s'est longtemps servi, et dont on se sert encore quelquefois aujourd'hui sur les rivières, pour dire attacher la corde du bateau aux *billes* ou bâtons qui sont au bout des traits des chevaux qui tirent. C'est dans ce sens qu'il faut prendre aussi, 1° la *bille* ou rouleau dont se servent les boulangers pour aplatir la pâte; 2° la *bille* ou morceau de fer ou de bois rond, gros et long à volonté, qui sert aux chamoiseurs pour tordre les peaux et pour en faire sortir toute l'eau, la gomme ou la graisse qu'elles peuvent contenir; 3° la *bille* ou bâton qui sert surtout aux emballeurs pour serrer les cordes de leurs ballots ; 4° les *billes*, ou rejetons, enlevés par les jardiniers du pied des arbres pour être mis en pépinière; 5° les *billes à moulure*, ou morceaux de fer plat modelés dans le milieu, entre lesquels les orfèvres tirent la matière où ils veulent faire des moulures; 6° les *billes* ou pièces de bois de toute la grosseur de l'arbre dont elles proviennent, et qu'on équarrit pour les employer soit à soutenir des rails, soit à faire des planches, etc.

La signification du mot *bille*, comme dérivé de *pila*, et rappelant la forme d'un globe, est beaucoup plus restreinte, et ne s'applique guère qu'aux boules d'ivoire avec lesquelles on joue au billard, ou aux petites boules de pierre ou de marbre qui servent de jouets aux enfants.

BILLECOCQ (Jean-Baptiste-Louis-Joseph), avocat et homme de lettres, naquit à Paris, le 31 janvier 1765. Son père, qui avait occupé plusieurs emplois dans la haute finance, et qui est mort régisseur des droits du roi, lui fit faire ses études à l'un des meilleurs collèges de l'ancienne université, celui du Plessis-Sorbonne. Ses poésies latines attestent le culte qu'il voua toute sa vie à nos vieilles muses classiques. La révolution, survenue comme il terminait son stage, le jeta pour un temps dans la carrière des emplois et des fonctions publiques. Appelé à faire partie du corps électoral de Paris, et nommé député suppléant à l'Assemblée législative, il n'eut point occasion d'y paraître. Le 9 thermidor l'arracha à la prison où l'avait jeté le 10 août 1792. Proscrit pendant une autre phase révolutionnaire comme ayant occupé avec courage, durant les mitraillades du 13 vendémiaire an IV, le fauteuil de président dans la section insurgée de la Butte des Moulins ; devenu ensuite, lorsqu'il put reparaître, membre de l'administration municipale, le coup d'État du 18 fructidor amena sa destitution. À cette époque, les traductions de l'anglais, d'autres traductions ou éditions de classiques latins occupèrent sa plume. Il put ainsi suivre la généreuse impulsion de sa piété filiale et empêcher que sa mère, qu'il conserva près de lui jusqu'à l'âge de plus de quatre-vingt-quatre ans, ne se ressentît des pertes causées à sa famille par les révolutions.

« A la fin de 1797, dit M. Dupin l'aîné, les temps étant devenus meilleurs, Billecocq rentra au barreau, où la richesse de ses connaissances littéraires, sa haute réputation de probité, son désintéressement, son attention scrupuleuse dans l'examen et l'étude des intérêts qui lui étaient confiés, le placèrent bientôt à un rang très-distingué. Sa diction, naturellement persuasive, animée par la chaleur d'une âme ardente et sincère, s'est fait remarquer par son élévation et son entraînement, toutes les fois qu'il a fallu traiter des questions liées à de grandes considérations morales. » Aussi beaucoup d'affaires importantes furent-elles confiées au talent consciencieux et au zèle chaleureux de Billecocq. Celles qui signalèrent avec le plus d'éclat ces précieuses et rares qualités furent: la défense du marquis depuis duc de Rivière, impliqué dans la conspiration de Georges Cadoudal et Pichegru; la cause de Toninges, ancien négociant, accusé de complicité dans un faux testament, et le patronage des enfants de la veuve du duc de Montebello (le général Lannes). Le plus touchant comme le plus remarquable des succès qui couronnèrent les efforts du courageux défenseur dans ces grandes causes fut sans doute la grâce du marquis de Rivière : l'éloquence de l'orateur, homme de bien, suppliant à chaudes larmes, l'arracha au cœur de l'offensé tout-puissant. »

Le retour des Bourbons, salué par celui qui leur était dévoué de cœur et par principes religieux, le trouva fidèle à son caractère de compatissante modération et de désintéressement. Il crut toujours à la bonne foi et à la droiture d'intentions du pouvoir deux fois rétabli. Créé chevalier de l'ordre de Saint-Michel en 1819, admis, seul parmi les avocats, au conseil des prisons; nommé en 1821 bâtonnier de l'ordre, et, par continuité, en 1822, il fut bientôt contraint par les fatigues de l'âge et de la santé à se restreindre aux consultations et aux travaux littéraires. Parmi ceux de ses écrits qui appartiennent au barreau, nous citerons sa *Notice historique sur M. Bellart*. Trois autres écrits de Billecocq, qui appartiennent à la morale et à la politique, ont droit à une attention spéciale : 1° *Quelques considérations sur les tyrannies diverses qui ont précédé la Restauration, sur le gouvernement royal et la dernière tyrannie impériale* (Paris, 1815, in-8°); 2° *Un Français à l'honorable lord Wellington sur sa lettre du 23 septembre à lord Castlereagh* (1815); 3° *De la Religion chrétienne, relativement à l'État, aux familles et aux individus* (3ᵉ édit., 1824). Les poésies latines de Billecocq, preuves d'excellentes études, peuvent être lues avec intérêt par les amateurs d'un genre de délassement poétique que ne dédaigna pas le vertueux chancelier L'Hôpital. Après avoir traduit Salluste (*Conjuration de Catilina*), Billecocq a voulu rendre un autre service aux lettres latines : il a donné une édition soignée de Lucain (la *Pharsale*), avec la traduction en vers de Brébeuf en regard, la Vie des deux poètes, et des Réflexions critiques sur leurs poèmes (Paris, 1796, 2 vol.). Les traductions d'ouvrages anglais publiées par Billecocq sont au nombre des meilleures que nous ayons. Ses additions et ses notes y donnent un nouvel intérêt. Ce sont des récits de voyages, entre autres ceux de J. Long chez les différentes nations sauvages de l'Amérique septentrionale, de John Meares, allant de la Chine à la côte nord-ouest de l'Amérique; de Bogle au Boutan et au Thibet; de H. Timberlake chez les Chérokées. Mais celle des traductions de ce genre qui a obtenu le plus de succès est sa traduction du *Voyage de Néarque*, par le docteur William Vincent (Paris, 1800). On sait que cette relation, publiée par ordre du gouvernement, est le journal de l'expédition de la flotte d'Alexandre des bouches de l'Indus jusqu'à l'Euphrate, rédigé sur le journal original de Néarque, son amiral, journal que nous a conservé Arrien. Billecocq mourut à Paris, le 15 juillet 1829.
AUBERT DE VITRY.

BILLET. C'est un de ces mots qui reviennent à tout propos dans les conversations et les lectures, et dont les acceptions varient à l'infini. Nous l'examinerons plus bas au point de vue du droit. Le billet, dans l'acception primitive, n'est qu'une petite épître, un diminutif de la lettre. Les femmes y excellent. Sous une plume masculine, la concision qu'il exige a presque toujours un peu de sécheresse; chez elles, au contraire, la grâce et la finesse s'accommodent bien de cette brièveté.

Les *billets de naissance, de mariage, de décès*, sont maintenant désignés sous le nom commun de *billets de faire part*, quelle que soit la spécialité de leur destination. Les *billets doux* jouent un grand rôle dans les romans et dans les premiers rêves d'amour du jeune âge. La Châtre était de bonne foi quand il exigeait de Ninon l'engagement de lui rester à jamais fidèle. Elle riait en le signant. La Châtre avait plus d'amour, Ninon plus de raison. Elle riait encore en s'écriant à quelque temps de là dans une circonstance décisive : Ah! *le bon billet qu'a La Châtre!* On peut sans grave inconvénient laisser protester un *billet d'amour*; il en est tout autrement d'un *billet de commerce* : il y va de l'honneur, souvent de la liberté. Les *billets de confession* ont eu une certaine importance : ils semblaient, à une époque qui n'est pas bien loin de nous, devoir conduire aux honneurs et à la fortune. L'époque suivante préféra les *billets de banque*. Les jeunes gens aiment toujours les *billets de bal, de concert, de spectacle;* mais qui peut nous dire quels sont aujourd'hui les billets à la mode?

Nous aurions dû commencer par indiquer l'étymologie du mot *billet*. Les savants varient, et ne vont pas au delà des conjectures. Ce mot n'est-il que la traduction de *libellus*, petit écrit? Le mot latin est un peu long; il y a là une syllabe de trop. Billet vient-il de bulletin, ou bulletin vient-il de billet? Cet autre problème n'est pas moins embarrassant; mais personne ne se méprend sur sa véritable signification, et c'est là le point important. DUFEY (de l'Yonne).

Un mot à présent sur les *billets de faveur* et sur les *billets d'auteur*. Les premiers, signés d'une autorité quelconque du théâtre, sont ou distribués *gratis* aux membres de la direction, aux chefs de claque, aux familles des acteurs et actrices, ou donnés et vendus au public moyennant un impôt plus ou moins élevé que le théâtre prélève à l'entrée sur le porteur. Ils portent toujours cette indication sournoise : *Le présent billet sera refusé s'il a été vendu*, leurre grossier, puisque le théâtre n'a souvent dans les mauvais jours d'autre recette que le trafic de ces billets à moitié prix.

Les *billets d'auteur*, signés par ces grands hommes à tel nombre pour la première représentation de la pièce, tel pour la seconde, tel pour la troisième, tel pour les autres, passent généralement les trois premiers jours entre les mains du personnel nombreux de la claque, qui trouve pourtant encore à trafiquer d'une partie. Le reste est offert à quelques amis intimes, qui s'en servent très-souvent pour siffler l'ami intime dont ils les tiennent. Le succès consolidé, gardez-vous bien d'en demander aux auteurs. Ils en font argent pour augmenter leurs recettes, et en établissent des dépôts à commission chez les marchands de vin et les cafés borgnes des environs du théâtre, dont les clercs de notaire, les commis de nouveautés, les modistes et les lorettes savent toujours l'adresse sur le bout du doigt; et pourtant on lit aussi sur ces chiffons de papier : *Le présent billet sera refusé s'il a été vendu.*

BILLET (*Droit*). Ce mot, pris dans le sens d'obligation, signifie un acte par lequel on s'engage envers quelqu'un à lui payer une somme d'argent ou d'autres valeurs; il a les formes diverses du *billet simple*, du *billet à domicile*, du *billet de change*, du *billet au porteur*, du *billet en mar-*

chandises, du *billet de grosse*, du *billet de prime*, du *billet de rançon*.

Le *billet simple* renferme une obligation, qu'on appelle *unilatérale*, parce qu'il n'y a d'engagement que d'un seul côté.

On a assujetti le simple billet à quelques règles faciles à observer : il doit être écrit en entier de la main du souscripteur, ou du moins il faut qu'outre la signature il ait écrit de sa main la somme ou la quantité de la chose qu'il s'engage à remettre. Mais si ce billet est souscrit par des marchands, des artisans, des laboureurs, des vignerons, des gens de journée et de service, il suffit, pour sa validité, qu'ils y aient apposé leur signature. La loi ne pouvait exiger davantage de cette classe de personnes sans restreindre considérablement le nombre des transactions civiles et commerciales. Le billet simple doit être daté, comme toutes les obligations ; mais il n'en serait pas moins valable si la date était omise ; le créancier se trouverait alors dans la nécessité de faire fixer un délai par les tribunaux pour déterminer l'époque du payement. Quant à la cause de l'engagement, ce billet doit la contenir ; elle est toutefois suffisamment exprimée par ces mots : *Je reconnais devoir la somme de...*

Le billet simple diffère des billets de commerce ordinaires sous plusieurs rapports : en premier lieu, il n'est pas susceptible d'être négocié par la voie de l'endossement. Si l'on veut en céder la propriété à un tiers, un autre acte est nécessaire : cet acte s'appelle *cession* ou *transport* ; le cessionnaire doit le faire signifier par un huissier à celui qui a consenti le titre. En second lieu, le billet simple n'est pas susceptible d'être protesté à son échéance, comme le billet à ordre, dont le porteur fait constater le non-payement par un acte appelé *protêt*.

Cependant le billet simple peut être soumis à la juridiction commerciale et entraîner la contrainte par corps s'il a été souscrit par des commerçants ou pour des faits de commerce.

Les billets simples offrent le même avantage que les actes sous seing privé ; ils peuvent procurer une hypothèque à celui qui en est porteur ; et voici comment : Si le créancier conçoit des craintes sur l'avenir de son débiteur, il peut faire vérifier et reconnaître en justice le billet simple, même avant l'échéance, mais les frais si l'écriture n'est pas déniée ; le jugement qui intervient sur la vérification et la reconnaissance de l'écriture ou de la signature du billet donne le droit de prendre une hypothèque, qui aurait bien pu être prise après une condamnation obtenue ; mais souvent il est alors trop tard, parce que d'autres inscriptions hypothécaires grèvent et au delà les immeubles du débiteur.

Le *billet à domicile* est un billet payable en un lieu et dans un domicile autre que celui où il est souscrit ; il peut être à ordre ou au porteur, ou à une personne désignée. Il ne faut pas confondre le *billet à domicile* avec la lettre de change : dans celle-ci, c'est un tiers qui est chargé de payer, tandis que dans le billet à domicile c'est le souscripteur lui-même qui s'oblige au payement, mais dans un autre lieu que celui de son domicile. Ce billet peut, comme la lettre de change, avoir pour objet une remise d'argent de place en place ; c'est dans ce sens que la loi le répute acte de commerce, et qu'il donne lieu à la contrainte par corps. Il est bien essentiel de savoir que le billet à domicile peut avoir un effet commercial ; sans cela on pourrait s'exposer à des conséquences bien rigoureuses. C'est donc à tort qu'un poëte, du reste fort ingénieux, a fait dire à l'un des personnages d'une très-amusante et très-spirituelle comédie :

.... Je souscris, cher Dorlange,
Des billets tant qu'on veut, point de lettres de change.

Il voulait faire entendre par là que les billets n'exposaient pas, *comme les lettres de change*, à la contrainte par corps ; on vient de voir que c'est une erreur, et que si le billet à domicile, ce qui d'ailleurs est son caractère, constate réellement une remise de place en place, il a le même effet que la lettre de change, celui d'entraîner la contrainte par corps. Peut-être aussi le poëte a-t-il voulu ajouter, comme un trait de plus, cette erreur aux saillies de l'un des *étourdis* qu'il met en scène dans la comédie qui porte ce titre ; mais enfin le public a besoin d'être averti.

Le billet à domicile peut aussi avoir la forme de billet à ordre ; et dans ce cas il est soumis à toutes les règles de forme et de poursuite relatives à ces sortes de billets.

Le *billet de change* est la promesse que fait le preneur d'une lettre de change d'en fournir la valeur à une époque déterminée, ou bien encore la promesse de celui qui reçoit une somme d'argent de fournir une lettre de change d'une somme égale dans un temps fixé.

Le *billet à ordre* est l'engagement de payer à une personne dénommée ou à son cessionnaire, par voie d'endossement, une somme déterminée ; il se fait ordinairement sous seing privé. Mais il peut avoir lieu devant notaire. Ce billet doit être daté ; il doit énoncer la somme à payer, le nom de celui à l'*ordre* de qui il est souscrit, l'époque à laquelle et le lieu où le payement doit s'effectuer, la valeur qui a été fournie en espèces, en marchandises, en compte ou de toute autre manière. S'il ne réunit pas ces conditions, il est assimilé à une simple promesse ; et s'il n'est pas écrit en entier de la main du souscripteur, il faut que celui-ci exprime en toutes lettres l'approbation de la somme pour laquelle il s'est obligé, à moins qu'il n'émane, ainsi que nous l'avons déjà dit pour le simple billet, de marchands, artisans, laboureurs, vignerons, gens de journée et de service.

Le billet à ordre est, pour ainsi dire, la monnaie courante du commerce ; il est tellement répandu dans la circulation, qu'il nous semble de la plus grande importance de faire connaître en détail les règles légales auxquelles il est assujetti.

La transmission ou cession de ce billet se fait par la voie de l'endossement. Cet endossement doit être daté, exprimer la valeur fournie, et énoncer le nom de celui à l'ordre de qui il est passé. Si l'endossement ne réunit pas ces conditions, il n'opère pas le transport ; il n'est qu'une procuration ; c'est, en un mot, un endossement *irrégulier*. Tel est surtout celui qui ne porte qu'une simple signature, et qu'on appelle *endossement en blanc*. La loi n'exige pas que l'endossement soit écrit de la main de l'endosseur ; il suffit qu'il soit signé de lui, et dans ce cas l'endosseur n'est pas tenu d'approuver l'écriture. Il peut comme le souscripteur indiquer un tiers pour payer *au besoin* l'effet endossé.

Indépendamment, le payement d'un billet à ordre à l'échéance peut être garanti par un *aval*, qui est fourni sur le billet même ; celui qui cautionne écrit sous la signature ces mots : *Pour aval*. Ce cautionnement peut même résulter d'une simple signature sans autre énonciation, pourvu qu'elle soit apposée au bas de l'effet, ou que, mise au dos après un endossement, elle ne soit pas celle de la personne à qui cet endossement transmet le titre, car dans ce cas elle ne serait qu'un endossement *en blanc*.

Le refus ou l'impossibilité de payer un billet à ordre à son échéance est constaté par un acte appelé protêt ; il est fait à la requête de celui qui est porteur du titre ; c'est par ce seul acte qu'il peut conserver le droit de recourir, en cas de non-payement, contre son cédant ou les endosseurs antérieurs ; la dérogation à l'usage du protêt s'exprime habituellement par ces mots : *Retour sans frais*, ou simplement *Sans frais*, apposés sur l'effet par le souscripteur ou l'un des endosseurs ; le porteur n'en a pas moins les mêmes droits.

Le billet à ordre diffère de la lettre de change en ce qu'il ne contient pas de remise d'argent de place en place, et qu'il n'est pas un acte commercial par essence ; il n'a en effet ce caractère qu'autant qu'il est souscrit par un commerçant ou pour affaires commerciales. Quant aux intérêts résultant de la somme portée dans un billet à ordre, ils courent à dater du protêt.

La durée de l'action à laquelle peut donner lieu un billet à ordre est de cinq ans pour les billets à ordre souscrits par des commerçants ou qui émanant de non-commerçants ont pour objet des dettes de commerce : il s'ensuit que les billets à ordre qui ont été consentis par des non-commerçants, lorsqu'ils n'ont point pour objet des actes de commerce, se prescrivent par le laps de temps ordinaire de prescription, c'est-à-dire par trente ans.

Les *billets* ou *mandats au porteur* sont des effets qui sont payables à quelque personne que ce soit qui s'en trouve porteur lors de l'échéance; le *billet au porteur* diffère du *billet en blanc* en ce que dans ce dernier le nom du créancier est laissé en blanc de manière à pouvoir être rempli à toute heure du nom que l'on veut y mettre; il ne peut être confondu avec le billet à ordre, puisque dans celui-ci il est indispensable d'énoncer le nom de la personne à l'ordre de qui le billet est souscrit. De ce que le Code de Commerce est muet sur les billets au porteur, il ne faut pas conclure qu'ils soient prohibés, et par conséquent non obligatoires : en effet, on se trouve toujours sous l'empire des lois qui en reconnaissent l'existence légale.

Le *billet en blanc* est le billet fait au profit d'une personne dont le nom est laissé en blanc, et qu'on peut remplir d'un nom quelconque. Comme la législation actuelle reconnaît la validité des billets au porteur, il en résulte que les billets en blanc sont aujourd'hui valables.

Les *billets en marchandises* sont des billets par lesquels le souscripteur s'engage, en échange de l'argent qu'il reçoit, à remettre des marchandises dans un lieu déterminé et à une époque convenue.

On appelle *billet de grosse* le billet souscrit par suite d'un prêt à la grosse ou contrat par lequel une somme d'argent est prêtée sur des objets exposés aux dangers de la navigation.

Le *billet de prime* est le billet par lequel l'assuré s'oblige à payer la prime ou le coût de l'assurance.

Le *billet de rançon* est celui que souscrit un capitaine de navire capturé au profit du capteur, afin d'obtenir sa liberté.

Les *billets de banque*, créés en France par la loi du 24 avril 1803, ne peuvent être émis que par les banques publiques; ce papier, qui fait la fonction du numéraire, peut être considéré en quelque sorte comme une dépendance du droit de battre monnaie, droit qui n'appartient qu'au pouvoir souverain. Le crédit des banques publiques a sa base dans la confiance que le public accorde aux billets qu'elles répandent dans la circulation. La moindre coupure de ces billets était autrefois de 500 fr. ; depuis un décret rendu en 1848, cette coupure a été réduite à 100 fr. *Voyez* BANQUE.

J. DE LASSIME, avocat à la cour d'appel de Paris.

BILLEVESÉE, balle soufflée et remplie de vent, mot composé de *bille* ou boule, et de *vèse*, nom que l'on donne en plusieurs provinces de France à l'instrument que nous appelons *musette* ou *cornemuse*. — Le nom de *billevesée* a été appliqué à tous les discours frivoles et inutiles, aux sottises, aux folies, aux niaiseries, à toutes les paroles vides de sens.

Tous les propos qu'il tient sont des billevesées,

a dit, dans les *Femmes Savantes*, Molière, qui s'était servi dans les *Précieuses ridicules* de l'expression *sottes billevesées*, en parlant des vers, des romans et des chansons. Le mot de *billevesée* est donc synonyme de *baliverne*, de *fadaise*, de *sornette*; mais il exprime mieux le vide, l'enflure d'un discours, d'un ouvrage littéraire. *Baliverne* s'applique plus spécialement à un discours, à un ouvrage dont l'inutilité résulte de son obscurité, de son style amphigourique. Le mot *fadaise* a plus de rapport à tout ce qui se dit ou s'écrit de fade, de niais, de plat et d'insipide.

Quant au mot *sornette*, il signifie plus spécialement un discours ou un ouvrage frivole, qui trompe, qui ment sans le vouloir, et sans autre but que d'amuser celui qui le fait, un peu aux dépens de ceux qui l'entendent ou qui le lisent, mais sans tirer à conséquence. Le *conteur de sornettes* est l'homme qui fait des contes en l'air. H. AUDIFFRET.

BILLINGTON (ÉLISABETH WEICHSEL), célèbre cantatrice, née à Londres, en 1769. Son père, pauvre musicien ambulant, Saxon, bon violon du reste, profitant des rares dispositions d'Élisabeth, lui fit donner des leçons par Thomas Billington, contrebassiste, qui eut la satisfaction de voir son élève jouer un concerto de piano au théâtre de Hay-Market à l'âge de sept ans. Quatre ans après, elle exécutait en public des pièces qu'elle avait composées. Sa voix, sa beauté précoce comme son talent, aveuglèrent l'infortuné Billington; Élisabeth n'avait pas atteint sa quinzième année, qu'il l'épousa, et la fit débuter au théâtre de Dublin en 1786. Peu de temps après, mauvaise épouse, écolière ingrate, Élisabeth, ne gardant que le nom de son mari, s'enfuit avec un séducteur. Ses désordres nuisirent à ses succès : ce ne fut qu'après avoir pris à Paris des leçons de Sacchini qu'elle ramena le public de Londres. A cette époque Catherine II lui fit proposer par son ambassadeur un engagement pour le théâtre de Saint-Pétersbourg. La *prima donna* demanda une somme si exorbitante, que l'ambassadeur se permit de lui dire : « Mais l'impératrice de toutes les Russies ne donne pas davantage à ses ministres! — Eh bien! qu'elle fasse chanter ses ministres, » répondit la positive mistriss Billington.

En 1794 elle alla se perfectionner à Naples, où son mari, qui l'avait suivie, mourut si brusquement qu'on le crut empoisonné. Florissant, jeune Français, épousa sa veuve, et la conduisit à Venise. Elle y excita le plus grand enthousiasme, mais ne put jamais empêcher la foule de déserter chaque soir le théâtre où elle chantait l'*opera seria*, pour aller entendre la cavatine de *la Capriciosa corretta*, air bouffe et favori de la Morichelli, qui avec un reste de voix, un laid visage et quarante-cinq ans, l'emportait sur la plus célèbre et la plus belle cantatrice de son époque. Ce triomphe d'un quart d'heure, dû au jeu de la Morichelli, déplut extrêmement à mistriss Billington, qui manquait d'expression et sentait qu'elle ne pouvait devenir actrice; elle repartit pour Londres (1801), et y devint l'objet d'une telle faveur qu'on l'engagea à la fois pour les théâtres de Covent-Garden et de Drury-Lane, sur lesquels elle jouait alternativement. L'*Alien-bill* ayant forcé son mari à quitter l'Angleterre, mistriss Billington se retira à San-Arziano, près de Venise, où elle mourut le 26 août 1818. C^{sse} DE BRADI.

BILLON (*Monnayage*), mélange de substances métalliques pour la fabrication de menue monnaie, d'un titre inférieur à l'argent et supérieur au cuivre. Le *billonnage*, considéré comme altération des monnaies ayant cours par un mélange au-dessous du titre légal, est puni comme crime de fausse monnaie.

Les gouvernements, dans les crises financières où le trésor ne peut suffire aux dépenses, ont eu souvent recours à la fabrication de pièces d'or ou d'argent au-dessous du titre légal. L'opinion en a fait bonne et prompte justice.

Dans le style figuré, on appelle *billon* tout ce qui n'est pas de bon aloi. Lorsque, sous l'ancien gouvernement, on soumit à une révision générale les titres de noblesse, on découvrit une foule de titres faux ou usurpés; on disait alors que la noblesse avait été mise au billon.

On a, dans le sens positif, appellé *billonneurs* les hommes préposés par Charles VI, en 1385, pour retirer de la circulation les pièces démonétisées et les mettre au billon. On a depuis donné le nom de *billonneurs* à ceux qui faisaient un trafic illicite sur la valeur des espèces. Les anciennes ordonnances les assimilaient aux faux monnayeurs.

DUPEY (de l'Yonne).

Toutes les monnaies de billon n'ont pourtant pas été frappées dans le but coupable de tromper sur la valeur. Le prix du cuivre étant en général trop faible pour permettre de fabriquer avec ce métal une monnaie commode, et aucun autre métal ne se présentant jusqu'ici pour le remplacer, on a quelquefois essayé de mêler au cuivre quelque métal précieux, comme l'argent, afin de rapprocher, dans des monnaies d'appoint légères, la valeur intrinsèque de la valeur nominale. Partout, d'ailleurs, on admet un alliage dans les pièces de monnaie fabriquées avec des métaux précieux, et quelquefois cet alliage est assez considérable pour constituer du billon : c'est ainsi que les pièces de Prusse laissent apercevoir en quelque sorte à l'œil le cuivre qui les altère. Mais la contrefaçon de ces pièces est tellement facile et tellement avantageuse, que les gouvernements devront renoncer à émettre des pièces de bas aloi. Lorsque nos sous seront refondus, comme une loi récente vient de l'ordonner, la France n'aura plus que des monnaies d'or, d'argent et de bronze. Il y a quelques années, nous avions, en billon : des pièces de six liards, comprenant toutes sortes de pièces, de tous les pays et de toutes les provinces, la plupart complètement effacées et fabriquées en général de 1705 à 1794; des pièces de dix centimes portant une lettre N couronnée, mises en circulation en vertu de la loi du 15 septembre 1807; des pièces de quinze et de trente sous, créées en vertu du décret de l'Assemblée constituante du 11 janvier 1791. Une loi du 11 avril 1845 ordonna la démonétisation de la monnaie de billon. Cette mesure fut exécutée à la fin de 1845 pour les pièces de six liards et de dix centimes, et au milieu de 1846 pour les pièces de quinze et de trente sous. Des commissions monétaires reprirent au pair les monnaies en question. A chaque fois il se présenta un certain nombre de pièces fausses dont les porteurs ne purent tirer que la valeur intrinsèque. Avant cette opération on évaluait la circulation des pièces de six liards et des petits décimes à 10 millions de francs; le retrait n'en fit retrouver que pour 5,500,000 fr. On savait qu'il avait été émis des pièces de quinze et de trente sous pour 25 millions de francs, on supposait qu'il devait en rester pour 20 millions en circulation : 18 millions seulement ont été retirés. Cette démonétisation du billon coûta 5,250,000 fr. Le gouvernement remplaça cette monnaie par une émission nouvelle de petites pièces d'argent de 20 centimes. Malheureusement nous avons trop peu de types de monnaies d'argent; des pièces de 20 centimes il faut sauter aux pièces de 50 centimes, puis de 1 fr., de 2 fr. et de 5 fr. La Belgique a déjà des pièces de 2 fr. 50 cent. Si, comme Gay-Lussac le demandait avec tant d'autorité à la Chambre des Pairs, nous avions des pièces de 30 centimes, de 60 centimes, de 75 centimes, de 1 fr. 25 cent., de 1 fr. 75 cent., etc., nous aurions besoin de bien moins de pièces de cuivre, puisque la plupart des appoints pourraient se faire par des échanges de pièces d'argent de valeurs diverses. L. LOUVET.

BILLON (*Agriculture*). On nomme ainsi les bandes de terre plus ou moins larges, formées par la réunion de deux ou plusieurs traits de charrue, et pratiquées dans les champs par le labour. Les billons sont plus ou moins bombés dans leur milieu et ordinairement bordés des deux côtés par des *sillons* ou *rigoles* qui servent à l'écoulement des eaux. Les billons sont dans la grande culture ce que sont les platesbandes dans le jardinage. Généralement parlant, *labourer en billons* est l'opposé de *labourer à plat*.

Le *billonnage* est usité dans les terrains humides, et en général dans tous les sols qui ont peu de profondeur; on obtient cette disposition en labourant le terrain avec une charrue à deux versoirs, qui rejette la terre à droite et à gauche, et forme ainsi, quand toute la surface est labourée, une suite d'ados plus ou moins larges, et qui sont séparés par des raies profondes. Le billonnage est un bienfait pour des pays entiers qui, sans son secours, ne connaîtraient pas le blé. Labourer en planches ou labourer en billons est presque synonyme; la seule différence est que la planche a plus de superficie que le billon : elle peut avoir jusqu'à trois mètres de largeur, et ce dernier en a tout au plus un. Il ne faut pas perdre de vue que la méthode du billonnage doit être interdite pour tous les champs où l'on ne craint pas la submersion. Dans tous les sols qui sont d'une nature sèche et exposés à manquer d'humidité, il faut semer à plat, parce que toute culture à raies tendrait à faciliter l'écoulement des eaux, et serait par conséquent plus nuisible qu'utile. Dans les autres, elle fait obtenir des produits qu'on aurait difficilement sans cela.

Le mot *billon* est aussi usité en Bourgogne par les vignerons pour indiquer un sarment taillé court, à trois ou quatre doigts seulement. Cette taille est particulière à toute espèce de plant de vigne qui porte ses raisins près du cep, et non sur l'avant du sarment. Le *meunier*, par exemple, dont les feuilles sont blanches en dessous et le grain plus long que rond, a besoin d'être taillé court; tandis que le *vionnier*, raisin blanc, cultivé au territoire de la Côte-Rôtie, exige une taille longue, parce qu'il ne charge bien qu'à l'extrémité du sarment.

BILLOT, grosse pièce de bois faite le plus ordinairement d'un tronc d'arbre gros et court, sur laquelle les bouchers découpaient autrefois leur viande, et qui sert aujourd'hui dans les cuisines, et à différents autres usages, dans divers arts et métiers. Ainsi, l'on appelle *billot* la pièce de bois sur laquelle les boisseliers et les tourneurs travaillent, celle sur laquelle repose l'enclume des maréchaux et des serruriers, celle que l'on met sous les pinces ou leviers pour mouvoir quelque fardeau. Le *billot* servait aussi autrefois pour la décollation par la hache.

BILLUNGEN (Les), nom générique donné aux princes de la dynastie de Billung, qui régnèrent dans le duché de Saxe de l'an 961 à l'an 1106.

BILOBÉ. On nomme ainsi les parties des végétaux qui offrent deux lobes ou des divisions élargies séparées par un sinus obtus, plus ou moins arrondi à son fond. Cette épithète, attachée à la graine, signifie la même chose que *dicotylédone*.

BILOCULAIRE. On appelle ainsi, en botanique, les organes qui ont deux loges : telles sont la baie du troène, la capsule des lilas, les anthères des orchis, etc.

BIMANES. Buffon s'est servi le premier de ce mot, que Blumenbach et, plus tard, Cuvier choisirent pour désigner le premier ordre de la classe des mammifères, renfermant l'unique genre *Homme*. Le mot bimanes (formé de *bis*, deux, et de *manus*, main) exprime, en effet, l'un des attributs les plus remarquables et les plus éminemment caractéristiques de l'homme, savoir : la diversité des types sur lesquels sont construites ses deux paires de membres, l'une spécialement affectée à la station et à la progression, l'autre à la préhension et au tact.

Cuvier a aussi donné le nom de *bimanes* aux reptiles du genre *chirote*, qui ont seulement deux membres antérieurs, et forment, avec les *hystéropes*, le passage des sauriens aux ophidiens.

BIMBELOTERIE (du vieux mot *bimbelot*, jouet d'enfant). Cette branche d'industrie se rattache à une foule d'autres, et il serait difficile d'assigner des limites fixes aux ouvrages qu'elle produit. Les ateliers qui s'occupent de l'amusement des enfants reproduisent en petit, d'une manière plus ou moins grossière, une foule d'objets divers dont les types appartiennent à des arts très-variés, tels que ceux du sculpteur, du mouleur, du tourneur, du tailleur, de la couturière, de la modiste, de l'ébéniste, du menuisier, du carrossier, etc., etc. Que de ressources il faut déployer pour amuser les enfants et tenter les parents! Mais comme tous ces produits doivent peu durer, le point capital pour le bimbelotier est de produire à bon marché. Et cependant combien de jolies choses vont périr dans ces mains enfantines, pour qui rien n'est sacré, et qui briseraient une statuette de Dantan avec autant d'amour qu'une *figurine* d'italien ambulant!

Il y a cependant dans la bimbeloterie quelques parties mieux caractérisées. Ainsi nous trouvons d'abord toutes ces pièces en étain de bas aloi et en plomb, coulées dans des moules et quelquefois colorées et vernies, dont on compose les ménages et les régiments : il y a là des soldats de tous les grades à *deux liards*, qui, comme le vieux soldat de M. Scribe, savent

.... souffrir et *se taire*
Sans murmurer ;

des plats, des gobelets, des chaises, des chandeliers, des saints-sacrements, que sais-je! Tout cela, c'est l'affaire du potier d'étain. Viennent ensuite les jouets en bois, imitation de toutes espèces de meubles ; puis, encore en bois, des grands chevaux de bataille, des sabres, des fusils, des poupées dites *à ressort* ; des bons-hommes mécaniques, exécutant toute sorte de tours et d'exercices ; des martinets de forge, etc. ; des tambours avec leurs baguettes ; puis des ménageries avec des maisons, des arbres, des hommes et des animaux peints et sculptés : toutes les variétés de la nature.

Le cartonnage fournit beaucoup à la bimbeloterie. C'est avec du carton que l'on fabrique ces poupées, ces chiens, ces chats, ces oiseaux, qui parlent, aboient, miaulent et chantent comme des personnes naturelles, à l'aide de quelques ressorts ou de quelques lames métalliques et de soufflets. Ces animaux charmants ont le bon esprit de ne pas manger. Mais ce n'est pas tout ; outre les comédies et les pantins, la bimbeloterie fait des instruments de musique, des violons, des accordéons, des trompettes, des flageolets. Et des mirlitons donc ! voilà son triomphe. Elle en a à tout prix, et de toutes les grandeurs. Elle fait des cannes de tambour-major de deux pieds ; des fouets de postillon avec des lanières de martinet. Puis la mercière donne de la gaze et de la dentelle pour habiller les poupées, qui malheureusement ont besoin d'être empalées pour se tenir debout. Y en a-t-il des poupées! poupées en carton, poupées en peau, poupées en toile, poupées en son, à tête de carton, à tête de porcelaine, avec des yeux d'émail, avec des cheveux, etc. Dans ce petit monde l'habillement fait le moine, et le hasard préside aussi à la destinée. Pourquoi cette petite tête devient-elle une vivandière, celle-ci une bergère, celle-ci une grande dame? Elles sortent toutes du même moule pourtant ; elles se ressemblent à peu près, et la plus laide n'a pas toujours l'habit le plus grossier. Enfants, c'est que ces petits êtres sont aussi des enfants et, à défaut de passions personnelles, nous leur donnons les nôtres.

Voici encore des chariots, des canons, des tonneaux, des charrettes, des équipages, des carrosses, etc. Tous les rêves de la vie, quoi! L'optique fournit aussi sa part. N'oublions pas l'intéressante toupie d'Allemagne, le sabot, et ces jolies petites pièces de poterie qui durent peu, hélas! dans les mains de ces ménagères futures. Enfin nous n'en finirions pas si nous voulions passer en revue tous les produits de la bimbeloterie. C'est en quelque sorte la représentation de toute l'industrie humaine ; ce qui prouve, dirait un plus savant, que nous ne sommes que de grands enfants !

On range par analogie dans la bimbeloterie des objets qui ne sont pas particulièrement à l'usage de la *marmaille*, comme les petits étuis, les dés à coudre, etc. Mais, enfants, tirez vos mouchoirs! une ordonnance de M. Carlier a défendu la vente des objets de bimbeloterie sur le pavé de Paris. Pour acheter des joujoux il faut entrer dans des boutiques. Adieu la tentation : vous n'aurez plus de jouets qu'aux jours de fête. Je le crains, du moins.

Les jouets se fabriquaient autrefois exclusivement en Allemagne, principalement dans la ville de Nuremberg ; mais c'est une branche importante dont l'industrie française s'est emparée. Notre bimbeloterie est à meilleur marché que celle des Allemands, et elle participe jusqu'à un certain point au caractère d'élégance et de bon goût qui distingue tout ce qui se fabrique à Paris. Cependant la capitale n'est pas le principal siége de cette fabrication, qui se fait surtout à Valenciennes. Quant aux petites figures sculptées en bois, nos produits sont encore inférieurs à ceux de Manheim. Ce qui en approche le plus en France, c'est l'article dit de *Saint-Claude* (Jura).   L. LOUVET.

BINAGE, BINER, BINETTE. En agriculture, le binage est un second labour donné aux terres déjà labourées une première fois. Le but de cette opération est non-seulement d'ameublir de plus en plus le sol, mais aussi d'enterrer les fumiers ou autres engrais que l'on a eu soin de répandre sur les champs entre les deux labours. Par extension, on nomme aussi *binage* une opération qui n'est pas un labour, et qui n'a pas été faite une première fois : tel est le *hersage* des prairies artificielles, et même des céréales, que certains cultivateurs font au printemps, et que les agronomes les plus dignes de confiance recommandent.

En horticulture, le *binage* est un *béchottage*, expression usitée et descriptive qui devrait être généralement adoptée. Il y a cependant entre les deux opérations, dont le but et le résultat sont absolument les mêmes, une différence, qui consiste dans les instruments avec lesquels on les exécute : on bine avec une *binette*, et on béchotte avec un *béchot*. Le premier instrument est une petite pioche en fer, armée d'un long manche ; un des côtés est à deux pointes, et l'autre est tranchant. L'autre outil est une petite bêche, comme son nom l'indique. Ainsi, le binage ou béchottage est un travail léger et superficiel pour diviser et ameublir la terre autour des plantes cultivées, arracher et détruire les plantes adventices, etc.

La culture en grand emploie très-fréquemment le binage horticole : le travail du sol autour des vignes, des pommes de terre, du maïs et de plusieurs autres plantes ne diffère point de celui qu'on exécute dans les jardins. Les cultivateurs anglais sont parvenus à le rendre plus facile et plus fructueux en semant en rangées parallèles et équidistantes, non-seulement les céréales et les prairies artificielles, mais presque toutes les plantes qu'ils cultivent. C'est ainsi qu'ils sont parvenus à avoir des blés toujours exempts de mauvaises herbes.

Le mot *biner* a dans notre langue une autre acception : un prêtre *bine* lorsqu'il dit deux messes le même jour, dans deux églises différentes. La permission de *biner* doit être obtenue de l'évêque.   FERRY.

BINAILLE. *Voyez* BISAILLE.

BINAIRE (Composé). *Voyez* COMPOSÉS.

BINAIRE (Système). C'est un système de numération qui exprime tous les nombres avec deux chiffres seulement représentant l'un le zéro, l'autre l'unité. Dans le système décimal, qui emploie dix caractères, un chiffre placé à la gauche d'un autre représente des unités dix fois plus fortes. Dans le système binaire, la position d'un chiffre à la gauche d'un autre ne lui fait acquérir qu'une valeur double. Ainsi les signes 1, 10, 100, 1000, etc., dans notre manière habituelle de calculer, valent respectivement *un, dix, cent, mille*, etc., tandis que ces mêmes signes, dans le système binaire, ne représentent que *un, deux, quatre, huit*, etc. Les nombres que nous désignons ordinairement par 1, 2, 3, 4, 5, 6, 7, 8, 9, 10, etc., s'écrivent, dans le système binaire, 1, 10, 11, 100, 101, 110, 111, 1000, 1001, 1010, etc. Il va sans dire qu'on pourrait employer d'autres signes, pour éviter l'équivoque.

Pour lire un nombre écrit dans le système binaire, il faut se rappeler que le premier chiffre à droite représentant 1, le second représente 2, le troisième 4, et ainsi de suite, en doublant toujours. Par exemple, 10,111 peut se décomposer en 1+10+100+10000, ou bien, dans le système décimal, 1+2+4+16, c'est-à-dire 23. L'opération inverse n'offre pas plus de difficulté.

Leibnitz donna quelque célébrité au système binaire. Le père Bouvet, savant missionnaire à la Chine, à qui il avait fait part de diverses observations que lui avait suggérées l'étude de ce système, lui écrivit que l'arithmétique binaire donnait très-probablement l'explication d'un symbole attribué à Fo-Hi, et dont les lettrés avaient depuis longtemps perdu la clef. Cette opinion fut partagée par Leibnitz, qui, avec ses tendances mystiques, vit dans l'énigme nouvellement déchiffrée une image de la création tirée du néant par la volonté de Dieu, de même que, disait-il, tous les nombres sont engendrés dans le système binaire par le zéro et l'unité.

Comme application usuelle, disons que le système binaire démontre à première vue que l'on peut faire toutes les pesées possibles avec une série de poids dont chacun est double du précédent. Ainsi, avec les poids représentés par les nombres 1, 2, 4, 8, on pourrait faire toutes les pesées (qui n'exigeraient pas de poids fractionnaires) jusqu'à 15 ; avec un poids de plus, on irait jusqu'à 31 ; etc.

E. MERLIEUX.

BINEAU (JEAN-MARTIAL), ingénieur en chef des mines, chargé de l'inspection du matériel et de l'exploitation des chemins de fer, puis député, représentant du peuple, ministre des travaux publics, et aujourd'hui ministre des finances et sénateur, est né le 19 mai 1805 à Gennes (Maine-et-Loire). Ayant eu le prix de mathématiques au grand concours de 1821, il entra à l'École Polytechnique. Admis à l'École des Mines le 15 novembre 1826, il passa ingénieur le 4 juillet 1830, et devint ingénieur en chef en 1840. Ses connaissances en métallurgie le firent choisir pour diriger la partie des chemins de fer près du ministère des travaux publics, spécialité que quelques années auparavant il était allé étudier en Angleterre. C'est à la suite de ce voyage qu'il publia un ouvrage remarquable ayant pour titre : *Chemins de fer d'Angleterre* (Paris, 1840). En outre, il a fait imprimer dans les *Annales des Mines*, en 1835, un *Rapport sur l'emploi de la tourbe pour le puddlage de la fonte et le travail du fer au four à réverbères dans les forges d'Ichoux* (Landes) ; en 1838, un *Mémoire sur les divers procédés mis en usage pour remplacer dans les hauts fourneaux et les feux d'affinerie le charbon de bois par le bois vert desséché ou torréfié* ; en 1841, l'*Extrait d'un rapport sur les divers procédés qui ont été imaginés pour franchir à grande vitesse les courbes de petit rayon*.

En 1841, M. Robineau, député du 2ᵉ collège d'Angers, pour complaire à son neveu M. Bineau, donna sa démission, et les électeurs, non moins aimables, élurent en effet le neveu à la place de l'oncle. A la Chambre, M. Bineau s'assit au centre gauche, et parla sur les rail-ways, sur les travaux publics, sur le roulage, sur les établissements français de l'Océanie, sur la police des chemins de fer, sur les brevets d'invention, sur la réforme postale, sur la conversion des rentes, sur la navigation intérieure, etc., etc. Fonctionnaire public, quoique membre de l'opposition, candidat déclaré pour le portefeuille des travaux publics, il nageait généralement dans les eaux de M. Thiers, ce qui explique comment il ne prit aucune part aux fameux banquets réformistes de 1847.

M. Bineau accepta néanmoins, comme tout le monde, la révolution de Février, et se garda bien de bouder la république. Aussi le 30 mars un décret du gouvernement provisoire le chargeait, lui et son collègue Didion, en qualité de commissaires extraordinaires, de résoudre les difficultés graves qui avaient surgi dans le service des chemins de fer d'Orléans et du Centre. Sept jours après, un nouveau décret lui donnait la chaire d'*économie générale et statistique des mines, usines, arts et manufactures* dans l'insaisissable École d'Administration créée par les fantaisistes du gouvernement provisoire.

En même temps le département de Maine-et-Loire, fidèle à ses premières amours, l'envoyait à l'Assemblée constituante. Il y fit partie du comité des finances, appartint par ses votes à la fraction modérée de l'Assemblée, et prit une part active à ses travaux. Réélu à l'Assemblée législative, il devint ministre des travaux publics le 31 octobre 1849, à la chute du cabinet de M. O. Barrot. C'est à lui que Paris doit la conversion de la chaussée pavée des boulevards et de quelques grandes rues en chaussée empierrée. Ennemi, lorsqu'il était de l'opposition, du monopole des compagnies financières, il en devint, étant ministre, le panégyriste et le défenseur. Il eut du moins le bon esprit, lui ancien élève de l'École Polytechnique, de protéger la proposition de MM. Charras et Latrade qui donnait aux conducteurs des ponts et chaussées le droit de devenir ingénieurs lorsqu'ils faisaient preuve suffisante de capacité.

Remplacé le 9 janvier 1851 par M. Magne, et nommé commandeur de la Légion d'Honneur, M. Bineau défendit la proposition de révision de la constitution dans les bureaux. Au mois de décembre de la même année il fit partie de la commission consultative créée par le président après son coup d'État ; puis, le 22 janvier 1852, il remplaça M. Fould au ministère des finances. La rente 5 pour 100 dépassait alors le pair. M. Bineau, fidèle aux principes qu'il avait défendus autrefois, n'hésita pas à en proposer la conversion en 4 1/2 pour 100. L'opération ne se fit pas sans difficulté ; mais, grâce à l'intervention des grandes maisons de banque et au secours de la Banque de France, elle a pu arriver à son terme. Peu de demandes de remboursement ont eu lieu. Une partie des rentes rachetées ont été converties en 3 pour 100, mais elles devront s'écouler lentement sur la place pour ne pas produire de perturbation. M. Bineau a d'ailleurs une tâche bien lourde. Nos budgets se soldent continuellement en déficit depuis longtemps. Parviendra-t-il à rétablir l'équilibre entre les recettes et les dépenses dans nos budgets ? Ce serait bien beau ; mais cela nous paraît bien difficile. En tout cas, la voie des nouveaux impôts qu'il a proposés est loin de nous paraître la meilleure.

BINET (JACQUES-PHILIPPE-MARIE), de l'Académie des Sciences, mathématicien et astronome distingué, est né à Rennes, en 1786. Reçu comme élève à l'École Polytechnique en 1804, il y fut plus tard répétiteur, puis examinateur, et enfin professeur de mécanique et inspecteur général des études jusqu'en 1830. Il fut destitué par le gouvernement de Juillet, qui ne pouvait conserver un fonctionnaire aussi dévoué aux principes de la Restauration. Cependant on lui laissa sa chaire d'astronomie au Collège de France, qu'il occupe depuis 1823.

Les ouvrages de M. Binet consistent en mémoires sur les parties élevées des mathématiques et de la mécanique céleste. Ces recherches ont été imprimées, pour la plupart, dans le *Journal de l'École Polytechnique*, ainsi que dans le *Journal des Mathématiques* de M. Liouville. Diverses notes de lui ont été insérées dans la *Correspondance sur l'École Polytechnique*, dans les *Bulletins de la Société Philomatique de Paris*, et dans les *Comptes-Rendus de l'Académie des Sciences*.

En 1843 M. Binet a succédé à Lacroix dans la section de géométrie de l'Académie des Sciences.

BINGEN (Fon.ł de), en allemand *Binger-Loch*. Point remarquable sur le cours du Rhin, près de la petite ville de Bingen, dans le grand-duché de Hesse, à une trentaine de kilomètres au-dessus de Mayence.

Le Rhin, qui depuis Bâle coule dans la riche et belle vallée qui sépare les Vosges de la Forêt-Noire, élargit encore son lit, et ralentit son cours au milieu des plaines fertiles et variées qui s'étendent de Mayence à Bingen. Ici l'aspect change subitement ; plus de rives verdoyantes et unies ; des masses effrayantes de rocs escarpés s'avancent dans le fleuve et se resserrent tellement qu'elles semblent l'arrêter et l'engloutir. C'est même une opinion assez accréditée que dans les temps anciens ces montagnes arrêtaient complètement son cours, et que les eaux formaient un vaste lac du pays compris entre Manheim, Spire, Francfort, Darmstadt, etc. Les couches de sable qui couvrent cette plaine, et surtout des coquilles et des arêtes de poissons découvertes sur les hauteurs environnantes, confirment cette hypothèse. Une grande convulsion de la nature, provoquée par le lent travail des eaux, aurait ouvert ce passage.

A Bingen le tableau est effrayant et admirable. La montagne de Rüdesheim cache sa cime dans les nues; aux sommets voisins, aux flancs des hauteurs, l'œil découvre d'antiques châteaux forts suspendus comme des nids d'aigles. Le Rhin était jusque là majestueux et calme; resserré ici rapide, il se lance avec impétuosité contre les masses qui se dressent devant lui et le défient; il se brise avec un fracas dont résonnent sourdement les échos d'alentour, tourbillonne avec force, et; rejeté brusquement au nord, il tombe entre deux gigantesques lignes de rochers qui l'encaissent jusqu'à Bonn.

Sur l'un des rochers qui s'avancent au milieu du fleuve et contre lesquels il se brise, s'élève le *Maüse Thurm* (Tour des Rats), aujourd'hui en ruines, qui rappelle la mort de l'archevêque Hatto, dévoré par des rats affamés; tradition qui a inspiré une belle ballade au poëte anglais Southey.

Il n'y a pas longtemps que les rochers, traversant le Rhin dans toute sa largeur, ne laissaient aux bateaux qu'un passage fort étroit. Les récifs se montraient à nu au-dessus des flots lorsque les eaux étaient basses; ils causèrent des accidents nombreux. Le gouvernement prussien, pour favoriser la navigation, a fait exécuter des travaux qui ont rendu le passage très-praticable et sans danger aujourd'hui.

BINGER-LOCH. *Voyez* BINGEN.

BINGLEY. Le *Garrick* de la scène nationale hollandaise, naquit en 1755, à Rotterdam, de parents d'origine anglaise et qui possédaient quelque fortune. Après avoir achevé ses études, il fut destiné au commerce et placé immédiatement dans un comptoir. Mais bientôt se manifesta en lui un penchant irrésistible pour le théâtre. En 1779 il débuta sur le théâtre d'Amsterdam: Il avait alors vingt-quatre ans, et fut fort mal accueilli parce qu'on le croyait Anglais de naissance, et que les Hollandais avaient dans ce temps de graves sujets de mécontentement contre l'Angleterre, qui, sans déclaration de guerre préalable, faisait saisir tous les vaisseaux hollandais. Mais bientôt il sut vaincre tous les préjugés, qui s'élevaient contre lui, et devint l'acteur favori du public. Bien que la tragédie fût le genre le plus favorable à son talent, il ne créa pas moins avec grand succès plusieurs rôles comiques. Il possédait la langue française presque aussi bien que la sienne propre, et des comédiens français étant venus en tournée à Amsterdam et à La Haye, il prit plusieurs rôles dans leur répertoire. Il y joua fort souvent sur les théâtres français de ces deux villes avec un succès très-remarquable; principalement, en 1811, ceux de Philoctète et de Léar. Depuis 1796 il était directeur d'une troupe qui donnait des représentations surtout à Rotterdam et à La Haye. Il mourut dans cette dernière ville, en 1818.

BINOCLE (du latin *binus*, double, et *oculus*, œil). On a d'abord donné ce nom aux lunettes à branches ou *bésicles*; aujourd'hui on appelle encore ainsi les lorgnettes jumelles.

BINOIR ou **BINOT**, sorte de charrue légère, destinée, comme son nom l'indique, à donner à la terre un second labour avant les semailles. Le *binot-bascule* de Dessaus est muni de trois socs, qui, dans une terre légère, ouvrent trois sillons parfaitement égaux occupant une largeur de $1^m,354$ sur $0^m,217$ de profondeur. Le binot simple, travaillant comparativement, ouvre trois sillons sur une largeur de $1^m,33$ et une profondeur de $0^m,16$; mais les flancs et arêtes des sillons sont inégaux, attendu que le soc porte la terre dans le sillon voisin, ce qui n'a pas lieu dans les labours du binot à trois socs. Ce dernier exécute avec plus de perfection, et une augmentation de force bien sensible, trois fois plus d'ouvrage que n'en fait le binot simple, et en trois fois moins de temps. Le binot à trois socs s'emploie avec avantage dans toutes les terres crayeuses, ainsi que dans les terrains dont l'argile est peu compacte. *Voyez* SCARIFICATEUR.

BINOME (de *bis*, deux, et νομή, part). C'est le nom général de toute expression algébrique composée de deux termes réunis par l'un des signes $+$ ou $-$: $a+b$, $a-b$ sont des binomes.

On appelle *binome de Newton* une formule importante que le célèbre géomètre découvrit vers la fin de 1663. Elle permet d'élever immédiatement un binome donné à une puissance quelconque, entière ou fractionnaire, positive ou négative. Elle consiste dans l'égalité

$$(a \pm b)^m = a^m \pm m a^{m-1} b + \frac{m(m-1)}{1.2} a^{m-2} b^2$$
$$\pm \frac{m(m-1)(m-2)}{1.2.3} a^{m-3} b^3 + \dots$$

dont la loi est facile à saisir et dont on trouve la démonstration dans tous les traités d'algèbre.

Les *équations binomes* sont des équations qui ne renferment qu'une seule puissance de l'inconnue : telle est
$$ax^m \pm b = 0$$

Ces équations sont toujours susceptibles d'être abaissées, et dans tous les cas on exprime facilement leurs racines à l'aide des fonctions circulaires.

Les propriétés des équations binomes ont servi de base au célèbre théorème de Cotes.   E. MERLIEUX.

BIOGRAPHIE, BIOGRAPHE (du grec βίος, vie, et γράφω, j'écris): La *biographie* est la description de la vie, ou, pour mieux dire, l'histoire particulière d'un individu. Elle prend les formes les plus diverses. Tantôt c'est une sèche nomenclature des faits qui ont signalé l'existence d'un homme, tantôt c'est un morceau d'histoire où l'on juge, à propos de celui dont on écrit la vie, l'époque où il a vécu et les hommes avec lesquels il a été en relation; tantôt ce n'est qu'un cadre pour s'élever à des considérations morales d'une haute portée, par l'exposition des vertus ou des vices d'un homme; tantôt c'est un panégyrique dans lequel un écrivain habile ou maladroit fait ressortir les qualités de son héros en en cachant les défauts; tantôt, au contraire, c'est une violente diatribe contre l'homme dont on se fait le juge. C'est ainsi que l'on peut regarder comme des biographies les *Parallèles* de Plutarque, les *Vies* de Cornélius Népos et d'autres auteurs anciens et modernes, les *Éloges* académiques, les *Notices historiques*, les *Nécrologies*, etc., etc. Les *Mémoires* et les *Autobiographies* se rapportent encore à ce genre de littérature; mais ici c'est l'individu lui-même qui écrit sa vie, en mêlant à son récit plus ou moins de l'histoire de son temps.

Le biographe qui veut intéresser ne doit pas se borner à l'exposition des faits extérieurs de la vie qu'il retrace, il doit encore s'attacher aux faits intellectuels et moraux. Il doit choisir pour sujets des personnages dont la vie se lie aux destinées de l'humanité, c'est-à-dire des personnages qui se sont tout particulièrement distingués par leurs aventures, leur position et leurs actes, ou au moins par les circonstances morales ou psychologiques de leur existence. Dans tous les cas, une connaissance parfaite de la vie de son héros, un grand amour de la vérité, et une impartialité qui ne doit pas exclure la fermeté, sont nécessaires au biographe, s'il veut s'élever à la hauteur de l'historien. La biographie de personnages historiques suppose en outre chez l'écrivain une connaissance approfondie de l'époque dans laquelle le héros a vécu et des influences, des relations au milieu desquelles il a parlé et agi. Les ouvrages qui revêtent d'ornements poétiques, romanesques ou merveilleux la vie d'un homme considérable, ne peuvent pas être comptés au nombre des biographies.

Variété de l'histoire, la biographie a dû suivre les progrès de cette science; et si l'on s'accorde à chercher maintenant dans l'histoire des nations les lois du développement de l'humanité, on peut aussi trouver dans la vie des hommes l'histoire des progrès des peuples au milieu desquels ils ont vécu. Mais à côté de cette grande biographie historique, il y aura toujours place pour une biographie plus individuelle, plus anecdotique, une biographie pour ainsi dire privée, comme à côté des tableaux d'histoire il y a place pour des portraits de famille.

Quoi qu'il en soit de ces deux manières d'écrire la biographie, quand le personnage dont on retrace la vie l'a illustrée par ses talents ou par ses vertus, et que l'historien sait le peindre sans flatterie et sans haine, il est peu de livres qui soient plus attachants et plus riches en leçons pour la vie publique ou pour la vie privée. Ce genre de littérature était pourtant moins cultivé chez les anciens que chez les modernes, sans doute parce que l'individu, le *moi*, a acquis dans nos sociétés une importance ignorée des anciens. De nos jours la biographie est tellement goûtée, qu'il est impossible de publier les œuvres de qui que ce soit sans les faire précéder d'une notice sur l'auteur, comme on ne saurait se dispenser de la faire entrer dans les Encyclopédies, où elle semble cependant un hors-d'œuvre, mais utile et nécessaire; et son attrait est tel, que les recueils où l'on ne trouve que de la biographie se succèdent rapidement sous toutes les formes. En même temps le public, affriandé, accourt à ces séances académiques où quelque savant plus ou moins disert prononce l'éloge d'un de ses collègues, avec autant d'empressement que la cour en pouvait mettre autrefois à aller entendre les oraisons funèbres d'un Bossuet, d'un Fléchier ou d'un Massillon.

La littérature biographique est extraordinairement riche. On peut la diviser en *biographies individuelles*, *biographies spéciales*, *biographies collectives* et *biographies universelles*.

Biographies individuelles. Tacite, dans sa *Vie d'Agricola*, a donné en ce genre un modèle qui n'a pas été souvent surpassé. L'*Histoire d'Alexandre* par Quinte-Curce, quoique se rapprochant de temps à autre du roman, a survécu à l'antiquité. Certains livres de la Bible, comme ceux de *Joseph* et de *Tobie*, peuvent être rangés dans les biographies.

Parmi les biographies modernes, nous citerons en France : les *Vies de Descartes*, par Baillet; *de Voltaire*, par Condorcet; *de Théodose*, par Fléchier; les *Histoires de Fénelon et de Bossuet*, par le cardinal de Bausset; les *Vies de La Fontaine* et *de Madame de Sévigné*, par Walckenaer; *de Molière* et *de Corneille*, par M. Taschereau; *de Monck* et de *Washington*, par M. Guizot; *de Napoléon*, par M. Laurent (de l'Ardèche); en Angleterre, les *Vies de Cicéron*, par Middleton; *de Laurent de Médicis* et *de Léon X*, par W. Roscoë; en Hollande, les *Vies de Ruhnkenius*, par Wittenbach, et *de Wittenbach*, par Mahne; en Allemagne, les *Vies de Heyne*, par Heeren; *du prédicateur Reinhard*, par Pœlitz, et *de Dorothée, duchesse de Courlande*, par Tiedge; aux États-Unis, celle *de Christophe Colomb*, par Washington Irving, etc., etc. Nous en passons des plus curieuses et des meilleures; car c'est surtout en biographies individuelles que les littératures modernes sont riches.

De nos jours, en dehors de toute littérature, Paris a vu naître de nombreux ateliers biographiques, dont, grâce à la concurrence, les entrepreneurs peuvent vendre, sans les surfaire, aux grands et aux petits hommes vivants (quelles que soient leurs spécialités) de la gloire à toute dose et à tout prix. Comme de raison, le blâme et la critique, même la plus bienveillante, sont sévèrement exclus de ces recueils, dont les entrepreneurs et les commanditaires ont l'habitude de distribuer les produits à leurs amis en guise de cartes de visite. Et pourtant ces biographies ne sont pas tout à fait inutiles à quiconque veut écrire l'histoire contemporaine : à défaut de critique impartiale, on y trouve au moins le calque de nombreux faits curieux, souvent inédits, qui n'y sont pas toujours trop défigurés.

Biographies spéciales. Les ouvrages que nous rangeons dans cette catégorie sont innombrables, et embrassent le domaine entier des sciences et des arts, l'histoire entière ancienne et moderne, civile, religieuse, guerrière, politique, artistique, littéraire. Diogène-Laerce écrivit dix livres des *Vies des Philosophes*; Denys d'Halicarnasse, un *Traité des anciens Orateurs*; Cicéron, des *Entretiens sur les Orateurs illustres*; Suétone, les *Vies des douze premiers Césars* et un *Catalogue biographique des grammairiens et rhéteurs illustres*; Cornélius Népos, les *Vies des grands Capitaines*; Eunapius, celles *des Philosophes* et *des Sophistes*; saint Jérôme, celle *des Pères du désert* et un *Traité de la vie et des écrits des Auteurs ecclésiastiques* morts avant le cinquième siècle.

Depuis la Renaissance nous possédons les *Acta Sanctorum* des Bollandistes (53 vol.); les *Vies des Saints*, par Baillet et Alban Butler; les *Vies des Pères du Désert*, par Arnaud d'Andilly; celles *des Papes*, par Platine et F. Bruys; l'*Histoire générale des Auteurs sacrés et ecclésiastiques*, par D. Cellier, 25 vol.; la *Bibliothèque des Auteurs ecclésiastiques*, par Ellies du Pin (61 vol.); les *Vies des Philosophes*, par Fénelon, par Savérien, par Naigeon; des *Grands Capitaines*, par Brantôme et par Chasteauneuf (*le Cornélius-Népos françois*); des *Marins Célèbres* par Richer; des *Illustres Favoris*, par P. Dupuy; des *Femmes Galantes*, par Brantôme; des *Femmes Célèbres*, par Boccace, par Ménage, par le P. Lemoyne, par Mlle de Kéralio, par Mme Fortunée Briquet; des *Enfants Célèbres*, par Baillet, par Fréville; des *Poëtes Grecs*, par Lefèvre; des *Poëtes Grecs et Latins*, par Vossius, par J. Albert Fabricius, par Lanteires, etc.; des *Poëtes Provençaux*, par Jehan de Nostre-Dame; des *Troubadours*, par Fauchet, par La Curne de Sainte-Palaye et par Millot; des *Poëtes Français*, par l'abbé Goujet (*Bibliothèque françoise*), par Sautreau de Marsi, par Auguis, par Crapelet, etc.; les *Vies des Historiens Grecs et Latins*, par Vossius; des *Anciens Minéralogistes de France*, par Gobet; des *Médecins et des Jurisconsultes*; *Les trois Siècles Littéraires* de l'abbé Sabatier, etc., etc.

La Restauration avait vu naître le *Dictionnaire des Girouettes*, dont le véritable auteur est inconnu et qui a été plusieurs fois refait avec moins de succès que la première. Puis, il y a eu depuis à Paris une avalanche de petites biographies spéciales, à la publication desquelles l'esprit de parti resta rarement étranger, mais où par contre l'esprit faisait souvent défaut, telles que celles *des Ministres*, *des Conventionnels*, *des Députés*, *des Pairs*, *des Généraux*, *des Préfets*, *des Commissaires de police*, *du Clergé contemporain*, *des Quarante de l'Académie Française*, *des Journalistes*, *des Hommes de Lettres*, *des Représentants de 1848 et 1849*, *des Sénateurs*, etc., etc. Une seule se distingua dans la foule par sa grâce caustique et son impertinence de bon ton : c'était la *Biographie des Dames de la Cour et du Faubourg Saint-Germain*, qui eut maille à partir avec la justice, et dont l'auteur vrai ou supposé expia par une longue détention le tort d'avoir oublié que toutes les vérités ne sont pas bonnes à dire.

La France possède encore des *Biographies des Pères de l'Église*, *des Prédicateurs*, *des Hérétiques* (par Pinchinat et Pluquet); *des Hommes utiles*, par la société Monthyon et Franklin. MM. Haag font paraître *la France pro-*

testante, qui contient de consciencieuses recherches sur la vie des protestants célèbres de notre pays. Nous avons encore des *biographies des Romanciers*, *des Auteurs dramatiques*, par les frères Parfait, par le duc de la Vallière, par Laborde, etc.; *des Musiciens*, par de Laborde, par Choron, par Fayolle, par Gerber (en allemand); *des Artistes*, par Fontenay, par Fuessly (en allemand); *des Peintres*, par Vasari, Bellori, Orlandi (toutes trois en italien), Pilkinton (en anglais), Houbraken (en hollandais), Félibien, Deschamps, de Piles, d'Argenville, La Ferté, Quillet (en français), Zea Bermudez, Palomino, Velasco (en espagnol); *des Graveurs* par Gori, Basan, Walpole; *des Architectes* par Milizzia, Pingoron, d'Argenville, etc.

Peu de nations manquent de biographies spéciales de leurs hommes célèbres : Rossi a publié l'*Histoire des Auteurs Hébreux* et celle *des Auteurs Arabes;* d'Herbelot, la *Bibliothèque Orientale;* Hassan Tcheleby, *des Notices sur les Poëtes Turcs;* Graberg de Hemso, les *Vies des Scaldes Scandinaves;* Johnson, *des Biographies de Poëtes Anglais;* Eguia, une *Bibliothèque Mexicaine*, etc., etc.

Presque toutes les anciennes provinces de France ont leurs biographies spéciales, telles que celle *de Lorraine*, par dom Calmet et Chevrier; *de Bourgogne*, par Papillon; *du Poitou*, par Dreux du Radier; *du Dauphiné*, par Allard; *du Maine*, par Ansart, etc., etc. L'Italie en possède aussi un grand nombre : *générales* par Mazzuchelli et Fabroni, etc.; *locales*, pour Bologne, Crémone, Modène, le Piémont, la Toscane, Venise, Naples, etc. L'Espagne cite Nicolas Antonio, Rodrigues de Castro, Ximenez; le Portugal, Machado; l'Allemagne, Mensel, Müller, Balbini; la Hollande et la Belgique, Foppens, Pacquo, Burmann, etc.; l'Angleterre, enfin, Johnson, Walton, Ballard, Mackensie, etc., etc.

Il est peu de congrégations monastiques qui n'aient eu des Biographies spéciales de leurs écrivains. Depuis, on a publié, sous le titre de *Galeries*, des biographies de femmes célèbres, de gens de lettres, d'artistes dramatiques, de médecins, des protestants célèbres, etc., avec ou sans gravures, lithographies, notices, portraits, facsimilés, etc.

Biographies collectives. Cette catégorie se distingue de la précédente en ce qu'elle ne s'astreint pas, dans le choix de ses sujets, aux hommes d'un certain pays ou d'une certaine profession, mais elle adopte des hommes de tous les états et de toutes les nations, sans cependant vouloir nommer tous ceux qui ont un nom célèbre, ce qui est le propre des Biographies universelles. L'ouvrage le plus justement célèbre à inscrire en ce genre est la *Vie des Hommes Illustres* de Plutarque, reproduite d'âge en âge dans toutes les langues et admirablement traduite chez nous par Amyot. C'est le bréviaire des grands capitaines et des hommes d'État; c'est le livre de prédilection de deux puissants génies, Montaigne et Jean-Jacques Rousseau. Hesychius de Milet composa en grec et en latin une Biographie *De iis qui eruditionis fama claruere;* Pline le jeune, un recueil *De Viris Illustribus*, attribué aussi à Aurélius-Victor, et traduit en français par Savin. Enfin Valère-Maxime et Élien peuvent être comptés parmi les biographes de cette catégorie.

Elle s'est étrangement agrandie, que l'embarras est immense pour citer seulement quelques exemples. Mentionnons en passant : *Degli Uomini Famosi*, par Pétrarque; *Bibliotheca Illustrium Virorum*, par Boissard; la *Bibliothèque Française* de La Croix du Maine, celle de Du Verdier; les *Hommes Illustres* de Perrault; les *Mémoires* de Niceron (44 vol.), ceux de Palissot; *l'Europe Illustre* de Dreux du Radier, les *Vies des Hommes Illustres* de d'Auvigny (27 vol.), le *Plutarque Anglais*, 12 vol., le *Plutarque Français*, le *Plutarque Brésilien*, de Pereira da Silva, la *Biographie des Contemporains célèbres*, par *un homme de rien*; l'*Annuaire Nécrologique*, de Mahul, et les *Éloges* prononcés et publiés par l'Académie des Sciences, l'Académie Française, l'Académie des Inscriptions et les Académies étrangères.

Biographies universelles. Il n'y a pas d'exemple chez les anciens de ce genre d'ouvrage, dans lequel tous les hommes célèbres ou seulement fameux, anciens et modernes, doivent se donner rendez-vous, et dont la vogue chez les peuples modernes tient au désir, au besoin de trouver réunies en corps des notices historiques sur les personnages illustres de tous les pays et de toutes les époques. La première pensée d'un *Dictionnaire Historique* remonte à 1545; il fut publié à Zurich par Conrad Gessner, surnommé le *Pline de l'Allemagne*. Juigné de la Boissinière en fit paraître un en France, dont la 8ᵉ édition est de 1645. Il fut suivi du fameux *Dictionnaire* de Moreri, d'abord en 1 vol. (1673), puis en 10 à sa 19ᵉ édition de 1759; du *Dictionnaire* de Bayle, qui date de 1697, et eut six éditions, plus une, refondue en 1820 par Beuchot, en 16 vol.; du supplément de Chaufepié (1750), 4 vol.; du *Dictionnaire* de Prosper Marchand (1758), 2 petits vol.; du *Dictionnaire portatif* de Ladvocat, dont les éditions et contrefaçons sont innombrables; du Dictionnaire de l'abbé Barral (1758), 6 vol.; de celui de Chaudon, continué par Delandine, 9ᵉ édition (1810-12), 20 vol.; du *Dictionnaire Historique* de l'Abbé Feller, qui a eu plusieurs éditions, et enfin de la *Biographie Universelle* des frères Michaud, en 52 volumes, sans compter le supplément.

Cette vaste publication, une des plus importantes du dix-neuvième siècle, a droit à quelques détails. Entreprise en 1811, elle parvint en 1828 à son 52ᵉ volume, et fut bientôt suivie de trois vol. consacrés à un *Dictionnaire Mythologique*, par M. Parisot. Un supplément était indispensable pour enregistrer les contemporains illustres morts dans une période de trente années et combler d'inévitables lacunes. Le dernier volume qui a vu le jour est le 84ᵉ. En 1843 une nouvelle édition en a été entreprise; elle est arrivée à son huitième volume. La plupart des savants et des littérateurs qui depuis le commencement du siècle se sont fait un nom en France ont coopéré à la rédaction de la *Biographie Universelle*. Citons Châteaubriand, Daunou, Letronne, Auger, Silvestre de Sacy, Suard, Clavier, Féletz, Benjamin Constant, Fiévée, Walckenaer, Mᵐᵉ de Staël, Sismondi, Ginguené, Malte-Brun, Delambre, Esménard, Dupetit-Thouars, Beuchot, le chevalier Artaud, Weiss, MM. Guizot, Villemain, Cousin, de Barante, Boissonade, Tissot, Biot, etc., etc. Auger s'était chargé du *Discours préliminaire*. Cependant la *Biographie Universelle* n'est pas sans reproche, il s'en faut. Faite avec passion, souvent avec de la haine et du fiel, presque jamais avec impartialité, elle n'a pas de justes proportions : des articles importants sont trop courts, tandis que des articles sans importance sont d'une longueur extraordinaire. On y découvre des méprises, des inexactitudes, de doubles emplois. C'était inévitable dans une publication aussi gigantesque. La diversité d'opinions dans un personnel de rédacteurs souvent renouvelé a conduit aussi à d'étranges divergences d'appréciations en politique et en philosophie; mais, en somme, l'ouvrage est resté anti-libéral et jésuitique, et l'histoire y trouve surtout des matériaux amassés par l'esprit de parti. Quelques articles sont cependant des livres.

M. Barbier, le savant auteur du *Dictionnaire des Anonymes*, publia en 1820 le 1ᵉʳ vol. d'un *Examen critique des Dictionnaires Historiques*, qui forme un utile complément à la *Biographie Universelle*. De 1822 à 1831 il a paru à Venise une traduction de ce dernier ouvrage en 65 vol., qui renferme d'utiles augmentations et corrections sur les hommes célèbres de l'Italie.

La *Biographie universelle* des frères Michaud, devenue royaliste à la chute de l'empire, fut suivie, de 1816 à 1819, d'une *Biographie des Vivants*, en 5 volumes, exécutée dans le même esprit, à laquelle le parti libéral répondit en Belgique par la *Galerie Historique des Contemporains* (1817-1819), 8 volumes, et à Paris par la *Biographie des Contemporains*, de Jay, Jouy, Arnault, Norvins, etc. (20 volumes); celle-ci fut suivie d'un recueil plus jeune, plus littéraire, plus progressif, la *Biographie Universelle et portative des Contemporains*, par Rabbe, de Boisjolin, Sainte-Preuve, etc. (1826), malheureusement imprimée en caractères microscopiques. Citons encore le *Dictionnaire Historique* rédigé par le général Beauvais et Al. Barbier; le *Dictionnaire Historique, Critique et Biographique* du libraire Desenne, en 30 vol.; le *Dictionnaire de l'Histoire de France* de M. Ph. Lebas, 12 vol.; le *Dictionnaire d'Histoire et de Géographie* de M. Bouillet, 1 vol.; en Allemagne, le *Lexicon* de Jœcher, continué par Adelung et autres (11 vol.); les dictionnaires de Hirsching et Ernesti, etc.; en Angleterre, le *Biographical Dictionary*, de Chalmer (32 vol.); le *General Biography* d'Aikin (10 vol.), et comme complément de toutes les biographies universelles l'excellent journal allemand intitulé : *les Contemporains* (*Zeitgenossen*), 18 volumes, 1816-1841. En ce moment MM. Didot font paraître une *Nouvelle Biographie Universelle*, dirigée par M. le docteur Hoefer, et d'où la science ne doit bannir ni l'urbanité ni l'impartialité.

[La biographie, dans le sens collectif où ce mot se prend aujourd'hui, est d'invention moderne. L'utilité devait s'en faire sentir vivement à une époque où l'histoire, chargée de faits, est, pour ainsi dire, obligée de se résumer en tables de matières. Toutes les idées, à force de se disséminer en expressions diverses, plus ou moins confuses, ont fini par se formuler en noms d'hommes. De notre temps surtout, quand les grandes théories sociales qui animaient les compositions des Thucydide et des Tite-Live, des Froissart et des de Thou, semblent s'être écroulées sans espoir de se relever jamais, l'histoire offre l'aspect de ces constructions cyclopéennes qui se bâtissaient par le seul artifice de la juxtaposition et qui n'avaient point de ciment. Les notices biographiques sont les pierres de l'édifice. Finira Babel qui pourra !

Il en était autrement chez les anciens, où le fait moral de la société prévalait sur toutes les considérations particulières. Dans notre civilisation matérialisée, c'est le nom de l'homme qui fait la valeur de l'action. Dans la civilisation grecque ou romaine, un service rendu au pays absorbait ce nom individuel. Quand on nommait *Capitolinus* ou *Coriolan*, on rappelait plutôt qu'une personne. Le vieux Caton avait fait une histoire de la République où il ne se trouvait pas un seul nom propre. Il disait simplement : « Le consul fit adopter telle loi, le général gagna telle bataille. » Cela est touchant et sublime, à la vérité; mais ce n'était pas à Paris que cela se faisait, c'était à Rome : on n'obtiendrait pas chez nous, à ce prix, la plus légère manifestation de la moindre des vertus civiles.

C'est le sentiment du fatal égoïsme des peuples usés qui a donné naissance aux biographies; la presse dut se faire rémunératrice et vengeresse quand elle eut dénié ses titres à la Providence. Les biographies à venir seront le Panthéon, le Tartare et l'Élysée des nations athées. C'est là ce qu'on appelle le progrès.

Malheureusement, la presse est un instrument passif au service de toutes les opinions. Un recueil de notices biographiques, formé sous l'inspiration des partis, est un registre de mensonges. L'histoire impartiale et consciencieuse sera un jour fort embarrassée de choisir entre ces haines contradictoires qui font horreur et ces apothéoses contradictoires qui font pitié. Un des écrivains les plus ingénieux de notre époque a spirituellement comparé le travail du biographe à celui de l'habitant des pays volcanisés, qui fait des meubles ou des bijoux avec les laves qu'il ramasse brûlantes.

Et pourtant elle est fausse la maxime de Voltaire : « On doit des égards aux vivants; on ne doit aux morts que la vérité. » C'est juste le contraire qu'il fallait dire. L'histoire a besoin, avant tout, du témoignage des oreilles et des yeux. La tradition écrite est encore moins suspecte que la tradition orale, et la plume a plus de pudeur que la parole. D'ailleurs je ne demande au biographe des contemporains qu'une conscience droite, une âme douce et tolérante, ce qu'il faut de méthode pour classer les faits avec exactitude, ce qu'il faut de talent et de style pour les raconter avec simplicité. Je n'exige de lui ni éloquence ambitieuse, ni prétentions philosophiques. L'histoire s'en passe fort bien. Qu'il me donne le vrai, dépouillé des artifices du romancier, des controverses du publiciste, de la morgue du juge; ses personnages n'auront d'autre juge que le temps. Ch. NODIER.]

BIOLOGIE (de βίος, vie, et λόγος, discours). C'est la science de la vie; mais ce dernier mot a des sens si divers, que le domaine de la biologie peut être singulièrement étendu ou restreint suivant les auteurs. Par exemple, la *Biologie* de G.-R. Treviranus est un traité sur la vie, les facultés et les fonctions des animaux et des plantes. C'est de toutes les questions la plus compliquée par l'immense variété des causes et l'obscurité des principes qui ont pu concourir à produire tant d'êtres différents à la surface du globe, et jusque dans les profondes entrailles des mers. Sans doute, par l'impossibilité où nous nous trouvons d'expliquer avec nos sciences les phénomènes de la formation des êtres organisés, une sorte de nécessité existe de recourir à l'intervention divine. La création dans la *Genèse* s'explique par l'acte ineffable de la toute-puissance et de la sagesse suprême (*voyez* COSMOGONIE). Les merveilles de l'organisation du plus chétif insecte prouvent des rapports de causes et d'effets tellement inexplicables par les lois du hasard que l'hypothèse des épicuriens sur la production spontanée des êtres vivants ne peut aucunement satisfaire l'esprit humain; elle n'a conservé que peu de partisans. On admet un concours de circonstances heureuses, une série d'actions intelligente pendant une suite de longs siècles pour parvenir à développer, soit des moisissures, soit des animalcules, des expansions gélatineuses, des ébauches d'organes, dans les eaux croupissantes et la fange des marécages. Ainsi, Telliamed (ou Demaillet), héritant du système de Thalès, qui fait sortir tous les êtres vivants de l'eau et des mers, nous représente la longue série des animaux comme émanée d'espèces aquatiques, s'élevant par des degrés successifs de perfectionnement jusqu'au faîte de la plus haute élaboration organique, qui est l'homme.

Cette généalogie assez ridicule des carpes ou des requins pour atteindre le rang d'un Homère, d'un Newton ou d'un Voltaire, n'a pas pris une grande faveur. Toutefois ce roman a été repris avec beaucoup plus de science en histoire naturelle par Lamarck, dans ce siècle. Ce naturaliste suppose que dans l'origine des choses une matière gélatineuse, informe, soumise aux influences de la chaleur, de l'électricité et d'autres agents impondérables, en des eaux stagnantes, élabore peu à peu des formes convenables aux circonstances dans lesquelles elle se trouve placée; qu'il s'y établit des courants électriques, des mouvements de fluides, des contractions et des dilatations; que ce corps tend à s'accroître par intussusception, qu'il s'opère ainsi une nutrition ou réparation. Ensuite il y a possibilité de reproduction par division ou boutures, comme chez les zoophytes. Bientôt, ce corps tendant à maintenir l'intégrité de ses parties, ou son individualité, aspire à se coordonner convenablement avec les choses environnantes : l'huître se colle au rocher, elle enveloppe sa chair mollasse d'un test calcaire, afin d'échapper à la fureur des vagues; le poisson, éprouvant le besoin de s'avancer à travers les ondes, tend à déployer ses nageoires, à se renfler pour se rendre plus léger, et pour remonter à la surface des mers; l'oiseau nageur, élargissant les doigts de ses pattes, y étend, par ses efforts, des membranes natatoires sous la forme de rames; enfin, d'après ce système de Lamarck, il se créerait au sein des animaux des tendances, des besoins instinctifs capables de former, de développer les organes nécessaires à l'individu, comme les cornes au front des ruminants, les griffes, les becs aux oiseaux de proie, etc.

On reconnaît ici un constant paralogisme de ce savant, puisqu'il faudrait admettre avec lui que l'animal le plus informe, le plus dépourvu de tout intellect, se créât par degrés ces instincts inventifs, cette intelligence prévoyante pour toutes les circonstances ; ce qui ferait supposer le plus haut génie dans la matière la moins organisée. En effet, les plantes elles-mêmes sont constituées relativement aux lieux où elles croissent spontanément. On ne peut supposer que ce soit par l'effet d'une savante industrie, résidant, comme une dryade, dans les troncs de ces végétaux. Qui expliquerait encore les fonctions reproductives, chez les fleurs dioïques surtout ? Enfin, les merveilleuses structures de l'œil, de l'oreille, etc., si bien appropriées aux rayons lumineux, aux ondes sonores de l'air (ou de l'eau pour l'oreille des poissons), sont au-dessus de tous nos moyens d'investigation.

La biologie renferme donc une foule infinie de problèmes insolubles à notre intelligence dans l'état actuel des sciences. Nous voyons, à la vérité, cette échelle ou cette série d'animaux et de végétaux de plus en plus compliqués ou perfectionnés, depuis l'hydre ou polype jusqu'à l'homme. On a pu en conclure que le mouvement organique, d'abord très-simple chez les races inférieures et imparfaites, se complique, se perfectionne de lui-même, et crée des races mieux conformées, jouissant de facultés plus étendues à mesure que leurs sens se multiplient et que leurs fonctions deviennent plus composées ; mais ce perfectionnement graduel n'est-il pas le résultat d'une puissance intelligente, supérieure ou hyperphysique, dont la sage prévision sait ordonner de nouveaux rapports entre toutes ses productions ? En effet, tel insecte est prédisposé pour telle espèce de plante sur laquelle il vit en parasite ; tel quadrupède, comme la gerboise sauteuse, est formé pour s'élancer du milieu d'un sol sablonneux, et le chameau est constitué pour l'aridité des déserts, comme le phoque pour les rivages des mers glacées. S'il y a prédisposition harmonique des êtres les uns par rapport aux autres, ou appropriation aux localités, sans qu'on puisse raisonnablement en faire honneur à l'industrie et à la sagesse de l'individu, il faut donc reconnaître qu'une plus sublime intelligence organisa l'aile emplumée de l'aigle et la trompe du papillon qui pompe le nectar des fleurs. Dès lors, il y a providence ou prévoyance supérieure sur ce globe, et il n'est point déshérité de la Divinité.

Mais notre dessein est bien moins de discuter ici les hypothèses établies par des physiologistes sur les causes de l'existence, que d'exposer quelques-unes de ses lois principales.

La force vitale, en effet, est toujours en rapport avec l'organisation qu'elle attribue aux êtres. Dans les tissus simples des végétaux, des zoophytes ou animaux-plantes, la vitalité n'est guère développée et guère apparente ; mais si elle agit lentement, obscurément, elle est par cela même plus tenace, plus inhérente chez ces êtres ; elle peut se partager, se subdiviser dans leurs parties : c'est ainsi qu'un arbre se multiplie de boutures, de surgeons, et qu'un polype coupé, taillé en morceaux, recompose autant d'individus de chacune de ces pièces séparées et semble être plus indestructible que l'hydre de la Fable. Au contraire, chez les êtres formés de tissus différents ou très-compliqués, tels que l'homme ou les quadrupèdes, sans doute la puissance vitale est bien autrement complète, active et sensible, mais elle n'est plus inhérente ni tenace dans leurs parties : aussi un seul coup peut tuer l'homme, le quadrupède, l'oiseau ; la sensibilité, la contractilité musculaire s'éteignent chez eux plus tôt encore que dans les reptiles, les poissons, les animaux à sang froid, chez lesquels la vie était déjà moins intense et moins impétueuse. Ainsi, la force vitale se dépense d'autant plus qu'elle s'exerce avec plus de vigueur, et elle manifeste d'autant plus d'énergie et d'activité que l'organisation est plus compliquée, plus centralisée ; mais aussi elle devient susceptible alors d'une destruction rapide, instantanée.

Depuis le végétal, en remontant jusqu'à l'homme par tous les degrés successifs de complication d'organes des animaux, on voit la force vitale devenir de plus en plus énergique, ou active et sensible au dehors, mais diminuer en même proportion pour sa ténacité ou son adhérence particulière à chaque portion intérieure du corps. En effet, en descendant la série des animaux, de l'homme jusqu'au polype, on voit que le système nerveux diminue dans son étendue et ses fonctions, en sorte que la sensibilité décroît dans la même proportion : alors s'élève, au contraire, l'irritabilité ou la faculté contractile, qui prend la place et tient lieu de cette ardente sensibilité (*voyez* ANIMAL). Les animaux à sang froid jouissent de cette contractilité plus que les animaux à sang chaud, et enfin on voit parmi les insectes et les vers la contractilité et diverses actions vitales survivre longuement après la destruction partielle de ces animaux.

Il en sera de même d'une autre propriété de la force vitale, celle de la génération et de la fécondité des êtres. Dans l'espèce humaine, il n'y a pour l'ordinaire qu'un individu produit à chaque gestation ; chez plusieurs mammifères et les oiseaux, chaque portée, déjà plus nombreuse, peut aller à une vingtaine d'individus ; chez les reptiles, le nombre peut s'élever à une ou deux centaines, ou même davantage ; chez les poissons, à des milliers. Parmi les coquillages, les insectes, les individus produits sont presque incalculables ; enfin, dans les zoophytes et la plupart des végétaux, outre leur génération d'œufs ou de graines sans nombre, chaque partie séparée, chaque bourgeon, chaque branche ou scion peut reproduire un nouvel être pour une fécondité incomparable. Il semble que moins un être organisé présente de vitalité active au dehors, plus il la ramasse, la concentre dans lui, de manière à multiplier ses germes de vie, à devenir tout entier une collection de graines innombrables.

La *quantité biotique* peut donc se mesurer par la force de reproduction ou de génération. Il suit encore de là que plus les animaux présentent de simplicité dans leur organisation, plus la vitalité s'y montre inhérente, et plus ils sont féconds ou capables de se multiplier, de se propager, même par bouture et par division de leurs parties. Aussi, l'homme et les animaux perfectionnés, étant les plus sensibles, les plus actifs, deviennent amoureux, libidineux, lascifs ; ils consomment souvent en pure perte, dans les transports de la jouissance, leurs facultés vitales ; mais les espèces d'animaux des classes inférieures sont plus tempérées, plus indolentes aux plaisirs, plus rebelles aux émotions, plus disposées à l'indifférence et à l'ennui. Pareillement nos maladies se mettent à l'unisson de nos facultés vitales ; elles étaient éminemment rapides et aiguës, pour la plupart, dans l'enfance ; elles deviennent de plus en plus lentes avec la vieillesse. Ainsi, un catarrhe, dont le caractère est très-inflammatoire dans le jeune âge, deviendra languissant, inexpugnable, hors d'état de parvenir à une crise ou à une solution complète, chez le vieillard caduc, faute d'énergie biotique.

Les oiseaux et les poissons, parmi tous les animaux, ont une longue durée de vie ; cependant les premiers sont excessivement ardents, amoureux, et dépensent beaucoup de facultés ; les seconds sont froids, apathiques à la vérité, mais ils prodiguent surtout leurs forces par une immense fécondité, et l'on sait que tous les êtres très-féconds sont peu vivaces. Il semblerait donc que la longévité des oiseaux et des poissons devrait être raccourcie par ces sortes de profusions vitales, ou que la règle établie ici par nous est sujette à de grandes exceptions. Mais divers auteurs, et Buffon en particulier, ont montré que l'uniformité presque toujours constante du milieu habité par les poissons, que l'absence des grandes variations atmosphériques, desquelles ils sont en effet exempts, que la mollesse, l'apathie, l'inertie même de leurs facultés, devaient beaucoup prolonger leur existence, s'ils en dissipaient une grande partie par la génération. Il n'est donc pas surprenant de voir des brochets et d'autres poissons vivre quelquefois plus d'un siècle, bien que tous ne subsistent pas aussi longtemps d'ordinaire. A l'égard des oiseaux, le milieu dans lequel ils existent est (quoique dans un sens opposé aux précédents) la source de leur longévité. On sait combien leur respiration est vaste et fréquente ; que l'air s'étend jusque dans des sacs abdominaux, outre leurs larges poumons, qui ne sont jamais bornés par un diaphragme ; que cet air pénètre jusque dans les cavités de leurs os, jusque dans les tuyaux de leurs plumes, en sorte qu'ils sont pour ainsi dire tout poumons, ce qui les allège aussi pour le vol, et ce qu'on remarque à peu près de même parmi les insectes. Or, cette grande respiration, foyer perpétuel de chaleur, qui rend leur sang plus chaud, plus animé que le nôtre, augmente extrêmement en eux l'excitabilité vitale ; leur circulation est plus rapide, leurs muscles sont plus mobiles et plus forts, effets qu'on retrouve pareillement chez les insectes ailés ou volants.

Nous voyons combien l'oxygène atmosphérique contribue à la vigueur, à l'activité chez tous les êtres ; combien, au contraire, les hommes deviennent pâles, flasques, inertes, débiles en tout, dans ces lieux étouffés, ces caves, ces mines, ces antres obscurs, remplis d'un air méphitique ou vicié ; combien, en revanche, ils deviennent vifs, colorés, ardents, secs et tendus, sur les montagnes, dans les lieux exposés à l'air pur et agité. Ainsi, l'air est véritablement le *pabulum vitæ*, l'aliment de l'existence, comme le disaient les anciens.

Mais il est encore d'autres causes qui, fortifiant ou diminuant la puissance vitale, rendent un homme plus robuste, plus vivace, plus énergique qu'un autre. Il faut mettre sans doute au premier rang une bonne constitution. A cet égard encore, l'on peut errer lorsqu'on établit comme la meilleure complexion celle qui paraît la plus vigoureuse, la plus solidement construite ; car ces hommes s'usent bientôt, pour la plupart, dans les excès et toutes les jouissances. En effet, on peut, chez certains êtres, prolonger indéfiniment la vie en ne la consommant pas. Par exemple, chez les insectes, les mâles périssent d'ordinaire aussitôt après avoir engendré, comme s'ils léguaient leur vitalité tout entière dans l'acte génital ; mais on peut les conserver très-longtemps vivants lorsqu'on les empêche de s'accoupler. Il en est de même des herbes annuelles, dont on retarde la floraison, et que l'on fait ainsi durer une seconde année ; car, généralement parlant, tous les êtres animés astreints à la continence sont plus vivaces. De plus, l'existence se prolonge en diminuant son mouvement. Ainsi, Haller observe que les personnes à pouls languissants, ou ayant une circulation naturellement lente, vieillissent plus tard. De même, le froid, concentrant les facultés vitales à l'intérieur, en diminue la dissipation et retarde les périodes du développement. C'est ainsi qu'on peut conserver par le froid les insectes à l'état de chrysalides pendant un ou deux ans, sans qu'ils se développent ; tandis que, suivant le cours ordinaire, ils achèveraient dans l'année leur période vitale, et que plus la chaleur est vive, plus ils se hâtent d'éclore et d'engendrer, comme les végétaux, dont une température élevée précipite la floraison et la maturation des graines. Pareillement, les animaux que le froid engourdit en hiver, comme les loirs et les marmottes, les serpents et les lézards, etc., pourraient prolonger leur existence par la continuité de cet état d'hibernation et de torpeur. Une tortue ne dissipe presque rien pendant six mois d'engourdissement, sans manger en hiver.

Enfin, il est des intermissions parfois complètes de la vie chez les êtres les plus simples, et des ressuscitations de son mouvement. Jos. de Necker a vu des mousses desséchées pendant près d'un siècle dans de vieux herbiers, reprendre vie et repousser à l'ordinaire dans l'eau ; la tremelle-nostoc peut à volonté se dessécher ou mourir, puis reprendre sa verdeur, sa faculté végétative, dans l'humidité ; les lichens se dessèchent, et reprennent la végétation par les pluies cent fois par an ; mais ce fait s'est remarqué même chez des animalcules. On connaît le vorticelle rotatoire ou le rotifère observé par Spallanzani. Cet animal, aussi bien que de petits polypes d'eau douce, se dessèche pendant des années même, et peut ressusciter dans l'humidité. La vie ne semble être chez eux qu'un simple mouvement organique facilité par l'eau et déterminé par une douce chaleur. Sans ces conditions, il se suspend, comme on voit une montre s'arrêter par le froid, ou faute d'être remontée. Il y a pareillement une vie en puissance, non en acte, capable de se conserver très-longuement, dans des semences de plantes et des œufs d'animaux. On a semé des haricots tirés des herbiers du célèbre Tournefort, et ayant au moins un siècle ; ils ont germé à l'ordinaire. Cependant, d'autres graines contenant des huiles capables de rancir, comme celles du café, du thé, etc., ne germent pas si on ne les sème bientôt. Pareillement des œufs conserveraient longtemps la faculté d'éclore s'ils étaient soustraits exactement aux influences de l'air et de la chaleur, qui peuvent les faire gâter. L'on a vu du frai de poisson se conserver sous la boue des étangs desséchés pendant quelques années, puis éclore de lui-même au retour des eaux.

Chez les animaux à sang chaud, la vie est ordinairement trop intense pour éprouver ces intermissions qui la prolongent, et l'on ne voit guère d'Épiménides dormir pendant quarante ans, puis se réveiller comme du soir au lendemain ; mais la consommation générale de la vie n'est pas uniforme pendant toute sa durée active. Depuis l'époque de la naissance jusqu'à l'extrême caducité, parmi les végétaux, comme dans tous les animaux, la *force biotique* marche constamment vers son décroissement. Chez les enfants, en effet, le pouls est très-rapide, la croissance prompte ; la réparation par les aliments a lieu presque à chaque instant ; ces individus sont toujours en action, en excitation ; ils sentent avec vivacité, ils sont bouillants, téméraires, même fougueux et emportés, jusqu'à ce que, avançant en âge, ou après avoir joui, senti, expérimenté de toutes choses et dépensé une grande partie de leurs facultés, ce qui leur reste ne se prodigue plus avec autant de profusion. Alors la raison commande des ménagements et une sage économie ; en même temps, nos organes, devenus moins sensibles aux stimulants, restent lents, inertes, froids, comme chez les vieillards. Les animaux peu sensibles, froids et inactifs, ont d'autant plus de fécondité qu'ils éprouvent ou manifestent moins de volupté ; ils ne dépensent rien en plaisirs sans but, mais font tourner tout au profit de la reproduction, de même que chez les végétaux. On voit pourquoi les facultés vitales seront moins consommées chez l'homme froid, tranquille, passant des jours uniformes, comme les anachorètes, évitant les passions et les excès, les grands plaisirs et les grandes peines, ainsi que les philosophes le recommandent ; la carrière de l'existence devra être alors, toutes choses d'ailleurs égales, plus prolongée. C'est ainsi que vivent longtemps encore les êtres insouciants ou toujours contents et gais, réfléchissant peu, sentant peu, tels que les hommes apathiques, endurcis par un froid modéré, les montagnards, tous ceux que la médiocrité, qu'une pauvreté satisfaite de son sort, écarte des excès du luxe, de l'intempérance ou des délices qui accompagnent l'opulence. Aussi, les climats modérément froids retardent non-seulement la puberté, mais l'écoulement de la vie, tandis que l'ardeur des climats du midi et de la zone torride en développe rapidement toutes les phases. De même, dans la vieillesse nous sentons moins ; le mouvement organique étant ralenti, l'excitabilité moins active, la chaleur presque éteinte, le sentiment moins expansif ou plus concentré par l'égoïsme et l'avarice (qui augmentent alors), on dépense moins l'existence, on retarde le plus qu'on peut la chute fatale. Les femmes, après l'âge critique surtout, ayant une constitution plus langoureuse, plus débile, plus molle que l'homme, subsistent par cela seul très-longuement dans la vieillesse. C'est pour elles que l'épithète de *sempiternelle* (qu'on me passe cette expression) semble avoir été créée. Ainsi, à mesure que l'énergie vitale sera plus active et plus intense, moindres seront sa ténacité, son adhérence et sa durée dans l'organisation.

Les athlètes, les hercules, étant pour l'ordinaire portés à faire abus de leur puissance en tout genre, défiant même les autres à diverses vaillantises (par exemple, en excès vénériens, ou de boisson, ou de table, ou d'efforts musculaires), se ruinent, se brisent, pour ainsi parler, la santé; et plusieurs périssent tout cassés des suites de ces extravagances. Mais quand même ils vivraient dans une sage modération, cette plénitude de vigueur et de santé athlétique, parvenue surtout à l'extrême, est toujours redoutable, comme l'avait déjà remarqué Hippocrate. Les maladies que l'on peut alors éprouver déploient une affreuse énergie : par exemple, les fièvres se développent avec une impétuosité extraordinaire dans tous leurs symptômes; elles attaquent avec une vigueur digne de l'individu auquel elles ont affaire. Dans ces corps robustes, le choc devient terrible, le combat mortel; résultat impitoyable, parce que leur constitution mâle, résistante, ne cède pas à l'effort morbifique, comme ces constitutions grêles, délicates, toujours subjuguées, toujours soumises ou se pliant à tous les empires. Voilà donc pourquoi les constitutions les plus énergiques ne sont pas les plus vivaces, mais bien les faibles et les languissantes, pourvu que celles-ci ne soient pas minées sourdement par quelque vice organique, et pourvu qu'elles ménagent leurs forces en évitant tout excès.

De plus, la longévité ou la force vitale inhérente dépend principalement de l'énergie native qu'on a reçue de ses parents. Il est d'expérience que certaines familles sont beaucoup plus vivaces que d'autres; et parmi les recueils de centenaires, on voit d'ordinaire que ceux-ci étaient nés la plupart de parents qui vécurent longtemps. Certaines constitutions se développent naturellement plus tard ou plus tôt que d'autres; elles ont par là des périodes d'existence ou plus rapides ou plus prolongées.

On peut ajouter de plus que si la vie de beaucoup d'hommes se trouve raccourcie ou débilitée si fréquemment chez les citadins opulents et dans les hautes classes de la société, ce n'est pas toujours parce que ces individus ont prodigué leurs forces dans les jouissances; au contraire, plusieurs se ménagent, non par sagesse, mais par crainte. La débilité ne vient pas d'eux; ils payent les péchés de leurs parents. Ainsi, un homme vieux et à moitié épuisé se marie en vain à une jeune épouse, sa progéniture se ressentira de la faiblesse paternelle. Si les deux époux sont trop âgés ou trop jeunes, les fruits de ces époques n'auront ni la vigueur natale ni la ferme constitution des enfants nés pendant la fleur des années de leurs parents. Ce fait se remarque pareillement dans les races d'animaux qu'on multiplie, comme dans les haras des chevaux.

Tout tempérament d'ailleurs se manifeste point au même degré des forces biotiques naturelles. Voyez cet individu flasque, épais et blond, ayant une chair mollasse et pâteuse, le teint blême, les membres lourds, un ventre tombant, une structure grossièrement maçonnée; il parle, il se traîne péniblement; on dirait que l'esprit et la vie ne peuvent pas se dépêtrer chez lui de cette masse stupide et inerte d'animalité; il est bientôt accablé du moindre travail, soit corporel, soit intellectuel : aussi est-il souverainement paresseux, dormeur; cette inertie ajoute encore à la langueur de ses humeurs, à leur stase, à la langueur de ses fonctions. Quoiqu'il dépense lentement sa vie, on peut dire qu'il est comme mort avant de mourir. Tel est le lymphatique ou le pituiteux : il se trouve plus fréquemment dans les pays humides et bas, où croupit un air épais, nébuleux, tels que la Hollande;

il est entretenu dans cet état par des nourritures trop débilitantes, le laitage, le beurre, les pâtisseries, les farineux gluants, comme les bouillies, et par les boissons mucilagineuses, telles que la bière. Voyez, au contraire, ce mince et sec individu, noir de cheveux et d'un teint brun; toute sa structure est allègre, toutes ses fibres sont tendues, mobiles; ses muscles, solides, ont des formes anguleuses, maigres et comme décharnées en comparaison du précédent; il n'a point de ventre; ses pieds et ses mains sont dans une inquiétude et un mouvement perpétuels; il parle toujours avec feu et volubilité; il est turbulent, agile, ou plutôt il ne saurait vivre en repos. Son esprit s'élance toujours au delà du présent, et son corps n'est bien que là où il n'est pas. Il se dessèche, il se ronge pour la moindre contrariété; constamment fougueux et passionné dans son inconstance, à peine s'il peut dormir et s'arrêter longtemps quelque part. Voilà le bilieux; et cette chaleur qui le dévore, qui stimule incessamment son esprit et son caractère, mine son corps, le détruirait bientôt si elle ne changeait pas d'un instant à l'autre le sujet de son enthousiasme et de sa haine. Ainsi, cet être impétueux ne se repose que par la diversion qui laisse du répit à quelques facultés, tandis que les autres sont tour à tour exercées. Les pays secs et chauds, les terres arides et montagneuses exposées au midi, à un air vif, aux vents piquants; des aliments secs, épicés; des spiritueux, des échauffants, des salaisons, et autres substances âcres ou stimulantes, entretiennent, exaltent cette constitution, qui vit avec une prodigieuse intensité en peu de temps et qui s'use rapidement.

Entre ces deux extrêmes, on comprendra toutes les nuances intermédiaires. L'homme tient davantage du tempérament sec, actif et bilieux; la femme, de la complexion molle et lymphatique : ainsi, leurs forces vitales éprouveront les mêmes relations que ces tempéraments. Aussi la femme vit généralement plus longtemps que l'homme.

Enfin, nulle constitution n'est également active en tout sens, et n'emploie pareillement en tout ses puissances vitales. Le savant ou l'homme de lettres, le philosophe, exerçant beaucoup leur intelligence, s'useront principalement par le cerveau; le gourmand ou gastronome, l'ivrogne, fatiguent surtout la capacité et l'énergie de leur estomac, de leurs viscères digestifs; le voluptueux, le libertin, épuisent sans cesse leurs organes sexuels; des hommes de peine, des manouvriers robustes, employés à de fatigants travaux du corps, se cassent; ils énervent enfin leur contractilité musculaire. Voilà donc des pertes différentes relativement à la force vitale, et des dissipations diverses auxquelles elle s'accoutumerait par des habitudes plus modérées. Ainsi, la vie se répartit ou s'écoule surtout dans les organes les plus employés; elle les fortifie, les agrandit, les développe, elle en facilite l'action; mais en même temps elle diminue d'autant les autres organisations, et néglige à proportion les autres fonctions. Le gastronome ramasse tout son esprit dans son estomac, pour bien digérer, pour bien savourer d'excellents morceaux; le voluptueux attire tout à l'organe de ses jouissances, c'est là son centre; aussi tout le reste languit : il survit aux plus nobles fonctions de l'âme; il n'est plus désormais qu'un cadavre attendant le cercueil.   J.-J. VIREY.

BIOMÉTRIE, BIOMÈTRE (du grec βίος, vie, et μέτρον, mesure). On a fait de la *biométrie* l'art d'évaluer la quantité de vie d'un être, soit en intensité, soit en durée. Notre article BIOLOGIE montre combien de circonstances peuvent physiologiquement faire varier cette quantité biométrique. On a aussi appliqué ce nom à cette partie du calcul des probabilités qui recherche par l'expérience la durée ordinaire de la vie des hommes. D'autres, enfin, en ont voulu faire cet art pratique de la vie d'après lequel l'homme calcule avec soin l'emploi de son temps, de ses forces physiques et morales, en raison de son âge, de sa position, etc., de manière à vivre ou plutôt à se mouvoir avec la régularité d'un pendule. Qu'il soit nécessaire, qu'il soit sage pour chacun de régler prudemment sa vie, personne n'essayera de le nier; mais vouloir formuler systématiquement ces règles de conduite, c'est une ridicule pédanterie.

BION, poète grec qui cultiva surtout le genre de l'idylle, natif de Smyrne, mais sur la vie duquel les écrivains de l'antiquité ne nous fournissent aucun renseignement. Tout ce qu'on peut conclure d'une élégie composée à l'occasion de sa mort par Moschus, son contemporain et son ami, c'est qu'il florissait en même temps que Théocrite (de l'an 284 à l'an 246 av. J.-C.), qu'il passa la dernière partie de sa vie en Sicile, et qu'il mourut empoisonné. De tous les ouvrages de Bion qui sont parvenus jusqu'à nous le plus important est son Élégie sur la mort d'Adonis. Nous ne possédons que des fragments de ses autres œuvres; et elles brillent plus par la finesse de l'expression et la délicatesse du sentiment, que par la peinture vraie et simple de la vie pastorale. C'est Henri Estienne qui le premier sépara les poésies de Bion de celles de Théocrite; et van Metkerke en donna ensuite une édition à part (Bruges, 1565). Les œuvres de Bion réunies à celles de Théocrite ont en outre été publiées par Walckenaër, Brunck et Schœfer (Leipzig, 1809); par Gaisford, dans sa collection des *Poetæ græci minores* et par Meinecke (Leipzig, 1825). Bion a été traduit en français par Longepierre, dont la traduction, à peine lisible, contient le texte grec en regard et d'excellentes remarques critiques. Le même travail fut entrepris par Poinsinet de Sivry, par Moutonnet de Clairfons, et enfin par Gaïl (Paris, 1795).

BION de Borysthène, philosophe qui vécut à la cour d'Antigone Gonatas et qui mourut à Chalcis. Il était affranchi et avait étudié la philosophie à Athènes sous Cratès le Cynique, puis sous Théophraste et surtout sous Théodore-l'Athée. Il a composé beaucoup d'ouvrages sur la morale, dont quelques fragments nous ont été conservés par Stobée. Comme son maître Théodose, Bion faisait ouvertement profession d'athéisme. Diogène de Laerte rapporte de lui une pensée d'une grande vérité : « Le plus malheureux des hommes est celui qui désire le plus ardemment le bonheur. » Quoique Bion de Borysthène eût composé un traité de morale, il paraît qu'il était plus célèbre par ses bons mots et par ses reparties que par son système de philosophie.

Quelqu'un lui ayant demandé quel était de tous les hommes le plus inquiet, « Celui qui veut être le plus heureux et le plus tranquille, » répondit-il. Un envieux lui paraissant avoir l'air triste et rêveur, il lui demanda « si sa tristesse venait de ses propres malheurs ou du bonheur des autres ». Il disait aussi, en parlant du mariage, qu'une femme laide était un supplice pour son mari, et que si une belle était un sujet de plaisir, c'était moins pour lui que pour ses voisins. » Il avait coutume de dire à ses disciples : « Quand vous écouterez avec une égale indifférence les injures et les compliments, vous pourrez croire que vous avez fait des progrès dans la vertu. — Honorons la vieillesse, puisque c'est le but où nous tendons tous. »

Parmi les personnages célèbres de l'antiquité du nom de Bion, on cite encore : un poëte tragique, qui vivait probablement au premier siècle de l'ère chrétienne ; un mathématicien, natif d'Abdère, qui vivait dans le quatrième ou dans le troisième siècle avant J.-C., et dont il ne nous reste aucun ouvrage, mais qui avança le premier qu'il y a sur la terre certaines régions où l'année se partage en un jour de six mois et une nuit d'égale durée, idée qui suppose de sa part des notions assez positives sur les régions hyperboréennes ; enfin, deux rhéteurs, l'un natif de Syracuse, auteur d'un livre sur l'art de la rhétorique ; l'autre, dont on ignore l'origine, auteur d'un ouvrage sur le même sujet en neuf livres, dont les noms, comme ceux du livre d'Hérodote, sont empruntés aux neuf Muses.

BION (JEAN), prêtre catholique, qui embrassa le protestantisme, naquit à Dijon, en 1668, et fut d'abord curé à Ursy, en Bourgogne. Par la suite il fut nommé aumônier de la galère *La Superbe* où l'on retenait les prisonniers protestants; et ce fut le spectacle de la pieuse résignation avec laquelle ils enduraient leurs souffrances qui le décida, à embrasser une religion capable d'inspirer de tels sentiments. Il s'en alla donc abjurer le catholicisme à Genève, en 1704, puis en Angleterre, où on le nomma recteur d'une école. Il quitta plus tard cette position pour devenir chapelain d'une église anglaise en Hollande. On a de lui : *Relation des tourments que l'on fait souffrir aux protestants qui sont sur les galères de France* (Londres, 1708); *Essai sur la Providence et sur la possibilité de la résurrection* (La Haye, 1719), ouvrage original, bien qu'annoncé comme étant une simple traduction de l'anglais ; *Recherches sur la nature du feu de l'enfer et du lieu où il est situé*, traduit de l'anglais de Swinden (1728) ; *Traité des Morts et des Ressuscitants*, traduit du latin de Burnet (1731); *Histoire des Quiétistes de Bourgogne* (1709) ; *Relation du sujet qui a excité le funeste tumulte de la ville de Thorn* (1725); *Traité dans lequel on approfondit les funestes suites que les Anglais et les Hollandais ont à craindre de l'établissement de la compagnie d'Ostende* (1726), traduit de l'anglais.

BION (NICOLAS), ingénieur, mort à Paris, en 1733, à l'âge de quatre-vingt-un ans, faisait le commerce des globes et des sphères, et obtint le titre d'ingénieur du roi pour les instruments de mathématiques. On a de lui : *De l'usage des Globes et des Sphères* (1699) ; *Traité de la Construction des Instruments de Mathématiques* (1765).

BIOT (JEAN-BAPTISTE), astronome et physicien, professeur au Collége de France, membre de l'Institut, du Bureau des Longitudes, etc. On doit le compter parmi les hommes de ce siècle qui ont donné une forte impulsion à la science. Né à Paris, en 1774, il se distingua comme élève au collége Louis-le-Grand, et entra fort jeune dans l'artillerie; mais peu de temps après il se fit admettre à l'École Polytechnique, où son désir de tout embrasser et son aptitude à tout apprendre ne tardèrent pas à fixer sur lui les regards. Nommé professeur à l'école centrale de Beauvais, il y brilla par la facilité de son élocution. Cependant, il fallait un plus vaste théâtre à M. Biot : revenu à Paris dans l'année 1800, il obtint la chaire de physique au Collége de France, puis une place à l'Institut, où quelques expériences ingénieuses et la protection de Laplace le firent asseoir.

D'où venait l'intérêt si vif que portait Laplace à M. Biot? Empruntons à ce dernier quelques passages d'une communication par lui faite en 1850 à l'Académie Française, dans une de ses séances particulières, où il raconte comment, « il y a quelque cinquante ans, un de nos savants les plus illustres accueillit et encouragea un jeune débutant qui était venu lui montrer ses premiers essais : »

« Je savais, dit M. Biot, que M. Laplace travaillait à réunir un magnifique ensemble de découvertes, dans l'ouvrage qu'il a très-justement appelé *La Mécanique céleste*. Le premier volume était sous presse; les autres suivaient à de bien longs intervalles au gré de mes désirs. Une démarche qui pouvait paraître fort risquée m'ouvrit un accès privilégié dans le sanctuaire du génie. J'osai écrire directement à l'illustre auteur pour le prier de permettre que son libraire m'envoyât les feuilles de son livre à mesure qu'elles s'imprimaient. M. Laplace me répondit avec autant de cérémonie que si j'eusse été un savant véritable. Toutefois, en fin de compte, il écartait ma demande, ne voulant pas, disait-il, que son ouvrage fût présenté au public avant d'être terminé, afin qu'on le jugeât dans son ensemble. Ce déclinatoire poli était sans doute très-obligeant dans ses formes, mais au fond il accommodait mal mon affaire. Je ne voulus pas l'accepter sans appel. Je récrivis immédiatement à M. Laplace pour lui représenter qu'il me faisait plus d'honneur que je n'en méritais et que je n'en désirais. Je ne suis pas, lui dis-je, du public qui juge, mais du public qui étudie. J'ajoutais que, voulant suivre et refaire tous ses calculs en entier pour mon instruction, je pourrais, s'il se rendait à ma prière, découvrir et signaler les fautes d'impression qui s'y seraient glissées. Ma respectueuse insistance désarma sa réserve. Il m'envoya toutes les feuilles déjà imprimées, en y joignant une lettre charmante, cette fois nullement cérémonieuse, mais remplie des plus vifs et des plus précieux encouragements. Je n'ai pas besoin de dire avec quelle ardeur je dévorai ce trésor. Depuis, chaque fois que j'allais à Paris, j'apportais mon travail de révision typographique, et je le présentais personnellement à M. Laplace. Il m'accueillait toujours avec bonté, l'examinait, le discutait, et cela me donnait l'occasion de lui soumettre les difficultés qui arrêtaient trop souvent ma faiblesse... »

Au mois d'août 1804, M. Biot accompagna Gay-Lussac dans sa première ascension aérostatique. Le ballon ne s'éleva ce jour-là qu'à 3,400 mètres. Gay-Lussac fit seul une seconde ascension qui eut les résultats les plus précieux pour les sciences physiques et chimiques. Le Bureau des Longitudes chargea en 1806 M. Biot et M. Arago d'aller continuer en Espagne les opérations géodésiques destinées à prolonger la méridienne. Les deux jeunes savants prirent ensemble plusieurs milliers de hauteurs de l'étoile polaire et de l'étoile 6 de la Petite-Ourse pour déterminer la latitude de Formentera ; ils observèrent beaucoup de passages du soleil et des étoiles à la lunette méridienne, et mesurèrent en même temps la longueur du pendule à secondes pour connaître l'intensité de la pesanteur à cette extrémité australe de l'arc ; enfin ils observèrent l'azimut du dernier côté de la chaîne des triangles, c'est-à-dire l'angle que ce côté forme avec la ligne méridienne, résultat nécessaire pour orienter leurs opérations. Revenu seul, M. Biot fit à l'Institut le rapport de cette mission, rapport qui en 1821 servit de base à un ouvrage qu'il rédigea avec M. Arago sous le titre de *Recueil d'observations géodésiques, astronomiques et physiques exécutées par ordre du Bureau des Longitudes de France, en Espagne, en France, en Angleterre et en Écosse, pour déterminer la variation de la pesanteur et des degrés terrestres sur le prolongement du méridien de Paris*. Deux ans après, M. Biot, que la Société royale de Londres avait admis au nombre de ses membres associés, alla en effet aux îles Orcades faire des observations astronomiques. La réputation qui l'avait devancé engagea plusieurs savants écossais à l'accompagner et à le seconder dans ses travaux scientifiques, dont le succès intéressait toutes les nations. En 1809 il devint professeur d'astronomie à la Faculté des Sciences.

Quand Bonaparte, premier consul, voulut cacher ses lauriers d'Italie sous la couronne impériale, M. Biot, comme membre de l'Institut, lui refusa son adhésion ; et en 1815, lors de l'acceptation demandée pour l'Acte additionnel, son vote fut également négatif. Ce sont là deux actes courageux de la vie politique de M. Biot, qui plus tard, sous la Restauration, se rangea parmi les savants du parti bourbonien ; et alors son influence fut plus d'une fois fatale à l'enseignement public en protégeant de notoires incapacités.

Le talent de M. Biot s'est constamment plié au bonheur à une foule de questions ; l'énoncé seul de ses mémoires en serait une preuve suffisante. Il a une très-grande facilité réunie à beaucoup d'esprit et de sagacité. Dans sa chaire, M. Biot est très-élégant, mais un peu diffus ; dans ses livres, il fait preuve de qualités de style incontestables, mais il est prolixe et aime trop à s'étendre longuement sur chaque objet ; ce défaut est si sensible chez lui que les dernières éditions de ses ouvrages sont réputées les moins bonnes. Le temps pour lui est moyen, non d'abréger et d'éclaircir, mais d'allonger et d'embrouiller. Cependant, pour lui rendre la justice qui lui est due, nous devons ajouter que la vie de M. Biot a été laborieuse entre celles de tous les savants de notre époque ; il aime la science pour elle-même, et c'est là un de ses grands mérites.

Une appréciation ou seulement la liste complète des ouvrages de M. Biot serait trop longue pour trouver place ici. Nous nous contenterons de citer ses principaux travaux : 1° *Analyse du Traité de Mécanique céleste de Laplace* (1801, in-8°), hommage rendu par M. Biot à son illustre protecteur ; 2° *Traité analytique des Courbes et des Surfaces du second degré* (1802, in-8°), ouvrage très-estimé, et qui serait sans doute plus suivi dans l'enseignement si son auteur était examinateur pour l'admission aux écoles du gouvernement ; 3° *Essai sur l'Histoire des Sciences depuis la Révolution française* (1803, in-8°) ; 4° *Traité élémentaire d'Astronomie physique* (1805, 2 vol. in-8°), dont la réimpression a eu lieu en 1845 avec de notables augmentations, renfermant un exposé complet des nouvelles méthodes géodésiques ; 5° *Recherches sur les Réfractions ordinaires qui ont lieu près de l'horizon* (1810, in-4°) ; 6° *Tables Barométriques portatives*, donnant les différences de niveau par une simple soustraction, avec une instruction contenant l'histoire de la formule barométrique et sa démonstration complète par les simples éléments de l'algèbre, à l'usage des ingénieurs (1811, in-8°) ; 7° *Recherches expérimentales et mathématiques sur les mouvements des molécules de la lumière autour de leur centre de gravité* (1814, in-4°) ; 8° *Traité de Physique expérimentale et mathématique* (1816, 4 vol. in-8°), un des meilleurs ouvrages qui aient été écrits sur cette matière, et qui se recommande surtout par l'application du calcul aux phénomènes et aux expériences ; 9° *Précis élémentaire de Physique expérimentale* (2 vol. in-8°, 3° édit., 1825) ; 10° *Physique Mécanique* de E. G. Fischer, traduite par madame Biot, avec des notes et un appendice sur les anneaux colorés, sur la double réfraction et la polarisation de la lumière, par M. Biot ; 11° *Recherches sur plusieurs points de l'astronomie égyptienne, appliquée aux monuments astronomiques trouvés en Égypte*.

La polarisation est surtout redevable en grande partie à M. Biot des immenses progrès réalisés dans sa théorie. Depuis 1813 il a publié une suite presque non interrompue de mémoires où il a examiné cette partie de l'optique sous toutes ses faces. Outre leur importance scientifique, ces travaux ont eu souvent d'heureuses applications : tel est le *Mémoire sur un caractère optique à l'aide duquel on reconnaît immédiatement les sucs végétaux qui peuvent donner des sucres analogues au sucre de canne, et ceux qui ne peuvent donner que du sucre analogue au sucre de raisin*. C'est en poursuivant ses études sur l'application des propriétés optiques à l'analyse chimique, que M. Biot est parvenu depuis à mesurer exactement les proportions de sucre cristallisable qui restent dans les mélasses, résultat d'une haute importance pour le commerce.

Quelque nombreux que soient les ouvrages et les travaux scientifiques de M. Biot, il n'en a pas fait son occupation constante ; il a rédigé pour la *Biographie universelle* d'importants articles, entre autres *Descartes*, *Francklin*, *Galilée*, etc., articles qui sont pourtant moins complets qu'on n'aurait dû s'y attendre ; en 1812 il publia un *Éloge de Montaigne*, qui obtint une mention au jugement de l'Académie Française.

BIOT (ÉDOUARD-CONSTANT), fils du précédent, naquit à Paris le 2 juillet 1803. Après avoir terminé ses études avec distinction au collège Louis-le-Grand, il fut reçu en 1822 à l'École Polytechnique. De retour d'une mission scientifique dans laquelle il avait accompagné son père en Italie, Édouard Biot s'associa à MM. Séguin frères, d'Annonay, pour la construction du chemin de fer de Saint-Étienne à Lyon. L'un des premiers, il démontra en France l'immense avantage que l'on devait retirer de ce nouveau moyen de communication. C'est dans le même but que, en 1833, il traduisait l'important traité de M. Babbage, et que l'année suivante il faisait paraître, sous le titre de *Manuel du Constructeur de Chemins de Fer*, un livre élémentaire tendant à populariser leur mécanisme.

Vers cette époque, Édouard Biot commença à étudier la langue chinoise. Admis en 1835 dans le sein de la Société Asiatique, il s'en montra bientôt l'un des membres les plus zélés. Il appliquait ses vastes connaissances à des recherches historiques. Il avait surtout fait une étude approfondie de l'organisation et des statuts de la corporation des lettrés, cette institution fondamentale du Céleste-Empire. Ses mémoires sur divers points de l'histoire des sciences de la Chine avaient aussi secondé utilement les travaux mathématiques et astronomiques de son père et d'autres savants. Édouard Biot fut élu en 1847 membre de l'Académie des Inscriptions et Belles-Lettres. Affaibli par des labeurs incessants, il est mort en mars 1850, emportant les regrets de tous ses collègues.

On doit encore à Édouard Biot : 1° *De l'abolition de l'esclavage ancien en Occident*, etc. (Paris, 1840), ouvrage auquel une médaille d'or a été décernée par la cinquième classe de l'Institut; 2° *Dictionnaire des villes et arrondissements de l'empire chinois*, avec une carte de la Chine par Klaproth (Paris, 1845, grand in-8°); 3° une foule de *Mémoires* d'un grand intérêt pour la science, et qui ont été publiés dans le *Journal Asiatique*, le *Journal des Savants*, etc.

BIPARTI. *Voyez* BIDENTÉ.

BIPÈDE (de *bis*, et de *pes*, pied), nom par lequel les naturalistes désignent en général tous les animaux qui sont munis de deux pieds seulement. Les bimanes, les gerboises, les kangourous, les oiseaux sont bipèdes.

Lacépède, d'après Pallas, avait appliqué ce nom de *bipèdes* à certains reptiles munis de deux pieds seulement, qui font partie de l'ordre des sauriens et de la famille des urobènes; le nom d'*hystérope*, proposé par M. Duméril, a été préféré.

BIPENNE (de *bis*, deux, et *penna*, pointe), sorte de hache à deux tranchants dont se servaient surtout les anciens. *Voyez* HACHE.

BIPINNATIFIDE (de *bis*, deux fois; *pinna*, aile; *findo*, je divise). Les feuilles des végétaux sont dites *bipinnatifides* lorsque, étant partagées en lobes latéraux qui atteignent presque jusqu'à la nervure moyenne, chacun de ces lobes est de plus divisé en segments profonds, de manière à simuler une feuille pinnatifide. On voit de nombreux exemples de cette disposition dans les fougères.

BIPINNÉ ou **BIPENNÉ** (de *bis*, deux fois, et *pinnatus* ou *pennatus*, ailé). Une feuille est *bipinnée* lorsque son pétiole principal porte de chaque côté un certain nombre de pétioles secondaires, sur lesquels les folioles sont rangées comme dans une feuille pinnée. Telles sont les feuilles de beaucoup de mimeuses.

BIQUE, BIQUET, noms vulgaires de la chèvre et du chevreau, que le P. Thomassin fait dériver, ainsi que *bouc*, du mot grec βήκη, qu'on trouve dans Hésychius, pour désigner une chèvre.

BIRAGUE (RENÉ DE), chancelier de France, cardinal, était né à Milan, le 3 février 1507, d'une famille distinguée, qui avait montré beaucoup d'attachement pour la France dans les guerres d'Italie. Galéas de Birague, son père, était patrice à l'époque où Louis XII et François Ier occupaient le duché de Milan. Pour éviter la vengeance de Louis Sforce, René de Birague se réfugia à la cour de François Ier lorsque les Français abandonnèrent le Milanais. Le roi de France le fit conseiller au parlement de Paris. Lorsque la paix rendit le Piémont au duc de Savoie, François Ier, qui avait nommé Birague surintendant de la justice et président au sénat de Turin, lui donna le gouvernement du Lyonnais. Le même prince l'envoya au concile de Trente.

Birague obtint toute la confiance de Catherine de Médicis, à laquelle il se dévoua corps et âme. Il savait que rien n'est à négliger pour gagner la faveur des princes : il était tout à tous; c'était l'homme indispensable pour les affaires et les plaisirs. Il avait introduit à la cour la mode des bichons; les dames et les courtisans portaient partout de petits chiens de Malte et de Lyon. Henri III en avait toujours quelques-uns dans une élégante corbeille suspendue à son cou avec des nœuds de ruban. Aux bichons succédèrent les confréries de pénitents et les processions. Toutes ces folies, que partageait Birague, moins par goût que par spéculation, n'étaient pour lui qu'un moyen de parvenir au pouvoir et de s'y maintenir. Il ne reculait devant aucun crime nécessaire à son ambition; la Ligue n'eut point de chef plus audacieux et plus effréné.

En 1570, Charles IX le fit garde des sceaux. Ce fut lui qui provoqua et organisa le vaste massacre de la Saint-Barthélemi. Michel L'Hospital avait donné pour la dernière fois sa démission de chancelier en 1568. Sa retraite était une bonne fortune pour le parti des Guise. Birague partageait à l'égard de cette famille la haine et la faiblesse de Catherine de Médicis; tous deux tremblaient devant les Guise, et les détestaient. Aussi, dans le plan de massacre, les Guise et les Montmorenci étaient destinés à périr; et de leur côté les Guise ne voyaient dans la reine-mère et dans son confident intime, Birague, que des instruments nécessaires et dociles. Les chefs de la Ligue n'avaient pas osé braver l'opinion au point de donner à Birague, si décrié pour ses mœurs, et dont l'ignorance était notoire, la charge de chancelier, vacante par la démission de Michel L'Hospital. Les sceaux avaient été provisoirement remis à Jean de Morvilliers, évêque d'Orléans, qui n'avait accepté que dans l'espoir de les remettre à L'Hospital. La qualité d'étranger était un obstacle à ce que Birague exerçât une grande charge en France; on avait pris la précaution de le faire naturaliser par Charles IX. Morvilliers en garda les sceaux que deux ans. La Ligue avait pris une grande consistance; tout était disposé pour l'entière extermination des huguenots. Morvilliers n'était plus qu'un obstacle. Il reçut l'ordre de remettre les sceaux à Birague, et s'estima heureux de quitter un ministère qu'il ne pouvait plus garder sans se rendre complice des attentats que l'on méditait, et dont il prévoyait la prochaine exécution. La charge de chancelier était avant le règne de François Ier une grande magistrature élective et vraiment nationale; elle était à vie. Aussi Morvilliers et Birague avaient la garde des sceaux, mais non le titre de chancelier. Birague ne prit ce titre qu'après la mort de Michel l'Hospital, en 1573.

Henri III, dévot et libertin, passait sa vie avec ses mignons et en processions. Il avait, dans un voyage à Lyon, assisté à une procession de pénitents appelés *flagellants*. Il s'était fait initier à ces confréries, et de retour à Paris, il en avait fondé de semblables. Le 25 mars 1583 la capitale eut le spectacle d'une de ces processions. Birague, alors chancelier, y parut couvert d'un sac et armé d'une discipline. Henri III avait cru se concilier le respect public par ces fastueuses démonstrations, il n'obtint que le mépris. Birague avait la réputation de savoir se servir du poison pour se débarrasser de ses ennemis ou de ceux de la reine-mère. Lorsque Henri III, dans un passage à Turin, en 1574, cut la folle générosité de promettre au duc de Savoie la restitution des villes de Pignerol, Savillan et autres, Birague refusa de sceller les pouvoirs qui devaient autoriser cette remise impolitique; on le vit aux états de Blois, en 1576, haranguer après Henri III. « Le monarque, dit L'Étoile, parla discertement et fort à propos. » On dit que Jean de Morvilliers avait fait sa harangue; « mais celle du chancelier fut ennuyeuse et ridicule, car il s'excusa sur sa vieillesse et son ignorance des affaires de la France. De quoi donc se mêlait-il? ajoute naïvement Mézerai. « Il enfila, dit-il, un long discours sur la puissance du roi, lassa tout le monde des louanges de la reine-mère, et conclut par demander de l'argent, à quoi on n'était guère disposé. »

Birague, devenu veuf, embrassa l'état ecclésiastique, et fut nommé évêque de Lavaur. Le saint-siége ne fut point ingrat envers lui, et récompensa ses services par le chapeau de cardinal. Birague vivait en prince, et sans souci de l'avenir. Il lui eût été facile de se faire donner de gros bénéfices; il n'y songea pas : le trésor public n'était-il pas celui des ministres? Mais depuis qu'il avait remis les sceaux au comte de Chiverny, son successeur, le trésor lui avait été fermé. Il n'avait plus qu'une grande dignité ecclésiastique sans profit. L'autorité royale était pour lui une sorte de culte. Il répétait souvent qu'il était chancelier du roi, et non pas chancelier de la France. Envoyé par Henri III au parlement de Paris pour y faire enregistrer de nouveaux édits bursaux, il s'embrouilla dans son discours, et répéta souvent : « Les impôts demandés sont injustes, mais nécessaires, et tout le monde sent cette nécessité. » Il s'arrêtait à cette phrase comme à une idée fixe. S'il eût montré un dévouement aussi exclusif aux prétentions du saint-siége, il en aurait obtenu des faveurs, et aurait pu soutenir sa dignité de cardinal. Quelque temps avant sa mort, il disait qu'il était cardinal sans titre, prêtre sans bénéfice et chancelier sans chancellerie. Dans le temps de sa prospérité, il avait fait réparer et avait richement doté l'église Sainte-Catherine du Val des Écoliers. On lui devait aussi l'érection d'une grande fontaine monumentale dans le même quartier. Elle devait perpétuer son nom ; mais elle fut démolie par la population du quartier, en haine de son fondateur. Cependant on la rebâtit sur un nouveau plan en 1627. Le magnifique tombeau qu'il avait fait élever à Valencia Babiani, son épouse, dans l'église Sainte-Catherine, avait été respecté : Birague y fut inhumé.

Le cardinal de Birague mourut à Paris, le 6 décembre 1583, âgé de soixante-seize ans ; ses obsèques furent magnifiques ; le parlement y assista en corps. Il n'avait eu de son mariage avec Valencia Babiani qu'une seule fille, qui fut mariée trois fois, et mourut dans l'indigence. Depuis la mort de son troisième époux, elle n'avait vécu que des secours qu'elle recevait de quelques personnes de la cour qui avaient eu des relations d'intérêt ou d'affection avec son père.

DUFEY (de l'Yonne).

BIRD-GRASS (c'est-à-dire herbe d'oiseau, de l'anglais *bird*, oiseau, et *grass*, herbe). Cette espèce du genre *agrostis*, de la famille des graminées, est cultivée aux États-Unis, principalement dans les terrains humides et tourbeux, où elle produit en abondance un fourrage de bonne qualité. Des cultures faites pour le propager en France ont très-bien réussi dans d'autres terrains, même dans des sables profonds. Malheureusement l'extrême finesse de la graine et la lenteur du premier accroissement de la plante rendent difficile le succès complet des semis ; souvent le jeune plant est étouffé par les mauvaises herbes ; il faudrait alors remplacer le semis sur place par la *plantation*, méthode qui demande beaucoup trop de soins.

BIRÈME (de *bis*, deux, et *ramus*, rame), vaisseau qui avait deux rangs de rames. *Voyez* GALÈRE.

BIREN (ERNEST-JEAN), duc de Courlande, né en 1687, était, à ce qu'on prétend, petit-fils d'un valet d'écurie du duc Jacques de Courlande, et fils d'un propriétaire courlandais, nommé Bühren. Il étudia à Kœnigsberg, et sut par son élévation rapide faire oublier la bassesse de son extraction. Son extérieur agréable et un esprit cultivé lui méritèrent les bonnes grâces de la duchesse de Courlande Anne Iwanowna, nièce de l'empereur de Russie, Pierre le Grand. Lorsque Anne monta sur le trône des czars, en 1730, elle appela Biren auprès d'elle à Saint-Pétersbourg, malgré l'engagement qu'elle avait pris de ne point l'amener en Russie, et le combla d'honneurs. C'est alors qu'il prit le nom et les armes des ducs de Biron de France, et il ne tarda pas à être l'arbitre souverain des destinées de la Russie, grâce à l'ascendant illimité qu'il exerçait sur l'impératrice. Plein d'orgueil et du caractère le plus despotique, il s'abandonna sans frein à toutes les passions haineuses qu'il nourrissait contre les rivaux de son ambition. Les princes Dolgorouki et leurs amis devinrent ses premières victimes. Plusieurs milliers d'individus furent mis à mort par ses ordres, et un plus grand nombre encore frappés d'exil. On assure que l'impératrice se jeta plusieurs fois à ses pieds pour le supplier d'adoucir sa fureur, sans que jamais prières ni larmes pussent l'émouvoir. On ne saurait contester toutefois que l'énergie de son caractère imprima une activité utile aux différents rouages administratifs de ce vaste empire.

En 1737, Anne contraignit les Courlandais à l'élire pour leur duc ; cinq ans auparavant il avait épousé une Courlandaise du nom de Treyden et de la famille Trotta. Sur son lit de mort, l'impératrice, à sa demande, le désigna comme régent de l'empire et comme tuteur du prince Iwan encore mineur, qui devait lui succéder sur le trône. Anne mourut le 28 octobre 1740, et le régent se comporta d'abord avec prudence et modération ; mais bientôt une conjuration se forma contre lui. De concert avec la mère du jeune empereur, le feld-maréchal Munnich le fit arrêter pendant la nuit dans son lit, et conduire sans désemparer à la forteresse de Schlusselburg, où on instruisit son procès et où on le condamna à la peine de mort. Mais comme il avait été impossible de fournir la preuve qu'il eût conçu le projet de s'emparer du trône pour lui et sa famille, la peine de mort fut commuée en une détention perpétuelle avec confiscation de ses biens.

On le déporta en Sibérie avec toute sa famille, destinée, ainsi que lui, à habiter une prison construite à Pelim, sur un plan qu'avait fourni lui-même le feld-maréchal Munnich ; mais dès l'année suivante, Élisabeth, fille de Pierre le Grand, étant montée sur le trône par suite d'une révolution, Biren fut rappelé le 20 décembre 1741, et Munnich alla prendre sa place dans la prison qu'il avait fait bâtir à l'intention de Biren. A Kazan les deux traîneaux se rencontrèrent ; Munnich et Biren se reconnurent, et continuèrent chacun sa route sans échanger une seule parole. Biren vécut alors avec sa famille, pendant tout le règne d'Élisabeth, à Iaroslaw, et dans les conditions les plus agréables. A son avénement au trône en 1762, Pierre III fit cesser son exil en même temps que celui de Munnich ; et quand Catherine II ceignit la couronne impériale, le duché de Courlande fut restitué à Biren. Il le gouverna dès lors avec justice et humanité, et mourut le 28 décembre 1772, trois ans après avoir abdiqué le pouvoir en faveur de son fils ainé, Pierre.

BIREN (PIERRE), duc de Courlande et de Sagan, comte du Saint-Empire, fils ainé du précédent, né à Mittau, le 15 février 1724, partagea la disgrâce et la captivité de son père ; mais en 1762 le tsar Pierre III lui conféra le grade de général-major de cavalerie. Son règne (qui dura du 24 novembre 1769 au 28 mars 1795) fut des plus orageux. Pendant les années 1784 à 1786, qu'il était allé passer à l'étranger, il surgit entre son gouvernement et les états des difficultés qui l'entraînèrent dans de nombreux procès, qu'il lui fallut soutenir à Varsovie, et par suite desquels il se trouva contraint, le 28 mars 1795, de signer un acte par lequel il céda en toute souveraineté la Courlande à l'impératrice Catherine, tout en se réservant pour lui et sa descendance les honneurs et les priviléges inhérents au titre de prince souverain. Il n'eut point d'enfants de ses deux premières femmes. La troisième, *Anne-Charlotte-Dorothée*, comtesse de MEDEM (née le 3 février 1761, morte le 20 août 1821, dans la terre de Lœbichan, au pays d'Altemburg), femme aussi remarquable par sa beauté que par la grâce toute particulière de son esprit et par la noblesse de tous ses sentiments, qu'il avait épousée le 6 novembre 1779, lui donna quatre filles, dont les deux plus jeunes vivent encore : *Jeanne*, née le 24 juin 1783, mariée le 18 mars 1801 à François Pignatelli de Belmonte, duc d'Acerenza, aujourd'hui veuve; et *Dorothée*, née le 21 août 1793, mariée le 23 avril 1809 à Edmond de Talleyrand-Périgord, duc de Talleyrand et duc de Dino en Calabre, créée duchesse de Sagan par investiture royale, le 6 janvier 1845.

Après son abdication, le duc Biren de Courlande vécut tantôt à Berlin, tantôt dans ses terres, la principauté de Sagan, achetée en 1786 au prince Lobkowitz, et le domaine de Nachod, acheté en 1792; il mourut le 12 janvier 1800, à Gellenau en Silésie. Il fut la souche de la famille de BIREN-SAGAN, tandis que son frère, *Charles-Ernest* de BIREN, né le 30 septembre 1728, fils cadet du duc Ernest-Jean, fonda la ligne de BIREN-WARTENBERG. Celui-ci mourut le 16 octobre 1801, laissant deux fils. — L'aîné, le prince *Gustave-Calixte* DE BIREN, né le 29 janvier 1780, avait d'abord été destiné par Catherine II à devenir un jour duc de Courlande. Quand ce duché eut été incorporé à l'empire de Russie, il fut nommé officier dans la garde impériale et chambellan. Plus tard il entra au service de Prusse, et acheta en 1802 la seigneurie de Wartemberg, située en Silésie. Après avoir pris part aux dernières campagnes des coalisés contre la France, il mourut le 20 juin 1821, avec le grade de lieutenant général et le titre de gouverneur de Glatz. Sa femme, fille du comte de Maltzan, lui avait donné trois fils : *Calixte*, prince de BIREN-COURLANDE, né le 3 janvier 1817, propriétaire des seigneuries de Polnisch-Wartemberg et de Mielcezin; *Charles*, né le 13 décembre 1811, mort le 21 mars 1848, auteur d'un ouvrage sur le nouveau système de prisons (Breslau, 1847), et *Pierre*, né le 12 avril 1818, officier au service de Prusse.

BIRIBI, nom d'un jeu de hasard, qui nous est venu d'Italie, et dont les instruments sont un grand tableau qui contient soixante-dix cases numérotées, et un sac dans lequel sont soixante-dix petites boules, contenant chacune un numéro du tableau. Chaque joueur tire à son tour une boule du sac, et si le numéro du billet répond à celui de la case du tableau sur laquelle il a mis son argent, le banquier lui paye soixante-quatre fois sa mise. On conçoit que l'avantage du banquier est toujours de 6 sur 70. Le biribi n'est autre chose que la loterie en miniature.

BIRKADEM, village de la province d'Alger, créé spontanément par la population, vers 1841, dans le Fâhs ou banlieue d'Alger, autour de la belle fontaine de Birkadem. L'administration est restée étrangère à cette œuvre des colons, dont l'industrie toute seule a su ériger ce village. Il a suffi d'en régulariser le développement par un plan d'alignement. On a aliéné les terres que le domaine y possédait; on y a construit une église, un presbytère, une école et une caserne de gendarmerie. La route d'Alger à Blidah, qui traverse Birkadem, lui donne de l'importance; les Maures y possèdent des vignes superbes, dont ils ont un soin particulier.

BIRKEN (SIGISMOND DE), poète allemand du dix-septième siècle, qui, avant d'être anobli, s'appelait *Betulius*, naquit en 1626, à Wildenstein, près d'Eger, où son père était pasteur protestant. A Nuremberg, où il était venu s'établir avant même d'avoir complètement terminé ses études académiques, les conseils d'Harsdœrffer et de Klaj donnèrent une sage direction à ses remarquables dispositions poétiques, et bientôt il fut admis dans la célèbre société littéraire dite *Ordre des Fleurs*. Chargé en 1646 et 1647 de l'éducation des deux fils du duc Auguste de Brunswick-Wolfenbuttel, *Antoine-Ulrich* et *Ferdinand-Albert*, et plus tard de celle d'une princesse de Mecklembourg, il revint à Nuremberg, où se tenait une diète impériale chargée de pourvoir à l'exécution de la paix de Westphalie. Le prince Octave Piccolomini l'ayant prié de composer un poëme sur cette circonstance, il s'acquitta de cette tâche avec tant de bonheur, que l'empereur Ferdinand III, pour lui témoigner sa satisfaction, lui accorda des lettres de noblesse. En 1658 l'*Ordre des Fleurs* le nomma, à la mort de Harsdœrffer, président des *bergers de la Peignitz*, honneur littéraire auquel il ne laissa pas que d'être très-sensible, quoique la grande joie de sa vie fût l'amitié qu'avait conservée pour lui son ancien élève le duc Antoine-Ulrich de Brunswick, qui lui demeura tendrement attaché jusqu'à sa mort, arrivée, à Nuremberg, le 16 juin 1681.

Birken s'essaya, à diverses reprises, dans le genre dramatique, et composa quelques-unes des pièces allégoriques qui faisaient alors le fonds obligé de toutes les grandes fêtes ou cérémonies. Il y fait preuve d'un vrai talent, de même que dans ses poésies lyriques, qui brillent par l'imagination et le sentiment, bien qu'une certaine afféterie pédantesque trahisse tout de suite l'école à laquelle appartenait l'auteur.

Cet écrivain n'occupe pas une place moins distinguée dans l'histoire de la prose allemande. Son *Miroir des Gloires de la maison d'Autriche*, ouvrage composé par ordre de l'empereur Léopold 1er, est resté, en dépit des entraves de tout genre imposées à l'auteur par le cabinet de Vienne, un des bons ouvrages historiques allemands du dix-septième siècle.

BIRKENFELD, principauté faisant partie du grand-duché d'Oldenbourg, auquel elle a été adjugée en vertu des stipulations du congrès de Vienne, et par un traité conclu à Francfort, le 8 avril 1817, avec la Prusse, à titre d'indemnité de territoire, comme compensation de divers arrondissements faits à ses dépens par le Hanovre et la Prusse. Elle est située dans le ci-devant département français de la Saar, et compte une population d'environ 30,000 âmes. Cette enclave est bornée au nord par le grand bailliage hessois de Meisenheim, et renfermée de tous les autres côtés dans les cercles prussiens de Trèves et de Coblentz. La superficie totale de la principauté de Birkenfeld, dont le territoire s'étend entre le Rhin, la Saar et la Moselle, est d'environ 7 à 8 myriamètres carrés, et est divisée en trois bailliages : Birkenfeld, Oberstein et Nohfelden. Malgré la présence d'un grand nombre de forêts, de montagnes et de rochers, la bonne terre arable n'y fait pas défaut, et on y cultive même la vigne. Cependant la culture des céréales n'y donne pas des produits en rapport avec les besoins de la population. Sous le rapport religieux, est divisée en douze églises luthériennes, deux églises réformées, et sept églises catholiques placées sous l'autorité hiérarchique d'un doyen et relevant de l'évêché de Trèves. *Birkenfeld*, ville de 2,900 habitants, chef-lieu de la principauté, est située au centre même du pays.

BIRMAN (Empire) ou BIRMANIE, l'empire des *Mranmas*, ainsi que s'appellent eux-mêmes les habitants de cette contrée, est le pays le plus important et le plus vaste de la Péninsule indienne, dont il couvre la quatrième partie. On ne possède encore que des renseignements très incomplets sur son état intérieur; et il n'y a guère que les rapports récents des Anglais avec les Birmans, l'ouvrage de San-Germano et les recherches de Crawfurd qui aient jeté quelque lumière sur ces régions. Ses limites sont au nord les contrées montagneuses et inconnues du Sive-Schân et du Bor-Khamti; à l'est, les frontières occidentales de la province chinoise de Younnan, et le Salouan ou Thalouan, cours d'eau qui les sépare du royaume de Siam; au sud, le golfe de Martaban, et à l'ouest les chaînes de l'Arakan et les frontières assez mal déterminées du pays de Kadjar. Ce n'est qu'approximativement qu'il est possible de préciser la superficie comprise entre ces diverses délimitations, c'est-à-dire entre le 16e et le 24e de latitude septentrionale; et nous l'évaluerons ici à 5,500 myriamètres carrés, dont 4,400 pour l'empire Birman et 1,100 pour les différents territoires qui en relèvent plus ou moins directement. L'empire Birman proprement dit n'en comprend d'ailleurs que le quart, puisqu'il faut encore citer comme faisant partie de l'ensemble désigné sous cette dénomination générale le pays de Koschân-Pri ou Kasi-Chân et de Mrelap-Chân, placé dans des rapports de sujétion médiate, les parties de Cassay ou Moitay, l'Io-Pri au nord, le Pégu, et les derniers débris de Martaban au sud, et, comme provinces défensives et tributaires, les territoires des Bor-Khamti, de l'Albors et du Mischmis au nord, et Khiaen ainsi que Kongkys au nord-ouest, vers les sources de l'Arakan.

Toute cette vaste contrée n'est, à bien dire, que le bassin de l'Irawaddi, qui au-dessous d'Ava reçoit à sa droite le Kienduen, et à sa gauche alimente le Panlaun, cours d'eau qui dans un immense delta forme divers embranchements, tant avec le fleuve principal qu'avec le Sétang ou Zittang et avec le Solouan. A partir de l'extrémité du delta du Pégu, dont les contours indécis s'élèvent au-dessus des eaux du golfe de Martaban, toujours soulevées et battues par la tempête, le territoire de l'empire Birman forme au nord une succession de terrasses de plus en plus hautes. L'étranger qui arrive par le midi est frappé de surprise à l'aspect d'un sol bas et plat, où la terre et l'eau semblent en lutte continuelle. Il découvre, entre les deux grandes embouchures de l'Irawaddi, celle de Bassein à l'ouest, et celle de Rangoun à l'est, un grand delta de 275 myriamètres carrés, dont la superficie se trouve encore doublée si on la prolonge à l'est jusqu'au Salouan. C'est un territoire plat, à peu près complétement inondé, couvert dans presque toutes les directions de veines d'eau, de lagunes, de lacs et de forêts marécageuses; patrie amphibie des peuplades du Pégu, dont le chef-lieu, la ville de Pégu, se mire dans les immenses plaines liquides qui l'entourent; dépassant le delta du Nil par l'importance naturelle et par l'ampleur des proportions, mais non sous le rapport des grands et imposants souvenirs historiques qui s'y rattachent.

A l'extrémité septentrionale de ces basses terres s'élève insensiblement, entre les rives du Sétang et celles de l'Irawaddi, un pays de montagnes désigné sous la dénomination générale de plateau de Pégu, servant comme de transition au cours moyen de l'Irawaddi, que l'on peut suivre depuis son point de partage jusqu'à Bahmo, où il commence à devenir navigable. Cette gradation moyenne comprend, dans la courte vallée transversale qui se dirige de l'ouest à l'est, d'importantes plaines cultivées où s'élèvent de grandes villes. Cette vallée est bordée de hautes contrées montagneuses conduisant au plateau supérieur du nord, pays encore presque complétement inconnu, et où des pics couverts de neiges éternelles protégeront probablement longtemps la virginité d'un sol que le pied de l'homme n'a point encore foulé. A partir du Lang-Tau (l'un des contreforts du système de l'Himalaya du côté du sud-ouest), s'étendent dans la direction du méridien des montagnes parallèles qui séparent l'Irawaddi des fleuves voisins, à l'est les montagnes de la Birmanie et du pays de Siam, à l'ouest les montagnes de l'Arakan. Les unes et les autres enserrent à l'aide de leurs nombreuses ramifications le territoire de l'empire Birman, et elles le diviseraient orographiquement si le système de l'Irawaddi n'en faisait point une unité hydrographique. Les phénomènes naturels de l'empire Birman présentent tous le caractère particulier à l'Inde orientale. Dans les hautes régions montagneuses du nord dominent les froids rigoureux qui sont le propre de tous les pays élevés, offrant ainsi le contraste le plus frappant avec la douce et bienfaisante température qui règne dans les vallées profondes et abritées du centre, tandis que la chaleur ardente, étouffante de l'Inde, règne au midi dans les basses terres.

L'empire Birman abonde en forêts où l'on trouve les plus belles et les plus dures espèces d'arbres qu'il y ait dans l'Inde. Le magnifique bois de teak, entre autres, constitue un de ses principaux articles d'exportation. On y récolte toutes les céréales de l'Inde, notamment le riz, principale alimentation des populations, les plus beaux fruits des tropiques, la canne à sucre, l'indigo, le coton, les épices, le tabac et jusqu'au thé dans les vallées du nord. On y rencontre le rhinocéros et le tigre royal de l'Indoustan. L'éléphant s'y développe dans toute sa force, et y fonctionne comme animal domestique concurremment avec le bœuf, le buffle et le cheval. On y élève les grasses volailles de l'Inde, le ver à soie et l'abeille; on y pêche tous les poissons particuliers à l'Inde. Si le mouton y manque, en revanche, le chakal, le loup et l'hyène y font aussi défaut. Les mines, exploitées par des Chinois, produisent d'immenses richesses. Outre l'or, l'argent, le fer, le plomb, le cuivre et autres métaux, indépendamment aussi des plus magnifiques diamants, on y trouve encore du platine, depuis que ce métal y a été découvert en 1830 par le marchand anglais Lane. Le sol, fréquemment ébranlé par des tremblements de terre, fournit en abondance du soufre et du pétrole.

La Birmanie est habitée par plusieurs nations différant sans doute entre elles par les mœurs, la langue et la religion, et cependant réunies au total par un type commun qui les place à une distance égale des Indous et des Chinois. Elles sont bien en arrière de ces deux peuples sous le rapport de la civilisation, aussi bien au point de vue intellectuel qu'au point de vue industriel. Des étoffes de soie et de coton, des verreries et des porcelaines, tels sont les principaux objets que leur industrie manufacturière fournit au commerce d'exportation. Les Birmans sont d'ailleurs d'habiles tisserands, et ils font preuve d'une adresse peu commune dans la fabrication de leurs œuvres de sculpture, des idoles de marbre, par exemple, qui constituent un article d'exportation, et aussi dans leurs travaux d'or et d'argent. Ils font avec la Chine un commerce très-actif, que facilite l'Irawaddi, dont les rives sont bordées de populeuses cités.

La noblesse se distingue des autres classes de la population par ses vêtements, ses habitations et ses ameublements. Elle est aussi divisée en diverses classes hiérarchiques, et le souverain, dont l'autorité est illimitée, la consulte cependant dans les affaires importantes.

Le colonel Symes, envoyé en ambassade à la cour d'Ava, en 1795, à la suite de la conquête de l'Arakan par l'Angleterre, estima le chiffre total de la population à 14 millions d'âmes. Trente-deux ans plus tard, Crawfurd, autre ambassadeur anglais, ne l'évaluait plus qu'à 4,500,000 âmes. Si alors on accusa la relation du colonel Symes d'exagération, sans tenir compte de ce que les rigueurs et les extravagances du despotisme, jointes aux autres causes dévastatrices dont l'action est quelquefois si terrible dans les régions équatoriales de l'Asie, avaient pu détruire depuis 1795, il semble qu'à son tour Crawfurd ait donné dans l'exagération contraire, et que son évaluation soit trop faible. En effet, la superficie de l'empire Birman, réduit aux royaumes d'Ava et de Pégu, équivaut au moins à la moitié de la France; en sorte que sa population ne serait guère que le quart de la population moyenne de nos départements, ce qui est peu vraisemblable, car tout semble concourir à multiplier les habitants de la Birmanie : la terre y est si fertile, et l'homme y consomme si peu !

Ava est la résidence de l'empereur, qui jouit du pouvoir despotique le plus absolu. Nulle part l'orgueil du despotisme asiatique ne s'est montré avec autant d'arrogance que sur le trône des Birmans. Voici, d'après Crawfurd, le protocole officiel des titres de l'empereur : « Des lieux où le soleil se lève, et de la contrée orientale nommée Chabuda, le maître de la terre et des eaux, l'empereur des empereurs (et si l'un d'eux était assez insensé pour oser l'attaquer, mieux vaudrait pour lui que le feu du ciel l'eût anéanti); le seigneur le plus humain et le plus heureux, l'espoir de toutes les nations, le possesseur des éléphants, des chevaux et de tous les héros, roi du palais d'or, le plus grand et le plus puissant des souverains, le seul dont les pieds dorés reposent sur la tête du peuple. »

Les Birmans se rendirent indépendants du Pégu au seizième siècle. Mais en 1740 ils furent de nouveau subjugués par cet État; et ce ne fut qu'en 1753 qu'ils recouvrèrent leur liberté, à la voix d'Alompra, chef courageux qui les appela aux armes, délivra Ava et conquit même le Pégu. A sa mort, arrivée en 1760, il eut pour successeur son fils Namdodji, qui continua l'œuvre d'amélioration intérieure commencée par son père. Vers la fin du dix-huitième siècle, Arakan, et même en 1793 une partie du royaume de Siam, furent subjugués par les Birmans. Minderaschi Praou, qui monta sur le trône en 1819 et mourut en 1832, fit la conquête des contrées montagneuses et septentrionales qu'on appelle l'Assam. Il en résulta qu'une partie des vaincus, faisant cause commune avec des Birmans révoltés, se réfugia sur le *territoire britannique*, d'où elle fit d'incessantes incursions dans l'empire Birman. Le gouvernement anglais les fit désarmer, mais refusa de les livrer ou de les expulser de l'île de Chapouri, où ils s'étaient fixés. Les Birmans s'efforcèrent alors d'exciter les Mahrattes et tous les peuples de l'Inde à prendre les armes contre l'Angleterre. Ils en vinrent à exiger que celle-ci leur abandonnât la partie septentrionale du Bengale, et en 1824 ils envahirent le Kadjar, pays qui s'était placé sous la protection britannique. Lord Amherst, alors gouverneur général, comprit la gravité des dangers qui menaçaient la puissance anglaise dans l'Inde, et déclara la guerre aux Birmans. Elle fut conduite par le général-major Archibald avec un succès tel, qu'au mois de décembre 1825 les Birmans étaient réduits à accepter une paix désavantageuse. La cour d'Ava ayant refusé de sanctionner le traité conclu en cette occasion, la lutte recommença dès le mois de janvier 1826; mais ce ne fut que pour un mois : les Birmans durent cette fois se courber sous la nécessité. Le gouvernement birman prit l'engagement de céder à la Compagnie une grande partie de son territoire, l'Assam entre autres, et lui reconnut le droit de nommer des chefs chargés d'administrer sous ses ordres les régions du nord, déclarant port franc Rangoun, importante ville commerciale. De nouvelles difficultés se sont élevées dans ces derniers temps entre les Birmans et la Compagnie des Indes, et dans ce moment même une armée anglaise envahit le pays d'Ava. Déjà Martaban, Rangoun et Kemmendine sont tombées au pouvoir des Anglais (5 et 12 avril 1852). Consultez Symes, *Account of an embassy to the kingdom of Ava* (Londres, 1800); Snodgrass, *Narrative of the Burmese war* (Londres, 1827); Crawfurd, *Journal of an embassy from the governor in India to the court of Ava in the year 1826-1827* (Londres, 1829); et surtout *A Description of the Burmese* (Rome, 1830), par le père San-Germano.

[En 1827, lorsque *sa majesté aux pieds dorés* fut contrainte à se soumettre aux conditions de paix qui lui avaient été imposées à Yamtabo, ville de ses États occupée par l'armée anglaise, M. Crawfurd fut chargé par le gouverneur général de se rendre à la cour d'Ava, et de faire accepter un traité de commerce, en exécution du traité de paix qui mettait entre les mains des Anglais une grande partie du pays, les côtes dans toute leur étendue, et par conséquent toutes les places de commerce maritime, outre le tribut annuel que le monarque birman devait payer.

Le traité de paix d'Yamtabo avait été conclu à 48 kilom. de la capitale, en présence d'une armée victorieuse prête à couronner sa conquête par l'incorporation de toute la Birmanie aux possessions anglaises; mais *sa majesté aux pieds dorés* n'en tenait pas moins à l'observation scrupuleuse de l'étiquette de sa cour. Mille chicanes furent faites à M. Crawfurd, parce qu'il avait choisi pour son logement à Ava une maison plus élevée que le palais impérial. D'autres scrupules sur les formalités interrompaient souvent les discussions les plus importantes; toutes les clauses du traité de commerce furent débattues par les négociateurs birmans avec une obstination dont le plénipotentiaire anglais avait souvent à se plaindre. De vingt-deux articles qui composaient le projet qu'il avait apporté, il ne put en faire admettre que quatre; encore furent-ils tronqués et rédigés d'une manière incomplète. Il crut cependant devoir pousser la complaisance aussi loin qu'il était possible sans compromettre les intérêts qui lui étaient confiés : il savait que les ministres birmans tomberaient dans la disgrâce de leur maître, et cette disgrâce est ordinairement suivie du supplice. Les courtisans avaient persuadé au monarque que l'ambassadeur anglais était chargé d'implorer la clémence de Sa Majesté, de désavouer les victoires remportées par les armées de sa nation, de restituer les provinces conquises, de le décharger du tribut stipulé par le traité d'Yamtabo, en un mot de tout remettre sur l'ancien pied. Lorsque le résultat des conférences lui fut présenté, il se mit en fureur, accusa ses ministres de haute trahison, et, la lance à la main, sortit pour punir lui-même ces grands coupables.

Les Birmans seraient les meilleurs soldats de l'Asie s'ils étaient exercés à l'européenne, et organisés suivant les principes d'une tactique moins ignorante que celle des Asiatiques. Le simulacre d'empereur que les Anglais ont laissé sur le trône d'Ava, pour le malheur de son peuple, n'entretient plus d'autre force militaire que celle qui est indispensable pour sa garde, la police des villes et la perception des impôts. La cavalerie est peu nombreuse, quoique son service soit le plus actif et le plus utile.

Quoique la Birmanie ait été entourée dans tous les temps de voisins industrieux, les arts utiles y ont fait moins de progrès que dans aucune autre contrée de l'Asie méridionale. Le faible Hindou sait tirer plus de produit de ses rizières que le robuste Birman, quoique la nature ait tout fait en faveur de celui-ci. Quant aux arts exercés par les hommes, ils se sont arrêtés à ce que les besoins exigent en tout ce qui est d'un usage commun, et n'ont reçu quelque perfectionnement que pour ce qui a trait au luxe.

Les sciences et les lettres n'ont pas été moins négligées que les arts utiles; et cependant presque tous les Birmans savent lire, écrire et compter, sorte de contradiction qui ne peut être expliquée que par la funeste influence du despotisme. Pour écrire on se sert généralement de feuilles de palmier, et on emploie à cet effet des styles de fer. Peu de livres sont rédigés en langue birmane : la littérature de ce pays consiste principalement en chansons, hymnes religieux, chroniques en vers, compositions confiées à la mémoire, et qui peuvent être conservées sans qu'on les écrive. Le théâtre, où le discours alterne avec la danse et la musique, constitue l'un des divertissements principaux de ce peuple. La langue birmane est un mélange de chinois et de pali; le bouddhisme mêlé de quelques dogmes hindous est la religion dominante du pays.

Une des croyances de ce peuple est, en quelque sorte, le système des compensations, agrandi et généralisé. L'univers, dit-il, est rempli, de toute éternité, d'âmes qui s'unissent aux corps vivants, et qui durant ces réunions successives éprouvent une somme de biens et de maux inégalement répartis dans le temps, mais qui est la même pour toutes, suivant la loi d'une justice immuable. Une âme qui aurait traversé des siècles de félicité constante devrait s'attendre à des souffrances d'une aussi longue durée. Celle qui jouit des faveurs célestes éprouvera plus tard les tortures de l'enfer; mais, pour chaque âme, cette existence mêlée de douleurs et de plaisirs a un terme que chacun atteint plus ou moins promptement, pour aller habiter un monde doré où elle jouit d'un calme parfait. Cette croyance, on voit, porte plutôt à la résignation qu'à la vertu; le despotisme s'en accommode très-bien, et ne s'avisera pas de la remplacer par des opinions plus conformes à la raison et plus favorables à la morale. Les prêtres sont des espèces de moines qui habitent des couvents, ne mangent qu'une fois par jour, font vœu de célibat et de chasteté, et jouissent d'une grande considération, à cause de leur piété et de leur savoir.

Les Anglais établis dans l'Hindoustan attachent beaucoup de prix à la conquête de la Birmanie ; ils pensent que leurs établissements dans la rade de Martaban, joints à celui de Singapore, dont la prospérité va toujours croissant, leur assureront le commerce de la Chine, en dépit des efforts de toutes les nations rivales. La rade de Martaban est assez vaste pour contenir à la fois toutes les flottes de la Grande-Bretagne. Trois fleuves, le Saluan, le Kaïn et l'Ataxum, y portent leurs eaux, après avoir formé un grand lac semé d'îles verdoyantes, et se réunissent sous les murs de la ville. Le cours entier de l'Ataxum est sur le territoire anciennement acquis par les Anglais ; c'est le moins large, mais le plus profond des trois, et les vaisseaux peuvent le remonter jusqu'à quatre-vingt-dix kilomètres de son embouchure. Ses bords sont tellement escarpés et chargés d'une végétation si luxuriante, que les vaisseaux, ayant toutes leurs voiles déployées, peuvent y manœuvrer sous des berceaux de verdure. Des forêts s'étendent au loin sur ses rives, et sont remplies de bois propres aux constructions navales. Le Saluan, fleuve mitoyen, est aujourd'hui l'une des limites du territoire concédé. Quoique tout son bassin soit d'une admirable fertilité, il était presque entièrement inhabité ; mais dès que la cession en fut connue dans les pays adjacents, des familles birmanes traversèrent le fleuve par centaines avec leurs bestiaux et leur mobilier, et vinrent s'établir sur la rive opposée. Des lois très-sages leur garantissent une sécurité, une liberté, un bonheur, dont elles n'eussent point joui sous le sceptre de *sa majesté aux pieds dorés*.

A l'imitation de sir Stamford Raffles, qui a fondé le bel établissement de Singapore, M. Crawfurd a fondé la ville d'Hamerst, dans une charmante position, sur un cap qui domine la rade de Martaban. Cette ville nouvelle est destinée à devenir l'entrepôt d'un commerce très-important et la succursale de l'établissement de Singapore.

La Birmanie n'offre d'autres objets nouveaux aux naturalistes qu'une espèce de perruche qui n'est pas plus grande qu'un moineau, dont la tête, le dessus du cou, le dos et le dessus des ailes sont d'un beau vert, ainsi que le dessus de la queue, tandis que le dessous des ailes est d'un bleu brillant, et tout le reste du plumage du plus beau cramoisi. Ce gentil oiseau ne peut être une acquisition pour l'Europe ; il ne supporte pas la captivité. On doit aussi faire mention des sources de pétrole du Renan-Khyaung, les plus abondantes que l'on connaisse, dont le produit suffit à l'éclairage de tout l'empire, et dont on enduit les bois de charpente pour les préserver des attaques des insectes. Ces sources ou puits occupent un espace de plus de 5 kilom. carrés ; leur profondeur moyenne est d'environ 65 mètres, et leur ouverture n'a pas plus d'un mètre et demi carré. L'huile qui en sort est recueillie dans des bassins dont le fond est un tamis qui laisse passer l'eau, tandis que le pétrole se coagule en se refroidissant. On l'extrait des bassins pour la mettre dans de grandes terrines que l'on transporte sur des chariots jusqu'aux bords de l'Irawaddi, où des bateaux s'en chargent pour la distribuer dans tout l'empire. M. Crawfurd estime que le produit annuel de ces deux sources s'élève à 466,552,000 livres d'huile.

Comme le climat de cette contrée est très-humide, les insectes y abondent et sont fort incommodes. Six à sept semaines avant la saison des pluies, la lumière des appartements attire des légions de fourmis ailées, de punaises vertes et d'une multitude d'autres insectes qui couvrent les tables, les meubles, les personnes. Les Birmans font provision de fourmis ailées, comme d'autres peuples de l'Asie profitent de l'arrivée des sauterelles. C'est une manne que la Providence leur envoie ; mais en Birmanie les fourmis ailées sont un luxe gastronomique, et non un aliment populaire. On dit que certains gourmets européens trouvent ce mets *délicieux*, et leur jugement est sans appel.

Un autre fléau de ces contrées, c'est la multitude prodigieuse de corneilles, qui, perchées sur les arbres, les rochers, les édifices, vous étourdissent par leurs cris, et y guettent sans cesse l'occasion de piller. La poule la plus vigilante ne réussit point à en préserver ses poussins. Si ces brigands ailés s'introduisent dans une maison, ils n'y laissent que ce qu'ils ne peuvent emporter. Laisse-t-on les fenêtres ouvertes pendant que l'on est à table, des corneilles viennent enlever effrontément ce qu'il leur convient, sans être effrayées par le nombre des convives. Ces incommodités, jointes à l'insalubrité du climat pour les Européens, sont un grand obstacle à la prospérité des établissements qu'on y formera, jusqu'à ce qu'on puisse le peupler de créoles acclimatés. La race vigoureuse des Birmans prouve que cette acclimatation est possible, et même facile ; ces peuplades, sorties de régions extrêmement sèches, jouissent aujourd'hui de la santé la plus florissante dans un pays où pendant la saison des pluies on ne peut quitter une paire de bottes sans l'exposer à pourrir en peu de jours. La bonne constitution des Birmans est surtout remarquable aux environs de Tavoi, contrée plus humide qu'aucune autre partie de la presqu'île de l'Inde. Le teint de ces peuples est moins basané que celui des Hindous, et ils estiment beaucoup la blancheur des Européens. Lorsque des dames anglaises arrivèrent pour la première fois à Tavoi, les habitants de cette ville les prirent pour des anges descendus du ciel, et ne furent désabusés que lorsqu'ils virent que ces créatures étaient soumises aux besoins et aux infirmités de la nature humaine. FERRY.]

BIRMINGHAM, après Manchester la plus importante cité industrielle de l'Angleterre, à environ 130 kilomètres de Londres, est située dans la partie nord-ouest du comté de Warwick et bâtie sur les flancs d'une suite de collines longeant les bords de la Nea, et dominant une vaste plaine. Quoique cette ville, désignée dès le commencement du quatorzième siècle comme bourg à marché, ait eu de bonne heure une certaine importance, puisque Henri VIII et Guillaume III y faisaient fabriquer des armes à feu, et qu'elle était déjà aussi célèbre pour la fabrication du fer et de l'acier que pour celle du cuir, elle est surtout redevable de son immense prospérité actuelle à John Watt et à Boulton, qui y firent leur premier essai de construction d'une machine à vapeur ; invention puissante, qui ne contribua pas peu à l'immense parti que l'industrie put bientôt tirer des inépuisables mines de houille et de fer situées aux environs. En 1700 on ne comptait encore à Birmingham que 15,032 habitants. En 1801 le nombre en était de 73,670, en 1831 de 146,986, et en 1841 de 182,092. Il doit très-certainement dépasser aujourd'hui le chiffre de 200,000. Le bill de la réforme parlementaire, rendu en 1832, a donné à cette importante cité le droit d'être représentée au parlement, dont jusqu'alors elle était demeurée privée, en même temps qu'une loi absurde en investissait les bourgs-pourris, composés souvent d'une douzaine de masures au plus, appartenant à un seul et même propriétaire.

L'aspect de Birmingham est au total assez peu agréable, surtout dans les parties vieilles et basses. Les maisons sont construites en briques d'un rouge foncé, que jamais on ne cherche à dissimuler à l'aide du badigeonnage ; de sorte que la ville a une physionomie triste et monotone, qu'accroît encore la fumée de machines à vapeur qui s'échappe incessamment d'innombrables cheminées. On y voit vingt-deux églises et chapelles, parmi lesquelles il faut citer surtout, à cause de sa belle architecture, l'église Saint-Philippe, située sur le point culminant de la ville ; deux synagogues, deux écoles de Bell et Lancaster, indépendamment de plus de six cents établissements d'instruction de tout genre destinés à l'éducation du peuple ; deux bibliothèques, contenant environ trente mille volumes ; de remarquables institutions de bienfaisance ; un beau palais pour les sessions du comté ; un théâtre ; un magnifique hôpital, construit de 1776 à 1778, uniquement avec le produit de souscriptions volontaires ; un hôtel de ville aux proportions grandioses, construit sur le modèle du temple de Jupiter Stator à Rome et entouré de colonnes, et sur la place du marché une statue en bronze de Nelson, indépendamment de laquelle il faut encore mentionner le monument élevé à la mémoire de John Watt. De même que la ville ne se compose que de vastes édifices publics et de maisons particulières très-petites, sa population se divise en deux classes bien distinctes : celle des patrons et celle des travailleurs, qu'on ne peut pas évaluer à moins de 60,000 âmes.

La plaine que domine la ville offre l'aspect d'une stérilité profonde. Le sol en est entrecoupé par des mines de houille. Les routes qui la traversent sont pavées de scories et comme ensevelies sous une poussière noire, qui, s'attachant aux vêtements, au linge et à la peau des habitants, donne à leur extérieur quelque chose de cyclopéen. Aussi l'a-t-on surnommée la *plaine des Cyclopes*. Mais des fosses énormes qu'on rencontre là de distance en distance, Birmingham tire le puissant mobile qui donne la vie à ses machines, le charbon, ou plutôt la vapeur dont il est le principe.

Birmingham est le grand centre de la fabrication des articles de quincaillerie fine et commune, des boutons, boucles, éperons, épingles, couteaux, ciseaux, aiguilles, objets de laiton, articles de bijouterie, objets en laque, verroteries de couleur, etc., dont on estimait déjà la valeur annuelle au commencement de ce siècle à plus de 3 millions de liv. sterl. ; industrie spéciale, dont tous les produits sont marqués au coin du bon goût et de l'élégance. Aussi Burke a-t-il eu raison de dire de cette ville que c'était le magasin de joyaux de l'Europe (*the toy-shop of Europe*). Parmi les usines les plus importantes qu'elle renferme, il faut citer : l'*Elkington's electro-plating-manufacture*, la *Britannia nail manufacture*, qui consomme quarante-deux tonnes de fer par semaine, et livre à la consommation des clous dont il faut six mille pour peser un demi-kilo ; la belle manufacture de papier mâché de Jennens et Bettridge, qui emploie plus de deux cents ouvriers, et surtout des jeunes filles ; la grande fabrique de boutons de Turner et Comp^{ie} ; la fabrique d'épingles de Phipson et fils, enfin parmi les énormes manufactures d'armes à feu, celle de Sergeant et Comp^{ie}, qui peut livrer à elle seule mille fusils par semaine.

Dans le voisinage, mais déjà dans le comté de Stafford, on trouve *Soho*, gros bourg industrieux, remarquable par les ateliers que Watt y créa pour la construction des machines à vapeur, qu'on établit de la force de six à quatre cent cinquante chevaux, surtout pour les navires, et qu'on expédie au loin, grâce à un canal qui passe devant cet endroit. On y voit aussi une immense fabrique d'objets en laque, ainsi qu'un vaste établissement de monnayage mû par la vapeur, qui est chargé de frapper la monnaie de cuivre circulant en Angleterre et celle que la compagnie des Indes émet dans l'Inde. Il n'y avait encore là en 1764 qu'une plaine aride et déserte ; mais comme tous les environs, cet endroit a participé aux développements énormes de Birmingham.

Birmingham, à la vérité, n'est pas bâti sur un cours d'eau navigable qui puisse faciliter l'exportation des immenses produits de son industrie ; mais des canaux, notamment le canal de Worcester et celui qui porte son nom, la mettent, en communication avec Hull, Liverpool, Bristol, Londres, Oxford, Manchester et Glasgow. Des voies de fer la relient également aux quatre dernières de ces villes, où elle peut non-seulement expédier ses produits avec une facilité et une rapidité extrêmes, mais en tirer de même les matières premières nécessaires à son industrie.

BIROAT (Jacques), né à Bordeaux, mort vers 1666, entra d'abord dans la compagnie de Jésus et passa ensuite dans l'ordre de Cluny. Il devint prieur de Beussan, abbaye relevant de son ordre, et eut le titre de conseiller et de prédicateur du roi. On a de lui plusieurs volumes in-8° de *Panégyriques* et de *Sermons*, qui eurent de son temps une grande vogue et qui sont complétement oubliés aujourd'hui, et à bon droit, car le style en est aussi plat que la pensée en est vulgaire. Sans doute, c'était un théologien instruit ; mais alors, au lieu de vouloir prêcher, que ne composait-il des traités de théologie !

BIRON (ARMAND DE GONTAUT, baron DE), issu d'une ancienne famille du Périgord, né vers 1524, mort le 26 juillet 1592, fut d'abord page de la reine Marguerite de Navarre. Il se distingua ensuite dans les guerres du Piémont et eut tout à son début l'honneur d'être choisi par le maréchal de Brissac pour porter le guidon de sa compagnie. Une blessure qu'il reçut au siége du fort Marino le rendit boiteux pour le restant de ses jours ; malheur que François Ier essaya d'adoucir en le nommant à cette occasion gentilhomme de sa chambre. Quoique penchant en secret pour les doctrines de la Réformation, il ne laissa pas de combattre rudement les huguenots dans les guerres de religion. Ses brillants faits d'armes furent récompensés, peu de temps après la bataille de Moncontour (1569), par les fonctions de grand-maître de l'artillerie. Il fut ensuite, en 1570, chargé par la cour de négocier avec les chefs des réformés la paix de Saint-Germain (1570), paix dite *boiteuse et mal assise*, parce que Biron, comme nous l'avons dit, boitait depuis ses campagnes en Piémont, et parce que de Mesme était propriétaire d'un domaine appelé Malassise. Lors de la Saint-Barthélemy (1572), il se tint renfermé à l'Arsenal, où il demeurait en sa qualité de grand maître de l'artillerie, et fit repousser ceux qui tentèrent de s'y introduire pour égorger les protestants qui étaient venus y chercher un refuge. La même année Charles IX l'envoya à la Rochelle pour faire rentrer les habitants de cette ville dans le devoir ; mais ils refusèrent de le recevoir. Il fut plus heureux en Guienne, où il fit éprouver maintes défaites aux Calvinistes. Il en fut récompensé en 1577 par le bâton de maréchal de France. Il conserva en outre le gouvernement de Guienne jusqu'en 1580, époque où le nouveau roi le rappela à Paris, et lui conféra l'ordre du Saint-Esprit. On rapporte qu'à cette occasion il affecta de ne produire qu'un très-petit nombre de parchemins comme titres de noblesse, alléguant que ses services militaires étaient bien de nature à lui en tenir lieu. Il n'apporta, rapporte Brantôme, que cinq ou six titres fort antiques, et les présentant au roi et aux commissaires, « Sire, dit-il, voilà ma noblesse ici comprise », puis mettant la main sur la garde de son épée : « mais, Sire, ajouta-t-il, la voici encore mieux ». En 1583 Henri III l'envoya dans les Pays-Bas au secours du duc d'Alençon ; mais il fut à plusieurs reprises battu par le duc de Parme. Cinq ans après il essaya, sans y réussir, d'empêcher la journée des Barricades. Après l'assassinat de Henri III, il fut un des premiers à reconnaître Henri IV, à qui il rendit un service signalé en déterminant les Suisses à demeurer dans son armée. A la journée d'Arques, au premier siége de Paris (1589), à la bataille d'Ivry (1590), il se distingua par sa bravoure et par ses habiles dispositions stratégiques, et soumit au roi la plus grande partie de la Normandie. Deux ans après il eut la tête emportée par un boulet de canon au siége d'Épernay. Il était âgé de 68 ans, avait commandé en chef dans sept batailles et avait été blessé sept fois en sa vie. Aux qualités qui font le bon militaire, Biron joignait quelques connaissances littéraires. Il portait toujours avec lui des tablettes, où il notait jour par jour tout ce qu'il voyait faire ou entendait dire de remarquable. De Thou regrette fort la perte de ces espèces de Mémoires, qui eussent sans aucun doute jeté une vive lumière sur l'époque si dramatique et si agitée où vécut l'auteur. Biron tenait à honneur d'avoir successivement passé par tous les grades avant d'obtenir le bâton de maréchal; et sa devise était une mèche allumée, avec ces mots : Perit, sed in armis. Une circonstance qu'il ne faut pas oublier de rapporter, c'est que Biron fut le parrain de l'enfant qui fut plus tard le maître de la France sous le nom de cardinal de Richelieu, et que ce fut lui qui, sur les fonts du baptême, lui donna son nom d'*Armand*.

BIRON (Charles de Gontaut, duc de), fils du précédent, pair et amiral de France, maréchal général des camps et armées du roi, gouverneur de Bourgogne et de Bresse, né en 1562, fit ses premières campagnes dans les armées de la Ligue. Et cependant il professait une égale indifférence pour les deux religions, causes alors de guerres cruelles. Dès sa jeunesse il montra un goût décidé pour les armes, et fut obligé de s'éloigner quelque temps de la cour à la suite d'un duel qui eut beaucoup d'éclat. Attaché à Henri IV dès l'avénement de ce prince, il devint son ami, son favori, et obtint un avancement rapide, qu'il justifia par ses talents et son intrépidité à Arques, à Ivry, aux siéges de Paris et de Rouen, au combat d'Aumale. Il était colonel des Suisses dès l'âge de quatorze ans; il fut bientôt maréchal de camp, puis lieutenant général. En 1592, après la mort de son père, le roi lui donna le titre d'amiral de France. Biron était d'une activité effrénée, brillant à la cour et sur les champs de bataille, prodigue, magnifique, sans aucun principe de morale, vain, léger, opiniâtre, présomptueux, n'épargnant pas même dans ses propos Henri IV, qui en 1594 lui donna le titre de maréchal de France, en échange de celui d'amiral, qu'il rendit à Villars. En 1595 il fut nommé gouverneur de Bourgogne; Henri lui sauva la vie au combat de Fontaine-Française.

Mais Biron avait toujours besoin d'argent; il s'irritait de ce que le roi n'épuisait pas pour lui son trésor. Il devait bientôt passer du mécontentement au crime. Son ambition le perdit. Henri IV lui avait conféré le commandement de l'armée envoyée par lui contre le duc de Savoie, qui s'obstinait à se maintenir en possession du marquisat de Saluces. Biron s'empara de la capitale de cette principauté. Ce fut pendant cette courte campagne que le roi d'Espagne et le duc de Savoie hasardèrent une négociation avec Biron. Ce ne fut qu'un premier essai. Henri érigea en duché-pairie la baronnie de Biron, et envoya le maréchal en ambassade auprès de la reine Élisabeth. Mais le roi d'Espagne n'avait point renoncé à ses prétentions à la couronne de France, il n'avait soutenu la Ligue pour l'obtenir; il avait échoué sous les derniers Valois. Henri, qui leur avait succédé, n'avait point d'enfant légitime; à sa mort le trône se trouvait encore vacant. On promit à Biron la main de la fille du duc de Savoie et la principauté d'une province de France. On lui persuada que la politique avait eu plus de part que la reconnaissance aux dernières libéralités d'Henri, que l'ambassade de Londres n'était dans le fait qu'un véritable exil. Lafin, gentilhomme attaché à Biron, était l'agent secret de cette perfide et mystérieuse négociation. Il révéla à Henri IV le complot, et lui remit toute la correspondance de Biron. Le maréchal était de retour de son ambassade de Londres. Il était allé rejoindre Henri IV à Lyon. Ce prince lui fit l'accueil le plus amical, lui rendit, ou parut lui rendre toute sa confiance, et lui remit le gouvernement de Bourgogne.

Cependant Henri et son conseil ayant décidé de faire arrêter et juger Biron, l'exécution de ce projet fut ajournée au retour de la cour à Fontainebleau. Tout fut concerté entre le roi et Sully. Celui-ci fit préparer un bateau couvert pour conduire le maréchal à la Bastille, où il se rendit lui-même afin de tout disposer pour le recevoir. Henri avait mandé le maréchal, qui était au jeu de la reine; il vint, et, après un court entretien, il sortit. Vitry, capitaine des gardes (le même qui, sous le règne suivant, fit assassiner le maréchal d'Ancre), l'attendait dans l'antichambre, et portant sa main gauche à la droite de Biron, et de l'autre saisissant son épée : « Monsieur, lui dit-il, le roi m'a dit de lui rendre compte de votre personne; baillez votre épée! — Tu te railles, Vitry? dit le maréchal, étonné. — Monsieur, le roi me l'a commandé. — Eh! je te prie, que je parle au roi! — Non, monsieur, le roi est retiré. » Biron remit son épée en s'écriant : « Ah! mon épée, qui as tant de fois fait de bons services! » Il resta sous la garde de Vitry, et fut conduit au bateau, qui le transporta à la Bastille. Le comte d'Auvergne, son coaccusé, fut en même temps arrêté par Praslin, autre capitaine des gardes, et conduit à la même prison.

La double opération terminée, Henri IV partit pour Paris, où il entra par le faubourg Saint-Marceau. Il était à Saint-Maur-des-Fossés quand la famille du maréchal vint se jeter à ses pieds, et implorer sa clémence. Le duc de La Force parla au nom de tous. D'autres seigneurs, amis de Biron, se joignirent à ses parents. La réponse d'Henri IV leur laissa peu d'espérance. « J'ai toujours reçu, dit-il, les requêtes des amis du sieur Biron en bonne part, ne faisant pas comme mes prédécesseurs, qui n'ont jamais voulu que non-seulement les parents et les amis du coupable parlassent pour eux, mais non pas même les père et mère, ni les frères. Jamais le roi François ne voulut que la femme de mon oncle, le prince de Condé, lui demandât pardon. Quant à la clémence dont vous voulez que j'use envers le sieur Biron, ce ne serait miséricorde, mais cruauté. S'il n'y allait que de mon intérêt particulier, je lui pardonnerais comme je lui pardonne de bon cœur; mais il y va de mon État, auquel je dois beaucoup, et de mes enfants que j'ai mis au monde, car ils pourront me le reprocher, et tout mon royaume. Je laisserai libre le cours de justice, et vous verrez le jugement qui en sera donné. J'apporterai ce que je pourrai à son innocence; je vous permets d'y faire ce que vous pourrez, jusqu'à ce que vous ayez connu qu'il soit criminel de lèse-majesté. Car alors le père ne peut solliciter pour son fils, le frère pour son frère. Ne vous rendez pas odieux à moi pour la grande amitié que vous lui portez. Quant à la note d'infamie, il n'y en a que pour lui. Le connétable de Saint-Pol, le duc de Nemours (Jacques d'Armagnac), de qui j'ai hérité, ont-ils laissé moins d'honneur à leur postérité? Le prince de Condé, mon oncle, n'eût-il pas eu la tête tranchée le lendemain, si le roi François II ne fût mort? Voilà pourquoi, vous autres, qui estes parents du sieur Biron, n'aurez aucune honte, pourvu que vous continuiez en vos fidélités, comme je m'en assure; et tant s'en faut que je veuille vous ôter vos charges, que s'il en venait de nouvelles, je vous les donnerais. Voilà Saint-Angel, qu'il avait éloigné de lui parce qu'il était homme de bien. J'ai plus de regret à sa faute que vous-mêmes. Mais avoir entrepris contre son bienfaiteur, cela ne se peut supporter. » Le frère du maréchal insista sur ce que Biron n'avait rien entrepris contre la personne du roi. « Faites ce que vous pourrez, répondit Henri, pour son innocence; je ferai de même. »

La suite de cette déplorable affaire prouvera s'il se rappela cette promesse. Biron comptait beaucoup sur l'ancienne amitié du roi et sur le crédit de sa famille. Cette confiance l'abandonna lorsqu'il vit qu'on entrait dans sa chambre sans armes, et qu'on le servait avec des couteaux sans pointe. « Ah! je vois bien, dit-il alors, qu'on veut me faire tenir le chemin de la Grève » Il circula à cette époque une longue lettre de Biron au roi; il demandait à être exilé en Hongrie, pour y combattre encore et y rétablir sa fortune; il affirmait que là, comme partout ailleurs, *il serait et paraîtrait toujours Français*. Il terminait ainsi : « Laissez-vous toucher, sire, à mes soupirs, et détournez de votre règne ce prodige de fortune, qu'un maréchal de France serve de funeste exemple aux Français, et que son roi, qui le voulait voir combattre dans les périls de la guerre, ait permis durant la paix qu'on lui ait ignominieusement ravi l'honneur et la vie! Faites-le, sire, et ne regardez pas tant à la conséquence de ce pardon qu'à la gloire d'avoir pu et voulu pardonner un crime punissable; car il est impossible que cet accident puisse arriver à d'autres, parce qu'il n'y a personne de vos sujets qui puisse être séduit comme j'ai été par les malheureux artifices de ceux qui aimaient plus ma ruine que ma grandeur, et qui, se servant de mon ambition pour corrompre ma fidélité, m'ont conduit au danger où je me trouve. Voyez cette lettre, sire, de l'œil que Dieu a accoutumé de voir les larmes des pécheurs repentants, et surmontez votre juste courroux pour réduire cette victoire à la grâce que vous demande, sire, votre très-humble, etc. Biron. »

Le maréchal avait été arrêté dans la nuit du 13 au 14 juin 1602. Il avait été interrogé le 17 par les présidents Harlay et Blancmesnil, et les deux plus anciens conseillers, Fleury et Thurin. Le parlement s'assembla le 6 juillet, et s'ajourna au 11 pour assister à la *confection du procès*. Les pairs ne se présentèrent point, quoiqu'ils en eussent reçu l'ordre exprès du roi, qui était venu de Fontainebleau à Paris pour leur ôter tout sujet d'excuse. La plupart alléguèrent que la cour ne les avait point appelés au procès du duc d'Aumale; d'autres, qu'ils étaient alliés ou amis de l'accusé. Lafin, dénonciateur de Biron, arriva le 13; il ne paraissait dans les rues qu'accompagné de quinze à vingt cavaliers, tous armés; le roi l'avait autorisé à se faire escorter pour sa sûreté. Le 15 il fut confronté avec le maréchal, *qui lui dit pouille*. Le parlement ne procéda à l'instruction que le 23. Le conseiller Fleury, rapporteur, communiqua une requête de la maréchale de Biron, tendant à ce que son fils fût assisté d'un conseil, *attendu qu'étant homme de guerre*, il était peu versé en telles affaires; mais, sur les conclusions des gens du roi, la cour rejeta sa demande, et continua l'examen du procès. Les audiences des 24, 25 et 26 furent employées à cet examen. Le chancelier était au palais à six heures du matin. Le 27 le maréchal y fut conduit dans un bateau couvert, avec quinze ou vingt soldats à bord; suivait un autre bateau rempli de gardes du corps et du chevalier du guet; d'autres détachements marchaient le long des quais jusqu'à l'île du Palais, où le maréchal descendit, et fut conduit à la grand'chambre, où il subit un interrogatoire de deux heures, assis sur une *basse et petite sellette*. A neuf heures, il fut ramené à la Bastille, comme il était venu, et avec la même escorte. Le Palais, les quais, les ponts étaient remplis de troupes.

Le 29, à six heures du matin, le chancelier ouvrit la dernière séance, composée de cent vingt-sept juges. Le maréchal fut condamné *à estre décapité en place de Grève, comme atteint et convaincu d'avoir attenté à la personne du roi, et entrepris contre son Estat; tous ses biens confisqués, sa pairie réunie à la couronne, et dégradé de tous honneurs et dignités*. Le 30 une foule immense était réunie sur la place de la Bastille et à la Grève, et ne se sépara que le soir. On s'attendait que l'exécution aurait lieu ce jour-là. « Le lendemain, le roi adressa des lettres patentes par lesquelles il déclarait qu'aux instances et prières des parents du sieur de Biron, et pour l'amitié qu'il lui avait autrefois portée, et pour plusieurs autres grandes considérations, son plaisir était qu'il fût exécuté dans la Bastille, quoique l'arrêt portât qu'il le serait dans la place de Grève, voulant par ce moyen l'exempter de l'infamie d'un spectacle public. » La cour néanmoins délibéra si elle adresserait au roi des remontrances sur les changements apportés à son arrêt; mais comme ces changements ne concernaient que le lieu de l'exécution, les lettres patentes furent enregistrées.

La principale question du procès n'était pas, quant à la culpabilité, de savoir si Biron avait conspiré, mais s'il avait renoncé à son projet. Or, il résultait d'une de ses lettres produites au procès et adressées à Lafin, qu'il avait tout à fait abandonné son dessein. « Puisqu'il a plu à Dieu, lui écrivait-il, de donner un fils au roi, je ne veux plus songer à toutes ces vanités : ainsi, ne faites faute de revenir! » Et depuis, rien n'indiquait qu'il eût agi dans le sens de la conspiration. Aucun fait nouveau ne l'accusait. Il avait vu depuis le roi à Lyon, et en avait été bien accueilli; il avait conservé son rang, ses grades, son gouvernement de Bourgogne. Il hésitait cependant à revenir à la cour. Il ne se détermina à s'y rendre qu'après plusieurs conférences avec le président Jeannin, qui lui avait été envoyé par le roi; et sans doute il n'était parti que sur la garantie de n'être point inquiété. Il y avait eu de sa part tentative de crime, mais le crime n'avait pas été consommé, l'exécution en avait été suspendue par une circonstance dépendante de sa volonté. Il n'était donc pas coupable. Il y avait eu abolition de fait en sa faveur; mais cette abolition n'avait pas été sanctionnée dans les formes d'usage, et ce fut ce défaut de forme qui entraîna sa condamnation. Cette grave question de droit n'avait pas subi l'épreuve d'une discussion contradictoire, parce qu'on lui avait refusé l'assistance d'un conseil.

Il entendit à genoux la lecture de l'arrêt, et entendant les mots *avoir conspiré contre le roi et son Estat*, il s'écria : *« C'est faux! c'est faux! ôtez cela!* » Après les mots *en Grève*, il répéta : « *En Grève!* voilà une belle récompense de mes services, de mourir ignominieusement devant tout le monde! » Le chancelier l'avertit que le roi lui faisait la grâce d'être exécuté à la Bastille. « Est-ce là la grâce qu'il me fait? dit Biron. Ah! ingrat, mesconnoissant, sans pitié, sans miséricorde, qui n'eurent oncques de lieu en lui, car si quelquefois il semble en avoir usé, ç'a été plutôt par crainte qu'autrement..... Eh! pourquoi n'use-t-il pas de pardon envers moi, vu qu'il l'a fait à beaucoup d'autres qui l'ont beaucoup plus offensé que je ne l'ai fait? » Il nomma d'Épernon et Mayenne. « La reine d'Angleterre, ajouta-t-il, eût pardonné au comte d'Essex, s'il l'eût voulu demander. Et pourquoi non à moi, qui le demande si humblement, sans mettre en ligne de compte les services de feu mon père et les miens, mes plaies, qui le demandent assez d'elles-mêmes..... Il (le roi) a regardé à peu de chose, tant sa haine est grande contre moi. Eh quoi! on me fait donc mourir sur la déposition d'un sorcier et le plus grand *négromancien* du monde, qui s'est servi de la malheure de mon ambition, m'ayant souvent fait voir le diable en particulier, et même parlant par une image de cire, qui aurait bien articulément prononcé ces mots : *Rex impie, peribis; et sicut cera liquescit, morieris.* » — Et après il se desborda en injures contre M. le chancelier, l'appelant « homme injuste, sans foi, sans loi, statue, image plâtrée, grand nez, qui seul l'avait condamné à mort iniquement, sans aucune raison, et tout innocent et nullement coupable. »

Averti de mettre ordre à sa conscience et à ses affaires, il dit qu'il devait 30,000 écus, et que pour s'acquitter il en avait 50,000 au château de Dijon; que le roi disposerait du reste; qu'il laissait une fille grosse de son fait (Sebillotte, fille du procureur du roi de Dijon), à l'enfant de laquelle il laissait une maison qu'il avait achetée près de Dijon, et 6,000 écus. Il chargea un des secrétaires de Sully d'assurer son maître qu'il avait toujours été son bon ami, et qu'il mourait tel; que ceux qui lui avaient fait entendre qu'il avait eu dessein de le tuer, l'avaient trompé. Il recommanda son enfant à ses deux frères. Il donna au secrétaire de Sully une bague qu'il le pria de remettre à sa sœur, la comtesse de Roussi; il en donna une autre au capitaine de la forteresse. L'échafaud avait été élevé au niveau d'une chambre de la Bastille. L'épouse de M. de Rumigny, concierge de la prison, le voyant passer pour aller au supplice, *se mit à pleurer ayant les mains jointes*, et, s'adressant au chancelier, Biron s'écria : « Quoi, monsieur! vous qui avez le visage d'un homme de bien, avez souffert que j'aie été si misérablement condamné! Ah! si vous n'eussiez témoigné devant ces messieurs que le roi voulait ma mort, ils ne m'auraient pas ainsi condamné. Vous avez pu empêcher ce mal, et ne l'avez pas fait : vous en répondrez devant Dieu, oui, devant lui, où je vous appelle dans l'an, et tous les juges qui m'ont condamné. » Parvenu sur l'échafaud, il se banda les yeux, en ôta deux fois le bandeau, se leva en protestant de son innocence; il se relevait pour la troisième fois, quand le bourreau l'invita à dire son *In manus*; et tandis qu'il priait, il lui fit sauter la tête, qui tomba en bas de l'échafaud; elle fut jetée avec le corps dans un cercueil qui fut porté à Saint-Paul. Ceci se passait le 31 juillet 1602. Le maréchal n'avait que quarante ans.

Biron était de moyenne taille; il avait le visage d'un brun très-marqué, les yeux enfoncés, le regard sinistre. Son orgueil égalait son ambition; il avait foi à l'astrologie judiciaire; mais il était brave jusqu'à la témérité, et son corps était tout sillonné de blessures.   DUFEY (de l'Yonne).

BIRON DE COURLANDE (Famille). *Voyez* BIREN.

BIS, mot latin, depuis longtemps francisé au théâtre, et par lequel les spectateurs demandent à entendre une seconde fois la phrase ou le couplet qui a excité vivement leur approbation. Très-ambitieux autrefois de ce genre de succès, les vaudevillistes avaient créé pour le désigner le mot *bisser*, qui n'a pas encore reçu la sanction de l'Académie. Quelques-uns d'eux obtinrent même les honneurs du *ter*; mais une seule fois la flatteuse demande du *quater* eut lieu pour un couplet d'une pièce de Désaugiers, qui se terminait par ces deux vers :

Le Français a su vaincre, il le saurait encore,
Il le saura toujours.

C'était en 1816, époque où les armées de la coalition occupaient encore notre territoire; ce qui explique facilement le témoignage éclatant de la sympathie nationale pour cet avis à l'étranger. Plus tard, l'emploi continuel, dans les vaudevilles, des inévitables rimes de *guerriers* et *lauriers*, de la *gloire* et de la *victoire*, entraîna un abus fastidieux du *bis* approbateur. Maintenant, on ne le demande plus dans nos théâtres que pour un trait saillant, un couplet ingénieux, un air bien chanté : c'est dire qu'il est beaucoup moins prodigué. — Dans la même circonstance où le Français crie *bis* en latin, l'Anglais crie *encore* en français.   OURRY.

BIS (HIPPOLYTE), auteur dramatique, est né à Douai (Nord), on ne dit pas en quelle année. Il était en 1816 attaché à la direction des droits réunis à Lille, lorsqu'il fit paraître dans le journal du département un article qui fut, dit-on, la cause de quelques collisions entre la garde nationale et les officiers d'artillerie en garnison dans cette ville. À cette époque, où les opinions politiques étaient fort animées, un pouvoir persécuteur n'aurait pas manqué de sévèrement punir l'employé qui, par l'aigreur de ses sentiments et l'incandescence d'un écrit dangereux pour la tranquillité de la cité, donnait lieu à une agitation qui pouvait devenir grave. La jeunesse et l'inexpérience de M. Bis plaidèrent en sa faveur auprès de ses supérieurs, et lui seulement changé de résidence. Ce changement servit même sa fortune littéraire. Sans abandonner la carrière administrative, il s'adonna plus vivement à la culture des lettres. Dès 1817 il avait composé, en société avec M. Hay, une tragédie intitulée : *Lothaire*, qui fut reçue, mais non représentée. En 1822 il fit jouer à l'Odéon une autre tragédie, *Attila*, qui eut quelque succès, et publia un poëme, *le Cimetière*, que nous ne connaissons pas et qui eut peu de retentissement. C'est peut-être avec les débris de *Lothaire* que M. Bis composa et fit représenter, en 1827, une troisième tragédie, *Blanche d'Aquitaine, ou le Dernier des Carlovingiens*, tout empreinte de cet esprit d'hostilité politique qui devait aboutir à réaliser au profit de la maison d'Or-

DICT. DE LA CONVERS. — T. III.

léans les vœux à peine déguisés de M. Bis contre la branche aînée des Bourbons, et en faveur d'une dynastie nouvelle. Bien que cette pièce, qui ne manquait pas de quelque mérite littéraire, n'ait obtenu qu'un succès médiocre et promptement oublié, elle servit à entretenir l'esprit public dans ses sentiments d'opposition, exploités alors généralement au théâtre. Cette tendance se retrouve dans le poëme de *Guillaume Tell*, que, cette fois en compagnie de M. de Jouy, M. Bis fit jouer au grand Opéra en 1829. Il serait difficile d'exprimer la nullité de cette œuvre sous le rapport de l'action et des effets scéniques. Elle est pourtant devenue un chef-d'œuvre..., chef-d'œuvre lyrique, bien entendu, entre les mains de Rossini, à qui la partition en avait été confiée, et qui, dans son inexpérience des conditions d'un véritable poëme français, se laissa éblouir et entraîner par la vieille réputation que M. de Jouy avait encore comme auteur d'opéras. C'est à lui, en bonne conscience, et non à M. Bis, son triste complice dans cette occasion, qu'il faut attribuer l'étrange naïveté du plan et du style, qui ont pourtant presque disparu sous la splendide magnificence, sous l'expression énergique et charmante des accords divins de Rossini.   A. DELAFOREST.

Après la révolution de 1830, M. Bis obtint la décoration de la Légion d'Honneur. Il la méritait sans doute, ne fût-ce que pour ces vers d'*Attila* :

Juge pour les Français si ma haine est profonde :
Ils osent conspirer la liberté du monde !

En 1845 M. Bis se réveilla avec une quatrième tragédie, qui fût reçue au Théâtre-Français, et qui était intitulée *Jeanne de Flandre*. Cette pièce, qui manquait d'intérêt dans l'action, de clarté dans l'exposition, de précision dans les caractères, de noblesse dans le style, n'eut qu'une seule représentation. Et pourtant on avait parlé de cette tragédie comme devant ouvrir à M. Bis les portes de l'Académie Française ! O fragilité des choses humaines ! Et M. Bis n'a pas encore pris sa revanche.

En attendant, il est vrai, l'auteur d'*Attila* continue à joindre plus fructueusement à son titre de poëte tragique celui de chef de bureau à l'administration des contributions indirectes et des tabacs. Dieu le bénisse !

BISACRAMENTAIRES, hérétiques qui ne reconnaissaient que deux sacrements, le baptême et l'eucharistie.

BISAILLE ou **BINAILLE**. La *bisaille* est un mélange de pois des champs (*pisum arvense*) et de vesce commune (*vicia sativa*) pour la nourriture des animaux. Ce mélange est ainsi nommé, selon les uns parce que sa farine est bise, et selon d'autres parce que les pigeons bisets s'en nourrissent. Cette composition binaire est annuelle et se sème sur les jachères : c'est un mélange excellent et très-productif, qui se consomme en vert et en sec, et dont on ne peut trop recommander la culture dans les terres à blé et même dans les terres à seigle.

Les combinaisons binaires de plantes propres à la nourriture des animaux s'étant multipliées avec les progrès de l'agriculture, on a proposé d'étendre le mot *bisaille* non-seulement aux plantes annuelles autres que le mélange de pois et de vesce, mais encore à toutes les autres combinaisons de plantes bisannuelles et vivaces cultivées deux à deux pour la nourriture des animaux. D'autres ont proposé avec plus de raison encore de remplacer le mot *bisaille* par celui de *binaille*, qui est évidemment meilleur, comme indiquant la composition binaire du mélange : c'est ainsi qu'on dit *binaille* de pois et de vesce, *binaille* de trèfle et de luzerne, *binaille* de vesce et de mélilot de Sibérie, etc.
TOLLARD aîné.

BISANNUEL, terme de botanique, qui sert à qualifier les plantes qui accomplissent tous les degrés de la végétation jusqu'à la mort en deux ans : tels sont le persil, le salsifis, etc. Dans les ouvrages botaniques, les plantes bisannuelles sont indiquées par le signe ♂, qui est celui de Mars, planète dont la révolution autour du soleil est de deux ans.

BISCAÏEN, mot d'abord employé comme adjectif, et qui se retrouve dans les mots *mousquet biscaïen* ou de *Biscaye*, c'est-à-dire mousquet à fort calibre ou fusil de rempart. On a, par abréviation, nommé *biscaïen* la balle du mousquet biscaïen, et elle est devenue, depuis l'invention du fusil ordinaire, le plus petit des boulets de canon, qu'on lance de 400 à 600 mètres. Dans le siècle dernier, on tirait les biscaïens par grappes de mitraille. Aujourd'hui les biscaïens sont exactement rangés par couches dans les boîtes à cartouches : on met au fond des boîtes un culot de fer battu qui donne beaucoup de portée aux biscaïens, parce qu'il leur communique toute l'action de la charge, qui sans cela s'échapperait à travers les balles et les ferait écarter davantage.

Gal Bardin.

BISCAYE, en espagnol *Vizcaya*, la plus septentrionale des trois anciennes provinces basques, et dont en 1833 on a composé, avec des parties de l'Alava et de la Vieille Castille, la province de Bilbao, comprenait autrefois 3,280 kilomètres carrés. Elle était bornée au nord par le golfe de Biscaye, à l'ouest par la Vieille Castille, au sud par l'Alava et à l'est par le Guipuzcoa. Elle embrasse les versants septentrionaux de la chaîne orientale des monts Cantabres, accidentés de la manière la plus sauvage, s'élevant en terrasses couvertes d'épaisses forêts, et s'avançant si près de la mer, que souvent un étroit défilé seulement les en sépare. Indépendamment de l'Ibaizabal, de l'Ansa, de la Mundaca, du Salado et du Queytis, qui se jettent dans l'Océan, elle est arrosée par un grand nombre d'impétueux torrents, qui viennent des forêts. La température est un peu humide et cependant salubre, à l'exception des gorges étroites de certaines vallées, où il règne parfois une chaleur étouffante. Le sol est montueux, peu fertile, et le blé qu'on y moissonne ne suffit pas au besoin des habitants. En revanche, on y recueille beaucoup de maïs, de légumes, de chanvre et de noix. Le vin n'y est pas de garde, mais les fruits y sont excellents. Le cerisier y atteint la hauteur de l'orme. On y élève beaucoup de châtaigniers. Les pêches et les poires y sont savoureuses, le cidre délicieux ; le pommier y semble être dans son pays natal. Vers la côte, la température, adoucie par la mer, permet la culture des orangers et des citronniers. Les montagnes, hautes et boisées, sont couvertes de chênes, de hêtres, de noyers. Le gros bétail y est moins abondant que les moutons et les chèvres. Près du littoral la mer est très-poissonneuse. On exploite aussi en Biscaye des carrières de marbre, et on tire des montagnes de Somorostro et de Mondragon du plomb, du soufre, de l'alun et du fer de la meilleure qualité.

Les habitants, au nombre de 140,000 environ, vivent soit sur les côtes, où ils forment une population de pêcheurs infatigables et de matelots intrépides ; soit dans l'intérieur, où ils se livrent avec succès à l'agriculture, à l'exploitation des mines, au rude travail des hauts fourneaux, à la confection des cordages, au tissage de grossières étoffes de laine, à la préparation des cuirs, qui, avec les fers bruts, les châtaignes et le cidre, donnent lieu à un commerce très-actif. Le chef-lieu de la province est Bilbao.

Tout est riant en Biscaye. C'est le dernier asile de l'industrie et de la liberté espagnoles ; les vallées sont cultivées, les coteaux couverts de villages et de hameaux. Les Biscayens sont robustes, actifs, gais, ouverts, hospitaliers. Descendants des Cantabres, ils ont conservé beaucoup de traits caractéristiques de ce peuple brave, indépendant, et ils parlent encore sa langue. Les femmes sont jolies, grandes, bien faites, et leurs tresses de longs cheveux noirs, leurs beaux yeux, leur sourire, offrent un mélange de volupté impossible à décrire.

La Biscaye a eu ses seigneurs particuliers depuis la fin du neuvième siècle jusqu'en 1479. Philippe II anoblit tous les Biscayens, et leur octroya de nombreux priviléges. Ce peuple, exempt de régie et d'intendance, reconnaissait les monarques d'Espagne non pour ses rois, mais pour ses seigneurs, et affecte encore d'appeler ses communes *respublicas*. Chargé lui-même de la défense de ses foyers, il ne tirait point à la milice, n'était point passible du logement des troupes, et ne connaissait, en vertu de ses *fueros*, d'autre loi que celle du grand juge de la province. Il ne devait au roi que ce qu'il devait à ses anciens seigneurs, et ne payait d'autre impôt que quelques cens, des droits sur le fer, la dîme dans quelques villages, et des contributions locales. La puissance législative y était partagée entre le seigneur et la junte des députés du peuple, qui se réunissait régulièrement chaque année, et plus fréquemment, dans les grandes circonstances, à l'ombre du vieil arbre de *Guernica*. Elle était élue par tous les citoyens *aforados*, à l'exception des bouchers, des crieurs publics et des étrangers, qui ne pouvaient exercer en Biscaye que les professions les plus humbles. Le pouvoir exécutif était exercé par un corrégidor à la nomination du seigneur, et par un conseil de deux délégués choisis pour deux ans par la junte. Les villes et les bourgs élisaient leurs municipalités. Les *fueros* de cette province furent en grande partie la cause de la vive répugnance que ses populations témoignèrent pour la constitution unitaire des Cortès de Madrid, et de leur empressement à suivre l'étendard insurrectionnel de don Carlos, ainsi que l'origine des sanglants conflits qui en résultèrent.

E. G. de Monglave.

BISCOTE (de *bis*, deux fois, et *coctus*, cuit). Les *biscotes* sont des tranches de pain coupées très-minces et séchées au four. Elles constituent un aliment très-bon pour les enfants et les convalescents. Pour les premiers surtout, elles sont recommandées par tous les médecins, de préférence aux potages farineux, dont les biscotes n'ont pas les inconvénients.

BISCUIT (du latin *bis*, deux fois, et *coctus*, cuit), pâtisserie délicate faite avec de la farine ou de la fécule de pomme de terre, du sucre et des œufs (le blanc et le jaune). On les fait cuire au four, dans des moules de ferblanc ou de papier. Il faut au four une chaleur modérée, et on y laisse les biscuits vingt minutes au plus. Ceux qui sont cuits dans les moules de papier y restent, et se nomment *biscuits en caisse*. Les biscuits dits à la cuiller se font de 8 centimètres de long sur 3 de large, se placent sur des feuilles de papier, se cuisent sur de minces feuilles de cuivre, et se détachent du papier lorsqu'on veut les vendre ou les servir. Les *biscuits de Reims* sont cuits dans des moules chauds et passés dans l'étuve. Pour faire des *biscuits de Savoie*, on prend de la fine farine ou de la fécule de pomme de terre, du sucre, des jaunes d'œufs bien frais ; on fouette ensuite le blanc des œufs avec un peu d'eau, et on le mêle aux jaunes. Si on veut que les biscuits soient à la fleur d'orange, on râpe sur le sucre les zestes de deux oranges, ou bien on met de l'eau de fleur d'oranger ; on les fait à la vanille avec de l'essence de vanille ; si on veut qu'ils soient aux amandes amères ou douces, ou aux avelines, on les torréfie, les pile et les mêle aux jaunes d'œufs et au sucre. On amalgame ensuite la fécule ou la farine avec les œufs et le sucre en la laissant tomber doucement et en remuant le tout à mesure qu'elle tombe. Lorsque le tout est bien amalgamé, et qu'il coule lisse de l'instrument avec lequel on remue, on verse dans le moule, que l'on beurre légèrement : deux heures suffisent pour la cuisson. — On fait aussi des *biscuits de carême* sans œufs.

On fait habituellement usage des biscuits pour la nourriture des enfants et des convalescents, parce qu'on les regarde comme étant d'une digestion facile ; mais les blancs d'œufs battus qui entrent dans la composition de ces pâtisseries nous semblent de nature à combattre cette opinion.

On appelle encore *biscuit* un ouvrage de porcelaine qui

reçoit deux cuissons, et qu'on laisse dans son blanc mat, sans peinture ni couverte.

BISCUIT DE MER. C'est le nom que l'on donne à une espèce de pain employé particulièrement dans la navigation, à cause de la facilité qu'on a de le conserver des années entières. On le nomme *biscuit* (cuit deux fois) probablement parce qu'il est plus cuit que le pain ordinaire. L'usage d'un pain qui peut se garder longtemps sans altération remonte bien haut dans l'antiquité ; les Romains le connaissaient, Pline le nomme *panis nauticus*; mais il ne paraît pas qu'ils le fissent cuire deux fois. Il est évident que la première condition à observer dans sa préparation, c'est qu'il soit très-dur, très-sec, et mis sous une forme qui le rende facile à emmagasiner. Pour sa conservation, il doit être renfermé dans des endroits qui soient à l'abri du contact de l'air et surtout de l'humidité.

Le biscuit dont on se sert dans la marine militaire est fait de farine de froment épurée à 25 ou 30 pour 100 ; celui qu'on emploie dans la marine marchande est ordinairement plus délicat, sans doute parce que les armateurs ont à l'égard des matelots plus de ménagements à garder que le gouvernement. Quatre-vingts kilogrammes de farine pétrie dans vingt kilogrammes d'eau ne fournissent, après l'évaporation produite par la cuisson, que 133 rations de cinquante-six décagrammes chacune, la ration d'un homme étant évaluée à cinquante-six décagrammes par jour. Aujourd'hui on se sert pour le biscuit d'un levain plus jeune que pour le pain ordinaire, et on en met une plus grande quantité ; ce levain, d'ailleurs, doit être de pâte de biscuit : la levure de bière et tout autre levain semblable sont proscrits. L'eau destinée à le pétrir doit être bien chaude : c'est un moyen de faire sécher la pâte plus aisément. Le pétrissage est très-difficile, et exige des boulangers forts et adroits, et quelquefois on emploie un levier en bois pour briser la pâte. La pâte pétrie est ramenée à une consistance ferme, on la bille avec des rouleaux en bois ; on l'aplatit jusqu'à n'avoir plus que trois à quatre centimètres d'épaisseur ; puis on la coupe en galettes de dix-huit décagrammes environ, à l'aide d'un instrument armé de pointes en fer, qui façonne le biscuit en même temps qu'il le perce de plusieurs trous, afin de faciliter l'évaporation de l'eau et d'éviter les boursouflements. Ces galettes sont jetées dans un four plus chaud que les fours à pain ordinaire, car moins il y a d'eau dans une pâte, et plus difficilement elle cuit. Après les avoir laissées environ deux heures, on les en retire pour les mettre à ressuer dans une étuve et achever de les priver de toute humidité : peut-être est-ce ce ressuage, qu'on a pris pour une seconde cuisson, qui lui a fait donner le nom de biscuit. On sent combien il est important, pour le maintenir sec, de ne pas mettre de sel dans l'eau qui sert à le pétrir.

Le biscuit ainsi préparé peut se conserver un an et souvent davantage ; on reconnaît qu'il est bon à sa cassure brillante et à son odeur suave ; en vieillissant il perd de ses qualités, et se réduit en poussière. On l'embarque ordinairement dans des barriques ou des soutes enduites de goudron pour le préserver de l'humidité ; mais comme le goudron communique une certaine amertume ainsi que galettes avec lesquelles il est en contact, et que d'ailleurs il est très-difficile d'obtenir dans ces soutes une sécheresse parfaite, on a proposé l'usage des caisses en fer, dans lesquelles il se conserve très-bien : les Anglais les premiers ont fait usage de ces caisses quand ils destinaient du biscuit à des missions lointaines.

L'avantage que présente le biscuit dans la navigation, c'est qu'il permet d'embarquer une quantité considérable de pain sous un petit volume. Quand il est bon, les matelots s'en accommodent volontiers ; néanmoins, ainsi que les pains azymes ou mal levés, il est d'une digestion difficile, et fatigue à la longue l'estomac : aussi est-on obligé souvent de substituer le pain frais au biscuit dans les rations des matelots malades, et surtout de ceux qui sont affectés du scorbut ; car cette maladie, qui attaque les gencives, ne laisse pas de force aux dents pour broyer le biscuit. Il est évident que ce n'est que l'impossibilité où l'on se trouve à bord d'avoir toujours du pain frais qui a fait adopter l'usage du biscuit ; par conséquent on devra suspendre cet aliment dès que les circonstances permettront de donner du pain ordinaire aux matelots. A cet égard on a introduit de grandes améliorations dans notre marine : dès que nos navires arrivent dans un port, les équipages reçoivent des vivres frais, et l'on embarque aujourd'hui à bord de nos bâtiments une certaine quantité de farine, qui permet de distribuer aux matelots quatre rations de pain frais par semaine à la mer. Tout en regrettant qu'on ne puisse encore leur en donner davantage, nous devons nous féliciter d'être ici en avance sur les Anglais, dont les matelots ne mangent presque jamais de pain frais, et qui n'ont pas adopté l'usage d'embarquer des fours à pain à bord de leurs bâtiments.

A Portsmouth, dans les magasins du gouvernement, on a remplacé les bras des hommes par la vapeur pour le pétrissage et la manutention de la pâte destinée à faire du biscuit. Une machine met en mouvement un pétrisseur mécanique composé d'un cylindre armé de plusieurs rangs de lames, lesquelles opèrent l'union de l'eau et de la farine ; la pâte qui en résulte est brisée par des cylindres qui roulent horizontalement sur de forts madriers en bois, et on la fait passer et repasser sous ces cylindres jusqu'à ce qu'elle ait atteint le degré d'homogénéité nécessaire. La division en biscuits se fait au moyen d'un réseau de petits moules à bords tranchants et affilés, qui la coupent par un mécanisme fort simple et fort ingénieux. Le biscuit est ensuite mis au four, et un quart d'heure suffit pour le cuire ; de là il est placé pendant trois jours dans un séchoir échauffé à 32° centigrades.

Le biscuit d'Amérique est plus blanc, plus affriolant et d'une pâte plus fine que le biscuit français, mais il se conserve moins longtemps. Nous ne dirons rien du biscuit de pommes de terre ; il ne pourrait être employé que dans le cas où il y aurait disette de blé.   Th. PAGE, capit. de vaisseau.

BISCUITS MÉDICAMENTEUX. La pâte légère des biscuits, le goût agréable qu'on leur communique au moyen du sucre et de différents aromates, ont dû faire croire que ce comestible pourrait servir d'enveloppe séduisante aux substances médicinales qu'on a de la peine à faire prendre aux enfants. Ce sont principalement des médicaments vermifuges qu'on a voulu associer aux biscuits.

La poudre de santoline, *semen contra vermes*, a surtout été mélangée avec les biscuits, parce qu'elle expulse énergiquement les vers des voies digestives, principalement les lombrics, ceux dont la forme est pareille à celle des vers de terre. Les épreuves qu'on a faites de cette préparation n'ont pas réalisé les résultats qu'on en espérait. L'amertume de la santoline n'était point assez masquée dans le biscuit pour que les enfants s'y trompassent deux fois : en fait de goût, ils sont de grands docteurs, et ils découvrent instinctivement le chicotin dans la dragée. Voilà tout la rhétorique des mères ou des nourrices ne peut les engager à prendre plus le *semen-contra*, pas plus que dans le pain d'épice, où on avait aussi imaginé de l'introduire. De plus, le sucre, employé à grandes doses, pour détruire en grande partie l'amertume des médicaments, en anéantissait par ce même effet l'efficacité. Ces désavantages ont fait à peu près abandonner les biscuits préparés avec la santoline. Cependant les biscuits vermifuges ont paru si nécessaires pour les personnes chargées d'élever les enfants, qu'on s'est ingénié à chercher d'autres médicaments dont la saveur n'altérât pas le goût agréable de l'appât. Le mercure doux, autrement appelé calomel, ayant les propriétés désirées, a été choisi, et il sert à préparer les biscuits anti-vermineux qui sont aujourd'hui en usage : chacun contient à peu près trois décigrammes de calomel.

On a aussi imaginé de confectionner des biscuits purgatifs, et toujours pour tromper les enfants dans leur propre intérêt : c'est avec le jalap en poudre qu'on prépare ceux-ci, en incorporant huit décigrammes de cette résine éminemment purgative dans chaque biscuit.

On a allié encore l'art du pharmacien à celui du pâtissier, pour composer des biscuits propres à guérir les accidents que le culte de la Vénus cloacine engendre trop communément, et dont plusieurs enfants sont affligés en recevant la vie. C'est encore le mercure doux qui sert à préparer ces biscuits anti-syphilitiques, inventés par M. Olivier.

Si les biscuits qu'on vient de faire connaître sont utiles pour administrer aux enfants des médicaments qu'ils repoussent avec une opiniâtreté d'autant plus grande qu'ils sont beaucoup plus dominés par l'instinct dans l'état de maladie qu'ils ne le sont étant en santé, ces préparations sont reprochables sous le rapport de leur composition et surtout sous celui des substances pharmaceutiques qu'elles renferment. Comme aliment, le biscuit met en jeu les organes digestifs ; comme médicament, il trouble leur action, il rend ainsi la digestion pénible : aussi les enfants témoignent-ils très-souvent du malaise après cette médication. L'expérience n'est pas perdue pour eux ; l'appât employé ne les séduit pas longtemps. Les médicaments qu'on administre sous cette enveloppe exposent les enfants à des dangers plus grands. Le jalap est un purgatif qui irrite violemment les intestins ; le calomel, qui n'est appelé mercure doux que par sa comparaison avec d'autres combinaisons mercurielles, qui sont des poisons violents, est aussi une substance irritante et déterminant des coliques vives, comme on en voit trop d'exemples depuis qu'on fait en France un abus déplorable de ce sel, à l'imitation des Anglais. Si les personnes étrangères aux connaissances de l'anatomie et de la physiologie pouvaient comprendre combien les organes de la digestion sont impressionnables chez les enfants, elles se garderaient bien de leur administrer des purgatifs tels que le jalap et même le calomel, comme elles le font trop communément sans avis de médecin et avec une détermination prise aussi légèrement que pour les moindres affaires de la vie. Plusieurs mères creusent ainsi le tombeau de leurs enfants ; car c'est dans les irritations de l'estomac et des intestins qu'elles font habituellement usage des purgatifs qui attisent un feu qu'il faudrait éteindre. Dr CHARBONNIER.

BISE, vent sec, pénétrant, qui règne dans le fort de l'hiver, et souffle du nord-est. C'est un vent très-dangereux sur la Méditerranée. La bise suspend l'action de la sève dans les plantes, sèche les fleurs et fait geler les vignes.

BISEAU, extrémité ou bord coupé en biais, en talus. Il se dit surtout du bord des glaces de miroirs, des glaces de voitures, etc., et du tranchant de certains outils ; puis, par extension, de certains outils dont le tranchant est en biseau. En joaillerie, il s'emploie en parlant des principales faces qui environnent la table d'un brillant. — En termes d'imprimerie, les biseaux sont des morceaux de bois entourant les pages de caractères, et dont un côté est taillé en biais pour recevoir les coins qui servent à serrer la forme.

Enfin, *biseau* se dit, dans une acception toute différente, de l'endroit du pain où la croûte ne s'est point formée ; ce qui provient du contact et de la réunion des pains dans le four, partie que l'on appelle plus communément *baisure*.

BISEAUTÉES (Cartes). C'est là un terme technique dont se servent les fabricants de cartes et les joueurs pour désigner des cartes qui, par maladresse ou volontairement, ont été coupées en trapèze au lieu de l'être en parallélogramme parfait. On sent bien qu'en coupant la carte avec des ciseaux *fixés* à la boîte nommée *coupeau*, si l'ouvrier ne présente pas la carte bien perpendiculairement, elle se trouve un peu plus étroite par un bout que par l'autre, ce qui forme un *angle* ou *biseau*. Cette maladresse de l'ouvrier doit faire jeter la carte au rebut ; mais cette imperfection a donné des facilités à ceux qui font des tours de cartes, et aux joueurs de mauvaise foi qui veulent frauder leur adversaire : aussi les *cartes biseautées* sont-elles défendues, et occasionnerait des punitions à ceux qui en vendraient ou seraient convaincus d'en faire usage sciemment. Nous terminerons en disant que cependant les faiseurs de tours ont quelquefois des cartes biseautées de différentes manières, afin de reconnaître dans un jeu, soit toutes les cartes d'une même couleur, soit toutes les figures. Quand ils veulent reconnaître une seule carte dans un jeu, ils ne la font pas *biseauter*, mais ils font changer sa dimension ; alors on la nomme *carte large* ou *carte longue*. Il n'est pas besoin de dire que ces différences, peu sensibles à l'œil de tout le monde, le deviennent pour celui qui a les yeux et les doigts exercés. DUCHESNE aîné.

BISELLIAIRE. On appelait ainsi celui qui avait le droit de siéger sur le biselli um, prérogative que les usages de Rome accordaient à ceux qui s'étaient distingués.

BISELLIUM, siége d'honneur, à deux places, qui était réservé à certaines personnes aux spectacles et les assemblées publiques, chez les Romains. Le *bisellium* était aux Augustaux, dans les municipes et dans les colonies, ce que la chaise curule était à certains magistrats de Rome.

BISERRULE (de *bis*, double, et *serrula*, petite scie, par allusion aux fruits de cette plante qui ressemblent à une double scie). Ce genre de la famille des papilionacées ne renferme qu'une seule espèce, le *biserrula pelecinus*, qui croît au midi de l'Europe et en Orient, dans les lieux pierreux. C'est une plante herbacée, annuelle, à feuilles imparipennées, et à fleurs bleuâtres disposées en un épi ovale.

BISET, espèce de pigeon sauvage, plus petit que le ramier, dont la chair est plus noire que celle des autres pigeons, et qui a été ainsi nommé de la couleur de son pennage, tirant sur la rouille. Il vient de la Flandre et des pays septentrionaux, et l'automne est la saison où il abonde. Le biset ne fait des petits qu'une fois l'an. Il a le bec entièrement rouge, de la longueur de celui du pigeon privé, et pointu par le bout. Sa tête, son ventre et ses ailes sont cendrés, mais ses grandes pennes sont noirâtres ; le sommet de la première est verdâtre et mélangé de plumes noires. Sa queue, à son origine, est cendrée, et noire vers ses extrémités. Ses pieds sont rouges, raboteux et munis d'ongles noirs. Sa femelle a le bec et les pieds d'un rouge moins éclatant. Le biset fend l'air avec une grande vitesse. On fait cas de sa chair, qui est plus délicate et plus serrée que celle du pigeon.

On a aussi appelé *bisets* les citoyens qui, par goût ou par nécessité, font leur service de garde national sans porter d'uniforme. L'origine de ce sobriquet semble indiquer qu'il a d'abord été appliqué à ces prudents et timides bourgeois, coiffés à l'oiseau royal ou à ailes de pigeon, qui ne figurent dans la grande armée de l'ordre public qu'à leur corps défendant. Toujours de l'opinion de Figaro : *Qui sait si cela durera trois semaines ?* pour ne pas compromettre leur avenir ou leur bourse en cas de licenciement imprévu, ils font leur station au corps-de-garde en habit marron et en chaussons de lisière. Edme HÉREAU.

Depuis longtemps déjà les lois sur la g a r d e nationale n'admettent plus de *bisets* dans les rangs de la milice citoyenne. Cependant on en voit de temps à autres reparaître. Un charmant conteur donnera d'ailleurs au mot BIZET une autre origine de ce nom, dont l'orthographe n'est pas encore fixée.

BISHOP, nom d'une agréable boisson artificielle qu'à l'imitation des peuples du Nord on prépare au moyen d'une infusion d'oranges amères parfaitement mûres, coupées en rond ou divisées par quartiers, dans du vin rouge chaud ou froid (médoc, pontac, bourgogne), et à laquelle on ajoute du sucre et quelques épices. On le boit chaude ou froide. Pour le préparer avec plus de promptitude, on se sert aussi d'essence ou d'extrait de bishop qu'on obtient en faisant macérer de l'écorce d'orange dans de l'esprit de vin et en y ajoutant des épices. La bonté du bishop dépend d'ailleurs de la qualité du vin. Il faut aussi avoir soin de ne se servir que de bons fruits et de leur enlever le blanc qui se trouve entre la chair et l'écorce. Quand on emploie du vin blanc, la boisson en question prend le nom de *cardinal* ; nos voisins les Allemands distinguent le *prélat*, ainsi appelé quand c'est le vin de Bourgogne qui en est la base. Pris modérément, le bishop est une boisson saine et stomachique ; mais si on en abuse, l'huile volatile contenue dans l'écorce d'orange provoque fréquemment des céphalalgies. Quoiqu'il n'en soit guère mention sous ce nom qu'à dater du dix-septième siècle, cette boisson était en usage en Allemagne dès le moyen âge, et y avait été introduite de France et d'Italie.

BISKARA, chef-lieu des agglomérations groupées dans les oasis du Ziban. Cette petite ville fortifiée, où les Turcs tenaient autrefois garnison, est située à 220 kilomètres de Constantine, près du grand lac *El-Schott*.

Aussitôt après l'occupation de Constantine, toutes les peuplades de cette contrée tombèrent dans l'anarchie, et l'autorité qu'avaient jusque là exercée sur elles les chefs investis par le bey Hadji-Ahmed, que nos armes venaient d'expulser, leur fut disputée dès ce moment soit par des chefs revendiquant le pouvoir au nom du gouvernement français, dont ils recherchaient l'appui, soit par des khalifats, qui tenaient leurs titres d'Abd-el-Kader.

Au mois de janvier 1839 le maréchal Valée nomma Bou-Aziz-ben-Ghannah chéik-el-Arab ; mais les khalifats de l'émir, cesse en guerre avec lui, combattirent avec acharnement son influence, et, d'accord avec les habitants, le contraignirent à abandonner Biskara, dont il avait été maître un instant. Une expédition fut résolue. Dans le courant de février 1844, 2,400 hommes et 600 chevaux, quatre pièces de montagne et deux de campagne, se réunirent à Bathna, sous le commandement du duc d'Aumale, et partirent pour Biskara avec un mois de vivres. Des razzias vigoureuses préparèrent peu à peu la soumission des tribus rebelles. El-Kantara nous accueillit avec empressement ; Biskara fit de même : débarrassée depuis cinq jours du joug tyrannique de Mohamed-Seghir, khalifat d'Abd-el-Kader, qui s'était enfui dans le mont Aurès avec ses réguliers, cette ville nous ouvrit ses portes le 4 mars. Dix jours furent consacrés à l'organisation du pays. Ben-Ghannah demeura investi du pouvoir. On institua une compagnie de tirailleurs indigènes pour le soutenir, et des *goums* choisis parmi les tribus environnantes complétèrent cette organisation militaire défensive. Puis on courut à l'attaque de Mehounech, où l'on prétendait que Mohamed avait caché ses richesses. Au bout de quatre heures de combat, les trois petits fortins dominant cette oasis, défendus par 3,000 hommes exaspérés, furent escaladés de vive force, et le village livré aux flammes avec ses magasins. L'ennemi s'enfuit dans les montagnes. Les Ouled-Zian et les Beni-Hamed vinrent demander l'*aman*, en nous apprenant que le khalifat s'était réfugié sur le territoire de Tunis.

Rassuré désormais sur la tranquillité du Ziban, le duc d'Aumale retourna à Bathna, soudainement attaquée par Hadji-Ahmed-Bey. Il laissait à Biskara une petite garnison composée de quelques officiers et sous-officiers, de cinquante tirailleurs indigènes de Constantine, destinés à servir de noyau pour la formation d'un bataillon semblable. Il y avait avec les Français une jeune fille de dix-neuf ans, Marianne Morati, dont le père était sergent au 2ᵉ de ligne. Le bataillon des tirailleurs s'accrut rapidement des déserteurs de Mohamed, de quelques réguliers d'Abd-el-Kader et d'un certain nombre d'Arabes du pays, battus à Mehounech. Le marabout de Sidi-Okba, dans la famille duquel la charge de chéik était héréditaire, n'eut pas grand'peine à nouer des intrigues avec des hommes qui lui avaient longtemps obéi. Dans la nuit du 12 au 13 mai, vers deux heures du matin, le chirurgien Arcelin se réveille en sursaut ; il a cru entendre des coups de fusil dans la plaine… Bientôt quelques coups retentissent dans la casbah même ; un grand tumulte se fait dans la ville. Il s'habille à la hâte. A peine a-t-il mis le pied sur le seuil de sa porte qu'un coup d'yatagan l'atteint au cœur. Les conjurés avaient ouvert les portes au khalifat, dont le premier mouvement avait été de se porter à la casbah pour égorger les officiers. Le lieutenant Petitgaud fut percé de coups de baïonnette dans son lit, par un ancien zouave préposé à sa garde personnelle. Le sous-lieutenant Crochard fut surpris également dans son sommeil, et déchiré à coups de poignard par un factionnaire. Le reste des tirailleurs de Constantine, fidèle à notre cause, fut impitoyablement massacré. Le fourrier Fischer avait reçu un coup de baïonnette dans l'aine ; il mourut après trois jours de souffrances et de tortures. Le sergent Pelisse, échappé seul au carnage, grâce à un burnous blanc dont il s'était couvert et à la facilité avec laquelle il parlait l'arabe, sauta par-dessus les murailles de la casbah, et s'enfuit à Touaïgha, d'où il fit passer l'affreuse nouvelle du désastre à Bathna.

Pendant que le duc d'Aumale préparait de terribles représailles aux traîtres de Biskara, une scène horrible se passait dans la mosquée de cette ville, où Marianne Morati, qui y avait été traînée avec les trois cadavres de nos officiers assassinés, s'était vue condamnée pendant une heure, presque sur leurs corps, à subir l'ignoble brutalité des vainqueurs.

Le 16 mai, le drame changea d'acteurs ; nos chasseurs chargèrent dès le matin dans la ville ; le sergent Pelisse, avec une avant-garde de volontaires, reprit la citadelle, et s'y vengea cruellement sur tous les Arabes qu'il rencontra. Le pillage fut permis pendant deux jours ; vingt prisonniers furent fusillés ; un grand nombre d'habitants fut incarcéré. Sidi-Okba, où le marabout Mohamed s'était caché, fut pris, pillé, incendié et rasé. La casbah, restaurée et fortifiée, reçut une garnison de 400 zéphyrs du 3ᵉ bataillon d'Afrique, et depuis cette punition exemplaire, l'autorité de la France à Biskara n'a pas été un seul instant méconnue.

BISMUTH. Ce métal, qui est employé dans plusieurs arts, et qui entre principalement dans la composition des caractères d'imprimerie, est d'un blanc argentin, à peu près aussi fusible que l'étain, et d'une pesanteur spécifique (9,82) un peu moindre que celle de l'argent. Quoiqu'il soit très-oxydable, on le trouve natif dans quelques mines en Bohême, en Saxe, en Suède et dans la Transylvanie ; il se rencontre dans les filons arsénifères, argentifères et cobaltifères à Bieber, dans le Hanau ; à Wittichen, en Souabe ; à Joachimsthal, en Bohême ; à Schneeberg, en Saxe ; à Bispberg et à Bastnaës, en Suède. On en trouve aussi des traces dans la mine de plomb de Poullaouen, en Bretagne, et dans la vallée d'Ossau (Pyrénées). Mais les mines les plus abondantes sont celles de *bismuth sulfuré* (*bismuthine* (Beudant), où ce métal est quelquefois allié au cuivre, au plomb et même à l'argent. En Sibérie, les mines d'or contiennent ordinairement du minerai de bismuth sulfuré, qui forme avec un alliage quadruple de plomb, de cuivre, de nickel et de tellure. Quant au *bismuth oxydé*, il est très-rare ; on ne l'a trouvé jusqu'à présent que disséminé, quelquefois en couches ou en masse. Ainsi, le bismuth répandu dans le commerce provient presque en entier des sulfures de ce métal. Il existe cependant encore trois espèces minéralogiques du genre bismuth, savoir : le *bismuth telluré*, qui n'est autre chose qu'un sulfo-tellurure de bismuth avec traces de sélénium, et qui se trouve principalement dans un conglomérat trachytique, près de Schemnitz, en Hongrie ; le *bismuth carbonaté*, dont l'analyse laisse beaucoup à désirer ; et le *bismuth silicaté phosphorifère*, qu'on ne rencontre jusqu'ici qu'à Schneeberg.

Le bismuth est tellement oxydable, qu'il perd très-promptement son éclat métallique lorsqu'il est exposé à l'air. Tous les acides le réduisent plus ou moins promptement à l'état d'oxyde ; 100 parties de métal absorbent 22 parties d'oxygène. L'oxyde de bismuth est volatilisé à une haute température. De quelque manière qu'on l'ait obtenu, il est d'un beau blanc, et a mérité le nom de *blanc de fard*, quoique l'antimoine puisse le lui disputer à tous égards, et surtout en faisant valoir les droits d'une très-ancienne possession. On sait, en effet, que l'une des femmes de Job, après l'épreuve à laquelle ce serviteur de Dieu fut soumis, portait un nom que l'on a traduit en latin de la Bible par celui de *cornu stibii*.

Le bismuth est le plus dur des métaux après le tungstène, le fer, le manganèse, le titane, le nickel et le platine. Il augmente la dureté des métaux auxquels il s'allie, tels que l'étain, qu'il rend en même temps plus sonore; le plomb, qui devient plus solide et plus tenace par l'addition d'une petite dose de bismuth; le cuivre, qui est décoloré et rendu cassant. Il entre dans la composition de la plupart des alliages fusibles.

L'oxyde de bismuth donne une couleur jaunâtre aux verres dans lesquels on le fait entrer. Comme cet oxyde est très-fusible, et vitrifie aisément ceux des autres métaux oxydables, on regarde le bismuth comme plus propre que le plomb à opérer la séparation de l'étain dans la coupellation.

L'antimoine et le bismuth sont encore en rivalité pour la composition des caractères. Le premier de ces deux métaux eut longtemps la possession exclusive de cet emploi, comme de servir à la toilette des femmes qui ne se contentent pas de la blancheur naturelle de leur visage. Il est probable que le bismuth finira par l'emporter, parce que ses mines sont plus abondantes, qu'il n'est propre qu'à l'art du fondeur, au lieu que l'antimoine peut être réservé pour plusieurs autres destinations. FÉRRY.

BISMUTH (Blanc de). *Voyez* BLANC DE BISMUTH.

BISON, nom que les auteurs latins donnaient à une espèce de bœuf sauvage qui nous paraît être l'*aurochs*. *Voyez* BŒUF.

Le *bison d'Amérique* (*buffalo* des Anglo-Américains; *bos bison*, Linné; *bos americanus*, Gmelin) à la tête osseuse, très-semblable à celle de l'aurochs et couverte de même, ainsi que le cou et les épaules, d'une laine crêpue, qui devient fort longue en hiver; mais ses jambes et surtout sa queue sont plus courtes. Il habite dans toutes les parties tempérées de l'Amérique septentrionale, et produit avec nos vaches. G. CUVIER.

Le bison porte basses ses cornes noires et courtes; il a une longue barbe de crin; un toupet pareil pend échevelé entre ses deux cornes jusque sur ses yeux; son poitrail est large, sa croupe effilée, sa queue épaisse et courte; ses jambes sont grosses et tournées en dehors; une bosse (cette bosse, qui n'est formée que d'une masse graisseuse, comme celle du zébu, varie en grosseur dans les différents individus selon leur embonpoint) d'un poil roussâtre et long s'élève sur ses épaules; le reste de son corps est couvert d'une laine noire, que les Indiens filent pour en faires des sacs à blé et des couvertures. Cet animal a l'air féroce, et il est fort doux. Il y a des variétés dans les bisons, ou, si l'on veut, les *buffaloes*, mot espagnol anglicisé. Les plus grands sont ceux que l'on rencontre entre le Missouri et le Mississipi. Dans cette espèce, les femelles surpasse de beaucoup celui des mâles. Le taureau fait sa cour à la génisse en galopant en rond autour d'elle. Immobile au milieu du cercle, elle mugit doucement. Les sauvages imitent, dans leurs jeux propitiatoires, ce manege, qu'ils appellent la *danse du bison*.

Le bison a des temps irréguliers de migration : on ne sait trop où il va; mais il paraît qu'il remonte beaucoup au nord en été, puisqu'on le retrouve aux bords du lac de l'Esclave, et qu'on l'a rencontré jusque dans les îles de la mer Polaire. Peut-être aussi gagne-t-il les vallées des montagnes Rocheuses à l'ouest et les plaines du nouveau Mexique au midi. Les bisons sont si nombreux dans les steppes verdoyants du Missouri que quand ils émigrent leur troupe met quelquefois plusieurs jours à défiler comme une immense armée : on entend leur marche à plusieurs milles de distance, et l'on sent trembler la terre. Les Indiens tannent supérieurement la peau du bison avec l'écorce du bouleau; l'os de l'épaule de la bête tuée leur sert du grattoir. La viande du bison, coupée en tranches larges et minces, séchée au soleil ou à la fumée, est très-savoureuse; elle se conserve plusieurs années comme du jambon; les bosses et les langues des vaches sont les parties les plus friandes à manger fraîches. La fiente du bison brûlée donne une braise ardente; elle est d'une grande ressource dans les savanes, où l'on manque de bois. Cet utile animal fournit à la fois les aliments et le feu du festin. Les Sioux trouvent dans sa dépouille la couche et le vêtement. Le bison et le sauvage, placés sur le même sol, sont le taureau et l'homme dans l'état de nature : ils ont l'air de n'attendre tous les deux qu'un sillon, l'un pour devenir domestique, l'autre pour se civiliser. CHATEAUBRIAND.

BISOUTOUN, BÉHISTUN, ou encore BIHSUTUN, nom d'une montagne du Kourdistan persan, aux environs de Kirmanschah, à trois journées de marche du mont Zagros, et particulièrement célèbre par l'inscription en caractères cunéiformes que le roi de Perse Darius Ier fit sculpter sur l'un de ses côtés qui s'élève perpendiculairement à 1700 pieds de hauteur. Il y rappelle avec des termes pleins de gratitude pour Dieu les victoires qu'il a remportées dans dix-neuf batailles livrées contre les rebelles dans diverses provinces de son empire. Cette montagne est célèbre depuis bien longtemps. Diodore en fait mention sous le nom de Βαγίστανον, mot qui dans l'ancienne langue des Perses voulait dire *séjour des dieux*, de même que la tradition encore aujourd'hui existante suivant laquelle les ouvrages de sculpture qu'on y voit seraient l'œuvre de la reine Sémiramis. Une tradition perse plus récente les attribue au siècle postérieur des Sassanides, de la première période desquels datent effectivement les inscriptions de *Tak-i-Rostân* et de *Tacht-i-Rustem* qui s'y trouvent. Mais le monument historique le plus important de l'Indo-Perse est toujours ce grand relief représentant une figure mythologique, un roi avec deux grands et neuf captifs, de même que les seize inscriptions cunéiformes achéménides de première espèce (l'inscription dite des mille lignes) qui en dépend, avec leurs traductions si compliquées. C'est le major anglais Rawlinson qui a eu le mérite de découvrir ce monument et de prouver qu'il provenait du grand roi perse Darius. Consultez Benfey, *L'inscription cunéiforme persane* (Leipzig, 1847).

BISQUE, terme de jeu de paume, qui sert à exprimer l'avantage qu'un joueur fait à un autre en lui donnant un quinze, que celui-ci peut prendre dans le cours de la partie, quand il le juge à propos.

On nomme aussi bisque une sorte de potage ou coulis fait d'écrevisses et de divers ingrédients.

BISSAC. *Voyez* BESACE.

BISSE, nom que l'art héraldique donne au serpent. *Voyez* MEUBLES.

BISSEN (WILHELM), célèbre sculpteur danois contemporain, est né en 1798, à Gilding, près de Schleswig, et se forma dans la pratique de son art sous la direction de son illustre compatriote Thorwaldsen pendant un séjour de dix années à Rome. A son retour dans sa patrie, il exécuta d'abord les quatre anges qui décorent la chapelle du château de Christiansborg à Copenhague, et un grand nombre de bustes remarquables, entre autres celui d'Œrsted; deux statues, *le Chasseur Céphale* et *Atalante à la chasse*, qu'il avait déjà commencées à Rome, et qui appartiennent aujourd'hui à M. Baur, négociant à Altona. En 1841 cet artiste se rendit pour la seconde fois à Rome, à l'effet d'y exécuter dix-huit figures de grandeur surnaturelle que lui avait commandées son gouvernement. Indépendamment des esquisses de ces figures, il y fit aussi une *Vénus*, et son plus charmant ouvrage, *l'Amour aiguisant son trait*. A son retour à Copenhague on le chargea de la sculpture d'une frise longue de plusieurs centaines de pieds pour la grande salle du château, et qui doit représenter le développement du genre humain d'après la mythologie grecque. Outre cette grande composition, M. Bissen a fait encore une statue d'*Apollon* (propriété de M. Vernus du Fay, à Francfort), le modèle d'une statue de *Minerve* pour la grande salle de l'université à Copenhague, et divers autres ouvrages. Dans son testament Thorwaldsen le désigna pour terminer les travaux qu'il laissait inachevés et pour être chargé de la direction artistique de son musée. La Société des Amis des Arts de Copenhague a commandé une statue de Tycho-Brahe à cet artiste, qui depuis le mois d'avril 1850 est président de l'Académie des Beaux-Arts de Copenhague. — Son frère, fixé depuis longues années en France, et chef de l'une des maisons d'horlogerie les plus importantes de la capitale, est bien connu des amateurs par les belles collections de fleurs et d'oiseaux exotiques qu'il a réunies dans la charmante villa qu'il possède aux portes de Paris.

BISSEXTILE (Année). *Voyez* ANNÉE, tom. Ier, p. 625.

BISSON (HENRI), jeune officier de marine célèbre par son dévouement et sa mort héroïque, était né en 1796, à Guémenée (Morbihan). Entré dans la marine royale en 1815, en qualité d'élève, il se trouvait en 1827, avec le grade d'enseigne de vaisseau, à bord de la flotte française chargée de surveiller les mers du Levant, infestées alors par des pirates que tolérait le nouveau gouvernement établi à Égine, à la suite de l'insurrection des Grecs contre le sultan Mahmond. Les réclamations adressées au gouvernement provisoire d'Égine contre l'existence de ces pirates, qui ne rançonnaient pas seulement les vaisseaux turcs, étant demeurées sans résultat, l'amiral français résolut de donner lui-même la chasse à ces pirates. C'est à la suite d'une de ces expéditions que fut capturé par la frégate *la Lamproie*, sur les côtes de la Syrie, le brick grec *Panayotis*, dont Bisson fut nommé commandant avec un équipage composé de quinze Français et de six matelots grecs faits prisonniers à bord de ce même brick. Bisson reçut l'ordre de diriger cette prise sur Smyrne, où se rendait *la Magicienne*, frégate avec laquelle il devait naviguer de conserve. Un coup de vent sépara les deux bâtiments dans la nuit du 4 novembre 1827, et força le *Panayotis* d'aller chercher un abri sous les rochers de l'île de Stampalie. A peine l'ancre eut-elle été jetée que deux des pirates prisonniers se sauvèrent à la nage et gagnèrent la terre. Bisson ne douta pas dès lors qu'ils ne revinssent bientôt avec un grand nombre des leurs pour profiter d'une circonstance si favorable et reprendre le navire confié à sa garde. Aussi fit-il promettre à son lieutenant, le pilote *Trémentin*, que si leur vaisseau venait à être attaqué, dans la situation critique où il se trouvait, par des forces supérieures, celui des deux qui survivrait ferait sauter *le Panayotis*, plutôt que de le laisser tomber aux mains des pirates.

L'intrépide Bisson avait deviné juste. A dix heures du soir, deux grands misticks attaquent avec furie le brick; il est abordé par l'avant; quinze hommes luttent avec une admirable intrépidité contre cent trente; le nombre seul peut l'emporter : neuf Français tombent; le pont est envahi. Bisson, blessé, couvert de sang, s'échappe de la mêlée; il n'a que le temps de dire à ses amis : *Sauvez-vous, jetez-vous à la mer !* Puis se tournant vers Trémentin, il ajoute : *Adieu, pilote, voilà le moment d'en finir.* Aussitôt Bisson se précipite dans la chambre où d'avance il avait tout disposé; il prend la mèche, il met le feu aux poudres : le navire saute, le sacrifice de l'honneur et du patriotisme est consommé; un noble cœur a cessé de battre, et la France compte un héros de plus. Le gouvernement accorda une pension de quinze cents francs à la sœur de Bisson. Le pilote Trémentin, qui avait été assez heureux pour gagner le rivage à la nage avec quatre matelots français, fut récompensé par le grade d'enseigne et par la croix de la Légion d'Honneur. Un monument a été élevé à Lorient pour perpétuer le souvenir de cette action éclatante.

BISSUS. *Voyez* BYSSUS.

BISTNAOUS, secte de Banians, qui croient en un Dieu unique et marié, qui vivent de légumes et de laitage, et dont les femmes jouissent de l'heureux privilège de ne pas être obligées de se brûler sur le corps de leur mari.

BISTORTE, espèce de renouée, ainsi nommée parce que ses racines sont tortues et repliées en forme d'S.

BISTOURI, instrument de chirurgie qui sert à couper et à faire des incisions dans les chairs. Selon Huet, son nom viendrait de celui de la ville de Pistoie ou Pistori, renommée autrefois pour la fabrication des instruments de chirurgie. Le bistouri a ordinairement la forme d'un petit couteau, composé d'une lame et d'un manche ou châsse. La lame, qui est le plus souvent mobile sur le manche, peut être assujettie par un bouton, un ressort, un anneau coulant ou tout autre moyen, et quand elle est fixée sur le manche, elle donne au bistouri le nom de *bistouri à lame fixe* ou *dormante*. Les dimensions, la forme et les usages du bistouri sont fort variables; il y en a de grands, de moyens, de petits, de plats, de courbes, qu'on emploie suivant les cas.

BISTOURNAGE, sorte de castration usitée à l'égard des animaux. Cette opération consiste à serrer et tordre les vaisseaux qui aboutissent aux testicules, de manière que ces vaisseaux se déchirent ou se bouchent au point qu'il n'y passe plus d'humeur prolifique. Par le *bistournage* les animaux sont à la vérité plus vigoureux que ceux que l'on châtre; mais ils sont moins dociles, moins tranquilles; ils deviennent moins gros et moins gras, et leur chair est moins délicate.

BISTRE, couleur d'un brun roussâtre, que l'on tire ordinairement de la suie broyée et dissoute dans le vinaigre, puis mélangée avec de l'eau gommée. On en faisait autrefois beaucoup usage. Les peintres s'en servaient habituellement pour faire leurs croquis, et les architectes leurs dessins; mais le bistre a été remplacé depuis plusieurs années par le *sépia*, dont la couleur un peu rougeâtre est plus agréable, et l'emploi plus facile. Lorsque l'on commença à faire usage de la gravure au lavis, on a l'*aqua-tinta*, on imprima souvent les planches avec une encre bistrée, pour leur donner davantage l'apparence d'un dessin; c'est ainsi que furent publiés les croquis de Le Prince sur la Russie, et le *Voyage de Houel en Sicile*.

BISULCE ou **BISULQUE** (de *bis* et de *sulcus*, fente), nom collectif de tous les mammifères ruminants à pied fourchu, tels que les cerfs, les bœufs, les moutons, etc. Les Hébreux n'osaient manger que des animaux bisulques; les Russes, au contraire, ont été fort longtemps avant de permettre qu'on servit sur leurs tables ces animaux, qui leur paraissaient, par la conformation de leurs pieds, être un produit de l'enfer.

BITAUBÉ (PAUL-JÉRÉMIE), né à Kœnigsberg, en 1732, d'une famille de protestants que les persécutions de Louis XIII avaient forcée de fuir le Béarn, sa patrie, s'annonça dans le monde littéraire par une traduction française de l'*Iliade* et de l'*Odyssée*. Il fut reçu membre de l'Académie de Berlin, fondée par Frédéric; ce prince l'avait admis dans son intimité, et lui avait assuré une existence honorable et indépendante. Sa mort priva, en 1786, les savants et les artistes de leur puissant et unique appui. Bitaubé vint alors se fixer à Paris. Il publia successivement son *Examen de la Profession de foi du Vicaire savoyard de J.-J. Rousseau*, son *Traité de l'influence des lettres sur la philosophie*, etc.

Bitaubé fut le créateur et le modèle d'un nouveau genre littéraire, aujourd'hui oublié, dans lequel il s'efforçait d'unir jusqu'à un certain point à la vérité historique le charme et l'intérêt de la poésie épique. Il intitula son *Joseph*, poëme, et le divisa en neuf chants. Ce premier ouvrage réussit complétement. En 1790 parut *Guillaume de Nassau, ou les Bataves*, en dix chants. C'est le tableau animé du grand drame politique de la première révolution de Hollande. Le succès ne fut pas douteux, il surpassa les espérances de l'auteur, et lui assura une place distinguée parmi les écrivains de l'époque. Il lui eût été facile d'obtenir de grands emplois; ses relations avec les hommes les plus distingués par leurs talents et les plus influents par leur position politique lui permettaient de prétendre à tout. Mais il n'avait qu'une ambition, celle d'être utile; ses vœux étaient pour le triomphe de la révolution. Il fournit d'excellents articles à plusieurs journaux, notamment au *Patriote français*, dirigé par Brissot. Tolérant par caractère et par principes, il voyait le succès de sa cause dans la marche progressive de la civilisation. Il ne comprenait point de liberté durable pour un peuple sans instruction, et ses vœux comme ses efforts étaient d'arriver à une régénération politique et morale par les bienfaits d'une éducation vraiment nationale.

Bitaubé ne se plaisait qu'au milieu de ses livres et de sa famille; on ne le rencontrait que dans la réunion de quelques amis. Il fréquentait régulièrement la maison de Julie, première femme de Talma. Il parlait peu, mais toujours bien, et je l'ai aperçu souvent entre Mirabeau et Chénier, les étonnant tous deux par la justesse et l'élévation de ses pensées. Les députés de la Législative, devenus plus tard les chefs de la Gironde, étaient liés avec Bitaubé; ils se donnaient souvent rendez-vous dans le joli pavillon de Talma et dans les salons, non moins modestes, de madame Roland. Bitaubé et sa famille n'avaient d'autres revenus que ceux de ses biens en Prusse, et ses pensions comme académicien de Berlin. Aussi, dès que la guerre eut éclaté entre la Prusse et la France, ses biens furent-ils séquestrés, et ses pensions supprimées. Tous ses ouvrages publiés en France avaient réussi; mais alors un succès littéraire n'était pas un succès de fortune. Dans une circonstance grave, son libraire, M. Lami, se montra plus que généreux; il ne se borna pas à pourvoir à ses besoins, il ne recula devant aucun péril pour acquitter la dette de la reconnaissance et de l'amitié.

La Convention dès les premiers jours s'était divisée en deux partis très-prononcés. Les girondins ou fédéralistes semblèrent d'abord dédaigner leurs adversaires. Leur imprévoyance leur coûta la vie. Malheur à qui avait eu des relations avec eux ! Un ami offrit aux époux Bitaubé un asile à Saint-Germain; ils acceptèrent, et y passèrent toute la belle saison. Mais un comité révolutionnaire s'y établit, et dès lors Bitaubé et sa femme durent revenir à Paris. Un mois après ils furent arrêtés et conduits au Luxembourg; ils étaient aimés, respectés de tous leurs voisins : leur section adressa plusieurs pétitions en leur faveur; elles restèrent sans réponse. On envoya alors aux comités de salut public et de sûreté générale plusieurs députations. La liberté de Bitaubé et de sa femme leur fut promise; mais une main invisible s'opposait à leur délivrance. Ils restèrent en prison jusqu'au 9 thermidor. Le chevalier Pougens et le libraire Lami ne les avaient pas abandonnés un seul instant; ils leur avaient fait parvenir pendant leur longue détention des vivres, du linge, de l'argent. Leur vieux domestique Leclerc et sa nièce Julie se chargeaient de toutes leurs commissions, et stationnaient tour à tour devant la grille du Luxembourg.

Leur mise en liberté fut un jour de fête. Bitaubé vit enfin cesser sa détresse. La paix fut signée entre la république et le roi de Prusse; le séquestre mis sur ses biens en Prusse fut levé, et l'arriéré de ses pensions lui parvint. Cette affaire avait été terminée par Sieyès, alors ambassadeur de la république à Berlin, et le ministre prussien Hardenberg.

Bitaubé, qui avait été membre de l'Académie royale des Inscriptions et Belles Lettres, fut nommé membre de l'Institut dès sa formation. Chaque année ce corps savant devait rendre compte de ses travaux à l'Assemblée nationale : en l'an VI, Bitaubé, à la tête de ses collègues, vint s'acquitter de ce devoir à la barre du conseil des Cinq-Cents. L'empereur Napoléon le nomma membre de la Légion d'Honneur, et lui assura une forte pension. Il mourut en novembre 1808, du chagrin d'avoir perdu sa femme. Ses ouvrages ont été souvent réimprimés. Il termina sa carrière littéraire par une traduction d'*Hermann et Dorothée*, de Gœthe. Cette traduction vit le jour en 1802. Les œuvres complètes de Bitaubé, en 9 volumes, ont paru en 1807. Elles ne sont pas encore aujourd'hui, tant s'en faut, exemptes de mérite, quoiqu'on y regrette souvent des expressions impropres qui décèlent un écrivain étranger.   DUFEY (de l'Yonne).

BITCHE, petite ville du département de la Moselle, place de guerre de quatrième classe, située à l'extrême frontière, près du revers occidental des Vosges, entre Weissenbourg et Sarreguemines. Elle domine d'étroites vallées, et est entourée d'immenses forêts et de montagnes couvertes de bruyères. La ville est bâtie en partie au pied d'un rocher près d'un grand étang d'où sort un ruisseau. Elle a 3,911 habitants. On y fabrique de la porcelaine, de la faïence et de la poterie.

L'ancien château, qui sert de citadelle et de prison militaire, s'élève sur un rocher de cinquante mètres d'élévation. Le fort de Bitche, qui n'est placé sur aucune grande voie de communication, n'a plus aujourd'hui l'importance qu'y attachaient les ducs de Lorraine. A une époque où les guerres se passaient sur un théâtre peu étendu, cette place offrait un refuge assuré à tous les partis qui pouvaient agir des deux côtés des Vosges : elle était importante, dès le onzième siècle, comme chef-lieu d'une seigneurie ayant titre de comté, et appartint tour à tour au duché des Deux-Ponts, à la Lorraine et à la France.

Dans les guerres entre la France et l'Allemagne, Bitche soutint plusieurs sièges. Celui de 1793 occupe une page glorieuse dans les annales du siècle dernier. Les alliés venaient de s'emparer des lignes de Weissembourg, quand, dans la nuit du 16 au 17 septembre, un officier français émigré conduisit une division prussienne sous les murs de la place, et un bataillon se glissa dans le chemin couvert. La ville n'avait pour garnison qu'un bataillon du Cher, de six à sept cents hommes, et une compagnie de canonniers; mais tous coururent à leurs postes. L'obscurité favorisait l'ennemi. Le propriétaire d'une maison en bois, située du côté de l'attaque, proposa lui-même aux assiégés d'y mettre le feu. A la lueur de l'incendie, on put voir les mouvements des Prussiens; déjà ils étaient entrés dans la ville, et avaient abattu un pont-levis; mais l'artillerie foudroya les colonnes qui descendaient des hauteurs, et l'infanterie chassa les Prussiens, à l'exception de deux cent cinquante hommes, qui restèrent prisonniers.   I. FAVÉ, capitaine d'artillerie.

BITESTACÉS. On donne ce nom à des animaux articulés de la classe des crustacés, dont le dos est recouvert par un test divisé en deux pièces latérales.

BITHIES, sorcières célèbres chez les Scythes. Elles avaient, dit-on, à l'un des yeux la prunelle double, à l'autre la figure d'un cheval, et le regard si dangereux qu'elles tuaient ou ensorcelaient ceux sur qui elles l'attachaient.

BITHYNIE, contrée du nord-ouest de l'Asie Mineure, appelée aussi quelquefois *Bébrycie*, à cause des Bébryces qui l'habitaient, et séparée de l'Europe par la Propontide et le Bosphore de Thrace, était bornée au nord par le Pont-Euxin, à l'ouest par la Paphlagonie, dont elle était séparée par le fleuve Parthénius; au sud-ouest par la Mysie, dont elle était séparée par le fleuve Rhyndacus; au sud par la Phrygie et la Galatie où des montagnes formaient ses limites naturelles. Les villes les plus célèbres de la Bithynie étaient les colonies grecques *Chalcédoine*, *Héraclée*, *Myclée* (appelée plus tard *Apamée*, et *Astaque*. Quand cette dernière eut été détruite par Lysimaque, Nicomède Ier fonda non loin de là *Nicomédie*, qui ne tarda pas à devenir la résidence des rois de Bithynie et l'une des villes les plus considérables de l'Asie Mineure. Les villes de *Nicée* et de *Pruse* ou B r o u s s e étaient aussi florissantes.

Les habitants de la Bithynie étaient, à ce qu'il semble, originaires de la Thrace. L'an 560 avant J.-C., le roi C r é s u s fit passer leur pays sous la domination des Lydiens, et à la chute de l'empire lydien, en 555, il passa sous celle de la Perse. Après la bataille livrée en 334 sur les bords du Granique, la Bithynie, comme tout le reste de l'Asie Mineure, tomba au pouvoir d'Alexandre le Grand. Toutefois, Bias ou Bas, prince indigène, réussit à se maintenir dans les montagnes, et après la mort d'Alexandre son fils Zipœtes parvint à arracher la Bithynie à Lysimaque. Nicomède Ier, successeur de Zipœtes, sous le règne duquel les mœurs et la langue des Grecs s'introduisirent à la cour, résista aux essais de conquête tentés par le roi de Syrie Antiochus Ier, en appelant à son secours, l'an 278 avant J.-C., des bandes de Gaulois errants. Son petit-fils, Prusias Ier, agrandit sa domination à la suite de la guerre heureuse qu'il fit en l'an 196 aux Grecs d'Héraclée. Il s'allia à Philippe III de Macédoine contre les Romains. Prusias II, son successeur, accéda également à cette ligue; et Annibal, qui avait fui d'Antioche pour venir se réfugier à sa cour, se donna volontairement la mort en 183, afin de ne pas être livré par lui à ses implacables ennemis. A partir de cette époque, la Bithynie, quoiqu'elle continuât à avoir ses propres rois, ne cessa plus d'être sous la dépendance des Romains. Elle fut érigée en province romaine à la mort de Nicomède III, qui, l'an 75 avant J.-C., institua les Romains héritiers de son royaume, que ceux-ci toutefois durent encore disputer à Mithridate. Parmi les gouverneurs romains qui furent chargés d'administrer la Bithynie, il faut surtout mentionner Pline le jeune sous Trajan. L'an 260 de notre ère, sous le règne de Valérien, cette contrée fut en proie aux dévastations des Goths. Sous Dioclétien, Nicomédie devint le séjour habituel de l'empereur. Au onzième siècle, la Bithynie fut pendant quelque temps (1074-1097) au pouvoir des Seldjoukides, auxquels on la reprit dans la première croisade. Nicée, qui dans cet intervalle avait été la résidence des sultans seldjoukides, devint au treizième siècle (1204-1261), pendant la durée de l'empire latin à Constantinople, le siége d'un empire grec. En 1298 Osman envahit la Bithynie, et Pruse, tombée en 1325 au pouvoir des Osmanlis, devint en 1328 la capitale de leur empire.

BITOME. On désigne sous ce nom (formé de *bis* et de τομή, section, par allusion aux deux articles de la massue des antennes) un genre de l'ordre des coléoptères, section des tétramères, qui a été établi par Herbst. Les bitomes ne diffèrent des lyctes de Fabricius que par des antennes plus courtes, et par des mandibules cachées ou peu découvertes. Latreille a proposé de substituer le mot *ditome* à celui de *bitome*, pour plus de correction dans l'étymologie.

Une espèce de bitome (le *bitoma crenata*), qui sert de type à ce genre, se trouve sous les écorces d'arbre des environs de Paris.
L. LAURENT.

BITON et **CLÉOBIS** étaient fils de Cydippe, prétresse de Junon. Un jour qu'il fallait, pour un sacrifice, qu'elle fût menée au temple sur un char, et qu'on manquait de bœufs, ils s'y attelèrent eux-mêmes, et le traînèrent ainsi l'espace de quarante stades jusqu'au temple. Touchée de cette preuve de piété filiale, leur mère pria Junon de leur accorder *le plus grand bien que les mortels puissent recevoir des dieux*. Quand elle sortit du temple, elle les trouva endormis pour toujours dans les bras l'un de l'autre. Les habitants d'Argos leur élevèrent des statues à Delphes.

BITORS. *Voyez* CORDE.

BITTAQUE, genre d'insectes de l'ordre des névroptères, famille des planipennes, tribu des panorpates, dont le *bittacus tipularius* (*panorpa tipularia*, Linné) est le type.

BITTERSPATH. *Voyez* DOLOMIE.

BITUME (de *pitus*, pin, ou de *pitta*, poix). On donne ce nom collectif à des matières de consistance liquide, molle ou solide, que l'on trouve toutes formées dans le sein de la terre. Les bitumes, avec lesquels on confondait autrefois plusieurs autres substances, comme la houille, le jayet, le succin, mais que les minéralogistes en ont séparés depuis avec raison, sont électrisables par le frottement, très-odorants, d'un poids spécifique généralement plus léger que celui de l'eau, et susceptibles de brûler avec flamme, en répandant une fumée épaisse, accompagnée d'une odeur toute particulière, à laquelle on a donné l'épithète de *bitumineuse*.

Les caractères par lesquels ils diffèrent essentiellement des trois autres corps indiqués plus haut sont les suivants : 1° frottés ou exposés à une légère chaleur, ils exhalent une odeur qui se rapproche de celle de la poix ; ce qui ne se rencontre ni dans la houille, ni dans le jayet ou le succin ; 2° ils n'ont pas besoin d'être isolés pour acquérir l'électricité résineuse par le frottement, comme il est nécessaire de le faire pour la houille : 3° le plus compacte d'entre eux est ordinairement facile à briser entre les doigts, ce qui n'arrive pas avec les pseudo-bitumes ; 4° enfin, ils ne donnent point d'ammoniaque à la distillation, tandis que la houille en fournit.

On connaît cinq variétés de bitumes : 1° le *bitume liquide* ou *naphte*, source des *feux perpétuels* de la Perse ; 2° le *bitume oléagineux* ou *pétrole*, qui fournit un excellent goudron ; 3° le *bitume glutineux* ou *pissasphalte*, qu'on emploie, sous le nom d'*asphalte* au dallage de nos trottoirs ; 4° le *bitume résinoïde noir* ou *bitume de Judée*, qui est le véritable a s p h a l t e des minéralogistes ; 5° le *bitume élastique* ou *élatérite*, dont les usages sont assez restreints.

Les auteurs qui se sont occupés de l'origine des bitumes sont loin d'être d'accord sur ce point. On les a considérés comme des produits de l'organisation, et spécialement des végétaux ; Patrin les a regardés comme résultant de la combinaison de certains gaz, et de réactions opérées dans le sein du globe ; d'autres, enfin, ont cru que le naphte et le pétrole étaient dus à une distillation de la houille par des feux souterrains ; mais toutes ces opinions sont hypothétiques, et ne reposent sur aucun fait positif : il est donc préférable d'avouer franchement que nous ne savons rien à cet égard.
P.-L. COTTEREAU.

BITUME DE JUDÉE. Ce bitume, que l'on connaît encore sous les noms de *bitume résinoïde noir*, *karabé de Sodome*, *gomme des funérailles*, *poix de montagne*, *baume des momies*, *asphalte*, etc., est solide, très-fragile et à cassure vitreuse ; examiné en masse, il paraît complétement opaque et d'une couleur noire ; mais vu en fragments très-minces, on remarque parfois qu'ils sont translucides vers leurs bords, et que leur couleur est le rouge obscur. On le tirait anciennement du lac Asphaltite ou mer Morte de Judée, d'où lui viennent plusieurs dénominations qu'il a reçues ; et à cette occasion il convient de faire observer que, bien qu'il y surnage, il est cependant d'une pesanteur spécifique plus grande que celle de l'eau pure. On en trouve la raison dans la quantité considérable de sel que ce lac contient, ce qui augmente la densité du liquide.

Des mines d'asphalte ont été découvertes en Suisse, près de Neufchâtel, et en France, dans les départements de l'Aïn et du Bas-Rhin. On vend aussi sous ce nom le résidu charbonneux et huileux qui résulte de la distillation du succin.

Un des usages les plus remarquables du bitume dont nous parlons est celui qu'en ont fait les anciens Égyptiens pour embaumer et momifier leurs cadavres. Au reste, il est probable qu'ils le dissolvaient préalablement dans le n a p h t e, afin de le rendre assez fluide pour pouvoir l'injecter dans les différentes cavités du corps, où il était nécessaire de le faire pénétrer, et que c'est au temps et aux combinaisons qu'il a pu former avec les substances animales qu'il est redevable de la dureté qu'il possède dans les momies qui nous sont envoyées. On en retire, par distillation, une huile d'un blanc clair, regardée comme anti-spasmodique par les médecins allemands, qui la prescrivent quelquefois, mais inusitée chez nous.

Dans les arts, les usages de l'asphalte sont assez étendus; et il n'est pas douteux qu'ils ne le deviennent davantage encore par la suite. En Arabie et en Judée on n'a pas d'autre ciment pour joindre les briques des maisons. Mélangé avec un dixième de poix noire, il donne un mastic complétement impénétrable à l'eau, et dont on se sert avec le plus grand succès pour luter les jointures des pierres et des dalles dans la construction des bassins et des terrasses. Uni à des matières grasses, on l'emploie pour oindre les rouages des machines et les roues des voitures, pour goudronner les bateaux et bâtiments de toutes sortes, ainsi que les portes des écluses ; pour enduire les charpentes, le fer, les pierres, et pour recouvrir les terrasses. On le fait entrer dans la composition des vernis servant à imiter les laques de Chine, ou destinés aux ouvrages en fer employés dans l'intérieur des maisons, comme les serrures, les tringles, les espagnolettes, les rampes d'escaliers, etc. Enfin, les artificiers l'emploient pour la préparation des pièces pyrotechniques qui doivent brûler sur l'eau. P.-L. COTTEREAU.

BITUMINEUSES (Fontaines). *Voyez* NAPHTE et FONTAINE.

BITURIGES, nom d'un ancien peuple de la Gaule, qui occupait ce qu'on a appelé ensuite le diocèse de Bourges, c'est-à-dire le Berry, et une partie du Bourbonnais, et dont Bourges était la capitale. Lorsque le premier Tarquin était roi de Rome, Ambigat, l'un des Bituriges, était roi des Celtes. Ce prince, pour soulager le pays, qui était trop peuplé, envoya un très-grand nombre d'hommes, de femmes et d'enfants, sous la conduite de Sigovèse et de Bellovèse, enfants de sa sœur. Le sort donna à Sigovèse la forêt Hercynie, dont une partie a été appelée depuis la forêt Noire. La colonie de Bellovèse se partagea en deux bandes, dont l'une tourna vers les Pyrénées et l'autre vers les Alpes : tous les peuples voisins s'enfuirent devant eux. Quelque temps après, les Toscans, ayant voulu s'opposer à ces Gaulois, furent défaits, et les vainqueurs se rendirent maîtres de toute la partie occidentale de l'Italie, qu'on a nommée depuis *Gaule Cisalpine*.

BIVAC. *Voyez* BIVOUAC.

BIVALVE, c'est-à-dire qui est composé de deux valves ou battants. C'est, en conchyliologie, le nom que l'on donne aux coquillages qui sont formés de deux pièces, pour les distinguer des *univalves*, coquillages à une seule pièce, et des *multivalves*, coquillages à plusieurs pièces. L'huître, la moule, et un grand nombre d'autres mollusques acéphales sont *bivalves*. *Voyez* COQUILLES.

On qualifie également du nom de *bivalves*, en botanique, les végétaux ou parties des végétaux qui ont deux capsules, tels que le lilas, le noyau de la pêche, etc., et l'on appelle *bivalvulées* les anthères, qui ont deux pores fermés par des valvules qui s'ouvrent au moment de l'émission du pollen : telles sont celles du *berberis*.

BIVOUAC ou **BIVAC**, campement des troupes en plein air, sans tentes, chaque homme se couchant tout habillé et conservant près de lui ses armes. L'orthographe de ce mot est fort équivoque. Pierre Borel écrit *bivoie*, Court de Gebelin *bihouac*, Grassi *bivouacq*, Boiste et bon nombre d'ordonnances *bivouac*; mais l'Académie, contre l'avis des militaires, incline pour *bivac*. Ménage emprunte ce mot à l'allemand, et le fait dériver de *bey*, auprès, et *wacht*, garde, veille, parce qu'autrefois dans les campements les gardes seules restaient exposées à l'inclémence de l'air : la masse des troupes reposait sous la toile ou dans des huttes. Jusqu'aux grandes guerres de la révolution, *bivouac* ne fut donc en ce sens qu'un terme de service, et non l'indication d'un gîte à la belle étoile. On disait *monter, descendre le bivouac*. Cependant, il s'était vu maintes fois que la veille d'une bataille, ou à la suite d'une action, on avait fait *bivouaquer* l'armée, et qu'en des circonstances dangereuses elle avait passé ainsi la nuit, les tentes à bas. On a cité comme une merveille la résolution que prit l'armée française de coucher au bivouac pendant plus de quinze nuits lorsqu'en 1734 le prince Eugène s'approcha des lignes de Philipsbourg. On a également fort exalté en cette même année la conduite de la garnison de Dantzig bivouaquant sans relâche en attendant l'assaut des Russes.

En 1793 le mot *bivouac* avait perdu dans l'armée française son ancienne signification; il était bien convenu qu'il n'exprimait plus qu'un établissement en plein air. Les tentes avaient disparu de toutes les armées de l'Europe, *l'armée anglaise exceptée*, et les troupes les remplaçaient par des abris, des huttes en paille, en branches d'arbres, etc. Mais comme passer les nuits en plein air n'est pas moins contraire à la santé des hommes qu'aux propriétés dans lesquelles ils bivouaquent, comme c'est la ruine des forêts, comme il en résulte des déprédations de toute nature, on a fini en Prusse par reprendre les tentes. Notre ordonnance du 5 avril 1792 disposait que lorsque les troupes coucheraient au bivouac, les officiers généraux y demeureraient avec elles. Cette obligation, si l'on s'y fût conformé, aurait *rendu* les bivouacs plus rares et les généraux plus soigneux du bien-être de leurs soldats.

Le général Rogniat, Xilander et M. Ch. Dupin se sont élevés avec raison contre l'usage immodéré du bivouac; ils l'accusent de ces énormes consommations de fantassins qui ne duraient pas plus de deux campagnes. On a beau faire néanmoins, quels que fussent les temps, au régime permanent, et en quelque sorte régulier, des armées de l'Empire, dans leurs plus glorieuses époques : dur régime, né pour elles de l'immensité surhumaine des entreprises et de l'épuisement absolu de toutes les ressources humaines.

Les anciens, dans leurs marches militaires, allaient de ville en ville, ou de campement en campement. Les camps des Romains étaient les forteresses et les places d'armes des légions; ceux des barbares étaient des cités mobiles, les seules qu'ils connussent. Dans les temps féodaux, la guerre, étant partout, n'entraînait que peu de grands déplacements d'hommes. Caravanes d'exacteurs ou de pèlerins formidables, les *compagnies* trouvaient dans les abbayes et les châteaux leurs principaux quartiers. Il avait fallu une grande cause, la querelle de Jésus-Christ, et le génie des croisades, pour soulever deux ou trois fois les masses populaires comme les flots, et les jeter sur l'Orient.

Avec la guerre régulière, c'est-à-dire la guerre tacticienne et savante des deux derniers siècles, les camps reparurent, véritables séjours de plaisance de l'armée. Tout le luxe de la cour et de la ville suivait dans la carrière, sous la conduite des Condé, des Turenne, des Luxembourg, des Villars, des Richelieu, les *importants* de Paris et les *petits-maî-*

tres de Versailles, transformés, à la vue du péril et à la voix du roi, en héros.

Vinrent nos guerres désordonnées de la Révolution, nos guerres géantes de l'Empire. Adieu le luxe des tentes innombrables et l'appareil des camps méthodiques ! C'étaient les soulèvements guerriers du moyen âge, avec quelques cent mille hommes de plus, et Dieu de moins ; c'étaient les invasions de Bellovèse et de Bremus, en pleine civilisation, par les enfants armés du peuple le plus policé de l'univers. Qui pouvait songer à mettre des tentes dans nos bagages, alors que nous étions cinq cent mille, et qu'on pouvait partir du pied de Lisbonne ou de Cadix pour les confins des Tartares ? Le moyen de planter des tentes quelque part au temps de nos prospérités, quand nous courions comme la victoire ! Le moyen encore, dans nos revers, quand nous ne cheminions que de bataille en bataille, et couchions sur un sol détrempé de notre sang et de nos sueurs ! D'un autre côté, quelles villes, quels villages eussent contenu ces masses formidables ? A de telles armées il fallait pour couche la terre, et pour tente le firmament. Les temps barbares étaient revenus, avec leurs vastes déplacements d'hommes, leurs profondes misères, leurs duretés inévitables, leur fataliste insouciance de soi et des autres. Là régnait cette double indifférence, tout ensemble aveugle et stoïque, d'un peuple brave et d'un temps incrédule. Alors on ne s'inquiète plus de cette vie, on ne pense pas à l'autre; l'homme, instrument dévoué, multiplie, sans compter, les destructions et les victoires, les ravages et les prodiges. Lorsque nous serons courbés sous le poids des années, et que les jeunes générations regarderont comme des monuments extraordinaires les derniers témoins de la longue Odyssée des campagnes impériales, nous raconterons à nos enfants étonnés cet abri, ce repos, ces joies du bivouac, quand, à la fin de journées remplies par des marches surhumaines, et charmées seulement par des périls inépuisables, un signal du héros de notre épopée nous permettait de faire halte où nous étions, de nous jeter sur un sol défoncé par les pluies ou durci par les frimas, de fermer la paupière sous le ciel brûlant des Castilles ou sous les neiges de la Moscovie ! On avait cheminé tout le jour, tantôt pour atteindre l'ennemi qui fuyait, tantôt pour dépasser ses colonnes dispersées, quelquefois en combattant, la baïonnette au bout du fusil, mèche allumée, au pas de course des canons, comptant les bataillons prisonniers et non pas les lieues franchies ; d'autres fois aussi, car toute médaille a un revers, toute conquête une réaction, d'autres fois, les aigles repliées, le cœur brisé, ayant derrière nous l'étranger, devant nous la patrie ! « Allons, conscrits, disait le vieux sergent, vous n'allez pas ? Tu tires la semelle, enfant, parce que tu es venu de Lisbonne à Wilna, en passant par Moscou ! Belle misère ! c'est pour ton bien ce qu'il en fait cet autre. Au moins avec lui on ne moisit pas. » Le conscrit, l'enfant marchait douloureusement. C'était un enfant en effet ! il n'avait pas vingt ans sonnés, et on voyait ses yeux se remplir d'une grosse larme quand il lui fallait, pliant sous le poids de son sac et de son fusil, courir une demi-lieue durant afin de suivre le mouvement de la colonne qui se serrait. « Hé bien ! conscrit, reprenait le vétéran, qu'est-ce qui t'arrive ? tu fais le rechigné, parce que tu as couru quatorze lieues aujourd'hui pour n'en pas perdre l'habitude. Tu sauras, mon ami, qu'un lieue ne compte pas les étapes de la gloire. » Le conscrit répondait souvent pour son excuse qu'il était blessé ; et si on lui demandait pourquoi il ne restait pas à l'hôpital à se faire guérir : « Ah bien ! oui ! répondait-il sans doute d'être un héros : pour qu'on dise que je suis un *faignant* ! » Puis, la colonne reformée entonnait quelques chants de guerre, quelques airs de caserne, qu'officiers et soldats répétaient en chœur, en s'interrompant par un long éclat de rire, si le refrain parlait à nos soldats des ennemis ou des belles en langage trop fait pour eux. Les officiers, frais émoulus du collège, s'étonnaient d'une littérature à laquelle leurs études ne les avaient pas préparés ; ils faisaient chorus par respect humain, tout en pensant aux sœurs et aux mères qui pourraient les entendre. Ainsi allait la grande armée d'Iéna à Friedland, ou de Mojaisk à Champaubert.

Cependant, qu'est-il arrivé ? Un frémissement a couru d'une extrémité à l'autre des colonnes. Les rangs se sont ouverts pour faire passage. Une voix crie au conscrit affaissé, qui se débat dans la boue profonde, sans rien voir et rien entendre : « Gare donc, ami ! » Cette voix, d'un mot elle remplit le monde : c'est l'Empereur ! Il fend au galop les lignes de son armée. Ses officiers ont un air affairé ; on a vu des aides de camp courir en avant ; d'autres étaient allés et venus ; un maréchal s'installe déjà, avec son état-major, dans le château prochain, et voilà deux généraux qui vont se loger dans une abbaye qu'on aperçoit plus loin. « C'est bon ! dit le sous-officier blanchi sous le harnais : nous ne sommes pas au septième jour, car nous ne sommes pas près de nous reposer, comme Dieu le Père. Mais celui-ci toujours est fini : c'est un de moins ! Allons, conscrit, ton lit de plume et ton traversin sont-ils prêts ? Tu peux faire ta prière, mon ami, et dire bonsoir à madame ta mère : nous allons nous coucher. » Et comme il raillait, on traversait une ville, un hameau, un bourg, suivant les temps. Ici, à la fenêtre du plus beau des hôtels, là, sur la porte de la plus humble des chaumières, la troupe voyait déjà arrivé, déjà établi, déjà habillé, avec son uniforme de chasseur à la place de la redingote grise, et la culotte courte, les bas de soie blancs, les souliers à boucles, toute la toilette des Tuileries enfin, l'empereur, qui prenait son tabac, montrait sa blanche main, donnait ses ordres au prince de Neufchâtel pour les opérations suivantes, et souriait à la grande armée. « Tiens ! reprenait le vétéran, il n'a pas été long, le Tondu ! Dis donc, conscrit, ton valet de chambre ne t'habille pas si vitement ; c'est un maladroit, ton ami. Je te conseille de mettre sous la remise ce drôle-là. » Et, ce disant, il se retournait vers son peloton, répétait les commandements, et, prêt à défiler devant l'empereur, il criait avec toute la troupe, en regardant son général d'un air attendri : *Vive l'empereur !*

Vive l'empereur, en effet ! L'avant-garde a pris par les champs, sur la droite : elle a devant soi une belle et vaste plaine, où on ne voit pas un village, pas un arbre, pas une vigne, à trois lieues à la ronde. Le bon Dieu les bénisse ! Nous, au contraire, nous tournons vers la gauche. « Camarades, vive l'empereur ! voilà quatre clochers bien comptés; un peu loin, mais c'est égal : il y aura du vin dans les caves... — Parbleu oui, du vin ? comptez-y ! ces Allemands, ça n'en a jamais bu : ils auraient peur de se fêler la voix. C'est des virtuoses. Leur vendange des vignes est pendue à ces pommiers. — Hé bien, nous les brûlerons, les pommiers, pour leur peine : cela fera le même effet... Oh ! voyez donc ce joli bois de sapins ! on se chauffera, vous dis-je. Vive l'empereur !... Et un vignoble encore, un vrai vignoble de vignes. Il y aura des sarments, il y aura des échalas, de bon bois sec. Allons, conscrit, la broche ira bien. Tu peux lécher tes barbes. Vive l'empereur ! »

Cependant, on passait tour à tour devant les *eldorado* qu'on avait convoités : c'était l'autre division du corps d'armée, l'autre brigade de la division, l'autre régiment de la brigade, qui avaient les bonnes fortunes qu'on venait de se promettre. A chaque mécompte, les rangs devenaient mornes et silencieux. Puis, un aide de camp apportait un ordre ; on faisait halte. « Vive l'empereur ! Nous ne sommes pas malheureux tout de même ! Voilà trois chaumières qui ont de fiers toits, de bonne paille fraîche. Qu'est-ce qui est de corvée ? Ah çà, soyez lestes ; les bons enfants ! Arrivez là-dessus vivement, avant les dragons, qui regardent d'un air tendre les trois chaumières, et que cette toiture soit enlevée proprement, comme il convient à des grenadiers de la... Suffit. Notre colonel aura le meilleur lit de l'armée. Cela fera plaisir au bon bourgmestre qui habite là-dedans, et ça nous fera honneur. »

C'étaient là les bonheurs de l'armée. Il me souvient qu'une fois, en France, aux derniers jours de la campagne de 1814, au terme de la rapide marche qui commencée à Vitry ne se termina qu'à la Cour-de-France et à Essonne, nous eûmes la fausse joie d'un séjour en deçà de la jolie et vieille petite ville de Moret. Le temps était effroyable : il pleuvait d'une façon horrible. Nous fûmes établis le long de la grande route. Je pus m'emparer d'un de ces lits de cailloux qui garnissent le bord de la chaussée. Ce me fut un triomphe. Je jouissais de mon sort : je n'aurais de l'eau que d'un côté! Des cailloux pour couche au lieu de boue, ce sont là de ces fortunes qu'on ne peut comprendre dans les habitudes uniformes de la cité ; dans les camps, il n'en faut pas plus. Il y a un luxe relatif de toutes les situations de la vie. L'existence des armées, pleine d'émotions et de troubles, entourée de périls, est une longue ivresse. On porte en soi-même une exaltation où les peines ne sont plus mesurées, où les jouissances, par cela même, le sont fidèlement. Temps heureux après tout! drame terrible, qui ne menace la trame fragile de notre vie d'un redoublement et en quelque sorte d'une fièvre de fragilité, qu'en l'agrandissant sans mesure par toutes les facultés nouvelles qu'il développe en nous! De ces facultés, la première est l'instinct universel qui fait sentir non point les sacrifices, mais les biens; qui fait voir non point la mort, mais le devoir, la nécessité, la gloire!

Si cet instinct héroïque fait le soldat, le Français est plus soldat que tout autre. Nulle part ailleurs on ne trouve comme dans ses rangs la vivacité des saillies dans les souffrances et les périls. Sa résignation ingénieuse et altière défie le sort. Sa gaieté insouciante et moqueuse oppose un sarcasme à tous les maux ; elle salue d'une jolie les moindres chances favorables, rit de la mauvaise fortune, croit à la bonne, fronde la discipline sans cesser de s'y asservir, respecte les chefs tout en les aimant beaucoup et les raillant un peu; elle est enfin mobile, variée, inépuisable; elle renaît sans cesse d'elle-même, et fait, on peut le dire, le génie, l'âme, la force de nos armées. Les rangs rompus, les armes mises en faisceaux et les emplacements fixés, il fallait voir ces quelques cent mille hommes, oubliant joyeusement, pour un moment de repos, et quel repos! les fatigues du jour, celles du lendemain, l'Europe en armes qui les pressait à deux lieues plus loin! Déjà la corvée est partie dans tous les sens. Ceux qui restent ont promené l'œil de tous côtés, et vu tout ce qui peut se conquérir, sur cette terre qui leur est donnée pour demeure. Les arbres tombent, les haies sont coupées, la vigne court de grands hasards. Il faut du feu à tout prix : la soupe l'exige. Que serait d'ailleurs la nuit, sans la flamme du foyer qui réchauffe et console le soldat? Les misères des populations, la ruine et le désespoir chez ces paisibles habitants, étrangers à tous les jeux de la politique et à toutes les chances de la gloire, qui songe? Qui peut y songer? Les généraux pas plus que les soldats, et le dernier des sous-lieutenants pas plus que l'officier de fortune couronné qui a mis en branle le monde pour la satisfaction de son orgueil et jusqu'à l'épuisement de ses grandeurs! La grande affaire est de pourvoir au salut de l'armée : qu'importe le reste? Comment n'être pas blasé sur les misères passagères des populations, quand on l'est sur les siennes à perpétuité? D'ailleurs, il n'y a pas là un défenseur officieux des infortunes, un modérateur des âmes, qui tente de plaider, contre les cris de la soif, du froid et de la faim, la cause des droits de l'humanité. Le génie du dix-huitième siècle n'a que trop aidé les fléaux de la guerre à fermer les âmes à ces vaines pensées, à ces impuissants scrupules!

Cependant, voilà les feux allumés! chaque compagnie a le sien. Quelquefois elle en a plusieurs, dans les temps de luxe. Dans les temps d'indigence, malheur à la contrée!

Tout y passe. Qui n'a vu, et cela dans nos bivouacs de France comme dans ceux de l'Allemagne ou de la Pologne, les meubles du paysan, employés, après les barrières de sa cour et les portes de sa chaumière, à faire les frais de la cuisine des régiments? C'était pitié d'entendre les vantaux ciselés et luisants de l'armoire séculaire pétillant dans l'âtre improvisé; pitié surtout de voir la douleur, d'écouter les cris des habitants dévastés. Les hommes en général se regardaient ruiner silencieusement. Mais qui dira les cris des femmes, leurs sanglots, leurs malédictions? Cruel pour autrui à son insu, parce qu'il l'est pour lui-même, le soldat, dans sa détresse, plaisante jusque sous l'orage de ces Xantippes révoltées. Il parle gaiement à la vieille qui l'outrage, pour s'étourdir lui-même, et poursuit sa course en disant, afin de s'affermir dans sa dureté forcée : « Bah! la mère, on traite comme ça ma cabine à l'heure qu'il est. Quand je retournerai chez mon père, je n'y trouverai, pour récompense de mes services à la patrie, que ce que les Cosaques y auront laissé. Chacun son tour! Il faut bien que le soldat vive. Vive l'empereur! » Et il courait, laissant derrière lui la rage et le désespoir.

Comment oublier jamais que dans les plaines de la Champagne, près de Méry-sur-Seine, nous avions pu, quelques officiers exténués de fatigue, nous jeter sur un lit dans une vaste ferme encombrée de soldats. Tout à coup des cris, les flammes, la fumée, nous réveillèrent : c'était la fermière, qui, dans l'ivresse de sa douleur et de sa vengeance, avait elle-même mis le feu à son propre toit. Quand on voulait sortir du milieu de l'incendie, on trouvait cette malheureuse, la fourche à la main, essayant de fermer les passages et de rejeter dans l'incendie les coupables de ses malheurs. Les coupables! elle se trompait; il aurait fallu chercher ailleurs : ses coups ne pouvaient pas porter jusque là!

Au milieu donc de tant et de si tristes scènes, l'insouciance militaire n'était pas ébranlée des désolations du pays plus que des propres maux de la troupe. Ce qui l'attristait un moment, c'est quand la pluie, tombant à torrents, étouffait le feu du bivouac. Contre ce malheur, on était sans défense; alors on traitait la gloire comme peut-être elle le mérite, et l'empereur quelquefois n'était pas mieux traité que la gloire. Il faut le dire : dans les temps ordinaires, c'était un beau spectacle, à la nuit tombante, que ces lignes de feux sans nombre, qui couraient d'un bout à l'autre de l'horizon comme des festons de lumière, s'élevant sur les collines, redescendant à travers les vallées, et renvoyant au ciel les clartés qu'il verse à la terre. Les feux une fois allumés dans chaque bivouac, deux pieux plantés à terre en portaient horizontalement un troisième auquel pendait la marmite. Le cuisinier de service la remplissait comme il pouvait : d'abord l'eau du ruisseau, du puits, de l'étang voisin; puis, le bœuf et le pain, quand il y avait distribution; autrement, le pain grossier du paysan, les légumes qu'on lui avait arrachés, la pomme de terre des cantines, enfin le salé dont, le matin, à la hâte, le vieux soldat avait eu la précaution de charger victorieusement son sac. Quand tout manquait, on attendait une heure ou deux la picorée. « Ah! vous voilà! vous y avez mis le temps. Vous êtes donc allés chercher du macaroni chez les Napolitains et le piment chez les Espagnols? — Soyez tranquilles, mon officier; il n'y a pas de misère. Quand vous allez voir ce qui sortira de cette botte de paille, vous nous en direz des nouvelles. Vous ne dîniez pas mieux chez votre comtesse de Canifursltein. » On se pressait. Quelquefois des miracles : poules, canards, moutons tout entiers, qui criaient encore. « Mille bombes! vous aurez ruiné la compagnie, vous autres. Toutes ces têtes de gibier ont dû coûter un argent fou. — Ne l'inquiète pas, mon vieux; c'est moi qui régale. » Quelquefois rien, ou peu s'en fallait. D'autres partaient aussitôt, se croyant plus habiles. Ou bien la lassitude l'emportait, et on en passait par où le sort avait voulu. Il se trouvait bien toujours, dans l'arrière-fond des cantines, un quartier de veau, ou de porc, ou de mouton, qu'on suspendait sur le foyer comme on pouvait, et qu'on regardait rôtir avec recueillement.

C'était le moment du silence pour la troupe; elle contemplait d'un air religieux le *palladium* de la compagnie. Dans cette attente, on procédait à d'autres soins : on nettoyait les armes, on préparait la toilette du lendemain, on réparait les ravages de celle du jour, on faisait les lits. « A l'ouvrage! criait le sergent. La paille est belle et bonne. Nous aurons une nuit de rois. Voyons! la chambre du capitaine. » Une ligne d'échalas était établie à l'entour du foyer, marquant les limites du nouvel État, plus haute du côté du vent et de la pluie, opposant aux intempéries le rempart débile d'une étroite cloison de paille ou de branchages. Souvent on allait, s'il y avait abondance de matériaux, jusqu'à surmonter la place réservée pour le capitaine et les officiers, d'un toit ni plus ni moins solide, haut de trois pieds et appuyé à la haie commune. Alors la paille fraîche était étendue sans tarder sous l'abri protecteur. Et déjà le capitaine, ou du moins ses jeunes lieutenants, sortis la veille des écoles et plus ardents que robustes, goûtaient un premier sommeil, quand tout à coup : « Mon lieutenant, la soupe! vous n'entendez pas la cloche du château de M. votre père? Vous êtes servi. » Alors, tout le monde est sur pied. Joie universelle. C'est un coup de feu, un assaut de quolibets, de dictons, de réminiscences. — « La soupe! mon capitaine, à vous l'attaque. » — Il se trouvait souvent une assiette, toujours une cuiller pour lui; cuiller de bois ou d'étain, qui voyage attachée au shako des chefs d'escouade. L'assiette est de bois, de faïence, de porcelaine, suivant la statistique du voisinage ou la fortune de la compagnie. Quoi qu'il en soit, le capitaine et les officiers ont donné le signal. Mais on s'arrête : la dîme doit être levée en faveur des sentinelles, car à l'armée les absents n'ont jamais tort. Leur part faite, à chacun la sienne! Plus heureux que les *chefs* des cuisines opulentes, le cuisinier de la troupe assiste à son succès. Il est témoin de l'appétit qu'il excite et qu'il satisfait. Il entend ses louanges; il en jouit. Son confrère des cités est obligé de se complaire seul dans son ouvrage, d'imaginer à part lui tout ce qui se passe à l'autre étage, dont l'âme charmée de convives qui l'ignorent; il ne peut que s'enivrer des fumées de son amour-propre, aliment peu substantiel, dont il faut bien qu'il se contente, faute de mieux. Ici ce sera autre chose : des réalités seront offertes au cuisinier du bivouac. L'un ressemble à l'auteur inconnu dont l'œuvre reste ignorée du vivant, et qui est réduit à rêver des admirations lointaines de la postérité; l'autre, au contraire, est le poëte qui assiste à la représentation de sa tragédie et à son succès. Le succès est toujours grand au bivouac, quelles que soient les censures dont la malignité des convives l'assaisonne. Car rien ne reste; la marmite est vidée. Le rôti a la même fortune. Les bouteilles qui courent à la ronde, quand il y a des bouteilles, donnent au succès l'éclat bruyant de ces actes romantiques où il ne reste sur la scène que des débris, où il n'y a plus que le public qui soit vivant : ce qui vaut sans doute à ces ouvrages les transports des spectateurs, comme s'ils étaient heureux d'avoir seuls échappé au carnage. Tels sont les assistants des banquets du bivouac. Eux aussi ont échappé à bien des périls. Leur drame, dont ils sont les héros à la fois et le parterre, leur promet par hasard quelques heures de repos. C'est par de bienfaisantes libations qu'ils y préludent, comme pour se distraire de plus en plus des cruelles péripéties de cet étrange spectacle de la guerre pour la guerre, et de la conquête pour la conquête, que la révolution est venue donner au monde! Le vin manque-t-il, l'eau-de-vie ne manque jamais. Paraissez, cantinières, avec vos tonneaux de poche, qui tiennent enfermée la moitié de l'âme et de l'esprit de l'armée; paraissez, vous qu'on ne peut oublier quand on parle de ces guerres, de ces marches, de ces batailles terribles! Venez à la ronde verser les joyeux propos, les vivants souvenirs, les mémoires improvisés, les récits de l'Espagne et de l'Égypte, les parallèles entre tous les soldats et entre toutes les beautés de l'univers! Versez, par-dessus tout, l'oubli de cette destinée faite à un grand peuple : combattre sans repos et vaincre jusqu'au suicide!

La cantinière est aimée de tout le monde, aimée dans le sens sérieux du mot. Elle n'est pas seulement la vivandière, elle est aussi, si on ose écrire le mot, la sœur grise de l'armée. Son ambulance mobile ne l'abandonne jamais. On trouve toujours de la charpie dans ses paniers et de la commisération dans son cœur. Le conscrit, quand il se traîne sur les chemins, boiteux et malade, sait qui aura pitié de lui, qui lui prendra le fusil et le sac pour en charger ses mulets, qui, au besoin, l'y établira lui-même, raillé par ses camarades, mais porté au terme de sa course, et sûr d'assister, malgré tout, à la bataille du lendemain. La cantinière mêle une femme à cette société de célibataires armés. C'est l'Ève des régiments. Elle a mêmes allures que le soldat, et même langage; mais sous son langage grossier, sous ses allures guerrières, se cache un cœur de femme. L'esprit desséchant du siècle où nous sommes n'a pas agi sur elle aussi profondément que sur l'âme des hommes. Ses qualités natives ont résisté, détournées de leur but quelquefois, mais exaltées par cette vie d'émotions et de sacrifices. Son dévouement inépuisable s'accroît par le péril. Son courage reste tout entier quand celui des soldats mollit, et qu'il lui en faut pour le bataillon comme pour elle. Les hommes entre eux se secourent; ils ne se plaignent pas. Elle plaint en secourant. Elle ranime par ses exemples, par ses discours, par ses chansons. Elle a toutes les intrépidités, celle de la retraite de Russie, comme celle de la mêlée d'Eylau et de Friedland. Les hommes n'en ont qu'une souvent, celle du danger; les soldats puisent toutes les autres dans son assistance. Fleurange disait : « Si ma belle me voyait! » le grenadier est plus heureux : sa belle le voit. Aussi sait-elle les exploits de chacun. Elle ne provoque pas seulement des hauts faits nouveaux; elle se rappelle ceux qui ont illustré le régiment. Elle était là, elle a tout vu. Il y a quelqu'un qui se souvient des morts, qui parle d'eux, qui redit leur nom oublié, et leur histoire digne de ne pas l'être. Les faits de guerre ne sont pas seuls restés dans son souvenir; elle sait d'autres exploits; elle les dit; elle s'en amuse vaillamment. Et ce n'est pas qu'elle ne sache s'honorer, sous son habit et ses formes militaires, des véritables vertus de son sexe. Bien souvent elle voue une intrépide fidélité au vieux brave dont elle porte le nom, de qui elle est fière, et qui est son porte-respect devant le régiment. Mais si sévère qu'il ait le visage, il n'empêche pas les propos galants autour d'elle; il n'y prétend même pas, ni elle non plus. Elle va au-devant, quand il le faut, pour remonter, comme on dit, le moral affaissé de la troupe. Alors, elle est Brantôme comme Joinville, et Dieu sait les bravos qui accueillent ses réminiscences héroïques! Sous la pluie, sous les frimas, sa verve est plus animée que jamais. « Ils ont froid, eux autres. Moi, c'est comme la journée des Pyramides. La terre me brûle, et c'est comme cela qu'il faut être. Qui faiblit pour une averse peut faiblir partout. Qui tremble au froid peut trembler devant l'ennemi. » Et, ainsi disant, elle verse son breuvage heureux. La souffrance s'oublie. On pense à trouver le sommeil, comme on pourra, une fois de plus, pour vivre encore un jour, et, selon le mot du tambour mourant, *pour en voir encore une!* On répartit ce qu'on a de paille autour du foyer. On met le havre-sac sous la tête, les pieds au feu; le silence s'établit de foyer en foyer, de bataillon en bataillon. Dans la cavalerie, les chevaux s'avancent au-dessus des héros, leur tête sur la tête du compagnon de leurs travaux; intrépides combattants, qui donnent leur vie avec la même ardeur que le soldat, et en échange n'ont point ce bruit que nous appelons la gloire. Gloire, péril, fatigue, voilà tout oublié.

... Tout dort, et l'armée, et les vents, et Neptune.

Oui, mais Napoléon ne dort pas. Il s'est levé du lit de camp où il s'était jeté. « A cheval, a-t-il dit, à cheval! » Son état-major vole par tous les chemins. Sa parole est arrivée aux trois cent mille hommes dont il est l'âme et la volonté. Les tambours, les trompettes, remplissent les airs. « Allons, conscrit, dit le sergent, tu as assez dormi, mon enfant; prends garde que le sommeil t'engraisse comme un chanoine. Allons, te dis-je, mets ton casque à mèche dans l'armoire. Prends ta flûte d'acier : nous aurons encore à en jouer un air aujourd'hui. » Le conscrit n'entend pas. Le bruit des tambours n'ébranle pas ce sommeil de plomb. Mais voilà le canon qui gronde. « Une, deux, trois; oh! oh! cela va bien, dit la cantinière, en rechargeant son mulet; nous allons rire, les bons enfants. La chasse aux Cosaques doit bien se faire la nuit. Celui qui m'en rapportera un... » Voilà l'empereur! les sacs sont repris, les faisceaux sont rompus; le régiment est en bataille. Le conscrit, agitant son schako au bout de sa baguette, crie plus haut qu'un autre : *Vive l'empereur!* On rompt en colonne. Toute l'armée se précipite sur les pas de son chef. Elle court à Lutzen, à Bautzen, à la victoire. Les feux continuent à éclairer au loin la nuit profonde. Il ne reste de l'armée que ces feux décevants, les abris abattus, la paille que le vent emporte, la terre dévastée, une ruine de bivouac au milieu de tant d'autres ruines........ C'est toute l'image de l'ère impériale : ces débris représentent ses créations d'un jour, ses royaumes, son empire, si tôt élevés, si tôt emportés par la fortune; cette paille, que l'ouragan disperse et brise, ses armées éparses à travers tous les champs de bataille; ces feux, qui brillent après elles sans profit comme un incendie, sa gloire guerrière, si brillante, si terrible et si vaine! (1835).

N.-A. DE SALVANDY, de l'Acad. Française.

BIZARRERIE. Jadis on disait *bigeare* ce qu'on a depuis appelé *bisarre*, ou *bizarre*, car ces termes dérivent du mot *bigarré* et de *bis variare*, appellation qui leur convient comme à ces étoffes changeantes qui miroitent et varient d'aspect à la lumière. La bizarrerie diffère du caprice en ce que celui-ci veut ou ne veut pas, suivant une disposition instantanée résultant de réflexions ou d'impressions rapides, telles qu'il en survient dans l'inconstante sensibilité des êtres délicats, des femmes ou des enfants, tandis que la bizarrerie est une sorte de désordre ou même de dépravation dans les idées et les actions, se manifestant tantôt par une légère folie, une monomanie partielle, tantôt par une espèce d'orgueil visant à l'originalité ou qui cherche à se distinguer : il est des génies fantasques ou vaniteux qui se croient neufs et ne se rendent que bizarres par leur accoutrement, leur démarche, leur tournure, etc. Diogène avait ses prétentions, non moins que le fastueux Aristippe.

Néanmoins, la plupart des bizarreries de l'esprit qui ne sont pas de commande peuvent devenir une espèce de maladie, c'est-à-dire d'une dépravation dans l'état ou le mode de la sensibilité. Elles tiennent souvent à de vraies idiosyncrasies de la constitution. Elles résultent parfois de vices d'organisation, d'inégalité d'action d'un sens interne ou externe par rapport à d'autres sens : de là des impressions peu justes ou des idées fausses. On comprend, par exemple, que de jeunes personnes dont la menstruation n'est point encore régulière, éprouvent des pléthores partielles de sang qui se porte sur diverses régions de l'économie, l'utérus, le système de la veine-porte, le foie, les poumons, le cerveau, etc. Il en résulte de profondes anomalies dans la sensibilité, comme on en observe chez les filles chlorotiques atteintes d'hystérie. Les hypocondriaques manifestent de même d'étonnantes irrégularités dans leurs fonctions, par les spasmes, les laborieuses digestions, accompagnées de flatulences, de constipation, de coliques, de tensions, de battements de cœur, de resserrements de la gorge, d'agitations inquiètes pendant le sommeil, etc. Alors l'ennui fermente dans l'esprit, la vie déplaît jusque dans les plaisirs; on se tourmente, on aspire même aux douleurs pour sortir de cette position insupportable qui *tourne la cervelle.* C'est alors que le goût se dégrade; on voit des filles aux pâles couleurs et des négresses, atteintes du mal d'estomac, dévorer du plâtre, des cheveux, ronger de la cire à cacheter, avaler de la terre ou du charbon, ou des poignées de sel. Ces bizarreries sont involontaires, comme les appétits de certaines femmes grosses. Rien de plus extravagant que certains goûts pour les chairs infectes, etc. Plusieurs empereurs romains portèrent jusqu'au délire la passion de la gourmandise. Rien, en effet, ne dispose davantage aux bizarreries que la facilité de satisfaire tous ses désirs, puisque les jouissances assouvies amènent le dégoût avec la recherche des nouveautés les plus inusitées. Il en résulte des vices infâmes, hideux, surtout dans les climats ardents, où les passions s'allument avec plus de fureur, et où la fertilité du sol multiplie les plaisirs.

On ne doit accuser de bizarrerie les actes résultant de volontés dépravées, soit par quelque affection de nos organes, soit par le délire des passions. Le sexe masculin, dit-on, paraît moins sujet aux bizarreries, parce que, doué d'une sensibilité moins vive et moins délicate que la femme, ses nerfs obtus jouent faiblement et n'éprouvent point ces élans d'agacement qui exaltent à un si haut degré des êtres plus impressionnables. La colère devient impétueuse chez les personnes remuantes, maigres, sujettes à l'exaspération. Ainsi, l'on voit des enfants, des jeunes filles, pleurer et rire presque à volonté; d'autres, non moins flexibles, peuvent s'endormir ou s'éveiller sous l'influence de l'imagination, ou du magnétisme animal. Rien n'égale les bizarreries qu'on peut susciter en quelques têtes légères ou folles, tandis qu'une forte et constante volonté raffermit le caractère et dompte même les perturbations les plus passionnées. On a vu des hommes résolus surmonter la douleur du corps et commander à des maladies, arrêter avec virilité les affections spasmodiques, suspendre les accès ou paroxismes fébriles, etc. Au contraire, toute bizarrerie, toute habitude maladive qu'on laisse pénétrer, qu'on accueille avec complaisance, par mollesse, finit par se loger obstinément dans l'économie animale, de même que les vices. N'avons-nous pas adopté la bizarre coutume des sauvages de fumer une herbe narcotique? Un fakir s'accoutume à tenir ses mains croisées au-dessus de sa tête; après des mois et des années, ses bras, ainsi suspendus, deviennent paralytiques, et sa bizarre manie est une nécessité.

Que dira-t-on de bizarres rétroversions de la sensibilité? On a connu des personnes ayant pris en aversion la musique, et préférant le coassement des grenouilles ou les bruits discordants. On en voit d'autres qui pleurent, comme les chiens hurlent, quand on joue du violon. On sait quels bizarres mouvements suscitent plusieurs genres de spectacles. La puissance d'imitation transmet les douleurs comme les voluptés. Il est enfin des esprits tellement organisés que le bizarre, le grotesque, le laid, l'absurde même, ont seuls le don de leur plaire.

Cette disposition fantasque à des boutades, à des saillies extravagantes qu'on nomme des bizarreries, est plus souvent remarquée encore que la mobilité instantanée du caractère, dans les tempéraments grêles et légers, soit chez les femmes, soit chez les hommes doués d'une complexion éminemment hypocondriaque. Le caprice n'est pas folie, mais la bizarrerie y touche souvent. Tel homme qui vise à l'originalité ne rencontre d'ordinaire que le baroque, s'il manque d'une intelligence un peu supérieure au commun. L'homme bizarre par caractère peut être *timbré,* par rapport à sa marotte; il a son genre de manie. C'est la débilité du moral ou celle de l'appareil nerveux cérébral qui le rend susceptible de ces agitations soudaines et vives comme des agacements désordonnés. Telle impression, à peine capable d'ébranler les muscles épais et robustes d'un athlète, d'un guerrier endurci aux fatigues et aux combats, va terrasser de convulsions et lancer dans les idées bizarres une femmelette. Toujours dominée ou plutôt tyrannisée par la sensibilité, l'*impressionabilité* de ses sens, cette complexion délicate est exposée à ces tiraillements étranges. La femme, l'enfant, sont précipités dans leurs penchants et succombent aux émotions. Il ne faut pas leur en vouloir. Il y a peut-être plus d'esprits désordonnés parmi le sexe faible que parmi les hommes. Les femmes même qui montrent le plus de vigueur dans le caractère subissent nécessairement, par certains états du physique, comme aux approches des règles ou dans la première période de la grossesse, et surtout par l'hystérie, une multitude d'idées disloquées ou de sentiments empreints d'irrégularités extravagantes. S'émouvant de tout avec force, les plus petits chocs doivent paraitre douloureux ou révoltants à ces organisations frêles. De là naissent également et l'ardente curiosité, et ce goût si violent pour tout ce qui est singulier, éclatant, spécieux; de là ce besoin d'émotions, cette exagération de sensibilité qui les précipite sans cesse vers des démarches immodérées.

Il serait cependant injuste d'attribuer aux femmes seules le monopole de la bizarrerie, ou de n'en voir que les effets nuisibles et déplaisants dans la société. Disons, au contraire, que cette mobilité du système nerveux en atteste souvent les plus brillantes qualités. Vous ne trouverez jamais un grand poëte, un musicien sublime, un artiste supérieur au vulgaire, qui ne soit pas doué de cette exquise sensibilité et qui n'éprouve pas de ces agacements involontaires. Qu'est-ce que l'inspiration, ou cet état d'exaltation morale qui tout à coup se montre et improvise quelquefois de sublimes pensées? Croyez-vous l'obtenir pour une froide volonté et à point nommé? Il faut que la machine intellectuelle et sensible éprouve cette mobilité vive, capricieuse, qu'Horace reconnaît être l'apanage du poëte et du musicien; il faut être tourmenté de cette divine flamme qui embrase lorsqu'on s'y attend le moins. Telle est aussi cette fureur inspiratrice des grands acteurs, non moins que des héros dans tous les genres. On ne peut jouer d'entraînement si l'on ne possède pas ces cordes tendues et mobiles qui vibrent à l'unisson de l'âme et qui transportent les cœurs. Pour cet effet une heureuse sensibilité est une condition admirable; elle annonce l'élan poétique et allume le feu sacré, et, comme la Sibylle, on s'écrie : *Ecce Deus!* Cependant on peut dire que c'est une maladie, puisque le parfait équilibre de la santé est une assiette tranquille, froide, imperturbable. L'artiste, inconstant ou bizarre, n'est qu'un malade fiévreux, pétri de passions, comme Voltaire et le Tasse. Les poëtes lyriques, comme les musiciens, semblent être surtout les plus extravagants, les plus impressionnables des mortels; ils s'enflamment aisément de colère, et presque tous crachent le sang, comme Grétry, après avoir fait des efforts de composition selon leurs inspirations les plus ravissantes.

La bizarrerie est une disposition commune également aux personnes menacées de phthisie, maigres, vives, irritables, disposées aux plaisirs, ou qui consument trop ardemment leur jeunesse. Les personnes âgées, au contraire, plus froides et plus constantes, se voient bien moins exposées à ces inégalités d'humeur, qui sont comme d'utiles décharges d'électricité vitale pour le jeune âge. Ces extravagances en effet deviennent parfois un besoin pour l'économie, en la débarrassant d'une pléthore de sensibilité qui l'oppresse. On sait que des femmes éprouvent l'inévitable besoin de pleurer ou de rire, même sans motif; elles étouffent si elles sont contraintes de renfermer ces débordements de leur sensibilité. La vie cherche à s'épancher au dehors; il y a des personnes qui aiment mieux souffrir de la douleur que de subsister dans l'apathie; à l'un il faut la guerre, à l'autre l'amour, à chacun sa folie. J.-J. Virey.

BIZET. Ce substantif est resté dans la langue, et il faudra bien que le *Dictionnaire de l'Académie* se décide à l'adopter et à le consacrer officiellement dans l'acception du garde national faisant son service militaire en costume civil. Mais si le mot est admis, si l'usage, plus puissant que l'Académie, lui a déjà donné ses grandes lettres de naturalisation, en revanche, son origine est peu connue, et nous le rappelons, afin de ne pas laisser ce document historique tomber tout à fait dans l'oubli.

A l'époque où les armées étrangères occupaient Paris, le général russe qui commandait la place avait décrété que les rondes de nuit seraient faites par des patrouilles composées moitié de gardes nationaux, moitié de soldats moscovites ou prussiens. Un tel ordre devait exciter et souleva sans doute bien des murmures dans la milice citoyenne; un garde national nommé Bizet fit plus que murmurer. La première fois que, se trouvant de garde, on voulut le faire marcher côte à côte avec un soldat russe, il s'écria que jamais il ne consentirait à cet odieux accouplement, et, déposant les armes, il quitta le poste avec indignation. C'était un cœur chaud, ce brave M. Bizet, plein de susceptibilité patriotique; de plus, très-bonapartiste, et beau-frère du secrétaire de l'empereur, de Bourienne, qui avait épousé sa sœur. On voulut d'abord étouffer l'affaire. Requis bientôt pour un nouveau service, M. Bizet s'y refusa, déclarant qu'il ne voulait plus faire partie de la garde nationale, et qu'il ne rentrerait pas dans ses rangs tant que les soldats étrangers s'y trouveraient mêlés. Cette résistance hautement accomplie et vaillamment soutenue eut un grand retentissement; le garde national rebelle fut traduit devant un conseil de guerre, et il eût payé cher sa généreuse révolte si la clémence royale n'était intervenue pour le tirer de ce mauvais pas. Ainsi M. Bizet n'eut que le bénéfice et la gloire de son action un instant menacée des plus fâcheuses conséquences. Il fut prôné, applaudi, et son nom eut l'honneur de devenir un substantif dans la langue française. Dès lors, on donna le titre de *bizet* aux gardes nationaux récalcitrants, et, par extension, ce nom s'appliqua plus tard à ceux qui refusent de prendre l'uniforme et qui font le service en habit bourgeois.

Peu de temps après l'aventure que nous venons de citer, M. Scribe, qui en était alors à ses premières armes dans la carrière d'auteur dramatique, fit représenter un vaudeville intitulé *Une Nuit de la garde nationale*, qui eut un immense succès. Dans cette pièce, figurait un soldat-citoyen rebelle à l'uniforme; les convenances défendant à l'auteur de donner à ce personnage comique le nom de M. Bizet, il le nomma M. *Pigeon*, ce qui est en quelque sorte un synonyme dans le vocabulaire de l'histoire naturelle (*voyez* Bizet). Eugène Guinot.

BJŒRNSTJERNA (Magnus-Frédéric-Ferdinand, comte), écrivain et homme d'État suédois, naquit le 10 octobre 1779, à Dresde, où son père remplissait alors les fonctions de secrétaire de légation. Élevé en Allemagne, il vint en Suède pour la première fois en 1793, à l'effet d'entrer dans l'armée. Déjà parvenu au grade de capitaine au moment où éclata la guerre de Finlande, la bravoure dont il fit preuve dans cette campagne lui valut le grade de major. Après la paix, il fut envoyé en 1809 avec une mission secrète auprès de Napoléon, qu'il rejoignit la veille de la bataille d'Eckmühl. En octobre 1812 il alla négocier à Londres la vente de l'île de la Guadeloupe, et en 1813 il accompagna l'armée suédoise en Allemagne comme colonel. Chargé alors d'occuper Hambourg, il dut battre en retraite et assista ensuite aux affaires de Grossbeeren et de Dennewitz. A la prise de Dessau, il eut deux chevaux tués sous lui, et fut grièvement contusionné par un boulet de canon; mais il n'en prit pas moins part à la bataille de Leipsig. Plus tard ce fut lui qui conclut avec le général Lallemand la capitulation relative à Lubeck; et il négocia également la reddition de Maestricht.

Après la prise de Paris, il agit encore contre le corps français resté à Hambourg sous les ordres de Davoust, et fit ensuite partie du corps d'armée expéditionnaire chargé de faire passer la Norvège sous les lois de la Suède. Ce fut lui qui conclut avec le prince Christian-Frédéric de Danemark la convention de Moss, qui mit fin à la lutte. En 1815 il passa adjudant général et fut créé baron. Nommé lieutenant général en 1820, il fut promu en 1826 à la dignité de comte, et envoyé en 1828 en Angleterre avec le titre de ministre plénipotentiaire. Il conserva ces fonctions jusqu'en 1846, époque où il revint à Stockholm, où il mourut, le 6 octobre 1847.

Comme publiciste, le comte Bjœrnstjerna appartenait à l'opinion libérale modérée. Dans les écrits intitulés : *Om tillæmpning af fond-eller stocks-systemet pa Sverige* (Stockholm, 1829); *Om beskattningens grunderi Sverige* (1832; 2e édit., 1833) et *Engleska Statsskulden* (1833), il recommandait à ses compatriotes l'adoption du système anglais de crédit public. Mais quand la question se présenta devant la diète, elle y fut assez mal accueillie par les états. Dans ses *Grunder før representationens majtiga ombyggnad och færenkling* (Stockholm, 1835), il avait déjà proposé d'apporter des améliorations au système suivi pour la représentation nationale. Lors de la diète de 1840, il défendit avec beaucoup de talent dans une brochure le principe du suffrage universel comme base de la représentation.

On a encore du comte de Bjœrnstjerna : *Færslag till jury i tryckfrihetsmal* (1835); *Det Brittiska riket i Ostindien* (1839) et *Théogonie, Philosophie et Cosmogonie des Hindous* (en allemand et en suédois, 1843).

BLACAS (BLACAS DE), seigneur d'Aulps, surnommé le *grand Guerrier*, et l'un des neuf preux de la Provence, naquit au milieu du douzième siècle. Sa naissance était illustre; car les chartes du temps prouvent qu'il tenait le rang de haut baron. Sa valeur, son esprit et sa magnificence lui donnèrent un grand crédit à la cour d'Alfonse II et de Raimond-Bérenger, comtes de Provence. Les contemporains de Blacas, éblouis par ses grandes qualités, ont peut-être cru qu'il manquerait quelque chose à sa gloire s'ils n'inscrivaient pas son nom parmi ceux des troubadours. Mais le peu de tensons qu'on a recueillis de lui ne donnent pas une idée fort avantageuse de son imagination poétique. Sa renommée guerrière était assise sur des fondements plus solides; aussi son caractère est-il passé à la postérité comme le type de la générosité et de la vaillance. Les vieux historiens nous en ont transmis le portrait suivant : « Noble baron, riche, généreux, bien fait, il se plaisait à faire l'amour et la guerre, à dépenser, à tenir des cours plénières. Il aimait la magnificence, la gloire, le chant, le plaisir, et tout ce qui donne de l'honneur et de la considération dans le monde. Personne n'eut jamais autant de plaisir à recevoir que lui à donner. Il nourrit toujours les nécessiteux; il fut le protecteur des délaissés, et plus il avança en âge, plus on le vit croître en générosité, en courtoisie, en valeur, en richesse et en gloire, plus aussi il se fit aimer de ses amis et redouter de ses ennemis. Il fit les mêmes progrès en esprit, en savoir, en habileté à composer et en galanterie. » Ces derniers traits, s'ils ne sont pas outrés, peuvent faire supposer que les chansons les plus remarquables de Blacas ne sont pas parvenues jusqu'à nous. Blacas mourut dans un voyage à Rome, en 1235.

Bertrand d'Alamanon, Richard de Noves et Sordel (poëte du Mantouan), ses amis et ses frères d'armes, ont célébré sa mémoire par plusieurs chants funèbres. Celui de Sordel est surtout remarquable par la hardiesse d'une apostrophe qu'il adresse nommément à tous les princes de la chrétienté, en les conviant à venir manger du cœur de Blacas, s'ils veulent être animés de son courage.

Blacas eut deux petits-fils, également célèbres dans les armes, *Blacasset de* BLACAS, qui composa le poëme De la manière de bien guerroyer, et *Guillaume de* BLACAS, l'un des preux que Charles d'Anjou, comte de Provence, choisit pour le combat en champ clos que ce prince, à la tête de cent chevaliers, devait soutenir contre Pierre III, roi d'Aragon, dans la ville de Bordeaux, le 1er juin 1283, mais où l'Aragonais ne jugea pas à propos de paraître. LAINÉ.

BLACAS (PIERRE-LOUIS-JEAN-CASIMIR, DUC DE), marquis d'Aulps et des Rolands, grand maître de la garde-robe, naquit en 1770, à Aulps, d'une noble famille illustrée par le précédent, et qui était devenue une des plus pauvres de la Provence. Le duc de Blacas, qui n'était d'abord que comte, qui devint ensuite marquis, puis enfin duc, a prouvé d'une manière éclatante, par l'exemple de sa vie, qu'on peut être à la fois un grand seigneur spirituel, même lettré, et le plus inepte des ministres. Capitaine de cavalerie au moment où éclata la révolution de 1789, il émigra, servit dans l'armée des princes, puis dans la Vendée. Plus tard, à Vérone, en Italie, il gagna la bienveillance du marquis d'Avaray, confident de Louis XVIII, et fut bientôt honoré de la faveur particulière de ce monarque, qui le chargea de diverses missions qu'il remplit avec succès. Ce fut lui qui, lorsque la petite cour de Vérone dut s'éloigner devant les armées républicaines, obtint pour elle de l'empereur Paul Ier un asile en Russie. Lorsqu'en 1800 l'auguste exilé fut expulsé des États moscovites, Blacas le suivit à Hartwell, en Angleterre, et devint son ministre de la guerre. En 1814 Louis XVIII ramena avec lui en France Blacas, que le marquis d'Avaray, en mourant, lui avait en quelque sorte légué. Il le nomma ministre de sa maison, secrétaire d'État, intendant des bâtiments et grand maître de la garde-robe, bien que l'ancien titulaire, le duc de La Rochefoucault-Liancourt, fût encore vivant. Enfin, sans avoir le titre de premier ministre, le comte de Blacas le devint de fait; mais ni lui ni ses collègues n'étaient à la hauteur de leur situation.

Ce cabinet trouva, dès les premiers mois de son existence, le moyen de mécontenter les émigrés, et surtout les royalistes de l'intérieur, sans se concilier les partisans de Bonaparte et de la république. Inintelligent des ressorts du gouvernement représentatif, il ne fit rien pour se former une majorité dans les deux Chambres. Aussi la session de 1814 effaça-t-elle le prestige de la Restauration. De la part du gouvernement, aucune loi ne répondit aux intérêts réels du pays, les deux Chambres ne furent qu'un ressort impuissant. Blacas et ses collègues ne voulurent pas comprendre que pour rétablir la monarchie française il fallait autre chose que les débris d'un empire tombé, et que la Charte appelait immédiatement une législation nouvelle. Loin de là, ce ministère laissait percer dans ses discours qu'il ne regardait la Charte que comme une œuvre de transition. Dans sa présomption, Blacas repoussait tous les conseils. Dès que quelqu'un avait à lui faire tenir un avis salutaire, il disait avec une imperturbable suffisance : « Qui?... cet homme-là! Ah bah! c'est un intrigant, un alarmiste, un frondeur. Je ne veux pas en entendre parler. » Ce n'était pas en conseil des ministres que se traitaient les affaires; Blacas servait d'interprète entre ses collègues et le roi, qu'il rendait inabordable. Les choses allèrent même si mal que l'abbé de Montesquiou, ministre de l'intérieur, fut bientôt en inimitié ouverte avec lui. L'abbé de Montesquiou était l'homme des affaires; M. de Blacas, l'homme de l'intimité. De là ces altercations animées qui troublèrent plus d'une fois le conseil, et amenèrent ce mot adressé à M. de Blacas : *La France peut supporter dix maîtresses et pas un seul favori*. On sait comment finit ce gouvernement, qu'on a qualifié d'*anarchie paternelle*. Jusqu'au dernier moment, aveuglé par son incurable présomption, Blacas envisagea la tentative de Napoléon comme l'acte d'un insensé. Les avis les plus précis donnés par Fouché, par Barras, qui devaient être bien instruits, l'opinion même de Louis XVIII, ne purent lui dessiller les yeux.

Il suivit le roi jusqu'à Ostende, et se jeta aux pieds du monarque pour le détourner de se réfugier en Angleterre, comme certains conseillers en avaient ouvert l'avis. A Gand, il continua de diriger les affaires; mais à la fin des Cent-Jours, lorsqu'il parut certain que le roi allait être rendu à la France, une clameur universelle s'éleva contre Blacas. Le monarque résista longtemps. Mais Blacas lui-même finit par sentir qu'il était un ministre impossible; ses amis en convinrent; les puissances étrangères exigèrent formellement son renvoi; le vieux roi était inflexible. Enfin Blacas prit le parti de s'éloigner volontairement. Ce fut à Mons qu'il annonça au roi Louis XVIII sa résolution : « Je ne veux pas, dit-il, que l'impopularité de mon nom devienne un obstacle, ni que le moindre murmure se mêle aux acclamations du peuple qui vous attend. » Le jour même il partit pour l'Angleterre; mais cette espèce d'exil ne fut pas long; nommé pair de France, il fut quelques mois après chargé de l'ambassade de Naples. Certains journaux étrangers publièrent alors sur lui une note apologétique, que répétèrent deux ou trois feuilles parisiennes. Cette apologie était si outrée qu'elle ne produisit d'autre effet que l'opinion que de raviver le souvenir des torts de celui qui en était l'objet. On rappelait surtout qu'environné d'une foule de fripons, d'agents d'affaires, d'agioteurs, qui mettaient à profit sa profonde ignorance des hommes, il laissa mettre à l'encan les croix de Saint-Louis et de la Légion d'Honneur. Les places, les pensions, tout se vendait alors au ministère de la maison du roi. On récompensait des services qui jamais n'avaient été rendus, de prétendues vieilles fidélités qui ne faisaient que de naître; on était digne des grâces royales dès qu'on avait de l'argent pour les payer.

A Naples, le marquis de Blacas fut le négociateur du mariage du duc de Berry avec la princesse Caroline, fille du roi des Deux-Siciles. Jamais ambassadeur ne déploya plus de magnificence dans ses fêtes : telle était la volonté de Louis XVIII, dont les bienfaits furent la source de l'opulence de Blacas. Ce ministre se rendit ensuite à Rome, où il arriva dans le mois d'avril 1816. Secondé par l'ambassadeur de France, Courtois de Pressigny, évêque de Saint-Malo, il signa le concordat de 1817. A la suite de cette transaction, qui fut si mal reçue chez nous, et à laquelle le gouvernement finit par renoncer, Blacas vint à Paris. Son retour fit passer plus d'une mauvaise nuit à celui qui était alors en possession de la faveur du monarque; mais M. Decazes l'emporta, et, après une seule audience de Louis XVIII, avec lequel il eut l'honneur de déjeûner, Blacas retourna à Rome, où il continua de représenter sa cour avec magnificence. En 1820 le roi le créa duc, et lui conféra le cordon bleu. On prétend qu'il assista invisible au congrès de Laybach, en 1821. Quoi qu'il en soit, il retourna en 1822 à son ambassade de Naples, ne revenant à Paris que périodiquement pour y exercer les fonctions de premier gentilhomme de la chambre; du reste, sa présence n'y produisit plus aucune sensation. En 1830 il réalisa tous ses biens pour les offrir au roi Charles X, qu'il suivit dans son exil. Après la mort de ce prince, il continua d'habiter l'Allemagne, et mourut à Vienne, au mois de novembre 1839.

Archéologue distingué, le duc de Blacas était membre de l'Institut en qualité d'associé libre de l'Académie des Inscriptions et de celle des Beaux-Arts. Il fut le protecteur zélé de Champollion jeune, qui lui a adressé ses *Lettres sur les antiquités égyptiennes*. Il avait formé ce riche cabinet d'antiquités que M. Reinaud, de l'Institut, a décrit en partie dans un ouvrage intitulé : *Description des monuments musulmans du cabinet de M. le duc de Blacas* (Paris, 1828, 2 vol.). Ch. DU ROZOIR.

BLACK (JOSEPH), chimiste et physicien anglais, qui a mérité que Fourcroy l'appelât *l'illustre Nestor de la révolution chimique*, est un de ces hommes de talent qui font époque dans l'histoire des sciences, moins par le nombre que par l'à-propos de leurs découvertes. L'école de Boyle avait légué à ses successeurs, avec les germes d'une chimie toute nouvelle, un excellent esprit d'observation. Plusieurs savants étaient à la poursuite du nouvel ordre de vérités que laissaient entrevoir les aperçus donnés par Boyle et Hales. Black eut le bonheur de rencontrer un des premiers la riche veine qui a produit la chimie moderne. Mais à l'habileté qui découvre il ne joignait pas le génie qui féconde; cette gloire fut celle de Lavoisier.

Né en 1728, à Bordeaux, de parents écossais, Black fit ses études à l'université de Glasgow, et y apprit la profession de médecin sous le docteur Cullen. Des discussions s'étant élevées entre divers professeurs sur quelques points de la médecine lithognostique, et particulièrement sur l'eau de chaux, Black fut conduit à rechercher les causes de la causticité de cette terre. Déjà Van Helmont avait reconnu que les pierres calcaires laissent dégager quelquefois un *air* auquel il donna le nom de *gaz*. Hales vit ensuite que cet air faisait une partie essentielle de ces pierres. Black vint bientôt après (1752) annoncer que ce gaz était capable d'être absorbé par la chaux et les alcalis, de les neutraliser et de leur donner la propriété de faire effervescence avec les acides. Enfin il prouva que la calcination de la chaux lui donnait de la causticité, parce que la chaleur en expulsant l'air fixe, et que la chaux amène les alcalis du commerce à l'état caustique, en leur enlevant ce gaz (aujourd'hui l'acide carbonique).

Frédéric Hoffmann avait entrevu la magnésie en 1722; mais ce fut Black qui en 1755, ayant examiné avec le plus grand soin la base du sel d'Epsom, démontra que c'était une substance particulière, qui devait être rangée parmi les terres.

Ces découvertes étaient importantes; mais elles avaient bien moins de portée que celle à laquelle il parvint en 1762, étant professeur de médecine à Glasgow. Il essaya de mesurer la quantité de chaleur qu'absorbe la glace en se liquéfiant, et cette simple expérience fut une grande découverte. Quand des corps passent de l'état solide à l'état liquide ou gazeux, ce changement est accompagné d'une absorption de chaleur que le thermomètre ne révèle pas : c'est ce phénomène que Black a découvert, et qu'il a nommé *calorique latent*. Sa théorie ne fut pas plus tôt connue dans le monde savant qu'elle reçut un grand nombre d'applications importantes. Black lui-même s'occupa de déterminer la chaleur latente de la vapeur d'eau; mais ses expériences ne le conduisirent pas à des résultats précis; la solution de ce problème était réservée à James Watt, son illustre disciple.

Ce qu'il y a de singulier dans l'histoire de ces découvertes de Black, c'est qu'il combattit pendant dix ans la doctrine que les chimistes français avaient en grande partie fondée sur ses travaux. Ses recherches sur l'air fixe avaient ouvert la voie aux expériences de Priestley, Cavendish et Lavoisier; sa théorie de la chaleur latente, en expliquant la haute température qui se développe au moment de la combustion, par le calorique latent contenu dans l'oxygène, coupait court aux objections que les partisans de Stahl élevaient contre la chimie pneumatique. Ainsi, les découvertes de Black avaient grandement contribué à la connaissance des fluides élastiques, connaissance qui venait de changer la face de la chimie, et l'on ne peut que s'étonner de voir Black, professeur de chimie à Édimbourg depuis 1765, enseigner à ses élèves la doctrine du phlogistique de Stahl. Il finit cependant par se rendre aux preuves que chaque jour accumulait en faveur des chimistes français; et si la durée de son erreur fait peu d'honneur à son génie, la franchise avec laquelle il la reconnut en fait beaucoup à son caractère. Il ne démontra plus dès lors dans ses cours que la chimie pneumatique. Jamais professeur ne sut mieux faire aimer la science qu'il enseignait; aussi ses leçons contribuèrent-elles beaucoup à répandre en Angleterre le goût de la chimie.

Black mourut en 1799. Il était associé de l'Académie des sciences. On a de lui : *Lectures on Chemistry* (1803) ; deux mémoires dans les *Philosophical Transactions* (1774 et 1791), et deux lettres sur des sujets de chimie publiées par Crell et Lavoisier.
A. Des Genevez.

BLACK-DROPS, c'est-à-dire *gouttes noires*, préparation d'opium par l'acide acétique, très-usitée en Angleterre, où elle passe pour jouir de propriétés supérieures aux autres composés d'opium, parce qu'elle tend moins à occasionner les phénomènes nerveux qui suivent souvent l'administration des opiacés. On en donne de deux à six gouttes dans une potion : six gouttes contiennent un demi-décigramme d'opium.

BLACKSTONE (William), célèbre jurisconsulte, né à Londres, le 10 juillet 1723, était le fils d'un tisserand en soie. Orphelin de bonne heure, il fut élevé par les soins d'un parent, qui en 1738 l'envoya à Oxford, où il se distingua par son ardeur et son assiduité au travail. Il annonçait beaucoup de goût et de dispositions pour la littérature et la poésie ; cependant, il se décida à suivre la carrière de la jurisprudence, et s'établit en 1746 comme avocat. Découragé par son peu de talent pour l'improvisation, il quitta le barreau de la capitale après sept ans de pratique, pour faire à l'université d'Oxford, comme agrégé, des leçons publiques sur la constitution et les lois anglaises. Son cours, le premier qui eut lieu en Angleterre sur ce sujet, fut si généralement applaudi, et l'on en sentit si bien l'utilité, malgré la préoccupation presque exclusive qu'on avait dans les écoles pour les études classiques, qu'un savant jurisconsulte, du nom de Viner, laissa par testament, en 1758 (cinq ans après l'ouverture de cet enseignement), une somme destinée à la fondation d'une chaire spéciale de *droit commun*, que Blackstone fut appelé à occuper à la mort du fondateur, arrivée en 1758. Toutefois, il ne la garda que peu de temps. Entré au parlement dès l'année 1761, il fut nommé en 1763 *solicitor general* et assesseur de *Middle-Temple*. En 1766 il renonça à la chaire d'Oxford. Élu de nouveau au parlement, en 1768, il fut alors nommé *recorder* de Wallengford, et en 1770 juge à la cour des *common pleas*, hautes fonctions dans l'exercice desquelles il mourut, le 14 février 1780.

Il a résumé les leçons qu'il faisait à Oxford, dans un ouvrage resté classique sur cette matière et intitulé *Commentaries on the Laws of England*, dont on ne compte plus les éditions. Il ne s'y borne pas à une simple explication des lois, il s'efforce en outre d'en bien faire connaître l'esprit ; travail d'autant plus utile qu'il était sans analogue. Blackstone cependant cherche bien moins à y présenter une exposition philosophique des principes de droit qu'à bien faire connaître le système existant et à le défendre. Sauf quelques maximes générales favorables à la liberté, il s'y montre au total l'ardent défenseur des droits de la couronne et presque illibéral dans ses principes en matière de tolérance religieuse. Aussi se vit-il à cet égard entraîné dans les discussions les plus vives, notamment avec Bentham, dont l'ouvrage intitulé *Fragment on government* était la réfutation des idées politiques de Blackstone. On a encore de lui *Law Tracts* (1762) ; *Analysis of the Laws of England* (1754), espèce d'encyclopédie et de méthodologie du droit anglais.

Son fils, *Henry Blackstone*, est l'éditeur des *Reports of cases in the court of common pleas in the 28th year of George III* (1789).

BLACKWELL (Alexandre), économiste et botaniste anglais, né à Aberdeen, en Écosse, mort décapité, en Suède, le 9 août 1749, était le fils d'un prêtre écossais. Il termina à Leyde ses études médicales, commencées à Édimbourg, et s'y fit recevoir docteur. Il se rendit alors à Londres, où, la clientèle ne venant pas, il fut réduit, pour vivre, à se faire correcteur d'imprimerie. Mais plus tard le mariage qu'il contracta avec la fille d'un riche négociant, à laquelle il était parvenu à inspirer le plus vif attachement, répara sa fortune, que son inconduite avait beaucoup contribué à déranger. Sa prospérité ne fut pas d'ailleurs de longue durée. Il mangea la dot de sa femme, s'en alla se promener sur le continent, visita les Pays-Bas et l'Allemagne ; puis à son retour à Londres essaya d'y créer une imprimerie. Réduit à faire banqueroute, il passa deux années dans la prison pour dettes ; pendant ce temps-là sa malheureuse femme lui prodigua les soins les plus assidus, et à force de travail lui fournit les moyens de désintéresser ses créanciers. Ayant pris un logement vis-à-vis du jardin botanique de Chelsea, elle fit un recueil de plantes médicinales, qu'elle dessina, grava et coloria elle-même. Ce travail, d'une exécution parfaite, fut publié sous ce titre : *A curious Herbal, containing 500 cuts of the most useful plants* (2 vol. in-folio ; Londres, 1737-1739). Le texte en a été rédigé par son mari, qui y a ajouté la synonymie et une description succincte de chaque plante. Traduit en latin et en allemand, cet ouvrage fut publié par les soins de Trew (qui mourut pendant l'entreprise), et continué par Ludwig, Rose et Bœhmer (6 vol. in-fol. ; Nuremberg, 1750-1773).

Blackwell ne gagnant qu'à grand'peine sa vie tant comme médecin que comme imprimeur, accepta la proposition que lui fit le duc de Chandos de diriger les travaux d'amélioration entrepris dans les terres de ce seigneur ; mais il s'en tira assez mal, quoiqu'il eût composé sur la manière de faire valoir les terres incultes ou stériles et de dessécher les marais un traité que l'ambassadeur de Suède fit passer à sa cour, comme le dernier mot de la science à cette époque sur cet important sujet ; et on conçut à Stockholm pour l'auteur de ce livre une si haute estime, qu'on l'attira en Suède. Blackwell accepta les propositions qui lui furent faites, et se rendit à Stockholm. Il s'y occupa tout à la fois de desséchement de marais et de médecine. Le roi étant venu à être atteint d'une maladie grave, on appela en consultation le médecin anglais, qui guérit le monarque. Après un tel succès, sa fortune paraissait assurée ; mais impliqué en 1746 dans une conspiration ayant pour but de changer l'ordre de succession au trône, il subit la question, fut condamné à mort et exécuté en dépit de ses protestations d'innocence. Outre le texte explicatif du *Curious Herbal*, on a de lui : *New Method of improving cold, wet and barren land, particularly clayey ground, practised in Great-Britain* (Londres, 1741). C'est l'ouvrage dont nous avons parlé plus haut, et dont ensuite il fit paraître à Stockholm divers extraits, traduits en suédois.

BLACKWELLIA, nom donné par Commerson, en l'honneur de l'intéressante mistress Blackwell, femme d'Alex. Blackwell, et auteur du *Curious Herbal*, à un genre de la famille des homalinacées, et adopté par Jussieu, qui renferme environ huit espèces, indigènes des îles de Madagascar et de Bourbon, de l'Asie tropicale et du Nepaul. Ce sont des sous-arbrisseaux ou arbrisseaux à feuilles alternes, exstipulées, courtement pétiolées, dentées ou plus rarement très-entières, glabres ou pubescentes en dessous ; à fleurs blanches, petites, disposées en épis terminaux ou axillaires, simples ou paniculés.

BLACQUE (Alexandre), né à Paris, en 1794, mort à Malte, en 1837, se rendit en Orient dans les premières années de la Restauration, et fonda à Smyrne, sous le titre de *Courrier de Smyrne*, un journal destiné tout à la fois à servir les intérêts de la civilisation, en faisant peu à peu pénétrer nos idées européennes parmi les Turcs, et à défendre les intérêts de nos nombreux nationaux engagés dans le commerce des Échelles du Levant. Les événements dont l'Orient devint le théâtre à la suite de l'insurrection grecque donnèrent bientôt une grande importance au journal de notre compatriote, bien placé en effet pour être renseigné sur une foule de faits que la diplomatie eût aimé à tenir sous le boisseau. Dans sa polémique, il se montra constamment l'ennemi de la Russie, dénonçant sa cauteleuse ambition et sa perfide politique, conduite qui lui valut l'inimitié déclarée de tous les agents du czar dans le Levant. Après la bataille de Navarin, Blacque ne craignit pas de heurter de front les préjugés de ses nationaux et de signaler la destruction de la flotte turque comme une faute énorme commise par la France, dupe dans cette circonstance des manœuvres de la Russie. Cet article, écrit au même point de vue que celui où se plaça le gouvernement anglais, lorsqu'il qualifia en plein parlement la bataille de Navarin de malheureux événement (*untoward event*), irrita singulièrement la diplomatie russe, qui en demanda justice au cabinet français. M. de Rigny, commandant la flotte française dans les eaux de Smyrne, négocia d'abord avec Blacque pour obtenir de lui une rétractation de l'article dont s'était offusquée la susceptibilité moscovite ; puis, sur le refus du publiciste, il le fit conduire prisonnier à son bord, et donna ordre de briser les presses du *Courrier de Smyrne*.

Après avoir protesté contre cet abus de la force et placé son journal sous la protection du gouvernement turc, Blacque revint en France demander justice aux tribunaux, et l'obtint. Appelé ensuite à Constantinople par la confiance du sultan Mahmoud, il fonda dans cette capitale le *Moniteur ottoman*, et devint le conseiller intime et souvent l'inspirateur du gouvernement turc. S'il eût cédé aux instances des ministres du sultan, et qu'il eût consenti à se faire musulman, on ne sait où se serait arrêtée la fortune de notre compatriote, qui fut chargé en 1837, par le sultan, d'une mission secrète auprès des cabinets de Londres et de Paris. C'est en touchant à Malte dans le voyage qu'il fit alors pour remplir cette mission, qu'il mourut empoisonné, à ce que l'on croit généralement, par un domestique qui entretenait de secrètes relations avec l'ambassade de Russie. La diplomatie du czar fut débarrassée par la mort mystérieuse de Blacque d'un des hommes qui gênaient le plus ses manœuvres en Orient. J. MULLER.

BLADAGE. C'était un droit qui s'exigeait dans l'Albigeois en forme de censive, et par-dessus la censive. Cette redevance consistait en une certaine quantité de grains que l'emphytéote était tenu de payer pour chaque bête employée au labour du fonds inféodé.

BLÆUW ou BLAUW (en latin *Cœsius*), nom d'une célèbre famille d'imprimeurs et d'érudits hollandais, qui n'a pas rendu à l'art et à la littérature de moindres services que les Alde, les Giunti, les Étienne et les Elzevir, et qui pendant près d'un siècle enrichit sans interruption l'Europe des fruits de sa savante activité.

Guillaume BLÆUW, mathématicien, ingénieur-géographe et éditeur de cartes géographiques, était né en 1571, à Alkmar ; et comme son père s'appelait Jean, il prit, suivant l'usage des Hollandais, le nom de *Janson Blæuw* (en latin *Jansonius Cæsius*), ce qui l'a souvent fait confondre avec un autre imprimeur d'Amsterdam, du nom de *Janson*, et, comme lui aussi, éditeur de cartes géographiques. Élève de Tycho-Brahé, et mathématicien consommé non moins que géographe et astronome distingué, Janson Blæuw rendit de grands services à la science par la confection de globes célestes et terrestres surpassant en précision et en beauté tout ce qui avait été fait jusque alors, et par la publication de cartes dressées avec un soin infini. Si comme typographe il n'atteignit ni à l'élégance ni à la perfection des Elzevir, on peut dire que la plupart des livres sortis de ses presses se recommandent par une grande correction et par une exécution soignée. Parmi les ouvrages dont on lui est redevable, nous citerons *Zeespiegel* (in-folio, 1627 et 1643); *Onderwijs van de hemelsche en aerdsche globen* (in-4°, 1634); *Novus Atlas*, c'est-à-dire description de l'univers, avec de belles cartes nouvelles (6 vol., dont on possède différentes éditions 1634-1662); et *Theatrum Urbium et Munimentorum* (in-folio, 1619). Il mourut le 21 octobre 1638, laissant deux fils, Jean et Cornelius, qui jusqu'à la mort de ce dernier, arrivée en 1650, continuèrent en commun le commerce de leur père.

Jean BLÆUW, fils du précédent, né à Amsterdam, dans les premières années du dix-septième siècle, reçut une éducation des plus solides, et, après avoir terminé ses études classiques, fut reçu docteur en droit. Il entreprit de grands voyages, en Italie surtout, et, à son retour à Amsterdam, fonda une maison de commerce qu'il réunit plus tard à celle de son père. On a de lui un *Atlas major* (11 vol., 1662 ; édition française, 12 vol., 1663 ; et édition espagnole, 10 vol., 1669-1672), magnifiquement exécuté et aussi complet que le permettait alors l'état de la science. Il publia en outre une série de planches topographiques et de vues de villes où une exactitude minutieuse n'exclut pas le luxe de l'exécution, et qui sont encore recherchées de nos jours : *la Belgique* (2 vol. in-folio, 1649), *l'Italie* (2 vol. in-fol., 1663), *Naples et la Sicile* (2 vol. in-fol., 1663), *la Savoie et le Piémont* (2 vol. in-folio, 1682). Indépendamment de ces grandes entreprises, il fit aussi, tout bon protestant qu'il fût, mais à l'aide de divers prête-noms, de grandes spéculations sur la fabrication et la vente d'ouvrages catholiques, ayant à cet effet d'importants dépôts en différentes villes et même à Vienne. Il mourut en 1680. Huit années auparavant, il avait eu la douleur de voir ses ateliers et ses magasins complétement détruits par un effroyable incendie ; sinistre qui interrompit et arrêta même complétement quelques-unes de ses entreprises.

Le second de ses trois fils, nommé *Guillaume*, fut membre du conseil de la ville d'Amsterdam. Les deux autres, *Jean* ou *Pierre*, reprirent l'établissement typographique de leur père et continuèrent ses affaires depuis 1682 jusqu'en 1700, avec la distinction qui s'attache à cette profession lorsqu'elle est honorablement exercée. Parmi les bonnes éditions d'auteurs classiques sorties de leurs presses, on doit citer les *Orationes* de Cicéron (6 vol., 1699), qui encore aujourd'hui leur valeur.

BLAGUE. Que veut dire ce mot ? d'où vient-il ? pourquoi sa fortune ? *Blaguer*, c'est mentir, c'est parler la langue que parlent les charlatans sur les places publiques, debout dans leurs cabriolets, au son des cymbales et de la trompette. Ces arracheurs de dents n'ont pas disparu ; leur éloquence sert même de moule à la *blague*, nouveau genre de parler et d'écrire, dans lequel grands et petits vont tous les jours se surpassant. Les femmes repoussent encore le mot *blague* de la conversation, l'Académie de son *Dictionnaire*. Il a besoin d'être décrassé, et les grammairiens y travaillent, non sans succès, comme vous l'allez voir. En 1789 les grands seigneurs mettaient leur tabac dans une poche de pélican, une *blague*. En 1793 le troupier républicain renfermait son tabac dans une vessie d'une autre nature, et l'appelait sa *blague*. Aussi, hier encore populaire et trivial, définissait-on le mot *blague* : propos de peu de valeur, comme une vessie vide ; mais aujourd'hui cette expression prenant faveur, atteignant tout le monde, on commence à lui chercher, ainsi qu'à un parvenu, une haute noble origine. Déjà on lui a déterré dans l'antiquité d'admirables racines : en latin *blatio*, *blatire*, qui signifie crier comme le chameau, la grenouille, le bélier ; et en grec βλάξ, lâche, poltron, mou, sans cœur. Où la *blague* va-t-elle se nicher ? Toujours est-il que l'Académie ne saurait tarder maintenant à enregistrer parmi les mots français un mot aussi latin et aussi grec que celui-là. Qu'attendrait-elle encore ? n'est-il pas passé dans nos mœurs ?

Les savants apprennent tout à coup, il y a quelques années, qu'Herschell, ayant choisi pour observatoire le cap de Bonne-Espérance, s'est enfin armé d'un si prodigieux télescope qu'il a vu, ce qui s'appelle vu, tout ce qui se passait dans la lune, les hommes, les femmes, les enfants et les bonnes d'enfants, et les tourlourous, et le reste. Et que disent les savants, après un mois de réflexion : « C'est une

17.

blague! Une magnifique boutique s'ouvre plus tard dans le plus beau quartier de Paris, rue Richelieu, pour l'exploitation du *chou colossal.* En France il ne manque d'argent pour aucune graine de niais. Chacune cette fois se vend un franc. Tout Parisien d'accourir et de planter des choux : va-t'en voir s'ils viennent ! c'est une *blague!* Ci-gît une vieille mine de charbon épuisée; le propriétaire laissait chômer l'exploitation. Un spéculateur la lui enlève à tout prix, et la paye 30,000 francs. Alors il appelle autour de lui des actionnaires; il leur divise sa houillère ; des 30,000 francs il fait 6,000 parts de 500 francs, délivre les trois millions de titres, encaisse l'argent, et passe en Belgique, en attendant que la vérité sorte de son puits. Lorsqu'ensuite vous demandez : « Qu'était-ce donc que la houillère de Saint-Bérain? » on vous répond : « Une *blague.* » — Et le Montet-aux-Moines? — Une autre. »

A certains jours, *les abords du Théâtre-Français* sont encombrés de gens qui frappent à toutes les issues, réclamant à grands cris l'ouverture des bureaux, la distribution des billets : ils sont de tous côtés éconduits par les employés, malmenés par les gendarmes. La salle entière est louée jusqu'aux combles pour les trois premières représentations de la trilogie. Le public de ces trois jours-là applaudit avec fureur, tout ce qui se présente : la toile, quand elle se lève; les acteurs, avant qu'ils aient ouvert la bouche, et surtout, quand la pièce est finie, l'auteur. A la quatrième soirée, le drame tombe sous les coups de sifflets. Mais les applaudissements? Que voulez-vous ! les amis de l'auteur ont remis leurs mains dans leurs poches : c'était une *blague.*

Depuis plus de soixante ans, entre hommes d'État, cette locution est acquise à la politique. Le maréchal de l'empire n'a-t-il pas dit à l'ex-représentant du peuple : La liberté, c'est une *blague!* et le vieux marquis à l'ex-soldat de l'empire : La gloire, c'est une *blague!* et le capitaliste de 1830 au vieux marquis : La légitimité, c'est une *blague!* Et l'ouvrier de 1848 n'a-t-il pas dit au capitaliste : Votre ordre public, c'est une *blague!* Puis les vainqueurs de Juin ont dit aux ouvriers : Votre égalité, c'est une *blague!*

Sur ce fond, un grand acteur avait taillé sous la royauté de Juillet, dans un bloc informe de comédie, un des rôles les plus complets, les plus saisissants et les plus extraordinaires de notre théâtre. La pièce est morte, mais Robert Macaire reste debout comme un type vivant de démoralisation. Aujourd'hui, plus de don Juan, de commandeur, de dona Anna ; plus de passion, d'honneur ni de vertu, mais Robert Macaire entre Éloa et le baron de Wormspire, avec cette apostrophe cynique au beau-père : « Mon beau-père, vous êtes un vieux *blagueur!* » Mais taisons-nous ! que le lecteur n'aille pas nous renvoyer l'épithète mortifiante que lui fournirait notre sujet!   Jules Paton.

BLAINVILLE (Henri-Marie Ducrotay de) naquit à Arques, le 12 septembre 1777. Comme cadet de famille noble, il fut envoyé de bonne heure à l'école militaire de Beaumont-en-Auge. Mais les événements de la première révolution le firent renoncer à la carrière des armes, et il quitta subitement l'école vers 1792. Poursuivi ainsi que sa mère, il alla, au dire de quelques biographes, chercher un refuge à bord d'un bâtiment qui était en croisière dans la Manche, sur lequel il passa quelques mois et prit part à plusieurs combats sérieux. Le danger passé, Blainville se livra pendant les premières années de sa jeunesse, et avec l'enthousiasme passager et variable d'une imagination ardente et d'un caractère impétueux, à l'étude de diverses branches de la littérature et des arts, et aussi quelque peu aux dissipations et aux égarements du monde, à ce point que pendant assez longtemps sa famille ignora ce qu'il était devenu. Un jour même, et lorsque Blainville avait obtenu des succès dans les sciences, un ami de la famille demanda à M. Ducrotay de Blainville aîné, qui n'avait pas quitté le manoir paternel, ce qu'il savait de son jeune frère. « Rien de bien, répondit-il. — Mais apprenez, lui dit son ami, qu'il est à Paris, et qu'il sera sans doute un jour l'une des gloires de son pays ! — Impossible, reprit M. Ducrotay, car il n'a jamais voulu rien faire, et il était toujours le dernier de sa classe. »

Pendant son séjour à Paris, Blainville avait été élève de Mars sous les tentes de la plaine des Sablons, musicien au premier Conservatoire de Paris, peintre dans les ateliers du célèbre Vincent. A vingt-sept ans il flottait encore incertain sur son sort et son avenir, lorsqu'un jour le hasard détermina sa vocation d'une manière irrévocable : il entra au Collège de France, et entendit une leçon de Cuvier. Frappé tout à coup de l'intérêt du sujet traité et de la parole entraînante du célèbre professeur, il sortit de l'amphithéâtre avec la résolution arrêtée de se vouer désormais aux sciences naturelles et de devenir professeur. Et en effet il rompit immédiatement avec ses précédentes habitudes ; trois ans après il faisait un cours d'anatomie humaine, et deux ans plus tard, en 1810, il était docteur en médecine. En 1812, après avoir déjà suppléé Cuvier au Collège de France et au Muséum, il obtenait, au concours, de monter dans la chaire d'anatomie et de physiologie de la Faculté des Sciences; et lorsqu'en 1832 son maître nous fut enlevé, Blainville, membre de l'Académie des Sciences depuis 1825 et successivement de tous les corps savants de l'Europe, déjà depuis quatre ans successeur de Lamarck au Muséum, pour l'enseignement de l'histoire naturelle des animaux sans vertèbres, fut le seul que l'opinion publique et le choix de ses confrères désignèrent pour remplacer Cuvier dans la chaire d'anatomie comparée.

Cuvier avait d'abord accueilli Blainville avec bonté; mais quand le grand naturaliste mourut, il n'en était plus ainsi déjà depuis longtemps, car vers 1817 une série de circonstances diversement interprétées amenèrent entre ces deux hommes une rupture éclatante. C'est alors que Blainville dit à Cuvier : « Je m'assiérai un jour à l'Institut et au Muséum d'Histoire Naturelle à côté de vous, en face de vous et malgré vous, » prédiction que l'événement réalisa. Ces paroles ont donné lieu de supposer que Blainville était dès lors disposé à une opposition systématique; c'est sans doute elles qui ont pu faire dire que pour connaître son opinion sur tel ou tel point de la science il suffisait de prendre une conclusion diamétralement opposée à celle de Cuvier. Cependant Blainville disait en parlant de l'illustre savant dont une première leçon l'avait acquis à la science : « Quel bien Cuvier m'a fait en me retirant sa faveur et sa protection ! je lui dois ce redoublement d'ardeur pour le travail, ce feu dévorant, qui me permettront, je l'espère, de m'élever à sa hauteur, et me donneront peut-être des droits à lui succéder ! Sans cette rupture qui m'afflige, je me serais engourdi, et je ne serais qu'un protégé. »

Il est facile de s'expliquer pourquoi la doctrine de Blainville offre tant de dissidences avec celle de Cuvier. Celui-ci s'arrêta en zoologie après avoir formé ses groupes, comme il s'était arrêté en anatomie comparée après avoir formulé sa double loi physiologique de la corrélation et de la subordination des organes. Il déclara hautement qu'il n'entendait pas décider de la place des groupes qu'il décrivait successivement, que leur ordre de succession dans son livre n'impliquait point un ordre de supériorité ou d'infériorité relatives, un ordre de succession dans la nature : c'est ce que le mot *embranchement,* choisi pour ses types généraux, disait au reste également. Mais Blainville alla plus loin ; il aborda sans hésiter cette question de la coordination des animaux, qui lui parut être la grande question de la zoologie ; il ne doutait pas, *a priori,* qu'une fois admis ce principe de corrélation proclamé par Cuvier, qui fait de chaque espèce une combinaison définie d'organes et démontre l'impossibilité des associations désordonnées, le règne animal ne dût offrir un dessein régulier et susceptible lui-même d'être défini. Pour Blainville, ce devait être l'ordre sérial, ordre qui se démontrait de lui-même à l'aide du système des groupes convenablement établi. Ce qui fait donc l'originalité et la supériorité de ses travaux zoologiques, c'est bien moins ce qu'il a changé à la classification proprement dite que sa doctrine sur la coordination des groupes, sur la série animale.

Sans être correct et toujours aussi disert, abondant et facile qu'on aurait pu le désirer, Blainville était néanmoins éloquent, parce que, maître lui-même de son sujet, il savait communiquer à son auditoire les inspirations de son génie. Dans son enseignement, il s'efforçait de donner des bases solides à l'édifice scientifique pour l'érection duquel il avait réuni d'immenses matériaux pendant une vie en quelque sorte doublée par une incroyable activité et une facilité non moins grande. Il y exposait les principes de cette classification nouvelle (voyez ANIMAL, t. I, p. 609) dont on trouve déjà le germe dans quelques-unes de ses premières publications, entre autres dans son *Mémoire sur la place que doit occuper l'aye-aye dans la série des mammifères*, et dans son *Prodrome d'une nouvelle distribution systématique du règne animal* (1816), publications dont le couronnement fut l'*Ostéographie, ou description iconographique comparée du squelette et du système dentaire des cinq classes d'animaux vertébrés, récents et fossiles* (in-4°, 1839-1850), gigantesque entreprise, que la mort de son auteur laisse malheureusement inachevée, et à laquelle il travaillait encore une heure avant d'expirer.

« Par la publication de ce grand et important ouvrage, a dit M. Constant Prévost, il voulait non-seulement démontrer que les détails de l'organisation annoncent dans la série des êtres actuels une conception dont toutes les parties sont intimement enchaînées, mais il se proposait encore de faire voir que les êtres de toutes les époques qui se sont succédé et ont vécu depuis les plus anciens temps géologiques jusqu'au moment présent appartenaient également au même plan. En effet, si ces êtres anciens présentent des différences spécifiques plus ou moins grandes en raison de leur ancienneté, ils n'annoncent aucune différence importante d'organisation; bien mieux, parmi ces êtres perdus de l'ancien monde, ces genres, ces familles qui ne sont plus représentés, dit-on, dans la nature vivante, le naturaliste ne trouve rien de foncièrement étrange, rien qui lui annonce d'autres conditions d'existence, rien qui puisse enfin lui faire raisonnablement supposer que les *trilobites*, les *plésiosaures*, les *ptérodactyles*, pas plus que les *anoplotheriums* et les *mastodontes*, n'auraient pas pu vivre en communauté avec les crustacés, les crocodiles, les tapirs, les éléphants de notre époque..... L'*Ostéographie*, loin d'être une copie ou un complément des ouvrages de Cuvier, est une œuvre nouvelle, originale, indispensable, et demandée par les besoins et les progrès de la science; elle est destinée à fournir des documents positifs non-seulement pour éclairer les questions depuis longtemps controversées faute de preuves, mais encore pour aider à renverser des préjugés déjà trop fortement enracinés. »

Nous ne pouvons indiquer tous les travaux de Blainville, notamment cette foule de mémoires, d'articles, de rapports d'un grand intérêt, qu'il fit successivement paraître dans divers recueils scientifiques; bornons-nous à citer : *De l'Organisation des Animaux, ou principes d'anatomie comparée* (1822), résultat de quinze années de travaux assidus, dont on regrette que le premier volume ait seul paru; *Manuel de Malacologie et de Conchyliologie* (1825); *Cours de Physiologie générale et comparée professé à la Faculté des Sciences de Paris en 1829-1832*, publication restée inachevée; *Manuel d'Actinologie ou de Zoophytologie* (1834); *Sur les Principes de la Zooclassie* (1847). Blainville, qui ne s'adonnait pas exclusivement aux sciences naturelles, a laissé en outre parmi ses papiers des mémoires sur plusieurs questions politiques et sociales.

Une vie aussi laborieuse n'avait en rien affaibli la robuste constitution de Blainville. Cependant, le 1er mai 1850, à dix heures du soir, encore plein de santé et de vie, au moins en apparence, il se fit conduire à l'embarcadère du chemin de fer de Rouen, dans l'intention de se rendre à Dieppe pour y passer quelques jours. Mais, frappé sans doute d'une attaque d'apoplexie dans le wagon où il venait de monter, tout ce qu'on put faire lorsqu'on s'en aperçut fut de le porter dans une des salles d'attente et de courir chercher un médecin, dont les soins furent inutiles; quelques minutes après, Blainville expirait. Rien n'indiquait dans ses traits qu'il eût éprouvé la moindre douleur.   E. MERLIEUX.

BLAIR (HUGH), ecclésiastique et littérateur écossais, dont les sermons sont encore aujourd'hui considérés comme les modèles de l'éloquence de la chaire en Angleterre, naquit le 7 avril 1718, à Édimbourg. Après avoir fait de brillantes études au collège et à l'université de cette ville, il entra dans les ordres à vingt-trois ans, et ne tarda point à se faire une réputation comme prédicateur. En 1758 il fut nommé pasteur de l'église cathédrale d'Édimbourg. En s'attachant moins aux discussions métaphysiques qu'au développement des vérités morales, il opéra dans l'éloquence de la chaire une véritable révolution. En 1755 il avait fait paraître dans l'*Edinburgh Journal* un extrait raisonné de la philosophie morale d'Hutcheson, et il transporta dans ses préceptes littéraires ce sage éclectisme philosophique et ce sens psychologique qui sont le caractère distinctif de l'école écossaise. En 1759 il commença à faire des cours publics de rhétorique et de belles-lettres, dans lesquels il communiquait à son auditoire les fruits de son expérience personnelle, et qui obtinrent un immense succès. Il publia le résumé en 1783, sous le titre de *Lectures on Rhetoric and Belles-Lettres*, ouvrage depuis longtemps connu et jugé, dont le succès fut européen, qui abonde en sages préceptes, en remarques judicieuses, en vérités utiles, et qui a été successivement traduit dans notre langue par Cantwell (1797), par P. Prévôt de Genève et par Quenot (Paris, 1821). L'auteur nous apprend lui-même qu'il a mis à profit pour le composer des notes d'Adam Smith. Son cours charma tellement son auditoire, que le gouvernement ne fit qu'obéir à l'opinion publique en créant, en 1762, une chaire particulière de rhétorique et de belles-lettres à Édimbourg, et en la confiant à l'habile professeur qui venait de faire ses preuves de bon goût et d'érudition. Ses *Sermons*, dont la première édition parut en 1777, ne furent pas moins bien accueillis; et le gouvernement récompensa l'éloquent orateur par une pension de 200 liv. st.; ce sont d'ailleurs plutôt des dissertations morales et philosophiques, il faut le reconnaître, que ce que nous entendons en France par sermons. On n'en compte plus les éditions, et dès 1784 le pasteur Frossard les avait traduits en français. Blair encouragea et seconda de sa bourse Macpherson pour la publication des poésies d'Ossian. Il croyait fermement à leur authenticité, et en 1763 il écrivit une dissertation pour la démontrer. Ce digne ministre de l'Évangile mourut à Édimbourg, le 8 janvier 1801, à l'âge de quatre-vingt-trois ans.

BLAIR (JAMES), théologien écossais, mort en 1743, abandonna l'Église épiscopale d'Écosse, et vint en Angleterre dans les dernières années du règne de Charles II. Après avoir pendant longtemps résidé en Virginie, d'abord comme missionnaire, puis comme commissaire, il revint en Angleterre solliciter l'autorisation et les ressources nécessaires pour fonder au chef-lieu de cette colonie, Williamsburg, un collège, qu'il dirigea pendant près de trente ans. Il remplissait en même temps les fonctions de membre du conseil colonial. On a de lui : *Explication du divin sermon prononcé par notre Sauveur sur la montagne* (1742).

BLAIREAU, genre d'animaux mammifères, appartenant à l'ordre des carnassiers et à la section des plantigrades. Leur système dentaire présente les caractères suivants : ils ont une très-petite dent derrière la canine, puis deux molaires pointues, suivies en haut d'une que l'on reconnaît pour dent *carnassière* au vestige de tranchant qui se montre sur son côté externe ; derrière elle est une grosse tuberculeuse carrée ; en bas, l'avant-dernière commence aussi à montrer de la ressemblance avec les carnassières inférieures ; mais comme elle a à son bord interne deux tubercules aussi élevés que son tranchant, elle ne joue que le rôle de tuberculeuse. La dernière dent d'en-bas est très-petite. Les blaireaux sont des animaux nocturnes, dont la queue est très-courte, les doigts très-engagés dans la peau, et qui se distinguent particulièrement par une poche située sous la queue, et d'où sort une humeur grasse et fétide. Leurs ongles de devant, très-allongés, les rendent habiles à fouir la terre ; leurs poils sont longs et soyeux.

On n'en connaît avec certitude qu'une seule espèce : c'est le *blaireau d'Europe*, vulgairement aussi nommé le *taisson*, qui a la taille d'un chien de médiocre grandeur et la physionomie du mâtin, mais qui est beaucoup plus bas sur jambes. Ses poils, longs, rares et durs, présentent dans leur longueur trois couleurs différentes, du blanc, du noir et du roux, et c'est l'étendue relative de ces trois couleurs sur chaque poil qui produit la coloration diverse de chaque partie du corps. Il est grisâtre en dessus, noir en dessous. La tête est blanche en dessus, avec deux taches noirâtres sur les côtés, qui naissent entre l'extrémité du museau et l'œil, et vont en s'élargissant de manière à envelopper l'œil et l'oreille, derrière laquelle elles se terminent.

Le blaireau est un animal solitaire, qui passe la plus grande partie de sa vie au fond d'un terrier oblique et tortueux, qu'il tient toujours très-propre, et dont il ne sort guère que la nuit, pour chercher sa nourriture, ou pour se réunir à sa femelle au temps des amours. Il vit à la fois de viande et de fruits, comme l'indique la conformation de ses dents, à la fois propres à diviser la chair et à mâcher des substances végétales. La femelle met bas et élève trois ou quatre petits, pour lesquels elle a soin de préparer d'avance, au fond de son terrier, un lit d'herbe et de mousse, et qu'elle nourrit, à l'époque où ils cessent de téter, de lapereaux, de mulots, de lézards, et de miel, quand elle en peut découvrir. Ces animaux pris jeunes s'apprivoisent facilement ; ils s'habituent à suivre, comme les chiens, la personne qui les nourrit. On en trouve dans presque toutes les contrées de l'Europe, en France, en Italie, en Angleterre, en Allemagne ; mais ils sont partout assez rares. Leur chair n'est pas désagréable à manger, et leur peau s'emploie comme fourrure grossière.

DÉMEZIL.

« Le blaireau est carnassier, dit M. Boitard, mais moins cependant que son système dentaire ne devrait le faire supposer. Il ne vit guère de proie que lorsqu'il ne trouve plus de baies et autres fruits charnus. Dans ce cas il chasse aux mulots, aux grenouilles, aux serpents ; il déterre les nids de guêpes pour en manger le couvain ; il tâche de surprendre la perdrix sur son nid ; il creuse dans les garennes pour s'emparer des lapereaux ; enfin, quand toutes ces ressources lui manquent, il se contente de sauterelles, de hannetons et de vers de terre, qu'il aime beaucoup. Plein d'intelligence, rusé, défiant, le blaireau ne donne que très-rarement dans les pièges qu'on lui tend. Si l'on a tendu un lacet autour de son terrier, il s'en aperçoit aussitôt, rentre dans sa demeure, et y reste renfermé cinq à six jours, s'il ne peut, à travers des rochers, se creuser une autre issue ; mais, pressé par la faim, il finit par se déterminer à sortir. Après avoir longtemps sondé le terrain et examiné le piége, il traverse, se roule le corps en boule aussi ronde que possible ; puis, d'un élan, il traverse le lacet en faisant ainsi trois ou quatre culbutes sans être accroché, faute de donner prise au fatal nœud coulant. Ce fait, tout extraordinaire qu'il est, est regardé comme constant par tous les chasseurs allemands. Si l'on veut forcer un blaireau à sortir de son terrier en l'enfumant, ou en y faisant pénétrer un chien, le malicieux animal ne manque jamais de faire ébouler une partie de son terrier, de manière à couper la communication entre lui et ses ennemis. Les Allemands ont pour la chasse du blaireau la même passion que les Anglais pour celle du renard ; mais ils satisfont leur goût avec plus de simplicité. En automne, trois ou quatre chasseurs partent ensemble, à nuit close, armés de bâtons et munis de lanternes ; l'un d'eux porte une fourche, et les autres conduisent en laisse deux bassets et un chien courant bon quêteur. Ils se rendent dans les lieux qu'ils savent habités par des blaireaux, et à proximité de leurs terriers ; là ils lâchent leur chien courant, qui se met en quête et a bientôt rencontré un de ces animaux. On découple les bassets, on rappelle le courant, et l'on se met à la poursuite de l'animal qui ne tarde pas à être atteint par les chiens, et qui se défend vigoureusement des dents et des griffes. Le chasseur qui porte la fourche, la lui passe au cou, le couche et le maintient à terre, pendant que les autres l'assomment à coups de bâton. Si on veut le prendre vivant, on lui enfonce, au-dessous de la mâchoire inférieure, un crochet de fer emmanché d'un bâton ; on enlève l'animal, on le bâillonne et on le jette dans un sac. Sa graisse passait autrefois pour avoir de grandes vertus médicales ; aujourd'hui on ne se sert plus que de sa peau, qu'on emploie pour couvrir les colliers de chevaux de trait. »

Buffon, qui se trompait si rarement toutes les fois qu'il pouvait voir par ses propres yeux, a tracé du blaireau le portrait que voici : C'est, dit-il, un animal paresseux, défiant, qui se retire dans les lieux les plus écartés, dans les bois les plus sombres, et s'y creuse une demeure souterraine. Il semble fuir la société, même la lumière, et passe les trois quarts de sa vie dans ce séjour ténébreux, dont il ne sort que pour chercher sa subsistance. Comme il a le corps allongé, les jambes courtes, les ongles, surtout ceux de devant, très-longs et très-fermes, il a plus de facilité qu'un autre pour ouvrir la terre, y fouiller, y pénétrer et jeter derrière lui les déblais de son excavation, qu'il rend tortueuse, oblique, et qu'il pousse quelquefois fort loin. Le renard, qui n'a pas la même facilité pour creuser la terre, profite de ses travaux : ne pouvant le contraindre par la force, il l'oblige par adresse à quitter son terrier même, en l'inquiétant, en faisant sentinelle à l'endroit, en l'infectant de ses ordures ; ensuite il s'en empare, il l'élargit, l'approprie et en fait son terrier. Le blaireau, forcé à changer de manoir, ne change pas de pays ; il ne va qu'à quelque distance travailler sur nouveaux frais à se pratiquer un autre gîte, dont il ne sort que la nuit, dont il ne s'écarte guère, et où il revient dès qu'il sent quelque danger. Les chiens l'atteignent promptement lorsqu'il se trouve à quelque distance de son trou ; cependant, il est rare qu'ils l'arrêtent tout à fait et qu'ils en viennent à bout, à moins qu'on ne les aide. Le blaireau a les poils très-épais, les jambes, les mâchoires et les dents très-fortes, aussi bien que les ongles ; il se sert de toute sa force, de toute sa résistance et de toutes ses armes, en se couchant sur le dos, et il fait aux chiens de profondes blessures. Il a d'ailleurs la vie très-dure ; il combat longtemps, et jusqu'à la dernière extrémité.

BLAIRIE (Droit de). *Voyez* VAINE PATURE.

BLAISE (Saint), patron de la république de Raguse fut, à ce qu'on croit, évêque de Sébaste en Arménie, où il souffrit le martyre, vers l'année 316, sous le règne de Licinius Licinianus. Il eût les côtés déchirées avec des peignes de fer d'où les cardeurs de laine l'ont pris pour patron. L'opinion qu'il guérissait les maladies des enfants et des bestiaux répandit rapidement son culte dans tout l'Orient. Ce culte passa ensuite en Occident, où on lui consacra une multitude de chapelles. On se disputa ses reliques à tel point qu'on se trouva réduit, nous dit Baillet, pour ne pas contrister les peuples et sans doute aussi pour satisfaire aux demandes toujours croissantes de reliques, de supposer l'existence de plusieurs saints du même nom.

BLAISE (Ordre de SAINT-). C'était un ordre militaire, que les rois d'Arménie de la maison de Lusignan établirent à l'honneur de ce saint, comme étant le patron de leur royaume. Cet ordre était composé d'ecclésiastiques et de laïques ; l'emploi de ces derniers était de s'opposer à main armée aux hérétiques, et les premiers devaient faire l'office divin et prêcher la foi. La marque de cet ordre était une croix rouge, au milieu de laquelle était une image de saint Blaise. Ils la portaient sur une robe de laine blanche toute simple. On ignore l'époque de la création de cet ordre ; on croit seulement qu'elle eut lieu en même temps que celle des Templiers et des Hospitaliers. Les profès de l'ordre de Saint-Blaise faisaient vœu de défendre la religion catholique et l'Église romaine, et leur règle était celle de saint Basile.

BLAISOIS ou **BLÉSOIS**, pays d'environ 90 kilomètres de longueur sur 50 de large, borné au nord par le Vendômois, le Dunois et l'Orléanais propre, au sud par le Berry, à l'est par la Sologne et à l'ouest par la Touraine. Ce pays, qu'on divisait en haut et bas Blaisois, et dont Blois était la capitale, fait aujourd'hui partie du département de Loir-et-Cher. Situé dans la contrée la plus heureuse et la plus fertile de France, il est arrosé par la Loire, le Beuvron, la Saudre, la Cisse, la Raire, etc. A l'époque où Jules-César entreprit la conquête des Gaules, environ soixante ans avant l'ère chrétienne, le Blaisois faisait partie du territoire des *Carnutes*. Les habitants prirent part aux diverses conjurations formées par les Gaulois pour secouer le joug de la puissance romaine. Incorporé à la quatrième Lyonnaise lors du démembrement des provinces de l'empire fait sous Honorius, le Blaisois, soumis par les Francs, échut en partage (511) à Clodomir, roi d'Orléans, second fils de Clovis. Ce pays suivit la destinée du royaume d'Orléans, et devint ensuite province neustrienne. Sous les rois carlovingiens, des comtes furent établis dans la capitale du Blaisois pour administrer la justice et les finances et commander les troupes. Nous leur consacrerons un article particulier. *Voyez* BLOIS (Comtes de).
LAÎNÉ.

BLAKE (ROBERT), célèbre amiral anglais, naquit en 1599, à Bridgewater, dans le comté de Sommerset. Les honneurs que les rois et les nations elles-mêmes rendent à certains hommes donnent rarement la mesure du mérite de ceux-ci ; mais on est heureux de voir la reconnaissance des peuples payer en distinctions les services qu'on leur a rendus. L'amiral Blake eut ce bonheur. Doué d'une imagination forte et d'une âme ardente, il aima par-dessus tout la gloire et la patrie, et c'est cette noble passion qui, en exaltant sa valeur, l'a placé si haut parmi les hommes illustres de son pays.

Fils aîné d'un commerçant, il passa de l'école de sa ville natale à Oxford, où il resta plusieurs années. Dès sa jeunesse il accueillit avec enthousiasme les idées d'affranchissement qui se répandaient dans toutes les classes de la société. Bientôt son amour pour la liberté se tourna en haine contre la royauté, et jusqu'à sa mort il conserva les principes purs d'un fier républicain des beaux temps de Sparte et de Rome. Membre de la législature en 1640, il ne fut pas réélu au Long Parlement ; mais dans la lutte que le parlement engagea contre les rois, Blake fut un des premiers à soutenir les Indépendants ; il leva une compagnie de dragons à ses frais, et vint appuyer de son bras une cause qu'il avait toujours adorée dans son cœur. En 1649 il fut improvisé amiral après la mort du comte de Warwick ; et dès 1650, quand l'escadre du roi Charles se retira à Lisbonne, il fut nommé commandant de la flotte parlementaire. Dans cette position, si nouvelle pour lui, il déploie une vigueur extraordinaire ; il fait voile vers les côtes de Portugal, somme le roi Jean de lui remettre entre les mains la flotte royale, qu'il réclame au nom du gouvernement de son pays, et, sur le refus et les menaces de ce prince, il va croiser à la hauteur des Açores, attaque une riche flotte portugaise qui revenait du Brésil, prend quinze navires et retourne passer l'hiver en Angleterre.

Les années suivantes présentent le tableau d'une lutte sanglante entre les deux premières puissances maritimes du siècle. De part et d'autre on soutint vaillamment l'honneur national, et Blake, qui commandait la flotte britannique, trouva dans Tromp un digne rival de gloire ; il serait difficile en effet de décider entre ces deux grands hommes. Cette époque est surtout remarquable dans les annales de la marine par l'immense développement que prit tout à coup l'art des combats sur mer. Blake y contribua considérablement, et, en le suivant dans les divers engagements où il s'est trouvé, nous essayerons de lui assigner le rang qu'il mérite comme marin.

En 1651 Blake se trouvait avec vingt-six vaisseaux de guerre dans la rade de Douvres, lorsque Tromp vint parader devant la ville, à la tête d'une escadre de quarante-deux bâtiments. Le parlement anglais, désirant la guerre avec la Hollande, avait donné l'ordre à ses amiraux de faire baisser pavillon à tous les navires hollandais qu'ils rencontreraient. Tromp refusa de se soumettre à cette humiliante formalité, et un combat furieux s'engagea. Blake, quoique inférieur en nombre, non-seulement résista avec courage au choc de son ennemi, mais encore il sut lui faire plus de mal qu'il n'en reçut lui-même, et c'est à lui que revint l'honneur de la journée. Cependant on ne trouve ici aucune manœuvre qui annonce un grand génie de la guerre dans l'un ou dans l'autre de ces deux amiraux : les escadres s'attaquèrent navire à navire, et le courage résista au courage. Comme Tromp ne sut pas tirer parti de sa supériorité numérique, les Anglais durent avoir l'avantage, car leurs navires étaient d'une construction plus forte que ceux de leurs ennemis.

Une expédition de quarante vaisseaux, qu'en 1652 Blake dirigea contre les pêcheries hollandaises, lui acquit alors beaucoup de réputation ; l'Angleterre en tira de grands avantages : les pertes de l'ennemi furent immenses ; mais aux yeux de la postérité ce ne peut être un titre de gloire, puisque l'amiral n'eut qu'à détruire avec des forces considérables des marchands presque sans défense.

Au mois de février 1652 Tromp convoyait, avec soixante-seize bâtiments de guerre, une flotte de trois cents navires marchands qu'il ramenait en Hollande ; Blake l'attaqua dans la Manche avec cent cinquante voiles, et Tromp, trop engagé pour reculer, accepta le combat ; il fut long et sanglant ; pendant trois jours on se battit avec acharnement. Des deux côtés on essuya des pertes considérables ; celles des Hollandais furent les plus grandes, et néanmoins l'honneur de la bataille appartient à Tromp, car Blake laissa échapper toute la flotte marchande, quoiqu'il eût pu à la fois lui couper le chemin avec une partie de ses nombreux vaisseaux, et avec le reste écraser la flotte hollandaise ; mais cette manœuvre, simple de nos jours, eût été dans ces temps d'ignorance une inspiration de génie.

Au mois de décembre de la même année, Blake essaya de nouveau le sort d'une bataille contre Tromp. Là encore aucune combinaison savante ou hardie ne vient tout à coup donner à l'un ou à l'autre une supériorité marquée ; la fortune seule et de petites circonstances imprévues décident du succès. Blake fut malheureux ; blessé lui-même, il vit le désordre se répandre dans sa flotte ; mais il se retira à temps, et, malgré des pertes considérables, il parvint à rallier une grande partie de ses navires, soit aux Dunes, soit dans la Tamise. Tromp triompha cette fois avec un insultant orgueil ; il fit planter un balai au haut de son grand mât, pour indiquer qu'il avait nettoyé les mers des pirates d'Albion ; mais sa victoire n'était pas de nature à soutenir l'excès de cette fanfaronnade, et dès l'année suivante il fut vaincu à son tour : Blake était un des amiraux qui commandaient l'escadre anglaise.

Mais si dans les combats d'escadre à escadre à la voile

Blake ne déploie pas les ressources d'un talent supérieur, il n'en est pas ainsi des attaques contre les forts élevés à terre; c'est là qu'est sa véritable gloire. Blake, le premier, apprit aux marins à mépriser les forteresses, qui jusque alors avaient été leur épouvantail; c'était un préjugé adopté en principe que le bois ne peut avoir raison contre les pierres. En détruisant cette prévention, Blake étendit la terreur des expéditions navales. A cette époque les châteaux qui protégeaient les forts n'étaient pas, comme de nos jours, au niveau des batteries des vaisseaux, et couverts par des plans de défilement, mais bâtis sur le rivage et souvent même avancés jusque dans la mer; et alors ou ils dominaient à une grande hauteur, et leurs boulets passaient par-dessus les navires, et ils pouvaient être détruits par le feu supérieur d'une flotte nombreuse; ou bien les navires eux-mêmes dominaient les forts, et le feu de leur mousqueterie et leurs grenades empêchaient les batteries de terre de tirer. Malgré les préjugés de son siècle, Blake sentit tous ces inconvénients lorsqu'il fut envoyé dans la Méditerranée pour châtier l'insolence des puissances barbaresques. T u n i s était protégée par deux châteaux, Porto-Farina et le fort de la Goulette. Blake fit avancer successivement sa flotte sous les deux forts, les écrasa du tonnerre de son artillerie, et, opérant un débarquement dans ses chaloupes et quelques barques longues qu'il avait fait construire à dessein, il incendia tous les navires ennemis qui s'étaient réfugiés dans le port; puis, se rappelant son premier métier d'officier de l'armée de terre, il fit une charge sur un corps de douze cents Turcs campés près du rivage, et les dispersa en un instant. Son audace fit sa force : l'ennemi, épouvanté, ne résista nulle part, et le succès ne lui coûta que peu de monde. Cet exploit eut du retentissement dans tout l'univers. La marine anglaise y gagna beaucoup de considération, et les puissances barbaresques fléchirent humblement devant le pavillon de la Grande-Bretagne.

Dans l'année 1655 il satisfit à sa haine invétérée contre les rois en attaquant une flotte française qui portait des munitions à Dunkerque. Outré de ce que la France laissait au roi Charles une place pour reposer sa tête, il outrepassait les ordres de son gouvernement, et fut cause que la ville tomba entre les mains des Espagnols, qui l'assiégeaient.

L'année 1656 mit le comble à la gloire de Blake. Il commandait avec Montagu une flotte anglaise, et croisait sur les côtes d'Espagne, lorsqu'ils rencontrèrent près de Cadix huit navires espagnols revenant des Indes avec une riche cargaison; ils les attaquèrent, en prirent deux, en firent échouer quelques autres et expédièrent leur capture à Portsmouth. L'arrivée de ce trophée d'une victoire facile fut cependant reçue en Angleterre avec des transports de joie; le peuple célébra le nom de Blake, et le Protecteur, qui voyait que la gloire et la puissance de son île reposaient sur sa force navale, donna un éclat extraordinaire à ce triomphe. Il fit transporter avec la plus grande pompe sur des chariots l'argent et les marchandises de Portsmouth à Londres; il invita le parlement à voter des récompenses publiques au brave marin, et les représentants, unanimes dans leurs vœux, et d'accord avec Cromwell, lui adressèrent des remercîments, et lui envoyèrent un diamant de grand prix, en témoignage de la reconnaissance nationale. Quel homme ne se fût pas senti embrasé soudain d'un immense amour pour la gloire, quand sa nation lui votait d'enthousiasme tant d'honneurs? Aussi Blake chercha-t-il tous les moyens de les mériter, et l'occasion ne lui manqua pas longtemps.

Une flotte espagnole, forte de seize navires, et beaucoup plus riche que la première, avait relâché aux Canaries; Blake l'apprend, et sur-le-champ il fait voile pour ces îles (avril 1657). Il trouve l'escadre ennemie dans la baie de Santa-Cruz, où l'amiral don Diego Alvarez, qui craignait une surprise, n'avait négligé aucune précaution pour se mettre à couvert contre toute attaque. La baie de Santa-Cruz était défendue par un château fort et sept redoutes, élevées à peu de distance les unes des autres, et disposées de manière à croiser leurs feux; elles étaient liées en outre par une ligne de communication qu'on avait pris soin de garnir de fusiliers; de sorte que la côte semblait hérissée de canons. De plus, l'amiral avait fait amarrer ses petits navires au rivage; quant aux galions, qui tiraient plus d'eau, il les avait embossés le travers au large. Cette double ligne de défense était réellement imposante : la mort menaçait de tous les côtés. Blake ne vit que la gloire; il résolut de vaincre. Le vent soufflait au large et portait en rade; il rangea rapidement sa flotte en ligne serrée, força de voiles, et en un instant se trouva au milieu des ennemis. Alors un terrible combat s'engagea; de part et d'autre on se battit avec acharnement, et pendant quatre heures ce ne fut qu'horreur et carnage; enfin, les Espagnols furent détruits, leurs vaisseaux brûlés, et les trésors qu'ils renfermaient consumés avec eux. Mais le danger devint encore plus grand pour les Anglais quand la flotte fut anéantie; les forts et le château, qui jusque alors avaient ménagé leurs feux dans la crainte de foudroyer à la fois amis et ennemis, commencèrent une canonnade extrêmement vive, et la position des assaillants fut très-critique. Les éléments les favorisèrent : après l'instant de calme que produit ordinairement un combat, la brise, qui précédemment avait régné du large, changea de direction et souffla de terre. Blake avait compté sur ce secours, qui parut inespéré et miraculeux à ceux qui ignoraient les localités : il appareilla sur-le-champ, et bientôt il fut hors des atteintes de l'ennemi.

Dans les exploits, si glorieux, de Blake nous ne chercherons pas des leçons de tactique navale; il ne fit pas de savantes combinaisons pour disposer son escadre et attaquer la ligne ennemie; toute sa gloire consiste dans sa valeur et dans l'audace de l'entreprise. Il osa croire, encore une fois, contre l'opinion de son siècle, qu'une escadre bien embossée n'était pas invincible; il brava le feu d'une ligne de fortifications soutenue d'une ligne d'embossage. La fortune couronna son intrépidité, et néanmoins ce n'est pas par le succès seul que nous jugeons son action, il s'est conformé en cette circonstance aux principes naturels de l'art; sa combinaison fut hardie, mais il avait mesuré ses moyens, et ses efforts furent supérieurs aux obstacles. Voilà le vrai talent de l'amiral. Blake, pour cette raison, sera toujours un modèle. La tactique navale a fait un grand pas depuis son siècle; mais, sans entrer dans le détail de ses manœuvres, nous devons admirer l'habileté avec laquelle il sut mettre à profit toutes les circonstances qui lui étaient favorables.

La nouvelle de ce beau fait d'armes fut accueillie en Angleterre avec de nouveaux transports; car dès lors la marine élevait ce pays au premier rang parmi les nations. Blake, attaqué d'hydropisie et tourmenté depuis quelque temps par le scorbut, résolut de hâter son retour dans sa patrie, où le peuple se préparait à le recevoir avec des acclamations. Quoique abattu et souffrant, il était arrivé en vue des côtes de la Grande-Bretagne, et il espérait au moins rendre le dernier soupir sur le sol de cette patrie qu'il avait si tendrement chérie et servie avec tant de valeur; mais ce bonheur ne lui fut pas réservé, il expira, le 17 août 1657, comme Moïse, en contemplant la terre promise.

Blake se fit toujours gloire de ses principes républicains. En vain le Protecteur le combla-t-il de caresses et d'honneurs, en vain inventa-t-il pour lui des illustrations inconnues jusqu'alors, tout le monde resta persuadé que l'amiral répugnait aux dernières usurpations. Mais le sol et l'honneur du pays furent toujours sacrés pour lui. Quel bel ordre du jour que celui-ci pour une armée navale, quand les troubles civils déchirent la terre natale! « Marins, nous devons combattre jusqu'à la mort pour notre patrie, en quelques mains que soit le gouvernement. » Aussi, quoique animé d'un zèle ardent pour le parti qu'il avait embrassé, fut-il toujours estimé et respecté des partis opposés. Du reste, désintéressé, généreux, libéral, il n'eut d'autre ambition que l'amour de la gloire, et sa valeur ne fut terrible qu'aux ennemis de la patrie. On lui fit de pompeuses funérailles. Ses cendres furent déposées dans les tombeaux des rois, d'où la restauration elle-même les exclut plus tard; mais les larmes de ses compatriotes l'honorèrent bien davantage encore que tout l'éclat de ces cérémonies. Qu'on s'étonne maintenant que l'Angleterre possède la plus glorieuse marine du monde, quand à chaque pas un monument, un trophée, apprend aux enfants mêmes que la patrie décerne une apothéose à ceux de ses fils qui ont assuré son triomphe sur les mers! Théogène PAGE,

capitaine de vaisseau, commandant la station de l'Océanie.

BLAKE (WILLIAM), graveur, peintre et poëte anglais d'une étonnante imagination, naquit le 28 novembre 1757, à Londres, d'un père bonnetier, fort entêté de son commerce, et qui voulut, bon gré mal gré, y dresser son fils dès sa plus tendre enfance. Le digne père ne lui épargna point en conséquence les maîtres de calcul, d'arithmétique et de tenue de livres; mais l'enfant n'en profita guère. Son goût était ailleurs, et il s'était de lui-même choisi d'autres maîtres moins coûteux, et avec lesquels il se plaisait davantage. C'étaient quelques figures de Raphael et de Reynolds, qui lui étaient tombées sous la main, et qu'il se mit à copier avec une incroyable ardeur et à varier de cent façons. Le blanc des factures, les planches de la boutique, les marges des livres de comptes, reçurent de fréquents témoignages de cette passion du petit William pour le dessin. Son père s'en affligea d'abord; mais enfin, après quelques vains efforts, il eût consenti, au gré de l'enfant, à le mettre en apprentissage chez un peintre en renom alors, si le haut prix que celui-ci exigea pour ses leçons n'eût été au-dessus de la portée de sa fortune. William en cette circonstance fit preuve de bonne volonté et de déférence filiale en entrant jusqu'à un certain point dans les idées paternelles: il se borna à vouloir être graveur, et il entra comme apprenti chez Bazire, graveur en grande réputation à Londres à cette époque. Il y fit bien vite des progrès tels que beaucoup de clients préféraient les ouvrages de l'élève à ceux du maître. Quand il le pouvait, il allait prendre des leçons de dessin et de modèle chez Flaxman et Fuseli. Il trouva encore le temps de s'adonner à la poésie et de composer des chansons, des odes, des ballades et des sonnets, qu'il publia plus tard.

Au sortir de son apprentissage, qui avait duré un peu moins de sept ans, Blake fit deux parts de son temps: la première, par esprit d'ordre, il la consacra religieusement à la gravure, qui lui rapportait de quoi vivre dans une honnête aisance; la seconde, il la donnait avec effusion à la peinture ou au dessin et à la poésie, qu'il cultivait simultanément. Il était près d'atteindre vingt-six ans, lorsque, saisi du vague désir de trouver une âme qui répondît à la sienne, il vint à rencontrer une naïve jeune fille, d'une naissance fort humble, et d'une grande beauté, Catherine Boutcher, dont sa plume et son crayon retracèrent mille fois depuis le nom et les traits, et qui devint la compagne de sa vie.

Peu après la mort de son père, auquel ce mariage n'avait pas été agréable, notre artiste vint s'établir avec sa Catherine dans la maison paternelle, où il ouvrit un magasin de marchand d'estampes. Ce commerce, quoique fort du goût de sa femme, qui s'y adonnait volontiers, ne lui réussit point. Il y renonça, quitta de nouveau la maison de son père, et se retira dans un quartier tranquille pour s'y livrer tout entier et avec abandon à ses travaux de prédilection. Dès lors les productions de tous les genres sortirent en foule de ses mains.

Peu d'artistes ont mené une vie intérieure aussi douce que celui-ci. Dans cette retraite qu'il s'était choisie, ayant toujours sa femme à ses côtés, qui l'inspirait, qui l'encourageait, qui prenait part à tous ses travaux, à ses joies infinies, à ses rares ennuis, il s'oubliait de longues heures, ou pour mieux dire, du matin au soir, auprès d'elle, à graver, à dessiner, à peindre, ou à composer des vers, faisant parfois même de la musique d'un tour singulièrement heureux, au dire de ceux qui furent admis au secret du foyer de l'artiste.

Il conçut vers ce temps l'idée d'une publication originale, qu'il intitula: *les Chants de l'Innocence et de l'Expérience*, et qui fit sa réputation de peintre et de poëte. Cette œuvre se compose de soixante-cinq pièces: poésie et dessin y sont réunis, selon l'habitude que l'artiste avait contractée dès ses premiers essais. Le même sujet se trouve ainsi traité de deux façons, au moyen de deux arts différents, bien qu'étroitement liés, et qui se ressemblent comme les deux sœurs dont parle Ovide. Ces sujets sont des scènes diverses où l'auteur peint les hommes comme il les voyait au moment de l'inspiration. L'enfance joueuse y est surtout représentée avec une simplicité qui charme. Joies et soucis domestiques, pleurs et ris, toute la vie intime, avec ses alternatives de peines et de plaisirs, tout cela y est retracé avec une grande vérité et une singulière énergie d'expression.

On dit que dès lors Blake éprouvait, dans la contention d'esprit où il se jetait la composition, une sorte d'illuminisme qui le tourmentait jusqu'à ce que l'œuvre fût faite, et où sa raison se perdait. Il se croyait alors sous l'influence toute-puissante d'esprits supérieurs. Dans ces moments il voyait les figures, il écoutait les voix des héros de l'histoire et de la religion; le voile qui dérobe à nos yeux vulgaires les choses du passé et de l'avenir se levait devant lui, et il lui semblait parfois même entendre *cette voix terrible qui appela Adam parmi les arbres du jardin*. D'une imagination ardente et aventureuse, il avait des hallucinations et des visions fréquentes, qu'il traduisait sur le papier indifféremment à l'aide de la plume et du crayon avec une merveilleuse force de réalisation. Il dut sans doute à la fréquence de cet état d'abstraction rêveuse ses défauts, et aussi peut-être ses qualités. Il y tombait régulièrement à certaines heures. Dans les intermittences entre les paroxysmes, pour ainsi parler, de cet état fiévreux de l'esprit, le matin d'ordinaire, Blake se livrait avec un grand calme et une exemplaire assiduité à ses travaux de graveur. Puis, ce travail fait, il se retirait en quelque sorte dans son monde idéal et fantastique. Blake avait foi, et toujours, dans ses propres fantômes. « Avez-vous jamais vu les funérailles d'une fée? demanda-t-il un soir à une dame assise près de lui dans un salon. — Jamais, monsieur. — Pour moi, je les ai vues, pas plus tard que la nuit dernière. Je me promenais dans mon jardin ; il y avait un grand repos parmi les branches et les fleurs, et dans l'air une douceur peu commune. J'entendis un son bas et agréable; j'ignorais d'où venait ce son. A la fin, je vis se mouvoir une large feuille de fleur, et au-dessous je vis une procession de créatures de la grosseur et de la couleur verte et grise des sauterelles. Elles portaient un corps étendu sur une feuille de rose; elles l'enterrèrent avec des chansons, puis disparurent. C'étaient les funérailles d'une fée. » — C'est ce commerce de visionnaire avec des êtres d'un ordre surnaturel, créatures de la fantaisie, qui a empreint ses œuvres d'un caractère et d'une couleur qui leur sont propres, sans exemple jusque là, et qui se reproduisent plus ou moins dans tout ce qu'il fit depuis l'époque où il commença à s'y laisser entraîner, vers trente ans. C'est évidemment aussi à ces emportements extatiques qu'il faut attribuer les fréquentes obscurités qu'on rencontre dans la plupart de ses compositions ultérieures, obscurités parmi lesquelles la plus forte intelligence humaine se perd et ne voit rien.

Il serait trop long de donner ici la nomenclature exacte de tout ce que l'infatigable artiste a successivement publié pendant sa longue carrière; nous mentionnerons seulement, outre les *Chants de l'Innocence et de l'Expérience*, les

Portes du Paradis, en seize dessins; ses gravures pour l'édition des *Nuits d'Young* que publia le libraire Edwards; des *Illustrations du tombeau de Blair*; les *Inventions du livre de Job*, et les *Prophéties sur l'avenir de l'Europe et de l'Amérique*. Ces *Prophéties*, l'*Urizen* et la *Jérusalem*, sont de tous les ouvrages de Blake les plus entachés de ses défauts habituels. Les nombreuses peintures qu'il exposa, en 1809, dans une salle de la maison de son frère, ne sont pas plus exemptes que ses dessins de cette étrangeté dont on lui reprochait vivement l'abus, surtout dans les derniers temps. Dans presque toutes, et principalement dans le *Pélerinage de Cantorbéry*, on retrouve la même main qui traça les scènes bizarres et indéfinissables de l'*Urizen* et de la *Jérusalem*, impossibles à décrire, et dont on ne saurait se faire une idée sans les avoir vues. Quoi qu'on pût lui dire cependant, il faisait toujours selon sa fantaisie, s'inquiétant peu du public, et en appelant à la postérité de la sévérité de quelques jugements contemporains.

Il parvint ainsi à un âge très-avancé, n'ayant peut-être jamais passé un seul jour sans produire quelque chose. Enfin, plus que septuagénaire, il sentit que la vie allait lui échapper, cette vie si active, que l'art avait toute consumée. Plein de force d'âme et artiste jusqu'au bout, il voulut peindre encore sur son lit de mort. Son dernier ouvrage, qui est remarquable par une expression de tête naïve et mélancolique fortement saisie, est le portrait de sa femme, encore belle et respirant, malgré l'âge, un grand air de jeunesse, de Catherine, que seule il regrettait au monde, et qu'il reconnaissait à cette heure suprême avoir été toujours un bon ange pour lui. Et ce fut dans ces dernières préoccupations d'une ineffable tendresse, dont il y a malheureusement de si rares exemples, que Blake mourut à Londres, presque sans douleur, le 12 août 1828, dans la soixante et onzième année de son âge. Ch. ROMEY.

BLAKE (JOACHIM), l'un des généraux espagnols qui défendirent le plus vigoureusement l'indépendance de leur patrie contre les Français dans la lutte qu'amena l'invasion de la péninsule par Napoléon (1808-1813), descendait d'une famille irlandaise depuis longtemps établie à Malaga, et était né dans cette ville, en 1759. Entré au service comme cadet, il s'éleva de grade en grade jusqu'à celui de brigadier; et lorsque éclata l'insurrection, il fut nommé tout aussitôt commandant des forces insurgées réunies à la Corogne, puis commandant en chef de l'armée de Galice. Battu à Rio-Seco par Bessières, il réorganisa son armée à Benavente; et quand Castaños eut, par la prise de Madrid, forcé les Français de se concentrer sur l'Èbre, il occupa Bilbao, et se dirigea, avec les renforts que La Romana lui amena alors du Danemark, vers la frontière de France. L'arrivée de Napoléon en personne sur le théâtre des opérations militaires changea la face des affaires. L'empereur sut empêcher la jonction de l'armée de Blake avec celle de Castagnos; mais Blake, repoussé jusqu'à Espinosa, fit alors une retraite que tous les hommes du métier ont admirée.

Élevé, en récompense de ce fait d'armes, au grade de lieutenant général, il remit au marquis de La Romana le commandement de son corps d'armée pour aller prendre celui des trois provinces d'Aragon, de Valence et de Catalogne. Malgré ses efforts et quelques succès partiels, l'Andalousie ne tarda cependant pas à être envahie. En 1810, les cortès, sentant le besoin de s'appuyer sur une illustration militaire, l'appelèrent à faire partie de la régence; mais à peine quelques mois s'étaient-ils écoulés qu'on eut lieu de regretter son absence du théâtre des opérations actives; et alors, faisant en sa faveur une exception au règlement des cortès, qui s'opposait à ce qu'un commandant militaire fit partie de la régence, on le nomma capitaine général. Toujours malheureux, Blake, complétement battu à Murviedro, fut obligé de se jeter dans Valence, place mal fortifiée, où il fit toutefois encore une vigoureuse résistance, mais où force lui fut, à la fin, de capituler, le 9 janvier 1812. Fait prisonnier de guerre avec toute la garnison, il fut conduit en France, où on l'enferma à Vincennes.

Les événements de 1813 et de 1814 lui rendirent la liberté et lui permirent de rentrer dans sa patrie, qu'il n'espérait plus revoir. Le roi Ferdinand le nomma directeur général du génie; mais la part que prit ensuite Blake à la révolution de 1820, qu'il consentit à servir, effaça aux yeux du monarque restauré par Louis XVIII, en 1823, dans la plénitude de son autorité despotique, le souvenir des services rendus à sa cause pendant la lutte de l'indépendance par le vieux général, qui se vit en butte aux persécutions des absolutistes, et qui mourut pauvre et délaissé, en 1827, à Valladolid.

BLÂME. Dans l'ancienne législation, le blâme était une peine infamante d'un degré immédiatement inférieur à celui de la peine du bannissement à temps. Elle consistait dans une réprimande adressée au coupable, en vertu d'une sentence judiciaire, et celui qui devait la recevoir était obligé de se mettre à genoux devant les juges. Le blâme se prononçait avec cette formule : *Un tel, la cour te blâme, et te rend infâme.*

On fit un tel abus de cette pénalité, qu'elle cessa d'être efficace. Un cocher blâmé par le parlement de Paris osa demander au premier président, après avoir entendu la sentence, si cela l'empêcherait de conduire ses chevaux? Beaumarchais ayant été blâmé dans son procès contre le conseiller Goezman, reçut aussitôt la visite de toute la cour, ce qui fit dire que le *blâme* mettait en honneur. Le Code Pénal de 1791 abolit le blâme, et nous ne retrouvons plus aujourd'hui qu'une faible et incomplète imitation de cet usage dans l'*avertissement* ou la *réprimande* auxquels condamnent quelquefois les conseils de discipline de la chambre des avoués et des notaires, de l'ordre des avocats, et de la garde nationale.

Dans la langue du droit féodal, le *blâme* était l'action ouverte en faveur des seigneurs suzerains pour faire réformer l'*aveu et dénombrement* qui leur était présenté par leurs vassaux. D'après la coutume de Paris, qui accordait au seigneur pour blâmer le dénombrement un délai de quarante jours à partir de sa présentation, le vassal était tenu d'*aller* ou d'*envoyer quérir ledit blâme au lieu du principal manoir dont était mouvant le fief*.

En morale, le *blâme* est un sentiment généralement exprimé, par lequel on désapprouve un acte, une opinion, une personne. Avant d'exprimer un blâme contre quelqu'un on doit bien peser les actes qu'on désapprouve ; et cependant tous les jours, avec la plus grande précipitation, on jette le *blâme* sur des hommes d'État dont on connaît à peine les projets; on flétrit des actions qu'on ne comprend pas, et des démarches qu'on n'a pas étudiées; enfin, on déverse à pleines mains le *blâme* sur des ouvrages qu'on n'a pas lus. Il n'y a peut-être pas au fond grand danger à tout cela : mieux vaut dans bien des cas une certaine témérité de jugement qu'une indifférence profonde : la contradiction qu'on éprouve force à recourir aux preuves; on s'éclaire, et l'on finit quelquefois par admirer sincèrement ce qu'on avait d'abord poursuivi avec toute la légèreté d'un blâme irréfléchi.

BLANC, adjectif souvent pris substantivement et qui, dans le style vulgaire, est considéré comme une couleur, tandis qu'en physique le *blanc* est le résultat de la lumière la plus éclatante; c'est-à-dire que les corps blancs sont ceux qui réfléchissent la lumière sans lui faire subir aucune décomposition, tandis que les corps colorés ne réfléchissent que tels ou tels rayons, suivant leur nature.

Le blanc réfléchit aussi le calorique avec beaucoup de perfection, tandis que le noir absorbe avec plus de facilité les rayons de la chaleur. On commet donc une grande erreur en peignant en noir ou en gris l'intérieur d'une cheminée. L'expérience a démontré que peinte en blanc elle donne bien plus de chaleur.

Considéré matériellement sous le rapport de la peinture, le *blanc* est une *couleur*, et c'est celle qui est la plus employée, puisqu'on la mélange avec toutes les autres, suivant que l'on veut qu'elles aient plus ou moins d'intensité. C'est avec le blanc que l'on produit le mieux l'éclat le plus brillant de la lumière, lorsqu'elle se réfléchit sur quelques points d'une surface extrêmement lisse, telle que l'eau légèrement agitée, l'acier, ou quelques autres substances dures et polies; mais ce blanc ou cet éclat de lumière, loin d'être prodigué dans la nature, ne s'y montre que rarement; et lorsqu'un artiste veut imiter ces sortes d'effets, ce n'est qu'avec bien du ménagement qu'il doit employer des touches de *blanc pur* qui rappellent l'idée de la lumière. Si, au contraire, croyant rendre son tableau plus lumineux, l'artiste prodigue trop sa prétendue lumière, c'est-à-dire le blanc de sa palette, son coloris devient fade et blafard.

Parmi les animaux dont le poil varie de couleur, il s'en trouve qui sont habituellement blancs, tels que les moutons. Les chevaux blancs sont assez communs; les bœufs blancs sont au contraire assez rares, on voit très-peu de biches blanches, et les daines le sont presque toutes. On a cru quelquefois que les animaux à poil blanc étaient plus faibles que les autres individus de la même espèce : c'est une erreur; mais on doit faire remarquer que dans l'état sauvage les quadrupèdes à poil blanc sont assez rares, tandis qu'il s'en trouve fréquemment parmi les animaux domestiques. Dans une portée de dix ou douze lapins, il s'en trouve souvent un blanc; quelques mères offrent même la singularité d'en avoir habituellement un de cette couleur. Dans le Nord, on voit quelques animaux dont la fourrure devient blanche en hiver : c'est ainsi que l'on trouve des lièvres blancs, des renards blancs. Il n'en est pas ainsi de l'ours blanc, qui est une espèce tout à fait distincte de l'ours noir. Le cygne, originaire du Nord, est remarquable par sa blancheur; il est pourtant gris dans la première année. On trouve aussi quelques autres oiseaux blancs dans le Nord; dans la zone tempérée, ils sont habituellement gris; ce n'est que dans la zone torride que l'on voit des oiseaux de couleurs variées très-brillantes; cependant les kakatoès sont entièrement blancs. Dans la vieillesse, les poils de l'homme et de plusieurs animaux deviennent blancs. Ils sont blancs aussi chez les albinos.

Dans la peinture d'impression, c'est-à-dire dans celle que l'on applique sur les parois d'un appartement, le blanc est encore la couleur le plus en usage : l'emploi en est si fréquent que les autres couleurs réunies n'entrent que pour 4 ou 5 pour 100 dans la masse du poids général.

Dans l'imprimerie, les *blancs* sont, en général, toutes les pièces qui, fondues plus bas que la lettre, ne reçoivent pas d'encre du rouleau et laissent après l'impression le papier blanc à la place qu'elles occupent. Les fondeurs en caractères disent qu'une lettre a *blanc dessus et dessous*, comme la lettre *m*, ou bien *blanc dessus*, comme un *p*, ou *blanc dessous*, comme un *d*.

En termes de pratique, *blanc* se dit de l'endroit d'un acte qui est resté non écrit. C'est en ce sens que l'on dit qu'on a laissé deux ou trois lignes, le nom, *en blanc*. — On donne improprement le nom de *blanc* à une sorte de brûlure.

Blanc a été aussi le nom d'une petite monnaie dont l'existence se trouve rappelée par l'expression de *six blancs*, employée pour exprimer deux sous et demi ou trente deniers, ce qui indique que le blanc valait cinq deniers.

Blanc est encore la marque que l'on fait pour s'exercer à tirer l'arc ou le fusil. De là l'expression : *tirer au blanc*, pour dire tirer à la cible. — Dans les fabriques de faïence, on dit *passer au blanc*, *donner le blanc* : cette opération consiste à passer dans une eau chargée d'émail blanc la pièce sur laquelle on veut mettre une couverte avant de la faire passer au feu. — Enfin les doreurs sur bois emploient, comme préparation pour recevoir l'or, un *blanc*, qui n'est autre chose que du plâtre broyé et passé dans un tamis très-fin, et ensuite séché et mis en pain. DUCHESNE aîné.

BLANC (*Botanique*). On appelle ainsi un état maladif des végétaux, dans lequel leurs feuilles sont couvertes d'une sorte de poussière blanche. Cette maladie a été regardée à tort comme contagieuse. On en distingue deux sortes, savoir : le *blanc sec*, qui est général ou partiel, et qui ne fait pas mourir les plantes. Bosc croit avec raison que cette poussière blanche et sèche n'est autre chose qu'un champignon parasite voisin des urédos et des érésyphies. On a remarqué que quelques végétaux, entre autres les rosiers et l'absinthe, sont les plus sujets au *blanc sec*. Le deuxième état maladif, souvent nommé *lèpre* ou *meûnier*, est le *blanc mielleux*, qui se montre depuis juillet jusqu'en septembre sous forme d'une substance blanchâtre, un peu visqueuse, transsudant à travers les pores des feuilles. Cette substance, qui, vue au microscope, est composée de petits filaments enlacés, est probablement une mucédinée. Elle est très-nuisible, surtout lorsqu'elle détermine l'avortement des boutons des arbres fruitiers. L. LAURENT.

BLANC (fleuve) ou BAHR-EL-ABIAD. *Voyez* NIL.

BLANC (Mont). *Voyez* MONT-BLANC.

BLANC (JEAN-JOSEPH-LOUIS), né à Madrid, le 28 octobre 1813, appartient à une famille du Rouergue. Son père et son grand-père furent arrêtés pendant la Terreur. Son père parvint à s'échapper de prison; mais son grand-père, transféré à Paris, et jugé par le tribunal révolutionnaire, porta sa tête sur l'échafaud. Le père de M. L. Blanc entra plus tard dans l'administration, et il devint inspecteur général des finances en Espagne, sous le règne de Joseph Napoléon. Sa femme, Corse d'origine, se rattache, dit-on, à la maison de Pozzo di Borgo. A la Restauration, M. Blanc, de retour en France, obtint pour ses fils deux bourses au collége de Rodez. En 1830 Louis Blanc quitta le collége, et vint rejoindre son père à Paris. La révolution de Juillet l'avait ruiné. Louis Blanc chercha longtemps une place sans en trouver. C'est alors que les idées socialistes germèrent dans sa tête. Plein de bonne volonté, il était exposé à mille privations dans cette ville de Paris, où les ressources ne manquent pourtant pas. Il se prit à regretter que la société ne se chargeât pas de diriger elle-même chacun dans la voie du travail et de la nourriture.

Néanmoins le jeune homme ne se découragea pas. Aidé par une petite pension que lui fit son oncle, M. Ferri-Pisani, conseiller d'État et gendre du maréchal Jourdan, il trouva enfin à donner quelques leçons de mathématiques. En 1831 il entra chez un avoué à la cour royale, en qualité de troisième ou quatrième clerc. En même temps M. de Flaugergues, ancien président de la Chambre des Députés et ami de sa famille, se plut à l'initier aux secrets de la politique. En 1832, sur la recommandation de M. Corne de Brillemont, Louis Blanc fut chargé de l'éducation du fils de M. Hallette, mécanicien d'Arras. Il resta deux ans dans cette ville, où il fit insérer des articles dans le *Propagateur du Pas-de-Calais*, et écrivit trois ouvrages : un poëme intitulé *Mirabeau*, un poëme sur l'*Hôtel des Invalides*, et un *Éloge de Manuel*, qui furent couronnés par l'Académie d'Arras.

Revenu à Paris en 1834, M. L. Blanc s'aventura dans les bureaux du *Bon Sens*, et fut assez bien accueilli par Rodde et Cauchois-Lemaire. Une place de douze cents francs lui fut provisoirement offerte. Au bout de quinze jours ses appointements s'élevaient à deux mille francs, plus tard à trois mille, et enfin la rédaction en chef de ce journal lui fut confiée.

C'est par erreur qu'on a dit que Carrel l'avait généreusement fait entrer dans la rédaction du *National*. Il le congédia, au contraire, fort sèchement, selon son habitude, en lui déclarant qu'il n'y avait pas de place vacante dans sa rédaction. Les successeurs de Carrel n'eurent pas beaucoup plus de sympathie pour l'auteur de l'*Organisation du Travail*. « Caractère ombrageux et envahissant à la fois, dit le peintre des *Profils révolutionnaires*, L. Blanc ne put jamais s'introduire dans la rédaction du *National* ou dans la direction de la *Réforme*. Deux hommes lui furent toujours sourdement hostiles : Marrast et Flocon, à qui il portait justement ombrage, et qui le lui prouvèrent depuis dans son exil du Luxembourg. Une circonstance, la mort de Godefroy Cavaignac, lui avait déjà donné l'occasion de se venger d'eux en leur faisant sentir sa supériorité. Quand Marrast, Flocon, Ledru-Rollin, Joly, Martin (de Strasbourg), Arago, Trélat, étaient réunis autour de la tombe de Godefroy, Louis Blanc vint à son tour. Ce petit bonhomme composa son visage : fermant à moitié les yeux, se tirant les deux coins des lèvres pour que les saccades de sa voix servissent à simuler les larmes et impressionnassent l'auditoire devant son air contristé, il s'écria : « Si Godefroy « eût été appelé par les circonstances à la tête des affaires « de son pays, il eût été capable de les diriger *mieux qu'au-* « *cun autre* de ceux que nous connaissons. » Les illustres assistants, piqués d'une telle sortie, tournèrent la tête vers L. Blanc : *il les avait écrasés* du titre d'incapables, il avait sondé leur faiblesse, il leur avait porté le plus rude coup dont leur orgueil pût se ressentir, il les avait humiliés les uns aux yeux des autres ; ils ne lui pardonnèrent jamais. Se complaisant lui-même dans l'effet de sa pantomime, quand ce petit comédien eut prononcé ces paroles, la tristesse s'évanouit de sa figure ; ses traits reprirent leur place ; sa voix s'éclaircit, et ce petit manège de son extérieur étudié ne servit qu'à démasquer la jalousie qui rongeait les coryphées du parti. »

En 1834, L. Blanc publia dans la *Revue républicaine* divers travaux, entre autres un article sur *la vertu considérée comme moyen de gouvernement*, et une *appréciation de Mirabeau*. Il contribua ensuite à la rédaction de la *Nouvelle Minerve*. A la fin de 1835 il donna au *National*, à propos du livre de M. Claudon, intitulé *Le baron d'Holbach*, une appréciation du dix-huitième siècle, dans laquelle il se prononçait pour J.-J. Rousseau contre Voltaire : celui-ci ayant produit 89, qui n'était qu'une révolution politique ; le premier ayant amené 93, qui était une révolution sociale. Cet article n'était pas dans les idées du journal qui l'imprimait ; cependant on prétend que Carrel le défendit. Rodde étant mort, les propriétaires du *Bon Sens* firent choix d'un autre rédacteur en chef que Louis Blanc, qui avait succédé à Cauchois-Lemaire comme rédacteur en chef adjoint. Tous les collaborateurs se révoltèrent contre cette décision, et menacèrent de se retirer. Et pourtant il était le plus jeune de tous. Les propriétaires cédèrent, et il fut proclamé rédacteur en chef le 1er janvier 1836. Quelque temps après, se trouvant en opposition avec les actionnaires à propos de la question des chemins de fer, dont il voulait conserver la propriété à l'État, il donna sa démission le 10 août 1838 ; ses collaborateurs le suivirent, et le journal tomba. « Sous sa direction, dit M. Sarrans, le *Bon Sens* exerça une remarquable influence sur le parti démocratique, en rapprochant et associant dans un but commun l'école politique et l'école sociale, l'une comme but, l'autre comme moyen. » En 1838, Louis Blanc fonda la *Revue du Progrès politique, social et littéraire*, dans laquelle il rendit compte des *Idées napoléoniennes* du prince Louis-Napoléon. Quelques jours après la publication de cet article, M. Louis Blanc tombait dans un guet-apens. Laissé pour mort à la porte de son domicile, il ne se relevait de son lit qu'au bout de vingt jours, sans qu'on ait jamais su sur qui rejeter la responsabilité de ce lâche attentat.

Mais l'ouvrage de M. Louis Blanc qui captiva le plus l'attention publique, c'est son *Histoire de Dix Ans*. « Plutôt chroniqueur que véritable historien, Louis Blanc, dit encore l'auteur des *Profils révolutionnaires*, sema ce livre de tant d'esprit, de tant de vues profondes, d'aperçus nouveaux et de documents intéressants, qu'il eut un succès de popularité et qu'il fut regardé non-seulement comme journaliste de mérite, mais aussi comme publiciste de premier ordre, comme écrivain économiste plein de science. » C'était à la vérité un livre d'opposition ; et c'est là ce qui fit surtout sa fortune à une époque où la presse périodique était enchaînée par les lois de septembre. On aimait à suivre les personnages du jour dans leurs actes antérieurs ; beaucoup aimaient à se rappeler les luttes des partis contre l'établissement de Juillet, et, grâce aux ménagements pris par l'auteur envers les légitimistes, le pouvoir de 1830 gardait dans ce livre tous les mauvais rôles.

Le succès populaire de l'*Histoire de Dix Ans* détermina M. Louis Blanc à écrire l'*Histoire de la Révolution*. Deux volumes de cet ouvrage avaient paru avant la révolution de 1848, le troisième a paru en 1852. Dans une longue introduction, M. Louis Blanc a exposé en tête de ce livre ses idées comme historien. Suivant lui, trois grands principes se partagent le monde et l'histoire : l'*autorité*, l'*individualisme*, la *fraternité*. L'autorité a été *maniée* par le catholicisme ; l'individualisme a été inauguré par Luther, développé par les philosophes du dix-huitième siècle et introduit dans la vie publique par la révolution de 1789 ; la fraternité, entrevue par les penseurs de la Montagne, est encore dans les lointains de l'idéal, mais tous les grands cœurs l'appellent, et elle doit finir par régner sur la terre.

Avant d'écrire ses livres d'histoire, M. Louis Blanc avait fait paraître un petit volume sur l'*Organisation du Travail*, livre d'aspiration idéale vers un autre monde social, dans lequel la société actuelle est attaquée avec éloquence, mais où l'on chercherait en vain quelque idée applicable à des hommes aussi imparfaits que nos contemporains et que nos ancêtres. M. Louis Blanc a dit que le jour où il s'était trouvé sans pain et sans travail malgré sa bonne volonté, il avait renouvelé contre la société actuelle le serment qu'avait fait Annibal contre Rome. Mais, avant de tenir un pareil serment, il fallait au moins apprendre l'industrie, connaître les choses et les hommes, s'enquérir des vœux et des besoins de ceux qu'on prétend servir ; autrement, on risque de faire beaucoup de mal aux hommes qui vous suivent, et on ne détruit pas Rome.

Quoi qu'il en soit, disons ce que demandait ce livre déjà bien oublié. Partant de cette donnée, que la misère engendre la souffrance et le crime, M. L. Blanc veut que le travail soit organisé de manière à amener la suppression de la misère. Pour cela il faut affranchir les travailleurs, en leur fournissant ce qui leur manque : les instruments de travail. C'est l'État qui doit se charger de ce soin. L'État, pour M. L. Blanc, doit être le banquier des pauvres. Cependant, comme il ne voulait pas déposséder personne, il demandait seulement l'organisation d'*ateliers sociaux libres*, lesquels devaient amener l'anéantissement de la concurrence, en absorbant petit à petit les ateliers particuliers. A ces ateliers il donnait une organisation nouvelle. Pour stimuler l'homme au travail il n'admettait plus que le *point d'honneur*. « Tout homme qui ne travaille pas est un voleur, » écrivait-il sur des poteaux, et cela devait suffire pour exciter l'émulation fraternelle. D'abord chacun devait toucher une journée égale, et laisser une grande part des bénéfices pour agrandir l'œuvre, rembourser à l'État ses avances, secourir les malheureux ; mais plus tard il revint sur l'égalité des salaires, qui ne consacrait pas assez la fraternité, et il adopta alors comme idéal la formule de M. Vidal : *Que chacun produise selon son aptitude et ses forces, que chacun consomme selon ses besoins*. M. L. Blanc ne s'arrêtait donc pas au *droit* écrit dans les institutions depuis 1789 ; mais il voulait pour le peuple le *pouvoir* d'améliorer sa position.

La société, disait-il, doit à chacun de ses membres et l'instruction, sans laquelle l'esprit humain ne *peut* se développer, et les instruments de travail, sans lesquels l'activité humaine ne *peut* se donner carrière. Le livre de M. L. Blanc avait d'abord été saisi; mais la chambre des mises en accusation fit cesser les poursuites. Il était moins connu cependant que l'auteur lorsque la révolution de Février éclata.

Quand le gouvernement provisoire nommé à la chambre des députés le 24 février arriva à l'hôtel de ville, il y trouva déjà installés, en forme de pouvoir populaire, quatre hommes représentant les deux nuances opposées de la presse radicale, MM. Marrast, Flocon, Louis Blanc et Albert. *Le National*, qui ne désirait qu'un changement politique, avait tenté, pendant la lutte, de former un gouvernement; mais il avait fallu compter aussitôt avec *la Réforme*, qui admettait la discussion des questions sociales, et M. L. Blanc avait proposé en outre l'adjonction d'un ouvrier de *l'Atelier*, M. Martin, dit Albert. Les grosses têtes du Palais-Bourbon n'admirent d'abord les quatre intrus que comme secrétaires; mais ils furent bientôt débordés, et le gouvernement provisoire compta quatre membres de plus. L'éditeur de M. L. Blanc devint en outre *seul* secrétaire. Dès le 25 février le gouvernement provisoire, pressé par des démonstrations extérieures, déclarait que l'État garantissait du travail à tous, et M. Louis Blanc, dit-on, obtenait l'abolition de la peine de mort en matière politique. Enfin l'établissement d'ateliers nationaux était décrété, mais tout à fait en dehors de l'influence de M. L. Blanc, et peut-être même dans une pensée hostile à ses théories : on espérait, en payant les ouvriers désœuvrés avec les fonds de l'État, les éloigner des discussions sociales.

Cependant, d'un autre côté, M. L. Blanc avait fait créer une commission permanente, dite *commission de gouvernement pour les travailleurs*, dont il avait la présidence, et M. Albert la vice-présidence, et qui devait siéger au Luxembourg. Peu sûr peut-être de l'application possible de ses théories, ou plutôt craignant de les compromettre par quelque essai intempestif, il appelait à la discussion les hommes qui s'étaient occupés des questions sociales, se proclamant souverain pontife, et s'entourant de délégués nommés par les ouvriers. On s'aperçut du premier coup qu'un élément manquait à ces réunions, et des délégués des patrons furent invités. Mais avant aucune discussion les ouvriers exigèrent la diminution des heures de travail et l'abolition du marchandage, ce qui fut décrété. L'augmentation de salaire, demandée aussi, dut rester un point à débattre.

L'ouverture des conférences du Luxembourg, le 1er mars 1848, révéla un fait dont on ne se doutait guère : l'existence d'un parti socialiste; et M. L. Blanc l'annonça en disant : « Ce n'est pas seulement une monarchie qui s'en va, c'est une société. » Ce devait être le dernier coup porté à l'industrie, qui tentait de résister. Les ateliers se fermèrent de toutes parts; et comme M. L. Blanc voulait substituer les ouvriers aux maîtres, des offres ne tardèrent pas à être faites par les patrons : les théories allaient enfin pouvoir se frotter sur la pierre de touche de la pratique. Quelques essais se firent : aucun ne présenta de résultat satisfaisant. Le plus célèbre est celui de l'atelier de Clichy. On sait comment M. Proudhon a qualifié depuis cet essai, où les *frères*, qui reçurent une grande commande de l'État, et qui furent exonérés des frais de loyer, ne craignirent pas de faire des bénéfices sur les *sœurs* employées à la confection des pantalons de la garde nationale mobile. L'égalité des salaires, préconisée par le chef des conférences du Luxembourg, blessa les ouvriers sans profit pour les maîtres. Pressé par la logique, un lui demanda un jour s'il se contenterait pour lui des quatre francs qu'il promettait à tout le monde. « Certainement, répondit-il, quand tous ne recevront que le prix de la journée égalitaire, je me glorifierai d'être le premier ouvrier de France. » Mais en pareil cas, il faut montrer l'exemple, et non pas accepter le dernier ce qu'on a tant prêché, pour se proclamer le *premier* encore! Qui donc alors aurait pu refuser? Les ouvriers ne comprenaient guère non plus que l'intelligence, l'habileté de main, le courage au travail, dussent être comptés pour rien sous le régime de la fraternité. Par une singulière coïncidence, les ateliers nationaux avaient dû adopter les principes de M. Louis Blanc; là dominait le principe de l'égalité du salaire sur la plus large échelle : ouvriers de tous états, artistes, gens de lettres, chacun avait le même salaire. On sait ce que produisit cette immense agglomération de travailleurs : il est vrai qu'on avait oublié de planter les fameux poteaux de M. L. Blanc dans les chantiers.

Néanmoins M. L. Blanc posa jusqu'à la fin sa petite personnalité. Rien ne put lui dessiller les yeux. Chaque jour le mal devenait plus grand, et il discutait encore; il ne pouvait trouver aucune application, et il discutait toujours. Tout tombait autour de lui, ses idées n'engendraient que la ruine et la misère, et il croyait plus que jamais en lui. D'abord il avait attaqué la concurrence avec une éloquence entraînante; mais il ne pouvait rien mettre à la place, et il n'en crut pas moins au principe qu'il avait proclamé. Il avait beau rencontrer tous les esprits rebelles : il ne doutait pas d'atteindre son but. C'était la société actuelle qu'il fallait accuser, et non lui. On disait partout que les ouvriers avaient trois mois de souffrances au service de la république : c'était trois mois d'agonie pour la vieille société. M. L. Blanc espérait sans doute qu'elle n'en reviendrait pas, et qu'un nouveau système serait plus facile à implanter sur des ruines. Cependant le découragement dut le gagner aussi dans ces discussions stériles où il ne put convertir à ses idées aucun chef d'école socialiste. Beaucoup même, connaissant l'infatuation du président des conférences, refusèrent d'aller discuter avec lui, aucun ne l'épargnait dans la presse ni dans les clubs; mais s'ils agitaient les clubs, c'était au moins en leur nom personnel et sous leur propre responsabilité, ils n'agitaient pas la société, comme M. L. Blanc, au nom d'un gouvernement impuissant pour se disait chargé de la défendre. Une réaction se manifesta bientôt. Lamennais attaqua le communisme du Luxembourg dans de chauds articles, où il montra le despotisme et l'esclavage inhérents à ces théories, puisque le droit au travail entraîne pour corollaire le devoir du travail, c'est-à-dire la servitude. M. Michel Chevalier attaquait le système de M. L. Blanc dans des *Lettres* où il montrait le développement du capital social comme la source la plus féconde et la plus sûre de l'affranchissement des travailleurs; Bastiat écrivait des petits traités mordants dans le *Journal des Économistes*; enfin M. Wolowski allait combattre les nouvelles doctrines au Luxembourg même, et ralliait les défenseurs épars de l'école libérale.

Lorsque l'Assemblée nationale se réunit, le 4 mai, M. L. Blanc, élu par la Seine et par la Corse, n'avait donc effectivement rien fait au Luxembourg; rien fait, sinon que de donner un corps à ses aspirations, et formulé sa haine contre l'ancien monde. On avait découvert que l'homme exploitait l'homme, et pour faire cesser l'oppression on avait imaginé un système dans lequel une minorité directrice saurait bien exiger le travail, même par la force, quand le ressort moteur du besoin serait brisé. M. L. Blanc, comme tous les membres du gouvernement, vint rendre compte de ce qu'il avait fait à l'Assemblée nationale. Ce fut une apologie vaniteuse contre laquelle s'élevaient bien des réclamations; des accusations même se firent jour; mais un membre en détruisit l'effet en s'écriant : « Est-on coupable quand on n'a rien fait? » C'était le mot. La commission du Luxembourg avait montré encore plus d'impuissance que de vanité. Pour continuer ses recherches, M. L. Blanc, qui avait préalablement donné sa démission de président de la commission du Luxembourg, et qui accusait ses collègues de sa faiblesse, se déclarant le défenseur du peuple, proposait la création d'un ministère du progrès et du travail. Cette demande fut bien vite repoussée. Mais pour effacer le passé, un décret déclara que le gouvernement provisoire en masse avait bien mérité de la patrie.

Le rôle politique de M. L. Blanc n'avait pas été moins nul dans les conseils du gouvernement provisoire. Ses prédications, en jetant la panique dans l'industrie, avaient fait refluer une foule immense dans les ateliers nationaux. Les délégués du Luxembourg finirent naturellement par se réunir aux délégués de ces ateliers ; mais là des mains plus puissantes agissaient, et l'influence des meneurs révolutionnaires se faisait plus sentir au Luxembourg que celle des théoriciens du Luxembourg ne pesait sur la place publique. Cependant on mit M. L. Blanc en avant plusieurs fois dans des circonstances difficiles, et ce fut lui, par exemple, qui se chargea de congédier la démonstration guidée par MM. Sobrier et Blanqui, le 17 mars ; il est vrai que le gouvernement accorda aussitôt tout ce que les clubs demandaient. M. L. Blanc espérait ainsi se maintenir en équilibre, un pied dans l'émeute, un pied dans le gouvernement ; mais son influence baissait sensiblement. Les clubs n'avaient plus confiance en lui, et les modérés l'accusaient avec raison d'être la cause de toutes les faiblesses du pouvoir.

Le 15 mai vint jeter du trouble dans l'existence de M. L. Blanc. L'Assemblée nationale ayant été envahie, il fit ses efforts pour se faire entendre, proclama le droit de présenter des pétitions à la barre, s'offrit à lire à la tribune celle dont les envahisseurs s'étaient chargés. Enfin on le vit, porté par quelques hommes du peuple, haranguer la foule, proclamer les droits du peuple ; il alla même, dit-on, voir jusqu'à l'hôtel de ville quelle tournure prenaient les événements. Tout cela paraît avéré ; mais il avait été sollicité par le faible président Buchez lui-même de s'interposer vis-à-vis de la foule pour la faire rentrer dans l'ordre. Quoi qu'il en soit, dès le 1ᵉʳ juin le procureur général Portalis demanda l'autorisation de poursuivre M. L. Blanc. Celui-ci se défendit avec force, et la demande d'autorisation fut repoussée. Mais, après les événements de juin, la fameuse enquête dont M. Bauchart fut le rapporteur signala de nouveau M. L. Blanc à la vindicte des lois, et dans la nuit du 25 au 26 août les poursuites furent autorisées contre lui et contre M. Caussidière pour leur participation à l'attentat du 15 mai. Les deux représentants se sauvèrent aussitôt à Londres. La haute cour siégeant à Bourges les condamna par contumace à la peine de la déportation, au mois d'avril 1849.

Le rôle de M. L. Blanc avait donc été nul encore à l'assemblée. Il avait dû songer bien plus à se défendre qu'à obtenir quelque chose ; et pourtant toujours il posait sa personnalité comme liée au bonheur de sa patrie : c'était toujours le même homme monté sur un escabeau, frappant son cœur de sa main droite broyant de son petit poing la tribune, puis menaçant le ciel de son petit index avec la régularité d'un balancier ou la prestesse d'un chef d'orchestre qui bat la mesure, lançant de sa bouche des phrases vides mais sonores, et ne doutant jamais qu'il ne fût le seul représentant vivant la révolution et qu'il ne comprît seul les intérêts des masses. Cet orgueil immense a suscité à M. L. Blanc de nouveaux embarras même dans l'exil, où les chefs des réfugiés ont donné au monde le spectacle d'excommunications réciproques analogues à celles que s'étaient déjà lancées les chefs d'écoles socialistes dans les journaux et les livres qu'ils rédigeaient.

De Londres M. L. Blanc fonda un journal mensuel, intitulé Le Nouveau Monde, où il continua ses attaques contre la société actuelle, et où l'on trouve quelques détails d'histoire contemporaine assez curieux. Ce journal mourut sous la nécessité des cautionnements. Puis l'auteur écrivit trois brochures politiques et sociales, intitulées : *Plus de Girondins ! La République une et indivisible*, et *Un Dîner sur l'herbe*. En diverses circonstances, il se montra encore dans des réunions publiques ; mais a-t-il fait quelques progrès à la science sociale ? Le communisme ne voudrait pas de lui pour chef, et les hommes qui tiennent quelque compte de la liberté humaine, de la valeur individuelle, renieront toujours ses principes.

Charles BLANC, frère cadet du précédent, graveur et homme de lettres, né à Castres, rédigea d'abord des comptes-rendus de Salon et des articles de beaux-arts dans *Le Bon Sens*, dirigé par M. L. Blanc. Il écrivit ensuite dans *Le Courrier français* et dans *L'Artiste*, puis dans le *Journal de Rouen*, et il devint en 1841 rédacteur en chef du *Propagateur de l'Aube*. Les lauriers de son frère le ramenèrent à Paris, où il publia, sous le titre d'*Almanach du Mois*, un pauvre pamphlet mensuel peu lu et peu goûté. Enfin, la révolution de Février, en faisant de son frère une puissance, fit de lui un directeur des beaux-arts au ministère de l'intérieur, place que M. Ledru-Rollin ôta à M. Garrault, son ami intime, dont il fit à la vérité un inspecteur des beaux-arts. M. Ch. Blanc ou Blanc II, comme on le nommait dans un certain monde, sut conserver sa position jusqu'à ces derniers temps, malgré les changements de ministres et même de gouvernements ; tous tenaient sans doute à prouver que les fautes, ainsi que les talents, sont personnelles. Il serait difficile de reconnaître les services qu'a pu rendre M. Ch. Blanc aux beaux-arts ; car jamais plus mauvaises productions de l'art ne sortirent des commandes de l'État que pendant sa longue administration. M. Ch. Blanc est auteur d'*Études sur les Peintres*, qui passèrent dès leur naissance à l'état de bouquins. Il publie maintenant avec M. Arsène Houssaye une *Vie des Peintres*, qui, grâce à de belles gravures sur bois et à l'intervention d'une grande maison de librairie, paraît devoir obtenir plus de succès.   L. LOUVET.

BLANC AUNE, nom vulgaire de l'alizier.
BLANC BOIS. *Voyez* BOIS BLANC.
BLANC DE BALEINE. *Voyez* CÉTINE.
BLANC DE BISMUTH. Ce blanc métallique, désigné aussi sous le nom de *blanc de perles*, est quelquefois employé comme fard ; mais son usage peut être dangereux, à cause de la portion d'arsenic qui se trouve dans cette composition. Ce composé a encore l'inconvénient que la présence la plus légère de gaz hydrogène sulfuré dans les appartements lui fait à l'instant acquérir une couleur jaune, et ensuite noirâtre. Le blanc de bismuth n'est autre chose qu'un oxychlorure de ce métal. On peut l'obtenir directement en projetant du bismuth en poudre dans du chlore gazeux. La combinaison est accompagnée de chaleur et de lumière.

BLANC DE CÉRUSE, BLANC DE PLOMB, BLANC D'ARGENT, BLANC D'ÉCAILLES, BLANC DE KREMS. *Voyez* CÉRUSE.

BLANC DE CHAMPIGNON ou FRAI DE CHAMPIGNON. C'est une espèce de terre blanchâtre qui contient de longues fibres, lesquelles paraissent être autant de germes, et qui, placée dans du fumier humide, acquiert promptement une végétation d'où naissent successivement pendant cinq ou six semaines des champignons que l'on recueille tous les trois ou quatre jours.

BLANC DE HOLLANDE, variété du peuplier blanc.
BLANC DE L'OEIL. *Voyez* ŒIL et SCLÉROTIQUE.
BLANC DE PERLES. *Voyez* BLANC DE BISMUTH.
BLANC DES CARMES ou BLANC DE SENLIS. Cette couleur n'est autre chose que de la chaux fort blanche réduite en poudre très-fine, qu'on délaye claire comme du lait, et que l'on applique à cinq ou six couches l'une sur l'autre, puis que l'on frotte ensuite, soit avec une brosse, soit avec a main, pour lui faire prendre un luisant qui est son seul mérite. *Voyez* DÉTREMPE.

BLANC D'ESPAGNE, BLANCS DE MEUDON, DE TROYES, D'ORLÉANS, etc. Le blanc le plus commun est celui que l'on désigne dans le commerce sous le nom de *blanc d'Espagne* : c'est une craie très-soluble dans l'eau. Sa fabrication est des plus simples : il suffit, lorsqu'elle a été bien remuée dans une grande quantité d'eau, de la laisser reposer quelques instants pour que le gravier et les matières hétérogènes tombent au fond de la cuve; après quoi on tire cette eau blanche pour la laisser reposer dans un autre vaisseau. Lorsque l'eau est devenue parfaitement claire, on l'enlève avec soin sans troubler le sédiment déposé au fond du vase; puis, lorsque cette matière est devenue une pâte assez épaisse, on la met en pains, qu'on laisse sécher à l'air. Il s'en fabrique beaucoup à Bougival, à Meudon (d'où le nom de *blanc de Meudon*), et dans d'autres endroits des environs de Paris.

Le *blanc de Troyes*, blanc de craie ou *craie* est plus dur et plus compacte que le blanc d'Espagne. *Voyez* CRAIE.

On trouve aussi à Cavereau, à neuf lieues d'Orléans, sur les bords de la Loire, une espèce de craie que l'on vend sous le nom de *blanc d'Orléans*. — On tire encore de Bourgogne et de Rouen une craie qui porte les noms de *blanc de Bourgogne* et de *blanc de Rouen*. Toutes ces espèces de *blanc* sont d'un prix assez modique; ils se vendent de 2 fr. 50 à 4 fr. 50 les 100 kilogrammes, mais ils ne peuvent servir que pour peindre à la colle ou à la détrempe. Cependant on en introduit aussi dans le blanc de céruse, mais cette fraude est facile à apercevoir.

BLANC DE ZINC. Depuis longtemps on faisait des efforts pour remplacer par une autre substance la c é r u s e, à cause des maladies auxquelles elle expose les ouvriers qui la fabriquent et qui l'emploient. Un des produits qui remplissent le mieux ce but est l'*oxyde de zinc*.

En 1780 Guyton Morveau présenta à l'Académie de Dijon un travail de Courtois, attaché au laboratoire de cette compagnie, sur la substitution de cette substance au blanc de plomb. Plus tard Guyton Morveau s'appliqua, à plusieurs reprises, à l'étude de cette question, et réclama même en faveur de Courtois la priorité de cette invention contre un Anglais, nommé Atkinson, qui prit en 1796 une patente pour le même objet. Quoique Courtois eût entrepris cette fabrication dans le but d'en livrer les produits aux artistes et aux peintres en bâtiments, le prix du zinc était trop élevé à cette époque, et l'industrie qu'il avait créée ne put se soutenir.

En 1844 M. Leclaire, entrepreneur de peinture, appela de nouveau l'attention sur les avantages que cet oxyde présente sur la céruse. Profitant de l'abaissement du prix du zinc, il parvint à fabriquer ce produit par un procédé économique. Ce procédé consiste à chauffer au rouge blanc des cylindres en argile réfractaire : ces cylindres, à demi fermés par un obturateur, reçoivent des morceaux de zinc métallique qui se fond, rougit, et s'oxyde en brûlant sous l'influence d'un courant d'air déterminé par un ventilateur, qui produit une aspiration à l'extrémité de l'appareil ; la flamme et le courant gaséiforme entraînent mécaniquement l'oxyde formé dans les chambres où un repos relatif permet à l'oxyde de zinc de se déposer. On le recueille facilement, et un broyage à l'huile suffit pour l'employer.

Au nombre des avantages qui résultent de l'introduction de cette substance dans la peinture, on doit placer au premier rang l'innocuité de sa préparation et de son emploi pour la santé des ouvriers. L'oxyde de zinc se recommande par une autre propriété, bien précieuse : il résiste parfaitement à l'action de l'air chargé de gaz sulfhydrique. Sa couleur blanche n'est point altérée dans les conditions qui donnent à la céruse une coloration en noir plus ou moins foncé. Ainsi les peintures au blanc de zinc exécutées dans les cabinets d'aisance, dans les établissements d'eau sulfureuse, dans les laboratoires de chimie, dans les locaux exposés à des fuites de gaz, souvent mal lavés, etc., conservent toute leur blancheur primitive. En outre, le blanc de zinc supporte parfaitement le mélange avec les autres matières colorantes.

La fabrication du blanc de zinc pour les besoins de la peinture est aujourd'hui confiée à une société anonyme, dont l'usine, établie au pont d'Asnières, près de Clichy, livre au commerce plus de 50,000 kilogrammes de blanc de zinc par mois.

BLANC D'ŒUF. *Voyez* ALBUMINE et ŒUF.

BLANCHARD, nom vulgaire de la *houque laineuse*. — C'est aussi le nom d'une espèce d'aigle-autour.

BLANCHARD (JACQUES), peintre estimé de l'ancienne école française, né à Paris, en 1600, mort d'une fluxion de poitrine, en 1638, illustra sa courte carrière par un grand nombre de belles productions, qui le firent surnommer le *Titien français*. Pendant son séjour en Italie, Blanchard s'était en effet appliqué à étudier la manière du Titien, et il était ainsi devenu excellent coloriste. « Aussi, dit d'Argenville, ne peut-on lui disputer d'avoir rétabli le bon goût de la couleur en France, de même que Vouët y avait fait renaître le vrai goût du dessin. »

Plusieurs tableaux de Blanchard sont encore conservés à Venise. Il exécuta à Paris deux galeries (dont l'une était celle de l'ancien hôtel de Bullion), un plafond à Versailles, etc. On lui doit aussi plusieurs Vierges à mi-corps. Mais son meilleur tableau, celui qu'on regarde comme son chef-d'œuvre, est une *Descente du Saint-Esprit*, qu'il peignit pour la cathédrale de Paris.

Son frère *Jean* BLANCHARD, et son fils *Gabriel* BLANCHARD, se livrèrent aussi à la pratique de la peinture, mais sans grand succès.

BLANCHARD (JEAN-PIERRE), aéronaute, né en 1753, aux Andelys, en Normandie, était fils d'un tourneur. Son imagination vive et son application aux travaux mécaniques lui inspirèrent dès sa jeunesse l'idée de s'élever dans les airs. Il construisit une machine en forme d'oiseau, et dans laquelle il pouvait s'enfermer, y voir à travers des vitrages et renouveler l'air par une soupape. Tout le monde put voir cette machine en 1782; mais comme il éludait toujours ses promesses d'en faire usage, parce qu'il en reconnaissait l'impossibilité, il essuya des épigrammes et de mauvaises plaisanteries. L'expérience du marquis de Causans, qui, à l'aide d'un appareil de son invention, s'élança du Pont-Royal dans la Seine, n'avait donné que de vaines espérances à Blanchard, lorsque la découverte des ballons par Montgolfier vint le tirer de l'oubli où il était tombé. Le 2 mars 1784 il devait faire une ascension dans un aérostat auquel il avait adapté sa machine et un parachute; mais le jour fixé un élève de l'École Militaire, qu'on a faussement dit être Bonaparte, et qui était peut-être bien un compère de Blanchard, voulut faire le voyage aérien, et, furieux d'être refusé, il tira son épée, et causa de graves avaries à la machine, ce qui n'empêcha pas l'aéronaute de s'élever, de traverser la Seine et d'aller descendre à Sèvres. Blanchard fit sa seconde ascension à Rouen, et sa troisième à Londres, où il se servit des ailes de sa machine.

Enfin, le 7 janvier 1785 il s'enleva à Douvres, avec le docteur anglais Jefferies, traversa la Manche, et descendit, au bout de trois heures, après avoir couru les plus grands dangers, à une lieue de Calais. Ce voyage valut à Blanchard le sobriquet de *don Quichotte de la Manche*; mais il en fut amplement dédommagé par les honneurs, les présents et la pension qu'il reçut de la ville de Calais, par la colonne en marbre qui fut érigée sur le terrain où il était descendu, et plus encore par une gratification de 12,000 francs et une pension de 1,200 francs que le roi lui accorda.

Nous n'entrerons pas dans le détail des soixante ascensions qu'il fit tant en France qu'en Angleterre, en Hollande, en Allemagne, en Belgique, aux États-Unis, dont quelques-unes furent très-brillantes, et quelques autres périlleuses, ou suivies de désappointements plus ou moins cruels. Nous mentionnerons seulement la quinzième, qui eut lieu à Francfort-sur-Mein, et qui lui valut des honneurs extraordinaires. L'ambassadeur de Russie, deux flambeaux à la main, le montra au peuple sur son balcon; sa voiture fut traînée par des hommes jusqu'au spectacle, où on le porta de loge en loge; il y reçut des boîtes d'or, des montres, des bourses, des médailles; son buste fut couronné sur un trône, et il le fut lui-même dans sa loge par les Amours et les Grâces. Malgré ces triomphes, il ne put obtenir de l'empereur Joseph II ni du grand Frédéric la permission d'aller faire ses expériences en Autriche et en Prusse. Au mois de mai 1793, il fut arrêté dans le Tyrol et renfermé dans la forteresse de Kufstein, comme soupçonné d'avoir propagé les principes de la révolution française; mais il recouvra bientôt sa liberté. Il employait quelquefois plusieurs petits ballons dans ces ascensions, et le nombre de ses compagnons de voyage fut porté une fois jusqu'à seize.

Blanchard n'était ni physicien ni chimiste, bien qu'il se vantât d'avoir découvert une sorte de gaz. Il était absolument illettré, et ne savait pas même l'orthographe : aussi montrait-il souvent son ignorance dans ses réponses aux discours et aux compliments qu'on lui adressait. C'était un très-petit homme, dont le ton, la tournure et la figure, fort communes, n'annonçaient rien de plus qu'un simple mécanicien. Ce fut lui cependant qui inventa le parachute; mais il ne l'employa que pour faire descendre des animaux. Ayant appris que Garnerin s'était approprié cette découverte, il revint d'Amérique en 1798, et, après avoir soutenu dans les journaux, contre son rival, une polémique qui occupa les Parisiens, il fit à Tivoli, en juillet 1799, une descente en parachute. Le 26 du même mois il y exécuta avec Lalande une ascension sans résultats pour l'astronomie ni pour la direction des aérostats. Ayant fait sa dernière ascension au château du Bois, près de La Haye, en février 1808, Blanchard, frappé d'apoplexie, tomba de vingt mètres de haut, et reçut de Louis Bonaparte, alors roi de Hollande, des secours qui permirent de le transporter à Paris, où il mourut, le 7 mars 1809. Cet homme, plus effronté que savant, et qui, n'ayant fait de l'aérostatique qu'un métier, y avait gagné des sommes énormes, ne laissa pourtant que des dettes.

BLANCHARD (Marie-Madeleine-Sophie Armant, femme), épouse du précédent, vit le jour à Trois-Canons, près de La Rochelle, le 25 mars 1778. Elle se familiarisa de bonne heure avec les dangers des voyages aériens. Elle avait environ vingt-six ans lorsqu'elle fit avec son mari sa première ascension; mais elle accomplit seule la troisième à Toulouse, en mars 1805. La mort de Blanchard l'ayant laissée sans enfants, mais dans le dénûment le plus absolu, elle multiplia tellement ses ascensions, qu'elles dépassèrent le nombre de celles de son mari; et elle s'y était si bien accoutumée, qu'elle s'endormait souvent dans sa nacelle, bravant tous les périls avec autant d'intrépidité que lui. On la vit à Rome et à Naples en 1811. A Turin, en 1812, le froid lui causa une forte hémorrhagie, et les glaçons s'attachèrent à son visage ainsi qu'à ses mains. Rivale de Mlle Garnerin, elle redoublait d'ardeur et d'activité. A Nantes, en 1817, elle serait tombée dans un marais, si son ballon ne se fut accroché à un arbre. Enfin, le 6 juillet 1819, ayant fait, à l'ancien Tivoli de Paris, sa soixante-septième ascension dans une nacelle brillamment illuminée, d'où elle lançait des fusées romaines, le feu prit à son ballon, et elle tomba morte sur le toit d'une maison, au coin des rues Chauchat et de Provence. H. AUDIFFRET.

BLANCHE (La reine). Voyez BLANCHE DE CASTILLE.

BLANCHE (Mer), en russe Bjeloje-More, grand golfe de la mer Glaciale du Nord, qui pénètre au sud entre la presqu'île Kanin et la presqu'île de Laponie, autrement dite presqu'île Kola, dans le gouvernement russe d'Archangelsk, jusqu'au 64° de latitude, ayant à son entrée, entre le cap Kanin et Sviatoï-Nos, 16 myriamètres, et partout ailleurs 10 myriamètres de largeur, et 62 myriamètres dans la direction du sud-ouest; il occupe une superficie de 1565 myriamètres carrés. Il se partage au sud en trois grands golfes, les golfes Kandalaskaja, Onéga et Dwina, dont le premier, qui pénètre profondément en Laponie au nord-ouest, tire son nom de la petite ville de Kandalask, et les deux autres des deux fleuves auxquels ils servent de décharge, l'Onéga et la Dwina. Il faut encore y joindre à l'est la baie où vient se jeter le Mesen, au-dessous de la ville du même nom. Les côtes en sont montagneuses au nord et à l'est, mais ailleurs généralement plates, uniformes, couvertes de lacs communiquant pour la plupart avec la mer, et traversées par un grand nombre de petits cours d'eau. Parmi les nombreuses îles de cette mer, la plus grande est celle de *Solowesk* ou *Salowesk*, avec un monastère fortifié. Située à l'entrée du golfe d'Onéga, à l'est du port de Kem, elle est hérissée de rochers nus et habitée par un grand nombre d'animaux à fourrure et d'oiseaux aquatiques.

Cette mer, qui reste gelée et couverte de neige pendant la plus grande partie de l'année, circonstance à laquelle elle doit son nom, n'est navigable que pendant cent cinquante à cent soixante-dix jours, de mai à septembre, et même le plus souvent à partir des premiers jours de juin seulement; ce qui est une grande entrave pour le commerce considérable de cette mer. Au moyen de deux canaux qui relient la Dwina au Volga et au Dnieper, la navigation a lieu sans interruption entre la mer Noire, la mer Caspienne et la mer Blanche. Les habitants du littoral sont des Lapons, des Finnois et des Samoyèdes, qui s'occupent de pêche et de commerce. Le principal centre commercial est la grande ville d'Archangelsk. Les exportations consistent en chanvre, huile de baleine, poix, planches, graines de lin, seigle, avoine, froment et farine; les importations, en denrées coloniales, sucre, vin, poissons, huile d'olives, tabac. Les ports de moindre importance sont *Onéga*, *Sumsky-Possad* et *Kem*; Kola est aussi compris dans la direction de douanes d'Archangelsk. Les exportations de ces petits ports consistent en grains et en articles de l'industrie locale, et surtout en bois. Ils entretiennent en outre des relations fort importantes avec Hammerfest et Tromsœ, ports et places de commerce de la Norvège. Le commerce n'a guère lieu qu'avec des bâtiments russes; il est favorisé par un grand nombre d'immunités en matières de douanes et d'impôts; mais il a singulièrement souffert du blocus général et rigoureux des côtes russes dont la guerre d'Orient a été le résultat, pendant les années 1854 et 1855, de la part des marines anglaise et française.

Ce fut l'Anglais Richard Chancellor, parti en 1553 avec une expédition envoyée à la recherche d'un passage au nord-est, sous les ordres de Hugh Willoughby, qui découvrit la route conduisant à cette mer. Un fait qui prouve bien toute l'importance que les Anglais attachèrent à cette découverte, c'est que tout aussitôt ils entreprirent les recherches les plus exactes sur l'étendue, la grandeur, la largeur, la profondeur et les diverses positions de la mer Blanche, et qu'ils construisirent ensuite à l'embouchure de la Dwina, dans le golfe de Dwina, le fort d'Archangelsk, pour en faire le grand entrepôt de leur commerce avec la Russie; et jusqu'à la fondation de Saint-Pétersbourg, il continua d'en être ainsi.

BLANCHE DE BOURBON, reine de Castille, née vers 1338, morte en 1361, était fille de Pierre, duc de Bourbon. A quinze ans, elle épousa Pierre le Cruel, roi de Castille. Celui-ci la soupçonna d'avoir eu des relations coupables avec don Frédéric, son frère naturel, qu'il avait chargé d'aller la recevoir à Narbonne. Le lendemain même de ses noces, Pierre l'abandonna pour Marie de Padilla, sa maîtresse. Blanche, ainsi délaissée par son mari, chercha à s'en venger en prenant part avec les frères du roi à des intrigues qui fournirent à Pierre un prétexte pour la faire arrêter, et en 1354 elle fut enfermée à l'Alcazar de Tolède.

Ce fut en vain qu'elle réussit à s'échapper de sa prison et à se réfugier dans la cathédrale, que le peuple se déclara en sa faveur, et que don Frédéric fit tout pour la sauver. Tolède fut prise d'assaut, et Blanche, transférée au château de Medina-Sidonia, y périt empoisonnée par ordre de Pierre. Suivant quelques chroniqueurs, elle ne serait morte que de chagrin. Quoi qu'il en ait été, sa mort fut le prétexte de l'expédition de Duguesclin contre Pierre le Cruel, laquelle eut pour résultat l'élévation de Henri de Transtamare au trône de Castille, en même temps que pour la France la destruction des bandes militaires qui la ravageaient.

BLANCHE DE BOURGOGNE, fille d'Othon IV, comte palatin de Bourgogne, et de Mahaut, comtesse d'Artois, fut mariée en 1307, à Charles, comte de la Marche, le plus jeune des trois fils de Philippe le Bel, roi de France. L'histoire de cette princesse se lie intimement à celle de Marguerite de Bourgogne, sa belle-sœur, par la complicité de leurs débauches et de leurs amours adultères avec les frères Philippe et Pierre Ganthier de Launoy ou d'Aulnay, écuyers de leurs époux. La jalousie d'une fille d'honneur, séduite et trompée par Philippe de Launoy, ayant amené la découverte des intrigues galantes dont le couvent de Maubuisson était le théâtre mystérieux, Blanche fut enfermée au Château-Gaillard d'Andelys. Elle en sortit après que son mari l'eut répudiée, sous prétexte de parenté, mais ce ne fut que pour prendre le voile à l'abbaye de Maubuisson, où elle expia, dans l'austérité de la pénitence, les désordres scandaleux de sa jeunesse. Elle y mourut en 1325.

BLANCHE DE CASTILLE, reine de France, mère de saint Louis, née en 1187, morte en 1252, était fille d'Alphonse IX, roi de Castille, et d'Éléonore d'Angleterre. Le mariage de cette princesse avec le prince Louis, fils aîné de Philippe-Auguste, fut une des clauses du traité qui mit fin aux luttes séculaires de l'Angleterre et de la France, après la conquête et la réunion à la couronne par Philippe-Auguste de la plupart des provinces contestées. Il eut lieu à Pont-Audemer; et rarement on vit une union plus heureuse: plusieurs enfants en furent le fruit. Le second fils de Blanche, saint Louis, naquit à Poissy, l'année même de la bataille de Bouvines. Par sa beauté, par son esprit, la princesse faisait l'ornement de la cour; et elle sut inspirer à son beau-père une telle estime, que ses conseils étaient souvent pris dans les déterminations qu'il prenait. Blanche était déjà âgée de trente-six ans, lorsque son époux monta sur le trône en 1223. On sait que le règne de Louis VIII dura peu. Ce prince mourut trois ans après son avénement, sans avoir eu le temps de réaliser les espérances qu'il avait fait concevoir à ses peuples. Par son testament il instituait la reine sa femme régente du royaume pendant la minorité de son fils Louis IX, alors âgé seulement de treize ans. Blanche eut à triompher de l'opposition de divers seigneurs, qui refusèrent de reconnaître le testament de Louis VIII et l'autorité de la reine. Dans cette coalition figurait, contre toute attente, Thibaut, comte de Champagne, prince galant et poëte, auquel on supposait des sentiments moins hostiles pour la reine. Par sa prudence et son habileté, elle écarta tous les périls qui la menaçaient. Son premier soin fut de se hâter de faire sacrer à Reims le jeune roi, dont elle confia l'éducation au connétable de Montmorency. Ensuite elle marcha résolument contre les révoltés, et fit cruellement ravager les terres du comte de Champagne, qui vint bientôt à résipiscence. D'habiles négociations achevèrent de dissoudre la ligue; et lorsqu'en 1235 elle remit le pouvoir à son fils, qui venait d'atteindre sa majorité, la France se trouvait à peu près pacifiée. Louis, arrivé à la tête des affaires, conserva toujours pour sa mère la plus tendre et la plus respectueuse déférence. Quand en 1244, à la suite d'une grave maladie, Louis IX fit vœu de prendre la croix, Blanche fit tout pour l'en dissuader, quoique la conséquence du départ de son fils pour la croisade dût être de lui faire encore une fois confier la régence, le roi annonçant hautement l'intention de se faire suivre en Orient par la reine sa femme, par ses trois frères et par l'élite de la chevalerie de France. Elle accompagna le roi jusqu'à Marseille, et perdit connaissance au moment où elle le vit s'embarquer. De retour à Paris, elle prit la direction des affaires, et sembla alors retrouver toute l'activité et toute la fermeté de sa jeunesse. De cruelles épreuves lui étaient réservées cette fois dans l'exercice du pouvoir. Il lui fallut faire rendre à l'impôt tout ce qu'il était susceptible de produire, afin de faire passer au roi les sommes énormes dont il avait besoin; et les exigences toujours croissantes du fisc répandirent un vif mécontentement parmi les populations. Le désastre de la Massoure, où l'armée fut taillée en pièces, le roi fait prisonnier, et le comte d'Artois, son frère, massacré par les infidèles, mit le comble aux amertumes dont elle était abreuvée. Blanche, au milieu de la désolation générale, ne faillit pas; elle redoubla au contraire d'activité et d'énergie pour recueillir les sommes qu'il fallait envoyer en Égypte pour la rançon de Louis IX et de ses frères. Le roi s'obstinant dans son entreprise et réclamant de nouveaux envois d'hommes, la régente dut menacer de la confiscation de leurs biens ceux des seigneurs qui hésitaient à aller rejoindre leur souverain dans le pays des infidèles. Puis, quand les paysans se révoltèrent, sous prétexte de vouloir venger leur roi, il lui fallut armer contre les bandes d'insurgés, qui, sous le nom de pastoureaux et au nombre de plus de cent mille, portaient le fer et le feu dans toutes les parties du royaume. Elle mourut à Melun, à l'âge de soixante-huit ans. Ses restes mortels furent déposés à l'abbaye de Maubuisson, qu'elle avait fondée dix ans auparavant. Les seigneurs de la cour tinrent à honneur de les porter eux-mêmes. Elle a laissé dans l'histoire le renom d'une grande et sage reine, alliant à toutes les qualités nécessaires sur un trône les vertus obscures et plus douces de l'épouse et de la mère.

BLANCHE DE NAVARRE (Les). Deux reines de Navarre ont porté le nom de *Blanche*. La première, morte en 1441, était fille de Charles III, dit *le Noble*, auquel elle succéda, en 1425. Elle avait épousé, en 1402, Martin d'Aragon, roi de Sicile, et en secondes noces, en 1420, Jean d'Aragon, fils de Ferdinand Ier, qui, du chef de sa femme, devint roi de Navarre, en 1425. Blanche, dans son testament, léguait bien sa couronne à don Carlos, son fils; mais elle lui recommandait en même temps de ne monter sur le trône qu'avec l'assentiment de Jean d'Aragon. La seconde, fille aînée de Jean d'Aragon et de la Blanche de Navarre dont il vient d'être question, épousa, en 1440, Henri IV, surnommé *l'Impuissant*, roi de Castille, avec lequel elle divorça en 1453, en vertu d'une autorisation spéciale, accordée par le pape Nicolas. Elle se retira alors à la cour du roi son père, où elle se trouva en butte à la haine et aux persécutions de sa belle-mère, Jeanne Henriquez. La mort de son frère utérin don Carlos, arrivée en 1481, la rendit héritière du trône de Navarre; mais alors son père, pour se débarrasser des prétentions qu'elle pouvait faire valoir, la livra à la comtesse de Foix, sa sœur cadette, qui avait pour elle une haine ardente et qui, après l'avoir d'abord incarcérée dans le château d'Orthez, la fit empoisonner.

BLANCHET (Pierre), poëte français, né à Poitiers, vers 1460, mort en 1519, commença par suivre le Palais, composant des poésies, lais, rondeaux, etc., et des *Farces*, que les élèves de la Bazoche représentaient et dans lesquelles l'auteur jouait lui-même. Jean Bouchet, son ami et son compatriote, nous apprend dans l'épitaphe qu'il lui a consacrée, qu'il reprenait hardiment les abus et les scandales publics, avec un tel succès,

.... Que gens notés de vice
Le craignoient plus que les gens de justice,
Ne que prescheurs et que concionnateurs,
Qui n'estoient pas si grauds déclamateurs.

A quarante ans, Pierre Blanchet entra dans les ordres, mais sans pour cela renoncer à la culture des lettres et de la poésie, et il mourut à l'âge de soixante ans environ. On l'avait jusqu'à ce jour généralement tenu pour l'auteur de la célèbre farce de *L'Avocat Pathelin*; mais M. Génin a démontré par des faits, par des dates, que c'était à tort, et que le nom du véritable auteur de cette farce est un problème, qui reste encore tout entier à résoudre.

BLANCHET (ALEXANDRE-PAUL-LOUIS), chirurgien, est né en 1817, à Saint-Lô. Reçu docteur en médecine en 1840, il s'est attaché au traitement des maladies des yeux, des oreilles et de la surdi-mutité, pour lesquelles il a fondé une clinique spéciale. Pendant plusieurs années il adressa au gouvernement des réclamations sur l'abandon dans lequel languissaient les malheureux enfants admis à titre d'incurables dans les établissements de sourds-muets et d'aveugles. Ému de ces plaintes, le ministre de l'intérieur lui confia, en 1846, la mission de traiter dans les institutions qui leur sont consacrées tous ceux qu'il jugerait susceptibles de guérison. Les succès qu'il obtint lui valurent l'année suivante le titre de chirurgien en chef de l'École des Sourds-Muets de Paris. Aussitôt il créa dans cet établissement une division d'élèves à qui il entreprend de rendre l'ouïe et la parole, et par la musique, qu'il a eu le premier la pensée d'employer au développement de l'audition et de l'appareil vocal, il a ajouté au traitement médical un auxiliaire puissant.

En 1849 le gouvernement chargea M. Blanchet d'aller étudier dans les établissements étrangers de sourds-muets, notamment dans ceux de Belgique et d'Allemagne, les divers modes d'enseignement qui y sont en usage.

On a de lui divers ouvrages, parmi lesquels nous nous bornerons à citer son traité *De la Surdi-Mutité*.

BLANCHIMENT. L'art du blanchiment a pour but de donner la couleur blanche aux matières qui ne l'ont pas, ou qui ne l'ont qu'imparfaitement. On peut le diviser en deux parties principales bien distinctes, le blanchiment pouvant s'opérer : 1° en séparant des substances blanches par elles-mêmes les matières qui les colorent, but que l'on atteint le plus souvent par des moyens chimiques, comme lorsqu'on blanchit le linge, les toiles, la soie ; 2° en appliquant des substances blanchissantes sur des corps ternes : par exemple, les enduits que l'on étend sur les murs, les vernis dont on enduit certaines poteries, etc.

Nous ne parlerons ici que de la première sorte de blanchiment ; et encore nous ne l'envisagerons que dans ses applications aux tissus végétaux, car le blanchiment des tissus animaux, tels que la soie et la laine, est l'objet d'une opération particulière, qui a reçu le nom de *dessuintage*.

Le célèbre Berthollet est auteur d'un procédé remarquable pour blanchir les toiles au moyen du chlore. On commence par dépouiller les toiles de la *colle* ou *parement* dont elles se trouvent imprégnées quand elles sortent de la main du tisserand : on les met à cet effet macérer dans des cuviers pleins d'eau tiède ; puis on achève de les décrasser en les lavant dans un courant d'eau fraîche. On lessive ensuite les toiles plusieurs fois avec une dissolution de potasse ou de soude, et à chaque lessivage on les lave dans l'eau courante ; on les passe dans une eau légèrement acidulée avec l'acide sulfurique, et ensuite dans une dissolution de chlore ; on réitère ces deux opérations en lavant les toiles à chaque fois, et en les exposant sur le pré pendant quelques jours. Enfin, on les passe au savon noir et à un dernier lavage, après quoi on les apprête et on les fait sécher.

Les procédés de blanchiment sont à peu près les mêmes pour toutes les sortes de toiles ; cependant les toiles de coton n'ont pas besoin d'être lessivées autant de fois que les autres, parce que la matière colorante du coton est plus facile à détruire que celle du lin et du chanvre. Le blanchiment par le chlore est aussi employé dans la papeterie, où il a produit les plus heureux résultats.

BLANCHISSAGE. Il y a cette différence entre le *blanchiment* et le *blanchissage*, que dans la première de ces opérations on se propose de dépouiller des tissus d'une matière colorante inhérente à leur nature, tandis que dans la seconde il n'est question que de les purger d'un corps gras ou de toute autre nature accidentellement et mécaniquement additionnel. Ainsi, par le mot *blanchiment* on peut entendre l'art de rendre blanc, et par celui de *blanchissage* l'art de reblanchir ce qui était blanc. De cette définition il résulte qu'une foule d'objets, tels que le papier, l'albâtre, l'ivoire, le marbre blanc, etc., sont susceptibles de blanchissage ; mais on ne trouvera dans cet article que quelques considérations générales sur le blanchissage du linge.

La sueur et surtout la transpiration continuelle du corps produisent les matières grasses qui forment ordinairement la presque totalité des saletés dont le linge de corps est imprégné. Le linge de table n'est pas moins exposé à être taché par des corps gras. Un simple lavage dans de l'eau pure ne pourrait donc suffire pour détacher ces matières, attendu que les graisses, les huiles, ne se combinent pas avec l'eau. Mais les graisses se combinent aisément avec les alcalis, et forment des composés, appelés *savons*, solubles dans l'eau. Or, les cendres de tous les végétaux contiennent de la potasse : voilà l'origine des lessives.

Les meilleures cendres sont celles qui proviennent des plantes et des bois neufs ; celles que produisent les bois flottés n'ont aucune vertu, par la raison que le sel que contenait le bois s'est dissous dans l'eau. On ne se sert plus guère de cendres dans les blanchisseries, mais bien de sel de soude, et la potasse d'Amérique n'est même employée que pour le plus gros linge. Une lessive trop forte altère les fils du linge et les ternit ; si elle est trop faible, le blanchissage est imparfait. La lessive réussit encore mal si elle est trop chaude : les impuretés s'attachent alors au tissu avec plus de force. La chaleur convenable est celle que la main peut supporter. En général, on *essange* le linge avant de le lessiver, c'est-à-dire qu'on le fait passer dans de l'eau pure : ce lavage enlève toutes les impuretés qui sont solubles dans l'eau sans le secours des alcalis ; la lessive est moins dispendieuse, et les effets en sont plus satisfaisants.

Le *blanchissage à la vapeur* est bien supérieur, et pour l'économie, et pour la perfection du résultat, à la manière ordinaire de blanchir le linge ; il n'est pas cependant encore adopté généralement, en ce qu'il ne peut être pratiqué qu'au moyen d'appareils particuliers. Le blanchissage à la vapeur a été connu de temps immémorial chez les Orientaux, qui l'emploient au blanchiment du coton. Chaptal est le premier qui l'ait pratiqué en Europe, et qui ait conseillé de l'appliquer au blanchissage du linge. L'appareil qu'on emploie se compose d'une chaudière dans laquelle se produit la vapeur par la chaleur qui se développe dans un fourneau placé dessous. Après avoir trempé le linge dans la lessive, on le dispose dans un cuvier placé sur la chaudière, avec laquelle il communique par une ouverture pratiquée dans son fond ; puis on ferme l'ouverture supérieure du cuvier avec un couvercle : la vapeur monte de la chaudière dans le cuvier, pénètre la masse de linge, et au bout de huit heures l'opération est terminée ; on retire le linge pour le rincer dans l'eau claire. Le blanchissage est aussi parfait qu'il est possible de le désirer. TEYSSÈDRE.

On a fait beaucoup d'essais dans ces derniers temps pour perfectionner l'art du blanchissage. Différents appareils mécaniques ont été imaginés sans grand succès (économiquement parlant du moins), et l'on en est toujours réduit à faire la lessive au lavoir, puis à savonner et frotter ou brosser le linge, en le passant dans l'eau, puis à le tordre et à l'étendre en plein air ou dans des séchoirs à air libre ou à air chaud. Le linge blanc est auparavant mis au bleu. Ensuite on le plie, on le presse, on l'empèse, on le repasse. Pour enlever certaines taches, comme le *chancis* (moisissure), il faut recourir à l'eau de Javel, de même qu'on enlève les taches d'encre avec le sel d'oseille; mais trop souvent les ouvrières mêlent de l'eau de Javel à leur eau de lessive pour rendre le linge plus promptement blanc et ménager le savon. Il en résulte une détérioration du fil qui ne peut se comparer qu'à l'action pernicieuse du battoir et du chien. Les blanchisseurs prétendent à la vérité que rien de ces drogues ou de ces instruments ne fait de mal au linge, quand on sait les employer ou s'en servir; mais il faut se garder de les croire. Quelquefois aussi les taches de fruits résistent à la lessive; des oxydes mêlés au sel de soude laissent leur empreinte sur le linge; les taches de sang, et surtout de sang de poisson, font des taches presque indélébiles lorsqu'on met le linge à la lessive sans l'avoir essangé; les cheveux, les poils, marquent plusieurs pièces du linge que traverse la lessive; enfin certains métaux font tourner la lessive. Au lieu de tordre le linge, on a imaginé, pour l'*essorer*, de lui imprimer un mouvement rapide de rotation dans un sphéroïde en cuivre percé de trous, mis en branle à la façon des toupies d'Allemagne. La force centrifuge chasse l'eau qui s'échappe par des trous, et après quelques tours le linge n'est plus qu'humide.

BLANC-MANGER, aliment qui a ordinairement pour base une gelée provenant de substances animales et rendue blanche et opaque au moyen d'une addition de lait d'amandes. C'est en général un composé de corne de cerf, de sucre, d'amandes douces, d'eau de fleur d'oranger, d'huile essentielle ou de zeste de citron, fort agréable au goût; il n'est pas de facile digestion, à cause de la corne de cerf et des amandes. Madame de Maintenon rapporte, dans l'une de ses lettres, que Fagon, le médecin du grand roi, ordonnait cette gelée dans les cas d'affections ou de dispositions inflammatoires. Néanmoins, on ne doit en manger qu'avec modération, et seulement après avoir consulté les forces digestives de son estomac. Le sucre employé dans sa confection ne sert pas seulement à flatter le goût, il a aussi pour but de corriger en partie la tendance du blanc-manger à l'alcalescence. — On fait aussi un *blanc-manger* avec de la mie de pain. *Voyez* GELÉE.

BLANC-NEZ, nom vulgaire d'une espèce de singe du genre *guenon*, qui est l'*ascagne* d'Audebert, ou le *simia petaurista* de Gmelin. G. Cuvier le caractérise ainsi : brun olivâtre en dessus, gris en dessous, visage bleu, *nez blanc*, touffe blanche devant chaque oreille, moustache noire.

BLANCQUE. *Voyez* BLANQUE.

BLANCS. En parlant des hommes, on emploie ce nom pour désigner ceux de race blanche, notamment dans les colonies transatlantiques, par opposition aux indigènes, nègres et aux races mêlées. Aux Antilles on nommait *petits blancs*, par opposition aux *grands planteurs*, tous les blancs qui n'avaient que des caféries. Plus tard on comprit sous la même dénomination les blancs qui travaillaient comme manœuvres, journaliers, ou qui exerçaient quelques métiers, autrement dits *blancs manants*. Les petits blancs étaient ceux qui affectaient le plus de mépris pour les classes de couleur, qui de leur côté le leur rendaient avec usure. Ces hommes ont amené par leur obstination et leur despotisme la perte pour la France de la colonie de Saint-Domingue. *Voyez* HAÏTI.

Sous la première république française on a donné le nom de *blancs* aux hommes qui pendant les guerres de la Vendée osèrent faire la guerre à leur patrie en arborant le drapeau blanc de la royauté, et seconder les efforts de l'étranger. Les patriotes étaient, par opposition, appelés *bleus* : cette couleur était celle de l'habit des soldats républicains. Sous la nouvelle république, alors que les assemblées se divisaient en tant de fractions, le peuple qualifiait de blancs tous les hommes qui paraissaient par leurs actes ou leurs discours tendre vers le rétablissement d'une royauté quelconque.

A Rome on a appelé *blancs* des espèces de pénitents qui, à l'approche de l'an 1400, dans la crainte de la fin du monde, se mirent à faire des processions de ville en ville. Le pape condamna ces courses pieuses, comme contraires à la discipline de l'Église. Tous les historiens ne sont pas favorables à ces pénitents. Pour quelques-uns ce sont des sectaires et des imposteurs, qui portaient des robes blanches ou qui s'enveloppaient dans des draps, et montraient des croix sur lesquels le Christ suait le sang. L'un d'eux se disait le prophète Élie, descendu du ciel pour annoncer aux hommes la fin du monde, qui allait arriver prochainement par un tremblement de terre. Des gens de tout sexe et de toute condition, prêtres, clercs, laïques, et jusqu'à des cardinaux, se revêtirent de sacs ou chemises blanches, et parcoururent, à la suite de ces nouveaux prêcheurs, les villes et les campagnes, chantant des vers arrangés en litanies. Ces pèlerinages duraient treize jours, pendant lesquels, dépouillant et dévastant tout ce qui se rencontrait sur leur passage, les pèlerins se livraient à des désordres d'une autre nature; car ils couchaient pêle-mêle dans les églises et les monastères, et comptaient dans leurs rangs un grand nombre de femmes et de jeunes filles. Suivant Bruys le scandale fut poussé si loin que la cour de Rome se décida à sévir. Un des prophètes fut saisi et appliqué à la torture, où il confessa ses fourberies. Condamné à la peine du feu, sa mort effraya ses complices, qui s'éloignèrent et disparurent en peu de temps.

BLANCS et NOIRS, factions opposées, qui, nées à Pistoia, s'étendirent jusqu'à Florence, qu'elles remplirent de troubles au commencement du quatorzième siècle. L'histoire des républiques anciennes, si fécondes en agitations, n'offre rien de comparable aux orages qui signalèrent l'existence des républiques italiennes du moyen âge. Quoique tranchée par le traité de Constance en 1188, la querelle entre les guelfes, qui soutenaient la cause des papes, c'est-à-dire l'indépendance de la Péninsule, et les gibelins, défendant les droits des empereurs, ne cessait de désoler la Lombardie et la Toscane. Pistoia, ville située au pied des Apennins, avait été déchirée durant le treizième siècle par deux familles, les Cancellieri et les Panciatichi. Les premiers étaient guelfes; ils chassèrent leurs adversaires. Quoiqu'exclus par un décret, ainsi que tous les nobles, du gouvernement de la ville, ils n'en étaient pas moins puissants par leurs richesses, leurs alliances, et le grand nombre de forteresses qu'ils possédaient, lorsqu'une rixe amenée par le hasard fit éclore tout à coup une importante révolution.

Plusieurs jeunes gens de la famille des Cancellieri jouaient dans une hôtellerie; comme ils étaient pris de vin, l'un d'eux, Carlino, fils de Godefroi, insulta et blessa un autre Cancellieri, Amadore ou Dore, fils de Guillaume. Dore pensa qu'il ne devait pas se borner à punir l'agresseur, mais que l'injure ayant atteint un innocent, il fallait que la punition retombât sur un innocent. En conséquence, le soir du même jour, il se mit en embuscade, et, voyant passer un frère de celui qui l'avait attaqué, Guillaume livra son fils au père du blessé, qui, peu touché d'un procédé si loyal, fit saisir Dore par ses domestiques, et ordonna, en signe de mépris, de lui trancher la main d'un coup d'épée. Loin d'approuver cette action, Guillaume livra son fils au père du blessé, qui, peu touché d'un procédé si loyal, fit saisir Dore par ses domestiques, et ordonna, en signe de mépris, de lui trancher la main sur une mangeoire, en disant : Retourne vers ton père, et apprends-lui que les blessures se guérissent avec le fer et non avec les paroles ! » Guillaume, saisi de rage, assembla ses amis, arma ses vassaux, et courut assaillir son ennemi.

Toute la ville se partagea entre les deux adversaires. Le premier ancêtre des Cancellieri avait eu deux femmes, dont l'une s'appelait Blanche; les descendants de cette dernière prirent alors le nom de *blancs*; les autres, par opposition, se nommèrent les *noirs*. On se battit avec acharnement dans les maisons, dans les rues; un juge, même, fut assassiné sur son tribunal. N'ayant pu réussir à calmer ces affreux désordres, le podestat, magistrat chargé de rendre la justice, posant à terre sa baguette en présence du conseil des *Anziani*, abdiqua ses fonctions, et quitta la ville. Ceux-ci, qui formaient le pouvoir exécutif, rendirent un décret, lequel confiait pendant trois ans la seigneurie de la ville aux Florentins, afin qu'ils avisassent aux moyens d'y rétablir la paix. Cet usage, particulier à presque toutes les républiques d'Italie, de confier la souveraine puissance à des étrangers, n'atteignait pas toujours son but, et ne servait souvent qu'à créer une tyrannie pire encore que celle des factions. L'histoire de ces temps en offre de nombreux exemples. Quoi qu'il en soit, les Florentins envoyèrent à Pistoia un podestat et un capitaine du peuple, qui ordonnèrent aux chefs des deux partis de s'éloigner, en leur assignant Florence pour lieu d'exil.

Parmi les familles les plus riches de la ville et les plus distinguées par la naissance, les Donati et les Cerchi occupaient le premier rang. Les *noirs* de Pistoia, alliés avec les Donati, furent accueillis avec bienveillance par Corso-Donato, chef de cette puissante maison. De leur côté, les *blancs* se mirent sous la protection de Veri de' Cerchi, qui ne le cédait en rien à Donato sous le rapport de l'opulence et de l'ancienneté de sa race. Cet incident accrut la haine qui existait déjà entre eux.

Le gouvernement de Florence, purement démocratique, divisait les citoyens en corps de métiers ou arts majeurs et mineurs, armés et commandés par des capitaines de leur choix. Six prieurs, présidés par un magistrat suprême, le gonfalonnier de justice, exerçaient le pouvoir : ils étaient remplacés tous les deux mois. Mais les nobles, quoique exclus de ces emplois, n'en conservaient pas moins une grande influence, surtout les Donati et les Cerchi, qui se disputaient la direction des affaires. Prévoyant qu'une crise allait éclater, les prieurs s'adressèrent au pape, pour qu'il mandât près de lui Veri de' Cerchi. Le pontife le conjura d'entrer en accommodement avec son rival ; mais Veri répondit que puisqu'il n'y avait pas de guerre il ne voyait pas la nécessité de faire la paix. Peu de temps après son retour de Rome, quelques jeunes Donati, se promenant à cheval dans une fête publique, accompagnés de leurs amis, s'arrêtèrent, pour voir danser des paysannes ; des Cerchi survinrent et poussèrent par mégarde les Donati, qui se trouvaient au premier rang de la foule. Une querelle violente s'éleva ; les épées furent tirées, et il y eut un grand nombre de blessés des deux côtés. Ainsi qu'à Pistoia, toute la ville prit parti. Une foule de bourgeois, quelques nobles et tous les gibelins alors à Florence soutenaient les Cerchi, qui étaient à la tête des *blancs*. Aussi, tenant entre leurs mains le gouvernement, ils avaient un avantage marqué sur les Donati, dont les partisans appartenaient pour la plupart au corps de la noblesse.

Sur ces entrefaites, le pape Boniface VIII envoya à Florence en qualité de légat le cardinal Matthieu d'Acquasparta, qui, traversé dans ses vues par les *blancs*, s'éloigna bientôt en frappant la ville d'un interdit. Après son départ, les Cerchi et les Donati en vinrent aux mains de nouveau ; mais Donato, reconnaissant que son parti était le plus faible, tint un conseil avec ses amis, où il fut convenu de demander au pape un prince étranger, que l'on chargerait d'opérer une réforme dans l'État. Informés du projet, les *blancs* le dénoncèrent aux prieurs comme une conspiration contre la liberté. La seigneurie, excitée par le célèbre Dante, qui était un des prieurs, appela aux armes le peuple de la ville et de la campagne, et bannit par un décret Corso-Donato, ainsi qu'un grand nombre de *noirs*. Quelques *blancs* furent aussi exilés, mais ne tardèrent pas à se faire amnistier.

Corso se rendit à Rome, et supplia le pape d'envoyer en Toscane comme son vicaire Charles de Valois, frère de Philippe le Bel. Boniface venait d'attirer ce prince en Italie, en lui offrant le royaume de Sicile, alors possédé par Frédéric d'Aragon, à qui le pontife voulait l'arracher. Autorisé par le saint-siége, Valois consentit à servir les projets de Corso, et se mit en marche, à la tête de huit cents cavaliers. Les *noirs* restés à Florence rassemblèrent une somme de 70,000 florins pour payer les troupes, et introduisirent dans la ville douze cents gendarmes à leur solde. A peine reçu dans Florence, Charles fit rentrer les exilés en leur livrant une des portes ; puis il exigea que les chefs des *noirs* et des *blancs* se remissent à sa discrétion. Dès qu'il les eut en son pouvoir, il relâcha les *noirs* et jeta les *blancs* dans les cachots. En vain les prieurs sonnèrent la cloche du palais pour appeler le peuple aux armes, le peuple resta immobile. Les *noirs* livrèrent au pillage pendant six jours les maisons de leurs adversaires, les massacrant sans pitié, et mariant de force les plus riches héritières à leurs partisans. Ils élurent ensuite pour podestat un étranger, le comte Gabrielli d'Agobbio, qui, appuyé par Charles de Valois, avec lequel il partageait le fruit de ses exactions, exila plus de six cents personnes, en les soumettant à des amendes de 6 à 8,000 florins. Parmi les bannis, on compte plusieurs illustres personnages, tels que Guido Cavalcanti, et surtout le Dante. Leurs biens furent confisqués et leurs maisons démolies. Cette horrible tyrannie dura cinq mois, jusqu'au départ de Charles pour la Sicile, dont il fut chassé par son rival, qui trouva le moyen de s'accommoder avec le pape.

Corso Donato, qui avait été l'âme de cette révolution, voulait seul en recueillir les fruits, et ne tarda pas à se brouiller avec les chefs de sa faction, jaloux de la puissance qu'il s'attribuait. Pour les abattre plus sûrement, il se déclara contre le parti de la noblesse, et s'associa avec les Bondoni et les Medici. Ces derniers, les Medici, commençaient à figurer dans les affaires, et jouissaient déjà d'un grand crédit auprès du peuple. Corso s'attira promptement la faveur de la multitude par ses déclamations contre la vénalité de ceux qui administraient la république ; mais ces derniers, profitant de son mariage avec la fille d'Uggiccione della Fuggiola, l'accusèrent d'aspirer à la tyrannie par le moyen de son beau-père, seigneur puissant de la Toscane, et chef des gibelins et des *blancs*. Cette accusation, soutenue avec adresse, perdit Donato. Cité devant le podestat par le peuple, il refusa de comparaître, et fut déclaré rebelle par contumace. Deux heures seulement s'écoulèrent entre l'accusation et la sentence. Corso prit le parti, en attendant d'être secouru par Uggiccione, de fortifier sa maison et les rues qui y conduisaient. Attaqué avec furie, il se défendit vaillamment : il fallut s'emparer des maisons voisines pour pénétrer dans la sienne. Alors il se fit jour à la tête de quelques amis, et parvint à sortir de la ville par la porte *della Croce* ; mais, atteint à Rovezzano, par des cavaliers catalans envoyés à sa poursuite par la seigneurie, il fut ramené sur ses pas, et massacré en chemin par un de ses conducteurs. Ainsi périt Corso. Sa mort, arrivée en 1308, porta un coup mortel au parti dont il avait été si longtemps le chef le plus influent.

Cependant un nouvel empereur, Henri VII, venait de descendre en Italie, et menaçait Florence de ses armes, pour la punir de s'être déclarée contre lui. Il avait promis aux exilés de les faire rentrer dans leur patrie. Les chefs du gouvernement résolurent de le prévenir, et rappelèrent un grand nombre de bannis, à l'exception de quelques-uns, parmi lesquels se trouvaient les fils de Veri de' Cerchi, et l'auteur de la *Divine Comédie* ; puis ils offrirent à Robert, roi de Naples, la souveraineté pendant cinq ans s'il s'engageait à les défendre contre les attaques de l'empereur et d'Uggiccione.

En 1323, Castruccio-Castracani, tyran de Lucques et chef des gibelins, envahit la Toscane et mit le siége devant Prato. La seigneurie, redoutant un pareil ennemi, non moins entreprenant qu'habile, fit publier que les guelfes bannis qui viendraient au secours de la patrie seraient rétablis dans leurs droits. Il s'en présenta quatre mille, et Castruccio se retira. Mais les exilés ayant refusé de poursuivre l'ennemi, le peuple, qui les crut d'intelligence avec lui, se souleva, et obligea la seigneurie de retirer la promesse faite aux bannis. Ceux-ci essayèrent plusieurs fois de s'introduire dans la ville par ruse ou par force, mais ils furent toujours repoussés. A partir de cette époque, les blancs et les noirs cessent d'occuper l'attention et de paraître dans l'histoire ; ils se fondirent dans les rangs des guelfes et des gibelins, qui continuèrent encore longtemps à ensanglanter l'Italie au nom de l'Église et de l'Empire. L'une des plus illustres victimes de ces funestes dissensions, le Dante, erra loin de sa patrie, sans pouvoir jamais y rentrer; de magistrat d'une république qu'il avait été, il cessa même d'en être citoyen. Triste condition, qui a inspiré à sa muse ces vers si touchants : « Tu quitteras les objets de ta plus chère tendresse ; c'est le premier trait qui part de l'arc de l'exil ; tu sentiras combien est amer le pain de l'étranger, et combien il est dur de descendre et de monter l'escalier d'un autre. »

BLANCS-BATTUS. *Voyez* FLAGELLANTS.

BLANC-SEING. Dans la pratique, un *blanc-seing* est un papier blanc, signé et remis à un mandataire dans lequel on a confiance, et qui devra le remplir des conditions qu'il jugera convenables, sans avoir besoin de recourir à celui qui le lui a confié. C'est toujours le témoignage d'une haute confiance, qui ne doit être que rarement accordé, mais qui est indispensable lorsqu'on ne peut fixer à l'avance ni les démarches à faire, ni l'étendue des ressources dont le mandataire peut avoir besoin.

BLANCS-MANTEAUX. Des religieux mendiants, qu'il ne faut pas confondre avec les *servites* de Florence, mais qui, de même que ceux-ci, suivaient la règle de saint Augustin, et qui avaient pris le nom de *serfs* ou *serviteurs de la Vierge-Marie*, institués à Marseille en 1223, vinrent s'établir à Paris en 1252 ou 1258. Comme ils étaient vêtus de blanc, ou que leur manteau était de cette couleur, le peuple leur donna le nom de *blancs-manteaux*, ainsi qu'à leur couvent et à la rue où il était situé, laquelle avait jusque-là porté le nom de rue de la *Vieille Parcheminerie*. Quoiqu'on attribue à saint Louis la fondation de cet ordre, auquel il accorda une protection marquée, il survécut peu à la mort de ce monarque : il fut compris dans l'abolition de plusieurs ordres mendiants prononcée en 1297 par le second concile de Lyon.

Philippe le Bel, en 1298, donna le monastère des Blancs-Manteaux aux guillelmites ou ermites de Saint-Guillaume, établis à Montrouge, et qui suivaient la règle de saint Benoit. La maison conserva le nom de Blancs-Manteaux, quoique ses nouveaux hôtes fussent entièrement habillés de noir. En 1618 les guillelmites furent incorporés aux bénédictins de Cluny, qui cédèrent depuis cette maison à la congrégation du même ordre dite *gallicane* et de *Saint-Maur*. Ce monastère fut rebâti en 1685 : la première pierre fut posée par le chancelier Le Tellier et sa femme, qui donnèrent 3,000 francs. L'église, construite à côté de l'ancienne, est de mauvais goût et de mauvaise architecture. On y voit un tableau d'Audran.

La maison des Blancs-Manteaux, possédée jusqu'à la révolution de 1789, avec titre de prieuré, par les bénédictins, est une de celles qui ont produit le plus de savants et d'hommes de mérite, tels que dom Morice, dom Clémencet, dom Poirier, dom Clément, dom Brial, etc. Il en est sorti aussi plusieurs ouvrages fort estimés et fort utiles : *l'Art de vérifier les Dates*, la *Nouvelle Diplomatique*, la *Collection des Historiens de France*, etc. Leur bibliothèque, qui contenait des matériaux précieux pour l'histoire de France, et surtout pour celle de Bretagne, a été réunie en grande partie à la Bibliothèque Nationale.

BLANDIN (PHILIPPE-FRÉDÉRIC), chirurgien d'un grand mérite, naquit à Aubigny (Cher), en décembre 1798, et mourut à Paris, le 16 avril 1849. Son père, contrôleur des contributions directes, était un homme d'ordre et de prévoyance, qui donnait à son fils beaucoup plus que sa légitime en le dotant par ses épargnes d'une éducation libérale. Au collége de Bourges, où il fit ses études, il remporta des couronnes qui le préparèrent à en ceindre de plus éclatantes et de plus mémorables. Ses compagnons d'étude ont gardé de lui les plus vifs souvenirs, et sa haute position n'a pas dépassé leurs présages.

Se destinant à la médecine, si parfaitement assortie aux dispositions investigatrices de son esprit, Blandin vint à Paris en 1816. Il y choisit avec prédilection pour maîtres trois hommes vers qui l'entraînait l'aimable ascendant de leur caractère affectueux, MM. Roux, Marjolin et Béclard, qui lui montrèrent le plus serviable attachement, ne fût-ce qu'en éloignant de lui les découragements de l'injustice.

Doué d'une grande mémoire, mais s'exprimant avec lenteur et difficulté, Blandin figura courageusement dans dix-sept concours, soit pour les hôpitaux, soit pour la Faculté. Ces luttes nombreuses accrurent peu à peu sa réputation, mais non sans préjudice pour sa santé, qui ne répondit jamais pleinement à son énergie morale. Pour prix envié de tant de tentatives persévérantes, Blandin obtint dix postes graduels, depuis l'emploi d'élève des hôpitaux jusqu'aux fonctions de chef des travaux anatomiques, puis de professeur à la Faculté, sans parler des récompenses accessoires n'intéressant que l'émulation. Un grand nombre de ses années se comptèrent ainsi par des victoires, succès progressifs à la suite desquels vinrent comme d'eux-mêmes les honneurs, des places élevées et lucratives, des titres recherchés, l'estime publique, et naturellement aussi le lot ordinaire d'une constance inébranlable, je veux dire la fortune, laquelle est bien moins capricieuse et moins aveugle que ne se l'imaginent ceux qui, s'étant bornés à la désirer et à l'attendre, n'ont rien fait de grand pour la conquérir.

Blandin était depuis plusieurs années professeur de médecine opératoire à la Faculté, où il avait succédé à Richerand ; chirurgien de l'Hôtel-Dieu après Breschet ; membre de l'Académie de Médecine, où les opinions commençaient à faire autorité ; officier de la Légion d'Honneur, et chirurgien consultant du roi Louis-Philippe. « Également chéri de sa famille et de ses élèves, disons-nous sur sa tombe, il jouissait dans ce double entourage de toute la félicité compatible avec sa situation et son caractère. Jours de satisfaction et de sécurité, purs instants de bonheur, pourquoi si tôt finir ! pourquoi si peu durables ! »

Anatomiste du premier ordre, Blandin a publié des *Commentaires sur l'Anatomie générale de Bichat*, une *Anatomie des Régions*, et enfin une *Anatomie descriptive* qui renferme un assez grand nombre de recherches délicates et nouvelles, particulièrement sur des glandes et sur des nerfs, soit sur le ganglion nerveux sublingual, qui portera vraisemblablement son nom ; soit sur les glandules de Pacchioli, dont il constate l'absence dans les premiers âges de la vie, etc. ; travaux qui ne sont pas de ceux qu'on récuse, et encore moins de ceux qu'on oublie. Il était disposé à attribuer les synergies respiratoires et expressives à l'anastomose mutuelle des nerfs du diaphragme, du larynx et de la langue, intime alliance qu'il reconnaissait n'être pas également expresse en de certaines personnes privées d'élocution. Il a en outre publié plusieurs thèses ou mémoires : 1° *Sur le système dentaire* ; 2° *Sur l'autoplastie*, qui lui a dû ses premiers progrès ; 3° *Sur la phlébite et la résorption purulente* ; 4° *Sur les dangers inhérents aux opérations de chirurgie*. Il a inséré quelques bons articles dans le *Dictionnaire de Médecine et de Chirurgie pratiques*. Mais où Blandin a le mieux montré les ressources de son intelligence, la solidité de sa dialectique et de son savoir, ce fut sans contredit à l'Académie. Nous citerons, pour en louer sa mémoire, les discussions sur les causes des difformités congéniales, sur l'introduction de l'air dans les veines pendant les opérations, sur l'orthopédie, sur les tumeurs fibreuses faisant confusion avec le cancer, sur la lithotritie mise en balance avec la taille, sur la distinction des deux ouvertures provenant d'une balle qui traverse les chairs, sur les accidents terribles attribués au chloroforme ; mais surtout la discussion sur les nerfs rachidiens à double racine, dont les propriétés sont contrastantes. Ici, Blandin étayait la découverte de Charles Bell par des preuves décisives témoignant de sa sagacité. Le *Bulletin de l'Académie de Médecine* compte beaucoup de pages qui lui font honneur.

Déjà riche de ses places, de sa clientèle et de ses épargnes, la révolution de 1848 le surprit chargé d'acquisitions non libérées, qu'une panique universelle avilit tout à coup dans ses mains, empêchées de s'en dessaisir. Ces mécomptes eurent un déplorable effet sur sa santé, qui en fut bientôt profondément altérée. Cet homme fort, qui avait su résister à vingt-cinq années de veilles et de travaux, qui excellait dans les grandes opérations, qui avait tant de fois envisagé la mort sans frémir et vu le sang couler sans même s'émouvoir, se laissa déconcerter par une révolution inopinée qui affectait des recettes prévues et faisait un embarras de ce qui avait pu sembler des richesses. Il mourut dans le marasme, à l'âge de cinquante ans et quatre mois, lui qui aurait pu fournir une longue et brillante carrière. Dr Isid. BOURDON.

BLANDRATA (GIORGIO), fondateur de la secte des *unitaires* en Pologne et en Transylvanie, était un Italien, natif de Saluces, et médecin à Pavie, qui dut, en 1556, se réfugier à Genève, à cause des persécutions que lui avaient values ses opinions favorables au protestantisme, et qui d'abord s'y rattacha à Calvin et à ses doctrines. Il se rendit en 1558 en Pologne ; mais y étant devenu suspect en raison de ses opinions unitaires, il passa, en 1563, en Transylvanie, où il devint le médecin du prince Jean Sigismond, qu'il gagna à ses idées religieuses, et où par sa prudence et sa circonspection il fit aussi de nombreux prosélytes parmi le peuple. Il périt assassiné, en 1590, par son neveu, qui était resté fidèle à l'Église catholique. — Henke a publié (Helmstœdt, 1794), sa profession de foi anti-trinitaire, avec la réfutation par Flaccius.

BLANGINI (JOSEPH-MARC-MARIE-FÉLIX), né à Turin, le 8 novembre 1781, fit ses études sous la direction de l'abbé Ottani, maître de chapelle de la cathédrale de cette ville. Dès l'âge de douze ans il accompagnait sur l'orgue le chœur de cette église ; à quatorze ans il y fit exécuter une messe à grand orchestre. Chanteur et compositeur, il s'essaya dans cette double carrière. Il vint à Paris en 1799, et fut chargé de terminer *La fausse Duègne*, opéra en trois actes, que Della-Maria avait laissé inachevé. Il écrivit ensuite plusieurs opéras, parmi lesquels on distingue *Nephtali*, en trois actes, représenté avec beaucoup de succès à l'Académie Royale de Musique.

Blangini s'est signalé par ses pièces fugitives : ses romances, ses nocturnes à deux voix, ont eu longtemps un succès de vogue. Appelé en 1805 à Munich, il y fit exécuter *Trajano in Dacia* ; le roi de Bavière lui confia la direction de sa chapelle. La princesse Pauline Borghèse le nomma directeur de sa musique et de ses concerts l'année suivante. En 1809 il passa au service du roi de Westphalie, en qualité de maître de musique de la chapelle, du théâtre et de la chambre. La révolution de 1830 enleva à Blangini les places qu'il avait à la cour de France ; il était compositeur et accompagnateur de la chambre du roi et de la duchesse de Berri.

Blangini a composé dix-huit opéras. *Les Gondoliers* furent représentés en 1833 sur le théâtre de l'Opéra-Comique. Il a publié plus de deux cents romances ou nocturnes, dont un grand nombre ont été adoptés par les auteurs de vaudevilles.

— Sa sœur aînée, maîtresse de chant de la reine de Bavière, s'est signalée par un talent très-remarquable sur le violon. Elle a composé pour cet instrument, et n'a publié qu'un trio pour deux violons et violoncelle. — Sa sœur cadette brillait dans les concerts, et chantait fort agréablement les jolies productions de son frère. CASTIL-BLAZE.

BLANKENBURG, nom de l'extrémité sud-ouest du duché de Brunswick, séparant la partie du Harz appartenant au Hanovre de celle qui relève de la Prusse, et bornée au sud-est par le territoire d'Anhalt-Bernburg. A l'exception de l'ancienne abbaye de Walkenried, le pays de Blankenburg, qui jusqu'au douzième siècle s'appela l'*Hartinggau*, formait un comté qui à la mort du dernier comte, Jean-Ernest, en 1599, échut au duché de Brunswick, et qui, transmis, en 1690, à Louis-Rodolphe, second fils d'Antoine-Ulrich de Wolfenbuttel, fut élevé, en 1707, au rang de principauté, et forma jusqu'en 1731 un État indépendant. Mais à cette époque il fit retour au duché de Brunswick.

Aujourd'hui le cercle de Blankenburg se compose des trois bailliages de Blankenburg, Hasselfeld et Walkenried, dont la superficie totale est de 440 kilomètres carrés environ et la population de 20,000 âmes. Le chef-lieu est *Blankenburg*, jolie petite ville de 3,500 habitants, située au pied du versant septentrional du Harz, et contenant d'importantes brasseries. Elle fut entourée de murs dès le dixième siècle, saccagée à deux reprises, en 1182 et en 1386, et eut beaucoup à souffrir, en 1625, du siége que Wallenstein mit devant elle. Pendant la guerre de Sept Ans, sa complète neutralité offrit un refuge assuré à la cour de Brunswick, et plus tard, depuis le 24 août 1796 jusqu'au 10 février 1798, Louis XVIII, après sa fuite de Dillengen, y trouva un asile sous le nom de comte de Lille.

Auprès de Blankenburg s'élève le château, d'un style noble et simple, qui sert de résidence temporaire aux ducs de Brunswick, et qui a été récemment décoré avec beaucoup de goût. Il renferme de précieuses collections, et l'on y jouit d'une vue ravissante. En général, les environs de Blankenburg sont romantiques, et rappellent des souvenirs historiques fort intéressants. Au sud, le *Luisenhaus*, bâti sur le sommet du Calvinusberg, domine un panorama enchanteur. A l'est s'étendent une série de rochers escarpés appelés dans le pays la *Muraille du Diable*, et au sud-est les roches granitiques du *Rosstrappe* ; au nord, enfin, l'on voit le romantique *Regenstein* ou *Rocher-Pluvieux*, et les célèbres cavernes de *Biel* et de *Baumann*.

BLANKENBURG est aussi le nom d'une jolie ville de la principauté de Schwarzburg-Rudolstadt, pittoresquement située dans la Vallée-Noire de la forêt de Thuringe, et comptant environ 1200 habitants. Elle possède des fabriques importantes de papier et de cuir, fait un commerce considérable de lavande, et voit depuis quelque temps beaucoup d'étrangers affluer dans ses murs, attirés par l'établissement hydropathique qui s'y est établi dernièrement. Au nord de la ville, sur un rocher calcaire haut de plus de cent cinquante mètres, s'élève le château de Greifenstein ou de Blankenburg, l'une des plus vastes et des plus admirables ruines de la Thuringe. Bâti par Henri Ier, détruit dans la guerre de Trente Ans, inhabité depuis 1671, dépouillé de son plus bel ornement, en 1800, par un ouragan qui renversa sa grosse tour, ce château est célèbre pour avoir vu naître l'empereur Gunther de Schwarzbourg.

BLANQUE ou BLANCQUE, espèce de loterie introduite en France du temps de Pasquier, dont il a donné la description. Après avoir désigné les lots qui formaient l'objet de la blanque, on émettait, comme dans les loteries actuelles, un certain nombre de billets numérotés. Le jour du tirage, on plaçait dans une urne autant de numéros qu'on avait émis de billets. Une seconde urne contenait autant de bulletins que la première : un certain nombre de ces bulletins portaient écrit le nom d'un des objets à gagner ; les autres étaient en blanc. Les premiers étaient nommés *bénéfices* ; ceux sur lesquels rien n'était écrit s'appelaient *blancs* ou *blancques*, et la répétition fréquente de ce dernier mot amena le nom du jeu. Un aveugle ou un jeune enfant, placé entre les deux urnes, tirait à la fois un bulletin de chacune d'elles, et le propriétaire du numéro contenu dans l'un avait droit au lot désigné par l'autre, si toutefois c'était un *bénéfice*. La blanque ne différait donc de nos loteries que par le mode du tirage, qui devait être d'une lenteur à laquelle on a suppléé dans les entreprises gigantesques de ce genre qu'on réalise aujourd'hui.

BLANQUETTE, sorte de vin blanc, assez renommé, que l'on fait dans la Gascogne et dans le Bas-Languedoc avec une espèce de raisin qui a reçu le même nom, à cause du duvet blanc et cotonneux qui recouvre sa feuille par-dessous; c'est le même que le *malvoisie* du Lyonnais et le *meûnier* des provinces septentrionales; son grain est petit, plus long que rond, arrondi à ses deux extrémités; lorsqu'il est mûr, sa couleur tire sur le roux. La chair de ce raisin est cassante, et chaque grain renferme communément deux pépins; son suc est doux, sucré, assez aromatisé; mais il faut attendre sa complète maturité avant de le couper pour faire la blanquette. Ce vin, du reste, est doux, assez spiritueux, et de l'espèce de ceux qu'on nomme *vins de femme*; il s'éclaircit difficilement, et par conséquent a besoin d'être collé et fouetté. La *blanquette de Limoux* est en réputation auprès des gourmets.

La *blanquette* ou le *blanquet* est aussi une espèce de poire d'été, musquée, de forme ronde, un peu courbée et allongée vers la queue, dont la peau, fort lisse et fort blanche, se colore faiblement au soleil, et dont la chair, cassante et fine, contient en grande quantité une eau sucrée et fort agréable; mais cette poire a le défaut de la plupart des poires d'été : elle devient pâteuse quand on la laisse trop mûrir. Elle réussit également bien en buisson et en tige.

On appelle encore *blanquette* un mets ou espèce de fricassée faite ordinairement de veau ou d'agneau découpé par tranches, et accommodée d'une sauce blanche.

BLANQUI (JÉRÔME-ADOLPHE) était l'aîné des fils du député Jean-Dominique Blanqui, envoyé par l'ancien département des Alpes-Maritimes (chef-lieu, Nice) à la Convention nationale, l'un des soixante-treize incarcérés pour avoir protesté contre la révolution jacobine du 31 mai 1793, réintégré le 8 juillet 1795, élu membre du Conseil des Cinq-Cents, investi d'une sous-préfecture après le 18 brumaire, et mort à Paris, à l'âge de soixante-quinze ans, en juin 1832.

Né à Nice le 21 novembre 1798, Blanqui aîné commença dans sa ville natale, sous les auspices de son père, homme éclairé et instruit, d'excellentes études, qu'il vint terminer à Paris avec beaucoup de distinction. Il suivit d'abord la carrière de l'enseignement, s'adonnant aux sciences médicales, à la chimie, et remplissant dans un pensionnat renommé (l'institution Massin) les fonctions de répétiteur d'humanités. Ces fonctions le mirent en rapport avec J.-B. Say, qui désira l'avoir pour disciple. Sa bienveillance et ses conseils inspirèrent à son jeune ami l'amour des études économiques; et le patronage du professeur français le plus renommé lui procurant au jeune Blanqui la chaire d'histoire et d'économie industrielle à l'École spéciale du Commerce, dont il devint directeur en 1830, lui ouvrit une carrière à laquelle il devait consacrer ses travaux et sa vie. Cette carrière, Blanqui la parcourut avec un zèle infatigable, et ce qui est assez rare, il sut concilier un mérite réel avec des vues saines et utiles.

Un cours à l'Athénée, sur l'*histoire de la civilisation industrielle des nations européennes*, cours qui fut très-suivi; d'autres cours, soit à l'École du Commerce, où il prononça plusieurs discours remarquables, soit au Conservatoire des Arts et Métiers, où il succéda comme professeur, en 1833, à J.-B. Say; de nombreuses publications, ayant toutes pour objet les progrès de l'industrie et du commerce; plusieurs voyages entrepris dans les mêmes intentions, ont signalé le zèle de cet écrivain, accru et mûri son savoir. Il a pris rang parmi les plus habiles économistes contemporains. Peu d'écrivains et de professeurs ont montré autant d'ardeur, d'activité, un travail aussi facile et aussi fécond. En outre, il n'a presque pas cessé de concourir, par des articles, fruits de la verve la plus abondante, à des journaux et à des recueils où l'économie publique, les vues et les débats politiques trouvaient accès, depuis le *Producteur*, où l'on arbora le drapeau de Saint-Simon, jusqu'au *Figaro*, au *Courrier français*, et au *Dictionnaire des Marchandises*.

Entre les publications dues à sa plume on a distingué : 1° un *Résumé de l'Histoire du Commerce et de l'Industrie* (1826); 2° un *Précis élémentaire d'Économie politique* (même année); 3° un *Voyage à Madrid* (même année); 4° celui-ci avait été précédé, en 1824, d'un *Voyage en Angleterre*; 5° une *Histoire de l'Exposition des Produits de l'Industrie française* en 1827 (in-8°, 1827), collection d'articles insérés dans les journaux pendant cette exposition; 6° un *Rapport sur l'état économique et moral de la Corse*, en 1838, lu à l'Académie des Sciences morales et politiques, à laquelle l'auteur avait été appelé le 2 juin de la même année; 7° *Algérie. Rapport sur la situation économique de nos possessions dans le nord de l'Afrique*, lu à la même Académie en 1839 (in-8°; Paris, 1840), le premier écrit qui ait fait connaître au vrai, avec une courageuse franchise, l'état des choses dans ce pays; 8° *Notices sur le ministre anglais Huskisson et sur sa réforme économique; sur la vie et les travaux de J.-B. Say*, etc., lues à l'Académie; 9° *Considérations sur l'état social des populations de la Turquie d'Europe* (voir le Journal des Économistes, fondé en 1841 par Blanqui et ses amis).

Mais son ouvrage capital, celui qui lui fait le plus d'honneur à son savoir ainsi qu'à sa plume, celui qui lui assigne un rang éminent parmi les meilleurs écrivains qui se soient voués à cette spécialité, c'est son *Histoire de l'Économie politique en Europe, depuis les anciens jusqu'à nos jours*, suivie d'une bibliographie raisonnée des principaux ouvrages sur cette matière (Paris, 1837 et 1842, 5 vol. in-8°). Ce livre, inspiré par de généreuses pensées, révèle dans son auteur de fortes études, un jugement sain, des aperçus lumineux et des vues souvent profondes. Ce n'est point de la scolastique, ce ne sont point des logographies économiques, à la manière de Ricardo et de son école; ce sont des idées nettes, exposées avec clarté : mérite rare quand il s'agit de l'une de ces études où n'être pas compris passe pour le *maximum* de la profondeur. On lui doit enfin un travail en deux volumes in-18 *sur les Classes ouvrières en France*, publié en 1848 par MM. F. Didot, et faisant partie de la *Collection des petits traités* mis au jour par l'Académie des Sciences morales et politiques.

Blanqui aîné siégea avec distinction, de 1846 à 1848, à la Chambre des Députés, comme représentant de Bordeaux. Il parcourut presque toute l'Europe pour y étudier les progrès de l'industrie et les questions économiques. En 1851 il se rendit à Londres, chargé par l'Académie d'examiner l'exposition universelle et de lui en faire un rapport. Il préparait un grand et important travail *sur les Populations rurales de la France*, à la suite d'une enquête de près de trois ans exécutée par ordre de l'Académie, au moment où la mort est venue le frapper le 28 janvier 1854.

Blanqui appartenait à l'école économique qui a inscrit sur son drapeau la liberté commerciale. En 1847 ses discours furent très-remarqués au congrès des libre-échangistes tenu à Bruxelles. On les trouva seulement trop anecdotiques et trop *spirituels*, si toutefois c'est là un défaut. Sous la monarchie déjà, Blanqui s'était fait le défenseur de l'enseignement industriel; il attaquait l'enseignement universitaire, qu'il trouvait ne pas répondre aux besoins du siècle. On se rappelle une séance de l'Académie des Sciences morales et politiques où, argumentant *ad hominem*, il demandait où l'on trouverait un homme capable de suivre par la pensée le long chemin qu'a parcouru le tapis qui couvre une table, depuis la laine du mouton jusqu'au palais de l'Institut. On ne pouvait mieux ouater l'épigramme. Aussi, continuant, Blanqui reprit : « Savez-vous seulement par quel procédé on prépare les plumes d'oie à l'aide desquelles écrivent tant de gens d'esprit ? » Les académiciens sourirent agréablement à cette question, et prirent le compliment pour eux.

BLANQUI (Louis-Auguste), frère du précédent, est né à Nice, en 1805. Lors des élections de 1827, Paris vit les troubles de la rue Saint-Denis dégénérer en combat; les fusillades de la garde royale répondirent aux acclamations de joie de la foule. Au nombre des quelques jeunes hommes qui prirent les armes pour riposter aux coups de feu de la troupe, se trouvait Auguste Blanqui; il paya de son sang cette première prise d'armes : une balle lui traversa le cou, et il fut relevé mourant. En 1830, Blanqui, étudiant en droit, prit une seconde fois la parole contre la dynastie de Charles X; il combattit au cri de *Vive la liberté!* et reçut plus tard, comme récompense nationale, la décoration de Juillet. Blanqui n'avait pas supposé que la lutte de l'esprit de liberté contre l'ancien régime, représenté par la branche aînée des Bourbons, dût se borner à la substitution d'un trône à un autre; il était de ceux qui pensaient qu'au triomphe matériel des masses armées devait succéder la lutte des intelligences pour la réalisation des principes démocratiques. Pénétré de tout ce qu'avaient de poignant les souffrances des classes laborieuses, il désirait ardemment qu'on y remédiât; et, voyant la résistance passive qu'opposait la bourgeoisie à l'amélioration matérielle du sort des masses, pour laquelle d'ailleurs on ne formulait alors aucun plan, Blanqui se posa d'une manière exclusive, comme tous ceux qui se préoccupent vivement d'une idée, en antagoniste de cette bourgeoisie. Loin d'appeler les bourgeois, ou les *oisifs*, comme il les nommait, à travailler en commun à l'œuvre de régénération qu'il entrevoyait, il ne négligea aucune occasion de les froisser, les accusant de n'avoir ni l'intelligence de leur position ni celle de l'avenir.

Blanqui était entré à la *Société des Amis du Peuple*, ce club dont l'existence, assez courte, fit renaître en France l'école républicaine, en groupant les hommes, peu nombreux d'abord, qui avaient conservé les traditions de 89 et de 93. Avant le premier aniversaire de Juillet, il fut nommé membre du comité de rédaction du journal que cette société publia pendant quelques semaines : cet honneur et ses opinions bien connues lui valurent une longue détention préventive et l'amenèrent sur les bancs de la cour d'assises, dans le procès dit *des Treize*. Blanqui présenta lui-même sa défense; il exposa ses doctrines, et fut acquitté par le jury. Dans son discours, Blanqui avait violemment attaqué ceux qu'il appelait les *bourgeois*, les *riches privilégiés*. « Qui aurait pu penser, s'était-il écrié, que les bourgeois appelleraient les ouvriers la plaie de la société? Les privilégiés vivent grassement de la sueur du peuple. Qu'est-ce que votre Chambre des Députés ? Une machine impitoyable, qui broie 25 millions de paysans et 5 millions d'ouvriers pour en tirer toute la substance, qui est transvasée dans les veines des privilégiés. » La cour vit dans son discours et surtout dans ces paroles un délit d'audience, et elle le condamna à un an de prison et 200 francs d'amende, comme coupable d'avoir cherché à troubler la paix publique en excitant le mépris et la haine des citoyens contre plusieurs classes de personnes.

L'esprit de Blanqui jeune n'était pas de ceux que l'on mate par la prison : après avoir passé sous les verrous le temps de sa condamnation, nous le retrouvons pour la première fois, en 1835, devant la cour des pairs en qualité de défenseur des prévenus d'avril. Il avait été rendu à la liberté, mais non au repos et à l'indifférence. La loi sur les associations avait brisé dans les mains du parti républicain une arme puissante; cette loi avait fait naître les *sociétés secrètes*, machines non moins dangereuses, mais que, grâce au grand jour et aux facilités des réceptions, le pouvoir neutralisait facilement; la loi sur les armes de guerre avait rendu difficiles les approvisionnements que nécessite la perspective d'une lutte populaire. Blanqui organisa néanmoins la *Société des Familles*, association secrète dont chaque membre jurait de prendre les armes au premier ordre et d'obéir à toute réquisition de ses chefs. Dans la formule de réception de cette société, on établissait que les *droits* des citoyens étaient le droit d'existence, le droit d'instruction publique, le droit de participation au gouvernement; que leurs *devoirs* étaient le dévouement envers la société et la fraternité envers leurs concitoyens. Ces principes étaient bien ceux de Blanqui. On peut donc supposer que ce formulaire était son œuvre. Pépin, le complice de Fieschi, au moment de monter sur l'échafaud, crut sauver sa tête en dénonçant vaguement Blanqui comme l'organisateur et le chef de la *Société des Familles*, et en disant qu'il avait été prévenu du rôle de destruction que la machine infernale allait jouer le 28 juillet 1835. Blanqui, arrêté sous la prévention d'association illicite et de fabrication de poudre (affaire de la rue de l'Oursine), comparut devant le tribunal correctionnel; interrompu dans sa défense, il fut condamné à deux ans de prison, 3,000 francs d'amende, et placé sous la surveillance de la police. L'amnistie abrégea la durée de sa peine, et il vint se fixer à Auneau, puis près de Pontoise, la résidence de Paris lui étant interdite.

Blanqui était sorti de prison tel qu'il y était entré, ennemi implacable de la monarchie, et jugeant son renversement facile par un coup de main mystérieusement combiné. La Société des Familles était tombée dans des mains subalternes. Blanqui prit le parti de la réorganiser sous le nom de *Société des Saisons*. Raisant, Martin Bernard, Barbès, Lamieussens en étaient les chefs principaux. Le calcul de cette société était de ne pas bouger et d'éclater tout à coup. Vers le commencement de mai 1839, la France était sous le coup d'une longue crise ministérielle; les débats de la coalition avaient singulièrement affaibli l'action du pouvoir; Blanqui comptait alors sur mille hommes bien déterminés, bercés depuis longtemps dans l'espoir d'entendre sonner l'heure du combat. Une société collatérale, mais affiliée, connue sous le nom de *Montagnards*, menaçait de dissoudre l'association; la désaffection gagnait la bourgeoisie : Blanqui crut que le moment d'agir était venu. Il fixa, avec Martin Bernard et Barbès, pour les deux premiers dimanches de mai des revues des groupes de la société. La seconde de ces revues fut passée le 12 mai, à deux heures et demie. C'était un dimanche : tous les ouvriers chômaient; les courses du Champ-de-Mars avaient attiré de ce côté une grande quantité de curieux; les membres de la famille royale et les principales autorités s'y trouvaient. Le pouvoir allait donc être surpris au moment où il s'y attendait le moins.

Entrant dans un lieu où l'attendaient Martin Bernard, Barbès et plusieurs chefs en sous-ordre de l'association, qui ignoraient encore le but de leur réunion, il s'écria : « Ils sont pris en flagrant délit! — Qui donc? aurait répondu Martin Bernard. — Eh, parbleu! les hommes du pouvoir. Marchons! » Et alors, tirant de sa poche un mouchoir rouge à carreaux, au bout duquel était attaché un pistolet d'arçon, il descendit dans la rue, où les sectionnaires débouchaient de toutes parts, et monta à leur tête dans les magasins de l'armurier Lepage, où les insurgés se munirent de fusils de chasse, pendant qu'au milieu de la rue Bourg-l'Abbé des caisses de cartouches étaient défoncées et le contenu réparti à raison de deux ou trois cartouches par homme. Huit cent cinquante sectionnaires prirent part à cette levée de boucliers; guidés par Barbès et Blanqui, ces hommes, ayant deux ou trois coups de feu à tirer, attaquèrent sans hésiter un gouvernement qui disposait de quarante à cinquante mille hommes de troupes, et de soixante à quatre-vingt mille gardes nationaux. En route, cette poignée de sectionnaires se recruta d'un nombre au moins égal de combattants; mais les armes manquaient. Les cartouches de différents calibres se mêlèrent maladroitement. On comptait s'emparer de la préfecture de police, garder et barricader les ponts, établir une espèce de camp retranché, de quartier général à la préfecture, faire de la Cité le centre de l'insurrection, et pousser de là des colonnes dans diverses directions. Barbès partit de la rue Quincampoix avec quarante hommes en avant du gros de la troupe. Il ne fut pas suivi, et après son échec il ne sut que faire. On changea de plan, et on résolut une attaque sur l'Hôtel de Ville; puis on se rabattit sur les mairies des septième et huitième arrondissements. Repoussé partout, on se mit à faire des barricades. Blanqui suivait la colonne; mais il avait peu de confiance dans les barricades; et après la prise de celle de la rue Grenétat on perdit sa trace. Pendant six mois il échappa à toutes les recherches; il allait quitter enfin Paris le 14 octobre, et était déjà monté sur l'impériale de la diligence qui devait l'emmener en Bourgogne, quand il fut arrêté par des agents de police auxquels le secret de son départ avait été livré.

Traduit devant la cour des pairs en janvier 1840, il refusa de répondre, et protesta seulement contre les accusations d'assassinat lancées par le rapporteur contre les insurgés, au sujet de l'attaque du Palais-de-Justice. Condamné à mort ainsi que Barbès, Blanqui vit, comme celui-ci, sa peine commuée en celle de la détention perpétuelle. Après quatre années de réclusion cellulaire au Mont-Saint-Michel, qui avaient altéré sa santé, il en sortit mourant, et fut transféré au pénitencier de Tours.   Napoléon GALLOIS.

A la révolution de Février, Blanqui, qui avait refusé sa grâce, se trouvait cependant libre. La république une fois proclamée, il vint à Paris, et bientôt son activité le ramenait au premier rang de l'agitation. Président, on pourrait dire chef, d'un club auquel il a laissé son nom, et qui se réunissait rue Bergère, dans une des salles du Conservatoire de Musique, il lança plusieurs fois les masses contre le gouvernement provisoire. « Dire ce que ce petit être chétif, maigret, plié en deux, a remué d'hommes dans ce Paris si violent, si tourmenté, ce serait écrire une histoire immense, lisons-nous dans les *Profils révolutionnaires*. Il fallait le voir tous les soirs à son club, animant les débats, leur donnant des aperçus hardis, des proportions effrayantes... Les veilles, les prisons, les souffrances, ont usé son corps; mais ce corps de fer résiste à tout : il est trempé pour la lutte. Sa ruse profonde et son inflexible audace n'ont pas de bornes. »

Rendu tout entier à sa haine contre la bourgeoisie par ses souffrances et ses échecs, Blanqui soufflait le fiel et l'imprécation. Dans son extravagance, il allait jusqu'à prêcher l'abstinence la plus complète au peuple entier. « Vous faites vivre le commerce, disait-il aux masses : cessez de consommer, vous verrez combien de temps les boutiquiers pourront se passer de vous ! » Mais cette abstinence n'était pas dans les mœurs; et d'ailleurs la ligne de démarcation entre le peuple et la bourgeoisie est impossible à trouver dans notre société : tout ouvrier aspire à être bourgeois, et compte le devenir; tout bourgeois peut être ouvrier demain. Ces prédications ne firent donc que d'un petit nombre d'adeptes, fanatiques, il est vrai; mais elles irritèrent la bourgeoisie, qui se prépara à se débarrasser de ces hôtes incommodes.

Un beau jour il parut dans le premier numéro de la *Revue Rétrospective*, recueil fondé par M. Taschereau, une pièce curieuse, non signée, adressée au ministre de l'intérieur du roi Louis-Philippe, datée du mois d'octobre 1839, et contenant des détails circonstanciés sur les événements de mai de cette année. C'était un coup de foudre pour Blanqui; car on ne pouvait attribuer cette pièce qu'à lui. « Vous seul, lui dit plus tard Barbès, pouviez savoir les détails contenus dans ce rapport. » Blanqui promit de répondre, et ne fit qu'attaquer les publicateurs de cette pièce, qu'il prétendit fabriquée dans les conseils du gouvernement provisoire. On l'attendait à son club; il ne fit que des promesses d'explications, qu'il oublia. Sommé par Barbès de venir s'expliquer dans le club que celui-ci présidait, Blanqui refusa de s'y rendre; un jury républicain offrit de s'interposer : Blanqui prétendit n'avoir besoin que de la publicité pour se défendre, et la publicité ne vint jamais.

Cependant il organisait des démonstrations du 15 mars et du 16 avril; mais l'attitude de la garde nationale, réunie à l'appel du général Changarnier, montrait à Blanqui la peine qu'il aurait à monter au pouvoir; et pourtant M. de Lamartine avoue avoir eu à compter avec lui et lui avoir fait offrir une place à l'étranger. Blanqui aurait répondu qu'il n'hésiterait pas à servir son pays à l'étranger quand il aurait un gouvernement à sa convenance. A la fin d'avril Blanqui avait été l'objet d'un mandat d'amener; mais on avait ajourné l'exécution de cette mesure.

La pensée de l'attentat du 15 mai se développa dans le club de Blanqui. Le 13 mai un membre proposa d'aller en masse à l'Assemblée proposer une série de décrets. Blanqui répondit que le peuple ne comprenant pas encore le communisme, il fallait s'adresser à des idées auxquelles il fût plus sensible. La Pologne étant un mot magique, c'était au nom de la Pologne qu'il fallait entraîner le peuple; mais il se réservait de fixer le moment. Le lendemain, à l'ouverture de la séance, Blanqui fit décider que la *Société centrale républicaine* (c'était son club) se joindrait aux corporations qui devaient porter à l'Assemblée nationale une pétition en faveur de la Pologne. On ne se rendit pas néanmoins à la place de la Bastille, mais on se réunit à la colonne sur le boulevard du Temple. Blanqui prit place en tête avec les délégués, et il entra un des premiers dans l'Assemblée. Après l'envahissement de la salle, après la lecture de la pétition par Raspail, Blanqui monta à la tribune, et demanda un vote immédiat sur les conclusions de la pétition; il réclama justice au nom du peuple à l'occasion des événements de Rouen, et, parlant de la misère du peuple, il somma l'Assemblée de s'occuper sans désemparer des moyens de donner de l'ouvrage aux milliers de citoyens qui en manquaient. Enfin, il se plaignit qu'on écartât pour ainsi dire systématiquement des conseils du gouvernement les amis du peuple. Ce discours porta l'effervescence au comble. Bientôt Hubert prononça la dissolution de l'Assemblée. Le nom de Blanqui figurait en tête des listes du nouveau gouvernement provisoire. Cependant on ne le trouva pas à l'hôtel de ville, lorsque la garde nationale y arriva. Il échappa pendant quelques jours encore aux recherches de la police; mais le 26 mai il fut arrêté rue Montholon, dans une maison où il avait reçu asile. Traduit devant la haute cour qui siégea à Bourges, il rompit enfin en audience publique le silence qu'il avait gardé pendant l'instruction; il déclina la compétence de la cour, qui ne l'avait été formée qu'en vertu d'une loi votée après les événements qui amenaient les accusés devant la justice, et soutint qu'il n'y avait aucune preuve qu'il eût pris part à un complot contre l'Assemblée. Il n'y avait eu, suivant lui, le 15 mai, qu'une réunion d'hommes poussés par les événements à faire beaucoup plus qu'ils n'avaient prévu. Dans la dernière séance, Barbès l'attaqua vertement pour le fameux rapport publié par la *Revue Rétrospective*, et lui reprocha d'avoir obtenu sa grâce, quand tant d'autres étaient morts en prison. Blanqui répondit encore d'une manière embarrassée, et en appela à l'opinion publique. Le haut jury ayant admis en sa faveur des circonstances atténuantes, la cour le condamna en dix années de détention, qu'il subit encore aujourd'hui.

BLAPS (de βλάψις, action de nuire). Ce genre d'insectes de l'ordre des coléoptères, est de couleur noire, marche lentement, vit dans les lieux obscurs, humides et sales des habitations, et répand quand on le touche une odeur fort désagréable.

BLASEMENT (de βλάζειν, être hébété). Le blasement diffère de l'agacement en ce que l'être blasé voit sa sensibilité à demi éteinte par l'abus épuisant ou les débauches. Ainsi l'homme qui fait excès de boissons alcooliques sent à peine la saveur de l'eau-de-vie. Nous en avons vu qui savouraient l'alcool à 40°, poivré encore par du piment. Les peuples affaissés par la chaleur sous les tropiques sont moins sensibles que nous aux impressions fortes sur la peau ; de là vient sans doute l'usage des supplices atroces infligés aux Nègres, aux Orientaux et Asiatiques, et dont le seul récit nous fait frémir. Ainsi, l'on ajoute du vinaigre, du poivre, etc., aux entamures de la peau chez les criminels fouettés au sang, pour aigrir des tourments qu'ils sentent à peine, dit-on. En effet, la sensibilité, d'abord vive et excitée dès la jeunesse parmi les nations nées sous des cieux ardents, finit par s'amortir. Un vieillard à peau flasque, usé par l'emploi journalier des impressions les plus poignantes, des jouissances les plus âcres, devient bientôt incapable de les éprouver ; il mâche du poivre bétel avec la chaux ; il ravive sa langue avec du sublimé corrosif, dit-on ; il a besoin dès l'âge de trente ans des stimulations les plus luxurieuses, et sollicite des aphrodisiaques de tous les médecins pratiquant dans l'Orient. Sous une atmosphère chaude et humide toutes les membranes se relâchent, tous les tissus se détendent ; l'individu épuisé végète désormais, par un bienfait de la nature, qui prolonge ainsi l'existence, mais avec l'insensibilité et l'ennui.

Tel est le sort qui attend l'homme affaissé, le riche abusant de sa fortune pour s'enivrer de toutes les délices. Il ne sait pas que *peu* est *assez* pour notre nature, que le milieu seul nous garantit de ce blasement destructif de tout plaisir, ou de cet état de débilité qui rendait Sardanapale, rassasié de voluptés dans son opulence et entouré de ses femmes, le plus infortuné des humains.

Le blasé n'a qu'une voie pour revenir à l'ordre naturel : c'est désormais de s'abstenir et d'attendre du bénéfice du temps la restauration de sa force, si son âge lui en laisse l'espérance. On a vu même des vieillards retrouver après tant d'années de modération une vigueur inespérée. La femme, toujours plus près de la nature que l'homme et moins emportée par ses passions (si l'on excepte les races des messalines et des mégères), se blase moins que lui, quoique ses nerfs soient plus impressionnables et plus délicats ; mais elle craint davantage les excès, quoiqu'elle ne les haïsse pas. C'est qu'ils sont souvent mortels pour sa constitution. Ainsi, les abus des jouissances d'amour peuvent déterminer des cancers, etc., tandis que l'homme blasé tombe dans l'énervation ou l'impuissance.

Le blasement n'a lieu que sur trois organes de sensation : 1° la peau pour le tact ; 2° le goût ; 3° les fonctions sexuelles. Cependant on peut fatiguer par des excès aussi la vue, l'ouïe et l'odorat, au point d'énerver la vigueur de ces sens.

Le sentiment moral du cœur humain peut-il se blaser ? Ceci se rapporte plutôt à la perversion des sentiments intimes par suite des mauvais exemples ou des habitudes criminelles. D'ailleurs, la vue fréquente des atrocités endurcit même les femmes accoutumées à faire châtier des esclaves ou des nègres dans les colonies, comme ces Romaines qui voyaient tuer les gladiateurs dans les amphithéâtres.

J.-J. VIREY.

BLASON ou ART HÉRALDIQUE, connaissance et explication méthodique des armoiries. C'est à l'amour de la gloire, à la galanterie, passions chères à nos aïeux, et qui tiennent une si grande place dans notre histoire, que la science héraldique doit son invention et ses emblèmes ; c'est au besoin de rendre intelligibles aux yeux les *gages* de l'amour et les signes de la valeur que se rapporte l'origine du blason. Les étymologistes ne sont pas d'accord sur ce mot. Les versions les plus vraisemblables sont celles qui le dérivent de l'anglais *blasing*, publication, ou de l'allemand *blasen*, sonner du cor. En effet, lorsqu'un chevalier se présentait à la barrière d'un tournoi, son écuyer ou son page sonnait du cor pour avertir les hérauts d'armes de son arrivée. Ceux-ci allaient alors reconnaître les armes du champion ; ensuite, rentrant dans l'enceinte, ils sonnaient de la trompette pour obtenir un moment d'attention et de silence, et décrivaient à haute voix ses armoiries, sans omettre le nom ou le surnom du chevalier ni les faits d'armes à sa louange. Cette formalité remplie (elle s'appelait *blasonner*), le chevalier était admis. Celui qui avait assisté deux fois à un tournoi solennel était suffisamment blasonné et publié, et l'on assure (c'est ce que nous ne garantissons pas) qu'il pouvait alors mettre en cimier deux trompes sur son casque.

L'origine du blason se confond avec celle des armoiries ; car le premier qui, par de simples lignes ou hachures, imagina d'exprimer les diverses couleurs des emblèmes empreints sur les boucliers, sur les cottes d'armes et les bannières des preux, peut être considéré comme l'inventeur des armoiries et le législateur du blason. Les principes de cette science ont eu leur longue enfance, comme toutes les autres institutions. Consacrés par l'usage et transmis par la tradition, ce ne fut qu'après un laps de temps considérable que le désir d'en rendre l'interprétation fixe et plus générale les fit réunir en une espèce de code, qui eut son vocabulaire spécial, et devint l'une des bases de l'éducation de la jeune noblesse. Depuis lors, il se fit des milliers d'armoriaux, de registres de tournois et de carrousels, de méthodes héraldiques ; et aujourd'hui encore, quoique dépouillé du prestige que lui donnaient les mœurs et les préjugés du temps, le blason n'a pas cessé de captiver cette sorte d'intérêt et de curiosité qu'excitent toujours les choses extraordinaires.

Trois éléments concourent à constituer le blason : l'é c u, qui représente le bouclier, les é m a u x (métaux, couleurs et fourrures), et les p i è c e s et m e u b l e s.

Les brisures servent à distinguer les branches d'une même famille.

Les ornements extérieurs de l'écu sont : le c a s q u e, les lambrequins, le cimier, la couronne, les tenants et supports, le cri de guerre ou la devise, le manteau, les insignes et les ordres de chevalerie.

En blasonnant, on observe de désigner d'abord le champ de l'écu, ensuite les pièces honorables ou meubles principaux, et, en dernier lieu, les autres meubles qui les chargent ou les accompagnent. Quoique le chef soit la première des neuf pièces honorables, on ne le nomme qu'après tout ce qui peut indistinctement charger l'écu, excepté dans le cas où il se trouve des pièces ou meubles brochant à la fois sur le champ ou sur le chef : dans ce cas seulement, les pièces brochantes sont énoncées les dernières. LAINÉ.

BLASPHÈME (en grec βλασφημία). Ce mot signifiait d'abord injure, diffamation, atteinte à la réputation. Les Septante lui ont donné un autre sens : ils appelèrent blasphème l'injure contre Dieu. Les lois canoniques ont classé le blasphème au rang des plus grands crimes, en s'appuyant d'un texte de la loi des Juifs : « Tu ne prendras pas le nom de Dieu en vain. » Mais ce texte ne s'appliquait qu'au parjure. Et puis, qui donc oserait suppléer à la justice divine ? « La gravité du péché, dit Beccaria, dépend de l'inextricable malice du cœur. Des êtres bornés ne peuvent sonder la profondeur de cet abîme sans le secours de la révélation : où trouveraient-ils une règle pour punir quand Dieu par-

BLASPHÈME

donne, pardonner quand Dieu punit? S'ils ne peuvent sans l'offenser se mettre en contradiction avec Dieu, s'arroger le droit de le venger serait un sacrilége plus grand encore. »

Les ordonnances des rois, comme les lois canoniques, ont qualifié le blasphème crime capital; elles en ont distingué trois espèces : la première, appelée *énonciation*, c'est quand en affirmant ou niant quelque chose on fait injure à Dieu, soit qu'on lui attribue ce qui ne lui convient pas, soit qu'on s'efforce de lui ôter ce qui lui convient ; la seconde est le *blasphème* avec imprécation ou exécration contre Dieu, en le maudissant : c'est *le péché du démon et des désespérés*; la troisième, quand on parle de Dieu et de ses attributs avec outrage, mépris ou moquerie. Ces trois définitions ont été érigées en principe aux conférences d'Angers. Ainsi, suivant l'esprit et la lettre des définitions canoniques, c'était blasphémer que d'appeler une maîtresse *divine*, *adorable*, et un roi *divin* ou *tout-puissant*, et le pape *sa sainteté*. Jeanne d'Arc fut déclarée coupable de *blasphème* au premier chef pour avoir dit, suivant l'accusation, que Dieu, sainte Catherine et sainte Marguerite haïssaient les Anglais, et que son étendard avait un caractère *divin*, qui assurait la victoire aux guerriers qui le suivaient.

L'inquisition n'a été en France qu'un fléau passager, elle n'a pu y dresser ses bûchers qu'à de rares intervalles; mais ses attributions impies, son code de proscription et de sang, ont passé dans notre législation criminelle et dans nos juridictions ordinaires; les parlements, les tribunaux subalternes, les officialités se sont substitués aux inquisiteurs de la foi. C'est sous le poids d'une accusation de blasphème, dénuée de preuves et même de vraisemblance, que le jeune de Labarre périt sur l'échafaud, en 1766.

La législation qui punissait le blasphème fut introduite en France par le successeur de Charlemagne; elle avait été empruntée aux *Novelles* de Justinien. Un capitulaire de Louis le Débonnaire porte que les blasphémateurs du saint nom de Dieu seront condamnés au dernier supplice par le principal magistrat de la ville, et que celui qui, connaissant le coupable, ne l'aura pas dénoncé sera également puni de mort; que le magistrat qui aura négligé de poursuivre et de faire punir le coupable encourra l'indignation du prince et en sera responsable au jugement de Dieu. Philippe-Auguste, dès le commencement de son règne, avait aussi publié une ordonnance contre ceux qui auraient prononcé les mots *tête-bleu*, *corbleu*, *ventre bleu*, *sang bleu*. Les coupables, s'ils étaient nobles, devaient être condamnés à une amende, et à être mis dans un sac et jetés à la rivière s'ils étaient roturiers.

Louis IX n'est donc pas l'auteur de la première loi contre le blasphème; il n'a fait que maintenir les ordonnances de ses prédécesseurs. Sa mère, avant qu'il s'embarquât pour la Palestine, avait fait *écheller*, nu en chemise, un orfèvre de Saint-Césaire, accusé d'avoir *juré*. On plaçait alors le condamné sur une échelle, c'était la forme du pilori de l'époque. A son retour en France, Louis IX fit publier une ordonnance portant que tous ceux qui proféreraient quelque blasphème seraient marqués d'un fer chaud au front, et, en cas de récidive, qu'ils auraient la langue percée aussi d'un fer chaud. Cette ordonnance, peu de mois après avoir été rendue, fut appliquée à un bourgeois de Paris. Il importe de remarquer que le pape Clément IV, par un bref du 12 juillet 1264, en félicitant le roi de son ordonnance, l'exhorte à modérer les pénalités qu'elle prescrit, et de n'imposer aux blasphémateurs condamnés que des peines corporelles, sans *mutilation ou flétrissure des membres*. Le pape adressa les mêmes conseils au comte de Champagne, roi de Navarre. Louis IX, par une nouvelle ordonnance, substitua aux mutilations une amende au profit du roi, du seigneur, de l'Église et du dénonciateur. Philippe le Hardi, au parlement de l'Ascension (1274), accorda aux juges la faculté de substituer les peines corporelles aux amendes prescrites par la dernière ordonnance de son père.

Philippe de Valois fut plus sévère que ses prédécesseurs, et, par lettres patentes du 22 février 1347, il ordonna que celui ou celle qui proférerait le *vilain serment*, ou qui dirait des paroles injurieuses contre Dieu et la sainte Vierge, serait, pour la première fois, attaché au pilori depuis *prime* jusqu'à *none*, avec permission aux assistants de lui jeter aux yeux des ordures, qui néanmoins ne pussent le blesser; qu'ensuite il jeûnerait un mois au pain et à l'eau ; que pour la seconde fois il serait remis au pilori un jour de marché, où la lèvre de dessus lui serait fendue d'un fer chaud; la troisième fois, celle de dessous; la quatrième fois, que les deux lèvres lui seraient coupées, et en cas de cinquième récidive, la langue entière lui serait coupée, *afin que dorénavant il ne pût dire de Dieu ni d'aucun autre*. Celui qui entendrait proférer des blasphèmes sans venir sur-le-champ le déclarer en justice serait condamné à l'amende de six livres, et, au cas qu'il ne se trouvât pas en état de payer cette amende, tiendrait prison en jeûnant au pain et à l'eau jusqu'à ce qu'il eût satisfait par cette pénitence à la faute par lui commise, au lieu de l'amende qu'il aurait dû payer s'il eût été en état de le faire.

Ces pénalités furent modifiées par Charles VI, Charles VII et Charles VIII. Ce dernier ne pouvait cependant pas avoir oublié que le roi son père jurait vingt fois par jour par la *Pâque Dieu* et *Notre-Dame de Saint-Lô*. Louis XII, par un édit du 9 mars 1510, réduisit les pénalités à l'amende et à l'emprisonnement. Le pilori ne devait être infligé que dans le cas de récidive. On remarque une disposition spéciale qui assujettit aux mêmes peines les ecclésiastiques séculiers et réguliers, qui étaient renvoyés devant les juridictions épiscopales ; en cas de récidive, les coupables devaient être privés de leur bénéfice.

François Ier renouvela ces dispositions par une ordonnance du 30 mars 1514. Le parlement de Paris, par arrêt du 8 août 1523, condamna un ermite clerc à être conduit au parvis Notre-Dame dans un tombereau servant à l'enlèvement des immondices de la ville, pour y faire amende honorable, et de là au marché aux pourceaux, où il fut brûlé vif. Ce malheureux, accusé de blasphème, avait vainement demandé, en sa qualité d'homme de clergie, à être renvoyé devant l'autorité ecclésiastique. Le même prince, dans le règlement qu'il fit pour les huit légions qu'il venait de former, défend « aux soldats et à tous gens de ses légions de blasphémer le nom de Dieu et de la sainte Vierge, à peine d'être mis au carcan pendant six heures pour la première fois, et, en cas de double récidive, d'avoir la langue percée d'un fer chaud et d'être chassé des légions ».

Henri II confirma les lois de ses prédécesseurs contre le blasphème, par une déclaration du 5 avril 1546; et en 1558 Maurice Plessard, portefaix, fut dénoncé au Châtelet par le commissaire de police de son quartier. Il avoua avoir juré dans un accès de colère; il fut condamné à deux jours de prison, au pain et à l'eau, et banni de la ville. La peine qui lui fut infligée était au-dessous du *minimum* de celles que prescrivaient les ordonnances. Les juges se montrèrent alors plus humains que la loi. L'année suivante 27 juillet 1559 un cabaretier pour le même fait fut condamné à 10 sols *parisis* d'amende. On voit que les mutilations, les flétrissures, la peine capitale, prescrites par tant d'ordonnances, maintenues de règne en règne, n'étaient plus appliquées.

Trois autres ordonnances furent rendues sous le règne de Charles IX, qui, formé à l'école de Gondi et de Duperron, « avoit, dit Brantôme, appris d'eux ce vice, et s'y accoustuma si fort qu'il tenoit que blasphémer et jurer estoit plutôt une forme de parole et devis de braveté et de gentillesse que de péché ». Aussi ce roi à tout propos répétait-il son juron ordinaire : *Par la mort Dieu !* Henri III et Henri IV, par diverses ordonnances, modifièrent les pénalités; ils ne maintinrent les peines corporelles que pour le cas de récidive. Mais les juges ne tenaient aucun compte de ces ordonnances, et prononçaient arbitrairement. Le parlement de Paris était plus que sévère. Ainsi, sous l'empire de deux ordonnances qui ne prescrivaient qu'une amende, et l'emprisonnement en cas de récidive, il condamna, le 27 janvier 1599, N. Lemesle, pour avoir blasphémé le nom de Dieu et de la sainte Vierge, à faire amende honorable, et à avoir la langue percée avec un fer brûlant, les deux lèvres fendues, et au bannissement. On cite deux autres ordonnances de Louis XIII, des 10 novembre et 7 août 1631. Louis XIV termine cette longue série pénale contre les *jureurs* et *blasphémateurs* par les ordonnances de 1666 et 1681, qui disposent que « ceux qui seront convaincus d'avoir juré et blasphémé le saint nom de Dieu, de sa très-sainte mère et de ses saints, seront condamnés pour la première fois, à une amende; pour la deuxième, troisième et quatrième fois, à une amende double; pour la cinquième au carcan; pour la sixième au pilori et à avoir la lèvre supérieure coupée; enfin, pour la septième, la langue coupée *tout juste.* » Le temps a fait justice de cette législation, qui confondait les jurements et les actes d'impiété. De pareils faits ne sont justiciables que du tribunal de la pénitence; ils sont en dehors du droit commun. DUFEY (de l'Yonne).

BLASTE (de βλαστός, germe). Le professeur Richard appliquait le nom de *blaste* à toute la partie d'un embryon susceptible de se développer. Dans ces derniers temps, M. Dunal, professeur de botanique à Montpellier, a étendu la signification du mot *blaste* en l'appliquant à tous les corps générateurs des végétaux, et il les réunit sous le nom générique de *blastes*, les anthères et les ovules. Il admet ainsi trois sortes de *blastes*.

BLASTÈME (de βλαστός, germe). Le blastème, dans le langage actuel des organogénistes, est la substance organique encore à l'état amorphe avant de s'individualiser et d'avoir pris la forme primordiale du nouvel être, c'est-à-dire celle du germe d'un nouvel individu. M. de Mirbel, ayant divisé le corps embryonnaire des végétaux en deux parties, s'est attaché déjà servi du terme *blastème* pour désigner celle qui comprend la radicule, la gemmule et la tigelle, l'autre étant le corps cotylédonaire. L. LAURENT.

BLASTEUX (Tissu). Lorsqu'on compare la substance organique amorphe demi-solide, que M. Dujardin a nommée *sarcode*, avec celle des autres solides ou tissus vivants de l'économie animale ou végétale, on est naturellement conduit à lui donner le nom de solide ou de tissu primordial du germe, et la dénomination de *tissu blasteux* le caractérise exactement et le différencie du tissu muqueux de Bordeu, avec lequel la plupart des physiologistes l'ont confondu. L. LAURENT.

BLASTOCYSTE (de βλαστός, germe, et de κύστις, vessie, vésicule), terme d'embryogénie signifiant *vésicule du germe*. Ce nom a été proposé par le traducteur du mémoire de M. Bauer sur la formation de l'œuf de l'espèce humaine et des mammifères et du commentaire sur ce mémoire, pour remplacer celui de *vésicule de Purkinjé*, nom qui rappelle celui de l'anatomiste bohème qui a fait la découverte de cette vésicule.

Libre primitivement dans la masse de la matière jaune de l'œuf, la vésicule du germe, ou le *blastocyste*, s'en dégage par l'effet de l'acte fécondateur, et se place sur un point de la surface du jaune ou *vitellus*, pour y devenir, elle croit, siége de tous les phénomènes subséquents. La sortie, ou plutôt le déplacement de cette vésicule, détermine, selon M. Bauer, sur le disque prolifère une ouverture, au travers de laquelle on aperçoit le jaune de l'œuf. « Il paraît, dit ce savant physiologiste, que tous les œufs vrais ont dans les premiers temps la vésicule qui a été décrite par Purkinjé dans l'œuf de poule. Jusqu'ici je l'ai trouvée dans tous les animaux, excepté dans l'*échinorhyncus gigas* et l'ascaride lombricoïde; mais comme dans plusieurs insectes et annélides elle se dérobe de très-bonne heure à l'observation, et que je n'ai pu examiner ces entozoaires qu'une seule fois à l'état frais, ce résultat négatif ne peut pas être considéré comme une exception à la règle commune. Il est vraisemblable que la vésicule du germe est la première partie de l'œuf. En ce qui concerne les animaux inférieurs, je crois pouvoir soutenir cela en toute assurance. Cela est également vraisemblable pour les animaux vertébrés; mais il est très-difficile de constater la chose par l'observation. Dans les premiers temps, elle est toujours située vers le milieu de l'œuf, d'où elle se porte ensuite à sa surface. L'époque à laquelle elle se montre à la surface de l'œuf varie considérablement; cela se fait de bonne heure dans les oiseaux, plus tard dans les lézards et les serpents, et plus tardivement encore chez les écrevisses et les batraciens. Elle disparaît vers l'époque de la maturité de l'œuf, sort tout à fait du vitellus (comme j'en ai fait la remarque particulièrement sur les grenouilles), et crève alors sans doute, puisqu'on n'en trouve plus de traces par la suite. Dans les animaux inférieurs, cette vésicule m'a paru être simple, formée d'une membrane unique, le plus souvent absolument diaphane, et renfermant un liquide transparent, qui contient néanmoins de très-petits granules. Chez les oiseaux eux-mêmes, cette vésicule ne m'a offert également qu'un feuillet, quoiqu'il semble, comme Purkinjé en a fait aussi la remarque, que la masse qu'il avoisine soit retenue par une membranule. Dans les lézards et les serpents au contraire il y a une membrane granuleuse, obscure, qui est située à l'intérieur d'une tunique externe, entièrement transparente. Dans l'eau, ces deux lames se séparent, et l'interne s'affaisse sur elle-même. La masse qui entoure la vésicule du germe diffère presque toujours du reste de la masse du vitellus; ordinairement elle est moins colorée; quelquefois elle l'est davantage. Je dois dire que je n'ai pas pu reconnaître cette masse environnante dans quelques œufs d'animaux inférieurs; mais comme elle est très-grande dans beaucoup d'helminthes (vers), dans des mollusques acéphales et gastéropodes ainsi que dans les crustacés, je ne puis m'empêcher de croire qu'elle soit une partie constituante de l'œuf vrai, d'autant plus que pendant la maturation de celui-ci elle semble subir des changements qui font qu'on ne la reconnaît plus par la suite d'une manière distincte. Je ne doute pas de l'existence générale d'une masse particulière qui entoure la vésicule du germe. Je suis moins certain des rapports que cette masse peut avoir avec la formation du *blastoderme.* »

M. Bauer compare ensuite la vésicule du germe avec l'ovule dans les animaux inférieurs et chez les vertébrés ovipares, avec les mêmes parties dans les mammifères ou vertébrés vivipares, et conclut que dans ces derniers c'est la vésicule du germe qui se convertit en œuf et devient le berceau de l'embryon, tandis que, dans les ovipares, cette vésicule disparaît dans l'œuf. L. LAURENT.

BLASTODERME (de βλαστός, germe, et de δέρμα, peau, membrane : c'est-à-dire membrane du germe). Ce nom, introduit dans la nomenclature de l'embryogénie par Pander, désigne une partie de la *cicatricule*. Celle-ci est dans le langage ordinaire la tache blanche dans laquelle le poulet se forme. Pander y distingue deux parties : 1° un disque rond, dans lequel se développe le fœtus, et qu'on peut par conséquent appeler *blastoderme*, 2° la petite masse située au-dessous de cette membrane, qui subit certaines métamorphoses comme toutes les parties contenues dans l'œuf, et que j'appellerai désormais *noyau de la cicatricule*.

D'après les déterminations que cet auteur a données sur le blastoderme, cette membrane est formée dans l'œuf non couvé d'une couche de grains adhérents les uns aux autres; on tissu est par conséquent globulineux. Mais, après que l'œuf a été exposé à la chaleur de l'incubation, le blastoderme ne reste pas dans cet état de simplicité. Vers la douzième heure de l'incubation, il se compose de deux lamelles tout à fait distinctes : l'une interne, plus épaisse, grenue et opaque; l'autre externe, plus mince, unie et transparente. Pour les distinguer, Pander désigne la première sous le nom de *feuillet muqueux*, et la seconde sous celui de *feuillet séreux*. Il prétend ensuite avoir constaté par l'observation la plus minutieuse un fait qui avait échappé à Wolf : c'est qu'il se forme entre les deux feuillets du blastoderme une troisième membrane moyenne, dans laquelle se développent les vaisseaux, et qu'il nomme *membrane vasculaire*. Par l'effet des changements que l'incubation produit de bonne heure dans le blastoderme, et principalement dans son feuillet muqueux, on aperçoit deux zones : une intérieure, dite *champ transparent, aire transparente, aire du germe* ; une extérieure, qu'on a nommée *champ opaque*. L'aire du germe, d'abord petite, circulaire, grandit ensuite, devient ovale, puis insensiblement pyriforme; enfin ses extrémités s'allongent encore; elle prend au bout d'environ dix-huit heures la forme d'un biscuit. La transparence de l'aire du germe permet d'apercevoir au-dessous de lui les premiers rudiments de l'embryon, que l'opacité primordiale de cette partie du blastoderme cachait primitivement. La zone obscure ou le champ opaque du blastoderme est partagée en deux autres zones, concentriques, par un cercle blanc, qui forme la limite de la membrane vasculaire, en sorte que celle-ci n'est pas aussi grande que les feuillets séreux et muqueux entre lesquels elle est placée. Pander fit remarquer encore que pendant que le blastoderme s'agrandit la membrane vasculaire s'étend proportionnément, mais qu'elle est toujours dépassée par les bords larges des feuillets séreux et muqueux.

Après avoir indiqué la composition du blastoderme et les aspects sous lesquels il se présente, l'auteur de ces recherches a cru devoir dériver de cette membrane du germe trois sortes de plis : les uns primitifs, destinés à envelopper les rudiments de la moelle épinière; les autres secondaires, formant les parois de la grande cavité splanchnique ou viscérale, et les troisièmes, qui par leur convergence finissent par envelopper le fœtus. Ces trois sortes de plis, d'abord libres, se développant progressivement, se réunissent sur les lignes médianes. Les deux premières sortes de plis circonscrivent le corps du nouvel individu. Les plis de la troisième espèce formeraient les enveloppes de l'embryon. Cette détermination très-contestable est bien loin de paraître un fait positif aux yeux même de Pander, qui s'exprime à ce sujet dans les termes suivants : « On peut considérer sous deux aspects différents la manière dont l'animal vivant et ses diverses parties naissent du blastoderme : ou ce dernier produit les germes du système nerveux et du système sanguin, qui se chargent ensuite de continuer l'opération vitale, devenue alors individuelle; ou bien lui-même forme seul le corps et les viscères de l'animal par le simple mécanisme du plissement. Un filament délié, qui représente la moelle épinière, s'applique à cette membrane; et à peine ce phénomène a-t-il lieu que le blastoderme, produisant les *premiers plis* destinés à envelopper ce précieux filament et à lui assigner sa place, jette ainsi le premier fondement du poulet. Il donne ensuite de *nouveaux plis*, qui, opposés aux premiers, produisent les cavités pectorale et abdominale, avec tout ce qu'elles contiennent. Pour la troisième fois, enfin, il jette de *nouveaux plis*, destinés à envelopper le fœtus formé par lui et tiré de sa propre substance. »

L. LAURENT.

BLATIER ou **BLADIER**. C'est proprement celui qui va acheter du blé dans les campagnes, pour le transporter et le revendre sur les marchés des villes et gros bourgs. Il y avait à Paris du temps de saint Louis une communauté de *blatiers*, à qui ce prince donna des statuts. Ceux qui composaient cette communauté furent restreints par la suite à ne vendre des grains qu'à la petite mesure, et furent nommés dans les règlements *revendeurs de grains, regrattiers* ou *grainiers*, et ceux qui avaient reçu le droit de faire le commerce en grand prirent le nom de *marchands de grains*. Ainsi le nom de *blatier* est resté aux petits marchands forains, qui vont chercher le blé dans les campagnes, et le transportent sur les marchés de proche en proche, jusqu'à ce qu'il soit arrivé aux lieux où il s'en fait une grande consommation, ou bien sur le bord des rivières, où ils le vendent aux marchands qui chargent pour l'approvisionnement des grandes villes.

BLATTE (de βλάπτω, je nuis). Genre d'insectes orthoptères, dont plusieurs espèces, établies dans nos habitations, y causent des dégâts considérables, dévorant les aliments, le sucre, les étoffes, les cuirs, le coton, etc. Les blattes répandent une odeur fort désagréable; elles sont *lucifuges*, c'est-à-dire qu'elles fuient la lumière, et font leurs expéditions dans le calme de la nuit. Elles ont le corps ovale ou orbiculaire, aplati, et sont d'une très-grande agilité.

La *blatte orientale* (*blatta orientalis*), blatte des cuisines ou des greniers, est de couleur brune, comme brûlée; ses antennes, longues et unies, surpassent d'un tiers la longueur du corps, et sont composées d'une infinité d'anneaux courts. La tête est petite et presque entièrement cachée sous la platine du corselet, qui est large et ovale. Les étuis, qui ont la même couleur que le reste du corps, sont transparents, membraneux, et plus courts d'un tiers que le ventre; du haut de chacun partent trois stries principales, presque toutes trois du même point. La femelle n'a ni étuis ni ailes, mais seulement deux moignons au commencement des uns et des autres. Aux deux côtés du dernier anneau du ventre sont deux appendices vésiculaires, débordant le ventre, longs d'une ligne, qui paraissent striés transversalement, à cause des anneaux dont ils sont composés. Leurs jambes sont velues ou épineuses. Cette variété de la blatte, qui est la plus commune, se trouve surtout autour des cheminées et des fours de boulangers. Elle se nourrit de farine et de pâte, et occasionne un très-grand dégât, ce qui l'a fait nommer dans beaucoup d'endroits la *panetière*. On lui a donné quelquefois aussi les noms de *cafard* et de *bête noire*.

Outre la blatte orientale, M. Guérin-Méneville a récemment reconnu, parmi les animaux qui attaquent les cigares et généralement le tabac, plusieurs autres espèces de blattes, savoir : la *blatte indienne* (*blatta indica*), la *blatte cendrée* (*blatta cinerea*) et la *blatte américaine* (*blatta americana*). Cette dernière, originaire de l'Amérique méridionale, a suivi l'homme dans tous les pays, et infeste plusieurs de nos villes et presque tous nos vaisseaux. Elle est connue plus particulièrement sous le nom de *kakerlac*, et à la Havane sous celui de *coucaracha*. Sa voracité est telle qu'elle ronge la peau des pieds des hommes pendant leur sommeil; ce qui, comme le remarque M. Guérin-Méneville, leur procure un réveil très-désagréable quand ses dents sont arrivées au vif.

Les moyens préservatifs employés avec succès contre ces insectes destructeurs sont les odeurs fortes et pénétrantes, telles que le camphre; les huiles âcres et volatiles produisent le même effet. Mais le procédé qui paraît le plus sûr pour détruire les blattes des cuisines consiste à prendre un peu de suie de poêle, que l'on mêlera avec une égale quantité de pain émié, ou avec une poignée de pois cuits, dont les blattes sont très-friandes : cet appât est un poison pour les blattes, ainsi que pour les grillons, et tous ceux qui en mangent périssent presque instantanément.

BLAUDE ou **BLIAUD**, espèce de blouse, surtout de grosse toile que les charretiers portent par-dessus leurs autres vêtements.

BLAVET, **BLAVÉOLE**. *Voyez* BLUET.

BLAYE, l'ancienne *Blavia* ou *Blaventum* des Santons, dans la Guienne, est le chef-lieu d'un arrondissement du département de la Gironde, et est située à trente kilomètres nord-ouest de Bordeaux, sur la rive droite du fleuve, qui en cet endroit a 8 kilomètres de largeur.

Cette ville est ancienne; la citadelle renferme un vieux château, où mourut le roi Caribert Ier, qui y fut enterré, en 574. Elle tomba plus tard au pouvoir des Anglais, et fut reprise par les Français en 1339. Les calvinistes s'en emparèrent en 1568, et en détruisirent toutes les églises. Elle se rangea ensuite du côté de la Ligue, et fut assiégée par le maréchal de Matignon, qu'un secours envoyé par les Espagnols obligea à lever le siége. En 1814 les Anglais essayèrent inutilement de s'en emparer; et après l'avoir assiégée pendant quelque temps, ils se virent forcés de renoncer à leur entreprise.

C'est dans le château de Blaye que fut détenue, en 1832 et 1833, le duchesse de Berry, qui vint y terminer, en donnant le jour à une fille, son aventureuse entreprise en Vendée.

Blaye est divisée en deux parties : la ville basse, plus spécialement habitée par le commerce et l'industrie, et la ville haute, qui occupe la cime d'un rocher où s'élèvent quatre grands bastions. En face de la citadelle, sur la rive opposée de la Gironde, s'élève le fort Médoc. Le fort du Pâté, situé dans une petite île au milieu du fleuve, en combinant ses feux avec ceux de la citadelle de Blaye et du fort Médoc, commande et intercepte le passage de la Gironde.

Il y a à Blaye un tribunal de commerce, un tribunal de première instance, une bourse, une société d'agriculture, une école d'hydrographie, une station de pilotes, et une population de 4,101 âmes. On y fait un commerce assez actif en blés, vins et eaux-de-vie; on y construit aussi beaucoup de navires de commerce.

BLAZE (Famille). Elle a donné plusieurs écrivains distingués à la France contemporaine.

BLAZE (Henri-Sébastien), chef de cette famille, né en 1763, à Cavaillon (Vaucluse), fut successivement avocat au barreau de cette ville, administrateur du département après le 9 thermidor, et notaire à Avignon. Grand amateur de musique, il reçut ses premières leçons de piano de l'organiste de sa paroisse. Conduit à Paris pour y achever son éducation, il y arriva juste au fort de la lutte des gluckistes et des piccinistes. Aidé des conseils de plusieurs maîtres, et surtout de Séjan, organiste de Saint-Sulpice, il fit de rapides progrès dans la composition musicale; mais obligé de se faire avocat et plus tard notaire, il ne put se livrer à son penchant que dans ses moments de loisir. Il écrivit pourtant plusieurs messes à grand orchestre, d'autres avec accompagnement d'orgue seulement; *l'Héritage*, opéra mis à l'étude au théâtre Favart; une *Sémiramis*, qui ne fut pas représentée à cause de sa grande ressemblance avec un opéra de Catel, déjà reçu.

De retour dans le midi, Blaze alla s'établir à Avignon, où il partagea son temps entre le notariat et la musique. La Terreur vint troubler ses plaisirs et le forcer momentanément à prendre la fuite. En 1799 il fit un second voyage à Paris, et profita de son séjour dans la capitale pour publier quelques-unes de ses œuvres. Il s'y lia avec Méhul, avec Grétry, dont il était enthousiaste, et qui le fit recevoir en 1800 correspondant de la classe de l'Institut que remplace aujourd'hui l'Académie des Beaux-Arts. Outre ses compositions musicales, on lui doit un roman en deux volumes, intitulé *Julien, ou le Prêtre*, publié en 1805, à Paris. Il mourut à Cavaillon, le 11 mai 1833.

BLAZE (François-Henri-Joseph, dit CASTIL), son fils, qui passe pour un théoricien musical habile, quoiqu'il soit plutôt mosaïste et littérateur, naquit à Cavaillon, le 1er décembre 1784, dans un *noble, antique et vaste manoir, Palais-Cardinal* de son père, qu'il a complaisamment décrit dans la *Revue de Paris*. Destiné au barreau, il étudia le droit dans sa jeunesse; mais il montrait déjà plus de goût pour la musique que pour la profession d'avocat. Arrivé à Paris en 1799, il négligea d'abord les cours de la Faculté pour ceux du Conservatoire, recevant de Perne des leçons d'harmonie après avoir achevé l'étude du solfége. Mais la raison vint le forcer de sacrifier ses penchants à son devoir, et il devint successivement employé, puis chef de bureau à la préfecture de Vaucluse, et enfin inspecteur de la librairie.

Toutes ces charges impériales n'empêchèrent pas M. Castil-Blaze d'accueillir avec de grands transports de joie le retour de l'antique famille des Bourbons. Ses travaux administratifs lui laissaient toutefois peu de temps pour la culture de son art favori. Il jouait de plusieurs instruments; il avait composé bon nombre de romances, publiées depuis; il s'était surtout occupé de musique dramatique. En 1818 il fit représenter sur le théâtre de Nîmes *les Noces de Figaro*, opéra-comique en quatre actes d'après Beaumarchais, paroles ajustées sur la musique de Mozart, pièce qui depuis fut jouée au théâtre de l'Odéon, en 1826. Elle avait paru dès 1793 au Grand-Opéra, traduite par M. Notaris, arrangeur bien moins habile que M. Castil-Blaze.

Le succès que cette pièce obtint tourna la tête à notre grand homme de Cavaillon; il renonça au barreau, à la carrière administrative, et prit la route de Paris avec sa femme et ses enfants. En passant à Lyon, il y fit recevoir *le Barbier de Séville*, opéra-comique en quatre actes, d'après Beaumarchais et le drame italien, paroles ajustées sur la musique de Rossini, qui ne fut représenté qu'en 1821 et repris à l'Odéon en 1824. Dès 1820 il avait fait paraître à Paris deux volumes intitulés *De l'Opéra en France*. Homme d'esprit, écrivain plein de verve, M. Castil-Blaze attaquait vigoureusement dans ce livre certains préjugés qui s'opposaient en France aux progrès de la musique dramatique. Cette œuvre remarquable lui ouvrit les portes du *Journal des Débats*, où il fut admis comme rédacteur de la chronique musicale. Ses articles signés XXX, tout empreints d'originalité méridionale, fondèrent sa réputation. Il imposa silence au bavardage des littérateurs incompétents, et initia rapidement le public au langage technique dont il se servait.

En 1821 il publia ses deux volumes du *Dictionnaire de musique moderne*, lambeaux de son *Opéra en France*, dont il fit une seconde édition factice en 1825. On regrette dans cette œuvre bizarre trop d'attaques inconvenantes contre les grands compositeurs français du dix-huitième siècle, contre J.-J. Rousseau, entre autres, à qui l'auteur cependant n'emprunte pas moins de 342 articles. Un critique de mérite, Charles d'Outrepont, a publié un livre intitulé *Jean-Jacques Rousseau à M. Castil-Blaze*, prit avec bonheur la défense du philosophe de Genève.

En 1821, *Don Juan, ou le Festin de pierre*, opéra en quatre actes d'après Molière et le drame allemand, paroles ajustées sur la musique de Mozart par M. Castil-Blaze, fut représenté à Paris, tandis que les représentations du *Barbier de Séville* commençaient presque en même temps à Lyon. M. Castil-Blaze rédigea, pendant plus de dix ans, la chronique de musique du *Journal des Débats*, adulant Rossini et les compositeurs italiens et allemands, auxquels il devait ses succès, mais fustigeant sans pitié Gluck, Piccini, Grétry surtout, qui pourtant avait fait nommer son père correspondant de l'Institut.

Le succès de la musique de Rossini à cette époque le détermina à continuer ses travaux de traduction et de coupure, afin de faire jouir les villes de province des œuvres principales du Cygne de Pesaro, recueillant de ses travaux non-seulement de la gloire, mais surtout de l'argent, et vendant comme siennes pièces et partitions dont il n'était pas précisément l'auteur. Après les trois *libretti* que nous avons cités vinrent *la Pie voleuse*, opéra en trois actes d'après le drame de Caigniez et d'Aubigny et d'après le texte italien, paroles ajustées sur la musique de Rossini, joué sur le théâtre de Lille en 1822, puis à Paris au Gymnase et dit entre autres qu'ils étaient sans tête et qu'ils avaient les yeux et la bouche placés sur la poitrine. Quelques auteurs ont trouvé la raison de cette fable dans l'habitude qu'ils avaient de s'enfoncer la tête entre les deux épaules, qu'ils élevaient beaucoup, et Cochard prétend que leur nom vient de deux mots hébreux, dont l'un signifie *négation, privation,* et l'autre *cerveau;* d'où il croit pouvoir tirer la conclusion rigoureuse que les *Blémyes* étaient au moral des gens sans cervelle et sans tête. Ce qu'il y a de certain, c'est qu'ils habitaient les déserts voisins des frontières de l'Égypte, et qu'ils commencèrent à se faire remarquer pendant le troisième siècle de l'empire. Ils servaient en Égypte le tyran Firmus; et Aurélien, après les avoir vaincus, les fit paraître à son triomphe. Sous Probus ils se répandirent dans l'Égypte méridionale, et prirent Coptos et Ptolémaïde; mais ils furent domptés par Florus, lieutenant de l'empereur Marcien, l'an de J.-C. 450. Edme HÉREAU.

BLENDE, minerai, autrement appelé *sulfure de zinc;* substance de couleur jaune ou brune, très-éclatante, tendre et lamelleuse, remarquable par son clivage sextuple, qui donne pour noyau un dodécaèdre rhomboïdal; elle accompagne presque constamment la galène dans les mines de plomb.

BLENHEIM ou **BLINDSHEIM,** village du bailliage d'Hochstædt, dans le cercle bavarois de Souabe et de Neubourg, qui est demeuré célèbre dans l'histoire par la victoire que le duc de Marlborough y remporta le 13 août 1704 sur l'armée française, dans la guerre de la succession d'Espagne. Les drapeaux français pris dans cette journée, et qui étaient demeurés suspendus dans l'église de l'endroit, en commémoration du triomphe des armées alliées, furent rapportés à Paris en 1805 (*voyez* l'article HOCHSTÆDT [Bataille d']). La reine et le parlement, pour témoigner leur gratitude au duc de Marlborough, lui firent présent d'un riche domaine dans le comté d'Oxford, dont on changea le nom, ainsi que celui du bourg voisin, en celui de *Blenheimhouse.*

BLENKER (Louis), révolutionnaire badois, né vers 1815. Après avoir porté les armes en Grèce, Blenker établit un commerce de vin à Worms; mais il fit faillite. Élu colonel de la garde bourgeoise de Worms, à la suite des événements de 1848, il prit une part active, l'année suivante, à la révolution du pays de Bade. A la tête d'un corps de volontaires de la Hesse rhénanie et du Palatinat, il s'empara, le 10 mai, de Ludwigshafen, fit prisonniers quelques officiers bavarois, et admit dans sa troupe ceux de leurs soldats qui voulurent s'engager sous ses drapeaux. Le 17 mai il se rendit maître de Worms, dégarnie de troupes; mais, menacé sur son flanc, il l'abandonna bientôt. Dans la nuit du 19 au 20 mai, il dirigea contre Landau une attaque fort mal préparée, et échoua. Après une seconde expédition contre Worms, le 25 mai, il retourna dans le Palatinat, laissant dans cette ville une garnison d'environ trois cents hommes, qui en furent chassés le lendemain par les troupes hessoises. Lorsque les Prussiens entrèrent dans le Palatinat, il leur livra un combat d'avant-postes près de Bobenheim; et après l'évacuation de cette contrée, il prit part à la lutte qui se continua dans le pays de Bade. Le Polonais Twinski s'étant retiré à Strasbourg avant le combat de Waghæusel, Blenker prit le commandement supérieur de toute la milice du Palatinat destinée à couvrir Carlsruhe et à protéger la retraite de Mieroslawski. Peu de jours avant l'affaire de Durlach, il fut chargé de la défense de Mühlburg et de Knielingen, par Becker, qui, outre le commandement de la cinquième division, avait reçu celui des troupes palatines du général Sznaida. Cependant il se retira sans en venir aux mains. Au combat sur la Murg, il défendit l'importante position de Gernsbach avec trois faibles bataillons de milice et deux pièces de canon. Chassé de ce poste, il se replia sur Sinsheim, sans essayer de défendre les positions d'Ebersteinburg, de Baden-Baden ou d'Oos, qui couvraient les derrières des insurgés. Siget ayant repris le commandement en chef après l'éloignement de Mieroslawski, Blenker suivit à Donaueschingen les débris de l'armée insurgée; mais, par ordre de quelques membres du gouvernement provisoire, il dut se retirer aussitôt en Suisse avec sa troupe. Expulsé en septembre 1849, il s'embarqua avec sa femme pour les États-Unis. En plusieurs circonstances Blenker a fait preuve de courage personnel; mais il manquait des qualités nécessaires à un chef militaire.

BLENNIE ou **BAVEUSE,** genre de poissons de l'ordre des acanthoptérygiens et de la famille des gobioïdes. On les nomme ainsi à cause de la mucosité qui couvre leur corps. Il y en a un très-grand nombre d'espèces, mais ils sont trop petits pour servir d'aliment. Ils vivent en petites troupes le long des rivages de la mer. Les yeux des blennies sont placés de chaque côté de la tête, et non à la face supérieure; leurs ventrales ont deux rayons; leur corps est aplati de haut en bas, et ils n'ont qu'une seule dorsale.

BLENNORRHAGIE, BLENNORRHÉE (de βλεννα, mucus, et ῥεω, je coule). La *blennorrhagie* a été ainsi appelée par Swédiaur, qui substitua avec raison ce nom à celui de *gonorrhée* (de γονος, semence), employé jusque alors. C'est une affection aiguë, caractérisée par un écoulement muqueux ou puriforme des parties sexuelles, écoulement qui résulte le plus souvent d'un contact intime avec un individu déjà atteint d'une affection analogue. Cependant il est des écoulements blennorrhagiques qui semblent tout à fait spontanés, et qui se déclarent sans qu'aucune cause irritante ait manifestement agi sur l'urètre. Ces écoulements se lient alors à un état général, et sont sympathiques de la souffrance d'un organe plus ou moins éloigné. C'est ainsi qu'on a vu l'urètre devenir tout à coup le siège d'un flux muqueux ou puriforme pendant le travail de la dentition, et plus souvent chez les adultes affectés de rhumatisme, de goutte, de dyssenterie, ou qui présentent des signes d'inflammation de quelque autre membrane muqueuse. Ces sortes de blennorrhagies catarrhales ont régné quelquefois épidémiquement. D'autres fois, la blennorrhagie reconnaît une cause toute mécanique : l'introduction répétée de sondes, de bougies, la masturbation, etc. L'ingestion de certaines substances peut produire le même effet chez les individus prédisposés : ainsi il paraît constant que des hommes ont eu des blennorrhagies pour avoir bu en abondance certaines espèces de bières. Toutefois les faits de ce genre sont excessivement rares, et la presque totalité des blennorrhagies sont contractées dans des rapports sexuels impurs.

Tout le monde comprendra combien il serait important de pouvoir distinguer la nature des divers écoulements. Mais ce diagnostic différentiel est reconnu à peu près impossible par les hommes les plus expérimentés. Les caractères distinctifs que quelques personnes ont cru trouver dans la couleur, la consistance et l'abondance de l'écoulement, dans la douleur plus ou moins vive qui accompagne l'émission des urines, dans la marche de la maladie, dans le temps plus ou moins long qui s'écoule entre l'action qui l'a engendrée et la manifestation de la blennorrhagie, n'ont point la valeur qu'on leur attribue. On devra toutefois se méfier des blennorrhagies qui ne débutent qu'après plusieurs jours d'incubation, qui suivent pendant quelque temps une marche progressivement ascendante et s'accompagnent d'inflammation assez intense. On se méfiera également de celles qui se compliquent d'accidents étrangers à la blennorrhagie simple. Mais il n'y a dans la réunion de toutes ces circonstances rien qui puisse caractériser une blennorrhagie d'origine vénérienne.

Le traitement de la blennorrhagie varie suivant le tempérament et l'état du malade. Le plus efficace des antiblennorrhagiques est sans contredit le copahu, auquel on unit souvent le cubèbe. Les injections d'acétate de plomb, de sulfate de zinc, de nitrate d'argent, etc., sont également employées avec succès. En certains cas, les antiphlogistiques sont prescrits, et dans tous le malade doit suivre un régime sévère. Lorsqu'on se trouve atteint de cette maladie, qui, étant négligée, peut donner naissance aux accidents les plus fâcheux, en supposant même qu'elle ne puisse pas dégénérer en affection syphilitique, la prudence conseille d'avoir immédiatement recours aux soins d'un praticien éclairé.

La *blennorrhée* n'est autre chose que la blennorrhagie chronique; elle peut être primitive, mais presque toujours elle succède à l'état aigu. Cette affection est sérieuse, et ne doit jamais être négligée. Il est fâcheux que la plupart des malades regardent comme à peu près insignifiants les suintements qui constituent la blennorrhée. Cette sécurité a souvent de déplorables résultats; car ces simples suintements, ces *gouttes*, conservent parfois le caractère contagieux pendant des années entières, et il est fréquent de voir des individus qui en sont atteints perpétuer l'infection dans leur famille. Il est impossible de fixer une époque où les écoulements cessent d'être contagieux. On ne peut pas toujours se fier aux qualités des liquides; car on voit quelquefois un suintement muqueux, transparent, liquide, filant, glaireux, avoir des propriétés contagieuses comme celui qui est laiteux et purulent.

BLÉPHARITE (de βλέφαρον, paupière), inflammation des paupières, qui peut être occasionnée par l'impression brusque du froid, la suppression de la transpiration cutanée, des piqûres d'abeille ou d'autres insectes, des contusions, des érysipèles de la face ou du derme chevelu, etc., causes auxquelles il faut encore ajouter les scrofules, les rhumatismes et la syphilis.

Chez le sujet atteint de blépharite, les paupières sont gonflées, luisantes, le globe de l'œil est tout à fait recouvert, la paupière supérieure ne peut se soulever; en écartant l'inférieure, le globe de l'œil est reconnu sain, mais larmoyant. La tuméfaction œdémateuse des paupières est d'une coloration variant du rouge pâle au rouge écarlate et livide; elle disparaît sous la pression du doigt, comme cela arrive partout où il y a un érysipèle simple; le malade éprouve une sensation de chaleur gradative, et qui devient lancinante au toucher. Des phlyctènes se forment, se crèvent, laissent écouler un liquide séreux, limpide ou lactescent. La caroncule lacrymale, les points lacrymaux, la conjonctive, prennent part à l'inflammation; on voit se développer au devant du sac lacrymal, dans le tissu cellulaire qui le recouvre, une tumeur qui ne communique point avec ce conduit, et qu'on peut inciser sans donner lieu à une fistule lacrymale, en prenant toutefois les précautions nécessaires pour éviter de parvenir jusqu'au sac.

Les évacuations sanguines générales et locales, en rapport avec la force du sujet et l'intensité phlegmasique, les pédiluves irritants, les boissons délayantes et laxatives, la diète, constituent la base du traitement de la blépharite. Les applications de sangsues doivent être faites aux tempes, à la joue, derrière les oreilles, mais jamais aux paupières, dont le tissu trop relâché donnerait lieu à une augmentation de l'épanchement et des ulcérations succédant aux morsures des sangsues. Les cataplasmes de fécule de pomme de terre, de farine de graine de lin, etc., ne doivent jamais être continués longtemps; ils seront à la fin remplacés par des applications astringentes, résolutives, à mesure que les douleurs, la tension et la chaleur diminuent.

Une violente inflammation des paupières amène souvent des abcès, surtout à la paupière supérieure. Ces abcès doivent toujours être ouverts de bonne heure, par une simple ponction avec la lancette.

L'existence de plaques gangréneuses ne doit pas faire rejeter les antiphlogistiques; mais cette grave complication exige qu'on les combine avec les préparations de quinquina.

BLÉSITE. On donne le nom de blésite à ce vice de la parole par lequel sont radoucis à contre-temps certains mots que l's, le *j* et le *g* concourent à former. C'est, au reste, la manière de parler des peuples méridionaux, Espagnols, Italiens, Portugais ou Brésiliens, qui immigrent chez nous. Les personnes dont nous parlons prononcent *z'aînée*, *Zulie*, *zéranium*, *Zalomon*. Cette prononciation vicieuse est particulièrement familière aux jeunes enfants, dont les muscles ont encore trop peu d'énergie pour faire vibrer l'air entre la langue et le palais. Il n'est pas non plus très-rare de rencontrer des femmes délicates, et ce qu'on appelait du temps de Condé des petites-maîtresses (par analogie aux *petits-maîtres* qui entouraient ce grand homme à son glorieux retour de Rocroi), conserver cette prononciation enfantine, soit dans la crainte de déformer une jolie bouche, soit pour mieux jouer la faiblesse et l'ingénuité. C'est un défaut que les *précieuses* de Molière et les *abbés* de Boursault et de Sédaine ont accablé de ridicule, sans le corriger entièrement. Il était assez commun dans les commencements du règne effectif de Louis XIV, moins cependant que sous les ministères de Richelieu et de Mazarin. On avait alors la fureur de la poésie et des romans espagnols, tendance littéraire que la jeune reine, épouse de Louis XIV, ne fit qu'accroître : c'est à cette époque que parurent et *le Cid* de Corneille et la *Zaïde* de madame de Lafayette. De l'espagnol on passa bientôt à l'italien, que Catherine de Médicis avait déjà en d'autres temps mis à la mode : on citait l'Arioste, on admirait le Tasse, malgré le courroux de Boileau; et, tout en enrichissant notre idiome, ces nouvelles études corrompaient le langage de quelques beaux esprits contemporains. Mademoiselle de Scudéri, ainsi que Ménage et Pélisson, prononçait le français et l'italien comme Boccace et Guarini auraient pu faire. Cette petite mademoiselle Duplessis, dont madame de Sévigné, qu'elle ennuyait, se moquait si agréablement aux *Rochers*, avait aussi cette manie, qui heureusement a presque disparu de nos jours. C'est maintenant vers l'Angleterre que nous inclinons, et notre prononciation s'en ressent déjà. Remarquons, au reste, que les mêmes personnes qui substituent le *z* au *g* et au *j* ont souvent le défaut de mettre des *l* où il faudrait des *r*, et de ne point prononcer l'*h* de certains mots : elles disent *décire* pour *déchire*, et *Sarles* pour *Charles*. *Voyez* JOTACISME et LALLATION. Dr Isidore BOURDON.

BLÉSOIS. *Voyez* BLAISOIS.

BLESSÉ, mot qui, suivant Voltaire, serait dérivé de l'aoriste du verbe grec βλάπτω, origine au moins douteuse. Au quinzième siècle on écrivait *blécé*, comme le témoigne Bonnor, en 1431. Dans les siècles un peu plus anciens du moyen âge, on ne se servait, au lieu de ces termes, que des expressions *méhaigné*, *navré*. Les bouges, les coutelas, les mails, les masses, ont eu jadis pour principale destination le massacre des blessés; cela s'appelait les *achever*. Le mot *blessé* donne quelquefois l'idée d'*éclopé*, mais il s'applique plus communément aux militaires blessés les jours d'action; il désigne aussi quelquefois, en langage d'hôpital, des militaires auxquels un événement, quel qu'il soit, a occasionné une blessure, ou bien qui sont affectés d'une maladie chirurgicale spontanément survenue.

Le nombre des blessés à la guerre se serait autrefois, si l'on en croit Chennevières, qui écrivait en 1750, supputé, après une campagne vive, à raison d'un homme sur dix; mais une estimation si positive n'a jamais été possible.

On a dirigé, dans le siècle passé, contre un grand prince, une accusation bien grave, mais probablement calomnieuse : on a prétendu que, par des procédés occultes et concertés avec les chefs de ses hôpitaux, il dévouait à une mort calculée ceux de ses blessés que la gravité de l'accident rendait à jamais ou pour longtemps impropres au service. Ce prince, qui suivait le culte protestant, s'imposait du moins des formes et un mystère qu'avait dédaignés un prince catholique et mitré. Nous voulons parler de l'évêque Vangalen, qui, forcé de lever le siège de Groningue en 1672, fit égorger sous ses yeux tous les blessés que sa propre armée abandonnait sur le champ de bataille.

Henri IV a laissé d'autres souvenirs : depuis son règne, les soldats estropiés ont trouvé secours et asile. Ils n'étaient pas réduits, après leur guérison, à solliciter, comme en d'autres milices, la faveur de mendier par brevet. Henri IV a fait faire un grand pas à l'administration militaire en créant les ambulances. Louis XIV a institué l'hôtel des Invalides. Cet établissement n'a pas été fermé de nos jours aux mutilés qui ont survécu à Waterloo.

A la guerre, les premiers secours sont administrés aux blessés par le chirurgien-major du corps, par les officiers de santé des ambulances volantes, par les chirurgiens des ambulances ordinaires. A cet effet, les uns et les autres doivent être accompagnés de caissons d'ambulance, et pourvus des appareils nécessaires. Les commissaires des guerres étaient chargés d'y veiller ; cette fonction de surveillance est maintenant confiée aux officiers d'intendance.

La disposition où sont les soldats d'abreuver de liqueurs spiritueuses leurs camarades blessés et laissés sur le champ de bataille est charitable dans ses motifs et pernicieuse par ses effets, car l'eau-de-vie allume en eux une fièvre souvent mortelle.

Des règlements et différents ordres du jour ont défendu aux soldats de quitter le combat pour transporter les blessés. C'est une pensée sage et surannée, renfermée dans un ordre ridicule et barbare.

La formalité des billets d'entrée à l'hôpital étant incompatible, les jours d'action, avec la promptitude des secours que réclame l'état des blessés, ils sont admis aux hôpitaux sur le vu de leurs blessures ; mais, dans l'intérêt de l'état civil, non moins que dans l'intérêt de l'administration des corps, il doit être pris par les administrateurs et les chirurgiens d'hôpitaux toutes les mesures propres à suppléer les renseignements qu'eût procurés un billet d'entrée, et à constater les noms, le corps, etc., du malade entrant. En cas de capitulation conclue à l'issue d'un siège, les soins que réclame l'état des blessés, des jambes de bois, des estropiés, la quantité d'officiers de santé et d'infirmiers laissés près d'eux, le nombre des chariots couverts destinés au transport des hommes incapables de marcher, doivent être l'objet de conventions et d'arrangements soigneusement débattus.

Une loi de l'an III (14 fructidor) voulait que les blessés passant devant les postes ou sentinelles y reçussent le salut du port d'arme. Ce genre d'honneurs n'a pas été maintenu et ne pouvait l'être, puisqu'il eût fallu, pour que la disposition fût raisonnable, qu'un signe distinctif annonçât que les blessures étaient du fait de l'ennemi.

Dans plus d'une milice, la manière d'administrer à la guerre les premiers soins aux blessés est restée une des parties les moins avancées de l'art militaire. A la bataille de Francfort-sur-l'Oder, dans la guerre de 1756, le major prussien Kleist, renversé par deux blessures, et dépouillé par les maraudeurs, resta nu sur le champ de bataille et s'y débattit pendant vingt-quatre heures, au milieu de quelques aumônes jetées par des cosaques que sa position avait émus de pitié. Poète célèbre, il justifia le lendemain ce vers d'une de ses odes : *Peut-être, un jour, mourrai-je pour la patrie!* Les universités voisines accoururent relever et honorer son cadavre.

Le sort des blessés sur le champ de bataille, le dépouillement, les mutilations qui les y attendent, les insultes qu'ils ont à redouter des coureurs, les améliorations vainement proposées, ont été exposés par Colombier (1772), par Sancassini, et décrits dans la relation de la bataille d'Austerlitz (*Journal des Sciences militaires*, tome XXII, p. 227), où après quarante-huit heures les blessés n'étaient pas encore pansés ; les amputés de Smolensk, quinze jours après l'action n'étaient pas encore tous relevés du champ de bataille. Le général Philippe de Ségur (28 octobre 1812)

a peint ce malheureux qui, privé de deux cuisses à Borodino, et se traînant sur un lit de cadavres, avait vécu depuis cinquante jours sans secours d'aucune espèce. Il s'est vu de nos jours mille événements aussi inouïs que les faits rapportés par Feuquerolles dans l'*Encyclopédie Méthodique*, mais il ne s'est jamais tracé de peinture plus attendrissante que celle d'un guerrier qui se réveille nu et aveugle sur un champ de bataille abandonné et silencieux. On ne pourrait y comparer que le récit des aventures d'un soldat (Sylvain Dubois) devenu sourd-muet sur le champ de bataille de Leipzig : le récit s'en trouve dans le *Spectateur militaire*, VIe volume, 31e livraison.   Gal Bardin.

BLESSEBOIS (Pierre-Corneille de), écrivain du dix-septième siècle dont les ouvrages, très-peu dignes d'estime à tous égards, ont acquis auprès des bibliomanes une valeur extraordinaire. Ce que l'on sait sur le compte de ce personnage se borne à ce qu'il en dit lui-même. Originaire de la Normandie, son inconduite l'amena à se réfugier en Hollande. Ch. Nodier, dont la vive imagination aimait les paradoxes, a voulu établir que Blessebois n'avait jamais existé, si ce n'est sur des frontispices de livres, et que c'était un pseudonyme adopté par quelque auteur de l'époque. Un privilège accordé à M. de Corneille de Blessebois pour l'impression d'une tragédie publiée en 1675 à Châtillon-sur-Seine atteste cependant la réalité de l'individu. Deux genres d'ouvrages très-différents ont paru sous ce nom : des tragédies morales, même dévotes, dans le goût des anciens mystères, ayant pour sujets : *les Soupirs de Sifroi*, ou *l'Innocence reconnue* ; *la Victoire de la glorieuse sainte Reine sur le tiran Olibrius* ; des poésies libres réunies sous le nom d'*Œuvres Satyriques*, et dont les exemplaires, plus ou moins incomplets, toujours très-rares (ils ne le seront jamais assez), se sont parfois élevés dans les ventes publiques à Paris jusqu'au prix de quatre à cinq cents francs. Divers bibliographes ont discuté avec grand détail, sans réussir à se mettre d'accord, les questions qui se présentent à l'égard de ce problématique et très-peu recommandable auteur ; nous-même avons entrepris quelques recherches spéciales, mais nous les condamnons à l'oubli ; car il faut bien, selon la judicieuse remarque de Ch. Nodier, laisser quelque chose à faire aux heureux désœuvrés qui ont assez de temps pour s'occuper de Blessebois et assez peu de solidité d'esprit pour s'imaginer que, de toutes les questions dans l'étude desquelles on peut user sa vie, il n'y en a point de plus utile et de plus raisonnable.   Gustave Brunet.

BLESSINGTON (Marguerite, comtesse de), Irlandaise célèbre par la grâce, la finesse et l'heureuse élégance de son esprit, naquit le 1er septembre 1789, à Curragheen, dans le comté de Waterford, qu'habitait son père, Edmond Power. Elle avait à peine quinze ans lorsqu'elle épousa le capitaine Léger Farmer, et elle était déjà veuve en 1817. Unie en secondes noces, l'année suivante, à Charles-John Gardiner, comte de Blessington, elle fut introduite par lui dans le grand monde, où elle ne tarda pas à se faire un nom. Ils entreprirent ensemble plusieurs voyages sur le continent, et réunirent partout, comme à Londres, la société la plus brillante et la plus choisie. A Gênes elle se lia d'une intimité tout intellectuelle avec lord Byron, et séjourna à Paris jusqu'en 1829, époque où son mari y mourut.

Ce dernier lui ayant laissé une fortune considérable, elle put se livrer sans contrainte à ses penchants littéraires, et fréquenta les cercles aristocratiques, qu'elle a surtout peints dans ses romans. Elle-même tenait sa petite cour souveraine dans l'hôtel patrimonial de son dernier époux, à Gore-House, dans Kensington, bourg du West-End de Londres. Ses célèbres soirées littéraires étaient fréquentées par tous les contemporains anglais en renom, Dickens, Bulwer, etc., par le comte d'Orsay et par beaucoup d'autres étrangers à la mode. Elle était liée avec tous les membres de la famille Bonaparte. On la vit arriver en toute hâte à Paris à la nouvelle de l'avénement à la présidence du prince Louis-Napoléon et louer un hôtel près de l'Élysée. C'est là qu'elle est morte, le 4 juin 1849.

Durant l'exposition universelle de Londres de 1851, le célèbre cuisinier français Soyer eut l'heureuse idée d'établir ses fourneaux et ses somptueux salons dans l'ancien hôtel de lady Blessington à Gore-House. Il n'en fallut pas davantage pour y attirer la foule des gens comme il faut ou qui voulaient passer pour tels. Bientôt le *Symposion* fit fureur.

[Parmi les œuvres de l'illustre Irlandaise, on remarque : *la Lanterne Magique, scènes de la métropole* (1829); des *Esquisses de Voyage en Belgique* (1832); des *Pensées et Réflexions* insérées dans le *New Monthly Magazine*, et surtout ses *Conversations avec lord Byron* (1834). Le péché le plus grave de la société britannique y est attaqué avec une spirituelle et brillante audace. Depuis cette époque, plusieurs romans du même écrivain : *les Confessions d'une Dame sur le retour* (1837); *les Partisans du Rappel; les Deux Amis; les Loisirs d'une Femme en France et en Italie* (1840); *la Gouvernante* (1840); *les Victimes de la Société* (1837); *les Confessions d'un Gentleman sur le retour* ; *le Flaneur en France; le Flaneur en Italie; la Loterie de la Vie; Meredith; Strathern; Marmaduke-Herbert; les Mémoires d'une Femme de chambre; Country-Quaters*, et beaucoup d'articles dans les *magazines* et les *revues*, témoignent à la fois de la fécondité de lady Blessington et de cette inspiration contraire aux habitudes puritaines de la société britannique que nous avons déjà signalée. La dissidence qui exista toujours entre elle et la haute société britannique explique, si elle ne justifie pas, l'espèce d'injustice dont elle fut la victime; les critiques anglais parlaient d'elle rarement, et la place subalterne qu'ils semblaient lui assigner parmi les romancières de troisième ou quatrième ordre était tout à fait indigne de l'élégance sans affectation et de l'ingénieuse nouveauté d'observation et de style qui distinguent ses écrits. Malgré la position isolée que s'était faite à Londres lady Blessington, et l'opposition constante dont elle s'était armée contre les conventions sociales du pays le plus rigide sous ce rapport, ses soirées, comme on l'a dit, furent constamment très-suivies. Comme talent, on doit reconnaître chez elle plus de finesse et de grâce que chez mistriss Trollop, un goût plus pur que celui de lady Morgan, l'absence de ce pédantisme subtil et statistique qu'on peut reprocher à miss Martineau; et, en dépit de la résistance opposée par la société anglaise aux progrès de sa réputation, le nom de lady Blessington nous semble devoir se placer avec honneur parmi les noms littéraires de l'Angleterre au dix-neuvième siècle.

Philarète Chasles.]

BLESSURE. Ce mot dans le langage commun est synonyme de *plaie;* mais envisagé sous le point de vue de la médecine légale, il s'applique à tous les désordres occasionnés dans les organes par des agents extérieurs : ainsi, les brûlures, les contusions, les fractures, les luxations, sont des blessures aussi bien que les incisions et les piqûres. Infiniment variées dans leurs degrés de gravité comme dans leurs formes, les blessures peuvent être légères, dangereuses ou mortelles : celles-ci sont distinguées en blessures mortelles *de nécessité*, et en celles qui ne le sont que *par accident*. On conçoit combien cette appréciation exige de science et de jugement, surtout si l'on considère que des décisions de l'expert dépend la condamnation ou l'absolution de l'accusé, innocent ou coupable.

D'après le Code pénal français, l'auteur de blessures volontaires avec préméditation ou guet-apens, et qui entraînent une incapacité de travail de plus de vingt jours, est passible de la peine des travaux forcés à temps (art. 310); les mêmes blessures commises volontairement, mais sans préméditation, entraînent seulement la réclusion (art. 309); lorsque les blessures n'entraînent pas une incapacité de travail de plus de vingt jours, elles sont punies dans le cas de préméditation ou de guet-apens, d'un emprisonnement de deux à cinq ans, et d'une amende de 50 à 500 fr. (art. 311); et dans le cas où la préméditation n'existe pas, d'un emprisonnement d'un mois à deux ans, et d'une amende de 16 à 200 fr. (même article); les blessures ou les coups résultant de défaut d'adresse ou de précaution sont punis d'un emprisonnement de six jours à deux mois et d'une amende de 16 à 100 fr. (art. 320). Il est des circonstances accessoires qui aggravent ou atténuent la peine. Ainsi toutes ces peines sont augmentées d'un degré, à l'exception de celle des travaux forcés à perpétuité, quand les blessures ont été commises sur la personne d'un ascendant. Dr Forget.

Lorsqu'un accident fait craindre ou produit la mort du fœtus pendant la grossesse, on dit que la mère s'est blessée (*voyez* Avortement). Vulgairement aussi on appelle *blessure* les pertes de sang qui surviennent pendant la grossesse.

Au moral, les *blessures* sont une atteinte profonde portée à l'homme, soit dans ses affections les plus tendres, soit dans ses sentiments les plus délicats : on en guérit sans doute, mais il est rare qu'il n'en reste pas quelque trace. Un père reçoit une cruelle *blessure* de la mauvaise conduite de ses enfants, surtout lorsqu'elle devient publique; le cœur d'une mère saigne si sa fille bien aimée ne récompense tous ses soins que par l'ingratitude la plus noire. Après des sacrifices sans nombre et des promesses sacrées, celle que nous aimons nous trompe-t-elle, c'est une *blessure* qui ne se referme plus. On se console des pertes d'argent au moyen de certaines privations qu'on s'impose, l'étude procure quelquefois des instants délicieux à l'ambition trompée ou déchue; mais il est des *blessures* que tout aigrit, la société comme la solitude, parce qu'on manque de force pour s'isoler de ses souvenirs. Aux époques où tous les rangs entrent en rivalité, les plus terribles *blessures* sont celles que l'on fait à l'amour-propre; alors ce n'est pas une personne, une famille que l'on désole, c'est souvent une classe entière; mais la vengeance voit tôt ou tard se lever le jour de son triomphe, et elle est impitoyable, parce qu'elle mesure ses coups à la longueur de ses souffrances. Dans les capitales, où l'on ne se rencontre qu'en passant, on est froissé dans son amour-propre; c'est une sensation pénible, sans doute, mais on l'oublie vite au milieu du tourbillon qui emporte tout. Dans les petites villes, au contraire, comme le rapprochement est continuel, les rivalités sont toujours en présence, c'est à désespérer l'amour-propre, que de part et d'autre on prend sans cesse pour point de mire, car l'on se connaît trop bien pour ne pas frapper juste, et tout coup occasionne une *blessure*. Saint-Prosper.

BLET, BLETTE, ces mots se disent d'un fruit devenu mou par excès de maturité. Quelques fruits, comme les nèfles, les alises, ne se mangent qu'en cet état. D'autres, comme les poires, sont encore mangeables lorsqu'ils sont blets; enfin la plupart, comme les pommes, acquièrent alors des propriétés repoussantes.

BLÈTE (en latin *blitum*) est un genre de la famille des atriplicées et de la monandrie digynie, qui renferme des herbes annuelles qui croissent en Europe et dans les régions tempérées de l'Asie. On emploie en médecine comme émollient le *blitum capitatum*, dont les fleurs, ramassées en pelotons tout le long de la plante, deviennent en mûrissant d'une couleur rouge qui fait ressembler chaque peloton à une fraise.

BLÉTERIE (La). *Voyez* La Bléterie.

BLÉTIE, genre de la famille des orchidées, tribu des épidendrées, dont les espèces sont assez nombreuses. Ce sont des plantes herbacées et terrestres, à racine tubériforme et renflée, à feuilles allongées, ensiformes et plissées suivant leur longueur. Les fleurs, ordinairement disposées en grappe simple ou rameuse, sont quelquefois de couleur très-vive, et dans quelques-unes elles sont fort belles.

Une vingtaine d'espèces composent le genre *blétie*; presque toutes sont originaires du Pérou ou du Mexique; un petit nombre croissent aux îles australes d'Afrique.

BLETTE. *Voyez* POIRÉE.

BLEU. Cette couleur si douce à l'œil est une de celles dont la nature aime le plus à revêtir ses productions. L'atmosphère lui emprunte ses nuances délicates, la mer ses reflets inconstants, l'arc-en-ciel quelques-unes de ses harmonies. Elle donne à plusieurs minéraux un brillant qui les fait rechercher; nous l'admirons dans un grand nombre de fleurs, dans les plumes des oiseaux, les écailles des poissons, les ailes et la tunique des insectes, les coquilles des mollusques. Mais l'homme exclusif voudrait l'engendrer à volonté, et il cherche avec fureur un *dahlia bleu*, une *rose bleue* ! Elle se montre souvent dans l'iris de l'œil humain, et y caractérise ou une bonté touchante ou l'instinct des molles voluptés. Dans l'œil de quelques animaux, et principalement parmi les espèces du genre *felis*, elle prend au contraire un éclat menaçant. Les peintres ont peine à reproduire sa grâce lorsqu'elle court en rameaux déliés sous une peau transparente. Les médecins redoutent son apparition sur la face humaine, comme un symptôme de souffrance et de mort. Les sociétés et les partis en ont fait un signe de ralliement. On en a fait l'emblème de la constance, de la tendresse. Il n'est pas jusqu'à la cuisine où son nom ne soit en honneur. Enfin, son emploi pour l'embellissement de nos demeures et de nos vêtements, son extraction de ses gangues naturelles et sa production par des agents chimiques, constituent des branches intéressantes de la technologie.

Le bleu est une couleur simple, un des sept principaux rayons du spectre solaire. Quoique parmi toutes les couleurs, dont la réunion forme la lumière blanche, les rayons bleus ne soient pas les plus réfrangibles, ils ont cependant la propriété particulière d'être réfléchis de préférence à tous les autres par la seule résistance mécanique des molécules des corps qui peuvent transmettre la lumière. On remarque ce phénomène dans les grandes masses de fluides transparents comme l'air et l'eau; dans les corps opaques de petite dimension demi-transparents, comme les opales; enfin dans les corps opaques, blancs ou colorés, réduits en lamelles très-minces, comme la peau ou l'ivoire. Mêlée au jaune, elle engendre le vert; alliée au rouge, elle forme le violet. Peu de couleurs ont autant de nuances, depuis l'azur le plus tendre jusqu'au bleu presque noir.

C'est au mélange des vapeurs d'eau avec l'air que le ciel doit sa couleur bleue. La teinte varie avec la nature et la densité des vapeurs; et moins il y en a de suspendues dans l'atmosphère, plus elle se fonce. Aux yeux du voyageur qui s'élève dans une montagne, le bleu du ciel va se brunissant, et le firmament a paru noir aux observateurs qui sont parvenus sur les plus hautes sommités du globe. C'est aussi par suite de la moindre quantité de vapeurs que dans les pays méridionaux et dans les saisons chaudes le ciel paraît bien plus bleu que dans les pays septentrionaux et pendant les saisons froides ou humides.

Les eaux limpides, lorsqu'elles ont assez de profondeur pour que la réflexion du fond n'altère pas leur couleur, offrent une belle teinte bleue, que les poètes ont célébrée dans leurs chants. Mais le plus souvent le miroitement de la surface masque complétement la couleur intérieure. Cette couleur est plus sombre que celle du ciel, parce qu'elle n'est pas mêlée de lumière blanche. Ainsi le Rhône, à sa sortie du lac de Genève, ressemble à une forte teinture d'indigo. On peut également citer l'eau rassemblée dans les crevasses des glaciers, et surtout la fameuse grotte de Caprée.

La couleur bleue dans le règne minéral a pour base un petit nombre de corps; les minéraux la doivent presque tous au fer, au cuivre et au sodium. Les arts l'empruntent soit à ces métaux, soit au cobalt, au molybdène, au bismuth.

Son origine est moins connue dans les végétaux. Elle paraît se former soit par la combinaison d'une substance particulière incolore avec l'oxygène de l'air, comme dans l'indigo et le pastel, soit par l'action d'un alcali qui neutralise un acide libre sous lequel était masquée la couleur bleue, comme dans le tournesol. A ce dernier mode de formation on peut rapporter certains fruits qui passent du rouge au bleu en mûrissant, c'est-à-dire à mesure que la quantité d'acide libre diminue. D'après ces faits, quelques chimistes disent que le bleu des végétaux est une couleur désoxydée.

On trouve cette couleur principalement dans les feuilles, les fleurs et les fruits, quelquefois dans le bois et l'écorce, et très-rarement dans les racines. Les couleurs bleues végétales sont plus communes dans les pays méridionaux que dans le Nord.

On ignore quelle opération organique amène des nuances bleues plus ou moins vives à la surface de certaines parties des animaux. Sur le corps humain, la présence du bleu caractérise presque toujours un état de maladie. Il en est une qui a reçu spécialement le nom de *maladie bleue* ou *ictère bleu*. Tout le monde sait que la mort causée par asphyxie, par strangulation ou par l'action de poisons narcotiques, laisse sur le corps humain une teinte bleue horrible. On a pu remarquer aussi que dans les affections catarrhales les accès de toux amènent sur la face un bleu passager. Enfin, dans cette maladie dont le cours torrentueux a dans ces derniers temps balayé tant d'hommes de la surface du globe, une période, la plus terrible, est devenue célèbre sous le nom de *choléra bleu*.

On a fait du noir le signe du deuil, le signe de la mort, mais certes le bleu aurait plus de droits à ce triste privilège. Voyez dans les végétaux la mort, la décomposition, produire la couleur bleue : témoin l'indigo, le pastel. La fleur de l'aconit est bleue. De la décomposition des matières animales naît le cyanogène, élément du bleu de Prusse. Dans les animaux, dans l'homme, le bleu est en quelque sorte la condition et le cachet du trépas. Et si nous considérons la vie sociale des hommes, n'a-t-il pas aussi trop souvent rempli de fatales fonctions? Tantôt il colore l'étendard bleu qui conduit les nations au combat, tantôt l'uniforme qui désigne leurs soldats aux coups de l'ennemi. « Les bleus! les bleus! » c'était le cri des chouans quand ils apercevaient les citoyens de la république sous le drapeau de Louis-Philippe. Malheur au bleu qui s'écartait un instant du gros des bataillons! il périssait sous les coups d'hommes qui lui auraient tendu une main amie et hospitalière si la couleur de son vêtement eût été différente!

Le bleu, il faut le dire, n'est pas toujours consacré à ces cruels usages. Dans les solennités religieuses, il rassemble sous sa bannière de beaux essaims de jeunes filles ou de pacifiques processions de pénitents. Le bleu fait partie de notre drapeau tricolore. L'écharpe des officiers de paix est bleue. La livrée des Bourbons de la branche aînée était bleue. Le cordon bleu était l'insigne de l'ordre du Saint-Esprit. Pour récompenser une cuisinière savante en son art, on la nomme encore un cordon bleu (*voyez* CORDON). Une secte un instant fameuse, aujourd'hui presque oubliée, mais dont les apôtres, qui regardaient fort bien ce monde comme leur royaume, ne manquent pas, Dieu merci, dans nos administrations, avait arboré le bleu pour la couleur de ses vêtements symboliques.

Les femmes savent merveilleusement en accommoder toutes les nuances aux besoins de leur teint ou de leur âge. Qu'une peau blanche ressort avec avantage dans une robe ou sous un chapeau bleu! Mais qu'elles se gardent bien de chausser les bas bleus! car c'est sous le nom de *bas bleus* que les Anglais désignent ces coteries de femmes qui aspirent à régenter la littérature, coteries où l'on prend la prétention pour du savoir, la pédanterie pour du bon goût. Lord Byron les a fouettées en Angleterre de son vers archiloquien, et Molière les a monétisées en France sous les titres célèbres de *Précieuses ridicules* et de *Femmes savantes*. Avant eux déjà, Juvénal s'était pris d'indignation contre un travers qui déplace les conditions de la vie sociale, en ôtant aux femmes les vrais organes de leur influence, la modestie et l'amabilité.

Après les grands noms que je viens d'invoquer, le tien, ô Brillat-Savarin, a droit encore à l'attention des lecteurs. Que n'ai-je ton génie pour chanter la gloire du bleu culinaire et pour dire comment la truite du lac de Genève et le brochet du Rhône, après avoir bouilli dans nos vins blancs de France, au milieu des épices de l'Inde et des Moluques, peuvent satisfaire les exigences du palais le plus délicat et le plus aristocratique! Ton livre vivra autant que la gourmandise, autant que la civilisation des hommes. Faut-il que la postérité puisse lui reprocher d'avoir omis, parmi les moyens de victoire que la nature et l'art mettent aux mains de nos hommes d'État dans les luttes parlementaires, le poisson au bleu!   A. Des Genevez.

BLEU (fleuve). *Voyez* Yang-tsé-Kiang et Nil.

BLEU (Mettre au). Dans le blanchissage, on appelle ainsi l'opération qui consiste à faire passer le linge lavé dans une eau tenant du bleu en suspension de façon à lui donner une petite teinte azurée, qui le fait paraître d'un blanc plus pur. L'industrie est encore à la recherche d'une substance bleue économique se répartissant facilement et également dans une certaine masse d'eau. Souvent, en effet, la matière colorante tombe au fond du bassin ou reste en quantité dans certaines parties du liquide, et le linge qu'on y plonge en sort taché. L'indigo, le bleu de Prusse, dissous au moyen de l'acide muriatique, sont les substances le plus généralement employées pour la mise au bleu, soit en boule, soit à l'état liquide.

BLEU DE BERLIN. *Voyez* Bleu de Prusse.

BLEU DE COBALT. Le bleu de cobalt est une des richesses que la chimie a livrées aux arts de coloration. Vauquelin avait remarqué que les oxydes et les sels de cobalt soumis à une douce chaleur prenaient une teinte bleue très-brillante. M. Thénard, poussant plus loin cette observation, parvint à fabriquer un bleu qui pendant longtemps a tenu lieu aux peintres du bleu d'outremer. Il l'obtenait en calcinant légèrement de l'arséniate ou du phosphate de cobalt avec de l'alumine; on l'a rendu plus moelleux en remplaçant l'alumine par du phosphate de chaux. Ce bleu a l'avantage de résister à tous les agents qui peuvent altérer les couleurs. Il est plus solide que l'indigo et le bleu de Prusse, plus facile à diviser que le smalt. Avec l'huile il se comporte comme l'outremer, mais avec la gomme il a moins d'intensité. On lui reproche de prendre des teintes violettes, surtout aux lumières. A. Des Genevez.

BLEU DE CUIVRE, BLEU DE MONTAGNE. Le cuivre est la matière colorante de plusieurs minéraux : tels certains spinelles et quelques turquoises, le bleu de montagne, l'azur de cuivre, les pierres d'Arménie.

Le bleu de montagne est l'objet d'une exploitation régulière dans un grand nombre de lieux; on le trouve dans la plupart des mines de cuivre. En France, les mines de Chessy et de Baigori enrichissent les cabinets de minéralogie de beaux groupes de cristaux bleus. C'est une combinaison d'oxyde de cuivre et d'acide carbonique, quelquefois unie à la silice et à la chaux, et presque toujours mélangée de quartz et de calcaire. Pour extraire la couleur des pierres, il suffit de les broyer à l'eau et de les soumettre à une suite de lavages et de décantations qui finissent par entraîner toutes les impuretés. La peinture et les arts font grand usage de ce bleu, à cause de sa douce nuance et de son bon marché; mais il a l'inconvénient d'être facilement altérable et de passer au vert et au noir.   A. Des Genevez.

BLEU D'ÉMAIL. *Voyez* Azur.

BLEU DE PRUSSE ou BLEU DE BERLIN. Les arts ne tirent du règne animal qu'une seule couleur bleue : c'est le bleu de Prusse, matière doublement intéressante, et par les services qu'elle rend aux arts, et par les progrès que son étude a fait faire à la chimie. On doit sa découverte au hasard. En 1710, un fabricant de couleurs de Berlin, nommé Diesbach, ayant jeté dans sa cour des eaux sales, vit avec étonnement se développer sur les pavés une magnifique couleur bleue. Il en rechercha les éléments, et parvint à la reproduire. Mais il se réserva le secret de cette fabrication, et ce ne fut qu'en 1724 que l'Anglais Woodwart, après de longues recherches, publia un procédé qui réussit bien, mais qu'on a beaucoup modifié depuis sous le rapport de l'économie et de l'avivage de la couleur. Cependant c'est toujours en calcinant des matières animales, telles que le sang de bœuf desséché, les cornes, les sabots, les peaux, les chiffons de laine, avec un sel de potasse et un sel de fer, qu'on obtient le bleu de l'russe. Le sang est employé de préférence, à cause de la grande quantité de fer qu'il contient. Dans chaque atelier, on le prépare par une méthode particulière. Et qu'on ne s'étonne pas de la diversité des procédés : l'incertitude dans l'application témoigne ordinairement du vague de la théorie, et il faut dire que, malgré des hypothèses et des expériences nombreuses, les circonstances de la formation du bleu de Prusse sont encore imparfaitement connues. Mais si les travaux des chimistes n'ont pas conduit à connaître la manière dont les éléments du bleu de Prusse se groupent entre eux, au moins leur doit-on deux des plus belles découvertes de la chimie moderne, celle de l'acide prussique par Scheele, et celle du cyanogène par M. Gay-Lussac. Aujourd'hui il est constant que le bleu de Prusse est essentiellement formé de cyanogène et de fer combinés en diverses proportions. L'alcali, qui est, ainsi qu'une haute température, nécessaire à la formation du cyanogène, est enlevé ensuite par le lavage. Cependant, les bleus les mieux lavés retiennent toujours une petite quantité de cyanure de potassium.

Il paraît qu'en France nous sommes encore inférieurs à l'étranger pour les bleus de belle qualité. Presque tous nos bleus deviennent verdâtres par la dessiccation; inconvénient que n'ont pas les beaux bleus de Berlin. Aussi la Prusse est-elle en possession d'en exporter de grandes quantités en France, dans le Nord et en Italie; l'Angleterre paraît se suffire à elle-même et même alimenter les ateliers d'Amérique. La consommation du bleu de Prusse est immense. On l'a d'abord appliqué sur les papiers, la peinture à l'huile s'en est également emparée; mais il faut éviter de le mêler à des couleurs où entrerait la chaux, car elle le détruirait promptement. Le beau bleu d'Angleterre nommé *platt-indigo* n'est qu'un mélange du bleu de Prusse et de mucilage de riz ou de quelque autre substance gommeuse. Maintenant on emploie avec succès le bleu de Prusse à teindre les étoffes de toute nature, surtout depuis la belle découverte de M. Raimond, qui a eu l'heureuse idée de former la couleur sur l'étoffe elle-même.

Le bleu de Prusse n'appartient pas seulement à la technologie, il fait aussi partie de l'organisation animale dans certaines circonstances. Les anciens avaient remarqué que l'urine a parfois une couleur bleue; ils la désignaient sous le nom d'*isrinde*. Fourcroy, ayant eu occasion d'examiner le sang d'une femme atteinte d'une affection nerveuse, qu'accompagnaient de fréquentes et fortes convulsions, y trouva le bleu de Prusse. En 1824, M. Julia-Fontenelle constata la présence du même corps dans certaines urines. M. Braconnot vint après, qui attribua cette coloration à une substance particulière, qu'à cause de ses propriétés alcalines et colorantes il appela *cyanourine*. M. Mojon plaida de nouveau pour le bleu de Prusse. Enfin la question fut résolue en 1832 par le pharmacien Cantu, qui découvrit dans une urine la présence simultanée du bleu de Prusse et d'une substance bleue sucrée. Il reste à spécifier dans quelles circonstances morbides et par quelle opération organique ces substances prennent naissance. A. Des Genevez.

BLEU D'INDIGO. *Voyez* Indigo.

BLEU D'OUTREMER. Cette couleur, célèbre par son emploi dans la plupart des chefs-d'œuvre de la peinture, a reçu son nom du voyage transméditerranéen que fait pour venir d'Asie en Europe la pierre d'où on l'extrait. Cette pierre, les anciens la connaissaient sous le nom de *saphir*, et les minéralogistes modernes l'ont appelée *lapis-lazuli*. Pour séparer la précieuse couleur de sa gangue, on broie le lapis, on le mêle avec de la cire et des substances résineuses en fusion, et l'on verse le tout dans l'eau, où se dépose une poussière qu'on affine par plusieurs lavages, et qui, selon son degré de ténacité, constitue diverses qualités d'outremer. Les peintres donnent en général la préférence à ce bleu sur tous les autres; ils aiment le moelleux et la vigueur de ses tons. Aussi était-ce un des plus grands services que la chimie pût rendre aux arts que de reproduire artificiellement et à bas prix une couleur trop chère pour être beaucoup employée. Longtemps les matières nombreuses toujours mêlées à l'outremer de la lapis-lazuli ont donné le change sur sa véritable composition. Vauquelin attribuait sa coloration à la présence du fer. Cependant, comme on en avait trouvé plusieurs fois dans des fours à soude, on en était venu avec raison à penser que l'outremer pourrait bien n'être qu'une combinaison du soufre avec le sodium, lorsque la Société d'Encouragement, toujours prompte à pourvoir aux besoins des arts, ouvrit, en 1827, un concours pour la fabrication de l'outremer, et couronna M. Guimet, qui se réserva l'exploitation de sa découverte. Depuis, MM. Gmelin, Robiquet et Persoz se sont occupés de la même question, et en ont donné des solutions qui laissent peu de chose à désirer. Essayé dans les plafonds du Louvre, l'outremer factice a offert sous le pinceau de M. Ingres des tons plus riches encore que celui du commerce : c'est donc un nouveau gage d'éclat et de durée donné par la chimie aux travaux de nos artistes. A. Des Genevez.

BLEU MARTIAL FOSSILE, ou BLEU DE PRUSSE NATIF. C'étaient les noms qu'on donnait autrefois à un minéral qu'on appelle maintenant à meilleur droit *phosphate de fer*. Cette substance est d'un bleu foncé, quelquefois cristallisée, plus souvent des masses compactes, en grains, ou terreuse et mêlée d'argile : dans ce dernier cas, on la nomme aussi *ocre bleue*. On s'en sert comme couleur d'émail. A. Des Genevez.

BLEUES (Cendres). *Voyez* Cendres Bleues.

BLEUES (Montagnes). Ce nom est commun à plusieurs importantes élévations du sol, situées, par exemple, dans l'île de Melville, au milieu de la mer Polaire d'Amérique; dans l'île des Indes occidentales dite *la Jamaïque*, dans les États-Unis de l'Amérique septentrionale, et sur la côte orientale du continent australien.

Les *montagnes Bleues* de l'Amérique du Nord (*Blue-Ridge*) sont la chaîne la plus orientale des monts *Apalaches*, s'étendant depuis les sources du grand Catawba, dans la Caroline du Nord, jusqu'à la moitié du cours de la Delaware, sur les limites qui séparent la Pensylvanie du New-Jersey. Leur versant sud-est est plus abrupt, plus vivement marqué, que leur versant nord-ouest; à Otterpik leur sommet le plus élevé atteint une hauteur de 1300 mètres. *Voyez* Alleghanys (Monts).

Les *montagnes Bleues du continent australien*, qui s'élèvent à l'extrémité occidentale de la plaine de Sidney, entre les plateaux d'Hawkesbury, le district montagneux d'Argyle et du Hunter, ramification septentrionale des chaînes du Liverpool, forment une chaîne élevée d'environ 1000 mètres et très-escarpée, et bornant à l'est le plateau de *Bathurst*. Le besoin de communications actives entre Sidney et Bathurst, ce centre de la production des troupeaux en Australie, a fait mieux connaître les montagnes Bleues que tout autre plateau de ce continent. Deux routes traversent ces montagnes : l'occidentale, ou le défilé du Mont-York, découverte en 1813, est plus praticable que celle de Bell, plus au nord, ainsi nommée du nom de celui qui la découvrit en 1822. — Ce nom de montagnes Bleues sert quelquefois à désigner toute la chaîne qui s'étend depuis le cap Howe jusqu'à Loukout.

BLEUET. *Voyez* Bluet.

BLEUS et VERTS (en latin *Veneti et Prasini*). C'étaient à Byzance les compagnies de conducteurs de chars qui avaient succédé aux gladiateurs de Rome, et qui, distinguées par ces deux couleurs, se disputaient le prix de l'adresse dans les jeux du Cirque. La capitale elle-même s'était divisée entre les deux factions, et Justinien s'étant déclaré pour les *Bleus*, le débat prit subitement un caractère politique. En 532 les *verts*, profitant avec habileté du mécontentement du peuple, froissé par les exactions du préfet du prétoire Jean et du questeur Tribonius, se révoltèrent, proclamèrent en plein cirque le prince Hypatius empereur, et assiégèrent Justinien dans son palais. Celui-ci eût péri sans le courage de Bélisaire et du gouverneur d'Illyrie Mundus, qui écrasèrent les révoltés, dont plus de 30,000 restèrent sur le terrain. Hypatius ayant été pris et décapité, son corps fut jeté dans le Bosphore.

BLIDAH, ville de la province d'Alger, située au pied du petit Atlas, à 52 kilomètres sud-ouest d'Alger, presqu'à l'extrémité de la Métidja. Siége d'une sous-préfecture, d'un tribunal de première instance et de tout ce qui compose un arrondissement administratif, cette ville possède quatre belles mosquées, une église catholique, et renferme aujourd'hui, indépendamment des indigènes, une population européenne d'environ 3,671 habitants.

Sa position, à l'entrée d'une vallée profonde, à cent mètres au-dessus du Mazafran et à 185 mètres au-dessus de la mer et de tous les marais de la plaine, en fait une des villes les plus salubres et les plus saines de la contrée. Des eaux abondantes y alimentent de nombreuses fontaines et arrosent les jardins et les bosquets d'orangers qui l'environnent et la dérobent aux regards. L'ancienne ville n'existe plus. Détruite par un tremblement de terre qui avait renversé le 2 mars 1825 ses édifices les plus élevés, elle avait remplacé ses vieilles constructions par des maisons n'ayant en général que des rez-de-chaussée. Aussitôt que les Français en sont devenus maîtres, tout y a revêtu une physionomie nouvelle. A l'enceinte en pisé, haute de quatre mètres, en partie formée par les murs mêmes des maisons et percée de quatre portes communiquant par une large rue prolongée le long des murs, a été substituée une enceinte en maçonnerie flanquée de deux tours placées, l'une vis-à-vis du Parc-aux-Bœufs, l'autre à la porte Bab-el-Sebt. Devenus acquéreurs des ruines de la ville arabe, des spéculateurs les déblayèrent pour élever à leur place une ville française. De larges rues tirées au cordeau et des maisons de deux ou trois étages se construisirent alors comme par enchantement; mais l'empressement de la population fut loin de répondre à cette fièvre de construction, et des travaux considérables demeurèrent inachevés. Blidah pourrait, si les fondements semés à cette époque sur son sol avec une exagération incroyable étaient terminés, renfermer plus de trente mille âmes! aussi la solitude qui résulte d'un pareil encombrement de murailles désertes et sans emploi donne à la ville un aspect assez triste.

Il y a cependant à Blidah des germes de richesses qui ne demandent qu'à se développer, et qui semblent assurer son avenir commercial. La nature l'a heureusement dotée. Les eaux que l'Atlas laisse échapper dans la plaine fertilisent son sol, et arrosent ses massifs d'orangers et de citronniers. Le figuier, le cognassier, l'abricotier, y produisent des fruits exquis; la vigne, des raisins énormes. On peut y cultiver avec un égal succès les produits des zones les plus tempérées et les plus chaudes. Ses montagnes recèlent à quelques pas les riches mines de cuivre de la Mouzaia. Toutes les tribus environnantes fréquentent son marché; les importations consistent en bestiaux, chevaux et bêtes de somme, céréales, peaux, laines, charbon, bois à brûler, etc. On en exporte des fers bruts, de la mercerie, de la quincaillerie, et des tissus de coton.

Blidah est, à ce qu'on croit, l'ancienne *Sufasar*, qui figure sur l'*Itinéraire* d'Antonin. Elle était au temps des Romains ce qu'elle est encore aujourd'hui, un nœud de communication dans le Petit-Atlas, un point de réunion, de retraite ou de passage, d'une certaine valeur stratégique. Avant d'avoir été dévastée par le tremblement de terre dont nous avons parlé plus haut, elle était la ville des fêtes et des plaisirs. C'était aussi le foyer d'une industrie active, utile et assez perfectionnée. Une quinzaine de moulins à blé, de nombreuses tanneries et teintureries, la préparation du maroquin, son horticulture, étaient autant de causes de richesse et de prospérité pour sa population indigène, dont le chiffre atteignait 7,000 âmes. Mais lors de l'occupation française on en comptait à peine 3,000, mélange confus de Maures, de Juifs, de Turcs, et surtout de Nègres libres. Les Arabes habitaient de préférence des cabanes en bois et en roseaux, aux alentours de la ville.

La première reconnaissance dirigée du côté de Blidah fut commandée par le général de Bourmont, le 22 juillet 1830; mais le bey de Titery, avec ses Kabyles embusqués, nous empêcha de rester dans la ville, dont les habitants nous avaient cependant accueillis avec cordialité. Le 19 novembre 1831 un corps de 7,000 hommes, commandé par le général Clauzel, s'avança jusqu'aux portes de Blidah, que les Arabes ne livrèrent qu'après une vigoureuse résistance. Le colonel Rulhières y fut laissé avec deux bataillons et deux pièces de canon. Pendant six mois entiers, il résista, sans château, et avec un mur ouvert sur plusieurs points, à toutes les forces de Ben-Zamoun. Mais le général Clauzel, craignant avec raison les sacrifices qu'exigerait cette nouvelle occupation, y renonça, et rappela sa garnison. Le 20 novembre 1832 le duc de Rovigo fit marcher contre Blidah une colonne, à l'approche de laquelle les Blidiens prirent la fuite, emportant leurs richesses. La ville, prise et pillée, fut abandonnée de nouveau. Le général Drouet d'Erlon, engoué de Ben-Omar, avait résolu de l'établir à Blidah. On envoya cet équivoque représentant de la nation française, avec un fort détachement de cavalerie, aux Blidiens. Mais ceux-ci n'en ayant pas voulu, son escorte ne servit qu'à le ramener à Alger. Le 29 avril 1837 le général de Damrémont, pénétrant dans Blidah avec trois brigades, châtiait les habitants, qui avaient envoyé ostensiblement une députation à Abd-el-Kader, pendant que celui-ci cherchait à soulever la province de Titery. Les chefs firent leur soumission. On leur prescrivit d'organiser une milice urbaine, d'établir des postes de sûreté, et d'interdire leur ville aux maraudeurs qui venaient sans cesse s'y réfugier. On reconnut, dans cette excursion, le cours de la Chiffa, Coléah, l'embouchure du Mazafran, et toute la ligne qui marqua plus tard les limites du territoire réservé par le honteux traité de la Tafna. Ce fut le 3 mai 1838 qu'on prit définitivement possession de Blidah, afin de compléter l'occupation depuis l'Oued-Kadara jusqu'à la Chiffa. Le maréchal Valée fut reçu aux portes de la ville par le hakem de Blidah, le kaïd des Béni-Salah, et l'ancien kaïd des Hadjoutes, qui l'accompagnèrent dans la reconnaissance qu'il fit autour des murs d'enceinte. Deux camps furent établis : l'un, dit *camp supérieur*, à l'ouest, sur la rive gauche du ravin, que la tradition désigne comme l'ancien lit de l'Oued-Sidi-el-Kébir, et dans l'enceinte duquel a été créé depuis le village de *Joinville*; l'autre, *camp inférieur*,

à l'est et à l'entrée même des jardins couvrant la route qui conduit du blockhaus de Méred au camp supérieur. Le village de *Montpensier* a été fondé dans son enceinte. L'occupation de la ville ne fut effectuée que petit à petit, afin de prévenir les accidents, les collisions avec les habitants, et la dévastation des jardins. L'enceinte fut réparée et crénelée. On établit un poste à la porte Bab-el-Dzair. On construisit dans le lit de l'Oued-el-Kébir un barrage en maçonnerie, afin d'assurer à la garnison la possession de l'eau, qui lui était si souvent disputée par l'ennemi. Les hauteurs de Mimich et de Mesroui furent garnies de blockhaus. Enfin, d'immenses travaux entrepris dans la ville la mirent à l'abri de toute surprise, et les habitants, rassurés, rentrèrent peu à peu, et reprirent avec confiance leurs travaux si longtemps interrompus et qui n'ont plus été troublés.

BLIND (Charles), révolutionnaire badois, né à Manheim, vers 1826. Pendant qu'il faisait ses études à Heidelberg, Blind avait déjà participé à tous les mouvements politiques dans le sens du radicalisme le plus absolu. Au mois d'août 1847 il fut arrêté à Neustadt-an-der-Hardt comme coupable d'avoir répandu un pamphlet intitulé *la Famine allemande et les Princes allemands*; mais on lui rendit la liberté au mois de novembre. Il se retira alors à Manheim, où il prit part à la rédaction des feuilles radicales qui s'y publiaient. Après la révolution de février, il fut mêlé à tous les événements de Carlsruhe. Au mois de septembre, lorsque fut connue la résolution de l'assemblée de Francfort touchant l'armistice de Malmœ, il se joignit à l'expédition de Struve, et exerça les fonctions de membre ou d'agent du gouvernement républicain. A l'affaire de Staufen, il combattit sur les barricades, et fut arrêté immédiatement au village de Wehr par la milice bourgeoise. Le discours qu'il prononça lors du procès des conspirateurs, qui se jugea à Fribourg du 20 au 30 mars 1849, ne manqua pas d'une certaine emphase révolutionnaire; mais c'est moins une défense qu'une attaque contre ses adversaires politiques. Condamné avec Struve à huit années de travaux forcés, il fut, après huit mois de détention, remis en liberté, à l'explosion de la révolution badoise, par suite d'une délibération de l'assemblée populaire d'Offenbourg. Ennemi de Brentano, Blind fut envoyé à Paris par le gouvernement provisoire, qui n'avait en vue que de l'éloigner. Il s'y mêla aux luttes des partis, fut arrêté, détenu en prison pendant quelque temps, et expulsé au mois d'août 1849. Il a fini par passer en Amérique.

BLINDAGE, BLINDES (de l'allemand *blind*, aveugle, ou *blenden*, aveugler), travail de siége ayant pour but de mettre à l'abri des feux de l'ennemi les magasins ou établissements militaires. On *blinde* surtout avec soin, crainte d'explosion, les magasins à poudre. Le blindage varie suivant la nature des matériaux qu'on a sous la main. Quand le bâtiment qu'il s'agit de blinder est solidement construit et pourvu de murs assez épais, les planchers en sont mis à l'épreuve de la bombe au moyen de poutres transversales, supportées par des pieux, et en établissant en travers, sur les solives, d'autres pièces de charpente, recouvertes de fascines, de terre, de fumier, d'une épaisseur d'un mètre environ. On blinde aussi les constructions qui renferment des munitions, des vivres, des malades, ou seulement des hommes qui ne sont pas de service. En campagne, le blindage d'un corps de garde, d'une église, d'une ferme, d'un moulin, peut en faire un poste susceptible d'une assez longue résistance.

En termes de marine, *blinder* un vaisseau se dit quand on l'embosse pour soutenir une batterie ou défendre une passe. Ce *blindage* est fait de ballots de laine ou d'étoupe de câbles. On blinde aussi les ponts des vaisseaux, dans un port où l'on craint un bombardement, en les couvrant de câbles et d'étoupe jusqu'à une certaine épaisseur pour amortir l'effet de la chute d'une bombe.

Les *blindes*, employées également dans la défense par terre et par mer, sont des morceaux de bois dont on couvre les tranchées, ou des morceaux de vieux câbles dont on couvre les flancs d'un vaisseau pour les préserver des boulets. Les blindes dont on se sert sur terre sont ordinairement faites de bois ou de branches entrelacées, qu'on enferme entre deux rangs de pieux debout ou de claies. Ces pieux sont de la hauteur d'un homme et distants de $1^m,30$ à $1^m,60$. On les emploie principalement à la tête des tranchées, quand on veut les pousser de front vers les glacis, ou lorsqu'elles sont enfilées, pour mettre à couvert les travailleurs.

BLOC. La Fontaine, dans sa fable du *Statuaire*, dit :

Un bloc de marbre était si beau
Qu'un statuaire en fit emplette.
Qu'en fera, dit-il, mon ciseau?
Sera-t-il dieu, table, ou cuvette?
Il sera dieu, etc.

Un bloc est en effet un morceau de pierre ou de marbre dont la forme et la dimension sont souvent l'effet du hasard, lorsque le carrier le détache du banc auquel il appartient. C'est ainsi qu'on les emploie maintenant dans les fondations des grands monuments. Pour ne rien perdre de la matière, on change très-peu leur forme primitive, ayant seulement soin de les réduire à une hauteur uniforme pour chaque assise, tandis que dans les constructions hors de terre les pierres sont toujours équarries bien régulièrement.

Les blocs sortent donc ordinairement de la carrière sans aucun travail; quelquefois cependant ils sont équarris grossièrement, ou bien enfin on leur donne une forme demandée, et dans ce cas ils reçoivent la dénomination de *blocs d'échantillon*; mais on ne fait usage de pareils blocs que pour procurer plus de solidité à certaine partie d'un monument, et seulement dans des cas assez rares, à cause de la difficulté qu'entraîne le placement de blocs d'un grand volume, et aussi pour éviter la dépense que cela occasionne. C'est ainsi qu'à la Madeleine à Paris les chapiteaux de la colonnade ont tous été faits d'un seul bloc qui en pince a coûté 3,000 fr. Au Panthéon les angles du fronton du péristyle, qui sont d'un seul bloc, ayant plus de 15 mètres cubes, pesant 25,000 kilogrammes, reviennent chacun à 10,000 francs. Le fronton de la colonnade du Louvre est aussi recouvert par deux pierres tirées des carrières de Meudon; chaque bloc avait $16^m,89$ de long sur $2^m,59$ de large et $0^m,48$ d'épaisseur. Enfin on cite encore les blocs de granit destinés au tombeau de Napoléon.

Le plus extraordinaire de tous les blocs pour son volume et pour son poids est celui qui a été employé pour la base de la statue de Pierre Ier, élevée à Saint-Pétersbourg par ordre de l'impératrice Catherine II, et exécutée en bronze par le statuaire Falconnet. Ce bloc immense était une roche de granit trouvée dans un marais de la Finlande, à cinq lieues de Saint-Pétersbourg; il avait $13^m,65$ de long, $8^m,75$ de large et $6^m,80$ de haut, ce qui donnait un poids d'environ deux millions de kilogrammes. On le transporta dans toute son intégrité; mais lorsqu'il fut arrivé à Saint-Pétersbourg, on en retrancha quelques parties, qui diminuèrent son poids d'un quart environ. Ce travail se fait ordinairement dans la carrière même, pour diminuer le volume et le poids du bloc, afin d'économiser les frais de transport.

A côté de cette masse immense que paraîtraient notre obélisque de Louqsor et son piédestal, qui ne pèsent chacun que 460 milliers? Encore ce piédestal est-il composé de cinq blocs, dont le plus considérable est le dé, qui a 5 mètres de haut sur 3 de large et pèse 200 milliers.

On donne aussi le nom de *bloc* à une forte pièce de bois qui dans les vaisseaux sert de support aux mâts.

La même dénomination s'emploie également pour désigner une pièce de fer ronde et creuse dans laquelle les graveurs sur métaux fixent, au moyen de quatre vis, le coin ou le cachet qu'ils veulent graver, et qui serait trop petit pour être tenu seulement à la main.

Dans le commerce, on dit aussi *vendre en bloc*, lorsqu'une partie de marchandises est vendue dans son intégrité, sans avoir rien déballé, et même sans donner aucune désignation de poids ou d'aunage. Duchesne aîné.

BLOCAGE ou **BLOCAILLE**, diminutif de *bloc*; nom donné en maçonnerie à de petites pierres brutes, irrégulières, qu'on emploie sans préparation pour la construction de certaines fondations ou dans l'eau. On les jette pêle-mêle avec le mortier. On les emploie aussi pour garnir le milieu des murs et des gros massifs.

En termes d'imprimerie, *blocage* se dit de l'emploi d'une lettre retournée sur son œil, et mise à la place d'une autre qui manque dans la casse.

BLOCH (Marc-Éliézer), ichthyologiste célèbre, né en 1723, était le fils de pauvres juifs établis à Anspach, et qui ne lui donnèrent presque aucune éducation. Placé en qualité d'instituteur chez un chirurgien juif établi à Hambourg, il acquit quelque connaissance des écrits des rabbins, et apprit l'allemand, ainsi que le latin et les premiers éléments de l'anatomie. Le désir de pousser plus avant l'étude de cette science le conduisit à Berlin, où, grâce au secours de quelques parents, il put étudier la médecine. L'ardeur avec laquelle il se livra alors au travail lui eut bientôt fait regagner le temps perdu, et acquérir des connaissances aussi variées qu'étendues. Reçu docteur en médecine à Francfort-sur-l'Oder, il vint pratiquer son art à Berlin, où son rare savoir et la noblesse de son caractère lui méritèrent l'estime générale, et où il mourut le 6 août 1799. La base de sa grande et juste réputation comme naturaliste fut son *Histoire universelle des Poissons* (12 vol. in-4°, Berlin, 1782-1795, avec 432 planches coloriées), qui fut pendant longtemps le seul ouvrage complet sur la matière, et qui aujourd'hui encore offre à la science des ressources précieuses, à cause de ses gravures, malgré la complète révolution opérée dans l'ichthyologie. Pour la publication de cet ouvrage, dont les frais immenses eussent de beaucoup dépassé ses ressources personnelles, Bloch fut aidé par la libéralité de plusieurs princes et de riches personnages. Il a laissé inachevé son *Systema Ichthyologiæ iconibus CX illustratum*, publié par Schneider à Berlin en 1801. Le gouvernement prussien acheta, à sa mort, sa belle collection de poissons, qui fait aujourd'hui partie du Muséum zoologique de Berlin.

BLOCKHAUS (de l'allemand *haus*, maison, et *block*, bloc, billot, tronc d'arbre). C'est une pièce détachée, un pâté, une redoute, un fort, un fortin, ordinairement construit en bois, n'ayant point d'issue apparente, et communiquant sous terre à un ouvrage principal dont le blockhaus est un poste avancé. Sa garnison, pourvue, comme dans un poste avancé, de vivres et de munitions de guerre, est chargée de se défendre jusqu'à la dernière extrémité. Les Allemands, qui s'en servent beaucoup en campagne, s'attribuent l'invention de ce genre de forts détachés; cependant ces constructions sont fort anciennes en France : Charles VI, ayant projeté une descente en Angleterre, fit dresser en 1385, à l'Écluse, une grande ville de bois, pour mettre l'armée française à couvert dès qu'elle aurait débarqué. Cette ville se composait de pièces de charpente qu'on chargeait sur les vaisseaux et qui devaient être aisément dressées et assemblées sur les côtes d'Angleterre.

En 1778, Gassendi appelait *blockhaus* un corps de garde palissadé et blindé. Le général Marion rattache à cette même année l'usage des *blockhaus* couverts : le premier aurait été construit en Silésie, à Schedelsdorff. Aujourd'hui le *blockhaus* est une palanque à ciel ouvert. Les murs en sont percés d'un ou de deux étages de créneaux, et couverts d'une plate-forme armée de quelques pièces de canon. Cette forme de construction est très-commode, pouvant être disposée à l'avance, transportée et dressée promptement sur un point menacé. Au siège de Dantzig en 1807 un *blockhaus* exigea, presque à lui seul, les efforts d'un siège. On en avait construit à Paris un assez grand nombre pour l'expédition d'Alger en 1830; et quand le débarquement eut eu lieu, on fit usage de ces *blockhaus* avec le plus grand succès pour mettre les avant-postes à l'abri de toute surprise. Aussi continue-t-on de les employer en Afrique dans la plupart des opérations militaires. On en a construit sur place à machicoulis et sans fossé. Il a été traité théoriquement des *blockhaus* par Hauser, Meciszenski, C. F. Peschel, Louis Blesson, N. Rouget. Leurs ouvrages sont en allemand. Le colonel suisse Dufour, dans son *Traité de Fortification*, donne aussi des détails étendus sur les blockhaus. Gal BARDIN.

BLOCKSBERG, nom donné à plusieurs montagnes du Mecklembourg, de la Prusse, et particulièrement au Brocken, la plus haute cime des montagnes du Hartz et de l'Allemagne septentrionale.

Le Blocksberg est célèbre sous un autre rapport; là, suivant une tradition probablement très-ancienne, les sorcières viennent se réunir chaque année, dans la nuit du 1er mai; là se tient l'assemblée générale de tous les êtres qui, dans le nord de l'Allemagne, sont en rapport avec les esprits surnaturels; cette fête infernale s'appelle la *nuit de Valpurge*. Presque toutes les montagnes théâtres des ébats des sorcières, comme le Schwarzwald en Souabe, le Kandel ou le Heuberg en Brisgau, le Horselberg, ou l'Inselberg en Thuringe, le Bechtelsberg dans la Hesse, étaient célèbres parmi les Germains, avant leur conversion au christianisme, par les fêtes qui s'y célébraient le 1er mai, le plus saint des jours de l'année. Lorsque la religion nouvelle eut flétri comme de dangereuses magiciennes les aimables suivantes de la déesse Holda, les anciennes fêtes religieuses se changèrent dans l'imagination du peuple en abominables sabbats de sorcières. De cette tradition confuse, Gœthe a fait le sujet d'une de ses ballades (*La première Nuit de Valpurge*); c'est également sur la cime du Blocksberg qu'il a placé les scènes les plus fantastiques de son *Faust*.

BLOCS ERRATIQUES. C'est le nom donné par notre célèbre minéralogiste Alex. Brongniart à ces masses granitiques, à ces énormes cailloux qui se trouvent à la surface du sol, sur différents points de notre continent, et souvent à des distances de plus de 80 et même de 100 myriamètres des montagnes aux flancs desquelles une force inconnue a dû, à une époque antérieure, les arracher pour les rouler et les rejeter ainsi au loin, sans doute à la suite de quelque cataclysme semblable à celui dont le souvenir s'est trop fidèlement transmis parmi nous de génération en génération, sous la dénomination de *déluge universel*, pour n'y voir qu'une tradition erronée ou allégorique.

On rencontre une immense quantité de ces blocs erratiques en Hollande, en Danemark, dans le nord de l'Allemagne, en Prusse, en Livonie, en Pologne, qui proviennent évidemment des montagnes du nord de la Suède et de la Russie; et sur le versant du Jura qui regarde les Alpes, on en trouve qui, évidemment aussi, ont dû être jadis arrachés des flancs de ces montagnes.

La grandeur de ces blocs erratiques est quelquefois immense : on en rencontre souvent qui ont jusqu'à 20 mètres de longueur sur 5 ou 6 d'épaisseur. L'imagination reste confondue quand on réfléchit à la force qui a été nécessaire pour soulever ces masses gigantesques et les projeter ainsi à des distances énormes. Aussi ce phénomène a-t-il appelé de bonne heure l'attention des physiciens et des géologues.

Pendant longtemps on regarda quelque immense éruption volcanique, dont rien de ce qui se passe aujourd'hui sur la terre ne peut donner une idée, comme pouvant seule expliquer rationnellement l'existence des blocs erratiques. Cependant on fut porté à penser que ceux qu'on trouve dans certaines contrées de l'Allemagne avaient bien pu, dans quelque grand cataclysme, avoir été entraînés là sur des masses de glaces descendues du Nord. Mais cette idée était encore si peu généralisée que L. de Buch expliquait les remarquables amas qu'on a rencontrés dans la vallée du Rhône à l'aide d'une théorie particulière : il supposait l'existence de courants d'une force énorme relativement à l'état de calme où se trouve aujourd'hui notre globe, courants qui tout à coup s'étaient élancés dans toutes les vallées des Alpes, entraînant avec eux ces blocs gigantesques et venant les déposer presque intacts au pied des montagnes.

L'étude des glaciers de la Suisse, devenue nécessaire en raison de leurs progrès, vint de nouveau signaler ce fait important, que ces masses de glaces entraînent et poussent constamment devant elles de grands amas de ces blocs de pierre. Venetz et Charpentier signalèrent les premiers la grande chaîne de blocs erratiques accumulés en couches assez semblables à des remparts jusque dans les plaines de la Suisse; et ils en conclurent pour la vallée du Rhône l'existence d'un immense glacier local, s'étendant autrefois jusque là et ayant abandonné ces débris en se retirant. C'est alors que M. Agassiz transforma ces conjectures en une théorie générale qu'il ne limita pas à la Suisse, mais dont, au contraire, il démontra la parfaite application à l'Écosse, à l'Angleterre et à l'Irlande.

BLOCUS (*Art militaire*). Dans la langue gauloise, *bloc* signifiait à la fois une masse de forme ronde, et une figure circulaire. Le verbe *bloquer*, qui en dérive, désignait ainsi l'action de resserrer, comprimer, entourer circulairement. C'est dans ce sens qu'il est employé dans l'art militaire. On bloque une place, un fort, un camp, un port ennemi, lorsqu'on l'a entouré, qu'on en resserre les défenseurs dans le plus petit espace possible, qu'on leur ôte toute communication avec le pays environnant. Le mot technique *blocus* indique la situation réciproque des défenseurs d'une place forte, d'un camp, etc., et des ennemis qui les entourent. *Faire le blocus* est synonyme de *bloquer*.

Le blocus diffère du siége en ce que ce dernier est une opération active, par laquelle on attaque de vive force les retranchements dont l'ennemi est couvert, afin de hâter le moment de sa reddition; tandis que le blocus est une opération inerte et quasi défensive, par laquelle on cherche à empêcher l'ennemi de recevoir aucun secours d'hommes, de vivres, de munitions, afin de l'obliger à se rendre lorsqu'il aura consommé toutes ses ressources de défense ou de subsistance. Cette définition indique déjà, d'une manière générale, quelles sont les mesures qu'on doit prendre pour former un blocus. Vouloir donner pour tous les cas possibles toutes les règles de détail relatives au placement des troupes destinées au blocus serait une entreprise puérile : d'un côté, il faut supposer que le général qui en sera chargé connaît assez les éléments de l'art de la guerre pour n'avoir pas besoin d'une instruction qui prévoie jusqu'aux cas les plus ordinaires ; de l'autre, ceux qui se présentent étant le plus d'éléments variables, tels que la configuration du terrain, la force et la position des troupes qui peuvent chercher à inquiéter le blocus, etc., les combinaisons en sont tellement multiples que l'esprit humain ne saurait les embrasser toutes à la fois.

Il est cependant quelques règles générales qui trouvent leur application dans tous les cas, et que nous croyons utile de rapporter aussi brièvement que possible. Nous prendrons par exemple une ville fortifiée de quelque étendue, ayant par conséquent une garnison assez nombreuse.

Le blocus d'une place forte peut avoir deux objets différents : il peut arriver que le but de l'armée assaillante soit de détruire d'abord l'armée qui lui est opposée, et de commencer à envahir le pays contre lequel elle est employée, en dépassant les places fortes, afin de remplir ce but. Alors il lui suffit de paralyser les garnisons des places qu'elle laisse derrière elle, afin de les empêcher de lui nuire. Elle doit même employer à cette opération le moindre nombre possible de troupes, afin d'en conserver assez pour assurer le succès de son opération principale. Le blocus alors est moins resserré, et son objet unique est d'empêcher que les garnisons fassent des sorties à une distance un peu prolongée. Cette manière de bloquer s'appelle *masquer*, parce que les troupes qui en sont chargées forment par leur disposition un masque derrière lequel les mouvements de l'armée principale et de ses accessoires peuvent s'effectuer sans être reconnus, ni par conséquent empêchés. C'est ce qui a eu lieu pendant les deux invasions de la France, en 1814 et en 1815.

Il peut également arriver que, par des circonstances qui tiennent à la force de l'armée assaillante, à la difficulté de réunir les moyens nécessaires pour un siège, à la situation de la place, etc., l'armée soit obligée de se contenter de bloquer la place dont elle veut se rendre maîtresse. Son but doit être alors d'empêcher que la garnison reçoive du dehors des moyens de prolonger sa défense, afin de la forcer à se rendre lorsqu'elle aura consommé ceux que la place renferme dans son sein. Dans ce cas, le blocus doit être aussi resserré que possible; et il faut y employer assez de troupes pour que les efforts que pourrait tenter la garnison afin de se procurer des subsistances puissent constamment être déjoués. C'est ainsi qu'en 1796 le mouvement de Wurmser ayant fait perdre à l'armée française d'Italie toute l'artillerie employée au siége de Mantoue, le général en chef Bonaparte, revenu devant cette place après la bataille de Castiglione, se contenta de la tenir étroitement bloquée, et la prit six mois plus tard.

Le nombre de troupes qu'on doit employer au blocus d'une place est en raison combinée de la force de la garnison et de la disposition du terrain. Il faut que chacun des points qu'il est important de garder afin de couper toutes les communications extérieures de la place, soit occupé par un corps suffisant, par sa force et sa position, pour résister aux efforts de l'ennemi pour l'en chasser. Il faut au moins que cette résistance soit assez prolongée pour donner le temps aux corps de blocus les plus voisins de secourir celui qui est attaqué. Les grandes sorties que peut faire la garnison d'une place située sur un terrain où la communication entre les quartiers des troupes employées au blocus est facile, et où la sortie peut elle-même être attaquée en flanc ou coupée, ne doivent guère employer plus d'un quart de la garnison. Ces sorties ayant besoin d'être échelonnées par une ou deux réserves, et étant exposées à de grandes pertes d'hommes, un revers affaiblirait trop la garnison si elles étaient plus fortes. Il faut donc, dans ce cas, que le corps employé au blocus soit assez fort pour avoir, à chacun des points qu'il lui importe de garder, un détachement au moins égal au quart de la garnison, soit par le nombre d'hommes qui le composent, soit par les défenses naturelles ou artificielles dont il peut se couvrir. Dans ce cas, le corps du blocus s'établit à une assez grande distance de la place pour que les sorties de la garnison aient à craindre de se voir couper la retraite; et on détruit ou enlève tous les moyens de subsistance qui se trouvent entre la place et le cordon du blocus.

Si la place qu'on veut bloquer n'a qu'un petit nombre de communications extérieures par lesquelles elle puisse recevoir du secours, il est évident que la force relative du corps de blocus peut être diminuée sans danger. Elle peut alors être égale et quelquefois même inférieure à la garnison de la place. La place de Mantoue, en Italie, offre sous ce rapport une combinaison mixte qui tient des deux cas que nous venons d'indiquer. Elle n'a que cinq communications extérieures par lesquelles elle puisse être secourue : ce sont les portes de Pradella, de Cérèse, de Pietoli, de Saint-Georges et de la Citadelle. Les trois premières sont séparées par des obstacles naturels, par des marais, par l'inondation qui peut couvrir les abords de la place de ce côté. Il suffit donc d'occuper par une position retranchée les têtes des digues qui aboutissent à ces trois points, pour en empêcher toutes les sorties. Le village de Saint-Georges est situé à la tête d'un pont fort long, qui traverse le lac inférieur. Dès que le corps du blocus en est maître, il peut, en le couvrant de retranchements, opposer une petite forteresse à la grande, et rendre toute sortie impossible par là. Il ne reste donc plus que la citadelle, qui rentre dans le premier cas, et du côté de laquelle doit être la force principale du corps de blocus. C'est ce qu'on a vu dans la campagne de 1796.

Si la place forte, assez étendue par elle-même, et ayant une garnison nombreuse, est située sur une grande rivière, ou au confluent de deux, le blocus devient plus difficile, et exige des forces bien plus considérables. Telle est la situation de Metz, dont la périphérie extérieure, agrandie par l'île du Polygone, le fort de Belle-Croix, l'inondation et les ouvrages de la plaine de Montigni, est coupée en trois grandes sections par la Moselle et la Seille. Un blocus complet exigerait un corps cinq ou six fois aussi fort que la garnison.

Dans les blocus accidentels et temporaires, qui n'ont pour objet que de s'opposer à ce que les garnisons d'une ou plusieurs places ne nuisent aux mouvements ou aux communications d'une armée qui passe entre elles, on a besoin d'un moins grand nombre de troupes. Le but qu'on se propose en effet n'étant pas d'affamer la garnison, ni de faire obstacle à l'entrée des secours, qu'elle ne peut plus attendre de l'armée à laquelle elle appartient, et qui se trouve trop éloignée, tout doit se borner à empêcher que ses sorties ne deviennent nuisibles. Il suffit, pour cela, qu'à six ou huit kilomètres de la place, les troupes de cordon du blocus puissent se réunir en assez grand nombre pour arrêter les sorties. Il importe peu qu'elles soient forcées de quitter leur première position pour se retirer plus en arrière, jusqu'à ce que la sortie soit repoussée.

Tels sont à peu près les préceptes généraux relatifs au blocus des places fortes, et qui s'appliquent également au blocus des camps ou des positions occupées par l'ennemi. Leur application rencontre un nombre infini de combinaisons, que le génie du général et son habitude de la guerre peuvent seuls modifier. Il nous suffisait d'en donner une idée générale; de plus grands détails appartiennent aux ouvrages didactiques.

Gal G. DE VAUDONCOURT.

BLOCUS (*Droit international*). Le droit de bloquer une place, un port, une ville, c'est-à-dire de les cerner de telle sorte qu'il n'y puisse entrer aucun secours d'hommes ni de vivres et qu'ils soient privés de toute communication avec le dehors, est reconnu par les publicistes comme conforme au droit des gens, et comme dérivant logiquement du droit de la guerre. Des adoucissements se sont toutefois introduits avec la civilisation dans les usages internationaux. « On admet aujourd'hui en principe, dit M. Garnier, dans les guerres de terre, que l'armée qui bloque une place a droit de saisir tout ce que le gouvernement ennemi cherche à y introduire, mais qu'elle doit se borner à repousser les simples particuliers et les marchandises qui leur appartiennent. Dans les guerres maritimes, le droit du blocus est loin d'être aussi restreint en ce qui concerne les ports, les côtes et la mer elle-même. On admet que les simples citoyens du pays mis en état de blocus peuvent être faits prisonniers, et que leurs marchandises et leurs navires peuvent être saisis. Mais on est convenu que les propriétés des citoyens appartenant à des puissances neutres peuvent entrer dans le port bloqué : on ne fait exception que pour les objets réputés de contrebande, comme les ustensiles et les munitions de guerre, et généralement tout ce qui peut servir à prolonger la défense, comme vivres, combustibles, etc. On regarde comme *neutre* tout bâtiment dont le capitaine ou la moitié au moins de l'équipage sont citoyens d'un État non belligérant et portant un pavillon neutre. Pour constater cette neutralité, on a créé le droit de visite par l'État qui établit le blocus, et qui l'exerce au moyen de navires croiseurs, qui ont droit de saisie lorsque la visite montre que les lois de blocus sont violées; mais il faut que le blocus soit réel, c'est-à-dire qu'il soit fait par une force suffisante. La visite n'a pas lieu lorsque les navires commerçants des neutres sont escortés par des bâtiments de la flotte officielle de la même nation, censés faire une police suffisante. »

Pour qu'une place soit réellement bloquée, il faut qu'elle soit investie par des forces suffisantes et assez rapprochées pour qu'on ne puisse y entrer ni en sortir sans un danger évident. C'est dans ce cas seulement que la puissance belligéranto a le droit d'interdire tout commerce avec le lieu bloqué, et de confisquer, en cas de contravention, le navire et la cargaison. Il faut de plus pour que cette confiscation puisse avoir lieu d'une manière légale, que le blocus ait été notifié, soit collectivement à la nation à laquelle le navire arrêté appartient, dans la personne des agents diplomatiques ou consulaires, soit individuellement au navire lui-même, par une déclaration inscrite sur les papiers de bord.

Tels sont à peu près les principes adoptés dans les traités d'Utrecht en 1712 et de Westphalie en 1742 entre les nations maritimes, puis dans les traités de *neutralité armée* signés par les puissances neutres sous l'inspiration de la Russie en 1780 et en 1800, et acceptés par la France, partie belligérante. Mais ces principes n'ont pas été toujours observés par l'Angleterre, qui à la suite de ses longues guerres maritimes en était arrivée, au commencement de ce siècle, à soutenir que la mer appartient au plus fort; à ne plus respecter les droits des neutres; à prétendre qu'un blocus réel n'était pas nécessaire pour amener l'interdiction du commerce, et qu'il suffisait pour cela d'un blocus déclaré, d'un blocus fictif ou de cabinet, ou, comme on a dit, d'un *blocus sur le papier*; et à décréter en effet un blocus maritime général, qui consistait dans l'interdiction de commercer avec des places, des ports et des côtes tout entières, devant lesquelles elle n'envoyait pas de forces suffisantes pour y faire un blocus effectif. En même temps cette puissance maritime se prétendait le droit de visiter partout les bâtiments de commerce, escortés ou non, afin de s'assurer de leur nationalité et de la qualité des marchandises qu'ils contenaient.

C'est pour répondre à ces prétentions que Napoléon imagina le *blocus*, dégénéré bientôt en *système continental*, à l'aide duquel il espérait ruiner l'Angleterre, en lui interdisant tout commerce avec le continent tant qu'elle n'aurait pas reconnu le droit des neutres. Mais il imposa ainsi inutilement de vives souffrances à l'Europe entière, et prépara, par l'absence du commerce, l'explosion qui devait le renverser.

BLOCUS CONTINENTAL. *Voyez* CONTINENTAL (Système).

BLOEMAERT (ABRAHAM), peintre de l'école flamande, qui se fit aussi quelquefois appeler BLOM, naquit à Gorkum, en 1565, et mourut à Utrecht, en 1647. Il reçut ses premières leçons de dessin de son père, qui était à la fois ingénieur, architecte et sculpteur, et eut ensuite pour maîtres Floris et Franck, dont il abandonna la manière pour s'en créer une en propre. Après être venu compléter ses études artistiques à Paris, il fut nommé architecte de la ville d'Amsterdam, puis alla s'établir, comme peintre, à Utrecht. On a de lui plusieurs grandes toiles historiques : par exemple, *la Mort des fils de Niobé*; des animaux, des coquillages, et surtout des paysages. Il réussissait mal dans le portrait, et on lui reproche des infidélités dans la nature, tant dans le nu que dans les costumes; toutes ses toiles portent d'ailleurs des traces visibles d'actes d'impatience. Toutefois, sous le rapport du coloris et du clair-obscur, on peut le mettre à côté des meilleurs peintres de son temps. Il était aussi graveur en taille-douce et en bois.

De ses quatre fils, *Cornélius* BLOEMAERT, né à Utrecht, en 1603, est celui qui eut le plus de talent. D'abord peintre, il ne s'occupa guère, plus tard, que de gravure en taille-douce. Il résida quelque temps à Paris, alla ensuite à Rome, où il mourut, en 1680. Son burin se distinguait tellement par la pureté et la beauté des traits, par la douceur des transitions de la lumière à l'ombre, par la diversité et la mollesse des tons, qu'on peut le considérer comme le créateur d'une nouvelle école, de laquelle sont sortis Baudot, Poilly, Chasteau, Speier, Roullet, etc.

Des trois autres frères, *Adrien*, qui vécut quelque temps à Rome, et qui mourut à Saltzbourg, à la suite d'un duel, se distingua comme peintre et comme graveur. *Henri* ne fit que le portrait, et *Frédéric* grava sur cuivre avec succès.

BLOEMEN (JULES-FRANÇOIS), surnommé *Orizonte*, né à Anvers, en 1656, mort à Rome, en 1748 ou 1749. Parmi tous les peintres de l'école flamande de cette époque, Bloemen fut, avec J. Glauber, le plus heureux émule des deux Poussin, si célèbres l'un et l'autre comme peintres de paysages. Il mérita le surnom qui lui fut donné par la beauté de ses horizons. Ses tableaux qui représentent des vues de Tivoli et de ses environs, des cascades, etc., se rencontrent en très-grand nombre dans les palais de Rome. On y admire la grâce de l'invention et la légèreté du pinceau. Il a surtout réussi à rendre les transitions des sentiments, le passage d'une émotion à une autre. En 1742 il fut nommé membre de l'Académie de Saint-Luc. Il a aussi gravé à l'eau forte quelques-uns de ses paysages.

Pierre van BLOEMEN, frère aîné du précédent, surnommé *Standaert* (1649-1719), n'a guère peint que des batailles, des marchés aux chevaux, des caravanes, etc. Les galeries de Berlin, de Dresde et de Munich possèdent de ses toiles. Il resta auprès de son frère à Rome jusqu'en 1699, année où il fut nommé directeur de l'Académie d'Anvers.

BLOIS, ancienne capitale du Blaisois et résidence des comtes de Blois, aujourd'hui chef-lieu du département de Loir-et-Cher, à 145 kilomètres sud-ouest de Paris. Cette ville est fort ancienne : Grégoire de Tours en parle à propos d'une querelle qui s'était élevée entre ses habitants et ceux de Chartres. Elle est bâtie en amphithéâtre, sur le penchant d'une colline baignée par la rive droite de la Loire, qu'on y passe sur un beau pont en pierre, commencé dès 1711, et orné d'une pyramide légère de cent pieds de haut. Ses rues sont étroites, tortueuses et très-escarpées, ce qui l'a fait appeler par un poète contemporain un *escalier de rues*. On y remarque plusieurs monuments curieux. D'abord l'ancien château, célèbre par la naissance de Louis XII et par la résidence de François I*er*, de Charles IX et de Henri III; il est aujourd'hui converti en caserne en partie, l'autre forme un musée. Imposant par sa masse et d'un aspect saisissant, ce château serait un monument historique du premier ordre s'il n'était partie par un mélange de tous les styles, depuis le gothique pur jusqu'au pastiche grec. L'escalier à jour est l'une des merveilles de l'architecture. Citons ensuite l'église des jésuites, construite sur les dessins de Jules Mansard; l'église gothique de Saint-Nicolas; l'hôpital; un superbe aqueduc, ouvrage des Romains, qui traverse la ville, dont il reçoit toutes les eaux; enfin, l'hôtel de la préfecture, jadis palais épiscopal, le plus bel édifice moderne de Blois, bâti sous Louis XIV, par Gabriel, avec des jardins en terrasse. Parmi les maisons particulières, nous nommerons l'hôtel d'Alluye et l'hôtel de Poulances.

Blois compte 15,900 habitants. Siège d'un évêché suffragant de l'archevêché de Paris, d'une cour d'assises, d'un tribunal de commerce, d'un tribunal de première instance, elle est le chef-lieu de la 3e subdivision de la 18e division militaire. Elle possède en outre une bibliothèque, un cabinet d'histoire naturelle et de physique, un collège communal, un séminaire, un dépôt d'étalons, une société d'économie rurale, un théâtre et de belles promenades. L'industrie de cette ville consiste en bonneterie, ganterie, coutellerie, faïence, corroierie, et son commerce principal en excellent vinaigre, en vins, eaux-de-vie, bois et merrain.

Blois faisait autrefois partie du diocèse de Chartres; mais le pape Innocent XII l'érigea en évêché en 1694, à la sollicitation de Louis XIV. Cette ville, qui avait été nommée *la ville des rois*, parce que l'air pur qu'on y respire l'avait fait choisir plusieurs fois pour y élever les enfants de France, a été deux fois le siége des états généraux sous Henri III, en 1577 et en 1588 ; ce fut pendant cette dernière réunion que le duc de Guise et le cardinal, son frère, furent massacrés par les ordres du roi. Marie-Louise s'y retira momentanément lorsque les alliés menacèrent Paris en 1814, et c'est de cette ville que furent datés et expédiés les derniers actes de la régence et du gouvernement impérial.

BLOIS (Comtes de). Le plus ancien de ces comtes fut GUILLAUME, tué vers l'an 834, dans les guerres de Louis le Débonnaire contre ses fils révoltés. EUDES, son successeur, gouverna le Blaisois jusqu'en 865. A sa mort, ce comté fut donné à Robert le Fort, comte d'Anjou, bisaïeul de Hugues Capet. Blichilde, fille de Robert, ayant épousé Thibaud, comte de Tours, proche parent de Rollon, premier duc de Normandie, le rendit père de THIBAUD, premier comte héréditaire de Blois et de Chartres, à qui la fourberie et la duplicité de son caractère ont mérité le surnom de *Tricheur*. Il fut le premier comte de Blois qui fit revivre le titre de *comte palatin* (comte du palais), tombé depuis longtemps en désuétude, et qui passa sans interruption à l'aîné de ses descendants.

EUDES Ier, son fils et son successeur dès 978, réunissait sur sa tête les comtés de Blois, de Chartres, de Tours, de Beauvais, de Meaux (ou Brie) et de Provins. Aussi se qualifie-t-il lui-même de *très-riche comte*, dans une charte de cette année. Eudes fit la guerre avec succès contre Adelbert, comte de la Marche, et Foulques Nerra, comte d'Anjou.

THIBAUD II et EUDES II, ses fils, gouvernèrent les comtés de Blois, de Chartres et de Tours, le premier depuis 995 jusqu'en 1004, le second jusqu'en 1037. L'ambition de celui-ci l'entretint dans une guerre continuelle avec ses voisins. Sa puissance était telle que Richard II, duc de Normandie, n'osant pas se mesurer avec lui, appela à son secours les Danois. Mais le roi Robert, alarmé pour lui-même de la tournure que prenait cette querelle, parvint à l'apaiser. En 1019, Eudes réunit à son domaine la Champagne et la Brie, comme héritier du dernier comte, Étienne. Cet accroissement de territoire ne tarda pas à réveiller ses projets de conquêtes. En 1026 il reprend les armes contre le comte d'Anjou. Attaqué à l'improviste par Herbert, comte du Maine, et mis en déroute le 6 août, comme il revenait triomphant dans ses États, il ne reste pas moins possesseur des places qu'il avait conquises, et contre lui le nombre s'accrut par la continuation active de cette guerre. Celle qu'il entreprit contre Henri Ier eut pour résultat de lui obtenir la cession de la moitié de la ville de Sens. Débarrassé de toute inquiétude du côté de la France, Eudes hâta les préparatifs d'une guerre plus juste et plus importante. Rodolfe III, roi d'Arles ou de la Bourgogne Transjurane, était mort sans enfants, le 6 septembre 1032. Il avait eu deux sœurs, Berthe, mère du comte de Blois, et Gerberge, mère de Conrad le Salique, roi de Germanie. Celui-ci s'était mis en possession du royaume de Bourgogne, non pas au droit de sa mère, puisqu'elle était cadette, mais en vertu d'une donation de Rodolfe, de l'année 1024. Eudes, prétendant qu'une donation arrachée à la faiblesse de Rodolfe ne pouvait éteindre ni primer le droit que lui avait transmis sa mère, leva une armée, et se fit reconnaître roi de Bourgogne. Ébloui par ses premiers succès, il marche aussitôt à la conquête de la Lorraine, échoue devant Toul, et répare cet échec en prenant Bar-le-Duc. Mais Gothelon Ier, duc de la Basse-Lorraine, réuni au comte de Namur, vient à sa rencontre, et lui livre bataille. Mis en déroute après avoir longtemps disputé la victoire, Eudes fut tué dans sa fuite par un chevalier lorrain, qui lui coupa la tête.

Eudes laissa deux fils, Étienne II, comte de Champagne et de Brie, et THIBAUD III, comte de Blois. Ces deux comtes s'unirent dans le but de détrôner le roi Henri et de placer la couronne sur le front du prince Eudes, son frère. Ils débutèrent par un refus de prêter serment de fidélité à Henri. Celui-ci se ligue avec le comte d'Anjou, qui bat complétement les deux frères à Noet, près Saint-Martin-le-Beau, le 21 août 1042. Fait prisonnier et enfermé au château de Loches, Thibaud n'en sortit qu'après avoir fait l'abandon de Tours, Chinon et Langeais au comte d'Anjou. Après la mort du comte Étienne II (vers 1047), Thibaud dépouilla Eudes, fils légitime de ce prince et son neveu, des comtés de Champagne et de Brie. Dès que Thibaud III vit son autorité reconnue et affermie dans toutes ses possessions, il recommença la guerre contre Geoffroi Martel, comte d'Anjou. Elle ne fut remarquable que par les ravages et les cruautés qui la signalèrent, sans autre satisfaction pour les deux partis. Thibaud vécut jusqu'en 1089.

Son fils, ÉTIENNE, appelé quelquefois Henri, avait porté du vivant de son père le titre de comte de Meaux et de Brie. Il recueillit, avec la majeure portion de son héritage, le titre de comte palatin, et devint si puissant que les anciennes chroniques, pour en donner une idée, disent qu'il possédait autant de châteaux qu'il y a de jours dans l'année. Étienne eut aussi quelques démêlés avec le roi de France. Fait prisonnier par Philippe Ier, il se réconcilia avec ce monarque, jura de lui être dévoué et fidèle, et tint loyalement cette promesse. Ce fut lui qui dissipa cette conjuration de plusieurs grands du royaume, formée par Bouchard II, comte de Corbeil, qui n'aspirait à rien moins qu'au titre de roi de France, et qu'Étienne tua de sa propre main. Parti pour la croisade en 1096, il se distingua au siége de Nicée (1097). Nommé par les princes croisés chef du conseil de guerre chargé de la direction de toutes les opérations de l'armée, il fut accablé sous le fardeau d'une pareille dignité, déserta l'armée chrétienne sous les murs d'Antioche, deux jours avant la prise de cette ville, et détourna l'empereur Alexis de secourir les croisés, à leur tour assiégés dans leur conquête. Cette conduite inexplicable excita une telle surprise et une telle indignation, même dans sa famille, qu'Adèle d'Angleterre, sa femme, ne cessa de le poursuivre de ses reproches et de ses prières jusqu'à ce qu'il eût consenti à retourner en Orient (1101) pour effacer la honte attachée à son nom. Ce comte et Raymond de Saint-Gilles, auquel il sauva la vie dans une bataille, ayant vu décimer par le fer et par le feu des infidèles une armée de plus de cent mille combattants qu'ils avaient conduite en Asie, s'en revinrent à Constantinople, d'où Étienne passa à la Terre Sainte. Fait prisonnier à la bataille de Ramla (27 mai 1102) et conduit à Ascalon, il y périt, criblé de flèches par les Sarrasins. Ce comte est aimé pour sa libéralité et estimé comme poète. Il laissa plusieurs fils, dont l'un, Étienne, comte de Mortain et de Boulogne, devint roi d'Angleterre en 1135.

THIBAUD IV, surnommé *le Grand*, fils d'Étienne, comte de Blois, lui succéda dans ce comté, à l'exclusion de Guillaume, son frère aîné, deshérité de son droit par les artifices de sa mère. Il partagea pendant près de vingt ans avec sa mère le gouvernement de ses États. Il ne fut pas heureux dans la guerre qu'il fit en 1108 et 1111 au roi Louis le Gros, qui le força à lui demander la paix. En 1124 Thibaud secourut ce prince contre l'empereur Henri V, qui menaçait d'envahir la C h a m p a g n e. Cette province échut l'année suivante à Thibaud par vente ou cession du comte Hugues, son oncle. Il y eut deux nouvelles ruptures entre le comte de Blois et Louis le Gros en 1135 et 1142. Toujours vaincu, mais indomptable de caractère, ce comte reparaissait toujours plus dangereux à la tête de toutes les ligues qui se formaient contre son souverain. Ce fut durant ces troubles et dans la dernière expédition de Louis le Gros en Champagne, que l'église de Vitry fut livrée aux flammes par les troupes du roi. Treize cents habitants y avaient cherché un asile pour se soustraire à la fureur du soldat; tous périrent par le feu. Les libéralités de Thibaud envers les moines, l'amitié de saint Bernard et la protection qu'il accorda à l'illustre et malheureux amant d'Héloïse contre ses puissants ennemis, ont plus contribué que ses actions politiques et ses exploits à faire honorer sa mémoire. Elle est restée chère à la ville de Troyes, dont il créa en quelque sorte les manufactures et le commerce. Ce fut lui qui, pour la commodité des manufacturiers, fit partager la Seine en mille petits canaux qui conduisaient les eaux dans tous les ateliers. Thibaud IV mourut le 8 janvier 1153. Il laissait quatre fils: l'aîné, Henri, continua la branche des comtes de Champagne et de Brie.

Thibaud V, second fils de Thibaud IV, eut en partage les comtés de Blois et de Chartres, à la charge de l'hommage envers le comte de Champagne, son aîné. Cette disposition est assez remarquable, car jusqu'à cette époque (1152) le comté de Blois avait relevé immédiatement de la couronne. La reine Éléonore, répudiée par Louis le Jeune, passant à Blois pour se rendre en Guienne, Thibaud V l'attira à sa cour. Mais cette princesse ne tarda pas à deviner son dessein, et sut échapper par la fuite à la contrainte de l'épouser. D. Estiennot cite une charte de ce comte de Blois, de l'année 1156, dans laquelle il se qualifie régent de France, quoique alors le roi Louis le Jeune eût trente-six ans. En 1164, Thibaud épousa Alix, fille de ce monarque et de cette même Éléonore dont il avait convoité la main. Ce fut à l'occasion de ce mariage que le comte de Blois fut établi grand sénéchal héréditaire de France, charge qui lui fut confirmée en 1169, par le comte d'Anjou, dans la maison duquel elle avait existé jusque alors, et qui s'éteignit à la mort de Thibaud V, tué au siége de Saint-Jean-d'Acre, en 1191.

Louis 1er, son fils, comte de Blois, échappa au ressentiment de Philippe-Auguste, contre lequel il s'était révolté en 1198, en prenant part à la croisade. Il se signala au siége de Constantinople. Le duché de Nicée en Bithynie lui échut dans le partage que les croisés firent des fiefs de l'empire. Au siége d'Andrinople, méprisant les conseils de la prudence et les ordres exprès de l'empereur Baudouin, sa bravoure impétueuse le fit sortir du camp tomber sur l'armée de Joannice, roi des Bulgares. Cette témérité ayant été fatale aux chrétiens, il voulut périr les armes à la main, et racheta sa faute par une mort héroïque.

Thibaud VI, comte de Blois et de Chartres, succéda au comte Louis, son père, sous la tutelle de Constance, comtesse de Clermont en Beauvaisis, sa mère. Étant décédé sans enfants en 1218, sa succession échut à sa tante Marguerite, qui régna concurremment avec son mari Gauthier d'Avesnes. Marie d'Avesnes, leur unique enfant, succéda à sa mère en 1230, avec Hugues de Chastillon, comte de Saint-Pol, son époux. Jean de Chastillon, un de ses fils, eut en héritage le comté de Blois, qui à la mort de sa fille, Jeanne, passa au cousin germain de celle-ci, Hugues de Chastillon, lequel servit Philippe le Bel dans la guerre de Flandre.

Son fils, Gui 1er de Chastillon, son successeur en 1303, beau-frère, par Marguerite de France, sa femme, du roi Philippe de Valois, rendit des services importants contre les Anglais. De lui naquirent Charles de Blois, duc de Bretagne en 1341, du chef de sa femme, et Louis II de Chastillon, qui parvint au comté de Blois en 1362, et qui trouva une mort glorieuse en 1366, à la bataille de Crécy. Ses trois fils, Louis III, Jean II et Gui II de Chastillon, ont gouverné successivement les comtés de Blois, de Dunois et de Soissons, le premier jusqu'en 1372 (mort célibataire), le second jusqu'en 1381. Celui-ci, aux droits de sa femme, Mathilde de Gueldre, avait été proclamé duc de Gueldre par la faction des Hékeraïns (1371). Celle de Bronckhorst lui opposa Guillaume de Juliers, fils de Marie de Gueldre, et après bien des combats elle finit par l'emporter. Le comte Jean II n'eut que des enfants naturels, qui, sous les noms de Blois-Trelon et de Hæflen, ont fait souche aux Pays-Bas.

Longtemps avant son avénement au pouvoir, Gui II avait signalé sa valeur contre les Lithuaniens et les Russes à la bataille de Rudau (1370), ensuite contre les Anglais dans la Guienne. Chef de l'arrière-garde française à Rosebeke, il contribua particulièrement à cette éclatante victoire (1382), puis l'année suivante à l'expulsion des Anglais de la Flandre. Ce comte est dépeint par les historiens du temps comme un modèle de générosité et de vaillance; sa libéralité poussée à l'excès porta même un grand préjudice à sa famille, car, ayant perdu son fils (Louis de Chastillon, comte de Dunois, mort sans enfants, en 1391), il vendit sous réserve d'usufruit, et sans égard à ses héritiers, les comtés de Blois et de Dunois à Louis de France, duc d'Orléans. Gui de Chastillon mourut le 22 décembre 1393. Un seul trait eût suffi pour honorer sa mémoire: il fut le protecteur de Froissart, et c'est sous ses auspices que fut faite l'immense et précieuse compilation de cet historien.

Louis de France, duc d'Orléans, comte de Valois, de Blois et de Dunois, eut pour successeur après sa mort tragique (1407) son fils aîné, Charles, duc d'Orléans, père du roi Louis XII. La réunion du comté de Blois à la couronne date de l'avénement de ce dernier prince (1498). Cependant elle ne fut définitive qu'en 1515, sous Henri II, fils de Claude de France, à laquelle le roi Louis XII avait donné le comté de Blois en dot, en la mariant au comte d'Angoulême (depuis François Ier).
LAINÉ.

BLOMFIELD (Charles-James), lord-évêque de Londres, l'un des prélats les plus savants et les plus influents du clergé anglican, naquit, en 1785, à Bury Saint-Edmunds, dans le comté de Suffolk, où son père, également homme d'une grande et solide instruction, était maître d'école. Il dut aux excellentes leçons de son père la connaissance des lettres grecques et latines, et alla terminer ses études à Cambridge, où il reçut à diverses reprises des distinctions honorifiques. Il avait déjà, depuis 1810, administré diverses paroisses, lorsque l'évêque de Londres, appréciant son profond savoir en théologie et en philologie, le nomma, en 1819, chapelain de sa maison; peu de temps après, il lui pourvut de la prébende de Saint-Botolph, et enfin, en 1828, promu au siége de Londres. Il jeta les fondements de sa réputation d'érudit par son édition de *Callimaque* (Londres, 1815) et de plusieurs pièces d'Eschyle, notamment du *Prométhée* (Cambridge, 1810), des *Sept chefs contre Thèbes* (Cambridge, 1812), des *Perses* (Cambridge, 1814), des *Coéphores* (Cambridge, 1824), et de l'*Agamemnon* (Cambridge, 1825). Il a aussi publié, en collaboration avec Rennel, les *Musæ Cantabrigenses*; avec Monk, en 1812, les *Posthumous Tracts of Porson*, et, en 1814, les *Adversaria Porsoni*. Dans ces dernières années, soupçonné de penchant pour le puséysme, Blomfield a eu à soutenir beaucoup d'attaques, auxquelles il a répondu victorieusement en se déclarant hautement contre la bulle du pape en 1850, et en destituant le pasteur de Saint-Barnabas, Bennett, suspect de crypto-catholicisme. Cependant, il a de nouveau soulevé l'opinion publique contre lui en défendant à M. Merle d'Aubigné, à l'époque de l'exposition de l'industrie, de prêcher à Londres dans une église du rite anglican.

BLOMFIELD (Édouard-Valentin), frère du précédent, honorablement connu aussi comme philologue, naquit en 1788, fit ses études à Cambridge, et visita, en 1813, l'Allemagne, où il se lia, à Berlin, avec Wolf, et à Breslau avec Schneider. A son retour en Angleterre, il fit paraître dans le *Museum criticum, or Cambridge classical Researches*, d'intéressantes observations sur la littérature allemande. Nommé prédicateur à l'église de Sainte-Marie, à Cambridge, il entreprit la traduction du Dictionnaire grec-allemand de Schneider, et de la Grammaire grecque de Matthiæ, et mourut en 1816, au retour d'un voyage en Suisse.

BLOMMAERT (Philippe), un des écrivains flamands les plus éminents, né vers 1809, vit à Gand, comme un riche particulier, des revenus d'une fortune considérable. Dès 1834, il s'est fait connaitre par l'insertion dans le journal hollandais *Letteroefeningen* de poésies dont on peut louer la simplicité et la gravité, mais dont les formes trop rudes déplurent au public. Il a rendu de plus utiles services à la littérature flamande par la publication de vieilles poésies flamandes du douzième, du treizième et du quatorzième siècle, comme *Theophilus* (Gand, 1836) et *Oude vlaemische gedichten* (Gand, 1838-41, 2 vol.), qu'il a enrichis de glossaires et de savantes annotations. Les *sagus* sont aussi une de ses études de prédilection. L'intérêt qu'il prend à la littérature allemande a été révélé par une traduction des *Nibelungen* en vers iambiques. Cependant son ouvrage capital est l'*Aloude geschiedenis der Belgen of Nederduitschers* (Bruxelles, 1849), où il défend l'opinion que les Pays-Bas allemands, bien que séparés politiquement de l'Allemagne, sont appelés à poursuivre le même but que ce dernier pays sous le rapport de la culture historique. Blommaert a écrit, en outre, dans plusieurs journaux belges, entre autres dans le *Messager des Sciences Historiques*. Il a été aussi avec Willems un des principaux promoteurs de ces pétitions en faveur de la langue flamande, qui ont tant occupé le public belge en 1840.

BLOND, mot dérivé d'*ablunda*, qui signifie paille, couleur de paille, ou plus directement encore, selon Ménage, de *bladum*, blé, s'applique à une couleur de cheveux qui approche de celle des épis de blé, et qui est en général celle des peuples du Nord.

BLONDE, sorte de dentelle en soie, le plus souvent noire ou blanche, mais quelquefois aussi rose, verte et bleue. Les blondes sont ordinairement travaillées par des femmes et des enfants. Les grands morceaux, destinés à faire des écharpes, des voiles, des robes, etc., sont fabriqués par bandes, et ensuite réunis par un point pareil à celui du réseau, et conséquemment imperceptible. Cette opération délicate constitue un travail dont la bonne ou la mauvaise exécution détermine, non moins que le fini des dessins et la régularité du réseau, le prix des grandes pièces. C'est ce que l'on nomme en terme de fabrique *raccroc*.

Le département du Calvados est le centre de la fabrication des blondes. On porte de quatre-vingt à cent mille le nombre des ouvrières, tant au métier que *raboutisseuses*. La Manche prend aussi part à cette fabrication ; mais ses métiers produisent beaucoup moins que ceux du Calvados. Les blondes de Chantilly sont assez estimées ; mais elles sont généralement moins bien *rabouties*, et leur blanc tire un peu sur le verdâtre. Viennent ensuite les produits des fabriques de Mirecourt (Vosges), qui sont inférieurs aux blondes de Caen et de Chantilly, et les blondes du Puy (Haute-Loire) ; c'est dans cette dernière ville qu'on en fabrique le plus de basse qualité et à bon marché.

On fabrique aussi des blondes en Suisse et dans la Saxe ; mais quelques maisons seulement s'en occupent, et les produits que l'on en tire ont moins de blancheur et de fermeté que les nôtres, et ne sont presque toujours que des copies de nos dessins.

BLONDEL ou **BLONDIAUS**, surnommé *de Neesles*, du lieu de sa naissance, fut un des plus célèbres trouvères du douzième siècle. Étant allé en Angleterre, il ne tarda pas à devenir le favori de Richard Cœur de Lion, qu'il accompagna en Palestine. Ce prince ayant été arrêté à son retour par le duc d'Autriche Léopold, Blondel, s'il faut en croire un chroniqueur anglais fort ami du merveilleux, parcourut sous un déguisement toute l'Allemagne pour chercher son maître chéri. Arrivé dans les environs du château de Lœvenstein en Autriche, il apprit qu'un prisonnier de distinction y était enfermé. Après d'inutiles efforts pour le voir, il se plaça en face d'une tour grillée dans laquelle gémissait le prisonnier, et se mit à chanter un air qu'il avait composé avec Richard. A peine eut-il terminé la première strophe, qu'une voix lui répondit du fond de la tour et acheva la chanson. Ce fut ainsi que Blondel découvrit le roi. Il se hâta de retourner en Angleterre. Une ambassade envoyée à l'empereur obtint la liberté de Richard moyennant une rançon de 250,000 marcs d'argent. Cette tradition a servi de texte à maint poème, et fait le sujet d'un joli opéra-comique de Sédaine dont Grétry composa la musique. De toutes les poésies de Blondel, il n'en est venu jusqu'à nous qu'un petit nombre, qui se conservent manuscrites à la Bibliothèque Nationale et à la bibliothèque de l'Arsenal à Paris.

BLONDEL (François), littérateur, architecte et ingénieur, né à Ribemont, en Picardie, en 1617, et mort le 21 janvier 1686, était fils d'un professeur de mathématiques qui, n'ayant pas de fortune à lui laisser, voulut du moins lui donner des moyens de s'en faire une par ses connaissances, et prit grand soin de son éducation. Après avoir voyagé plusieurs années comme gouverneur du jeune comte de Brienne, fils du ministre Loménie, Blondel fut employé dans diverses négociations, visita l'Égypte, et en 1659 il se rendit à Constantinople, en qualité d'envoyé extraordinaire, au sujet de la détention de l'ambassadeur français. Le succès qu'il obtint dans cette affaire lui valut un brevet de conseiller d'État, et il fut chargé d'enseigner au premier dauphin les lettres et les mathématiques.

Ce n'est que vers l'année 1665 que Blondel dirigea son esprit vers l'architecture. Il rétablit un pont sur la Charente à Saintes, et le décora d'un arc de triomphe. En 1669 il fut admis à l'Académie des Sciences, et Louis XIV ordonna que les travaux publics qui se feraient à Paris seraient exécutés d'après ses plans. C'est alors que Blondel dirigea la restauration des portes Saint-Antoine et Saint-Bernard, et fit élever la porte Saint-Denis. Ce dernier ouvrage a suffi pour lui faire un grand nom. C'est un monument du plus beau style, et qui ne nous laisse rien à envier dans ce genre aux anciens (*voyez* Arc de triomphe, t. 1er, p. 748). Ce travail valut à son auteur la place de directeur et de professeur à l'Académie d'Architecture, dont il avait obtenu la fondation.

Blondel fit preuve de goût et de hardiesse dans son parallèle d'Horace et de Pindare, en élevant le premier au-dessus du second. Pour apprécier le mérite de cette opinion, il faut se rappeler que la littérature en était à une époque de servilisme aveugle pour l'antiquité, et surtout pour l'antiquité grecque. Chose singulière! tandis que Blondel et les Perrault s'inspiraient dans leurs monuments des plus beaux modèles de l'antiquité grecque et romaine, ils se constituaient en littérature les défenseurs de la liberté de penser et d'écrire.

Blondel était lecteur de mathématiques au Collège de France ; il les avait étudiées dans toutes leurs applications, et surtout dans leurs rapports avec l'art de la guerre. Il pensa qu'il serait utile à son pays en composant deux traités, l'un sur l'art de tirer les bombes, l'autre sur l'art de fortifier les places (*Nouvelle manière de fortifier les places*, 1683), et les présenta à Louis XIV, qui applaudit à leur mérite, et récompensa Blondel par le grade de maréchal de camp.

Son neveu *Jean-François* Blondel, qui éleva le palais archiépiscopal de Cambrai, le portail de la cathédrale de Metz, etc., a aussi écrit sur l'architecture. Né en 1705, il est mort en 1774.

BLOOMÉRISME. Il n'y a pas encore un an que quelques filles d'Ève s'avisèrent, de l'autre côté de la Manche, de mettre ce que la pruderie anglaise appelait autrefois le *vêtement nécessaire*. Cela fit quelque scandale. Ces dames demandèrent à s'expliquer dans des clubs, et elles nous apprirent qu'elles s'appelaient *bloomèristes*, du nom de Mme Amélia Bloomer, laquelle avait inventé et répandu leur costume. Ce costume consistait en un pantalon sans jupon, et en une casaque avec tunique. Elles ajoutaient, ces dames, que madame Bloomer était une très-excellente femme, épouse d'un avocat éminent de Boston (États-Unis) et colonel de la milice. De plus, madame Bloomer était bien faite, disaient-elles; et loin de répudier les lois de la pudeur, c'était au contraire parce qu'elle croyait le costume actuel des femmes trop mondain qu'elle avait imaginé de rapprocher celui de son sexe des habits des hommes. Les Anglais, peu galants, huèrent les novatrices, et il leur fallut renoncer à montrer leurs charmes enfermés dans le gracieux costume des hussards. Depuis, les journaux, sans doute pour mettre fin au bloomérisme, nous ont *annoncé* que Mme Bloomer avait été tuée par son mari.

BLOOMFIELD (ROBERT), poëte ouvrier anglais, né le 3 décembre 1766, à Honington, était fils d'un tailleur de campagne, qui l'envoya, en 1781, à Londres pour apprendre l'état de cordonnier chez son frère. La fréquentation de quelques chapelles, des visites au théâtre de *Covent-Garden*, la lecture de quelques livres, l'introduisirent bientôt dans un monde nouveau, où il trouva peu à peu les éléments de sa véritable vocation. Ainsi, il devint poëte presque sans le savoir. Un jour, il récitait devant son frère une chanson populaire, qu'il avait composée sous une forme ancienne; celui-ci lui proposa de l'offrir à l'éditeur du *London Magazine*, qui l'accepta. Ce petit poëme était intitulé *la Laitière*. Le suivant, *le Retour du Navigateur*, fut également bien accueilli du public. *Les Saisons* de Thomson, *le Paradis perdu* de Milton, et d'autres bons ouvrages, étaient la lecture favorite et habituelle de Robert, et en firent le créateur d'un genre de poésie que les Anglais mettent pour l'ensemble à côté de celle de Thomson, mais bien au-dessus pour les détails. Il conçut à la campagne, où il s'arrêta pendant quelque temps en 1786, l'idée de son poëme *le Valet du Fermier*, qui porte le cachet de l'humeur aimable et gaie de l'auteur. Il n'y travailla cependant pas dans des circonstances très-favorables, car il était encore compagnon cordonnier, et habitait une petite chambre sous les toits. Un docteur en droit, nommé Capel Lofft, qui lut ce poëme en 1799, en fut tellement satisfait qu'il résolut de le faire imprimer, en société avec un de ses amis nommé Gill. L'impression eut lieu en effet l'année suivante, en 1800. On a encore de Bloomfield un recueil de poésies pastorales, qui ont été traduites en français, sous le titre de *Contes et chansons champêtres*, par E. de Lavaisse, et publiées à Paris en 1802. Nous avons une traduction du *Valet de Fermier* par E.-F. Allard (Paris, 1800), et une autre, par T.-P. Bertin, de l'*Histoire du chapeau neuf du petit Davy* (Paris, 1818). Bloomfield n'abandonna jamais son métier de cordonnier. Sur la fin de sa vie, il perdit par trop de bonhomie tout ce qu'il possédait. Devenu aveugle, il mourut à Shefford, le 19 août 1823. Ses *Poems* ont souvent été réimprimés à Londres, notamment en 1845.

BLOUSE. Ce vêtement est le *sayon* des Gaulois. Il a conservé son nom originaire dans quelques contrées de la France méridionale. Depuis vingt siècles, le sayon ou blouse n'a pas cessé d'être l'habillement ordinaire des voituriers et des hommes de peine; seulement il se composait de peaux chez les Gaulois : il est maintenant d'étoffe; et les montagnards des Pyrénées, les villageois du Médoc, le portent encore tel que le portaient les Gaulois. L'usage de la blouse s'est beaucoup étendu depuis quelques années : c'est le vêtement de travail des artistes, et les ouvriers appellent *borgerons* des demi-blouses qui ne descendent qu'aux reins. La blouse est l'uniforme national des milices citoyennes dans les campagnes.

Pendant l'hiver, il est dans l'usage ordinaire que les villageois, les voituriers, remplacent la blouse de toile par une *limousine*, espèce de manteau d'étoffe de laine commune, froncé dans sa partie supérieure, et sans autre façon. La limousine, moins ample que le manteau, ne diffère de la blouse que parce qu'elle est ouverte dans toute sa longueur par devant.

Le plus simple, le plus commode et le moins coûteux des vêtements, la blouse, ne semble pas l'apanage de la fortune; cependant elle ne dénote pas toujours la misère. Elle est plutôt le symbole du travail. Il y a aussi la blouse des touristes, la blouse des chasseurs, la blouse des enfants.

Après la révolution de Février, la blouse joua un très-grand rôle dans les événements. Chacun voulait être ouvrier; et pour le prouver encore mieux, beaucoup endossèrent la blouse. Vanité des vanités! La force était alors avec le nombre, et on ne pouvait pas penser qu'elle l'abandonnerait si tôt. Que de gens, semblables à ces cruches qui ne se baissent que pour se remplir, se faisaient petits pour l'espoir de grandir plus vite! Partout on entendait dire aux démocrates que l'on ne voulait pas changer les habits en blouses, mais les blouses en habits; et cependant c'était tout le contraire qui arrivait : les blouses augmentaient en nombre. Mais un jour la blouse se retourna contre la blouse, sous la conduite des habits brodés, et bientôt ce qui resta de blouses ne fut plus regardé que comme une vile multitude. La blouse a repris son rang. Les événements de décembre lui ont rendu ses droits.

BLOUSES (*Géologie*). *Voyez* BEDOUZES.

BLUCHER (GEBHARD LEBERECHT DE), de la maison de Gross-Rensow, dans le Mecklenbourg, prince de Wahlstadt, feld-maréchal de Prusse et chevalier de presque tous les ordres militaires d'Europe, naquit à Rostock, le 16 décembre 1742. Son père, capitaine de cavalerie au service de Hesse-Cassel, l'envoya à l'âge de quatorze ans à l'île de Rugen, où la vue des hussards suédois lui inspira le désir d'embrasser l'état militaire. En vain ses parents cherchèrent à l'en détourner. Le jeune Blucher, ne prenant conseil que de sa passion naissante, prit du service en qualité de cadet dans le régiment dont l'aspect avait décidé de sa vie entière. Il fit sa première campagne contre la Prusse, et fut fait prisonnier par le même régiment de hussards prussiens qu'il commanda dans la suite avec tant de distinction. Le colonel Belling, alors chef de ce régiment, le détermina à entrer au service de la Prusse, et, par suite d'un échange de prisonniers, Blucher fut nommé lieutenant dans le même régiment. Victime d'un passe-droit, le jeune lieutenant donna sa démission en 1772; et alors, prenant, suivant l'usage établi dans les armées du nord de l'Europe, le titre de grade immédiatement supérieur à celui qu'il avait rempli, il se retira dans ses foyers comme capitaine de cavalerie en retraite, pour se vouer désormais exclusivement à l'économie agricole. Il acheta, avec la dot de sa femme, la terre de Gross-Raddow en Poméranie, et devint en 1794 conseiller provincial.

Après la mort de Frédéric II, il reprit du service comme capitaine dans son ancien régiment. Il en fut nommé colonel, et se distingua en cette qualité, en 1793 et 1794, sur les bords du Rhin. Orchies, Luxembourg, Franckenstein, Oppenheim (16 janvier 1794), Kirrweiler, Edesheim, dans le Palatinat, furent tour à tour témoins de sa bravoure. Après l'affaire de Leystadt (18 septembre 1794), si glorieuse pour lui, il passa à l'armée d'observation du Bas-Rhin en qualité de général-major. En 1802, il prit possession d'Erfurt et de Mülhausen au nom du roi de Prusse. La guerre qui éclata en 1806 le conduisit sur le champ de bataille d'Auerstaedt (14 octobre). Il accompagna, avec la plus grande partie de la cavalerie, le prince de Hohenlohe, dont il formait le flanc gauche, dans sa retraite en Poméranie. La distance qui séparait les deux corps d'armée étant devenue trop considérable pour pouvoir être franchie, même par des marches forcées de jour et de nuit, le prince de Hohenlohe se vit forcé de mettre bas les armes à Prenzlau. Blucher, à qui par là la route de Stettin se trouva coupée, fut obligé de se jeter dans le Mecklenbourg, où il opéra, près de Dambeck, sa jonction avec le corps d'armée du duc de Weimar, que commandait le prince Guillaume de Brunswick-Œls ; mais toutes ces différentes troupes étaient trop fatiguées pour tenter rien de décisif. Ayant sur son flanc gauche le corps du grand-duc de Berg, en face la division du prince de Ponte-Corvo, et sur sa droite celle du maréchal Soult, Blucher ne vit rien de mieux à faire que de se retrancher derrière la Trave pour garantir aussi longtemps que possible l'Oder de l'approche des troupes françaises. C'est ainsi qu'il envahit le territoire de la ville libre de Lubeck ; mais cette ville, fortifiée à la hâte, fut emportée d'assaut par l'armée française, et Blucher, contraint de se retirer promptement avec ses troupes, n'ayant aucun moyen de se défendre et de faire une plus longue retraite, fut contraint de capituler le 6 ou le 7 novembre, aux environs de Ratkow, village près de Lubeck. Il n'en vint toutefois à cette extrémité qu'après avoir obtenu, non sans peine, que la capitulation contiendrait la clause expresse : « qu'il n'avait accepté la capitulation qui lui était offerte par le prince de Ponte-Corvo que réduit à la dernière extrémité par le manque absolu de vivres, de fourrages et de munitions ».

Blucher fut donc fait prisonnier de guerre, mais il fut bientôt échangé contre le général Victor, et nommé, aussitôt après son arrivée à Kœnigsberg, au commandement d'un corps d'armée qu'on embarqua immédiatement pour aller défendre Stralsund, et seconder les entreprises de la Suède. Après la paix de Tilsitt, Blucher fut employé au département de la guerre. Il obtint ensuite le commandement supérieur de la Poméranie, mais fut bientôt mis à la retraite, ainsi que d'autres hommes de mérite, sur la demande expresse de Napoléon. Il ne prit aucune part à l'expédition du corps d'armée auxiliaire prussien envoyé contre la Russie pendant l'été de 1812 ; mais lorsque la nation prussienne se leva en masse pour combattre l'oppression de Napoléon, Blucher, déjà âgé de soixante-dix ans, fut l'un des instigateurs les plus ardents de cet élan patriotique. Il obtint le commandement général des troupes prussiennes et du corps d'armée russe du général Winzingerode, corps qui, dans la suite, fut détaché de son commandement. Alexandre récompensa la rare valeur dont il fit preuve à la bataille de Lutzen, le 2 mai 1813, par la décoration de l'ordre de Saint-Georges. Les journées de Bautzen et de Hainau ne furent pas moins glorieuses pour lui ; Blucher battit à Katzbach le maréchal Macdonald, et fit évacuer aux Français la Silésie. Son corps d'armée prit dès lors le nom d'armée de Silésie. Napoléon chercha vainement à arrêter dans ses succès le *vieux général de hussards*, comme il l'appelait. Le 3 octobre, Blucher passa l'Elbe près de Wartembourg, et par cette manœuvre hardie força la grande armée de Bohême, aux ordres du prince de Schwarzemberg, l'armée du nord, commandée par le prince royal de Suède, à déployer plus d'activité.

Les journées mémorables de Leipzig approchaient. Le 16 octobre 1813 Blucher remporta des avantages signalés sur le maréchal Marmont, près de Mœckern, et s'avança jusqu'aux faubourgs de Leipzig. La défaite des Français du 18 est due en grande partie à ses efforts réunis à ceux du prince royal de Suède, et le 19 ce furent les troupes du général Blucher qui entrèrent les premières dans la ville. La promptitude remarquable et l'art particulier avec lesquels il dirigeait ses attaques lui avaient déjà valu de la part des troupes russes, au commencement de la campagne, le surnom de maréchal *Vorwærts!* (en avant!) Dès lors, ce fut son glorieux surnom dans toute l'Allemagne.

Le 1er janvier 1814 il se porta sur le Rhin, à la tête de l'armée de Silésie, composée de deux corps prussiens, deux corps russes, un corps hessois, et d'un corps de troupes de différentes nations. Il occupa Nancy le 17 janvier ; remporta le 1er février un avantage marqué à la Rothière, et marcha audacieusement sur Paris. Cependant les corps d'armée qu'il commandait furent momentanément repoussés par Napoléon ; et ce ne fut pas sans des pertes considérables qu'il opéra sa retraite sur Châlons. Il traversa ensuite l'Aisne près de Soissons, opéra sa jonction avec l'armée du Nord, gagna la bataille de Laon sur l'empereur en personne, et vint prendre position devant Paris avec Schwarzemberg. La journée de Montmartre (30 mars 1814) couronna cette mémorable campagne, et le 31 mars 1814 Blucher entra en triomphateur dans la capitale de l'empire français.

Le roi de Prusse lui donna alors le titre de *prince de Wahlstadt* en mémoire de la victoire qu'il avait remportée près de la Katzbach, et accompagna cette nomination d'une riche dotation. Il suivit les monarques alliés, au mois de juin suivant, en Angleterre, et y fut reçu avec enthousiasme. L'université d'Oxford le nomma solennellement docteur en droit ; ridicule honneur, que le vieux général accepta naïvement, et qu'il partagea d'ailleurs avec Platof, l'hetman des Cosaques.

En 1815, l'empereur ayant reparu à la tête d'une armée, Blucher conduisit rapidement ses troupes dans les Pays-Bas. Le 15 juin Napoléon l'attaqua avec vigueur, et le lendemain Blucher perdit contre le grand capitaine la célèbre bataille de Ligny. Il y fut en grand danger de perdre la vie, ou tout au moins la liberté, par la chute de son cheval, sous le corps duquel il se trouva comprimé un instant. Au moment le plus décisif de la journée du 18, Blucher se présenta sur le champ de bataille avec ses Prussiens, et tomba sur les derrières et le flanc de l'armée française, que Grouchy était chargé de couvrir. On peut dès lors lui assigner la plus grande part de la victoire de Waterloo.

Après l'entrée des alliés dans Paris, Blucher montra contre les vaincus une animosité qui a beaucoup nui à la justice que tôt ou tard les Français lui eussent rendue comme général. Ils ne virent en lui qu'un chef de hordes barbares, l'important encore sur ses subordonnés par un ignoble férocité et sa ridicule arrogance ; et c'est justice que de reconnaître qu'il sembla prendre plaisir lui-même à justifier ce jugement sévère et partial en affichant hautement les sentiments les moins nobles et les moins généreux. Afin de lui témoigner sa reconnaissance, le roi de Prusse, Frédéric-Guillaume III, créa uniquement pour Blucher, déjà en possession de tous les honneurs, un ordre particulier, dont les insignes consistaient en une croix de fer entourée de rayons d'or.

Après la paix de Paris, le prince Blucher se retira dans ses terres. Il mourut le 12 septembre 1819, à la suite d'une courte maladie, dans son domaine de Kriblowitz, à l'âge de soixante-dix-sept ans. Le roi de Prusse lui a fait ériger à Berlin une statue de douze pieds de haut, modelée par Rauch, et fondue par Reisinger et par un Français nommé Lequine. Le piédestal qui la supporte a quatorze pieds de haut, et est orné de bas-reliefs représentant ses principaux faits d'armes. Une statue a été pareillement érigée en son honneur à Breslau, en 1827.

BLUE-RIDGE. *Voyez* ALLEGHANYS *et* BLEUES (Montagnes).

BLUET, BLEUET, BLAVET, BLAVÉOLE ou BARBEAU, mot fait de la basse latinité, *blaveus* ou *blavus*, ou de l'allemand *blau*, qui signifient bleu ; genre de la famille des cynarocéphales et de la syngénésie polygamie frustanée. Le bluet commun, auquel Tournefort a donné le nom de *cyanus segetum*, et Linné celui de *centaurea cyanus*, est une plante annuelle à fleurs bleues, qui pousse naturellement et se ressème d'elle-même parmi les blés, qu'elle étouffe souvent. Le seul moyen de la détruire est de faire succéder à la culture des céréales une récolte de légumes, qui permet de l'arracher à mesure qu'elle paraît, ou d'y semer du trèfle, qui l'étouffe à son tour.

Le bluet n'est pas sans agrément dans les jardins, où la culture et les soins en augmentent la beauté naturelle. On en faisait autrefois un grand usage en médecine; on en tirait une eau distillée, qu'on employait pour les maladies des yeux (d'où le bluet avait reçu le nom de *casse-lunettes*), mais qui passe, près des praticiens éclairés, pour n'avoir pas plus de vertu que l'eau pure.

BLUET D'ARBÈRES (BERNARD), personnage excentrique, dont le nom est bien connu des bibliomanes, et dont Nodier a parlé dans un travail spécial sur la *bibliographie des fous*. Dès l'*Intitulation et Recueil de toutes ses œuvres*, Bluet vous avertit qu'*il ne sçait ny lire ny écrire, et n'y a jamais apprins*. Né près de Genève, en 1566, dans une famille de paysans, Bluet, d'après le récit qu'il a tracé de son existence, garda les moutons dans son enfance, fut ensuite charron, et joua, auprès de quelques gentillâtres savoyards très-oisifs et peu délicats dans leurs amusements, le rôle d'un fou en titre d'office. L'ambition lui monta un jour à la tête; à l'âge de trente-quatre ans, il vint à Paris; il s'octroya à lui-même les titres de *comte de Permission* et de *chevalier des ligues des* XIII *Cantons Suisses*. Il imagina de faire imprimer quelques feuillets où il consignait des rêveries amphigouriques; il les colportait dans les rues; il montait dans les maisons pour les vendre. Il dédiait chacun de ses *livres* ou fragments à quelque personnage de la cour, obtenant, en échange de ses flatteries hyperboliques, un peu d'argent ou des objets de diverse nature. Il nous apprend qu'il reçut du duc de Bouillon six écus, de Jacques le Roy une rame de papier, d'une duchesse de Flandres un double ducat, de madame de Puyenne une aune de toile blanche, du prince d'Orange un écu, du comte de Grollay une pistole fausse. Henri IV, quoique assez peu généreux, se montra libéral à l'égard de Bluet d'Arbères; il lui accorda trois cent quarante écus en diverses fois; il lui fit cadeau d'une chaîne d'or valant cent écus; il finit par le gratifier d'une pension de cent livres tournois. Ce fou, qui n'était peut-être pas aussi insensé qu'il voulait le paraître, récolta, de son propre aveu, plus de quatre mille écus, somme fort considérable pour l'époque.

L'œuvre de Bluet se compose de 173 ou de 180 livres; mais ils ont eu le même sort que ceux de Sophocle et d'Eschyle, de Tite-Live et de Tacite : il n'en est venu jusqu'à nous qu'une partie; on connaît les livres 1 à 85, 91 à 113, 141 à 173; le reste semble perdu sans retour. Il est à propos d'observer que divers livres ont été réimprimés avec des différences notables. On ne connaît que quatre ou cinq exemplaires de ce recueil, et il faudrait les réunir tous pour obtenir un exemplaire complet des 137 livres connus et des livres doubles. Le prix que les amateurs donnent d'un volume de Bluet, lorsque l'occasion se présente (et elle n'arriva pas tous les vingt ans) l'occasion d'en faire l'emplette, suffirait pour se rendre propriétaire de tous les chefs-d'œuvre de la littérature française. A la vente Mac-Carthy, en 1816, un exemplaire fut adjugé à 500 fr., et passa en Angleterre; remis aux enchères quinze ans plus tard, il trouva acquéreur à 20 livres sterling.

Ce fut en 1600 que le *comte de Permission* commença l'impression de ses extravagances, où le vulgaire cherchait des prophéties cachées. Un très-rare opuscule en vers, intitulé : *Tombeau et testament du feu comte de Permission*, nous fait savoir qu'en 1606, la peste faisant des ravages à Paris, il voulut s'abstenir de toute nourriture pendant neuf jours et

> . . . . par sa prière
> Chasser la fureur en arrière
> De Dieu, justement irrité
> Contre cette grande cité.

Mais le sixième jour, s'étant rendu dans le cimetière Saint-Étienne, il tomba en défaillance,

> Et la mort lui silla les yeux,
> Son âme s'envolant aux cieux.

Gustave BRUNET.

BLUETTE. Au propre, c'est une étincelle. Au figuré, on appelle ainsi une légère et petite composition dont l'esprit seul fait tous les frais; on doit donc n'y chercher ni abondance d'idées ni chaleur de sentiment; un plan, quel qu'il soit, n'est pas même indispensable : il ne s'agit que d'amuser ou d'éblouir un instant. A la naissance d'une littérature, les bluettes ne sont pas entièrement à dédaigner; si elles ne contribuent pas à donner au goût une direction élevée, elles piquent, elles éveillent du moins la curiosité; elles mettent enfin sur la route des plaisirs intellectuels. On cite quelques bluettes qui, venues à propos, ont une place imperceptible dans les bibliothèques et se sont conservées pendant quelque temps dans la mémoire des amateurs. Les femmes aiment les bluettes; souvent elles les inspirent. Les jeunes gens partagent ce penchant, mais ils s'en corrigent plus tard. A une époque comme la nôtre, les bluettes proprement dites n'ont aucun prix : le public ne saurait les comprendre; son attention est trop vivement préoccupée par de plus hautes questions. Les écrivains, de leur côté, qui sont forcés d'obéir au goût général, ont perdu l'habitude des bluettes, pour composer de volumineux romans. La bluette pétille même de moins en moins sur les scènes de vaudeville où naguère elle faisait merveille. La France s'ennuie et s'endort.

SAINT-PROSPER.

BLUM (ROBERT), non moins connu par le rôle qu'il a joué comme agitateur politique que par sa triste fin, naquit à Cologne, le 10 novembre 1807, de parents plongés dans la misère. Il apprit le métier de ceinturier, et entra plus tard dans une fabrique de lanternes, où il fut employé comme commis et où il commença à se livrer à quelques études, à l'instigation de son patron. Après un court service militaire en 1830, il sollicita, pour vivre, une place au théâtre de Cologne, et l'obtint du directeur Ringelhardt, qu'il suivit, en 1831, à Leipzig en qualité de secrétaire et de caissier.

Cette nouvelle position lui laissant le temps de s'occuper de travaux littéraires, il se mit à écrire dans divers journaux, composa une pièce de théâtre sous le titre de *la Délivrance de Candie* (Leipzig, 1835), et rédigea le *Dictionnaire Théâtral* (Altenbourg et Leipzig, 1839-47, 7 vol.) en collaboration avec Herlossohn et Marggraff. En même temps ses opinions libérales le jetèrent dans les sociétés politiques, où son talent oratoire et son esprit d'opposition lui acquirent bientôt de l'influence. En 1840 il fonda à Leipzig l'Association de Schiller, dont les anniversaires prirent sous sa direction une couleur politique; il s'occupa également avec activité de l'organisation de l'Association des Littérateurs. Ce fut à cette époque qu'il entreprit avec Steger la publication d'un Almanach politique sous le titre de *Vorwærts!* ce qui veut dire, En avant! (Leipzig, 1843-47, 5 vol.), et il fut un des principaux rédacteurs des *Feuilles patriotiques Saxonnes*.

Lorsque le mouvement catholico-allemand éclata en 1845, il s'en déclara le zélé partisan, et il fonda la communauté de Leipzig, qu'il fut appelé à présider. Après la journée du 12 août qui ensanglanta Leipzig, il empêcha le peuple de se livrer à des actes de violence, et il s'acquit comme orateur une grande popularité; aussi fut-il nommé député aux États. En 1847 il donna sa démission de la place qu'il occupait au théâtre, et établit une librairie qui publia son *Arbre de Noël*, biographies des libéraux allemands, et son *Dictionnaire politique pour le peuple allemand*.

Lors des événements de 1848, Blum déploya une grande activité révolutionnaire, et il ne tarda pas à devenir le chef de la démocratie saxonne. Il contribua au renvoi du ministère Kœnneritz, ressuscita les *Feuilles patriotiques*, qui avaient été supprimées, et fonda l'Association Patriotique, dans laquelle entrèrent les esprits les plus exaltés. Élu vice-président par la première assemblée de Francfort, il domina ses turbulents collègues par sa présence d'esprit et sa voix de stentor. Il fut ensuite de la commission des cinquante, et fut envoyé par Leipzig à l'Assemblée nationale, où il devint le chef de la gauche, et se fit remarquer par l'adresse et le pathos de ses discours, comme aussi par son ardeur dans la lutte; mais son talent oratoire ne pouvait lui tenir lieu des connaissances de l'homme d'État. Après les événements de septembre, il était difficile qu'il se fît plus longtemps illusion sur la désunion, l'indiscipline, la dissolution de son parti, et qu'il conservât quelque espérance de vaincre; cependant les événements de Vienne le remplirent d'enthousiasme, et il partit avec Frœbel pour porter aux Viennois, au nom de la gauche, une adresse de félicitation. La députation fut reçue le 17 octobre, et dans le discours qu'il prononça à cette occasion Blum peignit la révolte des faubourgs de Vienne comme une nouvelle ère historique.

Depuis le 26, à la tête d'une compagnie d'élite, il prit part à la lutte; mais le 29 il se retira dans son hôtel, où il fut arrêté le 4 novembre avec ses collègues. Bien qu'il fît valoir son inviolabilité comme député de l'Assemblée nationale, il fut traduit, le 8 novembre, devant un conseil de guerre et condamné à être pendu, supplice qui fut commué en une exécution militaire. Il fut fusillé le lendemain matin dans la Brigittenau, sans avoir manifesté, jusqu'à la fin un seul instant de faiblesse. C'était un homme d'un caractère ferme, de beaucoup d'esprit naturel, et d'une éloquence propre à émouvoir les esprits. Il avait assez d'adresse et d'ambition pour jouer le rôle de chef de parti, mais il n'avait pas assez de fanatisme pour le soutenir jusqu'au bout. La nouvelle de sa mort indigna la démocratie allemande. D'autres virent dans son exécution une rupture violente de l'Autriche avec l'Assemblée nationale, parce que, d'après la loi du 30 septembre 1848, la sentence ne pouvait s'exécuter sans la sanction du pouvoir central. De tous côtés s'élevèrent les propositions les plus violentes, de tous côtés on célébra des services funèbres en son honneur, et tout se réduisit à assurer par des souscriptions l'avenir de sa femme et de ses enfants.

BLUMAUER (ALOYS), poëte satirique, fort distingué dans le genre burlesque, naquit à Steier, en Autriche, le 21 décembre 1755. Après avoir terminé ses études dans sa ville natale, il vint à Vienne, où il entra dans la compagnie de Jésus. A la suppression de l'ordre des jésuites, il fut obligé de gagner sa vie en donnant des leçons; on lui confia ensuite les fonctions de censeur, qu'il abandonna plus tard pour se mettre à la tête d'une librairie. — Le principal ouvrage de Blumauer, celui qui fonda sa réputation, est *l'Énéide travestie* (3 vol., Vienne, 1784). C'est une poétique caricature, pleine de piquants contrastes, étincelante d'une verve satirique que l'ex-jésuite exerce souvent aux dépens du clergé de son époque, mais dont les brillantes qualités sont trop souvent déparées par des trivialités du plus mauvais goût. On peut adresser les mêmes reproches à ses poésies diverses, qui parurent d'abord dans la plupart dans *l'Almanach des Muses*, fondé par lui et Raschky. La manière de Blumauer approche souvent de celle de l'auteur de *Lénore*, dont il est cependant loin d'égaler la simplicité et l'élégance. Les pièces les plus estimées de ses poésies détachées sont : *l'Imprimerie, l'Éloge de l'Ane, l'Adresse au Diable*, etc. Plusieurs ouvrages publiés sous son nom lui ont été faussement attribués; ce sont : *les Titans*, épopée satirique; *Hercule travesti*, poëme; productions au-dessous du médiocre, et le quatrième volume de *l'Énéide*, indigne en tout point de ses aînés, factum sans esprit ni sel, vrai péché littéraire commis par un certain Schaber. —

Aloys Blumauer mourut à Vienne, le 16 mars 1798, âgé de quarante-quatre ans. HOERTEL.

BLUMENBACH (JEAN-FRÉDÉRIC), l'un des plus célèbres naturalistes des temps modernes, naquit à Gotha, le 11 mai 1752, et mourut à Gœttingue le 22 janvier 1840. Reçu docteur en médecine en 1775, il fut nommé l'année suivante professeur extraordinaire à l'université de Gœttingue, et inspecteur de sa collection d'histoire naturelle; puis, en 1778, professeur ordinaire. Depuis lors, jusqu'en 1835, époque où la faiblesse inséparable de son grand âge lui força de renoncer à l'enseignement oral, il fit constamment chaque année des cours publics sur l'histoire naturelle, l'anatomie comparée, la physiologie et l'histoire de la médecine, et vit successivement réunis, attentifs autour de sa chaire, les personnages les plus considérables de son siècle, et jusqu'à des rois. Il excellait en effet à donner de l'intérêt aux matières les plus sèches, les plus ardues, et à captiver son auditoire par le charme tout particulier de son débit.

Le premier, en Allemagne, Blumenbach éleva l'histoire naturelle au rang de science positive, tandis qu'avant lui une foule de gens ne la regardaient encore tout au plus que comme un amusement scientifique. Dès 1785, par conséquent bien avant Cuvier, il l'avait rattachée à l'anatomie comparée, et avait démontré qu'on ne peut avoir de claires perceptions et des idées arrêtées sur la nature et les affinités des animaux que par l'étude approfondie de leur structure intérieure. Son principal titre de gloire est d'avoir créé en Allemagne l'étude de l'anatomie comparée, soit par ses leçons, soit par des ouvrages qui ont été traduits dans toutes les langues de l'Europe, et notamment par son *Manuel d'Anatomie et de Physiologie comparées* (Gœttingue, 1804). L'histoire physique de l'homme fut de bonne heure son étude de prédilection, comme le prouve sa thèse inaugurale intitulée : *De generis humani varietate nativa* (Gœttingue, 1775). Dans l'intérêt de ses études anthropologiques, il commença dès lors à faire une collection de crânes humains; entreprise dans laquelle il fut secondé de toutes parts, et qui lui permit de créer en ce genre le musée le plus nombreux et le plus riche qu'il y eût au monde, à la formation duquel contribua jusqu'au roi de Bavière lui-même, lequel envoya à notre savant vieillard un crâne grec d'une beauté sans pareille.

C'est cette collection qui a fourni les modèles des figures de crânes comprises dans la *Collectio Craniorum diversarum gentium* (Gœttingue, 1790-1828, in-4°, avec une *nova pentas collectionis suæ craniorum*, etc., Gœttingue, 1828, in-4°), qui conservera toujours de la valeur, bien que dans cette partie de la science d'autres idées aient aussi prévalu. Avant Blumenbach un voyageur français avait divisé le genre humain en quatre races distinctes, système auquel Leibnitz crut devoir ensuite faire subir de légères modifications. Pownal ne reconnaissait que trois races d'hommes, la blanche, la rouge et la noire. Buffon en admet six, Hunter sept, Linné quatre; d'autres naturalistes enfin, de onze à quinze, et même davantage. Blumenbach n'en compte que cinq : la caucasienne, la mongole, la nègre, l'américaine et la malaise, fixant d'ailleurs avec précision les différences qui les séparent et les similitudes qui les rapprochent.

Comme physiologiste, il n'attira pas moins sur lui l'attention de l'Europe savante par sa dissertation sur l'acte de la génération (Gœttingue, 1781), travail où il émit des idées tout à fait en contradiction avec celles qui étaient alors le plus généralement admises, et aussi par ses *Institutiones Physiologicæ* (Gœttingue, 1787). Son *Manuel d'Histoire Naturelle* a eu les honneurs de douze éditions successives (Gœttingue, 1780-1830), mais ne convient plus à l'état actuel de la science.

L'ardeur de Blumenbach pour l'étude était grande, et le

besoin incessant d'activité scientifique qui le tourmentait trouvait à se satisfaire dans les vastes ressources que mettaient à sa disposition les collections de l'université de Gœttingue, ainsi que dans les continuels envois que ses disciples lui faisaient des diverses parties du monde, à l'effet d'augmenter les richesses de son cabinet. A la fin du siècle dernier, il avait fait un voyage scientifique en Angleterre, où il avait été accueilli avec une grande distinction par le roi Georges III, et où il s'était lié d'amitié avec Joseph Banks, avec Solander et autres savants éminents. C'est grâce à leur intervention qu'il obtint alors la faveur toute particulière d'être autorisé à disséquer une momie du *British Museum*, ce qui produisit une grande sensation dans le monde scientifique.

BLUNTSCHLI (JEAN-GASPARD), jurisconsulte suisse, né à Zurich, en 1808, fit ses études préparatoires dans sa ville natale, et alla les continuer dans diverses universités d'Allemagne, notamment à Berlin. De retour dans sa patrie, il trouva bientôt l'occasion d'employer ses talents et ses connaissances. Lors de la création de l'université de Zurich, en 1836, il y fut nommé professeur de droit. Bluntschli, qui avait semblé d'abord s'associer au mouvement libéral qui suivit la révolution de 1830, ne tarda pas à se placer dans les rangs des ennemis de la réforme, soit à cause de ses relations avec beaucoup de membres du parti conservateur, soit qu'il se fût laissé entraîner par sa prédilection pour le droit historique ou par une ambition maladive. Une fois sur cette pente, il la descendit rapidement, en sorte qu'il se mit bientôt à haïr ses adversaires politiques aussi passionnément qu'il était prôné par ses partisans. Membre depuis longtemps du grand-conseil, où il brillait par son éloquence, il devint, le 6 septembre 1839, membre du conseil de gouvernement. Ce fut en cette qualité qu'il fit sur les *communistes en Suisse* (Zurich, 1843) un rapport officiel qui contient une foule de jugements erronés sur les affaires de la Suisse. Au reste, il ne tarda pas à s'apercevoir qu'avec l'ivresse réactionnaire disparaissaient la considération et l'importance de son parti.

Cette circonstance explique peut-être son admiration pour les frères Rohmer, qui se rendirent dans ce temps à Zurich. Il se jeta à corps perdu dans le formalisme d'une prétendue nouvelle doctrine, et se considéra comme le chef en Suisse d'une école conservatrice et libérale qui n'existait guère que dans son imagination. Comme fruit de ses travaux il fit paraître des *Études psychologiques sur l'État et l'Église* (Zurich, 1844), parallèle étrange et grotesque entre les fonctions de la vie publique et celles du corps humain, où la politique et la psychologie ou plutôt la physiologie sont également maltraitées. A l'apparition de ce livre, la stupéfaction des partisans de Bluntschli ne fut pas moins grande que la joie de ses ennemis politiques, car il ne prêtait pas moins à la critique qu'à la satire.

Lorsque la question des couvents et des jésuites fut agitée, et même avant la formation du Sonderbund, le peuple de Zurich s'était déjà séparé si ouvertement du parti qui dominait depuis les affaires de septembre, que Bluntschli crut devoir donner sa démission. Cependant il resta encore quelque temps président du grand-conseil et membre du conseil de l'instruction publique. On sait peu de chose sur la part qu'il prit à la guerre du Sonderbund. Lorsqu'elle fut terminée, il accepta une chaire dans l'université de Munich.

Pour le juger, il faut séparer en lui l'homme politique du jurisconsulte. Comme professeur, il possède des qualités éminentes, et ses ouvrages de droit sont écrits avec une science et une clarté qui ne rappellent guère l'auteur des *Études psychologiques*. On doit reconnaître aussi les services qu'il a rendus à sa patrie par la publication d'un *Projet du Code de Droit privé pour le canton de Zurich*. On cite encore, parmi ses ouvrages : *Développement de la succession contre les dernières volontés* (Zurich, 1829);

Histoire politique et juridique de la ville et du canton de Zurich (Zurich, 1838 et suiv.); *les Nouvelles Écoles des Juristes allemands* (Zurich, 1841); *Les trois cantons d'Uri, de Schwytz et d'Unterwald, et leur première et éternelle alliance* (Zurich, 1846); *Histoire de la République de Zurich* (2 vol., Zurich, 1847). On lui doit en outre un livre intitulé : *Droit politique universel*, dont le premier volume a paru à Munich, en 1850.

BLUTAGE (sans doute du latin *volutare*, vanner). On nomme ainsi l'opération qui consiste à séparer le son de la farine au moyen d'instruments appelés *bluteaux* ou *blutoirs*. Le lieu où elle se fait prend le nom de *bluterie*.

On a d'abord employé simplement au blutage un sas de crin, d'étamine ou de toile; puis on y a ajouté un cylindre composé de feuilles de fer-blanc, trouées comme des râpes, et de fils de fer placés circulairement les uns à côté des autres et à une distance assez rapprochée pour ne pas laisser écouler le grain, mais donner seulement passage aux ordures.

Les blutoirs tournants ont succédé à ces outils imparfaits; ce sont des cylindres inclinés, placés dans des coffres entièrement fermés et divisés en autant de cases qu'on veut avoir d'espèces de farine. A cet effet, le cylindre est garni d'une enveloppe d'étamine dont la finesse va en diminuant par certains intervalles depuis le haut jusqu'au bas du cylindre. Ordinairement on le dispose pour avoir trois qualités de farine, et en conséquence, le premier tiers de sa longueur est couvert d'une étamine fine et serrée qui ne laisse passer que la fleur. Le second tiers est garni d'une étamine moins serrée, qui donne la seconde qualité de farine; et enfin le dernier tiers est enveloppé d'un canevas très-clair qui laisse passer les recoupes, tandis que le son tombe au bout du cylindre, qui fait environ vingt-cinq tours par minute.

Un premier perfectionnement apporté à ces machines a été de remplacer les étamines par des toiles métalliques, dont les mailles, bien plus régulières, donnent une farine plus égale. Ensuite, comme l'obstruction des mailles ralentissait le blutage et empêchait le son de sortir entièrement dépouillé de farine, on a rendu le blutoir fixe, et on a établi sur son axe un système de brosses tournantes, qui agitent continuellement la farine en la rejetant à la surface de la toile, et qui dégagent les mailles obstruées, tout en nettoyant complètement le son par leur frottement non interrompu.

BOA. Les Romains désignaient ainsi certains grands serpents d'Italie, probablement la couleuvre à quatre raies ou le serpent d'Épidaure, et ce nom leur avait été donné, selon Pline, parce qu'ils venaient sucer le pis des vaches pour se nourrir de leur lait; opinion populaire, qui, malgré sa fausseté évidente, subsiste encore dans plusieurs pays. Aujourd'hui les naturalistes comprennent sous la dénomination de boas tous les serpents dépourvus de crochets venimeux, ayant plus ou moins d'éperon ou de sonnette au bout de la queue, et qui se distinguent d'ailleurs par leurs mâchoires très-dilatables, leur tête couverte de petites écailles, au moins à sa partie postérieure, leur occiput plus ou moins renflé, leur langue fourchue et très-extensible, le crochet qu'ils ont de chaque côté de l'anus, les bandes écailleuses, transversales et d'une seule pièce qui garnissent le dessous de leur corps et de leur queue; leur corps comprimé, plus gros dans son milieu, et terminé par une queue prenante, c'est-à-dire susceptible de s'enrouler autour des objets, de manière à soutenir tout l'animal.

Quoique dépourvus de venin, les boas n'en sont pas moins redoutables, à cause de leur force extraordinaire, qu'accompagne une vivacité non moins remarquable. C'est parmi eux que l'on trouve les plus grands de tous les serpents : certaines espèces atteignent dix et quinze mètres de longueur, et parviennent, d'après les récits des voyageurs, à avaler des chiens, des cerfs, et même des bœufs, après les avoir écrasés dans leurs replis, les avoir enduits de leur salive, et s'être énormément dilaté la gorge et le gosier. Tantôt ils poursuivent leur proie, tantôt ils se cachent pour la guetter et la saisir à l'improviste. Tapis sous l'herbe, suspendus par la queue aux branches des arbres, ils attendent, comme à l'affût, sur le bord des fontaines, ou dans quelque autre lieu de passage, que l'occasion leur amène quelque animal propre à satisfaire leur appétit, et dès qu'ils en aperçoivent un qui passe à leur portée, ils s'élancent sur lui, l'entourent, le pressent de leurs replis tortueux, l'écrasent et le broient pour ainsi dire, puis l'engloutissent après l'avoir enduit de leur salive muqueuse et fétide. Comme leur proie est souvent très-volumineuse, et qu'ils ne la mâchent point, la déglutition d'abord, et ensuite la digestion, sont pour eux des opérations longues et pénibles. Quand on surprend un boa occupé à introduire dans sa gueule, énormément distendue, un corps qu'elle peut à peine recevoir, il est facile alors de lui donner la mort, car il ne peut ni fuir dans l'état où il est, ni se débarrasser de cette masse, qui, retenue par ses dents recourbées en arrière et par la disposition même des mâchoires, ne peut plus cheminer que dans le sens où elle est entrée. Une fois la déglutition achevée, les boas se retirent dans un lieu écarté, où ils demeurent presque immobiles, jusqu'à ce que leur estomac soit déchargé; et comme leur digestion dure fort longtemps, la putréfaction qui s'empare de leurs aliments avant qu'elle soit achevée, et qui concourt même à la faciliter, répand autour d'eux une odeur épouvantable, qui révèle au loin leur présence.

Parmi les espèces de boas, qui sont encore assez mal distinguées par les naturalistes, nous nous bornerons à en signaler trois, qui atteignent une très-grande taille, et qui se trouvent dans les lieux marécageux des parties chaudes de l'Amérique, savoir: 1° le *boa devin* (*boa constrictor*, Linné), ainsi nommé par les voyageurs de ce qu'on lui a mal à propos attribué ce qui est dit de certaines grandes couleuvres, dont les nègres de Juida font leurs fétiches. Sa tête est en forme de cœur; sa lèvre supérieure est bordée d'écailles imitant des dentelures; son corps est élégamment varié de gris, de blanc, de noir et de rouge, et on le reconnaît surtout à une large chaîne régnant tout le long de son dos, formée alternativement de grandes taches noirâtres, irrégulièrement hexagones, et de taches pâles, ovales, échancrées aux deux bouts; 2° le *boa anacondo* (*boa scytale* et *boa murina*, Linné), brun, avec une double suite de taches rondes et noires le long du dos, et des taches brunes œillées de bleu sur les flancs; 3° le *boa aboma* ou *boa à anneaux* (*boa cenchrys*, Linné), fauve, portant une suite de grands anneaux bruns le long du dos, et des taches variables sur les flancs. DÉMEZIL.

BOABDIL ou ABOU-ABDALLAH, dernier roi maure de Grenade, fils de Muléi-Hassem, se révolta contre son père en 1481, le chassa de sa capitale, et prit le titre de roi; le malheureux père en mourut de douleur. Boabdil, vaincu et fait prisonnier par les troupes réunies de Ferdinand d'Aragon et d'Isabelle de Castille, n'obtint la liberté qu'à condition qu'il se reconnaîtrait vassal de l'Espagne. La division s'étant mise entre ses sujets par suite de ce traité honteux, Ferdinand et Isabelle en profitèrent pour assiéger Grenade, qui succomba en 1492. Boabdil accompagné de sa famille et d'une suite peu nombreuse, ayant gravi le mont Padul, d'où l'on découvre la ville, se mit à fondre en larmes : « Pleurez, mon fils, lui dit sa mère Ayescha, pleurez comme une femme le trône que vous n'avez pas su défendre en homme et en roi. » Ce malheureux prince, ne pouvant se résoudre à vivre en sujet dans un pays dont il avait été roi, passa en Afrique, et se fit tuer dans une bataille en servant les intérêts du roi de Fez, qui voulait détrôner le roi de Maroc. La prise de Grenade mit fin à la puissance des Maures en Espagne, sept cent quatre-vingt-deux ans après leur invasion.

BOAISTUAU ou BOISTUAU (PIERRE), dit *Launay*, natif de Nantes, mort à Paris, en 1566, auteur assez superficiel, qui a pourtant la gloire d'avoir été un des premiers écrivains qui aient recommandé aux mères d'allaiter leurs enfants. « Boistuau, dit Lacroix du Maine, a été homme très-docte et des plus éloquents de son siècle, lequel avoit une façon de parler autant douce, coulante et agréable qu'autre duquel j'aye lu les escrits. » On a de lui 1° le *Théâtre du Monde* sur les misères humaines et la dignité de l'homme (6 vol., 1584 et suiv.); on assure que ce livre, qui contient des faits très-singuliers et qui avait été primitivement composé en latin, a eu plus de vingt éditions; 2° les *Histoires tragiques, extraites des œuvres italiennes de Bandel* (voyez BANDELLO) *et mises en langue française* (7 vol., 1568 et suiv.); les six premières nouvelles du 1er vol. ont été traduites par Boaistuau et le sont beaucoup mieux que celles dont s'était chargé Belleforest, qui a continué l'ouvrage et y a ajouté plusieurs histoires de son invention. L'une de celles que Boaistuau a traduites est l'original de *Roméo et Juliette*, et a pour titre *Histoire de deux Amants morts l'un de venin, l'autre de tristesse*. Tous les détails, tous les personnages sont les mêmes que dans Shakspeare. La sixième histoire, traduite du latin de Valentino Barruchio, a servi évidemment à Mme de Fontaine de canevas pour son roman de *la Comtesse de Savoie*, et à Voltaire pour sa tragédie d'*Artémise*, qui n'eut pas de succès, mais à laquelle il emprunta quelques épisodes pour celle de *Tancrède*; 3° *Histoires prodigieuses*, extraites de divers auteurs (6 vol., 1561 et suiv.); ces histoires étaient primitivement au nombre de quarante; Claude de Tesserant en ajouta quinze, et R. Heyer, Jean de Marconvelle et Belleforest complétèrent l'ouvrage.

BOARD OF CONTROL. On appelle ainsi en Angleterre le *bureau des affaires des Indes*. Ce bureau, qui faisait autrefois partie du ministère des colonies, forme aujourd'hui un département complètement séparé. La cour des directeurs de la compagnie des Indes est obligée de lui communiquer toutes les mesures qu'elle prend et toutes les instructions qu'elle envoie au gouverneur général et en ce qui concerne l'administration de l'Inde anglaise. Le *board of control* est composé d'un président ministre, de huit commissaires, qui sont : le président du conseil privé, le garde des sceaux, le premier lord du trésor, les trois secrétaires d'État et le chancelier de l'Échiquier. Enfin deux secrétaires y sont adjoints.

BOBÈCHE. Il est des célébrités de tous les genres et des renommées de toutes les tailles. Un farceur de boulevard, n'exerçant même qu'à l'extérieur, un simple *paradiste*, obtint à Paris, sous l'Empire et pendant les premières années de la Restauration, une de ces illustrations populaires dont plus d'un acteur de nos grands théâtres, et même des personnages plus importants, sans doute, ont pu être jaloux. Bobèche avait paru d'abord sur les tréteaux de Versailles et de quelques fêtes publiques des environs de Paris. On le remarqua dès qu'il vint y débuter en plein vent devant un spectacle de funambules. Un masque précieux pour son emploi, un jeu empreint de la plus naïve bêtise, l'eurent fait bientôt sortir de la foule des bienheureux *niais* qui encombrent notre capitale. Aussi, sans avoir besoin, comme plus tard Debureau, d'un *cornac* spirituel pour appeler sur lui l'attention, Bobèche vit-il son nom beaucoup plus répandu. Sa vogue s'augmenta encore par quelques traits d'une sublime naïveté, sur lesquels la censure impériale et celle de la Restauration avaient grand'peine à passer l'éponge. C'est sous ce dernier régime qu'il disait, dans une de ses improvisations : « On prétend que le commerce ne va pas : j'avais trois chemises, j'en ai déjà vendu deux. » Croyez-vous que nos auteurs dramatiques ne lui auraient pas emprunté ce mot et plusieurs autres, s'ils eussent espéré les sauver du *veto* censorial?

Bobèche aussi était auteur, et presque toujours il composait lui-même ses rôles. Je lui ai vu jouer telle scène où il y avait plus de comédie que dans maint ouvrage en cinq actes. Donnons-en un exemple en passant : Le maître ou le compère arrive une lettre à la main : « Bobèche, voici une lettre de l'un de tes amis que je vais te lire, attendu que tu as oublié de l'apprendre. Écoute (il lit) : « Mon cher ami, je « dois vous annoncer que votre sœur a depuis votre dé-« part commis quelques inconséquences : elle en est depuis « six mois à son douzième amant. » — Ah ! la misérable ! interrompt Bobèche ; je pars sur-le-champ, je vais la tuer pour l'honneur de la famille. — Attendez un instant, répond le maître, et il continue de lire : « Par cette conduite « légère, elle a gagné une dizaine de mille francs, et vous « en a destiné la moitié. » (Bobèche sourit.) — Dans le fond, c'est une bonne fille, et qui a des qualités. — Attendez encore, mon ami (le maître lit) : « Par malheur, des « voleurs ont pénétré chez elle en son absence, et ont en-« levé toute la somme. » — Ah ! la scélérate ! ah ! l'infâme ! Monsieur, ne me retenez plus ! il faut que j'aille la punir... — Écoutez donc encore... (il lit) : « Heureusement, les bri-« gands ont été arrêtés le lendemain, et on a retrouvé sur « eux la somme entière.... » — Au fait, répond Bobèche, on l'a peut-être calomniée, cette pauvre fille. — (Le maître continue de lire) : « Il est vrai que les dix mille francs ont « été déposés au greffe, et qu'on ne sait trop quand ils en « sortiront. » — Tenez, monsieur, pour former mon opinion, je vois que le plus sûr est d'attendre. » Molière, qui ramassa plus d'une fois quelques traits comiques des bouffons italiens, n'eût peut-être pas laissé échapper une scène si vraie dans sa trivialité. Au reste, les parents de la *Fille d'Honneur* de M. Duval le sont un peu aussi du personnage principal de cette parade. Étonnez-vous après cela de la réponse faite, sous l'Empire, par un directeur général, homme d'esprit, à l'un de ses employés qui s'excusait d'arriver tard au bureau, parce qu'ayant à traverser le boulevard du Temple, il s'arrêtait souvent à écouter les *lazzis* de Bobèche : « Vous me trompez, monsieur, je ne vous y ai jamais vu. »

Parvenu sous Louis XVIII à l'apogée de sa gloire, Bobèche fut appelé fréquemment à jouer ses parades dans les fêtes de Tivoli, qui réunissaient encore une brillante société, et il ne manquait pas de prendre sur l'affiche le titre de *premier bouffon du gouvernement*. Enivré de sa renommée, il voulut malheureusement, comme nos comédiens de première ligne, aller donner des représentations en province. Un épouvantable échec l'y attendait. Dans une ville du nord, à Douai, je crois, il avait fixé le prix des places au taux des représentations *extraordinaires*, ce qui indigna les spectateurs contre lui. Les Normands se seraient peut-être contentés de lui jeter des pommes, cuites ou non ; les Flamands voulurent tout simplement l'assommer. Bobèche se sauva ; j'ignore si ce sauva aussi la recette. Atterré sans doute de ce revers, il s'éclipsa entièrement depuis cette époque, laissant le champ libre à son rival *Galimafré*, qui ne put jamais le faire oublier. Mais s'il n'est plus vivant, son nom l'est encore dans le souvenir des Parisiens de cinquante à soixante ans et de beaucoup de provinciaux de la même époque, qui souvent à leur arrivée dans la capitale couraient voir *Bobèche* avant de se régaler du *Palais-Royal* et de l'*Opéra*. Je dois avouer que, malgré toutes mes recherches, je n'ai pu découvrir le nom de famille et le lieu de naissance de cet homme illustre. Je dois m'en consoler en songeant qu'il n'est pas encore bien certain que le chantre de l'*Iliade* s'appelât Homère, et que des sept villes qui se le disputèrent, on ne saura jamais au juste celle qui lui donna le jour.　　　　　　　　　　　　　　　　　　　　Ourry.

BOBINE, sorte de fuseau, petit morceau de bois tourné en rond, cylindrique, avec des rebords à chaque bout, percé, et que l'on rend mobile en le plaçant sur une verge de fer ; il sert à filer au rouet ou à dévider du fil, de la soie, de la laine, etc. Ce mot est fait, selon es uns, du latin *bombyx*, ver à soie ; et selon d'autres du verbe *volvere*, tourner.

On appelle *bobineuses*, dans les manufactures de laine, les femmes ou filles qui dévident sur des bobines le fil destiné à former la chaîne des étoffes.

La *bobinière* est la partie supérieure du rouet à filer l'or.

BOBOCARDI (Hyacinthe). *Voyez* Célestin III.

BOBOLINA ou DOUBOULINA appartenait à une riche famille albanaise, et elle était, en 1812, mariée depuis plusieurs années à un jeune chef d'*armatoles* au service de la Turquie, lorsque, à cette époque, son époux, accusé d'avoir entretenu des liaisons avec le célèbre Ali, pacha de Janina, fut massacré par ordre du sultan. Bobolina jura de le venger, et, retirée dans la solitude, à Spezzia, elle y éleva ses deux fils dans la haine des Turcs. Lorsque l'insurrection fut proclamée, en 1821, la riche Bobolina arma à ses frais trois navires, dont elle prit le commandement en chef, avec le titre de *navarque*, et dans ce grade étrange et inouï pour une femme, elle déploya une habileté au moins égale à son courage. En outre, elle envoya à l'armée de terre ses deux fils, dont le second atteignait à peine sa quatorzième année.

L'héroïne participa au siège de Tripolitza, dont elle fut chargée de faire le blocus par mer. Mais de déplorables dissensions s'élevèrent entre les chefs de l'armée de terre et les *navarques*, et Bobolina reçut l'ordre de se retirer et d'abandonner le siège de Tripolitza. Cependant, les querelles s'apaisèrent, et un peu plus tard on retrouve Bobolina au siège de Napoli de Romanie. Ayant repris ses fonctions d'amiral, elle bloqua par mer, quatorze mois durant, cette ville importante. Napoli se rendit le 12 décembre 1822, et Bobolina, qui avait refusé de signer aucune capitulation, exigeant impérieusement que les Turcs se rendissent à discrétion, ne se montra pas sans pitié lorsque les vaincus, à genoux devant elle plus que devant les autres chefs, baisèrent, en l'implorant, le bas de sa robe. La vie fut laissée sauve à mille prisonniers et au pacha, qui eut la permission d'emmener son harem et d'emporter ses richesses. C'était le premier exemple de modération qui eût été donné dans cette guerre sans merci, où les Grecs, aigris par les longues tortures de l'esclavage, se montraient presque aussi cruels, aussi impitoyables que les Turcs, corrompus, eux, par l'habitude du despotisme.

Après cette importante conquête, Bobolina ne cessa pas de prendre part aux opérations militaires des Grecs, et elle se distingua particulièrement dans celles dont l'Argolide fut le théâtre. On dit que pendant le siège de Monembasie, un de ses neveux ayant été tué d'un coup de canon, elle étendit sur lui son manteau, et, sans s'abandonner à d'inutiles regrets, ordonna de venger sa mort en bombardant la ville avec plus de vigueur. C'est avec la même apparence de résignation stoïque qu'elle parlait de la perte de son mari et de son fils aîné, morts les armes à la main. Cette femme extraordinaire, au teint bronzé, aux yeux brillants et pleins de feu, à la démarche guerrière, objet des louanges et quelquefois des épigrammes de ses compatriotes, excitait vivement la curiosité des étrangers. Ils étaient accueillis avec une cordiale hospitalité dans sa belle maison de Spetzia, qu'en 1824 elle était venue de nouveau habiter avec ses frères pendant les dissensions qui divisaient les Grecs.

En 1825 cette maison fut assaillie par les frères et les amis d'une jeune personne, séduite, dit-on, par quelqu'un de sa famille. Des paroles peu mesurées de Bobolina augmentèrent l'exaspération, et un coup de fusil parti des groupes tumultueux termina la vie de l'héroïne.

BOCAGE. C'est un bouquet de bois planté dans la campagne et non cultivé, en quoi il diffère du *bosquet*.

Le Bocage est le nom particulier d'un petit pays de la basse Normandie, dans le diocèse de Lisieux, qui avait autrefois Vire pour capitale, et qui fait aujourd'hui partie du département du Calvados. C'est de ce pays que le linge ouvré qui se fait en basse Normandie, particulièrement aux environs de Caen, a reçu le nom de *bocage*.

On appelle encore *Bocage* une ancienne contrée de la France, célèbre dans les malheureuses guerres civiles de la Vendée; elle est sur les limites des départements de la Vendée, de la Loire-Inférieure et de Maine-et-Loire.

BOCAGE, artiste dramatique. Avant de monter sur la scène, Bocage avait été obligé, pour obéir aux supplications de sa famille, de faire quelques pas dans des carrières bien diverses. Mais partout il s'était arrêté avant même d'avoir accompli le noviciat que réclament toutes les professions, tous les métiers. Ses grands-parents avaient rêvé qu'il pourrait devenir un des premiers manufacturiers de Rouen, et il renonça à la rouennerie alors qu'il n'était qu'ouvrier cardeur, gagnant cinquante centimes par jour. On voulait qu'il fût avoué, et il rompit avec le Code dès qu'à force de protections, de patience, de travail et d'intelligence, il eut obtenu le grade de quatrième clerc d'huissier. Échappé à la cléricature, il entra dans les bureaux du ministère de la guerre, où il fut quelque chose comme sous-chef, rédacteur, expéditionnaire ou garçon de bureau. Du ministère de la guerre il retomba dans la maison paternelle, où, vivement chapitré à propos de l'inconstance de ses goûts, sermonné d'importance à cause de son antipathie pour la carrière commerciale, — la seule qui lui convint, disait sa vieille grand'mère, — il prit une énergique résolution, et déclara qu'il allait se jeter dans les denrées coloniales. Le lendemain il était... — le croiriez vous, femmes charmantes, qui avez si ardemment applaudi le bel *Antony*? — il était garçon épicier! Hâtons-nous de dire que Bocage ne fit que passer dans la cassonade, d'où il s'élança sur les tréteaux ambulants de je ne sais quelle troupe nomade. Il réussit peu. Ses camarades le trouvaient gauche, mal planté, disgracieux; le public était du même avis que ses camarades.

Après dix années de courses vagabondes, il revint à Paris, et s'en alla solliciter des débuts à l'Odéon. Ils lui furent accordés. Comme il n'était pas précisément tombé, comme l'Odéon a été de tout temps l'asile du malheur, on admit le débutant, et il eut le droit de végéter dans les troisièmes rôles, qu'il jouait comme le premier venu, ni mieux ni plus mal. Un jour cependant il se révéla : ce fut, si ma mémoire ne me trompe pas, dans une pièce de M. Ancelot intitulée *l'Homme du Monde*. On trouva que cet acteur, qui ne savait pas marcher, avait une physionomie pleine d'expression, un beau regard, de l'élan, du cœur... On l'applaudit ! Bocage n'attendait que ce premier bravo pour montrer ce qu'il pouvait. A dater de cette époque il ne fit aucune difficulté d'initier le public aux rares et précieuses qualités qu'il tenait de la nature et de l'étude, il laissa jaillir au dehors des trésors, longtemps comprimés, de sensibilité, d'énergie, de passion. Il prouva qu'il savait pleurer, frémir, aimer. Alors, comme pour le récompenser de l'avoir si longtemps méconnu, le public s'enthousiasma pour cet acteur que jusque là les sifflets eux-mêmes avaient dédaigné; il s'exalta pour ses qualités et ne voulut plus voir ses défauts. Bocage, sous les traits d'*Antony*, fut proclamé non pas seulement le plus intelligent, le plus chaleureux, mais le plus beau, le plus élégant, le plus distingué des *amoureux* de théâtre. Il y a mieux, il fut décidé, reconnu, établi, qu'on ne pouvait être beau qu'à la condition de ressembler à Bocage dans *Antony*. Les salons furent tout à coup inondés de jeunes hommes pâles et blêmes, aux longs cheveux noirs, à la charpente osseuse, aux sourcils épais, à la parole caverneuse, au lorgnon d'écaille, à la physionomie hagarde et désolée. Ces jeunes hommes portaient des gants parfaitement jaunes, et jouissaient d'un regard prodigieusement mélancolique. Ils ressemblaient beaucoup à des malades sortis d'un hôpital sans l'*exeat* du médecin. Ces jeunes hommes étaient des sédes de Bocage-*Antony*. Et comme à l'époque où ces choses se passaient (1831) on faisait chaudement toutes choses, de maladroits amis entreprirent de démontrer que Bocage était plus qu'un artiste de talent, qu'il était la personnification de l'Art, que l'Art était en lui et non ailleurs, etc., etc.

Ces exagérations assez ridicules eurent le résultat que redoutaient les hommes sages. La partie raisonneuse du public, celle qui n'accepte pas les opinions toutes faites, celle que le tapage irrite, s'insurgea contre la renommée étourdissante de Bocage. Comme il lui parut qu'on voulait faire d'une question d'acteur une question d'école, une question de littérature, elle se retira dans ses préjugés, et nia l'acteur comme elle niait l'école, comme elle niait la pièce. Cette crise, il faut le dire, ne fut pas favorable à l'acteur. On avait crié à la perfection, la critique eut à cœur de savoir à quoi s'en tenir sur cette hâtive glorification; elle examina, et son examen fut d'autant plus sévère que le fanatisme des adorateurs s'était montré plus ardent. On louait l'originalité de l'artiste, la critique proclama que cette originalité n'était que bizarrerie; on vantait la distinction aristocratique de sa personne, la critique accusa l'acteur d'afféterie et de prétention; on s'extasiait sur la vivacité de sa pantomime, la critique ne consentit à voir dans ce luxe de jeux de physionomie que contorsions et grimaces. A ceux qui remarquaient combien la voix de leur acteur favori avait de puissance émouvante, la critique répondait que la plupart du temps cette voix était toute nasale, et que toujours elle était étrangère à la pratique de l'articulation. Enfin, peu s'en fallut que, grâce à d'imprudentes admirations, cette gloire qu'un jour avait fait éclater ne retombât en un jour dans le néant.

Par bonheur, le mérite de l'acteur, s'il n'atteignait pas précisément les hauteurs hyperboliques au niveau desquelles on avait prétendu l'élever, était de taille à ne pas se laisser étouffer dans la lutte. Il triompha des attaques de la critique, et, ce qui est plus remarquable, des adulations de ses amis. *La Tour de Nesle*, *Thérésa*, *Shilock*, *Angèle*, *L'Incendiaire*, *Les Sept Infants de Lara*, *Riche et Pauvre*, *Ango*, *Christophe le Suédois*, etc., etc., prouvèrent victorieusement que Bocage est un des acteurs de notre temps qui entend le mieux la composition générale d'un rôle, qui en saisit le plus minutieusement toutes les nuances et les détails les plus divers, que personne plus que lui ne connaît l'art de donner du ton et de la couleur à un personnage, que nul n'exprime avec plus de force et de vérité la résignation, le désespoir, l'amour et le dévouement.

Plus tard, la *Main droite* et la *Main gauche*, *Lucrèce* et *Antigone* furent pour Bocage des occasions de triomphes bruyants ; mais pour les amis de l'artiste — j'entends les amis , et non les sectaires — ses deux plus admirables créations restent celles de Delaunay dans *Thérésa*, et du vieux curé dans *l'Incendiaire*.   Édouard LEMOINE.

D'acteur, M. Bocage se fit un jour entrepreneur de spectacles. Au mois de mai 1845, il obtint la direction de l'Odéon. Le théâtre rouvrit à l'arrière-saison par la résurrection du *Saint-Genest* de Rotrou, et un prologue en vers de M. Th. Gautier. Sa troupe était faible, bien faible ; M. Bocage n'avait guère recruté que des talents naissants, qui devaient à la vérité se développer sous son inspiration. Les pièces se succédèrent avec la rapidité dévorante qui caractérise cette malheureuse scène. Cependant on remarqua le *Diogène*, de M. F. Pyat, dans lequel M. Bocage jouait le principal rôle; *Agnès de Méranie*, de M. Ponsard, etc. M. Bocage avait cédé la direction de son théâtre à M. Vicentini, lorsque la révolution de Février le ramena à la tête de l'Odéon. Appelé au sein de la commission chargée de préparer un projet de loi sur les théâtres, il se prononça énergiquement contre la censure, et développa un système de théâtres ambulants qui parcourant les campagnes porteraient partout des idées civilisatrices.

Une des plus brillantes campagnes de l'Odéon fut celle que

fournit *François le Champi*. George Sand, dans sa préface, adressa les plus flatteurs remerciments à l'habile directeur qui par l'excellence de sa mise en scène n'avait pas peu contribué au succès de l'ouvrage. L'auteur nous apprend même que c'est sur les vives instances de M. Bocage qu'il s'aventura à ressusciter sur la scène le genre rustique et naïf. *Le Chariot d'enfant*, d'après le roi indien Soudraka, fut une des dernières pièces jouées à l'Odéon sous la direction de M. Bocage. Les *billets de famille*, qui réduisaient d'une manière indirecte le prix d'entrée, devinrent un prétexte de révocation, et son privilége lui fut enlevé. Vainement il en appela au conseil d'État. Son pourvoi fut rejeté. Cependant George Sand avait écrit pour lui *Claudie*, qui fut représentée à la Porte-Saint-Martin, et où il joua avec succès le rôle du père Rémy. Depuis cette création il a quitté la scène, et il se propose, dit-on, d'offrir bientôt au public quelques essais dramatiques.

BOCAL, vase en verre, long, cylindrique et sans tube, à col court ou sans col, et à bouche large, qui sert à mettre du vin, des liqueurs et toute espèce de liquide; à conserver des fruits dans l'eau-de-vie, ou des matières animales dans l'esprit-de-vin, ou enfin des poudres et des matières sèches dans les laboratoires des chimistes et des pharmaciens

On a donné le nom de *bocal électrique* à la bouteille de Leyde.

Les bijoutiers et quelques autres ouvriers se servent d'une grosse bouteille ronde de verre blanc, remplie d'eau et montée sur un pied de bois, pour rassembler sur leur ouvrage la lumière d'une bougie ou d'une chandelle placée derrière, et qui s'appelle aussi *bocal*.

BOCANE, ancienne danse grave et figurée, ainsi appelée de son inventeur, *Bocan*, maître à danser de la reine Anne d'Autriche, qui l'introduisit à la cour en 1645, et dont il ne reste aujourd'hui que le nom.

BOCARD, BOCARDAGE. Le *bocard* est un appareil de cassage ou de pilage des substances très-dures. Son emploi principal est pour le cassage des minerais et des scories des hauts fourneaux ou autres. Le *bocardage* se fait à sec ou à l'eau. Dans ce dernier cas, l'opération est une combinaison du cassage et du lavage. On nomme *bocqueurs* les ouvriers qui travaillent au bocardage.

La *bonde du bocard* est un morceau de bois qui sert à boucher l'ouverture par laquelle le minerai sort du bocard. La *huche du bocard* est une auge ou cuve demi-circulaire qui reçoit le minerai au sortir du bocard. Les *jumelles d'un bocard* sont deux pièces de charpente qui s'élèvent perpendiculairement, et qui sont séparées par un intervalle entre deux lignes parallèles. Le *mentonnet du bocard* est composé de pièces de bois fixées sur les poteaux des pilons, et que soulèvent les cames. Les *pilons du bocard* sont de grands pilons de bois ferrés et mus par des cames. La *semelle du bocard* est une pièce de bois qui en fait la base.

Le plus simple de tous les bocards, mais celui dont les inconvénients sont trop évidents pour qu'il soit nécessaire de s'y arrêter, consiste en un gros marteau, ordinairement en fonte de fer, qui tombe sur une grande masse ou tas également en fonte, entourée de planches, et en forme de caisse. Ce marteau est mû à l'aide d'une roue hydraulique à laquelle, selon les localités, on pourrait substituer tout autre moteur que l'eau. L'expérience a fait connaître qu'un marteau de cette espèce, fonctionnant dans des circonstances très-favorables, sous l'action d'un cours d'eau puissant, ne peut guère casser en vingt-quatre heures que vingt-cinq mille kilogrammes de minerai médiocrement dur. Il faut pour la conduite de l'opération un homme de jour et un autre de nuit.

Le bocard le plus généralement en usage est composé de plusieurs pilons; suivant la puissance du moteur que l'on a à sa disposition, on peut en varier le nombre depuis deux jusqu'à six, et plus. Ces pilons consistent ordinairement en une pièce de bois d'environ 3 mètres de long sur 12 ou 13 centimètres d'équarrissage, terminée par une grosse butte de fonte, qui reste fixée sur l'extrémité inférieure, et est taillée en pointe de diamant. Ainsi garnis, ces pilons pèsent chacun de 30 à 40 kilogrammes. On les place entre des liteaux et on les y maintient verticalement. A $1^m,30$ de hauteur environ, on fixe sur ces pilons un mentonnet, sous lequel passe une came pour les enlever. Ce mécanisme est très-analogue à celui du moulin à effilocher, dit à *maillo-ches*, de nos anciennes papeteries. Les pilons tombent dans une auge de bois, sur le fond de laquelle, dans le sens de la longueur, courent de puissantes bandes de fer forgé de la meilleure qualité. On fait choix pour cela du fer le plus dur et le plus élastique. On place au-dessus de l'auge, vers le milieu de son prolongement, une caisse que l'on entretient constamment pleine du minerai à bocarder. Cette caisse porte sur ses côtés des échancrures par lesquelles un choc un peu violent peut faire passer du minerai, qui vient tomber dans l'auge; et cela arrive toutes les fois que l'auge s'étant vidée il s'exerce une action sur un levier, qui communique au pilon par un mentonnet; le choc imprimé agite la caisse, et le minerai s'échappe. Sur le devant de l'auge se trouve un grillage formé de plusieurs barreaux triangulaires de fonte, éloignés entre eux d'environ 3 centimètres pour donner passage au minerai bocardé.

Voilà la forme du bocard le plus généralement usité en France, en Allemagne et en Suède. Mais ni en Angleterre, ni même dans les États-Unis, on ne s'en est tenu à cette forme consacrée par la routine. Divers moyens plus expéditifs, et susceptibles surtout de procurer plus d'égalité dans la grosseur des fragments (ce qui est essentiel pour la fusion), ont été tentés avec plus ou moins de succès. Nous citerons seulement le bocard que nous avons vu en usage aux forges de Springfield (État de Massachusetts). Cet appareil, mû à la vérité par un cours d'eau puissant et très-favorable, donnait par heure, terme moyen, cinq mille kilogrammes de minerai cassé avec une égalité de grosseur assez grande.

La machine consiste en un grillage de $2^m,75$ de diamètre, ajusté sur un plan circulaire de bois placé sur un arbre vertical. Les pilons, au nombre de dix, sont alternativement soulevés par des cames fixées sur un arbre horizontal, et retombent sur ce grillage, où ils écrasent le minerai. Le plan de bois dont nous venons de parler reçoit un mouvement circulaire, afin que la chute des pilons s'effectue successivement sur tous les points de la surface couverte de minerai. Les fragments, réduits généralement à la grosseur d'un petit œuf de poule, passent à travers des ouvertures pratiquées à cet effet entre les grilles. Une roue à aubes, mue par l'eau, fait tourner un arbre sur lequel sont emmanchées deux lanternes; la seconde lanterne engrène dans une roue horizontale très-grande, portée par un arbre vertical, qui communique le mouvement circulaire à la grille; la première lanterne engrène aussi dans une roue dentée qui fait mouvoir un autre arbre vertical. Une seconde roue dentée, liée à cet arbre, engrène dans une autre lanterne, et communique le mouvement à l'arbre porteur des cames qui soulèvent les pilons.

Le plus grand inconvénient qu'offre le bocardage à l'aide de mécaniques quelconques est la quantité de poussier ou fragments trop petits qui se forment par leur action. Dans quelques cas cet inconvénient est peu senti, tels, par exemple, que pour les minerais dont la fusion n'est pas retardée, et souvent même est avancée ou rendue plus facile par leur pulvérisation; mais il est d'autres cas, malheureusement trop fréquents, où cette pulvérisation est un obstacle considérable à la fusion, et nuit même à la qualité des fers. Elle a presque toujours l'inconvénient de causer des *enrochements* ou *chambrures* dans les fourneaux, et principalement quand ils ont une grande élévation.

Le bocardage peut avoir lieu dans deux cas différents : 1° on soumet le minerai à l'action du bocard uniquement pour favoriser la séparation des substances étrangères, et ce avant le grillage ; 2° après le grillage, et dans la vue seulement de réduire les fragments à un volume peu considérable, et rapproché autant que possible de l'uniformité, conditions qui toutes deux accélèrent et régularisent considérablement les fondages.   PELOUZE père,
                   ancien directeur des forges et fonderies du Creuzot.

BOCARDO, mot barbare par lequel on désigne, en logique, une sorte d'argument ou de syllogisme dans le genre du suivant : *Quelque animal n'est pas homme ; tout animal a un principe de sentiment : donc, quelque chose qui a un principe de sentiment n'est pas homme.*

Dans un syllogisme en *bocardo*, la première proposition est particulière et négative, la seconde est universelle et affirmative, et le moyen terme est sujet dans les deux premières propositions.

Que de bons esprits ont été faussés par toutes ces subtilités de l'école, et combien il faut savoir gré à tous ceux qui ont eu le courage de nous en débarrasser, pour nous ramener à l'observation des simples lois du sens commun et de la logique naturelle !

BOCARMÉ (Affaire). Le 20 novembre 1850, un jeune homme, nommé Gustave Fougnies, mourait à Bury, dans le vieux manoir de Bitremont, où il était arrivé le matin même pour rendre visite au comte et à la comtesse de Bocarmé, son beau-frère et sa sœur, et dans la salle où il venait de dîner avec eux. Cette mort ne pouvait guère paraître naturelle. Une information judiciaire fut commencée, par suite de laquelle le comte et la comtesse furent mis en état d'arrestation.

Le comte Hippolyte Visart de Bocarmé, appartenant par sa naissance à l'une des premières familles du Hainaut, avait épousé, en 1843, Lydie Fougnies, fille d'un ancien épicier. Lydie n'avait qu'un frère, et ce frère, amputé de la jambe droite, annonçait une constitution faible et délicate. M. de Bocarmé avait donc pu fonder sur cette santé débile et chancelante des espérances d'héritage dont il avait grand besoin. En effet, quoique issu d'une famille autrefois fastueuse et riche, quoique possesseur d'un château entouré de fossés, antique et féodale demeure de ses pères, le comte, au moment de son mariage, était loin de se trouver dans une position opulente. Un simple revenu personnel de 2,400 francs joint à une pension de 2,000 francs, de la dot de sa femme, formaient tout l'avoir du nouveau couple. D'aussi faibles ressources s'accordaient mal avec un grand train de maison, et surtout avec les mœurs déréglées de M. de Bocarmé. En épousant Lydie, dont on avait exagéré le patrimoine, il avait d'abord pu caresser l'espoir de réparer le fâcheux état de ses affaires ; mais ce patrimoine insuffisant ne tarda pas à être dissipé par le comte, et il lui fallut bientôt, pour subvenir à ses dispendieux désordres, contracter chez son notaire des emprunts journaliers : ces emprunts atteignirent en peu de temps le chiffre de 43,000 francs. Aussi la ruine des époux de Bocarmé était imminente lorsque Gustave mourut.

Si l'éventualité d'une fin précoce que l'état souffreteux de Gustave faisait pressentir avait été pour le comte un motif déterminant de l'union qu'il avait contractée avec Lydie Fougnies, on conçoit combien grande devait être son impatience en voyant que cette mort n'arrivait pas assez vite au gré de ses désirs. On conçoit surtout combien dut le contrarier le projet de Gustave d'unir son sort à celui d'une épouse. Ce mariage, qui risquait d'anéantir toutes les espérances de M. de Bocarmé, était à la veille de s'accomplir entre le jeune Fougnies et une demoiselle de Dudzeele. Aussi Gustave n'eut-il pas plus tôt rendu le dernier soupir, que la comtesse chargeait en termes inconvenants un de ses domestiques d'aller dire à la famille de la fiancée de son frère que celui-ci était mort d'apoplexie.

Cependant l'état du cadavre indiquait une mort toute différente ; car l'autopsie avait constaté, indépendamment de plusieurs contusions, égratignures et coups d'ongles, le passage sur la langue, dans la bouche, la gorge et l'estomac, d'un caustique liquide, et l'analyse chimique, de son côté, ne tarda pas à démontrer que Gustave Fougnies était mort empoisonné par la nicotine. L'instruction acquit la preuve que le comte de Bocarmé faisait depuis dix mois une étude particulière de ce poison ; qu'après avoir cultivé des plantes vénéneuses en 1849, il s'était présenté au mois de février 1850, sous un faux nom, chez un professeur de chimie à Gand, afin de connaître les instruments propres à extraire les huiles essentielles des végétaux. Il avait particulièrement consulté ce chimiste sur la manière de distiller l'huile essentielle du tabac, et il avait commandé à un chaudronnier un appareil distillatoire propre à ses expériences. Après plusieurs essais imparfaits, il avait réussi à obtenir le 10 novembre deux fioles de nicotine qui disparurent le 20, jour de l'empoisonnement de Gustave. D'autres charges accablantes demeurèrent acquises contre les deux accusés. Ainsi toutes les précautions avaient été prises par les époux de Bocarmé pour éloigner les domestiques de la salle à manger pendant le crime ; cependant on avait entendu des cris proférés par la victime ; enfin la femme de chambre avait presque assisté à la perpétration du crime, et le parquet en avait conservé des traces.

Les époux Bocarmé furent donc renvoyés devant la cour d'assises du Hainaut. Les débats s'ouvrirent à Mons, le 27 mai 1851. Agé de trente-deux ans, le comte de Bocarmé était d'une taille grande et svelte ; ses cheveux étaient blonds et abondants ; sa figure, quoique légèrement marquée de petite vérole, ne manquait ni de noblesse ni de distinction ; ses yeux bleus avaient une certaine timidité dans le regard. Sa femme avait vingt-huit ans ; sa figure régulière, encadrée par des cheveux noirs comme l'ébène, était plutôt belle que jolie ; ses yeux noirs, surmontés d'épais sourcils, n'avaient pas l'expression de douceur qui caractérise en général les femmes du Hainaut. Au banc de la défense s'asseyaient deux avocats belges et un avocat de Paris.

Le système de défense adopté par les accusés ne fut point solidaire. S'accusant réciproquement de la mort de Gustave, mais l'attribuant, l'un à un accident involontaire causé par un déplorable effet du hasard, l'autre, au contraire, à une intention préméditée, ils essayèrent de faire retomber l'un sur l'autre le poids de la catastrophe. La comtesse accusa formellement son mari d'avoir empoisonné son frère ; de l'avoir, après le dîner qu'ils venaient d'achever ensemble, soudainement terrassé, et, tandis qu'elle s'était sauvée pleine d'effroi, d'avoir violemment administré au malheureux Gustave le poison qu'il lui destinait. Elle n'avait pas vu consommer l'acte lui-même ; mais le soir, après le crime, le comte lui en avait avoué toutes les circonstances, et de plus, dès la veille, il lui annonçant pour le lendemain la visite du jeune Fougnies au château, il lui avait déclaré qu'il voulait en finir.

De son côté, M. de Bocarmé expliquait tout autrement l'événement fatal. Ce que racontait sa femme n'était, d'après lui, que mensonge et pure invention. Après tout, un pareil langage était dans son plan de défense, et elle faisait très-bien, disait-il, d'y persister, si elle espérait de cette façon se sauver. Mais, pour son compte, il se défendait énergiquement du crime qu'on rejetait sur lui, et c'était, au contraire, la comtesse, qui, *sans le savoir, innocemment*, avait empoisonné son frère, en lui versant à boire comme il venait de demander du vin, ce qu'elle croyait être du vin, et qui n'était autre chose que de la nicotine que cette bouteille contenait. Lui-même d'ailleurs, ayant porté ce liquide à sa bouche, en même temps que Gustave, croyant aussi boire du vin, avait failli s'empoisonner, et n'avait échappé au triste sort de son beau-frère que par la promptitude avec laquelle il avait rejeté et vomi ce qu'il venait d'avaler.

Ce qui étonna surtout dans le cours de ces débats, ce fut le caractère singulier de la comtesse, la froide et cruelle impassibilité de cette femme qui ne se démentit pas un seul instant, l'indifférence profonde qu'elle ne cessa de témoigner pour le sort de son mari. L'impression qu'une telle attitude laissa dans les esprits lui fut en général peu sympathique, et chacun éprouva contre cette absence complète de cœur et de sensibilité un profond sentiment de répulsion. Qu'attendre en effet d'une femme qui avouait elle-même savoir que son mari allait tuer son frère, et qui, au lieu de prévenir celui-ci, au lieu d'appeler les domestiques et de rendre le crime impossible, déclarait s'être éloignée pleine d'effroi, mais sans bruit, de la salle où son frère expirait? Après dix-huit jours de débats, le jury rendit enfin, le 14 juin, au grand étonnement de tous ceux qui avaient suivi cette affaire, un verdict de culpabilité pour le mari et de non-culpabilité pour la femme. La comtesse fut, en conséquence, rendue à la liberté, et le comte condamné à la peine de mort.

M. de Bocarmé, dont le pourvoi en cassation fut rejeté, subit sa peine à Mons, le 20 juil.et. Le roi n'avait pas cru pouvoir arrêter le cours de la justice pour un crime d'autant plus grand que l'auteur appartenait aux classes les plus élevées de la société. L'énergie que le comte avait manifestée pendant toute la durée du procès ne l'abandonna pas un seul instant, et l'accompagna jusque sur l'échafaud. La comtesse est allée s'installer à Kœnigswater, où elle vit, dit-on, dans la retraite, et le château de Bury est resté désert. Puisse-t-elle éteindre dans une vie obscure la triste célébrité qui s'attache à son nom!

BOCCACE (Jean) naquit à Paris, dans l'année 1313. Il était fils naturel d'un marchand florentin, originaire de Certaldo, appelé *Boccacio di Chellino*, qui était venu à Paris, autant à cause des affaires de son commerce que par suite de liaisons d'amour qu'il y avait formées. On conduisit l'enfant à Florence, où il fut confié aux soins d'un certain Giovanni da Strada, célèbre grammairien de cette époque, qui commença son éducation. Boccace annonça de bonne heure ce qu'il serait un jour. Dès l'âge de sept ans, bien qu'il n'eût encore aucune connaissance des règles de la versification, il composait déjà des fables et des récits en vers pour amuser ses camarades, ce qui lui valut de leur part le surnom de *Poëte*.

Ces brillantes dispositions auraient dû flatter l'amour-propre de son père; mais il les trouva si contraires aux plans qu'il avait formés pour l'avenir de son fils, qu'il songea à en arrêter l'essor: marchand, il voulait que son fils le fût aussi. Il le mit donc, à l'âge de dix ans, dans le comptoir d'un négociant à Paris, pour y apprendre la tenue des livres et les quatre règles de l'arithmétique. Cette première contrariété, loin de décourager le jeune Boccace, ne fit qu'irriter son génie, et lui rendre plus chers les livres poétiques et ses études. Il employa les six années qu'il resta chez ce négociant non à se mettre au fait du commerce, il s'en souciait fort peu, mais à travailler à connaître les hommes. Ces six années écoulées, son maître, voyant que ses efforts étaient inutiles, et qu'il ne pourrait jamais rien en faire, le renvoya à la maison paternelle.

Cependant le père de Boccace ne se découragea pas encore. Croyant que si on lui faisait envisager le *commerce* d'un point de vue plus élevé, on finirait par lui en inspirer le goût, il le fit voyager dans les différentes villes de l'Italie, et surtout dans le royaume de Naples. Cet expédient eut un résultat fort différent de celui que le bon Boccacio di Chellino en attendait. Envoyer un jeune homme doué, comme son fils, d'une imagination ardente, à Naples, sur cette terre classique de la poésie, au milieu des ruines de tant de monuments célèbres, sous un ciel inspirateur, au pied de la tombe de Virgile, le mettre en présence du Vésuve et de tout ce qu'une nature toujours jeune et puissante a de plus enivrant, n'était-ce pas le rendre cent fois plus poëte qu'auparavant, n'était-ce pas le rendre poëte jusqu'à la folie? On conçoit qu'un pareil voyage puisse poétiser jusqu'à l'âme d'un marchand;... mais qu'il puisse matérialiser l'âme d'un poëte,... c'est bien difficile à croire. Aussi que fit Boccace? Il planta là toute idée de commerce et d'affaires, et se mit à étudier Virgile, Horace, Ovide et le Dante. Il lut surtout ce dernier poëte tant de fois, il s'en empara si bien, que la *Divine Comédie* devint, pour ainsi dire, la propre substance de son âme, qu'il se l'incorpora, et que plus tard il emprunta presque toujours, quoique involontairement, à ce grand maître la forme et l'expression dont il habilla ses pensées.

Le père de Boccace, convaincu à la fin de l'inutilité de ses efforts, lui permit de continuer ses études, mais à la condition qu'il y joindrait celle du droit canon, moyen presque certain à cette époque d'arriver aux emplois et à la fortune. Mais les décrets de l'Église n'avaient guère plus de charmes pour Boccace que le commerce. Après quelques tentatives pour prouver sa bonne volonté et son obéissance, il abandonna cette nouvelle tâche, pour reprendre ses occupations littéraires. Fixé, depuis huit ans, à Naples, il y fut témoin d'un spectacle bien fait pour exciter son enthousiasme : ce fut à cette époque qu'eut lieu la visite de Pétrarque au roi Robert. Boccace assista à l'examen que subit le grand poëte en présence de toute la cour du roi Robert; il se retira émerveillé de la manière éloquente avec laquelle il avait fait l'éloge de la poésie, et exposé les règles de cet art divin.

L'amour, qui d'ordinaire joue son rôle dans l'existence terrestre du génie, devait occuper une large place dans le talent et la destinée de Boccace. Il vit dans une église la jeune princesse Marie, fille naturelle du roi Robert. Elle était aussi belle que spirituelle et instruite. Lui, de son côté, était beau, jeune et séduisant. Il aima la princesse, et en fut aimé;... ce qui était fort naturel assurément, mais fort peu édifiant, attendu que Marie avait épousé depuis huit ans un gentilhomme napolitain. C'est elle qu'il a souvent chantée sous le nom de Fiammetta, et c'est pour elle qu'il a composé le poëme de ce nom et celui qui a pour titre *Filicopo*. Au reste, les amours de Boccace avec la fille du roi Robert aboutirent à un dénoûment trop prosaïque pour qu'ils aient conservé le parfum céleste qui fait le charme de ceux de Dante et de Pétrarque. Fiammetta ne pouvait inspirer comme Laure et Béatrix; elle avait trop accordé aux sens pour laisser place à la rêverie et à l'imagination.

En 1342, le père de Boccace, devenu vieux et infirme, le rappela auprès de lui. Florence gémissait alors sous la tyrannie du duc d'Athènes; mais notre poëte ne prit aucune part aux agitations populaires qui en furent la conséquence; pour s'arracher aux préoccupations du présent, il composa même un roman mêlé de prose et de vers, connu sous le titre d'*Admète*. Après un nouveau voyage à Naples, il revint se fixer dans sa patrie, où son père avait tout récemment exhalé le dernier soupir. Cette année fut marquée dans sa vie littéraire par un grand événement, son étroite liaison avec Pétrarque, auquel il fut chargé par ses compatriotes d'aller porter la nouvelle de son rappel et de la restitution des biens de son père. Boccace s'empressa de renoncer à la poésie et de jeter au feu tous ses sonnets quand il eut lu ceux de l'amant de Laure. Si cet excès de modestie nous a fait perdre un versificateur, qui selon toutes les apparences n'aurait jamais été que très-médiocre, il nous a valu un grand écrivain, un orateur du premier ordre; il nous a valu la découverte de la langue italienne.

En effet, la publication du *Décaméron*, qui eut lieu l'année suivante, prouva que Boccace avait eu raison de renoncer à la poésie, et de s'attacher à écrire dans l'idiome national, dans la langue vulgaire, car dès lors cette langue fut fixée, son génie et ses ressources furent connues ; la langue vulgaire fut ennoblie. Sous ce rapport on ne saurait assez louer Boccace : le service qu'il a rendu à son pays est inappréciable. Les poésies de Pétrarque ont exercé moins d'influence sur cette régénération de la langue italienne que la prose de son ami. Aussi, tous les écrivains du seizième siècle en parlent-ils avec une admiration qui va jusqu'au fanatisme. Un autre service que nous a rendu la publication des *Contes* de Boccace, c'est qu'à part le mérite du style, qui est immense, ils ont celui de peindre fidèlement les mœurs et les habitudes du peuple florentin à cette époque. Le *Décaméron* fut commencé à Naples, et terminé à Florence. Il est précédé du tableau de la peste, qui achevait de désoler cette dernière ville. C'est le portique majestueux d'un édifice immortel.

Mais continuons la biographie de Boccace. La préférence qu'il avait pour la langue vulgaire ne l'empêchait pas de payer à la science et à l'érudition le tribut de son temps et de ses recherches. Il joignit ses efforts à ceux de Pétrarque pour exhumer d'anciens manuscrits, et en transcrivit de sa main un si grand nombre qu'il est à peine croyable qu'une vie tout entière ait pu y suffire. Son admiration pour le Dante l'engagea à faire lui-même une copie de la *Divine Comédie*, qui sous le rapport de l'art calligraphique et la perfection des dessins et des enluminures rivalise avec les plus beaux manuscrits. Cette copie, que Boccace avait offerte à son ami Pétrarque, est maintenant précieusement conservée dans la bibliothèque publique de Florence. La langue grecque était alors une nouveauté : ceux qui pouvaient la comprendre étaient regardés comme des hommes précieux, et recherchés par tout ce qu'il y avait de riche et de puissant. C'est ce qui explique la vogue qu'eut un moment une espèce de pédant, nommé Léonce Pilate, fort malpropre et fort laid, mais qui pouvait lire Platon et Xénophon. Boccace se servit de cet habile interprète pour apprendre le grec. Il sacrifia même tout son patrimoine à la science ; et lorsqu'il n'eut plus rien, ce fut en vain que Pétrarque lui offrit généreusement de l'aider de sa fortune.

Cependant la santé de Boccace se ressentait des privations qu'il avait été obligé de s'imposer, et, il faut bien le dire aussi, des excès de sa jeunesse ; sa tête n'était plus aussi forte. Un religieux, nommé Pétroni, crut que le moment était venu de convertir notre nouvelliste, tant soit peu libertin. Il y réussit au delà de ses espérances : notre conteur eut peur de la damnation éternelle ; il se confessa, se convertit, et, chose qu'on ne croirait pas si l'on ne connaissait jusqu'où peut aller notre faiblesse, il prit l'habit ecclésiastique. Cette conversion fut, au reste, de peu de durée, et son amour pour la théologie se calma aussi vite qu'il était venu. Profitant du conseil de Pétrarque, il reprit le cours de ses travaux. Mal reçu à Naples par le grand sénéchal du royaume, il alla à Venise se consoler de ce dédain et de la sottise dans les bras de son ami. De retour à Florence, il vint chercher dans le village de Certaldo, berceau de sa famille, un refuge contre les importuns et un air plus pur. C'est là qu'il composa un grand nombre d'ouvrages latins, qui lui valurent pendant deux siècles l'admiration des érudits de Florence et de tout le monde savant. On visite encore avec intérêt la petite maison qu'il habita, et qui est pour ce coin de terre un monument précieux, qu'on montre avec orgueil aux étrangers. Quelques siècles plus tard, la famille de Médicis fit sculpter sur une tour, dernier débris de cette habitation, l'inscription suivante :

Has olim exiguas coluit Boccacius ædes,
Numine qui terras occupat, astra, polum.

Une maladie intérieure, qui menaçait depuis longtemps son existence, lui laissait peu de forces. Cependant il en eut encore assez pour faire un dernier effort en l'honneur du Dante. Une chaire spéciale venait d'être fondée pour la lecture de la *Divine Comédie*. Elle appartenait de droit à Boccace. Il consacra à l'étude de ce divin maître les restes d'une vie qui s'éteignait. Les derniers accents de sa voix furent comme un hommage suprême rendu au poète dont les écrits avaient charmé son existence. Sa fin fut précipitée et attristée par la nouvelle de la mort de son émule de gloire, de son ami, du vénérable Pétrarque. Il expira sous cette fatale impression, le 21 décembre 1375, à l'âge de soixante-deux ans. Son fils naturel, qu'il paraissait avoir oublié, présida à ses funérailles, et fit inscrire sur son tombeau une épitaphe dont le dernier vers mérite d'être conservé :

Patria Certaldum, studium fuit alma poesis.

Les ouvrages de Boccace qui lui valurent le plus de gloire et de réputation sont précisément ceux que nous estimons le moins, et que nous ne lisons pas. Son *Traité de la Généalogie des dieux* obtint de son vivant un succès prodigieux. Toutes les bibliothèques en eurent des copies. Ce phénomène s'explique facilement lorsqu'on se reporte à l'état des connaissances humaines à cette époque, et lorsqu'on réfléchit à l'avidité avec laquelle les savants s'emparaient alors de tous les débris de l'antiquité. L'empressement que nous mettons à être témoins de l'ouverture d'un sarcophage égyptien, du dépouillement d'une momie ou de l'arrivée sur nos rivages d'un obélisque couvert d'hiéroglyphes, peut seul donner une idée approximative, quoique bien affaiblie, de l'émotion et de l'avide curiosité avec lesquelles le peuple florentin accueillait, à cette époque de renaissance et d'exhumation, les ouvrages qui traitaient de l'antiquité grecque et romaine.

Boccace composa plusieurs traités, sur le modèle de ceux de Plutarque, dans le but de mettre la science à la portée du plus grand nombre : il y en a un *De montibus, sylvis, fontibus*, etc., etc. ; un autre sur les infortunes des femmes illustres, etc., etc. On a conservé de lui encore seize églogues en vers, qui ne méritent guère d'être lues. Son poème de *la Théséide*, composé à Naples, dans sa jeunesse, pour plaire à sa chère Fiammetta, sera toujours lu avec quelque intérêt, parce qu'il offre le premier exemple de l'application d'un rhythme dont Boccace est regardé généralement comme l'inventeur : nous voulons parler de l'*ottava rima*, forme plus harmonieuse et plus délicate que celle qui avait été employée jusque alors. La priorité de cette invention lui est cependant contestée ; on l'attribue à un auteur français, à Thibaut, comte de Champagne. Un autre mérite de *la Théséide*, c'est d'avoir le sens commun, mérite qui était assez rare dans les poèmes publiés à cette époque. *Il Filostrato* est plein d'anachronismes choquants, et de réminiscences homériques du plus mauvais goût. Le style, qui seul rappelle parfois celui du *Décameron*, lui valut l'honneur d'être compris par l'Académie de la Crusca dans les livres classiques de ce temps. Deux autres poèmes, *Ninfale Fiesolano*, l'*Amorosa Viscone*, participent des mêmes défauts et des mêmes qualités ; si la conception en est mauvaise, le style en est assez bon. Son roman de *Filicopo*, farci de citations mythologiques et rempli d'aventures romanesques, obtint un grand succès, et fut regardé par Boccace lui-même comme le meilleur de ses ouvrages : on ne pourrait de nos jours en lire dix pages. Dans *la Fiammetta*, autre roman, en sept livres, vous ne trouverez qu'un long et ennuyeux récit des amours de Fiammetta et de Pamphile. C'est sous ce nom que l'auteur se désigne. *Corbaccio*, o *sia Laberinto d'amore*, est une satire allégorique dirigée contre une veuve dont il était devenu amoureux à l'âge de plus de quarante ans, et qui s'était moquée de sa passion. *L'Ameto*, l'*Admète*, grossit inutilement la masse des pastorales mêlées de prose et de vers, qui étaient alors le genre à la mode. Il fut imité depuis par Sannazar dans son *Arcadie*, et par Bembo dans son *Asolani*. *L'Urbano* est un roman qui, à défaut d'autre mérite, a au moins celui d'être court.

La vie du Dante par Boccace (*Origine, vita e costumi di Dante Alighieri*), bien qu'entachée de quelque déclamation, excite un vif intérêt, par le grand nombre d'anecdotes qu'elle renferme sur la vie de l'illustre poëte et par quelques passages empreints d'une haute éloquence, celui, par exemple, où l'auteur reproche aux Florentins leur ingratitude envers la mémoire de leurs grands hommes. C'est un monument précieux de la littérature italienne du quatorzième siècle. Les lectures de Boccace sur la *Divine Comédie* ne furent recueillies et publiées qu'en 1724, à Naples, sous le titre de *Commentaires des seize premiers livres de l'Enfer du Dante*. Elles eurent sans doute alors un grand succès; mais ce qui en faisait le mérite principal lorsque le professeur les improvisait devant le public florentin est précisément ce qui nous empêcherait de les lire aujourd'hui. Les observations, les critiques, qui pourraient nous rendre certains passages du Dante plus intelligibles, sont tellement noyés dans un fatras d'érudition pédantesque, que nous croirions les acheter trop cher en prenant la peine de les y chercher. Boccace, il faut bien le dire, s'évertuait moins dans ses leçons sur le Dante à vulgariser les beautés du poëte qu'à faire parade de son érudition et à flatter le mauvais goût de son auditoire. Cependant elles prouvent que le commentateur était un grammairien profond, et qu'il n'était étranger à aucune connaissance de son époque.

Le *Décaméron* est de tous ses ouvrages celui qui de son vivant lui valut le moins de réputation, et c'est pourtant aujourd'hui le seul qui justifie à nos yeux l'admiration de ses contemporains, le seul que nous regardions comme son véritable titre à l'immortalité. Boccace partageait tellement le goût de son siècle, bien qu'il lui fût supérieur, qu'il attachait lui-même très-peu d'importance à un livre en apparence aussi futile qu'un recueil de contes, et que s'il revenait au monde, il serait probablement fort surpris de le voir unanimement préféré à ses autres ouvrages. Le *Décaméron* est le seul en effet que nous nous plaisions encore à lire. Il a été pour tous les conteurs une source abondante, où ils ont largement puisé. En France La Fontaine et Voltaire, en Angleterre Chaucer, Shakspeare et Dryden, lui ont emprunté le sujet de leurs plus gracieuses compositions, quoique rarement ils aient pu égaler l'élégance et la pureté de son style. Qu'on ne s'y trompe pas, les contes de Boccace, comme les drôleries de Rabelais, cachent sous une apparence de frivolité un sens philosophique très-profond, une satire très-incisive des mœurs du temps, une connaissance très-intime du cœur humain.

Une observation frappe en lisant tant de récits ingénieux, où le clergé n'est pas épargné. On se demande comment l'Église catholique romaine, alors toute-puissante et armée du glaive de l'inquisition, a pu permettre qu'on l'attaquât aussi effrontément, aussi impunément. La cour de Rome elle-même n'est pas ménagée dans ces piquantes satires, et plus d'un trait d'une mordante ironie, décoché contre elle, aurait encore de nos jours le mérite de la hardiesse. Et cependant ce livre fut publié sans obstacle. Ce ne fut qu'après une succession de vingt-cinq papes qu'il fut mis à l'index, et qu'on se crut obligé d'en publier des éditions purgées *de toute impureté*. La raison de cette anomalie est facile à trouver. Au temps de Boccace, les mœurs dont il fait la peinture, bien qu'il les critique, étaient choses si naturelles, si vulgaires, que personne n'y faisait attention, et, d'un autre côté, l'Église, forte et puissante, dédaignait ces piqûres d'épingle qui aujourd'hui lui font grand'peur.

L'occasion qui donna naissance au *Décaméron* n'était rien moins que gaie, et ne semblait pas devoir fournir matière à des contes badins. En 1348 une peste terrible dévasta l'Europe, et exerça particulièrement ses ravages sur Florence; la ville était jonchée de cadavres. Dans cette situation critique, trois jeunes gens et sept jeunes dames, sages et de bonne maison, se rencontrèrent à l'église de Santa-Maria-Novella, où ils s'étaient réfugiés, et, après s'être entretenus du fléau qui ravageait la ville, ils proposèrent de se retirer tous ensemble dans la campagne pour y fuir la contagion et s'y distraire du spectacle de tant de calamités. Les préparatifs furent bientôt faits. Le lendemain, au point du jour, notre caravane se dirigeait vers une charmante *villa*, située à Poggio-Gherardi, à quatre kilomètres environ de Florence. Là, on ne pensa qu'aux moyens de tuer le temps et de jouir en francs épicuriens d'une existence qui menaçait d'être sans lendemain. Il fut convenu que la bande joyeuse serait tenue de se choisir chaque jour un roi ou une reine qui gouvernerait arbitrairement, dresserait le programme des fêtes, des repas, des concerts, des amusements de la journée, et réglerait l'emploi des heures, le genre et l'ordre des histoires à raconter. La société étant composée de dix personnes, chacune devait payer son tribut chaque jour; or, comme elles étaient censées avoir à rester dix jours à la campagne, l'ouvrage se trouve naturellement divisé en dix journées, dont chacune contient dix nouvelles : c'est ce qui a fait donner au livre le titre de *Décaméron*, formé de deux mots grecs qui signifient *dix journées*, cadre simple et ingénieux adopté depuis par presque tous les conteurs de nouvelles.

On a prétendu, pour disputer à Boccace le mérite de l'originalité de ses contes, qu'il les avait empruntés à nos anciens fabliaux. Il est plus juste de dire que, comme tous les grands auteurs, il a pris son bien où il l'a trouvé, et s'est approprié ces emprunts par la forme dont il les a revêtus. Quand l'ami de Pétrarque entreprit d'écrire ses nouvelles pour plaire à la princesse Marie, il recueillit toutes les traditions, et puisa à toutes les sources. Les mœurs de son siècle et la vie licencieuse des moines lui fournissaient d'abondants matériaux. Sa description de la peste, l'un des plus beaux morceaux de la littérature italienne, égale, si elle ne surpasse, celle de Thucydide. Il avait été lui-même témoin du spectacle affreux que présentait alors Florence. Son style, dans cette admirable préface, a été comparé au style de Cicéron : il nous semble supérieur à celui du grand orateur romain, et se rapprocher plutôt de la manière de Tacite. La fin du *Décaméron*, la dernière journée, et surtout la dernière histoire de cette journée, sont dignes du préambule. La nouvelle de Titus et Gisippe et celle de Griselidis, qui la suit, passent généralement pour les chefs-d'œuvre du genre, et ont été imitées dans toutes les langues.

Comme nous l'avons dit, la publication du *Décaméron* n'éprouva aucun obstacle à sa naissance; les copies s'en répandirent de toutes parts, et se multiplièrent à l'infini. Chacun voulait avoir le livre dans sa bibliothèque. L'imprimerie, qui vint bientôt après, s'en empara. Venise, Florence et Mantoue en publièrent différentes éditions. Mais la colère des moines, jusque alors endormie, se réveilla et s'accrut avec le succès de l'œuvre. En 1497, le fanatique Savonarole échauffa si bien les têtes des Florentins qu'ils apportèrent à l'envi sur la place publique leurs exemplaires du *Décaméron*, du *Dante* et de *Pétrarque*, et les brûlèrent avec tout ce qu'ils avaient de tableaux ou de dessins un peu libres. Cependant l'ouvrage continuait à s'imprimer; mais d'édition en édition il était devenu méconnaissable, tant le texte original avait été peu respecté. En 1527 quelques jeunes lettrés de Florence, ayant rassemblé les moins incorrectes, publièrent, après de grandes recherches pour rétablir les passages altérés, celle qui est connue sous le titre d'*édition des héritiers des Juntes*. Les censures et prohibitions du concile de Trente et des papes Paul IV et Pie V ne se firent pas attendre, et il fallut que Cosme 1er entamât avec le dernier de ces pontifes une négociation en règle pour faire lever l'interdit qui pesait sur ce livre. L'affaire fut traitée avec toute la gravité d'une affaire d'État. Une commission, composée d'académiciens et de lettrés florentins, fut chargée d'examiner l'ouvrage et de lui faire subir les corrections nécessaires. Le maître du sacré palais et le confesseur du pape devaient présider aux débats, et soutenir les intérêts du clergé. On envoya à Rome un bel exemplaire de l'édition d'*Alde Manuce*, sur lequel devaient être indiqués les passages à retrancher ou à changer. Pendant quatre années et plus on batailla sur ce sujet. Les commissaires florentins défendirent pied à pied les passages de leur grand écrivain, comme s'il se fût agi des limites de leur territoire. La correspondance qui eut lieu à cette occasion, et qui est conservée à la bibliothèque Laurentienne, est un des monuments les plus curieux de l'époque. Elle montre avec quelle passion, avec quel esprit de nationalité, le petit peuple de Florence combattait alors pour sa gloire littéraire. Le livre fut enfin imprimé sept années après, en 1573 : c'est l'édition dite des *Députés*; elle ne contenta pas encore la nation toscane, qui demanda à grands cris une nouvelle révision, que le pape Sixte V lui accorda en 1582, mais qui ne la satisfit pas davantage. Heureusement les nombreuses éditions imprimées depuis lors librement, et *sans retranchements aucuns*, en Hollande, en Angleterre et en France, l'ont dispensée pour toujours de solliciter du bon plaisir papal la faveur insigne de lire son divin prosateur dans une édition un peu moins revue, corrigée et surtout *diminuée* que les précédentes.   F. DURIEF.

BOCCAGE (MARIE-ANNE LEPAGE, Mme FIQUET DU), femme poète dont les œuvres sont bien oubliées aujourd'hui, était née à Rouen, le 22 octobre 1710, et mourut à Paris, le 8 août 1802, âgée de près de quatre-vingt-douze ans.

Élevée à Paris, au couvent de l'Assomption, la jeune Lepage avait montré des dispositions précoces pour la poésie. Toutefois, ce fut seulement plusieurs années après son retour dans sa ville natale qu'elle hasarda un premier essai. Son début fut un poème sur *les Sciences et les Lettres*, que couronna l'Académie de Rouen. La mort de son mari, receveur des tailles à Dieppe, la laissa, jeune encore, en possession d'une assez belle fortune, et libre de se livrer entièrement à son goût pour la littérature. Encouragée par sa première réussite, la muse neustrienne entreprit des travaux qui avaient plus d'importance et d'étendue : elle traduisit en vers le poème de Gessner, *la Mort d'Abel*, et ne craignit pas d'aborder une composition d'une tout autre portée, *le Paradis Perdu* de Milton. Mais elle rapetissa à sa taille cette haute conception, et n'en donna qu'une imitation abrégée en six chants. Assez fidèle à la grâce de l'original dans la peinture des amours de nos premiers parents, comme elle avait assez bien rendu dans l'autre traduction celle des mœurs pastorales des premiers temps, son pinceau reproduisit bien faiblement tous les détails empreints de force et d'énergie, et surtout cette grande figure de Satan, admirable création du génie, dont plus d'un ouvrage de Byron n'est que le commentaire. Le poème de madame du Boccage n'en fut pas moins accueilli avec une faveur marquée, et cette miniature considérée comme un tableau. Belle, riche, affable et bonne, comment n'aurait-elle pas exercé sur ses juges une puissante séduction?

La scène, cependant, lui fut quelque temps après moins favorable : sa tragédie des *Amazones*, représentée en 1749, fut accueillie avec froideur. Le sujet était ingénieusement choisi pour être traité par une femme ; mais l'action et le style manquaient de cette énergie virile, de cette vigueur *cornélienne*, de ces qualités enfin qu'exige la tragédie. Le zèle de ses amis poussa pourtant l'ouvrage jusqu'à onze représentations, et cet échec, déguisé sous le nom de succès d'estime, ne l'empêcha point d'entreprendre plus tard une œuvre d'une plus grande importance, un poème épique.

Certes, il n'en était guère qui pût offrir un champ plus vaste au génie que la découverte de l'Amérique restituée à son véritable auteur, sous le titre de *la Colombiade*. Mais le génie ne fut pour rien dans le plan et l'exécution de cet ouvrage. Sorti de la plume d'une femme, on le prôna comme une œuvre extraordinaire. La critique eût été réputée malveillance ou jalousie si elle eût osé prétendre que le sexe *ne faisait rien à l'affaire*. Fontenelle appelait l'auteur sa fille ; La Condamine quittait un travail scientifique pour lui adresser un madrigal ; Voltaire, en la recevant à Ferney, la couronnait de lauriers ; des admirateurs enthousiastes plaçaient au-dessous de son portrait ces mots flatteurs : *Forma Venus, arte Minerva*, que Guichard traduisait dans ces deux vers :

Ce portrait te séduit, il te charme, il t'abuse :
Tu crois voir une Grâce, et tu vois une Muse.

mais ce fut un bien autre concert d'éloges quand elle visita l'Italie : un volume entier put à peine contenir tous les sonnets et les vers qui furent récités à sa gloire lors de sa réception solennelle à l'académie des Arcades de Rome. Bologne et Padoue la nommèrent également à leurs académies ; Lyon et Rouen leur en avaient donné l'exemple ; et, sans la loi salique littéraire, qui exclut les femmes des trônes académiques fondés par Richelieu, nul doute qu'elle n'eût siégé aussi sur un de ceux-là. Dans la froide Hollande, dans la dédaigneuse Angleterre, où elle voyagea ensuite, la Sapho française recueillit également des hommages poétiques, trop complaisamment reproduits dans ses *Lettres* sur les trois pays qu'elle avait parcourus ; mais cet enthousiasme, qui n'avait aucune base solide, ne tarda pas à décroître, et finit par s'éteindre. La plupart de ses œuvres ont pourtant été traduites en anglais, en espagnol, en allemand et en italien.   OURRY.

BOCCA-TIGRIS, en chinois *Humen*, ou *Fumen* dans le dialecte de Canton, c'est-à-dire la Bouche ou la Porte du Tigre, nom donné par les Chinois à une partie de l'embouchure du Tschukiang ou fleuve des Perles, sur les bords duquel est bâtie la ville de Canton ou Kuangton. La Bocca-Tigris, dont les nombreuses îles sont couvertes de fortifications, forme, dans l'opinion des Chinois, un point important de séparation des eaux. Au nord, sont les eaux intérieures ; au sud, les eaux extérieures, qui sont censées appartenir à la mer méridionale. Le rivage est hérissé de falaises nues, et bordé d'îles élevées, peu fertiles, qui n'offrent pas un coup d'œil agréable aux navigateurs qui arrivent du sud-ouest dans l'empire du milieu.

BOCCHERINI (LUIGI), né à Lucques, le 14 janvier 1740, reçut les premières leçons de musique et de violoncelle de l'abbé Vannucci, alors maître de musique de l'archevêché. Dès son enfance, il montra les plus heureuses dispositions. Son père, contrebassiste, les cultiva et l'envoya à Rome suivre le cours de ses études. Il y acquit bientôt une grande réputation ; la fécondité de son génie, l'originalité de ses productions, étaient également remarquer. Peu d'années après il revint à Lucques, et voulut donner un témoignage éclatant de sa reconnaissance à Vannucci, son maître, et au séminaire, où tant de moyens d'instruction lui avaient été offerts, bien qu'il n'eût point embrassé l'état ecclésiastique. Il y fit entendre ses plus belles compositions.

Filippino Manfredi, élève de Nardini, compatriote de Boccherini, était à Lucques en ce moment ; ils jouèrent ensemble les sonates de violon et de violoncelle qui forment l'œuvre VII, et l'auditoire fut émerveillé de la beauté de l'ouvrage et de la perfection des exécutants. Ces deux maîtres se lièrent de l'amitié la plus tendre, et quittèrent l'Italie pour se rendre en Espagne, où le roi se plaisait à réunir les premiers talents. Devancés par la renommée, ils furent accueillis avec distinction. Leur caractère n'était pas le même : Manfredi était venu à Madrid dans l'unique intention de s'enrichir, tandis que Boccherini, plus occupé de sa gloire, consentait à se faire entendre des grands qui le sollicitaient. Boccherini resta en Espagne : admis chez le roi, il s'en fit aimer. Bientôt après, il fut attaché à l'académie royale de ce prince, et comblé d'honneurs et de présents. La seule obligation qu'on lui imposa fut de donner chaque année neuf morceaux de sa composition à l'académie. Boccherini accepta les conditions du traité, et les remplit avec exactitude. Il est mort à Madrid, en 1806.

Les compositions qu'il a fait graver forment cinquante-huit œuvres : symphonies, sextuors, quintettes, trios, duos, sonates, pour le violon, le violoncelle, le piano avec accompagnement de violon. Il existe des quintettes de Boccherini et des morceaux de musique vocale entre les mains de quelques amateurs. Son *Stabat Mater* est le seul œuvre de musique sacrée qu'il ait publié. Comme Durante, il n'a point travaillé pour le théâtre. Boccherini s'arrêta à Paris, en 1768, lorsqu'il se rendait en Espagne, et y reçut l'accueil que méritaient sa personne et ses talents. On l'entendit souvent aux concerts que donnait le fermier général La Poplinière, à Passy. Il y faisait les délices de la société brillante qui s'y réunissait.

Boccherini a précédé H a y d n. Le premier il a fait des quatuors ; Haydn, Mozart, Beethoven, ont donné des formes plus grandes à ce genre de composition, ils ont suivi une autre route ; mais Boccherini brille encore auprès de ces nobles rivaux. Sa musique est naïve, mélodieuse, simple dans ses modulations, d'un caractère suave et religieux.

CASTIL-BLAZE.

BOCCHETTA (La), célèbre et étroit défilé des Apennins, conduisant de la Lombardie vers Gênes, et protégé par trois redoutes. C'est la limite de l'Apennin septentrional, dont la cime atteint là une élévation de 800 mètres. Par sa situation, qui commande la route de Novi à Gênes, ce passage, que les Français nomment *Col de la Boquette*, est la clef de la ville de Gênes du côté du nord-est, et en même temps celle du Milanais du côté du sud-ouest. Aussi, pendant la guerre de la succession d'Autriche, en 1746 et 1747, de même qu'en 1796, dans les grandes guerres de la révolution, la possession en fut-elle vivement disputée. La route qui conduit par ce défilé de Gênes à Alexandrie est presque abandonnée. La vue dont on jouit du haut de la Bocchetta sur la Méditerranée est une des plus belles de l'Italie.

BOCCHORIS ou BOCCHYRIS, roi et législateur d'Égypte, monta sur le trône l'an 781 avant J.-C., et régna quarante-quatre ans. Selon Diodore de Sicile, il imita Salomon par son incorruptibilité, qui donna même lieu au proverbe : C'est le jugement de Bocchoris (*Bocchyridis judicium*), dont on se servait quand on voulait indiquer un jugement intègre. On conservait encore du temps de Diodore de Sicile plusieurs de ses décisions et de ses jugements. Il régla les droits et les devoirs du souverain et tout ce qui regardait la forme des contrats. On lui attribue plusieurs lois sages, une entre autres qui portait que « lorsqu'il n'y aurait point de titres par écrit, le défendeur serait cru sur son serment ». Ayant voulu réformer les mœurs de son peuple, comme il avait réformé ses lois, il fut victime de son zèle : les Égyptiens appelèrent Sabacus, roi d'Éthiopie, qui lui livra bataille, mit ses troupes en fuite, se saisit de sa personne, le fit brûler vif, et s'empara de son royaume. On croit que Bocchoris est le même que le P h a r a o n qui permit aux Israélites de quitter l'Égypte ; car tout ce que Trogue-Pompée, Tacite, Diodore et Eutrope nous apprennent de Bocchoris s'accorde avec ce que la Bible dit de ce Pharaon.

BOCCHUS, roi de Mauritanie, vivait dans la dernière moitié du deuxième siècle avant J.-C. Il donna sa fille en mariage à J u g u r t h a, et consentit à faire la guerre aux Romains de concert avec ce prince, qui lui avait promis le tiers de la Numidie, à condition de contribuer à leur expulsion du territoire africain. Deux fois vaincu par Marius, Bocchus finit par prêter l'oreille aux propositions de transaction que le général romain chargea son questeur S y l l a de lui faire ; et, feignant de vouloir livrer ce dernier à Jugurtha, ce fut son beau-père Jugurtha lui-même qu'il fit tomber entre les mains de Sylla (an 106 av. J.-C.). Rome se montra reconnaissante envers Bocchus de lui avoir livré le plus implacable de ses ennemis ; et elle paya sa trahison avec ce même territoire des Numides que Jugurtha avait promis à son beau-père pour prix des secours qu'il sollicitait de lui dans sa lutte contre le peuple-roi.

BOCCONE, genre de la famille des papavéracées, ne renfermant que deux espèces, qui, originaires du Pérou, sont cultivées avec succès dans nos jardins. Par ses caractères botaniques, le genre *boccone* se rapproche beaucoup du genre *chélidoine*. Son nom lui vient de Paul Bocconi, botaniste sicilien.

BOCHART (SAMUEL), né à Rouen, en 1599, célèbre pasteur de l'Église réformée, était fils d'un ministre de ce culte et de la sœur de Pierre Dumoulin, si connu parmi les pasteurs de la même communion. Bochart alla achever à Leyde ses études théologiques, commencées à Sedan et à Saumur, et il fut nommé, à son retour en France, en 1628, pasteur de l'Église réformée de Caen. C'est vers cette époque qu'il eut avec le jésuite Véron ces célèbres conférences auxquelles assista le duc de Longueville, et dans lesquelles les deux docteurs luttèrent d'adresse et de dialectique pour faire prévaloir l'excellence de leurs dogmes respectifs. La grande réputation qu'y acquit Bochart attira sur lui l'attention de Christine, reine de Suède, qui, par une lettre autographe, l'engagea à se rendre auprès d'elle à Stockholm. L'éloquent défenseur de la foi protestante entreprit ce lointain voyage ; mais son absence fut de courte durée, et il revint bientôt à Caen reprendre ses fonctions. Il y mourut subitement, en disputant dans l'académie contre Huet, en 1667, laissant à juste titre la réputation d'un des plus grands érudits et d'un des plus beaux esprits du siècle. Profondément versé dans la connaissance des langues orientales, l'hébreu, le syriaque, le chaldéen et l'arabe, il s'était dans les dernières années de sa vie occupé de l'éthiopien, et prétendait que toutes ces langues avaient toutes pour origine la langue phénicienne. Bochart a laissé de nombreux ouvrages. On estime surtout sa *Géographie sacrée*, écrite en latin, et son *Histoire naturelle des Animaux dont il est fait mention dans la Bible* (Londres, 1663, in-folio). Une édition complète de ses œuvres a paru à Leyde, en 3 vol. in-folio (1712).

BOCHNIA, cercle de Gallicie (ancien royaume de Pologne), entre celui de Sandre au sud et la Pologne au nord. Séparé de ce dernier pays par la Vistule, il a 18 myriamètres carrés et 237,200 habitants. Son chef-lieu est *Bochnia*, sale petite ville de 6,250 habitants, presque entièrement construite en bois, située à 28 myriamètres à l'ouest de Lemberg et à 2 de Cracovie. Elle est entourée de montagnes et de collines, où l'on exploite, depuis le milieu du treizième siècle, d'abondantes mines de sel. Elle possède aussi un gymnase et un hôpital.

BOCHOLT (FRANÇOIS DE), l'un des plus anciens graveurs connus, sur la vie duquel on ne sait absolument rien, sinon qu'il vécut vers le milieu du quinzième siècle. Il appartient à ces graveurs originaux à la manière de l'école de Van Eyck. Ses principaux ouvrages sont le *Jugement de Salomon*, *Jésus-Christ et les douze apôtres* (en 13 feuilles), *l'Annonciation*, etc.

BOCKOLD. Voyez JEAN DE LEYDE.

BOCSKAI (ÉTIENNE), chef de l'insurrection hongroise de 1604 à 1606, avait été d'abord commandant de la forteresse de Grosswardein, place dont les commissaires impériaux l'avaient destitué en 1598. Accusé, en 1604, d'intelligences avec les insurgés de la Transylvanie, il s'était vu attaqué dans son propre château par les Impériaux. Bien que pris à l'improviste, il réussit bientôt à gagner une partie des troupes de l'empereur, et à leur tête il tomba, le 14 octobre 1604, sur le général J. Pecz, qu'il battit et fit prisonnier. Fortifié par cette victoire, il força l'armée impériale, sous les ordres de Barbiano, à battre en retraite devant lui, et fut accueilli comme un libérateur à Kaschau, à Éperies, à Leutschau et dans d'autres villes de la Haute-Hongrie, non seulement par le peuple, mais par la noblesse protestante, qui le soutenait ouvertement. Le général Basta le défit, il est vrai, le 29 novembre 1604; mais il ne put profiter de sa victoire, les villes hongroises refusant de lui ouvrir leurs portes et une mutinerie ayant éclaté parmi ses propres soldats : en sorte qu'il dut se retirer à Presbourg. D'un autre côté, les comtes de la Hongrie, les Hongrois de la Transylvanie et les Szeklers se joignirent à Bocskaï, qui fut proclamé prince de la Hongrie à la diète de Szerencse, le 27 avril 1605. Le sultan Achmed Ier l'appela à Ofen, qui était alors entre les mains des Turcs, lui posa une couronne sur la tête, et le salua du titre de roi héréditaire de Hongrie; mais Bocskaï ne voulut accepter la couronne que comme un présent, et refusa le titre de roi. Le nombre de ses partisans croissant sans cesse, l'empereur Rodolphe se vit forcé de traiter avec lui. Par la médiation de son frère Matthias, il conclut, le 23 janvier 1606, la *paix de Vienne* (sanctionnée comme loi de l'État par la diète de Presbourg de 1608), par laquelle il fit droit aux plaintes du pays, assura aux protestants la liberté du culte, et reconnut Bocskaï comme prince héréditaire de Transylvanie et de plusieurs comitats hongrois. Bocskaï ne jouit pas longtemps de sa dignité; dès le 29 décembre il mourut d'hydropisie. On le regarde comme le fondateur de la liberté des cultes en Hongrie.

BODE (JEAN-ELERT), astronome, né à Hambourg, le 19 janvier 1747, montra de bonne heure du goût pour les sciences mathématiques, qui lui furent enseignées par son père, puis par le célèbre Busch. La première preuve qu'il donna de ses connaissances au public fut une brochure qui parut en 1766, à Berlin, sous le titre de *Calcul et Éléments de l'éclipse de Soleil du 5 août 1766*. L'accueil que ce petit écrit reçut encouragea Bode à entreprendre des travaux plus considérables. Dès 1768 il publia une *Introduction à la connaissance du ciel étoilé* (9e édit., Berlin, 1822), manuel populaire d'astronomie, qui a beaucoup contribué à répandre des notions astronomiques plus justes. Oltmans y a ajouté un supplément (Berlin, 1833). En 1772 Bode fut nommé astronome de l'Académie de Berlin, et en 1782 il devint membre de cette société savante. Depuis un an il avait obtenu sa retraite, lorsqu'il mourut le 23 novembre 1826. Il avait fondé, en 1776, les *Annales ou Éphémérides astronomiques* (Berlin, 1776-1829, 54 vol.), qui ont été continuées par Encke sous le titre d'*Annales astronomiques de Berlin*. Cet ouvrage renferme beaucoup de renseignements qui sont encore utiles. L'*Explication de l'Astronomie* (Berlin, 1778, 2 vol.) est également un livre qui a de la valeur. Son atlas céleste en vingt feuilles, intitulé *Uranographia, sive Astrorum Descriptio* (Berlin, 1801), offre 17,240 étoiles, c'est-à-dire près de 12,000 de plus que les atlas publiés antérieurement. Bode est auteur, en outre, d'un grand nombre d'ouvrages, parmi lesquels nous mentionnerons plus spécialement les *Éléments des Sciences astronomiques* (Berlin, 1793), et les *Considérations générales sur l'Univers* (Berlin, 1801).

BODE (Loi de). Les astronomes ne connaissaient encore du système solaire que six planètes, Mercure, Vénus, la Terre, Mars, Jupiter et Saturne, lorsqu'on remarqua que leurs distances respectives au soleil étaient sensiblement proportionnelles aux nombres 4, 7, 10, 16, 52, 100, nombres qui, diminués de 4, donnent la série 0, 3, 6, 12, 48, 96. Dans cette série chaque terme à partir du troisième serait double du précédent, si on introduisait entre le quatrième et le cinquième le nombre 24, ce qui supposerait l'existence du terme 28 entre les nombres 16 et 52 de la première série. Cette considération porta Bode à supposer entre Mars et Jupiter l'existence d'une planète dont la distance au Soleil serait représentée par 28, en prenant pour les distances des autres planètes les nombres 4, 7, 10, etc.

La supposition de Bode fut vérifiée la première nuit de notre siècle par Piazzi, qui découvrit Cérès, découverte bientôt suivie de celles de Pallas (1802), de Junon (1803) et de Vesta (1807). On trouvait donc déjà quatre planètes, au lieu d'une seule qu'avait annoncée Bode. Olbers fut porté à penser que ces quatre petites planètes n'étaient que des fragments d'une plus grande brisée par quelque cataclysme tel que le choc d'une comète. Cette hypothèse ne résolvait pas toute la difficulté; car, en représentant la distance de Mercure au soleil par 4, les distances de Vesta, Junon, Cérès et Pallas n'étaient représentées que par 24, 27, 28 et 28, dont la moyenne se trouvait inférieure à ce nombre 28 qui devait combler la lacune. Mais la découverte successive d'Astrée, d'Hébé, d'Iris, de Flore, de Métis, d'Hygie, etc. (*voyez* ASTRONOMIE, t. II, p. 155), qu'on peut faire rentrer aussi dans l'hypothèse d'Olbers, vint confirmer la loi de Bode; car, par exemple, la distance d'Hygie au soleil se trouve représentée par 32, ce qui rapproche la moyenne de 28.

La découverte de Saturne avait aussi vérifié la loi de Bode, en donnant une distance qui peut être représentée approximativement par 196, nombre qui, diminué de 4, donne bien le double de 96. Quant à Neptune, il semble s'éloigner de la loi, et ne donne que 301 au lieu de 388. Hâtons-nous donc de dire que, bien que l'analogie ait fait soupçonner à Bode l'existence d'une planète entre Mars et Jupiter, il ne faut pas prêter à sa loi plus d'importance qu'elle n'en a réellement. Nous devons principalement la considérer comme un moyen mnémonique très-simple de retenir les rapports des distances des planètes au soleil.

La loi de Bode peut s'énoncer ainsi : *En retranchant de la distance de chaque planète au soleil la distance de Mercure (qui est la plus rapprochée de cet astre), on obtient une série de nombres dont chacun est double du précédent à mesure que l'on s'éloigne du soleil.* Si, dans cet énoncé, on remplace le soleil par Jupiter, les planètes par les quatre satellites de Jupiter, et Mercure par celui de ces satellites qui est le plus rapproché de sa planète, la loi se vérifie encore. Il en est de même pour Saturne et ses sept satellites, sauf une lacune qui en ferait soupçonner un nouveau entre le sixième et le septième. Il en est de même encore pour Uranus. Cette loi de Bode est donc au moins remarquable pour sa généralité.   E. MERDIEUX.

BODELSCHWINGH-VELMEDE. (ERNEST DE), homme d'État prussien, est né le 26 novembre 1794, à Velmede, près de Hamm, dans le comté de Mark. Bodelschwingh reçut sa première instruction dans sa famille et au gymnase de Hamm. Il se rendit ensuite à l'académie de Dillenbourg avec l'intention d'étudier l'économie forestière; mais dès l'automne de 1812 il quitta cette académie pour aller suivre à Berlin les cours de droit et de science financière. Lorsque Frédéric-Guillaume III appela les Prussiens aux armes, au mois de février 1813, Bodelschwingh entra comme chasseur volontaire dans le 8e régiment d'infanterie. Il ne tarda pas à s'élever au grade de sous-lieutenant, et la bravoure qu'il déploya à la bataille de Lützen lui mérita la croix de Fer de seconde classe. Il ne combattit pas moins vaillamment à Leipzig, et obtint la croix de Fer de première classe. Une grave blessure qu'il reçut au combat de Fribourg sur l'Unstrudt, le 21 octobre 1813, le retint huit mois sur le lit, et en 1814 il prit son congé avec le grade de lieutenant. Il se rendit alors à Gœttingue pour continuer ses études; cependant, en 1815 il reprit les armes, et la guerre terminée, il passa comme lieutenant dans la land-wehr. Nommé major en 1832, il y fut créé colonel en 1842. Après la campagne de 1815, Bodelschwingh, qui avait achevé ses études à Berlin, entra, en 1817, dans l'administration civile. Référendaire auprès de la régence et du tribunal provincial supérieur siégeant à Munster, assesseur de la régence à Clèves et à Arnsberg, il fut employé pendant quelque temps aussi au ministère des finances. En 1822 il fut nommé conseiller provincial du cercle de Tecklenbourg en Westphalie; en 1831, conseiller de la régence supérieure à Cologne; et la même année, au mois de novembre, président de la régence de Trèves; en 1834 il fut appelé au poste de président supérieur des provinces rhénanes, poste qu'il occupa jusqu'en 1842. Si les rapports de ces provinces avec le reste du royaume sont aujourd'hui plus favorables, et si l'impopularité de la bureaucratie prussienne a diminué dans les provinces rhénanes, c'est à son administration qu'on le doit.

Dès l'année 1840 Bodelschwingh avait été nommé conseiller privé par Frédéric-Guillaume IV; en 1842 il entra dans le cabinet avec le portefeuille des finances. Lors des discussions relatives à l'octroi d'une constitution, il se rangea du côté du roi contre les exigences du constitutionalisme moderne, et se prononça pour le développement du système des états. Au reste, dans ce cas et dans tous ceux où il fut appelé à agir comme ministre, il ne fut que l'instrument d'une volonté supérieure. Dans le comité des états, en 1842, ainsi qu'à la chambre de 1847, il ne répondit aux violentes attaques de l'opposition qu'en se mettant à l'abri derrière la volonté de son maître : aussi les courtisans l'accusèrent-ils de faiblesse. Au printemps de 1844 il fut appelé à remplacer le comte d'Alvensleben, et quelques mois après, à la retraite du comte Arnim-Boitzenbourg, il fut chargé par intérim du ministère de l'intérieur, dont le portefeuille lui fut confié définitivement dans le courant de l'hiver de la même année. Le 18 mars 1848, sa démission, qu'il avait offerte huit jours auparavant, fut acceptée; mais avant de quitter son ministère, il signa encore la fameuse patente du 18 mars, qui contenait de si belles et si trompeuses promesses. Il se retira alors dans ses terres, où il resta jusqu'au mois de janvier 1849, époque où il fut élu député à la seconde chambre. Après la modification arbitraire de la loi électorale de 1849, il fut renvoyé à la chambre, et plus tard à l'assemblée d'Erfurt, où il se montra un zélé soutien de la politique du ministère prussien. Au mois de septembre il fut choisi pour président du conseil administratif de l'Union. Dans la session de 1850 à 51, il fut à la tête d'une fraction du centre qui par le nombre exerça une influence décisive sur les délibérations; et tout en désapprouvant la politique du gouvernement, il lui fournit les moyens de persister dans les mêmes voies. Le 23 juillet 1851 il entra dans le cabinet présidé par M. Manteuffel comme ministre des finances.

BODENSÉE ou **BODMANSÉE**. *Voy.* CONSTANCE (Lac de).
BODENSTEIN (ANDRÉ). *Voyez* KARLSTADT.
BODIN (JEAN), publiciste du seizième siècle, naquit à Angers, en 1530, étudia le droit à Toulouse, puis l'enseigna dans cette même ville, et se rendit ensuite à Paris, où il exerça la profession d'avocat. Ne pouvant réussir à se faire un nom dans une carrière qu'illustraient les Brisson, les Pasquier, les Pithou, il se consacra à des travaux littéraires. La renommée que lui avaient acquise son érudition, son esprit, sa gaieté, ses bons mots, le fit appeler à la cour de Henri III; mais des rivaux l'ayant supplanté dans la faveur du prince, il s'attacha à François, duc d'Alençon et d'Anjou, frère du roi. Le duc le prit pour secrétaire intime, et l'emmena dans ses voyages d'Angleterre et de Flandre. Après la mort du duc, se voyant déçu dans ses espérances, il se retira à Laon, où il se maria, et obtint la place de procureur du roi. En 1579 il fut député aux états de Blois par le tiers état du Vermandois. Il y défendit les droits du peuple et la liberté de conscience, ce qui lui fit un grand nombre d'ennemis à la cour. A son instigation la ville de Laon se prononça en 1589 pour la Ligue, car il soutenait que le soulèvement de tant de villes et de tant de parlements en faveur du duc de Guise ne devait pas s'appeler une *révolte*, mais une *révolution*. Cependant il finit par se soumettre lui-même à Henri IV, et mourut à Laon, de la peste, en 1596.

Jean Bodin a publié un grand nombre de livres, parmi lesquels on distingue : sa *Démonomanie, ou Histoire des Esprits*; sa *Méthode pour faciliter l'étude de l'histoire*; son *Colloquium heptaplomeron de abditis sublimium rerum arcanis*, ouvrage qui n'a jamais vu le jour, et dans lequel on a prétendu que la religion catholique et toutes les sectes chrétiennes étaient terrassées ; et enfin son *Theatrum universæ Naturæ*. Il avait aussi fait paraître une traduction des livres de *la Chasse*, d'Oppien, avec des commentaires.

Mais son œuvre principale est sans contredit son traité *De la République*. L'auteur y passe en revue les diverses sortes de gouvernements de la *chose publique*, s'efforce de fixer leurs principes et leurs caractères, n'en condamne aucun, si ce n'est ceux qui tombent dans l'excès, tels que la tyrannie et l'anarchie, et laisse voir son penchant pour ce qu'il appelle la *monarchie royale*. Il ne fut pas peu flatté, en arrivant à Cambridge avec le duc d'Alençon, d'y entendre interpréter sa *République* par les plus savants professeurs. Montesquieu, Jean de Muller et d'autres ont fait une étude sérieuse de cet ouvrage, qui a eu un grand nombre d'éditions.

BODIN (JEAN-FRANÇOIS), né à Angers, en 1776, fut pendant la révolution administrateur du district de Saint-Florent (Maine-et-Loire) et payeur à l'armée de l'Ouest. Lors des événements de 1815 il était receveur particulier à Saumur. La Restauration le destitua. Il mourut le 5 février 1829. Avant d'entrer dans l'administration, il avait fait une étude spéciale de l'architecture. Son goût pour les arts et pour les travaux historiques nous a valu deux ouvrages consciencieux, pleins de faits intéressants, dans lesquels il s'est plu à élever un monument à sa province natale. Ce sont : 1° *Recherches historiques sur Saumur et le haut Anjou* (2 volumes in-8°, avec planches); 2° *Recherches historiques sur Angers et le bas Anjou* (2 volumes in-8°, avec gravures). Pendant la Restauration, de 1820 à 1823, Bodin siégea à la Chambre des Députés comme représentant du département de Maine-et-Loire, et vota toujours avec les amis d'une sage liberté.
CHAMPAGNAC.

BODIN (FÉLIX), fils du précédent, naquit à Saumur, en 1795. Heureusement doué, passionné pour les arts et pour l'étude, il se fit d'abord remarquer parmi les élèves compositeurs de l'école de musique française, où il eut Lesueur pour maître. Il remporta le grand prix de Rome; puis, suivant le torrent des idées libérales, il quitta la musique pour les lettres, et fut un des propagateurs les plus ardents du mouvement politico-historique et littéraire de la Restauration. La littérature, la science elle-même était devenue une arme politique, et la plus puissante de temps peut-être, et Félix Bodin se montra parmi les plus ardents des combattants. Ce fut lui qui eut la première idée des *Résumés historiques*, et il fit paraître successivement dans cette collection une *Introduction à l'histoire universelle*, un *Résumé de l'histoire de France* et un *Résumé de l'histoire d'Angleterre*, œuvres de parti encore plus que de science. Celui de l'*Histoire de France* eut plus de succès que tous les autres ensemble, ayant été réimprimé sept fois à très-peu d'années de distance; celui de l'*Histoire d'Angleterre* eut quatre éditions. Enfin sa réputation était telle, que lorsque M. Thiers eut achevé son *Histoire de la Révolution*, l'éditeur ne se chargea de cette œuvre d'un jeune homme alors obscur, qu'à la condition que le nom de Félix Bodin figurerait sur le titre. Le père des *Résumés* donna une préface qu'on peut voir en tête de la première édition de l'ouvrage qui commença la haute fortune politique de M. Thiers. Il devait y joindre, en outre, une *Histoire des États Généraux sous le roi Jean*, dont il ne publia que quelques fragments.

Félix Bodin fut l'un des collaborateurs les plus actifs des divers recueils périodiques que publiait l'opposition au temps de la Restauration: *le Constitutionnel, le Miroir, les Tablettes, le Diable Boiteux*, la *Revue Encyclopédique*, *le Mercure du dix-neuvième siècle, le Globe*, etc., reçurent de lui tour à tour, et souvent simultanément, des articles de politique, d'histoire, de littérature. Romans, scènes historiques, à la manière de M. Vitet; dissertations d'art, tombaient de la plume de F. Bodin avec une facilité prodigieuse; et si une grande partie de tout cela pouvait passer pour médiocre, ce n'était du moins jamais décidément mauvais.

Après la révolution de Juillet, Félix Bodin fut nommé membre de la Chambre des Députés, et pendant un ou deux ans il n'y eut sorte d'ovations qu'il ne reçût dans son département. Mais les choses ne tardèrent pas à changer de face: trop faible, ou déjà trop mûr pour suivre le mouvement révolutionnaire, Bodin prit rang parmi les hommes du *juste-milieu*; et bien que sa transformation fût sincère et désintéressée, qu'il n'acceptât ni places ni pensions, qu'il ne reçût pas même la croix dans cette curée générale qui suivit 1830, il n'en fut pas moins durement accusé d'apostasie. Il fut *charivarisé*, comme on disait alors.

La dernière publication littéraire de Félix Bodin fut, si nous ne nous trompons, un livre assez étrange, qui parut vers 1825 sous le titre de *Roman de l'Avenir*. Dans cet ouvrage l'auteur avait cherché à montrer toutes les améliorations que devaient apporter dans l'ordre social les découvertes matérielles, chemins de fer, ballons, etc. C'était une nouvelle *utopie*; mais, comme il arrive presque toujours, quand dans une œuvre d'art on veut prouver quelque chose, c'était une lecture ennuyeuse, et le livre tomba dans l'oubli. Jadis adepte fervent du magnétisme, Félix Bodin avait fait un roman dans lequel il s'était attaché à prouver la réalité et l'importance des expériences faites sur le somnambulisme. Peut-être, au lieu d'éparpiller ainsi son talent, eût-il mieux fait de se livrer complétement à la musique, dont il avait le goût et le sens d'une manière exquise.

Félix Bodin, dont la santé avait toujours été débile, mourut à Paris, le 7 mai 1837. Enlevé ainsi prématurément, il laissait un grand nombre de travaux littéraires commencés, et aussi plusieurs œuvres musicales inédites, parmi lesquelles un opéra de *Dante et Béatrix*. Dans les dernières années de sa vie, son activité s'était tournée presque entière vers la philanthropie, et la plus grande partie de son temps se passait dans les comités et sociétés de bienfaisance, où il déployait toute la bienveillance de sa nature, toute la bonté de son âme.

BODLÉIENNE (Bibliothèque). *Voyez* BIBLIOTHÈQUE (t. III, p. 157), BODLEY et OXFORD.

BODLEY (Sir THOMAS), homme d'État et savant anglais, né le 2 mars 1544, à Exeter, dans le Devonshire, mort à Oxford, le 28 janvier 1612. Bodley n'avait que douze ans lorsque les persécutions exercées contre les protestants par la reine Marie forcèrent sa famille à se réfugier en Allemagne. Il commença ses études à Genève; mais Élisabeth étant montée sur le trône, il alla les achever à Oxford, ville pour laquelle il conserva toute sa vie une tendre affection. De 1576 à 1580 il voyagea sur le continent, et à son retour il se présenta à la cour d'Élisabeth, qui lui confia diverses missions, en Danemark, en France et en Hollande. Moins propre à la vie des cours qu'à l'étude des sciences, Bodley, sans se laisser éblouir par les offres brillantes de la reine, prit son congé en 1597, et se retira Oxford, où il donna tous ses soins à la bibliothèque de l'Université qui porte son nom, bien qu'elle doive sa naissance, dans la première moitié du quinzième siècle, à Humphrey, duc de Glocester. Par ses ordres, des émissaires parcoururent l'Allemagne, la Hollande, la France, l'Espagne, l'Italie, et en rapportèrent environ 24,000 ouvrages, rares pour la plupart, dont il fit cadeau à la bibliothèque. Outre ce don, d'une valeur de 200,000 livres sterling, il laissa par son testament un legs destiné à payer les bibliothécaires. Chaque année, le 8 novembre, l'Université d'Oxford célèbre sa mémoire par un discours public. Dans son *Statistical View of the principal Libraries of Europa and America* (Londres, 1850), Edwards porte à 218,300 le nombre des ouvrages imprimés, et à 17,000 celui des manuscrits de cette riche bibliothèque. La vie de Bodley, écrite par lui-même, se trouve dans les *Reliquiæ Bodlejanæ* (Londres, 1703) de Thomas Hearne.

BODMER (JEAN-JACQUES), célèbre poète et littérateur allemand, naquit à Greifensee, près de Zurich, le 19 juillet 1698. Son père, qui était pasteur, le destina d'abord à l'état ecclésiastique, puis au commerce; mais ces deux carrières ne purent fixer le jeune Bodmer, qui se livra tout entier à son penchant pour la poésie et pour les études historiques. Il avait fait connaissance de bonne heure non-seulement avec les poètes grecs et latins, mais encore avec les chefs-d'œuvre littéraires de la France, de l'Angleterre et de l'Italie. Cette étude lui fit sentir encore plus vivement toute la pauvreté, toute la fadeur de la littérature allemande de son époque, et il pensa que ce qu'il avait de mieux à faire, et pour son pays et pour sa gloire, c'était de se charger du rôle de réformateur. A cette fin, il se ligua avec Breitinger et avec d'autres jeunes savants, et débuta, en 1721, par un écrit périodique, qui avait pour titre: *Entretien des Peintres*, et dans lequel plusieurs poètes allemands, qui jouissaient alors d'une très-grande considération, se virent cités devant le tribunal d'une critique toute nouvelle. Tout d'abord, Bodmer rejeta complétement la poétique alors en vogue, qui n'estimait guère que la régularité des formes et leur poli, n'attachant lui-même de prix qu'à l'idée poétique. Sous ce rapport, il se laissa quelquefois entraîner trop loin, comme dans sa grande dispute avec Gottsched, où il alla jusqu'à proscrire entièrement la rime et à vouloir juger la poésie uniquement d'après les lois de la morale.

Gottsched, qui prétendait donner le ton en littérature, se prononça d'abord pour les jeunes Suisses; mais bientôt après, lorsqu'il se vit lui-même en butte à leurs coups, il se mit à la tête de leurs adversaires. De là ces deux partis, l'école de Gottsched et l'école suisse, qui luttèrent ensemble avec une sorte d'acharnement depuis 1740, où Bodmer publia son traité *Du Merveilleux en Poésie*, et Breitinger deux écrits d'esthétique critique. Les deux camps eurent à se reprocher bien des chicanes et des puérilités; mais pourtant cette guerre eut des suites fort utiles, et prépara les voies à l'époque brillante de la littérature allemande. L'école suisse surtout exerça une influence très-heureuse et très-efficace par son goût décidé pour la poétique anglaise, par ses appels incessants à la littérature classique, et par son retour aux anciens poètes allemands.

En 1725 Bodmer fut chargé dans sa patrie d'enseigner l'histoire de la Suisse. En 1737 il fut nommé membre du grand conseil de Zurich. Après la mort de sa femme et de ses enfants, il se retira dans une de ses propriétés, et se démit, en 1775, de ses fonctions de professeur. Il mourut à Zurich, le 2 janvier 1783.

Écrivain infatigable, ses travaux furent très-variés. Non content de paraître sur la scène comme critique et comme littérateur, Bodmer voulut encore y paraître comme poète. C'est dans ce dernier genre qu'il s'est le moins distingué, comme le prouvent suffisamment sa *Noachide*, ses œuvres dramatiques et ses traductions. Il s'est fait beaucoup plus d'honneur en publiant plusieurs anciens poètes allemands, en particulier une partie des *Nibelungen*, la collection des Minnesinger de Manesse, de Boner, d'Opitz. Les mœurs de Bodmer étaient sévères et patriarcales; mais on lui reproche de n'avoir pu voir sans jalousie le mérite d'autrui.

BODONI (JEAN-BAPTISTE), habile et savant imprimeur, qui revoyait lui-même les épreuves de ses belles et solides éditions des classiques grecs et latins, si recherchées des amateurs des chefs-d'œuvre de la typographie, naquit à Saluces, le 16 février 1740, d'un père imprimeur, qui, le destinant à sa profession, ne négligea cependant rien pour son éducation. Il s'était déjà fait une certaine réputation comme graveur sur bois, lorsqu'à dix-huit ans il fut envoyé à Rome, où il travailla pendant quelque temps comme compositeur dans la célèbre imprimerie *de Propaganda fide*. Le directeur, qui avait conçu pour lui de l'affection, lui conseilla d'étudier les langues orientales et de s'appliquer surtout à l'impression des livres orientaux. Bodoni se disposait à passer en Angleterre, lorsque le duc Ferdinand de Parme lui offrit, en 1768, la direction de l'imprimerie qu'il venait d'établir dans sa capitale sur le modèle de celles de Paris, de Madrid et de Turin, et qui eût mérité quelques années plus tard, à juste titre, d'être appelée *l'imprimerie bodonienne* de Parme. C'est de là que sont sortis ces magnifiques livres, où la beauté et l'éclat du caractère, l'élégance dans la distribution des pages et des matières, la pureté du papier le disputent aux meilleures productions de la typographie anglaise et française, auxquelles l'Italie n'avait eu, sous ces divers rapports du moins, rien à comparer jusque là. Les éditions des Aldes, en effet, si belles et si nettes avec leurs admirables italiques, et malgré la qualité du papier, sont inférieures néanmoins et ne peuvent soutenir la comparaison quant à la régularité de la composition. Bodoni surveillait lui-même la fonte des caractères employés dans son imprimerie. Actif et instruit, artiste aussi à sa manière, il souffrait des moindres imperfections de son œuvre; une faute d'impression dans un livre sorti de ses presses et qui devait porter son nom était pour lui un sujet de douleur. Son *Iliade* (1808, 3 vol.), dédiée à Napoléon, qui le protégea, est un véritable chef-d'œuvre; jamais on n'avait encore aussi bien réussi à donner aux caractères grecs les formes des lettres manuscrites. On peut citer aussi parmi ses plus élégantes impressions le *Virgile* (1793, 2 vol.).

Bodoni fut décoré des ordres de la Réunion et des Deux-Siciles; il obtint une médaille d'honneur, sur laquelle il est fait mention de l'inscription de son nom sur la liste des gentils-hommes de Parme. Il reçut en outre le titre d'imprimeur du roi d'Espagne. Toutes choses qui ajoutent fort peu à sa gloire, établie sur des titres plus solides. Il mourut à Parme, le 29 novembre 1813, âgé de soixante-quatre ans. Sa vie, accompagnée d'un catalogue des ouvrages qu'il a imprimés, a été publiée par J. de Larna (Parme, 1816, 2 vol.).

Ch. ROMEY.

BODONITZA, appelée par les chroniqueurs du moyen âge *la Bondenice*, est une ville située sur un plateau au milieu d'un vallon qui clôt le défilé ou passage de montagnes que les auteurs grecs nomment Clisoura, et les chroniqueurs français *la Closure*, et à travers lequel on se rend, par le mont Callidrome, de la Locride dans la vallée de la Doride, et de là, en franchissant le Parnasse, dans la Béotie. Lorsqu'en 1205 Boniface de Montferrat abandonna à Guillaume de Champ-Litte et à son jeune ami Geoffroi de Ville-Hardouin la souveraineté des terres à conquérir au midi des monts Othrys, Bodonitza, qui se trouve au débouché des Thermopyles, sur le flanc oriental du Callidrome, avait déjà été occupée par un seigneur franc, auquel les chroniqueurs donnent le surnom de *Palvoisin*, ou descendant de la famille Pallavicini. Ce chef franc avait, dès sa première conquête, fait bâtir sur le point culminant du plateau un château gothique, dont on voit encore les ruines imposantes. Le seigneur de Bodonitza, en vertu de sa possession sur les marches de la principauté d'Achaïe, prit le titre de marquis, et devint un des hauts barons de la principauté de Morée. Une lettre d'Honorius III, de l'année 1221, fait mention d'un Guillaume, marquis de Bodonitza, comme bail ou régent du royaume de Thessalonique après la mort du comte de Biandrate. Zurita, à l'année 1372, et Jauna, à l'année 1378, font mention d'un François-Georges, marquis de Bodonitza, qui fut nommé gouverneur du duché d'Athènes et de Néopatras au nom du roi de Sicile. On voit encore dans les dénombrements de 1391 que le marquis de Bondenice est cité parmi les barons laïcs qui devaient hommage au prince de Morée.

BUCHON.

BODRUCHE. *Voyez* BAUDRUCHE.

BOÈCE (ANICIUS MANLIUS TORQUATUS SEVERINUS BOETIUS ou), naquit à Rome, en 470, d'une famille noble et riche. Il reçut dans cette ville une éducation très-soignée, dont ses dispositions naturelles assurèrent le succès, et alla ensuite à Athènes, qui était encore le centre du goût et du savoir. De retour à Rome, il fut l'objet de la bienveillance et de la confiance de Théodoric, roi des Ostrogoths, qui régnait alors en Italie, et qui l'éleva en peu de temps aux premières dignités de l'État. Son père avait été trois fois consul; il fut aussi trois fois revêtu de cet honneur, la dernière en 510, sans qu'on lui désignât de collègue, et il vit ses deux fils, jeunes encore, désignés consuls pour l'année 522, honneur réservé aux fils des empereurs. Théodoric estimait beaucoup les lumières de Boèce, et, au rapport de Cassiodore, il le loua dans une lettre de s'être enrichi dans Athènes des dépouilles des Grecs, et d'avoir fait connaître les livres de Pythagore le musicien, de Ptolémée l'astronome, de Nicomaque l'arithméticien, d'Euclide le géomètre, de Platon le théologien, d'Aristote le philosophe, et d'Archimède le mathématicien, par des traductions si fidèles qu'elles valent les originaux.

Son influence sur le gouvernement de Théodoric fut telle qu'elle assura le bonheur des nations soumises à ce prince. Il fut longtemps l'oracle du roi et l'idole du peuple. Mais lorsque Théodoric fut devenu vieux, les Goths, à la faveur de son caractère sombre et soupçonneux, firent souffrir toutes sortes d'oppressions au peuple vaincu. En vain Boèce employa son crédit pour les adoucir et mettre un terme à leur injustice; il ne parvint qu'à augmenter la haine que lui portaient ses rivaux jaloux de sa gloire, et irrités de sa probité. Théodoric, ayant soupçonné le sénat d'intelligence avec l'empereur d'Orient Justin, fit arrêter Boèce, qui avait eu le courage de prendre la défense de ce corps, et son beau-père Symmaque, comme ses plus illustres membres. Boèce fut renfermé à Pavie, où l'on montre encore la tour qui lui servit de prison. Après une captivité de six mois, qu'il subit avec une admirable patience, il périt, le 23 octobre 526, dans d'affreux tourments, par ordre du prince qu'il avait fidèlement servi. Les catholiques enlevèrent son corps, et l'enterrèrent religieusement à Pavie. Les bollandistes, savants jésuites d'Anvers, ont essayé d'éclaircir plusieurs faits de l'histoire ecclésiastique, lui donnent le nom de saint. Il est honoré comme tel dans quelques églises d'Italie, le 25 octobre.

Les ouvrages de Boèce sont nombreux et savants. Ils se composent de quelques dialogues et de plusieurs livres de commentaires sur divers fragments de Porphyre, traduits, soit par Boèce lui-même, soit par d'autres. Il y examine tout ce qui concerne le genre, l'individu, l'espèce, le propre et l'accident, d'après la méthode aristotélique, avec une subtilité souvent minutieuse, mais qui montre un esprit profond et exercé. Ces mêmes qualités se retrouvent dans ses quatre livres de commentaires sur les célèbres catégories d'Aristote. Quels que soient les progrès que nous ayons pu faire sur ce sujet, un pareil travail ne saurait être sans importance dans l'histoire de la philosophie, depuis que les Allemands ont, à commencer par Kant, attribué une grande valeur aux catégories, et consacré beaucoup de travail à en donner un système complet. Mais la sagacité de l'esprit de Boèce est moins heureuse dans ses autres commentaires sur différentes parties de la doctrine d'Aristote, et en particulier sur le syllogisme, où elle dégénère en subtilité pédantesque et sans profondeur véritable.

Ses ouvrages de dialectique et de rhétorique sont : un livre sur la division, et un autre sur la définition; la traduction des huit livres des *Topiques* d'Aristote, et de deux livres *Elenchorum* de ce philosophe, de six livres de commentaires sur les *Topiques* de Cicéron, et quatre livres de Boëce lui-même sur les mêmes questions. Dans un fragment sur l'unité de personne et la dualité de la nature du Christ, contre Eutychès et Nestorius, il appuie l'opinion orthodoxe sur une philosophie qui n'est pas à mépriser; il est beaucoup moins rigoureux dans son fragment sur l'unité et la trinité de Dieu ainsi que dans quelques autres sur divers sujets moraux et religieux. Mais le livre qui lui fait le plus d'honneur, et dont la forme élégante et le style varié le placent au rang des écrivains les plus distingués de Rome chrétienne, c'est le *Traité de la Consolation*, en cinq livres, qu'il écrivit dans sa captivité de Pavie. Cet opuscule, composé alternativement de vers et de prose, est l'expression d'une âme éclairée par une saine philosophie, qui supporte les maux avec patience, parce qu'elle a mis son espoir dans une providence qui ne saurait le tromper. « Ce n'est pas en vain que nous espérons en Dieu, dit Boëce en terminant, ou que nous lui adressons nos prières. Quand elles partent d'un cœur droit, elles ne sauraient demeurer sans effet. Fuyez donc le vice, et cultivez la vertu! qu'une juste espérance soutienne votre cœur, et que vos humbles prières s'élèvent jusqu'à l'Éternel! Il faut marcher dans la voie droite, car vous êtes sous les yeux de celui aux regards duquel rien n'échappe. » Ce petit traité a été souvent réimprimé. La meilleure édition est celle de Leyde, *cum notis variorum*, 1771, in-8°. Il a été souvent traduit. La plus ancienne version française est attribuée à Jean de Mehun, auteur du roman de *la Rose*, Lyon, 1483. Elle passe pour la première traduction du latin en français. La meilleure édition et la plus complète des œuvres de Boëce, parmi lesquelles se trouvent, indépendamment de ce que nous avons indiqué, des traités d'arithmétique, de musique et de géométrie, est celle de Bâle, 1570, in-fol., donnée par par H. Loritius Glareanus. L'abbé Gervaise a publié en 1715 une *Histoire de Boëce*. H. BOUCHITTÉ.

BOECKH (AUGUSTE), un des plus célèbres archéologues vivants, membre de l'Académie des Sciences de Berlin, associé étranger de l'Institut de France (Académie des Inscriptions et Belles-Lettres), etc., est né à Carlsruhe, le 27 novembre 1785. Après avoir fait de brillantes études préparatoires dans le gymnase de sa ville natale, il se rendit, en 1803, à Halle, où l'influence prépondérante de Wolf l'ayant détourné de la théologie, il étudia les langues anciennes. Le premier fruit de ses recherches philologiques fut *Commentatio in Platonis qui vulgo fertur Minocm*, qu'il publia à Halle en 1806, et la même année il partit pour Berlin, où il entra au séminaire pédagogique.

Les troubles de la guerre l'ayant déterminé à retourner dans sa patrie, il s'établit, dans l'été de 1807, à Heidelberg, comme professeur particulier. Peu de temps après il fut nommé professeur extraordinaire, et en 1809 il fut appelé à Kœnigsberg en qualité de professeur ordinaire. Ses écrits sur Platon, notamment une édition des *Dialogi IV* de Simon le Socratique (Heidelberg, 1810), ses recherches critiques sur les tragiques grecs (*Græcæ tragœdiæ Principum, Æschyli, Sophoclis, Euripidis*, *num ea quæ supersunt et germina omnia sint*, 1808), et son traité *Du Mètre pindarique* (Berlin, 1809) lui acquirent une si grande réputation, qu'en 1811 il fut nommé professeur d'éloquence et de littérature ancienne à l'université de Berlin, fonctions qu'il cumula plus tard avec celles de directeur des séminaires pédagogique et philologique de la même ville.

Doué d'un esprit éminemment philosophique, M. Bœckh a dédaigné ces vaines subtilités grammaticales qui ne font que rapetisser la science en lui enlevant l'intérêt et la vie. Il ne s'est point borné, comme la plupart des philologues, à entasser de savantes et laborieuses recherches dans le seul but de faire parade d'érudition ; mais il aborde, dans ses intéressantes leçons, les antiquités, l'histoire de la philosophie et de la littérature ; il sait en tirer des résultats qui ont puissamment contribué à éclaircir quelques-uns des points les plus controversés de l'histoire politique et morale des peuples anciens.

Parmi ses nombreux ouvrages, nous nous contenterons d'indiquer les suivants, dont la réputation est européenne : 1° une édition de *Pindare* (Leipzig, 1811-1822), accompagnée de toutes les scolies, d'une traduction latine, d'un commentaire et de nombreuses notes : à la fin du premier volume, se trouve un *Traité de la Métrique grecque;* 2° *Économie politique des Athéniens* (Berlin, 1817 ; traduit en français par M. Laligant, Paris, 1828); 3° *Recherches métrologiques sur les poids, les mesures et le titre des monnaies dans l'antiquité* (Berlin, 1838); 4° *Documents sur la marine de la république d'Athènes* (Berlin, 1840); 5° *Corpus inscriptionum græcarum* (vol. 1-3, Berlin, 1824-50). Cet ouvrage, commencé en 1815 et publié sous les auspices et aux frais de l'Académie des Sciences de Berlin, est continué par Franz. Toutes les inscriptions, souvent inédites, y sont accompagnées de notes et de commentaires qui révèlent dans M. Bœckh une érudition, un zèle et une patience dont les temps modernes n'offrent malheureusement que de trop rares exemples.

Outre ces ouvrages capitaux, on doit à M. Bœckh plusieurs traités d'une étendue moins considérable, mais fort remarquables néanmoins, tels que le *développement des doctrines du pythagoricien Philolaus* (Berlin, 1819), une édition de l'*Antigone* de Sophocle (Berlin, 1843), des recherches sur *Manetho et la période sothiaque* (Berlin, 1845), sans parler des savantes dissertations sur la poésie pindarique (1825), sur *Leibnitz et les académies allemandes* (1835), etc., qu'il a insérées dans les *Mémoires* de l'Académie, dont il est membre depuis 1814, et où il remplit les fonctions de secrétaire de la classe de philosophie et d'histoire depuis la mort de Schleiermacher, non plus que des excellents discours dont ses fonctions de professeur d'éloquence lui font un devoir chaque année. Parmi ces discours, aussi remarquables par le fond que par la forme, on ne peut se dispenser toutefois de mentionner spécialement celui qu'il prononça en 1850, à Berlin, à l'occasion de l'ouverture du congrès philologique, parce qu'il y exposa ses idées particulières sur la philologie et l'archéologie.

BOÉDROMIES, fêtes qu'on célébrait à Athènes, et pendant lesquelles on courait en jetant de grands cris (du grec βοή, cris, et δρόμος, course). Elles se célébraient vers le mois d'août, dans le mois nommé par les Grecs *boédromion.* Cette fête selon Plutarque, fut établie pour rappeler la victoire de Thésée sur les Amazones. Selon d'autres, elle avait été instituée en mémoire du secours qu'Ion fournit aux Athéniens contre Eumolpe, qui avait envahi l'Attique sous le règne d'Érechthée. Ces fêtes se nommaient aussi *Boïdia;* du moins Démosthène les appelle ainsi dans une des Philippiques.

BOEHME ou **BŒHM** (JACOB), célèbre théosophe et mystique de l'Allemagne, naquit en 1575, dans une petite ville de la haute Lusace nommée le Vieux-Seidenburg, près de Gœrlitz, d'une famille de pauvres paysans. Jusqu'à l'âge de dix ans il resta sans aucune instruction, occupé à garder les bestiaux. La contemplation d'une nature riche, bien que sans attraits empruntés, élevant son imagination, développa dans son cœur un profond sentiment religieux, un enthousiasme calme et réfléchi pour les choses mystérieuses, au point que dans l'influence de la nature sur lui il trouva une révélation de Dieu, et crut participer à une inspiration particulière. Ses parents, pour cultiver ces dispositions peu communes, l'envoyèrent à l'école, où il apprit à lire et à écrire, et fut instruit dans le christianisme

21.

selon la doctrine de la communion luthérienne. Ils lui firent ensuite apprendre le métier de cordonnier. Son apprentissage fini, il voyagea. Pendant son voyage, la tranquille contemplation à laquelle il aimait à s'abandonner fut souvent troublée par les disputes sur le crypto-calvinisme, qui dominait alors en Saxe; mais il sut s'élever au-dessus de l'esprit orgueilleux et querelleur des sectaires de son temps. Il revint à Gœrlitz, où il était maître cordonnier, en 1594; il y épousa la fille d'un boucher, avec laquelle il vécut trente ans dans une union sainte et heureuse.

Sa vocation au profond mysticisme, qui caractérise ses écrits, avait précédé son établissement. Voici comment un de ses contemporains rapporte le fait : « Il me raconta lui-même, dit-il, que pendant qu'il était en apprentissage, son maître et sa maîtresse étant absents pour le moment, un étranger vêtu très-simplement, mais ayant une belle figure et un aspect vénérable, entra dans la boutique, et, prenant une paire de souliers, demanda à l'acheter; mais Bœhme n'osa pas les vendre : l'étranger insistant, il les lui fit un prix excessif, espérant par là se mettre à l'abri de tout reproche de la part de son maître, ou dégoûter l'acheteur. Celui-ci donna le prix demandé, prit les souliers, et sortit. Il s'arrêta à quelques pas de la maison, et là, d'une voix haute et ferme, il dit : Jacob, Jacob, viens ici ! Le jeune homme fut d'abord surpris et effrayé d'entendre cet étranger, qui lui était tout à fait inconnu, l'appeler ainsi par son nom de baptême ; mais, s'étant remis, il alla à lui. L'étranger, d'un air sérieux, mais amical, porta ses yeux sur les siens, fixa sur eux un regard étincelant, le prit par la main droite, et lui dit : « Ja-« cob, tu es peu de chose, mais tu seras grand, et tu devien-« dras un autre homme, tellement que tu seras pour le monde « un objet d'étonnement. C'est pourquoi, sois pieux, crains « Dieu, et révère sa parole! Surtout, lis soigneusement les « Écritures saintes, dans lesquelles tu trouveras des consola-« tions et des instructions, car tu auras beaucoup à souf-« frir; tu auras à supporter la pauvreté, la misère et des « persécutions; mais sois courageux et persévérant, car « Dieu t'aime et t'est propice. » Sur cela, l'étranger lui serra la main, le regarda encore avec des yeux perçants, et s'en alla sans qu'il y ait jamais eu d'indices qu'ils se soient jamais revus. » (*Notice sur Bœhme*, par le baron Abraham de Frankenberg.)

Le premier de ses écrits fut rédigé en 1610, et a pour titre : *L'Aurore naissante*. Dans cet ouvrage, il essaya de faire connaître ses révélations et ses intuitions sur Dieu, l'humanité et la nature. Le clergé de Gœrlitz se déclara contre lui, et Georges Richter, pasteur de la cathédrale, sous les yeux duquel une copie de son ouvrage était tombée, le persécuta, le traîna devant le juge et confisqua son livre, ne pouvant rien trouver de punissable dans sa personne. J. Bœhme recommença à écrire, et rédigea successivement, en 1619 : *les Trois Principes*, avec un appendice de la triple vie de l'homme; en 1620 : *De la Triple Vie de l'Homme, Réponse aux quarante questions de l'âme; De l'Incarnation du Christ, de sa Passion, de sa Mort et de sa Résurrection, et de l'Arbre de la foi, des six points; Du Mystère céleste et terrestre; Des derniers Temps.* En 1621 : *De l'Empreinte des Choses (De Signatura Rerum); Des quatre Complexions; Apologie de Balthazar Tilken; Réflexions sur les bottes d'Isaïe.* En 1622 : *De la Vraie Repentance; De la Vraie Résignation; De la Régénération; De la Pénitence.* En 1623, *De la Providence et du choix de la grâce ; Le grand Mystère, sur la Génèse; Une Table de Principes; De la Vie sursensuelle (sur-céleste); De la Contemplation divine; Des Deux Testaments du Christ; Entretien d'une âme éclairée et d'une âme non éclairée; Apologie contre Grégoire Richter ; De cent petits Livres de prières; Table de la Manifestation divine des trois Mondes; De l'Erreur d'Ézéchiel Meth. Du Jugement dernier; des Lettres adressées à plusieurs personnes.*

Les idées qu'il expose, dans cette suite de traités, sur Dieu, la création, la nature, la révélation, le péché, sont fondées sur la Bible et les actes des Apôtres. Ce sont les différents dogmes du christianisme, tels que la chute d'Adam, la rédemption, l'incarnation, la résurrection, etc., présentés sous une forme instructive, dont les diverses parties sont fortement liées, et avec la vivacité de l'imagination la plus pittoresque, la plus féconde et la plus élevée. C'est sans doute cette dernière qualité qui l'a fait considérer par quelques littérateurs allemands comme un des plus grands poètes de leur patrie. Il emploie souvent la manière et les termes des écrits mystiques et alchimiques, et l'on reconnaît dans son style des traces de l'étude qu'il avait faite de Paracelse, de Valentin Weigel et d'autres auteurs de ce genre. L'obscurité que l'on rencontre fréquemment dans les écrits de Bœhme, et qui en rend la lecture très-laborieuse, tient à la solitude en quelque sorte de la pensée de l'auteur, à cette habitude de voir en lui-même et pour lui-même, jointe à l'inexpérience du talent d'écrire, résultat de son défaut d'éducation. Ses ouvrages sont en général assez mal composés; les mêmes idées y sont fréquemment reproduites, les mêmes principes répétés assez longuement, lorsque l'auteur veut en tirer de nouvelles conséquences. Mais ces défauts disparaissent devant la profondeur sublime des idées, la grandeur et la puissance des images.

Les auteurs de la *Biographie Universelle* ont répété sur Bœhme le jugement de Mosheim : « qu'on ne saurait trouver nulle part plus d'obscurité qu'il n'y en a dans ces pitoyables écrits ». En Allemagne, où la profondeur d'un ouvrage n'empêche pas de l'examiner consciencieusement, l'opinion des savants est bien différente sur les écrits de Bœhme. Il a eu surtout pour admirateurs tous ceux des partisans de la philosophie dont Schelling a posé les bases qui apportent dans leurs études plus d'imagination que d'esprit systématique. L'opinion des esprits élevés sur Bœhme en Allemagne est unanime, et ceux-là même qui croient qu'il n'a pas ouvert la véritable route aux vérités nécessaires à la vie de l'humanité reconnaissent la supériorité de son génie, et applaudissent à la poésie religieuse de ses ouvrages.

Toutes sortes de haines troublèrent les dernières années de Bœhme : on eut recours à la calomnie pour le poursuivre jusqu'à sa mort. La principale occasion en fut vraisemblablement un livre sur la pénitence, que ses amis firent imprimer à son insu. Il éveilla tellement l'attention générale que, d'après le désir de quelques personnes de la cour et à la prière de ses amis, Bœhme alla à Dresde pour y faire examiner ses principes. Ce voyage eut lieu en 1624. Bœhme trouva à la cour et même dans le consistoire beaucoup d'approbateurs et de protecteurs. Il en sortit à son honneur, et l'électeur lui-même, qui eut plusieurs conférences secrètes avec lui, le congédia comblé de bontés. À son retour, Bœhme mourut dans la foi chrétienne, le 13 novembre de cette même année. Il avait eu de son mariage quatre garçons, à l'un desquels il enseigna son métier de cordonnier.

Abraham de Frankenberg, son biographe et son admirateur, a publié et éclairci ses écrits. La première édition complète a été imprimée en Hollande, 1675, par les soins de Henri Betke. La plus complète est celle d'Amsterdam, 1682 (10 vol. in-8°). L'éditeur, G. Gichtel, était un de ses disciples les plus avancés, et c'est de lui que les sectateurs de Bœhme prirent le nom de *gichtéliens*. Ses écrits furent admirés en Angleterre aussi bien qu'en Hollande et en Allemagne. William Lawen en donna une traduction en 2 vol. in-8°. On a aussi de ce traducteur une exposition en dialogues de la doctrine de Bœhme, traduite en français sous le titre de *La Voie de la Science divine*. Il se forma aussi en Angleterre une secte selon la doctrine de Bœhme, en 1697. Jeanne Lead, admiratrice de Bœhme, fonda une société dans le but d'éclaircir ses ouvrages. John Pordage, médecin anglais, s'est fait connaître comme commentateur de Bœhme. Le fameux théosophe français Claude de Saint-Martin, mort au commencement de ce siècle, a publié les traductions de l'*Aurore naissante*, des *Trois Principes*, de *la Triple Vie*, des *Quarante Questions*. On a encore deux traductions françaises : une de *la Clé de Bœhme*, et l'autre des deux livres de *la Vraie Repentance* et de quelques autres petits traités. H. BOUCHITTÉ, recteur de l'Acad. d'Eure-et-Loir.

BOEHMERWALD, c'est-à-dire *Forêt de Bohême*. On appelle ainsi cette portion des montagnes de l'Allemagne centrale qui s'étend, dans la direction du nord-ouest au sud-est, entre la rive gauche du Danube, depuis Linz jusqu'à Passau, et le pied méridional du Fichtelgebirge, sur la limite de la Bohême et de la Bavière et des bassins de la mer du Nord et de la mer Noire. Le squelette de ces montagnes est formé de granit et de gneiss. Les rivières qui y prennent leurs sources se rendent les unes dans l'Elbe, les autres dans le Danube. Les sources de la Moldau et le ravin de 470 mètres creusé par le Chambach les divisent en trois parties. La partie méridionale forme, sous divers noms particuliers, comme *Donauberg*, *Karlsberg*, etc., un groupe de montagnes non continu dont les pentes escarpées s'élèvent sur la rive gauche du Danube. Sa hauteur, de 600 à 800 mètres en moyenne, atteint 1,200 mètres avec le Dreisesselberg, 1,310 mètres avec le Plœckenstein; et après avoir parcouru une étendue de 44 à 52 kilomètres, elle se termine brusquement dans la plaine de Budweis avec le Blanskerwald, haut de 1,050 mètres. La partie moyenne, qui est aussi la plus élevée, porte sur son dos escarpé les plus hautes cimes de toute la chaîne, le Kubani 1,330 mètres, le Schwarzenberg (1,070 mètres), le Rachelberg (1,400 mètres) et le Gross-Arber (1,460 mètres). Elle forme au sud-ouest un plateau à pente roide qui s'incline vers la rive droite du Regen et les plaines du haut Palatinat, tandis qu'à l'est des rameaux de 22 à 30 kilomètres de longueur sillonnent les plaines de la Bohême.

La Forêt de Bavière, qui offre le caractère âpre et sauvage des montagnes, projette au sud-ouest, entre le Regen et le Danube, une pointe dont les vallées ne sont pas moins escarpées sur les bords que celles du reste de la chaîne. La troisième partie, la plus septentrionale, présente des analogies avec la seconde dans ses pentes occidentale et orientale; mais elle ne forme pas une suite non interrompue de montagnes, elle se compose plutôt de petits groupes unis par des collines aplaties. Au nord-ouest, les cimes de Tirschenreuth au pied du Fichtelgebirge s'abaissent jusqu'à 500 et même 375 mètres, tandis qu'au nord-est, le Kaiserwald et la Herrenhaide atteignent à une hauteur bien plus considérable. Cette configuration prouve combien est erronée l'opinion de ceux qui prétendent que la forêt de Bohême se rattache à la forêt de Franconie et à l'Erzgebirge dans le Fichtelgebirge, dont elle ne serait qu'une ramification.

Toute la chaîne est sauvage, âpre, presque inaccessible; ses sommets laissent voir la roche nue, avec ses formes raboteuses; ses flancs, jusqu'à la hauteur de 1,160 mètres, sont couverts d'épaisses forêts; ses eaux mugissent comme des torrents dévastateurs au fond de crevasses sombres, étroites, creusées dans le roc; ou bien elles forment au milieu de vastes plaines des marais croupissants. Sur une étendue de 185 kilomètres cette chaîne ne présente qu'un petit nombre de passages fort difficiles, savoir : 1° plusieurs passages entre Eger et Tirschenreuth; 2° le défilé de Frauenberg, entre Pilsen et Nuremberg; 3° celui de Waldmünchen, sur la route de Pilsen à Ratisbonne; 4° le passage de Neumark, entre Klattau et Ratisbonne; 5° le défilé d'Eisenstein, sur la route de Pilsen et Klattau à Passau; 6° celui de Philippsreuth, entre Prague et Passau, et 7° au sud-est quelques petits défilés jusqu'à la tranchée du chemin de fer de Linz à Budweis.

La nature a donné ainsi à la Forêt de Bohême une importance historique que n'ont jamais eue des chaînes de montagnes plus élevées. Elle posa une limite naturelle aux conquêtes des Slaves vers l'Occident, et ses sombres forêts, ses ravins profonds, offrirent pendant les guerres qui déchirèrent l'Allemagne un sûr asile aux fugitifs, comme ils servirent aussi quelquefois de retraite à des malfaiteurs. Le sol de ces montagnes est peu fertile. Elles ne produisent que de l'avoine et du lin à filer ou tisser; quelques fruits mûrissent sur leurs flancs; mais leur véritable richesse consiste dans leurs excellents pâturages et leurs forêts, dont les bois sont mis en œuvre sur les lieux mêmes, transportés au loin par le moyen du flottage, ou consommés dans les verreries, les forges et les différents établissements industriels. Les habitants sont robustes, sobres, hardis, mais grossiers, rusés, opiniâtres et fort attachés aux usages de leurs pères. Le langage de ces montagnards est l'allemand, mais un allemand sonore, riche en voyelles et fort différent du dialecte de la Bavière. Au sud-ouest de l'ancien cercle de Prachin, un grand district est habité par ce qu'on appelle les *paysans libres*, descendant en majeure partie de prisonniers de guerre bavarois, et jouissant encore aujourd'hui de plusieurs priviléges. La ville la plus importante de la Forêt de Bohême est Cham, à l'embouchure du Chambach, dans le Regen, à 359 mètres au dessus du niveau de la mer. La peinture la plus exacte de la vie de ces montagnards nous a été donnée par Rank, dans son livre intitulé *De la Forêt de Bohême* (3 vol., Leipzig, 1851).

BOEHTLINGK (OTHON), un des savants les plus versés dans la connaissance des langues orientales, notamment du sanscrit, naquit à Pétersbourg, le 30 mai 1815, d'une famille originaire de Lubeck. Il fit ses premières études à l'école allemande de Saint-Pierre et Saint-Paul et au gymnase de Dorpat, puis, en 1833, il entra à l'université de Pétersbourg, avec l'intention de se livrer à l'étude des langues orientales. Il avait déjà acquis une certaine connaissance de l'arabe et du persan, lorsqu'il se lia d'amitié avec Bollensen, qui l'engagea à apprendre le sanscrit. Il partit donc pour Berlin en 1835, et la même année il se rendit à Bonn, où il resta jusqu'en 1842. De retour dans sa patrie, il fut nommé conseiller impérial et membre de l'Académie des Sciences. Dès lors il n'a pas cessé de s'occuper de travaux littéraires. Tous ses écrits, tant sur le sanscrit que sur le turc et les dialectes de la même famille, se font remarquer par une exactitude et un soin extraordinaires. Parmi ses nombreuses publications nous citerons plus particulièrement les *huit livres de Règles Grammaticales* de Panini (2 vol., Bonn, 1840), la *Grammaire* de Vopadeva (Pétersb., 1846), la traduction de *Sakuntala* de Kalidasa, publiée avec le texte (Bonn, 1842), une *Chrestomathie sanscrite* (Pétersbourg, 1845), le *Dictionnaire* de Hémacandra (Pétersbourg, 1847), une dissertation *sur la Langue des Yakoutes* (texte, grammaire et dictionnaire, 3 vol., Pétersbourg, 1849-51). On lui doit encore plusieurs traités pleins d'érudition, entre autres, *sur l'Accent dans le sanscrit* (1843), qui ont été insérés dans les Mémoires de l'Académie des Sciences, et quelques articles, moins considérables, publiés dans le Bulletin de la même Académie et dans d'autres journaux. Il s'occupe actuellement de l'impression d'un *Dictionnaire Sanscrit*.

BOEKEL (GUILLAUME), appelé aussi *Buckelings*, et plus exactement *Beukelsz*, c'est-à-dire fils de Beukel, était un pêcheur de Biervliet, dans la Flandre maritime, qui a rendu les plus grands services à sa patrie par la découverte de la manière de saler le hareng. On ne sait rien de sa vie. Il mourut très-vraisemblablement vers 1397, dans son lieu natal, où l'empereur Charles-Quint visita son tombeau avec sa sœur Marie. B.-G. Camberlyn a célébré l'invention de Bœkel dans un poëme latin intitulé *De Bukelinyi Genio* (Gand, 1827).

BOÉMOND. Sept princes de ce nom, et de la même famille, ont régné sur Antioche, au temps des croisades. Le premier avait été le fondateur de cette principauté.

BOÉMOND (Marc), prince de Tarente, fils de l'aventurier normand Robert Guiscard, qui devint duc de Pouille et de Calabre, vainquit, à la tête de l'armée d'Illyrie, l'empereur Alexis à Janina, et alla mettre le siège devant Larisse ; mais Alexis ayant réussi à débaucher une partie des soldats de Boémond, celui-ci fut forcé de battre en retraite. Sur ces entrefaites Robert léguait en mourant la Pouille et la Calabre à Roger, fils de sa seconde femme, au préjudice de Boémond, fils de la première. De là une guerre sanglante entre les deux frères, à la suite de laquelle la principauté de Tarente fut cédée par le cadet à l'aîné. Celui-ci assiégeait Amalfi en 1095, lorsqu'à la nouvelle de l'approche des premiers croisés il déchire son manteau, dont il fait une croix, qu'il attache à son épaule, en distribue des fragments à ceux qui veulent l'imiter, et se trouve à la tête de dix mille cavaliers, vingt mille fantassins, nobles de la Sicile, de la Pouille, de la Calabre, seigneurs normands, dont le plus brave est son cousin Tancrède. Bientôt ils ont traversé l'Adriatique et rejoint Godefroy de Bouillon. Alexis entoure alors Boémond de caresses, l'attire à Constantinople, lui fait accepter un fief, et reçoit son hommage.

Ce sacrifice fait à la prévoyance plus qu'à la vanité, Boémond, marchant de victoire en victoire, prend Nicée et, après huit mois de siège, s'empare d'Antioche, grâce à la trahison de l'Arménien Zara, qui, pour satisfaire une vengeance personnelle, lui livre la tour dont la garde lui est confiée. C'était lui en définitive qui avait négocié cette perfidie. Aussi les croisés le proclament-ils d'une voix unanime prince d'Antioche, où il fonde une principauté chrétienne, qui subsiste cent quatre-vingt-dix ans. Ayant à lutter contre l'empereur Alexis et contre Raymond de Toulouse, qui essayèrent en vain de lui disputer sa conquête, il ne put accompagner les croisés à Jérusalem ; mais il y alla plus tard recevoir du patriarche l'investiture de sa principauté. Après être resté deux ans chez un émir qui l'avait fait prisonnier dans un combat, il revint en Occident exciter contre Alexis tous les princes d'Italie, de France et d'Espagne. Pour arriver en Europe il avait fait courir le bruit de sa mort, et s'était fait embarquer dans un cercueil percé de trous pour respirer. C'est ainsi qu'il avait passé à travers la flotte impériale. En France il épousa Constance, fille de Philippe Ier. De retour en Illyrie, il assiégea, pendant un an, Durazzo, et y perdit une partie de son armée. Après avoir accepté des conditions qui humilièrent sa fierté, il revint en Italie rassembler de nouvelles forces. Prêt à se rembarquer pour la Grèce, il tomba malade à Canosa, où la mort le frappa en 1111. Il avait eu de Constance deux fils, Jean, mort en bas âge, et Boémond II, qui lui succéda.

BOÉMOND II régna, d'abord sous la tutèle de sa mère et sous la régence de son oncle Tancrède, qui malheureusement mourut au bout d'un an, léguant ses fonctions à son neveu Roger, beau-frère de Baudouin II, roi de Jérusalem. Roger, attaqué, en 1119, par une armée de Turcs et d'Arabes, appela à son secours son beau-frère ainsi que les comtes d'Édesse et de Tripoli, et Baudouin II donna sa fille Alix en mariage au jeune Boémond, qui s'était bravement comporté ; ce qui n'empêcha pas les confédérés d'être battus par les infidèles. Boémond ayant ensuite porté la guerre en Arménie et signalé sa valeur dans plusieurs siéges, engagea témérairement une bataille contre le sultan d'Alep, et fut tué à l'âge de vingt-quatre ans.

BOÉMOND III succéda, en 1163, à sa mère Constance, femme de Renaud de Châtillon. Après s'être confédéré avec le comte de Tripoli, le prince d'Arménie et d'autres seigneurs, il poursuivit l'épée dans les reins l'atabeck Nouréddin, qui, poussé à bout, fit volte-face, et amena prisonniers au château d'Alep ceux qui avaient compté sur sa capture. La prise des plus fortes places de Boémond fut la suite de ce désastre.

En 1187, après la prise de Jérusalem, le prince d'Antioche et son peuple se déshonorèrent par un trait de férocité inouï. Saladin, pour qu'ils ne mourussent pas de faim avec leurs enfants, avait fait conduire sur les terres de Boémond un grand nombre de prisonniers, hommes et femmes, qu'il avait faits sur lui. Au lieu de se voir accueillis par leurs compatriotes, ils trouvèrent les portes de la capitale fermées ; on les chassa des armes à la main, on leur enleva jusqu'à leurs vêtements, et, sans égard ni pour l'âge ni pour le sexe, on les laissa nus dans la campagne. Indigné de ce procédé, Saladin ravagea, l'année suivante, la principauté d'Antioche, et y prit vingt-cinq villes.

Frédéric Ier étant mort en Cilicie, Boémond vint avec le patriarche chercher son fils, et l'amena solennellement dans ses États. Plus tard, il s'embarqua, avec le roi de Jérusalem, pour aller en Chypre à la rencontre de Richard d'Angleterre, qui avait conquis cette île sur le despote Isaac Comnène. Richard, après avoir fait lier Isaac avec des chaînes d'argent, chargea Boémond de le conduire à Tripoli. Des contestations s'étant élevées entre le prince d'Antioche et le roi d'Arménie, ils cherchèrent à se tendre mutuellement des piéges. Ce fut le premier qui tomba dans ceux du second, et il n'obtint sa liberté qu'à des conditions dures et humiliantes. Plus tard, cependant, le fils aîné de Boémond épousa la nièce de l'Arménien. Ce fils étant mort, Boémond désigna encore pour son successeur Rupin, né de ce mariage. Mais Boémond, fils puîné du prince d'Antioche et régent de Tripoli, réussit un instant à chasser son père de ses États avec l'appui des chevaliers du Temple et des hospitaliers. Toutefois ce succès ne fut pas de longue durée. Boémond III, rétabli sur son trône, mourut en 1201, après avoir épousé et répudié trois femmes.

BOÉMOND IV. Ce fils rebelle, surnommé le *Borgne*, parce qu'il avait perdu un œil dans une affaire près du mont Liban, s'empara de la principauté d'Antioche après la mort de son père, au préjudice de Rupin, son pupille et son neveu. Le roi d'Arménie lui enleva sa capitale, qu'il ne conserva que trois jours. En 1204, Marie de Flandre étant allée rejoindre Baudoin, son époux, Boémond lui apprit qu'il venait d'être élu empereur de Constantinople, et lui prêta foi et hommage pour sa principauté. Il espérait ainsi détourner un nouvel orage ; il se trompait : le roi d'Arménie, aidé par le patriarche et les bourgeois, se rendit maître encore une fois d'Antioche, en 1205, et Boémond IV mourut déchu et humilié.

BOÉMOND V, son fils, lui succéda dans les États d'Antioche et de Tripoli ; mais les Khirismiens, les ayant envahis, en 1244, l'obligèrent à se rendre leur tributaire. Il eut ensuite une guerre longue et opiniâtre à soutenir contre l'Arménie. Heureusement, saint Louis, descendu en Palestine en 1250, réconcilia les puissances belligérantes. Boémond V mourut l'année suivante.

BOÉMOND VI, son fils, lui succéda, sous la tutelle de sa mère, comme prince d'Antioche, comte de Tripoli et seigneur de Tortose. Il n'avait que quatorze ans, lorsqu'en 1253 la mère et le fils allèrent ensemble trouver saint Louis à Jaffa. Saint Louis arma le jeune prince chevalier. Boémond se plaignit de ce que sa mère le laissait sans argent : le monarque lui en fit donner, et le prince d'Antioche, par gratitude, écartela ses armes, qui étaient vermeilles, avec celles de France. En 1257 il reparaît à Saint-Jean-d'Acre avec la reine de Chypre, sa sœur, prend imprudemment parti pour les Vénitiens contre les Génois, et fomente des dissensions qui entraînent la ruine des affaires de la Terre Sainte. En 1268 il perd Antioche, qui est emportée d'assaut, le 29 mai, par le sultan Bibars. On dit que le vainqueur emmena cent mille captifs, et qu'il fit massacrer sur la grande place de la ville dix-sept mille habitants. Boémond était alors à Tripoli, qu'il venait de défendre contre ce même Bibars. Ce fut par une lettre pleine de railleries cruelles, que lui écrivait le sultan lui-même, qu'il apprit cette perte. Il n'y survécut que six ans, et finit ses jours à Tripoli, le 20 mars 1774.

BOÉMOND VII, fils du précédent, lui succéda de bonne heure, sous la tutelle de sa mère Sibylle et de l'évêque de Tortose. Il établit sa résidence à Tripoli, dont il fit hommage à Charles I*er*, roi de Sicile et de Jérusalem. Puis il eut de fréquents démêlés avec les chevaliers du Temple et avec l'évêque de Tripoli, qu'il chassa de la Terre Sainte. Après avoir perdu Laodicée, qu'un général du sultan d'Égypte prit et rasa, il mourut sans postérité, le 19 octobre 1287. Avec lui s'éteignirent les princes latins d'Antioche.

BOENING (Georges), un des chefs de l'insurrection badoise en 1849, naquit en 1787 à Wiesbaden. Il suivit quelque temps la profession de son père, qui était horloger; puis il fut nommé, en 1813, officier dans la landwehr du pays de Nassau, poste qu'il occupa jusqu'en 1815. De 1820 à 1826, il prit part à la guerre de l'indépendance grecque. De retour dans sa patrie, il se mêla à tous les mouvements politiques, surtout à ceux qui agitèrent Bade au printemps de 1848. Obligé de fuir en Suisse, il rentra en Allemagne avec Struve, et fut nommé colonel de la légion suisse. Dans les combats de Hirschhorn, Durlach et Federbach, il se fit remarquer par son courage personnel. Pendant le siége de Rastadt, il reçut le commandement en chef de tous les volontaires, à la tête desquels il prit part à la sortie du 8 juillet. La place s'étant rendue malgré son énergique opposition, il fut traduit, le 16 août, devant un conseil de guerre, qui le condamna à mort à l'unanimité, bien qu'il le représentât que, n'étant pas sujet badois et n'ayant pris du service qu'en 1849 sous le gouvernement provisoire, il devait être regardé comme prisonnier de guerre. Il fut exécuté le lendemain, à cinq heures du matin, et il reçut la mort avec beaucoup de fermeté; son air respectable, ses longs cheveux gris, éveillèrent la sympathie même de ses adversaires politiques.

BOERHAAVE (Hermann), l'un des princes de la médecine, et le plus célèbre des médecins modernes, fut l'esprit le plus vaste et le plus influent (je ne dis pas le plus profond) des savants de son siècle. Contemporain, à quelques années près, de l'Académie des Sciences de Paris, fondée par Louis XIV, Boerhaave eut pendant un temps plus de renommée qu'elle : le nom de Fontenelle, si célèbre en France, n'était pas aussi européen que le sien. Il eut l'immense avantage de venir après Galilée, après Descartes et Bacon, avant Voltaire, Buffon et d'Alembert : les premiers l'avaient éclairé, les autres l'eussent peut-être éclipsé. Il vécut dans un temps où il aurait pu profiter de la découverte de la circulation du sang sans en abuser, et sa mort arriva assez tôt pour qu'il ne vit pas sa doctrine chimique renversée par la science nouvelle de Lavoisier et de Priestley. On le comprit plus promptement que le grand Newton lui-même, trop profond et trop vrai pour faire école de son vivant. Ce fut lui qui termina l'âge des croyances dociles, et qui commença l'époque, non encore finie, de la philosophie interprétative. Il eut cet autre avantage d'avoir pour maîtres des hommes médiocres, comme Drelincourt et Gronovius, qu'il lui fut facile de surpasser, et pour disciples des esprits supérieurs, tels que Haller, Van-Swiéten et Linné, dont les premiers travaux et les hommages ajoutèrent à sa gloire.

Boerhaave naquit le dernier jour de 1668, à Woorhout, petite bourgade de Hollande, presque aussi rapprochée de Leyde que Passy l'est de Paris. Son père, homme érudit et ministre protestant du lieu, s'occupa avec sollicitude de la première éducation de ce fils, qu'il destinait à lui succéder, de sorte qu'à dix ans Hermann comprenait le grec d'Hippocrate et le latin de Celse presque aussi bien que le français de Descartes, et ce succès des leçons paternelles rendait en lui l'obéissance plus méritoire. Boerhaave le père avait un autre fils, nommé Jacques : celui-ci devait être médecin; mais les dispositions de ces deux jeunes gens trahirent les vœux de leur premier maître : le médecin devint ministre, et le ministre médecin. On raconte que notre Hermann fut atteint, à l'âge de dix ans, d'un ulcère qu'aucun remède ne pouvait guérir : il garda cette plaie maligne durant sept ans, et ce fut la puberté qui seule l'en délivra. Cet insuccès de l'art persuada Boerhaave non de l'impuissance de la médecine, mais de l'inhabileté des médecins de son temps, et lui fit augurer pour lui-même un brillant avenir. D'ailleurs, une maladie de sept ans, à l'âge si tendre, disposa nécessairement Boerhaave à l'investigation, et rendit son esprit plus recueilli; elle le protégea du moins contre le premier élan de ces passions qui énervent souvent les plus heureux génies avant la maturité.

Boerhaave pouvait d'autant mieux suivre ses goûts qu'il eut le malheur de perdre son père dès l'âge de quinze ans; mais le juste respect qu'il conservait pour sa mémoire le retint encore longtemps dans la carrière que ce bon père lui avait choisie. Resté alors sans fortune, Van Alphen le protégea avec noblesse et pourvut à ses besoins; de manière que le jeune Hermann put reprendre ses études, et il les continua à l'université de Leyde, vers le but assigné par sa famille. Au latin et au grec, qu'il avait appris de son père, il joignit bientôt beaucoup d'hébreu, un peu de chaldéen, des études historiques diversifiées, mais surtout des mathématiques, et un cours complet de métaphysique. Ses thèses ou discours de philosophie eurent l'orthodoxie qu'on pouvait attendre d'un homme destiné à un ministère sacré. Après s'être habilement servi des arguments de Cicéron contre la doctrine d'Épicure, il combattit de lui-même, avec sa vive logique de vingt ans, le système, alors si fameux, de Spinosa. Sa réfutation fut assez brillante pour que la ville de Leyde se crût obligée de récompenser ce solide plaidoyer contre le panthéisme par une médaille d'or expressément frappée à cette occasion; et même il est permis de penser que Louis Racine et de Bernis ne consultèrent pas infructueusement pour leurs poëmes le discours dont nous parlons. Docteur en philosophie à vingt ans (1688), et livré ensuite à des études de théologie, Boerhaave n'échappa à la misère qu'en donnant des leçons de mathématiques. Sa fière intelligence dut ensuite s'abaisser à collationner les catalogues de la riche bibliothèque de Vossius, que la ville de Leyde venait d'acquérir. Enfin, ce ne fut qu'à vingt-deux ans qu'il put commencer l'étude de la médecine, sans renoncer encore à la vocation sacerdotale, tant il conservait la mémoire des promesses et des bienfaits.

Sorti à peine de la métaphysique (par laquelle il aurait mieux valu finir), mais de plus déjà physicien instruit, on doit croire que Boerhaave ne débuta pas à la manière des étudiants ordinaires. Les leçons de ses maîtres, il les suivit peu : il se sentait distrait en les écoutant; son esprit allait plus vite que leurs paroles, et toujours au delà. C'étaient des cours fastidieux dont on aurait pu retrouver la tradition dans des cahiers contemporains des préjugés, et que les professeurs de Leyde s'opiniâtraient à répéter d'après leurs maîtres. Boerhaave eut donc raison de ne point perdre l'habitude d'étudier seul. Il aurait dû disséquer, car quoi de vrai, quoi de certain en médecine sans l'anatomie? Cependant, il s'abstint de ces études, d'abord si répugnantes, de l'amphithéâtre; il lut Vésale, consulta les admirables injections de Ruysch, assista à quelques dissections de Nuck, à peu près comme Buffon, cinquante ans après, assista de loin aux explorations de Daubenton et aux expériences de Needham. Peu soucieux des minces détails, qui cependant sont les seuls qui puissent suggérer une science durable et certaine, il ne vit que le but final, et il se hâta d'y courir. Présageant dès lors quelle raison de se conduire lui deviendrait pour la postérité une des époques les plus mémorables de la médecine, il fit précisément ce qu'a fait parmi nous G. Cuvier, à cela près qu'il procéda d'une manière opposée : loin de négliger, comme Bichat, les auteurs anciens, il résolut de les parcourir tous l'un après l'autre. Commençant par les écrivains les plus modernes, il redescendit (car il faut bien supposer que la science est progressive) jusqu'aux auteurs de l'antiquité. Il ne négligea sur sa route ni Sydenham, ni Van Helmont, ni Paracelse, ni les Arabes, ni Galien, les découvertes d'Érasistrate non plus que les opinions d'Hérophile; et lorsque enfin il arriva à Hippocrate, il se sentit moins d'estime pour beaucoup de médecins modernes, ou plutôt il proportionna cette estime au respect que chacun d'eux avait montré pour les préceptes si sages de ce grand médecin philosophe. Il procéda de même quant à la botanique et à la chimie, ce qui n'avait plus à beaucoup près le même degré d'utilité, puisque ce sont là des sciences nouvelles ou renouvelées. Après trois années de ces recherches d'érudition, il se fit recevoir docteur en médecine, non pas à Leyde, il s'en garda bien; il n'aurait pas voulu tenir son diplôme de ceux-là mêmes qu'il se sentait prédestiné à faire oublier : ce fut à Harderwijk qu'il prit ses degrés. Le sujet seul de sa thèse prouvait assez que la médecine était l'état de son choix, et qu'il l'aimait avec passion : cette dissertation avait en effet pour titre : *Disputatio de utilitate explorandorum excrementorum in ægris*, etc. (1693).

Médecin à vingt-cinq ans, Boerhaave était encore trop jeune pour pratiquer son art avec le succès et la distinction qu'il ambitionnait; il reprit en conséquence, durant huit années, ses recherches d'érudition et ses études de physique et de chimie, et ce ne fut qu'en 1701 qu'on le nomma adjoint ou répétiteur de Drelincourt, son premier maître, dont plus tard il édita les œuvres, comme Bichat plus récemment a publié celles de Desault. Il lui fut aussi facile de surpasser son chef d'emploi, qu'il le fut depuis à Cuvier d'effacer l'anatomiste Mertrud, qui, après avoir eu la simplicité de lui donner accès dans sa chaire, s'imaginait avec bonhomie que Cuvier n'était que son remplaçant ou son adjoint. Remarquons à ce sujet qu'il est des hommes auxquels le destin semble réserver toutes ses faveurs. Si Boerhaave fût venu du temps de Bergman et de Linné, ou du temps de Fourcroy et de Bichat; si Cuvier eût trouvé au Jardin des Plantes Buffon au lieu de Mertrud, et Vicq-d'Azyr au lieu de Portal, pense-t-on que ces hommes, quoique d'un savoir éminent, fussent parvenus d'un vol aussi rapide à la renommée, à la fortune? Non, certainement; il est même probable qu'ils auraient dû changer de dessein, et peut-être même de carrière.

Boerhaave débuta par un discours remarquable, lequel il préconisait l'étude assidue d'Hippocrate, qu'il élevait judicieusement au-dessus de tous les médecins; après quoi, il professa d'abondance, et ce fut avec éclat. Sa figure expressive et majestueuse, le ton imposant de ses manières et de sa voix, sa parole rapide et puissante, la pureté soutenue de sa diction, la sûreté comme l'étendue de sa mémoire, la précision de ses opinions et la fécondité de sa pensée, l'exact enchaînement des faits, et l'abondance autant que la nouveauté des aperçus, et, plus encore que tout le reste, l'immense trésor de son érudition, joint à l'universalité des connaissances contemporaines; ce don précieux de caractériser chaque auteur par ses opinions, chaque idée par une image saisissante ou par une définition nette et vive, chaque mot par un accent, par un geste assorti, firent de Boerhaave le professeur le plus accompli de l'Europe et le plus brillant médecin du temps.

Les étudiants de Leyde se rendirent tous aux leçons de Boerhaave, comme à un lieu de plaisir autant que d'instruction; chaque élève ensuite en renvoya vingt de sa ville ou de sa province, tant l'enthousiasme était contagieux; et ces premiers succès ne firent qu'accroître en Boerhaave ce talent magique qui les lui méritait. Bientôt il n'eut plus de simples élèves, c'étaient plutôt des prosélytes et des apôtres fervents; sa réputation dès lors se répandit dans l'Europe entière. Non-seulement il fallut agrandir son amphithéâtre, mais on se vit obligé d'élargir (et à plusieurs reprises) l'enceinte même de Leyde, alors trop étroite pour l'affluence des auditeurs et des consultants. Cette ville avait encouragé les premiers efforts de Boerhaave; Boerhaave en retour fut cause de son agrandissement, et il lui donna part à son illustration et à ses richesses.

Enfin, titulaire d'une chaire de médecine théorique, Boerhaave y joignit successivement la botanique, la chimie, puis la médecine clinique ou d'hôpital; à lui seul il composait presque une faculté entière. Chaque fois qu'il inaugurait une chaire ou qu'il quittait le rectorat, qui lui échut deux fois, il prononçait un discours d'apparat; et ces brillantes oraisons se trouvaient souvent en plein désaccord avec la substance du cours. Il vantait toujours les médecins grecs dans ses prologues éloquents, et il y rendait hommage à la méthode d'observation; mais on pense bien que Boerhaave, nonobstant son profond respect pour Hippocrate, ne put professer simultanément la médecine spéculative et la chimie sans que bientôt l'un de ces cours n'influençât l'autre. Il était naturel, en effet, que les sciences mathématiques, qu'il avait longtemps étudiées dans sa jeunesse, lui suggérassent des hypothèses mécaniques et hydrauliques. D'ailleurs, la réflexion suivante dut souvent se présenter à son esprit : Tout admirables que soient la simplicité et la candeur d'Hippocrate, il faut convenir que son *naturisme* n'apprend pas grand'chose, si ce n'est cette sage réserve qu'il a lui-même conservée par son exemple. Les *Enormon* et son *Phusis* ne rendent pas mieux raison des actes de la vie que les faux *Éléments* de Galien, l'*Archétype* de Paracelse ou le *Blas* de Van Helmont. Dire que tel phénomène maladif est dû à la *nature*, qu'il est le produit de son génie, un attribut de sa puissance, c'est comme si l'on expliquait sérieusement les événements du monde par l'aveugle pouvoir du destin ou par l'intelligente intervention de la Providence. Cette philosophie de résignation peut sans doute conduire au ciel comme au bonheur, mais non pas à la vérité. Harvey, certes, a eu besoin d'une curiosité plus efficace et moins soumise pour découvrir le cours du sang; de telles lumières laisseraient pour toujours à la médecine sa profonde obscurité. Respectons donc Hippocrate, et suivons la route qu'indiquent ses traces, mais marchons par delà les limites qu'il s'est prescrites! Partageons son culte pour l'observation, mais sachons enchaîner les faits observés, et fécondons-les par les sciences accessoires.

Malheureusement, Boerhaave abusa beaucoup de ces sciences accessoires. Il tenta de rattacher les actes de la vie tantôt à la science, déjà faite, de la mécanique, tantôt aux lois, alors mal établies, de la chimie ou de la physique. Les premiers chimistes avaient renversé la doctrine de Galien, en détruisant les *éléments* sur lesquels elle était fondée; Boerhaave résolut de la remplacer. Il avait étudié les ouvrages de Bellini, médecin-poëte autant que mécanicien, dont la *Dissertation sur les reins et la filtration des urines* exerçait à son insu une grande influence sur son esprit; il connaissait aussi trop bien Sylvius, et il fit de malheureuses applications de ses opinions au sujet des *âcretés*, des *halitus* et des *acides*.

Boerhaave créa donc des hypothèses hydrauliques pour expliquer le libre cours ou le cours entravé des liquides vivants, et des hypothèses chimiques pour rendre raison de l'altération des humeurs. Il supposa dans nos liquides des globules appropriés aux vaisseaux qui les renferment ou leur livrent passage; et lorsqu'il survenait une fluxion, une inflammation ou tumeur quelconque, Boerhaave expliquait ces anomalies en disant qu'il y avait eu *erreur de lieu*, voulant dire par là qu'un globule, s'étant apparemment trompé de vaisseau, avait passé dans un conduit destiné à des globules d'une autre espèce. S'agissait-il par exemple d'une ophthalmie,

Boerhaave attribuait cette inflammation de l'œil au passage malencontreux des globules rouges dans des vaisseaux à globules incolores. D'ailleurs, Leeuwenhoek s'empressa de venir au secours de ces idées systématiques, si peu dignes du grand Boerhaave. Comme on peut voir à l'aide du microscope tout ce que rêve l'imagination de l'observateur, Leeuwenhoek découvrit aisément dans le sien des globules incolores pour les vaisseaux incolores, des globules blancs pour les vaisseaux blancs, des globules rouges pour les vaisseaux rouges, etc.; il eût de même découvert des globules bicolores s'il eût existé des vaisseaux de cette sorte, car le microscope a toute la docilité et la courtoisie des ambitieux du second ordre et des flatteurs.

Ce fut aussi Boerhaave qui inventa les *acrimonies*, les *obstructions*, les *attractifs*, les *fondants*, et tous ces termes ambigus qu'on ne prononce déjà plus dans nos écoles, mais qu'on trouve encore dans quelques livres, et qui surtout se rencontrent fréquemment dans le langage plaintif des hypochondriaques, aussi bien que les *vices d'humeurs* de Sydenham, la *tension des nerfs* de Macbride, les *esprits vitaux* de Vieussens ou de Morton, le *fluide nerveux* d'Hoffmann, les *nerfs irritables* de Glisson, l'*âcreté de la bile* ou le *sang calciné* de Sylvius, le *sec* et l'*humide* de Galien, et mille autres mythes de différents siècles, toujours accolés à quelque nom célèbre, qu'on aurait peut-être oublié sans ce cortège d'erreurs.

Ces systèmes de Boerhaave, aujourd'hui si dédaignés, concoururent puissamment à ses éclatants succès. Ses élèves s'applaudissaient de trouver réunis dans un même cours de médecine le résumé ainsi que l'utile application de toutes leurs études; cela soutenait leur ardeur et avivait leur enthousiasme. Il faut remarquer que Boerhaave ne se pressa ni de professer ni d'écrire. Il avait trente-trois ans lorsqu'il fut nommé répétiteur de Drelincourt, et il en avait quarante quand il publia ses deux principaux ouvrages de médecine, résumant tous ses autres travaux : je veux dire les *Institutions* et les *Aphorismes*, ouvrages savamment commentés, le premier par Haller et le second par Van Swieten, deux de ses disciples les plus célèbres. Chacun de ces livres eut plus de douze éditions en Europe dans l'espace de quarante ans.

L'histoire naturelle et la botanique participèrent aussi de cette grande activité de Boerhaave. A la vérité, il concourut peu par lui-même à leurs progrès, mais son seul assentiment excita une émulation générale, et servit d'encouragement aux savants. Quant à lui, il distribua les plantes du jardin de Leyde, moitié par caprice ou par routine, à l'exemple de son prédécesseur Herman, et moitié d'après les idées, alors si répandues et si applaudies, du célèbre Pithon de Tournefort. Il eut d'ailleurs le mérite de tenir compte des étamines des fleurs dans la description des végétaux et leur arrangement par familles, cinquante ans avant que Linné envoyât à l'académie de Pétersbourg son beau *Mémoire sur les sexes et les mariages des plantes*. Il connaissait, à ce qu'il paraît, les découvertes antérieures de l'Anglais Millington et de l'Italien Malpighi (1675). Non-seulement il publia plusieurs catalogues des plantes du jardin de Leyde, qu'il avait agrandi et beaucoup enrichi, mais il le décrivit et fit figurer quelques plantes nouvelles, et créa de nouveaux genres. Le botaniste Vaillant, qui lui avait dédié un genre nouveau, qu'on nomme encore le *Boerhaavia*, lui adressa de son lit de mort, comme au seul légataire méritant confiance, le manuscrit de sa *Botanique parisienne*; et Boerhaave, noble soutien d'une science en deuil, fit religieusement imprimer cet ouvrage, auquel il joignit des planches magnifiques d'Aubriet, qu'il confia au burin de Van der Laawe. Boerhaave eut aussi le bonheur de protéger le jeune Linné et son ami Artédi, studieux et pauvres tous les deux, comme lui-même il l'avait été trente années auparavant. Il leur donna pour patrons, Clifford à Linné (qui depuis a illustré le nom de son hôte), et Séba à Artédi, qui peu de temps après se noya par étourderie dans le Zuyderzée. Ensuite, les puissantes recommandations de Boerhaave accompagnèrent Linné dans ses voyages en d'autres pays. Sa générosité était infatigable : il fit imprimer avec magnificence, à ses frais, l'*Histoire physique de la mer*, par le comte de Marsigli, auquel il succéda à l'Académie des Sciences de Paris, aussi bien que le célèbre ouvrage de Swammerdam, *Biblia Naturæ*, qu'il enrichit d'une éloquente préface.

De toutes les parties de la médecine, l'anatomie fut la seule qu'il négligea véritablement; elle ne lui dut ni découvertes ni accroissement notables; et toutefois, il était l'ascendant de ses ouvrages, de ses leçons et de sa doctrine, qu'il exerça une influence réelle sur les anatomistes de France et d'Italie qui florissaient de son temps. Ses explications mécaniques et hydrauliques portèrent Winslow, Valsalva, Morgagni et plusieurs autres à décrire et à représenter plus précisément qu'on ne l'avait fait la forme des organes, la direction des muscles, leurs insertions, le calibre et les orifices des vaisseaux, leurs éperons et valvules. Il donna d'ailleurs d'exactes éditions des ouvrages d'anatomie de Vésale, d'Eustachi et de Bellini, et il prit parti dans une discussion entre Ruysch et Malpighi sur la structure des glandes, donnant tort, comme de raison, à son compatriote Ruysch, qu'au reste il dédommagea par une lettre affectueuse.

Quant à ses travaux en chimie, ils auraient suffi à la gloire comme à l'activité d'un autre savant. Le premier, il sut donner à cette science une allure vive et franche, l'asseoir sur des faits évidents, sur des expériences précises, en exposer les principes avec méthode et clarté, la dégageant des mystères et des préventions puériles des alchimistes, ses devanciers. Bien qu'il ignorât la doctrine du phlogistique de Stahl et de Becher, ainsi que la théorie de la combustion, déjà plus d'à moitié trouvée par Boyle, et qu'il ait eu l'inconcevable malheur de méconnaître la pesanteur de l'air, ses *Éléments de Chimie* n'en eurent pas moins le succès le plus brillant et la plus grande influence. Cet ouvrage, tout suranné qu'il nous paraisse aujourd'hui, n'en fut pas moins le plus remarquable du temps; il fut le précurseur et apparemment aussi le promoteur de la nouvelle révolution chimique. Les analyses de Boerhaave sont éminentes pour le temps, et ses expériences ont souvent beaucoup d'exactitude et de finesse. Après Scheele et Bergmann, ses auteurs favoris, Vauquelin prisait infiniment Boerhaave; le lui ai souvent vu aux mains l'édition de 1732, qui est la meilleure. Plusieurs opuscules sur la chimie, entre autres trois *Mémoires sur le Mercure*, furent insérés dans les recueils de l'Académie des Sciences de Paris et de la Société Royale de Londres (1734), et cela même le porta à étudier profondément les maladies dont le mercure est le spécifique par excellence. Ces sortes d'affections étaient alors et plus vives et moins bien connues que de nos jours; le traitement en était non-seulement plus mystérieux, mais moins parfait. Il y eut donc à propos de la part de Boerhaave à publier un ouvrage *sur les Maladies vénériennes* l'année même qui suivit ses mémoires chimiques sur le mercure. Il faut même remarquer que la première édition de ce traité parut à Londres et en anglais, ce qui dut servir encore à la haute fortune du médecin de Leyde.

Sa chaire de médecine clinique ajouta beaucoup à son expérience et à sa réputation; il y fit voir une grande sagesse. Jamais Bidloo, son prédécesseur, n'avait montré autant d'éloignement pour les idées systématiques que Boerhaave en montra lui-même au lit des malades. Il oubliait alors toutes ses théories et sa chère chimie, pour ne voir que les symptômes des maladies, leurs différents caractères, leur tendance vers la guérison ou la mort; il s'attachait aussi à en découvrir le siège, et il en discutait le traitement avec une rare prudence. D'ailleurs, Boerhaave possédait pour l'observation une heureuse aptitude. Il n'a malheureusement laissé que deux histoires pratiques tracées de sa main : l'une d'elles est relative à la rupture soudaine de l'œsophage sur un personnage éminent; mais il serait difficile de concevoir rien de plus hippocratique ou de plus achevé. Boerhaave était également doué d'une grande sagacité, à laquelle il savait joindre, quand il en était besoin, une volonté ferme et un caractère très-décidé. Un jour il s'aperçut, en traversant une salle d'hôpital remplie de jeunes filles, qu'un grand nombre d'entre elles avaient des convulsions, à l'exemple d'une malade, leur voisine, qui était réellement atteinte d'épilepsie. Boerhaave vit aussitôt qu'il ne pourrait maîtriser ce déplorable effet de l'imitation qu'en frappant d'une terreur soudaine l'imagination de ces jeunes filles : il se fit donc apporter au milieu même des malades un fourneau rempli de charbon ardent; lui-même y fit rougir de ces tiges de fer dont se servent les chirurgiens pour cautériser des caries ou des plaies, et, saisissant ensuite la poignée d'un de ces métaux brûlants, il dit aux convulsionnaires : « Vous voyez ce fer rouge; la première d'entre vous qui aura le malheur d'avoir des convulsions, je le lui appliquerai sur la figure. » L'effet fut subit : aussitôt les convulsions cessèrent; on aurait pu se croire à l'un de ces enchantements si familiers dans les siècles d'ignorance et de crédulité. Voilà de la médecine morale; et c'est assurément la meilleure.

Une attaque de goutte força Boerhaave d'interrompre pour la première fois ses travaux en 1722. Deux nouvelles rechutes, en 1727 et 1729, lui firent abandonner les chaires de botanique et de chimie. Enfin en 1738 les symptômes de son mal s'aggravèrent, et après quelques mois de souffrances il mourut, le 23 septembre de cette année. Un monument lui fut élevé dans l'église de Saint-Pierre. On y voit son image entourée de sa devise chérie : *Simplex sigillum veri*.

Quelle vie que celle de Boerhaave! quatre chaires différentes, glorieusement remplies par le même homme, n'occupent encore qu'une faible partie de ses instants. Dans l'espace de vingt années, vous le verrez composer 10 discours fameux, plusieurs dissertations, 5 mémoires originaux; attacher son nom à 27 ouvrages remarquables, dont quatre, quoiqu'en latin, sont traduits en divers idiomes, même en arabe, et plus de cinquante fois réimprimés durant un quart de siècle. Cependant, il trouve encore assez de loisirs pour publier onze ouvrages antérieurement connus, entre autres ceux de Prosper Alpin et d'Arétée, et il a la générosité de tenir lieu de libraire à trois auteurs trop peu célèbres pour en trouver d'accessibles, ou trop pauvres pour pouvoir s'en passer. Remarquez pourtant que Boerhaave sait six langues, qu'il est bon mathématicien, physicien ingénieux, savant naturaliste, métaphysicien subtil; il sait la théologie, il sait l'histoire. Il passe ses matinées à l'hôpital, et son laboratoire de chimie obtient les plus belles heures de chacun de ses jours; il expérimente, il professe, il observe; ensuite il compose, ensuite il traduit, il consulte, il converse, il herborise, et il ne dédaigne pas même d'inventer des recettes nouvelles. Il instruit des milliers d'élèves, traite ou conseille des malades venus vers lui, leur dernier espoir, de toutes les contrées de l'Europe; correspond avec dix académies qui voudraient se le concilier, et avec autant de rois qui songent à le séduire. Quel est donc le génie qui multiplie ainsi le même homme, et qui concentre dans vingt années de sa vie l'ample matière à cent existences communes, qui le rend propre à tout et supérieur en toutes choses à chacun de ses rivaux? Quel est ce savant qu'attirent à elles les plus célèbres académies, malgré des jaloux qui voudraient les en dissuader, pour qui l'indifférent Fontenelle devient tout à coup chaleureux, que l'illustre Haller n'hésite point à commenter, et à l'occasion duquel on agrandit des villes, trop resserrées pour la foule de ses admirateurs? Quel est cet homme que viennent visiter de cinq cents lieues les empereurs puissants, à qui l'on écrit de la Chine : « A Boërhaave, médecin en Europe; » pour lequel ses compatriotes illuminent spontanément leurs édifices et leurs demeures en apprenant qu'une attaque de goutte vient de le quitter, et qui, nonobstant l'existence la plus noble, la mieux remplie de louables actions et de pensées généreuses, laisse encore à sa famille plus de quatre millions de fortune, afin sans doute d'obtenir son pardon pour cette vie studieuse et cette renommée qui lui inspira tant de déplaisir et tant de courroux!

Si nous recherchions les causes de cette grande destinée de Boerhaave, nous en découvririons plusieurs dans les circonstances de sa vie : sa maladie d'enfance le rendit chaste, appliqué, prématurément réfléchi; son indigence le préserva de la dissipation et des plaisirs : elle lui enseigna de bonne heure le prix du temps et les bienfaits du travail et de la vigilance; son apparente désobéissance aux vœux d'un père vénéré lui prescrivit d'expier son insoumission par de la renommée; son intelligence pleine d'ardeur féconda l'érudition paternelle; les mathématiques lui suggérèrent l'habitude de l'ordre et de la précision, et les leçons qu'il en donna si jeune lui apprirent à surmonter les difficultés de l'enseignement et à s'insinuer par degrés dans l'esprit d'un auditoire. Il n'y a pas jusqu'à l'exiguïté de la ville de Leyde qui n'ait été propice à Boerhaave : outre que cette circonstance concentra mieux ses devoirs comme ses études, elle dut le rendre plus soigneux de sa conduite, plus esclave de l'opinion et plus certain d'obtenir en confiance le prix dû à son application et à sa ponctualité. C'est même pour des raisons semblables que les villes d'une médiocre étendue sont généralement écondes en bons médecins : Leyde, Halle, Lausanne, Pavie, Genève, l'île de Cos et Montpellier ont fourni proportionnellement plus de grands praticiens que Londres, Rome, Moscou, Paris ou Madrid. Voilà pour l'aptitude. Quant aux succès, Boerhaave joignait à une science précoce une mémoire aussi prompte qu'intarissable, un discernement judicieux, la connaissance des hommes et l'habitude du monde, une physionomie comme celle de Desgenettes ou de Broussais, des moyens d'expression admirables, et, comme pour combler la mesure de tant de dons célestes, une santé à l'abri des infirmités et plus forte que les fatigues. D'ailleurs, Boerhaave écrivit tard et toujours brièvement, par sommaires, réservant le surplus pour des leçons orales et pour ses commentateurs.

Sa réputation une fois établie, sa nation, alors reine des mers, la répandit avec enthousiasme parmi tous les peuples civilisés, outre qu'il habitait un pays que les étrangers ont toujours fréquenté avec une sorte de prédilection, à raison de sa liberté et de ses lumières. Toutefois, Boerhaave, si glorieux pendant sa vie, n'est plus admiré de nos jours que par tradition et sur parole; personne ne lit ses écrits. Notons à ce sujet une observation assez importante pour ceux dont la vie se dévoue au culte de l'esprit : c'est qu'il n'y a que trois sortes d'ouvrages que le temps respecte, que l'on ne cesse de lire, et que l'on prise d'autant plus qu'on les a lus davantage : ce sont d'abord les grandes conceptions de poésie destinées à vivifier des scènes historiques ou à émouvoir les passions humaines par des tableaux créés à leur ressemblance sous leur inspiration; c'est, en second lieu, l'exacte notion des choses ainsi que le récit fidèle des faits intéressants, joint à leur sincère et judicieuse interprétation, sans le faux alliage des suppositions ou du mensonge; c'est enfin l'histoire morale de l'homme, dont on puise les matériaux essentiels dans sa conduite et dans son cœur. Hors de là, tout passe, et voilà pourquoi les livres de Boerhaave sont, non pas oubliés, mais délaissés. Il décrivit peu, et ce fut un malheur; il expliqua tout arbitrairement, comme par improvisation, et embrassa trop d'objets pour les étreindre. Il eut le tort de négliger l'anatomie, sans laquelle il faut renoncer à bien concevoir la nature de l'homme et son histoire; il ignora les faits les plus importants de la chimie, l'existence des gaz et le principe de la combustion. Enfin, les sciences depuis lui sont totalement changées, et il serait possible d'en dénombrer consciencieusement et les fondateurs et les richesses sans mentionner le nom de Boerhaave dix fois. Sa réputation comme professeur fut gigantesque et pourtant méritée; mais ce n'est presque qu'une gloire traditionnelle, comme celle d'un avocat ou d'un acteur, et dont il serait même permis de douter après plusieurs générations, puisque rien alors ne l'atteste, ni témoins ni monuments.

Lavoisier a donc ôté à Boerhaave le sceptre de la chimie; Linné, ainsi que Jussieu et Lamarck, celui de la botanique; Bordeu, Barthez, et surtout Bichat, ont remplacé avec bonheur ses théories médicales; Corvisart, praticien incontestablement moins érudit, fut en revanche plus exact et plus infaillible; enfin, quant à l'universalité des connaissances, quant à l'activité, quant au travail, Cuvier a été son digne et très-heureux rival. Ajoutons toutefois que ce n'est pas une gloire médiocre pour Boerhaave que de voir ainsi partagé entre tant d'illustrations modernes, dans le siècle qui suivit sa mort, un vaste État qu'il gouverna seul pendant trente ans sans contestation ni partage.   Dr Isid. BOURDON.

BOERNE (LUDWIG), le plus célèbre écrivain politique de l'Allemagne et l'un de ses meilleurs écrivains littéraires, naquit à Francfort, le 22 mai 1786, d'une famille d'Israélites. Il étudia à l'université de Halle les lettres, la philosophie et la médecine, sous les plus célèbres professeurs. En 1818 il embrassa la religion protestante, et, poussé par une vocation irrésistible, il se jeta dans la carrière littéraire. Rédacteur libéral de *la Balance*, de *l'Essor* et du *Journal de Francfort*, en butte aux persécutions du pouvoir, il céda, et se retira. On remarque beaucoup dans cette polémique un morceau intitulé : *Histoire curieuse de la Censure de Francfort*. Ce morceau satirique est admirable de verve et d'esprit. Bœrne y fustige la tyrannie absurde de la censure. Las de toutes ces tracasseries, Bœrne fit un premier voyage à Paris, en 1819, et un second, en 1822. Il fit paraître ses *Tableaux de Paris*, livre original à l'égal de celui de Mercier. En 1829 Bœrne donna une collection de ses œuvres en 8 volumes. Il y en eut trois éditions. Depuis, et en 1830, il publia ses *Lettres sur Paris*, qui firent en Allemagne une si vive impression. A son retour, il fut l'objet, passager il est vrai, des ovations les plus éclatantes et d'une espèce d'enthousiasme. Mais les doctrines du pouvoir absolu, un moment ébranlées par le coup de foudre de Juillet, ne tardèrent pas à reprendre le dessus sur les théories de la propagande révolutionnaire; les écrivains patriotes étaient poursuivis et menacés. Bœrne s'en vint, après avoir visité deux fois la Suisse, chercher un refuge en France, qu'il ne devait plus quitter. Là, retiré dans sa modeste habitation d'Auteuil, il traduisait les *Paroles d'un Croyant*, et il s'occupait d'écrire une *Histoire de la Révolution française*, qu'il n'eut pas malheureusement le temps d'achever. Ses derniers travaux furent des articles publiés dans *le Réformateur* et dans *la Balance*, feuille piquante éditée à ses frais, et dont quelques numéros seulement parurent. Enfin, il mit au jour *Menzel der franzosen fresser*, le plus parfait de ses ouvrages, et que les Allemands ont appelé le *Testament de Bœrne*. Bœrne mourut à Paris, le 12 février 1837. Le célèbre David, avec le concours de ses amis, éleva un monument à sa mémoire.

Depuis la mort de Jean-Paul, aucune perte n'excita en Allemagne des regrets plus vifs et plus universels. A ses qualités de grand écrivain et de démocrate ferme et sincère, Bœrne joignait une âme ardente et sensible, une rare probité, un caractère désintéressé, une modestie charmante. Allemand par la naissance, mais Français par l'esprit et par le cœur, il rêvait l'union intime des deux pays. Il n'était pas, lui, pour les barrières du Rhin.

[Bœrne est l'un de ces rares esprits qui prospèrent en quelque lieu que leurs pensées poussent et se répandent, pareils à ces belles fleurs exotiques qui, transportées dans nos doux climats, y brillent presque du même éclat, y exhalent presque le même parfum que nos roses naturelles. Le génie de Bœrne, quoique allemand par sa profondeur et l'universalité de sa poésie, ressemblait néanmoins par la forme à celui de Voltaire : vif, léger, fin, original, il ne se perdait pas dans ces abstractions métaphysiques, dans ces définitions nébuleuses où les philosophes de l'Allemagne se jettent, soit par habitude, soit par une sorte de courbure de leur esprit, soit pour se dérober eux-mêmes la vue des misères politiques qui les affligent. Bœrne, impétueux, ardent, véridique, intrépide, ne composait pas avec les préjugés. Il abattait sous le tranchant de sa plume acérée les institutions féodales, les courtisans, les flatteurs et les abus.

Il y a, même en politique, un côté poétique, comme en tout le reste. C'est ce côté poétique, ce côté fleuri, que saisissent plus volontiers les Allemands ; mais la fleur des pommiers, la fleur de la vigne, la fleur du blé, tombent au premier souffle du vent; c'est le raisin seul qui donne le vin, l'épi seul qui donne le blé, le noyau seul qui donne le fruit. De même, pour bien connaître les choses, il faut aller au fond des choses. C'est là ce que savent faire admirablement les Français. Avec leur esprit positif, exact, méthodique, pénétrant, arrangeur, ils ont bien vite réduit chaque matière à sa plus simple expression : il ne faut pas croire, parce qu'ils dansent et qu'ils chantent à ravir, que ce soit un peuple qui danse et qui chante toujours. Ce sont, au contraire, les Allemands qui, en politique, chantent toujours. Je ne les en blâme point. Ils font comme fit jadis Hésiode, comme firent les bardes écossais, les enfants d'Odin, et les druides, nos aïeux.

Avant d'éclairer les esprits, il faut toucher les cœurs, et il n'y a que les poëtes qui sachent bien toucher les cœurs. Il faut parler à l'imagination des peuples par des figures, et il n'y a que les poëtes qui sachent bien attaquer, ébranler, séduire l'imagination. Bœrne a donc suivi la marche naturelle des choses; il s'avance par bonds, comme les poëtes lyriques; il sème, il prodigue toutes les fleurs de son brillant esprit; il a de soudaines aspirations vers un avenir meilleur; il s'afflige, il se console, il croit, il doute, il espère, et l'on sent que son âme déborde et que ses entrailles remuent. Il se berce dans ses pensées, il cesse d'être Français, il redevient Allemand; il va, revient, flotte et suit dans ses calmes, ses agitations, ses progrès et ses retours, le flot ondulé de Juillet. Sa manière est un mélange d'ode, d'élégie et de satire ; l'homme de lettres domine, et le publiciste est quelquefois absent. Or, ce qu'il faut à l'Allemagne, ce sont des logiciens et des publicistes plutôt que des poëtes et des philosophes.

Bœrne était aussi grand par le sentiment que distingué par l'esprit. Il aimait la France comme sa seconde patrie, il l'aimait dans l'intérêt de l'Allemagne. Il avait raison. L'Allemagne a besoin du secours de la France, non pas de la France militaire, mais de la France intellectuelle, pour secouer le joug féodal de ses aristocraties et de ses monarchies. Depuis longtemps, au milieu de tous les bruits du siècle, il se fait, dans le sein de l'Allemagne, comme un travail lent, mais continu, de décomposition, et les progrès s'y accompliront. La Providence a ses voies, qu'elle seule connaît, et nous aurions, avec Bœrne, préféré toujours les plus douces. Bœrne est mort dans cette sainte espérance, et les Allemands régénérés le béniront un jour comme l'un des précurseurs de leur émancipation.   TIMON.]

BOERS, c'est-à-dire *paysans*, nom donné dans la colonie du cap de Bonne-Espérance aux possesseurs du sol d'origine hollandaise. On distingue les Boers en trois classes, d'après les trois principales productions du pays : les *Boers vignerons*, la classe la plus riche, qui trouvent beaucoup de commodités dans le voisinage des villes, surtout du Cap;

les *Boers agriculteurs*, qui sont à leur aise, quelquefois riches, malgré l'état arriéré de l'agriculture, principalement dans le voisinage des villes; les *Boers pasteurs*, qui sont, il est vrai, assez riches pour vivre indépendants, mais que leur vie nomade à travers les déserts de l'intérieur a rendus sales et grossiers. Le caractère des Hollandais, froid, flegmatique, tenace, persévérant, luttant contre les difficultés avec un redoublement d'énergie, s'est conservé chez leurs descendants à cette extrémité de l'Afrique, et s'est inculqué petit à petit chez ceux des réfugiés français qui allèrent chercher un asile au Cap, après la révocation de l'édit de Nantes, et y introduisirent la culture de la vigne. La langue des Boers est le hollandais; très-peu d'entre eux comprennent l'anglais, même dans les environs des villes. Bien qu'ennemis des Anglais, ils les accueillent avec hospitalité, mais sans leur faire d'avances. Leur vie, au reste, est tout à fait patriarcale, simple, religieuse; la discipline domestique est extraordinairement sévère dans les familles, et tous pratiquent assez régulièrement leurs devoirs religieux. Presque tous savent lire et écrire. Le Boer se distingue par une structure robuste et une très-haute taille; mais il est lourd et sans grâce, et la beauté est rare parmi les femmes. Mécontents depuis longtemps de l'administration de la colonie, un très-grand nombre de Boers ont émigré, à différentes époques, au delà du fleuve Orange, et y ont défriché une étendue de terrain considérable que l'on regarde aujourd'hui comme une dépendance de la colonie. D'autres allèrent fonder la colonie de Port-Natal, qui est soumise à l'Angleterre.

BOÉTIE (ÉTIENNE DE LA). *Voyez* LA BOÉTIE.

BOETTCHER (JEAN-FRÉDÉRIC), nommé aussi BŒTTGER ou BŒTTIGER, comme il signait quelquefois, inventeur de la porcelaine de Saxe, était né à Schleiz, dans le bailliage de Reuss, en 1681 ou 1682. Son père, qu'il perdit de bonne heure, avait été directeur de la monnaie à Magdebourg et à Schleiz. A l'âge de quinze ans Bœttcher entra comme apprenti chez un pharmacien de Berlin, nommé Zorn. Il annonçait de grands talents, unis à une louable persévérance, surtout dans l'étude de la chimie; mais il employait tous ses loisirs à essayer de faire de l'or. Il avait été poussé à la vaine recherche du secret de la transmutation des métaux par l'apothicaire Copke d'Heymersleben, qui lui avait prêté un manuscrit sur la pierre philosophale, qu'il tenait, disait-il, d'un moine de Saint-Gall. Bœttcher passait les nuits entières dans le laboratoire de Zorn, travaillant aux dépens de ce dernier, car il n'avait aucune fortune par lui-même et négligeait les travaux de son état. Cette conduite lui attira de violents reproches de la part de Zorn, et il dut quitter son laboratoire vers le mois de septembre 1699. Tombé dans la misère la plus profonde, il rentra cependant chez le même pharmacien à Pâques 1700, en promettant d'être plus circonspect; mais il n'en continua pas moins en secret ses essais d'alchimie. Pour convaincre de la réalité de son art ses camarades, qui se moquaient de lui, il consentit à leur donner des preuves de ses talents en alchimie, et en effet, en 1701, il retira de l'or fin d'un creuset.

Quoique Bœttcher priât qu'on lui gardât le secret, son prétendu succès n'en fut pas moins prôné; ce qui lui valut les encouragements des gens les plus distingués, entre autres du célèbre Haugwitz, en présence de qui il répéta ses expériences. Mais Bœttcher, ayant appris qu'en sa qualité d'adepte du grand art on voulait le faire arrêter, disparut tout à coup, et vécut caché dans une mansarde du marchand Rœber. Il s'échappa ensuite à la fin d'octobre 1701, et se rendit à Wittemberg, où il feignit de vouloir étudier la médecine. Instruit du lieu où il s'était retiré, le gouvernement prussien envoya un commissaire, qui essaya d'abord par de bonnes paroles de le décider à retourner en Prusse, et, ce moyen n'ayant pas réussi, il fut arrêté comme déprédateur; mais la cour de Dresde prit le fugitif sous sa protection, voulant éclaircir la conduite mystérieuse de cet homme et pénétrer le motif des offres nombreuses, publiques ou secrètes, qui lui étaient faites de la part de l'étranger. Bœttcher fut donc emmené à Dresde. Le gouverneur Égon de Fürstemberg le reçut dans son palais jusqu'à ce qu'on lui eût préparé un logement commode dans le Hofgarten. Bœttcher y était traité en personnage de distinction, mais il y était en quelque sorte prisonnier, et il ne lui était permis de voir personne. De temps à autre on lui donnait de fortes sommes pour ses essais d'alchimie.

Bœttcher sut pendant trois ans tenir le prince de Fürstemberg en haleine. Remarquant enfin que la patience de son protecteur était à bout, et qu'il n'y avait plus moyen de pousser la supercherie plus loin, il disparut par une belle nuit de l'été de 1704, et prit sa course à travers la Bohême et la Hongrie. Mais on se mit à sa poursuite : on l'arrêta à Ems; on le ramena à Dresde, et à force de menaces on lui fit promettre, sinon de continuer ses essais, au moins de donner par écrit son secret. Dans l'automne de 1705, Bœttcher remit donc au roi Auguste II un rapport fort long, dont l'original se conserve dans les archives de Saxe. Ce rapport est plein de rêveries mystiques; mais il est écrit avec tant de bonne foi apparente, qu'on pourrait croire que l'auteur est sûr de son fait. Le roi cependant, mécontent du rapport et du résultat de nouveaux essais, finit par déclarer que l'arcane de Bœttcher ne reposait pas sur une bonne base. Le comte de Tschirnhausen conseilla alors à Auguste II, qui désirait depuis longtemps d'établir en Saxe une manufacture où l'on pût mettre en œuvre les matières premières qui existaient dans le pays, telles que terres, pierres, etc., de tirer parti dans ce but des connaissances incontestables de Bœttcher en chimie.

En effet, à la fin de l'année 1705, Bœttcher parvint à tirer d'une espèce d'argile rouge qu'on rencontre aux environs de Meissen, une porcelaine qui surpassait de beaucoup en beauté et en solidité celle de Tschirnhausen. L'heureux inventeur fut comblé de présents; il ne fut cependant pas mis en liberté, soit qu'on voulût tenir secrète la fabrication de cette porcelaine, soit qu'on espérât encore parvenir à la découverte de la pierre philosophale, ne considérant la porcelaine que comme une chose accessoire. Lors de l'invasion des Suédois en 1706, le laboratoire de Bœttcher fut transféré dans la forteresse de Kœnigstein, au milieu de la nuit, sous l'escorte d'un détachement de cavalerie et avec les plus grandes précautions. Tschirnhausen allait seul le visiter de temps en temps, afin de surveiller les travaux. Après la retraite des Suédois, on fit revenir Bœttcher à Dresde, et on lui donna un vaste laboratoire. Dès lors la fabrication de la porcelaine prit un tel développement que ses produits, qui avaient d'abord été offerts en présents aux cours étrangères, parurent, en 1709, sur le marché de Leipzig. En 1710 le laboratoire fut transporté dans l'Albrechtsbourg à Meissen, et en 1711 on y établit un atelier particulier pour la porcelaine blanche, qui était encore fort rare. Après la mort du comte de Tschirnhausen, en 1708, Bœttcher fut nommé directeur de la fabrique; mais sa vie irrégulière le rendait peu propre à remplir cette place, et des vues d'intérêt personnel, à ce qu'il semble, le portèrent à entraver, autant qu'il dépendait de lui, les progrès de la fabrication. Dès l'année 1716 il noua avec des Berlinois une correspondance dans le but de leur vendre son secret; mais elle fut découverte en 1719 et sa mort, arrivée le 3 mars 1719, put seule le soustraire au châtiment qu'il avait mérité. Quoiqu'il eût reçu du roi, à plusieurs reprises, plus de 150,000 thalers, il ne laissa que des dettes. On a dit qu'il avait été créé baron en récompense de ses services; mais c'est une fable. Consultez Engelhards, J.-F. *Bœttger, inventeur de la porcelaine de Saxe* (Leipzig, 1837).

BOETTIGER (CHARLES-AUGUSTE), un des plus savants et des plus ingénieux archéologues et littérateurs de l'Allemagne, naquit le 8 juin 1760, à Reichenbach, dans le Voigtland saxon. Après avoir terminé ses études à Leipzig, il entra comme gouverneur dans une famille de Dresde. Appelé comme recteur à Guben, en 1784, puis à Bautzen, en 1790, il ne resta que fort peu de temps dans cette dernière ville, la recommandation de Herder lui ayant fait obtenir, en 1791, la place de directeur du gymnase de Weimar. Si, d'un côté, la société de Schiller, Herder, Wieland et Gœthe, si des études communes avec le savant artiste H. Meyer furent utiles à Bœttiger, en développant en lui le goût de l'archéologie, de l'autre, les travaux littéraires qu'il entreprit pour le comptoir industriel le détournèrent d'études sérieuses. De 1795 à 1803, il publia seul le *Journal du Luxe et de la Mode*, sous le pseudonyme de Bertuch; de 1797 à 1809, il travailla à peu près seul au *Nouveau Mercure Allemand*, Wieland n'ayant jamais donné que son nom; pendant six ans, il rédigea seul le journal *Londres et Paris*, et expliqua lui-même les gravures. Collaborateur de la *Gazette universelle* depuis sa fondation par Posselt, en 1798, il fut exclusivement chargé jusqu'en 1806 des revues littéraires, des nécrologies, des nouvelles anglaises, des annonces des foires. Ou comprend qu'au milieu d'occupations si variées, sans parler de son active correspondance et des devoirs de sa place, il n'ait pu écouter les conseils de Heyne, Wolf, Jean de Müller, ni de ses amis de Weimar, qui le pressaient sans cesse d'entreprendre un ouvrage sérieux et durable. Les seuls travaux un peu importants qu'il ait publiés pendant son séjour à Weimar sont *Sabine, ou la Matinée d'une dame romaine* (Leipzig, 1803; 2ᵉ édit., 1806), et *Peintures de vases grecs, avec des explications archéologiques et artistiques et des gravures originales* (1797-1800); encore ce dernier est-il resté inachevé. Il publia aussi en collaboration avec H. Meyer les *Cahiers Archéologiques*, le *Musée Archéologique* (Weimar, 1801) et *le Masque des Furies dans la tragédie et la statuaire des anciens Grecs*.

En 1804, Bœttiger fut appelé à Dresde en qualité de conseiller de cour et de directeur des études de la maison des pages. Dès 1805 il commença des cours publics sur quelques branches de l'archéologie et de l'art antique, cours à la suite desquels il publia : *Sur les Musées et les collections d'antiques* (Leipzig, 1808); les *Noces Aldobrandines* (Dresde, 1810); *Idées sur l'Archéologie de la Peinture* (Dresde, 1811) et la *Mythologie de l'Art* (Dresde, 1811). La maison des pages ayant été réunie en 1814 à celle des cadets, Bœttiger fut nommé directeur des études à l'école militaire et inspecteur en chef des musées royaux des antiques et de la collection des plâtres de Mengs. C'est à cette période de sa vie qu'appartiennent les *Leçons sur la Galerie des Antiques de Dresde* (Dresde, 1814), *Cours et Mémoires d'Archéologie* (Leipzig, 1817), et *Éclaircissements cosmographiques sur le monde ancien* (Leipzig, 1818).

Lorsqu'il perdit sa place, en 1821, à la suite de la réorganisation complète de l'école militaire, il renonça à l'enseignement, pour ne plus s'occuper que de travaux littéraires. À partir de ce temps il publia successivement un *Journal des Notices artistiques*; *Amalthée, ou Musée de la Mythologie de l'Art et de l'Archéologie plastique* (Leipzig, 1821-1825), qu'il continua depuis sous le titre : *L'Archéologie et l'Art* (Breslau, 1828). La mort ne lui permit pas de terminer la publication des *Idées sur la Mythologie de l'Art*; le second volume, resté manuscrit, a été édité par Sillig (Dresde, 1836). Bœttiger mourut le 17 novembre 1835. Depuis 1832, l'Institut de France l'avait admis dans son sein.

BŒUF. « Ce mot, dit Cuvier, désigne proprement le taureau châtré; dans un sens plus étendu, il désigne l'espèce entière, dont le taureau, la vache, le veau, la génisse et le bœuf ne sont que différents états; dans un sens plus étendu encore, il s'applique au genre entier, qui comprend les espèces du bœuf, du buffle, du yak, etc. Dans ce dernier sens le genre *bœuf* est composé de quadrupèdes ruminants à pieds fourchus et à cornes creuses, qui se distinguent des autres genres de cette famille, tels que les chèvres, les moutons et les antilopes, par un corps trapu; par des membres courts et robustes; par un cou garni en dessous d'une peau lâche, qu'on appelle *fanon*; par des cornes qui se courbent d'abord en bas et en dehors, dont la pointe revient en dessus, et dont l'axe osseux est creux intérieurement, et communique avec les sinus frontaux. »

Les bœufs ne vivent que d'herbes, ainsi que tous les animaux de leur ordre; mais, loin d'être timides et fugitifs, comme les cerfs et les antilopes, ils se défendent contre les carnassiers de la plus grande taille, résistent à l'homme, ou même l'attaquent lorsqu'il s'offre à leur vue, le percent de leurs cornes et le foulent aux pieds. Dans l'état sauvage, ils vivent par troupes; ils sont polygames, et ne produisent qu'un petit à chaque portée. Plusieurs espèces de ce genre, réduites à la domesticité, servent à l'homme pour le trait et le portage, et lui fournissent leur lait. Il n'est presque aucune de leurs parties qui ne soit utile. Leur chair est bonne à tous les âges; leur suif, leur peau, leurs cornes, leurs os, sont employés par les différents arts; et ce sont sans contredit de tous les animaux ceux dont l'homme a su tirer le plus grand parti.

Dans la classification du genre *bœuf* la plus généralement adoptée aujourd'hui, on reconnaît huit espèces principales : le *bœuf ordinaire* (dont se rapprochent le *zébu*, le *gour*, et quelques autres variétés, moins importantes), l'*aurochs*, le *bison d'Amérique*, le *buffle*, le *gyall* ou *bœuf des jongles*, le *yak* ou *buffle à queue de cheval*, le *buffle du Cap*, et le *bœuf musqué* ou *buffle musqué d'Amérique*.

Le *bœuf ordinaire* (bos taurus, Linné) a pour caractères spécifiques un front plat, plus long que large, et des cornes rondes, placées aux deux extrémités de la ligne saillante qui sépare le front de l'occiput. Il n'est personne qui ne connaisse cet animal, sans lequel la société humaine aurait peine à subsister, au moins dans nos climats. On le trouve dans toute l'Europe, dans la plus grande partie de l'Asie et de l'Afrique, et il s'est prodigieusement multiplié en Amérique depuis que les Européens l'y ont transporté; car il n'existait pas dans cette partie du monde lorsque les Espagnols y abordèrent. Ses races ont été prodigieusement modifiées, tant par l'influence de la domesticité que par de si grandes diversités de climats. Aussi le bœuf varie-t-il considérablement pour la taille et la couleur; les cornes même varient en grandeur ou en direction, et manquent tout à fait dans quelques variétés. Il paraît que la couleur naturelle à l'espèce est la fauve; et c'est, en effet, la plus commune; mais elle passe quelquefois à d'autres nuances, tantôt plus ou tantôt moins vives : il y a des bœufs rouges et bais; il y en a aussi de noirs, de bruns, de blancs, de gris, de pommelés et de pies.

On distingue sous le nom particulier de *bœufs à bosse* ou *zébus* ceux qui portent sur les épaules une loupe de graisse.

Le bœuf a douze dents molaires à chaque mâchoire, six de chaque côté, point de canines, et, à la mâchoire inférieure seulement huit incisives, dont celles du milieu sont minces et tranchantes. Sa langue est toute hérissée de petits crochets plus ou moins fermes, pointus, dirigés en arrière, et qui la rendent très-rude. Il mange vite et prend en assez peu de temps toute la nourriture qu'il lui faut; après quoi il cesse de manger, et se couche (ordinairement sur le côté gauche) pour ruminer et digérer à loisir.

On appelle *mugissement* la voix des animaux de cette espèce. Ces mugissements sont plus forts dans les mâles entiers, ou *taureaux*, que dans les autres individus. « Le taureau, dit Buffon, ne mugit que d'amour; la vache mugit plus souvent de peur et d'horreur que d'amour; et le veau mugit de douleur, de besoin de nourriture et de désir de sa mère. » Les mamelles sont au nombre de quatre. Quelques vaches ont un cinquième et même un sixième mamelon; mais ces parties surabondantes sont dépourvues d'usage, puisqu'elles n'ont ni conduit ni ouverture.

Dans nos climats, la chaleur de la vache commence d'ordinaire au printemps; mais elle n'a point d'époque constante, et l'on voit des vaches dont la chaleur tardive n'a lieu qu'en juillet. Toutes sont en état de produire à l'âge de dix-huit mois, au lieu que le taureau ne peut guère engendrer qu'à deux ans. Tous deux éprouvent avec une extrême violence les désirs de l'amour : le mâle devient indomptable et souvent furieux, toujours prêt à disputer à ses rivaux, par un combat à mort, la possession d'une femelle. La femelle mugit très-fréquemment et plus violemment dans ce temps que dans les autres temps; elle saute sur les autres vaches, sur les bœufs, et même sur les taureaux. Il faut profiter du temps de cette forte chaleur pour lui donner le taureau. « Il doit être choisi, dit Buffon, comme le cheval étalon, parmi les plus beaux de son espèce; il doit être gros, bien fait et en bonne chair; il doit avoir l'œil noir, le regard fier, le front ouvert, la tête courte, les cornes grosses, courtes et noires, les oreilles longues et velues, le mufle grand, le nez court et droit, le cou charnu et gros, les épaules et la poitrine larges, les reins fermes, le dos droit, les jambes grosses et charnues, la queue longue et bien couverte de poil, l'allure ferme et sûre, et le poil rouge. » Dès que la vache est pleine, le taureau refuse de la couvrir. Elle porte neuf mois, et met bas au commencement du dixième.

Ces animaux sont dans leur plus grande force depuis trois ans jusqu'à neuf. La durée naturelle de leur vie est de quatorze à quinze ans; mais ordinairement on les engraisse à dix, pour les livrer au boucher. C'est à dix-huit mois ou deux ans qu'on doit couper le mâle. « La nature a fait cet animal indocile et fier, dit encore Buffon; mais par la castration l'on détruit la source de ces mouvements impétueux, et l'on ne retranche rien à sa force; il n'en est que plus gros, plus massif, plus pesant, et plus propre à l'ouvrage auquel on le destine; il devient aussi plus traitable, plus patient, plus docile. »

On connaît l'âge des bœufs par les dents et les cornes. Les premières dents de devant tombent à dix mois, et sont remplacées par d'autres, qui sont moins blanches et plus larges; à seize mois, les dents voisines de celles du milieu tombent, et sont aussi remplacées par d'autres, et à trois ans toutes les dents incisives sont renouvelées; elles sont alors égales, longues et assez blanches; à mesure que l'animal avance en âge, elles s'usent, noircissent et deviennent inégales. Ses cornes croissent toute la vie; on y distingue aisément des bourrelets ou nœuds annulaires qui indiquent les années de croissance, et par lesquels l'âge peut se compter, en prenant pour trois ans de la corne jusqu'au premier nœud, et pour un an de plus chacun des intervalles entre les autres nœuds. Ces cornes sont des armes puissantes et redoutables : lorsque l'animal veut en faire usage, il en présente, en baissant la tête, la pointe à son adversaire, le perce, le déchire, et, s'il n'est pas de trop grande taille, le rejette au loin en le lançant en l'air. Les bœufs donnent aussi de violents coups de pieds. Si un loup vient à rôder autour d'un troupeau de vaches, elles forment une enceinte au-dedans de laquelle se tiennent les veaux et les jeunes taureaux dont la tête n'est point encore armée; l'animal féroce n'ose approcher de ce rempart hérissé de cornes, et s'il ne s'éloigne pas, on voit souvent un taureau sortir des rangs et lui donner la chasse. Quoique massifs, les bœufs courent assez vite et nagent assez bien. Ils reconnaissent très-bien l'habitation où on les nourrit et les personnes qui prennent soin d'eux.

L'*aurochs* des Allemands, *zubr* des Polonais, *bison* des anciens naturalistes (*bos urus*, Gmelin), passe d'ordinaire, mais à tort, pour la souche de nos bêtes à cornes. Il s'en distingue par son front plus bombé, plus large que haut; par l'attache de ses cornes au-dessous de la ligne occipitale, par la hauteur de ses jambes, par une paire de côtes de plus, par une sorte de laine crépue qui couvre la tête et le cou du mâle, et lui forme une barbe courte sous la gorge; par sa voix grognante et analogue à celle du porc. L'aurochs est le plus grand des quadrupèdes propres à l'Europe : le mâle a jusqu'à $3^m,25$ de long sur 2 mètres de hauteur au garrot; la femelle n'a guère que $2^m,25$ de longueur. Le poil est d'un brun plus ou moins foncé. C'est un animal farouche, qui a vécu longtemps dans toutes les forêts de l'Europe tempérée, où il a diminué à mesure que la population humaine s'est accrue : on le trouvait en Allemagne du temps de César; on ne le rencontre aujourd'hui que dans la forêt de Bialowicz et dans les marais boisés du Caucase, où il vit par troupeaux de trente à quarante individus. On ne peut guère s'expliquer la disparition de cette espèce, dont les individus vivent ordinairement trente ans, que par la stérilité assez fréquente des femelles : en effet, l'aurochs, grâce à sa vigueur extraordinaire et à son courage, n'a rien à redouter des attaques des loups, pas même de celles des ours. Dès le dix-septième siècle, il n'en existait plus en Allemagne que dans une seule forêt voisine de Dantzig; et malgré les soins tout particuliers pris pour y conserver l'espèce, ils en avaient complétement disparu au dix-huitième siècle. Le dernier individu y fut, dit-on, tué par un braconnier en 1775.

La chair de l'aurochs, exempte de l'odeur de musc qu'exhale sa peau, tient le milieu pour le goût entre celle du chevreuil et celle du bœuf ordinaire, et était servie jadis comme une rare délicatesse sur la table des rois de Pologne. La chasse à l'aurochs faisait un des plus magnifiques divertissements de ces monarques.

BŒUF GRAS. La religion chrétienne n'a pas si bien détruit le paganisme qu'il n'en soit resté des traces dans nos mœurs et dans nos usages; les fêtes populaires surtout n'ont fait que changer de nom et d'objet, car il faut toujours que le peuple s'amuse, et les plus graves législateurs n'ont pas dédaigné de tolérer ses plaisirs les plus fous. C'est ainsi que les Parisiens jouissent encore annuellement de la procession du bœuf gras.

Cette coutume singulière, qui mêle, pour ainsi dire, la mascarade de la brute avec celle de l'homme, est susceptible d'une foule d'explications également probables ou ingénieuses. Il suffit de passer en revue les différentes opinions des savants, qui dépensent volontiers tant de lumières en pure perte, pour éclaircir ce qui n'a pas besoin d'être éclairci. Ceux qui voient dans le bœuf gras une allégorie ne se trompent point; mais ils ont peine à en trouver le véritable sens. Les uns ont vu dans le bœuf gras un reste du culte astronomique, parce que cette fête a lieu ordinairement à l'équinoxe du printemps, et sous le signe du Taureau, époque vénérée dans les religions antiques, à cause de la nature qui entre en sève. Le zodiaque a joué en effet un grand rôle chez les anciens peuples, et les Gaulois, nos pères, adoraient, parmi leurs divinités, le taureau revêtu de l'étole sacerdotale, et surmonté de trois grues prophétiques, comme on le trouve représenté sur une des pierres druidiques découvertes à Notre-Dame. On peut alors remonter au bœuf *Apis*, symbole de la fécondité de la terre, et chercher notre bœuf gras dans les temples de l'Égypte des Pharaons. Par malheur, la ressemblance n'est pas complète, car tuer le bœuf Apis était un sacrilége, que se permirent seuls les soldats de Cambyse à Memphis. Il est aussi raisonnable de rendre le bœuf gras aux Chinois, qui dans la fête du printemps promènent un bœuf et l'immolent après pour le dépecer en morceaux, que l'empereur envoie à ses mandarins. Les bœufs n'étaient pas moins estimés dans la mythologie grecque, car Jupiter se métamorphosa en taureau pour enlever Europe; Cybèle et Triptolème attelaient leurs chars avec des taureaux. Les Romains inventèrent même une déesse des bouchers, nommée *Bovina*.

En France, les bœufs furent en honneur sous les rois de la première race, qui adoptèrent l'attelage de Cybèle et de Triptolème; ces princes fainéants estimaient la lenteur endormante des bœufs de leurs écuries. Saint Marcel, évêque de Paris, dompta par ses prières un taureau furieux, et le souvenir de ce miracle fut consacré par un bas-relief en pierre qu'on plaça dans l'église dédiée sous l'invocation de ce saint. L'église de Saint-Pierre aux Bœufs, dans la Cité, offrait pareillement deux bœufs sculptés sur le portail.

Le bœuf gras me paraît figurer le carnaval, temps où l'on mange de la chair, et, si je puis m'exprimer ainsi, le triomphe de la boucherie. La mort de ce bœuf, qu'on tue la veille du mercredi des Cendres, se rapporte bien à la fin des jours gras, auxquels va succéder le carême, qui était autrefois si rigoureux que les boucheries étaient fermées. N'est-il pas vraisemblable que les garçons bouchers aient célébré la fête de leur confrérie, de même que les clercs de la basoche plantaient le mai à la porte du Palais de Justice? Ensuite, les bouchers de Paris ayant eu jadis plusieurs querelles et procès avec les bouchers des templiers, il est fort naturel qu'ils aient témoigné leur reconnaissance des priviléges que le roi leur accorda en dédommagement, par des réjouissances publiques qui se sont perpétuées jusqu'à nous. Cette idée est d'autant plus admissible que le bœuf-gras partait de l'Apport-Paris, ancien emplacement des boucheries hors des murs de la ville, et qu'il était conduit en pompe chez les premiers magistrats du parlement.

Toujours est-il certain que cette fête existe depuis des siècles : on nommait le bœuf gras *bœuf villé*, parce qu'il allait par la ville; ou *bœuf viellé*, parce qu'il marchait au son des vielles; ou enfin *bœuf violé*, parce qu'il était accompagné de violes ou violons. Les enfants avaient imaginé un jeu de ce nom, qui consistait à couronner de fleurs un d'entre eux, et à le conduire en chantant comme au sacrifice : ce jeu-là, cité dans plusieurs vieux auteurs, s'appelait encore *le bœuf mort*.

Les premières descriptions qui s'étendent sur les détails de cette cérémonie sont à peu près telles qu'on les ferait encore. La procession de 1739 est la plus mémorable dont les historiens fassent mention : le bœuf partit de l'Apport-Paris, la veille du jeudi gras, par extraordinaire; il était couvert d'une housse de tapisserie, et portait une aigrette de feuillage, à l'instar du bœuf gaulois. Sur son dos on avait assis un enfant nu avec un ruban en écharpe; et cet enfant, qui tenait dans une main un sceptre doré, et dans l'autre une épée nue, était appelé *le roi des bouchers*. Jusqu'alors les bouchers n'avaient eu que des *maîtres*, et sans doute ils voulurent rivaliser avec les merciers, les barbiers et les arbalétriers, qui avaient des *rois*. Le bœuf-gras de 1739 avait pour escorte quinze garçons bouchers vêtus de rouge et de blanc, coiffés de turbans de diverses couleurs ; deux le menaient par les cornes, à la façon des sacrificateurs païens ou juifs. Les violons, les fifres et les tambours précédaient cette marche triomphale, qui parcourut les quartiers de Paris pour se rendre aux maisons des prévôts, échevins, présidents et conseillers, à qui cet honneur appartenait. Le bœuf fut partout le bienvenu, et ses gardes du corps largement payés. Mais le premier président du parlement n'étant pas à son domicile, on ne le priva pas de la visite du bœuf-gras, qui fut amené dans la grande salle du palais par l'escalier de la Sainte-Chapelle, et qui eut l'avantage d'être présenté au président en plein tribunal. Le président, en robe rouge, accueillit bien le pauvre animal, qui s'étonnait de cette promenade dans les salles du Palais, au milieu des procureurs et des avocats : c'était outre-passer la licence du carnaval.

La révolution de 1791 ne respecta pas plus le bœuf gras qu'elle ne respecta le trône et l'autel; avec le carnaval disparurent le bœuf, la musique et la gaieté. Tout était déguisé en deuil, et on égorgeait des victimes humaines. Napoléon, qui avait à cœur d'occuper le peuple, pour que le peuple ne s'occupât point de lui, rétablit par ordonnance le carnaval et le bœuf gras ; mais longtemps la police seule fit les frais de ces bacchanales de rues et de places. Le roi des bouchers s'était changé en Amour, et avait quitté sceptre, épée, pour un carquois, pour un flambeau. L'empire, qui rajeunissait la noblesse, ramassait les friperies mythologiques. La police devint philanthrope : après la mort de plusieurs enfants qui s'étaient enrhumés à la pluie et au froid, on supprima le roi du bœuf gras, c'est-à-dire qu'on le relégua dans un char olympique, à la queue du cortège. Depuis cette rénovation d'une coutume nationale, le bœuf se promena tous les ans, pendant la Restauration et le gouvernement de Juillet, le dimanche et le mardi gras, visitant, dans sa tournée, les fonctionnaires publics, les pairs, les députés et le roi, entouré de la cour de Jupiter, sale et crotté, à cheval et en voiture. La révolution de Février fit échec au bœuf gras. Il n'y en eut ni en 1848 ni en 1849. En 1850 le préfet voulut bien autoriser les promenades du bœuf gras, mais il refusa la subvention que l'administration municipale était dans l'usage d'accorder. Aucun boucher de Paris n'osa acheter le bœuf gras dans ces conditions; un boucher de la banlieue s'en rendit acquéreur, et le bœuf César fit les délices des autorités et de la population suburbaine. Le cortège n'en fut pas moins magnifique. Rien n'y manquait, et la cavalcade avait autant de fraîcheur. Paris rougit de sa défaite, et dès l'année suivante le bœuf gras se repromena dans la capitale, rendant visite à de riches particuliers autant qu'aux autorités constituées. Sans doute la société rassise sera destinée à revoir les beaux jours du bœuf gras, et le cortège sera chaque année plus riche. Mais les Égyptiens, les Chinois, les Gaulois, reconnaîtraient-ils dans cette parade pitoyable l'emblème commémoratif de la fécondation de la terre?

P.-L. Jacob, *bibliophile*.

BOG, nom de Dieu chez les Slaves.

BOG, BUG ou BOUG. Deux fleuves appartenant en majeure partie à l'empire russe portent ce nom.

Le *Bog occidental* prend sa source dans de petits lacs du cercle de Lemberg (Galicie autrichienne), traverse des marais, où il forme un grand nombre d'îles, baigne, après un cours de 128 kilomètres, la frontière russe, entre en Pologne près de Nurez, devient navigable dans le gouvernement de Bialystock, reçoit la Narew près de Sierock, et enfin, après un cours de 730 kilomètres, jette ses eaux au-dessus de Varsovie, près de la forteresse de Modlin, dans la Vistule, dont il est le plus grand affluent. Le Bog occidental n'a pas un cours rapide; dans l'été, sa profondeur varie de 0^m,46 à 3^m,10 ; ce n'est qu'au printemps et en automne qu'il atteint à une hauteur de 3^m,70 et devient navigable. Dans son cours inférieur cependant il ne manque pas de passes, et le gouvernement ne néglige rien pour le rendre propre à la navigation. Ses autres affluents sont, en Autriche, la Biala, le Ssoloki, la Chutschawa, la Krschna; en Russie, le Lug, le Muchawez, le Nurez, la Lssna; en Pologne, le Liwiec et le Brock.

Le *Bog oriental*, l'*Hypanis* des anciens, a sa source dans la Podolie, près de la frontière du gouvernement de Volhynie, et, après un cours de 800 kilomètres, se jette dans le limon du Dniéper. Il est navigable jusqu'au-dessus de Wosnessensk, même pour de petits navires, chargés principalement de sel.

BOGARMITES. Voyez Bogomiles.

BOGDANOWITCH (Hippolyte Fédorowitch), surnommé l'Anacréon russe, naquit en 1743, à Pérèwoloczno, dans la Petite-Russie. Il était fils d'un employé, qui le destina d'abord au génie : c'est dans ce but qu'il vint à Moscou en 1754, et entra dans l'institut mathématique de cette ville ; mais les poésies de Lomonossoff et une brillante représentation théâtrale à laquelle il assista éveillèrent en lui la passion de la poésie. Il voulait d'abord se faire acteur; mais Cheraskoff, directeur du théâtre, l'en dissuada; bien plus, frappé des dispositions extraordinaires et touché de l'amabilité du jeune Bogdanowitch, il le prit chez lui, et l'envoya à l'université. Bogdanowitch se mit à étudier les règles de l'art et plusieurs langues étrangères. Son caractère, plein de candeur et de bonté, lui attira des protecteurs et des amis, dont le plus distingué fut le comte Michel Ivanovitch Dachkof. En 1761 il fut nommé inspecteur à l'université de Moscou, puis attaché en 1765, comme traducteur, au collège des affaires étrangères. En 1766 il accompagna le comte Bjeloselski à Dresde, avec le titre de secrétaire de légation, et s'y consacra tout entier jusqu'en 1768 à l'étude des arts et de la poésie. Les chefs-d'œuvre de peinture du musée de cette ville lui inspirèrent le poëme de *Psyché* (Douchenka), qui parut en 1775, et commença à établir sa réputation sur de solides fondements. C'est une espèce de traduction du poëme de La Fontaine. Il vécut ensuite dans la retraite à Saint-Pétersbourg, tout entier à la littérature, s'occupant d'une traduction de l'*Histoire des Révolutions de la République Romaine* par Vertot (Pétersbourg, 1771-75) et de quelques autres ouvrages, entre autres du poëme adressé par Gianetti à l'impératrice Catherine II. Il entreprit ensuite la *Peinture historique de la Russie* (1777), et rédigea pendant dix-huit mois l'*Indicateur de Pétersbourg* (1778). Déjà en 1763 il avait publié un journal périodique sous le titre du *Passe-temps innocent*. Catherine, qui avait appris à le connaître par la traduction de Gianetti, le tira de sa solitude. Alors il fut chargé de composer divers ouvrages dramatiques. On lui doit aussi un précieux recueil de Proverbes russes (Pétersbourg, 1735, 3 vol.). En 1780 il fut nommé membre du conseil des archives de l'empire, et en 1788 président de ce même conseil. En 1795 il se démit de ses fonctions, et vécut sans emploi dans la Petite-Russie. Il mourut en 1803, dans une terre qu'il possédait près de Kursk. Sa modestie égalait son talent, et à la candeur la plus naïve il alliait toute la bonté, toute la loyauté d'une belle âme.

BOGDJA. *Voyez* TÉNÉDOS.

BOGHAR, ville de l'Algérie, à 15 myriamètres de Médéah. La montagne de Boghar, que le Chélif contourne aux deux tiers environ de sa base, forme sur le Petit Désert une espèce de cap avancé d'où l'on aperçoit le Sahara, au delà du Djebel-Amour. Ses environs sont couverts de sapins, de genévriers, de thuyas, de hautes futaies. L'eau jaillit de toutes parts d'un sol composé de roches calcaires tellement friables qu'au moindre souffle du simoun l'atmosphère est obscurcie d'une poussière malsaine.

Boghar était un des établissements fondés en juillet 1839 par Abd-el-Kader, sous la surveillance de son kalifat El-Berkani. En 1841 le général Baraguay-d'Hilliers, opérant sur le Bas-Chélif, détruisit son fort et l'incendia. Mais comme c'était une position qu'il importait de conserver, les ruines en furent relevées; on y construisit une caserne, des fortifications, et bientôt une nouvelle ville naquit comme par enchantement des cendres de la ville arabe. Boghar s'agrandit chaque jour; son marché est un des plus importants de l'Algérie, et il s'y fait des opérations considérables dans le commerce des laines. C'est de Boghar, où il avait établi un poste provisoire, qu'*était* parti le duc d'Aumale lorsqu'il surprit la smala d'Abd-el-Kader. Après cet audacieux fait d'armes, le prince rapporta à Boghar quatre drapeaux, un canon, et le trésor de l'émir.

On remarque à Boghar une vaste grotte naturelle au fond de laquelle croît un énorme figuier.

BOGOMILES ou BOGARMITES (de deux mots bulgares, *Bog*, Dieu, et *milvi*, avoir pitié), noms d'une secte d'hérétiques qui parurent à Constantinople au commencement du douzième siècle, sous le règne d'Alexis Comnène. Ils niaient le mystère de la Trinité, et disaient que le monde avait été créé par les mauvais anges; que Jésus-Christ n'avait eu qu'un corps fantastique, et que l'archange Michel s'était incarné; ils rejetaient les livres de Moïse, et ne reconnaissaient que sept livres de la sainte Écriture. Ils méprisaient les croix et les images, soutenaient que l'Ornison dominicale, qui était leur seule prière, était aussi la seule eucharistie; que le baptême de l'Église catholique était celui de saint Jean, et que le leur était celui de Jésus-Christ; que tous ceux de leur secte concevaient le Verbe comme la sainte Vierge; enfin, qu'il n'y avait point d'autre résurrection que la pénitence. Ces gens, *qui se confiaient à la miséricorde de Dieu*, ainsi que le constate leur nom même, ne pouvaient payer trop cher *des erreurs aussi coupables*, et Basile, un de leurs chefs, médecin de profession, ayant refusé de les abjurer, fut brûlé publiquement à Constantinople.

Cette secte des *bogomiles* existe encore aujourd'hui en Russie, où elle est une des nombreuses divisions des *raskolniks*, ou hérétiques grecs. Ses adhérents sont accusés de se livrer à tous les excès de la sensualité et de se dispenser du travail, comme les *messaliens*, pour être plus aptes à recevoir le Saint-Esprit, qui doit venir les éclairer.

Edme HÉREAU.

BOGOTA ou SANTA-FÉ-DE-BOGOTA, chef-lieu du département de Cundinamarca et de la république de la Nouvelle-Grenade, est située sous le 4° 36' de latitude septentrionale, sur un vaste plateau de 370 kilomètres de long sur 148 de large, à 2,542 mètres au-dessus du niveau de la mer, sur le versant occidental des Cordillières orientales ou chaîne de Suma-Paz. Elle est bâtie sur la rive gauche du *Rio-de-Bogota*, qui se jette dans le fleuve Magdalena au pied des monts Montserrat et Guadeloupe, qui portent à leurs cimes des couvents d'où l'on jouit d'une vue magnifique, et dans le voisinage du lac Satarita. Bogota est le siège du gouvernement, du congrès, de l'administration centrale et d'un archevêché; c'est incontestablement la plus belle ville de tout le pays. Exposée à de fréquents tremblements de terre, dont l'un, celui du 16 novembre 1827, la détruisit en grande partie, elle doit à ces catastrophes de s'embellir sans cesse en se reconstruisant. Ses maisons étant entourées de vastes jardins, elle occupe un emplacement considérable. Ses rues, larges et tirées au cordeau, sont pavées, garnies de trottoirs, ornées d'arbres et éclairées la nuit; mais elles ne sont pas très-propres, quoique la ville soit traversée par des cours d'eau. La plus grande et la plus belle est la *Calle de la Republica*, débouchant sur la place du Marché, la plus magnifique des sept qui décorent Bogota, et qui toutes sont très-vastes et ornées de fontaines. C'est sur cette place que s'élèvent le palais du Gouvernement, bâti en 1825; la Douane, et la cathédrale, reconstruite en 1814, où l'on voit une statue de la Vierge célèbre par la richesse de sa parure. Bogota renferme, en outre, vingt-neuf églises, douze couvents, quatre hôpitaux, une université très-fréquentée, qui date du seizième siècle, une bibliothèque publique, un cabinet d'histoire naturelle, une académie nationale, une académie de médecine et une de droit, un jardin botanique, un observatoire, plusieurs collèges, une école des mines, plusieurs écoles élémentaires, quelques écoles supérieures pour les filles (les premières qui aient été établies dans l'Amérique espagnole), un hôtel des monnaies et un théâtre. On évalue la population à 50,000 habitants, vivant dans une grande aisance, due au commerce considérable qu'ils font et à l'exploitation des mines. Ils sont au reste fort avides de plaisirs, et ne se piquent pas, dit-on, de mœurs exemplaires. On vante, d'ailleurs, leur politesse et la beauté de leurs femmes.

Le port de Bogota est *la bodega de Bogota*, sur la Magdalena. La Meta, affluent de l'Orénoque, offre aussi un débouché au commerce vers l'orient. On projette une route qui mettra Bogota en communication avec Buenaventura sur l'océan Pacifique, et qui sera d'une grande importance pour les relations commerciales de cette ville. L'industrie y est encore peu avancée.

Fondée en 1538 par Quesada, Bogota ne tarda pas à s'agrandir. Elle devint le chef-lieu de la vice-royauté de la Nouvelle-Grenade, et plus tard, en 1811, le siége du congrès qui proclama la république le 12 novembre. Reprise, au mois de juin 1816, par les Espagnols sous les ordres de Morillo, elle fut délivrée de leur joug par Bolivar, le 0 août 1819, et resta la capitale de la Colombie jusqu'en 1831.

Dans le voisinage, sur la route qui conduit à la Magdalena, on admire l'affreux abîme d'Icononzo ou de Pandi, qui doit vraisemblablement son origine à un tremblement de terre. Il ressemble à une large tranchée au fond de laquelle mugit un torrent entre des roches à pic réunies par deux ponts naturels, l'un d'un seul bloc de 13 mètres 65 de long sur 1 mètre 86 de large, à une élévation de 93 mètres; l'autre, 19 mètres plus bas, composé de trois blocs s'appuyant l'un sur l'autre et formant une voûte solide comprimée par les parois des rochers. Le *Rio de Bogota* ou *Payti*, qui prend sa source dans le lac de Guatavita et se jette dans la Magdalena, après un cours d'environ 222 kilomètres, forme, à 22 kilomètres de Bogota, près de la Hacienda Tequendama, dans une contrée sauvage, hérissée de rochers, une des plus magnifiques cascades du monde. Une masse d'eau de plus de 20 mètres 85 cubes se précipite perpendiculairement d'une hauteur d'environ 155 mètres avec une fureur indicible dans une vallée encaissée où le soleil ne pénètre quelques instants qu'à midi.

Le lac où le Rio de Bogota prend sa source est extrêmement profond et remarquable par la transparence de ses eaux. Il est situé dans une vallée tout entourée de montagnes. Sur ses bords s'élève le village de Guatavita, qui était avant la conquête une des plus riches et des plus fortes places de l'Amérique, et le siége du cacique des Muiskas. Ces Indiens, qui savaient fondre les métaux et travailler l'or et l'argent, avaient un temple sur les bords du lac, au fond duquel avant l'arrivée des Espagnols ils jetaient, dit-on, de l'or, des pierres précieuses et des vases en l'honneur de leur divinité.

Enfin l'on trouve dans les environs de Bogota, outre des mines d'or et d'argent, une mine de sel gemme, et une mine d'émeraudes, qui a fourni, avec celle de la vallée de Muzo, la plus grande partie des pierres précieuses qu'on rencontre aujourd'hui en Europe.

BOGUSLAWSKI (ADALBERT), un des principaux auteurs dramatiques polonais, de la fin du dix-huitième siècle. De cruels revers le forcèrent à se faire acteur en 1778; et, bien qu'il n'eût d'abord que peu de goût pour la carrière dramatique, il finit par se faire à sa position et fut compté parmi les artistes les plus distingués du théâtre de Varsovie. Il traduisit plusieurs pièces étrangères en polonais, et monta le premier opéra italien à Varsovie. Après la dissolution du théâtre de cette ville, en 1780, Boguslawski fut sur le point de renoncer à la scène; sur les instances du comte Moszynski, il continua cependant à s'occuper de travaux dramatiques. Nommé, malgré lui, en 1783, directeur du théâtre allemand-polonais fondé par le prince Lubomirski, il joua avec sa troupe alternativement à Grodno, à Wilna, à Dubna, à Lemberg. Il jouait de nouveau à Grodno, lorsqu'en 1799 un ordre royal le rappela à Varsovie, et lui confia la direction du théâtre national. Il contribua puissamment à relever cette scène de la décadence où elle était tombée; et nul doute qu'il ne l'eût amenée à une régénération complète, si les troubles intérieurs qui, depuis 1794, agitèrent la Pologne, n'eussent anéanti les résultats de ses glorieux et pénibles efforts. Le théâtre fut fermé, et Boguslawski se rendit à Cracovie, et de là à Lemberg, où il réorganisa la scène. En 1799 il retourna à Varsovie, et il obtint pour dix ans le privilége de jouer la comédie polonaise à Kalisch; il y resta jusqu'en 1807, puis vint à Posen, y donna des représentations; mais, ne pouvant soutenir la concurrence avec une troupe de comédiens français fort goûtés du public, il quitta cette ville, et revint à Varsovie, où, après toutes sortes de vicissitudes, il reprit la direction du théâtre en 1810. La campagne de 1812 le força de nouveau à cesser ses représentations; il se démit de sa charge de directeur, se retira de la scène, et dès lors la culture des lettres l'occupa sans partage jusqu'à sa mort, qui arriva en 1829. Comme écrivain, Boguslawski a le mérite d'avoir conservé à la langue polonaise toute sa pureté, et d'avoir lutté vigoureusement, soit par de bonnes traductions, soit par des compositions originales, contre le mauvais goût qui de toutes parts tendait à envahir la littérature dramatique de son pays. Le nombre de ses pièces de théâtre s'élève à quatre-vingts; la plupart ont été publiées sous le titre de : *Dziela dramatyczne* (9 vol., Varsovie, 1820).

BOGUSLAWSKI (LOUIS DE), astronome de mérite, naquit à Magdebourg, le 7 septembre 1789. Élevé à l'école du chapitre, il montra de bonne heure du goût pour les sciences, et particulièrement pour l'astronomie. Après avoir fait la campagne de 1806, il se livra, à peine âgé de dix-sept ans, aux observations astronomiques; la comète de 1807 lui en fournit la première occasion. En 1809 il vint à Berlin, et, après y avoir passé de brillants examens, il fut nommé, en 1811, lieutenant d'artillerie. Il resta dans cette capitale pour y suivre les cours de l'école militaire et pour perfectionner ses études astronomiques sous la direction de Bode. Ses relations avec ce savant lui procurèrent, pendant les campagnes de 1812 à 1815, l'accès des principaux observatoires de l'Europe et la connaissance des hommes les plus distingués. Blessé à la bataille de Culm, Boguslawski fut conduit prisonnier à Pirna; mais il brisa ses liens, s'enfuit en Bohême, et rejoignit son corps à Erfurth. Une maladie des yeux, accompagnée d'une grande faiblesse de vue, le força de quitter le service après la bataille de Waterloo et de renoncer pendant quelque temps aux observations astronomiques.

Boguslawski s'occupa dès lors d'économie rurale avec autant de zèle que de succès. En 1829, ses yeux ayant repris leur vigueur première, il s'établit à Breslau, où il fut nommé en 1831 conservateur, et en 1843 directeur de l'observatoire. Malgré l'insuffisance des télescopes dont il disposait, il parvint à observer des phénomènes peu lumineux, tels que la comète de Biéla à son retour en 1832, dont il suivit la marche jusqu'au mois de décembre de cette même année, l'éclipse du sixième satellite de Saturne pendant les mois de janvier, avril et mai 1833, la comète d'Enke en juillet 1835. Boguslawski s'attacha particulièrement à suivre la comète de Halley, qu'il observa plus longtemps qu'aucun autre astronome. Cependant, le plus grand service qu'il ait rendu par la découverte, en 1834, de la comète qui porte son nom. En 1836 il fut nommé professeur à l'université de Breslau; déjà, avant sa nomination, il avait su réunir un nombreux auditoire à son cours public d'astronomie populaire. Il est mort le 5 juin 1851. Comme écrivain, Boguslawski s'est fait connaître par une édition de l'*Uranus* (Glogau, 1846-1848).

BOHÊME, royaume autrefois indépendant, aujourd'hui réuni à l'empire d'Autriche.

Géographie et statistique.

Située entre le 48° 30′ et le 51° de latitude septentrionale, et du 30° au 34° 30′ de longitude orientale, la Bohême forme un grand quadrilatère de 518 myriamètres carrés de superficie, borné au sud-ouest par la Bavière, au nord-ouest par le royaume de Saxe, au nord-est par la Silésie prussienne et au sud-est par la Moravie et l'archiduché d'Autriche. Sur les trois côtés qui ne touchent pas aux possessions de la maison d'Autriche, ses limites politiques sont les mêmes que ses limites naturelles, savoir : la Forêt de Bohême, l'Erzgebirge et les ramifications des Sudètes; cependant ce n'est pas un pays encaissé de toutes parts, car il n'est pas séparé de la Moravie par une chaîne de montagnes bien marquée; mais il forme plutôt avec cette province un seul plateau à terrasses, borné d'un côté par l'Éger, l'Elbe et le Danube, de l'autre par la March et la Naab, offrant seulement, dans la direction du sud au nord, un petit nombre d'enfoncements. C'était un chemin tout tracé par la nature aux conquerants slaves et autrichiens. La Bohême n'appartient que par quelques points de son territoire, au sud-est et au nord-ouest, aux bassins du Danube et de l'Oder; elle fait presque tout entière partie de ceux de l'Elbe et de la Moldau, qui se jette dans l'Elbe, près de Melnik. L'Elbe, qui devient navigable depuis cette dernière ville, reçoit dans la Bohême, à droite la Cydlina, l'Iser et le Pulsnitz ou le Polzen, à gauche l'Aupa, la Métau, l'Adler, l'Éger et la Biéla. Les affluents de la Moldau sont, à droite la Luschnitz et la Sazarva, à gauche la Wottarva et la Beraunka.

Les principales vallées de la Bohême sont : au nord celle de Laun-Saaz sur l'Éger, haute de 155 mètres; celle de Theresienstadt au confluent de l'Éger, dont l'élévation n'est pas moins considérable, et celle de l'Elbe, au sud-ouest de Kaniggrietz, plaine coupée de lacs et d'étangs et haute de 200 mètres. Au centre s'élève, à 250 mètres, le vallon encaissé de Pilsen. Au sud s'étend la plaine de Budweis-Wittingau, également coupée par un grand nombre de petits lacs, et haute de 340 mètres. Les terrasses qui bordent ces vallées au sud, en inclinant vers l'orient, s'échelonnent de telle manière que les montagnes de la rive occidentale de la Moldau sont toujours plus hautes de vingt-cinq à trente mètres que celles de la rive orientale. Au nord, les terrasses de la Bohême présentent des bords escarpés et quelques éminences très-saillantes, comme le mont Engelhœuser 630 mètres, le Purberg 600 mètres et le Georgenberg 385 mètres, la hauteur moyenne étant de 310 à 380 mètres. Au centre elles atteignent de 350 à 500 mètres; la Badywald arrive même à 560 et le Trzemezinberg à 785 mètres. Au sud leur hauteur moyenne est de 560 à 620 sur le versant septentrional, par où elles se rattachent au Bœhmerwald et au Greinerwald. Dans la partie septentrionale de la Bohême, sur la rive droite de l'Elbe et de l'Adler, et sur la rive gauche de l'Éger, la forme du sol est déterminée par le voisinage des monts Sudètes et des montagnes de la Saxe. A l'est et au nord-est du bassin de l'Elbe, dans la contrée parcourue par les affluents gauches de l'Elbe supérieur, on s'élève par degrés, et en franchissant des montagnes assez bien caractérisées, jusqu'aux hautes chaînes du district de Glatz (Crête Bohémienne, Crête d'Habelschwerdt, Roches de Pœlitz, Roches de grès d'Adersbach) où une crête escarpée du Biesengebirge. Au nord et dans la contrée arrosée par les affluents droits de l'Elbe, de larges plateaux, comme ceux de Gitschin et de Dauba, conduisent aux chaînes de l'Iser et aux montagnes de la Lusace. En avant de ces dernières, au sud-ouest, se groupent des montagnes nombreuses, à travers lesquelles l'Elbe se fait un passage entre Leimeritz et Aussig. A l'est s'élèvent les groupes isolés du Kleisberg et du Geltschberg; à l'ouest, les masses basaltiques des montagnes de la Bohême centrale, parmi lesquelles se distingue la Donnersberg (Milleschauer), haute de 820 mètres, et qui sont séparées, au nord, de l'Erzgebirge saxon par le lit profond de la Biéla. Les flancs escarpés de l'Erzgebirge bornent au nord le cercle d'Éger; ses larges sommets en forme de plateaux forment les limites de la Bohême et s'abaissent graduellement à l'ouest jusqu'aux collines des environs d'Éger et au plateau du Fichtelgebirge.

La conformation géognostique du pays varie fréquemment avec la forme extérieure du sol. Les parties méridionales, plus élevées que celles du nord, sont composées de masses primitives de granit, de syénite et de gneiss. La Bohême centrale présente à l'occident, entre Prague et Klattau, le porphyre à base de quartz, le quartz mêlé de schiste et de micca, l'argile schisteuse de calcaire primitif; et à l'orient, dans le bassin de l'Elbe, des masses de craie. Les produits minéralogiques de la Bohême septentrionale sont encore plus variés. Le grès prédomine à l'est de l'Elbe, tandis qu'il alterne, à l'ouest, avec un sol rouge et une couche tertiaire supérieure de molasse. Partout les produits volcaniques percent au travers des masses basaltiques et autres semblables. A l'ouest, au contraire, dans la Fichtelgebirge, reparaissent les formations primaires du sud mêlées de schiste micacé.

Le climat de la Bohême se rapproche de celui de l'Allemagne centrale; la température moyenne est de 7°,5 centigrades. Cependant la configuration du sol contribue beaucoup à produire des phénomènes particuliers. Le froid est plus âpre dans la partie montagneuse du sud que dans le nord.

Comparée aux autres pays qui forment l'empire d'Autriche, la Bohême se trouve dans des rapports avantageux relativement à la population. On y compte 4,522,000 habitants, c'est-à-dire 91 habitants par kilomètre carré, proportion qui lui assigne le troisième rang parmi les provinces de la monarchie, et le premier parmi les États allemands soumis à l'Autriche. En 1780 elle n'avait que 2,500,000 habitants; en 1800 elle en comptait plus de 3,000,000; en 1824 plus de 3,500,000, et en 1834 4,000,000; c'est un accroissement annuel d'environ 1,5 pour cent. La masse de la population est d'origine slave; mais avec le temps il s'y est introduit d'autres éléments. Les Czèches ou Tchèques, dont le nombre s'élève à 2,790,054, d'après le recensement de 1850, occupent principalement le centre et l'est du pays; ils ont gardé leur dialecte slave. Les Allemands, dont on comptait plus de 1,730,000 en 1850, habitent sur les frontières, principalement au nord-ouest, et leur langage se rattache aux dialectes des peuples voisins. Plus de 700,000 juifs sont dispersés dans tout le pays. Une petite colonie d'Italiens existe encore à Prague, où elle s'est établie sous Charles IV. La loi communale de 1850 a réparti toute la population en 6,196 communes indépendantes, formées de 12,646 lieux habités, parmi lesquels on compte 289 villes, soit une ville par 187 kilomètres carrés. Ainsi la Bohême, par le nombre de ses villes et de ses villages, occupe le premier rang parmi les provinces de l'empire. Cette position avantageuse, elle la doit aux rapides progrès de sa civilisation dans ces derniers temps, progrès qui ont été sans doute favorisés par la fertilité de son sol.

Les productions du règne minéral sont aussi variées qu'abondantes. Les mines de Joachimsthal donnent annuellement, outre une petite quantité d'or, 8,400 kilogrammes d'argent, c'est-à-dire plus qu'aucune autre province de l'empire, la Hongrie exceptée. Après les mines de Joachimsthal, les plus productives sont celles de Przibam. Le district de l'Erzgebirge est le plus riche en étain; on en extrait annuellement 490 quintaux métriques. La Bohême livre, en outre, à l'industrie 13 quintaux de cuivre, plus de 8,000 de minerai de plomb, 1,570 de plomb de commerce, 991 de carbure de fer, 9,500 de litharge, 17,500 de fer brut, 90,000 de fer de fonte, 17 de cobalt, 600 d'arsenic, 2,375 d'alun, 2,700 de sulfate de cuivre, 16,000 de sulfate de fer, 3,500 de soufre, plus de 4 millions de quintaux de houille, et 11,500 quintaux de graphite, surtout dans la seigneurie de Krumau. On exploite aussi une certaine quantité de calamine, de cinabre, de manganèse, de la terre de porcelaine, de belles pierres de taille, des meules de moulin, des pierres à aiguiser; plusieurs espèces de pierres précieuses, et principalement les célèbres grenats de Bohême (pyropes), des rubis, des saphirs et des hyacinthes, beaucoup de topazes, de chrysolites, de chrysoprases, d'améthystes, de cornalines, de chalcédoines, de jaspes et d'agates. La consommation toujours croissante du bois a appris à tirer meilleur parti des mines de houille et des couches de tourbe. La Bohême manque absolument de sel; mais elle possède, par contre, un grand nombre de sources minérales salutaires chaudes et froides, plus ou moins chargées de sels par la lixiviation des roches. On compte ces sources par centaines; mais quelques-unes seulement sont employées à des usages curatifs. Les bains de la Bohême sont renommés parmi les plus célèbres de l'Europe. Ils doivent leur réputation non-seulement à la nature de leurs eaux et à leur température, mais surtout à cette circonstance que depuis longtemps leurs propriétés ont été analysées par des médecins et des chimistes habiles, comme aussi aux améliorations qu'on y apporte chaque année pour la commodité des visiteurs. Les plus connus sont : 1° *Carlsbad*, source chaude, chargée de sulfate de magnésie, alcalique, saline; 2° *Marienbad*, source froide de même nature; 3° *Eger-Franzensbad*, source froide de même nature et saturée de fer; 4° *Tœplitz*, source alcaline (natron) chaude et tiède. On doit mentionner encore les eaux ferrugineuses de *Stecknitz, Sternberg, Tetschen, Mariaschein*, etc., ainsi que celle de *Liebwerda* appartenant aux monts Sudètes, et les établissements hydrothérapeutiques d'*Élisenbad, Dobrawitz, Letmeritz, Kuchelbad*, etc. On exporte les eaux de *Giesshübel* près de Carlsbad, qui ressemblent à l'eau de Selter; celles de *Bilin*, près de Tœplitz, acidules, ferrugineuses et alcalines; celles de *Seidchütz, Sedlitz* et *Püllna*, eaux amères qui se préparent artificiellement par la lixiviation des basaltes effleuries.

L'activité des habitants de la Bohême sait multiplier les productions du règne végétal. Des 473 myriamètres carrés qui sont mis en culture, 248 appartiennent aux céréales, 55 sont en prairies et en jardins, 38 en pâturages, 132 en forêts et 2,555 hectares en vignes. La Bohême récolte plus de 24 millions d'hectolitres de grains, dont plus de 3 de froment, plus de 8 de seigle, environ 5 d'orge et plus de 7 d'avoine; aucune province de l'empire ne lui est comparable sous ce rapport. C'est encore elle, avec la Hongrie, qui produit le plus de plantes légumineuses et potagères; et l'on y cultive beaucoup de colza. Les fruits forment une branche importante du commerce d'exportation. Le lin se récolte partout; le chanvre est plus rare; la production du tabac est considérable; cependant, de toutes les cultures de ce pays, aucune n'est plus productive que celle du houblon; elle occupe une superficie de 495 kilomètres carrés, et fournit une récolte magnifique de 150,000 quintaux. La vigne ne donne guère que 29,000 hectolitres de vin; on ne la cultive que dans la vallée de l'Elbe, depuis Melnik jusqu'à Aussig et dans les environs de Prague. Le produit des forêts s'élève annuellement à plus de 18 millions de stères de bois. Si l'agriculture est surtout florissante dans le district d'Eger et dans la partie occidentale du cercle de Leippa, c'est dans la partie nord-ouest du cercle de Prague qu'elle occupe le plus grand nombre de bras; mais nulle part elle n'est plus négligée que dans la partie montagneuse du nord-ouest du cercle de Budweis (les anciens cercles de Prachin et de Tabor). Afin d'en favoriser les progrès, on a fondé en 1850 deux écoles d'agriculture, l'une à Tetschen, sur l'Elbe, pour la population allemande, l'autre à Libingitz, dans le cercle de Budweis, pour les Tchèques.

Les bêtes sauvages disparaissent à mesure que le pays se cultive, et font place aux animaux domestiques. Ce serait en vain qu'on chercherait l'ours et le loup, même sur les sommets des plus hautes montagnes; mais on rencontre encore beaucoup de chats sauvages. Le blaireau est répandu partout; le hamster devient de plus en plus rare à mesure qu'on avance vers le sud-est. Les forêts sont peuplées de gibier; les lièvres se sont tellement multipliés qu'on exporte annuellement près d'un demi-million de leurs peaux, et les faisans, que l'on élève surtout à Krzinec, dans le cercle de Gitschin, jouissent d'une réputation méritée. Depuis quelque temps, on s'applique avec plus de soin à l'éducation des bestiaux. Marie-Thérèse et Joseph II ont favorisé, dans l'intérêt de l'armée, l'éducation des chevaux. Outre le haras militaire de Nemoschitz, il en existe plusieurs dans des propriétés particulières, comme à Pardubitz et à Nimburg; il y en a aussi un à Kladrup, sans parler du haras impérial de Sellmitz. On évalue le nombre des chevaux du pays à plus de 156,000; la meilleure race est celle des cercles d'Eger et de Pardubitz (autrefois Chrudim). Celui des têtes de bétail est porté à 1,050,000, chiffre bien élevé pour la quantité de fourrage : aussi, à peu d'exceptions près, le bétail, qui est chétif, donne-t-il fort peu de lait et de bonne viande. Grâce encore aux encouragements de Marie-Thérèse, l'éducation des bêtes ovines est dans l'état le plus florissant. Environ 1,545,000 brebis, presque toutes de races améliorées, fournissent au commerce d'exportation 20,000 quintaux de fort belle laine. La Bohême nourrit 400,000 porcs, dont 50 à 60,000 s'exportent chaque année; c'est principalement dans les parties méridionale et occidentale qu'on s'occupe de ce commerce, tandis que dans les contrées montagneuses on élève de grands troupeaux de chèvres, qui s'exportent aussi au nombre de 50,000 environ chaque année. Dans le sud, on engraisse des milliers d'oies, dont le duvet fournit la matière d'un commerce considérable : on en exporte annuellement 1,000 quintaux. La ville de Neuern, dans le cercle de Pilsen, est le centre de cette industrie. La culture du mûrier, bien que fort encouragée, n'a pas réussi jusqu'ici d'une manière remarquable. L'éducation des abeilles livre au commerce une cire aussi estimée que celle de la Moravie. La pêche est très-productive dans les nombreux étangs du pays : les carpes et les brochets sont envoyés en grand nombre à Vienne et dans d'autres villes. On trouve enfin dans la Moldau supérieure et la Wottawa des huîtres dont les perles rivalisent en beauté avec celles de l'Orient. Sous le rapport agricole, la Bohême peut donc soutenir sans désavantage la comparaison avec beaucoup d'autres contrées, et sa situation à cet égard serait bien plus favorable encore si elle savait tirer meilleur parti de quelques-unes de ses productions naturelles.

Sous le rapport industriel, elle se place parmi les premiers États manufacturiers de l'Europe. Ses fabriques de lin livrent au commerce extérieur plus de produits que tout le reste de la monarchie autrichienne, c'est-à-dire pour une valeur d'environ 13 millions de francs, des toiles de toutes sortes, des damas, des batistes, des linons, des dentelles, des indiennes, des coutils. Cette industrie a son siége principal dans les districts du nord, et occupe environ 400,000 filateurs, plus de 50,000 tisserands, et plusieurs milliers d'ouvriers dans de nombreuses blanchisseries. La fabrication de la dentelle, dans la contrée du nord-ouest, faisait vivre autrefois plus de 40,000 individus; elle en nourrit aujourd'hui 15,000 à peine; cependant ses produits sont toujours recherchés. Après la Basse-Autriche, c'est la Bohême qui possède le plus de manufactures de coton; elle en entretenait 22 en 1848. Dix-huit filatures, avec 1944 machines et plus de 445,000 broches, produisent annuellement 35,000 quintaux de fil. Le tissage occupe plus de 50,000 métiers; l'impression sur étoffes livre au commerce près d'un million et demi de pièces imprimées de toutes sortes, et de nombreuses teintureries, surtout de rouge de Turquie, se rattachent à ces fabriques, qui se sont élevées principalement dans les cercles de Leippa et d'Eger. Ce dernier se distingue aussi par sa production de laine, de fort belle laine. Reichenberg et ses environs forment le centre des manufactures de laine, qui s'élèvent en Bohême à 146. Cinquante fabriques de cuir livrent des produits remarquables, parmi lesquels se distinguent les gants de Prague, dont 20,000 douzaines se vendent chaque année. Une des branches les plus importantes de l'industrie nationale est la fabrication du papier, qui occupe 18 fabriques et 108 moulins, principalement dans les environs de Prague, sur le Haut-Elbe, à Krumau, à Leidetsch, à Trautenau; cependant elle cède le premier rang à celle du verre, dont les produits sont sans rivaux en Europe,

Introduite en Bohême dans le treizième siècle par des ouvriers vénitiens, et favorisée par la richesse du pays en toutes sortes de minéraux, surtout en quartz, par l'abondance du combustible, par le bas prix de la main-d'œuvre, cette industrie ne tarda pas à devenir très-florissante. On compte dans les montagnes frontières 161 verreries, dont 22 ne s'occupent que du raffinage des produits des autres. De puissantes maisons, qui se livrent exclusivement à cette spécialité, principalement dans le cercle de Leippa, ont des entrepôts dans les principales villes de l'Europe, et font des affaires importantes avec l'Amérique et le Levant. Les fabriques les plus renommées sont celles de Haida dans le cercle de Leippa, de Steinschœnau, de Kreibitz et de Georgenthal dans celui d'Eger; de Winterberg et de Silberberg dans celui de Pilsen, de Gratzen et de Josephsthal, dans celui de Budweis, et surtout la fabrique de Neuwald dans le cercle de Gitschin, qui livre les œuvres d'art les plus magnifiques Dans la fabrication des pierreries artificielles, des perles, des pâtes, des coraux, Turnau, dans le cercle de Leippa, n'a pas d'égal; viennent ensuite Gablouz et Neuwald, tandis que Neuburkenthal dans le cercle de Pilsen, et Burgstein dans celui de Leippa, possèdent les fabriques de glaces les plus célèbres. Depuis le commencement de ce siècle, la concurrence de l'Angleterre et de la France a diminué de près de moitié la valeur de la production, qui s'élève pourtant encore à plus de 15 millions de francs. La Bohême livre aussi au commerce extérieur pour des sommes considérables de porcelaines, de faïences, de vases de grès, de terre, de terralithe, de sidérolithe, qui se fabriquent principalement et le mieux dans les environs de Carlsbad. Le bois, de qualité excellente, reçoit les formes les plus variées entre les mains d'ouvriers habiles: les cassettes de Carlsbad ont une réputation universelle, et les jouets d'enfants qui se fabriquent dans les environs de Friedland et de Rothenhaus, disputent la palme à ceux du Tyrol et de Berchtesgaden.

La fabrication des métaux, dans toutes ses branches, est florissante en raison de l'abondance des produits bruts des mines. La partie sud-ouest des cercles de Pilsen et de Prague renferme un grand nombre de mines de fer, dont le minerai était mis en œuvre en 1848 dans 131 forges, parmi lesquelles celle de Horschowitz se distinguait par l'excellence de ses fontes et de ses fers forgés. Pour la coutellerie, Carlsbad et Nixdorf, dans le cercle de Leippa, méritent surtout d'être citées; cette dernière ville possède la meilleure fabrique d'acier de toute la monarchie. Nulle part le fil d'archal ne se confectionne en plus grande quantité que dans le cercle d'Eger; la plus importante manufacture de ce genre se trouve à Schœnbühel. L'étain et la tôle se travaillent principalement à Carlsbad; cependant Prague et les environs d'Eger et de Numburg fabriquent aussi des ustensiles d'étain et de tôle dont la réputation s'étend au loin. Neudeck mérite d'être mentionnée pour ses instruments de mathématiques, comme Bürgstein pour ses verres d'optique. A ces différentes branches d'industrie on pourrait en ajouter plusieurs autres, qui contribuent à alimenter le commerce, telles que la fabrication du sucre de betteraves, qui en 1848 occupait déjà 36 fabriques, et celle des produits chimiques, qui en occupait 93.

Le commerce de la Bohême exporte pour 47,457,800 francs de produits, et n'en importe que pour 39,204,100. Il est favorisé non-seulement par la fertilité du pays et par sa position centrale entre le nord et le midi de l'Allemagne orientale, mais aussi par un grand nombre d'institutions et de sociétés de toutes espèces (chambres de commerce et d'industrie, sociétés d'industrie, etc.), ainsi que par l'excellent état des chemins. Prague est le centre d'un réseau de routes qui s'étendent dans toutes les directions, sur une longueur totale de plus de 450 myriamètres, et de diverses lignes importantes de chemins de fer. Depuis 1845 une voie ferrée met cette ville en communication avec Vienne, et une autre avec Dresde depuis 1851. Le chemin de fer de Budweis à Linz est un des premiers qui aient été construits sur le continent européen. Celui qui relie Prague aux montagnes boisées de Pürglitz fut achevé peu de temps après. Un embranchement qui joindra Aussig à Tœplitz est en voie de construction, et dernièrement une concession a été accordée pour deux autres embranchements dans les districts riches en houille de Bustichrad et de Weyhipka.

L'état de civilisation de la Bohême est en grande partie le résultat de la fertilité du pays et des qualités des habitants; cependant les soins de l'administration y ont également contribué, ainsi que le voisinage de l'Allemagne. La population allemande était naturellement disposée à subir l'influence de la civilisation allemande, et les Tchèques, la plus intelligente des nations slaves, n'y restèrent pas étrangers. Le Tchèque a l'esprit vif, docile, poétique, comme le prouve son goût pour la musique; mais il est moins laborieux et moins patient que l'Allemand. La grande majorité de la population bohême appartient à l'Église catholique; le nombre des protestants ne dépasse pas 88,600. L'autorité supérieure ecclésiastique, qui comprend 1800 paroisses, est entre les mains de l'archevêque de Prague et des trois évêques de Leitmeritz, de Kœniggrætz et de Budweis. On compte, en outre, 76 couvents d'hommes et de femmes. L'instruction publique aurait besoin de nombreuses réformes; cependant elle est sur un meilleur pied que dans la plupart des autres parties de l'empire. Indépendamment de l'université et de l'Institut polytechnique de Prague, et sans parler des séminaires établis dans les villes épiscopales, la Bohême possède 22 gymnases, réorganisés presque complétement depuis 1850, et 3,500 écoles primaires. On travaille activement à multiplier les écoles spéciales, dont on ne comptait encore que trois dans ces derniers temps. La Bohême est riche aussi en sociétés savantes, en associations économiques, industrielles, artistiques, etc., la plupart fondées et soutenues par des particuliers.

Depuis que l'administration a été séparée de la justice, l'ancienne répartition en seize cercles a été supprimée. Le pays est aujourd'hui divisé, sous le rapport administratif, en sept cercles seulement : ceux de Prague, d'Eger, de Leippa, de Gitschin, de Partubitz, de Budweis et de Pilsen, qui se subdivisent en 79 capitaineries de district. Le centre de l'administration et le siège du gouvernement sont à Prague. La justice est rendue par une cour suprême, avec la *procuratie* générale siégeant à Prague; 13 tribunaux provinciaux (qui sont en même temps cours d'assises) établis à Prague, Budweis, Tabor, Kuttenberg, Hohenmauth, Kœniggrætz, Gitschin, Reichenberg, Leippa, Brüx, Eger, Pilsen et Pisek, 43 tribunaux correctionnels de district (ou collégiaux), et 210 tribunaux de cercle. A la tête de l'administration militaire est un général, qui réside à Prague. Sous le rapport des fortifications, les places du premier rang, Theresienstadt, Josephstadt et Kœniggrætz, sont remarquables comme autant de boulevards de la ligne de défense naturelle formée par les montagnes qui entourent la Bohême. Depuis les journées de juin 1848, on travaille aussi avec activité aux fortifications de Prague, qui doivent être terminées en 1858.

Histoire.

La Bohême a reçu son nom des Boïens, qui en furent expulsés par les Marcomans vers l'époque de la naissance de Jésus-Christ. Les Marcomans subirent le même sort, et dès le cinquième siècle de notre ère on trouve établis en Bohême les Tchèques, peuple slave qui s'y est maintenu jusqu'à ce jour. A cette époque la Bohême était divisée en une foule de petites principautés, que Samo réunit de 627 à 662 pour en former avec les pays slaves avoisinants une monarchie, qui se rendit redoutable même aux Franks; mais après sa mort son œuvre fut détruite. Les campagnes de Charlemagne contre les Bohêmes, en 805 et 806, n'eurent pas de résultat durable, et l'armée de l'empereur Louis fut presque anéantie par eux en 849. Entre les années 871 et 894, la Bohême fut soumise au roi morave Swatopluk. Ce fut vers ce temps qu'elle embrassa le christianisme. Les ducs de Prague, qui descendaient de Libussa, célèbre dans les traditions du pays, et de son époux Przemysl, acquirent peu à peu la suprématie, et, après la mort de Swatopluk, que suivit de près la ruine de son empire, hâtée par une invasion des Maggyares, ils entrèrent volontairement, le 15 juillet 895, à la diète de Ratisbonne, dans la Confédération Germanique, dont la Bohême n'a plus cessé de faire partie.

L'ambitieux et énergique Boleslas Ier (936-967), que la passion de régner avait poussé au meurtre de son frère aîné, saint Wenceslas, chercha en même temps à soumettre à son autorité tous les autres princes bohêmes et à se rendre lui-même indépendant de l'Allemagne. Il ne réussit que dans son premier projet. Son fils Boleslas II (967-999) étendit son pouvoir sur la Moravie et jusqu'à la Vistule et au Bog. Ce fut lui qui fonda en 973 l'évêché de Prague. Les querelles de ses fils leur firent perdre toutes ces conquêtes que le brave Boleslas Chrobry de Pologne leur enleva; cependant Brzetislas Ier (1037-1055) réussit à reprendre la Moravie, qui resta dès lors unie à la Bohême. L'empereur Henri IV accorda le titre de roi au duc Wratislas II (1061-1092) en 1086, et l'empereur Frédéric Ier le confirma, en 1158, à son petit-fils Wladislas II (1140-1173), en récompense des services qu'ils avaient rendus à l'empire. De 1173 à 1197 on vit jusqu'à dix princes de la famille régnante se disputer un trône chancelant, et la Bohême était près de sa ruine lorsque, instruit à l'école du malheur, Przemysl Ottokar Ier (1197-1230) changea l'ancienne loi de succession, rendit la couronne héréditaire et l'affermit sur sa tête par sa politique et son épée.

Sous son petit-fils Przemysl-Ottokar II la Bohême s'éleva à un haut degré de puissance. A l'exception du Tyrol et de Salzbourg, elle conquit tous les pays allemands de la monarchie autrichienne; mais Ottokar perdit ses conquêtes et la vie en combattant Rodolphe de Habsbourg. Son fils Wenzel II réussit, au contraire, à se faire élire roi de Pologne, et son petit-fils Wenzel III, roi de Hongrie. Ce dernier fut assassiné à Olmütz, le 4 août 1306. En lui s'éteignit la maison des Przemysl.

De 1310 à 1407 la Bohême fut gouvernée par des princes de la maison de Luxembourg. Le roi Jean (1310-1346), s'étant désisté de ses prétentions au trône de Pologne, obtint en dédommagement la Silésie. Charles Ier, empereur d'Allemagne sous le nom de Charles IV (1346-1378), rendit de plus grands services à son royaume en provoquant, en favorisant la civilisation, et en réunissant à ses États la Lusace, une grande partie du Haut-Palatinat et de la Marche de Brandebourg, conquêtes que ses fils, dégénérés, et ses neveux ne tardèrent pas à se voir enlever presque en totalité. Sous Wenceslas IV (1378-1419), des idées de réforme se propagèrent en Bohême par les travaux de Jean Huss et de ses partisans, et la mort du réformateur, condamné au feu par le concile de Constance, en 1415, amena une séparation complète d'avec Rome. Cependant ce fut seulement après la mort de Wenceslas, en 1419, que les mesures imprudentes de l'empereur Sigismond firent éclater la guerre des hussites, qui dura seize ans. La supériorité des armes des hussites, fortifiée par l'esprit national énergique qui caractérisait ce parti politico-religieux, fit de la Bohême un royaume électif (1420-1547). Après la mort de Ladislas le Posthume (1453-1457), George de Podiebrad, le sage et vigoureux administrateur du royaume, qui professait la religion des hussites, fut élevé, en 1458, sur le trône de Bohême, et s'y maintint en dépit des excommunications du pape et malgré la trahison de son gendre, le roi Matthias de Hongrie, et d'une grande partie de ses principaux vassaux. Son successeur, Wladislas (1471-1516), fut élu, en 1490, roi de Hongrie, et établit sa résidence à Ofen, que son fils et successeur Louis (1516-1526) continua à habiter. Louis ayant été tué, en 1526, à la bataille de Mohacz, la Bohême avec la Hongrie échut à l'archiduc Ferdinand d'Autriche, qui voulut forcer les Bohêmes à prendre les armes contre l'électeur de Saxe dans la guerre de Smalkalde.

Les Bohêmes s'y étant montrés peu disposés, et ayant semblé, au contraire, vouloir favoriser l'électeur, l'archiduc, après que l'empereur Charles-Quint eut remporté la victoire de Mühlberg, les traita très-rudement, et déclara la Bohême royaume héréditaire à la diète de 1547, qu'on a surnommée la *diète sanglante*. Son fils Maximilien lui succéda en 1564; il eut pour successeurs ses fils Rodolphe en 1576, et Matthias en 1611. Sur la fin du règne de ce dernier, de nombreuses atteintes portées à la liberté des cultes occasionnèrent des troubles qui faillirent enlever la Bohême à la maison d'Autriche. Sans tenir compte des droits de Ferdinand II, qui avait été couronné roi du vivant même de son père, les Bohêmes donnèrent, en 1619, la couronne à l'électeur palatin Frédéric V. Mais à la bataille de la montagne Blanche, livrée près de Prague, le 8 novembre 1620, la balance ayant penché du côté de Ferdinand, vingt-sept des auteurs de l'insurrection furent exécutés, seize bannis ou condamnés à une prison perpétuelle, et les biens de tous confisqués. La confiscation fut également prononcée contre ceux qui étaient morts avant la défaite de leur parti, contre vingt-sept contumaces et contre sept cent vingt-huit gentils-hommes. Le culte protestant, que professaient plus des trois quarts des habitants, fut défendu, la constitution abolie en 1627, et la Bohême convertie en une monarchie catholique, absolue et héréditaire. Ces mesures arrêtèrent immédiatement le développement intellectuel et politique provoqué et favorisé par la guerre des hussites. 36,000 familles, dont 1,088 d'origine noble, tous les pasteurs et tous les instituteurs protestants, une foule d'artistes, de négociants et d'ouvriers, ne voulant pas changer de religion, émigrèrent dans la Saxe, le Brandebourg, la Pologne, la Suède, la Hollande, etc. Cette émigration, jointe aux ravages de la guerre de Trente Ans, qui commença et finit en Bohême, dépeupla ce royaume. Des colons allemands s'établirent sur différents points du territoire, protégés et favorisés par le gouvernement aux dépens de la population bohême.

Après la mort de Charles VI, en 1740, l'électeur de Bavière Charles-Albert éleva des prétentions à la couronne, et se fit proclamer roi par les états assemblés à Prague; cependant Marie-Thérèse maintint son autorité sur le pays. Le même fait se reproduisit dans la guerre de Sept Ans, lorsque les Prussiens s'avancèrent jusque sous les murs de Prague. Sous Joseph II la Bohême fut une des provinces de son empire auxquelles ce prince appliqua de préférence ses plans de réforme. Si son absolutisme éclairé ne fut pas favorable à la résurrection nationale et politique de la Bohême, il contribua du moins aux progrès de la civilisation, et déposa dans le pays des germes dont le règne, moins libéral, de son successeur put bien arrêter le développement, mais sans parvenir à les étouffer. La Bohême, qui fournissait des employés civils et ecclésiastiques à la moitié de la monarchie, conserva néanmoins chez elle un noyau d'hommes habiles qui réveillèrent graduellement dans son sein la vie publique.

La révolution de Juillet, dont le contrecoup se fit sentir jusque sur les frontières de l'Autriche, n'émut pas la Bohême; c'est plus tard seulement qu'il s'y forma une espèce d'opposition très-modérée, qui ne s'attaqua guère au système oppressif de Metternich que dans des détails secondaires. La révolution de Février, au contraire, y fit éclater un violent mouvement politique. A peine apprit-on la chute de Louis-Philippe, qu'une nombreuse assemblée de bourgeois de Prague signa une pétition à l'empereur pour demander la liberté politique et nationale. Dans l'intervalle eurent lieu à Vienne les événements de mars, et l'Autriche se proclama État constitutionnel. L'oppression sous laquelle la Bohême gémissait depuis des siècles fut brisée; mais l'élément national, en se manifestant avec énergie, provoqua la résistance de l'élément allemand. La population allemande dans son enthousiasme considéra l'Assemblée nationale de Francfort comme le boulevard de ses libertés, tandis que les Tchèques n'y virent qu'un danger menaçant pour leur nationalité. Afin d'opposer un contrepoids à l'assemblée de Francfort, ils convoquèrent à Prague un congrès slave, qui se réunit en effet le 31 mai 1848, mais qui ne termina pas sa session; car un conflit entre le peuple et l'armée, qui éclata le 11 juin, amena une lutte sanglante, suivie, le 15, du bombardement de Prague et de la dissolution du congrès. L'harmonie toutefois ne se rétablit pas entre les deux parties de la population. Dans la première diète constitutionnelle de l'Autriche, les députés tchèques soutinrent tous la politique du gouvernement, tandis que les députés allemands, à bien peu d'exceptions près, votèrent avec la gauche. A la révolution d'octobre, les premiers s'enfuirent de Vienne, et travaillèrent à faire transférer la diète à Kremsier en Moravie. Ils appuyèrent aussi le gouvernement dans sa lutte contre les Magyares, et exercèrent une grande influence sur la marche des événements. La dissolution de la diète et l'octroi de la charte de mars 1849 brisèrent cette influence, et mirent un terme aux querelles des nationalités en Bohême; mais la pacification n'est qu'apparente, et la Bohême est certainement appelée à jouer un grand rôle dans les destinées futures de cette agrégation d'États qui forme l'empire d'Autriche. Consultez Pelzel, *Histoire des Bohèmes* (2 parties, Prague, 1772); Palacky, *Histoire des Bohèmes* (vol. 1-3; Prague, 1846-1647); Jordan, *Histoire du peuple et du royaume de Bohême* (3 vol., Leipzig, 1845-1847); Sommer, *Tableau statistique et topographique du royaume de Bohême* (vol. 1-15, Prague, 1838-47).

Langue et littérature.

De tous les peuples slaves, ce sont les Bohêmes ou Tchèques qui possèdent la plus ancienne littérature; les monuments de leur activité littéraire remontent au dixième siècle; mais les débris les plus remarquables n'en ont été retrouvés que dans ces derniers temps. On cite dans le nombre le fragment découvert par Hanka, en 1817, à Kœniginhof, d'un recueil de chants épiques et lyriques composés dans le treizième siècle, recueil qui a dû être très-considérable, puisque les titres de ce qui s'en est conservé indiquent les chapitres 26 à 28 du 3ᵉ livre. Ces chants, au nombre de quatorze, surpassent peut-être en force, en noblesse, en délicatesse, en grâce, tout ce que nous a légué le moyen âge. Outre le manuscrit de Kœniginhof, la littérature bohême de l'époque antérieure à Jean Huss nous offre vingt ouvrages en vers et au delà de cinquante en prose plus ou moins étendus, parmi lesquels se distinguent la *Chronique en vers* de Dalimil, depuis 1314; le *Livre d'Instruction*, composé en 1376, par Thomas de Stitny, pour ses enfants, et un recueil de fables anonyme intitulé *le Conseil des Animaux*, qui date du même temps. L'ouvrage du juge supérieur André de Duba sur l'organisation judiciaire de la Bohême en 1402, et le poëme politico-didactique encore inédit du baron Smil Flaschka de Richenbury (mort en 1403), ne présentent pas un moindre intérêt. La spirituelle satire *le Charlatan*, comédie du commencement du quatorzième siècle; un grand nombre de chants historiques, tels que celui sur la bataille de Crécy en 1376, où le roi Jean de Bohême fut tué; des satires, des fables, etc., sont autant de preuves de l'état florissant de la littérature bohême à cette époque reculée. A côté de la longue élégie de Louis Tkadleczek sur la mort de son amante, qui remonte à la seconde moitié du quatorzième siècle, et dont de Hagen a donné une traduction libre dans le *Laboureur de la Bohême*, se placent un grand nombre de traductions d'ouvrages étrangers, comme l'*Alexandréide*, du treizième siècle; la *Table ronde du roi Arthur*, *Tristan*, les *Voyages* de Marco Polo, etc.

Avec Jean Huss commença une nouvelle période littéraire. Le célèbre réformateur composa beaucoup de poésies en vers hexamètres, revit et améliora la traduction de la Bible bohême, et écrivit une vingtaine d'ouvrages plus ou moins étendus; toutefois il exerça sur la littérature de sa patrie une influence indirecte plus puissante encore. Il serait difficile de compter la multitude de traités dogmatiques, polémiques, ascétiques, publiés par les diverses sectes de hussites à partir du quinzième siècle; les plus mauvais ne sont pas ceux qui sont l'œuvre d'ouvriers, de paysans, de femmes; beaucoup néanmoins furent bien vite oubliés, après avoir joui d'une certaine réputation. La poésie dégénéra rapidement en pitoyables bouts rimés; quelques chants religieux des hussites se distinguent seuls encore sous le rapport poétique. Ceux du prince Hynek de Podiebrad, fils du roi George, qui ne sont pas tous arrivés jusqu'à nous, ne sont pas sans mérite, bien que diffus. La prose, au contraire, se perfectionna considérablement dans le quinzième siècle, la langue nationale étant seule employée dans les actes publics. Les pièces officielles et les lettres des hommes d'État de cette époque sont de vrais modèles de style concis, clair, nerveux, énergique; mais dès la fin du quinzième siècle la chancellerie bohême sort de cette voie, en s'appliquant de plus en plus à imiter les formules obséquieuses et prolixes des chancelleries allemandes. Au reste, l'usage diplomatique de la langue bohême n'était pas restreint à la Bohême et à la Moravie. L'influence de l'université de Prague et de la cour de Bohême tendait à en faire la langue générale de la civilisation slavo-catholique; on s'en servait même fréquemment dans la chancellerie des grands-ducs de Lithuanie. Mais deux circonstances lui firent perdre ses avantages : d'une part l'hostilité du clergé slave-catholique contre l'influence des doctrines de Huss, et de l'autre la translation du siége du gouvernement à Ofen, en 1490. Toutefois, on continua à la cultiver avec ardeur dans la Bohême.

Le nombre des écrivains nationaux de cette période est très-considérable. Ziska lui-même a écrit non-seulement un chant de guerre, mais une instruction militaire pour ses troupes. Ce dernier ouvrage fait moins bien connaître la tactique de ce temps que celui du sous-intendant Hajek de Hodetin, lequel est pourtant lui-même moins complet que le petit traité de stratégie de l'expérimenté capitaine Wenzel Wlczek de Czenow. Ce dernier livre, qui date de la seconde moitié du quinzième siècle, et qui vient d'être retrouvé, jette un grand jour sur l'art militaire des hussites. Cultivée avec moins de soin, l'histoire ne fournit qu'un petit nombre d'écrits, qui ont été publiés par Palacky dans les *Scriptores Rerum Bohemicarum* (vol. III, 1829). Les voyages d'Albrecht Kostka de Postupic en France (1464), de Rosznutal (1465 à travers l'Europe, du frère bohême Martin Babaknik en Orient et en Égypte (1491), de Jean de Lobkowitz en Palestine (1493), renferment d'intéressants détails sur la géographie et les mœurs des habitants de ces divers pays. Parmi les écrits politiques on doit mentionner principalement ceux du capitaine de la Moravie Etibor de Cimburget de Sobitschau, mort en 1494. Ils étincellent d'esprit et d'éloquence naturelle. Ceux de Victorin Cornélius de Wschehrd, mort en 1520, qui, par leur style élégant, précis et coulant, ne seraient pas indignes de l'antiquité classique, ont été imprimés dans la *Bibliothèque Bohême moderne* (vol. I, 1842). *L'Art de Gouverner*, du chanoine de Prague Paul Zidek, est, au contraire, un livre de peu de valeur, de même que sa grande *Encyclopédie*. La littérature bohème de ce temps ne manque pas non plus d'ouvrages d'économie, d'hygiène populaire, ni d'autres écrits de ce genre.

La période de 1526 à 1620 est regardée par les Bohêmes comme l'âge d'or de leur littérature. C'est en effet durant ce siècle, et principalement sous le règne de Rodolphe II (1576-1611), que toutes les branches de la science et de l'art furent cultivées avec plus de succès dans tous les rangs de la société. Il serait difficile, il est vrai, de citer un Bohême qui, par l'essor hardi de son génie, eût ouvert de nouvelles routes à la science; car Képler, quoique directeur de l'observatoire de Prague, n'était pas né en Bohême. Il serait également difficile d'en trouver un qui ait imprimé un puissant élan aux beaux-arts; cependant le soin que l'on prit de répandre l'instruction dans toutes les classes de la population mérita des éloges, et ne resta pas sans influence sur la prospérité publique. La Bohême possédait alors des écoles florissantes. Indépendamment de deux universités, Prague seule comptait seize établissements d'instruction, entre autres, plusieurs écoles de filles, et dans tout le royaume il y avait un nombre suffisant de gymnases et de séminaires. La langue bohème, employée seule dans toutes les transactions, acquit alors le plus haut degré de perfection, et l'abondance des ouvrages mis au jour sur toutes sortes de sujets s'accrut considérablement. Toutefois il faut avouer que la valeur intrinsèque de ces publications ne répondit pas à leur nombre. Durant toute cette période la Bohême n'a pas un poëte à opposer au poëte polonais contemporain Kochanowski, bien que son influence sur lui soit sensible. Les poëtes les plus remarquables de ce siècle sont George Streyc, le psalmiste bohême, et Simon Lomnicky de Budecz, le poëte de la cour de l'empereur Rodolphe II.

Par contre, l'éloquence politique et judiciaire a fait de notables progrès. Les *Mémoires* du capitaine de Moravie Charles de Zerotin (1594-1614) et ses *Lettres bohêmes* peuvent passer pour des modèles de style épistolaire. A la tête des écrivains qui consacrèrent leurs veilles à l'histoire se place un homme d'une valeur équivoque, Wenzel Hajek de Liboczan, mort en 1553, dont la *Chronique de Bohême* n'est qu'un roman historique. Cinq autres historiens, dont les ouvrages sont encore inédits, méritent plus de confiance, savoir : le notaire Bartosch de Prague (1544), qui peignit sous de vives couleurs les troubles de la Bohême en 1524 ; Sixte d'Ottersdorf, le chancelier de la vieille ville de Prague, mort en 1583, qui raconte en détail avec beaucoup d'exactitude les événements précurseurs de la diète sanglante de 1547; Jean Blahoslaw, mort en 1571, écrivain formé par l'étude de l'antiquité classique, qu'on regarde comme l'auteur probable d'une *Histoire des Frères Bohêmes et Moraves* ; un anonyme, auteur d'une *Histoire générale de Bohême*, dont le premier volume, le seul qui existe, se trouve à Stockholm, et Wenzel Brzezan (au commencement du dix-septième siècle), excellent généalogiste et biographe, dont les ouvrages se distinguent par leur clarté, leur intérêt, leur profondeur et leur concision. Parmi les historiens de cette époque dont les ouvrages ont été imprimés, nous nous bornerons à citer le laborieux et patriote Dan, Adam de Weleslawin, mort en 1599, et le Polonais Barthélemy Paprocki. Les voyages et aventures d'Ulrich Presat de Wlkanowa (1546), de Wenzel-Wratislas de Mitrowic (1599) et de Christophe Harant de Polzic (1608), fournissent de curieux documents de géographie et de statistique. On peut compter encore un nombre des écrivains remarquables de ce temps Nicolas Konec de Hodislow, mort en 1546; l'évêque des Frères Bohêmes, Jean Augusta, mort en 1572 ; le chanoine Thomas Baworowsky, qui vivait vers 1560; le sénateur Paul-Christian de Koldin, mort en 1589; le philologue Matthieu Beneschowsky, vers 1587; l'antiquaire Abraham de Ginterrod, mort en 1609; le président de la cour d'appel Wenzel Budowec de Budowa, mort en 1621; les écrivains religieux Martin-Philadelphe Zamrsky, mort en 1592, et Gallus Zalansky, vers 1620. Il n'est pas permis non plus de passer sous silence les huit savants éditeurs de la Bible de Kralic, publiée par les Frères Moraves : Jean de Zerotin les logea dans son château de Kralic, où pendant quinze ans ils travaillèrent sans relâche à traduire toute la Bible sur les originaux, à la commenter et à l'imprimer en 6 volumes in-4° (1579-1593). Cette traduction est un modèle de pureté, de correction et d'élégance.

La guerre de Trente-Ans et la bataille de la Montagne-Blanche portèrent un coup fatal à la littérature bohême. Jamais peuple ne tomba plus rapidement d'un haut degré de civilisation dans la plus profonde barbarie. Tout ce qu'il y avait d'hommes distingués périrent sous la hache, dans la guerre ou de la peste; d'autres, qui se faisaient remarquer par leur esprit et leur instruction, émigrèrent, les ecclésiastiques et les professeurs d'abord, les bourgeois ensuite, et enfin la noblesse, en 1628. Les biens des bannis furent distribués à des aventuriers italiens, flamands, espagnols, irlandais, qui accoururent en foule dans la Bohême et s'emparèrent de toutes les places, de toutes les dignités. La nationalité bohême disparut ainsi, sinon politiquement, au moins moralement; Bohême et hérétique rebelle devinrent deux expressions synonymes, en sorte que beaucoup d'habitants du pays, renonçant à leur nationalité, germanisèrent leurs noms. Les monuments de l'ancienne littérature furent proscrits; des jésuites, accompagnés de soldats, allaient de porte en porte saisir les livres suspects et les livrer aux flammes. Or, on avait établi en principe que tous les ouvrages bohêmes composés entre 1414 et 1635 étaient suspects d'hérésie. En vain des jésuites instruits, comme Balbin, élevèrent ils la voix contre ce vandalisme. La chasse aux livres continua jusque dans les dernières années du dix-huitième siècle, et en 1760 le jésuite Antoine Konias pouvait se vanter d'avoir brûlé 60,000 volumes. N'est-ce pas merveille que tant de monuments de l'ancienne littérature bohême soient encore arrivés jusqu'à nous? Il est vrai qu'ils étaient presque tous enfouis dans les archives et les bibliothèques, où ils restèrent pendant deux siècles complétement ignorés.

Le pays tomba ainsi dans l'ignorance la plus grossière, à part quelques hommes, qui devaient leur instruction à la période précédente. De ce nombre furent le comte Slawata, mort en 1652, et qui a laissé manuscrite une histoire politique de son temps en langue bohême, formant 15 vol. in-f°, et l'émigré Paul Skala de Zohr, qui s'établit d'abord à Lubeck, puis à Freyberg en Saxe, et composa avec de bons matériaux, la plupart inédits, une histoire universelle de l'Église en dix gros vol. in-f°. Cette histoire, qui n'a pas été imprimée, traite plus spécialement de l'Église de Bohême jusqu'à l'année 1624. Jean-Amos Coménius, le dernier évêque des Frères Bohêmes, fut aussi le dernier écrivain qui jeta quelque éclat sur la littérature de sa patrie. Son style latin est presque barbare; mais rien de plus pur, de plus vif, de plus énergique, de plus élégant que ses ouvrages en langue bohême; ce sont des modèles qui n'ont pas été surpassés. Ses œuvres, imprimées à Lissa en Pologne, ont paru de nouveau à Amsterdam. Beaucoup de livres destinés aux émigrés se publièrent également à Pirna, à Dresde, à Berlin, à Halle. La littérature bohême se conserva pendant cette période chez les Slovaques de la Hongrie, où Tranowsky, Masnik, Pilarik, Hermann, Hruschkowic, Dolezal, se firent un nom par leurs publications religieuses. Dans la Bohême même et la Moravie, à l'exception des *Essais* de Rosa en vers hexamètres, de la *Chronique* de Bezowsky et des *Chants* de Wolney, on ne trouve pendant un siècle et demi aucun ouvrage qui mérite d'être cité.

Le 6 décembre 1774 parut un décret qui introduisit en Bohême le système d'instruction adopté en Allemagne, et supprima ou réorganisa les écoles latines des couvents. Un nouveau décret de 1784 ordonna même aux professeurs des écoles supérieures d'employer la langue allemande dans leurs cours. Dès lors un Tchèque put à peine apprendre à lire, à écrire, à compter dans sa langue maternelle. Le coup était d'autant plus funeste à la langue et à la littérature bohèmes, que les décrets avaient pour but d'introduire dans le royaume la civilisation germanique, et de substituer l'usage de l'allemand à celui du bohême dans l'administration. Son effet immédiat fut de réveiller l'esprit de nationalité chez les Tchèques. Des hommes de cœur se dévouèrent à sauver leur langue maternelle. Le premier qui éleva la voix fut le brave général François Kinsky, dans ses *Souvenirs relatifs à un objet important* (1774). L'historien Pelzel (1775) marcha sur ses traces. Le gouvernement se vit donc forcé de permettre, en 1775, l'enseignement en langue bohème, au moins dans les écoles militaires supérieures. La culture des sciences, que rien n'entravait, en établissant des relations plus fréquentes avec les savants étrangers, contribua aussi à la restauration de la langue nationale. On vit presque dans le même temps se produire plusieurs auteurs d'ouvrages originaux ou de traductions. On rechercha avec amour, pour les publier, les restes de l'ancienne littérature. Si l'on excepte Pelzel, dont la *Nowa Kronyka Czeska* (3 vol., 1791-1796) est encore aujourd'hui un des meilleurs manuels d'histoire de Bohême, personne ne rendit plus de services dans cette œuvre de régénération que le moine François-Faustin Prochazka (1777-1804); Wenzel-Matth. Kramerius, mort en 1808, excellent écrivain populaire, connu depuis 1783; Alex.-Vinc. Parizek, auteur ou traducteur de plusieurs ouvrages d'éducation, mort en 1823; Jos. Dobrowsky, le plus célèbre étymologiste des Slaves; François Tomsa, qui, après avoir publié d'estimables écrits populaires et de bons dictionnaires, mourut en 1814; Wenzel Stach, J. Rulík et les frères Tham. Les travaux de Leska, Rybay, Tablic, Palkowicz, Roznay, etc., provoquèrent aussi chez les Slaves hongrois un redoublement d'ardeur pour l'étude de la langue et de la littérature bohèmes. Dès 1795 le savant curé Ant. Puchmayer, mort en 1820, mit au jour des vers d'un tour vraiment poétique; il fut aussi le premier qui fit connaître à ses compatriotes la littérature polonaise et russe. Il eut pour émules plus ou moins heureux les deux frères Adalbert et Joh. Negedly; Jos Rautenkranz, mort en 1818; Franç. Stepniczka, mort en 1832; Sébastien Hnjewkowsky, mort en 1847; Franç.-Jean Swoboda, etc., qui furent eux-mêmes de beaucoup surpassés, depuis 1805, par Jos. Jungmann, né le 16 juillet 1773, à Hudlitz, en Bohême, mort le 14 novembre 1847, préfet des études au gymnase de Prague.

Toutefois, les efforts de ces écrivains n'obtinrent d'abord que peu de succès, la noblesse et la classe éclairée de la bourgeoisie ayant déjà presque entièrement oublié la langue maternelle et restant indifférentes à leurs travaux. Mais les difficultés qu'ils avaient à vaincre ne refroidirent pas leur zèle; et leur persévérance, favorisée par les événements politiques, finit par triompher. L'année 1818 ouvrit donc une ère nouvelle pour la littérature bohème. La publication du manuscrit de Kœniginhof réveilla le sentiment national; la création d'un Musée à Prague par les soins du comte Kolowrat lui imprima une grande énergie; et plusieurs décrets rendus de 1816 à 1818, en permettant l'enseignement du bohème jusque dans les collèges, accélérèrent les progrès de la culture de la langue et de la littérature nationales. Dès que la sagacité de Dobrowsky eut découvert l'ensemble de la construction organique de cette langue et révélé son étonnante aptitude à revêtir toutes les formes, il fut possible d'établir une terminologie fixe, claire, régulière, pour la plupart des branches de la science, en s'aidant des monuments trop longtemps négligés de l'ancienne littérature et en s'appuyant sur les autres dialectes slaves. C'est à J. Jungmann et à Jean Swat. Presl qu'appartient l'honneur d'avoir déblayé cette route difficile. Le manuscrit de Kœniginhof a également ennobli la langue poétique; et en recommandant les antiques formes métriques Schafarik et Palacky ont contribué, dans ces derniers temps, à l'essor de la poésie bohème. La nation entière ne se montra pas sans doute également satisfaite de la rapide métamorphose de la langue et de la littérature; les partisans des vieilles traditions, entre autres les professeurs J. Negedly, de Prague, mort en 1835, et Palkowicz de Presbourg, opposèrent à la réforme une violente résistance, et engagèrent un combat qui dégénéra bientôt, il est vrai, en de puériles discussions orthographiques, mais qui menaça de devenir dangereux en excitant la méfiance du gouvernement. L'amour de la littérature bohème, au contraire, se répandit dans toutes les classes, et l'on se mit à cultiver avec plus ou moins de succès toutes les parties du vaste champ de l'intelligence.

Parmi les poètes et les littérateurs qui se sont fait le plus remarquer dans ces derniers temps, nous citerons J.-L. Czelakowsky, Jean Kollar, Jean Holly, né, comme Kollar, en Hongrie, dont les poèmes épiques, entre autres *Swatopluk* et la *Cyrillo-Méthodiade*, sont fort goûtés; Jean Langer, connu par ses contes en vers et ses satires; K.-A. Schneider, dont les chansons et les ballades sont partout dans la bouche du peuple. A ces noms se rattachent une foule de jeunes talents, qui défrichent avec plus ou moins de bonheur le domaine de la poésie lyrique ou élégiaque, de la ballade et de la nouvelle. Le drame est moins cultivé. Stiepanek, ancien directeur du théâtre de Prague, les professeurs Klicpera de Prague, Charles Machaczek de Gitschin, et plus récemment Kaj. Tyl, Georges Kolar, etc., ont bien publié un assez grand nombre de comédies et de tragédies; Machaczek et le professeur Swoboda, en 1849, ont même composé des opéras; mais la plupart de leurs travaux n'ont qu'une valeur très-relative. Si la littérature dramatique n'a pas fait jusque ici plus de progrès, malgré les encouragements qu'on lui accorde, cela tient uniquement à ce que la Bohême manque d'un théâtre national permanent et bien dirigé.

Sous le point de vue des sciences, les écrivains qui ont le plus contribué à enrichir et à perfectionner la langue sont Jos. Jungmann, Paul Schafarik, Wenzel Hanka, Jean-Swat. Presl, professeur et directeur du cabinet d'histoire naturelle de Prague. Dans ses nombreux ouvrages d'histoire naturelle, ce dernier a ouvert une voie toute nouvelle à la langue bohème; car pendant son sommeil de plusieurs siècles cette langue n'avait pu suivre la marche de la civilisation, et chaque auteur spécial avait dû inventer une terminologie à son usage. Aucune branche des sciences n'a été cultivée avec plus de bonheur que l'histoire. Palacky a conservé le premier rang; mais il a trouvé en digne rival en Wlad. Tomek, professeur d'histoire à Prague. L'archéologie a été cultivée par Schafarik et Wocel, professeur d'archéologie à Prague; la géographie, par Schadek, Zap, etc.; la physique, la technologie, etc., par Sedlaczek, Smetana, Staněk, Amerling, etc. La philosophie n'a pas été non plus tout à fait négligée, sans avoir cependant produit aucun ouvrage remarquable.

Depuis 1848, que l'égalité de toutes les nationalités a été proclamée dans la constitution de l'Autriche, et que l'enseignement de la langue bohème dans les écoles, comme son usage dans l'administration, n'éprouve plus d'obstacle, la littérature a pris une nouvelle direction. Les belles lettres ont cédé le pas au journalisme; néanmoins des innombrables journaux qui s'étaient établis en Bohême et dans d'autres pays slaves, beaucoup ont disparu. En 1851 on n'en comptait déjà plus que vingt-deux en langue bohème, dont onze en Bohême, cinq en Moravie, quatre en Hongrie et deux à Vienne. Dans ce nombre sept seulement étaient purement politiques. Depuis 1831 il existe auprès du Musée Bohème de Prague un institut particulier, qui se voue à l'encouragement de la littérature bohême. Le nombre de ses membres s'élevait en 1849 à quatre mille, et il disposait d'un fonds de 65,000 florins. Il a publié les *Antiquités Slaves* de Schafarik, le grand *Dictionnaire* de Jungmann, son *Histoire de la Littérature*, et d'autres ouvrages scientifiques.

Le bohême est un des principaux dialectes du slave occidental ; c'est une langue sœur du polonais et du serbe. On la parle, non-seulement en Bohême, mais en Moravie, et avec de légères altérations parmi les Slovaques de la Hongrie. Elle l'emporte sur les autres idiomes slaves par la richesse de ses racines et sa grande flexibilité, par son incomparable clarté et sa précision, par la délicatesse de sa structure grammaticale, par la liberté de sa syntaxe et de ses constructions. Ce qui la distingue encore est la concision et l'abondance ; elle est la plus énergique, la plus mâle, mais aussi la plus dure des langues slaves. Elle se fait remarquer encore par l'orthographe précise et conséquente que J. Huss introduisit dans le quinzième siècle, orthographe qui, tout en employant les caractères latins, donne à chaque son un signe propre. Cependant elle présente un autre caractère qui la distingue plus particulièrement de la plupart des langues de l'Europe ; elle affecte la quantité des langues anciennes, tandis que l'accent tonique domine toutes les langues modernes : aussi est-elle plus propre qu'aucune autre à rendre le rhythme du grec et du latin. Aucune non plus ne se prête aussi facilement à la traduction des classiques. Ces qualités rendent pourtant sa grammaire beaucoup plus difficile et plus compliquée que celle des autres langues. On peut consulter à ce sujet la *Grammaire détaillée de la Langue Bohême à l'usage des Allemands*, par Burian (Kœniggrætz, 1840), et l'*Introduction à l'Étude de la Langue Czecho-Slave*, par Koneczny (Vienne, 1842). Ce dernier écrivain a publié dernièrement un fort bon *Dictionnaire de poche Allemand-Bohême*. Le *Dictionnaire Allemand-Bohême et Bohême-Allemand* de Franta-Schumansky, qui n'a été achevé qu'en 1851, est beaucoup plus complet et plus volumineux. Nous citerons encore le *Dictionnaire Technologique* de Spatny, spécialement destiné aux agriculteurs, aux ouvriers, etc.

BOHÊME (Forêt de). *Voyez* BOEHMERWALD.

BOHÊME (Guerre des filles de). Une ancienne tradition, que les recherches les plus récentes ont prouvé être dénuée de fondement historique, raconte qu'après la mort de la reine Libussa, son amie Wlasta (environ l'an 740 de notre ère) avait tenté de donner à son sexe la domination en Bohême. Pendant plusieurs années, retranchée dans son château de Dewin, situé en face de Wschehrd, elle avait régné sur les environs ; mais les hommes avaient réussi à se rendre maîtres du château par la force et la ruse, et avaient mis fin au règne de Wlasta. Si cette tradition, qui a reçu successivement beaucoup d'ornements romanesques, se rattache à un fait historique, ce ne peut être tout au plus qu'à une tentative de révolte de Wlasta et à sa défaite après un combat opiniâtre. Van der Velde a traité ce sujet dans une de ses *Nouvelles*.

BOHÊMES (Frères) ou FRÈRES MORAVES, noms donnés à une communauté chrétienne qui se forma à Prague, vers le milieu du quinzième siècle, des débris de la secte des hussites rigides. Mécontents des concessions au moyen desquelles les calixtins avaient su acquérir la prépondérance en Bohême, les hussites rigides refusèrent d'accepter les *Compactata*, c'est-à-dire les conditions de l'union des calixtins avec le concile de Bâle, et se retirèrent, en 1453, sur les frontières de la Silésie et de la Moravie, où ils s'établirent en majorité dans les domaines de George de Podiebrad. Ils s'y constituèrent, dès 1457, en communautés dissidentes, sous la direction du pasteur Michel Bradacz, et adoptèrent le nom de *Frères de la Loi de Christ*, de *Frères de l'Unité*, pour se distinguer des autres hussites. Leurs ennemis les ont confondus souvent avec les vaudois et les picards, et leur ont donné l'épithète de *Grubenheimer* (habitants des cavernes), parce que pendant les persécutions ils se cachaient dans les cavernes et les solitudes. Malgré les violences de toutes espèces qu'ils eurent à subir de la part des calixtins et des catholiques, violences auxquelles ils n'opposèrent jamais de résistance, leur constance dans leur foi et la pureté de leurs mœurs leur gagnèrent un grand nombre de partisans, surtout en Moravie ; et ils ne tardèrent pas à élever, sous la protection des grands propriétaires, plusieurs maisons de prière.

Leur confession de foi, fondée uniquement sur l'Écriture sainte, rejetait la transsubstantiation, et n'admettait qu'une présence spirituelle, mystique, du Christ dans la Cène. Cette opinion, qui se rapprochait de celle des réformateurs du seizième siècle, et plus encore la forme presbytérienne de leur église et leur discipline, les firent considérer comme des frères par les protestants. Leur constitution ecclésiastique était calquée sur celle de l'Église apostolique. Ils essayèrent, autant que possible, de restaurer parmi eux le christianisme dans sa pureté primitive, en excluant les pécheurs de la communauté, en admettant une triple excommunication, en séparant soigneusement les sexes, et en classant les membres de leur Église en novices, progressifs (*progredientes*), et parfaits. Afin de mieux atteindre le but, ils établirent parmi eux une surveillance sévère, qui s'étendait jusque sur la vie privée, et qui était exercée par une foule de fonctionnaires de divers degrés, comme évêques ordinants, anciens, co-anciens, prêtres ou prédicateurs, diacres, édiles et acolytes, entre lesquels l'administration des intérêts ecclésiastiques, moraux et civils des communautés était répartie d'une manière fort judicieuse.

Leur premier évêque fut sacré par un évêque des vaudois de Bohême, avec lesquels d'ailleurs ils évitèrent de se confondre. Leurs principes religieux leur défendant de porter les armes, ils refusèrent, dans la guerre de Smalkalde, de combattre contre les protestants ; et pour les punir le roi Ferdinand leur enleva leurs églises. Ils émigrèrent donc, en 1548, au nombre de mille, dans la Pologne et la Prusse, et se fixèrent d'abord à Marienwerder. L'union que ces émigrés conclurent à Sandomir, le 14 avril 1570, avec les protestants et les réformés de Pologne, et surtout l'édit rendu par la diète de 1572 en faveur des dissidents, leur permirent de vivre en paix jusqu'au règne de Sigismond III. Ce prince, en les persécutant, les fit se rapprocher encore davantage des réformés, avec lesquels ils sont restés unis jusqu'à ce jour, en conservant toutefois quelque chose de leur constitution primitive. Ceux de leurs frères qui étaient restés en Bohême et en Moravie obtinrent un peu de liberté sous l'empereur Maximilien II. Leur principale résidence était alors Fulnek en Moravie. Une partie de ceux qui habitaient la Bohême émigrèrent au commencement du dix-septième siècle en Hongrie, s'établirent dans les palatinats de Presbourg, Trentschin, etc., et prirent le nom de *habanes* ; mais sous le règne de Marie-Thérèse ils durent embrasser le catholicisme. La guerre de Trente-Ans, si fatale aux protestants de Bohême, amena la ruine complète des églises des frères bohêmes, qui ne purent plus dès lors se réunir qu'en secret. Leur évêque Coménius, qui a rendu des services à l'enseignement par la publication d'un catéchisme, s'enfuit en Pologne. Une nouvelle émigration des frères bohêmes et moraves, vers 1722, donna naissance à de nouvelles communautés qui se fondèrent en Lusace, et créa la colonie de Herrnhut. Consultez Lochner : *Origine et Histoire de la Communauté des Frères en Bohême et en Moravie* (Nuremberg, 1832).

BOHÉMIENS, peuple nomade dont la constitution physique, les mœurs et surtout le langage révèlent l'origine asiatique. Les Bohémiens paraissent pour la première fois dans l'histoire de la Hongrie au quinzième siècle, sous le nom de *Zigari* ou *Zingani*, nom qui leur est aussi donné par les Italiens, les Portugais, les Valaques, les Russes, et même par les Turcs, avec une légère différence d'orthographe et de prononciation. Leur nom allemand de *Zigeuner* n'est donc pas dérivé de *Zieh-Gauner*, comme on l'a prétendu. L'opinion émise par Hasse (*Les Zigeuners dans Hérodote*, Kœnigsberg, 1803), qui veut que ce nom vienne des *Sigynnes*, n'est pas mieux fondée. Il est beaucoup plus probable que la peuplade en question a une origine indienne; car, au rapport de Pottinger, on trouve encore aujourd'hui sur les bords de l'Indus une tribu, appelée *Tschaiganes*, dont les mœurs offrent beaucoup d'analogie avec celles des Bohémiens. Selon Griselius et d'autres écrivains, leur patrie est l'Éthiopie, l'Égypte et la Colchide. Les Hollandais nomment les Zingari des païens; les Suédois et les Danois, des Tatars; les Anglais, des Égyptiens (*Gypsies*); en France on les appelle *Bohémiens*, parce qu'on les regardait comme des hussites expulsés de leur patrie; en Espagne, enfin, on leur a donné le nom de *Gitanos*, pour désigner leur caractère rusé. Ils s'appellent eux-mêmes *Pharaons* ou *Sintes* (appellation où il est facile de reconnaître le nom indien de l'Indus). En Angleterre ils prennent le nom de *Romeitschal*, c'est-à-dire hommes nés de la femme.

Les Bohémiens sont répandus dans toute l'Europe; ils sont même très-nombreux en quelques contrées; mais il y a certainement de l'exagération à porter le chiffre de cette population nomade à plusieurs millions et même à 700,000. De sévères mesures de police et les efforts de la civilisation en ont porté un certain nombre soit à adopter des demeures fixes, soit à émigrer; en sorte que dans ces derniers temps surtout ils ont beaucoup diminué en Europe. C'est à peine si l'on y en compte aujourd'hui 280,000, dont 80,000 dans la Moldavie et la Valachie, 50,000 dans le reste de la Turquie européenne, 35,000 en Hongrie et en Transylvanie, 30,000 dans le reste de l'Autriche, 40,000 en Russie et en Pologne, 18,000 dans la Grande-Bretagne, 2,000 en Italie, 3,000 en Belgique et en Espagne, 1,500 en Prusse, 2,000 dans le reste de l'Allemagne, 500 en Suisse, 200 en Grèce et dans la Scandinavie. Les Bohémiens parcourent en troupes beaucoup plus nombreuses les steppes de l'Asie et les déserts de l'Afrique. Il y vivent presque toujours en grandes hordes, ainsi que dans la Moldavie, la Bessarabie, la Crimée, les environs de Constantinople, la Hongrie, la Transylvanie; mais en Allemagne et en France on ne les rencontre que disséminés en petites familles.

Nous avons déjà dit qu'ils ne sont connus en Europe que depuis le quinzième siècle. A cette époque, chassés de l'Inde par les armées de Timour, ils émigrèrent en trois grandes colonnes, qui se dirigèrent vers l'Occident, l'une par la Russie, l'autre par l'Asie Mineure, la troisième par l'Égypte. Ils parurent dans la Moldavie en 1416, dans la Hongrie ou la Bohême en 1417, dans la Suisse en 1418, en Italie en 1422, en France en 1427, plus tard en Espagne, puis en Angleterre sous le règne de Henri VIII. Il n'est pas question d'eux en Allemagne avant l'année 1417. La première émigration, venue sans aucun doute de la Moldavie, était forte, dit-on, de 14,000 hommes, et était conduite par un chef que les écrivains contemporains appellent le duc de la Petite-Égypte. En se donnant pour descendants de ces Égyptiens condamnés par le Christ à errer éternellement, parce qu'ils n'avaient pas voulu le recevoir lorsqu'il fuyait devant Hérode, ils surent émouvoir la compassion d'un peuple crédule; et en se présentant comme des pèlerins chassés de la Palestine, ils réussirent à obtenir quelquefois des sauve-gardes, par exemple, de l'empereur Sigismond en 1423.

Les Bohémiens offrent tout à fait dans leur extérieur les caractères des peuples orientaux : une taille moyenne, grêle, bien prise; un teint brun-jaune, presque olivâtre; des dents d'une blancheur éblouissante, des cheveux et des yeux d'un noir de jais. Les femmes ont le teint un peu moins foncé, et les filles passent, surtout en Espagne, pour des beautés, à cause de leurs belles proportions. Les hommes, au contraire, quoique bien faits également, ont un aspect repoussant et hideux; leur physionomie annonce la légèreté et la bienveillance. Rarement les Bohémiens ont des demeures fixes; ils errent çà et là en bandes de deux à trois cents, sous la conduite d'un capitaine et d'une mère; et si le climat le permet, ils vivent de préférence dans les bois et les solitudes, se couchant sur la terre, l'été, autour d'un feu au-dessus duquel est suspendu un chaudron qui leur sert à la fois pour préparer leur nourriture, et pour rassembler la troupe en cas de besoin, en le frappant avec une tige de métal. Rarement ils sont munis de tentes; l'hiver, ils cherchent un refuge dans les grottes et dans les cavernes, ou bien ils se construisent des huttes enfoncées de quelques pieds dans la terre et recouvertes de gazon supporté par des chevrons.

Naturellement paresseux et ennemis de toute contrainte, ils ont horreur de toute occupation suivie et régulière; ils aiment mieux gagner leur vie par la tromperie et le vol. Cependant ils exercent divers métiers peu fatigants en Espagne, et même en Hongrie et en Transylvanie. Quelques-uns sont aubergistes, vétérinaires, maquignons, forgerons, chaudronniers, drouineurs, etc.; d'autres font des cuillers de bois, des fuseaux, des auges, etc., ou aident les laboureurs dans leurs travaux. On vante surtout leur talent pour la musique; mais ce talent se borne à la musique instrumentale, qu'ils exécutent presque toujours d'après l'ouïe. Leurs instruments sont le violon, la trompe, le cor de chasse, la flûte et le hautbois. Leurs airs de danse sont généralement gais et pleins de sentiment; ils jouent aussi parfaitement bien les airs des danses nationales de la Hongrie et de la Pologne. Dans leurs danses nationales, on admire surtout la vérité des poses et des gestes. Dans leur jeunesse, les femmes sont danseuses, principalement en Espagne. Dès qu'elles deviennent un peu vieilles, elles se mettent diseuses de bonne aventure, talent qui leur est propre dans toute l'Europe et qui constitue leur principale industrie. Elles jouent aussi très-volontiers le rôle d'entremetteuses, et dans l'occasion elles volent des enfants. Au reste, elles savent tisser de grossières étoffes de laine et tricoter le filet.

Jusqu'à l'âge de dix ans les enfants vont nus. Passé cet âge, ils sont vêtus, les garçons d'une chemise et d'une culotte, les filles d'une robe, d'un corset et d'une ceinture rouges ou bleu-clair; la tête et les pieds ne sont jamais couverts; cependant les premiers portent quelquefois un bonnet hongrois ou un chapeau à larges bords, et les filles ont le plus souvent aux pieds des sandales, et autour de la tête un mouchoir dont elles laissent pendre le bout. Chez les Bohémiens qui vivent dans des demeures fixes on remarque, au contraire, une grande passion pour la toilette. Leurs ustensiles de ménage se composent d'un pot, d'un plat, d'un chaudron, d'une poêle, et toujours d'une coupe en argent; un cheval et un cochon sont leurs seuls animaux domestiques. Leur nourriture est dégoûtante. Ils mangent avec plaisir l'oignon et l'ail; ils aiment toute espèce de chair, sans en excepter celle des chiens, des chats, des rats, etc. On les accusa en Hongrie, à la fin du dix-huitième siècle, d'avoir égorgé des hommes pour les dévorer, et on exerça sur eux les plus sévères châtiments, sans que le fait eût été jamais prouvé. Leur boisson favorite est l'eau-de-vie. Le tabac fait leurs délices; hommes et femmes, tous chiquent ou fument avec tant de passion qu'ils donneraient tout ce qu'ils possèdent pour du tabac.

Les Bohémiens n'ont pas de religion particulière : en Turquie, ils sont mahométans; en Espagne et en Transylvanie, ils suivent les rites de l'Église chrétienne, mais sans s'inquiéter de se faire instruire. Outre leur langue maternelle, ils parlent couramment celles des pays qu'ils habitent. Dans la Transylvanie, il arrive très-souvent qu'ils font baptiser plusieurs fois les enfants, afin de recevoir des présents de baptême d'autant plus nombreux. Les mariages se concluent parmi eux de la manière la plus simple. Sans se soucier du degré de parenté, le jeune Bohémien arrivé à l'âge de quatorze ou quinze ans prend pour femme qui lui plaît, même sa sœur. En Hongrie, le mariage est célébré par un Bohémien qui remplace le prêtre. Jamais ils ne se marient qu'entre eux. Le mari est-il las de sa femme, il la chasse. On comprend que chez un pareil peuple il n'est pas question d'éducation. Un amour presque brutal pour leurs enfants empêche les parents de les châtier jamais; et ils les laissent s'habituer à la paresse, au vol, au mensonge. La corruption des mœurs y est si grande, que les Bohémiens éprouvent une véritable volupté à commettre des actes de cruauté : aussi choisissait-on anciennement parmi eux les bourreaux et les écorcheurs. Du reste, ils sont excessivement lâches, et ils ne volent qu'autant qu'ils peuvent le faire avec sûreté. Jamais ils ne pénètrent de nuit par effraction dans une maison. On ne peut d'ailleurs leur refuser quelques talents. Non-seulement ils sont extraordinairement adroits dans leurs entreprises, mais en Transylvanie ils s'emploient avec beaucoup d'habileté au lavage de l'or. Leur lâcheté naturelle les a fait dispenser du service militaire, au moins en Espagne; car en Hongrie et en Transylvanie on les a quelquefois incorporés dans les armées; mais jamais ils n'ont donné des preuves particulières de bravoure.

Leur irréligion les ayant rendus suspects aux gouvernements peu de temps après leur immigration, autant que leurs larcins, leurs fraudes les rendaient odieux aux habitants, on chercha de bonne heure en Europe à se débarrasser de ces hôtes incommodes; et dès le seizième siècle on édicta contre eux des lois sévères en Espagne, en France, en Allemagne et en Italie. Le Danemark et la Norwége défendirent, sous peine de confiscation du bâtiment, d'en transporter un seul dans le royaume. Cependant la persécution cessa bientôt, et ils ne tardèrent pas à se glisser de nouveau dans les contrées méridionales, dont le climat leur convient mieux. Comme ils sont très-nombreux dans les États de la maison d'Autriche, où ils ont une espèce de constitution et des chefs appelés *woïewodés*, Marie-Thérèse conçut le projet d'en faire des hommes et des citoyens. En 1768 parut une ordonnance qui leur prescrivait de s'établir dans des demeures fixes, de se livrer à des travaux industriels, d'habiller leurs enfants et de les envoyer à l'école. Cette ordonnance n'ayant rien produit, on recourut, en 1773, à des mesures si sévères, que l'on allait jusqu'à enlever les enfants à leurs parents pour les mettre dans des écoles chrétiennes. Cette sévérité fut aussi peu efficace que les moyens plus doux employés par le gouvernement russe. Les sages ordonnances rendues par Joseph II depuis 1782 pour l'amélioration morale et civile des Bohémiens conduisirent seules à un résultat. Quelques hordes se fixèrent en Hongrie, en Transylvanie et dans le Banat, nommément dans le village dalmate de Karasitza, où les Bohémiens reçurent le nom de *Nouveaux Paysans*. En Angleterre, il existe depuis 1827 à Southampton, une société pour la civilisation des Bohémiens, et depuis 1845 on a établi dans la paroisse de Farnham une maison d'éducation pour les enfants bohémiens qui sont restés orphelins ou qui appartiennent à une famille trop nombreuse. Ils y ont leur propre roi. Un de ces princes mourut en 1836. Outre Walter Scott, qui a peint de main de maître les mœurs des Bohémiens dans son *Astrologue*, on peut consulter *Gil Blas* et *Preciosa* de Wolff; voir aussi l'*Essai historique sur les Bohémiens* de Grellmann (2ᵉ édit., Gœttingue, 1787); l'*Histoire des Bohémiens* de Tetzner (Weimar, 1835); les *Notices ethnographiques et historiques sur les Bohémiens* de Heister (Kœnigsberg, 1842), et l'ouvrage capital de Pott, *Les Bohémiens en Europe et en Asie* (2 vol.; Halle, 1844-45).

Dans la langue des Bohémiens, la plupart des mots sont d'origine indienne, et se retrouvent légèrement modifiés dans le sanscrit, dans le malabar et dans le bengali; mais depuis leur immigration en Europe ils ont adopté un grand nombre de mots des peuples parmi lesquels ils vivent. Leur grammaire aussi est tout à fait orientale, et s'accorde principalement avec les dialectes indiens. Voir la *Dissertation sur l'analogie de la langue bohémienne avec l'hindostani*, dans les *Transactions de la Société Littéraire de Bombay*, et les *Remarques* de Staples Harriot *sur l'origine orientale des Bohémiens*, dans les *Transactions de la Société Asiatique* (1831). La langue des Bohémiens est en général très-pauvre; elle manque complètement de mots pour exprimer les idées abstraites.

BOHÉMOND. *Voyez* Boémond.

BOHLEN (Pierre de), orientaliste, naquit à Wüppels, en Oldenbourg, le 13 mars 1796, de parents pauvres, qu'il perdit de bonne heure. Après avoir passé sa jeunesse dans la misère, il entra en 1811 au service d'un général français, vint à Hambourg en 1814, et y gagna sa vie comme domestique, jusqu'à ce que, grâce à quelques hommes généreux qui avaient été frappés de ses heureuses dispositions et de son zèle pour la science, il obtint les moyens de se vouer à l'étude. Reçu en 1817 au gymnase de Hambourg, il y prit un tel goût pour la poésie de l'Orient, qu'il résolut de s'y consacrer exclusivement. Il visita en 1821 l'université de Halle, puis en 1822 celle de Bonn, où il prit ses degrés et fut nommé en 1825 professeur extraordinaire, et cinq ans après professeur ordinaire des langues orientales à l'université de Kœnigsberg. En 1831 le gouvernement lui accorda une subvention pour faire un voyage scientifique en Angleterre. Y étant retourné une seconde fois, en 1837, le mauvais état de sa santé le força à séjourner quelque temps dans le midi de la France. Mais le mal avait déjà fait trop de progrès pour céder à l'influence d'un ciel plus doux; il revint en Allemagne condamné par les médecins, s'établit à Halle, et y mourut le 6 février 1840. Bohlen était un de ces hommes rares qui, partis de bien bas, savent s'élever par leur seul mérite. La douceur et l'affabilité de son caractère le faisaient aimer, et il restait fidèle à ses amis. Doué d'un heureux talent poétique, il sut, par le charme de la forme qu'il leur donna, familiariser l'Allemagne avec les beautés des poésies orientales. Son savoir était vaste, mais il manquait de profondeur. Sa vie, écrite par lui-même avec une aimable franchise, a été publiée après sa mort par Voigt (*Autobiographie*, Kœnigsberg, 1841). Parmi les écrits de Bohlen, ceux qui méritent une mention particulière sont : *Commentatio de Motenabbio* (Bonn, 1824); *l'Inde antique* (2 vol., Kœnigsberg, 1830-1831); les *Sentences de Bhartrihari*, accompagnées de scolies et d'un commentaire latin; l'imitation en vers allemands de ces Sentences (Hambourg, 1835); *la Genèse éclaircie sous le point de vue de l'histoire et de la critique* (Kœnigsberg, 1835). Son dernier travail fut l'édition des *Saisons*, poëme didactique de Kalidasa, sous le titre de *Ritusanhâra*, *i. e. Tempestatum Cyclus* (Leipzig, 1840).

BOHUS ou BOHUS-LÆN (appelé aussi *Gœtaborgs-Læn*, du nom de son chef-lieu, Gothenburg), province de la Gothie occidentale, s'étendant sur les côtes de la mer du Nord (sur le Skager-Rack) depuis la Gœta-Elf inférieure au nord jusqu'au Swinesund sur les frontières de la Norvége. On évalue la superficie de cette province à 40 myriamètres carrés, et sa population à environ 180,000 âmes. Dans les temps les plus reculés, le Bohus-Læn formait une partie de Weiken ou Wigen, nommé aussi Wigsiden ou Alfheim, et était habité par les Wikmans ou Elfmans, renommés par leurs actes de piraterie. Vers la fin du moyen âge, il fut soumis aux Norvégiens, puis aux Danois; mais les Suédois ne cessèrent de réclamer leur droit de suzeraineté sur le pays et le château. Conquis en 1523 par Gustave-Wasa, il fut repris en 1532, par le roi de Danemark Frédéric Ier, et définitivement cédé à la Suède en 1658, par la paix de Rœskilde.

La forteresse de *Bohus-Slot*, importante autrefois comme lieu de péage, ne forme plus aujourd'hui qu'un monceau de ruines, à 13 myriamètres au nord de Gothenbourg, sur le rocher d'Elfwebakka, dans la Gœta-Elf, et dans le voisinage de la ville de Kongelf. Bâtie en bois, en 1308, par le roi de Norvège Hakon VII, elle fut hypothéquée, en 1361, à la Hanse germanique par le roi Magnus. C'est dans ce château que la reine Marguerite fit appliquer à la torture le roi Albert, fait prisonnier près de Falkœping, le 24 février 1389. Les rois Christian Ier et Christian IV le firent reconstruire en pierre, en 1448 et en 1605. En 1502 le prince Christian l'enleva aux Suédois après la défaite du roi Knutson, et en 1531 Christian II leur livra sous ses murs une bataille décisive. En 1534 un général suédois de Christian III se rendit maître de Bohus-Slot. Les Suédois l'assiégèrent en 1564, 1565 et 1566. Charles XII laissa la forteresse tomber en ruines. Le 9 octobre 1788 un armistice y fut signé avec les Danois, qui se retirèrent le 13 novembre.

BOIAR ou **BOJAR**. Dans son acception primitive, ce mot était synonyme de *cyech*, *lech* et *bolgarin*, et signifiait propriétaire libre du sol. Dans l'ancienne Russie les Boïars formaient après les Knjazes ou Knjèses régnants le premier ordre de l'État; ils étaient les entours du prince, avaient leurs propres partisans, qui leur constituaient une espèce de garde, se mettaient au service du prince qui leur plaisait, et le quittaient selon leurs caprices : aussi les grands-ducs leur accordèrent-ils de grands priviléges, dont ils abusèrent souvent. Les plus hautes dignités militaires et civiles leur étaient exclusivement réservées, et ils jouissaient parmi le peuple d'une considération extraordinaire, à tel point que les grands-ducs, sans en excepter Iwan le Cruel, faisaient toujours précéder leurs ukases de la formule : « L'empereur a ordonné, les Bojars ont approuvé. » Le rang parmi les Bojars eux-mêmes était déterminé par le temps qu'ils avaient passé au service de l'État, et on l'observait strictement. Il passait par héritage du père au fils. On appelait cette hiérarchie *miestniczestow*; c'était une institution particulière aux peuples slaves, aussi éloignée de la féodalité que de l'aristocratie moderne, une constitution purement nationale. Dans leur intérieur, les Boïars aimaient à l'excès le faste, et leur orgueil à l'égard de leurs inférieurs était sans bornes. Ils avaient même fini par emprunter beaucoup de choses au cérémonial officiel de la Chine. Leur pouvoir et leur considération servirent souvent de frein aux excès des grands-ducs, qui, voyant en eux des ennemis, essayèrent à plusieurs reprises de briser leur autorité. Pierre le Grand y réussit; il abolit la dignité de boïar, et la remplaça par des titres et des honneurs qui ne donnèrent ni puissance ni priviléges. Le dernier boïar, Knjaz Iwan Jurjewicz Trubeskoj, mourut le 16 janvier 1750. De nos jours on trouve encore des boïars dans la Moldavie et la Valachie, où ils siègent dans le conseil du prince et où ils exercent quelquefois, l'histoire de ces dernières années l'a prouvé, l'influence la plus décisive sur les affaires de l'État.

BOÏELDIEU (ADRIEN-FRANÇOIS), né à Rouen, le 16 décembre 1775, apprit la musique et la composition d'un organiste de cette ville nommé Broche. Boïeldieu devint très-habile sur le piano; il écrivit d'abord pour cet instrument : ses concertos de piano, ses duos pour piano et harpe, obtinrent un succès de vogue. Plusieurs romances, qu'il publia peu de temps après son arrivée à Paris, en 1795, le firent connaître dans le monde musical, où le célèbre chanteur Garat l'avait produit. Garat affectionnait beaucoup les compositions de Boïeldieu; il chantait ses romances; les personnes qui l'ont entendu ont gardé le souvenir du *Ménestrel*, de *S'il est vrai que d'être deux*, etc. Le virtuose avait choisi Boïeldieu pour son accompagnateur. Nommé professeur de piano au Conservatoire, Boïeldieu y forma un grand nombre d'élèves d'un grand talent.

Il débuta à l'Opéra-Comique par *La Famille Suisse*, opéra en un acte, qui fut bientôt suivi de *Zoraïme et Zulnar*, ouvrage en trois actes, qui le plaça au premier rang parmi les compositeurs français. *La Dot de Suzette*, *Le Calife de Bagdad*, *Béniowsky*, *Ma Tante Aurore*, et plusieurs autres opéras avaient encore accru sa renommée. Lorsqu'il fit le voyage de Saint-Pétersbourg, en 1803, l'empereur de Russie, Alexandre Ier, le nomma maître de sa chapelle, chargé de composer pour le théâtre et les fêtes de la cour. Après un séjour de huit ans environ, pendant lesquels il avait fait représenter *Aline*, *Abder-Kan*, *La Jeune Femme colère*, *Les deux Paravents*, *Amour et Mystère*, les chœurs d'*Athalie*, *Télémaque*, *Les Voitures versées*, plusieurs pièces de circonstance et beaucoup de musique militaire, Boïeldieu revint à Paris en 1811. *Les deux Paravents*, *La Jeune Femme colère*, *Les Voitures versées*, parurent bientôt sur le théâtre de l'Opéra-Comique, pour lequel il composa de nouveaux opéras, tels que *Jean de Paris*, *La Fête du Village voisin*, *Le nouveau Seigneur de Village*, *Le Chaperon Rouge*, *La Dame Blanche*, son chef-d'œuvre, en 1824; *Les Deux Nuits*, en 1829. Depuis lors, atteint d'une affection au larynx, Boïeldieu, forcé de suspendre ses travaux, entreprit un voyage dans le midi de la France et dans l'Italie. Rentré à Paris en juillet 1833, il mourut dans sa terre de Jarcy, en Brie, le 9 octobre 1834.

Boïeldieu n'a point travaillé pour notre grande scène lyrique; mais plusieurs de ses ouvrages pourraient y figurer avec honneur. Il a réussi dans le genre comique : *Ma Tante Aurore*, *Jean de Paris*, l'attestent; il s'est élevé jusqu'à la hauteur de la tragédie lyrique dans *Béniowsky*, *Télémaque*, les chœurs d'*Athalie*. Dans le demi-caractère, ses succès n'ont pas été moins éclatants : témoin *Zoraïme et Zulnar*, *Le Chaperon Rouge*, *La Dame Blanche*. L'opéra-comique français, traité comme l'a fait Boïeldieu, est une œuvre d'art et d'imagination; la phrase de ce compositeur est d'une mélodie gracieuse et distinguée; son style est clair, d'une rare élégance, et les forces de son orchestre se sont accrues suivant les exigences de chaque époque. Ce maître a suivi les progrès de la musique. Il s'est montré d'abord rival de Grétry, et au moment des plus beaux triomphes de Rossini que sa *Dame Blanche* a fait une immense exception. Musicien spirituel, il sait donner aux paroles l'expression, le coloris qu'elles réclament, sans s'attacher à jouer sur les mots, à faire des rébus, comme plusieurs de ses prédécesseurs, rébus que les hommes de lettres du temps prenaient pour des traits de génie. Il a déclamé sans dégrader les contours de la mélodie. L'air du page de *Jean de Paris* : *Lorsque mon maître est en voyage*, et le trio de *La Jeune femme colère* : *La clé! la clé!* sont des chefs-d'œuvre de déclamation musicale. Celui du Sénéchal, dans le premier de ces opéras : *Qu'à mes ordres ici tout le monde se rende!* est le plus bel air que l'on ait écrit pour Martin. Le finale de *La Dame Blanche*, le quatuor de *Ma Tante Aurore*, le chœur de *Béniowsky* : *Jurons! jurons!* et beaucoup d'autres, que je pourrais citer, sont des morceaux concertés du premier mérite. Boïeldieu est un des plus illustres maîtres dont notre école puisse s'honorer. Ses opéras ont réussi partout : l'Allemagne, l'Angleterre, l'Espagne, les ont traduits et représentés; l'Italie même, qui adopte si difficilement les compositions étrangères, a reçu *La Donna Bianca* de la manière la plus flatteuse.
CASTIL-BLAZE.

Un fils de Boïeldieu, nommé aussi ADRIEN, marche sur ses traces. On a déjà joué de lui quelques opéras-comiques, notamment *Le Bouquet de l'Infante*, et *La Butte des Moulins*.

BOÏENS, peuple d'origine celte, qui habitait vraisemblablement le midi de la Belgique, d'où il émigra vers les contrées méridionales de l'Europe. Cinq siècles environ avant notre ère, une colonie de Boïens s'établit dans la haute Italie. Après avoir lutté longtemps contre les Romains, ils finirent par être soumis, vers l'an 193 avant J.-C., leur prince Bojorix ayant été tué dans un combat. Une partie des vaincus alla se fixer au sud du Danube, une autre rentra dans la Gaule; mais ni les uns ni les autres ne conservèrent longtemps leur indépendance. Les premiers furent détruits par les Daces, les seconds par Jules César. L'émigration la plus considérable des Boïens et la plus importante au point de vue historique est celle qui se dirigea vers les pays situés au nord du Danube, où ils fondèrent un puissant empire nommé *Bojohemum*, qui ne fut renversé qu'au commencement de l'ère chrétienne par les Marcomans, sous la conduite de Marbod, mort trente-sept ans après J.-C. Leur nom resta néanmoins au pays où il s'étaient établis : c'est de *Bojohemum* qu'est venu plus tard le nom de Bohême.

BOILEAU (ÉTIENNE), ou *Boyleaux, Boileaue, Boylesve* (*Stephanus Bibens aquam*), chevalier et célèbre prévôt de Paris au treizième siècle, a pris ce dernier nom latin dans un compte des baillis de France de 1266. Il était d'une noble famille d'Angers, dont plusieurs branches se répandirent dans l'Île-de-France, l'Anjou, la Touraine, et même en Angleterre. Étienne Boileau épousa, en 1225, Marguerite de la Guesle, et fit, en 1228, avec Geoffroy et Robert Boileau, ses frères, un partage loyal de la succession de son père, qui lui appartenait par droit d'aînesse. « C'était, est-il dit dans un manuscrit de la Vie de saint Louis, un bourgeois de Paris bien renommé de prudhomie, que le roy saint Louis mit en 1258 à la teste de la justice et auditoire du Chastelet de Paris; et alloit souvent le roy au dit Chastelet se seoir près de lui Boileaüe, pour l'encourager et donner l'exemple aux autres juges du royaume. »

« Sachez, dit Joinville, que du temps passé l'office de la prévosté de Paris se vendoit au plus offrant. Les prévosts étoient alors prévosts fermiers; dont il advenoit que plusieurs pilleries et maléfices s'en faisoient, et étoit totalement justice corrompue par faveur d'amys et par dons ou promesses, dont le commun n'osoit habiter au royaume de France, et étoit lors presque vague, et souventes fois n'y avoit-il aux plaids de la prévosté de Paris que dix personnes, pour les injustices et abusions qui s'y faisoient; et fist enquérir le roi par tout le pays là où il trouveroit quelque grant sage homme qui fust bon justicier, et qui punist étroitement les malfaicteurs, sans avoir égard au riche plus que au pauvre; et lui fut amené ung qu'on appeloit *Estienne Boyleaüe*, auquel il donna l'office de prévost de Paris, lequel depuis fit merveilles de soy maintenir audit office. Tellement que désormais n'y avoit larron, meurtrier ni autre malfaicteur qui osast demeurer à Paris, que tantost qu'il en avoit connoissance qui ne fust perdu ou puni à rigueur de justice, selon la qualité du malfaict, et n'y avoit faveur de parenté, ni d'amys, ni d'or, ni d'argent qui l'en eust pu garantir, et grandement fist bonne justice. »

En effet, le prévôt Étienne Boylesve exerça une justice si sévère « qu'il fist pendre un sien tilleul, parce que la mère lui dit qu'il ne se pouvoit tenir de rober. Item un sien compère, qui avoit nié une somme d'argent que son hoste lui avoit baillé à garder. »

C'est à ce magistrat qu'on doit l'établissement de la police de Paris. Il se montra aussi intègre et actif que zélé pour le bien public; rétablit la discipline dans le commerce et dans les arts et métiers, dans la perception des droits royaux, qui était alors de sa compétence, et fixa celle des justices seigneuriales enclavées dans la prévôté; il modéra et régla les impôts, qui se levaient arbitrairement, sous les prévôts fermiers, sur le commerce et les marchandises.

Il exerça enfin une grande influence sur les divers corps, communautés, confréries, corporations de marchands et artisans. C'est, en effet, de son administration que datent la réunion et la publication des règlements d'arts et métiers de la ville de Paris. On a représenté Étienne Boileau comme l'auteur de règlements parfaits et même comme le fondateur et l'organisateur des communautés d'artisans. Ce n'est pas là le mérite qui recommande son nom à la postérité : les communautés existaient avant Louis IX, et elles avaient des règlements, des us et coutumes auxquels leurs membres se conformaient ; d'ailleurs, la législation du moyen âge consistait moins à prescrire des règles nouvelles qu'à donner une satisfaction légale aux usages pratiqués depuis longtemps et éprouvés par l'expérience.

« Voici en réalité, dit M. Depping, ce que fit Étienne Boileau à l'égard des communautés d'arts et métiers de Paris : il établit au Châtelet des registres pour y inscrire les règles pratiquées habituellement pour les maîtrises des artisans, puis les tarifs des droits prélevés au nom du roi sur l'entrée des denrées et marchandises, puis les titres sur lesquels les abbés et autres seigneurs fondaient les privilèges dont ils jouissaient dans l'intérieur de Paris. Les corporations d'artisans, représentées par leurs maîtres jurés ou prud'hommes, comparurent, l'une après l'autre, devant lui, au Châtelet, pour déclarer les us et coutumes pratiqués depuis un temps immémorial dans leur communauté, et pour les faire enregistrer dans le livre qui désormais devait servir de régulateur, de cartulaire, à l'industrie ouvrière. Un clerc tenait la plume et enregistrait, sous les yeux du prévôt, les dispositions des traditions et pratiques du métier. Aussi, dans la plupart des règlements, on déclare, au début, qu'on va exposer les us et coutumes; et plusieurs se terminent par une adresse au prévôt pour lui signaler des abus à redresser ou des vœux à exaucer. Tous ces règlements sont brefs et dégagés du verbiage qui enveloppe et embrouille les règlements des temps postérieurs. À Étienne Boileau est peut-être due la forme de ces règlements; en magistrat habile, il a pu veiller à ce qu'ils fussent rédigés d'une manière claire, précise et à peu près uniforme. Ce type est si prononcé, qu'il n'est pas difficile de distinguer un règlement des registres d'Étienne Boileau de ceux qui ont été faits sous la prévôté de ses successeurs. »

Tel est le *Livre des Métiers* d'Étienne Boileau. Ces ordonnances, qui montrent quelle était la droiture des intentions du prévôt de Paris et la grande étendue de son autorité, avaient été primitivement écrites sur des peaux entières, cousues et roulées suivant l'usage du temps. Un de ses successeurs les fit copier en cahiers et relier ensemble vers l'an 1300. L'original, conservé à la cour des comptes, fut détruit en 1737 lors de l'incendie qui consuma les archives de cet établissement ; mais il en existait encore quelques copies : on en avait à la Sorbonne un exemplaire écrit du temps même de Boileau, et qui fut transporté à la Bibliothèque Nationale. C'est d'après ces diverses copies que le comité des chartes, chroniques et inscriptions a pu faire imprimer, pour la première fois, en 1837, par les soins de M. Depping, ce document, l'un des plus curieux, à coup sûr, de la collection publiée sous les auspices du ministère de l'instruction publique. L'éditeur a fait précéder son travail d'une curieuse introduction.

Étienne Boileau suivit saint Louis en Égypte. Il tenait un rang si éminent dans l'armée chrétienne, qu'ayant été pris au siège de Damiette, les infidèles exigèrent pour sa rançon deux cents livres d'or, somme considérable pour ce temps-là. C'est seulement après lui que la charge de prévôt de Paris devint annuelle. Il l'avait exercée dix années environ. On ne sait rien de positif sur l'époque de sa mort. Suivant l'opinion la plus générale, elle arriva de 1269 à 1270. On a des motifs de croire qu'il survécut longtemps à ses fonctions de prévôt, et qu'il mourut dans un âge fort avancé. Sa statue est une de celles qui décorent la façade de l'Hôtel de Ville de Paris.

BOILEAU (GILLES), frère aîné du célèbre poëte satirique de ce nom, naquit à Paris, en 1631. Ce fut le premier enfant que son père, greffier à la grand' chambre du parlement, eut de son mariage avec Anne de Nielle. Gilles Boileau, tout jeune encore, occupa les fonctions de payeur de rentes à l'hôtel de ville, qu'il quitta bientôt pour une charge de contrôleur de l'argenterie du roi. Comme son frère, il était né avec un penchant pour la poésie, et même pour la poésie satirique; mais il n'avait pas comme lui ce sentiment du beau langage qui a fait de Nicolas Boileau l'un des poëtes les plus élégants, les plus classiques de notre langue. Gilles Boileau débuta dans la carrière par quelques lettres en vers, qui sont de véritables satires, mais dont le style est faible et sans vigueur. Il attaqua plusieurs écrivains connus, Scarron, Costar et Ménage entre autres, et soutint contre ce dernier une guerre de plume qui manqua de le priver du plus grand honneur qu'il ait eu dans sa vie, celui d'entrer à l'Académie Française. Ménage ayant appris que Gilles Boileau était proposé pour obtenir une des places vacantes dans cette compagnie, vint trouver Mlle de Scudéry, et l'engagea à traverser cette élection par l'entremise de Pellisson. Chapelain, dans une lettre à Huygens, explique fort au long toute cette trame. Enfin, l'intrigue ourdie par Ménage fut découverte, et Gilles Boileau l'emporta.

Colletet, dans son mémoire sur les gens de lettres contemporains, dressé par ordre de Colbert, s'exprime ainsi au sujet de Boileau : « Il a de l'esprit et du style en prose et en vers, et sait les deux langues anciennes aussi bien que la sienne. Il pourroit faire quelque chose de fort bon, si la jeunesse et le feu trop enjoué n'empêchoient point qu'il s'y assujettît. »

Gilles Boileau n'a pas écrit beaucoup, puisqu'une mort prématurée vint le ravir aux lettres à l'âge de trente-sept ans. Ses principaux ouvrages sont des traductions, au sujet desquelles l'abbé d'Olivet s'exprime ainsi, dans son *Histoire de l'Académie* : « Nous en avons deux considérables, celle d'Épictète, qui a été fort approuvée, et celle de Diogène Laerce, qui est demeurée presque inconnue. Devait-il se flatter qu'une compilation informe et obscure, car Diogène Laerce n'est pas autre chose, pût réussir en françois, à moins que d'être éclaircie et redressée par de savantes notes, qui embrasseroient toute la philosophie des anciens et vaudroient mieux que l'original? Il a traduit en vers le quatrième livre de l'*Énéide*; quantité d'endroits qu'on y admire font regretter qu'il n'y ait pas mis la dernière main, ou plutôt qu'il ne fût pas capable de limer assez ce qu'il faisoit pour en venir à une certaine précision, qui contribue infiniment à la vigueur du style... »

Au moment où Gilles Boileau mourut, il travaillait à une traduction de la *Poétique* d'Aristote, dont il laissa le manuscrit presque terminé. Boileau, son frère, la remit, en 1709, à M. de Toureil, qui désirait compléter cet ouvrage, et s'engagea à écrire une préface dans laquelle il exalterait le mérite de son aîné. Ce fut la plus grande marque d'amitié qu'il lui donna : soit rivalité, soit tout autre motif, les deux Boileau ne furent jamais d'accord et ne témoignèrent pas l'un pour l'autre beaucoup de sympathie; bien plus, Boileau le satirique décocha contre son frère plusieurs des traits, et l'on trouve dans ses œuvres une épigramme qui se termine ainsi :

> En lui je reconnais un excellent auteur,
> Un poëte agréable, un très-bon orateur,
> Mais je n'y trouve point de frère.

Cette rivalité entre les deux Boileau inspira ce quatrain au poëte Linières :

> Veut-on savoir pour quelle affaire
> Boileau, le rentier aujourd'hui,
> En veut à Despréaux, son frère?
> C'est qu'il fait des vers mieux que lui.

Gilles Boileau mourut en 1669.   LE ROUX DE LINCY.

BOILEAU (JACQUES), docteur en Sorbonne, frère puîné de Gilles Boileau, et frère aîné de Nicolas Boileau-Despréaux, naquit à Paris, le 16 mars 1635. Il fit de bonnes études au collège d'Harcourt, reçut le grade de docteur en théologie et se fit agréger à la compagnie de la Sorbonne. Il avait dès sa jeunesse composé une bibliothèque nombreuse, riche surtout en livres rares et curieux. Elle fut consumée par un incendie qui dévora le pavillon de la Sorbonne où il était logé. Il ne s'en émut pas, et se mit à en former une nouvelle, qui dans la suite surpassa la première. Nommé doyen, grand-vicaire et official du diocèse de Sens, il remplit ces diverses fonctions pendant vingt-cinq ans. Il fut pourvu en 1694 d'un canonicat à la Sainte-Chapelle de Paris, et mourut le 1er août 1716, dans sa quatre-vingt-deuxième année, doyen d'âge de la faculté de théologie. C'était un homme de beaucoup d'esprit et d'une vaste érudition. Il est auteur d'un grand nombre d'ouvrages latins, la plupart peu volumineux, en général sur des questions curieuses de théologie, parmi lesquels on remarque ses histoires de la *Confession auriculaire* et des *Flagellants*. Ils sont presque tous anonymes et pseudonymes, et l'auteur se cache sous les noms de *Marcellus Ancyranus, Claudius Fontetus, Jacques Barnabé*, etc.

Despréaux disait de son frère que s'il n'avait pas été docteur en Sorbonne, il se serait fait docteur de la Comédie Italienne. Voltaire représente Jacques Boileau comme un esprit bizarre qui a fait des livres bizarres. Quelqu'un lui ayant demandé pourquoi il écrivait de préférence en latin : « C'est, répondit-il, de peur que les évêques ne me lisent; ils me persécuteraient. » Comme son frère, il n'aimait pas les jésuites : « Ce sont, disait-il, des gens qui allongent le Symbole et raccourcissent le Décalogue. »

BOILEAU-DESPRÉAUX (NICOLAS). Nicolas Boileau, que, pour le distinguer de ses frères, on surnomma *Despréaux*, naquit selon quelques-uns à Cosne, et selon la plupart à Paris, dans une maison qui du temps de Henri IV faisait le coin du quai des Orfèvres et de la rue du Harlai, le 1er novembre 1636, trois ans avant Racine. Il était le plus jeune des enfants de Gilles Boileau, greffier de la grand'-chambre du parlement de Paris. Son père, devenu veuf un an après sa naissance, négligea beaucoup la première éducation de Nicolas, qui eut tout d'abord à loisir sous les yeux le spectacle de la vie bourgeoise et de la vie au palais, étant livré à lui-même et logé dans une guérite au grenier. Sa santé en souffrit, son talent d'observation y gagna; il remarquait tout, maladif et taciturne qu'il était; et comme il avait la tournure d'esprit rêveuse, et que son âge n'était pas environné de tendresse, il s'accoutuma de bonne heure à voir les choses avec du bon sens, de la sévérité et une brusquerie mordante. Son père, lui, ne s'en apercevait pas le moins du monde, et il avait coutume de dire de son fils : *Pour Colin, c'est un bon garçon, qui ne dira jamais de mal de personne*. Il achevait sa quatrième au collège d'Harcourt lorsqu'il fut atteint de la pierre et obligé de suspendre quelque temps ses études. On le tailla, mais l'opération fut mal faite, et il s'en ressentit toute sa vie. Ce fut là, dit-on, la cause de son humeur chagrine; et il lui dut sans doute cette expression remarquable de mélancolie qui paraît sur son visage dans les bons portraits que nous ont laissés ses contemporains.

Au collége, Boileau lisait, outre les auteurs classiques, beaucoup de poëmes modernes, de romans; et bien qu'il composât lui-même, selon l'usage des rhétoriciens, d'assez mauvaises tragédies, son goût et son talent pour les vers étaient déjà connus de ses maîtres. A peine sorti des bancs, où il s'était fait remarquer par son ardeur au travail, non

BOILEAU

moins que par son goût pour la lecture, goût qu'il appelait lui-même une fureur, il étudia le droit, montra peu d'inclination pour cette étude, si barbare à cette époque, et l'abandonna pour se tourner vers la théologie Le voilà donc suivant un cours en Sorbonne. Mais, dégoûté bientôt de cette lourde scolastique, il abandonne la théologie, n'en ayant retiré qu'un bénéfice de 800 livres, qu'il résigne, après quelques années de jouissance, à une demoiselle Marie Poncher de Bretonville, qu'il a aimée, dit-on, et qui se fait religieuse. A part cet attachement, qu'on a même révoqué en doute, il ne semble pas que la jeunesse de Despréaux ait été fort passionnée, et lui-même convient qu'il était *très-peu voluptueux*.

Dès lors il ne fit plus que des vers. Il avait trouvé sa vocation : *Son astre, en naissant, l'avait formé poëte*. Il en fallut subir la loi. Aussi griffonnait-il des vers jusque sous les yeux de son père, qu'il aidait dans ses travaux de greffier.

La famille en pâlit, et vit en frémissant
Dans la poudre du greffe un poëte naissant...

Elle en prit cependant son parti de bonne grâce, et souffrit ce qu'elle ne pouvait empêcher.

« Les circonstances extérieures étant données, l'état politique et moral étant connu, on conçoit, dit M. Sainte-Beuve, quelle dut être sur une nature comme celle de Boileau l'influence de cette première éducation, de ces habitudes domestiques et de tout cet intérieur. Rien de tendre, rien de maternel autour de cette enfance infirme et stérile; rien pour elle de bien inspirant, de bien sympathique, dans ces conversations de chicane auprès du fauteuil du vieux greffier.... Sans doute, à une époque d'analyse et de retour sur soi-même, une âme d'enfant rêveur eût tiré parti de cette gêne, de ce refoulement; mais alors il n'y fallait pas songer ; et, d'ailleurs, l'âme de Boileau n'y eût jamais été propre. Il y avait bien, il est vrai, la ressource de la moquerie et du grotesque : déjà Villon et Régnier avaient fait jaillir une abondante poésie de ces mœurs bourgeoises, de cette vie de cité et de bazoche; mais Boileau avait une retenue dans sa moquerie, une sobriété dans son sourire, qui lui interdisait les débauches d'esprit de ses devanciers. Et puis les mœurs avaient perdu en saillie depuis que la régularité de Henri IV avait passé dessus : Louis XIV allait imposer le *decorum*. Quant à l'effet hautement poétique et religieux des monuments d'alentour sur une jeune vie commencée entre Notre-Dame et la Sainte-Chapelle, comment y penser en ce temps-là ? Le sens du moyen âge était complétement perdu ; l'âme seule d'un Milton pouvait en retrouver quelque chose, et Boileau ne voyait guère dans une cathédrale que de gras chanoines et un lutrin. Aussi que sort-il pour premier essai de cette verve de vingt-quatre ans, de cette existence de poëte si longtemps misérable et comprimée? Ce n'est ni une charge vigoureuse dans le ton de Régnier sur les orgies nocturnes, les allées obscures, les escaliers en limaçon de la Cité, ni l'onctueuse poésie de famille et de coin du feu, comme en ont su faire La Fontaine et Ducis; c'est *Damon, ce grand auteur* prenant congé de la ville d'après Juvénal ; c'est une autre satire sur les embarras des rues de Paris; c'est encore une raillerie fine et saine des mauvais rimeurs en renom qui fourmillaient alors. »

En attendant qu'une ère véritablement moderne commençât pour la société et pour l'art, la France, à peine reposée des agitations de la Ligue et de la Fronde, se créait lentement à cette époque une littérature, une poésie tardive, artificielle, quoique d'un mélange assez habilement fondu, quoique assez originale même dans son imitation. Le drame écarté, on peut regarder Malherbe et Boileau comme les représentants officiels de cette révolution poétique. Tous deux se distinguent par une opposition sans pitié contre leurs devanciers immédiats. Malherbe est inexorable pour Ronsard, Desportes et leurs disciples, comme Boileau le sera (et très-souvent avec raison) pour Colletet, Chapelain, Saint-Amand, Scudéry. Il est à regretter seulement que l'un et l'autre ne soient que des médecins empiriques, s'attaquant, il est vrai, à des vices réels, mais ne sachant pas remonter au siège du mal pour tenter la régénération du malade.

En 1666, à l'âge de trente ans, il publie, pour la première fois, un recueil de huit satires que jusqu'à sa mort il augmentera successivement de nouvelles œuvres. Il est reçu dans les meilleures compagnies, chez M. de La Rochefoucauld, chez mesdames de Lafayette et de Sévigné; il connaît les Vivonne, les Pomponne, et déjà partout en matière de goût ses décisions font loi. Présenté à la cour en 1669, il est nommé historiographe du roi en 1677. A cette époque, par la publication de presque toutes ses *Satires* et de ses *Épîtres*, de son *Art poétique* et des quatre premiers livres du *Lutrin*, il a atteint à quarante-un ans l'apogée de sa réputation. Durant les quinze années qui suivront, jusqu'en 1693, il ne mettra plus au jour que les deux derniers chants de son poëme héroï-comique; et jusqu'à l'année 1711, terme de sa vie, c'est-à-dire pendant dix-huit années, il ne fera plus paraître que sa *Satire sur les Femmes*, son *Ode sur la prise de Namur*, ses *Épîtres à ses Vers*, *à Antoine* et sur *l'Amour de Dieu*, ses *Satires sur l'Homme* et sur *l'Équivoque*. Cherchons la cause de ces irrégularités dans les diverses moissons de sa vie littéraire.

A l'époque de sa renommée croissante, Despréaux demeurait chez son frère Jérôme, qui avait succédé à leur père dans sa charge de greffier. Cet intérieur devait avoir pour lui peu d'attrait; car sa belle-sœur était, à ce qu'il paraît, grondeuse et revêche. Mais les distractions du monde ne lui permettaient guère de ressentir le contre-coup des chicanes domestiques qui troublaient le ménage de son frère. En 1679, à la mort de Jérôme, il logea quelques années chez son neveu Dongois, qui était aussi greffier à son tour; mais après avoir fait en carrosse les campagnes de Flandre et d'Alsace, il parvient à acheter des libéralités du roi une petite maison à Auteuil, et on l'y trouve installé dès 1687. Sa santé, si délicate, s'était considérablement dérangée ; il se plaignait d'une extinction de voix et d'une surdité qui lui interdisaient le monde et la cour. Aussi est-ce en suivant Boileau dans sa retraite d'Auteuil qu'on apprend à le mieux connaître; est-ce en remarquant ce qu'il fit ou ne fit pas alors, durant près de trente années, livré à lui-même, faible de corps, mais sain d'esprit, au milieu d'une campagne riante, qu'on peut juger avec plus de certitude ses productions antérieures et déterminer les limites réelles de ses facultés. Qui le croirait ? pendant ce long séjour au grand air dans cette jolie maisonnette à un étage, aux murs tapissés de vigne, où nous avons voulu tous aller en pèlerinage, en proie aux infirmités du corps, qui, laissant l'âme entière, la disposent à la tristesse et à la rêverie, pas un mot de conversation, pas une ligne de correspondance ne trahit chez Boileau, dit M. Sainte-Beuve, une émotion tendre, un sentiment naïf et vrai de la nature et des champs.

Que fait-il donc à Auteuil ? Il y soigne sa santé, il y traite ses amis Racine, Molière, La Fontaine, Chapelle, et surtout les abbés Rapin, Bourdaloue, Boulours ; il y joue aux quilles ; il y cause, après boire, nouvelles de la cour, Académie, abbé Cottin, Quinault, Scudéry, Perrault, comme Nicole cause théologie sous les ombrages de Port-Royal ; il écrit à Racine de vouloir bien le rappeler au souvenir du roi et de madame de Maintenon : il lui annonce qu'il compose une ode dans laquelle *il hasardera des choses fort neuves, comme de parler de la plume blanche que le roi porte au chapeau*. Quand il se sent en verve, alors il rêve et récite aux échos de ses bois sa terrible *Ode sur la prise de Namur*.

Ce qu'il a fait de mieux sans contredit à Auteuil, c'est son ingénieuse *Épître à Antoine*. Certainement il y a peu de passion dans ces vers, si l'on entend par passion un grand élan désordonné vers un but quelconque; mais il y a du charme, de la grâce, de la naïveté, de l'abandon, autant qu'il peut y en avoir dans Boileau, bien que nous n'aimions pas à voir son honnête horticulteur, transformé en *gouverneur* de son jardin, ne point *planter*, mais *diriger* l'if et le chèvrefeuille, et *exercer* sur les espaliers *l'art de La Quintinie*. Comme on le voit, il y a encore du Versailles à Auteuil.

Cependant Despréaux vieillit, ses infirmités augmentent, ses amis meurent : La Fontaine et Racine lui sont enlevés. A ces chagrins se joignent un procès désagréable à soutenir et le sentiment profond des maux qui accablent la France. Depuis la mort de Racine il ne remet plus les pieds à Versailles ; il juge tristement les hommes et les choses de son pays ; même en matière de goût, la décadence lui paraît si rapide, qu'il se prend à regretter le temps des Bonnecorse et des Pradon. Ce qu'on a peine à concevoir, c'est qu'il ait vendu sur ses derniers jours sa maison d'Auteuil et qu'il soit venu mourir, le 13 mars 1711, au cloître Notre-Dame, chez le chanoine Lenoir, son confesseur. La vieillesse du poëte-historiographe ne fut pas moins triste et moins morose que celle de son roi. En somme, pourtant, sa vie s'était écoulée douce et unie, sans qu'elle fût marquée ni par une profonde misère et de romanesques aventures comme celle du Tasse ou de Camoëns, ni par une fortune éclatante comme celle de Voltaire ou d'Alfieri.

Depuis près d'un siècle et demi que Boileau est mort, il n'a cessé de fournir le sujet de continuelles discussions. Tandis que la postérité acceptait avec d'unanimes acclamations la gloire de Corneille, de Molière, de La Fontaine, on revisait rigoureusement les titres de Boileau au génie poétique ; et il n'a pas tenu à Fontenelle, à Dalembert, à Helvétius, à Condillac, à Marmontel et, par instants, à Voltaire lui-même, que cette grande réputation classique ne fût sérieusement entamée. On sait le prétexte de presque toutes ces hostilités, de presque toutes ces antipathies : Boileau n'était pas né sensible. On ne se rappela pas que douze vers d'une de ses savantes épîtres lui avaient coûté plus de temps et de travail qu'à tel ou tel tout un poëme épique ; on ne se rappela pas que douze vers ainsi faits le sont pour toujours et ne périssent plus. Il se trouva un critique pour lui reprocher d'avoir fait de la campagne, des vers, de l'étude des anciens, son délassement, sa sérieuse occupation, ses délices et ses amours... ses seules amours, et de n'y avoir point ajouté le véritable amour, l'amour des femmes, l'amour physique, l'amour sentimental, que sais-je ?

Salirons-nous ces pages de l'anecdote par laquelle on prétendit expliquer l'éloignement du poëte pour les femmes ? Dirons-nous à quelles basses idées descendirent ses détracteurs pour rendre raison de sa prétendue insensibilité ? Qui croirait qu'une haine systématique ait pu égarer à ce point des hommes d'ailleurs estimables et graves ? Ils en vinrent à avancer, sans appuyer leur assertion d'aucune preuve, sans apporter le moindre témoignage contemporain, que si Boileau avait fait sa dixième satire contre les femmes, c'était parce qu'un coq d'Inde l'avait mutilé dans son enfance. Helvétius s'empara de cette anecdote, dont on n'avait jamais entendu parler jusque là, et que, par parenthèse, l'*Année Littéraire* eut l'insigne honneur de publier la première, comme une bonne fortune. Et comme au dix-huitième siècle le *sentiment* se mêlait à tout, à une description de Saint-Lambert, à un conte de Crébillon fils, on à l'*Histoire philosophique des deux Indes*, les belles dames, les philosophes, les géomètres prirent Boileau en grande aversion. Et pourtant, rien de moins prouvé que cette anecdote ; nous la soupçonnons même d'être un mensonge prémédité et accrédité à plaisir. Il est facile d'en juger à l'ardeur avec laquelle elle fut propagée depuis Helvétius jusqu'à Mercier par tous ceux qui voulaient l'ostracisme du poëte.

La manie de dénigrer Boileau n'est pas, comme on voit, bien nouvelle. Elle prit, nous l'avons vu, dans la première moitié du dernier siècle à quelques gens de lettres, que le Normand Fontenelle, qui avait été plus d'une fois en butte aux traits malins du poëte, soutenait dans cette entreprise, par un vieil esprit de rancune contre le satirique qui l'avait cruellement harcelé. Ce fut dès lors comme une mode que ne craignirent pas de suivre quelques esprits d'un ordre élevé. Voltaire lui-même eut le tort d'y prêter les mains. Mais, parmi les hommes de lettres du temps, celui qui se signala le plus dans cette guerre par un zèle d'une inconcevable âcreté, dont ne lui sut pas toujours très-bon gré son illustre maître, ce fut Marmontel. Voltaire en fut fâché. Voltaire en effet, esprit si éminemment judicieux en matière de goût, quelque sévère qu'il se montrât envers Boileau, dans ces vers si souvent cités :

Boileau, correct auteur de quelques bons écrits,
Zoïle de Quinault, et flatteur de Louis;

Voltaire s'est plu mille fois à rendre au poëte du *Lutrin* de sincères hommages ; et même dans cette épître, dont nous venons de citer les deux premiers vers, se hâte-t-il d'ajouter ceux-ci, qui adoucissent sa pensée :

Mais oracle du goût dans cet art difficile
Où s'égayait Horace, où travaillait Virgile.

On le voit, Voltaire, jusque dans ses accès de mauvaise humeur, finit toujours par être juste envers Boileau. Quant à Marmontel, ni reproches ni raisonnements ne purent le ramener. Il persista dans son système de dénigrement. En vingt endroits de ses *Éléments de Littérature*, dans son *Epître aux Poètes*, partout enfin il ne cesse de l'attaquer et d'insister sur son peu de penchant à l'amour et sur son défaut de sensibilité. Sur ce grief cependant, il n'a pas plus raison que sur les autres. Boileau, sans doute, se livra peu aux sentiments tendres ; mais qu'en faut-il conclure ? S'il ne fut pas très-sensible à l'amour, il le fut à tout ce qu'il y a de bon, de beau et de grand dans l'âme humaine. Son art fut sa passion, une passion vraie et forte : cette passion lui inspira dès quinze ans *la haine d'un sot livre*, et remplit sa vie entière. Dans son invincible répugnance pour ce qui sort de la nature, il souffrait de toute recherche, de tout clinquant ; il n'aimait que le vrai. En vain Marmontel le traite de poëte

Sans feu, sans verve, et sans fécondité.

En vain il prétend que :

Jamais un vers n'est parti de son cœur.

Il est vrai, répondrons-nous à cet éternel reproche, que Boileau n'a chanté aucune femme en particulier. Mais est-ce donc une indispensable obligation pour un poëte de parler d'amour ?

Pourtant, malgré toutes ces épigrammes, malgré tous ces sarcasmes, la renommée littéraire de Despréaux tint bon et se consolida. Le *poëte du bon sens*, le *législateur de notre Parnasse* garda son rang suprême. Le mot de Voltaire : *Ne disons pas de mal de Nicolas ! cela porte malheur*, fit fortune et devint proverbe ; les idées positives du dix-huitième siècle et la philosophie de Condillac semblèrent, en triomphant, marquer d'un sceau plus durable la renommée du plus sensé, du plus logique et du plus correct des poëtes. Mais ce fut surtout lorsqu'une école nouvelle s'éleva en littérature, lorsque certains esprits, bien peu nombreux d'abord, commencèrent à mettre en avant des doctrines inusitées et les appliquèrent à des œuvres littéraires, qu'en haine des innovations on revint de toutes parts à Boileau comme à un illustre ancêtre et qu'on se rallia de toutes parts à son nom.

Au milieu de ces querelles, un habile critique, qui, dans la chaleur d'un zèle d'école, s'échappait pourtant parfois en vives et pittoresques saillies contre quelques-unes de nos vieilles gloires littéraires, rendait néanmoins cette justice à Boileau : « Boileau, selon nous, écrivait alors M. Sainte-Beuve, est un esprit sensé et fin, poli et mordant, peu fécond, d'une agréable brusquerie, religieux observateur du vrai goût, bon écrivain en vers, d'une correction savante, d'un enjouement ingénieux, tel qu'il fallait pour imposer aux jeunes courtisans, pour agréer aux vieux, et pour être estimé de tous : honnête homme et d'un mérite solide. »

On s'est demandé si Despréaux était un poëte, à supposer qu'on réserve uniquement ce titre aux êtres fortement doués d'âme et d'imagination. Cependant *Le Lutrin* seul ne nous révèle-t-il pas un talent capable d'invention et surtout de grandes beautés de détail? En somme, il fut l'oracle de la cour et des lettres d'alors, tel qu'il le fallait pour plaire à Patru et à Bussy, à d'Aguesseau et à Mme de Sévigné, à Arnauld et à Mme de Maintenon, *poëte auteur*, sachant converser et vivre, mais véridique, irascible à l'idée du faux, prenant feu pour le juste, et arrivant quelquefois par sentiment d'équité littéraire à une sorte d'attendrissement moral et de rayonnement lumineux, comme dans son *Épître à Racine*. Il était pourtant injuste aussi lui-même souvent, comme lorsqu'il oublie la fable dans l'*Art poétique*, parce qu'il aurait fallu rendre hommage au génie de La Fontaine. On sait encore avec quelle facilité il traînait dans ses satires des noms à sa convenance, outrepassant ainsi les droits d'une critique impartiale. Cependant, il réforma la poésie. Ce qui le tuait, disait-il, dans sa *Satire des Femmes*, c'était la difficulté des transitions. Son style est sensé, soutenu, élégant, grave; mais cette gravité va quelquefois jusqu'à la pesanteur, cette élégance jusqu'à la fatigue, ce bon sens jusqu'à la vulgarité. L'un des premiers il introduisit dans les vers la manie des périphrases. Cependant, il est et restera un de nos modèles. En général, Boileau attache trop de prix aux petites choses.

BOILEAU (Jacques), frère du précédent, docteur de Sorbonne, naquit à Paris, le 16 mars 1635, fut pendant vingt-cinq ans grand-vicaire et official du diocèse de Sens. Après avoir obtenu, en 1694, un canonicat à la Sainte-Chapelle à Paris, il mourut dans cette ville, le 1er août 1716. Il avait l'esprit naturellement porté à la satire et à la plaisanterie; et son frère avait coutume de dire de lui que s'il n'avait été docteur de Sorbonne, il aurait été docteur de la comédie italienne. Ses nombreux ouvrages, qui roulent sur les matières singulières de théologie, d'histoire et de discipline ecclésiastiques, sont relevés par un style mordant et par une foule de traits curieux. Il en publia la plupart sous des noms supposés, comme Claudius Fonteius, Jacques Barnabé, Marcellus Ancyranus, etc. Les principaux sont : *De antiquo Jure Presbyterorum in regimine ecclesiastico* (1676) ; *Historia Confessionis auricularis* (1683) ; *Historia Flagellantium, sive de perverso flagellorum usu apud Christianos* (1700) : ouvrage qui fit beaucoup de bruit; *Disquisitio theologica de Sanguine Corporis Christi post resurrectionem, ad Epistolam 146 Augustini* (1681) : c'est un des livres dans lesquels il a déployé le plus d'érudition; enfin, *Traité des Empêchements dirimants du Mariage* (1691) : ouvrage solide et curieux. Comme on demandait à l'abbé Boileau pourquoi il écrivait toujours en latin : « C'est, répondit-il, de peur que les évêques ne me lisent : ils me persécuteraient. »

BOILEAU (Jacques), membre de la Convention nationale, né à Avalon, en 1752, mort guillotiné, le 31 octobre 1793, fut d'abord juge de paix dans sa ville natale, puis député de l'Yonne à la Convention, où il prit place parmi les Girondins. Après avoir, dans le procès de Louis XVI, opiné pour la mort, il fut envoyé en mission à l'armée du nord. A son retour à Paris, il dénonça la Commune de Paris, et surtout Marat, qu'il appelait un monstre, et demanda que la tribune nationale fût purifiée toutes les fois que ce représentant du peuple y monterait. C'en était bien assez assurément pour être signalé aux vengeances du parti de la terreur. Aussi fut-il compris dans le décret de proscription rendu contre la Gironde. Il n'essaya pas de fuir, se laissa incarcérer et condamner, et sut mourir avec courage.

BOILLY (Louis-Léopold), peintre, né en 1761, à La Bassée, département du Nord, mourut vers 1830. Il peignait le genre et le portrait, et était doué d'une remarquable fécondité. Tresca, Petit et Chaponnier ont gravé d'après lui plus de cent feuilles. Ses œuvres se font remarquer par la verve et la légèreté du pinceau; et dans le nombre on cite surtout ses *Scènes du Boulevard*, sa *Lecture des Journaux* et son *Théâtre de Polichinelle*.

BOIN (Antoine), médecin et député du Cher, naquit à Bourges, le 19 janvier 1769. Il fut pendant les premières années de la révolution de 1789 attaché aux armées du nord et de la Hollande. On le retrouve en 1810 faisant partie du jury médical, du conseil des hospices, du conseil général et du collège électoral de son département. En 1815 il reçoit la décoration de la Légion d'Honneur des mains du duc d'Angoulême, et figure la même année à la chambre *introuvable*, où il vote d'abord avec l'opposition et soutient le droit de pétition, mais où, dans la même session, il parle en faveur du projet de loi contre les cris séditieux et fait imprimer son opinion sur la loi dite *d'amnistie*, qu'il adopte sans restriction.

Réélu en 1816, il paraît se mouvoir décidément dans la sphère ministérielle. En 1820, lors de la discussion de la loi électorale, il attache fatalement son nom à un déporable amendement qui accorde le double vote aux électeurs des collèges de département, et qui enfante ainsi une nouvelle chambre, d'où sortiront les lois funestes de l'*indemnité*, du *sacrilège*, du *droit d'aînesse*, etc. Le prix de ce dévouement aveugle ne se fit pas attendre : quelques mois après Boin recevait la place d'inspecteur général des eaux minérales de France, aux appointements annuels de 12,000 fr., et en 1823 la croix d'officier de la Légion d'Honneur. Cette double faveur le maintint dans la voie ministérielle jusqu'en 1827, où il abandonna la carrière politique et donna sa démission de toutes ses places. Depuis ce temps personne ne s'est plus guère occupé de lui, et nous ignorons l'époque de sa mort.

Médecin médiocre, on lui doit, entre autres opuscules, une *Dissertation sur la chaleur vitale* ; un *Coup d'œil sur le Magnétisme* ; un *Mémoire sur la maladie qui régna en 1807 chez les Espagnols prisonniers à Bourges* ; un autre *Mémoire sur le Choléra de 1832*, etc.

BOINDIN (Nicolas), littérateur estimable, né à Paris, le 29 mai 1676, mort le 30 novembre 1751, était le fils d'un procureur du roi au bureau des finances. Il était venu au monde avec une constitution si chétive qu'on n'aurait pas pu croire qu'il fournirait une si longue carrière. Il en fut très-probablement redevable à la sagesse d'une vie qu'il consacra tout entière à la culture des lettres. Lorsque après une enfance et une adolescence valétudinaires, la force vitale prit en lui le dessus, on le fit entrer dans les mousquetaires. Il était alors âgé de vingt ans ; mais il ne tarda point à reconnaître qu'avec une aussi débile santé la nature ne l'avait évidemment pas destiné à la rude carrière des armes. Il y renonça donc, et prit le parti de se vouer désormais à l'étude.

Esprit fort, il faisait ouvertement profession d'athéisme; aussi plus tard le cardinal de Fleury mit-il son veto absolu à ce qu'il fût élu membre de l'Académie Française, où cependant, comme littérateur, il avait bien autrement de droits à être admis que tels ou tels de ses contemporains qui avec un bagage des plus légers virent s'ouvrir devant eux, à deux battants, les portes du sénat académique. Boindin dut donc se contenter d'un fauteuil à l'Académie des Inscriptions et Belles-Lettres, où il avait été admis dès 1706. Quelques dissertations intéressantes imprimées dans les Mémoires de cette compagnie justifient le choix dont il avait été l'objet de sa part. Nous citerons, entre autres un *Discours sur* les *tribus romaines*, où l'auteur examine leur origine, l'ordre de leur établissement, leur situation, leur étendue et leurs divers usages suivant les temps; un *Discours sur les masques et les habits de théâtre des anciens* ; et un *Discours sur la forme et la construction des théâtres des anciens*, qui témoignent de profondes et sagaces recherches archéologiques. Des travaux si sérieux n'empêchaient pas Boindin de cultiver en même temps la littérature légère et même d'écrire pour le théâtre. Lié d'amitié avec Saurin et Lamotte, il composa en collaboration avec ce dernier *Les Trois Gascons*, comédie en un acte, où l'on trouve quelques traits fins et agréables, et au sujet de laquelle les deux auteurs se disputèrent plus tard relativement la mesure des droits de paternité que chacun d'eux pouvait revendiquer dans l'œuvre commune; et *Le Port de mer* (1704). Il donna seul, en 1702, *Le Bal d'Autouil*, comédie en trois actes et en prose, avec un prologue. Le roi chargea le marquis de Gèvres de réprimander les comédiens d'avoir représenté une comédie aussi libre, et qui fut retirée du théâtre après quelques représentations. C'est à l'occasion de cette pièce que fut instituée la censure dramatique, dont le besoin ne s'était pas fait sentir jusque alors. Très-maltraité dans les fameux couplets attribués à J.-J. Rousseau, Boindin refusa de croire que celui-ci en fût l'auteur, et écrivit un mémoire pour gratifier de cette infamie son ancien ami Saurin. Duclos, qui dans sa jeunesse l'avait souvent rencontré au café Procope, le rendez-vous des beaux-esprits au dix-huitième siècle, rapporte que c'est à Boindin que Fontenelle dit un jour, dans le cours d'une discussion, ce mot si célèbre : « J'aurais la main pleine de vérités, que je ne l'ouvrirais pas pour le peuple. » Il en coûta à Boindin d'avoir été moins discret que Fontenelle. A sa mort, on lui refusa les honneurs de la sépulture; et il fallut l'inhumer secrètement. Laplace raconte qu'il disait à un homme qui partageait ses opinions en matière de religion, mais janséniste : « On vous tourmente parce que vous êtes un athée *janséniste*; moi, on me laisse en paix parce que je suis un athée *moliniste*. » Cette piquante distinction peint bien la politique des jésuites.

BOINVILLIERS (Jean-Étienne-Judith Forestier, dit), ayant nom aussi *Desjardins*, naquit à Versailles, le 3 juillet 1764. Ses études à peine ébauchées, il ne craignit pas d'ouvrir un cours public de belles-lettres dans la capitale, en concurrence à celui que La Harpe faisait au Lycée; de nos jours il eût probablement discouru *de omni re scibili et quibusdam aliis* dans le feuilleton de quelque journal en crédit. Le peu de succès de son enseignement ne lui inspira pas, du reste, la moindre rancune contre une génération ingrate; on le vit, au contraire, embrasser avec enthousiasme, voire avec une certaine exaltation, les principes de notre grande révolution, que des erreurs et des excès ne devaient pas tarder à déshonorer; erreurs et excès que, pour sa part, Boinvilliers désavoua un peu tardivement dans une pièce de vers recueillie en 1807 dans l'*Almanach des Muses*. Ce fut en effet sous l'influence des idées les plus avancées que notre grammairien tenta, à cette époque de transformation, d'aborder la carrière dramatique. En 1792 il composa une comédie en deux actes et en vers : *Monsieur le Marquis*, et en 1793 *Condorcet en fuite*, fait historique en trois actes. La scène, moins accessible pour lui que ne le fut plus tard l'*Almanach des Muses*, ce constant asile du malheur, ne s'ouvrit point aux drames d'un rimeur tout au plus doué de l'esprit d'analyse, et qui se consola de cet échec en pensant qu'il était appelé à devenir le Montesquieu du nouvel ordre de choses.

En 1794 il publiait, mais un insuccès au moins égal, le *Manuel du Républicain, ou le Contrat Social mis à la portée de tout le monde*. Désappointé et désillusionné, Boinvilliers eut enfin le bon sens de comprendre qu'il lui serait plus profitable de traduire le *De Viris illustribus* du P. Lhomond, les *Fables de Phèdre*, d'abréger le *Dictionnaire de Boudot*, d'annexer un petit *lexicon* à des éditions classiques de *Cornelius Nepos*, de *Phèdre*, et de l'*Appendice* du P. Jouvency, et de composer un double recueil de *Cacographie* et de *Cacologie*, mots barbares, qui n'ont point de cordes à eux sur la lyre. Une fois engagé dans cette voie modeste, mais productive, il ne s'arrêta plus, et se mit à entasser volume sur volume. Compilateur infatigable, il faisait et refaisait incessamment des ouvrages déjà faits et refaits cent fois avant lui. C'est qu'il avait deviné tout le parti qu'on peut tirer d'un nom devenu à tort ou à raison populaire dans les classes; et admirablement servi à cet égard par l'absence de toute concurrence, il réussit bientôt à attacher le sien à cette foule d'ouvrages, dits *classiques*, qui font le désespoir et le tourment des écoliers; compilations le plus souvent informes, et cependant mille fois plus productives pour l'industriel universitaire que ne le seraient les chefs-d'œuvre de l'esprit humain.

Successivement professeur à Beauvais, censeur à Rouen, inspecteur de l'académie de Douai, il n'y a pas d'exagération à dire que Boinvilliers fut pendant toute la durée de l'empire le véritable grand-maître de l'université, laquelle n'eut garde, au reste, de ne pas s'agréger plus intimement une si notoire capacité, et le fit recteur d'académie. Pendant longtemps il n'y eut pas de bonne distribution de prix si elle n'était présidée par Boinvilliers, pas d'exercice littéraire propre à servir de *prospectus* à un établissement particulier, s'il n'était honoré de la présence du grand faiseur. Nous nous rappelons l'avoir entendu, dans une solennité de ce genre, interroger un petit bonhomme sur l'*Epitome Historiæ Sacræ*. Il s'agissait de traduire en *bon français* la première phrase de cet utile abrégé : *Deus creavit cœlum et terram intra sex dies*. Le pauvre enfant, tout troublé d'avoir à parler en public, balbutiait la phrase que son professeur lui répétait chaque matin depuis six mois : *Dieu créa le ciel et la terre en six jours...* » Ce n'est pas là du *bon français*, » interrompt avec emphase l'éloquent président; puis, après quelques instants de recueillement, il ajoute d'une voix sonore et d'un air inspiré : « Voici comment il faut dire, mon petit ami : *Deus*, l'Être suprême; *creavit*, fit jaillir du néant; *cœlum*, la voûte éthérée, etc., etc.; » et tout l'auditoire charmé d'applaudir...

Tant de succès devaient naturellement porter Boinvilliers à croire qu'il était destiné aux suprêmes honneurs littéraires. En 1819 il se présenta donc pour remplacer l'abbé Morellet à l'Académie Française ; mais il n'obtint pas même l'aumône d'une voix. Frappé au cœur par cette injustice, il se retira à Ourscamp, dans le département de l'Oise, où il rendit le dernier soupir, en 1830, oublié depuis longtemps déjà, après avoir eu le chagrin de voir une foule de spéculateurs *universitaires* se partager ses dépouilles classiques bien avant sa mort.

BOINVILLIERS (Ernest-Éloi), fils du précédent, né à Beauvais, le 28 novembre 1799, fut reçu avocat au barreau de Paris en 1827, et devint même un jour bâtonnier de l'ordre. Dans les dernières années de la Restauration ce jeune nourrisson de Thémis, comme eût dit son père, s'était fait remarquer par l'ardeur de ses opinions libérales, et avait même été l'un des fondateurs de la *Charbonnerie française*. Nommé depuis la révolution de Juillet avocat de la ville de Paris, il dut faire à cette lucrative clientèle le douloureux sacrifice de ses premières convictions politiques. Ainsi que son confrère Barthe et tant d'autres, le farouche *carbonaro* de 1823, l'austère républicain de 1827, dès qu'il eut sa part au gâteau, découvrit et plaida que nous vivions sous le meilleur des régimes possibles; preuve nouvelle de la vérité de l'axiome de Basile : *Gaudeant* Bene nanti.

Candidat des libéraux dans le 1er arrondissement de Paris lors des élections générales de 1842, il échoua contre le général Jacqueminot. Aussi six ans après ne fut-il pas des derniers à se rallier à la république; et patroné par l'*Union électorale*, qui était, on se le rappelle, fort peu républicaine, il passa, le onzième et dernier, aux élections complémentaires de Paris du 8 juillet 1849, à la Législative, avec un contingent de 110,875 voix. Il brilla peu à cette assemblée, et accueillit, comme de raison, avec enthousiasme, l'événement miraculeux du 2 décembre 1851, auquel il est redevable d'une place de conseiller d'État (section des finances). *E sempré bené!*

BOIRE (en latin *bibere*). Ce verbe, que l'on emploie aussi substantivement, en disant le *boire*, comme on a fait de plusieurs autres verbes le *manger*, le *dîner*, le *souper*, etc., exprime l'action d'avaler un liquide. La nature, qui a voulu ajouter un plaisir à la satisfaction de chaque besoin, a fait de celui-ci le plus vif et le plus universellement répandu, plaisir que ne peut émousser la jouissance, et qui se renouvelle fréquemment, comme le besoin auquel il répond. Mais comme il n'est rien dont l'homme n'abuse, il a transformé la satisfaction d'un instinct salutaire en un acte de sensualité souvent funeste, et, selon l'expression du barbier philosophe, *boire sans soif* est un des caractères qui nous distinguent des autres bêtes. Si certains peuples diffèrent entre eux sur la préférence à donner à telle ou telle boisson, moins sans doute par divergence de goût que par l'impossibilité ou la difficulté de se procurer celle qui eût fixé leur choix, ils sont tous d'accord sur le plaisir qu'ils trouvent à étancher leur soif et à la voir renaître pour l'apaiser de nouveau, et tous l'ont célébré dans leurs chants, depuis Anacréon qui disait : « La terre *boit* l'onde, l'arbre *boit* la terre, la mer *boit* les airs, le soleil *boit* la mer, et la lune le soleil : amis, pourquoi me reprocher de *boire?* », jusqu'à Panard qui chantait :

Comme les fleurs de mon jardin,
Je prends racine où l'on m'arrose.

Mais si cet auteur voulait qu'on gardât

La grande mesure pour boire,
La petite pour l'amour,

l'Anacréon moderne dit avec plus de modération :

... Même dans un grand verre
Il faut boire à petits coups.

Cependant l'excès de cette jouissance a pour résultat inévitable d'énerver l'homme et de l'abrutir, en le rendant esclave d'un besoin qui, de naturel qu'il était, devient factice, et, sans pouvoir jamais être satisfait, finit par user toutes les facultés physiques et par altérer les facultés morales. Néanmoins, il s'est généralement opéré dans les mœurs un changement notable à cet égard : nos aïeux buvaient *plus* que nous. Est-ce à dire qu'ils buvaient *mieux?* il est permis d'en douter; du moins, on peut affirmer que l'on exalte beaucoup moins aujourd'hui le triste mérite de *tenir autant de vin qu'une cruche*. Sans se restreindre absolument à ne *boire*, à l'exemple des dames, qu'*un doigt de vin* à ses repas, sans refuser de *boire un rouge bord*, ou de *boire rasade*, dans l'occasion, avec ses amis, et surtout de *boire frais*, ce qui, bien certainement, centuple le plaisir ; si l'on permet même de *boire à longs traits* ou de *boire sec* à celui qui n'en est pas incommodé, personne n'est plus jaloux de *boire comme un trou*, *comme un chantre*, *comme un sonneur*, *comme un musicien*, *comme un templier*, qualifications synonymes, fort contestables et fort contestées. Quelques étymologistes soutiennent qu'au lieu de *templier*, il faudrait dire *temprier*, qui est l'ancien nom des ouvriers employés à la fabrication du verre ; ce qui donnerait plus de fondement au proverbe, à cause de la grande chaleur à laquelle ces ouvriers sont exposés, et qui doit exciter plus fréquemment et plus violemment leur soif ; raison qui a également enfanté le proverbe du peuple de Paris : *boire comme un pompier* ; et celui des Italiens, *boire comme un moissonneur*.

On dit aussi *boire à tire-larigot*, c'est-à-dire à longs traits, comme un homme qui souffle dans le *larigot*, espèce de flûte, dont les verres à patte ont imité depuis la forme; et d'où est venue l'expression *flûter*, employée quelquefois dans le langage vulgaire pour exprimer l'action de *boire*. Quelques étymologistes font dériver *larigot* du grec λαρυγξ dont nous avons fait *larynx*, pour désigner la partie antérieure du gosier, vulgairement le nœud de la gorge. *Boire à tire-larigot* signifierait, d'après cette origine, boire de façon à se distendre le gosier. Encore une interprétation ! En 1282 fut fondue une cloche donnée à la ville de Rouen par l'archevêque Odo Rigault ; et comme elle était d'un poids énorme, on buvait largement toutes les fois qu'il fallait la mettre en branle ; d'où vint le proverbe *boire à tire la Rigault*. A l'appui de cette opinion, rappelons-nous un des *vaux de Vire* d'Olivier Basselin, poëte populaire Normand du quatorzième siècle, dont voici le second couplet :

Il n'est pas encor temps de sonner la retraite ;
Quand on s'en va sur soif, ce n'est un bon écot.
En riaçant nos gosiers, avalons nos miettes :
Et vide le pot !
Tire la Rigault!

On dit aussi communément *boire comme un Allemand*, *comme un Suisse*; et l'on trouve dans les *Proverbes et Dictons populaires du moyen âge*, que *li buveor d'Aucerre* étaient signalés par la voix publique, ainsi que *li mieldre* (les meilleurs) *buveor en Engleterre*. Pour les premiers, on conçoit que la qualité du vin que produit l'Auxerrois ait pu leur valoir dès le treizième siècle cette réputation ; quant aux Anglais, ils apprécient sans doute nos vins de France, mais comme la cherté de ces vins ne peut permettre au peuple d'en faire sa boisson, et qu'il doit s'en tenir à la bierre, au porter ou à l'ale, on ne conçoit pas trop pourquoi on l'aurait choisi comme type des *meilleurs* buveurs. D'autres peuples encore ont eu la réputation de *bons buveurs* : les *Polonais*, par exemple, chez lesquels plus d'un prétendant au trône a, dit-on, échoué pour n'avoir pas su tenir tête aux palatins dans les banquets d'élection ; c'est pour eux qu'a été fait ce vers devenu proverbe :

Quand Auguste avait bu, la Pologne était ivre.

Disons, à la louange de nos ouvriers et de nos hommes de peine, qui sont dans l'usage de demander un *pourboire* après quelque travail achevé ou quelque service rendu, que bien rarement aujourd'hui cette gratification presque obligée reçoit la destination que semblerait indiquer son étymologie. Cette pratique, du reste, se retrouve dans tous les usages de la vie : entre gens de commerce ou d'affaires, *on boit le vin du marché*, quand on l'a conclu ; entre voyageurs, *on boit le vin de l'étrier*, ou le *coup de l'étrier*, quand on se sépare.

La coutume de *boire à la santé* remonte à l'antiquité la plus reculée. Les Anglais, grands amateurs de cette politesse, en ont fait le substantif *toast*.

Boire s'emploie aussi, poétiquement ou dans un sens figuré, dans une foule de phrases. On dit d'abord que la terre *boit* l'eau. Le papier *boit*, lorsqu'il offre assez peu de corps ou qu'il est assez peu collé pour que l'encre le pénètre. En poésie, ceux qui *boivent* le Gange, l'Indus, le Rhin ou la Seine, ce sont les peuples qui habitent sur les rives de ces fleuves ; *boire le Styx*, ou *boire le fleuve d'oubli*, c'est dans la vieille langue classique quitter la vie. *Boire de l'eau de la fontaine de Jouvence* exprime une idée toute contraire : c'est rajeunir, secret que les femmes aimables trouvent quelquefois bien plus sûrement que les coquettes avec tous leurs cosmétiques. *Boire, avaler le calice jusqu'à la lie*, *boire une folie*, *une injure*, *un affront*, *une raillerie*, *une honte*, etc., sont toutes choses fort peu agréables,

23.

mais auxquelles nous exposent parfois la légèreté, l'irréflexion ou le manque de cœur et de courage : dans la première de ces acceptions, on fait allusion aux souffrances de Jésus-Christ. Enfin, un proverbe que nous avons eu besoin de nous rappeler plus d'une fois en rédigeant cet article, dit que *quand le vin est versé, il faut le boire*, c'est-à-dire que quand une chose est commencée il faut l'achever. Et pourtant ici ce n'était pas la *mer à boire*.

Au sujet de cette dernière acception, on en trouve, croyons-nous, l'origine dans une particularité bien connue de la *Vie d'Ésope* par Planude. Un jour que son maître faisait débauche avec ses disciples, l'esclave Ésope, qui les servait, vit que les fumées du vin leur échauffaient déjà le cerveau, aussi bien au maître qu'aux écoliers. « L'excès du vin, leur dit le fabuliste, a trois degrés : le premier de volupté, le second d'ivrognerie, et le troisième de fureur. » On se moqua de son observation, et on continua de vider les pots. Xantus s'en donna jusqu'à perdre la raison, et il se vanta *qu'il boirait la mer*; à l'appui de ce qu'il avançait, il offrit de parier sa maison, et déposa en gage l'anneau qu'il avait au doigt. On sait comment l'esclave phrygien tira encore une fois son maître d'embarras dans cette difficile conjoncture. Le jour pris pour l'exécution de la gageure, tout le peuple de Samos accourut au rivage de la mer, pour être témoin de la honte de Xantus. Déjà celui des disciples qui avait parié contre lui triomphait, lorsque le philosophe, sur le conseil d'Ésope, dit qu'il s'était engagé à *boire la mer*, mais *non pas les fleuves qui entrent dedans*; qu'il demandait donc qu'on commençât par le détourner, et qu'il achèverait son entreprise. Voilà comment se tirer d'un mauvais pas n'est pas toujours la *mer à boire*.
Edme HÉREAU.

Diverses manières de boire. Quand même nous ne parlerions que de l'homme, nous aurions sujet de remarquer qu'il ne boit pas toujours de la même manière, ni selon le même mécanisme. L'enfant qui tette exerce sur le sein maternel une sorte de succion à la manière des sangsues et des chauves-souris vampires; le lait n'est attiré dans sa bouche qu'en vertu du vide qu'y fait sa langue en jouant le rôle d'un piston de pompe. Il en est de même des animaux qui, comme le cheval et la vache, font entendre en buvant une sorte de claquement sonore, chaque fois que l'air trouve accès dans la cavité où se fait le vide. L'enfant fait entendre un bruit semblable quand le lait vient à manquer ou à tarir. Il est des adultes qui, par une vicieuse habitude, continuent de boire comme le nouveau-né. On s'en aperçoit aisément à ce qu'ils font entendre en buvant cette sorte de clapotement dont j'ai parlé; on en juge aussi à ce qu'ils respirent en buvant comme les enfants mêmes, et ternissent en conséquence la limpidité du cristal renfermant leur boisson. Les personnes qui boivent ainsi sont presque toujours des gourmets timides, qui savourent avec volupté des liqueurs que le commun des hommes déguste avec indifférence et souvent sans y penser. Le fait est que quiconque boit par succion ne perd aucune saveur, et peut plus facilement rester sobre sans diminuer la somme de ses jouissances. Les liquides avalés de la sorte sont pour ainsi dire passés à la filière et dépouillés goutte à goutte de tout ce qu'ils renferment de savoureux; ils sont aussi plus facilement digérés. Il est vrai de dire qu'à volume égal, ce mode de boire exposerait davantage à l'ivresse; mais ceux qui le pratiquent sont ordinairement très-tempérants.

Cette manière de boire est exceptionnelle; la plupart des hommes boivent en versant dans la bouche des liquides désaltérants : alors la respiration est instinctivement suspendue, de sorte que, le larynx se trouvant clos, le liquide n'y saurait faire fausse route. Cela n'arrive que si l'on rit en buvant, ou dans ce qu'on nomme *veine Nazareth*, cas dans lequel la liqueur, pénétrant vers le larynx, en est chassée brusquement dans les fosses nasales, où elle produit une impression douloureuse. C'est pour éviter de pareils désagréments que les gens bien élevés ne regardent personne en buvant et ne boivent que lorsqu'ils ont tout leur sang-froid. Les enfants et ceux qui boivent comme eux sont fréquemment exposés à l'accident dont je parle.

Les hommes qui versent ainsi les liquides dans la bouche, et qui les avalent à la manière des aliments, ressemblent en cela aux oiseaux qui, comme quelques gallinacés et quelques palmipèdes, remplissent d'eau leur bec, pour ensuite relever la tête par un mouvement de bascule qui fait tomber le liquide dans le pharynx. Mais il est beaucoup d'autres oiseaux qui, à la manière des pigeons, plongent leur bec dans l'eau pour en boire de longues gorgées par succion. Je ne sais même si pendant cela la respiration reste complétement étrangère à l'ascension du liquide; au moins est-il certain que les chiens, les renards et les chats ne boivent que par une sorte d'aspiration bruyante et saccadée qui porte le nom de *laper*. Dans cette dernière manière de boire, qui de toutes est la plus curieuse, l'animal fait une inspiration chaque fois qu'il plonge sa langue dans le liquide, de sorte que la boisson monte dans la gorge en vertu de la contraction du diaphragme, qui fait le vide de proche en proche, à peu près comme la langue l'effectue dans la bouche par la succion. Il suffit d'ouvrir largement la trachée-artère d'un chat ou d'un chien pour l'empêcher de boire.

Quant à la manière de boire tout à fait insolite qu'on désigne sous le nom de *sabler*, elle consiste à verser rapidement dans la gorge, en relevant le voile du palais, le liquide que l'œsophage transmet à l'estomac sans dégustation et sans apprêt. C'est certainement la manière la plus déraisonnable de consommer en masse des breuvages délicieux sans en jouir ni les savourer. Cette façon de boire est surtout usitée pour le vin de Champagne mousseux, en raison sans doute du gaz acide carbonique dont la piquante saveur remonte alors jusqu'aux narines.
Isidore BOURDON.

BOIRE À LA SANTÉ. D'où vient cette coutume ? Est-ce depuis le temps qu'on boit ? Il paraît naturel qu'on boive du vin pour sa propre santé, mais non pas pour la santé d'un autre. Le *propino* des Grecs, adopté par les Romains, ne signifiait pas : Je bois afin que vous vous portiez bien, mais : Je bois avant vous, pour que vous buviez : je vous invite à boire. Dans la joie d'un festin on buvait pour célébrer sa maîtresse, et non pas pour qu'elle eût une bonne santé. Voyez dans Martial :

Six coups pour Névia ! sept au moins pour Justine !

On buvait à Rome pour les victoires d'Auguste, pour le retour de sa santé. Dion-Cassius rapporte qu'après la bataille d'Actium le sénat décréta que dans ses repas on lui ferait des libations au second service. C'est un étrange décret. Il est plus vraisemblable que la flatterie avait introduit volontairement cette bassesse. Quoi qu'il en soit, vous lisez dans Horace (liv. IV, od. V) :

Sois le dieu des festins, le dieu de l'allégresse !
Que nos tables soient tes autels !
Préside à nos jeux solennels,
Comme Hercule aux jeux de la Grèce !
Seul, tu fais les beaux jours, que tes jours soient sans fin !
C'est ce que nous disons en revoyant l'aurore,
Ce qu'en nos douces nuits nous redisons encore,
Entre les bras du dieu du vin.

On ne peut, ce me semble, faire entendre plus expressément ce que nous entendons par ces mots : « Nous avons bu à la santé de Votre Majesté. » C'est de là probablement que vint parmi nos nations barbares l'usage de boire à la santé de ses convives, usage absurde, puisque vous videriez quatre bouteilles sans leur faire le moindre bien.

Tous les whigs buvaient après la mort du roi Guillaume, non pas à sa santé, mais à sa mémoire. Un tory, nommé Brown, évêque de Cork, en Irlande, grand ennemi de Guillaume, dit qu'il mettrait un bouchon à toutes les bouteilles qu'on vidait à la gloire du monarque, parce que *Cork* en anglais signifie *bouchon*. Il ne s'en tint pas à ce fade jeu de mots : il écrivit, en 1702, une *brochure* (ce sont les *mandements* du pays) pour faire voir aux Irlandais que c'est une impiété atroce de boire à la santé des rois, et surtout à leur *mémoire;* que c'est une profanation de ces paroles de Jésus-Christ : « Buvez-en tous; faites ceci en mémoire de moi. » Ce qui étonnera, c'est que cet évêque n'était pas le premier qui eût conçu une telle démence. Avant lui, le presbytérien Prynne avait fait un gros livre contre l'usage impie de boire à la santé des chrétiens.

Enfin, il y eut un Jean Géré, curé de la paroisse de Sainte-Foy, qui publia : *La divine Potion pour conserver la santé spirituelle par la cure de la maladie invétérée de boire à la santé, avec des arguments clairs et solides contre cette coutume criminelle, le tout pour la satisfaction du public; à la requête d'un digne membre du parlement, l'an de notre salut* 1648.   VOLTAIRE.

La coutume de *boire à la santé* est si ancienne, qu'Homère et d'autres écrivains de l'antiquité en font mention. Le terme dont les anciens se servaient à cet égard était un signe d'amitié pour s'exciter à boire : *philotésie* en grec signifie *amitié et salut*. Les auteurs qui sont venus après Homère ont pris ce terme dans la même acception. A l'arrivée d'un ami, en le recevant dans la maison, on répandait du vin en l'honneur des dieux, et on lui présentait à boire avec une certaine formule consacrée, pour le féliciter de son heureuse arrivée. On congédiait les hôtes avec les mêmes cérémonies, afin que les immortels les accompagnassent dans leur voyage, et le leur rendissent heureux. Cette coutume, si l'on en croit Athénée, ne se pratiquait qu'à la fin du repas et quand on était prêt à se lever de table; alors on sacrifiait au bon génie, à Jupiter conservateur, aux dieux qui présidaient particulièrement à l'amitié, et l'on entonnait des chansons toutes pleines de choses aimables, et surtout d'heureux souhaits pour les assistants. En buvant les uns aux autres, les Grecs et après eux les Romains prononçaient ces paroles : « Je souhaite que vous et nous, ou toi ou moi, nous nous portions bien ! » Cette formule variait quelquefois : ainsi, nous voyons dans le *Banquet* de Lucien qu'Alcidamus, après avoir bien bu, demanda quel était le nom de la mariée, et qu'il but à sa santé en disant : « Je bois à vous, Cléanthis, au nom d'Hercule dominant. » Au reste, il n'était pas permis de boire à la santé de tous ceux qui étaient à table ; il n'y avait que les étrangers et les hôtes qui pussent boire à la femme d'un autre, et cette permission s'étendait aux seuls parents de cette femme. Si quelqu'un sortait d'un repas sans qu'on eût bu à sa santé, et sans avoir été provoqué à boire par son ami, Pétrone dit qu'il regardait cet oubli comme un affront et qu'il se croyait dégradé du nom d'ami; c'était le signe d'une amitié singulière que de présenter la coupe à quelqu'un après l'avoir approchée de ses propres lèvres.

Des Grecs et des Romains la coutume de *boire à la santé* passa chez presque tous les peuples de la terre, à commencer par les Celtes et les Germains, qui lorsqu'ils se mettaient à table avaient auprès d'eux une cruche d'hydromel, de vin ou de bierre, qui circulait bientôt de main en main. Celui qui buvait saluait son voisin et lui remettait la cruche; celui-ci en usait de même. Ainsi, les conviés ne pouvaient boire que lorsque la cruche, qui faisait le tour de la table, parvenait jusqu'à eux, et quand elle leur était présentée, ils ne pouvaient refuser d'en humer leur part.

Les premiers chrétiens pratiquaient quelque chose de semblable en recevant leurs hôtes, ce qui résulte d'un passage de saint Ambroise sur le jeûne et sur Élie : « Que dirai-je, s'écrie ce Père de l'Église, des protestations que se font ceux qui boivent ensemble? Buvons, répètent-ils, buvons à la santé de l'empereur, et que celui qui ne boira pas soit regardé comme un homme peu dévoué à son prince! car ce n'est pas aimer l'empereur que de refuser de boire à sa santé. Buvons aussi à la santé de l'armée, à la prospérité de nos parents et de nos amis! et ils croient que Dieu est touché de ces sortes de vœux. » On ne voit pas trop si par ces paroles saint Ambroise approuve ou improuve cette coutume, ou bien si son but unique est d'en constater l'existence. Quoi qu'il en soit, longtemps universelle, elle a insensiblement disparu de France, où elle est aujourd'hui presque exclusivement abandonnée au peuple, avec la gaieté qu'elle excitait et la cordialité dont elle était le gage. A une certaine époque de l'année, principalement *le jour des Rois*, on le voit fêter par de nombreux *vivat*, et par ce cri répété : *Le roi boit!* une royauté éphémère et improvisée, mais bien réellement de son choix, la seule, selon Béranger, qui soit restée populaire (*voyez* FÈVE [Roi de la]). Cependant, on retrouve encore des traces de la coutume de *boire à la santé* dans certaines provinces, dans certains pays, où l'exquise politesse n'a pas encore pénétré et où la cordialité dégénère souvent en importunité fâcheuse, en violence tyrannique. Là il n'est pas rare de voir un maître de maison, pour faire honneur à ses hôtes, boire à leur santé, les exciter à boire à la sienne jusqu'à ce qu'ils succombent à l'ivresse, et regarder comme une marque de mépris, comme un outrage, le refus de boire ainsi à la santé de tout l'univers, au détriment de la sienne propre. De pareilles gens devraient bien dire à la lettre, à ceux qui ne peuvent leur tenir tête, ce que les Anglais ont coutume de dire par pure ellipse : *I drink your health*. — *Je bois votre santé*.

A propos d'Anglais, nous devrions parler du toast qui se pratique chez eux dans toutes les occasions un peu solennelles, et dont on a fait le verbe *toster*, deux mots, deux choses populaires aujourd'hui sur toute la surface du globe ; mais le toast aura dans ce Dictionnaire un article spécial, et il le mérite. C'est, en effet, une *santé* à part, verbeuse, politique, parlementaire, relative à telle personne ou à telle chose, favorable ou contraire à tel ou tel acte, etc., etc.

BOIS (*Économie domestique et industrielle*). Le mot *bois* a deux significations distinctes : d'abord il s'entend des lieux plantés d'arbres (*sylvæ*), et nous en traiterons en ce sens dans l'article suivant; puis il s'applique à la substance dure, compacte et ligneuse de l'arbre (*lignum*). C'est sous ce rapport seulement que nous en parlerons ici. Nous avons donc à envisager les bois : 1° comme matières de construction ; 2° comme moyens de chauffage; 3° comme employés dans l'ébénisterie, la marqueterie, la tabletterie, le tour ; 4° comme sources de parfums ; et 5° comme ingrédients de teinturerie.

I. *Bois de construction.* Les bois sont d'un usage aussi fréquent qu'indispensable dans l'art de bâtir. Ils sont employés comme partie intégrante des constructions dans les ponts en charpente, les estacades, les combles et planchers des édifices, etc.; ils servent comme moyen d'exécution seulement dans les échafauds, les cintres, les ponts de service, etc.; enfin ils forment la base des constructions navales.

Le chêne est de tous les bois celui qui réunit au plus haut degré les qualités nécessaires à la durée et à la solidité des constructions, et qui par cette raison y est le plus employé. Dans quelques circonstances, on fait aussi usage de l'orme, du hêtre et du sapin. Ce dernier bois est préférable pour les constructions légères et économiques.

Deux questions intéressent vivement l'architecture et la marine : ce sont l'évaluation de la résistance et la conservation des bois; nous allons les examiner successivement.

Les bois employés dans les constructions sont soumis à des efforts destructifs, qui agissent sur eux transversalement ou dans le sens de leur longueur, soit par traction, soit par compression; et leurs dimensions doivent être telles qu'ils puissent résister à ces efforts aussi longtemps que doivent durer les constructions dont ils font partie. Les bois ne se rompent que quand leur élasticité a été détruite par un effort excessif. Mais ils sont élastiques à divers degrés ; et les forces qu'il faut employer pour déterminer les ruptures n'ont aucune relation avec celles qui produisent la flexion. Ainsi, quelques espèces, telles que le hêtre, l'orme, le sapin, le noyer, etc., opposent très-peu de résistance à la flexion et beaucoup à la rupture. D'autres, au contraire, présentent beaucoup de résistance à la flexion, et proportionnellement beaucoup moins à la rupture : ce sont le cyprès, l'acajou, etc. D'autres, enfin, opposent tout à la fois beaucoup de résistance à la flexion et à la rupture : ce sont le pin de Corse et le chêne, le plus rigide et le plus fort des grands végétaux de nos contrées. Ces propriétés diverses sont de la plus haute importance dans les arts : car ce sont elles qui déterminent l'usage et l'emploi des différentes espèces de bois suivant les conditions à remplir.

Les bois les plus pesants à volume égal sont toujours les moins flexibles. Pour une même espèce de bois, et dans les mêmes dimensions, la flexion est proportionnelle à l'effort transversal, qui peut être mesuré par la flèche de l'arc de courbure imprimé à la pièce. La résistance à la flexion est proportionnelle au cube des épaisseurs et aux simples largeurs. Quand l'effort est accumulé au milieu d'une pièce libre simplement posée sur deux appuis, la flexion produite est à ce qu'elle serait si l'effort était également réparti sur toute l'étendue de la pièce, comme huit est à cinq. Ce rapport est également à l'avantage de l'encastrement immuable des extrémités de la pièce. Enfin, la flexion pour des pièces d'égal équarrissage est proportionnelle au cube des distances des points d'appui.

La résistance à la rupture, toujours dans le même cas d'un effort transversal, est proportionnelle à la distance entre les points d'appui, aux simples largeurs et au carré des épaisseurs. On tire parti de cette dernière propriété en employant, au lieu de poutres et de chevrons carrés, des madriers minces horizontalement et très-larges verticalement. En effet, si on a deux poutres de même longueur entre les appuis et ayant pour largeur et pour épaisseur l'une 3 et 3, l'autre 1 et 9, bien qu'elles offrent un même volume, la résistance de la première ne sera représentée que par $3 \times 3^2 = 27$, tandis que celle de la seconde atteindra $1 \times 9^2 = 81$.

La résistance des bois à l'écrasement, ou à la rupture par compression, est proportionnelle à la surface de la section transversale des pièces, et en raison inverse de leur longueur. Quand on les soumet à un effort perpendiculaire au sens de leurs fibres, ils s'aplatissent en se fendillant ; mais quand l'effort agit dans le sens de leur longueur, les fibres se refoulent d'abord aux extrémités des pièces, où elles s'infléchissent en dehors en donnant lieu à un renflement latéral qui augmente jusqu'à ce qu'elles se séparent en se brisant en morceaux ordinairement très-courts. Cela a particulièrement lieu quand les pièces sont courtes relativement à leur épaisseur ; car lorsque leur hauteur surpasse de beaucoup leur épaisseur, de huit à dix fois par exemple, il arrive ou qu'elles se fendent en plusieurs éclats dans le sens de leur longueur, ou qu'elles s'infléchissent d'un même côté, vers la moitié de leur hauteur, comme si elles étaient posées contre deux appuis et soumises à un effort transversal qui les pressât en leur milieu.

La théorie de la résistance des bois a été l'objet d'un grand nombre d'expériences. Nous rapporterons seulement les résultats suivants consignés par Hassenfratz.

Les expériences étant faites sur toutes solives de cinq mètres de long sur un décimètre carré de base, les poids que supportent les pièces avant de rompre sont, suivant l'espèce du bois : pour le prunier, 1447 kilogr. ; orme, 1,077 kil. ; if, 1,037 kil. ; charme, 1,034 kil. ; hêtre, 1,032 kil. ; chêne, 1,026 kil. ; noisetier, 1,008 kil. ; pommier, 976 kil. ; châtaignier, 957 kil. ; marronnier, 931 kil. ; sapin, 918 kil. ; noyer, 900 kil. ; poirier, 883 kil. ; bouleau, 853 kil. ; saule, 850 kil. ; tilleul, 750 kil. ; peuplier d'Italie, 586 kil.

Jetons maintenant un coup d'œil sur les tentatives qui ont été faites pour augmenter la durée des bois de construction.

La promptitude avec laquelle les bois employés se détruisent, comparée à la lenteur de leur reproduction, avait déjà au siècle dernier attiré l'attention de Hales, de Duhamel et de Buffon. Les observations de M. Biot, les recherches de MM. Knowles, Kyan, Bréant, Moll, amenèrent la découverte de divers procédés de conservation qui, bien que satisfaisants sous le rapport scientifique, étaient d'une application trop coûteuse pour être employés dans l'industrie.

Cependant on avait reconnu que les tissus végétaux renferment une grande quantité d'*albumine végétale*, de nature azotée et analogue aux matières animales, et que c'est cette albumine qui communique aux cellules ligneuses qui composent le bois le défaut d'éprouver la putréfaction sèche. Il fallait donc désorganiser cette matière albumineuse, ou l'éliminer des cellules ligneuses, ou en faire un composé inaltérable.

C'est en se basant sur ces données que M. Boucherie est arrivé à une complète solution du problème. Pour pénétrer de substances préservatrices un arbre tout entier, l'auteur n'a recours à aucun moyen mécanique : il prend toute la force dont il a besoin dans la force aspiratrice du végétal lui-même, et cette subtile force peut porter de la base du tronc jusqu'aux feuilles toutes les liqueurs que l'on veut y introduire, pourvu qu'elles soient maintenues dans certaines limites de concentration : ainsi, que l'on coupe un arbre en pleine sève par le pied, et qu'on plonge sa partie inférieure dans une cuve renfermant la liqueur que l'on veut faire aspirer, celle-ci montera en quelques jours jusqu'aux parties les plus élevées. Il n'est pas même nécessaire que l'arbre soit garni de toutes ses branches et de toutes ses feuilles, un bouquet réservé au sommet suffit pour déterminer l'aspiration. Il est inutile que l'arbre soit conservé debout, ce qui rendrait l'opération souvent impraticable ; on peut l'abattre, après en avoir élagué toutes les branches inutiles, et alors sa base étant mise en rapport avec le liquide destiné à l'absorption, celui-ci pénètre comme à l'ordinaire dans toutes les parties. Enfin, il n'est pas même indispensable de couper l'arbre ; car une cavité creusée au pied, ou un trait de scie divisant celui-ci sur une grande partie de la surface, suffisent pour qu'en mettant la partie entamée en contact avec un liquide, il y ait une absorption rapide et complète de ce dernier.

Pour augmenter la durée et la dureté du bois, pour s'opposer à leur carie sèche et humide, M. Boucherie fait arriver dans leurs tissus du *pyrolignite de fer* brut : cette substance est parfaitement choisie, parce qu'il se produit de l'acide pyroligneux brut dans toutes les forêts où l'on se livre à la fabrication du charbon ; qu'il est facile de le transformer en pyrolignite de fer, en le mettant en contact, même à froid, avec de la ferraille, et qu'enfin le liquide ainsi préparé renferme beaucoup de créosote, substance qui, indépendamment du sel de fer lui-même, a la propriété de durcir le bois et de le garantir des pourritures qui l'attaquent, ainsi que des dégâts causés par les insectes dans les bois employés aux constructions.

La découverte de M. Boucherie a obtenu la sanction de l'expérience, et en 1847 il préparait 60,000 traverses de hêtre destinées au chemin de fer de Creil à Saint-Quentin. Depuis, l'administration des télégraphes s'est adressée à M. Boucherie pour la préparation des poteaux qui supportent les fils des télégraphes électriques ; elle a pu ainsi employer des pins indigènes, au lieu de poteaux en chêne, qui sont sept fois plus chers.

II. *Bois de chauffage.* Comme bois de chauffage agréable et commode, les avis se partagent entre le hêtre, le charme, l'orme, le noyer, le châtaignier. Ces diverses *essences* se disputent la préférence. Quant au chêne, qui offre d'ailleurs beaucoup de matière combustible sous un égal volume, ceux qui recherchent avant tout l'agrément le relèguent assez généralement pour l'arrière-bûche ou soutien du feu, car la combustion n'en est pas réjouissante à la vue. L'opulence manque en France d'un bois que peut-être on pourrait y propager avec avantage, et qui procure dans les États-Unis d'Amérique le combustible le plus gai pour les salons : c'est le *hickory* ou *pecan nut* (*juglans olivæformis*); la flamme qu'on en obtient est vive, claire, étendue, et de plus parfumée; il s'allume avec facilité, brûle sans presque laisser de résidu terreux, n'a qu'un léger pétillement, peu dangereux pour les parquets et la toilette des dames, et il développe énormément de chaleur.

Les différentes espèces de bois se divisent généralement en *conifères* et en bois dits *feuillus*. Les conifères comprennent le pin, le sapin rouge, le sapin blanc, le mélèze; les bois feuillus nous offrent le chêne, le hêtre, le charme, l'aune, le bouleau, le tilleul, le peuplier, le saule, l'orme et le châtaignier. D'après leur degré respectif d'inflammabilité et celui des charbons qui en proviennent, on les désigne encore en *bois tendres* et en *bois durs*.

Chacun connaît l'altération que le flottage fait éprouver aux bois; cet effet nuisible se fait surtout sentir quand le bois n'a pas été préalablement dépouillé de son écorce. Le bois auquel on l'a laissée, et qui plonge longtemps dans l'eau, est exposé à une espèce de fermentation du *cambium*, et cette fermentation en hâte la dissolution, ce qui nuit considérablement à ce qu'on appelle le *nerf* du combustible. Quand le bois, au contraire, a été écorcé avant de le faire traîner en rivière, la superficie de son aubier, principalement quand après l'écorçage il est resté quelques jours exposé au grand air, et mieux encore au soleil, se raccornit, se durcit, de manière que chaque bûche est comme enveloppée d'un étui qui la défend jusqu'à un certain point de l'action dissolvante de l'eau. Ces bois écorcés avant le flottage sont en général connus à Paris et ailleurs sous le nom de *pelard des chantiers*.

Le bois de chauffage se distingue à Paris et dans beaucoup d'autres lieux par les dénominations de *bois neuf* et *bois flotté*. Celui-ci se subdivise en *bois lavé* et *bois traîné*. On connaît à Paris le bois dit *de gravier*, parce qu'il croît dans des endroits pierreux; il arrive de la Bourgogne par l'Yonne, qui se jette dans la Seine, et du Nivernais; le meilleur est celui de Montargis. Ce dernier a ordinairement toute son écorce, qui y est presque aussi adhérente que celle du bois neuf. Comme il ne nous arrive que des départements voisins, il n'a pas encore subi d'altérations bien sensibles dans sa texture; l'eau n'a pas eu le temps d'en dissoudre les substances solubles. C'est, en général, un bon chauffage. L'autre espèce de bois flotté se tire des départements éloignés. A cause de son long séjour dans l'eau, il a abandonné presque toute sa sève et les sels qui augmentaient primitivement sa pesanteur spécifique. Néanmoins, cette sorte de bois, après avoir subi une dessiccation plus ou moins longue dans les chantiers, donne une flamme abondante et assez étendue; ce sont principalement les boulangers, les rôtisseurs, les pâtissiers, qui en font usage, et ils s'en trouvent bien. Il convient en général pour le chauffage des fours sans tirage et sans cheminée.

Tous les bois quand ils ont subi une parfaite dessiccation (à la température de 36° cent.) contiennent à peu près 95 pour cent de leur poids en ligneux, qui est identique dans tous. Et cependant (ce qui est dû sans doute, du moins en majeure partie, à la texture particulière et au degré de porosité) on remarque une bien grande différence entre leurs caractères physiques; ce qui se manifeste surtout à l'égard de la pesanteur spécifique. En effet, les uns sont beaucoup plus lourds que l'eau, et de ce nombre sont plusieurs variétés de chêne, et les autres pèsent comme ce liquide ou sont même beaucoup plus légers. Aussi, ces derniers, à raison du plus grand écartement de leurs fibres, qui admet l'afflux de l'oxygène sur une plus grande surface de contact, brûlent-ils plus facilement et avec plus de rapidité que les premiers.

Les différentes essences de bois fournissent des quantités très-variables de matières charbonneuses, qui sont loin d'être rigoureusement proportionnelles à la chaleur que ces différents bois développent dans leur combustion. En effet, les charbons produits par les divers bois jouissent eux-mêmes de pesanteurs spécifiques diverses, et dont la variation ne saurait être exclusivement attribuée aux quantités de matières solides terreuses qu'ils contiennent; car dans un grand nombre de cas on ne trouve pas que l'effet soit proportionné à la cause. Cela bien conçu, il est facile de déduire qu'il ne faut pas *a priori* conclure la valeur vénale d'une essence par son poids spécifique, ni même par la quantité de charbon qu'elle fournit, encore moins par les quantités de cendres qui résultent de l'incinération complète, car l'hydrogène qui fait partie des bois a une propriété calorifique fort différente de celle du carbone. Quoi qu'il en soit, en attendant qu'on ait complété une longue suite d'expériences encore nécessaires pour pouvoir conclure avec certitude, les limites dans lesquelles paraissent se renfermer les anomalies nous permettent d'établir, comme *précepte pratique*, qu'il faut avoir principalement sous les yeux, dans le calcul qu'on peut faire de la valeur vénale, la pesanteur spécifique des bois, pourvu qu'ils soient tous, dans la comparaison, ramenés à un égal point de dessiccation; car telle essence retient l'eau avec plus d'opiniâtreté et s'en imbibe avec plus de facilité que telle autre. C'est ainsi que sans cette précaution on s'exposerait aux plus graves erreurs, principalement pour ce qui est des bois blancs, poreux et légers, comparés, par exemple, au chêne, au frêne, et surtout à l'orme.

Nous sommes donc forcés de conclure que l'épreuve par l'ébullition ou la vaporisation de l'eau, faite avec les précautions et l'identité de circonstances requises, est jusqu'ici le *criterium* le plus sûr qui nous soit offert. En effet, la meilleure manière de se rendre compte de la valeur calorifique des bois semble être celle qui consiste à comparer la quantité d'eau pure prise à une température constante qu'un poids ou même un volume également constant de bois peut porter, soit à l'ébullition, soit à la complète évaporation, en se servant d'appareils identiques, ou bien de comparer le poids ou le volume de ces bois qu'il faudra consommer pour porter à l'ébullition un volume d'eau déterminé.

Il faut bien se garder aussi de confondre la facile inflammabilité avec la richesse du combustible en moyens de caloricité. L'inflammation en est, en général, une source puissante, mais elle n'est pas toujours commode ni applicable sans inconvénient. Nous ne voyons guère que l'économie domestique, dans laquelle, au moyen d'appareils appropriés, on puisse dans presque tous les cas apprécier la valeur du combustible d'après la flamme qu'il produit. Mais il est bien loin d'en être ainsi dans un grand nombre d'industries et de manufactures.

Nous ne savons pas encore d'une manière bien positive si les quantités du produit de l'incinération (les cendres) restent les mêmes, soit qu'on brûle le bois immédiatement, ou en lui faisant subir une carbonisation préalable avec les précautions convenables. Ce point serait bien intéressant à éclaircir. Il paraît résulter des recherches du comte de Rumford que le carbone se combine avec l'oxygène à un degré de température bien inférieur à celui où il brûle d'une manière visible. Ce point de vue n'est pas moins essentiel que celui qui précède immédiatement; car si Rumford est fondé dans son assertion, il devient évident que dans beaucoup d'opérations il y a perte de combustible, puisque la lenteur de la combustion frustre du bénéfice de cette consommation. En général, en effet, il a été observé que pour produire le plus grand effet calorifique possible, il faut que les charbons brûlent dans un temps déterminé. On n'a pas davantage constaté jusqu'ici le rapport qu'il y a entre l'effet que les charbons peuvent produire et leur degré de combustibilité, ou leur pesanteur spécifique, supposé que cette propriété soit relative à la première. Il a été, à la vérité, depuis longtemps observé, mais sans mesure précise, et seulement comme donnée générale, qu'à volume égal les charbons pesants développent plus de chaleur que les charbons légers. Mais à poids égaux quelles sont les conditions de ce problème, qui reste encore indécis? On peut même déjà assurer que l'effet calorifique n'est pas exactement proportionnel à la pesanteur spécifique; ce sont les charbons légers qui dans ce cas paraissent dégager le plus de chaleur. Nouveau sujet d'examen et d'importantes observations. C'est cette vue aussi qui nous a fait dire qu'il nous semblait qu'on s'était trop hâté de conclure de la pesanteur spécifique de ces bois à leur valeur relative; car pour les bois non carbonisés il peut bien se passer un effet analogue à ce qui a lieu pour certains charbons.

Si la quantité de chaleur développée par le bois était rigoureusement proportionnelle au carbone qu'il contient, et si, d'ailleurs, le carbone était proportionnel à la pesanteur spécifique du bois (ce qui cependant est assez probable), on pourrait en conclure qu'à volume égal le bois le plus dur et le plus pesant, le plus difficilement inflammable par conséquent, serait celui dont il faudrait attendre le plus d'effet calorifique; mais jusqu'à présent on n'a pu que soupçonner le rapport entre les effets des bois d'égale pesanteur; il est d'ailleurs extrêmement difficile d'en déterminer la pesanteur spécifique réelle avec une certaine précision, à cause de la quantité variable d'eau que les bois contiennent toujours.

Les bois, comme les hydrates du règne minéral, contiennent toujours, à l'état de combinaison chimique intime, une certaine quantité d'eau qui n'en peut être chassée que par un degré de chaleur bien supérieur à celui de l'ébullition. Cette eau de composition est totalement indépendante de celle d'imbibition, qui cède à une température bien plus basse et avec beaucoup de facilité. Voilà pourquoi les observateurs de ces sortes de phénomènes ont tant varié dans le résultat de leurs expériences sur un sujet aussi délicat.

Rumford a incontestablement prouvé que pour un poids déterminé le bois développe d'autant plus de chaleur qu'il est dans un état plus parfait de siccité; et en effet il ne pouvait guère en être autrement, si la vapeur d'eau dégagée dans l'acte de la combustion ne se condense qu'à l'extérieur, et loin des appareils, comme cela a lieu, en général, à l'issue des cheminées. Dans ce cas, c'est emploi de combustible perdu que de se servir de bois humide. On voit donc combien est funeste et coûteuse cette notion qui porte souvent le vulgaire à faire usage de bois encore vert, parce que la combustion en est moins rapide. L'inconvénient de produire trop de chaleur dans le même instant fait prendre ce parti; mais si l'on avait des appareils appropriés, dans lesquels le feu pourrait être alimenté proportionnellement aux besoins, il y aurait incontestablement un avantage immense à n'employer que du bois complétement privé de toute humidité. Il est un fait avéré, au surplus, c'est que les bois vieux, humides, en dépérissement, ne produisent comparativement que peu de charbon et d'une moindre qualité que les bois sains, jeunes et vigoureux. D'après les expériences de Hielm, le bois nouvellement abattu donne du charbon plus léger, plus friable, et qui développe moins de chaleur; mais les quantités peuvent être égales pour ce bois et pour celui qui a été préalablement desséché.

III. *Bois pour l'ébénisterie, la marqueterie, la tabletterie et le tour*. Ces bois sont colorés naturellement ou artificiellement. La liste des bois exotiques naturellement colorés, non-seulement telle que l'ont donnée nos anciens auteurs, mais telle même qu'on s'étonne de la trouver dans des ouvrages modernes et plus exacts, a été ridiculement allongée. Cette liste offre une foule de doubles emplois et d'erreurs, dus principalement à des récits de voyageurs écrivant en différentes langues, et à ce que de simples accidents individuels dans les échantillons ont fait admettre des espèces imaginaires.

Ces bois, dont la plupart ont des articles particuliers dans cet ouvrage, sont : *l'acajou*; un autre bois importé en France depuis quelques années, sous le nom d'*acajou d'Afrique*, quoiqu'il ne soit pas certain qu'il appartienne à cette famille; l'*acajou femelle* (*cédrel odorant*), dont les Anglais font un grand usage, mais qui a l'inconvénient d'être mou, poreux et ordinairement fort léger; le *bois d'amaranthe*; le *buis jaune* du Levant; le *cèdre*; le *bois de Chatousieux*; le *bois citron*; le *bois de corail dur*; le *bois de corne fétide*; le *bois de Courbaril*; l'*ébène*; le *bois de fer*; le *bois de Fustet*; le *bois de Grenadille* vrai; le *palissandre*; le *faux palissandre*; le *bois perdrix*; le *bois de rose*; le *bois de santal citrin*; le *bois de sassafras* et le *bois satiné*.

Quant à nos bois indigènes, nous avons tort de n'en pas faire un plus grand usage, et les meubles plusieurs fois exposés avec les autres produits de l'industrie nationale ont prouvé tout le parti qu'on peut tirer des bois produits de notre sol. Peu de nos bois se refuseraient à cet emploi, si on savait en tirer tout le parti convenable, comme le font principalement les Hollandais, en variant les plans de section au sciage. Nous n'aurons pas besoin de nous étendre en descriptions. Il suffit de citer notre acacia, notre buis de France, et surtout sa loupe; le charme aux couches ondulées; plusieurs variétés de nos chênes de Picardie et des Ardennes. Le cormier bien coupé n'est-il pas magnifique? le cornouiller en vieillissant n'acquiert-il pas du lustre et une belle couleur brune? l'érable, d'un grain si beau et si uni, blanc d'abord, ne se moire-t-il pas avec le temps? la loupe du frêne n'est-elle pas très-belle? le hêtre même n'offre-t-il pas d'agréables variétés de couleur en vieillissant? Notre olivier égale la plupart des bois exotiques. L'orme est admirable, quand on a su en tirer tout le parti possible. Nous avons vu surtout du placage en poirier sauvage qui surpassait peut-être tout ce qu'il y a de plus beau en palissandre. Le pommier vieux n'est pas non plus à dédaigner; son grain est fin et moelleux. Depuis longtemps on a prouvé, en exposant chez les marchands d'estampes des cadres extrêmement jolis, que le sapin bien choisi est un véritable bois à meubles, qui a d'ailleurs l'avantage d'être de tous celui qui se déjette et se tourmente le moins: aussi les géomètres et les dessinateurs le recherchent-ils pour leurs règles. Le bois de tilleul conserve un blanc pur; son grain est fin et uni : il peut figurer avec avantage dans la marqueterie. Il y a un grand parti à tirer aussi du platane, etc., etc.

Ici encore nous retrouvons le nom de M. Boucherie, qui au moyen de ses procédés de pénétration communique au bois des couleurs et des odeurs variées. La coloration peut être produite par des substances minérales ou des matières végétales. Dans le premier cas, ce n'est point une substance déjà colorée qu'on introduit; on présente successivement à l'aspiration deux corps dont la réaction réciproque détermine la formation d'un troisième corps coloré : ainsi l'on obtient du noir en faisant passer dans le bois une dissolution de pyrolignite de plomb, puis une dissolution de sulfure de sodium. Quand on le pénètre successivement de prussiate de potasse et de sulfate de fer, on obtient un bleu de Prusse magnifique. Le sulfate de cuivre et l'ammoniaque donnent une teinte bleu-céleste des plus belles. Le vert est produit par l'acide arsénieux et l'acétate de cuivre, etc.

Avant cette découverte, on colorait déjà les bois d'ébénisterie par des procédés encore employés aujourd'hui, et par lesquels on imite tant bien que mal les nuances des bois exotiques. Ainsi, le sycomore et l'érable soumis à l'action d'une infusion de bois de Brésil acquièrent une couleur acajou foncé avec reflet doré ; l'infusion de garance et de bois de Brésil agissant sur le tilleul d'eau donne le même résultat. L'acajou rouge-clair s'obtient d'une infusion de bois de Brésil sur le noyer blanc, ou de roucou et de potasse sur le sycomore. On obtient également : l'acajou fauve, par une décoction de campêche sur l'érable et le sycomore ; l'acajou foncé, par une décoction de Brésil et de garance sur l'acacia et le peuplier, ou par une solution de gomme gutte sur le châtaignier vieux, ou encore par une solution de safran sur le châtaignier jeune ; le bois citron, par une dissolution de gomme gutte dans l'essence de térébenthine sur le sycomore ; le bois jaune, par une infusion de curcuma sur le hêtre, le tilleul d'eau ou le tremble ; le bois jaune satiné, par une infusion de curcuma sur l'érable ; le bois orangé, par une infusion de curcuma et de sel d'étain sur le tilleul ; le bois orangé satiné foncé, par une solution de gomme gutte ou une infusion de safran sur le poirier ; les bois de courbaril et de corail, par une infusion de Brésil et de campêche sur l'érable, le sycomore, le charme, le platane ou l'acacia, en altérant la dissolution par un peu d'acide sulfurique ; le bois de gayac, par une décoction de garance sur le platane, ou une solution de gomme gutte ou de safran sur l'orme ; le bois brun veiné, par une infusion de garance sur le platane, le sycomore et le hêtre, avec une couche d'acide sulfurique ; un bois imitant le grenat, par une décoction de Brésil appliquée avec alunage sur le sycomore, en altérant ensuite le bois teint par une couche d'acétate de cuivre ; des bois bruns, par une décoction de campêche sur l'érable, le hêtre ou le tremble, le bois étant aluné avant d'être teint ; les bois noirs, par une forte décoction de campêche sur le hêtre, le tilleul, le platane, l'érable, le sycomore, en ayant soin d'altérer le bois teint par une couche d'acétate de cuivre ; etc. Ceux qui ont foi en ces merveilleux procédés recommandent l'apprêt préalable des bois, qui consiste à les bien dresser d'abord et à les polir à la pierre ponce, afin que, dit-on, ils prennent la couleur d'une manière uniforme. Avant de les mettre en couleur, il est utile de tenir les bois pendant vingt-quatre heures dans une étuve à la température de 30 degrés environ. Quand le bois teint est bien sec, on polit à la prêle et on vernit.

Mais l'art de colorer ainsi les bois est, à notre avis, l'art de les gâter. Il n'y a pas là une véritable teinture du corps ligneux, mais un simple barbouillage. Les couleurs qui d'abord semblaient avoir le mieux réussi passent bientôt après au brun sale, quelle qu'ait été la nuance primitive. On ne peut, jusqu'à un certain point, les conserver qu'en les défendant de l'accès de l'air par un épais vernis, et on sait quel triste effet font les meubles ainsi couverts.

IV. *Des bois de senteur.* Il ne peut entrer dans nos vues de parler ici des procédés d'extraction des parfums ; nous devons nous borner à rappeler les espèces de bois qui les fournissent. Tous, moins un, ont déjà été nommés ci-dessus, comme servant également dans l'ébénisterie, la marqueterie et la tabletterie ou les ouvrages de tour. Ce sont : le *bois de rose*, qui répand l'odeur de la fleur dont il porte le nom ; le *bois de Santal citrin*, fortement aromatique et suave ; le *bois de Sassafras* ; le *bois de Rhodes*, le plus odorant de tous les bois exotiques ; le *bois violetté*, qui, comme le bois de rose, tire son nom de la douce odeur qu'il exhale.

Nous avons vu qu'on peut rendre odorants les bois inodores. Les substances odorantes doivent, avant l'aspiration, être dissoutes dans l'alcool et dans diverses essences.

V. *Des bois tinctoriaux.* Nous nous contenterons d'en donner la liste, en renvoyant pour les détails aux articles particuliers. Les principaux bois tinctoriaux sont : le *bois de Brésil*, le *Brésillet*, le *Caliatour*, le *bois de Californie*, le *bois de Campêche*, le *bois de Fernambouc*, le *bois de Fustet*, le *bois de Sainte-Marthe* (probablement le même que celui qui dans le commerce porte le nom de *bois de Nicaragua*), le *bois de Japon* ou *brésillet des Indes*, et le *bois de Terre-Ferme*.

BOIS (*Sylviculture*). L'aménagement des bois ayant été l'objet d'un article spécial, nous nous bornerons ici à donner quelques considérations sur les diverses essences, ainsi que sur l'exploitation et les semis des bois.

A la tête des bois durs est sans contredit le roi des forêts, le *chêne*, qui ne trace ni ne drageonne, mais qui, par l'abondance de ses fruits, est très-propre à remplir les vides des bois ; qui pousse plus vigoureusement peut-être qu'aucun autre arbre sur les vieilles cépées, dont la vie est de près de deux siècles, qui offre la première des charpentes et le plus parfait des tans. Quoiqu'il pivote, il pousse mieux les premières années en mauvais terrain qu'en bonne terre ; mais cette fécondité n'est pas de longue durée. Il offre l'inconvénient d'être sujet à la gelée ; c'est pour cela qu'il a besoin de société pour l'en garantir ; et il lui faut, pour monter aussi haut qu'il peut s'élever, l'aide d'un taillis ou d'un gaulis de trente à quarante ans, qui le fasse filer en détruisant les branches basses, et le contraigne à porter sa tête fort haut.

Le *frêne* est le second arbre de la première classe. Il est plus difficile que le chêne sur la qualité du terrain ; il lui faut un sol profond et un peu humide ; sa tige s'élève beaucoup plus en massif qu'isolé. Il ne drageonne ni ne pivote ; mais il pousse de grandes racines latérales, avec lesquelles il détruit plusieurs espèces de bois blancs, et il ne sympathise qu'avec le tremble et le peuplier, dont la végétation est hâtive.

Le *hêtre* ne prospère pas sur un mauvais terrain comme le chêne. Il lui faut un sol profond, limoneux, ou composé de sable mêlé avec de la terre franche. Son bois convient à la boissellerie, parce qu'il a la fibre souple et qu'il est susceptible de prendre un beau poli. La tête du hêtre se dessèche ordinairement à 13 mètres de hauteur, mais il se forme bientôt une nouvelle tête par-dessus la première. Les hêtres ne pivotant pas comme le chêne, leurs racines s'entendent si bien entre elles, qu'on voit quelquefois ces arbres s'accoler l'un contre l'autre, et élever leurs tiges comme si elles sortaient de la même cépée.

L'*orme* détruit les bois blancs, et il finirait par faire périr le chêne s'il était en grand nombre dans un taillis. Son instinct est de pivoter en bon terrain ; mais, si le sol n'est pas profond, il trace à de grandes distances. Il se reproduit par des milliers de graines, et finirait par s'emparer de toute une forêt si on le laissait faire. On doit le considérer comme arbre d'alignement, et il vient à merveille au milieu des haies et des buissons. On compte beaucoup de variétés dans cette espèce : la plus commune est l'orme auquel la science a donné le nom de *pyramidal*. Son grand avantage dans le charronnage provient de ce que sa fibre se resserre lorsqu'il a 1^{m},60 de tour. Plus vieux et plus gros, il est moins recherché. Il produit beaucoup de graines ; mais on le multiplie par les drageons et les marcottes.

Le *châtaignier* ne doit pas être admis en plein bois : il ne convient qu'en taillis, pour former les meilleurs cercles que l'on connaisse ; il est plus sujet que les autres essences à la gelée ; il lui faut un terrain limoneux et sablonneux : il veut croître en pleine liberté. En plein bois, il acquiert rarement 2 mètres de circonférence, tandis qu'abandonné à lui-même sa circonférence acquiert jusqu'à 5 mètres. Cent vingt ou cent cinquante châtaigniers d'une belle venue peuvent couvrir un hectare, produire chacun quinze francs de revenu par année, et payer, en une seule récolte de fruits, la valeur du sol. Le châtaignier est meilleur comme bois de charpente que le chêne, parce que les vers ne l'attaquent point.

Voici quels sont les inconvénients du *charme* : il trace beaucoup trop, il pousse une grande quantité de rejetons depuis sa racine; il fait périr tous les bois blancs qui viennent au milieu de ses rejets, et même les bois durs. L'ypréau et l'orme lui résistent seuls. Ses racines ne poussent pas de drageons, mais ses cépées sembleraient impérissables si les mulots ne l'attaquaient pas. Il n'y a que les souris qui soient avides de ses graines.

Ce n'est que depuis fort peu d'années qu'on trouve l'*ypréau* en plein bois. Il n'est bien que là, ou dans les friches. Planté en avenue, et le long des terres arables, il couvre les terres de ses drageons, et il finirait par les envahir et détruire toute culture. Il s'empare de toutes les clairières de bois comme les trembles. Coupé à quatre ou cinq ans, les rejets d'une seule cépée couvrent un cercle de 8 mètres de diamètre. Quatre-vingt-dix arbres ainsi coupés suffisent pour peupler un hectare. Il lui faut un terrain un peu humide; son bois vaut mieux que celui du tremble et du tilleul; il sympathise fort bien avec les bois durs.

Le *bouleau* ne se reproduit ni par ses racines ni par ses drageons, mais il rend une immense quantité de graines que les vents dispersent, et qui conservent leur vitalité durant bien des années. Planté avec le tremble et l'ypréau, il est très-utile pour repeupler un bois en décadence. Il vit quarante-huit à cinquante ans; mais il est toujours utile de couper le taillis à vingt ans; il donne beaucoup de bois à l'éclaircie.

Les *saules* sont fort utiles dans le nord : outre le chauffage qu'ils procurent, ils y donnent du tan, des écorces avec lesquelles on fabrique des filets et même des étoffes. La monographie de cet arbre est très-difficile à faire, parce qu'il y en a beaucoup d'espèces. Le *salix caprea*, ou marsaule, vient dans les bois. Il est réputé arbre forestier de la troisième grandeur; il s'élève jusqu'à 10 mètres, et il vit trente à quarante ans. Il produit beaucoup de graines; il vient de boutures, de drageons, de racines, et en conséquence il est très-bon pour repeupler avec le bouleau des bois humides; il repousse très-bien en cépée, mais non en têtard comme les saules des prés; sa feuille est plus large, plus cotonneuse en dessous, plus lisse en dessus et d'un vert plus tendre; son bois est rougeâtre, plus dur, plus plein, meilleur pour le chauffage et pour le charbon, et pour former des échalas, que le saule ordinaire. La seconde espèce de marsaule ne s'élève que de 2 à 3 mètres; ses racines poussent et tracent comme les ronces. Cette espèce, appelée *pourpre*, est très-vivace, et elle est une teigne dans les bois.

Le *tilleul* est très-nuisible dans les taillis. Il détruit les bois blancs et les bois durs, il graine et drageonne beaucoup; on doit toujours chercher à le détruire, ainsi que le charme et le coudrier; il offre cependant l'avantage d'un beau poli dans son tissu, et d'un cordage médiocre dans ses écorces.

Le *tremble* vient moins grand que l'ypréau; il dépérit à cinquante ans, et il donne beaucoup de châblis durant son existence; l'orme et le charme le font périr; il vient partout, excepté les sols brûlants.

L'*aune*, qui est très-pittoresque, ne vient qu'en alignement le long des rivières, des étangs et des mares.

Le *peuplier* indigène ne prospère pas sur les glaises et les marnes. Il ne vient bien qu'en terrain frais et humide; le *peuplier suisse* et le *peuplier d'Italie* n'appartiennent pas aux forêts : ce sont des arbres d'alignement. Le peuplier d'Italie, ou pyramidal, est le plus mauvais de tous les bois, soit pour le sciage, soit pour le chauffage; il ne vaut pas le saule, qui pèse, le mètre cube sec, 392 kilogrammes, ni le peuplier suisse, qui pèse 550 kilogrammes, tandis que le poids de cette première espèce est de 360 kilogrammes.

Parmi les arbres à fruit, on distingue le *merisier* comme étant de seconde grandeur, et s'élevant jusqu'à 10 et même 13 mètres de hauteur. Il entrait jadis comme partie essentielle dans la menuiserie; mais depuis qu'on a trouvé le moyen de débiter l'acajou en feuilles, et de l'appliquer sur le chêne avec une colle plus adhérente encore que les fibres du bois entre elles, le merisier a beaucoup déchu de sa valeur.

L'*alizier* est un arbre de seconde grandeur : les oiseaux aiment beaucoup son fruit, et il se transporte partout; son bois est très-dur, et l'on en fait des vis de pressoir.

L'*érable*, qui résiste aux plus fortes gelées, et qui se défend contre les arbres les plus exigeants, deviendrait le tyran et l'envahisseur des bois, si la nature lui avait accordé plus de moyens de reproduction qu'il n'en a.

On a donné le nom de *teigne des bois* au *coudrier*, qui détruit toutes les essences, tant ses racines sont fortes et nombreuses, et tant ses cépées sont abondantes en rejetons, qui étouffent toutes les essences.

On voit encore dans les grandes forêts des pruniers, pommiers, poiriers, néfliers, amelanchiers, azéroliers, guiniers, griottiers; et parmi les arbrisseaux on trouve l'aubépine, l'épine-noire, l'églantier, la bourdaine, les cornouillers, fusains, nerpruns, sureaux, troènes, chèvrefeuilles, épinevinettes, framboisiers, groseilliers, houx, viornes, genevriers, bruyères et genêts. Tous les arbres et arbrisseaux désignés ci-dessus doivent être rigoureusement arrachés.

On ne doit jamais couper les vieux arbres en pivot ni en pot, ni les jeunes taillis en bec de flûte. La *taille en pivot* consiste à fouiller jusqu'à la racine et à couper le tronc à sa naissance, afin de gagner quelques pieds ou quelques pouces sur la longueur de la pièce. La *taille en forme de pot* consiste à pousser la hache verticalement, au lieu de la porter horizontalement, et à former ainsi dans le tronc qui demeure en terre une cavité qui retient l'eau, pourrit les racines, et arrête la pousse des rejetons. L'abattage du taillis *en bec allongé*, au lieu de la coupe transversale, rend la plaie de l'arbre plus étendue, et conséquemment plus difficile à cicatriser, ce qui nuit considérablement à la reproduction des rejets. La meilleure manière de couper les futaies sur taillis, c'est la coupe entre deux terres, immédiatement au-dessus du collet, parce que cette enveloppe terreuse empêche le tronc de pourrir trop rapidement. Les plaies du tronc, soumises alternativement à l'action du soleil, de la pluie, du gel et du dégel guérissent difficilement. Le tronc se gerce, se fendille, et donne lieu à une si grande déperdition de séve qu'il n'en reste plus assez pour alimenter les rejets. Il serait à désirer qu'il fût possible de couper dans le moment qui précède la séve du printemps, parce que cette séve, qui s'extravase, forme sur les plaies une couche qui se coagule, cicatrise la blessure et favorise le développement. Les bois coupés l'automne ou l'hiver se gercent; l'écorce se sépare du liber; les pluies ou les neiges altèrent le tissu cellulaire, et font souvent mourir les racines. Il faudrait, s'il était possible, imiter les jardiniers, qui placent du mastic sur les tiges qu'ils ont attaquées avec la serpe. Il faudrait les imiter encore dans les opérations de l'éclaircie, et détruire les drageons et brins inutiles. La beauté des rejetons sur les vieilles cépées est toujours en raison inverse de leur nombre. Ne laisser sur chaque cépée qu'un ou deux rejetons les mieux venants est une opération utilement pratiquée par quelques propriétaires forestiers qui vivent sur leur domaine.

C'est lorsqu'on exploite un bois qu'il faut purger le sol de tous les bois traînards et parasites, et notamment des coudriers et des charmes; réduire le nombre des ormes, qui, en se multipliant par leurs racines et leurs graines, finissent par s'étouffer les uns les autres. On doit abattre de préférence ceux d'entre les anciens qui ont pris tête trop tôt, qui sont fourchus ou pommiers, ou bien trop rapprochés les uns des autres, ou percés à la bifurcation du tronc par des pics qui y pratiquent des ouvertures, lesquelles, en se remplissant d'eaux pluviales, carient la pièce d'un bout à l'autre. Parmi les baliveaux de l'âge, on doit choisir les arbres les plus droits, les plus vigoureux, ceux qui viennent de brin, et non pas ceux qui poussent sur les vieilles cépées, alors même qu'ils paraissent plus vigoureux au moment de la coupe. Il est évident que cet état de vigueur ne sera pas de longue durée, et que le brin qui a sa racine propre aura une plus grande longévité que celui qui se reproduit sur une souche déjà affaiblie par plusieurs coupes. Les rejets de cépées ne sont bons que pour former un taillis bien fourré. Les baliveaux de l'âge et les anciens sont fort utiles, comme porte-graines, remplissant les vides, et propres à repeupler une forêt déjà vieillie. Dans un langage moitié forestier, moitié vétérinaire, on donne à ces arbres le nom d'*étalons*.

Durant la coupe et les quatre ou cinq années qui la suivent on ne doit jamais souffrir l'enlèvement des glands, des faînes, des châtaignes, avec quelque abondance que la nature les prodigue. Quand le taillis a pris de la hauteur, cet enlèvement n'a pas de grands inconvénients, parce que les plants qui pourraient naître seraient étouffés par les branches.

Je dois signaler, comme les plus grands ennemis des taillis, les troupeaux de bêtes à laine et à cornes, et les chevaux de labour et de charroi. Un bois n'est pas une prairie destinée au pâturage. Le propriétaire qui permet le parcours dans les allées de ses bois bordées de taillis, quelque larges qu'elles puissent être, perd toutes les parties les mieux venantes d'un bois, parce qu'elles prennent mieux l'air. La permission accordée aux propriétaires des chevaux ou mules qui voiturent les bois et les charbons, de faire paître dans les coupes de bois est la source de grands dommages. Toutes les bêtes ruminantes préfèrent les bourgeons aux herbes, et les chevaux particulièrement affectés au service des bois ont un instinct semblable à celui des chèvres. La permission de couper de l'herbe dans les bois, ou de la faucher dans les clairières un peu étendues, entraîne toujours avec elle de grands dommages, parce qu'en coupant l'herbe on détruit les jeunes plants et les brins naissants de bois blanc et de bois dur.

Tant que l'exploitation de vos bois durera, il est de votre devoir de veiller à ce que les bûcherons ne renversent pas les vieux arbres sur les baliveaux et sur les autres arbres réservés; à ce qu'ils dirigent leur chute sur des taillis destinés à être coupés; à ce que les voituriers de charbon, qui fréquentent vos bois six mois, n'y mettent pas leurs chevaux en pâture; à ce que les charrettes passent dans les routes usitées et battues, n'en frayent pas de nouvelles et n'endommagent pas les lisières; à ce que la charpente soit promptement équarrie et débardée sur la route, ainsi que les tas de fagots et les bois d'industrie qui, demeurant invendus, ne peuvent être enlevés durant la belle saison; à ce que les bois et bourrées de bûcheron soient, ainsi que les copeaux d'équarrissage, enlevés avant la moisson, ou immédiatement après (car si ces charrois sont renvoyés au printemps prochain, qui est ordinairement pluvieux dans tout le nord de la France, ces marchandises passeront l'hiver et la belle saison suivante dans votre bois, et vous serez obligé d'attendre les beaux jours d'été pour opérer une évacuation complète); à ce que les grands fossés de pourtour et d'écoulement, les sangsues et rigoles, les ponceaux et les gargouilles, soient promptement relevés durant l'automne aux frais de l'adjudicataire, et que les nouveaux moyens d'écoulement que l'expérience vous aura montrés nécessaires soient faits à vos frais dans le même délai; à ce que tous les troncs des jeunes taillis et les cépées des vieux arbres soient recouverts d'un ou deux pouces de terre; à ce que les baraques en terre ou en torchis élevées par les charbonniers, les abris destinés aux ouvriers qui travaillent les bois d'industrie, les demeures passagères bâties par les garde-bois et les garde-ventes, soient démolis et rasés, la terre disséminée sur les jeunes taillis, les ramées, bardeaux et solives enlevés et portés hors du bois. Avec ces moyens employés durant le printemps, l'été et les premiers jours d'automne, vous aurez gagné un an, et même deux ans.

Le principe est qu'il faut planter en lignes régulières, et suffisamment espacées, des plants de deux années, enlever avec beaucoup de précaution les parties endommagées des racines, leur laisser la totalité de leur chevelu, faire le moins de plaies possible, et étendre de la terre sur les plaies comme on met de l'onguent sur une blessure, rejeter les plants dont les racines sont sèches ou chancies, placer la terre de la superficie et la plus meuble au fond du trou, et ensuite plomber la terre extérieure à coups de sabot, afin que l'air n'y pénètre pas, donner un labour deux fois par an durant trois ans, sarcler, biner, buter, etc.

Quant au semis de graines, on doit faire stratifier celles-ci pendant tout un hiver, et les semer durant les premiers jours du printemps, parce qu'en terre humide elles courraient le risque de se pourrir ou d'être mangées par les pies, les corbeaux et les petits quadrupèdes granivores ou fructivores. La grosseur de la graine est la juste mesure du degré de profondeur auquel on doit l'enterrer. Les glands et les châtaignes doivent être couverts de 2 à 3 centimètres de terre; les graines de bouleau, orme, platane, tilleul, peuplier et saule, de un centimètre et demi. On sème quelquefois à graine perdue dans les clairières des bois; mais il faut semer sur les herbes et avant qu'elles tombent, afin que les graines ne soient pas étouffées sous leur poids. On sème aussi des glands, des faînes et des graines de bouleau au milieu des épines, des genêts et des bruyères, qui garantissent les jeunes plants de la gelée et du hâle; et quand le terrain est bon, il arrive ordinairement que les plants, en grandissant, étouffent les mauvaises essences qui les ont abrités; mais la croissance de ces bois est beaucoup plus lente que celle qui est opérée sur planches avec de bons labours.

En terre légère, on peut planter dans des trous de 30 à 60 centimètres de diamètre, sans qu'on soit obligé de défricher la totalité du terrain; mais si le sous-sol est argileux, le trou se remplit d'eau et les racines pourrissent. On peut former aussi une forêt de bois blanc en plantant cent boutures de tremble et cent racines d'ypréau par hectare. On les laisse se développer pendant quatre ans, après quoi on les recèpe pour leur donner une vigueur nouvelle.

L'automne est l'époque la plus favorable pour les plantations en terre légère, et le printemps en terre humide.

Comte Français (de Nantes).

On ne peut trop insister sur les avantages que les semis procureraient aux propriétaires des bois, à l'agriculture et aux arts, dans les pays où cette méthode serait suivie avec persévérance. Les forêts se peupleraient peu à peu d'arbres plus utiles que plusieurs de ceux qui les composent actuellement. La liste des acquisitions que l'on peut faire presque partout est bien plus longue qu'on ne le pense communément : voici l'indication de quelques espèces qui s'accommoderaient très-bien du sol et du climat de la France.

La famille des conifères n'a pas encore fourni tout ce qu'on peut lui demander. Le *pin de Corse* (*pinus laricio*), dont l'accroissement est si rapide, est plus répandu dans les parcs et les jardins d'agrément que dans les forêts, où il rendrait de si grands services à la marine et aux constructions civiles. Il n'est pas moins à désirer que le *pin silvestre*, mieux recommandé par la dénomination de *pin de Riga*, soit semé abondamment partout où il peut réussir, et aucun arbre n'est moins difficile sur le choix du terrain; on en sera convaincu dès que l'on saura qu'il pousse avec vigueur dans les craies de la Champagne et dans les sables de la Sologne.

Veut-on réunir l'agréable à l'utile, que l'on sème des *pins* du lord *Weymouth* (*pinus strobus* des botanistes). Quoique sa végétation soit moins rapide que celle du pin de Corse, il fait un si bel effet dans les paysages, qu'on regretterait de le voir remplacé par aucun de ses congénères. Enfin, trouvons une place pour l'*alviez, pin cimbrot*, ou *cembro*. On lui reproche avec raison l'extrême lenteur de son accroissement; mais sa beauté, sa longue durée et la saveur de ses fruits le recommandent assez pour qu'on lui livre les sols tourbeux et marécageux, où il semble se plaire, et où très-peu d'autres arbres peuvent subsister.

L'ancienne renommée du *cèdre du Liban* assignait à cet arbre une place remarquable dans les plantations d'agrément; il est temps de l'élever à des fonctions plus importantes. Il semble que les soins de l'homme lui sont nécessaires pour qu'il puisse quitter le sol natal, et se répandre assez promptement dans les lieux où l'on veut l'établir. Ses fruits ne mûrissent pas dans le cours d'une année; ils restent longtemps sur l'arbre après leur maturité, et lorsqu'enfin ils ont touché la terre, des années s'écoulent encore avant que les cônes puissent s'ouvrir et que les amandes réunissent toutes les conditions nécessaires pour la germination. Ces délais multiplient les chances défavorables, et donnent à d'autres végétaux plus de temps qu'il ne leur en faut pour s'emparer de tout l'espace autour des cèdres, dont les semences viennent toujours trop tard, et quelquefois hors de saison. Il n'est donc pas étonnant que ces arbres aient été confinés dans les montagnes où la nature les avait placés, et que même ils n'aient pu s'y maintenir; car on assure que le Liban n'en conserve presque plus. L'art du jardinier viendra très-efficacement à leur secours; les cônes seront cueillis à l'époque de leur maturité; les amandes en seront extraites malgré l'extrême dureté des loges ligneuses où elles sont emprisonnées; on les déposera dans une terre préparée pour les recevoir, et on les distribuera convenablement pour que les germes se développent librement, que les plantes grandissent et se disposent à dominer un jour les arbres inférieurs qui auront protégé leur enfance. Sans cette application de l'industrie humaine, le cèdre du Liban aurait probablement disparu, comme beaucoup d'autres végétaux gigantesques dont le monde fossile nous révèle aujourd'hui l'ancienne existence.

Les *sapins* ont autant de droits que les pins à être répandus dans les bois, au milieu des arbres dont la verdure se renouvelle. Employés autrefois exclusivement dans la construction des édifices, ils obtiennent encore aujourd'hui la préférence, lorsqu'on peut s'en procurer facilement. Les deux espèces indigènes ne sont pas les seules qu'il faille faire descendre des montagnes et contraindre à vivre dans les plaines, dont il est bien prouvé que l'air et le sol ne leur sont pas défavorables : nous appellerons aussi les baumiers (*abies balsamea*), tant celui d'Amérique, déjà transporté en France, que celui du nord de l'Asie, encore peu connu, et sur lequel Pallas lui-même s'est trompé dans sa *Flora rossica*. L'arbre que les Russes nomment *pichta*, et qu'ils préfèrent à tous autres sapins pour les plantations d'agrément, n'est point, comme le dit le naturaliste, l'*abies excelsa*, qui couvre les Vosges et plusieurs autres montagnes de France et d'Allemagne, mais un baumier peu différent de celui de Giléad, bien caractérisé par son odeur, son feuillage, ses fruits très-courts, et dont les écailles tombent en automne avec les semences, tandis que l'axe du cône reste seul sur les branches. Rien de plus agréable, au printemps, que ce sapin lorsqu'il est chargé de ses jeunes fruits d'un pourpre brillant, répandus avec profusion sur un feuillage d'un vert sombre.

L'Allemagne, toujours attentive à ce qu'une grande utilité recommande, possède déjà de grandes plantations d'érables à sucre, tandis que chez nous le même arbre n'est pas encore sorti des jardins des curieux, ou de ceux qui sont consacrés à l'étude de la botanique. Au reste, commençons par multiplier les sapins indigènes dans toutes les stations où ils peuvent se plaire : quand nous aurons terminé ce travail, l'œuvre de la régénération de nos forêts sera déjà fort avancée.

On a presque tout dit sur le *mélèze*, et cependant les éloges qu'on lui a prodigués demeurent stériles. A l'exception de quelques forêts dans les Alpes, aucune partie de la France ne pourrait fournir assez de mélèzes pour des constructions de quelque importance. Cependant rien ne serait plus facile que de les propager partout, dans les landes aussi bien que dans les forêts, en se conformant aux conseils que Malesherbes a donnés pour assurer le succès des semis de ces arbres.

L'Amérique du Nord est la pépinière qui a fourni jusqu'à présent à l'Europe le plus grand nombre d'arbres forestiers, et ses envois continueront encore longtemps. Quand ils seront terminés, on pourra s'adresser à l'Australasie, où tant de nouveautés ont étonné les botanistes, où l'immense *eucalyptus* surpasse le géant des arbres d'Afrique, l'énorme **baobab**.

En introduisant les conifères dans les forêts qui en sont dépourvues, on les embellit en même temps qu'on les rend plus utiles et plus productives. En été, le vert sombre des sapins contraste agréablement avec le feuillage des autres arbres; l'œil est satisfait d'une plus grande variété de formes et de couleurs. Dans plusieurs forêts de montagnes, les chênes et les hêtres, le châtaignier même, sont associés aux sapins; pourquoi les plaines n'offriraient-elles pas aussi ce mélange, qui réunit si bien ce qu'il faut pour nos besoins et nos plaisirs? Dans les jardins d'agrément, les pins et les sapins forment la plus grande partie des bosquets d'hiver; il ne tient qu'à nous de multiplier indéfiniment cette verdure que l'on recherche en l'absence de toute autre, qui adoucit l'austérité d'un paysage dépouillé de presque tous ses charmes, qui fixe dans nos contrées quelques habitants des forêts qui n'y sont plus privés d'asile et de subsistance pendant la saison rigoureuse. Mais afin de pourvoir encore mieux aux besoins de ces aimables hôtes, semons avec profusion des noyaux et des pépins d'arbres fruitiers. Parmi les sauvageons qui naîtront en foule, quelques variétés précieuses viendront un jour enrichir les vergers : on sait que la pomme d'api subsista longtemps ignorée dans les bois avant d'attirer l'attention et d'obtenir les soins du jardinier. Plus on aura semé, plus ces trouvailles deviendront fréquentes, et les forêts seront de vastes pépinières où l'horticulture viendra faire de fructueuses investigations.

Mais en ne considérant les arbres fruitiers que par rapport aux qualités de leurs bois, en les réduisant à n'être que des arbres forestiers, nos intérêts bien compris nous engageront encore à étendre la propagation de ces précieux végétaux. Tous sont recherchés, soit pour les arts, soit pour le chauffage, ou pour l'un et l'autre emploi. L'acajou a trouvé dans le merisier un dangereux rival; le noyer commence à s'introduire dans les ameublements somptueux; le prunier et le poirier seront toujours travaillés par les tourneurs, etc.

Nos arbres fruitiers transportés dans le Nouveau-Monde y ont été plus que l'équivalent de tout ce que la Flore de ce continent a donné à l'Europe et de ce qu'elle lui promet encore. Accoutumés, comme nous le sommes, aux jouissances que ces arbres nous procurent annuellement, la continuité du bienfait nous le dérobe, en quelque sorte, à notre reconnaissance. Pour estimer équitablement le mérite du produit de nos vergers, ce sont les Américains qu'il faut interroger. L'amiral Anson porta la guerre sur les côtes du Chili et du Pérou, il pilla la ville de Païta, prit un galion espagnol richement chargé; mais en relâchant à l'île de Juan-Fernandez il y planta quelques noyaux d'abricots : cet arbre y prospéra, se répandit dans les forêts de l'île, et les Espagnols estiment eux-mêmes que ce service, dont ils sont redevables à un ennemi, ne fut pas payé trop cher.

Si les propriétaires des forêts s'occupaient du soin de les améliorer par des semis, ils parviendraient bientôt à les débarrasser des arbrisseaux épineux, qui y tiennent tant de place, au préjudice de productions plus utiles. Un semis est préparé par un défrichement, et lorsque les jeunes plants commencent à lever leur tige, il faut les préserver de l'invasion d'une foule d'ennemis qui viennent leur disputer la possession du sol nourricier. Ainsi, la forêt reçoit une culture dont ses produits payent bientôt les frais, non-seulement par l'accroissement de leur valeur, mais aussi parce qu'ils deviennent plus abondants.

La méthode des semis impose aux propriétaires l'obligation de se mettre en état de se passer de coupes trop fréquentes; elle tend à substituer les futaies aux taillis, et par conséquent à les rapprocher du *maximum* de produit: c'est encore un service qu'elle rendrait aux pays où elle serait généralement pratiquée, et celui-ci n'est pas le moins digne d'attention. FERRY.

BOIS (*Zoologie*). Le *bois* chez les animaux est une substance qui diffère essentiellement des *cornes*, non par le mode de formation, qui est le même, en ce sens que ce sont toujours des prolongements de l'os frontal, dont les matériaux sont versés par les vaisseaux sanguins, mais par sa nature et par ses accidents. Les cornes, dont la substance est analogue à celle des ongles, sont persistantes et ne tombent que par accident; le bois est une véritable *végétation animale*, et il tombe dans une saison régulière, celle du rut, pour repousser chaque année au printemps. Le cerf, l'élan, le daim, le renne, etc., ont la tête ornée de bois; les antilopes, les chèvres, les moutons et les bœufs sont armés de cornes.

[Voici comment s'opère la formation des bois en zoologie : Les vaisseaux sanguins du front versent, au lieu où l'os doit se prolonger en bois, des fluides qui, soulevant la peau, ne tardent pas à passer à l'état cartilagineux, et qui s'ossifient bientôt. A mesure que ce travail s'opère, la peau s'élève et couvre les ramifications du bois, qui, dans son état parfait, finit par se dépouiller; l'animal facilite ce dépouillement en frottant son front, désormais armé, contre les troncs des arbres. Trois semaines ou un mois suffisent pour que le bois ait atteint toute sa hauteur; cette hauteur et le nombre des ramifications varient selon l'âge de l'animal. Chaque année augmente ce nombre de ce qu'en termes de vénerie on appelle un *andouiller*.

Les organes destinés à la reproduction de l'espèce dans les animaux qui portent des bois ont une influence considérable sur ces bois, qui paraissent même en dépendre entièrement : si l'on retranche en effet, par exemple, les attributs de son sexe pendant que son front est dégarni, ce front ne revêt plus sa parure; si l'opération est faite tandis que le bois décore la tête, il ne tombe plus, et l'animal conserve à jamais comme caractère de son impuissance ce qui auparavant prouvait en lui le développement des facultés génératrices. BORY DE SAINT-VINCENT, de l'Acad. des Sciences.]

BOIS (Gravure sur). *Voyez* GRAVURE.

BOIS A COTON. Nom vulgaire du *peuplier de Virginie* et de quelques autres arbres dont les graines sont surmontées d'une aigrette soyeuse et semblable à du coton.

BOIS A ENIVRER ou **BOIS IVRANT**. Dans les colonies françaises, on donne ces noms à l'*euphorbia frutescens*, au *phyllanthus virosa*, au *galega serica*, à d'autres plantes encore, parce que leur suc laiteux ou leurs fruits jetés dans l'eau exercent sur le poisson une action stupéfiante analogue à celle que produisent la noix vomique et la coque du Levant.

BOISARD (JEAN-JACQUES-FRANÇOIS-MARIE), le plus fécond des fabulistes, né à Caen, en 1743, y est mort, à la fin de 1831. Il publia ses quatre premières fables dans *le Mercure de France* en 1769, et entra en 1772 dans la maison du comte de Provence, dont l'émigration le réduisit à l'état de gêne. Depuis 1773 il publia divers recueils de fables; et enfin il les réunit toutes sous le titre de *Mille et une Fables* (Caen, 1806, in-12). Dans le prologue d'une de ses fables, Boisard parle ainsi de l'indifférence du public :

J'écris beaucoup, et mon salaire est mince :
Il se réduit à rien. Les muses de province
Ne font pas fortune à Paris.

Dans ces divers recueils, Boisard a inséré d'autres pièces. Palissot, Marmontel, La Harpe, n'ont fait aucune mention de Boisard; mais Voltaire, dans sa correspondance avec Diderot, donne des éloges à ses premières fables. Quoique Grimm les préfère à celles de Dorat, de Lamotte, et même de l'abbé Aubert, il ne les trouve pourtant pas sans défauts; mais il leur reconnaît de l'originalité, et il pense que l'auteur est celui de tous les fabulistes qui a le moins cherché à imiter La Fontaine. Le style de Boisard est naturel, mais négligé, et beaucoup de ses fables, ne laissant pas deviner leur moralité, peuvent passer pour des contes. Elles sont presque toutes de son invention.

On a quelquefois confondu Boisard avec son neveu, *Jacques-François* BOISARD, né aussi à Caen, vers 1762, peintre et poëte médiocre, toujours maltraité par la fortune, et mort probablement dans la misère. Celui-ci a publié trois cent quatre-vingt-douze fables, divisées en deux recueils imprimés à Paris, 1817 et 1822, et toutes au-dessous de la médiocrité. H. AUDIFFRET.

BOIS BALAIS. On donne ce nom aux végétaux dont les rameaux sont employés à l'usage qu'il rappelle : en Europe, ce sont le *bouleau* et les *bruyères*; dans nos colonies de l'Inde, plusieurs *erythroxyles*, le *fresnelier*; etc.

BOIS BÉNIT. Nom vulgaire du *buis*, provenant de son usage dans certaines cérémonies du culte catholique.

BOIS BLANCS. Il ne faut pas croire que le langage forestier applique ce nom à tous les arbres dont le bois est de couleur blanche : on entend simplement par *bois blancs* ceux dont le tissu ligneux a peu de consistance. Ainsi, le *hêtre* et le *charme*, malgré la couleur de leur bois, ne sont pas de la catégorie des bois blancs. Celle-ci renferme le *peuplier*, le *saule*, le *bouleau*, le *tilleul*, le *sapin*, le *frêne*, le *châtaignier*, etc. Il serait donc préférable de classer les différentes sortes de bois en *bois durs* et *bois mous*.

On désignait autrefois sous le nom de *blanc bois*, dans les ordonnances des eaux et forêts, le charme, le tremble, le bouleau, l'érable.

BOIS CHANDELLE. Nom commun à l'*agave fétide*, à l'*amyris élémifère*, à diverses espèces de *pins* et à d'autres végétaux, dont les rameaux, susceptibles de brûler aisément, fournissent des moyens d'éclairage aux habitants des pays où ils croissent.

BOIS CITRON. On donne ce nom à différents arbres, mais plus particulièrement à un laurier des Indes, qui croît aussi dans les Antilles. C'est un bois pesant, compacte, dur, résineux, odorant, susceptible d'un beau poli; d'une belle couleur citrine, et quelquefois d'un blanc jaunâtre moiré de jaune vif; il s'en trouve d'uni, de veiné, de satiné, de moucheté, etc. A une température un peu élevée, et par un temps sec, il est malheureusement sujet à se fendiller. On l'emploie dans la marqueterie, les ouvrages de tour, et même l'ébénisterie.

BOIS COULEUVRE. Aux Antilles, on nomme ainsi le *dracontium pertusum*, le *rhamnus colubrinus* et le *strychnos colubrina*; à Amboine, c'est l'*ophixylum serpentinum*, et sur la côte du Malabar, l'*amelpo*. Ces différents végétaux sont ainsi nommés parce que, à tort ou raison, les naturels des pays où ils croissent attribuent à quelques-unes de leurs parties des propriétés spécifiques contre la morsure des serpents.

BOIS D'AIGLE. C'est une variété de l'agalloche. Ce bois est caractérisé par sa couleur noire, due à une résine particulière qui lui donne l'aspect de l'ébène noir, dont il se rapproche en même temps par la compacité et la pesanteur.

BOIS D'ALOÈS. Ce nom de l'agalloche lui vient de ce que ce bois a une saveur amère analogue à celle du suc de l'aloès.

BOIS D'AMARANTHE. *Voyez* AMARANTHE (Bois d').

BOIS DAMIER. *Voyez* BADAMIER.

BOIS D'ANIS. *Voyez* BADIANE.

BOIS D'ASPALATH. Ce bois, susceptible d'un très-beau poli, est pesant et très-compacte. Il est rouge violacé, avec des veines d'un rouge plus franc, mais plus pâle. Il sert un peu dans l'ébénisterie, mais principalement pour la marqueterie. On ne connaît pas exactement l'arbre dont provient ce bois, qui nous est apporté des Indes Orientales.

BOIS DE BRÉSIL. *Voyez* BRÉSIL (Bois de).

BOIS DE BRÉSILLET. *Voyez* BRÉSILLET (Bois de).

BOIS DE CALIATOUR. *Voyez* CALIATOUR (Bois de).

BOIS DE CALIFORNIE. *Voyez* CALIFORNIE (Bois de).

BOIS DE CAMPÊCHE, BOIS D'INDE. *Voyez* CAMPÊCHE.

BOIS DE CHATOUSIEUX. *Voyez* CHATOUSIEUX (Bois de).

BOIS DE CORAIL DUR ou **BOIS DE CONDORI.** Ce bois mérite bien l'épithète de dur. C'est, dit-on, le produit de l'*adenanthera* (Linné), arbre de la décandrie monogynie et de la famille des légumineuses fausses, qui croît dans l'Inde. Ce bois est pesant, d'une extrême dureté, compacte, d'un grain fin et prenant bien le poli. Les bords sont ordinairement d'un rouge clair tirant au jaune, mais l'intérieur est d'un rouge plus foncé. Son extrême dureté le fait beaucoup rechercher pour certains ouvrages. Il en est fait usage dans la tabletterie principalement et pour les ouvrages de tour. Il nous arrive en bûches.

BOIS DE CORNE FÉTIDE ou **BOIS PUANT, BOIS CACA.** C'est le produit d'un arbre de la famille des capparidées qui croît à Cayenne ; on en connaît une autre espèce qui provient du *sterculier balanghas*, famille des malvacées de la décandrie monogynie. Celui-ci croît dans l'Inde, où il est connu sous le nom de *cavalam*. Il nous arrive privé de son aubier. Il est d'un brun rougeâtre moiré de jaune ; il est dur, compacte, pesant, d'un grain fin et susceptible de poli ; il exhale une odeur d'excréments humains, d'où lui vient son vilain nom. Il est d'usage dans l'ébénisterie, la tabletterie, la marqueterie, etc. Celui de Cayenne nous arrive en bûches de toutes grosseurs.

BOIS DE COURBARIL. *Voy.* COURBARIL (Bois de).

BOIS DE FER, BOIS DE JUDA, BOIS DE NAGHAS. *Voyez* FER (Bois de).

BOIS DE FERNAMBOUC. *Voyez* FERNAMBOUC (Bois de).

BOIS DE FUSTET. *Voyez* FUSTET (Bois de).

BOIS DE GRENADILLE. *Voyez* GRENADILLE (Bois de).

BOIS DE NATTE. Nom de plusieurs grands arbres, et particulièrement d'un *mimusops*, dont on taille des planchettes qui, disposées en manière d'ardoises, servent à couvrir les maisons dans nos colonies à l'ouest du cap de Bonne-Espérance.

BOIS DE RHODES, BOIS DE CHYPRE. *Voyez* RHODES (Bois de).

BOIS DE RONDE, D'ARONDE ou DE RONGLE. C'est un *érythroxyle*, dont les branches brûlent avec une grande facilité et en répandant assez de lumière pour fournir d'excellents flambeaux naturels, dont les patrouilles de nos colonies s'éclairent pendant leurs marches nocturnes. De cet usage est venu le nom de *bois de ronde*.

BOIS DE ROSE. *Voyez* ROSE (Bois de).

BOIS DE SAINTE-LUCIE. C'est le *prunus mahaleb*. *Voyez* CERISIER.

BOIS DE SAINTE-MARTHE, BOIS DE NICARAGUA. *Voyez* SAINTE-MARTHE (Bois de).

BOIS DE SANG. Nom qu'on donne quelquefois au bois de Campêche.

BOIS DE SANTAL. *Voyez* SANTAL (Bois de).

BOIS DE SASSAFRAS. *Voyez* SASSAFRAS (Bois de).

BOIS DE TERRE-FERME. *Voyez* TERRE-FERME (Bois de).

BOIS DURS. On nomme ainsi, par opposition aux bois blancs, les bois d'une contexture serrée, tels que le *buis*, l'*orme*, le *chêne*, etc.

BOISGELIN (Famille DE), l'une des plus anciennes de la Bretagne, doit sa moderne illustration au cardinal de ce nom, qui occupa le siége archiépiscopal de Tours de 1802 à 1804.

Jean-de-Dieu-Raymond de BOISGELIN *de Cucé*, né à Rennes, le 27 février 1732, mort à Tours, en 1804, avait été destiné dès l'enfance à l'état ecclésiastique. Après avoir été grand vicaire à Pontoise, évêque de Lavaur, dans le Haut-Languedoc, archevêque d'Aix, député à l'Assemblée des Notables, il émigra en Angleterre, d'où il ne revint qu'après la signature du concordat, pour être appelé à l'archevêché de Tours, et recevoir peu de temps après le chapeau de cardinal. Plusieurs membres de sa famille avaient péri sur l'échafaud révolutionnaire. Ses devoirs pastoraux ne l'empêchèrent pas de s'occuper des affaires publiques. Nommé président des états de Provence, il fit décréter par cette assemblée la fondation de plusieurs établissements utiles. Député du clergé d'Aix aux états généraux, il y vota l'abolition des priviléges féodaux. Élu président de l'Assemblée nationale le 23 novembre 1790, il prit une part active à ses travaux aussi longtemps qu'il demeura sur le territoire de la France.

Dans ses moments de loisir, le cardinal de Boisgelin cultivait en outre les lettres ; doué d'un goût fin et délicat, et d'un esprit brillant, il y obtint des succès qui le conduisirent à l'Académie Française, où il succéda à l'abbé de Voisenon (1776). Il reste de lui différents écrits sur les questions débattues pendant la période révolutionnaire, des traductions, en vers français, des *Psaumes* et des *Héroïdes* d'Ovide. Ce fut lui qui prononça l'oraison funèbre du Dauphin, fils de Louis XV, celle de Stanislas, roi de Pologne, de madame la dauphine en 1769, ainsi que le discours du sacre de Louis XVI.

— Le chef actuel de cette famille est le marquis *Édouard-Raymond-Marie* DE BOISGELIN. Né à Paris, en 1801, il entra au service en 1817, et fit la campagne d'Espagne, en 1823, comme aide de camp du marquis de Lauriston. Appelé par la mort de son père à la dignité de pair de France, en 1831, il fit son entrée à la Chambre le jour même où l'on discutait la loi sur l'hérédité, et vota avec la minorité. Plus tard il se prononça contre les lois de septembre, et contre les fortifications de Paris. Partisan éclairé des libertés nationales, il saisissait avec empressement l'occasion de les défendre contre les empiétements du pouvoir. La révolution de Février l'a rendu à la vie privée. C'est par le mariage de son père avec Mlle de Mortefontaine que la terre de Saint-Fargeau, l'une des plus considérables de France, et dont le château, bâti par Jacques Cœur, a été habité par la grande Mademoiselle, est passée dans la maison de Boisgelin.

BOIS JAUNE. Ce bois est dur, pesant, compacte, jaune à l'extérieur quand il est de coupe fraîche, et passe au noirâtre en vieillissant. L'intérieur est jaune, parsemé de filets rougeâtre orangé. On fait peu de cas de celui qui est d'une couleur serin ou jaune pâle.

On en connaît dans le commerce de deux espèces, celui de Cuba et celui de Tampico. Ce dernier est de couleur moins vive que l'autre, fournit moins de matière colorante, et par conséquent est moins estimé.

Le bois jaune de Cuba nous vient en bûches, généralement rondes, du poids de quinze à cent cinquante kilogrammes. Quelquefois ces bûches sont fendues en deux, et la plupart sont coupées à la scie. Les bûches de Tampico sont plus longues et coupées à la hache, présentant à leurs extrémités une section cunéiforme.

On ne sait quel est l'arbre qui produit le bois jaune. Les uns pensent que c'est le *laurus ochroxylon*, qui porte encore le nom de *bois verdoyant*; d'autres l'attribuent au *bignonia leucoxylon*, aussi appelé *bois vert*, ou encore au *liriodendron tulipifera*, au *rhus cotinus*, etc.

BOIS-LE-DUC (en hollandais *Hertogenbosch* ou *Im-Bosch*), capitale de la province néerlandaise du Brabant septentrional, au confluent de la Dommel et de l'Aa, qui forment par leur réunion la Diest. Cette ville, qui compte une population de 13,000 habitants, en majorité catholiques, est le siége d'un évêché, et possède un lycée, plusieurs fabriques, entre autres, de toile, une saunerie, etc.; elle fait un commerce important en grains. La cathédrale, une des plus belles églises des Pays-Bas, a 53^m,32 de large sur 118^m,73 de long, et est soutenue par cent cinquante piliers. Les fortifications, en forme de triangle, consistent en sept bastions qui se flanquent l'un l'autre, et en fossés qui peuvent être complètement inondés par l'Aa et la Dommel. Les forts Papenbril (aujourd'hui Guillaume et Marie), Sainte-Isabelle et Saint-André complètent le système de défense de la place.

Simple rendez-vous de chasse des ducs de Brabant, Bois-le-Duc s'agrandit successivement jusqu'à devenir un bourg, que le duc Gottfried III entoura de murailles, en 1184, et éleva au rang de ville. En 1585 les Hollandais tentèrent de le surprendre; un hasard seul fit échouer leur entreprise. Assiégé inutilement en 1601 et en 1603, il finit cependant, après un siège de cinq mois, par tomber au pouvoir du prince Frédéric-Henri de Nassau, en 1629.

En 1794 une place forte était nécessaire à l'armée du nord pour poursuivre les Anglais au delà de la Meuse. Ce fut Bois-le-Duc que l'on choisit; mais ce n'était pas chose facile que de s'en emparer. Cette place était environnée de forts bien entretenus et bien armés, et des inondations qui s'étendaient à plus de 600 mètres de ses remparts, en faisaient comme une île au milieu d'un vaste fleuve. Tant d'obstacles ne rebutèrent pas l'armée française. On n'avait point d'artillerie de siége, mais la garnison était faible. On se fia à la fortune. On attaqua tout à la fois la ville et les forts d'Orten et de Crèvecœur, dont la prise devait priver la ville de toute communication avec la Meuse. La ville fut investie le 23 septembre. Dès le lendemain on entra dans le fort d'Orten, évacué par les Hollandais. On établit quelques batteries d'obusiers et de canon à 160 mètres des ouvrages extérieurs; on ouvrit la tranchée devant le fort de Crèvecœur, et on le bombarda avec tant de persévérance, qu'il se rendit, le 29 septembre, au général Delmas. L'occupation de ce fort, en affaiblissant les moyens de défense de Bois-le-Duc, ouvrait en outre le passage de l'île de Dommel, position décisive pour l'invasion de la Hollande. On s'empara même du fort de Saint-André, mais on ne pensa pas à en réparer les fortifications et à les mettre en état de défense; de sorte que les Hollandais, qui connaissaient l'importance de cette position, purent la reprendre et la mettre à l'abri d'un nouveau coup de main. Cependant le siége de Bois-le-Duc traînait en longueur. On commençait à avoir des inquiétudes sur l'issue de cette entreprise. Les pluies avaient étendu les inondations; les tranchées près des ouvrages extérieurs n'étaient plus praticables; l'artillerie de siége était arrivée, mais il fallait pour l'établir de grands travaux, que le sol, inondé, rendait longs et difficiles. Les forts isolés qui environnaient la ville en empêchaient les approches. Cependant, les batteries de pièces de campagne et les obusiers avaient incendié plusieurs parties de la ville; et l'opinion, plus forte dans la guerre que les armes elles-mêmes, y combattait pour les Français. Au moment où on s'y attendait le moins, le gouverneur, qui s'était casematé et qui même avait blendé sa demeure avec des bois et du fumier pour la mettre à l'abri des bombes, demanda à capituler. On se hâta de lui accorder les honneurs de la guerre; et le 10 octobre 1794 il retourna en Hollande avec sa garnison prisonnière de guerre sur parole. On s'étonna de trouver sur les remparts 146 bouches à feu, et 130 milliers de poudre dans les magasins.

Le 14 janvier 1814 Bois-le-Duc fut pris par le général prussien de Hobe, qui commandait une division du corps du Bulow.

BOIS MARBRÉ. *Voyez* BOIS SATINÉ.

BOIS MORT. *Voyez* MORT-BOIS.

BOIS NOIR. Par allusion au vert foncé de leur feuillage, on donne ce nom à différents arbres, tels que la *mimeuse Lebbek*, etc.

BOIS-PERDRIX. Ce bois est l'*heisteria coccinea*, de la décandrie-monogynie, famille des hespéridées. Il croît aux Indes; on en trouve aussi à la Martinique et à Cayenne, d'où il nous vient principalement. Le bois-perdrix est nuancé de couleurs diverses; il a quelque ressemblance avec le gaïac. On l'emploie surtout dans la tabletterie.

BOISPUANT. Leur mauvaise odeur a fait donner à plusieurs bois ce nom, que portent surtout le *bois de corne fétide* et la *mimeuse de Farnèse*.

BOISROBERT (FRANÇOIS LE MÉTEL DE), né à Caen, en 1592, mort le 16 mars 1662, membre de l'Académie Française, commença par être avocat, mais renonça bientôt à une profession qui n'allait guère à son humeur enjouée et bouffonne. Dans un voyage qu'il fit en Italie, le pape Urbain VIII, à qui il se fit présenter, le trouva si amusant, que pour lui donner une marque de sa bienveillance, il lui procura un bon prieuré en Bretagne. Jusque alors Boisrobert ne s'était senti aucune vocation pour l'état ecclésiastique. Le don de ce prieuré le fit changer d'avis. Il entra dans les ordres, et ne tarda point à être pourvu d'un canonicat à Rouen, d'un meilleur produit encore que son prieuré. L'habit ecclésiastique ne lui ôta rien de sa gaieté. Ayant été introduit un jour chez le cardinal de Richelieu, il se surpassa lui-même en esprit et en bons mots. Dès lors le cardinal voulut absolument que Boisrobert fût à lui. Le joyeux bouffon devint de plus en plus nécessaire au ministre pour lui faire oublier, à ses instants de loisir, les fatigues et les soucis des affaires politiques. Richelieu s'était tellement habitué à lui, que l'ayant disgracié pour certaines plaisanteries qui lui avaient paru aller au delà des convenances, il ne riait plus depuis son éloignement, et ne put résister à la requête de l'exilé, au bas de laquelle le médecin du cardinal avait ajouté en forme d'ordonnance : *Recipe Boisrobert*, voulant dire par là que la gaieté de Boisrobert était plus utile à la santé de son client que tous les remèdes qu'il pourrait lui prescrire.

Boisrobert contribua beaucoup à la fondation de l'Académie Française, dont il fut l'un des premiers membres. Richelieu ne pouvait faire moins à l'égard d'un littérateur qu'il admettait à travailler à quelques-unes de ses pièces de théâtre. L'humeur caustique de Boisrobert ne ménageait pas plus ses confrères que d'autres, et on trouve partout cette spirituelle boutade qui lui échappa un jour sur la lenteur avec laquelle marchaient les travaux de la rédaction du Dictionnaire entrepris par la docte compagnie :

> Mais tous ensemble ils ne font rien qui vaille.
> Depuis six mois dessus l'F on travaille;
> Et le Destin m'aurait fort obligé
> S'il m'avait dit : Tu vivras jusqu'au G.

Au reste, le cardinal le combla de faveurs, et notamment

le fit nommer à la riche abbaye de Châtillon-sur-Seine. Il le pourvut en outre d'une place de conseiller d'État. On connaît le joli rondeau dans lequel Malleville s'égaya sur la fortune de Boisrobert :

> Coiffé d'un froc bien raffiné,
> Et revêtu d'un doyenné,
> Qui lui rapporte de quoi frire,
> Frère René, etc.

Après la mort de Richelieu, Boisrobert fut exilé de la cour. Il était grand joueur, et avait le défaut de jurer souvent en jouant. On trouva qu'il n'avait pas la décence de mœurs nécessaire à un ecclésiastique, et on l'envoya faire pénitence à son abbaye de Châtillon-sur-Seine. C'est là qu'il mourut. Il avait composé dix-huit pièces de théâtre, tant tragédies que comédies, des poésies disséminées dans divers recueils, et un roman : *Histoire indienne d'Anasandre et d'Orasie* (Paris, 1629).

BOIS SACRÉS. Les bois ont été les premiers lieux destinés au culte des dieux. Dans les temps primitifs, où les hommes ne connaissaient ni villes ni maisons, lorsqu'ils habitaient les forêts ou les cavernes, ils choisirent dans les bois les lieux les plus écartés, les plus impénétrables aux rayons du soleil, pour y faire leurs sacrifices religieux. Dans la suite, on y bâtit de petites chapelles et enfin des temples ; mais on continua à les environner d'épaisses plantations d'arbres, et ces forêts devinrent aussi sacrées que les temples mêmes. On s'y assemblait aux jours de fête, et après la célébration des mystères on y faisait des repas publics, accompagnés de danses et de toutes les autres marques de la plus grande joie. On y consacrait particulièrement aux dieux les arbres les plus beaux et les plus grands, qu'on surchargeait d'offrandes, et qu'on ornait de bandelettes, comme les statues des dieux mêmes ; usage qui plus tard fut sévèrement proscrit par l'empereur Théodose, saint Grégoire, et plusieurs rois de France et de Lombardie. Couper des *bois sacrés* était un sacrilège ; il n'était permis que de les élaguer, de les éclaircir, et d'abattre les arbres qu'on croyait attirer le tonnerre.

A Claros, il y avait un bois consacré à Apollon ; Élien dit qu'on n'y rencontrait pas un seul animal venimeux. Les cerfs y trouvaient un refuge inviolable quand ils étaient poursuivis ; chiens et chasseurs abandonnaient leur proie sur le seuil de la forêt. Esculape avait près d'Épidaure un bois où il était défendu de laisser entrer les moribonds et les femmes en mal d'enfant ; c'était une profanation que d'y laisser naître ou mourir une créature humaine. Le bois que Vulcain avait sur le mont Etna était gardé par des chiens sacrés, qui caressaient de la queue ceux que la piété y conduisait, et déchiraient, au contraire, ceux qui y étaient attirés par des pensées impures.

Rome était entourée de bois sacrés : les plus célèbres étaient ceux d'Égérie et des Muses, sur la voie Appienne ; de Diane, sur le chemin d'Aricie ; de Junon Lucine, sur les Esquilies ; de Laverne, près de la voie Salaria ; enfin, de Vesta, au pied du mont Palatin.

BOIS SAIN. Ce nom appartient à la fois à une espèce de *lauréole*, dont l'écorce caustique est quelquefois employée comme vésicant, et au *gaïac*, qu'on appelle aussi *bois saint*.

BOIS SATINÉ, BOIS DE FEROÉ ou DE FÉROLE, BOIS DE CAYENNE. On désigne sous ces différents noms le bois qui provient de plusieurs espèces de *ferolia*, grands arbres qui croissent à Cayenne et dans la Guyane. L'aubier est blanc et fort épais ; à l'intérieur, le bois est dur, pesant, d'un grain fin, avec des rayons qui imitent le satin : d'où lui vient son nom. Ce bois prend un poli magnifique ; il en est de plusieurs nuances ; on en trouve même de rouge écarlate, qui est admirable ; il y en a de rouge panaché de jaune, marron, brun, jaunâtre, verdâtre, etc. On en fait des meubles magnifiques ; il nous vient de Cayenne sans aubier, en billes rondes de douze à quarante-huit centimètres de diamètre.

C'est au *ferolia* d'Aublet que s'applique aussi le nom de *bois marbré*.

Enfin, on appelle quelquefois *bois satiné* le bois du *prunus domesticus*.

BOISSEAU, ancienne mesure usitée pour les corps secs et les corps solides, tels que grains, farine, fruits, charbon, sel, etc. Le boisseau, qui valait treize de nos litres actuels, se divisait à Paris en quatre quarts ou seize litrons ; c'était le tiers du minot, le sixième de la mine, le douzième du setier et la cent quarante-quatrième partie du muid. Il contenait à peu près un tiers de pied cube, et pesait environ 20 livres. Il devait avoir 8 pouces et 2 lignes et demie de haut, et 10 pouces de diamètre. Du reste, le boisseau, comme la plupart des autres mesures anciennes, variait de contenance et de valeur selon les divers pays. Nous avons donné celle de Paris ; il était plus petit d'un huitième à Châlons, et il en fallait treize et demi pour faire le setier de Paris, tandis qu'il n'en fallait que six de Nogent pour égaler la même mesure.

Les boutonniers appellent *boisseau* une machine de bois de la forme d'un demi-globe, et longue d'environ 50 centimètres, fort légère, qui se met sur les genoux pour travailler, et dont ils se servent pour faire des tresses, des cordonnets, ou autres ouvrages qu'on dit *faits au boisseau*, pour les distinguer de ceux qui sont faits au métier.

Suivant une expression évangélique, on dit qu'il ne faut pas *mettre la lumière sous le boisseau*, pour dire qu'il ne faut point cacher la science et la vérité ; qu'il ne faut pas vouloir les réserver pour soi seul ; qu'il faut, au contraire, contribuer de toutes ses forces à répandre le plus possible les lumières de l'intelligence, sans jamais regretter, comme trop de gens, qui ne sont pas tous jésuites pourtant, qu'elles puissent aller trop loin.

BOISSELÉE. C'était une ancienne mesure de terre usitée dans quelques provinces, et qui s'entendait de la quantité de terre que l'on pouvait ensemencer avec la quantité de grain contenue dans un boisseau : d'où il suit que le boisseau variant souvent de contenance, selon les diverses localités, la *boisselée*, comme la *bicherée*, était une mesure assez vague et assez indéterminée. Huit boisselées de Paris faisaient environ un arpent de Paris ; c'est-à-dire qu'il fallait huit boisseaux pour ensemencer un champ de cette contenance ou de cette étendue.

BOISSELIER. On appelle de ce nom l'artisan qui fabrique ou le marchand qui vend des mesures de capacité en bois, telles que des *décalitres*, des *litres*, etc., ainsi que des *cribles*, des *tamis*, des *caisses de tambour*, etc. La construction de ces mesures est des plus simples : le fabricant emploie des planches de chêne, de hêtre ou de noyer, débitées à la scie, et amincies au rabot au degré convenable. Ces planches sont roulées comme le seraient un ruban qui ferait plusieurs tours sur lui-même autour d'une bobine. On roule ainsi ces planches sans les casser, après les avoir fait bouillir dans de l'eau. L'ouvrier assujettit ensuite chaque planche à un fond de bois rond, en ayant soin d'amincir les bords de la jointure afin que la cavité soit parfaitement cylindrique. Une bande de bois clouée extérieurement donne à son ouvrage plus de solidité.

La *boissellerie* se fabrique principalement dans les forêts de Saint-Gobain, de Coucy-le-Château et de Prémontré (arrondissement de Laon), à Villers-Cotterets, à Troyes, à Laigny (Côte-d'Or), à Calais, à Fréjus (Var), à Gérardmer et à Rothan (Vosges), etc.

BOISSERÉE (SULPICE), né à Cologne, en 1783, a rendu de grands services à l'histoire de l'art en Allemagne, ainsi que son frère MELCHIOR, né en 1786, et son ami *Jean-Baptiste* BERTRAM. Un voyage que, dans l'automne de 1803, les trois amis firent à Paris, où ils passèrent neuf mois, leur donna la première idée de consacrer leur temps et leur fortune à rechercher et à rassembler les antiquités artistiques de l'Allemagne. L'étude des chefs-d'œuvre de l'art antique et de l'art chrétien réunis par Napoléon dans les salles du Louvre forma leur goût, que perfectionnèrent encore les leçons de Frédéric Schlegel, leur hôte. Schlegel s'étant attaché, dans son *Europa*, à attirer plus spécialement l'attention publique sur les ouvrages des anciens peintres allemands réunis dans le Musée du Louvre, les trois amis se souvinrent d'avoir vu dans leur ville natale de vieux tableaux du même genre, et ils firent un éloge si pompeux des richesses enfouies dans les églises des Pays-Bas et des bords du Rhin, qu'ils déterminèrent Schlegel à les accompagner dans cette contrée au printemps de 1804. Les nombreuses églises et les couvents supprimés dans les départements riverains du Rhin réunis à la France venaient précisément d'être évacués, et beaucoup de tableaux anciens étaient tombés entre les mains d'amateurs qui n'en connaissaient pas le prix. Les trois amis éprouvèrent le désir bien naturel de les sauver de la destruction; ils se mirent donc à leur recherche, firent l'acquisition de ceux qu'ils purent découvrir, et, le succès étendant leurs vues, ils résolurent, dès 1808, de faire de l'histoire de l'art l'unique affaire de leur vie et de donner à leur collection une importance plus qu'ordinaire.

Cette année même, Melchior eut le bonheur d'acquérir quelques-uns des plus curieux tableaux de leur collection, et Sulpice, après avoir préparé son grand ouvrage sur la cathédrale de Cologne, en levant le plan de ce beau monument, entreprit un voyage artistique sur les bords du Rhin en passant par Mayence, Heidelberg, Spire, Strasbourg, Fribourg, Bâle et la Bavière. Ce fut à cette époque qu'il conclut avec le baron Arétin un traité pour la publication des planches lithographiées de son ouvrage, et qu'il engagea le peintre d'architecture A. Quaglio à l'accompagner à Cologne pour l'exécution des vues perspectives. Ses recherches sur l'ancienne architecture le convainquirent que la cathédrale de Cologne était un des édifices les plus parfaits qu'il y eût en Europe, tant sous le rapport du plan que sous celui de l'exécution, et qu'il convenait éminemment de servir de modèle du style le plus pur et le plus noble. Le désir de reproduire ce chef-d'œuvre de l'art allemand tel que l'avait conçu le génie du premier architecte, enflamma le jeune homme; et dans son enthousiasme, il fit un travail qui attira sur ce monument l'attention de tous les gens de goût.

En 1810 les trois amis se rendirent à Heidelberg, emportant avec eux quelques-uns de leurs tableaux. La même année, le libraire Cotta leur offrit de faire les frais des planches de l'ouvrage sur la cathédrale de Cologne, les lithographies n'ayant pas aussi bien réussi qu'ils l'espéraient. Les dessins furent exécutés principalement par A. Quaglio, Fuchs de Cologne et le conseiller supérieur des bâtiments Molla. Duttenhofer de Stuttgart et Darnstedt de Dresde furent chargés de la gravure. En 1811 Sulpice Boisserée visita la Saxe et la Bohême. Dans ce voyage il eut la bonne fortune de nouer avec Gœthe des relations qui durèrent jusqu'à la mort du grand écrivain. Dans l'intervalle, la majeure partie des tableaux de leur collection fut transférée à Heidelberg. Vers le même temps Melchior Boisserée alla parcourir les Pays-Bas, où il acquit encore plusieurs tableaux importants, entre autres quelques-uns des chefs-d'œuvre de Hemling. Non-seulement il travailla avec Bertram à enrichir la collection, mais il s'occupa aussi avec activité à en restaurer et classer les tableaux. Sulpice, de son côté, fit venir de Paris plusieurs graveurs, entre autres Leisnier, et avec leur concours, secondé aussi par Geissler de Nuremberg et Rauch de Darmstadt, il fit paraître en 1823 la première livraison de son magnifique ouvrage intitulé: *Histoire et Description de la Cathédrale de Cologne*. La 4ᵉ et dernière livraison parut en 1831.

Les événements de 1813 à 1815 ayant attiré à Heidelberg les hommes les plus distingués, la collection des trois amis acquit une réputation européenne sous le nom de *Collection de Boisserée*. Elle comptait alors 200 tableaux, et bientôt il n'y eut plus à Heidelberg de maison assez vaste pour la contenir. En conséquence, le roi de Wurtemberg offrit aux propriétaires la jouissance d'un batiment spacieux à Stuttgard; et ils purent enfin exposer dans son entier leur collection, dont ils classèrent les tableaux d'après leur plus ou moins d'importance. On reconnut alors que dès le treizième siècle l'Allemagne possédait une école de peinture formée, comme celle d'Italie, sur les traditions de l'école byzantine, et qu'à cette époque cette école avait pris un développement propre avec une supériorité incontestable, en ce qui est de la composition et du coloris, sur l'école italienne contemporaine. Cette collection révéla les noms d'un grand nombre de maîtres flamands jusque là inconnus, et fit dignement apprécier le mérite de Jean Van Eyck, créateur de la peinture allemande proprement dite.

Les tableaux rassemblés par les frères Boisserée offrent réunis, à un plus haut degré qu'on ne pouvait s'y attendre, l'esprit, le sentiment, le naturel et la vérité, la beauté et la clarté. Comme dans ceux de Dürer, de Holbein et de la plupart des artistes du quinzième siècle, on y admire dans toute leur originalité le caractère et le talent des Allemands; c'est seulement avec les œuvres du seizième siècle que l'influence de la peinture italienne se fait sentir, et que l'on commence à apercevoir la transition graduelle à l'école flamande moderne, devenue dominante à la fin de ce même siècle.

La collection se divisait en trois sections, d'après les trois grandes périodes de la peinture allemande. La première comprenait les ouvrages du quatorzième siècle, appartenant tous à l'ancienne école de Cologne, alors la plus célèbre de l'Allemagne. La seconde se composait des ouvrages de Jean Van Eyck et de ses disciples plus ou moins immédiats, tels que Hemling ou Memling, Hugues Van der Goes, Israel de Meckenen, Michel Wohlgemuth, Martin Schœn, etc. La troisième, enfin, comprenait les œuvres des peintres allemands qui se distinguèrent à la fin du quinzième et au commencement du seizième siècle, comme Dürer, Luc de Leyde, Mabuse, Schoreel, Patenier, Bernard Van Orley, Cranach, Holbein, et celles de leurs élèves et de leurs successeurs chez lesquels l'imitation de la manière italienne est sensible, comme Jean Schwarz, Martin Heemskerk, Michel Coxcie, Charles Van Mander, les peintres de Cologne Jean de Melem et Barthélemy de Bruyn, etc.

Désireux de s'assurer que leur collection, à laquelle ils avaient consacré, pendant plus de vingt années, leur temps et leur fortune, ne serait pas disséminée après leur mort, les trois amis la cédèrent en 1827 au roi Louis de Bavière au prix de 120,000 thalers. Ce prince la fit transférer, en 1828, à Schleissheim, et de là, en 1836, dans la Pinacothèque de Munich, à l'exception d'une quarantaine de tableaux qui furent donnés à la chapelle de Saint-Maurice à Nuremberg.

La collection Boisserée, qui occupe presque à elle seule les huit premiers salons de ce musée, forme avec les tableaux de la salle voisine la galerie la plus complète qui existe des œuvres des anciens peintres allemands. Si de nouvelles recherches n'ont pas confirmé de tous points le système de classification de MM. Boisserée, c'est là un fait naturel dans le développement de la science, et qui ne diminue en rien le mérite d'hommes qui ont acquis des titres légitimes à la reconnaissance de leurs contemporains et de la postérité.

Les trois amis suivirent leur collection à Munich, où Melchior continua à en lithographier les tableaux, avec Strixner, et publia en 1834 son œuvre, en 38 livraisons. Sulpice y fit aussi paraître, de 1831 à 1833, ses *Monuments de l'Architecture dans le Bas-Rhin du septième au treizième siècle*, avec 72 lithographies in-fol. Ses travaux sur les antiquités chrétiennes ont donné naissance à deux traités *Sur le temple de Saint-Graal* (1834), et sur *la Dalmatique impériale dans l'Église de Saint-Pierre à Rome* (1842), l'un et l'autre ornés de gravures et insérés dans les *Mémoires de l'Académie des Sciences de Bavière*, dont il est membre. En 1835 il fut nommé conseiller supérieur des bâtiments et conservateur général des monuments plastiques du royaume, place à laquelle sa santé affaiblie le força de renoncer au bout de dix-huit mois pour aller habiter un climat plus doux. Il passa l'hiver de 1836 à 1837 dans le midi de la France, et voyagea pendant deux ans en Italie. A son retour il eut la joie d'apprendre que le roi de Prusse entreprenait la réédification de la cathédrale de Cologne incendiée. Son ami Bertram fut moins heureux; il mourut au printemps de 1841 ; mais avant sa mort il avait eu la satisfaction de voir réussir les essais de Melchior Boisserée pour parvenir à peindre sur verre avec le seul pinceau. Ce nouvel art fut immédiatement appliqué par l'inventeur à la reproduction sur verre des meilleurs tableaux de son ancienne collection, et il forma ainsi, en y ajoutant quelques tableaux de l'école italienne, une collection unique en son genre, qu'il transporta en 1845 à Bonn, lorsqu'il alla s'y établir avec son frère, sur l'invitation du roi de Prusse, qui voulait faire profiter leur patrie des connaissances pratiques qu'ils avaient acquises. Il fut à cette occasion créé conseiller privé; mais il ne jouit pas longtemps de sa nouvelle position. En 1846 il éprouva une attaque de paralysie, des suites de laquelle il mourut, le 14 mai 1851.

BOISSIEU (JEAN-JACQUES DE) naquit à Lyon, en 1736. Son goût pour le dessin, contrarié d'abord par les vues de sa famille, qui voulait faire de lui un magistrat, se manifesta de bonne heure avec tant d'éclat qu'on dut céder devant une vocation qui paraissait invincible. Son premier maître fut Frontier, peintre d'histoire, alors en réputation. Le jeune de Boissieu fit des progrès si rapides, qu'il fut bientôt en état d'imiter, dans ses compositions, le style des plus célèbres paysagistes de l'école flamande, tels que Ruysdaël, Van den Velde, etc. Il avait vingt-quatre ans lorsqu'il vint à Paris, où il se lia avec Vernet, Soufflot, Greuze, et autres artistes célèbres. De retour à Lyon, la préparation des couleurs ayant altéré sa santé, il se livra exclusivement à la gravure à l'eau-forte, pour laquelle il se sentait une aptitude particulière. Il joignit par la suite à l'eau-forte, avec beaucoup de succès, un mélange de pointe sèche et de roulette. Ses productions étaient déjà fort recherchées lorsque le duc de La Rochefoucauld l'emmena en Italie. Il se lia pendant son séjour à Rome avec Winckelmann, dont les conseils achevèrent de développer son talent. Ce voyage faillit le détourner de la gravure; l'étude assidue qu'il fit des chefs-d'œuvre de la peinture réveilla sa première ardeur pour les pinceaux, et il se plût à reproduire sur la toile les ruines des monuments antiques. Mais sa santé le força de nouveau à reprendre le burin; et dès lors il se consacra tout entier à la gravure à l'eau-forte. Il y acquit un tel talent qu'il peut être regardé comme un des plus habiles graveurs en ce genre. Son œuvre gravé se compose de cent sept pièces, parmi lesquelles un bon nombre sont excellentes, et à la hauteur du *Charlatan* de Karel-Dujardin, tant cité. Ses estampes dans la manière de Rembrandt ont beaucoup de couleur et d'effet; la composition de ses dessins est abondante, sa touche moelleuse et toujours sûre. On doit encore remarquer que Boissieu, dans ses moindres fantaisies, ne s'est jamais écarté des règles sévères du goût. Il mourut en 1810. B. DE CORCY.

BOISSONADE (JEAN-FRANÇOIS), un des savants les plus spirituels et l'un des érudits les plus exacts de l'époque actuelle, naquit le 12 août 1774, à Paris. C'est un de ces esprits fins et délicats auxquels le travail de la pensée est nécessaire comme l'air qu'ils respirent, et qui, dans une prison, continueraient avec délices leurs lectures favorites, leurs analyses ingénieuses et leurs investigations piquantes.

Quelque chose de la sagacité de Bayle se joint chez M. Boissonade à une sobriété fine de style et à une profonde connaissance de la littérature grecque. C'est là, comme on le dit aujourd'hui, sa spécialité, et il a publié beaucoup d'éditions remarquables des auteurs grecs et latins. Journaliste et savant, tout en commentant Lycophron, Thucydide ou Achille Tatius, il trouvait encore moyen d'approvisionner le *Mercure*, le *Magasin Encyclopédique*, la *Biographie Universelle*, et surtout le *Journal des Débats*, des plus spirituels articles. Un moment, il avait passé par la carrière administrative en qualité de secrétaire général de la préfecture de la Haute-Marne, situation que n'eût pas dédaignée une ambition d'un autre ordre, mais qu'il ne tarda pas à répudier pour se livrer sans réserve à ses goûts. Sa renommée et son progrès furent rapides dans cette carrière, qui était réellement la sienne. Nommé en 1809 professeur adjoint de littérature grecque à la Faculté des Lettres, professeur titulaire en 1812, membre de l'Académie des Inscriptions en 1813, chevalier de la Légion-d'Honneur en 1814, professeur de littérature grecque au Collège de France en 1828, il travaille, dit-on, depuis longtemps, à un dictionnaire de la langue française, spécialement consacré à la recherche et à l'étude des étymologies. Il est fort à désirer que cette promesse se réalise. Aucune intelligence n'est plus naturellement prédisposée à ce difficile travail, et nous avons été si souvent les dupes de l'hallucination étymologique, que ce sera une bonne fortune pour les philologues que l'apparition d'un tel ouvrage. Ménage, Brossette, Delille de Sales, ont embarrassé de mille décombres l'étymologie française. M. Boissonade aura fort à faire de déblayer tant de ruines et de matériaux inutiles ou dangereux; mais c'est à lui spécialement qu'appartient une telle œuvre, et sa connaissance approfondie des langues mères de la langue française le lui rendra plus facile qu'à tout autre.

Philarète CHASLES.

M. Boissonade a donné des éditions de Philostrate (Paris, 1819), du rhéteur Tibérius (Paris, 1815), de Nicétas Eugenianus (2 vol., Paris, 1819), d'un commentaire de Proclus sur le *Cratyle* de Platon (Leipzig, 1820), d'Eunapius (Amsterdam, 1822), du *Syntipas* (Paris, 1823), des *Fables de Babrius* (Paris, 1844), du *Sylloge Poetarum Græcorum* (24 vol., Paris, 1825-1826), du *Nouveau Testament* (2 vol., Paris, 1824), des *Anecdota Græca* (5 vol., Paris, 1829-1840), des *Anecdota Nova* (Paris, 1844), qui sont d'une grande importance pour l'histoire byzantine et pour l'étude des grammairiens grecs; des *Epistolæ* de Philostrate (Paris, 1842), etc., etc.

A tant de services rendus à la littérature il faut ajouter les *Lettres inédites de Voltaire à Frédéric le Grand* (1802); le recueil des *Œuvres de Bertin* (1824), l'édition du *Télémaque* qui fait partie de la collection Lefèvre (même année); les *Œuvres choisies de Parny*, même collection (1827), et le *Goupillon*, poème héroïque, traduit du portugais de Diniz da Cruz (1828).

BOISSONS. L'homme a presque autant besoin de boissons que d'aliments véritables : outre qu'il est des boissons qui nourrissent, la plupart sont des dissolvants nécessaires à la digestion. Absorbées dans le canal digestif, et portées de là dans le torrent circulatoire par des vaisseaux, les boissons réparent les pertes continuelles du sang. Puisque c'est du sang que proviennent les humeurs et les transpirations des poumons et de la peau, il est indispensable que d'autres fluides remplacent ceux que la vie dissémine ainsi à toutes les surfaces du corps et par ses issues. Aussi ne faut-il pas se montrer surpris si la privation de breuvages est presque autant ressentie par le sentiment de la soif que la privation d'aliments par la faim. Il est même certain que le manque de boisson amaigrit comme l'inanition véritable. On cite un homme qui perdit près de six livres de son poids total pour être resté cinquante jours sans boire. Ce genre de privation a souvent déterminé la rage en plusieurs espèces d'animaux. Bien que la soif ne soit peut-être jamais aussi vive chez les herbivores que chez quelques carnassiers, il n'en est pas moins vrai que les animaux carnivores se passent plus aisément de boisson que ceux qui se nourrissent d'herbes. Il existe, à la vérité, quelques exceptions, ne fût-ce que pour le chameau et pour quelques rongeurs; mais toujours est-il que l'homme sobre, qui se nourrit de viandes, a moins besoin de boisson que s'il s'alimentait uniquement de végétaux.

Les excès en fait de boisson ruinent la santé, en conduisant à une obésité maladive ou à une extrême maigreur. Ce genre d'abus trouble surtout les digestions, les liquides étant ordinairement d'une digestion plus difficile que les aliments solides. L'absorption vitale est d'ailleurs entravée par l'excès de boisson. Le cœur et les vaisseaux, alors comme encombrés de liquides, accomplissent péniblement la circulation du sang, tandis que les poumons, dont une enceinte étroite limite le jeu, éprouvent une gêne qui peut aller jusqu'à l'oppression. L'ivrognerie produit fréquemment des hydropisies, des paralysies et des suffocations nocturnes; en sorte que l'intérêt seul de la conservation et l'amour de la vie doivent inspirer la sobriété tout aussi efficacement que ces clubs de tempérance où les néophytes trinquent en sortant du prêche, quelquefois même pendant le sermon.

Les boissons peuvent être distinguées en celles qui sont *aqueuses*, celles qui sont *fermentées*, les *alcooliques* proprement dites, et les *aromatiques*. Au moins la plupart des boissons rentrent-elles dans ces divisions.

L'*eau* est la plus saine des boissons pour quiconque éprouve peu de fatigue et vit sous un ciel tempéré. Elle doit toutefois, pour être salubre, dissoudre le savon, renfermer de l'air, et cuire les légumes secs. L'eau de pluie et l'eau de rivière sont ordinairement les plus saines, comme plus aérées que celle de source, et moins salines que celle de puits. L'eau stagnante est malsaine; l'eau distillée, trop privée d'air; l'eau de mer, trop salée et nauséabonde, même quand on la distille. L'eau minérale ne convient qu'aux malades, et l'usage n'en peut être que temporaire, sans quoi elle déterminerait des dérangements d'estomac et des bouffissures. L'usage même de l'eau de Seltz ne saurait être longtemps continué sans inconvénient ni même sans danger. Si l'eau est impure, on la filtre; si elle paraît fade, on l'aromatise ou on la sucre; on peut l'aciduler si la soif est vive, l'aviver par l'alcool si l'on transpire, la mêler au vin si elle est crue ou qu'on craigne la faiblesse. On peut l'aérer, la rendre gazeuse, la paner, la rendre amère en y faisant macérer ou infuser quelques substances toniques. On peut aussi la prendre glacée, ou même à l'état de glace, ce qui fait un devoir de discerner les conjonctures. L'eau est certainement la boisson la plus saine pour l'homme adulte, non fatigué, valide, énergique, bien nourri, surtout si le climat n'est ni ardent ni rigoureux. Il est avéré que la plupart de ceux dont la longévité fut exceptionnelle étaient des buveurs d'eau et des hommes vigilants et tempérants. Il n'est pas de boisson qui pénètre mieux les aliments, qui rende la digestion plus facile, le sommeil plus calme, l'humeur plus égale, la fraîcheur de la santé plus durables, et plus accessibles les voies du bonheur et de l'innocence, sinon celles de la vertu, qui peut-être suppose plus d'énergie que le régime aqueux n'en comporte.

Quels que soient les avantages de l'eau, on lui préfère presque toujours les boissons fermentées, de sorte que même pour les plus sages elle n'est en réalité qu'un pis-aller imposé par la pénurie, par le médecin ou le mauvais état de la santé. C'est un breuvage bienfaisant, mais qui ne fait que des ingrats. Il en est de l'eau comme de la modestie : on la vante volontiers, mais personne n'en veut pour soi.

Quant aux boissons fermentées, où l'eau se retrouve à l'état de mélange, elles supposent toujours le concours d'un principe sucré et d'un ferment. Toute boisson fermentée est plus ou moins alcoolique; et ce qui prouve qu'il en est ainsi, c'est que toutes fournissent de l'alcool à l'alambic, et que toutes peuvent enivrer. Heureusement que, tempéré par un véhicule abondant, l'alcool ainsi combiné se borne à exciter modérément le corps et l'esprit. Les principales boissons fermentées sont le vin, le cidre, le poiré, la bière, etc.

Le *vin* est la plus salubre et la plus recherchée de ces boissons. On l'obtient du moût ou suc doux de raisins qu'on a préalablement foulés. On fait avec le raisin noir tout aussi bien du vin blanc que du vin rouge, selon qu'on laisse cuver la pellicule rouge ou qu'on l'isole du moût avant toute fermentation. Il y a des vins rouges, qui sont ordinairement plus toniques et plus sains; et les vins blancs, qui sont plus excitants, plus insinuants, plus apéritifs; il y a les vins mousseux, qui égayent et qui enivrent, comme le Champagne et beaucoup d'autres qu'on peut champaniser artificiellement; il y a les vins doux, comme le Lunel et le Frontignan; les vins de liqueurs, comme le Madère et le Xérès; les vins cuits, comme le Malaga et l'Alicante, dont Montpellier tient fabrique, et Cette magasin. Ces vins sucrés contiennent beaucoup d'alcool et conviennent peu à la santé, bien que les femmes les préfèrent. Les vins véritables sont ceux de France que l'univers célèbre sous les noms de Bourgogne et de Bordeaux, du Dauphiné, du Roussillon, du Rhône et du Rhin. Ceux de l'Anjou ont peu de distinction, mais beaucoup de force. La Champagne n'a de vraiment remarquable que son vin mousseux, blanc ou rosé, si célèbre sous les noms d'Aï, d'Avise et d'Épernay, etc. Quant à ses vins rouges, ils sont faibles et pâles; ils vieillissent mal, et ont la saveur *courte*. Ceux des Riceys et de Boussy sont les plus connus; mais la complexion en est trop frêle pour qu'on les expose à de longs voyages. Les vins de la Loire ont peu de renom, mais beaucoup d'acheteurs. Tandis qu'on baptise les vins du Rhône, on débaptise ceux de la Loire.

A doses pareilles, le vin rouge est plus fortifiant, le vin blanc plus excitant, plus indigeste. Le vin de Bordeaux est le plus léger et le plus froid, le moins enivrant; le vin de Bourgogne, le plus généreux : l'essentiel est qu'on en modère la dose. Le vin de Bordeaux permet quelques familiarités, le Bourgogne veut plus de discrétion. Avec le premier, on peut frayer tête à tête et sans défiance; à l'autre, il faut plus de cérémonie, de plus petits verres et quelques convives. On fait aussi avec des grappes de rebut et du marc de raisin une boisson faible et aigrelette qui désaltère sans enivrer : je parle de la piquette et du râpé.

Le *cidre* et le *poiré* sont deux autres boissons qui remplacent le vin dans quelques provinces privées de vignobles. On fabrique le cidre avec des pommes qu'on écrase et qu'on pressure, et avec des poires le poiré. Ce sont là des boissons lourdes et malsaines tant qu'elles n'ont pas fermenté. Si alors on met ces liquides doux en bouteilles, on obtient, au bout de quelques semaines, une liqueur piquante, pétillante et agréable, principalement si c'est du poiré. Le poiré qui commence à fermenter ou à se parer (à cause de la mousse), a souvent été pris pour du vin blanc, auquel même il est souvent préférable. Mais cette boisson si agréable et si pénétrante est peu salubre, et même quand la fermentation en est achevée, le poiré devient lourd et flasque au point de n'être plus propre qu'à la distillation. Le poiré est une boisson incisive et apéritive, qui convient à quelques asthmatiques. Le cidre est moins agréable au palais, mais plus nourrissant, plus tonique et plus sain, moins enivrant surtout. S'il est *maître*, c'est-à-dire sans eau ou de première cuvée, il est essentiel de le baptiser pour l'usage ordinaire. Les compatriotes du cidre ont ordinairement les dents mauvaises et souvent douloureuses, et ils paraissent sujets au bégaiement et au grasseyement beaucoup plus que les peuples des contrées à vignobles. Le cidre paraît disposer à l'embonpoint, mais non le poiré. Quiconque n'a pas séjourné en Normandie ne connaît pas le vrai cidre : le cidre artificiel de Paris n'en est qu'un indigne simulacre. Malheureusement cette boisson ne supporte pas les voyages : elle se *tue* ou noircit, elle se trouble, se décompose ou s'aigrit par le mouvement et par le temps. Les vases où le cidre se conserve le mieux sont les barriques ayant contenu de l'huile d'olive ; également, une couche d'huile répandue à sa surface peut empêcher le cidre d'aigrir. Le *petit cidre* ou de deuxième cuvée compose la boisson presque exclusive de six à sept millions de Français ; le maître cidre est presque uniquement consommé dans les cabarets et les auberges. Les buveurs de cidre sont rouges et *coquetés*, comme les buveurs d'ale et de gin.

Quant à la *bière*, on sait qu'elle résulte de la fermentation de l'orge ou d'une autre céréale, et que c'est le houblon qui la rend amère, odorante et tonique. C'est une boisson moussante, rafraîchissante en tant qu'elle désaltère, mais réellement échauffante au point de troubler le sommeil. Elle donne à la distillation presque autant d'eau-de-vie que le cidre, et de l'eau-de-vie tout aussi désagréable. Elle a souvent causé des coliques et des gonflements, surtout si l'on en fait usage aux repas. Il ne convient d'en user que pour calmer la soif ou la faim : elle nuit aux digestions et ne convient qu'à des estomacs vides et uns. Les buveurs de bière, comme les compatriotes du cidre, font presque toujours abus des alcooliques, pensant remédier ainsi aux gonflements qui résultent de leurs excès.

Nombreuses sont les espèces de bière. La *bière blanche* désaltère mieux et est plus agréable que la *bière rouge*, précisément parce qu'elle renferme peu de houblon et qu'on la fabrique avec du *malt* peu torréfié ; la *petite bière* calme la soif sans ôter l'appétit ; le *porter* est une grosse bière qu'aromatisent de la coriandre et du genièvre ; l'*ale* est une bière blanche moins chargée de houblon que d'alcool ; le *quass* des Russes est une bière de seigle ; et ce que les Arabes boivent sous le nom d'*arack*, une boisson vineuse qu'on fabrique avec du riz fermenté. On compose aussi avec le maïs une sorte de bière qui porte le nom de *pito*.

Le breuvage que les Polonais nomment *melt* est un hydromel vineux et aromatisé, qu'ils fabriquent avec du miel fermenté. Il prend le nom de *méthéglin* quand les épices y dominent.

On compose aussi d'autres boissons comme vineuses, soit avec le fruit du cocotier, soit avec le cassis, des prunes ou des pêches. Le *vin de Strasbourg* est de cette dernière espèce ; c'en est un suc de pêches fermenté.

Les alcooliques proprement dits sont d'un usage souvent funeste : outre que leur vive saveur peut induire à des habitudes ignobles, ils exposent à des paralysies et des tremblements, à des attaques d'apoplexie et à une imbécillité irrémédiable, qui n'est guère qu'une ivresse chronique. Prise à jeun ou à grandes doses, l'*eau-de-vie*, mais principalement l'eau-de-vie de *grain* ou le *gin*, et l'eau-de-vie de pommes de terre, conduit à l'abrutissement, outre qu'elle expose aux gastrites, aux squirrhes du pylore, etc. L'eau-de-vie de vin, surtout si elle vient de Cognac, d'Armagnac ou d'Angoulême, est moins dangereuse que l'eau-de-vie de cidre, de lie ou de poiré. Le 3/6 de Montpellier, ou *rikiki*, tient à peu près le milieu entre les unes et les autres. Le *kirsch*, ou eau-de-vie de cerises noires, est un breuvage agréable que son arôme d'acide prussique ou d'amandes rend savoureux. C'est un breuvage qui amaigrit et qui peut troubler l'esprit après avoir agité le sommeil. L'eau-de-vie de sucre ou *rhum* est plus tonique que les autres alcools ; il en est de même du *tafia* ou eau-de-vie de cassonade. Quant aux liqueurs sucrées, que les femmes préfèrent, celles de *curaçao*, de *marasquin* et de *rosolio* sont les plus sapides et les plus saines. L'absinthe ne convient qu'à des gastronomes sans appétit. Le *wermouth* de Hongrie, qui souvent sert d'escorte au vin de Tokai, son compatriote, est une liqueur d'absinthe moins forte et plus agréable que celle de France. Pour ce qui est de l'*eau-de-vie de Dantzig*, dans laquelle on plonge éparses des paillettes d'or, etc. ce n'est pas toujours tellement purgé de parcelles cuivreuses qu'il ne puisse causer des accidents.

L'abus des alcooliques n'est presque jamais le fait des femmes ; le simple usage serait un vice en elles : elles y perdraient leurs plus attrayantes qualités. Cependant, et surtout au bal, on peut faire exception pour le *punch*, liqueur faiblement alcoolique qu'aromatise le citron, et dont le thé fait la base. Il répare les fatigues et modère la transpiration.

On doit convenir qu'il est des circonstances où l'usage des alcooliques est non-seulement tolérable, mais utile : je veux parler des circonstances où la chaleur est excessive, des cas où une transpiration abondante se joint à la fatigue qu'elle accroît. Aucun breuvage ne reboit plus utilement la sueur et ne rafraîchit mieux la peau qu'un mélange de deux tiers d'eau et d'un tiers d'eau-de-vie de Cognac ou de rhum. Il en résulte une sorte de révulsion dont l'estomac assume sans danger toute la responsabilité. Les alcooliques réussissent aussi très-bien à ceux qui se livrent à de grands exercices et qui éprouvent de vraies fatigues ou une sorte d'épuisement passager ; mais il est nécessaire qu'une abondante nourriture précède ou suive de près l'usage de ces breuvages excitants. Enfin, les alcooliques conviennent quand il s'agit de remonter passagèrement les forces, soit corporelles, soit morales, l'énergie musculaire ou le courage ; ils sont utiles pour affronter une maligne influence ou un danger, un air malsain ou une contagion. Ce genre de stimulant sied surtout aux manœuvres, aux soldats et aux voyageurs. Mais, comme je l'ai dit dans mes *Notions d'Hygiène pratique* (1844), l'usage même en est dangereux pour ceux qui, oisifs et sédentaires, n'ont besoin ni de remonter leurs forces ni de remédier à des fatigues. C'est surtout chez les désœuvrés que les alcooliques ont des effets terribles sur l'esprit et le caractère, aussi bien que sur la santé. On les a vus, en pareilles rencontres, abrutir les plus heureuses natures, inspirer des habitudes de taciturnité, d'isolement et de misanthropie, et jeter dans l'hypochondrie et le mépris de l'existence des sujets nés avec les plus riches dons. Il n'est pas d'inclination plus avilissante ni de vice plus honteux.

Nous ajouterons que l'éther, dont font journellement usage des femmes vaporeuses, a des effets non moins pernicieux que les alcooliques. C'est un breuvage qui n'éveille un moment les sens que pour causer bientôt de l'abattement, l'inertie de l'esprit, des tremblements et une sorte d'ivresse.

Dr Isidore BOURDON.

Souvent les boissons comportent elles-mêmes des propriétés alimentaires : telles sont le *lait*, les *bouillons*, etc. La médecine emploie sous forme liquide une foule de médicaments, particulièrement les *tisanes*, soit pour tempérer la chaleur et l'irritation locale ou générale, soit pour stimuler certains organes frappés d'atonie, soit enfin pour faire pénétrer dans l'économie certains agents spéciaux qu'on veut faire agir par voie d'absorption.

Les autres boissons aqueuses consistent dans l'addition à l'eau de certains principes doux, rafraîchissants ou savoureux, tels que le sucre, les mucilages, les acides végétaux, les émulsions, les divers sirops, tels que ceux d'orgeat, de vinaigre, etc. Enfin, l'eau constitue la base ou le véhicule principal des liquides que nous buvons.

Les *liqueurs* sont de l'eau-de-vie à laquelle sont ajoutées des aromates, des fruits et du sucre, qui tempèrent ses qualités stimulantes. Prises comme moyen digestif, les eaux-de-vie simples sont préférables aux liqueurs ; mais à jeun les liqueurs sont moins nuisibles que l'eau-de-vie.

Enfin parmi les boissons aromatiques on distingue le *café* et le *thé*. Le café,

> ....cette liqueur au poëte si chère,
> Qui manquait à Virgile, et qu'adorait Voltaire,

suivant Delille; le café, *boisson intellectuelle* par excellence, engendre un sentiment de bien-être accompagné de plus de liberté dans les mouvements et de lucidité dans les idées. Bien que son effet soit fugace, il occasionne chez les personnes irritables un malaise qui se prolonge et peut les priver de sommeil pendant toute une nuit : s'il est vrai que chez certains individus, au contraire, il favorise le sommeil, cela peut s'expliquer par l'état de collapsus qui suit la période de stimulation. Le lait et la crème en modifient les propriétés excitantes; mais chez quelques-uns ils provoquent le relâchement du ventre.

Le *thé* agit comme délayant des aliments et stimulant de l'estomac; c'est la providence des grands mangeurs et des estomacs débiles; c'est le dessert obligé de quelques nations du Nord, qui corrigent ainsi les effets d'une constitution lâche et d'un ciel froid et brumeux. Dr FORGET.

BOISSONS (Impôts sur les). En France, les boissons sont soumises à divers droits, savoir :

1° *Droit de circulation*. C'est celui qui est perçu, sauf quelques exceptions, à chaque enlèvement ou déplacement de vins en cercles et en bouteilles, cidres, poirés, hydromels, par quantités de vingt-cinq litres et au-dessus, et pour une quantité quelconque d'eau-de-vie, esprits, et liqueurs composées d'eau-de-vie ou d'esprits. Sa quotité se détermine par le lieu de destination, conformément à un tarif dans lequel les départements sont partagés en quatre classes, et la perception s'en opère, soit lors du départ, soit au terme du transport. L'acquittement en est constaté par la déclaration préalable faite au bureau de la régie par l'expéditeur ou l'acheteur, et par l'*expédition* dont le conducteur est obligé de se munir. Cette expédition s'appelle *congé*, lorsqu'il s'agit des vins, cidres et poirés, dont le droit est payé au moment même de la mise en circulation; *acquit à caution*, lorsqu'il s'agit d'esprits, eaux-de-vie, ou liqueurs, et que le droit ne doit être acquitté qu'au lieu de destination; *passavant*, lorsqu'il s'agit d'un simple transport de boissons qu'un propriétaire opère d'une cave à une autre. Le *laissez-passer* est un papier imprimé, valable seulement jusqu'au premier bureau de passage, et que les propriétaires récoltants et marchands en gros sont autorisés à se délivrer à eux-mêmes, à défaut de bureau de régie dans le lieu de leur résidence.

Entre autres cas d'exemption de ce droit dont jouissent les boissons, nous mentionnerons celui où un propriétaire, colon partiaire ou fermier, effectue des transports dans l'étendue du canton où la récolte a été faite et des communes limitrophes de ce canton, que ces communes soient ou non du même département.

2° *Droit d'entrée*. Ce droit, qu'il ne faut pas confondre avec le droit d'octroi, dont nous allons parler plus bas, se perçoit au profit du trésor dans les communes ayant au moins quatre mille âmes de population, sur les boissons qui y sont fabriquées ou introduites, et qui doivent y être consommées; car lorsque les boissons doivent seulement traverser les villes, y séjourner quelque temps, ou y être entreposées, elles ne sont point sujettes au droit. En cas de simple passage ou de séjour n'atteignant pas vingt-quatre heures, on consigne le montant du droit à l'entrée, et on se munit d'un *passe-debout*; quand leur séjour se prolonge au delà de vingt-quatre heures, on dit que les marchandises sont en *transit*, et pendant toute la durée du transit la consignation est retenue.

La quotité du droit d'entrée pour les vins repose sur une double base : elle croît en proportion de l'éloignement des lieux de production, et de l'importance de la population; à cet effet, les départements sont divisés en quatre classes, et les villes en sept classes, sans compter Paris. Pour les autres boissons, le tarif ne varie que suivant la population.

La perception s'opère, pour les boissons *introduites*, aux barrières des villes, où à un bureau central; et quant aux boissons *fabriquées à l'intérieur*, la régie est autorisée à faire faire, après la récolte, l'inventaire des vins et cidres fabriqués chez les propriétaires récoltants, qui, lorsqu'ils ne veulent pas jouir de l'entrepôt, sont admis à payer chaque mois leurs droits par douzièmes.

3° *Droit d'octroi*. C'est celui qui est perçu au profit des communes. L'article 14 du décret du 17 mars 1852 porte que les taxes d'octroi qui sont ou demeureront, après l'exécution de la loi du 11 juin 1842, supérieures aux droits d'entrée dont le tarif est annexé audit décret, seront de plein droit réduites au taux de ce tarif, dans un délai de trois ans à partir du 1er janvier 1853. Une prolongation de délai pourra être accordée aux seules communes qui, en vertu de stipulations d'emprunts antérieurs au décret, auront affecté le produit de leurs taxes d'octroi sur les boissons au service des intérêts et de l'amortissement de ces emprunts. C'est le cas de presque toutes les grandes villes.

4° *Droit de vente en détail*. Ce droit est perçu après la vente en détail des boissons, que cette vente ait été opérée par les débitants ou considérés comme tels, ou par les marchands en gros ayant vendu des quantités au-dessous de vingt-cinq litres, ou par les propriétaires récoltants. Ces derniers jouissaient, sur la vente en détail des vins de leurs crus, d'une remise de 25 pour 100, en vertu de l'art. 85 de la loi du 28 avril 1816, tandis que l'art. 66 de la même loi n'accordait aux autres débitants que 3 pour 100 pour tout déchet et pour consommation de famille; mais la loi du 25 juin 1841 a abrogé la disposition de l'art. 85 qui accordait cette remise.

La perception de ce droit, qui s'élève à 15 pour 100 du prix de vente sur les vins, cidres, poirés et hydromels, s'opère après la vente; la vérification que font les employés de la régie pour s'assurer des quantités existantes et de celles qui ont été vendues, s'appelle *exercice*.

L'exercice peut être remplacé par un abonnement que la régie fixe suivant la consommation des années précédentes et les circonstances présentes qui influent sur le débit de l'année. En payant d'avance l'équivalent du droit de détail dont on est de cette façon estimé passible, on se soustrait aux visites des commis.

A Paris, le droit de détail et celui d'entrée sont réunis et remplacés par une taxe unique aux entrées.

Toutes les villes qui ont une population agglomérée de 4,000 âmes et au-dessus peuvent, sur le vœu émis par le conseil municipal, convertir également en une taxe unique aux entrées les droits d'entrée et de détail sur les vins, cidres, poirés et hydromels. La loi du 21 avril 1832 avait accordé la même facilité pour les droits de circulation et de licence, mais cet avantage a été retiré par la loi du 25 juin 1841.

Le décret récent du 17 mars 1852 a ordonné la révision du tarif de cette taxe unique, en raison combinée des dispositions réduisant le droit d'entrée et augmentant le droit de détail.

5° *Droit de consommation*. Un droit général de consommation, remplaçant le droit de circulation et celui de vente en détail, est perçu à raison de 34 fr. par hectolitre sur toute quantité d'eau-de-vie, d'esprit, ou de liqueur composée d'eau-de-vie ou d'esprit, reçue par les consommateurs, quels qu'ils soient et quelle que soit leur résidence. La perception en est faite à l'arrivée, suivant la décharge de l'acquit à caution; elle peut néanmoins être acquittée au lieu de l'enlèvement, par l'expéditeur, qui se munit dans ce cas-là d'un congé au lieu d'un acquit à caution. Ce droit n'est pas dû pour les eaux-de-vie, esprits et liqueurs exportés à l'étranger.

Les eaux-de-vie versées sur les vins sont affranchies du droit de consommation dans les départements des *Pyrénées-Orientales*, de l'*Aude*, du *Tarn*, de l'*Hérault*, du *Gard*, des *Bouches-du-Rhône* et du *Var*, à la condition que la quantité ainsi employée ne dépasse pas un maximum de cinq litres d'alcool par hectolitre de vin, et qu'après la mixtion, qui ne peut être faite qu'en présence des préposés de la régie, les vins ne contiennent pas plus de 18 centièmes d'alcool. S'ils en contiennent plus de 18, et pas au delà de 21, ils sont imposés comme vins, et payent en outre les doubles droits de consommation, d'entrée et d'octroi pour la quantité d'alcool comprise entre 18 et 21 centièmes. Mais les vins contenant plus de 21 centièmes d'alcool ne sont pas imposés comme vins, et sont soumis pour leur quantité totale aux mêmes droits que l'alcool pur.
— Les vins destinés à l'exportation peuvent dans tous les départements recevoir en franchise des droits une addition d'alcool supérieure à cinq litres par hectolitre, pourvu que le mélange soit opéré sous la surveillance de la régie, et au moment même de l'embarquement.

6° *Droit de licence*. La *licence*, valable pour un seul établissement et pour l'année où elle a été délivrée, est le droit imposé à tous les débitants de boissons, brasseurs, bouilleurs, distillateurs, et marchands de boissons en gros. Ce droit se perçoit par trimestre.

7° *Droit de la fabrication de la bière*. Ce droit, qui est le seul, du reste, avec celui de licence, auquel les brasseurs sont soumis, est perçu lors de la fabrication, à raison de 2 fr. 40 cent. par hectolitre sur la bière forte, et de 60 cent. par hectolitre sur la petite bière.

A Paris, et dans les villes de 30 mille âmes et au-dessus, la régie peut convenir de gré à gré d'un abonnement général pour le droit de fabrication; il n'est valable que pour une année.

Le produit des trempes données pour un brassin peut, en vertu du décret du 17 mars 1852, excéder de 20 pour 100 la contenance de la chaudière déclarée pour la fabrication du brassin. La régie des contributions indirectes est autorisée à régler, en raison des procédés de fabrication et de la durée ou de la violence de l'ébullition, le moment auquel le produit des trempes devra être rentré dans la chaudière.

Dans une note publiée en 1849, M. Achille Fould a mis en avant quelques chiffres d'où il est parti pour prouver l'équité de l'impôt sur les boissons, son caractère inoffensif eu égard au développement de la production et du commerce des vins, et l'impossibilité d'y renoncer, vu l'état de nos finances.

Le vin exporté chaque année, disait M. Fould, s'élève à 1,200,000 hectolitres, et le vin consommé par les propriétaires, à 9 millions. Ces deux quantités réunies, qui ne sont pas soumises aux droits, formant environ le quart de la production totale de la France, il résulte de cette statistique que les trois quarts seulement, sauf la partie qui échappe par la fraude, payent l'impôt indirect. Cet impôt n'est donc payé que par le consommateur, et M. Fould en conclut qu'il n'est pas inique. La superficie plantée en vignes représentait 1,567,700 hectares, en 1,960,755 hectares en 1840; d'où M. Fould constate l'extension de la culture de la vigne dans une proportion régulière.

On évaluait, dit-il encore à l'appui de cette prétendue prospérité progressive, la quantité de vin produite en 1829 à 42 millions d'hectolitres, et en 1849 à 46 millions; il ajoute que l'impôt a atteint en 1846 près de 16 millions d'hectolitres, deux millions de plus qu'en 1829.

Ainsi, de l'aveu de M. Fould, sur un total de 45 millions d'hectolitres, 10 millions étant exempts des droits et 18 les acquittant, il y en a *dix-neuf* qui s'y dérobent par des moyens frauduleux.

De plus, les comptes de l'octroi ont été tant pour les vins en cercles qu'en bouteilles :

En 1832, de 6,837,935 francs.
En 1841, de 11,281,056 »
En 1847, de 12,205,925 »

Ces résultats établissent suffisamment, d'après M. Fould, que la production s'est développée, et l'activité du commerce accrue sous l'empire de la législation attaquée.

Le nombre des débitants soumis à la licence n'était en 1832 que de 235,000.

En 1847, il a atteint 380,000 : nouvelle preuve de l'innocuité de l'impôt.

Mais en acceptant ce chiffre de 235,000 débitants soumis à la licence en 1832, nombre que d'autres élèvent à 331,000, on a fait remarquer que l'année 1832, prise pour terme de comparaison, ne peut pas être plus mal choisie : année d'épidémie et de guerre civile, elle a été exceptionnellement désastreuse, et les octrois y ont rendu un quart de moins que dans les six dernières années de la Restauration : c'est ce qui explique la progression signalée par M. Fould dans les recettes de l'octroi, progression qui, anormale d'abord, pour la raison que nous venons de dire, est de plus contestable, vu l'exagération donnée à la recette de 1847, qui n'a pu atteindre 12,205,000 fr., à en juger par le contingent du Trésor pour cet exercice.

Au temps du bon plaisir, les boissons étaient soumises comme aujourd'hui à l'impôt : c'était d'abord le curé, qui réclamait sa dîme ; puis le roi, qui prélevait le droit de détail : « Et le samedy 3 aoust 1465, est-il dit dans l'*Histoire de Louis XI*, le roy, ayant singulier désir de faire des biens à sa ville de Paris et aux habitants d'icelle, remit le *quatriesme* du vin vendu à détail en ladicte ville au *huictiesme* ; » puis l'octroi, qui exigeait l'entrée (en 1788, un muid de vin payait à son entrée dans Paris 67 livres 11 sols); puis le seigneur, puis, en vertu de la banalité du tonnage, du vinage, de l'afforage, et d'une multitude d'autres droits seigneuriaux, venaient puiser à pleins brocs dans la tonne du vendangeur.

L'Assemblée constituante, au lieu de modérer les tarifs et d'adoucir les formes employées pour la perception, abolit en masse les droits de consommation, et affranchit ainsi les boissons, de l'impôt : c'était tarir l'une des sources les plus importantes des revenus de l'État; mais la Constituante fit ressource des biens du clergé, la Convention battit monnaie sur les échafauds, le Directoire vécut de banqueroutes; et pendant quelques années on apprécia mal les résultats de la suppression des droits de consommation.

Quand l'ordre se rétablit dans l'administration, lorsque le gouvernement renonça à chercher dans la violence et la spoliation les moyens de faire face aux dépenses de l'État, il fallut revenir aux droits de consommation, et les boissons furent imposées de nouveau. Napoléon organisa alors les *droits-réunis*, vaste machine fiscale, fortement constituée, largement conçue, mais dont les rouages sont trop nombreux, dont l'entretien est trop cher. L'Empire donnait à tout une impulsion vigoureuse : celle que reçurent les droits-réunis imprima à la machine un mouvement qui froissa tellement le peuple, qu'en 1814 il demanda avec autant de clameur la suppression des droits-réunis que l'abolition de la conscription. Le comte d'Artois répondit aux clameurs du peuple : « Oui, mes amis, plus de droits-réunis! » mais le ministre des finances ne put ratifier cette promesse; les droits-réunis rapportaient plus de 150 millions, et occupaient une armée de 20 mille commis; on ne pouvait se passer de l'argent, on ne savait que faire des commis : on sortit d'embarras en supprimant les droits-réunis et en organisant les contributions indirectes : la chose était à peu près la même, le nom seul était changé.

Parmi les diverses dispositions législatives qui modifièrent la loi organique des droits-réunis du 5 ventôse an XII, mais qui eurent moins pour but d'en changer les bases que d'en mieux approprier les formes aux temps et aux mœurs, nous mentionnerons comme la plus méthodique, la plus complète, la plus clairement rédigée, la loi du 28 avril 1816. Elle vint adoucir sensiblement les formes fiscales des lois de l'Empire, et c'est à elle que se réfèrent la plupart des lois de finances postérieures qui ont trait aux boissons.

La révolution de 1830 renouvela les réclamations du peuple contre les contributions indirectes. Le moment n'était pas opportun. Ce n'était pas en face de l'Europe en armes que la France pouvait tarir les sources de son budget. Cependant les réclamations étaient pressantes, et un dégrèvement de 40 millions, c'est-à-dire d'environ deux cinquièmes, fut accordé en décembre 1830. L'administration financière ne fit ce sacrifice qu'avec regret, et constamment depuis elle protesta contre cette mesure.

Cette loi du 12 décembre 1830 supprima le droit d'entrée dans les villes au-dessous de 4,000 âmes, réduisit à 10 pour 100 du prix de vente le droit de vente en détail, abaissa conformément à un tarif nouveau les droits de circulation, de consommation, d'entrée, de remplacement aux entrées de Paris, et de fabrication des bières, et consacra la substitution de l'abonnement à l'exercice, qu'avait déjà autorisée la loi transitoire du 17 octobre de la même année. La loi du 21 avril 1832 vint permettre de remplacer l'exercice par une taxe unique aux entrées dans les villes de 4,000 âmes et au-dessus, lorsque le conseil municipal en émettrait le vœu ; autorisa à remplacer, toujours sur le vœu du conseil municipal, l'inventaire des vins nouveaux et le douzième du droit sur les vendanges par un abonnement, et donna la faculté d'entrepôt, moyennant caution solvable, aux distillateurs et aux marchands en gros.

Plus tard, dans le but de donner moins de latitude à la fraude, la loi du 25 juin 1841 restreignit aux *cantons* limitrophes de l'arrondissement de la récolte l'exemption du droit de circulation, que les lois de 1816 et de 1819 étendaient pour certains cas spéciaux aux *arrondissements* limitrophes. Elle excepta de la taxe unique, dont les conseils municipaux étaient autorisés à voter l'établissement, le droit de licence des débitants et celui de circulation, et elle abrogea la disposition de l'art. 85 de la loi du 28 avril 1816, qui accordait aux propriétaires vendant en détail les boissons de leur crû une remise de 25 pour 100 sur les droits de détail. Enfin, la loi du 1 juin 1842 arrêta que les taxes d'octroi ne pourraient excéder les droits perçus aux entrées des villes au profit du trésor, qu'il ne pourrait être établi aucune taxe d'octroi supérieure au droit d'entrée qu'en vertu d'une loi ; tandis qu'une simple ordonnance royale avait pu jusque alors établir cette surtaxe, et que les surtaxes existantes à ce moment, et dont la durée était illimitée, cesseraient de plein droit au 31 décembre 1852.

Tel était l'état des choses lorsque survint la révolution de 1848. Le gouvernement provisoire, par son décret du 31 mars, arrêta que la perception des droits de circulation et de détail sur les vins, cidres, poirés et hydromels, ainsi que celle du droit de détail sur les alcools, esprits et liqueurs, serait supprimée à partir du 15 avril suivant ; qu'en conséquence, les exercices cesseraient d'avoir lieu dans le débit des boissons, et qu'un droit général de consommation serait perçu en remplacement d'après un nouveau tarif. Le 18 avril, un second décret enjoignit au ministre des finances et au maire de Paris de présenter dans le plus bref délai un règlement modifiant le droit d'octroi sur le vin, et détruisant l'inégalité choquante des droits perçus sur les boissons communes et sur les vins de luxe. Mais l'Assemblée constituante vint bientôt étouffer ces élans. Déjà, dès le 10 juin, M. Duclerc, ministre des finances, avait présenté un projet de décret avec un tarif pour l'application duquel la division des départements était portée à huit classes au lieu de quatre ; ce tarif abaissait de 25 cent. le minimum réglé par le décret du 31 mars, et l'élevait de 50 en 50 cent. jusqu'à 5 fr. ; mais il reportait à 66 fr. pour Paris le taux de l'impôt sur l'alcool, et à 50 fr. partout ailleurs. Douze jours après, l'Assemblée constituante adoptait un décret qui abrogeait en entier celui du 31 mars à partir du 10 juillet, et remettait en vigueur les lois antérieures à la révolution de Février. Il est vrai que, pour faciliter la perception, il accordait à tous les débitants qui en feraient la demande l'abonnement basé sur les produits de 1847 atténués d'un dixième. Chose étrange ! un an plus tard, cette même assemblée, touchant à l'expiration de ses pouvoirs, et tourmentée du besoin de ressaisir quelques miettes de la popularité qu'elle avait perdue, décida, par une proposition additionnelle à la loi des finances, que l'impôt des boissons serait aboli à partir du 1ᵉʳ janvier 1850, et que le gouvernement serait tenu de présenter avant cette époque à la Législative un projet de loi sur le remplacement de la taxe supprimée. En l'état de pénurie où se trouvait alors le trésor public, diminuer brusquement les recettes de 100 millions, alors que le budget se soldait déjà par un énorme déficit, et que l'Assemblée elle-même augmentait encore les dépenses prévues d'une cinquantaine de millions, c'était, déclara M. Passy dans la séance du 18 mai, « amener une perturbation immense dans les affaires du pays, et la désorganisation complète du système financier ». Ces considérations furent impuissantes sur l'esprit des constituants, qui votèrent l'abolition le 19 mai 1849. Le 4 août 1849, M. Passy, ministre des finances, déposa un projet de loi par lequel il proposait de maintenir l'impôt des boissons, et, tout en reconnaissant la possibilité de faire subir quelques modifications au mode de perception, aux règles et aux tarifs, il déclarait qu'aller plus loin, c'était commettre une imprudence qui pouvait entraîner pour l'avenir et l'honneur les plus graves conséquences. Ce projet fut renvoyé à la commission des finances. Sur ces entrefaites survint un changement de ministère. M. Fould, nouveau ministre des finances, en modifiant le budget de son prédécesseur, maintenait l'impôt des boissons pour l'année 1850, et demandait à l'Assemblée de nommer une commission pour procéder à une enquête sur l'assiette et le mode de répartition de cet impôt. L'impôt fut maintenu ; une commission d'enquête fut nommée, et rien n'était terminé quand le coup d'État du 2 décembre mit fin à l'existence de l'Assemblée nationale.

Enfin, le 17 mars 1852, dans son rapport pour le budget général de l'année courante, M. Bineau, ministre des finances, soumit au président de la République un projet de décret destiné à apporter certains changements dans l'impôt des boissons. Après la diminution de l'impôt de 1831, le dégrèvement, disait M. Bineau, fut de 28 millions et demi, et en ce moment il correspondait pour le trésor à une perte de 43 millions. La commission d'enquête, nommée par l'Assemblée Législative, était arrivée, après de longs et sérieux travaux, à reconnaître la nécessité de maintenir cet impôt ; mais elle avait conclu à l'utilité de diverses modifications destinées à en améliorer l'assiette et la perception. Les propositions soumises par M. Bineau comprenaient celles que la commission avait formulées ; elles en comprenaient, en outre, quelques autres, qui les complétaient. Leur ensemble se composait de quatre dispositions principales :

1° Le droit d'entrée réduit de moitié ;

2° Le droit de détail élevé de moitié ;

3° La limite de la vente en gros abaissée de 100 litres à 25 ;

4° La zone de franchise dont jouissaient les producteurs restreinte de l'arrondissement au canton.

M. Bineau faisait découler de ces changements les conséquences suivantes : Consommation du cabaret grevée d'une augmentation de droit ; consommation de la famille dégrevée. D'autre part, l'impôt devenait plus proportionnel à la valeur des objets frappés.

Outre ces dispositions principales, il en proposait de secondaires, dont la plus importante avait pour objet de prévenir les fraudes nuisibles au trésor et à la santé publique dans la fabrication des vins artificiels. M. Bineau estimait enfin que, compensation faite entre les augmentations et diminutions devant résulter de ces changements, il en résulterait, tout calcul fait, une augmentation de produits de 9,600,000 francs par an; mais la suppression d'un dixième faite en une autre part du budget, dans le prélèvement sur le produit net des octrois, prélèvement où les boissons se trouvaient comprises pour près de 3 millions, ne devait, en définitive, surcharger l'impôt des boissons que d'environ 6 millions. Le ministre était d'avis que cette augmentation, insensible, d'ailleurs, dans un impôt rapportant plus de 100 millions, serait plus que compensée par les améliorations considérables apportées dans l'assiette et surtout par l'accroissement de consommation devant nécessairement résulter de la réduction des droits d'entrée. Ce projet, adopté dans sa teneur par le président de la République, forme aujourd'hui la législation qui régit la matière.

BOISSY (LOUIS DE), né en 1694, à Vic en Auvergne, fut d'abord destiné à l'état ecclésiastique par ses parents sans fortune, et en porta quelque temps l'habit; mais, sentant que sa véritable vocation était la littérature, il vint publier dans la capitale des premiers essais, qui ne furent pas heureux. Il débutait par des satires, et il s'aperçut bientôt que c'était un méchant métier, surtout quand on ne le faisait pas comme Boileau. Se trompant encore une fois sur son genre de talent, il fit alors une pâle tragédie, Admète et Alceste, qui n'eut aussi qu'un faible succès. Se retournant enfin vers la comédie, cette fois il prit une meilleure route. Ce ne fut toutefois ni celle de Molière ni même celle de Regnard. Le meilleur ouvrage de Boissy, les Dehors trompeurs, le place bien au-dessous du grand peintre des mœurs et des caractères, de même que le Babillard et le Français à Londres, bluettes agréables par l'art de reproduire la verve et la franche gaieté de l'auteur du Légataire universel. La caricature de Jacques Rosbif fit la réussite de la seconde. Le personnage ressemblait à un Anglais à peu près comme pouvaient représenter nos compatriotes les Français que l'on montrait alors sur les théâtres de Londres, habillés de satin rose, et faisant leurs dîners de pattes de grenouilles. L'avantage sous le rapport du goût et du bon ton était même encore de notre côté.

Boissy composa pour les scènes française et italienne un grand nombre d'autres ouvrages souvent inspirés par une anecdote ou un travers du jour, et auxquels pouvait s'appliquer ce vers connu :

Chantez la circonstance, et mourez avec elle.

Même dans ses pièces d'un genre moins éphémère, il ne fit guère la comédie qu'avec de l'esprit, et l'on sait qu'il faut bien autre chose pour accomplir, comme l'a dit Voltaire, cette œuvre du démon. Les rétributions accordées aux auteurs dramatiques étaient alors si faibles que, malgré sa fécondité, Boissy se trouva dans un dénûment accru par un mariage d'inclination imprudemment contracté. Il faillit augmenter la liste des hommes de talent morts de besoin, et des voisins secourables sauvèrent seuls les deux époux de la funeste détermination qu'ils avaient prise de se tuer. Des jours plus heureux vinrent cependant luire pour eux. En 1751 Boissy fut nommé à l'Académie, moins sévère dans cette circonstance que pour l'auteur de la Métromanie et de certaine ode trop fameuse; car le nouvel élu avait bien aussi quelques peccadilles de cette sorte sur la conscience, telles que le roman des Filles-Femmes et deux ou trois autres passablement obscènes, mais publiés sous le voile de l'anonyme.

Bientôt il fut chargé de la direction de la *Gazette de France*, espèce de sinécure lucrative dans un temps où la politique de cette feuille consistait à enregistrer les présentations à Versailles, les deuils de cour, et les noms des personnes qui avaient eu l'honneur de monter dans les carrosses du roi. Plus tard, il obtint encore le privilège du *Mercure de France*, qui, à cette époque littéraire, était d'un très-bon rapport. Mais il semblait que la fortune enviât ses faveurs à un homme qu'elle avait longtemps persécuté. Boissy en jouit peu d'années, et mourut en 1758, à peine âgé de soixante-quatre ans. — Un reflet de sa destinée peu prospère s'étendit sur celle de son fils, auteur de quelques ouvrages d'érudition, et qui, tombé aussi dans une gêne cruelle, mit fin à ses jours en se précipitant par une fenêtre.

Un autre BOISSY (LAUS DE), qui n'était point de la même famille, eut quelques succès dramatiques dans le commencement du règne de Louis XVI. C'était un de ces singes de Dorat qui outraient le précieux et l'afféterie de leur maître. La chronique scandaleuse du temps prétendit même qu'il lui avait succédé dans les affections d'une femme de lettres alors assez célèbre, et qui, suivant le satirique Lebrun, *ne faisait pas ses vers*. Ce bruit, vrai ou faux, donna lieu à l'une des meilleures épigrammes d'un malin poëte:

Dorat mourant dit à sa belle amie, etc.

On en fit courir une autre, plus connue et non moins maligne, en remplaçant le nom du pauvre Laus de Boissy par celui de *Bos de Poissy*. Il ne s'en releva pas. OURRY.

BOISSY-D'ANGLAS (FRANÇOIS-ANTOINE) naquit à Saint-Jean-Chambre, petit village du canton de Vernhoux, département de l'Ardèche, le 8 décembre 1756, d'une famille protestante. Il fit ses premières études à Annonay, et ensuite reçu avocat au parlement de Paris ; mais il n'en exerça jamais les fonctions. Il avait acheté une charge de maître-d'hôtel ordinaire de Monsieur (depuis Louis XVIII), dont il se démit plus tard, vers la fin de la session de l'Assemblée constituante. D'ailleurs, il s'occupait à peu près uniquement de littérature. Avant la révolution, il était associé de plusieurs académies de province, et correspondant de celle des Inscriptions et Belles-Lettres de Paris. Boissy-d'Anglas fut élu député du tiers état de la sénéchaussée d'Annonay aux états généraux de 1789 et il n'avait pas encore trente-trois ans. Dès les premières séances, il se déclara en faveur de la cause populaire. Cependant il ne joua qu'un rôle secondaire dans cette première assemblée, où des orateurs nombreux et brillants rendaient l'accès de la tribune difficile. Mais il publia quelques brochures politiques, qui furent remarquées. C'est à tort qu'on lui a reproché, dans certaines biographies, d'avoir fait l'apologie des journées des 5 et 6 octobre 1789 : cette assertion, répétée sans preuves, a été démentie par Boissy-d'Anglas lui-même. Il a parlé une seule fois de ces tristes journées, et il a ajouté à ce qu'il a dit pour les blâmer ces mots célèbres du chancelier l'Hospital : *Excidat illa dies!*

En 1790 Boissy-d'Anglas demanda que des mesures fussent prises contre le rassemblement du camp de Jalès, où s'organisait un plan de guerre civile pour le midi ; il dénonça comme contre-révolutionnaire un mandement de l'archevêque de Vienne. Élu secrétaire en 1791, il réclama contre l'insertion de son nom dans un libelle intitulé : *Liste des députés qui ont voté pour l'Angleterre dans la question des colonies*, et déclara qu'il se faisait gloire d'être du nombre de la minorité, qui voulait conserver les droits des hommes de couleur. Après la session, Boissy-d'Anglas fut élu procureur général syndic du département de l'Ardèche : il remplit cette magistrature importante, que les circonstances rendaient très-difficile, avec une fermeté et une impartialité qui commencèrent à jeter les fondements de la belle réputation dont son nom est environné. On doit remarquer surtout le courage avec lequel le magistrat protestant couvrit de son corps pendant plusieurs heures la porte de la prison d'Annonay, qu'une force militaire, étrangère au pays, voulait violer pour égorger des prêtres catholiques qui s'y trouvaient renfermés, et qui furent rendus à la liberté la nuit suivante. Ce fut à la réquisition du procureur général syndic que l'administration centrale du département de l'Ardèche prit un arrêté pour demander à l'Assemblée législative une loi sur les formes civiles des actes de naissance et de décès des citoyens.

En septembre 1792 Boissy-d'Anglas fut élu député de l'Ardèche à la Convention nationale; il eut d'abord une mission à Lyon, où il fut envoyé avec ses collègues Vitet, ancien maire de cette ville, et Legendre, de Paris, pour y rétablir l'ordre, que la rareté des subsistances menaçait de troubler. Il fut envoyé de nouveau dans la même ville avec Vitet et Alquier. Ces commissaires étaient chargés de vérifier les approvisionnements de l'armée des Alpes; mais ils n'achevèrent pas cette opération, ayant appris qu'on était au moment de prononcer sur le sort de Louis XVI. Tous trois votèrent de manière à ce que leur voix fût comptée pour l'absolution. Quant à Boissy-d'Anglas, il vota pour tous les partis les plus favorables à l'illustre accusé, c'est-à-dire pour la détention jusqu'à ce que la sûreté publique permît le bannissement; en faveur de l'appel au peuple, que l'infortuné monarque considérait lui-même comme l'unique et dernier moyen de salut sur lequel il lui fût encore permis de compter; enfin pour le sursis à l'exécution, quand la peine de mort eut été prononcée. Boissy-d'Anglas ne parut point à la tribune durant la lutte entre les montagnards et les girondins; mais il vota constamment avec ces derniers.

Après les fatales journées des 31 mai et 2 juin 1793, il écrivit au vice-président du département de l'Ardèche (Dumont) une lettre qui fut imprimée et distribuée suivant ses intentions, et dans laquelle, après avoir peint sous les couleurs les plus énergiques et les plus vraies l'oppression de la représentation nationale, il expliquait les motifs qui le décidaient à rester encore à son poste, et provoquait de la manière la plus formelle ses concitoyens à la résistance contre la tyrannie de la Montagne. Il est vraiment surprenant que cette pièce n'ait point coûté la vie à son auteur. Durant plus d'une année, chaque fois qu'un représentant du peuple en mission rentrait à Paris, il ne manquait pas de déposer des exemplaires de la lettre de Boissy-d'Anglas au comité de sûreté générale. Le péril fut sans cesse écarté par Vouland, membre de ce comité, qui, ayant conservé pour son collègue de bons sentiments, malgré la dissidence de leurs opinions, avait toujours soin de soustraire la pièce accusatrice. Cependant elle n'était point entièrement inconnue, puisque, quelque temps après le 31 mai, ayant voulu prendre la parole, Chabot l'interrompit par ces mots : « Tais-toi, coquin! nous savons ce que tu as écrit; tu devrais être déjà guillotiné. » Une autre fois que Boissy-d'Anglas traversait les Tuileries avec sa famille, il fut aperçu par Legendre, qui, venant à lui avec fureur, lui dit : « Eh bien! scélérat, tu as osé dire que tu n'étais pas libre, et cependant te voilà ici! — Non, je ne suis pas libre, répliqua Boissy; car si je l'étais, je pourrais te répondre. » — Cette situation périlleuse explique suffisamment le silence que garda Boissy-d'Anglas à une époque où tout ce qui restait d'hommes raisonnables et modérés dans le sein de la Convention se voyait forcé, sous peine de la vie, d'observer la même conduite; mais après le 9 thermidor il ne négligea aucune occasion de réparer les nombreuses injustices commises par le pouvoir qui venait de finir.

Élu secrétaire de la Convention le 16 vendémiaire an III (octobre 1794), Boissy-d'Anglas appuya la demande faite par David, arrêté à la suite des événements du 9 thermidor, d'être gardé dans son domicile pour y finir un tableau. Nommé le 15 du même mois (5 décembre) membre du comité de salut public, il fut principalement chargé de la partie des subsistances et de l'approvisionnement de Paris, dans un temps où le discrédit des assignats y apportait les plus grands obstacles. Le peuple, à qui le pain manquait, ou à qui l'on faisait croire qu'il allait manquer, se persuada aisément que l'auteur de rapports si nombreux sur les blés et sur les vivres était le premier auteur de la disette. Des pamphlets séditieux le lui désignaient sous la dénomination de *Boissy-Famine*, et l'aveugle fureur de la multitude s'exhalait en horribles menaces contre lui. Le 27 ventôse an III (17 mars 1795), plusieurs sections vinrent se plaindre avec menaces à la barre de la Convention d'un décret rendu deux jours auparavant, qui avait restreint les distributions de vivres. Boissy-d'Anglas répondit que sept cent quatorze mille livres de pain avaient été distribuées le jour même : il parla des rassemblements qui se formaient dans le faubourg Saint-Marceau, et accusa les pétitionnaires de malveillance.

Enfin, l'orage qui grondait depuis longtemps éclata une première fois sur la Convention, le 12 germinal an III (1er avril 1795). Boissy-d'Anglas était à la tribune, et venait de commencer un rapport sur le système de l'ancien gouvernement relativement aux subsistances, lorsqu'une foule immense d'individus de tout sexe et de tout âge, précédés de bannières faites avec des haillons, sur lesquelles étaient écrits ces mots : *Du pain et la constitution de 1793*, ayant forcé la garde, pénétra dans la salle, et s'empara, en redoublant de cris et de menaces, des tribunes et des sièges des députés, dont le plus grand nombre leur céda la place. Bientôt, revenus de leur première terreur, ceux-ci rentrèrent dans l'assemblée, où le peuple semblait délibérer avec eux. Au bruit de ces événements, les sections de Paris, qui s'étaient réunies, marchèrent vers la Convention, dans le dessein de la délivrer. Cependant le président, Pelet (de la Lozère), invitait vainement la multitude à se retirer et à faire connaître ses vœux par une députation, lorsqu'après quatre heures du plus effroyable tumulte, la générale battant dans toutes les rues de Paris, et le tocsin, placé depuis trois jours sur le principal pavillon des Tuileries, alors nommé le pavillon de l'Unité, venant à se faire entendre, la terreur s'empara en un instant de la multitude, qui, se précipitant pêle-mêle sur les bancs, cherchait de toutes parts des issues que le désordre où elle était lui permettait à peine de trouver. Dans peu de minutes, il ne resta plus de traces de cette sédition terrible, qui pouvait bouleverser la France. A peine la salle fut-elle évacuée, que Boissy-d'Anglas, qui, au milieu des dangers que son nom seul rendait si fort imminents pour lui, s'était tenu constamment le dos appuyé contre le bureau du président, reparut à la tribune, et continua son rapport, à la suite duquel la Convention reprit la discussion sur les subsistances.

Mais bientôt éclata un complot plus grave encore. C'était le 1er prairial an III (20 mai 1795), journée célèbre dans les fastes révolutionnaires. Dès le matin, l'immense population des faubourgs Saint-Antoine et Saint-Marceau, soulevée par ses agitateurs accoutumés, se met en marche sous les mêmes bannières qu'au 12 germinal, et en poussant les mêmes cris; elle se répand dans les quartiers de Paris qui conduisent aux Tuileries, où siège la Convention. Vernier était président; il garda quelque temps le fauteuil pendant l'horrible scène qui allait se commencer; enfin, accablé de fatigue, et ne pouvant plus résister à la violence de l'orage, il céda la place à André Dumont, ancien président. Celui-ci, voyant dans une tribune des femmes qui poussaient d'horribles vociférations, crut devoir sortir de la salle pour les faire chasser. Boissy-d'Anglas, dernier président après lui, vint alors prendre le fauteuil. Cet honneur l'exposait à une mort qui semblait certaine; car la fureur populaire était depuis longtemps dirigée contre lui. Environné d'hommes et de femmes ivres de vin et de colère, armés et menaçants, Boissy-d'Anglas resta impassible au milieu des périls de tous genres qui l'environnaient. Sourd aux imprécations de cette affreuse populace, dont quelques députés montagnards dirigeaient les mouvements, Boissy-d'Anglas paraissait ne pas entendre qu'on lui demandait à grands cris de mettre aux voix le rétablissement de toutes les lois révolutionnaires. Cent fois couché en joue, menacé de la baïonnette, du sabre et des nombreux instruments de mort dont les insurgés étaient armés, il semblait ne rien voir et ne rien entendre; son immobilité même commandait le respect. Lorsque la tête du député Féraud fut apportée au bout d'une pique jusqu'au pied de la tribune, et placée sous les yeux du président, le courage de celui-ci n'en fut point abattu. Il salua religieusement cette tête sanglante; et comme il voulait en détourner ses regards, plusieurs canons de fusil furent de nouveau dirigés vers lui. Quelques moments auparavant, un adjudant-général, nommé Fox, qui était de service auprès de la Convention, était venu annoncer à Boissy-d'Anglas que les attroupements augmentaient d'une manière inquiétante, et lui demander ses ordres. Boissy-d'Anglas les lui avait donnés par écrit et de sa main: ils portaient de repousser la force par la force. Il est probable que si, pendant cet affreux désordre, les chefs des insurgés, au lieu de perdre du temps à discourir dans l'Assemblée, se fussent emparés des comités de salut public et de sûreté générale, le règne de la Terreur était de nouveau proclamé.

Deux fois Boissy-d'Anglas voulut se faire entendre, mais des cris affreux étouffèrent sa voix. Enfin, vers neuf heures du soir, plusieurs sections réunies pénétrèrent dans la Convention, sous la conduite de quelques députés, à l'instant où le tocsin du pavillon de l'Unité se faisait entendre. La nuit déjà sombre, le pas de charge des sectionnaires, et surtout le bruit du tocsin, qui semblait annoncer aux factieux que la capitale tout entière était en armes pour marcher contre eux, produisirent en un moment sur cette multitude, étonnée de ses propres excès, un effet non moins prompt que lors de la première insurrection du 12 germinal. Cette foule naguère si menaçante s'évanouit comme une fumée; en une demi-heure la salle de la Convention fut libre; la garde nationale, qui venait de la sauver, en occupait tous les postes, et les délibérations avaient repris leur cours. Boissy-d'Anglas a souvent raconté à sa famille et à ses amis qu'au moment où il était le plus entouré de ces brigands, qui lui ordonnaient impérieusement de mettre aux voix toutes les mesures atroces que la foule réclamait, un jeune homme, proprement mis, quoique costumé comme le reste du peuple, lui dit ironiquement et à voix basse, de peur d'être entendu de ses compagnons : « Eh bien ! monsieur Boissy-d'Anglas, croyez-vous que ce peuple mérite la liberté que vous voulez lui donner? » Étonné de ce langage, Boissy-d'Anglas allait répondre, lorsque l'inconnu disparut avec la foule qui évacuait la salle, et ne s'est jamais retrouvé depuis.

Lorsque le lendemain Boissy-d'Anglas parut à la tribune, la Convention et le public couvrirent d'applaudissements unanimes le président du 1er prairial; et l'éloquent accusateur de Robespierre, Louvet, qui venait d'expier son généreux dévouement par dix-neuf mois de la plus horrible proscription, se chargea d'exprimer la reconnaissance publique. « Rien ne peut être placé, a dit M. le marquis de Pastoret, même dans la vie d'un tel homme, à côté d'une si grande action, si grande par ses résultats et par tout ce qu'elle suppose d'intrépidité. »

Boissy-d'Anglas prononça une foule de discours remarquables durant cette seconde partie de la session conventionnelle, qui vit l'apogée de sa gloire politique. Sincèrement dévoué à la constitution républicaine, qu'il aurait été facile de consolider si tous les représentants eussent été aussi purs et aussi désintéressés que lui, il combattait quelquefois les menées intérieures du parti de l'ancien régime, en même temps qu'il poursuivait avec toute son énergie les complots des jacobins. Dès le 30 ventôse an III (20 mars 1795), après un éloquent exposé des crimes de la Terreur et des malheurs de la France sous le gouvernement décemviral, Boissy-d'Anglas proposa l'annulation des jugements rendus par les tribunaux révolutionnaires depuis le 22 prairial an II (10 juin 1794), la révision de ceux qui avaient été rendus antérieurement, la suspension de la vente des biens des condamnés, des indemnités enfin pour les héritiers des condamnés dont les biens auraient été déjà vendus. « La justice, s'écriait l'orateur, voilà notre devoir, voilà notre force. Les siècles passent et s'anéantissent dans l'éternelle nuit de l'oubli; la justice seule demeure et survit à toutes les révolutions. » Toutes ces propositions, accueillies avec des applaudissements, furent renvoyées aux divers comités, et reçurent plus tard leur sanction définitive. Son rapport sur les fêtes nationales et sur la liberté des cultes (3 ventôse an III — février 1795) offre une teinte de déisme qui éveilla le zèle du clergé constitutionnel; il fut critiqué dans les *Annales de la religion*.

Le comité chargé de présenter le projet d'une constitution nouvelle fit son premier rapport par l'organe de Boissy-d'Anglas dans la séance du 25 prairial an III (13 juin 1795). Tout ce qu'il y avait de sage dans ce premier travail lui attira les sarcasmes du parti jacobin. On répandit même qu'il avait proposé dans le sein de la commission, ce qui parut alors fort audacieux, de confier le pouvoir exécutif à un président temporaire plutôt qu'à une commission de plusieurs personnes; et c'en fut en partie de là pour baptiser la future constitution des sobriquets de *constitution patricienne de Boissy-d'Anglas*, ou encore de *constitution babébibobu*, par allusion au léger bégayement de l'orateur. Le crédit dont Boissy-d'Anglas jouissait dans ce temps-là le fit porter pour la seconde fois au comité de salut public (15 messidor an III — 3 juillet 1795), qui était le gouvernement de l'époque. C'est comme membre de ce comité qu'il communiqua à l'assemblée la ratification donnée par le roi de Prusse au traité de paix de Bâle, et qu'il fit décréter, à la suite d'un rapport sur les colonies, qu'elles faisaient partie intégrante de la république française. Le 27 juillet il prononça sur la situation politique de l'Europe, un discours qui fit une grande sensation, et dont la Convention ordonna la traduction en plusieurs langues. Il fit renvoyer au comité de législation la proposition de rapporter la loi du 10 mars contre les parents des émigrés; il seconda vivement Chénier pour faire prononcer le rappel de Talleyrand. Enfin il proposa que l'anniversaire de la fondation de la république fût célébré par une fête qui aurait en même temps pour objet d'honorer la mémoire des patriotes immolés depuis la journée du 31 mai.

Aux approches de la crise du 13 vendémiaire, Boissy-d'Anglas se trouva séparé de ceux à qui cette journée transmit le pouvoir; son nom avait été prononcé avec faveur par les sectionnaires insurgés; des explications lui furent demandées en comité général, ainsi qu'à quelques-uns de ses collègues, relativement à cette circonstance. A la même époque il se trouva aussi compromis dans la correspondance du sieur Le Maître, agent de Louis XVIII, qui s'était amusé à classer dans ses papiers les hommes influents de l'époque d'après les vagues rumeurs de l'opinion, plutôt que sur des données positives.

Cependant la Convention nationale atteignait le terme de sa session. Elle avait décidé que les deux tiers de ses membres seraient conservés; les assemblées électorales devaient les nommer : soixante-douze départements choisirent Boissy-d'Anglas, qui, dans le transport de l'émotion que lui causa un pareil triomphe, s'écria : « Ils ne savent ce qu'ils font; ils me nomment plus que roi. » Entré au Conseil des Cinq-Cents, qui l'élut aussitôt l'un de ses secrétaires, il se rangea dans l'opposition contre le Directoire, et vota avec le parti clichien. Il se prononça en faveur de la liberté la plus étendue de la presse, s'opposa à toute limitation temporaire, se bornant à réclamer une législation répressive des délits commis par cette voie. A cette occasion, il accusa le Directoire de donner lui-même l'exemple de la licence contre laquelle il paraissait s'élever, en soudoyant des calomnies contre les députés qui lui étaient opposés. Il défendit encore les journalistes, qu'on voulait exclure des tribunes, et attaqua vivement Louvet, qui rédigeait le journal intitulé *la Sentinelle*, favorable au Directoire.

Élu président du Conseil des Cinq-Cents le 1er thermidor an IV (19 juillet 1796), Boissy-d'Anglas combattit le projet d'accorder une amnistie pour tous les crimes de la Révolution, et dit qu'il ne consentirait jamais qu'ils restassent impunis. Il attaqua vivement la loi du 3 brumaire, qui excluait des fonctions publiques les parents d'émigrés. Ses sorties contre le Directoire se succédaient à mesure que cette autorité se précipitait dans de nouvelles fautes. A propos des abus des maisons de jeu, dont il demanda persévéramment la répression, il dénonça le pouvoir exécutif comme protégeant le vice. En germinal an V (avril 1795) le corps électoral de Paris réélut Boissy-d'Anglas député au conseil des Cinq-Cents. Il s'y éleva contre la barbare injustice de mettre hors la loi les émigrés rentrés, et proposa sur cette matière un projet de loi qui fut rejeté. Le 23 messidor suivant (11 juillet) il prit la parole en faveur des prêtres déportés et de la liberté des cultes. Il continua de critiquer les actes du Directoire dans un grand nombre de discours, rapports, motions, au point qu'il fut accusé par une société populaire de travailler activement à la contre-révolution. Le 2 thermidor an V (20 juillet 1797), il se plaignit de la destitution des ministres, particulièrement de celle de Cochon, ministre de la police, qui passait pour dévoué aux clichiens. Enfin, il demanda la prompte réorganisation des gardes nationales, déjà proposée par Pichegru.

Ici finit la carrière démocratique de Boissy-d'Anglas; elle se termine par une proscription. Le Directoire l'enveloppa dans celle du 18 fructidor. Boissy-d'Anglas évita cependant la déportation à la Guyane en se tenant caché durant deux ans. Au bout de ce terme, il vint se constituer prisonnier à l'île d'Oléron, afin d'éviter la spoliation qui menaçait sa famille. Il ne sortit de cet exil qu'après le 18 brumaire, et ce fut pour entrer au Tribunat, où l'appela le gouvernement consulaire. Boissy-d'Anglas fut élu président de cette assemblée le 24 novembre 1803; il fut nommé sénateur et commandant de la Légion-d'Honneur le 17 février 1805. Après le traité de Presbourg, en 1806, il prononça dans le Sénat un discours à la gloire de Napoléon. Comme membre de la troisième classe de l'Institut, il lui adressa, le 6 novembre 1809, les félicitations de ce corps, à l'occasion de la paix de Vienne. Le 8 décembre il fut présenté par le Sénat comme candidat à une sénatorerie. L'empereur ne lui accorda point cette faveur, mais il lui donna en 1811 le cordon de grand-officier de la Légion-d'Honneur. Au mois de février 1814, quand l'étranger pénétrait à la fois sur tous les points de la France, le comte Boissy-d'Anglas fut envoyé dans la douzième division militaire (La Rochelle), avec la qualité de commissaire extraordinaire de l'empereur : cette mission importante et difficile obtint tout le succès qu'on en pouvait espérer. Outre l'organisation des moyens locaux de résistance, il empêcha les îles de cette division de tomber entre les mains des Anglais, qui occupaient la ville de Bordeaux, et sauva de l'anéantissement dont ils étaient menacés les établissements maritimes de Rochefort; enfin, il est permis d'attribuer à son habileté le repos où fut maintenue la Vendée dans un tel moment de crise; et tout cela, il le fit sans qu'il en coûtât la liberté ou la vie à un seul homme.

La restauration s'étant accomplie dans la capitale, Boissy-d'Anglas envoya son acte d'adhésion. Le 4 juin 1814 le roi le créa pair de France. Quoique Boissy-d'Anglas eût constamment voté avec le parti clichien, il n'en était pas moins resté fidèle et sincèrement attaché à la constitution de l'an III. Il en donna alors une preuve non équivoque. La première fois qu'il se rendit aux Tuileries, en 1814, pour présenter ses hommages au roi en sa qualité de pair de France, il dit à plusieurs de ses collègues : « J'ai été proscrit au 18 fructidor pour avoir conspiré en faveur des Bourbons; on me croira maintenant quand je dirai qu'il n'en était rien. » Camille Jordan et d'autres encore ont dit aussi la même chose depuis la Restauration, et ces révélations généreuses sont la condamnation sévère des auteurs du 18 fructidor. Boissy-d'Anglas était depuis 1803 membre du consistoire de l'Église réformée et l'un des vice-présidents de la Société Biblique de Paris. A son retour de l'île d'Elbe, Napoléon le nomma itérativement commissaire extraordinaire dans les trois départements de la Gironde, des Landes et des Basses-Pyrénées, où il réorganisa l'administration au nom du nouveau gouvernement. Le 2 juin il fut compris dans la promotion des pairs impériaux.

Après la bataille de Waterloo, Boissy-d'Anglas fut du nombre de ceux qui jugèrent à propos de séparer la cause nationale de la personne de Napoléon. En conséquence, il appuya vivement l'adoption immédiate du message de la Chambre des représentants, contenant la résolution adoptée, sur la proposition de La Fayette, de déclarer traître à la patrie quiconque tenterait de dissoudre la Chambre. Le lendemain il s'opposa à la proposition de proclamer Napoléon II, et conclut à la nomination d'un gouvernement provisoire. Il combattit plusieurs dispositions d'une loi de police concernant la liberté individuelle, que les circonstances où l'on se trouvait motivaient peut-être suffisamment; obtint l'adoption de diverses modifications protectrices, et ne consentit la loi qu'en témoignant hautement ses regrets et même l'absence de sa conviction. Il aurait voulu que l'assemblée lui accordât un jour pour rédiger une loi complète sur la liberté individuelle, afin de jeter, disait-il, au milieu des débris, les restes sacrés de quelques institutions tutélaires. Boissy-d'Anglas devait être entendu le lendemain; mais, nommé par le gouvernement provisoire l'un des commissaires chargés d'aller proposer un armistice au général prussien Blücher, il ne put exposer lui-même son projet; il chargea le comte de Latour-Maubourg de le présenter en son absence. Ce projet, en seize articles, se composait d'une suite de dispositions libérales, qui conciliaient le principe sacré de la liberté individuelle avec le principe non moins essentiel de l'ordre public : il est resté enseveli dans les archives du Luxembourg. Pendant le peu de jours que la Chambre des Pairs de l'Empire eut encore à siéger, Boissy-d'Anglas continua de voter avec le parti qui, regardant désormais la résistance énergique comme impuissante, croyait devoir obéir à la nécessité, et ne voyait plus d'ancre de salut que dans les négociations.

L'ordonnance royale du 24 juillet 1815 éliminait Boissy-d'Anglas de la Chambre des Pairs; mais celle du 17 août suivant l'y rappela à nouveau titre. Cette promotion, unique dans son cas, fut attribuée soit au noble caractère public et aux antécédents de Boissy-d'Anglas, soit au désir de conserver à la partie protestante de la nation un représentant de plus dans la Chambre des Pairs. Le noble pair fut pareillement compris dans la nouvelle organisation de l'Institut (21 mars 1816), auquel il appartenait déjà, et fit partie de l'Académie des Inscriptions et Belles-Lettres. Dans sa nouvelle carrière parlementaire, Boissy-d'Anglas ne déserta point les rangs où l'opinion publique l'attendait. Il contribua puissamment à pousser le ministère du 5 septembre dans les voies constitutionnelles. Dès la session de 1818, il réclama l'application du jury au jugement des délits de la presse. Il combattit vivement la proposition Barthélemy, pour le changement de la loi des élections, du 5 février 1817, dont le but effectif était le changement de la direction ministérielle. Comme autrefois à la Convention et au Conseil des Cinq-Cents, il défendit à la Chambre des Pairs le jury et surtout la liberté de la presse. Il retrouva toute l'énergie de sa jeunesse pour attaquer la loterie et les maisons de jeu. Parmi les opinions de Boissy-d'Anglas, on peut encore citer son rapport sur le droit d'aubaine et de détraction, à la suite duquel fut aboli ce vestige de la barbarie des temps anciens.

Il usa noblement de son crédit auprès du ministère Richelieu, soit pour favoriser les intérêts de ses co-religionnaires, soit pour faire rappeler de l'exil certains de ses collègues de la Convention, d'un caractère honorable sous beaucoup de rapports, et qu'une interprétation trop sévère de la loi du 6 janvier 1816 tenait éloignés de la France. Cette année, ses démarches eurent plus de succès sous le ministère Decazes. L'amour de la justice était tel dans son cœur généreux qu'il prit même la défense de quelques-uns dont il avait à se plaindre personnellement.

Depuis le calme de la Restauration, Boissy-d'Anglas était revenu à la culture des lettres, qui avait honoré sa jeunesse. Ses écrits, sans offrir des beautés du premier ordre, se distinguent par un style net et facile ; ils attestent une âme élevée et pure, aussi bien qu'un esprit philosophique et d'une large étendue : ils sont tournés constamment vers des sujets graves et utiles. L'affaiblissement de sa santé, qu'on a reconnu depuis avoir été occasionné par une maladie au cœur, lui fit conseiller l'air natal du midi. Il passa l'hiver de 1824 à 1825 à Nîmes. Annonay le revit avec orgueil et avec joie habiter de nouveau la maison paternelle, religieusement conservée dans sa rustique simplicité. Il revint mourir à Paris, le 20 octobre 1826, âgé de près de soixante-dix ans. Conformément à ses dernières volontés, son corps fut transporté à Annonay.

Le nom de Boissy-d'Anglas reste attaché à une époque de notre histoire, celle du 1er prairial, qui l'inscrit parmi les héros sauveurs des nations. Ceci, c'est de la gloire. Le reste de sa carrière, qui formerait un lot assez beau, fut celle d'un homme de mérite, d'un homme de bien, enfin d'un homme courageux : l'élévation du caractère et la générosité du cœur y dominent surabondamment. D'autres furent plus véhéments à combattre les premières irruptions de l'anarchie ; d'autres, plus stoïques devant l'éclat enivrant du despotisme ; d'autres enfin, en ces derniers temps, ont adopté des doctrines plus absolues ou des règles de conduite plus inflexibles. Cela explique pourquoi la personne et la fortune de Boissy-d'Anglas obtinrent plus de faveur ou de ménagement à diverses époques que n'en ont obtenu de personnes d'un courage non moins élevé et d'une vie non moins irréprochable. Mais les périls du 1er prairial et la proscription du 18 fructidor prouvent qu'il sut aussi mettre de l'énergie dans la lutte sacrée du bien public, et que plus d'une fois il dédaigna de mesurer le danger de la tribune.

La parole de cet orateur avait la puissance de la conviction et de la bonne renommée ; elle n'échappait point de son cœur par torrents impétueux, elle en découlait avec une chaleur douce, accommodée aux circonstances ordinaires : tel fut son genre d'éloquence. Il avait conservé quelque chose des formes solennelles et parées propres au premier âge de notre tribune politique. Ces formes ne déplaisaient pas en lui ; car ce n'était point faux goût ni stérilité d'esprit ; c'était un vestige de première éducation, et le cachet d'une époque. Tel est aussi le caractère de son talent, qui ont été réunis, en 1825, en 5 vol. in-12, sous le titre d'*Études littéraires et poétiques d'un vieillard* ; ils ne se distinguent ni par des pensées neuves ou brillantes, ni par l'éclat de l'imagination ou les enchantements du style ; mais ils offrent un mélange de l'élégance de Florian et de La Harpe, animée par la philosophie quelque peu rhéteuse de Thomas, et tempérée par un reflet de la belle simplicité de Ducis.

Boissy-d'Anglas avait une physionomie noble, que la vieillesse rendit vénérable. Sa tête était modelée dans le genre de celle de Bernardin de Saint-Pierre, dont le type populaire jouit d'une grande célébrité ; mais elle avait un caractère supérieur en énergie et en élévation ; de longs cheveux blancs flottaient négligemment autour de son visage, qui fixait inévitablement l'attention dans les réunions les plus nombreuses. On a un beau buste de Boissy-d'Anglas sculpté par Houdon. Son héroïque conduite dans la journée du 1er prairial an III a fourni le sujet de deux grands tableaux de MM. Court et Vinchon. A. Mahul.

Boissy-d'Anglas a laissé deux fils : l'aîné, *François-Antoine*, comte de Boissy-d'Anglas, né à Nîmes, le 25 février 1781, ancien conseiller d'État, ancien préfet de la Charente en 1811, et de la Charente-Inférieure en 1815, hérita de la pairie de son père, et prit siége en 1827. Il défendit à la Chambre haute les principes constitutionnels avec une constance inébranlable. Un grand nombre d'associations philanthropiques le comptèrent parmi leurs membres, et il accepta la présidence de plusieurs de ces sociétés, protestantes pour la plupart. La révolution de Février le rendit à la vie privée. Il est mort au mois d'octobre 1850, dans sa maison de campagne de Champ-Rosay.

Son frère, *Jean-Gabriel-Théophile*, baron de Boissy-d'Anglas, né en 1783, intendant militaire en retraite, a suivi une autre ligne politique. Élu député en 1828 par l'arrondissement de Tournon (Ardèche), qu'il ne cessa de représenter jusqu'à la révolution de Février, on le vit presque toujours dans le camp ministériel, Plusieurs fois la Chambre le prit pour secrétaire. Sous-intendant de deuxième classe en 1828, il devint successivement sous-intendant de 1re classe, intendant le 31 décembre 1830, secrétaire général du ministère de la guerre, intendant de la première division militaire, officier, commandeur et grand-officier de la Légion d'Honneur. Et pourtant il avait promis aux électeurs de ne point accepter d'avancement. L'affaire Bénier (1846) vint lui porter un coup fatal. Cet homme, directeur, pour le compte de l'État, de la manutention générale des vivres de l'armée, faisait acheter et garder en magasin les blés et les farines employés dans la confection du pain nécessaire à la garnison de Paris ; mais, profitant de la confiance qu'avaient en lui ses supérieurs, il spéculait avec l'argent de l'administration. Lorsque, après sa mort, on vérifia l'état de sa caisse et de ses magasins, on trouva un déficit de plus de 300,000 fr. Ce qui donnait dans cette affaire à la responsabilité administrative une gravité extrême, c'est que Bénier avait été exempté de fournir son cautionnement. Sur un vote de la Chambre des Députés, une enquête fut ouverte : elle eut pour résultat de faire mettre à la réforme l'intendant militaire Joinville, comme coupable d'un défaut de surveillance et d'une négligence impardonnable. M. Boissy-d'Anglas, intendant militaire de la première division militaire, son supérieur immédiat, dut faire valoir ses droits à la retraite.

BOISSY DU COUDRAY (Famille de). Elle forme la seule branche existante de la maison de Rouillé, qui, originaire de Bretagne, s'est établie au seizième siècle en l'Ile-de-France et à Paris, où elle a toujours exercé depuis des charges dans la magistrature.

Hilaire Rouillé, marquis *du Coudray*, né en 1716, au lieu de suivre la même carrière que ses ancêtres, embrassa le parti des armes, et fit sa première campagne en qualité d'enseigne de la compagnie colonelle du régiment de Bourgogne, au siége de Kehl, en 1733. Il se distingua dans les guerres de la succession d'Autriche, et fut créé maréchal de camp en 1781.

Hilaire Rouillé, fils du précédent, et ancien officier au régiment du Languedoc, fut appelé à la pairie le 17 août 1815, à cause du dévouement qu'il avait montré pendant les Cent-Jours, et de la grande fortune qu'il tenait en partie de son alliance avec la sœur du marquis d'Aligre. Il est mort en 1840, laissant un fils, *Hilaire-Étienne-Octave*, marquis de Boissy, à qui nous consacrons un article particulier.

BOISSY (Hilaire-Étienne-Octave Rouillé, marquis de), ancien pair de France, est né à Paris, le 4 mars 1798.

La France, le département du Cher excepté, ignorait fort certainement l'existence de M. le comte Octave de Boissy, lorsqu'un beau jour, le 7 novembre 1839, une ordonnance royale lui donna un siège à la Chambre des Pairs. Jusque alors en effet M. de Boissy n'avait été politiquement que ce que tant de petits bourgeois pouvaient être comme lui, un simple membre de conseil général. Son existence officielle en cette qualité datait de 1828. M. de Boissy était de plus un opulent propriétaire, une notabilité de gros écus : en voilà plus qu'il n'en fallait pour motiver sa nomination à la pairie. Une fois assis dans le fauteuil de législateur, le jeune comte éprouva une notable démangeaison de parler; dès la discussion de l'adresse, il ne put plus y tenir, et il se soulagea enfin en demandant à ses collègues d'insérer dans celle-ci un blâme sur la conduite tenue jusque alors en Algérie. La Chambre des Pairs ne blâma point et le *Moniteur* ne fit point connaître le premier discours de M. de Boissy. L'orateur ne trouva pas moins l'occasion de revenir à la charge, et le 5 juin 1840, prenant la parole au sujet de nos possessions d'Afrique, il déclara que ce qu'il fallait faire, c'était ce qu'on n'avait point fait; et que ce qu'il ne fallait point faire, c'était ce qu'on avait fait. M. de Boissy posait en principe qu'il devait y avoir en Afrique un gouverneur général civil, auquel serait subordonnée l'autorité militaire.

De ce nouveau début de M. de Boissy datent ses luttes quotidiennes avec M. le chancelier, président de la Chambre des Pairs. M. de Boissy ayant hasardé de dire que notre armée d'Afrique n'avait pas de confiance en son chef, M. Pasquier se fâcha tout rouge, et, à la suite d'un colloque qui s'établit entre l'octogénaire président et le jeune pair, celui-ci reçut son premier rappel aux convenances, qui devait être suivi de tant d'autres. M. de Boissy n'était encore endurci à la férule de M. Pasquier. Il demeura coi, et se tut; mais ce ne fut pas pour longtemps, car dès le 11 juillet il crut devoir flanquer d'un long discours, encore sur l'Algérie, son vote en faveur du budget de 1841.

Le 13 avril 1841 M. de Boissy appuya la demande des fonds secrets. C'est de ce jour-là seulement que le nouveau pair nuança son opinion conservatrice de celle de ses collègues, accordant au fond tout ce que les ministres demandaient, les chicanant un peu dans la forme, imitant en cela le manège de ces coquettes dont la résistance est si encourageante que ce serait vraiment les affliger que d'en tenir compte. Ce jour-là, M. de Boissy demanda qu'il n'y eût plus désormais de discussion séparée de fonds secrets; que le gouvernement eût une presse avouée, payée, dirigée par lui, et que, de faible et patient, il devînt ferme et susceptible. La politique étrangère conseillée par M. de Boissy consistait à s'éloigner de l'alliance anglaise, et à préparer la restauration de don Carlos en Espagne; enfin, comme deux fois déjà, M. le marquis demandait la suppression du gouvernement militaire en Algérie, et la nomination d'aumôniers pour nos régiments. Telle était la formule du système politique de M. de Boissy. Il est à remarquer que toutes les fois qu'il est revenu à la charge, demandant au gouvernement de prendre vis-à-vis de l'étranger une attitude ferme et susceptible, il n'est parvenu qu'à exciter par ses discours que l'impatience de l'assemblée et la susceptibilité du chancelier président. Quoi qu'il en soit, M. de Boissy pendant toute sa carrière parlementaire ne laissa échapper aucune occasion de monter à la tribune. Pour se faire la main au geste oratoire, pour assouplir et rendre éloquente sa faconde diserte, le noble pair parla tant qu'il put. On l'a vu discourir durant une heure pour obtenir la distraction d'une commune du Cher en faveur d'un canton, qu'il représentait contre au conseil général, distraction que M. de Montalivet eut la petitesse de faire refuser, sans doute parce qu'il représentait au même conseil le canton voisin.

M. de Boissy est un des hommes qui ont fait le plus de bruit à la Chambre des Pairs; s'il nous était permis de rappeler ici ses interminables dissentiments avec M. Pasquier réprimant ce qu'il appelait ses écarts parlementaires, cet article ne serait qu'une longue répétition de rappels à l'ordre, d'aigres admonestations infligées à l'orateur, et contre lesquelles celui-ci s'était habitué à se roidir impitoyablement. Le 18 juillet 1843 M. de Boissy fut ainsi gourmandé dix fois dans une seule séance.

Un beau matin, M. le comte de Boissy, devenu marquis, voyant son éloquence sujette aux boutades du chancelier et aux murmures du parti conservateur, eut recours à la publicité de la presse. Voulant donner un organe quotidien à sa politique, il créa *la Législature*. Les grands seigneurs d'autrefois se ruinaient en entretenant des maîtresses, pourquoi la mode ne serait-elle pas venue d'entretenir des journaux? Heureusement ce n'était qu'un caprice de M. le marquis. *La Législature* eut le sort de la fidélité d'une danseuse : du jour où M. de Boissy lui retira sa bourse, la pauvre feuille succomba. Napoléon GALLOIS.

M. de Boissy continua tant qu'il put sa verte opposition; et en vérité la langue doit bien lui démanger à l'heure qu'il est. Lui qui parlait de tout, sur tout, à propos de tout, ne plus rien dire du tout, ce doit être pour lui la plus pénible des pénitences. Un jour il s'attira un mot assez dur, mais il y riposta avec beaucoup de présence d'esprit. Le maréchal Soult, qu'il contrecarrait sans pitié, laissa échapper le regret d'avoir soumis au roi la nomination à la pairie du noble marquis; celui-ci reprit avec vivacité que s'il avait su qu'on voulût nommer des pairs à la condition de ne rien dire, il n'aurait pas accepté un siège à la Chambre haute. Le chancelier voulut faire une distinction entre l'usage et l'abus de la parole; mais le marquis de Boissy n'y entendait rien; aussi peut-on dire qu'il contribua pour sa bonne part au discrédit dans lequel tomba la noble Chambre. Rien n'était plus comique, en effet, que ces séances où M. le marquis de Boissy se faisait retirer et rendre la parole dix fois, parlant de ceci à propos de cela, défiant le ministère de réorganiser la garde nationale à propos d'un rappel à l'ordre, s'inquiétant peu de la manière dont on l'écoutait, se moquant des contrariétés qu'il causait en disant qu'il en avait l'habitude, soulevant des flots de bile dans l'âme du chancelier martyr, et interdisant la tribune à plus d'un pair qui aurait craint de se rendre solidaire des incohérences du loquace marquis. Mais M. de Boissy disait si peu de pairs parlaient comme lui, il y en avait beaucoup qui pensaient comme lui.

Cette opposition comico-héroïque devait pousser M. de Boissy dans une mauvaise voie. Il s'avisa d'être un jour tout à fait contraire au ministère; et il se trouva un des trois pairs qui avaient accepté une invitation pour le banquet dit du douzième arrondissement. Ce banquet, dont l'interdiction provoqua la révolution de février, lui coûta son fauteuil au Luxembourg; mais il s'en consola en serrant la main du gouvernement provisoire. Cependant sa fortune, déjà fortement compromise par de folles spéculations commerciales, périt dans ce cataclysme politique. Un moment il posa sa candidature à l'Assemblée nationale, mais il se sentit à la gêne dans les clubs. Cette éloquence bâtarde, qui faisait rire le vieux chancelier, n'allait guère au travailleur en recherche de sa république. Le bout de l'oreille du marquis sortait sous l'habit musqué. Le peuple ne voulut pas de lui pour représentant. M. de Boissy dut s'estimer heureux de rester membre du conseil général de son département, et là il a sans doute pu continuer sa gymnastique *parolière*. Par bonheur ses discours ne sont pas venus jusqu'à nous. En 1853, M. de Boissy a été nommé sénateur.

BOISTE (PIERRE-CLAUDE-VICTOIRE) naquit à Paris, en 1765. Successivement avocat, imprimeur, homme de lettres, c'est chargé d'une immense moisson de vastes connaissances recueillies dans les livres anciens et modernes, qu'il prépara les éléments de son titre de gloire, de son *Dictionnaire Universel de la Langue Française*, que tout le monde connaît, qui parut en 1800, et eut du vivant de l'auteur six éditions. Son beau-père Bastien, éditeur instruit et éclairé, ne fut point étranger à la première, mais il ne coopéra point aux autres, et l'on peut affirmer que le laborieux lexicographe n'eut pas d'autre collaborateur.

Boiste a publié plusieurs autres ouvrages d'une bien moindre importance, tels qu'un *Dictionnaire de Géographie Universelle ancienne, du moyen-âge et moderne comparées* (1806), ouvrage très-médiocre; un *Dictionnaire des Belles-Lettres* (1821), et l'*Univers*, poëme en prose, dans lequel il combat l'attraction newtonienne et la théorie physique de la terre. Mais il n'avait ni les connaissances positives pour traiter convenablement un pareil sujet, ni surtout l'étendue d'esprit et la haute portée d'intelligence indispensables pour embrasser un horizon si vaste. En somme, c'était un écrivain laborieux, mais de peu de goût et de jugement. Ses ouvrages supposent une lecture immense; ils sont utiles, quoique mal rédigés. Son style est commun et même trivial, comme il arrive trop souvent aux grammairiens. Boiste mourut à Ivry-sur-Seine, le 24 avril 1824. Il n'avait pas atteint sa soixantième année; mais les travaux immenses auxquels il se livrait sans relâche avaient depuis longtemps altéré sa santé. Un an s'était à peine écoulé depuis qu'il avait perdu sa femme, qu'il adorait, et qui avait été pendant plus de trente ans son unique société. Cette perte douloureuse le conduisit au tombeau.

L'ouvrage capital de Boiste, son *Dictionnaire Universel de la Langue Française*, ne contenait pas d'abord tout ce que nous y trouvons aujourd'hui. La première édition donnait bien le nom latin, mais c'est la sixième seulement qui ajouta les étymologies. A ses définitions courtes, représentées par des équivalents, Boiste joignit dès l'origine ses autorités, les noms des hommes qui s'étaient servis des mots dans un sens nouveau. A la sixième édition, il ajouta des sentences, des maximes, des pensées choisies, où le mot se trouve employé. Aussi ne peut-on songer sans étonnement aux immenses recherches qu'a dû lui coûter ce travail. C'est, on l'a déjà dit, le *Dictionnaire des Dictionnaires* de notre langue. Partout les mots y sont définis avec toutes les variantes d'orthographe des divers lexicographes français, avec toutes celles des définitions et des différentes acceptions, sous toutes leurs faces, dans toutes leurs nuances, recueillies avec un soin méticuleux, analysées même jusqu'à la quintessence. A côté des locutions à jamais fixées dans la langue nationale par les Pascal, les Bossuet, les Fénelon, se trouvent çà et là les expressions si énergiques, si pittoresques de Rabelais, de Montaigne, brillantes encore de leur verdeur. Le livre a pour appendices plusieurs dictionnaires et traités spéciaux qui le développent et le complètent, de sorte qu'on est sûr d'avoir sous la main, dès qu'on les désire, une foule de mots techniques empruntés à toutes les sciences, à tous les arts, à tous les métiers, à côté des néologismes les plus acclimatés ou récemment transplantés des langues étrangères. Chaque mot, enfin, quant à son emploi, est toujours accompagné d'une autorité respectable empruntée au monde, à la chaire, à la tribune, aux carrefours, à la scène, au barreau, etc. Il est fâcheux seulement qu'il ne s'y rencontre pas une seule autorité en vers. C'était un parti pris, un système arrêté chez Boiste, qui trouvait (qui le croirait!) les fables de La Fontaine immorales.

En somme, et malgré ces critiques, le *Dictionnaire Universel*, comme le *Lexique grec* de Henri Étienne, mérite qu'on inscrive sur son frontispice : *Trésor*. Boiste et Henri Étienne ont eu la même conscience de travail : ils ont été à la fois les architectes et les constructeurs de deux beaux et solides monuments philologiques. « Le *Dictionnaire de Boiste*, disait un homme qui s'y connaissait, Charles Nodier, est *l'encyclopédie de la langue française*. C'est relativement notre meilleur Dictionnaire; c'est un ouvrage immense, qui mérite toute notre reconnaissance et tous nos éloges. » Ses appendices contiennent les *homonymes*, les *paronymes*, les *synonymes*, les *noms mythologiques, historiques, géographiques, biographiques*, un *traité de versification*, un *dictionnaire de rimes*, la *synopsis de la grammaire*, etc. Les dernières éditions ont été revues par MM. Barré et Ch. Nodier.

BOISTUAU. *Voyez* Boaistuau.

BOIS VERDOYANT, BOIS VERT. *Voyez* Bois jaune.

BOIS VIOLETTE, espèce de palissandre provenant d'un arbre peu connu, qui croît dans les Indes Orientales. Ce bois est compacte, pesant, susceptible de poli, d'une belle couleur tirant sur le violet, parcouru dans son intérieur par des veines longitudinales d'un rouge pâle, et enrichi de marbrures fort agréables; il exhale une douce odeur de violette. Il sert à l'ébénisterie, à la marqueterie, à la tabletterie. Il nous vient en bûches de 10 à 15 centimètres de diamètre.

BOITE. On appelle ainsi tout coffre de petite ou de moyenne dimension, se fermant au moyen d'un couvercle. Rien de plus varié aujourd'hui que les formes et les matières des boîtes, si ce n'est peut-être l'usage que l'on en fait : les métaux, l'ivoire, l'écaille, les bois, le carton, sont tour à tour employés à leur confection. Les boîtes de bois, d'ivoire, d'écaille, rondes, ovales ou carrées, sont fabriquées par les tourneurs et les tabletiers. Les bijoutiers font des boîtes en métaux précieux. Les ébénistes fabriquent de jolies boîtes en bois, quelquefois sculptées ou incrustées; les boîtes de cartonnage sont les plus communes, et leur fabrication concerne le cartonnier.

On appelle, en anatomie, *boîte osseuse* le crâne, ou cette boîte ovoïde, formée par la réunion de huit os, ayant pour usage principal de renfermer le cerveau, ses membranes, et le cervelet.

Boîte se dit, en général, dans les arts et métiers, de tout assemblage de bois, de cuivre, de fer, de fonte, etc., destiné à contenir, à revêtir ou à affermir d'autres pièces : les serruriers et les couteliers nomment *boîte à foret* une espèce de bobine dans laquelle ils mettent leur foret pour percer une pièce; la *boîte de navette* du tisserand est la partie de la navette où se met la trame; la *boîte du vilbrequin*, la partie où l'on attache la mèche de cet instrument, etc.

La *boîte à pierrier* est un corps cylindrique et concave, fait de bronze et de fer, rempli de poudre, avec une anse et une lumière qui répond à cette poudre. On met cette boîte ainsi chargée dans le pierrier par la culasse, derrière le reste de la charge, qu'elle chasse aussitôt qu'elle a pris feu.

Les *boîtes d'artifice* sont de petits mortiers de fer, longs de 15 à 20 centimètres, qu'on charge de poudre jusqu'au haut et qu'on bouche avec un fort tampon de bois pour les tirer dans les réjouissances publiques, pendant lesquelles leur forte détonation s'entend au loin.

Nous ne parlerons point de quelques autres boîtes très-connues, telles que la *boîte aux lettres*, restreinte d'abord au service des postes, et dont l'emploi s'est étendu depuis à tant de services généraux ou particuliers.

On dit vulgairement que *dans les petites boîtes sont les bons onguents*, pour dire que les choses précieuses, au physique comme au moral, tiennent peu de place. La *boîte de Pandore*, d'où tous les maux se sont répandus sur la terre et au fond de laquelle est restée l'espérance, est une des fictions les plus ingénieuses des anciens.

Edme HÉREAU.

BOITEUX. On appelle ainsi celui qui est affecté de claudication, celui qui boite, soit par vice de conformation première, soit par l'effet d'une maladie. *Boiter* est l'action d'incliner plus d'un côté que de l'autre en marchant, ce qui arrive aux individus qui ont un pied plus court que l'autre, ou bien une hanche faible, ou bien enfin à ceux dont les jambes, les cuisses ou les pieds sont affectés de blessures ou d'incommodités qui paralysent plus ou moins les fonctions de ces membres.

En termes de manége, on dit qu'un cheval est *boiteux* de l'oreille ou de la bride quand par ses mouvements de tête il marque tous les pas qu'il fait en boitant.

BOJADOR (Cap), situé sur la côte occidentale de l'Afrique, dans l'océan Atlantique, au delà de la frontière méridionale de l'empire de Maroc, par 16° 48' de longitude occidentale, et 26° 7' de latitude septentrionale. Ce cap forme la pointe de la chaîne du Djébel-el-Khal (montagne Noire). Le *faux cap Bojador* est situé à 18' plus au nord. A droite et à gauche s'élèvent les collines de sable du Sahara, que le vent chasse jusque dans la mer. Pendant longtemps ce cap fut la limite des voyages maritimes vers le Sud; le Portugais Gilianez fut le premier qui osa le doubler, en 1435.

BOJAR. *Voyez* BOÏAR.

BOJARDO (MATTEO MARIA), comte *de Scandiano*, l'un des plus célèbres poëtes qu'ait produits l'Italie, naquit en 1430, et suivant d'autres en 1434, à Scandiano. Il descendait d'une ancienne famille de Ferrare, et après avoir terminé ses études à l'université de Ferrare, où il apprit le grec, le latin et plusieurs langues orientales, il vint à la cour du duc Borso d'Este. Sous le règne du successeur de ce prince, il fut employé dans diverses missions honorables et nommé gouverneur de Reggio. Il conserva ces fonctions jusqu'en 1481, et les changea alors contre celles de *capitano* à Modène. Plus tard il revêtit encore la dignité de gouverneur de la citadelle et de la ville de Reggio jusqu'à sa mort, arrivée le 21 décembre 1494. Aussi distingué parmi ses contemporains par la noblesse de son origine et de ses sentiments que par sa bravoure et sa fidélité au service de la maison d'Este, Bojardo s'est immortalisé par ses poésies. Le grand poëme chevaleresque et romantique, *Orlando innamorato*, que le poëte laissa inachevé, et qui appartient au cercle des traditions de Charlemagne, est le plus célèbre et pourtant le moins lu de ses ouvrages. Il compte soixante-dix-neuf chants, divisés en trois livres. Le sujet sur lequel il roule est l'amour de Roland pour Angélique. Le siége de Paris par les Sarrasins y tient la place du siége de Troie. L'Iliade est le type d'après lequel Bojardo a modelé sa composition ; les caractères des héros chrétiens et mahométans ne sont pas sans analogie avec ceux des agresseurs d'Ilion et de ses défenseurs; et le merveilleux homérique est remplacé par l'intervention des magiciens et des fées. Les noms des héros qui remplacent ceux de la fable, Agramante, Sacripante, Gradasso, Mandricando, etc., sont pour la plupart ceux que portaient des paysans de ses terres. De même, les sites qui se trouvent décrits dans son poëme sont ceux des environs de Scandiano ou d'autres lieux voisins. L'*Orlando furioso* de l'Arioste n'est en quelque sorte que la continuation de l'*Orlando innamorato*. Mêmes héros dans les deux poëmes; leurs aventures, commencées par Bojardo, sont terminées par l'Arioste, en sorte que la lecture de l'un est absolument indispensable pour la parfaite intelligence de l'autre. Tandis que les poëmes précédents, qui ont pour sujet la légende de Roland, ne représentaient leur héros que comme l'un des précurseurs du christianisme, Bojardo, initié au monde romantique des autres peuples et surtout à la connaissance des poëmes du cycle de la Table ronde, essaya d'ennoblir ce sujet en y introduisant de suaves figures de femmes. Non-seulement il donna dans son poëme aux héros de la légende déjà bien connus avant lui des caractères énergiquement dessinés, mais il inventa en cette œuvre une remarquable puissance de création des héros, fruit de son imagination et pourtant pleins de vérité et de dignité. En 1544 son ouvrage avait eu déjà quatorze éditions (la première édition complète parut en 1495, à Scandiano). Dès le seizième siècle il avait été traduit en français par Vincent (Lyon, 1544); en 1619 de Rosset en fit paraître une nouvelle traduction à Paris. Lesage en donna en 1717 une imitation libre (2 vol., Paris). La dernière traduction française est celle de Tressan (Paris, 1822).

Comme Bojardo en écrivant se servit de l'italien qu'on parlait de son temps à la cour de Ferrare, son poëme fut très-critiqué à Florence. C'est pourquoi, après diverses tentatives faites pour en épurer le style, Lodovico Domenichi (mort en 1564), sans y changer rien d'essentiel, entreprit au point de vue de la langue une complète *Riformazione de l'Orlando innamorato*, dont il existe un grand nombre d'éditions, toutes différant l'une de l'autre. La dernière parut à Venise en 1545. Berni alla plus loin dans son *Rifacimento*, car il changea tout le ton du poëme en burlesque. Cependant, son travail obtint un si grand succès que l'*Orlando innamorato*, original de Bojardo, tomba dans l'oubli ; et Panizzi est le premier qui s'avisa d'en publier de nouveau le texte primitif avec de longues recherches sur le poëte et sur son poëme (9 volumes ; Londres, 1830).

Parmi les autres ouvrages de Bojardo, tant en italien qu'en latin, ceux qui ont le plus de valeur sont ses *Sonnetti e Canzoni* (la première édition est celle de Reggio, 1499) en trois livres, presque tous adressés à sa maîtresse, Antonia Capraca. Viennent ensuite *Il Timone*, drame en cinq actes, maintes fois réimprimé ; un poëme latin, *Carmen Bucolicum* (Reggio, 1500) ; les *Cinque Capitoli in terza rima* (Venise, 1523), sur la Crainte, la Jalousie, l'Espérance, l'Amour et le Monde ; et l'*Asio d'Oro*, d'après Apulée (1518). Il traduisit aussi en italien Hérodote, ainsi que le *Chronicon Romanorum Imperatorum* de Renobaldi. Venturi a publié un choix des *Poesie* de Bojardo, accompagné de notes explicatives (Modène, 1820). Parmi les suites données à l'*Orlando* celle de Niccolo degli Agostini se trouve imprimée dans diverses anciennes éditions du poëme original et dans l'imitation libre de Domenichi.

BOKHARA, BOKHARIE. *Voyez* BOUKHARA et BOUKHARIE.

BOKHARY (ABOU-ABDALLAH MOHAMED, plus connu sous le nom de), théologien musulman, né en 810, mort en 870, commença dès l'âge de dix ans l'étude de l'histoire et de la jurisprudence, et recueillit de vastes connaissances dans les voyages qu'il entreprit à diverses époques et dans les diverses contrées du monde mahométan. Ses nombreux ouvrages lui acquirent une immense réputation, celui surtout qui est intitulé *Al-Djami al-Sahy* (Recueil exact). C'est un recueil de seize mille traditions, composées de sentences ou de paroles empruntées ou attribuées à Mahomet ou à ses compagnons. Bokhary l'écrivit à La Mecque même ; et pour attirer sur son œuvre la bénédiction du ciel, il n'y consignait jamais une tradition qu'après une ablution au puits de Zemzem et une prière à l'endroit appelé Abraham. On a souvent commenté cet ouvrage, qui parmi les musulmans jouit d'une autorité presque égale à celle du Coran.

BOL. Ce mot appartient à la médecine et à la minéralogie, sans que l'on puisse assigner d'une manière satisfaisante ce qui a déterminé ces deux fonctions sans aucune analogie.

En médecine, un *bol* est un médicament interne, du volume d'une bouchée au plus, composé d'une matière *excipiende* (c'est celle qui doit opérer l'effet que l'on attend), et d'un *excipient*, ou liquide, ou mou, de telle sorte que le mélange soit un peu plus consistant que du miel. L'excipient n'étant destiné qu'à servir de véhicule à la matière efficace, il suffit qu'il ne nuise pas à l'effet ; mais s'il peut y contribuer, le médecin habile ne manquera pas de le préférer à ceux qui se borneraient à n'être pas nuisibles.

En minéralogie, on nomme *bol*, ou *terre bolaire*, une argile ocreuse, dont la médecine fit usage autrefois, et dont la plus célèbre venait de l'Arménie. A mesure que la chimie

a rectifié les nomenclatures minéralogiques, on a compris parmi les terres bolaires l'*argile sigillée* de Lemnos, la *sanguine*, tirée de la même île, la *terre de Sienne*, etc. Quelques-unes de ces argiles contiennent une très-grande quantité de chaux, et peuvent être classées parmi les marnes.
Ferry.

On donne aussi le nom de *bol alimentaire* à la masse que forment les aliments après avoir été broyés par la mastication. Ils sont réunis par la langue et placés sur la base de cet organe, pour ensuite être avalés et soumis à la chymification.

BOL (Ferdinand), un des peintres de portraits les plus habiles de l'école hollandaise, naquit à Dordrecht, vers 1610, et mourut à Amsterdam, en 1681. Sa vie est peu connue; on sait seulement qu'il eut pour maître Rembrandt, dont il s'attacha à imiter la manière; ce à quoi il réussit si bien que ses tableaux furent souvent attribués à son maître. On y retrouve en effet quelque chose de la vigueur de ton et de la délicatesse du clair-obscur de ce grand peintre. Comme il n'avait pas l'imagination hardie, impétueuse de Rembrandt, il a su éviter les écarts dans lesquels sont tombés souvent les imitateurs de ce maître. Ses tableaux charment par leur naturel; ils consistent presque tous en portraits. Il y en a deux, dont un portrait, au musée du Louvre, et cinq dans la galerie de Dresde. Comme Rembrandt, Bol a publié une série de planches gravées à l'eau-forte, qui sont fort estimées. Les plus remarquables sont: *Le Sacrifice d'Abraham*; *Saint Jérôme assis sur une hauteur et tenant un crucifix*; *Un Philosophe tenant un livre et ayant près de lui une sphère* (planche dont les exemplaires sont devenus extrêmement rares); *Agar dans le désert*, non moins rare; *Le Sacrifice de Gédéon au moment où l'ange mit le feu à l'holocauste*.

BOL ou **BOLL** (Hans), peintre flamand, né à Malines, en 1534, mort à Amsterdam, en 1583, commença dès l'âge de quatorze ans à étudier son art, puis parcourut l'Allemagne pour se perfectionner. Après deux années de séjour à Heidelberg, il revint dans sa ville natale, où il peignit des paysages en détrempe. Ruiné par les malheurs de la guerre qui ravageait son pays, il fut réduit à se réfugier à Anvers, où il trouva aide et appui auprès d'un habitant, protecteur dévoué et généreux de l'art, appelé Antoine. S'apercevant qu'on faisait de ses grandes toiles des copies réduites, qui se plaçaient avantageusement, il se borna dès lors à faire de petits tableaux à l'huile et des figures à la gouache. Mais les calamités qui l'avaient forcé d'abandonner Malines le chassèrent successivement d'Anvers, de Berg-op-Zoom, de Dordrecht et de Delft, où il fut après rencontrer un asile plus tranquille; et à la fin force lui fut de se retirer à Amsterdam. Ses principaux ouvrages sont : un *Livre d'animaux terrestres et aquatiques*, peints à la gouache d'après nature; un *Petit Livre d'Heures*, qui avait été exécuté pour le duc d'Alençon et d'Anjou, cinquième fils de Henri II. Ce manuscrit, qui fait aujourd'hui partie du fonds de la Bibliothèque impériale, contient deux grandes miniatures et quarante-et-une petites, avec des ornements, des fleurs et des animaux au bas de chaque page et à la fin des chapitres. Il est du format in-24. On a encore de lui : *Venationis, Piscationis et Aucupii typi. Johannis Bol depingebat; Phil. Galleus excudebat*; in-8° oblong.

BOLAN, défilé célèbre dans le Béloudjistan, qui conduit du Sind septentrional à Kandahar et à Ghasnah, par Chikarpour et Dadour. Son point culminant s'élève à 1795 mètres; il est situé par le 29° 51' de latitude nord, et le 67° 8' de longitude orientale : c'est là que se trouve la source du Bolan, qui donne son nom au défilé. L'armée anglaise qui envahit l'Afghanistan en 1839 mit six jours (du 16 au 21 mars) à franchir ce passage.

BOLBEC, commune de France, chef-lieu de canton, siège d'une église consistoriale calviniste, appartenant jadis au comté d'Eu, aujourd'hui au département de la Seine-Inférieure, dans l'arrondissement du Havre, à 28 kilom. de ce port; charmante petite ville, située dans une position admirable, sur le penchant d'un coteau baigné par la petite rivière du même nom, à la jonction de quatre vallées. Peuplée de 9,674 habitants et très-industrieuse, elle est l'entrepôt des toiles cretonnes qu'on tisse aux environs, et possède elle-même de grandes filatures et fabriques de calicots, cotons façon d'Alsace, mouchoirs, draps, flanelles, serges, couvertures, etc., des imprimeries d'indiennes, des blanchisseries, teintureries, papeteries et tanneries. Bolbec fut détruite en 1765 par un incendie, qui y consuma huit cent soixante-huit maisons.

BOLERO. C'est un air de danse ou de chant fort usité en Espagne. Il est à trois temps et presque toujours en mineur. Il est ordinairement accompagné par la guitare, au moyen d'un *rasgado* redoublé sur la seconde moitié du premier temps, ce qui produit un rhythme d'un effet charmant.

BOLESLAS. Trois princes de Bohême ont porté ce nom.

BOLESLAS Ier, de la maison de Przémysl, douzième duc de Bohême, gouverna cette contrée de 936 à 967. Assez puissant pour réduire les seigneurs qui opprimaient le peuple, il ne put se soustraire au joug de l'empereur Othon, qui le contraignit à lui payer un tribut et à lui fournir un contingent de troupes. Malgré cet état de dépendance, Boleslas, soutenu par les Allemands, combattit les Magyares, et contribua largement, en 955, à la célèbre victoire remportée sur eux à Augsbourg. Son frère, Christianus, passe pour le premier historien de la Bohême.

BOLESLAS II, surnommé *le Pieux*, successeur du précédent, et treizième duc de Bohême, gouverna ce pays de 967 à 1000. Sous son règne les chrétiens et les païens se livrèrent une bataille sanglante, qui eut pour cause l'esprit aveugle de prosélytisme des premiers et la dénomination injurieuse de *chiens de païens*, qu'ils donnaient aux seconds. La défaite complète des idolâtres fournit à Boleslas II l'occasion de poursuivre ses projets de conversion religieuse.

BOLESLAS III, fils naturel de Boleslas II, et quatorzième duc de Bohême, se rendit justement odieux, pendant ses cinq années de règne (de 1000 à 1005), par les cruautés qu'il exerça, assassinant ses amis et même son gendre, et se fit expulser par ses sujets, qui lui crevèrent les yeux.

BOLESLAS. Cinq princes de ce nom ont porté la couronne de Pologne, soit comme ducs, soit comme rois.

BOLESLAS Ier, surnommé *Khrobrii* (le Vaillant), est le premier souverain de la Pologne qui porta le titre de roi. Il régna de 992 à 1025, et succéda à Nietchislaf, son père, qui avait introduit le christianisme dans ces contrées, et qui en mourant avait démembré le duché de Pologne en le partageant entre ses enfants; faute que Boleslas répara, mais en dépouillant ses frères de leur héritage. Les secours que ceux-ci trouvèrent à l'étranger fournit à Boleslas un prétexte pour envahir les domaines des princes ses voisins et réunir ainsi la Silésie et la Khrobatie à la Pologne. Voici, dit-on, dans quelles circonstances il obtint d'Othon le titre de roi : Un évêque de Prague, Voïcchus, qui était allé porter les lumières de l'Évangile en Hongrie, en Russie et en Prusse, fut assassiné, en 997, par les Prussiens. Boleslas racheta son corps à ses meurtriers, et bientôt le bruit se répandit partout que les reliques du pieux évêque opéraient des miracles. Des fêtes magnifiques furent alors instituées en son honneur, et attirèrent sur son tombeau, à Guezma, un immense concours de fidèles et de curieux. Othon III, qui revenait de Rome, où il avait été visiter les tombeaux des Apôtres, voulut visiter aussi celui de l'évêque de Prague, et se rendit à cet effet en Pologne. Boleslas déploya pour le recevoir une magnificence extrême. Les fêtes se succédèrent sans interruption; et sur la fin d'un repas splendide, Othon, dans un moment d'effusion, mit lui-même sa couronne impériale sur la tête de son hôte ; c'était le faire roi, c'était venir au-devant du vœu le plus cher de Boleslas, à qui son titre de simple duc ne paraissait plus en rapport avec la grandeur de sa puissance. En effet, toutes les tribus des Polènes lui obéissaient alors ; il traitait le duc de Bohême en vassal, et Kief, la capitale des Slaves-Russes, avait été obligée de lui ouvrir ses portes. Plus tard, il porta ses armes jusqu'aux bords de l'Elbe et de la Saale ; et ce fut là, dit-on, qu'il érigea une colonne de fer pour marquer de ce côté la limite de ses États, comme la porte de Kief, qu'il avait fendue avec son sabre, en déterminait la limite à l'est. De telles conquêtes, un règne si constamment rempli d'expéditions victorieuses, rendirent son nom populaire en Pologne, mais par contre odieux aux populations vaincues, qui avaient à payer les frais de cette gloire. Pendant le règne de Boleslas le christianisme ne fit d'ailleurs que des progrès bien lents en Pologne, de même que dans les contrées conquises.

BOLESLAS II, surnommé *le Hardi*, né en 1042, mort vers 1090, était fils de Casimir I*er*, à qui il succéda le lendemain même de ses funérailles, quoiqu'il n'eût encore que seize ans. Touchée de ses grâces et de sa jeunesse, la multitude l'acclama roi malgré l'opposition que la noblesse essaya de faire à son élection. Sa cour devint à quelque temps de là l'asile de plusieurs princes voisins dépossédés ou chassés de leurs États, par exemple Isiaslaff, duc de Kiovie et frère du duc de Russie; Jacomir, fils du duc de Bohême; et Bela, frère d'André, roi de Hongrie, qui avait usurpé sa couronne. Le duc de Bohême, pour se venger de l'hospitalité que son fils avait trouvée en Pologne, envahit ce pays à la tête d'une nombreuse armée. Boleslas marcha à la rencontre de l'ennemi, et à la suite d'une défaite qu'il lui fit essuyer, il conclut avec le duc de Bohême un traité avantageux à Jacomir, qui d'ailleurs, se croyant peu en sûreté en Bohême, préféra de continuer à vivre en Pologne. Deux ans après, Boleslas déclara la guerre à André, roi de Hongrie, qu'il fit prisonnier, et dont il donna la couronne à Bela. Tournant ensuite ses armes contre les Russes, qui avaient expulsé Isiaslaff, par ses victoires il le rétablit en possession du duché de Kiovie. Ce succès n'eut pas été plus tôt obtenu qu'il lui fallut accourir en Hongrie, où Bela était mort, et où il fit rendre à ses enfants l'héritage paternel qu'on leur contestait. Pendant cette diversion, les Russes avaient de nouveau expulsé Isiaslaff. Boleslas revint alors mettre le siége devant Kiovie, dont les habitants après une longue et vaillante résistance durent finir par lui ouvrir les portes. Le séjour de Kiovie fut cette fois pour Boleslas et son armée une nouvelle Capoue, et chefs et soldats s'y livrèrent à toutes sortes de débauches. Apprenant quelle joyeuse vie leurs maris menaient dans le pays conquis, les femmes polonaises s'en vengèrent à l'envi en se prostituant à leurs serfs. A leur tour les guerriers polonais apprirent comment la loi du talion leur avait été appliquée au foyer domestique ; et ce fut alors parmi eux à qui abandonnerait son souverain pour s'en aller châtier sa trop vindicative moitié, dont il avait imité l'infidélité aux fautes du souverain. Boleslas, ainsi déserté par ses hommes d'armes, en se revint en Russie, avec lesquels il s'en revint écraser tous les mécontents qui avaient profité de son absence pour oser lever la tête. Le sang coula alors à flots en Pologne, et ce fut en vain que saint Stanislas, évêque de Cracovie, essaya de faire entendre à ce roi la voix de la modération. Boleslas, irrité des remontrances du pieux prélat, s'en vengea en allant le tuer de sa propre main dans la cathédrale de Cracovie. Cet attentat, qui comblait la mesure des crimes dont Boleslas s'était rendu coupable, attira sur lui les foudres du saint-siège. Grégoire III délia ses sujets de leur serment de fidélité. Une insurrection générale éclata alors contre lui. Réduit à prendre la fuite, Boleslas erra longtemps en Hongrie ; puis en cachant son nom il réussit à trouver un asile en Carinthie, dans le monastère de Villach, où les moines l'auraient employé comme marmiton, et où il serait mort en ne révélant qu'à ses derniers moments qui il était. Suivant une autre version, le suicide aurait été son refuge contre les poignants remords que lui causait le souvenir de ses crimes.

BOLESLAS III, surnommé *Krzywousty* (bouche de travers), fils d'Vladislas Herman, monta sur le trône en 1103, mais ne prit que le titre de duc de Pologne, pour complaire au saint-siège, qui avait aboli le titre de roi en Pologne en même temps qu'il frappait Boleslas II d'excommunication. Pour se conformer aux dernières volontés de son père, il partagea ses États avec un frère puîné, Sbignée, qui bientôt conspira, puis se révolta même ouvertement contre lui. Boleslas, vainqueur, fit grâce au coupable, que cet acte de mansuétude ne put ramener à de meilleurs sentiments. Sbignée leva de nouveau l'étendard de la révolte, et cette fois Boleslas se montra inexorable. Cependant, la mort de ce frère lui laissa de longs et vifs remords, qu'il chercha à étouffer, selon les idées du temps, en entreprenant force pèlerinages et en comblant de présents divers monastères et églises. Après avoir été heureux dans les luttes qu'il avait eu à soutenir contre l'empereur d'Allemagne, Henri IV, contre les Hongrois et les Poméraniens, il vit la fortune finir par lui être infidèle dans une grande expédition contre les Russes, qui attirèrent son armée dans une embuscade près d'Halicée et qui l'y taillèrent en pièces. Boleslas mourut du chagrin que lui causa ce désastre.

BOLESLAS IV, surnommé *le Frisé*, duc de Pologne comme son père Boleslas III, monta sur le trône en 1147, lors de la déposition de son aîné Vladislas, et mourut à Cracovie, en 1173. Ce fut en vain qu'il assigna la Silésie en apanage à son aîné. Secondé par l'empereur Frédéric Barberousse, Vladislas essaya de reconquérir sa couronne. Mais habile politique, Boleslas réussit à dissoudre une ligue à laquelle il n'aurait pu longtemps résister ; et un mariage cimenta bientôt l'union de ces deux souverains ennemis.

Sous prétexte d'en convertir les habitants, Boleslas essaya de se dédommager de la cession de la Silésie en faisant la conquête de la Prusse ; mais les deux expéditions qu'il entreprit dans cette contrée furent impuissantes à la soumettre aussi bien qu'à la convertir, et son armée y fut exterminée. Il eut encore à se défendre contre ses neveux, les fils de Vladislas, qui voulurent profiter de son désastre pour revendiquer la couronne de leur père. Mais soutenu par la nation, il triompha de leurs prétentions, et mourut paisiblement, en 1173.

BOLESLAS V, surnommé *le Chaste*, fut élu duc de Pologne en 1220, au milieu des troubles qui agitèrent la Pologne après la mort de Lezko le Blanc et de Micislas le Vieux. Comme il n'avait encore que sept ans, son oncle Conrad et le duc de Silésie Henri le Barbu se disputèrent longtemps la régence. Déclaré majeur en 1237, il épousa Cunégonde fille de Henri. Cette princesse, déterminée par une dévotion exagérée, avait fait vœu de chasteté ; Boleslas imita son exemple, que sa froideur et sa timidité naturelles ne lui rendaient pas fort pénible. Véritable roi fainéant, au lieu de songer à repousser une invasion des Tatares, il se réfugia chez son beau-père, dont il abandonna bientôt la cour pour s'enfermer en Moravie, dans une abbaye de l'ordre de Citeaux. Les Tatares purent donc ravager impunément la Pologne, dont les populations, épouvantées, furent réduites à se retirer dans les forêts. Heureusement s'organisa contre eux une croisade, à la tête de laquelle se plaça Henri de Breslau, qui eût anéanti ces hordes dévastatrices dans une grande bataille livrée sur les bords de la Neïke, s'il n'avait pas péri au milieu de l'action. Boleslas ne rentra en Pologne que lorsque les Tatares l'abandonnèrent ; et une autre invasion de ces mêmes peuples lui fournit l'occasion de faire preuve du même manque de courage. Il mourut en 1279.

BOLET (du grec, βῶλος, motte), genre de plantes cryptogames, appartenant à la famille des champignons, et caractérisé par un chapeau sessile ou pédonculé, garni (d'ordinaire, à la surface inférieure seulement) de tubes qui renferment les corps reproducteurs. Ce genre est très-nombreux en espèces, et en France seulement on en connaît plus de cent; mais nous devons nous borner à en signaler quatre, qui présentent des propriétés remarquables, et sont employées, soit dans l'économie domestique, soit en médecine, ou dans les arts.

Le *bolet onguliforme* (*boletus ungulatus*, Bulliard) se trouve partout dans nos bois, sur les troncs des chênes et des hêtres : on le connaît vulgairement sous le nom *d'agaric de chêne*. Il est sessile, attaché par le côté, et présente à peu près la forme d'un sabot de cheval : d'où lui est venu son nom. Sa chair est d'une couleur tannée, d'abord mollasse et filandreuse, puis dure comme du bois; ses tubes sont étroits, réguliers, de même couleur que la chair ; sa surface supérieure est grisâtre ou ferrugineuse, quelquefois marquée de zones brunes; si on frotte la première écorce, on en trouve dessous une seconde, lisse et d'un noir luisant. Ce champignon continue très-longtemps à s'accroître : chaque année il se développe une nouvelle couche de tubes, et l'on retrouve les anciennes au moyen d'une coupe verticale; chacune des pousses dont le champignon s'augmente successivement tous les ans reste séparée de la précédente par un sillon annulaire profond ; en sorte que le nombre de ces sillons indique l'âge du végétal. Coupé par tranches quand il est jeune, et battu, ce bolet forme *l'agaric des chirurgiens*, dont on se sert pour arrêter les hémorragies des petits vaisseaux. Ces mêmes tranches d'agaric trempées dans une dissolution de nitre, séchées et battues, forment *l'amadou*, dont on se sert pour fixer l'étincelle qui s'échappe du silex frappé par le briquet.

Le *bolet amadouvier* (*boletus igniarius*, Bulliard; *boletus obtusus*, Decandolle) croît sur les saules, les frênes, les cerisiers, les pruniers, etc. Il est sessile, attaché par le côté, demi-orbiculaire et obtus. Sa chair est d'une couleur tannée, d'abord de la consistance du liége, ensuite dure comme du bois; ses tubes sont courts, étroits, très-réguliers, de la même couleur que la chair : il vit longtemps, comme le précédent, et produit de même chaque année une nouvelle couche de tubes : on retrouve, au moyen d'une coupe verticale, ces couches superposées, dont le nombre indique l'âge de l'individu ; mais les pousses annuelles du chapeau ne sont pas séparées par des sillons, comme dans le bolet onguliforme. Cette espèce est employée aussi pour faire de l'amadou. Les teinturiers en tirent une couleur noire.

Le *bolet du mélèze* (*boletus laricis*, Jacquin) se trouve dans les Alpes, où il croît sur le tronc des mélèzes. Il est sessile, attaché par le côté, d'une consistance molle et coriace. Dans sa jeunesse il a une forme ovoïde allongée; mais il finit par prendre celle d'un sabot de cheval. Sa chair est d'un blanc jaunâtre; sa surface supérieure est marquée de quelques zones jaunâtres ou brunâtres, peu prononcées; l'inférieure est munie de tubes jaunâtres. Il est variable dans sa grandeur; mais le plus ordinairement il a dix ou douze centimètres de diamètre. Il est employé en médecine sous le nom *d'agaric officinal*, et on le trouve dans les pharmacies dépouillé de son épiderme et desséché; il est alors blanc, spongieux et friable. C'est un purgatif déjà mentionné par Dioscoride et Galien sous le nom d'ἀγαρικόν, et qui entre dans la composition de la thériaque, mais dont les praticiens modernes font bien peu d'usage, surtout en France. Les habitants des Alpes l'emploient pour leurs troupeaux.

Le *bolet comestible* (*boletus edulis*, Bulliard) se trouve pendant tout l'été par toute la France, dans les bois et les lieux couverts, où il croît sur la terre. Il atteint jusqu'à vingt centimètres de hauteur. Il a un pédicule assez gros, cylindrique ou quelquefois ventru, blanchâtre ou fauve, avec des lignes en réseau; son chapeau est large, voûté, d'une couleur ferrugineuse tirant sur le brun, quelquefois d'un rouge de brique rembruni, ou bien d'un rouge cendré, ou encore blanc ou jaunâtre; sa chair est blanche, épaisse, ferme, quelquefois jaunâtre, souvent d'une teinte vineuse sous la peau; les tubes sont d'abord blancs, ensuite jaunâtres ou verdâtres. Les bœufs, les cerfs, les porcs, le mangent avec avidité, et il est très-recherché comme aliment et comme assaisonnement dans le midi de France; mais on n'en fait pas usage à Paris, quoiqu'il se trouve communément aux environs de cette ville, principalement dans les bois de Ville-d'Avray et de Meudon. On le connaît dans le midi sous le nom de *ceps*, *cèpe*, *girole*, *giroule*, *brugnet*. En Lorraine on le mange sous le nom de *champignon polonais*, parce que ce sont des Polonais de la suite de Stanislas Leczinski qui montrèrent qu'on en pouvait manger sans danger.
DÉMEZIL.

BOLEYN (ANNE DE). *Voyez* BOULEN.
BOLIDE. *Voyez* AÉROLITHE.
BOLINGBROKE (HENRY-SAINT-JOHN, vicomte DE), célèbre homme d'État et écrivain anglais, né en 1678, à Battersea (comté de Surrey), d'une famille ancienne et considérée, marqua déjà à l'université d'Oxford par la vivacité de son esprit et par ses progrès dans toutes les branches des connaissances humaines. A son entrée dans le monde, il y fit sensation par son extérieur séduisant, par ses manières élégantes, enfin par un charme tout particulier de diction auquel il était bien difficile de résister. Mais n'écoutant que ses passions et tout entier au plaisir, il ne fut jusqu'à l'âge de vingt-trois ans qu'un débauché de bonne compagnie. Dans l'espoir de mettre un terme à cette vie de désordres, son père lui fit alors épouser une jeune personne charmante, fille d'un baronet, et qui lui apporta en dot un million. Henry Saint-John ne fut point corrigé par le mariage ; ses nombreuses et éclatantes infidélités troublèrent bientôt la paix du toit conjugal; et dès lors les deux jeunes époux ne se trouvèrent plus d'accord que pour se séparer à jamais. Son père essaya encore d'un autre moyen pour le ramener à des habitudes plus régulières : ce fut de le lancer dans la politique, et, en conséquence de le faire entrer à la chambre basse. Ce moyen réussit. L'éloquence peu commune de Saint-John, la sûreté de son coup d'œil, la sagacité de ses appréciations excitèrent l'attention générale ; et maintenant les intrigues de la politique devinrent la grande préoccupation de son existence. Il y avait pour lui à choisir entre les whigs et les tories; son choix fut bientôt fait , et c'est pour les tories qu'il se décida. Une métamorphose complète s'était opérée chez toutes ses habitudes ; une infatigable activité avait succédé en lui à l'horreur qu'il avait naguère pour toute espèce de travail; et Guillaume III suivit avec un intérêt tout particulier ces débuts parlementaires, qui annonçaient à l'Angleterre un homme d'État de plus. Dès 1704 Saint-John était arrivé au pouvoir ; la reine Anne lui avait confié le portefeuille de la guerre dans le cabinet dont lord Harley avait la présidence. C'est dans l'exercice de ces fonctions qu'il se trouva amené à avoir des relations directes avec Marlborough, qui seconda du mieux qu'il put son administration, de même que Saint-John ne négligea rien pour mettre à la disposition du vainqueur de Blenheim les ressources immenses et incessantes qui lui étaient nécessaires pour mener avec vigueur la guerre contre la France. Ces deux hommes appartenaient pourtant à deux partis ennemis; mais l'intérêt de leur pays les rapprochait, et leur faisait momentanément oublier les profondes dissidences politiques qui les séparaient. Le moment vint où, par le jeu naturel de ces institutions représentatives qui sont la gloire de l'Angleterre, les whigs parvinrent à ressaisir le pouvoir et à renverser les tories (1708). Saint-John suivit dans sa retraite lord Harley. Mais les affec-

tions secrètes de la reine Anne étant toutes pour les tories, Saint-John, ministre déchu, ne laissa pas que d'entretenir toujours de mystérieuses relations avec sa souveraine, qui manquait rarement de prendre son avis dans les affaires importantes, et cela à l'insu de ses conseillers officiels.

Deux années s'écoulèrent de la sorte pendant lesquelles les whigs, protégés par la gloire de Marlborough, continuèrent de diriger les affaires du pays en s'efforçant de donner à la guerre contre la France des proportions de plus en plus formidables; tandis que Saint-John utilisait les loisirs que lui avait faits sa défaite parlementaire pour se livrer à une étude encore plus approfondie des arcanes de la politique. On sait que vers ce temps-là Anne se décida à secouer le joug insupportable que faisait peser sur elle la duchesse de Marlborough, qui, dans l'enivrement de ses grandeurs, oubliait trop qu'elle n'était que l'une des premières sujettes de la reine; et que cette princesse la remplaça dans les fonctions de grande-maîtresse de sa maison par une nouvelle favorite, lady Marsham, toute dévouée au parti tory. Cette petite révolution dans l'intérieur du palais ne tarda point à en amener une grande dans les hautes sphères de la politique. On sait aussi que la paix d'Utrecht en fut l'une des conséquences; mais ce serait une erreur que de penser que la pacification de l'Europe ait été le résultat immédiat de la rentrée des tories aux affaires.

La guerre était alors extrêmement populaire en Angleterre; elle avait donné de la gloire militaire à la nation en même temps qu'un énorme développement à sa puissance maritime. Imprimer à l'opinion un courant contraire, faire comprendre au pays qu'en définitive on lui faisait payer sa gloire bien cher, et l'amener à souhaiter la fin d'une guerre qui avait valu à ses armes quelques-uns des plus éclatants triomphes dont fassent mention les annales anglaises, ne pouvait être l'affaire d'un jour. C'est en 1710 que s'accomplit la révolution de palais qui amena la création d'un nouveau cabinet, dans lequel Saint-John eut le département des affaires étrangères, et la guerre dura encore près de trois années. Mais le second ministère de Harley (créé alors comte d'Oxford) avait dû se constituer avec un programme différent de celui qu'il remplaçait; sans quoi ce brusque changement dans le personnel des gouvernants n'aurait pas eu de raison d'être. Dès lors, il y avait pour lui nécessité de prendre aussi bien à l'extérieur qu'à l'intérieur une attitude autre que les whigs; et Saint-John en profita habilement pour faire prévaloir, en dépit des hésitations de la cour et même de l'opposition de certains de ses collègues, ses idées personnelles sur la manière de mettre fin à la crise à laquelle l'Europe était en proie depuis si longtemps.

La presse, qui depuis près d'un siècle jouait un rôle si important dans la constitution anglaise, fut le levier dont il se servit pour déplacer l'axe des influences. Un journal fut fondé, *The Examiner*, à la rédaction duquel prirent part des hommes tels que Prior, Swift et Atterbury, en même temps que Saint-John, en dépit de ses occupations, trouvait encore le temps d'y insérer fréquemment des articles, qui attaquaient la question par son côté pratique et positif. Avec son bon sens ordinaire, John Bull, quand on lui eut démontré, par exemple, que la prise de Bouchain, le seul exploit qui eût marqué la campagne de 1711, lui coûtait au delà de sept millions de livres st., comprit qu'il faisait là un métier de dupe, et qu'il s'épuisait d'hommes et d'argent pour faire la grandeur de l'Autriche et engraisser les principicules de l'Allemagne, alors encore bien plus nombreux qu'aujourd'hui. En parlant de *prix de revient*, Saint-John savait qu'il serait écouté; et effectivement il s'opéra alors bientôt dans l'opinion publique un si complet revirement, que les conférences pour la paix purent s'ouvrir à Utrecht. A cette époque il se montra homme d'État et politique habile; car pour amener la conclusion de ce traité si célèbre, resté pendant la plus grande partie du dix-huitième siècle la base du droit public européen, il lui fallut non seulement triompher de l'opposition des whigs, et en particulier de celle de la chambre haute, où ce parti avait conservé l'ascendant que des élections nouvelles et générales lui avaient fait perdre en 1710 dans le sein des communes, mais encore entraîner des collègues imprudents, irrésolus, envieux même, et enlever de haute lutte l'assentiment de la reine, princesse faible et affaiblie encore par la maladie.

La paix, d'ailleurs, n'eut pas été plus tôt signée, que la discorde éclata au sein du cabinet. Le comte d'Oxford, qui cessa de s'entendre avec Saint-John, créé déjà six mois avant la signature du traité d'Utrecht *vicomte de Bolingbroke*, dut donner sa démission des fonctions de premier lord de la trésorerie; et la reine le remplaça à la direction des affaires par son rival. Mais quatre jours après ce remaniement ministériel, Anne descendait au tombeau. Il fut impossible alors à Bolingbroke de se justifier de l'accusation d'avoir voulu détruire ce qu'on appelait *la succession protestante*, c'est-à-dire la succession dans la ligne de la maison de Hanovre, et d'avoir travaillé au rétablissement des Stuarts, que la mort de Jacques II semblait avoir rendu plus facile: aussi l'un des premiers actes de Georges III, en touchant le sol anglais, fut-il de renvoyer des ministres qui avaient ouvertement travaillé dans les intérêts du prétendant. Les ennemis de Bolingbroke ne s'en tinrent pas là, et annoncèrent hautement le projet de lui intenter un procès de haute trahison; et celui-ci, ne se sentant plus en sûreté sur le sol anglais, mit prudemment le détroit entre lui et ses adversaires, qui, réalisant effectivement leurs menaces, le firent déclarer par contumace coupable de haute trahison et condamner à la peine capitale ainsi qu'à la confiscation de ses biens.

N'ayant plus rien à ménager, et croyant toujours à l'efficacité de l'appui de la France pour la cause des Stuarts, Bolingbroke se rendit alors à Commercy en Lorraine, auprès du prétendant, qui se hâta de le nommer son garde des sceaux et de l'envoyer à Paris pour y soigner ses intérêts. Mais Louis XIV une fois mort, Bolingbroke comprit qu'une politique nouvelle allait guider le régent dans ses rapports avec l'Angleterre, que les Stuarts ne devaient plus compter sur l'appui de la France, et que dès lors leur cause était irrémissiblement perdue. Son parti en fut bientôt pris; il se brouilla avec le prétendant, dont il avait reconnu l'impuissance et la nullité, et qui lui ôta sa charge de garde des sceaux; puis il chercha, par l'intermédiaire de lord Stairs, ambassadeur d'Angleterre à Paris, à se rapprocher de Georges Ier. Le gouvernement anglais lui proposa de lui acheter les secrets du prétendant, dont il avait dû avoir connaissance. Si Bolingbroke se refusa à cette trahison, il n'en est pas moins avéré qu'il agit désormais tout à fait dans les intérêts de la maison de Hanovre, qui paya ses bons offices patents ou secrets en faisant casser l'arrêt qui l'avait condamné par contumace. Toutefois, comme le premier ministre Walpole redoutait toujours l'influence que Bolingbroke, avec son esprit si souple et si délié, pourrait exercer sur les affaires, et que d'ailleurs on comptait toujours dans la chambre des communes la majorité qui lui avait été si hostile à l'avènement de nouveau roi, ce ne fut qu'en 1723 qu'il lui fut permis de rentrer en Angleterre; et encore lui fallut-il pour cela gagner à prix d'or à ses intérêts la duchesse de Kendale, maîtresse de Georges Ier. Ses biens ne lui furent même rendus que deux ans plus tard.

Pendant ce long exil, il avait épousé une nièce de Mme de Maintenon, la veuve du marquis de Villette, et, comme tant d'ambitieux auxquels la fortune contraire fait des loisirs dont ils enragent, il s'était mis à écrire. Ses *Reflections upon* et ses *Memoirs on the affairs of England, from 1710 to 1716*, ouvrage qui jette une vive lumière sur l'histoire d'Angleterre pendant le premier quart du dix-huitième siècle, datent de cette époque.

De retour dans sa patrie, il vécut d'abord dans une solitude complète, à Dawley, près d'Uxbridge, entretenant une

BOLINGBROKE — BOLIVAR

correspondance toute littéraire avec ses anciens amis Pope et Swift; mais une opposition ayant commencé enfin à se dessiner dans l'une et l'autre chambre contre les ministres du prince, qui, en haine du papisme, avait été aussi bien accueilli en Angleterre que Guillaume III en 1688, Bolingbroke ne put résister à la tentation de se mêler de nouveau aux affaires de la politique; et comme l'influence, toujours prépondérante, de Walpole était un obstacle à ce qu'on lui rendît son siège à la chambre haute, il fit au ministère pendant dix ans, de 1726 à 1736, une guerre des plus actives de pamphlets et d'articles de journaux. On cite surtout comme ayant exercé une grande influence ceux qu'il fit paraître dans le recueil intitulé *The Craftsman*. C'est à cette époque aussi qu'il écrivait sa célèbre *Dissertation on parties*, regardée comme son chef-d'œuvre. Fatigué, découragé peut-être de l'inutilité de ses efforts pour renverser Walpole, il se retira encore une fois en France, aux environs de Fontainebleau; et c'est là qu'il composa ses *Letters on the Study of history*, où, triste précurseur des encyclopédistes, il attaquait de la manière la plus violente les bases mêmes de la religion chrétienne, que précédemment il avait défendue avec beaucoup de talent. C'est dans cet ouvrage, qui ne parut qu'après sa mort, qu'il assimile le Pentateuque aux aventures de don Quichotte. Toute religion révélée n'est à ses yeux qu'absurdité. Dans le Nouveau Testament il distingue l'Évangile de Jésus-Christ de celui de saint Paul : l'un, premier résumé de la loi naturelle et de la philosophie de Platon; l'autre, ramas de doctrines impies. La polygamie lui paraît chose désirable, et il nie l'immortalité de l'âme.

L'inquiétude naturelle à son esprit et peut-être bien aussi le désir de revoir le sol natal le ramenèrent encore une fois en Angleterre, où, en 1738, il écrivit sous les yeux du prince de Galles persécuté par Walpole, et dont il était devenu l'un des familiers, *Idea of a patriot King*. Avant de mourir il eut la satisfaction d'assister à la chute de son ennemi Walpole. Lorsque la mort vint le frapper, en 1751, à la suite d'une longue maladie, il avait depuis longtemps recouvré tous ses titres et dignités, et il mettait la dernière main à des Considérations sur la situation de la nation. Son second mariage avait été plus heureux que le premier. Il avait tendrement aimé la marquise de Villette; et devenu veuf, il la regretta d'autant plus vivement qu'il n'avait pas la consolation d'avoir des enfants. Il légua ses manuscrits au poète écossais Mallet, en le chargeant de publier une édition de ses œuvres. Mallet s'acquitta fidèlement de la mission qui lui avait été confiée, et fit paraître les œuvres complètes de Bolingbroke, de 1753 à 1754 (5 volumes). Il était difficile que dans un pays si religieux la publication des *Letters on the Study of history* ne produisit pas un vif scandale. Aussi le grand jury convoqué à Westminster condamna-t-il à l'unanimité cette édition comme un livre également pernicieux pour les mœurs, la religion, l'État et la tranquillité publique. Goldsmith l'a réimprimée en 1809, et l'a fait précéder d'une biographie de l'auteur.

BOLIVAR (SIMON) naquit d'une famille distinguée, à Caracas, en 1785. Il fut du petit nombre des créoles auxquels le gouvernement ombrageux de l'Espagne permettait d'aller faire leurs études à Madrid, et, par une faveur plus spéciale encore, il obtint l'autorisation de visiter le reste de l'Europe. Durant son séjour à Paris, il s'occupa surtout d'acquérir les connaissances nécessaires au guerrier et à l'homme d'État; il fréquenta les cours publics, particulièrement ceux des Écoles Normale et Polytechnique, devint l'ami de MM. de Humboldt et Bonpland, et voyagea avec eux en Angleterre, en Italie, en Allemagne.

De retour à Madrid, la tête pleine des institutions qu'il avait admirées parmi nous, il épousa la fille du marquis d'Ustaritz, et revint en Amérique. Tout y annonçait une explosion prochaine. De justes plaintes sans cesse réitérées n'obtenaient de la métropole que des réponses évasives. L'Escurial persistait dans son affreux système colonial. Tout à coup on apprend à Caracas qu'une armée française a envahi l'Espagne; bientôt la double abdication de Charles IV et de Ferdinand VII vient mettre le sceptre de la péninsule entre les mains de Joseph Bonaparte. Placés entre des ordres contradictoires, les colons restèrent longtemps fidèles à la cause du malheur; se voyant enfin méconnus de ceux qu'ils voulaient servir, ils secouèrent le joug et se constituèrent en congrès national. Bolivar pouvait jouer un grand rôle dans cette assemblée; mais, ses principaux membres ne lui inspirant pas une grande confiance, il refusa d'en faire partie. Ce ne fut qu'en 1812, lorsqu'il vit qu'un tremblement de terre qui avait englouti une grande partie de la population vénézuélienne, l'anniversaire même du jour de l'insurrection, devenait entre les mains des prêtres un moyen de perdre la liberté au nom du ciel, qu'il renonça spontanément à l'inaction à laquelle il s'était voué. Il courut offrir ses services au général Miranda, qui du temps de Dumouriez avait combattu dans les rangs de l'armée française, et qui consacrait les restes de sa vie à la défense de sa terre natale. Leurs premières tentatives ne furent pas heureuses : Bolivar, nommé colonel et investi du commandement de Puerto-Cabello, laissa surprendre la citadelle par des prisonniers espagnols qui y étaient enfermés, et fut obligé de se retirer à la Guayra.

Sur ces entrefaites, Miranda, cerné par des forces supérieures, capitulait à des conditions honorables pour lui et ses concitoyens. Cette capitulation devait être aussitôt violée que conclue. Le vieux général, chargé de fers, fut envoyé à Cadix, où il mourut, dans un cachot.

Cependant, l'échec éprouvé par Bolivar ne lui avait pas aliéné le cœur de ses soldats. Le congrès de la Nouvelle-Grenade lui confia un corps de six mille hommes, avec lequel il traversa les Andes, battit les Espagnols, et s'empara des provinces de Tunja et de Pamplona. Son lieutenant Briceno, moins heureux, tomba dans leurs mains, et fut fusillé avec sept de ses officiers. Ces froids assassinats indignèrent Bolivar, qui avait toujours fait la guerre avec modération. Les habitants, exaspérés, venaient se ranger en foule sous ses drapeaux; il se vit bientôt à la tête d'une armée assez nombreuse pour pouvoir marcher sur Caracas. Le général espagnol Monteverde accourut à sa rencontre avec l'élite de ses troupes : la victoire fut longtemps disputée; mais, la cavalerie royale ayant passé du côté des indépendants, Monteverde, avec ses débris, alla s'enfermer dans Puerto-Cabello; Bolivar entra vainqueur à Caracas, et proclama l'oubli du passé. Tout Venezuela, à l'exception de Puerto-Cabello, s'était rallié aux indépendants. Leur chef, toujours magnanime, fit proposer un échange de prisonniers; mais Monteverde repoussa avec orgueil une transaction qui devait accroître ses rangs de deux fois plus d'hommes qu'il n'en aurait rendu. Il fit plus : ralliant toutes ses forces, il vint chercher les républicains près d'Agua-Caliente. Le sort trahit encore sa valeur; son armée fut taillée en pièces, et lui-même, grièvement blessé, fut reporté à Puerto-Cabello. Bolivar espéra mieux de son successeur Salomon; il lui dépêcha Salvador Garcia, prêtre vénérable, qui lui semblait devoir être respecté de tous les partis; mais le nouveau général espagnol lui fit charger de fers et jeter dans un cachot. Bolivar, indigné, cerna la forteresse par terre et par mer; on l'attaqua avec fureur, on perdit beaucoup des principaux ouvrages, on la réduisit à une affreuse famine. La fermeté des Espagnols était à l'épreuve des privations et des dangers. Décimés par le fer, en proie aux maladies, exténués par la faim, sans espoir de secours, ils restèrent inébranlables.

Tandis que Bolivar rendait de si grands services à la cause de la liberté, il faillit perdre toute l'influence que ses victoires lui avaient acquise. Le congrès de la Nouvelle-Grenade lui avait intimé l'ordre de rétablir le gouvernement civil dans la province de Caracas; il hésita à déposer l'espèce de dictature qu'on lui avait confiée dans des circonstances difficiles. Des murmures lui apprirent qu'il s'était mépris. Il s'empressa de réparer ce moment d'erreur, et convoqua une assemblée générale pour le 2 janvier 1814. Là, il rendit un compte scrupuleux de ses opérations et de ses plans, et offrit sa démission. Cette démarche raffermit son pouvoir chancelant : sa démission fut refusée d'une voix unanime, et sa dictature continuée jusqu'au moment où Vénézuéla pourrait être réunie à la Nouvelle-Grenade. Les royalistes, convaincus de l'inutilité de leurs efforts, soulevèrent secrètement les esclaves, et les organisèrent en bandes irrégulières. A la tête de ces malfaiteurs se distinguait le féroce Puy, qui, s'étant emparé de Varinas, y fit fusiller en un jour cinq cents patriotes. Bolivar, exaspéré de ce crime, sortit de son caractère, et ordonna de mettre à mort huit cents prisonniers espagnols; il battit successivement Bovès, le mulâtre Rosette et le chef de guérillas Yanès. Mais ces succès réitérés lui inspirèrent trop de confiance; il commit la double faute d'éparpiller ses forces et de s'aventurer dans de vastes plaines, où la cavalerie espagnole avait tout l'avantage. Battu à son tour, il ne put tenir tête à l'ennemi; il lui fallut lever le siége de Puerto-Cabello et s'embarquer pour Cumana, où il n'amena que des débris. Les Espagnols, vainqueurs, rentrèrent dans Caracas et dans La Guayra.

Toutefois, les désastres de Bolivar ne l'avaient point abattu. Il reparaît à Araguita, dans la province de Barcelone, mais c'est pour s'y faire battre de nouveau. Plus heureux, il s'empare de Santa-Fé de Bogota; mais il échoue devant Sainte-Marthe. Voyant l'inutilité de ses efforts, il joint ses troupes à la garnison de Carthagène, qu'assiégeait Morillo, et s'embarque seul pour la Jamaïque, d'où il espère ramener des secours. Le défaut d'argent multiplia les difficultés; et quand il revint avec des troupes fraîches, Carthagène s'était rendue, après quatre mois de combats et de privations. Cependant les Espagnols commençaient à trouver dans leur prospérité même le principe de leur ruine. Les colons, humiliés par eux, se détachaient de leurs drapeaux, et le pays se couvrait de guérillas. Ce fut dans ces circonstances, vers la fin de mars 1816, que Bolivar débarqua, à la tête de ses renforts. Il avait avec lui Brion, à qui son dévouement avait mérité le titre de citoyen de Carthagène, et deux bataillons de noirs, que le président Péthion lui avait envoyés de Saint-Domingue. L'Écossais Mac-Grégor commandait son avant-garde. Le chef de l'armée libératrice se faisait précéder d'une proclamation où il promettait à tous l'union, l'oubli, la tolérance, l'affranchissement des esclaves. Qui le croirait? cette proclamation, si propre à exciter l'enthousiasme, n'eut d'autre effet que d'alarmer la cupidité. En vain Bolivar avait donné l'exemple en affranchissant ses nègres et en les rangeant comme volontaires sous les drapeaux de la liberté; les colons de Vénézuéla, qui regardaient leurs noirs comme leur propriété, aimèrent mieux être riches que libres, et abandonnèrent celui qui venait les délivrer. Il fut encore obligé de battre en retraite devant les Espagnols. Réfugié aux Cayes, il faillit y périr sous le poignard des royalistes. Mais rien ne pouvait altérer son courage et le faire renoncer à ses projets; il convoqua un congrès général à l'île de Margarita, et établit un gouvernement provisoire à Barcelone. Morillo vint l'assiéger dans cette place, et obtint d'abord quelques succès, que Bolivar rendit inutiles en incendiant ses propres vaisseaux. On se battit les trois jours suivants; enfin, la victoire se déclara pour les républicains, qui s'emparèrent du camp espagnol, et reprirent la supériorité sur tous les points.

Nommé chef suprême de Vénézuéla sur la fin de cette même année, Bolivar établit son quartier général à Angustura, et poursuivit le cours de ses victoires, secondé par son lieutenant Paez et par sa vaillante cavalerie. Les Espagnols, désespérant de le vaincre, essayèrent de l'assassiner. Un traître, suivi de douze hommes, pénétra de nuit dans la tente du général, qui lui échappa presque nu. Les deux armées étaient également affaiblies. L'affaire de Sebanos de Coxedo, où la victoire resta indécise, termina la campagne de 1818. Le 15 février 1819 Bolivar ouvrit à Angustura le congrès général de la république; il lui présenta un plan de constitution, et se démit du pouvoir suprême; mais on le pressa de reprendre une autorité qui pouvait être encore utile, et il y consentit. Il avait réorganisé l'armée, il résolut de tenter le passage des Cordillères; ses troupes éprouvèrent de grandes fatigues dans cette région escarpée, stérile, entrecoupée de torrents. Enfin, arrivé le 1er juillet dans la vallée de Sagamoso, il rencontra 3,500 Espagnols sur les hauteurs qui la dominent, les attaqua avec des troupes inférieures en nombre et harassées, les culbuta, et le soir même Tunja fut en son pouvoir. La bataille de Boyaca lui ouvrit les portes de Santa-Fé : il fit prisonnier le général en chef Barreizo, et s'empara d'un millier de piastres laissées par le vice-roi Samana. La Nouvelle-Grenade demanda à s'unir à Vénézuéla, et choisit Bolivar pour son président. Après avoir confié la vice-présidence à Santander, il reprit la route d'Angustura, à la tête de ses troupes. Son arrivée fut une marche triomphale. Le congrès général réunit les deux provinces, sous le nom de *Colombie*, en l'honneur de Christophe Colomb. Bolivar, vainqueur à Carabobo, le 5 janvier 1820, songeait à poursuivre le cours de ses travaux, quand la nouvelle de la révolution espagnole parvint en Amérique. Il fit proposer à Morillo de cesser une guerre qui n'avait que trop duré pour le malheur des peuples; Morillo accueillit cette ouverture avec empressement, et un armistice fut conclu à Truxillo. L'Espagne reconnaissait Bolivar comme chef suprême de la Colombie; mais Bolivar refusa de reconnaître la souveraineté de l'Espagne. Les prétentions étaient trop opposées pour qu'on pût s'entendre. Pendant ces pourparlers, les deux chefs, égaux en loyauté, reposèrent une nuit entière dans la même chambre. Tant que dura la liberté espagnole, les hostilités cessèrent, et l'on ne songea qu'aux négociations; mais la destruction du système constitutionnel en Espagne et le projet avoué de reconquérir les républiques américaines changèrent la face des choses. Bolivar se prépara de nouveau aux combats. Le général espagnol Moralès, poursuivi par les forces colombiennes réunies, s'y vit forcé d'aller chercher un refuge dans les murs de Maracaïbo, où il ne tarda pas à être cerné par les républicains.

Une grande contrée restait dans l'Amérique du Sud sous la domination espagnole. Bolivar accepta la glorieuse mission d'aller aider le Pérou à reconquérir son indépendance. Il partit de Popayan le 12 mars 1823, à la tête de 7,000 hommes. La plume essayerait en vain de peindre tout ce qu'il eut à souffrir pendant vingt-cinq jours qu'il suivit la crête des Andes, à travers des rochers, des ravins, des précipices, dont jamais nul pied humain n'avait approché, à travers des forêts, des buissons, regardés comme impénétrables, parmi des herbes épaisses qui dépassaient la tête de ses soldats. L'eau manquait souvent. Souvent les sauvages égorgeaient les traînards. Enfin, les colonnes commencèrent à se concentrer le 28 mai dans les environs de Pasto, et bientôt cette ville et Quito avaient arboré l'étendard de l'indépendance. Bolivar fut accueilli en libérateur par les autorités péruviennes. Ce fut à Lima qu'il apprit que Puerto-Cabello avait cédé aux efforts réunis de ses lieutenants Paez et Bermudez, et que la garnison espagnole avait été embarquée pour Cuba. Les mémorables victoires de Junin et d'Ayacucho assurèrent la délivrance du Pérou, qu'acheva la reddition de la forteresse de Callao. Mais le poignard du royalisme poursuivait encore Bolivar chez le peuple qu'il rendait à l'indépendance. Le 30 janvier 1825 Bernard Monteagudo, son ami, son confident, fut assassiné en plein jour sur une des places de Lima. Un poignard pareil à celui qui avait servi à consommer le crime fut trouvé sur un domestique de Bolivar.

La nouvelle de la victoire d'Ayacucho ne parvint à Bogota que le 8 février. On y reçut en même temps une dépêche de Bolivar au président du sénat de la Colombie, dans laquelle il déclarait qu'il avait achevé sa mission, et que le temps était venu de tenir la promesse qu'il avait faite de se retirer de la vie publique aussitôt qu'aucun ennemi ne foulerait plus le sol américain. Le congrès tint une séance extraordinaire pour examiner le contenu de cette dépêche. Sa lecture fut suivie d'un morne silence. Enfin un député, se levant, déclara que ce serait un déshonneur pour la nation et un crime pour le congrès d'accepter la démission offerte, et qu'il votait son rejet. Ce vote entraîna tous les autres. Le 10 du même mois, jour anniversaire de la promotion de Bolivar à la dictature péruvienne, le congrès constituant de ce pays se réunit extraordinairement, et le général colombien vint aussi déposer dans son sein la puissance colossale dont il avait été investi. Le président du congrès répondit au libérateur en le pressant de conserver la dictature; mais Bolivar persista fermement dans son refus. A peine se fut-il retiré que le congrès vota des remercîments à l'armée libératrice, et prorogea la dictature jusqu'au commencement de 1826. Il voulut élever en outre une statue équestre au libérateur, qui eut le bon esprit de repousser cette marque de flatterie. Le 5 août 1825 les provinces du haut Pérou se constituèrent en un État souverain et indépendant sous le nom de *Bolivia*. L'administration en fut confiée au brave général Sucre, qui s'était distingué dans la guerre du Pérou.

C'est ici qu'il faut placer cette idée féconde de Bolivar d'ouvrir un congrès à Panama, dans cet isthme qui joint les deux Amériques. Il voulait opposer à ces congrès de rois, où se forge si souvent dans l'ancien monde l'esclavage des hommes, un congrès des peuples du nouveau monde soustraits à la tyrannie des rois. Le Mexique, Guatemala, la Colombie, le Pérou, accueillirent cette idée avec empressement, et envoyèrent des députés. Le Brésil et les États-Unis déclarèrent que leurs n'y siégeraient qu'en spectateurs. L'assemblée devait ouvrir ses séances en octobre 1825; elles ne commencèrent qu'en juin 1826, et bientôt l'insalubrité du climat amena la dispersion des membres, au grand regret de tous les vrais amis de la liberté.

L'absence du libérateur n'empêchait pas ses compatriotes d'avoir les yeux fixés sur lui : tous les membres du sénat et de la chambre des représentants de la Colombie s'étant réunis dans l'église de Santo-Domingo, à Bogota, afin de procéder au dépouillement des scrutins pour l'élection du président et du vice-président de la république, la première de ces dignités fut dévolue à Bolivar, qui avait obtenu 583 voix sur 602, et la seconde au général Santander, qui l'occupait déjà. Cette nouvelle fut annoncée au libérateur par son concurrent dans des termes pleins de déférence.

La Colombie semblait jouir d'une paix profonde, les soldats de l'Espagne ne souillaient plus son territoire, le commerce commençait à refleurir, l'éducation publique était encouragée, les institutions libérales se développaient, quand soudain la chambre des représentants, consultant moins la politique que le respect dû aux lois, somma le général Paez de venir rendre compte au sénat de sa conduite. Une accusation est instruite contre le chef. Elle avait pour motif quelques mesures violentes prises par lui relativement au tirage de la milice. Paez reçut l'ordre de remettre le commandement au général Escalona; mais ses troupes s'y opposèrent, et déclarèrent hautement qu'elles n'obéiraient qu'à lui. Les habitants de Vénézuéla prirent fait et cause pour les soldats, et manifestèrent l'intention de former un État séparé, n'ayant qu'un lien fédéral avec le reste de la république. Des excès furent commis à Valence, siége principal de l'insurrection. Paez fut élu président du nouvel État, et le général Escalona arrêté avec son état-major.

Cependant les municipalités de Caracas et de Valence, se séparant de la révolte, avaient écrit au libérateur de hâter son retour. Paez, accueilli dans la première de ces villes au cri de *Vive la république ! vive Bolivar ! vive Paez !* lui avait écrit de son côté pour justifier sa conduite et expliquer les raisons qui l'avaient forcé de désobéir au gouvernement central ; mais déjà le libérateur était en route pour la Colombie. Tandis qu'il pacifiait sur sa route les provinces de l'ouest, l'insurrection de Vénézuéla reprenait un caractère sérieux ; une assemblée du peuple, tenue le 6 novembre 1826, dans le couvent de San-Francisco à Caracas, considérant la république de Colombie comme en état de dissolution, déclarait la séparation de la province. Cependant Bolivar entrait à Bogota sous des arcs de triomphe, au milieu des acclamations du peuple. Investi dans des formes régulières de l'autorité dictatoriale, que les départements insurgés lui avaient déférée, il annonça l'intention de l'abdiquer aussitôt que la patrie cesserait d'être en danger, et de convoquer alors une convention qui déciderait de la forme à donner au gouvernement de la république. Il revit Caracas, sa ville natale, sa ville chérie ; confirma Paez dans le commandement civil et militaire de Vénézuéla ; déclara que, loin d'être coupable, il le considérait comme le sauveur de la patrie ; proclama enfin un oubli sincère, une amnistie générale, interdisant tout acte d'hostilité, comme fait de haute trahison. Ces mesures, nécessaires peut-être pour faire cesser la guerre civile, déplurent au vice-président, Santander, qui ne pardonnait pas à Paez de lui avoir reproché de détourner à son profit les sommes destinées au payement de la dette publique et de l'armée. Il offrit sa démission au président du sénat, qui la refusa, ce corps n'étant pas alors assemblé. Bolivar offrit aussi la sienne. « Il n'y a plus un Espagnol sur le continent américain, disait-il ; j'ai à cœur d'écarter les soupçons d'une usurpation tyrannique. L'exemple de Washington ne peut rien contre l'expérience du monde entier, toujours opprimé par les hommes puissants. » Cette démission fut refusée pour le même motif.

Sur ces entrefaites, le bruit se répand que le Pérou a aboli la constitution bolivienne, et que les troupes de la Colombie se sont rembarquées pour Guayaquil. Cette nouvelle blessa d'autant plus Bolivar, qu'elle fut reçue à Bogota avec des transports universels. Les démissions du président et du vice-président, portées au sénat, furent rejetées après de violents débats. Il était facile de s'apercevoir qu'il se formait au sein du congrès un parti qui repoussait Bolivar, et qui, dans son ingratitude, l'accusait de vues ambitieuses. A la tête de ce parti était son collègue Santander, qui ne cessait de lui susciter des embarras funestes à la marche des affaires. Bolivar triompha un instant de son mauvais vouloir : il eut la joie de voir le congrès convoquer sur sa proposition une grande convention nationale, chargée de décider s'il était urgent de réformer la constitution. Ses séances s'ouvrirent à Ocana le 9 avril 1828. La réforme de la constitution y fut résolue ; mais bientôt les semaines se passèrent en intrigues, en querelles, et l'assemblée, ne se trouvant plus en nombre suffisant pour délibérer, se sépara. A cette nouvelle l'indignation populaire fut au comble, et dans plusieurs villes, à Bogota, à Carthagène, à Caracas, des réunions eurent lieu où Bolivar fut supplié de reprendre l'autorité suprême et de sauver la patrie. Il y consentit, et Santander fut réduit au silence.

Tout paraissait se prononcer pour le libérateur, quand tout à coup, dans la nuit du 25 au 26 septembre, une conspiration éclata contre lui au sein de la capitale, auprès de son palais, dans les casernes. La demeure de Bolivar, attaquée avec une rare audace, fut au moment d'être prise ; lui-même, seul, lutta corps à corps contre les révoltés, qui avaient envahi ses appartements, et il ne dut son salut qu'à sa présence d'esprit. Les conspirateurs avaient compté sur le peuple; le peuple se prononça pour Bolivar, et le complot fut déjoué; plusieurs des coupables furent traduits devant un conseil de guerre et fusillés. Le vice-président Santander, dont le nom avait retenti dans l'insurrection, fut banni du territoire de la république avec quelques autres. Cependant, la guerre avait éclaté entre le Pérou et la Colombie. Bolivar partit de Bogota avec des troupes considérables pour agir du côté de Guayaquil. Il n'en eut pas le temps : un armistice fut conclu et suivi d'un traité de paix. Mais les ennemis du libérateur ne renonçaient pas, dans l'intérieur, à leurs projets d'anarchie. Le général Cordova, qu'il avait comblé de bienfaits, et qu'il croyait pouvoir compter au nombre de ses amis les plus dévoués, se souleva dans la province d'Antioquia. Bolivar fit marcher contre lui trois forts détachements. Cordova, entouré de toutes parts, sans espérance de succès, réduit à cette extrémité de périr de la mort des braves ou de celle des traîtres, fit une résistance héroïque, et tomba percé de coups sur les corps de ses soldats.

Un nouveau mouvement, qui devait plus affliger encore le Washington de l'Amérique du Sud, éclata le 25 novembre 1829 à Caracas, sa ville natale. Plus de cinq cents habitants réunis, après n'avoir point épargné dans leurs discours le caractère du libérateur, décidèrent que Vénézuéla renonçait à son autorité et se séparait de la Colombie. Une députation alla chercher Paez à Valence, et lui offrit le commandement, qu'il accepta. Cependant, le congrès national se réunissait en janvier 1830 à Bogota. Là, Bolivar renouvela avec plus d'instances que jamais sa démission, tant de fois offerte et toujours refusée. Il se plaignit amèrement d'avoir été soupçonné aux États-Unis, en Europe, dans son pays même, d'aspirer à un trône. Dès ce moment il abdique, il refuse pour toujours tout commandement. La nouvelle constitution était achevée; le congrès, voyant l'inutilité de ses efforts pour vaincre la résolution de Bolivar, accepta sa démission, et choisit pour président Joachim Mosquera, qu'il fallut aller chercher dans sa retraite de Popayan, comme un autre Cincinnatus. Cette assemblée, au nom de la nation colombienne, offrit au libérateur le tribut de sa gratitude et de son admiration, en lui décrétant une pension annuelle de 155,000 fr., payable partout où il lui plairait de fixer sa résidence. L'éloignement de Bolivar excita dans toutes les classes de vifs regrets. En arrivant à Carthagène, il eut la douleur d'apprendre que Paez avait persisté dans sa révolte, et que la séparation de Vénézuéla était un fait consommé. L'assassinat du général Sucre vint ajouter à son affliction. Abreuvé de dégoûts, victime de l'ingratitude des hommes, il succomba aux attaques d'une maladie de langueur qui le retenait dans une maison de campagne à San-Pedro, près de Sainte-Marthe, et y mourut le 17 décembre 1830. Ses adieux aux Colombiens, datés du 10 du même mois, peignent à nu cette grande âme, et font toucher au doigt les angoisses cruelles sous le poids desquelles il a expiré. C'est un morceau d'éloquence que doit conserver l'histoire contemporaine. Quinze ans plus tard, Vénézuéla envoyait chercher ses dépouilles mortelles, et leur décernait de pompeuses obsèques, à l'exemple de celles dont la France avait honoré la mémoire de Napoléon.

Bolivar joignait à de vastes connaissances militaires, à une rare bravoure personnelle, un esprit gouvernemental et des talents administratifs plus étonnants peut-être. Doué d'une activité infatigable, il dormait à peine trois ou quatre heures, et ne consacrait ordinairement que quelques minutes à ses repas. Son instruction était vaste : il possédait presque toutes les langues et les littératures de l'Europe, et connaissait leurs meilleurs écrivains. Religieux, mais sans superstition, sans fanatisme, il fit un pénible sacrifice au sang espagnol de ses compatriotes en proclamant le catholicisme religion exclusive de l'État. Bolivar avait toujours eu deux grands modèles devant les yeux, Washington et Bonaparte; et, quoi qu'on ait pu dire ou penser de lui, quel que soit le sort des États dont il a jeté les fondements, son nom brillera dans l'avenir à côté de ceux des grands hommes dont il enviait la gloire.   E. G. DE MONGLAVE.

BOLIVIE ou BOLIVIA, État de l'Amérique méridionale, formé de l'ancien Haut-Pérou, dépendant de l'ancienne vice-royauté espagnole de Buénos-Ayres; situé entre 9° 30′ et 25° 40′ de latitude méridionale, et entre 60° 20′ et 73° 20′ de longitude occidentale; borné au nord par le Pérou, à l'est par le Brésil et le Paraguay, au sud par le Rio de la Plata et le Chili, à l'ouest par l'océan Pacifique et le Pérou; ayant une superficie de 727,000 kilomètres carrés et une population évaluée à 1,200,000 âmes; hérissé de hautes montagnes à l'ouest, où il est traversé dans le sens de sa longueur par la chaîne des Andes, qui s'y bifurque pour former la ceinture du plateau ou bassin du lac de Titicaca, dont la partie sud-est seulement appartient à la Bolivie. La bifurcation occidentale ou *Cordillera de la Costa*, à escarpement abrupt du côté de l'Océan, en est séparée par le désert de sable d'Atacama. La bifurcation orientale, ou *Cordillera Real*, descend avec rapidité vers les plaines basses qui la bornent à l'est, et n'y envoie que quelques contre-forts peu considérables. Le vaste plateau de Titicaca, massif culminant de la chaîne des Andes, s'élève à plus de 4,200 mètres. Les points culminants de la Cordillera Réal, dans la Bolivie, sont aussi les points culminants des Andes et de toute l'Amérique. Le Nevado de Sorata a 7,700 mètres; le Nevado d'Illimani en a plus de 7,300. Dans la Cordillera de la Costa les points culminants ne dépassent pas 6,700 mètres.

A l'est des Andes, le pays dépend, en grande partie, du bassin de l'Amazone. Au sud, il appartient à celui du Rio de la Plata, séparé du précédent par une crête peu élevée. Le Mamoré, l'Ubahi, branches supérieures de la Madeira, et le Beni ou Paro, sont les principaux affluents de l'Amazone; ceux du Rio de la Plata sont le Paraguay et le Pilcomayo. Toutes ces rivières sont navigables. Le Desaguadero, qui sort du lac de Titicaca pour se perdre dans les terres, est le grand déversoir de cette masse d'eau, dont une portion dépend du territoire bolivien. De petits fleuves torrentiels se jettent dans l'océan Pacifique, ou disparaissent dans les sables du désert.

Le climat de la Bolivie ne se recommande pas, en général, par la salubrité. Il est très-chaud dans les terres basses, et surtout dans le désert d'Atacama. Les hivers, d'ordinaire assez froids, sont très-secs sur le plateau de Titicaca, où la neige tombe en avril et en novembre. Les pluies, très-rares partout, sont à peu près nulles dans le désert d'Atacama. Seulement, dans les plaines de l'est, elles deviennent continues d'avril à octobre, et inondent une grande partie des terres basses. On y est exposé à de violents orages et à de fréquents tremblements de terre, surtout dans la direction des côtes, où la Cordillière contient un grand nombre de montagnes volcaniques.

Le territoire de la Bolivie est très-riche en métaux, et célèbre surtout par ses mines d'argent de Potosi, autrefois si importantes. Elles furent découvertes par Hualpa, Péruvien, qui, en poursuivant un alpaca, arracha un arbrisseau, et aperçut sous sa racine cette étonnante veine d'argent qu'on a depuis appelée *la Rica*. La montagne, qui a 20 kilomètres de circuit et 1400 mètres d'élévation, fut percée de plus de trois cents puits, à travers un schiste argileux, jaune et dur, avec des veines de quartz ferrugineux. Elle est d'une couleur rougeâtre particulière, et ses nombreux fourneaux ont longtemps formé pendant la nuit un spectacle vraiment extraordinaire; mais aujourd'hui plusieurs sont éteints. La Bolivie possède encore de riches mines de cuivre. On a évalué à 4,000 marcs de Castille ou 920 kilogrammes d'or et 662,000 marcs d'argent la moyenne annuelle du produit des mines de 1790 à 1809; et à 4,970 marcs d'or et 290,000 marcs d'argent celles des années 1810 à 1829. L'exploitation, qui avait beaucoup souffert pendant les guerres de l'indépendance, a repris depuis quelque activité, et dès 1835 on estimait ses produits à 5,000 marcs d'or et 300,000 marcs d'argent. En somme, on évalue la quantité d'or extraite, dans une période de quarante ans, de 1809 à 1848, à une valeur de 87,346,000 francs, et celle d'argent à une valeur de 535,138,000 francs.

Le sol est généralement très-fertile, et couvert en grande partie de forêts vierges, riches en bois précieux de toutes espèces. Parmi les produits de la végétation il faut citer les grains, le riz, le maïs, le café, le coton, la canne à sucre, le tabac, le cacao, les fruits du tropique, l'orange, la figue, l'ananas, la vanille, la cascarille, le quinquina, la salsepareille, une espèce de cannelle, la gomme élastique, etc. Sur le plateau de Titicaca, dépourvu de grands arbres et impropre à la culture des grains d'Europe, on cultive le quinoa et la pomme de terre, qui y croît spontanément. Les animaux domestiques sont le bœuf, le cheval, l'âne, le mulet, et dans les montagnes la vigogne, le lama et l'alpaca. Parmi les autres animaux, on remarque le tapir, le jaguar, le léopard, et divers singes; dans les plaines de l'est, une multitude de reptiles et d'insectes venimeux ou destructeurs.

La population indienne ou indigène, qui parle le quichua ou l'aymara, forme plus des trois quarts de celle de tout le pays; le reste se compose d'Espagnols, d'hommes de couleur et de quelques nègres. Parmi les nombreuses tribus d'Indiens, celles de la côte et du bassin de Titicaca ont été généralement converties au christianisme; elles habitent des demeures fixes et se livrent à l'agriculture; les autres ont plus ou moins conservé les mœurs et les habitudes des sauvages. La principale branche d'industrie du pays est la fabrication des tissus de coton et de laine de lama, d'alpaca, de vigogne, le verre, les ustensiles et bijoux d'argent, les parures et ouvrages en plumes fabriqués par les Indiens. Le commerce, peu considérable, est rendu de plus en plus difficile par l'absence de communications entre l'intérieur des terres et la côte de l'océan Pacifique, et par la difficulté qu'on éprouve à descendre les affluents supérieurs de l'Amazone et du Rio de la Plata. Les exportations consistent presque exclusivement en métaux précieux, cuivre, étain, laine de brebis et de vigogne, peaux de chinchilla, cascarille, quinquina, drogues diverses, et *guano* depuis quelques années. Elles ont lieu presque exclusivement par navires anglais, français, et de l'Amérique du Nord. Le fer, la quincaillerie et les étoffes de laine, de soie, de lin, sont les principaux articles importés. Le commerce avec l'Europe se fait surtout par la côte de l'océan Pacifique, quelquefois par Cobija ou Puerto-de-la-Mar, le seul port que possède la république, mais le plus ordinairement par le port péruvien d'Arica, de sorte que le commerce de la Bolivie ne figure que très-rarement sur les tableaux de commerce des États de l'Europe. Dans la dernière période décennale on suppose pourtant qu'il s'est élevé à environ 15 millions de francs. Les revenus publics ne dépassent pas 10 millions de francs, les dépenses 9 millions à peu près, et la dette publique un peu plus de 8 millions.

L'histoire de l'indépendance de la Bolivie se lie à celle du Pérou; elle date du 1er avril 1825, jour de la victoire décisive remportée par les indépendants sur les Espagnols. Buénos-Ayres et le Pérou ayant déclaré qu'ils n'élevaient aucune prétention sur ces provinces, Bolivar, par un décret du 6 mai, les invita à se réunir en congrès pour adopter librement la forme gouvernementale qui leur conviendrait le mieux. Le congrès, assemblé dans la ville de Potosi, se prononça le 6 août pour une république indépendante, qu'il appela Bolivie, du nom de son libérateur. L'exercice des cultes y est libre, mais la religion catholique est la dominante; il y a trois diocèses : l'archevêché de Chuquisaca et les évêchés de La Paz et de Santa-Cruz. L'État possède une université à Chuquisaca et plusieurs collèges. L'armée ne se compose que de cinq mille hommes environ. Il y a six départements : 1° Chuquisaca (89,000 kil. carrés, 175,000 âmes); 2° La Paz (104,000 kil. carrés, 300,000 âmes); 3° Oruro (23,000 kil. carrés, 80,000 âmes); 4° Potosi (33,000 kil. carrés, 200,000 âmes); 5° Cochabamba (143,000 kil. carrés, 250,000 âmes); 6° Tarija ou Santa-Cruz de la Sierra (286,000 k. carrés, 25,000 âmes). Excepté Cochabamba et Santa-Cruz, dont les chefs-lieux sont Oropesa et San-Lorenzo, tous les départements portent les noms de leurs chefs-lieux. Chacun est subdivisé en provinces, et les provinces en cantons. Voici les principales bases de la constitution : le gouvernement est une république démocratique; la souveraineté réside dans le peuple et est exercée par un corps électoral, un corps législatif, un corps exécutif et un corps judiciaire; le pouvoir exécutif est confié à un président à vie, vice-président et à trois secrétaires d'État. Le corps législatif émane directement des collèges électoraux nommés par le peuple. Il se compose de trois chambres, celle des tribuns, celle des sénateurs et celle des censeurs; chaque chambre est composée de trente membres; chaque législature dure quatre ans et chaque session annuelle deux mois. La constitution garantit à tous les citoyens la liberté civile, l'inviolabilité des personnes et des propriétés, et enfin tout citoyen a le droit de publier ses pensées sans être astreint à aucune censure préalable; seulement il demeure responsable des abus de cette liberté.

La Bolivie devait tout au grand homme dont elle s'était donné le nom. Elle ne fut pas la dernière à se décharger du poids importun de la reconnaissance. A peine Bolivar fut-il de retour dans ses foyers, qu'elle abjura ce nom immortel, brisa sa constitution, éloigna les troupes colombiennes qui avaient reconnus son indépendance, et déclara la guerre à la patrie de ses libérateurs. Cette première guerre fut bientôt éteinte; mais l'ingratitude de la Bolivie ne contribua pas peu à la mort de son illustre fondateur. Le grand maréchal d'Ayacucho (général Sucre), qui avait rendu de grands services dans la lutte de l'indépendance, et qui, élu président à vie, n'avait consenti à accepter cette dignité que pour deux ans, fut forcé, en avril 1828, d'évacuer le pays avec les troupes colombiennes. Un nouveau congrès, qui se tint le 3 août 1828, à Chuquisaca, remania de fond en comble la constitution, et choisit pour président le grand maréchal Santa-Cruz, qui refusa d'abord cet honneur, Velasco, qui avait dans l'intervalle usurpé le fauteuil de la présidence, fut déposé par le congrès assemblé au mois de décembre de la même année. On mit à sa place le général Blanco, qui fut tué dans une révolte dans la nuit du 1er janvier 1829. Un gouvernement provisoire fut établi, qui offrit de nouveau la présidence à Santa-Cruz. Le général l'accepta enfin, se rendit à La Paz en mai 1829, et pacifia la république.

En 1831 Santa-Cruz promulgua le nouveau code qui porte son nom; il mit de l'ordre dans les finances, et conclut un traité de paix et de commerce avec le Pérou. Pour développer l'agriculture, l'industrie, les sciences, il chercha à attirer les étrangers par toutes sortes de faveurs; en 1836 il fonda un ordre de la Légion d'Honneur. Depuis plusieurs années, la Bolivie jouissait d'une prospérité croissante, lorsque Santa-Cruz, qui avait nourri longtemps le projet de former une confédération du Pérou et de la Bolivie, ayant été pris pour arbitre entre les prétendants à la présidence du Pérou, saisit cette occasion, et envahit les provinces septentrionales de ce dernier État. Dans un combat qu'il livra, le 8 août 1835, près de Cuzco, il battit le général péruvien Gamarra; et au mois de février suivant, ayant achevé la conquête de tout le pays, il se fit reconnaître dictateur. Il donna au Pérou septentrional et au Pérou méridional une constitution qui laissait à chaque État son indépendance dans les affaires intérieures, mais qui les soumettait l'un et l'autre à un gouvernement central dont il fut proclamé le chef avec le titre de *Protecteur*. Cependant les progrès du conquérant éveillèrent la jalousie des États voisins, surtout du Chili. Dès 1836 éclatèrent de nouvelles hostilités, qui, longtemps suspendues, recommencèrent en 1837 et 1838, et qui, après un nouvel armistice, se terminèrent, le 20 janvier 1839, par la sanglante bataille de Yungay, où Santa-Cruz fut battu par les Chiliens unis au général Gamarra, que les vainqueurs appelèrent à la présidence du Pérou. Le général Velasco, commandant de la Bolivie, se déclara aussi contre Santa-Cruz et la confédération, et se fit reconnaître président provisoire par un congrès assemblé à Chuquisaca, le 16 juin 1839. Il s'empressa de conclure la paix avec le Chili. Cependant Santa-Cruz s'était embarqué pour Guayaquil dès le 13 mars 1839; mais il avait laissé dans la Bolivie un grand nombre de partisans, qui ne tardèrent pas à reprendre le dessus, en sorte que son administration fut déclarée irréprochable par un décret particulier du congrès.

Quelque temps après, son parti arrêta Velasco dans Cochabamba, et invita Santa-Cruz à reprendre la présidence; puis, comme il tardait à revenir, ses partisans s'unirent à ceux du général Ballivian, qui fut élu à l'unanimité. Avide de profiter de ces dissensions, Gamarra envahit la Bolivie dans l'automne de 1841, occupa La Paz, et alla prendre position à 40 kilomètres plus loin, à Viacha; mais le 18 novembre, son armée, forte de 5,200 hommes, était taillée en pièces par Ballivian, à la tête de 3,800 Boliviens; et il restait lui-même sur le champ de bataille. A la suite de cette victoire, Ballivian envahit le Pérou. Le 7 juin 1842 la paix fut signée à Pasco, par la médiation et sous la garantie du Chili, et les choses rétablies dans l'état où elles étaient avant le commencement des hostilités. Sur ces entrefaites, Santa-Cruz, qui rêvait à Guayaquil aux moyens de ressaisir le pouvoir, après avoir échoué dans toutes ses tentatives pour révolutionner le Pérou à son profit, osa, en 1844, entrer dans la Bolivie; mais il fut arrêté dans les Cordillières et livré au Chili, qui le soumit à une surveillance sévère. Ballivian, à son tour, ne put se maintenir, et se retira à Valparaiso. Velasco, qui le remplaça, n'a pas su non plus jusqu'ici rétablir la tranquillité. Dès la fin de 1848 l'ancien ministre de la guerre Belza se révoltait, et son exemple était suivi par d'autres. Consultez d'Orbigny, *Voyage dans l'Amérique méridionale* (2 vol., Paris, 1835), et *Descripcion geographica y estadistica de Bolivia* (Paris, 1845, avec atlas); Bosch-Spencer, *Statistique commerciale du Chili, de la Bolivie, du Pérou*, etc. (Bruxelles, 1848).

BOLLANDISTES, société de jésuites qui, de 1643 à 1794, a publié à Anvers, à Bruxelles et à Tongerloo la collection connue sous le nom d'*Acta Sanctorum*, et contenant des renseignements sur tous les saints qu'honore l'Église catholique romaine. Cette dénomination lui vient de Jean Bolland (*Bollandus*), né en 1596, à Tirlemont, et mort en 1665, le premier qui mit en œuvre les matériaux réunis à cet effet par Héribert Rosweyd, d'Utrecht. On compte parmi les Bollandistes beaucoup d'hommes distingués, entre autres Gottfried Henschen (né en 1600, mort en 1681), Daniel Papebrock, d'Anvers (né en 1628, mort en 1714), Conrad Janning (mort en 1723), Pierre Bosch (mort en 1736), Suyskens (mort en 1771), Hubens (mort en 1782), Jos. Ghesquière (mort en 1802). Les deux premiers volumes de cette œuvre colossale parurent en 1643. Ils contiennent les vies des saints du mois de janvier.

La suppression de l'ordre des jésuites, en 1773, eut pour résultat la translation du siège de la société dans l'abbaye des Augustins de Caudenberg à Bruxelles, où elle continua à travailler aux *Acta Sanctorum*, jusqu'au moment où les persécutions de Joseph II amenèrent sa dissolution.

En 1789 l'abbaye des Prémontrés de Tongerloo entreprit de mener à sa fin le colossal ouvrage. Le 53e volume (6e du mois d'octobre) n'eut pas plus tôt paru, en mai 1794, que l'occupation de la Belgique par une armée française eut pour résultat de mettre un terme à ces travaux. C'est tout récemment seulement, et sous les auspices du gouvernement belge, qui a affecté à ce but une subvention annuelle de 6,000 fr., que s'est constituée une nouvelle société de Bollandistes, qui en décembre 1845 a publié en deux parties le 54e volume de tout l'ouvrage (le 7e du mois d'octobre, contenant, entre autres, la vie de sainte Thérèse en 671 pages in-folio). Cette société a pour chefs les Pères Boone, Van der Moere, Coppens et Vanhecke.

La volumineuse collection des Bollandistes, quoiqu'elle manque en général de critique, surtout dans les premiers volumes, jouit dans le monde savant de l'estime la mieux méritée. Elle a rendu d'éminents services pour l'éclaircissement et la connaissance d'une foule de points historiques du moyen âge. Bossuet, qui en faisait beaucoup de cas, gémissait, à son époque, de la voir proscrire en Espagne pour complaire à la vanité des Carmes.

BOLOGNE (*Bologna*), en Italie, délégation de l'État de l'Église, bornée au nord par celle de Ferrare, à l'est par celle de Ravenne, au sud par la Toscane, et à l'ouest par le duché de Modène. On évalue sa superficie à environ 37 myriamètres carrés, et sa population à 366,000 habitants. On y compte deux villes (Bologne et Cento), 21 bourgs et 371 villages et hameaux. Plusieurs ramifications des Apennins s'élèvent dans sa partie septentrionale; elle est arrosée par le Silaro, le Panaro, le Reno, la Savena, et plusieurs autres petites rivières, et entrecoupée en outre par différents canaux qui y favorisent l'agriculture. On y récolte une grande quantité de riz, du lin, de l'huile, du vin, du chanvre, du safran, etc., et on y élève beaucoup d'abeilles et de vers à soie. On y trouve aussi quelques carrières de marbre et de gypse. L'extrême fertilité du pays répand l'aisance parmi ses habitants, qui sont les mieux nourris et les mieux vêtus de tout l'État de l'Église. Jusqu'à ces derniers temps, cette délégation a été gouvernée par un cardinal-légat chargé de l'administration civile, par un archevêque dirigeant les affaires ecclésiastiques, par un gonfalonier élu tous les deux mois et assisté de cinquante sénateurs et de huit anciens choisis dans la bourgeoisie.

BOLOGNE, chef-lieu de cette délégation, est une grande ville, riche et bien peuplée (72,000 habitants), située au pied de l'Apennin, sur un canal auquel elle a donné son nom, entre le Reno et la Savena. Elle a 95 kilomètres de circuit et 15 de long, sur 7 de large, et jouit d'un climat très-sain. C'est la résidence d'un cardinal-légat, d'un archevêque, et le siège d'une cour d'appel. Cette ville, qui est très-ancienne, offre quelques quartiers assez bien bâtis, des rues larges, garnies de maisons presque toutes à trois étages, qui forment des portiques assez sombres, mais très-commodes pour les piétons pendant les chaleurs de l'été. En général, ses édifices publics se distinguent tout à la fois par leur belle architecture et par leurs ornements. On remarque surtout le *Palazzo publico*, avec de belles fresques; le palais du prince Eugène de Leuchtenberg, autrefois palais Caprara; la façade et l'escalier du palais Ranuzzi; les deux tours inclinées des Asinelli et de la Garisende, dont la première est d'une hauteur prodigieuse (102 mètres) et d'une structure svelte et élégante, et dont la deuxième, haute de 40 mètres, et plus remarquable encore, dévie de $2^m,5$ à $2^m,8$ de la perpendiculaire, tandis que la déviation de l'autre n'est que de $1^m,55$. Viennent ensuite la cathédrale de San-Petronio, de style gothique, où l'on voit la méridienne tracée par Dominique Cassini; la magnifique église des Dominicains, avec les tombeaux de Taddeo Popoli et du roi Enzio; San-Stefano, San-Sepolcro, San-Salvatore, San-Martino, San-Giovanni in Monte, San-Giacomo, qui toutes possèdent encore des chefs-d'œuvre de l'art; la fontaine de marbre, sur la Piazza-Maggiore, ou place du Géant, œuvre du célèbre sculpteur Jean de Bologne, ainsi que plusieurs autres monuments Bologne, de tout temps célèbre dans les annales des sciences et des beaux-arts, possède une université fondée, dit-on, en 425, par l'empereur Théodose le jeune. La faculté de droit, illustrée au douzième siècle par Irnerius, jeta longtemps un vif éclat. Aujourd'hui encore cette université, quoique bien déchue de sa splendeur passée, est une des meilleures de l'Italie; c'est à peine si elle compte trois cents étudiants après les avoir comptés par milliers. Le collége *dei Dotti* tient aussi ses séances à Bologne. On y remarque encore l'édifice de *lo Studio*; le musée de l'Institut, plein de productions rares de la nature et des arts, et dont la bibliothèque, riche de 150,000 volumes et de 1,000 manuscrits, possède entre autres les autographes de Marsigli, le fondateur de l'Institut des Sciences. Cet institut, fondé en 1714, tomba dans une décadence complète à la suite des guerres du siècle dernier; mais Pie VIII, suivant en cela les intentions de son prédécesseur Léon XII, le rouvrit en 1829, et depuis 1834 il a déjà publié divers ouvrages. Marsigli contribua aussi à l'établissement d'un observatoire, d'un amphithéâtre d'anatomie, d'un jardin de botanique, et d'autres collections scientifiques. Outre son université, Bologne possède plusieurs académies, une école d'artillerie et une école d'ingénieurs, un collége espagnol, une école de médecine et de chirurgie, une Société Philharmonique, une Société d'Agriculture, et depuis 1816 une *Société socratique pour l'avancement du bonheur social*, société devenue suspecte de carbonarisme en 1821. L'Académie des Beaux-Arts, appelée aussi *Académie Clémentine*, du nom de son fondateur le pape Clément XIII, a rassemblé les chefs-d'œuvre de l'école bolonaise, créée au seizième siècle par Caracci, Guido Reni, Domenichino, Albano, etc., ainsi que ceux de l'ancienne école byzantine; on y a joint une école de peinture. Indépendamment de cette précieuse galerie, qui s'est enrichie en 1815 de toutes les richesses enlevées par les Français aux églises et aux couvents de la ville pour être transportées à Paris et à Milan, Bologne montre encore aux étrangers plusieurs collections d'objets d'arts, comme les galeries Marescalchi, Martinengo, Ercolani, Zambeccari, Lambertini, Tanari, Caprara, Bacciocchi. Le vénérable hôtel de ville, situé sur la principale place, contient aussi de véritables richesses, entre autres la collection des manuscrits d'Aldrovandi. Des trois théâtres de Bologne, le plus vaste est le théâtre Zaproni; mais le plus beau est le Nouveau Théâtre, sur la promenade du Rempart.

Le macaroni de Bologne, ses saucissons, ses liqueurs, ses fruits confits, ses fleurs artificielles et ses savons parfumés jouissent d'une grande réputation.

Les Bolonais sont industrieux, d'un caractère franc, gai et tranquille, courageux dans leurs entreprises, aimant les spectacles, comme tous les Italiens. Les femmes sont aimables et plus gracieuses que belles. La campagne aux environs est fertile, bien cultivée et d'un aspect assez riant. A une demi-lieue de la ville s'élève sur une colline des Apennins le couvent de la Madona di San-Luca, lieu de pèlerinage fameux, auquel on arrive par une galerie de six cent cinquante-quatre arcades. Une autre galerie conduit au Campo-Santo, que ses arcades spacieuses et bien éclairées, ses nombreux monuments funéraires, ses vertes pelouses font regarder à juste titre comme le cimetière le plus magnifique de l'Italie. C'est d'une montagne voisine, du mont Paterno, que l'on tire la *barytine*, ou *spath pesant* des anciens minéralogistes, vulgairement appelé *pierre de Bologne*. Voyez SULFATES.

Bologne existait, dit-on, longtemps avant Rome. Elle joua un rôle très-important sous les Romains. Plus tard, elle fit partie de l'exarchat. Les Lombards la conquirent, puis la cédèrent aux Francs, et Charlemagne la déclara ville libre. Au douzième siècle elle avait si grande puissance qu'elle osait alors braver l'empereur lui-même. Les divisions de la noblesse amenèrent dans le treizième siècle la ruine de la république. Longtemps les familles Geremei, Lambertazzi, Pepoli, Bentivoglio, etc., s'y disputèrent le pouvoir, jusqu'à ce que, en 1513, les papes, qui n'avaient cessé de réclamer la suzeraineté sur Bologne, les mirent d'accord en les soumettant. Devenue le chef-lieu d'une délégation, Bologne resta en possession de nombreux priviléges, qu'elle ne perdit qu'à l'époque de l'occupation française.

Le 19 juin 1796 les Français entrèrent dans Bologne, et le pape dut la leur céder par le traité de Tolentino. Elle fut alors réunie, ainsi que son territoire, à la république cisalpine. En 1799 les Autrichiens s'en emparèrent; mais en 1800, après la bataille de Marengo, elle retomba au pouvoir de la France, qui en fit le chef-lieu du département du Reno. En 1815 elle rentra sous l'autorité du pape. Comme centre de l'Italie confédérée, elle fut le principal foyer de l'insurrection républicaine qui éclata le 4 février, et s'étendit rapidement jusqu'à Ancône. Le cardinal-légat s'enfuit, et un gouvernement provisoire fut installé à sa place. La prompte intervention des Autrichiens rétablit la tranquillité dès le mois de janvier 1832. En 1843 les vexations des employés de l'octroi ayant excité des murmures et de l'agitation dans la Romagne, on envoya à Bologne une commission militaire extraordinaire, qui ne négligea rien pour édifier une conspiration politique. Une foule de Bolonais furent jetés en prison, d'autres s'enfuirent dans les montagnes. Le mécontentement était à son comble lorsque Pie IX monta sur le trône.

Quoique Rome fût à la tête du mouvement politique dans les États de l'Église, Bologne n'en prit pas moins une grande part à la révolution de 1848. Aucune ville ne fournit plus de volontaires à l'armée de l'indépendance italienne; et, le 8 août, un corps autrichien ayant essayé de s'en emparer par un coup de main, il fut obligé de battre en retraite avec perte devant un soulèvement en masse de la population. Mais plus tard, le 8 mai 1849, lorsque, après avoir signé la paix avec la Sardaigne, les Autrichiens, du consentement du pape, se présentèrent de nouveau devant la ville, Bologne, qui avait résisté pendant huit jours et souffert le 10 mai un bombardement, au total assez peu meurtrier, dut ouvrir ses portes et recevoir dans ses murs les troupes du général Gorzkowsky. Depuis cette époque elle est placée, comme toute l'Italie, sous le régime de l'état de siége. Le commandant du second corps d'armée, qui occupe les États du pape et la Toscane, y a établi son quartier général.

BOLOGNE (JEAN DE). Ce célèbre sculpteur, naquit à Douai, en 1524. C'est donc une de nos gloires nationales, quoique le nom de la ville où il s'était établi, et qu'on lui donne ordinairement, ait fait croire à quelques biographes qu'il était Italien. Ce qui a pu contribuer à répandre cette erreur, c'est que Jean de Bologne s'appliqua à imiter la manière de Michel-Ange, dont il sut mettre à profit les conseils et les leçons.

Les ouvrages de Jean de Bologne décèlent généralement d'exactes connaissances anatomiques. Parmi les plus remarquables par la chaleur et l'aisance de l'exécution, on cite le *Soldat romain enlevant une Sabine*, groupe qui orne la grande place de Florence. Dans la même ville deux statues colossales, un *Neptune* et le *Jupiter pluvieux*, attestent la hardiesse du ciseau de l'artiste. Les figures et les accessoires en bronze de la fameuse fontaine de la place Majeure, à Bologne, sont encore de lui. Gênes et Venise possèdent aussi plusieurs de ses ouvrages. On admire encore à Rome la statue qu'il y exécuta pour la maison de plaisance de Médicis : c'est le *Mercure*, chef-d'œuvre de légèreté, dont on a fait de nombreuses copies.

La France a aussi sa part des œuvres de ce statuaire : Meudon possède un *Esculape* de Jean de Bologne, et Versailles un groupe de *l'Amour et Psyché*. Enfin, l'ancienne statue équestre de Henri IV, qui était placée sur le Pont-Neuf, et qui fut détruite pendant la révolution, avait été commencée par Jean de Bologne, et fut achevée par son élève Taffa.

Jean de Bologne avait atteint l'âge de quatre-vingt-quatre ans sans abandonner le travail, lorsqu'il mourut, en 1608.

BOLOGNESE (Il). *Voyez* GRIMALDI.

BOLONAISE (École). *Voyez* ÉCOLE.

BOLTON, surnommé *le Moors*, pour le distinguer de plusieurs autres localités du même nom, n'était autrefois qu'un bourg sans importance, situé au milieu d'une contrée marécageuse, dans le comté de Lancaster, au nord-ouest de Manchester. Aujourd'hui c'est une ville de fabrique, qui compte environ 98,000 habitants. La rivière du Croal la divise en deux parties, le *Grand-Bolton* et le *Petit-Bolton*. Elle est bien bâtie, possède des halles, un théâtre, etc., et est mise en communication avec le canal de Liverpool par un chemin de fer, et avec Manchester, depuis 1791, par le canal de Bolton. Les riches mines de houille et les vastes fonderies qui se trouvent dans le voisinage ont contribué pour leur part à donner aux manufactures de coton dont cette ville est le principal centre depuis 1756, un développement tel que chaque année il s'y fabrique six milliers de pièces de mousseline. C'est à Bolton que fut inventée par Thomas Highs, ou, selon d'autres, par James Hargreaves, la machine à filer (*the spinning-jenny*), qui s'est introduite partout avec les perfectionnements de sir Richard Arkwright; et c'est là encore qu'un tisserand, Samuel Crompton, a inventé la mule-jenny. Les manufactures de laine y furent introduites en 1337 par des réfugiés flamands, et la population industrielle s'y accrut considérablement depuis la révocation de l'édit de Nantes par l'arrivée d'un grand nombre de protestants français. Bolton a joué aussi un rôle dans la guerre de la révolution anglaise. Le comte de Derby y fut décapité en 1651, parce qu'il avait proclamé roi Charles II.

BOLZANO. *Voyez* BOTZEN.

BOLZANO (BERNARD), philosophe et théologien, naquit à Prague, le 5 octobre 1781. L'étude des sciences mathématiques, auxquelles il s'était appliqué de bonne heure, exerça une influence notable et sur le développement de son esprit et sur sa méthode philosophique. A l'âge de vingt-quatre ans il était déjà docteur en philosophie, prêtre et professeur de théologie à l'Université de Prague. Il ne manqua pas d'ennemis puissants, qui le menacèrent de destitution, sous prétexte qu'il enseignait d'après le catéchisme de Schelling. Toutefois, l'archevêque de Salm l'ayant pris sous sa protection, il conserva ses fonctions jusqu'en 1820, répandant les bienfaits de ses lumières sur un nombreux et ardent auditoire. Mais à cette époque de réaction générale il ne fut pas seulement expulsé de sa chaire, des mesures adoptées par la police à son égard enchaînèrent en outre son activité littéraire. On alla même jusqu'à l'inquiéter dans les relations qu'il entretenait avec ses amis et ses disciples.

Depuis lors jusqu'au mois de novembre 1841 Bolzano vécut retiré dans une famille amie, occupé de la révision de ses nombreux écrits. Il mourut le 18 décembre 1848. De l'aveu unanime de tous ceux qui le connurent, Bolzano était un homme aimable et instruit. Maladif dès sa naissance, il sut vaincre les obstacles que lui opposait une santé débile par l'énergie d'une volonté prête à tous les sacrifices; persécuté par un clergé tout-puissant et naturellement hostile à ses idées, il continua sa route sans laisser échapper un mot d'amertume contre ses ennemis, dans l'espoir d'être utile à son église et à sa patrie, en renversant de vieux préjugés pour y substituer des idées plus justes. Son caractère et son éducation faisaient prédominer en lui la raison; cependant, et notamment dans ses *Discours d'édification à la jeunesse académique* (2° édition; Sulzbach, 1839, auxquels on a ajouté trois livraisons de supplément après la mort de l'auteur), il a prouvé que le sentiment ne lui était pas étranger.

Nous mentionnerons ici, comme les principaux de ses ouvrages : *Athanasia, ou Preuves de l'Immortalité de l'Ame* (2° édit., 1838); *Traité de Théologie* (4 vol., 1834), publié par ses disciples, ouvrage dans lequel l'auteur examine la rationalité de chaque dogme et son utilité morale; et surtout sa *Logique* (4 vol., 1837). Dans ce dernier ouvrage, Bolzano part de la différence entre l'idée en soi et l'idée conçue. Selon lui, le but de la philosophie consiste à examiner l'idée en soi, comme principe et comme objet éventuel de l'idée conçue, et de rechercher la filiation des idées ou vérités objectives. Il est parti du même principe dans son *Traité d'Esthétique* (2 vol., Prague, 1843-1849), ainsi que dans un petit écrit posthume qui a été publié sous ce titre : *Qu'est-ce que la Philosophie ?* (Vienne, 1849). A ces ouvrages nous ajouterons encore le *Cours abrégé de Religion chrétienne catholique comme véritable révélation divine* (Bautzen, 1840); le *Petit Livre d'Édification* (Vienne, 1850).

BOMBANCE, expression familière, qui ne s'emploie guère que dans l'acception de repas, de festin abondant et plantureux : *faire bombance*, c'est tenir table ouverte, s'adonner aux plaisirs de la table, ne vivre en quelque sorte que par eux et pour eux. « On peut, disait en 1704 le *Dictionnaire de Trévoux*, se servir encore de ce mot, pourvu que ce soit en riant, en goguenardant, ou en imitant le langage que l'on parlait *il y a cent ans*. » Il faut bien que ce terme ait été réhabilité depuis, car il est encore fort usité aujourd'hui, cent cinquante ans après la restriction faite par les enfants de Loyola. Il est même en honneur dans un certain monde, dans la classe de ceux que l'on a qualifiés ou qui se sont qualifiés eux-mêmes de *viveurs*.

Gardez-vous toutefois de confondre la bombance et l'orgie. Celle-ci, folâtre et débraillée, pétille de jeunesse et perd aisément la tête. Celle-là, d'un âge plus mûr, conserve imperturbablement la sienne, sauf à desserrer gravement, au besoin, la boucle de son gilet. Ce n'est point une bacchante échevelée; c'est un sage de la Grèce, à barbe grise, dissertant *inter pocula*; esprit bien moins gourmet que gastronome, professant à fond la physiologie du goût, et n'ayant pour bréviaire que le chef-d'œuvre de Brillat-Savarin sur cette transcendante matière.

BOMBARDE (*Artillerie*), ancienne arme, premières bouches à feu. *Voyez* ARTILLERIE.

BOMBARDE, BATEAU-BOMBE, GALIOTE A BOMBES (*Marine*). Depuis les premières bombardes, inventées par Renau d'Eliçagaray pour réduire Alger, cette merveilleuse conception, dont le vieux Duquesne n'espérait pas grand'chose, a subi bien des modifications et a cessé d'étonner les marins. Aujourd'hui avec un mortier et quelques planches ils transformeraient aisément la plus mauvaise barque en *bateau-bombe*, sans qu'ils s'imaginassent pour cela exécuter un travail prodigieux. Mais le beau temps des *bombardes*, quelque perfection que l'on ait pu donner à ce genre de navires, est passé sans retour. Le canon seul semble être devenu assez fort pour réduire les positions et les places que les vaisseaux de ligne peuvent approcher à demi-portée de boulet. *Voyez* CANON.

Les bombardes, construites spécialement pour recevoir un mortier, sont des bâtiments à fond plat, doublés en forts bordages, croisés diagonalement, et non saisies, comme dans les autres constructions, par des varangues ou de la membrure. Cette disposition particulière des *bombardes* a pour but de ménager à tout le système selon lequel elles sont construites l'élasticité nécessaire à des bâtiments soumis à l'ébranlement terrible de l'artillerie. Le fond plat que l'on donne à la coque a pour but d'assurer à ces navires plus de stabilité et de leur donner le moins possible de tirant d'eau. Le puits sur lequel doit être posé le mortier s'élève de la calle du navire jusqu'au pont, ou tout au moins jusqu'à une petite distance au-dessous du pont. On a soin pour former la base de ce puits de placer sur la carlingue, et d'un bord à l'autre du vaigrage, de fortes pièces de bois capables de supporter la pesanteur de l'appareil. Le puits, qui n'est autre chose qu'un prisme rectangle, se construit avec de fortes planches de chêne; mais son intérieur est comble dans le sens de sa hauteur et de sa largeur, en superposant des couches de tronçons de câble et de feuillards les uns sur les autres, afin de donner à tout ce système l'élasticité nécessaire. Une fois le puits disposé de manière à recevoir la pièce d'artillerie, on pose la base du mortier sur la plate-forme. Dans les petites bombardes, cette plate-forme est quelquefois mobile, et cette disposition permet à la bombarde de tourner, sans qu'elle ait besoin de se mouvoir elle-même, la gueule du mortier vers le point sur lequel on se propose de diriger le projectile, tandis qu'à bord des frégates ou des gabares armées en bombardes, le mortier étant invariablement sur sa plate-forme, il devient indispensable de manœuvrer de manière à mettre le navire en position de diriger son feu dans le sens de la position du mortier placé à poste fixe. Dans quelques bombardes, la plate-forme, au lieu d'être soutenue par un puits composé ou rempli de fascines, se trouve posée tout simplement sur de très-fortes épontilles croisées, qui n'offrent pas, comme supports, autant d'élasticité ou de jeu que les puits comblés avec des tronçons de filain et des paquets de feuillards.

Dans le temps des flottilles réunies à Flessingue et à Boulogne, on arma un grand nombre d'embarcations en bombardes, et on leur donna le nom de *bateaux-bombes*. Chacun de ces bateaux portait un seul mortier. Quelques-uns étaient pourvus d'un mât de misaine à bascule, qui s'abattait à volonté pour donner au projectile lancé par le mortier la facilité d'être dirigé par l'avant dans le sens de la longueur du bâtiment. C'est entre le grand mât et le mât de misaine qu'à bord des forts bâtiments on place le mortier ou les mortiers qui forment l'artillerie principale des bombardes. Lorsqu'une bombarde de grande dimension est pourvue de deux mortiers, l'une de ces pièces donne sur le côté de tribord, l'autre sur le côté de bâbord; toutes deux quelquefois donnent sur le même bord, même alors que la plate-forme ne se trouve pas mobile.

La dénomination de *galiotes à bombes*, qui s'est perdue, indique encore assez quelle fut la construction des premières bombardes que l'on employa en mer. C'étaient des galiotes dites *hollandaises*, bâtiments très-solides et à fond entièrement plat. Si depuis on a conservé aux constructions nouvelles une partie des conditions des premières galiotes, on a du moins beaucoup modifié ce genre de construction. Les dernières bombardes spécialement destinées à porter des mortiers étaient faites de manière à manœuvrer et à marcher très-bien, et même à entreprendre de longs voyages au milieu des expéditions auxquelles elles devaient coopérer. Aux premiers temps de l'emploi des mortiers dans la marine, on construisit en maçonnerie les puits destinés à supporter la plate-forme; plus tard, on substitua le bois de charpente à la maçonnerie.

Les mortiers employés dans la marine militaire pour le bombardement sont coulés d'un seul bloc avec leur plate-forme. L'angle fixe formé par la direction du mortier et sa plate-forme est d'environ 45°. L'âme du mortier a environ deux fois et demie la longueur du calibre de la pièce. Une plus grande dimension exposerait la bombe à se briser dans l'explosion. On emploie jusqu'à 14 à 15 kilogrammes de poudre à la charge des gros mortiers. La détonation de ces énormes pièces est si forte et produit à bord une si terrible commotion, que les gens de l'équipage des bombardes, et surtout les hommes qui *servent* le mortier, sont obligés de se boucher les oreilles avec du coton, pour prévenir les hémorrhagies ou les effets de surdité qui résultent quelquefois, malgré cette précaution, de la détonation des mortiers placés à bord des bombardes.
Édouard CORBIÈRE.

On donne aussi, mais par abus du mot, le nom de *bombardes* à quelques bâtiments marchands des ports de la Méditerranée. Cette dénomination s'applique dans le Levant aux navires que nous désignons dans le Nord sous le nom de *trois-mâts*.

BOMBARDEMENT, mot dont l'origine appartient au mot *bombarde*, et dont l'emploi se rapporte au mot *bombe*. C'est l'opération par laquelle se termine le plus ordinairement le siége d'une place qui ne veut pas se rendre. Elle consiste à lancer une multitude de bombes sur les établissements militaires de l'assiégé pour le mettre hors d'état de prolonger sa défense; mais dans les places dont l'intérieur est habité par une nombreuse population, les maisons particulières ont souvent à souffrir du jet des bombes, qui les écrasent et les ruinent : aussi n'en vient-on jamais à cette extrémité qu'après avoir fait une sommation au commandant de la place et l'avoir averti que tout est prêt pour le bombardement. Le refus de rendre la ville est aussitôt suivi d'une nombreuse projection de bombes, chargées de poudre et de matières inflammables qui embrasent les bâtiments écrasés.

Les bombardements des grandes villes sont un moyen rigoureux et impolitique, puisqu'ils frappent sur des non-combattants, font la guerre aux citoyens plus qu'aux soldats, exaspèrent les peuples, et nationalisent la guerre; il n'était cependant que trop commun jadis de voir des assiégeants ou des forces navales se porter à cette extrémité, en vue de hâter la reddition d'une place, de désoler un pays, d'en châtier la population, d'en ruiner le commerce, les établissements, les approvisionnements. Les exemples des attaques par bombardement sont heureusement devenus plus rares dans les guerres modernes : les Français ne sont pas le peuple qui goûte le plus ce moyen. D'Arçon, qui écrivait en 1796, pense que militairement un bombardement est de peu d'effet contre les places fortes; il foudroie des habitations, mais il est bravé par la garnison, si elle est aguerrie, et elle en évite en partie le danger en recourant aux blindages, ou en se retirant dans les casemates.

Gênes fut bombardée en 1684 par Seignelay, fils de Colbert. Le maréchal d'Estrées, en 1685, bombarda Tripoli : cette ville éprouva de nouveau le même sort en 1728 et en 1747. Prague fut bombardée en 1759; mais ce fut surtout le défaut de vivres qui en amena la reddition. En 1793, Lille, Lyon, Mayence; en 1794, Menin, Valenciennes, Le Quesnoy, Ostende, Nieuport, L'Écluse, subirent un bombardement : quelques-unes de ces villes résistèrent, telles que Lille, Mayence, etc.; d'autres succombèrent, mais ce fut par suite d'une complication d'événements secondaires. A des époques plus modernes, Dieppe, le Havre, Honfleur, ont été bombardés.

Les Anglais et les Autrichiens ont pratiqué les plus terribles et les plus nombreux bombardements. Ils sont partisans de ce système. Aussi les fusées de guerre, puissant auxiliaire du bombardement, ont-elles été remises en honneur par l'un de ces peuples, et perfectionnées par l'autre. Napoléon n'était point pour ce genre de guerre. Les Français ne le pratiquèrent point en Espagne; il ne fut jeté de bombes à Smolensk que sur des points où les troupes russes stationnaient. La guerre de 1832 n'a consisté pour ainsi dire qu'en un bombardement, mais ce fut un bombardement de forteresse et non de ville, ce qui est fort différent. Vingt-cinq mille bombes furent alors lancées contre la citadelle d'Anvers, ce qui n'avança pas sensiblement la reddition de la citadelle.
Gal BARDIN.

C'est surtout dans les guerres civiles que le bombardement est un acte injustifiable, odieux, auquel la raison répugne, et que l'humanité, d'un commun accord, devrait proscrire de partout sur la terre, d'autant plus qu'on a surabondamment reconnu que c'était un moyen complétement inutile, et que jamais il n'avait réussi à faire capituler cinq minutes plus tôt une ville assiégée. A quoi bon dès lors cette destruction sauvage de monuments et de chefs-d'œuvre? A quoi bon ce massacre sans but de tant d'innocentes victimes? Quel cœur n'a frémi dans ces derniers temps aux récits lamentables des bombardements de Barcelone, de Vienne, de Venise et de Palerme?

BOMBARDIER. Ce mot a signifié primitivement un militaire manœuvrant la bombarde (*voyez* ARTILLERIE), et plus tard celui qui manœuvre le mortier. Aussi Furetière prétend-il que depuis l'invention de la bombe on aurait dû préférablement employer le terme de *bombier* ou *bombiste*. Louvois réunit en 1668 les bombardiers, jusque là épars à la suite de l'armée française, et presque tous Italiens. Il en forma en 1671 deux compagnies régimentaires, qui furent augmentées en 1684, et formèrent en 1686 le *régiment royal des bombardiers*, qui était de quatorze compagnies. Ce genre d'arme fut réuni en 1720 à l'artillerie ; et aujourd'hui tout canonnier doit être au besoin bombardier. Dans les batteries de mortiers on distingue les artilleurs en bombardiers et en servants.

Longtemps, dans les ports de guerre, on a désigné par le nom de bombardiers les hommes composant les compagnies d'élite de l'artillerie de marine, correspondant à celle de grenadiers dans l'infanterie de ligne et de carabiniers dans l'infanterie légère. Les bombardiers sont des corps spéciaux plus ou moins ressemblant à notre artillerie dans les milices autrichienne, prussienne, turque, brésilienne et haïtienne.

BOMBARDIERS (*Entomologie*). Sous ce nom Latreille avait réuni quelques genres d'insectes coléoptères de la famille des carabiques, savoir : les brachines, les cimydes, les tébies, les agres et les odacanthes, parce que tous ces animaux ont un moyen singulier de défense, qu'ils emploient lorsqu'ils sont en danger : ils font alors jaillir de leur anus un fluide vaporeux, caustique, en produisant une détonation.

BOMBASIN, futaine à deux envers, double et croisée, espèce de basin double, qui est fait de fil et de coton croisés.

On donne aussi ce nom, dans le commerce, à une sorte d'étoffe de soie passée à la manufacture de Milan dans quelques villes de France, telles que Lyon.

BOMBAY (en portugais *Boa-Bahia*, bonne baie), chef-lieu de la présidence du même nom et la première place de commerce des Indes après Calcutta, est bâtie dans un pays ravissant, mais insalubre. Fondée par les Portugais, à 1680 kilomètres sud-ouest de Calcutta, 1000 nord-ouest de Madras et 250 sud de Surate, elle compte aujourd'hui plus de 180,000 habitants, dont les trois quarts sont Hindous. Le reste de la population se compose de Parses, de Musulmans, qui habitent un faubourg appelé la *Ville Noire*, d'environ quatre mille Juifs, d'Arméniens, de Portugais, etc. Bombay possède un bon port, de beaux docks et de superbes chantiers. Bâtie sur l'île du même nom, qu'une chaussée construite par les Anglais unit à l'île de Salsette, elle a en face d'elle une autre île, du nom de Colabba, qui n'en est séparée que par un canal étroit. Bombay est défendue du côté de la mer par une citadelle construite à la pointe sud-est de l'île. Une grande partie de la ville ayant été détruite par un incendie en 1803, on l'a rebâtie avec beaucoup de goût. Le grand marché, appelé *Le Vert* (*The Green*), est entouré de bâtiments magnifiques, parmi lesquels se distinguent par leur belle architecture l'église anglicane et le palais du gouverneur, autrefois collége des jésuites. Le nombre des mosquées et des pagodes est considérable, et quelques-unes peuvent passer pour de beaux monuments. Bombay possède une école supérieure, le collége d'Elphinstone, un riche jardin botanique, pour l'embellissement duquel le gouvernement fait de grandes dépenses, plusieurs écoles, une société asiatique, une société littéraire, une société de médecine et de chirurgie, fondée en 1835, une société de géographie qui publie des mémoires, une société des missions, qui entretient depuis 1814 une imprimerie et des écoles de garçons et de filles ; enfin plusieurs hôpitaux, non pour les hommes, mais pour les animaux. Le commerce, dont s'occupent principalement les Parses, est très-étendu. Les principales affaires se font en coton et en poivre. Les bazars offrent un assortiment complet de toutes les productions de l'Orient et de toutes les marchandises de l'Europe.

Bombay est le centre des communications par bateaux à vapeur entre l'Europe et les Indes, la station des paquebots réguliers pour Suez et l'entrepôt le plus considérable du commerce de l'Orient après Calcutta et Canton. C'est après Madras la plus ancienne possession des Anglais dans l'Inde. Cédée par les Portugais en 1661, elle fut donnée en 1668 à la compagnie des Indes Orientales.

BOMBAY (Présidence de), une des quatre présidences de l'Inde Britannique, sur la côte occidentale de la presqu'île en deçà du Gange, comprend, avec ces possessions immédiates, une superficie de 1770 myriamètres carrés et une population de 12 millions d'habitants, hindous, mahométans, parses, juifs et européens. Elle embrasse toute la plaine marécageuse qui entoure de golfe de Cambaye, court au sud sur une étroite lisière de côtes basses, s'élève au nord sur les flancs escarpés des Ghattes occidentales, et s'étend à l'est sur les plateaux de Darwar et d'Aurangabad. Elle offre au nord le cours inférieur et les embouchures du Nerbadda et du Tapti, au centre les sources du Godavery, au sud le cours supérieur du Krishna ou Kistna. Dans ces contrées les principales productions de la nature consistent en poivre, cardamome, riz, coton, arak, bambou, huitres perlières, perles, cornalines, bois de sandal, ivoire, gomme et bois de construction. Le siége du gouvernement, qui avait été établi d'abord à Surate, fut transféré à Bombay en 1686. La politique des Anglais a pour but de faire de Bombay le centre de nombreux établissements, nommément dans le golfe Arabique, où ils puissent mettre à l'abri de petites escadres pour la protection de leur commerce contre les pirates.

BOMBAY (Ile de). Cette île, située par 18° 56' de latitude septentrionale et 90° 38' de longitude orientale, consiste en deux couches parallèles de serpentine, et n'est séparée du continent que par un faible bras de mer. Elle est petite (environ 20 kilom. de long, 35 de circonférence), stérile, et peuplée d'environ 200,000 habitants, qui vivent dans deux villes et quelques villages. Un des princes indiens qui régnaient à Salsette la céda aux Portugais en 1530, et Catherine de Portugal la porta en dot, en 1661, au roi d'Angleterre Charles II.

BOMBE, ou *boulet à feu*, ou *pierre à feu*. Le mot *bombe* est d'une création bien postérieure au substantif *bombarde* (*voyez* BOMBARDERIE) ; il est maintenant en rapport avec le verbe *bombarder*, qui originairement exprimait le jeu de la bombarde, non celui de la bombe : il provient du grec moderne βόμβος, qui, à ce que prétendent quelques savants, représente, par onomatopée, la double explosion qui a lieu dans le tir de ces projectiles. Les Chinois connaissent depuis fort longtemps l'usage des globes projectiles creux en fer ; ils les faisaient éclater à une distance de plus de deux mille pas, suivant le témoignage du père Amiot, qui écrivait en 1782 : peut-être obtenaient-ils originairement cet effet par une application ou une modification du système qu'on a nommé *feu grégeois*.

La bombe de la milice française, inventée bien des siècles après celle des Chinois, a de l'analogie avec les astloches, les falariques, les malléoles de l'antiquité, et surtout de Byzance, et avec certains corps projectiles du moyen âge, qu'on nommait *engins volants*. C'est une sphère creuse, en fonte de fer, percée d'un trou nommé *œil*, par lequel on introduit la charge de poudre, et qui est destinée à recevoir une fusée remplie d'une composition assez lente pour donner à la bombe le temps d'arriver au but avant d'éclater. Elle est garnie de deux *anses*, placées de chaque côté de l'œil, et dans lesquelles passe un anneau de fer forgé pour en faciliter la manœuvre lorsqu'on la place dans le mortier. La bombe doit être sans soufflure ni évent; sa paroi est plus mince du côté de la lumière et plus renforcée en métal du côté opposé, nommé *culot*; cette différence détermine, au terme de la projection, la chute sur le culot, et non sur l'ampoulette ou fusée.

Le bombardier lance sa bombe à l'aide d'un mortier, et la dirige à tir courbe, conformément à certaines règles de la balistique. Quelquefois on a lancé des bombes sans le secours d'un mortier : ainsi l'ont fait les Polonais. Les bombes se brisent en éclats par un résultat de l'inflammation que à travers l'œil la fusée communique à la charge. On s'est servi dans les siéges de bombes destinées à éclater, et nommées *bombes foudroyantes*; d'autres étaient destinées seulement à éclairer, et s'appelaient *bombes flamboyantes*. On a quelquefois lancé, par jet alternatif, des bombes et des carcasses. Quelquefois des corps attaqués ont employé des bombes à la défense d'un poste fermé, en les enterrant sur le front des attaques, et en les faisant sauter comme autant de fourneaux, à mesure que l'attaquant gagnait du terrain. Ces fougasses portatives, et les autres manières dont les mineurs emploient les bombes, rappellent tout à fait la méthode des mines chinoises. Des assaillants se sont aussi aidés de *bombes d'attrape*, chargées de sable; les assiégeants les tiraient à l'instant de gravir une brèche, ou quand ils allaient entreprendre quelque attaque du même genre, afin que la crainte retînt ventre à terre les assiégés, et paralysât longtemps leur résistance.

Il y a incertitude touchant le lieu originaire et l'époque de la découverte des bombes modernes. Suivant l'opinion la plus commune, et selon Strada, ce fut en 1588, au siége de Wachtendonck, duché de Gueldres, que les Espagnols, conduits par Mansfeld, firent pour la première fois usage de ce genre d'arme à feu, qui venait d'être inventé par un habitant de Vanloo. Suivant Blondel, les Hollandais et les Espagnols les ont fréquemment employée dans leurs longues querelles. Villaret n'est pas éloigné de croire que les engins volants dont Charles VII se servait en 1452 au siége de Bordeaux étaient des projectiles analogues à la bombe. Valturius (*De Re Militari*) nous autoriserait même à supposer que les mobiles renfermant de la poudre remontent au delà de 1457, et sont originaires d'Italie. « O Sigismond Pandolphe (c'était un Malatesta, seigneur de Rimini, mort en 1457), c'est à toi, dit-il, qu'on doit l'invention de ces machines à l'aide desquelles les boulets d'airain, remplis d'une poudre inflammable, sont lancés par l'impulsion d'une matière brûlante. » Était-ce des grenades jetées à l'aide de bombardes? C'est croyable.

Quant aux bombes ou grenades lancées à l'aide de mortiers, leur primitif emploi est attribué aux ingénieurs italiens qui étaient au service de Mahomet II, en 1481. Quelques auteurs ne font remonter l'essai des bombes qu'à l'année 1495, époque où Charles VIII occupait Naples. Mézerai ne les suppose pas plus anciennes que le siége de Mézières, entrepris en 1521, et le général Cotty pense que le premier usage en fut fait à Rhodes, en 1522. Il est sûr qu'à ce siége, et plus anciennement sans doute, on se servit de grenades, puisqu'on les croit plus anciennes de cinquante ans que les bombes proprement dites. Celles de très-grand diamètre n'auraient été employées, à ce qu'affirme Lamartillière, qu'en 1558. Bosius, dans son *Histoire de Malte*, parle des bombes que les Turcs y jetèrent en 1565. Cette diversité d'opinions ne proviendrait-elle pas de ce qu'on aurait confondu sous le nom de *pierres à feu* les bombes avec les grenades, tandis que celles-ci ne furent qu'un essai et que les bombes ne constituèrent qu'un perfectionnement? On voit dans Tartaglia, qui écrivait en 1537, le dessin d'un boulet enflammé, lancé par un mortier. On lit clairement l'*histoire de la Bombe* dans Baldinucci, qui a écrit la vie de Bontalenti, artiste florentin, et qui parle dans le passage suivant d'événements appartenant à la seconde moitié du seizième siècle : « Bontalenti employait des pièces de divers calibres et de dimensions variées; il se servait surtout de l'énorme chasse-diable, dont le boulet creusé en voûte portait le feu avec lui, et occasionnait par son choc d'affreux ravages. »

On pourrait induire du traité d'Andréossy, composé en 1825, qu'il regarde les projectiles creux comme ayant été lancés pour la première fois par le canon au siége d'Ostende, en 1602 : un ingénieur français, nommé Renaud-Ville, en aurait inventé le tir, en aurait proposé l'emploi à l'archiduc Léopold, et en aurait fait l'essai avec succès. Par ces mots, *projectiles creux*, Andréossy comprend-il les bombes ou seulement les boulets creux? Dans le premier cas, son assertion serait évidemment erronée. L'armée française fit indubitablement usage des bombes en 1634, au siége de La Mothe, ville de Lorraine, maintenant rasée; Malthus se vante de les y avoir jetées, et prétend que ce fut les premières qu'on tira. Le siége de Candie, en 1648, consomma une prodigieuse quantité de bombes. Le jet des bombes vénitiennes écrasa, en 1687, les Propylées et le Parthénon d'Athènes. Plus on supposera ancienne l'époque de cette invention, plus on s'étonnera que le tir des bombes n'ait pas fait des progrès plus rapides; mais cela tient à ce que, sauf à Candie, on ne les employa jamais qu'avec parcimonie, à cause de leur cherté. L'usage général des bombardements ne date que du temps de Feuquières, comme il nous l'apprend; or, Feuquières servait dans les guerres de Louis XIV. Ce prince fit fabriquer à l'époque de la guerre de 1688 une énorme *comminge*, ainsi appelée du nom de son inventeur, et que décrit Saint-Rémi (1697). On avait employé trente mille briques à la maçonner au fond d'une flûte destinée à renverser le port d'Alger. Cette machine infernale contenait huit milliers de poudre, avait coûté quatre-vingt mille francs, et fut ramenée en France sans avoir servi.

Il y a eu jusqu'en 1832 des bombes depuis dix kilogrammes jusqu'à trois cents. Les bombes ordinaires étant de 32 centimètres, on a nommé demi-bombes celles de 16. On appelait *comminges* les bombes de 250 kilogr. On eût pu appeler double comminge celle de 500 kilogrammes essayée dans la guerre de 1832, et inventée par le général Paixhans. Elle contenait 50 kilogrammes de poudre, et était chassée, au maximum, par 16 kilogrammes. En général, les bombes de moins de 10 kilogrammes se sont nommées *bombes de fossés*, *bombettes*, *bombines*, *grenades*, *doubles grenades*, *obus*, etc. On les jetait à la main ou bien au moyen de tubes dirigés à ricochets. On tire, au contraire, paraboliquement les grosses bombes, et elles servent surtout contre les cavaliers de forteresse, contre les écluses, contre les voûtes d'église, etc.

On a commencé à pratiquer à Strasbourg, en 1749 et 1763, le tir de la bombe au moyen du canon, remplaçant le mortier. En 1784, Duteil essaya, à Auxonne, de faire partir des bombes sans mortiers ni bouches à feu; c'était un procédé d'origine polonaise. On trouve dans le *Bulletin des Sciences Militaires* une description de bombes dont l'explosion a lieu quand on y porte le pied. L'invention de cet appareil de détonation appartient au lieutenant-colonel Miller; cette espèce de fougasse remplace une sentinelle, annonce l'approche de l'ennemi, et est un moyen de défense des défilés et des ponts, etc. Depuis la suppression des mortiers à bombes de 32 centimètres, les bombes de l'armée française sont de 27 à 22 centimètres; les premières pèsent 50 kilogrammes et les autres 20. Il y a eu des bombes en marmite, il y en a eu à melon.

Gal BARDIN.

BOMBELLES (Famille de). Cette famille, d'origine portugaise, était connue déjà du temps des croisades. Une branche s'établit en France, d'où elle passa plus tard en Autriche.

Henri-François, comte de Bombelles, lieutenant général au service de France et commandant dans le comté de Bitche, naquit en 1681. Il servit d'abord dans la marine; mais en 1701 il entra dans l'armée de terre, et fit avec distinction les campagnes de la guerre de la succession d'Espagne. Il alla ensuite, avec le grade de colonel, combattre les Turcs en Hongrie. En 1718 le régent le chargea de donner des leçons d'art militaire au duc de Chartres, qui en 1734 le choisit pour gouverneur de ses enfants. Il mourut à Bitche, en 1760.

Marc-Marie, marquis de Bombelles, fils du précédent, naquit à Bitche, en 1744. Il entra dans l'armée, et s'éleva au grade de maréchal de camp. Plus tard il embrassa la carrière diplomatique, et fut envoyé comme ambassadeur de France à la diète de Ratisbonne, puis, en la même qualité, à Lisbonne et à Venise. Ayant refusé le serment à l'Assemblée Nationale, il fut porté sur la liste des émigrés. Après la dissolution du corps de Condé, il entra dans les ordres, et fut fait chanoine à Breslau. Au retour des Bourbons, il fut nommé aumônier de la duchesse de Berry, et en 1819 évêque d'Amiens. Il mourut en 1821. Son épouse, née baronne de Mackau, avait été l'amie de la princesse Élisabeth.

Louis-Philippe, comte de Bombelles, ambassadeur autrichien, fils du précédent, était né le 1er juillet 1780, à Ratisbonne, pendant l'ambassade de son père. Il hérita des sentiments de sa famille pour l'ancienne dynastie, et reçut sa première éducation comme cadet autrichien. Plus tard, il se rendit à Naples, où la reine Caroline, qui déjà avait fait accorder à son père une pension de mille ducats, lui procura une place de lieutenant dans la cavalerie. La révolution de Naples ramena le jeune Bombelles à Vienne; on l'y plaça d'abord à la chancellerie secrète; puis il fut attaché à l'ambassade de Berlin, à la tête de laquelle se trouvait alors M. de Metternich, et devint successivement conseiller de légation et chargé d'affaires à la même cour. En 1813 il suivit le roi Frédéric-Guillaume à Breslau; et, après avoir accompagné le chancelier Hardemberg dans les provinces rhénanes, il fut envoyé à Copenhague pour inviter le roi de Danemark à rompre son alliance avec Napoléon. En 1814 il vint à Paris, à la suite des alliés, reçut une seconde mission pour le Danemark, afin d'y diriger les négociations avec la Suède, et y resta en qualité d'ambassadeur d'Autriche. En 1816 M. de Bombelles se maria à Copenhague, avec mademoiselle Ida Brun, fille du conseiller Brun et de madame Frédérique Munter, connue par ses travaux littéraires, et aussitôt après il fut nommé ambassadeur à la cour de Dresde. Là, sa maison devint le centre des arts et de la bonne société. En 1819 M. de Bombelles accompagna l'empereur d'Autriche en Transylvanie et en Gallicie, et pendant ce voyage il remplit les fonctions de chancelier. Envoyé au congrès de Carlsbad, il exécuta strictement ses instructions, ce qui ne contribua pas à rendre son nom populaire. De la cour de Dresde, le comte de Bombelles passa successivement en la même qualité à Naples, où la révolution napolitaine l'empêcha de se rendre, à Florence, à Modène, à Lucques, à Lisbonne en 1829, à Turin; enfin, en 1837, il fut accrédité près la diète helvétique. Il mourut à Vienne le 7 juillet 1843. M. de Bombelles joignait à un grand fonds de connaissances diplomatiques toute l'aisance et le ton exquis de la bonne société française.

Charles-René, comte de Bombelles, frère du précédent, chambellan de l'empereur d'Autriche, né le 6 novembre 1785, exerça une grande influence sur Marie-Louise, duchesse de Parme, auprès de laquelle il remplissait les fonctions de conseiller privé et de grand-maître de la cour. De son mariage avec une comtesse Cavanac est né, le 5 août 1817, le comte *Louis*, chambellan de l'empereur et lieutenant-colonel.

Henri-François, comte de Bombelles, le plus jeune des frères de l'ambassadeur autrichien, né le 26 juin 1789, mort le 31 mars 1850, fut gouverneur de l'empereur François-Joseph. Il a laissé deux enfants, *Marc-Henri-Guillaume* et *Charles-Albert-Marie*.

BOMBERG (Daniel), imprimeur célèbre par ses publications en hébreu, naquit à Anvers, dans le quinzième siècle, et alla s'établir à Venise, où il mourut, en 1549. Dès 1511, après avoir appris la langue hébraïque, il avait commencé ses belles éditions de la *Bible* : la plus estimée est celle de 1526. Les bibliophiles citent encore avec éloges la *Concordance Hébraïque* du rabbin Isaac Nathan, que Bomberg imprima en 1524, et le *Thalmud*, dont la publication, entreprise en 1520, lui demanda quinze ans de travail, et dont il fit trois éditions, qui lui coûtèrent, dit-on, chacune cent mille écus.

On assure que Bomberg dépensa plus de trois millions en impressions hébraïques. Ces frais excessifs le ruinèrent, et il mourut fort pauvre, mais avec la satisfaction d'avoir, dans le genre auquel il s'était consacré, porté son art à la perfection.

BOMBES FULMINANTES. *Voyez* Pois fulminants.
BOMBET (L.-A.-C.), pseudonyme. *Voyez* Beyle.
BOMBILLE. *Voyez* Bombyle.
BOMBIQUE (Acide), de *bombyx*, ver à soie. C'est ainsi que l'on appelait autrefois la liqueur acide que l'on trouve dans une cavité du ver à soie, et qui ne diffère aucunement de l'acide acétique.

Par suite, on avait donné le nom de *bombiates* à des sels formés de la réunion ou de la combinaison de cet acide avec une base quelconque; on sait maintenant que ce sont des acétates.

BOMBYCE. *Voyez* Bombyx.
BOMBYLE ou BOMBILLE (de βομβύλη, espèce d'abeille), genre d'insecte appartenant à l'ordre des diptères. Les bombyles ont le corps ramassé, large, couvert de poils denses; la tête petite, arrondie, armée d'une longue trompe; le corselet élevé; les pattes longues et très-minces; les ailes grandes, écartées, étendues horizontalement. Leur vol est extrêmement bruyant et rapide; ils planent au-dessus des fleurs sans s'y poser, et y introduisent leur trompe pour en tirer la liqueur mielleuse dont ils se nourrissent.

Les bombyles ne se voient qu'en été, et sont plus communs et généralement plus gros dans le midi que dans le nord de l'Europe. On en trouve aussi quelques espèces dans les régions du nord et de l'ouest de l'Afrique.

BOMBYX ou BOMBYCE (de βόμβυξ, ver à soie). Genre de lépidoptères nocturnes, dont les caractères peuvent être ainsi formulés : trompe toujours très-courte et simplement rudimentaire; ailes, soit étendues et horizontales, soit en toit, mais dont les inférieures débordent quelquefois latéralement les supérieures; antennes des mâles entièrement pectinées (c'est-à-dire en forme de peigne). Les chenilles rongent les parties tendres des végétaux, et se font, pour la plupart, une coque de pure soie. Les chrysalides n'ont point de dentelures aux bords des anneaux de l'abdomen.

Le *bombyx mori* de Linné, connu de tous sous le nom de *ver à soie*, est le type du genre *bombyx*. Cependant dans ces dernières années des entomologistes ont voulu faire de cet insecte un genre à part sous le nom de *sericaria*; mais M. Guérin-Meneville a réclamé contre ce nom nouveau. « Si, comme nous en sommes convaincu, dit-il, il est nécessaire de subdiviser cette grande division de lépidoptères, il faut, à l'exemple de Latreille et des entomologistes qui tiennent à l'ordre, à la dignité de la science, conserver le nom de *bombyx* à la subdivision, au sous-genre dans lequel se trouvera le ver à soie ou *bombyx* des anciens.

Le *bombyx cynthia* est élevé en grand dans plusieurs

parties des Indes Orientales et en Chine. Sa chenille est connue dans presque tout l'Indostan sous le nom d'*arrindy arria* ou *ver à soie exia*. On la nourrit avec des feuilles de palma-christi, comme nous nourrissons nos vers à soie avec des feuilles de mûrier.

Le *bombyx religiosa* de l'Assam, le *bombyx mylitta* du Bengale, d'autres encore, sont employés à la production de la soie dans les pays où ils sont indigènes, et pourraient sans doute être introduits en Europe; ainsi M. H. Lucas est parvenu à élever à Paris le *bombyx cecropia*, originaire des États-Unis, où ses cocons fournissent une soie très-estimée dans le commerce.

Le *bombyx pavonia major*, appelé vulgairement *grand paon* ou *paon de nuit*, est le plus grand lépidoptère de France. Il donne une soie grossière, qu'on a jusque ici vainement cherché à utiliser.

Le genre *bombyx* renferme d'autres espèces, qui, loin d'être, comme les précédentes, utiles à l'industrie, sont nuisibles à l'agriculture : tels sont le *bombyx neustria*, ou la *livrée*, qui est la chenille la plus commune et la plus nuisible aux arbres fruitiers; le *bombyx processionea*, ou *processionnaire des chênes*, ainsi nommé parce que les chenilles de cette espèce vivent en société et sortent tous les soirs en processions longues et régulières; le *bombyx pini*, ou *fileuse du pin*, etc.

BOME (de l'anglais *boom*, barre, mât). *Voyez* Gui.

BOMFIM (José-Joaquim, comte de), un des chefs les plus estimables du parti libéral modéré en Portugal, naquit le 5 mars 1790, à Péniche, bourg de l'Estramadure portugaise, d'une famille ancienne et considérée dans la magistrature. De bonne heure il manifesta un goût décidé pour les études sérieuses, et passait en 1807 pour un des meilleurs élèves de l'Université de Coïmbre. Il se proposait de suivre la carrière de ses ancêtres, et tout lui présageait de paisibles succès dans quelque obscur tribunal de province, quand, à la nouvelle de l'envahissement du Portugal par une armée française, il fit partie de cette vaillante jeunesse qui courut à la défense de la patrie. A la paix générale, en 1814, il était regardé, à vingt-quatre ans, comme un des meilleurs *majors* (chefs de bataillon) de ces vaillantes troupes portugaises qui venaient de faire la campagne de France, et que le maréchal Beresford avait soumises à la discipline anglaise. Colonel en 1828, il entre dans la carrière politique en combattant contre dom Miguel. Défenseur des droits de dona Maria dans l'île de Madère, il succombe après une résistance héroïque contre des forces supérieures. Six ans après, quand dom Pedro débarque en Portugal, il est un des premiers à se ranger sous ses drapeaux, et se signale comme général non-seulement dans la lutte contre l'usurpateur, mais aussi dans la guerre civile qui suit l'avénement au trône de dona Maria.

Lorsqu'en 1837 l'extrême droite des Cortès fomenta une levée de boucliers contre le projet de constitution libérale qui était alors sur le tapis, les généraux Sa-Bandeira et Bomfim furent envoyés par la majorité contre les insurgés, que commandaient Leiria, Saldanha et le duc de Terceira. Le combat de Rio-Mayor, livré le 28 août, resta, il est vrai, indécis; mais les rebelles durent se replier sur les provinces septentrionales du royaume jusqu'à Ruivaes, où ils furent complétement battus et dispersés par le général comte das Antas. A la suite de cette victoire du parti constitutionnel ou *septembriste*, Bandeira fut nommé président du conseil, et Bomfim ministre de la guerre et de la marine.

Les circonstances étaient on ne peut plus défavorables. On touchait à une crise imminente. Des mesures financières rigoureuses ne purent prévenir la banqueroute ni fournir les moyens de payer l'armée. Une révolte, qui menaçait de se propager, ayant éclaté au mois de mars 1838 à Lisbonne parmi les ouvriers de l'arsenal, Bomfim et Bandeira l'éteignirent dans le sang, malgré l'expresse volonté des Cortès. Le premier, qui était sorti du ministère, y rentra alors, et son passage aux affaires fut un bienfait pour sa patrie : le calme se rétablit, une discipline plus sévère régna dans l'armée, et la dignité du gouvernement fut sauvegardée en face des menaces d'Espartero. Ne trouvant toutefois qu'un faible appui dans les constitutionnels, et attaqué violemment par les absolutistes et les radicaux, il se vit forcé de déposer son portefeuille, en 1841.

La révolution de Janvier ayant donné la victoire aux absolutistes, Costa-Cabral choisit de nouveaux ministres parmi ses amis politiques, abolit la constitution de 1837, et rétablit la Charte de dom Pedro. Bomfim, qui avait d'abord appelé les provinces aux armes, se laissa éblouir par les promesses de Cabral, et ordonna de cesser toute levée de boucliers; mais il ne tarda pas à reconnaître qu'il avait été joué, et chercha à soulever au moins dans les Cortès une opposition violente au ministère. Cependant Cabral en dissolvant l'assemblée ayant enlevé aux septembristes tout moyen de résistance légale, Bomfim quitta Lisbonne avec ses amis, dans l'intention d'appeler aux armes les partisans de la constitution de 1837.

Trois villes seulement se prononcèrent en sa faveur : Alméida, Portalègre et Torres-Vedras. En vain essaya-t-il de se maintenir dans la citadelle, mal approvisionnée, d'Alméida. Dès le 28 avril il était forcé de capituler et de s'enfuir en Espagne. De retour en 1846, il prenait part au soulèvement de mai, et obtenait du ministère Palmella le commandement d'une division; mais, la reine ayant, le 4 octobre, mis Saldanha à la tête d'un nouveau cabinet, Bomfim et Palmella furent arrêtés dans la demeure royale. Le premier, remis en liberté au bout de quelques jours, courut dans les provinces réchauffer le zèle des insurgés, battit, en novembre, l'armée du gouvernement aux environs de Barcellos, mais fut à son tour défait, le 28 décembre, par Saldanha, à Torres-Vedras, fait prisonnier, traduit devant un conseil de guerre, condamné à la déportation et envoyé en Afrique.

Trompant la surveillance de ses gardiens, il était dans les premiers jours de mai 1847, cinq mois après, au moment de s'enfuir sur un vaisseau anglais, lorsqu'il reçut la nouvelle de l'amnistie qui lui rouvrait les portes de sa patrie. A la fin de 1848 on le retrouve prenant part aux tentatives insurrectionnelles du parti républicain; mais ce ne fut qu'un éclair passager. L'âge semble avoir enfin calmé l'exaltation de Bomfim, homme plein d'audace et d'ambition, officier d'état-major distingué, qui sur un sol moins capricieusement agité que celui du Portugal eût pu sans peine aspirer à d'éclatantes destinées militaires.

BOMILCAR, général carthaginois, à l'aide des alarmes qu'excitaient les progrès d'Agathocle en Afrique, essaya de s'emparer de la souveraineté de sa patrie. Chargé de combattre le roi de Syracuse, voyant Hannon son collègue tué dans un combat, il fit marcher les principaux citoyens contre les Numides, puis, revenant sur ses pas, avec cinq cents complices et un corps de mille mercenaires, il entra dans Carthage vers 308 avant J.-C., et fit main basse sur tout ce qu'il rencontra, sans distinction d'âge ni de sexe. Ses séides l'avaient déjà proclamé roi, quand la population fit pleuvoir sur eux et sur lui, du haut des maisons, une grêle de traits et de pierres. Abandonné des siens, il fut saisi, attaché à une croix, et mourut avec un grand courage.

BOMILCAR, amiral carthaginois, amena quelques renforts à Annibal après la bataille de Cannes, et vogua ensuite vers la Sicile pour aller secourir les Syracusains. Mais, ayant trouvé l'armée carthaginoise presque détruite par la peste qui régnait dans cette île, il retourna dans sa patrie en informer le sénat. Ses concitoyens lui donnèrent cent trente galères, avec lesquelles il parvint en vue de Syracuse; toutefois, effrayé de l'aspect de la flotte romaine commandée par Métellus, il reprit le large, gagna Tarente, et abandonna Syracuse aux Romains, vers 209 avant J.-C.

BOMILCAR, favori de Jugurtha, assassiné par son ordre, en pleine Rome, le jeune Massiva, petit-fils de Massinissa, et, de retour en Afrique, eut une entrevue avec le proconsul Métellus, qui lui promit sa grâce et les faveurs de son gouvernement s'il réussissait à immoler également ou à livrer Jugurtha. En conséquence, Bomilcar conseilla au roi des Numides de se soumettre aux Romains, et essaya ensuite de séduire son favori Nabdalsa. Mais, la trame ayant été découverte, Bomilcar fut mis à mort avec ses complices, vers 107 avant J.-C.

BOMMEL (Cornélius-Richard-Antoine de), évêque de Liége, naquit à Leyde, le 5 avril 1790, d'une famille catholique qui occupait un rang honorable dans cette ville et qui lui fit donner une bonne éducation, le destinant à l'Église. Ses connaissances variées lui méritèrent la confiance de ses supérieurs ecclésiastiques, qui le chargèrent de la direction d'une des écoles fondées par le clergé néerlandais. Il fut ensuite nommé directeur du séminaire de Haegeveld, près Leyde, et cet établissement ayant été fermé en 1815, il rentra dans la vie privée. On prétend qu'il se mêla d'une manière active, par la publication de plusieurs brochures, aux discussions qui s'élevèrent bientôt au sujet de la liberté de l'enseignement; cependant il ne cessa pas d'être bien vu par le gouvernement, qui en 1829, à un moment où la coalition de l'opposition catholique avec les libéraux faisait prévoir une crise décisive, le nomma évêque de Liége. Placé ainsi entre la confiance du roi et les intérêts du parti ultramontain, auquel il appartenait, il chercha à avoir habileté à ménager l'un et l'autre. Le roi Guillaume lui proposa, dit-on, après la révolution belge, de transférer son évêché à Maëstricht; mais M. de Bommel se prononça alors pour la cause de la Belgique, et ne tarda pas à acquérir une haute influence sur le parti catholique. Il s'occupa avec zèle de l'organisation de son diocèse, donna des soins tout particuliers au développement de l'instruction publique, fonda des écoles élémentaires et secondaires, et prit une part active à la création de l'université catholique.

Accusé maintes fois d'avoir influencé l'archevêque de Cologne, Droste de Vischering, il écrivit au ministre de Theux une lettre où il protestait n'avoir jamais eu avec ce prélat de relations ni directes ni indirectes; il fit plus, il défendit à son clergé par une circulaire de s'immiscer dans les affaires des églises voisines. Comme d'ailleurs M. de Bommel était l'ennemi déclaré de la franc-maçonnerie, le parti libéral voyait en lui son principal adversaire; et de fait sa puissante influence se manifesta dans la question de l'enseignement. Partant de ce principe qu'il n'y a pas d'État sans religion, pas d'enseignement sans une base religieuse, il en concluait que le clergé devait intervenir directement dans l'enseignement donné par l'État. Sa théorie, développée dans de spirituels pamphlets, prévalut en 1842, sous le ministère Nothomb, qui accorda au clergé une large part dans la direction de l'enseignement; mais en 1850 on ne laissa plus que des prêtres dans les colléges et les écoles industrielles entretenues en tout ou en partie aux frais de l'État que l'enseignement religieux. Après avoir vainement essayé de soulever le peuple contre la nouvelle loi, les évêques mirent à l'acceptation du clergé des conditions que le gouvernement n'a pas encore pu admettre. Le voyage que ce prélat fit à Rome en 1851 avait pour objet ce différend. Il est mort au commencement de 1852, avant de l'avoir vu aplani.

BOMONIQUES (mot grec formé de βωμός, autel, et νίκη, victoire). C'est le nom qu'on donnait à Lacédémone à de jeunes enfants qui dans les sacrifices de Diane disputaient à l'envi à qui recevrait le plus de coups de fouet, et qui les souffraient quelquefois pendant tout un jour jusqu'à la mort, en présence de leurs mères, qui, dit Plutarque, les voyaient avec joie et animaient leur constance.

BONACE (du latin *bonacia*), se dit sur mer de l'intervalle de beau temps qui précède l'orage ou qui lui succède : de l'état de l'Océan quand le vent est tombé, que le ciel est serein, et que les flots sont tranquilles.

BONACOSSI (Maison de). La famille Bonacossi était une des plus puissantes de Mantoue, lorsqu'au treizième siècle elle parvint à la souveraineté.

Pinamonte Bonacossi et Ottonello Zanicalli furent élus préfets de la ville en 1272. Quelque temps après, Bonacossi fit assassiner Zanicalli, avec lequel il ne s'était réconcilié que pour arriver au pouvoir. Personne ne soupçonna qu'il fût l'auteur de ce meurtre; il continua à gouverner la ville; mais en 1276 il leva entièrement le masque, et se déclara le maître de Mantoue. Le peuple, ayant couru aux armes pour recouvrer sa liberté, fut défait par les troupes de Pinamonte, qui, étant demeuré vainqueur, punit du dernier supplice les chefs de la sédition, exila les autres et confisqua leurs biens. Guelfe d'origine, il embrassa ensuite le parti gibelin, fit alliance avec les seigneurs de Vérone, de la maison de la Scala, et régna vingt ans environ, sans avoir à combattre de nouvelles révoltes. Son règne fut assez glorieux et signalé par des avantages remportés sur les Bressans, les Padouans et les Vicentins.

Bardellone Bonacossi, fils du précédent, lui succéda. Ce prince, d'un naturel méchant, craignant que son père ne favorisât son frère Taïno, s'était emparé, en 1292, de l'un et de l'autre, et les avait fait jeter en prison, où Pinamonte mourut, vers 1293. Il se fit alors nommer seigneur de Mantoue; et comme son père avait soutenu le parti gibelin, il se jeta dans le parti guelfe, rappelant plus de deux mille exilés, et s'attirant ainsi l'affection du peuple, mais par cela même excitant contre lui les gibelins.

Bottesella Bonacossi, fils d'un autre frère de Bardellone, ayant obtenu l'appui d'Alboin de la Scala, seigneur de Vérone, surprit Mantoue en 1299, en chassa ses oncles Bardellone et Taïno, qui se réfugièrent à Padoue, se fit déclarer seigneur de Mantoue, et associa à sa puissance ses deux frère *Bectirone* et *Passerino*. Il embrassa vivement le parti gibelin, et resserra son alliance avec Alboin de la Scala. Il mourut en 1310. Quant à *Bardellone*, son oncle, qu'il avait chassé, il était mort en 1302, à Padoue, dans une grande pauvreté.

Passerino Bonacossi, associé au pouvoir par Bottesella, son frère, lui succéda seul à sa mort. Il dut faire d'abord quelques concessions aux guelfes, permettre leur retour, et recevoir de Henri VII un vicariat impérial. Cependant il ne tarda pas à faire soulever le parti gibelin; les guelfes furent chassés ainsi que le vicaire impérial. Henri VII le nomma alors lui-même son vicaire, ce qui lui permit d'affermir davantage sa domination et même de l'étendre. En effet, il se fit nommer en 1312 seigneur de Modène. Mais en 1318 François Pic de la Mirandole lui enleva cette ville. Néanmoins, l'année suivante il parvint à la recouvrer, et fit enfermer dans la tour de Castellero Mirandole et ses deux fils, qui étaient tombés entre ses mains, et les y laissa mourir de faim. Passerino régnait depuis dix-huit ans avec la réputation d'un habile politique et d'un grand capitaine; il passait généralement pour le souverain le mieux affermi de l'Italie, lorsqu'un événement imprévu vint le renverser. Son fils François, ayant gravement insulté son cousin, Philippe Gonzague, celui-ci fit un appel à ses parents et à ses amis; il fut même aidé par Cosme de la Scala, qui conservait quelque ressentiment contre Passerino, à cause de l'importance qu'il avait su acquérir dans le parti gibelin. Les conjurés surprirent Mantoue le 14 août 1328. Passerino fut tué comme il cherchait à calmer la sédition, et son fils François, pris et traîné à la tour de Castellero, y fut égorgé par un fils de ce François Pic de la Mirandole qu'il y avait fait mourir de faim. La mort des derniers Bonacossi et la destruction de leur parti permirent à Louis Gonzague de se faire proclamer seigneur de Mantoue et de Modène.

DE FRIESS-COLONNA.

BONALD (Louis-Gabriel-Ambroise, vicomte de), d'une ancienne famille du Rouergue (Aveyron), né au Mouna, près de Millau, dans le Rouergue, en 1753, mort au même lieu, en 1840, avait servi d'abord dans les mousquetaires sous Louis XV, et n'avait quitté ce corps qu'à sa suppression, en 1776. Maire de sa ville natale, il devint en 1790 président de l'administration de son département; mais dès 1791 il fit remettre aux diverses municipalités une circulaire dans laquelle, rompant ouvertement avec le principe révolutionnaire, il faisait profession du royalisme le plus ardent. Il émigra la même année, et se rendit à l'armée des Princes, qu'il quitta pour se retirer à Heidelberg et s'y livrer à des travaux politico-philosophiques. Rentré en France au moment du couronnement de Napoléon, après avoir séjourné quelque temps à Constance, M. de Bonald ne retrouva dans sa patrie qu'une très-faible partie des biens qu'il avait cru devoir y laisser. Forcé pour soutenir sa nombreuse famille de mettre à profit ses connaissances, il écrivit dans des recueils périodiques; puis, sollicité par M. de Fontanes, son ami, il accepta une place de conseiller titulaire de l'université impériale. Louis Bonaparte, roi de Hollande, lui ayant proposé de se charger de l'éducation de son fils, il crut devoir décliner cette offre; et la place fut donnée, sur son refus, à l'abbé Paradisi, de Rome. Au mois de juin 1814, le roi Louis XVIII le nomma membre du conseil de l'instruction publique et le décora de la croix de Saint-Louis.

Élu député de son département en 1815, il fit partie des assemblées législatives suivantes, sans pour cela négliger ses études favorites, auxquelles il n'avait peut-être demandé que des distractions et de nobles plaisirs, et qui, d'elles-mêmes, y avaient ajouté un supplément bien mérité de gloire. A la chambre de 1815, il vota avec la majorité, exprima le désir que les biens non vendus de l'ancien clergé fissent retour au nouveau, s'opposa à tous les projets de réforme électorale, réclama l'abolition du divorce, demanda la suppression de beaucoup de places, parla contre l'aliénation des forêts, soutint les corps suisses qu'on voulait retrancher de la garde royale et de l'armée, réclama un jury spécial pour la répression des abus de la presse et l'établissement de la censure pour les journaux. Ministre d'État depuis 1822, il fut président de la commission de censure. Nommé pair de France en 1823, il se démit volontairement de cette dignité en 1830, en refusant de prêter serment à la royauté de Juillet. Il ne conserva que le titre de membre de l'Académie Française, où il était entré le 21 mars 1816.

[C'est en 1796 que M. de Bonald publia *La Théorie du Pouvoir politique et religieux dans la société civile, démontrée par le raisonnement et par l'histoire*, ouvrage plein de recherches savantes, d'une métaphysique profonde, auquel on peut reprocher quelques subtilités de raisonnement, qui échappent aux meilleurs esprits intimement convaincus d'une idée première et fondamentale à laquelle ils rattachent tout un système ; il leur faut comme assouplir leur argumentation aux exigences de cette idée première, et faire, en quelque sorte, concourir à sa démonstration tous les faits physiques et moraux de la création. Dans ce livre d'une haute portée, M. de Bonald prend place à côté des penseurs et des écrivains les plus distingués. Définissant le pouvoir politique *une application* exacte et raisonnée des préceptes de Dieu même à la société civile, il démontre l'intime affinité qui existe entre le principe religieux et la bonne administration des États. A l'appui du raisonnement, il invoque le témoignage de tous les âges historiques qui ont langui dans un état de législation incomplet et souvent barbare, tant que le principe chrétien n'est pas venu féconder la société humaine et la civilisation. Appliquant cette doctrine au nouvel ordre politique qui régnait alors en France, il y trouve la condamnation des théories que l'on essayait de mettre en pratique, et qui, privées des conditions de vitalité que la consécration du principe religieux pouvait seule leur communiquer, lui semblent destinées à prouver, encore une fois, l'impuissance absolue de l'homme, lorsqu'il se sépare de Dieu. Enfin, par une de ces prévisions qui n'appartiennent qu'au génie et aux âmes qui sentent vigoureusement, il entrevoit le rétablissement de la famille des Bourbons comme l'inévitable conséquence et l'unique remède de l'anarchie et de l'athéisme, qui ont tout envahi. Il paraît que le coup porta, puisque le Directoire se vengea de l'ouvrage en le proscrivant, faute de pouvoir se venger de l'auteur.

C'est ici le lieu de reconnaître en M. de Bonald un mérite tout personnel et bien grand à nos yeux, c'est de n'avoir pas désespéré des grands principes d'ordre et de conservation sociale à une époque de scepticisme et d'incrédulité où tout était mis en question, même l'existence de Dieu ! Ce noble apostolat M. de Bonald le partagea avec M. de Châteaubriand, dont il devint plus tard le collaborateur dans le *Mercure de France*, en 1806, et dans le *Journal des Débats* et *le Conservateur*, sous la Restauration. Les divers articles dont M. de Bonald enrichit l'un et l'autre de ces recueils révèlent les mêmes qualités et les mêmes taches que sa *Théorie du Pouvoir*. Avec une hardiesse de vues dont personne ne saurait contester l'élévation, et une déduction des faits presque toujours logique, il se laisse parfois aller, par un entraînement excusable dans un homme aussi spontané, aussi consciencieux, à une argumentation plus systématique que vraie. Dans l'espèce de proscription (et ceci s'applique à presque tout ce qui est sorti de la plume de M. de Bonald) dont il frappe les philosophies et les législations humaines, pour ne laisser debout que la philosophie chrétienne et la législation de Dieu, dont il lui aurait suffi peut-être d'établir la prééminence, il ne considère pas toujours les divers côtés des choses. Trop absolu dans ses jugements, il lui arrive souvent de voir le tout dans la partie, et de condamner sans restriction ce qui, imparfait sous quelques rapports, échappe sous d'autres à toute critique. M. de Bonald l'a dit lui-même, avec cette force de raison qui donne tant d'autorité à tout ce qu'il a écrit : « Un esprit cultivé est juste ou faux, selon qu'il saisit tous les rapports principaux d'un objet, ou seulement une partie de ces rapports. » Et ne peut-on pas lui reprocher d'avoir négligé quelques rapports essentiels, lorsqu'il argumente contre la philosophie humaine de l'action lente et quelquefois inefficace qu'elle a sur la société? De ce que cette philosophie n'a pas toujours moralisé les hommes, ou de ce qu'elle n'a pas préexisté à leur moralisation, elle ne mérite pas pour cela le terrible anathème que l'illustre philosophe lance contre elle. Pour n'avoir pas fait tout le bien possible, elle n'en a pas moins fait du bien, et c'est une justice que M. de Bonald éprouvera lui-même. le besoin de lui rendre lorsque, cherchant plus tard le principe de toute législation, il invoquera le témoignage de la philosophie païenne, et demandera à l'un de ses plus généreux organes la base même du principe qu'il veut soutenir.

Quelques années après la *Théorie du Pouvoir*, M. de Bonald publia l'*Essai analytique sur les lois naturelles de l'ordre social*, qu'il refondit dans son grand ouvrage de la *Législation primitive considérée dans les derniers temps par les seules lumières de la raison*, qui parut en 1802. Dans ce livre, remarquable par la force du raisonnement et la méthode qui enchaîne toutes ses parties, l'auteur, après avoir établi successivement : 1° que l'ordre de la société est l'ensemble des *rapports vrais ou naturels* qui existent entre les êtres moraux, c'est-à-dire entre les personnes de la société, 2° que la science de ces rapports est la *vérité morale* ou *sociale*, que la connaissance de la vérité morale forme la *raison*, que la raison est la *perfection de la volonté*, que la volonté est la *détermination de la pensée*, et que la pensée n'est connue de l'homme que par son *expression*, 3° que, par conséquent, l'homme privé d'expression eût été privé de pensée, de volonté, de raison, de la connaissance de la vérité, et qu'il eût vécu dans l'ignorance des *personnes* et de leurs *rapports*, étranger à toute *société*, arrive à traiter cette question importante, que tout naquit pour l'homme avec la *parole*, qui est l'unique et la vraie expression des idées. Et remontant à son origine, il démontre qu'elle n'a pu être d'invention humaine, qu'elle est, par conséquent, venue à l'homme par révélation et transmission, et que dès lors la science des personnes et de leurs rapports, dont la parole est l'unique expression, lui est arrivée par voie d'autorité. Cette question ardue, que Condillac avait traitée un peu légèrement, et qui avait effrayé le génie si entreprenant de J.-J. Rousseau, M. de Bonald l'approfondit avec une logique si serrée, des déductions tellement claires et précises, qu'il amène son lecteur presque invinciblement à admettre comme faits incontestables les principes sur lesquels il va construire l'édifice de sa législation primitive. « La souveraineté est en Dieu ou elle est dans l'homme, point de milieu, » dit M. de Bonald. Il n'a pas de peine à établir qu'elle est en Dieu, en montrant la dépendance absolue où se trouve l'homme d'une inspiration ou révélation divine pour avoir la moindre idée en morale, dont il ne sait que ce qu'il *a entendu par les oreilles ou vu par les yeux*, c'est-à-dire par la parole orale ou écrite, transmise d'abord par les pères à leurs enfants, puis tard fixée par l'Écriture, lorsqu'elle commençait à s'effacer parmi les hommes. Donc le premier législateur a été Dieu; car « comment le genre humain eût-il été jusqu'à la deuxième génération, si la première n'eût eu tous les moyens nécessaires de conservation, entre lesquels l'art de la parole, qui donne la connaissance de la parole, est le premier? Car l'homme, dit la souveraine raison, ne vit pas seulement de pain, mais de toute parole venant de Dieu, ce qui veut dire que les lois sont aussi nécessaires que les aliments pour perpétuer le genre humain. » Or, la loi sociale, transmise à l'homme au moyen de la parole fixée au moyen de l'écriture, par l'autorité de Dieu, doit être vraie, naturelle, parfaite comme son auteur, et nous devons en chercher la connaissance entière dans les sociétés les plus fortes et les plus stables, dans la société judaïque d'abord, puis dans la société chrétienne, qui en est le complément.

Confirmant ensuite ces diverses propositions par des arguments solides : « C'est un fait, poursuit M. de Bonald, que le Pentateuque est le livre le plus ancien qui nous soit connu, celui où l'on trouve le plus de hautes pensées, exprimées dans le style le plus simple, et les plus grandes images rendues dans le style le plus magnifique ; c'est un fait qu'il n'existe que chez les juifs et chez les chrétiens ; c'est un fait qu'il contient dix lois énonciatives des rapports fondamentaux de la société, lois dont on aperçoit des traces chez tous les peuples de la terre ; c'est un fait qu'il n'y a jamais eu de civilisation ou morale, c'est-à-dire de raison dans les lois et de force dans les législations, que dans les sociétés juive et chrétienne, les seules de toutes qui n'aient eu des lois fausses, absurdes, atroces, contraires à la nature des êtres et de leurs rapports. » Examinant ensuite en détail le Décalogue, il y trouve le germe de toutes les lois subséquentes qui ont été conformes à la raison, puisque la raison même avait dû présider à sa promulgation; car, comme dit Bossuet, « Dieu lui-même a besoin d'avoir raison, puisqu'il ne peut rien faire contre la raison. » De là cette conséquence que la loi est la volonté de Dieu et la règle de l'homme, que la légitimité des actions humaines consiste dans leur conformité à la loi générale, venue de Dieu, comme leur égalité de la conformité aux lois locales; que l'état le meilleur de la société est celui où l'état légal est légitime, où tout ce qui est bon est loi, et où toute loi est bonne, où enfin, comme le dit J.-J. Rousseau, les lois *po-litiques* deviennent *fondamentales* parce qu'elles sont sages. Approfondissant ces mots de Bossuet, *que la loi chrétienne renferme les principes du culte de Dieu et de la société humaine*, « on peut, continue-t-il, avancer comme un fait attesté par l'histoire de tous les temps, qu'à considérer l'univers ancien et moderne, il y a oubli de Dieu et oppression de l'homme partout où il n'y a pas connaissance, adoration et culte de l'Homme-Dieu. »

M. de Bonald résume ce vaste système en posant les principes suivants, qui sont comme la conséquence forcée de son argumentation : 1° La religion est la raison de toute société, puisque hors d'elle on ne peut trouver la raison d'aucun pouvoir ni d'aucun devoir. 2° La religion est donc la constitution fondamentale de tout état de société. 3° La société civile est donc composée de religion et d'État, comme l'homme raisonnable est composé d'intelligence et d'organes. 4° La société civilisée n'est autre chose que la religion, qui fait servir la société publique à la perfection et au bonheur du genre humain. 5° Ainsi, la société la plus parfaite est celle où la constitution est la plus religieuse et l'administration la plus morale. 6° La religion doit constituer l'État, et il est contre la nature des choses que l'État constitue la religion. 7° L'État doit obéir à la religion, mais les ministres de la religion doivent obéir à l'État dans tout ce qu'il ordonne de conforme aux lois de la religion, et la religion elle-même n'ordonne rien que de conforme aux meilleures lois de l'État.

Par cet ordre de relations, en effet, la religion et l'État se prêtent un mutuel appui. Cependant, il faut en convenir, dans la pratique il n'est pas extraordinaire que ces principes aient rencontré une vive opposition, surtout à une époque où quelques faits particuliers pouvaient sinon altérer la confiance que l'on a dans la religion, du moins celle qu'il est nécessaire que l'on ait dans ses ministres, pour qu'ils puissent opérer le bien. Et les préjugés sont encore trop forts, les passions encore trop actives, les méfiances trop vives, pour espérer que cette union intime de l'État et de la religion réalise de si tôt tout le bien qu'a raison d'en espérer M. de Bonald. En attendant, la religion ne perdra rien de son influence sur l'amélioration des hommes en restant dans le sanctuaire. *Mon royaume n'est pas de ce monde*, a dit Jésus-Christ. En continuant de travailler au ciel, le sacerdoce accomplira sa mission céleste, et tout en communiquant aux choses de la terre cette impulsion morale qui est comme le signe constant de sa vocation de civilisation, il n'éprouvera pas la nécessité de s'immiscer dans l'administration civile de l'État, puisqu'il sait par expérience que ce serait fournir aux passions un prétexte pour compromettre les fruits de son apostolat. Plaignons l'État s'il abandonne la religion, mais espérons encore que, malgré l'arrêt sévère de M. de Bonald, la religion ne le laissera pas périr. « La religion n'abandonne jamais l'État, mais elle laisse périr l'État qui l'abandonne. » (*Législation primitive*, liv. II.)

M. de Bonald publia en 1814 diverses brochures sur des questions d'un haut intérêt, et il les traita presque toujours avec une grande supériorité de talent. Deux surtout méritent d'être remarquées, celles sur le divorce, où il s'établit l'énergique défenseur de la sainteté du mariage, et où il démontre que la loi civile doit, dans l'intérêt des mœurs, être en harmonie avec la loi religieuse, et l'autre, intitulée : *Encore un mot sur la liberté de la presse*, où, tout en admettant en principe la nécessité de cette liberté, il en restreint un peu trop l'usage par les entraves légales qu'il croit nécessaires d'opposer à l'abus. Mentionnons aussi avec distinction ses *Mélanges littéraires et politiques*, qui offrent d'ailleurs le développement constant des doctrines politiques et religieuses de toute sa vie, et arrivons enfin à celui de tous les ouvrages de M. de Bonald où il semble avoir poussé jusqu'à ses dernières limites son merveilleux talent d'investigation philosophique et de raisonnement, ses *Recherches philosophiques sur les premiers objets des connaissances morales*, qui parurent en 1818.

Dans ce livre, qui exigeait une critique habile de tous les systèmes philosophiques, M. de Bonald ne reste pas au-dessous de la tâche qu'il s'est imposée, et, tout d'abord, il se demande ce qu'est la philosophie, et comment jusque alors elle a rempli les conditions mêmes de sa dénomination, et jusqu'à quel point elle a servi à l'étude de la sagesse, ou à la connaissance de la vérité. « L'histoire de la philosophie, dit M. Ancillon, ne présente, au premier coup d'œil qu'un véritable chaos : les notions, les principes, les systèmes s'y succèdent, se combattent et s'effacent les uns les autres, sans qu'on sache le point de départ et le but de tous les mouvements et le véritable objet de ces constructions aussi hardies que peu solides. » Ce jugement un peu sévère, et qui avait besoin d'être modifié pour les services incontestables que la philosophie humaine a rendus à la société, avant que la loi divine eût pu éclairer et perfectionner les anciennes constitutions civiles, M. de Bonald l'adopte sans hésiter, et, dans un rapide examen, qui ne manque ni de justesse ni d'impartialité, il passe en revue les doctrines de la vieille Grèce, qui ont créé presque toutes les autres sectes philosophiques, et dont la diversité n'a fait que s'accroître avec le nombre des maîtres et les progrès des connaissances, si bien qu'aujourd'hui même l'Europe, qui possède des bibliothèques entières d'ouvrages des philosophes, et qui compte presque autant de philosophes que d'écrivains, pauvre au milieu de tant de richesses, et incertaine de sa route avec tant de guides, attend encore une philosophie.

Il examine d'abord les principes de morale enseignés d'inspiration par les premiers poètes grecs, qui furent en même temps les premiers législateurs, et prouve aisément qu'il y a autant de philosophie dans Isaïe, David ou Salomon que dans Homère ou Hésiode. Passant ensuite en revue les diverses écoles qui se sont partagé l'attention des hommes, il ne découvre ni dans Thalès, dont l'ignorance des véritables causes premières a faussé les doctrines, ni dans Pythagore, dont le mysticisme enveloppait de si épaisses ténèbres les notions les plus élémentaires de la morale et de la politique, les conditions d'un vrai système de philosophie. Il rend justice au mérite extraodinaire de Socrate, qui le premier, par la force de son génie, ou peut-être par la connaissance des livres des Hébreux, déjà répandus en Orient, trouva l'unité de Dieu créateur, conservateur et rémunérateur, et l'immortalité de l'âme. «Le premier des philosophes grecs, dit M. de Bonald, il fit descendre la moralité du ciel, et sans doute il l'aurait affermie sur la terre, si le génie d'un homme, quel qu'il soit, pouvait être une autorité pour l'homme et une garantie pour la société. » Platon, fondateur de la première Académie et disciple de Socrate, révéla au monde la doctrine de son maître; il proclama les idées *innées*, c'est-à-dire les idées universelles, empreintes dans notre esprit par l'Intelligence suprême, et chercha à mêler ensemble les opinions de Socrate et quelques-unes de celles de Pythagore. « L'âme, selon ce philosophe, doit juger, non les sens, et nos idées sont des réminiscences, dont le prototype est en Dieu. » Doctrine, comme on le voit, presque chrétienne, et qui mérita à Platon le surnom de *divin*, que personne aujourd'hui même ne songera à lui contester. Mais les esprits ne purent rester longtemps à la hauteur où Platon les avait fait monter. Aristote, chef des péripatéticiens, les en fit descendre. Il humilia l'intelligence humaine en rejetant les idées innées et en ne les faisant venir à l'esprit que par l'intermédiaire des sens. Puis vint le stoïcisme, qui, cherchant à réunir des systèmes opposés, admit la Divinité comme principe efficient, mais la soumit au destin, contradiction choquante, puisque c'était reconnaître pour cause ce qui ne l'était pas. On voit par cet exposé rapide que sur le principe des connaissances humaines les anciens philosophes flottaient entre l'intelligence suprême et la matière éternelle, comme entre l'esprit de l'homme et ses sens. Cependant la philosophie platonicienne domina dans la première école chrétienne jusqu'à l'invasion des barbares.

Lorsque le christianisme, vainqueur des barbares, eut renoué le fil qui doit rattacher l'avenir au passé dans l'impérissable domaine de l'intelligence, le goût des études philosophiques dut nécessairement s'emparer de nouveau des hommes, et la discussion, devenant à la mode à une époque où les esprits n'étaient pas encore assez éclairés, dégénéra bientôt en subtilité, et produisit la *philosophie scolastique*, qui perdit beaucoup de temps à des choses oiseuses, mais qui néanmoins donna de la sagacité aux esprits, de la concision aux langues ; et Leibnitz, juste appréciateur de tout mérite, déclare qu'il y a de l'or caché dans le fumier de l'école. Après des luttes pénibles, où l'entendement fit peu de progrès, malgré le renfort de tous les beaux esprits qui, chassés de Constantinople, s'étaient répandus en Italie, et qui avaient porté, au témoignage de Condillac, plus de subtilité que de connaissance dans la philosophie, parut le dix-septième siècle, fécond en grands réformateurs. Bacon en Angleterre, Descartes en France, Leibnitz en Allemagne, se partagèrent le monde intelligent, et, se divisant au point de départ, s'engagèrent dans des routes diverses. « Ces trois grands réformateurs, dit M. de Bonald avec une douloureuse amertume, ne se rejoindront plus ! » C'est qu'en effet, comme le prouve l'illustre écrivain, l'esprit humain même le plus heureusement disposé à la recherche de la vérité doit nécessairement payer tribut à la faiblesse humaine, lorsqu'il n'a pour construire tout l'édifice du monde moral que des moyens humains; et qu'ensuite les enseignements de la plus haute sagesse n'ont pas sur les hommes une autorité assez forte, lorsque le principe divin ne leur imprime pas le cachet de l'unité, qui est en même temps celui de la vérité. Aussi Bacon et Locke, son disciple, qui, bien qu'attachés au christianisme, ne furent pas assez pénétrés de son esprit, finissent par pencher vers le matérialisme. Descartes, franchement spiritualiste, réforme Bacon, en adoptant les idées innées, qu'il explique d'ailleurs de manière à prévenir les fausses interprétations de ceux qui ont toujours eu soin de ne pas les entendre comme Descartes, pour avoir beau jeu à les combattre. Leibnitz, grand géomètre, riche de toutes les connaissances humaines, va plus loin que Descartes : il renouvelle le platonisme, mais un platonisme plus épuré, plus savant, plus profond, plus méthodique que celui du disciple de Socrate, un son système, qui peut-être incline un peu trop à l'illuminisme, est incontestablement le plus juste et le plus complet : c'est assez dire qu'il est le plus religieux. Propagé par Wolf, il subit bientôt les attaques d'un autre philosophe, qui commence par rejeter comme insuffisant et erroné tout ce qui a été enseigné jusqu'à lui depuis trois mille ans. Mais le criticisme de Kant, ce nouveau réformateur, annoncé avec emphase, reçu avec fanatisme, débattu avec fureur, n'a produit, en dernier résultat, que des divisions ou même des haines et un dégoût général de toute doctrine ; et, s'il faut le dire, il a tué la philosophie, et peut-être tout nouveau système est-il aujourd'hui impossible. Il est à craindre en effet que la raison humaine ne soit condamnée à déraisonner longtemps, si elle aspire à trouver un *criterium*, tellement prompt, tellement simple, qu'il puisse, au premier coup d'œil, lui faire discerner la vérité de l'erreur. Jusque là elle doutera, mais *douter mène au néant moral et croire est un principe de vie*.

« Cependant, ajoute M. de Bonald, dans toutes les sciences physiques il existe un fait *a priori*, extérieur, primitif, général, évident, qui sert de point de départ à toutes les recherches humaines : ainsi, *la ligne droite est la plus courte entre deux points donnés*, etc. Pour les sciences morales, il doit aussi exister un fait *a priori*, extérieur, pris dans l'ordre des choses morales, puisqu'il doit servir de base à la science des êtres moraux et de leurs rapports avec la science de Dieu, de l'homme et de la société. » Et ce fait M. de Bonald le trouve dans le don du langage accordé au genre humain. Il existe absolument *a priori*, puisqu'on ne saurait remonter plus haut ; il existe général et perpétuel, puisqu'on le retrouve partout où il y a deux créatures humaines, quoi qu'en ait pu dire Condillac, avec plus d'esprit que de vérité. Or, la parole, étant un des besoins de la société, n'a pu être laissée aux chances éventuelles de l'invention humaine, et nul doute que ce ne soit un don immédiat de Dieu, comme la vie physique et intellectuelle, dont la parole est l'expression. Dieu, l'homme, la société, voilà les objets de la philosophie : or le don primitif du langage donne une raison suffisante de toutes les questions élevées en philosophie sur Dieu, sur l'homme et sur la société.

« Pour vivre, dit M. de Bonald, il a fallu que l'homme, aussitôt que créé, pût penser et parler, et reçût d'un être supérieur en intelligence le don merveilleux qui forme l'inexplicable nœud de la parole et de la pensée, de l'esprit et des organes, dans cet accord si intime et si prompt, qui, mêlant, sans les confondre, des facultés si opposées, met la parole dans l'esprit et l'esprit sur les lèvres. » Comment en effet admettre un principe moral du monde et reconnaître que l'homme est né pour la société, sans qu'en lui fussent innés les dons nécessaires à l'accomplissement de cette vocation ? D'ailleurs, comment expliquer l'invention humaine du langage, si l'on considère que, selon l'expression de J.-J. Rousseau, la parole a été nécessaire pour établir l'usage de la parole ? Le langage est donc un fait *a priori* et comme l'expression native des idées qui constituent dès sa naissance l'homme moral. C'est un fait général, puisqu'il est partout le même, bien que les idiomes soient différents ; car « dans toutes les langues, dit l'*Encyclopédie*, on trouve les mêmes espèces de mots, et ils sont assujettis aux mêmes accidents. » « Le langage se modifie, s'étend, se polit, ajoute M. de Bonald, mais le fond, la constitution du langage, restent les mêmes, aussi invariables que la société, la nature et le temps. » Puis, regardant la parole comme le premier mobile de la civilisation, il cherche dans les idiomes qui ont dû être l'expression des premières idées, et par conséquent des premiers principes sociaux, l'origine de toutes les connaissances humaines et la révélation des premières notions morales, et c'est encore dans la langue hébraïque qu'il trouve ces caractères de primordialité et de perfection ; d'où il conclut que la civilisation n'est autre chose que les préceptes de l'ancienne et de la nouvelle loi appliqués à la société civile.

On suivra aussi avec intérêt M. de Bonald dans le développement de son opinion sur l'invention de l'écriture, qu'il n'hésite pas, après un sérieux examen, à ranger parmi les faits révélés à l'homme de toute éternité, et il sera curieux de le comparer à celle des philosophes qui prétendent que l'écriture, n'étant après tout qu'un moyen artificiel et de convention de décomposer les sons, a fort bien pu être d'invention humaine. C'est d'ailleurs une question controversée, et qui est loin d'être résolue. Quoi qu'il en soit, que l'écriture nous vienne de l'Inde ou de l'Égypte, ou des Phéniciens, ou des Hébreux, qui furent longtemps confondus avec les Phéniciens, ou que, selon les rabbins, l'ange Raziel ait enseigné l'écriture au premier homme, c'est toujours un fait que le type des lois écrites pour la société se trouve évidemment, de toute antiquité, dans les livres saints, comme ils renferment tous les principes sociaux qui ont civilisé le monde, et qu'en voyant ces lois écrites, dont l'ancienneté se perd presque dans l'obscurité des premiers âges, on peut se demander quel effort humain a pu opérer, comme d'un seul trait d'imagination, une invention si miraculeuse, comparativement à la lenteur ordinaire des inventions humaines ; et peut-être alors sera-t-on amené à dire avec Cicéron et avec M. de Bonald : *Ex hac ne tibi terrena mortalique natura concretus is videtur, qui sonos vocis, qui infiniti videbantur, paucis litterarum notis terminavit ?* Dérivant de ces premières données les règles de la physiologie, qui est pour l'homme vivant ce que l'anatomie est pour le cadavre, il définit l'homme *une intelligence servie par des organes*, définition conforme à celle de Cicéron, et réfute la doctrine erronée et désolante de Saint-Lambert et de Cabanis, qui ne veulent voir dans l'homme qu'une *masse organisée et sensible, qui reçoit l'esprit de tout ce qui l'environne et de ses besoins.* Puis, analysant le plus bel attribut de l'homme, la pensée, il démontre comment les idées sont en même temps innées quant à leur type, et acquises dans leur expression ; que l'âme n'est pas le résultat de l'organisation corporelle, puisqu'il serait absurde d'admettre que la partie la plus noble, et qui doit commander à l'autre, fût, en quelque sorte, soumise à l'organisation de cette dernière : or, comme dit Cicéron, « l'âme commande au corps, comme le roi aux citoyens et le père à ses enfants. » Résumant enfin ce brillant système, si habilement déduit, il trouve la cause première de la création dans Dieu, qui, dit-il, ne peut exister sans être connu, ni être connu sans exister, les causes finales dans l'harmonie des moyens et des fins, c'est-à-dire dans le perfectionnement moral et social de l'homme, évidemment créé pour la société, et la cause seconde dans l'*homme*, ouvrage de prédilection de Dieu, qui l'a établi roi de la nature entière.

Enfin, pour achever le résumé de l'œuvre de M. de Bonald, tout dans l'univers annonce, prouve dessein, intention, intelligence ; l'univers matériel et tout ce qu'il renferme appartient à l'espèce humaine et est fait pour son usage. Il n'y a donc dans l'univers pas plus de *hasard* qu'il n'y a de *destin*. « Le hasard, dit Leibnitz, n'est que l'ignorance des causes physiques, » et l'on peut dire aussi que ce que l'on appelle destin n'est que l'ignorance des causes morales. « Avec le mot Dieu, dit Cabanis, on ne rend raison de rien. » « Sans le mot de *Dieu*, réplique M. de Bonald, on ne rend raison de rien de général, et ce philosophe, qui substitue à ce mot ceux de *nature*, de *matière*, d'*énergie*, de *hasard*, de *molécules organiques*, ne donne de rien une raison satisfaisante pour ceux qui ne se payent pas des mots. »

Nous nous sommes étendu sur les doctrines de M. de Bonald, parce qu'il nous a semblé que, faute d'être bien connues, elles avaient été attaquées avec trop de partialité, et c'est un hommage que nous sommes heureux d'avoir pu rendre à la vérité, en même temps que nous avons payé notre tribut d'éloges à l'un des plus profonds philosophes de nos jours et à l'un des esprits les plus sincères et les plus consciencieusement religieux. Nous dirons peu de chose de son style, dont le mérite est moins contesté, et qui est toujours à la hauteur des matières graves qu'il traite, d'un tour serré, précis, élégant, grave, majestueux, et presque toujours assorti par son principal caractère à la nature des questions qui se succèdent sous sa plume. Quelques personnes cependant ont cru devoir lui reprocher de l'obscurité, d'autres de la prétention à l'originalité et à l'effet. Ce dernier reproche pourrait jusqu'à un certain point être justifié par quelque surabondance de synonymie, et par l'abus de l'antithèse, défaut auquel M. de Bonald se laisse quelquefois aller sans s'en apercevoir ; mais il serait injuste de faire de cette légère exception la règle d'un jugement à appliquer au style de l'auteur, presque toujours sage et mesuré, et dont la gravité, plutôt que l'enflure, est le principal caractère. Quant au premier reproche, qui tient, croyons-nous, à la difficulté de suivre tous les raisonnements de l'auteur, qui se lient et s'enchaînent avec une précision et une rapidité extraordinaires, nous n'hésitons pas à le déclarer mal fondé. Mais il y a des gens qui veulent lire un ouvrage de philosophie sans qu'il en coûte rien à leur esprit paresseux, et, faute d'y apporter la dose d'attention suffisante, ils ont peine à lier les parties d'un tout dont ils ont souvent négligé de suivre et de méditer les intermédiaires; bientôt ils se perdent dans un labyrinthe dont ils ont oublié le fil; ils trébuchent à des obstacles qu'ils se sont créés eux-mêmes, et leur vanité aime mieux imputer leur déconvenue à l'obscurité de l'auteur qu'à l'insuffisance de leurs efforts. L'abbé J. BERTIN.]

M. de Bonald avait épousé en 1776 *Élisabeth de Guibald* DE COMBESCURE, proche parente du chevalier d'ASSAS, morte en 1826. De leur union sont nés quatre fils et une fille, *Henriette*, mariée à M. de Serres, écrivain religieux et monarchique comme son beau-père.

BONALD (AUGUSTE-HENRI DE), l'aîné des fils de M. de Bonald, publiciste de la même école, secrétaire intime de son père, placé au collège de Saint-Charles de Heidelberg durant le séjour de celui-ci dans cette ville, rentra avec lui en France, et alla continuer ses études au collège de Juilly, dirigé par les Oratoriens. Volontaire royal en 1815, on le vit en 1816 et 1817 poursuivre de ses sarcasmes des hommes qui, grands dans le malheur, n'emportaient dans l'exil que les regrets de leurs concitoyens. Après 1830 il quitta la France, pour aller rejoindre à Fribourg les pères de la foi et les organes du parti légitime, et fut dans cette ville un des rédacteurs de l'*Invariable*, nouveau *Mémorial catholique*. En 1832 on le vit déposer ses hommages aux pieds de l'*enfant du miracle*, puis, de retour en France, se *rallier*, pour être utile à ses coreligionnaires politiques et ne pas nuire à son frère Maurice, qui aspirait au chapeau de cardinal. Collaborateur des journaux *la France* et *l'Univers*, il est auteur d'une notice sur son père et de plusieurs brochures, au nombre desquelles on cite l'apologie la plus hardie dont les jésuites aient jamais été l'objet. M. Henri de Bonald est mort le 5 septembre 1848.

BONALD (VICTOR DE), frère du précédent, étudia, comme lui, au collège de Heidelberg, fut nommé recteur de l'Académie de Montpellier dont son père redevint membre du conseil royal de l'instruction publique, et donna sa démission en 1830. Il est auteur de deux ouvrages de l'école de son père, dont l'un traite de la *Géologie de Moïse*. Une discussion très-vive s'est élevée dernièrement entre lui et le P. Ventura. — Son frère RENÉ, conseiller général du département de l'Aveyron en 1826, avait été nommé précédemment, par *intérim*, préfet de ce département en 1817 et 1818, durant l'instruction du fameux procès Fualdès.

BONALD (LOUIS-JACQUES-MAURICE DE), frère des précédents, né à Millhaud, le 30 octobre 1787, fut destiné dès sa naissance à la carrière ecclésiastique, et fit ses études au séminaire de Saint-Sulpice. A son début, il s'attacha, comme secrétaire particulier, à M. de Pressigny, ancien évêque de Saint-Malo, archevêque de Besançon, nommé par Louis XVIII ambassadeur près le Saint-Siége. M. de Pressigny ne put achever le concordat, et l'abbé de Bonald, scandalisé de la conduite des prélats italiens, enchevêtré d'ailleurs dans leurs ruses peu édifiantes, s'estima heureux de s'enfuir de la capitale du monde chrétien, en y laissant pour tout souvenir un couvent de religieuses françaises qu'il y avait fondé durant son séjour. Rentré en France, il fut bientôt le prédicateur à la mode du faubourg Saint-Germain; la réputation du père rejaillit sur le fils : il devint vicaire général de Chartres, aumônier ordinaire de Monsieur (depuis Charles X), aumônier du roi par quartier, et enfin évêque du Puy en 1823.

Dans un procès intenté au *Courrier français* et au *Constitutionnel*, la cour royale de Paris ayant cru devoir signaler à la France que la plus grande partie de son clergé professait des opinions diamétralement opposées aux libertés de l'Église gallicane, l'évêque du Puy adressa sur-le-champ au roi une *lettre* par laquelle il protestait contre cet arrêt, et attaqua avec violence la liberté de la presse, que venait de rétablir Charles X. Plus tard, cependant, par une étrange contradiction, il signa une autre *lettre au roi*, dans laquelle la plupart des évêques français protestaient en faveur des libertés gallicanes. Durant son séjour au Puy, il lança plusieurs *lettres pastorales* et *mandements* qui provoquèrent l'attention publique, et commit, dit-on, dans son diocèse quelques actes d'intolérance qui firent dire de lui et de quelques nouveaux prêtres à M. de Frayssinous : *Ils sont trop jeunes pour être tolérants*.

Sous le règne de Louis-Philippe, en 1830, M. de Bonald fit un nouveau voyage à Rome, où il fut accueilli avec la plus grande distinction par le pape, qui lui manifesta les meilleures dispositions au sujet du roi des Français et de la France, et lui exprima le désir de voir le clergé français s'abstenir de toute démonstration contraire.

Vers cette époque la mort du cardinal Fesch, oncle de Napoléon, et resté, malgré son exil, titulaire de l'archevêché de Lyon, mit à la disposition du gouvernement la collation de ce siége important; et le choix du pouvoir se fixa sur le cardinal d'Isoard, que M. de Bonald fut en même temps appelé à remplacer en qualité d'archevêque d'Auch. Il n'avait pas encore eu le temps d'accepter cette insigne faveur, quand le cardinal d'Isoard, qui était venu attendre à Paris les bulles du Saint-Père, y mourut presque en même temps que M. de Quélen; et voilà le siége de Lyon encore une fois vacant. On l'offrit alors à M. de Bonald, qui l'accepta, au risque de causer de douloureux regrets à ses ouailles du Puy. Sa nomination porte la date du 4 décembre 1839, et l'année suivante il obtint le chapeau.

Tant de faveurs ne rallièrent qu'à moitié M. de Bonald; il fut un des premiers à lancer l'anathème contre l'université et l'enseignement public. Ses bulles, rebelles aux avertissements du conseil d'État, étaient pleines d'intolérance et de menaces ; enfin ce fut presque sous ses yeux que l'abbé Desgarets publia cet extravagant pamphlet : *Le Monopole universitaire*, qui amena son auteur en cour d'assises. Jusqu'à la fin de la monarchie de Juillet, M. de Bonald se fit remarquer parmi les plus ardents à combattre l'université et la philosophie, peut-être bien dans l'espoir de se faire pardonner ainsi par les *pointus* du parti légitimiste ce que certains appelaient son *apostasie politique*, c'est-à-dire ses relations plus qu'amicales avec le Juste-Milieu.

La constitution de 1852, en créant les cardinaux membres nés du sénat, a appelé M. de Bonald à siéger au Luxembourg.

BONAMIE. Ce genre de la famille des convolvulacées a été établi par Dupetit-Thouars. Il ne comprend encore qu'un arbrisseau trouvé à Madagascar, et ayant pour caractères : tige dressée, garnie de feuilles alternes, coriaces, très-entières, ondulées ; inflorescence en panicule terminale.

BONAPARTE (Maison des). Ce nom s'écrit indifféremment *Bonaparte* ou *Buonaparte*. Le père de Napoléon signait *Buonaparte*, et son oncle signait à la même époque, aux mêmes lieux et sous le même toit, *Bonaparte*. Il n'y a aucune induction à tirer de ces variantes sans importance. L'empereur dans sa jeunesse écrivait *Buonaparte* : c'est plus conforme à l'orthographe italienne; pour franciser son nom, il s'appela plus tard *Bonaparte*. Quoi qu'il en soit, cette famille joue un rôle distingué dans les annales de l'Italie dès le douzième siècle. A Trévise elle fut longtemps puissante. A Florence, les actes de plusieurs de ses membres paraissent l'avoir placée parmi les illustrations princières de cette belle cité : là, de vieux palais et des monuments sont restés chargés de ses écussons et de ses noms. A Venise elle était inscrite sur le *Livre d'Or*. Les anciens titres de cette famille à Trévise furent présentés à Bonaparte par les magistrats de cette ville, en 1796, quand il y entra victorieux. A Bologne, Marescalchi, Caprara et Aldini lui présentèrent aussi de vieux titres qui unissaient sa famille à d'autres maisons historiques : ses armes, qui consistent en un râteau, offrent cela de remarquable qu'elles sont accompagnées de fleurs de lis d'or. Bonaparte était premier consul lorsqu'un généalogiste publia qu'il descendait d'anciens rois du Nord. Un Italien, nommé Césaris, a prouvé à Londres, en 1800, par des arguments héraldiques complets, les alliances des Bonaparte avec la maison d'*Est*, *Welf* ou *Guelf*, désignée comme tige de la ligne allemande qui gouverne aujourd'hui la Grande-Bretagne; cette grande maison d'Est a donné aussi plusieurs impératrices à l'Autriche.

Clarke, duc de Feltre, ministre de Napoléon, officier vulgaire, mais courtisan adroit, rapporta en France, dans les jours où son zèle napoléonien était plein de feu, de *nouvelles preuves de ces origines*, et entre autres documents un portrait de la galerie des Médicis qui représente une demoiselle Bonaparte mariée à un illustre personnage de cette famille. La mère du pape Nicolas V, ou Paul V, était une Bonaparte. Ce fut un Bonaparte qui rédigea le traité par lequel Livourne fut échangée contre Sarzane. A la renaissance des lettres, un membre très-distingué de cette famille, *Nicolo* BONAPARTE, gentil-homme et professeur à San-Miniato, publia une comédie intéressante, qui mérite d'être connue, intitulée *la Vedova* (la Veuve). Le manuscrit original, un exemplaire imprimé de l'édition de Florence de 1592 et un autre de celle de Paris de 1803 sont déposés à la Bibliothèque Nationale. Un ministre de la cour de Rome rappela en 1797, à Tolentino, lors de la paix de la république avec le pape, que Bonaparte était le premier Français qui eût marché sur Rome depuis le cardinal de Bonaparte, et qu'un gentil-homme toscan de sa maison, nommé *Jacopo* BUONAPARTE, qui vivait dans la première moitié du seizième siècle, avait écrit une histoire remarquable de cette expédition, dont il avait été à la fois témoin et acteur, sous le titre de *Ragguaglio storico di tutto l'occorso, giorno per giorno, nel sacco di Roma dell' anno 1527*. En effet ce livre existe; il a été imprimé pour la première fois à Cologne, en 1756, traduit en français, à Paris, en 1809, réédité par Louis Bonaparte, ex-roi de Hollande, à Florence, en 1830; il renferme une généalogie complète des Bonaparte, que l'on fait remonter très-haut; on les y désigne aussi comme étant une des maisons illustres de l'Italie. Le premier Bonaparte y est inscrit avec la qualification d'*exilé gibelin*; *Nicolas* BONAPARTE, que l'on confondu avec *Jacopo*, est l'oncle de cet historien, savant illustre, fondateur, à l'université de Pise, d'une chaire *de jurisprudence*.

Les archives de Munich renferment un grand nombre d'autres preuves de l'ancienne splendeur des Bonaparte. Cette famille, comme tant d'autres des petits États d'Italie, fut victime des nombreuses révolutions qui désolèrent ce beau pays; les factions exilèrent les Bonaparte de Florence. Un d'eux se retira à Sarzane, et de là passa en Corse, d'où ses descendants continuèrent toujours d'envoyer un de leurs enfants en Toscane, à la branche qui était demeurée à San-Miniato. Depuis plusieurs générations le second des enfants de la famille a constamment porté le nom de NAPOLÉON. Elle tenait ce nom de son alliance avec un *Napoléon des Ursins*, célèbre parmi les guerriers de l'Italie. Différentes fois on essaya de toucher le cœur de Bonaparte en tirant ces souvenirs de la poussière; mais toujours il accueillit en haussant les épaules ou très-légèrement les ouvertures qui lui furent faites sur ce point; il ferma à cet égard l'oreille à tout projet sérieux. Personne ne put y revenir avec succès, pas même Marie-Louise. L'empereur François s'était fait représenter tous les titres de la famille Bonaparte avant de marier l'archiduchesse sa fille à Napoléon. Aussi, disait-il à quelqu'un qui mettait en doute la noblesse de ce dernier : « Je ne lui donnerais pas ma fille, si je n'étais convaincu que sa famille est aussi noble que la mienne. » Déjà, dans les dernières années du consulat, Napoléon avait dit à propos de *vieilles royautés du Nord* auxquelles on rattachait son nom, que tout cela était parfaitement ridicule, et il avait fait persifler cette découverte dans un journal très-répandu ; il répondit à cette occasion que *sa noblesse ne datait que de Montenotte et du dix-huit brumaire*. Il était alors âgé de trente-deux ans, préparait le *Code Civil* des Français, et avait gagné la bataille de Marengo.

Le pape lui-même, lorsqu'il alla à Paris, en 1804, insinua plusieurs fois à l'empereur qu'il y avait eu jadis à Bologne un *père capucin Bonaventure* BONAPARTE, qui avait mérité d'être béatifié pour ses vertus, mais que sa canonisation avait été ajournée à cause des frais considérables qu'elle entraînerait, et qu'il était temps, enfin, que justice lui fût rendue. L'empereur fit encore la sourde oreille, et ne parut pas tenir à avoir un saint dans sa famille. Quand François II lui parla, dans les fêtes éblouissantes de 1812, à Dresde, des anciens titres que nous venons d'énumérer, Napoléon lui répondit en souriant « qu'il n'attachait pas le moindre prix à ces choses-là ; qu'au contraire il tenait à être le Rodolphe de Habsbourg de sa race ». L'étiquette qu'il faisait observer aux Tuileries, dans son rôle officiel, tenait à l'ordre avec lequel il lui semblait indispensable, après une révolution qui avait anéanti tout esprit de subordination, de déterminer hiérarchiquement les diverses positions sociales. Il voulait une sorte de discipline civile. Son génie ne concevait même rien de facile et de grand sans son secours.

Frédéric FAYOT.

Les témoignages les plus récents de l'ancienneté de la noblesse de la famille Bonaparte sur lesquels on puisse s'appuyer sont ceux de Bourrienne, qui, dans ses *Mémoires*, cite des pièces qui prouvent l'illustration de cette famille. Il affirme même avoir vu sa généalogie authentique, que la famille de Napoléon dut faire venir de Toscane quand il lui fallut fournir ses preuves de noblesse pour obtenir son admission à l'École militaire de Brienne. M. de Las Cases assure avoir souvent entendu répéter à M. de Celto, ambassadeur de Bavière, que les archives de Munich renfermaient un grand nombre de pièces italiennes attestant l'illustration de la famille Bonaparte.

Mais si l'on est bien fixé sur la noblesse des Bonaparte, on ne l'est pas autant sur l'origine de la famille, que la complaisance des flatteurs, depuis son avénement au pouvoir, a fait remonter jusqu'à la nuit des siècles, jusqu'aux temps fabuleux. Selon l'un d'eux, Napoléon serait un descendant des Comnène, empereurs grecs de Constantinople. Si l'on devait en croire quelques historiens, les Bonaparte seraient plus anciens qu'on ne le pensait même à l'époque où un des leurs tenait le sceptre d'Occident, car ils appartiendraient à ces familles de Maïnottes qui, quittant la Grèce, vinrent fonder en Corse une colonie. Nicolas Stephanopoli, historien corse, a, vers la fin du siècle dernier, cherché à fixer l'époque de l'établissement de cette colonie dans sa patrie au quatorzième et quinzième siècles; opinion confirmée, depuis, par M. Jules Pautet et par M. Alfred Marey-Monge. Suivant ce dernier, il y aurait eu parmi ces émigrés de Καλομερο, dont le nom, qui en langue romaïque signifie *bon lieu*, serait devenu, en s'italianisant, *Buona parte*, de même que plus tard on en aurait fait en France *Bon Bon part* et *Bompart*; et il assure que c'est de la famille des Caloméridès, bien connue dans le Magne, que descend Napoléon Bonaparte, dont le noble profil confirmerait cette origine. Cette tradition problématique rappelle les luttes des villes grecques, se disputant l'honneur d'avoir donné le jour à Homère.

Plus récemment encore, on a voulu donner à Napoléon des rois de France pour aïeux, et il s'est trouvé quelqu'un qui a sérieusement débité que Napoléon descendait en ligne directe de l'*Homme au masque de fer*, frère jumeau de Louis XIV. Le gouverneur de l'île Sainte-Marguerite, auquel la garde de ce prisonnier d'État était confiée, se nommait *Bonpart*. Sa fille se serait éprise de l'inconnu; le père en aurait référé à la cour, qui aurait décidé qu'il n'y avait pas d'inconvénient à les unir, et il serait facile, ajoutait-on, de vérifier ce mariage sur les registres d'une des paroisses de Marseille ; les enfants issus de cette union auraient été clandestinement conduits en Corse, où ils auraient pris le nom de leur mère, soit *Bonaparte* en italien.

D'après un ouvrage de Georges Sand, publié en 1842 (*Un Hiver à Majorque*), il existerait dans la bibliothèque du comte de Monténégro un armorial manuscrit, contenant les principales familles de Majorque, lequel aurait appartenu à don Juan Dameto, archiviste de cette île, décédé en 1633. Des documents trouvés dans cet armorial, qui remonte au seizième siècle, et de quelques autres nobiliaires majorquins, il résulterait que les Bonaparte seraient une famille d'origine provençale ou languedocienne, transplantée en Espagne. Les preuves en seraient aussi consignées à Barcelonne, dans un nobiliaire avec armoiries, appartenant aux archives de la couronne d'Aragon, et dans lequel on trouverait, à la date du 15 juin 1549, les titres de noblesse de la famille *Fortuny*, au nombre desquels figurerait, parmi les quatre quartiers, une aïeule maternelle issue de la maison *Bonapart*. En 1411 un *Hugo* BONAPART, natif de Majorque, serait passé dans l'île de Corse, en qualité de *régent* ou gouverneur pour le roi Martin d'Aragon. « Qui sait, ajoute Georges Sand, l'importance que ces légers indices, découverts quelques années plus tôt, auraient pu acquérir, s'ils avaient servi à démontrer à Napoléon, qui tenait tant à être Français, que sa famille était originaire de France? »

Cette dernière origine détruirait, au reste, l'établissement des Bonaparte en Italie en 1411, tandis qu'un des plus anciens Bonaparte connus vivait à Florence en 1140, et qu'il en fut exilé cette année comme gibelin. Pour qu'il n'y eût pas contradiction, il faudrait qu'une branche de l'ancienne famille provençale ou languedocienne eût émigré en Italie, tandis que l'autre passait en Espagne, ou que les *Zanparto* italiens ne fussent point de la même source que les *Bonapart* de Majorque.

En admettant que ces origines puissent être contestées, au moins l'ancienneté de cette famille en Italie est certaine. Elle joue un rôle éminent dans les annales de la péninsule dès le douzième siècle. Ses membres apparaissent à diverses époques à Trévise, à Parme, à Rome, à Florence, à San-Miniato de Tedesco comme dignitaires de ces États, comme signataires de traités, chevaliers, fondateurs d'ordres, etc. Quant aux Bonaparte de Sarzane, ancêtres de la branche de Corso, ils remontent, sans interruption pendant plus de trois siècles, au *magistrat* Bonaparte, fils de *Zanparto*, d'où viendrait le nom de famille Bonaparte. Ce *magistrat* Bonaparte, qui était gibelin, dut s'éloigner de Florence, où l'on montre sa maison, et se fixa à Sarzane, où l'on connaît sans interruption ses nombreux descendants jusqu'à François, qui passa en Corse. Ce *François* ou *Francesco* partit de Sarzane pour la Corse en 1512, avec un commandement militaire de la république de Gênes. Au nombre des brillantes alliances de cette famille à Sarzane, on cite celle d'un Bonaparte avec Apollonia, fille du marquis souverain Nicolo Malespina della Verrucola. La dot était de 400 livres de Gênes, somme exorbitante pour l'époque. L'acte est du 8 août 1440.

Parmi les Bonaparte de Florence et de San-Miniato, plusieurs se sont alliés aux premières familles de l'Italie et se sont illustrés dans l'Église, dans la magistrature, dans la carrière militaire. Il y a eu, dans le nombre, des podestats, des chefs des anciens, des ambassadeurs, des gentils-hommes, des chevaliers, des colonels, des capitaines célèbres et un clerc de la chambre apostolique, savant professeur de droit. Un d'eux, *Léonard-Antoine*, accusé de haute trahison en 1441, eut les deux tiers de ses biens confisqués, et fut décapité à Florence.

A Trévise, les Bonaparte ont été très-anciennement seigneurs de la ville et investis du souverain pouvoir. Ils jouissaient du droit exclusif de porter les armes dans la cité et au dehors. Il y a eu parmi eux des podestats, des chevaliers, syndics, procureurs généraux et prieurs de l'ordre de

la *Vierge glorieuse*, un libérateur de sa patrie opprimée par des tyrans, un signataire du traité conclu en 1358 entre Venise et la Hongrie, etc. D'autres Bonaparte se distinguèrent à Pise, à Bologne et à Lucques.

Le Bonaparte de Sarzane qui en 1512 fut envoyé par les Génois en Corse y eut un fils, qui se maria dans l'île en 1529, et de cette époque date l'établissement de la famille dans ce pays. Cette branche, ruinée par les guerres civiles, vécut pauvre et avec moins d'éclat que les deux autres. Napoléon disait à Sainte-Hélène : « Mes succès une fois établis en Italie firent rechercher partout les circonstances de notre famille, *depuis longtemps tombée dans l'obscurité*. » Jusqu'à la moitié du dix-huitième siècle les Bonaparte de Corse comptèrent pourtant plusieurs personnages de distinction. Ils étaient alliés aux Colonna, aux Ornano, aux Bozi, aux Durazzo de Gênes et aux premières maisons de l'île. Ils acquirent des propriétés et obtinrent une grande influence dans le canton de Talavo, et surtout dans le bourg de Bozognano. La famille fut encore reconnue noble quand M. de Marbeuf devint gouverneur de l'île. Leur maison patrimoniale d'Ajaccio fut trois fois saccagée dans les guerres dont ce malheureux pays fut le théâtre. Parmi les Bonaparte qui précédèrent Charles-Marie, père de Napoléon, il en est qui furent qualifiés de *messires*, de *magnifiques*, de chefs des anciens d'Ajaccio. Un se distingua contre les Barbaresques, un autre contracta alliance avec une Gondi, un troisième fut député au sénat de Gênes, un quatrième devint capitaine de la ville et un cinquième maréchal.

Au dix-huitième siècle les Bonaparte de Corse n'étaient plus représentés que par deux descendants mâles, dont nous allons parler.
E. G. DE MONGLAVE.

Charles-Marie BONAPARTE, père de celui qui fut empereur des Français, naquit à Ajaccio, le 29 mars 1746. C'était un beau jeune homme, d'une éducation distinguée, mais d'une santé chancelante. Sa taille était élevée ; il avait le caractère rempli de douceur, bien qu'il fût souvent en proie à de vives souffrances. Il était venu étudier à Rome dans sa première jeunesse, et était allé ensuite apprendre les lois à Pise. A son retour, il épousa, contre le gré de ses oncles, la belle *Lætitia* RAMOLINO, d'une famille patricienne, dont il eut huit enfants : *Joseph*, roi de Naples, et puis d'Espagne ; *Napoléon*, empereur des Français ; *Lucien*, prince de Canino ; *Marie-Anne*, appelée dans la suite *Élisa*, princesse de Lucques et de Piombino, épouse du prince Bacciochi ; *Louis*, roi de Hollande, père du président actuel de la république française ; *Charlotte*, appelée plus tard *Marie-Pauline*, princesse Borghèse ; *Annonciate*, plus tard *Caroline*, épouse de Murat, roi de Naples ; et *Jérôme*, roi de Westphalie.

La douceur des manières de Charles-Marie Bonaparte n'excluait pas en lui la chaleur et l'énergie de l'action. Lorsqu'à la *consulte extraordinaire de Corse*, on proposa de se soumettre à la France, il combattit avec feu cette proposition. Ses paroles produisirent un grand effet sur les esprits. Il ne comptait que vingt ans.

L'île fut conquise. Il voulut partager le sort de Paoli, et s'éloigna ; mais l'archidiacre Lucien, son oncle, personnage très-âgé, qui exerçait sur lui et sa jeune femme un très-grand ascendant, le força de revenir dans ses foyers. Charles Bonaparte était juge. En 1779 il fut nommé par la noblesse de Corse membre et président d'une députation qui fut envoyée à Paris. Il mena avec lui le jeune Napoléon, alors âgé de dix ans, et sa jeune sœur, Élisa, depuis grande-duchesse de Toscane. En venant, il avait passé par Florence, où la notoriété de son origine lui valut les égards particuliers du grand-duc Léopold, et une lettre de recommandation pour sa sœur, Marie-Antoinette, reine de France.

Lorsqu'il avait quitté la Corse, les deux officiers généraux qui commandaient dans l'île au nom du roi vivaient fort divisés; leurs querelles donnaient lieu à deux partis. M. de Marbeuf gouvernait avec justice; il avait le caractère doux et humain, et voyait son nom entouré de popularité. M. de Narbonne-Pelet, qui était alors en grande faveur à la cour, se montrait, au contraire, haut et violent dans ses fonctions. Charles Bonaparte, en conduisant à la cour la députation de l'île, fut consulté sur le fond des différends qui entravaient le gouvernement de la colonie. Il témoigna en faveur de la loyauté et de l'habileté de M. de Marbeuf, et ses explications rangèrent le ministère à son avis. M. de Marbeuf se montra reconnaissant de ce service; et quand le jeune Napoléon Bonaparte fut envoyé à l'école de Brienne pour y étudier les mathématiques, le gouverneur le recommanda particulièrement à sa famille, qui habitait la plus grande partie de l'année ce pays, où elle avait ses propriétés. Le même intérêt de sa part environna les autres enfants de Charles Bonaparte, qui furent envoyés en France. M. de Marbeuf était très-âgé. Il y a eu telles suppositions de quelques libellistes anglais durant la puissance de l'empereur dont quelques simples *positions de dates* eussent fait justice complète; mais Napoléon s'y opposa; on ne doit qu'une réponse aux infâmes : silence et mépris.

Charles Bonaparte mourut en 1785, à trente ans, d'un squirre à l'estomac. Il avait éprouvé une apparence de guérison dans un voyage qu'il fit à cet effet à Paris; mais il succomba à une seconde attaque, à Montpellier, où il fut enterré dans un couvent. Sous le consulat, les notables de la ville voulurent faire élever un monument au père du premier magistrat de la république, mais Bonaparte refusa son approbation, tout en les remerciant gracieusement : « Ne troublons pas, leur dit-il, le repos des morts. J'ai perdu aussi mon père et mon arrière-grand-père; pourquoi ne ferait-on rien pour eux? Voyez! ce que vous m'offrez mène loin. Si c'était hier que j'eusse perdu mon père, je serais fort reconnaissant que l'on voulût bien accompagner mon deuil de quelques hautes marques d'intérêt; mais un événement qui date de vingt ans est fini, et étranger à la France. » Cependant, quelques années plus tard, Louis Bonaparte fit exhumer le corps de son père. Il fut transporté à Saint-Leu, dans la vallée de Montmorenci, où un monument lui est consacré. Charles Bonaparte avait affecté l'esprit fort; on a recueilli de lui quelques poésies antireligieuses; au moment de mourir, il revint aux sentiments les plus pieux, et expira entouré des ministres de la religion.

Lucien BONAPARTE, archidiacre, prêtre excellent, très-pieux, doué de beaucoup de pénétration sous des formes naïves, connaissait bien les affaires de la vie. Son caractère était aussi sage qu'enjoué. Il est mort très-âgé; la seule infraction qu'il ait faite à son catholicisme a été de s'adonner à cette candide et philosophique tolérance que l'on distingue dans ceux qui ont longtemps bien vécu, tolérance qui a sa source dans la bonté du cœur unie à des lumières. Ce vénérable prêtre exerça une grande influence sur l'esprit de ses jeunes parents. C'est lui qui dit à Joseph, un moment avant de mourir, et après avoir exhorté tous ses neveux réunis autour de son lit : « Joseph, tu es l'aîné de la famille, mais souviens-toi toujours que Napoléon en est le chef. » Il avait entrevu dans son jeune neveu des germes de grandeur. Napoléon l'aima avec la tendresse d'un fils. Il avait été son second père. Lucien est resté plusieurs années le chef de la famille. Il était *archidiacre d'Ajaccio*, une des premières dignités de l'île. Charles Bonaparte avait dérangé les affaires de sa famille par de grandes dépenses et des habitudes de luxe; le bon vieux prêtre les rétablit par une administration plus sage. Le canton d'Ajaccio faisait un grand cas de sa justice. Les paysans venaient soumettre les difficultés qui s'élevaient entre eux à sa probité et à ses lumières, et il les réconciliait.   Frédéric FAYOT.

Le traité de Paris du 20 novembre 1815 avait expulsé les membres de la famille Bonaparte de cette belle France, d'où, grandis à l'ombre de la puissance impériale, ils avaient pris leur vol pour s'asseoir sur les plus anciens trônes de l'Europe. Exilés de la patrie, ils trouvèrent un asile les uns en Suisse, en Italie, les autres en Allemagne, dans la Grande-Bretagne, et jusqu'en Amérique. La révolution de 1848 est venue abaisser enfin devant eux les barrières de la patrie, et ils ont pu revoir encore cette France qu'il a tant aimée, ce Paris qui lui doit sa splendeur et où reposent ses cendres.

Mme *Lætitia* BONAPARTE, mère de l'empereur, dite Madame Mère, retirée à Rome depuis 1814, avait eu la douleur de survivre à nombre de ses enfants. Devenue aveugle sur la fin de ses jours, et forcée de garder le lit par suite d'une fracture de la hanche, elle supportait ses maux avec courage et résignation. A l'exception de son frère le cardinal Fesch, qui ne la quittait presque jamais, elle ne voyait que rarement les autres membres de sa famille. Elle mourut à Rome, le 2 février 1836.

Le fils aîné de Charles Bonaparte et de Mme Lætitia, *Joseph* BONAPARTE, comte *de Survilliers*, ex-roi d'Espagne, est mort à Florence, au mois d'août 1844, laissant de son mariage avec *Julie-Marie* CLARY, sœur de la reine-douairière de Suède, une fille, *Zénaïde-Charlotte-Julie*, née à Paris, le 8 juillet 1804, mariée à Bruxelles, le 29 juin 1822, à son cousin *Charles* BONAPARTE, prince *de Canino*, né en 1803. Une autre fille de Joseph, la princesse *Charlotte*, morte en 1839, avait épousé, en 1825, son cousin Napoléon-Louis, second fils de l'ex-roi de Hollande Louis-Bonaparte, et frère du président actuel de la république française.

Napoléon BONAPARTE, empereur des Français, n'eut, comme on sait, aucun enfant de sa première femme, *Joséphine* BEAUHARNAIS; mais celle-ci avait deux enfants de son premier mariage, *Eugène* et *Hortense*, que l'empereur adopta. De son mariage avec l'archiduchesse Marie-Louise naquit le *roi de Rome, Napoléon II*, mort *duc de Reichstadt*, dans l'exil.

Lucien BONAPARTE, troisième fils de Charles-Marie Bonaparte et de Mme Lætitia, le héros du 18 brumaire, prince *de Canino* depuis la chute de Napoléon, mort à Viterbe, le 29 juillet 1840, fut le père d'une nombreuse famille. De son premier mariage avec *Christine* BOYER, fille d'un habitant de Saint-Maximin, il a eu : la princesse *Charlotte*, née le 13 mai 1796, dont Ferdinand VII, alors prince des Asturies, avait sollicité la main, et qui épousa en 1815 le prince romain Gabrielli, dont elle est veuve; et *Christine*, mariée au comte suédois Posse, et ayant épousé, après l'annulation de ce mariage, lord Dudley-Stuart, membre du parlement britannique.

De son second mariage, avec *Alexandrine-Laurence* DE BLESCHAMP, veuve du banquier Joubertbon et aujourd'hui princesse douairière *de Canino*, il a eu neuf enfants, cinq fils et quatre filles : *Charles-Lucien-Jules-Laurent* BONAPARTE, prince *de Canino et Musignano*, dont nous avons parlé ci-dessus; le prince *Paul*, son frère, mort le 5 août 1827, à Spezzia, en se rendant en Grèce; *Lætitia*, leur sœur, née le 1er décembre 1804, épouse séparée de l'Irlandais Thomas Wyse, envoyé extraordinaire et ministre plénipotentiaire de la Grande-Bretagne en Grèce. Mistriss Wyse, depuis qu'elle a quitté son mari, a vécu tantôt à Paris, tantôt à Bruxelles. Elle habite maintenant Rome. Sa fille a épousé un Polonais. Son fils *Alfred*, frappé d'aliénation mentale, avait été confié précédemment aux soins d'un médecin dans les environs de Bonn. Son père l'en ayant retiré pour le mettre dans une maison de fous près de Nancy, il en fut enlevé par sa mère, à travers une série bizarre de circonstances romanesques, qui ont fourni au vicomte d'Arlincourt le sujet de son livre *le Pèlerin*, dont la meilleure part revient, cependant, à l'imagination vagabonde de l'auteur. *Jeanne*, née à Rome, en 1806, épousa le marquis Honorati, et mourut en 1828, à Jesi, près d'Ancône, laissant une fille, *Clélie*. C'était une femme d'une grande distinction d'esprit. On a d'elle un recueil de poésies posthumes publié par les soins de sa mère sous le titre de : *Inspirazioni d'affeto di una giovine musa.*

Les trois autres fils de Lucien, *Louis-Lucien*, *Pierre-Napoléon* et *Antoine*, sont nés, le premier le 4 janvier 1813, le second le 12 septembre 1815, le troisième le 31 octobre 1816. Le second a été membre des Assemblées constituante et législative françaises; les deux autres, de l'Assemblée législative seulement.

Pierre, élevé en Italie, où il a fait sa première éducation militaire, fut entraîné, à quinze ans, par ses sympathies, vers les patriotes romagnols : il quitta donc la maison paternelle; mais Lucien, craignant pour son fils les conséquences de cette expédition téméraire, l'empêcha d'arriver jusqu'à eux. Il s'embarqua à Livourne pour New-York, où son oncle Joseph lui fit faire la connaissance de Santander, l'émule de Bolivar, avec lequel il alla guerroyer en Colombie, et gagna, à la pointe de son sabre, les épaulettes de chef d'escadron. Mais les intrigues de la diplomatie européenne, dit-on, le forcèrent d'abandonner cette carrière.

De retour aux États-Unis, il s'embarqua pour l'Angleterre, et passa de là en Italie, où il résida jusqu'en 1836, dans les terres de son père, et y menant avec son frère Antoine une vie très-agitée. Bientôt des rapports de police les signalèrent à l'autorité comme se permettant de graves excès à la chasse. On les accusa même de menées révolutionnaires et de chercher à organiser des bandes de partisans dans les Maremmes. Le Pape Grégoire XVI donna en conséquence l'ordre d'arrêter les deux frères, qui un beau jour se virent cernés à l'improviste par des carabiniers pontificaux. Antoine parvint à leur échapper. Pierre essaya de résister : s'armant de son couteau de chasse, il étendit roide mort le chef des carabiniers et en blessa deux autres. Atteint d'un coup de baïonnette et d'une balle à bout portant, il fut transféré à Rome et emprisonné au fort Saint-Ange. Condamné à mort, il fut cependant gracié et put aller rejoindre son frère Antoine, qui déjà était passé en Amérique.

De là il revint en Angleterre, puis à Corfou, dont le gouvernement anglais l'expulsa pour diverses infractions à l'ordre public que lui fit commettre la violence de son caractère. Il vécut alors tantôt en Italie, tantôt à Bruxelles, dans un état voisin de la misère; et le 27 février, trois jours après le triomphe de la révolution de 1849, il arrivait enfin à Paris. La Corse l'envoya à l'Assemblée constituante; il s'y signala moins par son éloquence que par son impétuosité sans mesure, et montra beaucoup d'énergie dans les journées du 15 mai et des 23, 24, 25 et 26 juin. Il vota pour le droit au travail, contre les deux chambres, contre la proposition Rateau, et contre le ministère lors des interpellations sur les affaires de Rome. Nommé chef de bataillon dans la légion étrangère, il quitta sans autorisation son poste en Algérie pour venir remplir, dit-il, son devoir de représentant, et perdit ainsi son grade. Rendu à la vie privée par l'événement du 2 décembre, il s'est retiré en Corse.

Les deux autres filles de Lucien Bonaparte sont : *Marie*, née le 12 octobre 1818, mariée au comte Vincent Valentini de Canino, et *Constance*, née le 30 janvier 1823, religieuse au Sacré-Cœur de Rome.

Du mariage du prince Charles de Canino et Musignano, fils aîné de Lucien Bonaparte, avec Zénaïde-Charlotte-Julie, fille de Joseph Bonaparte, sont issus : *Joseph-Lucien-Charles-Napoléon* Bonaparte, prince de Canino, né le 13 février 1824; *Lucien-Louis-Joseph-Napoléon* Bonaparte, né le 15 novembre 1828; *Julie-Charlotte-Zénaïde-Pauline-Lætitia-Désirée-Bartholémée* Bonaparte, née le 6 janvier 1830, mariée, le 30 août 1847, à Alexandre Del Gallo, marquis de Roccagiovine; *Charlotte-Honorine-Joséphine* Bonaparte, née le 4 mars 1832, mariée le 4 octobre 1848 au comte Pierre Primoli; *Marie-Désirée-Eugénie-Joséphine-Philomène* Bonaparte, née le 18 mars 1835, mariée, le 2 mars 1851, à Pau, comte de Campello, fils unique de Pompée de Campello, ministre de la guerre de la république romaine et de la princesse Ruspoli-Esterhazy; *Auguste-Amélie-Maximilienne-Jacqueline* Bonaparte, née le 9 novembre 1836; *Napoléon-Grégoire-Jacques-Philippe* Bonaparte, né le 5 février 1839, et *Bathilde-Aloïse-Léonie* Bonaparte, née le 26 novembre 1840.

A *Louis* Bonaparte, comte *de Saint-Leu*, ex-roi de Hollande, quatrième fils de Charles-Marie Bonaparte et de Mme Lætitia, mort en 1846, à Livourne, n'a survécu, des trois fils qu'il avait eus de la reine Hortense, fille de l'impératrice Joséphine, que le plus jeune, *Louis-Napoléon* Bonaparte, président actuel de la république française. L'aîné, *Napoléon-Charles*, né le 11 octobre 1802, mourut à quatre ans. Le second, *Napoléon-Louis*, né le 11 octobre 1804, ex-*grand-duc de Clèves et de Berg*, épousa en 1825 sa cousine Charlotte, fille de Joseph Bonaparte (*voyez* plus haut), et mourut à Forli, le 17 mars 1831, au moment où, avec son frère, il était allé combattre en faveur des patriotes italiens.

Jérôme Bonaparte, dernier fils de Charles-Marie Bonaparte et de Mme Lætitia, ex-roi de Westphalie, ex-comte de Montfort, aujourd'hui maréchal de France, gouverneur de l'Hôtel des Invalides, président du Sénat, a épousé, en premières noces, le 27 décembre 1803, *Élisabeth* Patterson, avec laquelle il divorça en avril 1805, et, en secondes noces, la princesse *Frédérique-Catherine-Sophie* de Wurtemberg, morte à Lausanne, le 28 novembre 1838. Il se trouvait à Paris avec son fils depuis quelques mois, en vertu d'une autorisation spéciale, et on annonçait que le gouvernement de Louis-Philippe allait proposer aux chambres de voter une dotation de 150,000 fr., réversible sur la tête de son fils, au plus jeune et au seul survivant des frères de l'empereur, quand éclata la révolution de février. Un fils, issu du premier mariage a épousé, en 1829, à Baltimore, une compatriote de sa mère. Les trois enfants issus du second mariage sont *Jérôme-Napoléon*, né à Trieste, le 24 août 1814, officier d'état-major au service de Wurtemberg, mort en 1845; *Mathilde-Lætitia-Wilhelmine* Bonaparte, née à Trieste, le 27 mai 1820, mariée, le 12 octobre 1840, au prince russe Anatole Demidoff, dont elle est séparée; et *Napoléon-Joseph-Charles-Paul* Bonaparte, né à Trieste, le 9 septembre 1822.

Napoléon Bonaparte, fils de Jérôme, habita Rome jusqu'en 1831, puis Florence, et fut mis en pension à Genève en 1835. En 1837 il entra à l'école militaire de Louisburg (Wurtemberg), et en sortit en 1840 pour ne pas servir contre la France, avec laquelle le ministère Thiers faisait craindre une prochaine collision. De 1840 à 1845 il voyagea en Allemagne, en Angleterre, en Espagne, et obtint en 1845 l'autorisation de venir résider quatre mois en France; autorisation renouvelée en 1847, et dont le bénéfice fut alors étendu à son père.

Le neveu de l'empereur fut nommé représentant du peuple par l'île de Corse. A la Constituante il parla en faveur de la Pologne, et refusa de voter la proscription de la famille de Louis-Philippe. Nommé, à la suite de l'élection du 10 décembre, ministre plénipotentiaire à Madrid, il fut révoqué pour avoir quitté son poste sans autorisation. Il reprit alors ses fonctions législatives, et alla s'asseoir sur les bancs de la Montagne, avec laquelle il vota constamment. Depuis l'événement du 2 décembre, il vit retiré près de son père.

Pour les familles des trois sœurs de Napoléon, *Élisa*, *Pauline*, *Caroline* et la nombreuse descendance du prince *Eugène*, voyez les articles Bacciochi, Borghèse, Murat et Leuchtenberg.

BONAPARTE (Ile), ou Bourbon. *Voyez* Réunion (Ile de la).

BONASSE. Ce mot est du style familier, et s'emploie ordinairement pour désigner un caractère doux, simple, facile (*simplex*, *facilis*), qui se laisse aisément conduire par les autres. Il ne peut jamais être pris en bonne part, et il est plutôt synonyme de *faible* que de *bon*. La **bonté** ne doit pas seulement tenir au caractère, elle doit encore être le produit de la réflexion, elle doit être raisonnée, enfin, pour être utile aux autres et ne pas être nuisible à elle-même.

BONAVENTURE (Saint), cardinal, évêque d'Albano, et docteur de l'Église, naquit, en 1221, à Bagnarea en Toscane. Il se nommait *Jean de Fidanza*, du nom de son père. Saint François d'Assise le rencontrant un jour, s'écria, prévoyant ce qu'il devait être dans la suite : « Oh ! l'heureuse rencontre ! » *O buona ventura!* Ce nom lui resta. A l'âge de vingt et un ans, il reçut l'habit religieux des mains d'Haymor, général des franciscains. On l'envoya achever ses études à l'université de Paris, sous le célèbre Alexandre de Hales, auquel il succéda deux ans après, malgré son extrême jeunesse. Il occupait encore cette chaire en 1256, lorsqu'il fut élu général de son ordre, dans un chapitre qui se tint à Rome. Sa douceur et sa prudence ne contribuèrent pas peu à apaiser les divisions intestines que trop de sévérité d'une part, trop de relâchement de l'autre, avaient amenées entre les frères; en peu de temps le calme fut rétabli, et la régularité régna de nouveau. Quelques années après, le pape Clément IV lui proposa l'archevêché d'York, qu'il refusa modestement.

Clément IV mourut en 1268. Les cardinaux réunis à Viterbe, ne pouvant s'accorder sur le choix d'un successeur, convinrent, après trois ans de vacance, de remettre leurs pouvoirs à six d'entre eux et de reconnaître celui qu'ils éliraient. Bonaventure, quoiqu'il ne fit pas partie du sacré collège, sut faire tomber les suffrages sur Thibaud, archidiacre de Liége, qui était alors en Palestine. Le nouveau pontife, qui prit le nom de Grégoire X, ne fut pas plus tôt à Rome qu'il nomma Bonaventure à l'évêché d'Albano, et qu'il le força d'accepter la dignité de cardinal. Il l'emmena ensuite au concile général qu'il avait convoqué à Lyon pour la réunion de l'Église grecque. L'évêque d'Albano y prononça le discours d'ouverture. Il fut chargé aussi de tenir des conférences avec les députés grecs, pour aplanir les difficultés de la réunion. Gagnés par l'aménité des manières du saint prélat, et convaincus par la solidité de ses raisonnements, les députés acquiescèrent à tout ce qu'on exigeait d'eux. En réjouissance de cet heureux succès, le pape célébra lui-même, le jour de Saint-Pierre et de Saint-Paul, une messe solennelle, dans laquelle, pour la première fois, l'évangile et le symbole furent chantés en grec et en latin. Saint Bonaventure ne jouit pas longtemps du fruit de ses travaux : il mourut pendant le concile, au mois de juillet 1274.

On compte parmi les œuvres de ce saint docteur des commentaires sur l'Écriture Sainte, des sermons et des panégyriques, des commentaires de théologie sur le *Maître des Sentences*, un grand nombre d'opuscules sur divers sujets de piété. On en a publié plusieurs éditions, entre autres une à Rome, en 1588, en 8 vol. in-fol., une autre à Venise, de 1751 à 1756, en 14 vol. in-4°. Sixte IV le mit au nombre des saints. « Les ouvrages de saint Bonaventure, dit l'abbé Trithème, surpassent tous ceux des docteurs du même siècle par leur utilité, si l'on considère l'esprit de charité et de dévotion qui y règne. Le saint docteur est profond sans être diffus, éloquent sans vanité... Quiconque veut être savant et pieux doit s'attacher à la lecture de ses ouvrages. » L'abbé C. BANDEVILLE.

Les tendances mystiques qu'on remarque dans les écrits de saint Bonaventure l'ont fait surnommer le *Docteur Séraphique*. Les Franciscains l'opposent, comme leur plus grand docteur, au héros scolastique des Dominicains, saint Thomas d'Aquin. Une bonne partie de ses ouvrages est consacrée à la glorification de son ordre. Comme promoteur du culte de la Vierge, comme apologiste du célibat et des principaux dogmes du moyen âge, il rendit d'importants services à la cour de Rome, dont il s'efforça de défendre, même philosophiquement, les doctrines dans un grand nombre d'écrits. Les plus remarquables, le *Breviloquium* et le *Centiloquium*, sont de vrais manuels de dogmatique. Ses efforts à l'effet de donner la philosophie pour base à la foi religieuse et le pieux mysticisme qui constitue le principal élément de ses œuvres, le rendent parfois obscur, même dans ceux de ses ouvrages qui s'adressent au peuple. Plus qu'aucun de ses prédécesseurs, il contribua à faire de la théologie mystique une science. Dans sa *Biblia Pauperum* le texte si simple de l'Écriture est défiguré par des allégories qu'il y ajoute. Une justice pourtant à lui rendre, c'est qu'en général il évite les subtilités inutiles, et qu'il l'emporte sur les autres scolastiques par la chaleur du sentiment religieux et la direction pratique des idées. Il combat, du reste, avec beaucoup de sagacité, dans ce livre, l'éternité du monde, et prouve par de nouveaux arguments l'immortalité de l'âme.

BONBONS. Une notoriété publique dispense de chercher ici à définir ces préparations de sucre, si nombreuses et si variées qu'il faudrait un second Linné pour en classer méthodiquement les genres, espèces et variétés. L'influence favorable que la rivalité exerce sur les arts s'est manifestée évidemment chez les confiseurs : ils ont à l'envi l'un de l'autre combiné le sucre à l'infini, pour lui donner des formes, des saveurs et des couleurs diversifiées. La gomme arabique a été très-utilement associée à ces combinaisons saccharines, en beaucoup plus grande quantité qu'autrefois, depuis que les progrès de la médecine ont appris que cette substance, qui n'était guère employée que pour les rhumes, est au moins aussi convenable pour les maladies des organes digestifs. On aime à reconnaître ici les progrès de la confiserie, branche de l'industrie française, et à convenir que les bonbons méritent sous plusieurs rapports la répétition de l'adjectif qui les recommande en même temps qu'il les désigne.

Toutefois, il en est des bonbons comme des meilleures choses : il ne faut point en abuser. On n'en prend pas impunément ces sucreries avec excès; elles provoquent dans la bouche un goût pâteux, une chaleur incommode; elles excitent la soif, même quelquefois une sensation pénible dans l'estomac. Ce sont des indigestions, dont les enfants fournissent de nombreux exemples à l'époque, si désirée d'eux, où Janus ouvre les portes de l'année. On doit ajouter que plus d'une personne en âge de raison offre ces mêmes effets de l'intempérance, et principalement, on le dit ici à regret, des personnes qui appartiennent au beau sexe, cédant à la tentation en vrais enfants d'Éve. Dans l'état de santé, ces incommodités sont ordinairement légères, mais répétées elles pourraient devenir fâcheuses. Elles auraient plus de gravité pour les convalescents, auxquels on ne doit accorder des bonbons, même ceux à la gomme arabique, qu'avec réserve.

Ce n'est pas sans exposer le public à des dangers réels qu'on a fait emploi de certaines matières colorantes pour donner aux bonbons l'apparence des fruits, des fleurs ou autres objets; on a eu recours à des couleurs qui ont causé de véritables empoisonnements, et qui ont appelé à différentes époques l'intervention du préfet de police. On a reconnu qu'une grande partie de ces préparations de sucre étaient coloriées avec le vert de Schweinfurt et le rouge de Sibérie (*arsénite de cuivre* et *chromate de plomb*), deux poisons fort actifs. On doit à la surveillance de nos édiles de ne plus rencontrer de ces bonbons dans le commerce. Cependant les confiseurs font encore trop d'usage de la *gomme gutte*, qui n'est pas exempte d'inconvénients.

On a imaginé d'employer les bonbons, comme on a fait des biscuits, pour médicamenter les enfants à leur insu. On en a préparé de propres à purger, par exemple le sucre orangé purgatif; c'est encore le jalap qui en fait la base médicinale. Avec des sels mercuriels, on a aussi composé des bonbons vermifuges et antisyphilitiques. Ces préparations ont les mêmes inconvénients que les **biscuits médicamenteux** : en raison des principes irritants qu'ils recèlent, il est prudent de ne point les administrer aux enfants, dont on ne saurait trop ménager les organes digestifs, comme aussi parce qu'on peut suppléer ces substances par des moyens efficaces et beaucoup moins dangereux. Non-seulement on s'est avisé de confectionner des bonbons pour remédier aux maux causés par une déesse qui ne mérite pas toujours l'épithète de *bonne* que les poëtes lui ont donnée, on en a composé, sous le nom d'*aphrodisiaques*, qui sont propres à exciter au culte de cette divinité ou à en donner le pouvoir à ceux à qui la bonne volonté ne suffit pas. Cette dernière préparation est la plus dangereuse de toutes : sa propriété est souvent due aux cantharides, et ceux qui en feraient usage pourraient payer par leur mort un sacrifice dont le but est si différent.

Dr CHARBONNIER.

BONCHAMP (CHARLES-MELCHIOR-ARTHUR, marquis DE), d'une maison fort ancienne (car en 1218 l'écuyer Bonchamp prêtait l'hommage à Philippe-Auguste pour la seigneurie de Pierre-Fite), naquit en 1760, au château du Crucifix, dans la province d'Anjou : il servit avec distinction dans la guerre d'Amérique. Malade comme il revenait de cette expédition, il tomba dans une léthargie si profonde, qu'on s'apprêtait à lui donner la mer pour sépulture, quand son domestique obtint à force de larmes et de prières un délai qui lui sauva la vie. Capitaine de grenadiers au régiment d'Aquitaine, il quitta le service, ne voulant pas s'obliger au serment que la révolution imposait aux militaires, et vécut sans bruit jusqu'au temps où la mort de Louis XVI vint déchirer son cœur. Le 10 mars 1793 les conscrits de Saint-Florent-le-Viel refusent d'obéir au tirage : on pointe un canon sur eux; mais il est enlevé, la gendarmerie chassée, et une députation de cette jeunesse envoyée à Bonchamp. L'étendard était levé, Bonchamp le soutint, sans espérer même la gloire en dédommagement des maux qu'il prévoyait : « Car, disait-il à sa femme (fille du vicomte de Scepeaux), *les guerres civiles ne la donnent pas.* » Il bat les républicains en plusieurs rencontres, contribue à la prise de Thouars, force la Châtaigneraie, gagne la bataille de Fontenai par une manœuvre habile, enlève les postes de Montrelais et de Varades ; Ancenis et Houdans se rendent à lui.

Déjà les Vendéens, animées par le succès, avaient résolu d'attaquer Nantes, contre l'avis de Bonchamp, qui voulait passer la Loire avec sa division, parcourir la Bretagne, où il avait des intelligences, insurger cette province, et, marchant sur Rouen, faire éclater la révolte en Normandie, pensée qui peut-être eût amené des résultats immenses. L'attaque de Nantes échoua ; Cathelineau fut tué : d'Elbée lui succéda au titre de généralissime. Aucun, cependant, ne méritait mieux ce grade que Bonchamp; mais il vit sans jalousie d'Elbée obtenir la préférence, persuadé que toute satisfaction particulière devait céder à la cause commune. Le même sentiment lui avait inspiré déjà cette réponse, un jour que ses Vendéens voulaient secourir son château, incendié par les *bleus* : « Le sang des soldats de mon roi est si précieux, qu'on ne peut en répandre une seule goutte pour mon intérêt particulier. »

Encore souffrant d'une blessure, il s'empara de Champtocé; il décida la victoire à Torfou ; vainqueur à Montaigu, il répara devant Châtillon un échec éprouvé à Saint-Symphorien, et rangea l'armée en bataille à la journée de Cholet, dont le succès ne répondit pas à ses dispositions savantes. Blessé d'un coup mortel, et transporté à Saint-Florent, malgré une ardente poursuite, son dernier commandement fut pour empêcher de sanglantes représailles. Cinq mille prisonniers républicains étaient renfermés dans l'abbaye, et les Vendéens, exaspérés, allaient venger sur eux la mort du général, quand tout à coup un cri : *Grâce ! grâce !* Bonchamp *l'ordonne !* fait tomber des mains la mèche allumée et rend à ces malheureux la vie avec la liberté. La clémence qui avait mis le sceau à sa mort aurait dû protéger la fosse du Vendéen, et cependant sa tête, exhumée, fut envoyée à la Convention, comme un trophée ; en même temps les représentants écrivaient son éloge dans cette phrase : *La mort de Bonchamp vaut une victoire pour nous.*

Il était en effet le meilleur des généraux vendéens, et par son habileté et par la confiance qu'il inspirait à ses gens. Néanmoins, on lui a fait un reproche de s'être exposé en soldat plutôt qu'en général ; mais il commandait à des hommes qu'il fallait animer par l'exemple à braver les dangers. Au reste, d'un courage supérieur aux préjugés, il répondit à un cartel de Stofflet : « Dieu et le roi seuls peuvent disposer de ma vie ; quant à la vôtre, elle est trop utile à la cause que nous servons. » Doux, modeste, pieux, désintéressé, loyal, aimant l'étude, il partageait son temps, avant qu'il eût abandonné son existence aux orages, entre la musique, le dessin, la lecture et les mathématiques.

Il laissa deux enfants en bas âge : une fille, depuis comtesse *Arthur de Bouillé*, et un fils, enlevé bientôt par les fatigues et les misères de la fuite. Les restes de Bonchamp, confiés à l'église de Saint-Florent, y reposent dans la chapelle de ses ancêtres, et la rue de ce bourg qui porte son nom passe sur l'emplacement même où il accorda la grâce des cinq mille prisonniers. La veuve de Bonchamp est morte à Paris, le 22 novembre 1845. H. FAUCHE.

BON-CHRÉTIEN. Il y a deux espèces principales de poires de ce nom : l'une d'été, qui mûrit au mois d'août, et l'autre d'hiver, que l'on cueille en novembre, et que l'on serre pour la conserver et la manger cuite en compote.

Le *bon-chrétien d'été* est une poire excellente, qui ne se greffe guère que sur franc. Elle est bien faite, d'une grosseur moyenne, blanche d'un côté, colorée de l'autre ; sa chair, tendre et cassante, contient beaucoup d'eau, beaucoup de saveur, et répand un parfum très-agréable.

Le *bon-chrétien d'hiver* est l'un des plus beaux fruits que l'on puisse voir ; sa figure est longue et pyramidale, sa grosseur surprenante : il atteint huit à dix centimètres de largeur, et douze ou quinze de hauteur ; on en voit très-communément qui pèsent plus de 500 grammes. Cette poire est d'une couleur jaune, relevée d'un incarnat assez prononcé, quand elle est venue dans une bonne exposition ; aussi La Quintinie regarde-t-il comme préférable de disposer l'arbre à la porte en espalier plutôt que de le laisser en buisson ou en quenouille. Elle doit y rester très-longtemps, c'est-à-dire du mois de mai à la fin d'octobre, et plus longtemps encore si on veut la manger crue; mais comme elle se conserve très-bien, et que sa chair d'ailleurs n'est pas très-fine, on préfère la garder pour la manger cuite l'hiver : elle donne alors en quantité une eau douce et sucrée, qui est légèrement parfumée.

BOND, réflexion, répercussion, rejaillissement d'un corps doué d'élasticité après qu'il a frappé la terre ou un autre corps ; chez les animaux, action de s'élever subitement par un saut. Une balle, un ballon, rejaillissent et font des *bonds* quand ils sont jetés, frappés contre terre, ou soulevés contre un autre corps qui leur offre de la résistance ; il en est de même d'un boulet, d'une pierre, lorsque la force qui classe ces projectiles est en rapport avec celle de la résistance que leur opposent les corps qui s'offrent à leur rencontre. Les chevaux, les agneaux et les chèvres font, en marchant, des *bonds* plus ou moins fréquents, résultats chez les premiers d'impatience, d'emportement ou d'un vice quelconque, chez les seconds d'une nature vive, alerte et graie. Un cheval qui ne va que *par sauts et par bonds* est un mauvais cheval, dont il faut s'attacher à vaincre, à réformer l'allure. Si le cavalier saisit assez promptement l'instant où le cheval se dispose à *bondir* pour disperser ses forces, en faisant céder l'encolure de droite et de gauche ; s'il le porte assez vigoureusement en avant avec les jambes, pour qu'il ne puisse rencontrer un point d'appui fixe sur le sol, il paralysera l'effet du *bond*, ou du moins il le neutralisera en partie, et rendra par là le mouvement moins violent.

Ce mot a passé du langage direct dans le langage figuré. On dit d'un discours inégal et plein de saillies, qu'*il va par sauts et par bonds*. Proverbialement *prendre la balle au bond*, c'est saisir l'occasion favorable de faire ou d'obtenir quelque chose ; ces manières de parler sont empruntées, par analogie, au jeu de paume. La balle fait *faux bond* lorsque sa répercussion ne s'accomplit pas selon la règle ordinaire de l'incidence des corps mus en ligne droite, et qu'elle rencontre un corps inégal ou raboteux qui la fait dévier de la ligne ; elle trompe alors le joueur et lui fait manquer le coup. De là, on dit par analogie, qu'*un homme a fait faux bond*, quand il a manqué à ses engagements, quand il a trahi les devoirs de l'amitié, quand il n'a pas tenu une promesse. *Faire faux bond à l'honneur* chez une fille, chez une femme, c'est se laisser séduire ou trahir un mari. *Le cœur bondit de joie* ou *de colère*, ou *bondit* seulement, lorsqu'une de ces passions l'émeut au point de le faire déborder. Au propre, *bondir* se dit de ces danseurs aériens qui s'élèvent jusqu'aux frises et ne descendent sur terre, comme disait un plaisant, que lorsqu'ils sont las de rester en l'air.

Et maintenant d'où vient le mot *bond?* Roquefort y découvre une onomatopée, prise du retentissement de la terre sous un corps dur qui la frappe et se relève aussitôt. C'est possible.... Edme HÉREAU.

BONDE, BONDON. Une *bonde* est, à proprement parler, l'ouverture circulaire pratiquée sur le flanc d'un tonneau par laquelle on le remplit. On appelle *bondon* le cône tronqué avec lequel on bouche la bonde. Les bondons se fabriquent en bois de chêne, coupé de façon que ses fibres soient parallèles au diamètre du cône, ou, pour s'exprimer comme le vulgaire, les bondons sont faits en bois *de travers*, car l'expérience a fait connaître que les liquides filtrent à la manière de la séve à travers les bouchons qui sont en bois *de fil*. On fait les bondons avec de vieilles douves ou avec des bûches de chêne que l'on plonge dans l'eau pour les amollir ; on les débite ensuite en petits carrés, puis ou les ébauche, et on termine le bondon sur le tour à pointes.

On appelle aussi *bonde* une rigole qui traverse la chaussée d'un étang et qui sert à en faire écouler les eaux quand on veut le pêcher ; elle se lève une vis ou des leviers. La pièce de bois qui ferme la bonde s'appelle *pale*.

BONDI (CLÉMENT), un des poëtes les plus estimés de l'Italie moderne, naquit en 1742, à Mizzano, dans le duché de Parme, entra dans l'ordre des jésuites peu de temps avant sa suppression, et devint, fort jeune encore, professeur d'éloquence au séminaire royal de Parme. Poursuivi par sa congrégation pour avoir célébré dans une ode la suppression des jésuites, il fut obligé de chercher un refuge en Tyrol, où il trouva un protecteur dans la personne de l'archiduc Ferdinand, qui le nomma, en 1795, son bibliothécaire à Brünn, et lui confia l'éducation de ses fils, dont l'un, François, est aujourd'hui duc régnant de Modène. Ces rapports le conduisirent à Vienne, où il devint, en 1816, professeur d'histoire et de littérature de feu l'impératrice. Il y mourut en 1821. Soutenu par ses protecteurs, Bondi se produisit tour à tour comme poëte lyrique, didactique, satirique et élégiaque. La noblesse et la simplicité de son style, plus encore une versification facile et élégante, le rendirent l'auteur favori des dames italiennes. Parmi ses poëmes de quelque étendue, nous mentionnerons ici comme les principaux : *La Giornata villereccia*, en trois chants (Parme, 1773) ; *La Conversazione* ; *La Felicità* ; *Il Go-verno pacifico*. Sa traduction en vers de l'*Énéide* est regardée en Italie comme un chef-d'œuvre ; elle parut à Parme en 1793 (2 vol.). Les œuvres complètes de Bondi furent publiées à Vienne en 1808, 3 volumes.

BONDRÉE, oiseau de proie de la famille des falconidées, si peu différent de la buse qu'on a souvent confondu l'un avec l'autre, et que les anciens naturalistes les désignaient tous les deux par le même mot latin *buteo*, en ajoutant, pour les distinguer l'un de l'autre, l'épithète *apivorus*, lorsqu'il était question de la bondrée. En effet, cet oiseau, qui a plus de six décimètres de longueur, et près de quatorze décimètres d'envergure, subsiste en grande partie aux dépens des insectes, et n'épargne pas les abeilles. Les grenouilles et les lézards sont des aliments mieux assortis à sa grandeur, et il en consomme aussi beaucoup. Son bec est un peu plus long que celui de la buse ; la *cire* ou peau nue qui couvre la base du bec est jaune, ainsi que les pieds ; le sommet de la tête est d'un gris cendré ; l'iris est jaune, et le plumage varie presque autant que celui de la buse. Les habitudes de la bondrée la placent encore plus bas, parmi les grands oiseaux de proie, que l'espèce avec laquelle on la confondue ; elle se laisse prendre aux pièges amorcés avec une grenouille, et même aux gluaux ; son vol est toujours bas, d'arbre en arbre ou de buisson en buisson. Son nid est construit comme celui de la buse, mais elle s'épargne quelquefois les fatigues de la construction, et s'installe dans un nid abandonné, où elle dépose des œufs de couleur cendrée tachetés de brun. La bondrée passe pour un assez bon mets, ce qu'on n'a jamais dit de la buse. On a donc fait à la première une guerre de destruction, pour satisfaire les amateurs de cette sorte de gibier, tandis que la seconde n'était pas activement poursuivie que rarement, comme les autres oiseaux de proie : il en résulte que la bondrée est actuellement rare en France, et que la buse la remplace presque partout.

Dans quelques parties de la France on donne le nom de *goiran* à la bondrée. FERRY.

BONDUC ou CHICOT DU CANADA. Cet arbre, de vingt mètres de hauteur, est originaire du Canada. Son bois est propre aux arts, mais non encore assez multiplié en Europe pour recevoir en ce moment cette destination. Le bonduc se trouve néanmoins déjà dans toutes les collections d'arbres exotiques, dans les jardins et les parcs, où il fait remarquer par la beauté de ses feuilles bipinnées, qui ont de 0 ^{m},70 à un mètre de longueur, et qui en font un très-bel arbre l'été, et un arbre mort en apparence l'hiver, d'où lui est venu le nom de *chicot*, parce qu'en effet ses feuilles et leurs longs pétioles étant tombés et séparés de la tige, il semble ne rester qu'un tronc mort ou, comme on dit, un chicot, qui contraste d'une manière très-pittoresque avec l'élégance et les formes très-remarquables de cet arbre dans la belle saison. Le bonduc ne craint pas ces hivers. Cependant, sauf de rares exceptions, il n'atteint généralement pas en France les mêmes dimensions que dans le pays dont il est originaire.

Placé par les botanistes dans la famille des césalpinées, le bonduc, désigné par Linné sous le nom de *Guilandina dioica*, a reçu de Lamarck celui de *Gymnocladus canadensis*. Cet arbre se multiplie par ses graines, et plus ordinairement par ses racines, qu'on coupe par tronçons et qu'on plante. C. TOLLARD aîné.

BONDY (PIERRE-MARIE comte TAILLEPIED DE), était né à Paris, le 7 octobre 1766, d'une famille connue dans les finances et d'un père receveur général. En 1792 il fut nommé directeur des assignats, et au 10 août il sollicita sa démission, que le ministre des finances eut beaucoup de peine à lui accorder. Il se retira entièrement des affaires, et vécut loin des orages de la révolution jusqu'à l'Empire, époque où son aptitude pour l'escrime le mit en rapport intime avec le jeune Eugène Beauharnais, passionné lui-même pour cet exercice, et lui valut sa nomination aux fonctions de chambellan de Napoléon, qu'il suivit dans la plupart de ses voyages, et même à l'armée, pendant la campagne d'Autriche, en 1809. Au retour, il fut nommé maître des requêtes, et chargé d'aller présider le collége électoral de l'Indre. L'empereur le plaça comme chambellan auprès du roi de Saxe, puis auprès du roi de Bavière, lorsqu'ils vinrent successivement à Paris. M. de Bondy avait alors les formes d'un grand seigneur, la taille élégante, le port d'un courtisan; il convenait parfaitement à tous ces postes de représentation. Pour toutes ces importantes qualités, Napoléon, qui travaillait à reconstruire une monarchie héréditaire, le nomma comte de l'empire. Lors de son mariage avec une archiduchesse, il le comprit au nombre des officiers de sa maison qu'il envoya à Carlsruhe recevoir la princesse.

Au retour de ce voyage, en 1810, il l'appela à la préfecture du Rhône. Là il acquit des droits incontestables à la reconnaissance de la seconde ville de France, dirigea ses travaux avec une activité sans égale, obtint du gouvernement des sommes immenses pour dessécher les marais de Perrache, et enrichit Lyon d'un de ses plus beaux quartiers, jusque alors inhabitable. Les négociants de cette ville se rappelleront toujours la protection dont jouit le commerce sous son administration, et la prévoyance qui les préserva en 1812 de la disette qui désolait toutes les autres parties de la France. Son esprit persuasif et conciliant prévint et adoucit souvent les effets des mesures rigoureuses qui étaient dictées par le gouvernement d'alors. En 1814, lors de l'invasion des alliés, il retarda par son courage la prise de Lyon, et ne se retira avec l'armée française que quand il eut vu qu'une plus longue résistance devenait inutile et même dangereuse pour l'intérêt de ses administrés. Après l'abdication de l'empereur, le prince qui fut depuis Charles X crut devoir conserver M. de Bondy dans ses fonctions; mais ce ne fut pas pour longtemps. On dissimula sa disgrâce sous le cordon de commandeur de la Légion d'Honneur.

Au retour de Napoléon, en 1815, il fut nommé préfet de la Seine et conseiller d'État; il avait signé la fameuse pétition du 20 mars dans la quelle on ne dissimulait point à Napoléon ce qu'on attendait désormais de lui, et, en sa qualité de préfet, il en présenta une seconde, conçue identiquement dans le même esprit. A la fin de juin 1815, lorsque les alliés s'approchaient de la capitale, il adressa une proclamation aux habitants, et prévint les désordres qui se préparaient. « Les troupes étrangères, disait-il, ne sont pas loin de la capitale; elles pourraient d'un instant à l'autre paraître sous vos murs : que cet événement ne vous intimide pas! le pouvoir national écartera les maux que vous auriez à redouter. » M. de Bondy fut un des trois commissaires chargés de la négociation du 3 juillet. Presque aussitôt la Restauration l'appela à la préfecture de la Moselle, celle de la Seine ayant été rendue à M. de Chabrol, qui en était titulaire au 20 mars; mais M. de Bondy était à peine installé depuis quatorze jours, que sa nomination fut révoquée. En décembre 1815 il parut à la cour des pairs comme témoin à décharge dans le procès du maréchal Ney, en sa qualité de commissaire signataire de la convention de Paris. Aux élections de 1814, 1816 et 1818, il fut nommé par le département de l'Indre membre de la Chambre des Députés, fit partie de l'opposition constitutionnelle, et se montra constamment le défenseur zélé des libertés publiques. Réélu en 1827, il ne prit pas la parole dans les deux sessions de 1828 et 1829, mais en 1830 il vota l'adresse des 221, ce qui fut cause de sa réélection.

Le gouvernement de Juillet l'appela, le 23 février 1831, à remplacer M. Odilon Barrot à la préfecture de la Seine. Il fit partie, le 19 novembre suivant, des trente-six pairs créés par le ministère Casimir Périer. M. de Bondy avait laissé de précieux souvenirs à la préfecture de la Seine; ils ne purent l'y maintenir contre les fluctuations ministérielles, si fréquentes à cette époque : il dut se retirer et céder sa place à M. de Rambuteau. Conservant son siége au Luxembourg jusqu'à sa mort, il remplissait, en outre, auprès de la reine des Français des fonctions analogues à celles dont Napoléon l'avait chargé auprès de l'impératrice Marie-Louise. De plus, le roi lui confia l'intendance générale de la liste civile chaque fois que M. de Montalivet eut un ministère. Dans sa jeunesse il était homme à la mode, renommé par son habileté dans tous les exercices de force et d'adresse. Brillant, chevaleresque, il n'abusa jamais de sa supériorité à l'escrime, quoiqu'il fut resté le dernier, le seul homme de notre temps qui pouvait dire: *J'ai touché Saint-Georges*. Il avait avec le célèbre mulâtre un autre point de similitude, il était de première force sur le violon. Bon, obligeant, serviable, il ne méritait pas les ingrats qu'il a faits. Il est mort à Paris, le 12 janvier 1847, à l'âge de quatre-vingts ans, laissant une veuve digne de tous les respects, et un fils, homme de mérite, qui fut préfet sous le règne de Louis-Philippe.

BÔNE (*Bounah*), ville d'Algérie, chef-lieu d'une des deux subdivisions de la province de Constantine; siége d'une sous-préfecture, d'un tribunal de première instance et d'une justice de paix, etc. Les Arabes la surnomment Beled-el-A'neb, *la Ville-aux-Jujubes*. Située par 5° 25' de longitude orientale et 36° 25' de latitude septentrionale, sur le versant d'un promontoire qui s'avance assez loin dans la Méditerranée, entre le cap Rosa et le cap Hamza, à 95 myriamètres d'Alger, elle fut construite vers l'an 697 de notre ère, sur la côte ouest du golfe de Bône, avec les débris de l'ancienne Hippone (*Hippo-Regius*), célèbre par l'épiscopat de saint Augustin, une des résidences des rois de Numidie, qui joua un rôle important dans les guerres de César, des Vandales, sous Genséric, et dans la campagne de Bélisaire.

La plaine de Bône, qui s'étend devant la place, est bornée à l'est et au nord par des montagnes qui forment des ramifications du Djébel-Édough, à l'ouest par les collines de M'Sour, et au sud par la Boudjimah, rivière dont l'embouchure à la mer n'est ouverte que pendant cinq mois de l'année, et qui pendant le reste du temps s'écoule à travers les sables qui forment sa barre. Un ruisseau, nommé *Ruisseau d'Or*, qui se jette dans la Boudjimah, la parcourt du nord au sud, et reçoit dans son cours plusieurs autres petits ruisseaux, desséchés en été, torrents en hiver, et qui, n'ayant alors aucun écoulement vers la mer, inondaient autrefois chaque année la plaine déjà envahie par les eaux de la Boudjimah et du Ruisseau d'Or.

On entre dans les rues étroites, tortueuses et non pavées de Bône par quatre portes : l'une mène à la marine, l'autre à la porte dite des *Arabes*, sur la route de Constantine; les deux dernières regardent le fort. La ville est entourée d'une épaisse muraille de forme rectangulaire, d'un développement de 1,600 mètres, sans terrassement, et haute de 8 mètres environ. Sa Casbah, bâtie à 400 mètres de l'enceinte, sur une forte colline, commande la place, qu'elle couvre entièrement du côté du nord, et surveille la marine. De nombreuses améliorations y ont été introduites à la suite du malheureux événement dont cette citadelle fut le théâtre en janvier 1837, l'imprudence d'un garde d'artillerie ayant amené l'explosion du magasin à poudre qu'on y avait établi.

Les indigènes, en évacuant la ville à l'approche des Français, l'avaient incendiée et livrée au pillage. On ne trouva que de misérables masures et un amas de décombres, au milieu desquels on dut, tant bien que mal, s'établir. L'air vicié par les immondices qui obstruaient les rues et encombraient les maisons était déjà une grande cause d'insalubrité, à laquelle se joignaient les miasmes délétères de la plaine. Il fallut donc songer à isoler ce foyer pestilentiel, l'entourer de digues et de canaux qui le missent à l'abri d'inondations nouvelles. On y parvint en ouvrant un canal de ceinture tracé au pied de l'Édough, et destiné à contenir toutes les eaux qui en descendent. Ce canal fut mis en communication avec la mer au moyen d'un second canal émissaire de 750 mètres de longueur, tracé au milieu de la plaine. La Boudjimah fut aussi endiguée sur toute sa rive gauche. Les plaines de Kharésas, du Bou-Hamza, de Dréan, l'Erblya, à l'entrée de la plaine des Beni-Urdjin, vers l'embouchure de la Seybouze, l'admirable plaine des Beni-Azis, et généralement tous les terrains compris entre la Seybouze et la Mafrag furent successivement desséchés et assainis. On ouvrit ainsi un vaste champ à l'agriculture européenne, qui y exploite à présent quelques fermes importantes. Les environs immédiats de la ville, cultivés avec soin, furent convertis en jardins productifs. En même temps les Français augmentèrent ses travaux de défense.

Son territoire, qui est limité à l'est par la régence de Tunis, et à l'ouest par le pays des Kabyles et le kalifat du Sahel, lui assigne le premier rôle dans la partie orientale de l'Algérie, et comme centre de la colonisation, et comme place militaire. Elle accorde en outre au commerce une protection efficace dans sa rade, l'anse du fort Génois étant pendant l'hiver un abri sûr contre les gros temps. Bône est de plus le dépôt de la Calle, le magasin de Guelma et de tous les camps de l'est, y compris Medjez-Amar.

Nous avons déjà dit à l'article ALGÉRIE (t. Ier, p. 320-321), comment cette ville était tombée définitivement en notre pouvoir ; c'est de là qu'en partit l'expédition qui s'empara de Constantine. Depuis ce temps une garnison de quatre mille hommes suffit à sa défense. Elle a, de plus, un bataillon de miliciens qui servit activement à l'intérieur lors des deux expéditions de Constantine, et accompagna souvent les convois. Pendant les troubles des montagnes, en 1841, cette milice fit seule le service de la place, et sortit même avec le commandant.

Bône compte une population européenne de quatre mille sept cent soixante-dix-neuf individus. Cette ville a une grande importance commerciale, et ses relations, tant avec l'intérieur qu'avec l'extérieur, ne tendent qu'à s'accroître. L'occupation de 1832 suspendit ses relations de commerce avec Constantine, Ahmed-Bey ayant menacé de mort tout individu surpris en trafic avec les Français. Depuis 1837 ces relations se sont renouées ; mais l'importation des comestibles et des vins a remplacé celle des objets de luxe. La valeur des marchandises importées par les négociants français et étrangers était en 1839 de 500,000 fr. environ, et les retours effectués sur Bône, en laines, cuirs et peaux, ont pu être de 250,000 fr. Il y a à Bône une école pour les Juifs et les Maures, ainsi qu'une école primaire supérieure, qui compte une cinquantaine d'élèves, tant filles que garçons.

BONER (ULRICH), un des plus anciens fabulistes allemands, vivait à Berne, dans l'ordre des frères prêcheurs, vers la première moitié du quatorzième siècle. Il écrivit à l'époque même où les chants des *Minnesinger* et la poésie chevaleresque cessèrent de se faire entendre, et nous a laissé un recueil de fables ou, comme on disait alors, d'*exemples*, intitulé : *La Pierre Précieuse*, qui se distingue par la pureté du langage et par un style pittoresque, gai et plein de naïveté. La première édition de ces fables parut à Bamberg, en 1461, avec des gravures sur bois ; c'est un des incunables les plus rares qui existent, puisque l'on n'en connaît qu'un seul exemplaire, qui se trouve à la Bibliothèque de Wolfenbüttel ; c'est en même temps le premier livre imprimé en Allemagne. Scherz publia plus tard, une suite de dissertations, cinquante et une de ces fables d'après des manuscrits conservés à la Bibliothèque de Strasbourg. Le recueil le plus complet est celui qu'ont publié Bodmer et Breitinger (Zurich, 1757). Eschenburg en a donné une nouvelle édition, en remplaçant les mots vieillis par des expressions plus modernes (Berlin, 1810), et Benecke de Gœttingue a fait paraître un travail précieux sur le texte de Boner, accompagné d'un vocabulaire (Berlin, 1816).

BONET (THÉOPHILE). *Voyez* BONNET.

BONGARE, genre de reptiles ophidiens, dont deux espèces sont assez répandues dans le Bengale, tandis que la troisième appartient à l'île de Java. Tous ces serpents sont venimeux, et l'on dit même que leur venin est fort actif.

BON GOÛT. *Voyez* GOÛT.

BON-HENRI. *Voyez* ANSÉRINE.

BONHEUR. Le bonheur est un de ces objets qui prouvent que l'esprit humain, dans ses conceptions et ses croyances, s'étend bien au delà de la réalité présente. Car si nous voulons attacher à ce mot l'idée que s'en forme tout le monde, nous le définirons un plaisir aussi vif que délicieux, sans mélange, et dont rien ne saurait enlever ou altérer la jouissance. Or, au seul énoncé de cette définition, que je crois incontestable, il est facile de voir qu'un pareil objet ne peut se rencontrer ici-bas, quoique tous les hommes en aient une idée bien claire, et qu'il soit incessamment le terme de leurs vœux, de leurs poursuites et de leur espoir. Aussi nous n'avons point à nous enquérir où le bonheur habite sur la terre, car toutes nos recherches seraient vaines : essayons seulement de montrer ce qui lui ressemble ou s'en approche le plus, ce qui mérite mieux le nom de *félicité humaine*, et commençons, avant de montrer en quoi consiste cette espèce de bonheur, par montrer en quoi il ne consiste pas.

La vivacité et l'énergie des plaisirs qui résultent des modifications de notre organisme sont pour la plupart des hommes une source d'erreurs bien funestes, en ce que le côté séduisant sous lequel elles présentent ces plaisirs fait oublier ce qu'ils ont de fugitif, de périssable, et dangereux. Assurément ce ne sera pas la volupté sensuelle que nous assimilerons au bonheur, malgré l'intensité des jouissances qu'elle procure. Car en supposant même qu'on sût régler l'usage de ces plaisirs de manière à éviter tous les maux qu'ils entraînent ordinairement à leur suite, ils ne fournissent pas encore une pâture suffisante aux exigences de la sensibilité. Ces plaisirs ne durent que peu de temps chaque fois, et si nous laissons de côté la préparation et l'attente, pour ne compter que la jouissance proprement dite, nous serons étonnés de voir quelle faible portion de notre temps ils occupent, combien peu d'heures de vingt-quatre ils sont capables de remplir. En outre, ils perdent de la vivacité par la répétition, et il n'y en a pas de ce genre qui ne devienne indifférent en devenant habituel. Ajoutez à cela que la passion pour les jouissances vives ôte le goût de toutes les autres, dont le peu de vivacité est compensé par la douceur et la continuité ; et comme les jouissances vives ne se présentent que rarement, la plus grande partie de notre temps devient vide et ennuyeuse. Enfin, comme notre sensibilité a des besoins d'une autre nature, et des besoins plus nobles, l'usage exclusif des plaisirs sensuels laisse une lacune dans notre âme, et de plus nous ôte la plupart du temps les moyens de la combler.

Plusieurs philosophes ont pensé que le bonheur consistait principalement dans les affections sociales et dans les rapports de bienveillance avec nos semblables. Mais, indépendamment des souffrances que nous pouvons ressentir de la mort ou de l'absence des personnes qui nous sont chères, indépendamment des maux qui peuvent les accabler, et dont nous prenons toujours notre part, à combien de cruels mécomptes ne sommes-nous pas exposés, soit par la trahison d'un infidèle ami, soit par les vices et les imperfections que nous venons à découvrir dans ceux que nous nous plaisions à fréquenter !

D'autres ont placé la félicité humaine dans l'exercice de nos facultés, dirigé vers la poursuite de quelque but intéressant. Il est bien vrai qu'alors nous sommes soutenus par l'espoir qui alimente notre cœur et tient lieu de jouissances réelles, et que l'occupation continue de l'esprit contribue à écarter de l'âme mille sujets de tristesse ou d'inquiétude, et l'entretient dans un état d'excitation favorable à son bien-être. Mais est-ce bien là ce que nous pouvons le mieux comparer au bonheur? Le plaisir qu'un tel état procure n'est-il point exposé à être détruit ou troublé à chaque instant? Sans parler des infirmités physiques ou des peines morales qui peuvent à toute heure nous enlever notre bien-être, la poursuite du but auquel nous aspirons ne peut-elle pas par elle-même devenir une source de chagrins? Par cela même que les chances de succès entretiennent notre espoir, les chances d'insuccès, et elles sont nombreuses, n'éveillent-elles pas aussi notre inquiétude et nos craintes? Ne peut-il point à toute heure surgir devant nous d'infranchissables obstacles? L'étude d'un art ou d'une science est assurément l'occupation qui fournit à l'esprit les jouissances les plus nombreuses et les plus variées. Mais d'abord ces jouissances ne sont réservées qu'à un petit nombre d'individus, et ne me parlez pas d'un bonheur qui ne pourrait être le partage que du petit nombre et qui serait un privilége. Mais ces plaisirs sont-ils donc sans mélange, et ne portent-ils pas aussi avec eux ce caractère de fragile et de périssable qui les empêche de constituer la véritable félicité? L'artiste, le savant sont, plus que tous les autres, sujets à tous les maux et à tous les tourments de la vie, dont leur art ni leur science ne sauraient les garantir. Si l'on croit que le bonheur du savant est dans la science qu'il cultive, on ne sait pas que cette science, qui est en effet la principale source de ses jouissances, est aussi le principal objet de son anxiété et de ses peines. Que de problèmes le préoccupent! que de vérités qu'il ignore et qu'il sait lui être à jamais cachées! Peut-il donc être appelé heureux celui que tourmente le besoin de connaître, et chez qui ce besoin ne peut jamais être satisfait?

On ne peut non plus appeler bonheur ces illusions d'une vie idéale et d'une imagination contemplative, quoique les moments passés au milieu de ces rêveries soient peut-être les plus délicieux de la vie. Si je refuse le nom de bonheur à la vie idéale, c'est que les jouissances qu'elle procure ne peuvent être durables, c'est que l'on se repait de ses illusions, plus on se prépare de mécomptes pour le temps où l'on est obligé de porter ses regards sur la réalité, qui ne permet point qu'on se dérobe à sa présence, qui nous assiége, nous presse de toutes parts, et nous apparaît d'autant plus triste et plus désenchantée que nous sommes moins familiers avec elle.

N'existe-t-il donc point de ces plaisirs vrais et durables qui soient à l'abri de toute atteinte, dont l'homme ait toujours la puissance en son pouvoir, qui ne puissent lui manquer et au sein desquels son âme se repose avec calme et confiance? car ceux-là seuls sur la terre peuvent mériter le nom de bonheur. Non, le Créateur n'a point refusé à l'homme cette ressource consolante, ce port assuré contre tous les orages; il n'a permis à personne de s'écrier à la vue des biens fragiles de ce monde : Tout n'est que vanité. Il est un genre de jouissances qui surpassent toutes les autres en douceur et en pureté; contre la puissance desquelles tous les maux de la vie ne sauraient prévaloir; qui ne sont point le privilége de quelques hommes, mais qui sont également réservées à tous; qui peuvent être de tous les instants, se retrouver dans toutes les situations de la vie : ce sont les joies de la conscience, c'est la satisfaction que procure la pratique de la vertu.

Et en effet si nous considérons d'abord ces sentiments en eux-mêmes, ils sont infiniment plus exquis et d'une nature plus relevée que tout autre; à eux seuls il est donné d'inonder l'âme d'une joie douce et pénétrante, qui la remplit entièrement sans laisser de place au moindre désir. Tel est aussi leur charme et leur force que non-seulement aucun sentiment pénible n'est assez puissant pour les chasser de notre cœur, mais qu'ils les dominent même et servent à en corriger l'amertume. Mais c'est surtout sous le rapport de la durée et de la solidité qu'ils ont sur les autres un incontestable avantage. Ils ne manquent jamais à l'homme, dans quelque situation qu'il se trouve; toutes les fois qu'il veut en savourer les délices, il peut exciter en lui ces plaisirs toujours les mêmes, toujours nouveaux, sans cesse renaissants, et dont la source est aussi intarissable qu'elle est pure. Car le mérite de la vertu ne consiste pas dans le résultat de ses actes, mais dans la force que l'âme déploie pour accomplir la loi suprême. Or, cette force est toujours en notre puissance; nous sommes libres d'en faire l'emploi, quelles que soient les circonstances où le sort nous ait placés, quels que soient les obstacles qui s'opposent à son développement; et du moment où nous avons dépensé pour faire le bien la somme d'efforts qui étaient en notre pouvoir, nous avons assez fait pour la vertu, et notre conscience, qui n'exige plus rien, n'attend pas le résultat de ces efforts pour nous en accorder le prix. Une fois que nous possédons ce prix glorieux, toutes les misères, tous les tourments de la vie, glissent sur notre âme sans pouvoir lui arracher son précieux trésor. Elle se réfugie avec lui dans l'asile de la conscience, qui n'est accessible que pour elle, et qui lui est toujours ouvert; là, elle brave tous les maux, rit de toutes les tempêtes, et, de même qu'elle y découvre la base indestructible de toute vérité, elle y trouve aussi la source inépuisable de son bonheur. Je me demandais un jour pourquoi de toutes les joies qui peuvent gonfler le cœur de l'homme en cette vie les joies de la conscience étaient les seules qui fussent capables de survivre à l'idée de notre destruction. C'est que la vertu, qui associe l'homme à la pensée et à l'œuvre du Créateur, est le seul lien qui le rattache sur la terre à l'infini, auquel il aspire; c'est que les plaisirs qu'elle procure sont le commencement d'une récompense qui doit se prolonger au delà des limites de cette courte existence, et la jouissance, par anticipation, du véritable bonheur dont il lui est donné de pressentir ici-bas les délices sans fin.

En essayant de montrer que c'est dans la vertu seulement qu'on doit rencontrer le bonheur, ou du moins ce qu'on peut avec le plus de raison appeler de ce nom sur la terre, nous n'avions pas assurément la prétention d'arriver à une conclusion neuve et originale. Mais, quelque gothique qu'elle puisse paraître, nous n'avons pas dû craindre de la reproduire ici; car pour quiconque voudrait décider la question en observant seulement la manière dont les choses se passent en ce monde, et la conduite des hommes de tous les temps et de tous les pays, nous semblerions moins avoir répété une vérité triviale que développé un étrange paradoxe.
C.-M. PAFFE.

BONHEUR ÉTERNEL. Voyez BÉATITUDE, PARADIS, etc.

BONHOMIE. On ne peut définir la bonhomie en deux mots. C'est une nuance de caractère qui, toute fine et toute délicate qu'elle paraisse, se compose et résulte d'un certain nombre de qualités morales dont la réunion lui est nécessaire. La bonhomie n'est point de la bonté, ni de la douceur, ni de la simplicité, ni de la naïveté, ni de la bonne foi, ni de la franchise : c'est à la fois tout cela. On peut être bon sans avoir de bonhomie; mais la bonhomie emporte avec elle une certaine disposition à la bienveillance, comme l'indique au reste la composition même du mot. La bonté se manifeste surtout dans les actions, la bonhomie dans les paroles; elle joint de plus à l'affabilité une candeur naïve qui lui appartient en propre, et qui n'est nullement essentielle à la bonté. On peut avoir de la douceur sans bonhomie. La bonhomie est toujours aimable et douce, confiante, sans malice et sans fiel. Il y a beaucoup de simplicité dans la bonhomie; mais c'est plutôt simplicité de cœur que simplicité d'esprit, et l'on aurait tort de croire que la bonhomie peut être quelquefois synonyme de bêtise. Souvent, au contraire, nous l'avons vue, dans certains écrivains, alliée à une incroyable finesse d'esprit, à un tact exquis, à une pénétration profonde.

Ce qui fait que la bonhomie peut paraître simple, c'est qu'elle est ingénue, c'est qu'elle laisse volontiers échapper son secret, ou plutôt qu'il n'est pas de secret pour elle; c'est que supposant dans les autres la même candeur que dans elle-même, elle croit tout le monde et se laisse abuser sans peine; c'est qu'elle est sans déguisement et sans détour, comme sans méfiance. Aussi, les qualités qui brillent au premier rang parmi les éléments de la bonhomie, et qui semblent ses attributs les plus essentiels, c'est la naïveté et la bonne foi. Comme elle est en effet le propre d'une belle âme, elle n'a point intérêt à ne pas se laisser pénétrer; elle se livre au contraire avec abandon, et s'expose tout entière aux regards, sans affectation et même à son insu. Tout ce qui lui paraît vrai, elle le publie sans hésiter : parler et penser sont pour elle une même chose. On ne peut dire qu'elle est l'amie de la vérité, elle en est plutôt l'organe; le cœur humain n'a pas d'interprète plus sincère, de miroir plus fidèle.

Veut-on une autre définition de la bonhomie que cette analyse psychologique, nécessairement froide et incomplète? Veut-on une définition moins précise, moins générale, mais infiniment plus complète et plus vraie, qui jette son objet tout entier et tout vivant, pour ainsi dire, sous les yeux du lecteur? *La bonhomie, c'est La Fontaine*, ce type d'ingénuité, de bonne foi, de tendresse naïve, de spirituelle franchise; c'est La Fontaine prenant parti pour Fouquet disgracié contre Colbert et Louis XIV; c'est La Fontaine rencontrant M. d'Hervart qui lui offrait de venir loger chez lui après la mort de sa bienfaitrice, et lui répondant : « J'y allais »; c'est La Fontaine disant très-sérieusement à la table d'un prélat, et quelque temps après sa conversion : « Vous trouverez encore une infinité de gens qui estiment plus saint Augustin que Rabelais »; enfin, c'est La Fontaine écrivant ses fables, où l'on admire *son art de plaire et de n'y penser pas*, comme il le disait lui-même de madame de La Sablière; fables sublimes, qu'on ne peut lire sans être charmé et attendri par ces récits simples et délicieux, par ces causeries si douces, si rêveuses et quelquefois si éloquentes, d'une éloquence qui s'ignore; par ce style où brille tant d'amabilité sans prétention, tant de finesse sans recherche, tant de grâce sans afféterie, un sentiment si tendre, si bienveillant et si vrai; tant de candeur, de franchise et d'abandon; en un mot, tant de *bonhomie*. C.-M. PAFFE.

BONI (ONOFRIO), savant archéologue, né en Toscane, vers 1750, mort en 1820. D'Agincourt, qui avait une grande confiance dans les lumières de Boni, lui envoya de Rome les planches devant servir de base à son Histoire de l'art au moyen âge. Boni avait commencé à en rédiger le texte lorsque la mort de d'Agincourt vint interrompre l'ouvrage, qui resta inachevé. Le travail le plus estimé de Boni est une lettre adressée à Gherardo de Rossi, *Sur les antiquités de Giannuti*. Il composa l'éloge de son ami Lanzi (Pise, 1816), et celui de Battoni (Rome, 1787), qui contient, outre la vie de ce peintre, une foule d'observations intéressantes sur l'histoire de l'art romain depuis l'époque de Benoît XIV jusqu'à celle de Pie VI. Les autres écrits de Boni comprennent des dissertations sur plusieurs sujets de l'art antique et moderne.

BONIFACE, général romain à l'époque du Bas-Empire, naquit en Thrace, et mourut en 432. En l'an 413 il fut chargé de défendre Marseille contre Ataulf, roi des Goths, et en 422 il se distingua de la manière la plus brillante contre les Vandales. Honorius, qui l'avait nommé tribun militaire et créé comte, lui confia le commandement de l'Afrique. Il y fit preuve de justice et de modération, et sut tenir en respect les populations barbares voisines du territoire dépendant de l'Empire. C'est là que Boniface eut occasion de connaître saint Augustin, et de se lier avec lui; liaison qui a peut-être plus contribué que les faits de sa vie à le rendre célèbre. Après la mort d'Honorius, arrivée en 424, Boniface fut victime d'une intrigue de cour, qui fit un rebelle de l'homme qui jusqu'alors avait rendu de si bons services à l'Empire. Placidie, qui avait pris les rênes du gouvernement pendant la minorité de son fils Valentinien III, avait en Boniface une confiance entière et parfaitement justifiée. Aétius et Félix, qui commandaient en Occident, jaloux du crédit de leur collègue, se liguèrent pour le perdre. Aétius écrivit à Boniface que, desservi à la cour, il y était tombé dans une disgrâce complète; que l'impératrice, allait le rappeler; et que sa mort était certaine s'il quittait l'Afrique. En même temps Aétius dénonçait Boniface à Placidie, et l'accusait de n'avoir défendu l'Afrique contre les barbares que pour s'y rendre indépendant. Il ajoutait qu'il n'y avait pas de temps à perdre pour rappeler le traître et déjouer ses projets. Placidie donna dans le piège et rappela Boniface. Celui-ci n'eut garde d'obéir; et pour se venger d'un gouvernement ingrat, leva des troupes et appela même les Vandales en Afrique. Saint-Augustin lui écrivit d'Hippone, à ce propos, une lettre touchante dans laquelle il s'efforçait de le détourner de cette guerre parricide. Boniface, tout entier à sa vengeance, ne tint aucun compte des sages avis de son pieux ami. Les Vandales commandés par Genséric parurent donc en Afrique, dont ils dévastèrent les principales cités, Carthage et Hippone notamment. Placidie, mieux instruite, se réconcilia alors avec Boniface; mais ce fut en vain que celui-ci essaya de réparer sa faute en combattant les Vandales et en s'efforçant de les expulser de l'Afrique. Ce fut lui, au contraire, que les victoires de Genséric forcèrent à aller chercher un refuge en Italie avec les débris de ses légions. Il s'y rencontra avec le perfide Aétius, non loin de Ravenne, et lui livra un combat acharné dans lequel les troupes d'Aétius eurent le dessous. Mais Boniface blessé de la main même de son rival, mourut trois ans après des suites de cette blessure.

BONIFACE (Saint). Cet apôtre de l'Allemagne naquit en Angleterre, dans la petite ville de Kirton, au comté de Devonshire, vers l'an 680, et reçut le baptême sous le nom de Winfrid ou Winfreth. Son goût pour la vie ascétique se manifesta de bonne heure; dès l'âge le plus tendre son âme, déjà rêveuse, ne voyait pas de vraie félicité dans cette vie; il aspirait à la vie céleste. Encore dans l'adolescence, il se confina dans le monastère d'Exeter, où il séjourna treize années, si bien mises à profit par le jeune solitaire, qu'il professa ensuite la théologie, l'histoire et la rhétorique dans le monastère de Nutcell; ce fut là qu'à trente ans il fut promu au sacerdoce.

L'an 716, Winfrid alla prêcher l'Évangile dans la Frise. Radbod, roi demi-idolâtre de ce pays, qui était alors en guerre avec Charles Martel, reçut mal notre pieux missionnaire, qui retourna dans la Grande-Bretagne, où il fut élu abbé de son monastère. En 718 il se rendit à Rome, près du pape Grégoire II, qui lui donna des lettres apostoliques pour prêcher la foi dans la Germanie, dont le cruel Irminsul et la sanglante Hertha étaient encore en partie les divinités. Accompagné de pèlerins anglais et romains, il quitta l'Italie pour répandre les eaux du baptême jusque dans les forêts des Druides. A la mort de Radbod, Charles Martel étant maître de la Frise, Winfrid repassa dans cette contrée, où il ne cessa de prêcher pendant trois années; puis il entra dans la Hesse, convertissant le peuple. Deux jeunes seigneurs lui donnèrent leur terre d'Omenburg : Boniface y éleva un monastère, qui dans la suite devint la ville de Marburg.

En 723 Grégoire II l'appela à Rome, où il le sacra évêque : c'est à cette cérémonie qu'il changea son nom saxon de Winfrid en celui de Boniface, qui était plus romain. Grégoire III l'honora du *pallium*, insigne de la dignité archiépiscopale. En 738, à son troisième voyage à Rome, il fut nommé par ce pape légat du saint-siège en Allemagne.

Sa juridiction apostolique s'étendait sur toute la Germanie : prélat sans siège fixe, on eût pu l'appeler *l'archevêque du Nord*. La Bavière fut particulièrement le théâtre de ses prédications ; il divisa ce pays en quatre diocèses, Saltzbourg, Freisingen, Ratisbonne et Passau. Ce dernier existait déjà. Il établit ensuite l'évêché d'Erfurt pour la Thuringe, celui de Burabourg, transféré depuis à Paderborn, pour la Hesse ; celui de Wurtzbourg, pour la Franconie, et celui d'Eichstædt, dans le palatinat de Bavière.

Après la mort de Charles-Martel, Carloman, son fils et son successeur, d'accord avec le pape Zacharie, confirma Boniface dans sa puissance épiscopale. L'archevêque avait tant d'empire sur le roi, que ce fut d'après ses exhortations que, dégoûté du trône, il alla sur les cimes solitaires du Soracte s'ensevelir dans un monastère qu'il y fonda. Après la réclusion de Thierri, fils du dernier roi mérovingien, dans un cloître, Pépin le Bref crut ajouter à sa puissance et à l'éclat de sa couronne en se faisant sacrer à Soissons par Boniface, qui se rendit à cet argument de Zacharie, si commode pour les courtisans, les ambitieux et les traîtres : *qu'il valait mieux reconnaître pour roi celui en qui résidait l'autorité suprême*. Boniface fut élu archevêque de Mayence par Pépin ; le pape confirma cette élection ; de plus, il assujettit à la métropole de Mayence les évêchés de Tongres, d'Utrecht, de Cologne, de Worms, de Spire et tous les évêchés d'Allemagne que le saint avait érigés, ou qui relevaient auparavant de la métropole de Worms. Ses pouvoirs de légat en Germanie s'étendaient aussi dans les Gaules ; dans le cercle du haut Rhin, il fonda une abbaye à Fuida ; il en établit aussi à Fidislar, à Hamelbourg, et à Ordorf.

Emporté par sa vocation d'apôtre, avec le consentement du pape, il céda son évêché de Mayence à saint Lulle, moine de Malmesbury, son disciple, et partit pour achever la conversion de la Frise, toujours attachée au culte antique des arbres et des fontaines. C'était en pleine campagne et sous des tentes qu'il baptisait et confirmait la foule des néophytes, trop considérable pour tenir dans les églises. Un jour, à Dockum, près de Leeuwarden, des barbares de cette contrée, alors demi-sauvage, fondirent tout armés sur la tente de Boniface, et le massacrèrent lui et ses compagnons, ainsi que quarante catéchumènes. Tous, sans se défendre, tendirent la gorge aux assassins. Ces hommes avides espéraient trouver dans la tente de l'apôtre de l'or et des vêtements magnifiques ; des livres de piété et une pièce de toile de lin, que le saint, dans le pressentiment de son sort, destinait à être son linceul, voilà tout le butin qu'elle cachait. C'est ainsi que, le 5 juin 755, cet apôtre termina, à l'âge de soixante-quinze ans, sa sainte carrière. Boniface avait assisté à huit conciles ; on a de lui trente-neuf lettres, des canons et des homélies ; il composa aussi un livre, *De l'unité de la Foi*, qui est perdu. Son corps fut transféré successivement à Utrecht, à Mayence, et à Fulda. On conserve dans cette abbaye une copie des Évangiles écrite de sa main et un volume empreint de son sang. Nous ne finirons pas cette notice sans citer de lui ces belles paroles : « L'Église avait autrefois des prêtres d'or, qui sacrifiaient dans des calices de bois ; de notre temps elle a des prêtres de bois, qui sacrifient dans des calices d'or. »
DESNE-BARON.

BONIFACE. On compte neuf papes de ce nom.

BONIFACE Ier (Saint) naquit à Rome. Son prédécesseur, Zozime, était mort le 26 décembre 418, et dès le lendemain Symmaque, préfet de Rome et idolâtre, avait exhorté le peuple, qui jusque alors était intervenu dans l'élection de l'évêque de Rome, à laisser le clergé choisir seul et librement le nouveau pape. Mais le 27, avant même que les funérailles de Zozime fussent terminées, l'archidiacre Eulalius ayant rassemblé dans l'église de Saint-Jean de Latran tous les diacres de la ville, quelques prêtres et beaucoup de bourgeois, fit fermer les portes de l'église, et se fit élire pape. Il reçut le dimanche 29 la consécration de l'évêque d'Ostie, à qui, d'après l'ancien usage, ce droit appartenait. Cependant, quelques évêques, presque tous les prêtres de Rome, et une foule de peuple, réunis dans l'église de Théodore, déterminés à élire Boniface, ancien prêtre de la ville, députèrent à l'assemblée de Saint-Jean de Latran trois prêtres pour engager cette assemblée à ne pas procéder à l'élection d'Eulalius sans s'être concertés avec eux. Ces députés furent fort mal accueillis. Le préfet Symmaque ayant dès le 28 notifié aux partisans de Boniface de ne pas consommer l'élection projetée ; ils ne tinrent aucun compte de cette défense. Symmaque écrivit à l'empereur Honorius, qui confirma d'abord l'élection d'Eulalius, puis révoqua son édit, et convoqua un concile à Ravenne le 1er mai ; il chargea Achilles, évêque de Spolette, de remplir provisoirement les fonctions de pape. Des émeutes, des troubles, éclatèrent. L'empereur annula l'élection d'Eulalius, et confirma enfin celle de Boniface. Eulalius se soumit à ce nouvel édit, et fut nommé évêque de Nepi. Le concile convoqué, devenu inutile, ne fut pas assemblé. Cette double élection avait fait couler beaucoup de sang. Boniface, par son opiniâtre ambition, doit être considéré comme le principal auteur de tant de calamités. Eulalius aurait conservé le saint-siège s'il n'avait enfreint la défense que l'empereur avait faite aux deux concurrents de rentrer dans Rome avant la décision du concile. Honorius, blessé de sa désobéissance, se tourna du côté de Boniface ; et pourtant Eulalius, en abdiquant, se montra meilleur chrétien et fit céder l'ambition à l'humanité. Boniface n'en fut pas moins canonisé. Il mourut le 26 octobre 422. Saint Augustin lui avait dédié ses quatre livres contre les erreurs des pélagiens ; et saint Jérôme était mort sous son pontificat.

BONIFACE II (Saint), fils d'un Goth nommé Sigisvult, fut consacré pape par une partie du clergé romain, le 13 octobre 530, et succéda à Félix IV. L'autre partie consacra le même jour Dioscore. Athalaric, roi des Goths, appuya l'élection de ce dernier ; un nouveau schisme menaça la chrétienté. Elle en fut heureusement préservée par la mort de Dioscore, qui décéda trois jours après son élection. Boniface le poursuivit jusque dans son tombeau ; il excommunia un cadavre. Mais Agapet, successeur de Boniface, réhabilita par une absolution la mémoire de Dioscore. Boniface II mourut le 17 octobre 532. Il a été canonisé.

BONIFACE III, prêtre romain, fils de Jean Candiote, fut consacré le 19 février 607. Les brigues des prétendants au trône pontifical en prolongèrent la vacance pendant plus d'un an. Boniface, alors archidiacre, avait été nonce du saint-siège à Constantinople. Le patriarche Cyriaque s'était constamment refusé à remettre au tyran Phocas la veuve de Maurice et ses trois filles, réfugiées dans son temple ; il n'avait cédé qu'après avoir reçu de Phocas le serment de ne point attenter à leur vie. Boniface, loin de protéger les quatre victimes, favorisait de tout son pouvoir leur oppresseur, et aussitôt après la mort du pape Sabinianus, il se prévalut de son crédit à la cour de Phocas pour se faire élire pape. Il y réussit, et obtint de lui que les patriarches ne pourraient plus prendre le titre d'évêque œcuménique et universel, et que ce titre serait exclusivement conféré aux papes. Cédrénus, écrivain du douzième siècle, affirme que Boniface était ivrogne, brutal, inhumain et sanguinaire. Dans un concile romain composé de soixante-douze évêques et d'un grand nombre de prêtres et de diacres, il fit décider que celui qui réunirait la majorité des suffrages du peuple et du clergé serait reconnu comme pontife suprême, si l'empereur confirmait l'élection. Grégoire le Grand, moins ambitieux qu'éclairé, avait prédit que l'Église serait mal gouvernée si un seul homme pouvait se constituer chef suprême et unique de tous les évêques. Il donnait par anticipation à ce pontife unique le titre d'Antechrist, et plusieurs rois ont en effet qualifié ainsi Boniface III et ses successeurs. Ce pape mourut le 10 novembre de l'année même de sa consécration.

BONIFACE IV (Saint), né à Valérie, dans l'Abruzze, fils d'un médecin appelé Jean, fut élu pape le 18 septembre 608. Le trône papal était resté vacant pendant plus de neuf mois, parce que les diacres, administrateurs des revenus de l'Église, exerçaient une influence sur l'élection, et que l'argent était à leurs yeux la meilleure des recommandations. Boniface convertit le Panthéon en église sous le nom de *Notre-Dame de la Rotonde*. Il vivait fort retiré, et avait fait de son palais un monastère. Il mourut le 7 mai 615, et fut canonisé.

BONIFACE V, Napolitain, consacré le 23 décembre 617, après une vacance de plus d'une année, mourut le 22 octobre 625. Instruit des pieuses instances de la reine de Northumberland (Angleterre) pour déterminer son royal époux à se faire chrétien, il avait envoyé à cette princesse, au nom et de la part de saint Pierre, une chemise brodée en or, un manteau pour le roi, un miroir d'argent et un peigne d'ivoire garni en or pour elle. Ce pape maintint le droit d'asile, et interdit aux juges toute voie de fait contre ceux qui se réfugiaient dans les églises et autres lieux réservés.

BONIFACE VI, prêtre romain; son père se nommait Adrien. Il fut élu deux jours après la mort de Formose, le 16 décembre 896. On lui a contesté le titre de pape, parce que, déposé déjà du sous-diaconat et de la prêtrise, son élection aurait été obtenue par des moyens honteux; du reste, il mourut quinze jours après. On attribue cette fin subite à la faction qui s'était opposée à son élection. Le concile de Ravenne, tenu en 1049, avait décidé que son nom serait rayé de la liste des papes; mais l'usage contraire a prévalu.

BONIFACE VII, nommé d'abord *Francon*, fils de Ferratius, et diacre de l'Église romaine, est qualifié d'antipape par quelques historiens. Il fut consacré par sa faction en 974. Il fit mourir son compétiteur, Benoît VI; l'autre faction élut immédiatement Benoît VII. Boniface fut chassé de Rome; il emporta le trésor de l'Église, et se retira à Constantinople. Informé de la mort de Benoît VII, il revint en 985. Il trouva le trône pontifical occupé par Jean XIV, élu après la mort de Benoît VII. Il se débarrassa de ce nouveau concurrent, qu'il fit arrêter, déposer et jeter en prison, où il mourut de faim et de misère, et se maintint sur la *santa-sede* pendant quatre mois. Son orgueil et sa férocité avaient éloigné de lui tous ses partisans : il ne pouvait avoir d'amis, il n'avait que des complices. Il tomba sous les coups d'un assassin. Son cadavre, sillonné de coups de lance, fut laissé nu sur la place publique devant le cheval de Constantin. Il y resta jusqu'à ce que quelques prêtres vinssent l'enlever pour l'enterrer dans quelque coin retiré.

BONIFACE VIII (Benoît CAJÉTAN), né à Anagni. Sa famille, d'origine catalane, s'était établie à Gaëte, et avait pris depuis le nom de Cajétan. Leufroi Cajétan, son père, avait apporté les plus grands soins à son éducation et l'avait placé sous les professeurs les plus distingués dans la science du droit civil et canonique. Benoît reçut très-jeune encore le bonnet de docteur, débuta d'une manière brillante au barreau romain, et obtint les charges, beaucoup plus honorables que lucratives, d'avocat consistorial et de protonotaire du saint-siége; il s'en démit dès qu'il eut obtenu un canonicat au chapitre métropolitain de Paris, puis à celui de Lyon. Rappelé à Rome, il s'y rendit utile au pape français Martin IV, qui le nomma cardinal le 23 mars 1281. Nicolas IV l'envoya légat en France. De retour à Rome, il prit un tel ascendant sur le faible et pieux Célestin V, qu'il le détermina à abdiquer, et se fit élire lui-même le 24 décembre 1294, sous le nom de Boniface VIII. Il ne permit pas à son prédécesseur de se retirer dans son ancien couvent, et le retint prisonnier dans un château, où il mourut. Boniface fut soupçonné d'avoir hâté le terme de ses jours par le poison.

Boniface, dont la vanité et l'ambition ne peuvent être comparées qu'à celles de Grégoire VII, aspirait à la souveraineté universelle. Il exigea d'abord l'hommage lige du roi de Naples et des autres princes qui relevaient du saint-siége; et, après la mort de Charles II, roi de Naples, il disposa de ce royaume et de ceux d'Aragon et de Valence en souverain absolu : non content de placer ces trois couronnes sur la tête du roi Jacques, il lui promit celles de Sardaigne et de Corse. Enhardi par ce premier essai, il se flatta de soumettre à la tiare les rois de France et d'Angleterre. Mais, avant de parler en maître, il se présenta comme médiateur aux deux rois qui se faisaient une guerre opiniâtre. Sa médiation fut d'abord refusée, attendu qu'il n'y avait rien de spirituel dans la cause de leur différend. Boniface leur fit répondre par ses légats que ce n'était point comme pape, mais comme ami, qu'il offrait son arbitrage, et qu'il importait de mettre fin à des dissensions dont les Sarrasins seuls profitaient. Les deux rois consentirent à accepter ses offres. Si elles eussent été sincères, Boniface aurait exigé pour première condition la suspension des hostilités; il n'en fit rien. La guerre continua avec le même acharnement. Édouard, roi d'Angleterre, qui avait suscité contre la France Adolphe, roi des Romains, intrigua encore pour détacher des intérêts de Philippe le Bel Guy, comte de Flandre, et il y réussit. Philippe, irrité de ce que ce comte, son vassal, avait, sans sa permission, disposé de la main de sa fille en faveur du fils d'Édouard, manda à ses cour le comte et la comtesse, les retint prisonniers et ne leur rendit la liberté qu'après qu'ils eurent remis leur fille entre ses mains. Cette jeune princesse était sa filleule. Le comte Guy, après l'avoir inutilement supplié de la lui rendre, envoya au pape un homme sûr pour lui dénoncer la conduite de Philippe le Bel, puis il entra dans la ligue formée contre la France par les rois d'Angleterre et des Romains, les ducs d'Autriche et de Brabant et d'autres princes. Philippe, obligé de lever de nouvelles troupes et de nouveaux subsides pour résister à cette formidable coalition, se trouvait dans une crise désespérée; les peuples étaient épuisés par les guerres précédentes. Il se trouvait dans le même embarras. Le clergé des deux royaumes fut imposé, et Philippe, pour dernière ressource, altéra le titre légal des monnaies.

Boniface avait entendu l'appel du comte de Flandre et de tout le haut clergé de France et d'Angleterre. C'était plus qu'il n'avait espéré, en alimentant les divisions entre les deux royaumes. Il préluda par envoyer à Philippe un prélat chargé de le sommer de mettre en liberté la fille du comte Guy; en cas de refus, Philippe devait être cité devant le saint-siége. Le légat du pape, fidèle à ses instructions, ne mit aucun ménagement dans l'exécution de ses ordres; il déclara au roi que s'il hésitait à déférer à ses sommations, le pape était déterminé à l'y contraindre par l'excommunication. Philippe, étonné de cette audacieuse menace, répondit « qu'il n'avait à rendre compte de sa conduite qu'à Dieu, en ce qui regardait les affaires temporelles de son royaume, qu'il trouvait étrange que le pape lui fit parler d'un ton aussi haut pour des choses qui ne le regardaient pas; que c'était à contre-temps se déclarer pour ses ennemis et le prendre au delà de sa juridiction; qu'au reste il avait sa cour pour faire justice à ses sujets et à ses vassaux; que partant il remerciait Boniface, dont les inquiétudes et les soins étaient inutiles en cette rencontre. »

Boniface n'avait offert sa médiation aux rois de France et d'Angleterre que pour rendre leur querelle interminable; l'état de guerre favorisait ses projets ambitieux. Arbitre des deux rois, il voulut être leur maître; il fulmina sa bulle *Clericis laicos*, et défendit à tout clerc, prélat et religieux, de payer aux puissances laïques, pour quelque raison que ce fut, aucune espèce de contribution sans la permission du saint-siége, sous peine d'encourir les censures de l'Église, quels que fussent leur rang et leur dignité. Les mêmes peines étaient infligées aux rois et aux princes qui les exigeraient, aux ministres, et à tous ceux qui, directement ou indirectement, auraient participé à ce qu'il appelait des exactions. Il frappait d'interdiction les universités qui y auraient consenti ou qui y consentiraient, les prélats et les ecclésiastiques qui ne s'y opposeraient pas ouvertement. Il qualifiait d'attentat le pouvoir que s'arrogeaient les princes séculiers de lever des impôts sur les biens de l'Église, lors même que les besoins de leurs États leur en imposaient la nécessité. Cette bulle était spécialement dirigée contre Édouard, roi d'Angleterre, qui faisait lever des impôts sur le clergé par ses soldats, et contre le roi de France, Philippe le Bel, qui avait aussi imposé le clergé de son royaume. Boniface voulait rendre feudataires du saint-siége tous les princes chrétiens, comme l'étaient déjà le roi d'Angleterre et les princes de l'Italie. Philippe le Bel répondit à cette bulle insolente par deux édits : il défendit aux étrangers tout commerce en France et toute exportation d'argent, de pierreries, chevaux, armes, munitions, sans sa permission.

Le saint-siége se trouvait ainsi privé des annates; Boniface ne se dissimula point la portée des édits. Il envoya au roi Guillaume de Viviers pour lui déclarer « que ses prohibitions n'étaient pas applicables aux gens d'église, que les rois n'avaient aucun droit, aucun pouvoir sur les ecclésiastiques; que le droit que s'arrogeait Philippe n'était qu'une folle prétention, une innovation injuste et intolérable, et qu'il était obligé de s'y opposer. Il renouvela la bulle qui avait donné lieu aux édits de prohibition, et, se parant d'un beau zèle pour le bien public, il déclara au roi de France qu'il ne s'était attiré l'aversion de ses peuples que par les charges intolérables dont il les avait accablés. Boniface terminait ainsi cette *allocution paternelle* : « Le jugement des différends élevés entre vous et les deux rois (des Romains et d'Angleterre) m'appartient, en tant qu'il est question de péché. Il est honteux de votre part de me récuser, tandis qu'Adolphe et Édouard se soumettent. Avant d'en venir aux dernières extrémités, je veux bien encore essayer la voie de la remontrance et de la douceur; et dans cette vue je vous envoie l'évêque de Viviers. » Philippe, effrayé, céda à la peur de l'excommunication, et sa réponse ne fut qu'une humble justification, que le clergé de France appuya d'une requête non moins humble. Le roi suspendit même aussitôt l'exécution de ses édits de prohibition. Qui n'eût cru que Boniface était satisfait? Mais ses injustes persécutions contre la famille Colonna avaient indisposé contre lui toute l'Italie. Il ne fit donc qu'ajourner ses projets d'ambition et de vengeance contre le roi de France, et modifia les dispositions menaçantes de sa bulle *Clericis laicos*; mais lorsqu'il rendit sa sentence arbitrale entre les rois des Romains et d'Angleterre et le roi Philippe, ce fut au préjudice de ce dernier. Bien que cet arbitrage ne lui eut été déféré que comme simple particulier et non comme pape, Boniface jugea le roi en suzerain absolu des rois. Le protocole pontifical ne terminait rien; aussi, de guerre lasse, et pour sauver au moins l'honneur de leurs couronnes, les rois se réconcilièrent-ils tout seuls, sans l'intervention du pape.

Toutes les circonstances de ce déplorable conflit occupent une grande place dans l'histoire du quatorzième siècle. L'affaire de l'évêque de Pamiers ne fut qu'un scandale de plus : cet évêque, dont le siége était une création récente de Boniface, s'étant rendu coupable de propos injurieux contre la personne du roi, celui-ci le fit arrêter et le commit, jusqu'au jugement du procès, à la garde de l'archevêque de Narbonne. Boniface réclama le prisonnier comme n'étant justiciable que de l'autorité ecclésiastique; et Philippe le Bel crut prudent de céder à cette injonction. Il avait convoqué l'assemblée des états pour prononcer sur les prétentions de Boniface : les états sanctionnèrent l'édit qui prohibait la sortie de l'or et de l'argent du royaume, et maintinrent le roi dans le droit de *régale*, qui attribuait au trésor les revenus des bénéfices vacants. La fameuse bulle *Clericis laicos* fut brûlée publiquement, et la nouvelle de cette exécution proclamée dans tout Paris à son de trompe. Douze jours après, le roi, dans une assemblée générale de tous les officiers de sa maison, des princes de sa famille, des grands et des pairs du royaume, déclara « qu'il désavouait pour héritier de la couronne son fils et tous ses autres enfants qui pourraient lui succéder, s'ils reconnaissaient au-dessus d'eux une autre puissance que celle de Dieu, de qui seul ils dépendaient pour le temporel, ou s'ils avouaient tenir le royaume de France d'aucun homme vivant. » Le roi Philippe, assuré de l'appui de la noblesse et de la majorité du clergé et du tiers état, aurait dû s'arrêter à cette protestation solennelle, mais il n'avait pas le sentiment de sa force et de sa dignité. Se laissant entraîner par un mouvement de vengeance vaniteuse, il parodia dans une déclaration ce qu'on appelait la petite bulle de Boniface, qu'il avait fort sagement laissée sans réponse. Elle était ainsi conçue :

« Boniface, etc., à Philippe, roi des Français. — Crains Dieu et garde ses commandements! — Apprenez que vous nous êtes soumis pour le spirituel et pour le temporel; la collation des bénéfices et des prébendes ne vous appartient en aucune manière. Si vous avez la garde de quelques-uns de ces bénéfices pendant la vacance, par la mort des bénéficiers, vous êtes obligé d'en réserver les fruits à leurs successeurs. Si vous avez conféré quelques bénéfices, nous déclarons nulle cette collation pour le droit, et nous révoquons tout ce qui s'est passé dans ce cas pour le fait. Ceux qui croiront autrement seront réputés hérétiques. Au palais de Latran, le 5º jour de décembre, l'an 7 de notre pontificat. » Cette petite bulle portait pour unique souscription ces mots déjà mis en tête : « Crains Dieu, et garde ses commandements. »

Voici la déclaration du roi : « Philippe, par la grâce de Dieu, roi des Français, à Boniface, se prétendant souverain pontife, peu ou point de salut! — Sache votre très-grande fatuité que nous ne sommes sujets de personne pour le temporel; que la collation des bénéfices et des prébendes nous appartient; que c'est un droit de notre couronne, et que les fruits de leurs revenus sont à nous; que les provisions que nous avons données et que nous donnerons sont valides et pour le passé et pour l'avenir, et que nous sommes résolu de maintenir dans leur possession ceux que nous y avons mis; que nous tenons enfin pour faquin et insensé quiconque pensera autrement. Paris, etc. »

La publication de cette parodie royale rendait toute réconciliation impossible. De nouvelles bulles furent fulminées contre le roi Philippe et contre tous ceux qui avaient adhéré à ses protestations. Les lettres, les députations des trois ordres de France au pape, aux cardinaux, compliquèrent le conflit et portèrent l'irritation au dernier degré d'exaltation. Les états accueillirent la proposition du chancelier d'accuser le pape et de le traduire devant un concile général. De son côté, Boniface et son conseil, après avoir excommunié Philippe et ses adhérents, opposèrent procédure à procédure. Ces récriminations, leurs causes, leurs effets, appartiennent à l'histoire de Philippe le Bel.

Dans cette crise déplorable, si funeste aux repos de l'Europe, si contraire aux sages principes du christianisme, le fougueux et vindicatif Boniface dut se repentir plus d'une fois d'avoir, au commencement de son pontificat, canonisé Louis IX, aïeul du roi Philippe. Ce pape avait d'ailleurs élevé les mêmes prétentions contre l'autorité de tous les rois chrétiens; la France seule lui opposa une longue et unanime résistance.

La soumission de toutes les couronnes à la tiare était le but unique, hautement proclamé, de Boniface, et cependant ses actes politiques semblent quelquefois se contredire. Mais ces contradictions ne sont qu'apparentes : il sacrifiait aux exigences du moment. Dans sa longue et orageuse polémique avec Philippe le Bel, s'il paraît parfois battre en retraite, c'est sans abandonner l'exécution de son plan ; ce n'est qu'un changement de front, pour amener son ennemi sur un terrain où il reprendra tous ses avantages. On l'a vu protéger de toute son influence et fortifier par de nouvelles combinaisons le parti de princes que naguère il avait anathématisés, et justifier celui qu'il avait accusé des plus énormes crimes, pour s'en faire un puissant et utile auxiliaire contre des souverains auxquels il n'avait pu résister avec ses propres forces. Bientôt les faits vont prouver que, loin de s'écarter de son but, il y marche plus directement et avec plus de chances de succès.

Lors de la vacance du trône impérial d'Allemagne, après la mort de Rodolphe, les suffrages des électeurs se partagèrent entre Adolphe, comte de Nassau, et Albert d'Autriche, fils de l'empereur défunt. La guerre civile et tous les fléaux qu'elle entraîne à sa suite furent l'inévitable conséquence de cette dissidence. Cependant les princes électeurs, également fatigués d'une lutte désastreuse pour tous les partis, étaient convenus, afin de mettre un terme aux communes calamités, de procéder à une élection nouvelle et de réunir leurs suffrages sur un de deux prétendants. Boniface s'y opposa, et leur défendit de procéder à aucune élection. A lui seul, disait-il, appartenait le droit de donner l'Empire à qui bon lui semblerait, et même d'en exclure Adolphe et Albert. Il somma ces deux princes de comparaître devant le saint-siège et d'y exposer leurs droits respectifs. Adolphe de Nassau mourut peu de temps après cette sommation. Boniface accusa Albert d'Autriche de l'avoir fait assassiner. Les princes électeurs consentaient tous à le reconnaître comme roi des Romains ; nouvelle opposition de Boniface, qui l'excommunia d'abord, mais pour s'en rapprocher bientôt. Convaincu de la nécessité d'appuyer ses bulles contre le roi de France sur des forces réelles et imposantes, il leva l'excommunication lancée contre Albert d'Autriche, confirma son élection, et prit même avec ce prince l'engagement de l'élever au trône impérial d'Occident. Albert accepta les conditions qui lui furent imposées ; il reconnut solennellement que la « translation de l'empire grec aux Allemands et le droit d'élire le roi des Romains, pour être ensuite empereur d'Occident, était une concession du saint-siège ». Il déclara que « tous les rois et les empereurs qui avaient été, qui étaient ou qui seraient jamais, recevaient du pape la puissance du glaive temporel ; que les rois des Romains et les empereurs d'Allemagne étaient spécialement choisis et admis par le saint-siège pour être les avoués et les patrices de l'église romaine et les défenseurs de la foi catholique ».

Albert mentait à ses souvenirs, à sa conscience, à la notoriété historique la plus incontestable ; mais une couronne accordée, une autre promise, étaient le prix de ce parjure. Il rendit donc hommage de sa couronne à Boniface, confirma toutes les donations faites, tous les priviléges accordés au saint-siége par ses prédécesseurs, prêta serment de fidélité à saint Pierre et à ses successeurs, et prit l'engagement d'assister Boniface de toutes ses forces pour maintenir ses prétentions, de défendre les immunités ecclésiastiques, de venger le pape de tous ses ennemis, et de rompre enfin ses engagements avec la France pour se joindre à la coalition formée par Boniface contre Philippe le Bel. Pendant ce temps-là Boniface, secondé par les partisans qu'il avait dans le haut clergé de France, envoyait dans toutes les parties du royaume des bulles et des émissaires chargés d'exciter des soulèvements contre le roi.

Il ne restait à Philippe le Bel qu'un seul moyen d'assurer sa couronne et d'étouffer les germes d'une guerre civile imminente : il convoqua une assemblée des états généraux ; elle se réunit le 13 juin dans le château du Louvre. Guillaume Duplessis, seigneur de Vèzenobre, assisté des comtes de Saint-Pol et Jean de Dreux, se portèrent parties contre le pape, et présentèrent contre lui une accusation en forme. Leur proposition fut accueillie sans difficulté par les députés de la noblesse et du tiers état ; ceux du clergé demandèrent un délai pour en délibérer, et se retirèrent de l'assemblée. Duplessis et les comtes de Saint-Pol et Jean de Dreux revinrent le lendemain à l'assemblée, assistés de plusieurs notaires et témoins, et articulèrent vingt-neuf chefs d'accusation contre Boniface ; ils lui reprochaient notamment « de nier l'immortalité de l'âme, et par conséquent tous les mystères de la religion qui ont trait à la vérité de la vie éternelle ; d'avoir commis tous les péchés défendus dans le Décalogue ; d'avoir corrompu ce qu'il y avait de plus sacré dans le commerce que l'homme peut avoir avec son Créateur et le reste des créatures ; d'avoir violé les lois divines et humaines, soit dans sa conduite particulière, soit dans celle qu'il avait tenue avec la France et avec ceux qu'il traitait comme des ennemis, etc. » Ils terminaient en demandant que tous ces griefs fussent examinés dans un concile général, et, afin de prévenir de nouveaux actes de violence et d'arbitraire de la part de Boniface, ou du moins pour en atténuer les effets, ils déclaraient appeler de tout ce que le pape pourrait faire « au concile général que l'on assemblerait, au saint-siége et au pape futur. »

Le roi fit une déclaration conforme. La plainte de Duplessis et de ses collègues et la déclaration du roi, furent reçues et rédigées par les notaires. Les membres du clergé adhérèrent à la convocation du concile pour faire connaître l'innocence de Boniface. Des commissaires furent dépêchés dans toute la France à tous les dignitaires ecclésiastiques qui n'avaient pas assisté à l'assemblée, et obtinrent beaucoup d'adhésions ; tous ces actes enfin furent expédiés à Guillaume de Nogaret, qui était alors en mission diplomatique à Rome pour y faire valoir la première requête du roi contre Boniface, et qui s'était assuré de l'assentiment d'une partie de la noblesse romaine et du peuple, voire même de celui de quelques cardinaux.

Le moment paraissait bien choisi pour châtier ce pape qui s'était aliéné presque tous les princes de l'Europe par son despotisme. Il avait excommunié Frédéric, frère de Jacques II, roi d'Aragon, parce qu'il retenait le royaume de Sicile ; il l'avait même déclaré incapable de posséder aucune dignité, et avait frappé la Sicile d'un interdit. Mais les habitants n'en étaient pas moins restés fidèles à Frédéric, et avaient refusé de se soumettre à Charles, roi de Naples, que Boniface leur imposait. Celui-ci, effrayé enfin des menaces de la France, releva Frédéric de son excommunication, à condition qu'il se reconnaîtrait tributaire du saint-siége et l'aiderait contre ses ennemis. Il leva également l'excommunication contre Jacques II, aux mêmes conditions, le créa gonfalonnier du saint-siége, et lui donna les îles de Sardaigne et de Corse. Mais il excommunia Éric III, roi de Danemark, sous prétexte qu'il avait arrêté l'archevêque de Lund, et cette nouvelle excommunication excita des troubles graves dans ce royaume. Soutenant que l'Écosse était la propriété immédiate des papes, il avait excommunié Édouard Ier, roi d'Angleterre, qui, en sa qualité de suzerain d'Écosse, avait revendiqué ce royaume. Vainement le prince appuyait son droit sur des faits et des actes irrécusables, la volonté immuable de Boniface n'admettait pas d'opposition. Il se jouait des têtes couronnées, et une double excommunication avait été lancée par lui contre Wenceslas IV, roi de Bohême, et contre son fils, Wenceslas V, coupable d'avoir accepté la couronne de Hongrie que lui avaient librement déférée les suffrages du pays. De son autorité privée, il avait disposé de ce royaume en faveur de Charles Robert, petit-fils de Charles II, roi de Naples. Une guerre civile fut la conséquence de ce conflit. Ce même Wenceslas ayant élevé des prétentions au trône de Pologne, Boniface le somma, ainsi que les autres prétendants, de soumettre l'examen de ses titres au saint-siége.

Il avait déposé les cardinaux Jacques Colonna et Pierre, son neveu, en les dépouillant de tous leurs biens et bénéfices, et en étendant la proscription et les confiscations à tous les membres de cette illustre et opulente famille, dont le crime était d'appartenir au parti des gibelins, que détestait Boniface. La maison Colonna tenait par ses alliances et ses relations aux familles les plus influentes de l'Italie. C'est dans cette maison que Philippe le Bel, par le conseil de Guillaume de Nogaret, avait trouvé un redoutable appui contre le pape. Celui-ci fulminait toujours de nouvelles bulles, et cherchait à former une puissante coalition contre la France, en appelant à son secours les princes et les rois qui jusque alors s'étaient montrés les dociles instruments de son ambition; cependant Albert d'Autriche, qui s'était résigné aux plus humbles concessions pour s'affermir sur le trône qu'il ambitionnait et qu'il avait obtenu, éluda le premier les nouvelles propositions de Boniface, et se borna à garder une prudente neutralité.

Enfin, Guillaume de Nogaret, convaincu de l'impossibilité d'une réconciliation par les voies diplomatiques, ne songea qu'à recourir à la force pour mettre un terme aux menaces, aux violences du pape. Il envoya ses conseillers d'ambassade dans les villes de la Romagne sonder l'opinion publique et disposer les esprits en faveur de la France, et tandis que ces émissaires agissaient conformément à ses instructions, il se retira au château de la Staggia près de Sienne, où vint le rejoindre Sciarra-Colonna, que Philippe le Bel avait fait racheter à Marseille des corsaires qui l'avaient emmené en esclavage. Beaucoup d'autres seigneurs du parti des gibelins se réunirent à lui. Il emprunta des sommes considérables au Florentin Petrucci pour l'entretien de trois cents chevaux et de compagnies d'infanterie levées par Sciarra Colonna, ainsi que de deux cents cavaliers tirés des troupes que Charles, comte de Valois, frère du roi, avait laissées en Italie; et, pour écarter tout soupçon, il affectait de n'être occupé que d'un traité de paix entre le pape et le roi.

Cependant Boniface avait rendu toutes négociations désormais impossibles par une dernière bulle dans laquelle il déclarait « que le roi, comme excommunié, était déchu de tout droit de conférer aucun bénéfice et de gouverner ni par lui ni par d'autres; qu'ainsi ses sujets, n'étant plus obligés de lui garder la foi selon l'autorité des canons, étaient absous et déliyrés du serment qu'ils lui avaient prêté; qu'en vertu des mêmes canons, et par l'autorité souveraine qu'il avait reçue de Dieu en qualité de vicaire de Jésus-Christ, il leur défendait, sous peine d'anathème, d'obéir à Philippe IV, dit le Bel; et à toutes autres personnes de dedans et de dehors, de recevoir aucun bénéfice de lui sous la même peine et, sous celle d'être déclarées pour jamais incapables d'en tenir aucun et de perdre ceux qu'elles possédaient. » Il cassa également tous les traités faits avec les puissances étrangères, ajoutant « que, si Philippe le Bel ne rentrait pas dans l'obéissance qu'il devait au saint siège, il lui ferait incessamment sentir toute la rigueur des peines auxquelles il pourrait justement le soumettre ». Déjà il avait ordonné que l'acte de cette monstrueuse procédure serait affiché le 8 septembre suivant à la porte de l'église d'Anagni. Il s'était retiré lui-même dans cette ville, sa patrie; ce fut de sa part une grave imprudence : il eût été plus en sûreté à Rome.

Guillaume de Nogaret et Sciarra Colonna avaient fait toutes leurs dispositions, ils s'étaient assurés de la garnison et des principaux habitants, auxquels ils avaient fait distribuer beaucoup d'argent, et, la veille du jour fixé par la bulle de Boniface pour la publication du premier acte de la procédure en excommunication, ils se mirent à la tête des troupes, et entrèrent à Anagni à la pointe du jour. Ils étaient convenus d'aller directement au palais du pape pour se rendre maîtres de sa personne et le forcer à terminer ces longs et scandaleux débats par un traité; ils avaient pensé que le seul appareil d'une force imposante suffirait pour vaincre son opiniâtreté, mais, à peine entrés dans la ville, les soldats se mirent à crier *Vive le roi de France ! meure le pape !*

Bientôt la population est en armes, la foule court au palais, et se réunit aux nombreux domestiques du marquis Pietro Cajétan, neveu du pape. La troupe de Guillaume de Nogaret et de Sciarra Colonna est arrêtée dans sa marche par une barricade improvisée devant l'hôtel Cajétan, qu'il faut nécessairement traverser pour parvenir au palais du pape. Cette résistance les irrite; ils forcent l'hôtel et les maisons voisines, les pillent et font prisonniers trois cardinaux, amis particuliers de Boniface. Guillaume de Nogaret, prévoyant toutes les conséquences de ce mouvement tumultueux, se hâte de se rendre, avec une faible escorte, sur la place publique, fait sonner le tocsin, assemble les principaux citoyens, et leur déclare qu'il n'a d'autre dessein que de rendre la paix à l'Église. Un groupe nombreux se réunit à lui, et prend l'étendard de l'Église romaine. Le baron Arnulfi, ardent gibelin, et par conséquent ennemi de Boniface, se joint à Nogaret avec quelques compagnies, et vient renforcer la troupe de Sciarra Colonna. Toutes les avenues de la ville sont bientôt occupées, et le château papal est envahi. Nogaret a recommandé de respecter la personne du saint-père et le trésor de l'Église. Cette recommandation, qui s'adresse surtout aux habitants d'Anagni, ne peut les contenir.

Boniface, qui n'avait pas voulu croire au premier avis qui lui avait été donné, ne tarda pas à être abandonné par une partie des officiers de sa maison. La plupart des cardinaux se sauvèrent travestis; et de tout le sacré collège il ne resta auprès de lui que Boccassini et Pierre d'Espagne. Surpris à l'improviste, Boniface n'avait pu donner aucun ordre pour sa sûreté; et ce pontife, naguère si audacieux, si fier, dut descendre jusqu'à la prière pour obtenir de Sciarra Colonna une trêve de quelques heures. Il tâcha pendant ce court intervalle d'intéresser à sa défense le peuple d'Anagni; il lui offrit pour prix de son dévouement des récompenses considérables. Ses émissaires échouèrent complètement dans leurs efforts, et il n'eut plus d'espoir que dans une capitulation. Il pria Sciarra de lui donner par écrit ses propositions. Sciarra lui fit répondre qu'il ne lui accorderait la vie qu'à deux conditions : 1° qu'il rétablirait dans leurs dignités et dans leurs droits les cardinaux Jacques et Pierre, son oncle et son frère, et tous ceux de sa famille; 2° qu'il abdiquerait la papauté.

Boniface, frappé de stupeur, ne put articuler ces mots : « Ah! que ces conditions sont dures! » La trêve expirée, Sciarra fait avancer sa troupe. Les soldats incendient la cathédrale, et s'ouvrent un passage dans la palais du pape; le marquis Cajétan, après une inutile résistance, se rend à Sciarra et au capitaine Arnulfi avec tous ses gens, auxquels on ne laisse que la vie. Bientôt les assaillants ont brisé les portes de l'appartement de Boniface, et le pontife tombe au pouvoir de cette soldatesque brutale, qui l'accable d'injures et d'humiliations. La voix de leur chef n'est plus entendue, et, malgré les efforts et les menaces de Guillaume de Nogaret, tout est mis au pillage : l'or, l'argent, les diamants, tous les meubles et objets précieux que renferment le palais papal et l'hôtel du marquis Cajétan, deviennent la proie des soldats et des habitants d'Anagni. On évalua les objets volés ou détruits à des sommes énormes. Les hôtels des cardinaux qui avaient été faits prisonniers le matin subirent le même sort. Boniface, resté seul dans cet effrayant désordre, crut que sa dernière heure allait sonner; il n'avait plus que le courage du désespoir. « Puisque je suis pris par trahison, s'écria-t-il, et que je suis indignement livré à mes ennemis, comme le Sauveur du monde, il faut au moins que je meure en pape. » Il se fit revêtir du manteau de saint Pierre, mit sur sa tête la couronne de Constantin, et, prenant la croix et les clefs, il alla s'asseoir sur son trône. Les soldats s'arrêtèrent à son aspect; mais Guillaume de Nogaret et Sciarra s'approchèrent. Nogaret lui répéta tout ce qui s'était fait en France, les décisions des états généraux, les ordres du roi pour mettre un terme à ses usurpations, et le somma de nouveau de convoquer le concile général. Boniface garda le silence. Nogaret le fit descendre du trône, et le menaça de le faire conduire lié et garrotté, à Lyon, pour y être jugé par le concile qui serait assemblé par ordre du roi. Il lui donna toutefois une sauve-garde, l'assura que sa personne serait respectée, reconnaissant n'avoir aucun droit sur lui avant que l'Église eût prononcé. Sciarra, moins modéré, insistait sur une abdication absolue, immédiate. Ce mot d'abdication rendit à Boniface toute sa fureur. « J'y perdrai plutôt la vie », dit-il; et, s'avançant vers les chefs du parti Colonna : « Voici mon cou, ajouta-t-il, voici ma tête; mais j'aurai la satisfaction de mourir pape. » Il s'exhala ensuite en reproches menaçants contre Nogaret et le roi de France, qu'il maudit jusqu'à la quatrième génération. Nogaret, qui venait de lui sauver la vie et d'empêcher l'entier pillage de son palais, indigné de ces audacieuses imprécations, répondit avec une noble fierté : « Chétif pape que tu es, regarde, et considère la bonté de mon seigneur le roi de France, qui, bien que son royaume soit fort éloigné de toi, te garde par moi et te défend de tes ennemis, ainsi que ses prédécesseurs ont toujours gardé les tiens !... » Boniface, dans un dernier accès de frénésie, s'écria : « Je me consolerai aisément de me voir condamné par des *patarins* (albigeois) pour la cause de l'Église ! » C'était là plus grave insulte qu'il pût adresser à Nogaret, dont l'aïeul avait été brûlé par ordre des inquisiteurs lors de la guerre des Albigeois. Alors Sciarra-Colonna, non content de rendre au pape injure pour injure, le frappa de son gantelet; il l'aurait tué, si Nogaret ne l'en eût empêché.

Dans une entreprise aussi hardie, le succès dépend de la rapidité. Nogaret avait perdu beaucoup de temps et commis une faute grave, en ne faisant pas sur-le-champ conduire Boniface en France. Il se borna à le laisser à Anagni, sous la garde de Renaud de Suppino, gentil-homme florentin, en lui recommandant d'accorder au prisonnier une honnête liberté; il s'opposa même à ce que l'on marchât contre le marquis Cajétan, qui s'était retranché dans un château-fort près d'Anagni. Boniface, craignant d'être empoisonné, refusa les aliments que lui envoyait Suppino, et parvint à s'en procurer d'autres. Le neveu et les émissaires de Boniface profitèrent de l'imprudence de Nogaret, et bientôt tout changea de face : les habitants d'Anagni se soulevèrent contre les étrangers. Ils ne virent plus dans leurs complices que des ennemis, dans Boniface qu'un illustre concitoyen indignement outragé; ils envahirent le palais, et tuèrent tout ce qui leur opposa de la résistance, Français ou Italiens. Nogaret et Sciarra furent contraints de s'enfuir; ils eurent tout juste le temps d'emporter la bannière de France, qui avait été arborée sur le palais du pape.

Boniface, à peine rendu à la liberté, manifesta le désir de retourner à Rome. Les Romains envoyèrent à sa rencontre le cardinal Matthieu Orsini et quelques compagnies de la ville pour lui servir d'escorte. Mais Boniface se survivait à lui-même, sa raison l'avait abandonné : dans ses accès de délire, il ne parlait que d'anathème, d'excommunication contre le roi de France, Nogaret et tous les Français. Ses transports épuisèrent ses forces : il fallut le lier pour l'empêcher de se dévorer les bras et de se briser la tête contre les meubles. Il mourut dans un de ces paroxysmes de rage, le 11 octobre 1303. Ainsi se réalisa la prédiction de Célestin, son prédécesseur : « Tu es monté sur le trône comme un renard, tu règneras comme un lion, tu mourras comme un chien. » Boniface VIII fut enterré dans la basilique de Saint-Pierre. A la sollicitation du roi de France, Clément V avait commencé l'instruction d'un procès contre la mémoire de Boniface VIII. De nombreux témoins furent entendus;

Boniface était accusé d'athéisme et de simonie. Clément V comprit ce qu'une pareille procédure aurait de dangereux pour le saint-siége et combien elle pouvait compromettre le dogme de l'infaillibilité pontificale; il obtint du roi de France sa renonciation à cet acte. Mais Boniface VIII n'a pu échapper à la censure de ses contemporains et de la postérité. Dante l'a placé dans son enfer parmi les simoniaques, entre Nicolas III et Clément V.

BONIFACE IX (Pierre TOMACELLI), Napolitain. Sa famille était noble, mais obscure et très-pauvre. Il fut promu au cardinalat en 1381, et élu pape le 2 novembre 1389 par une faction de quatorze cardinaux. Le schisme qui depuis si longtemps divisait l'Église existait encore. Les cardinaux qui avaient refusé de concourir à l'élection de Pierre Tomacelli soutinrent ses concurrents, Clément VII et Benoît XIII, qui siégèrent à Avignon. Pierre Tomacelli prit le nom de Boniface : c'était annoncer la continuation du système despotique de son compatriote Boniface VIII. Il établit les annates perpétuelles, et attribua au saint-siége le revenu de la première année de chaque bénéfice dont il signait la provision. Oubliant qu'il avait été pauvre, il exigeait les annates des moindres bénéfices : aussi beaucoup de prêtres mouraient sans avoir pu s'acquitter et avant d'avoir reçu l'attache du saint-siége. Il est le premier qui ait porté la tiare à trois couronnes; ses prédécesseurs n'en avaient que deux. La solennité du jubilé du quatorzième siècle attira dans Rome une foule d'étrangers, dont le plus grand nombre ne reconnaissaient pour pape que celui qui siégeait à Avignon. Boniface IX, considérant comme schismatiques, les laissa impunément maltraiter et piller par les fidèles de Rome, et augmenta ainsi la foule de ses ennemis. Tout entier au désir d'enrichir sa famille, il afficha la simonie, et mit les bénéfices aux enchères; il accordait, moyennant rétribution, des indulgences aux chrétiens qui voulaient les gagner sans faire le voyage de Rome.

L'empereur et les rois de France et d'Angleterre, désirant mettre un terme au schisme, lui proposèrent d'abdiquer la tiare. Clément VII, qui siégeait à Avignon, renonçant de son côté à ses prétentions. Boniface IX rejeta cette proposition avec la plus inflexible opiniâtreté; et pourtant la paix de l'Église aurait été assurée par ce compromis. Les princes renouvelèrent ses propositions d'abdication après la mort de Clément VII, ils ne furent pas plus heureux. Le règne de Boniface IX offre de funestes rapprochements avec celui de Boniface VIII; il fut moins agité peut-être, mais aussi scandaleux. Comme son homonyme, Boniface IX mourut dans un accès de frénésie, le 1er octobre 1404, après un règne orageux de quinze années. Dufey (de l'Yonne).

BONIFACE. La Toscane a eu trois ducs de ce nom : BONIFACE 1er, Bavarois d'origine, était, en 812 et 813 comte de Lucques et duc de Toscane, président aux plaids publics de Pistoia et Lucques. Il mourut vers 823.

BONIFACE II, son fils, gouvernait la Toscane en 823. Après avoir défendu, pour Louis le Débonnaire, la Corse contre les Sarrasins, il fit, en 828, une descente entre Utique et Carthage, contribua, en 824, à faire remettre en liberté l'impératrice Judith, que Lothaire retenait prisonnière à Tortone, et, s'étant attiré pour ce fait la colère de cet empereur, fut obligé de chercher un refuge en France auprès de Louis le Débonnaire. Rien ne prouve qu'il ait été rétabli dans son gouvernement.

BONIFACE III, duc de Toscane, mort en 1052, était fils du duc Théobald. Dès l'an 1004 il était marquis de Mantoue, et sa domination s'étendait sur Reggio, sur Canossa et sur Ferrare. Dans la lutte qui s'engagea au sujet du royaume d'Italie, entre Ardoin et Henri II, il prit parti pour ce dernier. Il ne réunit la Toscane aux États qu'il avait possédés jusque alors, qu'après la mort du marquis Renier. Des assassins, demeurés inconnus, le tuèrent à l'aide de flèches empoisonnées, dans une forêt située entre Crémone et Mantoue. Ses deux enfants aînés, Frédéric et Béatrix, étant venus à mourir trois ans après lui, son vaste héritage passa à sa dernière enfant, qui fut la célèbre comtesse Mathilde. Consultez Sismondi, *Histoire des Républiques italiennes*.

BONIFACE (Détroit de), le *Fretum Gallicum* des Romains, détroit qui sépare la Corse de la Sardaigne. Dans sa partie la plus resserrée, entre Cala-Fiumara, pointe méridionale de la Corse, et le cap Longosardo sur la côte septentrionale de la Sardaigne, ce détroit n'a que 11 kilomètres de largeur. Ses nombreux écueils le rendent dangereux; mais, d'un autre côté, ils favorisent la pêche du corail, à laquelle les habitants des côtes se livrent activement, ainsi que celle du thon. A l'entrée orientale sont situées les îles Bucinari ou Madelaine, que les anciens appelaient *Insulæ caniculariæ* et que les Italiens nomment aujourd'hui *Isole intermedie*. Elles sont principalement habitées par des Corses. Les plus grandes appartiennent à la Sardaigne, comme celles de Cabrera, Santa-Madalena, Santa-Maria; les autres, comme Cavallo et Lavezzi, font partie du département de la Corse. Le détroit a reçu son nom de la ville de *Boniface*, bâtie au sommet d'un rocher presque perpendiculaire, sur une langue de terre, par le marquis Boniface de Toscane, le vainqueur des Sarrasins. Elle possède un bon port, profond et spacieux, et compte environ 3,300 habitants vivant du commerce et de la pêche du corail. Elle a joué un rôle important dans les guerres des Corses, des Pisans, des Génois et des Aragonais. En 1553, année où elle tomba après un long siège au pouvoir des Français et des Turcs alliés, elle passait encore pour la ville la plus importante et la place la plus forte de la Corse. Les églises de Santa-Maria-Maggiora et de San-Francesco, bâties dans le quatorzième siècle, celle de San-Dominico, de style gothique, achevée en 1343, et l'hôpital, fondé vers 1300, sont de beaux restes de son ancienne splendeur. On trouve plusieurs grottes dans les rochers des environs.

BONIFAZIO, peintre de l'école vénitienne, naquit à Venise, vers 1500. On ne sait pas exactement quel fut son maître; mais on trouve dans ses œuvres quelque chose de la délicatesse de Palme le Vieux et du coloris du Titien. Notre musée possède trois tableaux de Bonifazio : le plus remarquable est la *Résurrection de Lazare*; la figure principale du tout a un bel effet, mais on regrette que l'artiste se soit laissé aller dans cette toile à quelques détails trop vulgaires. On cite aussi comme un des plus beaux tableaux de ce maître *la sainte Famille* du même musée; mais l'œuvre capitale de Bonifazio, c'est sa fameuse composition des *Marchands chassés du Temple*, qu'on voit au palais ducal de Venise. Ce serait aussi sa dernière production, si, comme tout porte à le croire, il mourut en 1562.

On a souvent confondu avec cet artiste un autre Bonifazio, né à Vérone, et mort en 1553. Mais ce dernier, dont parle Sansovino, n'appartenait pas à l'école vénitienne.

BONIN (Iles), appelées *Bonin-Sima* ou *Munin-Sima*, c'est-à-dire *Iles Désertes*, par les Japonais, qui en habitent les principales, forment un archipel de soixante-dix îles et de dix-neuf écueils. Elles sont situées dans la partie occidentale de l'océan Pacifique, entre les îles du Japon et les îles des Larrons, depuis 16° 50' jusqu'à 27° 44' de latitude septentrionale. Les Espagnols et les Hollandais connurent ces îles; mais ils n'en prirent jamais possession. Les Japonais, qui les découvrirent en 1675, y fondèrent des colonies de déportation, qu'ils abandonnèrent en 1725. Elles restèrent ainsi désertes jusqu'en 1826; à cette époque un matelot d'un navire baleinier résolut de cultiver la plus grande, appelée *Peel*. La même année le capitaine Beechey en prit possession au nom de l'Angleterre. Depuis cette époque il s'y est formé une population composée d'émigrés des îles Sandwich et du Japon, d'aventuriers européens, de matelots déserteurs, dont le gouvernement britannique ne prend aucun soin et qui vivent dans un état à peu près sauvage. Les îles Bonin sont fertiles pour la plupart; quelques-unes sont couvertes de volcans. Les dix principales, au nombre desquelles on compte *Parry*, au terrain montueux, *Stapleton*, *Burland*, *Peel*, l'*Ile-de-Soufre*, *Saint-Alexandre*, les îles *Smith*, etc., ont une superficie d'environ 49 myriamètres carrés. L'île Peel, la seule qui ait un bon port, possède aussi le seul village de tout le groupe; il s'appelle *Boyd*. Ces îles pourraient prendre de l'importance dans le cas où l'Angleterre voudrait envahir le Japon.

BONIN (Édouard de), général prussien, connu par les services qu'il a rendus dans le Schleswig-Holstein, est né le 8 mars 1793, à Stolpe, en Poméranie. Plusieurs de ses ancêtres ont rempli de hautes fonctions civiles et militaires, et son père parvint au grade de lieutenant général dans l'armée prussienne. Agé de treize ans, lorsque la guerre de 1806 éclata, il entra lui-même dans le régiment d'infanterie du duc de Brunswick-Œls, avec lequel il fit la campagne de Saxe. Blessé et fait prisonnier à la prise de Lubeck, le 3 novembre 1806, il quitta le service pour se rendre au gymnase de Prenzlaw, où il resta jusqu'en 1809. Admis, cette année, dans le premier régiment de la garde avec le grade d'enseigne, il fut nommé lieutenant en 1810, et bientôt après adjudant dans la brigade de la garde. La bataille de Lützen lui valut la Croix-de-Fer de seconde classe, la bataille de Paris celle de première classe. Après avoir passé successivement par tous les grades inférieurs, il fut promu en 1848 à celui de commandant de la 16ᵉ brigade d'infanterie. Il n'en avait pas encore pris possession, lorsqu'il fut chargé, le 26 mars, de rassembler à Havelberg un corps de troupes pour protéger le Schleswig-Holstein contre les attaques du Danemark. L'armée danoise ayant envahi les duchés quelques jours après, il reçut ordre de partir pour Rendsbourg et de se mettre à la disposition du gouvernement provisoire. Peu de temps après, le roi de Prusse le nomma major général. En cette qualité, il prit le commandement des troupes prussiennes à la tête desquelles il se distingua aux combats de Schleswig, de Düppel et dans presque toutes les rencontres qui signalèrent cette campagne.

Après la conclusion de l'armistice de Malmœ, Bonin fut placé par la Prusse sous les ordres du pouvoir central allemand, qui lui conféra le titre de général en chef des troupes de l'Empire dans le Schleswig-Holstein. Le gouvernement des duchés le nomma en même temps commandant, et le chargea de l'organisation de l'armée. Dans la campagne de 1849 il commanda les troupes du Schleswig-Holstein sous les ordres du général prussien Prittwitz, battit les Danois près de Kolding, et fut défait à son tour près de Fridericia. La conclusion du second armistice et les négociations de la paix rendirent la position de Bonin très-difficile. En 1850 il donna sa démission de général des troupes des duchés, et rentra dans l'armée prussienne. Nommé commandant de Berlin, il fut chargé au mois d'octobre du commandement du corps d'armée qu'on réunit à Wetzlar, sur les frontières de la Hesse. Plus tard, il prit le commandement de la division militaire de Trèves, et fut désigné pour les fonctions de général en chef des troupes fédérales concentrées aux environs de Francfort au mois d'octobre 1851. Le 15 janvier 1852 le roi de Prusse l'a nommé ministre de la guerre, à la place du général Stockhausen. Bonin est un officier d'une grande instruction, qui pendant son séjour à Berlin a rendu des services dans les commissions d'équipement militaire. On a de lui un traité sur les combats de tirailleurs.

BONIN (Frédéric-Charles de), frère du précédent, conseiller privé au service de Prusse, est né en 1798. Ses études terminées, il entra dans l'administration, et s'éleva successivement jusqu'à la dignité de président de la province de Saxe, dont il fut revêtu en 1845. A la révolution de 1848 il sut contenir à la fois et les réactionnaires et les démocrates. A la chute du ministère Auerswald-Hansemann, au mois de septembre 1848, il fut nommé ministre des finances. Sa conduite paisible et parlementaire le rendit aussi agréable que le général Pfuel à l'assemblée nationale; mais la courte durée du ministère dont il était membre ne lui permit pas de prendre des mesures importantes. Rentré dans ses fonctions de premier président de la province de Saxe, il appuya la politique du ministère Brandebourg, et plus tard il fut nommé membre de la première chambre. Envoyé en 1851 dans le duché de Posen comme premier président de la province, il s'appliqua à concilier deux nationalités longtemps ennemies; mais le rétablissement des états de cercle et des états provinciaux par rescrits ministériels du 18 et du 27 mai 1851 ne lui laissa pas le temps d'opérer tout le bien qu'il méditait. Ayant refusé de se prêter à l'exécution de ces mesures, il fut mis en disponibilité.

BONINGTON (RICHARD PARKES), jeune peintre anglais, d'un talent très-remarquable, enlevé trop tôt à l'art, peut être revendiqué par nous comme Français, quoique né de l'autre côté du détroit. C'est chez nous en effet que sa réputation a commencé; c'est chez nous qu'il a passé la plus grande partie de sa vie et qu'il est mort, à peine âgé de vingt-sept ans. Un singulier concours de circonstances l'amena en France tout enfant. Son grand-père, gouverneur de la prison du Nottinghamshire, mourut dans l'exercice de ses fonctions. Son fils aîné, père de notre artiste, fut appelé à lui succéder; mais, homme d'esprit vif et d'opinions libérales, il se déplut à la garde d'une prison. La révolution française éclata, et il afficha pour elle un si vif enthousiasme, qu'il fut destitué. Sans moyens d'existence, il se fit peintre de portraits pour vivre, et ouvrit une école de dessin à Nottingham. C'était un artiste médiocre, mais un bon professeur. Son école prospéra d'abord. Miss Parkes, qui, née comme lui sans fortune, vivait de son pinceau, vint à le connaître et à l'aimer; ils se marièrent; elle s'associa tout à fait à ses travaux, et dirigea plus que lui son atelier dans les derniers temps de leur séjour en Angleterre; mais la véhémence des opinions politiques du mari redoublant à mesure que la république française triomphait, il se détacha de plus en plus de tout travail pour fréquenter les *meetings*, et l'assiduité de la femme ne put empêcher la décadence et l'abandon total de leur école. Les créanciers survinrent, et les deux époux durent aller chercher fortune ailleurs. L'enthousiasme républicain du mari avait fait de lui presque un Français; il se tourna naturellement vers la France. Leur fils, qu'ils emmenaient à Paris, Richard Parkes Bonington, était né à Nottingham, le 25 octobre 1801; mistriss Parkes ouvrit, avec le secours d'un de ses oncles de Nottingham, un petit commerce de dentelles, qui fit vivre bien modestement la petite famille, et le jeune Richard put être mis à l'école. Son goût pour le dessin s'était manifesté dès qu'il avait pu tenir un crayon; il y fit des progrès rapides. Il entra dans l'atelier de Gros, à qui, à ce qu'on assure, il déplut par son peu d'application à dessiner les académies obligées, et par la vivacité originale de son caractère. Gros chassa tout simplement Bonington de son atelier.

Livré à lui-même, Bonington travailla avec un zèle extraordinaire; il étudia au Louvre, seul, de dix-sept à vingt ans, les maîtres de toutes les écoles, et fit en 1821 un court voyage en Italie, à l'aide de quelques économies que sa mère avait péniblement amassées dans ce but. Il ne put cependant aller jusqu'à Rome; mais il vit Venise, cité à demi orientale, et originale entre toutes les cités. Durant le séjour qu'il fit au milieu de ses lagunes, il étudia dans les singulières et admirables variétés de son architecture tous les accidents naturels, tous les jeux de la lumière et de l'ombre, toutes les saisissantes oppositions du clair-obscur, et composa des esquisses et des aquarelles finement touchées, chaudes et éclatantes comme les peintures vénitiennes des maîtres. La tendresse de sa mère en répandit quelques-unes à Paris. Mistriss Bonington n'épargna ni pas ni démarches pour les faire connaître, et elles furent goûtées. Le Bonington ne tarda pas à être côté sur la place, et dès lors notre jeune artiste put se livrer à des compositions à l'huile d'un ordre supérieur. Ses tableaux en ce genre furent payés fort cher par de riches amateurs français. Voulant se faire connaître en Angleterre, il envoya en 1824 deux toiles remarquables à l'*exhibition* de Sommerset-House. Ces tableaux surprirent étrangement par leur faire large, hardi, naturel, contrastant avec l'affectation et la mignardise du faire des peintres anglais à la mode, Lawrence et Collins. Son succès fut complet. On ne pouvait se figurer que ce fût là le début d'un peintre de vingt-trois ans; on crut que ce nom de Bonington était un pseudonyme, adopté par quelque peintre en renom pour tenter des voies nouvelles et sonder sans danger le public. Lorsqu'on vint à savoir que ce Bonington existait réellement, l'empressement fut général. Chacun voulut avoir de ses dessins; sa réputation fut faite en Angleterre comme en France.

Au milieu de ses succès, Bonington fut doublement frappé : il perdit sa mère chérie et vit mourir miss Forster, fille d'un ministre anglican qui demeurait à Paris, pour laquelle il avait conçu un amour profond. Cette double perte l'accabla; il tomba dans une mélancolie, dans un état de langueur, dont il essaya vainement de sortir. Il se remit à voyager. Avec sa trousse d'artiste, il parcourut le nord et le midi de la France, prenant la nature sur le fait, reproduisant, dans leurs aspects les plus pittoresques, les ruines, les sites, les costumes, les paysages de la France. Sa santé cependant, quelque goût qu'il eût repris au travail, ne se rétablit pas, et un jour que dans cette tournée il s'était oublié, sous un soleil ardent, à dessiner un paysage qui le captivait, une fièvre cérébrale le gagna. Il en revint; mais mal, et mourut peu après, de consomption, le 23 septembre 1828.

Le plus grossier des obstacles, le besoin de vivre, avait jeté d'abord Bonington dans une voie qui n'était pas la sienne, celle des vulgaires faiseurs de lithographies, et il avait perdu beaucoup de temps à travailler ainsi pour les marchands. Sans cette obligation, à laquelle le condamnait son manque de fortune, son œuvre d'artiste véritable eût été plus considérable; il a fait plus de lithographies que d'aquarelles, plus d'aquarelles que de tableaux à l'huile. Ses ouvrages posthumes ont été vendus en Angleterre jusqu'à 30,000 fr. Parmi ses œuvres capitales, il faut citer ses *Vues de Venise et de Bologne*, son *Henri III*, son *Tombeau de Saint-Omer* et son *Turc au repos*. Il a fait aussi plusieurs dessins à la plume, d'un effet charmant, pour le La Fontaine de M. Feuillet. Nous avons vu aussi de lui une *Vue du Pont-des-Soupirs*, peinte sur la tranche d'un magnifique Shakspeare, laquelle ne paraît que quand on dispose cette tranche d'une certaine façon; c'est plus qu'un jeu d'artiste, c'est un petit chef-d'œuvre. Charles ROMEY.

BONINI (GIROLAMO), dit l'*Anconitato*, du nom d'Ancône, sa patrie, florissait vers 1660. Ce peintre de l'école bolonaise fut un des plus fidèles imitateurs de l'Albane, son maître et son ami. Il l'aida dans ses peintures de la salle Farnèse à Bologne et dans d'autres travaux. Nous avons au musée du Louvre un seul tableau de lui, représentant *le Christ adoré par les anges, par saint Sébastien et par saint Bonaventure*. La galerie Soult possédait de cet artiste *Les Amours endormis*.

BONITE. Nom donné à plusieurs poissons du genre des *scombres*, dont le type est le *scomber* de Linné, c'est-à-dire le maquereau. Celui auquel les relations de voyages sur mer ont donné une certaine célébrité est le *scomber pelamys*, ou *thon à ventre rayé*. Il abonde principalement entre les tropiques, et se plaît, dit-on, à suivre les vaisseaux. Ces poissons vivent à la surface de l'eau, et s'élancent même dans l'air pour y saisir les poissons volants, qui font leur principale subsistance : ils sont donc continuellement sous les yeux des navigateurs, et viennent en quelque sorte s'offrir d'eux-mêmes au pêcheur, qui en prend aisément autant qu'il en faut pour la consommation d'un nombreux équipage. Le nom qu'ils portent dénote suffisamment quelle sorte de mérite on leur a reconnu : les gourmets les estiment à l'égal de leur congénère, le maquereau. Leur taille est ordinairement de plus de 60 centimètres; ils sont d'un bleu noirâtre sur le dos, et cette couleur s'éclaircit sur les flancs, jusqu'à quatre larges raies brunes, au delà desquelles commence la couleur blanche du ventre. La tête est petite, effilée, d'un jaune d'or par-dessous, ainsi que l'iris de l'œil et la langue. On les prend facilement avec une ligne volante, à laquelle on attache deux plumes blanches, pour simuler un poisson volant, en agitant cet appât à quelques pouces au-dessus de l'eau.

Parmi les autres espèces de scombres qui portent aussi le nom de *bonite*, on remarque le *scomber sarda*, connu dans quelques lieux sous différentes dénominations vulgaires, et des pêcheurs français sous celle de *germon*. Il fréquente les côtes d'Espagne et de France, et s'est répandu dans la Méditerranée, où Pline l'a observé et décrit sous le nom de *sarda*, que Linné lui a conservé. La pêche de ce poisson donne lieu à des spéculations de quelque importance, parce qu'on le fait saler comme le thon. Cette espèce est moins grande que celle des régions équatoriales; il est rare qu'elle excède le poids de six kilogrammes. FERRY.

BONJOUR (CASIMIR), auteur dramatique, né le 15 mars 1796, à Clermont en Argone (Meuse), fit ses études au lycée de Reims. Il embrassa ensuite la carrière de l'enseignement. A seize ans il était maître d'études au lycée de Bruges. A dix-huit il fut admis à l'École Normale. Enfin, trois ans après, il était nommé professeur suppléant de rhétorique au lycée Louis le Grand. En 1815 la violence des réactions politiques le força d'abandonner l'instruction publique; il crut trouver un asile dans la carrière de l'administration; mais une seconde destitution l'atteignit dans les bureaux du ministère des finances.

Ce fut le 4 juillet 1821 qu'il fit représenter au Théâtre-Français une comédie en trois actes, *La Mère rivale*. Ce premier succès fit penser à M. Casimir Bonjour qu'il avait reçu du ciel l'influence secrète, et il travailla avec une ardeur qui eut sa récompense. Son second ouvrage fut, en 1823, *L'Éducation, ou les Deux Cousines*, en cinq actes et en vers; puis, en 1824, *Le Mari à bonnes fortunes*, en cinq actes et en vers; en 1826, *L'Argent, ou les Mœurs du Siècle*, en cinq actes et en vers, qui n'obtint pas le même succès que les ouvrages précédents. Il est vrai que celui-ci avait été devancé au théâtre par deux comédies sur le même sujet, *Le Spéculateur*, de M. Ribouté, et *L'Agiotage*, de Picard et Empis.

Le peu de succès de *L'Argent* ne découragea pas M. C. Bonjour, qui en 1829 fit jouer, avec moins de succès encore, *Le Protecteur et le Mari*, comédie en cinq actes et en vers, dont il avait trouvé l'idée dans *Le Mari ambitieux*, de Picard, ouvrage qui, longtemps auparavant, n'avait eu que quelques représentations.

Comme M. Bonjour avait pour compatriote et pour patron M. Étienne, il était fort lié avec tous les hommes du *Constitutionnel*, à la rédaction duquel il coopérait lui-même. Il salua donc avec joie la révolution de 1830; non pas qu'il se fût activement mêlé aux actes ou même aux questions de la politique nouvelle : la douceur de son esprit, l'honnêteté de ses mœurs et ses occupations dramatiques l'avaient éloigné des violences de l'esprit de parti; mais, dans la candeur de son inexpérience, il s'était laissé prendre à l'apparence patriotique du libéralisme niais du vieux *Constitutionnel*. Pourtant, il faut le dire, son talent et ses triomphes avaient grandi sous la Restauration, et déjà les hommes de goût voyaient avec satisfaction que, malgré la décroissance de succès de ses derniers ouvrages, le mérite dont M. Bonjour avait donné des preuves, la pureté de ses doctrines littéraires, l'honorabilité de son caractère, ne tarderaient pas à lui faire ouvrir les portes de l'Académie Française. Malheureusement la littérature de la Restauration commençait à avoir fait son temps comme celle de l'Empire. Il y eut recrudescence de ce qu'on appelait *romantisme* après la révolution de Juillet. M. C. Bonjour n'en fit pas moins représenter, en 1831 *Naissance, Fortune et Mérite*, comédie en trois actes et en prose, et en 1833 *Le Presbytère*, comédie en cinq actes et en vers, qui toutes deux lui prouvèrent que la bonne volonté et même un certain talent ne suffisent pas toujours. Un roman qu'il publia en 1836 (*Le malheur du riche et le bonheur du pauvre*) ne dut que le confirmer dans cette opinion.

Depuis cette époque M. Casimir Bonjour a obtenu la croix de la Légion d'Honneur et une place de bibliothécaire à Sainte-Geneviève; mais il a vainement sollicité jusqu'à ce jour de l'équité littéraire un siége à l'Académie Française, où il s'est plusieurs fois présenté. De guerre lasse il semblait s'être entièrement retiré de la carrière théâtrale, quand il essaya tout à coup d'y rentrer, en 1844. Jusque là tous ses ouvrages avaient été joués au Théâtre-Français; cette fois il descendit à l'Odéon avec le *Le Bachelier de Ségovie, ou les Hautes Études*, comédie toujours en cinq actes et en vers, laquelle a eu quelque succès, mais a malheureusement encouru le sort ordinaire des ouvrages joués à ce théâtre, qui n'offre pas même à ses auteurs la triste consolation d'un revers honorable.

Comme *dramatiste*, les formes classiques de M. C. Bonjour sont froides et roides; il n'est ni comique, ni gai; il est plutôt raisonneur et philosophique; son observation, il est vrai, manque de justesse et d'étendue; les traits chez lui n'ont ni profondeur ni naturel, quoiqu'ils en aient la prétention et l'apparence; mais, comme homme de lettres, comme écrivain, M. C. Bonjour a des qualités estimables. Bien que sans couleur, son style accuse une étude consciencieuse, un travail digne d'éloges : il est pur, châtié, comme ses œuvres sont en général, au moins par l'intention, louables et honnêtes. A. DELAFOREST.

BON MOT. *Voyez* MOT.

BONN, jolie ville de la Prusse rhénane, dans le cercle de Cologne, agréablement située sur la rive gauche du Rhin, et comptant, non compris la garnison, 17,300 habitants dont les cinq sixièmes au moins professent la religion catholique. Des quatre églises qui appartiennent à cette confession, la cathédrale est la plus ancienne et la plus remarquable; son architecture appartient en général à la dernière période du style roman, et commence déjà à marquer la transition au style gothique. Les chrétiens évangéliques, dont le nombre s'est accru de 60 à 2,500 sous le gouvernement prussien, n'ont pas d'autre église que la chapelle de l'ancien château. Bonn est le siège d'un tribunal et d'un conseil supérieur des mines; elle possède une université, un gymnase et cinq écoles élémentaires. L'Académie Léopoldine des naturalistes, fondée à Vienne en 1652, y a été transférée en 1818, et il s'y est créé aussi une société des sciences naturelles et de médecine. Ses fabriques de coton, de faïence, de vitriol et de savon sont importantes. Le commerce est en grande partie entre les mains des juifs, dont le nombre s'élève à cinq cents.

L'université de Bonn, fondée en 1786, supprimée pendant l'occupation française et convertie en un lycée en 1802, a été rétablie par un diplôme donné à Aix-la-Chapelle le 18 octobre 1818. Elle jouit d'un revenu annuel d'environ 370,000 fr. sur le trésor public et de 10,000 fr. provenant de ses propres ressources. Les traitements des professeurs en absorbent chaque année 222,000 et plus de 92,000 consacrés aux établissements scientifiques et aux collections. Cette université a été établie dans l'ancien château par le roi Frédéric-Guillaume III, et depuis les réparations et les embellissements qu'on y a faits, elle peut soutenir la comparaison avec les plus vastes et les plus belles de l'Europe. On trouve réunis dans le même bâtiment les salles des cours, une bibliothèque, riche déjà de 140,000 volumes, le musée académique des antiquités, la collection archéologique, le cabinet de physique, la clinique et le manège. L'université possède encore un amphithéâtre d'anatomie, ainsi que des collections zoologiques et minéralogiques, un jardin botanique, une école supérieure d'agriculture récemment fondée, établis dans l'ancien château de plaisance de Poppelsdorf, à un quart de lieue de la ville. L'Observatoire, placé d'abord sur l'Alte-Zoll, point célèbre dans toute l'Allemagne à cause de son vaste horizon, a été transporté dans un endroit encore plus convenable, entre la ville et Poppelsdorf. A l'université fut attachée aussi, bientôt après sa réorganisation, une imprimerie sanscrite sous la direction de A. W. Schlegel. La libéralité du gouvernement a doté cet établissement scientifique d'un grand nombre de bourses. Les deux confessions ayant chacune sa faculté de théologie, on y compte cinq facultés au lieu de quatre, avec plus de quatre-vingts professeurs et agrégés. En 1851 le nombre des étudiants s'est élevé à 1,026. Parmi les professeurs qui ont illustré cette université, on doit citer surtout A. W. Schlegel et Niebuhr, Dahlmann et Arndt, qui fut rétabli dans sa chaire après une suspension de vingt années, Dorner, Rothe, Bleek, dans la faculté de théologie évangélique, Walter, Bluhme, Bœcking, dans celle de droit; Harless, Naumann, dans celle de médecine; Welcker, Ritschl, Lassen, Freytag, Brandis, Lœbell, Diez, Treviramy, Bischof, Nœggerath, Plücker et Argelander, dans les différentes sections de la faculté de philosophie, se sont aussi fait connaître avantageusement par leurs écrits. Bonn a donné le jour à Beethoven, à qui elle a élevé en 1845 un monument, dû au ciseau du professeur Hœhnel, de Dresde.

Bonn, appelée *Bonna* par les Romains, doit son origine à un château fort bâti par eux en Allemagne. Détruite dans le quatrième siècle et reconstruite par l'empereur Julien, elle eut beaucoup à souffrir dans les invasions des Huns, des Francs, des Saxons et des Normands. Un grand concile s'y tint en 942. En 1273 elle devint la résidence des électeurs de Cologne, qui y habitèrent jusqu'en 1794. Les Français s'y maintinrent contre les Hollandais, les Espagnols, et les Autrichiens. Après un violent bombardement, elle fut prise, en 1689, par l'électeur de Brandebourg Frédéric III, et en 1703 elle tomba au pouvoir des Hollandais, commandés par Cohorn. L'électeur de Cologne n'en reprit possession qu'en 1715. Les fortifications furent en grande partie détruites en 1717, et les pierres servirent à la construction du château. La paix de Lunéville céda Bonn à la France, et celle de Vienne à la Prusse. Cette ville est mise en communication avec la rive droite du Rhin par un pont volant, et avec Cologne par un chemin de fer. Dans ses environs romantiques, Godesberg, Rolandseck, l'île de Nonnenwerth et le Drachenfels, sont des lieux de promenade très-fréquentés.

BONNARD (Bernard, chevalier DE), né à Semur, en 1774, officier d'artillerie, mestre de camp, etc. Une conduite irréprochable, des talents militaires et des poésies agréables le firent proposer en 1778, par le maréchal de Maillebois et par Buffon, au duc de Chartres, depuis duc d'Orléans, pour sous-gouverneur de ses enfants. Si l'on doit en croire les *Mémoires de madame la comtesse de Genlis*, déjà gouvernante des filles de ce prince, M. de Bonnard ayant passé sa vie en province, *n'était pas né avec le bon goût qui peut rectifier promptement les habitudes, et il avait un mauvais ton.* Ce grave motif détermina le duc de Chartres à choisir un autre gouverneur pour ses deux fils, dont l'aîné fut depuis le roi Louis-Philippe, et son choix se fixa sur madame de Genlis. Non-seulement, M. de Bonnard, militaire et homme de lettres distingué, se sentit humilié de se trouver placé sous la direction d'un tel gouverneur, mais encore il ne jugea pas que les principes d'éducation consignés dans le roman d'*Adèle et Théodore* dussent être appliqués par lui à ses élèves. Il se retira, et mourut peu de temps après, en 1784, objet des regrets de toutes les personnes qui l'avaient connu. M. Garat, son ami, fit imprimer, en 1785-1787 un éloge historique de la vie de M. de Bonnard. Sautreau de Marsy a publié ses poésies diverses, écrites avec pureté, avec élégance, et pleines de vérité, de délicatesse, de simplicité et de grâce. VIOLLET-LEDUC.

BONNAY (Famille de). *Charles-François*, marquis DE BONNAY, né en 1750, était issu d'une ancienne maison noble du Berry, où est situé la terre de son nom, sur les confins du Bourbonnais. Sa mère appartenait à la famille de Marcellanges. Page de Louis XV en 1765, il entra ensuite au service, et fut breveté colonel de cavalerie en 1779. La noblesse du Nivernais le nomma son représentant aux états généraux, où il se joignit au parti modéré, et donna souvent à la tribune des preuves de son impartialité courageuse. L'exagération croissante des principes démagogiques l'obligea, après l'arrestation du roi, à s'expatrier. Il s'attacha pendant l'émigration à Louis XVIII, qui lui donna la direction de son cabinet, et le chargea de plusieurs missions diplomatiques. Nommé ministre de France à Copenhague en 1814, il fut appelé l'année suivante à la pairie, et mourut en 1825.

Joseph-Amédée, comte, puis marquis DE BONNAY, fils du précédent, lui avait succédé à la Chambre des Pairs, d'où il se retira en 1830.

BONNE-AVENTURE. Ce qui doit arriver de favorable ou de défavorable à quelqu'un, au dire des prétendus adeptes, qui se mêlent de prévenir l'avenir par la chiromancie, ou par toute autre espèce de divination. Les diseurs de bonne-aventure sont en général de vieux bergers, des guérisseurs nomades, de vieilles femmes, possédant des remèdes secrets, et qui se font passer ou qu'on fait passer pour sorcières, des charlatans, des dentistes, des Bohémiens et des Bohémiennes dans les villages, des tireurs de cartes, des magnétiseurs et des somnambules dans les villes. La plupart de ceux qui exploitent cette branche indirecte d'industrie, dont ils promettent monts et merveilles à leurs dupes, oublient que, pour les affriander, ils ne feraient pas mal de prêcher d'exemple et de s'adjuger ne fût-ce qu'une faible portion des trésors qu'ils ont en réserve dans un prochain avenir. Jadis on brûlait impitoyablement les devins et les diseurs de bonne-aventure. On se contente aujourd'hui de les traduire en police correctionnelle et de les envoyer réfléchir dans quelque dépôt de mendicité sur les ennuis d'une captivité qu'ils n'ont pas su se prédire à eux-mêmes. Décidément l'humanité marche....

BONNECORSE (BALTHASAR DE), né à Marseille, y fit ses études, et fut ensuite nommé consul de France au Caire et à Seide, en Phénicie. Ce fut pendant sa résidence dans ces pays qu'il composa la *Montre d'Amour*. C'est une suite de madrigaux sur les vingt-quatre heures qui composent la journée, ou de fadeurs sur l'instant du lever, des repas, des visites, du coucher, etc. Scudéri, à qui l'auteur envoya son manuscrit, le fit imprimer à Paris en 1666. Bonnecorse publia en 1671 la seconde partie de la *Montre*, contenant la *Boîte et le Miroir*, qu'il dédia au duc de Vivonne. Cet ouvrage était alors en prose et en vers. Boileau l'ayant mentionné, sans l'avoir lu, dans le cinquième chant du *Lutrin*, parmi les projectiles que les chanoines se lancent à la tête, Bonnecorse s'en vengea en publiant le *Lutrigot*, poëme héroï-comique, qui par ses soins vit le jour à Marseille, en 1686. C'est une misérable parodie, empreinte à la fois de la critique la plus amère et la plus sotte. Boileau n'y répondit que par cette épigramme :

Venez, Pradon et Bonnecorse,
Grands écrivains de même force.

L'auteur de la *Montre d'Amour* mourut, bafoué, à Marseille, en 1706. Ses œuvres ont été recueillies à Leyde, en 1720.

BONNE-DAME. *Voyez* Annonce.

BONNE-DÉESSE (Fête de la). Le nom de la Bonne-Déesse, chez les anciens, n'était connu que des femmes. Les uns pensent que c'était *Cybèle* ou *Fauna*, fille de Faunus; d'autres croient que c'était *Hécate-Chthonie* ou *Proserpine*. Varron et Lactance la font tellement pudique, que selon eux elle demeura toujours enfermée parmi les femmes, n'apercevant jamais aucun homme, n'étant jamais aperçue d'aucun, de sorte qu'ils doivent ignorer jusqu'à son nom. Les Grecs la nommaient *Gynécie*, déesse des femmes. Cornélius Labéon, cité par Macrobe, pensait que la Bonne-Déesse était la même que la *Terre*, ou *Maia*, et il prétendait que tout le prouvait dans les cérémonies secrètes de sa fête. Les Béotiens donnaient à Sémélé le titre de Bonne-Déesse; d'autres la prenaient pour Médée, parce qu'il croissait dans son temple toutes sortes d'herbes dont les prêtres composaient des remèdes. Il est très-probable que c'était Cérès ou Proserpine, l'Isis des Égyptiens, et que les Romains voulurent imiter dans les mystères de la Bonne-Déesse ceux de Cérès, et en particulier les Thesmophories.

Ces mystères se célébraient à Rome le 1er mai durant la nuit, dans la maison du grand prêtre: ils passaient pour très-licencieux. Les hommes n'y étaient pas admis. On en bannissait même les animaux mâles. Le scrupule allait jusqu'à couvrir les peintures ou les statues qui en représentaient. On sait que Clodius, épris de Mucia, femme de César, s'y étant introduit déguisé en joueuse de flûte, en fût honteusement chassé. Cependant il n'en revint pas aveugle, quoique la Bonne-Déesse menaçât de cécité tout homme qui aurait l'indiscrétion sacrilège d'essayer d'être témoin de ces cérémonies. L'eau qui devait servir aux sacrifices était sacrée et interdite aux hommes. On dit qu'Hercule, revenant d'Espagne, demanda à boire à des femmes qui puisaient de l'eau pour célébrer la fête de leur déesse, et qu'elles lui en refusèrent impitoyablement. Le héros, pour s'en venger, défendit à ses prêtres de laisser entrer aucune femme dans son temple.

Le tableau qu'offre Juvénal des mystères de la Bonne-Déesse est affreux et dégoûtant. On peut croire que le satirique a chargé ses couleurs; mais si ces mystères n'avaient pas été décriés pour leur licence, ils n'auraient pas donné au poète le droit de les comparer aux mystères infâmes de l'impudique Cotytto. Du reste, quoique les hommes dussent être exclus de cette fête, ce que dit Juvénal permet de croire que souvent les femmes y introduisaient leurs amants, et que même, dans l'ivresse de la débauche, elles s'y livraient à leurs esclaves. Peut-être Clodius ne fut-il chassé que pour n'avoir fait part de ses feux qu'à Mucia. Il était défendu de porter du myrte dans cette fête. On n'était pas plus d'accord sur l'origine de cet usage que sur celui de donner le nom de lait au vin employé dans les libations, et d'appeler *mellarium* l'amphore qui le contenait, et qu'on couvrait d'un voile. Ceux qui croyaient que la Bonne-Déesse était Fauna disaient que son père, ayant conçu pour elle de coupables désirs, voulut lui faire violence, et que n'ayant pu y réussir, après l'avoir enivrée et fouettée avec des branches de myrte, il se métamorphosa en serpent, c'est-à-dire qu'il employa la ruse et la séduction, et finit par réussir. Fauna eut le myrte et le vin en horreur. Une vigne suspendue au-dessus de sa tête rappelait qu'elle avait dû résister aux effets de la liqueur traîtresse. Une autre tradition porte que Fauna ayant bu du vin, à l'insu de son mari (crime capital chez les anciens Romains), celui-ci, qui l'apprit ensuite, la fouetta avec des verges de myrte, jusqu'à lui faire perdre la vie, mais qu'après il en fut si affligé, qu'il éleva des autels à Fauna, et adora comme une déesse celle qu'il avait traitée comme une esclave. Toutes ces versions, qu'il est difficile de concilier, ne donnent pas, selon nous, la véritable origine de ces fêtes, et n'expliquent guère mieux les désordres licencieux qui s'y commettaient. Les hommes célébraient aussi les mystères de la Bonne-Déesse; ils étaient habillés en femmes, avaient la tête couverte de longues aigrettes et le cou orné de colliers. Ils sacrifiaient une jeune truie, et offraient à la déesse un grand vase plein de vin. Les femmes étaient alors exclues du temple.

BONNE-ESPÉRANCE (Cap de), TERRE DU CAP, ou tout simplement CAP. C'est la dénomination sous laquelle on désigne l'extrémité méridionale de l'Afrique, possédée aujourd'hui par les Anglais, vaste territoire qui s'étend du 35° au 25° de latitude méridionale et du 35° au 46° de longitude orientale, sur une superficie d'environ 5,225 myriamètres carrés, et borné au nord par les pays des Namaquas, des Korannas, des Hottentots et des Boschimans; au nord-ouest, par celui des Caïres qui habitent les rives du Haut-Orange. Au sud, ses rivages sont baignés par la mer des Indes, et à l'ouest par l'Atlantique. Ces mers en pénétrant dans l'intérieur des côtes y forment un grand nombre de baies, dont les plus importantes sont : à l'ouest celles de Sainte-Hélène, de Saldanha et de la Table; au sud, la baie Fausse avec celles de Plettenberg, de Saint-François et d'Algoa. Les promontoires les plus remarquables qu'on y rencontre sont les caps Castle, de Bonne-Espérance, Lagullas, Delgado, Saint-François et Recife. La configuration extérieure du sol au cap de Bonne-Espérance reproduit assez exactement la forme en terrasses particulière à l'Afrique; en effet, on y voit du nord au sud les plateaux, les terrasses et les mouvements onduleux des côtes se succéder, et en constituant comme une suite de degrés séparés les uns des autres par les contre-forts de montagnes dont les cimes altières les dominent au loin. Au nord, c'est la terrasse de l'Orange, laquelle atteint en moyenne une élévation de 1,650 mètres et relie le territoire du Cap aux plateaux de l'Afrique intérieure. On ignore encore jusqu'où elle se prolonge au nord. La chaîne de montagnes venant aboutir au sud commence à son extrémité occidentale, par 30° de latitude sud, suit alors, sous la dénomination de *Roggeveld*, une direction toute méridionale, puis se bifurque, dans la direction de l'est, sous les noms de *Nieuweveld* et de *Sneeuwberg* (Monts de neige), et dans la direction du nord-est, sous le nom de *Montagne d'hiver*, pour se rattacher, en Cafrerie, aux monts *Amatola*, qui s'y prolongent en forme d'arc. C'est dans les monts *Nieuweveld* que se trouvent les plateaux les plus élevés du système de l'Afrique méridionale. Ils y atteignent une hauteur de plus de 3,300 mètres; aussi restent-ils couverts de neige une bonne moitié de l'année. La surface plane et désolée de ces plateaux (*flats*), où l'on n'aperçoit de traces de végétation et de verdure qu'à l'époque de la saison des pluies, n'est guère interrompue que par les crêtes abruptes des groupes désignés sous les noms de *Montagnes de la Table* et de *Cap des Aiguilles*, notamment au nord par les monts *Karree*, ou encore par des amas de rochers dispersés au loin et rompant seuls l'uniformité et la monotonie des plaines immenses qui se développent à perte de vue entre les quelques vallées médiocrement fertiles et boisées qu'y forment de rares cours d'eau. Dans la direction du sud-ouest, du sud et du sud-est, le terrain s'élève insensiblement pour former les contre-forts d'une zone montagneuse dont les diverses ramifications ont chacune leur nom spécial, par exemple le *Roggeveld* et les crêtes dénudées, le *Bergvalley*, le Chaud et le Froid *Roggeveld*. Ce plateau atteint en moyenne une élévation de 1,000 mètres, et est désigné sous le nom générique de *Grands Karroo* (mot qui en hottentot signifie *dur*); l'aspect qu'il présente au voyageur dépend des saisons. A une époque de l'année ce ne sont partout que d'épaisses et riches prairies, où viennent paître d'innombrables troupeaux; l'été approche-t-il, on n'y découvre bientôt plus que des plaines desséchées, brûlées, dont le sol désolé, composé d'un mélange d'argile, de sable et de parties ferrugineuses, a acquis la dureté de la pierre, les rares cours d'eau qui l'arrosent restant complètement à sec pendant six mois. Le versant occidental de cette seconde terrasse porte les noms de chaînes de *Kamis* et de *Tulbagh*; le versant méridional, sur une étendue de 80 myriamètres, celui de Mont *Zwarte*; et la chaîne qui court à peu près parallèlement, ceux de monts *Zwellendam*, *Uteniqua* et *Zitzikamma*. Cette zone de montagnes abruptes et escarpées, dont les crêtes atteignent quelquefois plus de 1,700 mètres d'élévation, est caractérisée par le nombre presque infini de défilés (*kloofs*) étroits, souvent impraticables, qu'on y rencontre et qui ont pour origine la violence des torrents se frayant ainsi un passage pour aller chercher un niveau à leurs eaux tout en formant les plus ravissantes cascades. Les plus importants de ces cours d'eau sont, à l'ouest, la rivière des Éléphants et le grand fleuve de la Montagne; au sud, le Breede, le Gauritz, le Gamtos, la rivière du Dimanche, la grande rivière des Poissons, et sur les frontières de la Cafrerie le Kaï. Enfin la troisième terrasse, le pays des côtes, forme une zône tantôt extrêmement étroite, tantôt de 37 à 45 kilomètres de largeur, riche en cours d'eau, d'une grande fertilité, entrecoupée de collines et de petites montagnes, avec de temps à autre des soulèvements du sol extrêmement abruptes, parmi lesquels on distingue les *Montagnes de la Table*, qui, au sud de la ville du Cap, atteignent 1,197 mètres d'élévation, et le *Mont du Diable*, haut de 1,103 mètres. Tout ce système se compose de masses de grès sur des assises de granit. Le climat du Cap de Bonne-Espérance est très-sain; aussi les Anglais y envoient-ils un grand nombre d'invalides de leur armée des Indes-Orientales, dans l'espoir qu'ils y recouvreront la santé. La température moyenne de l'année y varie de 18 à 19° R. L'olivier, le bois de fer, l'arbre à pain d'Afrique, le ricin, l'arbre qu'on appelle *sang de dragon*, le corail en arbre, etc., etc., y croissent spontanément. On y a introduit toutes les céréales d'Europe, ainsi que la vigne, dont les produits sont désignés sous le nom de vins du Cap. La faune de ce pays est aussi riche en animaux domestiques qu'en gibier de toute espèce et en bêtes fauves, telles que antilopes, zèbres, éléphants, hyènes, etc., ou en oiseaux, parmi lesquels il faut surtout faire mention de l'autruche, qu'on rencontre partout dans les plaines. On y voit aussi des serpents venimeux, des sauterelles et des scorpions. Toute cette contrée est généralement fort pauvre en minéraux; cependant, circonstance bien importante, on y a récemment rencontré de la houille sur divers points.

Les habitants, dont le chiffre peut être évalué à 200,000 âmes, sont ou des indigènes ou des colons, les premiers, Hottentots et Boschimans; les seconds, pour la plupart, Hollandais ou Anglais, avec quelques Allemands. Les missionnaires envoyés par les Herrnhutes et par la Société des Missions de Londres ont bien mérité de l'humanité en contribuant par leurs courageux efforts à répandre parmi les naturels la connaissance de l'Évangile; aussi les Hottentots fixés sur le territoire de la colonie font-ils aujourd'hui presque tous, extérieurement du moins, profession d'appartenir à la religion chrétienne. Les colons s'occupent de la culture des vignes, de l'agriculture, et notamment, sur la côte occidentale, de l'élève du bétail. Leur degré de civilisation est d'autant plus infime qu'ils sont établis à une distance plus grande de la ville du Cap. Ils possèdent quatre-vingt-six écoles et cent quinze églises. Il existe en outre dans la colonie un nombre assez considérable de nègres et de Malais libres, faisant profession d'islamisme. Le mélange des aborigènes avec les Hollandais a produit la classe d'habitants désignée sous le nom d'*Africanders*. Il faut aussi mentionner les *Fingos*, race proche parente de celle des Cafres.

L'élève du bétail, surtout dans les montagnes, et la culture des céréales, qui donne d'abondants résultats lorsque les circonstances atmosphériques la favorisent, constituent les principales ressources des habitants du Cap de Bonne-Espérance. Dans les provinces de l'est, et dans quelques-unes de celles de l'ouest, une notable partie des propriétaires du sol se livrent à la production des vins dits du Cap. Les animaux domestiques de l'Europe, entre autres une remarquable espèce de bœufs, dont les cornes ont jusqu'à cinq pieds de longueur, des chèvres donnant de riches produits en suif et se propageant avec une extrême rapidité, y furent introduits par les Hollandais dès le milieu du dix-septième siècle. La propagation de la race ovine anglaise et espagnole, dont la laine fournit déjà d'abondants articles d'exportation, ne date au contraire que de nos jours. Les cuirs, les cornes, les suifs, les viandes salées et les vins constituent encore autant d'importants articles d'échange. L'importation des divers produits de l'industrie manufacturière et agricole des Anglais donne lieu à des transactions tout aussi actives que l'exportation des produits du sol.

La colonie est administrée par un gouverneur général anglais, et est divisée en 15 districts ou *drosties*, présidés chacun par un commissaire civil, qui remplit en même temps les fonctions de juge de paix. La puissance législative y est exercée par un conseil législatif existant depuis 1834, et à côté duquel fonctionne un conseil exécutif dont les délibérations sont secrètes. L'administration a été assez heureuse dans ses résultats; du moins nous voyons qu'elle est parvenue à équipoller les dépenses et les recettes annuelles, lesquelles s'élèvent à 130,000 livres sterling.

Dans la partie occidentale de la colonie on trouve : le district de la ville du *Cap*, au sud-est de celui-ci le district de *Stellenbosch*, au nord celui de *Clanwilliam*; au sud-est de ce dernier, le district de *Worcester*; et celui de *Zwellendam* à l'extrémité méridionale de la colonie. La ville du Cap, très-favorablement située pour le commerce, est bâtie dans le premier de ces cinq districts; elle est le siége de l'administration, le grand dépôt des forces de terre et de mer que la métropole entretient dans la colonie. Le district de Stellenbosch se distingue par la culture habile dont la vigne y est l'objet; celui de Worcester par la richesse de ses pâturages, et Zwellendam par l'élève du bétail.

Quatre districts occupent le centre de la colonie ; au nord *Beaufort* et *Graff-Reynett*, au midi *Georges* et *Uitenhage*. Dans ce dernier se trouve la ville du même nom, peuplée de 2,000 habitants et siége d'un sous-gouverneur, ainsi que *Port-Elisabeth*, bâtie sur la baie d'Algoa, avec une population de 4,000 âmes, et dont le commerce prend chaque jour plus d'importance.

Les six districts de l'est et du nord-est sont : *Albany*, où se trouve *Grahamstown*, ville d'environ 3,500 habitants, peuplée surtout d'Anglais; *Somerset*, *Victoria*, *Cradock*, *Albert* et *Cotesberg*, dont les quatre derniers n'ont été adjoints à la colonie et organisés qu'en 1847. On a en outre encore ajouté tout récemment à la colonie la Cafrerie anglaise et le territoire des Hollandais émigrés au delà de l'Orange.

Le Cap de Bonne-Espérance, ou, par abréviation, le Cap, fut découvert en 1486 par le Portugais Bartolommeo Diaz, et doublé pour la première fois en 1497 par un autre portugais, Vasco de Gama. Mais les Portugais méprisèrent complètement l'importante découverte qu'ils venaient de faire, parce qu'à ce moment c'était sur l'Inde que se concentrait toute leur attention. Dans les premières années du dix-septième siècle la compagnie hollandaise des Indes Orientales confia au chirurgien de vaisseau Van Kisbeck la mission de fonder au Cap un premier établissement. Toutefois, ce ne fut qu'en 1652 qu'ils songèrent à s'assurer la possession de ce territoire et celle de la ville du Cap, dont la fondation fut encore postérieure, en y élevant des fortifications et en y entretenant une garnison. La situation géographique et le climat de la nouvelle colonie en favorisèrent le rapide développement et, malgré les guerres fréquentes qu'elle eut à soutenir contre les Cafres, les Hottentots et les Boschimans, elle parvint bientôt à un remarquable degré de prospérité. Quelle que fut l'importance d'une telle possession, jamais les gouverneurs hollandais n'eurent la pensée de détruire dans leur source les abus invétérés et toujours croissants dont souffrait la colonie, ni de chercher à en améliorer l'état politique.

Dès la guerre soutenue pour leur indépendance par les colonies de l'Amérique du Nord, les Anglais avaient tenté un coup de main contre la ville du Cap, mais sans succès. Plus heureux en 1795, à l'époque des guerres de la révolution française, ils réussirent à se rendre maîtres de cette ville, et la conservèrent jusqu'à la paix d'Amiens, qui restitua aux Hollandais leurs colonies et entre autres celle du Cap de Bonne-Espérance. Mais les Anglais la leur enlevèrent de nouveau dès l'année 1806, et par les traités de 1815 la Hollande dut en faire cession définitive à l'Angleterre. Le gouvernement anglais ne tarda point à suivre à l'égard de sa nouvelle possession des principes d'administration et de politique diamétralement opposés à ceux du gouvernement hollandais. Il favorisa la création des petites fermes, restreignit le droit de vaine pâture primitivement accordé aux paysans (Boers) hollandais, mais nuisible à tous, à force d'être étendu et sans limites. Puis en établissant des registres d'héritage, il organisa la propriété foncière sur les mêmes bases que dans les autres colonies britanniques. L'administration de lord Somerset toutefois fut si déplorable, qu'il crut devoir donner sa démission en 1827, avant que sa conduite eût été l'objet d'une enquête. Il fut remplacé par lord Cole. Sous l'administration de ce gouverneur, les Hottentots et les hommes de couleur libres établis sur le territoire de la colonie furent complètement assimilés pour la jouissance des droits civils et politiques au reste de la population. La guerre infructueuse faite aux Cafres dans les années 1834 et 1835 se termina vers la fin de cette dernière année par un traité assez peu favorable à la sécurité de la colonie, que conclut le capitaine Stockenstrom. Ce résultat de la lutte, et de même que la suppression de la traite, excita parmi les Boers un vif mécontentement, qui alla même jusqu'à prendre le caractère de la haine la plus prononcée pour la domination anglaise lorsqu'en 1837 il fut question de l'émancipation des Hottentots et, deux ans plus tard, de celle des nègres. L'opposition à ces deux mesures fut presque universelle. Environ 5,000 boers vendirent les uns après les autres leurs propriétés, et émigrèrent pour aller s'établir, les uns sur la rive droite de l'Orange, les autres sur la côte de Noël, dans les États de Dingaan, prince de Zoulous; mouvement auquel la colonie de Natal est redevable de son origine. Bien que ces émigrés eussent constamment à guerroyer contre les Cafres, ils refusèrent opiniâtrement de revenir sur le territoire anglais. Un beau jour même ils se déclarèrent indépendants, et implorèrent la protection du roi des Pays-Bas. Le gouvernement anglais, sans en avoir réellement le droit, résolut alors de recourir à l'emploi de la force pour faire cesser un tel état de choses, et ne tarda pas à replacer sous l'obéissance de l'autorité centrale du Cap de Bonne-Espérance les émigrés fixés au delà de l'Orange, en même temps qu'il prenait possession de Natal pour en constituer une colonie distincte. Pendant ces conflits, les Cafres, eux aussi, n'avaient jamais cessé de faire preuve d'hostilité à l'égard de la colonie du Cap, qu'ils inquiétaient constamment par leurs incursions et leurs déprédations. En 1838 et en 1840 le gouverneur G. Napier tenta bien de traiter du rétablissement de la paix dans diverses conférences qu'il eut avec leurs chefs; mais sous l'administration de Maitland, qui succéda à Napier en 1844, une rupture ouverte éclata. La lutte recommença de nouveau en 1846, et fut continuée, non sans entraîner de pénibles sacrifices, par le gouverneur en personne et par le colonel Somerset. Les résultats définitifs n'ajoutèrent toutefois rien à la sûreté des colons. Aussi, au commencement de 1847, sir Henri Pottinger vint-il remplacer Maitland, en même temps que sir Georges Berkeley était chargé du commandement en chef des forces anglaises dans la colonie. Tous deux étaient fermement déterminés à attaquer les Cafres avec la plus grande vigueur, et au mois de septembre l'armée reprit enfin l'offensive. Cependant tous les efforts faits pour forcer l'ennemi à s'arrêter et à se grouper par masses échouèrent complètement. Aussi la guerre dégénéra-t-elle bientôt en une série de combats isolés et pour ainsi dire individuels. Toutefois, elle eut pour résultat de contraindre au mois de novembre 1847 le chef cafre Pato, le plus redoutable ennemi des Anglais dans ces contrées, à se rendre prisonnier au colonel Somerset. Après le départ de Pottinger pour Madras, sir Harry Smith, qui déjà avait fait ses preuves personnelles dans la première guerre contre les Cafres, fut appelé à lui succéder dans le gouvernement de la colonie. Par son audace et par sa fierté, celui-ci parvint à intimider les chefs cafres, qui, dans une grande assemblée tenue le 7 janvier 1848, firent acte de soumission et prêtèrent serment de fidélité; après quoi ils demeurèrent à la tête de leurs tribus respectives avec le caractère de fonctionnaires anglais. Smith assujettit et organisa en même temps comme *Cafrerie anglaise* le territoire des tribus qui venaient de se soumettre, et le réunit à celui du Cap de Bonne-Espérance. La tranquillité de la colonie, à laquelle la guerre avait occasionné les plaies les plus cruelles, ne tarda point à être de nouveau troublée, à cause du projet conçu à ce moment par le gouvernement anglais de transporter au Cap une partie des individus condamnés pour crimes à la déportation par les tribunaux de la mère patrie. Le mécontentement provoqué dans la colonie par ce projet en vint à prendre une expression si menaçante, qu'en février 1850 les membres du cabinet se virent contraints de renoncer formellement à le mettre à exécution. Cette bourrasque politique ne fut pas plus tôt apaisée qu'on vit se renouveler au mois d'octobre 1850 les révoltes et les irruptions des Cafres; et malgré tous les efforts faits par sir Harry Smith pour étouffer ce péril dans son germe, la lutte recommença avec plus de vivacité même que jamais. En dépit des énormes sacrifices en hommes et en matériel qu'elle a déjà coûtés à l'Angleterre, elle dure encore au moment où nous écrivons (1852), sans qu'on ait pu jusqu'à présent mettre la colonie complétement à l'abri des irruptions et des déprédations de ses féroces ennemis. Cependant sir Harry Smith avait réussi à repousser les Cafres, et les tenait en échec lorsqu'il remit le commandement à son successeur, le général Cathcart, arrivé au Cap le 31 mars 1852.

Ce qui rend la possession du Cap de Bonne-Espérance si précieuse pour l'Angleterre, ce n'est pas seulement que cette colonie est la clé de l'intérieur de l'Afrique; ce n'est pas non plus parce que l'île Maurice, ce lieu de relâche et ce point stratégique si importants pour la marine anglaise, tire de là une grande partie de ses approvisionnements; c'est encore parce que le Cap est la principale station et le grand arsenal des flottes qu'elle entretient dans l'Atlantique et dans la mer des Indes. On consultera avec fruit les ouvrages suivants : Alexander, *An Expedition of discovery into the Interior of Africa* (Londres, 2 vol., 1838); Shaw, *Westerjan missionary Memorials of South Africa* (New-York, 1841); Arbousset, *Relation d'un Voyage d'exploration au nord-est de la colonie du Cap de Bonne-Espérance* (Paris, 1842); Meyer, *Reisen in Sud-Afrika* (Hambourg, 1843); Delegorgue, *Voyage dans l'Afrique Australe* (Paris, 1847); Bunbury, *Journal of a Residence at the Cape of Good Hope* (Londres, 1848); *Dagverhaal van Jan van Riebeeck eerste gouverneur van de Cap de Goede Hoop* (Utrecht, 1848); Napier, *Excursions in Southern Africa, including a history of the Cape colony* (2 vol., Londres, 1849)

BONNE FOI. *Voyez* Foi.

BONNET, pièce du vêtement qui sert à couvrir la tête. On ignore si dans les temps anciens l'usage était chez les peuples d'Asie que les hommes se couvrissent la tête; on voit

BONNET

seulement, dans quelques occasions, les femmes se voiler. Les Babyloniens portaient pour bonnet une espèce de toque ou turban; les Mèdes se couvraient la tête d'une tiare. Les Grecs et les Romains allaient ordinairement tête nue; mais leurs femmes ne paraissaient jamais en public que couvertes d'un voile, ou d'une espèce de mante qui se mettait par-dessus la robe et s'attachait avec une agrafe. Les Athéniens, au rapport d'Élien, frisaient leurs cheveux et y entremêlaient des cygales d'or. Quelquefois ils portaient une espèce de bonnet appelé *pilion*, d'où les Latins ont fait leur *pileus*. Les Romains, quand il faisait trop chaud ou trop froid, se couvraient la tête d'un pan de leur toge, qu'ils relevaient par derrière. Ils ne portaient les bonnets ou les capuchons que pour marcher la nuit. En voyage, ils se couvraient la tête d'un bonnet ou chapeau, nommé *pétase* (*petasus*), en usage aussi chez les Grecs, lequel avait les bords rabattus, mais plus étroits que ceux de nos chapeaux. Mercure, comme grand voyageur, est représenté par les anciens avec un pétase auquel ils avaient attaché des ailes.

On croit généralement que l'introduction des bonnets et des chapeaux ne remonte pas en France au delà du règne de Charles VII, et que l'on s'était jusque alors servi de chaperons ou de capuchons. D'autres antiquaires prétendent, au contraire que dès Charles V on commença à rabattre sur les épaules les angles des chaperons et à se couvrir la tête de bonnets qu'on appela *mortiers* lorsqu'ils étaient de velours, et simplement *bonnets* quand ils étaient faits de laine. Le mortier était galonné; le *bonnet*, au contraire, n'avait pour ornement que deux espèces de cornes peu élevées, dont l'une servait à le mettre sur la tête, l'autre à se découvrir. Il n'y avait que le roi, les princes et les chevaliers qui portassent le mortier. Le bonnet était le couvre-chef, non-seulement du peuple, mais encore du clergé et des gradués; au moins fut-il substitué parmi les docteurs, bacheliers, etc., au chaperon, qu'on portait auparavant comme un camail ou capuce, et qu'on laissa depuis flotter sur les épaules. Monstrelet, dans sa description du costume des hommes au commencement du règne de Louis XI, dit qu'ils portaient des *bonnets* hauts et longs d'un quartier ou plus. Il ajoute qu'à la même époque, c'est-à-dire vers l'an 1467, les dames et les demoiselles renoncèrent aux *cornes* hautes et larges qui formaient leur coiffure, pour y substituer des bourrelets, en manière de *bonnets* ronds, qui s'amincissaient par-dessus, de la hauteur de demi-aune. Sur le haut de ces bonnets, en forme de pain de sucre, était attaché un *couvre-chief* délié, ou voile, qui, par derrière, pendait jusqu'à terre. Les hauts bonnets de certaines villageoises du pays de Caux sont une réminiscence lointaine de cette coiffure, en usage jadis parmi les plus élégantes dames de la cour. Les hommes, en prononçant le nom du roi, levaient leurs *bonnets*, témoignage de respect qu'ils ne donnaient pas lorsqu'ils prononçaient le nom de Dieu : ce qui excitait à juste droit les reproches des prédicateurs.

Dans l'origine, les *bonnets* eurent la forme ronde; on la changea ensuite contre le *bonnet carré*, de l'invention d'un nommé Patrouillet. Ces bonnets furent appelés *bonnets à quatre brayettes*. Les bonnets, du reste, d'après le père Hélyot, étaient en usage parmi le clergé dès le neuvième siècle. Ce n'était d'abord qu'un petit bonnet, en forme de calotte, que l'on portait sur le capuchon de la chape. On les fit ensuite plus larges en haut qu'en bas; puis la coutume vint de les faire encore plus amples, mais ronds et plats, à la manière de ceux que portèrent plus tard les novices des jésuites et qu'ils appelaient birettes. Ils prirent enfin la figure carrée.

En 1527 il s'établit une communauté de *bonnetiers*, distincte de celle des *drapiers*.

Le *bonnet* sur les médailles est le symbole de la liberté : les anciens Romains donnaient un *bonnet* à leurs esclaves quand ils les voulaient affranchir, ce qui s'appelait *vocare servos ad pileum*, et ceux-ci avaient grand soin de le garder sur leur tête sans se découvrir, jusqu'à ce que leurs cheveux eussent en repoussant fait disparaître la tonsure, marque particulière de l'esclavage. C'est sans doute à l'imitation des anciens que dans les universités on a donné depuis le *bonnet* aux écoliers, pour montrer qu'ils avaient acquis toute liberté et qu'ils n'étaient plus sujets à la verge des supérieurs; ils recevaient en même temps le nom de *maîtres*, comme les avocats, et avaient alors le droit de parler étant couverts. C'est sans doute aussi par allusion à cet ancien usage que le *bonnet phrygien* avait été adopté par les républicains français en 1793, et qu'ils en avaient décoré le front de la Liberté. *Voyez* BONNET ROUGE.

Un *bonnet* fut également le signal ou le prétexte de l'établissement de la liberté en Suisse. On sait que le gouverneur de la Suisse pour l'empereur Albert, le farouche Gessler, avait fait élever sur la place publique d'Altorf le *bonnet ducal* d'Autriche, auquel il prétendait que tout le monde rendît hommage. Guillaume Tell par son courage délivra ses concitoyens de cette humiliante obligation, et prépara ainsi l'ère de leur indépendance.

Le *bonnet des Chinois*, que la civilité leur défend d'ôter, diffère selon les saisons de l'année. Celui qu'ils portent en été a la forme d'un cône, c'est-à-dire qu'il est rond et large par le bas, court et étroit par le haut, où il se termine tout à fait en pointe. Le dedans est doublé de satin et le dessus couvert d'une natte très-fine, ils y ajoutent un gros flocon de soie rouge qui retombe gracieusement tout à l'entour, ou bien une espèce de crin, d'un rouge vif et éclatant, que la pluie n'altère pas, et qui est surtout en usage parmi les cavaliers. En hiver ils portent un bonnet de peluche, bordé de zibeline ou de peau de renard; le reste est d'un beau satin noir, ou violet, couvert d'un gros flocon de soie rouge, comme pour le bonnet d'été. Ces bonnets sont si courts qu'ils laissent toujours les oreilles à découvert, ce qui est très-incommode en voyage. Le haut du bonnet des mandarins dans les grandes cérémonies est terminé par un diamant, ou par quelque autre pierre de prix, assez mal taillée, mais enchâssée dans un bouton d'or très-bien travaillé; les autres ont un gros bouton d'étoffe, de cristal, d'agate ou de quelque autre matière semblable et de moins de valeur.

Il serait trop long de décrire tous les bonnets en usage chez les divers peuples de la terre. Disons seulement que la plupart des peuples de l'Asie usent de bonnets assez semblables à ceux des Chinois, bonnets que quelques européens fashionables ont adoptés pour l'intérieur de leurs appartements, se réservant le chapeau pour le dehors. Vient plus près de nous le turban, qui a disparu de Constantinople par suite du changement de costume introduit sous Mahmoud et qu'on ne rencontre presque plus qu'en Égypte et en Syrie. Le fessi ou fez grec, qui l'a remplacé, ressemble assez au *tarbouch*, calotte de laine rouge foncé, terminée par un flot de soie, et autour duquel le turban s'enroulait autrefois. Seulement il est plus élevé et cylindrique. On fabriquait jadis ces bonnets à Venise; on en exporte aujourd'hui de France; on en fait aussi à Tunis et en Égypte; les Arabes du désert ont pour tout bonnet un fichu carré, rayé rouge et jaune, ou vert, et rouge, terminé aux deux extrémités opposées par une frange de soie torse dont chaque brin finit en petite houppe de plusieurs couleurs. On replie un des coins de ce fichu appelé *caffich* ou *couffié* sur le front et en dedans, sans mettre de tarbouch, et une corde en poil de chameau brune ou noire, l'assujettit autour de la tête en guise de turban.

N'oublions pas non plus de dire un mot du *bonnet de coton*, dont l'inventeur, semblable à ceux des découvertes les plus utiles à l'humanité, est resté inconnu; de ce bonnet inoffensif, dont on a fait l'ornement obligé du bon bourgeois, bonnet délicieux, dont Jeanneton décorait le bon roi d'Yvetot, plus doux encore au vieillard que le tendre oreiller, mais que l'écolier sans pitié traite brutalement de *casque à mèche*, bonnet qu'idolâtre Jules Janin, attribut exclusif du sexe le plus noble, excepté dans les villages de Normandie, où, sauf les dimanches, il enlaidit les plus jolis visages de paysannes.

Ajoutons que le *bonnet* est resté la coiffure presque générale des femmes dans toute l'Europe, et que si, d'un côté, le *chapeau* a fait invasion jusque dans les classes les plus modestes, voire à Paris, dans celle des *faiseuses de bonnets*, d'un autre côté, beaucoup de nos grandes dames se montrent chez elles et aux spectacles avec des *bonnets* dont le luxe le dispute aux plus riches coiffures des temps anciens et modernes.

Quelle admirable variété encore dans les bonnets de toutes ces délicieuses villageoises de la Pologne, de la Prusse, de l'Autriche, de la Bohême, de la Hongrie, de la Suisse, du Tyrol, de l'Espagne, du Portugal, sans oublier surtout celles de notre belle France, où le bonnet féminin, rond, ovale, pointu, large, pyramidal, de toutes les formes bizarres possibles, a prévalu, à l'exception des seuls villages de Normandie, que nous avons cités, du Béarn et du pays basque, où le mouchoir à la créole, gracieusement drapé, est l'unique coiffure du beau sexe des campagnes! Un Anglais, M. Walker-Dilwyn, a parcouru pendant dix ans les provinces de France pour en dessiner tous les bonnets féminins et recueillir des détails consciencieux sur leur origine. Cette curieuse monographie a paru en 1841; elle forme deux magnifiques volumes in-quarto.

Disons enfin que le bonnet a quelquefois été un ornement guerrier, comme le *bonnet à poil* de nos anciens grenadiers, la marque d'une dignité ou d'un caractère spécial, comme les *bonnets de docteurs*, celui de *président à mortier*, etc., ou celle de la honte et de l'infamie, comme le *bonnet vert* et le bonnet des forçats aux bagnes.

Enfin, le mot de *bonnet* était usité autrefois dans certaines académies ou maisons de jeu pour désigner une somme gagnée par des moyens illicites, et l'on appelait *bonneteurs* ceux qui exerçaient leur industrie en ce genre, pour les distinguer des autres filous.

Au figuré, on dit *donner, prendre,* ou *quitter le bonnet*, pour exprimer l'action de recevoir quelqu'un docteur, d'entrer au barreau ou d'en sortir; de prendre ou quitter la profession d'avocat. *Mettre la main au bonnet* se dit pour saluer, ou se disposer à mendier. *Jeter son bonnet par-dessus les toits* ou *par-dessus les moulins*, c'est prendre bravement son parti d'une affaire désagréable ou jeter un défi à l'opinion et la braver. *Mettre son bonnet de travers, avoir la tête près du bonnet*, sont des expressions analogues, applicables à tout homme qui se montre chagrin, quinteux, colère, opiniâtre, difficile à vivre. On dit souvent aussi d'un tel homme qu'il est *triste comme un bonnet de nuit*, et, dans le sens contraire, quand on veut parler de personnes qui sont de facile composition et qui se rangent volontiers à l'avis d'autrui, que ce sont *deux têtes, trois têtes*, etc., *dans un bonnet. Prendre quelque chose sous son bonnet*, c'est se rendre garant d'une proposition quelconque, c'est en assurer la responsabilité, qu'elle vienne de soi ou d'autrui.

BONNET (Guerre du). On appela ainsi, par dérision, une longue et ridicule lutte entre les ducs et pairs et les parlements. Cette querelle commença sur la fin du règne de Louis XIV, et fit grand bruit sous la régence du duc d'Orléans. Les ducs et pairs voulaient que lorsqu'ils siégeaient au parlement, le premier président ôtât son bonnet lorsqu'il demandait leur avis, et en même temps ils prétendaient, d'après une coutume tombée en désuétude, avoir le droit d'opiner avant les présidents à mortier. Les deux partis soutinrent leurs prétentions avec beaucoup de vivacité; le duc de Saint-Simon se distingua surtout par son ardeur à soutenir les droits de la pairie : il regardait les ducs et pairs comme les héritiers directs, sinon des conquérants francs, ainsi que le prétendait le comte de Boulainvilliers, du moins comme les successeurs des pairs de Charlemagne et d'Hugues-Capet; et il s'appuyait sur la science héraldique des d'Hozier et du père Anselme. Le parlement résolut d'opposer des armes de même nature, et un pamphlet attribué au président de Novion alla scruter les origines de ces prétendues antiques maisons ducales : il indiquait que les Crussol d'Uzès descendaient d'un apothicaire, les Villeroi d'un marchand de poissons, les La Rochefoucauld d'un boucher, et les Saint-Simon d'un hobereau, le sire de Rouvrai, et non des comtes de Vermandois. Ce pamphlet, où l'erreur se mêlait quelquefois à la vérité, irrita les ducs à tel point, qu'ils résolurent de se transporter au palais et d'y imposer leurs prétentions, fût-ce même par les armes. Le régent intervint, et les empêcha d'accomplir leur projet en faisant droit à la requête des ducs par un arrêt du conseil du 21 mai 1716; mais le parlement, à son tour, se déchaîna avec tant de fureur, que le régent revint sur sa décision, révoqua l'arrêt, et renvoya la décision du procès à la majorité du roi.   A. FEILLET.

BONNET (*Anatomie*). C'est le second estomac des ruminants, qu'on a aussi appelé *réseau*. Ces deux noms provenaient sans doute de la ressemblance de cet organe avec les anciens réseaux que les femmes portaient pour coiffure.

Bonnet est encore le nom de la partie supérieure de la tête des oiseaux.

BONNET (*Ichthyologie*), un des noms de la Bonite.

BONNET (THÉOPHILE), naquit à Genève, le 5 mars 1620, et suivit les traces de son père et de son aïeul, qui furent des médecins distingués. Après de brillantes études médicales, il se fixa dans sa patrie, où bientôt il se fit une réputation telle que le duc de Longueville, souverain de Neufchâtel, le prit pour son médecin, à l'exemple du duc de Savoie, Charles-Emmanuel, qui avait jadis accordé le même titre à son grand-père. Devenu sourd à l'âge de cinquante ans, Bonnet renonça à l'exercice de son art, et passa dans la retraite le reste de sa vie, qu'il consacra à la composition de ses ouvrages. Il mourut d'hydropisie à l'âge de soixante-neuf ans, le 29 mars 1689.

Bonnet fut en quelque sorte le créateur de l'anatomie pathologique, en réunissant sous le nom pittoresque de *Sepulchretum* toutes les observations complétées par l'autopsie qu'il put rencontrer éparses dans les auteurs. Ce recueil, quelles que soient ses imperfections, est encore la mine la plus féconde que nous ait léguée le dix-septième siècle, et l'on peut dire que ce vaste ouvrage a donné l'impulsion aux travaux de même genre que le dix-huitième siècle a vus naître. Si Morgagni, comme compilateur judicieux, est supérieur à Bonnet, il est douteux que sans Bonnet Morgagni eût jamais édifié son immortel traité *Du Siége et des Causes des Maladies*, auquel le *Sepulchretum* a fourni de nombreux et précieux matériaux. A Bonnet appartient donc la gloire d'avoir jeté les fondements de la science servant de base à la pratique rationnelle, l'anatomie pathologique, qui nous fait voir de la maladie tout ce que la mort nous permet d'apprécier.

Publié à Genève en 1679, le *Sepulchretum, sive Anatomia practica, ex cadaveribus morbo donatis*, fut augmenté et commenté par Mangat (Lyon, 1700, 3 vol. in-fol.). Bonnet a publié en outre, sous le nom de *Pharos Medicorum*, un excellent abrégé des œuvres de Baillou (Genève, 1668, 1 vol. in-12); *Labyrinthi medici extricati, sive methodus vitandorum errorum* (Genève, 1787, in-4°); *Prodromus Anatomiæ practicæ* (Genève, 1675, in-8°); c'est la première partie du *Sepulchretum*, sur lequel l'auteur voulait pressentir le public; *Mercurius compilatius, sive Index medico-practicus* (Genève, 1682, in-fol.) : c'est un dictionnaire de médecine pratique; *Medicina septentrionalis collatitia* (Genève, 1686, 2 vol. in-fol.), collection tirée de divers recueils; divers autres ouvrages colligés après sa mort sous le nom de *Bibliothèque de Médecine et de Chirurgie* (Genève, 1708, 4 vol. in-4°).   D' FORGET.

BONNET (Charles), naturaliste et philosophe, naquit à Genève, en 1720. La lecture du *Spectacle de la Nature* par Pluche décida du genre d'études auquel il se livra avec autant d'ardeur que de succès. A l'âge de vingt ans il avait déjà fait d'importantes découvertes en histoire naturelle; mais lorsque sa vue, affaiblie par l'usage du microscope, l'empêcha de continuer ses expériences, il quitta la route étroite, mais sûre, de l'observation, pour parcourir le champ des abstractions, qui s'ouvrit devant lui d'autant plus vaste et plus intéressant, qu'il avait déjà recueilli un nombre de faits considérable. Si le métaphysicien ne fut pas aussi heureux que le naturaliste, du moins faut-il avouer que la grandeur et l'éclat de ses hypothèses font pardonner ce qu'elles ont d'aventureux, et commandent au plus haut point l'admiration pour le génie de leur auteur. Il s'occupa aussi de psychologie; car ses regards curieux voulurent pénétrer les secrets du monde moral en même temps que les mystères de la nature organisée. Quoiqu'il vécût à une époque où les idées avaient une tendance prononcée au matérialisme, surtout chez les esprits qui s'occupaient de sciences physiques, il ne professa jamais ces doctrines, et tous ses efforts, au contraire, eurent pour but d'expliquer les lois qui président à la relation du principe pensant et de la matière, qu'il regardait comme entièrement distincts. Malgré la part très-large qu'il fit aux sens dans l'acquisition de nos connaissances, il admit une autre source d'idées, la réflexion, qui réagit sur les notions acquises, et s'élève par degrés aux notions abstraites, avec le secours des signes, c'est-à-dire des mots; mais, plus jaloux de résoudre des problèmes que d'observer les faits tels qu'ils se présentent à la réflexion, il ne fit faire aucun pas à la psychologie, et se perdit dans des hypothèses sur la nature et le jeu des fibres du cerveau.

Bonnet fut très-religieux, malgré son siècle et la nature de ses études. Accordant à l'homme la liberté, qu'il définit le pouvoir qu'a l'âme de suivre sans contrainte les motifs dont elle reçoit l'impulsion, et remarquant aussi tous les maux qui affligent l'humanité, ainsi que l'inégale distribution des biens du Créateur, il en conclut à la nécessité d'une autre vie, dans laquelle celle-ci recevra son complément. Toutefois, regardant les preuves que la raison toute seule nous suggère de l'immortalité de l'âme comme trop faibles pour être un motif suffisant à l'homme de faire le bien, il tire de la faiblesse même de ces motifs la nécessité de motifs plus impérieux, c'est-à-dire de preuves plus directes, et alors il conclut à la nécessité d'une révélation. C'est pour appuyer ce raisonnement qu'il composa son ouvrage intitulé : *Recherches philosophiques sur les preuves du christianisme*. Mais il ne s'aperçut pas qu'il était tombé dans un cercle vicieux, où sont tombés et tomberont, comme lui, tous ceux qui voudront placer la révélation au-dessus de la raison, et se servir ensuite de la raison et de tous ses arguments pour prouver la révélation.

Le titre le plus incontestable de Bonnet au souvenir de la postérité est et sans contredit son système palingénésique sur la nature organisée : ce système fut son idée favorite. Ce fut celle qui servit de but et de lien à toutes ses réflexions, c'est celle aussi qu'il développa avec le plus de talent. Il professa d'abord la doctrine de l'emboîtement et de la préformation des germes, c'est-à-dire qu'il admit que le Créateur, une fois créé, contient les germes de tous les individus qui forment le développement successif de l'espèce. Ce n'est pas tout : non-seulement le Créateur a placé ainsi, dès le commencement, dans chaque germe tous ceux par lesquels l'espèce doit se multiplier indéfiniment; mais chaque espèce elle-même est perfectible, et renferme aussi en germe les éléments et les conditions de son perfectionnement. Ce perfectionnement s'accomplira par degrés, et seulement lorsque le globe sur lequel doivent habiter les espèces sera approprié au nouveau développement de ses hôtes. Ainsi notre globe a déjà subi des révolutions successives, à mesure que les espèces qui y sont placées ont subi elles-mêmes leur métamorphose, ou plutôt leur développement progressif, qui consiste dans un plus grand nombre de sens et de facultés; car Dieu a *préformé* originairement les êtres dans un rapport déterminé aux diverses révolutions que chaque monde est appelé à subir. Il règne entre tous les êtres vivants une gradation merveilleuse, depuis la mousse jusqu'au cèdre, depuis le polype jusqu'à l'homme. La même gradation existera sans doute dans l'état futur de notre globe; mais elle n'existera plus entre les mêmes espèces. L'homme, transporté dans un autre séjour, plus approprié à l'éminence de ses facultés, laissera au singe et à l'éléphant cette précaire place qu'il occupait parmi les animaux de notre planète. Dans ce progrès universel des animaux, il pourra donc se trouver des Newton et des Leibnitz chez les singes et les éléphants, des Perrault et des Vauban chez les castors. Les espèces les plus inférieures, telles que les huîtres, les polypes, seront aux espèces les plus élevées de cette nouvelle hiérarchie comme les oiseaux et les quadrupèdes sont à l'homme dans la hiérarchie actuelle, etc.

Tel est à peu près le sens de la palingénésie de Bonnet, système où l'on remarque malheureusement plus d'imagination et de poésie que de solidité. C'est à ces rêves brillants qu'il employa les loisirs d'une vie douce et tranquille, qu'il passa au sein de l'aisance et sans jamais vouloir sortir de sa patrie. Il mourut à l'âge de soixante-treize ans. Ses principaux ouvrages d'histoire naturelle sont un *Traité d'Insectologie*; un autre *Sur l'usage des feuilles*, qui renferme ses découvertes sur la physique végétale. Ses ouvrages philosophiques sont plus nombreux. Il a laissé : un *Essai de Psychologie, ou Considérations sur les opérations de l'âme, sur l'habitude et l'éducation*; un *Essai analytique sur les facultés de l'âme*; des *Considérations sur les corps organisés*; des *Contemplations de la Nature*; enfin, sa *Palingénésie philosophique*. C.-M. Paffe.

BONNET (Louis-Ferdinand), avocat, né à Paris, le 8 juin 1760, mort conseiller à la cour de cassation, le 6 décembre 1839, a été l'une des illustrations du barreau français moderne. Les brillants succès de ses études avaient été pour lui le présage de succès plus glorieux. Élève du collège Mazarin, il remporta au concours général des dix collèges réunis le premier prix de discours français; ses professeurs lui conseillèrent d'embrasser la carrière du barreau, et leurs prévisions ne furent pas trompées : le jeune avocat se distingua de bonne heure par de grandes qualités oratoires, et dès son début ses plaidoyers fixèrent l'attention. Admis au stage en 1783, il fut inscrit sur le tableau en 1787.

Paris, la France entière retentirent avant la révolution de la fameuse affaire Kornmann : on y avait vu figurer Bergasse, Beaumarchais, le prince de Nassau et l'élite des avocats de la capitale. Bonnet avait été chargé de défendre Mme Kornmann. Au milieu de tant d'orateurs déjà célèbres, il avait soutenu glorieusement la lutte, égalant les uns, éclipsant les autres; et Mme Kornmann ayant gagné son procès, le talent du jeune orateur, connu et apprécié de tous, lui avait préparé une foule de nouveaux triomphes. A trente ans il était à la tête du barreau de Paris. Après la révolution il se signala dans l'affaire Lanefranque. Il s'agissait du suborneur d'une femme mariée, venant, avec effronterie, demander à la justice la nullité du mariage de la femme qu'il avait séduite, et produire impudemment, comme preuve de ses droits, les fruits de son adultère. Bonnet, dans une improvisation brillante, l'accabla de toute son indignation, et termina sa plaidoirie par un mouvement oratoire des plus remarquables.

Pendant les dernières années du Directoire et au commencement du Consulat il était le conseil judiciaire de la trésorerie nationale, et il conserva cette clientèle importante jusqu'au moment où il s'en démit en faveur de son fils. Mais après la révolution de 1830 Bonnet fit place à M. Toste, et celui-ci à M. Ferdinand Barrot. Ce fut dans l'affaire du mineur Félix, depuis M. le baron de Saint-Félix, premier aide des cérémonies sous Louis XVIII et Charles X, que Bonnet et Delamalle firent leur rentrée au palais.

Les codes nouveaux, qui devaient simplifier les principes et les précédents, n'étaient pas encore achevés. Les débutants ne pouvaient guère plaider qu'au criminel. « Or tous les défenseurs officieux, à l'exception de quatre ou cinq, sont, disait alors Bonnet, des hommes tellement tarés, que pour tout au monde je ne voudrais me commettre auprès d'eux ; *jamais de ma vie je ne plaiderai pour un accusé.* » Et il nommait un des défenseurs officieux de l'époque, auquel, ajoutait-il, il n'aurait pas permis de décrotter ses souliers... s'il y avait eu des boucles d'argent.

Deux ou trois fois pourtant Bonnet dérogea à l'engagement qu'il avait si énergiquement pris. Il plaida pour le général Moreau : cette défense, beaucoup moins étendue que ne le serait de nos jours celle d'un accusé de la même importance, était remarquable par la concision autant que par l'éloquence. On ne saurait s'imaginer combien étaient hardies alors des choses qui il y a quelques années encore auraient semblé les plus simples et les plus vulgaires.

A la Restauration, comme le plus grand nombre des avocats, Bonnet vit avec joie cesser l'œuvre napoléonienne ; cependant il passait parmi les ardents amis de la royauté pour être fort tiède. S'il fut nommé président de l'une des sections du collège électoral de la Seine, c'est parce qu'on n'aurait pas pu faire une autre désignation pour obtenir, par exemple, la nomination de Ternaux à la place de Benjamin Constant. En 1820 il fut nommé d'office défenseur de Louvel. Ses raisonnements contre la compétence de la cour des pairs jusqu'à la promulgation d'une loi spéciale étaient tellement concluants, que les défenseurs les plus énergiques des accusés d'avril, en 1835, n'ont pas employé d'autres arguments. Nommé deux fois de suite bâtonnier de l'ordre en 1815 et 1816, il fut appelé en 1820 à la Chambre des Députés par la ville de Paris et réélu en 1824. Il n'entrait qu'à son corps défendant dans la carrière politique, ce qui ne l'empêcha pas de devenir l'un des vice-présidents de l'assemblée en 1820, de prononcer plusieurs discours remarquables, et d'être chargé de plusieurs travaux importants durant ces deux législatures. En 1822 il fut nommé rapporteur de l'une des deux commissions qui se réunirent pour préparer une loi unique sur la presse. En 1824 et 1825 il se prononça contre la création du trois pour cent et la conversion des rentes : c'était assez mal faire la cour aux puissants du jour, qui couraient à leur perte par l'impopularité. Pourtant, en 1826, il fut nommé conseiller à la cour de cassation, et dans ces fonctions il sut encore se concilier l'attachement et l'estime de ses nouveaux collègues. En 1827, à l'issue des émeutes ou quasi-émeutes qui suivirent des élections favorables au libéralisme, il fut signalé à la haine publique. Les rassemblements formés à la place Vendôme devant la chancellerie faisaient retentir l'air de cette burlesque exclamation : « Peyronnet ! Peyronnet ! tiens bien ton *Bonnet !* »

Après les journées de juillet 1830, Bonnet, qui avait depuis longtemps prédit une révolution, qu'il regardait comme inévitable, prêta serment à la nouvelle charte, et s'abstint désormais de toute espèce de démonstration politique. Le concours immense d'hommes de toutes les opinions qui se pressaient à ses funérailles prouva qu'il jouissait, comme homme privé, comme jurisconsulte et comme magistrat, de l'estime universelle.

M. Jules Bonnet, son fils, avocat à la cour d'appel, ancien avocat du trésor, connu par ses succès au barreau et par plusieurs brochures, a publié en 1826 la traduction des œuvres complètes de Mackensie en 5 volumes. BRETON.

BONNET A POIL, sorte de mitre dont la calotte ou forme est recouverte en peau d'ours ; mais qui diffère du colback. Son usage s'est étendu à diverses armes, puisqu'en 1767 (25 avril) il en fut donné aux dragons français.

L'usage du bonnet à poil rappelle les temps et les pays barbares : s'accoutrer de peaux de bêtes était déjà une mode chez les anciens Germains. On lit dans Plutarque que les Cimbres et les Teutons ornaient leurs têtes des dépouilles des animaux féroces ; Végèce dit que pour se donner un aspect plus terrible, les porte-enseigne avaient un casque couvert de peau d'ours garnie de son poil ; le même auteur appelle *pileus pannonicus*, des bonnets de peau comparables à de lourds bonnets de police, qu'on donna pendant longtemps à tous les soldats en temps de paix ; on les tenait exprès volumineux et pesants, pour que le casque repris en temps de guerre leur parût plus léger. Les Francs s'encapuchonnaient de la tête de l'animal dont la peau formait leur sayon, à peu près comme on nous représente Hercule.

La mode des bonnets à poil, que la harnais de fer avait fait oublier, reparut en Prusse il y a un siècle et demi. Le père de Frédéric II coiffa d'ours ses géants, afin de les grandir encore ; la forme pointue de leurs bonnets avait pour objet de donner la facilité de mettre le fusil à la grenadière, avant de lancer la grenade et de le retirer facilement ensuite, pour s'en servir après l'épuisement des grenades. De 1730 à 1740 les grenadiers des gardes françaises et suisses et les grenadiers à cheval s'affublèrent de même, en imitation de cette méthode tudesque. Puységur leur reprochait en 1748 cet inutile surcroît de charge, qu'ils s'imposaient sans utilité depuis que le jet de la grenade était passé de mode.

Dans la guerre de 1756, la troupe de ligne prit généralement le goût des bonnets à poil ; en cela nous copiâmes nos alliés les Autrichiens, qui déjà les portaient. Quelques jeunes colonels, qui étaient de grands seigneurs et de petits esprits, introduisirent dans les compagnies de grenadiers de leur corps les bonnets à poil, et les commis de la guerre ratifièrent complaisamment cette fantaisie. Le règlement de 1767 fut le premier qui légalisa dans les troupes de ligne cette nouveauté ; il est le seul des documents du dernier siècle qui mentionne cette coiffure ; il la rendait particulière aux grenadiers à pied et à cheval ; aussi, bonnet à poil et bonnet de grenadier étaient-ils synonymes. Le ministre Saint-Germain, jugeant ces bonnets incommodes, fatigants et peu militaires, puisqu'en temps de guerre on y renonçait, les regardant d'ailleurs comme d'autant plus coûteux qu'il fallait en verser le prix chez les peuples du Nord, les proscrivit par l'ordonnance de 1776. Une décision de 1788 les rendit aux grenadiers, et ils avaient même continué à les porter malgré leur suppression, tant l'uniforme était alors chose arbitraire.

Une instruction de 1791 donnait un bonnet à poil et un chapeau à cornes aux grenadiers. Ils entrèrent en campagne en 1792 en laissant aux dépôts ces bonnets. Un peu plus tard, la garde consulaire mit à la mode l'usage de les porter à la guerre. Une décision de l'an X s'occupa la première, mais superficiellement, de quelques-uns des détails de cette coiffure, jusque là de pure fantaisie. La garde impériale étendit à ses chasseurs d'infanterie un usage jusque là particulier aux grenadiers ; et ses énormes bonnets se développèrent en forme de montgolfière à la manière égyptienne ou valaque. Les bonnets de grenadiers à pied portaient sur le devant une plaque en cuivre rouge empreinte de l'aigle impériale ; ceux de chasseurs n'en avaient pas. Ces plaques, chauffées pendant des journées entières par un soleil ardent, occasionnaient de violentes céphalalgies, et ridaient de bonne heure comme des fronts de vieillards ceux des hommes que la discipline condamnait à en être affublés. Un décret de 1812 retira le bonnet à poil aux grenadiers de la ligne. Le duc de Feltre motivait sur l'énormité de la dépense cette sage suppression. Ce ministre, n'osant pas toucher aux bonnets de la garde, allégua du moins en partie les dépenses qu'entraînait ce tribut, et il ne s'y assujettit plus que pour les corps d'élite de la vieille garde, qu'à cette époque on se proposait de fournir bientôt de peaux d'ours prises en Russie même. L'ordonnance de 1815 ne donnait qu'aux seuls grenadiers de la garde royale le bonnet à poil; mais le ministre, soit pour complaire aux solliciteurs, soit de son plein mouvement, étendit cette mesure aux voltigeurs, aux fusiliers de cette garde. L'histoire du bonnet à poil est curieuse, en ce que l'usage s'en est conservé longues années en dépit de tous les règlements, sauf un seul, et en dépit de presque tous nos ministres : ils étaient unanimes dans le texte de leurs considérants ; ils proscrivaient cette coiffure, comme ridicule, incommode, lourde, sans solidité, de nulle défense, se refusant à l'emballage, hideuse en sa vétusté, et redoutant les rameaux d'un taillis, le feu du bivac, l'alourdissement que prend l'oursin quand la neige s'y attache et le hérisse de glaçons. Le pouvoir n'a pas triomphé sans peine de la mode.

La forme du bonnet et le plus ou moins d'abondance de ses accessoires ont varié non moins que tous nos autres effets d'uniforme. Les bonnets prussiens et ceux de leurs premiers imitateurs, Autrichiens, Anglais, Hessois, étaient en pain de sucre par-devant et plats par derrière, à partir du haut de la tête jusqu'à la pointe. Les bonnets avaient encore dans nos régiments étrangers cette forme lors de la révolution ; ils l'avaient encore dans l'armée russe au commencement de ce siècle. Les régiments français ont peu à peu modifié cette configuration, et l'ont amené à l'ovale, forme qui n'est pas plus ridicule qu'une autre, puisque le bonnet pointu cessait d'avoir une signification dès que les grenadiers ne lançaient plus la grenade. Le bonnet à poil a été tour à tour, avec ou sans plumet ni pompon, avec ou sans cocarde, avec ou sans cordon, de telle ou telle couleur, affectant en tout sens l'ovale au sommet ou y laissant une échancrure en drap ou en cuir, avec tel ou tel ornement. La garde royale avait imaginé de petits paniers sans fond, ou cônes tronqués, qui remettaient en forme le bonnet quand il n'était pas sur la tête de l'homme. La garde descendante, à qui l'on apportait au corps de garde ces paniers, les remportait à la caserne, après les avoir attachés en dehors du havresac, à l'aide de la courroie longue. Il n'y a pas de mode ridicule qui n'en amène de plus ridicules.
Gal BARDIN.

Quand la garde royale eut disparu en 1830, le bonnet à poil ne fut plus en usage dans l'armée française que pour les sapeurs porte-hache de l'infanterie et les gendarmes à cheval de la Seine. Il a persisté dans la garde nationale de Paris (sapeurs, grenadiers et voltigeurs) jusqu'à la révolution de 1848. C'était un contre-sens ; il faut être militaire consommé pour bien porter cette coiffure, et les besicles bourgeoises surtout se marient pitoyablement avec elle. L'arrêté du gouvernement provisoire qui la supprimait désormais dans la garde nationale provoqua pourtant le 16 mars une ridicule démonstration ayant pour but de le lui faire rapporter, et restée à jamais fameuse sous le nom de *journée des bonnets à poil*. Enfin le bonnet à poil vient d'être donné comme coiffure à la gendarmerie mobile.

BONNET CHINOIS. Espèce de macaque, ainsi appelée à cause de la disposition des poils du sommet de la tête, qui, retombant de tous côtés, forment une sorte de calotte.

Les marchands et les amateurs désignent rarement les coquilles par des termes scientifiques. Souvent ils leur donnent des noms qui indiquent leur ressemblance avec certains objets. Ainsi plusieurs coquilles des genres *patelle*, *calyptrie* et *cabochon* ont reçu d'eux le nom de *bonnet chinois*.

BONNET DE PRÊTRE (*Botanique*). Voyez FUSAIN.

BONNET DE PRÊTRE ou BONNET À PRÊTRE (*Fortification*), sorte de pièce de fortification qui fait partie des dehors d'une place, et est nommée *bonnet* par allusion à la configuration de son plan. C'est une double tenaille, à gorge étroite, construite en avant du milieu d'une courtine, et quelquefois d'un ravelin ; c'est un ouvrage isolé, présentant quatre faces brisées au moyen de deux angles rentrants et de trois angles saillants ; c'est enfin une forme de dent de scie entre deux demi-dents. Le prolongement des ailes du *bonnet de prêtre* formerait, si elles n'étaient coupées, un angle de rencontre avec la courtine, et c'est surtout en cela que le *bonnet* diffère de la tenaille double, dont les ailes sont parallèles, tandis que les siennes se dirigent en queue d'aronde. Le *bonnet de prêtre*, rejeté par nos meilleurs tacticiens, est peu pratiqué chez nous. Cependant en 1796 les Français défendirent Kehl en y construisant une tête de pont en *bonnet de prêtre*.

BONNET D'HIPPOCRATE. Les chirurgiens donnent ce nom à une espèce de bandage pour la tête ou de capeline à deux chefs pour les écartements des sutures.

BONNETERIE. On comprend sous cette dénomination tous les ouvrages tricotés ou faits au *métier à bas*, comme bonnets, bas, gilets, gants, pantalons, etc., et aussi l'industrie qui s'occupe de la confection et de la vente de ces objets. On peut classer les innombrables produits qui sont l'objet du commerce de la bonneterie en quatre grandes divisions : la *bonneterie de coton*, la *bonneterie de laine*, la *bonneterie de fil*, et la *bonneterie de soie*, qui peut se subdiviser en *bonneterie de soie proprement dite* et en *bonneterie de filoselle* ou *bourre de soie*.

La *bonneterie de coton* est la plus importante, à cause de la masse de consommateurs à laquelle elle s'adresse : sa fabrication occupe une multitude d'ouvriers, disséminés dans un grand nombre de villes, dont la plus importante, sous ce rapport, est Troyes. Les fabriques de Caen et de Rouen, quoique moins considérables, produisent des articles plus recherchés pour la qualité. Nîmes est renommée pour ses bas fins et à jour, auxquels on ne peut reprocher que leur manque de solidité. Les fabriques de Besançon, de Nancy, de Vitry, de Bar-le-Duc, de Lyon, d'Héricourt, de Sainte-Marie-aux-Mines, d'Arcis, de Méry, de Romilly, d'Estissac, etc., ne viennent qu'ensuite.

Dans cette spécialité, la France n'exporte guère plus que les bas et les gants en *fil d'Écosse* ou coton retors. Cet article mérite une mention spéciale, à cause de l'importance qu'il acquiert tous les jours. On en fait une grande consommation en France ; les pays chauds, et notamment les Antilles, absorbent le reste, et nous sommes encore seuls pour alimenter ce débouché. C'est le département du Gard qui se livre à ce genre de fabrication.

Quant à la *bonneterie de laine*, nous n'en exportons presque plus à l'étranger. Les produits anglais, qui sont d'une supériorité bien marquée, nous font partout une concurrence victorieuse. Cependant notre consommation intérieure est assez considérable pour que cette industrie soit pratiquée dans un grand nombre de localités. Ainsi Montdidier, Grandvilliers, Roye, Fère-Tardinois, Neuilly Saint-Front, Montolieu, Orléans, Reims, Caen et leurs environs ont des fabriques de bas de laine au métier. Poitiers, Chartres et toute la Beauce, Chaumont, Vignory et quelques autres lieux de la Champagne, s'occupent de la fabrication des bas et des bonnets à l'aiguille. Les principales fabriques de bas de laine nommés *bas d'estame* se trouvent dans les départements du Pas-de-Calais et du Calvados. C'est surtout à Reims et dans le département d'Eure-et-Loir que se font les *bas drapés*. Paris fabrique les calottes et autres menus articles.

La *bonneterie de fil* est aujourd'hui de bien peu d'importance en France. Le centre de cette fabrication est en Artois, et on n'y compte guère que cinq ou six grandes maisons. C'est qu'aussi nous ne pouvons lutter avec la Saxe, ni pour le prix, ni pour les qualités du fil que ce pays sait

28.

produite. Autrefois, nous exportions pour l'Espagne et les colonies; maintenant ce sont les Anglais qui approvisionnent ces débouchés, avec la bonneterie de Saxe.

Si on en excepte les articles de Lyon et de Paris, qui d'ailleurs jouissent d'une réputation méritée, la *bonneterie de soie* provient presque totalement du midi de la France, où ses principaux centres de fabrication sont : Nîmes, Romans, Saint-Jean-du-Gard, Uzès, le Vigan, Tours, Vasselonne, Montpellier et Ganges. La moitié environ des produits fabriqués passe à l'étranger, et nous avons une véritable supériorité sur la fabrication anglaise. La France approvisionne de bas, de gants, de bonnets de soie, les États-Unis et toute l'Amérique méridionale. L'Angleterre elle-même nous demande beaucoup de gants de soie; et le bas prix de nos produits la forcerait à nous demander aussi ses bas, sans le droit d'entrée qui impose nos soieries.

Enfin, la *bonneterie de filoselle* se fabrique aussi dans le département du Gard. La Suisse est le seul pays étranger qui soit redoutable pour notre industrie et notre commerce en ce genre. C'est en Suisse que l'Allemagne, la Hollande et la Belgique, s'approvisionnent en grande partie pour les bas et les gants de filoselle. La consommation intérieure suffit à la France pour ce qu'elle produit elle-même.

Depuis quelques années, on remarque dans la bonneterie un progrès bien sensible, et ce commerce se maintient par la multiplicité des genres et des articles nouveaux dont il s'occupe. Toutefois, les exportations ne sont pas plus élevées qu'il y a quinze ou vingt ans. En effet, nous ne pouvons pas fournir aux étrangers les articles communs, que les Anglais peuvent produire à bien meilleur marché. Nous leur sommes supérieurs pour le beau et le fini; mais sans la mode, dont nous possédons mieux qu'eux l'art de *stimuler les caprices*, nos exportations deviendraient nulles.

BONNET ROUGE ou **BONNET DE LA LIBERTÉ**. Cette coiffure dont les artistes décorent la Liberté, sans doute depuis qu'il était la marque de l'*affranchissement* des esclaves, devint, avec la carmagnole, le signe distinctif des masses populaires qu'emportait le flot démagogique lors des premiers excès de la révolution de 1789. S'en coiffer à cette époque, c'était faire acte de civisme, et la populace qui inonda les Tuileries à la journée du 20 juin 1792 en décora le front de Louis XVI, rebelle à huit clos, selon sa coutume, à ce grand mouvement d'émancipation générale, auquel il semblait toujours céder de bonne grâce en public. Mais d'où venait cet emblème si spontanément, si généralement adopté? Était-ce une réminiscence du vieux bonnet phrygien, comme quelques-uns l'ont prétendu? Ou plutôt n'y faut-il voir autre chose que la coiffure des premières bandes marseillaises affluant à Paris après l'avoir probablement empruntée à leurs voisins les montagnards catalans des Pyrénées-Orientales, qui s'en parent de temps immémorial, malgré les ordonnances sévères de tous les préfets bien pensants? Une troisième version assigne à cette coiffure une autre origine : A l'en croire, des soldats suisses, s'étant révoltés contre leurs officiers aristocrates, auraient été impitoyablement envoyés aux galères; mais, graciés par l'Assemblée nationale, ils seraient revenus à Paris décorés du bonnet rouge du bagne, et l'auraient popularisé parmi la multitude qui les recevait en triomphe. La dénomination de *bonnets rouges* s'étendit, plus tard, aux hommes qui adoptèrent cet insigne, et devint le synonyme de montagnard.

De France cet emblème est passé dans l'une et l'autre Amérique; et sur les deux Océans, en Californie comme aux États-Unis; au Mexique, à Vénézuéla, à la République du Centre, à la Nouvelle-Grenade, à Montévideo, à Buénos-Ayres, au Paraguay, comme au Chili, au Pérou, à Bolivia, partout enfin sur les monnaies ou sur les sceaux des différents États on retrouve notre bonnet phrygien de 1793 complétement dépouillé de cet aspect répulsif qu'il a chez nous.

En France, quelques jeunes gens essayèrent en vain de le remettre à la mode à l'issue de la révolution de 1830 et dans les diverses émeutes qui la suivirent. Ils n'y réussirent pas mieux après la révolution de 1848, quoique les esprits y fussent sans doute un peu mieux préparés qu'en 1830. Mais cette vieille friperie révolutionnaire, renouvelée de 1793, ne pouvait pas revenir à la mode. Il y avait danger à faire revivre ces insignes désormais inséparables, dans l'esprit des masses, des erreurs et des excès d'une autre époque. Aussi le gouvernement en réprenant de la force commença-t-il par éloigner le bonnet rouge du front des statues de la Liberté et de la République. On lui substitua de pâles auréoles, de lourdes couronnes d'abondance. Puis ce symbole d'affranchissement a fini par redevenir, comme sous la monarchie, un emblème séditieux.

BONNETS (Faction des). Après Charles XII, le gouvernement de la Suède était tombé aux mains d'une aristocratie factieuse et turbulente. D'abord, cependant, tous les partis qu'on comptait dans la diète semblaient n'avoir en vue que le bien général et n'aspirer qu'à guérir les plaies de la patrie; mais cette harmonie ne dura pas longtemps. La diète de 1738 vit se former dans son sein deux factions, celle des *chapeaux*, dévouée à la France, et celle des *bonnets*, qui recherchait l'appui de la cour de Saint-Pétersbourg. Les chapeaux, quelques années après, déterminèrent la diète à rompre avec la Russie; et cette rupture attira sur la Suède de grands revers, parce que la jalousie réciproque des deux factions faisait échouer toutes les opérations et déconcertait les plans de campagne les mieux combinés. Victime de l'égoïsme et de l'ambition de ses gouvernants, la Suède éprouvait à la fois les inconvénients de la démocratie et ceux de l'oligarchie. Les malheureux résultats de la guerre de 1741 et de celle de 1756, qui toutes deux avaient été entreprises à l'instigation des *chapeaux*, altérèrent considérablement la popularité de cette faction. Pourtant elle parvint, pendant la diète de 1769, à s'emparer du pouvoir et à dépouiller les membres du parti opposé des principaux emplois. Mais lorsque la guerre vint à éclater entre elle et la Porte, la Russie, d'accord avec l'Angleterre, fit tous les efforts pour relever le crédit et l'influence des *bonnets*, afin de rester de la sorte en paix avec la Suède, et de n'avoir pas de fâcheuse diversion à redouter de ce côté.

La mort du roi Adolphe-Frédéric, arrivée sur ces entrefaites (1771), ouvrit un nouveau champ à l'intrigue dans la diète qui fut convoquée à l'occasion de l'avénement de Gustave III, son fils et son successeur. Ce jeune prince s'entremit d'abord entre les deux partis pour tâcher de les concilier; mais il y réussit si peu, que les animosités ne firent qu'augmenter, et que les bonnets, soutenus par la Russie et l'Angleterre, parvinrent à faire décréter l'expulsion totale des chapeaux, tant du sénat que des autres places et dignités du royaume. La licence devint alors extrême, et la réforme du gouvernement de plus en plus nécessaire. Elle fut accomplie en 1772.

L'Académie Française, sous le règne de Louis XV, eut aussi un instant ses deux factions des *bonnets* et des *chapeaux*. Les bonnets, c'étaient les évêques et le parti dévot; les chapeaux, c'étaient les encyclopédistes et les philosophes. En ce temps-là, deux places étant devenues vacantes dans la docte aréopage, grande fut la rumeur entre les deux factions. C'était une belle occasion de recruter son parti, et la lutte fut vivement engagée. La ville tenait pour les chapeaux, et la cour pour les bonnets. Les chapeaux prirent habilement leur temps, et en un seul jour enlevèrent d'assaut les deux élections. Suard et l'abbé Delille obtinrent la majorité des suffrages. Tout rouges de colère, les bonnets jetèrent les hauts cris dans cette cour étrange, où la dévotion vivait en fort bons termes avec le parc aux Cerfs.

Le roi destitua de leur immortalité naissante les deux académiciens, sur le seul motif qu'ils étaient très-véhémentement soupçonnés d'être *encyclopédistes*. Notez que ni l'un ni l'autre n'avaient écrit une ligne dans l'*Encyclopédie*. Forcés de céder aux ordres du roi, les chapeaux n'abandonnèrent pourtant point la victoire aux bonnets : ils nommèrent deux autres académiciens, pris dans la secte dévote, et dont l'un, Beauzée, avait écrit, depuis la mort de Dumarsais, tous les articles de grammaire dans l'*Encyclopédie*. Ce choix fut agréé par le roi, tant on était conséquent dans cette cour-là ! et deux ans après Suard et Delille retrouvèrent leurs deux fauteuils, malgré les bonnets, dont la vogue était en décroissance.

BONNETTE (*Fortification*), mot dont on ignore l'étymologie, mais qui pourrait être allemande, puisque Jabro dit que ce que les Allemands appelaient bonnette est nommé surtout par les Français. La bonnette sert à garantir, contre le feu d'une éminence trop voisine, une partie saillante de retranchement, quand on n'a pas le temps d'exhausser suffisamment tout l'ouvrage. En ce cas, on élève seulement de quelques mètres, et en forme de cavalier, le parapet de l'angle; et l'on se garantit ainsi parfaitement des feux à ricochets.

Dans la fortification régulière, une bonnette est une pièce détachée nommée aussi *flèche*. C'est un petit ravelin palissadé et sans fossé, à parapet, à angle saillant et à deux faces; il est construit soit en avant du glacis, soit au pied de l'avant-fossé, comme corps-de-garde d'avancée et est mis en communication avec le chemin couvert, au moyen d'une tranchée. On fait usage des bonnettes ou exhaussements de terrain pour se préserver des commandements de revers, et n'être pas dominé par des éminences. Gal BARDIN.

BONNETTES (*Marine*). On appelle de ce nom des voiles légères, en forme de carré long, un peu trapézoïde, qu'on suspend aux extrémités des vergues qui supportent les autres voiles, dont la surface est à peu près double. Elles se tendent au moyen d'une petite barre en bois léger, à laquelle s'attache le côté supérieur de la bonnette, et la corde qui sert à la suspendre, en même temps que ses coins inférieurs, est retenue par d'autres cordes, dont l'une s'appuie sur l'extérieur d'un long bout de bois qu'on pousse à volonté et qui fait saillie à l'extrémité d'une vergue plus basse. Les bonnettes sont les voiles de beau temps, livrées d'ordinaire au souffle d'une faible brise dont la direction est pourtant favorable à la route que suit le navire. Les Espagnols les appellent *alas*, et en effet ce sont les ailes du navire; mais par une exagération, plus embarrassante que profitable, certains capitaines ajoutent des ailes en dehors de ces ailes, ce qui constitue les *bonnettes de bonnettes*.

C'est un magnifique spectacle qu'un navire cinglant par un beau temps avec son appareil de bonnettes, se balançant sous cette puissante masse de voiles, et se redressant par un mouvement gracieux sur la courbe des houles. Si le vent le frappe d'un côté, c'est de ce côté qu'il déploie ses ailes, qu'il établit ses bonnettes en les obliquant ou les relevant suivant les capricieuses variations de la brise. Enfin, il en déploie de deux côtés si le vent souffle directement en poupe; alors il se dandine fièrement, *il roule*, et ses *bonnettes basses* suspendues tout près de la mer en effleurent la surface. Les *bonnettes* prennent le nom des voiles près desquelles elles sont suspendues. Les *bonnettes basses* sont celles qui se placent à côté des basses voiles; mais généralement le mât de misaine est le seul qui en porte. Les autres bonnettes sont celles de huniers, de perroquets et de cacatois. Elles diminuent d'amplitude à mesure qu'elles s'élèvent. Les bonnettes sont, en outre, dites *grandes* ou *petites*, selon qu'elles appartiennent au grand mât ou à celui de misaine.

Les bonnettes ne restent pas, comme les autres voiles, invariablement attachées aux mâts. Quand elles ne servent pas comme voiles, leur place est partout où elles sont à l'abri, partout où elles peuvent être utiles, soit pour exposer, au grand air, soit le pont, du biscuit ou des graines, soit pour improviser une tente contre les ardeurs du soleil. Une voie d'eau inquiétante se déclare-t-elle sous le bâtiment, vite pour en diminuer la gravité une bonnette doublée de filasse et recouverte d'une couche de suif est appliquée sur la partie de la carène où l'on soupçonne qu'elle existe. Sous les chaleurs de la zone torride, lorsque par un temps calme le navire dort immobile sur l'Océan, une bonnette plongée dans la mer et relevée aux quatre coins par des cordes devient une vaste baignoire pour l'équipage qui s'y ébat sans peur du requin qui flaire pourtant sa proie à travers la toile protectrice. Jules LECOMTE, ancien officier de marine.

BONNET VERT, coiffure infamante qu'un arrêt de règlement rendu le 26 juin 1582 imposa aux cessionnaires et faillis. Cette peine, suivant Pasquier, signifiait que celui qui était forcé de recourir à la cession de biens s'était attiré sa ruine par sa folie, et qu'il méritait dès lors d'être signalé à la risée publique. Son véritable but était de retenir les débiteurs par la crainte de la honte et du ridicule. Ce qu'il y avait de désagréable dans cette formalité était du reste compensé par un avantage qui avait bien son prix; car l'homme coiffé du bonnet vert était sacré pour la baguette de l'huissier, et les décrets de prise de corps ne pouvaient recevoir d'exécution contre lui. C'est ce qui explique l'épithète qu'on trouve dans ces vers de Boileau :

Sans attendre qu'ici la justice ennemie
L'enferme en un cachot le reste de sa vie,
Ou que d'un bonnet vert le *salutaire* affront
Flétrisse les lauriers qui lui couvrent le front.

Cette peine est tombée en désuétude depuis plus d'un siècle. Le bonnet vert était, dans les bagnes, la coiffure des condamnés aux travaux forcés à perpétuité.

BONNEVAL (CLAUDE-ALEXANDRE, comte DE), naquit le 14 juillet 1675, à Coussao, en Limousin, d'une ancienne et illustre famille, qui tenait à la maison de France par celle de Foix et d'Albret. Sa vie est un roman, qu'il s'est plu à retracer dans ses mémoires. L'impétuosité et l'inconstance de son caractère étant incompatibles avec l'étude, il sortit à douze ans du collège des jésuites, pour entrer dans la marine royale, où il fut promu peu de temps après au grade d'enseigne de vaisseau. Dieppe, La Hogue et Cadix furent témoins du courage de ce jeune officier. En 1698, quelques mécontentements l'engagèrent à passer du service de la marine dans le régiment des gardes : ce régiment était alors une école de plaisir, ou plutôt de libertinage; le comte de Bonneval avoue franchement, dans ses mémoires, qu'il y tira, à l'aide de sa bonne mine, quinze mille francs au moins d'une jeune dame, épouse d'un riche fournisseur. A l'époque de la guerre de la succession d'Espagne, en 1701, ayant obtenu le régiment de Labourd, il se distingua à la campagne d'Italie. Catinat, Vendôme, le maréchal de Luxembourg, et plus tard le prince Eugène, faisaient le plus grand cas de sa valeur et de ses talents militaires, dont les plaines de Fleurus, les remparts de Namur et Nerwinde avaient été le théâtre. Il contribua au succès de la bataille de Luzzara. Le prince Eugène lui dit depuis que dans cette affaire il lui avait arraché la victoire des mains.

Malheureusement pour le comte de Bonneval, sa langue n'était pas moins tranchante que son épée : elle avait offensé mortellement Mme de Maintenon et aussi le ministre Chamillard, qui le fit condamner par un conseil de guerre à la peine capitale, comme traître et concussionnaire. Bonneval passa alors d'Italie en Allemagne, où il porta les armes contre la France, avec le grade de général-major, dont il était redevable à la protection du prince Eugène. Sous les drapeaux impériaux, il porta le fer et la flamme en Provence et en Dauphiné, non content d'avoir, les années précédentes, versé le sang français en Italie. En 1708 on lui confia un corps de troupes chargé de soutenir contre le pape Clément XI les prétentions de l'archiduc Charles. Il fit les campagnes de 1710, 1711 et 1712 sous le prince Eugène. Après la paix d'Utrecht, Charles VI le nomma, en récompense de ses services, lieutenant général et membre du conseil aulique. La guerre étant venue à éclater entre l'Autriche et la Turquie, le prince Eugène fut mis à la tête de l'armée de Hongrie ; et c'est en partie à la valeur de Bonneval qu'il dut le gain de la fameuse bataille de Péterwaradin, où, le flanc ouvert d'un coup de lance, foulé aux pieds des chevaux, on le vit tenir encore tête à l'ennemi avec dix des siens, qui l'arrachèrent du milieu des janissaires. J.-B. Rousseau, à ce sujet, a illustré son ami par une belle strophe de son ode au prince Eugène. Lors de la paix de Rastadt le prince Eugène fit annuler en France les procédures instruites contre Bonneval, et obtint la restitution de ses biens, dont son frère toutefois refusa de se dessaisir. Dès que l'état de ses blessures le lui permit, Bonneval vint à Paris, où il fut reçu avec une grande distinction.

Cependant les mobiles destinées du comte de Bonneval ne pouvaient jamais se fixer ; une circonstance légère les fit changer encore tout à coup : un soir de juillet, la femme du jeune roi d'Espagne s'était, dit-on, promenée en déshabillé dans ses jardins avec deux de ses femmes, et, grand scandale pour ces temps, s'était baignée dans une des pièces d'eau de son palais. Le marquis de Prie, favori du prince Eugène et vice-gouverneur des Pays-Bas, son épouse et ses filles, interprétèrent, commentèrent même malicieusement cette promenade nocturne de la jeune reine. En chevalier français, Bonneval releva cet outrage fait, comme il le dit, à une princesse de France et à une reine d'Espagne. De la haine mortelle entre le vice-gouverneur et le lieutenant général. Un jour il envoya à Prie un défi, et se déchaîna en injures de toute espèce contre la femme et les filles de celui qu'il traitait de calomniateur. Une conduite si peu mesurée déplut au prince Eugène, qui voulait qu'au moins on respectât dans le gouverneur la dignité de sa place. Il priva Bonneval de tous ses emplois. Cet homme indomptable, loin de se soumettre à cet arrêt, qui eût été adouci, passa à La Haye, et de là lança un cartel au prince Eugène. Cette hardiesse, cet oubli des lois de la discipline et de la hiérarchie, encore sans exemple en Allemagne, soulevèrent l'indignation de la cour de Vienne, et le pétulant baron fut ordonné retour. Conduit au Spielberg, un conseil de guerre le condamna à la peine de mort, qui fut commuée par l'empereur en une année de détention dans la forteresse. Sa peine expirée, il fut conduit à la frontière, et on lui enjoignit de ne jamais reparaître sur le territoire de l'Empire.

Pour rompre à jamais avec les princes chrétiens, de Venise, où il s'était enfui, il passa en Turquie, où il embrassa la religion de Mahomet, en 1720. La circoncision, qu'il subit des mains d'un iman, lui valut une fièvre de vingt-quatre heures, et, bien contre son gré, la visite et les compliments des hauts dignitaires de l'empire ; son nom dès lors fut *Achmet-Pacha*. Bien vu du sultan Mahmoud, il fut investi par lui de plusieurs dignités. « Admis aux pieds de sa Hautesse, elle me dit, écrit Bonneval, *qu'elle ne doutait pas que je ne lui fusse aussi fidèle que je l'avais été partout ailleurs*. J'en fis serment. Quand je l'eus fait, un des secrétaires d'État me remit une patente : elle me déclarait pacha à trois queues. » Peu de temps après, il fut créé topigi-bachi, c'est-à-dire général de l'artillerie. Il avait déjà formé l'européenne le corps indiscipliné jusque alors. Il lui apprit à pointer les pièces, à se servir des bombes avec plus de succès ; il enseigna à la cavalerie turque à se ranger en escadrons ; enfin il commença ce que de nos jours le sultan Mahmoud et Ibrahim ont en partie achevé. Dans la guerre contre les Moscovites, on lui confia un corps de vingt mille hommes ; dans celle contre les Persans, il remporta des avantages sur Thamaps-Kouli-Kan. Il eut le titre de bégler-bey. Enfin ayant perdu de sa faveur, il fut relégué dans un pachalick, aux extrémités de la mer Noire, vers les confins de la petite Tatarie. Vieux, les souvenirs de la France le tourmentaient. Il méditait encore une fuite, quand la mort le surprit, le 22 mars 1747, à l'âge de soixante-douze ans. Son fils naturel, Soliman-Aga, auparavant comte de La Tour, lui succéda dans la place de topigi-bachi.

Bonneval a laissé des mémoires. On y voit un homme bouillant, fier, d'un caractère inquiet, inconstant, contempteur de l'ordre social, et d'une morale relâchée. Les circonstances seules où le jeta son âme de feu atténuent sa conduite, quoique cependant il y eût au fond de son cœur une moquerie naturelle des choses les plus respectables de la vie ; ce qu'on ne saurait lui refuser, c'est une valeur à toute épreuve, un esprit vif, de la fierté, et un fonds d'honneur français qu'il ne cessa jamais de porter au sein des cours étrangères qui payaient son épée. A Péra, dans un cimetière de derviches, non loin du palais de l'ambassade de Suède, on lit encore sur son tombeau cette belle inscription turque : *Dieu est permanent, que Dieu, glorieux et grand auprès des vrais croyants, donne paix au défunt Achmet-Pacha, chef des bombardiers.* L'an de l'hégire 1160 (1747).
DENNE-BARON.

BONNEVILLE (NICOLAS DE), publiciste français, naquit à Évreux, le 13 mars 1760, et vint à Paris pour y faire ses études. D'un caractère inconstant, il aborda tour à tour toutes les branches du savoir. Quelques poésies qu'il publia dans sa jeunesse ne sont que des effusions d'une imagination mal réglée. Mais bientôt il se consacra tout entier à l'étude des langues et des littératures étrangères, et cela dans un moment où ce genre de connaissances était encore fort peu répandu en France. Comme fruit de ses études, il fit paraître, en collaboration avec l'Allemand Friedel, le *Nouveau Théâtre Allemand* (12 vol., Paris, 1782-1785). Ce recueil ayant été reçu favorablement du public, il entreprit de publier un choix de romans allemands, et le dédia à la reine. Conjointement avec Letourneur, il publia ensuite une traduction de Shakespeare, qui n'est pas sans mérite.

En 1786 il fit un voyage en Angleterre, et s'y prit d'un vif intérêt pour la politique. Au commencement de la révolution, il fonda, avec l'abbé Fauchet, *le Cercle social*, et publia successivement *le Tribun du Peuple* et la *Bouche de Fer*. Toute son ambition tendait à devenir membre de l'Assemblée nationale ; mais, ne pouvant y arriver, il dut enfermer son activité dans les bornes du journalisme. Il y déploya une grande libéralité d'opinions, et se prononça énergiquement contre toutes les mesures violentes. Ces sentiments de modération le rendirent suspect aux hommes qui étaient alors à la tête des affaires. Lors de la chute des girondins, il fut arrêté, et ne sortit de prison qu'à la suite du 9 thermidor. Il reprit alors la plume ; mais ses opinions s'étaient sensiblement modifiées, et le 18 brumaire ne le trouva pas dans les rangs de l'opposition. Sous l'Empire, il fut de nouveau incarcéré pour avoir comparé Napoléon à Cromwell, et resta jusqu'en 1814 sous la surveillance de la police. Plus tard, il se fit bouquiniste à Paris, rue des Grès, et y mourut, pauvre et obscur, le 9 novembre 1828. Outre ses traductions, on a de lui une *Histoire de l'Europe moderne* (3 vol., Genève, 1789-92), et un petit écrit portant pour titre : *De l'Esprit des Religions* (Paris, 1791).

BONNIVET (GUILLAUME GOUFFIER, seigneur de), était fils de Guillaume Gouffier de Boisy et de Philippine de Montmorency. Frère cadet de Boisy, gouverneur de François Ier, élevé avec ce prince, il gagna son affection, par son caractère ferme et décidé, la vivacité de son esprit, les grâces de sa figure et les agréments de sa conversation. Il se signala de bonne heure par sa bravoure, et se fit remarquer au siège de Gênes, sous Louis XII, en 1507, et à la journée des Éperons, en 1513. A la bataille de Marignan (1515) il déploya une imprudente témérité. Il n'était encore que favori du roi lorsqu'en 1516 la dignité d'amiral devint vacante. Le roi consulta le chancelier sur le choix qu'il devait faire. Duprat fut assez bon courtisan pour proposer Bonnivet. Le roi, qui ne cherchait qu'un suffrage dont il pût autoriser son inclination secrète, se hâta de le nommer, et Bonnivet sut que le chancelier l'avait proposé. Ce fut encore par le conseil de Duprat qu'en 1518 Bonnivet fut nommé à une ambassade extraordinaire en Angleterre pour obtenir du roi Henri VIII la restitution de Tournay. Tout dépendait du cardinal Wolsey ; on le gagna, et la négociation réussit sans que Bonnivet eût besoin de déployer de grands talents diplomatiques.

Lorsqu'en 1519, après la mort de Maximilien, François Ier se mit sur les rangs pour obtenir la couronne impériale d'Allemagne, il envoya Bonnivet soutenir ses prétentions auprès des électeurs ; il avait choisi par inclination ce brillant, vif et présomptueux courtisan, et il croyait l'avoir choisi par raison ; il espérait qu'il réussirait en Allemagne comme il avait réussi en Angleterre ; il comptait d'ailleurs sur les talents de d'Orval, qu'il donna pour adjoint à Bonnivet, et sur la connaissance que Fleuranges, autre adjoint de Bonnivet, avait des affaires de l'Allemagne, dont les États de Robert de la Marck, son père, étaient voisins ; il comptait enfin sur l'argent, et il donna quatre cent mille écus à Bonnivet pour les distribuer aux électeurs. Peut-être l'amiral eût-il assuré à son maître tous les suffrages, s'il avait su distribuer l'argent avec prudence, au lieu de le prodiguer avec un éclat indiscret, et si François Ier lui-même n'eût commis plusieurs fautes irréparables. Bonnivet flatta longtemps le roi du succès ; mais à la nouvelle de l'élection de Charles-Quint, il sortit du château qui lui servait d'asile aux environs de Francfort, et s'enfuit plein de honte à Coblentz. Il reprit ensuite la route de France ; mais il ne parut à la cour que plus de deux mois après, étant resté en Lorraine à prendre les eaux de Plombières. Lorsqu'il revint auprès du roi, il n'en fut pas moins bien accueilli, et conserva toute sa faveur. Mais, pour cela, il lui fallut se rendre esclave de la duchesse d'Angoulême, mère de François Ier. En 1521 il reçut le commandement de l'armée de Guienne, qui devait réparer les fautes et les malheurs de Lesparre dans la guerre d'Espagne. Bonnivet obtint tout d'abord des succès en Navarre, et s'empara de Fontarabie. Des conférences s'ouvrirent pour la paix. Plusieurs historiens ont accusé Bonnivet d'avoir seul empêché la fin des hostilités ; sans doute par sa présomption il put contribuer à la décision prise de continuer la guerre, mais il ne faut pas oublier que les plénipotentiaires français eux-mêmes dissuadèrent leur roi d'accepter les conditions qu'on lui offrait.

Bonnivet et le duc de Bourbon se haïssaient. Voici à ce sujet une anecdote que fournit un manuscrit de la Bibliothèque Nationale. « .... L'autre chose qui déplut au roi et qui toucha le favori, c'est s'étant à Bonnivet, dont l'amiral portoit le nom, et une maison que le roi faisoit magnifiquement bâtir, et le connétable s'y étant rencontré, le roi lui demanda ce qu'il lui sembloit de ce bâtiment ; il lui répondit qu'il le trouvoit fort superbe, mais que la cage étoit trop belle et trop grande pour l'oiseau ; ce qui piqua le roi, qui lui dit qu'il lui portoit envie ; à quoi il répondit qu'il n'en pouvoit avoir pour les gens dont les pères avoient été bien heureux d'être écuyers de sa maison ; ce qui étoit vrai, car celle de Gouffier étoit originaire du duché de Bourbonnois. » Blessé dans son orgueil, Bonnivet excita et servit l'animosité de la duchesse d'Angoulême contre le connétable de Bourbon. Bonnivet eut le commandement de l'armée d'Italie : en 1523, il pénétra dans le Milanais, mais il fit plus d'une faute dans cette campagne. Bientôt le Milanais fut entièrement évacué. En 1524 François Ier reconquit en personne ce pays. Bonnivet fut cause de la bataille de Pavie. Quand elle fut perdue (24 février 1525), l'amiral, voyant l'inutilité de ses efforts pour arracher son maître aux périls qui l'environnaient, leva la visière de son casque, et, jetant un triste regard sur le champ de bataille : « Non, s'écria-t-il, je ne puis survivre à un pareil désastre ! » Et il courut se précipiter au milieu des ennemis. Il y trouva la mort. Le connétable de Bourbon, alors au service de Charles-Quint, apercevant le cadavre de son ennemi, s'écria : « Ah ! malheureux ! tu es cause de la perte de la France et de la mienne ! »

Jamais homme, selon Brantôme, ne fut plus audacieux dans ses galanteries que Bonnivet. Si l'on en croit cet écrivain, la comtesse de Châteaubriant, maîtresse du roi, aimait l'amiral ; et le roi l'ayant un jour surpris chez elle, Bonnivet n'eut le temps de se cacher sous des feuillages qu'on mettait alors en été dans les cheminées des appartements. Le roi eut ou feignit un besoin, et, ne voulant pas sortir, il alla dans la cheminée, où les feuilles cachèrent bien Bonnivet, mais le garantirent mal. Le roi paraissait quelquefois jaloux de son favori, et la comtesse, pour le tromper, gratifiait Bonnivet de nombreux ridicules : *Il est bon*, disait-elle, *le sire de Bonnivet, qui pense estre beau ! et tant plus je lui dis qu'il l'est, tant plus il le croit. Je me moque de lui, et j'en passe mon temps ; car il est fort plaisant et dit de très-bons mots, si bien qu'on ne sauroit s'en garder de rire quand on est près de lui, tant il le rencontre bien.* Il n'y avait pas trop là de quoi rassurer le roi. Ce Bonnivet qui se croyait si beau l'était effectivement ; il était de plus spirituel, plaisant, audacieux, et pouvait être réellement à craindre. Il avait même porté ses vues plus haut : il aimait Marguerite, reine de Navarre, duchesse d'Alençon, sœur du roi ; il le lui avait dit, et n'avait pu lui plaire. Le monarque, dit-on, savait cette inclination, et ne s'en offensait point. Le favori, recevant François Ier et toute sa cour dans son château de Bonnivet, osa s'introduire pendant la nuit par une trappe dans la chambre de la duchesse d'Alençon, qui se défendit avec tant de courage et fut défendue si à propos par sa dame d'honneur, que Bonnivet n'eut d'autre ressource que de s'enfuir. La duchesse, indignée, voulait dire tout au roi et faire punir Bonnivet ; mais la dame d'honneur fut d'un avis contraire, et la duchesse se rendit à ses raisons. Bonnivet portait sur son visage des témoignages sanglants de la résistance qu'il avait éprouvée ; il n'y avait pas moyen de paraître en cet état devant le roi, encore moins devant la duchesse. Il fit dire au roi le lendemain qu'il avait été malade toute la nuit, qu'il l'était encore, qu'il ne pouvait même soutenir la lumière ni entendre parler. Le roi voulut l'aller voir ; on lui dit que Bonnivet commençait à reposer ; il ne voulut pas l'éveiller, et partit sans l'avoir vu. Lorsque Bonnivet put se montrer, lorsque le temps et la continuation des bontés du roi l'eurent assuré du silence indulgent de la duchesse, il reparut à la cour ; mais toute son audace ne pouvait l'empêcher de rougir et de perdre contenance quand un regard de la duchesse d'Alençon venait à tomber sur lui. On conserve à la Bibliothèque Nationale un recueil manuscrit en deux volumes in-folio de *Lettres de l'amiral Bonnivet, ambassadeur extraordinaire en Angleterre en 1519*. Auguste SAVAGNER.

BONOSE, lieutenant de Probus dans les Gaules, commandait la flottille romaine du Rhin. Les Germains l'ayant incendiée, Bonose, pour se soustraire aux suites de sa négligence, se révolta, et se fit proclamer césar. Probus le battit, et le força à se réfugier à Colonia-Agrippina (Cologne), où il se pendit de désespoir, vers l'an 280 de J.-C. On rapporte que Probus, en voyant son cadavre, s'écria : « Ce n'est point un homme pendu, c'est une bouteille » ; voulant faire allusion par là au penchant bien connu de Bonose pour le vin, qu'Aurélien avait déjà qualifié, en disant de lui, par une espèce de jeu de mots : *Non ut vivat natus est, sed ut bibat*.

BONOSE, capitaine romain, connu depuis dans la légende sous le nom de saint Bonose, était avec Maximilien chef du corps dit des *Vieux Herculiens*, et fut condamné à être décapité par ordre de l'empereur Julien, sous prétexte de rébellion, mais en effet pour n'avoir pas voulu ôter du *labarum* la croix que Constantin y avait fait peindre.

BONOSE, évêque de Macédoine au quatrième siècle, qui attaquait, comme Jovinien, la virginité de la Vierge, et qui prétendait qu'elle avait eu d'autres enfants après Jésus-Christ, dont il niait la divinité, à l'instar de Photin, fut condamné par le concile de Capoue, assemblé, sous le pontificat du pape Gélase, pour éteindre le schisme d'Antioche. Il avait donné son nom à la secte des *bonosiaques*, ou *bonosiens*, qui succéda à celle des *photiniens*.

BONPLAND (Aimé), naturaliste célèbre, correspondant de l'Académie des Sciences, naquit vers 1772, à La Rochelle, d'une famille qui a produit des médecins et des magistrats estimés. En 1799, en qualité d'élève de l'École de Pharmacie et du Jardin des Plantes, il suivit Alexandre de Humboldt en Amérique, où il recueillit plus de six mille plantes nouvelles. A son retour, en 1804, il fut nommé par l'impératrice Joséphine directeur des jardins de Navarre et de la Malmaison, qu'il a décrits dans son *ouvrage sur les plantes qu'on y cultive* (Paris, 1813-1817). En même temps que ce magnifique ouvrage, il en publia deux autres, fruits de ses voyages, les *Plantes équinoxiales, recueillies au Mexique*, etc. (2 vol., Paris, 1808-1816), et la *Monographie des Mélastomes*, etc. (2 vol., Paris, 1809-1816, avec 220 planches). En 1818 il partit pour Buénos-Ayres avec le titre de professeur d'histoire naturelle. Le 1er octobre 1820 il s'embarquait sur le Parana pour entreprendre un voyage d'exploration dans l'intérieur du Paraguay. Après avoir étudié à fond dans ce pays la culture et la fabrication du mathé ou thé paraguésien, qui forme sa principale richesse, il en établit en face, à Santa-Anna, sur la rive orientale de Paraguay, une plantation considérable. Le dictateur suprême perpétuel Francia crut voir dans cette conduite une infraction au monopole qu'il s'arrogeait et une violation de la reconnaissance due à l'hospitalité qu'il avait accordée à notre compatriote; et un jour, en 1821, un détachement de huit cents soldats envahit le territoire de Buénos-Ayres, ruina la plantation de thé de Bonpland, emmena prisonniers les Indiens qu'il avait attirés dans ce village, et l'enleva lui-même. Francia l'envoya d'abord comme un fort comme médecin de la garnison, et le chargea plus tard de construire une route de commerce, en lui laissant la liberté de poursuivre dans un cercle borné ses recherches botaniques et d'enrichir ses collections.

En vain Alexandre de Humboldt, appuyé par Canning et par le résident anglais à Buénos-Ayres, réclama-t-il la mise en liberté de son ami, Francia ne voulut point le laisser partir. Cependant, au mois de novembre 1829, quelque temps avant la mort du dictateur suprême perpétuel, Bonpland put enfin retourner à Buénos-Ayres. En 1832 il écrivait à M. de Humboldt qu'il n'attendait plus que l'arrivée de ses collections pour revenir en Europe; mais il changea d'avis, et retourna dans le Paraguay. A la fin de 1840 il écrivait de nouveau de Montevideo qu'il espérait pouvoir continuer ses recherches sur une plus large échelle maintenant que Francia n'était plus, et qu'il avait pris toutes ses mesures pour que, en cas de mort, son herbier et ses manuscrits fussent envoyés en Europe. Vivant à San-Borja de l'Uruguay, à Corrientes ou à Montevideo, il est vraisemblable que le long séjour qu'il a fait dans ces contrées, les intérêts qu'il a su s'y créer, et peut-être aussi son mariage avec une Indienne, lui ont ôté l'idée de revenir en Europe. Kunth a publié dans les *Nova Genera et Species Plantarum* (Paris, 1815-25) les remarques de Bonpland sur l'herbier recueilli dans son premier voyage avec M. de Humboldt. En 1851 Bonpland a été décoré par le roi de Prusse de l'ordre de l'Aigle rouge de troisième classe.

BONPLANDIA. *Voyez* CUSPARIA.

BONS DU TRÉSOR. Appelés d'abord *bons royaux*, ces bons furent créés par la loi des finances du 4 août 1824, portant fixation du budget pour l'année 1825. L'article 6 de cette loi autorisa le ministre des finances à créer pour le service de la trésorerie et ses négociations avec la Banque de France des bons portant intérêt et payables à échéance fixe. Le but de cette institution fut d'abord de venir en aide aux opérations de la trésorerie, en devançant les rentrées parfois tardives de l'impôt, soit en comblant les déficits que les excédants imprévus des dépenses sur les recettes peuvent occasionner. Mais, comme il arrive toujours, ce premier objet a été dépassé, et la faculté donnée au gouvernement d'émettre des bons du trésor par ordonnance toutes les fois que cela serait nécessaire, fit prendre à cet expédient financier de considérables proportions. Fixée à un maximum de 140 millions, par la loi de 1824, l'émission de ces bons fut portée à 200 millions en 1831, et à 250 millions l'année suivante. La loi des finances de l'exercice 1853 limite à 150 millions la valeur totale des bons du trésor. Mais elle ne comprend dans cette limite ni certains bons délivrés à la caisse d'amortissement, ni les bons déposés en garantie à la Banque de France et aux comptoirs d'escompte, ni les bons qu'il serait nécessaire de créer pour l'exécution du décret du 14 mars 1852 concernant la conversion des rentes.

Après la révolution de Février les bons du trésor montaient à une somme de 274,583,000 fr., lorsque, le 16 mars 1848, le gouvernement provisoire s'avisa d'en proroger l'échéance à six mois au delà de leur date.

Dans le compte de l'administration des finances de 1851 le total des bons du trésor, en y comprenant ceux qui avaient été réunis à la Banque de France, s'élevait à 127,195,993 fr. 52 centimes.

Ces obligations font partie de la dette flottante. L'escompte en est fait soit par la Banque, soit par la caisse des dépôts et consignations. On les négocie aussi à la Bourse, où ils sont très-recherchés. Ces bons offrent, du reste, de très-grands rapports avec les bons anglais de l'Échiquier, à l'imitation desquels ils ont été créés.

BON SENS. *Voyez* SENS.

BONS-FIEUX ou **BONS-FILS**, anciens frères pénitents du tiers ordre de Saint-François, dont l'origine remontait à l'année 1615. A cette époque, cinq artisans fort pieux de la petite ville d'Armentières, en Flandre, n'ayant pu être reçus chez les capucins, formèrent une petite communauté, qui subsista ainsi jusqu'à 1626; ayant pris alors la règle du tiers ordre de Saint-François, ils se soumirent au provincial des récollets de la province de Saint-André et au directeur du tiers ordre du couvent d'Arras, puis, en 1670, aux évêques des lieux où leurs maisons étaient situées. Elles étaient gouvernées par un supérieur, un vicaire et trois conseillers. Les *bons-fieux*, dit le père Hélyot, ne portaient point de linge et couchaient tout habillés sur des paillasses.

BONS-HOMMES, religieux établis l'an 1259 en Angleterre, par le prince Edmond; ils professaient la règle de Saint-Augustin, et portaient un costume bleu. On donna en France ce nom aux minimes, à cause du nom de *bon homme*, que Louis XI avait coutume de donner à saint François de Paule, leur fondateur. Les six premiers qu'il envoya à Paris furent adressés à Jean Quentin, pénitencier de cette ville, qui refusa de les recevoir, et les traita durement. Quelque temps après, le pénitencier revint de ses préventions contre ces moines, les admit dans sa maison, et les y garda jusqu'en 1493, époque où Jean Morhier, seigneur de Villiers, leur fit don d'une vieille tour près de Nigeon. Anne de Bretagne, plus libérale, leur céda son manoir, situé sur les penchants du coteau de Nigeon et de Chaillot, à l'extrémité du village de ce dernier nom, d'où ils retirèrent celui de *minimes de Chaillot* ou *Bons-hommes*. Elle joignit à cette donation un hôtel contigu, qu'elle acheta en 1496, et qui était contenu dans un enclos de sept arpents, où se trouvait une chapelle de *Notre-Dame de toutes grâces*. Cette chapelle servit à ces nouveaux moines, en attendant qu'ils eussent une église plus grande, dont la construction fut commencée du vivant de cette reine, qui en posa la première pierre. Elle ne fut terminée qu'en 1578. Le couvent, supprimé en 1790, a, en partie, été remplacé par un chemin qui adoucit la pente de la montagne dite des *Bons-hommes*, et par de nombreuses habitations particulières.

BONSTETTEN (CHARLES-VICTOR DE), écrivain renommé, né le 3 septembre 1745, à Berne, où son père remplissait l'emploi de trésorier. Bonstetten reçut sa première instruction à Yverdun et à Genève, où il puisa dans la société de Stanhope, Voltaire, Saussure et Bonnet, le goût des recherches psychologiques. Après avoir achevé ses études à Leyde, à Cambridge et à Paris, il partit pour l'Italie, qu'il visita depuis à plusieurs reprises. Nommé en 1775 membre du grand conseil de Berne, puis *landvoigt* de Sarnen et en 1787 de Nyon, il fut placé ensuite à Lugano comme grand-juge, bien que sa vie dissipée le rendît peu propre aux affaires. Matthisson, Salis, Frédérique Brun et Jean de Müller vivaient avec lui. C'est à cette période de sa vie qu'appartiennent ses *Lettres sur le pays des pâtres suisses* (Bâle, 1782). Fuyant devant les troubles de sa patrie, il se retira, en 1796, en Italie, d'où, sur l'invitation de son amie Frédérique Brun, il se rendit à Copenhague. Pendant son séjour dans cette dernière ville, il publia ses *Opuscules*, qui offrent beaucoup d'intérêt sous plusieurs rapports. A son retour en Suisse, en 1802, il se fixa à Genève. La même année il fit imprimer à Zurich les résultats de ses recherches sur l'instruction populaire. Un nouveau voyage qu'il fit en Italie l'engagea dans des investigations topographiques sur la stérilité croissante de la campagne de Rome par suite du manque de culture et de la propagation du mauvais air, investigations dont il a consigné les résultats dans son *Voyage sur la scène des derniers livres de l'Énéide, suivi de quelques observations sur le Latium moderne* (Genève, 1813). Ses *Recherches sur la nature et les lois de l'imagination* (Genève, 1807) ont été inspirées en partie par les ouvrages de Muratori et de Bettinelli sur le même sujet. Dans ses *Pensées sur divers objets du bien public* (1815), dans ses *Études de l'Homme ou recherches sur les facultés de sentir et de penser* (1821) et dans *L'homme du Midi et l'homme du Nord* (1824), Bonstetten a su mettre à la portée du peuple les enseignements de la philosophie pratique. Cet aimable vieillard mourut à Genève, le 3 février 1832. Une imagination vive et mobile et une grande bienveillance formaient les traits distinctifs de son caractère. Ses *Lettres à Matthisson* de 1795 à 1827 ont été publiées par Füssli (Zurich, 1827); et ses *Lettres à Frédérique Brun*, qui peignent si bien la gaieté de son esprit, l'ont été par Matthisson (Francfort, 1829).

BONTÉ. La bonté, dans le sens le plus général du mot, est ce noble sentiment de l'âme qui la dispose à vouloir et à faire le bien de tous les êtres sensibles qui sont en rapport avec elle. Ce brillant attribut du monde moral se révèle à nous de deux manières. L'homme nous l'offre d'abord, et quoique le cœur humain soit envahi par une foule d'autres sentiments qui en ferment souvent l'accès à celui-là, on peut l'y contempler néanmoins, et avec une admiration d'autant plus vive qu'on le rencontre rarement, et que c'est par lui que l'homme semble le plus s'approcher de son Créateur et refléter quelque chose de la divinité. Nous pouvons aussi l'envisager dans l'auteur de la nature, et là il nous apparaît sur une échelle infiniment plus vaste, bien que nous n'ayons dans ce cas que l'induction pour l'atteindre, et bien que l'homme lui-même, par l'injurieuse expression de ses doutes et par d'ingénieux sophismes, ait essayé d'en obscurcir l'éclat.

La bonté, considérée dans l'homme, résume toutes les affections bienveillantes, ou, pour mieux dire, chacune de ces affections n'est autre que la bonté elle-même, qui se déploie dans des circonstances différentes, et qui prend alors un nom particulier, selon la circonstance particulière où elle manifeste son action. Pour faire le bien, dans la véritable acception du mot, il faut deux choses : vouloir le faire et en avoir la puissance. Mais il est malheureusement trop vrai que ces deux conditions se trouvent bien rarement réunies dans le même individu, et, par une sorte de fatalité, il semble au contraire que dans l'état réel de la société elles sont presque incompatibles, et que ceux qui auraient le *pouvoir* de faire le bien laissent à ceux à qui ce pouvoir manque le soin de le *vouloir*. Quand la bonté est bornée à ce rôle, qui est néanmoins l'essentiel, elle prend encore tout le bien qu'il lui est possible d'accomplir dans les limites qui lui sont assignées. Ainsi, elle témoigne vivement tout le désir qu'elle ressent d'être utile, elle est affectueuse, et s'abstient de toute parole et de toute action qui pourrait blesser le plus légèrement autrui.

Les maux qui affligent l'espèce humaine sont de deux sortes : les souffrances physiques et les peines morales. La bonté essaye également de soulager les unes et les autres; car c'est faire le bien que de combattre le mal. Mais comme les peines morales lui offrent moins de prise, et qu'elle ne peut que donner quelques consolations, qui sont souvent inutiles, c'est surtout aux souffrances physiques qu'elle s'adresse, parce que la nature offre plus de ressources pour les vaincre ou les alléger. La bonté a reçu alors le beau nom d'*humanité*. Les vues de l'humanité peuvent être plus ou moins étendues, selon la portée d'esprit de l'individu que meut ce noble sentiment. Quand elle ne se borne pas à venir au secours des maux dont elle est témoin, et qu'elle embrasse dans son zèle toute l'espèce humaine, dont le malheur est le partage, on l'appelle *philanthropie*. Le christianisme avait déjà désigné ce sentiment sublime par le mot *charité*, qui dans sa primitive acception a été remplacé par les mots *humanité, philanthropie*, pour les motifs que nous allons indiquer. La religion, œuvre de sentiment plutôt que de raison et de calcul, avait admirablement réussi à enflammer l'homme de l'amour de ses semblables, et à transformer le penchant qu'il a à faire le bien en un sentiment brûlant qui le portait aux actes les plus sublimes de dévouement et d'humanité. Mais comme les intérêts de la vie future étaient plus sacrés aux yeux des chrétiens que ceux de la vie terrestre, ceux-ci furent bientôt sacrifiés aux autres, et la charité finit par s'occuper beaucoup plus du soin de sauver les âmes que d'apporter du soulagement aux souffrances de la condition humaine. Aussi le mot *charité* ainsi compris et appliqué doit perdre de sa vogue et s'oublier, pour ainsi dire, du jour où l'on comprit que les maux physiques et les intérêts matériels n'étaient nullement à dédaigner, que le malheur abrutit l'homme, et que ses intérêts moraux ne sont jamais mieux garantis et ne peuvent l'être que lorsqu'il est affranchi de ces misères corporelles. C'est donc à leur soulagement que la philosophie dut s'appliquer d'abord. C'est pour cette raison qu'elle a rayé le mot *charité*, qui avait fait son temps, ou du moins n'était plus bien compris, pour le remplacer par les mots humanité, philanthropie, qui sont moins larges peut-être, mais qui indiquent mieux le but immédiat que doit maintenant se proposer l'homme sur la terre.

La bonté, considérée sous ce rapport, peut jouer deux rôles différents; elle peut ne se produire qu'à l'état de sentiment et demeurer passive : alors elle devient *compassion, sympathie bienveillante*; ou bien elle se produit au dehors et passe à l'état actif : dans ce cas, on l'appelle *bienfaisance*. S'il s'agit pour elle, non plus d'accorder des bienfaits et de venir directement au secours des malheureux, mais seulement de rendre des services qui n'exigent point de sacrifices matériels de la part de celui qui les rend, elle prend le nom d'*obligeance*. Le bien qu'elle fait alors n'est pas aussi méritoire ; il a néanmoins son prix quand il a sa source dans un sentiment de bienveillance et dans une intention droite et désintéressée. Mais quand la bienfaisance est libérale dans ses dons et prodigue de sacrifices, elle revêt un caractère plus élevé encore, et devient de la *générosité*.

Il y a une autre espèce de sacrifices qui rend le rôle de la bonté plus éclatant et plus sublime encore : c'est lorsqu'il s'agit, non plus de se priver de quelques avantages matériels pour les reporter sur ceux qui en ont besoin, mais de sacrifier son ressentiment ou son indignation pour n'écouter que la voix de la pitié et de la miséricorde envers ceux dont on a reçu quelque offense et sur lesquels on pourrait exercer de justes représailles : la bonté s'appelle alors *clémence*, *grandeur d'âme*; on lui donne aussi dans ce cas le nom de *générosité*.

On nous reprochera peut-être de n'avoir pas, dans notre définition, qualifié la bonté de *vertu*. Nous n'aurions pu la qualifier ainsi sans rendre sa définition inexacte. La bonté est bien une vertu dans certains cas, mais dans d'autres aussi elle n'est qu'un sentiment, un penchant de l'âme que la nature a mis en nous, et qui nous dispose seulement à faire le bien. Or, un penchant naturel, quelque favorable que soit son action, ne mérite pas le nom de vertu, car il ne nous appartient pas en propre, il n'est point notre fait, et ne doit être rapporté qu'à la nature. Pour qu'il y ait vertu dans l'homme, il faut qu'il y ait acte réfléchi, lutte, dévouement, sacrifice : c'est pourquoi la bonté ne devient vertu que du moment où elle est active. Ainsi la bienfaisance, la clémence, seront des *vertus*; la bienveillance, la compassion, ne seront jamais que des *sentiments*, dont le mérite appartient uniquement à la nature qui nous les inspire, dont la possession ne doit point nous enorgueillir, et dont nous ne pourrions étouffer la voix sans nous rendre coupables. Que l'homme ne s'arrête donc pas à cette idée de bonté sentimentale qui est toute passive, car il peut être bon sans être vertueux, et s'il n'est vertueux il n'est rien. Qu'il se méfie de cette qualification de *bon cœur*, qui n'implique pas l'idée d'acte, d'effort, de sacrifice, et qu'il croie bien n'avoir rien fait pour ses semblables ni pour lui tant que sa bonté ne sera pas devenue *pratique*.

Si nous considérons maintenant la *bonté* dans l'Être suprême, nous n'aurons plus à nous occuper de ce qu'elle est en elle-même, nous ne la verrons que dans les faits que l'observation nous révèlera, car ce n'est que par les actes au moyen desquels elle se produit que nous pouvons l'atteindre, et c'est l'induction seule qui peut nous éclairer en pareil cas. Si nous jetons les yeux sur la création animée et sensible, qui seule peut nous fournir les preuves de la bonté divine, nous remarquons deux espèces d'êtres bien distincts : les animaux privés de liberté et de raison, et l'homme. Comme la destinée des premiers ne s'étend pas au delà du temps qu'ils passent sur la terre, la somme des plaisirs qui leur sont accordés devait dépasser de beaucoup celle des maux qu'ils y rencontrent. C'est en effet ce que l'observation nous atteste. En voyant de combien de parties est composé l'animal le plus petit, combien semblent délicats et compliqués les ressorts d'où dépend sa vie, en voyant que cette machine si frêle résiste pendant de nombreuses années aux causes qui tendent à la détruire, on ne peut s'empêcher de reconnaître une souveraine bonté pleine de sollicitude, sans cesse attentive à la conservation de chaque être, qui a placé chaque espèce au milieu de tout ce qui est nécessaire à ses besoins, et qui a attaché à la satisfaction de ses besoins des jouissances qui sont pour la plupart inutiles à leur conservation ; car la nature aurait pu conserver les animaux par la seule crainte de la douleur : elle ne l'a pas fait ; elle a au contraire rendu leurs souffrances très-passagères, et écarté les maladies qui auraient rendu pénible le cours de leur existence; de plus, les souffrances auxquelles ils sont exposés sont probablement beaucoup moindres qu'elles ne nous paraissent. Ainsi, on cite le fait d'une araignée qui avait le corps traversé par une épingle, et qui n'en savourait pas moins le plaisir de sucer le sang d'un moucheron qu'on avait placé à sa portée. S'il est vrai néanmoins qu'ils aient à souffrir quelquefois, soit de la part des hommes, soit de la part des espèces ennemies, ces moments de douleur sont compensés et au delà par les nombreux plaisirs dont ils jouissent pendant presque toute la durée de leur vie. Sans regret du passé, sans inquiétude de l'avenir, tout entiers à goûter le présent, les aliments dont ils se nourrissent, l'air qu'ils respirent, la lumière qui les éclaire ou les échauffe de sa douce influence, tout les rend heureux, et ils attestent à chaque moment du jour, par leurs chants, leurs cris ou leurs mouvements, qu'ils sont dans un continuel état de bien-être, dont ils ne doivent le sentiment qu'à la bienveillance de l'auteur de la nature.

Assurément l'homme ne paraît pas aussi bien partagé, et les chances de souffrances auxquelles il est exposé semblent infiniment plus multipliées. On pourrait faire, et l'on a fait de longues et tristes énumérations des maux qui pèsent sur l'humanité. Sans vouloir en nier l'existence, nous essayerons pourtant de montrer qu'ils ne sont pas sans compensation, et nous tâcherons surtout d'en fournir une explication qui prouvera que, loin d'être un motif d'accusation envers le Créateur, ils ne servent qu'à attester la sublimité et la bienveillance de ses desseins vis-à-vis de l'homme. D'abord il est certain que l'imagination et l'horreur que nous inspire la pensée de la douleur nous ont fait singulièrement exagérer les misères qui affligent l'espèce humaine. Ces fléaux si terribles dont on se plaint, ces grands désordres de la nature, qui deviennent funestes à des populations entières, apparaissent très-rarement, relativement aux mêmes individus. Ils sont la plupart du temps l'effet de lois générales, utiles dans leur tendance ; enfin, ils aboutissent à la mort ; et sans considérer ici si elle est un mal, ce sont des moyens comme d'autres d'arriver à ce terme inévitable. On peut en dire autant des maux causés par les maladies, par les blessures accidentelles, qui sont beaucoup plus rares qu'on ne pense, surtout pour un même individu, car on le regarde comme un état *contre nature*, c'est-à-dire comme un état qui n'est point ordinaire ni habituel : de plus, la douleur qui existe n'est pas aussi cruelle qu'elle le paraît. Dans la plupart des maladies, surtout dans les maladies graves, le patient ne sent point son état. On sait d'ailleurs, et plusieurs faits me l'ont prouvé à moi-même, que l'inquiétude causée par l'idée de la mort n'est jamais plus éloignée de l'idée du malade que quand la mort le menace de plus près. Il est des maux auxquels on s'habitue, il en est d'autres qui inspirent plus de pitié à ceux qui en sont témoins qu'ils ne font éprouver de souffrance à celui qui les éprouve. Les douleurs trop vives amènent presque toujours l'évanouissement, c'est-à-dire un état d'insensibilité complète. Enfin, dans ces moments cruels la nature ne s'est point montrée sans compassion à notre égard, et elle a placé pour ainsi dire le remède à côté du mal, en nous inspirant cette pitié secourable qui nous porte comme malgré nous à soulager les maux dont nous voyons nos semblables atteints.

Je ne parle pas ici des souffrances qui ne sont imputables qu'à l'homme, c'est-à-dire au mauvais usage qu'il fait de sa raison et de sa liberté, et qui sont peut-être les plus nombreuses. Nous y reviendrons tout à l'heure. Il n'est question jusqu'à présent que de celles qu'il est hors de son pouvoir d'éviter. Or, d'une part, elles ne sont pas si multipliées ni si longues qu'on se plaît à les présenter. D'une autre part, pour l'homme qui descend de bonne foi en lui-même, et qui observe attentivement l'état de sa sensibilité aux différents moments de son existence, il est à peu près certain que ces maux sont bien compensés par les innombrables jouissances dont notre cœur est susceptible, et qui s'y croisent en tous sens et pour ainsi dire malgré nous à chaque instant du jour. Ce qui a fait dire à l'homme que dans cette vie la somme du bien n'est pas égale à celle du mal, c'est, je crois, parce qu'il perd facilement la mémoire des moments heureux, et qu'un seul jour de souffrance lui fait oublier volontiers des années entières de bonheur. S'il était juste, il avouerait que les plaisirs viennent de tous côtés au-devant de lui et le cherchent en foule. Sans parler de ceux que la nature a attachés à la satisfaction des besoins même les plus grossiers, et qui par conséquent se reproduisent si souvent pour lui, combien en est-il dont l'existence est tout à fait inutile à sa conservation, et qui ne lui sont évidemment accordés par le Créateur que dans le seul but de lui procurer des jouissances? A quoi servent ces parfums que la nature exhale autour de nous? A quoi sert cette harmonie délicieuse dont nos oreilles sont charmées? Pourquoi ces couleurs vives, ces formes suaves qui réjouissent nos regards? Pourquoi ces arts qui servent à multiplier et à combiner à l'infini les jouissances dont la nature nous fournit les éléments? Il n'est point de facultés dont l'exercice régulier ne soit accompagné d'un sentiment de plaisir : soit que l'homme travaille à dompter les forces de la nature extérieure et à les plier à son usage, soit qu'il exerce son esprit, et qu'il l'élève à la contemplation ou à la recherche de la vérité, soit qu'il règle sa conduite, et la dirige conformément aux lois du devoir, il n'est pas un seul de ces actes qui n'ait son retentissement dans le cœur.

La mesure des biens dont il nous est donné de jouir me parait en vérité si large que, tout compte fait, et quand nous ne serions pas destinés à franchir les limites de cette courte existence, elle me semble dépasser de beaucoup celle des maux auxquels notre position nous expose. Mais nous ne devons point nous arrêter à ce calcul, et la considération de la véritable destinée de l'homme nous fournit d'autres moyens d'absoudre le Créateur. S'il est vrai que la raison et la liberté soient les causes les plus fécondes des souffrances physiques et morales dont l'homme soit affligé, s'il est vrai qu'il faille leur attribuer les tourments, l'inquiétude, les regrets, les passions, les crimes, les vices et toutes leurs tristes conséquences, il est vrai aussi que l'existence même de ces nobles facultés atteste qu'elles n'ont point seulement été accordées à l'homme comme un don funeste, mais qu'elles ont un tout autre but, dont la contemplation nous révèle la glorieuse destinée à laquelle nous sommes tous appelés. Si l'on reconnait la liberté dans l'homme, on doit reconnaître aussi que celui qui en fait un bon usage, lors même qu'il en souffrirait ici-bas, acquiert des droits incontestables à une récompense, et devient possesseur d'un mérite dont rien ne saurait le dépouiller. Or, comme il est tout à fait déraisonnable de supposer qu'il y ait une rémunération suffisante pour l'homme vertueux dans quelques moments imperceptibles de satisfaction intérieure, et dans la perspective finale d'un tombeau et des vers qui doivent l'y réduire en poussière, rien ne me semble mieux démontré que l'insuffisance de cette vie pour récompenser celui qui a sacrifié à l'accomplissement du devoir toutes les jouissances de ce monde et quelquefois la vie elle-même.

Où nous conduit donc la connaissance de la liberté et du mérite dans l'homme, si ce n'est à reconnaître aussi que sa destinée n'est point complète ici-bas, et qu'il faut pour qu'elle s'accomplisse admettre nécessairement une existence ultérieure, qui est le but définitif pour lequel il a été réellement créé. Cela posé, sa condition présente devient explicable, et les maux qu'elle entraîne avec elle ne doivent plus nous apparaître que comme une préparation à des biens véritables, et comme des échelons de sa grandeur future. Et en effet pour que le bonheur fût mérité dans une autre vie, il fallait que la vertu existât dans celle-ci; et pour qu'il y eût de la vertu, il fallait que nous dussions nous soumettre à certaines lois, il fallait que nous eussions à vaincre des obstacles pour nous y conformer; il fallait pour que la justice s'exerçât, qu'il y eût des droits, qu'on pût respecter ou fouler aux pieds; il fallait pour la patience et la résignation des maux cruels à supporter; il fallait des dangers à surmonter pour le courage, des peines à soulager pour la bienfaisance, pour la reconnaissance des bienfaits accordés, des injures à pardonner pour la clémence. Ainsi tous ces désordres apparents du monde moral deviennent autant d'occasions de vertus, et ici comme ailleurs le but évident que s'est proposé l'auteur de notre être est encore notre bonheur, mais un bonheur qui ne pouvait exister à d'autres conditions, un bonheur au-dessus duquel il ne nous est point possible d'en concevoir un autre, un bonheur *mérité*.

On pourrait faire contre la bonté divine une dernière objection, plus spécieuse que les autres, en disant que si la liberté peut devenir l'occasion pour l'homme d'une félicité sans bornes, elle peut par là même devenir aussi l'occasion d'une chute terrible et de malheurs infinis, et que, malgré tout l'orgueil que doit nous inspirer une semblable prérogative, l'homme y renoncerait volontiers, à la seule pensée de l'abîme où elle pourrait l'entraîner. Ce qui fait la seule force de cette objection, c'est la croyance à l'éternité des peines. Sans vouloir discuter à fond une question de cette nature, nous devons cependant nous expliquer à ce sujet en peu de mots, et avouer que nous ne connaissons aucun raisonnement solide sur lequel puisse reposer une pareille croyance; qu'elle ne nous semble que l'effet des craintes exagérées de l'imagination, et que nous la regardons plutôt comme un outrage fait à la Divinité, dont la bienveillance nous est démontrée par tant de preuves qu'il nous parait aussi déraisonnable qu'impie de supposer un instant dans l'auteur des merveilles de la création la pensée de vouer un seul être à un malheur éternel.   C.-M. PAFFE.

BON TON. *Voyez* TON.

BONZES. Ce mot est le nom générique donné par les Portugais aux prêtres du Japon, nom dont on ne connaît pas l'origine, et qui sert aux Européens à désigner les ministres de la Chine, de la Cochinchine et du Japon, sans distinction des sectes nombreuses dans lesquelles ils se partagent. Cette dénomination commune n'est cependant pas sans fondement. Les bonzes, à quelque secte qu'ils appartiennent, se rattachent tous à une religion dont le fondateur est unique et dont les préceptes peuvent tous se ramener à une même source. Ce fondateur est Xaca, qui, selon plusieurs historiens, apporta les dogmes de l'Egypte dans les Indes, et leur donna une forme nouvelle, sous laquelle ils se répandirent promptement dans la Chine, puis dans le Japon.

Ce Xaca, dont l'histoire fabuleuse a beaucoup de ressemblance avec celle du fils de Marie, prêcha deux doctrines distinctes, la doctrine extérieure et la doctrine intérieure. Dans la doctrine extérieure, celle qu'on prêche publiquement, il reconnaît un Dieu en trois personnes, qui a établi des récompenses pour la vertu et des châtiments pour le vice. Il y est lui-même présenté comme le sauveur des hommes, né d'une femme vierge, et envoyé pour remettre les mortels dans la voie du salut et expier leur péché, afin qu'après leur mort ils pussent renaître heureusement. Pour les rendre capables de profiter d'un si grand bienfait, il leur a défendu : 1° de tuer aucune créature vivante; 2° de commettre de vol; 3° de se souiller d'aucun vice honteux; 4° de mentir; 5° de boire du vin. Il leur a encore donné d'autres préceptes, qui roulent tous sur des œuvres de miséricorde, et dont le principal est d'avoir grand soin des ministres des dieux, et de leur bâtir des monastères et des temples. Les bonzes ont ajouté à cela bien des pratiques extérieures qui leur sont très-profitables, comme de se revêtir en mourant de robes de papier et surtout de lettres de change pour l'autre monde, sans lesquelles on ne parviendrait jamais à l'élysée, mais on ne ferait que passer d'un corps dans un autre. La doctrine intérieure, dont on ne fait part qu'à un petit nombre de disciples, aux esprits forts, aux savants et aux plus grands seigneurs, et dans laquelle tous les bonzes mêmes ne sont pas initiés, a pour fondement un matérialisme grossier, et aboutit à un quiétisme absolu, sans espoir d'une autre vie.

Cette contradiction entre les deux doctrines ne peut guère s'expliquer que par des altérations introduites dans le livre vrai ou supposé de Xaca, altérations faciles à apporter, vu que ce livre est composé de feuilles d'arbra, dont il se servait, dit-on, faute de papier. Quoi qu'il en soit, ces doctrines différentes ont donné lieu à différentes sectes, qui toutes, quoique soumises à un même chef, sont irréconciliablement ennemies les unes des autres. Il y en a quatre principales : celle des *Xenxus*, qui n'enseignent que la doctrine intérieure de Xaca. On appelle *Xodoxius* ceux de la seconde, qui enseignent le dogme de l'immortalité de l'âme, et suivent à la lettre la doctrine extérieure. Ceux de la troisième, qui sont les plus zélés partisans de Xaca, ont pris le nom de *Foquexus*, de celui du *Foquieko*, qui est le livre de leur prophète. On les dit fort austères : ils se lèvent à minuit pour chanter les louanges de leur dieu, et pour méditer sur quelques points de morale. La quatrième secte est plutôt une congrégation militaire. Les bonzes qui la composent s'appellent *Negores*. On dit que l'Orient n'a point de soldats mieux disciplinés ni plus aguerris. Ils habitent à eux seuls des villes dont l'entrée est même interdite aux femmes. Ces quatre sortes de bonzes sont les plus répandues. La plupart des autres ne fréquentent que les bois, les déserts et les campagnes : les uns font profession de magie; d'autres se livrent à une vie de contemplation et de pénitence; enfin un grand nombre forment une espèce d'ordre de mendiants qui se tiennent sur les routes et rançonnent les passants au moyen de quelques lignes du *Foquieko*, qu'ils récitent à haute voix, et qu'on ne manque pas d'écouter avec respect et reconnaissance.

Quelle que soit la conviction intime des bonzes sur l'une ou l'autre doctrine de Xaca, où l'on ne doit voir en définitive que les deux grands systèmes philosophiques qui se partagent le monde, ils ont tous un extérieur très-austère, et ont toujours de saintes et dignes paroles à la bouche. Ils ont les cheveux et la barbe rasés, et, quelque temps qu'il fasse, ne se couvrent jamais la tête. Ils donnent la plus grande partie du jour à la prière, gardent en public le plus profond silence, et paraissent toujours dans le recueillement. Mais ce qui les caractérise presque tous, c'est leur insatiable cupidité. Ils exploitent la superstition des croyants en leur vendant fort cher une foule de bagatelles, entre autres ces robes de papier, dont il se fait un débit prodigieux, et dont chacun veut mourir revêtu. Tous leurs sermons finissent toujours par une exhortation pathétique, qui a pour but d'avertir les fidèles que le moyen le plus assuré de se rendre les dieux propices est d'orner leurs temples et de faire à leurs ministres de grandes libéralités. De sorte que les trésors de ces ministres sont de véritables gouffres où va s'engloutir une grande partie de la fortune publique.

Il y a aussi dans cette religion des filles recluses, qui sont chargées de l'éducation des jeunes personnes de leur sexe. On les nomme *Biconis*, et les Européens les ont appelées *Bonzies*. On voit en plusieurs endroits des monastères des deux sexes qui se touchent, et des temples où les bonzes et les biconis chantent à deux voix, les hommes d'un côté, et les femmes d'un autre. Les bonzies affectent beaucoup de pudeur, et prétendent à une haute réputation de chasteté, quoique les bruits qui courent sur elles ne leur soient point très-favorables. C.-M. PAFFE.

BONZI (PIETRO-PAOLO), paysagiste habile de l'école bolonaise, naquit à Cortone, vers 1580, et mourut en 1640. Parent et élève d'Annibal Carrache, son infirmité le fit surnommer *il gobbo de Caracci* (le bossu des Carrache). On l'appelait encore *il gobbo di Cortona* ou *de' frutti*, tantôt à cause du lieu de sa naissance, tantôt parce qu'il excellait dans la représentation des fruits. Le musée du Louvre possède de lui un petit tableau de *Latone métamorphosant des paysans en grenouilles*.

BOOTES. *Voyez* BOUVIER.

BOOZ. *Voyez* RUTH.

BOPYRE, genre de crustacés de la classe des tétradécapodes de Blainville ou isopodes de Latreille, à corps déprimé, ovale, dépourvu d'yeux, d'antennes et de mandibules. Les bopyres vivent en parasites sur d'autres espèces de crustacés, et donnent souvent lieu à des tumeurs sur le corps des animaux dont ils sucent les branchies. Les pêcheurs croient que ces animaux parasites sont de petites limandes ou soles qui se nourrissent sur les crevettes et les palémons, et qu'ils ont été engendrés par eux. L'espèce la plus commune est le *bopyre des crevettes*. La femelle produit une énorme quantité d'œufs, qu'elle porte sous son ventre, et qu'elle dépose dans les lieux habités par les animaux sur lesquels ils devront aller se fixer. Le mâle est très-petit. On le trouve souvent près de la queue des individus femelles chargés d'œufs. L. LAURENT.

BOQUETTE (Col de la). *Voyez* BOCCHETTA.

BORA (CATHERINE DE), épouse de Luther, naquit le 29 janvier 1499, vraisemblablement à Lœben près de Schweinitz en Saxe, de Hans de Mergenthal de Deutschenbora et d'Anne de Hugewitz ou Haugwitz. Elle sortait à peine de l'enfance lorsque ses parents la mirent dans le couvent de Nimptschen, que l'ordre de Citeaux possédait près de Grimma. La lecture des écrits de Luther lui rendit bientôt son sort insupportable, et, ses parents refusant de la retirer du cloître, elle s'adressa avec huit de ses compagnes au réformateur, qui les fit évader, dans la nuit du 4 avril 1523, et les plaça à Torgau, puis à Wittenberg, en leur assurant des moyens d'existence. En même temps il écrivit à Léonhard Koppe, qui lui avait servi d'instrument dans toute cette affaire, une lettre dans laquelle il s'avouait hautement l'auteur de l'évasion, et engageait les parents de ces jeunes filles à les recevoir. Cette lettre n'ayant pas produit l'effet qu'il en attendait, il plaça les plus âgées de ces nonnes chez de respectables bourgeois de Wittenberg, et maria les plus jeunes. Catherine trouva un asile dans la maison du bourgmestre Reichenbach. Luther lui fit proposer un époux par Nicolas d'Amsdorf, prédicateur à Wittenberg, et par le docteur Gaspard Glaz, mort pasteur à Orlamünde; mais elle le refusa, en se déclarant prête à donner sa main soit à Amsdorf, soit à Luther. Ce dernier avait déposé le froc depuis 1524, et n'avait aucune répugnance pour le mariage; mais il soupçonnait Catherine d'être encline à l'orgueil. La célébration de son mariage, le 13 juin 1525, surprit donc tout le monde, et ses ennemis profitèrent de cette occasion pour le noircir de leurs calomnies. Ces bruits n'avaient aucune espèce de fondement; cependant il faut avouer qu'il ne fut pas en tout et toujours content de sa *Caton;* car il parle souvent avec sa sincérité habituelle des soucis aussi bien que des joies du ménage. Qu'il ait d'ailleurs été assez heureux avec elle, c'est ce que prouve son testament, par lequel il la constitua son unique héritière, à condition qu'elle ne se remarierait pas, parce qu'elle s'était toujours montrée, dit-il, une femme pieuse, fidèle et honorable. Après la mort de Luther, sa veuve reçut d'abondants secours de Jean-Frédéric, qui se chargea de l'éducation de ses fils, et du roi de Danemark Christian III. Wittenberg étant tombée au pouvoir de l'ennemi en 1547, elle se retira à Magdebourg, d'où elle partit avec Mélanchthon pour Brunswick dans l'intention d'aller trouver le roi du Danemark; mais elle renonça à ce projet, revint à Wittenberg, en fut chassée de nouveau, en 1552, par la peste, et, déjà malade, prit la route de Torgau, où elle mourut, le 20 décembre. On voit encore aujourd'hui dans l'église de Torgau son tombeau, sur lequel est sculptée sa statue de grandeur naturelle.

BORACIQUE (Acide). *Voyez* BORIQUE (Acide).

BORACITE. Les minéralogistes appellent ainsi le sous-borate de magnésie, tel qu'on le rencontre dans la nature. La boracite ou *magnésie boratée* est une substance vitreuse, limpide et incolore quand elle est pure, ou grisâtre et translucide et devenant même opaque par altération. Sa densité est de 2,9. Elle est fusible au chalumeau et produit des globules vitreux, qui se hérissent de petites aiguilles cristallisées par refroidissement, et deviennent blancs et opaques. Insoluble dans l'eau, la boracite est soluble dans l'acide nitrique, et donne un précipité blanc par la soude ou l'ammoniaque. La boracite ne s'est encore offerte dans la nature qu'en petits cristaux disséminés dans le gypse ou l'anhydrite. On la trouve au mont Kalkberg en Brunswick et au Segeberg dans le Holstein. L'analyse a donné à Stromeyer pour sa composition 67 parties d'acide borique et 33 de magnésie.

BORATE, sel produit par la combinaison de l'*acide borique* avec les bases. La composition des *borates* est telle que l'oxygène de la base est à l'oxygène de l'acide comme 1 est à 3 dans les sels neutres, et comme 1 est à 4 dans les sels acides. Les borates de soude et de potasse sont très-solubles dans l'eau; mais le *borate de mercure*, sel sédatif mercuriel, qu'on a essayé d'employer contre les affections vénériennes, et qui a été abandonné, l'est peu.

Les *sous-borates* sont en général peu solubles dans l'eau; mais tous les acides forts les décomposent à la température de l'ébullition, s'emparent de la base, et mettent l'acide borique à nu. A la température rouge les sous-borates ne sont décomposés que par les acides fixes, tels que l'acide phosphorique. Aucun des sous-borates n'est employé, à l'exception du sous-borate de soude ou *borax*.

BORAX (de l'arabe *baurach*), substance saline, formée d'acide borique et de soude, et que l'on désigne encore par les noms de *tinkal*, *chrysocolle*, *sel de Perse*, *sel alcali minéral*, *soude boratée*, *borate de soude avec excès de base*, *sous-borate de soude*, etc. Ce sel, qui existe en dissolution dans les eaux de certaines sources et de quelques lacs, et que l'on rencontre aussi en gros blocs, soit dans le fond, soit sur les bords de ces mêmes lacs, se trouve au Pérou, en Transylvanie, en Saxe, en Perse, dans la Tartarie, en Chine, à Ceylan, et particulièrement dans l'Inde. Le commerce nous l'offre sous trois états : 1° à l'état brut (c'est celui qui nous vient de l'Inde ou du Thibet); 2° à l'état de borax demi-raffiné (c'est celui que les Chinois nous expédient); 3° enfin à l'état de borax purifié (ce dernier est fourni par les manufactures de France, de Hollande, d'Angleterre, d'Allemagne, etc.).

Le borax brut est en cristaux tantôt petits et très-nets, tantôt très-gros et arrondis sur leurs angles et leurs arêtes : dans l'un et l'autre cas, mais surtout dans le premier, ils sont recouverts ou même agglutinés par une matière de nature savonneuse, que l'on s'accorde généralement à considérer comme le produit de la combinaison de la soude en excès avec le beurre ou la graisse dont on enduit les cristaux pour les empêcher de s'effleurir.

Pour purifier le borax, pour détruire cette matière grasse qui le colore et le salit, on le place dans un grand creuset ou dans un four, puis on le soumet pendant quelque temps à une chaleur rouge : par ce traitement on le transforme en une masse vitreuse, que l'on fait dissoudre dans l'eau bouillante. La solution est filtrée, évaporée et abandonnée à elle-même pour que le sel puisse cristalliser par le refroidissement. Toutefois, ce raffinage du borax brut n'est pas aujourd'hui le seul moyen d'obtenir le sous-borate de soude purifié : en effet, il existe en Toscane des lacs dont l'eau tient en solution de l'*acide borique* en proportion assez considérable pour qu'on puisse l'en retirer avec avantage, et cet acide sert à fabriquer chez nous le borax *de toutes pièces*. Cette fabrication, qui nous exempte d'un tribut que nous payions à l'étranger, est d'une très-grande simplicité : il s'agit seulement de saturer l'acide par un excès de sous-carbonate de soude, à l'aide d'une quantité d'eau déterminée et du calorique, puis de faire évaporer et cristalliser convenablement.

Le borax ainsi obtenu est demi-transparent ; sa forme est celle d'un prisme hexaèdre comprimé et terminé par des pyramides trièdres ; il est inodore et d'une saveur styptique et alcaline. Chauffé, il fond dans son eau de cristallisation ; puis il se boursoufle, et finit par se dessécher ; à une température plus élevée, il éprouve la fusion ignée, et prend l'apparence d'un verre blanc, transparent, qui, coulé sur une table de marbre, s'y solidifie, et constitue le produit particulier connu sous le nom de *borax vitrifié*. Il s'effleurit légèrement à l'air ; il se dissout dans six cents parties d'eau froide, et dans deux cents parties d'eau bouillante. Mis en contact avec le sirop de violette, il en fait passer la couleur au vert.

Ce sel, qui jouit de la propriété de se colorer diversement lorsqu'on le fond avec certains oxydes, est employé dans leur analyse et pour leur réduction ; il est surtout mis en usage pour souder les métaux, dont il facilite beaucoup la fusion (*voyez* SOUDURE). On s'en sert aussi pour fabriquer les différents borates dans les laboratoires de chimie, et pour appliquer l'or et les couleurs dans la peinture sur porcelaine. Enfin, en médecine, on l'a prescrit autrefois comme réfrigérant ou calmant ; et maintenant on l'emploie avec un grand succès contre quelques affections cutanées chroniques. P.-L. COTTEREAU.

BORBORITES ou BORBORIENS, secte de gnostiques, dont le nom vient du grec βόρβορος, *boue*, *ordure*, à cause des sales extravagances de leurs cérémonies. Ils niaient la réalité du jugement dernier. On trouve des détails sur cette secte dans *Philastrus*, saint Épiphane, saint Augustin et Baronius.

BORBORYGME (du grec βορβορυγμός, bruit sourd). C'est une espèce d'onomatopée, par laquelle on indique en médecine le bruit que font l'air et les gaz contenus dans l'abdomen et les intestins ; ce qui a lieu quelquefois chez les personnes en bon état de santé, mais arrive plus fréquemment néanmoins et plus habituellement chez les individus malades. Les borborygmes sont en général le symptôme ordinaire des indigestions, des coliques, des affections hypochondriaques et hystériques, et annoncent souvent de l'embarras dans le conduit intestinal ; ils dépendent des mêmes causes et demandent les mêmes remèdes, particulièrement les carminatifs.

BORCETTE. *Voyez* BURTSCHEID.

BORD, extrémité d'une chose, ce qui la termine. On dit le bord d'un verre, d'une assiette, d'un plat, etc. ; le bord d'un ruban, d'un galon, d'une dentelle, etc. ; le bord de la mer ; le bord de l'eau ; le bord d'une fontaine ; le bord d'un fossé ; le bord d'un précipice.

Ce mot se prend aussi quelquefois dans le sens poétique et figuré, comme dans ces vers de Racine :

> On ne repasse point le rivage des morts,
> Et l'on ne voit jamais deux fois les *sombres bords*,

où cette expression est prise pour les rivages du Styx. On dit qu'un homme est *au bord de l'abîme* ou *au bord du précipice*, pour dire qu'il est dans un danger imminent, qu'il est près de sa ruine ou de sa perte, et d'un homme qu'il est sur *le bord de sa fosse*, pour dire qu'il est parvenu à l'âge qui est le terme ordinaire de la vie humaine. On appelle un *rouge bord* un verre plein de vin jusqu'au bord.

Edme HÉREAU.

BORD (*Marine*). C'est un de ces mots qui ont perdu

leur signification primitive en faveur de leur signification figurée. Je ne crois pas qu'il existe plus d'une douzaine de cas en marine où l'on emploie le mot *bord* pour exprimer le bord du bâtiment, c'est-à-dire pour signifier la partie qui termine extérieurement à la surface du pont la coque du navire. On dit cependant en parlant de deux bâtiments qui se *longent*, qu'ils sont *bord à bord*; on dit aussi passer sur le *bord*, pour passer sur le côté du navire; mais dans ces cas-là, et dans quelques autres, le mot *bord* a conservé à peine son acception propre.

La signification la plus générale conservée à ce mot est celle qui a rapport au bâtiment considéré comme le domicile des marins. Le *bord*, dans le langage maritime, signifie le navire : se rendre à *bord*, quitter le *bord*, rester à *bord*, sont des expressions consacrées par le long usage qui a donné à ces mots la seule acception sous laquelle ils soient à peu près employés maintenant.

Courir un bord, c'est courir une *bordée*, c'est-à-dire naviguer sous la même allure dans une direction donnée. *Virer de bord*, c'est changer d'amarres, quitter la direction que l'on a prise, pour en prendre une autre, en recevant le vent du côté opposé à celui d'où il venait. *Faire passer sur le bord*, c'est ordonner à deux ou à quatre hommes, selon le grade de l'officier qui arrive, de se placer sur le côté du navire pour recevoir et aider à monter l'officier à qui l'on doit rendre des honneurs.

Le mot *plat-bord* est réellement celui qui a remplacé le mot *bord* pris dans sa signification primitive. On nomme *plat-bord* le cordon supérieur qui se place à plat sur le bord du bâtiment, et qui lie entre elles toutes les têtes des allonges de la membrure venant aboutir au raz du pont.

Un vaisseau de *haut bord* est un vaisseau de ligne. Mais on ne dit pas par opposition un vaisseau de bas-bord pour désigner un navire dont le bord est peu élevé sur l'eau. Quoique les grandes frégates et les petits vaisseaux aient le bord haut, on ne les comprend pas dans le nombre des vaisseaux de *haut bord*. Cette dernière expression est du reste aujourd'hui peu usitée. Sous l'Empire, on voulut, en divisant la marine en deux classes, affecter la dénomination d'*équipages de haut bord* aux équipages des vaisseaux, frégates et corvettes, et celui d'*équipages de flottille* aux équipages des petits bâtiments. Mais cette désignation n'a pas prévalu.   Édouard Corbière.

BORDA (Jean-Charles), physicien illustre, l'un des auteurs du système métrique, et à qui appartient la gloire d'avoir fait de l'art nautique un art nouveau, en substituant une théorie éclairée à l'aveugle routine qui jusque alors avait seule guidé les marins français, était né à Dax, dans les Landes, le 4 mai 1733. Ce qui distingue de tous ses travaux, c'est l'heureuse alliance de la théorie qui devine et de l'expérience qui vérifie, c'est le soin constant d'employer les sciences à des applications utiles à la société. Cette méthode, qui l'a conduit aux plus belles découvertes, était une conséquence de la justesse de son esprit; aussi ses premiers essais furent-ils empreints de ce caractère. La résistance des fluides avait donné lieu à divers travaux mathématiques; Borda, ayant consulté l'expérience, démontra que la théorie admise pour le choc des fluides était complètement fausse. Il porta également son attention sur les lois qui règlent l'écoulement des fluides par un orifice, lois essentielles à connaître pour la construction des moteurs hydrauliques, et perfectionna beaucoup cette branche des arts mécaniques.

Dans ces travaux, il s'était appuyé sur l'expérience; ce fut, au contraire, la connaissance des conditions mathématiques de la bonne construction des pompes qui le conduisit à réformer celle des vaisseaux.

Un voyage entrepris par ordre du gouvernement, et en qualité de commissaire de l'Académie des Sciences pour l'examen des montres marines et des diverses méthodes qui servent à déterminer la longitude et la latitude en mer, lui fournit une nouvelle occasion d'être utile. Il apprit aux marins à se servir des instruments à réflexion pour le relèvement astronomique des côtes, et c'est à cette méthode, dont il donna lui-même un magnifique exemple dans la *Carte des îles Canaries et de la côte d'Afrique*, que sont dues les belles cartes hydrographiques exécutées depuis le commencement de ce siècle.

Mais le plus beau présent que Borda ait fait à la navigation est celui du *cercle de réflexion*, qui, en permettant aux marins l'observation précise des longitudes, donnait à la direction des vaisseaux une certitude toute nouvelle. Les observations terrestres ne gagnèrent pas moins à l'invention de cet instrument que les observations nautiques, et le *cercle répétiteur*, adopté par tous les astronomes, a reçu de leur reconnaissance le nom de *cercle de Borda*.

On doit encore à Borda et l'invention de la boussole propre à mesurer l'inclinaison du courant magnétique et la première méthode exacte pour apprécier l'intensité magnétique de la terre, méthode qu'a suivie Humboldt dans tous ses voyages. On lui doit également l'ingénieuse méthode des doubles pesées, au moyen de laquelle on peut peser juste avec une balance fausse (*voyez* Balance, t. II, p. 404).

Mais c'est surtout lorsqu'il fut, au commencement de la révolution, chargé avec Méchain et Delambre, de la mesure de l'arc du méridien terrestre de Dunkerque aux Baléares que se déploya toute la puissance de son génie, toute la richesse de son imagination. Cette opération, d'où devait sortir le nouveau système des poids et mesures, exigeait la plus scrupuleuse précision. Il fallait mesurer la longueur du pendule : Borda y parvint par un procédé très-simple. Il fallait pour mesurer les bases trigonométriques des règles d'une forme commode, d'une nature inaltérable et d'une dilatation connue : Borda fit construire des règles de platine, dont les moindres dilatations furent appréciées au moyen d'un thermomètre métallique de son invention, plus sûr, plus étendu que les thermomètres ordinaires.

On le voit, toutes les recherches scientifiques de Borda étaient dirigées vers les applications. Le savoir à ses yeux n'avait de mérite que lorsqu'il servait les besoins de la société. Aussi s'occupa-t-il très-peu de mathématiques pures. Une seule fois il le fit, et en maître, pour défendre la gloire de Lagrange, dont la théorie des isopérimètres était l'objet d'injustes attaques.

Tant de travaux avaient marqué sa place à l'Institut, lors de sa création. Déjà, en 1756, un mémoire sur la *Théorie des Projectiles*, en ayant égard à la résistance de l'air, mémoire accompagné de tables qui faisaient presque de la balistique une science nouvelle, l'avait fait admettre parmi les associés de l'Académie des Sciences.

L'histoire de Borda n'est pas, comme celle de la plupart des savants, toute dans ses ouvrages. Destiné par sa famille au barreau, il avait préféré entrer dans le corps savant du génie militaire, et il fit en 1757 la campagne de Hanovre. Employé ensuite comme ingénieur dans divers ports de mer, son mérite éminent le fit distinguer par le ministre de la marine, qui l'appela dans ce corps en 1767, malgré l'opposition jalouse des officiers. En 1777 et 1778, pendant la campagne du comte d'Estaing en Amérique, il remplit les fonctions difficiles de chef d'état-major de l'escadre, avec une sagesse et une habileté qui furent admirées de tous. Ayant remarqué combien l'inégale construction des bâtiments nuisait à la régularité des manœuvres, il fit adopter, à son retour de cette campagne, l'idée de donner à tous les bâtiments du même rang une même forme, idée que les Anglais, bon juges en cette matière, s'empressèrent d'appliquer à leur marine. En 1782 il commandait le vaisseau *le Solitaire*, de soixante-quatre canons. Après avoir porté des troupes à la Martinique, il dut établir avec quelques frégates une croisière dans les mers des Antilles. Mais un brouillard ayant fait tomber sa petite escadre au milieu de huit vaisseaux de guerre anglais, il se dévoua pour la sauver à soutenir un combat inégal, et n'amena son pavillon que lorsqu'il vit ses frégates hors de danger et son vaisseau complètement désemparé. Les Anglais le traitèrent avec toute la distinction qui devait s'attacher à tant de courage uni à tant de savoir; mais Borda n'en fut pas moins sensible à son malheur, et sa santé, dès lors altérée, ne lui permit plus le service de mer. Toutefois, il fut encore utile à son arme comme chef de division au ministère de la marine.

S'il honora les sciences par ses talents, il n'a pas moins honoré l'humanité par ses vertus. Élevé par son mérite à des emplois qui lui donnaient une grande autorité sur ce qui l'entourait, il prit toujours autant de soin à dissimuler la supériorité de sa position que d'autres en auraient pris à la faire valoir. Pendant la grande opération qui servit de base au système métrique, quand le trésor public, épuisé par la guerre que soutenait alors la France contre l'Europe coalisée, faisait trop attendre aux artistes le salaire de leurs travaux, il n'hésita pas à leur ouvrir sa bourse. Les grands services qu'il rendit à cette époque, non moins glorieuse pour le génie scientifique que pour le génie militaire de la France, auraient sans doute trouvé leur récompense dans la générosité de la nation, comme ils l'avaient déjà reçue de l'estime publique, si la mort ne l'avait enlevé le 20 février 1799. A. Des Genevez.

BORDAGE (*Marine*). Ce mot, fait de *bord*, indique les planches qui couvrent les côtes ou les membres du navire en dehors : celles du dedans s'appellent *vaigres*; les deux planches qui sont des deux côtés de la quille s'appellent particulièrement *gabords*. L'épaisseur des bordages va graduellement en diminuant jusqu'à 1 mètre ou 1^m,30 au-dessous de la flottaison; de cet endroit jusqu'au gabord, l'épaisseur reste la même : les premiers sont dits *bordages de diminution*, les autres *bordages de point*. Le bordage qui se noie dans la rablure de la quille est le *gabord*, celui qui le touche est le *ribord*. Le bordage, devant se ployer aux formes du vaisseau, doit être contourné suivant la place qu'il est destiné à occuper; on le dompte au feu ou à l'étuve, dans l'eau bouillante; le premier procédé est le meilleur pour les vaisseaux de médiocre grosseur.

BORDAS-DEMOULIN (Jean-Baptiste), écrivain philosophe, est né à Montagnac-la-Crempse, dans la Dordogne, le 18 février 1798. Il est du petit nombre de ceux dont la biographie est tout entière dans leurs œuvres. Car sa vie n'a été qu'un dévouement absolu et continuel à la recherche de la vérité; rien ne l'a jamais détourné de ses études, et aucun sacrifice ne lui a coûté pour s'y livrer sans distraction ni relâche. Orphelin de père et de mère presque à son berceau, il se priva de son petit patrimoine pour se consacrer, dès l'âge de seize ans, à l'étude de plus en plus approfondie de la philosophie, des mathématiques, ainsi que de la théologie et du droit canon, quoiqu'il n'ait jamais appartenu à l'ordre ecclésiastique. Cette persévérance vraiment héroïque dans de profondes études, qui ne lui procuraient aucune ressource pour les nécessités de la vie, l'a soumis à de longues privations et à de rudes épreuves.

Déjà M. Bordas-Demoulin avait signalé son savoir et la haute capacité comme philosophe, d'abord des examens critiques des systèmes que l'on voulait faire prévaloir comme un nouvel *éclectisme*, ensuite dans une série d'articles dont s'est enrichi notre *Dictionnaire de la Conversation et de la Lecture*. Ses qualités ont trouvé, pour se manifester avec éclat, un champ plus large dans l'éloge de Pascal et dans l'*Histoire critique du Cartésianisme*, tous deux couronnés par l'Institut. A la simple lecture de ces œuvres d'élite, on reconnaît les fruits d'immenses études, l'esprit supérieur qui a pénétré les sciences dans toute leur profondeur, et qui, en signalant les mérites et les erreurs des maîtres, se montre leur émule et digne de les juger. Nous ne citerons, comme conquêtes faites par l'auteur dans le domaine de la métaphysique, que son élucidation parfaite de la nature et de l'immatérialité de la pensée humaine, et ses belles *théories de l'infini et de la substance*, véritables créations, auxquelles il devra une place à côté de ceux qu'il a célébrés. Le panthéisme de Spinosa a enfin rencontré son vainqueur.

Voltaire aussi a trouvé dans l'auteur du *Cartésianisme* un digne appréciateur. Jamais la mission de ce beau génie contre le fanatisme et l'intolérance persécutrice, jamais son zèle ardent, ses constants efforts en faveur de l'humanité, la grandeur et la prodigieuse variété de ses talents, n'ont été caractérisés en traits plus rapides, plus énergiques, et avec un coup d'œil plus perçant. Aubert de Vitry.

BORDEAUX, jadis *Bourdeaux*, ancienne métropole de la seconde Aquitaine, du royaume et du duché du même nom, ancienne capitale de la Guienne, chef-lieu du département de la Gironde, à quatre cent cinquante-sept kilomètres sud-ouest de Paris, sur la rive gauche de la Garonne, et à quatre-vingt-seize kilomètres de son embouchure ou de la tour de Cordouan, l'une des premières et des plus florissantes villes de France, port de commerce, chef-lieu de sous-arrondissement maritime, archevêché, ayant pour suffragants les évêchés continentaux d'Agen, d'Angoulême, de Poitiers, de Périgueux, de la Rochelle, de Luçon et ceux d'outre mer, de Saint-Denis de la Réunion, de la Basse-Terre et du Port de France, église consistoriale calviniste, synagogue consistoriale, cour d'appel pour les départements de la Gironde, de la Charente et de la Dordogne; tribunal de commerce : chef-lieu de la 14e division militaire; de la 10e légion de gendarmerie, de la 8e division des ponts et chaussées, du 29e arrondissement forestier; direction des douanes; académie universitaire; facultés de théologie, des sciences et des lettres; séminaire théologique; école secondaire de médecine; lycée avec cours pour les écoles spéciales et les professions industrielles; école normale primaire; école nationale de sourds-muets, école nationale d'hydrographie; école de dessin et de peinture; bibliothèque publique (115,000 volumes, parmi lesquels plusieurs éditions du quinzième siècle et quelques manuscrits précieux); musée, renfermant une galerie de tableaux et un cabinet d'histoire naturelle et d'antiquités; jardin botanique et de naturalisation; observatoire; dépôt de mendicité, mont-de-piété, chambre de commerce, comptoir d'escompte. Population : 120,203 habitants.

L'industrie de Bordeaux est une des plus importantes de la France. Cette ville a des chantiers maritimes avec bassins de construction pour toute espèce de navires et même pour des bâtiments de ligne, quatre hauts fourneaux pour la fonte du fer, des aciéries, des fabriques de plomb laminé et de plomb de chasse, des tanneries, des tonnelleries, des poteries, des tuileries, des faïenceries, des verreries, une manufacture nationale de tabac, une raffinerie de salpêtre, un très-grand nombre de distilleries et de fabriques de liqueurs renommées, surtout d'anisette qui, pour la qualité et le parfum, n'a pas de rivale; des vinaigreries, des raffineries de sucre, des filatures de coton, des fabriques et imprimeries d'indiennes, des filatures de laine, des corderies, des fabriques de biscuit de mer, de conserves d'aliments, de produits chimiques, de bouchons de liège, de parchemin, de ganterie; des fonderies de métaux; des forges et fabriques de machines et mécaniques et de toiles métalliques; des fonderies de caractères, des salpêtreries et treize typographies.

Son port de commerce est le troisième de la France par son importance et le premier du midi pour les denrées coloniales. Son bassin, formé par la Garonne sur une longueur de huit kilomètres, peut contenir 1200 navires de tout tonnage. Il est accessible même aux bâtiments de cinq cents tonneaux, à toute heure de la marée. Bordeaux est le grand entrepôt des produits du bassin de la Garonne et surtout des vins dits de Bordeaux, de ceux de la Dordogne, du Lot, du Gers, de Lot-et-Garonne, et des eaux-de-vie de Bordeaux, de Marmande, de Cognac, de Saintonge et de Languedoc. Elle commerce avec toutes les parties du monde, exporte surtout des vins, des eaux-de-vie et ensuite des essences de térébenthine, des résines, des goudrons, des fruits, des grains, des salaisons, des produits manufacturés; et importe des denrées coloniales de toutes espèces, des fers, des métaux, de la houille, du bois de construction, du merrain, des huiles, du poisson. Le relevé de la navigation peut être estimé à l'entrée, non compris le cabotage, à 1000 bâtiments, jaugeant ensemble environ 200,000 tonneaux, dont la moitié étrangers; et à la sortie, à 900 à peu près, jaugeant 150,000, dont 10 bâtiments pour la pêche de la morue et 100 pour les colonies françaises, Guadeloupe, Martinique, Sénégal, Cayenne, la Réunion et l'Inde. Cabotage: sortie: 5,000 bâtiments, jaugeant 180,000 tonneaux; entrée: 5,500, jaugeant 200,000. Tonnage du port : 400 bâtiments de 60,000 tonneaux, dont 10 à vapeur de 1,350 tonneaux. Recette de la douane : plus de douze millions de francs. Communications régulières avec le haut et le bas de la Garonne par 20 bateaux à vapeur. Lignes de paquebots avec la Havane et le Mexique. Un chemin de fer doit incessamment mettre Bordeaux en rapport avec Paris; un autre est concédé pour unir cette ville à Cette.

Le magnifique port de Bordeaux, œuvre de l'intendant de Tourny, offre, en entrant par la route de Paris, un vaste et magnifique panorama. La ville se dessine en demi-lune, et toutes les maisons qui bordent les quais sont bâties sur un plan habilement combiné. D'une extrémité à l'autre, des douze portes au moulin de Bacalan, c'est un horizon varié, immense, de belles maisons et des navires; tout est animé dans ce vaste tableau. Les beaux chantiers de construction, la corderie, l'arc de triomphe de la porte Saint-Julien, la place Royale, l'hôtel des Douanes, la Bourse, la belle cale Fenwick et les élégants et riches édifices des Chartrons, se dessinent successivement sur cette ligne ; et ces navires, ces édifices, ces scènes si animées, annoncent l'entrepôt des deux mondes.

Bordeaux n'était sous le régime de la féodalité qu'une enceinte de murailles crénelées, percée de treize portes et défendue par trois forts, les châteaux du Ha, de Sainte-Croix ou de Saint-Louis, et Trompette. Au milieu de ces remparts gothiques s'élevaient les vieilles tours du château ducal de l'Ombrière. Les deux premiers châteaux ont presque disparu; celui du Ha n'est plus qu'une prison, et n'a conservé qu'une seule de ses tours; les treize portes, la vieille muraille, ont été remplacées par des maisons et de vastes magasins, et les pointes des tourelles de l'Ombrière sont masquées par un arc de triomphe et les bâtiments de la douane. Le fort du Ha avait été construit sous Charles VII. Le château Trompette restait seul entier en 1789 ; ses murailles se baignaient dans le fleuve, et interrompaient la circulation du port; cette partie de bâtiments avancée a été démolie, et la communication du quartier des Chartrons est devenue libre. Ce beau faubourg des Chartrons est maintenant réuni à la ville par un superbe quinconce qui a été planté, en 1818, sur l'emplacement du château Trompette. Du côté du port, sur une vaste plate-forme, deux colonnes rostrales servant de phares et ayant vingt mètres d'élévation, supportent les statues du commerce et de la navigation.

La rue du Chapeau-Rouge, qui conduit du port à la place Dauphine, est très-spacieuse ; elle était avant la révolution de 1789 fermée du côté du port par une grille placée entre la partie latérale de la Bourse et du château Trompette. Le Grand Théâtre occupe un côté de cette rue ; ce vaste et magnifique édifice, chef-d'œuvre de l'architecte Louis, est isolé ; il a onze issues ; l'escalier du péristyle est large et diose. Les corridors sont vastes, tous les escaliers larges et commodes, les peintures du plafond admirables. Dans le même édifice se trouve une belle salle de concert, à deux rangs de loges. C'est dans toutes ses parties un théâtre modèle ; aucune salle de la capitale n'en peut donner une idée. Bordeaux possède en outre un joli théâtre des Variétés.

Indépendamment des quinconces, cette ville a de fort belles promenades; entre autres, le cours de Tourny, qui est son boulevard de Gand. Le beau quartier de la Font-d'Audège doit son nom à une fontaine qui fournit de l'eau à cette partie de la cité. Non loin de là, jaillit celle de Figarol, aussi utile qu'abondante.

Les monuments romains sont ici fort rares : sauf le prétendu palais de l'empereur Gallien, qui n'est qu'un amphithéâtre bâti au temps de la décadence, et dont il ne reste que quelques pans de muraille et deux arcades, l'ancien *Burdigala* n'offre plus de traces du peuple-roi. Les débris du vaste amphithéâtre du quartier Saint-Seurin ont totalement disparu ; quelques amateurs y ont fait des fouilles, qui n'ont pas été sans résultat; on y a trouvé à peu de profondeur des patères, quelques vases antiques, des débris d'ornements d'architecture. En somme, Bordeaux, dans ses quartiers neufs, est une des villes les plus belles de l'Europe. Outre les édifices et les constructions modernes que nous avons cités, on y remarque un magnifique pont, sur la Garonne; il a dix-sept arches et 486 mètres de long, et fut bâti de 1810 à 1821 : c'est le plus beau monument de ce genre que possède la France; puis la Bourse, la Douane, le palais royal, autrefois l'archevêché, bâti en 1778, et l'arc de triomphe de la porte de Bourgogne. Parmi les anciens édifices, on visite l'église de Sainte-Croix, restaurée sous Charlemagne ; la cathédrale de Saint-André, commencée au onzième siècle; et l'église Saint-Michel, qui date du douzième, et dont le caveau du beffroi possède la propriété de conserver les corps : aussi y en voit-on une quantité considérable, parfaitement momifiés et symétriquement rangés autour des murs de ce souterrain que les Bordelais appellent leurs *catacombes*.

Bordeaux n'était dans l'origine qu'une bourgade, appelée *Biturigum Viviscorum*. Son accroissement fut rapide ; elle dut cet avantage à son heureuse situation topographique. Fondée par une colonie de *Bituriges*, venus de cette partie de la Gaule appelée depuis le Berry, ils se livraient déjà à un commerce très-considérable, quand les Romains s'en emparèrent ; ils lui donnèrent le nom de *Burdigala*, que dom Vinet croit être un mot celtique. Une ancienne inscription du château Trompette portait *Augusto sacrum in genio civitatis Biturigum Viviscorum*. Cette inscription explique l'origine de cette ville ; mais quant à l'étymologie de son nom, sur laquelle les annalistes ont beaucoup varié, l'opinion de Favin, qui, dans son *Histoire de Navarre*, la fait venir du *burgum aquarum*, bourg d'eau, est la plus naturelle et la plus simple. Devenus maîtres de cette ville, les Romains lui accordèrent les plus larges immunités, et la constituèrent ville libre et indépendante.

Dès l'établissement du christianisme dans les Gaules, elle disputa à Bourges la primatie de l'Aquitaine ; mais, après une nouvelle division des Gaules par les Romains, elle fut proclamée capitale de la Novempopulanie. Bâtie entre des marais et la rive gauche de la Garonne, elle s'assainit en s'agrandissant. Bientôt elle occupe un rang distingué dans notre histoire ancienne et moderne. L'administration locale y résidait essentiellement dans les mains des magistrats, qui, sous diverses dénominations, exerçaient le pouvoir municipal. Cette magistrature était à Bordeaux, comme presque partout, élective, temporaire et collective. Ces riches et fertiles contrées avaient passé successivement des Romains aux Goths, qui signalèrent leur domination par d'affreux ravages, et des Goths aux Français, qui en furent expulsés par les Sarrasins dans le huitième siècle ; elles subirent ensuite l'occupation non moins désastreuse des Normands. Réunies sous des ducs indépendants ou feudataires de la couronne de France, elles tombèrent sous la domination anglaise par le mariage d'Éléonore de Guyenne avec Henri roi d'Angleterre. Les Anglais s'y maintinrent depuis le milieu du douzième siècle jusqu'au règne de Charles VII, qui dut cette conquête à Dunois, auquel était réservée la gloire d'expulser l'étranger des provinces de France qu'il occupait depuis près de trois siècles.

Une des conditions de la capitulation de Bordeaux fut la création d'un parlement, qui ne fut néanmoins établi que neuf ans après le traité, en 1460. Il siégeait dans l'ancien château de l'Ombrière, qui avait été la résidence des ducs de Guyenne. Mais les Bordelais ayant, quelque temps après, rappelé les Anglais, le parlement fut cassé et sa juridiction réunie au parlement de Poitiers, puis rétabli en 1461, transféré à Poitiers l'année suivante, lorsque le roi donna la Guyenne en apanage à son frère, et enfin reconstitué à Bordeaux en 1472. La division, les attributions des chambres y étaient à peu près les mêmes que dans les autres cours souveraines. Il se composait de neuf présidents à mortier et de quatre-vingt-dix conseillers. Ce parlement lutta longtemps, et toujours avec un égal courage, contre les gouverneurs, les intendants et le despotisme ministériel. Il y avait en outre à Bordeaux une cour des aides, un conseil d'amirauté et un bureau des finances.

L'autorité municipale bordelaise appartenait à un maire et à quatre jurats ou échevins, qui exerçaient dans toute sa plénitude la police civile et judiciaire : les colléges, les académies, tout ce qui tenait au régime intérieur de la ville, était dans leurs attributions. L'Académie des Sciences et Belles-Lettres date de 1712. Elle avait un protecteur héréditaire : c'était un privilége de la famille des ducs de la Force. Les écoles de Bordeaux étaient déjà célèbres du temps des Romains. L'archevêché fut fondé au troisième siècle. Longtemps la mendicité y fut inconnue. L'empereur Napoléon s'étonnant, en 1809, de n'y voir qu'un seul hôpital : « Nous avons, lui dit le maire, peu de malades et point de pauvres. » Cette réponse naïve était le plus bel éloge de la population.

La révolution de 1789 fut accueillie à Bordeaux avec un enthousiasme unanime. On comprit tout ce qu'un régime de liberté pouvait ajouter aux progrès de son immense commerce. Les relations d'affections et d'intérêts des négociants bordelais avec les Anglo-Américains avaient préparé cette population active et laborieuse aux principes d'indépendance et à des institutions larges et libérales. Dans les premières années, aucune dissidence d'opinion bien tranchée ne se fit remarquer ; tout annonçait l'union la plus intime : la plus légère manifestation d'opposition au nouveau régime n'eût été qu'une exception, et qu'une exception sans conséquence. Le parlement même avait paru s'associer aux vœux de la grande majorité de la population. Comme tous les autres parlements de France, il s'était d'abord flatté que l'assemblée des états généraux se bornerait à la réformation de quelques abus dans l'administration des finances, et qu'il conserverait toutes ses hautes prérogatives. Mais l'assemblée avait trop bien compris l'étendue des devoirs que lui imposait son mandat pour maintenir l'ordre judiciaire existant. Le parlement de Bordeaux se fit remarquer dans cette lutte de mourants. Il essaya de soulever les campagnes par un factum contre-révolutionnaire. La municipalité dénonça les magistrats à l'Assemblée nationale, qui manda le président et le procureur général à sa barre.

Les députés de Bordeaux à l'Assemblée législative se montrèrent les dignes représentants de cette grande ville. Tous les hommes qui croyaient à la bonne foi de Louis XVI et à la possibilité d'assurer le bonheur et l'indépendance de la France par l'exécution sincère et complète de la constitution de 1791 se rallièrent aux députés de la Gironde. Ceux-ci furent réélus à la Convention ; mais accablés par la Montagne, les Girondins se virent proscrits et plusieurs périrent sur l'échafaud à Bordeaux même. L'événement du 9 thermidor promettait à cette ville et à toute la France un avenir de bonheur et de liberté ; ce ne fut que l'époque d'une réaction désastreuse, habilement exploitée par le parti contre-révolutionnaire. A Bordeaux, comme dans tout le midi, des correspondances royalistes s'établirent, des comités centraux et particuliers s'organisèrent sous couleur républicaine. On vit se former le *club des jeunes gens*, dont le but avoué était, dans le principe, de détruire le *terrorisme* ; mais, devenus plus nombreux et dominés par les partisans secrets de l'ancien régime, soldés par l'or de l'étranger, ils formèrent une ligue puissante et compacte avec d'autres conjurés, depuis les Alpes jusqu'aux Pyrénées. Bordeaux eut ses Compagnies du Soleil, et enfin son *Institut*.

Sous l'Empire, la population bordelaise tout entière désirait la cessation des hostilités. Elle appelait de tous ses vœux le retour des relations commerciales avec l'étranger pour l'exportation de ses vins, dont l'intérieur ne pouvait consommer qu'une très-faible partie. L'armement en course avait enrichi quelques maisons, mais en avait ruiné un plus grand nombre. Pour une ville dont le commerce d'exportation et d'importation est la principale ressource, la paix était plus qu'un bienfait, c'était un besoin, une condition d'existence. Cambacérès, arrivé à Bordeaux en 1808 pour présider le collége électoral, y fut parfaitement accueilli. L'empereur, à son tour, vint à Bordeaux dans les premiers jours d'avril 1808. Il y resta dix jours. Le commerce et la ville lui donnèrent des fêtes superbes. Son mariage avec Marie-Louise et la naissance du roi de Rome y furent célébrés avec la plus grande magnificence.

Cependant les derniers jours de l'Empire approchaient, et les petits conspirateurs de *l'Institut* de Bordeaux ne savaient former que des stériles vœux pour un changement de dynastie. Cette faction, plus turbulente qu'active, ne pouvait rien par elle-même, car elle n'avait point de racines dans les masses ; elle n'existait même que par la dédaigneuse tolérance du gouvernement dont elle rêvait la chute. Une défection inattendue vint à son aide, et lui donna quelque consistance. M. Lynch, maire de Bordeaux, qui avait montré jusqu'au 28 février 1814 le plus ardent dévouement à l'empereur, alla douze jours après au-devant de l'armée anglaise lui offrir l'entrée de la ville. Les autorités, restées fidèles au gouvernement, s'étaient retirées à Libourne ; les troupes de la division étaient éloignées de Bordeaux ; les conjurés de *l'Institut* avaient seuls accompagné le maire. Leur sortie de la ville s'était exécutée avec le plus profond mystère, et toute la population fut plus qu'étonnée d'apercevoir le lendemain matin un drapeau blanc au clocher de l'église Saint-Michel. Des documents, avoués par les auteurs de l'événement du 12 mars, constatent que dès 1813 M. Lynch s'était mis en rapport avec le comité royaliste de Paris. Cependant la victoire était encore incertaine, et l'occupation de la ville ne décidait rien. La présence du duc et de la duchesse d'Angoulême n'avait rallié autour d'eux que des individualités. La *province* ne montrait aucune sympathie pour les hommes du 12 mars ; les nouveaux *chevaliers de Marie-Thérèse* et du *brassard* n'étaient que des factieux sans influence réelle. On rêva le rétablissement du royaume d'Aquitaine ; et un ingénieur, M. Plérhugue, fut chargé de donner la carte du petit empire : tout cela s'exécutait le plus sérieusement du monde. Enfin, le général Wellington offrit au duc d'Angoulême, au nom du gouvernement anglais, de faire de la ville du 12 mars un port franc. Il présentait ce projet comme un témoignage de la bonne amitié qui allait régner entre les deux nations, et comme un honneur et un avantage pour la ville de Bordeaux. Le duc d'Angoulême était enchanté. Mais la question fut ensuite éludée. Toutefois, il faut compter pour beaucoup dans le soudain dévouement des Bordelais aux Bourbons l'espoir d'une paix prochaine et d'un prompt placement des vins qui encombraient leurs *chais* depuis tant d'années. Mais l'occasion de mettre à l'épreuve ces grandes

DICT. DE LA CONVERS. — T. III.

protestations de dévouement ne se fit pas attendre une année.

La duchesse d'Angoulême se trouvait à Bordeaux lors du retour de l'île d'Elbe : l'entrée de Napoléon à Paris, la fuite du roi, la défection générale de l'armée, n'abattirent point son courage : elle fit prendre les armes à la garde nationale, courut aux casernes haranguer les soldats et leur rappeler ce qu'ils devaient à leur serment, à leur roi. Des bataillons de volontaires royaux s'organisèrent en un instant, et furent chargés par ses ordres de défendre les avenues du port et de la ville, d'intercepter les communications et de *contenir* le peuple. Mais le général Clauzel n'eut qu'à donner un signal pour faire reprendre les couleurs nationales à la *ville du 12 mars*. La duchesse partit le 2 avril, à huit heures du soir. Quelques volontaires royaux seulement l'accompagnèrent. Le général Clauzel avait dès le matin même fait son entrée à Bordeaux.

Une colonne monumentale, appelée *Colonne du 12 mars*, avait été élevée à la porte de Toulouse. Elle tomba avec la dynastie à laquelle elle avait été consacrée, et le 1er août 1830 elle fut démolie. Bordeaux avait eu alors ses trois jours comme Paris. Le drapeau tricolore avait remplacé celui de la légitimité avant qu'on pût y être informé des événements de la capitale. L'insurrection avait éclaté à la première nouvelle des fameuses ordonnances. La révolution de 1848 ne trouva pas plus d'opposition au sein de la ville du 12 mars.

Dans l'intervalle, un journaliste, Henri Fonfrède, de la famille du Girondin, avait donné à la presse parisienne des leçons de polémique, lorsqu'il fut prématurément enlevé dans la force de l'âge. Ce fut lui surtout qui, aidé de Frédéric Bastiat, implanta à Bordeaux la doctrine anglaise du *libre échange*, devenue le premier article de foi des négociants de ce port. En septembre 1845 le duc d'Aumale avait commandé le camp de manœuvres de cette ville, situé dans les landes de Saint-Médard en-Jalle, gros bourg à six kilomètres à l'ouest de Bordeaux, et y avait été accueilli avec les démonstrations de la joie la plus vive par la population.

BORDEAUX (Vins de). Le département de la Gironde passe, à bon droit, pour un des plus riches de la France en vignobles. La surface qu'ils occupent n'est pas moindre de 103,513 hectares, soit près du dixième de la superficie du département. Le produit est, année commune, de deux millions d'hectolitres de vin.

Le vignoble bordelais est divisé, d'après les caractères particuliers de ses produits, en divers vignobles particuliers : le *Médoc*, sur la rive gauche de la Garonne, au-dessous de Bordeaux et jusqu'à la mer, dont la vendange est évaluée de 31 à 38,000 tonneaux, et se divise en *Haut-Médoc*, *Derrière-Haut-Médoc* et *Bas-Médoc*; les *Graves*, petit territoire graveleux et caillouteux, situé sur la rive gauche de la Garonne et dont Bordeaux occupe le centre; les *côtes*, comprenant tous les coteaux situés le long de la Garonne, sur la rive droite, au-dessus de l'embouchure de la Dordogne; les *côtes de Saint-Émilion*, comprenant les coteaux des environs de Saint-Émilion et de Libourne, sur la Dordogne; le *Bourgeais*, ou les côtes de Bourg, pendant longtemps le vignoble le plus estimé du Bordelais, comprenant les coteaux de la rive droite de la Gironde et de la Dordogne, depuis Bourg jusqu'à Fronsac; les *Palus*, comprenant les terres grasses et alluviales des bords de la Garonne, de la Dordogne et de l'entre-deux-mers, ou l'intérieur du pays compris entre ces deux grands cours d'eau.

Les vignobles de Médoc et des Graves renferment les crus les plus célèbres du Bordelais. Les premiers vins rouges sont ceux de *Château-Margaux*, *Château-Laffite* et *Château-Latour*, communes de Margaux et de Pauillac dans le Médoc, et ceux de *Château-Haut-Brion* dans la commune de Pessac et dans les Graves. Les vins blancs les plus estimés sont ceux des communes de *Barsac*, *Preignac*, *Sauternes*, *Bommes* et *Blanquefort*, toutes dans le vignoble des Graves.

La ville de Bordeaux est l'entrepôt de tous ces vins, auxquels viennent se joindre les vins de quelques départements voisins, et dont la plus grande partie est destinée à l'exportation par mer. Au quai des Chartrons on voit de vastes magasins, ou *chais*, dans lesquels ils sont préparés et mêlés suivant le goût des pays pour lesquels on les expédie et selon la longueur des traversées; on *mute* ou soufre plus ou moins les tonneaux, on colle les vins en grand, enfin on les renforce pour les peuples qui préfèrent les vins forts. Ceux de médiocre qualité sont distillés en eaux-de-vie ou transformés en vinaigres.

[Tous les vins de Bordeaux ne sont pas d'égale qualité. Entre le petit Médoc de la pire espèce, que Bordeaux distille ou expédie par mer aux prix de trois à dix-sept centimes, et les vins de Saint-Émilion, de Saint-Estèphe, de Pauillac, de Ségur, de Château-Margaux, de Laffitte, qui se vendent jusqu'à dix francs la bouteille, il y a tout autant de différence qu'entre l'eau-de-vie de cidre et le marasquin de Zara. Le vin de Bordeaux, quelle qu'en soit la qualité, a du moins sur les autres vins de France le très-grand avantage d'être transportable en tout lieu et de se bonifier par le voyage, sur mer principalement. On le fait quelquefois voyager, comme un adolescent, uniquement pour le rendre meilleur. Ces grandes traversées, qui avaient jadis le privilège d'anoblir tout Français qui en affrontait les périls, n'ont rien perdu de leurs prérogatives quant à ces vins.

De même que les viandes blanches, le vin de Bordeaux convient surtout aux estomacs délicats, aux gens nerveux et aux convalescents, tandis que le vin de Bourgogne, en cela comparable au rosbif, sied mieux aux personnes robustes, à celles qui fatiguent beaucoup d'ailleurs que de la tête, et même qu'aux septuagénaires valides. C'est principalement de ce dernier vin qu'on doit dire qu'il est le *lait des vieillards*. L'essentiel est d'en user avec sagacité et modération.

Les vins de Bordeaux, plus légers et supportant l'eau plus difficilement, sont aussi plus froids, si froids même, bien que le bouquet en soit délicat et pénétrant, que les gourmets ont imaginé de les chauffer doucement avant de les servir, afin de les rendre plus digestibles et plus savoureux. C'est le seul vin pour lequel on suive les vues hygiéniques de Fr. Bacon à l'égard des boissons. Bacon voulait, en effet, qu'en toute saison les breuvages eussent la température du sang. S'il n'existait pas de liqueurs plus enivrantes et plus dangereuses que le vin de Bordeaux, jamais philanthrope n'eût songé à la ridicule institution des sociétés de tempérance. Dr Isidore BOURDON.]

BORDEAUX (HENRI-DIEUDONNÉ D'ARTOIS, duc de). *Voyez* CHAMBORD (Comte de).

BORDÉE. Ce mot a plusieurs acceptions en marine : d'abord, il exprime la route que fait un vaisseau au plus près du vent : ainsi, l'on est obligé de *courir des bordées* quand on veut s'avancer vers le point d'où souffle le vent. Il signifie encore la décharge de toute l'artillerie d'un des côtés du navire. Pour se faire une idée claire de l'effet que doit produire, dans un combat un vaisseau qui *tire* à la fois sur l'ennemi toute *une bordée*, il faut se représenter la quantité de fer lancée tout d'un coup par ce vaisseau. Nos grandes frégates, par exemple, armées aujourd'hui de 60 canons de 15 kilogrammes de balles, envoient par bordée à l'ennemi 450 kilogrammes de fer, en supposant qu'on ne mette qu'un boulet dans chaque pièce; mais si l'on combat de près, comme alors on met deux et quelquefois trois projectiles dans chaque canon, elles peuvent lancer à la fois plus de 1,000 kilogrammes de fer : la bordée d'un vaisseau de 100 canons dans cette dernière circonstance serait de 1,800 kilogrammes environ. On conçoit quels affreux ravages doit faire chez l'ennemi une telle quantité de projectiles animés d'une vitesse considérable : les mâts et les vergues sont coupés et tombent sur le pont avec fracas; la muraille du navire, traversée de part en part, est hachée par les boulets, et ses éclats, lancés dans toutes les directions, sont quelquefois plus dangereux que les boulets eux-mêmes.

C'est surtout quand une bordée est tirée à la poupe d'un navire que ses effets sont terribles : les boulets, qu'alors aucune résistance n'arrête, parcourent le bâtiment dans toute sa longueur, balayent tout ce qui se trouve sur leur passage, enlèvent les hommes par files, brisent les affûts ou ricochent sur la volée des canons. Cette bordée se nomme *bordée d'enfilade*.

Les bordées sont très-dangereuses encore quand les boulets portent à la flottaison ou un peu au-dessous. En 1664, un navire hollandais, détaché de la flotte de Ruyter, fut attaqué par quatre bâtiments de guerre anglais, qui le canonnèrent de tous les côtés; plusieurs boulets frappèrent à la fois dans la ligne de flottaison, et l'eau se précipita avec violence dans l'intérieur du navire. Les Anglais, ignorant l'extrémité à laquelle l'ennemi se trouvait réduit, sautèrent à l'abordage, et l'on combattit avec acharnement sur le pont, tandis que le vaisseau s'enfonçait lentement. Mais quand l'eau eut atteint les sabords de la première batterie, elle entra dans le navire, qui disparut en peu d'instants, enveloppant dans sa ruine une grande partie des Anglais qui se trouvaient à bord.

Malgré l'immense avantage qu'un vaisseau de forte construction et armé d'une artillerie considérable a sur un autre de moindre dimension, on ne doit jamais désespérer de la fortune : une bordée heureuse, qui tuerait beaucoup d'hommes à l'ennemi, ou qui lui ferait des grandes avaries, peut rétablir tout à coup l'équilibre dans le combat. D'ailleurs, si l'on compare les quantités de fer lancées par les bâtiments de forces inégales, on verra que la différence de puissance des projectiles n'est pas tellement considérable que le courage, ou une supériorité de manœuvre, ou une meilleure direction donnée au tir des boulets, ne puisse souvent contre-balancer cet avantage. Enfin, il est encore une dernière ressource que la bravoure offre aux plus faibles, c'est l'abordage, *illa salus victis!* Dans le combat du cap Saint-Vincent, Nelson, se voyant écrasé du feu d'un trois-ponts espagnol, contre lequel son artillerie trop faible faisait de vains efforts, osa tenter l'abordage. Il aborde l'ennemi malgré le feu redoublé de toutes ses batteries, saute à son bord, l'enlève à l'arme blanche, y place son pavillon, y transporte tout son équipage, et tire un nouveau triomphe de la ruine même de son vaisseau. Théogène Page.

BORDELAGE, terme de droit féodal, dérivant, d'après Coquille, de *borde* ou *borderie*, petite ferme, était une sorte de tenure en roture particulièrement en usage dans la coutume du Nivernais, soumise à certaines charges et conditions portant, entre autres, que faute du payement de la redevance, le seigneur pouvait rentrer dans l'héritage par droit de commise; que le tenancier ne pouvait démembrer les choses tenues en *bordelage*, sous peine de commise; qu'il était obligé d'entretenir l'héritage en bon état, etc.

BORDELAIS (*Burdigalensis ager*), pays avec titre de comté compris dans la Guienne, et dont Bordeaux était la capitale. Il se composait du Bordelais proprement dit, du Médoc, avec la Flandre du Médoc, les landes de Bordeaux, des pays de Buch, de Born, de Marensin, du comté de Benauge, du pays entre les deux mers, du pays de Libourne, du Fronsadais, du Cubzaguès, du Bourgès, du Blayès et du Vitrezai.

BORDEREAU. C'est le relevé détaillé des espèces diverses qui composent une somme; on appelle *bordereau de compte* un extrait du compte dans lequel on énumère le débit et le crédit, afin de les balancer. Les banquiers envoient chaque mois un extrait du compte courant aux négociants avec lesquels ils sont en relation d'affaires : cet extrait s'appelle *bordereau*. Le ministre des finances reçoit tous les mois des administrations financières le bordereau de leur situation. Les commis, garçons de caisse et de recette, ont un petit livret, nommé *bordereau*, sur lequel ils inscrivent le détail des sommes qu'ils payent ou qu'ils reçoivent. En cas de faillite, chaque créancier doit remettre au syndic l'état de sa créance sur un bordereau timbré.

Le *bordereau d'inscription hypothécaire* est un acte fait en deux doubles, dont l'un reste au conservateur et l'autre au créancier, et qui contient, outre la désignation des sommes dues au créancier en principal et accessoires, toutes les autres indications requises pour que le conservateur puisse opérer l'inscription d'une hypothèque (Cod. Napoléon, articles 2148 et 2150).

Le *bordereau de collocation* est un extrait du procès-verbal d'ordre contenant le prix d'un immeuble et délivré par le greffier du tribunal aux créanciers utilement colloqués (*voyez* ORDRE, COLLOCATION, MANDEMENT).

Le *bordereau de vente* est la déclaration signée du vendeur, qui indique la nature de la marchandise, son prix, l'époque de la vente, et celle de la livraison.

Le *bordereau de courtier*, le *bordereau d'agent de change*, est un écrit que remet l'agent de change ou le courtier à ses clients après l'avoir signé. Cet acte constate les négociations par eux opérées. Il est soumis au timbre.

BORDESOULLE (ÉTIENNE baron, puis comte, TARDIF DE POMMEROUX DE), né le 8 avril 1771, à Lizeray (Indre), entra au service le 27 avril 1789, comme simple chasseur à cheval dans le deuxième régiment de cette arme, fit toutes les campagnes de la révolution, depuis 1792, et fut nommé colonel du 22ᵉ régiment de chasseurs, par suite de sa brillante conduite à Austerlitz. Le 9 juin 1807, à la tête de soixante hommes de son régiment, il traverse le passage de Guttstadt, charge un bataillon russe qui est entièrement pris et taillé en pièces, et reçoit deux coups de baïonnette à l'avant-bras droit et dans la poitrine. Il se distingue encore à Heilsberg et à Friedland, et est créé général de brigade le 25 du même mois. Le 1ᵉʳ août il est employé dans le corps d'armée du maréchal Brune, et placé en décembre à la tête de la cavalerie légère attachée à la défense de Dantzig. Chargé, en novembre 1808, du commandement d'une brigade de la réserve de cavalerie de l'armée d'Espagne, il détruit le mois suivant les débris de l'armée de Castaños, aux environs de Madrid, et contribue, le 28 mars 1809, au gain de la bataille de Medelin, en taillant en pièces, à la tête des 5ᵉ et 10ᵉ de chasseurs, 60,000 hommes d'infanterie espagnole, au moment où tout le corps du maréchal duc de Bellune opérait son mouvement de retraite et où il avait lui-même reçu l'ordre de se retirer.

Passé le 25 mai 1809 à l'armée d'Allemagne, il y prit le commandement d'une brigade de cavalerie du 4ᵉ corps, fut employé au corps d'observation de la Hollande, en mai 1810, et investi du commandement de la 3ᵉ brigade de cavalerie légère de l'armée d'Allemagne, le 2 décembre. En novembre 1811 il passa au corps d'observation de l'Elbe, devenu premier corps de la grande armée, et fut appelé en juin 1812 à la tête de la 2ᵉ brigade de cavalerie légère du même corps. Le 30 de ce mois il battit, à Soleschniki, l'avant-garde du général Barclay de Tolly, et le 23 juillet, commandant l'avant-garde du corps du prince d'Eckmühl, composée du 3ᵉ régiment de chasseurs et d'un régiment d'infanterie, il s'empara de Mohilow, y fit 900 prisonniers, se rendit maître de magasins, de bagages considérables, et de plus de 600 bœufs destinés au prince Bagration. Il combattit encore à Smolensk, à la Moskowa, où il eut la mâchoire fracassée d'un coup de biscaïen, et à Krasnoë, où il s'empara de huit pièces de canon, après avoir culbuté un corps de 1,500 hommes, enfonça un formidable carré d'infanterie, lui fit 300 prisonniers, et dégagea le 9ᵉ de lanciers polonais, gravement compromis.

Élevé au grade de général de division le 4 décembre 1812, il fut appelé au commandement de la 1ʳᵉ division de cuirassiers du 1er corps de cavalerie de la grande armée le 15 février 1813, et fit, à sa tête, la campagne de Saxe. Déjà revêtu du titre de baron de l'empire, avec une dotation, il fut créé commandant de la Légion d'Honneur le 14 mai, et se distingua à Lutzen, à Bautzen, à Dresde, où il dirigea avec habileté plusieurs charges vigoureuses, enfonça une douzaine de carrés ennemis, fit 6,000 prisonniers, et contribua à refouler dans les montagnes de la Bohême l'armée nombreuse qui menaçait de nous écraser; à Leipzig, où, les 16, 17 et 19 octobre, il donna de nouvelles preuves d'intrépidité; à Hanau, où il soutint une partie de la retraite, et sut, avec peu de monde, imposer à une nombreuse cavalerie chargée de l'inquiéter. Nommé commandant des deux divisions de cavalerie organisées à Versailles le 3 janvier 1814, il coopéra au succès remporté sur le feld-maréchal Blücher à Vauxchamps le 12 février, culbuta l'ennemi au combat de Villeneuve le 17, se trouva à la reprise de Rheims le 13 mars, au combat de Fère-Champenoise le 25, et à la bataille sous Paris le 30.

Après la première rentrée des Bourbons, il fut nommé, en mai 1814, inspecteur général de cavalerie, chevalier de Saint-Louis le 2 juin, et grand officier de la Légion d'Honneur le 23 août. Lorsque l'empereur revint de l'île d'Elbe, il prit, le 12 mars 1815, le commandement des neuf régiments de cavalerie de la 2e division militaire, dirigés sur Châlons. Il suivit Louis XVIII à Gand, fut nommé chef d'état-major du duc de Berry, le 25 juin 1815, pendant l'émigration, et rentra en France avec ce prince dans le mois de juillet. Louis XVIII le nomma grand'croix de la Légion d'Honneur le 15 août, et lui confia le 8 septembre l'organisation de cette belle cavalerie de la garde royale dont il eut le commandement. Il fit partie de la chambre introuvable comme député de l'Indre, et fut créé, le 12 octobre, membre de la trop fameuse commission chargée d'épurer la conduite des officiers des Cent-Jours. Le 3 mai 1816 il fut fait commandeur de Saint-Louis, et échangea son titre de baron, conquis sur le champ de bataille, contre celui de comte, que lui donnait la Restauration. Aide de camp honoraire du comte d'Artois le 2 juin 1817, membre du comité des inspecteurs généraux le 25 octobre, il devint gentilhomme d'honneur du duc d'Angoulême le 1er juillet 1820, reçut la décoration de grand'croix de Saint-Louis le 1er mai 1821, et fut nommé gouverneur de l'École Polytechnique, en conservant son emploi dans la garde royale, le 17 septembre 1822. Appelé, le 16 février 1823, au commandement en chef des troupes de la garde employées à l'armée des Pyrénées, il dirigea le blocus et le bombardement de Cadix, et fut cité, le 31 août, à la prise du Trocadéro.

Le général Bordesoulle, après la guerre, fut créé pair de France le 9 octobre. Ses opinions étaient franchement patriotiques et constitutionnelles. Ses conseils au duc d'Angoulême en avaient obtenu plusieurs actes qui furent agréables aux amis de la liberté, entre autres la fameuse ordonnance d'Andujar. Au mois de décembre il reprit le commandement de sa division de cavalerie dans la garde. Proclamé chevalier commandeur de l'ordre du Saint-Esprit dans le chapitre tenu le 21 février 1830, il tenta vainement de conjurer les funestes résolutions du roi en juillet, et demeura, pendant les trois journées, à Saint-Cloud, prêt à défendre sa personne. Ce fut à Rambouillet seulement qu'il le quitta, continuant à exercer son commandement dans la garde dissoute jusqu'au 21 août, qu'il fut mis en disponibilité. Compris dans le cadre de réserve de l'état-major-général le 7 février 1831, il fut admis à la retraite le 14 mars 1832. Depuis la révolution de Juillet, il vivait à l'écart, bien qu'il fit encore partie de la Chambre des Pairs, où il paraissait à de rares intervalles. Il mourut le 3 octobre 1838, à sa terre de Fontaine, près de Senlis. E. G. DE MONGLAVE.

BORDEU (Théophile), naquit à Iseste, près d'Eaux-Bonnes, le 22 février 1722. Issu d'une ancienne famille de médecins, son père, Antoine Bordeu, voulut que lui et son frère le fussent également. Il respira dès l'enfance l'air vif des Pyrénées et le parfum des plantes méridionales; il se désaltéra souvent aux sources sulfureuses des montagnes, et apparemment c'est aux Eaux-Bonnes qu'il fut baptisé médecin. On lui fit faire ses études à Pau, après quoi on s'empressa de l'envoyer à Montpellier, tant son ardeur pour la médecine donnait lieu de craindre qu'il ne pratiquât la profession de ses aïeux avant de l'avoir apprise. L'école de Montpellier, quand Bordeu y vint étudier, se partageait en *vitalistes* et en *mécaniciens;* il y trouva deux bannières, celle de Boerhaave et celle de Stahl. Il fréquenta d'abord les deux camps, fraternisa, dans les temps de trêve, avec les deux armées; mais ce fut dans celle de Stahl qu'il s'enrôla décidément, et il ne tarda pas à en devenir le chef.

Prenant pour devise une sentence de Sénèque, *Doceo ut discam*, il savait à peine l'ostéologie qu'il professait déjà l'anatomie, science essentielle au médecin, beaucoup plus désagréable que difficile, et pour laquelle les condisciples de Bordeu se sentaient moins de vocation que pour les théories spéculatives dont Montpellier fut dans tous les temps la féconde patrie. A vingt ans (1742), Bordeu soutint sa première thèse (alors il en fallait deux), *De Sensu generice*, etc., germe fécond de ses ouvrages ultérieurs. Ce fut là sa première déclaration de guerre contre l'école de Boerhaave, sa profession de foi comme *vitaliste;* et par *vitalistes* il faut entendre ceux qui expliquent la vie par la vie même. Bordeu examine dans cet opuscule les *esprits vitaux*, qu'il déclare, sinon illusoires, du moins encore hypothétiques, aussi bien que le *siége de l'âme*, dont la recherche lui parait vaine. Il affirme que les nerfs participent à chaque acte de la vie, la sensation lui semble donner à l'esprit plutôt sa *forme* que son *essence;* car lui aussi, Bordeu, était spiritualiste, comme Barthez, comme Bichat, comme Boerhaave, comme Haller, comme vingt autres médecins supérieurs; et je ne sais où l'on a puisé l'opinion que *les physiologistes et les vrais médecins sont tous matérialistes*. Cette dissertation fut remarquée, vivement applaudie par ceux dont elle favorisait l'opinion, et elle valut à Bordeu la dispense de plusieurs examens, superflus pour un homme de son mérite. Après la thèse de licence, vint celle pour le doctorat. Celle-ci avait pour sujet le mécanisme de la digestion (*Chylificationis historia*, 1743): On trouve dans cet écrit toute l'ingénieuse moquerie qu'on pouvait attendre de l'esprit vif et piquant de Bordeu, au sujet des explications chimiques et mécaniques; car avant lui nos maîtres avaient la faiblesse de croire que la digestion était une *fermentation*, une *putréfaction*, ou une *macération*, ou une *trituration*, etc. : *quot somnia!* Si on osait de nos jours, on nous redonnerait tous ces songes pour des réalités; car si les hypothèses mécaniques sont mortes, les mécaniciens épient le moment de régner.

Bordeu n'avait que vingt et un ans, et déjà il avait jeté les fondements de sa réputation. C'était assurément être bien précoce; mais il faut remarquer que ce médecin était méridional, homme des montagnes, enfant né dans le temple, et de plus homme de génie : or le feu sacré, pour luire, a moins besoin d'années que d'occasions propices; reçu docteur en 1744, on fut étonné de voir prendre à Bordeu, avec une sorte d'ostentation, le titre de médecin-chirurgien, qui n'était guère dans l'esprit du temps et du lieu. Cela même lui concilia l'amitié durable des chirurgiens, en faveur desquels le chancelier d'Aguesseau venait de contre-signer une espèce d'*édit de Nantes* (1743), qui les assimilait presque aux médecins, mais dont ceux-ci souhaitaient ardemment la *révocation*. Bordeu a vécu moins que la haine qu'excita ce titre équivoque parmi ceux de sa robe, trop épris de leur dignité doctorale et tremblant d'y déroger.

Enchanté de sa réception comme de ses maîtres, encore électrisé d'un premier succès, son esprit ébauchait mille desseins, sa charmante humeur lui donnait accès partout, et son imagination l'y faisait applaudir : ignorant encore et les soucis de l'âme et le fiel de l'envie, les tourments de l'ambition et même ceux de l'amour, le jeune Théophile, à qui son père laissait, pour récompense beaucoup de liberté, coula alors les jours les plus heureux de sa vie. Son plaisir était d'accentuer gaiement avec les paysans des Pyrénées le charmant patois des montagnes ; d'autres fois, plus orné de corps et d'esprit, il allait à Eaux-Bonnes et à Baréges étudier les eaux, observer les malades, et toujours il y conquérait des suffrages et y laissait de nouveaux amis ; d'autres fois il allait à Montpellier faire un cours, éclaircir un doute, tenter un essai, adresser quelques arguments latins à ses maîtres, devenus ses égaux en attendant pis ; puis il revenait à ses eaux pour causer, à sa vallée pour se réjouir et chanter, dans sa famille pour être heureux, pour se voir aimé, car c'est là le vrai bonheur. Un jour on le vit partir pour Paris : hélas ! qu'y va-t-il faire? disaient les Béarnais? Bordeu n'avait point le projet de rester à Paris. Après quelque temps, on l'en vit revenir avec le titre de *surintendant des eaux minérales de l'Aquitaine*, titre bien fastueux ; mais après tout Bordeu était un jeune homme, il aimait les titres : alors c'était une monnaie courante qui avait beaucoup de valeur, et qui, on a beau dire, en a encore aujourd'hui.

Une fois intendant des eaux, Bordeu appliqua tous ses soins à étudier et à faire connaître les sources des Pyrénées. Il rédigea, de concert avec son père et son frère, le *Journal de Baréges*, pour les médecins ; une dissertation latine sur *l'usage des eaux thermales des Pyrénées dans les maladies chroniques*, à l'adresse des savants et des étrangers ; et enfin des *Lettres* vives, diffuses, étincelantes d'exagération et d'esprit, naïves comme l'ignorance, chaleureuses comme la persuasion, menteuses et dévergondées comme le climat ; et ces lettres étaient adressées à madame de Sorbério, femme titrée de ce pays-là, qui avait de l'influence par sa fortune et par sa famille, peut-être aussi par son esprit, et certainement par son sexe seul et sa beauté, surtout à cette époque, où tout se faisait en France par les femmes ou pour elles. Ces lettres eurent un grand succès parmi les gens du monde ; et c'est principalement à cet ouvrage que les eaux de nos Pyrénées ont primitivement dû leur vogue et leur célébrité, au reste si légitimes. Bordeu est le poëte des eaux thermales, et c'est peut-être le seul panégyriste qu'on ait cru sur parole, tant son verbe était entraînant !

Partageant son temps entre ses malades et ses écrits, tantôt à Pau, où il résidait, tantôt aux sources thermales, dont la réputation l'occupait autant que la sienne, Bordeu, arrivé à trente ans, en 1752, après six années de doctorat, quatre de pratique et de *surintendance*, s'étonna tristement de se voir avec tant de zèle et après tant de fatigues, presque aussi inconnu hors du Béarn et du Languedoc qu'il l'était au jour de sa réception. Lui, qui aimait la gloire et qui se croyait fait pour elle, lui qui l'avait rêvée grande et prompte, et sans tenir compte ni de l'indifférence du public à tresser des couronnes, ni du nombre de ceux qui songent à se ceindre, son obscurité de trente ans l'humilia, et pour la première fois il pensa à Paris. En effet, c'est à Paris que se font les réputations, c'est là que se tient la grande et perpétuelle joûte de l'esprit avec ses juges, ses spectateurs, leurs murmures, leurs froideurs ou leurs applaudissements, c'est là qu'on s'éclipse si l'on échoue, qu'on brille et qu'on règne si l'on est vainqueur ; mais là aussi est l'envieuse rivalité et le sénat permanent des coteries. Bordeu n'y songea point, et il vint à Paris. Il adressa en patois des *Adieux* touchants *à la tranquille vallée d'Ossau*. Il aurait dû faire aussi ses adieux au bonheur.

Arrivé à Paris, il publia ses *Recherches sur les Glandes*, ouvrage de saine doctrine, dirigé contre les chimistes et les mécaniciens, où l'on trouve l'origine d'une théorie des sécrétions, qui règne encore de nos jours. Cette publication remarquable l'ayant mis en rapport avec les littérateurs et les savants de l'époque, il composa quelque temps après, pour l'*Encyclopédie* de d'Alembert et de Diderot, dont on le nomma collaborateur, un grand article sur les *Crises*, petit ouvrage plein de faits et de recherches judicieuses. Bordeu envoya presqu'en même temps à l'Académie de Chirurgie un mémoire sur les *écrouelles*, qui fut couronné. Quant à la pratique, Bordeu éprouva mille tracasseries. Son titre de docteur de Montpellier ne lui donnant pas droit d'exercice dans la capitale, des confrères judicieusement jaloux entravèrent ses desseins. Bordeu, toujours courageux et infatigable, prit le parti de subir de nouveaux examens pour obtenir le diplôme indispensable. Il composa à cette occasion trois dissertations latines, l'une sur la *Chasse considérée comme l'exercice le plus salubre* ; une autre sur *les Eaux minérales de l'Aquitaine*, une autre enfin pour prouver que *toutes les parties du corps concourent à la digestion*. Bordeu voulait dire que toutes y sympathisent ou y compatissent. Quelque temps après il fut nommé médecin de l'hôpital de la Charité, avec le titre d'*inspecteur* créé exprès pour lui ; car il aimait encore les titres, ne prenant pas garde que cette innocente puérilité doublait le nombre de ses ennemis et ne faisait qu'aigrir et envenimer leur jalousie implacable.

Maintenant, médecin d'hôpital, humilions bien nos envieux, faisons encore quelque découverte! Douze ans auparavant (1743), Solano de Lucques avait fait sur le *pouls* des observations les plus importantes et les plus nouvelles. Bordeu résolut de vérifier ces observations et d'en agrandir le champ. Il ne voulait ni calculer le pouls, comme Érophile, ni le noter en musique comme les Chinois ; il n'ambitionnait même pas de renouveler ou les miracles d'Érasistrate sur Antiochus, ou les merveilleux prognostics de Galien ; il voulait simplement savoir le vrai, et il avait décidé de le dire. Solano avait découvert que le pouls *dicrote* ou *rebondissant* indique des hémorrhagies du nez ou de la poitrine ; que le pouls *intermittent* présage ou dénonce des dérangements du ventre, etc. Bordeu poussa ses recherches beaucoup plus loin : il prétendit distinguer le pouls des maladies supérieures d'avec le pouls des maladies inférieures au diaphragme ; il décrivit même le pouls du nez, celui de la gorge, des poumons, de l'estomac, des intestins, de l'utérus, du foie, le pouls des hémorrhoïdes, etc. Et même, il faut le dire, il poussa si loin ses recherches, il les rendit si subtiles, si métaphysiques, que c'est à son bel ouvrage qu'il faut reprocher l'indifférence actuelle des médecins français en ce qui regarde les signes tirés du pouls, nonobstant la conviction contraire des malades. Toutefois l'ouvrage de Bordeu fit beaucoup de bruit. On en parla aux bureaux de l'*Encyclopédie* ; le *Mercure* en donna l'analyse ; Voltaire, concevant de l'inquiétude pour sa santé, restreignit ses énormes doses de café, et fut en conséquence quelques années sans donner de nouvelles tragédies : la première qu'il publia ensuite n'était même qu'une tragédie en prose et traduite (*Socrate*). Mais le grand effet que cette production fut pour les rivaux de Bordeu. Bouvart, le plus passionné de tous, lui dont la hideuse figure portait une cicatrice affreuse, « qu'il s'était faite, disait Diderot, en maniant maladroitement la faulx de la mort, Bouvart accusa Bordeu d'avoir *volé* les bijoux d'un riche malade qu'il conduisait aux eaux minérales, et qui était mort dans le voyage. Thierri (dit Richerand) eut assez de crédit pour faire rayer le nom de Bordeu de la liste des médecins de la faculté, et il fallut un arrêt du parlement de Paris pour le rétablir dans la jouissance de ses droits. Telle était même l'odieuse conduite de ses ennemis, qu'il n'aurait pu visiter ses malades sans danger pour sa vie, si le prince de Conti ne lui eût prêté, pour courir la ville, son équipage et sa livrée...

Toutes ces persécutions, loin d'attiédir le zèle de Bordeu, ne firent que le rendre plus fervent. Il publia successivement des *Recherches sur la Colique métallique des Peintres, ou du Poitou*; les *Recherches sur l'Histoire de la Médecine*, à l'occasion de l'inoculation, dont il était le chaud partisan; d'autres *Recherches sur le Tissu Muqueux ou Cellulaire*, ouvrage qu'on peut regarder comme le premier mais imparfait modèle de l'*Anatomie générale* de Bichat; enfin, des *Recherches sur les Maladies chroniques*, dont la cinquième partie, aussi éloquente que singulière, est consacrée à l'*analyse médicinale du sang*.

Les ouvrages de Bordeu sont très-remarquables, non par la méthode (il en avait peu), mais par les aperçus, par la netteté des idées, par la pureté de la diction, par des pensées ingénieuses. Bordeu était contemporain de Voltaire: il respirait le même air que lui, il voyait la même société, assistait aux mêmes abus, et de plus il lisait ses œuvres; aussi peut-on dire qu'il fut le Voltaire des médecins de son temps. S'il eût été moins étourdi, plus ami de l'ordre, moins surabondant, plus sobre de faits et de citations, plus réservé dans le choix des idées, moins confus dans ses plans, on pourrait le placer sans scrupule à la tête des écrivains de la médecine. On le lit encore avec plus de plaisir et plus de fruit que la plupart des auteurs qui lui ont survécu ou succédé. Cela tient principalement à ce qu'il est par-dessus tout historien et philosophe, qualités qui vieillissent moins que celles de systématique, de savant ou d'érudit. Si l'on met de côté son antipathie pour les mécaniciens et les chimistes, Bordeu est de toutes les écoles, il s'arrange de tous les systèmes, il trouve à puiser et à penser dans tous : il est essentiellement *éclectique*, c'est-à-dire *choisissant*.

Peu d'auteurs sont aussi difficiles à citer que Bordeu : à chaque page, c'est un trait qui frappe, une pensée qui s'empare de l'attention, une expression qui enchante l'esprit ou qui invite à réfléchir; peu d'écrivains possèdent aussi bien que lui l'art des allusions. Est-il question de la médecine? C'est, dira-t-il, une coquette qui, à présent qu'elle est vieille, prend des ornements, des parures; elle était simple dans sa jeunesse, et voilà comme l'aima Hippocrate, son premier amant. Veut-il blâmer l'abus de la saignée, trop préconisée par Chirac, trop autorisée par ses idées si exclusives d'inflammation universelle? J'ai vu un moine, dit Bordeu, qui ne mettait point de terme aux saignées; lorsqu'il en avait fait trois il en faisait une quatrième, par la raison, disait-il, que l'année a quatre saisons, qu'il y a quatre parties du monde, quatre âges, quatre points cardinaux. Après la quatrième, il en fallait une cinquième, car il y a cinq doigts à la main. A la cinquième il en joignait une sixième; car Dieu créa le monde en six jours. Six! il en faut sept; car la semaine a sept jours, comme la Grèce eut sept sages. La huitième sera même nécessaire, parce que le compte est *plus rond*. Encore une neuvième, *quia... numero Deus impare gaudet*.

Ce serait à ne pas finir si l'on voulait citer de Bordeu tout ce qui mérite le souvenir, non-seulement des médecins, mais même des gens de goût. Son parallèle de Boerhaave avec Asclépiade, sa critique modérée, mais si judicieuse, de Locke et de Descartes, ses allusions au sujet de saint Athanase, accusé d'avoir brisé un calice de verre; enfin, sa revue d'une bibliothèque de médecin de campagne, sont des morceaux d'un grand mérite, qu'un homme du monde lirait certes avec autant d'agrément et avec plus de fruit que beaucoup de nos ouvrages de littérature légère. Quand on lit Bordeu on se surprend faisant des oreilles à toutes les pages, comme s'il s'agissait des *Lettres persanes*, des *romans* de Voltaire ou de *De Natura Deorum* de Cicéron. En quelque endroit qu'on ouvre un livre de Bordeu, on est sûr de trouver une idée et de la comprendre, si inadmissible ou paradoxale qu'elle soit.

Ses ouvrages, sa nombreuse clientèle, ses querelles et ses combats, ses courses et ses voyages sans fin, et peut-être aussi un célibat peu fait pour un homme de son espèce, tant d'agitations et tant de labeurs, affaiblirent les forces de Bordeu, et sans doute abrégèrent ses jours.

De bonne heure, on le vit mettre ordre à ses affaires et réaliser sa fortune. Elle était bien humble pour un médecin comme lui, qui avait pratiqué dans la plus haute société, parmi les riches malades des eaux, parmi les personnages de la capitale : cet homme, accusé d'avoir soustrait des bijoux, des diamants, d'avoir vidé des écrins, réunit pour tout trésor la modique somme de 80,000 francs, qu'il déposa à la banque du célèbre M. de La Borde. Ce n'était pas la cinquantième partie des somptueuses économies de Boerhaave, qu'il ne faut pourtant pas juger supérieur à Bordeu proportionnellement à ses richesses. Peu de temps après, Bordeu éprouva des attaques de goutte irrégulière, quelques coups de sang. Il essaya d'un voyage aux eaux des Pyrénées, le seul qu'il eût fait pour sa propre santé. Les eaux aggravèrent ses maux, et cela devait être : jamais les eaux sulfureuses ne doivent être employées contre la goutte ni contre l'apoplexie, dont elles réalisent trop souvent les menaces, ou dont elles réitèrent et aggravent les attaques. Il revint donc plus souffrant, plus faible, plus attristé et plus soucieux de son isolement, et sentant plus vivement que jamais combien les douces joies de la famille sont préférables aux débats de l'amour-propre, au retentissement d'un nom, aux futiles joies de la renommée. Une dernière attaque d'apoplexie le surprit pendant le sommeil, le 23 novembre 1776. Bordeu avait vécu cinquante-quatre ans. C'est vingt-trois années de plus que Bichat, dont il fut l'utile précurseur, mais seize ans de moins que Boerhaave, dont il abrogea l'empire. A la nouvelle de sa mort, Bouvart couronna ses calomnies par ce propos infâme : « *Je n'aurais pas cru qu'il fût mort horizontalement.* » Dr Isidore Bourdon.

BORDIER. En France, on désignait ainsi au moyen âge le métayer d'une *borde* ou *borderie*, petite ferme ou maison rustique soumise à de certaines redevances. Dans le midi on emploie encore ce nom pour désigner les fermiers et métayers. En Angleterre, où Guillaume le Conquérant établit les usages féodaux qui régnaient dans son pays natal, il y avait des hommes appelés *bordarii*, formant une classe particulière et tout à fait distincte des *servi*, serfs, et des *villani*, vilains. Suivant le *Grand-Terrier* d'Angleterre, ces *bordarii* tiraient leur nom de *bord* petite pièce de terre, qu'ils recevaient à la charge d'entretenir d'œufs et de volaille la maison du maître.

Bordier signifie encore un propriétaire de terres qui bordent le grand chemin.

BORDONE (Paris), peintre célèbre de l'École vénitienne, né à Trévise, vers 1500, mort à Venise, le 19 janvier 1570, quitta l'étude des sciences pour suivre l'école du Titien, dont il fut surtout imitateur du Giorgione. Son talent se développa rapidement, et les nombreux travaux dont le chargèrent Venise et sa ville natale, en répandant son nom au delà de l'Italie, lui valurent d'être appelé en France, les uns disent par François Ier, d'autres par François II. Quelques-uns prétendent même qu'il resta quelques années à la cour de Charles IX avant de retourner en Italie, et qu'il y fit beaucoup de portraits, travaillant pour le duc de Guise et le cardinal de Lorraine.

Les tableaux de Bordone sont remarquables par la délicatesse et l'harmonie d'un coloris tirant un peu sur le rose ; aussi estime-t-on principalement ses portraits de femmes. Dans notre collection du Louvre, nous n'avons de ce peintre qu'un portrait et un petit tableau représentant *Vertumne et Pomone*. L'Italie, plus riche que nous en productions de cet artiste, possède un *Saint-André courbé sous la croix et couronné par un ange*, tableau peint pour l'église de Saint-Job, et l'*Anneau de Saint-Marc*, chef-d'œuvre du maître. Bordone eut un fils qui suivit la même carrière que lui, mais sans succès.

BORDURE. Ce mot, dans son acception la plus usitée, est synonyme de *cadre*, et désigne le châssis, ordinairement en bois, dans lequel on place un tableau, un dessin ou une estampe. Les tableaux furent faits d'abord pour orner les autels dans les églises, puis pour décorer les parois d'une chambre dans un palais ou dans un appartement. La dimension du tableau était dans ce cas donnée par l'architecte qui disposait les panneaux de sa boiserie de manière à y introduire le tableau, et une bordure analogue à la décoration de l'autel ou de l'appartement venait recouvrir et cacher la jonction de la peinture à la menuiserie. Lorsqu'ensuite on voulut transporter les tableaux dans d'autres endroits que ceux pour lesquels ils avaient été faits primitivement, on sentit qu'ils avaient besoin d'une bordure, et souvent alors, au lieu de la faire *chantournée*, on lui donna une forme plus simple et plus raisonnable. Cependant la mode, qui, pour varier sans cesse, gâte si souvent ce qu'elle affecte, la mode apporta des changements fréquents dans les bordures, qui ont été tantôt surchargées d'ornements sculptés ou entièrement lisses, ou bien offrant de grandes lignes, comme les corniches, avec quelques ornements plus ou moins légers, et dont la grâce dépendait du talent de l'artiste qui l'ordonnait, ou plutôt encore du goût plus ou moins pur qui régnait à l'instant où le tableau était embordué. Presque toujours les bordures sont dorées : cependant, vers 1680, en Hollande, elles ont été faites en bois d'ébène ou en bois noirci; un siècle plus tard, à Paris, on eut l'habitude de mettre les estampes dans des bordures moitié dorées, moitié noircies; maintenant les aquarelles sont souvent placées dans des bordures d'ébénisterie, en bois de couleurs variées.

Aucun principe reconnu, aucune règle positive, ne détermine les proportions d'une bordure : cependant on doit avoir l'attention de la faire suivant la grandeur, et nous dirons même le mérite du tableau. Ainsi, la bordure d'un tableau de moins de 30 centimètres doit avoir au plus 5 centimètres; on peut en donner 10 à la bordure d'un tableau de 1^m,25; et celle des tableaux de la plus grande dimension ne doit pas passer 40 à 50 centimètres. Ce serait encore une faute que de faire pour la bordure une dépense plus forte que la valeur du tableau lui-même.

Les anciens avaient aussi des bordures à leurs tableaux; mais elles étaient peintes et analogues au sujet de la composition. Ainsi, des pampres entouraient les sujets bachiques, des fleurs ou des coquillages faisaient la bordure des compositions où se trouvaient des nymphes ou des naïades. Cet usage s'est conservé parmi nous pour les tapisseries.

Les tapis de pied ont aussi des *bordures*, qui ordinairement sont de couleurs plus foncées que celle du tapis lui-même. Dans les appartements tendus en soie, ou couverts en papier, la bordure doit rappeler la couleur du meuble, avoir un ton assez intense pour trancher sur le fond de la tenture ou du papier, et la mode seule en règle la dimension. Ainsi la mode a cru devoir en augmenter la largeur insensiblement pendant plusieurs années, puis un jour on les a faites, au contraire, très-étroites. DUCHESNE aîné.

BORDURE (*Jardinage*). On donne ce nom aux plantes qui entourent les plates-bandes d'un jardin : autrefois, on les faisait presque toujours en buis; maintenant on en fait en gazon, ou bien avec du thym, de la marjolaine, de la sauge, de la lavande, etc. La saxifrage ombreuse fait aussi une bordure agréable et très-élégante lorsqu'elle est en fleurs.

Dans les forêts, on donne le nom de *bordures* à la partie du bois que dans les taillis on a soin de ne pas abattre, afin de laisser un peu d'ombrage sur les routes.

BORDURE (*Blason*). C'est la ceinture qui entoure l'écu, laquelle est toujours d'une couleur différente et ne doit jamais être de plus d'un sixième de l'écu. La *bordure* était, dans les familles nobles, la marque distinctive adoptée par les puinés; elle variait ensuite, non de couleur, mais de forme, et devenait *endentée*, *engrelée*, *cantonnée*, etc., lorsque les branches se multipliaient.

BORE, corps simple et non métallique, solide, pulvérulent et très-friable, insipide et inodore, d'un brun verdâtre, insoluble dans l'eau comme dans l'alcool, et qu'on ne rencontre dans la nature qu'à l'état de combinaison, comme radical de l'acide borique, dans lequel il se transforme quand on le chauffe avec de l'oxygène ou de l'air atmosphérique, et d'où on l'extrait en décomposant cet acide par le potassium, qui s'empare de l'oxygène et met le bore à nu. Sa découverte, qui date de 1809, est due à MM.   ssac et Thénard, qui obtinrent cette substance dans   recherches pour connaître l'action de la pile voltaïque sur différents corps.

BORÉAL (de Borée). Cet adjectif s'emploie pour tout ce qui a rapport au Nord ou Septentrion, surtout quant à la situation uranographique. Ainsi on dit l'hémisphère *boréal*; les constellations *boréales*, par opposition à l'hémisphère *austral*, aux constellations *australes*. Nous avons donné un article particulier aux aurores *boréales*.

BORÉASMES, fêtes célébrées, en un temple au bord de l'Ilissus, par les Athéniens en l'honneur de Borée, qui avait renversé de son souffle les machines d'Agis, roi de Sparte, lorsqu'il assiégeait Athènes. On nommait *boréastes* ceux qui présidaient à ces fêtes; on y donnait des repas somptueux, où régnait la gaieté, et l'on y priait Borée de purifier l'air par son souffle.

Les habitants de Thurium avaient aussi des *boréasmes*, en mémoire du service que le dieu leur avait rendu en dispersant et détruisant par une tempête une partie de la flotte de Denys le Tyran; ils lui avaient même accordé le droit de bourgeoisie. Les Athéniens le fêtaient encore pour leur avoir rendu un service semblable en dispersant la flotte des Perses, au pied du mont Athos. Cette divinité avait enfin un autel à Mégalopolis d'Arcadie, dont les habitants lui étaient redevables d'un pareil bienfait.

BORÉE (du grec βορός, *le dévorateur*), nom que les Grecs et les Romains, leurs imitateurs, donnaient au vent du Nord. Les Hébreux l'appelaient *tsaphon*, le caché, le ténébreux. Les Grecs firent ce vent fils d'Astréus et de l'Aurore, ce qui eût mieux convenu au vent d'est. Ils lui donnèrent pour séjour la Thrace, dont le ciel à la vérité est généralement doux et pur, mais qui est situé au nord par rapport à la Grèce. Ce dieu aux ailes bruyantes, au souffle violent, n'avait pas des passions moins impétueuses; il ne soupirait point comme les autres dieux après les belles, il les enlevait soudain : il fondit des extrémités de son empire sur Orithyie, fille d'Érechthée, roi d'Athènes, et la transporta à travers les airs sur la cime du Pangée; il en eut cinq enfants, dont l'un fut une fille et s'appela Chioné, *la Neige*. Il enleva Chloris, fille d'Arcturus (le fleuve Phasis), et la déposa sur le triste sommet du Caucase, qu'on nomma depuis le *lit de Borée*, par allusion à la couche de frimas qu'il lui avait préparée, pompe nuptiale digne d'un tel dieu. De son souffle jaloux il jeta et mit en pièces sur des roches l'infortunée Pitys, qui fuyait sa violence. Dans ses caprices bizarres, il féconda les cavales d'Érichthonius, dont naquirent douze poulains, qui couraient sur la tête des épis sans les courber, et sur l'écume des flots sans se mouiller les pieds.

La Tour des Vents à Athènes nous a conservé l'iconographie de ce dieu : il y est représenté sous la forme d'un jeune homme, des ailes au dos, des sandales aux pieds et la tête abritée d'une draperie flottante. On ne doit pas s'étonner que Borée, le vent du Nord, ait eu chez les an-

ciens un culte exclusif, puisque les premiers hommes n'ont pas tardé à ressentir et à reconnaître ses bienfaits : en effet, n'est-ce pas lui qui met en fuite les vents du midi, dont les vapeurs amènent les maladies et les contagions? n'est-ce pas lui qui rassérénère le ciel et purifie la terre?
DENNE-BARON.

BORELLI (JEAN-ALPHONSE), savant mathématicien et professeur de sciences médicales plutôt que médecin praticien, était né à Naples, le 28 janvier 1608. Il professa longtemps les mathématiques à Florence et à Pise. Il se rendit ensuite à Messine, au moment où cette ville essayait de secouer la domination de l'Espagne, et il prit à l'insurrection une part très-active. Cette tentative ayant échoué, Borelli courut de grands dangers. Cependant il parvint à prendre la fuite et à se retirer à Rome, où il trouva un asile dans la maison des clercs réguliers de Saint-Pantaléon. Il y vécut avec ces religieux, comme s'il eût appartenu à leur institut, enseignant les mathématiques aux plus jeunes, et secouru dans sa pauvreté par les largesses de la célèbre Christine, reine de Suède, qui l'affectionnait. C'est là qu'il mourut, le 31 décembre 1679.

Ce savant a mérité que son nom marquât dans l'histoire du progrès des sciences, comme l'un des chefs d'école dont les efforts constants tendirent à l'application des mathématiques à la médecine. C'est à lui qu'on doit la restitution de trois des quatre derniers livres d'Apollonius de Perge, qu'il parvint à déchiffrer avec l'aide d'Abraham Echellensis, d'après une paraphrase de quelques anciennes traductions de l'arabe. A peu près à la même époque, il se livrait à des recherches sur les travaux d'Euclide. Il s'occupa aussi d'astronomie, et il tâcha d'établir la théorie des mouvements des satellites de Jupiter. On remarque dans les principes sur lesquels il s'appuie, un pressentiment des lois de l'attraction. Mais son œuvre capitale, celle qui fait le plus d'honneur à sa science, et qui a été souvent réimprimée, c'est son livre intitulé : *De Motu Animalium, opus posthumum* (pars prima, Rome, 1680; pars secunda, 1681). La renommée de Borelli n'est guère fondée que sur la première partie de cet ouvrage, parce qu'il y a restreint l'application du calcul à ceux des mouvements de l'économie animale qui en sont, jusqu'à un certain point, susceptibles, c'est-à-dire aux mouvements musculaires, qui se prêtent aux règles de la mécanique. Des savants ont signalé cette première partie de l'œuvre de Borelli comme ce qu'a été fait de mieux sur la matière. On a joint à l'édition de Leyde, en 1711, des méditations mathématiques de Jean Bernoulli sur le mouvement des muscles.

Voici comment, dans ses *Entretiens métaphysiques*, Malebranche s'exprime sur l'œuvre capitale de Borelli : « J'ai lu depuis peu un livre *du Mouvement des Animaux*, qui mérite qu'on l'examine. L'auteur considère avec soin le jeu de la machine nécessaire pour changer de place; il explique exactement la force des muscles et les raisons de leur situation, tout cela par les principes de la géométrie et des mécaniques. Mais quoiqu'il ne s'arrête guère qu'à ce qui est le plus facile à découvrir dans la machine de l'animal, il fait connaître tant d'art et de sagesse dans celui qui l'a formée qu'il remplit l'esprit du lecteur d'admiration et de surprise. »

Notre collaborateur, M. Bordas-Demoulin, dans son bel ouvrage sur *le Cartésianisme*, a signalé comme un point essentiel le génie pénétrant de Borelli. Il s'agit de la physique céleste et de l'application des sciences du calcul aux lois du mouvement des astres. « Borelli, dit-il, prend l'idée de Descartes, de soumettre au calcul le système du monde, et le premier il la porte dans l'attraction (*Theoricæ Planetarum ex causis physicis deductæ*, 1666)... Borelli montre que les planètes peuvent se maintenir et circuler dans l'espace par le seul effet d'une force qui les entraîne vers le soleil et d'une force qui les en écarte. Nous voilà parvenus à la vraie et fondamentale notion de la mécanique céleste. Remarquons comme la matière subtile de Descartes sert de transition. Avant lui on croyait les planètes portées par des génies ou immédiatement, ou à l'aide de cieux solides. Descartes supprime les âmes et les cieux solides, et met à la place sa matière subtile. Borelli supprime la matière subtile, et ne veut que des mouvements ou des forces,... L'idée de force s'ouvre l'intelligence et le fluide s'élimine de lui-même. »
AUBERT DE VITRY.

BORGERONS. *Voyez* BLOUSES.

BORGHESE (Famille). Cette famille romaine est originaire de Sienne, où depuis le milieu du quinzième siècle elle occupe les places les plus importantes. Le pape Paul V, qui appartenait à cette maison, et qui régna de 1605 à 1620, combla ses parents d'honneurs et de richesses. En 1607 il chargea son frère, *Francesco* BORGHÈSE, du commandement des troupes qu'il envoya contre Venise. Il donna à *Marc-Antoine*, fils de *Jean-Baptiste*, un autre de ses frères, la principauté de *Sulmone*, lui assura un revenu annuel de 200,000 écus, et lui fit obtenir le titre de grand d'Espagne. Il éleva un autre de ses neveux, *Scipion* CAFFARELLI, à la dignité de cardinal, et lui permit de prendre le nom de *Borghèse*. C'est ce dernier surtout qu'il enrichit, en lui livrant les biens confisqués de la malheureuse famille de Cenci. Ce même pontife a fait bâtir la villa Borghèse, non loin de la porte *del Popolo*, à Rome.

C'est de *Marc-Antoine* BORGHÈSE, mort en 1658, que descend la famille actuelle. Son fils, *Jean-Baptiste*, épousa *Olimpia* ALDOBRANDINI, une des plus riches héritières de l'Italie, qui le rendit possesseur de la principauté de *Bassano*. — *Marc-Antoine II*, fils du précédent, mort en 1729, acquit de grandes richesses, en prenant sa femme dans la famille de Spinola; son fils, *Camille-Antoine-François-Balthasar*, devint son héritier, s'allia, par un mariage, avec la maison Colonna, et mourut en 1763. Le fils aîné de celui-ci, *Marc-Antoine III*, né en 1730, devint, en 1798, sénateur de la république romaine, et mourut en 1800. Par lui se termina, en 1769, un procès séculaire existant entre sa famille et les Pamfili, au sujet de la succession Aldobrandini.

[BORGHÈSE (CAMILLE-PHILIPPE-LOUIS), né à Rome, le 19 juillet 1775, fils du prince Marc-Antoine III, adopta dans sa jeunesse, avec toute la fougue italienne, les principes qui présidèrent à la première révolution française. A l'arrivée de Napoléon Bonaparte en Italie, il prit place sous les drapeaux du jeune général, que cet enthousiasme frappa, et qui traita dès ce moment avec la plus grande distinction ce rejeton d'une des plus illustres tiges romaines. En 1803 Napoléon appela Camille auprès de lui, et le 6 novembre de la même année il lui donna en mariage sa sœur Pauline, veuve du général Leclerc. En 1805 le beau-frère du nouvel empereur reçut le titre de prince et le grand cordon de la Légion d'Honneur. Il fut rapidement et successivement promu aux grades de chef d'escadron dans la garde impériale, puis de colonel. Nommé *duc de Guastalla*, il se distingua par son courage dans la campagne contre les Prussiens et les Russes, et, c'est sur lui qu'à la même époque Napoléon jeta les yeux pour une mission aussi délicate que difficile : il s'agissait de provoquer les Polonais à l'insurrection contre l'empereur de Russie : le succès couronna les négociations de Camille, qui promit l'indépendance à la Pologne de la part de Napoléon. On sait comment ce dernier tint parole en 1810, et comment ce peuple malheureux fut sacrifié à l'ambition autrichienne, lors du mariage de l'empereur avec Marie-Louise. Vers la fin de cette année (1810), élevé à la haute dignité de gouverneur général des départements au delà des Alpes, il alla à Turin, où il ne tarda pas à conquérir l'affection des populations confiées à ses soins. Les événements de 1814 lui enlevèrent son gouvernement. Aux termes d'une capitulation conclue avec le général commandant les forces autrichiennes, comte Bubna, il dut lui remettre toutes les places du Piémont; mais en quittant ces contrées il y laissa des souvenirs qui l'honorent.

Après l'abdication de Napoléon, il cessa toute relation avec la famille Bonaparte, et se sépara de sa femme, dont il avait à se plaindre. Lorsqu'en 1815 le roi de Sardaigne revendiqua les biens nationaux piémontais, avec lesquels le gouvernement français avait payé les huit millions qui avaient servi à l'acquisition des objets d'art de la villa Borghèse, on rendit au duc la plus grande partie de ces raretés précieuses, qu'on reprit à la France. Puis, le prince vendit sa terre de Lucedio, en Savoie, et alla résider à Florence. Pendant son séjour à Rome, en 1826, le pape Léon XII le traita avec beaucoup de distinction. Il mourut à Florence en 1832, instituant pour son héritier son frère, dont il sera parlé plus loin.

BORGHÈSE (MARIE-PAULINE BONAPARTE, princesse), femme du précédent et sœur de Napoléon, naquit à Ajaccio, en 1781. A l'âge de treize ans, en 1793, elle suivit sa famille à Marseille. Peu de temps après son arrivée en France, le conventionnel Fréron la demanda en mariage, et, sans l'intervention et les réclamations formelles d'une première épouse, ce mariage aurait eu lieu. Pauline dut ensuite épouser le général Duphot, qui mourut, comme on sait, à Rome, en 1797, victime d'une émeute. Quelque temps après, elle eut occasion de voir à Milan le général Leclerc, qui, frappé de sa rare beauté, devint éperdument amoureux d'elle. Il parvint, dit-on, à lui faire partager ses tendres sentiments, demanda sa main, et l'obtint. En 1801, Leclerc, alors ambassadeur en Portugal, fut chargé par Napoléon de l'expédition de Saint-Domingue, et Pauline dut s'embarquer à Brest sur le vaisseau *l'Océan*, pour suivre son époux. A bord, on rendait d'éclatants hommages à la belle voyageuse et à son charmant enfant. C'était, suivant le langage du temps, Galathée ou Vénus Anadyomène. En septembre 1802 une insurrection terrible éclata au Cap, résidence de Leclerc. Christophe, Dessalines, Clairvaux, chef des insurgés, attaquèrent la ville à la tête de dix mille insurgés. Leclerc, ne craignant rien pour lui-même, mais tremblant pour les jours de son épouse qui habitait en ce moment un des quartiers les plus menacés de la ville, chargea un de ses officiers de la conduire à bord sur un vaisseau, pour la mettre à l'abri de la fureur des noirs, s'ils venaient à triompher. C'est alors que cette jeune femme prouva qu'elle avait véritablement dans les veines du sang de Napoléon : elle refusa de quitter la ville, déclarant qu'elle devait partager les dangers et même la mort de son époux. Comme quelques dames du Cap se désolaient autour d'elle, effrayées des progrès de l'insurrection : « Vous pouvez pleurer, vous, leur dit-elle, vous n'êtes pas, comme moi, sœurs de Bonaparte! » Et tant que le danger dura elle ne versa pas une larme, ne laissa pas échapper un seul mot qui trahit de la crainte. Pour la conduire sur un vaisseau, en exécution des ordres du général, il fallut employer la force, et la jeter dans un fauteuil qu'enlevèrent quatre hommes, qui la portèrent ainsi à bord. Cependant Leclerc, à la tête de quelques centaines de soldats, mit en déroute les dix mille insurgés, et l'ordre régna dans la ville. Mais la mort du brave général suivit de près cette victoire, et Pauline, profondément affligée de sa perte, dut retourner en France, où elle perdit, bientôt après son arrivée, son fils, unique enfant qu'elle ait jamais eu.

Bientôt la politique de Napoléon lui imposa un nouveau mariage : elle épousa en secondes noces le prince *Camille Borghèse*. A cette époque, la roideur de son caractère lui valut souvent des reproches de son frère, qui, jaloux de faire plier tout le monde devant ses volontés, trouvait ridicules et malséantes les velléités d'indépendance que Pauline se permettait peut-être trop souvent. Un jour, ayant manqué de respect à Marie-Louise, elle reçut l'ordre de ne plus paraître à la cour. Cette disgrâce ne l'attrista pas, et n'altéra nullement l'affection profonde qu'elle avait vouée à son frère. En 1814 elle alla à l'île d'Elbe partager l'exil de Napoléon. Après le débarquement de Cannes elle se rendit à Naples, auprès de sa sœur Caroline, puis à Rome, quelque temps avant la bataille de Waterloo. Après le grand désastre de cette journée, elle s'empressa d'envoyer à son frère toutes ses parures de diamants, regrettant de ne pouvoir faire autre chose pour un si grand malheur : la voiture qui renfermait ces diamants fut prise par les Anglais, transportée et exposée publiquement à Londres. On ignore ce qu'ils sont devenus. En 1815 Pauline, séparée de son mari, vécut d'abord à Rome, où elle occupa une partie du palais Borghèse, que lui avait abandonnée le prince. En 1816 elle habita la Villa Sciarra. Sa maison, où régnait le goût des arts, était le rendez-vous du cercle le plus brillant de Rome. Elle avait autour d'elle ses deux frères *Louis* et *Lucien*, son oncle le cardinal *Fesch*, et *Lætitia Bonaparte*, sa mère. Quand elle eut reçu la nouvelle de la maladie de Napoléon, elle sollicita plusieurs fois l'autorisation d'aller le joindre à Sainte-Hélène. Elle venait de l'obtenir, lorsqu'on apprit la mort de l'empereur. Pauline mourut à Florence, le 9 juin 1825. Outre plusieurs legs et une fondation dont les revenus sont affectés à défrayer deux jeunes gens d'Ajaccio qui voudront étudier la médecine et la chirurgie, elle institua ses frères Louis et Jérôme héritiers de sa fortune, s'élevant encore à deux millions. Son buste en marbre, exécuté par Canova, est un des chefs-d'œuvre de cet artiste. A. GUY D'AGDE.]

BORGHÈSE (FRANÇOIS ALDOBRANDINI), né à Rome, le 9 juin 1776, partagea dans sa jeunesse les sympathies de son frère Camille pour les principes de la révolution française. Entré au service comme lui, il eut aussi sa part des faveurs que Napoléon prodigua aux familles de tous les siens. Après la bataille d'Austerlitz, il devint chef d'escadron dans la garde impériale, assista aux campagnes de 1806, 1807 et 1809 contre les Prussiens, les Russes et les Autrichiens, et fut enfin mis à la tête d'un régiment de carabiniers. Napoléon lui fit épouser, le 11 avril 1809, la fille de la comtesse Alexandre de La Rochefoucault, dame d'honneur de l'impératrice Joséphine, et le nomma général de brigade en 1811. Il devint premier écuyer de l'empereur en 1813, grand'croix de l'ordre de la Réunion, et en 1814 grand'croix de l'ordre de Saint-Louis : il est mort le 29 mai 1839.

Il a laissé trois fils de son mariage : 1° *Marc-Antoine*, prince Borghèse, né à Paris, le 23 février 1814; 2° *Camille*, prince Aldobrandini, ancien ministre de la guerre au service des États de l'Église, né le 16 novembre 1816; 3° *Scipion*, duc de Salviati, né à Paris, le 23 juin 1823.

BORGHÈSE (Villa). Cette maison de plaisance est située à Rome, à peu de distance de la *Porta del Popolo*. L'emplacement en fut acquis au commencement du dix-septième siècle par le cardinal Scipione Caffarelli Borghèse, qui y fit de grandes augmentations vers 1605. Le palais principal fut bâti aux frais de Paul V, sur les plans de J. Vasanzio, romain; les jardins furent dessinés par Dominique Savino de Monte Pulciano. Ornée de fresques magnifiques, cette villa était jadis célèbre par les trésors artistiques qu'y avaient réunis ses possesseurs. Par un marché qui ne reçut qu'une moitié d'exécution, Camille Borghèse céda cette riche collection à l'empereur, moyennant une somme de huit millions, dont partie payable en domaines nationaux situés en Piémont et revendiqués après la chute de Napoléon par le roi de Sardaigne. Louis XVIII accéda alors à une transaction en vertu de laquelle il ne nous resta que cent-quatre-vingt-quinze morceaux de sculpture, mais d'ailleurs tous ceux du premier ordre. On cite entre autres le *Gladiateur* dit *de Borghèse*, chef-d'œuvre du sculpteur grec Agasias d'Éphèse, découvert à Antium avec l'Apollon du Belvédère, et qui pour l'expression du mouvement figuré au premier rang parmi les productions de la statuaire antique. L'*Hermaphrodite*, le *Marsyas*, etc., qu'il suffit de nommer pour en faire l'éloge, proviennent également de la villa Borghèse.

Le palais Borghèse, appartenant à la même famille et appelé *il Cembalo*, à cause de sa forme, est l'un des plus beaux qu'il y ait à Rome. Le magnifique portique de sa cour intérieure est soutenu par quatre-vingt-seize colonnes de granit. La collection de tableaux remplit onze salles du rez-de-chaussée, et se compose pour la plus grande partie d'ouvrages des maîtres les plus célèbres, tels que Raphaël, le Titien, le Dominiquin, Rubens, Jules Romain, etc.

BORGIA (Famille des). Originaire de Borja, ville d'Espagne, en Aragon, cette famille, dont le chef, *Alfonse* Borgia, élu cardinal en 1444, et pape en 1455 (sous le nom de Calixte III), avait permis à son beau-frère, Godefroi Lenziolo ou Lenzuoli, de prendre son nom, que celui-ci transmit à son fils Alexandre VI, est célèbre en Italie par les scandales de tout genre dont elle donna l'exemple, et qui n'ont pas peu contribué à inspirer aux populations de cette contrée des sentiments de mépris et de haine pour le clergé, dont trop souvent la religion elle-même a eu à souffrir.

César Borgia, duc de Valentinois, et second fils d'Alexandre VI, ainsi que sa sœur *Lucrèce*, méritent des articles particuliers, qu'on trouvera ci-après.

Un des cousins de César, *Jean* Borgia, fut fait cardinal en même temps que lui, le 20 septembre 1493, dans une promotion qui eut lieu une année après l'exaltation d'Alexandre au trône pontifical.

François Borgia, prince de Squillace, dans le royaume de Naples, fils de Jean Borgia et de Françoise d'Aragon, arrière-petit-fils d'un pape (Alexandre VI), et petit-fils d'un général des jésuites (François Borgia), nommé vice-roi du Pérou en 1614, y contribua par ses talents à la civilisation du Nouveau-Monde, et y donna son nom, en 1618, à la ville de *Borja* sur le Marañon, dans la province de Maynas, qu'il réunit à la couronne d'Espagne. Après la mort de Philippe II, en 1621, il revint en Espagne, où il s'adonna à la culture des lettres, et mourut dans un âge avancé, le 26 septembre 1658. Il a laissé, 1° des œuvres poétiques : *Obras en verso* (Madrid, 1639); 2° un poëme épique, ou plutôt historique, sous le titre de : *Napoles recuperada por el rey don Alonso*; 3° la traduction de quelques opuscules de Thomas à Kempis, publiés sous ce titre : *Oraciones y meditaciones de la vida de Jesu Christo*, etc. Aucun de ces ouvrages ne le place parmi les bons écrivains ; mais, à une époque où les Espagnols étaient séduits par la boursouflure et l'affectation de quelques auteurs, il a eu le mérite de rester attaché aux anciens modèles.

Son père, *Jean* Borgia, comte de Ficalho, né en 1533, avait été successivement ambassadeur en Portugal et à la cour de l'empereur Maximilien. Il est auteur d'un livre d'emblèmes, publié sous le titre d'*Empreses morales*, dédié à Philippe II et imprimé en 1581.

Alexandre Borgia, de la même famille, mort archevêque de Fermo, le 14 février 1764, était né à Velletri, en 1682. On lui doit plusieurs ouvrages, entre autres une *Vie du pape Benoît XIII*, en latin, publiée à Rome en 1741.

Son neveu, le cardinal *Étienne* Borgia, prélat du plus grand mérite, est aussi l'objet d'un article à part dans notre livre.

BORGIA (César), second fils du pape Alexandre VI et de l'impudique Vanozza (Julie Farnèse). L'époque et le lieu de sa naissance ne peuvent être précisés : les uns le font naître à Valence en Espagne, les autres à Venise. Il est probable pourtant que ce fut dans cette dernière ville, où sa mère se retira quand Alexandre VI, qui n'était encore que Roderic Borgia, vint à Rome. C'est donc à peu près en 1457 que Vanozza le mit au jour. Une éducation brillante développa ses dispositions naturelles. Il avait une imagination vive, un esprit pénétrant et délié; il y ajouta par l'étude une éloquence persuasive et animée, qui lui donna par la suite des moyens de séduction irrésistibles. Mais son penchant pour le crime se fortifia avec l'âge ; il l'érigea pour ainsi dire en système, le calcula froidement, et le commit sans scrupule et sans remords.

Vanozza et ses enfants n'osèrent paraître à Rome que sous le pontificat d'Innocent VIII. Ils y vécurent dans une obscurité profonde jusqu'à l'exaltation d'Alexandre VI. César Borgia fut mis alors au nombre des princes de l'Église, promu à l'archevêché de Valence, à la place de son père, en septembre 1493, et connu dès ce moment sous le nom de *cardinal Valentin*. Sa vocation pour l'Église était pourtant si peu décidée, que son père négociait pour lui un mariage avec la fille naturelle d'Alfonse, duc de Calabre, héritier présomptif du royaume de Naples. Son ambition, repoussée de ce côté, se tourna vers les principaux barons romains, et ne cessa de les persécuter pour s'emparer de leurs dépouilles. Aucun attentat ne lui coûtait pour arriver à son but, et la soif des richesses dont il était dévoré, l'ascendant qu'il avait pris sur son père, entraînèrent Alexandre VI dans une série de violences, d'exactions, d'assassinats et d'empoisonnements, qu'il serait difficile d'énumérer. Les trésors de l'Église ne pouvaient suffire à la fastueuse prodigalité de César, et son impudicité lui suscitait sans cesse de nouveaux besoins, que son père avait la faiblesse de satisfaire. De tels hommes ne pouvaient manquer d'accepter les trois cent mille ducats que le sultan Bajazet leur offrait pour la tête du prince Zizim, son frère; et quand Charles VIII, maître de Rome, exigea que ce prince musulman lui fût livré, ce fut, dit-on, César Borgia qui conseilla au pape de l'empoisonner avant de le rendre. Il poussa même l'audace jusqu'à se livrer lui-même en otage au roi de France; mais quand le poison lent donné à Zizim vint à produire son effet, le cardinal Valentin eut l'adresse de s'échapper du camp de Charles, qui marchait alors sur Naples, et il revint à Rome pour concerter avec son père les moyens de couper la retraite au jeune conquérant.

La haute politique qui occupait son esprit ne lui faisait point négliger les petits profits de son astucieuse scélératesse. Le pape Alexandre avait choisi pour dataire un Modénais, évêque de Patria, nommé Jean-Baptiste Ferrata. Ce ministre, faisant argent de tout, avait amassé de grands biens. César Borgia le fit empoisonner, et s'empara des immenses produits de ses simonies. Il poussa la barbarie jusqu'à chercher des victimes dans sa propre famille. Le duc de Gandie, son frère aîné, avait paru comme lui aux bienfaits de son père ; César Borgia ne put souffrir ce partage, et devint jaloux de la fortune de son frère, que, par l'entremise de son père, le roi de Naples avait investi des duchés de Bénévent et de Pontecorvo. César Borgia vit avec colère ce riche établissement procuré à son frère ; et un motif plus infâme vint mettre le comble à sa jalousie. Lucrèce, leur sœur, était en même temps leur maîtresse. Le cardinal Valentin le découvrit, et fit assassiner le duc de Gandie, dont le cadavre fut retrouvé dans le Tibre, percé de neuf coups de poignard. Le pape parut inconsolable de cette perte, et médita des vengeances terribles contre l'assassin, qui lui était inconnu. Mais il apprit bientôt que c'était son propre fils ; et comme il ne pouvait se résoudre à se priver de lui, il le rappela de Naples, où le monstre s'était réfugié, lui pardonna ce fratricide et lui rendit toute sa faveur. La nécessité de retenir dans sa maison les fiefs que le roi de Naples avait accordés au duc de Gandie engagea le pape à substituer le cardinal Valentin à son frère, en le relevant des vœux qu'il avait prononcés comme diacre et en lui faisant épouser la princesse Charlotte, fille du nouveau roi Frédéric. Une difficulté se présentait : une dispense de la même nature avait été accordée par Alexandre VI à une religieuse, héritière unique de la couronne de Portugal. La maison d'Aragon, qui voulait réunir ce royaume aux autres diadèmes de l'Espagne, se plaignait de cette dispense, et César Borgia ne tarda pas à reconnaître que ce différend nuisait à ses projets de mariage. Il rejeta cet acte du souverain pontife sur l'archevêque Floride, secrétaire des brefs, l'accusa de l'avoir falsifié, le fit secrètement engager à s'avouer coupable, en lui promettant sa liberté et son avancement; et quand le malheureux archevêque eut consenti à prendre sur lui cette faute du pape Alexandre, César Borgia le fit mourir dans un cachot, et s'empara de tous ses biens. Le mariage qu'il attendait pour prix de ce nouveau crime fut refusé par le roi de Naples, et le cardinal Valentin garda pour cette fois sa barrette.

L'avénement de Louis XII à la couronne de France lui fournit l'occasion de réparer cet échec, et il s'empressa de la saisir. Ce roi poursuivait en cour de Rome la cassation de son mariage avec Jeanne la Boiteuse, fille de Louis XI. Le pape y consentit, et chargea son fils César d'aller porter à Paris le bref qui rendait la liberté à Louis XII. Ce prince de l'Église étala dans ce voyage et pendant son séjour dans la capitale de France le faste le plus impertinent. Il ne ferrait ses chevaux qu'avec des fers d'or et les faisait attacher par un seul clou pour les perdre. Louis XII ne fut pas ingrat. Grâce à lui, César Borgia put enfin quitter la barrette pour l'épée; il renonça au titre de cardinal Valentin pour celui de *duc de Valentinois*, reçut avec ce duché un revenu de vingt mille francs, une compagnie de cent lances avec une rente pareille, et le 10 mai 1499 il épousa enfin une autre princesse Charlotte, sœur de Jean d'Albret, roi de Navarre. Rentré en Italie, à la suite de Louis XII, qui revendiquait les droits de sa grand'mère Valentine de Milan, le nouveau duc de Valentinois, enhardi par la protection du grand monarque, reprit le cours de ses homicides et de ses usurpations sur les grandes familles romaines. Le roi de France lui donna même deux mille chevaux et six mille fantassins pour assurer son triomphe et sa fortune, et il commença par la prise d'Imola, de Forli et de Cesène, patrimoine de la famille Riario, alliée du pape Sixte IV. Il n'épargna pas même son beau-frère, et lui prit la seigneurie de Pesaro. Mais, s'étant emparé à la même époque des biens de la famille Cajétan, il les livra sa sœur Lucrèce, pour la consoler de cette perte, en exigeant toutefois qu'elle payât 80,000 ducats à la chambre apostolique : c'était les donner à César Borgia lui-même; car il puisait à pleines mains dans le trésor de l'Église, où la simonie et l'astuce papale engouffraient toutes les richesses de la chrétienté. Le duc de Valentinois s'empara bientôt de Rimini sur Malatesta, de la principauté de Piombino sur le seigneur d'Appiano, et se fit rendre hommage par le peuple de l'île d'Elbe. Arrêté devant Faenza par Manfredi, il la réduisit par famine, et, malgré la capitulation de ce seigneur, il le fit mourir avec son frère. Trop faible encore pour lutter contre le duc d'Urbin, il eut recours à la plus noire perfidie pour le faire tomber dans un piége. Sous prétexte de conquérir la seigneurie de Camerino sur Jules de Verano, il persuada au duc d'Urbin, feudataire du saint-siége, de lui prêter ses canons et ses soldats, en lui promettant le partage de sa nouvelle conquête, se servit de ce renfort pour déposséder le duc lui-même de ses États, prit ensuite Camerino pour lui seul, et fit étrangler Jules de Verano avec ses deux fils, pour être plus sûr d'en conserver l'héritage.

Tant de larcins ne suffisaient pas à son ambition désordonnée ; il lui fallait la Romagne, la Toscane, l'Ombrie, la Marche d'Ancône, et son père lui promettait le titre de roi dès que ces États seraient passés dans ses mains. Il fomenta des troubles dans Florence pour en chasser les Médicis, et fit sommer Bentivoglio de lui livrer la ville de Bologne. Mais Louis XII, qui commençait à rougir de son protégé, lui défendit de passer outre, et prit Florence et la Romagne sous sa protection. Cette déclaration du roi de France enhardit les ennemis de la maison pontificale; ils coururent aux armes. Le duc d'Urbin rentra dans son duché; Jean de Verano, frère de Jules, reprit Camerino, et César Borgia eut à se défendre contre une foule de révoltes. Il enrôla alors trois mille Suisses sous ses drapeaux, contraignit ces deux seigneurs à lui céder une seconde fois sa conquête, intimida ou séduisit le reste des insurgés, enleva Sinigaglia à François-Marie de la Rovère, frère du cardinal Julien, et le 31 décembre 1402, ayant réussi à s'emparer de quelques barons, il les fit mettre à mort. Le pape, entré dans ce complot, faisait saisir et tuer en même temps dans Rome plusieurs chefs de la famille Orsini. Le seul cardinal des Ursins fut épargné, mais renfermé dans le château Saint-Ange; il n'en sortit qu'après avoir signé la capitulation de toutes les places qui formaient le patrimoine de sa maison. César Borgia, rentré dans la capitale, n'y garda plus de mesures. Environné de gardes et de concubines, disent les historiens du temps, il soumettait tout à ses caprices. On tuait, on massacrait, on empoisonnait, on jetait dans le Tibre tous ceux qui lui déplaisaient; on confisquait les biens et les meubles de ceux qu'il condamnait; le cardinal François Borgia, son cousin, devint une de ses victimes; Pandolfe Petrucci de Sienne, Paul Baglioni de Pérouse, ne lui échappèrent que par la fuite avec une foule d'autres barons.

Tant d'exactions n'avaient assouvi ni son ambition ni sa cupidité. Il forma le projet d'empoisonner quatre des plus riches cardinaux dans un festin qu'il leur fit préparer dans la vigne de Cornetto, l'un d'eux. Mais le ciel parut enfin las de tolérer les attentats de cette famille, et le crime tourna contre ses auteurs. Soit erreur, soit trahison, le poison qu'il avait jeté dans le vin, lui fut servi, ainsi qu'à son père. Le pape en mourut sur-le-champ, et César Borgia ne fut sauvé que par sa tempérance, seule qualité de ce misérable. Il n'avait bu, suivant sa coutume, que de l'eau rougie, et la dose de poison, ainsi délayée, ne fut pas assez forte pour en délivrer le monde. Transporté malade au Vatican, il ne démentit dans cette circonstance ni sa cupidité ni sa présence d'esprit. Don Micheletto, son lieutenant, obligea le cardinal Casanova de lui livrer les clés du trésor pontifical, et il fit emporter dans ses coffres les cent mille ducats qui s'y trouvèrent. Ses troupes environnèrent le palais pour le défendre contre les vengeances de ses ennemis, qui se réveillaient de toutes parts. Les seigneurs de la maison de Colonne, protégés par Gonsalve de Cordoue, reprirent leurs terres de l'Abruzze, dont le duc de Valentinois s'était aussi emparé, et s'avancèrent vers Rome; le duc d'Urbin reconquit sa seigneurie, ainsi que François de la Rovère, les fils de Vitelli, les seigneurs de Piombino, de Camerino et de Pesaro. Les Vénitiens armèrent en même temps pour appuyer les barons romains, et, sous la protection de leurs armes, Paul Baglioni rentra dans Pérouse avec le reste des Ursins et les comtes Petigliano et Alviano.

Mais pendant que les ennemis de César Borgia le dépouillaient des environs de Rome, il restait maître du Vatican et du château-Saint-Ange, avec douze mille hommes, et profitait pour se maintenir des divisions qui se manifestaient dans le conclave. La faction espagnole, soutenue par Gonsalve de Cordoue, par les Ursins et par les Colonne, avait à lutter contre la faction de France, qui portait le cardinal d'Amboise. Gonsalve avançait du côté de Naples, et Louis XII du côté de la Romagne. César Borgia balança la force des deux factions qui le sollicitaient avec une ardeur égale, et se décida pour Louis XII et le cardinal d'Amboise, espérant trouver en eux des protecteurs plus puissants. Mais les Ursins ayant rassemblé leurs troupes dans Rome, et la guerre civile paraissant imminente, les cardinaux et le peuple obtinrent des deux partis qu'ils sortiraient de la capitale pour laisser plus de liberté à l'élection. Cet accord fut fatal à d'Amboise et à Borgia, qui se vit abandonné par une grande partie de ses troupes. Un pape vieux et infirme fut élu, et prit le nom de Pie III. Borgia sentit que ce vieillard ne pouvait vivre longtemps, et, prévoyant la nécessité d'une élection nouvelle, ayant intérêt à l'assurer à son parti, il obtint un sauf-conduit du pontife, et rentra dans Rome avec un millier de soldats. Attaqué dans son palais par les Ursins, il fut assez heureux pour se réfugier dans le château-Saint-Ange, et s'y rendit encore assez redoutable pour être ménagé par le plus fier de ses ennemis, lorsque, après un pontificat de vingt-six jours, Pie III eut laissé le saint-siége vacant. L'influence du duc de Valentinois sur les cardinaux espagnols de la création d'Alexandre VI ayant déjà repris toute sa force, le cardinal de la Rovère, l'un des prétendants à la papauté, crut devoir se réconcilier avec lui pour arriver au but de son ambition; et il eut recours aux dissimulations les plus infâmes. Il poussa la perfidie jusqu'à faire entendre à César Borgia qu'il était son propre père, que, pendant une absence d'Alexandre VI, alors cardinal, il avait eu les faveurs de Vanozza, et que lui, César, était né de cet adultère. Borgia crut ou ne crut pas à cette filiation; mais il feignit d'y croire, pour se ménager l'amitié du pape futur, qui lui promit la charge de gonfalonnier et de général des troupes de l'Église.

La perspicacité du fils d'Alexandre VI se trouva en défaut : il fut dupe et victime de ces artifices. Dès son exaltation La Rovère ou Jules II eut encore l'air de tenir sa parole en confiant au duc de Valentinois le soin de défendre la Romagne contre les Vénitiens, qui venaient de s'emparer de Faenza, et qui menaçaient les autres places où César Borgia avait mis des gouverneurs dévoués. Mais à peine fut-il embarqué à Ostie, sur les galères de l'Église, que deux cardinaux s'y présentèrent pour exiger de lui la remise de ces mêmes places. Borgia, indigné, se refusa vainement à cette restitution : trahi par ses troupes, il fut forcé d'y consentir. Cependant les gouverneurs de Césène, de Forli et de Berlinoro ayant refusé de rendre ces citadelles, Jules II parut se relâcher de sa sévérité. Il négocia avec son prisonnier, le fit transporter dans le château d'Ostie, sous la garde du cardinal Carvajal, en lui promettant la liberté dès que les places seraient rendues. Ce traité fut exécuté, non par le pape, mais par le cardinal, qui ne voulut point charger Jules II d'une nouvelle perfidie. Borgia se retira enfin auprès de Gonsalve de Cordoue, qui, après l'avoir comblé d'honneurs, le trahit comme les autres, et l'envoya en Espagne, où le roi Ferdinand le fit enfermer dans le château de Medina-del-Campo. Il y resta trois ans, et ayant alors réussi à s'échapper, il se réfugia en 1506 à la cour de Jean d'Albret, son beau-frère.

Les historiens varient sur l'époque de sa mort : les uns la placent en 1507, les autres en 1513 ou 1516; mais l'événement auquel ils la rattachent, ayant une date plus certaine, il est probable que c'est le 12 mars 1513 qu'il périt d'un coup de feu devant le château de Viane, pendant la guerre que Jean d'Albret, roi de Navarre, soutenait contre Ferdinand le Catholique. Cette mort fut trop glorieuse pour un pareil monstre, dont l'échafaud eût fait justice. Nous tremblons de faire injure aux lettres en ajoutant qu'il les cultivait avec succès, et qu'il protégeait les savants et les poëtes. Son histoire particulière a été écrite par Tomasi, et son portrait existe à Florence. La peinture n'a jamais conservé les traits d'un scélérat aussi consommé. Il était né, disent les moralistes italiens, pour rendre à son père le service d'être plus criminel que lui, et pour épargner au saint-siége la honte d'être possédé par l'homme le plus méchant de son siècle. VIENNET, de l'Académie Française.

BORGIA (LUCRÈCE), fille d'Alexandre VI et sœur de César Borgia, passe généralement pour avoir été la maîtresse de son père et de ses deux frères, imputation qui a été, cependant, repoussée par Roscoe. Au moins, les journaux apostoliques eux-mêmes donnent-ils des preuves incontestables de l'excessif dérèglement de ses mœurs. Elle avait été fiancée, dès son enfance, à un gentil-homme Aragonais ; mais Alexandre VI, monté sur le trône pontifical, rompit cette alliance pour lui en faire contracter une plus relevée : il la maria, en 1493, à Jean Sforce, seigneur de Pesaro, et déclara ce mariage nul pour cause d'impuissance en 1497. Puis, l'année suivante, il lui en fit contracter un autre avec Alphonse, duc de Bisceglia, fils naturel d'Alphonse II d'Aragon; mais deux ans après César Borgia faisait assassiner ce nouvel époux au moment où, embrassant l'alliance des Français, il voulait rompre toute liaison entre sa famille et les rois de Naples. Enfin, en 1501, Lucrèce épousa Alphonse d'Este, fils d'Hercule, duc de Ferrare. Elle survécut à toute sa famille, et attira à sa cour les poëtes, notamment Pierre Bembo, qui l'a célébrée dans ses vers, mais dont les louanges intéressées n'ont pu contrebalancer le témoignage unanime des historiens, qui flétrissent sans pitié l'infamie de sa conduite.

BORGIA (STEFANO, cardinal), directeur de la Propagande, l'un des plus généreux protecteurs des sciences, au dix-huitième siècle, naquit à Velletri, le 3 décembre 1731, et fut élevé par son oncle, Alexandre Borgia. Devenu en 1750 membre de l'Académie étrusque de Cortone, il fonda à Velletri un musée d'antiquités, qui devint peu à peu l'une des plus riches collections particulières de ce genre. En 1759 le pape Benoît XIV le nomma gouverneur de Bénévent, et Borgia eut la gloire de préserver, par des sages mesures, cette ville et ses environs de la famine qui désolait le royaume de Naples en 1764. En 1770 il devint secrétaire de la Propagande : ces fonctions, qu'il remplit pendant dix-huit ans, le mirent en rapport suivi avec tous les missionnaires répandus sur la surface du globe. Il profita de ces relations pour enrichir sa collection de manuscrits rares et d'antiquités de tout genre. Nommé cardinal par le pape Pie VI, en 1789, et chargé en même temps de l'inspection supérieure des enfants trouvés, il attacha son nom à une foule d'institutions de bienfaisance, créées par lui dans l'exercice de ces dernières fonctions.

En 1797, l'esprit révolutionnaire commençant à agiter les États de l'Église, Pie VI déposa la dictature de Rome entre les mains de Borgia, auquel il associa deux autres cardinaux. Mais les Français s'étant présentés devant les murs de cette ville, le 15 février 1798, le pape s'enfuit, et le parti républicain ayant pris le dessus, Borgia fut arrêté et plus tard exilé des États romains. Il se rendit à Venise, de là à Padoue, où, selon l'usage du pays, il fonda une petite académie de savants. De retour à Rome avec le nouveau pape, Pie VII, il y consacra toute son activité à l'amélioration de plusieurs branches de l'administration. Il mourut à Lyon, le 23 novembre 1804, en se rendant à Paris, à la suite du pape.

Généreux et bienveillant, le cardinal Borgia, en vrai protecteur des sciences, n'estimait aucun sacrifice quand il s'agissait de rendre service aux savants et d'encourager leurs travaux. Ses précieuses collections, dont Adler, Zoega, Georgi et Paulinus, etc., nous ont laissé la description, étaient à la disposition de tous ceux qui désiraient s'instruire. Comme historien et archéologue, le cardinal Borgia s'est fait un nom par son *Istoria della città di Benevento* (3 vol., 1763-1769). Les titres de ses autres ouvrages sont : *Monumento di papa Giovanni XVI* (Rome, 1750); *Breve istoria dell' antica città Tadino nell' Umbria* (Rome, 1751); et *Breve Istoria del Dominio temporale della Sede Apostolica nelle due Sicilie* (Rome, 1788).

BORGITES ou CIRCASSIENS, seconde dynastie des Mamelouks qui ont donné des sultans à l'Égypte.

BORGNE, celui ou celle qui est privée d'un œil, qui ne voit que d'un œil ; *borgnesse* ne se dit que dans le style bas et familier.

En anatomie, on appelle *borgnes* certains conduits disposés en sac : tels sont le *trou borgne* de l'os frontal, situé vers l'extrémité inférieure de la crête coronale interne, et le *trou borgne* ou *aveugle* de la langue, petite cavité creusée sur le milieu de la face supérieure de la langue, proche sa base, et dont les parois sont garnies de cryptes muqueux.

On donne, en chirurgie, le nom de *fistules borgnes* à certains conduits ulcéreux qui ont beaucoup d'analogie avec les fistules, mais qui en diffèrent en ce qu'ils n'ont qu'une ouverture.

Borgne se dit aussi figurément d'un lieu obscur et mal éclairé : un cabaret *borgne* est un méchant cabaret, où vont d'ordinaire des gens suspects et de mauvaise vie ; une maison *borgne* est celle dont on a bouché les vues.

On dit proverbialement faire des *contes borgnes*, pour dire réciter des fables, des contes de vieille. On dit aussi un *compte borgne* pour indiquer un compte où se trouvent des fractions, par opposition à ce qu'on appelle un *compte rond*. *Changer son cheval borgne contre un aveugle*, se dit de ces mauvais trocs, de ces mauvais marchés, qu'on fait trop souvent. Enfin, un dicton bien connu dit qu'*au royaume des aveugles les borgnes sont rois*, ce qui signifie que les petits esprits et les gens médiocres trouvent encore à primer auprès des sots et des ignorants.

BORGOU, grand royaume nègre, situé dans le Soudan oriental, appelé aussi *Wadai* ou *Dar-Salé* par les Arabes. Les limites n'en sont pas déterminées exactement ; en général on les fixe au Sahara au nord, au Begharmi et au lac Tchad, au sud-ouest, au Kordofan et au Darfour au sud-est. L'étendue et la population de cet État sont encore plus incertaines. C'est un pays plat, sans montagnes considérables ; la végétation, favorisée par de nombreux cours d'eau et par des inondations fréquentes, est vigoureuse ; on y récolte du riz, du coton, différentes espèces de dattes, du bois d'ébène. Le règne animal ne diffère pas de celui de l'Afrique tropicale ; il est à peu près le même qu'à Bornou, royaume situé sur la même ligne à l'ouest du lac Tchad. Les habitants, qui parlent une langue divisée en beaucoup de dialectes et offrant de grandes analogies avec celle des peuplades de l'occident de l'Afrique, professent l'islamisme, et font la guerre à leurs voisins dans le but surtout d'enlever des prisonniers, qu'ils vendent. Au commencement de ce siècle ils se rendirent redoutables sous leur sultan Abdoulkerim. La capitale du royaume est *Wara*.

BORIES (Jean-François-Louis Leclerc), était en 1821 sergent au 45e de ligne, en garnison à Paris. A cette époque le pouvoir affichait hautement l'intention d'en finir avec les idées et les intérêts créés par la révolution. La presse était bâillonnée. Les sociétés secrètes s'organisaient. Bories et trois de ses camarades, Raoulx, Goubin et Pommier, sous-officiers comme lui au 45e de ligne, tous jeunes et dans l'âge des passions généreuses, tous pénétrés d'un ardent amour de la liberté, s'affilièrent à la vente centrale de Paris, pendant le séjour de leur régiment dans la capitale.

L'année suivante fut signalée par diverses conspirations qui éclatèrent successivement à Béfort, à Saumur, à Toulon, à Nantes, à Strasbourg, et qui toutes se rattachaient plus ou moins directement à l'action latente de la charbonnerie. Bories, en répandant l'or, avait bientôt dans sa main tous les fils de cette trame mystérieuse, et, ayant acquis la preuve que des individus appartenant à l'armée faisaient partie de cette vaste conspiration, il résolut de frapper un grand coup et de faire un grand exemple. Dénoncés à l'autorité militaire, les quatre sous-officiers du 45e furent arrêtés à La Rochelle, où leur corps était allé tenir garnison, et transférés à Paris ; leur procès fut rapidement instruit, et ils se virent traduits en cour d'assises avec un instituteur, un étudiant en médecine, un avocat, un capitaine et quelques autres. Marchangy occupait dans cette affaire le siège du ministère public. Il se montra impitoyable dans son réquisitoire, inséré *par ordre* dans les journaux. Il n'hésita pas à demander la tête des accusés. « Aucune puissance oratoire ne saurait, dit-il, arracher Bories à la vindicte publique, » phrase qui fut flétrie par la défense comme l'expression d'une haine barbare et personnelle. Il représentait le jeune sous-officier comme le chef d'un complot formé pour renverser le gouvernement, et se liant, disait-il, à ceux qui avaient éclaté sur divers points. D'après la déclaration d'un témoin, les séances des ventes se terminaient au cri de *vive la constitution de 1791* ! ce qui expliquait assez le but politique des conjurés. Une charge fatale pour eux fut la découverte de munitions et d'armes prohibées chez la plupart et jusque dans le lit de ceux qui étaient militaires ; mais aucune pièce écrite présentée au procès n'appuyait l'accusation. Bories et Raoulx prétendirent que la société dont ils étaient membres n'avait qu'un but philanthropique ; ils soutinrent que le général Despinois les avait engagés à des révélations par des menaces, par des promesses et en se disant lui-même *carbonaro*. Ils furent défendus par MM. Mérilhou, Berville, Chaix-d'Est-Ange et Coffinières. Le jury rendit un verdict de culpabilité contre les quatre sergents, qui furent condamnés à la peine de mort. Les autres accusés furent ou frappés de peines légères ou acquittés. Avant le prononcé de l'arrêt Bories eut un beau mouvement : « Messieurs les jurés, dit-il, M. l'avocat général n'a cessé de me représenter comme le chef du complot.... Eh bien, j'accepte, heureux si ma tête en roulant sur l'échafaud peut sauver celles de mes camarades ! »

Le 20 septembre 1822, à cinq heures du soir, les quatre malheureux sous-officiers furent exécutés sur la place de Grève. Le même soir il y eut grand bal à la cour. On se ferait difficilement une idée de l'exaspération produite dans les esprits par cet inhumain oubli de toutes les convenances. Le distique suivant, qui circula bientôt, en fit, du reste, sévère justice :

Pour Louis quel beau jour !
On égorge à la Grève, et l'on danse à la cour.

Il tint cependant, dit-on, à bien peu de chose que cette exécution ne devînt le signal d'une lutte qui eût pu avoir les suites les plus graves. En effet, on assure que tout ce que la charbonnerie comptait d'hommes ardents, déterminés, assistait en armes à cette scène sanglante. Chacun brûlait de sauver ces martyrs de la cause commune, chacun était prêt à tout tenter dans ce but ; mais l'ordre de la vente suprême, qui au moment décisif devait faire agir cette multitude comme un seul homme, n'arriva point ; le mot qui devait faire briller ces épées, ces poignards, faire détonner ces armes à feu, ne fut point prononcé ; et les têtes des quatre sous-officiers de La Rochelle roulèrent sur l'échafaud ! Les malheureux s'étaient embrassés avec effusion à la vue de la foule muette et consternée, dans le sein de laquelle ils comptaient tant de sympathies ; ils surent mourir en soldats au cri de *Vive la liberté !*

BORIQUE (Acide). Cet acide, autrement nommé *acide boracique* et *sel sédatif de Homberg*, est un corps solide, blanc, sans odeur et d'une saveur légèrement aigre, très-peu soluble dans l'eau. Il résulte de la combinaison du bore et de l'oxygène, dans la proportion de 31 parties du premier contre 69 du second. Sa densité est 1,5.

Cet acide existe à l'état naturel dans les eaux de certains lacs de Toscane et de l'Inde. Il est probable, dit M. Payen, qu'il se trouve à l'état concret dans le sein de la terre, d'où ces sources l'enlèvent en solution. On remarque en effet que celles qui sortent plus bouillonnantes et semblent avoir été poussées par quelque action volcanique sont aussi chargées d'une plus grande quantité d'acide borique. Il suffit d'évaporer les eaux de ces lacs pour obtenir l'acide qu'elles contiennent, et qu'elles déposent en cristaux blancs, opaques, par le refroidissement. C'est ainsi que l'on se procure tout l'acide borique qui est répandu aujourd'hui dans le commerce, et avec lequel on prépare, en France particulièrement, presque tout le borax employé dans les arts.

L'acide borique rougit légèrement la teinture bleue du tournesol. L'eau chaude en dissout la treizième partie de son poids, et l'eau froide seulement la trente-cinquième; aussi cristallise-t-il par le refroidissement. La forme de ses cristaux est celle d'un prisme qui n'a pas été bien déterminé : lorsqu'on le fait cristalliser au milieu d'une solution de sulfate acide de soude, il se présente souvent sous la forme de larges paillettes nacrées. C'est ainsi qu'on le prépare en décomposant le borate de soude par l'acide sulfurique pour l'usage des pharmacies. Il retient toujours une certaine quantité de sulfate de soude et d'acide sulfurique en excès.

L'acide borique s'emploie encore comme fondant, pour analyser les pierres qui contiennent de la potasse ou de la soude. On s'en servait autrefois en médecine comme d'un sédatif; mais depuis que l'on a su que cette application dans la thérapeutique était fondée sur une erreur, on ne l'emploie plus ainsi. On en fait encore usage pour rendre la crème de tartre soluble.

BORNAGE. C'est l'opération au moyen de laquelle les propriétaires contigus marquent avec des bornes les limites de leurs héritages ruraux, opération à laquelle l'article 646 du Code Napoléon leur donne le droit de se contraindre mutuellement. Ces bornes sont en général des pierres plantées en terre aux confins des deux héritages. Comme la loi ne détermine pas la forme extérieure qu'elles doivent avoir, on suit à cet égard l'usage des lieux : ainsi, dans certains endroits ce sont deux pierres réunies que l'on enfonce dans le sol; dans d'autres, c'est une seule pierre, sous laquelle on place une brique cassée en deux morceaux nommés *témoins* que l'on réunit. Souvent, au lieu de brique, on fait usage de charbon pilé.

Indépendamment de ces bornes qui sont dites artificielles, il y a les bornes naturelles, telles que les rocs, fleuves, et rivières.

Le bornage peut s'effectuer à l'amiable lorsque les parties sont majeures et jouissent de leurs droits; il est alors constaté soit par un acte notarié, soit par des actes sous seing privé. En cas de dissentiment, ou bien s'il se trouve parmi les propriétaires voisins un mineur ou un interdit, la demande est portée devant le tribunal de la situation des biens. Ce tribunal nomme des experts-arpenteurs, qui prennent pour base de leur opération les titres respectifs ou la prescription de trente ans, et à défaut de titres ou de prescription, la possession annale. Les frais sont à la charge des parties par portions égales, sauf le cas où la séparation des bois de l'État et des propriétés riveraines est effectuée par des fossés de clôture : les frais sont pris alors, ainsi que le terrain des fossés, au détriment de la partie qui a demandé le bornage.

La vérification d'un bornage peut aussi être toujours demandée; alors les frais restent à la charge de celui qui l'a provoquée, à moins qu'il n'en résulte la preuve qu'il y a eu usurpation sur lui.

L'existence d'un mur sur la ligne séparative de deux héritages est un motif pour un voisin de se refuser au bornage; mais il n'en est pas de même lorsque la démarcation n'est formée que par des lisières, des haies vives ou des fossés.

La demande en bornage peut être faite par tous ceux qui possèdent par eux-mêmes; ainsi l'usufruitier, l'usager et l'emphytéote jouissent en cela d'une faculté que n'a pas, par exemple, le simple fermier. Cet acte n'excède pas la capacité du tuteur, qui n'est tenu de consulter le conseil de famille que sur les incidents qui feraient naître une question de propriété.

La destruction ou le déplacement des bornes est puni d'un emprisonnement d'un mois à un an et d'une amende qui ne peut être au-dessous de 50 francs (Code Pénal, art. 456). La loi prononce la peine de la réclusion lorsque l'enlèvement ou le déplacement des bornes a eu pour objet de s'approprier le bien d'autrui. Pour obtenir le replacement des bornes, il faut intenter une action devant le juge de paix si le délit a été commis dans l'année, ou devant les tribunaux civils si ce délai est expiré.

BORNÉO, appelée par les indigènes *Brouni* ou *Bourné*, c'est-à-dire Terre, et aussi *Dahak-Warouni*, île d'Asie, faisant partie des îles de la Sonde. Elle est bornée au sud par la mer de la Sonde, à l'est par le détroit de Macassar et la mer des Célèbes, au nord par la mer de Soulou, au nord-ouest et à l'ouest pour la mer de Chine, et présente une étendue de côtes de 496 myriamètres. Elle a 122 myriamètres de long sur 100 de large, et 7,000 myriamètres carrés de superficie. L'équateur la coupe en deux portions d'inégale grandeur. C'est la plus grande île du monde.

Depuis longtemps les Européens en connaissent les côtes; mais c'est dans ces dernières années seulement que les expéditions envoyées de Java et les voyages du major Hennerici, du major Müller, qui y perdit la vie, et d'O. de Kessel, en 1846, ont répandu quelque lumière sur l'intérieur de Bornéo. Il est probable que les montagnes cristallines du nord-est, qui se terminent dans le Kini-Balou, traversent l'île entière. Des fleuves qui l'arrosent, on ne connaît que la partie inférieure de leur cours. Parmi les lacs, on cite le Danao-Malayou dans la partie occidentale, avec deux îles, et le Kini-Balou, près des montagnes du même nom. Le climat est humide sur les côtes, brûlant et par conséquent très-malsain pour les Européens; la dyssenterie, les fièvres, l'hydropisie, la jaunisse, les rhumatismes, la petite vérole, la syphilis, le choléra sont les maladies régnantes. Sur la côte occidentale, les pluies durent continuellement depuis novembre jusqu'en mai. La végétation est luxuriante. Outre d'immenses forêts de bois de fer, de teak, de tambuse, de gutta-percha, de batu et de bois d'ébène, les bois de teinture, le muscadier, le sagou, le camphrier, le cannellier, le citronnier, le bétel, le poivre, le gingembre, le riz, les grains, les patates, l'igname, le coton, le bambou, etc., sont les produits les plus importants du règne végétal. Le règne animal n'est pas moins riche. Il offre l'éléphant, le rhinocéros, le léopard, l'ours, le tigre, l'once, le buffle, plusieurs espèces de cerfs, le babiroussa, des singes, entre autres l'orang-outang, le cheval, le porc, la chèvre, la brebis, le chien, etc., la baleine, le phoque, le lamantin, le cachalot, l'aigle, le vautour, le faucon, le perroquet, le hibou, l'hirondelle, la salangane, l'oiseau de paradis, le flamant et le paon; plusieurs espèces de serpents, de lézards, de tortues, beaucoup de poissons, de crustacés, même l'huître perlière, des vers à soie, etc. On trouve presque dans toutes les parties de l'île de l'or, de l'antimoine, du fer, de l'étain et du zinc; des cristaux et des diamants pesant quelquefois de 20 à 40 carats. Les côtes nord et sud offrent de riches mines de houille.

La population de l'île est évaluée à environ trois millions d'âmes; mais ce chiffre paraît trop élevé. Elle se compose de Malais, de Dayaks, de Papous, de Chinois et de Bougis, sans compter un certain nombre de Javanais, d'Hindous et d'Arabes. Les Malais, qui habitent les côtes, forment la partie la plus nombreuse et la plus civilisée de la population; leur audace, leur rapacité les rendent très-dangereuse. Les uns sont musulmans, les autres idolâtres; comme leurs compatriotes de Malakka, ils sont gouvernés par des sultans et des radjas. Les Dayaks, qui habitent plus avant dans l'intérieur de l'île, sont incontestablement les habitants primitifs de Bornéo. Ils sont bien faits, ont le teint jaune, et se distinguent par leur caractère sauvage et cruel. Ils vivent de la chasse, de la pêche, et souvent des produits de leurs pirateries. Leurs armes empoisonnées les rendent des ennemis redoutables; mais si l'on gagne leur amitié, ils y restent fidèles. La plus puissante de leurs tribus est celle des Kajangs. Les Papous ou Negritos sont vraisemblablement aussi indigènes; ils vivent au fond des bois et des solitudes, dans des cavernes ou sur des arbres, sans vêtements, sans instruction, sans rapports avec leurs semblables. La colonie chinoise, au nombre d'environ 250,000 âmes, s'occupe principalement de commerce et de l'exploitation des mines; ceux qui se sont enrichis retournent ordinairement dans leur patrie, impatients de se soustraire au gouvernement despotique des Hollandais; les Bougis enfin, venus presque tous des Célèbes, sont soumis aux Dayaks. Ils forment une classe considérable, à cause de ses richesses, produit du commerce ou de la piraterie.

La côte seule est bien cultivée. Les Chinois recueillent de l'or dans le territoire de Sambas et dans la partie orientale de l'île. Les Dayaks exploitent les mines de diamants et lavent le sable des rivières pour en retirer de l'or. Les Bougis se livrent au commerce; les Malais exportent les productions de l'île; les Hollandais et les Anglais, comme les Chinois et les Malais, importent de l'opium, du thé et quelques produits manufacturés. C'est sur la côte occidentale qu'est situé le royaume de *Sambas*, le plus puissant de tous, auquel appartiennent les mines d'or de Montradak et celles de diamants de Matan. Outre les colonies chinoises, Sambas, résidence du sultan et l'entrepôt du commerce de l'opium, et Pontianak, centre de la puissance hollandaise sur cette côte, sont les deux villes les plus importantes. Sur la côte sud-ouest on trouve le royaume de *Succadana*, divisé en plusieurs États, sur lesquels les Hollandais n'exercent qu'une souveraineté nominale. La capitale est *Succadana*, où les Chinois font un grand commerce, surtout d'opium. La côte méridionale est soumise au roi de *Bendscher-massin* ou *Banjermassing*, ville de 4,000 habitants, très-commerçante, qui entretient des manufactures de divers genres. Près de là s'élève le fort hollandais de Tatis, et au sud s'ouvre le port Tibonio. Sur la côte orientale sont situés les royaumes de *Passir*, de *Kouti-Lama* et de *Tiroun*; sur la côte nord-est, les États du sultan de Soulou, et sur la côte nord-ouest, le royaume malai de *Bornéo* ou *Brouni*, dont le sultan tient sous son autorité un grand nombre de radjas et de pendscherans. Il s'étend depuis Tandjongdatou, au sud-ouest, jusqu'au fleuve Kimanis, à l'est; sa capitale est *Bornéo* ou *Borni*, sur le fleuve du même nom, place de commerce importante, surtout pour Singapour; c'est la résidence du sultan. Elle compte 30,000 habitants, et contient plus de 3,000 maisons, les unes bâties sur pilotis, les autres portées sur des radeaux. Les moyens de communication entre les différentes parties de la ville sont des canaux, sur lesquels se traitent toutes les affaires de commerce. Les articles d'exportation sont les bambous, les nids d'hirondelle, le camphre et le poivre.

Il est possible qu'autrefois le gouvernement de Bornéo se soit étendu sur l'île tout entière, et même sur une partie des Philippines. Les souverains étaient, à ce qu'on croit, d'origine chinoise. En 1518 les Portugais abordèrent à Bornéo; mais ce ne fut qu'en 1690 qu'ils purent s'établir d'abord à Banjermassing, dont ils furent bientôt chassés par le meurtre et la trahison. Il n'y eut que les Hollandais qui réussirent à conclure un traité de commerce avec le souverain de Banjermassing, en 1643. Ils bâtirent un fort, établirent une factorerie près du village de Tatis, une autre, en 1778, à Pontianak, et plusieurs autres dans différents endroits. En 1823 ils soumirent plusieurs États malais, indépendants jusque alors, et par là devinrent maîtres de tout le pays compris entre les frontières de Banjermassing et celles de Sambas. Ce territoire contient beaucoup de mines d'or et de diamants.

Les Anglais, qui dans les années 1702 et 1774 avaient fait d'inutiles tentatives pour former des établissements à Bornéo, ont réussi dans ces derniers temps à s'emparer de toute la côte sud-ouest et nord-ouest. En 1846 ils bombardèrent Bornéo, et firent un affreux carnage de la population. Le sultan dut se soumettre à toutes leurs conditions et signer un traité avec eux. Les Américains du Nord, qui visent aussi à s'établir dans l'archipel oriental, ont également conclu un traité avec Bornéo. Des vaisseaux anglais croisent sur les côtes, et ils ont déjà détruit un grand nombre de pirates. Ces mouvements des Anglais excitèrent la jalousie des Hollandais, qui dès 1846 réunirent toutes leurs possessions en un seul gouvernement, envoyèrent des expéditions dans l'intérieur, et renouvelèrent leurs traités d'amitié avec les différents souverains de l'île.

BORNES. L'origine des bornes remonte aux Égyptiens. Leur contrée étant soumise aux crues périodiques du Nil, les limites naturelles des propriétés disparaissaient souvent au milieu des ravages du fleuve; de là pour eux la nécessité d'établir des limites factices. Les anciens eurent recours à la Divinité pour protéger les droits de propriété de chacun; et les dieux défenseurs de ce droit jouent un grand rôle dans la mythologie (*voyez* TERMES). Le *Deutéronome* n'avait pu que prononcer des malédictions contre ceux qui changeaient les bornes des héritages. Aujourd'hui la loi protège les bornes des champs et punit ceux qui oseraient les déplacer (*voyez* BORNAGE).

Les bornes ne servent pas seulement à marquer les limites des propriétés territoriales; on en établit aussi dans les rues des villes, pour protéger les édifices contre le choc des voitures. Quelquefois aussi elles servent à tendre des chaînes; mais l'usage des trottoirs et des grilles tend à les faire disparaître.

Sur les routes, on indique les distances par des bornes placées de cinq en cinq cents mètres; elles sont presque toujours en pierre taillée cylindriquement ou rectangulairement, et portent gravés du côté de la route des chiffres qui désignent en kilomètres et demi-kilomètres la distance du point où on les trouve fixées au chef-lieu du département.

Pour laver les rues l'eau coule de *bornes-fontaines* en fonte. L'administration des postes a fait placer en différents endroits d'autres bornes en fonte pour recevoir les lettres.

Au figuré, comme au propre, *bornes* se prend dans le sens de *limites*. C'est ainsi qu'on parle des bornes du droit et du devoir, des bornes du respect, de la sagesse, du pouvoir, de la raison, de la bienséance. Tout, dit-on, doit avoir des bornes. L'infini seul n'en a pas. Mais l'homme peut-il concevoir l'infini? lui dont l'esprit est si borné.

Depuis soixante ans la puissance des hommes dans les sciences appliquées ne semble plus reconnaître de *bornes*. Elle fend les airs, arrache aux cieux ses secrets, pénètre dans les entrailles de la terre, la dépouille de ses richesses et la force encore à lui révéler le secret de ses révolutions. Ces barrières, qui depuis longtemps séparaient le globe en d'innombrables régions, disparaissent : grâce à la vapeur, les États n'ont plus de distances, et les vents, ces despotes des mers, restent désormais domptés. De minute en minute l'homme décompose pour recréer, et il plane sur l'univers comme s'il en était devenu le souverain. Mais il tombe à son tour, englouti dans le gouffre de sa propre fécondité. Le travail individuel est sapé à sa base : où il fallait naguère la longue fatigue de milliers de bras, des machines que meut l'inspiration des sciences exactes dépassent en quelques secondes le chiffre de tous les antiques produits. Ce n'est pas là l'infini, mais dans son excès c'est ce qui en approche davantage : telle est la dernière révolution qui attendait le globe. Ce qui tempère, du reste, la tyrannie industrielle, c'est que les sciences exactes ne s'arrêtent jamais dans la marche de leurs inventions; il ne leur faut pas beaucoup de temps pour que la dernière découverte dévore celle qui l'a précédée. Aussi reste-t-il à peine de la gloire pour quatre ou cinq grands noms qui surnagent; le surplus n'est qu'une foule qui passe après avoir été utile à son heure.

Il n'en est pas de même du génie qui s'exerce dans la littérature ou dans les arts : là tout est *borné*; en retour, les succès légitimement acquis résistent aux révolutions et se maintiennent victorieux en face de tous les caprices ou de toutes les réformes. L'espace est circonscrit, mais l'empreinte de chaque pas habilement tenté s'y conserve. Un seul homme peut s'élancer au delà de toutes les sciences exactes, prises dans leur ensemble : il les liera de nouveau. En littérature ou dans les arts, il n'est pas même possible de réussir dans tous les genres, parce qu'il faudrait posséder une réunion de qualités qui se repoussent et s'excluent. Là non-seulement il faut se défendre de l'universalité, mais il est sage encore de se tenir jusqu'à un certain point dans les *bornes* imposées à chaque genre : ce n'est que bien rarement qu'il est permis de les étendre ou de les franchir. Des beautés sublimes apportent sans doute leur excuse; mais enfin ce sont de ces hardiesses où le génie lui-même peut fort bien se tromper. Dans l'intérêt de sa gloire, certaines *bornes* lui sont donc utiles, et les respecter constitue, en général, ce qu'on est convenu d'appeler l'*esprit de conduite*.

Dans les dernières années du règne de Louis-Philippe, par allusion aux bornes qui se tiennent immobiles le long des grands chemins et regardent impassiblement le mouvement qui se fait devant elles, on avait donné, au figuré, le nom de *bornes* à ces esprits stationnaires, cloués à tous les vieux préjugés et croyant pouvoir arrêter la marche du progrès en lui opposant leur masse inerte. M. de Lamartine, dans une de ses plus belles improvisations parlementaires, fit justice, à cette même époque, de ces dieux termes de la politique, qui ne se jouent pas moins de toutes les attaques et qu'on aura grand' peine à déraciner du sol, dans lequel de plus en plus ils s'enfoncent.

BORNHOEVED ou BORNHŒFT, petite paroisse du bailliage de Segeberg, dans le duché de Holstein, à 30 kilomètres au sud de Kiel, à la source du Bornbach. C'est à peu près le point central et le plus élevé du Holstein proprement dit et du Stormarn; plusieurs rivières y prennent leurs sources et se dispersent dans toutes les directions; de là le nom de *Brunnenhaupt* ou *Quellenhaupt*, qu'on lui donne aussi. Autour de l'église de Burnhœved ou Zuentiveld, construite en 1149, par l'évêque Vicelin, se réunissait autrefois la fleur de la chevalerie. C'est là que jusqu'en 1480 la diète des prélats, des chevaliers et des villes du Holstein et du Stormarn tint ses séances. Le 22 juillet 1227, le comte Adolphe IV de Holstein, le comte Henri de Schwerin, le duc Albert de Saxe, l'archevêque Gerhard de Brême et les Lubeckois y remportèrent une victoire complète sur le roi de Danemark Waldemar II, qui fut blessé et fait prisonnier par le duc Othon de Lauenbourg. C'est là encore que, le 24 juin 1397, le duc Gerhard partagea le Holstein avec ses frères; là enfin que, le 6 décembre 1813, les Suédois battirent les Danois, qui opéraient leur retraite.

BORNHOLM, île du Danemark située dans la Baltique et dépendante du bailliage de Seelande; sa superficie est de 660 kilomètres carrés, y compris les petites îles voisines, et sa population de 27,000 habitants. Cette île est à 140 kilomètres de celle de Seelande, 51 de la province suédoise de Scanie, et à la même distance de l'île de Rugen; elle a 39 kilomètres de long sur 27 de large. Elle est très-montueuse, surtout au nord, et environnée de rochers escarpés, de bancs de sable et de brisants qui en rendent l'accès fort difficile. Le sol est assez fertile au sud; mais au nord l'île n'offre qu'une lande déserte, appelée *Longmark*. C'est de Bornholm que l'on tire la terre employée dans la fabrique de porcelaine de Copenhague. Les habitants, d'origine danoise, se livrent avec succès à la pêche, élèvent beaucoup de gros bétail, de chevaux, de brebis, s'occupent quelque peu d'agriculture et de l'éducation des abeilles, chassent les oiseaux de mer et ont quelques fabriques de laine, de poterie, d'horlogerie. Le commerce et la navigation ont répandu l'aisance parmi eux; aussi sont-ils de hardis marins, sobres et robustes.

Le chef-lieu de l'île est *Rœnne* ou *Rottum*, sur la côte occidentale, avec 4,500 habitants, un port protégé par une batterie, un gymnase et un magasin. Neroe et Svanike sont des localités moins considérables. Les ruines du château historique *Hammerhuus* se trouvent sur la côte septentrionale. En face de la côte orientale sont situées les Exteholm ou îles Christiansoe, avec un port défendu par un château qui servait autrefois de prison d'État; Frederiksholm, avec un phare haut de 28^m,52, et Græsholm, sur laquelle on recueille beaucoup d'édredon.

Dans le moyen âge, Bornholm, appelée *Berongia* ou *Burgunderholm*, appartenait à l'archevêque de Lund, sous la suzeraineté du Danemark. Lors de la guerre que la Ligue hanséatique, alliée de Gustave Wasa, fit au roi du Danemark, elle conquit cette île, qu'elle restitua bientôt. Cédée à la Suède par la paix de Rœskilde, l'île ne resta pas longtemps sous sa domination. Les habitants se révoltèrent, et à la paix de Copenhague en 1660, ils rentrèrent sous l'autorité du roi de Danemark. Bornholm a une milice dont le roi est le commandant immédiat.

BORNOU, puissant royaume du Soudan, qui a pour limites à l'est le royaume de Begharmi, au sud celui de Mandara, à l'ouest celui de Houssa, au nord celui de Kanem et le désert. Les données qu'on possède sur son étendue manquent de certitude. Il est probable qu'elle a varié; aussi en est-il qui veulent que la Nubie forme sa limite orientale et que le grand lac de Tchad soit en son centre. On admet généralement que sur une superficie de 8,258 à 8,800 myriamètres carrés il renferme une population de deux millions d'habitants. A l'exception des versants de la chaîne de montagnes des Fellatahs, qui se prolonge vers le sud, atteint une élévation assez considérable et est richement boisée, la contrée est complètement plate et facilement inondée par les débordements des deux grands cours d'eau qui l'arrosent, la Schary, qui prend sa source dans les monts Mandara, et l'Yeu, qui provient de l'Houssa, sans compter leurs nombreux petits affluents. Comme caractère particulier du pays, il faut mentionner l'extrême chaleur qu'on y ressent, et que diminuent pourtant, circonstance bien remarquable, les vents qui ont traversé le Sahara. Le sol de Bornou possède une remarquable fécondité. Cependant la végétation est loin d'y présenter de la variété. Il produit d'ailleurs en abondance les plantes alimentaires les plus utiles, comme le maïs, le millet, l'orge, le riz et les fèves, ainsi que beaucoup de coton et d'indigo. Indépendamment des animaux utiles, tels que les chevaux, les buffles, les éléphants, les bœufs, les moutons, qui tous y prospèrent, le Bornou abonde aussi en bêtes féroces de l'espèce la plus dangereuse, comme lions, panthères, etc. Sur les bords des rivières, et dans les forêts qui ne croissent qu'aux environs des cours d'eau, on trouve beaucoup d'oiseaux, mais aussi énormément de serpents et de crocodiles. Les abeilles sauvages y sont en telle quantité, qu'on rejette leur cire comme matière complètement sans valeur.

Le majeure partie de la population, et notamment celle aux mains de laquelle se trouve la puissance, fait profession d'islamisme. Cependant, à côté des Schouoans, descendants d'Arabes émigrés, les Nègres indigènes ont encore conservé un bon nombre de pratiques derniers débris du féticiusme. Quand on réfléchit qu'il n'y a pas de fer dans le pays de Bornou, qu'il faut le tirer de Mandara, que le bois même y est assez rare, on comprend qu'il est difficile d'admettre que l'industrie puisse jamais parvenir à y prendre des développements bien importants. La seule fabrication des étoffes de coton, que les habitants excellent à teindre d'une belle couleur bleue, parce que l'indigo croît en abondance sur leur sol, donne lieu à des transactions commerciales considérables, surtout avec le Fezzan. On y fabrique aussi avec beaucoup de soin les armures de guerre, tant pour chevaux que pour cavaliers. En ce qui touche l'agriculture, c'est l'Arabe qui l'y a introduite, en même temps, dit-on, que la traite des esclaves qui s'y fait sur une très-large échelle et qui entraîne un grand nombre de guerres, notamment contre les Abyssiniens. Indépendamment de la langue arabe, qui est celle de la grande majorité des habitants, on parle encore dans le Bornou neuf dialectes différents.

Au commencement de ce siècle, le Bornou fut subjugué par les Fellatahs; mais le chéik El Kanemi parvint à secouer le joug qui pesait sur son pays, dont il agrandit d'ailleurs le territoire par des conquêtes; de sorte qu'il a aujourd'hui pour tributaires les royaumes de *Kanem*, sur la rive nord-est du lac de Tchad, avec Lari, son antique capitale; de *Loggoun*, au sud de ce lac, avec une population très-industrieuse, et pour capitale, *Kournouk* ou *Loggoun*; de Mandara, avec *Dilo* pour capitale : les uns et les autres gouvernés par des princes vassaux. Le chéik suprême, qui a nom aujourd'hui *Kelam-el-Anân*, fils du conquérant mentionné plus haut, réside à *Kouka*, la nouvelle capitale, bâtie à peu de distance du lac de Tchad. Le gouvernement est absolu, et, comme chez tous les peuples mahométans, la justice s'y administre par voie de composition. Les forces militaires considérables que cet État entretient constamment sur pied lui donnent une grande importance dans l'Afrique centrale.

BORNOYER ou BORNEYER. C'est une opération de jardinage, qui consiste à aligner et dresser une allée sur le terrain au moyen de jalons et du niveau.

En architecture, *bornoyer* veut dire aussi s'assurer à l'œil si une chose est droite. Un tailleur de pierre bornoie un parement de pierres pour examiner s'il est droit et bien dégauchi.

BORO-BUDOR, c'est-à-dire le vieux Boro, nom d'une ville en ruines, située dans la province de Kadou ou Kedou, vis-à-vis du confluent de l'Ello et du Progo, sur le versant septentrional des monts Minoreh, chaîne peu élevée et peu boisée de l'intérieur de l'île de Java. Ces ruines surpassent de beaucoup en intérêt celles de Brambanan et de Singasari. On admire, entre autres, un temple de Bouddha, bâti dans des proportions gigantesques et assez bien conservé; c'est une magnifique pyramide de 163 mètres de large et de trente-six de haut, coupée, à la manière des pagodes, en six sections et décorée de nombreuses statues assises dans des niches et portant chacune une couronne en forme de dagop simple. Le sommet forme une plate-forme au milieu de laquelle s'élève une double rangée circulaire de petits dagops, dont ceux du cercle intérieur sont plus hauts que les autres. Au centre s'en dresse un seul, mais le plus grand de tous, qui couronne tout l'édifice. Cette construction semble remonter au dixième siècle de notre ère.

BORODINO, village de Russie, dans le cercle de Mojaisk, gouvernement de Moscou, à 115 kilomètres ouest-sud-ouest de cette ville, sur la Kologa, petit affluent de la Moskowa. Les Russes ont donné le nom de bataille de *Borodino* à la sanglante affaire du 7 septembre 1812, qui ouvrit les portes de Moscou à la Grande Armée (*voyez* MOSKOWA [Bataille de la]).

BOROUGH (en anglo-saxon *byrig*), mot anglais signifiant *bourg*, et qui désignait à l'origine, comme le *burg* des Allemands, un lieu protégé par des travaux de défense et propre à servir de refuge contre les attaques de l'ennemi. Quand ils conquirent la Bretagne, les Anglo-Saxons accrurent encore le nombre, déjà si considérable, de villes grandes ou petites fondées par les Romains, et donnèrent le nom de *byrig* aux localités qui jouissaient des droits de *municipe*. Toutes celles-ci étaient nécessairement entourées de murailles, et elles avaient à leur tête un *byrig-geréfa* (le *Burggraf* des Allemands), nommé par voie d'élection. L'invasion normande détruisit ces institutions démocratiques, et les remplaça par le système féodal. Des baillis, généralement d'origine française, et nommés par le souverain, remplacèrent les *byrig-geréfas*, avec des pouvoirs illimités et dont ils abusaient le plus souvent de la manière la plus cruelle. Il était dès lors naturel que les habitants cherchassent à s'affranchir de l'autorité de ces fonctionnaires; et moyennant certaines redevances payées à la couronne, ils obtinrent en effet la permission de s'administrer eux-mêmes en vertu de chartes spéciales. Les localités ainsi affranchies prirent le nom de *boroughs*, et furent pour les droits politiques assimilées aux villes (*cities*) investies du privilége de se faire représenter par des mandataires aux assemblées générales de la nation, origine du parlement. Mais il arriva avec la suite des temps que certaines de ces localités perdirent peu à peu de leur ancienne importance, tout en conservant le droit de se faire représenter au parlement, et que les élections s'y trouvèrent aux mains de quelques individus, qui en vinrent à trafiquer publiquement de leurs voix. Cet odieux abus fit désigner les localités de ce genre sous le nom de *rotten boroughs*, bourgs-pourris.

BORRAGINÉES, famille de plantes dicotylédones, monopétales, hypogynes, qui tire son nom de la bourrache (en latin *borrago*). Elles sont pour la plupart herbacées, quelquefois ligneuses, à feuilles alternes, ordinairement couvertes de poils rudes, ainsi que les tiges, qui sont cylindriques. Leurs fleurs forment des épis roulés en crosse à leur sommet; elles se partagent en deux sections distinctes, d'après la nature de leur fruit, qui est une baie dans quelques-unes, ou un assemblage de quatre graines nues dans d'autres. Les principaux genres de borraginées sont, parmi les plantes médicinales, la *bourrache* aux fleurs bleues ou violettes, à corolle rosacée ou étoilée; la *cynoglosse*, la *consoude*, la *buglosse*, la *pulmonaire*; parmi les plantes d'ornement, la *vipérine*, le *myosotis*, et l'*héliotrope*. Les premières sont en général mucilagineuses, douces et émollientes, et leur suc contient souvent du nitrate de potasse tout formé ; ce qui les rend diurétiques. L'écorce de la racine de plusieurs d'entre elles, comme l'*orcanette*, donne une teinture rouge.

BORROMÉE (Saint Charles), naquit le 2 octobre 1538, au château d'Arone, sur les bords du lac Majeur, dans le Milanais. Fils de Gilbert Borromée, comte d'Arone, et le pape Pie IV était son oncle maternel. Pourvu dès l'âge de douze ans d'une abbaye commendataire, puis d'une autre abbaye et d'un prieuré que lui résigna ce pontife, il fut élu cardinal à l'âge de vingt-trois ans. Pie IV, vieux et infirme, en revêtant de la pourpre son neveu, jeune et plein de zèle, avait donné une colonne à l'Église et une âme au Concile de Trente; car ce fut à la sollicitation de Charles Borromée que cette assemblée fut convoquée de nouveau.

Son étude favorite parmi les anciens était celle d'Épictète et de Cicéron. La nature lui avait refusé le talent de la parole; il en triompha par des exercices fréquents au sein d'une académie fondée par ses soins au Vatican. L'Église dut à cette académie des cardinaux, des évêques, une foule de savants, et par-dessus tout le pape Grégoire XIII. Archevêque de Milan, Borromée entra dans un diocèse où la corruption des mœurs était parvenue à son comble et autorisée par les scandales dont la cour de Rome donnait l'exemple. Pour couper court à ces désordres, il convoqua six conciles provinciaux et onze synodes diocésains, où les règlements du Concile de Trente furent remis en vigueur et imposés au clergé et à l'Église. Il créa en outre la congrégation des *oblats*, mot qui signifie *offerts*, *dévoués*, parce qu'ils s'engageaient par vœu à porter aide et secours à l'Église. Quant à son zèle, il n'y avait point dans les Alpes de précipices, de roches, d'avalanches, qu'il n'affrontât pour visiter son diocèse, qui s'étendait fort loin. Ce prélat fonda des écoles, des séminaires, des couvents, des hôpitaux, bâtit ou répara un grand nombre de temples, parmi lesquels celui de Saint-Fidèle à Milan, qui, par sa magnificence et son étendue, peut être mis au rang des plus grands et des plus beaux de l'Italie. Depuis plus d'un siècle les archevêques de Milan ne résidaient plus dans leur diocèse : aussi cette église était-elle dans un état absolu de dégradation, et en proie aux caprices du clergé. Saint Charles la tira de cette anarchie, malgré les efforts de l'ordre des *humiliés* et du chapitre de la *Scala*. Tout était bon à ces moines odieux pour arriver à leur but. Un jour, au moment où le pieux archevêque était à genoux au pied de l'autel, un frère Farina, que ces forcenés avaient aposté, tira sur lui, à six pas, un coup d'arquebuse : le coup mal assuré ne fit qu'endommager la soutane et le rochet de ce sage de l'Église, qui, sans détourner les regards, continua sa prière. Malgré l'intercession de l'excellent archevêque, Farina et ses complices furent mis à mort.

Si l'on veut avoir une idée de la naïveté de cœur et de la simplicité de mœurs de ce bon prélat, on saura que dans une maladie grave il se guérit par le moyen de la musique, qu'il aimait beaucoup, mais qu'il n'usa qu'avec modération de ce spécifique, dont la mollesse et l'attrait lui eussent semblé dangereux; qu'il abandonna ses biens à sa famille, et fit trois parts des revenus de son archevêché, une pour les pauvres, une seconde pour l'Église, une troisième pour lui; qu'il rejeta la soie de ses vêtements, bannit du palais épiscopal tous les objets d'art mondains ou profanes, et qu'enfin il soumit son corps à des jeûnes et son esprit à des méditations. Jusque là son zèle religieux ne passait pas les bornes; mais coucher sur des planches, mais organiser des processions, qu'il suivait les pieds nus et la corde au cou, dans les rues de Milan, que ravageait la peste, et cela pour apaiser la colère de Dieu, c'était méconnaître l'essence de la Divinité, c'était être saintement homicide de soi-même ! Sa présence pendant six mois au milieu des pestiférés, ses consolations, ses dons sans mesure, son tit qu'il vendit pour les pauvres, lui, élevé dans le faste et la pompe de la cour de Rome, voilà ce qui éternisera son nom, voilà ce qui l'a rendu à tout jamais l'objet de la vénération de l'Italie et de toute la chrétienté. Ce fut à quarante-six ans, le 3 novembre 1584, qu'usé de jeûnes, de veilles et de fatigues, il termina sa carrière. En 1610 Paul V canonisa ce modèle des archevêques. Parmi ses ouvrages on remarque trente et un volumes de *lettres*, des *homélies*, les *Nuits du Vatican*, la collection de ses *Conciles*, et les *Actes de l'Église de Milan*. Son style n'a rien de la sublimité ni de la force de celui des Pères de l'Église, mais il a de l'onction et de la douceur. La châsse de ce saint passe pour une merveille d'orfèvrerie. DENNE-BARON.

En 1697 une statue colossale fut élevée auprès d'Arone, sur une éminence dominant le lac Majeur, à saint Charles Borromée. Cette statue est en bronze; elle a 23^m,5 de hauteur; le piédestal, en granit, a 15 mètres de haut.

Son cousin, le comte *Frédéric* BORROMÉE, né en 1563, cardinal et archevêque de Milan de 1595 à 1631, fut le fondateur de la bibliothèque Ambroisienne.

BORROMÉES (Iles), nom de plusieurs petites îles dans le lac Majeur. Ainsi nommées de la famille Borromée, qui depuis des siècles possède les plus riches domaines des bords du lac Majeur; ces îles sont aussi appelées quelquefois *Isole dei Conigli*, à cause du grand nombre de lapins qu'elles nourrissent. Ce n'étaient que des rochers arides, lorsque le comte Vitaliano Borromée entreprit, en 1671, de les embellir en y faisant transporter de la terre végétale et construire des terrasses. Elles sont au nombre de cinq, l'*Isola Bella*, l'*Isola Madre*, l'*Isola di San Giovanni*, *San Michele* et l'*Isola de' Pescatori*; les deux premières surtout sont célèbres par leur beauté. Sur la côte occidentale de l'*Isola Bella* s'élève un palais vaste et magnifique, qui renferme une superbe galerie de tableaux des meilleurs maîtres. Ce palais communique par les *salle terrene*, suite de grottes revêtues de pierres de diverses couleurs et décorées de fontaines, avec des jardins supportés par dix terrasses qui vont en se rétrécissant de manière à présenter la forme d'une pyramide tronquée couronnée par le statue colossale d'une licorne, armes de la famille Borromée. L'*Isola Madre*, située au milieu du lac, est peuplée de faisans, et jouit d'un climat encore plus doux; sept terrasses conduisent à son château. Couvertes de plantes du midi de toutes espèces, ces îles répandent sur le lac le plus délicieux parfum. Comme on n'y trouve aucune hôtellerie, les voyageurs qui les visitent doivent passer la nuit dans les petites villes du voisinage, Intra, Pallanza ou Baveno. Les habitants de l'*Isola de' Pescatori* vivent principalement du produit de leur pêche, qu'ils portent à Milan ou dans le Piémont, et des profits de la contrebande.

BORROMINI (FRANÇOIS), architecte célèbre, né en 1599, à Bissone, dans le diocèse de Côme, en Italie, était d'une famille dont plusieurs membres paraissent s'être distingués dans la même profession. Son père, qui lui avait donné les premières leçons de son art, l'envoya dès l'âge de neuf ans, étudier la sculpture à Milan, et de là il vint à Rome, où Charles Maderno, son parent, alors architecte de la fabrique de Saint-Pierre, acheva son éducation, et le mit bientôt en état de le seconder dans les travaux que lui avait confiés Urbain VIII. Cependant les sept années qu'il avait passées à Milan, et qui avaient été entièrement consacrées à la sculpture, avaient décidé de sa vocation, et il y aurait sans doute persisté si le désir de surpasser le Bernin, qui avait succédé à Maderno, en 1629, dans la place d'architecte de Saint-Pierre, devenue vacante par la mort de ce dernier, ne l'avait porté à redoubler d'efforts dans la nouvelle direction qu'il avait prise. Il parvint bientôt, en effet, et grâce à la protection d'Urbain VIII, à enlever à celui qu'il regardait comme son rival une partie des travaux qui devaient être exécutés par lui. Il eut ainsi successivement à construire l'église de la *Sapienza*, le couvent de Saint-Philippe de Néri, son oratoire et sa façade, l'église du collège de la Propagande, une partie du bâtiment de l'église de Sainte-Agnès à la place Navone, la nouvelle décoration intérieure de Saint-Jean-de-Latran, et fut chargé également, toutefois sous la direction du Bernin, de la continuation des travaux du palais Barberini. Sa réputation s'étendit si loin que le roi d'Espagne, ayant résolu d'agrandir son palais à Rome, lui commanda un projet qui, bien qu'il n'ait jamais été exécuté, valut à son auteur l'ordre de Saint-Jacques et une gratification de mille piastres. Il reçut en même temps du pape l'ordre du Christ, avec 3,000 écus comptant et une pension.

Son ambition n'avait plus à redouter de rivalité; cependant, son humeur envieuse lui faisait toujours voir des défaites dans les succès du Bernin, et un ennemi dans l'homme qui avait trop de goût pour ne pas blâmer ses caprices. Bernin, en effet, le regardait comme un novateur téméraire, destiné à corrompre toute l'architecture. Enfin, Bernin ayant obtenu la conduite d'un édifice déjà confié à Borromini, qui en avait même donné les dessins, cette préférence fut pour celui-ci l'occasion d'un ressentiment qui ne connut plus de terme. Pour se distraire, il résolut d'aller en Lombardie. Le voyage ne put chasser son ennui, qui le ramena bientôt à Rome, où son mal devint incurable. En vain, pour y faire diversion, donna-t-il un libre cours à tous les caprices de son imagination, dont il projetait de faire graver le recueil. Il présidait à ce travail lorsqu'un accès d'hypocondrie fit désespérer de sa vie, et une nuit d'été, ne pouvant trouver de repos, il se saisit d'une épée, et s'en perça d'outre en outre. Ainsi périt, en 1667, à l'âge de soixante-huit ans, cet artiste, victime de la jalousie qui avait empoisonné sa vie et corrompu son goût.

BORROW (GEORGE), écrivain anglais, né à Norfolk, vers 1805, montra dès sa plus tendre jeunesse des dispositions extraordinaires pour les langues et un goût prononcé pour les aventures. Dans son enfance, il passa quelque temps au milieu de Bohémiens, et acquit, en vivant avec eux, une connaissance exacte de leur langue, de leurs mœurs et de leurs usages. Nommé agent de la société biblique d'Angleterre, il parcourut presque toute l'Europe ainsi qu'une partie de l'Afrique, et eut ainsi l'occasion d'apprendre la plupart des langues modernes, dans leurs divers dialectes. L'inconnu avait pour lui un charme invincible, et il le poursuivait au prix des plus grandes fatigues, des plus grands dangers. Fidèle aux prédilections de sa jeunesse, il fit des Bohémiens l'objet principal de ses études. Son premier ouvrage, *Les Zincali, ou Description des Bohémiens d'Espagne* (2 vol.; Lond., 1841) intéresse par la vivacité dramatique du style; mais c'est à un autre livre, qu'il publia sous le titre de *La Bible en Espagne* (2 vol., Londres, 1843), qu'il dut surtout sa réputation. C'est une série d'aventures personnelles aussi variées qu'intéressantes, mêlées de peintures de caractères et de descriptions romantiques, et rachetant par la force et la vivacité des couleurs le désordre de la composition. Après un long silence, Borrow fit paraître *Lavengro, écolier, bohémien et prêtre* (3 vol.; Londres, 1850), espèce d'autobiographie, où la fable se mêle à la vérité. Annoncé depuis longtemps, cet ouvrage n'a pas répondu à ce qu'on attendait, bien qu'on y rencontre des pages attachantes. Le désir de représenter son Lavengro comme un caractère tout à fait exceptionnel, a entraîné l'auteur dans des exagérations trop fortes, et l'originalité un peu bizarre qui faisait le charme de ses premiers écrits semble être devenue chez lui une espèce de monomanie.

BORY DE SAINT-VINCENT (JEAN-BAPTISTE-GEORGES-MARIE), né à Agen, en 1780, prit au sein d'un magnifique musée d'histoire naturelle existant depuis des générations dans sa famille le goût des sciences physiques, qu'il ne cessa de cultiver toute sa vie. La révolution vint interrompre ses études, et le jeta avant vingt ans dans l'armée. Il ne tarda pas à se faire remarquer de ses chefs. En 1800 il commandait un fortin à Belle-Ile-en-Mer lorsque, à la demande de Lacépède, il fut appelé à l'emploi de naturaliste en chef d'une expédition de découvertes, dont le commandement était confié au capitaine de vaisseau Nicolas Baudin.

Bory, demeuré à l'Ile de France pour cause de maladie, explora les îles voisines dès qu'il fut rétabli. La Réunion fixa d'abord ses regards. Sa moisson botanique et géologique fut immense. On lui doit une relation curieuse de ce premier voyage, et il y joignit une excellente carte de l'île. La paix ayant replacé nos colonies sous l'autorité de la métropole, Bory dut rentrer en France. Peu de jours après son arrivée à Paris, il fut promu au grade de capitaine et employé bientôt à l'état-major particulier du général Davoust. Pendant son séjour à Paris il publia son premier ouvrage important, intitulé: *Essai sur les îles Fortunées et l'antique Atlantide* (1 vol. in-4°, 1803). Bientôt parut la relation de son *Voyage dans quatre îles des mers d'Afrique* (3 vol. in-8°, avec atlas), ouvrage qui lui valut le titre de correspondant de l'Académie des Sciences.

La guerre ayant recommencé, Bory rejoignit la grande armée, et fit avec distinction les campagnes d'Autriche et de Prusse. En 1808 il passa à l'armée d'Espagne, sous les ordres du maréchal Ney, et resta ensuite attaché à l'état-major du maréchal Soult, près duquel il se trouvait encore à la bataille de Toulouse. Rappelé à Paris dès que le maréchal Soult fut nommé ministre de la guerre, il prit rang parmi les colonels particulièrement attachés au Dépôt de la guerre.

Durant la première restauration, Bory de Saint-Vincent se lança dans la rédaction des feuilles périodiques, et fut, avec Étienne, Jouy et Harel, un des principaux auteurs du *Nain Jaune*, revue hebdomadaire dont le succès ne fut peut-être jamais égalé par celui d'aucun écrit de ce genre. Au 20 mars il continua à faire partie du Dépôt. Nommé député par la ville d'Agen, il siégea avec distinction dans la chambre des Cent-Jours, s'y prononçant fortement contre la déchéance de l'empereur, qu'il appelait le glaive de la patrie. Aussi son nom fut-il compris dans l'ordonnance du 24 juillet, dite d'*amnistie*, qui renvoyait dix-neuf citoyens devant des commissions militaires et en condamnait trente-huit à l'exil. Caché dans la vallée de Montmorency, il y publia celui de tous ses écrits dont il s'honorait le plus, et qui avait pour titre: *Bory de Saint-Vincent, député de Lot-et-Garonne, proscrit par l'ordonnance du 24 juillet, à ses commettants*. Puis il se réfugia en Belgique, où il erra de ville en ville jusqu'à ce que, l'ambassadeur de France, Latour-du-Pin, l'ayant dépisté, force lui fut de s'enfoncer dans l'Allemagne. Ayant plus tard obtenu du gouvernement néerlandais la permission de résider à Bruxelles, il y fit paraître avec deux savants du pays un recueil intitulé *Annales générales des Sciences Physiques*.

Enfin, Bory de Saint-Vincent reçut, vers la fin de 1819, l'autorisation de rentrer en France. Rayé des contrôles de l'armée, sans appointements, privé de toutes ressources, il s'associa à la collaboration du *Courrier français*, et subsista du produit de ses travaux scientifiques jusqu'à l'arrivée de Martignac au ministère. Amis d'enfance, ces deux hommes se rapprochèrent aussitôt. Une commission scientifique ayant été adjointe à l'expédition de Morée, Bory de Saint-Vincent en fut nommé l'un des directeurs. La Grèce lui fournit les matériaux d'un ouvrage qui lui valut en 1832 le titre de membre de l'Institut. A son retour en France, au commencement de 1830, il s'empressa de jeter le plan d'un grand travail sur la Morée; et à peine Ministre de l'intérieur, qui, arrêté que Peyronnet, alors ministre de l'intérieur, qui, arrêté Martignac, avait été son compagnon de jeunesse, ordonna la publication aux frais de l'État de cette œuvre monumentale. Le colonel conduisit cette immense entreprise à bonne fin en moins de quatre ans, avec le concours d'habiles collaborateurs dont on lui laissa le choix.

Rétabli sur les contrôles de l'armée après la révolution de Juillet, il rentra au dépôt de la guerre, et fut élu député par l'arrondissement de Marmande (Lot-et-Garonne); mais il renonça bientôt au mandat qu'il tenait de ses concitoyens: l'œuvre de Morée terminée, il put disposer encore de son temps, et n'hésita point à accepter la présidence d'une nouvelle commission scientifique, formée pour exploiter et populariser l'Algérie. L'*Encyclopédie Moderne*, le *Dictionnaire de la Conversation*, les *Annales des Voyages*, et autres recueils, abondent en articles de lui; il a été en outre directeur du *Dictionnaire classique d'Histoire Naturelle*; enfin, parmi ses différentes productions, on remarque un *Essai sur la Matière*, un *Traité des animaux microscopiques*; un *Essai zoologique sur le genre humain*; une *Histoire du siège de Cadix*, en 1810, 1811 et 1812 (en collaboration avec l'auteur de cet article), et un *Résumé de la Géographie de la Péninsule Ibérique*, qui offre tout l'attrait d'une relation de voyage bien écrite. Bory de Saint-Vincent est mort à Paris, le 23 décembre 1846, à l'âge de soixante-six ans. E. G. DE MONGLAVE.

BORYSTHÈNE. *Voyez* DNIÉPER.

BOSC (LOUIS-AUGUSTIN-GUILLAUME), naquit en 1759. Sa jeunesse fut médiocrement appliquée, et sans événements ni succès remarquables; son âge mûr fut rempli de vicissitudes. Fils d'un médecin de la cour, Bosc d'Antic, et placé par lui au collège de Dijon, il ne montra beaucoup de goût que pour la botanique et l'entomologie. L'espèce d'aversion que manifesta pour lui sa jeune belle-mère (car son père s'était marié deux fois) communiqua à son caractère une teinte de tristesse et de sauvagerie dont la fâcheuse influence s'étendit à son existence entière. Habiter dans les forêts ou voyager seul fut le genre de vie le plus compatible avec ses goûts misanthropiques : on dit même que dans sa première jeunesse il n'était pas éloigné de s'enfermer dans un couvent de chartreux. Toutefois, Bosc étudia les sciences, et fut successivement employé, administrateur des postes, puis disgracié et persécuté, puis consul ou chargé d'affaires en Amérique, puis voyageur errant, collecteur laborieux d'objets d'histoire naturelle, continuateur de Buffon, auteur de dictionnaires et de journaux, administrateur des hôpitaux jusqu'au 18 brumaire, enfin membre de l'Institut, inspecteur des pépinières de Versailles et l'un des plus célèbres agronomes de la France. Mais Bosc fut avant tout une de ces âmes fortement trempées que le sort ne saurait amollir, qui sentent les malheurs d'un ami plus que des souffrances personnelles, qui méprisent la fortune et qui défient l'oubli de l'histoire.

Quand la révolution française éclata, Bosc était secrétaire de l'intendance des postes, et les loisirs que lui laissait sa charge, il les consacrait à l'étude paisible de l'histoire naturelle. Ami de Rolland, à peine celui-ci fut-il ministre (1792) qu'il s'empressa de le nommer administrateur des postes. La place était belle pour son âge (trente-trois ans); elle dépassait ses besoins comme son ambition. Mais il ne la devait pas conserver longtemps : la journée du 31 mai 1793 renversa Rolland ainsi que les girondins; et peu de temps après Rolland paya de sa tête la constance de ses principes. Sa femme fut renfermée successivement dans plusieurs prisons de Paris, en attendant que l'échafaud se rougît de son sang; et c'est alors, dans l'espace de deux mois, qu'elle composa ces admirables mémoires, qu'il est impossible de lire sans une vive émotion. Alors aussi elle connut tout ce que valait Bosc, et combien son amitié avait de sincérité et de dévouement.

L'amitié était rare ou timide dans ces temps affreux ! Le jour même de son arrestation, madame Rolland lui confia sa fille, sa chère *Eudora*. Bosc, au risque de sa vie, visitait souvent madame Rolland durant sa captivité; il lui portait, au parloir, non des consolations, mais le tribut de ses sympathies et l'exemple de son courage, tant le moment fatal était facile à prévoir. Quand enfin l'heure de la séparation vint à sonner, lorsque le bourreau manda cette femme sublime, elle paya Bosc de tous ses soins par les missions pleines de périls dont elle le chargea. Elle lui confia d'abord le manuscrit de ses *Mémoires*, que Bosc a publiés quelque temps après. Elle le chargea en outre de la tutèle de sa fille, mademoiselle Rolland, le seul enfant à qui elle léguât les souhaits de bonheur et de funestes souvenirs. Bosc accepta tout... Ensuite, pour unique grâce, ou plutôt comme marque d'estime singulière, comme récompense immortelle, elle lui demanda, à lui, le seul ami qui ne l'eût point abandonnée, qu'il voulût l'accompagner jusqu'à l'échafaud. Bosc, toujours supérieur aux rigueurs de la situation, accompagna madame Rolland jusqu'au lieu du supplice. Il l'aida même à monter les degrés de la guillotine, si près des cieux pour cette femme héroïque. Et quand il fallut se quitter pour toujours, sans larmes d'aucun côté, sans plaintes, sans visible émotion, le cœur aimant mieux se briser dans son réceptacle que de déceler ses déchirements, un regard au ciel, deux mains serrées, furent les seuls adieux de ces deux amis, dignes d'être immortalisés par Plutarque.

Ce triomphe remporté sur sa sensibilité devait soumettre Bosc à de nouvelles épreuves. Sans fortune, il lui fallut pourvoir dignement à la subsistance et à l'éducation de mademoiselle Rolland. Il fallait lui prodiguer les attentions d'un père, la voir souvent, et mêler ses larmes aux siennes sur l'affreux événement qui la rendait orpheline; il fallait lui montrer de la tendresse, mais point d'amour; obtenir sa reconnaissance, mais rien au delà; et ce noble dessein, si haut placé par delà toute puissance humaine, Bosc était digne de l'accomplir. L'avenir trahit sa prudence.

Depuis la mort de madame Rolland jusqu'au 9 thermidor, Bosc resta presque toujours retiré dans une petite maison qu'il possédait dans la forêt de Montmorency. Il y cacha même plusieurs proscrits, entre autres L.-M. Revellière-Lépeaux, qui y resta plusieurs mois dans un grenier. Bosc partageait avec ses hôtes sa pitance de chaque jour. C'étaient des racines fraîches, des limaçons trouvés dans la forêt, et aussi l'œuf de la seule poule qu'il eût, et qu'à quelque temps de là dévora un oiseau de proie. Le 9 thermidor passé, son hôte Revellière-Lépeaux devint le premier des cinq souverains de la France d'alors; mais ce directeur apparemment tout-puissant eut trop peu de souvenir des mauvais jours pour doter Bosc d'une condition digne de lui.

Durant près de trois années que Bosc passa dans sa forêt, il ne négligea point de venir à Paris visiter sa pupille. Ces voyages fréquents, suivis d'un isolement absolu, finirent bientôt par susciter en lui cette émotion du cœur qu'appréhendait sa sagesse. Bosc crut voir que, de son côté, mademoiselle Rolland l'aimait autrement qu'on n'aime un tuteur; et dès ce jour, sans rien lui dire, sans lui rien faire espérer ou craindre, se croyant peu fait à son âge et dans sa position pour la rendre heureuse, craignant surtout de ne devoir son propre bonheur qu'à son titre vis-à-vis d'elle, qu'à la reconnaissance, et ne perdant point de vue son rôle de père, il fit ses préparatifs pour un voyage en Amérique (1796) : mais il la confia avant son départ aux soins d'une femme respectable, à laquelle il déclara qu'on ne le verrait revenir en France qu'à la nouvelle du mariage de mademoiselle Rolland. Avais-je tort de comparer Bosc aux grands hommes de Plutarque? Ah ! sans doute il y a quelque chose de plus difficile que d'agrandir une science si l'on est savant, que d'asservir tout un pays si l'on est guerrier : c'est de se rendre maître de l'amour.

Nous n'avons pas le courage d'entrer dans les particularités ultérieures de la vie de Bosc : ses plantations de vignes, dont il réunit plusieurs milliers de variétés près du Luxembourg, son *Cours d'Agriculture*, ses excellents articles du *Dictionnaire* de Déterville, tout cela serait peu intéressant en comparaison de ses actions.

Le spectacle de la terreur et ses propres malheurs, ainsi qu'une longue solitude, avaient empreint le caractère de Bosc d'une réserve si voisine de la défiance qu'il reste encore sur plusieurs endroits de sa vie des obscurités telles que les biographes se sont fréquemment contredits en ce qui concerne les circonstances les plus délicates de son histoire. Nous devons dire à cette occasion que si nous n'avons point suivi les versions de M. Cuvier, ce n'a été ni sans motifs plausibles ni sans d'autres témoignages. Bosc mourut le 10 juillet 1828.

Isidore BOURDON.

BOSCAN-ALMOGAVER (JUAN), célèbre poëte espagnol, naquit au commencement du seizième siècle, à Barcelone, et mourut vers l'an 1543. Ses parents, qui appartenaient à la plus ancienne noblesse, le firent élever avec beaucoup de soin. Il suivit durant quelque temps la cour de Charles V, et y demeura pendant le séjour qu'elle fit à Grenade. La noblesse de son caractère et de toute sa conduite lui concilièrent la faveur du prince. Il fut chargé de l'éducation du duc d'Albe. Après son mariage, Boscan vécut à Barcelone, où il s'occupait de publier ses œuvres avec celles de son ami Garcilaso, auquel il avait survécu, lorsque la mort vint aussi le surprendre. Andrea Navagero, savant italien et ambassadeur de la république de Venise auprès de Charles V, l'avait engagé à essayer en espagnol diverses sortes de mètres italiens. C'est ainsi qu'il devint le créateur du sonnet espagnol, et qu'il fut le premier, avec Garcilaso, à employer les tercets dans les épîtres poétiques, dans les élégies, etc. Si cet auteur a fait époque, c'est surtout pour avoir introduit les formes métriques de l'Italie dans la poésie espagnole ; et dans son temps cette innovation rencontra autant de critiques que de partisans. Les poésies de Boscan sont encore estimées aujourd'hui ; mais ses autres travaux littéraires, qui consistaient surtout en traductions, sont oubliés.

BOSCH (Jérôme de), membre de l'Institut hollandais, naquit à Amsterdam, le 23 mars 1740, et y mourut, le 1er juin 1811. Il fut sans contredit le poète latin le plus distingué des temps modernes, et en même temps un savant philologue. Sans vouloir jamais accepter de chaire d'enseignement, il vécut dans de doux loisirs, qu'il charmait par l'étude de la littérature classique ; cependant, pour être utile, il consentit à se charger des fonctions de curateur de l'université de Leyde, et les remplit pendant plusieurs années. Ses *Poemata* ont été publiés pour la première fois à Leyde, en 1803 ; une deuxième édition en a été donnée à Utrecht, en 1808. Son principal ouvrage est d'ailleurs l'*Anthologie grecque*, avec la traduction en vers jusque là inédite de Grotius, qui parut à Utrecht de 1795 à 1810, en 4 vol. auxquels Van Lennep en a ajouté un cinquième (Utrecht, 1822). On a aussi de Bosch des discours et des traités, presque tous écrits en hollandais, sur des objets de littérature, et qui sont tous autant de preuves de sa profonde érudition, de l'excellence de son jugement et de la pureté de son goût.

BOSCHIMANS, en hollandais *Bosjesmans*, ce qui veut dire *habitants des buissons* (du hollandais *bosje*, buisson) ; dans leur propre langue ils s'appellent *Saabs*. C'est une nation distincte du sud de l'Afrique, quoiqu'elle se rattache par son origine à la nation hottentote. Les Boschimans habitent une contrée sauvage, située au nord et au sud du haut Orange, et, au sud-est de ce fleuve, les prolongements encore inconnus des Monts de Neige, entre le territoire de la colonie du Cap et l'intérieur du pays des Cafres, jusque parmi les Betjouans, dispersés à environ 222 kilomètres au nord de Lattakou. Divisés en tribus, ils errent en formant autant d'essaims différents que de familles, sans avoir jamais de demeure fixe, et ne se groupent que lorsqu'il s'agit pour eux de se défendre contre un ennemi commun ou bien d'entreprendre quelque expédition de brigandage, faisant preuve en toute occasion des dispositions les plus insociables et d'un penchant inné pour la rapine. Leur taille est généralement inférieure à celle des Hottentots, dont on peut les considérer comme la tribu la plus dégénérée. Leur nez est encore plus aplati et les pommettes de leurs joues plus saillantes. L'expression de leurs yeux est aussi sinistre que féroce, en même temps que tous leurs traits respirent la paresse et la débauche.

Si chez eux les hommes sont laids et maigres, aussi sales et aussi tatoués que les Hottentots, les femmes offrent l'exemple d'une laideur plus repoussante encore. Les Boschimans sont doués d'une vue et d'une ouïe très-fines ; mais leur intelligence est des plus obtuses, et leur grossièreté les rapproche de la brute. Paresseux à l'excès, la faim seule peut les déterminer à entreprendre quelque travail. Les produits de leur chasse ne suffisent que fort imparfaitement à les nourrir. Ils tuent leur proie à coups de flèches ou bien s'en emparent à l'aide de pièges ; et en simulant la forme extérieure de l'autruche, ils parviennent à approcher de cet animal, qu'ils prennent ainsi et dont ils mangent la chaire toute crue. Faute de mieux, ils se contentent aussi de sauterelles, de couleuvres, de fourmis, et de toutes espèces d'insectes ; ils prennent même à l'aide de nasses quelques poissons, genre d'animaux pour lesquels les habitants du sud de l'Afrique témoignent en général l'aversion la plus décidée. Ils peuvent d'ailleurs supporter la faim pendant fort longtemps, et s'efforcent d'en rendre les atteintes moins sensibles en se serrant le ventre. Quand leur chasse est productive, ou bien s'ils réussissent à dérober un bœuf ou quelques moutons, ils se dédommagent de leur longue abstinence par des repas tellement copieux qu'ils demeurent ensuite plusieurs jours dans un état d'immobilité complet, pendant lequel s'opère le travail de la digestion. Pour boire ils se couchent à plat ventre comme les animaux. Ils aiment beaucoup à fumer, et s'enivrent en avalant la fumée du tabac ; ils témoignent aussi une grande prédilection pour l'eau-de-vie. Leur costume consiste en une peau de mouton qui leur sert de manteau, et qu'ils savent enrouler fort adroitement autour de leur corps. Pour vêtement de dessous ils ont une peau de chacal, et ils portent des bonnets de cuir, avec des verroteries et des sandales. En fait d'armes, ils ont de petits arcs, avec lesquels ils lancent à de grandes distances, et avec beaucoup de justesse et de précision, des flèches empoisonnées ; quelquefois aussi, quand ils habitent à la proximité de nations relativement civilisées, par exemple des Betjouans, ils sont armés de petits couteaux.

Ils choisissent pour demeure des cavernes, de petits fossés, ou encore des buissons, au milieu desquels il est rigoureusement exact de dire qu'ils viennent nicher. On ne trouve parmi eux aucune trace d'agriculture, et, à l'exception du chien, ils n'ont pas un seul animal domestique. Leur langue, qui compte un grand nombre de dialectes, est d'une extrême pauvreté, et consiste en un mélange d'intonations gutturales, nasales et palato-linguales. Elle diffère beaucoup de la langue des Hottentots, dont elle est peut-être le dialecte le plus grossier ; de sorte que les deux nations ne s'entendent qu'avec une extrême difficulté, en même temps qu'il est impossible aux autres peuples de les comprendre. On ne trouve chez eux presque point de trace d'organisation politique. Leurs villages, quand il s'en rencontre, et ils consistent alors uniquement en huttes de paille, ne contiennent jamais plus d'une centaine d'habitants. Toute idée de hiérarchie et d'autorité régulière leur est étrangère. La force brutale et la ruse sont les seuls liens sociaux de la nation comme de la famille, si tant est qu'on puisse dire de cette dernière qu'elle soit connue de ce peuple, puisque aucun lien n'existe chez lui entre parents et enfants, et que dans sa langue il n'y a même pas de terme pour distinguer la vierge de la femme. Les Boschimans enterrent leurs morts, et recouvrent d'une pierre la fosse dans laquelle ils les déposent. Cependant ils sont aussi dans l'usage de brûler les cadavres, et si une mère meurt en laissant un enfant hors d'état de pourvoir lui-même à sa subsistance, ils le brûlent en même temps qu'elle. On peut dire, en résumé, que les Boschimans sont la nation de l'Afrique méridionale la plus sauvage et la plus pervertie. Ce n'est que lorsqu'il s'agit de brigandage qu'ils savent faire preuve de constance, d'adresse et d'audace. Toutes les tentatives faites jusqu'à ce jour pour les civiliser ont échoué. Aussi les colons hollandais et anglais leur font-ils maintenant une véritable guerre d'extermination. L'Évangile n'a encore pu pénétrer que dans un très-petit nombre de leurs districts ; quoique les efforts faits dans ce but par la Société anglaise des missions remontent déjà à l'année 1799.

BOSCOVICH (Roger-Joseph), célèbre physicien et philosophe, né à Raguse, en 1711, étudia chez les jésuites à Rome, et entra de bonne heure dans cet ordre religieux. Il fit de si rapides progrès dans la philosophie et les mathématiques, qu'il fut chargé d'enseigner ces deux sciences au collége romain avant même d'avoir terminé le cours de ses études. Il acquit de bonne heure, par la solidité de ses connaissances, par les qualités brillantes de son esprit et la droiture de son caractère, une réputation qui se répandit bientôt dans toute l'Italie, et il fut chargé de plusieurs missions scientifiques et diplomatiques, dont il s'acquitta avec succès. Il fut employé par différents papes pour fournir les moyens de dessécher les marais Pontins, de soutenir le dôme de Saint-Pierre, qui menaçait de s'écrouler, et plus tard pour mesurer deux degrés du méridien (1750). Il fut député à Vienne pour défendre les intérêts de la république de Lucques, dans une discussion qu'elle avait avec la Toscane, au sujet de ses limites et de ses cours d'eau. Il voyagea ensuite dans les diverses parties de l'Europe, s'instruisit en Angleterre dans la philosophie de Newton, qu'il fut un des premiers à propager en Italie, écrivit plusieurs ouvrages, soit pour exposer la nouvelle philosophie, soit pour publier ses propres découvertes en mathématiques et en astronomie, et mérita par ses travaux l'honneur d'être nommé membre de la Société royale de Londres, et correspondant de l'Académie des Sciences de Paris. Après la suppression de l'ordre des jésuites (1773), on le nomma professeur à l'université de Pavie, et peu de mois après il fut appelé à Paris, et nommé directeur de l'optique de la marine. Pendant qu'il occupait cette place, il fit de nombreuses recherches sur l'optique, et particulièrement sur la théorie des lunettes achromatiques. A la suite de quelques désagréments qu'il éprouva dans l'exercice de ses fonctions, il quitta la France, et se retira à Milan, où l'empereur le chargea d'inspecter la mesure d'un degré du méridien. Il mourut dans cette ville, en 1787, entouré de la considération générale.

Les principaux ouvrages de Boscovich sont, une dissertation *De Maculis solaribus* (Rome, 1736); *Nova Methodus adhibendi phasium observationes in eclipsibus lunaribus* (Rome, 1744); *De Lunæ Atmosphæra* (Vienne, 1746); *Dissertatio physica de Lumine* (Rome, 1748); *De expeditione ad dimetiendos secundi meridiani gradus* (Rome, 1755), traduit en français sous le titre de *Voyage astronomique dans l'État de l'Église*, par le père Hugon (Paris, 1770); *Journal d'un Voyage de Constantinople en Pologne* (Bassano, 1772); *Opera ad opticam et astronomiam, maxima ex parte nova et omnia hucusque inedita* (5 vol., Bassano, 1785). On lui doit en outre plusieurs dissertations sur divers sujets.

Boscovich n'était pas seulement un savant profond, c'était aussi un ami des lettres et un poëte distingué. Il a publié un assez grand nombre de morceaux de poésie latine pleins de grâce et de facilité, un beau poëme sur les éclipses, *De Solis ac Lunæ Defectibus* (d'abord en cinq chants, Londres, 1755-1760; puis en six, Rome, 1767). Il a été traduit en français, par l'abbé de Barruel (Paris, 1779-1784). Quelques années auparavant Boscovich avait publié un poëme latin de Benoît Stay, sous ce titre : *Philosophiæ a Benedicto Stay Ragusino versibus traditæ libri* VI, ouvrage où l'auteur expose un système général sur l'univers, et auquel Boscovich joignit de notes destinées à en développer les principaux points.

Quoique Boscovich ait exécuté un grand nombre de travaux utiles sur diverses parties des sciences positives, de l'astronomie, de la mécanique, de la physique et surtout de l'optique, ce qui recommande principalement son nom à la postérité, ce sont les idées ingénieuses qu'il conçut sur le système de l'univers et les efforts qu'il fit pour expliquer par un seul principe tous les phénomènes de la nature. Après avoir exposé dans diverses publications séparées quelques-unes de ses principales idées sur ce sujet, il réunit toutes les parties de son système dans un seul ouvrage, sa *Théorie de la Philosophie naturelle réduite à une seule loi*. Il voulait concilier et compléter les systèmes de Leibnitz et de Newton, dont l'un lui semblait tout réduire à des principes purement métaphysiques, les *monades*, ou forces simples, et l'autre à des principes uniquement physiques, les propriétés générales des corps, l'étendue, l'impénétrabilité, l'attraction. Pensant que le triomphe de la philosophie serait de diminuer encore le nombre des propriétés des corps admises par Newton et d'expliquer tous les phénomènes par une loi unique, il supposa avec Leibnitz que toute la matière est composée d'éléments simples, mais il fit de ces éléments non de pures forces immatérielles, mais des points physiques sans étendue, sans contact, placés à diverses distances les uns des autres ; il admit, en outre, non pas seulement, comme l'avait dit Newton, qu'un certain nombre de phénomènes, mais que tous les phénomènes de la nature sont produits par des forces attractives et répulsives ; bien plus, que ces deux forces, opposées en apparence, n'en sont qu'une seule, qui d'attractive se transforme par degrés insensibles en répulsive, et réciproquement, selon le plus ou le moins de rapprochement des parties.

Par cette théorie, Boscovich crut avoir fait faire un pas immense à la science et avoir dépassé de beaucoup même les espérances exprimées par Newton dans son *Optic*. On trouve encore dans ses ouvrages des idées fort originales sur plusieurs des points les plus importants de la philosophie, sur la distinction de la matière et de l'esprit, sur la nature du temps et de l'espace.   BOUILLET.

BOSIO (JEAN-FRANÇOIS-JOSEPH, baron), naquit le 19 mars 1768, à Monaco, où son père exerçait la profession de serrurier. Jeune encore, Bosio sentit s'éveiller en lui le goût des arts plastiques, et le peu de ressources que lui offrait son pays pour s'instruire l'obligea de bonne heure à le quitter. Ce fut à Paris, qui commençait déjà à recueillir l'héritage de la vieille Italie pour l'enseignement, qu'il vint étudier. Son premier maître fut Pajou, sculpteur d'assez peu de mérite, complètement oublié aujourd'hui, mais qui jouissait alors d'une certaine faveur. Ses progrès sous cette direction médiocre n'en furent pas moins assez rapides pour lui permettre de retourner, à dix-neuf ans, en Italie, sans autre guide désormais que ses propres lumières, afin d'y exercer à la fois la sculpture et la peinture, qu'il avait aussi cultivée pendant son séjour à Paris. Il parcourut successivement Rome, Florence, Sienne, Parme, Venise, Gênes, laissant partout des preuves de son double talent de sculpteur et de peintre. Comme peintre, cependant, nous devons dire qu'il ne s'éleva jamais au-dessus de la médiocrité : quelques plafonds de sa main, qu'il laissa en Italie, en font foi. Il se sentait mieux que personne, et il abandonna bientôt la palette pour le ciseau. Dans les dix-sept années qu'il passa en Italie, il produisit un nombre d'ouvrages considérable; pour le seul marquis Bevilacqua, il modela vingt statues en plâtre destinées à être exécutées en pierre sous la direction de l'ancien maître de Canova.

De retour à Paris, vers 1808, son début au salon fut un *Amour lançant des traits et s'envolant*, modèle en plâtre, dont un marbre reparut au salon de 1812, et lui fit beaucoup d'honneur. Ce premier succès fut confirmé par une seconde production du même genre, exposée en 1810 : *l'Amour séduisant l'Innocence*. Dès ce moment, Bosio avait marqué sa place, et jusqu'à nos jours il ne s'est plus fait en France de grands travaux de sculpture auxquels il n'ait attaché son nom. Ses bustes de l'empereur, de l'impératrice et de la reine Hortense, lui procurèrent la commande de tous ceux des personnages marquants de l'époque; et dans ce genre on ne saurait nier que, pour la finesse, l'esprit et la distinction, il était à peu près sans rival. C'est à Bosio qu'on doit *l'Hercule combattant Achéloüs*, en bronze, des Tuileries; *l'Aristée, dieu des jardins*, placé dans un escalier de l'aile orientale du Louvre; le *Louis XIV* de la place des Victoires, le *duc d'Enghien* de la chapelle de Vincennes; le *Monthyon* de l'Hôtel-Dieu ; le délicieux *Henri IV*, dont une fonte en argent se voit au Louvre; la *France et la Fidélité* du monument de Malesherbes, au Palais de Justice; le *Louis XVI et l'Ange* de la chapelle expiatoire; *le Quadrige* qui a remplacé les chevaux de Venise, sur l'arc de triomphe du Carrousel, et vingt bas-reliefs de la colonne Vendôme. Il fit encore une foule d'autres ouvrages, qui sont passés en partie à l'étranger ou qui ont été acquis pour les résidences royales ou pour des cabinets de particuliers. On a surtout conservé le souvenir de son *Hyacinthe regardant jouer au palet*, œuvre de sa jeunesse, qui contribua beaucoup à faire apprécier son mérite. En 1838 Bosio exécuta sa courtisane romaine *Flora*, exposée en 1840.

Les travaux lui revenaient comme sous la Restauration. Il faut entre autres citer la statue colossale de Napoléon pour la colonne de Boulogne-sur-Mer. Mais de l'avis général les dernières productions de Bosio n'ajoutèrent rien à sa réputation; ainsi son envoi au salon de 1844, particulièrement l'*Histoire et les Arts consacrant les gloires de la France*, fit regretter aux amis de l'art que la fraîcheur, l'invention et la force ne fussent pas, comme certaines autres qualités encore brillantes de son ciseau, le partage de la vieillesse aussi bien que de la virilité.

Quoi qu'il en soit, il n'en demeure pas moins incontestable que de notre temps personne peut-être n'a poussé aussi loin que Bosio le soin dans les détails, le goût des ajustements, l'esprit, la naïveté, la finesse et la grâce. Si à toutes ces qualités il avait joint un peu plus d'ampleur dans le style et d'originalité dans l'invention, il aurait pu passer pour l'un des maîtres de l'art.

Bosio fut du reste l'objet de la faveur constante de tous les gouvernements : Napoléon récompensa ses travaux en le décorant (1815) et en confirmant sa nomination à la classe des Beaux-Arts de l'Institut. Louis XVIII le nomma officier de la Légion d'Honneur, et le créa chevalier de Saint-Michel. Charles X le fit baron, et le nomma son premier sculpteur, avec une pension de 4,000 fr. De plus, il était professeur et recteur à l'Académie des Beaux-Arts, membre de plusieurs académies, etc. Il venait d'être chargé d'un bas-relief immense, représentant le *mariage de Louis-Philippe à Palerme* (Dalmatie), lorsqu'il mourut, le 29 juillet 1845. B. DE CORCY.

BOSJESMANS. *Voyez* BOSCHIMANS.

BOSNA-SERAÏ, chef-lieu de la Bosnie.

BOSNIAQUES, nom donné dans l'armée prussienne à un corps de cavalerie légère semblable aux hulans et armé de lances, que Frédéric II organisa en 1745, afin de l'opposer aux Cosaques et aux autres lanciers ennemis. Ce corps, qui ne forma d'abord qu'un escadron, fut porté, en 1760, à dix escadrons, dont un de Tatares à banderoles noires. Plus tard, on l'augmenta de cinq escadrons. Après l'incorporation de la Pologne, les Bosniaques prirent le nom de *Towarszye*, et ils ne se recrutèrent que parmi la population polonaise. A la paix de Tilsit, ils furent remplacés par les hulans.

BOSNIE, province de la Turquie d'Europe, à l'extrémité nord-ouest de l'empire, formant un eyalet gouverné par un pacha à trois queues, et comprenant, outre l'ancienne Bosnie, une partie de la Croatie (Croatie turque) ou le Sandjak de Bielograd entre l'Unna et le Verbas, une portion de la Dalmatie (Dalmatie turque) et le district de l'Herzégovine. La Bosnie est bornée au nord par la Sau et l'Unna, qui la séparent des frontières militaires à l'est, par la Drina, les monts Joublanik et le rameau nord-ouest des Alpes Argentariques, qui la séparent de la Servie; au sud, par la Scardagh, qui lui sert de limite du côté de l'Albanie; au sud-ouest et à l'ouest, par les monts Kosman, Trimor et Steriza, qui la séparent du littoral autrichien, de la Dalmatie et de la Croatie. Au sud, elle touche par quelques points à la mer Adriatique. Sa superficie est de 462 myriamètres carrés, à population d'environ 850,000 âmes.

A l'exception de la rive septentrionale de la Sau, c'est un pays montagneux traversé par des chaînons plus ou moins élevés des Alpes Dinariques, dont les points culminants atteignent une hauteur de 1550 à 1170 mètres et sont couverts de neige depuis septembre jusqu'en juin. Les flancs des montagnes sont généralement bien boisés et couverts çà et là seulement de pâturages, de prairies et d'habitations. Le principal cours d'eau est la Sau, qui reçoit l'Unna, le Verbas, l'Okrina, la Bosna et la Drina; viennent ensuite la Narenta et la Bojana. L'air est sain, le climat tempéré. L'agriculture n'a quelque importance que dans les plaines; le blé, le maïs, le chanvre, les légumes, les fruits et le vin s'y récoltent en abondance, et on les cultiverait en bien plus grande quantité si le despotisme turc n'exerçait sur le pays son système oppressif dans toute sa rigueur. Partout on trouve des forêts de châtaigniers, dont les fruits servent de nourriture aux bestiaux. Le gibier et le poisson abondent. L'éducation des bestiaux prospère; on élève beaucoup de brebis, de porcs, de chèvres et de volaille, moins de bœufs et de chevaux. Les abeilles sauvages ou domestiques donnent une grande quantité de miel. Quoique les montagnes soient riches en métaux, l'exploitation en est complétement négligée; des Bohêmes et des Morlaques exploitent du plomb, du mercure, de la houille et du fer. La Bosnie possède plusieurs sources minérales, entre autres celles de Novibazar et de Boudimir. L'industrie et le commerce sont confinés dans les villes, et presque exclusivement entre les mains de Juifs, de Grecs, d'Arméniens, d'Italiens et d'Allemands. La seule branche d'industrie un peu considérable est la fabrication des armes à feu, des lames de sabre et des couteaux. Le cuir, le maroquin et les grosses étoffes de laine qu'on fabrique, se consomment presque entièrement dans le pays. Les bonnes routes sont à peu près inconnues.

La population, en majorité d'origine Slave, se compose de Bosniens, de Croates, de Morlaques, de Monténégrins, de Turcs, de Serbes, de Grecs, de Juifs, de Bohêmes et de Valaques, sans compter un certain nombre de Hongrois, d'Arméniens, d'Italiens, d'Allemands, d'Illyriens, de Dalmates, etc. Les Bosniens ou Bosniaques, au nombre de 370,000, professent les uns l'islamisme, les autres la religion grecque et le catholicisme. C'est un peuple grossier, rude, opiniâtre, malveillant envers les étrangers, brave, hardi, voleur et cruel; mais pacifique et droit dans ses relations domestiques, laborieux, simple, sobre. Les Bosniens s'occupent un peu d'agriculture; ils élèvent des bestiaux et font quelque commerce de caravane; mais, excellents cavaliers, ils préfèrent à tout la chasse ou la pêche. Comme les hommes, les femmes sont fortes et bien faites; la plupart assez jolies. Celles qui professent le mahométisme vivent beaucoup moins retirées que dans les autres provinces de l'empire, et depuis longtemps elles y jouissent de la liberté de se montrer en public plus ou moins voilées. Les Croates, au nombre de 180,000, appartiennent presque tous à l'Église grecque ou à l'Église romaine; très-peu sont mahométans. Ils se livrent principalement à l'agriculture, à l'éducation des bestiaux et au commerce d'échange. Les Morlaques, au nombre de 150,000, habitent surtout l'Herzégovine; ils sont polis, habiles commerçants, et extrêmement adroits; en outre, ennemis acharnés des Othomans. Les trois quarts professent la religion grecque, le reste la religion romaine. Le nombre des Turcs s'élèvent à environ 250,000, celui des Grecs à 15,000 et celui des Juifs à 12,000.

La capitale du Sandjak est *Bosna-Seraï* ou *Sarajewo* (en italien *Seraglio*), au confluent de la Migliazza et de la Bosna. On y compte 15,000 maisons de bois, construites presque toutes à la mode turque, avec des fenêtres grillées, et 50,000 habitants, en majorité musulmans. C'est une ville ouverte, entourée de montagnes, défendue par un château assez fort, bâti dans le voisinage. Les minarets et les tours de ses 100 mosquées et de ses nombreuses églises lui donnent un charme tout particulier. Ses fabriques d'armes, d'ustensiles de tôle, de fer et de cuivre, de bijouterie, de coton, de laine et de cuir, en font une des villes les plus importantes de l'empire othoman et le centre non-seulement du commerce de la province, mais d'un mouvement très-considérable de caravanes entre Janina et Salonique. Les chefs héréditaires qui gouvernent la Bosnie résident à Bosna-Seraï, tandis que le pacha turc habite Trawnik, forteresse importante, qui compte environ 10,000 habitants. Zwornik, Banjalouka et Gradiska-turque sont d'autres places fortes considérables de cette contrée.

Dans le douzième et le treizième siècle, la Bosnie appartenait à la Hongrie. En 1339 elle passa sous le sceptre du roi serbe Étienne, à la mort duquel elle recouvra pour quelque temps son indépendance. Le ban Twartko prit le titre de roi en 1370. En 1401 le pays devint tributaire des Turcs, et depuis 1528 il a été réuni à leur empire. Depuis l'introduction des réformes qui ont enlevé aux chefs héréditaires leurs priviléges et une grande partie de leurs revenus, la Bosnie n'a pas cessé, notamment en 1851, d'être agitée par des révoltes dangereuses.

BOSON, roi d'Arles ou de Provence, fondateur de cette monarchie éphémère nommée par quelques historiens *royaume de Bourgogne cis-jurane*, était frère de l'impératrice Richilde, femme de Charles le Chauve, qui le créa duc de Milan, dès que lui-même eut été proclamé roi d'Italie et couronné empereur. Mais ce gouvernement ne satisfit pas son ambition. Sûr de la protection de son beau-frère et de l'amitié de Bérenger, duc et marquis de Frioul, il enleva la princesse Hermengarde, fille unique de l'empereur Louis II, la plus riche héritière de l'Europe, et l'emmena à Verceil, où il l'épousa au milieu de fêtes splendides, dont les frais furent faits par l'empereur et l'impératrice Richilde, qui se trouvaient dans cette ville. Charles-le-Chauve créa à cette occasion (en 877) Boson, duc de Provence, gouvernement désigné aussi sous le nom de *Haute-Aquitaine*, et qui comprenait en outre le Vivarais, le Dauphiné, le Lyonnais et la Savoie.

Retiré dans ses États après la mort de Charles, et excité par Hermengarde, qui, fille de l'empereur et fiancée jadis au fils de l'empereur d'Orient, voulait au moins être reine, il se concerta avec le pape Jean VIII pour être nommé roi d'Italie. Ayant éprouvé de ce côté trop de résistance de la part des princes de Lombardie, il résolut de profiter des embarras où les jeunes rois de France Louis et Carloman se trouvaient par suite de la guerre que leur avait déclarée Louis roi de Saxe, convoqua les seigneurs, archevêques et évêques, et réussit, en leur promettant des bénéfices et des fiefs, à s'en faire élire et couronner roi. Louis et Carloman ne pardonnèrent pas à Boson cette conduite audacieuse; mais son habileté et le courage d'Hermengarde le maintinrent sur le trône. Les autres ducs, suivant son exemple, se déclarèrent indépendants; et cette insubordination générale, jointe à l'invasion des barbares, obligea Charles le Gros à céder à Boson les terres qu'il avait érigées en royaume, se contentant d'en recevoir l'hommage. Il mourut le 11 janvier 888, laissant le trône à son fils Louis, dit *l'Aveugle*.

BOSPHORE ou BOSPHORE DE THRACE (du grec βοῦς, bœuf ou vache, et πόρος, passage), détroit ainsi nommé parce qu'il fut, suivant la fable, traversé à la nage par la vache Io. On l'appelle plus communément aujourd'hui *canal de Constantinople*. Son nom en grec moderne est λαυρός, et en turc *boghar bogazin*. C'est par le Bosphore que la mer Noire ou Pont-Euxin communique avec la mer de Marmara ou Propontide, laquelle, à son tour, communique par les Dardanelles avec l'Archipel grec ou mer Égée. Plusieurs anciens auteurs ont donné même quelquefois le nom de Bosphore à ce dernier détroit, appelé Hellespont dans l'antiquité. Ces trois parties de mer séparent l'Europe de l'Asie.

La longueur du Bosphore est d'environ 30 kilomètres. Sa largeur varie d'un à quatre. Il coule dans un lit sinueux, entre deux chaînes de rochers qui projettent de chaque côté plusieurs promontoires abrupts. Les seules îles qu'on y rencontre sont les deux petits groupes d'îlots situés à l'origine du canal sur les côtes d'Europe et d'Asie, et dont celui de la côte d'Europe est le groupe des *Cyanées* des anciens. L'un des golfes les plus remarquables du Bosphore est le célèbre port de Constantinople; plusieurs autres en forment de très bons sur les rivages de l'Asie et de l'Europe. La force des courants, qui sur plusieurs points se dévie en se brisant contre les saillies des deux côtes, peut être quelquefois considérablement augmentée par l'action de la brise du nord-est, et former dans ce cas un obstacle à la marche des bâtiments qui remontent vers la mer Noire. Autrement, la navigation est partout facile dans le détroit, qui n'offre ni bancs ni écueils dangereux. Le Bosphore a deux fois par an, au printemps et à l'automne, un passage de poissons qui descendent de la mer Noire dans la mer de Marmara, en si grande quantité, que la pêche qui se fait alors suffit pour approvisionner abondamment toute la Turquie.

Ses deux rives sont célèbres par leurs beautés pittoresques. Constantinople, Bouyouk-Déreh, Thérapia en Europe et Scutari en Asie, sont les localités les plus importantes de ces côtes, en partie couvertes, surtout du côté de l'Europe, de nombreuses maisons de plaisance. Les deux forts du *Roumeli-Hissar*, ou château neuf d'Europe, et de l'*Anadoli-Hissar*, ou château-neuf d'Asie, construits, vis-à-vis l'un de l'autre, au point le plus resserré du canal, sont les deux plus redoutables de ceux qui protégent Constantinople du côté de la mer Noire. Les autres sont les châteaux ou batteries du *Roumeli-Fanar*, ou fanal d'Europe, du *Roumeli-Kavak*, ou château d'Europe, de l'*Anadoli-Fanar*, ou fanal d'Asie, et de l'*Anadoli-Kavak*, ou château d'Asie, à l'origine du Bosphore.

Tout ce que l'on sait des peuplades barbares semées à longs intervalles sur ces côtes dès la plus haute antiquité, c'est qu'elles massacraient les étrangers et immolaient des victimes humaines. Les conteurs Grecs nous montrent Phryxus, fils d'Athamas, roi de Thèbes, fuyant à travers le Bosphore, l'inimitié d'Ino, sa belle-mère, sur un bélier à toison d'or; puis les Argonautes allant à la conquête de cette toison, et plus tard, Iphigénie, au moment d'être sacrifiée, transportée par Diane au delà du Bosphore. On croyait alors que les Cyanées, qui semblent fermer l'entrée du détroit, se séparant pour ouvrir un passage aux vaisseaux, se réunissaient ensuite tout à coup et s'entre-choquaient, en fracassant les navires : aussi les Grecs les nommaient-ils *Symplegades*, de συμπλήσσω, s'entre-choquer. Euripide, avec le chœur des femmes d'*Iphigénie*, décrit les dangers qu'Oreste et Pylade durent affronter pour traverser ces îles, qui trompent l'œil des voyageurs, et aller aborder dans la Tauride, où tout étranger était immolé à Diane.

Les Grecs de l'Attique, du Péloponnèse, de l'Asie Mineure et des îles, si actifs, si commerçants, arrachèrent de bonne heure le Bosphore aux Thraces et aux Scythes. Des colonies s'établirent, des comptoirs se dressèrent sur ses rives : elles cessèrent d'être un objet d'effroi. Chaque petite peuplade grecque eut son port sur le Bosphore; chaque Dieu y eut son autel, et les Athéniens et les Lacédémoniens s'y disputèrent l'empire de la Grèce. Les Romains, maîtres de presque tout le pays connu en Europe et en Afrique, maîtres de la Grèce, et s'avançant vers le nord de l'Asie, s'emparèrent d'abord d'une des rives du Bosphore, puis de l'autre, changeant chaque royaume en province romaine par leurs phalanges, leurs traités, leur protection. Plus tard, les riches cités des rives asiatiques ouvrirent leurs portes aux doctrines du Christ; les Pères de l'Église faisaient entendre leur éloquente voix à Chalcédoine, à Nicomédie, à Nicée, et sur toute la côte d'Ionie. Il semblait que la religion chrétienne, s'établissant sur les frontières de l'Asie et de l'Europe, attendît les barbares au passage, digue insuffisante pour arrêter leur marche, pour les adoucir au moins avant qu'ils n'inondassent l'Europe.

Plus tard, d'autres barbares, les Croisés, arrivent de l'Occident, semant de royaumes féodaux les côtes et les îles du Bosphore. Génois, Vénitiens, Français, Espagnols, s'abattent sur ces riches contrées comme une nuée de corbeaux sur un champ de bataille. Depuis Mahomet II, le Bosphore s'est courbé sous la domination turque; mais ce sont toujours les princes et les évêques grecs qui peuplent ses belles rives, les négociants de toute la Grèce qui continuent à couvrir le canal de riches cargaisons, les matelots des îles grecques qui fendent ses eaux de leurs rames agiles, des ouvriers de la Macédoine, de la Thessalie, de l'Épire, qui entretiennent les forteresses, dont les batteries tonnent rarement sur ses bords, et construisent les lourds vaisseaux qui dorment à l'ancre dans le port d'Hassan-Pacha.

Pendant son ambassade à Constantinople, le général Andréossy fit de grands travaux pour l'exécution d'une carte du Bosphore. Il nous en est resté un livre curieux, intitulé : *Voyage à l'embouchure de la mer Noire, ou Essai sur le Bosphore*, etc. (Paris, 1818, in-8°, avec atlas).

BOSPHORE CIMMÉRIEN. C'est l'antique nom d'un détroit et d'un royaume.

Le détroit appelé depuis *détroit de Kaffah*, de *Zabache*, de *Taman*, et qui sépara l'Europe de l'Asie, tirait son premier nom de Bosphore de ce qu'en raison de son peu de largeur un bœuf pouvait le traverser à la nage. Mais, pour le distinguer du Bosphore de Thrace, qui avait la même étymologie, on l'appela *Cimmérien*, du nom d'un peuple établi dans la presqu'île asiatique à l'est du détroit. Ce détroit a 52 kilomètres de long sur 10 dans sa moindre largeur. Il joint ce qu'on appelait autrefois le *Palus-Mæotis* (aujourd'hui mer de Zabache ou d'Azof), au nord, avec le *Pont-Euxin* (la mer Noire) au midi. Il est formé du côté de l'Europe par une longue langue de terre absolument nue, qui fait partie de la presqu'île nommée *Tauride*, *Chersonèse Taurique*, et depuis *Crimée*, et à l'extrémité de laquelle sont deux forteresses : Kertsch (autrefois *Bosporus* et *Panticapée*, qui fut presque toujours la capitale du Bosphore Cimmérien), au fond d'une grande rade où les vaisseaux venant de la mer Noire sont à l'abri des vents contraires, et Yeni-Kalé, ou plutôt Yenghi-Kaleh (nouvelle forteresse), bâtie par les Turcs en 1703, dans l'endroit où le détroit qu'elle domine est le plus resserré. Du côté de l'Asie est l'île de Taman, avec la ville du même nom, qui paraît être l'ancienne Corocondama, où le détroit forme une vaste baie. Ses côtes, généralement plates, sont longées par des bancs de sable, entre lesquels les meilleures passes n'ont que 5 mètres d'eau; aussi les frégates qui viennent de la mer d'Azof ne prennent leurs canons qu'à Kertsch. Le froid est assez rude tous les ans pour qu'on puisse traverser le détroit en voiture sur la glace.

Le royaume du même nom, séparé en deux par le détroit, s'étendait dans la Sarmatie d'Europe et d'Asie, et comprenait les gouvernements russes actuels de Tauride, Cherson, Jékatérinoslav, des Cosaques du Don, et des Cosaques de la mer Noire. Ses villes les plus remarquables étaient : en Europe, *Olbia*, colonie milésienne, près de l'embouchure du Borysthène; *Carcina* ou *Necro-Pilæ*, qui donnait son nom au golfe Carcinite; *Cherson*, bâtie par les Héracléens, et conservée par les empereurs d'Orient; *Panticapée*, ville grecque, capitale du royaume; *Théodosie*, autre colonie grecque, non moins célèbre depuis sous le nom de Kaffah; *Taphræ*, ville ainsi appelée du fossé qui fermait l'isthme de la presqu'île, et à laquelle a succédé Pérékop ou Or-Kapi; dans la partie du Bosphore riveraine de l'Asie, *Phanagoria*, qui en devint la métropole; *Tanais*, à l'embouchure du fleuve de ce nom; *Cimméris*, la plus ancienne ville du pays; *Corocondama* (Taman), *Cepi* ou *Kepi* (jardin), colonie milésienne, aujourd'hui Kepil Sindica (Sandjik).

Depuis le cinquième siècle avant J.-C. ce royaume eut des rois particuliers. Mithridate s'en empara, l'an 108. Les Romains le donnèrent à Pharnace, son fils, pour prix de sa trahison. Plus tard César le lui enleva en trois jours, l'an 47. Au troisième siècle de notre ère les Goths le détruisirent de fond en comble, et son nom disparut pour toujours.

BOSQUET. C'est un très-petit bois planté pour orner un parc ou un jardin d'agrément. Plus petit que le bocage, il en diffère encore en ce que celui-ci est plutôt l'œuvre de la nature, tandis que le bosquet est un produit de l'art.

L'étendue d'un bosquet ne peut être que relative à la grandeur du jardin dont il fait partie. C'est un accessoire, qui dans l'origine était destiné à couvrir quelque irrégularité de terrain ou à empêcher d'apercevoir un mur de clôture. Si l'existence du bosquet n'est pas due à la nature particulière du terrain, s'il n'est enfin que de pur agrément, on fera choix de la position la plus pittoresque. Nos pères donnaient jadis aux bosquets certaines formes particulières : ils leur faisaient représenter des cloîtres, des labyrinthes, des pattes d'oie; cette mode est passée. Aujourd'hui on trouve un bosquet d'autant plus agréable, que l'art s'y rapproche plus de la nature.

Un bosquet bien dessiné se compose d'un mélange de sentiers tantôt droits, tantôt sinueux; seulement, les uns et les autres sont rehaussés par des arbustes de choix et à fleurs odorantes. Avant de procéder à la confection d'un bosquet, on défonce le terrain depuis 40 jusqu'à 60 et même 80 centimètres, on se met à l'œuvre au commencement de l'automne, et, à la fin de l'hiver, on plante les arbres. Tous ceux qui passent l'hiver en pleine terre, peuvent être employés.

Versailles était jadis renommé pour ses bosquets; ils étaient en harmonie avec la magnificence de ce royal séjour. Le bosquet de Clarens, où J.-J. Rousseau a placé une des scènes de la Nouvelle-Héloïse, est devenu immortel.

BOSQUIER-GAVAUDAN (JEAN-SÉBASTIEN-FULCHRAN), neveu, par sa mère, de l'acteur Gavaudan et fils d'un fabricant de bas de soie de Nîmes, naquit à Montpellier, le 20 juin 1776, et s'embarqua à quinze ans, comme mousse, sur un vaisseau marchand qui, après un long voyage au Levant, ne revint à Marseille qu'en 1793. Les circonstances n'étaient pas favorables au commerce; Bosquier renonça à la marine, et à dix-neuf ans embrassa, comme tous ses parents du côté maternel, la carrière dramatique. Après avoir joué quelque temps, en province, les valets dans l'opéra-comique et dans la comédie, il vint à Paris, en 1798, et entra au théâtre Molière, où il créa, d'une manière originale, le rôle du normand *Valogne*, dans le *Diable couleur de rose*, opéra de Gavaux. Il débuta en 1799 au théâtre Feydeau, et fut reçu pour y tenir l'emploi des *Trial*. Atteint par la loi de la conscription, il partit pour l'armée dans la musique des hussards de Chamboran, et obtint bientôt son congé, comme élève du Conservatoire de Musique. De retour à Paris, il entra, en 1800, au théâtre des Troubadours, qui avait quitté la salle Molière pour venir dans celle de la rue Louvois. Ce théâtre ayant été fermé en 1801, Bosquier-Gavaudan débuta avec succès au théâtre Favart; mais comme la réunion des acteurs de ce théâtre avec ceux de la salle Feydeau lui laissait peu de chances de devenir chef d'emploi dans l'opéra-comique, parce qu'il y doublait Dozainville, Moreau, Lesage et Guillet, il s'en alla à Rouen, où il joua et chanta plusieurs rôles marquants des trois principaux spectacles chantants de Paris.

De retour dans la capitale, il s'engagea, en 1803, au théâtre des Variétés, qui en 1807 passa du Palais-Royal sur le boulevard Montmartre. Il y resta jusqu'à sa retraite, en 1836, en étant devenu l'un des propriétaires et administrateurs, comme gendre de Crétu, qui l'avait été longtemps. Bosquier-Gavaudan donna quelques pièces à son théâtre : *Cadet-Roussel chez Achmet*, comédie-folie en un acte, 1804 (avec Désaugiers); *le Diable en vacances*, opéra-séria en un acte, 1805, suite du *Diable couleur de rose*, dont il créa le principal rôle; *Claudinet, ou le Premier venu engrène*, comédie en un acte, en prose, 1808 (avec Dumersan); les

Breteurs, comédie en un acte, mêlée de couplets (1810); et avec Aubertin, un autre opéra-comique, *Trop tôt*. Il donna aussi au théâtre de la Porte-Saint-Martin (avec Aubertin) *Monbart l'exterminateur, ou les derniers Flibustiers*, mélodrame en trois actes (1807).

Comme acteur, Bosquier-Gavaudan partagea longtemps la vogue de Brunet et de Tiercelin. Il avait du comique, de l'agilité, de la rondeur, de la gaîté, de l'aisance sur la scène; mais la chaleur qui caractérisait son talent était quelquefois outrée; et il exagérait aussi un peu trop la niaiserie. Ces qualités, ces défauts mêmes, lui valurent longtemps la vogue et la faveur du public. Il avait d'ailleurs la voix agréable et sonore, du goût, et pouvait passer pour un virtuose parmi les chanteurs de vaudevilles; mais depuis quelques années l'âge, ayant augmenté son embonpoint, avait rendu son talent un peu uniforme; aussi s'était-il borné aux rôles de pères, surtout à ceux de généraux, d'anciens militaires, qui lui plaisaient d'autant plus que le ruban de la Légion d'Honneur était toujours partie obligée de son costume : il avait tellement pris goût à cette décoration, prodiguée de nos jours à tant de comédiens de toute espèce, qu'il la portait même, dit-on, chez lui, sur sa robe de chambre. Le dernier rôle qu'il créa est celui du pape, dans *Carlin à Rome*. Bosquier-Gavaudan est mort d'une affection au cœur, à Batignolles, près de Paris, le 5 août 1843.

BOSSAGE est, en architecture, le nom général que l'on donne aux saillies qui débordent le parement proprement dit d'un mur ou d'une pierre. Il y a des murs, des bâtiments tout entiers, qui sont hérissés de bossages, distribués avec un certain ordre : les plus célèbres en ce genre sont ceux du palais *Pitti* à Florence, et du Luxembourg à Paris; plusieurs barrières de cette dernière ville, entre autres celle dite de *l'Étoile*, offrent un exemple de l'abus du bossage bien fait pour dépopulariser ce genre d'ornement.

Il ne faut pas confondre les *bossages* avec les *refends* : ceux-ci sont creusés régulièrement en lignes droites, les unes horizontales, les autres verticales, de façon qu'ils indiquent réellement ou en apparence la grandeur des pierres de taille qui forment la construction ou en déguisent les joints. Les murs de la Maison-Carrée de Nîmes sont à l'extérieur divisés par des refends ; on en voit plusieurs exemples à Paris, au palais du Temple, à l'église de la Madeleine, etc.
TEYSSÈDRE.

BOSSE. Il serait difficile de déterminer d'une manière positive si ce mot a été employé primitivement par la sculpture ou par l'orfévrerie : maintenant il sert également dans l'un et l'autre de ces arts. Les ouvrages d'orfévrerie se divisent en deux parties, *la vaisselle plate* et *la vaisselle en bosse*. Les plats et les assiettes composent la première ; les bassins, les aiguières, les gobelets et les flacons, les flambeaux, les grandes lampes et généralement tous les ouvrages qui ont une forte concavité, appartiennent à la seconde. On dit aussi des *ouvrages en bosse* ou *relevés en bosse* pour désigner les guirlandes de fruits ou autres ornements qui étaient autrefois si fort en usage dans les grandes pièces d'argenterie, et qui s'obtenaient en frappant la pièce avec un marteau de manière à faire *des bosses* que le talent de l'ouvrier amenait à la forme dont il avait besoin, ou bien qu'il estampait en frappant la pièce sur un moule en acier trempé. Il n'appartient donc qu'à un bon ouvrier de savoir bien faire la *bosse*; et suivant que son travail a plus ou moins de saillie, on dit qu'il est en *ronde bosse* ou en *demi-bosse*. Dans tous les cas, ce travail est en relief, et lorsqu'il est terminé on dit que la pièce est *bossue* ou *bosselée*. On peut aussi faire des *bosses* par accident à une pièce d'argenterie; alors elle est détériorée, la pièce se trouve *bossuée*.

La sculpture emploie aussi les expressions de *ronde bosse* et de *demi-bosse* suivant que le statuaire a fait un ouvrage de plein ou de demi-relief. On dit qu'un artiste a de *belles bosses* dans son atelier, qu'un élève est assez fort pour dessiner d'après la *bosse*. Dans ce cas, *bosse* désigne des figures en plâtre ordinairement coulées dans des moules pris soit sur des statues antiques, soit sur la nature même.

Du mot *bosse* on a fait en architecture le mot *bossage*. C'est aussi de ce mot que vient celui de *bossette*, appliqué aux ornements en or, en argent ou en cuivre qui couvrent les deux bouts du mors en dehors de la bouche du cheval, et qui en effet sont *relevés en bosse*.

L'expression proverbiale *donner dans la bosse*, pour dire être dupe, vient de ce qu'en termes de paume on nomme *bosse* la partie de la muraille qui renvoie la balle dans le dedans du jeu, par bricole; c'est donc une faute au joueur de donner dans cette partie; et c'est un talent à l'adversaire de le faire *donner dans la bosse*.
DUCHESNE aîné.

BOSSE (*Marine*). C'est un morceau de fort cordage solidement arrêté par l'un de ses bouts à un point résistant, et amarré de l'autre bout sur un cordage qui fait effort. Mettre une bosse sur un cordage, ou le *bosser*, c'est le retenir contre l'objet qui lui fait résistance.

La *bosse dormante* ou *fixe* est celle que l'on met sur les câbles en avant et en arrière des bittes, pour soulager cet appareil des efforts continuels des câbles. La *bosse debout* sert à suspendre l'ancre au bossoir. Il y a encore la *bosse à fouet*, la *bosse à aiguillettes*, la *bosse volante*, la *bosse à croc*, la *bosse cassante*, qui se frappe sur le câble à l'instant du mouillage, par un temps fixe, et amortit par sa rupture la secousse trop violente que le câble pourrait recevoir. La *bosse du canot* sert à amarrer les embarcations à la traîne.

BOSSE, BOSSUS. Nous ne parlerons ici ni des *bosses* provenant d'un accident, d'une contusion externe ou d'une lésion des vaisseaux, ni de ces autres *bosses* du front ou de la tête qui servent d'indices aux aptitudes de l'esprit, aux propensions du génie, et qui révèlent une haute vocation intellectuelle ou une secrète inclination pour des vices déplorables (*voyez* PHRÉNOLOGIE). Nous dirons un mot seulement de ces défauts corporels qui portent le même nom, et qui nuisent à la grâce du maintien, altèrent la santé, et qui ne sont pas toujours sans influence sur le caractère moral.

Les bossus ont la colonne vertébrale déviée, une épaule grosse, ordinairement le tronc court, les jambes et les bras d'une longueur quelquefois démesurée, la tête volumineuse, le front haut ou incliné, la respiration gênée, l'esprit incisif et le caractère souvent difficile. Les enfants des riches ne deviennent ordinairement bossus que vers l'âge de dix à quinze ans, époque de réclusion et d'études : ici l'altération de la taille dépend surtout des vêtements et de l'éducation. On observe également dans les classes aisées que les filles sont plus souvent déformées que les garçons, ce qu'il faut attribuer aux corsets dont on emprisonne à contre-temps le buste délicat des jeunes personnes. L'habitude de se servir plus communément du bras droit que du bras gauche fait aussi que l'on trouve souvent l'épine dorsale courbée de droite à gauche, et que l'épaule droite est presque toujours plus élevée et plus en relief que l'épaule gauche. Du reste, la déviation contraire est très-dangereuse, à cause du cœur, qui est à gauche, et dont les mouvements pourraient être gênés par suite de la difformité. La masturbation est, ainsi que les scrofules, la cause la plus fréquente des difformités de la taille. Il n'est pas non plus très-rare de voir des déviations vertébrales qui paraissent dues au lait d'une nourrice étrangère : le lait est un second sang. L'habitude où l'on est de se coucher sur le côté droit et d'appuyer la tête sur d'épais oreillers ou coussins, peut aussi occasionner le même résultat. Quelquefois utiles à la conservation de la vie, ces coussins sont certainement nuisibles à la stature : une crainte exagérée des coups de sang et des congestions sanguines engendre fréquemment des difformités dangereuses.

Les déviations vertébrales commencent quelquefois dans la première enfance, à l'époque de la pousse des dents, et à l'occasion des maux divers dont on accuse injustement la dentition. Les difformités proviennent parfois d'un ramollissement des os, d'une sorte de rachitisme, et souvent alors les vertèbres proéminent en arrière. Quelquefois aussi, mais plus rarement, les vertèbres proéminent en avant. (*voyez* Difformités, Gibbosité). Le ramollissement maladif des vertèbres, aussi bien que la maladie de Pott, peut faire que ces os se laissent déprimer, et toute la colonne du tronc s'infléchit alors par le simple effet du poids du corps ou des grands mouvements.

Les déviations vertébrales ou bosses sont, quant à la première enfance, d'une fréquence égale dans les deux sexes, et c'est tout simple. Filles ou garçons, les enfants ont un tempérament semblable, un régime pareil, les mêmes vêtements, les mêmes habitudes ; mais à la puberté, la disproportion devient très-évidente : pour dix-huit à vingt jeunes filles bossues, de l'âge de douze à seize ans, on compte quelquefois à peine un garçon ; et c'est une raison de croire à la mauvaise influence de l'éducation et du régime des femmes, de leur vie trop sédentaire, de la vicieuse structure de leurs vêtements, etc. Ces bosses qui apparaissent à la puberté, sont presque toujours latérales, dirigées d'un côté à l'autre, de droite à gauche ou de gauche à droite. Nous devons dire ici qu'on a plus d'une fois faussement attribué à une première grossesse ou à l'accouchement des difformités qu'on avait jusque là soigneusement dissimulées.

Il n'existe presque jamais une seule déviation, une bosse insolite : la première courbure une fois formée, soit au cou, à l'occasion d'une glande engorgée, d'un torticolis, d'une fluxion, soit au dos par l'influence fâcheuse de vêtements trop serrés, il se forme bientôt deux autres courbures qui alternent avec la première. Si la bosse du dos est convexe à droite, les courbures du cou et des lombes sont convexes à gauche, et de la sorte l'équilibre du tronc se trouve exactement maintenu. Si l'on ne mentionne et si l'on ne remarque ordinairement que la déviation du dos, cela vient de ce que la présence de l'épaule en cet endroit rend cette difformité plus évidente, nonobstant les secrets raffinements d'une toilette étudiée. La vraie bosse, ou celle du dos, est souvent consécutive à une première déviation du cou ou des lombes. Celle-ci se forme fréquemment la première : toute claudication peut la produire. Ses causes les plus fréquentes sont la courbure vicieuse d'une jambe, les gonflements ou tumeurs blanches d'un genou, les maladies de l'articulation de la hanche, une luxation imminente de la cuisse, une entorse, un pied bot, une plaie, une fistule douloureuse, quelquefois un simple cor. L'extrême faiblesse ou la paralysie d'une jambe a souvent déterminé de ces courbures des vertèbres lombaires ; et comme c'est le membre gauche qui est le plus exposé à ces paralysies, à cause de la position de l'enfant dans le sein de sa mère, à raison aussi de la manière dont il reste incliné en dormant, pour cette raison, les vertèbres des lombes sont ordinairement bombées à gauche, parce que l'enfant se porte et se penche, en marchant, naturellement du côté de la meilleure jambe. Bientôt, et par contre-coup, les vertèbres du dos font saillie à droite, et l'épaule de ce côté devient proéminente.

Il est rare que les déviations vertébrales commencent par le dos, si ce n'est chez de tout jeunes enfants scrofuleux et rachitiques ; et alors la difformité ne survient qu'à cause du ramollissement des vertèbres, devenues flexibles sous le poids de la tête et du haut du tronc. Mais on voit assez fréquemment de pareilles déviations chez les malades atteints d'une phthisie fistuleuse, d'une pleurésie chronique, d'un épanchement d'eau ou de sang lentement résorbé : nous avons observé trois exemples de ce fait. On voit alors le côté malade de la poitrine s'aplatir et se déprimer, et la colonne vertébrale et les côtes, se bomber proportionnellement à l'opposite.

Les déviations de la colonne vertébrale ont de graves inconvénients pour la santé ; elles compromettent en effet les organes les plus essentiels. La poitrine est ordinairement rétrécie, et même des deux côtés : du côté bombé, par les vertèbres déjetées ; de l'autre côté, par l'aplatissement des côtes. Aussi la respiration des bossus est-elle gênée, courte, haletante ; souvent même il y a de la toux, de l'oppression, et comme des symptômes d'asthme. Le cœur est souvent comprimé ou moins libre de battre : de là des palpitations et quelquefois de l'anxiété. L'aorte, distendue ou plissée (selon le sens dans lequel a lieu la courbure), est disposée à se laisser dilacérer, élargir, condition très-favorable aux anévrismes. Le sang rouge parvient difficilement jusqu'aux surfaces du corps, ce qui détermine la pâleur de la peau et rend chez les jeunes filles la puberté incomplète ; d'autres fois le retour du sang veineux est entravé, et alors les bossus ont la figure d'un rouge vineux comme les ivrognes. Les bronches sont courbées vicieusement, quelquefois comprimées par l'aorte distendue, aussi bien que le *nerf récurrent* gauche, d'où provient cette voix rauque qu'ont beaucoup de bossus. Le diaphragme est distendu d'un côté, relâché jusqu'à l'impuissance de l'autre côté, de sorte qu'il ne concourt plus qu'imparfaitement à la respiration, par là encore plus gênée. Les muscles sont amincis et allongés du côté convexe, trop rapprochés de leurs attaches du côté concave, ce qui les rend pour ainsi dire oisifs ; et d'ailleurs, quand ils agiraient, il existe entre eux si peu d'accord qu'ils ne pourraient qu'ajouter au mal qu'eux-mêmes partagent ; ils ne feraient qu'accroître la difformité. Les nerfs se trouvent également compromis par la déviation : comprimés du côté concave, ils sont, du côté bombé, distendus et tiraillés à leur issue du canal vertébral, et de là proviennent des douleurs, des élancements, souvent de la faiblesse, ou même des symptômes de paralysie dans les membres inférieurs et du côté de la vessie ; quelquefois même il survient des convulsions ou passagères ou permanentes ; et comme le haut de la moelle épinière partage quelquefois ces tiraillements, il n'est pas très-rare de voir des bossus devenir louches tout à coup, offrir des convulsions insolites à la face, et d'autres fois les troubles plus singuliers. On a vu quelquefois apparaître soudainement une fièvre cérébrale avec délire, qu'on ne pouvait attribuer qu'à la cause dont nous parlons.... D'ailleurs, la moelle épinière elle-même, cet organe si délicat et l'un des plus essentiels à la vie, se trouve souvent comprimée chez les bossus, soit par l'excessive déviation des vertèbres, soit par le gonflement de ces os et de leurs ligaments intermédiaires ; et alors il peut survenir de graves symptômes, depuis de simples convulsions ou la paralysie jusqu'à l'oppression respiratoire et l'affaiblissement graduel du pouls, le cœur recevant de la moelle l'influence qui fait mouvoir le sang.

Les difformités diverses, tous les défauts corporels, pourvu qu'ils épargnent les organes dévolus à l'intelligence ou chargés de l'accroître, loin de nuire à l'esprit, lui prêtent secours et l'agrandissent. Un être difforme ou infirme qui sent ses imperfections et qui s'en afflige, applique toutes ses facultés à faire pardonner, à force de talents ou de vertus, les défauts qu'il tient de la nature ou de ses propres fautes. Aussi voit-on parfois en des personnes d'un physique disgracieux la réunion de ces dons attrayants qui disposent à l'indulgence, agréments d'humeur ou de caractère qui feraient pardonner jusqu'à des vices, et qui dissimulent la laideur sous un voile quelquefois séduisant. Ces sortes de découvertes causent toujours de flatteuses surprises ; nous aimons à nous imaginer qu'une part nous est due de ces qualités brillantes que nous découvrons ainsi contre toute attente, et malgré de fâcheuses préventions. Une autre cause vient compenser chez ces êtres malheureux les torts d'une nature rigoureuse et partiale. L'imperfection même de leur structure les préserve de la tyrannie des sens et des dissipations du jeune âge. Cette chaleureuse adolescence, que le commun des hommes consume en jouissances frivoles, eux, ils l'utilisent en acquisitions solides, qui dans la suite de leur vie feront leur gloire ou leur bonheur. Peut-être que ces premiers sacrifices leur sont pénibles ; peut-être sentent-ils d'abord avec amertume cette inégalité qu'ils devraient bénir ! Mais quand est venue l'époque de la maturité, cet âge où la beauté du corps, fanée pour toujours, remet en apparence tous les hommes de niveau, c'est alors que commencent pour eux d'heureuses représailles, où leur vanité se dédommage avec surcroît des privations et de l'insipidité d'une jeunesse souvent humiliée.

Ces remarques ne sont toutefois qu'en partie applicables aux bossus proprement dits. Et en effet la riche intelligence dont il n'est pas rare de les voir pourvus, n'est pas seulement occasionnée par des causes morales. Quelques circonstances physiques servent ici d'auxiliaires. D'abord il est incontestable que plus est entravé l'accroissement de la moelle épinière, et plus le cerveau a de volume ; attendu que la masse totale du système nerveux est toujours à peu près la même. Or, un cerveau plus gros comporte une intelligence plus puissante, plus active ou plus élevée. D'ailleurs, la torsion et les courbures maladives des vertèbres nuisent à l'accroissement du tronc, et de là naît une autre influence propice à l'esprit, puisque la quantité du sang et la force impulsive du cœur restent les mêmes pour un corps plus exigu. Toutefois, les bossus complètement difformes, les grands bossus, sont les seuls notoirement spirituels. C'est qu'en effet eux seuls ont le crâne plus volumineux et plus rapproché du cœur, leur tronc ayant plus d'exiguïté. Il est vrai de dire qu'on trouve souvent des gens très-médiocres parmi ceux qu'on pourrait nommer les demi-bossus. Or, comme ils ont oui dire depuis leur enfance qu'ils auraient un jour immanquablement beaucoup d'esprit, en esprit plein de verve et de saillies, ils en simulent, ils s'efforcent d'en montrer ; et cela même les rend insupportables aux esprits bien faits. Mais, qu'ils aient beaucoup ou peu d'esprit, les bossus sont presque toujours d'un commerce au moins difficile. Cette disposition tient à leur excessive susceptibilité, à d'extrêmes prétentions, à un besoin de médire insatiable, à un caractère essentiellement tourmentant. L'habitude qu'ils ont d'être raillés les tient toujours en armes et les rend hostiles. Curieux d'un combat où leur grande expérience leur promet victoire, s'ils ne se défendent, ils attaquent. Leur vie entière est un tissu de méchancetés ingénieuses ou peu s'en faut. Il n'y a pas jusqu'à leur physique qui ne garde l'empreinte d'un pareil esprit ; sans avoir tout à fait la tête de Thersite, ils participent de ses défauts.

Passé l'âge de vingt ans, il est bien difficile de redresser les tailles déviées. La chose est difficile principalement si la déviation a plus de huit à dix lignes de courbure, et si déjà il s'est effectué une vraie torsion dans la colonne courbée. Les difformités ne sont réellement guérissables que lorsqu'elles sont commençantes, seulement reconnaissables à la situation disparate des deux seins, et pour ainsi dire encore fugitives, ou pouvant disparaître dans certaines postures. Et même nous ne parlons que des filles ; car les garçons ont ordinairement trop d'indocilité, trop peu de patience et de coquetterie pour s'assujettir aux traitements nécessaires en pareille conjoncture. Puisque les difformités commençantes sont seules susceptibles de guérison, on doit s'appliquer à les reconnaître dès leur début. Or, les déviations vertébrales s'annoncent ordinairement par une douleur sourde et insolite vers un point limité de l'échine, par des douleurs vagues et passagères dans les épaules ou dans la poitrine, par l'inégalité des hanches et des flancs, par une épaule qui grossit et s'élève, par le *dandinement* ou les oscillations de la marche, par une sorte de claudication, par de la faiblesse, des palpitations et de l'oppression. Si la jeune personne dont la taille commence à se déformer se tient debout sans marcher, d'ordinaire elle ne s'appuie que sur un pied, et saisit d'une main, afin de se soutenir, le bras opposé, au-dessus du coude. Presque toujours la jambe correspondante à l'épaule proéminente paraît plus longue, parce que le bassin incline de ce côté. Souvent aussi le nez ou le menton se déforment, la pureté de la voix s'altère, certains doigts perdent de leur régularité ; il n'y a pas jusqu'au sourire qui ne prenne alors une expression caractéristique. Toutefois, s'il s'agit d'une jeune fille de douze à seize ans, c'est ordinairement par les seins qu'une mère s'aperçoit d'abord d'une difformité commençante : le sein qui répond à l'épaule saillante est le plus élevé ; il dépasse souvent de plusieurs lignes le niveau du sein opposé.

Quant au traitement des déviations de la taille, *voyez* au mot ORTHOPÉDIE.   Dr Isidore BOURDON.

BOSSE (ABRAHAM), graveur à l'eau-forte, naquit à Tours, en 1611. Sa famille, qui le destinait au barreau, lui fit donner une brillante éducation ; mais Bosse, étant venu à Paris, renonça subitement à la carrière qu'on voulait lui faire embrasser, et entra dans l'atelier de Callot. Grâce à l'application qu'il sut faire de ses connaissances acquises à l'art du dessin, ses progrès furent rapides. Nommé en 1651 professeur de perspective à l'Académie royale de Peinture, il écrivit plusieurs ouvrages remarquables sur cette branche de son art.

Bosse, dont le caractère ne pouvait se plier aux exigences de Lebrun, publia plusieurs pamphlets contre celui-ci, que le fit rayer de la liste des académiciens. Il se retira alors à Tours, où il mourut en 1678.

Les principaux ouvrages de Bosse sont : *Moyen universel de pratiquer la perspective sur les tableaux et surfaces irrégulières* (Paris, 1653) ; *Traité de la manière de dessiner les ordres d'architecture* (Paris, 1664) ; *Traité des diverses manières de graver en taille-douce* (Paris, 1645 et 1701) ; etc. Parmi les gravures dues au burin de cet artiste, il faut citer le *Recueil d'estampes pour servir à l'Histoire des Plantes*, exécuté par ordre de Louis XIV, d'après les peintures originales de Robert, et ne contenant pas moins de 3,119 planches en 3 volumes in-folio.

BOSSEMAN. C'était, dans l'ancienne marine, une sorte de contre-maître chargé, à bord des vaisseaux, de veiller aux ancres, aux bouées et aux câbles. Dans le Nord, le nom de *bosseman* (homme à la bosse) est encore donné à certains officiers mariniers de manœuvre.

BOSSI (JOSEPH-CHARLES-AURÈLE, baron DE), comte de Sainte-Agathe, l'un des plus grands poëtes lyriques modernes de l'Italie, naquit à Turin, le 15 novembre 1758, et reçut dans sa jeunesse les leçons du célèbre abbé Denina. Dès l'âge de dix-huit ans, il avait composé deux tragédies, *Rea Silvia* et *I Circassi*, qui eurent quelques succès. En 1782 il publia à la louange de Joseph II et de ses réformes un poëme, dont les idées généreuses et indépendantes déplurent fort à la cour de Turin, qui prescrivit à l'auteur de voyager quelque temps hors du pays. Bossi alla résider dans la république de Gênes, mais six mois après il y était accrédité, en qualité d'abord de secrétaire de légation, puis de chargé d'affaires de la cour de Sardaigne. De là il fut rappelé à Turin, où il fut nommé sous-secrétaire d'État au ministère des affaires étrangères. Ce fut pendant cette époque que Bossi composa son poëme sur la mort héroïque du prince Maximilien de Brunswick, noyé dans l'Oder en 1785, en voulant sauver de pauvres paysans, et les poëmes d'*Elliot* et de la *Hollande pacifiée*. Ce dernier offre un intéressant tableau des beaux faits de l'histoire de Hollande, depuis la conquête de l'indépendance jusqu'à l'établissement du stathoudérat, en 1787.

Cependant la révolution française venait d'éclater. La Savoie et le comté de Nice ayant été envahis par les Français, la cour de Turin chargea Bossi de se rendre au quartier général du roi de Prusse. De Francfort Bossi se rendit à Pétersbourg. Il s'y trouvait encore au moment où y parvint le nouvelle du traité d'alliance défensive et offensive contracté entre le roi de Sardaigne et la république française, immédiatement après la prise de Mantoue. Paul Ier fit aussitôt signifier à Bossi, puis aux ministres d'Espagne et d'Angleterre, l'ordre de quitter la Russie. A son retour à Turin, Bossi fut envoyé par Charles-Emmanuel IV, comme ministre résident, près de la république de Venise. Il avait à peine eu le temps de s'y installer, que le gouvernement aristocratique de Venise cessait d'exister. Bossi, nommé alors par le roi son député près du général en chef de l'armée française en Italie, resta constamment auprès du général Bonaparte depuis la signature des préliminaires de Léoben (15 avril 1797) jusqu'au traité de Campo-Formio (17 octobre 1797). Nommé ensuite ministre résident près de la république Batave, il se lia dans ce pays avec le commandant en chef de l'armée franco-batave, le général Joubert, et cette liaison lui facilita plus tard les moyens d'être utile à son pays, lorsque Joubert y fut envoyé.

Le 8 décembre 1798 Joubert entrait à Turin. Le roi de Sardaigne, en renonçant à ses États d'Italie pour se retirer dans son île, déclara délier ses sujets de leur serment de fidélité. Bossi reçut en même temps à La Haye la nouvelle de l'éloignement du roi et celle de sa nomination par Joubert aux fonctions de membre du gouvernement provisoire du Piémont. En passant par Paris, il s'assura bien vite que l'intention du Directoire était de garder le Piémont jusqu'à ce qu'il pût le réunir à la France. Arrivé à Turin, il se prononça pour cette réunion. Des registres de votes furent en effet ouverts dans toutes les provinces; plus d'un million de signatures attestèrent l'universalité de ce vœu que Bossi, Batton de Castellamare, et Sartoris, furent chargés de porter au Directoire. Mais une nouvelle coalition se préparait, et le Directoire, craignant de fournir à ses ennemis de nouveaux prétextes pour chercher dans son ambition une cause à la guerre qui était sur le point d'éclater, refusa d'effectuer la réunion demandée. Nommé, dans ces circonstances critiques, commissaire du Directoire près de l'administration centrale de l'Éridan, dont Turin était le chef-lieu, Bossi avait à peine commencé à exercer ses fonctions, que la retraite précipitée de l'armée française vint rejeter ce pays dans le chaos. Toute la plaine du Piémont se trouva occupée par l'ennemi, et la nouvelle administration piémontaise fut dissoute dans toutes ses parties. Bossi tint bon dans les vallées vaudoises, retarda l'insurrection qui s'étendait de tous côtés, et put ainsi faciliter aux détachements et aux convois de blessés les moyens de passer le Rhône et de regagner le territoire français.

Pendant tout le temps de l'occupation du Piémont par l'armée austro-russe, Bossi se renferma à Paris dans la vie privée, s'interdisant d'agir contre le retour possible du roi de Sardaigne, qu'il avait servi dans sa jeunesse, mais s'interdisant plus encore toute idée de retour au service d'un gouvernement arbitraire. Il était encore à Paris, lorsqu'on y apprit la victoire de Marengo. Il fut alors nommé plénipotentiaire près de la république ligurienne, puis membre d'une commission chargée par Bonaparte du pouvoir exécutif en Piémont. Les deux collègues de Bossi étaient Botta et Bavoux. Le sénatus-consulte de juillet 1803, qui proclama la réunion légale du Piémont à l'ancienne France, mit fin à la carrière piémontaise de Bossi.

En janvier 1805 il fut nommé préfet de l'Ain. Outre la statistique de l'Ain, qu'il publia, et qui a servi de modèle à celles qui furent exécutées plus tard, il composa à Bourg son poème d'*Oromasia*, dans lequel il a resserré en un seul cadre les principaux événements de la révolution française. En 1810 il fut créé baron de l'empire et transféré à la préfecture de la Manche, qu'il conserva jusqu'à la fin de juillet 1815. Lors de la première restauration, en 1814, il reçut des lettres de grande naturalisation ainsi que le grade d'officier de la Légion d'Honneur, et refusa même, à cette époque, l'offre du ministère de l'intérieur, qui lui fut faite par Louis XVIII. Le second retour des Bourbons devint le signal d'une violente réaction. Bossi, quoiqu'il eût été maintenu en place par l'ordonnance d'épuration générale des préfets, rendue après les Cent-jours, profita d'une démarche illégale que venait de faire à son égard le commissaire extraordinaire du roi dans la Basse-Normandie, pour s'expliquer vertement avec les ministres. Le moment n'était pas favorable pour l'emporter sur un homme attaché au service personnel du roi. Il apprit peu de jours après, par le *Moniteur*, qu'il était remplacé, et rentra dans la vie privée pour ne plus s'occuper que de la littérature, qui avait toujours fait ses délices. Il mourut à Paris, le 20 janvier 1823, au milieu de cruelles souffrances, avec la résignation et la force d'âme d'un sage. BUCHON.

BOSSI (JOSEPH), un des artistes les plus distingués de la nouvelle école lombarde, naquit à Buffo, dans le Milanais, le 17 août 1777. Après avoir reçu une excellente éducation, il vint à Rome, en 1795, pour y étudier les chefs-d'œuvre de la peinture, notamment ceux de Raphael. Il n'était âgé que de vingt-trois ans lorsqu'à son retour à Milan il fut nommé secrétaire de l'Académie *delle Belle-Arti*, place que venait de quitter le vieux Carlo Bianconi. Chargé par Eugène Beauharnais, vice-roi d'Italie, de copier *la Cène*, de Léonard de Vinci, il consacra à ce maître les recherches les plus approfondies, qu'il publia ensuite sous le titre de : *Del cenacolo di Leonardo da Vinci* (Milan, 1810, in-fol.). Le grand dessin qu'il fit de cette fresque célèbre est un travail des plus remarquables. Plus tard, Bossi se démit de ses fonctions de secrétaire de l'Académie. Il fut membre de l'Institut, et mourut à Milan, le 9 décembre 1815. Son buste, placé à Bréra, est de la main de Canova.

BOSSOIRS ou BOSSEURS. Ce sont, en termes de marine, deux pièces de bois placées en saillie à l'avant d'un vaisseau, qui servent à la manœuvre des ancres, et principalement à les soutenir quand celles-ci sont levées.

BOSSUET (JACQUES-BÉNIGNE) naquit à Dijon, le 27 septembre 1627, d'une famille de robe. Il fut élevé par les jésuites, qui eurent l'idée de s'emparer de lui; car ils avaient le pressentiment de sa grandeur. Il leur échappa, et vint faire sa philosophie à Paris. C'était un moment de renouvellement dans cette science; on en faisait encore une occasion de dispute. Bossuet y ajouta d'autres études, celle du grec surtout, qui le charma ensuite toute sa vie. Il soutint sa première thèse avec éclat; à l'âge de seize ans il avait une réputation d'éloquence. L'hôtel Rambouillet, alors maître des renommées, voulut l'entendre. Il y alla prêcher sur un sujet qu'on lui donna à l'instant, et qu'il remplit aux grands applaudissements de madame et de mademoiselle de Rambouillet. C'était un mauvais début; il eût pu être fatal à un autre : sa bonne et forte nature le sauva de cette gloire. Il était du très-petit nombre d'hommes à qui il a été donné d'être précoces et de ne pas périr ensuite d'affaiblissement et de vanité. Bossuet soutint sa thèse publique : c'était alors une grande affaire. Condé assista à cette lutte; il sembla porter envie au jeune théologien, qui sortit des épreuves avec éclat. Bossuet fut bachelier; puis il reçut le sous-diaconat; puis il continua ses travaux pour la licence; puis enfin il fut docteur. Ces études durèrent quatre ans; la renommée de Bossuet ne fit que s'accroître; les évêques remarquaient avec plaisir ce sujet brillant. Celui de Metz chercha le premier à s'en emparer; il le nomma archidiacre de l'église de Metz, et peu après Bossuet fut fait prêtre (1652). On continua de courir à lui pour le combler d'honneurs; il se réfugia dans l'étude. Pendant six ans il se livra à la lecture et à la méditation des pères de l'Église : c'était une heureuse préparation aux grands travaux qui devaient lui faire donner à lui-même ce nom de *Père*, que son siècle lui décerna, et que la postérité n'a point contesté.

Il commença à écrire à Metz contre les protestants : il fit une réfutation du catéchisme de Paul Ferri. En ce temps-là la controverse n'avait pas pris le caractère de généralité philosophique que l'incrédulité ou l'indifférence moderne lui a donné. Des deux côtés on s'attachait à des dogmes ou à des débris de dogmes : la dispute devait donc être purement religieuse.

Bossuet multiplia ses travaux à Metz ; il y établit des *conférences*, ayant, comme tout le reste de ses prédications, la conversion des protestants pour objet. Saint Vincent de Paul l'encourageait dans ses efforts ; c'était une belle alliance que celle de ces deux grands hommes : c'était le génie tempéré par la piété, l'ardeur du jeune prêtre adoucie par la sainteté du vieillard. Bossuet porta aussi son zèle à Paris. Ses écrits étaient recherchés avec avidité ; la religion était alors une grande occupation ; les plaisirs étaient secondaires ; elle dominait même au milieu des désordres et des scandales. De grandes conversions eurent lieu : d'abord celles du marquis de Dangeau et de son frère le marquis de Courcillon, qui fut plus tard abbé de Dangeau. Le beau livre de l'*Exposition*, de Bossuet, prépara cette conquête. Turenne vint ensuite : celle-ci eut plus d'éclat. Turenne apportait dans la recherche de la vérité une simplicité d'enfant, avec une admirable supériorité de raison. Le peu de sincérité des controverses protestantes avait blessé son âme loyale ; la diversité des sectes l'étonna ; l'unité catholique le domina : il fut catholique à force de bonne foi et de candeur.

Bossuet commença à prêcher à Paris ; on se pressa pour l'entendre. C'était une manière nouvelle, une liberté d'allure inconnue aux sermonnaires, un langage sublime et familier, des traits d'éloquence comme des coups de foudre, des éclairs, des tempêtes ; puis, tout à coup, du calme et du repos, un langage sans apprêt, des vérités simplement énoncées, une instruction jetée à flots, sans divisions méthodiques, pénibles et fastidieuses. Les sermons de Bossuet sont encore ce qu'il y a de moins connu dans ses œuvres. La Harpe a dit qu'ils étaient médiocres ; il ne les avait pas lus. Les sermons de Bossuet sont, au contraire, ce qu'il y a de plus extraordinaire en fait d'éloquence. Il y en a peu d'achevés ; mais le plus médiocre ou le plus incomplet est plein du génie du grand orateur. Bossuet est savant sans le vouloir être, va librement, saisissant dans sa marche précipitée tout ce qui peut éclairer, émouvoir, entraîner ; sa pensée sort pleine, abondante, comme d'un seul jet ; lorsqu'il veut être régulier, il l'est sans doute, mais comme un créateur à qui tout obéit. Son sujet s'arrange de lui-même, son esprit ne fait pas d'effort, et quand tout est disposé, l'orateur anime cette création, puis il plane au-dessus comme un dieu. Ne comparez pas Bourdaloue à Bossuet : ce sont deux gloires aussi dissemblables qu'inégales : le premier est admirable à force de raison, il ne sort pas de la nature humaine ; le second est inspiré, il est maître de la nature même.

Bossuet prêcha des grandeurs, devant la reine, devant les princes, devant Condé, devant Louis XIV ; ce fut toujours la même fécondité. Cet homme se multipliait avec des formes d'éloquence toujours nouvelles et toujours inconnues. Cependant il faut dire ici que ces sermons devant les grands accoutumèrent Bossuet à porter dans la prédication des choses graves et austères de la religion un tempérament de flatterie qui pouvait ôter à la vérité son caractère inflexible, et endormir les vices au bruit des leçons les plus admirables de l'éloquence. Nous trouvons un certain courage dans beaucoup de sermons de Bossuet prêchés devant Louis XIV ; mais c'est un courage qui n'expose guère ; car la louange le rend inutile. Dans ce mélange de paroles religieuses et solennelles et de discours insinuants et flatteurs, le prince prend ce qu'il veut, et il ne veut que ce qui lui plaît. Ici Bourdaloue l'emporte. Bourdaloue ne loue pas. Il prêche devant le roi comme devant un autre fidèle, si ce n'est qu'il redouble de gravité, à cause des scandales de la cour. Bossuet est plus souple, et sans rien sacrifier de la religion, il blesse moins la faiblesse ou la vanité ; il y a une certaine parole de courtisan dans son éloquence superbe et indépendante. Voilà une singulière alliance ; elle est réelle, et je comprends qu'il y ait des gens qui n'aient vu en Bossuet que le flatteur des rois. Ces gens-là étaient passionnés, ils n'ont pas vu tout Bossuet, ils n'ont pas vu Bossuet chrétien dans la flatterie, c'est-à-dire gardant toute la grandeur de la religion dans cette adresse d'orateur, et louant la gloire humaine pour mieux faire resplendir la volonté souveraine de la Providence.

Du reste, Bossuet ne courut point après les faveurs ; pendant qu'il prêchait à Paris, il passait sa vie dans la retraite et l'étude. Dix ans s'écoulèrent dans ces travaux ; alors on lui donna le prieuré de Gassicourt, et peu après il fut nommé doyen de Metz. Ce fut vers ce temps qu'il débuta dans une carrière où l'attendait beaucoup de gloire. Il prêcha l'oraison funèbre du père Bourgoing, supérieur général de l'Oratoire, et celle du docteur Cornet, qui avait contribué à la première direction de sa jeunesse.

En ce temps les disputes jansénistes étaient animées ; les religieuses de Port-Royal jouaient un grand rôle dans ces controverses. L'archevêque de Paris, M. de Péréfixe, chargea Bossuet de les amener à la soumission par la conciliation et la douceur. Nous nous imaginons Bossuet dominateur, intolérant et emporté, à cause des mouvements précipités de sa parole ; il était, au contraire, bienveillant et modéré, et ce fut pour cela qu'il fut choisi par M. de Péréfixe, dont l'indulgence était renommée. La bonté et le génie échouèrent devant l'entêtement de quelques femmes.

D'autres travaux se présentèrent. Bossuet prêcha l'oraison funèbre d'Anne d'Autriche, reine qui avait traversé vingt années pleines de périls avec courage et quelquefois avec gloire. Il entra dans les controverses avec les protestants, où déjà l'école de Port-Royal l'avait devancé ; le penchant de son esprit le portait vers cette polémique, de préférence à toute autre. Il fut chargé toutefois de corriger l'édition janséniste du *Nouveau-Testament* ; et ainsi, par des travaux successifs, il arriva à l'évêché de Condom.

Sa carrière s'agrandissait tous les jours ; la mort lui fit des occasions plus éclatantes de gloire. Il fit entendre sa grande voix sur le tombeau de Henriette de France, reine d'Angleterre. Rien jusque là ne s'était vu dans l'histoire de semblable à cette fortune royale précipitée par le meurtre. Le souvenir de Charles Ier était là tout vivant, il était beau d'entendre Bossuet faisant planer la Providence sur les révolutions d'empires, et donnant aux rois et aux peuples des leçons inconnues sur la vanité des grandeurs et sur les causes qui emportent les États et perdent les trônes. L'oraison funèbre prenait ainsi un caractère nouveau, et devenait un genre d'éloquence distinct de tous les autres, où le christianisme apparaissait avec ses enseignements merveilleux et ses prophétiques inspirations. « Ce n'est pas un ouvrage humain que je médite, criait Bossuet ; il faut que je m'élève au-dessus de l'homme, pour faire trembler toute créature sous les jugements de Dieu. » Telle est l'oraison funèbre conçue par Bossuet. C'est l'éloquence humaine appliquée aux méditations les plus hautes de la politique chrétienne ; et avec cette pensée souveraine il assiste aux événements qui troublent la terre, il les maîtrise en quelque sorte, il les fait servir à l'harmonie générale du monde ; il en fait un cours de morale providentielle ; il étonne, il confond l'esprit des politiques vulgaires ; cela ne l'empêche pas toutefois d'avoir des pleurs et de la pitié pour l'infortune. Son gémissement a quelque chose de lugubre et de plaintif ; il touche les âmes d'une douleur profonde et mystérieuse ; il fait verser des larmes dans le secret du cœur ; il ne les provoque pas par de vaines lamentations ; il ne les cherche pas par un appareil de deuil ; son gémissement est grave et solennel ; il n'abaisse pas la douleur, il l'élève, au contraire, puis il la sanctifie et la console par l'espérance ; il lui ouvre le ciel, et, montrant la terre ainsi frappée par les tempêtes, il force l'homme à se réfugier dans un autre asile. L'oraison funèbre, le genre le plus faux, le plus futile et le moins chrétien, devient ainsi la leçon la plus haute, la plus imposante et la plus vraie, et c'est ici que se montre le génie créateur de Bossuet. Il a fait cette sorte d'éloquence. Elle lui est propre comme une œuvre de sa conception. Après lui il n'y a plus d'oraison funèbre.

A l'oraison funèbre de la reine d'Angleterre succéda celle d'Henriette d'Angleterre, sœur de Charles II, et épouse de *Monsieur*, duc d'Orléans. La mort allait vite ; et on l'aidait aussi par le crime. Cette femme infortunée périt d'une manière tragique, par la vengeance du chevalier de Lorraine, éhonté favori du duc d'Orléans, qui du fond de l'Italie, où il était exilé pour des intrigues, trouva le secret de la faire empoisonner. Il savait apparemment que ce crime servait son maître. Mais il ne lui confia pas son secret : Saint-Simon dit que les empoisonneurs eurent peur de son indiscrétion. Ainsi, on ne peut pas même lui faire honneur de son innocence. Quelque temps après, le chevalier de Lorraine jouissait auprès de lui de son infamie. Tel fut donc le nouveau sujet d'éloquence pour Bossuet. Louis XIV avait frémi d'horreur à la mort d'Henriette, qu'il chérissait et qui lui servait de lien politique avec son frère le roi d'Angleterre. Mais on était en un temps où il n'était pas permis de soupçonner la scélératesse autour du trône, et la grande voix de Bossuet ne put se faire entendre avec toute sa liberté. Jamais on n'eût ouï de tels éclats de tonnerre. L'oraison funèbre d'Henriette est pourtant un chef-d'œuvre. Bossuet fit trembler son auditoire par cette parole restée célèbre : *Madame se meurt ! Madame est morte !* Il y eut un long silence. L'orateur même fut troublé. C'était comme une voix tonnante qui révélait une partie des secrets du sépulcre.

Bossuet fut nommé précepteur du dauphin. Le duc de Montausier était son gouverneur. C'était trop du génie de l'un et de l'austérité de l'autre pour former un enfant dont la nature molle et paresseuse répondait mal d'ailleurs à de tels soins. Ces choix n'en honoraient pas moins Louis XIV. Il voulut entourer son fils de tout ce qu'il y avait de plus grand, de plus renommé et de plus vertueux. Le savant Huet, évêque d'Avranches, fut sous-précepteur du prince. Il ne manquait plus de tels maîtres qu'un disciple digne de les entendre. L'éducation du dauphin resta sans éclat. Mais personne ne songea à en faire un reproche à Bossuet, d'autant que tout le monde put voir l'admirable assiduité d'études, de travaux et de recherches avec laquelle il remplit sa grande et pénible tâche d'instituteur.

En cela, le choix de Bossuet fut heureux. Nous lui devons des ouvrages admirables sur les objets principaux des connaissances humaines. Bossuet se mit à approfondir toutes les sciences, la philosophie, l'histoire, la politique, la physiologie même. C'était, encore une fois, trop de profondeur pour son disciple, esprit lent et inappliqué. Mais tant de travaux ne furent pas perdus, puisque la postérité en jouit. En tête de ces ouvrages, *La Connaissance de Dieu et de soi-même*, et le *Discours sur l'histoire universelle*, deux chefs-d'œuvre, et le premier moins étonnant peut-être que le second, parce que Bossuet n'y est pas seulement écrivain, ou seulement philosophe ; il y est anatomiste, et tellement instruit de la science d'alors qu'il devine la science même à venir, et aussi l'anatomie moderne ne lui reproche point de grave erreur. Quant au *Discours sur l'histoire universelle*, c'est le chef-d'œuvre des temps anciens et modernes. Bossuet ramasse les débris du monde et les pousse pêle-mêle devant lui. Jamais autorité semblable ne s'était vue ; il règle le cours de la vie des nations ;

il assiste aux révolutions et les modère. Il sait la pensée qui les fait mouvoir ; il sait où elles aboutissent ; il semble assister aux conseils de Dieu. Bossuet n'avait jamais été si grand, et la seule conception de son ouvrage passe toutes les limites connues du génie humain. Les écrits proprement politiques de Bossuet n'ont pas ce caractère d'élévation et de vérité ; même sa politique sacrée manque d'application ; la pensée en est fausse d'un bout à l'autre. Grand homme ! pardonnez-moi cette parole.

Bossuet parle d'une théocratie, et passe du gouvernement des Hébreux au gouvernement des États modernes, ce qui n'a pas d'analogie. Il s'ensuit qu'il fait des rois autant de dieux. Et cependant Bossuet se récrie contre l'arbitraire des rois ; mais il ne les rend justiciables directement que de Dieu même. Il n'y a pas de politique possible avec ce système. Le moyen âge était plus conséquent. Les rois étaient sous la main de Dieu sans doute, mais dans l'hypothèse d'une constitution catholique, où le droit des peuples avait sa règle dans la religion, et son recours à l'autorité des pontifes. C'est là une organisation que chacun peut saisir, soit qu'on l'approuve, soit qu'on ne l'approuve pas. Mais les rois dépendants de Dieu seul, et absolus par rapport à leurs sujets, de telle sorte que les peuples ne puissent en appeler à aucun pouvoir vivant sur la terre, c'est là, il faut le dire, un ordre politique impossible à réaliser, si ce n'est par le despotisme pur. Je sais très-bien que la souveraineté du peuple est à l'autre bout, et Bossuet a voulu l'éviter. Mais rien ne l'obligeait de passer d'une erreur à l'autre, si ce n'est peut-être que le temps n'était pas alors venu de bien saisir la vérité, et peut-être n'est-il pas venu même aujourd'hui. Aussi faut-il dire simplement ce qu'il y a de faux dans les idées de Bossuet. Il céda au mouvement universel qui emportait tout vers la monarchie absolue, et qui semblait faire plier la religion elle-même. C'était la suite de longues erreurs. La France avait failli s'abîmer dans l'anarchie et les guerres civiles. Tous les hommes d'ordre sentirent la nécessité de se réfugier dans le pouvoir. Le problème politique resta entier, savoir, comment se concilieraient un jour le pouvoir et la liberté.

Le caractère simple et bon de Bossuet ne s'altéra pas à la cour. Autour de lui se groupèrent tous les hommes graves du temps ; il forma avec eux des conférences philosophiques, d'où sortirent d'utiles travaux. Ces hommes de méditation se réunissaient dans les jardins de Versailles, et c'était un touchant contraste que ce spectacle d'études calmes au milieu des plaisirs, d'entretiens philosophiques au milieu des passions et du bruit. Les conversions suivaient leur cours, et Bossuet restait mêlé aux controverses par ses livres, sans sortir de sa retraite accoutumée. Mais une circonstance s'offrit où il lui fallut se mettre en présence du protestantisme par sa parole. Mademoiselle de Duras, dame d'atours de Madame, seconde femme du duc d'Orléans, avait été élevée dans la religion protestante par sa mère, sœur de Turenne. Déjà la lecture de l'*Exposition* avait ébranlé ses croyances, et elle se sentait portée au catholicisme. Pour achever de dissiper ses incertitudes, elle voulut établir une sorte de lutte de raisonnement entre les deux religions. Elle demanda une conférence où Bossuet discuterait contre le ministre Claude les points qui lui paraissaient douteux encore. C'était une méthode de conversion peu usitée, et même peu chrétienne, il faut le dire, puisque mademoiselle de Duras s'établissait juge comme dans une dispute vulgaire ; et ainsi c'était elle-même qui prononçait en dernier ressort de la vérité ou l'erreur. Il y avait là, si je ne me trompe, quelque peu de vanité, et c'était au moins faire beaucoup de bruit pour une affaire qui exige beaucoup de silence. Quoi qu'il en soit, mademoiselle de Duras se convertit, et finit sa vie par une mort chrétienne.

Le nom de Bossuet fut mêlé à l'histoire des amours de Louis XIV, mais comme pouvait et devait être mêlé celui d'un grand et saint évêque. Il ne fut point étranger à la touchante résolution que prit madame de La Vallière de cacher sa honte et ses remords dans la solitude d'un cloître, et il prêcha le sermon de la profession de ses vœux. Peu après il attaqua avec courage la passion du roi pour madame de Montespan, et cette lutte, toute entourée qu'elle fût de certaines formes de délicatesse que Louis XIV imposait autour de lui, n'en est pas moins un souvenir de liberté qui honore le caractère de Bossuet. Le hardi prélat crut être maître un instant. Mais au retour de la guerre Louis XIV donna des ordres pour meubler l'appartement de sa maîtresse. Bossuet courut à huit lieues au-devant du roi. A sa vue, Louis XIV s'écria : *Ne me dites rien, j'ai donné mes ordres.* La parole de Bossuet faisait peur au scandaleux monarque.

Après l'éducation du dauphin, Bossuet fut nommé évêque de Meaux. C'était au moment de l'assemblée du clergé (1681). Louis XIV voulut que le père La Chaise allât porter cette nouvelle à l'archevêché, pour qu'elle se répandît aussitôt dans tous les diocèses, tant il y attachait d'importance. Cette assemblée devint célèbre par la grandeur des questions qui y furent résolues, questions depuis longtemps débattues avec animosité, et qu'une décision sembla rendre plus incertaines encore. L'histoire de ces débats est longue et inutile dans cet article. Le siècle présent n'en a retenu que quelques mots vagues, qui suffisent à son ignorance. Il sait qu'il s'agissait dans l'assemblée *des libertés de l'Église gallicane*; mais il ne sait pas quelles étaient ces libertés. Ces *libertés* étaient la faculté donnée au pouvoir de dominer l'Église : plaisantes libertés ! Après cela vinrent les questions sur la constitution de l'Église, que le clergé crut devoir résoudre dans le sens qui paraissait être le plus favorable à la pensée de domination du monarque. Au fond de tout cela, il y avait une difficulté qu'on éludait avec soin, savoir si le roi était catholique au même titre que tous les catholiques du monde. L'union de l'État et de l'Église s'était altérée; la constitution ancienne était détruite, il n'en restait que les apparences. Le roi voulait bien que l'union subsistât, mais à la condition qu'il serait maître. Aussi la *courtisanerie* de quelques évêques allait loin, et Fénelon nous a rapporté les efforts qu'il fallut faire pour les arrêter. Bossuet y employa son génie, mais avec l'embarras d'un évêque qui veut concilier sa foi religieuse et sa soumission mondaine. Il débuta par le sermon sur l'unité de l'Église, profession de principes admirable, après laquelle il se crut plus permis de faire des concessions. Le rôle du grand homme fut un rôle de *juste milieu*. Je demande pardon d'emprunter cette expression à l'histoire de nos partis, mais elle est vraie, et la déclaration du clergé de France eut le double inconvénient de blesser le pape et d'irriter ses ennemis. Ces sortes de tempéraments n'ont pas d'autre résultat. Bossuet était digne d'appliquer sa forte et puissante raison à des disputes plus chrétiennes et à des questions plus nettes. Son autorité toutefois ne fut pas inutile pour contenir des esprits déréglés, mais sans servir la liberté de l'Église; et il ne prévit pas que son ouvrage se tournerait contre la religion qu'il voulait défendre. Peut-être aussi, car il ne faut point prononcer contre un tel homme des jugements inexorables, peut-être le temps n'était point venu où le pouvoir et l'Église seraient nettement placés dans une position de mutuelle indépendance. Certes, il n'était plus permis de remonter à la constitution catholique du moyen âge, et il n'eût été donné à personne, pas même à l'esprit pénétrant de Fénelon, de pressentir une liberté telle que nous pouvons la concevoir aujourd'hui, et qui encore nous épouvante et nous déconcerte au moment même où nous la sollicitons. Ainsi, c'était comme un état de transition que Bossuet avait fait à l'Église; et, chose étonnante ! un siècle et demi a dû s'écouler avant qu'il nous fût donné de nous avancer vers des destinées nouvelles : tant les révolutions sont lentes et l'avenir mystérieux !

Il fallut du temps pour calmer la cour de Rome. Louis XIV finit par fléchir; et il promit au pape que la déclaration de 1682 serait non avenue. Alors il y eut une réconciliation publique, et l'Église de France reprit sa marche accoutumée; mais la déclaration devint par elle-même un objet de dissension, et c'est à peine si nos révolutions modernes ont détourné les idées de ces controverses, désormais sans application. Bossuet exerça son zèle à d'autres soins. Il fit la guerre à des casuistes qui déshonoraient le christianisme par leur morale commode, et il les fit condamner à Rome. Puis, ayant pris possession de son évêché, il s'y livra à des travaux de toutes sortes. Il publia des écrits pour éclairer les protestants qui se trouvaient dans son diocèse, et qu'il appelait ses frères et ses enfants; il surveilla et fortifia les études de son séminaire, établit des missions, ranima les conférences ecclésiastiques, multiplia les visites pastorales, s'occupa avec tendresse du soin des hôpitaux, donna aux synodes une régularité nouvelle, présidant à tout, dirigeant tout, apportant partout une modération touchante et une noble dignité.

On ne pourrait tout dire d'un évêque si zélé, dont la fécondité d'esprit était si prompte. Ses écrits se multiplièrent. Il fit pour des religieuses deux de ses plus beaux ouvrages : les *Élévations sur les mystères*, et les *Méditations sur l'Évangile*; deux créations pleines d'enthousiasme et de poésie. On a dit l'*aigle de Meaux* ; on a eu raison, mais Bossuet est *aigle* surtout dans les *Élévations*. Il y a dans ces chapitres jetés sans plan, à ce qu'il semble, un ton d'inspiration qui ne se trouve point ailleurs. C'est un langage libre et presque désordonné, tel qu'il convient à des élans d'admiration et d'amour ; mais avec une hardiesse et une nouveauté de parole qui dépasse tous les effets de la poésie humaine.

Pour produire ainsi dans le relâche de si beaux écrits, on conçoit qu'il fallait à Bossuet, outre sa facilité, une vie toujours pleine et occupée. Le jour ne suffisait pas à l'activité de ses travaux. Il y employait aussi les nuits. Et cependant il ne fuyait pas les conversations et les distractions du monde; il recherchait, au contraire, les hommes savants et lettrés. Il avait été reçu à l'Académie Française ; c'était alors une élite des grandes renommées de la France. Il aimait à s'entourer d'un choix d'écrivains, dont la gravité répondait le mieux à sa pensée toujours haute. Il s'occupait avec eux de leurs études. Il les encourageait ou les dirigeait. La Bruyère, Fleury, Renaudot, d'Herbelot, Galland, Boileau, Santeuil, et beaucoup d'autres parmi ceux qui n'étaient qu'académiciens, antiquaires, poètes ou moralistes, se disputaient quelques moments de liberté du grand évêque. Son commerce était doux et facile. Il avait une gravité modeste, et sa parole, si remuante dans la chaire, avait dans la conversation une familiarité douce et bienveillante.

Cette parole reprit son tonnerre pour parler encore des vanités des grandeurs humaines. Bossuet prêcha tour à tour les oraisons funèbres de la reine Marie-Thérèse, de la princesse Palatine, du chancelier Letellier, et du prince de Condé. Que de leçons dans la vie de tels personnages ! Bossuet semblait être le prédicateur de la mort. On eût dit je ne sais quelle puissance qui animait les tombeaux et faisait parler les cadavres. Dans les quatre sujets d'éloquence que la mort lui fit si précipitamment, il y avait une telle variété de caractères et d'événements qu'il fallait une grande souplesse de génie pour les présenter avec convenance et vérité. La reine Marie-Thérèse avait passé modeste et peu aperçue auprès de la gloire de Louis XIV. L'éloquence n'avait à parler ici que de vertus touchantes. Bossuet sut mettre dans son langage tout ce qu'il fallait d'onction pour rappeler cette vie aimable et cette aménité de mœurs. Et cependant il sortait quelquefois de ce cadre plein d'élégance pour aller saisir quelques-uns des grands accidents qui s'étaient mêlés à la vie paisible de la reine. Par là l'oraison funèbre était animée, et bien que la grâce de la louange y dominât, la hardiesse de la parole y reparaissait, et l'ouvrage, texte remarquable par une variété d'images et par une flexibilité d'idées qui dans Bossuet est plus que de l'art, est encore une inspiration naturelle de son génie. Anne de Gonzague, princesse palatine, avait été mêlée aux événements si agités, si variés, si passionnés de la Fronde ; mais elle était restée fidèle à la reine et au ministre ; et elle avait apporté dans les intrigues un esprit de finesse propre à déconcerter souvent les ruses des factieux, qui tour à tour attaquaient la cour ou fléchissaient devant elle, selon leurs pensées de folle ambition ou de petite cupidité. La Fronde est merveilleusement caractérisée dans cette oraison funèbre, et l'histoire d'une femme d'intrigue devient un enseignement de plus pour la politique des rois, outre que le saint orateur trouve dans sa vie, longtemps agitée et à la fin rendue à la foi et à la piété, des exemples plus touchants et des leçons plus consolantes. La vie du chancelier Letellier devenait un sujet plus grave et plus digne des méditations de Bossuet. C'était encore l'histoire des troubles et des malheurs de la France, mais avec le triomphe de l'autorité du monarque et la suite des idées politiques qui l'avaient affermie. Letellier avait suivi la fortune de Mazarin, avec un tempérament d'ambition qui n'aspirait qu'à la seconde place et la tenait bien. Letellier passa sa vie dans les affaires. Bossuet n'employa pour parler de la vie de Letellier qu'un langage profond de politique : c'était la parole de Tacite, élevée par la foi du pontife chrétien. Cette sorte d'éloquence, plus calme, plus suivie, plus philosophique, veut avoir des juges moins passionnés ; elle excite moins d'enthousiasme ; mais elle va plus droit à la raison, elle éclaire l'intelligence ; elle satisfait l'esprit ; elle est plus grave et plus intime. Bossuet, tel que la plupart de ses admirateurs aiment à le comprendre, Bossuet avec sa parole puissante, entrecoupée, inégale, se répandant à flots sur un auditoire subjugué, reparut dans l'oraison funèbre de Condé. Je ne fais que rappeler cette étonnante création, chef-d'œuvre d'éloquence, dont n'approche aucune harangue ancienne, et qui seul établirait la prééminence des lettres inspirées par le christianisme. Bossuet couronna par ce dernier éclat de sa voix cette longue suite de discours funèbres. *Ses cheveux blancs* l'avertissaient déjà, disait-il, de songer à rendre sa mort sainte, et de réserver ce qu'il appelait les restes de sa voix et de son ardeur. Ainsi il semblait jeter un adieu aux tombeaux, et il y eut dans cette dernière parole je ne sais quoi de mélancolique qui ajouta à la profonde émotion que la mort de Condé avait laissée dans toutes les âmes. Le siècle de merveilles tirait sur sa fin. Bientôt il ne resterait plus guère de grandeurs à célébrer, et alors il suffirait qu'un autre orateur vînt s'écrier sur toutes ces ruines : *Dieu seul est grand !*

Bossuet survivait cependant avec son génie. Il l'appliqua à des controverses avec les protestants. Il composa l'*Histoire des Variations*, et les *Avertissements aux Protestants*, deux ouvrages admirables : le premier, remarquable par une dialectique forte et serrée ; le second, plus animé, ce semble, par la résistance qu'il avait rencontrée ; l'un et l'autre pleins de faits, nourris d'études savantes, et capables d'ébranler à la fin toutes les oppositions du préjugé ou de l'erreur. Cette sorte de polémique ne va plus à nos opinions légères et vagabondes. Mais dans le siècle grave de Bossuet tout était sérieux, la foi comme le doute, et les esprits s'appliquaient avec une attention forte et soutenue aux objets de leurs disputes. Jamais l'unité du catholicisme n'avait paru plus ferme que dans cette histoire des contradictions des sectes indépendantes ; Bossuet embrassait le passé et l'avenir, et déjà il annonçait au monde l'infinie variété des opinions qui, passant de la religion dans la politique, ébranleraient toutes les bases de la société humaine.

DICT. DE LA CONVERS. — T. III.

Puis vinrent des débats d'une autre sorte, qui eurent alors de l'importance, et qui seraient oubliés aujourd'hui s'ils n'avaient mis en présence les deux plus beaux génies de l'Église, je veux dire les débats du *quiétisme*. — Qu'est-ce donc que le *quiétisme ?* va-t-on demander. — Ceci n'est point un article de théologie. Il faut bien dire cependant que le *quiétisme* était une doctrine de dévotion, d'abord imaginée par madame Guyon, femme un peu illuminée, et ensuite embellie par l'imagination pieuse de Fénelon. La perfection de l'amour de Dieu, disait le tendre archevêque de Cambray, était qu'il fût désintéressé, et qu'il n'eût en vue ni les récompenses, ni les promesses, ni les menaces. C'était une perfection au-dessus de l'humanité, et en cela du moins elle était dangereuse ; et d'ailleurs elle semblait conduire à une sorte de repos indifférent de l'âme ; et Bossuet, qui, avec sa logique pénétrante, poussait tous les principes à l'extrême, s'effraya des conséquences dont il pressentait la réalité possible. Il voyait la religion ruinée, la foi éteinte, la piété flétrie, à force d'amour, et il se mit à tonner contre le *quiétisme*, comme il eût fait contre une doctrine qui eût attaqué de front tout le christianisme. Dans cette longue dispute, l'intérêt sembla se porter sur Fénelon, à cause de la tendresse de ses affections et de l'aménité de son langage. Bossuet parut emporté par un zèle trop ardent, soit que sa parole fût en effet passionnée, soit que la plupart des hommes ne comprissent pas, même alors, l'importance d'une telle polémique. Enfin, Rome prononça entre les deux grands hommes, et Fénelon fut condamné. On sait comment le vaincu ennoblit sa défaite par sa soumission. Bossuet resta grand ; mais Fénelon le devint davantage.

Bossuet revint à d'autres travaux. Louis XIV l'avait comblé d'honneurs. Il l'avait fait conseiller d'État, et il l'avait nommé aumônier de la duchesse de Bourgogne. L'assemblée du clergé de 1700 s'ouvrit. Bossuet y parut avec sa supériorité accoutumée. Mais il sembla quelquefois que l'esprit de domination perçait dans son zèle. On s'occupa de la *morale relâchée* et des moyens de réprimer la nouveauté des idées des nouveaux casuistes. Bossuet régla les opinions. Il fit des discours et des mémoires. Il dirigea les censures. Et en même temps il arrêta le jansénisme, qui se ravivait. Il était l'âme du clergé ; et son ardente activité lui fournissait toutes les ressources pour tous les périls, et des remèdes pour tous les maux.

Le nom de Bossuet n'avait point paru dans les mesures politiques de Louis XIV contre les protestants. Il suffisait à ce grand évêque de son éloquence pour faire des conversions, et son caractère bienveillant n'eût point sollicité des rigueurs. Il avait été étranger surtout à la révocation de l'édit de Nantes, mesure jugée dans tout le dix-huitième siècle et de nos jours avec une implacable sévérité, et qui n'en fut pas moins imposée à Louis XIV par l'opinion publique de son temps, comme l'atteste toute l'histoire. Cet acte eut des suites désastreuses, que les conseils de Bossuet essayèrent de tempérer. On rouvrit les portes de la France aux protestants qui en étaient sortis, à la condition qu'ils consentiraient à se laisser instruire. Jusque là les édits avaient été impitoyables. On les adoucit par des instructions nouvelles, dont l'inspiration fut due à la modération de Bossuet. Le Languedoc avait été le théâtre où les passions s'étaient le plus agitées ; les conseils de douceur purent paraître effrayants à ceux qui exerçaient l'autorité de cette province. Les évêques, de concert avec l'intendant, M. de Lamoignon de Basville, qui la gouvernait avec une sorte de puissance souveraine, firent des observations. Ils ne demandaient pas des actes d'intolérance cruelle ; mais ils voulaient que l'on pût contraindre les protestants d'aller à la messe pour y recevoir l'instruction catholique. Bossuet repoussa leurs demandes. C'était lui que l'on consultait pour tout ce qui se rapportait aux luttes du protestantisme. Il répondait avec autorité, comme un Père de l'Église. Toutes réponses furent pleines de douceur. Il faut le dire à notre siècle, qui croit peut-être que Bossuet fut despotique et farouche, parce qu'il y a dans sa controverse une domination devant qui tout s'abaisse et fléchit. Bossuet traitait les protestants avec amour, comme ses enfants égarés, mais qui enfin étaient ses enfants. *Vous l'êtes*, leur disait-il, *veuillez-le, ne le veuillez pas*. Dans cette circonstance, où l'élégant Fléchier demandait des actes sévères, l'impétueux Bossuet commandait la bienveillance; ce qui montre qu'il ne faut point se hâter de juger un caractère d'homme par ses écrits. Il y a quelquefois de l'hypocrisie dans le style, et rien n'est facile à imiter comme la douceur.

Toutefois, l'indulgence de Bossuet n'eut point de fruits. Bientôt éclata dans les Cévennes la terrible guerre des Camisards, dans laquelle Louis XIV fut obligé d'employer ses généraux; triste épisode d'un règne dont la grandeur allait s'affaiblir par toutes sortes de désastres.

L'esprit de conciliation de Bossuet parut encore dans une affaire qui ne fut qu'enfamée, et qui pouvait avoir les plus grandes suites pour l'Église. Comme toute sa vie avait été remplie par des controverses avec les protestants, son nom avait retenti dans l'Allemagne, et y avait remué les consciences. Alors le protestantisme, malgré ses sectes, gardait des restes de foi chrétienne, et les hommes graves et pieux sentaient la nécessité d'opposer au catholicisme autre chose que de l'indifférence ou de la haine. La lumière qui jaillissait des ouvrages de Bossuet avait frappé beaucoup de regards, et un docteur protestant, Molanus, abbé de Lokkum, avait été chargé d'examiner s'il n'y aurait pas de rapprochements possibles avec l'Église romaine. Ce fut à Bossuet que s'adressa Molanus, comme l'interprète de la foi catholique qui avait acquis le plus d'autorité sur les Églises d'Allemagne. Cette négociation combla de joie et d'espérance l'évêque de Meaux. Il y eut une longue suite de correspondances, où la modération de Bossuet se fit remarquer. Tout pouvait faire pressentir un rapprochement qui eût changé la face de l'Europe. Mais les intrigues vinrent troubler une si noble et si chrétienne pensée. Molanus, d'un caractère doux et conciliant, fut écarté de la négociation; Leibnitz, d'un esprit quelque peu subtil et disputeur, s'en empara. On eut plus de peine à s'entendre. Les correspondances furent suspendues pendant cinq ou six ans; elles furent reprises ensuite; mais le monde marchait à ses destinées; un autre siècle s'avançait, et bientôt le protestantisme n'allait plus être qu'une philosophie de plus jetée dans l'histoire des opinions humaines, et condamnée comme toutes les autres à disparaître après avoir fait son temps, et avoir produit toutes ses conséquences.

Bossuet revint à ses travaux d'évêque, à ses livres, à ses instructions, à ses luttes publiques avec l'erreur. Dans cette carrière, qu'il avait remplie pendant plus de trente ans avec liberté, il fut tout à coup arrêté par un acte ministériel, qui dut singulièrement étonner son indépendance. Il s'agissait d'un livre de Richard-Simon, écrivain hardi, qu'il avait déjà eu occasion de censurer (1702). Ce livre était une version du *Nouveau Testament*, remplie, disait Bossuet, de choses fausses et funestes à la religion. Le cardinal de Noailles, archevêque de Paris, l'avait condamné; et lorsque Bossuet voulut le condamner à son tour, il apprit que le chancelier de Ponchartrain avait fait défense d'imprimer la censure, à moins qu'elle ne fût approuvée par un docteur de Sorbonne. Bossuet apprit ainsi ce que pouvait être la liberté de l'Église soumise à la domination de l'État, et l'on vit ce grand homme réduit à implorer l'assistance de madame de Maintenon, *à qui même*, disait-il, *il n'osait en écrire* : triste expiation de quelque faiblesse, et qui pouvait dans ses vieux jours l'éclairer sur la dangereuse interprétation qui pourrait être faite des doctrines de 1682. Louis XIV entendit toutefois les réclamations de Bossuet, et le chancelier fut obligé de renoncer à l'étonnante usurpation qu'il avait tentée.

Cependant la vie de Bossuet commençait à s'épuiser. Il eut à paraître encore dans quelques luttes, soit contre le jansénisme, soit contre la morale relâchée. Puis il fut atteint d'une maladie cruelle, la pierre, qui le conduisit lentement à la mort. Bossuet passa par cette dernière épreuve de la vie avec le courage que donnent la piété et la foi. La religion, en occupant toutes ses pensées, avait aussi rempli son cœur. Sa croyance était accompagnée d'une pratique fervente. Il y avait dans son âme une vive sensibilité, qui s'épanchait par des expressions d'amour. Il avait souvent éprouvé aussi, au milieu de ses grands travaux de polémique, le besoin de traiter des sujets pieux. On ne saurait croire tout ce qu'il a mis d'effusion dans ces sortes d'écrits. Sa dévotion est pleine de tendresse. Ce fut cette piété qui l'aida à porter les contrariétés et les misères de la vie; et ce fut elle qui le fortifia contre les longues souffrances qui lui ouvrirent le tombeau. L'histoire de sa maladie est touchante. A son dernier synode (1702), il avait annoncé sa fin prochaine. « Ces cheveux blancs, avait-il dit à ses prêtres, m'avertissent que je dois bientôt aller rendre compte à Dieu de mon ministère. » Il se mit alors à leur parler avec un redoublement d'éloquence et d'onction, les sollicitant de se souvenir des conseils qu'il leur avait donnés, afin que Dieu ne lui fît pas un reproche d'avoir négligé son troupeau. Toute l'assemblée fondait en larmes à la voix du vieillard, qui seul gardait sa sérénité : on le voyait tout prêt au passage de la vie à l'éternité, et il en parlait avec le calme d'un chrétien qui aspire à jouir de Dieu. Dans l'intervalle de ses douleurs, il ne néanmoins encore s'occuper d'études et de travaux de piété. Il fit dans cette même année l'ouverture du jubilé par un sermon qu'il prêcha dans sa cathédrale, et il en suivit les exercices malgré sa faiblesse et la rigueur extrême de l'hiver. Il eut aussi la force de revoir ses anciens écrits, s'attachant de préférence à ceux qui le ramenaient à des pensées de piété. Il s'exerça, comme pour charmer ses maux, à traduire les Psaumes en vers français; et enfin son dernier travail fut la paraphrase du psaume XXI, *Deus, Deus meus, respice in me*. Il regardait ce psaume comme une préparation à la mort; aussi son travail le consolait et le fortifiait, et il consentit à ce qu'il fût imprimé, dans l'espérance qu'il pourrait de même affermir quelques chrétiens dans cette horrible épreuve.

Sa maladie était arrivée au dernier degré, malgré tous les soins et tous les secours. La cour, la ville, les gens du monde, les prêtres, le peuple, tout s'était ému à la pensée qu'on allait bientôt perdre un si grand homme. Et quant à lui, il quittait la terre avec calme, proférant des discours touchants, et se réveillant du sein des douleurs pour édifier ceux qui l'encourageaient à la souffrance. Bossuet finit sa vie comme un saint pontife, le 12 avril 1704, après avoir rempli par les combats d'un apôtre. La douleur fut grande dans toute la France. On sentait le vide immense que laissait cette mort. De toutes parts ce furent des témoignages publics de regrets et des hommages solennels à sa mémoire. On lui fit de magnifiques obsèques; une foule d'évêques y accoururent. Le père de la Rue prêcha son oraison funèbre. L'Académie mêla ses éloges à ceux de la religion. Et enfin Rome voulut aussi proclamer la gloire de ce grand évêque, et son oraison funèbre fut prononcée devant les cardinaux assemblés. Ainsi disparaissait Bossuet au début d'un siècle nouveau ; le monde s'apprêtait à changer de face; et ces longues et savantes controverses du dix-septième siècle allaient faire place à une philosophie légère et cynique, devant laquelle son éloquence même eût été sans autorité. Cependant la renommée de Bossuet traversa ces temps de licence. L'impiété fit grâce au génie; on ne laissa point d'admirer ses chefs-d'œuvre.

LAURENTIE.

BOSSUT (CHARLES), né le 11 août 1730, à Tartaras, dans le département du Rhône, et mort à Paris, le 14 janvier 1814, fut un des mathématiciens distingués de son époque. Sa longue carrière ne manque ni d'intérêt ni d'enseignements. Nous le voyons, encore enfant, s'éprendre, à la lecture des *Éloges* de Fontenelle, d'une vive passion pour les mathématiques, demander des conseils à ce célèbre secrétaire de l'Académie des Sciences, et se rendre sur son invitation à Paris. Le patronage de la jeunesse est pour les hommes illustres un devoir, une sorte de restitution à laquelle ils se sont engagés envers la fortune, qui leur a tendu la main. Aussi est-on plus charmé que surpris des encouragements prodigués à Bossut. C'est le géomètre Clairaut qui lui indique les sources de la science; c'est d'Alembert qui le choisit pour son élève favori et l'initie à ses puissantes méditations; c'est Camus, examinateur des élèves du génie, à Metz, qui le présente au comte d'Argenson, ministre de la guerre, et le fait nommer professeur de mathématiques à l'école du génie. Sous l'inspiration de si grands maîtres, on conçoit qu'il eût à vingt-deux ans donné assez de gages de son talent pour être admis parmi les correspondants de l'Académie des Sciences. Pendant seize années de professorat assidu, il donna la solution de plusieurs problèmes difficiles, et publia des ouvrages remarquables sur les mathématiques pures, la mécanique, la dynamique et l'hydrodynamique, fut couronné dans plusieurs concours académiques, et eut la gloire de partager des prix avec les Euler et les Bernoulli. Tous ces travaux le conduisirent à hériter des deux places de son protecteur Camus à l'Académie des Sciences et à l'École de Metz.

Un des principaux mérites de Bossut est d'avoir rendu populaires, par des méthodes aussi simples qu'élégantes, des questions d'abord réservées aux seuls savants. Son *Cours de Mathématiques*, où l'ordre, la clarté, l'esprit philosophique, ne laissaient rien à désirer, partagea la vogue de celui de Bezout, et lui valut une certaine aisance. Aussi, quand la révolution vint lui enlever à la fois son titre d'académicien, sa place d'examinateur et la chaire d'hydrodynamique, récemment fondée pour lui, il put se créer une retraite à l'abri des humiliations qu'impose la misère; il dut sans doute à son isolement d'avoir échappé aux coups de la tempête, dont furent frappées tant d'illustres victimes. Il reparut quand le calme se rétablit, fut nommé membre de l'Institut lors de sa formation, et successivement examinateur de l'École Polytechnique et membre de la Légion d'Honneur.

C'est pendant son exil, au sein de la patrie, qu'il composa sa fameuse *Histoire des Mathématiques*, ouvrage qui retrace avec bonheur les progrès des connaissances humaines sur les nombres, les grandeurs, leurs rapports et leurs applications, et signale au respect des hommes et à l'émulation de la jeunesse les noms des savants qui ont agrandi de ce côté le domaine de la pensée. Les géomètres le trouvèrent superficiel; mais il était fait pour les gens du monde, qui le lurent avec avidité; le livre eut deux éditions en moins de six ans. On a reproché à Bossut, avec une aigreur qui remplit ses dernières années d'amertume, de n'avoir pas apprécié avec assez de soin les travaux contemporains. Le reproche n'était pas sans fondement; mais c'était le pousser jusqu'à l'injustice que de mettre en doute l'impartialité d'un homme dont la probité et la roideur même, dans ses délicates fonctions d'examinateur, ont été proverbiales. Le comte de Muy, ministre de la guerre, signait sans les lire les tableaux d'examen que lui présentait Bossut: « Je saurais aveuglément, disait-il; j'ai éprouvé qu'il ne faut pas regarder après vous. »

Ce fut un grand service rendu par Bossut aux sciences et aux lettres que la publication des *Œuvres complètes de Pascal*. Pour la première fois on connut ce grand homme tout entier. Bossut, dans un discours préliminaire, remarquable par l'élévation et la pureté du style, justifie de son admiration passionnée pour Pascal. Aussi bien entre ces deux hommes peut-on saisir plus d'une ressemblance. Quand Bossut observe avec satisfaction que « Pascal, ce profond raisonneur, était en même temps un chrétien soumis et rigide », il se peint lui-même dans ce peu de mots. Il avait toute la rudesse et l'austérité de Port-Royal, et son caractère ombrageux et défiant, non moins que la sévérité de ses goûts, l'éloignait du monde; mais quand il trouvait à qui se livrer, il apportait dans le commerce de la vie une effusion de bienveillance, une richesse de sentiments, qui lui ont valu beaucoup d'amis dévoués.

La création de l'Institut lui avait rendu ses honneurs et ses places; et lorsque, après quarante ans de bons services et de travaux éminents, il fut forcé par l'âge et les infirmités de renoncer à ses fonctions d'examinateur, le gouvernement fit acte de justice et de noblesse en lui en conservant le traitement. A. Des Genevez.

BOSTANDJY, c'est-à-dire, *gardiens des jardins*, nom d'un corps d'environ six cents hommes organisé militairement et chargé de la garde du sérail du sultan. Son chef, le *Bostandjy-Baschi* exerce en même temps une surveillance sur l'extérieur, sur les jardins du sérail, sur le canal et les maisons de plaisance, et il accompagne le grand-seigneur dans toutes ses promenades.

BOSTELLES. *Voyez* Suède.

BOSTON, chef-lieu de l'État de Massachussets, situé dans une jolie position, au fond de la baie de Boston ou de Massachussets, sur une presqu'île qui ne se rattache au continent que par l'étroite langue de terre de *Boston-Neck*, en face de l'embouchure de la rivière de Charles. C'est, après Philadelphie, New-York et Baltimore, la plus belle ville maritime des États-Unis. Elle se divise en trois quartiers : le *Boston septentrional*, le *Boston méridional*, et le *Boston occidental* ou *Nouveau Boston*, et compte environ 140,000 habitants. Des ponts de bois mettent en communication les diverses parties de la ville, ainsi que Boston avec Cambridge et Charleston. Le Nouveau-Boston, où demeurent les plus riches négociants, est régulier et bien bâti. Le port, défendu par des fortifications, peut contenir plus de cinq cents navires, et est assez profond, même dans le temps du reflux, pour recevoir les plus grands vaisseaux. Les nombreuses îles de la baie de Boston le protègent contre les vents, en sorte que ce serait le meilleur port des États-Unis si l'entrée en était moins étroite. En dehors s'élève un phare de vingt mètres de haut. Les chantiers et le débarcadère sont commodes, vastes et bien tenus; les rues propres, pavées et garnies de trottoirs de trass. On ne compte pas moins de quatre-vingt-dix-huit églises ou oratoires appartenant aux différentes communications chrétiennes, mais aucun n'est remarquable sous le rapport de l'architecture.

Parmi les édifices publics on cite l'Hôtel des États, vaste bâtiment de bois, d'un mauvais style; l'Athénée, fondé en 1804, avec une bibliothèque de 40,000 volumes; l'hôpital Massachussets et le marché (*Quincy market*), construits tous deux en granit; le nouveau Palais de Justice (*Courthouse*); l'hôtel Trémont, dont la façade est ornée de colonnes doriques; la Bourse et plusieurs banques. Boston possède trois théâtres, une prison admirablement tenue, et depuis 1831 un institut pour les aveugles. Au nombre des établissements scientifiques, il convient de citer principalement l'Académie américaine des Arts et des Sciences, la société d'Histoire et celle de Médecine. Plus de cinquante écoles, destinées à l'instruction du peuple, sont parfaitement administrées, et la *Bowditch-Library*, bibliothèque extrêmement fréquentée, répond suffisamment aux besoins de la population. Les imprimeries, au nombre de soixante-dix-sept en 1846, publient de nombreux écrits périodiques, entre autres la *Revue de l'Amérique du Nord*.

Dans le voisinage immédiat de la ville on trouve *East-Boston*, dont la fondation ne remonte qu'à 1836, et les bourgs de *Roxbury* et de *Charleston*, ayant ensemble une population de plus de vingt-quatre mille habitants; plus loin, dans une circonférence de quinze à trente kilomètres : la ville de *Salem*, qui fait un commerce considérable; celle de *Lynn*, remarquable par ses fabriques de souliers; celle de *Marblehead* et de *Nantucket*, dont les habitants se livrent à la pêche de la baleine; et celle de *Lowell*, la ville de fabrique la plus importante de toute l'Union. *Governors-island*, petite île appartenant à Boston, est remarquable, comme le lieu natal de Benjamin Franklin.

Les trente-quatre banques de Boston sont regardées comme les plus solides de l'Amérique; il en est de même de ses trente et une compagnies d'assurances. Les premières, dont le capital s'élève à plus de 195 millions de francs, n'ont jamais suspendu complétement leurs payements. Des chemins de fer, dont les intérêts sont représentés à Boston par vingt sociétés, relient cette ville à Lowell, Springfield, Worcester, Quincy, Providence, Albany et New-York. De toutes les villes de l'Union, c'est Boston qui fait le commerce de cabotage le plus important; l'importation des produits étrangers s'y élève à environ 108 millions, l'exportation à 65 millions de francs.

Boston fut fondée, en 1630, par des émigrés venus en partie de Boston, ville du comté de Lincoln en Angleterre avec une population de 14,900 habitants. La ville américaine porta d'abord le nom de *Trimountain*, à cause des trois collines sur lesquelles elle est bâtie. Au bout de dix ans, sa population s'élevait à quatre mille âmes. Plus tard, elle prit le nom de Boston en l'honneur de Cotton, ardent ami de la liberté, qui, après avoir rempli ses fonctions pastorales à Boston en Angleterre, fut appelé à desservir la première église du Boston d'Amérique. Quoique détruite en partie par un tremblement de terre en 1727, elle comptait dix-huit mille habitants au milieu du dix-huitième siècle. C'est à Boston que le peuple commença la révolution, au mois de décembre 1773, en jetant à la mer le thé importé d'Angleterre. Le port fut fermé par un acte du parlement. C'est dans le voisinage que la lutte s'engagea par le combat de Bunkershill, le 17 juin 1774. Cette affaire, en mémoire de laquelle on doit élever une colonne de granit de deux cents pieds, fut suivie du siége de Boston, dans les années 1775-1776. Boston doit sa prospérité étonnante à sa situation, qui y attire de nombreux émigrants, surtout de l'Allemagne.

BOSTON (Jeu de). Les idées philosophiques qui fermentaient dans toutes les têtes vers 1776, et la haine séculaire, et pour ainsi dire innée, des Français contre les Anglais, haine avivée par le souvenir récent du honteux traité de 1763, firent accueillir avec faveur la nouvelle de la révolte des colons de l'Amérique, que l'on appelait alors *Insurgents* ou *Bostoniens*, de Boston, ville d'où était parti le signal de la résistance. Ce fut par suite de cette sympathie que d'un accord tacite tous les gentilshommes provinciaux renoncèrent à l'amusement favori du jour, le whist, jeu d'origine anglaise, et lui substituèrent un jeu nouveau, que par opposition on nomma Boston.

Le boston se joue à quatre personnes, avec un jeu de cinquante-deux cartes, dont la valeur est ainsi réglée : as, roi, dame, valet, etc.; mais le valet de carreau, qu'on appelle *boston*, fait exception; c'est la carte la plus forte de toutes, de sorte qu'il y a toujours quatorze atouts dans le jeu, savoir : les treize cartes de la couleur de la retourne et le boston, qui domine toutes les autres. Quand la retourne est en carreau, le valet de carreau n'est qu'un atout prenant rang après la dame, et le valet de cœur est boston.

Les places et la donne se tirent au sort. Chacun ensuite garde sa place pendant la partie entière, qui est de dix tours. Les mises étant faites et placées dans une corbeille, le joueur qui a la main donne treize cartes à chacun, trois par trois ou quatre par quatre, puis une, et il retourne la dernière, qui annonce la couleur de l'atout, et qui est et demeure *la belle* pendant les dix tours : chaque donneur retourné pourtant aussi la dernière carte, mais cette retourne n'est qu'*en petit*, c'est-à-dire inférieure à la belle. Cette retourne reste à découvert sur le tapis, jusqu'à ce que le premier à jouer ait jeté une carte sur la table; le donneur prend ensuite la retourne, qui complète son jeu.

Alors, et alors seulement, le premier joueur à la droite du donneur dit : *Je passe*, s'il ne trouve pas son jeu suffisant, ou bien : *Je demande en cœur*, ou *en carreau*, *trèfle* ou *pique*, selon qu'il a beau jeu en une de ces couleurs. Si un des autres joueurs a un jeu suffisant dans la couleur demandée, il dit : *Je soutiens*, et dès lors le demandeur et le soutenur ou accepteur, sont associés.

Un joueur ayant demandé *en petite*, si un autre demande *en belle*, la demande *en petite* est annulée. En général toute demande est annulée par une demande supérieure. Les demandes sont classées dans cet ordre, en allant de l'inférieure à la supérieure : la demande *en petite*, la demande *en belle*, la demande de solo en petite indépendance, la demande *en grande indépendance*, la demande de faire seul neuf levées dans la couleur qu'on désignera, la demande de faire neuf levées *en petite*, la demande de faire neuf levées *en belle* et la demande *de misère*.

Le joueur qui demande et n'est soutenu de personne joue seul contre les trois autres; alors il lui suffit de faire cinq levées pour gagner l'enjeu et être payé en outre par les perdants, d'après un tarif annexé à tous les jeux de boston. S'il fait moins de cinq levées, la corbeille appartient aux trois autres joueurs, et le perdant leur paye en outre ce qui lui eût été payé s'il eût fait son *devoir*, c'est-à-dire cinq levées.

La demande étant acceptée, le demandeur et l'accepteur doivent faire au moins huit levées à eux deux pour gagner la corbeille, et être payés selon le tarif. Le demandeur et l'accepteur qui ne font pas leur *devoir*, c'est-à-dire le nombre de levées suffisant pour gagner, payent aux deux autres joueurs ce qu'ils en auraient reçu s'ils eussent fait huit levées, indépendamment de la corbeille. Ils mettent en outre à la corbeille autant de jetons qu'elle en contenait, ce qui s'appelle *faire la bête*. Mais, sur le nombre de huit levées, le demandeur doit en faire au moins cinq et le soutenur au moins quatre. Celui des deux qui ne remplit pas ces conditions, paye seul à ses adversaires ce qu'il eût gagné en faisant le nombre voulu et en plus deux fiches de *consolation* à chacun.

Le joueur qui demande l'*indépendance* ou *solo* doit faire au moins huit levées pour gagner la corbeille et être payé en outre comme il est dit au tarif. S'il fait moins de huit levées, il perd ce qu'il eût gagné les ayant faites.

La *misère* consiste à ne pas faire une seule levée, ce qui est d'autant plus difficile que trois joueurs se trouvent alors ligués contre un seul. La demande de misère anéantit le boston et les atouts. Si le joueur qui a demandé misère gagne, il prend la corbeille et reçoit de chaque joueur le prix indiqué au tarif pour ce coup. S'il perd, il paye autant qu'on lui eût payé s'il eût gagné. En cas de gain, il ne paye ni ne peut se faire payer boston; mais s'il perd et qu'il n'ait pas boston, il le paye à chacun des trois autres joueurs.

Les levées qu'un joueur qui demande fait en sus de son devoir lui sont payées d'après le tarif; s'il fait toutes les levées, ce qu'on appelle *faire la vole* ou *chelem*, le devoir et les autres levées se payent double. Au demandeur qui n'est pas soutenu, il suffit de faire huit levées pour faire chelem.

En jouant, on doit fournir de la couleur demandée, sans cependant être obligé de forcer. Bien plus, quand on n'en a pas, on n'est pas forcé de couper.

BOSTRICHES, nom donné par Geoffroy à un genre de coléoptères de la famille des xylophages ou mangeurs de bois. Ce genre a été pris pour type de la tribu des *bostrichins* ou *bostrichiens*.

Les *bostriches* sont ainsi nommés de βόστρυχος, boucle de cheveux, parce que le *bostrichus capucinus*, qui leur sort de type, a le corselet couvert d'aspérités velues qui, jointes à sa couleur noire et à sa forme bombée, le font ressembler à la chevelure crêpue du nègre.

Ces coléoptères sont généralement très-petits. Leur corps est cylindrique. Les élytres sont tronquées ou plutôt courbées et dentées à leur extrémité. Une tête globuleuse, s'enfonçant dans le corselet; des palpes très-petits et coniques; des antennes à funicule de cinq articles, courtes et terminées en une massue solide; des tarses ayant leurs trois premiers articles égaux; tels sont les principaux caractères qui distinguent les bostriches.

Les larves de ces insectes attaquent les arbres résineux. Lorsqu'elles sont très-multipliées, ce qui n'arrive que trop souvent, elles causent de grands dégâts dans les forêts en vivant aux dépens de l'aubier, qu'elles sillonnent dans tous les sens, de manière que l'écorce finit par se détacher du tronc.

BOSTRYCHOMANCIE (du grec βόστρυχος, boucle de cheveux, μαντεία, divination), sorte de divination par l'inspection des cheveux.

BOT (Pied-). *Voyez* PIED-BOT.

BOTA, nom d'une mesure de liquides en usage en Espagne et en Portugal, et qui équivaut à 30 *arrobas mayores* (*voyez* ARROBE), ou environ 480 litres.

BOTAL (Trou de). C'est le nom que l'on donne, en anatomie, à cette large ouverture par laquelle le sang circule chez le fœtus; elle est située sur la cloison commune des oreillettes du cœur, et fait communiquer ces deux cavités ensemble. Le nom de cette ouverture lui vient de Léonard Botal, qui écrivait en 1562; on parait cependant fondé à croire qu'elle était connue avant lui, et que Galien en aurait parlé.

BOTANIQUE (de βοτάνη, herbe, plante) est le nom donné à la science méthodique qui traite de tout ce qui a rapport au règne végétal. Depuis la plante que le microscope seul peut offrir aux regards jusqu'au chêne majestueux, tout ce qui *végète* est du ressort de la botanique. Elle embrasse non-seulement la connaissance des plantes, mais les moyens de parvenir à cette connaissance, soit par la voie d'un système qui les soumette à une classification artificielle, soit par la voie d'une méthode qui les coordonne dans leurs rapports naturels.

La botanique est de toutes les parties de l'histoire naturelle celle qui présente en même temps et les objets d'utilité les plus nombreux et les agréments les plus variés; envisagée dans ses applications, elle occupe un des premiers rangs parmi les sciences les plus importantes à l'existence de l'homme; et, par sa liaison avec les autres sciences physiques, elle reçoit et donne tour à tour des lumières qui servent à perfectionner l'étude de l'agriculture, de la médecine, de l'économie rurale et domestique, et qui profitent même aux arts qui ont en apparence le moins de rapport avec elle. « Le premier malheur de la botanique, a dit Rousseau, est d'avoir été regardée dès sa naissance seulement comme une partie de la médecine. Cela fit qu'on ne s'attacha qu'à trouver ou à supposer des vertus aux plantes, et qu'on négligea la connaissance des plantes mêmes : car comment se livrer aux courses immenses et continuelles qu'exige cette recherche, et en même temps aux travaux sédentaires du laboratoire, applicables au traitement des malades, par lesquels on parvient à s'assurer de la nature des substances végétales et de leurs effets sur le corps humain ? Cette fausse manière d'envisager la botanique en a longtemps rétréci l'étude, au point de la borner presque aux plantes usuelles, et de réduire la chaîne végétale à un petit nombre de chaînons interrompus. Encore ces chaînons mêmes ont-ils été très-mal étudiés, parce qu'on y regardait seulement la matière, et non pas l'organisation. Comment se serait-on beaucoup occupé de la structure organique d'une substance, ou plutôt d'une masse ramifiée, qu'on ne songeait qu'à piler dans un mortier ? On ne cherchait des plantes que pour trouver des remèdes; on ne demandait pas des plantes, mais des simples... Il en est résulté que si l'on connaissait fort bien les remèdes, on ne laissait pas de connaître fort mal les plantes. » Rousseau a beaucoup aidé à faire sortir la botanique de cette voie aride, et il a surtout contribué par ses écrits à la rendre populaire. Aujourd'hui ce n'est plus une science cultivée par les savants seuls; elle fait partie de l'éducation générale, et les gens du monde y trouvent un plaisir pur, qui accompagne partout et sans cesse celui qui se livre à ses distractions; un plaisir que l'ennui ne flétrit point, que le remords ne fait jamais regretter; un plaisir surtout que l'on peut avouer, que l'on partage d'autant plus volontiers qu'en augmentant le nombre de ceux qui s'y adonnent on multiplie en même temps ses richesses. Il n'est point d'étude plus satisfaisante, plus intéressante, plus digne enfin de l'homme. Voir, admirer, suivre la nature pas à pas, être étonné de sa sagesse, de sa simplicité et de sa fécondité; étudier, apprendre et savoir, ou du moins compter sur quelque chose de certain, car tout dans cette étude est faits, apparence, réalité : telle est la science de la botanique et sa plus exacte définition.

Les auteurs divisent la botanique de diverses manières. Cependant ils s'accordent généralement à reconnaître à cette science cinq branches principales : l'*organographie*, la *taxonomie*, la *phytographie*, la *géographie botanique* et la *botanique appliquée*.

On désigne sous le nom d'*organographie* la partie de la botanique qui traite de la description des organes ou parties constituantes du végétal : la *physiologie végétale* s'y rattache naturellement. La *taxonomie* est l'application des lois générales de la classification au règne végétal. L'art de décrire les caractères particuliers à une espèce, à un genre, à une famille, constitue la *phytographie*. La *géographie botanique* étudie la distribution des végétaux à la surface du globe. Enfin on a donné le nom de *botanique appliquée* à cette branche de la science qui s'occupe des rapports utiles existant entre l'homme et les végétaux : elle se subdivise en *botanique agricole*, en *botanique médicale*, en *botanique économique et industrielle*.

Les Égyptiens sont regardés comme les premiers qui se soient appliqués à l'étude de la botanique; on veut même que dès les premiers temps ils aient composé des traités sur cette science. Dans le nombre prodigieux des livres attribués à Mercure-Trismégiste, on prétend qu'il y en avait plusieurs qui traitaient de la vertu des plantes. « Nous trouvons dans l'Écriture Sainte, dit Goguet, un témoignage bien positif et bien ancien des progrès que la botanique avait faits dans certains pays. Moïse nous apprend que dès le temps de Jacob les Égyptiens étaient dans l'usage d'embaumer les corps, ce qui prouverait que ces peuples s'étaient occupés des propriétés des simples. » Presque tous les fameux personnages grecs des siècles héroïques se sont distingués par leurs connaissances dans cet art. Dans ce nombre on compte Aristée, Jason, Télamon, Teucer, Pélée, Achille, Patrocle, etc. Ils avaient été instruits par le centaure Chiron, que ses lumières avaient rendu l'oracle de la Grèce. Médée n'a dû qu'à la science profonde de la botanique et à l'usage criminel qu'elle fit de ses découvertes la réputation de magicienne.

Mais, sans remonter jusqu'aux époques fabuleuses, il est certain que les plus haute antiquité des philosophes ont occupé leurs loisirs par l'étude des plantes. Peut-être étaient-ils parvenus même à saisir quelques analogies, quelques rapports de formes sur lesquels ils avaient fondé des divisions, et par conséquent avaient-ils créé des systèmes ; mais ceci n'est qu'une conjecture hasardée, car leurs ouvrages ne sont pas parvenus jusqu'à nous, et nous ne savons qu'ils se sont occupés de l'étude de la botanique que par les citations d'auteurs moins anciens qu'eux. Les ouvrages d'Aristote lui-même ne nous sont arrivés, du moins sur cette matière, que par fragments, et encore sont-ils tronqués et défigurés par l'auteur arabe qui nous les a transmis. Il semble beaucoup plus probable, toutefois, que les anciens, comme nous l'avons déjà dit, n'ont cultivé la botanique que dans la vue d'en tirer des secours pour soulager l'humanité. Les seules plantes qui étaient regardées comme fournissant à la médecine des remèdes certains fixèrent l'attention des Hippocrate, des Cratéras et des Théophraste. Ces trois auteurs grecs nous ont donné la description de celles qui étaient connues et en usage de leur temps. Hippocrate ne nomme et ne décrit la propriété que de deux cent trente-quatre. Cratéras est entré dans de plus grands détails. Mais c'est à Théophraste, qui nous a laissé seize livres sur les plantes, que nous devons l'histoire des connaissances des Grecs en botanique. Par malheur, il règne une si grande obscurité dans ses ouvrages, soit par rapport aux descriptions, soit par rapport aux noms qui ne sont plus les mêmes à présent, que l'on ne peut en tirer tout l'avantage qu'ils sembleraient promettre.

Les Romains, plus occupés à faire des conquêtes et à étendre leur empire qu'à acquérir des connaissances, ne commencèrent guère à écrire qu'après les triomphes de Lucullus et la défaite de Mithridate. Les ouvrages de Valgius, Musa, Euphorbius, Æmilius Macer, Julius Bassus, Sextius Niger, ne sont connus que parce qu'ils sont cités par Pline, et la botanique ne fit pas de grands progrès entre leurs mains. Caton et Varron s'occupèrent directement de l'agriculture. Dioscoride donna de l'attrait et de l'intérêt à la botanique en faisant non-seulement l'histoire des herbes, comme on avait fait jusqu'à son temps, mais encore en donnant celle des arbres, des fruits, des sucs et des liqueurs que les végétaux fournissent. Dans son ouvrage, il fait mention d'environ six cents plantes, sur lesquelles il en décrit quatre cent dix, nous laissant ignorer les noms et les propriétés des autres. A peu près dans le même temps, Columelle, le père de l'agriculture, composait sur cet objet un grand ouvrage, dont il nous reste encore treize livres, et qui se rattache à la botanique pour les excellents préceptes qu'il y donne aux cultivateurs, et qui conviennent à tous les temps et presque à tous les pays. Pline vint ensuite, qui nous a laissé l'état exact des connaissances des Romains en botanique; il a décrit les plantes, comme dit Gesner, en philosophe, en historien, en médecin et en agriculteur. Pline porte le nombre des plantes connues de son temps à près de mille. Galien, dont la médecine se glorifie à si juste titre, et que ses ouvrages font placer à côté d'Hippocrate, après un très-grand nombre de voyages dans différents pays, s'appliqua à donner à ses contemporains une histoire des plantes faite avec le plus grand soin. Il faut mettre les œuvres de Palladius avec celles de Caton, Varron et Columelle, et dire que les Romains ont en général plutôt écrit sur l'agriculture que sur la botanique.

Après la chute de l'empire romain, la botanique, cette science si utile, fut absolument négligée, et elle resta dans l'oubli jusqu'au temps des Arabes. Ce peuple conquérant, après avoir soumis au Coran la moitié de l'ancien hémisphère, se livra à l'étude des sciences durant les beaux jours qui distinguèrent le règne de ses principaux califes; mais ses docteurs embrouillèrent plutôt qu'ils n'expliquèrent la botanique des anciens Grecs et Romains. Sérapion, Rhazès, Avicenne, Averroès, Abenbitar, etc., furent des commentateurs plus obscurs que les auteurs dont ils s'érigèrent les interprètes. Cependant, on doit leur savoir gré de leurs travaux; ils ont tiré de la nuit de l'oubli les ouvrages qui nous restent. Après eux, l'ignorance étendit son voile épais, et enveloppa l'univers de ses ténèbres jusqu'à la fin du quinzième siècle, où l'on commença à s'occuper avec quelque suite de l'étude de la botanique. Insensiblement, ce goût s'accrut; la science prit une forme, les plantes furent examinées et étudiées de plus près, et les voyages, les veilles et les travaux de Daléchamp, de Bélon, traducteur de Théophraste et de Dioscoride, de Césalpin, de Clusius, de Lobel, de Prosper Alpin, des deux frères Bauhin, de Parkinson, de Magnol, etc., nous ont fourni ce que la botanique a de plus précieux et de plus exact, et ont amené les siècles heureux où elle est devenue une science complète et digne de fixer entièrement l'attention de l'homme qui cherche à s'instruire.

Avec le dix-huitième siècle commence pour la botanique, sous le rapport de la taxonomie, une ère nouvelle, qui s'ouvre brillamment par l'apparition du système de Tournefort, et dès lors l'histoire de cette science est toute ou presque toute dans l'exposition de ces méthodes de classification auxquelles se rattachent essentiellement son existence et son avenir.

En comparant les végétaux les uns avec les autres, on s'est aperçu qu'un certain nombre offraient des caractères presque entièrement semblables, et jouissaient de la propriété de se reproduire avec ces mêmes caractères. Chacun de ces végétaux a formé ce qu'on appelle un *individu*, et la réunion de tous les individus semblables, considérée comme un être abstrait, a constitué une *espèce*. L'espèce est donc la collection de tous les individus qui se ressemblent plus entre eux qu'ils ne ressemblent à tous les autres, et qui peuvent, par une fécondation réciproque, reproduire de nouveaux individus fertiles et semblables à eux, de telle sorte qu'on peut, par analogie, les supposer tous sortis originairement d'un seul individu. Les individus composant une espèce peuvent offrir quelques différences de grandeur, de coloration, d'odeur, etc., et tous ceux qui présentent la même modification peuvent être compris sous le nom de *variété*. Ces modifications de l'espèce sont dues à l'influence des circonstances extérieures, telles que le changement de sol et de climat, et à l'*hybridité*, c'est-à-dire au croisement des races. Elles diffèrent des espèces proprement dites en ce que dans l'état de nature elles ne se reproduisent point de graines avec tous leurs caractères. En comparant les espèces entre elles, on a vu que certaines se ressemblaient beaucoup par tout l'ensemble de leur structure, sans jamais cependant pouvoir se changer l'une dans l'autre. On a fait de la réunion de ces espèces semblables une nouvelle association, qui a été désignée par le nom de *genre*. Le genre est donc la collection des espèces qui ont entre elles une ressemblance frappante dans l'ensemble de leurs organes. C'est surtout dans les organes de la fructification que se trouve marquée au plus haut point la ressemblance des espèces d'un même genre; les caractères qui servent à les distinguer entre elles sont en général tirés des organes de la végétation, c'est-à-dire des feuilles, de la tige et des racines.

Les principes de nomenclature universellement admis en botanique sont ceux que le célèbre Linné a établis le premier, et qui consistent à composer le nom d'une plante de deux mots, l'un substantif et l'autre adjectif. S'il avait fallu avoir un nom distinct pour chaque végétal, le nombre en eût été prodigieux. Linné eut l'heureuse idée de ne désigner par des noms substantifs que les genres, beaucoup moins nombreux que les espèces : ces noms substantifs, communs à toutes les espèces d'un genre, et analogues en quelque sorte à nos noms de famille, furent appelés *noms génériques*, et pour avoir une dénomination qui fût propre à chacune des espèces du genre, Linné n'eut besoin que d'ajouter au nom générique une épithète qui indiquât quelque particularité de l'espèce. Ces adjectifs, qui variaient d'une espèce à l'autre dans le même genre, et qui étaient analogues à nos noms de baptême, il les appela *noms spéci jques.* Par cette ingénieuse combinaison, le nombre immense des noms de plantes se trouva réduit à un terme peu considérable, eu égard au nombre des espèces. Aujourd'hui deux mille noms de genres et une quantité de noms spécifiques beaucoup moindre suffisent pour désigner les quarante ou cinquante mille végétaux connus. Il faut remarquer que les noms d'espèces, qui sont toujours des adjectifs, peuvent être employés plusieurs fois, non dans un même genre, mais dans des genres différents, puisqu'ils sont joints à des substantifs dont ils ne font qu'indiquer une qualification.

De même qu'en groupant ensemble les espèces qui ont entre elles une analogie marquée on en a fait des genres, de même en réunissant les genres qui se ressemblent beaucoup et qui sont liés par des caractères communs on en compose des tribus nouvelles, appelées *ordres* ou *familles*, et qui ne sont autre chose que de grands genres. Les ordres, groupés ensuite d'après un caractère plus général, forment les *classes*, qui sont les divisions les plus élevées du règne végétal.

Mais, quoique soumises à cette marche commune, et s'accordant même en général dans l'établissement des genres et des espèces, les classifications en botanique peuvent différer beaucoup, selon les principes suivis dans la formation des divisions supérieures. On peut en effet établir ces divisions d'après des caractères tirés d'un seul organe ou d'un petit nombre d'organes, en négligeant tous les autres; ou bien on peut les établir d'après les caractères fournis par l'ensemble de l'organisation étudiée dans ses détails. Aussi l'on connaît aujourd'hui en botanique un assez grand nombre de méthodes que l'on peut rapporter aux trois sortes suivantes: les *méthodes analytiques*, ou *dichotomiques*; les *méthodes* ou *systèmes artificiels*, et les *méthodes naturelles*.

Les *méthodes analytiques* ou *dichotomiques* ne satisfont qu'à l'une des deux exigences de toute classification, à celle de faire arriver aisément au nom d'une plante: telle est la *méthode de Lamarck*.

Les *méthodes* ou *systèmes artificiels*, qui participent également du système et de la méthode, mais auxquelles on s'accorde assez généralement à donner le nom spécial de *systèmes*, ont pour but principal de faire trouver avec plus ou moins de facilité le nom des êtres qu'elles comprennent; en même temps elles nous font connaître quelques-uns de leurs rapports, mais seulement lorsqu'on envisage ces êtres sous un point de vue particulier. Ce qui distingue un pareil système, c'est que les caractères des classes sont tirés tous des modifications d'un seul organe; tel est le système connu sous le nom de *méthode de Tournefort*, qui est basé principalement sur la considération des différentes formes de la corolle, et tel est encore le *système de Linné*, dont les classes sont établies sur des caractères tirés uniquement des organes de la génération.

Les *méthodes naturelles*, qui ont pour but principal de faire connaître les vrais rapports des végétaux, retiennent communément le nom spécial de *méthode*; mais il semble qu'on devrait plutôt leur donner le nom de *système naturel*, celui de *méthode* convenant beaucoup mieux aux classifications qui n'ont d'autre objet que de tracer une route pour arriver promptement au nom d'une plante. Leurs divisions ne sont point établies d'après la considération d'un seul organe; mais les caractères offerts par toutes les parties des plantes concourent à les former; telle est la *méthode de Jussieu*.

La méthode ou plutôt le système de Tournefort comprend vingt-deux classes, dont les caractères sont tirés de la consistance et de la grandeur de la tige, de la présence ou de l'absence de la corolle, de l'isolement de chaque fleur ou de leur réunion dans un même involucre, de l'intégrité ou de la division de la corolle, de sa régularité ou de son irrégularité. Elle se résume dans le tableau suivant, qui en indique les vingt-deux classes:

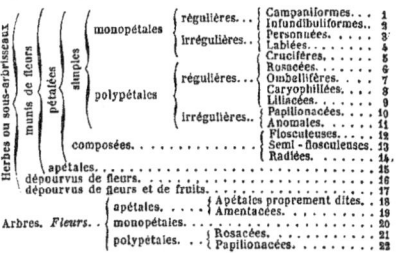

Tournefort, par l'établissement rigoureux des genres et des espèces, a rendu de grands services à la science; mais un grand vice de sa méthode est cette division inutile des végétaux en *herbes* et en *arbres*, d'où résulte la répétition de plusieurs genres.

De tous les moyens inventés pour coordonner les végétaux et faciliter la recherche de leurs noms, le système de Linné est sans contredit un des plus simples: aussi a-t-il été presque généralement adopté. Il repose entièrement sur les caractères que l'on peut tirer des organes reproducteurs, c'est-à-dire des *étamines* et des *pistils*. Les classes sont établies d'après les étamines; les ordres ou subdivisions des classes le sont, en général, d'après les pistils.

Ce système comprend vingt-quatre classes, dont vingt sont consacrées aux plantes à fleurs hermaphrodites, trois aux plantes à fleurs unisexuelles, et une seule aux plantes à fleurs nulles ou invisibles. Les dix premières classes renferment toutes les plantes à fleurs hermaphrodites, dont les étamines sont libres, égales et en nombre déterminé. En voici le tableau:

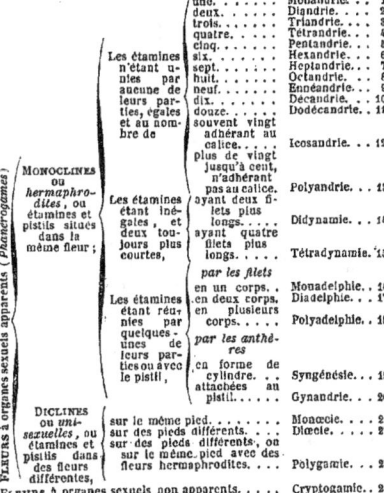

A l'aide de cet échafaudage de divisions et de caractères, on est conduit pas à pas à connaître le nom, et par suite les propriétés de la plante que l'on voit pour la première fois.

On cherche d'abord dans cette plante l'un des caractères qui servent à distinguer les vingt-quatre classes ; ce caractère trouvé, on sait dans quelle classe est la plante dont il s'agit, et on n'a plus à la reconnaître que parmi celles qu'elle renferme, dont le nombre est seulement de plusieurs centaines, ou au plus de quelques mille. Le caractère de l'ordre, que l'on cherche ensuite, réduit bientôt ce nombre à une ou deux centaines environ, et celui du genre à quelques dixaines, parmi lesquelles on parvient aisément à reconnaître l'espèce à son caractère particulier. Cette opération présente à peu près la même marche qu'un dictionnaire, où, pour trouver le mot donné, on cherche successivement la première, la seconde, la troisième et les autres lettres du mot.

Mais une pareille méthode, fondée sur une certaine classe de caractères choisis arbitrairement, est propre seulement à faire découvrir le nom des plantes, et non à faire connaître leurs véritables rapports. Ce dernier objet est rempli par la *méthode naturelle*, dans laquelle les caractères, tirés de toutes les parties des végétaux, concourent à former les divisions successives, dans l'ordre de leur plus grande valeur ou de leur plus grande généralité. La difficulté d'établir une pareille méthode tient à l'appréciation de la valeur relative des différents caractères comparés entre eux, car les différences qui distinguent les êtres organisés ne sont pas toutes d'égale valeur, et il ne suffit pas de les compter, il faut les peser pour ainsi dire. Bernard de Jussieu est le premier botaniste qui ait posé pour principe fondamental de la méthode naturelle la *subordination des caractères*.

La méthode de Jussieu a sur toutes les autres l'avantage de conserver les familles naturelles, de rassembler les plantes analogues par leurs vertus, et de présenter un tableau gradué de l'organisation végétale, depuis la plante la plus simple jusqu'à celle qui est la plus compliquée. Elle comprend trois grandes divisions primordiales, subdivisées en quinze classes ; chacune de ces classes se compose d'un nombre plus ou moins considérable d'ordres ou de familles naturelles ; chaque famille est partagée en un certain nombre de genres, et chaque genre comprend un nombre plus ou moins grand d'espèces. Nous en donnons le tableau général :

Acotylédones............................... 1
Monocotylédones, à étamines...... Hypogynes........... 2
   Périgynes........... 3
   Epigynes............. 4
Dicotylédones apétales, à étamines... Epigynes............. 5
   Périgynes........... 6
   Hypogynes........... 7
 monopétales, à corolle... Hypogynes........... 8
   Périgyne............ 9
   Epigyne {à an- soudées... 10
   thères.. distinctes. 11
 polypétales, à étamines... Epigynes............ 12
   Hypogynes.......... 13
   Périgynes........... 14
 Diclines, ou unisexuelles vraies................. 15

Tel est le système qui a prévalu sur tous les autres jusqu'à ce jour. Plusieurs botanistes, le trouvant difficile pour des commençants, ont voulu le combiner de différentes manières pour en rendre l'étude plus aisée ; mais leurs efforts n'ont pas toujours répondu à cette intention. Nous allons dire un mot du travail de Decandolle et de celui de Lamarck, qui sont ceux qui nous semblent avoir obtenu jusqu'ici les meilleurs résultats dans cette tentative épineuse.

Voici la marche que Decandolle a suivie pour la coordination des familles dans sa *Théorie Elémentaire de Botanique*, excellent ouvrage, que nous recommanderons à ceux qui veulent étudier la science sous ses rapports philosophiques. Au lieu de prendre, comme Jussieu, les caractères des grandes classes dans le nombre des cotylédons, qui est variable et assez difficile à reconnaître, il les a tirés de leur insertion ou position relative ; et au lieu de partir des végétaux les plus simples pour s'élever jusqu'à ceux qui ont l'organisation la plus compliquée, il part des végétaux les plus complets, et par conséquent les mieux connus, de ceux qui offrent le plus grand nombre d'organes distincts, pour descendre graduellement jusqu'à ces végétaux d'une organisation très-simple, qui forment en quelque sorte le passage au règne animal. Il a établi seize classes de plantes, qu'on ne doit pas cependant considérer d'une manière rigoureuse. Ce sont : 1° les plantes maritimes ou salines ; 2° les plantes marines ; 3° les plantes aquatiques ; 4° les plantes des marais d'eau douce ; 5° les plantes des prairies et des pâturages secs ; 6° les plantes des terrains cultivés ; 7° les plantes des rochers ; 8° les plantes des sables ; 9° les plantes des lieux stériles ; 10° les plantes des décombres ; 11° les plantes des forêts ; 12° les plantes des buissons ; 13° les plantes souterraines ; 14° les plantes des montagnes ; 15° les plantes parasites ; 16° les plantes fausses parasites.

La méthode analytique de Lamarck indépendante de tout système particulier de classification n'est, à vrai dire, qu'une sorte de dictionnaire ou de table analytique, dans laquelle on va chercher le nom générique d'une plante que l'on a sous les yeux, ou son nom spécifique, quand ce nom de genre est connu. Lamarck a senti que la marche la plus simple que l'on puisse tracer à l'esprit, pour lui faciliter la recherche du nom d'une plante, consiste à partager d'abord le règne végétal en deux grandes divisions tellement tranchées que l'on voie tout de suite dans laquelle des deux se trouve la plante en question, en sorte que la difficulté du choix soit réduite à moitié ; à partager de même chacune de ces divisions en deux parties, puis chacune de ces parties en deux autres, jusqu'à ce que, par une suite de pareilles bissections, on arrive à n'avoir plus à choisir qu'entre deux plantes, dont l'une soit celle dont on cherche le nom. Il ne s'agit alors que d'établir pour chacune de ces divisions dichotomiques ou de ces bifurcations, deux caractères contradictoires qui soient présentés en regard et sous forme de question, de manière à ne laisser de choix qu'entre deux propositions opposées. Cette méthode est surtout propre pour l'étude de la botanique. En effet, l'élève le moins exercé n'éprouve aucun embarras à choisir entre ces deux propositions celle qui convient à la plante qu'il a sous les yeux, et il est conduit par un numéro de renvoi à d'autres questions, et ainsi successivement jusqu'à ce qu'il parvienne à celle qui doit lui faire connaître le nom cherché. Lamarck et de Candolle ont fait une heureuse application de cette méthode aux plantes de toute la France dans l'important ouvrage qu'ils ont publié sous le nom de *Flore Française*.

Après tous ces noms, nous citerons parmi les botanistes distingués de notre temps Dupetit-Thouars, Loiseleur-Deslongchamps et Marquis, MM. de Mirbel, Brown, Humboldt, Desfontaines, Lindley, Endlicher, Ad. de Jussieu, Brongniart, Gaudichaud, etc., qui tous ont rendu des services plus ou moins précieux à la science. MM. Richard et Mérat ont apporté des modifications au système de Linné, et M. Guiart à celui de Tournefort.

Aujourd'hui que l'on possède plus de trente mille espèces de végétaux différents connus à la surface du globe et *décrits*, nombre que l'on peut hardiment porter à cinquante mille, en réunissant tout ce qui existe de non décrit dans les diverses collections européennes, et qui s'élèverait sans doute à plus de cent mille, si toutes les richesses végétales qui parent les deux continents et l'universalité des îles étaient connues, il serait bien désirable qu'une méthode générale et unique vînt fondre et remplacer toutes celles qui se partagent encore le domaine de la science et pût servir de guide au milieu de ce labyrinthe, de ce dédale effrayant de nomenclatures qui l'encombrent de toutes parts et qui en rendent l'étude quelquefois fatigante.

BOTANIQUES (Jardins). *Voyez* JARDINS BOTANIQUES.
BOTANOMANCIE (du grec βοτάνη, plante, et μαντεία, divination), divination par le moyen des plantes et des

arbrisseaux. Outre les oracles, qui ne parlaient que dans les grandes occasions ou seulement pour les riches, les prêtres du paganisme avaient inventé d'autres moyens de consulter le sort à meilleur marché, afin que tout le monde y pût atteindre. Ainsi naquit la botanomancie, qui consistait à écrire sur les feuilles de certains arbrisseaux le nom du consultant et la question adressée par lui à la divinité. Quant à la réponse, on ignore de quelle façon elle s'obtenait; certains doctes pensent qu'elle était faite de vive voix par celui qui présidait à la cérémonie. La verveine, le figuier, le tamarin et surtout la bruyère, consacrée à Apollon, père de la divination, étaient seuls employés.

BOTANY-BAY, ainsi nommée par Joseph Banks, à cause des richesses botaniques qu'il trouva sur ses côtes, est une des baies les plus connues et les plus vastes de la côte orientale de la Nouvelle-Hollande, située sous le 33° 33' de latitude méridionale, et le 168° 48' de longitude orientale; elle appartient à la province de Cumberland dans la Nouvelle-Galles du Sud. L'entrée, entre les caps Banks et Solander, en est commode; mais elle a peu de profondeur, à l'exception de quelques endroits creusés par les courants. Ses côtes sont basses, sablonneuses, marécageuses; elles sont arrosées par le Cook et le Saint-Georges, qui se jettent dans la baie. Cook, qui découvrit ce pays en 1770, en avait fait une description charmante, ce qui le fit choisir par le gouvernement anglais, en 1787, pour lieu de déportation. En conséquence, Arthur Philipps partit d'Angleterre en 1787, avec 1011 hommes, dont 756 déportés; mais n'ayant trouvé propres à un établissement ni la baie ni les environs, il alla débarquer plus au nord, dans la baie du Port-Jackson, où il fonda Sidney-Cove. Depuis cette époque, on a donné assez souvent le nom de Botany-Bay à toute la côte de la Nouvelle-Galles du Sud.

BOTH (ANDRÉ et JEAN), tous deux peintres célèbres, nés à Utrecht, le premier en 1609, le second en 1610, reçurent de leur père, peintre sur verre, les premières notions de l'art du dessin, et se perfectionnèrent plus tard dans l'atelier d'Abraham Bloemart; ils allèrent ensuite voyager en Italie. André s'y adonna à la peinture de portraits à la manière du Bamboccio, tandis que Jean, charmé par la vue des œuvres de Claude Lorrain, prenait ce maître pour modèle. Mais si leurs goûts particuliers leur firent suivre une direction différente, l'amitié qui les liait savait réunir leurs pinceaux pour des œuvres entreprises et achevées en commun. Ainsi c'était André qui se chargeait de faire les figures dans les paysages de son frère. D'ailleurs, ils excellaient si parfaitement à se faire valoir l'un l'autre, que personne ne pouvait jamais soupçonner dans leurs productions le travail de deux mains différentes. Dans leurs paysages, ils savaient s'inspirer des beautés de cette nature italienne au milieu de laquelle ils vivaient. Ce qui les distingue éminemment, ce sont les heureux effets d'ensemble et d'harmonie générale de leurs compositions; quant à ces minutieux détails d'exécution, ils ne s'en préoccupèrent jamais. Une teinte jaunâtre et d'automne, parfois peut-être un peu trop prononcée, donne à leurs toiles un charme tout particulier. André se noya à Venise en 1650. Inconsolable de la perte de son frère, Jean revint alors à Utrecht, où il mourut la même année. On estime beaucoup les planches que les deux frères gravaient eux-mêmes d'après leurs tableaux, et plus particulièrement celles de Jean Both, entre autres ses *Cinq Sens*.

BOTHNIE, ancienne province de Suède, bornée au nord par la Laponie et située sur le golfe auquel elle a donné son nom, est comprise maintenant, pour la plus grande partie, dans la Suède, et pour le restant dans la Russie (Finlande). Elle se divisait, d'après sa position par rapport au golfe, en *Bothnie occidentale*, ou *Wester-Botn*, et en *Bothnie orientale*, ou *Œster-Botn*. C'est la première qui appartient aujourd'hui presque en totalité à la Suède, dont elle forme un comté, compris dans les deux læn d'Umea, ou Wester-Botn, et de Piteå ou Norr-Botn.

BOTHNIE (Golfe de), formé de la partie septentrionale de la mer Baltique, au nord des îles d'Aland, et bornée par les provinces septentrionales de la Suède, la Bothnie orientale et la Laponie, ainsi que par la Finlande, qui appartient à la Russie. S'étendant du 60° au 66° de latitude septentrionale, il a 592 kilomètres de long sur 192 de large et de 20 à 50 brasses de profondeur. Les côtes et l'intérieur de ce golfe sont semés d'un grand nombre de petites îles, de bancs de sable, de roches, d'écueils appelés *Skaren*, qui en rendent la navigation très-dangereuse; surtout à son entrée dans la Baltique. La partie septentrionale est appelée par les habitants *Botten-Viken*; la partie méridionale, *Botten-Hafvet* : elles sont unies entre elles par un détroit appelé *Quarkenstrasse* (Détroit boueux), entre Umea et Nycarleby. L'entrée de la mer Baltique dans le golfe de Bothnie, entre la Suède et les îles d'Aland, s'appelle le *détroit d'Aland*, et entre ces îles et la Finlande, l'*Œstersjœn*. Les nombreuses rivières poissonneuses qui se jettent dans ce golfe y rendent l'eau moins salée que dans la Baltique. En hiver, il gèle ordinairement à une telle profondeur, qu'on peut le traverser en traîneau pour aller de Suède en Finlande. Depuis des siècles, l'on se retire de plus en plus des côtes de la Suède et de la Finlande, le sol de la Suède s'exhaussant graduellement par l'action de volcans souterrains.

BOTHRIOCÉPHALES (de βόθρος, trou, et κεφαλή, tête). Ce nom a été donné par Rudolphi à un genre de vers parenchymateux, dont le corps, très-long, est aplati en forme de bandelette, et dont l'extrémité céphalique présente deux trous ou fossettes latérales qui servent de suçoirs. Les articles du corps sont courts et très-nombreux. Ces vers, qui ont une très-grande analogie avec les tænias, vivent en général dans les intestins des poissons. Cependant le grand tænia de l'homme, connu sous le nom de *tænia lata*, est un bothriocéphale. La longueur de ce ver est estimée ordinairement de trente à sept mètres. L. LAURENT.

BOTILIES. *Voyez* AÉROLITHES.

BOTOCUDES, sauvages du Brésil, sur lesquels le prince de Neuwied a donné le premier des renseignements exacts. Ils vivent au milieu des forêts vierges du Brésil, vont tout nus, et ont coutume de se percer les oreilles et les lèvres pour placer dans les ouvertures de larges cylindres de bois en guise d'ornements. Ils sont habiles à se servir de l'arc. Leurs besoins sont très-bornés; ils supportent avec patience les plus grandes fatigues, même la faim et la soif. Leur nourriture ordinaire consiste dans le gibier qu'ils tuent; pour eux la chair d'un ennemi est une friandise. Ils n'ont des chefs qu'en temps de guerre. Ils vident leurs querelles entre eux, les hommes en s'assommant à coups de bâton, les femmes en s'arrachant les cheveux. C'est un peuple sans foi, mais hardi, qui s'est montré plus d'une fois redoutable aux Portugais. Un très-petit nombre de Botocudes ont consenti jusqu'ici à se soumettre aux entraves de la civilisation, malgré les trois villages que l'empereur du Brésil a fait bâtir pour eux en 1824.

BOTRYLLES, genre de mollusques de la classe des tuniciers et de l'ordre des *botryllaires*, auquel il donne son nom. Dans ce genre, les individus adhèrent entre eux au moyen d'une enveloppe commune, gélatineuse, de manière à simuler un seul animal complexe. Les *botrylles étoilés* se présentent ordinairement sous la forme d'expansions membrano-gélatineuses, qui recouvrent des corps marins de diverses natures, tels que les roches et les plantes marines; ces expansions ont une sorte de base qui présente une multitude de petits plis très-rapprochés les uns des autres, et sur laquelle on voit de distance en distance des étoiles saillantes, formées de rayons, dont le nombre varie de trois à vingt.

BOTRYOÏDE (de βότρυς, grappe, et εἶδος, forme). Mot dont on se sert pour désigner les substances minérales disposées en grains ou en masses mamelonnées, qui ont la forme d'une grappe. Le fer hématite, le quartz et la chaux carbonatée se présentent sous cette forme. La chaux boratée concrétionnée est aussi appelée pour la même raison *botryolithe*.

BOTRYS (de βότρυς, grappe). On réunit sous ce nom générique et scientifique plusieurs plantes connues sous des noms plus vulgaires, telles que le *teucrium botrys*, qui n'est autre que la *germandrée*, le *botrys vulgaire* (*chenopodium botrys*) et le *botrys du Mexique* (*chenopodium ambrosioides*), qui sont des variétés de l'*ansérine*.

BOTRYTIS (diminutif de βότρυς, grappe), genre de la cryptogamie par lequel on désigne des plantes ou espèces de moisissures qui croissent sur les matières animales ou végétales en fermentation.

BOTTA (CHARLES-JOSEPH-GUILLAUME), poëte et historien, naquit, le 6 septembre 1766, à San-Giorgio-del-Canavese dans le Piémont. Botta étudia la médecine à Turin. Ouvertement partisan des principes de la révolution française, il fut jeté en prison en 1792. Rendu à la liberté deux ans après, il vint en France, et fut employé comme chirurgien à l'armée des Alpes. Son service le conduisit à Corfou. En 1799 il entra dans le gouvernement provisoire du Piémont avec *Bossi*. Après la bataille de Marengo, il fut nommé membre de la *consulta* piémontaise. En 1801 il fut élu député de la Doire au Corps législatif, et il y manifesta une indépendance qui déplut à l'empereur. En 1814 il vota la déchéance de Napoléon. Il ne fit pas partie de la Chambre sous la Restauration. Nommé pendant les Cent-Jours recteur à l'Académie de Nancy, cette place lui fut ôtée au second retour des Bourbons, et dès lors il se livra exclusivement à des travaux philosophiques et littéraires.

Parmi les ouvrages sortis de sa plume, nous citerons les suivants : *Description de l'île de Corfou* (Paris, 1799); *Souvenirs d'un voyage en Dalmatie* (Turin, 1802); *Précis historique de la maison de Savoie* (Paris, 1803); *Histoire de l'Amérique* (Paris, 1809). Son épopée en douze chants, *Il Camillo, o Vejo conquistata* (Paris, 1816), fut aussi accueillie avec faveur; cependant on regarde comme ses chefs-d'œuvre sa *Storia d'Italia dal 1789 al 1814* (Paris, 1824), qui obtint le prix quinquennal de l'Académie della Crusca; son *Histoire des peuples d'Italie* (3 vol., Paris, 1825), où il conteste au christianisme et à la philosophie le mérite d'avoir civilisé l'Europe pour l'attribuer à la renaissance, et sa *Storia d'Italia dal 1490 al 1814* (20 vol., Paris, 1832), qui comprend l'ouvrage de Guicciardini avec la continuation par Botta et la *Storia d'Italia* citée plus haut. Ce fut seulement en 1830, à l'avènement au trône de Charles-Albert, son protecteur, que Botta obtint la permission de rentrer dans sa patrie. Le roi lui accorda sur sa cassette une pension de 3,000 francs, portée plus tard à 4,000. Il termina cependant ses jours en France, et mourut à Paris, le 10 août 1837.

BOTTA (PAUL-ÉMILE), célèbre archéologue et voyageur français, est fils du précédent. Il entreprit, encore jeune, un voyage autour du monde, et séjourna longtemps sur les côtes occidentales de l'Amérique, s'occupant avec ardeur de recueillir des curiosités naturelles. En 1830 il entra comme médecin au service de Méhémet-Ali, et fit en cette qualité l'expédition du Sennaar. Il en rapporta une riche collection zoologique. Nommé consul à Alexandrie, il fit en Arabie un voyage dont il a publié les résultats dans sa *Relation d'un voyage dans l'Yémen, entrepris en 1837 pour le Muséum d'Histoire naturelle de Paris* (Paris, 1844). Le gouvernement l'envoya ensuite à Mossoul comme agent consulaire. Soupçonnant que les collines de sable qui s'élèvent le long du Tigre couvriraient des antiquités assyriennes, il résolut de les mettre au jour. Il commença ses fouilles au printemps de 1843, d'abord avec peu de succès; mais dès le mois de juillet, une lettre adressée à M. Jules Mohl, et publiée dans le *Journal Asiatique*, promettait des découvertes plus importantes principalement sur l'écriture cunéiforme. Le gouvernement français prit l'affaire à cœur. Un habile dessinateur, M. Eugène Flandin, fut envoyé sur les lieux pour copier les sculptures en albâtre faciles à se dégrader; et une commission, composée de MM. Raoul-Rochette, Letronne, Lenormant, Mohl, Burnouf, Lajard, Guigniaut, Ingres et Lebas, fut chargée de préparer la publication d'un magnifique ouvrage qui parut sous le titre de *Monuments de Ninive, découverts et décrits par M. Botta, mesurés et dessinés par M. Flandin* (Paris, 1849-1850) en cinq vol. in-fol., dont les deux premiers contiennent les planches d'architecture et de sculpture, le troisième et le quatrième les inscriptions, et le dernier le texte. Les *Inscriptions découvertes à Khorsabad* (Paris, 1848) ne sont qu'un abrégé de ce grand ouvrage. Ce qui a pu se conserver de ces monuments fragiles a été apporté à Paris et placé au Louvre. M. Botta ayant vaincu toutes les difficultés, et le fanatisme mahométan n'en était pas la moindre, il a été facile à son successeur de pousser plus loin les découvertes. L'Anglais Henri Layard a donc obtenu des résultats encore plus remarquables; mais à M. Botta restera la gloire d'avoir fondé l'archéologie assyrienne, dont on soupçonnait à peine l'existence.

BOTTAGE, ancien droit que l'abbaye de Saint-Denis levait sur tous les bateaux (*bot*) chargés de marchandises qui passaient sur la Seine depuis la Saint-Denis jusqu'à la Saint-André de chaque année, c'est-à-dire du 9 octobre au 30 novembre. Il était assez considérable pour que les marchands, afin de s'y soustraire, prissent leurs mesures pour devancer l'époque ou pour attendre la clôture du droit de bottage.

BOTTE, faisceau de plusieurs choses semblables ou de même nature : on dit une botte de paille, de foin, d'asperges, de soie, d'allumettes, etc., et ce mot vient du latin *botulus*, par lequel il parait qu'on exprimait, au contraire, un assemblage de choses diverses.

Botte, en termes de commerce, se dit des soies non ouvrées; quinze onces de soie, par exemple, font une *botte*. On vend le fil, la soie, la laine, au poids, en écheveaux ou en *bottes*.

Botte, en termes de chasse, se dit de la longe ou du collier avec lequel on mène le limier au bois.

Enfin, le mot *botte* s'est dit autrefois d'un vaisseau propre à contenir du vin, dont la contenance était à peu près celle d'un muid. La *botte* était aussi une mesure chez les Romains. Cette mesure a passé en Espagne et en Portugal, sous le nom de *bota*.

BOTTE (*Escrime*). C'est un coup que l'on porte avec la pointe du fleuret en faisant des armes. On appelait jadis *estocade* la *botte* portée avec une épée. Un mot analogue manque à notre langue, depuis que l'épée a cessé de se nommer *estoc*. On est forcé de recourir à une périphrase équivoque et de dire *coup de pointe*. Se mettre en garde, c'est se tenir couvert contre les bottes de l'adversaire. Par analogie on dit *porter*, *recevoir*, *parer une botte*.

Porter une botte à quelqu'un, c'est, au figuré, l'embarrasser, le vaincre, lui tendre un piége, par analogie avec ce qu'on nomme une *botte* en termes d'escrime. *Dire ou faire quelque chose à propos de bottes*, c'est agir ou parler à *contre-temps*, par analogie à une botte mal portée ou portée à faux.

BOTTELAGE, action de lier en bottes la paille et les fourrages. Cette opération est nécessaire pour empêcher les fourrages de s'échauffer lorsqu'ils sont rentrés un peu humides. Elle se fait ou sur le pré ou dans la grange; mais le choix de cette dernière localité paraît préférable pour la conservation du fourrage, et permet d'ailleurs le entasser en plus grande quantité. On bottelle d'ordinaire à deux liens, mais il faut en mettre trois quand le fourrage doit être soumis au transport, ou quand le brin de l'herbe qui sert au bottelage est court. L'usage est de botteler à cinq kilogrammes; mais il faut qu'ils soient forts pour se retrouver après la dessiccation. Le bottelage est le moyen le plus sûr pour évaluer le produit d'une prairie.

BOTTES, chaussure de cuir dont on s'est servi d'abord pendant longtemps pour monter à cheval, afin de s'y tenir plus ferme et de se garantir des injures du temps, et dont l'usage s'est étendu depuis un demi-siècle seulement. On en connaît de différentes espèces : les *bottes à l'écuyère*, que portent les écuyers, les généraux, la gendarmerie à cheval, etc.; les *bottes fortes*, dont se servent les postillons, les pêcheurs, les égoutiers, etc.; les *bottes molles*, avec lesquelles tout le monde s'habille; les *bottes fourrées*, pour les voyages; les *bottes à revers*, que portaient les officiers de la garde impériale et que portent aujourd'hui les domestiques de *bonnes maisons*; les dandys du Directoire portaient les *bottes à la Souvarof*, plissées et terminées en cœur; aujourd'hui les fashionables mettent des bottes en cuir verni, à tiges de maroquin. On avait imaginé des *bottes sans couture*; pour cela on déchaussait la jambe d'un animal sans fendre la peau, on la tannait ainsi, et on la mettait sur l'embouchoir pour lui faire prendre la forme. Dans ces derniers temps on a fait des *bottes californiennes*, en caoutchouc, imperméables et assez légères.

L'invention des bottes paraît du reste remonter fort haut dans l'antiquité. Les Grecs et après eux les Romains portèrent des espèces de bottines faites de cuir de bœuf, qui se mettaient à cru sur la jambe. Il est parlé de bottes dans la Vie de saint Richard, évêque de Chichester, écrite en latin par un Anglais au treizième siècle, et rapportée par J. Carpgravius dans la *Légende anglicane*. On trouve aussi dans les registres de la chambre des comptes, en France, un article de 15 deniers pour prix du graissage des bottes de Louis XI.

Le mot *bottes* se retrouve dans un certain nombre d'expressions proverbiales plus ou moins familières : c'est ainsi qu'on dit qu'un homme *a laissé ses bottes* en quelque endroit, pour dire qu'il y est mort; et trivialement *graisser ses bottes*, pour se préparer au long voyage, à la mort. *Graissez les bottes à un vilain*, dit un autre proverbe, *il dira qu'on se les lui brûle*. Se soucier de quelque chose *autant que de ses vieilles bottes*, c'est s'en soucier bien peu. Un homme qui a fait une fortune rapide dans les fournitures, ou qui fait un gain illicite dans un marché dont il est l'entremetteur, est accusé communément d'avoir *mis du foin dans ses bottes*.

BOTTICELLI (SANDRO), dont les noms véritables étaient *Alessandro* FILIPEPI, peintre de l'école florentine du quinzième siècle, vécut de 1447 à 1515. Il fut d'abord mis en apprentissage chez Botticello, habile maître orfèvre, dont il joignit le nom au sien. Mais ses remarquables dispositions pour la peinture ne tardèrent pas à l'emporter, et il devint alors l'un des élèves de Fra Filippo Lippi. Il emprunta à ce maître l'action passionnée qu'on remarque dans ses tableaux historiques, et sut l'associer à une certaine conception fantastique, qui, si elle lui inspira aussi de mauvaises toiles, lui fit souvent faire des ouvrages charmants par leur originalité. On peut voir un exemple de ce caractère passionné qu'il savait imprimer à ses compositions, dans une *Nativité* qui, fait aujourd'hui partie de la collection d'Young Ottley à Londres. Les anges y dansent de joie un branle dans les airs; ils couronnent de fleurs les bergers, et les embrassent impétueusement, pendant que trois démons s'éloignent pleins d'une impuissante fureur. Une autre toile qu'on a de lui, c'est la *Madone couronnée* qu'on voit dans la galerie des Offices à Florence, et dont on admire la charmante tête. Mais c'est surtout dans ses tableaux historiques que Botticelli donne libre carrière au caractère fantastique de son talent. Il fut l'un des premiers qui introduisirent dans l'art moderne l'allégorie et les mythes antiques; et il le fit avec prédilection. C'est ainsi qu'une *Vénus* nue voguant sur l'onde dans sa conque en même temps qu'elle est poussée vers le rivage par une pluie de roses que font tomber les dieux des vents (cette toile se trouve également dans la galerie des Offices), produit un effet des plus étonnants. Les fresques qu'il exécuta dans la chapelle Sixtine, au Vatican, sont la principale de ses œuvres. Chargé de la surveillance des travaux, Botticelli y a peint *Moïse exterminant les Égyptiens, la troupe de Korah et la Tentation du Christ*. Par la suite Botticelli devint négligent et maniéré dans ses travaux. Disciple de Savonarole, il s'adonna en outre pendant des années à une étude passionnée du Dante, et laissa à son pinceau pour prendre la plume et écrire avec assez peu de succès sur ce grand poète. Il exécuta une édition de l'*Enfer* (Florence, 1481) avec des planches gravées d'après ses dessins, pour la plupart par B. Baldini, et même, suivant Passavant, toutes par lui-même. On estime beaucoup (ne fût-ce qu'à cause de leur extrême rareté), certaines planches provenant véritablement de Botticelli, par exemple les *Prophètes* et les *Sibylles*, le *Triomphe de Pétrarque*, etc.

BOTTINES, petites bottes. Ce sont aussi des chaussures de femme qui montent au dessus de la cheville, et se lacent ou se boutonnent.

On donne, en chirurgie, le nom de *bottines* à des appareils qui ressemblent à de petites bottes, munis de ressorts, de courroies et de boucles, qui servent à corriger les vices de conformation des membres inférieurs chez les enfants, tels que la déviation des genoux en dedans ou en dehors, la torsion des jambes, des pieds, etc.

BOTZARIS, famille souliote, célèbre dans la Grèce moderne par le rôle qu'elle joua à l'époque de la guerre de l'Indépendance.

BOTZARIS (GEORGES) marchait contre Ali-Pacha à la tête des bandes souliotes; mais on le soupçonna, non sans raison, de chercher à se perpétuer au pouvoir, et dès lors il devint une cause fréquente de dissensions entre ses compagnons dévoués et ceux de ses compatriotes qui prisaient moins un homme que la liberté. Tous les partis, du reste, s'accordaient à rendre hommage à sa bravoure et à celle de ses deux fils *Notis* et *Christos*.

BOTZARIS (MARCOS), fils de Christos et petit-fils de Georges, né en 1789, dans les montagnes de Souli, grandit au bruit des combats terribles qu'éteignit en 1803 la ruine sanglante de cette malheureuse ville. A travers des périls inouïs, il réussit à gagner le territoire ionien, où se groupèrent autour de lui les principaux chefs d'Armatoles qui fuyaient les atrocités d'Ali et rêvaient l'indépendance de la Grèce. Avec eux, il prit part en 1806 à une tentative d'insurrection fomentée par la Russie, qui était alors en guerre avec la Porte. Cet espoir d'une prochaine délivrance ne se réalisa pas; et la paix de Tilsitt ramena les Français dans les Sept-Iles. Marcos Botzaris en profita pour s'engager comme sergent dans une légion albanaise qui se formait, et qui comptait son père et son oncle parmi ses officiers supérieurs.

Retiré dans les îles Ioniennes depuis 1815, une douce union ne pouvait lui faire oublier le sol natal, quand tout à coup, en 1820, une double commotion vint ébranler la Turquie : Ypsilanti appelait les Grecs à l'indépendance; Ali-Pacha, renfermé dans Janina, bravait les menaces et les armées du sultan. 800 Souliotes coururent en Épire se ranger autour de Marcos et de son oncle. Ali leur proposa de leur rendre leurs foyers s'ils voulaient opérer une diversion en sa faveur. Notis prit alors position dans les défilés, tandis que son neveu se chargeait de harceler les Turcs à la tête de 200 Palikares : son coup d'essai fut l'enlèvement d'un convoi de munitions, escorté par 500 hommes, la prise d'un poste important et, quelques jours après, la défaite de deux pachas et de 5,000 hommes.

Les Turcs, ne pouvant ni se garantir de ses attaques ni l'atteindre dans ses retraites, mirent sa tête à prix. Il y répondit par de nouveaux succès, qui dès le printemps de 1821 avaient généralisé l'insurrection grecque. Il ouvrit la campagne par la prise du port de Réniassa, qui assurait les communications de l'Épire avec les autres provinces insurgées, obligea un pacha et 1,300 hommes à mettre bas les armes, dispersa Ismael et 2,000 janissaires, se rendit maître de Placa, et s'y maintint. Blessé, il prend à peine quelques jours de repos, et déclare qu'il enlèvera la place forte d'Arta, sa garnison et son beau parc d'artillerie. Il comptait sur l'appui des Albanais, qui l'abandonnèrent. Il avait déjà franchi le pont de la citadelle sous le feu de ses batteries, lorsqu'elle reçut un renfort inattendu de 6,000 Turcs; mais il ne perdit pas la tête, et assura par un stratagème le salut des siens.

Au commencement de 1822, Ali était forcé dans son repaire. Une tentative que fit Botzaris pour ravitailler Souli fut sans succès, et la funeste journée de Péta vit périr l'élite des Grecs et des Philhellènes. Avec 6000 braves il arrêta tout un jour l'armée turque au défilé de Crioneros, et courut s'enfermer dans Missolonghi. Par d'heureux stratagèmes, il paralysa les efforts de l'ennemi jusqu'à la fin de la campagne, et, nommé stratarque de la Grèce occidentale, il mit à profit l'hiver pour fortifier la place.

Au printemps de 1823, une armée turque de 20,000 hommes descend du nord de l'Épire. Botzaris veut aller à sa rencontre et la terrifier par un trait d'audace. A la tête de 240 palikares, c'est au milieu du camp turc qu'il promet de donner le signal de l'attaque aux divers chefs postés dans les défilés d'alentour. Dans la nuit du 20 août, les Grecs, préparés au combat par la prière, fondent sur les avant-postes ennemis. Le succès couronne leur audace; mais Marcos tombe atteint mortellement d'une balle. Son frère Constantin reçoit son dernier soupir, et le venge en complétant la victoire. Le corps du héros revint au milieu des trophées, et surexcita le courage des Grecs. Constantin Botzaris mourut aussi plus tard les armes à la main.

L'aîné des fils de Marcos Botzaris, qui n'a laissé d'autre héritage qu'un nom chéri des Hellènes, est maintenant aide de camp du roi Othon, près de qui il a été élevé.

BOTZEN ou plutôt BOZEN (en italien, BOLZANO), chef-lieu de l'ancien cercle de l'Adige, aujourd'hui du district de Botzen dans le Tyrol, lequel compte 70,000 habitants sur une superficie de 17 myriamètres carrés. Botzen est situé dans un bassin au confluent de l'Eisack et de la Talfer. Sa population s'élève à 7,700 habitants; elle est le siége du tribunal suprême du cercle de Brixen, d'une chambre de commerce, d'un gymnase et d'une école supérieure. Protégée contre les inondations de la Talfer par une digue en pierres qui sert de promenade publique, la ville, quoique allemande, est entièrement bâtie à l'italienne. Les rues en sont étroites, mais fort propres; et on y trouve de spacieuses allées de feuillage. Outre la place d'armes et la place aux fruits, ornées de belles fontaines, on peut citer la place Saint-Jean avec la cathédrale, magnifique bâtiment gothique du quatorzième siècle, divisé en trois nefs, dont on admire le somptueux maître-autel et la tour, construite en 1519 par Jean Lutz. Derrière l'église s'étend le cimetière, avec des arcades décorées de belles fresques et d'autres ornements d'architecture par Rainalter. Parmi les autres édifices on remarque encore la halle, le palais de l'archiduc Rainier, qui habite Botzen depuis 1848, l'auberge de la Couronne Impériale avec un petit théâtre, le palais Sontheim et l'hôtel de l'Ordre Teutonique.

Quoique les foires de Botzen aient beaucoup perdu de leur importance, cette ville est toujours l'entrepôt du commerce entre l'Italie et l'Allemagne. Les principaux articles d'exportation sont la soie, le coton, les fruits. L'industrie y est sans importance. Les habitants s'occupent surtout et avec succès de la culture du mûrier, des arbres fruitiers, et de la vigne. Les arbres du midi se cultivent en plein air, le climat y étant extraordinairement doux l'hiver, et la chaleur même presque intolérable en été.

L'histoire fait mention de Botzen dès l'année 378; elle fut soumise ensuite aux Lombards (680) et aux Francs (740). Plus tard elle devint la résidence des margraves bavarois de la famille des Guelfes. En 1027 l'empereur Conrad II la donna aux évêques de Trente. Elle fut dès lors un sujet de querelle entre ces derniers et les comtes du Tyrol jusqu'à ce qu'elle tombât sous la domination autrichienne.

On trouve dans les environs *Sigmundskron*, aujourd'hui magasin à poudre, d'où l'on jouit d'une belle vue sur la vallée de l'Adige; *Maratsch*, avec une route romaine; *Neuglstein*, avec des fresques exécutées par d'anciens artistes allemands; l'abbaye de *Grins*, avec une des plus belles églises du Tyrol, ornée de fresques et de peintures par Knoller; *Maultasch* et *Greifenstein*, sur des rochers presque inaccessibles. Des pyramides naturelles de terre hautes de 18 à 31 mètres s'élèvent sur les flancs du Ritterberg près de Langmoos.

BOUC, mâle de la chèvre.

La détestable odeur du bouc de la race européenne attira de tous temps à cet animal une malveillance dont il fut longtemps la victime. Aujourd'hui même le culte des différentes sectes chrétiennes contribue à propager cette opinion défavorable, en introduisant dans les chants sacrés le bouc comme un emblème de malédiction, tandis que la brebis y est traitée avec une prédilection que sa douceur lui a méritée. Les Grecs immolaient un bouc sur les autels de Bacchus, non, comme le disent certains commentateurs, parce que les ravages commis dans les vignobles par cet animal excitaient le courroux du dieu; car la chèvre n'est pas moins dévastatrice, et cependant on l'épargnait. La vache n'obtint pas cette faveur, et partagea constamment le sort du taureau. La brebis même était souvent immolée sur les autels des dieux, et la chèvre laissa toujours cet honneur au mâle de son espèce. Aux fêtes de Bacchus, célébrées dans toute la Grèce, c'était par le sacrifice d'un bouc que l'on préludait aux chants joyeux, aux mascarades et aux autres divertissements auxquels on se livrait aux champs comme à la ville, divertissements qui furent, comme on sait, l'origine très-peu reconnaissable de la tragédie. Cependant, la proscription du bouc ne fut pas universelle; les Égyptiens s'en abstinrent, par respect pour le dieu Pan, ses pieds fourchus et ses cornes. Quelques villes d'Égypte décernèrent même des hommages à cet animal, si universellement condamné en Europe, où on ne le conservait que par nécessité.

Dans le Nouveau Testament, Jésus-Christ emploie le mot *bouc* pour désigner les réprouvés (Matth., xxv, 32-33) : « Toutes les nations, est-il dit, se rassembleront devant lui, et il séparera les uns d'avec les autres, comme un berger sépare les brebis d'avec les *boucs*; il placera les brebis à sa droite, et les *boucs* à sa gauche. »

BOUCAGE, genre de la famille des ombellifères, ainsi nommé de l'odeur de bouc très-forte qui émane des racines et des semences d'une de ses espèces. Quatre espèces de boucages croissent communément en France; ce sont le *boucage majeur* (*pimpinella magna*), le *boucage mineur* (*pimpinella saxifraga*), l'*anis* (*pimpinella anisum*), et la *pimpinella peregrina*. Ces espèces diffèrent surtout par la grandeur de leurs tiges et de leurs feuilles; car elles ont toutes une racine longue, blanchâtre, un peu fibreuse et fort piquante au goût. Leurs feuilles radicales sont pennatiséquées, tandis que les caulinaires sont très-finement laciniées; elles ont un goût moins piquant et moins désagréable que leurs racines. Les tiges sont branchues, hautes de cinquante centimètres dans la grande espèce. Leurs fleurs, communément blanchâtres et quelquefois purpurines, sont en ombelles; chacune d'elles est composée de cinq pétales inégaux, échancrés et disposés comme le sont les fleurs de lis des anciennes armes de France. Leurs semences sont arrondies, cannelées et menues comme celles du persil. Les racines du boucage sont fort apéritives et très-diurétiques. A ces racines sont attachés quelquefois de petits globules ronds (dans la *pimpinella saxifraga*) qui teignent en rouge comme le kermès. On fait avec les semences du boucage une huile essentielle, bleue, qui sert dans quelques contrées, à Francfort, par exemple, pour teindre l'eau-de-vie en cette couleur, mais qui lui communique une âcreté désagréable.

BOUCAN, BOUCANER, BOUCANIER. L'histoire de ces trois mots présente deux époques. La première remonte à la formation de notre langue. Dans le bas latin qui fut en usage en France pendant les deux premières races et le commencement de la troisième, le substantif latin *hircus* (bouc) se trouva remplacé par le mot *buccus*, dont nous avons fait le substantif *bouc*. L'antiquité, en donnant la forme de demi-boucs à ses satyres, a consacré ce fait généralement connu, que de tous les animaux les boucs sont les plus lascifs. L'odeur qu'ils répandent est forte, mauvaise. Il n'est donc pas étonnant qu'à l'exemple des Romains, qui ont fait de *lupa lupanar*, nos pères aient appelé *boucan* un lieu de la plus sale débauche. De là *boucaner*, c'est-à-dire imiter les boucs, se livrer à la lubricité, se plaire dans la puanteur, hanter les boucans; et *boucanier*, homme qui boucanne, habitué de boucans. En un mot, depuis la formation de notre langue, jusques vers la fin du quinzième siècle, constamment l'expression *boucan* signifia un lieu de prostitution et de débauche du plus bas étage, et *boucanier* un coureur de mauvais bouges et de filles de joie. Au commencement du seizième siècle, ces mots, remplacés par d'autres aussi énergiques, devinrent beaucoup moins en usage; bientôt même ils disparurent du langage habituel, et ne furent plus employés, dans cette acception, que sur quelques points éloignés de la côte de Normandie : peut-être y auraient-ils également cédé la place aux locutions nouvelles, si, vers l'an 1660, l'établissement de quelques bandits dans l'île de Saint-Domingue ne les avait fait revivre dans un sens nouveau.

Nous arrivons ainsi à la seconde époque historique de ces mots. Il y avait près de quarante ans que les Espagnols occupaient, sans être inquiétés, les points principaux de l'île de Saint-Domingue, quand plusieurs aventuriers français vinrent s'établir sur la côte septentrionale de cette vaste possession. D'abord en petit nombre, ils virent successivement accourir vers leurs points ceux de leurs compatriotes de la Guadeloupe, de la Martinique et de la Grenade, auxquels la tyrannie de priviléges commerciaux exclusifs enlevait le libre exercice de leurs bras et de leur industrie. De vastes forêts, s'étendant fort loin dans les terres, couvraient tous les points de la côte où ils s'étaient assis; et une grande quantité de sangliers, de nombreux troupeaux de bœufs sauvages, issus de taureaux et de vaches domestiques portés dans l'île par les Espagnols, et que la négligence de ceux-ci avaient laissés échapper, peuplaient ces immenses solitudes. Privés de tout secours de la mère-patrie, obligés de pourvoir par eux-mêmes aux premiers besoins de la vie, les nouveaux colons cherchèrent dans la chasse leur nourriture et une partie de leurs vêtements. Les produits de leurs courses devinrent bientôt si abondants, qu'ils purent songer à faire des animaux sauvages abattus par eux l'objet d'un commerce lucratif. A mesure qu'un bœuf était tué, on l'écorchait, on coupait l'animal par quartiers et l'on transportait le tout à l'habitation. Ces intrépides chasseurs occupaient une espèce de loge dont l'immense foyer était couvert par une claie ou gril en bois sur lequel ils rôtissaient ou fumaient la viande, ou séchaient les peaux. L'épaisse vapeur qui remplissait ces huttes, l'odeur insupportable qu'y répandait ce mélange de chairs et de peaux soumis à l'action du feu, la malpropreté inhérente à ces préparations et aux grossières habitudes de leurs habitants, faisaient de ces loges de véritables *boucans*, dans toute la vieille acception du mot : ce nom leur resta. On appela *boucaner* le mode qui y était en usage pour faire rôtir ou sécher les viandes et les peaux; et leurs possesseurs prirent ou reçurent le nom de *boucaniers*.

L'équipage de chasse des *boucaniers* consistait : en une meute de vingt-cinq à trente chiens, parmi lesquels se trouvaient toujours un ou deux veneurs chargés de découvrir et de lancer le gibier; en un fusil excellent, long de 1ᵐ, 60, portant des balles de 30 grammes et fabriqué à Dieppe ou à Nantes; et en 7 à 10 kilogrammes de très-bonne poudre, qu'ils faisaient venir de Cherbourg, et qu'ils plaçaient dans des calebasses bouchées avec de la cire. Leur habillement se composait : de deux chemises, d'une casaque et d'un haut-de-chausses de grosse toile, d'un cul de chapeau en feutre ou d'une calotte de drap ayant un rebord sur le devant, et de souliers en peau de sanglier, de bœuf ou de vache ; la jambe restait nue, et ils avaient pour ceinture une mauvaise courroie où pendait un sabre très-court et quelques couteaux. Comme leurs courses duraient souvent plusieurs jours, ils portaient en outre, roulée autour d'eux en bandoulière, une petite tente de toile très-fine, destinée à les protéger pendant la nuit contre les moucherons et les brouillards humides des forêts. Tous avaient le même équipage et la même manière de vivre. Isolés dans la nouvelle patrie qu'ils s'étaient créée, sans femmes, sans enfants, ils s'associaient deux à deux pour se rendre les services qu'on reçoit dans une famille; il y avait communauté de biens entre les associés, et l'un mort, tout ce qu'il possédait devenait la propriété de son compagnon. Les loges restaient ouvertes à tous venants; et cependant jamais aucun larcin n'était commis. Ce qu'on n'avait pas chez soi, on allait le prendre chez le voisin, sans autre obligation que de prévenir ce dernier lorsqu'il était là ou de l'avertir après coup quand il n'y était pas. Les querelles étaient rares et facilement terminées; lorsque les parties y mettaient de l'opiniâtreté, elles vidaient le différend à coups de fusil. Si une des balles avait frappé par derrière ou trop de côté, les témoins prononçaient qu'il y avait perfidie, et cassaient instantanément la tête à l'auteur de l'assassinat. Ils ne connaissaient pas le pain : toute leur nourriture consistait en viande grillée, qu'ils assaisonnaient avec un peu de piment et du jus de citron; l'eau était leur seule boisson. L'occupation d'un jour était celle de toute l'année.

Quand ils avaient rassemblé le nombre de cuirs ou la quantité de viande fumée qu'ils voulaient livrer aux navires des différentes nations qui fréquentaient ces mers, ils allaient les vendre dans quelques-unes des rades de la côte. Cette cargaison y était portée par des *engagés*, espèce d'hommes qui, séduits par tout ce qu'on leur racontait des richesses de l'Amérique, consentaient à échanger trois ans de leur liberté contre l'espérance de revenir chargés d'or et de diamants. Malheur à ceux qui tombaient entre les mains des boucaniers! Les rêves brillants des pauvres diables étaient bientôt évanouis; ils s'étaient vendus, convaincus qu'ils allaient saisir la fortune; ils ne trouvaient que l'esclavage le plus rude. Un de ces malheureux, dont le maître choisissait toujours le dimanche pour jour de corvée, ose lui représenter que Dieu a proscrit cet usage en disant : *Tu travailleras six jours, et te reposeras le septième!* Et moi, répond le boucanier, je dis : *Six jours tu tueras des taureaux et les écorcheras! et le septième tu en porteras les peaux au bord de la mer!* Cette sentence fut accompagnée d'un déluge de coups de bâton.

La colonie espagnole, d'abord considérable, s'était réduite à rien. Le peu d'habitants qui y étaient restés, passaient leurs nuits à jouer et leurs jours à se faire bercer dans des hamacs par leurs esclaves. Longtemps, l'existence des boucaniers fut pour eux un voisinage ignoré. Mais lorsque ces aventuriers vinrent pousser leurs courses jusque dans les prairies et dans les cours des maisons des léthargiques habitants de Santo-Domingo, ceux-ci se réveillèrent; ils appelèrent du continent et des îles voisines d'assez nombreux corps de troupes, qui firent aux boucaniers une chasse rude et meurtrière : obligés de se séparer pendant le jour, les boucaniers se rassemblaient chaque soir pour veiller à la sûreté commune. Si quelqu'un manquait, on concluait qu'il avait été pris ou tué; et les chasses étaient suspendues jusqu'à ce qu'on l'eût retrouvé ou que sa mort eût été vengée par le massacre de plusieurs ennemis.

Cette lutte aurait sans doute fini par devenir fatale aux Espagnols, si, désespérant de vaincre des adversaires aussi acharnés, ils ne s'étaient avisés de mettre fin à la dispute en détruisant l'objet qui l'avait fait naître. Au lieu de chasser aux boucaniers, ils chassèrent aux bœufs, et, à force de battues générales bien dirigées, ils parvinrent à anéantir ces animaux jusqu'au dernier. Les boucaniers se virent alors réduits à former des habitations et à les cultiver. La France avait jusque alors désavoué ces intrépides chasseurs; mais quand elle les vit élever des établissements de quelque fixité, elle leur envoya, en 1665, un gouverneur intègre et intelligent, ainsi que toute une cargaison de ces femmes que la police ramasse dans les carrefours et au coin des rues : ce singulier chargement fut distribué entre les nouveaux colons. *Je ne vous demande pas compte du passé*, disait chaque boucanier à celle que le sort lui donnait; *vous n'étiez pas à moi. Mais aujourd'hui que vous m'appartenez, il me faut répondre de l'avenir : je vous quitte du reste.* Puis, frappant de la main sur le canon de son fusil, il ajoutait : *Si vous me manquez, il ne vous manquera pas.* Ce mélange des deux sexes mit fin à l'existence des boucaniers; ils devinrent colons. Cette nouvelle vie trouva toutefois quelques opposants, qui allèrent chercher dans la petite île de la Tortue une existence plus conforme à leur caractère et à leurs habitudes. Cette île voyait alors se rassembler dans ses nombreuses criques le noyau de ces autres aventuriers si fameux et si connus sous le nom de *flibustiers*.

Nous avons vu les trois vieux mots français *boucan, boucaner, boucanier* cesser d'être en usage chez nous vers la fin du seizième siècle. Importés en Amérique au commencement du dix-septième, par des aventuriers normands, ils furent réimportés en France vers l'an 1650 avec le sens qu'on leur donne aujourd'hui. Dans son acception actuelle, *boucan* ne s'emploie cependant au figuré; on s'en sert toutefois dans le langage familier pour exprimer du bruit, du tapage, du tumulte : *c'est un boucan à ne pas s'entendre; faire du boucan*. Dans le sens propre, *boucan* est le lieu où les chasseurs du Nouveau-Monde font fumer leur viande; le gril de bois sur lequel ils la posent pour la faire sécher; le bâti en claie, et rempli de fumée, qui sert à préparer la cassave. *Boucaner*, c'est faire sécher de la viande ou du poisson à la fumée; c'est aller à la chasse des bœufs sauvages; *boucaner de la cassave*, c'est la faire sécher à la fumée; *boucaner des cuirs*, c'est les préparer comme le faisaient les boucaniers; enfin le *boucannier* est celui qui va à la chasse des bœufs sauvages. Nous ne connaissons pas cependant aujourd'hui de boucaniers réunis en corps, en société; il n'y a plus que des boucaniers isolés, opérant pour leur propre compte.

Achille DE VAULABELLE, anc. ministre de l'instr. publ.

BOUC ÉMISSAIRE (en hébreu *hasazel*, de *haz*, bouc, et *d'azel*, qui s'en va). A la fête de l'Expiation solennelle, qui avait lieu le 10 du mois *tizri*, où commençait l'année civile des Juifs, le grand prêtre, sans éphod, sans rational, remplaçant par une simple robe de lin sa robe magnifique couleur d'hyacinthe, recevait des mains des princes du peuple deux boucs *pour le péché*. L'un de ces boucs devait être immolé, l'autre mis en liberté; c'était le sort qui en décidait : *Hasazel*, le bouc libre, le *bouc émissaire*, chargé d'imprécations et des péchés d'Israël, à la porte du tabernacle, était traîné dans le désert par un homme qui l'abandonnait au milieu des précipices, ou qui, selon d'autres, l'y jetait avec violence. A son retour, comme souillé du contact de l'animal, cet homme se purifiait. Les païens aussi, dans les calamités, détournaient la colère de leurs dieux sur des animaux et même sur des hommes. Les Marseillais, au rapport de Pétrone, précipitaient du haut des roches des créatures humaines; et les Égyptiens, selon Hérodote, ayant chargé d'anathèmes et de malédictions la tête de certains animaux, après l'avoir coupée, la jetaient avec horreur dans la mer.

Chez nos peuples civilisés on appelle, au figuré, *bouc émissaire* un malheureux, le plus souvent homme vertueux, mais simple, que des sycophantes accusent de tous leurs torts et qu'ils sacrifient.

DENNE-BARON.

BOUCHARDON (EDME), l'un des statuaires de cette École française du dix-huitième siècle dont les œuvres ne sont ni sans mérite ni sans grâce, naquit en 1698, à Chaumont en Bassigni, d'un père qui y exerçait la profession d'architecte, et avait commencé par être sculpteur. De bonne heure le jeune Bouchardon s'appliqua, sous la direction de son père, à l'étude du dessin. Il peignit et modela tout d'abord d'après nature, ce qui est une excellente manière pour s'initier profondément aux secrets de l'art, et pour apprendre à en surmonter expérimentalement les difficultés. Aussi ne tarda-t-il pas à s'en rendre les procédés familiers. Ses progrès en sculpture furent rapides, et tels que sa famille en conçut les plus grandes espérances et l'envoya se perfectionner à Paris. Il y étudia d'abord sous Coustou jeune, qui tenait une école de sculpture en grand honneur à cette époque. En peu de temps il se mit en état de remporter le grand prix, qui valait aux vainqueurs, alors comme aujourd'hui, d'être envoyés à Rome aux frais du gouvernement. Ce fut, selon toute apparence, vers 1727 qu'il s'y rendit. Là, ses premières études portèrent principalement sur les précieux restes d'art et sur les chefs-d'œuvre qui abondent dans cette métropole de la chrétienté. Il se fortifia de la sorte, et se mûrit pour la sculpture, sur laquelle il fondait avec raison tout l'espoir de sa gloire et de sa fortune. Déjà plusieurs œuvres remarquables témoignaient avec éclat de son talent, notamment les bustes du pape Clément XII et celui de la femme de Wleughels, directeur de l'Académie de France à Rome, d'une expression gracieuse et franche. Un ouvrage de plus d'importance allait lui être confié, lorsqu'il fut rappelé à Paris dans le courant de 1732.

Dès son arrivée il fut chargé, pour Versailles, Gros-Bois et autres résidences, de nombreux ouvrages, qui tous lui firent honneur, malgré la hâte qu'il mettait à les exécuter. Bouchardon peupla ainsi nos jardins publics et plusieurs parcs privilégiés d'innombrables statues mythologiques ou allégoriques d'un goût un peu bâtard, mais fort recommandables par les détails et le modèle, et sous ce rapport dignes encore de l'attention et de l'étude des artistes. En 1736, Chauffournier, dessinateur de l'Académie des Belles-Lettres, mourut; Bouchardon fut appelé à lui succéder. Il était très versé dans la connaissance des pierres antiques, et il fit en 1750 les dessins d'un traité des pierres gravées, publié cette même année. Il avait été reçu membre de l'Académie de Peinture dès 1744.

Bouchardon exagérait l'expression et la grâce dans le marbre, ce qui le faisait souvent tomber dans la roideur et l'afféterie. En général, ses sculptures ne sont pas exemptes de manière. Son dessin est pur, agréable, correct, mais il manque de naïveté; il n'est pas assez *nature*, pour nous servir d'une expression fort usitée dans les ateliers. Ses formes d'ordinaire sont rondes et grasses, et trahissent un air de famille trop prononcé dans tout ce qui est sorti de ses mains.

La fontaine de la rue de Grenelle-Saint-Germain, due tout entière à Bouchardon, qui en traça le plan et en exécuta lui-même toutes les parties, est son chef-d'œuvre. Elle est d'un goût un peu lourd peut-être; mais les marbres principaux en sont bons, et les détails travaillés avec le plus grand soin. Ce sculpteur mourut à Paris, le 27 juillet 1762.

Charles Romey.

BOUCHE, mot formé du latin *bucca*, qui signifie simplement la cavité des joues, quand on les enfle pour sonner la trompette.

La bouche de l'homme présente une organisation très-complexe. Des pièces osseuses forment une enceinte complétée en bas et sur les côtés par des masses charnues ou muscles destinés à les mouvoir. La conformation des mâchoires est disposée merveilleusement : 1° pour circonscrire un espace où se trouve la langue; 2° pour recevoir par implantation trois sortes de dents; 3° pour être inscrite dans les cavités que forment sur les côtés les joues, en avant les lèvres et les parties molles du menton, en dessous les téguments sous-mentonniers. La peau extérieure revêt ainsi les parois charnues et solides de la bouche. La cavité buccale est en outre tapissée, tant en dedans qu'en dehors des arcades dentaires, par une peau interne rouge. Cette membrane cutanée buccale se modifie dans ses portions qui revêtent le palais, la langue, et dans celle qui entoure les arcades dentaires (*voyez* Gencives). Un repli de cette peau interne forme le frein de la langue. La salive est fournie abondamment pendant la mastication par six glandes, trois de chaque côté. La cavité buccale communique avec le pharynx, par une grande ouverture, dont le contour est formé en bas par la racine de la langue, et en haut par une partie mobile dite *voile du palais*, et offrant sur chaque côté deux plis nommés *piliers du voile*, entre lesquels sont placées les amygdales. Des vaisseaux sanguins, artériels et veineux, des lymphatiques, des nerfs nombreux et considérables, vivifient toutes les parties de la bouche.

Dans les animaux supérieurs, la bouche est le plus souvent située à l'extrémité antérieure de la tête, dans la portion inférieure ou antérieure de la face. A son plus haut degré d'organisation, elle présente six parois, savoir : une inférieure, qui en forme le plancher : c'est la paroi linguale; une supérieure, qui en est la voûte ou le plafond : c'est ce qu'on nomme la paroi palatine, dont une portion est fixe et solide; l'autre, molle, plus ou moins mobile, se nomme *voile du palais* ou *valvule des arrière-narines*; deux parois latérales, formées par les côtés des mâchoires, la partie postérieure des arcades dentaires et les parties molles des joues. Les glandes parotides versent leur fluide salivaire sur cette paroi, tandis que les canaux excréteurs des glandes sublinguale et maxillaire s'ouvrent dans la région inférieure. Ce qu'on nomme la paroi postérieure de la bouche est l'ouverture de cette cavité qui conduit au pharynx; on la désigne sous le nom d'*arrière-bouche*; elle est opposée à la paroi antérieure formée par la partie antérieure des os maxillaires, les rangées dentaires incisives et canines, et les lèvres. L'écartement des mâchoires et des lèvres forme dans cette paroi l'ouverture antérieure ou *avant-bouche*. Parmi les fonctions nombreuses qu'elle exécute, celles auxquelles elle est plus spécialement affectée, et dont le siége n'est jamais dans une autre partie de l'organisme, sont la sensation des saveurs, la mastication, l'insalivation, la formation du bol alimentaire et le commencement de la déglutition. La bouche étant destinée à recevoir l'impression faite sur la peau buccale par les corps sapides, peut même être considérée comme l'appareil de la gustation. A ce titre, elle fait partie de l'appareil des sensations externes; mais, en raison de la connexion de ses fonctions avec celles du canal digestif, elle appartient aussi plus intimement à l'appareil des voies alimentaires.

La bouche, étant intérieurement tapissée d'une muqueuse, est exposée à des ulcérations qui peuvent être occasionnées par une simple inflammation locale, par la maladie vénérienne, par l'usage du mercure, et par le vice scorbutique. Quant à ces petites ulcérations superficielles se présentant sous la forme de points blanchâtres arrondis, répandus çà et là, elles ont reçu le nom particulier d'*aphthes*. Enfin la bouche est encore sujette à une inflammation générale appelée *stomatite*, dont le *millet*, *blanchet* ou *muguet*, qui attaque si souvent les enfants, n'est qu'un cas particulier.

Si les bornes dans lesquelles nous devons nous renfermer nous permettaient d'examiner l'organisation de la bouche depuis les mammifères les plus rapprochés de l'espèce humaine jusqu'à l'éponge, limite inférieure du règne animal, nous constaterions facilement la simplification progressive de la composition organique de cette partie. Nous verrions cet organe, toujours approprié au genre de nourriture qui convient à l'animal et au milieu dans lequel il vit, se dégrader dans la première classe des vertébrés, tout en conservant ses caractères distinctifs, excepté dans l'ornithorhynque, qui sous ce rapport sert de transition entre les mammifères et les oiseaux. Du bec de ces derniers nous passerions à l'appareil buccal des deux autres classes de vertébrés, et enfin, descendant toujours l'échelle animale, nous pourrions constater au dernier degré l'absence de tout organe comparable à une bouche. Mais ce travail exigerait des descriptions qui trouveront leur place dans les articles relatifs aux classes, aux ordres et aux familles d'animaux. Remarquons seulement que dans la marche descendante que nous venons d'indiquer la bouche remplit des fonctions de moins en moins importantes. Sous ce point de vue les mammifères occupent toujours le premier rang; mais c'est chez l'homme que la bouche est appelée à remplir les plus hautes fonctions, en concourant à l'émission des sons dont l'ensemble constitue la parole. Chez les oiseaux, c'est à peine si elle sert à la mastication et à l'insalivation : les perroquets seuls triturent et goûtent leurs aliments. Dans une partie des reptiles le voile du palais disparaît, et les fonctions respiratoires offrent de grandes modifications (*voyez* Branchie). Chez les poissons, la bouche, complètement dégradée sous le rapport du goût, montre une langue presque réduite à sa base osseuse, c'est-à-dire à la pièce linguale de l'os hyoïde, etc., etc. Arrivant au bas de l'échelle animale, nous trouvons des animaux chez qui la bouche n'est plus que l'orifice du canal digestif commençant par l'œsophage, dans lequel sont immédiatement introduits les aliments. Enfin, dans les éponges, d'après les recherches de Grant, l'absence du canal intestinal entraîne aussi celle de la bouche, qui est remplacée par des pores nombreux.

Le mot *bouche* donne naissance au figuré à une multitude d'acceptions qui n'ont pas besoin d'être expliquées. Tout le monde sait ce qu'on entend, dans les armées de terre et de mer, par les *bouches à nourrir*, par *les provisions de bouche*, et chez les rois, par le *service de la bouche*, ou simplement par *la bouche de sa majesté*, et par les *officiers de bouche*. Autant on dit l'homme *mal embouché*, autant on recherche le cheval qui a la *bouche fine*. On *ferme la bouche* à un médisant; on *est à bouche que veux-tu* avec un gai convive. Mais on a tort, dans un fin repas, de garder tout ce qu'il y a de meilleur *pour la bonne bouche*, et de *faire la petite bouche* devant des plats ou des vins qui font venir *l'eau à la bouche*. Le proverbe latin *Occidit plus gula quàm gladius* (La bouche a tué plus d'hommes que l'épée) est une vérité qui se confirme tous les jours.

BOUCHE DU ROI. On appelait ainsi autrefois en France les divers offices préposés au service alimentaire du roi. Ces offices étaient au nombre de sept : 1° l'échansonnerie-bouche ou gobelet ; 2° la cuisine-bouche ; 3° la paneterie-bouche ; 4° l'échansonnerie du commun ; 5° la cuisine du commun ; 6° la paneterie du commun ; 7° la fruiterie, puis enfin, suivant quelques auteurs, *la fourrière*, c'est-à-dire la fourniture du bois. Après le grand maître, chef souverain, le grand échanson ou bouteiller, le grand panetier et le grand écuyer-tranchant étaient à la tête de cette milice domestique. Mais les priviléges attachés à leurs charges avaient été successivement abolis par la politique des princes, qui les avaient réduites à n'être plus que des fonctions purement nominales.

Il serait historiquement impossible d'assigner l'époque précise de l'érection de tous ces offices, qui varièrent d'ailleurs à chaque règne. Si l'on remonte jusqu'à Charlemagne, on voit, que, malgré sa puissance et l'étendue de ses États, il vivait simplement dans son intérieur. Les femmes de sa maison filaient ses habits ; et il se nourrissait des fruits de son jardin, dont il faisait vendre le superflu, ce qui permet de supposer que ses repas n'étaient guère plus recherchés que ses vêtements. Quand la féodalité eut détrôné ses successeurs, les rois de France, choisis par leurs égaux, n'étaient pas assez riches pour soutenir les frais d'une cour ; mais à mesure que leur pouvoir s'agrandit, ils s'environnèrent d'un faste en rapport avec leur haute dignité. Au temps de saint Louis, dans les jours de solennité, les plus grands seigneurs du royaume remplissaient les fonctions d'échanson et d'écuyer. « A la cour plénière tenue à Saumur, dit Joinville, en son vieux langage, devant la table li roy, endroit (vis-à-vis) li comte de Drevez (Dreux), mangeait monseigneur li roy de Navarre, et je tranchoie devant li. Devant li roy servoit du mangier li comte d'Artois, son frère ; devant li roy tranchoit du coutel li bon comte Jehan de Soissons. »

Il est probable que dès lors des officiers inférieurs s'acquittaient journellement des mêmes fonctions, puisque Philippe le Bel, dans une ordonnance datée de 1285, nous apprend que le personnel de sa cuisine se composait de cinq queux (cuisiniers), quatre hasteurs (rôtisseurs), quatre pages, deux souffleurs, quatre enfants (marmitons), deux sauciers, un poulailler (officier pour la volaille), sept fruitiers, et trois valets pour la chandelle. Les successeurs de Philippe le Bel maintinrent leur cuisine à peu près dans le même état jusqu'à Charles V, qui étala une magnificence vraiment royale. Possesseur tranquille du royaume, il s'occupa de régler ce qui concernait le service de sa personne, acheta pour son usage une immense vaisselle d'or, d'argent, de vermeil, et s'entoura d'un grand nombre d'officiers de bouche.

Louis XI, roi roturier, méprisait le faste par goût et par politique. Négligeant sa table comme ses habits, il allait manger sans façon chez les riches bourgeois de sa capitale ; on vivait chez lui frugalement. Parvenu au trône à vingt ans, François Ier se livra à son amour de l'éclat, de la magnificence, et surpassa ses prédécesseurs dans le luxe et la délicatesse de la table ; ses grands officiers, ses gentilshommes servants et jusqu'à ses valets de chambre, avaient chacun sa table défrayée par le prince. Mais Charles IX et Henri III firent, dit Brantôme, *sur leurs maisons et mangeailles beaucoup de retranchements ; c'était par boutade qu'on y faisait bonne chère, car le plus souvent la marmite se renversait*. Au milieu des orages de son règne, Henri IV n'eut pas le temps de penser à sa cuisine, et vécut trop peu après son triomphe pour restaurer autre chose que son royaume. La régence de sa veuve, troublée par l'ambition des grands, soulevés contre un indigne favori, puis l'humeur triste de Louis XIII, empêchèrent la cour de reprendre sa splendeur. Anne d'Autriche, établie au Palais Cardinal, ne put, à travers les dilapidations de Mazarin, les exigences des courtisans, les séditions de la Fronde, songer à d'autre soin qu'à défendre son autorité. A cette époque orageuse, le service auprès de sa personne était fait avec si peu de largesse et de cérémonie, que les dames, au dire de l'une d'elles, Mme de Motteville, soupaient le plus souvent des reliefs de Sa Majesté, et s'essuyaient la bouche et les mains avec sa serviette.

Lorsque enfin le calme eut succédé à la tourmente, Anne d'Autriche s'occupa de réorganiser l'entourage de la royauté. Un règlement, en date de l'année 1662, fixa le nombre et les devoirs des officiers attachés au service immédiat du jeune roi. Douze maîtres d'hôtel ordinaires se succédaient par quartier, ayant sous leurs ordres les officiers inférieurs de la bouche ; ce qui n'empêchait pas que l'on ne comptât encore jusqu'à cent soixante-dix maîtres d'hôtel tous gagés, sans en mentionner un nombre infini d'autres non gagés, entre lesquels le grand maître avait le droit de choisir qui bon lui semblait. C'en était assez pour autoriser ceux qui avaient été ainsi désignés, à prendre le titre de maître d'hôtel, à faire appeler leurs femmes, *madame*, et à se glisser dans les rangs de la noblesse.

Dès qu'il régna par lui-même, Louis XIV, qui faisait entrer dans sa politique son goût pour la représentation, créa Versailles, où il s'entoura d'un domestique encore plus nombreux, dont il régla les fonctions par une ordonnance en 41 articles, qui fut dressée par Colbert. On y proscrit aux officiers de l'échansonnerie-bouche d'aller en personne quérir l'eau pour l'usage de sa majesté et prendre le vin à la cave des marchands. On y règle qui doit en l'absence du grand maître donner la serviette au roi, quand il se met à table ; quel cérémonial doit être observé quand on apporte le couvert et la viande, précédés de l'huissier de service, des officiers du gobelet et escortés des gardes du corps ; quel officier a le droit de servir sa majesté lorsqu'elle demande à boire étant au conseil, lorsqu'elle prend son bouillon le matin, lorsqu'elle rend le pain bénit à sa paroisse ou avale une médecine. Toutefois, en comparant la maison de Louis XIV avec celle de Charles V, on est fort surpris de reconnaître que la cuisine de ce dernier était plus complète que celle de son glorieux successeur, où l'on ne trouve point de *sauciers*, chargés spécialement de cette partie si importante de l'art culinaire.

Quand la première république eut détrôné la royauté, la *bouche* du prince fut supprimée en même temps que sa couronne, mais ce ne fut pas pour longtemps. Dans les communs du Luxembourg, vous eussiez trouvé, il y a cinquante-six ans, entre quatre et cinq heures de l'après-midi, trente artistes à la coquette veste blanche, à l'ambitieux bonnet de coton, fonctionnant intrépidement devant d'interminables fourneaux sur lesquels on apercevait quatre cents casseroles en activité de service. Ils préparaient le *frugal* dîner du... Directoire ! Venu modestement en fiacre aux Tuileries avec ses deux collègues, l'un des consuls délogea ses compagnons pour jouer plus à l'aise un nouveau rôle, celui d'empereur. Il eut une cour nombreuse, meubla sa cave et peupla sa cuisine d'officiers grands et petits. Des préfets du palais furent mis à la tête de la *bouche* impériale, et assistèrent régulièrement aux repas du monarque, qui était servi par des pages. Il en fut ainsi jusqu'au jour où Louis XVIII reprit la place de ses ancêtres. A sa suite reparurent les noms et les souvenirs du passé. Des maîtres d'hôtel remplacèrent les préfets du palais, et présidèrent comme jadis à tout ce qui concernait la table. Un peloton de gardes du corps escorta le dîner de sa majesté, auxquels d'autres gardes du corps, échelonnés sur sa route, présentèrent gravement les armes. Charles X maintint et étendit encore l'œuvre de son frère. Sous Louis-Philippe il n'y eût plus d'échanson, plus de panetier, plus d'écuyer-tranchant. Réduit à l'entourage le plus simple, le roi citoyen, lorsqu'il traitait dans son palais, s'improvisait des pages, et prenait à la journée des officiers de bouche, dits *extra*.

SAINT-PROSPER jeune.

La république de 1848 a eu quelques velléités de revenir aux us et coutumes culinaires de la grande royauté de Louis XIV. Certains grands hommes de cette époque, qui n'avaient pas de souliers la veille, se sont pavanés dans les carrosses de la cour; d'autres, qui s'estimaient heureux de dîner à vingt-deux sous, ont mangé effrontément dans de la vaisselle plate. Les journaux mal pensants ont enregistré le splendide menu de cet orgueilleux président de l'Assemblée constituante, qui avait des cochers poudrés à blanc et des laquais en bas de soie et grande livrée, qui se faisait précéder de massiers comme au bon vieux temps, et ordonnait qu'à son approche on battît aux champs comme lorsque Napoléon entrait dans une ville conquise. C'était beaucoup trop désopilant pour pouvoir être durable.

Aujourd'hui que le neveu de l'empereur est au timon de la République, il semble que nous ne sommes pas éloignés de voir refleurir la *bouche* impériale dans tout son éclat et que les anciens préfets du palais ne sont pas peut-être aussi passés de mode qu'on se l'imagine. Au fait, il y a longtemps qu'on l'a dit : *Il faut que tout le monde vive.*

BOUCHER, BOUCHERIE. Le boucher est celui qui exerce le métier d'abattre les bestiaux, et d'en vendre la chair au détail dans des boutiques appelées *étaux* ou *boucheries*. Par le mot *boucherie* on désigne également tout ce qui concerne le commerce du boucher; et avant la création des abattoirs, il servait à exprimer le lieu même où l'on tuait les animaux destinés à la consommation.

On appelait *lanienæ*, chez les Romains, les endroits où l'on tuait, et *macella* ceux où l'on vendait. Les bouchers romains, comme les nôtres, furent d'abord épars en différents endroits de la ville; mais avec le temps on parvint à les rassembler au quartier de *Cælimontium*, qui prit la dénomination de *Macellum Magnum*, après qu'on y eut transféré aussi les marchés où se vendaient les autres subsistances. Le *Macellum Magnum*, ou la Grande-Boucherie, devint, dans les premières années du règne de Néron, un édifice comparable pour sa magnificence aux bains, aux cirques, aux aqueducs et aux amphithéâtres. L'accroissement de Rome nécessita dans la suite la construction de deux autres boucheries, l'une sur la voie Esquiline et l'autre sur le Forum.

La police que les Romains observaient dans leurs boucheries s'établit avec leur domination dans les Gaules, où les villes et métropoles municipales eurent leurs établissements de ce genre régis par des corporations semblables à celles de Rome. Dès les premiers temps de notre histoire nous trouvons déjà la corporation des bouchers de Paris, organisée suivant les coutumes de l'ancienne Rome, qu'elle avait conservées sans altération sensible. Un certain nombre de familles composant une société, qui n'admettait aucun étranger et transmettait ses droits aux descendants mâles, était de temps immémorial chargé du soin d'acheter la quantité de bestiaux nécessaire à l'approvisionnement de la ville, et d'en débiter la chair dans les étaux. Elles élisaient entre elles un chef à vie, qui portait le titre de *maître des bouchers*, et auquel appartenait le droit de décider, sauf appel devant le prévôt de Paris, sur toutes les contestations qui concernaient le métier et l'administration des biens; la possession de ces biens était commune à tous les membres, à l'exclusion des filles, et les familles qui ne laissaient pas d'héritiers mâles cessant d'appartenir à la communauté, celle-ci profitait de ces héritages.

Paris n'eut longtemps qu'une boucherie, située d'abord sur la place du parvis Notre-Dame, et transportée plus tard près du Châtelet, à l'endroit où la tour Saint-Jacques-la-Boucherie en rappelle encore le souvenir; quant à la boucherie du parvis, qui avait été abandonnée, elle fut donnée en 1222 par Philippe-Auguste à l'évêque de Paris. Les accroissements de la ville engagèrent bientôt des industriels étrangers à la vieille corporation à s'établir dans les environs du Châtelet; mais les anciens, après avoir voulu les forcer à renoncer à une profession dont ils prétendaient avoir seuls le monopole, finirent par transiger avec eux, achetèrent leurs étaux, et, les ayant réunis aux leurs, formèrent de l'ensemble un vaste bâtiment, qui fut appelé la *Grande-Boucherie*. Une charte de Philippe le Hardi autorisa plus tard les Templiers à établir une boucherie dans le voisinage de leur maison; mais elle maintint dans toute leur vigueur les usages, priviléges et franchises de la communauté de la Grande-Boucherie, qui conserva le droit de délivrer des patentes à ceux qui voulaient ouvrir d'autres étaux. Un autre de leurs priviléges était de ne pouvoir être arrêtés pour dettes la veille ni le jour des marchés de Sceaux et de Poissy.

Sous Charles VI les bouchers prirent une part active à la querelle des Armagnacs et des Bourguignons. On sait que Caboche, un des leurs, devint le chef du peuple parisien. Les Armagnacs victorieux firent démolir la Grande-Boucherie et celle du parvis, et abolirent tous les priviléges de la corporation; mais leurs adversaires s'étant, à leur tour, retrouvés les plus forts, les rétablirent, et relevèrent les ruines des étaux du Châtelet.

Devenus riches, les bouchers cessèrent d'occuper eux-mêmes leurs étaux, et ils y mirent des locataires; le parlement fixa le maximum des loyers, et décida qu'un conseiller de la cour présiderait chaque année à leur adjudication. Enfin, Henri III, par ses lettres patentes du mois de février 1587, réunit en une seule et unique communauté tous les bouchers de la ville, qu'il érigea en corps de métier juré, et leur donna des statuts.

Jusqu'en 1789 la boucherie de Paris resta à peu près dans cet état. D'après une statistique antérieure du commissaire de police Delamare, le nombre des étaux devait s'élever à trois cent sept environ, lorsque la révolution vint balayer toute entrave et proclamer la liberté de toutes les industries; mais les perturbations d'alors paralysèrent les règlements basés sur les lois des 16 août 1790 et 19 juillet 1791, et il en résulta les abus les plus pernicieux pour la santé publique. Une foule de gens se mirent à étaler et à vendre de la viande sur les places et dans les rues, dans les caves, les chambres, les allées; aucune surveillance n'était exercée; le désordre et le gaspillage devinrent tels que l'autorité prit enfin des mesures, et un arrêté du 9 germinal an VIII porta que nul ne pourrait exercer la profession de boucher sans être commissionné par le préfet de police. Le 8 vendémiaire an XI un décret rétablit en corporation la boucherie parisienne, institua un syndicat, et exigea de tout boucher, indépendamment de l'autorisation du préfet de police, le versement d'un cautionnement qui variait de 1,000 à 2,000 ou à 3,000 francs, selon l'importance des établissements. Le décret impérial du 8 février 1811 fut plus restrictif encore; il réduisit à trois cents le nombre des bouchers de la capitale, affecta au rachat des étaux dépassant ce nombre les intérêts des cautionnements dont le capital alimentait la Caisse de Poissy, et réorganisa sur des bases nouvelles cette caisse, sorte de banque chargée déjà depuis plusieurs années de servir d'intermédiaire entre les bouchers et les marchands de bestiaux et de faire à ceux-ci l'avance des payements jusqu'à concurrence du cautionnement des acheteurs.

A partir de cette époque il ne fut rien modifié dans l'organisation de la boucherie jusqu'en 1825. Seulement, pendant cet intervalle, de magnifiques abattoirs avaient été construits, et dès l'année 1818 toutes les boucheries ou tueries, effrayants foyers d'infection, que l'usage avait jusque là tolérés, aux dépens de la salubrité publique, dans les rues étroites du centre de Paris, et attenant presque toujours à l'étal même du boucher, avaient été obligés de disparaître.

Les rachats ordonnés par le décret de 1811 avaient déjà abaissé de cinq cents à trois cent soixante et dix le nombre des étaux, quand l'ordonnance du 12 janvier 1825, provoquée par les herbagers de Normandie, vint supprimer la limitation du nombre, limitation que ces éleveurs considéraient avec raison comme amoindrissant sur les marchés la concurrence des acheteurs, et comme lésant cruellement leurs intérêts, en les mettant pour la vente à la merci de cette poignée de privilégiés. Cependant, quatre ans s'étaient à peine écoulés, que cet état de choses n'avait produit que des mécontents; et vivement attaqué à cause du mal incontestable qu'il engendrait sans contre-poids aucun, il était anéanti à son tour par l'ordonnance du 18 octobre 1829. Cette ordonnance maintint toutes les restrictions, limita à quatre cents le nombre des bouchers de Paris, autorisa, comme par le passé, le rachat des étaux qui excéderaient la limite, et obligea tout aspirant qui voudrait s'établir avant que la réduction fût entièrement opérée, à acheter deux étaux, pour n'en exploiter qu'un et supprimer l'autre.

La révolution de 1830 ne changea rien à cette organisation; mais un relâchement systématique de la part de la préfecture de police annula de fait les dispositions de l'ordonnance précitée, et le commerce de la boucherie, sans être pour cela légalement dégagé de ses liens, ne souffrant pas non plus de leur étreinte, fut depuis livré à l'arbitraire. Les bouchers ne furent plus contraints à fréquenter tel ou tel marché et pas d'autres; ils purent acheter en gros et à la cheville, sans être inquiétés; ils n'eurent pas à acquérir deux étaux pour devenir titulaires de l'un à condition de sacrifier l'autre. Mais pour cela les plaintes et les murmures ne cessèrent pas : les bouchers regrettaient l'ancien régime, qui avait élevé à des prix exorbitants la valeur de leurs étaux; les propriétaires fonciers, de leur côté, voulaient de nouveau la destruction du monopole, le droit de concurrence pour les forains, et la faculté de faire abattre et vendre eux-mêmes leurs bestiaux dans les abattoirs. Divers projets furent livrés à l'examen de commissions, et quand éclata la révolution de Février le provisoire et l'arbitraire duraient encore. Seulement les droits d'octroi perçus par tête avaient été transformés en droits au poids. Certaines modifications furent alors apportées : les droits d'octroi et de caisse de Poissy, abolis d'abord par le gouvernement provisoire, rétablis ensuite par la Constituante, ont été réglementés d'après un nouveau mode de perception. La concurrence des bouchers forains s'est accrue, la vente à la criée, établie en 1850 au marché des Prouvaires, a amené une concurrence plus sérieuse, et permet aux éleveurs de faire vendre eux-mêmes leur viande, sans intermédiaire. De nouvelles propositions sont en ce moment à l'étude, et un projet s'élabore sur l'organisation de la boucherie, projet qui donnera sans doute satisfaction à la liberté de l'industrie, sans oublier les intérêts des consommateurs.

BOUCHER (François), naquit à Paris, en 1704. Il devait être peintre. L'école régnante inclinait déjà depuis longtemps aux manières lestes, et Lemoine, l'infortuné Lemoine, qui mourut pour se désespoir, alors maître de Boucher, n'était pas un des moins habiles de l'école. L'élève suivit volontiers le maître et la mode, et commença sa réputation d'atelier par des ébauches hardies, qui lui attirèrent, comme il arrive toujours, la haine des illustres de l'époque et leurs intrigues. Alors, ce n'était pas l'Académie, mais le directeur des Beaux-Arts, qui avait plein pouvoir, et on ne sait pourquoi il mit tout en œuvre pour que le jeune Boucher ne fît pas le voyage à Rome, auquel ses premiers succès lui donnaient des droits. Un ami des arts, riche et peu soucieux des querelles de l'école, conduisit avec lui Boucher en Italie.

Boucher ne comprit rien aux chefs-d'œuvre que l'Italie lui offrait à chaque pas : Raphaël lui semblait fade, Carrache sombre, et Michel-Ange bossu. Il avait surtout en grande dérision les merveilles des gothiques, alors moins estimées que de nos jours. C'était Paris qu'il lui fallait. Il y revint bientôt, et de nouvelles peintures révélèrent un émule du gracieux Watteau. Il peignait vite, et sa peinture, quoique enflée et souvent terne, était d'une finesse exquise de coloris et d'une élégance de dessin telle qu'on oubliait aisément les fautes pour ne voir que les beautés. Sa réputation alla tous les jours croissant à la cour. Les sévères imitateurs du vieux Poussin étaient alors en grande défaveur; il fallait pour prospérer faire danser des marionnettes sur la toile, comme notre Boucher, ou séduire galamment, comme tant d'autres.

Carle Vanloo, premier peintre du roi, étant mort, Boucher lui succéda dans sa place, et ce nouveau titre ne fit qu'ajouter à sa grande renommée près des filles de bon ton. Un biographe dit qu'il gagnait avec la peinture 50,000 francs par an. Il s'était aussi essayé dans une manière plus grave; mais l'élégance l'y poursuivit encore. Là surtout, imitateur passionné de Rubens et de Vanloo, il copia leurs prétentions aux formes larges et musculeuses; mais il ne les atteignit pas. Sa Rachel porte paniers et jaquette, ses vierges sont des impudiques qui baissent les yeux avec pruderie, ses douze apôtres sont douze bons viveurs. Souvent il s'essaye dans la façon de Philippe de Champagne, et il le surpasse quelquefois. Le martyre de Jacques Ghisai, de Paul Michal et de Jean Gotho, missionnaires dans le Japon, est une très-belle chose; mais c'est du Rubens encore.

Il a représenté plusieurs fois les quatre éléments sous les formes d'anges, ou plutôt d'amours bouffis, enflés et joliets. Il a fait le Printemps, l'Été, l'Automne, l'Hiver; la poésie épique, la poésie lyrique, la poésie satirique, et la poésie pastorale, charmantes pochades du chique le plus gracieux, rappelant avec un grand bonheur les bergères de cour dansant au son du tambour de basque et de la flûte de Pan. L'Amour moissonneur, auquel on passe sur la lèvre un épi de blé pendant qu'il dort, est charmant. L'Amour oiseleur, gravé par Lépicié, est une des gravures les plus gracieuses que j'aie vues. La belle villageoise me plaît plus encore, peut-être que les plus belles toiles de Greuze. Dans la collection des Amours, toilettes, confidences, pastorales, ainsi que dans le Retour de la chasse de Diane, tout est charmant. Mais ce qui me plaît surtout, ce sont les Cris de Paris, sa Quêteuse de grand chemin, ses paysannes, ses Amours et ses Chinoises aux yeux lascifs. Une petite femme enceinte, tenant par la main un petit enfant colère et méchant, égale les plus jolis essais de Watteau. Elle a la tête pensive et baissée, les yeux mouillés de pleurs de souvenirs, la pose soucieuse, la démarche lente. Boucher, malgré la prétention aux formes grosses et lourdes, fait quelquefois les femmes admirablement.

Il mourut au plus beau de sa gloire, le 7 mai 1770, et n'eut bientôt plus d'admirateurs. Une réaction dans le sens de l'autorité balaya toutes ces renommées de cour, et le grave David réhabilita Poussin, le peintre philosophe, oublié depuis longtemps. Barthélemy Hauréau.

BOUCHER (Alexandre-Jean), né à Paris, le 11 avril 1770, montra dès son enfance de grandes dispositions pour la musique et pour le violon. Navoigille l'aîné, professeur très-habile, l'admit au nombre de ses élèves. Boucher avait à peine quatorze ans, et déjà son talent était remarqué dans la capitale; le jeune virtuose était le soutien de sa famille. A dix-sept ans il partit pour l'Espagne, et le roi Charles IV, très-bon musicien, le choisit pour violon solo de sa chambre et de sa chapelle. Boccherini se plut à donner des conseils à l'artiste français, et lui dédia même un œuvre de ses admirables compositions.

Un congé qu'il obtint ramena Boucher en France. Il se fit entendre à Paris en 1808, aux concerts de madame Grassini, de madame Giacomelli, avec le plus grand succès. On le nomma l'Alexandre des violons, mais le parti de l'opposition prétendit qu'il n'en était que le Charles XII. Ce virtuose venait d'obtenir à Mayence une distinction très-flatteuse. L'impératrice Joséphine voulut l'entendre, et lui dit qu'il l'avait réconciliée avec le violon. La reine de Hollande ajouta que le violon de Boucher avait le charme de la voix, et qu'elle désirait en faire la comparaison avec le chant délicieux de Crescentini. Lorsque le roi d'Espagne fut enlevé à Bayonne et conduit à Fontainebleau, Boucher se rendit à cette maison royale pour y attendre son protecteur malheureux. Charles IV le serra dans ses bras, et lui dit : « Je n'ai pas cru les méchants qui voulaient me persuader que tu m'avais oublié. Tu ne me quitteras plus, ton bon cœur m'est connu. » Boucher devint le directeur du petit nombre de musiciens que le roi détrôné réunit pour charmer les ennuis de sa captivité. Guénin, violoniste de l'Opéra, et le célèbre violoncelliste Duport s'y faisaient remarquer.

Alexandre Boucher a fait plusieurs tournées en Europe; en Allemagne, on lui donna le nom de Paganini français. Boucher a composé beaucoup d'ouvrages pour son instrument, et n'en a publié qu'un très-petit nombre. Il a épousé Mlle Céleste Gallyot, harpiste et pianiste du roi Charles IV, et qui se fit entendre avec succès aux concerts de Feydeau en 1794. Il n'a eu d'élèves que ses fils, *Alfred* et *Charles* Boucher, qui se sont signalés l'un sur le violon, l'autre sur le violoncelle. Alexandre Boucher vit aujourd'hui dans une douce aisance, aux environs d'Orléans.

Je ne finirai point cet article sans parler de l'étonnante ressemblance d'Alexandre Boucher et de Napoléon Bonaparte. M. Boucher revêtu de la redingote grise et coiffé du tricorne, imitant Napoléon du geste et de la voix, produisait une illusion complète. CASTIL-BLAZE.

BOUCHERIE. *Voyez* BOUCHER.

BOUCHES A FEU. On nomme ainsi, en termes d'artillerie, toutes les armes à feu non portatives, telles que *canons, mortiers, obusiers, pierriers*, etc., dont le service exige le concours de plusieurs hommes.

Quatre choses principales sont à considérer dans une bouche à feu : les matières employées à sa fabrication, sa forme ou ses dimensions, son âme et sa chambre, enfin sa lumière. Les bouches à feu sont soumises aux efforts qui résultent de l'expansion des gaz produits par la combustion de la poudre ; ces efforts ont une si grande puissance, qu'ils lancent des projectiles d'un poids considérable à de grandes distances.

La ténacité, la dureté, l'indissolubilité dans les acides que produit la combustion de la poudre, l'infusibilité aux degrés de chaleur qu'elles doivent éprouver, sont les qualités indispensables des matières employées à la fabrication des bouches à feu. Il faut encore que ces matières ne soient pas oxydables à l'air ou à l'humidité : autrement les dimensions de la bouche à feu s'altéreraient, et l'exactitude dans le tir en serait diminuée. Enfin, ces matières doivent être communes, afin qu'on puisse se les procurer en quantité suffisante. Il est presque impossible de composer avec des métaux purs des bouches à feu qui soient de bon service : le cuivre et le fer forgé ont une grande ténacité, et sont peu attaquables par les acides de la poudre ; mais il leur manque de la dureté nécessaire, de même que l'or et l'argent, qui sont d'ailleurs d'un prix excessif ; le fer fondu a une grande dureté, mais sa ténacité est faible ; les autres métaux, tels que l'étain, le plomb, le zinc, etc., ont tout à la fois peu de dureté et de ténacité. Il a donc fallu recourir à l'alliage des métaux purs. Pendant longtemps l'alliage de 11 parties d'étain à 100 de cuivre a été regardé comme la proportion la plus convenable pour obtenir des bouches à feu très-résistantes ; mais l'expérience ayant contredit cette opinion, on a dû chercher dans de nouvelles proportions un remède au peu de durée des bouches à feu, surtout dans les gros calibres. Des expériences faites à Turin, en 1770 et 1771, sur des bouches à feu où il entrait 12 parties d'étain sur 100 de cuivre et 6 de laiton, qui est un alliage de cuivre et de zinc, ont prouvé que ces bouches à feu résistaient à un tir très-prolongé, sans subir aucune altération. Il est résulté d'autres expériences faites en France, en 1817, sous la direction de M. Dusaussoy, par ordre du ministre de la guerre, que les alliages ternaires, composés de métal à canon, avec un à un et demi de fer-blanc pour 100, ou 3 de zinc, donnent, coulés en sable, de meilleurs produits que le bronze ordinaire, coulé de la même manière.

Le général Allix pensait qu'il serait convenable d'employer, en France, pour l'artillerie de terre comme pour celle de mer, le fer fondu de préférence au bronze ; voici les principaux motifs sur lesquels il appuyait son choix : 1° la fonte de fer, disait-il, est très-commune en France, où elle ne coûte pas le dixième de ce que coûte le bronze ; 2° la France tire de l'étranger presque tout le cuivre et l'étain qu'elle emploie à la fabrication des bouches à feu en bronze, ce qui contribue à mettre contre elle la balance du commerce, et rend incertains les approvisionnements de ces métaux en temps de guerre ; 3° les bouches à feu en fer fondu se coulent dans des moules en sable, ce qui, jusqu'ici au moins, n'a pu être pratiqué pour les bouches à feu en bronze : d'où résultent célérité, et en même temps économie dans la fabrication des premières, comparativement à celle des secondes ; 4° enfin, le fer fondu pèse beaucoup moins que le bronze : on peut donc donner aux bouches à feu en fer de plus fortes dimensions sans en augmenter le poids, relativement à celui des bouches à feu en bronze, ce qui, concurremment avec une fabrication soignée, donne aux premières toute la solidité nécessaire. Un autre avantage très-grand, ajoutait le général Allix, qui résulterait de l'emploi du fer fondu dans la fabrication des bouches à feu destinées en même temps aux deux services de terre et de mer, c'est qu'alors elles auraient dans ces deux services les mêmes dimensions, et que les mêmes fonderies serviraient à chacune d'elles. L'on pourrait ainsi en diminuer le nombre avec une grande économie ; d'un autre côté, les deux services pourraient se secourir réciproquement, et l'un prêter ses bouches à feu à l'autre, selon que le besoin pourrait le requérir : secours réciproque impossible dans l'état actuel des choses, où les bouches à feu de ces deux services n'ont pas les mêmes dimensions.

On trouvera à l'article CANON, les notions qui se rattachent aux autres conditions de cette fabrication, et tous les renseignements explicatifs nécessaires sur les diverses parties constituantes des bouches à feu.

BOUCHES DE CATTARO. *Voyez* CATTARO.

BOUCHES-DU-RHONE (Département des), formé d'une partie de la Provence, du territoire d'Avignon et du comtat Venaissin. Il est borné au nord par le département de Vaucluse ; à l'est, par l'extrémité sud-ouest de celui des Basses-Alpes et par celui du Var ; au sud par la Méditerranée, et à l'ouest par le département du Gard. — Son nom lui vient de ce que le Rhône a ses embouchures sur son territoire.

Divisé en trois arrondissements, dont les chefs-lieux sont Marseille, siège de la préfecture, Aix et Arles, il compte 27 cantons, 106 communes, et 413,918 habitants. Il envoie trois députés au Corps législatif. Il forme avec les départements des Basses-Alpes, du Var et de Vaucluse, le 26e arrondissement forestier, constitue la 1re subdivision de la 9e division militaire, dont le quartier général est à Marseille, ressortit à la cour d'appel d'Aix, et compose les diocèses d'Aix et celui de Marseille, suffragant de l'archevêché d'Aix. Son académie comprend une faculté de droit, une faculté de théologie et une faculté des lettres ; une école préparatoire de médecine et de pharmacie ; un lycée, 2 collèges communaux, 3 institutions, 30 pensions et 290 écoles primaires.

Sa superficie est de 512,991 hectares, dont 143,725 en landes, pâtis, bruyères ; 106,415 en cultures diverses ;

99,051 en terres labourables; 63,702 en bois; 39,491 en vignes; 22,271 en rivières, lacs et ruisseaux; 16,174 en étangs, abreuvoirs, mares, canaux d'irrigation; 4,995 en prés; 3,987 en oseraies, aulnaies, saussaies; 2,139 en vergers, pépinières et jardins; 1,701 en propriétés bâties; 192 en forêts, domaines improductifs, etc. On y compte 64,044 maisons, 718 moulins, 5 forges et hauts fourneaux, 673 fabriques, manufactures et usines. Il paye 1,695,282 fr. d'impôt foncier.

Le département des Bouches-du-Rhône est divisé en deux parties par la chaîne des Alpines. L'une, au nord et à l'ouest, située dans le bassin du Rhône, a sa pente dans la direction de ce fleuve; l'autre est inclinée de l'est à l'ouest dans la direction des principaux cours d'eau dont cette région est arrosée : de la Vienne, qui se jette dans la mer, au sud et près de Marseille, de la Couloubre et de l'Arc, qui versent leurs eaux dans l'étang de Berre. La première partie est baignée, au nord, par la Durance; et couverte, à l'ouest, par les diverses branches entre lesquelles se divise le Rhône, depuis Arles jusqu'à la mer. Cette région est principalement occupée par les plaines basses et alluvionales de la Camargue et de la Crau. La Camargue est renfermée dans le delta du Rhône. La Crau, comprise entre le bras le plus oriental de ce fleuve et les étangs de Martigues, les Alpines et la mer, offre l'aspect d'un golfe qui serait comblé par les alluvions. Cette plaine, dont la circonférence totale est d'environ onze myriamètres, est couverte de cailloux roulés de toutes les grosseurs, ce qui lui a fait donner par les habitants le nom qu'elle porte, qui signifie en provençal *champ pierreux*. Elle renferme un grand nombre d'étangs. Le plus ancien terrain de cette plaine confinant à la Durance, on est porté à croire que cette rivière y coulait autrefois et se jetait à la mer par ce golfe comblé. Le Rhône et la Couloubre y avaient probablement aussi leurs lits. Considéré sous un autre aspect, le département des Bouches-du-Rhône présente, dans la région du nord-est, des collines et des plateaux élevés, nus et stériles, et, dans la région du sud-ouest, un pays de plaines couvertes en grande partie de mares, d'étangs, de terrains marécageux. Les plus considérables de ces amas d'eaux sont les étangs de *Valcarère* et de *Berre*. Le premier couvre presque la moitié de la Camargue, et le dernier, qui a environ vingt kilomètres de long sur huit de large, s'étend, dans la plaine de la Crau, entre Marseille et la bouche la plus orientale du Rhône, et se décharge dans la mer par un passage d'une lieue et demie environ, appelé le port de *Bouc* ou *canal des Martigues*. Les côtes basses, dans les environs du Rhône, offrent partout ailleurs des escarpements très-élevés; elles courent en général de l'ouest-nord-ouest à l'est-sud-est.

Le territoire de ce département, fertile et de bonne qualité dans la partie arrosée par la Veaune, devient pierreux et ingrat dans la partie nord-est, et ne produit qu'à l'aide d'un travail opiniâtre. Les bords de la Durance au nord sont également stériles; mais tout le terrain situé entre cette rivière, le Rhône et le canal de Crapone est d'une grande fertilité; malheureusement il est exposé aux inondations. Le département est coupé en divers sens par plusieurs canaux ou tranchées. Le plus considérable est le *canal d'Arles*, qui part du Rhône auprès d'Arles et va aboutir au port de Bouc; c'est le seul navigable. Le *canal de Crapone*, tranchée qui part aussi du Rhône et joint ce fleuve à la Durance.

Cette contrée renferme peu d'animaux sauvages et de gibier; mais on trouve sur les côtes et dans les étangs une grande quantité de poissons de mer et d'oiseaux aquatiques : les rivières sont aussi très-poissonneuses. Les montagnes abondent en plantes aromatiques, telles que la lavande, le thym, l'hysope, le romarin, etc. On voit sous ce beau ciel croître spontanément les lauriers, les myrtes, les grenadiers, les citres, les pistachiers, et en général tous les arbres des régions méridionales s'y acclimatent facilement. Le chêne et le pin sont les essences qui dominent dans les forêts. Le sol ne renferme aucune mine métallique; mais on exploite dans la partie sud-est du département des bassins de houille considérables, des carrières de marbre, de pierre à bâtir, d'ardoise, de plâtre, d'argile, de grès calcaire, de pierres à aiguiser, de pierres à chaux et de stalactites calcaires. Parmi les marais salants qui s'y trouvent, ceux de Berre sont les plus importants. On possède à Aix un établissement d'eaux minérales et thermales.

L'agriculture de ce pays consiste presque exclusivement dans la culture des plantes industrielles. Les produits les plus importants sont les vins, tous de bonne qualité; mais on estime surtout les vins blancs de Cassis et de la Ciotat, et les muscats du canton de Roquevaire, qui fait en outre un grand commerce de raisins secs. La culture de l'olivier et du mûrier tient le second rang dans l'industrie agricole, et on s'adonne dans la plupart des communes à l'éducation des vers à soie, qui sont pour le pays la source d'un revenu considérable.

Le département des Bouches-du-Rhône est plus commerçant que manufacturier; il renferme cependant un assez grand nombre d'usines, et les produits de ses fabriques de soude, et surtout de ses savonneries, jouissent d'une grande faveur. Il possède en outre des distilleries, des vinaigreries, des raffineries, des tanneries, des mégisseries, des teintureries, des manufactures de bonneterie orientale, des filatures de coton, des papeteries. La pêche dans la Méditerranée, considérable surtout en anchois, thon et corail, occupe toute la population des villages maritimes.

Outre le Rhône, le canal d'Arles et la Durance, ce département possède encore en fait de voies de communication, quatre routes nationales, dix-sept routes départementales, neuf cent cinq chemins vicinaux, et le chemin de fer d'Avignon à Marseille qui passe par Tarascon et Arles.

Les principales villes du département des Bouches-du-Rhône sont, indépendamment de Marseille, Aix et Arles, Tarascon, La Ciotat, Lambesc, jadis titre d'une principauté appartenant à la maison de Lorraine-Brionne; *Orgon*, bâtie au pied d'une colline sur laquelle on voit encore les ruines d'un vieux château qui fut pris par Euric, roi des Visigoths, lorsqu'il allait assiéger Arles, possédé par tous les souverains qui régnèrent sur la Provence, et démoli en 1483 par ordre de Louis XI.

BOUCHES INUTILES. Nom donné à toutes les personnes qui dans une ville assiégée ne peuvent être d'aucune utilité pour la défense de la place, et qu'on en fait sortir dans la crainte qu'elles ne poussent trop activement à la consommation des vivres qui y sont enfermés. Hérodote raconte que les Babyloniens assiégés dévourent à la mort toutes leurs femmes, n'en gardant qu'une par maison pour préparer la nourriture des défenseurs, et que les autres furent impitoyablement étranglées. César condamna à mourir de faim les bouches inutiles expulsées d'Alésia. En 1419, douze mille bouches inutiles repoussées de Rouen et retenues sans nourriture dans les fossés de la place par l'armée d'Henri V, roi d'Angleterre, y périrent d'inanition, dit M. de Barante. Les assiégés avaient seulement la pitié de faire monter, à l'aide de cordes, pour les baptiser, les enfants qui naissaient au pied des remparts, et qu'on redescendait ensuite à leurs mères. En 1692, Louis XIV assiégeant en personne Namur, les dames de la ville se reconnurent bouches inutiles, et envoyèrent demander un sauf-conduit au roi; qui leur fit répondre galamment que les mettre en liberté serait renoncer d'avance à la plus belle part du triomphe. Mais elles persistèrent à se rendre à merci, sans condition, et Louis XIV s'empressa alors d'envoyer à leur rencontre des valets, des carrosses, des chevaliers d'honneur. Après un brillant repas sous sa tente, il les fit conduire dans une abbaye voisine.

Lorsque le gouverneur ou le commandant d'une place juge indispensable de renvoyer les bouches inutiles, il commence d'abord par les vieillards, les femmes et les enfants. Si la résistance continue, sans que la garnison ait été ravitaillée, l'autre partie de la population est, à son tour, impitoyablement renvoyée. Cette coutume, qui tient de la barbarie, est d'autant plus condamnable, qu'il arrive presque toujours que les assiégeants refusent, sans motifs légitimes, de recevoir ces malheureuses victimes de la guerre. Abandonnées alors sur les glacis, sans pain et sans abri, elles se trouvent en même temps exposées à l'intempérie de l'air, à la faim qui les dévore, au feu croisé de l'ennemi et des assiégés qui les décime.... Hâtons-nous d'ajouter que ces exemples de cruauté sont devenus fort rares, et ne sauraient même se reproduire dans le siècle de lumières et de progrès où nous vivons.

BOUCHON. On appelle ainsi toute espèce de cône tronqué, en bois, en liége, en verre, dont on ferme l'orifice d'une bouteille, d'un flacon, d'un pot, etc. Tout bouchon doit avoir non-seulement la propriété d'empêcher le liquide, comme le vin, l'eau-de-vie, contenu dans le vase, d'en sortir, mais encore être imperméable aux fluides spiritueux qui se dégagent au-dessus de ces liquides. Il n'y a par conséquent de matière propre à faire des bouchons possédant cette propriété, que les métaux, le verre, le cristal. Voilà pourquoi on est obligé de recouvrir de cire les bouchons de liége, et de coucher les bouteilles; car lorsqu'elles sont dans cette position, le vide où se rendent les fluides spiritueux qui se dégagent du vin se trouve au-dessous d'un des côtés de la bouteille, tandis que le bout du bouchon est constamment recouvert de vin.

A Paris, quand on veut indiquer qu'un objet grossier est à vendre, on l'expose dans la rue avec un bouchon de paille. C'est aussi avec un bouchon de paille que l'on essuie les chevaux et les bestiaux en rentrant à l'écurie.

On appelle aussi *bouchon* un mauvais cabaret où l'on détaille du vin à bas prix. TEYSSÈDRE.

BOUCHONNIER, celui qui fait et vend des bouchons. Il suffit d'examiner un bouchon pour concevoir sur-le-champ tous les procédés de la fabrication. La matière que les bouchonniers emploient le plus communément, c'est le *liége*. Les bouchonniers débitent les tables de liége par bandes, qu'ils coupent ensuite en travers, d'où résultent de petits parallélipipèdes, qui étant arrondis forment autant de bouchons.

Les outils des bouchonniers consistent en une table à rebords et des *tranchets*, ou lames très-minces, larges comme la main et très-bien affilées; ils tiennent d'une main ces couteaux fixes, le dos en bas contre les bords de la table, et de l'autre main ils tournent le bouchon sur lui-même, et le font aller et venir contre le tranchant du couteau, de façon que le parallélipipède se trouve arrondi quand il a fait un tour sur lui-même, ce qui est facile à concevoir. L'ouvrier tient à côté de lui une pierre à aiguiser, sur laquelle il repasse à sec son couteau chaque fois qu'il a terminé un bouchon, car la moindre petite brèche que le fil du tranchet aurait éprouvée, ce qui peut arriver souvent, produirait sur le bouchon qu'on taillerait ensuite des imperfections assez grandes pour le faire rejeter.

Comme les tables de liége ne sont pas de même qualité dans toute leur étendue, il en résulte que certains bouchons sont plus ou moins inférieurs à d'autres, ce qui oblige à les *trier* en *très-fins,* en *fins, bas fins* et *communs*, que l'on vend ensuite à des prix proportionnés à leur qualité.

Les marchands bouchonniers vendent encore en liége des semelles et des encriers, des appareils natatoires, des planches pour boîtes à insectes, des roues pour les tailleurs de cristaux, des *patenôtres* ou chapelets dont les pêcheurs font usage pour tenir leurs filets suspendus dans l'eau.

BOUCHOTTE (JEAN-BAPTISTE-NOEL), naquit à Metz, le 25 décembre 1754. Entré à l'âge de seize ans dans la carrière militaire, il était lentement arrivé au grade de capitaine de cavalerie, quand la révolution éclata. Il ne tarda pas à être élevé aux fonctions de colonel. La réputation de probité, d'ordre et de désintéressement qu'il s'était faite appelait déjà l'attention sur lui. Après la trahison de Dumouriez, il se signala en empêchant la ville de Courtrai de tomber au pouvoir des Autrichiens, avec lesquels des traîtres négociaient déjà. Cet éminent service fut apprécié par la Convention, qui le 4 avril 1793, à l'unanimité d'environ sept cents voix, le nomma membre du conseil exécutif et ministre de la guerre, en remplacement de Beurnonville, que Dumouriez venait de livrer à l'ennemi.

Jamais administrateur de la guerre ne fut aux prises avec des circonstances plus solennelles, plus périlleuses : Bouchotte, par son zèle, par son activité, aida puissamment le comité de salut public à improviser, organiser et approvisionner nos armées. Quand la loi du 28 juillet 1793 l'eut chargé des nominations, il sut doter la république de généraux instruits et dévoués. Bouchotte conserva le ministère jusqu'au 1er avril 1794, époque où, dans le but de concentrer davantage l'action gouvernementale, les six ministères furent supprimés par décret de la Convention et remplacés par des commissions exécutives.

Il avait pris une part trop active à la grande lutte de 1793 pour ne pas devenir l'objet de la haine et de la calomnie. Arrêté avant le 9 thermidor, comme contre-révolutionnaire, il fut poursuivi après la chute de Robespierre comme terroriste. On le traîna de maison de détention en château-fort, de château-fort en tribunal. Enfin, il fut rendu à la liberté, l'accusateur public n'ayant pu, malgré son bon vouloir, trouver aucune charge contre l'ancien ministre.

Rendu à la vie privée, Bouchotte se retira à Metz, sa ville natale, et ses concitoyens purent juger, par la simplicité de sa vie et la médiocrité de sa fortune, si, durant son ministère, il s'était plus occupé du soin d'augmenter son patrimoine que de s'avancer dans la carrière militaire. A l'avénement du gouvernement consulaire, il témoigna le désir de reprendre du service, et signa à sa section, au mois de frimaire an VIII, l'acceptation de la nouvelle constitution. Dans une pétition du 9 ventôse an IX, il sollicite le grade de général de brigade et une inspection de cavalerie, ou, à défaut, un traitement en rapport avec ses anciennes fonctions de ministre, « la république ne pouvant décemment, dit-il, laisser un ancien ministre *exposé à se loger au mois et à courir pour avoir à dîner* ». Le gouvernement ne le tira pas néanmoins de l'oubli. Au mois de juin 1840, Bouchotte s'éteignait à Metz, sans autre ressource qu'un fort modeste traitement de réforme.

BOUCICAUT (JEAN LE MAINGRE, dit). La famille Boucicaut n'était pas fort ancienne, et tirait son origine de la Touraine. Charles V se plaisait à élever de ces hommes d'une naissance médiocre, dans lesquels il remarquait des talents. En 1366 il porta aux premières charges de l'État *Jean* LE MAINGRE, dit *Boucicaut*, négociateur habile, général expérimenté, qu'il fit maréchal de France. Il mourut en 1370, laissant deux fils en bas âge.

L'aîné, Jean, naquit en 1364, à Tours, dont son père était gouverneur. Florine de Linières, sa mère, ne négligea rien pour lui donner une bonne éducation. A neuf ans Charles V le plaça auprès du dauphin, pour partager ses études et ses jeux. Louis de Clermont, voulant s'amuser de son humeur belliqueuse, le conduisit, à peine âgé de douze ans, à la conquête des places que Charles de Navarre occupait en Normandie; mais l'enfant s'y comporta en vrai soldat. Quatre années après, armé chevalier, malgré son âge, il attaquait, à la journée de Rosebeck, un Flamand d'une taille et d'une force remarquables : celui-ci, dédaignant sa jeunesse, lui fit tomber sa hache des mains : *Enfant*, lui dit-il, *va téter !* mais Boucicaut se glisse sous son bras, et lui plonge sa dague dans le flanc, en s'écriant : *Les enfants de ton pays jouent-ils à ces jeux-là ?* L'activité de Boucicaut s'ennuyait du loisir. Quand la paix désarmait la France, il poursuivait les combats en Prusse, en Hongrie ; il lui fallait des voyages aventureux, comme un pèlerinage en Palestine ; il lui fallait des joûtes contre les premiers chevaliers de l'époque. Il fit annoncer dans toute l'Allemagne, l'Angleterre, l'Espagne et la France, qu'il tiendrait un mois entier contre tout venant, avec deux de ses amis. Au lieu et au jour fixés, cent vingt chevaliers anglais se présentèrent. Boucicaut et ses compagnons sortirent avec gloire et sans blessures de ces luttes périlleuses.

Boucicaut faisait la guerre pour la seconde fois en Prusse contre les voisins idolâtres des chevaliers teutoniques, lorsqu'il apprit la mort du maréchal de Blainville, dont la dignité vacante lui était réservée ; il se hâta de revenir. Il trouva Charles VI à Tours ; et, soit hasard, soit par une attention délicate, le roi confirma sa nomination dans la chambre où il était né, et il y avait vingt-cinq ans. Il suivit le roi, et passa l'hiver à la cour, où les dames louèrent sa magnificence, sa politesse, sa gaieté, son *talent à composer ballades, rondeaux, lais, virelais et complaintes d'amoureux sentiments*. Il conduisait en Bretagne un corps de mille hommes d'armes, quand la démence imprévue du roi arrêta l'expédition. En 1396, Sigismond, roi de Hongrie, pressé par les armes de Bajazet, réclama une seconde fois le courage et la piété des Français. Une foule de nobles répondirent à cet appel, et notamment les jeunes princes du sang royal, le connétable de France, l'amiral de Vienne et de Châtillon. Le comte de Nevers, Jean, qui fut surnommé *Sans Peur*, fut mis à la tête de cette croisade. A l'arrivée de ce renfort, Sigismond marcha à l'ennemi ; mais le sort se déclara contre les chrétiens. Boucicaut traversa deux fois les bataillons ennemis, distribuant la mort ; mais il fallut céder au nombre. Tout ce qui ne fut pas tué tomba dans les fers. Le jour suivant, Bajazet fit la part de la vie et de la mort, réserva les princes du sang royal, et le reste eut la tête tranchée. Quand vint le tour de Boucicaut, ses yeux échangèrent un adieu si touchant avec le comte de Nevers, que celui-ci étendit les bras vers Bajazet, s'efforçant d'exprimer que Boucicaut et lui étaient comme deux doigts d'une main. Ce mouvement sauva le maréchal, qui partagea la prison des princes dans la forteresse de Bude.

Envoyé auprès du sultan pour négocier leur rançon, il s'empara si bien de l'esprit de Bajazet, qu'il le força à y consentir après de longs refus. L'empereur de Constantinople, Manuel Paléologue, de plus en plus pressé par les armes de ce conquérant, ayant demandé du secours à la France, Boucicaut lui fut envoyé (1399). Sa bonne fortune le conduisit au port de Péra, au moment où cette ville allait tomber aux mains des Turcs, et entraîner la prise de Constantinople. Sans presque donner de temps au repos, il se mit en campagne avec l'empereur, chassa l'ennemi, et rendit un service non moins signalé de son empire, l'accompagna. Il allait solliciter les puissances chrétiennes, lorsque la fortune le servit au delà de ses espérances en jetant Bajazet dans les fers de Tamerlan. A cette époque, des bandes armées désolaient la France ; les dames étaient insultées jusque dans leurs châteaux. Ce fut pour les défendre que Boucicaut, avec l'autorisation du roi, créa l'ordre militaire de la *Dame-Blanche à l'écu vert*, qui compta d'abord treize chevaliers, nombre qui fut porté plus tard à soixante. Les Génois, fatigués de leurs dissensions et désespérant de trouver la paix sous des chefs leurs concitoyens, s'étaient donnés à la France ; et, après avoir essayé de plusieurs gouverneurs dont la faiblesse avait été méprisée des partis, avaient demandé Boucicaut. Celui-ci, instruit de l'état des choses, se présenta bien accompagné, annonça d'un ton ferme la paix aux bons, la guerre aux méchants, désarma les particuliers, défendit les querelles politiques, livra au bourreau la tête des meneurs, construisit des forts pour dominer la mer et la ville, et ramena la confiance avec la tranquillité.

Le roi de Chypre assiégeait Famagouste, qui appartenait aux Génois ; Boucicaut, ayant assuré l'ordre intérieur, envoya sommer le roi de Chypre d'abandonner son entreprise, et s'embarqua sur une petite flotte pour appuyer sa demande. En même temps, Venise, jalouse de la prospérité rendue à sa rivale, fit partir Zani avec des galères en lui enjoignant d'observer Boucicaut et de l'accabler à la première occasion. Le roi de Chypre ayant consenti à lever le siège, le maréchal tourna contre les infidèles les forces de l'expédition. Candeloro, Tripoli, Baruth et les côtes d'Égypte furent témoins de ses combats, d'autant plus glorieux qu'il trouva un ennemi bien préparé ; car les Vénitiens avaient semé dans tous les ports la nouvelle de son approche. Au retour, comme il ramenait son armée, considérablement affaiblie, il fut attaqué par la flotte vénitienne ; mais il se défendit avec une telle vigueur, malgré la surprise et l'inégalité du nombre, qu'il força l'ennemi à se retirer. Venise prévint sa vengeance en se hâtant de négocier sa paix avec la cour de France. Boucicaut avait conçu un dessein hardi ; mais il avait besoin que le roi de Chypre concourût à l'exécution : il s'agissait d'enlever Alexandrie aux infidèles. Il envoya donc en Chypre deux hommes chargés d'instructions secrètes ; mais le roi ne s'étant pas senti assez de courage, l'entreprise n'eut pas lieu. Non moins habile au conseil qu'à l'exécution, il disposa le comte de Padoue et la comtesse de Pavie à reconnaître la suzeraineté de la France, et reçut aussi l'hommage de Gabriel, comte de Pise ; mais celui-ci était venu en fugitif, exilé par ses sujets ; avant d'employer les armes pour le rétablir, Boucicaut offrit aux Pisans de leur ménager une réconciliation avec leur prince. A leur refus, et comme ils offraient de se donner à la France, le maréchal obtint le consentement de Gabriel, sur la promesse d'une indemnité égale à son comté. Néanmoins, avant de jurer la foi du vassal, les Pisans, qui visaient à s'ériger en république, demandent que la citadelle soit évacuée et remise entre les mains de Boucicaut. Ce point leur est accordé ; mais, sans laisser au maréchal le temps d'approvisionner la place, et d'y mettre une garnison suffisante, ils assiègent la forteresse et l'enferment par un fossé. Ce fut alors que Gabriel vendit ses droits aux Florentins. Le maréchal y consentit, sous la condition acceptée que Florence tiendrait le comté de Pise comme relevant de la couronne, arrangement qui lui fit beaucoup d'honneur au conseil du roi ; car il maintenait la suzeraineté de la France, et lui gagnait une alliée. Pise est donc assiégée : réduite aux abois, elle se donne aux ducs d'Orléans et de Bourgogne. Ceux-ci l'acceptent, disposent Charles VI à leur céder ses droits, et, sans égard au traité qui les avait signés avec Florence, écrivent à Boucicaut de porter secours aux Pisans ; mais celui-ci respectait mieux la foi jurée ; et la ville fut prise après un siège qui avait duré deux ans.

Au milieu de ces affaires, la piété de Boucicaut s'occupait encore de l'Église. Il voyait avec peine qu'elle fût divisée entre le pape de Rome et celui d'Avignon ; il détacha Gênes du Romain ; il assiégea l'Avignonais dans son palais ; et, n'ayant pu en obtenir une abdication volontaire, il contribua à la réunion du concile où furent déposés les deux papes rivaux, et où l'Église fut réunie (1409) sous un seul pontife, Alexandre V. Ce Gabriel qui avait cédé Pise aux Florentins se mit en rapport avec un fameux chef de bandes, Facino-Cane, surnommé *la terreur de la Lombardie*, et tenta d'enlever Gênes au maréchal. Facino-Cane devait se montrer devant la ville au jour fixé, Gabriel s'emparer des ports, et les gibelins se révolter. Boucicaut découvrit la trame, et Gabriel la paya de sa tête. La crainte que Facino inspirait et le besoin d'un appui contre son audace augmentèrent l'influence de Boucicaut en Lombardie : le duc de Milan offrit l'hommage, le comte de Pavie imita son exemple. Boucicaut, ayant soumis en passant Crémone et Plaisance révoltées, fut reçu avec pompe dans Milan, où, sur la place magnifiquement décorée, le comte et le duc prêtèrent l'hommage entre les mains du maréchal, assis sur un trône, et tenant un sceptre; mais, en même temps, Spinola et Doria, chefs de la faction gibeline, soulevaient le peuple dans Gênes, ouvraient les portes au marquis de Montferrat et à Facino-Cane, tuaient les Français ou les mutilaient, et forçaient la citadelle à capituler (1409). Boucicaut accourut; il avait demandé un secours que la France n'était plus en état de lui envoyer au milieu des factions qui l'agitaient; pour comble de malheur, elle fut abandonnée par les principautés de Lombardie, qui s'étaient déclarées ses vassales. La seule vengeance que Boucicaut en put tirer fut de passer chez le duc de Savoie pour l'aider à battre le marquis de Montferrat et lui enlever des places fortes.

La France gémissait déchirée par les Bourguignons et par les Armagnacs. Ceux-ci comptaient Boucicaut parmi leurs plus zélés partisans. Henri V, roi d'Angleterre, jugeant la situation de nos affaires convenable à ses projets, débarqua en Normandie; mais, suivi de près, il se hâtait d'opérer sa retraite vers Calais, quand l'armée l'atteignit au village d'Azincourt. Si l'on eût cru Boucicaut, on aurait laissé l'ennemi continuer sa retraite précipitée, sans le réduire au désespoir; mais l'impatience française en décida autrement. La journée d'Azincourt (1415) doit être inscrite entre les défaites de Créci et de Poitiers. La veille, on avait armé beaucoup de chevaliers, dont la plupart avaient voulu recevoir l'*accolée* du maréchal. Prisonnier dans cette bataille, où la France perdit la fleur de sa noblesse, il fut amené en Angleterre, et mourut à Londres, en 1421, à l'âge de cinquante-cinq ans; son corps fut transporté en France, et enseveli dans l'église de Saint-Martin de Tours. H. FAUCHE.

BOUCLE, nom donné à une sorte d'anneau et à tout ce qui en a la forme. Les anciens employaient comme nous les boucles à divers usages; il y en avait chez eux qui servaient à l'architecture, d'autres à la chirurgie; les plus communes servaient, comme chez nous, à boucler les vêtements, à en joindre une partie avec une autre, à l'aide d'une ceinture ou autrement, et elles étaient portées également par les deux sexes chez les Grecs, les Romains et les autres nations contemporaines. Les femmes portaient principalement des boucles sur la poitrine. Les hommes s'en servaient pour attacher les tuniques, les chlamydes, les lacernes et les pénules, qu'ils bouclaient quelques fois à l'épaule droite, d'autres fois à la gauche.

La forme des anciennes boucles approche assez d'un arc avec sa corde : de l'une des extrémités de l'arc sort une aiguille retournée plusieurs fois sur elle-même, et l'aiguillon s'avance de l'autre extrémité. A chaque côté de l'habit, à l'endroit où la boucle s'attachait, il y avait une pièce de métal de la même matière, c'est-à-dire d'or, d'argent ou de cuivre. Il y en avait qui étaient ornées de pierres précieuses, et quelquefois même la boucle était faite d'une seule de ces pierres.

Les modernes, imitateurs des anciens, ont adopté l'usage et la forme de leurs boucles, ainsi que le choix des matières diverses dont ils les composaient ou les ornaient; de plus, ils ont donné aux matières les plus viles qu'ils employaient les apparences les plus séduisantes. On se sert encore de boucles pour les bretelles, les jarretières, les ganses de chapeaux, les pattes de gilets et de pantalons, etc. Les boucles de souliers et de ceintures ont disparu il y a longtemps.

En architecture, on nomme *boucles* de petits ornements en forme d'anneaux entrelacés sur une moulure ronde, telles qu'une baguette ou une astragale.

Mais l'acception première et naturelle du mot *boucle*, celle qui a servi sans nul doute de type à toutes les autres, c'est la plus belle parure des femmes et des adolescents, c'est la *boucle de cheveux*, si précieuse à l'amour, dont elle devient souvent le gage et le souvenir le plus doux, et que Pope a chantée dans des vers si dignes du dieu qui l'inspirait.

BOUCLES D'OREILLES. Ce genre d'ornement, qu'on retrouve chez presque tous les peuples sauvages, remonte à la plus haute antiquité. Éliézer donna à Rébecca des boucles d'oreilles et des bracelets. Dans Homère, elles font partie de la parure des femmes. Junon les fixe aux *lobes* de ses oreilles *percées avec art*. Les hommes, chez les Grecs, portaient aussi quelquefois des boucles d'oreilles. Pline dit qu'on se plut à incruster dans sa chair des joyaux en pierres brillantes ou en perles, soit en perçant le lobe des oreilles, soit en y attachant ces ornements sans les percer. A Rome, Alexandre-Sévère défendit aux hommes de porter des boucles d'oreilles. Les femmes à cette époque en avaient de si lourdes que, suivant Sénèque, leurs oreilles en étaient plutôt chargées qu'ornées : Il y avait des femmes dont tout le métier consistait à donner leurs soins aux lobes des oreilles des élégantes de Rome, souvent blessées par le poids de l'or, des perles et des pierres que l'on y suspendait; ces femmes étaient nommées *auriculæ ornatrices*. Chez les Grecs, les enfants ne portaient de boucles d'oreilles que du côté droit.

Les perles furent d'un grand usage pour les boucles d'oreilles. Lorsque le commerce eut fait connaître ces produits aux Grecs et aux Romains, le luxe en tira le plus grand parti, et sous les empereurs les femmes se plurent à suspendre à leurs oreilles la valeur de deux ou trois riches patrimoines. On trouve dans les plus anciens tombeaux des rois d'Égypte des agates, des calcédoines, des onyx, des cornalines, qui ont la forme de perles parfaitement rondes et d'un très-beau poli; elles servaient à faire des boucles d'oreilles.

La forme et le nom des boucles d'oreilles étaient très-variés. Les boucles d'oreilles romaines appelées *bulles* étaient semblables à des bulles d'eau; peut-être les nommait-on ainsi à cause de leur forme et de leur légèreté : elles étaient faites d'une feuille d'or extrêmement mince. On appelait *callaica* de grandes boucles d'oreilles faites avec une pierre précieuse verte, peut-être l'émeraude; *coryotides*, celles qui avaient la forme de petites noix vertes; *centaurides*, celles qui étaient ornées de figures de centaures en or; *connos*, des boucles d'oreilles en forme de quille; *crotalia*, des boucles formées de plusieurs grosses perles réunies et suspendues, lesquelles, en se heurtant, produisaient un léger bruit, semblable à celui des crotales ou des castagnettes. On donnait le nom d'*exaluminatæ* aux perles les plus belles et les plus blanches, et à l'eau desquelles on trouvait la couleur de l'alun, et ceux d'*hippiscos* et d'*hippocampos* aux boucles d'oreilles où pendaient de petites figures de cheval ou d'hippocampe, petit poisson connu sous le nom de cheval marin, très-commun dans la Méditerranée; enfin celui de *pinosis* aux boucles en forme de pin. Les *rotulæ* étaient des boucles d'oreilles dont les pendeloques étaient en forme de petites roues ou de poires. *Spathalia* et *stalagmium* indiquaient des formes en goutte d'eau ou en poire allongée, telles que celles des stalagmites. La *triglene* était célèbre dans l'antiquité; elle fait partie de la parure de Junon dans l'Iliade; c'est dans l'Odyssée le riche présent qu'Eurydamus envoie à Pénélope. Mais il n'est guère possible d'expliquer ce qu'étaient les triglènes : peut-être étaient-ce des onyx ou des cailloux roulés, à plusieurs couches concentriques de couleurs différentes, et qui offraient la forme et les couleurs de la prunelle de l'œil, le mot γλήνη signifiant la pupille de l'œil. Enfin, il y avait des boucles d'oreilles qui avaient la forme de petits trépieds, et que pour cela on nommait *tripodes*.

Il nous reste à parler du *nesim* ou *nisme*. Les Hébreux

donnaient ce nom à l'anneau dont ils ornaient leurs narines, usage qu'on trouve chez plusieurs peuples sauvages et aux Indes. Il semble avoir été pratiqué en Orient dès le temps d'Abraham ; il en est souvent question dans la Bible. Les peintures indiennes et chinoises offrent un grand nombre de figures dont les narines sont ornées de perles et de pierres précieuses. Ces anneaux servaient chez les Juifs aux hommes ainsi qu'aux femmes, et on les suspendait tantôt aux narines, tantôt aux oreilles. On appelait aussi autrefois *nesim*, en Orient, ce fort anneau qu'on employait et qu'on emploie encore aujourd'hui, en plusieurs pays, comme frein ou caveçon, et qu'on passe dans la cloison des narines des buffles et des bœufs.
DELBARE.

BOUCLIER, arme défensive dont les anciens se servaient pour se couvrir le corps et se préserver des coups de leurs ennemis dans les combats. Selon plusieurs savants, le mot *bouclier* est dérivé de *buccularium* ou *buccula*, parce qu'on représentait sur les boucliers des têtes ou gueules de gorgone, de lion ou d'autres animaux. Les Grecs et les Romains en avaient de diverses formes, tant pour l'infanterie que pour la cavalerie. Le bouclier rond s'appelait en grec ασπις, en latin *clypeus*; le bouclier long et rectangulaire en grec θυρεος (semblable à une porte), en latin *scutum*. Le scutum avait souvent la forme d'une tuile creuse ; il était assez haut pour couvrir le soldat quand il se baissait. Les boucliers étaient ordinairement munis de deux anses ; le combattant passait le bras dans la plus grande, et saisissait l'autre comme une poignée. On faisait les boucliers de matières légères et tenaces, comme osier, bois blancs, cuirs, etc., que l'on couvrait quelquefois d'une feuille métallique. Le milieu du bouclier était couvert d'une plaque de métal, et armé d'une pointe. On l'appelait en grec μεσομφαλιον (le nombril), en latin *umbo*.

Les Égyptiens s'attribuaient l'invention du bouclier, la plus ancienne des armes défensives, et la seule, du moins, dont il soit parlé dans les livres de Moïse ; les Grecs le reçurent d'eux, avec le casque, et le transmirent à leur tour aux autres nations. Les premiers boucliers étaient d'une grandeur démesurée et avaient presque la hauteur d'un homme. Au temps de la guerre de Troie, on ne les portait pas encore au bras ; ils étaient attachés au cou par une courroie et pendaient sur la poitrine : lorsqu'il s'agissait de se battre, on les tournait sur l'épaule gauche et on les soutenait avec le bras ; pour marcher, on les rejetait derrière le dos, et alors ils battaient sur les talons. Les Cariens, peuples très-belliqueux, changèrent cet usage, et enseignèrent aux Grecs à porter le bouclier passé dans le bras par le moyen de courroies faites en formes d'anses. Du reste, la figure du bouclier paraît avoir souvent varié en passant d'une nation à une autre. Les Grecs se servirent plus ordinairement du θυρεος, ou bouclier long et rectangulaire ; mais les Lacédémoniens portaient un bouclier qui avait la forme d'une tuile creuse. L'un et l'autre étaient ordinairement de cuivre. On gravait sur chacun la lettre initiale du pays de celui qui le portait : ceux des Lacédémoniens avaient un λ, ceux des Argiens un α. Ce dernier, qui était le *clypeus*, devint aussi le bouclier des Romains, qui adoptèrent le *scutum* après leur réunion avec les Sabins. Tantôt plat et tantôt courbé, et ayant la forme d'un carré oblong, ce bouclier fut chez eux l'arme défensive de l'infanterie, et la cavalerie eut un bouclier rond, plus léger, que l'on appelait *parma*. Chaque légion avait des boucliers d'une couleur particulière, et ornés d'un symbole qui les distinguait de ceux des autres légions, tels que le foudre, une ancre, un serpent, etc. On y joignait encore des signes distinctifs pour que le bouclier de chaque soldat pût être reconnu.

On sait que dans les premiers temps de la monarchie des Francs les princes ou chefs choisis par la nation étaient élevés sur un *taillevas* ou *pavois*, grand bouclier, et montrés de la sorte au peuple réuni. Derrière ces pavois, tenus par d'autres soldats appelés *pavescheurs*, les archers s'abritaient les jours de combat ; ce moyen était surtout employé à l'attaque ou à la défense des places, et l'on montre un de ces pavois au Musée d'Artillerie de Paris. Les Francs, à leur arrivée dans la Gaule, armaient leur infanterie de *targes* en bois léger, garnis de cuir bouilli. Leur cavalerie avait adopté le bouclier romain. Vers la fin du onzième siècle, à l'époque de l'invasion de l'Angleterre par les Normands, nous voyons la forme de ce bouclier changer complètement. Il s'allonge en pointe vers le bas, tandis que la partie supérieure s'arrondit sensiblement. L'*ombilic* ou *umbo* est très-souvent armé d'une pointe comme les boucliers antiques. Au temps des croisades, cette arme défensive, ramenée à de plus étroites proportions, se couvre d'armoiries ; elle change alors son nom contre celui d'*écu*, dérivé de *scutum*, et qu'on donne plus tard aux pièces de monnaie sur lesquelles il est représenté. Il tient aussi une place importante parmi les armes de la chevalerie ; et le blason lui doit le champ où se dessinent ses accessoires.

Puis, cette forme éprouve encore un nouveau changement : on ne voit plus aux hommes d'armes du seizième siècle que de très-petits boucliers ronds appelés *rondelles*, et de plus grands, également ronds, nommés *rondaches*, dernière transformation, qui ne disparaîtra qu'avec l'usage de l'armure elle-même. Les boucliers sont enfin remplacés par la cuirasse, et ne se montrent plus que dans les trophées d'armes.

C'était un grand déshonneur chez les Grecs que de perdre son bouclier dans les combats. Aussi les mères des Spartiates recommandaient-elles à leurs enfants de revenir *avec* leur bouclier ou *sur* leur bouclier. C'était également une grande ignominie chez les Germains de perdre ou de se laisser enlever son bouclier dans les combats, comme par la suite chez les nations modernes de ne pouvoir conserver son drapeau.

On appelait *boucliers votifs*, chez les anciens, ceux que l'on consacrait aux dieux après quelque victoire. Cet usage passa de la Grèce en Italie. Lorsque Titus Quintus eut vaincu Philippe, roi de Macédoine et père de Démétrius, on déposa dans le Capitole dix boucliers d'argent et un d'or massif, qu'on avait trouvés parmi les dépouilles. La coutume vint ensuite de consacrer des boucliers aux grands hommes de la république. Le consul Appius Claudius Sabinus fut le premier (l'an de Rome 209) qui en fit placer dans le temple de Bellone plusieurs, sur lesquels il avait fait représenter les belles actions de ses ancêtres. Cet usage, inventé pour flatter la vanité, se soutint, et ces sortes de monuments devinrent si communs, que les murailles de tous les temples en étaient chargées.

A Rome, les *anciles* étaient, comme on sait, des boucliers sacrés, confiés aux prêtres saliens. Edme HÉREAU.

Les poètes anciens se sont plu à décrire les boucliers qui ornaient les boucliers de leurs héros. Les plus fameuses descriptions de ce genre sont celles : 1° du *bouclier d'Achille*, par Homère ; 2° du *bouclier d'Hercule*, qui est le sujet d'un poème d'Hésiode parvenu jusqu'à nous ; 3° du *bouclier d'Énée*, par Virgile ; enfin nous savons par Eschyle quels emblèmes ornaient les boucliers des sept chefs devant Thèbes.

Le *bouclier d'Achille*, décrit par Homère, était rond comme un globe. Vulcain lui donna pour ceinture les flots de l'Océan, y traça les mers inférieures, et l'environna du ciel étoilé, à l'aide de la fusion des métaux alors connus, l'airain, l'étain, l'argent et l'or. Les connaissances astronomiques de cette époque y sont aussi parfaitement expliquées : « Dans le milieu du bouclier, dit Homère, le dieu figura la terre, le ciel, la mer, le soleil infatigable, la lune en son plein et tous les astres dont les cieux sont couronnés, les Pléiades, les Hyades, le géant Orion, l'Ourse, qu'on nomme aussi le Chariot, et qui tourne toujours aux mêmes lieux en regardant Orion, la seule des constellations qui ne se baigne pas dans l'Océan. » Si l'on redescend sur la terre, là on voit représentées deux villes populeuses, des fêtes nuptiales à la clarté des flambeaux, et des danses en rond qu'animent les flûtes et les phorminx, les plus harmonieuses des lyres; ici, deux hommes s'échauffant à plaider leur cause au milieu d'une place publique, et des hérauts avec leur sceptre apaisant les murmures de la multitude; plus loin, deux armées victorieuses disputent sur le sort d'une ville : attirées dans une embuscade, elles en viennent aux mains avec les habitants : le carnage est horrible, et la surface du bouclier est couverte de morts et de mourants. Au milieu de ces scènes de sang, Homère n'aurait eu garde d'oublier les riantes saisons, les semailles, la moisson et la vendange : le printemps, l'été et l'automne passent sous ses admirables pinceaux.

En considérant le *bouclier d'Achille* sous le rapport des progrès de la ciselure et de l'emploi des métaux dans ces siècles reculés, nous devons croire que l'art de l'émailleur y était porté à un haut degré. N'en aurions-nous pas même jusqu'à la certitude par ce passage : « Quoique la terre soit d'or, elle se noircit derrière eux comme une plaine récemment labourée : c'est un prodige ! » Et par cet autre : « Vulcain y représenta aussi une belle vigne toute d'or, chargée de grappes pourprées qu'entourait un fossé d'une couleur bleuâtre. » L'émail seul, ce nous semble, devait opérer ces nuances merveilleuses sur l'or.

Le *bouclier d'Hercule* est dû au génie d'Hésiode d'Ascrée. Le bouclier que Thétis commanda à Vulcain pour son fils est forgé avec le feu du ciel dans l'Olympe, dans le palais du dieu, et non avec les flammes terrestres de Lemnos ou des îles Éoliennes. Le *bouclier d'Hercule*, don de Pallas, également exécuté par Vulcain, eut sans doute la même origine, quoique le poëte se taise sur ce point. Il est entouré de lames bleues d'un éclat éblouissant; celui d'Achille est ceint d'un triple cercle d'un radieux métal; cinq lames le couvrent, un baudrier d'argent y est attaché. Celui d'Hercule, sans compter ses douze serpents accessoires, présente dans son centre un dragon terrible, aux yeux allumés, à la gueule, aux dents blanchissantes, allusion aux deux serpents que ce héros étouffa dans son berceau. Comme celui du fils de Pélée, il offre une Discorde dont la tunique est rouge de sang, un combat de lions, deux armées qui en sont aux mains, des fêtes d'Hyménée avec leurs flambeaux, des chœurs de jeunes hommes avec leurs flûtes et leurs lyres, une plaine qu'on ensemence, des moissons et une vendange où l'on voit une vigne toute d'or, aux pampres agités, et soutenue par des palis d'argent, images tout à fait pareilles à celles d'Homère. Enfin, ce bouclier, ainsi que l'autre, a pour ceinture les flots de l'Océan. Ce qu'il présente d'original, ce sont le combat des Lapithes et des Centaures, les Gorgones et Persée rasant dans son vol la surface des mers, une chasse aux lièvres, un combat au ceste, une lutte, un vaste port inaccessible aux vents, la mer d'alentour couverte de dauphins et un pêcheur observant leurs ondulations, et, par-dessus tout, un tableau des Parques, admirable par la terreur qu'il inspire. Ce tableau sombre est d'une grande vigueur; elle ne se fait point sentir à ce degré dans le bouclier d'Achille; mais Homère a voulu ménager tous les jours dans son admirable poëme. Ce n'est pas dans les accessoires qu'il a voulu user son feu divin, il le réservait pour de plus vastes sujets; d'ailleurs, son bouclier est de beaucoup supérieur à celui d'Hésiode par l'ordonnance : tout est pêle-mêle dans le poëte d'Ascrée.

On voit que ces boucliers sont presque identiques : l'un a servi de type à l'autre. Certes, ce n'est pas Homère qui est le copiste, puisque ses tableaux ont tant de supériorité; le chantre de la théogonie serait donc postérieur au chantre d'Achille? Ce n'est pas ici la place d'une telle discussion.

Le *bouclier d'Énée* est un hommage de Virgile à Auguste : c'est une longue suite d'adulations entremêlées des fastes de Rome. On y voit représentés sur le métal brillant la postérité d'Ascagne, la louve de Mars, couchée dans un antre vert, la ville de Romulus, l'enlèvement des Sabines, le supplice de Métius écartelé par deux quadriges, Porsenna aux portes de la ville éternelle, l'intrépide Coclès, Manlius et le Capitole, les Gaulois à la chevelure d'or, la danse des Saliens, le sombre Catilina, l'austère Caton. La mer d'Adria, couverte des flottes égyptienne et romaine, encadre ce tableau. On y voit surgir au-dessus des vagues la roche de Leucade et le promontoire d'Actium : Auguste y paraît debout sur la poupe de son vaisseau, regardant fuir Antoine avec les peuples de l'Aurore, et la reine du Nil, son épouse, excitant en vain du cistre ses matelots barbares. Plus loin, couronné des triples palmes du triomphe, ce prince voue à Appollon-Sauveur un temple d'un marbre éblouissant; autour du vainqueur sont groupées comme accessoires les nations soumises, les Numides, les Africains aux robes flottantes, les Cariens, les Dahæ, les Gélons aux flèches aiguës. Le métal offre aussi le Nil et l'Euphrate, le Rhin et l'Araxe indigné du pont qui l'emprisonne. Il est aisé d'apercevoir dans ces tableaux, d'ailleurs merveilleusement tracés dans l'original en vers sonores et pompeux, l'absence des scènes de la nature et de ses charmes, qui se font si vivement sentir dans Homère et dans Hésiode, tous deux imités par Virgile.

Il ne nous reste plus à parler que d'une espèce de bouclier symbolique qui remonte à une plus haute antiquité ; c'est Eschyle, qui alimentera notre érudition sur ce sujet par sa tragédie des *Sept Chefs devant Thèbes*. Tydée, nous dit-il, portait sur son bouclier « un ciel clair et parsemé d'étoiles. La lune dans son plein, astre vénérable, œil brillant de la nuit, occupe le milieu. » Celui de Capanée offrait « un homme nu qui secoue un flambeau avec ces mots en lettres d'or : *Je brûlerai Thèbes.* » Celui d'Étéocle « un soldat qui escalade une tour, avec ces paroles : *Mars lui-même ne me repoussera pas.* » Celui d'Hippomédon, « Typhée, dont la bouche ardente vomit des flots d'une noire fumée. » Celui de Parthénopée, « un sphinx tenant dans ses griffes un soldat thébain. » Sur le bouclier de Polynice sont représentées deux figures : « un guerrier avec les armes dorées et une femme qui le précède : c'est la Justice; on y lit ces mots : *Je le rétablirai dans sa ville et dans le palais de son père.* » Quant au bouclier d'Amphiaraüs, il n'était chargé d'aucun symbole : ce chef ne faisait pas le brave, il se contentait de l'être. Il est curieux de rapprocher de cette tradition l'usage de nos preux du moyen âge, qui portaient une devise sur leur écu. C'est le quinzième siècle qui va se fondre dans la nuit des temps héroïques; c'est la mode, qui, formant le cercle, comme le serpent de Saturne, fait le tour du monde.   DENNE-BARON.

BOUCLIER (*Histoire naturelle*). C'est le nom donné aux organes protecteurs résultant de la condensation et de la grande épaisseur de la peau, qui est plus ou moins encroûtée de sels calcaires. On voit l'origine de cette disposition en boucliers dans la peau rude des rhinocéros, qui est remarquable par des plis profonds en arrière et en travers des épaules, en avant et en travers des cuisses; c'est dans les tatous, les chlamyphores, les priodontes, les tatusies, qu'on observe ces boucliers (qui ont été distingués en *céphalique*, *scapulaire*, *dorsal*, *lombaire* et *caudal*, selon qu'ils recouvrent la tête, les épaules, le dos, la croupe ou les lombes et la queue), en outre des plaques solides qui recouvrent la partie externe des membres. On donne quelquefois, peut-être à tort, le nom de *test* ou de *carapace* à l'ensemble des boucliers de ces animaux. Les pangolins, dont le corps est recouvert par des écailles, ont une sorte de bouclier écailleux. Dans les oiseaux et les tortues, il n'y a jamais de bouclier proprement dit. Les crocodiles, les caïmans, les gavials, offrent dans le derme de la peau dorsale un grand nombre de pièces osseuses dont l'ensemble constitue un véritable bouclier. Parmi les poissons, il en est, tels que les lépisostées, plusieurs espèces de trigles, de loftes, de silures et même de gastérostées, dont les écailles deviennent osseuses; chez d'autres, les ostracions ou coffres, quelques diodons, des syngnathes, des hippocampes et des esturgeons, la peau est solidifiée par la réunion de pièces complétement osseuses très-dures. Dans ces deux cas, le corps de ces poissons est recouvert par une sorte de bouclier général ou armure complète.

Dans les animaux articulés, on donne quelquefois le nom de *bouclier* au chaperon ou épistome qui avoisine le labre ou lèvre supérieure chez les insectes. Chez certains crustacés, la pièce supérieure qui recouvre le corps entier forme un vaste bouclier qui porte le nom de *têt* ou de *carapace*.

En zoologie, on a donné le nom de *boucliers* : 1° à des espèces de poissons appartenant aux genres cycloptère, spare, lépadogastère et centrisque ; 2° à des coléoptères de la famille des clavicornes, dont le corps a cette forme. Ces insectes, essentiellement carnassiers, préfèrent les cadavres en putréfaction et les excréments à toute autre nourriture. Plusieurs espèces de ce genre se trouvent aux environs de Paris. Il en est une, le bouclier-âtre (*silphaatrata*, Fabr.), qui diffère des autres en ce qu'elle se tient sur les chênes et se nourrit de chenilles.

Il y a un étrange abus de mots dans les noms vulgaires donnés à une espèce de patelle (*patella testudinaria*), tels que *bouclier* ou *écaille de rocher*, *bouclier d'écaille de tortue*, *bouclier couleur d'écaille*.

Quelques oursins ont reçu, à cause de leur ressemblance avec un bouclier, les noms de *scutelle* et de *clypéastre*. Enfin, Paulet a donné encore ce nom à *l'agaric brevipes* de Bulliard.
L. LAURENT.

BOUDDHA, BOUDDHISME. Le mot *bouddha* en sanscrit signifie sage; c'est le titre d'honneur donné à *Gautama* ou *Sakja-Mouni* (docteur de la famille Sakja), fondateur du *bouddhisme*, religion indienne, qui compte plus de 300 millions de sectateurs répandus dans l'île de Ceylan, le royaume de Siam, l'empire Birman, le Tonkin, le Tibet, la Mongolie, la Chine et le Japon. Sakja-Mouni naquit au sixième siècle avant notre ère, dans la province de Mâgadha, aujourd'hui Behar. Profondément ému de la corruption et de la misère de l'espèce humaine, il se retira quelque temps dans la solitude; mais il ne tarda pas à reparaître dans le monde comme réformateur de la religion, attaquant les Védas et beaucoup d'institutions de la religion reconnue. Il transmit ses doctrines à son disciple, le brahmane Mahakaja, et mourut vraisemblablement vers l'an 533 avant J.-C. A son tour, Mahakaja se choisit un disciple, et la transmission de la doctrine bouddhique se continua ainsi de maître à disciple pendant plusieurs siècles; cependant elle avait été de très-bonne heure mise par écrit en langue sanscrite.

Les bouddhistes se multiplièrent beaucoup dans l'Inde. Voici quelles étaient leurs principales doctrines : un Dieu suprême régit le monde; il est invisible, immatériel, et ne peut, par conséquent, être représenté par aucune image; il est sage, juste, bon, compatissant, tout-puissant, et ne peut être mieux honoré que par une contemplation silencieuse. L'homme arrive à la félicité éternelle par la vertu; il ne doit ni jurer, ni mentir, ni calomnier, ni tuer, ni voler, ni se venger; il doit mener une vie chaste et sobre, faire l'aumône, dompter ses appétits sensuels, et apprendre à connaître par une contemplation silencieuse sa propre nature et l'essence de la Divinité. En remplissant complétement ces devoirs, il arrivera déjà sur la terre à la dignité d'un bouddha ou d'un sage, et après sa mort il sera réuni à l'Être suprême. Cette réunion s'appelle *nirvâna*, c'est-à-dire repos ou félicité. Les âmes des hommes qui se sont mal conduits sur la terre transmigrent dans des corps d'animaux.

Les bouddhistes ont conservé les cosmogonies indiennes, ainsi que la plupart des dieux de l'Inde, sans leur accorder toutefois beaucoup de respect; ils n'ont pas rejeté, entre autres, les incarnations de Vischnou, et ont adopté beaucoup de cérémonies des brahmanes; mais ils n'ont admis aucune des prescriptions des Védas. Ils adressent de préférence leurs prières au fondateur de leur religion, le Sramana, ou l'ermite Gautama, et à d'autres illustres docteurs de leur secte qui ont obtenu la dignité de bouddhas. Comme les brahmanes, ils tiennent pour sainte la syllabe mystique *om*, et ne mangent pas de chair. Ils sacrifient des fleurs et des fruits à leurs saints et à leurs demi-dieux, rejettent les sacrifices sanglants ainsi que le culte impur du phallus, ne reconnaissent pas de castes, et ne regardent pas le sacerdoce comme indélébile. Les prêtres bouddhistes se rasent la tête, vivant dans le célibat et souvent en communautés dans des couvents, en quoi ils se distinguent essentiellement des Brahmanes pour qui le mariage est un devoir.

Répandu d'abord dans l'Inde, où il a des temples célèbres à Salsette, à Pandj-Pandou, à Adschanka, etc., le bouddhisme s'introduisit, dès le troisième siècle avant notre ère, dans le Tibet, à Ceylan et à Java. Vers le temps de la naissance de J.-C., les brahmanes excitèrent une violente persécution contre les bouddhistes, qu'ils chassèrent peu à peu de toute l'Inde en deçà du Gange; par contre, le bouddhisme devint la religion dominante dans l'Inde au delà du Gange, à Siam, dans le Pégu, l'Ava et le Tonkin. C'est à cette époque qu'il pénétra dans la Chine, où Bouddha devint Fo, puis dans le Japon; chez les Mongols, les Kalmouks et plusieurs tribus de la Sibérie. Les livres bouddhiques furent alors traduits du sanscrit en pali, en tibétain, en chinois, en mongol, et servirent de textes à d'innombrables commentaires.

La littérature sacrée des bouddhistes est extraordinairement riche en traités cosmogoniques, dogmatiques, moraux, ascétiques, liturgiques. Le canon des livres saints qui existe en langue tibétaine ne forme pas moins de 108 gros volumes. Le trente-troisième patriarche des bouddhistes et le dernier mourut en Chine, l'an 713. Ses successeurs, qui séjournèrent également en Chine, prirent le titre de *princes de la doctrine*; mais ils en furent dépouillés par Gengiskhan et ses successeurs. Dans le quatorzième siècle, le chef de la religion bouddhique transporta sa résidence de la Chine dans le Tibet, et au lieu de gautama, il se fit appeler *lama*, c'est-à-dire en tibétain prêtre. Depuis le seizième siècle il porte le titre de *dalaï-lama*, ou prêtre de la mer. Chez les Mongols, les prêtres bouddhistes s'appellent *lama*; au Japon, *bonzes*; chez les Birmans, *rahânen*, et à Siam *talapoins*. Malgré le grand nombre de livres écrits par des Européens sur Bouddha et sa religion, ce point historique est important était resté obscur jusqu'à nos jours, parce que les sources originales, écrites en sanscrit, n'avaient point encore été rendues accessibles, et qu'on se contentait de puiser à des sources secondaires. Les ouvrages qui l'ont le mieux élucidé sont : *l'Introduction à l'histoire du Bouddhisme Indien*, par Burnouf (Paris, 1844), et les *Antiquités Indiennes*, de Lassen. Hodgson, Wilson, Colebrooke et Roth, puisant aux sources sanscrites, Turnour dans les livres pali, G. de Humboldt dans les livres javanais, San-Germano et Buchanan aux sources birmanes, Kæmpfer dans les ouvrages japonais, Abel de Rémusat, Klaproth et Schott dans les livres chinois, Csoma, Kœrœsi, J.-J. Schmidt, Kowalewski et Foucaux dans les écrits tibétains et mongols, ont fourni aussi beaucoup de renseignements précieux sur Bouddha et sa doctrine.

BOUDERIE, défaut de caractère, qui, sans troubler violemment les rapports quotidiens, les rend désagréables et pénibles. On est heureux de vivre ensemble lorsqu'on s'aime, parce qu'à chaque minute on peut épancher ses sentiments et ses idées. L'effet de la bouderie, c'est d'arrêter tout à coup cette communication si douce; c'est de suspendre ce qu'il y a de plus délicieux dans l'intimité; c'est, en un mot, de *murer son cœur*. D'un autre côté, comme le symptôme obligé de la bouderie est un silence froid et persévérant, il en résulte que toute voie est fermée aux explications : c'est une tyrannie de mauvaise humeur que nous imposons à ceux qui nous entourent. Il est vrai que la bouderie dure peu; mais aussi, comme elle peut se renouveler souvent, elle empreint d'une amertume passagère la position même la plus fortunée. Dans l'éducation des jeunes filles, c'est un des points qui méritent le plus d'attention; ce n'est pas assez d'attaquer chez elles le penchant à la bouderie, il importe de l'extirper entièrement, et avec de l'habileté on en vient à bout. Il vaut mieux leur passer une certaine vivacité de réplique que de les habituer à un genre de défense qui est d'autant plus dangereux, qu'il dispense de recourir à toute espèce de justification, de sorte qu'il couvre au besoin les fautes les plus répréhensibles. On trouve quelquefois remède à certains caprices des femmes; on peut à la rigueur les en faire rougir, et par là on les en délivre; mais la bouderie est-elle ancrée de vieille date dans le caractère, tout remède est impuissant, puisqu'elle ne veut ni entendre ni répondre. Saint-Prosper.

BOUDIN, boyau de porc ou de bœuf rempli de sang dans lequel on mêle de petits morceaux de lard ou de graisse, du poivre, etc. Le boudin est cuit d'abord dans l'eau; pour le manger, on le fait rôtir sur le gril ou dans la poêle. Le boudin de sang de porc est de beaucoup préférable à celui qui est rempli en tout ou en partie de sang de bœuf, etc. Le *boudin blanc* se remplit avec les blancs de volaille, de la crème, etc. L'usage de manger du sang en boudins remonte à la plus haute antiquité; il en est fait mention dans Homère, Aristophane et autres auteurs anciens.

En architecture, le mot *boudin* est synonyme de *tore* : c'est cet ornement de la base de la colonne qui figure un gros anneau saillant et arrondi. Un semblable ornement du canon s'appelle du même nom.

Les mécaniciens appellent *ressort en boudin* celui qui est fait en forme de tire-bouchon. — Autrefois on appelait *boudin* un enroulement de cheveux formé à l'aide d'un fer chaud. — *Boudin* est encore le nom d'une pièce d'artifice.

Enfin, on dit au figuré et dans le langage familier, qu'une affaire a tourné en *eau de boudin*, pour signifier qu'elle a trompé complétement notre attente, par la raison peut-être que l'eau dans laquelle on a fait cuire du boudin n'est bonne à rien. Teyssèdre.

BOUDOIR, petite pièce faisant ordinairement suite à un grand appartement. C'est de toutes les chambres qui le composent celle qui doit être ornée avec le plus de recherche et d'élégance. L'ameublement d'un *boudoir* varie selon la mode; mais on s'attend à y trouver un jour mystérieux, beaucoup de glaces, un divan ou un sopha de sièges de couleur gaie, des draperies légères, des peintures gracieuses, des fleurs fraîches et rares : c'est l'endroit que les architectes et les tapissiers décorent avec le plus de soin, et c'est toujours le dernier que l'on montre dans un appartement à louer. Tant de soins font juger qu'un *boudoir* n'était pas une pièce sans importance; les romanciers, les poëtes, en ont fait l'asile des Graces, des Plaisirs, de l'Amour, de sorte qu'une femme ayant quelques notions de mythologie doit se trouver fort embarrassée de faire les honneurs d'un lieu que l'on prétend consacré à ces divinités, si elle n'est point dévouée à leur culte. Parler de son *boudoir* est pour le plus grand nombre des femmes une preuve d'innocence; car un air fin, un sourire, une respiration difficile, un geste affectueux, saisis en même temps que ce *mot*, donneraient à l'homme que l'on recevrait dans ce lieu d'étranges pensées. Cependant ce nom dérive évidemment de *bouder*, action peu polie, mais très-pudique, et qui n'a nul rapport avec les scènes dont, selon tant d'écrivains, les *boudoirs* ont été le théâtre. Peut-être qu'observateurs profonds, ces auteurs ont reconnu que les honnêtes femmes ne boudaient point, et conséquemment ne se préparaient pas de réduit destiné à ce genre d'occupation. Il est singulier que, les *boudoirs* étant d'invention moderne, on ne sache positivement ni leur usage ni quelle fut la dame qui la première éprouva le besoin de cette espèce de retraite, et lui donna le nom qu'elle porte aujourd'hui.

On lit dans les vieux livres que les reines, les princesses, les simples châtelaines, *se retiraient dans leur oratoire;* mais que voyait-on là ? Un prie-dieu en bois d'ébène, et des parois où étaient suspendus un crucifix, des reliquaires, du buis bénit, voire même une discipline : la *racine* des boudoirs n'est pas là. Plus tard, le plan du château de Versailles, dessiné minutieusement en 1714, indique le *cabinet* des livres, des médailles, des agates, des chiens, des perruques, et ne mentionne point de *boudoir*. Dans la correspondance de madame de Sévigné, *cette incomparable mère-beauté*, jeune si longtemps de visage, d'esprit et de manières, et qui confesse à sa fille un penchant pour la mode que sa raison combat vainement, il n'est jamais question de *boudoirs* : ce sont des *cabinets* que cette dame, qui ne fréquente que la cour et la plus haute classe de la société, cite comme des pièces particulières où l'on reçoit ses amis intimes, et que l'on décore soigneusement; c'est dans le *cabinet* de M. de Coulanges que le portrait de madame de Grignan *sera placé en perfection*, pendant un voyage de sa mère; c'est dans un *cabinet*, tout parfumé des jasmins du voisinage, que l'on cause les soirs chez madame de Lafayette : les *cabinets* ont succédé aux *ruelles;* et les *boudoirs* semblent avoir remplacé les cabinets.

On peut, d'après ces observations, conjecturer que c'est au temps de la régence que les *boudoirs* furent érigés; et c'est aux romanciers, ainsi qu'aux poëtes, que nous devons les idées les plus judicieuses sur leur emploi primitif. De là dérive aussi l'espèce d'antipathie que manifestaient pour cette dénomination les femmes qui se piquaient de n'avoir point le goût de la galanterie; et madame de Genlis a souvent écrit « qu'une femme de bonne compagnie n'aurait jamais désigné sous le nom de boudoir aucune pièce de son appartement; que cela ne datait que de mesdames de Parabère, Pompadour, Dubarri, qu'imitèrent les Phrynés du temps. » Cependant on montrait, avant 1789, dans les petits appartements de Marie-Antoinette une pièce que l'on nommait *boudoir de la reine;* mais cette princesse désignait-elle ainsi ce cabinet? ou, étant étrangère, employait-elle cette expression sans en connaître l'origine et sans se douter de toutes les idées qui s'y rattachent?... Marmontel rend entreprenant jusqu'à l'insolence un financier qui, recevant une jeune femme, la voit gaiement prendre place dans un *boudoir* où il la conduit; il ne lui dissimule point que s'établir ainsi dans un temple *dédié à l'Amour*, c'est s'en déclarer la *prêtresse*. Enfin, on ne connaît pas d'autorité dont il soit possible de s'appuyer pour faire considérer les *boudoirs* sous un rapport aussi moral, aussi convenable que la *nursery* des dames anglaises, chambre qui manque à tous nos appartements, et qui, ainsi que l'indique son nom, est destinée aux enfants.

Le boudoir de Chantilli était célèbre par ses peintures, représentant les amours de Louis XV et de madame de Pompadour, sous des figures de singes et de guenons; celui de Bagatelle, à la même époque, était rempli de glaces si ingénieusement disposées, que les femmes dont la profession ne consistait point à poser dans les ateliers de statuaire n'osaient y pénétrer. Au Palais-Royal, le *boudoir* du prince était orné de figures mouvantes et infâmes. Ces circonstances ont contribué au discrédit des *boudoirs*, dont le moindre des inconvénients est un luxe dispendieux et sans utilité pour les beaux-arts, que le grandiose seul élève à la hauteur qu'ils doivent atteindre. Comtesse de Bradi.

BOUE, BOUEURS. La boue est une terre détrempée avec de l'eau. La boue des villes et surtout celle de Paris est grasse, visqueuse et d'un gris noirâtre. Elle se compose des éléments les plus hétérogènes et les plus dégoûtants, cambouis des voitures, débris d'animaux, excréments, pourriture de toute espèce.

Dans tous les grands centres de population, l'hygiène exige que les boues et immondices soient enlevées chaque jour de la voie publique, où elles deviendraient sans cela des causes d'infection. Les hommes chargés de ce soin ont reçu le nom de *boueurs*. Autrefois, la police faisait faire ellemême ce travail. La boue, amoncelée d'abord en tas, le long des murs, était enlevée ensuite par les boueurs; mais cet enlèvement se faisait avec négligence. Aujourd'hui le service, confié à des compagnies adjudicataires, sous la surveillance de l'autorité municipale, est fait avec beaucoup plus de soin. Disons aussi que l'établissement des bornesfontaines et celui des trottoirs ont contribué pour une bonne part à la propreté et à l'assainissement de Paris. On ne voit plus des monceaux de boue au milieu des rues. Cependant les ordonnances de police qui prescrivent de remettre les ordures aux boueurs quand ils passent le matin, sans les jeter sur la voie publique, n'ont pu recevoir encore leur exécution. On sait qu'en 1832, lorsque le choléra sévissait à Paris, une émeute éclata parmi les chiffonniers insurgés contre cette mesure, qui détruisait leur industrie.

Par exagération, on dit qu'une maison est faite de *boue et de crachat*, lorsqu'elle n'est pas bâtie solidement; *le soleil ne salit point ses rayons, quoiqu'ils tombent dans la boue*, dit-on pour indiquer qu'on peut être affable et populaire sans s'avilir. — En parlant d'un objet, d'un être vil, on dit qu'on n'en fait pas plus de cas que *de la boue de ses souliers*; on *traîne quelqu'un dans la boue*, quand on le traite publiquement avec ignominie; on dit d'un homme qui se déshonore par ses vices et sa vie crapuleuse, qu'il *se vautre dans la boue*, qu'il est *couvert de boue*, qu'il *se plaît dans la boue*, et si son inconduite le fait déchoir de son rang, le réduit à la misère, on dit qu'il est *tombé dans la boue, enfoncé dans la boue*. On se rappelle l'énergique apostrophe du général Lamarque s'écriant à la tribune que la Restauration n'avait été qu'*une halte de quinze ans dans la boue*.

BOUÉE. On appelle ainsi en mer tout corps flottant qui marque sur le fond un objet qu'on veut y retrouver ou dont on veut se garder. On s'en sert le plus ordinairement pour indiquer l'endroit où l'ancre est mouillée, ou les passages difficiles et dangereux; et on emploie à cet usage des morceaux de bois ou de liège, et quelquefois des tonnes vides. Les bouées de liège sont les meilleures, mais elles ont l'inconvénient de pouvoir être volées facilement. Celles de tonnelage sont bonnes, mais les vers les piquent; alors elles font eau, et coulent; elles sont d'ailleurs exposées aux abordages des bateaux, qui les crèvent. Celles qui sont faites d'un tronçon de mât brut sont très-bonnes; mais elles ont le défaut d'être trop lourdes. Les bouées de fagots réunissent le plus d'avantages. On fait aussi des bouées de tôle, qui réussissent très-bien, surtout pour les amarres de poste. La bouée dite *perce-mer* est une petite bouée qu'on amarre sur la grosse quand l'orin est trop court de mer haute. Quelques *bouées* sont maintenant pourvues de cloches, que l'agitation des vagues suffit pour mettre en branle. On comprend de quelle utilité elles doivent être par des temps de brouillard.

La *bouée de sauvetage* est faite de plusieurs planches de liège; elle est de forme ronde et surmontée d'un ou de plusieurs petits pavillons pour fixer l'attention de ceux qu'elle est destinée à sauver; elle est environnée de plusieurs rabans volants et à nœuds, pour qu'elle puisse être saisie facilement à la mer. Elle doit avoir un déplacement capable de supporter le poids d'un homme. On la tient suspendue à l'arrière du vaisseau par un petit raban qu'on peut couper d'un coup de couteau au premier cri *un homme à la mer!* Cet appareil a sauvé quelques hommes; mais il faut pour cela un concours de circonstances favorables. Il exige de la rapidité dans la manœuvre, un temps maniable, et il est indispensable avant tout que l'individu qui est en danger sache bien nager.

BOUES DES EAUX, ou BOUES MINÉRALES, sortes de limons que l'on rencontre près de certaines eaux minérales, et qui sont imprégnés des matières que ces eaux charrient avec elles. On les prend sous la forme de bains généraux ou partiels. Les plus connues et les plus suivies sont les boues sulfureuses de Saint-Amand, près de Valenciennes, et celles de Bagnères-de-Luchon, dans la Haute-Garonne; elles sont toniques, résolutives et propres à combattre certaines douleurs articulaires chroniques, comme à opérer la guérison des anciennes blessures.

BOUFFARIK, village important, situé à 35 kilomètres d'Alger, au centre de la Métidja, dans le bassin du Mazafran, entre la Chiffa et l'Harach, et créé par arrêté du 27 septembre 1836, sous l'administration du maréchal Clauzel, sur l'emplacement d'un marché arabe qui servait de point de réunion aux rassemblements hostiles. Le village forme un rectangle de 750 mètres sur 1,100; ses côtés sont orientés au nord et au sud, et fermés par un tracé bastionné en terre et un grand fossé; sur la face ouest existe, en saillie, un réduit dit *Camp d'Erlon*, dans lequel loge la garnison, et où sont enfermés tous les établissements militaires. Ce camp est un des points stratégiques les plus importants.

Aussitôt après la cessation des hostilités, l'attention des Européens s'est reportée sur ce village : de nombreuses demandes en concession furent faites; et, comme il avait été créé en vue d'une assez forte agglomération, il ne tarda pas à se remplir de colons et à devenir le centre d'une vaste exploitation agricole. Les pâturages y sont fort beaux; c'est là qu'on récolte la plus grande partie des foins de la plaine. Treize cent soixante-dix Européens composent la population de Bouffarik; les maisons sont solides, à plusieurs étages, et construites d'après un alignement régulier. Bouffarik possède plusieurs viviers à sangsues. Une colonie religieuse d'enfants trouvés et d'enfants pauvres y est en voie d'essai. La paix a fait revivre l'ancien marché, qui est fréquenté notamment par les tribus de la province de Tittery. Ce sont les Ouamri, les Soumatha, etc.; la grande tribu des Beni-Séliman, à une journée de marche de Médéah, y amène beaucoup de bœufs, de moutons et de chevaux; les Beni-Othman y apportent des sangsues, des fruits verts et du blé.

Bouffarik a été le théâtre de plusieurs combats meurtriers, où l'astuce des Arabes et le courage des Français se sont également montrés. L'affaire du 11 avril 1842 surtout mérite d'être signalée. Vingt-deux hommes du 26e de ligne, porteurs de la correspondance, furent assaillis en plaine, entre Bouffarik et Méred, par trois cents cavaliers de Ben-Salem, venus de l'est de la Métidja. Dix-sept avaient déjà succombé après s'être défendus comme des lions, lorsqu'au bruit des coups de fusil, le lieutenant-colonel Morris accourut de Bouffarik avec une quinzaine de chasseurs montés à poil et à peine armés; en même temps, un lieutenant du génie qui exécutait des travaux à Méred, parut avec un détachement de trente sapeurs. Les Bédouins, saisis d'une terreur panique, s'enfuirent en abandonnant leurs morts, et nos cinquante braves restèrent maîtres du champ de bataille. Une souscription fut ouverte pour ériger sur le lieu du combat un monument destiné à consacrer le souvenir de ce fait d'armes.

BOUFFÉ, artiste dramatique, est né le 4 septembre 1800. Jusqu'à l'âge de vingt et un ans il fut ouvrier doreur. A cette époque un nouveau théâtre s'ouvrait au boulevard du Temple, sous le titre de *Panorama Dramatique*. Bouffé y fut engagé, à raison de trois cents francs par an, pour jouer les traîtres de mélodrame. A la façon grotesque dont il tint son emploi, on devina qu'il excellerait dans les comiques. Des rôles de *niais*, qu'il remplit avec naturel et ingénuité, le firent remarquer. Bientôt ses appointements s'élevèrent à 1200 francs, puis à mille écus. Cependant la réputation ne lui était pas encore venue. Ce fut au théâtre de la Gaieté, où il entra le 28 février 1824, que le jeune artiste appela sur lui l'attention du public. Deux pièces, *Le Pauvre Berger* et *Le Petit pauvre de l'Hôtel-Dieu*, firent entrevoir qu'il y avait en lui l'étoffe d'un comédien fin, intelligent et vrai. De la Gaieté, Bouffé passa aux Nouveautés, où son talent rencontra plus d'une occasion de se développer : *Jean Caleb*, *Pierre le Couvreur*, et surtout *Le Marchand de la rue Saint-Denis*, lui assignèrent un rang élevé dans l'opinion des connaisseurs. Le Gymnase Dramatique, qui déjà possédait la troupe la plus riche de Paris, résolut de s'attacher ce comédien, dont il était facile de prévoir les brillantes destinées. Bouffé, qui avait alors moins d'appointements que de talent, était dans la gêne. M. Poirson lui offrit une avance de deux mille francs, s'il consentait à signer un engagement de dix ans, à six mille francs par année. L'offre fut agréée; mais comme Bouffé avait encore dix-huit mois à passer au théâtre des Nouveautés, le contrat ne fut signé que pour le 1er avril 1831.

Pendant ces dix-huit mois la renommée de l'artiste grandit encore; elle devint telle, qu'au mois de mars 1831, le directeur d'un théâtre de Londres lui proposa trois mille francs pour venir donner une douzaine de représentations en Angleterre. Les trois mille francs furent acceptés, et à la veille d'entrer au Gymnase pour y gagner six mille francs par année, l'artiste s'estima heureux de récolter en douze représentations une somme égale à la moitié du revenu annuel dont il allait jouir. Mais à son retour d'Angleterre il trouva que ces appointements n'étaient en rapport ni avec son talent ni avec les bénéfices qu'il venait de réaliser si promptement. Il regretta la signature qui le liait au Gymnase. Par malheur, le directeur avait le droit et la ferme volonté de faire respecter l'engagement contracté par l'artiste. De ce conflit de prétentions surgirent entre l'administration du Gymnase et son nouveau pensionnaire des hostilités, tantôt souterraines et diplomatiques, tantôt franches et bruyantes. Les choses se traînèrent ainsi pendant plus de dix ans. Cependant, à la suite de nombreuses transactions, Bouffé avait quand il quitta le Gymnase des appointements qu'on peut évaluer à trente mille francs par an, et il jouissait en outre de trois mois de congé, dont le produit était de plus de vingt mille francs. Disons, du reste, que *Le Gamin de Paris* et *La Fille de l'Avare* avaient procuré au Gymnase des recettes d'un chiffre magnifique.

C'est le 16 avril 1831 que Bouffé débuta au Gymnase dans *Les Dîners au Cachet* : le rôle d'Oscar, dans lequel il se montrait, avait été primitivement rempli par Gontier. On fut d'avis que Bouffé ne faisait pas oublier son devancier. De même, dans *La Maison en Loterie* il ne parut pas supérieur à Perlet, qui avait créé Rigaudin. Bouffé fut plus heureux dans *Le Bouffon du Prince*, représenté le 4 mai de la même année. On ne lui marchanda ni les rires ni les applaudissements. Le 16 mai il joua lord Sunderland dans *La Favorite*. Pièce et acteur n'eurent qu'un succès très froid. M. de Kergalin, du *Délit politique*, ne racheta pas les malheurs de *La Favorite*, au contraire! Mac-Bory, de *L'Irlandais*, eut encore moins de bonheur. Décidément notre artiste n'était pas en veine. Un instant néanmoins, il se crut *désensorcelé* : ce fut le jour où MM. Scribe et Mélesville vinrent lire au théâtre *Le Soprano*. Cette fois Bouffé conçut les plus charmantes espérances, et l'on raconte qu'il écrivit en grosses lettres sur la couverture du rôle de Guimbardini, que lui avaient confié les auteurs : *Hommage d'admiration et de reconnaissance*. Cet élan de gratitude ne suffit pas à sauver la pièce, qui, en termes de coulisses, fit un *fiasco* complet. La mauvaise veine n'était pas épuisée; elle se manifesta dans *Le Luthier de Lisbonne*, *Emmeline*, *Le Sénateur*, *Le Savant*, *Le Choix d'une Femme*, *Le Pays latin*, *Le Premier Président*, *Le Paysan amoureux*, *La Rente viagère*, etc. Toutes ces pièces réussirent peu ou ne réussirent pas du tout. L'acteur suivit leur destinée. Il se releva médiocrement dans *La Grande Aventure*; mais il triompha dans *Les Vieux Péchés*, où, chargé d'un rôle d'ex-danseur de l'Opéra devenu maire de sa commune et marguillier de sa paroisse, il dépensa des trésors de verve, de bonhomie et de malice.

Après *Les Vieux Péchés*, Bouffé fait encore un temps d'arrêt dans la carrière du succès. L'an 1833 s'écoule sans qu'il puisse mettre la main sur un rôle à sa taille. Cependant, Dieu sait s'il en essaye!... Pacolet, de *La nouvelle madame Évrard*; Prudhomme, du *Moulin de Javelle*; Louis XI, de *Louis XI en goguettes*; Roger, d'*Un trait de Paul Ier*, et tant d'autres! Enfin, le 19 février 1834, il joue *Michel Perrin*! Dire ce que dans ce rôle d'honnête curé qui remplit, sans le savoir, les fonctions d'agent de police, Bouffé déploya de candeur, de grâce, de douce gaieté, de philosophie, est impossible. Constatons seulement que de ce jour il fut un grand comédien. Ses autres créations les plus brillantes ont pu consolider sa réputation, elles ne l'ont pas accrue. *Le Gamin de Paris*, *La Fille de l'Avare*, *L'oncle Baptiste*, rôles qui sont restés comme les types les plus complets des qualités propres à Bouffé, avaient leur germe dans *Michel Perrin*.

Nous ne poursuivrons pas une nomenclature qui ferait ressembler cette esquisse biographique au catalogue d'une librairie théâtrale. Disons seulement qu'en 1842 M. Poirson, que de fréquents démêlés avec l'association des auteurs dramatiques avaient exaspéré, entreprit de se soustraire à ce qu'il appelait « *leurs monstrueuses exigences*, » et résolut de se passer du concours de ces messieurs. Cette guerre eut cela de désastreux que les frais en furent payés par tout le monde : par les auteurs, qui étaient exclus du Gymnase; par les actionnaires, qui ne touchaient plus de dividendes; par le public, qu'on chassait du théâtre à coups de mauvaises pièces; par les acteurs, qui ne jouaient plus que de mauvais rôles. Bouffé subit quelque temps sa part dans cette calamité commune; mais sa patience fut bientôt à bout; et, fatigué de défaites, de sifflets et d'ennuis, il vint apporter à M. Poirson la somme de cent mille francs, montant du dédit stipulé dans l'engagement qui l'enchaînait encore au Gymnase pour deux années. M. Poirson reçut sans se faire prier les cent mille francs, et Bouffé s'en alla au théâtre des Variétés. La spéculation fut bonne pour l'acteur et pour le théâtre qu'il avait choisi, quoique sa présence imposât à la direction des charges telles que la restitution des cent mille francs, montant du dédit dont l'acteur avait fait l'avance, neuf mille francs d'appointements fixes, cent francs de feux par chaque pièce, un minimum de vingt feux *assuré* par mois, un congé annuel de trois mois. Au mois de décembre 1849 Bouffé dut, par ordre de la faculté, prendre un repos nécessaire à sa santé. L'artiste espérait bientôt revenir « redemander au public une part dans ses faveurs ». Cet espoir ne s'est pas encore réalisé.

Bouffé a beaucoup de talent; il compose un rôle comme Gérard Dow composait un tableau, avec une patience, un fini, une *préciosité* remarquables; il sait l'art d'émouvoir, de faire venir les larmes aux yeux, à l'aide d'un geste, d'un mot, d'une inflexion; il possède mieux que personne les finesses les plus exquises du métier; mais les difficiles reprochent à ce talent d'être complétement dépourvu d'élégance et de distinction, et de n'avoir que deux faces, celle de gamin et celle de centenaire. Édouard LEMOINE.

BOUFFES. Voyez Théatre-Italien.

BOUFFISSURE, sorte d'enflure des chairs, qui leur donne une fausse apparence d'embonpoint.

Prise au figuré, dans les arts, dans la littérature, la *bouffissure* est un effort malencontreux qui s'épuise de fatigue pour dépasser le but. C'est l'histoire de la grenouille qui veut se faire aussi grosse que le bœuf. C'est la fièvre de la médiocrité ; elle ne dénonce son exaltation que pour mieux accuser son impuissance.

BOUFFLERS. *Voyez* BOUFLERS.

BOUFFON, BOUFFONNERIE (de *buffo*, mot de la basse latinité, employé jadis pour désigner l'acteur chargé de faire rire, et qui paraissait sur la scène les joues enflées pour recevoir des soufflets). D'autres racontent qu'un sacrificateur grec, nommé *Buphon*, après avoir immolé un bœuf sur l'autel de Jupiter Policus, dans l'Attique, s'enfuit sans motif et si vite qu'on ne put l'arrêter. Les divers instruments du sacrifice, qu'il avait laissés, furent mis entre les mains des juges, qui déclarèrent la hache criminelle et acquittèrent les autres. Le sacrifice eut lieu de la même manière les années suivantes. Le sacrificateur s'enfuyait, et la hache était condamnée. Comme l'arrêt n'était pas moins burlesque que la cérémonie, on a depuis, ajoutent ces étymologistes, appelé *bouffonneries* toutes les farces et momeries ridicules.

La bouffonnerie fit de plus grands progrès en Italie qu'en France, tant en raison des localités et du climat que de l'esprit et du caractère national Naturellement gesticulateurs et grimaciers, les Italiens excellèrent de bonne heure dans la bouffonnerie, dans le talent de faire rire ; et c'est de leur pays que sont venus les premiers et les meilleurs bouffons. La scène française adopta aussi les personnages bouffons, en leur conservant leurs noms et leurs costumes italiens. Arlequin, Scapin, Pasquin, Mascarille, Sganarelle, Crispin, ont diverti longtemps nos aïeux.

Dès l'antiquité la plus reculée on voit les grands et les riches avoir des bouffons à leur service. C'étaient pour la plupart des nains, des créatures disgraciées, dont il eût mieux valu respecter le malheur. Les Grecs les appelaient μωροζ, les Latins *moriones :* de la le *morus* des comédies de Plaute, le *maccus* des Atellanes. De nombreux passages de Sénèque, de Suétone et de Martial il résulte que les Grecs et les Romains attachaient un grand prix à leurs *moriones, sanni, fatui.* Les femmes en avaient de leur sexe qu'elles appelaient *fatuæ*. Plus tard les rois remplacèrent les *morions* par des fous, ou plutôt par des bouffons, et ils n'eurent pas tort. Aujourd'hui encore il est peu de cours qui n'aient au moins un bouffon en titre. Le *roi citoyen* avait son *fou* : le fameux chantre du *Maire d'Eu*, littérateur dont les calembours et les calembredaines faisaient pâmer de rire les hôtes si souvent soucieux de Neuilly et des Tuileries. Le *peuple-roi,* lui aussi, a aujourd'hui ses bouffons officiels : publicistes qui, pour lui plaire, se font les émules de Bobèche et de Galimafré et rédigent à son usage ce qu'on est convenu d'appeler les *petits-journaux.*

Notre littérature ne pouvait donc manquer d'avoir ses bouffons, tant en prose qu'en vers. Mais les plus célèbres le furent d'inspiration, et conservèrent leur indépendance. On peut citer Rabelais, Scarron, Cyrano de Bergerac, Piron et Vadé. D'autres, moins heureux, en firent une sorte de profession, et la gêne du travail perce dans leurs écrits.

Les grossières bouffonneries que Turlupin, Raimond Poisson et d'autres acteurs avaient introduites sur le Théâtre-Français, en ayant été bannies lorsqu'il se fut épuré, trouvèrent un champ plus libre et plus vaste à l'ancienne Comédie-Italienne, puis à l'Opéra-Comique, et plus tard aux autres spectacles forains. Nous ne passerons pas en revue les divers auteurs qui ont travaillé pour ces théâtres, parce qu'il en est plusieurs, tels que Regnard et Dufresny, Lesage, Piron, Panard, Marivaux, Sedaine, etc., pour qui les bouffonneries ne furent que des concessions faites au genre de ces spectacles et au goût du public qui les fréquentait. Il n'en fut pas de même de Taconet, de Dorvigni, de Guillemain, et souvent de Collé. Leurs pièces ont dû principalement leur succès à des acteurs, qui tous étaient de véritables bouffons.

De la cour et du théâtre la bouffonnerie se glissa partout ; elle pénétra jusque dans la chaire évangélique : combien n'a-t-on pas vu de curés de village, de capucins, de missionnaires, débiter dans leurs sermons les platitudes les plus triviales et quelquefois les plus indécentes ! C'étaient de vrais bouffons, qui auraient fait rire s'ils n'eussent fait pitié.

C'est dans la société que les bouffons ont surtout étendu et perpétué leur empire : nous ne parlerons ici de quelques hommes qui, joignant le goût à l'esprit, se sont fait une réputation par leurs reparties et leurs bons mots, tels que Piron, Chamfort, Rivarol, etc., que pour déplorer qu'ils aient eu tant de froids et ennuyeux imitateurs ! Entre autres, ce marquis de Bièvre, qui inventa ou ressuscita les calembours. Mais de tous les bouffons, les plus insupportables, ce sont les *bouffons de société*, soit qu'ils exercent gratuitement le métier d'amuser une assemblée, soit qu'ils en fassent un objet de spéculation ; hommes presque toujours sans opinion, sans caractère, sans dignité, et dont la profession est inséparable des rôles honteux de complaisants, de flatteurs et de parasites.

A Paris, où les grands repas, les sociétés nombreuses, réunissent souvent des gens qui ne se sont jamais vus, entre lesquels il y a peu ou point de contact, et qui, se communiquant réciproquement leur froideur et leur ennui, les répandent dans le salon où ils se trouvent, l'usage s'était introduit avant 1789 chez les grands seigneurs et les fermiers généraux, et depuis dans les maisons des parvenus et des fournisseurs, d'avoir des bouffons à gages pour divertir la compagnie. C'étaient des mimes, des mystificateurs, des ventriloques. L'un imitait le bruit d'une mouche qui vole et bourdonne, d'un pot qui se casse, d'une clef qui tombe, d'une porte qui se ferme, le cliquet d'un moulin, le claquement d'un fouet ; l'autre, les cris de divers animaux, les voix de plusieurs personnages, filles, femmes, enfants et vieillards, les accents allemand, anglais, italien, gascon, etc. ; un troisième savait à volonté pleurer, rire, sangloter, éternuer, tousser ; un quatrième avait l'art de décomposer ses traits et de contrefaire les figures de tous les âges, la maigreur, l'embonpoint, l'expression de toutes les physionomies ; d'autres faisaient l'ivrogne, le sourd, l'aveugle, le goutteux, le moribond, et imitaient les discussions d'une assemblée tumultueuse, d'un comité révolutionnaire, une procession, un enterrement, etc.

Dans les villes de province, et à Paris dans la petite bourgeoisie, il n'y a guère de société ou de coterie qui n'ait son bouffon spécial et privilégié : c'est ordinairement un neveu, un petit cousin, un ami, un voisin de la maison. Il se met tout de suite à l'aise ; il se croit tout permis ; il persifle, il plaisante à tort et à travers ; et Dieu sait de quel genre sont ses plaisanteries ! Plats calembours, contes saugrenus, grimaces, travestissements, gestes familiers et indécents, tout cela est de son ressort, et il va toujours jusqu'à la bêtise ou à l'impertinence.

Servir de bouffon signifie servir de risée, être un sujet de moquerie : c'est un affront qu'on ne saurait tolérer. Quiconque se voit bafoué dans une société doit se retirer aussitôt. S'il ne s'aperçoit pas qu'on le berne, c'est un sot ; s'il s'en aperçoit et qu'il reste, c'est un homme sans dignité.

BOUFLERS (Famille de). C'est une des plus nobles et des plus anciennes de Picardie. Son origine se perd dans la nuit des temps. Son premier nom était *Mortaix*. Celui de *Bouflers* lui fut donné, dit-on, à cause d'un buffle terrassé dans des temps reculés par *Bouflers le Robuste* qui en reçut son nom et son surnom. Longtemps après, ses descendants se signalèrent dans les croisades. En 1133 nous trouvons *Bernard* DE BOUFLERS. En 1256 *Guillaume* DE BOUFLERS accompagne le comte d'Anjou, frère de saint Louis, à la conquête de Naples. *Alléaume* DE BOUFLERS était en 1304, avec Philippe le Bel, à la bataille de Mons en Puelle. D'autres Bouflers soutinrent la cause du roi de France ou celle du roi d'Angleterre, dans les guerres que se livraient ces deux puissances pour la possession de notre pays. Des Bouflers sont faits prisonniers à la bataille d'Azincourt, d'autres se font tuer pour Charles de Bourgogne à la bataille de Nancy, d'autres assistent, avec François Ier, à celle de Pavie, ou figurent aux états de Blois.

La maison de Bouflers a produit un maréchal de France qui se couvrit de gloire à la défense de Lille. Louis XIV pour en consacrer le souvenir lui accorda le privilége de joindre à ses armes des drapeaux fleurdélisés. Le chevalier de Bouflers est demeuré célèbre par l'originalité, la grâce et le piquant de son esprit. Nous leur consacrerons des articles particuliers, ainsi qu'à la célèbre comtesse de Bouflers, l'*idole* du duc de Conti. Enfin ce fut un Bouflers qui donna à La Fontaine l'idée de sa fable *Le Curé et le Mort*. Voici comment Mme de Sévigné raconte le fait dans une lettre du 26 février 1672 : « M. de Bouflers, dit-elle, a tué un homme après sa mort; il était dans sa bière en carrosse, on le menait à une lieue de *Bouflers* pour l'enterrer; son curé était avec le corps. On verse; la bière coupe le cou au pauvre curé. »

BOUFLERS (LOUIS-FRANÇOIS, duc DE), né le 10 janvier 1644, commença sa carrière militaire en 1662, dans le régiment des gardes, où il entra comme cadet. Sous-lieutenant en 1666, aide-major en 1667, colonel en 1670, maréchal de camp en 1677, lieutenant général en 1681, maréchal de France en 1693, il avait gagné tous ses grades sur les champs de bataille. Il se distingua sous Condé, Turenne, Créqui, Luxembourg et Catinat, dans toutes les campagnes de ces longues guerres à peine interrompues par des trèves de courte durée. Ce fut après la campagne du Nord (1695) que sa terre de Cagni fut érigée en duché-prairie, sous le nom de Bouflers. Forcé de capituler, après avoir, pendant quatre mois, défendu la ville de Lille, le prince Eugène, qui savait honorer le courage malheureux, lui dit : « Je suis fort glorieux d'avoir pris Lille, mais j'aimerais mieux encore l'avoir défendu comme vous. »

Rien n'aurait manqué à sa gloire s'il n'eût combattu que les ennemis de la France; malheureusement son nom se rattache aux sanglantes expéditions contre les protestants. Il fut chargé d'entreprendre la conversion des protestants de Metz. Soumis et timides, ils n'avaient pas donné le moindre prétexte à la persécution. Mais, trop fidèle à ses instructions et aux ordres de Louvois, Bouflers se mit à la tête des dragons; tous les habitants, sans nulle exception, furent contraints par lui d'aller à la messe, où des places spéciales étaient assignées aux protestants, afin que les curés pussent constater leur soumission à l'édit royal de révocation. La confession et la communion pascales furent ordonnées sous peine d'amende, et le maréchal mit toute sa garnison à la disposition du clergé et de l'intendant pour faire exécuter les récalcitrants. Le jour de Noël, après avoir traqué tous les protestants dans les églises, il fit envahir leur domicile par des dragons; il avait recommandé la saisie et l'enlèvement de toutes les Bibles françaises, et en fit un grand auto-da-fé. La communion romaine fut exigée comme une preuve de conversion. Ceux qui refusèrent furent condamnés aux galères, leurs femmes à la réclusion, et leurs enfants enlevés et renfermés dans des couvents, pour y être convertis. Les temples furent démolis.

Il est pénible de voir des hommes distingués par leurs talents, leur bravoure et les services éminents qu'ils avaient rendus à leur pays, se faire les exécuteurs d'un édit qui fut plus funeste à la France que les fléaux les plus désastreux. Le maréchal de Bouflers, hâtons-nous de le dire, ne dut agir dans cette circonstance que par conviction. Aucun motif d'intérêt où d'ambition ne pouvait lui inspirer le rôle ignoble et barbare de *convertisseur*. Le vieux guerrier était dévot, disent les historiens contemporains : ce mot explique tout.

Mme de Maintenon s'empressa d'annoncer sa mort au maréchal de Noailles : « Vous avez perdu, lui dit-elle, un bon ami, mon cher duc, en perdant M. le maréchal de Bouflers, qui est mort hier, ici (le 21 août 1711). Il allait se reposer à Bouflers, et j'avais peine à croire qu'il en revint; car il était bien affaibli ; son grand courage le soutenait ; en lui le cœur est mort le dernier... » — Son fils, *Joseph-Marie*, né en 1706, se distingua dans les guerres du règne de Louis XV, devint maréchal de camp, et lieutenant général, assista à la bataille de Fontenoi, commanda les troupes envoyées par Louis XV au secours de la république de Gênes, attaquée par les impériaux, et mourut dans cette expédition le 2 juillet 1747.   DUFEY (de l'Yonne).

BOUFLERS (Mlle SAUJON, comtesse DE). Devenue veuve, elle vécut dans la plus grande intimité avec le prince de Conti, qui, en sa qualité de grand prieur de l'ordre de Malte en France, occupait le vaste palais du Temple : madame de Bouflers en faisait les honneurs. Elle conserva longtemps l'espoir d'épouser le prince. Madame du Deffand, qui haïssait tous ceux qui n'étaient pas ennemis de J.-J. Rousseau, ne laissait échapper aucune occasion de verser le ridicule sur madame de Bouflers et sur les familles de Luxembourg et de Biron. Et cependant elle se faisait inviter à toutes leurs soirées; elle allait à toutes leurs fêtes. C'était toujours avec une dédaigneuse fatuité qu'elle s'exprimait sur tout ce qui tenait par le sang ou par les affections à la comtesse de Bouflers, qu'elle n'appelait jamais autrement que l'*Idole du Temple*, et le plus souvent l'*Idole* tout court. Madame de Bouflers était sa *bête noire*; elle cite l'*Idole* à tout propos dans sa volumineuse correspondance. H. Walpole, écrivant sous la dictée et sous l'influence des préventions de madame du Deffand, a fait de la comtesse de Bouflers, qu'il ne connaissait point, un portrait hideux de cynisme et de méchanceté.

Deux hommes se partageaient son cœur : le prince de Conti et Jean-Jacques Rousseau. Si ses rapports avec le prince furent aussi innocents que ceux qu'elle eut avec le philosophe, l'épithète de *maîtresse* que lui donne Walpole n'est qu'une calomnie gratuite. Rousseau, qui dans ses *Confessions* a montré à nu ses liaisons les plus intimes, ses sentiments les plus secrets, et qui dans ses révélations indiscrètes a bravé toutes les convenances, ne s'exprime qu'en termes honorables sur madame de Bouflers. Leur correspondance a duré plus de seize ans. C'était toujours l'expression chaste et franche d'une sincère et pure amitié. Cet attachement de madame de Bouflers était souvent mis à de rudes épreuves. Si elle ne réussit pas à guérir son ami de sa misanthropie, c'est que le mal était incurable. Elle ne pouvait supporter tout ce qui pouvait exciter ses accès. Un jour qu'elle le voyait prêt à s'emporter et à répondre sérieusement à d'absurdes sophistes, elle ne put se contenir, et lui cria tout haut : « Tais-toi, Jean-Jacques ! ils ne peuvent te comprendre ! »

La calomnie aurait dû respecter l'attachement de cette digne femme pour le prince de Conti, qu'elle n'abandonna jamais, et qui mourut près d'elle. Aucun motif d'intérêt ne l'avait si longtemps fixée près de lui : elle seule lui restait. Les princes d'Orléans et de Condé, et la famille royale même, ne témoignèrent ni douleur ni regret à la mort du prince qui n'avait conservé avec la cour que des rapports de convenance. Sans ambition personnelle, il avait préféré à une vie toute d'intrigues et d'hypocrisie la retraite paisible qu'il s'était choisie et la société d'artistes, de philosophes, d'hommes de lettres et de femmes aimables et spirituelles que lui avait faite madame de Bouflers. Elle eût désiré que le prince s'isolât moins de la cour, pour utiliser son crédit, non dans son intérêt personnel, mais en faveur de ses amis.

La mort du prince rendit Mme de Bouflers à elle-même; elle se retira à Auteuil, et se voua tout entière à sa belle-fille, madame de Lauzun, qu'un hymen malheureux avait condamnée à tous les genres d'infortunes, et dont la fin fut déplorable. Le nom de la comtesse de Bouflers se mêle à tous les noms célèbres ou fameux de son époque. M¹ˡᵉ de Lespinasse l'a peinte telle qu'elle était. Mᵐᵉ du Deffand ne l'a vue qu'à travers le prisme de la prévention et de la haine. Les lettres de M¹ˡᵉ de Lespinasse et la correspondance de J.-J. Rousseau font parfaitement connaître le caractère et les principales circonstances de la vie de la comtesse de Bouflers. A son retour d'un second voyage en Angleterre, elle avait été arrêtée, et resta prisonnière à la Conciergerie. Elle n'obtint sa liberté qu'après l'événement du 9 thermidor, et mourut sous le consulat.   DUFEY (de l'Yonne).

BOUFLERS (MARIE-FRANÇOISE-CATHERINE DE BEAUVAU-CRAON, marquise DE), ayant épousé le marquis de Bouflers-Remiencourt, capitaine des gardes du roi de Pologne Stanislas, joua un grand rôle à la cour de Lunéville, qu'elle charma par les grâces de son esprit et de sa figure. Elle mourut à Paris, en 1787, laissant deux fils, dont le plus jeune fut l'abbé, chevalier, marquis Stanislas de Bouflers (voyez plus loin). Voltaire avait adressé les vers suivants à Mᵐᵉ de Bouflers :

Vos yeux sont beaux, votre âme encor plus belle,
Et, sans prétendre à rien, vous triomphez de tous.
Si vous eussiez vécu du temps de Gabrielle,
Je ne sais pas ce qu'on eût dit de vous,
Mais on n'aurait point parlé d'elle.

BOUFLERS (STANISLAS, marquis, plus connu sous le titre de chevalier DE), né à Lunéville, en 1737, fut un des hommes d'esprit les plus goûtés de la brillante et frivole société du dix-huitième siècle. Il avait été élevé à la petite cour que tenait en Lorraine le roi Stanislas, cet hôte aimable des poètes et des philosophes à la mode. Sa mère, femme remarquable par son esprit et sa beauté, était la reine de cette résidence princière, si souvent célébrée par Voltaire. Bouflers fut le protégé du roi, son parrain, qui lui assura un bénéfice de quarante mille livres en Lorraine, sa mère destinant, selon l'usage, son fils cadet à l'état ecclésiastique. C'était de tous les états celui auquel il convenait le moins : il le prouva bien en composant, dès son entrée au séminaire Saint-Sulpice, son conte d'Aline, reine de Golconde, œuvre leste, galante et voluptueuse. Cependant il n'en eût sans doute pas moins fait son chemin dans l'église, s'il ne s'était dégoûté de l'état ecclésiastique.

Il n'y tenait même déjà qu'à cause de son bénéfice. Pour le conserver en jetant le froc aux orties, il se fit chevalier de Malte, et alla guerroyer dans la Hesse, en 1761. Le voilà donc enfin dans son élément! Au milieu des gentils-hommes à la destinée desquels la sienne est liée, il se distingue par sa belle humeur, ses plaisanteries grivoises, ses orgies et ses petits vers musqués. Mais bientôt la profession des armes l'ennuie : la manie des voyages le prend, il s'en va par monts et par vaux courir la Suisse et l'Allemagne, séduisant la brune et la blonde, comme on disait alors, et emportant de tous les lieux où il s'arrêtait des lettres d'amour de toutes les nuances et des portraits qu'il dessinait lui-même ; car, pour continuer à parler le langage du temps, il maniait le crayon aussi bien que la lyre.

En Suisse, il vit le philosophe de Genève, et descendit au retour chez le vieux Voltaire, qui le salua d'un de ces jolis compliments en vers dont il ne fut jamais avare, surtout vers la fin de ses jours. Le chevalier, en échange, grava le portrait du grand homme à l'eau forte; car il gravait encore aussi bien qu'il dessinait et qu'il chantait.

En 1771 Bouflers s'en revint à l'armée, et toujours ami du plaisir, toujours étourdi, toujours prodigue, il eut bientôt achevé de dissiper son bien. Au bout de quelques années, ses affaires étaient dans les plus piteux état. Pour essayer de sortir d'embarras, il sollicita et obtint la place de gouverneur du Sénégal. Là il s'honora par son humanité envers les esclaves, en délivra bon nombre, en défendit plus encore contre la barbarie des traitants, forma le projet de voyages scientifiques dans l'intérieur de l'Afrique, et envoya au ministère des plans bien conçus, dont l'exécution eût été féconde en heureux résultats.

Cependant, son exil commence à lui peser : on le rappelle en France pour l'admettre à l'Académie ; puis, lorsque sonne à l'horloge du temps la grande date en 1789, nous ne savons qui s'avise de l'envoyer aux états généraux, où il se montre modéré, consciencieux, ennemi de toute mesure oppressive, s'opposant à ce qu'on surveille les correspondances et faisant rendre, en 1791, un décret important, dont personne ne lui sait gré, celui qui assure par brevet aux inventeurs la propriété de leurs découvertes. Mais l'orage gronde ; sa tête, comme beaucoup d'autres, est sérieusement menacée ; il passe, après le 10 août, en Prusse, où Frédéric II lui fait une concession de terre pour y établir une colonie d'émigrés, qui ne réussit pas. Il épouse Mᵐᵉ de Sabran ; en 1800 il rentre en France pour se faire réadmettre à l'Institut, qui a succédé à l'Académie. Il y prononce avec succès l'éloge du maréchal de Noailles, et réussit moins dans le panégyrique de l'abbé Barthélemy. L'ami de Voltaire était sublime lorsqu'il demandait au roi de Prusse un coin de terre pour ses compagnons d'exil. Il est méconnaissable quand, louangeur sans frein de Napoléon, il lui demande une préfecture, et la lui demande en vain, malgré ces jolis vers écrits sur l'album de la princesse Élisa et adressés au prince Jérôme, de retour d'une croisière

Sur le front couronné de ce jeune vainqueur,
J'admire ce qu'on fait deux ou trois ans de guerre :
Je l'avais vu partir ressemblant à sa sœur;
Je le vois revenir ressemblant à son frère.

C'est ainsi qu'il se consolait de l'état fort humble où le laissait le pouvoir nouveau, en faisant de petits vers, qui n'excitaient plus le même enthousiasme qu'autrefois, mais qu'on écoutait encore avec plaisir, par politesse, dans quelques salons, dans ceux de Mᵐᵉ de Staël, entre autres, dont il était un des plus fidèles habitués. Un jour, sous ses cheveux blancs, il voulut essayer d'être grave, et composa un gros volume sur le libre arbitre, volume que personne ne lut. Il fit bien vite retour à ses petits vers. Il y a une foule de traits charmants dans ses poésies, auxquelles on reproche, pourtant, avec raison beaucoup trop de jeux de mots, de fleurs, de fadeurs et d'antithèses. On lui doit encore des lettres à sa mère durant son voyage en Suisse, des contes et le Cœur, poëme érotique, avec réponse de Voltaire.

Bouflers termina paisiblement sa vie, à soixante dix-huit ans, en 1815. Un mot de lui fait son épitaphe :

Mes amis, je crois que je dors.

Sa cendre repose à côté de celle de Delille. Il y a du vrai, malgré un peu de fiel, dans ce portrait satirique qu'on a fait de lui : « Il fut abbé libertin, militaire philosophe, diplomate chansonnier, émigré patriote et républicain courtisan. »

BOUG. Voyez Boc.

BOUGAINVILLE (LOUIS-ANTOINE DE). Presque toutes les nations maritimes de l'Europe pouvaient se vanter d'avoir donné naissance à des navigateurs dont les découvertes étaient utiles à la fois aux sciences, au commerce et à la civilisation de l'univers. La moitié du dix-huitième siècle était déjà écoulée que la France ne comptait encore aucun nom célèbre par ses voyages dans le Nouveau-Monde ; et cependant plusieurs aventuriers français avaient fait le tour du globe, mais aucun d'eux n'avait été guidé par le désir de servir la société tout entière. Bougainville se présenta enfin pour relever sa patrie de l'état d'infériorité où elle était à cet égard, et en 1766 il proposa de diriger une expédition scientifique à la recherche de mondes nouveaux.

Il n'était pas marin. Dans sa jeunesse il avait abandonné l'étude du droit pour se livrer aux mathématiques, qu'il aimait, et il avait embrassé la carrière militaire. Il servit d'abord comme secrétaire d'ambassade à Londres, ensuite comme aide de camp du maréchal de Montcalm. Il passa au Canada, où il acquit la réputation de brave officier; et à la paix de 1762 ses services furent récompensés par le grade de colonel et le don de deux pièces de canon. Dès l'année 1752 il avait publié un *Traité du Calcul intégral*, qui l'avait fait connaître parmi les savants; mais c'est le voyage qu'il exécuta autour du globe pendant les années 1766, 1767, 1768 et 1769, et l'excellente relation qu'il en donna, qui ont rendu son nom illustre.

La géographie du Nouveau Monde était alors un tissu d'erreurs : l'immense océan Pacifique n'avait encore été traversé que par un petit nombre de navires, et les premiers navigateurs avaient fait des récits fabuleux sur les terres qu'ils avaient découvertes; quelques-uns plaçaient des îles, de grandes terres, des continents là où la mer seule couvrait le globe; on devait être continuellement en garde contre les rapports précédents pour en corriger les fautes. Certes, il ne fallait pas être animé d'une résolution médiocre pour braver les mortelles inquiétudes d'une navigation dans des mers inconnues, où l'on était menacé de toutes parts de la rencontre inopinée de terres et d'écueils, surtout pendant les longues nuits de la zone torride : c'était à tâtons qu'il fallait cheminer sans cesse; on tremblait toute la nuit si le soir l'horizon nuageux avait semblé annoncer le voisinage de quelque terre; et la disette d'eau et le défaut de vivres auxquels on était alors exposé dans l'état peu avancé de la marine étaient encore de nouvelles causes d'alarme. Sans doute on doit de la reconnaissance à l'homme qui dans le but d'être utile à son pays brava tous ces dangers.

La relation de son voyage fut accueillie avec une sorte d'enthousiasme; elle fut traduite dans presque toutes les langues : le mérite transcendant de cet ouvrage et les circonstances dans lesquelles il parut devaient en effet lui assurer ce succès. Tous les esprits étaient alors tournés vers ces pays inconnus qui jusque là semblaient encore un peu imaginaires. Bougainville en rapportait des détails neufs, précis, curieux, et il les présentait d'une manière claire, avec l'accent de la vérité, et un style qui charmait. A chaque instant on est frappé du tact particulier qu'il avait pour l'observation. Dès qu'il arrive dans un pays, il l'envisage sous tous les aspects : le climat, le sol, ses productions, ses habitants, le caractère de la société, tout est peint avec tant de vérité, en traits si saillants, qu'on s'en fait sur-le-champ une représentation vivante. Aujourd'hui même nous lisons avec autant de profit que de plaisir ses descriptions des pays qu'il a parcourus; alors chacune de ses paroles était un éclair au milieu des ténèbres.

Il fit la géographie du détroit de Magellan aussi exactement que le lui permirent les moyens astronomiques qu'il avait à sa disposition; il découvrit Otaïti; et les détails qu'il donne sur cette île sont du plus haut intérêt. Nous ne ferons pas l'énumération de toutes les terres qu'il découvrit ou visita; nous dirons seulement qu'il traversa les nombreux archipels de la mer du Sud, qu'il jeta une grande lumière sur cette partie de la géographie, et qu'il rapporta de toutes ces contrées des documents précieux pour les sciences.

En 1770 il fut nommé chef d'escadre et maréchal de camp des armées de terre. En 1790, appelé à commander l'armée navale à Brest, il fit de vains efforts pour rétablir l'ordre au milieu de l'agitation extrême qui régnait alors dans tous les esprits : le peu de succès qu'il obtint le détermina à prendre sa retraite, après quarante ans de service. L'empereur le fit asseoir au banc des sénateurs, et l'Institut le compta parmi ses membres. L'année 1811 termina sa longue carrière : il était né à Paris, en 1729. Théogène PAGE.

BOUGE, que Ducange dérive de *bugia*, synonyme de maison fort petite, et que d'autres font venir de l'allemand *bogen*, signifie, dans son acception la plus ordinaire, une petite pièce, ou un petit cabinet, dans lequel il n'y a place que pour un lit; il s'entend aussi d'un réduit pauvre, obscur et modeste, ou malpropre. On donne enfin ce nom à de petits cabinets, ordinairement au nombre de deux, placés de chaque côté d'une cheminée, et où l'on serre divers objets usuels.

Bouge, en termes de tonnelier, désigne le milieu d'une futaille, dans sa partie la plus bombée.

En termes de charpenterie, la *bouge* est une pièce de bois qui a du bombement; en termes de charronage, c'est la partie la plus élevée du moyeu d'une roue; en termes de potier d'étain, c'est le demi-cercle qui règne autour du fond de l'assiette, ou la partie qui sépare celui-ci de l'arête; en termes de marine, on appelle ainsi la rondeur des baux et des tillacs d'un navire.

Villon s'est servi du mot *bouges* dans le sens de haut-de-chausses, et Pasquier témoigne, dans ses *Recherches*, qu'on l'a employé aussi autrefois, ainsi que celui de *bougette*, dans le sens de petit sac, poche ou bourse. On disait alors d'un homme qui avait fait un gros gain, *qu'il avait bien rempli ses bouges*.

BOUGIE (*Arts économiques*). Si l'on en croit Barbazan, ce mot n'est usité en France que depuis le dix-septième siècle. En 1599 on désignait encore la bougie sous le nom de *chandelle de cire*. Celui de *bougie*, qui a été adopté depuis, est venu de la ville de même nom, située sur la côte d'Afrique, d'où l'on tirait autrefois beaucoup de cire, et où elle était si commune, que les habitants ne connaissaient, dit-on, d'autre éclairage que celui des chandelles qu'ils en fabriquaient.

Il y a deux sortes principales de bougies : la *bougie filée*, qui consiste en une mèche revêtue d'une légère couche de cire, et roulée sur elle-même, et la *bougie de table*. Nous parlerons plus loin des *chandelles revêtues de cire*.

On se sert ordinairement de la *bougie filée* pour s'éclairer en rentrant chez soi ou lorsqu'on descend dans les lieux bas et obscurs pendant le jour : d'où est venu le nom de *rat-de-cave*, donné au rouleau de cette bougie qu'on destine à cet usage.

Quand le filage du coton en général n'avait lieu qu'à la main, la fabrication de la *bougie filée* offrait beaucoup de difficulté et d'irrégularité; car l'inégalité du fil ne permettait guère que la mèche conservât la même grosseur sur toute sa longueur. Cette difficulté, alors insurmontable, a disparu depuis que les mécaniques ont été appliquées à la filature. La longueur de la bougie filée est pour ainsi dire indéterminée. On prend autant d'écheveaux qu'on veut donner de fils d'épaisseur à la mèche. On met ces écheveaux sur un dévidoir et tous se dévident ensemble sur une bobine. On procède ensuite au *filage* de la bougie. Il se pratique sur une espèce de tour, composé de deux cylindres ou *tambours*, montés sur un pied en charpente, qui est suffisamment lourd pour qu'il ne bouge pas pendant le travail. Chaque tambour est traversé d'un axe portant une manivelle. Entre les deux tambours, et à égale distance de chacun, on place forte table appelée *chaise*, surmontée d'une espèce de vase en cuivre étamé, dans le milieu duquel on met la cire dans un enfoncement qui sert comme de chaudière; ce vase s'appelle le *péreau*. La mèche passe sous un crochet fixé au fond de ce vase, afin que cette mèche trempe constamment dans la cire fondue et qu'elle en reste recouverte. On place sous le péreau un réchaud plein de braise allumée; la cire entre en fusion, mais il faut veiller à ce que le feu ne soit jamais assez grand pour faire subir à la cire un commencement de décomposition qui la charbonne et la roussisse. Il y a une filière circulaire, percée de trous, qui vont toujours en augmentant graduellement de diamètre. Cette filière doit être maintenue très-fixe et invariable dans sa position. Tout étant ainsi disposé, un ouvrier prend un des bouts de la mèche, l'imbibe de cire sur une longueur de 12 à 15 centimètres, et la colle, pendant que cette cire est encore toute molle, sur l'un des tambours : elle s'y tige et s'y attache; alors il enroule en entier la mèche sur ce tambour; il passe ensuite l'autre extrémité dans le plus petit trou de la filière, où étant encore sans cire, elle peut entrer très-facilement : l'ouvrier pose la filière entre les tenons du péreau, du côté du second tambour, de manière que le trou reste en bas; il engage la mèche sous le crochet, et la tire à la main jusqu'à ce qu'elle puisse atteindre au moins la partie supérieure de ce tambour. Comme la cire est encore molle, il la colle sur ce tambour, et l'y maintient jusqu'à ce qu'il ait achevé à peu près un tour de manivelle. Ensuite il ne tourne plus que lentement, afin de donner le temps à la cire de se figer, et il entretient toujours la cire dans le bassin du péreau à une hauteur telle que le crochet, sous lequel passe la mèche ne reste jamais à découvert. Quand toute la mèche a été ainsi transportée sur le second tambour, il change la filière à l'autre bec du péreau, passe la bougie ébauchée dans le trou qui vient immédiatement après pour la grandeur du diamètre, et recommence sur le premier tambour la même opération qu'il a achevée sur le second, et ainsi successivement, d'un tambour à un autre, et en passant d'un trou moins grand à un autre qui le soit davantage, jusqu'à ce que la bougie ainsi *filée* ait atteint la grosseur requise. Cette méthode est la même absolument pour toute bougie filée, pour la jaune comme pour la blanche. Quelquefois pour économiser sur l'emploi de la cire blanche, on forme d'abord la bougie filée avec cire jaune, et ce n'est que lors du passage au dernier trou de la filière qu'on substitue dans le bassin du péreau la cire blanche à la jaune.

Quant à la *bougie de table*, on en fait de deux sortes : l'une est la bougie *coulée* ou *moulée*; l'autre est la bougie dite à la *cuiller*.

La *bougie moulée* se coule dans des moules de verre en général, et se fabrique absolument comme la chandelle. Les mèches sont en coton, un peu plus tordu que celui des chandelles. On commence par les cirer, pour les égaliser sur toute leur longueur et ne laisser déborder aucun poil, qui, sans cette précaution, pénétrerait dans le corps de la bougie, et nuirait beaucoup à l'usage. Le cirier se sert, pour couper toutes les mèches d'une longueur égale, de l'instrument appelé *coupoir* ou *taille-mèche*. Il est composé d'une forte table, dont le dessus est formé de deux pièces de bois, qui laissent entre elle une ouverture en forme de rainure, dans laquelle on met le fort tenon d'un plateau de bois, qui peut ainsi rouler dans toute l'étendue de la rainure, comme dans une coulisse, ainsi que la poupée d'un tour. Sur la pièce mobile s'élève une tige de fer ronde, et à l'autre bout de la rainure est une pièce fixe, sur laquelle est assujettie une lame de couteau, placée verticalement. C'est la distance qui se trouve entre la tige de fer mobile et la lame de couteau fixe qui détermine la longueur des mèches. On place dans une boîte ou sur un tamis, à côté du taille-mèche, les pelotons de coton, on rassemble tous les bouts des fils roulés dessus, on en entoure la tige de fer, on les ramène vers le couteau et l'on coupe. On jette ensuite la mèche coupée sur le côté de la table.

On a fait depuis peu, ou plutôt on a renouvelé la fabrication de bougies *diaphanes*, auxquelles les fabricants ont été chercher de grands noms, tirés du grec, tels que *sclérophyte*, etc., etc. Ce n'est autre chose qu'un mélange de belle cire blanche et de blanc de baleine (*voyez* CÉTINE) épuré. A parties égales des deux ingrédients, la bougie est très-belle et a le degré de diaphanéité convenable : il convient de faire le mélange à très-petit feu, dans une bassine de cuivre fortement étamée. On y fait d'abord fondre le blanc de baleine, et on y projette ensuite la cire par petites parties : il faut remuer constamment le mélange avec une spatule.

On a beaucoup parlé aussi de l'introduction dans la bougie de table d'une certaine quantité de marrons d'Inde. Cette absurdité a passé avec bien d'autres; on a conseillé d'essayer un mélange de deux parties de marrons d'Inde, une partie d'huile d'olives, trois parties de blanc de baleine, et six parties de cire : les marrons figureraient donc dans la proportion d'un sixième de la masse. Or, nous pouvons assurer qu'un tel mélange serait peu combustible, et ne brûlerait qu'en se boursouflant et en répandant une épaisse fumée. Nous avons essayé l'emploi de l'amidon avec la cire, dans la proportion d'un quarantième seulement, et les inconvénients que nous venons de signaler se sont manifestés avec beaucoup d'intensité. Toutefois, nous ne disons pas que l'eau dans laquelle on aurait fait bouillir des marrons d'Inde ne pût être utile dans la fabrication des bougies; car il est certain que ce procédé est mis en usage par quelques fabricants de chandelles, qui paraissent s'en bien trouver.

La *bougie à la cuillère* et les *cierges* se fabriquent de même, et notre description pourra être commune aux deux fabrications. On se sert d'un fourneau en tôle, appelé *caque*, dans lequel on place une cassolette en fonte de fer remplie de braise. La caque est surmontée d'une bassine en cuivre solidement étamée, sur laquelle porte un rebord en fer blanc, muni d'un goulot, et d'une autre entaille qui permet l'entrée et la sortie libre des bougies. On place un cerceau suspendu par une corde à une hauteur convenable. Ce cerceau peut recevoir sur son pourtour jusqu'à cinquante bougies ou cierges. Il faut que la suspension de ce cerceau soit faite à une hauteur telle que les bougies ou cierges ne touchent pas à la bassine de cuivre. On donne à ce simple appareil le nom de *romaine*. Il faut aussi une cuiller d'une forme particulière, dont l'ouvrier se sert pour couler ses bougies. Enfin, il y a une plaque de fer percée de trous, qu'on place sur la cassolette qui est sous la bassine, afin de pouvoir, par ce moyen, modérer l'action de la chauffe à volonté. Tout étant ainsi disposé, l'ouvrier accroche les mèches au cerceau, après avoir placé au bas de chacune un *forret* : c'est un petit tuyau de fer-blanc, dans lequel on introduit la tête d'une mèche de bougie, pour l'empêcher de prendre de la cire, ce qui la rendrait difficile à allumer. Alors, à l'aide de la cuiller de fer remplie de cire fondue, que l'ouvrier puise dans la bassine, il verse doucement cette cire le long des mèches, en commençant un peu au-dessous de leur extrémité supérieure, et les accroche ainsi l'une après l'autre au cerceau; de sorte que la cire coulant de haut en bas sur ces mèches, elles s'en recouvrent entièrement; le surplus de la cire retombe dans la bassine. Il faut arroser ainsi les mèches dix et même douze fois de suite, c'est-à-dire jusqu'à ce que les bougies aient le diamètre requis. Le premier arrosement ne fait que *tremper* ou imbiber la mèche; le second commence à la couvrir, et les autres achèvent successivement la bougie. Pour les cierges, auxquels on veut conserver la forme un peu conique, il faut avoir soin que les arrosements successifs se fassent toujours en commençant de plus bas en plus bas. Quand les cierges sont fort longs, il faut au cirier un gradin pour pouvoir s'élever et avoir du champ pour son opération. Les bougies ou les cierges ayant ainsi atteint la grosseur convenable, on les place encore chauds sous un lit de plumes ou des couvertures de laine épaisses, pour les tenir longtemps mous. On les retire l'un après l'autre pour les rouler sur une table longue, et unie, à l'aide d'un *polissoir*. Quand les objets ont été ainsi roulés et polis, il reste à façonner la tête, à l'aide d'un couteau de bois, après quoi on les suspend sur le pourtour de cerceaux pour les laisser sécher et prendre de la dureté.

Les bougies peuvent être parfumées à volonté par l'addition d'une huile essentielle quelconque, en très-petite quantité, dans la cire fondue. Elles reçoivent aussi les couleurs que la fantaisie peut désirer de leur donner. On se sert pour cela d'une teinture à l'esprit de vin, également introduite dans la cire en fusion.

On a fait des *bougies économiques* en mélangeant des

graisses, du suif et de la cire. Nous parlerons plus loin des *bougies stéariques*. Mais il est encore un procédé adopté pour imiter la vraie bougie, et dont nous devons nous occuper ici. Ce procédé consiste à mouler une chandelle recouverte d'une espèce d'étui de cire pure, qui lui donne toute l'apparence, la propreté et l'absence de mauvaise odeur dont jouit la bougie véritable, mais pas la durée. Quand le suif qu'on emploie dans cette fabrication est bien épuré, il brûle dans le bassin où il se trouve contenu par la croûte de cire qui le revêt, sans percer cette enveloppe, et, à la durée près du luminaire, il serait difficile de s'apercevoir de sa nature. Voici le procédé de cette fabrication : on peut y employer toute espèce de moule, comme pour la bougie véritable; mais ce sont ceux de verre qui réussissent le mieux, tout comme dans le moulage de celle-ci. Les bougies un peu fortes sont aussi celles qui viennent le mieux; et cela se conçoit, puisqu'une même quantité de cire fera, relativement à la masse de suif, une croûte d'autant plus épaisse qu'elle sera répartie sur un moindre nombre de cylindres. Ce sont donc ordinairement des bougies de huit au kilogramme qui se fabriquent de cette manière. On ferme d'abord l'ouverture inférieure du moule avec un bouchon trempé dans de l'huile; on y coule la cire, qui ne doit être que médiocrement chaude. Le refroidissement se faisant de la circonférence au centre, il doit, sur les parois intérieures du moule, se former une croûte en forme d'étui, dont l'épaisseur sera proportionnée au temps donné pour ce refroidissement. Aussitôt qu'il y a une croûte d'environ un millimètre, plus ou moins suivant la valeur qu'on veut donner à cette bougie, on renverse subitement le moule; toute la cire restée encore liquide s'écoule et est reçue dans un vase, après quoi on débouche le fond du moule; on y place la mèche comme à l'ordinaire; on laisse un peu refroidir, puis on coule dans la cavité du suif bien épuré. Rien de plus facile ni d'une réussite plus assurée. L'emploi de cette espèce de bougie est toujours avantageux, si la grosseur de la mèche a été rigoureusement proportionnée à la combustion du suif contenu dans le bassin; car si cette mèche n'était pas d'une grosseur suffisante pour pomper à mesure le suif fondu, celui-ci se ferait issue en s'échauffant et en pressant contre l'enveloppe de cire; il coulerait et en perdrait tout l'avantage de propreté qu'on attend de ce mode de fabrication.

Toute combustion est due à une décomposition qui, dans le plus grand nombre des cas, est accompagnée d'un dégagement de lumière : c'est le cas de la combustion des bougies. Il n'y a de flamme produite qu'autant que la matière combustible est réduite à l'état de gaz. Quand celui-ci est de l'hydrogène pur, la combustion ne produit qu'une faible lumière, d'un bleu pâle : c'est à la dissolution ou même au simple mélange d'un autre corps combustible dans l'hydrogène, que la combustion doit son éclat et sa blancheur. C'est un fait dont on peut s'assurer évidemment en introduisant dans l'hydrogène en combustion de la poussière de charbon, tout autre combustible, et même des limailles des métaux qui brûlent facilement; l'ignition de ces substances procure dans ce cas beaucoup de lumière blanche; mais le charbon ainsi ajouté à l'hydrogène a besoin pour brûler d'un plus grand afflux d'oxygène qu'il n'en faut pour l'hydrogène pur. Ces considérations doivent régir la fabrication des mèches pour les bougies.

La combustion complète des corps contenus dans le gaz hydrogène qui produit la flamme est absolument nécessaire pour que cette flamme soit *acromique* (sans couleur) : le problème se réduit à chercher les moyens de produire le plus de lumière blanche aux moindres frais possibles. Il serait à souhaiter, pour obtenir constamment cet effet, qu'on pût ne présenter à la fois à l'air ambiant tout juste que la quantité de combustible qu'il peut brûler complètement; car si on souffre que la vapeur combustible se déploie en volume trop considérable pour la quantité d'air qui l'enveloppe, une partie échappera à la combustion; et non-seulement ce sera du combustible consommé en pure perte, mais la flamme sera colorée et fuligineuse; d'un autre côté, il ne faut pas que cette vapeur combustible soit maintenue à une trop basse température : dans ce cas, la combustion serait imparfaite et peu nette. Voilà donc deux données contradictoires qu'il faut tâcher de concilier en gardant un juste milieu. Si la mèche est par trop grosse ou trop peu tordue, dernière condition qui ajoutera à la capillarité des filaments dont elle sera composée, il y aura une absorption superflue de la cire fondue, refroidissement de la vapeur, défaut de combustion par conséquent, et volatilisation de cire sans effet d'éclairage : aussi peut-on observer, surtout quand on écrit à la lumière des chandelles, qu'une petite flamme est toujours plus nette et plus vive qu'une plus grande : voilà pourquoi il devient si souvent nécessaire de moucher les chandelles de suif pour diminuer l'absorption du combustible. Mais ne tombez pas dans l'excès contraire à l'effet que vous voulez éviter : que votre mèche ne soit pas non plus tordue outre mesure ni assez petite pour que la quantité d'air ambiant soit susceptible de la refroidir complétement; car il suffit d'un grand abaissement de la température pour ralentir et finalement pour éteindre la combustion, puisque aucun corps ne brûle qu'à un certain degré de chaleur. Il y a d'ailleurs un autre inconvénient grave à ne pas proportionner la mèche au volume de cire. Si l'absorption capillaire est trop inférieure à la fusion de la cire, cette partie fondue forme ce qu'on appelle une *fontaine* trop considérable, qui pèse sur les parois solides de la bougie, les crève, et la bougie coule. PELOUZE père.

Bougies stéariques. L'importance commerciale de ces bougies est aujourd'hui considérable. Leur fabrication a commencé à Paris, et est due à MM. Gay-Lussac et Chevreul, qui dès le mois de juin 1825 prirent aussi un brevet en Angleterre. La bougie stéarique a presque entièrement détrôné la bougie de cire. La modicité de son prix en a répandu l'usage dans toutes les classes de la société.

La première opération qu'exige la fabrication des bougies stéariques consiste à combiner les acides gras contenus dans le suif avec de la chaux, afin d'éliminer la glycérine. Cette saponification s'exécute dans une cuve en bois légèrement conique, que l'on chauffe au moyen d'un tube annulaire placé dans le fond de la cuve, et qui lance de la vapeur par une multitude d'orifices. La cuve est recouverte d'un couvercle fermant hermétiquement et munie d'un agitateur qui obéit à un moteur quelconque. On y introduit d'abord le suif déjà purifié par une première fusion; puis, l'agitateur étant mis en mouvement, on ajoute, par kilogr., pour 100 parties pondérables de suif fondu un lait de chaux formé de 12 parties de chaux vive éteinte dans 100 parties d'eau. Au bout de deux heures, l'eau commence à se séparer du savon calcaire, qui possède la consistance d'une pâte molle et graisseuse, et renferme encore une quantité fort notable de chaux libre et de suif non décomposé. On arrête alors ordinairement l'agitateur, mais on n'en continue pas moins l'ébullition. Le savon calcaire devient de plus en plus dur, et finit par acquérir une cassure tout à fait terreuse. C'est à ce moment qu'il faut arrêter le courant de vapeur, pour laisser reposer pendant quelques heures, la cuve étant aussi bien fermée que possible. On soutire ensuite le liquide surnageant qui entraîne en dissolution la glycérine, et on extrait de la cuve les stéarate, margarate et oléate de chaux sous la forme de savons très-durs.

Après avoir pulvérisé entre des cylindres broyeurs ou sous une meule verticale, les savons calcaires obtenus, on procède à leur décomposition par l'acide sulfurique. On se sert pour cette opération de cuves doublées en plomb et ayant les mêmes dimensions que les cuves à saponification. On y agite les savons pulvérisés avec de l'eau froide, de manière à en former une bouillie claire; puis, pour une quantité de savon calcaire provenant de la saponification de 100 kilogrammes de suif, on ajoute 25 kilogrammes d'acide sulfurique étendu préalablement de 100 litres d'eau. On laisse ensuite reposer le tout : l'acide sulfurique s'empare de la chaux pour former du sulfate de chaux, et met en liberté les acides gras. En faisant ensuite arriver dans la cuve un courant de vapeur d'eau, le sulfate de chaux se sépare et se précipite au fond, tandis que les acides gras se fondent, et viennent surnager le liquide. Au moyen d'un robinet placé au-dessus du dépôt, on soutire ces acides dans une cuve de bois doublée en plomb et chauffée à la vapeur, où les dernières traces de chaux sont enlevées dans une solution très-étendue d'acide sulfurique. Une seconde chaudière, en tout semblable à la première, est destinée à opérer un deuxième lavage à l'eau pure. Enfin, les trois acides gras, privés autant que possible de chaux et d'acide sulfurique, sont soutirés dans des moules en fer blanc, de la contenance de trente litres à peu près, et légèrement évasés, afin que le pain d'acide solidifié en sorte plus facilement.

Ces pains, dont le poids est d'environ vingt-cinq kilogrammes, présentent à l'œil une teinte jaune, quelquefois assez intense, et ont encore une apparence désagréable; cela tient à l'interposition d'acide oléique liquide entre les lames cristallines des acides stéarique et margarique; on l'en sépare au moyen de la presse hydraulique. L'acide stéarique ainsi obtenu est ensuite fondu au bain-marie, puis filtré dans une chausse en laine; il ne forme plus que les 0,45 du suif employé. On le porte dans les cuves d'épuration, chauffées à la vapeur, où on le lave d'abord avec de l'acide sulfurique très-étendu pour séparer les dernières traces de chaux, puis à l'eau pure pour enlever tout l'acide sulfurique. Il est alors propre à la fabrication des bougies.

Il faut régler avec soin la température à laquelle doit s'effectuer le moulage des bougies stéariques : si elle est trop basse, le refroidissement dans les moules est trop rapide et les bougies se fissurent aisément; si elle est trop élevée, les bougies acquièrent une texture cristalline, un aspect désagréable et beaucoup de fragilité. Pour éviter ces inconvénients, on échauffe d'abord modérément les moules, un peu au-dessous du point de fusion de l'acide stéarique; avant de couler ce dernier, on le laisse refroidir jusqu'à ce qu'il ait acquis une consistance pâteuse; on obtient ainsi des bougies tout à fait exemptes de défaut.

Les mèches de la bougie stéarique charbonnent au moins autant que celles des chandelles, et on serait obligé de les moucher continuellement, si on n'employait pas des mèches tressées. Par suite du tressage, la mèche, au fur et à mesure que la bougie brûle, se détourne et se recourbe légèrement, de sorte que son extrémité va se consumer dans le bleu de la flamme. Cette précaution de tresser les mèches ne suffit pas; car la faible quantité de chaux que retient toujours l'acide gras engorgerait les mèches et diminuerait leur capillarité, si on oubliait de les plonger dans une dissolution d'acide borique; cet acide forme avec la chaux un borate qui se fixe dans la mèche, et dont provient cette perle fusible qu'on voit briller à l'extrémité de celle-ci après sa complète combustion.

On blanchit ces bougies par l'exposition à la lumière. On les polit en les frottant vivement avec un morceau de drap humecté d'alcool ou d'ammoniaque, soit à la main, soit au moyen d'une machine très-simple. Enfin, on réunit les bougies en paquets d'un demi-kilogramme, qu'on livre au commerce.

Tels sont les procédés généraux de fabrication de la bougie stéarique. Plusieurs industriels y ont introduit des modifications partielles, dans le détail desquelles nous ne nous engagerons pas. Mais nous ne pouvons nous dispenser de citer le mode de fabrication par distillation employé depuis quelques années. Il en est résulté une nouvelle industrie qui extrait aujourd'hui les acides gras de matières impures, telles que les graisses des eaux savonneuses, les résidus des graissages et dégraissages des laines, les graisses d'os, l'huile de foie de morue, l'huile de palme, etc., qu'on ne pouvait traiter avantageusement par les procédés précédemment décrits.

Les substances que nous venons d'énumérer sont d'abord traitées à l'acide sulfurique, qui produit un dédoublement analogue à celui obtenu à l'aide de la saponification à la chaux. La décomposition s'effectue dans une chaudière chauffée par la vapeur, et dans laquelle les matières sont mélangées par une agitation mécanique. L'opération dure douze à dix-huit heures. Après un refroidissement partiel, on place le mélange dans un récipient rempli d'eau qu'on porte à l'ébullition par un bain de vapeur. Les acides gras viennent surnager, et ce sont ces acides que l'on soumet à la distillation. La chaudière contenant les acides gras est entourée d'une espèce de bain de sable, ou mieux plongée dans un bain de plomb fondu. Quand la température approche de 300°, on fait arriver un courant de vapeur qui entraîne les acides gras, et ceux-ci viennent se déposer dans un serpentin adapté à la chaudière. Ils sont enfin versés dans des cristallisoirs, pour être épurés par des pressions successives.

BOUGIE (*Chirurgie*), petit cylindre mince, lisse et flexible, dont la préparation varie suivant l'usage auquel il est destiné, et que l'on introduit dans le canal de l'urètre, dans le rectum ou dans l'œsophage, pour ouvrir ou dilater l'un de ces organes, en cas de rétrécissement ou d'autre maladie. Quand il s'agit seulement d'obtenir une dilatation on emploie des bougies simples, faites de cire, de gomme élastique, ou de cordes de boyau; mais s'il y a oblitération, et qu'il faille détruire des obstacles qui s'opposent à la sortie de l'urine, on rend les bougies plus ou moins actives en ajoutant à l'un de leurs points, ou dans toute leur longueur, des matières suppuratives, escharotiques ou autres.

On se sert encore de *bougies emplastiques* dites *armées* pour détruire les rétrécissements de l'urètre : ces bougies sont munies d'un morceau de nitrate d'argent, soit à l'une de leurs extrémités, soit dans une excavation latérale; mais cet instrument, dont l'emploi occasionne quelquefois de graves accidents par l'impossibilité où se trouve l'opérateur de limiter l'action du caustique aux seules parties malades, peut être remplacé avec avantage par le *porte-caustique* de Lallemand.

Les bougies diffèrent des sondes en ce qu'elles sont solides, tandis que ces dernières sont creuses. Cependant on a fait des bougies creuses, mais sans ouverture à leur petite extrémité.

L'invention des bougies a été réclamée par Aldereto, médecin portugais; mais c'est son élève Amatus qui, en 1554, décrivit pour la première fois la forme et les usages de ces instruments. Quant aux bougies emplastiques, ce fut un chirurgien français, Daran, qui commença à s'en servir vers 1743.

BOUGIE (en arabe *Boudjaiah*), ville de la province de Constantine, bâtie en amphithéâtre, dans un golfe de la Méditerranée sur le flanc méridional du mont Gouraya, à 45 myriamètres d'Alger. Une inscription qu'on y a trouvée, portant le nom de l'ancienne *Saldæ* des Romains, est le seul témoignage épigraphique de l'existence de cette ville, limite orientale de la Mauritanie Césarienne, sur l'emplacement actuel de Bougie. La ville moderne occupe à peu près le terrain enfermé dans l'enceinte romaine, dont on retrouve encore des débris. Elle descend jusqu'à la mer, qu'elle borde de très-près, du fort Abd-el-Kader à l'est, au fort de la Casbah à l'ouest, séparés d'environ 2,000 mètres et protégeant la plage de débarquement.

Situé à une égale distance de Bone et d'Alger, cette ville offre aux navires que les vents du nord poussent à la côte un asile sûr et commode; sa rade, gracieusement contournée en forme de croissant, est abritée par une chaîne de hauteurs se dirigeant de l'ouest à l'est, et dont le sommet le plus élevé est couronné par le fort du Gouraya, vrai nid d'aigle, situé droit au nord de Bougie, à 671 mètres au-dessus du niveau de la mer. Cette position sur le versant de la montagne, ces maisons en brique, d'une teinte brune, ces massifs verts d'orangers, de citronniers, de grenadiers et de figuiers de Barbarie qui les entourent, rendent son site éminemment pittoresque. Successivement numide, romaine, vandale, grecque, arabe, espagnole, maure, turque, kabyle, et française, Bougie possède éparses sur le sol, et entées les unes sur les autres, des ruines qui attestent une grande importance passée, et une haute antiquité. Tous les peuples qui depuis vingt siècles l'ont tour à tour occupée, y ont laissé des traces de leur domination; mais sa véritable grandeur date de la période musulmane. Marmol assure qu'au temps de sa splendeur elle contenait plus de vingt mille maisons; ce qui suppose une population de près de 100,000 âmes.

Le territoire qui l'entoure appartient à la tribu des Mouzaïa; les montagnes qui la dominent dans un rayon de 12 à 15 myriamètres sont boisées, et très-peuplées. On y compte jusqu'à trente puissantes tribus kabyles disséminées dans d'étroites vallées. Leur commerce consiste principalement en bestiaux, peaux, grains, huile, savons, sel, fruits secs, cire, étoffes de laine et de coton, fer, acier, et quincaillerie. C'est là qu'ont été fabriquées les premières chandelles de cire dites *bougies*.

Tombée au cinquième siècle au pouvoir de Genséric, Bougie fut la capitale du royaume des Vandales jusqu'à la prise de Carthage. Soumise en 708 au joug de l'islamisme par Moussa-ben-Noséir, elle passa successivement sous la domination des diverses dynasties musulmanes qui possédèrent l'Afrique. En 1509 elle fut prise par la flotte que Ferdinand le Catholique envoya pour châtier les pirates maures. Charles Quint la fortifia avec soin en 1541; mais sa prospérité décrut sous la domination espagnole. Harcelée par les Kabyles du voisinage, elle tomba dans une si complète anarchie, lorsqu'elle fut devenue le théâtre quotidien de leurs combats avec les compagnies turques que le dey d'Alger y entretenait, que ses habitants l'abandonnèrent pour échapper à la ruine et à l'incendie qui ne cessaient de les désoler.

Telle était la situation de Bougie lorsque l'occupation en fut résolue et exécutée. Plusieurs griefs motivèrent cette expédition; en 1831, l'équipage d'un de nos bricks naufragé sur la côte avait été égorgé. Plus tard, une insulte ayant été faite au brick anglais *le Procris*, le consul d'Angleterre à Alger demanda satisfaction, en exprimant l'espoir que la France saurait sans doute prendre des mesures pour faire respecter les pavillons amis sur les côtes d'Afrique. Enfin, l'on n'en pouvait plus douter, Bougie était devenue le foyer d'intrigues menaçantes. Et si l'on eût pu balancer en face de ces considérations, déjà trop graves, les manifestations non équivoques du bey de Constantine, qui, pour se dédommager de la perte de Bone, aspirait à prendre Bougie, devaient mettre un terme à toute hésitation. Le 29 septembre 1834 le général Trézel, parti de Toulon, entra dans Bougie après un débarquement habilement opéré et plusieurs combats aussi glorieux pour notre marine que pour nos soldats. Jusqu'en 1835 les agressions incessantes des Kabyles rendirent nécessaire une garnison de 4,000 hommes pour défendre la place. Mais la contrée peu à peu pacifiée nous permit de la réduire à 2,000. Ses habitants qui l'avaient d'abord désertée, soit qu'ils redoutassent les vainqueurs, soit qu'ils y fussent contraints par les Kabyles, y revinrent. Un quartier spécial leur a été assigné dans la ville haute, et nos relations avec eux sont maintenant tout à fait amicales. La population de Bougie s'élève aujourd'hui à environ 800 habitants, dont près d'un tiers est indigène et le reste européen.

BOUGON (Charles-Jacques-Julien), acquit une certaine réputation comme premier chirurgien ordinaire de Charles X. Né dans le département de l'Orne, vers 1772, il se fit recevoir docteur en chirurgie à l'École de Paris; après quoi il pratiqua son art à Alençon, jusqu'à la chûte de l'Empire. Ayant eu accès près des Bourbons dès 1814, et surtout auprès du duc de Berry, il accompagna ce prince à Gand en mars 1815, et revint avec lui. Il est donc tout naturel que Bougon se soit trouvé au chevet du prince, le 13 février 1820, après l'attentat de Louvel. Dupuytren ensuite, dans l'appréhension qu'un épanchement sanguin ne vint à étouffer le blessé, ayant parlé d'appliquer sur la plaie une ventouse aspirante, pourquoi reprocher à Bougon d'avoir aussitôt approché sans délibération ses lèvres d'une plaie mortelle qui pouvait être empoisonnée? Je vois là un mouvement louable et un dévouement chevaleresque bien plutôt qu'une action reprochable. La même année, le 20 décembre, le roi Louis XVIII, instituant l'Académie de Médecine, joint aux noms célèbres des A. Dubois, des Boyer, des Larrey, des Dupuytren, des Yvan; à ceux de Roux, Richerand, Marjolin et Béclard le nom de Bougon, « premier chirurgien ordinaire, » dit l'ordonnance royale, « de notre bien aimé frère Monsieur. » Que trouver là d'extraordinaire? L'extraordinaire eut été, de la part du roi, le ne pas nommer de l'Académie nouvelle le premier chirurgien de son frère. Enfin, par suite de quelques médiocres épigrammes que le baron Desgenettes sème dans un imprudent discours de rentrée, l'École est dissoute; neuf professeurs, illustres pour la plupart, sont révoqués, d'autres les remplacent du choix de M. Frayssinous, et Bougon a le malheur très-grand d'être nommé en remplacement d'Antoine Dubois.

Assurément, si l'évêque d'Hermopolis eût participé aux communes sollicitudes des familles, il se serait bien gardé de réduire à l'inaction un chirurgien dont la savante clinique servait de recours suprême dans les accouchements difficiles. Mais enfin comme ce n'était pas Bougon qui avait provoqué cette révocation, pourquoi n'aurait-il pas accepté la place vacante de Dubois, alors que Laënnec ne mettait aucun scrupule à accepter celle de Leroux et M. Orfila celle de Vauquelin? N'écoutons donc pas cette philosophie fardée qui exige tout du pauvre et très-peu du riche. Au reste, quand fut venu 1830, Dubois put reprendre très-légitimement sa place, que Bougon laissa libre pour suivre d'illustres amis exilés auxquels il dévouait sa vie. Il assista le roi déchu à ses derniers moments, et plus tard, lorsque le duc de Bordeaux se fractura la cuisse, il apporta à ce prince son tribut de soins et de dévouement. Remarquons d'ailleurs qu'on a beaucoup exagéré la nullité de Bougon, afin de complaire à des passions. Ce chirurgien si *détestable* a eu d'assez longues années pour élève ou pour aide de clinique M. le docteur Velpeau, et l'on ne voit pas que celui-ci ait notablement faussé la main et le diagnostic de ce dernier. Mais voici le péché irrémissible de Bougon : le malheureux n'a jamais rien écrit! Voyez, en effet, combien de nos jours c'est un mérite devenu rare en Europe, que de noircir sans idées quelques rames de mauvais papier !

Il paraîtrait d'ailleurs avéré que Bougon aurait laissé manuscrit un grand traité d'anatomie, accompagné de planches fort belles. Bougon est mort dans l'exil, à Venise, au mois d'avril 1851.   Isidore Bourdon.

BOUGRAN (autrefois *bouqueran*), espèce de grosse toile de chanvre gommée et calandrée, dont on s'est longtemps servi pour doubler les habits et conserver leur forme.

BOUGRANE ou **BOUGRAINE**. *Voyez* Bugraine.

BOUGUER (Pierre), géomètre et astronome distingué, naquit au Croisic, en Basse-Bretagne, le 16 février 1698, et fit ses premières études dans les sciences exactes sous la direction de son père, *Jean* Bouguer, professeur d'hydrographie, dont nous possédons un *Traité de Navigation.*

En 1727 Bouguer obtint un premier succès : son *Mémoire sur la Mâture des Vaisseaux* remporta le prix proposé par l'Académie des Sciences. Ses deux mémoires intitulés : *Méthode d'observer sur mer la hauteur des astres* et *Manière d'observer en mer la déclinaison de la boussole* lui méritèrent encore cette flatteuse distinction, le premier en 1729, le second en 1731. En même temps il dut à la publication de son *Traité d'Optique* (Paris, 1729) le titre de pensionnaire de l'Académie, et lorsqu'en 1735 le gouvernement français, dans le but de déterminer exactement la figure de la terre, ordonna deux expéditions scientifiques, l'une au pôle, l'autre à l'équateur, Bouguer fut envoyé au Pérou avec Godin et La Condamine, tandis que Maupertuis, Clairaut, Camus et Lemonnier allèrent en Laponie.

L'expédition du Pérou eut à lutter contre de grandes difficultés, et ne revint en France qu'au bout de sept ans. De retour dans sa patrie, Bouguer fit d'abord paraître sa *Relation du Voyage au Pérou* dans les *Mémoires de l'Académie des Sciences* de l'année 1744 ; puis il résuma les résultats de ses opérations dans une *Théorie de la Figure de la Terre.* Ce dernier ouvrage eut un immense retentissement, et son auteur fut successivement nommé membre de l'Académie des Sciences de Paris, de la Société Royale de Londres et des plus illustres sociétés savantes de l'Europe.

Bouguer s'était déjà livré à d'intéressantes recherches sur l'intensité de la lumière ; il leur donna une grande extension dans son *Traité d'Optique sur la gradation de la lumière,* publié après sa mort par La Caille, et il devint ainsi le fondateur de la photométrie, science jusque alors inconnue. En 1758 il inventa l'héliomètre, instrument précieux pour l'astronomie. Enfin, il enrichit la science par ses recherches sur la dilatation des métaux, sur la densité de l'air à différentes hauteurs, sur les réfractions atmosphériques, et par d'excellentes observations sur la longueur du pendule simple à différentes latitudes. C'est lui aussi qui le premier constata la déviation que l'attraction des montagnes fait éprouver au pendule.

Bouguer publia encore plusieurs ouvrages relatifs aux manœuvres et aux constructions navales, ainsi qu'un *Traité de Navigation,* qui parut en 1753. Il préparait de nouveaux travaux, quand la mort vint le surprendre, le 15 août 1758.

E. MERLIEUX.

BOUHIER (JEAN), naquit à Dijon, le 17 mars 1673. Issu d'une ancienne famille de robe, il fût destiné à remplir dans sa patrie la charge de président au parlement, que son père et son aïeul avaient occupée, et ses études furent dirigées vers ce but. Doué d'une grande aptitude au travail, et capable de cette application soutenue sans laquelle la facilité n'est souvent qu'un vain mérite, il s'attacha à la connaissance des langues, et il possédait tout à la fois le grec, le latin, l'hébreu, l'italien et l'espagnol. En même temps, il se livra à l'étude de la jurisprudence ; il médita profondément sur les coutumes de sa province, sur les arrêts du parlement, et ce travail pénible produisit les vastes recueils qui furent imprimés par la suite. On ne compte pas moins de cinquante ouvrages livrés par lui à l'impression ; et si tous ne sont pas d'une égale importance, il n'en est aucun qui n'atteste l'érudition, la sagacité et le talent de l'auteur. A la vue de ces immenses travaux, on est pénétré d'admiration pour ces savants magistrats qui, placés dans une situation élevée, comblés des dons de la fortune et pouvant se livrer à quelque repos sans négliger leurs devoirs, ne prenaient de distraction qu'en variant leurs études, et ne connaissaient de plaisir que celui de transmettre à la jeunesse le produit de leurs veilles.

A l'âge de trente ans Bouhier fut reçu conseiller au parlement de Bourgogne, et onze ans plus tard, en 1704, il fut pourvu de la charge de président à mortier. C'est à la même époque qu'il essuya les premières atteintes de la goutte, maladie qui depuis ne cessa de le tourmenter, et qui le conduisit au tombeau, mais qui ne put cependant l'empêcher de remplir les devoirs de sa charge ni de se livrer aux délassements qu'il cherchait dans la culture des lettres. Sa réputation sous ce dernier rapport était si bien établie qu'en 1727 l'Académie Française élut le président Bouhier au nombre de ses membres : il fut reçu par un autre magistrat, le président Hénault, et il eut pour successeur Voltaire, qui prononça son éloge, et qui ne manqua pas de relever le mérite littéraire de son prédécesseur : « Il faisait ressouvenir la France, dit le grand écrivain, de ces temps où les plus austères magistrats, consommés, comme lui, dans l'étude des lois, se délassaient des fatigues de leur état dans les travaux de la littérature. » L'abbé d'Olivet, répondant à Voltaire, ajouta encore à cet éloge, en disant : « Pendant que je parle de talents universels et de connaissances sans bornes, il est difficile qu'on ne se rappelle pas l'idée de votre prédécesseur. Ce fut un savant du premier ordre, mais un savant poli, modeste, utile à ses amis, à sa patrie, à lui-même. » Tel est, en effet, le portrait que tous les contemporains nous ont laissé du président Bouhier, et telle est l'impression que l'on reçoit à la lecture de ses nombreux ouvrages. Parmi ceux-ci, il en est un surtout qui jouit chez les jurisconsultes d'une grande célébrité, c'est le *Commentaire sur la Coutume de Bourgogne,* en deux volumes in-fol., commentaire qui au mérite du fond joint celui d'une élégance et d'une clarté de style qu'on ne rencontre guère dans les traités de ce genre.

Le président Bouhier avait travaillé toute sa vie à augmenter la riche bibliothèque qu'il avait trouvée dans la succession de son père. Aucun soin, aucune dépense, n'avaient été épargnés par le magistrat pour atteindre ce but ; et telle était sa passion pour l'étude et son désir de rendre utiles les collections qu'il avait rassemblées à grands frais, qu'il en dressa lui-même le catalogue dans les moments qu'il ne consacrait pas aux affaires : ce travail dura trois ans. Ce long espace de temps indique l'importance de cette bibliothèque, qui était, en effet, l'une des plus belles et des plus précieuses qu'un particulier pût composer. Après Bouhier, elle passa en la possession du président de Bourbonne, son petit-fils ; puis, à la mort de celui-ci, elle fut vendue à l'abbaye de Clairvaux... Nous ignorons ce qu'elle est devenue. Telle était, au surplus, la grande réputation dont jouissait la bibliothèque du président Bouhier, que le roi, par une ordonnance rendue en 1722, avait ordonné que tous les livres sortant de l'imprimerie royale du Louvre seraient envoyés au président pour être ajoutés à sa collection.

Bouhier, philosophe chrétien, mourut en l'année 1746. Après avoir édifié ses concitoyens par la régularité de ses mœurs et la sagesse de sa conduite, il leur donna l'exemple d'une mort courageuse, et termina sa vie dans les sentiments d'une piété véritable, que, malgré l'esprit du temps, il n'eut pas honte de rendre publique. Et telle était encore alors la liberté de son esprit, qu'il composa lui-même son épitaphe peu d'instants avant sa dernière heure :

Qui tristem coluit Themidem facilesque Camœnas
Conditur hoc Janus marmore Buherius.

Il y a eu deux autres BOUHIER, parents du président, qui furent successivement évêques de Dijon.

DUBARD, ancien procureur général.

BOUHOURS (DOMINIQUE), naquit à Paris, en 1628, et entra chez les jésuites à l'âge de seize ans. Après avoir professé les humanités dans cette capitale et la rhétorique à Tours, il fut chargé de l'éducation des jeunes princes de Longueville, puis de celle du marquis de Seignelai, fils de Colbert. Il mourut au collége Louis le Grand, à Paris, en 1702. Doué d'une physionomie spirituelle et d'une grande finesse, poli, affable, sachant garder les convenances de son état, et mettre de son côté les procédés dans les querelles littéraires, il s'attira néanmoins des ennemis. Nicole, dans un passage de ses *Essais de Morale*, peint un religieux bel esprit, qui fait un recueil de mots qui se disent dans les ruelles et dans les lieux qu'il ne doit pas fréquenter, et qui paraît plein d'estime pour la galanterie. Bouhours crut s'y reconnaître, et de là vint, dit-on, son animosité contre Port-Royal. On lui reproche une critique minutieuse, une recherche excessive dans son style, un purisme exagéré. Voltaire, dans le *Temple du Goût*, le place derrière Pascal et Bourdaloue, qui s'entretiennent du grand art de joindre l'éloquence au raisonnement; et il le peint marquant sur ses tablettes les fautes de langage, les négligences qui lui échappent. On ne peut, malgré ses défauts, lui contester le mérite d'avoir servi utilement la langue et le goût.

Les *Entretiens d'Ariste et d'Eugène*, qui eurent en peu de temps plusieurs éditions, se font remarquer par le clinquant du style, par l'agrément et la variété des matières : cet ouvrage valut à l'auteur beaucoup d'éloges et des critiques qui n'étaient pas sans fondement; il fit dire qu'il ne manquait à l'auteur, pour écrire parfaitement, que de savoir penser. Dans l'*Entretien sur le Bel Esprit*, Bouhours met en question si un Allemand peut avoir de l'esprit, ce qui fit demander par un Allemand si un Français peut avoir du jugement. Dans sa *Vie de Saint Ignace*, Bouhours raconte sérieusement que lorsque son héros vint suivre à Paris les cours de l'université, et pendant qu'il assistait aux leçons, son esprit entrait en communication directe avec le ciel et en recevait les inspirations. La *Manière de bien penser dans les ouvrages d'esprit* et les *Pensées ingénieuses des Anciens et des Modernes* ont les mêmes qualités et les mêmes défauts que les autres écrits de l'auteur. Nous n'avons parlé ni des ouvrages de piété ni des ouvrages historiques du même écrivain; ils sont assez médiocres. Nous ne citons pas non plus sa *Traduction du Nouveau Testament*, parce qu'elle n'est pas estimée.

BOUÏDES ou **BOWAÏDES** (c'est-à-dire enfants de *Bouïah* ou de *Bowaih*). C'est le nom d'une des premières et des plus puissantes dynasties indépendantes qui se soient élevées en Perse, à l'époque de la décadence du khalifat, et c'est celle qui a le plus avili et tyrannisé les khalifes. Sa domination s'étendit sur toute la Perse, depuis la mer Caspienne jusqu'à l'entrée du golfe Persique; et si elle ne posséda pas les deux provinces orientales de cet empire, le Khoraçân et le Séistân, elle en fut amplement dédommagée par l'acquisition de Bagdad, de Bassora et de l'Irak, qui lui donnait la plus grande influence non-seulement sur l'Arabie, mais sur plusieurs autres parties de l'empire musulman.

L'origine de la famille Bouïah est obscure et fabuleuse. Mais comme il est convenu, en Asie aussi bien qu'en Europe, que les rois doivent toujours être du sang le plus illustre, les ambitieux, soit en Orient, soit en Occident, savent fort bien se donner de nobles ancêtres; et s'ils n'ont pas, comme chez nous, la ressource des généalogistes à gages, ils ont pour eux, ce qui vaut mieux encore, le secours des astrologues et la crédulité des peuples. Un pauvre pêcheur, nommé *Bouïah*, habitait un village sur les bords de la mer Caspienne. Il s'imagina qu'il descendait du fameux Kosroès, roi de Perse, et rêva que ses trois fils Ali, Haçan et Ahmed parviendraient un jour au trône. L'imagination enflammée d'espérances chimériques, ces jeunes gens entrèrent au service de Makan, l'un des ambitieux qui avaient enlevé aux khalifes les provinces du nord de la Perse. L'an 316 de l'hégire (928 de J.-C.), un autre ambitieux, Mardawidj, s'étant révolté contre Makan, et lui ayant enlevé le Ghîlân et le Mazenderân, les trois fils s'attachèrent au parti de leur nouveau souverain, et l'aidèrent avec tant de zèle et de courage à poursuivre ses conquêtes dans l'intérieur de la Perse, qu'Ali, l'aîné de ces braves, parvint aux premiers emplois militaires.

L'exemple des deux princes pour lesquels il avait combattu était séduisant et contagieux. Ali devint ingrat et ambitieux à son tour : secondé par ses frères, il fit la guerre pour son propre compte. L'an 320 (932), il battit, avec des forces très-inférieures, le gouverneur d'Ispahan, et livra au pillage cette ville, qui appartenait au khalife Caher. Forcé de l'évacuer à l'approche de l'armée de Mardawidj, il s'avança dans la Perse méridionale, et ayant vaincu le gouverneur de Chiraz, qui venait d'être défait par Mardawidj, il s'empara de cette place et de tout le Farsistân, que ce prince lui abandonna, en 322 (934). Rien ne manquait au bonheur d'Ali : une armée envoyée contre lui par le khalife retourna brusquement à Bagdad, sur la nouvelle de la déposition de Caher; et Radhy, successeur de ce dernier, s'empressa de faire la paix avec le prince Bouïde. Il lui conféra le titre d'*Imad-Eddaulah* (le soutien de l'État), et lui envoya un vêtement d'honneur avec un diplôme qui lui accordait tous les droits de souveraineté dans les pays qu'il avait conquis. La mort de Mardawidj, assassiné l'année suivante, et les troubles auxquels elle donna lieu, fournirent à Imad-Eddaulah l'occasion de s'emparer d'Ispahan sans coup férir. Mais, renonçant alors à toute idée d'agrandissement, il mit son unique ambition à faire le bonheur des peuples dont il se réserva le gouvernement. Il ne garda que le Farsistân, qui, avec ses annexes, avait des limites plus étendues qu'aujourd'hui, cédant à son frère Haçan (*Rokn-Eddaulah*, la colonne de l'État), Ispahan, l'Irak-Adjemi et le Djebal, et à son frère, Ahmed (*Moêr-Eddaulah*, l'honneur de l'empire), le Kermân et les provinces les plus méridionales de la Perse; ou plutôt il leur fournit des troupes à tous deux pour les conquérir et les garder.

Ces princes furent très-puissants. La province de Farz, (la Perse proprement dite), celles d'Irak, de Khouzistân, de Kermân, d'Ahvas, le Ghîlân, le Mazenderân, le Taberistân, le Djordjân et les pays qui s'étendent jusqu'à la mer Caspienne, plus tard même le Khoraçân, furent soumis à leur domination. Cette dynastie se divisait en trois branches : la première, fondée par Ahmed, troisième fils de Bouïah, s'éteignit en 367 (an de J.-C. 977), dans la personne de Isz-Eddaulah, fils d'Ahmed, qui fut chassé et tué par son cousin Adad-Eddaulah, prince dont le règne fut long et glorieux. La seconde branche eut pour chef Haçan, prince guerrier, qui étendit au loin ses conquêtes. Son vizir Amed-Aboul-Fasl-Mohammed-Ben-Hussein-Ben-Amid perfectionna les caractères arabes. Ses successeurs régnèrent quatre-vingt-seize ans, jusqu'au moment où Mahmoud le Gaznévide s'empara des États de Medjed-Eddaulah, petit-fils de Rokn-Eddaulah (de l'hégire 420, après J.-C. 1029). Enfin la troisième branche, qui eut Ali pour chef, régna près d'un siècle et demi, d'abord à Chiraz, ensuite à Bagdad. L'an de l'hégire 447 (après J.-C. 1055), Thogrul-Beg, le Seldjoukide, qui avait déjà conquis la Perse, s'empara de la ville du khalifat, et fit prisonnier El-Malek-Errakhim, qui mourut de faim, de chagrin et de misère, au château de Rhéi.

Tous les États des Bouïdes étaient successivement tombés au pouvoir des Seldjoukides, à l'exception du Farsistân, dont Fadhlouïah s'était emparé. Abou-Ali-Kaï-Khosrou, le plus jeune des frères de Malek-Errakhim, ayant rassemblé tous ses partisans, reconquit ce lambeau de la puissance de sa famille, et s'étant rendu maître de l'usurpateur, il lui fit mettre sur la tête une couronne de fer rouge, et le laissa expirer dans les tourments. Ce prince régna sept ans à Chiraz; mais ne pouvant lutter contre les Seldjoukides du Kermân, et dégoûté d'une royauté qui ne lui offrait que des épines sans roses, il se soumit volontairement en 455 (1063) au sulthan Alp-Arslan, neveu et successeur de Thogrul. Ainsi, la dynastie des Bouïdes, qui avait commencé à Chiraz, y finit, au bout de cent vingt-neuf ans. Ce dernier prince vécut encore plus de trente ans; le sulthan lui avait laissé la jouissance d'une ville et l'honneur de se faire précéder d'un étendard et de timbales, vain dédommagement, triste simulacre d'une royauté déchue!

BOUILLAUD (Jean-Baptiste). Né en 1795, dans l'Angoumois, M. Bouillaud est depuis quelques années un des professeurs les plus distingués de la Faculté de Médecine de Paris. Ses études furent marquées par un grand zèle et des succès. Un de ses oncles (Jean Bouillaud), chirurgien-major des armées, qui avait blanchi au service de l'Empire, éloigna de sa jeunesse, par la plus admirable sollicitude et de grands sacrifices, les privations et les soucis. Cet oncle si dévoué recommença ses études afin de provoquer l'émulation de son neveu et d'être l'instrument et le témoin de ses progrès. Il l'accompagnait partout, partageait sa modeste chambre et sa vie sobre et studieuse; enfin, il le conseillait et l'encourageait sans cesse, et lui conciliait des protecteurs et jusqu'à des amis. Jamais on ne vit de parent accomplir plus généreusement les devoirs d'un père : aussi ne vit-on jamais de vieillard plus respecté que ne le fut durant huit à dix ans Jean Bouillaud par tout ce que l'École de Médecine de ce temps-là renfermait de cœurs nobles et solidairement reconnaissants.

Les succès du jeune Bouillaud répondirent à des soins si touchants et à une protection si sainte. Son noviciat dans les hôpitaux fut marqué par une rare application; ses premiers efforts lui valurent des couronnes, et un zèle plus mûr des titres, des places, des récompenses et des honneurs. Reçu médecin le 23 août 1823, alors que l'École de Paris venait d'être regrettablement réorganisée par M. Frayssinous, il laissa paraître pour Broussais une admiration si démonstrative, qu'elle ressembla souvent à de l'enthousiasme. En toutes choses son adhésion à la nouvelle doctrine était si entière, si passionnée, qu'auprès de lui MM. Boisseau et Bégin paraissaient des disciples frondeurs, des prosélytes équivoques. Cependant ayant déjà fait une étude approfondie des affections du cœur, M. Bouillaud s'associa avec Bertin, un des nouveaux professeurs, pour composer sur les maladies du cœur un traité plus scientifique que celui de Corvisart. Bertin apportait à l'œuvre commune d'anciennes et solides observations qu'il avait à diverses reprises présentées à l'Institut, et M. Bouillaud, pour prix de son zèle, se réserva de rajeunir au moyen des doctrines nouvelles des faits déjà anciens et des préceptes éprouvés.

Cet ouvrage obtint assez de succès pour qu'on ait pu en publier une nouvelle édition quinze ans après, en 1841. A cette époque Bertin était mort, ce qui donna à M. Bouillaud, alors plus expérimenté, la liberté plus entière de modifier le plan de l'ouvrage primitif et surtout les doctrines. Il y ajouta naturellement beaucoup de faits nouveaux, en sorte que cette 2° édition eut deux volumes, au lieu d'un seul, auquel se bornait la première; alors aussi la part de M. Bouillaud devint plus grande, de sorte que ce médecin honorable, sans doute par des suggestions étrangères, laissa mettre de côté le nom de Bertin, et selon nous ce fut un tort. Assurément d'autres ont eu des torts semblables, mais c'est à un homme de la loyauté et du mérite de M. Bouillaud à donner de bons exemples à la postérité.

M. Bouillaud, excellent professeur, médecin profond et laborieux, a publié seul beaucoup d'autres ouvrages : 1° un *Traité de Clinique de l'Encéphalite et de ses suites*, etc. (1825); 2° un *Traité clinique et expérimental des Fièvres* (1826); 3° un *Rapport académique sur l'introduction de l'air dans les veines* (in-8°, 1838); 4° une *Clinique médicale de l'hôpital de la Charité* (3 vol. in-8°, 1837); 5° un volume *Sur la coïncidence du rhumatisme aigu avec l'endo-cardite* (1840); 6° un *Essai de Philosophie médicale*, etc. (1836); 7° un *Traité Clinique et Statistique du Choléra* (1832); 8° son traité de *Nosographie médicale*, qui est son principal ouvrage (5 vol. in-8°, 1846); 9° des *Recherches pour démontrer que le sens du langage articulé, de même que le principe de la parole, réside dans les lobes antérieurs du cerveau* (1839 et 1848).

Maître d'une clinique fort suivie, où le paradoxe tient aujourd'hui moins de place qu'autrefois, M. Bouillaud occupe de plus en plus un rang distingué parmi les meilleurs praticiens de Paris, surtout depuis qu'il discute, écrit et saigne moins. Nous n'en sommes plus au temps où M. Bouillaud saignait un malade plus de fois dans un seul jour qu'un autre médecin n'eût osé le faire dans toute une semaine.

Député d'Angoulême de 1842 à 1846, conseiller de l'Université sous Louis-Philippe, M. Bouillaud, homme sûr et ferme, succéda à M. Orfila comme doyen, en février 1848. Il eût conservé plus longtemps ces graves fonctions de doyen, et sans doute il les aurait encore, s'il avait pu consentir à apposer sa signature aux comptes peu réguliers de son prédécesseur. A cette occasion il publia un mémoire, qui heureusement pour M. Orfila n'avait pas l'énergique netteté de ses autres écrits, sans quoi l'Assemblée nationale aurait peut-être suivi l'exemple de M. Bouillaud.   Isidore Bourdon.

BOUILLE, en termes de pêche, est une longue perche, grosse par un de ses bouts, qui a la forme d'un rabot, et qu'on emploie pour remuer la vase et troubler l'eau, afin que le poisson entre plus facilement dans les filets.

Bouille était aussi jadis le nom de la marque que les commis des fermes mettaient à chaque pièce de drap ou d'étoffe de laine au bureau des fermes du roi, et en même temps le nom du droit auquel cette marque était soumise.

BOUILLÉ (Famille de). Originaire du Maine, où elle a possédé des terres considérables et contracté de grandes alliances, elle est aussi regardée comme une des premières de la province d'Auvergne, où l'on retrouve son nom dès le dixième siècle, et où une de ses branches fut effectivement établie depuis le onzième. Elle a donné des chevaliers de l'ordre du roi sous Louis XI et François I°', de l'ordre du Saint-Esprit sous Henri III et Louis XVI, des prélats, des chanoines comtes de Lyon et de Brioude, des commandeurs de l'ordre de Saint-Jean de Jérusalem, un général en chef, des lieutenants généraux, commandants de provinces, des maréchaux de camp et un pair de France sous Charles X. (*Voyez* les articles suivants.)

René de **Bouillé**, issu de la branche du Maine, commandait en Bretagne à l'époque de la Saint-Barthélemy, et, par une sage résistance aux ordres de la cour, préserva cette province des horreurs du massacre.

René de **Bouillé**, comte *de Créance*, fils du précédent, chevalier des ordres du roi et gouverneur de Périgueux, s'était acquis l'estime de Henri IV, qui écrivait au prince de Conti en parlant d'un avantage que Bouillé avait remporté sur Commène, un des chefs de la Ligue : « Le Manceau a donc été plus fin que le Grec; je l'ai toujours connu pour aussi avisé que valeureux; je suis bien aise que vous l'aimiez et que vous le reteniez avec vous; il peut bien conseiller et bien agir. »

BOUILLÉ (François-Claude-Amour, marquis de), neveu de Nicolas de Bouillé, ancien doyen des comtes de Lyon, évêque d'Autun et premier aumônier de Louis XV, naquit au château de Cluzel en Auvergne, le 19 novembre 1739, et mourut à Londres, le 14 novembre 1800, à l'âge de soixante et un ans. Ayant perdu fort jeune encore ses parents, il fut élevé au collège de Louis-le-Grand, à Paris, dont la direction était alors confiée aux jésuites. Après avoir terminé ses études à l'âge de quatorze ans, il entra d'abord dans le régiment de Rochefort, puis dans les mousquetaires noirs, et obtint, à l'âge de seize ans, une compagnie dans le régiment de dragons de La Ferronais, avec lequel il partit en 1758 pour rejoindre l'armée en Allemagne. Il se distingua dans plusieurs affaires de la guerre de sept ans, principalement au combat de Grunberg (1761), où, à la tête de ses dragons, il chargea avec tant d'impétuosité la colonne

BOUILLÉ

ennemie aux ordres du duc de Brunswick, qu'il la culbuta, lui prit onze pièces de canon et dix-neuf drapeaux ou étendards. Chargé de porter au roi la nouvelle de cette victoire, il fit l'éloge le plus flatteur de ses camarades. Le prince alors, l'interrompant, et s'adressant aux courtisans qui l'entouraient, leur dit : « M. de Bouillé n'oublie ici qu'une chose, c'est qu'on lui doit, en grande partie, les résultats de cette brillante affaire; » et il le nomma au grade de colonel, avec promesse du premier régiment vacant. En 1768 Bouillé fut nommé gouverneur de la Guadeloupe, et il administra cette colonie avec tant de sagesse et d'habileté, que le roi, pour le récompenser, le créa, en 1777, maréchal de camp, et lui donna le gouvernement général de la Martinique et de Sainte-Lucie. Il reçut en même temps le pouvoir de prendre le commandement de toutes les autres îles du Vent, aussitôt que commenceraient les hostilités entre la France et l'Angleterre, dont on était alors menacé.

Lorsque, l'année d'ensuite (1778), la guerre d'Amérique éclata, la France s'étant déclarée en faveur de la cause des insurgés, Bouillé reçut l'ordre de s'emparer de la Dominique, qui, par sa position entre la Martinique et la Guadeloupe, était d'une grande importance. Cette expédition, tentée par le temps le moins favorable, fut couronnée d'un plein succès. Cinq cents hommes, qui composaient la garnison, furent faits prisonniers, et remirent aux vainqueurs cent soixante-quatre pièces de canon et vingt-quatre mortiers. Bouillé s'empara de même successivement de Saint-Eustache, de Tabago, de Saint-Cristophe, de Nièvre et de Montserrat; mais son plus beau titre de gloire est d'avoir su défendre alors et conserver nos nombreuses possessions dans les Antilles, menacées tour à tour par les Anglais, en l'absence de l'armée navale, qui était allée en 1781 protéger le siège d'York en Virginie, et malgré les obstacles que lui suscita la jalousie du comte d'Estaing.

De retour en France, à la paix de 1783, ses services furent récompensés par le grade de lieutenant général et par le collier des ordres du roi. Non-seulement il avait toujours fait preuve du plus grand désintéressement dans l'exercice de ses divers commandements, mais il avait encore contracté au service de la France pour plus de 700,000 fr. de dettes. Le roi voulut les acquitter; mais il n'accepta point cette faveur, ou plutôt cette justice, qui eût été une charge pour le prince et pour l'État dans les circonstances où ils se trouvaient. Dans l'intervalle qui s'écoula entre la paix et les premiers mouvements de la révolution, le roi le nomma membre de plusieurs des assemblées de notables, qui furent convoquées en 1787 et 1788, et il fut un de ceux qui montrèrent le plus disposés aux sacrifices que le salut de l'État réclamait; mais il les voulait conformes aux lois fondamentales de la monarchie. Nommé en 1790 général en chef de l'armée de Meuse, Sarre-et-Moselle, l'effervescence produite par les premiers événements de la révolution avait rendu son poste extrêmement pénible. Néanmoins, par sa fermeté, il sut maintenir l'ordre et la discipline, que ses troupes respectèrent toujours. Chargé par Louis XVI de faire exécuter les décrets de l'Assemblée nationale, méconnus par la garnison et par la plupart des habitants de Nancy, il marcha à la tête de quatre mille cinq cents hommes contre les séditieux, dont le nombre s'élevait à plus de dix mille. Il défit le 31 août 1790, et étouffa par cette mesure rigoureuse une insurrection qui menaçait l'armée entière, et pouvait devenir le signal de la guerre civile. L'Assemblée nationale lui vota des remerciments, et le roi lui écrivit qu'il avait sauvé la France, et avait acquis des droits éternels à son estime et à son amitié. Ce prince lui offrit le bâton de maréchal de France; mais Bouillé crut devoir refuser un honneur qui eût été le prix du sang de ses concitoyens.

Louis XVI, qui connaissait sa fidélité et son courage, le choisit pour seconder son départ secret de Paris, et pour lui assurer une retraite dans son commandement. Bouillé s'é-tait empressé de répondre aux désirs du monarque; il avait fait les dispositions nécessaires pour éclairer la route, et réunir autour de lui à Montmédi, avec un train d'artillerie de campagne, douze bataillons et vingt-trois escadrons que l'on croyait encore entièrement dévoués. Il attendait au milieu de ces troupes l'arrivée du roi, lorsqu'il fut informé de son arrestation à Varennes. Rassemblant aussitôt ceux qu'il a sous la main, il les dirige sur cette ville, et s'avance lui-même à la tête de Royal-Allemand cavalerie. Mais le monarque était déjà parti. Quoique gravement compromis par cette démarche, il s'empressa de concourir à la fuite de Monsieur (depuis Louis XVIII), et se rendit lui-même à Luxembourg, d'où il écrivit à l'Assemblée nationale une lettre dictée par son attachement à la personne du roi, mais dont le ton menaçant produisit un effet tout différent de celui qu'il en attendait. Décrété d'accusation, et ne pouvant plus rentrer dans sa patrie, il se réfugia à Coblentz auprès des princes français, qui l'accueillirent avec distinction, l'admirent dans leur conseil, et le chargèrent de différentes missions importantes, dont il s'acquitta avec zèle. Il remit aux princes 670,000 fr., restant d'un million en assignats qu'il avait reçu de Louis XVI pour le voyage de Montmédi, et dont il est question dans le procès du roi. Il se rendit ensuite à Pilnitz, où l'avaient appelé l'empereur Léopold et le roi de Prusse, afin d'y conférer sur les moyens à employer pour rendre la liberté au roi et rétablir la monarchie sur ses anciennes bases. Il était porteur de pleins pouvoirs de Monsieur. Il eut encore sur ce sujet des conférences à Aix-la-Chapelle avec le roi de Suède, et lui fit goûter ses projets. L'impératrice de Russie était aussi entrée dans ses vues, et avait promis un renfort de 36,000 hommes, qui devaient, sous le commandement du monarque suédois et du général français, débarquer sur les côtes de Flandre; mais le roi de Suède, Gustave III, ayant été assassiné le 29 mars 1792, Catherine oublia ses promesses, et Bouillé, qui voyait s'évanouir ses projets et ses espérances, se réfugia en Angleterre, où bientôt, accablé d'infirmités et voué par elles à l'inaction, il ne s'occupa plus que de la rédaction de ses *Mémoires*.

Ces *Mémoires*, qui ont paru à Londres en 1797, d'abord en anglais, puis en français, ont été réimprimés plusieurs fois depuis. Ils sont, dit Mallet du Pan, *écrits avec la simplicité d'un militaire et la véracité d'un honnête homme*. En effet, ils peignent la chute de la monarchie, les causes et le commencement de la révolution, avec une franchise et une loyauté dont se plaît à tenir compte à l'auteur, alors même que l'on ne partage pas toutes ses idées, ou que l'on n'approuve pas toutes ses opinions.

BOUILLÉ (Louis-Joseph-Amour, marquis DE), fils aîné du précédent, né au fort Saint-Pierre de la Martinique le 1er mai 1769, servait d'aide de camp à son père, lors de la tentative faite pour favoriser l'évasion de Louis XVI. Compromis, comme son père, dans cette circonstance, il le suivit dans sa fuite, et entra au service de la Suède en qualité d'aide de camp de Gustave III. Devenu libre par la mort de ce prince, il joignit l'armée de Condé, et passa, après la déroute de Valmy, dans celle de Prusse, avec laquelle il fit le siège de Mayence, où il fut blessé. Dès qu'il se vit guéri, il leva un régiment de hulans britanniques, qui le suivit à Rouez (Sarthe), où il reçut encore une blessure, et à l'Ile-Dieu. Réformé l'année suivante, il resta dans l'inaction jusqu'en 1802.

Profitant alors de l'amnistie, il rentra en France, où il prit du service, fit la campagne de Naples, se distingua au siège de Gaète, et joignit la grande armée sur la fin de 1806. Il assista aux divers combats qui furent livrés en Pologne, battit le prince d'Anhalt, lui prit son artillerie, et l'empêcha, à la tête de quelques chevau-légers, de secourir les places qu'il voulait dégager. Employé l'année suivante en Espagne, comme chef d'état-major de la division du général Sébastiani, il contribua au succès du combat de Ciudad-Real.

Élevé, pour les services qu'il avait rendus en cette circonstance, au poste de chef d'état-major général du 4ᵉ corps, il se distingua dans diverses rencontres, et ajouta encore, le jour de la bataille d'Almonacid, à la réputation de valeur et de capacité qu'il s'était faite. Cette brillante conduite lui valut le grade de général de brigade, qu'il obtint en 1810, et le commandement d'un corps de dragons, avec lequel il battit, le 19 avril 1812, le général Freire, qu'il tailla encore en pièces le 17 mai suivant. Forcé par le mauvais état de sa vue de quitter l'armée d'Espagne sur la fin de cette année, il fut fait lieutenant général à la rentrée des Bourbons et mis à la retraite. Il est mort en 1850. Mᵐᵉ de Bouillé avait été dame du palais de l'impératrice Marie-Louise.

Outre une relation fort curieuse de l'évasion de Louis XVI, on doit au général une *Vie privée et militaire du prince Henri de Prusse* (1809); des *Pensées et Réflexions morales et politiques dédiées à son fils* (1826); enfin des *Commentaires sur le* Traité du Prince, *de Machiavel, et sur l'Anti-Machiavel, de Frédéric II* (1827).

Son fils unique, le comte René de BOUILLÉ, après avoir été officier de cavalerie, quitta le service en 1826, et s'occupa de travaux littéraires. Il fit imprimer un volume de fables et de poésies diverses, puis il publia une brochure politique intitulée *Lettres chinoises*, et inséra dans la *Revue des Deux mondes* (juillet 1830) un article sur le système pénitentiaire établi dans la prison de Genève. Entré ensuite dans la carrière diplomatique, il remplit successivement des missions auprès des cours de Dresde, de Hanovre, de Weimar, de Cassel et de Darmstadt, et résida pendant plus de deux ans à Carlsruhe en qualité de ministre plénipotentiaire, suivant la négociation du traité de délimitation entre la France et le grand-duché de Bade. Il est rentré dans la vie privée en 1833.

BOUILLEURS (Tuyaux). Dans la construction des machines à feu on remplace souvent les chaudières dans lesquelles se produit la vapeur par un système de tuyaux appelés *bouilleurs* ou *chaudières tubulaires*. Pour s'en faire une idée, il faut se figurer un gril formé de canons de fusil communiquant entre eux par leurs extrémités; si on les remplit d'eau, et que l'on place du feu dessous, le liquide passera plus tôt à l'état de vapeur que s'il était contenu dans une chaudière unique, attendu que les surfaces chauffantes seront plus multipliées. On fait aussi des bouilleurs d'un seul tuyau contourné en hélice, en spirale, etc. Les locomotives qui roulent sur les chemins de fer sont alimentées par des systèmes de tuyaux bouilleurs. Mais M. Séguin y a apporté un changement important, en faisant passer la flamme dans les tubes, ce qui a permis de rendre les locomotives infiniment plus légères. *Voyez* VAPEUR (Machines à).

BOUILLIE, farine délayée et bouillie dans le lait, nourriture grossière et indigeste, qu'une routine aveugle persiste encore à donner trop généralement aux enfants, dans quelques provinces, malgré les avis des gens éclairés et les résultats funestes de ce mode d'alimentation. Le plus grand nombre de ceux qui sont ainsi nourris sont effectivement sujets aux aigreurs, aux vers, aux engorgements et aux obstructions des glandes du ventre, au carreau, aux coliques, au dévoiement et aux convulsions. La farine de froment est ordinairement celle que l'on choisit pour faire la bouillie, et c'est surtout celle dont il faudrait s'abstenir en ce cas; le gluten qu'elle renferme, et qui est si essentiel à la fabrication du pain, donne à la bouillie un caractère qui en fait un aliment fade et indigeste, que les sucs de l'estomac ne pénètrent qu'avec beaucoup de travail et qui passe bientôt, par son poids, dans les entrailles, sans avoir accompli l'œuvre de la nutrition. L'orge, le maïs, l'avoine et surtout le sarrasin, dont le pain est infiniment plus grossier que celui de froment, fournissent une bouillie plus délicate, mais qui n'est pas encore sans inconvénients; le riz lui-même, pour devenir digestible, doit éprouver un mouvement de fermentation.

Il serait bon de remplacer la bouillie par des panades préparées avec des biscottes de Bruxelles, ou bien avec du pain trempé ou bouilli d'abord dans de l'eau, puis bien essoré, que l'on mêle avec une quantité suffisante de lait nouveau légèrement sucré et non bouilli. On peut recommander encore avec Parmentier, pour la première alimentation de l'enfance, l'usage de l'orge mondé ou de l'orge perlé, qui ont tous deux des qualités inappréciables sous une foule de rapports; l'enfant le plus faible y trouvera un aliment aussi salutaire que l'homme le plus robuste; c'est ce qu'une expérience de plusieurs siècles a constaté, particulièrement chez les habitants des montagnes, qui en vivent pendant une grande partie de l'année.

Les papetiers donnent aussi le nom de *bouillie* à la pâte liquide avec laquelle ils fabriquent le papier.

Proverbialement, *faire de la bouillie pour les chats*, c'est prendre une peine inutile, se tourmenter beaucoup pour faire une chose dont on ne tirera aucun profit.

BOUILLON, aliment liquide préparé par l'ébullition, dans l'eau, de la chair des animaux ou de certaines plantes. Si l'on soumet à cette ébullition la chair de bœuf, les sels solubles, la gélatine et l'osmazôme se dissolvent, l'albumine s'élève à la surface du liquide en se coagulant, la graisse se fond, et, par sa pesanteur spécifique, vient également à la surface. Darcet avait imaginé de faire des bouillons avec des os seuls; on traitait ceux-ci par l'acide hydrochlorique, afin de dissoudre les matières terreuses qu'ils renferment; la gélatine était ensuite lavée, et cuite avec peu de viande et beaucoup de légumes. Mais on a constaté que ces bouillons n'avaient rien de nutritif. 100 kilogrammes de viande en ébullition dans l'eau ne donnent que 50 kilogrammes de bouilli; ils procureraient 67 kilogrammes de rôti; par ce dernier moyen on a donc un cinquième de profit. 100 kilogrammes de viande donnent 50 kilogrammes de bouilli et 200 litres de bouillon. 100 kilogrammes de viande, dont 25 mêlés à 3 kilogrammes de gélatine d'os, donneraient 200 litres de bouillon et 12 kilogrammes et demi de bouilli; les 75 kilogrammes restant donneraient 50 kilogrammes de rôti. De cette manière, on a une quantité égale de bouillon, 50 kilogrammes de rôti et 12 kilogrammes et demi de bouilli. La gélatine réduite en tablette constitue le bouillon portatif, qui, uni à quelque peu de jus de viande et des légumes, improvise un bouillon passable.

Le veau, le poulet, soumis à l'ébullition dans l'eau, constituent des bouillons légers, qui, par cela même qu'ils contiennent très-peu de molécules nutritives, sont rafraîchissants et souvent conseillés dans les affections inflammatoires. Les bouillons de tortue et de grenouilles sont fortifiants, analeptiques; on les conseille dans les maladies chroniques et surtout dans la phthisie pulmonaire.

Les bouillons pharmaceutiques sont ou des décoctions de jarret de veau, dans lesquelles on fait infuser des plantes médicamenteuses, ou des *bouillons d'herbes*, qui sont laxatifs et rafraîchissants, et le plus souvent composés avec de l'oseille, de la poirée, du pourpier, du cerfeuil, etc. On les donne souvent pour favoriser l'action des purgatifs.

Le mot *bouillon* a reçu des acceptions assez nombreuses dans les arts et dans le style figuré.

En architecture hydraulique il sert à désigner de petits jets d'eau s'élevant à peine de quelques centimètres audessus du tuyau. Dans la décoration des jardins, où les eaux forment un des accessoires les plus agréables, on garnit les cascades, goulots et rigoles avec des jets ou bouillons, qui paraissent ainsi sortir comme d'une source.

En médecine vétérinaire, on nomme *bouillon* une excroissance de chair qui s'attache à la fourchette des pieds des chevaux. Comme cette tumeur parvient souvent à la grosseur d'une cerise, elle fait boiter l'animal. Les chevaux le manége, moins exposés que les autres à se mouiller les pieds, sont particulièrement sujets à cette maladie, laquelle s'exprime, en termes de métier, en disant que *la chair souffle sur les fourchettes.*

En termes de passementier, le *bouillon* est une espèce de cordon d'or ou d'argent, tortillé sur un fil de laiton en forme de petits anneaux, que l'on place au milieu des fleurs en broderie. On s'en sert aussi pour en composer des crépines.

Bouillon est aussi le nom du fil d'or que les boutonniers roulent très-serré sur un autre fil, qui sert alors comme de moule. Après l'avoir retiré on le coupe pour en faire des épis, des roues et autres ornements.

On nomme encore *bouillon* une bulle d'air qui s'introduit dans le verre ou les métaux lorsqu'ils sont en état de fusion.

Les poëtes se sont aussi emparés de ce mot pour peindre les grandes agitations de l'âme et pour exprimer une chaleur d'action portée jusqu'à l'excès.

On dit, par hyperbole, que le sang coule ou sort à gros bouillons :

Le sang à gros *bouillons* sort de sa bouche impure.

Le mot *bouillon* a enfin reçu une dernière acception : lorsque, par suite d'une spéculation, on fait une perte, cela s'appelle *boire un bouillon.* C'est le commerce de la librairie qui a le premier employé cette expression; elle est de la passée dans les autres professions industrielles, mais elle n'en est pas moins tout à fait triviale.

BOUILLON (Maison de). Bouillon est une ville du Luxembourg belge, peuplée de 2,600 habitants, où l'on fabrique du tulle et du drap; on y trouve aussi plusieurs tanneries; et il s'y fait un commerce de bétail et de ferronnerie. C'était autrefois la capitale du duché du même nom; elle est défendue par un château fort (l'ancien château des ducs de Bouillon).

La seigneurie, ensuite duché, de Bouillon se détacha sous la seconde race du comté ou de la marche d'Ardennes; au onzième siècle c'était une dépendance du duché de Lothiers ou de Basse-Lorraine. Godefroy de Bouillon, fils d'Eustache de Boulogne et héritier de Godefroy le Bossu, duc de Bouillon, son oncle, pour se procurer les moyens de partir à la croisade, vendit son domaine en 1095 à l'évêque de Liége, qui le transmit à ses successeurs dans le même siége. En 1482 Guillaume de La Marck, connu dans l'histoire sous le nom de *sanglier des Ardennes*, s'empara du pays de Bouillon, et en investit son frère Robert.

Le fils de celui-ci, nommé également Robert, soutint la lutte que son père avait entreprise contre l'évêque de Liége, pour conserver ce que la conquête lui avait donné, et devint par la médiation du roi de France véritablement seigneur de ce pays, considéré dès lors comme une souveraineté, sur laquelle toutefois l'Autriche prétendit, à diverses reprises, avoir les droits régaliens. Ce Robert, célèbre, comme son oncle, par ses déprédations, surnommé, comme lui, le *grand sanglier des Ardennes*, servit la France, et contribua par sa valeur indisciplinée à la perte de la bataille de Novarre. C'est lui qui, selon Brantôme, faisant peindre sa patronne, sainte Marguerite, sur une bannière, lui avait mis aux mains deux cierges, dont l'un était voué à la sainte et l'autre à *monsieur le diable*, avec cette légende impie : *Si Dieu ne me veut aider, Satan ne me saurait manquer.*

Robert III, fils du précédent, fut, comme ses prédécesseurs, un fidèle serviteur de la France. Il fut pris à la bataille de Pavie, avec François Ier, qui récompensa plus tard ses exploits par le bâton de maréchal. Il est plus ordinairement connu dans nos annales sous le nom de maréchal *de Fleuranges*, et il a laissé d'assez curieux mémoires.

Robert IV, son fils, s'attacha également au service de nos rois. Henri II le créa maréchal de France, et, ayant conquis la seigneurie de Bouillon, qui était retombée au pouvoir de l'évêque de Liége, il la lui conféra avec le titre de duc. Ce prince fut par conséquent le premier duc de Bouillon. Pris par les Espagnols, en 1552, au siége d'Hesdin, il mourut empoisonné, dit-on, quatre ans après, alors que, délivré sur parole, il s'occupait à se procurer la somme de 60,000 écus à laquelle avait été fixée sa rançon.

Ses descendants Henri-Robert et Guillaume-Robert, conservèrent ce titre, quoique momentanément privés par diverses vicissitudes de la possession du duché. Guillaume-Robert en mourant légua à Charlotte de La Marck, sa sœur, tous ses droits sur la seigneurie de Bouillon; et Charlotte étant morte sans enfants, en 1594, en elle s'éteignit la première maison de Bouillon.

La seconde a pour tige Henri de la Tour d'Auvergne, vicomte de Turenne, héritier d'une maison déjà célèbre, et époux de Charlotte de la Marck, qui lui laissa par testament ses possessions. Attaché depuis l'année 1575 au parti calviniste et à la cause du roi de Navarre, il devait ce riche mariage à l'intervention de Henri IV, qui lui conféra, en 1592, le bâton de maréchal. Sa reconnaissance ne répondit pourtant pas à tant de faveurs. Depuis la conversion du roi, le maréchal de Bouillon se regardait comme le chef des réformés. Il s'engagea en 1602 dans la conspiration de Biron, et se tint prêt à marcher à la tête de ses anciens compagnons d'armes. Pendant le procès de Biron et après son supplice, le roi invita le maréchal de Bouillon à se rendre à la cour, lui promettant son pardon, pourvu qu'il avouât ses torts. Le duc crut qu'il était plus sûr de partir pour le Languedoc, puis pour Genève, et enfin il se retira chez son beau-frère, l'électeur palatin. En 1606 Henri IV résolut enfin de le punir ou de le forcer à s'humilier; il voulut surtout lui enlever la forteresse de Sédan. Cette résolution sérieusement manifestée suffit pour déterminer Bouillon à entrer en composition. Le 6 avril il eut une conférence amicale avec Henri, et lui remit, en gage de soumission, la garde de Sédan pour quatre années.

Après la fin tragique de ce prince, son ambition et son humeur inquiète donnèrent tour à tour de l'ombrage à la régente et aux réformés; car, dans l'espoir d'être appelé au ministère, il flotta longtemps entre les deux partis. Après avoir été le confident du maréchal d'Ancre, il se déclara contre lui, et devint l'âme de toutes les intrigues de Condé et des princes. Ses espérances ne s'étant pas réalisées après l'assassinat de Concini, il se tourna du côté de la reine mère, retirée à Blois, déclarant que *la Cour était toujours la même auberge, et qu'elle n'avait fait que changer de bouchon*. Ce fut d'après ses conseils que Marie de Médicis se détermina à suivre d'Épernon à Angoulême. Ses menées continuelles inquiétèrent gravement de Luynes, le nouveau favori; enfin, il mourut à Sédan, le 25 mars 1623. D'Élisabeth de Nassau, qu'il avait épousée en secondes noces, il eut plusieurs enfants, et dans le nombre Frédéric-Maurice, qui lui succéda, et l'illustre Turenne.

Frédéric-Maurice fit avec distinction la guerre des Pays-Bas, sous les princes d'Orange, ses oncles maternels, passa ensuite au service de la France, et fut fait maréchal de camp; puis il commanda en 1637 les troupes hollandaises au siége de Breda. Quatre ans plus tard, partageant la haine du comte de Soissons contre le Cardinal de Richelieu, il détermina ce prince à accepter les secours de l'Espagne et à commencer la guerre civile. Il combattit à ses côtés à La Marfée. Bientôt abandonné des Espagnols, il courut se renfermer dans Sédan, et eut l'adresse quelque temps après de conclure avec le roi une paix avantageuse. En 1642 il partit pour l'armée d'Italie comme lieutenant général; mais, accusé d'avoir favorisé la conspiration de Cinq-Mars, il fut arrêté à Casal et conduit à Lyon. Trouvant dans le danger que courait son mari une soudaine résolution, la duchesse de Bouillon se jeta précipitamment dans Sédan, qu'elle menaça de livrer aux Espagnols. Cet acte de courage et cette complication imprévue firent taire la haine du Cardinal et ouvrir la prison du duc. Toutefois, il dut céder au roi sa principauté de Sédan pour prix de sa liberté. Il se convertit au catholicisme en 1634, suivant quelques historiens, en 1644 selon M. Villenave; il se rendit à Rome à cette époque, et y commanda les troupes pontificales. Il ne rentra en France qu'en 1649. Ayant inutilement tenté de recouvrer Sédan, le mécontentement le jeta dans le parti de la Fronde, où son frère, le maréchal de Turenne, était déjà engagé. C'était l'homme le plus habile du parti des princes, mais il ne songeait guère qu'à reconquérir Sédan, et sa femme, qui avait un grand empire sur lui, était toute dévouée à l'Espagne. Cependant, n'ayant pas à se louer de Condé, il se décida en 1651 à faire sa soumission à Mazarin. Par un traité d'échange, on lui donna les comtés d'Auvergne, d'Évreux, et les duchés-pairies de Château-Thierry et d'Albret, avec d'autres terres considérables en dédommagement de Sédan et de Raucourt. Tous ses droits sur le duché de Bouillon, en partie occupé par les Espagnols, en partie retenu par l'évêque de Liége, étaient réservés à Frédéric-Maurice. Il mourut l'année suivante, laissant des mémoires intéressants.

Son fils, GODEFROY-MAURICE, se signala dans les grandes guerres de son temps, et rentra en possession du duché de Bouillon, que Louis XIV conquit en 1676, et qui fut définitivement concédé à cette maison par les traités de Riswick et de Nimègue. Il finit ses jours en 1721; il avait été revêtu de la charge de grand chambellan. En 1662 il avait épousé Marie-Anne Mancini, nièce du cardinal Mazarin, qui fut compromise par les révélations de l'abbé Le Sage dans l'affaire de la Voisin, et traduite devant la cour des poisons.

EMMANUEL-THÉODOSE, cardinal de Bouillon, frère du précédent, naquit en 1644. Revêtu de la pourpre romaine avant l'âge de vingt-six ans, puis nommé grand aumônier, il fut rapidement pourvu de plusieurs riches abbayes. La haute faveur dont il jouissait, et qui n'était qu'un hommage rendu par Louis XIV aux services de Turenne, alluma sa vanité et son orgueil. Convoitant pour un de ses neveux le titre de prince dauphin d'Auvergne, il fit avec le duc d'Orléans un marché pour l'acquisition de la terre du Dauphiné d'Auvergne, marché que le roi refusa de ratifier. Dans son désappointement il écrivit une lettre injurieuse pour le roi, qui tomba entre les mains de Louvois et lui attira la colère de Louis XIV. Le crédit du grand chambellan réussit à grand' peine à le calmer. En 1694 il tenta vainement de se faire élire prince-évêque de Liége. L'appui des jésuites lui valut ensuite l'ambassade de Rome; mais lors des débats qui s'engagèrent sur le jugement du livre de Fénelon, les Maximes des Saints, il employa tous les moyens pour en prévenir la condamnation, malgré les instructions qu'il avait reçues de France. Cette conduite lui valut son rappel, avec injonction de se rendre à Cluny ou à Tournus, dont il était abbé. Mais comme il aspirait à succéder au doyen du sacré collége, dont la mort était attendue à chaque instant, il s'obstina à rester à Rome, et le roi, irrité, lui fit donner l'ordre d'envoyer sa démission de sa charge de grand-aumônier, d'en quitter le cordon bleu et d'enlever les armes de France de dessus son palais. Le cardinal, devenu doyen du sacré collége, se crut tellement grandi qu'il n'hésita pas à commencer avec le roi une lutte ouverte. Ses biens furent saisis; il lui fallut obéir et se rendre à Cluny, où s'accrurent ses ennuis et ses ressentiments, malgré la levée de la saisie. Enfin, après dix ans d'un exil auquel il ne voyait point de terme, le cardinal prit une résolution désespérée, sortit de France, et se rendit à Tournai, auprès du prince Eugène et de Marlborough, qui l'accueillirent avec distinction. Le parlement le décréta alors de prise de corps, et le séquestre fut mis sur ses abbayes. Enfin, après avoir longtemps erré à l'étranger, après avoir envoyé à Versailles de nombreux mémoires pour se justifier, il obtint la restitution de ses revenus et la permission de se retirer à Rome, où il mourut en 1715.

Trois autres ducs de Bouillon, issus en ligne directe de Godefroy-Maurice, EMMANUEL-THÉODOSE, CHARLES-GODEFROY et GODEFROY-CHARLES-MARIE, se succédèrent jusqu'au moment où éclata la révolution; à cette époque le duché souverain de Bouillon disparut. En 1814 le traité de Paris, en comprenant ce pays dans le royaume des Pays-Bas, rendit à un certain Philippe d'Auvergne, capitaine dans la marine britannique, le titre et les biens que lui avait légués le dernier duc de Bouillon; mais le congrès de Vienne l'en dépouilla en 1816, et une partie du territoire fut donnée, à titre d'indemnité, à la maison de Rohan-Montbazon, qui la céda en 1822 au roi des Pays-Bas contre une rente annuelle de 5,000 écus.

BOUILLON BLANC, plante du genre molène, de la famille des solanées, et dont le nom latin est verbascum thapsus. Le bouillon blanc a la tige simple, droite, haute de un mètre à un mètre et demi, garnie de grandes feuilles alternes, molles, ovales, à peine crénelées, cotonneuses aux deux faces, un peu consistantes à la base. Les fleurs sont jaunes, presque sessiles, réunies par petits paquets en un épi cylindrique et touffu. Cette plante croît en abondance en Europe, dans tous les lieux incultes, et ses fleurs sont employées, surtout en infusion, dans quelques affections catarrhales. Les feuilles sont aussi regardées comme émollientes et adoucissantes.

BOUILLON NOIR. Cette plante, qui, comme le bouillon blanc, appartient au genre molène, présente les mêmes caractères généraux. Le bouillon noir (verbascum nigrum, Linné) se reconnaît à ses feuilles ovales, crénelées, d'un vert sombre, et à ses étamines, dont les filets sont chargés d'une sorte de laine pourpre.

BOUILLONNEMENT, fermentation d'une liqueur, mouvement qu'éprouvent les liquides à une température plus ou moins élevée, et qui tient à ce que leur transformation partielle en vapeurs déplace leur masse. Le bouillonnement dépend principalement de la pression à laquelle sont soumis les liquides. L'eau, qui ne bout à l'air libre qu'à 100°, entre en ébullition à 10° et même à 0° dans le vide; l'eau saturée d'acide carbonique bout à 0° pour peu qu'on diminue la pression de l'atmosphère.

Le verbe bouillonner exprime l'action de sortir avec impétuosité: les eaux minérales bouillonnent en sortant de leur source. On dit aussi que le sang bouillonne dans les veines. Au figuré on dit de même bouillonner de colère, d'impatience, etc.

BOUILLON SAUVAGE, nom vulgaire de la phlomide frutescente (phlomis fruticosa, Linné). Cette plante, de la famille des labiées, se rencontre en Orient et dans les parties méridionales de l'Europe. Elle forme un arbuste d'environ un mètre de haut, à rameaux nombreux, longs, revêtus de poils floconneux; les feuilles sont ovales ou oblongues, arrondies un peu en coin à leur base, rugueuses, vertes en dessus, blanches et cotonneuses en dessous; ses fleurs sont d'un beau jaune, réunies au nombre de quinze ou vingt en faux verticilles serrés, accompagnées de bractées nombreuses, presque vertes, ciliées et velues. Cette plante fleurit pendant tout l'été, et une partie de l'automne. On la cultive dans nos jardins; mais il faut la couvrir pendant l'hiver.

BOUILLOTTE. Ce jeu, qui sous le Directoire vint prendre la place du brelan, doit être regardé plutôt comme un jeu de hasard que comme un jeu de société. La bouillotte se joue à cinq personnes, avec un jeu de piquet dont on ôte les sept, ce qui réduit à vingt-huit le nombre des cartes. Celles-ci conservent les valeurs et l'ordre hiérarchique qu'elles ont au piquet.

Les places et la donne sont tirées au sort. Chacun ayant mis son enjeu, le premier à jouer peut se carrer, ce qui consiste à déclarer qu'on met autant de jetons qu'il y en a, plus une mise. Ce premier peut être décarré par le second, qui double la carre du premier, et ainsi de suite; le dernier qui décarre son voisin reste seul carré. La carre produit cet effet, que celui qui est définitivement carré emporte les enjeux, dans le cas où tous les joueurs passent.

Celui qui a la main donne ensuite une par une, trois cartes à chacun et à lui-même, puis il en retourne une qui est la seizième. Le premier à la droite du donneur a la parole, à moins qu'il ne soit carré, cas où elle passerait au second. Le premier à parler examine son jeu : s'il ne le trouve pas bon, il passe; s'il le trouve passable, il dit qu'il verra le jeu simplement, c'est-à-dire sans augmenter l'enjeu; si son jeu est de nature à lui faire espérer un succès complet, il dit qu'il verra le jeu avec tant de jetons en sus, ce qui s'appelle *ouvrir le jeu*. Si personne ne tient, le contenu de la corbeille appartient à celui qui a ouvert le jeu.

Le jeu étant ouvert, celui qui a parlé le premier peut être *relancé* par un des autres joueurs, c'est-à-dire par un joueur qui offre de jouer plus que celui qui a ouvert; le relanceur peut être relancé à son tour par un autre qui offre un enjeu plus fort, et ainsi de suite, jusqu'à concurrence du *va-tout* (somme dont on s'est *cavé*, c'est-à-dire que l'on a placée devant soi en entrant au jeu). Ceux qui ont passé avant que le jeu soit ouvert peuvent malgré cela tenir ce qui est proposé et même relancer.

Si la somme proposée par le dernier relanceur n'est pas tenue, le contenu de la corbeille lui appartient, et le dernier relancé lui donne en outre autant de jetons qu'il y en a eu au jeu.

S'il y a un ou plusieurs *tenants*, tous les joueurs abattent leur jeu. Le tenant qui a un as prend dans les cartes abattues, celles qui sont de la couleur de son as; à défaut de l'as, c'est le roi qui *appelle*, et ainsi de suite. Chacun compte le point ainsi obtenu, et celui qui a le plus fort gagne. En cas d'égalité, le premier en cartes l'emporte.

Cependant le brelan l'emporte encore sur le plus haut point. On nomme *brelan* trois cartes semblables, comme trois as, trois rois, etc. Le brelan d'as est le plus fort; celui de rois vient après, et ainsi de suite. Le joueur qui a brelan, ou s'il y en a plusieurs, celui qui a le plus fort, reçoit deux mises de chaque joueur en sus du contenu de la corbeille. Enfin, lorsque l'on a brelan de la carte qui retourne, cela s'appelle avoir *brelan carré*, et ce brelan l'emporte sur tous les autres. Le joueur qui a brelan carré reçoit en outre le contenu de la corbeille quatre mises de chacun des autres joueurs.

BOUILLY (JEAN-NICOLAS), était né en 1763, à La Coudraye (Indre-et-Loire). Élevé au collége de Tours, il vint à Paris, dans un moment où les gens de lettres occupaient encore une place importante dans la société. Quelques-uns de ses jeunes amis tenaient au parti royaliste. Il manifesta les mêmes sentiments dans le premier ouvrage qu'il donna aux théâtres (Opéra-Comique), le 13 septembre 1790, *Pierre le Grand*, comédie en quatre actes et en prose, mêlée d'ariettes, musique de Grétry, pièce à la fin de laquelle il mit un couplet renfermant une allusion en faveur de la reine, allusion que le public saisit avec enthousiasme. Ce fut le dernier témoignage d'affection publique que reçut cette malheureuse femme. Touchée de cet hommage spontané, elle envoya à son auteur une tabatière ornée de son portrait et de celui du roi. Quelques années après, Bouilly crut devoir en faire le sacrifice à la société des jacobins de Tours.

Toute la vie dramatique de Bouilly fut comme la suite de *Pierre le Grand*. Son début théâtral avait été la mise en scène d'un personnage illustre, et, à fort peu d'exceptions près, son volumineux théâtre a été consacré à la représentation des hommes et des femmes célèbres, à divers titres, de toutes les époques. Également, dans sa vie publique, Bouilly, qui avait été et avait cessé d'être royaliste, montra les mêmes fluctuations au milieu de toutes les circonstances politiques qu'il eut subséquemment à traverser;

il adressait ses ouvrages, selon les temps, soit à l'impératrice, soit à la duchesse de Berry, soit à la duchesse d'Orléans. Reçu avocat, il s'était lié avec Mirabeau et Barnave. Malgré le succès de son premier ouvrage, il n'embrassa pas encore exclusivement la carrière des lettres. Il occupa d'abord dans sa province diverses places administratives et judiciaires. Rappelé à Paris après le 9 thermidor, il fit partie de la commission d'instruction publique avec Arnault, Parny, La Chabaussière, et contribua à la réorganisation des écoles primaires.

Lancé pourtant dans la voie de la biographie dramatique, il ne s'arrêta plus. En 1791 il fit représenter au Théâtre-Italien, *Jean-Jacques Rousseau à ses derniers moments*, comédie en deux actes et en prose; et successivement, pendant un espace de vingt années environ, on vit jouer de lui au Théâtre de la République ou Théâtre-Français : *René Descartes*, en deux actes et en prose (1796); *L'abbé de l'Épée*, en cinq actes et en prose (1800); *Madame de Sévigné*, en trois actes et en prose (1805); au théâtre de l'Opéra-Comique, Favart ou Feydeau : *Le Jeune Henri*, en deux actes, musique de Méhul, et dont il n'est resté que l'ouverture, chef-d'œuvre symphonique); *Les deux Journées*, en trois actes, musique de Cherubini (1800); *Françoise de Foix*, en trois actes, avec Dupaty, musique de Berton (1809); *Valentine de Milan*, en trois actes, musique de Méhul; au théâtre du Vaudeville : *Téniers* (1800), *Berquin* (1801), *Florian*, *Fanchon la Vielleuse*, en société avec Pain (1803); au théâtre de la Cité, avec Cuvelier : *La Mort de Turenne*; *Les Irlandais Unis* (1793).

Outre ce répertoire biographique, probablement incomplet, Bouilly est auteur de quelques autres ouvrages, qui n'ont point pour sujet des personnes célèbres, savoir : au théâtre de l'Opéra-Comique : *la Famille Américaine*, en un acte, musique de Dalayrac (1796); *Léonore, ou l'Amour Conjugal*, en deux actes, musique de Gaveaux (1798); *Zoé, ou la Pauvre Petite*, en un acte, musique de Plantade (1809); *Une Folie*, en deux actes, musique de Méhul (1802); au théâtre du Vaudeville : *Haine aux Femmes*, en deux actes (1808); *Le petit Courrier, ou Comment les Femmes se vengent*, en deux actes, avec Moreau (1809).

Ce bagage littéraire, quelque considérable qu'il soit, n'est pas le seul dont Bouilly se soit enorgueilli; il a composé en outre un grand nombre d'ouvrages, chacun en plusieurs volumes, sous les titres de : *Contes à ma Fille*, *Les Jeunes Femmes*, *les Encouragements de la Jeunesse*, *Les Mères de Famille*, *Contes offerts aux Enfants de France*, *Portefeuille de la Jeunesse*, *Contes populaires*, *Conseils à ma fille*, *Contes à mes Petits-Enfants*, *les Adieux du Vieux Conteur*, etc., etc. Certes, ce n'est point la stérilité qu'il serait possible de lui reprocher; car il y a peu d'existences d'hommes de lettres qui aient été plus laborieuses, plus remplies que la sienne, et presque tous ses ouvrages obtinrent à leur apparition un grand succès.

On a peine aujourd'hui à comprendre ce succès. L'étude fait découvrir, il est vrai, dans ses œuvres une certaine habileté de combinaison, un mécanisme de dispositions scéniques, par lequel les effets et les surprises sont à propos ménagés; mais ce talent ou ce mérite est le résultat de l'habitude du travail; qu'en reste-t-il à la lecture?... Rien. Et ce qui résulte de cette lecture, c'est le vide du cœur et de l'esprit. Les actions et le langage des personnages de Bouilly ne présentent que faux caractères, sentiments niais, ou fardés, spiritualités prétentieuses, manières et expressions de mauvaise compagnie; en un mot, tout l'attirail, tout l'entourage, toute l'enluminure du faux bel-esprit. Nous n'en voulons d'autre preuve que ce quatrain sur Buffon :

> Entre le chêne et l'églantier,
> Buffon, caché sur la verdure,
> Écrivit son ouvrage entier
> Sur les genoux de la Nature.

Les contes et historiettes de Bouilly, dédiés à tous les pouvoirs qui se sont succédé en France, ont moins profité à sa réputation qu'à sa fortune. Ils renferment certainement une morale pure, et offrent parfois des tableaux touchants ; mais l'afféterie du style et la recherche systématique des effets y sont poussés plus loin encore peut-être que dans ses œuvres dramatiques. Très-inférieur à Berquin sous tous les rapports, Bouilly avait été qualifié par ses contemporains de *Conteur lacrymal* : la postérité aurait ratifié ce jugement, si ses historiettes n'étaient déjà oubliées. Bouilly, qui était membre de presque toutes les sociétés littéraires et académies de province, ne fut point de l'Institut. Ami intime de Legouvé, celui-ci lui confia en mourant la tutelle de son fils unique.

Bouilly est mort à Paris, en 1840. Il avait publié quelques années auparavant, en 3 vol., sous le titre de *Mes Récapitulations*, des mémoires et souvenirs de sa vie littéraire pendant soixante ans. A. DELAFOREST.

BOUIOUK-DÉREH. *Voyez* BOUYOUK-DÉREH.

BOUKAREST ou BUCHAREST, c'est-à-dire la *Ville de la joie*, capitale de la Valachie, siége de l'hospodar et d'un archevêque grec, est située sur la Dumbovitzan, qui la divise en deux parties, à huit myriamètres de l'embouchure de cette petite rivière dans le Danube. C'est une ville moderne, qui n'offre aucun vestige d'antiquités. Une chronique valaque en attribue la fondation, vers le commencement du treizième siècle, à Rodolphe le Noir, le plus ancien souverain du pays. Mais ce ne fut qu'en 1698 que le voivode Constantin Bessaraba y transféra sa résidence et le siége du gouvernement, abandonnant l'ancienne capitale, Tergowitsch, qui, malgré l'avantage d'une situation plus centrale et plus salubre, a toujours été depuis en décadence, et n'est plus aujourd'hui qu'un village. Boukarest pourrait aussi passer pour un grand village. Elle n'a point de murailles.

Bâtie dans un bassin de plusieurs lieues de tour, et sur un sol marécageux, qui, suivant la tradition, était autrefois un lac, elle occupe une vaste surface, parce que ses maisons sont éparses, placées sans ordre et entourées de cours et de jardins. On compte à Boukarest plus de cent églises grecques, en y comprenant celles d'une trentaine de monastères ; il y existe aussi deux églises catholiques, un temple pour les calvinistes et un pour les luthériens. Ce mélange de maisons, d'arbres, de tours et de dômes, vu d'une certaine distance, est d'un effet pittoresque ; et on ne peut nier qu'au printemps cette ville, avec son atmosphère embaumée par le parfum d'une multitude de fleurs, ne soit un séjour fort agréable. Mais on est bien vite désenchanté, lorsqu'on l'habite l'hiver ou l'été. L'humidité du sol est entretenue par les fréquents débordements de la rivière. Ses rues, étroites et tortueuses, sont constamment couvertes d'une vase profonde et liquide, ou d'une poussière épaisse et noire, aussi pernicieuse pour les yeux que pour les poumons. Elles sont pavées avec de grosses pièces de bois, posées en travers et liées les unes aux autres. Ces madriers ont la surface unie dans quelques quartiers ; ailleurs, ils sont à peine dégrossis. Sous ce pavé, que les naturels appellent assez rationnellement des *ponts*, on a pratiqué des canaux qui reçoivent les immondices des maisons et les portent à la rivière : mais, comme ils sont sujets à s'engorger par l'accumulation des matières, ils produisent des exhalaisons infectes, qui occasionnent des fièvres putrides et malignes, en rendent plus funestes les ravages des épidémies. Aussi Boukarest a-t-elle beaucoup souffert de la peste en 1813 et 1814 et du choléra en 1830.

Boukarest est la ville de l'Orient qui par ses mœurs et les usages ressemble le plus à celles de l'Europe, et diffère le plus des autres villes de la Turquie. On est frappé de la diversité des costumes, et surtout de la quantité de voitures qu'on y rencontre ; il est peu de familles, même parmi celles du second rang pour la noblesse et l'opulence, qui n'aient carrosse. Beaucoup de ces équipages ne le cèdent en rien pour la richesse des livrées et la beauté des chevaux à ceux qu'on peut voir dans les capitales de l'Europe. On trouve à Boukarest des cafés turcs et des cafés européens, des carrossiers, des tailleurs, des cordonniers, des magasins d'étoffes, de quincaillerie et de nouveautés, tenus à l'européenne. L'incendie qui consuma la plus grande partie de cette ville, en 1802, a contribué à son embellissement. La plupart des édifices qui étaient en bois ou en terre, recrépis de plâtre en dedans et en dehors, et couverts de bardeaux ou de chaume, furent alors reconstruits en briques et en pierres, avec des toits en tuiles ou en fer. Les hôtels de plusieurs boyards se font remarquer par l'élégante originalité de leur architecture et par leur magnificence intérieure. Ces maisons, comme celles des gens du peuple, n'ont qu'un étage, et les rez-de-chaussée sont ordinairement occupés par des boutiques. L'ancien palais des hospodars de Valachie n'avait rien de remarquable ; celui que le prince Alexandre Morousi fit bâtir, en 1804, sur une hauteur, à l'une des extrémités de la ville, devint la proie des flammes en 1813, et n'est plus qu'un monceau de ruines. Les hospodars habitent depuis lors deux vastes hôtels de boyards réunis en un seul. Boukarest, divisée en soixante-dix quartiers, contient quatre-vingt-dix-mille habitants.

La plupart de ses nombreuses églises sont petites, irrégulières et si sombres, à cause de leurs fenêtres étroites et garnies de barreaux de fer, qu'on peut à peine distinguer les peintures grossières qui les décorent. Plusieurs ont été fondées par des princes ou de riches particuliers, dont on y voit les tombeaux en marbre et les portraits, ainsi que ceux de leurs familles. Toutes les sectes du christianisme sont tolérées à Boukarest ; on y trouve aussi beaucoup de juifs ; les musulmans seuls y sont privés de l'exercice public de leur religion. Cette ville, où existent une bibliothèque publique et deux hôpitaux, possédait autrefois un collége, où l'on a compté jusqu'à trois cents élèves ; mais fermé aujourd'hui, parce qu'en 1825 le prince Ghika affecta à d'autres objets le revenu des fondations à l'aide desquelles on l'avait constitué. Dans ses environs on remarque un château de plaisance appelé *Golontina*, et les belles ruines du couvent de Kotocerny.

Le commerce de Boukarest consiste en vins, grains, suif, cuirs, chanvre, tabac, etc. L'Angleterre, la France et d'autres puissances y entretiennent des consuls.

Cette ville, cédée à l'Autriche en 1718, fut rendue aux Turcs par la paix de Belgrade, en 1739. Souvent prise par les Russes, ils l'ont toujours restituée à la Porte-Othomane. Le traité de paix qui y fut conclu en 1812 (*voyez* l'article suivant) est demeuré célèbre dans les annales de la diplomatie.

BOUKAREST (Congrès et Traité de). Deux congrès ont eu lieu dans cette ville.

Le premier s'ouvrit en octobre 1772, sous le règne de Catherine II en Russie et de Mustapha III à Constantinople.

Après des succès divers, les deux puissances belligérantes se virent dans la nécessité de traiter. La révolution que le roi de Suède Gustave III avait faite en 1772 au profit de l'autorité royale, et les projets que ce roi manifestait contre la Norvège annonçaient à Catherine que son influence sur la cour de Stockholm était détruite ; et la crainte d'une guerre au nord de ses États forçait la tsarine de suspendre ses différends perpétuels avec la Porte-Othomane. Le grand vizir Silikhdar Mohammed-Pacha allait être de son côté abandonné par son armée, que l'hiver devait disperser ; et il profita des nouvelles dispositions de la Russie pour obtenir un armistice de son général Romanzof. Abdur-Rezzak-Effendi ouvrit les conférences au nom de la Porte avec Obreskof, plénipotentiaire de la tsarine. Les ministres de Prusse et d'Autriche essayèrent vainement de s'y faire admettre, et l'ambassadeur de France à Constantinople employa tout son crédit et ses efforts pour rompre ce congrès, en relevant le courage des Turcs par la perspective d'une guerre de Finlande, et par l'assurance de la diversion d'une escadre française dans le Levant. Par suite de ces intrigues, les conférences n'eurent aucun résultat; les négociateurs se séparèrent au mois de mars 1773, et les hostilités furent immédiatement reprises, jusqu'à la paix dite de Kaïnardji.

Le second congrès de Boukarest se tint en 1812, sous le règne d'Alexandre et de Mahmoud II.

Le général Sébastiani, envoyé de Napoléon à Constantinople, avait rétabli, en 1806, entre la Porte et le cabinet de Saint-Cloud la bonne harmonie qu'avait troublée depuis neuf ans l'invasion de l'Égypte par Bonaparte. Le sulthan, soumis à cette nouvelle influence, ferma le Bosphore aux vaisseaux anglais, et refusa de renouveler l'alliance qu'il avait faite en 1799 avec le cabinet de Saint-James. Il retira en même temps au commerce russe le droit de naviguer sur les vaisseaux musulmans et de les couvrir de son pavillon. Bientôt le divan destitua les hospodars de la Moldavie et de la Valachie. L'empereur Alexandre protesta contre ces mesures, qu'il considérait comme contraires au règlement de 1802, et donna l'ordre au général Michelson, d'entrer en Moldavie avec l'armée du Dniester. Sélim voulut arrêter la marche des Russes par le rétablissement des hospodars; mais, soumis encore à l'ascendant du ministre de France, il demanda par compensation que le tsar renonçât au passage de ses vaisseaux armés par les Dardanelles. Alexandre ne voulut point consentir à cette condition humiliante; mais la nécessité où il était de secourir la Prusse après la bataille d'Iéna, et de faire face à l'invasion que lui faisait craindre la défaite de son allié, lui laissait peu de moyens de soutenir la guerre contre les Turcs; et le chevalier Italinski, ministre de Russie à Constantinople, eut ordre de négocier le rétablissement des anciennes conventions et de ruiner l'influence du ministre français. Italinski, pressé par le divan de justifier l'invasion de la Valachie par le corps de Michelson, protesta qu'il en ignorait les motifs. Le ministre anglais Arbuthnot tint le même langage. Mais l'armée de Michelson n'en poursuivait pas moins ses avantages, et, après avoir mis les Turcs en déroute, le 23 décembre, au combat de Grodno, était entrée le 27 à Boukarest.

La marche de Czerni-Georges, sur Belgrade, et bientôt après la prise de cette place, coïncidant avec la prise de Boukarest (31 janvier 1807) par le corps russe, justifia aux yeux du divan l'assertion de l'ambassadeur français, qui accusait la Russie et l'Angleterre de fomenter les troubles de Servie. En conséquence la Porte déclara la guerre à la Russie par son manifeste du 7 janvier 1807, où elle étala tous les griefs qu'elle avait depuis un siècle contre le cabinet de Saint-Pétersbourg. Italinski fut forcé de quitter Constantinople. Arbuthnot essaya de soutenir l'allié de l'Angleterre en rejetant sur Napoléon cette levée de boucliers. Mais le général Sébastiani triompha de ce nouveau rival, et le força de quitter à son tour la capitale de Sélim. L'amiral anglais Duckworth forca bientôt les Dardanelles, brûla près de Gallipoli une escadre ottomane, et jeta l'ancre devant Constantinople, le 20 février, menaçant de venger sur cette ville l'insulte faite à l'ambassadeur d'Angleterre. Le général Sébastiani s'empressa de calmer les terreurs du Divan. Dix officiers français, arrivés de la Dalmatie, élevèrent sur la plage des batteries formidables. Cent mille Turcs prirent les armes, et Sélim III opposa des réponses énergiques aux prétentions de l'amiral Duckworth, qui avait perdu le temps en vaines négociations et laissé à son ennemi tout le loisir nécessaire à cet armement. Il proposa délai sur délai, rabattit successivement de ses prétentions, toujours repoussées, et, après avoir dix fois menacé Constantinople d'un bombardement, il finit par lever l'ancre le 1er mars, et par repasser les Dardanelles sans avoir effectué ses menaces. Duckworth se vengea sur l'Égypte de cette humiliante retraite. Il s'empara d'Alexandrie; mais, repoussé deux fois devant Rosette, et voyant son infanterie pressée par le pacha Mohammed-Ali, il fut forcé d'abandonner sa conquête.

Les Russes furent plus heureux. Le comte Goudovitch battit, le 18 juin, le seraskier d'Erzeroum, sur la rivière d'Aspatschaï, vers les frontières de la Perse, et l'amiral Siniavin détruisit le 1er juillet la flotte ottomane dans les parages de Lemnos. La guerre du Danube était moins active. L'empereur Alexandre avait besoin de toutes ses forces pour lutter contre Napoléon; et celui-ci n'oublia point son allié de Constantinople dans le traité de Tilsitt. L'évacuation de la Moldavie et de la Valachie par les Russes y fut stipulée; l'adjudant-général Guilleminot se rendit au camp des Turcs pour négocier un armistice, qui fut signé au château de Slobosia, le 24 août 1807. Mais la paix qui devait en résulter fut retardée par les intrigues de l'Angleterre. Mustapha IV ayant succédé à Sélim III, l'ambassadeur anglais Robert Adair fit entendre au divan que Napoléon étant devenu l'allié de l'éternel ennemi de l'empire ottoman, la Porte devait se méfier de la France; et l'or de la Grande-Bretagne acheva cette révolution diplomatique. Les anciens traités furent renouvelés entre le divan et le cabinet de Saint-James; et l'entrevue d'Erfurt confirma dans l'esprit des Turcs toutes les préventions que le ministre anglais leur avait suggérées.

Napoléon ayant effectivement, par une faute inconcevable, permis à son ami Alexandre de s'emparer des provinces du Danube, le ministre russe à Jassy demanda aux Turcs la cession de la Moldavie et de la Valachie ainsi que l'expulsion de Robert Adair. C'était déclarer la guerre. Le divan ne voulut point accepter ces préliminaires étranges; et l'armée russe occupa de nouveau ces provinces sous le commandement du prince Prozorovsky. Le 8 août 1809 cette armée passa le Danube. Ce général étant mort pendant la campagne, Bagration prit sa place, s'empara d'Ismaïl le 26 septembre, et livra le 3 novembre la bataille sanglante de Silistria, où les deux partis s'attribuèrent la victoire. Kamenskoï II succéda, en 1810, à Bagration, et pénétra dans la Bulgarie. Charkoff et Kamenskoï 1er battirent à Basardjik, le 15 juin, le seraskier Pehglwan-Pacha. Le comte de Langeron s'empara le 23 de Silistria après un siége de sept jours. Sabanaïef défit le 25 le pacha Terour-Mohammed sur les hauteurs de Rasgard, prit l'hospodar Callimachi, et s'empara peu de temps après de cette place. Kamenskoï II fut cependant repoussé par le grand vizir dans l'attaque des forts retranchements de Schumla, après une bataille de deux jours, où les Russes firent de grandes pertes, et la fortune parut rentrer sous les drapeaux de Mahomet. Mais Kamenskoï II rallia ses principales forces. Il gagna, le 19 septembre, la bataille de Batyne, et força Moukhtar de chercher un refuge auprès du grand vizir, avec le faible reste de ses troupes. Les Russes s'emparèrent de Szistowa, de Gladowa, de Routchouck, de Giurgewo, et restèrent maîtres de toute la rive droite du Danube. Les secours qu'ils purent donner alors sur la Servie assurèrent partout le triomphe des insurgés. Le vieux Joussouf-Pacha, qui avait contemplé tous ces désastres de son camp retranché de Schumla, ne songea plus qu'à négocier. Mais les prétentions de la Russie révoltèrent le divan. Joussouf fut déposé; le nouveau grand vizir, Ahmed-Pacha, amena un renfort de 50,000 hommes, et prit le 12 avril 1811 le commandement de l'armée turque.

Une diversion puissante s'opérait en sa faveur dans le nord de l'Europe. Napoléon avait à peu près rompu avec Alexandre. Il rassemblait son armée sur la frontière de la Pologne; et le tsar avait rappelé à la hâte une grande partie des divisions qui combattaient sur le Danube. Les effets de cette rupture s'étaient fait sentir dans le divan, où l'influence du cabinet de Saint-Cloud reprenait son activité, et des officiers français dirigeaient l'artillerie musulmane. Les Russes avaient perdu leur général Kamenskoï II, et Koutouzof en avait pris le commandement. Trop faible désormais pour lutter contre un ennemi renforcé, il détruisit toutes les places de la rive droite du Danube, à l'exception de Routchouck; il y concentra ses forces, et résolut d'y attendre Ahmed-Pacha. Ce nouveau vizir vint l'attaquer le 16 juillet, et il aurait détruit l'armée russe si Langeron ne l'eût sauvée par une habile manœuvre. Ahmed jeta de forts partis dans la Valachie, et passa bientôt lui-même sur la rive gauche avec le gros de ses troupes. Mais le général russe Markof, repassant plus bas sur la rive droite, le 16 octobre, fondit sur le camp et sur les réserves des Turcs, les mit dans une complète déroute et coupa la retraite au grand vizir. Celui-ci, forcé de courir à ce nouveau danger, laissa son avant-garde avec Tchaban-Oglou sur la rive gauche, et vint au secours de ses réserves. Koutouzof l'apprit, et résolut de profiter de son éloignement. Il cerna Tchaban-Oglou, et le força de capituler le 20 décembre.

Ce fut là le terme des succès de l'armée othomane : une prompte paix fut son unique ressource, et un congrès s'ouvrit à Boukarest dans le même mois. En vain Napoléon essaya-t-il de traverser les négociations en concluant avec l'Autriche une alliance dont une des conditions principales assurait l'intégrité de l'empire de Turquie; en vain s'efforça-t-il de ranimer le courage des Turcs. La médiation de la Suède et de l'Angleterre, l'insouciance perfide de l'Autriche, l'attitude de Koutouzof et la modération d'Alexandre l'emportèrent sur la diplomatie française; le traité de Boukarest fut signé le 28 mai 1812. Par l'article 2 de cette paix, le Pruth jusqu'à son embouchure dans le Danube, et le Danube jusqu'à la mer Noire furent assignés comme les limites des deux empires. Le tiers de la Moldavie et toute la Bessarabie, les forteresses de Khoczim, de Bender, d'Ismail et de Kilia furent ainsi données à la Russie, et la navigation du fleuve devint commune aux deux peuples, ainsi que la faculté de couper du bois dans ses îles. Les stipulations de l'article 4 de la paix de Jassy furent confirmées. L'article 6 rétablit en Asie les frontières qui existaient avant la guerre. L'article 8 rendit à la Porte la souveraineté de la Servie sous la condition d'une amnistie générale et d'une administration nationale, telle que le sulthan l'avait offerte en 1807, moyennant un simple tribut annuel. L'article 12 confirma les précédents traités dans ce qui regardait le commerce; et l'article 13 promit à la Russie la médiation de la Porte pour terminer ses différends avec la Perse.

Cette paix fut fatale à l'armée française dans sa désastreuse retraite. L'armée russe du Danube put remonter vers le nord; elle vint porter le dernier coup aux soldats de Napoléon sur les rives glacées de la Bérézina; et la Porte n'obtint de son éternel ennemi qu'un court intervalle de repos. VIENNET, *de l'Académie Française*.

BOUKHARA ou BOKHARA, résidence du khan des Ouzbeks, est une ville très-ancienne, bâtie dans une oasis entourée de déserts, au confluent du Waskan et du Zer-Afschan. Elle est entourée de jardins et de vergers, et présente la forme d'un triangle d'un myriamètre d'étendue, ceint d'un rempart de terre d'environ six mètres de haut, muni de tours et de fossés. Des canaux et des fontaines en grand nombre fournissent l'eau nécessaire à la consommation des habitants. Les rues sont étroites, les maisons bâties la plupart en briques, les mosquées nombreuses, ainsi que les medressés et les bazars. La population s'élève à 70,000 âmes.

Le palais du khan, avec deux hautes tours à l'entrée, est construit sur une colline voisine. Parmi les plus beaux monuments de la ville on doit citer la mosquée Mirgharab, qui forme un carré de quatre-vingt-treize mètres de longueur avec une coupole haute de trente et un mètres. Elle est couverte de tuiles enduites d'un vernis bleu de ciel, et tout près se trouve un haut minaret en briques représentant toutes sortes de figures artistement exécutées. Dans les environs s'élève l'école bâtie par le khan Abdullah. La population se compose en majeure partie de Boukhares ou Tadjiks, le reste est formé par des Ouzbeks, des Afghans, des Persans, des Turcs, des prisonniers russes, des Kalmouks, des juifs, etc.

Depuis des siècles Boukhara est le foyer de la civilisation dans l'Asie centrale, et le grand entrepôt du commerce de l'intérieur de l'Asie. Les marchandises de toute nature y affluent de toutes les parties de ce vaste continent. Les principaux articles de commerce sont les fruits, les chevaux, les ânes, les fourrures, surtout les peaux d'agneau teintes, les tissus de soie, de coton, le verre, le cuir, la quincaillerie, le papier, le musc, les parfums, etc. Boukhara est le centre d'un commerce important avec la Chine, la Russie, les Indes, l'Iran, Khiwa, les Kirghiz, Kaboul, Kaschmir et Khokand. C'est aussi un marché considérable d'esclaves, où les Turcomans et les Ouzbeks amènent les Persans qu'ils ont enlevés.

BOUKHARIE ou BUKHARIE, c'est-à-dire *Pays de l'est*. On désigne sous ce nom différentes contrées situées au delà de l'Amou, l'Oxus des anciens ; vaste territoire appelé autrefois *Sogdiane* et *Transoxiane*, puis par les Arabes du moyen âge *Mawar-en Nahr*, et situé entre 35° et 41° de latitude nord, et 61°-68° de longitude est.

La *Grande Boukharie* forme l'extrémité sud-est du Turkestan, qu'habitent des peuplades d'origine turque. On la nomme aussi *khanat de Boukhara*. Par *Petite-Boukharie* on entend quelquefois la province chinoise de *Thianchan-Nanlou*, ou le territoire du lac de Lop et du fleuve Tarim; mais c'est là une dénomination fautive, puisque elle est complétement inconnue dans la contrée à laquelle on l'applique. Les Chinois, qui en sont les maîtres, nomment ce pays *Sinkiang*, Nouvelles-Frontières. Quelques écrivains russes le désignent sous le nom de *Turkestan oriental*, qui est parfaitement conforme aux données ethnographiques.

Quelques auteurs, comprenant le *Kharezme* ou *Khowarasm* dans la Grande-Boukharie, ont donné à cette étendue de pays le nom commun de *Djagataï*; et elle figure encore sur nos cartes sous celui de *pays des Ouzbeks*. L'un et l'autre, à la vérité, ont fait partie de l'empire de Djagataï, l'un des fils de Djengiz-Khan, et plus tard ils furent recouvrés sur les descendants de Tamerlan par les Ouzbeks, issus du premier de ces deux fameux conquérants. Mais depuis près de trois siècles ils ont formé des États distincts, qui ont eu leurs souverains propres, leur histoire particulière, et qui ont été souvent divisés par la politique, la guerre et des intérêts opposés. La Grande-Boukharie elle-même a subi de fréquentes modifications dans son organisation et dans ses limites. La province de Balkh, démembrée du Khoraçan, et incorporée à la Grande-Boukharie, en a été souvent séparée, et en est encore tributaire plutôt que sujette. Elle n'a même pas été constamment soumise aux Ouzbeks.

La Grande-Boukharie est bornée, au nord et au nord-est, par le fleuve Sihoun, ou Sir-Daria (*Iaxartes* des anciens), qui la sépare des Kara-Kalpaks et du Turkestan; à l'est, par la Petite-Boukharie; au sud, par le Petit-Thibet et par les khanats de Balkh et de Badakhschân; à l'ouest, par le fleuve Amou, qui la sépare de la Perse, et par la mer d'Aral. Elle peut avoir 110 myriamètres du nord au sud, et 88 de l'est à l'ouest, dans sa plus grande étendue. Ses principaux fleuves sont le *Djihoun* ou *Amou*, et le *Sihoun* ou *Sir-Daria*. Le *Zer-Afchân* (l'ancienne *Sogd*) est la rivière la plus considérable qui arrose l'intérieur de la Boukharie. Elle prend sa source dans les montagnes près de Fani, à 22 myriamètres environ à l'est de Samarkand, passe devant cette ville, ainsi qu'à Boukharah, et va se perdre dans le lac de Kara-Koul, près de l'Amou, après un parcours d'environ 66 myriamètres.

La partie orientale de cette contrée est entrecoupée par plusieurs chaînes de hautes montagnes, dont les sommets sont souvent couverts de neige. Dans la partie nord, à quelque distance du Sir-Daria et au centre, on trouve d'assez grandes étendues de terres sablonneuses et de déserts; mais partout ailleurs les campagnes et les vallées, surtout celles de la Sogd, qui donna son nom à l'ancienne *Sogdiane*, sont d'une rare fertilité. Le climat de la Boukharie est généralement salubre. Les saisons y sont très-régulières. Les pluies commencent dès les premiers jours de février, et durent jusqu'à la fin de ce mois. Tout verdit et fleurit presque subitement peu de jours après. Bientôt la chaleur devient accablante, et l'atmosphère n'est que rarement rafraîchie par des orages. La belle saison se prolonge jusqu'en octobre, où les pluies reprennent pendant quinze à vingt jours. En novembre et décembre surviennent de petites gelées et un peu de neige; janvier est le mois le plus rigoureux; le froid est alors de 2 à 8 degrés, et la neige reste quinze jours sur la terre.

La Boukharie produit de l'orge, du froment, du millet, des pois, des fèves, des haricots, diverses variétés de sésame, dont on fait de l'huile; le *djougara*, plante de cinq pieds de haut, dont la graine sert à la nourriture des chevaux et à la fabrication du pain pour les pauvres, et dont les feuilles fournissent un excellent fourrage pour le bestiaux. On y trouve aussi la plupart des légumineuses de l'Europe. Les rivières sont peu poissonneuses. Les pâturages étant rares, on y a recours aux prairies artificielles. Le coton y vient assez bien; le riz, cultivé seulement dans le Miankal (la vallée de la Sogd), est d'assez mauvaise qualité. Les jardins de la Boukharie abondent en fleurs qui offrent peu de variétés, et en fruits, tels que melons, pêches, abricots, prunes, cerises, pommes, poires, coings, figues, grenades et raisins. Outre les arbres fruitiers, on trouve dans ses oasis des saules, des peupliers, des platanes, des mûriers, des gainiers. La partie occidentale de ce pays n'a pas de forêts. On n'y brûle que des broussailles apportées des déserts voisins, et du fumier sec. Quant au bois de construction, il vient des montagnes du territoire de Samarkand, et de celles qui sont plus près au nord et à l'est. Ces montagnes renferment des mines de métaux non exploitées, d'alun, de soufre et de pierres précieuses, entre autres de lapis-lazuli, de grenat et de rubis balais, notamment dans le Badakshân. Quelques rivières charrient de l'or avec leur sable. La Grande-Boukharie, entourée de déserts et de peuples nomades, est riche en bestiaux; mais les bœufs n'y sont pas aussi forts que ceux des Kirghiz. On y préfère le mouton, dont il existe une espèce à grosse queue et une autre à laine très-frisée et à queue traînante. Les chevaux sont grands, bien faits, vifs, pleins de feu.

Toute cette contrée se divise en trois parties principales : deux au nord de l'Amou, la Boukharie propre ou khanat de Boukharah, et le Miankal ou khanat de Samarkand, réuni depuis longtemps à celui de Boukharah; et au sud de l'Amou, le khanat de Balkh. Le premier est partagé en quatre districts, et a pour capitale *Boukhara*. Ses villes principales sont *Samarkand*, *Karchi* ou *Nakhchab*, sur la principale route commerciale de Kaboul à Samarkand', et *Kara-Koul*, ville de 30,000 âmes, près du lac de ce nom.

Le *Miankal* compte sept à huit cités considérables, en raison de leur situation dans un pays plus fertile; on en trouve cinq à six autres au sud du mont Nour-Atag, et une demi-douzaine au sud de Samarkand.

L'ancienne Sogdiane ou Mawar-en-Nahr était autrefois plus riche, plus fertile et plus peuplée que la Boukharie actuelle. Les sables empiètent journellement sur ses riantes oasis, qui, tôt ou tard, deviendront arides et inhabitables, et le pays éprouve sous le gouvernement des Ouzbeks une décadence politique analogue.

Dans la partie orientale de cette contrée, *Khokand*, ville grande, riche et commerçante, à 13 kilomètres du Sir-Daria, et contenant 6,000 maisons, est la capitale d'un khanat qui comprend aussi *Khod jend*, forteresse sur le même fleuve, et entourée de champs et de jardins; *Marghalan* est une ancienne ville, aussi grande que Khokand. Les États du khan s'étendent au delà du Sir-Daria, sur Taschkend et une partie du Turkestan. *Hissar*, ville de 3,000 maisons, dans une vallée abondante en pâturages, au sud-ouest de Samarkand, est la capitale d'un khanat. *Ramid* et *Abigherm*, situées dans les montagnes, à 110 kilomètres nord-est de Hissar, sont deux villes considérables, chefs-lieux de deux khanats. A 70 kilomètres sud-ouest de Samarkand est *Chersabès* ou *Chehri-Sebz*, ville bâtie sur l'emplacement du village de Kech, où naquit Tamerlan, et sur une rivière du même nom, qui, par le moyen de digues, peut inonder tout le pays d'alentour; cette position et sa forteresse assurent l'indépendance du khan qui y réside, et dont dépendent six autres places.

Dans la partie de la Boukharie au sud de l'Amou, nous citerons : *Balkh*, la ville la plus ancienne, la plus grande et la plus opulente de cette contrée; *Badakhschán* ou *Feyzabad*, capitale d'un des khanats les plus importants de la contrée, sur une rivière du même nom, qui tombe dans l'Amou; *Bamián*, ville de 20,000 âmes, près des ruines de celle qui fut brûlée et détruite par Djenghiz-Khan; *Koulab*, ville de 3,000 maisons; *Khoulm*, l'ancienne Tasch-Kourgan, *Ankoi*, *Talekán*, *Anderab*, où sont, du côté de l'est, les limites du mahométisme. Tous ces pays appartenaient naguère à l'empire afghan de Kaboul; ils forment aujourd'hui plusieurs souverainetés indépendantes ou tributaires du khan de Boukharah, et dont les limites varient aussi souvent qu'elles sont arbitraires. A l'ouest de la Boukharie est situé le pays de Khiwah ou Kharezm, dont le khan est fréquemment en guerre avec la Boukharie.

De temps immémorial, le commerce a été aussi florissant qu'étendu dans la Grande-Boukharie. Les naturels de ce pays ont le génie essentiellement mercantile, et entretiennent des relations avec l'Inde, la Chine, la Perse et surtout la Russie, leur principal et leur plus ancien débouché. Ils y exportent de la rhubarbe, du coton, soit brut, soit filé ou fabriqué, des turquoises, du lapis, des fourrures, des fruits secs, du thé, des étoffes de soie, des tapis et des châles. Ils prennent en retour des ducats de Hollande, des piastres d'Espagne, des roubles d'argent, de la cochenille, du girofle, du drap, des cuirs, du sucre, du sandal, de l'étain, du cuivre, de l'acier, du fer, de la cire, du miel, des perles, du corail, des toiles russes, des mousselines de l'Inde, du velours, de petits miroirs, etc. Ils portent une partie de ces marchandises à Kaschgar et à Kaboul, et ils en tirent quelques-unes de celles qu'ils envoient en Russie. Leur commerce extérieur emploie six mille chameaux.

La nation boukhare est divisée en deux classes principales : les *Ouzbeks*, conquérants et dominateurs du pays, et les *Tadjiks*, qu'on regarde comme aborigènes et issus des anciens Sogdiens. Les premiers se partagent en un grand nombre de tribus, et leur physionomie rappelle celle des Tartares et des Kalmouks; ils sont essentiellement guerriers. Les seconds sont généralement la taille ramassée, les traits européens, et le teint moins brun que les Persans. Ils sont actifs, laborieux, doux, instruits et civilisés, mais faux, intéressés, pusillanimes, sans énergie et sans patriotisme. La population de la Boukharie comprend aussi des Turcomans, des Arabes, des Kalmouks, des Kirghiz, des Kara-Kalpaks, des Afghans, des Lesghiz, des Juifs, des Bohémiens et quelques milliers d'esclaves, la plupart Persans. Les Turcomans sont nomades; ils campent près des bords de l'Amou, principalement sur la rive gauche, et payent tribut au khan de Boukharah. Les Arabes, reconnaissables à leur teint très-basané, sont issus des Musulmans qui conquirent la Boukharie sous les premiers khalifes; ils habitent dans des villages, mais quelques-uns sont nomades ou demi-nomades. Les Kalmouks et les Kirghiz sont des transfuges qui se sont soustraits à la domination russe. Les Afghans et les Lesghiz descendent des otages pris par Tamerlan. Quant aux Bohémiens ou Zingaris, ils disent la bonne aventure, et exercent, ainsi que leurs femmes, les métiers les plus vils, comme ils font dans tous les pays où ils sont répandus. On peut évaluer à deux millions et demi le nombre des sujets du khan de Boukharah, savoir : 1,500,000 Ouzbeks, 700,000 Tadjiks, et 300,000 de diverses nations. On ignore la population des autres parties de la Grande-Boukharie.

Soumise d'abord à l'empire du Tourân ou de Turkestan, puis à celui d'Irân ou de Perse, la Boukharie fut conquise ensuite par Alexandre le Grand, enlevée aux Syro-Macédoniens par les rois grecs de la Bactriane, puis envahie par les Turks occidentaux ou Euthalytes, à qui les Arabes musulmans l'enlevèrent vers l'an 710 de J.-C., sous le khalifat de Walid Ier. Un peu plus d'un siècle après, elle fut gouvernée par les Samanides, et lorsqu'ils parvinrent à la souveraine puissance, elle devint très-florissante et forma la plus belle partie de leurs États, comme on le voit par des médailles de cette époque, conservées dans la collection du cabinet impérial de Saint-Pétersbourg. Depuis l'an 999, la Boukharie fut possédée successivement par les Turks Hoeïkes, par les Khitans, et par les sulthans de Kharezme, jusqu'en 1220, qu'elle fut conquise par Djengiz-Khan, et comprise quatre ans après dans l'empire de Djagataï-Khan, le second des quatre fils entre lesquels il partagea ses vastes États. Cet empire ne fut que le noyau de celui que fonda Tamerlan en 1370, et ses descendants y régnèrent jusqu'à ce qu'ils en fussent chassés par les Ouzbeks, en 1498. Ceux-ci en sont encore les maîtres; mais en diverses circonstances leur gouvernement a subi des révolutions et des divisions.

Le Kharezme, Samarkand, Balkh, Boukharah et quelques autres villes moins importantes ont eu leurs khans particuliers, souvent en guerre les uns contre les autres, et ne s'accordant que pour ravager les frontières de la Perse : mais Abdallah-Khan, qui régna de 1563 à 1592, ayant conquis Samarkand, cette cité et Boukharah ont toujours appartenu depuis à un même souverain, qui réside dans la seconde de ces villes. Aboul-Feyz-Khan, qui y régnait en 1740, fut forcé de se soumettre au fameux Nadir, roi de Perse, qui vint le visiter à la tête de son armée victorieuse, et qui lui accorda le titre de chah ou roi. Après la mort du tyran de la Perse, Rahim-Beig, qui avait commandé un corps de dix mille Ouzbeks, attaché à l'armée de ce prince, revint à Boukharah, s'y empara de toute l'autorité, égorgea Aboul-Feyz-Khan, et mit sur le trône son fils, encore enfant, Abd-el-Moumen-Khan. Mais peu d'années après il se débarrassa de ce jeune prince, et éleva au trône un mannequin, qui n'était issu du conquérant tartare que par les femmes, et qu'on appelait par sobriquet Khodjah-Zadeh (le fils du Khodjah), c'est-à-dire un descendant du prophète Mahomet.

A la mort de Rahim, l'émir Daniel, allié à la famille royale, s'empara de la personne d'un fantôme de roi, Aboul-Ghazy-Khan, le même peut-être que le précédent. Daniel exerça un pouvoir absolu sur toutes les tribus immédiatement soumises au khan de Boukharah. A sa mort, il distribua ses immenses richesses à sa famille; mais il déclara son fils, l'émir Massoum, héritier de sa puissance. Massoum, plus connu d'abord sous le nom familier Baghi-Djân, après une jeunesse très-dissolue, donna dans une réforme complète, et par sa piété, ses privations volontaires, l'austérité de sa morale et la bizarre simplicité de son costume, s'acquit une réputation de sainteté qui lui servit merveilleusement pour parvenir à ses fins. Devenu souverain vers 1784, sous le titre de Chah-Mourad (le roi désiré), il conquit toutes les parties démembrées de la Transoxane ou Boukharie, depuis l'Amou jusqu'au Sihoun à l'est, et le Kharezme à l'ouest jusqu'à la mer Caspienne et à la mer d'Aral. Il fit plusieurs invasions en Perse, et joignit à ses États Mérou, avec une partie du Khoraçan. En 1789 il fit la guerre avec succès à Timour-Chah, roi des Afghans. Chah-Mourad savait trop bien que son père, l'émir Daniel, s'était rendu odieux par la dureté de son administration, pour user du pouvoir comme d'un droit héréditaire; mais il manœuvra si adroitement qu'à sa mort, vers 1798, il put être assuré que son fils aîné Mir-Hader-Khan serait roi de fait et de nom.

Celui-ci monta donc sur le trône, et, sauf les cruautés qu'il exerça d'abord pour s'y affermir, suivant les principes des gouvernements orientaux, ce fut au total un prince des plus pacifiques, qui préféra les charmes de la tranquillité intérieure au fracas de la victoire, et se contenta de réprimer et de punir les brigandages exercés sur son territoire. Ayant conquis, en 1808, Khivah sur le khan de Kharezme, en représailles de ses fréquentes hostilités, il lui rendit cette place quelque temps après. Un chef ouzbek lui enleva Balkh, qu'il ne put recouvrer, et les Khiviens pillèrent impunément la ville de Tchardjou. Son extrême dévotion ne l'empêchait pas de se livrer aux plus déplorables excès de libertinage, qui hâtèrent la fin de ses jours, en 1826. Son fils, Mir-Houçaïn, régna à peine quatre mois, et eut pour successeur son frère Mir-Batyr ou Batkar, qui occupait encore le trône de Boukharah en 1832. Mais on a appris depuis qu'une révolution le lui avait enlevé. Le khan de Boukharie entretient avec le padichah des Othomans, qu'il regarde comme le successeur des khalifes, des relations diplomatiques plus suivies qu'avec le chah de Perse, qu'il déteste, à cause du voisinage et de la différence des deux sectes. Les Ouzbeks de Boukharie ne sont pas des pillards et des brigands, comme ceux du Kharezme. Leurs mœurs ont beaucoup de rapport avec celles des Osmanlis. Ils sont très-superstitieux, se livrent au plaisir de la chasse, ne fument pas et ne boivent qu'en cachette. L'adultère est puni de mort en Boukharie; les courtisanes n'y sont pas tolérées, mais on y est familiarisé avec le vice le plus honteux. Le café n'y est pas en usage; on y vit de thé, de riz, de mouton et de légumes. Le persan et le turc sont les langues les plus usitées, et les bibliothèques rares et fort peu nombreuses, 300 volumes au plus. Les femmes boukhares sont jolies et coquettes; mais elles se défigurent par un anneau qui traverse leurs narines.

BOULAC, BOULAK ou BOULAQ, ville d'Égypte sur la rive droite du Nil, à deux kilomètres nord-ouest du Kaire, dont elle forme le faubourg et le port, vis-à-vis de l'île qui porte son nom, compte une population de dix-huit mille âmes. Elle reçoit tous les bâtiments qui viennent du Delta et de la Basse-Égypte, et sa situation entre Alexandrie et le Kaire la rend très-importante pour le commerce. On y remarque la douane, le bazar, les bains, les jardins et les magasins; elle a acquis une certaine célébrité depuis le règne de Méhémet-Ali, qui y a fondé une haute école pour l'enseignement des lettres et des sciences, une belle imprimerie, une vaste filature, et une fabrique de soierie et de coton, qui occupent au delà de huit cents ouvriers. Ses édifices les plus beaux avaient été consumés dans l'incendie qu'elle avait essuyé lors de l'attaque des Français au mois d'avril 1800. Voyez KAIRE.

BOULAINVILLIERS (HENRI, comte DE), d'une noble et ancienne famille de Picardie, naquit à Sainte-Saire en Normandie, le 11 octobre 1658, et mourut à l'âge de soixante-quatre ans, le 23 janvier 1722. C'est l'historien de France qui a le plus écrit sur les annales de son pays, et celui de tous qui les a comprises et expliquées de la manière la plus neuve, la plus piquante et la plus philosophique. Nous n'avons pas l'intention de nous appesantir ici sur la liste de ses nombreux ouvrages, imprimés ou manuscrits, rares pour la plupart, et qui se trouvent mentionnés dans toutes les biographies; nous ne voulons envisager ce célèbre écrivain que sous le rapport de sa critique historique et de la théorie qu'il a appliquée à l'origine et au mécanisme de notre ancien gouvernement.

Parmi les auteurs qui ont développé quelque face générale ou particulière de l'histoire de France, nul n'a émis des doctrines plus imprévues, plus originales, plus en dehors des préjugés littéraires ou politiques que le comte de Boulainvilliers, et nul aussi n'a trouvé plus de contradicteurs et plus d'incrédules. Il y a eu déchaînement des historiens et des publicistes français contre les théories du comte de Boulainvilliers, surtout parce qu'il les émit à une époque où bien peu de gens pouvaient les comprendre. Le président Hénault s'écrie qu'il n'aura garde de rien emprunter à cet auteur, et l'on voit bien en effet qu'il a tenu parole. Montesquieu, qui jugeait beaucoup mieux les idées hardies des autres qu'il n'en montrait lui-même, dit que le comte de Boulainvilliers savait les grandes choses de nos lois et de notre histoire; Voltaire le juge comme il se serait jugé lui-même, en l'appelant le plus spirituel des gentils-hommes de France. Mais ce qui surprend davantage, c'est de voir un homme grand de sa gloire d'écrivain, de son expérience de publiciste, de son habitude de méditation, jeter en passant pour toute appréciation et toute sentence, l'épithète d'*absurde* à l'historien qui a le plus remué dans tous les sens la théorie de nos annales. Châteaubriand se devait peut-être de ne point souffleter ainsi de son mépris le comte de Boulainvilliers, car c'est l'historien qu'il parait avoir le moins étudié, et celui qui aurait fourni le plus d'aliments à sa haine du présent et le plus de couleur à la poésie de ses regrets politiques.

Il faut dire aussi qu'il y aura eu peut-être entraînement et séduction dans la pensée de Châteaubriand; car la situation des esprits a été rarement favorable aux études féodales : avant la révolution de 1789, c'était une espèce de travers; depuis la révolution, c'en est une autre. Avant, les habitudes monarchiques s'étaient fortement imprimées dans les mœurs et les idées depuis François Ier, et les écrivains, même les plus distingués ou les plus républicains, ne purent jamais s'en distraire. Voyez Amyot, Montaigne, La Boétie et Bossuet; ils ont tout monarchisé, à leur insu, jusqu'aux formes de leur style. Qu'ils s'occupent de l'histoire ancienne ou des guerres civiles de France, ils voient et ne voient partout que roi, cour, gentils-hommes et chambellans, et ils ne conçoivent de roi qu'un roi absolu, avec fauconnerie, grand queux, petit lever et pages : c'est la forme sous laquelle les peuples se manifestent perpétuellement à eux. Avec cette préoccupation d'esprit, l'appréciation des origines féodales était impossible, car ils rapportaient dans les âges passés ce qui n'était qu'aux âges présents; ils faisaient le roi maître et seigneur souverain, tandis qu'il avait eu seulement l'adresse de le devenir; et quand le moment venait de juger l'époque célèbre où la puissance royale se débattait péniblement contre les grands vassaux, ils applaudissaient à la chute des seigneurs, non point par sentiment d'amélioration sociale, mais parce qu'ils voyaient triompher le principe monarchique qu'ils avaient choisi, en ce qu'ils jugeaient le plus juste parce qu'il était le leur. Ainsi, on condamnait le passé par amour du présent; on supposait un droit monarchique antérieur au droit féodal, on affirmait au lieu d'étudier; on nourrissait une croyance dogmatique et tranchante sans en démontrer un seul élément. Cette croyance, vraie ou fausse, était également funeste à l'histoire : vraie, elle détournait de l'étude de la résistance populaire, en rendant odieuses les tentatives des vassaux ; fausse, elle donnait le change sur la nature des éléments sociaux au moyen âge, et prêtait à des théories erronées sur la source des pouvoirs politiques et le but de la civilisation.

Après la révolution, il naquit une façon nouvelle de comprendre les origines françaises; elle ne partit point de la royauté, comme la précédente; mais elle considéra la royauté et la noblesse comme deux usurpations emportées de force ou obtenues du peuple avec son ignorance ou ses préjugés. Cette théorie considéra donc le peuple comme l'élément unique, primitif, fondamental, de la nation française; peuple trompé, asservi par ses maîtres, et qui, mieux avisé, reprenait, après huit siècles de lutte, ses premiers, ses impérissables priviléges, par le bienfait de la révolution. Cette doctrine nouvelle, bien postérieure au comte de Boulainvilliers, était la contre-partie de la doctrine royale du dix-septième siècle; elle était en germe dans le travail prétentieux de Mably, et elle fut développée par Thouret, de la Constituante, dans un petit écrit qui a eu quelque réputation.

On a donc tenté, à deux reprises, de construire l'histoire de France sur deux idées contradictoires : avant le comte de Boulainvilliers, en lui donnant la royauté pour base; depuis en lui donnant la démocratie. Or, avant comme après, il y a eu erreur, et erreur immense; car aucun des deux systèmes n'explique complétement tous les faits de nos origines, parce que la royauté et le peuple, qui leur servent de base, sont deux choses fort modernes, et qui n'existaient ni durant la première ni durant la seconde des périodes historiques qu'on nomme communément races de nos rois.

D'abord, la royauté n'existait pas avant le onzième siècle; car chaque propriétaire, noble ou seigneur, était maître absolu sur ses terres, frappait, vendait, mettait à mort ses esclaves, sans qu'aucune justice pût appeler de sa volonté. La loi des Allemands définit les fonctions royales : « Monter à cheval et conduire une armée. » Cette royauté était donc précaire et fugitive; elle commençait et finissait avec la guerre, et était sans but durant la paix. Ce qu'on appelait alors un *roi* n'était qu'un général d'armée; sa puissance le quittait après la bataille, et il redevenait alors ce qu'il était avant, l'égal de tous les nobles qui suivaient volontairement sa bannière. Il n'y avait en France ni unité de langue ni unité de territoire, ni unité de population ; les Visigots ne pouvaient pas obéir aux Francs ni les Francs aux Bourguignons. En 998, Saint-Mayeul, abbé de Cluny, répondait au comte Bouchard, qui avait fait trente lieues pour l'aller chercher et le conduire à Saint-Maur-des-Fossés, qu'il ne voulait pas entreprendre ce voyage lointain et s'en aller en terres étrangères et inconnues. La royauté, c'est-à-dire l'unité de puissance appliquée à l'unité de territoire, est donc un fait très-moderne de l'histoire de France, et ne peut point servir à expliquer d'autres faits qui l'ont de beaucoup précédé.

Le peuple, ou la démocratie, est quelque chose de bien plus moderne encore que la royauté ; car il n'en est guère question avant le treizième siècle. Il ne faut pas comprendre sous le nom de peuple les bourgeoisies des grandes villes; car elles ne faisaient point partie des tribus franques établies dans le plat pays ; elles se gouvernaient par le droit municipal romain, et étaient d'origine gauloise ou romaine. Il faut chercher le peuple français là où il y avait des Francs, des Visigoths ou des Bourguignons; et ces tribus étaient établies dans les campagnes. Or, dans le pays plat, c'est-à-dire parmi les Francs, il n'y a eu peuple que depuis l'affranchissement des esclaves; ces affranchis sont devenus le peuple français, et, comme on peut le voir par les *Assises de Jérusalem*, lois exportées de France en Syrie, l'esclavage le plus rigoureux existait encore au treizième siècle. Le peuple est donc un fait historique beaucoup plus récent encore que la royauté, et les théories qui se sont placées à ces deux points de vue pour expliquer nos origines sont de pures abstractions, et n'ont aucun fondement qui les soutienne.

Or, c'est entre l'erreur commise avant lui et l'erreur commise après que s'est placé le comte de Boulainvilliers . ne pouvant expliquer les faits des deux premières races avec des vérités qu'il savait ne dater que de la troisième, il a pris pour point de départ un fait primitif, générateur de notre histoire, un fait duquel relèvent tous les autres, un fait évident, incontestable, qui explique tout, rend raison de tout, et sans lequel tout le reste de nos annales serait un effet sans cause : ce fait, principe du comte de Boulainvilliers, c'est la noblesse. La noblesse existait, possédait, commandait, avant qu'il y eût peuple ou royauté. La royauté naquit parce qu'un noble s'éleva peu à peu ; le peuple naquit, parce que les esclaves furent émancipés. Noblesse,

34.

royauté, peuple, ce sont trois pivots qui ont porté successivement la société française et qui se sont détruits l'un l'autre. La royauté brisa la noblesse en se formant, et le peuple a brisé la royauté.

Voilà où conduisent, quand on les travaille et qu'on les enchaîne, les idées du comte de Boulainvilliers. Il ne serait pas exact de dire que tous ces points de vue se trouvent consignés dans tous ses ouvrages, mais le principal y est clairement et souvent développé, c'est-à-dire l'antériorité historique de la noblesse.

Tout en brisant le système historique qui faisait de la royauté le principe et la source de tout droit, le comte de Boulainvilliers ne développa jamais d'une manière explicite le système qu'il eût mis à sa place : il fut admirable critique et médiocre organisateur. Mais il ne faut pas oublier qu'il écrivait son principal ouvrage par ordre de Louis XIV et à la sollicitation du duc de Bourgogne. Il se laissa trop dominer par l'idée aujourd'hui si simple, mais alors célèbre, de Mézerai, que : « la France, au commencement de la troisième race, était tenue comme un grand fief. » Oui, elle était alors comme un grand fief, c'est-à-dire pas encore comme un royaume ; mais, puisque la royauté était alors si faible qu'à peine on peut l'apercevoir, il avait été une époque où elle était plus faible encore ; une autre époque plus reculée, où elle n'existait pas : alors les nobles étaient donc libres, indépendants, maîtres ; alors les nobles avaient précédé la royauté, qui précédais elle-même le peuple.

C'est en pressant ainsi les idées du comte de Boulainvilliers qu'on tire de grandes et de fécondes vérités, que lui-même n'a pas aperçues, comme la division de la noblesse en deux parts : la noblesse qui précéda la royauté, ou la noblesse de race, et la noblesse qui accompagna la royauté et périt avec elle, ou la noblesse féodale et d'institution. Cependant il y a dans les ouvrages de l'illustre écrivain la base d'une admirable histoire de France. Il est impossible d'expliquer les deux premières races sans avoir recours à lui. Il y a maintenant cent années qu'il écrivait, et nous en sommes arrivés, en fait de critique historique, au point où il s'était arrêté lui-même. Montesquieu, Voltaire, le président Hénault, disparaissent, le comte de Boulainvilliers reste et grandit, et son nom servira de date à la naissance de l'histoire générale de son pays.

Les principaux ouvrages du comte de Boulainvilliers, sont le rapport de ses théories historiques, sont : 1° *Histoire de l'ancien gouvernement de France*, avec quatorze lettres historiques sur les parlements et les états généraux ; 2° *État de la France*, ouvrage extrait des mémoires dressés par les intendants du royaume ; 3° *Recherches sur l'ancienne noblesse de France*.

GRANIER DE CASSAGNAC, député au Corps législatif.

BOULANGER, BOULANGERIE. La boulangerie est l'art de fabriquer le pain. C'est aussi le lieu où il se vend et se confectionne. Les boulangeries de l'armée se nomment *manutentions*. Dans un palais, dans une maison de campagne, dans une communauté, enfin dans tout établissement public ou privé, on désigne sous le nom de *boulangerie* un bâtiment particulier destiné à faire le pain et composé de plusieurs pièces, telles que *fournil*, lieu où sont les fours, *farinier*, où l'on conserve les farines, *pétrin*, où l'on prépare la pâte, *paneterie*, où l'on garde le pain cuit, etc. L'origine du mot *boulanger*, qui date du douzième siècle, vient, selon Ducange, de ce qu'on pétrissait la farine en la tourne en globe ou en *boule*, pour l'arrondir en pain.

La profession de boulanger était inconnue aux anciens. Il y avait trop de simplicité dans les premiers siècles pour que l'on apportât beaucoup de façon dans la préparation des aliments. Le blé se mangeait alors en substance, comme les autres fruits de la terre, et même, lorsque les hommes eurent trouvé le secret de le réduire en farine, ils se contentèrent encore pendant longtemps d'en faire de la bouillie.

Enfin, parvenus à en pétrir du pain, ils ne préparèrent encore cet aliment que comme tous les autres, dans la maison et au moment du repas. C'était le soin principal réservé aux mères de famille, et dans ces temps, où un prince tuait lui-même l'agneau qu'il devait manger, les femmes les plus qualifiées ne dédaignaient pas de *mettre la main à la pâte*. L'Écriture nous fournit maintes preuves à l'appui de cette coutume usitée chez les Orientaux. Nous lisons par exemple dans la *Genèse* (XVIII, 6 et suiv.) qu'Abraham, entrant dans sa tente, dit à Sara : « Pétrissez trois mesures de farine, et faites cuire des pains sous la cendre. »

Ces pains des premiers temps, du reste, n'eurent presque rien de commun avec les nôtres, soit pour la forme, soit pour la matière. C'était, à peu de chose près, ce que l'on a appelé depuis des galettes ou des gâteaux ; on y faisait souvent entrer, avec la farine, du beurre, des œufs, de la graisse, du safran et d'autres ingrédients. On ne les cuisait point dans un four, mais sur l'âtre chaud, sur des pierres ou sur une sorte de gril et dans une espèce de tourtière.

Mais pour cette sorte de pain même il fallait que le blé et les autres grains fussent convertis en farine ; ce fut à ce travail pénible que toutes les nations anciennes, comme de concert, employèrent leurs esclaves, et il devint pour eux le châtiment des fautes les plus légères. Cette préparation ou trituration du blé se fit d'abord avec des pilons dans des mortiers, ensuite avec des moulins à bras. Quant à l'usage de cuire le pain dans des fours, il commença en Orient. Les Hébreux, les Grecs et en général tous les peuples de l'Asie le connurent ; les Cappadociens, les Lydiens et les Phéniciens excellèrent même, au rapport d'Athénée (liv. III, chap. 13), dans la construction et la direction des fours. Il ne paraît pas qu'il y ait eu véritablement de boulangers avant ces derniers. Plusieurs auteurs ont prétendu cependant qu'il y en eut en Égypte du temps de Joseph, et que ce fut le chef ou le maître des boulangers de Pharaon dont il expliqua le songe dans la prison. C'est l'interprétation qu'ils tirent du mot *ophim*, avec les Septante et la Vulgate ; mais ce mot désigne moins le pain spécialement que les espèces de mets en général que l'on faisait alors avec la farine.

Des Grecs, qui les premiers eurent des fours à côté de leurs moulins à bras, cette coutume passa chez les Romains, vers l'an de Rome 583. Ils conservèrent à ceux qui en avaient la direction leur ancien nom de *pinsores* ou *pistores*, dérivé de leur première occupation, celle de piler le blé dans des mortiers, et ils donnèrent celui de *pistorix* aux lieux où ils travaillaient. Sous le règne d'Auguste il y eut à Rome jusqu'à trois cent vingt-neuf boulangeries publiques, distribuées en quatorze quartiers différents ; elles étaient presque toutes tenues par des Grecs, qui étaient les seuls qui sussent faire de bon pain. Les conscrits Romains étrangers formèrent quelques apprentis qui se livrèrent à leur profession, dont bientôt on s'occupa de régler l'exercice. On en forma un corps ou, selon l'expression du temps, un *collège*, ainsi qu'on l'avait fait pour les bouchers, corps auquel eux et leurs enfants furent attachés à perpétuité. On leur accorda plusieurs priviléges : on les mit en possession de tous les lieux où l'on s'occupait à moudre auparavant, ainsi que des meubles, des esclaves, des animaux et de tout ce qui appartenait aux premières boulangeries. On y joignit des terres et des héritages, et l'on n'épargna rien de tout ce qui pouvait contribuer à soutenir et à encourager leurs travaux et leur commerce ; pour qu'ils pussent vaquer sans relâche à leurs fonctions, ils furent même déchargés de tutèles, curatelles et autres charges onéreuses ; enfin, il n'y eut point de vacances pour eux, et les tribunaux leur étaient ouverts en tout temps. Ils furent soumis, pour tous ces avantages, à certaines restrictions et obligations, telles qu'à demeurer ensemble et à s'allier presque exclusivement entre eux. Ils ne pouvaient surtout se mésallier, c'est-à-dire marier leurs filles, soit à des comédiens, soit à des gladiateurs, sans être fustigés, bannis et privés de leur état. Ils ne pouvaient encore léguer leurs biens qu'à leurs enfants ou à leurs neveux, qui faisaient nécessairement partie de leur corporation, et si un étranger les acquérait, il lui était de fait agrégé. La disposition la plus onéreuse pour eux, et qui impliquait même contradiction, puisqu'elle portait avec elle une espèce de réprobation pour un corps qu'on avait cependant à tâche d'honorer, c'est que l'on continua de reléguer dans les boulangeries tous ceux qui furent accusés et convaincus de fautes légères. Les juges furent tenus d'y envoyer tous les cinq ans ceux qui avaient mérité ce châtiment, et ils eussent eux-mêmes été soumis à la même peine s'ils avaient manqué à leur obligation. On se relâcha néanmoins, par la suite, de cette sévérité, et les transgressions des juges et de leurs officiers à cet égard furent punies d'une simple amende. Du reste, pour que le corps fût toujours en nombre suffisant, aucun boulanger ne pouvait entrer dans un autre sans être toujours tenu des charges de sa première profession; il n'en pouvait être dispensé ni par aucune dignité, même ecclésiastique, ni par la milice, les décuries, ou quelque autre fonction ou privilége que ce fût. Cependant, les boulangers ne furent pas privés pour cela de tous les honneurs de la république. Ceux qui l'avaient bien servie, surtout dans les temps de disette, pouvaient même parvenir à la dignité de sénateur; mais dans ce cas ils devaient renoncer à leurs biens et à ceux de la communauté, qui devenaient la propriété de leurs successeurs. Ils ne pouvaient du reste s'élever au delà de cette dignité; l'entrée des magistratures auxquelles on joignit plus tard le titre de *perfectissimatus* leur était défendue.

Cette institution et ces usages des Romains ne tardèrent pas à passer dans les Gaules; mais il paraît qu'ils parvinrent beaucoup plus tard dans les pays septentrionaux : Borrichius dit qu'en Suède et en Norvège les femmes pétrissaient encore le pain vers le milieu du seizième siècle. De même une partie des peuples de l'Amérique ne broyaient pas encore autrement leurs grains qu'avec des pierres avant l'arrivée des aventuriers qui portèrent la civilisation et les lumières dans ces contrées restées si longtemps vierges.

En France il y eut des boulangers dès le commencement de la monarchie. Il en est parlé dans les ordonnances de Dagobert II, de l'an 630 Leur emploi fut d'abord, comme à Rome, de faire moudre le blé aux moulins qu'ils avaient chez eux, qu'ils tournaient à bras, ou qu'ils faisaient tourner à des animaux, ou à quelques moulins bâtis sur de petites rivières. Ils vendaient ensuite la farine à ceux qui voulaient cuire chez eux, et en faisaient du pain pour les autres. C'est pour cela qu'ils sont appelés, jusque sous la troisième race, dans quelques titres latins, *pistores*, ou, en français, *pestors*, mais plus souvent néanmoins *panetiers*, *talmeliers* et *boulangers*. Il y eut bientôt quatre sortes de boulangers, ceux des villes, ceux des faubourgs et banlieue, les privilégiés et les forains. La maîtrise s'achetait du roi; mais pour être reçu maître boulanger le prétendant portait au maître des boulangers ou lieutenant du grand panetier un pot de terre neuf rempli de noix et de nieules, fruit que l'on ne connaît plus, et en présence de cet officier et des autres maîtres et *geindres* (mitrons) il cassait ce pot contre la muraille, et ensuite on buvait ensemble. Le grand panetier de France avait la maîtrise des boulangers et talmeliers en la ville et banlieue de Paris, avec droit de justice. Ce fut saint Louis qui donna cette juridiction sur eux et sur leurs compagnons à son maître panetier, pour en jouir tant qu'il plairait au prince, comme on l'apprend du recueil des usages de la police des boulangers, fait par Étienne Boileau. Elle n'a été supprimée qu'en 1711. Les boulangers privilégiés étaient de deux sortes : 1° les boulangers suivant la cour, établis par Henri IV, au nombre de dix, en 1601, et augmentés de deux par Louis XIII : ils avaient tous demeure à Paris : 2° ceux qui habitaient en lieux de franchise. Les boulangers forains étaient ceux qui exerçaient hors de la ville et des faubourgs.

Pour éviter que, sous le titre de marchands, les boulangers ne se rendissent les maîtres de tous les grains, les lois romaines leur avaient défendu de servir en qualité de pilotes sur les vaisseaux qui amenaient des blés à Rome; ils ne pouvaient être non plus mesureurs de grain. En France, un arrêt du parlement, suivi d'autres ordonnances, leur défendit également d'être mesureurs de grain ou meuniers.

Nul aujourd'hui encore ne peut exercer la profession de boulanger sans l'autorisation du maire de la ville; elle ne doit lui être accordée qu'autant qu'il est justifié par lui qu'il est de bonne vie et mœurs, qu'il a fait un apprentissage et qu'il connaît les bons procédés de son art. Chaque boulanger doit avoir constamment en réserve dans son magasin un approvisionnement suffisant pour pourvoir à la consommation journalière pendant un mois au moins, et sa boutique toujours garnie de pain. Du reste un syndic et des adjoints sont élus tous les ans dans chaque localité pour déterminer la quotité des approvisionnements auxquels chaque boulanger doit être soumis et le nombre de fournées qu'il doit faire. Il ne peut quitter sa profession qu'après en avoir fait la déclaration au maire six mois à l'avance; celui qui la quitterait sans autorisation est puni par la vente de son approvisionnement de réserve au profit des hospices; il est de plus frappé de l'interdiction de son état.

Les boulangers ne peuvent vendre le pain au dessus de la taxe légalement faite et publiée, sous les peines de police; ils doivent peser le pain devant l'acheteur et avoir dans l'endroit le plus apparent de leur boutique des balances et poids métriques dûment poinçonnés. Il leur est interdit de vendre du pain au *regrat* et encore d'en former des dépôts. Ils doivent en outre se conformer à tous les arrêtés locaux que l'autorité municipale juge convenable de prendre. Les contraventions par eux commises dans l'exercice de leur profession sont poursuivies devant le tribunal de police municipale.

A Paris, tout pain doit être vendu rigoureusement au poids, sauf convention particulière sur le prix entre les parties pour ce que l'on appelle pains de fantaisie; mais cette prescription est difficile à faire observer : on préfère en général perdre sur le poids ce que l'on croit gagner sur la qualité, et ne payer que le prix de la taxe. Chaque boulanger doit mettre son numéro sur les pains qu'il fabrique. Autrefois, lorsque les pains ne pesaient pas le poids, les boulangers pouvaient être poursuivis; aujourd'hui toute vente doit être précédée d'une pesée; la taxe est faite au kilogramme. Les boulangers ne peuvent se refuser à détailler le pain, et l'acheteur paye au prorata de la taxe. La taxe est fixée tous les quinze jours (le 1er et le 16 de chaque mois) par le préfet de police suivant le prix des farines dans les marchés précédents.

BOULANGER (Nicolas-Antoine), naquit à Paris, le 11 novembre 1722. Il fit de pauvres études au collége de Beauvais, où le marchand de papier son père l'avait fait entrer. Devenu ingénieur, il se montra animé de l'amour de ses devoirs, mais médiocre dans ses fonctions. Il y avait dans cet homme des dispositions rêveuses qui le rendaient peu apte à la vie pratique; aussi de bonne heure son imagination fut-elle frappée des grands bouleversements de la nature. Un ingénieur vulgaire n'aurait vu dans les bouleversements du globe que des éléments d'études géologiques; lui, avec son génie rêveur et poétique, il y vit la cause du bouleversement du monde moral. Le déluge et les peintures qui en sont faites dans la Bible préoccupaient sans cesse son esprit. L'Apocalypse et ses prédictions, la pensée de la fin du monde, la terreur que cette grande menace inspira de tout temps aux peuples de la terre, étaient sans cesse l'objet de ses méditations profondes. Salvator-Rosa de la philosophie, esprit sombre et mélancolique, Boulanger ne voyait dans l'Écriture Sainte que des symboles astronomiques. L'histoire elle-même n'échappait pas à cette manière de tout réduire au symbole. Il avait une grande puissance de volonté pour l'étude, si bien qu'il apprit le grec, l'hébreu, le syriaque, dans le seul but de rechercher l'étymologie de certains mots, de certains noms qui lui donnaient, à tort ou à raison, l'explication d'un grand nombre de faits. Mais, chose étrange, Boulanger n'avait pas terminé un seul de ses ouvrages quand la mort le surprit, à l'âge de trente-sept ans, le 16 septembre 1759. On peut dire hardiment que deux parts doivent être faites de ses œuvres, l'une qui est de lui en partie, l'autre qui ne lui appartient en aucune manière.

L'Antiquité dévoilée, publiée après sa mort sur ses notes nombreuses, rentre évidemment dans la première catégorie; elle est de lui, sauf quelques points de rédaction; on y retrouve l'empreinte d'une imagination forte et sombre. Il trouve dans les usages de l'antiquité, dans les religions, les traces du terrible souvenir, de la grandiose terreur du déluge; il recherche les liaisons qui existent entre ce phénomène immense et les périodes astronomiques. Rien dans cet ouvrage n'accuse la tendance de l'époque qui visait à détruire la religion du Christ; il est enthousiaste, mais modéré. Il n'en est pas de même des *Recherches sur l'origine du despotisme oriental*; là se montre à nu l'irréligion la plus encyclopédique (qu'on nous pardonne le mot). L'auteur veut y démontrer comme quoi les gouvernements de l'Orient n'ont dû leur puissance absolue et despotique qu'aux terreurs qu'inspiraient les terribles souvenirs du déluge. Quant aux autres ouvrages attribués à Boulanger, ils ne sont plus que l'œuvre des encyclopédistes, et surtout du baron d'Holbach. Boulanger en avait sans doute conçu la pensée; mais l'exécution est due à des metteurs en œuvre imbus du *philosophisme* de l'époque. C'est une *Dissertation sur Élie et sur Enoch*, une *Dissertation sur saint Pierre*, une *Dissertation sur Ésope*, et une pauvre *Histoire d'Alexandre*. Mais les articles *Corvée*, *Guèbres*, *Déluge*, *Langue hébraïque*, *Économie politique*, dans l'*Encyclopédie*, sont de lui. Les ouvrages de ce génie bizarre, mais honnête, ont été publiés en huit vol. in-8° ou dix vol. in-12. Dans le commerce ordinaire de la vie, Boulanger était affable et bon; fort tolérant à l'endroit de ses théories, il ne les imposait pas avec despotisme : il les proposait, et comprenait parfaitement qu'on ne les adoptât pas, parce que, disait-il, *elles sont difficiles à prouver*.
Jules PAUTET.

BOULANGER (MARIE-JULIE HALIGUER, connue sous le nom de Mme), naquit à Paris, le 29 janvier 1786. Elle fut, dès ses premières années, emmenée en province par son père, qui y remplissait un modeste emploi. Son talent précoce pour la musique, le timbre mélodieux de cette voix encore enfantine, attirèrent l'attention de quelques amis de sa famille, à laquelle ils persuadèrent, non sans peine, d'envoyer la jeune personne dans la capitale, pour qu'on y cultivât ses heureuses dispositions. Reçue le 20 mars 1806 au Conservatoire de Musique comme pensionnaire, elle eut d'abord Plantade pour maître de chant, devint élève de Garat en 1807, et fut formée à la déclamation dramatique par Baptiste aîné. Elle prouva, en remportant tous les premiers prix qu'elle avait su profiter des leçons de ces maîtres. Ornement des concerts si justement célèbres du Conservatoire, elle avait épousé un artiste qui y figurait dans la partie instrumentale. Avant de paraître sur la scène, elle brilla au dehors dans d'autres concerts, où une belle voix et une exécution brillante commencèrent sa réputation. Sans avoir jamais passé sur aucun théâtre, sans même avoir joué dans aucun spectacle de société, elle débuta, le 16 mars 1811, à l'Opéra-Comique dans *L'ami de la Maison* et *Le Concert interrompu*, et elle y obtint un succès tel, qu'après la représentation elle dut être ramenée sur la scène par Elleviou.

Ce succès ne fit que s'accroître à chaque nouveau rôle abordé par elle, mais surtout dans celui de Colombine du *Tableau Parlant*. Grétry, dont elle avait si bien saisi la gracieuse malice dans cette charmante bluette, lui fut redevable des plus doux plaisirs de ses derniers jours. Il faudrait passer en revue presque tout l'ancien répertoire de l'Opéra-Comique pour mentionner seulement les rôles où elle excella. Son jeu naturel et animé lui faisait avoir surtout la palme dans les rôles de soubrette qui demandent de la finesse et de la gaieté. Cette réussite constante eut principalement pour cause l'alliance, en général si rare, et chez elle pourtant si étroite, de la comédienne et de la cantatrice. Elle jouit pendant vingt-quatre ans de suite de la faveur du public; mais, sentant ses moyens s'affaiblir, elle eut le courage de quitter le théâtre en 1835.

Elle eut un courage plus grand encore, celui d'y rentrer quelques années plus tard après avoir éprouvé de fortes pertes, et de s'y résigner aux rôles des mères. Elle reparut au nouvel Opéra-Comique, sur la place de la Bourse. Comme cantatrice, elle avait perdu quelques-uns de ses avantages. Quant à son jeu plein de vérité, d'aisance et de naturel; quant à sa gaieté franche, spirituelle et communicative, elle était toujours la même, elle ne laissait rien à désirer. Enfin, dans le mois de mai 1846 elle prit sa retraite définitive dans le rôle de *Ma tante Aurore*. Sa voix s'était à peu près éteinte, il est vrai; mais c'était encore le même goût, la même intelligence dramatique, la même aptitude à faire valoir les intentions du poëte et du musicien. Mme Boulanger est morte à Paris, le 23 juillet 1850.

Son fils *Ernest* BOULANGER, élève distingué du Conservatoire, qui a remporté le premier grand prix de composition, est auteur de la musique de deux pièces jouées à l'Opéra-Comique : *Une voix* et *La Cachette*.

BOULAY de la *Meurthe* (ANTOINE-JACQUES-CLAUDE-JOSEPH), naquit à Chaumousey, village des Vosges, le 19 février 1761. Ses parents étaient cultivateurs, et lui furent enlevés de bonne heure. Un oncle, curé près de Nancy, recueillit le jeune orphelin, et employa son modeste héritage à lui donner une éducation dont il sut profiter. Après de solides études au collège de Toul, il se fit recevoir avocat à Nancy, y exerça pendant quelques années, et vint, en 1786, prendre place au barreau de Paris. Il commençait à s'y faire remarquer quand la révolution lui parut imposer d'autres devoirs à son patriotisme. Il quitta la robe pour l'épée, s'engagea comme volontaire, fit la campagne de 1792 dans un bataillon de la Meurthe, et combattit à Valmy. De retour à Nancy, il fut élu juge au tribunal civil; destitué en 1793 par un conventionnel en mission, il s'enrôla de nouveau, fut élevé au grade de capitaine, et se trouva aux lignes de Wissembourg. Les mesures prises pour la réorganisation de l'armée le rendirent encore une fois à la vie civile; mais la persécution l'attendait dans ses foyers. La Terreur régnait; un mandat d'arrêt le contraignit à fuir et à chercher son salut dans une obscure retraite, au fond des Vosges. Enfin, grâce aux événements de thermidor, il put reparaître au milieu de ses concitoyens, et leurs suffrages l'attachèrent de nouveau au tribunal comme président, et bientôt après lui conférèrent les fonctions d'accusateur public.

Ces fonctions lui méritèrent un témoignage de confiance plus éclatant : en l'an V il fut élu député au Conseil des Cinq-Cents. C'est dans cette assemblée que s'ouvrit sa carrière politique. Les circonstances étaient délicates. L'anarchie, vaincue au 9 thermidor, se tenait toujours prête à ressaisir sa sanglante dictature. Le parti de l'ancien régime relevait la tête; ses intrigues, son influence, grandie par les excès de la révolution, avaient introduit ses affidés dans les deux conseils législatifs, dans les plus hauts emplois de l'État. Un gouvernement faible, incertain, déconsidéré, ne pouvait contenir les factions. Enfin, la cause de la révolution n'avait jamais couru de plus grands périls. Boulay s'en constitua le défenseur courageux et habile; il insista pour que tous les ministres du culte fussent soumis à une déclaration particulière de fidélité au gouvernement; il fut un des agents les plus décidés du coup d'État de fructidor, et consentit à être le rapporteur de la loi qui frappait de déportation un certain nombre de députés et de journalistes, mesure révolutionnaire, et qui, si elle ne relevait pas les échafauds, n'en était pas moins violente et arbitraire. Mais peut-être la révolution était-elle condamnée à ces énormités pour échapper à ses adversaires. Quoi qu'il en soit, le Directoire luttait en vain contre des ennemis qu'il n'avait point la force de détruire. On n'osait plus verser le sang, il est vrai; mais l'exil, la déportation, la confiscation, étaient encore les armes familières aux vainqueurs. Les anciens nobles ne dissimulaient ni leurs haines ni leurs menées conspiratrices. On voulut conjurer leurs efforts : leur expulsion en masse et sans forme de procès fut proposée et appuyée au nom d'une commission des Cinq-Cents par son rapporteur Boulay. L'opinion publique se souleva; la commission qui avait adopté cette proposition s'empressa de la modifier elle-même, et y substitua une simple exclusion des emplois publics, et l'obligation de se soumettre à certaines conditions spéciales pour jouir des droits du citoyen. Une loi sanctionna ces mesures.

Mais ce n'était point à de tels expédients qu'il appartenait de rétablir l'ordre et la sécurité. Le Directoire luttait en vain par l'arbitraire contre les vices de sa constitution, et ceux même qui lui avaient prêté le concours le plus efficace se trouvèrent dans la nécessité de combattre une politique aussi violente que capricieuse, également dépourvue de consistance et de dignité. Boulay fut de ce nombre : il avait acquis une grande influence dans le Conseil des Cinq-Cents. Organe de l'assemblée dans les circonstances les plus décisives, prompt au travail, énergique et actif, il avait été secrétaire des Cinq-Cents et deux fois président. Il résistait à la fois aux hommes de désordre en s'opposant à ce que la *patrie fût déclarée en danger*, formule empruntée aux jours de la Terreur, et aux excès du pouvoir en défendant les libertés publiques contre les atteintes du gouvernement. Il ne tarda point, sans doute, à désespérer des nouvelles formes constitutionnelles qui avaient été improvisées par la Convention expirante; et lorsqu'au 18 brumaire, Directoire et conseils furent emportés par un coup de main du jeune vainqueur de l'Italie, Boulay salua son adhésion et appuya de son influence le nouveau pouvoir, qui promettait l'ordre et ne menaçait plus encore la liberté.

Nommé président de la commission intermédiaire qui avait été créée dans la soirée du 19 brumaire, il refusa, dit-on, le ministère de la police; mais il se chargea de développer les bases de la constitution consulaire, à laquelle il venait de coopérer. Il ne pouvait rester en dehors des affaires; il était de ceux qu'appelait à lui le premier consul, pour donner à son gouvernement l'appui de tous les hommes qui s'étaient fait remarquer dans les assemblées, dans les diverses carrières publiques. Le conseil d'État venait d'être organisé; et dans la pensée de son fondateur l'administration tout entière et à certains égards la direction politique elle-même allaient lui être remises. Le comité de législation devait prendre part à la plus grande œuvre législative qui jamais eût été entreprise. Boulay fut placé à la tête de ce comité, et en dirigea les délibérations pendant toute la discussion du Code Civil. Il le quitta pour l'administration du contentieux des domaines nationaux, poste important, qui avait besoin d'être remis à des mains pures; le premier consul à cette occasion dit à Boulay : « Je vous donne une place où réside toute la politique intérieure de l'État; j'ai été très-indulgent pour les personnes, et je n'ai presque fait que des ingrats; mais soyez très-sévère pour les biens. » Boulay maintint toutes les ventes nationales, fit bonne justice à chacun, et sut se concilier l'estime de ceux mêmes que ses devoirs l'obligeaient souvent à froisser dans leurs intérêts. Après neuf ans passés dans cet emploi, après avoir instruit plus de vingt mille affaires, et presque entièrement épuisé cette tâche laborieuse, il reprit au conseil d'État la présidence du comité de législation. A ce titre il faisait partie du conseil de régence formé en 1814. Il y siégeait le 28 mars lorsqu'on délibéra sur la conduite que l'impératrice devait tenir. Boulay s'opposa énergiquement à ce qu'elle s'éloignât de la capitale. Il voulait que la petite-fille de Marie-Thérèse suivît l'exemple de son aïeule, et qu'à cheval, son fils dans les bras, elle fît un appel à la garde nationale et au peuple de Paris. La majorité du conseil se prononça pour cet avis : on sait trop qu'il ne fut point suivi.

Pendant la première restauration Boulay vécut dans la retraite. Le retour de l'empereur lui rendit ses anciennes fonctions, avec le titre de ministre d'État. Dans la Chambre des représentants, où l'avait appelé le département de la Meurthe, il défendit les intérêts de la dynastie impériale; dans le conseil d'État, il rédigea en grande partie les deux célèbres déclarations par lesquelles ce grand corps adhéra au nouveau gouvernement et à ses principes. Enfin, le gouvernement provisoire lui confia le ministère de la justice. La seconde restauration termina sa carrière politique, mais non les agitations d'une vie si pleine. Proscrit par l'ordonnance royale du 24 juillet 1815, et forcé de se retirer en Allemagne, il ne fut autorisé qu'à la fin de 1819 à rentrer en France, où il se détermina à rester désormais dans la vie privée. Son esprit lui offrit des ressources contre l'ennui qui dévore souvent ceux que les vicissitudes des événements arrachent aux affaires publiques; il avait le goût des lettres. Sous le Directoire, il composait un écrit qui occupait vivement l'attention publique : en y décrivant *les causes qui avaient amené en Angleterre l'établissement de la république et celles qui l'y firent périr*, il offrait au temps présent de curieux rapprochements et des enseignements utiles. Dans l'exil, il publiait le *Tableau politique des règnes de Charles II et de Jacques II, derniers rois de la maison de Stuart*, et cette composition historique était encore une leçon qu'il empruntait au passé. Les dernières années de sa vie ont été employées à écrire des mémoires sur la révolution qui pourront expliquer des événements encore mal connus. Il est mort le 2 février 1840, laissant à deux fils, ses dignes héritiers, un des noms les plus honorables parmi ceux que les événements accomplis en France depuis 1789 ont fait sortir de l'obscurité pour les recommander à l'estime et à la reconnaissance publiques.   VIVIEN, de l'Institut.

BOULAY *de la Meurthe* (HENRI), sénateur, ex-vice-président de la République, fils aîné du précédent, est né à Nancy, le 15 juillet 1797. Il embrassa la carrière du barreau, mais s'occupa bien moins de jurisprudence que de la gestion des propriétés considérables de son père, qu'il administrait avec un dévouement plus que filial. Quoi qu'il en soit, il était inscrit au tableau des avocats à la cour royale de Paris lorsque éclata la révolution de Juillet. Jeté dans le mouvement, il obtint après la victoire la décoration créée pour les combattants. M. Boulay de la Meurthe affectait cependant d'abord des opinions napoléonistes; mais il fut promptement rallié au gouvernement de Louis-Philippe, et devint successivement chevalier, puis officier de la Légion d'Honneur, lieutenant-colonel, puis colonel de la onzième légion de la garde nationale parisienne, membre du conseil général de la Seine, etc. En 1834 Lunéville l'envoya à la chambre des députés. Il y siégea au centre gauche, et fit partie de l'opposition dynastique modérée, s'occupant spécialement de la propagation de l'enseignement primaire.

On lui doit en effet, entre autres ouvrages, plusieurs rapports sur les travaux de la société pour l'instruction élémentaire et sur sa situation en France et à l'étranger; d'autres rapports au conseil municipal de Paris sur le même sujet, sur les livres et méthodes, sur l'organisation du commerce de la boucherie, et une *Histoire du Choléra-Morbus dans le quartier du Luxembourg.* C'est à ses longues instances que les instituteurs primaires durent une augmentation de traitement votée par la chambre des députés dans une de ses dernières sessions.

Réélu en 1837, M. Boulay de la Meurthe échoua en 1839. Plus heureux en 1842 et en 1846, il reparut à la chambre avec le mandat du collége de Mirecourt. Épris d'un vif amour posthume pour le grand empereur, il avait ressuscité, en dépit des règlements, les fifres de la garde impériale dans sa onzième légion, souvenir qui est resté gravé en caractères douloureux dans les oreilles du quartier.

L'avénement de la république de 1848 était sans doute peu du goût de notre législateur-colonel. Le suffrage universel parisien commença par le dépouiller de ses épaulettes. Les Vosges lui furent plus fidèles, et l'envoyèrent à la Constituante. Il n'y brilla guère que par son attachement au neveu de l'empereur, qui dut présenter à l'Assemblée constituante, aux termes de la constitution, trois candidats pour la vice-présidence. M. Boulay de la Meurthe était en tête de la liste. L'Assemblée, accusée d'être peu favorable à l'élu du peuple, crut faire acte de bon goût en choisissant le premier nom présenté. M. Boulay de la Meurthe devint ainsi vice-président de la république et président du conseil d'État. On avait affecté à sa demeure le petit Luxembourg. Il préféra rester dans son hôtel. Outre son traitement, on finit par lui voter 50,000 fr. de frais de représentation; il n'en usa qu'en faveur de différentes institutions de bienfaisance.

Le coup d'État du 2 décembre 1851 a dépouillé M. Boulay de ses fonctions de vice-président de la république et de président du conseil d'État; mais il a reçu depuis pour fiche de consolation l'habit brodé de sénateur. Il s'était marié en 1851, à l'âge de cinquante-quatre ans.

Son frère puîné, M. Joseph Boulay, ancien secrétaire général du ministère de l'agriculture et du commerce sous Louis-Philippe, est aujourd'hui conseiller d'État, comme il l'avait été sous la constitution de 1848.

BOULAY-PATY (Pierre-Sébastien), législateur et jurisconsulte, naquit à Abbaretz près de Châteaubriant (Loire-Inférieure), le 10 août 1763. Reçu avocat à Rennes en 1787, il embrassa la cause de la révolution sans en partager les excès; et il s'honora surtout par sa résistance au proconsul Carrier. Il remplit successivement différentes fonctions publiques, entre autres celles de commissaire civil et criminel du pouvoir exécutif dans le département de la Loire-Inférieure, et fut élu en 1798 au conseil des Cinq-Cents. Il prit une part active à la révolution du 18 juin 1799, qui contraignit La Revellière-Lépeaux et Merlin à quitter le Directoire, et fit également l'opposition la plus vive à la journée du 18 brumaire : aussi fut-il placé le 19 sur la liste des membres exclus. Mais sa disgrâce ne fut pas de longue durée; car le gouvernement consulaire le nomma juge à la cour d'appel de Rennes. Lors de la réorganisation de l'ordre judiciaire, en 1810, il devint conseiller à la cour impériale, et fut confirmé dans ses fonctions, qu'il n'avait cessé d'exercer pendant la première et la seconde restauration, par ordonnance royale. Il mourut le 16 juin 1830, à Douges, doyen de sa cour. On a de lui : *Observations sur le projet du Code de Commerce* (1802); *Cours de Droit Commercial maritime* (4 vol., 1821), ouvrage qui le place au premier rang des jurisconsultes; *Traité des Faillites et Banqueroutes* (1825); *Emerigon annoté, mis en rapport avec le nouveau Code de Commerce.* Il avait rassemblé en outre dans les dernières années de sa vie une foule de matériaux restés inédits pour une *Histoire du Commerce Maritime chez tous les peuples.*

Son fils aîné, mort à vingt-cinq ans, fut l'un des signataires de la consultation du général Travot. — Le second, *Évariste* Boulay-Paty, né à Douges, le 19 octobre 1815, a vu couronner par l'Académie Française son poème sur l'*Arc de Triomphe de l'Étoile*, et ce succès eut tant d'éclat que le prix fut doublé, ce qui n'avait jamais eu lieu depuis la fondation de l'Académie. Il a vu couronner encore par l'Académie de Nantes sa *Chute des Empires*, et par l'Académie des Jeux Floraux son ode intitulée *Le Charme.* Son poème sur le *Monument de Molière* a obtenu une première mention honorable à l'Académie Française. Il a publié en outre un volume de *Dithyrambes sur les Grecs, Élie Mariaker*, deux volumes d'*Odes* et un volume de *Sonnets.*

BOULBÈNE, espèce d'argile siliceuse, assez commune dans le département du Gers, où on la trouve ordinairement dans le voisinage des rivières. C'est une terre blanchâtre, dont les parties sont plus ténues que la cendre de nos foyers, et qui, par le lavage et la décantation, donne un sable vitreux, ayant l'apparence du grès pilé. Son épaisseur ordinaire est de deux décimètres : elle pose sur des bancs d'argile colorés en noir, bleu et gris, par l'oxyde de fer, et au-dessous desquels se rencontre ordinairement le tuf. Cette argile conserve la forme qu'on lui donne; elle se dessèche sans se fendre, et acquiert une très-grande dureté par la chaleur du soleil. C'est sans contredit la meilleure des terres pour la composition du pisé, et il est à regretter que sa production soit bornée à quelques localités.

BOULE. On donne ce nom à tout objet de forme sphérique.

Il y a trois manières de procéder pour *tourner une boule* méthodiquement :

1° On forme sur le tour un cylindre dont la longueur et le diamètre égalent le diamètre de la boule que l'on se propose de former. On trace sur le milieu de ce cylindre, en lui présentant l'angle d'un ciseau, un cercle qui sera l'équateur de la future boule. Cela fait, on met le cylindre en travers un *mandrin* que porte l'arbre d'un tour en *l'air*, et on enlève toute la matière qui excède l'équateur de la boule, cercle dont l'axe de rotation du tour est alors un des diamètres. Quand cette opération est terminée, la boule est à moitié faite. On la retourne pour former l'autre moitié, en procédant de la même manière.

2° Le procédé qui vient d'être exposé est parfaitement d'accord avec les principes de la géométrie, mais il est bien difficile de le pratiquer exactement sans erreur. C'est ce qui a fait imaginer aux fabricants de globes géographiques le mécanisme que voici : le diamètre de la boule étant déterminé, on forme un demi-cercle en métal d'un rayon égal à celui de la boule. Le bord intérieur de ce demi-cercle est coupant. La boule étant formée grossièrement en cartonnage, etc., on la recouvre d'un enduit qui se laisse couper facilement et avec netteté, quand il est sec; la boule tournant entre deux pointes comme sur ses pôles, on lui présente le demi-cercle : toute la matière qui excède est enlevée et la boule est tournée.

3° Enfin, des amateurs de l'art du tour ont inventé un petit appareil à l'aide duquel on termine une boule avec la plus grande exactitude. Au-dessous du mandrin qui porte la boule ébauchée est fixé sur le banc du tour un pivot vertical, dont l'axe forme des angles droits avec l'axe de rotation du tour. Sur ce pivot tourne un porte-outil, dans le plan du cercle qui représente l'horizon de la boule. Pendant que celle-ci tourne suivant le mouvement de l'arbre qui la porte, on fait mouvoir le porte-outil sur son pivot, et l'on avance le fer jusqu'à ce que la boule soit régularisée partout, à l'exception du point par lequel elle tient au mandrin. TEYSSÈDRE.

BOULE (Jeu de). Il y a aujourd'hui deux sortes de jeux de boules : le jeu *de grosses boules* et le jeu dit *du cochonnet.* Nous n'avons à parler ici que du premier.

Le jeu de grosses boules se joue dans une sorte d'allée de jardin encaissée de manière que les boules lancées ne puissent dévier ni à droite ni à gauche. A l'une des extrémités de cette allée est une marque visible sur le sol, puis, à soixante-quinze ou quatre-vingts centimètres de cette marque, un fossé appelé *noyon*. Chaque joueur, armé de deux boules, en joue une à son tour, en cherchant à placer les siennes le plus près possible du but et à en chasser celles de l'adversaire. Il doit éviter que la boule qu'il joue tombe dans le noyon, car elle ne compterait pas.

Toutes les boules étant jouées, celui des joueurs dont les boules sont le plus près du but marque un point pour chacune. Le nombre des points qui composent la partie doit être fixé à l'avance.

Le jeu de boule est sans doute fort ancien. Il était autrefois fort goûté dans toute la France. Nos ancêtres s'étaient même tellement passionnés pour cet amusement que Charles V le fit défendre, parce qu'il détournait les jeunes Français du métier des armes, et qu'il avait grand besoin, dit-il, de soldats et non de *bouleurs*, contre les Anglais. Comme le jeu de boule donne lieu à beaucoup d'erreurs, et que les joueurs sont toujours disposés à s'attribuer l'avantage en mesurant la distance des boules, on a fait le mot *bouleur* synonyme de trompeur.

BOULE (André-Charles), l'ébéniste le plus célèbre des temps modernes, naquit à Paris, en 1642. Doué par la nature des plus heureux instincts, il aurait été à toute époque un artisan distingué; sous le grand roi, dans le grand siècle, il devint un grand artiste. Fils d'un ébéniste, il suivit la carrière modeste de son père, mais en l'agrandissant à sa taille. A propos de meubles, le thème qui semble pour l'ordinaire inspirer le moins, il sut montrer tour à tour et à la fois toutes les qualités d'un architecte de style abondant et sévère, d'un coloriste harmonieux et varié, d'un sculpteur fin, élégant et correct. Sans imiter personne, il contribua puissamment à fixer le goût grandiose du siècle de Louis XIV, dont il est un des plus singuliers ornements. Aucun autre avant lui n'avait su combiner de façons si diverses, avec autant de bonheur et d'effet, les différents bois des îles, de l'Inde et du Brésil; jamais on n'avait su employer comme lui le cuivre, l'or, l'argent, le bronze et l'ivoire. Il figurait dans ses ouvrages toutes les espèces d'animaux, de fruits, de coquillages, de fleurs. Toujours avec les seuls instruments de l'ébénisterie, il composait des tableaux dans lesquels étaient représentés des sujets d'histoire, de batailles, de chasses et de paysages. Dans tous les temps, les esprits initiés aux beautés souvent voilées de l'art, sensibles à ses discrètes émotions, ont rendu justice au style excellent des compositions de Boule et au rare mérite de leur exécution; mais c'est avec un véritable plaisir que nous devons ici reconnaître la proportion dans laquelle, pendant ces dernières années, le nombre de ses admirateurs s'est accru. Son nom, qui n'était encore, il y a peu de temps, familier qu'aux antiquaires et aux érudits, s'est de nos jours rapidement popularisé; et la nation française, au moment où nous écrivons, s'enorgueillit à bien juste titre de son ébéniste comme de l'un des moins contestables de la noble pléiade de ses artistes. Après deux siècles d'oubli, après avoir été chassés des châteaux de nos rois par les caprices sans cesse renaissants de la mode et par la tourmente révolutionnaire, les meubles de Boule ont repris aujourd'hui toute faveur.

Nous terminerons cet article en formulant des vœux pour que celui qui fut logé au Louvre par Louis XIV, nommé par lui graveur ordinaire du sceau; celui qu'on qualifia, dans le brevet qui lui fut délivré, d'architecte, de peintre, sculpteur en mosaïque, inventeur de chiffres, etc., reprenne dans nos collections d'art le rang qui lui appartient. Son nom ne figure pas encore au catalogue du cabinet des estampes. Espérons que, par les soins des savants iconophiles qui le dirigent, son œuvre gravée ne tardera pas à y prendre la place éminente que l'opinion générale lui assigne.

Après une existence tout entière remplie par le travail, Boule mourut à Paris, en 1732. B. DE CORCY.

BOULEAU. L'espèce type de ce genre de la famille des amentacées, le *bouleau blanc* (*betula alba*), croît naturellement en Europe. Ce bouleau s'élève à 15 ou 20 mètres, et aucun arbre ne jouit autant que lui peut-être de la propriété de croître partout, excepté (chose paradoxale, et néanmoins véritable) dans les sols généreux, où on le voit rarement à l'état de nature, et où il semble ne pas se comporter mieux même à l'état de culture que dans les terres arides et brûlantes, les sites élevés et infertiles de toutes espèces : par un contraste digne de remarque, on le trouve encore, à côté de l'aune, dans les marais fangeux où croupissent des eaux impures. On voit le bouleau occupant seul des contrées entières dans les dernières et les plus froides régions du nord, où il est d'une grande utilité dans l'économie domestique. Ainsi les Grœnlandais, les Kamtchadales, couvrent leurs cabanes avec son écorce; ils s'en nourrissent quand elle est nouvelle, s'en font des chaussures quand elle est vieille; les diverses enveloppes de cette écorce servent à fabriquer un assez bon papier; enfin cette écorce possède encore des vertus essentiellement fébrifuges. De plus les Russes, les Suédois, savent tirer du tronc du bouleau une liqueur fermentée.

Le genre *bouleau* renferme une quarantaine d'espèces : nous parlerons seulement des plus importantes; la plupart appartiennent à l'Amérique.

Le *bouleau pleureur* ou *bouleau à rameaux pendants* (*betula pendula*) croît naturellement en Europe avec le bouleau blanc, dont il paraît être une variété; il s'élève à la même hauteur que ce dernier, et il n'en diffère que par la souplesse, l'inclinaison et la disposition tombante de ses rameaux pareils à ceux du saule pleureur. Cette disposition lui donne une physionomie pittoresque très-remarquable, et jointe à ses feuilles, bien faites et odoriférantes, à la couleur blanche de son épiderme, luisant et brillant, elle fait de ce bouleau un arbre qui convient beaucoup, et qui n'est jamais oublié dans les parcs et jardins d'agrément.

Le *bouleau à papier du Canada* (*betula papyracea*), le plus ancien de ceux qui ont été apportés en France, et qui a l'écorce un peu moins blanche que celle du bouleau blanc d'Europe, reçut à son arrivée parmi nous, et par opposition au bouleau blanc d'Europe, le nom de *bouleau noir d'Amérique*, bien que les Français du Canada le connussent sous le nom de *bouleau blanc*. Il est très-abondant dans le Bas-Canada, le Nouveau-Brunswick, la Nouvelle-Écosse, les États de Vermont, de Connecticut et l'État de New-York, où il est d'une utilité aussi générale que parmi les peuples septentrionaux de l'Europe le bouleau d'Europe. Il offre, en outre, ce caractère de supériorité, qu'indépendamment de sa stature plus élevée, son bois est d'une meilleure qualité, et sa végétation beaucoup plus rapide que celle du bouleau blanc d'Europe.

Le *bouleau à feuilles de peuplier de Pensylvanie* (*betula populifolia*) s'élève moins que le précédent, dont il diffère par la forme de ses feuilles : il croît dans les parties les plus septentrionales des États-Unis, dans les États de New-York, de New-Jersey et de Philadelphie, indistinctement dans les terres arides, maigres et sablonneuses, et dans les lieux humides, où il parvient à la hauteur du bouleau d'Europe.

Le *bouleau rouge de New-Jersey* (*betula rubra*) se trouve le plus abondamment dans le New-Jersey, la Virginie, aux bords de la Delaware, dans la partie haute des deux Carolines, et dans la Géorgie. On l'y rencontre parmi les platanes et les érables, dans les sols graveleux ou stériles, où il atteint jusqu'à 25 mètres de hauteur. Entre autres usages, les nègres se servent de son bois indistinctement avec celui du tulipier pour en faire des vases propres à contenir leurs aliments et leurs boissons.

Le *bouleau de Virginie à feuilles de merisier* (*betula lenta*) est un des plus recommandables de ceux de l'Amérique, par la beauté et la qualité de son bois, qui lui a valu le nom d'*acajou de montagne*. L'odeur suave et la forme de ses feuilles, semblables à celles du merisier, lui ont mérité aussi les noms de *bouleau merisier* et de *bouleau odorant*. Il abonde plus particulièrement au sommet des monts Alleghanys, en Pensylvanie, dans les États de New-Jersey et de New-York. Les feuilles du bouleau merisier exhalent une odeur extrêmement suave, qu'elles ne perdent pas par la dessiccation, et dont on fait une infusion théiforme d'un arôme délicieux. Les ébénistes américains à Boston et dans le Massachusets, le Connecticut et le New-York, en font des tables, des fauteuils, des canapés, des bois de lits qui ressemblent à l'acajou; cet arbre s'élève autant que le *betula papyracea*, et son accroissement est plus rapide encore.

Le *bouleau jaune de la Nouvelle-Écosse* (*betula lutea*), qui croît dans les forêts du district du Maine et du Nouveau-Brunswick, où il est très-abondant, a beaucoup de rapports avec le bouleau merisier, dont il possède les avantages. Il se fait un commerce considérable de ses planches. Le bois du bouleau jaune est un des plus estimés dans la menuiserie. Cet arbre est une utile importation parmi nous : on le multiplie par couchage, et surtout par la semaison, ainsi que presque toutes les espèces que nous venons de décrire.
C. TOLLARD aîné.

BOULE D'AMORTISSEMENT, en architecture, se dit de tout corps sphérique qui termine quelque édifice ou quelque décoration, telle que la pointe d'un clocher, ou le haut d'un dôme : la coupole de Saint-Pierre à Rome, par exemple, est surmontée d'une boule de bronze avec une armature de fer en dedans, dont le diamètre est de plus de deux mètres et demi, et qui peut contenir seize personnes.

BOULE DE MARS ou BOULE DE NANCI. On appelle ainsi un composé que l'on obtient en faisant une pâte liquide avec deux parties de crème de tartre, une partie de limaille de fer porphyrisée et de l'eau-de-vie : l'oxygène de l'air se porte sur le fer, et il se produit du *tartrate de potasse et de fer*, auquel on donne la forme de boules, qui ont ordinairement la grosseur d'une noix ordinaire.

On a donné aussi aux *boules de mars* le nom de *boules de Nanci*, et celui de *boules de Molsheim*, des deux villes de France et d'Alsace qui portent ces noms, et où se fabriquait principalement ce composé.

La *boule de mars* en solution dans l'eau convient dans la chlorose, l'aménorrhée causée par l'impression d'un corps froid, et accompagnée d'une diminution des forces vitales et musculaires ; dans la leucorrhée accompagnée de faiblesse, principalement lorsque les autres préparations ferrugineuses n'ont produit aucun effet sensible. Pour ces espèces de maladies, il est essentiel de l'associer avec une infusion de plante fortifiante amère ou fortifiante aromatique. Extérieurement, et mise en solution avec de l'eau-de-vie, la boule de Nanci est indiquée dans les fortes contusions, lorsqu'elles sont récentes, ou sur les environs d'une plaie nouvelle accompagnée de violentes contusions. Mise sur les plaies récentes et profondes, et sur les ulcères, elle s'oppose à la consolidation des premières et à la cicatrisation des secondes.

Les médecins préfèrent généralement à la boule de mars d'autres préparations de fer, dont les proportions et le dosage sont plus connus et plus certains.

BOULE DE NEIGE. On donne ce nom, en botanique, à une variété de la viorne-obier (*viburnum opulus*), de la famille des chèvres-feuilles, dont les fleurs blanches et toutes stériles sont rassemblées en boules. La *boule de neige* est un arbuste d'ornement pour les jardins ; il exige un terrain frais, et néanmoins l'exposition du midi. On le multiplie de rejetons et de marcottes simples, et on le taille aussitôt après la floraison.

BOULEN, BOOLEN ou BOLEYN (ANNE DE), reine d'Angleterre. « Il est bien étrange, dit Bayle, qu'on sache si peu en quel temps naquit, en quel temps sortit d'Angle-terre et y retourna une personne qui parvint d'une manière si éclatante à la royauté. » Les historiens ne s'accordent presque pas davantage sur les circonstances de sa vie, jusqu'au moment où le sanguinaire et débauché Henri VIII la fit monter sur son trône par un crime, et l'en précipita par un autre. A cette époque, où le catholicisme et la réforme partageaient les esprits et pervertissaient aussi les consciences, les jugements sur Anne de Boulen devaient porter le caractère d'une partialité d'autant plus forte que cette princesse avait abjuré pour devenir l'épouse du roi. Par conséquent, les catholiques ne lui pardonnèrent jamais une apostasie qui couvrait déjà si mal celle de son honneur. Il paraît, quoi qu'on ne puisse l'affirmer, qu'Anne naquit en Angleterre, en 1500. Elle était le dernier enfant issu du mariage de sir Thomas de Boulen, avec une fille du duc de Norfolk. Cette famille était devenue l'un des apanages de la lubricité d'Henri VIII, qui eut un commerce de galanterie avec lady Boulen, et ensuite avec sa fille aînée. Un certain chevalier Bryan, l'une de ces âmes damnées de la corruption des princes, et que le roi appelait pour cette raison son *lieutenant d'enfer*, s'était servi de l'amitié qui le liait avec sir Thomas pour le déshonorer doublement au profit de son maître.

Telles étaient les relations de ce prince au moins avec lady Boulen, lorsqu'Anne, sa plus jeune fille, âgée de quinze ans, accompagna en France la princesse Marie d'Angleterre, qui s'y rendait pour épouser Louis XII. Après deux ans et demi, Marie, devenue veuve, revint en Angleterre. Il serait difficile de comprendre pourquoi Anne, sa fille d'honneur, alors âgée de dix-sept à dix-huit ans, n'y suivit point cette princesse, et passa au service de madame Claude de France, fille de Louis XII, mariée à François Ier, si l'on n'admettait comme motifs très-plausibles de cette conduite, soit les bruits répandus sur elle avant son départ d'Angleterre, que dès l'âge de quatorze ans Anne avait déjà passé des bras du maître d'hôtel de son père dans ceux de son chapelain, soit enfin l'amour qu'elle avait inspiré au nouveau roi de France. Livrée aux séductions de cette cour voluptueuse, une fille du caractère d'Anne de Boulen ne pouvait balancer entre leurs jouissances et l'intérieur modeste de la veuve de Louis XII, bien que Marie, jeune aussi, ne fût pas ennemie des plaisirs. D'ailleurs, le soin de sa réputation devait peu toucher une personne que la jeunesse de la cour de France nommait grossièrement à son départ d'Angleterre ou *la mule du roi*. Aussi, après la mort de la reine Claude, on vit Anne de Boulen s'attacher encore à la duchesse d'Alençon, sœur de François Ier. Sa beauté, son esprit, sa folle gaieté, ses succès, ses plaisirs en tout genre, la liaient chaque jour davantage à une cour dont elle faisait et partageait les délices. Aussi peu chaste, dit-on, dans ses discours que dans ses actes, elle trouvait au sein de cette cour licencieuse une satisfaction si complète à ses penchants, qu'il est impossible de concevoir quel fut enfin le motif de son retour en Angleterre. Les historiens gardent le silence sur cette circonstance très-importante d'une vie qu'elle semblait avoir consacrée à la France : peut-être Anne de Boulen, déjà âgée de vingt-cinq à vingt-sept ans quand elle quitta la cour de François Ier, y fut-elle avertie que son rôle était fini.

Quoi qu'il en soit, à son retour à Londres, après une aussi longue absence et malgré la publicité des désordres de sa jeunesse, Anne de Boulen entra au service de la malheureuse Catherine d'Aragon, femme de Henri VIII, tant il était de sa destinée d'être toujours fille d'honneur. L'empire que l'ancien ami de sa famille, le chevalier Bryan, conservait sur le roi ne contribua pas peu sans doute, en dépit des échos de la cour de France, à la faire attacher à la reine. De plus, cet ardent entremetteur des débauches du roi ne voulait pas plus que son maître laisser échapper le plaisir de compléter dans la personne d'Anne de Boulen la conquête de toute sa famille. D'après les exemples de sa mère et de sa sœur, et sa propre conduite dans les deux royaumes, le prince et son *lieutenant* étaient loin de prévoir la moindre résistance de la part de la nouvelle fille d'honneur de Catherine. Ce fut cependant ce qui arriva. L'ambition lui sourit tout à coup comme une volupté nouvelle. Elle s'y livra avec le stoïcisme de l'amour, lui en sacrifiant les caprices, et lui soumettant l'empire de ses charmes. Ambitieuse, elle se fit chaste, comme dans une cour dévote les incrédules se font dévots pour parvenir. L'entourage d'Henri VIII était loin d'être dévot, mais il était alors agité par les intrigues du cardinal Wolsey, qui, pour se venger de Charles-Quint, travaillait au divorce du roi avec Catherine d'Aragon, sœur de l'empereur, afin de lui faire épouser Isabelle de France. Pressée par Henri VIII, Anne de Boulen osa concevoir le projet de jouer le cardinal, de supplanter Catherine et Isabelle, et de monter sur le trône d'Angleterre, bien qu'elle se fût engagée par un contrat à épouser lord Percy, comte de Northumberland. Cette fille, à la fois artificieuse et passionnée, parut elle-même aussi éprise du roi que le prince l'était d'elle. La résistance n'avait fait qu'enflammer davantage son royal amant. Elle lui écrivit *qu'elle voudrait être son humble servante sans aucune restriction*, mais lui déclara en même temps *qu'elle ne pouvait lui appartenir que par les liens du mariage*. Cette condition fut la cause immédiate de la répudiation de la sœur du plus grand monarque du monde. Ce fut un des crimes les plus scandaleux de ce règne. Il produisit d'autres crimes sanglants, dont Anne devait être la victime la moins innocente.

L'impatience d'un homme aussi fatigué de jouissances que devait l'être Henri VIII, alors âgé de quarante-cinq ans, fut telle qu'il ne voulut pas même attendre la sentence de dissolution de son mariage, qu'il avait demandée au pape et qui lui fut refusée. Alors il se décida à épouser secrètement Anne de Boulen, le 14 novembre 1532. Elle était dans sa trente-deuxième année. Un certain C r a n m e r, qui avait été chassé de l'université de Cambridge pour avoir aussi, tout prêtre catholique qu'il était, épousé secrètement la sœur d'un ministre luthérien, qu'il avait séduite, fut la digne instrument du mariage de Henri. Ce misérable, alors chapelain de sir Thomas, avait été indiqué au roi par Anne de Boulen ; et la promesse de l'archevêché de Cantorbéry avait levé des scrupules qu'il n'avait point. On ne s'arrêta point à la démission courageuse donnée par l'illustre chancelier Thomas M o r u s, qui refusa le sceau royal à cet infâme mariage, et porta depuis sa tête sur l'échafaud. Anne avait été créée marquise de *Pembroke*, et son père comte de *Welshire*. Le nouvel archevêque de Cantorbéry prononça la nullité du premier mariage et la validité du second, malgré leur coexistence. Anne de Boulen était enceinte de cinq mois quand le roi la fit déclarer son épouse et reine d'Angleterre, la veille de Pâque 1533 : le 1er juin suivant, elle fut couronnée à Westminster avec une pompe extraordinaire. Il était impossible de parjurer avec plus d'impudeur et d'audace les lois divines et humaines. Le pape excommunia Anne et Henri, qui se déclara chef de la religion dans son royaume.

Le 7 septembre suivant, la nouvelle reine accoucha d'une fille, qui fut la fameuse Élisabeth, princesse à jamais digne de l'admiration de la postérité, si elle n'avait point souillé son règne par le meurtre de Marie Stuart. Il résultait bien clairement du mariage d'Anne de Boulen, célébré du vivant même de Catherine d'Aragon, la bâtardise de la fille, qui pourtant, à la mort de Marie, fille de Catherine, monta sans difficulté sur le trône. La fin de Catherine fut déplorable. Henri ordonna pour elle des obsèques solennelles, et fit porter le deuil à toute sa maison ; mais Anne, non contente d'avoir dépouillé Catherine du rang d'épouse et de reine, défendit à ses serviteurs de le prendre, et eut l'indignité de paraître en public comme en un jour de fête. Cependant,

enivrée de son triomphe, et se croyant, sur le trône usurpé par ses artifices, à l'abri de tout danger, Anne avait repris sans pudeur et sans ménagement les égarements de sa vie passée : elle ne prévoyait point qu'une fille d'honneur de la reine Anne serait bientôt choisie par son époux pour punir la fille d'honneur de la reine Catherine. Ce choix était fait : la belle Jeanne Seymour s'était emparée du cœur de Henri. Le soupçon, le dégoût minaient chaque jour la coupable union du roi et de la reine. Anne accoucha d'un fœtus informe, et eut l'imprudence d'attribuer ce malheur aux infidélités de son mari. Peu de temps après eut lieu un tournoi : le roi prétendit avoir vu l'un des combattants s'essuyer le front sous les fenêtres de la reine avec un mouchoir qu'elle lui avait jeté : Henri ne cherchait qu'un prétexte, son parti était pris.

Il sortit furieux du tournoi, et le lendemain, 22 mai 1535, après deux années de règne, Anne fut arrêtée, et livrée à une commission d'enquête, qui l'accusa d'avoir souillé la couche royale par d'infâmes débauches avec des seigneurs et des subalternes, et même d'avoir commis un inceste avec son propre frère. Le roi poussa l'infamie jusqu'à reproduire contre elle les imputations qu'il avait repoussées quand il s'était décidé à l'épouser. L'enquête depuis le mariage suffisait. Malheureusement pour Anne, les preuves ne manquaient point aux accusations, et bien qu'à son entrée dans la prison elle eût hautement pris le ciel à témoin de sa fidélité conjugale, un accès de délire s'empara d'elle, quand elle apprit que son frère, deux de ses gentils-hommes, un écuyer du roi et un de ses musiciens venaient d'y être enfermés. Hors d'elle-même, elle passa tour à tour d'une douleur affreuse à une joie plus affreuse encore : ses sanglots, ses larmes étaient interrompus par des rires convulsifs : « O Novier, s'écriait-elle (c'était le nom de l'écuyer), ô Novier, tu m'as accusée et nous périrons tous deux ! » Il n'avait cependant rien avoué, non plus que son frère et ses deux gentils-hommes : il n'y eut que Smelton, le musicien, qui avoua avoir eu trois fois les faveurs de la reine. Anne appela vainement à son secours ses *évêques*, et parmi eux Cranmer, qui avait validé son mariage : le roi avait juré de la sacrifier, comme il avait sacrifié Catherine, à la brutalité de son nouveau penchant ; et, en vertu d'une rigoureuse loi du talion que son infidélité voulait inexorable, le 1er mai 1536 Anne fut jugée par vingt-six commissaires, tous pairs du royaume, qui la condamnèrent à être ou brûlée ou écartelée, *selon le bon plaisir du roi* ; le vicomte de Rochefort, son frère, à avoir la tête tranchée ; les trois gentils-hommes et le musicien à être pendus, leurs corps à être coupés par quartiers et exposés.

Mais cette horrible tragédie fut frappée à son dénoûment d'un incident qui devait faire ressortir d'une manière plus éclatante encore le caractère odieux de l'exécrable Henri VIII : il avait eu la barbarie de comprendre parmi les pairs appelés à juger la coupable, lord Percy, comte de Northumberland, dont il avait connu la passion pour elle quand il l'avait épousée. Cette passion était loin d'être éteinte dans le cœur de ce seigneur. Aussi, à peine assis parmi les juges de celle qu'il aimait encore, il était tombé en défaillance, et il avait fallu l'emporter hors du tribunal. Anne saisit avec ardeur cet espoir inattendu de salut que lui ouvrait la fidélité de son amant, et, bien que condamnée, elle déclara qu'ayant été autrefois liée par un contrat avec le comte de Northumberland, elle n'avait pu l'épouser le roi ni se rendre coupable d'adultère envers lui. D'après cette déclaration, une cour ecclésiastique fut convoquée sous la présidence de l'archevêque Cranmer. Celui-ci annula le mariage d'Anne, comme il avait annulé celui de Catherine; et toutes deux ayant été déclarées, par le tribunal, déchues de leur qualité de reines et d'épouses, leurs deux filles, Élisabeth et Marie, se trouvèrent illégitimes. Il résultait de ce jugement ecclésiastique qu'Anne, n'étant plus regardée que comme la concubine du roi, était hors de procès, et en cela Cranmer l'avait bien servie d'après les lois d'une véritable justice. Mais le tyran voulait le sang de celle qu'il avait aimée si éperdûment, et à laquelle il avait sacrifié les droits de la nature, ceux du trône et des lois. Cependant lord Percy, tremblant pour ses jours, n'avait point rempli l'attente de la reine. Il avait communié dans une église en présence de plusieurs membres du conseil du roi, et devant eux il avait juré *sur son salut ou sa damnation éternelle* que jamais il n'avait existé entre la reine et lui aucune union charnelle, aucun contrat qui eût engagé leur foi.

Ce fut sous l'empire de cette terreur que Henri répandait autour de lui que le supplice ordonné par la première cour fut fixé au 19 mai. Dès ce moment une juste compassion s'attache aux derniers moments de l'infortunée Anne de Boulen. A peine eut-elle connaissance de cet irrévocable arrêt de la férocité de son époux que, se jetant aux genoux de la femme du commandant de la Tour, où elle était enfermée : « Allez, lui dit-elle, et dans la même posture où je suis devant vous, allez de ma part demander pardon à la princesse Marie pour tous les maux que j'ai attirés sur elle et sur sa mère. » On prétend qu'elle écrivit au roi une lettre qui se terminait ainsi, après l'avoir remercié de sa *clémence* et de ses bienfaits : « De simple particulière, vous m'avez faite dame, de dame marquise, de marquise reine, et ne pouvant plus m'élever ici-bas, de reine vous me voulez allez me faire sainte dans l'autre. » Ce bizarre madrigal dans une semblable extrémité prouve suffisamment la supposition d'une pareille lettre et la platitude du goût de cette époque. Mais ce qui est hors de doute, c'est l'aliénation mentale complète qui ne cessa dans sa prison de torturer son esprit et son cœur. Elle passait des prières les plus ardentes au rire le plus insensé ; elle parlait de la terreur que lui causait sa mort prochaine, puis, mesurant avec sa main la petitesse de son cou, elle riait en pensant qu'étant si mince il serait facilement tranché par la hache du bourreau. Cependant, au moment du fatal départ, Anne s'éleva tout à coup au-dessus de son désespoir, et, reprenant sa qualité de reine, en traversant la foule, elle s'irrita de ce que sur son passage, au lieu de recevoir des marques de respect, elle ne recevait que des outrages : « Je mourrai votre reine, dit-elle au peuple, dussiez-vous en crever de dépit. » Sur l'échafaud, elle eut la dignité de ne parler ni de son innocence ni de ses fautes : « Condamnée par la loi, dit-elle, je viens subir mon jugement. » Un sage eût envié ces paroles. Puis elle souhaita de longues années au roi, implora les prières des assistants, et, rangeant sa robe avec la pudeur de Polyxène, elle reçut le coup mortel.

Ne semble-t-il point, au simple récit de la fin d'une femme dont la vie avait été prostituée dans les voluptés, et l'incroyable élévation ainsi que la chute marquée du sang de tant de victimes, qu'aux derniers moments la vie entière se purifie dans le châtiment qui la termine, et que les vertus, refoulées par les passions, reparaissent au moment où les passions ne sont plus pour servir de cortège à un être à qui le malheur seul est resté ? Pendant qu'Anne de Boulen expiait si noblement sa vie, qu'avait fait que faisait le roi son époux ? Il avait froidement réglé la marche et le cérémonial du supplice ; il avait, pour l'exécution, appelé le bourreau de Calais, dont probablement la dextérité lui était connue ; lui-même avait nommé les pairs et les officiers publics qui devaient être témoins du supplice ; enfin, du haut d'un tertre, que l'on montre encore dans le parc de Richmond, il attendait de la Tour de Londres le signal de la mort de celle qu'il avait si tendrement aimée. Ce n'est pas tout : après avoir livré, par *clémence*, à la hache du bourreau les quatre gentils-hommes, à la potence le musicien Smelton, et *épargné* à la reine le supplice du feu, le même monstre couronné ordonnait pour le lendemain la fête de son mariage avec Jeanne Seymour, et passait des voluptés de l'échafaud à celles du lit nuptial. Le supplice d'Anne Boulen a fourni à Chénier le sujet d'une de ses meilleures tragédies, qui est restée au théâtre sous le titre de *Henri VIII*.

J. NORVINS.

BOULET (*Artillerie*), globe ou projectile sphérique, le plus ordinairement en fonte de fer, dont on charge les canons. Il y en a de diverses formes, de différents calibres, et l'on en varie l'emploi d'après les circonstances. Le poids d'un boulet détermine d'une manière nominale l'espèce et la force de ce projectile. Dans l'armée de terre on emploie des boulets de 4, 8, 12, 16, 24 ; dans la marine des boulets de 4, 8, 12, 18, 24, 36, suivant la grandeur des bâtiments qu'on veut atteindre. Quand on parle d'un boulet de 36, on entend un boulet du poids de 36 livres ; il en est de même pour les boulets de 24, 18, 12, etc. Le poids du boulet indique aussi la force du calibre de la pièce à laquelle il convient. Un canon de 36 est destiné à recevoir un boulet de 36 livres, un canon de 24, un boulet de 24 livres ; ainsi de suite.

On se sert pour la défense des côtes, ou pour détruire les revêtements des remparts, de boulets creux, que l'on nomme aussi *obus*. On employait autrefois de ces boulets creux, doublés en plomb, qu'on appelait *boulets messagers*, pour donner des ordres ou des nouvelles dans une place assiégée ou dans un camp.

Outre les boulets en fonte de fer, il y a eu jadis des *boulets en pierre* ou *pierres à canon*, qu'on appela d'abord *bedaines* ou *molières*. C'étaient des blocs de pierre, de grès, de marbre, taillés sphériquement ; ils étaient lancés au moyen d'engins à poudre ou de machines névrobalistiques, nommées *acquéraux*, *bombardes*, *mangonneaux*, *pierrières*, *ribodequins*, *sarres*, *spiroles*. Les ouvriers qui taillaient ces pierres se nommaient *artillers*, comme le témoigne Montcil. Les globes de pierre étaient des projectiles défectueux, parce qu'on les façonnait sur place et à la hâte, sans être sûr de la coïncidence de leur centre de gravité avec leur centre de figure, et que par conséquent on n'en pouvait calculer avec précision ni la portée ni le coup ; aussi les tirait-on à une grande élévation. On confectionnait cependant d'avance des boulets dans les carrières, mais ils s'endommageaient par le transport.

Ce sont les Français qui, suivant Daru, ont substitué les premiers des boulets de fer aux projectiles de pierre. Cette innovation eut lieu vers le commencement du quinzième siècle, ou sous le règne de Louis XI. Des écrivains rapportent positivement la date de l'invention des globes en fer à l'année 1470. En 1478 les Bourguignons se servaient encore de boulets de pierre, à ce que dit M. de Barante : ils les taillaient dans les carrières de Péronne. En 1514 il en était encore fait emploi dans plusieurs places de guerre. On montrait à Orléans quatre boulets de pierre qui dataient du siége de 1428 ; la circonférence de deux de ces boulets était de 1^m,40, et leur poids excédait 100 kilogrammes. Les deux autres pierres à canon pesaient de 75 à 90 kilogrammes.

La milice turque a conservé la dernière l'usage des boulets de pierre ; elle a eu des *pierriers* lançant des boulets dont le poids variait depuis 250 jusqu'à 450 kilogrammes ; on cite même une pièce, nommée *canon à vis*, qui en lançait de 550 kilogrammes. Le baron de Tott dit avoir vu, en 1770, cette pièce tirer des boulets de marbre avec 150 kilogrammes de poudre. Un boulet de 400 kilogrammes, lancé sur le vaisseau amiral *le Standard*, quand la flotte anglaise força le passage des Dardanelles, tua et blessa plus de cent hommes, démonta le pont, abattit le grand mât, et mit le bâtiment en danger d'être submergé. L'usage des boulets en pierre a laissé des vestiges en Allemagne, où l'on ne désigne généralement le calibre des projectiles creux que par le poids qui serait celui des projectiles en pierre d'un diamètre égal : ainsi l'obus dit de 7 livres en pèse réellement 13 ou 14.

Si l'on veut incendier des édifices ou des vaisseaux ennemis, on fait chauffer jusqu'au rouge clair, sur des grils et dans des fourneaux à réverbère, des boulets en fonte de fer, et ces *boulets rouges*, lancés par les canons qu'on en charge à l'aide de carques ou cuillères, pénètrent dans les charpentes des maisons, ou dans les flancs des vaisseaux, qu'ils embrasent rapidement, si l'on ne s'empresse d'éteindre le feu. Ces projectiles rappellent un usage de l'antiquité. Les Tyriens, suivant Diodore, jetaient sur les travaux d'Alexandre du fer ardent. On trouve dans Nicétas le récit d'une défense pareille de la part des Arméniens contre l'empereur grec. César (51 ans avant J.-C.) parle des globes d'argile rougis au feu que les Gaulois lançaient contre ses troupes à l'aide de frondes à culot de métal. Mézerai, dans la description qu'il fait du siége de Mézières, défendue par Bayard, en 1521, dit : « Ce n'étaient que canonnades, que boulets enflammés. » S'agit-il ici de boulets rouges ou de grenades? Les Polonais assiégeant Dantzig en font usage en 1577 ; ils y ont recours à Polotsk, en 1580. Dans la même année, le maréchal de Matignon s'en sert contre Lafère. Il paraît constant qu'en 1611 les canons de l'armée commandée par Mathian incendièrent Moscou au moyen de boulets rouges. Cependant Feuquières et la plupart des auteurs prétendent que l'invention du tir des boulets rouges vient de Prusse, que le premier essai en fut fait en Poméranie, et que le marquis de Brandebourg y assiégea et y brûla de boulets rouges, en 1675, la ville de Stralsund. D'autres écrivains attribuent à l'évêque Bernard de Galen l'affreux moyen de réduire par l'incendie les places fortifiées ; ainsi fut traité Bonn en 1689.

En 1694 douze mille boulets rouges furent lancés contre Bruxelles par l'ordre de Louis XIV. La guerre à coups de boulets rouges, tombée quelque temps en discrédit, reprit faveur au siége d'Ostende, en 1706. Les Autrichiens s'en servirent contre Lille en 1792. Dans nos premiers sièges du grand mouvement de 1792, cet exemple nécessita malheureusement plus d'une fois de funestes représailles. Les nations civilisées y renoncent, grâce au ciel, de plus en plus.

Gal BARDIN.

On a longtemps employé dans la marine des *boulets ramés* et des *boulets enchaînés*. Ces projectiles étaient destinés à couper le gréement de l'ennemi quand les navires combattaient à une petite distance. Mais l'expérience a fait renoncer totalement à ce genre de boulets, dont les résultats étaient loin de répondre aux calculs de la théorie qui en avait créé l'usage.

On appelait *boulet ramé* une espèce particulière de projectile composé de deux demi-boulets renversés joints entre eux par une barre de quelques centimètres de longueur. Ces boulets se plaçaient longitudinalement, et leur portée, contrariée par l'air que leur volume trop développé avait à refouler, n'était pas assez grande pour qu'on pût les employer à une certaine distance. Les *boulets enchaînés* étaient deux boulets liés entre eux par une chaîne de 50 centimètres de longueur. Ce projectile composé s'introduisait dans le canon pour en sortir avec un grand bruit sans produire un effet qui répondît à tout l'attirail du système. L'usage des boulets enchaînés a été abandonné bien avant celui des boulets ramés. Quant aux *boulets ramés*, depuis plus de quarante ans, on ne s'en sert plus à bord de nos vaisseaux. Les dangers que présentait ce genre de projectiles le rendaient aussi redoutable au navire qui l'employait qu'à celui contre lequel on voulait s'en servir. Dans les dernières années de l'Empire, les fours à boulet furent démolis à bord de tous les bâtiments de l'État. Édouard CORBIÈRE.

BOULET (Peine du). C'est une peine infligée aux déserteurs à l'intérieur, quand à leur crime il se joint des circonstances aggravantes. Cette peine consiste à porter un boulet du poids de 8 attaché à une chaîne de fer qui tient à une ceinture, laquelle fait partie obligée du costume. Cette peine rappelle les anciennes galères de terre ; elle a été instituée par l'arrêté du 19 vendémiaire an XII, et confirmée par l'ordonnance du 21 février 1816. Le *minimum* de la durée du boulet est de dix ans ; cette peine est susceptible d'être prolongée suivant certains cas ou d'être aggravée par le double boulet, châtiment infligé pour punir les tentatives d'évasion, et qui consiste à traîner deux boulets. La décision du 18 janvier 1817 veut qu'il y ait dans chaque garnison où réside un conseil de guerre permanent un boulet garni de ses accessoires ; il est conservé au magasin d'artillerie et confié aux conseils d'administration en cas de dégradation de déserteur. Gal BARDIN.

BOULET (*Art vétérinaire*). On appelle ainsi l'articulation ou jointure inférieure de la jambe du cheval, située entre le canon et le pâturon. Un cheval est *bien planté* quand la face antérieure du boulet se trouve environ deux ou trois doigts plus en arrière que la couronne ; s'il avance autant que cette dernière partie, s'il est sur une ligne perpendiculaire au genou et au canon, le cheval est *droit sur ses jambes*, et cette situation défectueuse annonce qu'il est ruiné ; dans le cas enfin où le boulet est sur une ligne perpendiculaire à la pince, on dit que que le cheval est *bouté* ou *bouleté*. Dans ces deux derniers cas, qui sont des vices de conformation, la marche de l'animal est presque toujours défectueuse : tantôt les pieds de derrière arrivent en marchant sur la partie postérieure des pieds de devant et y font des meurtrissures que l'on nomme *atteintes* ; tantôt ce sont les pieds de derrière ou même ceux de devant qui se touchent, se frottent et se meurtrissent, et dans ce cas l'on dit que l'animal *s'entre-taille* ou *se coupe*, circonstance qui peut quelquefois aussi être produite par d'autres causes.

BOULEVARD, rempart, forteresse, promenade. On a fait dériver ce nom, mais peut-être gratuitement, de ce que les remparts étant couverts de gazon, les habitants des villes fortifiées allaient y jouer à la boule. Comme terme de tactique militaire, le mot ne s'emploie guère qu'au figuré : Luxembourg est le boulevard de la Belgique, Berg-op-Zoom de la Hollande, Mayence de l'Allemagne ; la grande muraille de la Chine n'a pu servir de boulevard à cet empire contre l'invasion des Tatars ; les Alpes, les Pyrénées, sont des boulevards naturels ; à deux reprises, en 1529 et en 1683, Vienne fut le boulevard de la chrétienté, etc. Mais le boulevard, qu'il ait été ou qu'il soit encore sur le rempart, n'est plus aujourd'hui qu'une promenade.

De tous les boulevards, ceux de Paris sont les plus beaux, les plus étendus, forment la promenade la plus longue et la plus variée qu'il y ait au monde, l'enceinte la plus digne d'une grande capitale. Les boulevards de Paris présentent trois lignes principales : 1° l'ancien boulevard du Nord, ou vieux boulevard, qui commence sur la rive droite de la Seine, près du grenier d'abondance et finit à l'esplanade de l'église de la Madeleine, formant un demi-cercle de 5,500 mètres de long. Il fut commencé vers l'an 1536, dans le dessein de creuser des fossés pour se défendre contre les Anglais, qui ravageaient la Picardie et menaçaient la capitale. Les premiers arbres y furent plantés en 1668. 2° L'ancien boulevard parallèle vers 1761, au midi, et qui va depuis le quai d'Austerlitz jusqu'à l'esplanade des Invalides, dans une étendue d'environ 7 kilomètres. Ce boulevard offre aux promeneurs de larges allées, des arbres superbes, et quelques points de vues pittoresques. Il est néanmoins peu fréquenté. 3° Le boulevard neuf ou grand boulevard qui fait tout le tour de Paris, le long du mur d'octroi. Il est encore plus désert, excepté les dimanches et les lundis. Il a 24 kilomètres de circonférence, dont 15,6 au nord et 8,4 au midi. Éclairé au gaz, assez bien pavé, mais toujours poudreux, il a vu disparaître ses grands arbres sur plusieurs points à la révolution de Février et à l'insurrection de Juin. Plus tard le mur d'enceinte des fortifications de Paris donnera sans doute une nouvelle promenade aux habitants de la capitale.

En attendant, revenons au vieux boulevard du nord, boulevard classique, historique et monumental, moins champêtre, moins aéré, moins régulier que les autres dans sa largeur, dans ses alignements. Ses arbres, à quelques exceptions près, ne sont pas aussi beaux, parce que les plus vieux, les plus gros, exposés aux révolutions atmosphériques et politiques, périssent chaque jour par la faulx du temps, par la hache des hommes ou par les mauvais traitements des riverains; et puis les nouvelles plantations, fatiguées par la foule des passants, obstruées, étouffées par la hauteur des maisons, ne peuvent plus prendre un aussi prompt, un aussi bel accroissement que les arbres plantés à une époque où ce boulevard, formant la clôture extérieure de la ville, était bordé de l'autre côté par des marais et des champs. Mais s'il est privé de ces avantages, par combien d'autres n'est-il pas dédommagé!

Avant 1789 ce boulevard ne commençait qu'à l'entrée de la rue Saint-Antoine, et les premiers objets qui frappaient les étrangers quand ils arrivaient à Paris par le faubourg de ce nom, c'étaient la Bastille et la belle maison de Beaumarchais avec son vaste jardin. Depuis la destruction de cette lugubre forteresse, et de l'Arsenal, qui lui était contigu, le boulevard a été continué jusqu'à la rivière. A l'inutile arsenal ont succédé de vastes greniers d'abondance, dont la construction fut décrétée en 1807. Sur l'immense place où était la Bastille, on a élevé, en commémoration de la révolution de Juillet, une c o l o n n e surmontée du Génie de la Liberté. La maison et le jardin de Beaumarchais ont disparu, pour faire place à une des branches du canal de l'Ourcq, et à un grenier à sel, récemment démoli pour faire place, à son tour, à de jolies maisons.

Les boulevards Beaumarchais et des Filles du Calvaire sont moins tumultueux que les autres, bien que des constructions nouvelles y apportent la vie. On y trouve déjà un petit théâtre, et l'on y bâtit en ce moment un cirque d'hiver.

Le boulevard du Temple est peut-être le plus bruyant, le plus joyeux, le plus populaire de Paris. On n'y voit que cafés, restaurants et spectacles. On y est ébloui par des flots de lumière. Là se trouve le *Café Turc*, dont le gracieux jardin, de plus en plus resserré par des constructions, n'est plus que l'ombre de ce qu'il était il y a quarante ans. Plus loin le passage Vendôme, triste et désert; puis les maisons et les boutiques bâties sur l'emplacement du *jardin des Princes*, qui, sous son nom précédent de *jardin de Paphos*, avait rivalisé par ses illuminations, ses concerts d'harmonie, ses bals et ses feux d'artifice, avec Idalie, Tivoli, l'Élysée, etc., dans un temps où les jardins publics et les fêtes champêtres étaient à la mode. De l'autre côté, nous trouvons une énorme accumulation de spectacles. C'est d'abord la salle Lazary, puis celles des *Délassements Comiques*, l'ancien théâtre de madame Saqui, puis le théâtre des Funambules. Viennent ensuite le *théâtre de la Gaîté* et celui des *Folies-Dramatiques*, construit sur l'emplacement de la salle incendiée de l'Ambigu. Le *Cirque-Olympique* de Franconi a été bâti sur un terrain où il y avait autrefois des *fantoccini chinois*, une ménagerie d'animaux et un théâtre de *Petits Comédiens Français*. On y joue encore des pièces militaires; mais il a perdu son manège. Le *Théâtre Historique*, bâti pour l'exploitation de l'histoire par Alexandre Dumas et compagnie, est devenu aujourd'hui l'Opéra national, troisième théâtre lyrique. En songeant à cette foule de spectacles qu'il y a eu et qu'il y a encore sur le boulevard du Temple, on se rappelle ces vers d'un auteur dont le nom nous échappe :

   Il ne fallait au fier Romain
   Que des spectacles et du pain;
   Mais au Français, plus que Romain,
   Le spectacle suffit sans pain.

C'est sur ces boulevards que Fieschi fit partir sa machine infernale en 1835.

En entrant sur le boulevard Saint-Martin, on trouve le *Château d'Eau*. Au coin des rues de Bondy et de Lancry, il ne reste plus de traces d'un théâtre qui a eu des phases brillantes, lorsque, sous le titre de *Variétés amusantes*, dix ans avant la révolution, Volange-Jeannot y faisait *florès* avec son *ça en est*, puis en 1790, lorsque, devenu *Théâtre Français, comique et lyrique*, Juliet y commençait sa réputation dans *Nicodème dans la lune*. Sous le titre de *Théâtre des Jeunes Artistes* il eut aussi divers succès, et y prépara ceux de Monrose et de Lepeintre aîné. Vis-à-vis est la nouvelle salle de l'*Ambigu Comique*. Celle de la *Porte-Saint-Martin*, la plus ancienne de toutes celles qui existent aujourd'hui, quoiqu'elle n'aie pas trois quarts de siècle, et qui a survécu à tant d'autres, brûlées ou détruites, rappelle une époque brillante de l'Opéra. Une profonde trouée faite en 1850, pour niveler le terrain a donné à cette salle un soubassement. Les portes Saint-Martin et Saint-Denis sont plutôt des monuments d'orgueil que de reconnaissance, et pourtant le peuple les a toujours respectées.

Hors de la porte Saint-Denis était le *théâtre de la Trinité*, où l'on joua, depuis 1402 jusqu'en 1539, les *Mystères* qui furent le début de l'art dramatique en France. Sur le boulevard de *Bonne-Nouvelle*, le local où était la ménagerie de Martin fut un instant l'église catholique française de l'abbé Auzon. Voici le bazar Bonne-Nouvelle, avec ses perpétuelles loteries de bienfaisance et ses cafés concerts. Le *Gymnase dramatique* et son célèbre marchand de galette sont plus loin, près de la rue Hauteville. Au bout de cette rue on aperçoit en perspective l'église Saint-Vincent-de-Paul.

Sur le boulevard Poissonnière est la rue Saint-Fiacre, où l'on voyait naguère le *Néorama* de M. Alaux. Le boulevard Montmartre avait autrefois deux Panoramas, qui n'existent plus. Le théâtre des *Variétés* s'y trouve situé près du passage des Panoramas. De l'autre côté, le passage Jouffroy mène au faubourg Montmartre. Le jardin de *Frascati*, où les gens du bon ton allaient sous l'empire se promener, s'étaler, prendre des glaces, entendre des concerts et voir des feux d'artifice, a disparu entièrement. Vis-à-vis est l'hôtel Merci, dont les bals, jusqu'à l'époque du consulat, rivalisaient avec ceux des hôtels de Richelieu, de la Michaudière, de Marbeuf, etc. Il est occupé aujourd'hui en grande partie par les *gentlemen* du Jockey-club.

Le boulevard Italien avait été autrefois son nom du voisinage du Théâtre-Italien, qui en est maintenant un peu éloigné. En revanche l'Opéra et l'Opéra-Comique sont tout près sans avoir de façade sur ce boulevard. Le passage de l'Opéra y conduit à notre première scène lyrique. La partie du boulevard Italien où s'ouvre le passage de l'Opéra reçut de l'opposition royaliste, pendant la révolution, le nom de *Coblentz*, de la ville où se réunissaient les émigrés, qui portaient les armes contre leur patrie. Immédiatement après est le boulevard à qui les légitimistes de 1815 donnèrent le nom de *Gand*, qui perpétuera le souvenir de la fuite des Bourbons devant l'épouvantail de l'île d'Elbe. Sur ce boulevard, au coin de la rue Laffitte, était le café Hardy, le premier lieu de réunion des agioteurs, après la chute des assignats, le premier café où l'on ait donné des déjeûners à la fourchette. Cette rue prit en 1791 le nom d'un député à l'assemblée législative, l'ex-jésuite Cerutti, qui venait d'y mourir. A la Restauration on lui rendit son nom de rue d'Artois; elle le perdit en 1830, pour prendre celui de Laffitte, qui y avait son hôtel. Au bout on voit Notre-Dame-de-Lorette; au coin est la maison qu'on appela *Dorée*, à cause de ses dorures extérieures déjà à moitié effacées. Tout près et le café Tortoni.

Les bains Chinois, malgré l'empire de la mode, se maintiennent dans leur domaine, et sont peut-être aujourd'hui les plus anciens de Paris : mais l'emplacement qu'ils occupent représente une valeur telle qu'il est impossible qu'avant peu on ne voie encore disparaître ce dernier vestige des boulevards que nous avait fait l'époque du Directoire. Le jardin qui joignait le pavillon d'Hanovre à l'hôtel de Richelieu a disparu depuis longtemps. Là fut établi en 1797, par le frère du comédien Juliet, le premier jardin-café où l'on donna des glaces et des concerts; deux ans après, il fut éclipsé, écrasé par Frascati.

Nous passerons rapidement sur les boulevards des *Capucines* et de la *Madeleine*, noms tirés des couvents qu'ils avoisinaient au siècle dernier. De belles maisons, de grands hôtels les bordent; de belles rues y aboutissent, comme la rue de la Paix; mais la rue Basse du Rempart les dépare. Enfin l'église de la Madeleine, couronne noblement la promenade du boulevard, considérablement embellie par l'abaissement de son sol, l'extension de sa largeur sur quelques points. Elle était devenue plus commode pour les piétons par le bituminage des contre-allées; l'empierrement de la chaussée en 1849 lui a rendu, pour peu qu'il pleuve, ses fondrières et sa fange. Peu de promenades offrent cependant autant de charme par la quantité et la beauté des magasins, des cafés, des bazars qui la bordent presque d'un bout à l'autre. C'est une sorte d'exposition permanente des produits des arts et de l'industrie.

Pour achever de peindre le boulevard, il est bon de rappeler que c'est là que passent toutes les mascarades du carnaval; que défilent les voitures qui sont censées faire le pèlerinage de Long-Champ. C'est là qu'on est sûr de rencontrer tous les cortéges dans les cérémonies religieuses, civiles et militaires; là se réunirent les vainqueurs de la Bastille; ce fut par ce chemin que Louis XVI fut conduit à l'échafaud; ce fut sur ce boulevard qu'on célébra la pompe funèbre de Michel Lepelletier, un de ses juges; là ont défilé toutes les troupes nationales, royales, étrangères; là Charles X, à son avénement, se montra au peuple; là ont eu lieu déjà bien des revues de troupes et de gardes nationales; là ont éclaté bien des cris d'enthousiasme; là ont passé toutes les émeutes populaires, là a coulé déjà bien du sang; là ont passé les convois de Louis XVIII, de Casimir Périer, du général Lamarque, et de tant d'autres. Les victimes de Fieschi y passèrent pour aller aux Invalides; les victimes de Juillet et les victimes de Février y passèrent en sens inverse pour aller sous la colonne de Juillet. Que de choses n'a-t-on pas vues sur ce boulevard ! quelles philosophiques réflexions on peut faire en s'y promenant !

BOULGARES, nom d'une secte de Manichéens, qui se montra vers le milieu du neuvième siècle, sous l'empire de Basile le Macédonien, et qui s'appela ainsi du lieu dont ils tiraient leur origine. Leurs dogmes n'admettaient que le Nouveau-Testament et niaient la nécessité du baptême. Un de leurs articles de foi refusait tout espoir de salut au mari qui remplissait ses devoirs naturels envers sa femme; de là le soupçon du vice infâme imputé à cette secte et l'épithète de *bugari* ou *bugeri*, traduite tous les jours dans la bouche du peuple, mais qu'aucun dictionnaire n'a osé définir. Dans la suite des temps, on donna indistinctement le nom de Boulgares à beaucoup d'autres sectaires, tels que les Patarins, les Cathares, les Joviniens, les Vaudois, les Albigeois, les Henriciens, etc., etc., parce que ces différentes sectes reconnaissaient un membre chef spirituel, qui tenait son siége dans la Boulgarie, et se gouvernaient d'après ses décisions. Lorsque la rigueur des conciles et les ordonnances de saint Louis eurent dispersé ou anéanti ces hérétiques, le nom de Boulgares fut donné aux usuriers, qu'on appelait plus communément *lombards*, quand ils étaient de la religion hébraïque. LAINÉ.

BOULGARIE, province de la Turquie européenne, d'une étendue de 957 myriamètres carrés, séparée, au nord, par le Danube, de la Valachie, de la Moldavie et de la Russie; au sud, par le Balkan, de la Roumélie et de la Macédoine; bornée, à l'est, par la mer Noire, et à l'ouest par la Servie. Sa population s'élève à quatre millions d'âmes. Deux caps, le cap Guigrad et l'Emineh, s'avancent dans la mer Noire, qui reçoit les deux cours d'eau les plus considérables de la Boulgarie, la décharge du lac Ramsin et le Kamesik. Le pays offre l'aspect d'un plateau qui des rives escarpées du Danube s'élève graduellement jusqu'aux contre-forts boisés et impraticables du Grand-Balkan à l'ouest et du Petit-Balkan à l'est. Le Danube reçoit le Timok, l'Isker, le Vid, l'Osma, le Lom et le Taban, qui coulent dans de profonds ravins et nuisent plus qu'ils ne servent aux communications. La partie orientale diffère sous plusieurs rapports de la partie occidentale. Au nord-est s'étend entre le Danube et la mer une espèce de presqu'île, la Dobrondscha, plaine élevée couverte en partie de broussailles et de steppes, en partie de vastes champs cultivés. On n'y trouve que quelques forêts peu considérables; mais elles se multiplient à mesure qu'on approche du Balkan. La partie occidentale est moins uniforme, et ressemble moins aux steppes; les forêts y sont plus grandes, et plusieurs districts fort bien cultivés. Le printemps amène à sa suite des pluies qui rendent presque impossibles les communications, mais qui donnent une grande vigueur à la végétation. La sécheresse de l'été prête à tout le pays un aspect désolé, et tarit quelquefois jusqu'aux sources. Comme les saisons, le jour et la nuit offrent une température toute différente; ces variations endurcissent les habitants, mais les exposent à de fréquentes maladies. L'agriculture est assez négligée; toutefois la population est si clair-semée qu'elle a en abondance les choses nécessaires à la vie. Les riches pâturages des montagnes et des vallées nourrissent de nombreux troupeaux de moutons et de bœufs, dont une partie s'exporte. Les autres articles d'exportation sont les grains, le vin, le fer, le minerai exploité dans les montagnes, le bois, le miel, la cire, le poisson, le gibier.

La province est gouvernée par le beglerbeg de Roumélie, qui a sous lui les quatre sandjaks de Sophie, Nicopoli, Silistrie et Widdin. Le chef-lieu est *Sophie* ou *Triaditza*. Les autres villes importantes sous le point de vue militaire sont Silistrie, Routschouk, Varna, Schoumla, Bourgas, Widdin, Nicopoli, qui défendent le petit nombre de points par où l'on peut pénétrer dans ce pays, théâtre de guerres sanglantes depuis le temps des Romains jusqu'à nos jours.

La Boulgarie était autrefois habitée par les Mœsiens, qui lui donnèrent son ancien nom de Mœsie. Longtemps ils luttèrent avec succès contre les Romains, et plus tard, ligués avec les Goths et les Slaves, ils défendirent leur liberté contre les empereurs grecs. Pour garantir leurs États contre leurs incursions, qu'ils poussaient jusqu'à Constantinople, l'empereur Anastase fit élever une grande muraille en 507. A leur tour, les Mœsiens durent fuir devant les Boulgares, au septième siècle. Ces derniers, d'origine finnoise, s'avancèrent des bords du Wolga, où ils s'étaient établis vers l'occident, tombèrent sous la domination des Avares, secouèrent leur joug en 635, et fondèrent le royaume de Boulgarie, qui s'étendait du Don et du Dniéper jusqu'au Danube. Les Boulgares finnois se mêlèrent peu à peu aux peuplades slaves établies dans la Mœsie et la Dacie depuis la grande migration des peuples; dès l'an 800 ils avaient perdu leur nationalité et adopté la langue et les mœurs des Slaves, ne conservant que leur nom. Gouvernés par leurs propres rois, sous la protection des empereurs grecs depuis 1018, ils s'aperçurent bientôt que l'Empire avait plus besoin de protection que la Boulgarie, et dès 1185 leur roi, Asan, rompit toute relation avec Constantinople. Ce fut un malheur pour le pays; car les rois de Hongrie prétendirent alors en être les suzerains. Une longue guerre dépeupla la Boulgarie, qui ne put résister aux Turcs, et perdit son indépendance en 1392. Quoique des guerres continuelles aient fort diminué la population, on y compte encore quatre ou cinq millions d'habitants.

Les Boulgares n'habitent pas seulement l'ancienne Mœsie, la Thrace et la Macédoine; ils occupent encore la partie méridionale de la Bessarabie russe. Quelques-unes des colonies qu'ils avaient fondées subsistent encore dispersées dans le midi de la Russie, la Moldavie, la Valachie, et même la Hongrie méridionale. Le peuple gémit sous la plus dure oppression, et dans ces derniers temps ses souffrances ont réveillé en lui le sentiment de la nationalité et de la liberté.

Depuis 866 la majorité des Boulgares professe les doctrines de l'Église grecque, dont l'administration est entre les mains d'un patriarche et de trois archevêques.

Langue et littérature.

La langue boulgare est un dialecte de la langue slave; elle appartient à la grande famille des langues orientales, et a de l'analogie avec les langues russe et illyro-serbe. Des deux dialectes dont elle se compose, le *vieux boulgare* est la langue des livres saints pour l'Église slavo-grecque, et à ce titre elle ne s'est pas seulement propagée dans tous les pays riverains du Danube, jusqu'en Servie et en Dalmatie, mais encore dans la Grande Moravie, et jusqu'en Bohême (dans le couvent qui s'élève sur les bords de la Sazawa), et en Pologne (à Cracovie).

Sous le rapport de la formation et des inversions, elle est la plus riche du dialecte slave, et réunit si bien tous les avantages particuliers aux autres dialectes, que ceux-ci ne semblent plus en être que des débris. La littérature du vieux boulgare (*voyez* l'article CYRILLIENNE [littérature]), est la plus antique des littératures slaves, et a été autrefois enrichie par presque toutes les peuplades slaves. Beaucoup de documents précieux sur cette littérature sont enfouis dans les bibliothèques des couvents; parmi les plus importants et les plus connus, on doit citer les travaux de Jean, exarque de Boulgarie, qui vécut dans le dixième siècle, composa une grammaire grecque et fit des extraits de Jean Chrysorhoas de Damas; le Nomocanon ou Kormtschaja Kniga, traduction du grec remontant en partie au neuvième siècle et contenant un recueil de toutes les règles des saints et des Pères de l'Église, sur lequel le baron Rosenkampf a publié des éclaircissements critiques (Moscou, 1829), etc. Le nouveau boulgare n'apparut qu'à la suite de la chute de l'empire boulgare, en 1392, au milieu des orages et des tempêtes politiques qui désolèrent la Boulgarie. Toutes les langues voisines, mais surtout la valaque et l'albanaise, exercèrent sur le dialecte la plus délétère influence, et lui imprimèrent une forme dans laquelle ne se retrouve presque plus la moindre trace de l'idiome parlé par saint Cyrille. Comme le valaque et l'albanais, il a un article, mais qui se place après le nom; des sept cas slaves, il n'a conservé que le nominatif et le vocatif; les autres sont indiqués par des prépositions. La conjugaison y est aussi incomplète qu'imparfaite.

Il n'existe point encore, à proprement dire, de littérature dans le nouveau boulgare, car on ne peut considérer comme telle un petit nombre de traités religieux en usage dans la seule Russie. Si cette langue peut offrir quelque intérêt, c'est uniquement par ses chants populaires, qui ressemblent cependant beaucoup, et pour le fond et pour la forme, aux chants serbes. Czelakowsky en a publié un recueil dans ses *Chants populaires de toutes les tribus slaves* (2 vol., Prague, 1822-27). Depuis que Sofroni a publié, en 1806, le premier livre de piété écrit en langue boulgare, on a bien, à la vérité, vu paraître une trentaine d'ouvrages religieux ou élémentaires écrits dans ce dialecte, parmi lesquels nous citerons les *Évangiles de Sapurow* et un *Traité d'Éducation*, par Néofyt; mais tous avaient été imprimés à l'étranger, à Boukharest, à Belgrade, à Ofen, à Cracovie, à Constantinople, et surtout à Smyrne, où la Société Biblique anglaise a fait imprimer, en 1840 sa traduction du Nouveau Testament en boulgare, et où se publie depuis 1844 une revue mensuelle, intitulée *Philologia*. Odessa paraît destiné à devenir le grand foyer du développement intellectuel des Boulgares, et Aprilow y publie depuis 1843 un recueil périodique intitulé : *l'Étoile boulgare*. Il a paru des grammaires de la langue boulgare, par Néofyt (1835), Christaki (1836) et Wenelin (1837) en russe, et par C. Riggs, missionnaire américain à Smyrne, en anglais. On annonce aussi la prochaine publication de dictionnaires par Néofyt et Stojanowicz.

BOULGARINE (THADDÉUS), l'un des plus célèbres écrivains russes contemporains, est né en 1789, en Lithuanie, et fut, dès l'année 1798, élevé à l'école des cadets, à Saint-Pétersbourg, où sa mère avait été obligée de se réfugier par suite du malheureux état auquel l'avait réduite l'issue de la lutte entreprise en Pologne sous les ordres de Kosciusko; lutte à laquelle son mari avait pris part. Une fois à Saint-Pétersbourg, Boulgarine eut bientôt désappris sa langue maternelle; mais en revanche il fit de rapides progrès dans l'étude des sciences et des lettres. En 1805 il entra dans le régiment des hulans du grand-duc Constantin, et fit la campagne contre la France, puis celle de Finlande contre la Suède. Des circonstances particulières le déterminèrent alors à quitter le service russe, et il se rendit d'abord à Varsovie, puis en France, où il prit du service. En 1810 il faisait partie de l'armée d'Espagne. Grièvement blessé au début de la campagne de 1814, il fut fait prisonnier par les Prussiens; mais il ne tarda pas à être remis en liberté, et se reudit alors au quartier général de Napoléon, qui lui confia le commandement d'un détachement de volontaires.

A la chute de Napoléon, il vint se fixer à Varsovie, et écrivit en polonais, langue à tous les secrets de laquelle il s'était bientôt réinitié, plusieurs œuvres poétiques et humoristiques. Un voyage qu'il fit à quelque temps de là à Saint-Pétersbourg le détermina à se fixer en Russie. Renonçant alors complétement à sa nationalité, il se livra avec l'ardeur la plus vive à l'étude de la langue russe; travail dans lequel il fut puissamment secondé par son ami Gretsch, dans le journal duquel parurent ses premiers essais. En 1823 il commença la publication des *Archives du Nord*, recueil d'abord exclusivement consacré à des travaux d'histoire, de géographie et de statistique, mais qui plus tard accueillit des articles de littérature proprement dite.

Ses essais satiriques et humoristiques le mirent bien vite en réputation comme écrivain russe. En 1825 il entreprit avec Gretsch la publication de l'*Abeille du Nord*, et la même année il publia le premier almanach dramatique qu'on eût vu en Russie; il était intitulé : *Ruskaja Talija*. Dans une édition complète de ses œuvres (Pétersbourg, 1827), il fit un choix de ses meilleurs articles et contes. On y trouve aussi ses *Souvenirs* d'Espagne, qui parurent pour la première fois en 1823. Ses esquisses sont quelquefois, il est vrai, heureusement empruntées à la vie réelle; mais il y a quelque chose de vieilli dans sa satire, et son coloris est plutôt éblouissant que vigoureux. De même ses descriptions pêchent trop souvent par le maniéré et ses caractères manquent d'individualité. Après avoir publié les *Tableaux de la guerre de Turquie en 1828*, il fit paraître son *Iwan Wuishigin*, ou le *Gil-Blas russe* (Pétersbourg, 1829), qui a été traduit dans toutes les langues, puis la suite de cet ouvrage, *Pierre Iwanowitch Wuishigin* (1830) et enfin *Rostaflef, ou la Russie en 1812*. Dans ces trois ouvrages, son talent sans doute a pu prendre un essor plus élevé et tracer un vaste tableau des mœurs et du caractère du peuple russe; mais son impuissance à comprendre ce que la vie russe a d'intime et de particulier s'y trahit encore. Dans les deux romans qu'il fit paraître ensuite, *Démétrius* et *Mazeppa*, les caractères sont infiniment mieux saisis et développés, et il s'y sert en même temps avec habileté de l'élément historique. Cependant ils ne satisfont guère mieux que leurs devanciers les idées qu'on se fait du roman dans le reste de l'Europe; et ils répondent peu au goût du public russe.

Indépendamment de l'*Abeille du Nord*, Boulgarine publia encore quelques autres recueils périodiques, tels que *le Daguerréotype et les Moucherons*. C'est de tous points un écrivain habile; sa critique est incisive et assez souvent même passionnée, quand sa vanité blessée s'en mêle. Il a tout récemment entrepris un grand ouvrage : *La Russie sous les rapports historique, statistique, géographique et littéraire.*

BOULIMIE (de λιμός, faim, et de la particule augmentative βου), besoin impérieux de prendre une grande quantité d'aliments. Le mot *adéphagie* est synonyme de *boulimie*. On dit aussi *faim canine* : cependant, dans le langage familier, cette dernière expression, comme le mot *fringale*, ne désigne qu'une très-grande faim purement accidentelle et n'ayant que passagèrement l'apparence de l'affection morbide qui fait le sujet de cet article.

La boulimie reconnaît différentes causes : tantôt elle est liée à un état nerveux particulier de l'estomac, et on voit alors le malade se gorger d'aliments qu'il est bientôt contraint de rejeter; tantôt elle n'est que le symptôme d'une autre maladie (le plus ordinairement l'hystérie ou la chlorose); quelquefois elle caractérise la présence d'un tænia dans le tube digestif, ou encore, chez la femme, le commencement de la grossesse; quelquefois aussi elle survient dans des maladies qui ne laissent aucun espoir de guérison, comme le montrent des phthisiques, qui, arrivés au dernier terme de la consomption, demandent des aliments à grands cris et les mangent avec avidité la veille même de leur mort. La boulimie peut tenir encore à un vice organique : ainsi, à l'autopsie d'un homme mort en proie à cette affection, on a constaté l'absence de la vésicule du fiel, en sorte que la bile devait être versée continuellement dans le duodenum. La boulimie est surtout fréquente dans ces irritations de l'estomac et des intestins qu'on ne considère généralement pas comme graves, mais qui, bien que n'excitant pas de fièvre, entretiennent un état valétudinaire. Ces affections très-communes, seulement accompagnées de malaise, d'étouffement, de constipation, de morosité, se compliquent ordinairement d'une sensation pénible analogue à la faim, et qu'on appelle vulgairement *besoin d'estomac*. Les personnes qui éprouvent cette nuance de la boulimie mangent souvent et sans ressentir le bien-être qui résulte de la satisfaction d'un besoin réel; les aliments aggravent même leur malaise.

La boulimie n'est donc pas *cause*, mais seulement *effet* de diverses maladies. Cependant, c'est encore une altération de la santé à laquelle les personnes étrangères à la médecine prétendent remédier, dirigées par deux opinions bien plus dangereuses encore que l'ignorance : l'une qui attribue la boulimie à une faiblesse de l'estomac, l'autre qui considère cette affection comme purement nerveuse. Ces deux opinions induisent à traiter la boulimie à l'aide de substances stimulantes, telles que les vins généreux, le café, les amers, les eaux minérales, les oxydes de fer, le cachou, l'éther, etc. On ne saurait croire combien ces traitements échauffants font de victimes. Aussi conseillerons-nous d'employer seulement les moyens rafraîchissants en attendant qu'on invoque le secours d'un médecin. Au lieu de faire usage de substances excitantes, plus propres à irriter les nerfs qu'à les calmer, les personnes atteintes de boulimie trouveront un avantage réel à se nourrir d'aliments légers, tels que des viandes blanches, des légumes doux, des fécules; à se priver de vin pur; à refroidir souvent l'estomac avec de l'eau plus ou moins froide, qu'on prendra par cuillerée, ou mieux avec un chalumeau. Si ces moyens ne procurent point la guérison prompte et complète des maladies qui causent la boulimie, du moins ils ne les aggraveront pas; dans un grand nombre de cas ils amenderont un état souvent très-pénible; ils n'anéantiront pas les ressources de l'art, celles de la nature, comme aussi celles du temps, qui peut guérir les malades qu'il ne tue pas.

BOULINE. On appelle ainsi, en termes de marine, la corde qui sert à tendre et à effacer la voile de telle sorte que la route faite par le navire se rapproche le plus possible de la direction du vent.

Faire courir la bouline était un châtiment usité à bord des bâtiments de guerre. On faisait ranger l'équipage sur deux haies, entre lesquelles le coupable, nu depuis la tête jusqu'à la ceinture, était obligé de passer, et recevait de chaque homme un coup de garcette sur le dos. Nous ferons envisager ce genre de punition, aboli au reste depuis 1848, sous un double caractère : l'atrocité de la peine et la flétrissure qu'elle imprimait aux hommes qui y étaient condamnés. C'était un cruel spectacle que la marche du malheureux sous la volée des cordes qui tombaient alternativement et en cadence régulière sur son dos : il recevait ordinairement les premiers coups avec une sombre résignation; le sentiment de la honte, de l'indignation et de la rage dominait en lui le sentiment de la douleur; mais quand chaque coup laissait sur ses reins une trace noire, quand la peau se déchirait, que le sang ruisselait, la douleur alors devenait si accablante que souvent la victime tombait sur les genoux avant d'avoir parcouru toute la carrière de son supplice.

Autrefois, les matelots français recevaient la punition de la corde comme les malfaiteurs en Russie celle du knout : la douleur passée, tout était oublié. Mais depuis que la révolution de 1789 avait commencé à introduire de nouvelles idées dans les esprits, on regardait les coups de corde comme une punition dégradante. Les officiers ne l'appliquaient même que rarement lorsque la révolution de 1848 est venue la rayer à jamais du code maritime.

BOULINGRIN, terme de jardinage, imité de l'anglais *bowling green*, jeu de boule en gazon. Les boulingrins sont en effet des parties de terrain légèrement baissées et entourées de glacis semblables à ceux qui terminent les jeux de boule, afin d'empêcher les boules de sortir. La forme de ces renfoncements et des glacis qui les accompagnent varie suivant le goût de l'ordonnateur du jardin et les circonstances du terrain. Souvent leur superficie est coupée par de petits sentiers sablés, ou bien ornée de plates-bandes de fleurs et d'arbustes formant des compartiments. Cette nature de boulingrins se nomme *coupés*, par opposition aux boulingrins *simples*, qui sont tout en gazon.

Il y avait autrefois un *boulingrin* célèbre à Saint-Germain; il en existe encore deux dans le jardin de Saint-Cloud, entre la grande cascade et la Seine.

BOULLANGER (André), plus connu sous le nom de *Petit père André*, né à Paris, en 1577, et mort dans la même ville le 21 septembre 1657, à l'âge de quatre-vingts ans, était d'une famille honorablement connue dans la magistrature. Entré de bonne heure dans l'ordre des Augustins réformés, il se fit un nom dans l'art de la chaire, que les grands prédicateurs du siècle de Louis XIV n'avaient pas encore portée au degré de gloire où il s'est arrêté depuis. Son style se ressentait donc un peu de ces formes, ordinairement plus triviales que naïves, dont les Menot et les Maillard ont laissé des exemples nombreux. Il mêlait quelquefois des plaisanteries mondaines à la morale évangélique, et les comparaisons les plus communes aux grandes vérités du christianisme. On a signalé surtout, dans ce genre, la comparaison des quatre docteurs de l'église latine avec les quatre rois du jeu de cartes : saint Augustin, selon lui, était le roi de cœur par sa grande charité, saint Ambroise le roi de trèfle par les fleurs de son éloquence, saint Jérôme le roi de pique par son style mordant, et saint Grégoire le Grand le roi de carreau par son peu d'élévation. Mettant de côté le peu de convenance et quelquefois même de justesse de ces espèces de comparaisons, surtout dans la bouche d'un ministre du Dieu de vérité, nous devons faire la part de l'esprit qui régnait encore au siècle où vivait le *Petit père André*, et reconnaître que les moyens oratoires qu'il employait, et qui seraient regardés aujourd'hui comme de très-mauvais goût, avaient une espèce d'à-propos et d'utilité, puisqu'ils disposaient les esprits à l'entendre ; et c'est bien injustement, selon nous, que le commentateur de Boileau (Brossette) en a pris l'occasion de prêter à ce prédicateur populaire tant de contes ridicules. Du reste, la conduite du

Petit père André fut irréprochable. On n'a conservé de lui que l'Oraison funèbre de Marie de Lorraine, abbesse de Chelles. La reine mère se plaisait à ses sermons, et le grand Condé goûtait sa manière de prêcher.

BOULLIAUD (ISMAEL), et non *Bouillaud*, né le 28 septembre 1605, à Loudun, mort à Paris, le 25 novembre 1694, à l'âge de quatre-vingt neuf ans, à l'abbaye de Saint-Victor, où il s'était retiré depuis 1689. Ce savant, né calviniste, s'était converti au catholicisme à vingt et un ans, et à vingt-cinq avait reçu l'ordre de prêtrise. Il s'appliqua fortement à l'étude de la théologie, de l'histoire sacrée et profane, et principalement aux mathématiques et à l'astronomie. Après avoir été attaché successivement à Dupuy, garde de la bibliothèque du roi, et au président de Thou, qu'il suivit et seconda dans son ambassade en Hollande, il voyagea en Italie, en Allemagne, en Pologne et au Levant. Parfaitement accueilli par la reine de Pologne, Louise-Marie de Gonzague, il reçut de cette princesse un présent considérable, et depuis entretint avec elle, par l'intermédiaire de son secrétaire Desnoyers, une correspondance retrouvée à Lyon par l'abbé Mercier de Saint-Léger, et que l'on conserve, en 5 volumes manuscrits, à la Bibliothèque Nationale.

C'est surtout comme mathématicien et astronome que Bouillaud s'est distingué. Nous citerons parmi ses ouvrages : 1° *De Natura Lucis Liber* (Paris, 1638, in-8°); 2° *Philolaus, seu de vero systemate mundi* (Amsterdam, 1639, in-4°); 3° *Theonis Smyrnæi Mathematica*; le texte grec est accompagné d'une traduction latine et de notes par Bouillaud; 4° *Astronomia Philolaica*, etc. (Paris, 1645, in-f°); si l'on en croit le père Nicéron, le mouvement des planètes est fort bien expliqué dans cet ouvrage; 5° *Astronomiæ Philolaicæ Fundamenta explicata et asserta adversus Sethi Wardi impugnationem*, etc., etc.

Delambre reproche à Bouillaud d'avoir méconnu l'importance des lois de Kepler et dénaturé les idées de ce beau génie. Il loue cependant le mathématicien français d'avoir défendu avec constance le mouvement de la terre, qui avait encore de nombreux adversaires, même parmi les astronomes, et d'avoir seul jusqu'à présent donné une explication raisonnable du phénomène du changement de lumière observé dans quelques étoiles, par une révolution sur leur axe, qui nous montre successivement des parties obscures ou lumineuses. Il signale aussi comme singulière l'idée émise par Bouillaud, dans son traité *Sur la Nature de la Lumière*, que celle-ci est une moyenne proportionnelle entre les substances corporelles et les substances incorporelles. Newton rendait plus de justice que Delambre au mérite de Bouillaud, à qui, en répondant aux critiques de Hooke, il attribuait la loi du carré des distances, comme à Borelli celle du mouvement elliptique produit par l'attraction.

Parmi les ouvrages de Bouilliaud étrangers aux sciences exactes, il faut citer deux dissertations composées en 1649 et 1651, en faveur des Églises de Portugal, à l'occasion des différends survenus entre la cour de Rome et le roi Jean IV. Elles furent mises à l'*Index*. Nous citerons encore parmi les travaux de ce savant la publication au Louvre, in-f°, de l'*Histoire Byzantine de Ducas*, en grec, avec une version latine et des notes de sa composition; un *Catalogue* en 2 vol. in-8° *de la bibliothèque de Thou* (1679), et *deux lettres sur la mort de Gassendi à Albert Portner*, imprimées dans un recueil intitulé : *Lessus mortualis*, etc. Bouilliaud était un de ces hommes dont la grande réputation ne diminue point la modestie.

AUBERT DE VITRY.

BOULLONGNE. Plusieurs peintres français ont porté ce nom. Le premier qui nous soit connu est *Louis* BOULLONGNE, né en 1609, mort en 1674. Peintre du roi et membre de l'Académie, il exécuta plusieurs tableaux pour la cathédrale de Paris.

Mais celui qui jeta le plus d'illustration sur sa famille fut *Bon* BOULLONGNE, son fils. Né à Paris en 1649, il mourut le 16 mai 1717, laissant un grand nombre d'élèves qui occupèrent presque tous un rang distingué dans l'école française. Ayant commencé l'étude de l'art sous la direction de son père, il fut envoyé à Rome par Colbert, comme pensionnaire du roi. Pendant son séjour en Italie, il étudia le Corrège, les Carraches, et s'inspira principalement du Guide et du Dominiquin. De retour en France, il exécuta son tableau d'*Hercule combattant les Centaures*, auquel il dut sa réception à l'Académie, en 1677. Louis XIV l'employa ensuite à décorer plusieurs de ses palais. En 1702 Bon Boullongne peignit aux Invalides les fresques des chapelles de Saint-Jérôme et de Saint-Ambroise. Dans toutes les œuvres de ce peintre, qui excella en même temps dans la peinture historique et dans le portrait, on rencontre un dessin correct et un coloris vigoureux.

Son frère, *Louis* BOULLONGNE, né en 1654, mort, premier peintre du roi, le 21 novembre 1733, n'atteignit pas à la même hauteur, mais compte cependant parmi les bons artistes de l'école française. On regarde comme ses plus beaux tableaux ceux qu'il a faits pour la chapelle de Versailles, surtout l'*Annonciation* et l'*Assomption*. On cite aussi avec éloges sa *Présentation de Jésus-Christ au temple*, faite pour l'église Notre-Dame.

Geneviève et *Madeleine* BOULLONGNE, sœurs des deux précédents, se livrèrent aussi à la peinture.

BOULOGNE ou BOULOGNE-SUR-MER, ville de France, chef-lieu d'arrondissement, dans le département du Pas-de-Calais, située sur la Manche, à l'embouchure de la Liane, où elle a un port d'un accès difficile, formé de deux larges bassins. Siége d'un tribunal de première instance, et d'un tribunal de commerce, Boulogne possède avec une population de 29,741 habitants, un collége communal, une bibliothèque de 30,000 volumes, un musée, un jardin botanique très-riche, une société d'agriculture, sciences et arts, une direction de douanes, un théatre, un magnifique établissement de bains de mer, un entrepôt réel; des fabriques de grès et de faïence, des raffineries de sel et de sucre, des verreries, tuileries, briqueteries, des métiers à tulle et des fabriques de filets pour la pêche. On arme à Boulogne pour les voyages de long cours, le grand et le petit cabotage, et pour la pêche de la morue d'Islande et de Terre-Neuve, du hareng et du maquereau. Son commerce consiste en genièvre, thé, vins, eaux-de-vie, dentelles, toiles fines, bois et chanvre du Nord, etc.

Boulogne est divisée en deux parties : la basse et la haute ville. Celle-ci, qui est jolie et très-propre, est environnée d'une muraille flanquée de tours rondes, et renferme un château-fort. La ville basse, qui comprend le port, est la partie la plus commerçante et la plus peuplée; elle renferme à elle seule les trois quarts de la population totale. Boulogne est après Calais le passage le plus favorable et le plus court de France en Angleterre; aussi un service de paquebots réguliers y est-il organisé pour les ports anglais. Le port, qui se remplit et redevient à sec deux fois par jour, est vaste. Il communique avec la mer par deux longues jetées du haut desquelles on aperçoit en mer les forts de Crèche et de l'Heurt, construits sous Napoléon en 1803. Par un temps clair on distingue aisément de là les côtes d'Angleterre. A droite se dresse une falaise dont le sommet est couronné par les ruines du *phare de Caligula*, tour que, selon la tradition, Caïus éleva sur cette côte en commémoration de la victoire qu'il prétendait avoir remportée sur la mer.

Boulogne est surtout fréquentée par les Anglais; toutes les enseignes, toutes les flatteries, sont à leur adresse exclusive. On ne peut méconnaître, au reste, que Boulogne doit le développement croissant de sa prospérité à l'invasion des citoyens de la Grande-Bretagne. C'est aujourd'hui une grande et très-jolie ville, où le confort, le bien-être, et la richesse territoriale font chaque jour d'immenses progrès. Plusieurs de ses rues rivalisent pour le mouvement, la beauté des maisons, et la splendeur des étalages, avec celles des quartiers élégants de Paris. Les hôtels sont remarquables par leur luxe. Boulogne possédait avant la révolution une image miraculeuse de la Vierge, à qui Louis XI fit hommage du Boulonnais; cette image fut brûlée solennellement en 1793, ce qui ne l'a pas empêchée de reprendre depuis sa place dans son antique chapelle.

L'origine de Boulogne est fort ancienne. Caligula ayant fait construire un phare dans le fort *Bononia* situé sur cette côte, l'établissement de ce phare attira les marins de ce côté de l'*Elna* (aujourd'hui la Liane). La population de *Gesoriacum*, bourg qui existait alors non loin de là, les y suivit insensiblement, et c'est ainsi que se fonda aux pieds du fort Bononia la ville de Boulogne.

Cette cité, devenue plus tard la capitale du Boulonnais ou comté de Boulogne, fut assiégée et détruite à diverses reprises.

Constance Chlore la prit en 292 sur Carausius, dont les troupes s'en étaient emparées. Les Normands l'ayant emportée d'assaut, en 888, passèrent tous les habitants au fil de l'épée, et démolirent les édifices et les murailles. Cette œuvre de destruction ne fut réparée qu'en 912, époque à laquelle la ville fut rebâtie. Henri VIII, roi d'Angleterre, s'en empara en 1544, après un siège de six semaines; mais Henri II, fils de François Ier, la racheta moyennant quatre cent mille écus d'or. Charles-Quint la réduisit aussi en 1553, après un siège assez long.

On trouve encore là beaucoup d'autres souvenirs, comme une aiguille indiquant l'endroit où périrent les aéronautes Pilastre du Rosier et Romain. Ville très-ancienne, César, Charlemagne, Godefroi de Bouillon, et Philippe-Auguste ont habité Boulogne. Notre Lesage, l'auteur de *Gil-Blas*, y a terminé sa carrière. C'est à Boulogne que César prépara son embarquement pour la Grande-Bretagne, et que Napoléon avait projeté le sien.

C'est à une petite lieue de Boulogne, à Vimereux, que Napoléon avait formé, au commencement de ce siècle, le fameux *camp de Boulogne* (voyez plus loin), où eut lieu la distribution des premières décorations de la Légion d'Honneur, que rappelle encore aujourd'hui une magnifique colonne.

Trente-six ans plus tard, en 1840, débarquait sur ce même rivage le neveu de l'empereur, le prince Louis-Napoléon Bonaparte, suivi seulement de quelques hommes dévoués. Le prince expia, comme on sait, sous les verrous du fort de Ham cette tentative aventureuse, qui avait échoué là précisément où l'empereur avait prémédité d'une façon si gigantesque la ruine de l'Angleterre. Louis-Napoléon avait compté sans doute sur le souvenirs impériaux et sur le prestige de la colonne élevée en ces lieux au souvenir de la Grande-Armée; mais l'événement lui prouva qu'il n'avait pas fallu quarante ans pour éteindre dans le cœur des Boulonnais ces souvenirs de gloire, à la place desquels, par un revirement étrange, était venue s'implanter l'anglomanie la plus outrée.

BOULOGNE (Bains de mer de). M. Versial, négociant riche et distingué, a créé à ses frais l'établissement actuel des bains de Boulogne. Cet édifice borde la mer du côté du port; il a 50 mètres de façade sur 14 de profondeur : il est d'ordre dorique. Divisé en deux parties, pour les deux sexes, l'économie intérieure en est parfaite, et la distribution commode autant qu'élégante. On y trouve différents petits salons, salon de danse, salon de musique, de repos, de billard, de rafraîchissements; un beau salon d'assemblée, décoré de colonnes et de pilastres d'ordre ionique : à droite et à gauche des couloirs spacieux, des galeries. Des deux côtés, des escaliers conduisent à de belles terrasses, et d'autres escaliers sur la plage et aux bains. L'édifice est surmonté d'une plate-forme gracieuse, qu'abritent de jolies tentes. De là vous découvrez outre le port, les sites d'Outreau et de Capécure, les falaises soutenant les plateaux où campa la grande armée, les ruines du phare de Caligula, la partie basse ou neuve de la ville, une grande étendue de mer, et même, quand le temps est beau, les côtes d'Angleterre, distantes de Boulogne d'environ neuf lieues.

La situation de Boulogne est on ne peut plus convenable pour les bains de mer : la côte est plate, la plage unie, sablonneuse, et la mer, par conséquent, peu profonde. Il n'y a là aucune embouchure de fleuve ou de rivière, de sorte que l'eau reste pleinement saturée de tout son sel. Les sables de la plage, échauffés par le soleil, donnent à l'eau, quand elle revient les couvrir, une température assez douce pour qu'elle ne cause aucun frisson. L'air est pur, l'eau de la ville est de bonne qualité, les environs sont agréables à voir, faciles à fréquenter; les remparts assez beaux.

Outre son grand établissement pour les bains de mer, Boulogne possède *deux sources ferrugineuses* froides : l'une est à quelques pas de la ville, sur la route de Calais; l'autre jaillit à Wières-aux-Bois.   Dr Isid. Bourdon.

BOULOGNE (Camp de). A peine parvenu au consulat, Bonaparte, convaincu que les plus grands obstacles à la prospérité de la France lui venaient de la jalousie du gouvernement anglais, reprit le projet de descente dans les îles Britanniques que le Directoire avait déjà eu après la paix de Campo-Formio. Cette idée devint le but constant de ses efforts jusqu'au jour où il en fut détourné par la guerre que lui suscita l'Autriche vers la fin de 1805.

A cette époque, les baïonnettes françaises paraissaient suffisantes pour faire justice des ennemis de l'État. Malheureusement, notre marine, dont les restes avaient péri à Quiberon, était moins que jamais en état de soutenir une lutte avec celle de la Grande-Bretagne. Et pourtant Bonaparte ne demandait à notre marine que les moyens de toucher le sol ennemi. Dès lors toutes ses pensées se tournèrent vers la construction d'un nombre considérable d'embarcations assez légères, et s'élevant assez peu sur la mer pour ne pas donner prise à l'artillerie des gros vaisseaux; elles devaient être appropriées enfin à leur principale destination, c'est-à-dire au transport des troupes, et, avec un vent favorable et pendant les grandes marées, trois heures, espérait-il, suffiraient pour conduire cette flotte de Boulogne à Douvres. Mille chaloupes canonnières, bricks, goëlettes, chasse-marées, bateaux plats, — dons patriotiques, en grande partie des villes et des corps de l'État, — sortirent ainsi, à sa voix, des chantiers et de toutes les rivières affluentes des côtes septentrionales de la France, de la Belgique et de la Hollande, et leur réunion se fit dans la rade de Boulogne. Une grande partie des troupes nombreuses qui revenaient victorieuses d'Allemagne et d'Italie formèrent bientôt un camp retranché sur les côtes de France en vue des rivages de l'Angleterre. Elles s'élevaient à un effectif de plus de 150,000 hommes, distribués par corps et logés dans des baraques disposées par rangées, entre lesquelles s'étendaient des rues appelées des noms de nos guerriers les plus célèbres. Dans cette cité militaire on voyait des places embellies de statues, d'obélisques, de pyramides; il y avait aussi des jardins, des allées d'arbres et des fontaines.

L'Angleterre ne pouvait rester spectatrice indifférente de tous ces préparatifs, qu'elle feignait de tourner en dérision, et qu'elle vouait au crayon satirique de ses caricaturistes, mais dans lesquels le génie opiniâtre de Bonaparte lui faisait entrevoir des suites sérieuses pour elle. Elle ne tarda pas en effet à montrer à quel point ces tentatives l'alarmaient : le 9 septembre 1801 l'amiral Nelson se présenta devant Boulogne avec une flotte composée de trente vaisseaux de toutes grandeurs. Une division de la flottille légère française était mouillée à un kilomètre de l'entrée du port; elle fit si bonne contenance, qu'au bout de quelques heures l'ennemi, n'ayant pu forcer cette avant-garde à rentrer dans le port, prit le parti

35.

de se retirer, après avoir jeté inutilement huit à neuf cents bombes, qui tombèrent toutes dans l'eau sans atteindre personne. Mais elle ne fit que s'éloigner pour chercher du renfort et des munitions, et cinq jours après (le 14 septembre) on la vit reparaître plus nombreuse et accompagnée d'une quantité de frégates, de péniches, de bricks et de chaloupes canonnières. Elle vint mouiller à six kilomètres de l'avant-garde de la flottille française. L'attaque commença après minuit; une chaloupe française d'observation l'annonça. Le combat s'engagea par un feu d'artillerie et de mousqueterie bien nourri des deux parts; les batteries françaises de terre ne purent jouer, crainte de frapper leurs propres chaloupes, qui se trouvaient dans la direction de leur volée. L'*Etna*, chaloupe canonnière française, fut attaquée par six péniches anglaises, et presqu'au même instant les autres bâtiments des deux pavillons se trouvèrent aux prises. Dans ce combat à outrance les Anglais eurent partout le dessous, et se virent contraints à reprendre le large, après avoir vu couler bas quatre de leurs péniches sous le feu de la chaloupe française *la Surprise*.

Lors de la rupture de la paix d'Amiens, en 1804, Bonaparte reprit avec une nouvelle ardeur les projets dont il avait été détourné une première fois. Bientôt les hostilités recommencèrent. Les Anglais, tenus en observation par les chaloupes françaises, s'indignaient de voir arriver chaque jour à leur destination des embarcations venant des côtes de la Belgique, de la Hollande, de Dieppe et du Hâvre. Le 13 août, l'amiral V e r h u e l, commandant une division partie d'Ostende, ayant rencontré une escadre anglaise composée de vaisseaux de ligne, de frégates et corvettes, reçut un feu terrible, qui n'arrêta point sa marche, et qui ne l'empêcha point, en louvoyant le long des côtes, de gagner le port, sans avoir éprouvé aucune perte. On devait donc s'attendre à de nouvelles et sérieuses tentatives de la part des Anglais. Le 3 octobre, en effet, l'amiral K e i t h se montra en vue de Boulogne, à la tête d'une flotte de cinquante-deux bâtiments, dont vingt-cinq bricks; mais, au faible échantillon de ces bricks, l'amiral français B r u i x jugea que ce devaient être des brûlots. Les Anglais, en effet, avaient bien choisi leur temps, et toutes les circonstances tendaient à les favoriser : il leur était facile de diriger leurs machines incendiaires vers la côte, où la marée et les vents les poussaient à la fois. Mais, par une manœuvre habile, qui consistait à ouvrir passage à ces brûlots aussitôt qu'ils étaient reconnus, l'amiral français sut éviter le danger; presque tous allèrent aborder la terre, auprès de laquelle ils firent explosion, tout à fait dans l'intérieur de la ligne des Français : on en compte onze qui sautèrent ainsi de dix heures du soir à quatre heures du matin. Le canon et la mitraille, qui ne cessèrent de se faire entendre durant cette nuit terrible, du 4 au 5 octobre, enlevèrent beaucoup de monde aux Anglais, qui perdirent ainsi tout l'effet d'une machination *infernale*, méditée de longue main.

Napoléon se rendit trois fois au camp de Boulogne : deux fois en 1803 pour hâter les préparatifs de l'expédition, une fois en 1804 pour distribuer en grande solennité, en présence des dignitaires de l'Empire récemment nommés, les aigles aux régiments et les croix de la Légion d'Honneur aux officiers, sous-officiers et soldats à la place des armes d'honneur qu'ils avaient reçues sous le gouvernement républicain. On crut alors que le moment de l'embarquement était venu et que le projet de Napoléon, si longtemps médité et pour lequel on avait fait de si vastes préparatifs, allait recevoir son exécution. Mais les tempêtes qui s'élevèrent convainquirent l'empereur de la difficulté de faire réussir une expédition maritime avec une armée aussi nombreuse; et dès 1805, soit que l'Angleterre, pour détourner le péril, lui eût suscité des ennemis au delà du Rhin, soit que Napoléon n'eût pas été fâché de trouver un prétexte pour lever le camp, les troupes se mirent en route pour l'Allemagne.

A peu de distance de Boulogne, et près du rivage de la mer, une colonne en pierre, construite de 1803 à 1823, sur le modèle de la colonne trajane, et couronnée, en 1841, de la statue impériale en bronze, par Bosio, rappelle seule aujourd'hui le souvenir de ce camp célèbre.

BOULOGNE (Comté de). *Voyez* BOULONNAIS.

BOULOGNE (Village et Bois de). Situé à quelques kilomètres à l'ouest de Paris, et séparé de Saint-Cloud par la Seine, le village de Boulogne, sous les premiers rois capétiens, s'appelait encore *Menus-lès-Saint-Cloud*. Quelques habitants de ce bourg, revenant d'un pèlerinage à Notre-Dame de B o u l o g n e - s u r - M e r, obtinrent de Philippe V, en 1319, la permission de bâtir dans leur village une église sur le modèle de celle qu'ils venaient de visiter, et d'y instituer une confrérie. L'église reçut le nom de *Notre-Dame de Boulogne-sur-Seine*, puis de *Boulogne la Petite*, et celui de Boulogne resta au village. Cet édifice gothique, terminé en 1343, fut béni par l'évêque de Paris, et agrandi dans le siècle suivant. Les indulgences accordées à cette église par les papes en firent pour les dévots parisiens un lieu de pèlerinage, qu'en raison du voisinage et de la commodité, ils préférèrent à celui de Boulogne-sur-Mer.

Le village de Boulogne est un des plus remarquables des environs de Paris. Il est grand, bien bâti, très-peuplé, et formé principalement de belles maisons de campagne, dont la valeur est doublée par les charmantes promenades de Saint-Cloud et du bois de Boulogne.

Qui ne connaît le bois de Boulogne, rendez-vous de festins et de danses, rendez-vous d'amour et surtout d'affaires d'honneur, rendez-vous enfin de promenades à pied, à cheval, à âne, en voiture à deux et à quatre roues, depuis le modeste cabriolet de place jusqu'au rapide tilbury et à l'excentrique dog-cart, depuis l'humble fiacre et la modeste demi-fortune jusqu'à l'américaine et à la calèche découverte; depuis le coupé français jusqu'au cab britannique ? Est-il quelqu'un de nos lecteurs, même parmi ceux qui habitent la province et les pays étrangers, qui n'ait été, du moins une fois en sa vie, au bois de Boulogne, comme gastronome, danseur ou promeneur ? qui n'y soit allé avec sa belle ou pour rêver à sa belle ? comme champion ou comme témoin d'un duel ? En est-il enfin qui n'ait pas été y méditer la charpente d'un mélodrame, y composer quelques scènes de tragédie, quelques couplets de vaudeville ?

Ce bois, dont la longueur est de 5 kilomètres sur deux de large, s'appelait jadis *bois de Rouvergi*, nom sous lequel il est désigné pour la dernière fois dans une ordonnance de 1577. Les Parisiens, obligés de le traverser pour aller à Boulogne, s'habituèrent à lui donner ce dernier nom, qui lui est resté. Aujourd'hui le monde élégant l'appelle tout simplement *le bois*; et s'il vous arrivait de demander « lequel ? » on ne manquerait pas de vous prendre pour un Huron ou un Topinambou. Qu'y-a-t-il d'étonnant ? Les Romains, en parlant de la ville éternelle, ne l'appelaient jamais que *Urbs*. Il est enclos de murailles et fermé de onze portes ou grilles, dont deux au nord, la porte *Maillot*, qui donne sur la belle avenue de Neuilly, et la porte de *Neuilly*, qui conduit à ce village. Du côté de l'ouest, il y en a quatre : la porte *Saint-James*, près du parc de ce nom (*voyez* SAINT-JAMES) ; celle *de Madrid*, ainsi nommée du château de Madrid, qu'y fit bâtir François 1er à son retour d'Espagne; celle *de Bagatelle*, qui tire également son nom du château de Bagatelle qui en est voisin; enfin celle *de Longchamp*, qui le doit à la célèbre abbaye de L o n g c h a m p. Les deux portes situées à l'extrémité méridionale du bois, sont celles *de Boulogne*, qui prend son nom du village, et celle dite *des Princes*, qui conduit au village de Billancourt; les trois portes du côté de l'est, donnent sur les villages d'*Auteuil*, de *Passy* et sur le faubourg de *Chaillot*. La seconde a pris le nom de *la Muette* du château de la Muette, qui en est proche. Le Ranelagh est situé tout à côté. Percé par une infinité de routes et de ronds-points, ce bois n'est planté qu'en taillis, sauf les arbres qui bordent les allées, et qui remplacent ceux qu'on avait abattus sous le régime de la terreur pour suppléer aux arrivages de combustible dont Paris manqua alors pendant quelque temps. D'ailleurs, avant la révolution, il ne présentait guère que de vieux arbres décrépits. Lorsque Napoléon eut choisi Saint-Cloud pour résidence d'été, il fit faire de nombreuses plantations dans le bois de Boulogne. Les armées alliées qui y campèrent en 1815 lui firent subir des dévastations dont les traces commencent à peine à s'effacer.

Les fortifications de Paris ont diminué le bois de Boulogne de plusieurs hectares ; l'enceinte continue emporta tous les arbres de l'est au nord, du Point du Jour à l'avenue de Neuilly, et isola complètement le château de la Muette.

Dans sa séance du 24 juin 1852, le Corps Législatif a adopté un projet de loi en vertu duquel le bois de Boulogne est distrait du régime forestier et concédé à titre de propriété à la ville de Paris. Cette concession est faite à la condition de conserver aux terrains acquis leur destination actuelle et à la charge par la ville de subvenir à toutes les dépenses de surveillance et d'entretien, et de faire dans un délai de quatre ans des travaux jusqu'à concurrence de deux millions pour l'embellissement du bois et de ses abords, sauf soumission préalable des projets de travaux au gouvernement. C'est aux mêmes conditions qu'elle avait acquis autrefois les Champs-Élysées. Du reste, le bois de Boulogne ne rapportait presque rien à l'État.

BOULOGNE (ÉTIENNE-ANTOINE), évêque de Troyes, archevêque élu de Vienne, pair de France, était né à Avignon, le 26 décembre 1747. Fils d'un tailleur, il reçut son éducation élémentaire chez les Frères, qui lui procurèrent les moyens de compléter ses études. En 1773 il remporta le prix d'éloquence proposé par l'académie de Montauban sur ce sujet : *Il n'y a pas de meilleur garant de la probité que la religion.* Venu à Paris en 1774, il ne tarda pas à se faire remarquer par son talent pour la prédication ; mais des rapports obscurs sur ses mœurs le firent interdire par l'archevêque, M. de Beaumont, en 1778. L'année suivante, il remporta un prix pour l'*éloge du Dauphin*, père de Louis XVI. Malgré ce succès, avant de lever l'interdit, l'archevêque exigea que l'abbé fît une retraite à Saint-Lazare, d'où il ne sortit qu'à la mort du prélat.

Grand-vicaire de Châlons-sur-Marne, puis chanoine et archidiacre, Boulogne prononça en 1782 le *Panégyrique de Saint-Louis* devant les Académies, puis il prêcha devant la cour et devant l'assemblée du clergé. Caché dans une maison de santé de Gentilly après le 10 août 1792, et pendant les massacres de septembre, l'abbé Boulogne fut ensuite arrêté trois fois ; il obtint enfin sa liberté le 7 novembre 1794. Il se mit alors à continuer les *Annales Religieuses*, qui s'appelèrent successivement *Annales Catholiques*, *Annales Philosophiques*, *Annales Littéraires et Morales*, etc. Ce journal fut supprimé le 18 fructidor, et le rédacteur n'échappa à la déportation qu'en se cachant. Les *Annales* reparurent après le 18 brumaire, et cessèrent à la fin de 1801. Boulogne travailla alors à *la Gazette de France*, à l'*Europe Littéraire*, au *Journal des Débats*. Après le concordat, il fut nommé grand-vicaire de Versailles, et recommença ses prédications à Paris. En 1803 il reprit son journal, auquel il cessa de travailler en 1807. Il y avait traité peu favorablement le *Génie du Christianisme* de Châteaubriand.

Déjà chapelain de l'empereur, il fut nommé, en 1807, évêque d'Acqui en Piémont ; mais il refusa d'aller dans un pays dont il ignorait la langue. Appelé l'année suivante à l'évêché de Troyes, il prononça bon nombre de discours flatteurs pour Napoléon ; mais la harangue qu'il fit à l'ouverture du concile convoqué à Paris en 1811, et dont le sujet était l'*influence de la religion sur la destinée des empires*, déplut au grand homme. Le concile fut dissous, et en 1812 l'évêque de Troyes se vit arrêté avec les évêques de Gand et de Tournay. On les enferma au donjon de Vincennes, où ils furent mis au secret. Ils n'obtinrent leur liberté qu'en donnant leur démission. L'évêque de Troyes eut ordre d'aller résider à Falaise. Un décret impérial lui donna un successeur en 1813, ce qui causa un schisme parmi le clergé du diocèse ; ayant refusé de souscrire une déclaration portant qu'il n'était plus évêque de Troyes, il fut ramené à Vincennes, puis conduit à la prison de la Force. L'entrée des alliés à Paris lui rendit son siège épiscopal. Il prêcha aussitôt devant Louis XVIII, et s'en retourna à Troyes. Pendant les Cent-Jours il se tint caché à Vaugirard, et parmi les discours qu'il prononça l'hiver suivant on distingua celui qui avait pour sujet : *La France veut son Dieu ; la France veut son roi !* D'après l'invitation qui en fut faite à tous les évêques, il se démit de son siège ; mais le pape désapprouva cette démarche, et Boulogne demeura à Troyes, quoiqu'il eût été nommé archevêque de Vienne en 1817, par suite du concordat conclu cette année-là, mais qui ne fut pas exécuté.

Appelé à la chambre des pairs en 1823, il y défendit la cause de la religion et surtout les intérêts du clergé. En 1825 il reçut du pape l'autorisation de porter le *pallium* et le titre d'archevêque-évêque ; mais il mourut le 13 mai de la même année. Ses œuvres complètes ont été imprimées après sa mort (1826 et suiv.).

BOULONNAIS. Ce pays, qui a aussi porté le nom de *comté de Boulogne*, et qui se trouve aujourd'hui compris dans le département du Pas-de-Calais, faisait autrefois partie de la province de Picardie. Boulogne en était la capitale. A l'époque de la conquête des Gaules par César, il était habité par les *Morini*. Incorporé à la fin du quatrième siècle dans la deuxième Belgique, dont il formait le douzième diocèse, il devint après l'invasion des Francs une petite royauté, qui passa avec beaucoup d'autres de ce genre sous la domination de Clovis. Le Boulonnais suivit alors les destinées de la Neustrie, puis il fit partie du Ponthieu jusque vers le milieu du neuvième siècle. A cette époque, Helgaud Ier, titulaire du comté de Ponthieu, en détacha le Boulonnais, et le donna comme fief de Berthe sa fille à Hernequin, neveu du comte de Flandre. Hernequin fut donc le premier comte de Boulogne ; il mourut en 882, et eut plusieurs successeurs, parmi lesquels Eustache III, frère aîné de Godefroi de Bouillon. A la mort d'Eustache III, en 1125, ce comté passa à Étienne de Blois, depuis roi d'Angleterre, et à ses descendants. Puis, après avoir été transporté successivement par quatre héritières dans autant de maisons différentes, il devint la propriété du comte d'Auvergne Robert V (1267), dont l'arrière-petite-fille Jeanne, mariée en secondes noces à Jean le Bon, roi de France, le laissa à Philippe de Rouvres. Une autre Jeanne, petite-fille de ce dernier, légua les deux comtés d'Auvergne et de Boulogne à sa cousine Marie de Mongascon ; mais à sa mort (1422) Philippe le Bon, duc de Bourgogne, s'empara du comté de Boulogne, et le garda en vertu du traité d'Arras (1435). Charles le Téméraire, son fils, le posséda après lui. A la mort de ce prince, en 1477, Louis XI le reprit, et le rendit au petit-fils de Marie de Mongascon, Bertrand II, comte d'Auvergne, qui le lui céda l'année suivante, en échange du duché de Lauraguais. Louis XI imagina alors un expédient digne de lui pour l'affranchir de la suzeraineté du comté d'Artois, dont il relevait. Ce fut de transporter, en vertu de son autorité royale, l'hommage de ce comté à la Vierge de Boulogne. Il déclara par lettres patentes la sainte Vierge seule souveraine du Boulonnais, et se reconnut son vassal par le relief d'un cœur d'or du poids de treize marcs, que lui et ses successeurs lui payeraient à leur avènement au trône. Et effectivement, tous les rois de France, jusques et y compris Louis XV, ont depuis fait acte de vasselage envers l'image de l'église de Boulogne, en se conformant aux prescriptions des lettres patentes de Louis XI.

La partie septentrionale de ce pays, avec les villes de Calais, Guines et Ardres, portait particulièrement le nom de *Calaisis* ou *Pays Reconquis.*

BOULTON (MATTHEW), célèbre constructeur de machines, naquit en 1728, à Birmingham, où son père, propriétaire d'une fabrique d'acier, avait acquis une grande fortune. Une excellente éducation l'avait admirablement préparé à la carrière qu'il devait suivre. Il était encore très-jeune lorsque, à la mort de son père, il dut prendre la direction de sa fabrique, aux travaux de laquelle il donna un vigoureux élan et qu'il accrut considérablement en 1762, en la transférant sur des terrains qu'il acheta alors à Soho. En 1769 il s'associa avec James Watt pour fonder une manufacture de machines à vapeur, qui fut pendant longtemps en possession presque exclusive de fournir l'Europe de ses produits. Tous deux, par l'invention d'un nouveau balancier, contribuèrent singulièrement à améliorer la fabrication des monnaies. Plus tard ils fondèrent encore à Smetwick, et en société avec leurs fils, une fabrique dans laquelle ils apportèrent, au moyen de nouveaux procédés, de notables perfectionnements à la construction des machines à vapeur.

Entre autres inventions ingénieuses dont on est redevable à Boulton, nous devons mentionner ici un procédé mécanique qu'il indiqua dès l'année 1773 pour imiter à s'y méprendre les tableaux à l'huile. Il mourut à Soho, le 17 août 1809. Sa longue vie avait été consacrée tout entière aux progrès des arts utiles et au développement des intérêts commerciaux de sa patrie. C'était un homme du caractère le plus noble et du commerce le plus agréable.

BOU-MAZA (Si-Mohammed-ben-Abdallah, dit), c'est-à-dire *le Père à la chèvre*, surnom qui lui vient d'une chèvre qu'il emmenait avec lui dans ses expéditions, et dont le lait devait, selon lui, nourrir tous les croyants qui le suivraient. Né vers 1820, au milieu des tribus qui habitent entre Tlemcen et Mascara, il s'était de bonne heure affilié à la secte religieuse des *Muley Taïeb*, secte très-répandue dans l'ouest de l'Algérie, et qui reconnaît pour chef le chérif de ce nom membre de la famille impériale de Maroc.

Depuis la bataille d'Isly, Abd-el-Kader, réfugié dans le Maroc, perdait de son influence; et cependant les tribus ne supportaient qu'impatiemment le joug français. De grandes chaînes de montagnes avaient même encore à peine entrevu notre drapeau; des tribus entières se groupaient toujours près de l'émir, à qui l'empereur de Maroc, en dépit du traité conclu avec la France, laissait toute liberté. Un soulèvement se préparait. Bou-Maza en donna le signal dans le Dahra, où il vivait depuis trois ans de la vie austère des derviches. Convoquant un jour les Cheurfas, il leur déclare qu'il a entendu la voix d'en haut, qu'il est le *Muley Saa* (maître de l'heure) annoncé par les prédictions et envoyé pour exterminer les chrétiens. La foule le suit. Il se déclare invulnérable, garantit le même privilége aux croyants irréprochable, le ciel à ceux qui, moins purs, succomberont dans la lutte, des richesses à tous ceux qui auront combattu ou contribué au succès.

En peu de temps il a réuni trois ou quatre cents fantassins et autant de cavaliers. Tout le Dahra se soulève, et le 20 avril 1845 Bou-Maza attaque un camp de travailleurs sur la route de Tenez à Orléansville. Cette ville était menacée par l'insurrection de toute la vallée : une colonne sort de Mostaganem. Le chérif ne pouvant pas dès lors rester dans l'impasse formée par le bas Chélif et la mer, soulève l'Ouarensenis. Orléansville est attaquée par une foule de fanatiques, convaincus que son enceinte va s'écrouler à la voix du chérif. Cette attaque, repoussée sans peine, nécessite cependant le retour de la colonne lancée à sa poursuite.

Après cet échec la guerre fut reportée dans le Dahra. Le 31 mai la petite armée du sultan subit près de Tenez une nouvelle et sanglante défaite. Rebuté par le mauvais succès de ses rencontres avec nos troupes, Bou-Maza les évita dès lors, et porta ses coups sur les tribus soumises; mais le 11 juin le kalifa Sidi-Darribi l'atteignit chez les Beni-Zeroual, et extermina près de 300 de ses fantassins. Les colonnes de Mostaganem, d'Orléansville et de Tenez, imitant sa propre tactique, négligent un ennemi insaisissable, et font une guerre sans relâche aux tribus qui le soutiennent. Le chérif abandonne alors le champ de bataille, traverse le Chélif, et remonte rapidement la vallée de l'Oued-Riou, vivement pressé par notre agha Hadj-Ahmed, qui lui enlève son trésor, ses bagages et lui tue plusieurs cavaliers. Le bruit de sa mort se répand, et le pays recouvre une apparente tranquillité.

On était au 17 juillet 1845; l'agha Hadj-Ahmed, escorté par un goum nombreux et brillant, revenait de Mazouna, où il était allé chercher la fiancée de son fils, lorsqu'en face de lui se présente un goum semblable. L'agha croit reconnaître son collègue des Sbeha, qui vient lui faire honneur; il s'avance sans défiance en disposant sa troupe pour recevoir et rendre une fantasia, lorsque tout à coup la troupe opposée s'élance et décharge à bout portant ses armes sur le cortége. Tout se disperse, l'agha succombe après une résistance désespérée.

Bou-Maza révélait sa résurrection par cette audacieuse surprise. Le même jour il essayait de faire enlever l'agha des Sbeha, qui ne lui échappait, pour périr assassiné deux mois plus tard, qu'à force de courage et de vigueur. Toutefois cette nouvelle levée de boucliers présenta peu d'incidents remarquables. Les tribus étaient fatiguées, les colonnes de Mostaganem et d'Orléansville faisaient au chérif une poursuite continuelle. Bou-Maza, après s'être caché quelque temps dans le Dabra, finit par aller chercher une retraite plus sûre chez les Cheurfas des Flittas, et ne fit plus sur la rive droite du Chélif que de rares apparitions. On vit alors paraître dans diverses parties de l'Algérie différents agitateurs dont les tentatives furent assez facilement réprimées, mais auxquels la rumeur publique chez les Arabes, par calcul peut-être et pour nous induire en erreur, se plut à assigner le surnom uniforme de Bou-Maza. Plusieurs furent pris ou livrés, et payèrent de leur vie leurs folles entreprises.

Cependant une tempête plus sérieuse se préparait : des frontières du Maroc l'émir Abd-el-Kader avait préparé une insurrection qui devait éclater simultanément dans tout l'ouest de l'Algérie. Le pays était inondé de ses lettres. Bou-Maza, sans accepter la suprématie de l'émir, était d'accord avec lui pour engager la lutte contre nous, sauf à lui disputer plus tard le prix de la victoire. Le 21 septembre, au moment où Abd-el-Kader franchissait la frontière pour assaillir à Sidi-Brahim le téméraire lieutenant-colonel de Montagnac, le général de Bourjoly essayait dans les défilés des Flittas une attaque furieuse, renouvelée encore avec plus d'ardeur le lendemain, et dans laquelle succombaient deux de nos plus braves officiers supérieurs, le lieutenant-colonel Berthier et le chef de bataillon Clère. Bou-Maza accomplissait une seconde résurrection. A la suite de ces deux combats, la colonne de Mostaganem fut réduite à la défensive derrière la basse Mina. Bou-Maza put un jour se porter jusque dans les jardins de Mostaganem, qui ne fut préservé de malheurs sérieux que par l'audace de son commandant supérieur.

Il domina pendant quelque temps presque sans opposition dans tout le pays des Flittas et dans le Dahra, non sans expier toutefois de temps à autre par d'assez rudes échecs la témérité de ses entreprises. On recommença patiemment à poursuivre et à réduire une à une les tribus révoltées. De bons résultats ne tardèrent pas à récompenser la persévérance de nos généraux et de nos troupes. Le chérif, battu dans toutes les rencontres, fut abandonné successivement par tous ses partisans, et réduit à un petit nombre de cavaliers. Atteint le 29 janvier 1846, près de Tadjena, par le lieutenant-colonel Canrobert, il vit périr son principal appui, Ben-

Hini, caïd des Beni-Hidjas, et le lendemain une bonne partie de ses fantassins fut sabrée par nos chasseurs. Le 15 mars cependant il avait réussi à relever le courage des Beni-Zeroual et autres tribus du bas Dahra, et tenait de nouveau la campagne avec trois ou quatre cents cavaliers et autant de fantassins. Atteint sur l'Oued-Ksa par le colonel Saint-Arnaud, ses troupes furent dispersées, et lui-même fut blessé dans ce combat d'une balle qui lui fit perdre presque entièrement l'usage du bras, et qui le mit pour longtemps hors de combat. Le 24 avril il vit périr son lieutenant Ben-Naka, qui le suppléait depuis sa blessure. Il fallut se résigner à la fuite. Couché sur un mulet, dont les mouvements occasionnaient de cruelles douleurs à son bras brisé, Bou-Maza traversa furtivement le Chélif, et rejoignit dans l'Ouarensenis le kalifa El-Hadj-Seghrir; puis tous deux, trompant par une fausse nouvelle notre agha des Flittas, gagnèrent la vallée de l'Oued-el-That, sortirent du Tell aux environs de Frendah, et rejoignirent enfin l'émir à Stittema pour le suivre à la déira.

La mésintelligence éclata bientôt entre les deux sultans déchus; sauvé des embûches que lui tendait son rival, et rejoint à grand'peine par quinze de ses plus fidèles cavaliers, Bou-Maza à partir des premiers jours de novembre parcourut toutes les tribus du petit désert; il soutint chez les Ouled Djellal, le 10 janvier 1847, un combat meurtrier contre la colonne du général Herbillon; enfin, déçu dans toutes ses espérances, échappé avec peine à l'attaque inopinée du lieutenant Marguenie près de Teniet-el-Had, il vint se remettre, le 13 avril, aux mains de son plus constant adversaire, le colonel Saint-Arnaud.

Amené bientôt en France, il fut interné à Paris. Le ministre de la guerre lui fit une pension de 15,000 francs, et loua pour lui un appartement aux Champs-Élysées. C'est là que Bou-Maza se lia avec la princesse Belgiojoso, une très-grande dame ma foi! qui se chargea de son éducation, en même temps qu'un officier était placé auprès de lui pour le former à nos idées de civilisation; et il fut décidément alors le lion du jour.

Après avoir subi quelques opérations douloureuses, car son bras le faisait toujours souffrir, Bou-Maza fut bientôt initié à nos mœurs et à notre langue. On pensa même un moment à lui donner le commandement d'un corps indigène en Afrique; mais l'opinion se révolta contre l'idée de faire obéir un seul de nos officiers à cet aventurier, qui n'avait déployé dans sa carrière militaire que l'astuce d'un jongleur et la perfidie d'un chef de brigands, qui avait fait couper par morceaux une petite fille de sept ans trouvée dans une tente par les Arabes à l'attaque du camp des Gouges, brûler vifs onze malheureux soldats tombés entre les mains des Kabyles à l'affaire des Ouled-Jounès, et dépecer le corps mutilé du chef du bureau arabe de Tenez, afin que ces tristes débris promenés de montagne en montagne excitassent l'ardeur des révoltés.

Dans la nuit du 23 février 1848, Bou-Maza, profitant des événements, s'enfuit mystérieusement de Paris; mais il fut reconnu et arrêté à Brest. Alors il écrivit au ministre de la guerre pour le prier de faire venir auprès de lui sa femme, qui se trouvait à Orléansville. Le gouvernement provisoire, inquiet de la situation de notre colonie, et craignant avec raison que la présence de Bou-Maza en Algérie n'y devînt une cause de trouble, crut devoir s'assurer de sa personne, et le fit renfermer au fort de Ham. De nouveau Bou-Maza parurent encore en effet en Afrique. L'un d'eux prétendait même s'être échappé de France dans une caisse. Tous payèrent de leur vie leurs tentatives d'insurrection.

Lorsque le président de la république alla visiter le château de Ham, le 22 juillet 1849, il ordonna la mise en liberté de Bou-Maza, qui dut continuer cependant à habiter cette ville, avec une forte pension du gouvernement. Un petit voyage d'agrément, qu'il fit dernièrement à Compiègne, avec la permission du maire de Ham, donna à penser qu'il s'était encore une fois évadé; mais Bou-Maza réclama en très-bons termes, et certifia qu'il n'avait point l'intention de quitter la France en fugitif. En 1852, il a été rendu à la liberté.

BOUNDELKOUND. *Voyez* BUNDELKUND.
BOUPHONIES. *Voyez* BUPHONIES.
BOUQUER, vieux mot, dérivé du latin *bucca*, bouche, ne se dit au propre que de l'action d'un singe qu'on force à baiser quelque chose qu'on lui présente.

En termes de chasseur, faire *bouquer* un renard, c'est le faire sortir de son terrier, en lançant des chiens à sa poursuite.

Les marins emploient aussi le mot *bouquer* pour dire se rebuter d'un travail long et fatigant, ou se rebuter de la monotonie des vivres, voir passer son appétit.

BOUQUET. L'acception de ce mot s'est rétrécie graduellement; il désigna d'abord un *petit bois*, puis tout simplement un *groupe d'arbres*, puis enfin, plus coquet, plus mignon, le mot *bouquet*, tout frais, tout parfumé, servit à indiquer un *assemblage de fleurs*. Maintenant encore nous appelons *bouquet d'arbres* quelques arbres réunis, et les Italiens nomment un bouquet *boschetto* (petit bois).

Le bouquet, se mêlant aux différents usages des peuples, s'est associé à presque toutes les époques de la vie, comme pour la rendre plus riante. Nous devons placer au premier rang le *bouquet de mariée*. Une demi-couronne de fleurs d'oranger, appelée *chapeau*, ou un bouquet semblable, forment la parure distinctive des mariées. Mais souvent la pauvre couronne est reléguée dans un petit coin de la coiffure, et s'aperçoit à peine au milieu du voile et de la guirlande. Elles ne savent donc pas, nos jeunes mariées, que le chapeau de fleurs d'oranger sur la tête d'une jeune fille, c'est comme l'auréole sur le front de la Vierge; c'est quelque chose de pur et de saint. Dans les noces de campagne, ces belles fleurs ne perdent pas ainsi leurs droits; elles ornent seules le bonnet de la paysanne. Comme il bondit, ce bouquet, sur le cœur de la jeune fille, lorsqu'elle traverse le village pour se rendre à l'église, entourée de compagnes qui se font de son bonheur une image de celui qu'elles attendent pour elles-mêmes! et le soir, au son du violon criard, comme ses boutons se mêlent et se croisent! comme il saute, comme il fait des entrechats, ce joyeux bouquet, large comme la figure de la mariée! Ces bouquets de fleurs d'oranger sont les seuls qu'on ne porte qu'une fois : ils veulent du bonheur, un front qui rayonne : une inquiétude, une pensée amère, une illusion fanée, feraient tache sur ces boutons blancs; il faut les serrer dans le tiroir encore tout imprégnés de joie. Ne serait-il pas téméraire de les porter plus d'un jour dans la vie?

Le chapeau de fleurs d'oranger se place encore sur les cercueils des jeunes filles. Cet usage nous vient sans doute des Grecs, qui posaient des couronnes sur les têtes des cadavres; car chez eux la Mort était coquette, et mettait des fleurs pour cacher ses ossements. Les bouquets servent encore à parer les tombes; nos cimetières ressemblent à de larges corbeilles de fleurs : il semble que tous les jours ce soit fête chez les morts. Ce sont presque toujours des couronnes d'immortelles jaunes qu'on pose sur ces marbres : pourquoi des immortelles? Quelques parents prétendent qu'ils les choisissent comme symbole de l'éternité de leur douleur : ne serait-ce pas plutôt parce qu'on les renouvelle moins souvent? Les autres fleurs sont si tôt flétries! le chemin du cimetière s'oublie si vite! le front s'éclaircit avant les vêtements de deuil, et sur bien des tombes les couronnes d'immortelles elles-mêmes restent longtemps fanées.

Les bouquets ornent aussi les vases de l'église; il semblait naturel de choisir les fleurs pour fêter Dieu : c'est le luxe de sa création, et leurs parfums semblent monter à lui avec la prière et l'encens. Mais les églises n'ont maintenant que des fleurs artificielles. Les autels n'ont plus de parfums, et des morceaux de batiste taillés par quelques pauvres ouvrières remplacent les bouquets naturels que Dieu lui-même a nuancés.

Toutes les femmes connaissent ces bouquets ronds et plats, ornés de beaux camélias, de cercles de violettes et de roses du Bengale, qu'on nomme *bouquets à la duchesse*. Ne serait-ce pas à la duchesse de Berri qu'ils devraient leur nom? L'habitude qu'elle avait d'en tenir un à la main chaque fois qu'elle paraissait en public, et son goût pour les camélias n'autoriseraient-ils pas à le présumer?

Après tous ces bouquets, viennent encore ceux des marraines, ceux des fêtes dans leurs cornets de papier blanc. On en retrouve partout où il y a du plaisir. Ce n'est pas leur destination d'orner des cercueils et des tombes. Vivent les joyeux bouquets de noce, de bal et de fête! Les fleurs sont faites essentiellement pour le bonheur; elles sont fraîches et riantes comme lui, et se fanent aussi vite.

Anaïs SÉGALAS.

Les bouquets servent souvent aussi de messages d'amour, messages d'autant plus discrets que c'est le cadeau qui tire le moins à conséquence. On peut toujours accepter un bouquet. On en donne aux fêtes, aux bals; les femmes en portent même aux soirées, en voiture, à la promenade. Ils ornent la table d'un grand repas, l'appartement d'une femme comme il faut aussi bien que la mansarde d'une grisette. Les poètes en décorent leurs héroïnes.

> Pour toi sa main d'albâtre et choisit et moissonne
> La pâle violette et la riche anémone,
> Joint la fleur du narcisse aux parfums du muguet
> Et d'heureuses couleurs nuançant ton *bouquet*,
> Entrelace avec art et mollement oppose
> L'hyacinte au pavot, les soucis à la rose.   (TISSOT.)

On fait aussi, tant pour l'ornement que pour la parure, des bouquets en fleurs artificielles, bouquets qu'un poète appelle :

> Des bouquets sans parfums, enfants de l'imposture.

En littérature on nomme encore *bouquets* de petites pièces de vers adressées à une personne le jour de sa fête.

De là sans doute aussi les noms de *bouquet à Iris*, *bouquet à Chloris*, *bouquet à Philis*, donnés à tout rondeau, chanson ou madrigal adressé à quelque beauté imaginaire. De tous les peuples modernes, ce sont les Français qui ont dépensé le plus d'esprit dans ce genre ; mais il s'en faut qu'ils aient toujours été heureux. Les chansons des troubadours et des trouvères, pleines de recherche et d'affectation, ne célèbrent que l'amour, mais ne sont guère propres à l'inspirer. On devine trop en les lisant que leurs auteurs chantent pour chanter et n'aiment que pour rimer. Même chose aurait plus tard, lors de la renaissance des lettres, sous François Ier. A l'exception de quelques traits plus naturels que passionnés, Marot et ses successeurs semblent toujours plaisanter de ce qu'ils éprouvent. Plus tard le génie espagnol, introduit en France par Anne d'Autriche, nous apprit à raffiner sur tous les sentiments, fit école à la ville et à la cour, et provoqua des avalanches de *bouquets* qu'on recueillait avec amour dans cet hôtel de Rambouillet où régnait Voiture, bel esprit souple et brillant, qui, admis, malgré sa naissance, auprès des grandes dames, ne s'occupait qu'à amuser leur esprit, n'osant viser plus haut.

Froidement ingénieux, ce langage, adopté par la mode, devint celui de tout le monde. Chacun dut soupirer par air, et les femmes accueillirent d'autant plus volontiers ce genre d'hommages que, en flattant leur vanité, il pouvait servir à cacher sous des sentiments feints un sentiment réel. On ferait une bibliothèque de tout le fatras poétique qui encombra alors les ruelles et le Parnasse sous le nom de *bouquets*. Après avoir longtemps fleuri, les *bouquets à Iris* passèrent à leur tour, remplacés par l'épître badine et les petits vers des Dorat et des Pezay.

Parmi ces pièces de vers qui faisaient les délices d'une société frivole, mais sensible par dessus tout à la finesse des idées et aux grâces du langage, nous citerons celle-ci, de Chaulieu, dans le goût marotique :

> Ces fleurs s'en vont trouver l'objet charmant
> Sur qui d'amour tout le bonheur je fonde :
> Si ce bouquet donné d'amour profonde
> C'est te donner toute la terre ronde,
> Comme l'a dit très-bien maître Clément,
> Jouis, Iris, de l'empire du monde
> Dont tu faisais déjà tout l'ornement;
> Car bouquet onc plus amoureusement
> Ne fut donné depuis ce doux moment
> Qu'on vit sortir l'autre Vénus de l'onde.

Voici un *bouquet à Philis* de Montreuil :

> Pourquoi me demandez-vous tant
> Si mes feux dureront, si je serai constant,
> Jusques à quand mon cœur vivra sous votre empire?
> Ah! Philis, vous avez grand tort!
> Comment pourrais-je vous le dire?
> Rien n'est plus incertain que l'heure de la mort.

Le mot *bouquet* a encore différentes acceptions.

En terme d'artificier, on appelle *bouquet d'artifice*, *bouquet de fusées*, un paquet de différentes pièces d'artifice qui partent ensemble. La gerbe de fusées ou de girandoles, la réunion de toutes les pièces, disposées à cet effet, que l'on garde pour la fin d'un feu d'artifice, s'appelle par excellence le *bouquet*. Cette expression est passée de là dans le langage figuré.

Le botaniste Richard a appliqué le nom de *bouquet* à une assemblage de fleurs (de même nature et placées sur la même tige), dont les pédoncules uniflores partent tous d'un même point, telles que la primevère officinale. Dans l'application générale, il est presque synonyme de *thyrse*, et indique la disposition de certaines fleurs, telles que le lilas, qui sont un composé de grappes pyramidales.

Par extension, on a dit d'abord un *bouquet* de cerises, de poires ou d'autres fruits analogues; puis un *bouquet* de plumes, de cheveux, de diamants, de pierreries, de perles, d'émail, etc., de tous les objets et de toutes les matières que l'art a employés pour imiter les fleurs naturelles et leur assemblage.

Enfin on qualifie de *bouquet* l'agréable parfum d'un vin de bonne qualité.

BOUQUET (Dom MARTIN), né à Amiens, en 1685, entra tout jeune dans l'ordre de Saint-Benoît. Il se démit de la charge de bibliothécaire de l'abbaye de Saint-Germain-des-Prés pour se livrer entièrement au travail, concourut à l'impression de plusieurs ouvrages de son collègue Montfaucon, et s'occupa d'une nouvelle édition de Flavius Josèphe. Déjà son ouvrage était fort avancé, lorsque ayant appris que Havercamp s'occupait du même travail, il lui envoya tous ses matériaux. En 1676 Colbert avait projeté une nouvelle collection des historiens des Gaules et de la France. Lorsque ce ministre fut mort, Le Tellier, archevêque de Reims, pria Mabillon de se charger de l'exécution de ce plan, mais celui-ci refusa ce fardeau, qu'il croyait trop lourd pour lui. Plus tard, d'Aguesseau confia cette entreprise à l'oratorien Lelong, dont la mort, arrivée en 1721, suspendit encore une fois ce projet. Alors Dom Denis de Sainte-Marthe, supérieur général de la congrégation de Saint-Maur, demanda que ses religieux fussent chargés d'une entreprise qu'il regardait, comme abandonnée, et proposa Dom Bouquet pour l'accomplir. Bouquet fit paraître en 1738 les deux premiers volumes, de cette belle collection sous le titre de *Rerum Gallicarum et Francicarum Scriptores* (*Recueil des Historiens des Gaules et de la France*). Il avait déjà publié huit volumes, lorsqu'il mourut à Paris, en 1754. Dom Maur d'Antine, J.-B. Haudiquier, et son frère Charles Haudiquier, Dom Poirier, Dom Précieux, Étienne Housseau, Dom Clément et Dom Brial continuèrent ce travail, que poursuit l'Académie des Inscriptions et Belles-Lettres. Auguste SAVAGNER.

BOUQUETIN, BOUCTAIN, ou BOUC-ESTAIN. Ce nom appartient à trois espèces du genre *bouc* : la plus connue est le *bouquetin des Alpes* (l'*ibex* de Pline), qui se distingue de ses congénères principalement par la disposition de ses cornes.

Chez les mâles, les cornes sont comprimées latéralement, et presque deux fois moins épaisses de dedans en dehors que d'avant en arrière. Leurs deux faces latérales, à peu près planes et parallèles entre elles, sont, ainsi que la face postérieure qui est arrondie, marquées de stries ondulées; la face antérieure, plane transversalement, est séparée de la face externe par une vive arête, et de l'interne par un filet saillant : elle présente d'espace en espace des bourrelets très-épais, qui se terminent en dehors d'une manière abrupte, et en dedans par un gros nœud lié au filet longitudinal. Ces bourrelets, au nombre de vingt à trente chez les individus un peu âgés, sont mieux marqués et plus gros à la partie moyenne que vers la base. Les cornes d'un vieux mâle, mesurées en suivant leur courbure, ont quelquefois plus d'un mètre de longueur, tandis que les cornes de l'*étagne* (c'est ainsi qu'on nomme la femelle) atteignent à peine quatorze à quinze centimètres.

Sous le rapport de la taille, il y a aussi entre le mâle et la femelle une différence très-notable, et beaucoup plus grande que celle qui existe entre nos boucs et nos chèvres domestiques. Une autre différence entre les sexes consiste dans l'absence de barbe chez les femelles.

Cette espèce, qui semble aujourd'hui confinée dans un petit canton des Alpes piémontaises, se trouvait autrefois dans toutes les parties élevées de la chaîne comprise entre le mont Blanc et le mont Eisenhut, en Styrie; quelques naturalistes pensent même qu'à une époque plus ancienne elle habitait aussi une partie de la chaîne des Apennins.

Les deux autres espèces sont le *bouquetin de Sibérie* et le *bouquetin du Caucase*.

Les anciens regardaient le sang des bouquetins comme astringent et diurétique. Le peuple croyait encore naguère qu'il favorisait l'expectoration, aidait à la résolution de la pleurésie, etc.

BOUQUIN, BOUQUINEUR, BOUQUINISTE (de l'allemand *Buch*, livre). Il y a d'abord les vrais *bouquins*, qui sont de vieux livres poussiéreux à la vieille couverture, aux ornements *rococos*, au papier jauni, aux vieux caractères; mais il y a aussi des livres neufs qui passent à l'état de bouquins en voyant le jour, et cela malgré leur riche encolure. Il en est des livres comme des hommes, il ne faut point les juger sur l'apparence. Malgré les belles gravures dont elles sont ornées, les œuvres de Dorat se vendent depuis longtemps comme des bouquins. Malgré leurs élégantes reliures en veau, en maroquin, en cuir de Russie, malgré les fers dorés et à froid qui les décorent, les œuvres de MM. tel et tel sont mises prématurément et avec juste raison au rang des bouquins. Tout au contraire, sous leurs modestes couvertures de veau fauve ou de parchemin jaunâtre et enfumé, les éditions de Virgile, d'Horace, de Plutarque, de Cicéron, publiées il y a deux, trois et quatre siècles par les Étiennes, les Elzevirs et les Aldes, loin d'être regardées comme des bouquins, sont toujours recherchées et chèrement payées par les bibliophiles, par les véritables connaisseurs. En revanche, beaucoup de grands seigneurs, de belles dames et d'épiciers enrichis, n'ayant une bibliothèque que par ton, regardent les livres uniquement comme des meubles, et ne s'attachent point au contenu, mais à la couverture. Les leurs, en rayons bien alignés (les gros livres en bas, les petits en haut), magnifiquement reliés en maroquin bleu, rouge, jaune ou vert, armoriés, dorés sur tranche, etc., ne tentent pas le moins du monde les libraires, ni même les bouquinistes; ils passent chez les fripiers, chez les marchands de chiffons, voire même chez la beurrière et l'épicier, qui en font des cornets de papier : *habent sua fata libelli*.

De *bouquin* est venu le verbe *bouquiner*, qui signifie chercher et acheter des bouquins. *Aimer à bouquiner, s'amuser à bouquiner*, c'est passer son temps à chercher dans les vieux livres pour en trouver de bons, à les parcourir, à les lire sur les étalages ou dans les échoppes des marchands. Il y a des curieux qui ne font toute leur vie que bouquiner. Puis de *bouquiner* sont venus *bouquineur* et *bouquiniste*. Le bouquiniste est le vendeur de bouquins, le marchand de vieux livres; le *bouquineur* est celui qui en cherche, qui en achète. Le bouquineur arpente tous les jours, du matin au soir, les quatre coins de Paris pour déterrer les vieux livres; il visite les quais, les ponts, les boulevards, et de préférence les rues les plus sales et les plus étroites du centre de la capitale; il s'arrête partout, il entre partout où il aperçoit des livres noirs ou poudreux; il bouleverse, il ramasse ceux qui sont étalés pêle-mêle dans la poussière ou dans la boue; il pénètre jusqu'au fond des plus sombres boutiques. C'est qu'à force de peines et de recherches, il trouve des livres rares ou des volumes dépareillés qui lui complètent quelques ouvrages précieux. En tout cas, il n'y a pas loin du bouquineur au bibliomane. On le voit rentrer chez lui les poches pleines de ses acquisitions, qu'il entasse souvent pêle-mêle, et qu'il n'est pas toujours en état de retrouver.

Il y a aussi une autre classe de bouquineurs, qui achète rarement, et qui fait des quais et des ponts son cabinet de lecture; fouillant dans tous les étalages, ces gens-là passent leurs journées à lire gratis les volumes du pauvre bouquiniste.

Si les bouquineurs font vivre les bouquinistes, on peut dire aussi que sans les bouquinistes il existerait peu de bouquins. C'est à leur zèle opiniâtre et assidu que les bibliothèques les plus précieuses doivent leur origine; c'est aux soins vigilants des bouquinistes et des bouquineurs que les sciences, les lettres et même la religion doivent la conservation d'une foule de livres rares et précieux que sans eux l'eau, le feu et les vers auraient détruits dès longtemps. On ne connaît pas assez les obligations que l'on a envers ces hommes dont la manie et le fanatisme pour les vieux livres sont pour les gens du beau monde un objet de ridicule, de mépris et de dégoût.

Malheureusement, la race des uns et des autres commence à s'éteindre. Les plus fameux bouquineurs des temps modernes n'existent plus. Il est mort depuis plus de soixante ans ce marquis de Méjanes qui, après avoir bouquiné dans toute la France, après avoir formé d'immenses dépôts de bouquins à Aix, à Arles, à Avignon et à Paris, en avait tellement encombré l'appartement qu'il occupait près de la place Vendôme, que sa femme était obligée de passer avec peine à travers deux longues palissades de livres, pour aller se coucher dans une alcove de bouquins. Ces livres et ces bouquins précieux forment aujourd'hui la bibliothèque publique d'Aix, l'une des trois plus considérables de France après celles de Paris. Il est mort, le bon et savant Boulard, qui avait renoncé à son étude de notaire, à toutes fonctions civiles, législatives et administratives, afin de se livrer à sa passion pour les bouquins; qu'on ne rencontrait jamais sans qu'il en eût les poches pleines; qui les achetait en bloc, à tant la hotte, à tant la charretée, sans choix, sans examen et sans compter, mais souvent aussi dans une intention bienfaisante. Forcé de donner congé à tous ses locataires, au fur et à mesure qu'il avait besoin de leurs boutiques et de leurs appartements pour y loger ses livres, il avait fini par en encombrer toute sa maison, depuis le rez-de-chaussée jusqu'au grenier. Il est mort aussi, C.-M. Pillet, qu'on voyait chaque soir dans les ventes de livres acheter des lots de bouquins et de brochures, poussant les enchères, sans lever les yeux des épreuves de la *Biographie universelle*, qu'il corrigeait. Pour satisfaire sa manie de bouquins, il se privait de vêtements et de nourriture. Courbé sous le faix, il revenait journellement, sans chapeau, ajouter son butin à celui qu'il avait entassé dans son galetas, et sous lequel son grabat était enseveli. Suivant ses dernières volontés, deux chargements complets de voitures de roulage ont porté ses livres et ses bouquins aux jésuites de Chambéri, sa patrie. Tous ces bouquineurs sont morts. M. Corbière, qui durant son ministère entrava et vexa la presse moderne, comme l'ont fait au reste tous ses successeurs, n'encourageait que le commerce des bouquins, et donnait ses audiences du haut de l'échelle d'où il arrangeait sur les rayons de sa bibliothèque ses *Elzévirs* et ses *Variorum*.

Quant aux bouquinistes, il n'y en a plus, à proprement parler, à Paris depuis que des libraires instruits leur ont coupé les vivres en se mêlant de ce métier, en accaparant tous les vieux livres qu'ils rencontrent sur leur route, qui surgissent dans les ventes publiques, et que les amateurs n'ont pas osé surenchérir. Les étalagistes qu'on veut bien encore appeler bouquinistes, et qui tapissent les boulevards, les quais et les carrefours, ne sont que des marchands de livres, achètent et revendant indistinctement le vieux et le neuf, sans connaître leurs marchandises, et presque sans savoir lire, à peu près comme s'ils vendaient des gâteaux de Nanterre, des allumettes, de l'amadou. Ils en savent tout juste assez pour faire la séparation de leurs brochures et de leurs bouquins, et pour les crier et afficher depuis deux ou quatre sous la pièce jusqu'à un franc. Il n'existe plus à Paris, que nous sachions, qu'un véritable bouquiniste, c'est le vieux Corbet, lequel, depuis cinquante ans, achète ou vend tous les livres dépareillés qu'il rencontre. Corbet a plus de cent mille bouquins, parmi lesquels il y a de fort bons livres.

BOUQUIN (Cornet à). *Voyez* Cornet à Bouquin.

BOURACAN, étoffe non croisée, espèce de camelot tissu de poil de chèvre, mais d'un grain beaucoup plus gros que celui du camelot ordinaire, qui sert principalement à faire des manteaux pour se préserver de la pluie en voyage.

BOURBE, BOURBEUX, BOURBIER. On appelle *bourbe*, une terre molle détrempée d'eau, où la boue provenant des terres grasses, des eaux croupies et des lieux marécageux. Les tanches et les anguilles sentent ordinairement la bourbe quand elles ne sont point dégorgées. Le mot *bourbe*, comme celui de *boue*, vient du grec βόϐορος, qui a la même signification. Il a donné naissance aux mots *bourbeux* et *bourbier*, qualification des lieux ou des choses où il y a un amas de bourbe; on dit un ruisseau *bourbeux*, un gué *bourbeux* : les mares sont toujours *bourbeuses*.

Ce mot et ses dérivés reçoivent aussi des applications fréquentes dans le sens figuré. On dit, par exemple, d'un homme malheureux, qu'il croupit dans la *bourbe*. Enfin, le mot *bourbier* s'entend, en style familier, des embarras où un homme se trouve par sa faute, ou d'une affaire fâcheuse dont on a de la peine à sortir : il aura bien de la peine, dit-on souvent, à se tirer de ce *bourbier*.

On qualifie aussi du nom de *bourbes* ou de *boues* certaines eaux minérales qui conviennent à la guérison des douleurs rhumatismales. *Voyez* Boues des eaux.

Enfin, le peuple à Paris donne le nom de *la Bourbe* à l'hospice d'accouchement, dit de la Maternité, lequel occupe l'ancienne abbaye de Port-Royal.

BOURBILLON. *Voyez* Furoncle.

BOURBON (Maisons de). Plusieurs familles ont porté ce titre emprunté au Bourbonnais, qu'elles possédèrent en fief. On sait que la dernière arriva au trône de France, dont elle fut précipitée par trois révolutions successives.

Première maison de Bourbon. Childebrand Ier, frère puîné de Charles Martel, aïeul de Charlemagne, et dont deux fils de Pépin d'Héristal, fut père de Nibelong Ier, qui vivait en 805. Celui-ci laissa deux fils, Théotbert, père de Robert le Fort, bisaïeul de Hugues Capet, et Childebrand II, souche de la première maison de Bourbon, dont l'origine se confondait ainsi avec celle des rois de France de la seconde et de la troisième race. En 814 le même Childebrand II donna aux religieuses d'Yseure, près Moulins, un fonds de terre qui lui était échu, dit-il dans la charte, de l'héritage de Nibelong, son père. Ce passage prouve que sa famille possédait déjà patrimonialement une partie du Bourbonnais.

Aymar Ier, un de ses fils, fut père de Nibelong II, dont le fils Aymar II est qualifié comte dans une charte de l'année 913, par laquelle le roi Charles le Simple lui fait don de plusieurs terres situées en Berry, en Auvergne et dans l'Autunois. Dans cette donation se trouvait compris le territoire de Souvigny, sur lequel Aymar fonda un prieuré de bénédictins en 917. Dans son testament, daté du château de Moulins, le 4 des calendes de mai 923, son fils aîné, Aymon Ier, est institué son héritier universel, et c'est le seul qui paraisse avoir eu postérité. Néanmoins il ne succéda pas immédiatement à Aymar II, car la charte de fondation du prieuré de Saint-Vincent de Chantelle, du 26 mars 936, fut souscrite par un Guy, comte de Bourbon, administrateur du pays pendant la minorité d'Aymon Ier. Dès que celui-ci fut parvenu au gouvernement, il révoqua la cession que son père avait faite à l'abbaye de Souvigny. On le vit même recourir à la force pour recouvrer des biens que non-seulement il restitua bientôt après par repentir ou par faiblesse, mais qu'il accrut encore par la cession de la terre de Longvé. Aymon Ier fit son testament en 953. Il en confia l'exécution à son cousin le duc Hugues le Grand, père de Hugues Capet. D'Alsente, sa femme, il laissa, entre autres enfants, Archambault, dont nous allons parler, et Anseric, qui fut apanagé du château des Thernes, connu depuis sous le nom de Bourbon-Lancí (sa postérité existait encore en 1351, dans la personne de Jean de Bourbon, seigneur de Montpéroux).

Archambault Ier, sire de Bourbon, vivait en 959, et mourut en 985. C'est de lui probablement et de quelqu'un de ses successeurs que le château de Bourbon prit le nom de Bourbon-l'Archambault, pour le distinguer des autres lieux nommés Bourbon. Rothilde, sa femme, l'avait rendu père de Archambault II, qualifié prince dans la chronique de Vezelai, qui fait mention de la guerre que ce seigneur soutenait en 999 contre Landri, comte de Nevers.

Archambault II mourut après l'année 1025, ayant eu d'Ermengarde de Sully Archambault III et Aymon, archevêque de Bourges, mort en 1071. Archambault III, surnommé du Montet, sire de Bourbon, fit de grandes libéralités aux églises de Souvigny, de Colombières, de Saint-Ursin, de Bourges et du Montet. Mais son fils, Archambault IV, surnommé *le Fort*, qui lui succéda peu après l'an 1066, n'imita point l'exemple de ces pieuses prodigalités. Il entreprit de restreindre les envahissements des moines de Souvigny sur la juridiction de ce lieu, et y établit à son profit de nouvelles coutumes. Cet acte d'autorité était sur le point de lui attirer les foudres de l'excommunication, lorsque saint Hugues, abbé de Cluny, parvint à conjurer l'orage, dans l'espoir de rendre ce seigneur plus traitable. Archambault ne démentit pas jusqu'au lit de la mort; mais alors (1078), effrayé par les terreurs d'une autre vie, il consentit à renoncer aux droits de sa maison sur les biens litigieux. Marié avec Philippe d'Auvergne, il en avait eu plusieurs enfants, dont les principaux furent Archambault V, Aymon II, et Guillaume, seigneur de Montluçon Cette branche a fini dans Béatrix, dame de Montluçon, qui, par son mariage avec Archambault IX, son parent, fit rentrer cette terre dans la maison de Bourbon.

Archambault V, sire de Bourbon, fut un prince entreprenant, querelleur et violent. Il emprisonna le légat du pape, Hugues de Die, archevêque de Lyon, tint longtemps captif Hugues, seigneur de Montigny, et donna de vives inquiétudes aux moines de Souvigny, qui, comme tous les autres moines, sous le prétexte de défendre les droits du peuple, ne cessaient de s'arrondir aux dépens des seigneurs. Il fallut que le concile de Clermont s'interposât pour qu'il les laissât en repos, car la présence du pape Urbain II à Souvigny n'avait fait que suspendre son activité à ressaisir tous les droits que sa maison avait perdus. Archambault V finit ses jours en 1096, laissant un fils en bas âge, nommé ARCHAMBAULT VI, sur lequel Aymon II, son oncle, surnommé *Vairevache*, usurpa le Bourbonnais. Le roi Louis le Gros ayant inutilement ajourné Aymon à sa cour, pour rendre compte de sa conduite envers son neveu, lève une armée, assiège Aymon dans le château de Germigny (1115), l'oblige à lui venir demander pardon à genoux ; et, l'ayant emmené à Paris, il le traduit devant le conseil des pairs, qui condamne Aymon à restituer à Archambault VI son héritage. Celui-ci étant mort en 1116 sans avoir été marié, Aymon II se remit en possession du Bourbonnais par droit héréditaire.

Son fils et son successeur, ARCHAMBAULT VII, avait été marié à Agnès de Savoie, sœur d'Adélaïde, femme du roi Louis le Gros. En 1137 il fonda Villefranche, à trois lieues de Montluçon, et lui accorda des coutumes. Dix ans après il accompagna le roi Louis le Jeune, son neveu, à la Terre Sainte, d'où il était de retour en 1149. Il mourut en 1171. ARCHAMBAULT VIII, son fils et son successeur, fut nommé, par le roi Philippe-Auguste (1200), gardien de toutes les terres et forteresses que ce monarque avait conquises l'année précédente dans le comté et le dauphiné d'Auvergne. Archambault VIII mourut la même année, et ne laissa qu'une fille, Mathilde, ou Mahaut de Bourbon, qui fut remariée en secondes noces (1197) avec Gui II de Dampierre, seigneur de Saint-Just et de Saint-Dizier en Champagne, avec lequel elle succéda dans la baronnie de Bourbon.

Seconde maison de Bourbon. Gui de Dampierre, reçu vassal-lige du roi Philippe-Auguste en 1202, fut mis à la tête de l'armée que ce monarque fit marcher contre le comte d'Auvergne. Cette guerre, qui dura trois ans, valut au sire de Bourbon un accroissement de domaine, ainsi que la garde pour le roi de toutes les conquêtes qu'il avait faites dans cette expédition. Guy mourut en 1215, laissant plusieurs enfants de Mahaut de Bourbon, décédée le 20 juin 1218, entre autres ARCHAMBAULT IX ; ce prince, à qui sa valeur et sa générosité ont mérité le surnom de *Grand*, quitta le nom et les armes de sa famille pour prendre ceux de Bourbon. La comtesse Blanche de Champagne, voulant donner un ferme appui au jeune comte Thibaud, son fils mineur, nomma le baron de Bourbon connétable de ses États (1217). D'un autre côté, le roi Philippe-Auguste lui transmit le gouvernement général des places que son père avait conquises en Auvergne. Il paraît qu'Archambault continua la guerre dans ce pays, car son maréchal conclut une trêve, en 1226, avec le comte Guillaume. Le baron de Bourbon, ayant accompagné Alfonse, comte de Poitiers, dans une expédition contre la Guienne, fut tué à la bataille de Taillebourg, le 21 juillet 1242. Ce seigneur a laissé en Bourbonnais de nombreuses traces de sa libéralité et de sa bienfaisance, et ce fut à lui que la ville de Gannat fut redevable de son affranchissement (1236). De son mariage avec Béatrix, héritière de Montluçon, sa parente, il laissa ARCHAMBAULT X, qui éleva au plus haut degré, par une grande alliance, la fortune de sa maison, déjà considérablement accrue par la valeur de ses pères. Il épousa Yolande de Chastillon, qui laissa à ses enfants les comtés de Nevers, d'Auxerre et de Tonnerre, les seigneuries de Montjay, de Thorigny, la baronnie de Donzy, et les terres de Broigny et de Saint-Aignan. Ayant accompagné saint Louis à son premier voyage d'outre-mer, il mourut dans l'île de Chypre, le 15 janvier 1249, ne laissant d'Yolande de Chastillon, qui l'avait suivi dans ce voyage, que deux filles, Mahaut, dame de Bourbon, morte en 1262, n'ayant eu d'Eudes de Bourgogne, son mari, que des filles ; et Agnès, femme de Jean de Bourgogne, seigneur de Charolais, frère d'Eudes. Il ne provint de ce mariage qu'une fille nommée Béatrix.

Troisième maison de Bourbon. Béatrix de Bourgogne, héritière du Bourbonnais en 1283, par la mort de sa mère, était mariée depuis l'année 1272 à son parent, Robert de France, comte de Clermont en Beauvaisis, sixième fils du roi saint Louis. Quoique ce prince, devenu possesseur du Bourbonnais, n'ait jamais porté d'autre titre que celui de comte de Clermont, qu'il avait eu en apanage, cependant, son fils aîné et sa nombreuse postérité adoptèrent exclusivement le nom de Bourbon. Robert de France n'a laissé d'autre souvenir mémorable que celui d'avoir été la souche d'une des plus grandes et des plus illustres maisons qui aient paru sur la scène du monde. Il mourut le 7 février 1317.

Louis 1er, surnommé *le Grand*, duc de Bourbon, appelé Louis *Monsieur* du vivant de Robert son père, et le seul de ses fils qui eut des enfants mâles, héritier de sa mère en 1310, s'était signalé, dès l'âge de vingt-trois ans, en sauvant d'une destruction totale l'armée française, battue par les Flamands à Courtrai en 1302. Deux ans après il avait contribué en neuf compagnies d'hommes d'armes à la victoire de Mons-en-Puelle. On vit ce jeune prince, secondé par Jean, sire de Charolais, son frère, remporter tous les prix du magnifique tournoi célébré à Boulogne-sur-Mer lors des noces d'Isabelle de France avec Édouard II, roi d'Angleterre (1308). A l'issue de ces fêtes, le prince Louis fut choisi, avec le comte de Valois, pour accompagner la jeune reine en Angleterre, et assister à son couronnement. Au retour de cette mission, le roi l'investit de la charge de chambrier de France, l'une des cinq premières de la couronne, et qui fut comme héréditaire dans sa maison jusqu'à la défection du fameux connétable de Bourbon. A la mort de Jean 1er le sire de Bourbon sut faire respecter la loi salique et affermir la couronne sur la tête de Philippe le Long, malgré les efforts que firent le duc de Bourgogne et les comtes de Valois et de la Marche pour élever sur le trône Jeanne de France, fille mineure de Louis-Hutin. Le sire de Bourbon, qui avait succédé à son père dans le titre de comte de Clermont, fut nommé généralissime de la croisade projetée en 1318, expédition qui n'eut pas lieu. Ce fut à cette occasion qu'Eudes de Bourgogne lui transporta le vain titre de roi de Thessalonique. Il en reçut un plus positif, et, l'on peut dire plus éclatant, de Charles IV, surnommé le Bel, contre lequel il avait défendu la loi salique lorsqu'il n'était que comte de la Marche, par l'érection du Bourbonnais en duché-pairie du royaume (27 décembre 1327). Dans le cours de la même année il reçut du roi l'échange du comté-pairie de la Marche, naguère son apanage, en échange du comté de Clermont, mais ce dernier comté fut rendu en pur don au duc de Bourbon, par le roi Philippe de Valois, après les services qu'il lui rendit dans la guerre de Flandre, où on le vit, à la tête de ses neuf compagnies d'hommes d'armes, contribuer vaillamment au gain de la bataille de Cassel (1328). Ce fut ce prince qui, comme ambassadeur de France en Angleterre, parvint à faire désister Édouard III de la prétention qu'il élevait de n'être que vassal simple de la couronne, à raison de ses possessions françaises, et à lui faire reconnaître qu'il était lié envers le roi Philippe de Valois et ses successeurs par l'hommage-lige. L'ambition d'Édouard ayant amené une éclatante rupture, le duc de Bourbon accompagna Philippe de Valois dans ses campagnes, et le servit utilement de ses conseils et de son épée. Plénipotentiaire au congrès d'Arras (1340), il fit tous ses efforts pour rendre la paix à la France ; mais il ne put obtenir qu'une trêve de deux ans, dont il ne vit pas le terme, étant décédé en 1342. Du mariage qu'il avait contracté, en

1310, avec Marie de Hainaut, il laissa deux fils, Pierre Ier, et Jacques Ier de Bourbon, comte de la Marche et de Ponthieu, connétable de France, que sa bravoure fit surnommer la fleur des chevaliers. C'est de lui et de Jeanne de Chastillon Saint-Paul, dame de Condé et de Carenci, qu'il épousa en 1335, que sont sorties les branches de la maison de Bourbon qui régnèrent en France, et qui règnent en Espagne et à Naples, la branche de Parme et celles d'Orléans, de Condé et de Conti, celles-ci récemment éteintes.

Pierre Ier, duc de Bourbon, comte de Clermont, né en 1301, accompagna le duc de Normandie, héritier de la couronne, dans la guerre contre Jean, comte de Montfort, compétiteur de Charles de Blois au duché de Bretagne (1341). Les rapides succès du jeune prince furent en partie le fruit des sages conseils du duc de Bourbon. Celui-ci, nommé capitaine-souverain dans la Guyenne, et parti seul sans troupes et sans argent, eut bientôt créé une armée respectable et reconquis toutes les places de la Guyenne française que les Anglais avaient envahies. Rappelé en Beauvaisis l'année suivante, pour tenir tête au roi d'Angleterre, qui, chargé des dépouilles de la Normandie, dirigeait sa retraite vers la Flandre, le duc de Bourbon le harcela et le tint en échec jusqu'au moment où le roi Philippe de Valois put venir le joindre avec une armée de cent mille hommes. Il fut témoin, le 26 août 1346, du désastre et de la perte de cette belle armée dans les plaines de Crécy. Étranger à des dispositions prises contre son avis, il voulut du moins réparer par des prodiges de valeur la honte d'une aussi éclatante défaite. Il combattit vaillamment à côté du roi, et fut grièvement blessé. A celle de Poitiers (19 septembre 1356), plus funeste encore pour la France, il périt d'une mort glorieuse, en faisant de son corps un rempart contre les coups dont le roi Jean était assailli. La duchesse Isabelle, sœur du roi Philippe de Valois, survécut au duc Pierre jusqu'en 1383. Elle en avait eu Louis II et cinq filles. Les principales étaient Jeanne, femme du roi Charles V, et Blanche de Bourbon, mariée à Pierre le Cruel.

Louis II, surnommé le Bon, duc de Bourbon, comte de Clermont et de Forez, succéda à son père. Il était né le 4 août 1337. Choisi pour l'un des otages que le roi Jean fournit à Édouard pour recouvrer sa liberté, l'inexécution du traité de Bretigny le retint pendant huit ans en Angleterre. Pendant cette longue absence, ses barons et ses chevaliers eurent continuellement les armes à la main pour réprimer les brigandages des grandes compagnies, et non contents de payer de leurs vies, ils prélevèrent encore sur leurs fortunes les sommes énormes exigées pour le cautionnement du duc et pour les engagements qu'il avait contractés pendant son séjour en Angleterre. A son retour il institua pour la noblesse de ses États l'ordre de chevalerie de l'Écu-d'Or. Lors de la cérémonie où il leur conféra cette décoration, Huguenin, Chauveau son procureur général, s'agenouillant à ses pieds, lui remit un registre énorme de tous les délits commis par ses nobles et ses chevaliers pendant son absence. L'inflexible magistrat n'avait pas fermé les yeux sur une seule infraction, et chacune entraînait la confiscation des fiefs. « Chauveau, lui dit alors le duc, avez-vous aussi tenu registre des services qu'ils m'ont rendus? » et, saisissant le registre sans l'ouvrir, il le jeta dans un grand brasier.

Jean de Montfort, duc de Bretagne, s'était ligué avec les Anglais, qu'il avait appelés dans ses États. L'armée française, commandée par Du Guesclin, marcha contre ces alliés, et fit de rapides conquêtes. Appelé par le roi en Guyenne au secours du duc d'Anjou, Louis II emporta d'assaut Brive-la Gaillarde sur son passage, et, ayant rejoint le duc d'Anjou, il contribua par ses conseils et son épée à la conquête de l'Agénais, du Condomois, du comté de Bigorre et d'une partie de la Gascogne. La vie entière de ce prince n'offre qu'une longue continuité de services rendus à sa patrie. Lié d'une étroite amitié avec Du Guesclin, ce fut lui qui déjoua, par son crédit sur l'esprit du roi Charles V, les trames ourdies pour éloigner et perdre ce grand capitaine. Chargé, avec les ducs d'Anjou, de Bourgogne et de Berry, de la tutelle du roi Charles VI (1380) et de l'administration du royaume, le duc de Bourbon fut le seul de ces quatre princes du sang qui s'acquitta de cette grave mission d'une manière louable et désintéressée. En 1382 il accompagna le jeune roi dans la guerre de Flandre, et fit des prodiges de valeur à la bataille de Rosebecque, où 800 hommes d'armes et 200 arbalétriers, levés à ses frais, combattaient sous sa bannière. L'année suivante, il contribua à la prise de Bourbourg.

Cette guerre terminée, une foule de guerriers de toutes les nations se réunirent pour aller combattre les Sarrasins d'Afrique. Tous d'une seule voix choisirent le duc de Bourbon pour leur chef. A son retour, le duc de Bourbon parcourut les armes à la main le Poitou et la Saintonge, chassant les Anglais de toutes les places dont ils s'étaient emparés après avoir rompu la trêve. Au siége de Verteuil, où il éprouvait une résistance opiniâtre, il voulut ranimer le courage de ses soldats par un fait d'armes personnel. Il charge de vêtement et d'armure, impose le silence sur son nom à quelques chevaliers qui l'accompagnent, et, s'avançant par une mine qui conduisait à la place, il va défier le plus brave de la garnison de venir se mesurer avec lui à la hache et à l'épée. Le gouverneur, Renaud de Montferrand, vint aussitôt s'offrir pour le combat. Déjà les deux champions sont aux prises et se portent les plus rudes coups, lorsqu'au mépris des ordres du duc, un Français, effrayé du péril auquel s'exposait le chef de l'armée, s'écria : Bourbon! Bourbon Notre-Dame! A ce cri de guerre des Bourbons, Montferrand recule, baisse son épée, et, transporté de l'honneur que lui fait le prince, il promet de lui remettre la place s'il consent à l'armer de sa main chevalier. Ce trait, qui peint les mœurs et les préjugés de cette époque, donne une haute idée de la réputation guerrière du duc de Bourbon. Lorsqu'en 1390 la république de Gênes implora le secours de la France pour mettre un frein à la piraterie des Maures d'Afrique, le duc Louis II fut nommé au commandement en chef de l'armée expéditionnaire, sur sa demande et celle des ambassadeurs génois. Cette armée, conduite au rivage africain par quatre-vingts vaisseaux, débarqua devant Carthage le 21 juillet 1390, et commença aussitôt l'attaque de cette place. Quatre furieux assauts repoussés avec une perte considérable, et la mortalité causée par l'excessive chaleur de ce climat ne permettaient plus de prolonger un siége qui durait avec des combats presque journaliers depuis neuf semaines. Le duc de Bourbon, sur l'avis de son conseil, en ordonna la levée; mais, pour ne pas perdre entièrement le fruit de cette expédition, il marche droit à l'armée que les rois de Bougie et de Maroc avaient envoyée au secours des assiégés, force son camp retranché, et la bat complètement deux fois dans la même journée. Intimidé par cette double victoire, le roi de Tunis consent à mettre en liberté tous les esclaves chrétiens qui sont dans ton royaume; il s'oblige à payer dix mille besants d'or pour les frais de la guerre, et promet de ne plus troubler la navigation des Francs dans la Méditerranée.

L'état de démence où tomba peu de temps après le roi Charles VI allait livrer le gouvernement de la France aux maisons d'Orléans et de Bourgogne. Leur funeste rivalité mit le royaume à deux doigts de sa perte ; il eût été entièrement consommée sans la médiation du duc de Bourbon. L'assassinat du duc d'Orléans (1407) et plus encore peut-être la lâche impunité de ce crime déterminèrent le duc de Bourbon à se retirer dans ses États. Il y réprima les entreprises de quelques aventuriers soudoyés par le duc de Bourgogne et le comte de Savoie, et mourut à Montluçon, le 19 août 1410, avec la réputation d'un grand capitaine et du plus honnête homme de son siècle.

D'Anne, dauphine d'Auvergne, qu'il avait épousée en 1371, il laissa un fils, Jean Ier, duc de Bourbon et d'Auvergne, né en 1381, qui lui succéda au milieu des complications les plus malheureuses. Le meurtre du duc d'Orléans n'avait point abattu son parti : il reparut bientôt plus redoutable sous Bernard, comte d'Armagnac, qui eut la triste gloire de lui donner son nom. Au défaut des grandes qualités de son père, le duc Jean offrit à ce parti l'appui de son nom, de son courage, souvent trop téméraire, et un dévouement que les plus dures épreuves ne purent jamais ébranler. Mais il fut l'un des signataires du honteux traité de 1412, qui devait consommer au profit de l'Angleterre les immenses cessions territoriales imposées par celui de Bretigny, et sa fatale présomption lui fit payer par dix-huit ans de captivité à Londres le malheur d'avoir contribué par ses conseils et son exemple à la désastreuse défaite d'Azincourt (1415). Trompé trois fois dans l'attente de recouvrer sa liberté, après avoir payé successivement trois rançons de cent mille écus, le désespoir d'une si longue captivité lui fit promettre, pour voir briser ses fers, jusqu'à l'infamie : il s'engagea à livrer aux Anglais les principales places de ses domaines et à reconnaître Henri VI pour son souverain légitime. Il mourut à Londres, en 1434, couvert de mépris et renié par sa propre famille, qui ne voulut jamais entendre parler de ce traité ignominieux.

Son fils, CHARLES Ier, né en 1401, demeura attaché au parti des Armagnacs, et fut fait prisonnier avec son frère Louis lors de la surprise de Paris par le duc de Bourgogne, le 29 mai 1418. Jean sans Peur, après avoir tenu quelque temps les deux frères captifs dans la tour du Louvre, fit rompre à Charles ses fiançailles avec Catherine de France, et lui fit épouser sa fille, Agnès de Bourgogne, qui n'était point encore nubile. Se croyant délié par la mort tragique de Jean sans Peur, de tous les engagements qu'il avait contractés par force, le duc de Bourbon renvoya sa jeune Agnès au nouveau duc Philippe le Bon, son frère, et embrassa avec chaleur la cause du dauphin, qui était celle de la France. Nommé capitaine général en Languedoc et en Guyenne, la terreur qu'inspirait sa valeur impétueuse et son inflexible rigueur envers les places occupées par les ennemis de l'État, Anglais ou Bourguignons, lui firent soumettre un grand nombre. Après avoir affermi l'autorité du dauphin, devenu Charles VII, dans les provinces du midi, il passa, en 1423, au gouvernement de celles du Nivernais, Bourbonnais, Forez, Maconnais, Beaujolais et Lyonnais. Le mariage de Bonne d'Artois, sa belle-sœur utérine, avec le duc de Bourgogne, rapprocha les deux familles, et le 17 septembre 1425 Charles Ier épousa la même Agnès de Bourgogne qu'il avait renvoyée sept ans auparavant. Mais cette alliance n'ébranla point son dévouement envers sa patrie. Il leva dans ses terres un corps de trois mille hommes, qu'il amena au roi au moment où les Anglais commençaient le siège d'Orléans (1428). La même année il fut battu avec Dunois, dans la fameuse journée dite des Harengs. Plus tard, il s'empara de Corbeil, de Saint-Denis et du bois de Vincennes, donnant les plus vives inquiétudes aux Anglais et aux Bourguignons, qui occupaient la capitale. En 1434 il se brouille avec le duc de Bourgogne, son beau-frère, entre à main armée dans ses États, et pénètre jusqu'en Franche-Comté, soumettant tout sur son passage. De son côté, Philippe le Bon envoya des troupes ravager le Bourbonnais, ce qui obligea le duc Charles à revenir sur ses pas pour défendre son propre territoire. La paix se fit, et ce fut au milieu des réjouissances auxquelles cet événement donna lieu que la réconciliation du duc de Bourgogne et du roi Charles VII fut heureusement entamée. Ce service était incontestablement le plus grand que le duc de Bourbon pût rendre à sa patrie. Mais il le fit payer cher, par son ambition remuante et ses coupables intrigues. On le vit avec le sire de La Trémouille, le duc d'Alençon, les comtes de Vendôme, de Dunois, et une foule de seigneurs puissants, ennemis du connétable de Richemont et du comte du Maine, ourdir cette dangereuse conjuration de la Praguerie (1439), qui, sous prétexte de renverser le ministère, devait assurer le gouvernement de l'État aux conjurés et réduire Charles VII à une espèce de tutelle. La célérité du roi déjoua ce complot; le duc de Bourbon n'en recueillit que la honte d'un humiliant pardon et la douleur de voir périr du dernier supplice Alexandre, bâtard de Bourbon, son frère naturel, qui avait enlevé le dauphin Louis du château de Loches, pour le mettre à la tête des conjurés. Le bâtard de Bourbon, arrêté à Bar-sur-Aube, fut enfermé vivant dans un sac de cuir, et précipité dans la rivière. Le duc de Bourbon oublia bientôt la grâce que le roi lui avait faite pour se jeter dans une nouvelle ligue (1442), formée par le duc d'Orléans. La sagesse de Charles VII ayant dissipé cet orage sans tirer l'épée, le duc de Bourbon rentra promptement dans le devoir, pour ne plus s'en départir. Le roi ne conserva que le souvenir des services importants qu'il lui avait rendus, et lui accorda pour son fils Jeanne de France, sa fille, princesse d'un rare mérite. Charles Ier mourut à Moulins, le 4 décembre 1456.

Il avait de Agnès de Bourgogne, qui lui survécut vingt ans, six garçons et cinq filles. Marie, l'aînée de celles-ci, épousa Jean d'Anjou, duc de Lorraine et de Calabre; Isabelle, la seconde, fut mariée à Charles le Téméraire, dernier duc de Bourgogne; Catherine épousa Adolphe d'Egmont, duc de Gueldre; Jeanne, le prince d'Orange (Jean de Châlons), et Marguerite, Philippe II, duc de Savoie. Parmi les fils, Jean II et Pierre II gouvernèrent successivement le Bourbonnais. Charles, qui était l'aîné de Pierre, fut pourvu de l'archevêché de Lyon en 1446, à l'âge de douze ans. Il fut fait légat d'Avignon en 1465, cardinal en 1476, évêque de Clermont l'année suivante, et mourut en 1488. C'était un prélat guerrier, magnifique et voluptueux; et sa devise, ni peur ni espoir, peint d'un seul trait son caractère et sa règle de conduite. Louis de Bourbon, cinquième fils de Charles Ier, nommé évêque et prince de Liége en 1456, fut égorgé par Guillaume de La Marck (le sanglier des Ardennes), lors de l'irruption qu'il fit dans l'évêché de Liége, en 1482. Louis de Bourbon n'avait reçu les ordres de la prêtrise qu'en 1466. Avant cette époque il avait eu trois fils naturels d'une princesse de la maison de Gueldre, Pierre de Bourbon, Louis, mort sans postérité, et Jacques, grand prieur de France, auteur d'une Relation du Siége de Rhodes par Mahomet II. Pierre de Bourbon, l'aîné des trois frères, a été la souche de la branche des comtes de Bourbon-Busset en Auvergne. JEAN II, surnommé le Bon, duc de Bourbon et d'Auvergne, né en 1426, était déjà renommé par de beaux faits d'armes et par le gain de la bataille de Formigny (1450), lorsqu'il succéda à son père. Beau-frère de Louis XI, il se flattait, à l'avénement de ce prince, d'obtenir la charge de connétable, alors vacante, que lui avait méritée la conquête de la Guyenne, qui lui était due en majeure partie. Non-seulement son espoir fut trompé, mais il se vit dépossédé du gouvernement de la Guyenne, sans qu'aucun motif apparent pût justifier cette mesure. Louis XI put apprécier l'étendue de cette faute lorsqu'il vit le duc de Bourbon devenir l'âme de la ligue du Bien public, contribuer au gain de la bataille de Mont-l'Héry (1465), et s'emparer de la Normandie pour Monsieur, duc de Berry. Le traité de Conflans, sans satisfaire entièrement son ambition, ayant fait droit à une partie de ses griefs, il s'attacha sincèrement à Louis XI, et reconquit la Normandie sur Monsieur, pour la lui rendre. Établi lieutenant général dans les provinces méridionales, depuis le Lyonnais jusqu'au Poitou (1475), lors de la dernière ligue, si fatale au connétable de Saint-Paul et aux d'Armagnacs, ses troupes, sous le commandement du dauphin d'Auvergne, battirent l'armée du duc de

Bourgogne à Gy, près Château-Chinon, et firent prisonnier de guerre le comte de Rouci, leur général. Les sanglantes exécutions dont Louis XI assouvit sa vengeance dégoûtèrent le duc de Bourbon de la cour. Il s'éloigna, et ne reparut sur la scène qu'à la minorité de Charles VIII. On le vit alors se joindre au duc d'Orléans pour disputer à la dame de Beaujeu, sa belle-sœur, le gouvernement du royaume. Le bâton de connétable et le titre de lieutenant général du royaume qu'elle lui fit obtenir (1483) ne purent rassasier son ambition ; mais frustré dans son attente par la décision des états généraux de Tours, dont il avait provoqué la tenue, il reprit les armes avec le duc d'Orléans. Menacé par l'armée du duc de Lorraine, il ouvrit l'oreille aux propositions de paix qu'on lui fit de la part de sa belle-sœur, et alla dans ses terres continuer de murmurer contre le gouvernement. Néanmoins ses intrigues n'ont point fait perdre le souvenir des immenses services qu'il avait rendus à sa patrie, et que rappelle le surnom glorieux de *Fléau des Anglais*, que l'histoire lui a conservé. Il mourut à Moulins, le 1er avril 1488, sans postérité légitime. Mais il laissa plusieurs enfants naturels, dont les principaux furent Mathieu et Charles. Le premier, appelé le *grand bâtard de Bourbon*, fut maréchal du Bourbonnais et amiral de Guienne. Il accompagna Charles VIII en Italie, et mourut en 1505. De Charles, bâtard de Bourbon, sont provenues la branche des marquis de Malause, éteinte en 1741, et celle des barons de Busian, qui existait encore en 1725.

PIERRE II , duc de Bourbon et d'Auvergne, succéda au duc Jean II, son frère aîné, en vertu de la renonciation forcée que la dame de Beaujeu, sa femme, imposa au cardinal de Bourbon, dont il n'était que le puîné. Le duc Pierre II ne manquait d'aucune des qualités qu'exigeait l'élévation de son rang; mais, éclipsé par l'ombre gigantesque de sa femme, sa vie politique n'a laissé aucune trace saillante dans l'histoire. Il mourut à Moulins, le 8 octobre 1503. Anne de France, qui lui survécut vingt ans, avait obtenu du roi Louis XII (1499) l'annulation de la clause de réversion à la couronne des riches domaines de son mari dans le cas où il mourrait sans enfants. Louis XI avait imposé cette clause dans leur contrat de mariage. Par l'acte d'abrogation, Susanne de Bourbon, leur fille unique, put succéder à tous leurs biens, avec faculté de les transmettre à l'époux qu'on lui aurait choisi. Charles, duc d'Alençon, était celui auquel on l'avait destinée. Déjà leurs fiançailles avaient été célébrées à Moulins (1501), lorsque Louis II, de Bourbon, comte de Montpensier, cousin issu de germain de Susanne, mit opposition à l'enregistrement des lettres patentes. Charles II de Bourbon, frère et successeur de Louis, renouvela cette opposition, et rompit l'alliance qu'on avait projetée au préjudice des droits de sa branche, devenue l'aînée de toute la maison de Bourbon. Neveu de la duchesse Anne, qui l'avait formé elle-même, et qui peut-être était secrètement charmée de le voir, à quatorze ans, déployer tant d'énergie au soutien des intérêts de sa famille, il ne trouva pas un juge sévère dans un mentor qui l'aimait comme son fils. Aussi ce différend fut-il terminé en 1505 par le mariage de Susanne avec le jeune comte de Montpensier. Elle lui apporta, soit en dot, soit par donation de sa mère, les duchés de Bourbon, d'Auvergne et de Châtellerault, les comtés de Clermont en Beauvaisis, de Forez; de la Marche et de Gien, les vicomtés de Carlat et de Murat, le pays de Beaujolais, la seigneurie de Bourbon-Lanci, etc. De son chef, Charles possédait, outre le comté de Montpensier, celui de Clermont en Auvergne, le pays de Combrailles, la terre de Mercœur et quelques autres seigneuries, de manière qu'après les têtes couronnées il n'y avait en Europe aucun prince dont l'opulence pût égaler la sienne. Cet homme, que la fortune semblait accabler de ses dons, et qu'elle précipita dans un abîme de malheurs, creusé par l'injustice et comblé par la trahison, est le fameux connétable de Bourbon, à qui nous consacrons un article particulier. Ses domaines furent confisqués.

La branche aînée de Bourbon finit avec le connétable en même temps que l'histoire particulière de la principauté de Bourbon, qui fut réunie à la couronne.   LAINÉ.

Maison royale de Bourbon. La famille qui a régné en France, et qui règne encore aujourd'hui en Espagne, à Parme et à Naples, tire son nom, conformément à la coutume des fiefs et apanages, de Bourbon-l'Archambaut, dans l'ancienne province du Bourbonnais. Le chef de cette race illustre fut Louis 1er, fils de Robert, duc de Bourbon, comte de Clermont, dont nous avons parlé plus haut.

Elle descend de lui par JACQUES , comte de la Marche, son troisième fils, connétable, né vers 1314, pris à la bataille de Poitiers, et tué en 1361 par les Grandes Compagnies.

Pierre, fils du précédent, fut tué, à la même occasion. JEAN 1er, fils de Jacques, né vers 1337, mort en 1393, devint comte de Vendôme, par son mariage avec Catherine de Vendôme; JACQUES II, fils de Pierre, mort en 1438, épousa en 1406 Béatrix de Navarre, et en 1415 Jeanne II, reine de Naples. LOUIS II, son frère, fut la tige des ducs de Vendôme. Né vers 1376, il fut pris à la bataille d'Azincourt, en 1415, et mourut en 1446.

JEAN, son fils, né en 1429, mort en 1478, devint seigneur de La Roche-sur-Yon, par mariage; FRANÇOIS, fils de Jean, né en 1470, mourut en 1495 ; CHARLES, fils du précédent, né en 1489, mort en 1537, pour qui le comté de Vendôme fut érigé en duché par François 1er, en récompense de ses services, devint le chef de toute la maison de Bourbon, par la mort du connétable, en 1527. Il fut le père d'Antoine de Bourbon, à qui nous consacrerons un article particulier. Devenu roi de Navarre par son mariage avec Jeanne d'Albret, il donna le jour à HENRI DE BOURBON, devenu roi de France sous le titre de Henri IV, lequel fut la tige des Bourbons de France, d'Espagne, de Parme et de Naples.

Bourbons de France. Henri IV eut pour fils Louis XIII, marié à Anne d'Autriche, et *Gaston*, duc d'Orléans. Le premier laissa deux enfants, Louis XIV et Philippe d'Orléans. Le premier continua la branche aînée, par Louis XV, son arrière-petit-fils, Louis XVI, petit-fils de Louis XV, et ses frères Louis XVIII et Charles X, ce dernier père du duc de Berry, qui fut assassiné par Louvel et laissa un fils posthume, le *duc de Bordeaux, comte de Chambord*, maintenant en exil. La branche cadette de la maison royale de France, fut fondée par Philippe 1er, second fils de Louis XIII, qui reçut de son frère aîné, Louis XIV, le titre et l'apanage de duc d'Orléans.

Bourbons d'Espagne. Cette branche est issue de Philippe duc d'Anjou, deuxième fils du grand dauphin et petit-fils de Louis XIV, qui fut placé en 1701 sur le trône d'Espagne, sous le nom de Philippe V. Elle se continue par Ferdinand VI, Charles III, Charles IV, Ferdinand VII, la jeune reine Isabelle, fille de ce dernier et de Marie-Christine de Naples, ex-régente d'Espagne, par l'infante Marie-Ferdinande-Louise, mariée au duc de Montpensier, le plus jeune des fils de l'ex-roi des Français Louis-Philippe.

Bourbons de Parme. Cette maison ducale fut formée en 1748, par Philippe, fils de Philippe V, roi d'Espagne, et se compose de *Philippe, Ferdinand* et *Louis*, déposé en 1802. Sa veuve Marie-Louise, fille de Charles IV d'Espagne, est remplacée en 1824 dans le gouvernement du duché de Lucques par son fils le duc Charles II, Louis de Bourbon, infant d'Espagne, né en 1709, lequel en 1847 cède Lucques à la Toscane, succède, un mois après, dans le gouvernement de Parme, Plaisance et États annexés, à l'ex-impératrice des Français Marie-Louise d'Autriche, alors récemment décédée, et renonce en 1849 à ce nouveau trône ducal en faveur de son fils le duc Ferdinand-Charles III José-Maria-Victorio-Balthasar de Bourbon, infant d'Espagne, né en 1823. Celui-ci a épousé en 1845 la duchesse Louise Marie-Thérèse de Bourbon, née en 1819, fille du feu duc de Berry.

Bourbons de Naples ou *des Deux-Siciles*. Charles III, roi d'Espagne, issu de Philippe V, petit-fils de Louis XIV, plaça en 1759 sur le trône de Naples Ferdinand son fils, dont les descendants règnent encore. Le roi actuel Charles Ferdinand II, roi des Deux-Siciles et de Jérusalem, etc., né en 1810, a succédé, en 1830, à son père le roi Janvier-Joseph-François Ier. Sa famille, outre douze frères et sœurs, tant consanguins qu'utérins, se compose de neuf princes et princesses issus de ses deux mariages avec une princesse de Sardaigne et une archiduchesse d'Autriche.

A la famille de Bourbon se rattachent encore les deux branches de Condé et de Conti. La tige des Condé est Louis de Bourbon, prince de Condé, frère puîné d'Antoine de Bourbon, roi de Navarre, et oncle de Henri IV, né en 1530, tué en 1569. Plusieurs princes de cette branche sont plus connus sous le nom de ducs de Bourbon. Elle s'est éteinte en la personne de Louis-Henri-Joseph, duc de Bourbon, mort suicidé selon les uns, assassiné suivant les autres, en 1830. Il était fils du duc Louis-Joseph de Bourbon, prince de Condé, mort en 1818. La maison de Bourbon-Conti, branche collatérale de la maison de Condé, qui avait eu pour tige un frère puîné du grand Condé, Armand de Bourbon, prince de Conti, né en 1629, mort en 1666, s'est éteinte en 1814 en la personne de Louis-François-Joseph de Bourbon, prince de Conti. En novembre 1815 Louis XVIII accorda aux fils naturels de ce prince, MM. d'Hattonville et de Remonville, la permission de porter le nom et les armes de Bourbon-Conti. On prétend que le prince avait encore eu une fille naturelle, la comtesse Gabrielle-Louise de Mont-Cair-Zaïm, née en 1762, morte à Paris en 1825, *chevalière de la Légion d'Honneur*, après avoir longtemps servi avec distinction dans un régiment de dragons. C'est dans les mémoires qu'elle a elle-même publiés, en 1798, que Gœthe a puisé le sujet de son drame : *Eugénie* ou *la Fille naturelle*.

BOURBON (CHARLES, duc de Bourbonnais, dit *le connétable de*). Le nom de ce prince infortuné, l'un des plus fiers génies qu'ait enfantés ce seizième siècle, si fécond en hommes extraordinaires, ne se présente à notre mémoire qu'environné d'une majesté sombre et fatale, d'une sorte d'auréole orageuse qui attriste la pensée : l'élévation, la magnanimité de son caractère, sa supériorité politique et militaire sur tous les princes français ses contemporains, ses habitudes austères et taciturnes au milieu d'une cour bruyante et dissolue, sa constance et son incroyable fertilité de ressources dans le malheur, tout, jusqu'au grand problème historique dont sa mort emporta le secret, frappe vivement l'imagination. Si le hasard de la naissance lui eût fait faire un pas de plus, s'il l'eût fait roi de France à la place de l'inhabile François Ier, Charles de Bourbon eût brisé dans son premier essor les ailes de l'aigle autrichienne, et mis l'Europe à ses pieds : né sur le trône, il eût été la gloire et l'idole de la France ; premier prince du sang, il se vit réduit à en être le fléau.

Charles *Monsieur*, second fils du comte de Montpensier, ne semblait point d'abord appelé à un avenir de puissance et de splendeur ; mais la mort de son père et de son frère, et bientôt après, celle de Pierre II, duc de Bourbonnais et d'Auvergne, comte de Forez, de la Marche, etc., dernier prince de la branche aînée, ouvrirent devant le jeune Charles une tout autre carrière. La duchesse douairière de Bourbonnais, la célèbre Anne de Beaujeu, fille de Louis XI, rompant les engagements de son époux avec le duc d'Alençon, accorda au comte de Montpensier la main de sa fille unique Susanne ; et les vastes possessions des deux branches se trouvèrent réunies dans les mains de l'homme le plus remarquable qu'eût jamais produit la tige des Bourbons. Étranger à cette fièvre de plaisir et de galanterie qui enflammait autour de lui la haute noblesse, rigoureux observateur de ses serments envers une jeune épouse dont il estimait la douceur et les vertus, mais dont l'extérieur repoussait des sentiments plus tendres, rien n'arrachait cet enfant de dix-sept ans à ses méditations sur l'art de la guerre, qui venait de sortir de sa longue enfance. La révolte de Gênes contre Louis XII (1507) lui fournit l'occasion de faire ses premières armes à côté des Bayard, des La Trémouille, des La Palice, dont il se montra le digne élève, et bientôt l'égal : dès sa seconde campagne, dans la guerre de la ligue de Cambrai contre Venise (1509), on le voit, à peine âgé de vingt ans, décider par son intrépidité froide et réfléchie le succès de la fameuse journée d'Agnadel. Sa conduite dans cette bataille et dans toute l'expédition l'avait mis en si haut renom près des gens de guerre, qu'on s'attendait généralement à le voir appelé au commandement général des armées françaises en Italie, après la mort glorieuse de Gaston de Foix (1512) ; une sorte de crainte vague et de prévention, toutefois, arrêta Louis XII : *Rien n'est pire que l'eau qui dort*, disait le bon roi du grave et silencieux Bourbon.

La malheureuse campagne de Navarre, où le roi Jean d'Albret, allié de France, se vit enlever ses États par les Espagnols, ne fit qu'ajouter à la réputation du duc Charles, qui avait seul évité les fautes désastreuses des autres généraux, et Louis XII se décida enfin à lui confier l'armée d'Italie ; mais les forces qu'il lui mit entre les mains étaient tellement insuffisantes, que Charles crut devoir refuser le généralat. Les revers de La Trémouille, qui avait accepté à son refus, témoignèrent assez de la sagacité du jeune prince, et bientôt après son énergique activité sauva la Bourgogne, ouverte par la défaite de Novarre aux invasions des Suisses. De tels services effacèrent tous les nuages qui avaient pu s'élever contre lui dans l'esprit de Louis XII : les plus hautes faveurs attendaient le jeune duc, lorsque la mort enleva *le Père du peuple*.

Le nouveau règne s'ouvrit sous de brillants auspices : ami et compagnon d'armes de Charles, François Ier accomplit à son égard les intentions de Louis XII, en lui décernant l'épée de connétable. Une discipline presque inconnue jusque alors s'établit rapidement dans l'armée : tous les moyens d'agir furent préparés en silence, et lorsque François Ier se précipita vers les Alpes avec 60,000 combattants, la politique du duc Charles avait déjà regagné Gênes à la France sans coup férir. 40,000 Suisses, les premiers soldats de l'Europe, attendaient les Français au débouché des seules routes réputées praticables ; mais François Ier effectue son passage au travers des roches impénétrables de l'Argentière, et descend dans les vallées du Piémont ; des négociations s'ouvrent ; la paix se conclut avec les Suisses ; mais la perfide éloquence du cardinal de Sion, légat du pape, entraîne les montagnards à oublier la vieille foi helvétique ; ils se précipitent à l'improviste sur l'armée française. Tout était perdu sans la vigilance du connétable, qui fut averti à temps de l'approche de l'ennemi ; au lieu du désordre d'un bivouac, les Suisses trouvèrent une armée qui les attendait en ligne de bataille.

Nous ne décrirons pas ici ce combat qui dura deux jours entiers, le plus terrible que nous racontent les annales de nos pères. Le connétable, qui en dirigea tous les mouvements, s'y montra aussi intrépide homme d'armes que grand capitaine : enveloppé par un des bataillons Suisses auxquels il venait d'arracher l'artillerie française, il y eût trouvé la mort sans le dévouement de quelques chevaliers du Bourbonnais ; le duc de Châtelleraut, son frère, fut tué à ses côtés. La victoire resta indécise jusqu'à la fin du second jour ; l'arrivée d'un corps de Vénitiens au secours des Français détermina les Helvétiens à la retraite, et vingt jours après la bataille de Marignan le connétable remit aux mains de François Ier, avec les clés de la citadelle de Milan, la domination de toute la Lombardie.

Bourbon voulait profiter de ses éclatants succès pour

marcher sur-le-champ à la conquête du royaume de Naples; mais l'adresse du pape Léon X détourna l'orage : François 1er se laissa déterminer à retourner en France, laissant au connétable le gouvernement du Milanez. Charles eut bientôt à défendre contre des forces bien supérieures ce fruit de ses exploits. Excité par les intrigues du pape et du vieux roi d'Aragon, Ferdinand le Catholique, l'empereur Maximilien fondit sur la Lombardie, à la tête d'une nombreuse armée allemande et suisse. Trop faible pour livrer bataille, le connétable ne déploya pas moins d'habileté dans la guerre défensive que d'audace dans l'agression : il se maintint, tantôt dans les murs de Milan, dont il écarta les Impériaux, tantôt sur les bords de l'Adda, vit se fondre peu à peu devant lui cette masse formidable qui devait l'écraser, et finit par en rejeter les débris hors du Milanez (1516).

Ici s'arrête la prospérité de cette carrière si brillante et si pure; Charles de Bourbon entre dans la seconde période de sa vie! Au moment où, débarrassé des armées de l'empereur, il se dispose à exécuter ses projets sur Naples, il est tout à coup privé de son gouvernement et rappelé en France : on lui refuse non-seulement le payement de ses appointements et de ses pensions, mais le remboursement même des emprunts qu'il a contractés pour solder les défenseurs du Milanez; et lorsque la guerre vient à se rallumer, lorsque François 1er marche dans les Pays-Bas contre le nouvel empereur Charles-Quint, le roi ne craint pas d'enlever au connétable le commandement de l'avant-garde, essentiellement attaché à sa charge, pour le donner à son beau-frère, le duc d'Alençon (1521). Ces affronts, qui ont déjà ulcéré profondément l'âme altière du duc Charles, ne sont que le prélude des coups qu'on se prépare à lui porter. Il avait perdu en peu de temps son épouse et trois enfants qu'elle lui avait donnés : tout à coup, en dépit de ses droits, fondés à la fois sur la loi salique (elle était en vigueur pour les domaines des Bourbons comme pour la couronne de France), sur le testament de la duchesse Susanne, et, disons plus, sur l'affection de ses vassaux, une action en revendication est intentée en parlement contre le connétable, au nom de madame Louise de Savoie, duchesse d'Angoulême, mère du roi, comme la plus proche parente et l'héritière légitime de Susanne de Bourbon. Cette prétention insoutenable ne fut abandonnée qu'en faveur d'une autre plus inique encore, celle de la réversion à la couronne des domaines des Bourbons, par l'extinction de la branche aînée. Après un an de délibération (août 1523), le parlement *appointa les parties au conseil*, et ordonna le séquestre des biens en litige.

Ces infâmes persécutions partaient d'une cause plus active et moins générale que l'ingratitude et la méfiance ordinaire des cours. Quelque odieuse qu'ait été dans ces circonstances la conduite de François 1er, il n'était pas le principal coupable. La mâle beauté du connétable, la noblesse de ses manières, son austérité même peut-être, avaient produit depuis longtemps une impression profonde sur la mère du roi : Louise de Savoie, toute puissante sur l'esprit de son fils, spirituelle, intrigante, belle encore, s'était flattée d'enchaîner à son char le sévère Bourbon; ce fut en grande partie à ses bons offices qu'il dut l'épée de connétable, mais elle se lassa promptement de le voir guerroyer loin d'elle en Italie, et contribua grandement à son rappel : le fier connétable répondit mal à ce qu'elle attendait de lui, et dissimula peu son dégoût pour une femme aussi perverse qu'immorale. L'amour méprisé se tourna en haine furieuse, et Louise n'aspira plus qu'à la perte du duc Charles; elle se livra sans réserve aux avis du chancelier Duprat, *le pire des bipèdes*, comme l'appelle un contemporain. De là le fatal procès, de là les résolutions désespérées où ne tarda pas à se précipiter le malheureux prince. Les outrages dont il s'était vu l'objet avaient exercé sur son caractère une influence funeste : aigri, poussé à bout, il s'était familiarisé peu à peu avec des idées qui l'eussent frappé d'horreur quelques années auparavant,

et les propositions de l'astucieux Charles-Quint le trouvèrent prêt à tout oser pour se venger.

Il conclut un traité secret avec l'empereur et le roi d'Angleterre pour la ruine de François 1er. Il devait recevoir, avec la main d'Éléonore d'Autriche, sœur de l'empereur, l'investiture d'un royaume composé de ses domaines et des provinces de l'ancien royaume de Bourgogne : le reste de la France devait se partager entre les alliés. Une lettre qui ordonnait au connétable de rejoindre le roi à l'armée d'Italie, sans doute en qualité d'otage, apprit à Bourbon qu'il était au moins fortement soupçonné; cependant François 1er tenta un effort pour regagner ce dangereux sujet : il l'alla trouver à Moulins, où il était malade, et lui promit satisfaction sur tous ses griefs; mais il était trop tard; Bourbon ne répondit que par la dissimulation à des offres qu'il croyait peu sincères; les délais réitérés qu'il opposa aux ordres du roi, et les révélations de deux de ses complices décidèrent enfin François 1er à commander au maréchal de Chabannes de le lui amener mort ou vif. Hors d'état de résister, le connétable ne jugea point à propos de soutenir un siége dans Chantelle, où il s'était retiré, et, licenciant sa maison, il se jeta dans les montagnes, suivi d'un seul gentil-homme. Après avoir erré longtemps en Auvergne, dans le Gévaudan, dans les Cévennes, il gagna la Franche-Comté, province impériale, où il fut rejoint par un grand nombre de ses serviteurs, échappés, comme lui, aux fers de François 1er. Celui-ci, effrayé des conséquences d'une telle défection, envoie offrir par deux fois au duc Charles la restitution de tous ses biens, son pardon et celui de ses amis : le duc hésita sans doute; mais il n'osa se fier aux promesses d'un prince soumis à l'influence de Louise et de Duprat, et il refusa. Peu de temps après, il était lieutenant général des armées impériales en Italie!

Lautrec, successeur de Bourbon dans le gouvernement du Milanez, n'avait pas tardé à reperdre cette belle province, et François 1er venait de charger son favori Bonnivet de reconquérir de Lombardie; Bonnivet, le plus vain et le plus arrogant des ennemis du duc Charles. Ce fut avec une joie farouche que Bourbon se vit opposer un pareil adversaire. Bonnivet, forcé à la retraite par ses fautes et par la désertion des mercenaires suisses, qui faisaient l'élite de son infanterie, fut atteint par son rival au passage de la Sechia. Blessé gravement, le général français fut obligé de quitter le champ de bataille, et bientôt après le brave Bayard tomba frappé d'un coup mortel en soutenant le choc à la tête de l'arrière-garde. Le connétable arriva comme il allait rendre le dernier soupir. « Ah! s'écria-t-il, Bayard, que je vous plains! — Non, monseigneur, c'est vous qu'il faut plaindre! » murmura en expirant le dernier des chevaliers. Bourbon passa outre, la tête baissée, et sans répondre.

Le procès criminel qu'on faisait instruire contre lui à Paris lui rendit toute sa fureur, et il répondit aux sommations juridiques en se présentant sur la frontière à la tête d'une armée victorieuse. Son projet était de marcher sur Lyon pour pénétrer dans le centre de la France et y exciter une révolution : l'empereur Charles-Quint l'obligea d'entreprendre à contre-cœur le siége de Marseille, où il perdit un temps précieux; la disette, les maladies et surtout la résistance héroïque des habitants le contraignirent enfin de lever un siége pendant lequel il s'était vu abreuvé de dégoûts par les généraux de l'empereur, ses collègues. La mort dans le cœur, il repassa enfin les Alpes, poursuivi par 40,000 hommes, que commandait François 1er en personne (1524). Sa situation semblait désespérée. Tout à coup il quitte secrètement son camp, vole à Turin chez le duc de Savoie, en obtient des valeurs considérables en or et en pierreries, passe en Allemagne, cette pépinière inépuisable de hardis aventuriers, et reparait soudain en Lombardie à la tête de 13,000 soldats d'élite. Réunissant aux troupes espagnoles et italiennes ce redoutable renfort, il marche droit à Pavie, qu'assiégeait François Ier avec le gros de son armée. On sait ce qui en advint et quel fut le résultat de la bataille de Pavie.

Si Charles-Quint, pour lequel le connétable venait de vaincre, eût eu le génie et l'audace de son lieutenant, s'il l'eût mis à même de réaliser ses vastes projets, il est impossible de calculer quelles eussent été les suites de la journée de Pavie; mais l'empereur perdit le temps à négocier avec son prisonnier : peu confiant dans les intentions de Bourbon, il songea moins à profiter immédiatement de la victoire qu'à soustraire au connétable l'illustre vaincu, dont la possession rendait le duc Charles l'arbitre des événements. François Ier fut embarqué pour l'Espagne à l'insu de Bourbon; celui-ci, dévorant son dépit, suivit son captif en Castille, où la réception magnifique de Charles-Quint ne dut pas le dédommager de l'animadversion des Espagnols, dont la loyauté repoussait en lui un transfuge. Charles de Bourbon semblait destiné à être toute sa vie la victime de l'ingratitude des rois : Charles-Quint abandonna presque entièrement les intérêts de son allié dans le traité qu'il accorda enfin à François Ier, et lui enleva la main de sa sœur, solennellement promise, pour la donner au roi de France; on assure même qu'il empêcha le monarque vaincu d'offrir à Bourbon Marguerite de Valois en gage de réconciliation. L'empereur s'efforça cependant d'apaiser le juste ressentiment du connétable par la promesse de la souveraineté du Milanez. Bourbon n'avait d'autre parti à prendre que l'acceptation; le traité de Madrid, qui du moins lui assurait la restitution de ses biens, venait d'être mis à néant par François Ier, de retour dans son royaume. Il se rembarqua, mais sa situation devenait de plus en plus difficile : 9 à 10,000 soldats épuisés par la débauche et les maladies, voilà tout ce qu'il pouvait opposer à 35,000 ennemis qui le pressaient de toutes parts : il eut recours une seconde fois à l'expédient qui l'avait déjà sauvé. A son appel se levèrent les plus braves aventuriers de l'Allemagne, et il se vit de nouveau à la tête de 25,000 hommes, déterminés à le suivre partout, fût-ce en enfer, disaient-ils eux-mêmes. Bourbon commença alors à se relâcher de sa circonspection, et à se montrer en maître dans le Milanez, sans attendre l'investiture impériale : les places les plus importantes du duché de Parme furent données à des Français, compagnons d'exil du connétable, et il revêtit ostensiblement de sa confiance le Milanez Moroni, l'ennemi le plus implacable de l'Espagne.

Il quitta enfin Milan vers la fin de 1526, et, rassemblant tous les corps de son armée, il se porta rapidement hors de la Lombardie, menaçant également Plaisance, Modène et Bologne. Toute l'Italie était dans l'attente : personne ne connaissait le but de l'expédition, pas même les compagnons d'armes de Bourbon, auxquels il avait promis seulement avec mystère de les mener en un lieu où ils se pourraient enrichir à jamais. Après plusieurs mois de marches et de contre-marches à travers les armées papale, vénitienne et française, beaucoup plus fortes que la sienne, après des séditions où il courut risque de la vie, et où il n'apaisa ses soldats, irrités et fatigués, que par l'abandon de tous les débris de sa fortune, saisissant l'instant qu'il jugea favorable, il apprit enfin à son armée où il la conduisait. Le nom de l'opulente et gigantesque capitale du monde chrétien fut accueilli avec des acclamations frénétiques; on abandonna les bagages, l'artillerie même, et une course d'une incroyable célérité transporta les aventuriers sous les murs de Rome. C'était le soir du 5 mai 1527; il fallait agir promptement : les armées italiennes n'étaient pas loin; se trouver entre elles et Rome, c'était s'exposer à une perte certaine. L'attaque fut donc fixée au lendemain, à la pointe du jour. Les Romains, excités par le clergé à une vigoureuse résistance contre un ramassis de brigands, pour la plupart hérétiques, couvraient au loin les remparts de l'immense cité. Bourbon opéra ses approches à la faveur d'un épais brouillard; puis, au lever du soleil, il fait sonner la charge, et, s'avançant vers une brèche que le hasard lui a fait découvrir, il plante le premier l'échelle contre l'escarpement intérieur, et s'élance à l'assaut; au même instant un coup d'arquebuse, parti, dit-on, de la main du fameux Benvenuto Cellini, le renverse mortellement blessé dans le fossé. Ses dernières paroles furent un ordre de cacher sa mort à l'armée; mais cette fatale nouvelle ne tarda pas à être connue, et, loin de produire l'effet décourageant qu'il redoutait, elle ne fit que redoubler la rage du soldat, dont l'impétuosité devint irrésistible, et Rome, emportée d'assaut, put se croire de nouveau au temps d'Alaric et des Vandales.

Ainsi finit Charles de Bourbon, au moment où il allait peut-être poser sur son front la couronne d'Italie, et tourner contre l'Empire et l'Espagne cette épée invincible qui avait brisé la fortune de François Ier. La haine de François Ier et de Madame survécut à leur ennemi; ils firent reprendre son procès au parlement, et lancer contre celui qu'ils ne craignaient plus désormais un arrêt d'infamie et de confiscation; mais Charles-Quint, affectant envers la mémoire de son dangereux allié une fidélité magnanime, exigea de François Ier, par un article du traité de Cambrai, l'annulation de cette procédure et la restitution des biens du connétable à ses héritiers légitimes. Henri Martin.

BOURBON (ANTOINE DE), roi de Navarre, père de Henri IV et fils de Charles de Bourbon, duc de Vendôme, naquit en 1518. Il fut d'abord nommé duc de Vendôme, devint, de son chef, premier prince du sang de France, et épousa, en 1548, Jeanne d'Albret, héritière de Navarre, qui lui apporta en dot la vicomté de Béarn, la Basse-Navarre française et le titre de roi. Ce prince, intrépide mais irrésolu, flotta presque constamment entre les deux religions et les deux partis qui divisaient la France. Après la mort de Henri II, le connétable de Montmorency, pour balancer le crédit des Guises, le pressa de venir prendre sa place au conseil du nouveau roi de France; mais Antoine n'osa se fier d'abord à Montmorency, qui avait conseillé autrefois à Henri II de s'emparer du dernier lambeau de son royaume de Navarre envahi aux trois-quarts par Ferdinand le Catholique; et lorsqu'il se fut décidé à faire le voyage de Paris, il n'y arriva que pour entendre François II lui déclarer qu'il avait confié les rênes du gouvernement à ses oncles les Guises. Pour l'éloigner au plus vite, on le chargea de conduire à la frontière la princesse Élisabeth de France, qui allait épouser le roi d'Espagne Philippe II.

Rebuté, il se réfugie en Béarn, où, par son irrésolution, il se perd dans l'esprit des Huguenots, qui n'attendaient qu'un chef pour prendre les armes. Le prince de Condé, son frère, plus entreprenant, met tout en œuvre pour l'entraîner dans sa révolte. Les deux frères sont mandés à Paris. Antoine refuse tout secours de la noblesse, et veut se présenter armé de sa seule innocence. Apprenant que les Guises ont arraché à François II l'autorisation de l'assassiner : « S'ils me tuent, dit-il à son gentil homme Reinsy, portez à ma femme et à mon fils mes habits sanglants; ils sauront ce qui leur reste à faire. » Il entre calme et intrépide dans la salle du conseil, et impose à ses ennemis, qui n'osent attenter à ses jours. Mais les dangers qui le menacent après la condamnation de Condé le décident à abandonner la régence à Catherine de Médicis pendant la minorité de Charles IX, à servir la reine-mère, dont il est haï, et à se réconcilier même avec les Guises, qui lui promettent sans cesse la restitution de son royaume de Navarre, ou la Sardaigne en échange.

Détaché dès lors des Huguenots, il embrasse la religion catholique, renvoie en Béarn Jeanne d'Albret, après lui avoir enlevé l'éducation du jeune Henri, et forme avec le duc de Guise et Montmorency ce que les protestants appellent le *triumvirat*. La guerre civile allumée, Condé, chef des Huguenots, s'approche en armes de Fontainebleau, où se trouvent la cour, son frère Antoine et Catherine, qui, alors d'intelligence avec Condé, voulait se remettre entre ses mains. Antoine, gagné par les Guises, force la reine hésitante à ramener le roi à Paris. Au milieu des hostilités, les deux frères eurent, en présence de Catherine, à Thourie (Ille-et-Vilaine) une entrevue dans laquelle ils échangèrent les plus sanglants reproches. On rompit la conférence pour reprendre les armes.

L'amour d'Antoine pour la belle du Rouet, demoiselle d'honneur de Catherine, le retenait dans le parti catholique. S'étant mis à la tête de l'armée royale, il fit échouer, à l'ouverture de la campagne de 1562, la première attaque de Condé, et soumit les villes de Bourges, Blois et Tours. Blessé dans la tranchée d'un coup de mousqueton au siége de Rouen, il s'y fit porter sur son lit par ses suisses, et entra par la brèche dans la place. Sa blessure, qui n'était pas mortelle, le devint par son incontinence. Pressé de revenir à Paris, et remontant la Seine en bateau, une fièvre ardente et des douleurs aiguës l'obligèrent à se faire débarquer aux Andelys, où il expira, le 17 novembre 1562, peu regretté des catholiques et en horreur aux protestants, qu'il avait abandonnés. Les Parisiens prétendirent ironiquement qu'en ouvrant son corps on n'y avait trouvé ni cœur ni fiel. Il avait dû épouser Marie-Stuart, mariage qui, au lieu des restes, toujours contestés, du royaume de Navarre, lui eût apporté l'Ecosse et peut-être la Grande-Bretagne.

BOURBON (Charles de), fils du duc de Vendôme, cardinal, archevêque de Rouen et légat d'Avignon, oncle paternel d'Henri IV, né le 22 décembre 1523, n'appartient à l'histoire que pour le rôle de roi que lui firent jouer les Guises. Il fut reconnu roi sous le nom de Charles X par la ligue et par toutes les villes et les provinces qui suivaient ce parti, c'est-à-dire par la majorité de la France; et pendant plusieurs années les actes du gouvernement et les arrêts des parlements, notamment de celui de Dijon, furent rendus au nom de Charles X. A ce titre il joignit celui de protecteur de la religion en France, qui après lui fut conféré à Philippe II, roi d'Espagne.

Le cardinal de Bourbon devait tout aux Valois, et il ne fut qu'ingrat à l'égard d'Henri III; mais c'était pour lui un devoir de ne pas compromettre les droits éventuels de son neveu le roi de Navarre. Le premier acte de son prétendu règne fut un manifeste qui invitait tous ses sujets à maintenir la couronne dans la branche catholique; et afin que rien ne manquât à cette parodie, les Guises l'avaient déterminé à épouser la duchesse douairière leur mère. Jusque alors le cardinal n'avait manifesté son dévouement à la ligue que par des processions et des prières de quarante heures; il n'avait même signé l'union qu'à la sollicitation du duc de Nevers.

Il fallait, pour associer les masses à cette singulière révolution dynastique, parler à leurs passions, à leurs intérêts. Les Guises se gardèrent de joindre au nom du vieux Bourbon sa qualité de cardinal. Une proclamation solennelle fut adressée à tous les Français sous la *confédération catholique*; elle promettait le maintien des priviléges de la noblesse, l'abolition des impôts introduits depuis Charles IX, le maintien des droits des parlements et de l'autorité des états.

Ce manifeste fut le prélude d'une commotion générale : le duc de Guise, régnant sous le nom de Charles de Bourbon, comme il avait régné sous celui du dernier des Valois, s'empara, au nom de la sainte ligue, de Verdun, de Châlons et d'autres villes. Henri III flottait incertain entre la ligue et les Huguenots, dont le roi de Navarre était le chef. Enfin il signa le traité de Nemours, que lui imposèrent les Guises, et pendant qu'il acceptait d'eux ces conditions honteuses, le cardinal de Bourbon était reconnu roi à Paris et dans toutes les cours souveraines de France. En fait, ils ne régnaient ni l'un ni l'autre. Le cardinal avait quitté la pourpre et pris la cuirasse, et se couvrait de l'une ou de l'autre suivant la circonstance; il ne s'occupait nullement des affaires de l'État, mais beaucoup de processions. Henri III en faisait autant, et les deux rois se trouvèrent souvent ensemble aux mêmes processions. La royauté de Charles de Bourbon datait de 1585.

Cependant le cardinal lui-même ne se regardait que comme l'héritier présomptif de la couronne, ainsi qu'il le déclarait à Henri III dans un entretien qu'il eut avec ce prince au château de Gaillon. Le vieux cardinal n'avait que par moment la velléité de régner, et il s'exprimait tout différemment dès qu'il se trouvait avec le président de Harlai et avec ses confidents intimes. « Ne crois pas, disait-il à l'un deux, que je me sois accommodé sans raison avec ces gens-ci (les ligueurs); penses-tu que je ne sache pas bien qu'ils en veulent à la maison de Bourbon, et qu'ils n'eussent pas laissé de faire la guerre quand je ne me fusse pas joint à eux? Pour le moins, tandis que je suis avec eux, c'est toujours *Bourbon* qu'ils reconnaissent. Le roi de Navarre, mon neveu, cependant, fera sa fortune. Ce que je fais n'est que pour la conservation du droit de mes neveux; le roi et la reine en savent bien mon intention. » Il est juste de faire remarquer que le cardinal écrivait dans le même sens à Henri IV; mais il était alors prisonnier, et sa monomanie de royauté ne put tenir contre le besoin d'obtenir sa liberté.

Les Guises persistaient à faire reconnaître le cardinal de Bourbon pour roi par tous leurs adhérents; ils ne purent y parvenir qu'en partie. Les Français, quelle que fût leur croyance religieuse, pouvaient difficilement s'habituer à avoir pour roi un prêtre, fût-il cardinal. L'incapacité légale de Charles de Bourbon était encore une chance de succès pour les Guises. Henri III lui-même se prêtait merveilleusement à la réussite de leurs desseins; ce prince sans caractère venait d'exclure Henri de Navarre de la succession éventuelle au trône, en désignant le cardinal de Bourbon pour son successeur. Il lui donna, par son édit du 16 août 1588, droit, en qualité de *son plus proche parent*, d'accorder des maîtrises dans toutes les villes du royaume; et les officiers et domestiques de la maison du cardinal furent, comme ceux de la maison du roi, exemptés d'impôts. Ce droit d'accorder des maîtrises était une prérogative toute royale. Les ligueurs se prévalurent de cet édit pour faire reconnaître le cardinal sinon comme prince régnant, du moins comme unique et légitime héritier de la couronne, et lorsque l'édit fut présenté à l'enregistrement du parlement de Paris, François Hotman interpréta l'édit dans ce sens.

Henri III, ayant fait assassiner Henri de Guise, avait par le même motif fait arrêter et conduire au château de Fontenai-le-Comte le cardinal de Bourbon. Les ligueurs ne continuèrent pas moins à l'appeler le *cardinal-roi*. Mendoze, ambassadeur du roi d'Espagne, fit déférer au roi son maître le titre de protecteur de la France avec tous les droits attribués à la régence pendant la captivité du *cardinal-roi*, et le conseil des Seize donna la plus grande publicité au projet de traité qu'il était prêt à souscrire avec le roi d'Espagne. On distribuait en même temps dans Paris et les principales villes de province des médailles à l'effigie du cardinal avec le nom de Charles X. Le 21 novembre 1589 un arrêt, rendu sur les conclusions conformes du procureur général, avait ordonné à tous les Français de reconnaître pour roi Charles X, héritier de la couronne de Henri III, récemment assassiné par le moine Jacques Clément, et de consacrer leurs biens et leurs vies à le tirer de prison. Le même arrêt maintenait le duc de Mayenne dans la charge de lieutenant général du royaume, jusqu'à ce que le roi (Charles X) jouît d'une entière et pleine liberté. Le cardinal, toujours prisonnier dans le château de Fontenai-le-Comte, y mourut de la pierre, en 1590, âgé de soixante-dix ans. « Il fut, dit de Thou, dévot jusqu'à la superstition; du reste, libéral, voluptueux, crédule à l'excès ; il ajoutait foi aux astrologues, qui en lui faisant espérer de monter un jour sur le trône devinrent la cause de sa perte. »   DUFEY (de l'Yonne).

Un autre *Charles* DE BOURBON, dit *le jeune*, ou encore *le cardinal de Vendôme*, neveu du précédent, se fit chef du tiers parti après la mort de Henri III. Voyant que Henri IV, malgré tous les avis de ses partisans, hésitait à embrasser le catholicisme, il se crut appelé à hériter des droits de son cousin, incapable de monter sur le trône comme *hérétique obstiné*. Pierre de L'Étoile rapporte dans son journal que le tiers parti, dont le cardinal s'était fait le chef, entendait non-seulement se débarrasser de Henri IV et des princes de Conti et de Montpensier, mais encore faire des conditions à Charles de Bourbon en le proclamant roi ; et que sur le trône ce prince aurait joui de revenus bien moins considérables que ceux qu'il tirait de ses bénéfices. L'intrigue montée par ce parti, qu'Henri IV appelait en riant *les tiercelets*, échoua ; et le cardinal de Bourbon, qui en fut pour la couronne, dont un instant il s'était cru sûr, en tomba malade de chagrin. Le roi l'alla voir ; et toute la vengeance qu'il tira de lui, ce fut de lui adresser en se retirant cette plaisanterie. « Mon cousin, prenez bon courage ; il est vrai que vous n'êtes pas encore roi, mais le serez possible après moi. » Le cardinal mourut le 30 juillet 1594.

BOURBON (NICOLAS), *l'ancien*, né à Vandeuvre, près de Bar-sur-Aube, en 1503, d'un maître de forges, excella tellement dans les belles-lettres, et surtout dans la langue grecque, que Marguerite de Navarre lui confia l'éducation de la célèbre Jeanne d'Albret, sa fille, mère de Henri IV. Dégoûté de la cour, après y avoir vécu quelques années, il se retira à Caudé, petite ville sur les confins de l'Anjou et de la Touraine, où il avait un bénéfice, et y mourut en 1550. Il avait cultivé avec succès la poésie latine, et Érasme, Paul Jove, Joachim de Bellay et Sainte-Marthe prisaient ses *Nugæ* (bagatelles). Scaliger, au contraire, le traite de poète qui ne mérite aucune considération.

BOURBON (NICOLAS), *le jeune*, petit-neveu du précédent, naquit aussi à Vandeuvre, en 1574, fit ses études à Paris, sous Passerat, et devint successivement professeur de rhétorique dans les collèges de Calvi, des Grassins et d'Harcourt. Le parlement ayant supprimé le droit de *landy*, que les régents levaient sur leurs écoliers, il s'en vengea par une satire (*Indignatio*), qui lui valut quelques mois de prison. Le cardinal du Perron, pour le récompenser de sa belle imprécation contre les assassins de Henri IV, le nomma professeur de grec au Collège de France, fonctions qu'il remplit avec distinction de 1611 à 1620 ; il entra alors dans la congrégation de l'Oratoire. Trois ans après, il fut nommé chanoine de Langres, et en 1637 membre de l'Académie Française, où il alla rejoindre Balzac, avec qui il avait eu de violentes disputes littéraires. Des amis communs les réconcilièrent. En le faisant admettre parmi ses quarante, le cardinal de Richelieu avait voulu le payer de quelques inscriptions qu'il avait faites pour sa galerie. L'auteur, qui écrivait aussi bien en prose et poésie latine qu'il écrivait mal en français, convenait de bonne foi que jamais il n'avait élevé ses prétentions à l'Académie, et Balzac ne le croyait guère propre à coopérer au *grand défrichement* de notre langue. Bourbon mourut dans la maison de l'Oratoire, en 1644.

BOURBON (Ile). *Voyez* RÉUNION (Ile de la).

BOURBON (Théâtre du PETIT-). Tout près du Louvre, du côté de Saint-Germain l'Auxerrois, aux environs de la Seine, s'élevait jadis un hôtel qui avait appartenu au fameux connétable Charles de Bourbon. Lorsque, par suite de sa révolte, il eut été déclaré traître et criminel de lèse-majesté, on y brisa ses armoiries, on y sema du sel, on en fit barbouiller de jaune les portes et les fenêtres par la main du bourreau. Cette maison prit alors le nom de Garde-Meuble du roi. Elle ne fut détruite que vers l'année 1760. Vis-à-vis ou à côté, sur le quai, s'éleva le théâtre auquel, en raison de ce voisinage, on donna le nom de Théâtre du Petit-Bourbon. Nous n'avons pu découvrir l'époque précise de sa fondation, mais il existait du temps de Charles IX, et c'est d'une de ses fenêtres que ce prince, pendant le massacre de la Saint-Barthélemy, tirait avec une arquebuse sur les Parisiens huguenots qui passaient l'eau pour se sauver au faubourg Saint-Germain. Saint-Foix dit que ce fut d'une des fenêtres de l'ancienne maison du connétable ; mais il aurait fallu que le roi eût traversé la rue pour se rendre dans cette maison, qui ne touchait pas au Louvre. Le théâtre, au contraire, était contigu à ce palais. Lorsqu'à la fin de 1792 la Convention nationale fit placer la fameuse inscription qui rappelait le sanguinaire fanatisme de Charles IX, on l'attacha à une fenêtre de la galerie d'Apollon, parce que le reste n'existait plus.

Ce fut sur le théâtre du Petit-Bourbon que fit son apparition, le 19 mai 1577, une troupe de comédiens italiens, nommés *Gli Gelosi*, qu'Henri III avait appelés de Venise, et qui venaient de jouer aux états de Blois. Comme ils ne prenaient que quatre sols par personne, ils attirèrent plus de monde qu'il n'y en avait pour entendre les quatre prédicateurs les plus renommés de la capitale. Contrariés par divers arrêts du parlement, malgré la volonté du roi, qui les soutenait, ils ajoutèrent encore au mois de septembre ; mais les troubles qui agitèrent le royaume les forcèrent de partir.

Ce fut au théâtre du Petit-Bourbon, pour la noce du duc de Joyeuse, son favori, avec mademoiselle de Vaudemont, sœur de la reine Louise de Lorraine, qu'Henri III fit exécuter, le 15 octobre 1581, le ballet comique de la reine, composé et dirigé par Baltazar de Beaujoyeulx, valet de chambre du roi et de la reine mère. Dans la préface de la description de ce ballet, imprimée en 1582, in-4°, avec figures, on dit que la salle contenait ce jour-là à 9 ou 10,000 spectateurs, nombre exagéré sans doute, car dans la gravure qui représente cette salle on n'aperçoit que deux galeries, au-dessus l'une de l'autre, et derrière l'estrade où étaient placés le roi, les reines et les personnes de la cour, un amphithéâtre de quarante banquettes. D'ailleurs, il n'y avait ni scène ni parterre ; l'enceinte était comme un cirque ou un manège. Un orateur s'avançait devant le roi pour le haranguer, et les autres acteurs venaient y jouer leur rôle et se retiraient ensuite dans le fond. La représentation de ce ballet où figuraient presque toutes les divinités du paganisme, dura depuis dix heures du soir jusqu'à trois heures après minuit, chose extraordinaire à une époque où tout le monde soupait et se couchait de très-bonne heure.

Le théâtre du Petit-Bourbon était probablement fermé depuis longtemps, lorsque le cardinal Mazarin y fit représenter, le 14 décembre 1645, devant Louis XIV et la reine Anne d'Autriche, le premier opéra chanté, *La Festa teatrale della finta Pazza*, de Jules Strozzi. On en joua d'autres les années suivantes. Mazarin avait fait venir d'Italie les musiciens, les chanteurs, les architectes et les ouvriers nécessaires. Le machiniste et décorateur Jacques Torelli métamorphosa la salle en un vaste théâtre, d'une grande élévation et d'une belle profondeur. Ses décorations et ses machines furent tellement goûtées, qu'on les grava en taille-douce. Ce spectacle de 1645 finit par des ballets de J.-B. Balbi, dans lesquels on vit danser des ours, des singes et des autruches. En janvier 1650 on y représenta l'*Andromède* de P. Corneille. Torelli fut encore chargé par la reine de l'agrandissement et de la décoration de la salle. Après la guerre de la Fronde, Mazarin fit venir une autre troupe italienne, qui débuta le 10 août 1652 au théâtre du Petit-Bourbon, et continua d'y jouer les années suivantes.

Ce théâtre avait été, comme l'on voit, le berceau de l'opéra, des ballets et de la comédie italienne en France. S'il ne fut pas aussi le berceau du théâtre français, honneur qu'il dut céder au théâtre de l'hôtel de Bourgogne, il eut du moins la gloire de posséder le coryphée des auteurs co-

36.

miques anciens et modernes, et d'être le champ de ses premiers triomphes. En 1658 Louis XIV, ayant vu à Rouen la troupe de Molière, en fut si satisfait qu'il la fit venir à Paris, lui donna le nom de *troupe de Monsieur*, et l'établit au théâtre du Petit-Bourbon, pour y jouer alternativement avec les Italiens. Là furent représentés, de 1658 à 1660, *L'Étourdi*, *Le Dépit amoureux*, *Les Précieuses ridicules*, et *Le Cocu imaginaire*.

Le théâtre du Petit-Bourbon, dont la condamnation avait été prononcée dès le mois de juillet 1659, offrit encore aux Parisiens un spectacle nouveau. Des comédiens espagnols vinrent avec l'infante Marie-Thérèse, nouvelle épouse de Louis XIV. Ils jouaient, chantaient et dansaient. Ils donnèrent trois représentations au mois de juillet, la première à 5 fr., la seconde à 3 fr.; mais à la troisième, il n'y eut personne, sans doute parce que la langue espagnole n'était pas assez connue en France, quoiqu'elle le fût alors infiniment plus qu'aujourd'hui. Le 11 octobre suivant on commença la démolition du théâtre; elle fut achevée à la fin du mois. Sur son emplacement où bâtit, du côté du quai, la partie de la colonnade du Louvre dont Louis XIV posa la première pierre le 17 octobre 1665. Le roi donna aux Italiens et à la troupe de Molière le théâtre que le cardinal de Richelieu avait fait bâtir au Palais-Royal. Quant aux comédiens espagnols, ils furent entretenus par la reine Marie-Thérèse jusqu'au printemps de 1672, qu'ils repassèrent les Pyrénées. Mais ils ne jouaient, sans doute, sur aucun théâtre de Paris.

H. AUDIFFRET.

BOURBON-BUSSET (Famille de). *Pierre de* BOURBON, l'aîné des trois fils naturels que Louis de Bourbon, mort évêque et prince de Liége (*voyez* plus haut, p. 557) avait eu d'une princesse de la maison de Gueldre avant de recevoir les ordres, est la souche de cette maison, qui s'est continuée jusqu'à nos jours avec le titre de comte. Le témoignage des historiens est unanime sur la bâtardise de cette branche; mais, comme on n'en a pas encore produit de preuves positives, on s'est prévalu de cette absence de titres pour prétendre que l'évêque de Liége avait été légitimement marié avec la princesse de Gueldre avant qu'il eût été promu aux ordres sacrés. Si cette prétention était fondée, Henri IV et sa postérité auraient usurpé le trône de France, car si la branche de Busset était légitime, c'était elle que l'ancienne constitution salique devait appeler au trône, puisqu'elle est incontestablement l'aînée de toutes les branches actuelles de la maison de Bourbon; mais cette prétention ne nous paraît pas mériter une réfutation sérieuse. On l'a risquée dans l'espoir qu'aucun titre ne viendrait la démentir. Or nous avons eu en communication un acte dans lequel Pierre de Bourbon, fils de l'évêque de Liége, paraît comme témoin, et se donne lui-même les noms et qualités de Pierre, *bâtard* de Bourbon, seigneur et baron de Busset. C'est le contrat de mariage de Jean d'Albon, seigneur de Saint-André, avec Charlotte de La Roche-Tornoelle, passé le 22 janvier 1509, devant Pestre, Bordon et Olyvat, notaires, le premier à Montferrand, les deux autres à Cusset. Cet acte existe en original dans les archives du château d'Avanges près de Tarare.

LAINÉ.

Quoi qu'il en soit, ce Pierre de Bourbon épousa Marguerite d'Alègre, dame de Busset, en Bourbonnais, fief dont sa postérité a conservé le nom. Bien que qualifiés *cousins* par nos rois et admis au rang et aux honneurs des rejetons naturels de la maison de France, les descendants du bâtard de Liége restèrent longtemps éloignés de la cour.

François-Louis-Antoine, comte de BOURBON-BUSSET, gentilhomme ordinaire du comte d'Artois et lieutenant général des armées du roi, mourut en 1795.

François-Louis-Joseph, comte de BOURBON-BUSSET, petit-fils du précédent, né en 1782, fut nommé, à la Restauration, aide-major des gendarmes de la garde du roi, gentilhomme d'honneur de Monsieur et commandeur de l'ordre de Saint-Louis. Promu maréchal de camp le 18 mars 1815, il accompagna le roi à Gand pendant les Cent-Jours, et fut ensuite élevé aux fonctions de chef d'état-major de la première division de cavalerie de la garde royale. Au retour de la guerre d'Espagne, où il avait escorté Ferdinand VII dans son voyage de Cadix à Madrid, il fut créé pair de France. Depuis les événements de 1830, il a vécu dans la retraite.

BOURBON-CONDÉ. *Voyez* CONDÉ.
BOURBON-CONTI. *Voyez* CONTI.
BOURBON-LANCI ou BELLEVUE-LES-BAINS, petite ville située à trente kilomètres de Moulins, dans le département de Saône-et-Loire. Le climat en est bon, les environs sont agréables, les eaux fort renommées. Salines comme celles de Plombières et de Bourbonne, les eaux de Bourbon-Lanci renferment une assez grande quantité de muriate de soude, différents sulfates, du gaz acide carbonique et un peu de fer; la température diffère pour chacune des sources, au nombre de sept, depuis 41° cent. jusqu'à 57°, et même la température de chaque fontaine minérale éprouve parfois des variations de 5 et de 6°, ce qui dépend sans doute de ce que quelque fissure de leurs conduits donne accès à de l'eau commune de fontaine ou de rivière, ou peut-être de ce que leur source originelle la plus chaude diminue ou tarit par l'effet des saisons, ou se trouve glacée par la fonte des neiges.

C'est dans le faubourg Saint-Léger que jaillissent les sources thermales; près de là est un hôpital où se réfugient les malades et baigneurs nécessiteux, et c'est à cet établissement qu'appartiennent les eaux. On les conseille quelquefois comme celles de Bourbonne, dans les rhumatismes chroniques, les fausses paralysies, les catarrhes anciens sans fièvre, et aussi dans les engorgements d'entrailles, dans les fièvres intermittentes rebelles au quina, ainsi que dans un grand nombre de maladies topiques.

Henri III, affaibli par toutes sortes d'abus, et de plus affecté de ce qu'on nomme dans ce siècle-ci une *gastrite*, se trouva bien des eaux de Bourbon-Lanci, près desquelles il se rendit en 1580. *Auquel temps*, dit J. Auberi (Aubry ou Albericus), *commission fut octroyée à monseigneur Miron, conseiller d'Estat et premier médecin de sa majesté, et seigneur de l'hermitage..., et au sieur Baptiste du Cerceau, premier architecte de sa dite majesté, pour eux acheminer à Bourbon-Lanci, et remettre aucunement l'ancienne commodité des bains, lesquels n'étaient que ruines*. Ces eaux ont toujours été très-préconisées contre la stérilité: Fernel, l'un des plus célèbres médecins qu'ait produits la France, les avait conseillées précédemment à Catherine de Médicis, encore sans enfants après dix années de mariage. Aussitôt après, cette princesse donna les marques de fécondité; elle devint mère de François II (1544), neuf mois après le voyage aux eaux, et plusieurs fois ensuite, comme on le voit dans l'histoire.

Nous n'avons pas à expliquer comment nous concevons que les eaux favorisent la fécondité. Il suffit de remarquer qu'elles rétablissent des conditions indispensables à la maternité (les menstrues), que plusieurs guérissent des maladies ou des infirmités nuisibles à la conception (la leucorrhée, etc.), outre qu'elles redonnent des forces, de l'alacrité, sans compter ce bien-être et cette douce quiétude si propices aux passions tendres. Toutefois, il serait curieux de savoir de quelle cause provenait la stérilité de Catherine de Médicis, confidence qu'il ne faut point espérer de l'indiscrétion des livres d'un homme comme Fernel...; peut-être même Bourbon-Lanci ne fut-il qu'un lieu de représailles contre Henri II infidèle, vengeance plus efficace dans ces conjonctures que le simple usage des eaux. D'ailleurs, on ne doit point oublier que Catherine fut mariée dès l'âge de quatorze ans à un prince de quinze, et qu'elle n'en avait que vingt-cinq lorsqu'elle donna le jour à François II, l'aîné de ses enfants.

Les eaux de Bourbon-Lanci sont désignées sous le nom

de *Aquæ Nisinaii*, sur la carte de Peutinger. L'abbé Huet, parfois fort distrait en sa qualité d'homme d'esprit, disait qu'il se pourrait bien qu'on eût écrit *Bourbon-Lanci* pour exprimer Bourbon-l'*Ancien*. Cependant Huet n'ignorait pas que ce surnom de *Lanci*, qui s'écrivait autrefois l'*Ansi*, tire son origine du plus jeune des fils d'un Geoffroy de Bourbon, lequel se nommait *Anseau* ou *Anselme*, et dont le frère aîné portait le nom d'*Archambault*. C'est avec raison, ce nous semble, que M. Berger de Xivrey applique à Bourbon-Lanci plutôt qu'à la ville d'Autun ce passage d'un discours adressé par le rhéteur Eumenius à l'empereur Constantin, qu'il engageait avec courtoisie à venir visiter le pays des *Ædui* : *Jam omnia te vocare ad se templa videntur, præcipueque* Apollo noster, *cujus ferventibus aquis perjuria puniuntur, quæ te maxime oportet odisse.* Mme de Genlis était de Bourbon-Lanci. Elle n'aurait même pas été éloignée de croire que c'était elle que semblait prédire l'*Apollo noster* des flatteurs de Constantin. A ce propos, quelqu'un répondit un jour à cette femme célèbre, qu'apparemment cet Apollon avait changé de sexe. « Comment cela? dit-elle. — *Olim Venus*, dit un des interlocuteurs. — *Nunc Minerva*, repartit un autre. » Les eaux de Bourbon-Lanci ne sont guère fréquentées que par des rhumatisants du pays.   Dr Isidore BOURDON.

BOURBON-LARCHAMBAUT (Eaux de). Cette petite ville, appelée aussi *Burges*, a environ 3,000 habitants; elle est à 66 kilomètres de Bourges, et à 286 de Paris. Située dans un joli vallon, assez bien bâtie, les quatre collines qui l'entourent lui forment comme une sorte de paravent, circonstance propice à l'égalité de la température et à l'effet salutaire des eaux. Le ciel est beau comme le pays, l'air est d'une douce chaleur, les zéphirs seuls l'agitent, à cause du rideau circulaire formé par les montagnes; les productions sont variées, pas très-hâtives, mais abondantes ; la vie dans ce lieu est peu coûteuse. Des promenades embellissent la ville; on distingue, par-dessus tout, celle que fit planter Gaston d'Orléans, frère de Louis XIII. Le sol est assez convenablement mitigé; l'argile, le silex et la terre calcaire s'y allient dans de bonnes proportions ; on trouve dans les environs des mines de fer, et peut-être est-ce là l'origine d'une source ferrugineuse froide nommée *Jonas*, qu'on voit sourdre à Bourbon-Larchambaut, en dehors des sources principales du lieu.

L'origine de la grande source thermale est tout à fait inconnue ; elle jaillit bouillonnante et bulleuse, au midi de la ville, sur la place des Capucins ; des tubes conducteurs la portent ensuite à l'établissement thermal, où se trouvent seize cabinets de bains pourvus de douches. Ces eaux sont claires, parfaitement incolores : réunies en grandes masses, elles paraissent néanmoins comme verdâtres, de même que l'air amoncelé paraît bleu. La saveur en est un peu âcre, analogue à celle d'une lessive légère; refroidies, elles donnent au goût et à l'odorat une impression d'œuf couvé. La température en est élevée (+ 50° cent.). L'analyse chimique y a démontré : 1° de l'acide carbonique libre, 2° du bi-carbonate de soude (mais en moindre quantité que dans l'eau de Vichy), 3° du muriate de soude, 4° du sulfate de soude, 5° du carbonate de chaux en petite quantité, 6° un peu de fer et de silice , et 7°, comme singularité rare et digne d'être notée, une petite quantité de sel à base de *potasse* (qu'on retrouve aussi dans l'eau sulfureuse d'Enghien). Les bulles gazeuses qui se voient à la surface de l'eau, et dont le dégagement la rend bouillonnante, sont formées d'un mélange de gaz acide carbonique et d'azote. Ces eaux thermales ont la même densité, la même pesanteur que l'eau distillée. Elles sont ordinairement couvertes d'une pellicule blanchâtre et onctueuse, qui provient probablement de la chaux que l'acide carbonique rend insoluble, ainsi que d'un peu de fer, qui s'oxyde de plus en plus, à mesure que l'acide carbonique abandonne l'eau qui le dissolvait. Un autre effet provenant de la même cause, c'est ce dépôt calcaire et ocracé qu'on trouve au fond du bassin , ainsi que les incrustations épaisses des conduits. On trouve aussi dans les égouts de l'établissement une *boue noire* et presque aussi hydrogénée que celle de Saint-Amand; on la fait servir aux mêmes usages.

C'est à tort qu'on a regardé comme merveilleuses et d'*outre* physique plusieurs des propriétés de ces eaux. Les œufs fécondés qu'on y plonge y éclosent en cinq cent une heures, a-t-on dit avec étonnement! Je crois bien ; cela est fort naturel : la poule qui aurait couvé ces œufs, a 6 ou 8° de chaleur de moins que ces eaux thermales; et l'on sait quels moyens les Égyptiens et Réaumur nous ont enseignés pour obtenir des éclosions artificielles. On les boit , dit-on aussi, sans se cuire la bouche, sans que les entrailles en soient enflammées !... Cela est encore tout simple : nos potages les plus familiers sont fréquemment à une température plus élevée que celle des eaux de Bourbon-Larchambaut. D'ailleurs, ces eaux salines et gazeuses incitent les glandes et les follicules à une telle sécrétion de salive , de mucus et de diverses humeurs , que les membranes intérieures en sont comme lubrifiées, et par là garanties de toute brûlure ou souffrance. Mais , ajoute-t-on , elles n'altèrent ni les fleurs ni les végétaux qu'on y plonge !... D'abord , il faudrait savoir quelles plantes et quelles fleurs on veut dire : beaucoup de fleurs déjà fanées rajeunissent soudain quand on les plonge dans de l'eau un peu chaude. Après cela, quant aux végétaux verts, les sels alcalins que renferment les eaux de Bourbon-Larchambaut aviveraient d'eux-mêmes la couleur verte, loin de l'effacer. On dit enfin qu'elles sont plus lentes à bouillir que de l'eau échauffée au même degré qu'elles ;... oui , si on les porte au feu dans un *vase froid*, tandis que l'eau chauffée artificiellement demeure dans le vaisseau brûlant qui l'a déjà soumise au feu.

Nul miracle dans la nature, rien donc de surnaturel dans les eaux de Bourbon-Larchambaut. Mais elles ont de vraies vertus : elles soulagent les douleurs externes, les rhumatismes chroniques; elles sont souveraines contre les paralysies et contre plusieurs maladies locales des genoux, des jointures. Elles excitent beaucoup, elles échauffent et constipent. Elles produisent quelquefois tout d'abord un effet opposé, mais c'est à la manière du café, du quina et des autres toniques, par suite de la vive impression qu'elles déterminent, soit sur l'estomac, soit sur les intestins. On en boit (un ou deux litres par jour), on les prend en bains, on les reçoit en douches. Les bains remédient aux scrofules, guérissent quelquefois la paralysie; bues, elles rappellent les menstrues de même que les hémorroïdes. C'est pendant la durée du bain que l'on a coutume de boire une partie de la dose prescrite pour la journée.

Quand on visite la source, on est frappé du bruit qui résulte du dégagement continuel des gaz. On observe également qu'aussitôt que l'atmosphère devient plus froide, surtout le matin et le soir, il se forme comme un nuage, une sorte de brouillard épais au-dessus du réservoir des eaux. Les médecins de Bourbon-Larchambaut ont eu tort d'attribuer ce phénomène à l'émission des gaz : les gaz sont invisibles par eux-mêmes : personne n'a vu jamais ni de l'azote ni du gaz carbonique. Mais, outre ces gaz, il se dégage perpétuellement de l'eau minérale des vapeurs aqueuses beaucoup plus chaudes que l'atmosphère : ce brouillard est donc tout simplement une conséquence de la tendance à un équilibre parfait, propriété essentielle du calorique.

Bourbon-Larchambaut a été le berceau de l'ancienne et si illustre famille de Bourbon; on y voit encore les débris du château primitif, et le nom même de *Bourbon*, qui a commencé par la ville, lui est venu de ses eaux minérales. On a remarqué à la louange de cette source célèbre que les médecins chargés de l'administrer parvenaient presque tous à un âge avancé. Il ne faut donc pas nier absolument l'influence salutaire des eaux.   Dr Isidore BOURDON.

BOURBONNAIS (*Burbonensis ager* ou *tractus*), ancienne province de France, avec titre de sircrie ou de baronnie, qu'elle a porté jusqu'en 1327, époque de son érection en duché-pairie. Elle était bornée au nord par le Nivernais, au sud par l'Auvergne, à l'est par la Bourgogne et le Forez, et à l'ouest par le Berry. On évaluait sa superficie à 790,000 hectares. Bordé au levant par la Loire et au couchant par le Cher, qui s'y enclave dans quelques endroits, ce pays est coupé par l'Allier en deux parties inégales, appelées le *Haut* et le *Bas-Bourbonnais*. Il est arrosé par la Sioule qui descend des montagnes d'Auvergne, et vient se jeter dans l'Allier à 17 kilomètres au-dessus de Moulins; par la Besbre, qui se jette dans la Loire, près de Dampierre; et par plusieurs autres plus petites. Le sol, plus coupé et plus varié qu'en aucune autre partie de la France, est fertile en grains, vins, chanvres, fruits et pâturages. Il y a plusieurs mines de fer, de cuivre et de charbon de terre, celles-ci très-considérables, et quelques carrières de marbre. Les eaux minérales abondent dans le Bourbonnais. La plupart jouissent d'une grande réputation, entre autres celles de Bourbon-l'Archambaut, de Néris, très-fréquentées par les Romains; de Vichy, de Saint-Pardoux et de la Traulière.

Bourbon-Larchambaut, d'abord chef-lieu de la province, est désigné sur les tables romaines par le nom d'*Aquæ Bormonis* ou *Borvonis*. Au huitième siècle, cette place passait pour une des plus fortes de l'Aquitaine. Son château, bâti sur des rochers et environné de précipices, fut assiégé et pris par Pépin, après une longue résistance, durant ses guerres contre Waifre, duc d'Aquitaine (759). Sur les fondements de ce château, les Archambauts, sires de Bourbon, en élevèrent un plus magnifique, qui avant l'usage du canon était réputé imprenable. Quelques anciennes descriptions portent à vingt-quatre le nombre de ses tours; deux surtout se distinguaient par leur grosseur prodigieuse, l'une appelée l'*Admirale* et l'autre *Quincangrogne*, dénomination significative. Sur les ruines de cette dernière tour on en a bâti une ronde, qui existe encore, et où l'on a placé une horloge. Ce château abritait une ville peu considérable, et qui ne serait rien aujourd'hui malgré tout l'éclat historique qu'une illustre et royale maison a attaché à son nom, si elle n'eût été soutenue par la renommée de ses eaux minérales. Déjà même les anciens sires de Bourbon avaient abandonné cette ville pour fixer leur séjour à Souvigny, devenu dès lors chef-lieu de la province. Ce ne fut qu'à partir du milieu du quatorzième siècle que Moulins, devenu le séjour des ducs de Bourbon, s'éleva au rang de capitale du pays, et s'y est maintenu jusqu'aujourd'hui. De cette ville, autrefois le siége d'un bailliage, d'un siége présidial et d'une sénéchaussée, dépendaient les dix-huit châtellenies royales de Souvigny, Bessai, Gannat, Billi, Vichy, Verneuil, Belleperche, Bourg-le-Comte, Hérisson, Montluçon, Murat, Chantelle, Charroux, Bourbon-Larchambaut, Rioux, Ussel et Chaveroche.

Lorsque César pénétra dans les Gaules, le territoire qui forma depuis le Bourbonnais était partagé entre les Éduens, les Arvernes et les Bituriges. A ces trois peuples se joignit une colonie de Boïens, qui, vaincus par les armées romaines lorsqu'ils allaient porter des secours aux Helvétiens, leurs alliés, étaient venus chercher un asile chez les Éduens, qui les établirent entre l'Allier et la Loire. Dans la division que César et ses successeurs firent des Gaules, la portion du Bourbonnais occupée par les Boïens fut comprise dans la première Lyonnaise; les autres parties furent incorporées à l'Aquitaine, comme dépendantes du Berry et de l'Auvergne. Lors de la décadence de l'empire, les Visigoths s'emparèrent du Bourbonnais, du Berry et de l'Auvergne (474). La grande victoire remportée par Clovis sur Alaric fit passer ces provinces sous la domination des Francs (507). Le Bourbonnais fit successivement partie des royaumes d'Orléans, d'Austrasie et d'Aquitaine. A partir de la mort tragique du fameux duc Waifre (768), ce pays, qui jusque alors n'avait été qu'une annexe partagée entre différents États, devint une division politique spéciale, qui dès ce moment eut ses chefs distincts et son histoire particulière. On prétend que ce fut Charlemagne qui érigea le Bourbonnais en baronnie dès l'année 770. Des Ormeaux assure qu'elle était la première baronnie de France, et que ce ne fut qu'après son érection en duché (1327) que les Montmorency ont pris le titre de premiers barons chrétiens (c'est-à-dire du roi très-chrétien).

Ce duché fut séquestré en 1523, lors de la disgrâce du connétable de Bourbon, et réuni à la couronne en 1527. Enfin, en 1651, il fut donné par Louis XIV, au prince de Condé en échange du duché d'Albret et de quelques autres domaines, et depuis lors le titre de duc de Bourbon s'est continué dans cette branche jusqu'au dernier prince de Condé.
LAINÉ.

BOURBONNAISE, nom vulgaire de la *lychnis viscaria*. Voyez LYCHNIDE.

BOURBONNE-LES-BAINS (*aquæ Borvonis*), ville célèbre pour ses eaux salines et thermales; elle est située dans le département de la Haute-Marne, à 308 kilomètres de Paris. Bourbonne est une cité de 3,400 habitants, d'environ 820 maisons, et pouvant recevoir 1,000 à 1,200 étrangers, sans compter les militaires. Bâtie à la fois sur le plateau d'une colline et dans les deux vallons adjacents, elle occupe la partie sud-est du Bassigny, pays beaucoup plus exhaussé que son nom ne le ferait penser. Le vallon du sud contient les sources thermales. On trouve à Bourbonne un hôtel de ville, une vieille église, qui menace ruine depuis les ravages de l'incendie de 1717; un hospice civil, un hôpital militaire contenant cinq cent cinquante lits, et quatre promenades publiques assez belles, surtout les promenades de Montmorency, d'Orfeuille et de la Place. Le territoire de Bourbonne n'a pas moins de 22 kilomètres de circonférence, dont environ les deux tiers sont en bois communaux et autres, le quart en terres à labour, le reste en vignes et prairies. Bourbonne, avec ses dépendances et ses alentours, forme comme un vaste bassin borné circulairement par un amphithéâtre de monts et de plateaux, donnant à son enceinte un aspect pittoresque, qui ne guérit point l'ennui, mais qui le dissipe. Le pays n'est ni beau ni riche; les productions cependant en sont diversifiées et assez abondantes.

On remarque que la température de Bourbonne est très-variable. Toutefois, elle est ordinairement de 14° R., terme moyen, pendant la saison des eaux, c'est-à-dire depuis le 1er juin jusqu'au 1er octobre. L'atmosphère de Bourbonne est donc moins chaude que celle de Paris. Cette particularité dépend de l'élévation de Bourbonne au-dessus du niveau de la mer, exhaussement tel que le mercure y descend quelquefois, dans le tube d'un baromètre, jusqu'à 27 pouces et même au-dessous. Cette situation de Bourbonne y rend les pluies fréquentes, les orages et les ouragans redoutables, et cependant les montagnes environnantes, très-élevées, le préservent de beaucoup d'orages, qu'elles lui soutirent. Quand je dis que Bourbonne est un lieu élevé, je parle dans le sens absolu; car, relativement aux montagnes qui l'entourent de toutes parts, cette ville est dans un fond; elle forme comme le centre d'un entonnoir dont les bords, très-proéminents, seraient représentés par des monts et des plateaux. Lorsqu'on arrive de Paris, on n'aperçoit de Bourbonne que son clocher, qui passe au-dessous des montagnes, et qui trompe le voyageur sur la distance qu'il lui reste à franchir.

Il existe à Bourbonne trois sources thermales distinctes : 1° la *fontaine Chaude*, ou *de la Place*, ou *Matrelle*, dont la température est de 57° cent., et la source abondante. C'est à cette fontaine que se rendent les buveurs. On boit de cette eau sans la laisser refroidir, et cependant elle ne cause pas ordinairement de vive cuisson à l'intérieur. Il faut remarquer néanmoins que l'on ne se plongerait pas impunément dans cette fontaine, non plus que dans la suivante : la peau serait rapidement rubéfiée, puis brûlée : on cite même de funestes effets de pareilles immersions. L'eau de cette source durcit un œuf en vingt-quatre heures. 2° le *Puisart* ou la *source des bains civils*, dont la température est de 56° cent.; 3° la *fontaine des bains militaires*, 50° cent. On la nomme encore dans les vieux livres le *bain Patrice*, et nous laissons aux archéologues et aux curieux le soin de rechercher l'origine de cette dénomination.

Les eaux de Bourbonne sont claires, incolores, d'une odeur un peu sulfureuse, d'un goût très-analogue à celui du bouillon de veau salé, et rudes à la peau; un peu plus pesantes que l'eau distillée, elles marquent deux degrés sept dixièmes à l'aréomètre de Baumé. La température, si l'on en juge par le témoignage des auteurs, en varie notablement. Les trois sources réunies fournissent environ 102 mètres cubes d'eau dans l'espace de vingt-quatre heures. Il se dégage des sources une grande quantité de gaz azote, ce qui les rend toujours bouillonnantes, dans les temps d'orage surtout. Cela peut aller en de pareilles conjonctures jusqu'à faire rejaillir l'eau d'assez grandes distances. Peu d'eaux sont plus salines que celles-ci : un kilogramme donne à l'analyse chimique 7 grammes 98 centigrammes de sels, savoir : $5^{gr},32$ de muriate de soude, $0^{gr},85$ de muriate de chaux, $0^{gr},11$ de carbonate de chaux, $0^{gr},85$ de sulfate de chaux, $0^{gr},85$ de sulfate de magnésie.

En outre, M. A. Chevalier a trouvé dans cette eau une petite quantité d'arsenic, ce qui d'ailleurs lui est commun avec d'autres eaux contenant comme elle plus ou moins de sels carbonatés. On y a de même signalé une petite quantité de brôme, un peu de fer, que l'aimant peut manifester et soustraire aux boues desséchées. Quant au gaz qui s'en dégage, il paraît que c'est de l'azote pur ou à peu près pur. Sa présence provient probablement des résidus de l'air que l'eau entraine avec elle dans les gouffres ou souterrains où elle se minéralise on ne sait comment; et si l'oxygène en a été séparé, cela paraît tenir aux combinaisons qu'il aura contractées avec les substances minérales, qui, comme on sait, ont pour ce gaz une grande affinité.

On pourrait appliquer aux eaux de Bourbonne, ainsi qu'à beaucoup d'autres, cette légende d'une ancienne famille de la Normandie : *Fons ignotus, virtutes cognitæ*. Les eaux de Bourbonne sont employées avec succès dans les maladies scrofuleuses, dans les rhumatismes, soit articulaires, soit musculaires chroniques, à la suite des fractures mal consolidées et des entorses, pour les douleurs qui survivent à d'anciennes blessures; mais leur efficacité est surtout manifeste dans les *plaies d'armes à feu* et dans les *paralysies* que l'apoplexie n'a point causées. Elles ne conviennent ni dans la syphilis, ni dans la goutte, ni contre les maladies de la peau ou de la rate, qu'elles aggraveraient au lieu de les calmer ou de les guérir. Il est quelques écoulements chroniques que ces eaux ont la vertu de tarir ou de modérer, à cause de l'irritation qu'elles déterminent à la peau. Elles produisent en quelque sorte l'effet d'un sinapisme universel et inoffensif. Les eaux dont nous parlons conviennent principalement aux tempéraments lymphatiques, aux hommes difficiles à exciter, durs ou peu sensibles. On a coutume d'en défendre l'usage aux personnes nerveuses, susceptibles, maigres, délicates, ou très-sanguines, mais surtout aux jeunes personnes : ces eaux si rudes ternissent la beauté. On prend ordinairement dans une *saison* de vingt à vingt-sept bains, à la température de 36 à 37° tout au plus. On est obligé par conséquent de laisser refroidir l'eau des sources, et à cet effet on élève, la veille, dans des réservoirs en plomb, toute l'eau dont il sera besoin le lendemain pour mitiger et tempérer l'eau trop chaude des sources. Chaque bain dure trente à quarante minutes; il serait souvent dangereux d'y séjourner beaucoup plus longtemps.

Les douches soulagent les douleurs locales. On a coutume de les prendre à la température de 47 à 50° cent., et on les reçoit de préférence sur la colonne vertébrale, sur le sacrum, au-dessus de la clavicule, et en général suivant la direction des nerfs, évitant toutefois de les faire tomber ou sur la tête, ou trop immédiatement sur les parties douloureuses. La durée des douches ne doit guère excéder dix minutes, après quoi il faut prendre un bain, puis se remettre au lit et se rendormir. Ces eaux déterminent ordinairement de grandes transpirations. Quelques personnes se contentent de boire à la fontaine. Une pinte ou deux tout au plus, telle doit être la dose de chaque jour; car à doses plus élevées on s'expose à des coliques, à des gonflements, à des assoupissements, à des dérangements d'intestins et à la perte de l'appétit. L'essentiel n'est pas de boire des cruches d'eau chaude, il faut que ce liquide passe sans causer de souffrance; il faut qu'on puisse, sinon le digérer, au moins se l'assimiler, l'absorber. Il est vrai qu'un ancien médecin, nommé Juy, cite des malades qui de son temps buvaient jusqu'à quatre-vingts verres d'eau dans une seule matinée : c'est à peu près vingt livres ou dix litres; mais ce sont là des excès périlleux. On a quelquefois fait usage des *boues* de Bourbonne dans quelques maladies locales, à peu près comme de celles de Saint-Amand ou de Bourbon-Larchambaut, mais cela n'est plus de mode aujourd'hui.

Bourbonne est maintenant une propriété de l'État, depuis que le gouvernement de Napoléon s'en empara en 1812. Année commune, il ne vient pas à Bourbonne beaucoup moins de huit cents malades civils, sans compter quatre à cinq cents amis des malades ou simples amateurs. Quant à l'hôpital militaire, Louis XV le fonda en 1732, et Louis XVI l'agrandit en 1785. Six à huit cents militaires y sont traités chaque année aux frais de l'État, ce qui accroît d'autant la richesse du pays.

On trouve à 9 kilomètres de Bourbonne, au village de *La Rivière*, une eau *ferrugineuse froide*, dont on prescrit l'usage aux estomacs faibles, ainsi qu'aux jeunes personnes affectées de pâles couleurs et aux malades qui souffrent de la vessie. On s'en procure aisément à Bourbonne même, sans se déplacer.

On a découvert à Bourbonne un grand nombre d'antiquités, qui toutes attestent et la date toute romaine de la célébrité de ces eaux, et le dieu qu'y révéraient nos pères, comme aussi le nom qu'ils lui donnaient. On y a trouvé des pierres gravées, des médailles romaines, des inscriptions, des *ex-voto*, un bouc en bronze et le tombeau d'un comédien romain nommé, croit M. de Xivrey, *Rocabajus*, avec une épitaphe distincte et une tête de singe.

On s'est souvent plaint de la vie ennuyeuse de Bourbonne et de la difficulté de s'y distraire, d'y prendre quelques plaisirs. Certains habitants de la ville avaient proposé d'augmenter le nombre des promenades, d'acheter le vieux château pour y centraliser les amusements; ils voulaient embellir ce lieu thermal, afin d'en rendre le séjour agréable. Quelques personnes avaient même proposé de consacrer à ces projets d'un luxe nécessaire le prix d'une belle forêt de réserve que possède la ville, et dont la valeur peut s'élever à 200,000 fr.; mais, quelque dépense qu'on fasse, les plaisirs ne seront jamais bien vifs à Bourbonne. Je conçois qu'on joue à Bourbonne, qu'on y médise, qu'on s'y promène; mais qu'on y danse! impossible. Il faut de jeunes femmes pour former des redoutes, pour orner des concerts; or, les jeunes femmes ne vont guère à Bourbonne : les eaux de ce lieu seraient funestes à leur fraîcheur. Si de jeunes personnes avaient le malheur de se plonger dans les eaux de Bourbonne, leur peau souple et délicate serait pour longtemps rude et fanée.

Un des médecins de Bourbonne, le docteur Juvet, mort en 1789, avait composé pour la *fontaine chaude* ce distique :

Auriferas dives jactet Pactoli arenas;
Ditior hæc affert mortalibus unda salutem.

Voici à peu près l'équivalent :

> Roule tes sables d'or, Pactole si vanté !
> Plus riche, aux malheureux j'apporte la santé.

L'intendant de la Champagne, M. Rouillé d'Orfeuille, fut l'un des bienfaiteurs de Bourbonne ; on lui doit, entre autres embellissements, une des plus belles promenades de la ville. D'Holbach, qui plusieurs fois vint dans ce pays, moins pour y recouvrer la santé que pour la perdre, y a aussi laissé quelques traces de sa générosité. Diderot, ami de d'Holbach, visita plusieurs fois Bourbonne, particulièrement en août 1770 ; il était accompagné de Grimm : il déposa même, à sa mort, entre les mains de ce dernier, un petit écrit qu'on a depuis imprimé, et qui était intitulé : *Voyage à Bourbonne*.

C'est aux cochons de Novelle-Coiffi qu'on attribue la découverte des sources de Bourbonne ; et voilà apparemment pourquoi les habitants du village de Novelle avant la révolution avaient seuls le droit d'user de l'eau des sources thermales sans rien payer à l'établissement d'alors.

J'ai dit que les eaux de Bourbonne étaient particulièrement efficaces contre la paralysie. On cite à ce sujet un certain nombre d'exemples de guérisons remarquables. C'est à Bourbonne que l'abbé Mangenot, merveilleusement guéri d'une paralysie au bras droit, écrivit ces vers, pas trop mauvais pour un paralytique, mais fort dépaysés sous une main tremblante :

> Revenez sous mes doigts, instrument que j'adore,
> Plume que je tirai de l'aile de l'Amour !
> Trop heureux si ce dieu daignait sourire encore
> Comme il sourit au premier jour.

Cet amour avait bien des raisons pour ne plus battre que d'une aile, et sans doute il resta fort sérieux. L'Amour aurait trop à faire s'il lui fallait sourire à tous ceux qu'il a paralysés !

Dr Isidore BOURDON.

BOURBON-VENDÉE. *Voyez* NAPOLÉON-VENDÉE.
BOURDAINE. *Voyez* BOURGÈNE.
BOURDAIS (Famille). *Voyez* BAPTISTE aîné et DORVAL.
BOURDAISIÈRE (Édit de la). *Voyez* ÉDIT.
BOURDALOUE (Louis), né à Bourges, le 20 août 1632, entra dans la société de Jésus à l'âge de seize ans. Les dix-huit premières années qu'il y passa furent employées à achever ses études et à occuper successivement des chaires de rhétorique, de philosophie et de théologie morale. Ses supérieurs, reconnaissant en lui un grand talent pour la prédication, l'envoyèrent prêcher à Eu, à Amiens, à Rennes, à Rouen, où il obtint un succès tel, qu'ils le rappelèrent à Paris. Sur ce grand théâtre, il lutta avec avantage contre le mauvais goût, les manières ridicules et le style ampoulé des prédicateurs de son temps : aussi à Paris, comme en province, ses succès furent-ils prodigieux, et, plus qu'en province, ratifiés par tout ce que la cour et la ville comptaient de juges éclairés. « Je n'ai jamais rien entendu de plus étonnant que le père Bourdaloue, » écrivait à sa fille Madame de Sévigné. Auparavant elle lui avait écrit : « J'avais grande envie de me jeter dans le Bourdaloue, mais l'impossibilité m'en a ôté le goût. Les laquais y étaient dès le mercredi, et la presse était à mourir. »

Quelque temps après, Bourdaloue fut mandé à la cour par Louis XIV. Il y prêcha l'Avent de 1670 et le Carême de 1672, et fut redemandé pour les Carêmes de 1674, 1675, 1680 et 1682, pour les Avents de 1684, 1686, 1689 et 1693. Ainsi, il parut dix fois à la cour, ce qui est d'autant plus remarquable que le même prédicateur y était rarement appelé jusqu'à trois fois ; mais Louis XIV disait de lui : « J'aime mieux les redites du père Bourdaloue que les choses nouvelles d'un autre. » Aussi le qualifiait-on à la fois de prédicateur des rois et de roi des prédicateurs. Le maréchal de Gramont, assistant à un de ses sermons avec toute la cour, s'était levé un jour en s'écriant : « Mordieu ! il a raison. » Et ce cri parti du cœur avait produit une sensation immense.

Après la révocation de l'édit de Nantes, Louis XIV l'envoya en Languedoc pour faire goûter aux nouveaux convertis la religion catholique. « Les courtisans, avait dit le roi à cette occasion, entendront peut-être pendant son absence des sermons médiocres, mais les Languedociens apprendront une bonne doctrine et une belle morale. » Dans cette mission si délicate, qui mettait en présence les intérêts de son ministère et les droits de l'humanité, son caractère d'homme et son caractère de prêtre, Bourdaloue sut concilier tout ce qu'il devait aux uns et aux autres, tout ce qu'il devait à ses devoirs, tout ce qu'il se devait à lui-même. Sa douceur, sa tolérance, lui acquirent l'estime des deux partis. En 1700 il abandonna la chaire, et se voua tout entier aux assemblées de charité, aux hôpitaux et aux prisons, et, passant de la chaire au lit des mourants, il sut les consoler sans les effrayer, et masquer, par tout le prestige de l'espérance, toute l'horreur de cette transition si redoutée de la vie à la mort. Il mourut le 13 mai 1704, à l'âge de soixante-douze ans, après avoir dit la messe la veille.

Dans ses prédications, Bourdaloue, simple et érudit tout à la fois, insinuant, concis, nerveux, serré sans sécheresse, et profond sans obscurité, savait se mettre à la portée de ses auditeurs. Il développait ses idées avec rapidité et netteté, tendant principalement à subjuguer l'esprit ; il eût été le premier des prédicateurs si à sa force et à ses moyens de raisonnement il avait joint ces mouvements oratoires qui étonnent, entraînent et subjuguent. Nourri de la lecture des Pères de l'Église, il avait l'âme, le génie et l'abondance de saint Jean Chrysostome ou de saint Augustin. Son style, quoique sévère, n'avait rien de recherché ; mais, plein de force et d'énergie, il était fleuri, gracieux ou orné sans affectation. Bourdaloue excellait particulièrement à traiter les mystères de la religion. Boileau, qui n'aimait pas les jésuites, aimait beaucoup et voyait souvent le père Bourdaloue.

On l'a souvent mis en parallèle avec Massillon ; éloquents tous les deux, ils le sont pourtant d'une manière différente : on pourrait dire avec raison que ce que Massillon dut au sentiment, Bourdaloue le dut à la profondeur de la pensée. Les contemporains de Massillon n'ont assigné à Bourdaloue que le second rang, en disant que Bourdaloue avait prêché pour les hommes d'un siècle vigoureux, et Massillon pour les hommes d'un siècle efféminé. Ce qu'il y a de certain, c'est qu'aujourd'hui on lira peut-être avec plus d'intérêt Massillon, parce qu'il joint aux charmes du style l'enthousiasme du sentiment ; mais ceux qui comptent pour quelque chose la force, l'empire de la raison et le talent de donner aux discours de la majesté, de la noblesse et de l'énergie, préféreront lire Bourdaloue. Quelques autres l'ont placé après Fléchier et Bossuet ; cependant la première partie d'une de ses *Passions*, dans laquelle il s'attache à prouver que la mort du fils de Dieu est le triomphe de sa puissance, est regardée avec raison comme le chef-d'œuvre de l'éloquence chrétienne. Du reste, Bossuet disait de lui : *Cet homme sera éternellement mon maître en tout*. C'était infiniment trop de modestie pour qu'on y pût croire.

Quoi qu'il en soit, Bourdaloue eut le talent de se faire goûter également des grands et du peuple, des gens du monde et des hommes pieux.

« Bourdaloue, dit La Harpe, est concluant dans ses raisonnements, sûr dans sa marche, clair et instructif dans ses résultats ; mais il a peu de ce qu'on peut appeler les grandes parties de l'orateur, qui sont le mouvement, l'élocution, le sentiment. C'est un excellent théologien, un savant catéchiste, plutôt qu'un savant prédicateur. En portant toujours avec lui la conviction, il laisse trop désirer cette onction précieuse qui rend la conviction efficace. » Il y a du vrai dans ce jugement, qui est néanmoins d'une sévérité excessive. Qu'on relise, en effet, ses sermons sur *la Conception*, sur *la Passion*, sur *le Jugement dernier*, sur le *Pardon des Injures*! Quelle austérité de style! et pourtant comme on est entraîné par cette méthode si calme, si régulière, si mesurée! Sans avoir la sublimité de Démosthène ni de Bossuet, Bourdaloue est par fois aussi éloquent. Il semble qu'il ait sans cesse devant les yeux ces pensées sur l'art de persuader où Pascal, dans ses *Provinciales*, trace la route à l'orateur avec une précision si simple. Aussi Voltaire a-t-il placé Bourdaloue et Pascal à côté l'un de l'autre dans *le Temple du Goût*. A ce concert unanime de louanges un seul homme ne s'était pas associé avant La Harpe : C'était Fénelon, génie pourtant facile, nature douce et passionnée, mais qui répugnait aux formes exactes et rigoureuses du raisonnement et n'en comprenait pas la puissance.

« Ce qui me plaît, ce que j'admire principalement en Bourdaloue, dit l'abbé Maury dans son *Essai sur l'Éloquence*, c'est qu'il se fait oublier lui-même; c'est que, dans un genre trop souvent livré à la déclamation, il n'exagère jamais les devoirs du christianisme, ne change point en préceptes les simples conseils, et que sa morale peut être toujours réduite en pratique. Ce que j'admire surtout en lui, c'est l'art avec lequel il fonde nos devoirs sur nos intérêts, et ce secret précieux, que je ne vois guère que dans ses sermons, de convertir les détails de mœurs en preuves de son sujet : c'est la simplicité d'un style nerveux et touchant, naturel et noble, la connaissance la plus profonde de la religion, l'usage admirable qu'il fait de l'Écriture et des Pères. Enfin je ne pense jamais à ce grand homme sans me dire à moi-même : Voilà donc où le génie de la chaire peut s'élever quand il est fécondé et soutenu par un travail immense. »

Le père Bretonneau, son confrère, a donné deux éditions de ses œuvres imprimées à Paris, en l'année 1707 et suiv. La vie de Bourdaloue a été écrite par madame de Pringi (Paris, 1705, in-4°).

BOURDALOUE. On a donné le nom du prédicateur fameux dont on vient de lire la vie, d'abord à une étoffe simple et modeste, que les femmes portèrent quelque temps après une réforme dans le luxe opérée par ses sermons ; puis à une sorte de tresse d'or, d'argent ou de soie, large d'environ un doigt, qui se mettait autour des chapeaux d'homme, et qui s'attachait à l'aide d'une petite boucle de métal, comme il est d'usage encore aujourd'hui d'y attacher un simple ruban.

BOURDE, fausseté, mensonge, plaisanterie, raillerie, sornette, etc. On a dit *bailler des bourdes*, pour débiter des mensonges, des contes à bel argent comptant. Régnier parle dans une de ses satires de gens

Qui baillent pour raison des chansons et des *bourdes*.

En termes de marine, on appelait jadis *bourde* un mât qu'on employait pour soutenir un bâtiment échoué et empêcher qu'il ne chavirât; et une voile dont on se servait à bord des galères quand le temps était calme.

Enfin, on appelait *bourde* des espèces de béquilles, de potences, et le bâton du pèlerin plus connu sous le nom de bourdon.

BOURDEAU (Pierre-Alpinien-Bertrand), pair de France, ministre de la justice, naquit à Rochechouart, (Haute-Vienne), le 18 mars 1770. Il était sous l'Empire une des gloires du barreau limousin. Ses opinions franchement royalistes le firent nommer adjoint au maire de Limoges, lors de la première restauration. Le gouvernement des Cent-Jours crut devoir le destituer. Aussi les Bourbons, à leur rentrée, se firent-ils une obligation de le réintégrer. Ils le nommèrent de plus procureur général de son département, et le jour de son installation les royalistes de Limoges vinrent danser des farandoles sous ses fenêtres. Les électeurs de la Haute-Vienne allèrent plus loin : ils le nommèrent député, et Bourdeau siégea en cette qualité dans la Chambre introuvable. Du siége de Limoges il passa en qualité de procureur général à celui de Rennes.

Bourdeau fut pendant longtemps compté parmi les ultra-royalistes; cependant son exaltation bourbonienne finit par se calmer un peu ; et un beau jour il se trouva dans le camp de l'opposition royaliste constitutionnelle, ce qui lui valut en 1824 les honneurs d'une destitution. Dès lors Bourdeau vota opiniâtrément contre l'administration Villèle et Peyronnet : aussi sa place se trouvait-elle naturellement marquée parmi les hommes auxquels le ministère Martignac offrit une part du pouvoir. L'ex-procureur général fut donc nommé directeur général de l'enregistrement et des domaines et conseiller d'État en service extraordinaire, en 1828. En 1829 Bourdeau devint tour à tour sous-secrétaire d'État au ministère de la justice et garde des sceaux. Ses circulaires ministérielles attestaient alors un amour fort médiocre pour la liberté de la presse. Il ne fit pourtant que passer, ainsi que tant d'autres ; mais, comme fiche de consolation, on le nomma premier président à Limoges, et grand-officier de la Légion d'Honneur. Il était réservé à la révolution de Juillet de faire de Bourdeau un pair de France. Après tout, député jusqu'en 1835, époque à laquelle il donna sa démission, il avait bien mérité de la dynastie nouvelle.

Bourdeau serait à peu près oublié aujourd'hui, sans la jurisprudence à laquelle on a donné assez improprement son nom; nous voulons parler de la traduction des journaux devant la police correctionnelle, pour diffamation envers des fonctionnaires. M. Bourdeau, se croyant diffamé par *le Progressif*, journal radical de Limoges, obtint contre lui une condamnation correctionnelle en 10,000 fr. de dommages-intérêts. Le cautionnement du *Progressif* fut insuffisant à solder cette somme. Bourdeau émit alors la prétention monstrueuse de faire compléter les 10,000 francs par les rédacteurs en chef qui avaient précédé le gérant condamné dans la gérance du journal. En première instance, il eut la douleur de voir repousser cette doctrine de complicité rétrospective; il ne se découragea pas, et en appela bravement à la cour qu'il présidait autrefois.

Bourdeau est mort le 12 juillet 1845.   N. Gallois.

BOURDIN (Maurice). *Voyez* Grégoire VIII, antipape

BOURDON. On donne ce nom à une espèce de bâton long fait au tour, orné d'une pomme, ou plus habituellement d'une gourde, à sa partie supérieure, muni d'un fer pointu par en bas, et que portent les pèlerins. *Planter le bourdon* en quelque lieu est une façon de parler proverbiale et figurée, qui veut dire : élire domicile en quelque lieu, s'y établir.

En termes d'imprimerie, l'omission que le compositeur a faite dans sa feuille d'un ou plusieurs mots, quelquefois même de plusieurs lignes de la *copie* ou du manuscrit, s'appelle aussi *bourdon*.

On a encore donné le nom de *Bourdon* à une grosse cloche, telle que celle de l'église de Notre-Dame à Paris. Celle-ci est placée dans la tour du sud, et pèse près de 32 milliers. Fondue en 1682, et refondue trois ans après, l'année même de la révocation de l'Édit de Nantes (1685), elle fut solennellement baptisée, ou plutôt bénite, et eut pour parrain et marraine Louis XIV et madame de Maintenon, qui lui donnèrent le nom d'Emmanuel-Louise-Thérèse. Le battant, qui fait retentir des sons graves et lugubres, pèse 480 kilogrammes. Le bourdon de Notre-Dame, que seize hommes mettaient en branle avec peine autrefois, a été descendu lors des travaux de restauration entrepris à la cathédrale de Paris. Après quelques années de silence, il a annoncé sa résurrection le jour de Pâques 1851. Quatre hommes seulement le faisaient sonner. Le bourdon ne se fait entendre qu'aux grandes fêtes et dans les grandes solennités.

BOURDON (*Entomologie*). On désigne sous ce nom commun plusieurs insectes hyménoptères, qui forment, dans la famille des mellifères, tribu des apiaires, un genre nombreux, dont les espèces sont répandues dans toutes les parties du monde. On les a ainsi nommés à cause du bruit sourd qu'ils font en volant. Mais beaucoup d'autres insectes, tels que guêpes, oxées, abeilles proprement dites, et un grand nombre de diptères, sont aussi des animaux bourdonnants. C'est sans doute parce que le bruit du vol des bourdons se fait le plus remarquer parmi les mêmes sons produits par les insectes pendant leur mouvement dans l'air qu'on les a plus spécialement distingués sous ce nom. Quoique les insectes de ce genre aient été considérés comme le type des animaux bourdonnants, on n'a point encore étudié d'une manière complète sur eux les organes du bourdonnement.

On appelle aussi *bourdons* ou *faux-bourdons* les mâles de l'abeille proprement dite; mais les insectes qui font le sujet de cet article ont les corps beaucoup plus gros, plus arrondi, chargé de poils, souvent distribués par bandes colorées. Les enfants les connaissent très-bien, et les recherchent pour avoir le miel renfermé dans leurs corps et le sucer. On sait que les individus des diverses espèces de bourdons sont les uns mâles et les autres femelles, et les troisièmes neutres ou mulets. Les femelles sont plus grandes que les autres individus. Les mulets ou ouvrières sont d'une taille intermédiaire. Réaumur et Huber fils en distinguent deux variétés : suivant ce dernier, plusieurs des ouvrières sont des femelles plus petites, qui s'accouplent et pondent des œufs d'où proviennent des mâles seulement, tandis que les autres femelles mettent au jour des individus des trois sortes indiqués ci-dessus. Les bourdons vivent en société de 50, 60, et quelquefois de 200 à 300 individus, dans des habitations souterraines. Leurs mœurs, leur industrie, ressemblent à celles des abeilles. Cependant les femelles des premiers sont moins fécondes que celles des secondes. Plusieurs bourdons femelles vivent en bonne intelligence sous le même toit, n'ont pas d'aversion et ne se livrent pas de combat. Enfin, suivant Huber, les ouvrières détruisent quelquefois les œufs que la femelle pond, pour en sucer la matière laiteuse. Ce fait extraordinaire semblerait démentir l'attachement connu des ouvrières pour les germes dont elles sont les gardiennes et les tutrices. L. LAURENT.

BOURDON (*Musique*), jeu d'orgue composé de tuyaux bouchés à leur extrémité supérieure, disposition qui, en vertu des lois de l'acoustique, leur fait produire l'octave grave du son qui en sortirait s'ils étaient ouverts par les deux bouts. L'exiguité de la place qu'occupent les bourdons est un grand avantage pour les petites orgues; mais l'emploi de tels tuyaux présente l'inconvénient de donner des sons plus sourds et plus faibles que ceux d'une flûte ouverte sonnant à l'unisson.

On appelle *bourdon de 32 pieds* celui dont le son le plus grave est à l'unisson d'un tuyau ouvert de 32 pieds; d'où il suit que le plus grand tuyau d'un tel bourdon n'a que 16 pieds. Les fabricants d'orgues emploient encore des bourdons de 16, de 8 et de 4 pieds.

Excepté ce dernier, qui est en étain ou en *étoffe* (alliage d'étain et de plomb ou de zinc), les bourdons sont ordinairement en chêne, quelquefois doublé d'étain ou de plomb.

Le plus long tuyau des musettes et des cornemuses a aussi reçu le nom de *bourdon*, qui s'applique encore à la grosse corde à vide de la vielle.

Nous consacrerons un article particulier à la musique en usage pour le chant des psaumes qu'on appelle *faux-bourdon*.

BOURDON (SÉBASTIEN), peintre distingué de l'école française, naquit à Montpellier, en 1616, de Pierre Bourdon, peintre sur verre, qui fut son premier maître, et qui lui donna tout d'abord la leçon la plus profitable, en lui recommandant de prendre avant tout *la terre et le ciel* pour modèles. Encore enfant, il fut envoyé chez un parent qui habitait à quelque cent lieues de sa famille, Toulouse, je crois, ou Bordeaux ; on ignore quel genre de vie il mena près de ce parent, et par quel motif il s'engagea tout jeune en qualité de soldat. On n'ignore pas moins comment il obtint peu après de quitter le service ; ce qui est certain, c'est qu'il n'y fut que très-peu de temps. On n'a au reste presque point de détails précis sur cette première période de sa vie. Au sortir du service, Bourdon passa en Italie pour s'y occuper exclusivement de l'art qui était sa vocation, et dans un rang inférieur sans doute à celui des Michel-Ange et des Raphaël, mais cependant encore éminent.

En Italie il se livra avec une grande assiduité, et on peut dire avec passion, à l'étude des maîtres ; il s'initia dans leurs procédés, se pénétra profondément de leur génie, et réussit en peu de temps à saisir, avec une merveilleuse habileté de main, la manière et, pour ainsi parler, le *faire* principal de chacun. Claude Lorrain, Caravage et Bamboccio furent cependant ses trois modèles de prédilection, et il acquit infiniment dans leur commerce.

A l'âge de vingt-sept ans, il revint en France et se rendit à Paris. Plein d'imagination, de fougue et de verve, s'étant d'ailleurs beaucoup formé par la pratique durant son séjour en Italie, avec un travail facile, il ne tarda pas à devenir célèbre dans cette capitale. Le premier ouvrage par lequel il se fit connaître avantageusement, et qui fut comme la base de sa réputation, fut le *Martyr de saint Pierre*, qu'il composa pour Notre-Dame de Paris. Ce tableau, transporté depuis la révolution au musée du Louvre, n'est pas un des moins remarquables de Bourdon : il y a quelques irrégularités dans la distribution des figures; le dessin par endroits y manque peut-être de fermeté et même de correction ; mais la couleur en est bonne, et le style assez grandiose ; les têtes et les poses surtout sont d'une expression simple et vraie, sinon très-forte, et, à tout prendre, c'est une des bonnes toiles de l'école française du dix-septième siècle.

Bourdon, qui avait le goût des voyages et aussi un peu d'inconstance dans le caractère, après avoir exécuté plusieurs œuvres de mérite à Paris, partit, en 1652, pour la Suède, où Christine l'accueillit avec empressement et le nomma son premier peintre d'histoire. On rapporte que la reine ayant offert à Sébastien une fort belle partie des tableaux conquis à Dresde par son père Gustave-Adolphe, notre peintre les refusa, « voulant, dit-il, que la reine ne se privât pas de cette précieuse collection, qui était du plus grand prix. » Christine garda les tableaux, et depuis, dans un besoin d'argent, les vendit à Rome.

Le séjour de Bourdon à Stockholm ne fut pas de longue durée, malgré la faveur dont il jouissait. De retour à Paris, il se mit de nouveau à l'ouvrage. Porté dès 1648, lors de la fondation de l'Académie de Peinture, au nombre des douze premiers membres nommés pour la composer, il en fut successivement recteur et directeur; et il remplit ces diverses fonctions avec un vrai zèle d'artiste. Il peignait aux Tuileries l'appartement du rez-de-chaussée du côté du pavillon de Flore, lorsqu'il fut atteint de la maladie dont il mourut, à Paris, en 1671.

Bourdon peignait avec une facilité prodigieuse ; il paria une fois qu'*il peindrait dans un seul jour douze têtes d'après nature, de grandeur naturelle*; et il gagna le pari. On remarque dans ces douze têtes, si rapidement achevées, une touche vive et énergique, en même temps que des tons chauds et des chairs du meilleur effet. Quand il voulait trop finir, il énervait en quelque sorte ses chairs, affadissait son coloris, et tombait dans les tons mous, ce qui ne lui arrivait jamais quand il laissait courir son pinceau en toute liberté. Bourdon est surtout louable pour la couleur et l'expression vraie des figures. On peut le louer aussi presque sans réserve pour le mouvement général de la composition, qui est du reste d'un excellent goût jusque dans ses moindres œuvres, un peu bizarre parfois, quant au sujet, mais jamais sans quelques parties bien rendues. Comme tous les grands peintres, il était plein de la nature qu'il voulait reproduire, et il s'attachait à la rendre dans sa force et sa vérité propres. Mais, bien qu'il voulût que ses toiles respirassent la réalité, toute réalité ne lui était pas bonne, et il se plaisait particulièrement à la reproduction d'êtres et d'objets, de paysages et de scènes d'un ordre peu commun, ayant quelque attrait par eux-mêmes ou d'une nature choisie.

Nous possédons au musée du Louvre neuf tableaux de Bourdon, parmi lesquels ceux qui nous semblent satisfaire le plus complètement aux conditions de l'art sont la *Descente de Croix* et une *Halte de Bohémiens*. Ses paysages sont dans la manière de Claude Lorrain. On voit aussi au Louvre un fort bon portrait de Bourdon, peint par lui-même : il est représenté assis, tenant sur ses genoux la tête de Caracalla, moulée sur l'antique.

Bourdon peut être pareillement compté parmi les graveurs : on a de lui un certain nombre d'eaux-fortes très-estimées, d'une touche nette et ferme, et pleines de détails heureux ; le jet en est franc et hardi. On les place dans les collections entre les plus recherchées des maîtres en ce genre, avec celles de Callot et de Rembrandt. Charles Romey.

BOURDON *de l'Oise* (FRANÇOIS-LOUIS), fils d'un cultivateur des environs de Compiègne, était né vers le milieu du siècle dernier. Ayant fait ses études à Paris, il embrassa la carrière du barreau, et il était procureur au parlement de Paris lorsque la révolution le jeta dans l'arène politique. Patriote exalté, il se fit remarquer à la journée du 10 août 1792 dans l'attaque des Tuileries, et fut envoyé peu de temps après à la Convention nationale par le département de l'Oise, dont il prit le nom. Il siégea sur les bancs les plus élevés de la Montagne, et ne laissa échapper aucune occasion de manifester la violence de son caractère et l'exagération de ses idées. Dans le procès de Louis XVI il demanda que les blessés du 10 août appartenant au parti populaire fussent confrontés avec l'infortuné monarque, à la barre même de la Convention, pour le rendre solennellement responsable de la mutilation de leurs membres. Après l'émission de ce vœu, dont l'assemblée ne tint aucun compte, Bourdon vota la mort sans appel au peuple ni sursis. Tout ce qui se rapprochait de la prudence et de la modération l'irritait : aussi devint-il l'un des principaux organes des fureurs de la Montagne contre la Gironde. Il dénonça nominativement Vergniaud, Gensonné, Guadet et Brissot, prit une part active à l'insurrection du 31 mai et à la proscription du 2 juin, qui décimèrent la Convention et privèrent la tribune française de ses plus brillants orateurs. Partisan des *Apôtres de la raison*, il se déchaîna aussi contre le pieux évêque Grégoire, lui reprochant de vouloir *christianiser* la révolution. Mais, au milieu de cette fièvre démagogique, de ce dévergondage républicain, Bourdon de l'Oise passait pour ne pas négliger sa fortune. Robespierre le considéra comme l'un de ces hommes d'argent, de ces tribuns immoraux que Saint-Just appelait les *révolutionnaires dans le sens du crime* : aussi le fit-il expulser des Jacobins.

Bourdon se vengea de cet affront au 9 thermidor. Il se réunit à Tallien, à Billaud-Varennes et à tous ceux qui pouvaient craindre comme lui l'application du mot de Saint-Just. Il devint aussi violent réacteur qu'il avait été furieux révolutionnaire, et demanda la déportation même de ses alliés du 9 thermidor, tels que Billaud-Varennes, Collot-d'Herbois et Barrère. Aux journées de germinal et de prairial, il figura parmi les adversaires les plus implacables du jacobinisme expirant, ce qui ne l'empêcha pas d'aller exercer des rigueurs nouvelles à Chartres, dans le sens de la révolution, après l'événement du 13 vendémiaire. Nous ne devons pas omettre que ce démagogue furibond, qui s'était acharné successivement et s'était montré impitoyable contre Vergniaud et Guadet, contre Robespierre et Saint-Just, contre Romme et Goujon, se fit l'avocat de Carrier et de Joseph Lebon, c'est-à-dire des deux proconsuls qui avaient fait couler le plus de sang dans leurs missions départementales. Lefort le fit entrer au Conseil des Cinq-Cents, où, malgré ses antécédents révolutionnaires, il se jeta dans le parti de Clichy, qui avait alors la majorité. Il était devenu fort riche, assure-t-on, en se faisant spéculateur sur les assignats et les biens nationaux, et ce changement de fortune pouvait avoir contribué à le pousser vers la bourgeoisie royaliste. Mais ce rapprochement ne lui fut pas profitable; il ne servit qu'à le faire comprendre parmi les proscrits du 18 fructidor, et à l'envoyer périr sur cette terre insalubre de Cayenne, où il avait fait déporter lui-même ses anciens amis et collègues de la Convention, Collot-d'Herbois et Billaud-Varennes. L'exil abrégea rapidement ses jours. LAURENT (de l'Ardèche).

BOURDON *de la Crosnière* (LÉONARD-JEAN-JOSEPH) naquit à Orléans, vers l'année 1760, d'un commis des finances qui avait été mis à la Bastille, sous l'abbé Terray, pour la publication clandestine d'un plan de réforme. Léonard Bourdon se voua à l'enseignement, et fonda une maison d'éducation à Paris, quelque temps avant la révolution, dont il embrassa vivement la cause. Soit amour de la liberté, soit ressentiment de famille, il fut des premiers à courir au siége de la Bastille, et figura dès lors parmi les plus chauds patriotes de la capitale. Après le 10 août, la commune de Paris le chargea d'aller surveiller à Orléans la translation des prisonniers qui devaient être jugés par la haute cour nationale et qui furent massacrés à Versailles. Ses ennemis l'ont accusé de ne s'être point opposé et d'avoir même prêté son assistance aux assassinats de cette époque, et ils ont cité en preuve ses intimes relations avec le fameux Fournier *l'Américain*. L'histoire ne nous fournit pas de documents assez certains pour accueillir une aussi terrible accusation.

Nommé à la Convention nationale par le département du Loiret, Léonard Bourdon s'y fit connaître dès les premières séances par l'exaltation de ses opinions et par la violence de ses discours. Il demanda le renouvellement en masse des employés de toutes les administrations, déclarant que les lois révolutionnaires seraient illusoires aussi longtemps que les agents du pouvoir exécutif ne s'élèveraient pas à la hauteur des périls et des exigences de la révolution. Pendant le procès du roi, il fit la motion d'interdire au monarque captif toute sorte de communication avec sa famille. Il vota ensuite contre l'appel au peuple et pour la peine de mort avec exécution dans les vingt-quatre heures. Envoyé en mission et passant par Orléans, il insulta un factionnaire, à la suite d'une orgie, et le fit ensuite traduire devant le tribunal révolutionnaire, ainsi que ses parents et tous les hommes de garde au moment et sur le lieu de la rixe. Léonard Bourdon voulait faire croire à un projet d'attentat sur la représentation nationale, violée dans sa personne, et, malgré le témoignage d'Albitte, son collègue, présent à la scène, et qui attestait qu'il avait été l'agresseur, la sentinelle et ses prétendus complices furent condamnés. Président des jacobins et secrétaire de la Convention, il provoqua la formation d'une armée révolutionnaire dans chaque département et le décret qui adjugea les biens des condamnés et des prisonniers suicidés à l'armée. Comme Bourdon de l'Oise, Léonard appartenait à cette faction ochlocratique dont la commune de Paris était le siége principal; comme lui, il se fit le défenseur des ultra-révolutionnaires, et lutta contre Robespierre lui-même pour arracher au supplice Vincent et Roussin. Cette démonstration indiquait ses affinités et ses tendances. Robespierre l'accusa d'être le complice d'Hébert, et Léonard Bourdon s'en vengea au 9 thermidor. Ce fut lui qui assiégea l'hôtel de ville en cette journée, comme lieutenant de Barras, et qui vint ensuite rendre compte de sa victoire à la Convention.

Mais la réaction le trouva moins ardent que Bourdon de l'Oise à abjurer ses précédents. Dans les complots ou les insurrections de germinal et de prairial, il suivit les destinées des débris de la Montagne, et fut enfin enfermé, en 1795, à la citadelle de Ham, d'où le tira une prochaine amnistie. Il fit aussi partie du Conseil des Cinq-Cents, où Boissy d'Anglas le traita d'assassin, épithète dont Legendre l'avait déjà qualifié à la Convention. Le Directoire l'envoya en mission à Hambourg, d'où il fit expulser les émigrés. Il mourut à Paris, sous *l'Empire*, chef d'un établissement d'instruction primaire. Pendant les orages de la terreur, ses agitations d'homme de parti n'avaient pu lui faire oublier sa vocation première, et il avait fondé une *école des élèves de la patrie*. Il a laissé : 1° un *Mémoire sur l'instruction et l'éducation nationales*; 2° *Recueil des actions civiques des républicains français*; 3° *Le Tableau des Imposteurs, sans-culottide* en cinq actes. LAURENT (de l'Ardèche).

BOURDON (ISIDORE), médecin en chef des épidémies du département de la Seine, membre titulaire de l'Académie de Médecine, où il siège dans la section d'anatomie et physiologie, est né le 26 août 1796, à Merry (Orne). Ce fut en 1823 que M. Bourdon revêtit la robe doctorale; mais il n'avait pas attendu la consécration du diplôme pour devenir médecin distingué, et déjà la science lui était redevable de *Considérations générales sur les Animaux* et de trois mémoires qui dénotaient une intelligence élevée, une observation exacte et ingénieuse, un travail consciencieux. Le premier de ces mémoires : *Sur le vomissement*, fut publié en 1818. L'auteur y démontrait, contre M. Magendie, que l'estomac est un agent direct du vomissement, et que l'on peut évaluer à un tiers sa part d'influence dans cet acte. Le deuxième mémoire avait pour titre : *De l'Influence de la pesanteur sur quelques phénomènes de la vie*. Le troisième, dont G. Cuvier accepta la dédicace, et qui fut loué par l'Académie des Sciences, était intitulé : *Recherches sur le Mécanisme de la Respiration et sur la Circulation du Sang*. Ces deux derniers mémoires contiennent des aperçus neufs et ingénieux; mais ce n'était assez pour l'auteur ni pour sa science favorite; et en 1828 il publia, en 2 volumes in-8°, ses *Principes de Physiologie médicale*, suivis en 1830 d'un volume de *Physiologie comparée*, le premier ouvrage important qui eût été publié sur cette science, resté malheureusement inachevé, mais qui sera terminé.

Son stage fini dans les hôpitaux, M. Bourdon publia pour sa thèse des *Considérations sur la Vie et la Mort*. Nommé presque aussitôt médecin des dispensaires de la Société Philanthropique, il consacra près de quatre années à ce service pénible et gratuit. Il trouva pourtant encore le loisir de publier un *Mémoire sur les affections chroniques de l'estomac*, auquel participa M. Fouquier, et des remarques neuves *sur l'anévrisme de l'aorte*. Quelques années plus tard il fut nommé inspecteur d'un établissement thermal; et les études nouvelles dont cette charge lui imposait le devoir lui suggérèrent l'idée de publier un *Guide aux Eaux Minérales*, dont le succès a pu concourir à rendre plus général l'usage des eaux thermales de la France.

On doit à M. Bourdon diverses autres publications, parmi lesquelles il faut d'abord citer les *Lettres à Camille sur la Physiologie*, ouvrage où l'auteur sait mettre cette science à la portée de tous. Évitant avec talent ce qui pourrait blesser le goût le plus délicat, il s'adresse au public sous la forme abstraite d'une jeune femme, qu'il initie savamment au jeu de nos organes, sous la magie d'un style agréable et piquant. Citons en outre un *Essai de Physiognomonie*; les *Illustres Médecins et Naturalistes des temps modernes*; un petit *Traité d'Hygiène*; un *Mémoire sur la non-contagion de la Peste et sur les Quarantaines* (l'auteur, d'accord en cela avec les Anglais, y combat le système des quarantaines comme puéril et d'une inutilité absolue); un *Mémoire sur le chloroforme et l'Éthérisme*; un autre sur *la non-contagion du choléra*; enfin un rapport fait à l'Académie de Médecine sur *les Eaux minérales de la France*, avec des *instructions* pour les médecins inspecteurs.

M. Bourdon n'est pas seulement un médecin distingué; il occupe une place incontestée parmi les écrivains les plus brillants de ce temps-ci, et il a pris longtemps une part importante à la rédaction de divers recueils, journaux et revues. Le *Dictionnaire de la Conversation*, entre autres, lui doit une foule d'articles, que nos lecteurs n'ont pas manqué de remarquer. Pendant le choléra de 1832, M. Bourdon se dévoua tout entier au soin des malades. Lorsque l'épidémie se fut calmée à Paris, il accepta la mission d'aller en province porter le secours de son courage. En 1849, l'épidémie ayant reparu dans la capitale, le docteur Bourdon reçut la mission d'inspecter les postes de secours établis dans le huitième arrondissement. Ce dévouement avait été déjà récompensé par deux médailles, lorsque la ville de Paris choisit en 1851 le docteur Bourdon pour médecin en chef du service des épidémies.

BOURDONNAIS (MAHÉ DE LA). *Voyez* LA BOURDONNAIS.

BOURDONNEMENT, bruit sourd et confus produit ordinairement pendant le vol de certains insectes. Ce bruit, qui a beaucoup occupé les observateurs, n'est point suffisamment expliqué. On a cru qu'il était dû tantôt à la vibration des stigmates, produit dans la sortie subite de l'air, tantôt à l'agitation et à la vibration de l'air par les ailes, tantôt à celle des ailerons ou des cueillerons par les balanciers dans les diptères. Car, bien qu'un seul genre de l'ordre des hyménoptères ait été appelé *bourdon*, beaucoup d'autres insectes pourraient être désignés sous ce nom. Sans être naturaliste, tout le monde connaît le bourdonnement des cousins, des mouches, des hannetons, des abeilles, des guêpes, des sphinx ou papillons-bourdons. Les entomologistes en signalent un nombre bien plus grand encore.

M. L. Dufour a constaté que les trachées de tous les hyménoptères soumis à ses dissections forment un appareil plus développé que dans les autres ordres d'insectes, et qu'au lieu d'être constituées par des tubes cylindroïdes et élastiques, elles offrent des dilatations ou vésicules favorables au séjour de l'air. Il a décrit avec soin la disposition de cet appareil, et a remarqué de plus que dans les xylocopes et les bourdons deux grandes vésicules trachéennes, qui sont dans l'abdomen, ont chacune à leur surface supérieure et antérieure un corps cylindrique grisâtre, élastique, adhérent dans toute sa longueur dans les premières, et libre dans les bourdons. Il pense que ce corps n'est pas étranger à la production du bourdonnement, puisque celui-ci peut avoir lieu même après la soustraction complète des ailes. M. Duméril en parlant des ailes des abeilles qu'il présume que ce bruit est le produit de la sortie ou de l'expulsion subite de l'air par les stigmates. M. Chabrier, dans son *Essai sur le Vol des Insectes* explique aussi le bourdonnement par l'air qui s'échappe des stigmates durant le vol; mais il en place le siège dans les stigmates du thorax, qu'il nomme *stigmates vocaux* ou *bouches vocales*. C'est à l'existence de lamelles situées à l'orifice de ces stigmates qu'est dû, d'après cet auteur, le bruit bourdonnant. Il a pensé aussi que la diminution de ce bruit produite par la résection des ailes tient à ce qu'il s'échappe un peu d'air par les trachées ouvertes des ailes qui ont été coupées.

M. Burmeister, dans un ouvrage sur les sons que produisent certains insectes, a aussi expérimenté qu'en coupant sur un diptère (*cristalis tenax*, Meig) les ailes, les écailles ou cueillerons et les balanciers, le bourdonnement continue aussi longtemps que le mouvement des tronçons des ailes coupées. Pour s'assurer si ce sont les deux stigmates postérieurs du thorax qui en sont les organes, il les a bouchés avec de la gomme, il a excité l'insecte à faire des mouvements, et pendant qu'il les exécutait il n'a entendu aucun son. Le bourdonnement eut lieu de nouveau quand des battements d'ailes très-forts eurent rendu libres les orifices des stigmates. Ces expériences lui ayant démontré qu'à ces parties devait se rattacher un corps que le courant d'air faisait vibrer, il fit l'extraction de l'un de ces organes, et il trouva par la dissection que la lèvre postérieure de ce stigmate s'allonge en dedans en forme de disque semi-lunaire sur lequel s'élèvent parallèlement neuf lamelles d'une substance cornée très-tendre, dont il a décrit très-exactement la disposition. Il pense que ces lamelles sont mises en vibration par le choc de l'air sortant des trachées, et regarde les stigmates comme présentant une analogie frappante avec le larynx, surtout avec celui des oiseaux. Ayant aussi anatomisé les stigmates antérieurs du thorax du même insecte, il n'y a observé aucun vestige des lamelles indiquées ci-dessus. M. Burmeister ne les a point trouvées chez les coléoptères qui bourdonnent, comme, par exemple, le hanneton. Il admet alors que le passage de l'air à travers le stigmate peut être la seule cause du son. Le bourdonnement des coléoptères est proportionnellement beaucoup plus faible que celui des diptères.

Il faut distinguer le bourdonnement produit pendant le vol des insectes, des sons ou bruits résultant du frottement mécanique des différentes parties du corps dans un grand nombre d'insectes (cérambycins, reduves, etc.), et de ceux exécutés par des organes spéciaux chez les orthoptères (grillon domestique, grande sauterelle), chez les hémiptères (cigales chanteuses), et chez un papillon dit *tête de mort*, qui pousse un cri plaintif lorsqu'on le touche ou qu'on l'irrite.

Le bourdonnement des insectes les plus communs, tels que la mouche domestique, la mouche à viande, le cousin, etc., est importun, incommode, surtout lorsqu'il excite l'idée d'un contact qui répugne et produit des sensations désagréables, pénibles, ou celle d'une piqûre accompagnée de douleurs plus ou moins vives, de gonflement et d'inflammation ; les bœufs, les chevaux, les chameaux, le lion même, s'agitent dès qu'ils entendent bourdonner les taons, dont ils redoutent avec raison les blessures. L. LAURENT.

BOURDONNEMENT D'OREILLES. Les organes de l'ouïe sont souvent frappés chez l'homme par des sons qui n'émanent d'aucune des causes connues pour produire les phénomènes acoustiques : tels sont les bruits comparables au bourdonnement des insectes, au tintement des cloches, au bruissement, aux sifflements, aux murmures des vents, etc., qu'on entend dans le silence le plus absolu. Ces sensations sont ordinairement passagères ; elles ne causent aucune incommodité notable, mais quand elles se répètent fréquemment, elles deviennent fatigantes, et si elles persistent avec constance, elles condamnent à un tourment très-pénible. Ceux qui sont ainsi affligés par des illusions acoustiques ne peuvent goûter aucun repos, ni se livrer à quelque application mentale ; ils ne trouvent de soulagement et de distraction qu'en entendant des sons plus intenses : aussi recherchent-ils avec avidité le bruit des rues populeuses, des ateliers bruyants, ou bien ils produisent eux-mêmes des sons, afin de s'étourdir. Mais cette ressource manque à ceux qui sont complètement sourds, et qui cependant peuvent avoir aussi constamment les mêmes hallucinations.

Ces bruits imaginaires, et pourtant réels, sont des effets de différentes causes : ils résultent quelquefois d'une lésion mécanique de l'appareil auditif, par exemple, d'un obstacle à l'introduction de l'air dans les cavités auriculaires ; l'irritabilité de cet organe peut être aussi pervertie, diminuée, ou excessive. D'autres fois ils dépendent des affections de différents viscères, qui sont tous solidaires les uns des autres, et par conséquent on retrouve ces hallucinations dans l'énumération des symptômes de la plupart des maladies, l'hystérie, l'hypochondrie, les fièvres, les affections vermineuses, dans les douleurs de tête, les névralgies faciales et dentaires ; elles sont encore perçues quand les appareils sanguins et nerveux, intimement unis entre eux, éprouvent une forte perturbation : ainsi, les hémorragies considérables sont ordinairement accompagnées de bourdonnements, de tintements d'oreilles. Quelquefois ces bruits ne sont que des souvenirs, la mémoire pouvant conserver longtemps l'impression des sons qui nous ont vivement émus, tels que des cris arrachés par une passion violente, les accents de la musique, le bruit d'une tempête, etc. L'observation a fait connaître les nombreuses maladies dans lesquelles on rencontre le bourdonnement ou le *tintement d'oreilles*; mais dans le plus grand nombre des cas on n'a pu découvrir comment ces fausses perceptions sont produites. D'ailleurs, nous devons avouer que quelques-unes des explications qu'on en a données ne sont pas beaucoup plus satisfaisantes que le dicton populaire : « Les oreilles nous tintent parce qu'on parle de nous. »

Les moyens de remédier à ces illusions acoustiques sont variés comme les causes dont elles dérivent : ainsi, dans tel cas il convient d'agir directement sur l'appareil auditif; dans tel autre, il faut s'adresser à des organes éloignés, qui affectent l'oreille par sympathie, comme l'estomac, les intestins, etc., employant à cet effet des injections d'air ou d'eau dans les cavités de l'oreille, des saignées générales, des applications de sangsues, des purgatifs, etc.

Le bourdonnement et le tintement d'oreilles qui se font entendre dans un grand nombre de maladies sont souvent les signes avant-coureurs d'une crise. Chez les personnes menacées d'apoplexie par leur constitution sanguine, par leur âge, etc., ces bruits précèdent souvent l'attaque, et ils sont au nombre des signes qui en décèlent l'imminence : à ce moment une saignée ou d'autres moyens rationnels peuvent quelquefois suffire pour détourner un danger très-redoutable. C'est là un motif qui doit engager ces personnes à consulter leur médecin quand ces illusions de l'ouïe se manifestent à des retours fréquents, surtout si on remarque en même temps des hallucinations d'autres sens, une altération notable de la mémoire, de l'hésitation dans l'acte de la parole, le balbutiement, etc. Tout en signalant l'importance que les illusions acoustiques peuvent présenter en certains cas, nous ajouterons qu'elles ne doivent éveiller aucune crainte quand elles sont passagères et quand elles ne se rencontrent pas avec des états maladifs. Dr CHARBONNIER.

BOURES. *Voyez* PAYSANS (Guerre des).

BOURÈTES ou **BOURIATES**, peuplade mongole nomade d'environ 100,000 têtes, qui se subdivise en diverses tribus et habite les rives du Jénisséi, de la Leria, de l'Angara et du lac Baïkal, dans la partie méridionale du gouvernement russe d'Irkoutsk, en Sibérie. Ils ressemblent, en ce qui est de leur conformation physique, aux Kalmouks. Leur visage est lisse et charnu, leur taille est trapue, un peu ramassée ; leurs membres sont bien découplés, leurs yeux très-rapprochés du nez, leurs sourcils étroits, noirs et fortement arqués. Ils ont le nez camus, aplati du haut, les pommettes des joues saillantes, de grandes oreilles, des dents très-blanches et peu de barbe. Ils sont paresseux d'esprit, défiants, peu serviables, d'ailleurs probes, loyaux, habiles dans les exercices du corps, bons cavaliers et excellents archers. En 1644 ils se soumirent au sceptre russe. Ils peuvent mettre en campagne plus de vingt mille guerriers armés d'arcs, et choisissent eux-mêmes leurs princes et leurs anciens, sauf la confirmation du gouverneur d'Irkoutsk, qui remet à ceux-ci un poignard, insigne de leur dignité. Leur vêtement est en cuir garni de fourrures. L'été, ils vivent dans des huttes, dites *iourtes*, qu'ils recouvrent de cuir, et l'hiver, dans des huttes de feutre. Ils vivent des produits de leurs bestiaux, de leur chasse, de leur industrie, et sont notamment d'excellents forgerons. Ils professent une forme particulière du bouddhisme, et nomment leur dieu suprême *Octorgon Burkhan* ou *Tingiri Burkhan*, c'est-à-dire Dieu du ciel. Ils regardent les planètes comme des dieux inférieurs, et appellent le chef des mauvais esprits *Ockodœl*. Leurs idoles, tantôt peintes, tantôt composées de bois, de plomb, de f.utre et de peaux d'agneau, sont très-originales et colorées en noir avec de la suie. Indépendamment de quelques faibles essais de littérature, ils possèdent des notions assez remarquables en médecine. La femme est à leurs yeux un être impur, auquel l'approche de l'autel des dieux domestiques est interdit dans la *tourte*. Pour qu'un homme s'assoie là où une femme était assise avant lui, il faut que la place ait d'abord été purifiée au moyen de parfums.

BOURETTE (Charlotte Renier, dame), plus connue sous le nom de *Muse-Limonadière*. Bourette était le nom de son second mari; son premier époux s'appelait *Curé*. Née à Paris, en 1714, elle y tenait un café, rendez-vous des Français et des étrangers curieux de contempler de près une simple bourgeoise qui se mêlait de faire des vers aussi bien, mieux même que beaucoup de marquises, et cela à une époque où jamais la France n'avait encore compté autant de femmes *d'esprit*. Pourquoi le café de la spirituelle et gracieuse limonadière n'aurait-il pas été aussi fréquenté que le salon de l'anglomane et acariâtre du Deffand? L'une, il est vrai, était une modeste industrielle, et l'autre une grande dame, en relation intime avec un ministre de S. M. Britannique. Mais la grande dame était vieille, infirme, méchante, frondant toutes les réputations, s'enthousiasmant à froid pour un étranger, qui avait converti la corruption ministérielle en système. Mme Bourette avait tout au moins le mérite de ne pas rougir de sa position; elle avait consacré ses talents à célébrer les événements qui intéressaient sa patrie. Elle n'était pas titrée, mais elle était aimable, et cela vaut mieux. Il n'eût tenu qu'à elle de se faire marquise ou comtesse, car rien alors n'était plus facile; elle n'ambitionna que le titre de *Muse-Limonadière*. Elle mérita l'estime des notabilités contemporaines; elle aurait pu grossir son bagage littéraire des épîtres en prose et en vers qu'on lui adressait de toutes parts. Le ministre du roi de Prusse lui envoya un étui d'or, le duc de Gesvres une écuelle d'argent, et Voltaire une tasse de porcelaine. Dorat paya largement en monnaie de poète son tribut d'admiration à la *Muse-Limonadière*.

C'est sous ce titre qu'elle publia ses poésies, dédiées au roi Stanislas, 2 vol., 1755. *La Coquette punie*, comédie en un acte et en vers, ne fut représentée que sur un petit théâtre qu'elle avait dressé dans son café, qu'elle transformait parfois en salle de spectacle et en cercle littéraire. C'était en 1770, l'auteur avait alors soixante-cinq ans. Sa mort eut lieu en 1784. Les poésies de la *Muse-Limonadière* ont eu un succès de vogue, et le méritaient par l'élégance et la pureté du style, le choix des sujets et la finesse des pensées. Cependant elles ne se trouvent guère plus que dans les bibliothèques des collectionneurs. Dufey (de l'Yonne).

BOURG, en latin *pagus*, ou *vicus*, endroit habité, qui tient le milieu entre une ville et un village. On entend en général par ce mot un gros village, avec ou sans murs, mais possédant un marché. Il paraît cependant que dans l'origine les bourgs étaient entourés de murailles et même fortifiés; et c'est ce qu'indiqueraient en effet l'étymologie de ce mot, d'après Cujas, Nicot et Campden, qui le font dériver du latin *pyrgus*, venu du grec πυργος, signifiant chez les anciens un endroit fortifié défendu par des tours. Végèce emploie le mot *burgus* comme signification de tour ou de petit château. De son côté, Luitprand, en parlant des Bourguignons, dit que chez eux *burgum* signifie un amas ou assemblage de maisons qui n'est point fermé de murailles. Quelques auteurs pensent que notre mot *bourg* vient tout bonnement de l'allemand *burg*.

Bourgade est l'intermédiaire entre le bourg et le village. En Angleterre *borough*, que nous traduisons par *bourg*, a un sens particulier; c'est un lieu moins important qu'une ville, plus important qu'un village, mais jouissant de certaines immunités qui le rendent indépendant des autorités du comté. Il serait plus exact de traduire ce mot par celui de *commune*.

BOURG, ou BOURG-EN-BRESSE, ville de France, ancienne capitale de la Bresse, aujourd'hui chef-lieu du département de l'Ain, située sur la rive gauche de la Reyssouse, à 370 kilomètres sud-est de Paris. Peuplée de 10,308 habitants, elle possède un tribunal de première instance, un collége communal, une société d'agriculture, sciences, lettres et arts, un jardin botanique, une salle de spectacle, une bibliothèque contenant 21,000 volumes, un cabinet de physique et de chimie, et un musée départemental. Son évêché fut supprimé en 1536, par le pape Paul III. Elle est le chef-lieu de la quatrième subdivision de la huitième division militaire.

Bâtie dans une position charmante, près de la Veyle, elle est arrosée par des fontaines, et embellie par de nombreuses promenades. Il s'y fait un assez grand commerce de grains, bestiaux, peaux blanches, volailles connues sous le nom de *poulardes de Bresse;* quant à son industrie manufacturière, elle est à peu près nulle : on n'y trouve qu'une seule typographie et une filature. Bourg renferme des monuments assez remarquables, entre autres celui qui a été élevé au général Joubert, l'église de Notre-Dame, la halle au blé, les boucheries et un magnifique hôpital; mais l'édifice le plus curieux de tout l'arrondissement est l'église gothique de *Brou*, située près de la ville, et construite en 1511, par Marguerite d'Autriche, tante de Charles-Quint. On y admire de riches vitraux et les mausolées de la maison de Savoie.

La fondation de Bourg, qui ne remonte pas au delà du treizième siècle, est attribuée aux seigneurs de Baugé. Selon de Thou, elle occuperait l'emplacement de l'ancien *Forum Sebusionorum*. Elle passa des Romains aux Bourguignons, auxquels elle fut enlevée par les Francs. Après avoir fait partie, au milieu du neuvième siècle, du royaume d'Arles et de la Bourgogne Transjurane, elle obéit aux empereurs d'Allemagne jusqu'au onzième siècle, et fut comprise de cette époque au seizième siècle dans les États des ducs de Savoie, qui y construirent une citadelle. Prise par les Français en 1536 et en 1600, elle fut en 1601 cédée définitivement à la France par le traité de Lyon.

BOURG (Antoine et Anne du). *Voyez* Dubourg.

BOURGELAT (Claude), né en 1712, mort en 1779, fut le fondateur des écoles vétérinaires en Europe. Le premier établissement de ce genre fut créé par lui à Lyon, sa ville natale, en 1762. Sa famille l'avait d'abord destiné à l'étude des lois : reçu docteur à l'université de Toulouse, il suivait même avec distinction le barreau du parlement de Grenoble; mais ayant un jour gagné une cause qu'il reconnut ensuite être injuste, il eut honte de son triomphe, et renonça aux brillants succès que lui réservait la carrière qu'il avait embrassée, pour entrer dans les mousquetaires. Le goût qu'il avait eu dans sa jeunesse pour les chevaux se réveilla avec force, et dès ce moment il se livra exclusivement à son étude favorite.

C'est Bourgelat qui a fourni à l'Encyclopédie de Diderot et de d'Alembert les articles de ce recueil relatifs à l'art vétérinaire et à l'*hippiatrique*, ou médecine des animaux domestiques, dont il est considéré comme le créateur. On a encore de lui plusieurs ouvrages d'une haute utilité, entre autres : un *Traité de Cavalerie* (Lausanne, 1747); *Nouveaux Principes sur la Connaissance et la Médecine des chevaux* (Lyon, 1750-1752); *Anatomie comparée du cheval, du bœuf et du mouton*, etc.

BOURGÈNE, ou BOURDAINE, grand arbrisseau du genre des *nerprun*s, qui croît dans les terrains humides, et dont le bois fournit un charbon très-léger, le plus estimé pour la fabrication de la poudre à canon. C'est le *rhamnus frangula* de Linné. Bauhin l'avait nommé *alnus nigra baccifera* (aune noir), sans doute à cause d'une espèce de ressemblance entre ses feuilles et celles de l'aune; mais il y a une différence notable dans la fleuraison et la fructification de ces deux arbres. Les tiges de la bourgène sont unies; son écorce extérieure est brune, l'intérieur jaunâtre, et son bois blanc et tendre; ses feuilles, simples, entières, ovales, allongées et terminées en pointe, veinées et portées par des pétioles courts, naissent des aisselles et sont alternativement placées sur les tiges. Les fleurs sont petites, verdâtres, à cinq divisions, réunies en petits bouquets axillaires. Les baies qui leur succèdent, globuleuses et noirâtres, renferment deux ou quatre semences; ce fruit possède des propriétés purgatives. Enfin l'écorce intérieure des tiges passe aussi pour un violent purgatif, et donne une couleur rougeâtre assez semblable à celle de la garance.

BOURGEOIS, BOURGEOISIE. Ces mots, dérivés de *bourg*, n'apparaissent dans notre langue française que vers le onzième siècle, pour désigner une chose nouvelle. C'est à tort, en effet, que l'on a prétendu retrouver la *bourgeoisie* sous la domination romaine et même dans l'organisation des villes gauloises avant la conquête de Jules César. La bourgeoisie naquit sous la féodalité : partout où un certain nombre de travailleurs purent se grouper, s'armer, s'abriter derrière une muraille, on vit s'élever une bourgeoisie, disputant avec le seigneur, s'affranchissant de certaines servitudes, se donnant des lois particulières, souvent avec l'aide de l'Église, parfois sous l'influence de l'autorité royale. Avant cette époque l'histoire ne nous montre rien qui ressemble à la bourgeoisie telle qu'elle exista au moyen âge. Au temps de Grégoire de Tours, les habitants des villes gauloises se partageaient en six classes ou décuries : le clergé, les familles sénatoriales, les fonctionnaires publics, les citoyens vivant de leurs revenus nommés *stationnaires*, les artisans et agents subalternes de l'administration, les gens de main-morte ou demi-serfs, sans compter les serfs purs. Quand la race de Charlemagne se fut substituée à la première dynastie franque, la nation ne présentait plus que quatre classes : la noblesse, le clergé, le peuple et les serfs. Le peuple (*populus, ingenui*) se réunissait en assemblées pour élire ses magistrats et les évêques. Cet état de choses antérieur à la bourgeoisie dura jusqu'au dixième siècle. Quand l'asservissement féodal devint universel, le premier secours qui vint aux populations opprimées, elles le durent au clergé. Les cathédrales et les autres grands établissements ecclésiastiques avaient le privilège de s'attacher des hommes de la cité qui, sous le nom d'avoués de l'Église, purent se soustraire à la juridiction du seigneur séculier, et éviter les charges les plus pénibles.

Quoique la bourgeoisie se fût ainsi constituée peu à peu à l'aide du clergé et par la puissance de l'association, ce n'est réellement qu'à dater de l'affranchissement des communes qu'elle commença à compter dans l'État. Il faut bien se garder, du reste, de confondre les chartes de bourgeoisie avec celles des communes, qui organisaient de véritables républiques et portèrent bientôt ombrage à la puissance royale. Au contraire, les bourgeoisies furent constamment favorisées par nos rois, qui finirent même par s'attribuer uniquement le droit d'en créer. Mais ce principe ne fut pas admis sur-le-champ ; la tactique de la royauté fut d'opposer à l'ancienne bourgeoisie reconnue ou concédée par les seigneurs d'autres bourgeoisies privilégiées, la *franchise de bourgeoisie* par exemple, qui non-seulement conférait la libre disposition de la personne, mais encore des privilèges et des prérogatives spéciales. En 1215 elle fut accordée à tous les bourgeois de Paris et à trente et une autres villes du royaume. Les *francs-bourgeois* renonçaient au commerce et aux arts industriels, et jouissaient du droit de franc-fief; ils devaient prêter serment au prince. Tous ceux qui n'obtinrent pas ce titre furent réputés manants, et de cette manière la bourgeoisie simple se trouva discréditée.

Une nouvelle institution de la royauté, la *bourgeoisie personnelle*, vint couronner son œuvre. Ce fut, entre ses mains, une arme terrible contre la féodalité. Voici en quoi elle consistait : l'habitant d'une cité put sans la quitter, et sans faire partie d'un corps de bourgeoisie, se soustraire à l'autorité immédiate et à la juridiction de son seigneur, en acquérant le titre de bourgeois du roi ou du royaume, qui le faisait relever directement du roi. Une faible redevance en nature et la possession d'une maison d'une valeur de soixante sous de rente suffisaient ordinairement pour obtenir ce précieux titre. Les bourgeois du roi étaient encore appelés *bourgeois du dehors* ou *bourgeois forains* par opposition aux bourgeois des corps de bourgeoisie, appelés *bourgeois du dedans*, parce qu'ils n'étaient pas astreints, comme ceux-ci, à l'obligation d'un domicile réel. Les corps de bourgeoisie eux-mêmes furent souvent l'objet de la faveur royale, et purent aussi relever directement du roi. Quant aux seigneurs dépossédés, jamais ils n'étaient indemnisés; on se contentait de leur notifier l'affranchissement de leurs vassaux par le ministère d'un sergent.

[Après avoir exposé les origines et la formation de la classe bourgeoise au moyen âge, il nous reste à la suivre dans ses développements successifs. Outre l'appui qu'elle trouva dans la royauté, diverses circonstances lui vinrent en aide : d'abord les croisades, qui éloignent les seigneurs les plus turbulents, les forcent à vendre une partie de leurs privilèges, et quelquefois l'affranchissement complet de leurs vassaux; en même temps les rapports avec l'Orient augmentent le dépôt des connaissances, ouvrent des débouchés à l'industrie naissante, créent la marine, et amènent des relations commerciales entre les diverses nations chrétiennes qui, rangées sous le même étendard, apprennent à se connaître.

L'émancipation des communes est consolidée par l'établissement des c o r p o r a t i o n s sous saint Louis. La bourgeoisie dut à ses corporations des moyens de ralliement, de résistance à l'oppression; armée disciplinée du travail, le t i e r s état forma dans la société générale comme une société distincte, ayant ses mœurs, ses lois, ses magistrats, presque un gouvernement. La commune était surtout une association guerrière, née de la révolte légalisée des bourgeois contre les seigneurs : ce fut dans les mains des rois une arme terrible et toujours prête, qu'ils pouvaient tourner ou contre leurs barons révoltés ou contre l'ennemi public. Suivi de ses fidèles bourgeois, tenant en main l'oriflamme, ce premier drapeau national, Louis VI repousse sans combat l'Allemand et l'Anglais coalisés; c'est par la valeur des bourgeois qu'à B o u v i n e s, à Saintes, à T a i l l e b o u r g, Philippe-Auguste et saint Louis sont vainqueurs de l'étranger ligué avec de grands vassaux mécontents. Sous Philippe le Bel l'affront de la chevalerie française, défaite par les ribauds flamands à Courtray, est vengé par la glorieuse victoire de Mons-en-Puelle, remportée par les troupes des communes.

Ce n'est pas seulement sur les champs de bataille que la bourgeoisie vient en aide à la royauté; elle lui donne son or pour fournir aux frais de l'a d m i n i s t r a t i o n, institution nouvelle de saint Louis et surtout de Philippe le Bel. Dans une circonstance importante, elle ira jusqu'à lutter en faveur de la royauté, corps à corps, avec la puissance la plus redoutée de l'époque, la papauté. Lors de la querelle entre B o n i f a c e V I I I et P h i l i p p e l e B e l, celui-ci pour résister plus sûrement convoqua les é t a t s g é n é r a u x, c'est-à-dire le clergé, la noblesse et le tiers état ou bourgeoisie. Les deux premiers ordres, hésitant devant une rupture complète avec la cour de Rome, se contentèrent d'envoyer au pape une lettre de blâme, que tous ne signèrent pas; la bourgeoisie, plus décourue et plus indépendante, fit une requête expresse au roi dans laquelle elle déclarait « la souveraine franchise du royaume, qui ne reconnaît sur la terre d'autre souverain fors que Dieu ». La participation de la Bourgeoisie, aux affaires était un premier pas; la politique royale alla encore plus loin dans une autre institution, l'anoblissement : c'était en effet l'anéantissement de la puissance morale de la noblesse, puisque désormais le mérite ou la faveur pouvait conférer un privilège que la naissance seule avait pu donner jusque là. C'était l'abaissement de la barrière fatale entre la noblesse et la roture ; du reste, les rois n'usèrent dans l'origine qu'avec une extrême réserve de ce pouvoir, et presque toujours dans des vues fiscales, comme lors du fameux affranchissement des serfs sous Louis X. La fiscalité et l'intérêt de leur puissance, on l'a dit avec raison, ont été la principale règle de conduite de nos rois.

Les Capétiens directs avaient grandi avec la bourgeoisie. Durant cette période elle produit Suger, ministre de Louis VI et régent sous Louis VII, Étienne Boileau, conseiller de saint Louis pour les Établissements de ce prince, Guillaume de Nogaret, et tous les membres des parlements sous Philippe le Bel. Les Valois suivirent une marche complètement différente : leur règne est l'apogée de la chevalerie. Mais pour subvenir aux dépenses occasionnées par un faste tout nouveau, il faut accabler le peuple d'impôts ; et tandis que cette brillante chevalerie se fait décimer à Crécy, à Poitiers, à Azincourt, et ouvre ainsi la France aux Anglais, le peuple, au contraire, les bourgeois, comme ceux de Tournay et de Calais (1347), de Rouen (1418), en défendant le royaume, ville à ville, pied à pied, empêchent seuls la ruine complète de la France.

Cependant la fiscalité continuait à s'implanter, malgré les réclamations les plus énergiques des peuples et les serments, toujours violés, des rois ; le mécontentement, augmentant, se changea bientôt en rébellion ouverte. C'est l'époque des émeutes de Paris, de la Jacquerie, des révoltes du Languedoc, de la Flandre, de la Bretagne, sous Jean le Bon et Charles V, des Maillotins, du marchand drapier roi de Rouen sous Charles VI ; ainsi que des assemblées orageuses de 1355, 1356, 1357, où se distingue cette grande figure d'Étienne Marcel. Les innovations de ce prévôt des marchands ne tendaient à rien moins qu'à déplacer l'autorité ; c'était presque l'établissement du pouvoir constitutionnel. « On ne sait, dit Chateaubriand, où les bourgeois émancipés depuis cinquante ans seulement avaient pu puiser des notions aussi claires du gouvernement représentatif, au milieu des préjugés du temps, de l'obscurité et du chaos des lois. » Soutenu énergiquement par la municipalité de Paris, Marcel fut un vrai roi : mais les temps n'étaient pas mûrs ; l'intelligence politique du reste de la France n'était pas éveillée ; quelques hommes seuls, Marcel, Robert Lecoq, Jean de Pecquigny comprenaient la situation. La mort ou la fuite de Marcel et de ses principaux adhérents mit fin à cet informe essai de révolution populaire, qui n'eut pas de résultat sérieux, mais qui laissa dans le peuple de Paris une profonde impression de sa puissance et de féconds souvenirs de liberté.

Au milieu de toutes ces vicissitudes, la bourgeoisie grandissait en puissance et en influence ; le commerce, l'industrie, véritables bases de sa grandeur future, prenaient chaque jour de plus grands développements. Déjà on comptait dans la bourgeoisie des fortunes princières : c'était un bourgeois enrichi par le commerce, ce Jacques Cœur qui prêtait à Charles VII 200,000 écus d'or, et entretenait pendant quatre ans à ses frais une armée pour expulser les Anglais ; on peut encore citer les Ango de Dieppe et les Auffrédy de La Rochelle. La considération et l'influence de la bourgeoisie s'accrurent encore sous Louis XI, compère des bourgeois de sa bonne ville de Paris, qui se plaisait à s'entourer de petites gens ; mais cette influence n'empêchait pas qu'il n'y eût une ligne de démarcation bien profonde entre la bourgeoisie et les deux autres ordres. On peut s'en convaincre par un document emprunté à l'histoire des états de 1484. Un député du tiers, avocat de Troyes, ayant demandé que chaque ordre payât ses députés, en disant que « ce serait une grande injustice, indigne du clergé et de la noblesse, de contraindre ainsi les plus pauvres à faire l'aumône aux plus riches, » Philippe de Poitiers, député de la noblesse, répondit, en traitant cette prétention d'insolente, que le privilège le plus beau et le plus incontesté des deux ordres était celui qui leur permettait de défendre le peuple avec ses deniers et non avec les leurs ; que d'ailleurs les devoirs du clergé étaient de prier pour les autres, de conseiller et de prêcher ; ceux de la noblesse, de protéger le pays avec ses armes ; ceux du tiers de nourrir et d'entretenir les nobles et les gens d'église au moyen des impôts et de l'agriculture !

Le seizième siècle ouvre une nouvelle ère pour la bourgeoisie ; elle brille du plus vif éclat dans la personne de Michel l'Hospital et de son noble et savant cortège, Olivier, Dumoulin, Cujas, Coquille, Amyot, Malherbe, Agrippa d'Aubigné, puissantes individualités qui, malgré leur obscure naissance, s'élèvent aux premiers rangs. « Trois causes, a dit M. Augustin Thierry, dans son *Introduction aux monuments inédits du Tiers État*, concourent à diminuer pour la haute bourgeoisie l'intervalle qui la séparait de la noblesse : l'exercice des emplois publics, et surtout des fonctions judiciaires, continué dans les mêmes familles et devenu pour elles comme un patrimoine par le droit de résignation ; l'industrie des grandes manufactures, qui créait d'immenses fortunes, et ce pouvoir de la pensée que la renaissance des lettres avait fondé au profit des esprits actifs. En outre, la masse entière de la population urbaine avait été remuée profondément par les idées et les troubles du siècle, les hommes de tout rang et de toute profession s'étant rapprochés les uns des autres dans la fraternité d'une même croyance sous le drapeau d'un même parti. La Ligue, surtout, avait associé étroitement et jeté pêle-mêle dans ses conseils l'artisan et le magistrat, le petit marchand et le grand seigneur ; l'union dissoute, les conciliabules fermés, il en resta quelque chose dans l'âme de ceux qui retournaient alors à la vie de la boutique ou de l'atelier, un sentiment de force et de dignité personnelle qu'ils transmirent à leurs enfants. »

L'année 1614 vit la dernière assemblée des états ; la bourgeoisie s'y distingua encore, par l'ardeur avec laquelle elle défendit contre les deux ordres privilégiés les prérogatives de la royauté, et par le désintéressement dont elle fit preuve dans l'affaire de la Paulette, et en offrant d'abolir toute vénalité dans les charges. C'était dignement terminer sa carrière politique. A partir de 1615 la bourgeoisie n'eut plus pour la représenter que les Parlements, qui, malheureusement, ne surent attacher leur nom à aucune réforme sociale sérieuse ; leur courageuse défense des libertés gallicanes a seule des droits à notre reconnaissance ; encore ne faisaient-ils que continuer la glorieuse tradition de quelques rois et des états généraux.

L'abaissement de la féodalité sous Richelieu contribua à l'élévation de la bourgeoisie ; on peut toutefois reprocher à ce grand ministre d'avoir, en vue de l'unité politique, trop étouffé les libertés municipales, puissance réelle de la bourgeoisie ; mais il lui rendit un service immense en ordonnant à l'intérieur du royaume la destruction de tous les châteaux fortifiés, véritables nids de la tyrannie seigneuriale. Les troubles de la régence d'Anne d'Autriche enhardirent l'audace des parlements et de la bourgeoisie, et plus d'une fois la cour dut fuir ou accepter les conditions des Parisiens mutinés. Par sa politique systématique envers la noblesse, Louis XIV, tout en amenant le triomphe de la royauté, préparait à son insu celui de la bourgeoisie ; Colbert, n'est-ce pas l'avénement de la bourgeoisie au pouvoir ? A cette époque, en effet, sous le rapport de l'énergie morale et intellectuelle, la bourgeoisie est parvenue au plus haut degré de son développement : quelle bourgeoisie que celle qui produit en un demi-siècle Colbert, Fouquet, Louvois, Le Tellier, Corneille, Molière, Pascal, Racine, La Fontaine, Boileau, Bossuet, Bourdaloue, Arnauld, Nicole, Domat, Fabert, Le Poussin, Lesueur, Le Lorrain, Le Brun, Perrault, Puget, etc., c'est-à-dire tous les administrateurs, les écrivains et les artistes ! Aussi Saint-Simon, le dernier des grands seigneurs, croit-il flétrir dans ses mémoires le règne de Louis XIV en l'appelant « le règne de la vile bourgeoisie ». C'était encore en faveur de la bourgeoisie que Louis XIV créait l'ordre de Saint-Louis, et Louis XV celui du Mérite Militaire, institutions presque démocratiques, puisque la naissance n'était pour rien dans les conditions d'admission. Ce beau tableau a malheureusement des ombres : la révocation de l'édit de Nantes et les odieuses persécutions qui la suivirent privèrent la France de plusieurs millions de citoyens qui, grâce à la protection éclairée de Colbert, commençaient à donner un rapide essor à l'industrie, et qui allèrent porter à l'étranger leurs richesses et leur habileté déjà proverbiales.

La banqueroute de Law, en bouleversant toutes les fortunes et tous les rangs, servit encore la cause de la bourgeoisie : sous Louis XV la marche ascensionnelle continue ; c'est dans la bourgeoisie que Louis XV va chercher les objets de ses passions ; aux sœurs de Nesle succède Mlle Poisson, plus tard marquise de Pompadour, protectrice des gens de lettres et des économistes, et artiste elle-même ; grâce à sa protection, les philosophes du dix-huitième siècle mettent à la cour le ton libéral à la mode, et achèvent l'éducation politique du tiers état. Après la fille du boucher des Invalides vint la fille du commis aux barrières, Mme Dubarry. Mais la bourgeoisie est elle-même un corps privilégié : 1789, en abolissant les jurandes, les maîtrises, et les autres barrières qui arrêtaient l'élan de la bourgeoisie, lui ouvre une voie large et nouvelle vers la considération, la fortune, la puissance publique. La république et l'Empire voient de simples paysans s'élever par leur courage aux grades les plus élevés : les Kléber, les Hoche, les Moreau, les Augereau, les Bernadotte, et tant d'autres, sont des bourgeois ou des plébéiens illustrés par la victoire.

Un instant comprimée sous la Restauration, la bourgeoisie reprend son expansion puissante après les journées de Juillet 1830. Des écrivains éminents, de grands publicistes sont chargés des rênes de l'État : la plupart sortent des rangs de la bourgeoisie. L'histoire a déjà nommé le règne du dernier roi, *le règne de la bourgeoisie*. Mais le pays était encore privé de ses droits politiques. La bourgeoisie elle-même sentait ses rangs trop serrés ; le gouvernement tentait de recréer une aristocratie bourgeoise ; sourd à de légitimes et pressantes réclamations, Louis-Philippe voit une révolution éclater aux cris de *Vive la Réforme!* et bientôt la république est proclamée de nouveau. Son premier décret, le suffrage universel, est le résultat naturel et inévitable de la progression continuelle de la bourgeoisie ; l'égalité politique venait s'ajouter à l'égalité civile, 1848 complétait 1789. Ce devait être là l'ère d'un nouvel avenir. Dès lors la bourgeoisie se confond dans la nation. Parce qu'elle en est la partie éclairée, elle pense un moment ressaisir la puissance. Les discussions du capital et du travail divisent la bourgeoisie et le peuple ; diverses circonstances amènent son triomphe. Elle cherche alors à se reconstituer en créant des catégories d'électeurs ; mais le coup d'État du 2 décembre 1851 vient de nouveau porter une grave atteinte à son influence en rétablissant le suffrage universel. Pour être forte, qu'elle se souvienne que sa place est à la tête, à l'avant-garde du peuple, de la nation, et non à la remorque des vieux partis ! A. Feillet.]

BOURGEOISIE (Droit de). On entend par ce mot la possession de tous les avantages et privilèges attachés au fait du domicile et de la résidence. Dans les cantons suisses et les villes libres d'Allemagne le droit de bourgeoisie équivaut au droit de nationalité ; quant aux pays où le droit de bourgeoisie ne comprend que des avantages municipaux, qui, par la nature même des choses, varient à l'infini suivant les localités, c'est plutôt l'usage qu'une loi écrite qui le règle. Cependant l'on accorde généralement sur ce point que le droit n'appartient qu'aux nationaux domiciliés d'origine dans la cité ; les autres nationaux doivent subir un temps d'épreuve, qui habituellement est fixé à une année de résidence lorsqu'il s'agit des droits de *petite bourgeoisie*, et à dix années lorsqu'il s'agit des droits de *grande bourgeoisie*, lesquels appellent à l'administration même de la ville.

Le droit de bourgeoisie a été conféré quelquefois à des princes sous la protection desquels les villes voulaient se placer. C'est ainsi que Louis XI reçut le droit de bourgeoisie des Suisses.

BOURGEON. On nomme *bourgeons* ces petits corps ovoïdes, arrondis ou coniques, germes ou rudiments visibles, mais non développés, des branches, des feuilles et des fleurs, qui naissent sur la tige proprement dite, à l'aisselle des feuilles, au sommet des rameaux ou bien au collet des racines d'un végétal. Ils commencent à poindre en été à l'époque de la grande végétation, et portent alors le nom d'*yeux*. Ils grossissent en automne, puis ils restent stationnaires pendant l'hiver, et ne reprennent leur végétation qu'au printemps, où ils se gonflent et reçoivent proprement le nom de *bourgeons*. Ces organes sont protégés par des écailles ou des stipules souvent avortés ; dans les climats septentrionaux, ces écailles sont en plus grand nombre, et d'autant plus serrées qu'il s'agit de résister à un froid plus long et plus intense ; mais dans les contrées méridionales, dans toutes les circonstances où les végétaux sont soustraits aux intempéries de l'air, ces stipules ou folioles n'avortent point ; ils se transforment en feuilles, et le bourgeon, complétement nu, s'allonge ainsi et se développe dans toutes ses parties. Par son allongement, un bourgeon de branche devient une *jeune pousse* : on nomme ainsi tout jet ou toute production végétale de l'année, qui n'a point encore acquis toute sa longueur.

On distingue trois sortes de bourgeons, suivant les pousses diverses auxquelles ils doivent donner naissance : 1° les *bourgeons à feuilles* ou *à bois*, qui ne donnent que des branches chargées de feuilles ; 2° les *bourgeons à fleurs* ou *à fruits*, courts et arrondis, qui ne produisent que des fleurs, et que l'on désigne communément par le nom de *boutons* ; 3° les *bourgeons mixtes*, qui donnent à la fois des feuilles et des fleurs, et dont la forme tient le milieu entre celles des deux classes précédentes. Un jardinier tant soit peu exercé distingue sur un arbre fruitier le bourgeon qui doit produire des fleurs de celui qui ne produira que des feuilles, ou de celui qui produira tout à la fois des fleurs et des feuilles.

Les bourgeons radicaux, ou qui naissent du collet de la plante, ont reçu des dénominations particulières : ceux des plantes vivaces, qui sont placés à fleur de terre, comme dans l'asperge, dont on mange les jeunes pousses, s'appellent *turions*, et ceux qui sont souterrains et formés d'écailles imbriquées, tels que les oignons des liliacées, portent le nom de *bulbes*. Il se développe enfin quelquefois sur les tiges de certains végétaux de très-petits tubercules et des germes qui se détachent d'eux-mêmes de la plante qui leur a donné naissance, et qui sont susceptibles de produire de nouveaux individus quand on les sème ; cette espèce particulière de bourgeon porte le nom de *bulbille*. On divise aussi les bourgeons en *foliacés*, *pétiolacés*, *stipulacés* et *fulcracés*, suivant que les écailles qui entrent dans leur composition sont des feuilles, des pétioles, des stipules avortés, ou des pétioles et des stipules à la fois.

Dans la taille des arbres fruitiers il faut distinguer un second ordre de bourgeons, et appeler *faux bourgeon* celui qui perce l'écorce ; ces sortes de bourgeons sont toujours maigres, poreux, ne sont point assez élaborés, et il convient de les supprimer à la taille, à moins que la nécessité n'oblige de les conserver pour garnir des vides. Le mot bourgeon est ordinairement accompagné aussi d'une épithète qui désigne la manière dont il est placé sur la branche : ainsi on l'appelle *bourgeon vertical*, lorsqu'il est perpendiculaire à la branche ; c'est cette espèce de bourgeon qui fait ce qu'on nomme *bois gourmand*, qui emporte l'arbre, et qui absorbe une si grande quantité de sève que les autres branches en sont appauvries et exténuées. Il est absolument nécessaire de ne pas les conserver, non plus que les *bourgeons antérieurs* et les *bourgeons postérieurs*, qui doivent être également abattus; on ne conserve ordinairement que les *bourgeons latéraux*, c'est-à-dire ceux qui croissent de droite et de gauche de la branche.

Bourgeons est aussi le nom d'une espèce de boutons qui viennent principalement au visage, et dont sont affectées plus particulièrement les personnes qui font abus du vin et des liqueurs fortes, comme si l'on voulait faire entendre par cette expression qu'elles éprouvent les mêmes influences que la vigne, et que les sucs dont elles s'abreuvent, semblables à la sève, ont le pouvoir de pousser des *bourgeons*. C'est ainsi que Boileau nous représente la Discorde :

Elle prend d'un vieux chantre et la taille et la forme,
Elle peint de *bourgeons* son visage guerrier.

De là aussi l'expression de *visage bourgeonné*, qui répond à une autre, beaucoup plus familière, celle de *rouge-trogne*, et que l'on applique aux personnes que l'on suppose, d'après des indices souvent très-incertains, être livrées à la boisson, tandis qu'il est, au contraire, des cas où les personnes les plus sobres, et qui ne font même nul usage du vin et des liqueurs, sont soumises à ces affections cutanées, produites souvent par une irritation chronique, dont la cause peut varier à l'infini (*voyez* BOUTON).

BOURGEONNEMENT. Ce nom usuel désigne le mode de reproduction par *bourgeons*, que présentent un certain nombre d'animaux inférieurs et la très-grande majorité des végétaux connus. On sait qu'on le désigne encore sous les noms de *génération gemmipare* ou de *gemmiparité* et de *gemmation*. Ce mode, bien étudié chez les plantes, l'a été beaucoup moins sur les animaux. Les considérations qui se rattachent à l'étude comparative des bourgeons animaux et végétaux sont devenues pour les physiologistes modernes un sujet de recherches nouvelles, dont nous parlerons à l'article EMBRYOGÉNIE. L. LAURENT.

BOURGERY (MARC-JEAN), docteur en médecine, auteur d'un magnifique ouvrage d'anatomie , naquit à Orléans, en 1796. De médiocres ressources lui donnant hâte d'exercer son art, il se fit recevoir précipitamment officier de santé, et fut pendant près de dix années médecin résident aux célèbres fonderies de cuivre de Romilly (Eure). Le docteur Béclard l'ayant rencontré dans les courses annuelles de président des jurys médicaux, reconnut en lui un homme distingué, auquel étaient familières les finesses même de l'anatomie. Il chercha en conséquence à l'attirer vers Paris, et d'abord vers le doctorat, afin qu'il devînt libre d'aller plus loin et plus haut sans intrusion. Il était à peine reçu, qu'il s'occupait avec zèle de la publication de l'ouvrage d'anatomie qui a fondé sa réputation. Après avoir choisi M. H. Jacob pour dessinateur lithographe, il obtint l'utile appui de Benjamin Delessert, philanthrope curieux d'encourager des œuvres remarquables et d'un placement difficile. Le ministère de l'Instruction publique suivit l'exemple du baron Delessert, mais avec une efficacité croissante, dès que M. de Salvandy fut chargé de la gestion des affaires scientifiques et littéraires et rendu maître des encouragements.

L'ouvrage d'anatomie dont nous parlons réunit le double et rare avantage d'avoir pour auteur un médecin ami des arts, qui aurait pu diriger un artiste inexpérimenté, et pour dessinateur un artiste initié dès longtemps à la science anatomique. Pouvant ainsi s'entre-éclairer et sachant se comprendre, les deux auteurs pensèrent en commun et se prêtèrent un mutuel appui. Voilà ce qui empreint leur ouvrage d'une perfection relative à laquelle avant eux personne encore n'avait atteint, si ce n'est Scarpa pour quelques régions du corps humain.

Non-seulement Bourgery retrace dans son livre des muscles et des ligaments récemment découverts ou retrouvés, mais il montre avec talent comment les organes s'unissent et s'isolent par des gaînes ; ce que les opérateurs doivent craindre et éviter ; et enfin, les formes vraies que les peintres ont à représenter quand ils restent fidèles à la nature. L'auteur expose en outre la texture intime des membranes, les rapports des vaisseaux sanguins et des nerfs, et il insiste beaucoup sur la structure des poumons, qui selon lui ne renferment aucune cellule, mais sont composés de canaux partout continus, dont les fines ramifications s'anastomosent en formant d'inextricables labyrinthes.

Cet ouvrage, qui a paru par livraisons depuis 1830 jusqu'en 1849, époque où l'auteur mourut du choléra, se composait alors de 80 livraisons in-folio. Il devait en avoir 90. Le même auteur avait interrompu son grand travail pour en publier un abrégé en 20 livraisons et de demi-grandeur, sous le titre d'*Anatomie élémentaire* (Paris, 1834-1842).

Bourgery était chevalier de la Légion d'honneur et on l'avait inscrit candidat à l'Institut pour le remplacement du Baron Larrey. Il avait, quelque temps avant de mourir, épousé la veuve du docteur Félix Thibert, dont il dirigeait le remarquable musée d'anatomie imitative. Isid. BOURDON.

BOURGES, ville de France, chef-lieu du département du Cher, située sur le penchant d'un coteau entouré d'une vaste plaine, au confluent de l'Auron et de l'Yèvre, à 232 kilomètres de Paris. Le chemin de fer du centre la met en relation avec la capitale. Siège d'un archevêché qui a pour suffragants les diocèses de Clermont, Limoges, le Puy, Tulle et Saint-Flour, d'une cour d'appel, d'un tribunal de première instance, d'un tribunal de commerce, de la 19e division militaire, d'une direction d'artillerie, d'un arrondissement forestier, Bourges possède, en outre, un lycée, un musée de peinture et d'antiquités, une bibliothèque de 25,000 volumes, un théâtre, une société d'antiquités, d'histoire et de statistique, et un séminaire diocésain. Aujourd'hui siège d'une Académie, Bourges avait autrefois une université fondée par Louis XI en 1463, laquelle dut longtemps sa grande célébrité au mérite de ses professeurs, et surtout à celui de l'illustre Cujas. Sa population s'élève à 21,670 habitants.

La stagnation de son industrie manufacturière est principalement attribuée à plusieurs incendies qui l'ont ravagée à diverses époques, à celui de 1487, entre autres, qui détruisit plus de trois mille maisons et porta à son commerce, alors très-florissant, un coup dont il ne s'est pas relevé. Les fabricants de drap qui y étaient établis en grand nombre émigrèrent ailleurs, particulièrement à Lyon. On y trouve cependant encore quelques fabriques de draps, de couvertures de laine, et de coutellerie estimée. Il s'y tient, en outre, des foires importantes, où les moutons, les laines, les peaux, les vins et les chanvres deviennent l'objet de transactions considérables.

Bourges, qui se divise en vieille et nouvelle ville, était autrefois entourée d'une épaisse muraille, flanquée de quatre-vingts tours. Parmi ses édifices, trois seulement offrent de l'intérêt: l'archevêché, la cathédrale et l'hôtel de ville. L'archevêché renferme dans ses jardins un monument élevé à la mémoire de Béthune-Charost. La cathédrale, commencée au neuvième siècle, peut être citée parmi les plus beaux monuments gothiques de l'Europe ; elle est parfaitement conservée, et l'on admire surtout la richesse de sculptures qui ornent son portail ; l'hôtel de ville enfin est l'ancienne maison de Jacques Cœur, argentier de Charles VII, que Colbert céda, en 1679, au maire et aux échevins de Bourges. Les cheminées représentent des tours et des portes de villes, gardées par des guerriers, et les murs sont couverts de coquilles et de cœurs sculptés avec une délicatesse merveilleuse. On conserve dans l'intérieur un portrait de Bourdaloue, né dans cette ville, que l'on assure avoir été peint par lui-même. C'est le siége du Palais de Justice. Une haute cour de justice y tint ses séances en 1849 pour juger les prévenus de l'attentat du 15 mai 1848.

Si l'on en croit Tite-Live, cent trente-neuf ans avant la fondation de Rome et six cent quinze ans avant notre ère, cette ville, une des plus anciennes des Gaules, aurait joué un rôle important sous le nom d'*Avaricum*. C'est de Bourges que partirent, pendant qu'y régnait Ambigat, les deux grandes émigrations gauloises, conduites par les chefs Bellovèse et Sigovèse. Lors de la conquête de la Gaule par les Romains, elle était la capitale des *Bituriges Cubi*. Battu par les légions romaines, Vercingétorix ayant pris le parti de brûler les cités et les moissons pour ne laisser aux vainqueurs que des déserts, céda aux prières des habitants d'*Avaricum*, et en confia la défense à des hommes d'élite; mais leur résistance désespérée ne put empêcher César de s'en emparer; les vainqueurs en massacrèrent tous les habitants. Subjuguée depuis cette époque par les Romains, Bourges prit sous Auguste le titre de métropole d'Aquitaine, et devint la résidence du préfet de cette province. Les Visigoths s'en emparèrent, en 475; mais après la bataille de Vouillé elle se soumit volontairement à Clovis. Devenue alors la capitale de la province désignée depuis sous le nom de Berry, elle en suivit les destinées, et eut à soutenir plusieurs siéges remarquables. En 762 Pépin le Bref s'en rendit maître après une longue résistance. Les Normands à leur tour la prirent en 878, et la pillèrent. Elle eut sous les rois francs ses comtes et vicomtes particuliers, qui finirent par la convertir en fief héréditaire, sous la mouvance des ducs d'Aquitaine.

C'est dans cette ville que Charles VII, au commencement de son règne, pendant que les Anglais étaient maîtres de Paris, transporta sa résidence et le siége du gouvernement. En 1562, les protestants, sous les ordres du duc de Montgommery, s'emparèrent de Bourges, et s'y livrèrent aux plus grands excès; survint ensuite une armée royale, qui exerça d'atroces réactions. La Châtre, qui y commandait pour la ligue, se soumit, en 1594, à Henri IV, et lui rendit la ville et la Grosse Tour. Les protestants s'en emparèrent de nouveau, en 1615; et le maréchal de Montigny la reprit l'année suivante. Lorsque Louis XIV y entra solennellement, il fit, sur la demande des habitants, raser la forteresse de la Grosse Tour.

Cette ville a vu se réunir dans ses murs sept conciles, sans compter l'assemblée du clergé où fut décrétée, en 1438, la *Pragmatique sanction*. Elle fut aussi le siége de plusieurs assemblées d'états généraux, en 1316, sous Philippe le Long, en 1422, sous Charles VII, roi sans royaume, en 1435, sous le même ; et le dauphin, les princes du sang, les grands du royaume assistèrent à celle-ci. Sous Louis-Philippe, Bourges servit de résidence au prétendant d'Espagne don Carlos, retenu en France par raison d'État. Dès l'époque gauloise, Bourges était en possession d'un atelier monétaire, qui a été supprimé en 1838.

BOURGES (Armes de). On dit d'un ignorant assis dans un fauteuil : Il représente les *armes de Bourges*. L'origine de ce proverbe se trouve dans un manuscrit latin de la Bibliothèque du Vatican. On y lit que, pendant le siége de Bourges, Vercingétorix commanda à un capitaine, nommé *Asinius Pollio*, de faire une sortie sur les troupes de César; celui-ci, ne pouvant conduire lui-même ses soldats au combat, parce qu'il était incommodé de la goutte, y envoya son lieutenant; mais une heure après, comme on vint lui dire que cet officier lâchait pied, il se fit porter dans une chaise aux portes de la ville, et anima tellement les troupes par ses discours et par sa présence, qu'elles reprirent courage, se retournèrent contre les Romains, et en tuèrent un grand nombre. Une si belle action fit dire qu'Asinius dans sa chaise avait autant contribué à la défaite de l'ennemi que les *armes* de ses soldats. Quoique le mot *armes* ne signifie point *armoiries*, et qu'il y ait de la différence entre les mots *asinius* et *asinus*, on n'en a pas moins dit *asinus in cathedra* (un âne dans un fauteuil), et l'on a pris, par dérision, cet âne pour les *armes de Bourges*. Mais les véritables armes de cette ville sont d'azur, à trois moutons d'argent, accornés de sable, colletés de gueules, et *clarinés* (ayant des clochettes) d'or, passant sur une terrasse de sinople, à la bordure engrêlée de gueules, ayant de plus, enfin, un chef d'azur, chargé d'abeilles sous l'Empire, et de fleurs de lis sous la Restauration.

BOURGMESTRE, mot composé de deux termes allemands, *bürger*, bourgeois, et *meister*, maître ou protecteur. En Belgique, en Hollande, en Allemagne, le bourgmestre est un magistrat qui remplit des fonctions analogues à celles de nos maires; il est chargé de la police, de l'administration des deniers de la commune, quelquefois même de la justice. En temps de guerre il distribue les logements, organise et surveille les hôpitaux militaires. Au reste, les attributions de cette magistrature ne sauraient être précises, car elles varient presque à chaque pas, surtout en Allemagne, sillonnée d'une foule d'États grands et petits : ici des royaumes avec ou sans constitution; là des villes indépendantes, dont les unes sont régies par des lois imprégnées des idées modernes, les autres par des coutumes nées de la féodalité : d'où il suit que les attributions des bourgmestres sont modifiées sans cesse, soit par la forme du gouvernement, soit par l'esprit des localités.

La morgue, l'ignorance, la sottise des bourgmestres, comme celle des baillis, ont souvent défrayé les auteurs comiques de tous les pays; et le *bourgmestre de Saardam*, sous les traits de Potier, a fait rire autrefois le public parisien.

BOURGOGNE, ancien pays de France, qui, s'appelant, suivant les époques, *royaume* ou *duché*, a également varié de limites et d'étendue. Dans sa plus grande extension il comprenait tout le bassin du Rhône; resserré dans ses bornes les plus étroites, en 1789, il avait pour limites au nord la Champagne, à l'est la Bresse et la Franche-Comté, au sud le Beaujolais, et à l'ouest le Bourbonnais et le Nivernais. Ainsi circonscrite, la Bourgogne correspond aujourd'hui à la plus grande partie des départements de la Côte-d'Or, de Saône-et-Loire, et à de petites fractions de ceux de l'Yonne, de l'Aube, de l'Ain, et de la Nièvre. Les pays qu'elle comprenait sur un territoire de 2,597,698 hectares, étaient le Dijonnais, l'Autunais, le Châlonais, le pays de la Montagne, l'Auxois, l'Auxerrois, le Charolais, le Mâconnais, le Bugey, la principauté de Dombes et le pays de Gex. La capitale de cette province était Dijon, et les villes principales Auxerre, Autun, Auxonne, Châlons-sur-Saône, Mâcon et Bourg.

Le sol de cette contrée est fertile, et produit en abondance des grains, des fruits, et surtout des vins renommés (*voyez* plus loin). Ce fut, du reste, toujours la principale branche du commerce de la Bourgogne; mais la consommation générale n'en a profité que depuis la vente des biens ecclésiastiques : jusque là ces vins avaient appartenu à de riches communautés religieuses, qui ne les livraient point au commerce. Les laines furent longtemps aussi une autre branche considérable de l'industrie bourguignonne; depuis plus de cinquante ans, ce sol si fertile s'est couvert de récoltes de toute nature, et l'industrie y a fait d'immenses progrès. On y compte de nombreuses et grandes usines, beaucoup de forges et de fabriques.

Les anciens Bourguignons, *Burgundi* ou *Burgundiones*, race d'origine germanique, habitaient jadis les rives de la Vistule et de l'Oder et occupaient le territoire qu'on désigne de nos jours sous le nom de Nouvelle-Marche, ainsi que la partie méridionale de la Prusse occidentale. Plus avancés dans la civilisation que les autres tribus de la même race, ils s'étaient réunis dans des *bourgades* (et c'est de là que leur est venu leur nom); ils y cultivaient les arts mécaniques; presque tous les instruments de bois, de fer et de cuivre dont les Germains faisaient usage, soit dans leurs maisons, soit à la guerre, avaient été fabriqués par les Bourguignons. Aussi les autres nations teutoniques les méprisaient, et prétendaient que des gens qui consentaient à passer leur vie dans des souterrains, le marteau ou la pioche à la main, ne pouvaient pas être aussi libres ni aussi vaillants qu'eux. Malgré cela, les Bourguignons se faisaient respecter de leurs voisins; d'après le portrait que nous a fait d'eux Sidoine-Apollinaire, les Bourguignons étaient des hommes de six à sept pieds de haut, vêtus de peaux de bêtes et considérant la liberté comme le bien suprême; leurs rois, dès longtemps électifs, étaient destitués dès qu'ils avaient éprouvé des revers à la guerre.

La grande invasion des peuples scythiques contraignit les Bourguignons à émigrer à l'ouest, sous le règne de Valentinien (364-375). Ils arrivèrent sur les bords de la Saale, où ils rencontrèrent les Alemans, avec lesquels ils se trouvèrent bientôt en état d'hostilité et en lutte ouverte pour la possession des mines de sel. Plus tard, ils se répandirent sur les rives du Rhin, du Neckar et du Kocher et, entraînés dans le grand courant créé par les migrations des Alains, des Suèves et des Vandales, ils pénétrèrent, vers l'an 407 de notre ère, sous les ordres de leur roi Gundicaire, au nombre d'environ 80,000 hommes, dans la Gaule romaine, où ils se fixèrent entre l'Aar et le Rhône. Un fait bien remarquable, c'est la rapidité avec laquelle ils se convertirent au christianisme. Après s'être fait instruire pendant sept jours consécutifs dans les dogmes de cette religion nouvelle, peu de temps après leur entrée en Gaule, ils furent baptisés chrétiens le huitième, et conformément aux dogmes de l'arianisme. Lors de leur établissement en Gaule, qui eut lieu du consentement des Romains, chaque Bourguignon, homme libre, reçut la moitié de la ferme romaine qui lui fut assignée pour demeure, les deux tiers de la terre mise en culture et un tiers des esclaves qui s'y trouvaient. Quant aux forêts, elles restèrent indivises. Les Romains, loin de se plaindre de cette spoliation, surent gré aux Bourguignons de les avoir traités en frères et d'avoir garanti leurs personnes et leurs propriétés. De tous les barbares c'étaient assurément ceux dont le joug était le plus doux, et, en raison de la douceur de leurs mœurs, ils se confondirent promptement avec le peuple vaincu.

Le premier royaume de Bourgogne subsista de l'an 407 à l'an 534, au milieu de guerres extérieures et de luttes intérieures continuelles, tantôt sous l'autorité d'un seul chef, tantôt en reconnaissant jusqu'à quatre, qui résidaient dans les villes de Lyon, de Genève, de Besançon et de Vienne, centres de leur puissance. Leur roi Gundicaire fut le premier, et à la tête d'une armée de 10,000 hommes, essaya d'arrêter Attila dans sa marche victorieuse, lorsqu'en 451 il descendit d'Allemagne dans les Gaules en portant par tout le fer et le feu. Le Bourguignon fut vaincu, et périt glorieusement avec tous les siens. La merveilleuse légende des Nibelungen nous fait une magnifique description de ce grand désastre. Chilpéric succéda à Gundicaire, son père (463-491). Il fut tué avec sa fille par son frère Gondebaud; mais sa fille Clotilde épousa Clovis, roi des Francs. Gondebaud fit rédiger et publier dans ses États un code de lois qui prit son nom, *lex Gundebalda*, loi Gombette. Il embrassa l'arianisme à peu près dans le temps où les Francs se convertissaient à la foi catholique, tandis que ses deux fils, qui régnèrent successivement après lui, Sigismond (516-523) et Gondemar (523-532), acceptèrent la foi catholique. La guerre qui éclata bientôt entre les Bourguignons et les rois francs Childebert et Clotaire mit fin au royaume de Bourgogne.

Il convient de regarder comme une seconde dynastie de rois Bourguignons les princes de la dynastie mérovingienne qui obtinrent en partage le royaume de Bourgogne. Le premier fut Gontran, petit-fils de Clovis, qui établit sa résidence à Châlons-sur-Saône, vers l'an 561. Il cessa de régner en 593.

Deux autres princes de la race franque Childebert II et Thierry II portèrent encore, de 593 à 613, le titre de rois des Bourguignons. Pendant toute cette période la nation n'obéit réellement que de nom aux Francs; elle conserva ses lois, ses usages, ses magistrats et son aristocratie puissante, qui contrebalançait le pouvoir du souverain et qui finit par se substituer à lui quand arriva la domination des maires du palais et le règne des rois fainéants.

Quand la dynastie des Carlovingiens alla s'affaiblissant toujours davantage, la Bourgogne reconquit son indépendance. Un comte du pays, Boson de Vienne, beau-frère de Charles le Chauve, excité par l'ambition de sa femme, réussit à se faire élire par les seigneurs réunis en diète à Montaille, et devint ainsi roi du royaume bourguignon, qu'on désigna sous le nom de *royaume d'Arles*, parce que cette ville était la résidence habituelle de Boson, ou encore *Bourgogne Cisjurane*, à cause de sa situation près du Jura. En 882, Boson, pour régner en paix, reconnut tenir son royaume à titre de fief de Charles le Gros; mais il ne fut pas aimé de ses peuples, parce qu'il ne sut pas s'opposer aux incessantes usurpations de pouvoir des seigneurs. A la mort de Boson, arrivée en 887, la faible reine Irmengarde se trouva l'unique appui de son fils mineur, Louis, lorsque l'empire franc fut partagé après la déposition de Charles le Gros, et que le seul droit reconnu était celui du plus fort. C'est ainsi que le duc Rodolphe, de la maison des Guelfes, fils du comte Conrad et neveu du roi de France Hugues Capet, jusque alors gouverneur de la Lorraine et de l'Helvétie, parvint à prendre rang parmi les nouveaux souverains qui surgirent à cette époque en France, en Allemagne et en Italie, et à devenir roi de la *Haute-Bourgogne* ou de la *Bourgogne Transjurane*. Situé à l'est du Jura, ce royaume comprenait la Franche-Comté, la Suisse en deçà de la Reuss, le Valais, et une partie de la Savoie. Rodolphe, lui aussi, chercha à se consolider dans la possession de ce nouvel État en se reconnaissant le vassal de l'empereur Arnoul. Il eut pour successeur, en 912, son fils Rodolphe II.

A la même époque se constitua sur les frontières de la Franche-Comté un troisième État bourguignon, le *duché de Bourgogne*.

En 933, Rodolphe II réunit à la Bourgogne Transjurane le royaume d'Arles, que le comte Hugues lui abandonna en échange de la souveraineté de l'Italie. Jamais encore le nom bourguignon n'avait été environné de tant d'éclat; mais sous le monarque suivant, Conrad le Pacifique, le royaume souffrit beaucoup des irruptions des Hongrois, sortis de Rhétie, et de celles des Arabes, venus des côtes méridionales de la France, non moins que des usurpations des seigneurs, qui mettaient à profit les troubles du temps pour commettre toutes espèces de brigandage et pour dévaster le pays dans leurs guerres privées. La crainte et la haine que lui inspirait la noblesse portèrent Rodolphe III, successeur de Conrad, à désigner pour son héritier Henri II, fils de sa sœur Gisèle, dans l'espoir de trouver en ce prince un défenseur actif. Henri II étant mort sans enfants, en l'an 1024, le Franc Conrad II, quand il fut devenu empereur, chercha à faire valoir ce droit d'héritage, en invoquant les rapports de suzeraineté qui avaient constamment existé entre l'Allemagne et la Bourgogne. Après de nombreux combats, livrés aux puissants comtes du pays qui s'étaient déclarés en faveur des proches parents de Rodolphe, le duc Ernest II, mort en 1030, et Odon II, mort en 1037, il finit par faire triompher ses prétentions; et quand la branche mâle de la maison de Bourgogne s'éteignit en la personne de Rodolphe III, en 1032, il les transmit à son fils Henri III, qui, en 1038, fut élu et couronné roi de Bourgogne à la diète de Soleure et du consentement des seigneurs. C'est vers cette époque que les archevêques et les évêques de Bourgogne, pour pacifier le pays, ravagé et désolé par de continuelles guerres privées, instituèrent solennellement à

Romont, dans le pays de Vaud, la trève de Dieu, *treuga Dei*, qui fixait certains jours où il était absolument défendu à un chrétien de se servir d'armes quelconques contre un autre chrétien, loi dont plus tard Conrad appliqua toutes les dispositions à l'Allemagne.

A partir de ce temps la Bourgogne fit toujours partie intégrante de l'Empire, et eut ses propres gouverneurs héréditaires. Les états de Bourgogne reconnurent l'empereur pour leur suzerain, et prirent part aux assemblées des princes et des seigneurs allemands. Mais en même temps ils mirent à profit toutes les occasions favorables pour affaiblir les liens qui les rattachaient à l'Empire, et aussi pour accroître leurs droits et leurs priviléges. L'énergique Frédéric Ier parvint bien à rétablir encore une fois la souveraineté impériale sur la Bourgogne, et en 1178 il se fit même couronner à Arles; mais après la chute des Hohenstaufen l'influence de l'Allemagne sur la Bourgogne alla toujours en s'affaiblissant davantage, de même que les liens qui rattachaient les unes aux autres les diverses parties du royaume devenaient de plus en plus relâchés. Aussi après la mort de Charles IV, le dernier empereur qui, en 1364, se fit couronner à Arles, la Bourgogne se divisa-t-elle en un certain nombre de petits États indépendants; et, à l'exception de la Savoie et de Montbéliard, qui conservèrent encore leurs anciens rapports avec l'Empire d'Allemagne, ces divers États ne tardèrent-ils point à être successivement absorbés par la France.

Le duché de Bourgogne, fondé par Richard, comte d'Autun, l'un des frères de Boson, eut les mêmes destinées. Ce beau pays fut d'abord appelé *Basse-Bourgogne*, puis *Bourgogne*. A la mort de Richard, son duché passa à son fils, Rodolphe, couronné plus tard roi de France à Soissons, et qui mourut en 936, sans laisser de descendance. Par suite du mariage de la petite-fille de Richard, Ludegarde, avec le frère du roi de France, Hugues Capet, Henri, qui déjà possédait une partie de la Bourgogne, toute la Basse-Bourgogne se trouva de nouveau réunie sous les lois du même souverain. Après ce dernier le duché de Bourgogne fut pendant trente ans réuni à la couronne de France (1002-1032).

La seconde dynastie des ducs de Bourgogne commença en la personne de Robert, dit le Vieux, fils du roi Robert et frère de Henri Ier, le troisième des Capétiens, qui le lui donna, non en simple apanage, mais *pour en jouir en toute propriété et passer à ses successeurs, héritiers et ayant-cause*. Cette seconde dynastie gouverna le duché de Bourgogne trois cent trente ans avec une autorité presque indépendante de la couronne. « C'était, dit Sismondi, le temps de la plus grande puissance de l'autorité féodale, et les rois, mal obéis dans leurs propres domaines, ne l'étaient point du tout par leurs grands vassaux. Il est vrai que ceux-ci, à leur tour, ne l'étaient point du tout par leur noblesse. Dijon devint la capitale de la Bourgogne, et c'était dans cette ville que se réunissaient les états, composés de trois ordres. Dans celui du clergé siégeaient les quatre évêques d'Autun, Châlons, Mâcon et Auxerre, plusieurs abbés, dont le premier était celui de Cîteaux, les doyens et les députés des chapitres; tous gentils-hommes possédant fief ou arrière-fief en Bourgogne entraient dans la chambre de la noblesse; des députés nommés par les villes, au nombre de cinquante-huit, formaient celle du tiers état. » Cette dynastie fit jouir la Bourgogne d'une grande prospérité, et produisit douze ducs: Robert Ier (1032-1075), prince violent et farouche, qui assassina son beau-père, et fut obligé pour le crime de faire un pèlerinage à Rome; Hugues Ier (1075-1078), qui se fit moine à l'abbaye de Cluny; Eudes Ier, surnommé Borel (1075-1108), qui alla guerroyer en Espagne et en Palestine; Hugues II, dit le Pacifique (1108-1142), fidèle allié de Louis le Gros contre les Anglais et les Allemands; Eudes II (1142-1162), à qui l'on attribue une expédition en Portugal, très-contestable; Hugues III (1162-1192): ce prince s'embarqua pour la Terre Sainte; mais une tempête le força de renoncer à son expédition; il seconda Louis le Jeune contre le comte de Châlons, et reçut en récompense une partie de ses domaines; il fit ensuite la guerre aux comtes de Nevers et de Vergy, prêta secours au jeune Henri Court-Mantel contre le roi d'Angleterre Henri II, son père, et accorda une charte de commune à la ville de Dijon en 1187; il prit part à la troisième croisade en Asie; Eudes III (1192-1218), instrument dévoué de la politique de Philip, e-Auguste, et qui se croisa contre les Albigeois; Hugues IV (1218-1272), roi titulaire de Thessalonique, qui se croisa deux fois; Robert II (1272-1309); Hugues V (1309-1315); Eudes IV (1315-1349), qui hérita des comtés d'Artois et de Bourgogne à la mort de la reine Jeanne, sa belle-mère, et fit la guerre de Flandre; et, enfin, Philippe de Rouvre, douzième et dernier duc de la première race capétienne (1349-1361). Celui-ci étant mort sans postérité, le roi de France Jean se mit en possession du duché, en qualité de plus proche héritier dans la ligne masculine; mais le comté, reconnu fief féminin, passa de nouveau à une femme. Ce prince ne tarda point à rétablir lui-même la dignité de duc de Bourgogne; en 1363 il en investit son fils cadet, Philippe le Hardi, en même temps qu'il lui concédait cette province à titre de fief.

Philippe devint le fondateur de la nouvelle ligne des ducs de Bourgogne, et c'est avec son règne que commence la plus brillante époque de la Bourgogne au moyen âge. Le commerce, l'industrie et les beaux-arts atteignirent en Bourgogne pendant cette période un degré de prospérité dont il n'y avait rien à comparer dans les autres pays, et la richesse ainsi que le bien-être des populations en furent le résultat. En 1369, Philippe épousa Marguerite, qui avait été fiancée au duc Philippe, de l'ancienne maison de Bourgogne, la fille unique et l'héritière de Louis III, comte de Flandre, et par ce mariage il accrut encore ses États de la Flandre, de Malines, d'Anvers et de la Franche-Comté. Lorsque éclata la démence du roi de France Charles VI, Philippe fut nommé administrateur du royaume, de préférence au propre frère du roi, Louis, duc d'Orléans, qui conçut dès lors contre lui une haine implacable. C'est sous ce prince que s'éleva la faction des Bourguignons, dont le nom signale l'époque des premières guerres civiles de la France.

Quand Philippe mourut en 1404, laissant des dettes immenses, Jean sans Peur, son fils, lui succéda comme duc de Bourgogne; mais la régence du royaume fut alors confiée au duc d'Orléans. Dès ce moment les deux cousins restèrent ennemis implacables jusqu'au moment où ils se réconcilièrent et s'embrassèrent sous les murs de Montfaucon, à la vue de leurs armées respectives, prêtes à en venir aux mains. La nuit suivante, les deux princes, en gage de la sincérité de cette démonstration, couchèrent dans le même lit. Cependant en 1407 le duc d'Orléans périt assassiné près de la rue Barbette à Paris; et le duc Jean de Bourgogne avoua avoir été l'instigateur de ce crime, qui provoqua en France les plus déplorables déchirements. En effet, le parti du duc d'Orléans ne finit point avec lui: Bernard, comte d'Armagnac, beau-père du nouveau duc d'Orléans, se mit à sa tête; et la France se trouva partagée entre les Bourguignons et les Armagnacs. Le duc Jean obtint bien du roi des lettres de pardon; mais il expia le meurtre dont il s'était rendu coupable, en périssant lui-même traîtreusement frappé sur le pont de Montereau (1419), au moment où il s'apprêtait à donner une nouvelle représentation de la scène d'une réconciliation avec le dauphin. Philippe, comte de Charolais, surnommé *le Bon*, son fils et successeur, réussit à venger l'assassinat de son père en faisant exclure le dauphin du traité de paix conclu à Troyes avec l'Angleterre par la France et la Bourgogne. Nous ne suivrons pas ici les phases de la conquête anglaise et de la guerre civile; nous rappellerons seulement que, le 21 septembre 1435, le duc Philippe se détacha des Anglais. Par le traité d'Arras il fit une paix particulière avec Charles VII, dont il accepta les réparations pour le meurtre de Jean sans Peur. Il obtint en même temps des districts importants du territoire français, notamment Mâcon, Saint-Gengoult, Auxerre et Bar-sur-Seine, Péronne, Montdidier, Royes, Saint-Quentin, Corbie, Amiens, Abbeville, Ponthieu, Doulens, Saint-Riquier, Arleux et Mortagne, ainsi que le comté de Boulogne, pour lui et ses héritiers. Il avait eu précédemment avec Jacobée de Brabant et son second mari, le duc de Gloucester, une querelle qu'avait terminée un traité en vertu duquel Philippe était déclaré héritier de Jacobée, si elle ne laissait point d'enfants, et qui enlevait à cette princesse le droit de se remarier sans son consentement. Toutefois Jacobée avait enfreint en 1430 cette dernière clause, et Philippe s'en était autorisé pour s'emparer de ses États, le Hainault, la Hollande et la Zélande, en lui faisant une modique pension. Après avoir acheté Namur, en 1429, il devint encore maître du Brabant et du Limbourg, à l'extinction de la descendance d'Antoine de Bourgogne, second fils du duc Philippe le Hardi.

Son fils, Charles le Téméraire, ainsi que l'a surnommé l'histoire, lui succéda (1467-1477). Il fut l'un des princes les plus puissants de l'Europe. En 1473, il ajouta encore à ses États les Gueldres et Zutphen; mais il périt, en 1477, dans une bataille qu'il livra aux Suisses sous les murs de Nancy. Son héritage, que les historiens ne désignent que sous le nom de duché de Bourgogne, passa à sa fille unique, Marie, qui, entre les sept rivaux qui s'étaient disputé sa main, avait donné la préférence à Maximilien d'Autriche, prince aussi beau que chevaleresque. Le roi de France Louis XI n'obtint de l'héritage de Bourgogne que les villes situées en Picardie; ainsi que le duché de Bourgogne, à titre de fief tombé en quenouille. Marie mourut dès l'année 1482, âgée de vingt-cinq ans à peine, des suites d'une chute, après avoir donné à son époux trois enfants, Philippe, Marguerite et François. Ce dernier survécut peu à sa mère.

Après la mort de Marie, Maximilien prétendit aussitôt se saisir des rênes du gouvernement, comme tuteur de ses enfants; mais une partie des provinces dont se composait le cercle de Bourgogne, nouvellement formé, s'opposèrent à ce projet. C'est en Flandre surtout que la résistance se montra vive et opiniâtre; et Maximilien se trouva même pendant trois mois prisonnier des Flamands, à Bruges. Ils finirent cependant par le reconnaître en qualité de tuteur de son fils Philippe et de régent (1489). Ce fils étant mort adolescent, la possession de ces provinces passa plus tard à Charles-Quint. Ce prince organisa le cercle de Bourgogne, réserva les droits, privilèges et libertés des villes et des états, et en confirma la réunion à l'Empire. Il embrassait alors le Brabant, le Limbourg, le Luxembourg, la Gueldre, la Flandre, l'Artois, la Bourgogne (celle-ci seulement nominalement), le Hainault, la Hollande, la Seelande, la Frise, Utrecht, Overyssel, Grœningue, Maestricht, etc. Mais la France s'empara successivement de différentes portions de ce cercle, en même temps que les Pays-Bas du nord se rendaient indépendants et agrandissaient leur territoire; d'où résulta une solution de continuité pour le cercle de Bourgogne, qui forma dès lors deux parties séparées. Elles échurent à la mort de Charles II, roi d'Espagne, à la branche allemande de la maison d'Autriche, et lui demeurèrent jusqu'à la Révolution. Le cercle de Bourgogne se composait alors du Brabant, du Limbourg, du Luxembourg et d'une partie de la Flandre, du Hainaut, de Namur et de la Gueldre; il forme aujourd'hui, avec une portion du territoire hollandais, le royaume de Belgique.

Quant au duché de Bourgogne, son histoire se confond avec celle de la France depuis la mort de Marie. Aux termes du traité de Madrid, François Ier, pour recouvrer sa liberté, céda de nouveau, il est vrai, tout le duché de Bourgogne à l'empereur Charles-Quint; mais les états de Bourgogne décidèrent que le roi n'avait pas eu le droit de disposer de leur pays; et François Ier lui-même déclara à son tour que son engagement était nul, parce qu'il était le résultat de la contrainte. L'empereur Charles-Quint dut en conséquence renoncer, par le traité de paix signé à Cambrai en 1529, à faire valoir ses prétentions sur le duché de Bourgogne. En 1493, notre roi Charles VIII avait cédé à Maximilien une partie importante de la Bourgogne, la Franche-Comté, que Louis XIV, aux termes de la paix de Nimègue, fit restituer à la France. Depuis lors ces deux parties de la Bourgogne n'ont plus été séparées de la France.

Deux princes de la maison de Bourbon (voyez ci-après) ont porté depuis le titre purement honorifique de duc de Bourgogne. Consultez Barante, Histoire des Ducs de Bourgogne de la maison de Valois (10 vol., Paris, 1824).

BOURGOGNE (Duc et duchesse de). Louis, duc de Bourgogne, petit-fils de Louis XIV, né à Versailles, le 6 août 1682, marié en 1697 à la princesse Adélaïde de Savoie, devenu dauphin de France à la mort de son père, Louis, connu sous le nom de grand dauphin, mourut la même année, en 1712. Voltaire a dit peu poétiquement de ce prince:

Hélas! que n'eut pas fait cette âme vertueuse:
La France sous son règne eût été trop heureuse;
Il eût entretenu l'abondance et la paix,
Il eût compté ses jours par ses bienfaits.

C'est ce qu'on a dit de Titus, mort jeune comme le duc de Bourgogne, avant que l'enivrement de la puissance l'eût porté à démentir les beaux commencements de son règne, lui dont la première jeunesse avait été si terrible. Ce jugement paraîtra peut-être choquant à beaucoup de personnes; car toutes les fois qu'on nomme le duc de Bourgogne, c'est à qui entonnera le tu Marcellus eris, et le proclamera le plus bel ouvrage de Fénelon. Malheureusement une lecture attentive de tout ce qui a été écrit sur ce prince ne tarde pas à prouver le contraire. Bossuet n'avait fait du fils de Louis XIV qu'un ignare, ennemi des livres, ami du repos, concentré dans les plaisirs de la matière, en un mot une médiocrité inerte. Avec une inconcevable vivacité d'esprit, avec beaucoup de science et de mots dans la tête, l'élève de Fénelon eût été, de plus que son père, une de ces médiocrités actives, qui font d'autant plus de mal qu'elles visent à la capacité. Au surplus, ce n'est ni par les libelles ni par les panégyriques contemporains qu'il faut le juger. Pour l'apprécier convenablement, il n'est pas de meilleure autorité que Fénelon, son précepteur, et le duc de Saint-Simon, le premier dans ses écrits et sa correspondance, le second dans ses mémoires. « Ce prince, dit Saint-Simon, naquit terrible, et sa première jeunesse fit trembler: dur et colère jusqu'aux derniers emportements, et jusque contre les choses inanimées; impétueux avec fureur, incapable de souffrir la moindre résistance, même des heures et des éléments, sans entrer dans des fougues à faire craindre que tout ne se rompît dans son corps; opiniâtre à l'excès, passionné pour toute espèce de volupté, et des femmes, et, ce qui est rare à la fois, avec un autre penchant tout aussi fort. Il n'aimait pas moins le vin, la bonne chère, la chasse avec fureur, la musique avec une sorte de ravissement, et le jeu encore, où il ne pouvait supporter d'être vaincu, et où le danger avec lui était extrême; enfin, livré à toutes les passions et transporté de tous les plaisirs, il était souvent farouche, naturellement porté à la cruauté, barbare en railleries et à produire les ridicules avec une justesse qui assommait. De la hauteur des cieux, il ne regardait les hommes que comme des atomes, avec qui il n'avait aucune ressemblance, quels qu'ils fussent. À peine messieurs ses frères lui paraissaient-ils intermédiaires entre lui et le genre humain. »

L'éducation d'un pareil prince n'était pas facile; mais le duc de Beauvilliers, secondé par Fénelon, par l'abbé de Fleury, et même par Moreau, premier valet de chambre, « fort au-dessus de son état, sans se méconnaître, observe Saint-Simon, travaillèrent sans relâche à corriger cet effrayant naturel ; puis, Dieu aidant, quand le prince eut atteint sa dix-huitième année, l'œuvre fut accomplie, et de cet abîme sortit un prince affable, doux, humain, modéré, patient, modeste, pénitent, et autant et quelquefois au delà de ce que son état pouvait comporter, humble et austère pour soi. »

Le cardinal de Bausset, dans la *Vie de Fénelon*, entre dans de grands détails sur l'éducation du duc de Bourgogne ; il nous montre combien de patience et d'habileté il fallut à l'archevêque de Cambray. Il nous apprend que l'éducation littéraire du jeune prince fut facile et profitable, trop profitable peut-être, puisque Saint-Simon va nous révéler que son amour *pour la science et pour en causer* avait fait un lourd et ennuyeux pédant de l'héritier du brillant et majestueux Louis XIV. Quand à l'éducation morale, ce fut pour faire la guerre à chacun des défauts de son élève que Fénelon composa ses *Fables* et ses *Dialogues*, qui offrent une frappante moralité. « Presque toutes, dit le biographe, se rapportaient à un fait qui venait de se passer, et dont l'impression encore récente ne lui permettait pas d'éluder l'application : c'était un miroir dans lequel il était forcé de se reconnaître, et qui lui offrait souvent des traits peu flatteurs pour son jeune amour-propre. » Si l'ingénieux Mentor cherche à lui inspirer plus de douceur, il suppose « que le soleil vent respecter le sommeil d'un jeune prince pour que son sang puisse se rafraîchir, sa bile s'apaiser ; pour qu'il puisse obtenir la force et la santé dont il aura besoin, et *je ne sais quelle douceur tendre qui pourrait lui manquer.* » S'il veut l'exciter à mettre plus de soin dans ses compositions et dans son langage, il le peint lui-même sous la figure du jeune Bacchus, dont un Faune moqueur relève toutes les fautes. « Comment oses-tu te moquer du fils de Jupiter ? dit le dieu enfant. — Et comment le fils de Jupiter ose-t-il faire quelque faute ? répond le Faune. » Enfin, dans la fable du *Fantasque*, si connue, car c'est un des beaux morceaux de notre langue, le duc de Bourgogne était obligé de lire la fidèle histoire de toutes les inégalités et de tous ses emportements. Fénelon, dans cette partie de sa tâche, appela parfois La Fontaine à le seconder. Quelques-unes des dernières fables du *Bonhomme* ont été composées pour l'instruction et l'amusement du royal enfant. Bien plus, la fable *du Chat et de la Souris* fut mise en vers par La Fontaine, après que le fabuliste de huit ans lui en eut donné le titre. Le duc de Bourgogne, dans la dernière maladie du vieux poëte qui avait *mangé son fonds avec le revenu*, lui envoya cinquante louis.

Sans doute il est facile de croire que Fénelon, en ornant si bien l'esprit de son disciple, parvint, de temps à autre, à lui inspirer une bonne action, un heureux mouvement ; mais quant à modifier, à améliorer du tout au tout ce cœur sorti si mal fait des mains de la nature, c'est ce qui est plus difficile à croire. Il faut se méfier de ces conversions si promptes, si complètes ; elles ne sont plus de mise, même au théâtre. Si Néron, pour le bonheur du monde et pour son propre honneur, fût mort au bout de quelques mois de règne, que de belles choses n'aurait-on pas débitées sur les prodigieux effets de l'éducation à lui donnée par Sénèque et Burrhus ! Mais laissons le duc de Saint-Simon lui-même apporter au déclamations que plus de personne n'a contribué à répandre sur le duc de Bourgogne, un correctif irrécusable : c'est un document publié pour la première fois dans l'édition complète et authentique de ses *Mémoires*, due à son descendant le marquis de Saint-Simon. Il a pour titre : *Discours sur monseigneur le duc de Bourgogne, du 25 mai 1710, adressé à M. le duc de Beauvilliers, qui me l'avait demandé.* Dans ce discours, Saint-Simon, en relevant tout ce qu'on disait à la cour et dans le public, tant en bien qu'en mal, sur le duc de Bourgogne, fait la part du vrai et du faux, et montre le fort et le faible de son caractère. Cette pièce est d'autant plus précieuse, que le prince avait alors vingt-neuf ans, et qu'il était ce qu'il devait être toute sa vie. C'est là qu'on entrevoit le germe d'un monarque bien appris, sans doute, de religion, de science et de morale, mais à l'esprit rétréci par cette même dévotion qui a neutralisé ses passions vicieuses et ses affreux penchants. Joignez à cela que, bossu et contrefait sans le croire, le duc de Bourgogne n'a aucune dignité dans son maintien ni dans ses habitudes, qu'il répète sans cesse des refrains d'enfant, qu'il aime à étouffer des mouches dans l'huile, à faire fondre de la cire, à remplir de poudre des crapauds vivants, pour jouir de l'explosion du malheureux animal ; en un mot, dit Saint-Simon, que nous ne faisons qu'extraire, « il lui échappe au dehors trop de mouvements peu dignes de l'âge et du rang, » et cela même quand il alla à l'armée. Violemment épris de la duchesse de Bourgogne, il lui prodiguait en public ses caresses, soit qu'il ne pût maîtriser sa passion, soit que, dans son orgueil royal, il regardât les gens qui l'entouraient comme d'une espèce trop inférieure pour se gêner devant eux. Il ne se plaisait que dans la société de la duchesse et de ses femmes, jeunes, vives, folâtres comme leur maîtresse, et qui, dans leurs ébats entre elles, prenaient le prince pour plastron et pour sujet de leurs plaisanteries irrespectueuses, ce qui scandalise fort Saint-Simon.

« L'arrangement des journées est tel dans monseigneur, ajoute le confident du duc de Beauvilliers, qu'on ne peut pas contester que sa vie ne s'écoule dans son cabinet ou parmi une troupe de femmes, chose d'autant plus surprenante, qu'il n'y était pas porté par ses plaisirs, assiduité parmi les femmes qui n'apprend rien et use cependant un temps précieux, et sert de barrière à cette connaissance des hommes si essentielle à un prince. » Plus loin, Saint-Simon blâme sa trop grande complaisance pour l'étude des sciences et pour le plaisir d'en parler, ce qui, dans le langage d'un courtisan respectueux, équivaut au reproche de pédantisme. Il voudrait que, moins assidu dans son cabinet, il n'occupât sa solitude qu'à la lecture de l'histoire et des livres qui se rapportent à l'art de gouverner les hommes ; il voudrait qu'il mît plus de grâce et d'abandon avec ses entours ; que sous ce rapport il limitât la duchesse de Bourgogne ; qu'il sût garder un milieu entre la gravité et la bonté, entre la roideur et la liberté des privautés et des familiarités trop usurpées. Mais c'est surtout la futilité des conversations du jeune duc qui inspire à Saint-Simon des craintes pour son avenir de roi ; « une trop scrupuleuse piété est chez le prince, dit-il, la source de ce défaut : elle met sa langue et ses oreilles dans de continuelles entraves, et son esprit dans une pénible contrainte. Sa frayeur de blesser son prochain en quoi que ce soit, ou d'y donner occasion, va jusqu'à une terreur que les supérieurs des plus saintes maisons regarderaient comme dangereuse en eux pour le simple et petit gouvernement dont ils se trouvent chargés. »

À côté de toutes ces citations, relaterai-je le jugement que porte du même prince l'auteur inconnu des *Caractères de la Famille royale et des Ministres d'État* (1706). « Le prince, dit-il, paraît d'un air grave, sombre, atrabilaire, d'un tempérament violent et d'un vif à n'être jamais content de ceux qui l'approchent. Sa fierté l'emporte souvent mal à propos. Le temps nous le dévoilera, ce qui nous fait suspendre notre pinceau. » L'histoire nous montre ce jeune prince dans les camps : il fut généralissime de l'armée d'Allemagne en 1701, et de celle de Flandre en 1702. Avec ce titre pompeux donné à son rang auguste, il recevait les ordres du général véritablement investi de la confiance du roi. Il prit part-à-un combat de cavalerie, près de Nimègue, et n'y fit pas trop mauvaise contenance : en 1703 on lui fit honneur de la prise de Brisach par capitulation. En somme, il donnait beaucoup plus matière à vanter ses vertus chrétiennes que ses vertus guerrières : quand il s'agissait de combattre et d'avancer, on le trouvait à l'église. Il se désola d'être obligé d'établir son quartier général dans un couvent de filles.

Cette dévotion déplacée nuisait au respect qu'il eût dû inspirer aux officiers et aux soldats : aussi un de ses menins eut-il la franchise de lui dire : « Monseigneur, je ne sais si vous aurez le royaume du ciel; mais pour celui de la terre, le prince Eugène et Marlborough s'y prennent mieux que vous. » C'est encore dans Saint-Simon qu'il faut lire les détails des différents séjours du duc de Bourgogne à l'armée. Au travers de mille réticences, on y entrevoit la vérité, et sur le courage équivoque, et sur les habitudes inconvenantes du jeune prince, et sur la cabale puissante que du vivant du dauphin, son père, il avait soulevée contre lui. Profondément jaloux de son fils, le grand dauphin était secrètement l'âme de cette cabale; mais aussi pourquoi Louis XIV, qu'on prétend s'être si bien connu en hommes, donnait-il pour mentor militaire au légitime, prudent, chaste et dévotieux duc de Bourgogne le caustique, l'indévot duc de Vendôme, petit-fils par bâtardise de Henri IV ? C'était de la part du grand roi exposer le sien aux mortifications humiliantes dont il fut si complètement la victime pendant les campagnes de 1703, et que sa manière d'être, niaise, décousue, inconvenante, explique en quelque sorte, si elle ne les justifie pas. Depuis lors Louis XIV n'envoya plus son petit-fils à l'armée.

De retour à Versailles, le duc de Bourgogne parut plus gauche, plus bizarre, plus renfermé en lui-même que jamais. C'est durant cet intervalle que Saint-Simon l'habilla si bien dans le discours que nous avons cité. A la mort du dauphin, le duc de Bourgogne devint, après le roi, la première personne de l'État : Louis XIV, qui avait toujours tenu son fils à une distance respectueuse, donna à son petit-fils part au gouvernement; les ministres eurent ordre de travailler avec lui : ce fut à la cour une véritable révolution. On trouve dans la nouvelle édition des *Mémoires* de Saint-Simon les détails les plus minutieux et en même temps les plus curieux sur cette époque du règne de Louis XIV. Dès ce moment les défauts du duc de Bourgogne disparaissent aux yeux de ce parti de ducs, dévots, presque jansénistes, surtout fort entichés des prérogatives nobiliaires : tous ces intrigants avec prud'hommie entourent le jeune prince, et s'emparent de sa confiance. Sous les auspices de Beauvilliers, Saint-Simon a des conférences fréquentes et secrètes avec le nouveau dauphin : Saint-Simon devient à son tour son mentor politique; et il faut voir dans les *Mémoires* de ce duc, discrètement ambitieux, combien auraient été inapplicables les théories gouvernementales qu'on lui mettait dans la tête! Au milieu de ces captations, le pauvre prince paraît plus effrayé du fardeau qui est retombé sur lui, que capable de le porter avec énergie.

Toutefois, on ne peut nier qu'il ne se fût occupé de projets estimables : on cite de lui quelques mots populaires : le *pauvre peuple* devait, selon lui, être quelquefois consulté. Peut-être, s'il eût régné, eût-il songé à convoquer les états généraux : il voulait même y joindre des états particuliers pour asseoir l'impôt; des élections libres dans les trois ordres auraient renouvelé ces différents corps, et des convocations périodiques auraient assuré leur vitalité. Telle est la substance des projets qu'il méditait, dit-on, que Louis XIV trouva dans la cassette de son petit-fils, et que, d'une main chagrine, il livra aux flammes. Sans doute il faut louer des vues nobles et pures; mais leur utilité, leur efficacité, eût dépendu de leur mode d'exécution, et à cet égard une lecture attentive des *Mémoires* de Saint-Simon peut donner à penser que le duc de Bourgogne eût tout perdu en voulant concilier avec ces mesures populaires le dessein bien arrêté de rendre à la noblesse toutes ses prérogatives. La Providence, qui devait si cruellement châtier dans l'inoffensif Louis XVI l'exécution maladroite de projets populaires, la Providence, qui depuis la révocation sacrilége de l'édit de Nantes semblait avoir abandonné la France, en laissant Louis XIV atteindre les dernières limites de la vie, cette Providence prit du moins en pitié le duc de Bourgogne devenu dauphin : il mourut à trente ans, laissant à la France, qui le jugeait d'après Fénelon, son instituteur, des regrets qui se sont perpétués depuis cinq générations. Quelques jours auparavant la duchesse de Bourgogne et le duc de Bretagne avaient expiré : le même char funèbre traîna vers Saint-Denis le père, la mère et leur fils aîné. Le duc d'Orléans, depuis régent de France, la duchesse de Berri, sa fille, furent accusés d'avoir réuni ces trois personnes royales dans un même empoisonnement. L'histoire a fait justice de ces soupçons; mais on conçoit facilement qu'épouvantés de tant de morts prématurées, rapprochées, les contemporains aient pu admettre un moment ces sinistres rumeurs. Saint-Simon lui-même attribue la mort de la duchesse de Bourgogne à une tabatière empoisonnée donnée par un certain duc, qu'il ne nomme point.

Un mot sur cette aimable princesse, qui a été aussi peinte à ravir par Saint-Simon. C'est elle qui amusait par ses saillies la vieillesse de Louis XIV, qui déridait la dévotion sérieuse de madame de Maintenon, et qui s'ébattait avec le jeune duc de Richelieu, de telle façon que cet adolescent, prédestiné aux faveurs des altesses royales, fut trouvé sous le lit conjugal de la princesse. Elle fut aussi regrettée, celle qui

Eut le don d'agréer infus avec la vie,

selon l'heureuse expression de La Fontaine; et s'il était possible d'admettre que la bonification du naturel farouche de son époux eût été aussi réelle que le prétend Saint-Simon, on pourrait croire que les charmes de cette adorable femme auraient eu autant de part à ce miracle que la grâce d'en haut et les efforts de l'archevêque de Cambrai. Le duc de Bourgogne l'avait tendrement aimée. Il lui confiait tout, disent ses biographes, hors les secrets de l'État. Dans une occasion où elle pressait ses instances pour le pénétrer, il lui répondit par ces vers d'une chanson en vogue :

Jamais mon cœur n'est qu'à ma femme,
Parce qu'il est toujours à moi,
Elle a le secret de mon âme,
Quand il n'est pas secret du roi.

Les princes sont trop heureux qu'on admire dans leur bouche de semblables fadaises, ou bien malheureux qu'on les leur prête! Voltaire, qui ne loue jamais que par esprit d'opposition, pouvait sous Louis XV manquer de faire l'éloge du duc de Bourgogne, père de ce monarque : il a dit quelque part : « Nous avons, à la honte de l'esprit humain, cent volumes contre Louis XIV, son fils, monseigneur le duc d'Orléans, son neveu, et pas un qui fasse connaître les vertus de ce prince qui aurait mérité d'être célébré s'il n'eût été que particulier. » Le regret était peu flatteur pour le père Martineau, confesseur, et pour l'abbé Fleury, sous-précepteur du jeune duc, qui s'étaient chargés, dès 1712 et 1714, de ce soin, dans deux ouvrages, complètement oubliés aujourd'hui, ayant pour titre l'un *les Vertus*, l'autre *Portrait de Louis de France, duc de Bourgogne*. Si tout ce qui se trouve dans ces deux panégyriques est vrai, Voltaire avait raison sous un rapport : car le duc de Bourgogne y est dépeint comme un béat plus digne de la couronne de moine que de celle de roi. Malheureusement rien n'autorise à croire que ces ecclésiastiques aient pu faire un portrait peu ressemblant d'un prince qu'ils avaient approché de si près. Après eux, l'abbé Proyart a composé dans le même style une vie très-volumineuse de ce même duc de Bourgogne. C'est là qu'il faut voir quelle singulière figure aurait faite ce prince à côté des souverains tels que Frédéric de Prusse, Georges Ier, Marie-Thérèse, Ganganelli, et au milieu du siècle littéraire des Voltaire, des Duclos, des Montesquieu, des Diderot, des d'Alembert, des Jean-Jacques! Oui, Proyart et ses devanciers ont fait de ce prince une espèce de roi Robert. Avec ses passions ardentes et farouches, il eût été pire encore; car après tout le roi Robert était un bon homme, et même un fort savant homme; l'usurpateur Capet, son père, lui avait donné pour précepteur un homme qui, eu égard au siècle, valait bien Fénelon : c'était le fameux Gerbert, pape depuis sous le nom de Sylvestre, et si docte que ses contemporains le réputaient sorcier et fils du diable, à peu près comme Bossuet et son intolérante cabale réputaient Fénelon hérétique et impie.

Pour terminer cet article, qui choquera, il faut s'y attendre, plus d'une opinion reçue, mais qui ne craindra pas sous le rapport de la vérité une critique consciencieuse, faut-il résumer toute notre pensée sur le duc de Bourgogne, qui a trouvé grâce même devant la plume philosophique de Lemontey? Animé d'une dévotion sombre, bien différente de celle de son précepteur, sévère à lui comme aux autres, il n'eût pas sans doute laissé tout aller sous son sceptre, comme son fils, ce bon Louis XV, qui, doucement enivré de chasse, de bonne chère et de femmes, disait : *Après moi le déluge!* mais son règne eût été l'ère des intrigues et des persécutions de sacristie, des prétentions nobiliaires, des sacrifices sans utilité, des économies sans discernement, de la paix à tout prix. Entendait-il en effet l'économie en prince, celui qui se refusait un bureau neuf et une tenture propre dans son cabinet? Était-ce un homme capable de soutenir avec dignité le caractère de la France en Europe, celui qui à l'armée avait souffert que Vendôme lui manquât personnellement? Enfin, dans tout ce que nous avons lu sur le duc de Bourgogne, et plus encore chez ses panégyristes que chez ses détracteurs, nous avons vu *l'étoffe* d'un monarque à renverser, tout vitement et tout à plat, l'ouvrage imposant, mais fragile, de la monarchie de Louis XIV. Quand nous nous figurons sur le trône le duc de Bourgogne, si pénitent, si bien rempli de moralités placides et de rêveries politiques, nous nous rappelons involontairement Voltaire, qui avant des utopies fénelonniennes, renvoie à sa *petite Ithaque* cet excellent citoyen, qu'il appelle *monsieur du Télémaque*. Nous nous sommes quelquefois demandé pourquoi, dans un de ses contes les plus amusants, le naïf Perrault avait choisi pour héros ce Riquet à la Houpe, qui, malgré sa bosse, avait je ne sais quel air noble et gracieux qui sentait son prince d'une lieue à la ronde? C'était encore une flatterie adressée au duc de Bourgogne.

Le dauphin fils de Louis XV eut également pour fils un *duc de Bourgogne*, frère aîné de Louis XVI, de Louis XVIII et de Charles X. Il mourut à onze ans : c'était un enfant prodigieux, si l'on en croit les écrits officiels du temps et son élégant panégyriste Lefranc de Pompignan.

Charles Du Rozoir.

BOURGOGNE (Canal de). La pensée première de cette grande voie de navigation, qui devait faire d'une de nos plus belles provinces le centre du commerce de la France avec l'étranger, remonte au seizième siècle. Déjà à cette époque on avait compris le parti qu'il était possible de tirer, dans les intérêts du commerce et de l'industrie, des grands cours d'eau de la Bourgogne qui se déversent dans le Rhône, la Loire, la Seine et la Meuse. La jonction des deux mers par la Bourgogne fut arrêtée dans le conseil de François 1er, mais resta à l'état de simple projet jusqu'en 1606. Un arrêt du conseil fixa alors la ligne de navigation : 1° de Dijon à Saint-Jean de Losne par l'Ouche; 2° de Rougemont à l'Yonne. Ce plan laissait une lacune entre Rougemont et Dijon. On l'abandonna, et d'autres furent présentés en 1612, 1632 et 1642, ayant pour objet la réunion de la Loire à la Saône par l'étang de Long-Pendu. Tout semblait promettre une prochaine et rapide exécution; des marchés même avaient été passés. Le comte de Maillé en 1648, M. de Choiseul en 1665, munis l'un et l'autre d'une autorisation du conseil pour la construction d'un nouveau plan absolument différent, furent tous deux écartés par de nouvelles lettres patentes de Louis XIV, datées de la même année 1665. Le projet de jonction par l'étang de Long-Pendu fut repris. De nouvelles lettres patentes de 1699 pour le même objet, mais sur un autre plan, avaient été accordées au comte de Roussy. Il eut le sort de ses prédécesseurs, MM. de Maillé et Choiseul. L'achèvement du canal du Midi, opéré sur une ligne plus étendue en moins de seize années, et d'une exécution beaucoup plus difficile, était pourtant déjà en pleine activité. Le projet du canal de Bourgogne paraissait donc abandonné, quand un mémoire de M. de La Jonchère le signala de nouveau à l'attention du public et du gouvernement.

Jamais jusque alors projet d'établissement public n'avait donné lieu à une polémique aussi passionnée. Les auteurs de certains mémoires publiés à cette occasion avaient fait leurs preuves, quelques-uns avaient même dirigé les travaux du canal du Midi. L'intervention de Vauban semblait devoir mettre un terme à ces débats stériles; il avait appuyé de toute l'autorité de son talent et de son nom le projet par l'étang de *Long-Pendu*. Le grand ingénieur mourut trop tôt, et le régent chargea Thomassin, ingénieur du roi, recommandé par Vauban lui-même, des opérations de détail. Enfin, l'un des plus habiles ingénieurs du canal de Languedoc, Abeille, et d'autres non moins distingués, furent appelés, ceux-ci par l'intendant, ceux-là par le prince de Bourbon, gouverneur de la province, d'autres enfin par les ministres. L'Académie de Dijon mit, en 1762, la question au concours en ces termes : « Déterminer relativement à la province de Bourgogne les avantages et les désavantages du *canal* projeté pour la communication des deux mers par la jonction de la Saône et de la Seine. » Le prix fut décerné à Dumorey, ingénieur de la province. Tous ces mémoires, tous ces plans, furent demandés par le ministre Bertin. Il sont restés dans les cartons; à peine quelques travaux étaient-ils en voie d'exécution lorsque la révolution éclata. Cette période orageuse, ces longs débats entre les ministres, les parlements et les états provinciaux, la guerre d'Amérique, expliquent, sinon la justifient, l'excessive lenteur des premiers travaux. Un dernier plan de M. Antoine avait réuni tous les suffrages; une pétition de ce même ingénieur à l'Assemblée nationale, en 1791, pour le *parachèvement* du canal de Bourgogne, nous apprend que cet habile ingénieur n'avait pas été heureux.

Trois siècles se sont écoulés depuis la conception première de ce projet, et le canal destiné à joindre la Méditerranée et l'Océan au moyen de la Saône, du Rhône, de l'Yonne et de la Seine, a vu vers la fin de 1832 reprendre avec activité ses travaux, qui ont été achevés en 1834. La dépense faite peut être évaluée à 40 millions. La longueur du canal de Saint-Jean de Losne à La Roche est de 242,572 mètres. Il y a 189 écluses, dont douze à deux sas. Le bief de partage, situé à Pouilly, est de 199 mètres au-dessus du niveau des basses eaux de la Saône et à 299 mètres 54 centimètres au-dessous de l'Yonne. Ce bief, œuvre d'art remarquable, a 6,100 mètres de développement, dont 3,300 en galerie souterraine traversant une montagne. Le canal de Bourgogne offre maintenant au commerce une ligne de navigation intérieure de plus de 1300 kilomètres, du Havre à Marseille.

Dufey (de l'Yonne).

BOURGOGNE (Vins de). Les vins de la Bourgogne sont, si cela peut se dire, d'un tissu moins fin, moins soyeux et moins transparent que les vins de Bordeaux; mais ce tissu a plus de solidité, plus de richesse. Le Bordeaux est, si l'on veut, un velours précieux et magnifique; l'autre est un pur cachemire. Quant aux espèces, elles sont peut-être encore plus nombreuses pour la Bourgogne que pour la Guyenne; mais toutes soutiennent mieux, par l'incontestable distinction des crûs, la noblesse de leur commune origine. La Bourgogne ne connaît point la médiocrité; cependant, là encore on trouve des degrés du bon au meilleur. Quant au pire, aucun vin de cette contrée ne peut être ainsi désigné, pas même celui de Joigny, d'Avallon ou de Tonnerre. Il existe toutefois de grandes différences entre les vins de l'Auxerrois, ceux du Mâconnais et ceux du Dijonnais ou de la haute Bourgogne. Quoiqu'on dise et que la chimie semble prouver que les vins de Bordeaux sont plus alcooliques que ceux de la Bourgogne, cependant ces derniers sont plus généreux, plus corpulents et plus toniques. Ils ont des effets plus sensibles sous un même volume, et ils supportent beaucoup mieux l'eau du baptême. Un verre de simple vin de Mâcon, s'il est vieux et d'une heureuse année, s'il provient des crûs de Torrins ou de Moulin-à-Vent, a certes plus d'action sur les forces vitales, plus d'influence effective sur l'estomac et sur le cœur qu'une bouteille entière d'un Médoc sans nom patronymique et sans noblesse.

Tout le monde connaît les grands crûs de la Bourgogne. Les plus célèbres, sans nous assujettir ici à une nomenclature complète et méthodique, sont ceux de Volney, de Pomard, de Nuits, de Mercurey, de Beaune, de Richebourg, de la Romanée, de Corton, du Clos-Vougeot, de Chambertin, de Vosne, etc. Le Romanée est en Bourgogne à peu près l'équivalent de ce qu'est le Laffitte à Bordeaux, de même que le Clos-Vougeot d'une contrée représente à peu près le Château-Margaux de l'autre. Mais il faut remarquer que les qualités du Clos-Vougeot déclinent depuis qu'on a tenté d'en fertiliser la vigne par des engrais artificiels. Pour les bons vignobles, une heureuse exposition, un beau soleil et de francs cailloux valent mieux que tous les engrais du monde, vinssent-ils d'une riche abbaye. Indépendamment du crû et du climat, ces excellents vins peuvent encore différer selon la culture et selon l'exposition, selon la beauté du ciel et de la saison, selon la chaleur et la précocité : la saveur et la sève en sont tout autres, selon qu'ils sont de première ou de deuxième cuvée. La prompte et parfaite maturité du raisin a surtout la plus grande influence sur la qualité des vins.

Il est reconnu que les vins gagnent à vieillir, pourvu que la vieillesse n'aille point jusqu'à la décrépitude, qui anéantit toute force et toute vertu. Un vin vert ou jeune est peu salubre. Mais si à une première année de futaille le vin de Bourgogne joint une ou deux années de bouteille, alors il devient sain et bienfaisant. Puis, si l'on veut que la cave lui confère toutes les qualités que comportent son origine, son espèce et sa nature, il faut que cette cave soit vraiment souterraine, qu'elle soit à l'abri des intempéries, loin des commotions et du bruit; il faut qu'elle soit pleinement voûtée et à parois inébranlables, afin que le vin, stratifié dans des cases bien circonscrites et immobiles, puisse y reposer dans une paix profonde. On doit s'appliquer à empiler les vins, principalement ceux de la Bourgogne, plus amis d'un repos parfait, loin de la rue, loin des portes cochères et des remises, si l'on veut donner carrière à ses facultés si cordiales.

A l'égard des vins blancs, le Bordelais ne possède guère que ceux de Grave, de Barsac et de Sauterne, tandis que la Bourgogne compte parmi les siens celui de Meursault (qui ne doit pas trop vieillir), celui de Montrachet, celui de Chablis, dont la limpidité est irréprochable et la saveur pénétrante; celui de Pouilly, dont le bouquet est moins pur et plus complexe. Il y en a d'autres vins blancs, moins renommés, qui, comme celui de Tonnerre, sont malheureusement employés à faire concurrence au vin de Champagne mousseux, grâce à l'intervention du gaz acide carbonique, ce grand complice de fraudes innombrables. Dr Isid. BOURDON.

BOURGOGNE (Bibliothèque de). On appelle encore ainsi un dépôt de manuscrits conservés à Bruxelles. Cette bibliothèque est formée d'un grand nombre de manuscrits précieux et magnifiquement exécutés qui ont appartenu aux princes des maisons de Bourgogne et d'Autriche, et de beaucoup d'autres, moins somptueux, mais peut-être d'un usage plus utile, lesquels proviennent de diverses maisons religieuses, ou ont été achetés autrefois par l'Académie, et depuis par le gouvernement, sous le règne de Guillaume Ier.

Philippe le Bon avait beaucoup augmenté la *librairie* de ses prédécesseurs. Voici ce qu'on lit dans le prologue de la *Chronique inédite de Naples*, écrite en 1443 par David Aubert, natif de Hesdin : « A cestui présent volume este grosse et ordonne pour le mettre en sa librairie ou autrement et nonobstant que ce soit le prince sur tous autres, garny de la plus riche et noble librairie du monde, si est il moult enclin et désirant de chascun jour l'accroistre comme il fait; pourquoi il a journellement et en diverses contrées grands clercs, orateurs, translateurs et escripvains à ses propres gages occupez..... » Raphael de Marcatel, son fils naturel, hérita de ce goût si digne d'un prince, et la bibliothèque de Gand en fournit encore aujourd'hui la preuve. Maximilien, surnommé *sans argent*, engagea pour se procurer des fonds ses livres les plus rares et d'autres joyaux, car alors les livres étaient désignés aussi sous ce nom. Sa fille Marguerite d'Autriche, la *gente damoiselle*, tâcha de réparer ces pertes. Malgré ses efforts, la librairie de Bourgogne sous Charles-Quint fut presque réduite à rien. Ce fut, on le croira peut-être difficilement, le terrible Philippe II qui, vers l'époque des troubles du seizième siècle, en ordonna le rétablissement. Après la mort des archiducs Albert et Isabelle, elle fut de nouveau négligée, et les victoires des Français sous Louis XV et la république achevèrent de l'anéantir. Néanmoins, dans l'intervalle, et sous l'administration éclairée du comte de Cobenztel, elle était en quelque sorte sortie de ses ruines. L'année 1815 commença pour l'histoire des lettres en Belgique une ère nouvelle; depuis lors cette bibliothèque n'a fait que s'accroître.

Les curieux y admirent un magnifique missel qui a appartenu à Mathias Corvin, roi de Hongrie, et dont l'abbé Chevalier a donné la description; une traduction en française de Jacques de Guyse, *La Fleur des Histoires*, *La Toison-d'Or* de Guillaume Fillastre, ainsi qu'une foule d'autres manuscrits, enrichis de miniatures superbes, et qui révèlent, sinon le pinceau, du moins l'école de Van Eyck et de Memling. Plusieurs hommes célèbres ont rempli les fonctions de *gardes de la librairie* ou de *gardes-joyaux* de Bourgogne : tels furent Jean Molinet, Jean Le Maire, Agrippa, Viglius, Aubert Le Mire. Cette collection célèbre n'a fait que s'augmenter sous le nouveau gouvernement belge, et bien des savants l'ont mise à contribution. La reine Louise a donné à la bibliothèque de Bourgogne un manuscrit précieux, qui avait été transcrit pour cette bibliothèque, et qu'elle avait perdu depuis plus de trois siècles. Ce manuscrit est une copie de la traduction française de la *Cyropédie* de Xénophon, qui était, à ce qu'on croit, dans les bagages du duc Charles le Téméraire, lorsqu'il fut tué devant Nanci, le 5 janvier 1477, et dont on avait ignoré le sort depuis ce moment. De REIFFENBERG.

BOURGOGNE (Théâtre de l'Hôtel de). Qui se douterait en passant dans la rue Française et dans la rue Mauconsuil, devant la halle aux cuirs, que cet édifice, qui n'offre absolument rien de remarquable, ne laisse pas que de rappeler les plus grands souvenirs historiques et littéraires? C'est pourtant là, dans une maison qui sans doute était encore moins belle que celle qui existe aujourd'hui, qu'habitaient ces ducs de Bourgogne, princes du sang royal, qui firent tant de mal à la France par leur ambition et leur alliance avec l'Angleterre. La famille des ducs de Bourgogne s'étant éteinte, François Ier ordonna en 1543 la démolition de cet hôtel et de quelques autres.

Les *Confrères de la passion*, qui depuis 1402 avaient le privilège de jouer des mystères, et qui, établis à l'hôpital de la Trinité, près du lieu où s'élève la porte Saint-Denis, s'étaient associés les *Enfants Sans-Souci*, jeunes gens de famille formant une société dont le but était de peindre les sottises des hommes dans des représentations qu'ils donnaient à la halle sur des tréteaux, avaient été obligés en 1539 de quitter la Trinité. Ils avaient loué alors l'hôtel de Flandre ; mais cet hôtel ayant été compris dans les démolitions ordonnées par François Ier, ils achetèrent, pour 225 livres de rente perpétuelle, une grande partie du terrain de l'hôtel de Bourgogne, consistant en dix-sept toises de long sur seize de large, et ils y firent bâtir un théâtre, pour lequel ils obtinrent privilége, par arrêt du 17 novembre 1548, mais avec injonction de ne plus offrir au public des mystères sacrés, et de se borner aux sujets profanes. Telle est pourtant l'origine du Théâtre-Français.

On représenta alors des pièces tirées de l'histoire et des romans, et composées par Jodelle, Baïf, Grévin, etc., sur le modèle des ouvrages grecs et latins, et plus tard des tragédies de Robert Garnier. Mais les confrères, ne jouant qu'avec répugnance des pièces dont le genre s'éloignait de celui de leur fondation, cédèrent leur privilége, et louèrent leur salle, en 1588, à une troupe de comédiens qui s'était formée depuis peu. Malgré la concurrence que leur suscitèrent quelque temps deux autres troupes qui s'établirent cette année, malgré les interruptions que leur occasionnèrent les guerres civiles et étrangères, les comédiens de l'hôtel de Bourgogne finirent par jouir paisiblement de leur privilége en 1593 ; mais ce ne fut pas pour longtemps. Ils ne purent s'opposer à l'établissement d'un théâtre de comédiens de province au faubourg Saint-Germain pendant la durée de la foire, ni à celui d'un second théâtre français au Marais, en 1600. Ils demandèrent en 1612 l'affranchissement du droit qu'ils payaient aux confrères de la Passion, et l'abolition de cette confrérie. Un arrêt du conseil, en 1620, fit droit à leur requête, et les rendit seuls propriétaires de l'hôtel de Bourgogne. Les principaux acteurs de ce théâtre étaient alors Robert Guérin, dit Lafleur ou Gros Guillaume ; Hugues Guérin, dit Flechelle ou Gautier Garguille ; Boniface ; Henri Legrand, dit Belleville ou Turlupin ; Deslauriers, dit Bruscambille : tous acteurs comiques et bas comiques ; Pierre Lemessier, dit Bellerose, qui créa les principaux rôles des premières pièces du grand Corneille, depuis 1626 jusqu'en 1643, et qui fut orateur et directeur de la troupe ; Alison, qui jouait les servantes et les nourrices, les femmes n'osant pas encore paraître sur la scène ; Jodelet, qui joua le rôle du valet dans le Menteur ; la Beaupré, la première femme qui se soit montrée sur le théâtre, où elle créa la soubrette dans la Galerie du Palais, de Corneille, en 1634.

Trois autres théâtres s'élevèrent à cette époque, et n'eurent qu'une durée éphémère, même celui où débuta Molière, et qu'on appelait l'Illustre-Théâtre. Ce grand acteur, ayant parcouru depuis la province, revint jouer à Paris en 1658. Mais après la démolition du Petit-Bourbon Louis XIV lui concéda celui du Palais-Royal, pour y donner des représentations concurremment avec les comédiens italiens. Ce théâtre rivalisa avec l'hôtel de Bourgogne, mais seulement pour la comédie ; quant à la tragédie, c'est à ce dernier théâtre qu'étaient les meilleurs acteurs et qu'on donnait les meilleurs ouvrages. Il suffit de citer Floridor, Mondory, Baron père, la Béjart, mère de la femme de Molière, la Desœillets, Hauteroche, Poisson, Brecourt et sa femme, la Thuilerie, et surtout la fameuse Champmêlé et son mari. Là furent représentés les premiers chefs-d'œuvre du grand Corneille, depuis le Cid jusqu'à la Mort de Pompée. Là furent applaudis tous ceux de Racine, depuis Andromaque jusqu'à Phèdre, dans l'intervalle de 1667 à 1677. Les deux théâtres se lançaient des épigrammes, que l'on retrouve dans quelques pièces de l'époque.

Après la mort de Molière, en 1673, les comédiens du Palais-Royal, qui formaient la troupe de Monsieur, cédèrent ce théâtre à Lully, qui avait le privilége de l'Opéra, et allèrent, ainsi que les Italiens, au théâtre de la rue Mazarine ou Guénégaud, bâti depuis deux ans, et abandonné par l'Opéra. La troupe de l'hôtel de Bourgogne avait recruté dans cette circonstance Baron fils, la Thorillière, Beauval et sa femme ; mais elle refusa les autres. Le théâtre du Marais ayant été supprimé et détruit la même année, ses acteurs se réunirent aux débris de la troupe de Molière dans la salle Guénégaud. L'anarchie régnait à l'hôtel de Bourgogne. Champmêlé et sa femme quittèrent ce théâtre en 1679, pour passer à la salle Guénégaud, et ce fut là que s'opéra, en 1680, la réunion complète de tous les comédiens français.

Les comédiens italiens, qui avaient joué successivement aux théâtres du Petit-Bourbon, du Palais-Royal et de la rue Guénégaud, abandonnèrent cette salle en 1680, à la réunion de toutes les troupes françaises, et exploitèrent seuls celle de l'hôtel de Bourgogne ; leurs représentations eurent lieu jusqu'en 1697, époque où le roi fit fermer leur théâtre pour avoir joué la Fausse Prude, pièce dans laquelle on prétendit reconnaître madame de Maintenon. Dominique, leur fameux arlequin, était mort avant cette catastrophe. L'hôtel de Bourgogne fut ensuite fermé pendant dix-neuf ans. Il rouvrit le 1er juin 1716, et l'on vit une nouvelle troupe, qui prit le titre de comédiens italiens de S. A. R. le duc d'Orléans, parce qu'il les avait fait venir d'au-delà les Alpes. Mais après sa mort, en vertu d'une nouvelle autorisation, ils firent graver sur l'hôtel de Bourgogne les armes de France, avec cette inscription en lettres d'or sur un marbre noir : Hôtel des comédiens italiens ordinaires du roi, entretenus par S. M., rétablis à Paris en l'année 1716.

Outre les anciens canevas italiens, on y joua des comédies françaises d'Autreau, Delisle, Marivaux, Boissy, Saint-Foix, etc. En 1762 on y réunit l'Opéra-Comique, et le répertoire s'enrichit des ouvrages d'Auseaume, Favart, Sedaine, Monvel, etc., embellis par la musique de Duni, Philidor, Monsigny, Grétry, Dezaïdes, Dalayrac. En 1779 on supprima les comédiens italiennes, et l'on renvoya tous les comédiens italiens, à l'exception du célèbre Carlin et de Camerani, qui abandonna l'emploi de Scapin pour les fonctions de régisseur. Les derniers ouvrages représentés à l'hôtel de Bourgogne furent les drames de Mercier, des vaudevilles de Piis et Barré, de petites comédies de Florian, des comédies et des opéras-comiques de Lachabeaussière et Marsollier, La Femme jalouse de Desforges, etc. A la clôture de 1783 les comédiens, alors nommés fort improprement italiens, quittèrent l'hôtel de Bourgogne, qu'ils avaient occupé soixante-sept ans, et portèrent leur nom et leurs talents à la salle nouvellement bâtie, qui prit le nom de Favart. La salle de l'hôtel de Bourgogne fut détruite, et sur son emplacement fut érigée, en 1784, la halle aux cuirs, qui offre encore des traces de loges et d'escaliers. H. AUDIFFRET.

BOURGOIN (THÉRÈSE), artiste dramatique, née le 5 juillet 1781, à Paris, fut élève de la célèbre Mlle Dumesnil, qui la fit paraître pour la première fois au Théâtre-Français en 1799. Malgré les dispositions qu'elle montra à ce début, on jugea qu'elle avait encore besoin de quelques études. Après deux années d'un travail nouveau, elle reparut le 28 novembre 1801, et obtint dès ce moment un succès qui s'accrut sans cesse et l'accompagna pendant toute le cours de sa carrière. Selon les règlements du théâtre, elle débuta, comme jeune première, dans les deux emplois de la tragédie et de la comédie. Douée de la plus jolie figure, d'une fraîcheur, d'une grâce juvénile, d'une mémoire extraordinaire et des charmes les plus attrayants, elle conserva toujours ces avantages précieux dans les rôles qu'elle eut à remplir. Avec Iphigénie, Junie, Zaïre, Palmire, Aricie, elle jouait Roxelane des Trois Sultanes, Fanchette de la Belle Fermière, Lucile des Dehors trompeurs, et tous les personnages de la même catégorie, répandant sur chacun d'eux un attrait indéfinissable qui lui était propre, et qui balançait à quelques égards l'incontestable supériorité de Mlle Mars dans les ingénues.

Ses triomphes comme femme ne furent pas moins célèbres que ses succès comme comédienne. Quoique, dit-on, elle eût été distinguée par l'empereur, Mlle Bourgoin, qui avait fait partie du voyage d'Erfurth, quand le chef de l'Etat y appela la comédie française, était de *l'opposition*, et ne ménageait pas les épigrammes à S. M. I., à son gouvernement et à ses créatures. Elle avait de l'esprit et une certaine liberté, pour ne pas dire plus, d'imagination, de traits et de langage, qui la rendait redoutable à ceux qui avaient le malheur ou la sottise de ne pas accorder à son talent et à sa beauté toute la justice qui leur était due. Un auteur de ce temps là, devenu pair de France sous Louis-Philippe, après avoir été propriétaire et rédacteur du *Constitutionnel*, passait sous la Restauration pour un des chefs du libéralisme, quoique sous l'Empire il eût été censeur, chef de la division de *l'esprit public* au ministère de la police et parfaitement connu du duc de Rovigo, âme damnée de Napoléon. Cet auteur, qui alors remplissait toutes les conditions faites pour le rendre antipathique à Mlle Bourgoin, et qui en diverses occasions avait eu à son égard d'assez mauvais procédés de fait et de parole, reçut de la bouche et de la main de cette spirituelle actrice quelques *algarades* qui réjouirent fort toute la société, qui se préoccupait beaucoup alors des choses de théâtre.

Les *bons mots* de Mlle Bourgoin, dont plusieurs étaient qualifiés de *gros*, étaient spontanés, fréquents, incisifs; elle ne les épargnait pas plus à la cour impériale et à ses courtisans qu'aux acteurs et aux auteurs; en comme elle avait en même temps la réputation méritée d'être aussi bonne, aussi charitable, aussi dévouée qu'elle était jolie, aimable, gracieuse, tous ces titres réunis l'avaient en quelque sorte rendue la favorite du public.

Cette faveur ainsi que ses grâces, son talent, et l'on peut dire sa jeunesse, car au théâtre elle avait conservé tout le bénéfice, toute l'apparence d'une complète juvénilité, l'accompagnèrent jusqu'à sa retraite, arrivée en 1829. Elle mourut le 11 août 1833; et cette femme que tout Paris avait vue pendant longtemps si légère, si brillante dans les enivrements de tous les genres de succès que le théâtre peut offrir à une comédienne charmante, cette femme mourut, à la suite d'une maladie longue et douloureuse, dans les sentiments et au milieu de tous les actes de la résignation, de la douceur, de la piété, de la réparation chrétienne la plus parfaite.
A. DELAFOREST.

BOURGOING (JEAN-FRANÇOIS, baron DE), agent diplomatique au service de France, sous l'ancienne monarchie, sous la République et l'Empire, naquit à Nevers le 20 novembre 1748, d'une famille noble, qui l'envoya à l'école Militaire de Paris, en 1760, dans le but de lui faire embrasser la profession des armes. Paris-Duverney, fondateur et gouverneur de cet établissement, songeait à former une école de diplomates, dont l'éducation répondit mieux que cela n'avait eu lieu jusque alors aux besoins des affaires, et parmi les jeunes gens qu'il envoya dans les universités d'Allemagne pour ces études spéciales, il choisit Bourgoing, dont il avait particulièrement apprécié l'intelligence et l'aptitude. Ce dernier entra néanmoins quelque temps après au régiment d'Auvergne, en qualité d'officier, et fut vers la même époque attaché à la légation française pris la diète de l'Empire. A dix-neuf ans il correspondait directement avec le ministre; toutefois, s'étant permis des observations à propos d'un acte qu'il désapprouvait, M. de Choiseul, qui ne faisait pas volontiers abnégation d'amour-propre, fit droit à ses raisons, mais le remplaça.

En 1777 M. de Montmorin, ambassadeur en Espagne, le demanda à M. de Vergennes, pour son premier secrétaire. Il remplit l'intérim en l'absence de l'ambassadeur, sous le titre de chargé d'affaires, avec autant de fermeté que de talent, jusqu'en 1785. A cette époque il revint en France, et se maria. Il fut promu au poste de ministre plénipotentiaire de la Basse-Saxe en 1787, et passa en Espagne en 1792, pour y exercer les mêmes fonctions. La connaissance qu'il avait des affaires du pays retarda pendant un an la guerre qui était imminente entre cet État et la république. Revenu à Nevers, par suite de la loi qui bannissait tous les nobles de la capitale, ses concitoyens le nommèrent membre du conseil municipal. La réaction de thermidor eut pour effet de le tirer de sa retraite; il fut chargé de négocier à Figuères le traité de paix avec l'Espagne. La marche des choses ayant enfin été régularisée par l'événement du 18 brumaire, il recouvra ses fonctions de ministre plénipotentiaire.

Du Danemark, où il fut envoyé d'abord, il passa l'année suivante à Stockholm (1801); toutefois, de retour à Paris, en 1803, il reçut des reproches très-vifs du premier consul pour avoir prononcé à Stockholm, à son audience de réception, un discours qui semblait annoncer la restauration du régime monarchique en France. Bonaparte, qui ne voulait pas encore heurter les idées républicaines, le priva de ses fonctions; mais il fit cesser plus tard cette disgrâce pour récompenser la bravoure du jeune de Bourgoing fils, alors à l'armée. Envoyé comme ministre plénipotentiaire en Saxe, Bourgoing éprouva de nouvelles contrariétés de la part de l'empereur et en conçut un chagrin qui le conduisit au tombeau, en 1811. Il laissait un grand nombre d'écrits et de traductions, parmi lesquels il faut surtout distinguer son *Tableau de l'Espagne moderne*.

Ses trois fils, *Armand*, *Paul* et *Honoré* DE BOURGOING, ont suivi la carrière militaire, et se sont distingués dans les guerres de l'Empire. Le second entra dans la diplomatie en 1816; et depuis il a servi avec un égal dévouement, soit comme secrétaire de légation ou d'ambassade, soit comme chargé d'affaires, ministre plénipotentiaire ou ambassadeur, Louis XVIII, Charles X, Louis-Philippe et la République.

BOURGS-POURRIS (en anglais *rotten boroughs*), expression énergique par laquelle, avant la grande révolution législative accomplie en 1832 dans la Grande-Bretagne, le peuple anglais flétrissait l'odieuse fiction légale qui mettait à la disposition de l'aristocratie et du ministère une grande partie des voix dans la chambre basse.

On appelait *borough* (bourg) toute localité ayant le droit d'envoyer des représentants à la chambre des communes, qui fut séparée de celle des barons vers le milieu du quatorzième siècle; et les circonscriptions électorales fixées à cette époque si reculée ne furent changées qu'à l'époque où l'administration libérale de lord Grey réussit à faire adopter par le parlement un bill qui faisait enfin droit aux si justes réclamations de la nation et réalisait la *réforme électorale* vainement attendue depuis si longtemps. Avec les progrès de la civilisation et de l'industrie, avec les changements successifs qu'ils opèrent dans l'ordre social, on avait vu un grand nombre de localités, importantes au quatorzième siècle par leur population et leurs richesses, dégénérer insensiblement, et finir par ne plus former que de misérables hameaux comptant à peine quelques familles, et souvent même n'appartenant qu'à un seul individu. Par contre, à quelque distance de ces mêmes localités, s'étaient insensiblement formés, dans des lieux auparavant déserts, de vastes rassemblements d'hommes attirés là par les avantages d'un sol plus fertile ou d'une situation plus favorable au commerce. Ainsi s'élevèrent Manchester, Leeds, Birmingham, Sheffield, Salisbury, etc., etc., où aujourd'hui la population se compte par centaines de milliers d'âmes, et où au quatorzième siècle on ne trouvait que des champs ou des grèves incultes. Ces cités populeuses, théâtre le plus actif des prodiges de l'industrie moderne, étaient jusqu'en 1832 restées comme étrangères à la vie politique du pays, et voyaient leurs intérêts les plus chers commis aux mains d'individus élus par un petit nombre de privilégiés, souvent même ayant fait à beaux deniers comptants l'acquisition de leur siége au parlement, grâce au trafic scandaleux qui s'en faisait de la manière la plus patente dans les *bourgs-pourris*, et qu'on appelait *borough-jobbing*. Tant que subsistera la mémoire de ce révoltant abus, on ne manquera jamais de citer à ce propos *Old Sarum*, localité de ce genre, où à l'époque des élections *sept* propriétaires de misérables bicoques se réunissaient, et mettaient littéralement à l'encan *deux* places au parlement.

Comme les sophistes et les amis du priviIége ne manquent jamais de bonnes raisons apparentes pour soutenir les thèses les plus absurdes, les abus les plus déplorables, on ne s'étonnera sans doute pas d'apprendre que l'*institution* des bourgs-pourris a eu de nombreux avocats. On a dit que dans un pays où l'aristocratie était l'État, et où on arrivait avec de l'argent à faire partie de l'aristocratie, il était bon que l'homme de talent, obscur et sans fortune, trouvât moyen de se produire tout d'un coup au grand jour, et pût ainsi jeter dans la balance des destinées publiques son zèle, ses connaissances acquises et sa capacité. On a cité à l'appui de ce paradoxe, entre autres exemples célèbres, celui de Horne-Took, de ce fougueux adversaire du fameux Pitt, dont la voix n'eût jamais tonné à Westminster pour proclamer les grands principes sociaux au nom desquels s'opérait alors en France une immense et glorieuse révolution, si par un bizarre caprice du hasard un parent de Pitt lui-même, aussi zélé pour la liberté que celui-ci l'était pour les intérêts du despotisme, n'eût fait entrer le tribun du peuple au parlement par la porte immonde d'un bourg-pourri dont il était propriétaire. Le bon sens des masses a constamment repoussé les sophismes vils lesquels on justifiait l'abus par le bien accidentel qui en pouvait résulter. Il a compris que lorsqu'il n'y aurait plus de privilége électoral, un Horne-Took qui se sentirait la poitrine assez forte, le cœur assez haut pour que l'intérêt, on les voyait se dévouer stoïquement aux *chiltern hundreds*, c'est-à-dire accepter une des quelques places à la disposition du gouvernement, dont les émoluments étaient si exigus, que jamais on ne s'avisa d'accuser le titulaire d'en recevoir le montant. Les démissions s'étant pas d'usage dans le parlement, se soumettre ainsi à une réélection, et par conséquent fournir au ministère l'occasion de disposer de son *treasury borough* en faveur de quelque homme à conscience moins timorée, était pour eux le seul moyen d'accorder les devoirs de la probité politique avec ceux de l'honneur.

BOURGUÉPINE, nom vulgaire du *nerprun purgatif*, (*rhamnus catharticus*, Linné). C'est un arbrisseau épineux, d'environ trois mètres de haut, à feuilles ovales ou arrondies, lisses et finement dentées, ayant une odeur et une saveur désagréables; cependant, si on en excepte les vaches, tous les bestiaux les mangent. Les fleurs du nerprun purgatif sont petites, à quatre divisions, réunies par bouquets le long des rameaux, souvent dioïques; les baies assez petites, deviennent noires à leur maturité. Ces baies sont un violent purgatif qui ne saurait convenir qu'à de robustes constitutions. Elles servent avec l'alun à préparer la couleur dite *vert de vessie*.

BOURGUIGNON (Le). *Voyez* COURTOIS (Jacques).

BOURGUIGNONS. *Voyez* BOURGOGNE.

BOURGUIGNONS (Loi des). *Voyez* GOMBETTE (Loi).

BOURGUIGNONS (Faction des), opposée à celle des Armagnacs. On ne peut guère expliquer l'acharnement qui caractérisa les longues guerres civiles des règnes de Charles VI et Charles VII seulement par l'attachement qu'inspiraient des princes peu faits pour inspirer un tel sentiment. Investis du pouvoir par un fou ou par une reine indolente, Isabeau de Bavière, qui n'avait d'autres pensées que la toilette et la bonne chère, les princes rivaux n'avaient point de droits par eux-mêmes; peut-être donc faudrait-il chercher la cause des événements qui ensanglantèrent cette époque moins dans leurs prétentions rivales que dans une ancienne animosité de races qui se réveilla alors dans l'île de France.

Tous les pays au nord de la Loire, colonisés par les Francs, n'avaient jamais été parfaitement unis avec les pays situés au midi de ce fleuve, patrie des Aquitains, et dont les Visigoths avaient renouvelé la population. Sous la domination des rois d'Angleterre l'Aquitaine était de nouveau devenue hostile à la France. Le comte d'Armagnac tirait toute sa force de l'appui de cette noblesse pauvre et belliqueuse de Gascogne qui sous les drapeaux anglais avait vaincu les Français aux batailles de Crécy et de Poitiers. Lorsque les Armagnacs furent les maîtres à Paris et dans l'île de France, ils s'y firent détester par leur insolence et leurs voleries. Le peuple parisien se sentait beaucoup plus d'affinité de mœurs et de langage avec les Bourguignons qu'avec les Gascons; des intérêts de commerce pour l'approvisionnement de Paris les avaient aussi rapprochés; la corporation des bouchers, qui était riche, puissante et courageuse, embrassa le parti de Bourgogne avec enthousiasme, et souilla son nom par d'horribles massacres dans les prisons. En même temps la bourgeoisie de Paris avait, par des vues plus élevées, fait une alliance intime avec les bourgeois des villes de Flandre, sujets bourguignons, qui les premiers avaient défendu les droits du peuple, et les *blancs chaperons*, signe de ralliement du parti populaire, avaient passé de Gand à Paris.

L'assassinat de Jean sans Peur changea la position des Bourguignons. Le duc de Bourgogne devint l'allié du roi d'Angleterre, et son parti se trouva engagé à favoriser une domination étrangère. Cependant lorsque les Français furent obligés de reconnaître à Paris des Anglais pour leurs maîtres, ils commencèrent à les haïr plus encore qu'ils n'avaient haï les Armagnacs. La décadence de la capitale était rapide, la population disparaissait, les factions s'éteignaient toutes dans la misère universelle; le duc de Bourgogne, dégoûté et honteux de ses alliés, se retirait dans les Pays-Bas, et devenait presque étranger à la France. Un mouvement national d'indépendance commençait à se manifester dans les provinces même où les Bourguignons dominaient : ce fut celui auquel Jeanne d'Arc communiqua son enthousiasme. Le parti bourguignon acheva de se dépopulariser par le supplice de cette héroïne. Enfin le traité d'Arras mit fin à la faction de Bourgogne, qui, bien qu'elle couvât longtemps encore sa haine pour le roi, s'éteignit en silence.

J.-C.-L.-S. SISMONDI.

BOURGUIGNON SALÉ, vieux sobriquet qui s'en va, mais qui survit encore à sa gloire dans la Bourgogne et plus encore dans les provinces limitrophes de cet ancien duché. C'est la préface, l'avant-propos du dicton suivant, autrefois généralement répandu dans la France :

Bourguignon salé,
L'épée au côté,
La barbe au menton,
Saute, Bourguignon !

Les querelles continuelles que les Bourguignons avaient eu à soutenir tant contre les Armagnacs que contre d'autres ennemis motivaient suffisamment les expressions d'*épée au côté* et de *barbe au menton*, qui conviennent parfaitement à des gens de guerre. Quant à celle de *Bourguignon salé*, il paraît moins facile d'en déterminer l'origine. Le Duchat pense que ce sobriquet était dû à la *salade* ou *bourguignotte*, espèce de casque particulier à la milice bourguignonne. Voici une autre interprétation, qui s'appuie sur un fait historique arrivé en 1422, et que de doctes personnages ont considéré comme ayant acquis force de preuve : Jean de Châlons, prince d'Orange, s'étant emparé d'Aigues-Mortes, au nom de son souverain Philippe, duc de Bourgogne, pendant les troubles du règne de Charles VII, y mit en garnison quelques compagnies bourguignonnes. Les bourgeois, qui supportaient ce joug avec impatience, firent un jour main basse sur la garnison, tuèrent bon nombre de Bourguignons, et jetèrent les cadavres des chefs dans une cuve, avec une grande quantité de sel, afin de les conserver plus longtemps, comme un trophée de leur fidélité à leur roi légitime.

A ce récit, que l'on peut regarder comme apocryphe, nous opposerons une autre interprétation, que l'on trouve dans le glossaire alphabétique placé à la suite des *Noëls bourguignons*, imprimés à Dijon en 1720. Suivant le dévot lexicographe, l'expression *Bourguignon salé* viendrait de ce que ce peuple aurait été le premier de tous ceux de la Germanie à embrasser le christianisme, d'où ses voisins, qui étaient restés païens, leur auraient donné par dérision cette qualification de *salés*, à cause du sel qu'on mettait dès ce temps-là dans la bouche de ceux qu'on baptisait.

BOURGUIGNOTTE. *Voyez* CASQUE.

BOURIATES. *Voyez* BOURÈTES.

BOURIGNON (ANTOINETTE), naquit à Lille, le 13 janvier 1616, tellement disgraciée de la nature qu'on examina dans sa famille si cette enfant, qui ressemblait à un monstre, ne devait pas être étouffée : quelle que fût la supériorité de son esprit, il ne pouvait faire oublier sa laideur. Ce défaut, qui l'éloignait de la société, détermina sans doute sa singulière vocation au mysticisme le plus exalté ; la lecture d'ouvrages mystiques et d'histoires des premiers chrétiens échauffa tellement son imagination, qu'elle eut des visions, et se crut appelée à rétablir l'esprit de l'Évangile dans sa pureté primitive. La vue du malheur de sa mère, qui souffrait beaucoup de l'humeur de son mari, et le désir de se consacrer *tout entière* à Dieu, lui avaient inspiré l'horreur du mariage. Aussi, à l'instant où, d'après la volonté de ses parents, on allait solenniser le sien, elle s'enfuit sous les habits d'un ermite. Par l'entremise de l'archevêque de Cambrai, elle entra dans le couvent de saint Symphorien. Là elle répandit ses opinions, attira à elle quelques religieuses, et se vit à la tête d'un parti. Ayant formé le projet de fuir avec ses prosélytes, le complot fut découvert par le directeur du couvent, et elle fut chassée de la ville ; alors elle se mit à parcourir le pays, et, après avoir recueilli l'héritage de son père, elle fut nommée supérieure de l'hospice de Notre-Dame des Sept Plaies, à Lille.

Là ses visions recommencèrent, et elle crut ne voir autour d'elle que des sorciers et de mauvais esprits. Elle n'échappa pas elle-même à l'accusation de sorcellerie, et mandée devant les magistrats de Lille, elle leur répondit convenablement. Ne voulant cependant pas demeurer plus longtemps exposée à leurs poursuites, elle s'enfuit à Gand, en 1662. Elle parcourut la Flandre, le Brabant, la Hollande. Ce fut dans ces courses qu'elle fit à Malines connaissance avec le supérieur des prêtres de l'oratoire, M. de Cort, qu'elle *enfanta spirituellement* : ce sont ses termes. Bayle s'est beaucoup égayé aux dépens de Mlle Bourignon, en rapportant qu'elle prétendait que cet enfantement spirituel avait été accompagné de tranchées entièrement semblables à celles qu'éprouvent les femmes qui accouchent. Elle s'arrêta enfin à Amsterdam, où se trouvaient alors un grand nombre de novateurs religieux. Le séjour qu'elle fit dans cette ville fut plus long qu'elle ne se l'était d'abord proposé. Elle y fut visitée par toutes sortes de personnes. Cela lui fit espérer que la réforme qu'elle prêchait pourrait porter quelque fruit ; mais il se trouva peu de gens qui prissent une ferme résolution de s'y conformer. Elle rejeta la proposition de quelques personnes qui auraient souhaité s'établir avec elle dans le Noordstrant. Elle eut des conférences avec quelques cartésiens, qu'elle accusa d'athéisme. Si l'on veut l'en croire, ses entretiens avec Dieu furent fréquents dans cette ville. M. de Cort, qui mourut en 1669, le 12 de novembre, l'institua son héritière, ce qui l'exposa pendant quelque temps à plus de persécutions que ses dogmes. La politique s'étant enfin mêlée aux matières religieuses dans les réunions qui avaient lieu chez elle, l'ordre fut donné de l'arrêter ; mais elle parvint à s'échapper, et s'enfuit dans le Holstein.

Cette vie errante, qui eût présenté de graves dangers pour toute autre personne de son sexe, n'en avait aucun pour elle. Non-seulement elle prétendait qu'elle était parfaitement chaste, mais qu'elle avait la vertu d'inspirer la chasteté à tous ceux qui l'approchaient. Il ne paraît pas cependant qu'elle ait toujours joui de ce pouvoir ; car, sans parler du danger qu'elle courut dans sa première fuite de la part d'un officier qui l'avait devinée sous son habit d'ermite, un certain Jean de Saint-Saulieu, qui s'était introduit auprès d'elle sous des dehors de piété, finit par lui parler mariage, et, ne l'ayant pas trouvée disposée à l'écouter, eut recours à la violence. Elle fut obligée d'invoquer contre ses poursuites le secours de la justice. Dans sa soixantième année, elle n'avait encore rien perdu de la force et de l'activité de son esprit. Voulant, quoi qu'il lui en dût coûter, propager au loin sa doctrine, elle se pourvut d'une imprimerie, et fit imprimer ses ouvrages en français, en flamand et en allemand. Elle fut diffamée par quelques livres qu'on publia contre ses dogmes et contre ses mœurs, et se défendit par un ouvrage intitulé *Témoignage de vérité*, où elle attaqua les ecclésiastiques. La fureur contre elle ne fut que plus vive. On lui défendit de faire usage de son imprimerie. Elle refusa d'obéir, et s'en alla, emportant sa presse. Dans son voyage, retirée à Flensbourg, au mois de décembre 1673, elle n'échappa qu'avec peine à la fureur du peuple, qui voulait la massacrer, comme sorcière. Elle se réfugia ensuite à Hambourg, où elle ne resta que peu de temps, ayant été forcée de se soustraire aux poursuites de l'autorité. Tranquille d'abord, sous la protection du baron de Lutzbourg, admise ensuite dans un hôpital ; mais son esprit inquiet l'ayant encore fait renvoyer de ce pays, elle mourut, en venant en Hollande, à Franeker, dans la Frise, le 30 octobre 1680.

Les ouvrages d'Antoinette Bourignon, qui composent vingt-deux gros volumes, sont d'une insupportable diffusion. Cependant on a tort de n'y voir que des rêveries sans importance. Il y en a beaucoup, il est vrai, mais on ne saurait se dissimuler que l'esprit religieux qui les anime est très pur, et que les reproches qu'elle adresse au clergé des diverses communions sont pour la plupart fondés. La persévérance qu'elle mit dans une voie qui ne pouvait lui attirer que des persécutions fait l'éloge de son dévoûment à la vérité. Sans doute il s'y mêlait un grand amour du pouvoir, et la préoccupation orgueilleuse d'une mission imaginaire ; mais cela ne peut qu'affaiblir et non annuler les louanges qui lui sont dues.

Quoiqu'il soit difficile de trouver une doctrine dans la prolixité de ses discours et de ses traités, on peut la classer, par son point de vue, parmi les mystiques quiétistes, tels que Molinos et, plus tard, Mme Guyon, qui eurent pour doctrine première d'anéantir toute volonté, toute activité de l'esprit, pour devenir un instrument simplement passif de l'inspiration divine. C'est une tentative assez extraordinaire, de la part d'un cartésien comme Poiret, d'avoir voulu réduire en doctrine les ouvrages d'Antoinette Bourignon, qui regardait le cartésianisme comme la pire de toutes les hérésies qui eussent jamais été dans le monde. Il a fait précéder ce livre, intitulé de l'*Économie de la Nature* (Amsterdam, 1686), d'une vie d'Antoinette Bourignon. Ceux des sectateurs de cette femme singulière qui lui ont survécu n'ont jeté ni un grand éclat ni de profondes racines dans les diverses contrées où ils se sont répandus. H. BOUCHITTÉ, recteur de l'Acad. d'Eure-et-Loir.

BOURKHANS, dieux des Kalmouks et des Bourètes; sont en très-grand nombre, et se divisent en deux classes, les bons et les méchants. On représente les premiers avec la figure gracieuse et riante; on donne aux autres une bouche horrible, des yeux menaçants et hideux. Ils sont ordinairement assis sur des nattes, surtout les bourkhans bienfaisants, et portent d'une main un sceptre, de l'autre une cloche. La plupart des idoles sont de cuivre creux fondu et doré. Elles sont posées sur des piédestaux creux, qui contiennent chacun un petit cylindre, fait avec les cendres du bourkhan que l'on adore, ou du moins une petite inscription thibétaine ou tongute; mais jamais on ne doit porter les mains sur cette inscription ou sur ce cylindre. D'autres images des bourkhans sont peintes ou dessinées sur du papier de Chine ou des étoffes.

BOURLIER (JEAN-BAPTISTE, comte), évêque d'Évreux en 1801, nommé candidat au corps législatif en 1806, par le collége électoral de la Seine-Inférieure, créé pair de France par l'ordonnance royale du 7 juin 1814, mort à Évreux, le 30 octobre 1821, était né à Dijon, en 1731. Je remarque cette époque, parce que c'est celle à laquelle M. de Voltaire commençait à s'emparer du siècle dernier, et rendait plus difficile, et par conséquent plus brillante, la carrière que Bourlier était destiné à parcourir. Ses parents étaient peu riches : ils firent de grands efforts pour que son éducation fût bonne. Ils trouvèrent aussi dans quelques institutions publiques de leur province des secours dont leur fils, doué de dispositions heureuses, sut profiter. Après quelques années passées d'une manière brillante dans les colléges, la disposition du jeune Bourlier le conduisit à terminer son éducation dans les maisons où l'on se prépare à l'état ecclésiastique. Il entra aux robertins, établissement presque gratuit, qui dépendait du séminaire de Saint-Sulpice, et où les maîtres étaient les mêmes; il y retrouva encore cette espèce d'enseignement que Fénelon, qui y avait été élevé, fit tant aimer en France. Presque toutes les congrégations religieuses ont fui le monde et s'en sont tenues à l'écart; les Sulpiciens, au contraire, habitaient les villes, et y vivaient d'une manière assez retirée et assez occupée pour n'en craindre aucune des séductions; ceux même dont les talents malgré eux jetaient quelque éclat se couvraient tellement de leur modestie, qu'il est arrivé à plusieurs d'entre eux de se dérober au gouvernement, qui aurait voulu les appeler à des places plus élevées. Napoléon, si habile à trouver ce qu'il cherchait, n'aurait jamais découvert M. Emery, ancien supérieur de Saint-Sulpice, sans la clairvoyance de M. de Fontanes, à qui rien ne pouvait échapper de ce qui intéressait les lettres et l'enseignement.

Ce n'est point parce que j'y ai un intérêt particulier, mais c'est pour mieux faire connaître l'évêque d'Évreux, que j'ai dû parler de Saint-Sulpice, qui avait gravé profondément en lui les principes de conduite qui l'ont guidé pendant sa longue carrière. Il tenait de ses maîtres de ne pas séparer par de trop fortes distances la vie ecclésiastique de la vie sociale; et cette façon d'être exigeait une manière de parler et même de se taire qui faisait qu'avec des diversités d'opinions et de mœurs on pouvait d'abord se trouver ensemble, et quelquefois arriver à des rapprochements utiles; et lorsque l'on y joignait, comme l'évêque d'Évreux, un maintien simple, tranquille et ouvert, ce langage, car le maintien aussi est un langage, et c'est le plus imposant, ce langage, dis-je, n'était jamais employé sans succès pour contenir dans les limites de la circonspection les conversations les plus disposées à devenir trop légères. Aussi pourrait-on dire que l'abbé Bourlier n'entendait jamais un mauvais propos tout entier car dès qu'on levait les yeux sur lui, les plus indiscrets étaient forcés de s'arrêter, tant l'ensemble de sa personne inspirait de crainte de lui faire de la peine.

Tout était en harmonie, ou plutôt tout était harmonie dans l'abbé Bourlier, sa figure et sa physionomie, les mouvements du corps et les affections de l'âme, l'esprit et le talent : soit qu'on eût retranché, soit qu'on eût ajouté quelque chose à quelqu'une de ses facultés, l'harmonie chez lui eût été détruite, et le tout moins parfait. Il était facile à un naturel aussi heureux d'être toujours dans les convenances, et cette précieuse manière d'être lui donnait un charme particulier, auquel tout le monde était obligé d'être sensible. Je l'ai vu à des réunions où se trouvaient des hommes de lettres, des hommes d'affaires et des hommes du monde se plaisant ensemble, parce que leurs esprits étaient plutôt divers qu'inégaux : Rulhières, peintre également piquant des mœurs du monde et des grands événements de nos jours; Marmontel, dont les formes contrastaient si bien avec une conversation légère; Panchaud, dont le nom se présente toujours le premier dans toutes les traditions financières; l'abbé Barthélemy, qui avait le bon goût d'avoir l'air de vous rappeler ce qu'il vous apprenait; le duc de Lauzun, qui avait tous les genres d'éclat, beau, brave, généreux et spirituel; le chevalier de Narbonne, étincelant de gaieté et d'esprit; le comte de Choiseul-Gouffier, qui avait voyagé et résidé dans le Levant comme ambassadeur à la fois en quelque sorte et de nos rois et de nos arts; des hommes aussi distingués, tous dans leurs avantages, animés chacun par l'esprit des autres, devaient nécessairement laisser à l'esprit et à la mémoire des impressions de tout genre; et cependant, tant est entraînante cette espèce de bienveillance vraie, et aussi cette gaieté douce que donnent la simplicité de l'esprit et la sérénité de l'âme, c'était toujours de l'évêque d'Évreux qu'on disait en se séparant : qu'il est aimable l'abbé Bourlier! et c'est probablement à cette simplicité et à cette sérénité, si propres à écarter les regards des méchants, que Bourlier dut le bonheur et la longueur de sa vie : car s'il échappa aux fureurs révolutionnaires, on peut dire que la révolution, qu'il traversa tout entière en France, ne le vit point.

Ce ne fut que lorsque l'édifice de la république eut croulé sur ses fondements et sur ses architectes, et que Napoléon se fut emparé de la révolution et eut commencé à donner à la France quelques attributs et quelques caractères de la monarchie, que l'abbé Bourlier se retrouva. Napoléon, qui n'était encore pour sur une marche du trône, trop habile pour ne pas sentir qu'il n'établirait l'autorité dont il avait besoin pour dompter tous les désordres et dissoudre toutes les demi-ambitions qu'en appelant à son aide le grand appui social : il entreprit la réconciliation du ciel avec la terre; il s'occupa du Concordat. Malgré l'opposition des petits publicistes de cette époque et malgré des dangers personnels qu'il n'ignorait pas, il voulut donner la plus grande solennité à l'exécution de cet acte habile et hardi, qui l'honorera à jamais dans la mémoire des hommes. L'ancien clergé de France était encore dispersé. On était bien heureux quand on pouvait retrouver quelques personnes faites pour occuper les siéges épiscopaux devenus si difficiles à bien remplir. J'eus la satisfaction de faire connaître au chef du gouvernement M. Bourlier, M. Maunal, et M. Duvoisin : il les nomma aux évêchés d'Évreux, de Trèves et de Nantes. L'influence du Concordat se fit bientôt sentir ; le succès que ce grand acte obtint dans toute la France contribua essentiellement à simplifier la position de Napoléon. A cette époque tout voulait encore lui réussir ; mais il n'eut pas longtemps la force de maîtriser tant de bonheur ; il se laissa mener par sa fortune et par la gloire de ses armées. Dès lors il accrut en exigence; et il ne lui fallut que trois ans pour que la résistance d'un pouvoir spirituel lui parût une rébellion. Aussitôt des gendarmes vont enlever au Vatican le pontife-roi, et le traînent à Savone, et plus tard à Fontainebleau, comme s'il eût été possible à des moyens de la terre de briser une âme si forte, ni de ployer seulement une âme si haute. Napoléon, étonné de son impuissance, ordonna à quelques évêques, et particulièrement à l'évêque d'Évreux, de se rendre auprès du pape, comme porteurs de propositions ; l'évêque d'Évreux y fit deux voyages, et se vantait à chaque retour de n'avoir pas réussi dans la mission qui lui avait été donnée.

L'évêque d'Évreux depuis qu'il eut été appelé par Louis XVIII à la chambre des pairs, partagea sa vie entre son diocèse et les séances de cette assemblée; il se trouvait toujours où il croyait qu'il remplissait plus de devoirs. Sa maison était ouverte à toutes les opinions. Élevé dans les idées anciennes, il comprenait les idées nouvelles, et il se servait habilement de l'influence que donnent toujours la douceur, un bon esprit, l'indulgence et un grand âge, pour ramener à de la bienveillance les unes par les autres des personnes entre lesquelles les passions politiques avaient rompu tous les liens : lorsque, dans la même chambre, on n'était séparé que par l'évêque d'Évreux, on était bien près de s'entendre. Prince-duc DE TALLEYRAND-PÉRIGORD,
de l'Acad. des Sciences morales et politiques.

BOURMONT (LOUIS-AUGUSTE-VICTOR, comte DE GAISNE DE), né au château de Bourmont, en Anjou, le 2 septembre 1773, créé maréchal de France par Charles X en 1830. La célébrité de Bourmont est déjà bien vieille. La révolution le trouva à dix-sept ans officier des gardes françaises ; il suivit le prince de Condé dès le commencement de l'émigration, et devint son aide de camp. On sait que cette petite armée de gentils-hommes montra, bien que combattant contre la patrie, une valeur tout aussi française que ces innombrables levées de roturiers qui surent d'abord, sans matériel et sans généraux, refouler par delà le Rhin les vieilles armées et les vieux tacticiens de l'empire germanique. Dans les différentes affaires d'avant-garde auxquelles prirent part les condéens, le jeune Bourmont déploya autant de valeur que d'intelligence (1793). De bonne heure il parut propre aux affaires, car dès 1790 il avait été chargé par le prince d'une mission secrète à Nantes. Il s'agissait de la première organisation de cette guerre vendéenne que, quarante-deux ans plus tard, Bourmont devait réveiller sous les auspices de la duchesse de Berry, et au nom du petit-neveu de Louis XVI. Après avoir fait encore la moitié de la campagne de 1794 sur les rives du Rhin, il quitta l'armée de Condé pour aller se joindre aux royalistes des provinces de l'Ouest. Le vicomte de Scépeaux le nomma major général de son armée. Il était aussi membre d'un conseil supérieur créé par les *chouans* du Maine; les relations de sa famille lui donnaient une grande influence dans ces provinces. Aussi joua-t-il un rôle très-actif dans toutes les affaires du parti. Plus d'une fois de son château de Bourmont émanèrent des pièces et déclarations officielles pour l'armée catholique et royale.

A la fin de l'année 1795 il fut envoyé par le vicomte de Scépeaux auprès du gouvernement anglais, pour presser l'envoi des secours promis; mais, quelque sagacité qu'il mît à remplir cette mission, elle eut des résultats peu favorables. Il alla jusqu'à Édimbourg trouver le comte d'Artois. Ce prince accueillit le jeune chef vendéen avec cette affabilité cordiale qu'il devait déployer depuis sur un plus haut théâtre : il lui conféra, avec dispense d'âge, l'ordre de Saint-Louis, et l'arma lui-même chevalier. Bourmont fut chargé de porter à l'armée de Scépeaux les brevets et décorations qui avaient été accordés. Ce fut lui qui reçut chevalier le vicomte. Ces vains honneurs entretenaient jusqu'à un certain point l'enthousiasme et suppléaient, au moins pour le moment, aux secours réels que Bourmont n'avait pu obtenir. En 1796, lors de la soumission des chefs royalistes au général Hoche, il obtint la liberté de retourner en Angleterre, où il fut créé par le comte d'Artois maréchal de camp. Loin d'avoir renoncé à la guerre civile, il fit auprès du cabinet de Saint-James tous ses efforts pour obtenir les moyens de recommencer la lutte avec avantage. Nommé par le comte d'Artois commandant des provinces du Perche, du Maine et de l'Anjou, il débarqua en 1799 sur les côtes du nord, et, après avoir traversé heureusement la Bretagne sous la protection de dix soldats du général Georges, il passa dans le Maine, et se mit à la tête des royalistes, qui n'attendaient qu'un chef habile et résolu. Dans cette campagne Bourmont acquit en effet un grand renom militaire; avec des bandes indisciplinées il sut vaincre ces troupes républicaines qui culbutaient alors toutes les armées de l'Europe. Si l'on considère encore combien les chouans du Maine étaient loin de valoir ces Vendéens dont le courage avait excité l'admiration des républicains eux-mêmes, on n'en aura qu'une plus haute idée du talent de leur général.

Avec de pareilles troupes, montant tout au plus à deux mille hommes, et sans artillerie, il battit les républicains à Louverné, et osa marcher sur le Mans. Il s'en empara, malgré une vive résistance : heureux s'il eût pu empêcher les excès que ses troupes commirent après la victoire ! Trop prudent pour séjourner dans le sein de la ville, de peur de surprise, il se fortifia dans le faubourg de Saint-Jean, au-delà de la Sarthe; l'artillerie et les munitions des républicains étaient en son pouvoir. Un corps de huit cents Bretons vint le joindre, amené par un chef audacieux, La Nougarède, dit *Achille Le Brun*. Tandis que, par l'ordre du général, de nouveaux auxiliaires s'emparent de Morlaix, lui-même, devant le gros bourg de Balai, échoue contre l'héroïque résistance des habitants : après avoir perdu beaucoup de monde, il se voit forcé d'évacuer le Mans. Ce revers fut la ruine du parti; la division se mit de plus en plus parmi les royalistes; quelques-uns d'entre eux parlèrent de négocier. A la faveur d'un armistice conclu avec les républicains, des conférences entre les chefs du parti s'ouvrirent à Montfaucon. Bourmont s'y fit remarquer parmi ceux qui voulaient continuer la guerre. Rien n'ayant été décidé, il retourna à son quartier général, d'où il envoya des ordres à tous les chefs de division de se tenir prêts à combattre. Arriva le 21 janvier 1800; son quartier général était au village de Grez, il y fit célébrer en l'honneur de Louis XVI un service funèbre avec toute la pompe religieuse et militaire que comportait la situation. L'armistice expiré, il rassembla toutes ses divisions, marcha sur Morlaix ; déjà il en occupait un faubourg, lorsque la capitulation inattendue du marquis de la Prevalais vint lui couper toute communication avec l'armée de Georges. Enfin la soumission du comte de Châtillon, battu à Balai par les républicains, acheva de renverser tous ses plans.

Abandonné successivement de presque tous ses chefs de division, il capitula, ayant surtout pour but de se soustraire aux effets de l'indiscipline de ses propres soldats. Il ne signa point cette pacification sans envoyer un courrier à Georges pour l'engager à ne plus soutenir une cause désespérée, du moins pour le moment. Si l'on en croit la biographie de Leipzig, il indiqua au gouvernement les rivières où étaient cachés les canons fournis par l'Angleterre. De là Bourmont se rendit à Paris, où il épousa mademoiselle Bec-de-Lièvre, d'une ancienne famille de Bretagne. Il se fixa dans cette capitale, et se vit fort bien accueilli de Bonaparte, qui, comme on sait, avait un faible très-prononcé pour les hommes de l'émigration. Bourmont, de son côté, se montra très-empressé de plaire au premier consul; il réussit à lui inspirer de la confiance, et acquit du crédit auprès de lui. On le voyait très-assidu dans les bureaux de la police, où se décidait tout ce qui intéressait le sort des émigrés. Le jour de l'explosion de la machine infernale, Bourmont se rendit dans la loge de Bonaparte, et demanda la punition des jacobins, qu'il accusa hautement d'être les auteurs de cet attentat. Comme les événements furent loin de confirmer cette assertion, il fut lui-même soupçonné. Il continua néanmoins à jouir en apparence de quelque crédit; mais bientôt il donna lieu à de nouveaux soupçons, par la facilité avec laquelle il fit retrouver à la police, qui s'était adressée à lui, le sénateur Clément de Ris, qu'une bande de chouans avait enlevé : on en conclut avec assez de vraisemblance que leur ancien chef n'avait pas été étranger à l'enlèvement. Sur le rapport de Fouché, qui suivait toutes ses démarches, Bourmont fut enlevé à la liberté et au rôle équivoque qu'il avait joué. Il fut d'abord enfermé au Temple et mis au secret; puis, en 1803, transféré à la citadelle de Dijon; enfin, à Besançon, d'où il s'évada en juillet 1805, et se réfugia en Portugal, avec sa famille. Par suite des égards que Bonaparte avait toujours eus pour lui, ses biens ne furent point séquestrés.

Il se trouvait à Lisbonne avec sa famille, lorsque Junot s'empara de cette ville, en 1810; Bourmont, compris par lui dans la capitulation, rentra en France. Napoléon, qui avait apprécié les talents militaires de l'ancien chef vendéen, lui offrit le grade de colonel. Bourmont accepta, et vit s'ouvrir devant lui une glorieuse et rapide carrière d'avancement. Il servit comme colonel adjudant commandant à l'armée de Naples, d'où il passa à l'état-major du prince Eugène, avec lequel il fit la campagne de Russie. Nommé général de brigade en 1813, il mérita d'être mentionné honorablement dans les bulletins des batailles de Dresde. En 1814, durant la glorieuse campagne de France, il eut le commandement d'une brigade de réserve (de 12,000 hommes), à la tête de laquelle il se signala par sa belle défense de Nogent, où il fut blessé. Sa conduite héroïque dans cette circonstance lui valut les éloges de la France et le grade de général de division. Après les adieux de Fontainebleau, Bourmont ne fut pas des derniers à se soumettre aux Bourbons. Il fut nommé par Louis XVIII, le 20 mai 1814, commandant de la sixième division militaire. Il se trouvait en cette qualité à Besançon au moment où Napoléon débarqua sur la côte de Provence. Il reçut l'ordre de se réunir à Ney, auprès duquel il se trouvait lors de la défection des troupes. Le débat qui s'établit entre Bourmont et le maréchal lors du procès de celui-ci, montre sans doute quelque chose d'équivoque et de peu loyal; mais le sort a voulu que, tandis que le général déposait comme témoin à charge, son chef siégeât comme accusé. On sait que Ney était condamné d'avance, et que le procès n'était qu'une douloureuse comédie; la déposition attendue de Bourmont contribua puissamment à la condamnation. Les témoins de cette mémorable séance se rappellent encore combien la figure pâle, indécise, renversée, du général contrastait visiblement avec le visage calme et dédaigneux du maréchal.

Lorsque Napoléon eut si rapidement ressaisi le sceptre qu'il devait garder si peu, Bourmont sollicita et obtint le commandement de la sixième division du corps d'armée aux ordres du général Gérard. On a prétendu que l'empereur hésita beaucoup avant de lui donner l'emploi, et qu'il ne se rendit que lorsque le général lui eut répondu de la fidélité de cet officier. Si cette anecdote est vraie, les pressentiments de Napoléon ne furent pas trompés. Le 14 juin, veille de la seconde bataille de Fleurus, Bourmont abandonna ses troupes pour se rendre auprès de Louis XVIII. Ceux qui veulent faire l'apologie de cette démarche prétendent qu'il n'était lié par aucun serment, puisqu'il avait refusé de signer l'acte additionnel. En supposant vraie cette allégation, fournit-elle un argument bien puissant? Et Bourmont ayant quitté sa division à la veille des combats pour se retirer dans une de ses terres, et non point en pays ennemi, serait-il encore à l'abri du blâme? Quoi qu'il en soit, ce qui lui a valu de cruels reproches ne pouvait être accueilli que comme un acte de dévouement par Louis XVIII : ce prince le nomma commandant de la frontière du nord. Bourmont pénétra en France, le 24 juin, par Armentières, et établit son quartier général à Estans le 25. Sa présence détermina un soulèvement royaliste dans les cantons d'Hazebrouck, Bailleul, Armentières, Saint-Pol, Lillers, etc. On doit à Bourmont la justice de dire qu'il s'opposa constamment à toute réaction, et qu'il parut partout occupé d'arrêter le zèle réactionnaire. Il marcha sur Lille, dont le général Lapoype ne se pressa pas de rendre la citadelle, mais qu'il remit enfin, après avoir fait sa soumission au roi. De retour à Paris, Bourmont fut nommé commandant de l'une des divisions d'infanterie de la garde royale.

Lorsqu'en 1823 l'armée française entra en Espagne, il fut, avec cette division, attaché au corps de réserve. Dans cette guerre, qui n'en fut pas une, mais qui avait pour principal objet de donner une armée aux Bourbons, il eut sans doute peu d'occasions de se signaler comme militaire; mais sa conduite y fut honorable et utile : il sut faire respecter la discipline, et montra dans ses fonctions les plus grands ménagements pour l'habitant. Vint enfin pour Bourmont le 8 août 1829, qui le porta au ministère de la guerre. Tous les journaux de l'opposition, qui alors s'exprimaient avec une singulière liberté, élevèrent contre lui un tolle général. Poursuivi par l'opinion, le nouveau ministre de la guerre se trouva sans crédit; d'ailleurs, l'influence directe du dauphin sur toutes les nominations de l'armée diminuait l'importance du titulaire ministériel. Le vieux roi avait, en outre, vu et employé Bourmont trop jeune pour que celui-ci eût à ses yeux encore assez de maturité. Cependant, il ne se laissa pas plus décourager par ces obstacles ignorés du public que par les plus poignantes clameurs; au rapport de tous ceux qui alors connaissaient le mieux et l'homme et sa position, il apporta au ministère une grande activité, qui contrastait avec ses inclinations, portées à l'amour du repos et des plaisirs. Il voulut se concilier l'armée par sa justice, par son extrême politesse et surtout par le bien qu'il avait commencé de faire. Des officiers de la vieille armée, dont quatorze ans de restauration avaient méconnu les droits, virent, grâce à lui, arriver pour eux le jour d'une justice tardive. Il mettait une sorte de coquetterie à rappeler qu'il avait été leur compagnon d'armes. Moins contrarié par les vues mesquines de quelques autres membres du cabinet, il eût fait davantage.

Cependant l'expédition d'Afrique avait été résolue; le ministre de la marine (M. d'Haussez) en avait, pour sa part, improvisé les préparatifs avec une merveilleuse activité. Jaloux de trouver une occasion d'obtenir par de grands services l'influence qui lui manquait auprès du monarque, et sans doute aussi de se faire absoudre par la nation, Bourmont avait sollicité et obtenu le commandement en chef de l'expédition. Il partit de Paris le 22 avril 1830, accompagné de ses quatre fils. A Marseille, à Toulon, il précéda le dauphin, qui passa la revue des troupes. Ce fut pendant le voyage de Marseille à Toulon qu'il s'entretint confidentiellement de son plan de campagne avec le général du génie Valazé. Tout ce que la prévoyance en tous genres peut disposer pour le succès avait été réuni; et l'emploi de ces grands moyens devait être dirigé par une prudence et une circonspection dont on ne s'est pas écarté. Bourmont n'avait pas seulement médité une expédition militaire, il avait conçu le dessein de coloniser Alger conquis : son esprit fin et délié, son caractère doux et conciliant, lui présentaient déjà les moyens de négocier utilement avec les chefs de tribus. Il entrevoyait la possibilité d'établir des colonies militaires à l'instar de celles des Russes dans le Caucase.

Le 18 avril toute l'armée était embarquée; le général en chef se rendit à bord de *la Provence*, dans la rade de Toulon. Une suite de vents contraires s'opposa jusqu'au 25 au soir à ce que la flotte mit en mer. Le 25 au matin on apprit la dissolution des chambres; Bourmont en parut surpris et affligé. Il dit à ses intimes que M. de Polignac lui avait donné sa parole avant son départ de ne rien changer pendant son absence. Le 13 mai la flotte était à l'ancre non loin d'Alger, dans la baie de Sidi-Ferruch. Pendant les brillantes actions qui livrèrent aux Français cette position, Bourmont, qui à pied suivait tous les mouvements de ses troupes, vit un boulet passer entre lui et son fils aîné; un second, qui vint mourir à ses pieds, le couvrit de terre, et l'enveloppa d'un nuage de sable : ses officiers, le croyant tué, accoururent : il secouait tranquillement la poussière de son habit. Les boulets se multipliaient autour du général; il éloigna de quelques pas son état-major, fit ôter les plumets pour moins attirer l'attention de l'ennemi, et resta en avant avec un seul officier, auquel il renouvelait à mesure qu'il l'envoyait en ordonnance. Il était à pied avec tout son état-major : aucun cheval n'ayant encore été débarqué, ce qui augmentait l'extrême fatigue des courses dans un sable brûlant et épais et sous le soleil du pays. Mais l'enthousiasme faisait oublier la fatigue. Le soir même du débarquement Bourmont fut maître de la position de Sidi-Ferruch. Charles de Bourmont, l'un des fils du général, entra des premiers dans la batterie ennemie. Il y eut ensuite, pendant plusieurs jours, une série de combats pour la prise du fort l'Empereur, qui était la clé d'Alger. Si les troupes françaises de toutes les armes se couvrirent de gloire, le général en chef se montra digne d'elles. Il passait les journées à l'ombre des boulets, dont, par miracle, aucun ne l'atteignit; mais un de ses fils ne fut pas si heureux : Amédée de Bourmont, après avoir reçu, dans un combat contre les Arabes, trois balles dans son shako et dans ses armes, eut la poitrine traversée d'un quatrième coup de feu, et succomba au bout de quelques jours. Le général en chef ne craignait pas de donner des larmes à son fils, lui qui montrait tant de sang-froid et de liberté d'esprit au milieu du péril. Tandis que la sollicitude la plus éclairée, la plus active, avait pourvu à tous les besoins des troupes débarquées, Bourmont et ses entours, tout occupés de leur haute mission, négligeaient leur bien-être. Durant trois semaines il ne se déshabilla point pour se coucher. Et tout cela au milieu d'une poussière étouffante et par le soleil d'Afrique.

Enfin, le 4 juillet le fort de l'Empereur était en notre pouvoir, et le 5 juillet le dey Hussein avait capitulé. Cette capitulation, dont les articles furent dictés par l'humanité, fut scrupuleusement observée. L'occupation d'Alger se fit avec calme; le dey put emmener ses femmes, et emporter ses richesses personnelles. Les clés de la Casauba, trésor de la régence, contenant 50 millions, passèrent dans les mains de la commission chargée de l'inventorier. Tant que dura l'inventaire, le général en chef ne put disposer que d'une partie très-resserrée du palais du dey; et pour sa personne il ne se réserva qu'une seule pièce, détails peu importants par eux-mêmes sans doute, mais dont la vérité reconnue répond victorieusement aux diffamations de pamphlétaires. Il y eut un moment de confusion et de tumulte à la Casauba, des bijoux de peu de prix furent enlevés dans la bagarre; mais ce désordre, promptement réprimé par les chefs, n'eut aucune importance. A peine maître d'Alger, Bourmont reçut la soumission du bey de Titteri, tandis que l'un des trois fils qui lui restaient, Aimé de Bourmont, allait recevoir celle du bey d'Oran, et lui conférer le caftan d'honneur, signe d'investiture, au nom de la France. A son retour, avec quelques dizaines d'hommes il s'empara du fort de Mers-el-Kébir, entra le premier dans cette petite place, et arracha le pavillon mahométan, qui fut remplacé par le drapeau français. Cette petite conquête assurait la communication de l'armée avec Oran. Bourmont avait reçu le 22 juillet une lettre du dauphin, qui lui annonçait qu'il était élevé à la dignité de maréchal. Cette récompense excita de vives réclamations de la part de la presse libérale; la marine d'ailleurs voyait avec mécontentement que l'amiral Duperré n'avait été nommé que pair de France. La joie du général en chef fut, du reste, contrariée par la lenteur que l'on mettait à accorder les récompenses demandées pour l'armée placée sous ses ordres.

Le nouveau maréchal poursuivait avec ardeur le cours de ses succès contre les Arabes ; déjà il avait poussé ses reconnaissances dans les gorges du petit Atlas, lorsqu'à Paris trois jours d'émeute renversèrent le gouvernement qui avait compté sur l'expédition d'Alger pour acquérir une force inattaquable. Quelques vagues rumeurs s'étaient répandues dans l'armée; mais on ne savait rien encore de positif. Bourmont crut devoir publier, le 11 août, l'ordre du jour suivant : « Des bruits étranges circulent dans l'armée. Le maréchal commandant en chef n'a reçu aucun avis officiel qui puisse les accréditer. Dans tous les cas, la ligne des devoirs de l'armée sera tracée par ses serments et par la loi fondamentale de l'État. » Le 16 août, dans un autre ordre du jour, en conséquence de la nomination par Charles X du duc d'Orléans à la lieutenance générale du royaume, il ordonna que la cocarde et le drapeau tricolore fussent arborés. Enfin, le 2 septembre, ordre du jour pour informer l'armée que le lieutenant général Clausel venait prendre le commandement de l'armée d'Afrique. Si pendant ses succès les bulletins de Bourmont avaient été fort modestes, le ton simple et digne de ses dernières publications officielles en font des pièces véritablement historiques.

Il quitta l'Afrique après avoir doté son pays d'une belle conquête. Que lui restait-il après tant d'efforts? Un titre de maréchal dont le parti vainqueur devait le dépouiller : il laissait sur la plage algérienne les ossements de son fils! Après cela, je ne me sens pas le courage de suivre Bourmont en Vendée, où le *chouan*, soufflant une guerre civile insoutenable, ressemblait si peu au vainqueur de l'Afrique. Le suivrai-je encore en Portugal, où, avec des titres bien sonores, mais de fort mauvais soldats, il s'est, au nom de la légitimité, fait le champion de dom Miguel? Là Bourmont n'avait aucun élément de succès. Aussi, malgré sa haute capacité, ne fit-il que compromettre sa réputation militaire. Trop éclairé pour ne pas sentir toute la fausseté de sa position, il s'en démit et quitta le Portugal, où, toujours malheureux père, il laissait encore le cercueil d'un fils!

En prenant parti dans les bandes de dom Miguel, Bourmont avait autorisé le gouvernement de Louis-Philippe à lui appliquer les dispositions du Code concernant les Français qui servent à l'étranger sans permission. Il cessa d'être Français, et telle devait être la fin de l'homme qui avait abandonné la Vendée pour la république, Napoléon pour les Bourbons, les Bourbons pour Napoléon, et qui enfin, n'avait pas craint de déserter les rangs de ses compatriotes à l'heure d'une sanglante bataille. Aussi Napoléon disait-il à Sainte-Hélène : *Bourmont est une de mes erreurs.*

Autorisé plus tard à rentrer en France, Bourmont vint habiter le château qui l'avait vu naître en Anjou : il y mourut, le 20 octobre 1846, à l'âge de soixante-treize ans. Quelques jours après, l'amiral Duperré le suivait dans la tombe.

Ch. de Rozom.

BOURRACHE. Genre de plantes appartenant à la pentandrie monogynie de Linné, à la famille des borraginées de Jussieu, et caractérisé de la manière suivante : Calice étalé, à cinq divisions profondes et aiguës ; corolle monopétale régulière, en roue, à cinq lobes aigus, et offrant à l'orifice de son tube une petite couronne composée de cinq éminences, qui en ferme l'entrée ; cinq étamines conniventes ; fruit formé de quatre petites coques indéhiscentes, qui se séparent les unes des autres à l'époque de la maturité.

Ce genre ne se compose que d'un petit nombre d'espèces, dont une seule doit nous occuper ici : c'est la *bourrache officinale* (*borrago officinalis*, Linné), plante annuelle, qui croît abondamment dans nos champs et nos jardins. Sa racine, qui est longue, grosse comme le doigt, blanche, tendre et garnie de fibres, pousse une tige haute de 50 centimètres, cylindrique, rameuse, épaisse, creuse, succulente, et hérissée de poils courts et piquants. Ses feuilles sont alternes, larges, ovales-lancéolées, obtuses, ridées, d'un vert foncé, et hérissées de poils durs, qui les rendent fort rudes au toucher ; les inférieures sont pétiolées et couchées sur la terre ; les supérieures sont sessiles et plus étroites. Les fleurs naissent au sommet de la tige et des branches, portées sur des pédoncules rameux ; elles ont la forme d'une étoile, et sont ordinairement d'un beau bleu, mais quelquefois couleur de chair, ou même tout à fait blanches.

Il paraît que cette plante est originaire du Levant, et particulièrement des environs d'Alep. Ce qu'il y a de certain, c'est qu'elle est maintenant répandue dans toute la France et dans d'autres parties de l'Europe, où elle se reproduit spontanément. Il n'est pas de plante qui soit plus fréquemment employée en médecine. Son suc, exprimé et clarifié, est un des sucs d'herbes les plus usités. On fait avec les feuilles et les fleurs de la bourrache une décoction que l'on édulcore avec une quantité convenable de miel, de sucre ou de sirop, et qui s'administre surtout dans les catarrhes pulmonaires légers. Elle est adoucissante, diaphorétique et diurétique, à cause du nitrate de potasse que contiennent ses organes. On fait aussi avec les fleurs séparées une infusion simplement émolliente, indiquée notamment dans la rougeole, la scarlatine, etc. Dans quelques pays on cultive la bourrache comme plante potagère, et l'on mange ses feuilles comme les épinards. On se sert aussi de ses fleurs pour orner les salades. DRMEZIL.

BOURRASQUE, de l'italien *burasca*, tempête violente et soudaine, qui se manifeste soit sur mer, soit sur terre. C'est une crise de l'atmosphère, une augmentation dans la force du vent, ou un tourbillon qui se lève tout à coup dans le calme ; la *bourrasque*, qui est en quelque sorte un synonyme de *grain*, est, comme lui, de peu de durée.

Cette expression s'applique aussi, au figuré, à ces émotions populaires ou à ces mouvements brusques et momentanés de la colère chez un individu qui font d'ordinaire plus de bruit que de mal, et passent avec le motif qui les a fait naître. En politique, comme en morale, la *bourrasque* est une explosion de mauvaise humeur, qu'on ne peut éviter, parce qu'elle éclate à l'improviste.

BOURRE. On donne ce nom au poil de certains animaux, tels que le cheval, le bœuf, etc. Il y a une très-grande similitude entre la bourre et le duvet ; mais ce dernier ne se trouve jamais seul sur l'animal qui en est couvert, il est toujours accompagné de plume ou de poils longs et rudes.

On appelle encore ainsi les déchets de la soie et les matières qui proviennent des draps tondus ou grattés avec des chardons.

On appelle aussi *bourre* de l'herbe grossière, à demi morte, et qui ne se renouvelle qu'imparfaitement au retour de la belle saison.

C'est encore le nom que les jardiniers donnent aux bourgeons florifères des arbres fruitiers.

Enfin ce mot *bourre* désigne le petit tampon de papier qui retient la charge d'un fusil dans le canon, et que l'on foule avec la baguette. TRASSÉDIEU.

BOURREAU. On appelait ainsi autrefois et encore aujourd'hui on désigne vulgairement par ce nom l'exécuteur des arrêts criminels. Ce mot vient des verbes *bourrer*, *bourreler*, maltraiter, tourmenter.

L'office du bourreau paraît avoir été inconnu aux nations anciennes, chez lesquelles les exécutions à mort étaient faites le plus ordinairement par la foule du peuple, qui lapidait le coupable, ou par le poison, qui était remis au condamné. En Grèce c'était une charge judiciaire : Aristote range même le bourreau parmi les principaux magistrats de la république. A Rome c'était une des attributions des licteurs : à peine trouve-t-on dans le cours entier de son histoire quelques rares exécutions faites par un seul homme, les coupables étant d'ordinaire précipités du haut de la roche Tarpéienne. C'est dans l'histoire du Bas-Empire ou du moyen âge que doit se placer l'origine de cette institution, qui naturellement appartenait aux temps de la barbarie ; aussi est-ce chose tristement surprenante que l'importance qu'avaient alors ces odieuses fonctions, et que la diversité des moyens employés pour les exécutions. Il fallait que le bourreau fût un homme universel, savant dans l'art de tourmenter et de détruire. « On considère ici, dit Bouchel, diverses manières d'exécution, selon les diverses sentences par le juge prononcées ; car communément le bourreau fait son office par le feu, l'espée, la fosse, l'écartelage, la roue, la fourche, le gibet, pour traîner, poindre ou piquer, couper oreilles, démembrer, flageller ou fustiger par le pillory ou eschafaud, par le carcan et par telles autres semblables peines, selon la coutume, mœurs et usages du pays, lesquelles la loy ordonne pour la crainte et punition des malfaicteurs. » C'est aussi à la même époque que l'infamie s'est attachée aux fonctions du bourreau. Il était pour ainsi dire frappé d'ostracisme ou comme si on lui avait interdit le feu et l'eau. Ainsi, le bourreau ne pouvait avoir logement dans la ville de Paris. En conséquence, un arrêt du parlement, du 31 août 1709, défendit au bourreau d'établir sa demeure dans Paris, à moins que ce ne fût dans la maison du pilori, à cause de l'indignité de son office. Ce fut par le même motif que, pour subvenir à ses besoins personnels, on lui avait donné un droit de dîme, dit de *havage*, et de *rifterie* sur toutes les denrées apportées à Paris par les forains, tout le monde refusant l'argent du bourreau. Au reste, ses droits, comme ceux des hauts et puissants seigneurs, étaient constatés par des lettres patentes, qui nous apprennent que de chacune personne qu'il mettait au pilori, il avait à prendre cinq sous. « *Item*, ajoutent ces lettres des droits du bourrel, est à noter que quand un homme est justicié par ses démérites, ce qui est au-dessous de la ceinture est au bourrel, de quelque prix que ce soit. » Plus tard la dépouille entière du patient fut dévolue au bourreau.

De tels avantages eurent en général pour effet d'assurer la succession non interrompue des bourreaux, et l'on a rarement manqué de gens de bonne volonté pour remplir cet office, qui de nos jours encore est l'objet de vives sollicitations. Cependant quelquefois des villes étaient assez longtemps sans bourreau, parce que personne ne se présentait pour en remplir l'office. C'est ce qui arriva à Rouen en 1312 : à cette occasion on éleva la prétention, assez bizarre, que l'exécution devait être faite par la corporation des huissiers ; ceux-ci refusant, l'on en vint à discuter si ce n'était pas là une des obligations légales de leur charge ; et après un mûr examen, un arrêt solennel les condamna, non pas à exécuter eux-mêmes, mais à trouver un exécuteur, en allant, aux frais du roi, de ville en ville chercher un bourreau qui voulût bien les suivre. La ville de Londres s'est également trouvée dans le même embarras, non qu'elle manquât d'un bourreau, mais parce qu'un jour l'on s'avisa de le faire arrêter pour dettes au moment même où il conduisait trois condamnés à la potence ; force fut de suspendre l'exécution et de réintégrer les prisonniers.

38.

De ce que d'anciennes ordonnances font mention d'exécutions à faire par des femmes, on en a voulu conclure que la charge de bourreau avait été érigée en titre d'office même pour des femmes ; mais c'est là une erreur : les exécutions dont parlent ces ordonnances se réduisaient au supplice de la fustigation, qui ne devait être infligé aux femmes que par des femmes ; celles-ci ne prenaient point pour cela le titre de bourreau, et n'en avaient ni les droits ni les privilèges.

Suivant une erreur populaire généralement accréditée, des hommes ont pu être forcés autrefois, soit par le hasard de leur naissance, soit par la nature de leur profession, à suppléer ou remplacer le bourreau : est-il besoin de dire que jamais aucune loi n'a poussé à ce point la barbarie ?

Joseph de Maistre, avec son sanglant mysticisme, voit dans le bourreau un être extraordinaire, et il en fait la clef de voûte de l'édifice social. « Qu'est-ce donc, dit-il, que cet être inexplicable qui a préféré à tous les métiers agréables, lucratifs, honnêtes et même honorables qui se présentent en foule à la force ou à la dextérité humaine, celui de tourmenter et de mettre à mort son semblable ? Cette tête, ce cœur sont-ils faits comme les nôtres ? ne contiennent-ils rien de particulier et d'étranger à notre nature ? Pour moi, je n'en sais pas douter. Il est fait comme nous extérieurement, il naît comme nous ; mais pour qu'il existe dans la famille humaine, il faut un décret particulier, un *fiat* de la puissance créatrice. Il est créé comme un monde.

« Voyez ce qu'il est dans l'opinion des hommes, et comprenez, si vous le pouvez, comment il peut ignorer cette opinion ou l'affronter ! A peine l'autorité a-t-elle désigné sa demeure, à peine en a-t-il pris possession, que les autres habitations reculent jusqu'à ce qu'elles ne voient plus la sienne. C'est au milieu de cette solitude et de cette espèce de vide formé autour de lui, qu'il vit seul avec sa femelle et ses petits, qui lui font connaître la voix de l'homme ; sans eux il n'en connaîtrait que les gémissements... Un signal lugubre est donné ; un ministre abject de la justice vient frapper à sa porte et l'avertir qu'on a besoin de lui. Il part, il arrive sur une place publique couverte d'une foule pressée et palpitante. On lui jette un empoisonneur, un parricide, un sacrilège : il le saisit, il l'étend, il le lie sur une croix horizontale, il lève le bras ; alors il se fait un silence horrible, et l'on n'entend plus que le cri des os qui éclatent sous la barre et les hurlements de la victime. Il la détache, il la porte sur une roue ; les membres fracassés s'enlacent dans les rayons, la tête pend ; les cheveux se hérissent, et la bouche, ouverte comme une fournaise, n'envoie plus par intervalle qu'un petit nombre de paroles sanglantes, qui appellent la mort. Il a fini ; le cœur lui bat, mais c'est de joie ; il s'applaudit ; il dit dans son cœur : Nul ne roue mieux que moi. Il descend, il tend sa main souillée de sang, et la justice y jette de loin quelques pièces d'or, qu'il emporte à travers une double haie d'hommes écartés par l'horreur. Il se met à table, et il mange, au lit ensuite, et il dort. Et le lendemain en s'éveillant il songe à tout autre chose qu'à ce qu'il a fait la veille...

« Et cependant toute grandeur, toute puissance, toute subordination repose sur l'exécuteur ; il est l'horreur et le lien de l'association humaine. Otez du monde cet agent incompréhensible ; dans l'instant même l'ordre fait place au chaos, les trônes s'abîment et la société disparaît. »

BOURREAU DES ARBRES, nom vulgaire du *célastre grimpant*.

BOURRÉE. Ce pas de danse, originaire de l'Auvergne, est composé de deux mouvements, savoir : un demi-coupé, ou pas marché sur la pointe du pied, et un demi-jeté, ainsi nommé parce qu'il n'est sauté qu'à demi. A l'encontre des basses-danses (qui étaient celles où l'on marchait au lieu de sauter), les gigues et les bourrées ne peuvent être dansées qu'avec des jupes très-courtes. Aussi est-ce Marguerite de Valois qui, ayant les jambes fort belles, introduisit ces danses à la cour. Elles commencèrent à prendre faveur lors des fêtes qui eurent lieu à Bayonne, en 1565, à l'occasion de l'entrevue de Catherine de Médicis avec sa fille aînée Marguerite de France. La bourrée, restée à la mode depuis le règne de Charles IX jusqu'à celui de Louis XIII, était encore en grande faveur sous la régence. Cependant son allure un peu vive ne lui permit pas de s'acclimater à l'Opéra, où le genre noble garda toujours droit de préséance. Maintenant la bourrée ne se danse plus que dans les villages de certaines provinces, et si on la rencontre à Paris, ce n'est guère que le dimanche et le lundi, dans les cabarets où se réunissent les porteurs d'eau, charbonniers et autres industriels venus du pays natal de cet exercice chorégraphique.

L'air sur lequel se danse la bourrée porte le même nom. Il est à deux temps gais, et commence par une noire avant le frappé. Dans ce caractère d'air, on lie assez fréquemment la seconde moitié du premier temps et la première du second par une blanche syncopée.

BOURRELET. Ce mot désignait autrefois une partie de l'habillement ou du vêtement de tête, qui servait communément à la coiffure des deux sexes. Plus tard, les magistrats et les docteurs des universités conservèrent à leur chaperon un petit tour rond qui représentait l'ancien bourrelet, et les femmes se servirent également de bourrelets pour soutenir et arranger leurs cheveux. Longtemps après que le bourrelet avait totalement disparu de la coiffure des hommes et des femmes en Europe, il était encore resté exclusivement celle du jeune âge. Ces bandeaux rembourrés et épais dont on ceignait la tête et le front des enfants avaient le désavantage de provoquer dans ces parties une transpiration abondante, qui, ne pouvant s'échapper, se concrétait et donnait naissance à ces croûtes appelées improprement *croûtes de lait*, ou à d'autres éruptions du cuir chevelu difficiles à guérir. On a enfin compris le vice de cette coiffure, et on l'a généralement remplacée par des bourrelets fort légers, composés de baleines, de branches d'osier ou de pailles réunies simplement par des rubans, et dégagés de tout l'attirail dont on les chargeait autrefois pour préserver, disait-on, du froid, ou prévenir les coups résultant des chutes de l'enfant. On sait d'ailleurs aujourd'hui que la tête des enfants est douée d'une sorte d'élasticité qui rend ces chutes bien moins dangereuses qu'on ne le croyait.

Bourrelet, en termes de botanique et de jardinage, est cette excroissance que l'on remarque sur certaines parties des arbres, surtout aux greffes et aux boutures, et sur le bord des plaies faites aux arbres, qui après s'être refermées s'en recouvrent insensiblement. Dans l'arbre, comme dans l'homme, il n'y a point de régénération autre que celle de l'écorce et de la peau : le muscle emporté, détruit, etc., ne se régénère pas, la peau seule s'étend, ses bords se rapprochent, et la cicatrice se forme ; le bois entaillé, coupé, mutilé, ne végète plus, l'écorce seule recouvre la plaie. C'est pourquoi on trouve souvent dans le tronc d'arbres très-sains d'ailleurs des parties de bois desséchées et ensevelies sous le bourrelet.

En anatomie, on donne le nom de *bourrelets* à certains cartilages fibreux qui entourent les cavités articulaires, dont ils augmentent la profondeur. Quelques anatomistes ont aussi appelé *bourrelet* la corne d'Ammon.

Bourrelet, en termes de blason, est un tour de livrée, rempli de bourre et tourné comme une corde, que les anciens chevaliers portaient dans les tournois ; il était de la couleur de l'écu ou des couleurs ordinaires des chevaliers ; ceux que les simples gentils-hommes mettaient sur leurs casques portaient le nom de *tresque*, *torque* et *tortile*.

En termes de marine, on appelle *bourrelets* de grosses cordes que l'on entrelace autour du mât de misaine, du mât d'artimon et du grand mât pour tenir la vergue dans un combat et suppléer aux manœuvres si elles venaient à être coupées.

En termes d'artillerie, l'extrémité d'une pièce de canon, vers la bouche, qui est renforcée de métal pour soutenir la charge, prend le nom de *bourrelet*, dont elle a la forme.

Les personnes qui portent des fardeaux sur la tête donnent aussi ce nom à un cercle ou rond, espèce de couronne d'étoffe ou de linge, qu'elles mettent sur leur tête, et sur lequel elles appuient leur charge; enfin on appelle du même nom tous coussins de même forme, remplis de bourre ou de crin, qu'on emploie à divers usages.

BOURRELIER. On appelle ainsi l'artisan qui fabrique et vend toutes sortes de harnais pour chevaux, ânes, mulets, etc.: comme brides, licous, colliers, bâts, etc. Il est très-vraisemblable que le nom de cette profession vient de l'emploi que l'ouvrier fait sans cesse de la bourre de veau, de bœuf, de cheval, de mulet, d'âne, etc.

Les bourreliers, comme on peut en juger par les ouvrages qui sortent de leurs mains, emploient encore le bois et le fer pour faire les carcasses des bâts et des colliers, le cuir, la peau, la toile. Leur état a beaucoup de rapports avec celui de cordonnier, puisqu'ils taillent et assemblent continuellement des pièces de cuir; mais ils se servent habituellement d'une aiguille pour passer le fil, tandis que le cordonnier fait usage d'une soie de sanglier pour la même opération.

Comme chacun sait, un harnais complet se compose d'un grand nombre de pièces de matières et de formes très-différentes. Aussi le bourrelier tire-t-il du fondeur les sonnettes et les grelots, du serrurier les boucles, du passementier les houppes et autres ornements de même genre; enfin, il emprunte le secours du peintre pour décorer les panneaux qui renforcent les colliers. Les bourreliers joignent souvent à leur industrie celle de sellier. Dans quelques pays du nord, ils la cumulent même avec celle du tapissier. TEYSSÈDRE.

BOURRIENNE (Louis-Antoine FAUVELET DE), naquit à Sens, le 9 juillet 1769. Il entra fort jeune à l'école de Brienne, où il se lia intimement avec Napoléon Bonaparte. « Il y avait entre nous, dit-il dans ses *Mémoires*, une de ces sympathies de cœur qui s'établissent bien vite. » En 1783 les deux amis partagèrent le prix de mathématiques, dans une distribution solennelle que présidèrent le duc d'Orléans et Mme de Montesson. Ils se séparèrent en 1784, époque de l'entrée de Napoléon à l'école Militaire de Paris. Mais une correspondance active s'établit entre eux. Bourrienne ne prévoyait pas le rôle que devait jouer son jeune camarade sur la scène du monde; il l'a déclaré lui-même, en avouant qu'il n'avait pas gardé une seule de ses lettres d'enfance. Dans l'une d'elles, Napoléon lui rappelait la promesse qu'il lui avait faite à Brienne de suivre la même carrière que lui et d'entrer dans l'artillerie. « Mais une étrange ordonnance, dit Bourrienne lui-même, exigeait quatre quartiers de noblesse pour avoir des connaissances et pour pouvoir servir son roi et sa patrie dans l'art militaire. » Mme de Bourrienne eut beau présenter des lettres patentes de Louis XIII, on lui objecta qu'elles n'avaient pas été enregistrées au parlement, et on lui demanda, pour suppléer cette formalité, une somme de 12,000 fr., qu'elle refusa de donner. Son fils fut ainsi empêché de tenir parole à Bonaparte, et obligé de renoncer à l'artillerie.

Sorti de Brienne en 1788, il fut recommandé par le marquis d'Argenteuil à M. de Montmorin, qui le fit partir pour Vienne avec une lettre pour l'ambassadeur français, auprès duquel il devait être employé. Bourrienne ne séjourna que deux mois dans cette capitale. En quittant Vienne, il se rendit à Leipzig, pour y étudier le droit public et les langues étrangères, suivant le conseil même de l'ambassadeur qu'on lui avait donné pour patron. Ses études terminées, Bourrienne visita la Prusse et la Pologne, et passa une partie de l'hiver de 1791 à 1792 à Varsovie, comblé, selon ses expressions, des bontés de la princesse Tysziewicz, sœur de Poniatowski. Il était admis aux soirées intimes de la cour, où il lisait le *Moniteur* au roi, qui prenait un vif plaisir à entendre les discours prononcés à la tribune française, et surtout ceux des Girondins. Bourrienne avait traduit une pièce de Kotzebue, *Misanthropie et Repentir*; la princesse polonaise dont il avait obtenu la confiance et la haute protection fit imprimer cette traduction à ses frais, à Varsovie. De la cour de Pologne Bourrienne revint dans la capitale de l'Autriche.

Il était rendu à Paris vers le milieu d'avril 1792, et il y rencontra son ancien camarade de Brienne, Bonaparte, qui était, comme lui, assez incertain et assez inquiet sur son avenir. Ils assistèrent ensemble à l'orgie démagogique du 20 juin, et c'est à Bourrienne que Bonaparte dit avec indignation en voyant Louis XVI coiffé d'un bonnet rouge par un homme du peuple : « Comment a-t-on pu laisser entrer cette canaille? Il fallait en balayer quatre ou cinq cents avec du canon, et le reste courrait encore. » Peu de jours après Bourrienne fut nommé secrétaire d'ambassade à Stuttgard, et il partit de Paris le 2 août pour se rendre à son poste. Il laissa son ami sans emploi et presque décidé à retourner en Corse. Au mois de mars suivant, il fut enjoint aux agents français à l'étranger de rentrer en France dans le délai de trois mois, sous peine d'être considérés comme émigrés. Bourrienne, qui n'aimait pas la révolution, et qui la craignait, se tint à l'écart, et resta en Allemagne. Il ne rentra en France qu'en 1795, et rencontra Bonaparte à Paris avec le grade de général et en disponibilité. Il se retira quelque temps après à Sens, où il se trouvait lors des événements du 13 vendémiaire.

Revenu à Paris, il y fut arrêté, comme émigré, en février 1796. Bonaparte était alors commandant en chef de l'armée de l'intérieur. Malgré toutes les insinuations de Bourrienne dans ses Mémoires, l'appui que lui prêta bientôt après son condisciple de Brienne prouve qu'il ne l'abandonna pas, en cette circonstance, à la persécution directoriale, et que la lettre qu'il écrivit pour lui au ministre Merlin ne fut pas tout à fait infructueuse. Il est probable, au contraire, que cette lettre exerça une grande influence sur la conduite du juge de paix qui mit Bourrienne en liberté sans caution, et qui seul, suivant ce dernier, aurait mérité toute sa gratitude. Quoi qu'il en soit, au mois de juin suivant, Bourrienne reçut une lettre de Marmont, datée du quartier général de Milan, dans laquelle il était pressé, au nom du général en chef, de se rendre auprès de son ancien camarade. Lorsqu'on songe que Bonaparte était alors au faîte de la gloire, et qu'il était possible de prévoir qu'il arriverait un jour au faîte du pouvoir, on s'étonne que Bourrienne ne se soit pas rendu avec empressement à cette invitation. Mais il était alors retenu à Sens pour une accusation de faux, relative à un certificat de résidence, et il s'occupait activement de repousser ce soupçon et d'obtenir sa radiation de la liste des émigrés. D'ailleurs, les triomphes du général en chef de l'armée d'Italie, quelque prodigieux qu'ils fussent, ne paraissaient pas encore décisifs; aussi Bourrienne, qui était toujours sous l'influence d'une arrière-pensée royaliste, jugea-t-il prudent peut-être d'attendre encore pour attacher sa destinée à celle de Bonaparte. L'année suivante (22 mars 1797), Marmont réitéra ses sollicitations, et il y joignit un ordre du général en chef ainsi conçu : « Le citoyen Bourrienne se rendra auprès de moi au reçu du présent ordre. » Bonaparte fut obéi cette fois; Bourrienne vint le trouver à Léoben, et prit aussitôt auprès de lui les fonctions de secrétaire intime. Toutefois, leurs relations cessèrent d'avoir le caractère de familiarité qu'elles avaient eu jusque là.

Bourrienne conserva ce poste pendant plusieurs années, et fut nommé conseiller d'État. Mais des rapports d'intérêt avec une maison de banque dont la faillite eut de l'éclat le firent tomber en disgrâce. Ce fut du moins là le motif que le bruit public donna à son éloignement du cabinet de Napoléon. Bourrienne insinue, au contraire qu'il ne fut exclu de l'intimité de l'empereur et envoyé à Hambourg, comme plénipotentiaire, que pour des confidences faites par lui à Joséphine sur quelques circonstances de la mort du duc d'Enghien. Quoi qu'il en soit, Bourrienne conserva son nouveau poste jusqu'en 1813. Rentré en France au moment de l'invasion, il se vengea de son ancien camarade en s'abandonnant à ses vieilles tendances royalistes, et il figura parmi les quelques mécontents de haut parage qui se firent les organes du peuple français et invoquèrent le retour des Bourbons sous les fenêtres ou dans l'entourage de l'empereur Alexandre. Bourrienne fut récompensé de sa participation au mouvement royaliste par la direction générale des postes, qu'il céda bientôt à l'un des chefs de la réaction, M. Ferrand. Il reçut en échange une place de conseiller d'État, et fut nommé préfet de police à l'approche de Napoléon, en mars 1815. Il suivit le roi à Gand, fit ensuite partie de la chambre introuvable et de toutes celles qui suivirent jusqu'en 1827, et se fit remarquer dans toutes ces assemblées par son zèle ultra-monarchique. Rendu à la vie privée sous le ministère Martignac, il en profita pour écrire des *Mémoires* volumineux, dans lesquels il n'eut souvent eu d'essayé de rapetisser ou d'incriminer Napoléon pour se justifier ou se relever lui-même. Il est mort fou, à Caen, le 7 février 1834.

LAURENT (de l'Ardèche).

BOURRU (Caractère), humeur brusque et chagrine, dit l'Académie française. Le mot *bourru*, qui correspond au Πυῤῥός des Grecs et au *burrhus* des Latins, s'appliquait dans l'origine aux hommes roux hérissés, car cette couleur de feu est le πῦρ des Grecs, et l'on attribuait aux personnes rousses une disposition colérique, léonine, ardente de tempérament (*Voyez* Roux). D'un autre côté, les individus velus à la façon des bêtes fauves passent pour brutaux et féroces. Et en effet lorsque règnent des passions, telles que le courage, l'audace guerrière, la magnanimité, un caractère mâle, *bourru* se fait mieux respecter. Tel fut celui de nos vaillants ancêtres, qui s'alliait si bien avec la générosité et la grandeur. Personne n'ignore que la franchise, la libéralité sont les attributs ordinaires de ce tempérament tout en expansion; tel est le *bourru bienfaisant* de la comédie de Goldoni. Les marins passent pour *bourrus*, mais généreux. En général, pourtant, nos habitudes actuelles, si polies, si obséquieuses, n'offrent plus rien de *bourru*; la crinière de nos lions bipèdes est une bien vaine apparence du noble caractère du Burrhus peint par Racine. Mais en perdant cette raideur nous n'avons pas su conserver du moins la fermeté et la vertu du *bourru* Alceste, le misanthrope.

On appelle vin *bourru* un vin âpre et dur, quoique capiteux.
J.-J. VIREY.

BOURSAH. *Voyez* BROUSSE.

BOURSAULT (EDME), poète et financier, naquit à Mussi-l'Évêque, en Bourgogne, en 1638. Homme de fortune et de plaisir, il est du nombre de ces auteurs créés par la nature que ne peuvent réclamer ces tristes serres-chaudes connues sous le nom de collèges, et ses ouvrages, pour ce motif même, ont, malgré leur fonds léger, un cachet d'originalité qui les a sauvés de l'oubli. À treize ans il ne parlait que le patois de sa province. Son père, ancien militaire, attaché à la maison de Condé, et qui sans études avait assez bien fait son chemin, ne voulut pas que son fils en sût plus que lui. Arrivé à Paris, Boursault, jeune homme fort précoce, sans négliger ses plaisirs, apprit à parler et à écrire le français. Il y réussit assez pour devenir ce qu'on appelait alors un homme de bonne compagnie : ses agréments le firent rechercher à la cour, et les solides qualités de son cœur l'y firent estimer. Ses protecteurs le chargèrent de composer un livre pour l'éducation du dauphin. Cet ouvrage, intitulé *La véritable estude des souverains* (Paris 1671), plut tellement à Louis XIV, qu'il nomma Boursault sous-précepteur de son fils. Boursaul refusa, par la raison qu'il ne savait pas le latin. Ce fut avec la même modestie que Boursault s'abstint de briguer une place à l'Académie. Thomas Corneille, qui était fort de ses amis, l'en pressait : les succès dramatiques de Boursault, sa position dans le monde, lui garantissaient la réussite de ses démarches. « Que ferait l'Académie, dit-il, d'un sujet ignare et non lettré, qui ne sait ni latin ni grec? — Il n'est pas question, dit Thomas Corneille, d'une Académie grecque ou latine, mais d'une Académie française. Eh! qui sait mieux le français que vous? » — Cette raison, toute bonne qu'elle était, ne put convaincre Boursault.

Son esprit, son talent naturel, avaient brillé dans une *Gazette en vers*, qui eut un grand succès et lui valut une pension de 2000 francs de la part du roi, qu'elle amusait beaucoup. À la fin, il lui arriva malencontre : une œuvre périodique dont la liberté fait le succès devait finir par indisposer l'autorité. Il s'avisa de rimer une aventure galante arrivée à un révérend père capucin. Le confesseur de la reine jeta feu et flamme : la gazette fut supprimée, et sans la protection du prince de Condé, Boursault aurait été à la Bastille. Quelques années après, il lui fut permis de reprendre sa gazette; mais deux vers assez mordants contre le roi Guillaume, avec qui l'on voulait alors faire la paix, engagèrent le politique Louis XIV à supprimer encore une fois ce journal satirique.

Boursault fut plus heureux au théâtre : plusieurs de ses pièces y obtinrent un succès qui s'est soutenu jusqu'à nos jours, entre autres *Le Mercure galant* et *Ésope à la cour*, cadres épisodiques, sans plan, sans régularité, mais tracés avec une verve, une vérité d'observation, qui à chaque reprise, depuis plus d'un siècle et demi, font toujours découvrir des grâces nouvelles dans ces immortelles bluettes. *Le Mercure galant* fut à sa naissance représenté quatre-vingts fois. La plupart des plaisanteries qui étincellent dans les pièces de Boursault ont passé dans la conversation, et bien des gens les répètent sans savoir à qui ils doivent leur esprit d'emprunt. Il n'a été surpassé dans ce genre par personne. Lorsqu'on annonça son *Mercure galant*, Visé, auteur du journal qui portait ce titre, réclama auprès de l'autorité; et Boursault ne vit rien de mieux que d'appeler sa pièce *La Comédie sans titre*, ce qui doubla le succès de l'œuvre.

Le sort d'*Ésope à la ville*, qui eut quarante-trois représentations de suite, fut aussi très-brillant; mais cette pièce ne s'est pas, comme les deux autres, maintenue au répertoire, et il faut l'attribuer à la médiocrité des fables que débite Ésope, médiocrité d'autant plus sensible, que la plupart de ses sujets avaient déjà été traités par La Fontaine. Ce n'est pas que Boursault ait eu la prétention de rivaliser avec ce grand poète; loin de là! « Ce qui m'a paru le plus dangereux, dit-il dans sa préface, ç'a été d'oser mettre des fables en vers après l'illustre La Fontaine. Il ne faut que comparer les siennes avec celles que j'ai faites pour voir que c'est lui qui est le maître. Les soins que j'ai pris de l'imiter m'ont appris qu'il était *inimitable*. » C'est toujours avec cette franchise modeste et noble que Boursault s'exprime dans ses préfaces, qui toutes méritent d'être lues; elles font estimer leur auteur, et prouvent qu'il écrivait en prose d'une manière beaucoup plus nette et plus agréable que P. Corneille et Boileau.

On voudrait qu'après avoir été l'ami de Molière, Boursault ne fût pas devenu son ennemi. Il se persuada que c'était lui que l'auteur de *L'École des Femmes* avait eu en vue dans le rôle de *Lisidor*, et il fit contre lui *Le Portrait du Peintre*, comédie satirique, qui, sans être dénuée d'esprit, ne fit pas fortune. Dans *L'Impromptu de Versailles*, Molière, emporté par son ressentiment, fut le tort inexcusable de nommer Boursault, et, bien qu'il ne l'attaque que du côté de l'esprit, ce n'en était pas moins une violation des bienséances sociales et dramatiques. Dans cette querelle, Boileau prit parti pour Molière contre Boursault, qu'il avait nommé dans ses premières satires. Celui-ci s'en vengea noblement. Ayant appris à Montluçon, où il était receveur des tailles, que Boileau, qui prenait les eaux de Bourbonne, s'y trouvait sans argent, il se rendit sur-le-champ auprès de l'illustre malade, et lui offrit sa bourse de si bonne grâce, que Boileau accepta un prêt de deux cents louis. Ce fut l'époque d'une réconciliation sincère et d'une amitié qui ne finit qu'avec leur vie. Boileau, au risque d'immoler à sa place un malheureux poète dont le nom pût remplir le vide de l'hexamètre, effaça de ses satires le nom de Boursault ; mais il est toujours resté dans l'*Impromptu de Versailles*.

Ésope à la cour, qui ne fut représenté qu'en 1701, à la mort de son auteur, offrait quelques tirades alors bien hardies, telles, par exemple, que la comparaison que fait le poète entre le peuple et la cour, et ces vers où Crésus dit, à propos des hommages dont il est l'objet, qu'il soupçonne

Qu'on encense la place autant que la couronne,
Que c'est au diadème un tribut que l'on rend,
Et que le roi qui règne est toujours le plus grand.

Les comédiens, craignant l'allusion à Louis XIV, substituèrent ce plat galimatias :

Et que le trône enfin l'emporte sur le roi.

Outre ces pièces connues, notre financier-poète composa une petite comédie assez gaie, sous le titre de *Mots à la mode*. De ces mots la plupart ont disparu du dictionnaire, mais quelques autres ont acquis, par l'usage, le droit d'y figurer. Comme beaucoup d'auteurs comiques, il s'essaya dans la tragédie : il en fit deux, *Germanicus*, représentée en 1671, et *Marie Stuart*, jouée en 1684. *Germanicus* eut un si grand succès, que le grand Corneille dit en pleine Académie *qu'il n'y manquait que le nom de Racine pour que ce fût un ouvrage achevé*. Ce jugement paraît au premier abord plus étrange encore que le succès ; mais il cesse de surprendre lorsque, à la lecture de cette tragédie, on y reconnaît une imitation de Corneille, à peu près aussi médiocre que les imitations de Campistron et de Danchet à l'égard de Racine. Il était alors naturel que Corneille eût du faible pour son imitateur. Dans sa *Marie Stuart*, Boursault, qui apparemment connaissait un peu mieux l'histoire moderne que l'antiquité, a semé quelques sentences politiques heureusement tournées, qui prouvent qu'il eût pu réussir dans le genre tragique s'il n'eût pas travaillé trop vite ; mais, doué d'une grande facilité, riche, considéré comme particulier, aimé, gâté du public comme auteur, avait-il besoin de travailler ? On a encore de lui deux ou trois nouvelles ou romans historiques et les *Lettres à Babet*, productions *galantes*, qui eurent de son temps un succès prodigieux, mais qui déjà du temps de Voltaire n'étaient plus lues que des provinciaux. On y trouve pourtant encore des sentiments délicats, des pages bien tournées, avec un intérêt et un fonds assez légers. Boursault mourut à Montluçon, le 15 septembre 1701.   Charles Du Rozoir.

BOURSAULT-MALHERBE (JEAN-FRANÇOIS), connu surtout comme directeur des jeux et entrepreneur des boues de Paris, mérita cependant la célébrité sous d'autres titres. Des deux noms illustres et historiques sous lesquels il vécut, un seul lui appartenait en propre. Il descendait non de Malherbe le poëte, mais de Boursault l'auteur dramatique. Malherbe est un nom d'emprunt, sous lequel il exerça pendant de longues années la profession d'acteur. Fils d'un marchand de draps, fort aisé, du quartier des Innocents, il quitta Paris pour suivre une troupe de comédiens ambulants. Plein d'intelligence, de hardiesse, de vivacité, d'esprit, et doué d'un physique très-avantageux, il se fit bien vite une réputation dans les premiers rôles. Confiant déjà dans son étoile, il osa prétendre à l'héritage de Lekain, et il eût succédé peut-être à ce grand acteur, si Larive ne se fût trouvé là et n'eût débuté avant lui sur la scène française. Mais Malherbe ne voulut pas avoir fait inutilement le voyage de Paris ; l'emploi tragique lui étant interdit, il offrit de débuter dans la comédie, et le 5 décembre 1778 il se fit applaudir dans *le Philosophe marié* et dans *la Gageure imprévue*. L'important pour lui était de planter un jalon pour l'avenir, de laisser un souvenir qu'il pût invoquer un jour. Content de son triomphe, il retourna en province, et s'associa dans l'exploitation du théâtre de Marseille. Rien d'extraordinaire ne signala son séjour dans cette ville. L'entreprise à laquelle il s'intéressa fut-elle heureuse ? On l'ignore. Suivons-le à Palerme, où il va diriger un théâtre.

Nul n'est prophète en son pays, dit le proverbe ; soit ! cependant, hélas ! le contre-pied de la sagesse des nations n'est pas toujours une vérité. Quoique étranger, l'*impresario* Malherbe ne fut pas heureux en Sicile : voyez plutôt cet homme qui se jette à la mer !.... c'est le directeur du théâtre de la ville. Mais il prend bien son temps : la voiture du roi Ferdinand passe ; le tumulte, la foule, intriguent le souverain ; il fait arrêter les chevaux ; il s'informe, il apprend que c'est un homme qui voulait se noyer, et que les flots ont refusé d'engloutir. Ferdinand ordonne que le malheureux soit amené de gré ou de force au palais. Malherbe fait des façons ; néanmoins il cède. Une fois en présence du roi, il gémit sur la malheureuse vie à laquelle on a la cruauté de le rendre ; Ferdinand le console, l'interroge, l'encourage ; enfin Malherbe consent à avouer que son acte de désespoir est la conséquence de la mauvaise fortune de sa direction théâtrale, et il finit son pathétique récit par ce mouvement dramatique : « Oh ! que la Sicile me sera cruelle ! » Le roi fut ému jusqu'aux larmes, et comme, après tout, le peuple était là pour payer les libéralités du souverain, les dettes du malheureux impresario français furent acquittées ; on lui donna même de l'argent pour retourner dans sa patrie. Voilà comme on plongeon exécuté à propos peut faire surnager un homme habile ! Vraie ou fausse, l'anecdote s'est accréditée.

L'enfant de Paris rentra dans sa ville natale quand la révolution commençait à gronder. Malherbe se lance à corps perdu dans le parti révolutionnaire ; il reprend son nom, fonde un théâtre dans une vaste cour du passage des Nourrices, entre les rues Saint-Martin et Quincampoix. Oublieux de la guerre que son bisaïeul a si malencontreusement faite à l'auteur de *l'École des Femmes*, et, que sait-on ? pour obtenir peut-être, pour lui et pour sa race, l'indulgence du grand poète comique, il donne à son théâtre le nom de *Théâtre Molière* : les œuvres qui s'y jouent ne rappellent pas cependant celles du dieu sous l'invocation duquel il a été placé. Le général Ronsin y fait représenter ses pièces révolutionnaires ; tout le répertoire est choisi pour propager les idées du jour. Ce théâtre exerça une influence directe sur la population, et Boursault recueillit bientôt le prix de son intelligente activité. Nommé d'abord électeur de Paris, il devint, en 1793, membre suppléant à la Convention nationale. Quoiqu'il n'eût siégé dans cette assemblée qu'après la mort de Louis XVI, il fut sous la Restauration rangé, par certains écrivains royalistes, parmi les votants. Boursault fit redresser par les tribunaux cette erreur volontaire ou involontaire, qu'il eût acceptée à l'époque où il faisait jouer sur son théâtre la *Ligue des Fanatiques et des Tyrans*.

Membre de la Convention, Boursault eut à remplir plusieurs missions politiques dans divers départements, et il fut souvent accusé de concussion. Des rapports sur sa conduite furent à la vérité demandés par lui-même ; l'assemblée les ordonna, mais les événements allèrent plus vite que les rapporteurs, et il ne fut jamais absolument avéré que l'entrepreneur des charrois militaires eût marché à la fortune par des routes tortueuses. La scène politique était bien dangereuse pour un homme d'une imagination aussi active et aussi variable; il en descendit, et songea à reprendre les rênes du Théâtre Molière, qu'il avait cédées à son camarade Lachapelle, auteur-comédien et directeur, qui avait porté sa tête sur l'échafaud le 24 mars 1794. Ce théâtre avait pris le nom de *Théâtre des Variétés nationales et étrangères*; Boursault entrevit un succès dans l'exploitation des auteurs dramatiques étrangers, que Letourneur avait mis à la mode. Son esprit révolutionnaire se reporta de la politique vers la littérature; il effaça le mot *nationales* du frontispice de son théâtre, et n'y fit jouer que Lope de Vega, Caldéron, Schiller, Antonio José, etc. La spéculation ne fut pas heureuse; mais d'autres jeux que ceux de la scène l'enrichirent; il trouva des millions dans un autre fumier que celui d'Ennius. Le balayage des rues de Paris et l'exploitation des maisons de roulette de trente et quarante, qu'il sollicita et obtint successivement, telles furent les sources de son immense fortune. Il en est encore de moins pures; il en est aussi de moins bien employées. Boursault était grand amateur de tableaux; sa galerie a été longtemps renommée; l'horticulture lui doit aussi beaucoup : ses plantes exotiques, ses magnifiques serres, ses jardins, les mieux entretenus de l'Europe peut-être, amenaient chez lui tous les étrangers qui visitaient Paris. Chefs d'œuvre de la peinture, fleurs embaumées, noble et douce purification de trésors venus de la roulette perfide et de l'impôt de Vespasien !

L'activité de cet homme singulier n'abandonna pas plus son esprit que son corps. En 1830 il eut un retour de jeunesse : il acheta trois millions la salle Ventadour; et par un coup de commerce il gagna quinze cents mille francs à cette opération; mais il eut un moment de vertige quand, quelques mois après, il ne recula pas, à son âge, devant la direction de l'Opéra-Comique. C'en était fait de ses jardins, de sa galerie, de sa fortune. Par bonheur pour lui, cette hallucination se dissipa; alors, appréciant d'un coup d'œil sa position désespérée, il rassemble les artistes et les employés du théâtre, les harangue, leur montre le précipice que sa fortune ne pourra combler, puis, soulevant une draperie placée sur une table, il leur découvre des piles d'or et des billets de banque : « Vous avez le droit, dit-il, de me forcer à continuer l'exploitation de mon privilége; mais ma faillite est au bout de mes efforts, et vous perdrez alors une partie du temps que nous passerons ensemble. Si, au contraire, vous voulez rompre immédiatement avec moi, je vous paye à l'instant même une année de vos appointements. » Longtemps malheureux sous de précédentes directions, éblouis d'ailleurs par cet appât inusité d'or et de billets, hommes et femmes, chanteurs, instrumentistes, contrôleurs, allumeurs, garçons de peine, toute la troupe enfin accepte la proposition, et touche douze mois de solde anticipée. L'homme du tapis vert avait bien calculé son effet; cette part donnée au feu sauva une fortune entière, qui eût été dévorée.

Un nouveau caprice s'empara bientôt du vieillard, toujours *vigoureux, toujours inconstant* dans ses goûts ou ses fantaisies. Sa galerie est mise en vente, ses fleurs si rares sont dispersées par la folle-enchère, son parc est abattu, et sur l'emplacement s'élèvent deux rangées de maisons parallèles qui prennent le nom de rue Boursault. Ce fut sa dernière entreprise. Il mourut peu de temps après. Du comédien, du directeur de théâtre, rien ne serait resté dans la mémoire des hommes; du représentant du peuple, un fait controuvé et des accusations vagues; du directeur des jeux et de l'entrepreneur du balayage public, une renommée de hasard et un peu bourbeuse; de l'amateur de tableaux et de l'horticulteur, un renom peu coloré et effeuillé bien vite; en se faisant constructeur de maisons, Boursault, l'enfant de Paris, a inscrit son nom dans les fastes de la grande ville.

Étienne Arago.

BOURSE, BOURSIER. La première, c'est-à-dire la plus ancienne comme la plus commune acception du mot *Bourse*, venu du grec βυρσα, qui signifie *cuir*, est celle qui s'applique à ces petits sacs dans lesquels on met l'argent dont on a besoin pour ses emplettes journalières. On en fait en peau, en toile, en tricot, en crochet, en soie, en cheveux ou en matières d'or, d'argent, etc. On les ferme d'ordinaire soit avec des cordons, soit avec un *fermoir* en acier poli, qui s'ouvre en poussant un bouton; quand la bourse est double, c'est-à-dire en forme de bissac, on la ferme avec des anneaux.

Par analogie, on a donné aussi autrefois le nom de *bourse à cheveux* à un petit sac de taffetas, dans lequel les hommes portaient leurs cheveux.

Le mot *Bourse*, dans un sens plus étendu, se prend pour tout l'argent dont un homme peut disposer. On dit, au figuré, qu'un homme a une *bonne bourse*, pour dire qu'il est fort riche. *Avoir la bourse, tenir la bourse*, c'est être chargé de la dépense commune dans un ménage ou dans une association. On dit que les voleurs de grands chemins demandent *la bourse ou la vie* à ceux qu'ils attaquent. C'est ainsi du moins qu'on les fait parler au théâtre. On appelle *coupeurs de bourse* ceux qui l'attrapent subtilement, sans user de violence. On dit aussi se procurer quelque chose *sans bourse délier*, c'est-à-dire sans être obligé de débourser de l'argent. Vivre *selon sa bourse*, c'est ne pas dépenser plus que son revenu; *vivre sur la bourse d'autrui*, c'est vivre aux dépens d'autrui; avoir la *bourse bien ferrée*, c'est l'avoir bien garnie; avoir *la bourse plate*, c'est, au contraire, n'avoir point ou n'avoir que fort peu d'argent; avoir *le diable dans sa bourse*, ou, selon La Fontaine, *loger le diable en sa bourse*, c'est être absolument dépourvu d'argent. On dit encore qu'un homme *fait bon marché de sa bourse*, lorsqu'il dit qu'une chose lui coûte moins qu'il ne l'a payée réellement.

Bourse est aussi une manière de compter dans le Levant. Elle vaut aujourd'hui 500 piastres, en Turquie.

Bourse, en termes de collége, est une somme annuelle assignée par le gouvernement, ou par quelque fondateur, pour l'entretien gratuit d'un étudiant. Il y a aussi des *demibourses*, dont les titulaires ne payent que la moitié du prix exigible pour la pension. Ceux qui obtiennent et qui possèdent ces bourses ou demi-bourses sont appelés *boursiers*.

C'est aussi le nom de l'artisan qui fabrique les bourses, et c'était encore autrefois le nom de ceux qui les vendaient. Les *boursiers*, avant la révolution, vendaient, en outre, des parapluies, des ombrelles, des fallots, des gants, des culottes de peau, etc. Aujourd'hui, ce sont les gantiers, les merciers et les marchands de nouveautés qui vendent les bourses.

Les agents de change, les avoués, les commissaires priseurs, les huissiers et les notaires ont des *bourses communes*, c'est-à-dire une mise en commun d'une partie de leurs droits ou vacations, pour subvenir à des dépenses communes, ou à leur existence en cas d'infirmité.

BOURSE (*Histoire naturelle*). Dans les sciences qui ont pour objet l'étude des corps naturels, on a donné ce nom tantôt à des parties de ces corps, tantôt à des individus de diverses espèces qui ressemblent à un sac, à ouverture unique.

En botanique, on nomme *bourse* une espèce de poche adhérente à la base du pédicule des champignons et entourant toutes les autres parties avant leur développement. Cette bourse se déchire par le haut et laisse passer le pédicule et le chapeau du champignon, qui en emporte quelquefois des débris à sa surface.

Dans les mammifères, le sac cutané qui enveloppe l'organe sécréteur du sperme, est appelé *bourse scrotale* ou *scrotum*. Le repli de la peau du ventre destiné à recueillir le produit de la génération dans les d i d e l p h e s est encore une *bourse abdominale*, d'où le nom de mammifères à bourse ou m a r s u p i a u x

On appelle vulgairement *bourse* ou *gibecière* une espèce d'huître (*ostrea radula*) et un peigne (*pecten radula*). Certains poissons (diodons, tétrodons, quelques espèces de balistes), qui sont remarquables par la faculté de se gonfler comme des ballons, en introduisant une grande quantité d'air dans leur estomac ou plutôt dans l'espèce de jabot extensible situé dans l'abdomen, ont été nommés *boursouflus* ou *bourses*. Ainsi gonflés, ils flottent à la surface de l'eau, le ventre en l'air; les piquants de leur peau sont alors hérissés et les défendent contre leurs ennemis. L. LAURENT.

BOURSE (*Commerce*). C'est la réunion qui a lieu, sous l'autorité du gouvernement, des commerçants, capitaines de navire, agents de change et courtiers; cette réunion a pour objet la vente de toutes marchandises et des matières métalliques, l'affrétement des navires, les assurances contre certains risques, les transports par terre et par eau, la vente des rentes sur l'État, la négociation des effets publics et de tous ceux dont le cours est susceptible d'être coté, celle des billets et papiers commerçables.

Les bourses de commerce ont été instituées pour faciliter des opérations importantes, qui ne pourraient s'effectuer que par la voie lente des annonces, des journaux et autres moyens semblables; elles mettent en présence et en rapport direct, immédiat, les acheteurs et les vendeurs, placent sous la surveillance de l'autorité des opérations qui se rattachent à l'intérêt général, servent à constater régulièrement le cours des marchandises et des effets publics, et permettent enfin aux négociants de connaître la mesure de crédit que méritent la plupart des maisons de commerce par la nature même des opérations auxquelles elles se livrent.

Dans tous les pays civilisés on a senti le besoin de consacrer un lieu à la réunion des commerçants, pour rendre plus faciles leurs transactions.

Les négociants d'Athènes se réunissaient au port du Pirée. Tite-Live nous apprend que la première assemblée régulière de commerçants eut lieu à Rome sous le consulat d'Appius Claudius et de Publius Servilius, 259 ans après la fondation de cette ville, et 493 ans avant l'ère chrétienne; elle se nommait *le collége des marchands*.

Si l'on en croit une vieille tradition, c'est à Bruges, en Flandre, qu'au seizième siècle on s'est servi pour la première fois du mot *bourse* pour désigner le lieu où les marchands tenaient leurs assemblées, lequel n'était autre que la maison d'une famille de gentils-hommes appelée *Van der Beurse*. Suivant d'autres, il proviendrait de ce que la première réunion de ce genre tenue à Amsterdam avait lieu dans une maison au-dessus de la porte d'entrée de laquelle étaient gravées dans la pierre trois bourses, en manière d'enseigne.

Une ordonnance de la reine Élisabeth donne à la Bourse de Londres la dénomination de *Royal-Exchange*; et les bourses qui existent aujourd'hui dans les différentes villes d'Angleterre n'y sont encore désignées que sous le nom d'*exchanges*. En France, une bourse fut instituée à Toulouse, en 1549; une autre à Rouen, en 1559; cette dernière était désignée sous le nom de *Convention de Rouen*. A Paris et à Lyon on donna le nom de *place du change* aux assemblées de négociants.

C'est dans la grande cour du palais de Justice, au-dessous de la galerie Dauphine, près de la Conciergerie, que se rassemblaient les commerçants de Paris; ce n'est que le 24 septembre 1724 qu'un arrêt du conseil créa la première bourse que la capitale ait possédée; le siége en fut aussitôt transféré à l'hôtel de Nevers, rue Vivienne. La révolution de 1789 brisa les entraves qui avaient enchaîné jusque alors le commerce et l'industrie. Les bourses, et surtout celle de Paris, eurent dès ce moment une grande influence sur les affaires publiques; on peut même dire que la situation de la bourse de Paris est aujourd'hui le thermomètre du crédit public. A la suite des grandes agitations et des événements désastreux de 1793, les différentes bourses de France furent momentanément fermées. Un décret du 6 floréal an III ordonna qu'elles seraient partout rouvertes. Le consulat, qui s'appliquait à tout reconstruire, ne négligea pas l'institution des bourses de commerce; une réorganisation générale eut lieu. Des arrêtés spéciaux ordonnèrent en outre qu'un grand nombre de bourses seraient établies là où il n'en existait pas encore. Un décret du 16 avril 1852 en a établi une à Alger.

Sous l'Empire la bourse ne put que souffrir du système militaire qui se développait avec tant d'énergie; aussi fit-elle sourdement obstacle à la mission régénératrice dont l'empereur se regardait comme l'instrument providentiel. Elle ne manqua pas de se dédommager sous la Restauration d'embarras et d'entraves que les revers de 1813 étaient venus accroître. Sous le gouvernement qui succéda à la Restauration, l'agiotage, objet des plus scandaleuses faveurs de la part d'un pouvoir corrompu et corrupteur, eut la Bourse pour temple.

Les bourses ont toujours été placées sous la dépendance du gouvernement; c'est lui qui les ouvre, lui qui veille à leur police intérieure, lui enfin qui les ferme : c'est donc au gouvernement que pourraient remonter les reproches que l'on a adressés à ces institutions, si les abus que l'opinion publique ne cesse de signaler n'étaient pas réprimés. Comme à l'origine, toutes les précautions nécessaires pour préserver les bourses des excès de l'agiotage ont été prises par la loi, c'est sur le pouvoir chargé de l'appliquer que retombe en définitive la responsabilité des infractions à la loi qui y sont commises.

Le préfet de police à Paris, les maires et officiers de police des villes de département sont chargés de l'exécution des règlements qui concernent la bourse.

L'entrée de la Bourse est interdite aux faillis qui n'auraient pas obtenu leur réhabilitation, à ceux qui se seraient immiscés dans les fonctions d'agents de change et de courtiers, à ceux, enfin, qui auraient été condamnés à des peines afflictives ou infamantes. Ces individus exceptés, les bourses sont ouvertes à tout le monde, aux étrangers comme aux nationaux.

Par une mesure de prudence et de sagesse, qu'on ne saurait trop approuver, la loi n'a pas permis aux femmes de se montrer dans les bourses.

En résumé, les bourses sont des établissements fort utiles, lorsqu'elles sont maintenues dans les limites que la loi leur a sagement fixées. Losqu'elles en sont sorties, des catastrophes terribles, suites inévitables du trafic effréné qui s'y faisait sur des valeurs fictives, ont prouvé jusqu'à quel point les désordres qui peuvent résulter de ces réunions de commerçants et de spéculateurs sont de nature à atteindre et compromettre le crédit général.

Il nous reste à dire un mot des monuments remarquables qui servent de bourse à différents pays.

La *Bourse de Londres*, ou *Royal-Exchange*, reconstruite après le terrible incendie qui ravagea cette capitale en 1666, passe pour avoir été élevée sur les dessins d'Inigo Jones. Elle a 67 mètres de long, sur 58 de large. L'édifice est divisé en deux parties distinctes : l'une, plus particulièrement désignée sous le nom de *Royal-Exchange*, est consacrée à la vente des marchandises et des lettres de change; l'autre, appelée *Stock-Exchange*, est le marché des fonds publics et des actions. Il existe en outre à Londres des *exchanges* pour la vente de différentes matières, par exemple le *Corn-Exchange*, bourse aux grains, le *Coal-Exchange*, bourse aux charbons, etc.

La *Bourse d'Amsterdam*, bâtie par Dankers, commencée en 1608 et finie en 1613, est également remarquable. Cet édifice a 81 mètres de long sur 45 de large. Il est soutenu par trois grandes arcades sous lesquelles passent des canaux. On trouve au rez-de-chaussée un portique qui environne la grande cour et au-dessus duquel sont des salles soutenues par quarante-six piliers tous numérotés, et assignés chacun soit à une nation, soit à des marchandises de même genre.

La *Bourse de Saint-Pétersbourg*, terminée en 1811, d'après les plans donnés par un architecte français, M. Tomon, et qui ne fut ouverte au commerce que le 15 juin 1816, a la forme d'un parallélogramme. Sa longueur est de 107 mètres sur 80 de largeur et 29 de hauteur; un rang de 44 colonnes d'ordre dorique, dont 10 à chaque face et 12 sur chaque partie latérale, forme une galerie ouverte autour du bâtiment. La grande salle intérieure a 41 mètres de long sur 21 de large; elle est ornée de sculptures emblématiques, et reçoit la lumière d'en haut; on y entre par quatre côtés, où sont disposées huit chambres couvertes d'écriteaux, d'avis, d'annonces et de règlements. Les marchands russes et les étrangers s'y réunissent chaque jour, à trois heures après midi. La bourse de Saint-Pétersbourg est isolée de toutes parts; au devant de la façade principale, du côté de la Néva, s'étend une belle place en forme de demi-lune, dont les revêtements, les trottoirs et les parapets sont en granit. Les vaisseaux qui ne tirent pas plus de 5^m,50 d'eau arrivent des pays les plus lointains devant la bourse même; et, pour faciliter le débarquement des marchandises, deux rampes circulaires conduisent au niveau de la rivière. Sur cette place, aux deux extrémités du port, s'élèvent deux colonnes rostrales, ornées de statues, d'ancres et de proues de vaisseaux, et surmontées de demi-sphères concaves supportées par un groupe composé de trois Atlas, et destinées à recevoir des feux aux jours d'illuminations.

Le plan de la *Bourse de Paris*, le plus grand, et certes le plus magnifique édifice de ce genre, est celui d'un temple antique périptère, d'ordre corinthien, ayant 20 colonnes à chacun de ses flancs et 14 colonnes à chaque face, en comptant deux fois celles des angles (elles sont élevées sur un soubassement de 2^m,60 environ, et ont 1 mètre de diamètre et 10 de hauteur). La largeur de l'édifice est de 50 mètres et sa longueur de 72. Ces colonnades procurent un promenoir (ou *péridrome*) autour des murs, qui sont percés d'arcades, ce qui, avec l'absence de frontons, distingue cet édifice des temples anciens périptères. Son élévation se termine en avant et en arrière par un simple entablement, et présente un péristyle parfait, auquel on arrive par un perron qui occupe toute la largeur de la face occidentale, et qui est composé de 16 marches. Un autre escalier décore le perron de la face orientale. Deux statues colossales ornent maintenant chacun de ces escaliers. Un grand vestibule communique à droite aux salles particulières des agents de change et des courtiers de commerce, et à gauche au tribunal de commerce, dont les bureaux sont à l'étage supérieur, auquel on arrive par un escalier intérieur.

La *salle de la Bourse* est au rez-de-chaussée et au centre de l'édifice. Sa longueur est de 32 mètres et sa largeur de 18. Elle reçoit la lumière d'en haut, et peut contenir 2,000 personnes. A l'entour règne une galerie de 3 mètres de large, sur laquelle s'ouvrent d'autres salles, consacrées à différents services. Cette vaste salle se fait, en outre, remarquer par une décoration du meilleur goût, et sa voûte est ornée de peintures en grisailles, de Meynier et d'Abel de Pujol, qui représentent à l'œil, avec une illusion parfaite, des bas-reliefs réels d'une grande saillie.

On ne peut pas dire que cet édifice ait le caractère précis d'une bourse; il faut l'avouer, ce n'est pas là le type d'un pareil monument, tel qu'on peut le concevoir dans un port de mer ou dans une grande ville commerçante; mais aussi ce n'est pas la bourse de Bordeaux, du Hâvre ou de Lyon que l'on a voulu faire, c'est celle de la France, et en quelque sorte de l'Europe. La première pensée de ce monument naquit à une époque où l'on voulait justifier par des résultats surprenants un grand mouvement imprimé à l'univers entier. Tout ce qui appartenait à la capitale du monde devait porter l'empreinte de la puissance, du savoir et du goût, afin de recueillir, au profit du peuple conquérant, l'obéissance, le respect et l'admiration. Tel était le but qu'il fallait atteindre avant tout, et Brongniart, bien pénétré de cette idée, s'attacha d'abord à donner un grand caractère à l'édifice qui lui était confié. Personne n'osera nier qu'il ait parfaitement réussi.

La Bourse de Paris avait d'abord été établie dans une partie de l'ancien palais Mazarin, puis dans l'édifice qui fut ensuite occupé par le Trésor; pendant la révolution, elle fut transférée dans celui des Petits-Pères, et de là au Palais-Royal, dans la galerie de Virginie. C'est le 24 mars 1808 que la première pierre de l'édifice actuel fut posée sur l'emplacement de l'ancien couvent des Filles-Saint-Thomas, situé rue Vivienne, entre les rues des Filles-Saint-Thomas et Feydeau. Les travaux, qui commencèrent dès cette époque, avaient été suspendus en 1814, par suite des événements politiques; ils ont été repris depuis, la Bourse se tenant provisoirement sous un hangar voisin, rue Feydeau, et l'inauguration du monument eut lieu en septembre 1824. Brongniart étant mort le 6 juin 1813, M. Labare avait été chargé de l'achèvement des constructions et des détails de l'intérieur, dans l'exécution desquels il a fait preuve de beaucoup d'habileté.

BOURSE (Opérations de). Outre les opérations de commerce qui s'y font, la Bourse représente un véritable marché où chaque rentier peut chaque jour vendre son titre de rente ou en acheter un nouveau. Les opérations de la Bourse s'effectuent par l'intermédiaire d'agents de change, au nombre de soixante, de soixante courtiers de commerce et de huit courtiers d'assurance. Un grand nombre d'opérations sont faites aussi par des courtiers qui n'ont aucun caractère légal, et que l'on appelle *courtiers-marrons*. Beaucoup d'entre eux jouissent d'un crédit qu'ils ne doivent qu'à leur moralité. Les agents de change et les courtiers reconnus par la loi fournissent un cautionnement pour la garantie des condamnations qui pourraient être prononcées contre eux, dans le cas où ils transgresseraient les règlements en exerçant leurs fonctions.

Les agents de change furent institués primitivement pour négocier des lettres de change que les négociants tiraient les uns sur les autres; dans toutes les bourses de France, hormis celle de Paris, ils ont conservé cette fonction d'intermédiaires entre les négociants pour le commerce des lettres de change. A Paris seulement, depuis que le crédit public a pris un grand développement, les agents de change ont obtenu d'ajouter à leur privilège celui d'être les seuls intermédiaires pour la vente ou l'achat des effets publics : leur signature est indispensable dans ces transactions-là pour valider les opérations. Elles sont si considérables aujourd'hui, que les agents de change de Paris ont totalement renoncé à la négociation des effets de commerce; ils l'ont abandonnée aux courtiers-marrons.

Tous les jours, à une heure, la Bourse de Paris est ouverte. A une heure et demie précise une cloche annonce l'arrivée des agents de change, qui entrent au parquet de la Bourse; ils s'y placent autour d'une espèce de balustrade circulaire; aussitôt les affaires commencent, et un crieur annonce le prix de chaque vente faite au comptant. Ces prix forment les *cours* de la Bourse. Les opérations au comptant ou réelles ne peuvent se faire qu'au parquet des agents de change, d'une heure à trois heures. Les opérations de vente *à terme* se font partout et à toute heure : elles sont fictives pour la plupart; ce sont des paris sur la hausse ou sur la baisse des fonds publics jusqu'à une époque déterminée. Ces opérations sont très-nombreuses : nous allons les parcourir succinctement, en commençant par les marchés au comptant.

Un particulier fait un achat au comptant lorsqu'il place ses capitaux sur l'État, moyennant une rente que ce dernier lui paye par semestre, d'une manière fixe. L'achat des rentes ne peut se faire que par l'intermédiaire d'un agent de change, auquel on remet son capital contre les inscriptions ou certificats de rentes qu'il donne à la place ; le droit de courtage est d'un huitième de franc pour cent, ce qui fait 12 centimes et demi par 100 francs. Lorsqu'une vente est terminée, il faut opérer le transfert des inscriptions des rentes au bureau des transferts dans le palais même de la Bourse ; l'agent de change vient faire une déclaration à cet effet ; elle est transcrite sur des registres où le propriétaire vendeur appose sa signature.

Supposons maintenant qu'un particulier, voyant les fonds 4 ½ pour 100 à 97, pense qu'à la fin du mois il y aura baisse, par suite de circonstances politiques qu'il croit prévoir ; dans l'espérance que sa prévision sera réalisée, il vend 4,500 francs de rente *fin courant*, c'est-à-dire pour la fin du mois, au taux de 97 pour 100. Il est clair que si le cours de la rente tombe à 95, par exemple, il aura un grand profit, puisqu'il vendra 97 ce qu'il pourra acheter 95 au moment où il devra livrer. Il est donc intéressé à ce que la rente baisse. La plupart de ces *marchés à terme* sont fictifs, c'est-à-dire que les spéculateurs qui s'y livrent ne possèdent pas les sommes qu'ils vendent ou qu'ils achètent *fin courant* : ils opèrent alors *à découvert*, et ne s'occupent que des différences. C'est ainsi que dans le cas où la rente que ce particulier a vendue 97 tombe à 95, il réalise une différence de 2,000 francs, qui lui est livrée par le spéculateur qui avait compté sur la hausse à la fin du mois ; et, au contraire, il fait la perte de 2,000 francs si le spéculateur à la hausse a eu l'avantage sur lui par une hausse de 2 fr.

Les spéculateurs qui jouent à la baisse s'appellent les *baissiers* ; ceux qui jouent à la hausse s'appellent les *haussiers*. Quand arrive le terme fixé par les uns et par les autres (et c'est ordinairement la fin du mois), toutes les manœuvres possibles sont employées par les *baissiers* pour effrayer les rentiers, et faire ainsi baisser la rente : tantôt ce sont de fausses nouvelles politiques extérieures tendant à faire croire à la guerre ; tantôt ils supposent et répandent un changement de ministère en qui les capitalistes ont peu de confiance ; ou bien c'est une émeute qui a éclaté, et qui peut entraîner une guerre civile ; ce sont des bruits de banqueroute de la part de l'État, etc. Les haussiers, au contraire, cherchent à mettre à profit tout ce qu'ils savent ou peuvent inventer de probable qui consolide le crédit de l'État, anime la confiance des rentiers et fasse monter la rente par de nombreux achats effectués. Tantôt ce sont les manœuvres des baissiers qui réussissent : la rente baisse, et plusieurs d'entre eux réalisent des bénéfices immenses, tandis que les haussiers font des pertes considérables, et même se voient ruinés dans l'espace de deux heures. Tantôt le contraire arrive, et ce sont les haussiers qui s'enrichissent aux dépens des baissiers.

Le marché *fin prochain* ne diffère du marché *fin courant* qu'en ce que ce dernier a pour terme la fin du mois courant, et le premier la fin du mois prochain. Le droit de courtage que l'on paye à l'agent de change dans les marchés à terme n'est que de 1 seizième de franc pour 100, ce qui fait 6 centimes un quart par 100 francs.

Toutes les négociations pour *fin courant* se règlent généralement à la quatrième bourse du mois suivant ; c'est ce qu'on appelle la *liquidation*, et, pour en faciliter la marche, on est convenu de n'opérer que sur des multiples de certaines sommes rondes.

En parlant des marchés à terme, nous n'avons indiqué que ceux où le vendeur et l'acheteur sont irrévocablement tenus de faire face à leurs engagements réciproques. Ces marchés-là s'appellent marchés *fermes*, par opposition à d'autres appelés marchés *libres* ou *à prime*, faits aussi pour fin courant ou fin prochain, et qui sont obligatoires pour le vendeur seulement. Voici en quoi ils consistent : un agent de change vous offre 2,250 fr. de rente fin courant à raison de 97 portant 4 ½ d'intérêt : l'intérêt de l'agent de change est que le cours 97 baisse, tandis que votre intérêt, à vous, est que le cours s'élève ; vous ne voulez pas perdre plus de 1 fr. par 97 fr., c'est-à-dire plus de 500 fr. sur l'opération totale. Vous donnez alors 500 fr. de *prime* à l'agent de change, qui s'engage à livrer fin courant ou fin prochain 2,250 fr. de rente au cours de 97. Si à la fin du terme le cours baisse à 95, vous abandonnez votre prime, et vous ne perdez que 500 fr., tandis que vous en auriez perdu 1,000 à marché *ferme* ; si, au contraire, le cours s'élève à 100, par exemple, c'est-à-dire au pair, vous faites un bénéfice de 1,500 fr., que vous paye l'agent de change.

Le cours de la rente à prime est toujours plus élevé que celui de la rente ferme ; en effet, l'acheteur court moins de dangers dans les opérations à prime que dans les opérations fermes. Le vendeur n'a d'avantage qu'autant qu'il est possesseur d'effets publics et qu'il n'opère point à découvert. Dans ce dernier cas, il est clair qu'il a une forte chance contre lui.

Le premier marché *à prime* fut fait par Law : quelque temps après la création de la *Compagnie des Indes occidentales*, les actions en étaient à 300 livres ; pour élever ce prix, Law engagea les nombreux seigneurs qu'il avait pour amis à acheter des actions, leur affirmant que c'était pour eux une bonne affaire ; car, suivant lui, elles ne devaient pas tarder à atteindre le pair, qui était de 500 livres. Afin de donner plus de poids à ses paroles, il en acheta lui-même, pour un terme rapproché, deux cents au pair, en promettant de payer la différence entre le pair et le taux actuel s'il ne tenait pas son marché au terme convenu. Cette différence, montant à 40,000 livres, fut livrée d'avance comme *prime*. Elle éveilla l'attention des spéculateurs, qui achetèrent des actions et déterminèrent une hausse rapide.

Les marchés *à prime*, aussi bien que les marchés *fermes*, se font par engagements réciproques entre les agents de change et leurs clients, et sous seing privé. Les agents de change gardent toujours le plus inviolable secret à ceux de leurs clients qui ne veulent pas être connus. La chambre syndicale des agents de change, composée d'un syndic et de six adjoints, surveille avec la plus sévère attention la manière dont chacun d'eux exerce ses fonctions.

A la dernière bourse de chaque mois, les acheteurs donnent aux agents de change *la réponse des primes* : si les marchés sont réalisés, ils rentrent dans la classe des négociations fermes. Le premier du mois suivant, on règle les opérations faites sur les quatre et demi et les trois pour cent ; le 2 on règle toutes les opérations faites sur les actions de la Banque et sur d'autres papiers publics. Le 3 les agents de change s'accordent sur les différences qu'ils ont à se payer et sur les effets qu'ils doivent se livrer, et le 4 toute liquidation se termine. Les opérations sur actions de chemins de fer se liquident deux fois par mois.

Après chaque bourse, les agents de change et les courtiers se réunissent pour arrêter les différents cours des négociations relatives aux actions des diverses sociétés, aux lettres de change, en un mot, à tout ce qui concerne leur ministère. Ces différents cours sont portés sur un registre par un commissaire de police. Les agents de change et les courtiers doivent consigner sur des carnets les ventes et les achats qu'ils ont consommés ; ils sont tenus, en outre, d'en transcrire les conditions sur un livre coté et paraphé comme ceux des commerçants, et de livrer à tout intéressé, au plus tard le lendemain de l'opération, un extrait de leur journal, relativement à leurs négociations. Ils font, en même temps, signer aux parties des actes constatant le marché conclu par leur entremise.

Les opérations de la Bourse reviennent, en définitive, à ce que nous venons de dire sur les marchés au comptant et les marchés à terme fermes et libres ; mais on conçoit qu'elles doivent offrir une complication plus grande que les marchés dont nous avons parlé. En effet, si un spéculateur fait une vente ou un achat fin courant, les fluctuations continuelles de hausse et de baisse qui ont lieu chaque jour à la Bourse le tiennent continuellement tantôt dans l'espérance de voir des bénéfices se réaliser pour lui, tantôt dans la crainte de faire des pertes qui amèneraient sa ruine. Aussi, lorsqu'un marché est conclu fin courant par un spéculateur, il ne se borne pas à attendre avec anxiété le dernier jour du mois pour savoir le résultat de cette espèce de loterie, il fait durant tout le mois des achats ou des ventes au moyen desquelles il cherche à contrebalancer les pertes qui peuvent lui survenir, ou à grossir ses bénéfices. Ainsi, après avoir vendu une première fois 4,500 fr. de rente, supposons à 95 fr., si le cours vient à hausser, il vendra 4,500 autres fr. de rente à 96, pour améliorer sa position, qui en effet est celle d'un vendeur de 9,000 fr. de rente à 95 fr. 50 cent. Le mouvement de hausse continuant, il vendra encore 9,000 fr. de rente à 97, et se trouvera alors en définitive vendeur de 18,000 fr. de rente aux prix moyens de 96 fr. 25 cent. Il n'aura plus besoin que d'une réaction de 75 centimes sur le prix imprévu de 97 fr. pour être indemne, ou d'une réaction d'un franc pour être en bénéfice.

Le joueur à la hausse qui s'est d'abord trompé agit de la même manière pour échapper aux suites de son erreur; il fait des achats successifs afin de réduire le prix de ses marchés. Ce mode tout naturel d'agir s'appelle faire une *commune*, et on doit dire que c'est le plus rationnel et le plus certain de tous.

Souvent les spéculateurs désirent prolonger leurs opérations au delà du terme indiqué; alors les agents de change ou les courtiers-marrons, qui s'occupent spécialement de ces affaires, les renouvellent moyennant une différence qu'on appelle *report*.

Le *report du comptant à la fin du mois* est la différence entre le taux actuel de la rente au comptant et le taux de la rente fin courant; le *report d'un mois à l'autre* est la différence de prix entre la rente fin courant et la rente fin prochain.

Supposons que je spécule à la hausse, j'achète des rentes à 96 fr. fin courant; le cours baisse, et se maintient en baisse, au cours de 95, par exemple; mais j'ai de fortes raisons de croire à la hausse prochaine; je revends à 95 en payant la différence, et je rachète sur-le-champ à 95 fr. 25 cent., en supposant que le *report* d'un mois à l'autre soit 25 cent.

Le *report* est encore une manière d'emprunter sur ses rentes. Un particulier a 4,500 francs de rente; il a besoin d'argent tout de suite : il vend ses rentes au comptant, au cours de 96, par exemple, mais il les rachète fin courant à 96 f. 40 c. Au moyen d'un report de 40 c., il peut garder ses rentes, sauf à restituer le prix convenu à la fin du mois, ou fin prochain, s'il reporte fin prochain. Enfin, le *report* présente au capitaliste un moyen de faire d'utiles placements de son argent. Ainsi, je suppose que le cours de la rente 3 pour 100 soit à 69 fr. : un capitaliste achète au comptant 3,000 fr. de rente pour 69,000 fr., et il les revend tout de suite à 69 f. 45 c. fin courant; il touchera donc à la fin du mois une différence de 450 fr. à son avantage. Il est facile de comprendre que le *report* est la représentation de la portion de coupon ou d'intérêt dont la rente s'accroît chaque mois et que le trésor paye chaque semestre. Sur le 3 pour 100 il est de 25 cent., et de 37 c. ¹/₂ pour 100. Mais par l'effet du jeu le *report* s'élève ou s'abaisse à la Bourse en raison de l'abondance ou de la rareté de l'argent.

La plus grande partie des opérations qui se font à la Bourse de Paris reposent sur des marchés à terme. La moindre somme de rentes sur laquelle on puisse spéculer est de 1,500 fr., encore lorsqu'il s'agit du 3 p. 100. Mais si *les opérations à terme* se bornaient à des sommes semblables, il serait difficile que le jeu de la Bourse pût renverser dans quelques jours, dans quelques heures, des fortunes à millions. On joue plus souvent sur des 60,000 ou 100,000 fr. de rente. Les opérations ordinaires, celles qui peuvent arrêter un regard des grands habitués, s'effectuent sur 600,000 fr. ou 1 million de rente. Alors les petites variations du cours peuvent entraîner des différences de *quelque valeur*, puisque les variations de 5 centimes entraînent des différences de 10,000 fr., et les variations de 1 franc, des différences de 200,000 fr. Enfin les opérations qui excitent l'attention générale ne portent que sur des millions de rente ou sur des millions d'actions de toutes sortes. Nous avons vu de nos jours se renouveler presque la fièvre du jeu qui s'empara des esprits lors de la création de la banque de Law.

Pour donner une idée plus complète des transactions journalières de la Bourse, transactions qui valent moyennement à chacun des soixante agents de change un revenu annuel de 120,000 francs, citons un passage d'une brochure de M. Émile Péreire, intitulée : *Examen du budget de 1832*. « La chambre syndicale des agents de change, dit-il, perçoit un droit de *cinq* francs sur chaque vente ou achat dont le *capital nominal* est de *cent mille francs* : ce droit prélevé *seulement* sur les opérations qui s'effectuent d'agent de change à agent de change, c'est-à-dire dans le parquet de la Bourse, produit année moyenne environ douze cent mille francs, ce qui porte la totalité des négociations ainsi faites à un *capital nominal de vingt-quatre milliards*. Mais, la même opération donnant lieu à une vente et à un achat, pour obtenir le chiffre de l'opération réelle, il faut prendre la moitié de cette somme, et dès lors on trouve que l'ensemble des opérations de l'année s'élève en capital à *douze milliards*. Ces sommes réparties sur les trois cents jours pendant lesquels la Bourse est annuellement ouverte, on trouve que le chiffre moyen des *opérations à terme* s'élève chaque jour *en capital à quarante millions*. Si l'on ajoute maintenant à cette somme les opérations que chaque agent de change traite directement de *client à client* sans l'intermédiaire de ses collègues, opérations qui, quoique très-nombreuses, ne sont point soumises au droit prélevé par la chambre syndicale, et qui dès lors ne peuvent être évaluées; si l'on ajoute également les rentes vendues *au comptant*, ainsi que celle qui sont vendues en dehors du parquet, on aura *au moins* une somme égale à celle que nous venons d'indiquer. »

Toutes les ventes de fonds, ainsi que la vente des lettres de change, se traitent généralement à la Bourse entre une heure et trois heures. La vente des lettres de change se fait par les courtiers marrons; ils sont les seuls qui fassent des affaires réelles; aussi servent-ils d'intermédiaires très-utiles au commerce, tandis que les agents de change ne sont plus en quelque sorte que des croupiers de jeu : mais il faut dire qu'ils y sont forcés, quelque honorable que soit leur caractère privé, par le prix énorme de leurs charges, et par les frais considérables que nécessite leur clientèle.

D'après la loi, un agent de change ne peut faire pour lui aucune opération à la Bourse; il doit même rester purement et simplement intermédiaire entre les particuliers; mais les agents de change ont été forcés de ne pas se borner à ce rôle passif dans les marchés à terme, et il y a ainsi contradiction entre la loi et ce qui se passe chaque jour à la Bourse. Ils sont obligés de répondre vis-à-vis de leurs clients des opérations dont ils se chargent; les clients ne connaissent que les agents de change, c'est avec eux seulement qu'ils traitent : aussi, lorsqu'il y a eu de grandes variations dans la hausse et dans la baisse, il n'est pas sans exemple de voir un agent de change ruiné prendre la fuite pour échapper à ses créanciers et à la loi, qui, refusant de lui reconnaître aucun caractère actif, déclare par cela seul qu'il est en dehors de toute chance personnelle, qu'il ne peut faillir.

Nous ajouterons, à propos des ventes à terme, que la loi ne

les reconnaissant pas, les tribunaux ne peuvent s'interposer dans les contestations auxquelles elles donnent lieu ; par suite, le créancier d'un agent de change, ou de tout autre, pour ce genre d'opération, n'a aucun moyen légal de se faire payer.

Les agents de change ne s'occupent pas seuls des opérations à terme. Il y a des courtiers marrons qui s'en chargent aussi ; on les appelle *coulissiers*, à raison de la place qu'ils occupent à la Bourse près de l'entrée du parquet. Ils traitent les mêmes opérations que les agents de change moyennant un courtage moins élevé ; mais ils ne présentent pas une garantie aussi solide que les agents de change ; néanmoins, ils font des négociations très-nombreuses, et qui influent beaucoup sur le cours des effets publics ; plusieurs d'entre eux jouissent d'un grand crédit. Si un *coulissier* manque, on n'a aucune prise contre lui : en effet, il ne se charge que d'opérations à terme, et la loi, comme je l'ai déjà dit, ne les reconnaît pas.

A trois heures la cloche sonne à la Bourse ; les agents de change quittent le parquet ; alors commence une nouvelle série d'affaires, ce sont les affaires de marchandises. Les négociants arrivent, et remplacent les capitalistes et les banquiers qui jouaient à la rente ; les courtiers de commerce proposent les affaires de leurs clients, et servent ainsi d'intermédiaires utiles aux transactions de commerce. Le droit exclusif d'exercer leurs fonctions leur est accordé par la loi ; ils forment une corporation comme les agents de change. Cette nouvelle bourse dure jusque vers cinq heures.

Les opérations de marchandises sont à peu près les seules dont on s'occupe dans les autres bourses de France ; cependant, depuis 1819 le baron Louis a créé dans chaque département un livre auxiliaire du grand-livre de la dette publique. Là où il se trouve de ces *petits grands-livres*, les agents de change ont aussi le droit exclusif d'opérer les ventes ou achats de rentes. Les inscriptions sont contrôlées et visées par les préfets, et signées par les receveurs généraux ; ceux-ci sont chargés de payer les intérêts. Généralement les opérations de ce genre sont assez minimes dans chaque département, parce que le grand marché est à Paris ; c'est là que se font presque tous les achats ou ventes pour toute la France.

Après ce qu'on vient de lire sur la Bourse de Paris, il est facile de comprendre ce qui se passe à la Bourse de Londres, car les opérations sont à peu près les mêmes dans toutes les Bourses du monde. Elles diffèrent seulement par quelques traits originaux tenant au caractère propre de la nation.

Les affaires qui se traitent à la Bourse de Londres sont immenses ; elles surpassent de beaucoup toutes celles qui se traitent ailleurs, soit en Europe, soit en Amérique. On cote journellement à cette Bourse non-seulement le cours des fonds publics anglais, des actions des différents canaux, docks, travaux hydrauliques, compagnies des mines, du gaz, d'assurances, et autres entreprises particulières, mais encore tous les effets publics étrangers, car la plupart des États de l'Europe et de l'Amérique contractent leurs emprunts à Londres.

Les fonds publics de l'Angleterre consistent principalement en inscriptions de rentes transférables sur les livres de la Banque. Les rentes à termes ou annuités temporaires, qui font partie de la dette fondée de la Grande-Bretagne, se divisent en *longues annuités* et *annuités courtes*. Les premières ont été créées à des époques diverses pour finir toutes ensemble ; les secondes sont créées pour dix, quinze, ou trente ans, et n'ont pas de terme commun. Ces diverses annuités se cotent journellement à la Bourse de Londres.

Lorsque le gouvernement fait un emprunt, il traite pour la totalité avec un petit nombre de banquiers, lesquels s'engagent à verser le montant à la Banque, par portions, dans l'espace de huit ou neuf mois, contre une certaine quantité d'effets publics, de différentes natures, évalués à des prix déterminés par la souscription. Le tout ensemble des trois ou quatre espèces de fonds qui entrent dans la composition de l'emprunt s'appelle *omnium*, étant négocié sur place indivisément ; mais s'il ne s'agit que du placement de tel article de la souscription, alors on se sert du mot *scrip*, avec la désignation de l'espèce particulière de fonds à prendre sur la souscription. L'*omnium* et le *scrip* ont un prix courant à la Bourse de Londres. L'acheteur de ces effets acquiert le droit de se faire mettre, par la Banque, à la place du souscripteur primitif, lequel reçoit de son acheteur le remboursement des payements déjà effectués au compte de sa souscription, et de plus un *boni* ou bénéfice convenu.

Les divers fonds dont il a été parlé constituent la *dette fondée*, parce que les intérêts en sont garantis et payés sur des impositions votées par le parlement. La *dette flottante* se compose d'effets à terme, émis par le gouvernement ; ils portent intérêt et sont payables au porteur : ce sont des *navy-bills* (billets de la marine), portant intérêt après six mois de leur date, et les *billets de l'échiquier*, portant intérêt depuis le jour de leur création jusqu'au jour du payement par l'État. Ces effets se vendent et s'achètent chaque jour à la Bourse de Londres.

Le jeu est incomparablement plus effréné à la Bourse de Londres que dans les autres Bourses du continent. La vente et l'achat réel des fonds ne sont relativement que peu de chose. Le local de la Bourse est un vaste édifice, consistant en trois grandes salles et autres pièces accessoires ; là se rassemblent chaque jour de mille à douze cents individus cherchant à faire fortune, les uns au moyen de la hausse, les autres au moyen de la baisse. Le haussier reçoit le nom de taureau (*bull*), et le baissier celui d'ours (*bear*) ; tout spéculateur qui veut entrer au jeu ne peut le faire que par l'intermédiaire des agents de change (*brokers*), en leur payant une commission. La vue intérieure de la Bourse offre un caractère d'originalité tout particulier : c'est à dix heures du matin que les portes en sont ouvertes ; le signal est donné par le plus ancien concierge, qui à dix heures précises agite une grosse crécelle de *watchmann*. Aussitôt la foule se précipite dans l'immense maison de jeu ; c'est à qui arrivera le plus vite pour proposer le cours le plus favorable à ses spéculations ; les uns offrent à vendre, les autres à acheter ; rien n'égale le tumulte, l'agitation que produisent les partis opposés ; les émotions les plus violentes de joie ou de désespoir se lisent sur les visages altérés des joueurs lorsqu'une nouvelle importante circule dans la Bourse et cause la hausse ou la baisse d'une manière rapide : ceux-ci voient en quelques minutes toute leur fortune disparaître comme dans un gouffre ; ceux-là dans le même temps voient des richesses considérables entrer en leur possession.

Les acteurs du drame quotidien de la Bourse ne pourraient le continuer toute la journée sans reprendre haleine ; aussi de temps à autre le jeu s'arrête comme si tous ceux qui y prennent part s'entendaient, et alors c'est le délire, c'est la gaieté la plus extravagante qu'ils offrent au spectateur. Chacun fait sauter en l'air le chapeau de son voisin, relève les basques de son habit sur sa tête et ses épaules, ou lui jette des bombes de papier ; c'est une cohue où tous se poussent et se boxent les uns les autres ; enfin ce sabbat diabolique se termine ordinairement par une chanson populaire entonnée en chœur par la foule entière des joueurs. Tous y prennent part, même ceux dont la ruine vient d'être consommée ; ils dissimulent ainsi leur malheur, afin de pouvoir courir une dernière chance désespérée. Bientôt après le jeu recommence avec plus de fureur : les uns veulent réparer leur perte, les autres augmenter leur gain ; ils y emploient toutes les ressources de la ruse et du mensonge, et toute la vigueur de leurs poumons.

Le chant qui sert à la récréation des joueurs leur sert aussi pour punir les infractions à l'étiquette du lieu. Le coupable est environné par une multitude de chanteurs qui l'assourdissent du *God save the king*, ou de tout autre refrain.

Les jours où l'agitation est la plus grande sont les jours de liquidation, c'est-à-dire ceux où les marchés à terme se règlent; alors le cours des rentes est modifié presque exclusivement par le combat à outrance que se livrent les *ours* et les *taureaux*. Les premiers ont vendu à terme au taux de 82, par exemple : ils sont donc intéressés à la baisse, car si les fonds descendent à 81, ils auront le gain de 1 pour 100 du capital nominal; au contraire, les taureaux ont acheté à 83 : ils sont donc intéressés à la hausse, car si les fonds remontent à 84, ils gagneront, en revendant, 1 pour 100 du capital nominal. Aussi les ours n'épargnent-ils rien pour amener la baisse, tandis que, de leur côté, les taureaux ont recours à toutes les ressources de l'éloquence persuasive pour amener la hausse; si l'ours semble fléchir et paraît disposé à arrêter le cours en proposant l'achat des rentes qu'il a vendues et qu'il doit livrer, le taureau devient plus difficile encore : il élève son prix; si, au contraire, le taureau faiblit le premier, l'ours en profite pour lui offrir un prix plus bas; et lorsque après une série de manœuvres extrêmement multipliées de part et d'autre, manœuvres qui durent quelquefois jusqu'au lendemain, il est prouvé, je suppose, que les ours ont à livrer plus de rentes que les taureaux n'en ont à recevoir, ou, en d'autres termes, que les ours ont vendu dans le courant du mois plus de rentes à terme que les taureaux n'en ont acheté, ceux-ci font la loi, et, sans pitié pour les malheureux ours, ils les ruinent autant qu'ils peuvent; dans la supposition contraire, les taureaux ne seraient pas traités avec plus de ménagement. Lorsque le taureau ou l'ours, après avoir été vaincu, ne peut pas ou ne veut pas payer la différence qu'il doit, il est déclaré *lame duck*, canard boiteux, et exclu de la Bourse.

Les hommes qui jouent un rôle actif à la Bourse de Londres se divisent en trois grandes classes : les agents de change (*brokers*), les agioteurs (*jobbers*) et les spéculateurs (*speculators*). Les agents de change de la Bourse de Londres opèrent comme ceux de la Bourse de Paris, pour les particuliers, moyennant un huitième pour cent sur les transactions d'argent.

Les agioteurs (*jobbers*) portent un nom pris en mauvaise part, et qui est quelquefois synonyme de voleur : ils sont censés acheter ou vendre des rentes ; mais, par le fait, ils ne font que parier qu'elles seront à tel prix le jour où il leur faudra les livrer, n'ayant ni la rente qu'ils vendent, ni les fonds pour retirer celles qu'ils achètent ; leur gain ou leur perte réside dans la différence de prix entre le taux de la rente pariée et son cours au terme, différence qu'ils recevront ou qu'ils payeront. Beaucoup d'entre eux sont riches et honnêtes. Les *jobbers* ont la plus grande analogie avec les courtiers marrons de la Bourse de Paris; comme eux, ils sont d'une grande utilité, et facilitent beaucoup les opérations. Par exemple, je suppose qu'un agent de change soit chargé par un de ses clients d'acheter des rentes pour une somme déterminée : si le *jobber* l'agent de change serait forcé d'attendre qu'un de ses collègues lui offrît de vendre la même somme ; mais le *jobber* lève toute difficulté : il est toujours disposé à acheter et à vendre : pour l'achat il offre, je suppose 83 1/8, et pour la vente il demande un prix de 1/8 en sus, c'est-à-dire 83 1/8 ; il accepte la somme de l'agent de change à 83 1/8, et la vend le plus tôt possible à 83 2/8. Le 1/8 de différence forme son bénéfice; ceci explique pourquoi dans les cotes d'une même bourse on aperçoit toujours une différence entre les cours d'achat et les cours de vente.

Les spéculateurs (*speculators*) sont ceux qui cherchent à profiter des fluctuations de la bourse pour leur propre compte. Les trois rôles de *broker*, de *jobber* et de *speculator* sont quelquefois remplis par le même individu ; d'autres fois, il n'en remplit que deux ou même un seul.

Auguste CHEVALIER.

BOURSE A BERGER, BOURSE A PASTEUR (*Botanique*). *Voyez* THLASPI.

BOURSE A BERGER ou **BOURSETTE** (*Zoologie*). C'est le nom vulgaire du *cellaria bursaria*, polypier marin bryozoaire ou à deux orifices. Les mers d'Europe en renferment plusieurs espèces, qui sont communes. Comme toutes les cellariées, dont ils sont le genre principal, ces polypiers sont membraneux, divisés en loges articulées ou jointes entre elles. Il en existe à l'état fossile.

BOURSE DE MER, nom vulgaire d'un corps que Pallas a rangé parmi les alcyons dans la classe des zoophytes ou animaux plantes, sous le nom de *alcyonium bursa*, et qui est considéré par Lamouroux comme une plante cryptogame aquatique, qu'il a nommée *spongodium bursa*.

BOURSETTE (*Botanique*), nom vulgaire de la bourse à berger ou thlaspi et de la mâche commune.

BOURSETTE (*Zoologie*). *Voyez* BOURSE A BERGER.

BOURSOUFLÉ. Composé du substantif *bourse* et du verbe *souffler*, le mot *boursoufler*, qui exprime l'action de faire enfler, comme lorsqu'on souffle dans une bourse ou dans une vessie, s'emploie au propre, pour indiquer le gonflement des parties molles du corps par suite de quelque cause morbifique. En général, on entend par *boursouflé* tout ce qui est enflé de vent ou d'humidité.

En littérature, toutes les fois qu'on manque d'énergie, de talent ou d'inspiration, et qu'on veut frapper fort, on devient *boursouflé* : c'est une détresse de nature que gonfle le vent des mots. En général, il ne faut que du bruit pour attirer l'attention ; en retour, tout ce qui est boursouflé ne supporte pas l'examen. Revenu d'une première surprise, on siffle le lendemain ce qu'on a admiré la veille. Les poètes dépourvus de sensibilité pour peindre les passions, ou d'imagination pour inventer des événements, sont boursouflés. Il en est de même de certains orateurs qui, impuissants à rencontrer de véritables effets, tombent dans l'exagération : ce n'est plus le génie de la parole, c'est l'exploitation du métier.

Les classes qui n'ont reçu aucune espèce d'instruction, comme celles qui n'en possèdent qu'une demie, se laissent séduire par tout ce qui est boursouflé : elles n'ont pas assez de discernement pour choisir entre la vérité et la charge ; elles penchent d'instinct vers cette dernière, parce que dans l'ampleur de ses formes éclate une sorte de fausse grandeur, qui saisit et étonne. Les femmes, lorsqu'elles vivent dans la solitude, se passionnent pour ce qui est boursouflé, soit dans les productions de l'esprit, soit dans les sentiments du cœur : alors elles sentent, mais ne réfléchissent pas. Plus tard, si elles rentrent dans la société, elles reviennent à ce qui est naturel et vrai, surtout dans les rapports ordinaires de la vie ; elles acquièrent à cet égard une expérience de tous les jours, qu'éclaire encore le tact dont elles sont douées. Relativement au goût dans la littérature et les arts, il leur faut des efforts, des conseils, et jusqu'à des études; c'est qu'il y a dans le goût, cet ennemi déclaré de tout ce qui est boursouflé, un fonds de connaissances à acquérir. Dans ce genre, sentir est peu ; c'est sentir juste qui est tout.

BOURSOUFLU ou **BOURSOUFLÉ.** *Voyez* DIODONS et BOURSE (*Histoire naturelle*).

BOUSAGE. Cette importante opération de la fabrication des indiennes succède au mordançage. Elle a pour but de fixer complétement le mordant, d'enlever une partie des matières employées pour l'épaissir, et de dissoudre le mordant non combiné, qui n'étant que mécaniquement appliqué sur les fibres du tissu, coulerait lors de la teinture, et donnerait lieu à des taches.

Le bousage est ainsi nommé, parce qu'il s'opère par l'emploi de la bouse de vache, dont la matière albumineuse fixe le mordant en formant avec lui une combinaison insoluble. Il s'effectue ordinairement dans une caisse de 2 à 3 mètres de profondeur, 1ᵐ,50 de large et 4 mètres de longueur, dans laquelle on verse un bain composé de 30 kilogrammes de bouse de vache et de 1,200 à 1,500 litres d'eau, bain pouvant servir pour le bousage de 20 à 60 pièces d'indiennes. On place près du fond de la caisse une suite de rouleaux autour desquels le calicot serpente en passant d'abord sur l'un, puis sous le suivant, et ainsi de suite, pour arriver enfin entre deux rouleaux de pression, placés à l'une des extrémités et qui lui communiquent le mouvement.

Penot et M. Camille Kœchlin ont publié des notices intéressantes sur le *bousage*. Depuis, MM. Mercer et Blyte, de Manchester, ont trouvé le moyen de fabriquer économiquement un sel propre au *bousage*. Enfin, pour des nuances très-délicates, on emploie du son au lieu de bouse de vache, qui leur communiquerait une teinte verdâtre.

BOUSE, mot dérivé du grec βους, bœuf, et par lequel on désigne les excréments du bœuf et de la vache. Les gens de la campagne emploient quelquefois la bouse pour guérir les piqûres de mouches à miel, ou pour résoudre les apostèmes, et avec plus de succès, pour cicatriser les plaies des végétaux. On s'en sert dans l'Inde, comme dans une foule d'endroits et même dans plusieurs de nos départements, pour faire du feu, et cette coutume paraît fort ancienne en Asie, puisque Tite-Live en fait mention. Mais le plus grand emploi de la bouse est comme e n g r a i s. C'est à tort que l'on dit communément que c'est un engrais *froid*, il faut dire que c'est un engrais *frais*, très-utile dans les terrains secs et sablonneux, parce qu'il s'y décompose plus lentement que le fumier de cheval, et qu'il contient plus d'eau. L'un et l'autre, du reste, sortis du monceau et jetés sur le sol ou enterrés, donnent une chaleur égale, ce dont il est facile de s'assurer au moyen du thermomètre. Nous disons *sortis du monceau*, parce que les excréments que les animaux répandent sur les prés sont en partie perdus; ils sont bientôt desséchés par l'action du soleil, qui volatilise, dissipe les sels et le principe huileux qu'ils contiennent, et ne laisse plus que la partie terreuse; tandis que la bouse, rassemblée en masse, ne perd aucun de ses principes. Si l'on veut lui donner plus d'activité, il faut y mêler de petites couches de chaux réduite en poudre lorsqu'on la met en monceau pour fermenter.

On emploie aussi la bouse de vache dans la teinture des toiles peintes (*voyez* BOUSAGE). Pour pouvoir expliquer l'action qu'exerce la bouse de vache dans cette opération, Penot en a fait une analyse qui lui a donné, pour 100 parties : eau, 69,58; matières biliaires, 0,74 ; matières sucrées, 0,93 ; chlorophylle, 0,28 ; matière albumineuse, 0,63 ; fibres végétales, 0,39 ; chlorure de sodium, 0,08 ; sulfate de potasse, 0,05 ; sulfate de chaux, 0,25 ; phosphate de chaux, 0,46; carbonate de chaux, 0,24; carbonate de fer, 0,09; silice, 0,14 ; perte, 0,14.

BOUSHIR. *Voyez* ABOUSCHEHR.

BOUSIER. Dans le langage ordinaire, on désigne sous ce nom les insectes qui vivent dans les bouses de vache. En entomologie, on s'est d'abord servi de ce terme vulgaire pour l'appliquer à quelques espèces de coléoptères de la tribu des *scarabéides*, famille des *lamellicornes*. Mais le très-grand nombre d'espèces bien distinctes de ces habitants des bouses, qu'on a déterminées au fur et à mesure des progrès de la science, a forcé les entomologistes à constituer plusieurs genres, et à les grouper sous des noms particuliers.

Les bousiers, qui formaient d'abord un seul genre, ont été subdivisés par Fabricius en trois, savoir : le genre *bousier* proprement dit, le genre *ateuchus*, et le genre *onite*. M. Duméril a conservé le genre *bousier*, et le subdivise en trois sous-genres, savoir : les *coprides*, les *ateuches*, et les *onites*. Ces trois genres ou sous-genres renferment un très-grand nombre d'espèces, qui ont nécessité de nouvelles divisions et subdivisions.

Lorsque les excréments ont été déposés, soit par des bœufs ou par des chevaux, ces insectes, attirés par l'odeur, même de fort loin, arrivent de toutes parts en bourdonnant. Ils s'y cachent et y trouvent à la fois leur nourriture et une habitation. Quelques espèces roulent en boule des portions d'excrément après y avoir déposé un œuf. Ils traînent en marchant à reculons cette boule ou pilule (d'où le nom de *pilulaires*, qu'on leur a aussi donné) jusqu'à ce qu'elle soit arrondie et assez consistante pour être déposée dans des trous propres à la recevoir.

Les espèces de bousiers les plus grosses étaient autrefois employées en médecine. Elles entraient dans la composition de l'huile de scarabée, de la pharmacopée de Paris.

Deux espèces de bousiers étaient adorés par les Égyptiens. L'une est le *scarabée sacré* de Linné ou l'*ateuchus* d'Olivier. On la trouve dans toute l'Égypte, dans les contrées méridionales de France, en Espagne, en Italie, et en général dans tout le sud de l'Europe. L'autre (l'*ateuchus des Égyptiens*, Latreille) est de couleur verte, avec une teinte dorée, tandis que la première est noire. Ces bousiers, ou *scarabées sacrés*, ont été considérés par les Égyptiens comme des symboles du monde, à cause de leur habitude de rouler une boule. Ils faisaient partie de leur culte religieux et de leur écriture hiéroglyphique. Ils sont représentés sur tous leurs monuments sous diverses positions, dans des dimensions variables, souvent gigantesques. On formait avec diverses matières portant leur effigie, des cachets, des bagues et des amulettes que l'on suspendait au cou, et que l'on ensevelissait avec les momies. L'insecte lui-même a été trouvé quelquefois renfermé dans les cercueils égyptiens.

L. LAURENT.

BOUSIN ou **BOUZIN**, matière première et *limoneuse* des pierres en carrière. Le bousin est, pour ainsi dire, aux pierres dures ce que l'aubier est au bois. C'est, en un mot, une pierre imparfaite; mais on entend plus ordinairement par ce mot le dessus des pierres qui sortent de la carrière, espèce d'enveloppe ou de croûte de terre non pétrifiée, que l'on enlève en équarissant les pierres, opération que l'on nomme *ébousiner*.

Ce mot s'emploie encore trivialement dans le sens de *bouge*, et se dit des mauvais lieux que hante le rebut de la société.

BOUSINGOT. Nous avons cherché des *bousingots*, et nous n'en avons point rencontré ; nous avons demandé à droite, à gauche, à tous les partis, ce qu'ils étaient devenus ? Les *bousingots* ont complétement disparu de l'horizon politique ; il ne reste plus d'eux qu'un beau caractère tracé dans le roman d'*Horace*, par Mᵐᵉ Sand ; leur *Journal de la liberté dans les arts* est introuvable, et le *Figaro* de 1832, leur mortel ennemi, manque au national cabinet de lecture de la rue Richelieu. A ces divers symptômes, à cette absence à peu près absolue de documents, nous avons reconnu que le temps était arrivé d'esquisser leur histoire.

Nous ouvrirons pour eux le *chapitre des chapeaux*, chapitre beaucoup plus important et plus sérieux qu'on ne pourrait le croire. Tout homme qui de notre temps imprime à son chapeau un cachet historique est un grand homme, témoin Frédéric, Napoléon et Bolivar. Louis XVIII a failli toucher ce but; mais ce n'était qu'un homme d'esprit, et il l'a manqué. Les *bousingots* ont essayé trois fois d'atteindre au sublime par leur coiffure. Ils ont d'abord inauguré sur la terre ferme le chapeau marin de cuir verni, que l'on appelle vulgairement un *bousingot*, et le nom leur en est resté. On prétend que ce nom servait à lui seul de texte à leurs hymnes patriotiques, et qu'ils le psalmodiaient en parties, avec le plus grand charme, sur l'air de *Frère Jacques*. A leur premier couvre-chef se rattachaient de grands principes d'égalité, de frugalité et de loi agraire. Quand ils abandonnèrent le bousingot, ils essayèrent d'un chapeau en pyramide, qui fit sensation au quartier latin, ou le moyen âge était encore en vigueur et Notre-Dame de Paris dans toute sa gloire. Les *hugolâtres* donnèrent la main aux bousingots. Ce fut leur beau temps, le temps *du long espoir et des vastes pensées*, de la barbe de chèvre, des cheveux plats, de la cravate rouge, du gilet à la Marat, et du *Journal de la liberté dans les arts*. Ils charmèrent tout le Paris des estaminets et des bals publics, par l'excentricité de leur costume, leur crânerie vis-à-vis de l'autorité, et leur aplomb de personnages politiques. La caricature alors les aperçut, les poursuivit, et, pour s'esquiver, ils se réfugièrent sous un troisième chapeau, d'assez noble origine, sous le chapeau gris que Louis-Philippe avait arboré en juillet 1830. Malheureusement, le jour où ils choisissaient ce feutre auguste pour abri, la royauté le quittait, et les coups de bâton pleuvaient dessus. Cette averse dispersa les *bousingots*.

Ils se fondirent presque aussitôt, suivant leurs convictions, leurs passions, leurs rancunes, dans diverses sociétés populaires qui livrèrent à la monarchie bourgeoise de rudes assauts; alors on les vit combattre avec une valeur dont l'héroïsme ne le cédait en rien à celui des républicains les plus sérieux et le plus profondément convaincus de la bonté de leur cause, se faire massacrer sur plusieurs points et expier à la française leur frivolité par leur sang. On ne leur en tint aucun compte, on n'alla pas chercher si loin; et ils restèrent dans la mémoire publique comme des types d'émeutiers de première année et de casse-lanternes. Quand est venue la République, les anciens bousingots ont fait à la queue des partis républicains et socialistes exactement la même figure que les *chauvins* au dernier rang du bonapartisme et les voltigeurs de Louis XV à la suite des émigrés, répétant : *vive la république !* à tout bout de champ, comme les autres : *vive l'empereur ! vive le roi !* et comme ce marquis de la *Critique de l'École des Femmes*, qui avait trouvé réponse à tout en criant à tue-tête : *Tarte à la crème ! tarte à la crème !*
Jules PATON.

BOUSSINGAULT (JEAN-BAPTISTE-JOSEPH-DIEUDONNÉ). Il y a des hommes pour qui le mouvement est un besoin, le travail un bonheur, et qui croient n'avoir jamais rien fait tant qu'ils n'ont point parcouru jusqu'au bout la route du progrès. M. Boussingault est une de ces natures carrées par la base, au cœur plus haut que la tête, à l'intelligence toujours active, que les ouragans n'ont pu ébranler, dont les menaces des éléments n'ont jamais arrêté la marche. A l'exemple d'Alexandre de Humboldt, aujourd'hui son ami, autrefois son protecteur, vous le voyez, fort jeune encore, et à peine sorti de l'école des mineurs de Saint-Étienne, accepter les offres qui lui furent faites par une compagnie anglaise pour diriger l'exploitation de quelques mines d'Amérique. On venait de lui préparer une carrière lucrative : son incessant besoin d'apprendre la lui fit adopter avec amour, avec enthousiasme. Aussi se livrat-il à d'infatigables observations de température et de barométrie dans un pays où tout était encore à étudier pour l'Europe savante. Analyses chimiques, mesure des hauteurs des montagnes, géologie, botanique, magnétisme terrestre, M. Boussingault a tout étudié, tout embrassé avec la plus haute distinction. Vous savez tous les dangers des climats équatoriaux pour les natures européennes; vous connaissez les saisons pluviales de ces régions si bizarres, les phénomènes météorologiques qui viennent périodiquement se ruer sur une végétation trop puissante, et qui écrasent les tempéraments les plus robustes..... Eh bien ! M. Boussingault brave les maladies contagieuses, escalade les cimes les plus élevées, traverse les courants d'eau les plus rapides, affronte la soif, la faim, les attaques des peuples incivilisés de cette partie du Nouveau Monde, et tout cela au profit de la science, qui a si bien fait de compter sur lui. Son herbier s'enrichit, ses calepins deviennent les confidents des notes les plus précieuses, et dans ses récits le savant n'oubliera qu'une chose, le détail des dangers qu'il aura bravés.

Pendant la guerre de l'indépendance, il fut attaché comme colonel à l'état-major du général Bolivar, auprès duquel il jouissait d'un grand crédit et d'une grande considération. En sa double qualité de militaire et de savant, il parcourut non-seulement la province de Vénézuéla et celles placées entre Carthagène et l'embouchure de l'Orénoque, mais encore le Pérou et la république de l'Équateur. Ici se déroule une immense série de travaux de tous genres, accomplis au milieu des plus rudes fatigues et des périls les plus imminents : vous diriez un Institut en masse voyageant au profit de la science et de l'humanité.

A son retour en France, M. Boussingault remplit les fonctions de doyen de la Faculté des Sciences de Lyon et de professeur de chimie, fonctions qu'il abandonna ensuite, afin d'avoir plus de loisir pour s'occuper de ses études spéciales. La récompense ne devait pas se faire longtemps attendre, car en 1839 il fut nommé membre de l'Institut, en remplacement de M. Huzard, dans la section d'agriculture. Il était déjà professeur d'agriculture au Conservatoire des Arts et Métiers.

Avant son entrée à l'Académie et depuis, M. Boussingault a publié un grand nombre de mémoires remarquables sur la chimie agricole. Un magnifique ouvrage en 2 volumes, dont la science lui est redevable, semble destiné à donner à l'agriculture une direction nouvelle : c'est un de ces monuments de l'intelligence et de l'étude que les pays les plus avancés peuvent citer avec orgueil. Jacques ARAGO.

Ajoutons que c'est à M. Boussingault qu'on doit en partie l'appréciation comparative des engrais par le dosage de l'azote. Il a fixé, avec M. Dumas, les proportions exactes des principes constituants de l'air atmosphérique, et s'est livré à d'excellentes recherches sur le rôle des différents végétaux dans l'alimentation des herbivores, et sur l'engraissement des bestiaux. On lui doit aussi une méthode très-simple de préparation de l'oxygène au moyen de la baryte.

En 1848, M. Boussingault, directeur co-propriétaire de l'usine de Béchelbronn, située dans le Bas-Rhin, fut envoyé par ce département à la Constituante, où il votait avec les républicains modérés. Il fut ensuite élu par la même assemblée membre du conseil d'État, et y fit partie de la section de législation jusqu'au 2 décembre 1851.

M. Boussingault est né à Paris, le 2 février 1802.

BOUSSOLE. La pièce principale de cet instrument est une lame d'acier ordinairement en forme de losange, et qui, ayant été aimantée, jouit de la propriété remarquable de se tourner constamment vers un même point de l'horizon, dans un même temps et dans un même lieu; c'est-à-dire que cette aiguille, étant librement suspendue, si on l'écarte à droite ou à gauche de la position dans laquelle elle était en repos, elle y reviendra, et s'y arrêtera après quelques oscillations. *Voyez* AIMANT.

Dans les boussoles dont on fait usage à la mer, on place l'aiguille dans une boîte de cuivre appelée *cuvette;* cette boîte, de forme cylindrique, est recouverte d'une glace. L'aiguille, posée sur un pivot pointu et poli, est chargée d'un cercle de talc ou de carton que, dans son mouvement, elle est obligée d'entraîner, ce qui modère la trop grande facilité qu'elle aurait à vaciller. Une rose des vents est tracée sur ce cercle, dont le centre coïncide avec le point de suspension de l'aiguille, et celle-ci est dirigée suivant la ligne Nord et Sud de la rose. Un cercle gradué est fixé à la boîte, concentriquement à celui de la rose; il sert à faire connaître les angles formés par la direction de l'aiguille et celle du vaisseau, et permet en même temps de tenir exactement compte de la déclinaison. La boîte qui renferme l'aiguille est supportée par deux cercles à pivot dans lesquels elle se balance de manière à rester horizontale, malgré le tangage et le roulis du navire.

La boussole prend le nom de *compas de route* quand elle sert à diriger le cap du vaisseau suivant telle ou telle aire de vent. On la place alors dans une espèce d'armoire, que l'on nomme *habitacle*, et qui est située sur le tillac, en avant de la roue du gouvernail. Cette armoire, est ordinairement divisée en trois compartiments : celui du milieu contient une verrine et dans chacun des deux autres se trouve un compas de route ; on met ces deux instruments à une distance suffisante pour qu'ils n'exercent aucune action l'un sur l'autre.

La boussole prend le nom de *compas de variation* quand elle sert à relever les objets, c'est-à-dire à déterminer à quels rumbs de vent ils répondent ; dans ce cas on la garnit de deux pinnules, qu'on place en dehors de la cuvette. Pendant qu'un observateur aligne les pinnules avec l'objet qu'on veut relever, un autre examine quel est l'angle que forme la ligne Nord et Sud de la boussole avec un fil tendu sur les bords de la boîte perpendiculairement à la ligne qui passe par les fentes des deux pinnules. Cet angle est évidemment égal à celui que forme la ligne Est et Ouest du compas avec la direction de l'objet. Mais cette méthode de relèvement n'est suffisamment exacte qu'autant que l'objet qu'il s'agit de relever est à l'horizon ou peu au-dessus. Dans tout autre cas, on doit employer le *compas azimuthal*.

Le pivot sur lequel porte l'aiguille et en général toutes les pièces qui l'entourent sont en cuivre ou en bois ; car si on employait du fer ou de l'acier, la position de l'aiguille se trouverait altérée. On sait même que les ferrures du navire exercent sur l'instrument une action qu'on s'est proposé de détruire. M. Barlow a trouvé qu'en plaçant convenablement un disque de fer dans le voisinage de l'aiguille, on arrive au résultat cherché. Quant à la position de ce disque, il faut pour chaque navire la déterminer par tâtonnements.

En tenant compte de la déclinaison, l'aiguille aimantée donne la direction du méridien du lieu. Si donc on sait l'angle que fait la route qu'on doit suivre avec ce méridien, on peut parfaitement se conduire au moyen de la boussole (*voyez* LOXODROMIE). C'est elle en effet qui dirige les vaisseaux. On détermine d'abord sur une carte marine par quel rumb le bâtiment doit aller à sa destination. Le timonier n'a plus qu'à gouverner ; en sorte que la pointe de la rose correspondante à ce rumb soit dirigée parallèlement à la quille du navire ; ce que la position de la boîte de la boussole, parallèlement aux parois de l'habitacle, indique suffisamment.

On conçoit que l'aiguille aimantée, en vertu de sa propriété de conserver dans un espace et dans un temps limités une direction constante, puisse servir à mesurer des angles sur le terrain. On voit donc que la boussole joue encore un rôle important dans le lever des plans.

Si nous cherchons maintenant quel est l'inventeur d'un instrument si fécond en applications utiles, nous voyons que quelques auteurs l'attribuent à un Napolitain, Flavio Gioja, qui vivait à la fin du treizième siècle. Mais deux textes, l'un de Guyot de Provins (douzième siècle) l'autre de Jacques de Vitry (1225), nous apprennent que la *marinière* ou *marinette* (ancien nom de la boussole) était connue précédemment. En 1242 Bailak parle de la *boussole aquatique* (simplement composée d'une aiguille aimantée soutenue au-dessus de l'eau par un petit morceau de liège), non pas comme d'une chose nouvellement inventée ou reçue, mais comme d'un appareil généralement connu des navigateurs de la mer de Syrie. Enfin nos sinologues ont trouvé dans le célèbre dictionnaire *Choue-Wen*, à l'article qui concerne l'aimant : *Nom d'une pierre avec laquelle on peut donner la direction à l'aiguille.* Ce passage démontre clairement qu'on connaissait en Chine l'aiguille aimantée au deuxième siècle de notre ère ; car le dictionnaire auquel il est emprunté fut terminé l'an 121 de J.-C. Tout porte donc à croire que pendant les croisades les Européens empruntèrent la *marinette* aux Arabes, qui sans doute l'avaient eux-mêmes reçue des Chinois.   E. MERLIEUX.

BOUST. *Voyez* GOUST.

BOUSTROPHÉDON (de l'adverbe grec βουστροφηδὸν, comme tournent les bœufs). On donne ce nom à une écriture particulière aux Grecs, et même, dit-on, aux Étrusques, laquelle consistait à tracer les lignes alternativement de droite à gauche et de gauche à droite, imitant ainsi la manière dont les sillons d'un champ sont tracés par les bœufs qui le labourent. On la considère comme marquant la seconde époque de l'histoire de l'art graphique chez les Grecs : si en effet les Grecs reçurent l'usage de l'écriture alphabétique des Phéniciens, qui traçaient leurs lettres du droite à gauche, selon la pratique des peuples orientaux, les Grecs durent d'abord écrire aussi de droite à gauche ; malheureusement il ne reste pas de monument original de cette époque, si ce n'est un petit bas-relief du musée du Louvre où le nom d'Agamemnon et ceux de deux autres personnages sont écrits de droite à gauche. Les lois de Solon furent, dit-on, écrites en *boustrophédon*, ce qui ferait descendre l'usage de cette écriture à plusieurs siècles après Agamemnon et le siège de Troie.

Il y a deux époques dans le *boustrophédon* même : la plus ancienne procédait de droite à gauche pour la première ligne ; la deuxième était donc dirigée de gauche à droite. Dans la seconde époque, la première ligne était tracée de gauche à droite, la deuxième dans le sens contraire. On pense que l'usage de ces deux manières de *boustrophédon* cessa d'être général en Grèce dès le septième siècle avant l'ère chrétienne ; on a des inscriptions de l'an 457 qui sont tracées selon la manière actuelle, et Fourmont en a recueilli d'autres, écrites de même, qu'on croit plus anciennes encore de deux ou trois siècles. La célèbre inscription d'Amyclæ, en Laconie, qu'il a découverte dans les ruines du temple d'Apollon Amycléen, est regardée comme le plus ancien exemple de la première écriture en *boustrophédon*. On donne à cette inscription dix siècles avant l'ère chrétienne. Les quatre dernières lettres ajoutées au cinquième siècle avant l'ère chrétienne, ne se rencontrant pas dans les inscriptions en *boustrophédon*, on peut conclure qu'elles sont antérieures à cette date. Peut-être aussi les inscriptions que nous possédons sont-elles des copies de monuments plus anciens.   J.-J. CHAMPOLLION-FIGEAC.

BOUT, fin, extrémité, dernier point de l'étendue. Le plus ou le moins d'étendue d'une chose ne change rien à l'application du mot *bout* ; on dit le bout de la ville, le bout du monde, comme le bout d'un bâton. Rigoureusement néanmoins ce mot ne devrait s'employer qu'à l'égard des choses qui ont deux bouts opposés ; car le bout répond au bout comme l'extrémité au centre et la fin au commencement ; il faudrait donc dire le *bout* de l'allée, l'*extrémité* de la France et la *fin* de la vie.

Bout s'emploie aussi quelquefois, non comme partie extrême et intégrante d'une chose, mais dans le sens de fraction ; un *bout* de bougie, de fil, etc., et, par dérision, un *bout d'homme*, pour dire un homme extrêmement petit.

Bout se dit encore dans le sens contraire, c'est-à-dire non plus d'une chose détachée, mais d'une chose ajoutée ; mettre un *bout* de suite à une canne.

Ce mot fait partie de plusieurs expressions maritimes : *avoir vent de bout*, c'est avoir vent contraire ou le vent par la proue, au lieu de l'avoir en poupe ; *aller de bout au vent*, c'est aller contre le vent ; *donner le bout à terre à un vaisseau*, c'est gouverner droit dessus ; *aborder un vaisseau de bout au corps*, c'est l'aborder carrément et par son travers ; *filer le câble bout pour bout*, c'est le lâcher entièrement et l'abandonner avec son ancre. Le *bout de vergue* est la partie de la vergue qui excède la longueur de la voile et qui sert pour prendre des *ris*. Le *bout de lof*, ou *bout-lof* est une pièce de bois ronde, ou à pans, qui sert à tenir les amures de misaine, et qu'on met ordinairement au-devant des vaisseaux de charge qui n'ont point d'*éperons*.

Le *bout de l'an* est un service qu'on fait faire solennellement pour un défunt au bout de l'année de sa mort, et que la piété des parents renouvelle quelquefois tous les ans à la même époque (*voyez* ANNIVERSAIRE, OBIT).

Goûter à quelque chose *du bout des lèvres*, c'est faire le délicat, le dédaigneux. Les expressions adverbiales *au bout du compte*, pour en résumé, ou à la fin, *à tout bout de champ*, pour à tout propos, à tout moment, sont aussi d'un emploi fort commun. On dit encore *venir à bout* d'une affaire, pour la terminer heureusement, ou d'une personne, pour dire la dompter. Avec de la patience on vient *à bout de tout*. Pousser quelqu'un *à bout*, c'est mettre sa patience *à bout*, c'est l'obliger à sortir des bornes de la modération.

On dit, en termes de manége, qu'un cheval est *à bout*, quand il est usé par le travail; un homme est *à bout* quand il ne sait plus que devenir, qu'entreprendre, pour sortir d'une méchante affaire, ou pour subsister; on dit encore, dans le même sens, quand cet homme est un fripon, qu'il est *au bout* de ses ruses, de ses finesses, *au bout* de son rouleau. Avoir une chose sur le *bout de la langue*, c'est bien savoir cette chose, mais ne plus s'en souvenir à point nommé. Un écolier sait sa leçon *sur le bout des doigts* quand il la sait assez bien pour la réciter sans trébucher. Tandis que les dissipateurs *brûlent la chandelle par les deux bouts*, c'est-à-dire jettent leur bien par les fenêtres, des malheureux s'exténuent pour procurer un morceau de pain à leur famille et ont grand'-peine à *joindre les deux bouts*. Enfin, en retournant ce mot par tous les *bouts*, peut-être avons-nous encore laissé bien des acceptions *au bout de* notre plume.

BOUTADE, impression vive, étourdie, instantanée, qui nous fait agir sans but et sans raison. C'est une sorte de caprice d'esprit, auquel certains hommes sont d'autant plus sujets, qu'ils sont doués de plus d'imagination. Aussi les écrivains, les artistes, les amants, en un mot tous ceux qu'obsède une pensée forte parce qu'elle est unique, ont des *boutades*. Ils passent subitement de la joie à la tristesse, de l'espérance à la crainte, du délire à la stupeur. « Lorsque je vois ce qui se passe ici-bas, disait un jour Ducis, l'envie me prend de me sauver dans la lune et là d'ouvrir la fenêtre et de cracher sur le genre humain. »

Boileau, tourmenté par les sonneurs de cloche, s'écrie un jour :

> Persécuteurs du genre humain,
> Qui sonnez sans miséricorde,
> Que n'avez-vous au cou la corde
> Que vous tenez entre vos mains !

On se rappelle l'aventure de ce député qui, sortant de la Chambre avec un budget, frais éclos, contre lequel il avait inutilement voté, voulait traverser le jardin des Tuileries. « On ne passe pas, lui dit le factionnaire. — Eh ! répondit-il avec humeur, c'est le budget, mon pauvre ami ! Ça passe toujours. »

Il y a cette différence entre la boutade et le caprice, que l'une, dans sa fougue, traverse l'humeur sans l'altérer, tandis que l'autre la subjugue despotiquement. De là vient que le caprice finit par blesser et lasser quelquefois jusqu'à la complaisance de l'amour, tandis que la boutade vive, mais partagée, extravague sans déplaire, et n'offense presque jamais, même en désobligeant.

Boutade était encore un usage féodal établi dans le Berry, par lequel certains seigneurs avaient droit de percevoir cinq pintes de vin par poinçon ou tonneau, ou l'équivalent en argent.

BOUTÂN, état situé au nord de l'Hindoustan, entre le 26° et le 28° de latitude septentrionale, et le 86° et le 92° de longitude orientale; il est borné au nord par le Tibet, dont le sépare le faîte de l'Himalaya, au sud par la présidence du Bengale, à l'est par le Sikkim. Sa plus grande longueur de l'est à l'ouest est d'environ 560 kilomètres, sa plus grande largeur de 150. C'est un pays très-élevé et fermé dans presque toute son étendue par les terrasses de l'Himalaya, dont il renferme quelques-uns des points culminants, entre autres le Chamalari, qui dépasse 8,600 mètres; la seule plaine du Boutân située à l'extrémité méridionale du pays n'a pas plus de 40 kilomètres de largeur; ce ne sont même, à proprement parler, que des marécages couverts de jungles. Les principales rivières de cette province, tributaires du grand fleuve Brahmapoutra, sont le *Tchintchien*, qui se précipite en cataractes majestueuses vers les plaines du Bengale, où il prend le nom de *Gadawar*, le *Jerdeker* et le *Banaach*.

Les glaciers et les neiges perpétuelles qui couvrent les régions du nord n'influent pas, du reste, d'une manière sensible sur le climat du Boutân, qui est celui du midi de l'Europe. On y exploite des mines de fer, des carrières de granit et de marbre; les productions végétales des hautes vallées sont à peu près celles de nos contrées méridionales; dans les basses terres, ce sont celles des tropiques; le riz, le froment, l'orge et quelques autres céréales sont les principaux produits de l'agriculture. Dans les vastes forêts du Boutân, on remarque le frêne, le bouleau, l'érable, le pin; les animaux qui les peuplent sont principalement l'éléphant et le rhinocéros, et une espèce de singe, qui est regardée comme sacrée. On y trouve aussi le *tangoun*, cheval indigène très-estimé; et les moutons, que l'on y laisse errer une partie de l'année, donnent une laine très-fine. L'exportation consiste surtout en tissus grossiers de laine, soieries, papier, thé, queues de buffle, cire, ivoire, noix de galle, musc, poudre d'or, chevaux, et argent en lingots, qui forment le chargement de la caravane que le gouvernement expédie annuellement dans le Bengale, car le commerce étranger est monopolisé à son profit. Les retours se font en étoffes de laine anglaises, indigo, poisson sec, noix muscades, clous de girofle, encens, cuivre, bois de sandal, étain, poudre à tirer, peaux de loutre et corail.

Le gouvernement est une monarchie, dont le chef nominal est le *Dharma-Rojah*, personnage sacré, espèce de souverain spirituel du pays, mais qui reste entièrement étranger à l'administration; le chef réel de l'État est le *Deb-Rajah*, gouverneur séculier du pays, que l'on considère comme le ministre du Dharma-Rajah; il réside à Tassisudon, capitale du Boutân. La seule ville importante qu'on puisse citer ensuite est Ouandipour; les autres ne sont que des villages, parmi lesquels Paro est remarquable comme entrepôt de commerce. Il existe une manufacture d'armes à Perrogung, près de la capitale; les principales forteresses sont Buxadeouar ou Passara et Dellamcotta.

D'après Samuel Davis, la religion des Boutyas est le bouddhisme, légèrement modifié : les prêtres doivent garder le célibat; il existe des ordres monastiques pour les deux sexes; les prières sont chantées. Ils n'ont point de temples proprement dits; mais leurs routes sont bordées de petits édifices carrés offrant des peintures ou des sculptures de leurs divinités, et qui sont surmontés d'une sorte de girouette portant le mot *Omanipecnehong* (sorte d'invocation), laquelle est disposée de façon que chaque passant peut lui faire faire un tour. La classe des prêtres est la première au Boutân; après elle viennent les *Zeencaabs*, ou serviteurs du gouvernement. La troisième classe, composée des cultivateurs, paraît jouir de plus de liberté et d'une condition plus tolérable que les deux précédentes.

BOUTARGUE ou BOTARGUE. Par ces noms les Provençaux désignent une préparation faite avec les œufs et le sang du *muge* (poisson très-abondant dans presque toutes les mers) confits avec de l'huile et du vinaigre, ou des œufs de poissons salés et séchés qui viennent d'Égypte. Comme on leur a fait subir un commencement de décomposition avant de les saler, ils ont une saveur et une odeur d'ammoniaque prononcées. Cette préparation, très-excitante, est employée comme assaisonnement en Italie et dans le midi de la France.

BOUT-DEHORS, BOUTE-DEHORS ou BOUTE-HORS. Les marins appellent ainsi les pièces de bois qui servent à porter les bonnettes.

Boute-hors était aussi le nom d'un ancien jeu, qui ressemblait à celui que les enfants pratiquent encore aujourd'hui et qu'ils nomment le *roi détrôné*. On en a transporté le sens, au figuré, à l'action de deux hommes qui luttent ensemble pour une place, une dignité ou des faveurs quelconques, et on dit familièrement d'eux : *Ils jouent au boute-hors.*

BOUTE-EN-TRAIN, qui éveille la joie, l'excite et la rend communicative. C'est une disposition du tempérament qui perce dans la physionomie et s'annonce jusque dans les manières; on n'ose se montrer grave ou réservé à qui semble se livrer avec tant d'abandon. Aussi le *boute-en-train*, par son seul aspect, fait fuir la tristesse et déride la mélancolie; il partage avec le vin et la bonne chère le privilége de réjouir; il est l'âme des bons repas et de toutes les réunions consacrées au plaisir. Bien plus, il dit même à la mort :

Je ne veux pas qu'on me pleure,
Moi le boute-en-train des fous.

Mais s'il brille dans un banquet, il s'éclipse au salon, où le rire franc n'apparaît que par exception et comme par surprise. De là vient que le *boute-en-train* ne se rencontre guère dans les hautes classes, car le bon ton repousse toute démonstration un peu vive. Accueilli dans les cercles de la bourgeoisie, il n'est choyé que chez le peuple ; c'est là qu'il faut l'observer, parce qu'il ne s'observe pas; c'est là qu'il éclate, qu'il délire, et qu'il s'amuse en amusant. S'il descend jusqu'à la bouffonnerie, il diffère cependant du bouffon, en ce que celui-ci a, pour ainsi dire, une gaieté mécanique, qui sent le métier et expire comme elle naît ; la joie fixe, tandis que le *boute-en-train* porte la joie avec lui dans tous les instants et vous en pénètre, parce qu'il en est pénétré.

Boute-en-train est encore le surnom d'un petit oiseau, nommé autrement *tarin*, facile à apprivoiser, et dont on se sert, ainsi que d'une serinette, pour faire chanter les autres.

BOUTE-FEU. C'est, dans le sens direct du mot, celui qui met volontairement le feu à un édifice, à une grange, à une forêt. Dans l'antiquité, Érostrate brûla le temple de Diane pour faire parler de lui ; chez les modernes, on incendie la maison d'autrui par vengeance, et souvent la sienne par cupidité.

Dans le style figuré, *boute-feu* se dit de ces hommes attisant les passions de la multitude pour la pousser à tous les excès. Servillus Rullus, à Rome, Danton, à Paris, étaient des *boute-feu* : l'un soulevait au *Forum* le peuple contre les grands; l'autre, aux Jacobins, insurgeait la populace contre la bourgeoisie. Séditieux par nature, tous deux semaient le désordre comme s'ils l'eussent aimé d'instinct, et le cultivaient par ambition. Au reste, c'est le propre des révolutions d'enfanter des *boute-feu*; mais on l'a dit bien des fois comme Saturne, elles dévorent leurs enfants.

Dans les rapports ordinaires de la vie, on appelle *boute-feu* certains hommes qui s'empressent de rapporter à un tiers une plaisanterie souvent innocente lâchée contre lui, la dénaturent, l'enveniment, et parviennent de la sorte à brouiller les meilleurs amis. Le tracassier cède à l'intempérance de sa langue sans dessein de nuire ; le *boute-feu*, au contraire, procède avec réflexion et dans le but de mal faire. En politique, le *boute-feu* détruit l'État ; dans la vie privée, il rompt l'amitié et désunit la famille.

BOUTEILLE, vase de verre, de terre cuite, de cuir, etc., à ouverture étroite, destiné à contenir des liquides. Ce mot vient probablement du verbe *bouter*, usité encore dans les patois du midi, où l'on appelle *bouttes* les sacs de cuir dans lesquels on *met* le vin, que l'on transporte à dos de mulet.

Les bouteilles de verre sont fort anciennes; on en trouve dans les ruines d'Herculanum et de Pompéi. La manière de les fabriquer est très-expéditive et fort simple : l'ouvrier plonge l'extrémité d'un tube de fer, appelé *canne*, dans le *pot*, sorte de creuset où est contenu du verre en état de fusion ; en retirant le tube, il en enlève environ gros comme le poing; il porte cette masse dans un moule cylindrique d'un diamètre égal à celui que doit avoir la bouteille; il souffle dans le tube; le verre se gonfle en vessie, qui prend la forme du moule ; cela fait, il retire la bouteille, ainsi ébauchée, de la cavité, et, l'ayant renversée, il forme, avec une *mollette*, le creux dont la convexité s'élève plus ou moins dans l'intérieur de la bouteille, ce qui est facile, attendu que le verre est encore en consistance pâteuse; un filet de verre roulé autour du goulot forme la *cordeline*, qui empêche la bouteille de glisser quand on la tient dans la main. Enfin, on touche circulairement le goulot au-dessus du cordon avec un instrument froid : la bouteille se détache, et un enfant la porte, au bout d'une verge de fer, dans un four chaud, où elle se refroidit lentement, car l'expérience a appris que le verre qui passe brusquement d'une température élevée à une température froide, et réciproquement, est beaucoup plus cassant que lorsque ce changement de température se fait avec lenteur (*voyez* VERRERIE). TEYSSÈDRE.

Pris dans l'acception figurée, *bouteille* s'entend du contenu au lieu du contenant. On dit, par exemple, qu'un homme *aime la bouteille*, pour dire qu'il aime le vin, qu'il est adonné au vin.

A bord des vaisseaux, on nomme *bouteilles* des saillies ou compartiments, placées en dehors, sur l'arrière du bâtiment, des deux côtés de la poupe, qu'elles affleurent, et servant de vespasiennes à l'équipage. Elles se terminent en cul-de-lampe, et supportent autant d'étages qu'il y a de batteries au vaisseau ; celles des frégates n'ont qu'un étage. On nomme *fausse-bouteille* un placard sculpté dans la même forme, et dont on décore l'arrière des vaisseaux trop petits ou trop ras pour avoir de véritables bouteilles.

BOUTEILLE DE LEYDE. La découverte de la bouteille de Leyde est, comme tant d'autres découvertes, née pour ainsi dire du hasard. Elle fut faite à Leyde en 1746 par Cuneus et Muschenbroeck. Cette découverte fit beaucoup de bruit en Europe ; elle devint un nouvel éclat à l'électricité; chacun voulut éprouver la commotion malgré le récit effrayant qu'on en faisait. Tous les physiciens répétèrent la fameuse expérience de Leyde, et en étudièrent les diverses circonstances. Ce fut surtout parmi les Français, toujours avides de nouvelles découvertes, que cette expérience excita une vive sensation. L'abbé Nollet donna en présence de Louis XV la commotion à un régiment entier.

La forme commune de la bouteille de Leyde est celle d'un flacon ordinaire. La surface extérieure est recouverte jusqu'à une certaine hauteur d'une feuille d'étain. L'intérieur est rempli de feuilles de cuivre très-minces. La bouteille est fermée par un bouchon de liège, traversé par une tige de métal, dont la partie supérieure est terminée par une boule et dont la partie inférieure communique avec les feuilles de cuivre. La feuille métallique extérieure porte le nom d'*armure extérieure*, les feuilles de cuivre intérieures s'appellent *armure intérieure*. Pour charger la bouteille de Leyde, on la tient ordinairement dans la main, en même temps qu'on fait toucher la boule de la tige au conducteur d'une machine électrique en action. On la retire quand l'électromètre à cadran posé sur le conducteur marque que l'intensité de l'électricité dans l'intérieur de la bouteille, ainsi

39.

que sur le conducteur de la machine, est arrivée à son maximum.

Quand la bouteille est ainsi chargée, si l'on touche la boule avec l'autre main, on se sent aussitôt frappé avec violence dans les deux bras, surtout aux articulations; plusieurs personnes peuvent recevoir à la fois la commotion ; il suffit pour cela qu'elles se tiennent par la main pour former une chaîne : la personne qui se trouve à une extrémité de la chaîne prend la bouteille dans une main, tandis que celle qui est placée à l'extrémité opposée touche la boule. La transmission de l'électricité se fait avec une telle rapidité que toutes les personnes se sentent frappées au même instant. L'explication de cette expérience, qui a dû paraître bien extraordinaire aux personnes qui l'ont vue à l'origine, est très-simple ; elle est entièrement fondée sur l'attraction mutuelle des deux électricités.

Supposons, pour fixer les idées, que le conducteur de la machine électrique soit chargé d'électricité positive (vitrée), ce qui est le cas des machines ordinaires. Cette électricité se répand également sur le conducteur et dans l'intérieur de la bouteille. Elle décompose par influence l'électricité naturelle de l'armure extérieure, attire l'électricité négative (résineuse), et repousse l'électricité positive, qui se dissipe dans le sol par le moyen des organes de la personne qui tient la bouteille. L'électricité négative de l'armure extérieure attire à son tour l'électricité positive de l'intérieur, en sorte qu'une nouvelle partie de l'électricité du conducteur peut pénétrer dans l'intérieur de la bouteille, laquelle électricité décompose une nouvelle portion de l'électricité de l'armure extérieure, et ainsi de suite, jusqu'à ce que la bouteille soit chargée à la limite, c'est-à-dire autant que possible : pour comprendre qu'il y a nécessairement une limite à la charge de la bouteille de Leyde, on doit se rappeler que l'action de l'électricité décroît avec la distance ; il faut donc que la quantité d'électricité positive accumulée dans l'armure intérieure l'emporte sur la quantité d'électricité négative chassée de l'armure extérieure dans le sol, et conséquemment sur la quantité d'électricité négative retenue sur cette armure. Il y a donc dans l'armure intérieure une certaine quantité d'électricité qui n'est retenue que par la pression de l'air. Cette quantité augmente avec la charge de la bouteille, et lorsqu'elle est capable de vaincre cette pression, la charge est arrivée à sa limite, puisque toute l'électricité qu'on fournit dès lors à l'armure intérieure s'échappe à travers l'air.

Toutes les circonstances que présente la bouteille de Leyde se conçoivent aisément d'après ce qui précède ; la décharge consiste dans la réunion de l'électricité positive de l'intérieur à l'électricité négative de l'extérieur. Cette réunion s'opère quand on établit une communication entre les deux armures par un corps conducteur. Si l'on établit cette communication avec les organes, on éprouve la commotion. Nous venons de parler de l'attraction mutuelle des deux électricités contraires; cette attraction est si forte qu'une partie de l'électricité pénètre dans l'intérieur du verre. Voilà pourquoi une bouteille peut donner plusieurs décharges successives : à la vérité, la première est beaucoup plus forte que les autres. Voilà encore pourquoi souvent la décharge s'opère à travers le verre, ce qui détermine la rupture de la bouteille. Il est encore évident qu'il faut que l'armure extérieure communique avec le sol, afin que l'électricité positive, repoussée par l'électricité pareille du conducteur, puisse se dissiper, parce que si l'électricité positive et l'électricité négative de l'armure extérieure restaient sur cette armure, elles se neutraliseraient, et il ne serait pas possible d'accumuler de l'électricité positive dans l'intérieur, et conséquemment de charger la bouteille.

Puisque les deux électricités s'attirent si fortement, elles doivent se trouver sur les faces du verre, et non dans les armures ; c'est encore ce qu'on vérifie par l'expérience. Si l'on charge une bouteille à armures mobiles, et qu'on enlève ensuite chaque armure séparément, on verra, en les replaçant, que la bouteille n'a pas perdu sensiblement de sa force.

S'il y a dans l'armure intérieure un excès d'électricité, qui n'est maintenu que par la pression atmosphérique; on devra tirer de cette armure une étincelle électrique, quand on la touchera sans toucher en même temps, bien entendu, l'armure extérieure. L'électricité qu'on n'enlèvera point ne restera qu'en vertu de l'attraction de l'électricité opposée de l'armure extérieure. Il faut qu'il y ait sur celle-ci un excès d'électricité négative; on pourra donc en tirer une étincelle, puis une nouvelle étincelle de l'armure intérieure, et ainsi de suite, en sorte qu'on déchargera de cette manière la bouteille par une série d'étincelles, et sans éprouver de commotion.

Le *carreau fulminant* et le *condensateur* ne sont que la bouteille de Leyde sous une autre forme.

Une *batterie* est une réunion de plusieurs grandes bouteilles, dont les armures intérieures communiquent ensemble, ainsi que les armures extérieures. Chaque bouteille prend alors le nom de *jarre*. Les effets des batteries sont ceux de la bouteille de Leyde plus ou moins agrandis : c'est par la décharge d'une batterie puissante qu'on fond et volatilise les métaux, qu'on enflamme la poudre, qu'on tue des animaux ; c'est en un mot avec cet instrument qu'on donne une idée des effets de la foudre.   C. DESPRETZ, de l'Acad. des Sciences.

BOUTEILLER (Grand). C'était autrefois la charge d'un des cinq grands officiers de la couronne, remplacé depuis par le grand échanson, qui hérita d'une partie de ses fonctions, mais non de ses priviléges. En effet, le *grand bouteiller* signait les chartes des rois, siégeait à la cour des pairs et exerçait, en vertu de son office, l'une des deux présidences de la chambre des comptes. Il prélevait aussi *cent sols de France* sur tous les siéges et bénéfices ecclésiastiques de fondation royale, quand les nouveaux titulaires prêtaient leur serment de fidélité. En l'hôtel du roi, il envoyait ses gens traire au tonneau où l'on trayait pour le prince, qui défrayait aussi sa table et son luminaire. Aux festins d'apparat, la coupe ou le *hanap* du monarque lui revenait de droit, ainsi que les pièces de vin entamées pour le banquet. Il prenait encore chaque année vingt livres en la chambre des deniers pour payer ses manteaux. Le premier grand bouteiller de France fut Herbert de Serans, qui vivait au commencement du onzième siècle. Parmi ses successeurs figurent un Hervé de Montmorency, quatre Guy de Senlis, un Robert de Courtenay, un Étienne de Sancerre, un Guy de Châtillon, un Jacques de Bourbon, un Valeran de Luxembourg, des sires de Coucy, de Tancarville, de Saint-Pol, de Croï, de Soissons, de Beaumanoir, etc. Un différend qui s'éleva en 1317 entre le sire de Sully, grand bouteiller, et le sieur la Bovyne de Solecourt, échanson de France, nous apprend que ce dernier office existait alors, mais ne tenait sans doute que le second rang. Un grand bouteiller, Pierre des Essarts, fut décapité en 1413. Antoine de Châteauneuf, sieur du Lau, occupait cette charge sous Louis XI; elle a dû être abolie après lui, car il n'en est plus question dans nos annales. Depuis cette époque, le grand échanson fut investi des fonctions attribuées précédemment au grand bouteiller, autres que prérogatives que de vains honneurs attachés à un vain titre.

BOUTER. Ce verbe synonyme de *mettre*, que le *Dictionnaire de Trévoux* qualifiait déjà de vieux et très mauvais, a donné naissance à plusieurs mots qui sont restés en usage depuis qu'on l'a lui-même abandonné. On dit, en termes de marine, *bouter de lof*, pour dire bouliner, venir au vent, prendre l'avantage du vent, et *bouter à l'eau*, quand on fait sortir un bateau du port. En termes de vénerie, *bouter la bête*, c'est la lancer. *Bouter*, en termes d'épinglier, c'est *mettre*, attacher des épingles sur un papier pour les exposer en vente; on appelle *bouteuses* les ouvrières chargées de ce soin.

BOUTEROLLE. Les graveurs en pierres fines appellent ainsi un instrument en cuivre, dont ils enduisent la tête de poudre d'émeri ou de diamant, et qui, monté sur l'arbre d'un *touret*, use par le frottement la pierre qu'on lui présente. Les metteurs en œuvre nomment *bouterolle* un morceau de fer arrondi par un bout, qu'on applique sur les pièces qu'on veut restreindre dans le dé à emboutir. Les orfévres donnent le même nom à un outil de fer terminé par un tête convexe, et qui a la forme que l'on veut donner à l'ouvrage sur lequel on frappe cet outil; les serruriers, à une sorte de rouet posé sur le palatre (la boîte) de la serrure, à l'endroit où porte l'extrémité de la clé qui le reçoit, et sur lequel celle-ci tourne. *Bouterolle* est enfin une pièce d'armoirie qui représente la garniture qu'on met au bout du fourreau d'une épée.

BOUTERWEK (FRÉDÉRIC), né le 15 avril 1766, à Oker, près Goslar, dans le royaume de Hanovre, est connu par plusieurs ouvrages philosophiques et littéraires. La philosophie n'avait pas été sa première étude; la lecture des romans et des œuvres de quelques beaux esprits de l'époque avait d'abord égaré quelque peu ses idées; puis, voulant revenir à des travaux plus sérieux, il entreprit l'étude du droit; mais au bout de deux années de travail, il y renonça, convaincu que la poésie était sa véritable vocation. A cette première période de sa vie, que plus tard il reconnut lui-même avoir été un temps d'erreurs et d'illusions, se rattache la publication d'un assez grand nombre de poëmes et d'un roman intitulé : *Le comte Donamar* (3 vol., Gœttingue, 1791-93). Dans ce roman Bouterwek avait décidément pris parti pour la littérature sensuelle, et quelquefois si obscène, de Voltaire, ravivée par Wicland, et semblait avoir déserté les traces du mâle génie de Klopstok.

Quoiqu'il ait déploré le premier ce qu'il appelait les égarements de son jeune âge, il faut reconnaître que cette aberration passagère d'un esprit supérieur réagit fortement sur la composition de son célèbre ouvrage intitulé : *Histoire de la Poésie et de l'Éloquence modernes* (12 volumes, 1801-1825). Il est, à la vérité, facile de s'apercevoir qu'après les premiers volumes l'esprit de l'auteur, devenu plus ferme et plus philosophique, imprime aux jugements qu'il émet plus de justesse et de profondeur; mais on ne peut nier non plus que ses appréciations des grands monuments de la littérature ne soient très-superficielles, tandis que d'autres parties de la littérature ont trouvé en lui un appréciateur habile et judicieux. La littérature qu'il a jugée avec le plus de bonheur est sans contredit la littérature espagnole.

Mais ce n'est pas seulement comme littérateur que Bouterwek s'est rendu célèbre : l'histoire de la philosophie moderne en Allemagne doit le compter parmi les écrivains qui déployèrent le plus d'ardeur à combattre la philosophie dont les bases avaient été jetées par Schelling, et qui, après plusieurs transformations, est victorieusement sortie de la lutte qu'elle avait à soutenir. Lorsque Bouterwek eut obtenu, en 1796, une chaire de philosophie à l'université de Gœttingue, le premier système qu'il y enseigna fut celui de Kant; plus tard il embrassa les idées de Jacobi, penseur qui voulait baser tout sur un sentiment immédiat, et qui attaquait tous les systèmes par lesquels on prétendait fonder la philosophie sur le savoir et la science, et même sur une science absolue. L'idéalisme de Fichte avait déjà été l'objet de quelques attaques de la part de Bouterwek; ces attaques devinrent plus violentes, et sortirent même des convenances d'une lutte philosophique, lorsque Schelling essaya de pousser l'idéalisme de Fichte encore plus loin, ou plutôt de lui donner pour base son système de *l'identité absolue*. Sans doute Schelling alla un peu trop loin dans l'exposition de ce système de *l'identité* et de *l'identification;* jamais pourtant il ne confondit Dieu avec le monde, l'esprit avec la matière; il prétendait seulement que l'esprit et la nature sont deux faces analogues de l'absolu, et que, comme rien n'est en dehors de Dieu, toute véritable existence (le mal n'existe pas en soi), par conséquent la nature, doit être regardée comme quelque chose de saint et de divin. Il établissait ensuite une analogie et un parallélisme ingénieux entre la nature et l'esprit; et tous les rapports de l'homme avec la nature, avec le corps, prenaient ainsi un aspect supérieur. Or, c'est précisément ce point de vue, celui qui sanctifiait jusqu'aux rapports naturels de l'homme, et même ceux des sexes, qui porta Bouterwek et d'autres à accuser le système de Schelling d'*immoralité*, de *matérialisme* et d'*athéisme*. Après être longtemps demeuré impassible en présence de ces graves inculpations, Schelling rompit enfin le silence, en 1812, à l'apparition de l'ouvrage de Jacobi *Sur les choses divines*, dans lequel les accusations élevées contre sa philosophie se trouvaient formulées avec plus de vivacité que jamais. Le livre qu'il publia, intitulé : *Monument de l'écrit de Jacobi sur les choses divines*, restera toujours pour réfuter les sophismes des penseurs qui croient servir Dieu en l'excluant de son œuvre éternelle, et qui n'arrivent ainsi qu'à perpétuer l'athéisme dans la société et le monde, en mettant Dieu en dehors des choses de ce monde. Le coup avait frappé fort et juste : aussi depuis lors le combat alla-t-il en s'affaiblissant de plus en plus; il cessa même dans le champ-clos de la publicité, et ne se continua que dans les auditoires des différents adversaires. Bouterwek n'en continua pas moins à attaquer la nouvelle philosophie dans ses cours, très-assidûment suivis par la jeunesse des écoles; la vérité est cependant que ses attaques, quoique toujours vives, ne dépassèrent plus jamais les bornes d'une exacte politesse.

Dans son *Apodictique*, dans son *Manuel des Sciences philosophiques*, et dans sa *Religion de la Raison*, Bouterwek rejette l'idée de la foi absolue pour défendre la croyance de la raison en elle-même. On a aussi de lui une *Esthétique* (2 vol., 3ᵉ édit., 1824), dans laquelle on trouve beaucoup de remarques judicieuses sur les différentes parties de l'art, quoique la première partie du livre qui traite des principes du beau et de l'art soit restée vague et superficielle. Bouterwek mourut le 9 août 1828.   H. AHRENS.

BOUTE-SELLE, vieux terme de guerre que nous a légué le moyen âge, avec l'éclatante sonnerie qui le traduit : c'est le signal que la trompette donne pour avertir les cavaliers de seller leurs coursiers de bataille et de se tenir prêts à chevaucher pour voler de rechef à la gloire.

Il y a quelque chose de magnifique dans l'excitation fébrile que ce signal inattendu jette dans une caserne et surtout dans un bivouac, une grand'garde, un avant-poste d'armée, quand tous ces soldats, tous ces chevaux, endormis au pied de leurs piquets, se réveillent en sursaut aux premiers feux du jour; les chevaux implorant déjà une toilette qui doit faire ressortir leur valeur, *les hommes bouchonnant leurs camarades*, leur passant le mors aux dents, ramassant brides et bridons, disposant fontes, selles, schabraques, étriers, sangles et croupières. Mais à cette agitation, qui n'est pas bruyante, succèdent bientôt un calme, un ordre, un silence complets dans ces rangs belliqueux de carabiniers, de dragons, de cuirassiers, de hussards, de chasseurs, de lanciers..... Tous ces naseaux brûlants de quadrupèdes interrogent l'espace; toutes ces figures martiales d'hommes aspirent la poudre. Hommes et quadrupèdes, pour s'élancer à de nouveaux exploits, n'attendent plus que le mot magique : *En avant!*

BOUTIQUE, BOUTIQUIER. On appelle *boutique* un lieu où les marchands étalent leurs marchandises en vente. L'*arrière-boutique* est une pièce qu'on trouve immédiatement après la boutique. Aujourd'hui Paris n'a plus une seule boutique, et, cependant, excepté dans quelques quartiers reculés, tous les rez-de-chaussée, et même bon nombre de premiers, sont ce qu'on appelait autrefois des *boutiques;* le mot seul a été changé. Le terme générique maintenant est *magasin*, et chaque boutique a un nom particulier, selon la marchandise qu'on y débite. Si une boutique en renferme un grand nombre d'autres, on l'appelle *bazar*; si le bazar s'ouvre à ses deux extrémités, et si on y circule librement, il prend le nom de *passage*.

Le mot *boutique* a pris en France une acception nouvelle; on dit *la boutique* pour dire *les boutiquiers*. La boutique, c'était sous le dernier règne la puissance du jour, c'était cette partie de l'industrie, souvent bouffie d'orgueil et d'ignorance, qui ne voyait que soi et le présent.

Le boutiquier, garde national fanatique et ami à tout prix de ce qu'il appelle l'*ordre public*, voulait autrefois élever lui et sa famille au rang des autres classes de la société plus instruites, mieux *éduquées*, comme il lui échappait souvent de dire. Un écrivain spirituel s'était moqué de cet amour mesquin du confortable, de cette manie d'artiste qui le dominaient alors, par un vers devenu proverbe :

Et l'on trouve un piano dans l'arrière-boutique.

Maintenant, au contraire, il voudrait voir tout le monde descendre jusqu'à lui. Il est vrai que de nos jours il a une certaine instruction, et qu'il parle un peu de tout; mais c'est justement le moyen quelquefois de déraisonner sur tout.

Le boutiquier est avare, peureux, souple, partisan de tous les gouvernements présents et futurs qui auront l'air de le compter pour quelque chose; il a tenu ou a cru tenir le pouvoir, et il se complait dans cette idée; aussi tous les gouvernements nouveaux attachent-ils un grand prix à se concilier ses bonnes grâces. En 1848 le Provisoire lui-même ne dédaigna pas ses suffrages, et réussit un instant à lui faire accroire que la république n'était qu'une boutique bien menée.

BOUTO ou **BUTO**, dans le système mythologique des Égyptiens, l'une des huit divinités du premier ordre, fut identifiée par les Grecs avec leur *Léto*, et par les Romains avec leur *Latone*; et il est fort probable que dans la suite des temps les traditions grecques de Léto se confondirent souvent avec celles de la déesse égyptienne. *Bouto* représente l'éternité, la nuit primordiale, qui précéda le débrouillement du chaos, et encore l'eau ou l'humidité primitive, le limon du Nil, la matière fécondée ou propre à être fécondée, la mère de toutes choses. Elle passe généralement pour la nourrice d'Horus (Apollon) et de Bybastis (Artémise), les deux enfants d'Osiris. Tandis que Typhon multiplie les pièges autour du bienfaisant Osiris, le tue, le mutile, profane sa tombe et persécute sa famille, Isis confie son jeune fils à Bouto; celle-ci le cache et le nourrit dans une île flottante appelée *Chemmis*, dans le lac et au voisinage de la ville d'Égypte qui porte son nom. Comme déesse de la nuit, Bouto avait près d'elle, dans ses temples, la mygale ou musaraigne, qui, comme la taupe, était censée aveugle, parce que ses yeux, très-petits, sont presque entièrement cachés par les replis de la peau. L'ichneumon aussi lui était consacré, ainsi qu'à Hercule. Chaque année, on venait dévotement en pèlerinage à l'oracle et au temple de *Bouto* ou *Boutos*, située sur la rive méridionale du lac du même nom, à l'embouchure du Nil Sébennytique. Hérodote, qui donne une description très-détaillée de cette ville populeuse, capitale d'un nome de la Basse-Égypte, vante surtout le temple magnifique qu'on y avait élevé à *Bouto*, et outre lequel il existait encore des temples consacrés à Horus et à Artémise, notamment le Portique et une chapelle d'une seule pierre qui avait quarante coudées de hauteur.

BOUTOIR. Lorsque, comme dans le cochon, le sanglier, le phacochoère, le babiroussa, les pécaris, la partie antérieure de la cloison des narines est prolongée par un os élargi; lorsque la peau qui recouvre ce nez est plus ou moins nue et reçoit une grande quantité de nerfs; lorsqu'enfin cette peau, soutenue par l'os élargi de la cloison et par les pièces solides des ouvertures nasales, l'est encore par une couche de tissu cellulaire dense et élastique, toutes ces particularités d'organisation ont fait donner à ce nez le nom de *boutoir* (vulgairement *groin*).

Ces sortes de nez sont propres à ouvrir la terre, à fouiller dans le sol pour y chercher la nourriture. Dans toutes les espèces de la famille des cochons que nous avons déjà citées, le *boutoir* est terminé par une surface plane, verticale, où l'on voit les ouvertures des narines. La peau de cette surface et d'une partie de la circonférence est toujours enduite d'une humeur visqueuse, qui lui donne un aspect luisant et contribue sans doute à en augmenter la sensibilité tactile. Lorsque ces animaux barbottent dans la vase, dans des amas de fumier, ou remuent un terrain marécageux ou tout autre sol humide et meuble, leur boutoir agit comme l'extrémité d'un levier représenté par la tête, qu'ils enfoncent obliquement. Pendant que l'arête mousse de la partie supérieure et de toute la circonférence du boutoir pénètre dans le sol, la peau nue et visqueuse de la surface plane sert comme un organe d'un toucher délicat, en même temps que l'appareil de l'olfaction, qui est très-développé, flaire et recueille toutes les émanations odorantes des corps recherchés pour la nourriture, qui sont situés plus ou moins profondément dans le sol. C'est en utilisant ces fouilles exécutées par le boutoir du cochon domestique que l'homme sait s'approprier la **truffe**, si recherchée par les gourmets.

L. LAURENT.

BOUTON (*Technologie*), petite pièce, de forme lenticulaire ou hémisphérique, qu'on emploie pour joindre à volonté les pièces d'un vêtement, ou encore comme ornement. On peut distribuer les boutons en deux classes principales : 1° les *boutons simples*; 2° les *boutons composés*.

Les *boutons simples* se font en bois, ivoire, os, nacre de perle, corne, etc. Leur forme est celle d'un petit disque percé d'un trou au centre et de quatre autres tout autour. Ces boutons se fabriquent de la manière suivante : on prépare des planchettes de bois, d'ivoire, etc., d'une épaisseur égale à celle que doivent avoir les boutons, puis on découpe ces planchettes au moyen d'un instrument monté sur un tour. On se formera une idée de cet instrument en se figurant un compas dont une des pointes serait coupante et l'autre perçante : en faisant tourner l'instrument sur cette dernière pointe, en l'appuyant sur une planchette de peu d'épaisseur, il est évident que la pointe coupante détacherait une rondelle percée au centre par l'autre pointe du compas. C'est de cette manière qu'on découpe les *moules* des boutons. Les quatre trous qui entourent celui qui occupe le centre des boutons simples se percent d'un seul coup au moyen de quatre forets montés sur le même appareil, et qu'une seule roue fait tourner. Une pointe fixe, et qui entre dans le trou central du bouton détermine la position qu'il doit occuper pour que les quatre trous soient percés à des distances convenables du centre. Les boutons simples reçoivent quelques ornements circulaires dont le profil dépend de l'outil qui sert à les découper.

Les *boutons composés* se font en métaux, corne fondue, etc. Les plus communs consistent en un moule de bois, d'os, de métal, recouvert d'un morceau d'étoffe de drap, de toile, de soie, etc.; quand le moule est en bois et qu'il doit être recouvert d'une feuille de métal, il est percé, comme un bouton simple, de cinq trous, dans lesquels est passé un petit cordon qui sert à fixer le bouton sur le vêtement en le cousant à l'ordinaire. Quant à l'enveloppe de ces sortes de boutons, on la découpe d'abord au moyen d'un emporte-pièce dans une plaque de métal, et l'on *emboutit* ensuite cette rondelle à l'aide d'un mouton ou d'un balancier : cette opération lui fait prendre la forme d'un petit vase circulaire. Si le bouton doit porter des légendes, des ornements, le balancier est muni de deux poinçons gravés l'un en creux et l'autre en relief, qui s'appliquent exactement l'un sur l'autre; la rondelle de métal, étant pressée entre ces deux poinçons, y reçoit la copie exacte de leurs reliefs. On fixe les enveloppes ainsi préparées sur les moules en bois, en métal, etc., au moyen du tour; cette opération s'appelle *sertir* ; elle consiste à fixer le moule sur le mandrin d'un tour en l'air, à appliquer l'enveloppe métallique dessus et à en rabattre les bords en frottant contre avec un brunissoir.

Les boutons coulés en métal portent un anneau de fil de fer ou de laiton; on place cet anneau dans le moule de façon que son ouverture ne puisse être enveloppée par le métal qui ne doit saisir que ses deux crampons. Les boutons en corne fondue portent aussi un anneau de fil de laiton.

Les boutons de métal se polissent ordinairement au tour en l'air ou sur des meules en pierres ou en bois : ces dernières sont recouvertes de cuir imbibé d'huile dans laquelle on a délayé de l'émeri en poudre plus ou moins fine. Les boutons métalliques unis reçoivent le dernier lustre sur un tour en l'air dont l'arbre tourne avec une grande rapidité. C'est avec le brunissoir qu'on exécute cette opération. Les boutons festonnés se terminent au tour à guillocher.

On fabrique aussi des boutons en serrant fortement une rondelle de tissu entre deux rondelles métalliques, dont la supérieure d'un diamètre un peu plus grand que celui de l'inférieure, est sertie sur celle-ci de telle sorte que le tissu reste fortement pressé. La rondelle métallique inférieure est percée à son centre de façon à laisser passer le tissu du bouton, que le tailleur peut ainsi coudre avec la plus grande facilité.

On fait encore des boutons en *pâte céramique*, dont la matière est analogue à la pâte de porcelaine. La base de cette pâte est le feldspath. Une presse puissante moule ces boutons, qui sont ensuite soumis à la cuisson. On leur donne la couleur que l'on veut en introduisant dans la pâte divers oxydes métalliques. Grâce à la rapidité de leur fabrication et au bon marché des matières premières, le prix de ces boutons est devenu très-modique.

BOUTON (*Botanique*). On appelle ainsi la jeune fleur avant son épanouissement. Le bouton renferme donc le germe de toutes les parties que la fleur présentera plus tard.

Quelquefois le nom de *bouton* est donné à un **bourgeon** florifère. C'est dans ce sens qu'on dit que le bouton des arbres à pépins donne plusieurs fleurs, et que celui des arbres à noyau n'en donne qu'une. Il y a des jardiniers qui appellent les boutons des *bourres* ou des *bourses* à fruit.

BOUTON (*Médecine*). On nomme ainsi de petites tumeurs arrondies, plus ou moins pointues, qui s'élèvent sur différentes parties de la peau, et dont la forme a quelque analogie avec des productions homonymes du règne végétal. On appelle aussi ces tumeurs *papules* dans le langage médical, vraisemblablement parce qu'elles ont été attribuées à un développement des corps papillaires qui entrent dans la composition du tissu de la peau. Les boutons varient sous un grand nombre de rapports : tantôt ils sont de simples excroissances, qui ne contiennent aucun fluide, tantôt ils renferment une sérosité transparente, ou bien un liquide purulent; cependant on ne les considère jamais comme des foyers de pus, et ils se dessèchent ordinairement tous sous la forme qu'on appelle *croûte*. D'après les différences, on les distingue en *boutons secs*, en *boutons vésiculeux* et en *boutons pustuleux*. Quelques fois les boutons sont très-petits, et sans altération notable du coloris de la peau ; d'autres fois leur base est enflammée et plus ou moins rouge. Souvent ils ne sont accompagnés d'aucune sensation insolite ; mais on les rencontre assez communément avec une démangeaison plus ou moins forte, et en ce cas on les appelle *boutons prurigineux*. On les voit naître isolément ou bien par groupes appelés *plaques*, et dont les formes sont très-diversifiées.

Ces affections sont les plus communes et les plus légères de celles qui composent la liste, aussi longue que variée, des maladies de la peau ; toutefois, elles sont souvent fâcheuses. Parfois les boutons causent des démangeaisons très-pénibles. Les éruptions papuleuses s'aggravent surtout par le grand nombre de médications qu'on tente pour s'en guérir, et qui sont trop souvent des moyens dangereux.

Les boutons apparaissent dans diverses conditions dépendantes de l'âge, du sexe, de l'alimentation, etc.... Les premières périodes de la vie humaine sont communément affligées par des éruptions papuleuses : chez la majeure partie des enfants, à l'époque de la dentition, on voit apparaître sur les joues, le front, les épaules, les bras, les avant-bras, le dessus des mains, les fesses, les cuisses, les alentours du nombril, etc., des groupes de boutons qui forment des plaques très-rouges, et diversement figurées, auxquelles on donne vulgairement le nom de *feux de dents*. A l'époque du sevrage des enfants, on voit aussi poindre sur les membres supérieurs, sur les joues, etc., de petits boutons d'un rouge vif, tantôt séparés, tantôt mêlés avec des points rouges ou avec des plaques de la même couleur, quelquefois encore avec des taches blanches, entourées d'un cercle rougeâtre. Dans d'autres phases de l'enfance, on voit encore naître des boutons avant et après des maladies aiguës. A l'époque de la puberté, les jeunes gens de l'un et de l'autre sexe ont souvent des boutons, surtout au visage. Dans l'âge adulte, il n'est pas rare de voir des boutons isolés, et d'un rouge vif, apparaître sur le visage, les bras, les mains, le cuir chevelu, après une fièvre légère ou des maux de tête : ceux-ci ont quelquefois l'apparence des boutons de la gale, et sont accompagnés d'un prurit très-incommode ; ils se sèchent ordinairement après une durée d'une à trois semaines. C'est dans la vieillesse que l'homme est ordinairement sujet aux éruptions de boutons prurigineux, qui excitent des démangeaisons intolérables, et qui condamnent à un cruel supplice ceux qui en sont affectés. Le tribut mensuel auquel les femmes sont assujetties est une autre cause de boutons; ils naissent encore sur le visage, et ils contribuent à affliger leur existence à l'âge appelé *critique*.

Une trop grande continence ainsi que l'usage de certaines substances alimentaires, telles que les plantes crucifères, les moules, les huîtres, etc., coucourent également à produire des boutons. Les crevettes, les poissons que les marchands de comestibles de luxe exposent à nos regards, ont surtout cet inconvénient, parce qu'ils contractent une qualité irritante quand ils ont été conservés longtemps dans la glace, moyen qui les préserve d'une décomposition putride, mais qui ne les empêche pas de devenir alcalescents. Les vins blancs, quand on n'est point accoutumé à leur usage, produisent encore cet effet. Enfin, l'exposition à la chaleur du soleil peut aussi faire naître des éruptions papuleuses : il en est une à laquelle il est difficile de se soustraire sous les tropiques.

Toutes les causes productrices des boutons, quoique bien différentes au premier coup d'œil, peuvent cependant être réduites en majeure partie à une principale, qui est l'irritation de la membrane muqueuse du tube digestif, laquelle réagit au dehors. Il convient donc de lui opposer des adoucissants, et non des excitants, comme on le fait trop souvent dans la pratique vulgaire.

L'éruption de boutons qui accompagne le travail de la dentition, par exemple, n'exige qu'un traitement très-simple : il faut chercher à modérer, autant que possible, l'irritation gastro-intestinale qui résulte de celle des gencives, et qui entretient un état fébrile. A cet effet, on rendra l'alimentation très-légère, on donnera aux enfants de l'eau fraîche et sucrée, qu'ils appètent ordinairement beaucoup ; leur affaiblissement est un symptôme de la fièvre, qui ne doit point induire à employer des préparations de fer ou de quinquina, comme on le fait trop souvent ; la constipation, qui est un autre symptôme de l'irritation de l'estomac, ne doit pas non plus engager à employer le calomel ou d'autres purgatifs : le régime et de petits lavements suffisent communément ; des bains d'eau tiède conviennent en même temps, et il faut se garder de tenir les enfants trop couverts, ainsi qu'on le fait quelquefois.

Ces moyens sont encore applicables aux boutons qui surviennent à l'époque du sevrage et des maladies fébriles. Il est également inutile de recourir aux ressources pharmaceutiques dans le plus grand nombre de cas où les boutons se manifestent à l'époque de la puberté, et le plus communément chez les jeunes gens très-sanguins. Il suffit de rendre alors l'alimentation peu stimulante, de prescrire un exercice modéré, des bains d'une température peu élevée, quelquefois une saignée. Les jus d'herbes, dont on fait usage pour rafraîchir le sang, produisent très-souvent un effet opposé à ce but; les sirops antiscorbutiques et les purgatifs ont beaucoup plus d'inconvénients encore : sous l'influence de ces moyens, qui excitent la muqueuse digestive, les éruptions papuleuses augmentent fréquemment.

Les boutons causés par l'insolation ou par d'autres causes extérieures se guérissent par des topiques émollients. Les éruptions qui affectent les femmes vers l'âge critique sont rebelles et difficiles à traiter convenablement. Le vulgaire a recours pour les attaquer aux purgatifs, et trop souvent aux potions meurtrières de Leroi. Les résultats de ces purgations réitérées sont communément des maux d'estomac ou des intestins, qui empoisonnent le reste de la vie, et dont il n'est pas rare qu'une mort prématurée soit le terme. En outre, comme on néglige de diriger des médications convenables sur l'organe où est le foyer principal de l'affection, il acquiert souvent un état morbide qu'on ne reconnaît que quand il est à peu près irrémédiable : les cancers utérins n'ont fréquemment pas d'autres causes. Les boutons prurigineux qui attaquent les deux sexes parvenus à l'âge de retour, et fréquemment les gens de lettres, sont souvent rebelles à toute médication.

En résumé, nous ne saurions trop répéter que les boutons étant, dans la majorité des cas, le reflet d'une irritation intérieure, la sagesse exige qu'on cherche à l'éteindre au lieu de chercher à guérir le dehors au détriment du dedans.

Dr CHARBONNIER.

BOUTON (CHARLES-MARIE), peintre et directeur du Diorama, inventé par lui et Daguerre, naquit à Paris, le 16 mai 1781. On ne lui connaît pas de maître. Ses premiers essais n'en furent pas moins heureux, et en 1819 son *Saint Louis au tombeau de sa mère* lui valut la médaille d'or. Déjà, en 1810, il avait obtenu cette distinction. A cette époque, M. Bouton était tenu pour un peintre d'intérieur qui n'avait plus aucun secret à demander à la science. Il avait donné dans son tableau des *Souterrains de Saint-Denys*, et dans celui d'une *Vue de la porte Saint-Jacques à Troyes*, toute la mesure du talent qu'il devait avoir. Comme peintre, M. Bouton n'a pas depuis sensiblement amélioré son faire, bien qu'il ait continué assez assidûment la pratique de son art. Ceci tient à ce que M. Bouton, qui depuis longtemps sans doute méditait les projets de peinture à grand spectacle qu'il a réalisés au Diorama, avait pour préoccupation presque exclusive les procédés matériels de la peinture, la *machine* selon l'expression pittoresque de l'Encyclopédie. Le peintre s'est oblitéré dans le décorateur. Il est du reste fort honorable de s'appeler Bibiène, quand on ne peut s'appeler Carrache, et personne ne contestera que les découvertes de MM. Bouton et Daguerre n'aient laissé bien loin derrière elles les Pompeo Aldovrandini, les Orlandi, les Tesi, les Bibiène, dans l'art de la perspective et la distribution de la lumière. Outre des dioramas, faits avec ou sans la collaboration de M. Daguerre, M. Bouton a peint un assez grand nombre de tableaux, parmi lesquels on cite *la Salle du treizième siècle au musée des Petits-Augustins, les bains de Julien*, des ruines, etc., qui ont figuré dans les galeries de l'impératrice Joséphine, de J. Laffitte, etc. M. Bouton a encore envoyé deux toiles à l'exposition de 1842, dont une, *la Vue intérieure de Saint-Étienne-du-Mont*, avait été commandée par Louis-Philippe. Cet artiste estimable obtint la croix d'Honneur en 1824, et mourut en juin 1853.

M. Bouton s'était élevé aux dernières limites de son art dans ses deux tableaux de la *Vue d'un canal en Chine* et de *l'Église Saint-Paul*, qu'on voyait en 1849 au Diorama. Ces deux chefs-d'œuvre furent détruits lors de l'incendie de cet établissement.
B. DE CONCY.

BOUTON D'ARGENT, nom vulgaire de la *renoncule à feuilles d'aconit* (*ranunculus aconitifolius*). Cette renoncule est originaire du midi de la France. Ses fleurs nombreuses, très-doubles, d'un blanc pur et disposées en forme de bouton, sont charmantes et plaisent toujours, autant par elles-mêmes que par l'élégance des rameaux et pédoncules divergents qui les portent. Comme les racines du bouton d'argent sont charnues, il est prudent de placer cette plante dans une terre très-saine, ou de la lever à l'entrée de l'hiver pour la mettre dans le conservatoire, afin de la replanter au premier printemps. Cette jolie plante se multiplie par ses graines et par la séparation de ses racines, qui ont un peu de ressemblance avec celles de l'asperge, mais qui sont plus courtes.

On appelle encore *bouton d'argent* une variété cultivée de l'*achillée sternutatoire* (*achillea ptarmica*). C'est une plante vivace, haute de 60 centimètres à un mètre, dont les fleurs blanches en corymbes paraissent en juillet, septembre et octobre, et conviennent extrêmement dans les grands massifs de fleurs, où on doit toujours voir cette plante, qui une fois en place reste toujours, tant elle est rustique. Elle se multiplie par la séparation de ses racines et par la semaison de ses graines; elle est originaire de la France.

BOUTON D'OR. Trois espèces du genre *renoncule* sont connues sous ce nom vulgaire, ainsi que sous celui de *pied de coq*. La plus généralement cultivée est la *renoncule rampante* (*ranunculus repens*), plante vivace, à fleurs d'un beau jaune et en extrême abondance, qu'on voit dans les jardins d'ornement, au milieu des massifs, ou au second rang des plates-bandes, où elle figure toujours bien; elle se plaît surtout dans les parties ombragées des jardins, où d'autres plantes refusent de fleurir, et où elle présente la particularité de donner des fleurs aussi belles et d'un éclat aussi vif que si elles étaient exposées à l'action bienfaisante de la lumière et des rayons solaires. Elle existe dans les jardins à l'état de fleur simple et à l'état de fleur double; l'une et l'autre se multiplient par la séparation de leurs pieds ou par la semaison de leurs graines. Cette plante est indigène à la France, et fleurit en juillet.

La *renoncule âcre* (*ranunculus acris*) ou *bouton d'or de France* est une plante vivace, dont la fleur bombée est très-belle, surtout dans la variété à fleurs doubles; elle occupe très-agréablement une place dans les massifs, où elle donne au mois de juin, sans efforts et en abondance, ses belles fleurs doubles d'un jaune d'or. Ce bouton d'or, lorsqu'il est à fleurs doubles, se multiplie par éclats et par la séparation de ses racines; et lorsqu'il est à fleurs simples, par la semaison de ses graines.

La troisième espèce de bouton d'or est la *renoncule bulbeuse* (*ranunculus bulbosus*), qui, comme la précédente, est commune dans les prés et les lieux humides.

BOUTOU, espèce d'arme dont se servent les Caraïbes. C'est une massue d'environ 1m,15 de long, plate, épaisse de 0m,05 dans toute sa longueur, excepté à la poignée, où son épaisseur est un peu moindre. Elle est faite d'un bois très-dur, très-pesant et coupée à arêtes vives. Les Caraïbes se servent de cette arme avec beaucoup d'adresse et de force; ils ont l'habitude d'y graver plusieurs hachures ou compartiments, qu'ils teignent de couleurs différentes.

BOUTOURLINE (DIMITRI PÉTROWICZ), le meilleur écrivain militaire de la Russie, né à Saint-Pétersbourg, en 1790, entra au service dès 1808. L'année suivante il fit sa première campagne dans les hussards contre l'Autriche, et s'y distingua. En 1810 il entra dans la cavalerie de la garde, et fut attaché en 1812 à l'état-major général. Il y servit d'abord sous les ordres du prince Bagration, puis sous ceux du général Wasilczikoff, à qui il rendit d'importants services à l'avant-garde. En 1819 il fut nommé colonel, et passa plus tard général.

Il a écrit la plupart de ses ouvrages en français, par exemple, sa *Relation de la Campagne en Italie*, 1799 (Saint-Pétersbourg, 1810); son *Tableau de la Campagne de 1813 en Allemagne* (Paris, 1815), qui parut sans nom d'auteur, et qu'on attribua longtemps à un tout autre écrivain; enfin, son *Précis des Événements militaires de la dernière guerre en Espagne* (Saint-Pétersbourg, 1817; ouvrage publié également en français). Ce ne fut qu'après s'être entendu maintes fois reprocher d'écrire en français, qu'il se décida à employer désormais la langue russe pour ses ouvrages. C'est en cette langue qu'il publia son *Histoire de la Campagne de Napoléon en Russie* (Pétersbourg, 1820), l'*Histoire des Campagnes des Russes au dix-huitième siècle* (4 vol., Saint-Pétersbourg, 1820, avec une foule de cartes et de plans) et l'*Histoire des Temps néfastes de la Russie au commencement du dix-septième siècle* (2 vol., Saint-Pétersbourg, 1839), où il expose avec beaucoup de circonspection les faits qui ont amené l'état actuel des basses classes de la population en Russie.

Boutourline est mort le 21 octobre 1850, dans un domaine qu'il possédait aux environs de Saint-Pétersbourg. Il était sénateur et directeur de la Bibliothèque Impériale.

BOUTS-RIMÉS. C'est ainsi qu'on appelle tout à la fois des rimes souvent bizarres, excentriques, choisies et disposées par ordre, que l'on donne à remplir, et la pièce de vers composée de ces bouts-rimés remplis. Le *nec plus ultra* du succès consiste à ne pas laisser apercevoir dans l'exécution la contrainte qu'on a été forcé de subir. Les *bouts-rimés* doivent leur origine à un poëte du dix-septième siècle, les uns disent Duclos, les autres Dulot, lequel y donna lieu sans y penser par les plaintes qu'il fit au sujet de plusieurs centaines de sonnets qui lui avaient, disait-il, été dérobés, et qu'il regrettait fort, quoiqu'il n'en eût encore composé jusque-là que les *rimes*, ayant pour habitude de les commencer toujours ainsi; ce qui parut si singulier aux auditeurs de ses lamentations qu'ils résolurent de s'exercer à choisir des *rimes* bizarres, qu'ils s'amusaient à remplir ensuite de différentes manières, et sur divers sujets. On doit à J. F. Sarrasin, qui vivait dans le même siècle, un poëme intitulé : *La défaite des bouts-rimés*. Le marquis de Montesquiou s'était fait dans ce genre une réputation à la cour de *Monsieur*, frère de Louis XVI. On citait surtout de lui comme trait de force un sixain qui commençait par ces deux vers :

Un accord. . . . . *synallagmatique*
Liait Mars à Vénus. Vulcain au pied *fourchu*... etc.

De même que la charade et le logogriphe, les bouts-rimés étaient alors en honneur dans le *Mercure de France*. Ce genre de poésie, ou plutôt cet exercice, ce jeu littéraire, dont tout le mérite consiste, comme celui de tous les amusements de l'esprit dans la *difficulté vaincue*, a été abandonné depuis longtemps aux versificateurs de sous-préfectures, comme indigne d'occuper l'attention du petit nombre d'hommes privilégiés qui sont réellement doués du feu créateur, et ne mérite point, par conséquent, d'occuper une place dans nos poétiques.

BOUTURE. Ce mot, dérivé probablement de l'ancien verbe français *bouter*, désigne, en effet, une branche séparée d'un arbre ou d'une plante et *mise* en terre pour y prendre racine et former un nouveau sujet. La bouture diffère de la marcotte, en ce que celle-ci tient à l'arbre jusqu'à ce qu'elle ait poussé assez de racines pour qu'elle en puisse être séparée sans danger, tandis que la bouture en est complètement et instantanément séparée pour être mise en terre comme un être isolé. Dans les circonstances ordinaires, les boutures se font à l'aide d'un rameau muni d'un ou plusieurs bourgeons, qui se développent plus tard en tige et en branches, tandis que la partie enterrée du rameau produit des racines.

La *bouture en plançon* (ou simplement *plançon*) sert à la multiplication des arbres aquatiques ou qui reprennent très-facilement, comme les saules et plusieurs peupliers : on prend une branche longue de trois à quatre mètres, on l'émonde en ménageant la tête, on l'aiguise du bas afin de l'enfoncer avec facilité et sans rebrousser l'écorce; cette bouture est ensuite fichée en terre dans un trou fait avec un pieu.

La *bouture simple* est plus généralement usitée : en février, on coupe des branches de la pousse précédente bien aoûtées, on les divise par tronçons longs de $0^m,12$ à $0^m,22$, selon les espèces, de manière à ce que la coupe inférieure soit immédiatement située au-dessous d'un nœud et qu'il y ait de quatre à six de ces nœuds sur chaque tronçon; on en fait de petites bottes que l'on enterre verticalement au quart dans du sable frais placé dans un lieu abrité du vent et de la gelée; au commencement d'avril, chaque tronçon se bouture en plantoir, en laissant deux ou trois *yeux* au-dessus du sol; il faut avoir soin de tenir le terrain à un degré suffisant d'humidité.

Quand le moyen que nous venons d'indiquer ne réussit pas, comme cela arrive pour certaines plantes, on a recours à quelque artifice; on emploie, par exemple, la *bouture avec bourrelet*. Pour cela, on pratique en juin une plaie annulaire immédiatement au-dessous d'un nœud, sur la branche qu'on veut bouturer l'année suivante, ou bien on la serre assez fortement avec un fil de fer pour déterminer la formation d'un bourrelet mamelonné; avant l'hiver, on coupe la branche ainsi préparée à un ou deux centimètres au-dessous de l'incision ou de la ligature; on la place en terre; puis, au printemps, on supprime tout ce qui est au-dessous du bourrelet, on raccourcit la branche à quatre ou six yeux, et on la plante comme une bouture simple.

La *bouture à talon* se pratique avec une branche qu'on éclate en la tirant de haut en bas, de manière à ce qu'elle emporte avec elle l'empâtement qui lui servait de base; cet empâtement, formé en grande partie par le parenchyme cortical, renferme beaucoup de tissu cellulaire qui tient lieu de bourrelet et favorise le développement des racines. Cette manière d'arracher les boutures nuit aux *mères*, comme il est facile de le comprendre, et ne doit être pratiquée qu'avec circonspection.

La *bouture à bois de deux ans* s'appelle aussi *bouture à crossette*, à cause de la forme qu'on lui donne ordinairement. On la fait avec du bois de la dernière et de l'avant-dernière séve; le bois le plus ancien ne devant former que le quart de la longueur totale de la bouture. On couche ces boutures dans des rigoles, ainsi qu'on le voit faire tous les jours pour la vigne.

Les boutures d'arbres verts et de végétaux d'orangerie ou de serre chaude ne réussissent pas toujours si l'on ne prend certaines précautions; la plus importante est de placer la bouture sous cloche ou sous châssis, de manière à régler à volonté la température et l'état hygrométrique du milieu dans lequel elle se trouve plongée.

De tout ce qui précède, il ne faut pas conclure que la présence d'un bourgeon soit rigoureusement nécessaire; on sait aujourd'hui que les boutures peuvent se pratiquer à l'aide d'organes qui en sont dépourvus : les fragments de racines et de feuilles nous en fournissent des exemples. Ainsi, on multiplie avec des feuilles, non-seulement les plantes grasses, mais les dahlias, les gesnérias, etc. On connaît encore le mode de multiplication des lis à l'aide des écailles qui forment leurs bulbes. On voit donc que, considérée dans toute sa généralité, une bouture doit être définie : une partie quelconque détachée d'un végétal et placée dans des conditions telles qu'elle constitue un nouvel individu semblable au premier.

BOUTURES ANIMALES. On désigne sous ce nom les fragments ou parcelles du tissu des animaux qui sont susceptibles de reproduire un nouvel individu entier. L'étude des boutures animales est un sujet nouveau de recherches très-intéressantes, dont les principaux résultats seront présentés au mot Embryogénie.

BOUVARD (Alexis), membre du Bureau des Longitudes et de l'Académie des Sciences, section d'astronomie, naquit le 27 juin 1767, dans une vallée des Alpes, de parents sans fortune, qui vivaient du labourage, dans un village à peu près inconnu, non loin de Saint-Gervais et de Chamouny. Que sera le pauvre enfant? pâtre, laboureur, ou soldat du roi de Sardaigne? Rien de tout cela : il a appris à lire, à écrire, à calculer; il se persuade, en se comparant à tous les êtres qui l'entourent, qu'il est savant, et que Paris le réclame; il part, non pas avec la marmotte sur le dos comme ses jeunes compatriotes, comme plusieurs de ses camarades d'enfance peut-être, mais avec quelques livres dans un petit havre-sac, une très-modeste somme dans le gousset et la bénédiction de ses parents, plus inquiets sur le sort de leur enfant que ne le sont le père et la mère des petits ramoneurs : ceux-ci, du moins, ont un état au bout de leurs doigts, leur racloire et la chanson de *la Catarina*. Bouvart, hélas! n'avait que l'espérance, basée sur des calculs enfantins. Le voilà dans Paris *la grande ville*, et il ne tarde pas à y marcher de mécompte en mécompte, de déception en désenchantement. Pas un protecteur d'abord, pas un ami, pas un guide! Jugez de ses inquiétudes, de ses secrètes terreurs quand il voyait sa petite bourse se creuser tous les jours et dès qu'il reconnut, en écoutant les leçons publiques et gratuites des Mauduit, des Cousin, au Collège de France, qu'il y avait l'immensité entre ce qu'il avait appris dans son village alpestre et la science véritable. Il ne se découragea pas cependant; mais il fut ébloui, et il hésita alors entre deux carrières : celle de la chirurgie et celle des mathématiques. Ce fut le besoin de gagner vite de l'argent, beaucoup plus qu'une vocation *véritable*, qui le décida : ayant trouvé à donner des leçons particulières de calcul, son choix fut arrêté, et il s'assura, en courant le cachet, ce qu'il n'avait pas trouvé encore, un dîner quotidien.

Une circonstance fortuite amena un jour Bouvard à l'Observatoire de Paris, et le fit assister à quelques observations. Dès ce moment il n'y eut plus d'incertitude dans son esprit et dans ses goûts; pour surcroît de bonheur, le hasard le fit connaître bientôt de Laplace. L'illustre géomètre avait besoin d'être aidé dans les calculs infinis qu'exigeait son ouvrage de *la Mécanique céleste*; il jeta les yeux sur Bouvard, et paya plus tard de sa haute protection l'infatigable zèle, et on peut ajouter le dévouement sans bornes de son modeste collaborateur. Grâce aux sollicitations, à l'appui de l'homme de génie, Bouvard arriva au Bureau des Longitudes, à l'Académie des Sciences et à la direction de l'Observatoire de Paris.

Il nous est permis, plus qu'à personne, d'emprunter à un discours prononcé sur la tombe de Bouvard quelques lignes qui feront apprécier à la fois l'homme et le savant. « Les distractions de notre société, Bouvard les connaissait à peine. Observateur exercé et habile, il passa pendant de longues années, toutes les nuits sans nuages à côté des grands instruments de l'Observatoire. La table générale des comètes présente plusieurs de ces astres dont la découverte lui appartient. Sa spécialité, toutefois, nous la trouverions dans les calculs numériques, dans les calculs fastidieux qu'un écrivain illustre a si bien caractérisés par ces mots : *Ils fatiguent l'attention sans la captiver*. Bouvard en exécuta des masses effrayantes, soit quand il s'occupa de la théorie de la lune, à l'occasion d'un prix proposé par la première classe de l'Institut, prix qu'il partagea avec le célèbre Burg, de Vienne, soit en construisant des tables nouvelles de Jupiter, de Saturne, d'Uranus; soit enfin, et principalement, lorsqu'il fallut fournir à Laplace le moyen d'insérer dans sa *Mécanique Céleste* autre chose que des formules purement algébriques. »

Bouvard avait une passion véritable pour l'astronomie. Tout le bonheur qu'éprouve un amant à guetter le passage de l'objet aimé, Bouvard le ressent au passage d'une étoile au méridien; il a sa Vénus aussi; il correspond avec elle, mystérieusement et par chiffres. Sa vie amoureuse est pleine d'alternatives : elle a ses nuages, ses orages, ses tempêtes; mais les nuits étoilées font ses délices, et le dédommagent... Nous nous jetons dans la poésie, et ceux qui ont connu l'honnête Bouvard pourront s'en étonner. Rien en effet n'était moins poétique que sa personne, ses idées, ses discours : empruntons encore cependant, pour notre justification, quelques lignes à son savant panégyriste. « Aux approches d'un phénomène céleste important, M. Bouvard était dans un état fébrile manifeste. Le nuage qui, dans le moment d'une éclipse d'étoile ou de satellite, menaçait de lui dérober la vue de la lune ou de Jupiter, le plongeait dans le désespoir; à la fin de sa vie, il rapportait encore avec une douleur naïve les circonstances qui, quarante années auparavant, l'avaient empêché de faire certaines observations. Otez la passion, et dans M. Bouvard passant, la table des logarithmes à la main, des journées, des semaines, des mois entiers, pour découvrir la faute de calcul que tel ou tel élève astronome avait commise en s'exerçant, vous ne trouverez plus qu'un fait sans cause, qu'une anomalie inexplicable. »

Bouvard cessa de calculer et de vivre le 7 juin 1843.

Étienne Arago.

BOUVART (Michel-Philippe), médecin célèbre du siècle dernier, né à Chartres, en 1711, mort à Paris, en 1787. Son mérite à nous est guère connu que par tradition. Nous savons qu'il étonnait ses confrères par la justesse de ses pronostics, par cette heureuse alliance d'une vive pénétration avec une sagacité profonde, qui constitue ce qu'on a appelé le *tact médical*. Quant à ses titres scientifiques, ils sont forts légers, quoiqu'il ait occupé des emplois fort importants, et que l'Académie des Sciences l'ait compté au nombre de ses associés. Absorbé par une immense pratique, Bouvart ne pouvait avoir assez de temps à lui pour écrire, et a eu cela de commun avec des praticiens fort renommés de notre époque. Il ne nous reste de celui auquel nous consacrons cette notice que des mémoires, des discours, des lettres, monuments d'une polémique ardente, dans laquelle notre confrère montre plus d'habileté à manier le sarcasme, et de dogmatisme tranchant, que d'indulgence pour les opinions opposées aux siennes. Après le jugement sur *le savant*, disons que l'homme fit constamment preuve d'une austérité de principes et d'un désintéressement peu communs à toutes les époques. Fils d'un médecin de Chartres, il vint se fixer en 1736 à Paris, où il ne paraît n'avoir dû qu'à son mérite, comme praticien, la vogue dont il jouit jusqu'à la fin de sa carrière. Toujours est-il qu'il n'employa pour y arriver aucun de ces moyens qui déshonorent trop souvent une profession dont il savait comprendre la dignité, ainsi que le témoigne un de ses discours, où il avait pris pour texte : *Medicinam, homine dignissimam, dignissimam bono cive*. Il poussa même l'indépendance de caractère jusqu'à refuser, à la mort de Sénac, la place de médecin du roi Louis XV. Enfin, si ses confrères eurent souvent à souffrir de son humeur altière et de ses procédés francs jusqu'à la rudesse, ses malades eurent, par contre, à se louer de son dévouement. Nous ne saurions omettre ici, bien qu'il soit devenu vulgairement historique, un trait de Bouvart, qui vaut à lui seul tout un éloge. Appelé chez un banquier, il s'aperçoit que la maladie de cet homme n'est causée que par la crainte de ne pouvoir remplir ses engagements. Aussitôt, et pour toute ordonnance, Bouvart apporta la somme de vingt mille francs, nécessaire pour rétablir les affaires de son malheureux client, dont la prompte guérison ne témoigna pas moins de la perspicacité que de la générosité de l'Esculape. D' SAUCEROTTE.

BOUVERIE, étable à bœufs. *Voyez* ÉTABLE.

BOUVET, outil de menuisier, dont on se sert pour former des rainures et des languettes. Le bouvet se compose d'un fût de 2 à 3 décimètres de long, plus ou moins, et d'un fer. Il y a trois sortes principales de bouvets : le bouvet à fer simple, et qui sert à creuser les rainures ; le bouvet à fer fourchu, propre à former les languettes, et le bouvet dit *de deux pièces*, destiné à creuser des rainures de plusieurs largeurs et à des distances plus ou moins grandes du bord de la planche. Chacun peut se convaincre de l'utilité des bouvets, en examinant le très-grand nombre des joints des ouvrages de menuiserie. TEYSSÈDRE.

BOUVET (JOACHIM), savant jésuite, né au Mans, envoyé en Chine par Louis XIV avec mission d'étudier ce pays, s'embarqua à Brest, en 1685, en même temps que cinq autres missionnaires, et atteignit en 1687 le but de son voyage. Appelés bientôt après à Péking, les zélés soldats du Christ obtinrent, à l'exception du P. Bouvet et du P. Gerbillon, qui durent rester à la cour de l'empereur, l'autorisation de parcourir tout l'empire chinois. Les deux missionnaires demeurés à Péking ne tardèrent pas à mériter la confiance de l'empereur, l'illustre Kan-Hi, qui les chargea de la direction d'importants travaux de construction, et leur permit d'élever dans l'intérieur même de son palais une église et un presbytère, qui furent tous deux achevés en 1702. L'empereur se trouva tellement satisfait de leurs services, qu'il renvoya Bouvet en France avec ordre de lui ramener autant de missionnaires qu'il pourrait en décider à entreprendre ce périlleux voyage. Le P. Bouvet revint à Paris en 1697, et présenta à Louis XIV environ cinquante ouvrages en langue chinoise, qui furent déposés à la Bibliothèque du Roi. Il repartit alors pour la Chine avec dix autres missionnaires, au nombre desquels se trouvait le savant Parennin, et y arriva en 1699. Il mourut à Péking en 1732, après avoir, pendant cinquante ans, travaillé avec une infatigable ardeur au progrès des sciences dans ces lointaines contrées. On a de lui quatre différentes *Relations de Voyage* et un ouvrage intitulé : *État présent de la Chine*, avec figures gravées par Greffart (Paris, 1697, in-folio). On dit que la bibliothèque publique du Mans possède de nombreux manuscrits inédits du P. Bouvet, dont un précieux dictionnaire de la langue chinoise.

BOUVIER, celui qui conduit ou qui garde les bœufs et en prend soin dans l'étable. Cet homme doit être fort, vigoureux même, adroit, patient et doux. S'il brusque ses bœufs, s'il les maltraite, s'il les bat, il aigrit leur caractère, les rend méchants, intraitables et souvent dangereux pour ceux qui les approchent. Les devoirs du bouvier sont à peu près ceux que le comte Français de Nantes exige du berger ; voici cependant, d'après Rozier, les soins auxquels il convient d'astreindre plus spécialement les bouviers.

Chaque matin le bouvier doit *étriller* ses bœufs, les *bouchonner* et leur laver les yeux. Il doit également se lever de grand matin pour leur donner à manger, cribler l'avoine avant de la leur présenter, les conduire à l'abreuvoir avant de les mener aux champs, examiner au moins une fois par semaine si les jougs, les courroies, les paillassons sur lesquels portent les jougs contre la tête de l'animal sont suffisamment rembourrés. Au retour des champs, après le travail du matin, il leur donnera une nourriture suffisante pour un repas, et les mènera boire. Ce n'est point assez de les faire boire une fois par jour, même en hiver, quoique le temps ne leur permette pas de sortir de l'étable, et à plus forte raison pendant l'été. A l'approche des chaleurs, et pendant leur durée, il leur donnera de temps à autre des seaux remplis d'eau rendue légèrement acidule par l'addition de vinaigre, et quelquefois d'eau nitrée. C'est le moyen le plus sûr de prévenir les maladies putrides et inflammatoires auxquelles les bœufs sont sujets plus que les autres animaux. L'eau rendue blanche par l'addition du son leur est encore très-utile. S'ils reviennent des champs le matin ou le soir couverts de poussière ou de sueur, il doit les bouchonner jusqu'à ce que la poussière ait disparu ou que la sueur soit dissipée, en ayant soin de ne point les tenir exposés à un courant d'air frais pendant ce temps-là. Chaque soir, il doit remplir les râteliers, afin que l'animal ait suffisamment de quoi se nourrir pendant la nuit, et lui faire une litière avec de la paille fraîche et propre. Deux fois par semaine, le bouvier doit faire enlever toute la vieille litière, et la porter au tas de fumier : il serait mieux encore de la sortir chaque jour de l'écurie pour lui en substituer une toute fraîche. Laisser accumuler la litière ou plutôt le fumier sous l'animal est le plus grand des abus que l'on puisse tolérer. Il s'élève de ce fumier une chaleur humide qui est très-nuisible à l'animal, dont la corne se ramollit aussi par son contact prolongé. C'est enfin à cette pratique pernicieuse que sont dues la plupart des maladies qui se jettent sur les jambes du gros bétail.

Tous les bouviers en général s'imaginent que les bêtes confiées à leurs soins doivent pendant l'hiver être renfermées dans une espèce d'étuve. Presque toujours les étables ne prennent de jour que par des larmiers (ouvertures ou fentes) si étroits et en si petit nombre qu'il est impossible qu'ils laissent l'air y pénétrer. On en voit souvent où le thermomètre monte à 24° de chaleur, quand il fait à l'extérieur un froid de 8 à 10°. Si l'animal sort de son étable, il éprouve ainsi un changement de température de 32 à 34° ; comment n'éprouverait-il pas alors des suppressions de transpiration? Ces remarques s'adressent encore plus aux maîtres et aux architectes qu'aux bouviers (*voyez* ÉTABLE).

Dès que les bœufs sortent pour aller aux champs ou pour travailler, le bouvier doit ouvrir les portes et les fenêtres, afin de renouveler l'air, et lorsque l'animal est rentré, laisser encore une fenêtre ou deux ouvertes, suivant leur grandeur, à moins que la rigueur du froid ne soit excessive. En été, suivant la chaleur du pays, il convient de laisser entrer le moins de clarté qu'il sera possible ; l'étable en sera plus fraîche, et les animaux ne seront pas persécutés par les mouches. Il convient aussi dans cette saison, surtout dans les provinces méridionales, que les animaux passent la nuit dans les pâturages, et que le bouvier, logé dans sa cabane près d'eux, ne les quitte pas un instant. La chaleur et les mouches sont les deux plus grands fléaux de ces animaux : les mouches les fatiguent souvent au point de leur ôter l'envie de manger ; la chaleur les accable, et l'une et l'autre causes réunies produisent leur maigreur dans cette saison.

Quoique les araignées ne soient point venimeuses, un bouvier qui aime la propreté aura soin, au moins une fois par mois, de passer le balai sur tous les murs de l'étable et sous tous les planchers. C'est encore au bouvier à veiller sur le fourrage distribué chaque jour. Il examinera sa qualité, fixera sa quantité, et verra s'il n'est pas mêlé avec des chardons et autres plantes épineuses qui puissent piquer la bouche et le palais de l'animal. Si l'on est dans la louable coutume de donner du sel, c'est à lui à en régler la quantité, suivant la nature de l'animal, et surtout suivant la saison. Dans les temps humides et pluvieux, lorsque l'herbe des pâturages est trop imbibée d'eau, le sel diminue ou détruit sa qualité trop relâchante. Dans les chaleurs, au contraire, il faut en user avec modération.

Un bouvier doit savoir saigner et donner au besoin un lavement à ses animaux. Cependant, méfiez-vous de ces hommes qui ont toujours mille recettes toutes prêtes pour tous les cas, et qu'ils administrent le plus souvent sans connaissance de cause. Une légère indisposition peut souvent devenir une maladie grave par suite d'un remède donné à contre-temps. Il serait fort à désirer que tout bouvier eût une connaissance exacte des symptômes des maladies, de leur marche, de leur terminaison, etc. : un pareil bouvier serait un trésor pour une grande métairie ; mais où pourrait-il acquérir toutes ces lumières, dans l'état d'imperfection où est encore l'éducation en général ? Aucune classe de la société ne devrait être privée d'instruction, et chacune d'elles devrait en trouver, dans des établissements particuliers, une qui fût appropriée à ses devoirs et à sa destination dans le monde.

BOUVIER ou BOOTÈS (*Astronomie*). C'est une constellation boréale, qui dans le firmament simule à peu près un pentagone au nord-est de la queue de la Grande Ourse ; elle vient après cette dernière constellation en descendant du pôle. Le catalogue de Ptolémée fixait à 23 le nombre des étoiles qui la composaient, Flamsteed le porta à 55, et depuis on le fit monter à 70. Cette constellation est remarquable par une étoile magnifique, *Arcturus*, c'est-à-dire, la queue de l'Ourse. On y admire encore une des étoiles appelées *doubles* en astronomie, parce qu'en apparence elles sont si rapprochées qu'elles semblent jumelles : la plus grande deux est d'un rouge écarlate, et la plus petite d'un bleu mourant ravivé par une teinte lilas. Anacréon se montre excellent observateur lorsqu'il s'exprime ainsi dans son *Amour mouillé* : « C'était l'heure de minuit, lorsque l'Ourse tourne déjà autour de la main du Bootès. » N'est-ce pas là montrer aux yeux avec la plus grande précision, en des vers harmonieux, la main supérieure du Bouvier formée de trois étoiles de quatrième grandeur, touchant presque à la queue de l'Ourse ? Le poëte ici ne peint-il pas admirablement bien les petits parallèles que ces constellations voisines décrivent ensemble autour du pôle ?

Quoique fort septentrional, le Bouvier descend sous notre horizon et se couche pour nous. Son coucher cosmique, c'est-à-dire le temps où il se couche au soleil levant, est, selon Ovide, que Lalande ne contredit pas, au quatrième jour de mars. La belle étoile d'Arcturus nous menace de passer dans l'hémisphère australe, car elle a un mouvement propre de quatre minutes par siècle vers le midi ; il n'y a aucune étoile dans le firmament dont le déplacement soit plus sensible ; Arcturus est au nombre des étoiles, telles qu'Aldébaran et Sirius, qui ont changé de latitude en un sens contraire au changement de toutes les autres.

Aussi connue que redoutée des anciens, cette constellation fut une de celles qui guidèrent les premiers nochers sur les mers. Job et Amos, dans la *Bible*, en font mention sous le nom de *Hasch*, qui veut dire *assemblage* en hébreu, nom parfaitement adapté aux astérismes. Homère, Pline, Horace, Properce, lui donnent de concert l'épithète de *sinistre*, parce que son lever et son coucher soulèvent les tempêtes. Les Arabes appellent le Bootès *ala' oua* et Arcturus *al-rameh*. Il a beaucoup de noms dans les mythes grecs : nous ne citerons ici que le plus connu parmi leurs poètes, celui d'*Arctophylax* (*gardien de l'Ourse.*)

Dans l'iconographie égyptienne, le Bouvier tient une faucille de moissonneur, parce qu'il se levait au temps où les peuples du Nil faisaient la moisson, époque qu'a changée la précession des équinoxes. Les Grecs, qui formulaient la physique et l'astronomie par les moules si variés de leur imagination, disaient tantôt que le Bouvier était Arcas, fils de Calisto et de Jupiter, et placé dans le ciel par la faveur de ce dieu ; tantôt que c'était Icare, le père d'Érigone et l'inventeur de la vigne ; tantôt que c'était Atlas, géant dont la tête touchait au pôle. Volney pense que le Bootès n'est autre qu'Osiris.
DENNE-BARON.

BOUVIER ou BOUVIÈRE (*Ichthyologie*). C'est un nom vulgaire du *cyprinus amarus*, petit poisson de rivière du genre cyprin, plat et de la longueur de trois centimètres à peu près. Il est couvert de grandes écailles de couleur argentine, et se tient toujours dans la boue.

BOUVINES ou BOVINES, village de 500 âmes entre Lille et Tournai, où s'est donnée, le 27 juillet 1214, la bataille de ce nom, qui a sauvé la France, la dynastie des Capétiens et le trône de Philippe-Auguste. Une ligue formidable s'était formée entre Jean sans Terre et Othon IV, empereur d'Allemagne. Le roi de Bohême Przemislas, le marquis de Misnie, les ducs de Saxe, de Lorraine, de Brabant, de Louvain, de Limbourg, tous les princes de l'Empire qui avaient soutenu le parti d'Othon contre la maison de Souabe étaient entrés dans cette confédération. Ferrand de Portugal, comte de Flandre, Renaud de Dampmartin, comte de Boulogne, et autres grands vassaux de la couronne de France, s'étaient rangés parmi ses ennemis. Des six pairs laïques du royaume, le duc de Bourgogne et le comte de Champagne étaient les seuls qui lui restassent fidèles. Le Languedoc, la Provence et les provinces limitrophes étaient en proie à la guerre civile ; et cette guerre, dite des *albigeois*, non-seulement absorbait leur population, mais un grand nombre de seigneurs français oubliaient les intérêts de l'État pour se croiser contre le comte de Toulouse et ses sujets. L'Aquitaine, l'Auvergne, le Limousin, le Poitou, étaient occupés par les Anglais et la maison de Lusignan. La Bretagne, sous l'autorité de Gui de Thouars, était l'alliée de Jean sans Terre. Le Maine, l'Anjou, la Touraine et la Normandie, à peine conquis par Philippe-Auguste, se soulevaient à chaque instant contre sa puissance mal affermie, et la plupart de ses chevaliers fidèles étaient obligés d'y séjourner pour les défendre contre les Anglais. Le royaume de France n'était réellement composé que des provinces de Picardie, de Bourgogne, de Champagne, de Berry, de l'Île de France, de l'Orléanais ; et, dans toutes ces provinces, un grand nombre de vassaux mécontents avaient embrassé le parti de l'empereur. Parmi ceux qui restaient sous la bannière de Philippe-Auguste, le duc de Nevers et autres n'attendaient qu'un échec pour passer dans les rangs de l'étranger. Les entreprises de Louis le Gros, de Louis le Jeune, de Philippe lui-même, sur la féodalité et l'autorité usurpée des barons de France, excitaient toutes ces rébellions et ces perfidies ; et, en comptant les guerriers fournis par les communes picardes, le roi de France pouvait réunir à peine 50 mille hommes pour lutter contre tant d'ennemis.

Othon IV arrivait d'Allemagne avec une armée de 150 mille combattants, parmi lesquels le comte de Salisbury, frère naturel de Jean sans Terre, figurait avec ses bataillons anglais. Ferrand et Renaud leur avaient donné rendez-vous à Valenciennes, et ces deux instigateurs de la guerre étaient d'autant plus coupables, qu'ils devaient à Philippe-Auguste les mariages qui les avaient mis en possession des comtés de Flandre et de Boulogne. Le partage de la France était réglé d'avance. L'Île de France et Paris devaient appartenir à Ferrand, le Vermandois à Renaud ; le roi d'Angleterre reprenait tout l'héritage de sa mère Éléonore d'Aquitaine et toutes les provinces d'outre Loire ; Hugues de Boves s'appropriait le pays de Beauvais ; Conrad de Westphalie prenait les deux Vexins ; le Gâtinais était adjugé à Gérard-d'Hostman ; le comté de Dreux à l'Anglais Salisbury ; une foule d'autres chevaliers avaient enfin leur part dans cette distribution des provinces de France. Ce n'était pas assez de l'intérêt et de l'ambition pour exciter le courage des principaux confédérés, on avait fait parler les devins : la vieille Mahaud de Portugal, tante de Ferrand, comtesse douairière de Flandre, en avait obtenu cette réponse ambiguë : « En combattant, le roi sera renversé à terre, foulé aux pieds des chevaux, et il sera privé de sépulture. Ferrand, après la victoire, sera reçu en grande pompe par les Parisiens. » Cette prophétie fut répandue dans l'armée ; elle donnait l'assurance du triomphe. La jactance de cette puissante ligue était à son comble, et le fier Othon, qui s'était avancé la veille de Valenciennes à Mortagne, repartit au point du jour pour se rapprocher de la ville de Tournai, dans l'espoir d'y joindre le rival qu'il était impatient de combattre.

Philippe-Auguste se trouvait ainsi séparé des frontières de son royaume par les confédérés. Il achevait la conquête de la Flandre sur le comte Ferrand, et n'avait ce jour-là d'autre but que de gagner le château de Lille pour y passer la nuit. Mais le vicomte de Melun et son chancelier Guérin, chevalier de Saint-Jean, récemment nommé à l'évêché de Senlis, s'étant avancés jusqu'à la vue de Tournai, aperçurent l'armée d'Othon qui marchait en ordre de bataille vers cette ville. Frère Guérin courut en porter la nouvelle au roi, au moment où la moitié de l'armée de France avait déjà passé la rivière de la Marck sur le pont de Bouvines. Philippe-Auguste la regardait défiler devant lui, assis au pied d'un frêne, quand les rapports de Guérin et les cris de son arrière-garde, que sabraient les éclaireurs ennemis, vinrent l'arracher à son repos. Il donna l'ordre de repasser le pont à la hâte pour se disposer à accepter la bataille, et entra dans une chapelle dédiée à saint Pierre pour implorer le secours du ciel. C'est là, dit-on, qu'après avoir déposé sur l'autel son glaive et sa couronne, il se tourna vers ses chevaliers en leur disant : « Barons, et vous, braves soldats, si vous croyez qu'il y a parmi vous quelqu'un qui soit plus digne que moi de porter et de soutenir la couronne de France, je lui cède cet honneur, et je suis prêt à combattre sous ses ordres. » Des acclamations unanimes répondirent à ce trait de magnanimité : « Vive Philippe ! s'écriaient les assistants, qu'il garde sa couronne ! qu'il règne à jamais ! Mourons pour la lui conserver ! »

Son chapelain Guillaume Le Breton, qui nous a transmis tous les détails de cette bataille, à laquelle il assistait, ne fait aucune mention de cet incident. Des annalistes postérieurs en ont seuls parlé. Plusieurs critiques l'ont même révoqué en doute; mais, vrai ou faux, il n'est plus permis à l'historien de le négliger. Le chapelain dit seulement que Philippe pria dans la chapelle, qu'il en sortit pour s'élancer sur son cheval, aussi gai que s'il était allé à une noce, et que toute l'armée fit entendre alors le cri de guerre. L'allocution qu'il met dans la bouche de Philippe-Auguste sur le champ de bataille est moins un trait de modestie héroïque qu'une affectation d'humilité chrétienne. Le roi se vante de jouir de la communion et de la paix de la sainte Église, de défendre les libertés, les biens du clergé, et de mériter ainsi que la Providence lui accorde la victoire sur des excommuniés, qui n'ont d'autre solde que le pillage des temples du Seigneur. La plupart des chevaliers français devaient sourire à ce reproche, qui leur était aussi applicable qu'aux barons allemands. Philippe lui-même était alors excommunié, et celui qu'il appelait le seigneur pape n'était naguère qu'un fourbe, usurpateur des privilèges de la royauté. C'est au milieu de la plaine, suivant le chapelain, que les chevaliers demandèrent à genoux la bénédiction du roi, pendant que l'évêque Guérin faisait prendre aux cavaliers et fantassins leur rang de bataille à mesure qu'ils repassaient le pont de Bouvines ; le danger était si pressant qu'on n'attendit pas même que l'oriflamme fût revenue aux premiers rangs pour marcher à l'ennemi.

Cependant la présence de Philippe-Auguste, qui s'avançait dans la plaine avec Guillaume Desbarres, Barthélemi de Roye et autres chevaliers plus spécialement chargés de sa garde, ralentit la pétulance d'Othon. L'empereur fit prendre à son armée une attitude plus réservée, et, dans le mouvement des deux camps, leurs positions respectives se trouvèrent entièrement renversées. L'armée de France fit face au nord, et regagna ainsi l'avantage d'une retraite libre et assurée vers ses frontières, tandis que les confédérés se mirent dans l'obligation de combattre avec un soleil ardent sur les yeux, inconvénient faiblement compensé par l'avantage d'occuper la partie la plus élevée du champ de bataille. La ligne des Anglais et des Allemands n'avait pas un front plus étendu que celle des Français, mais elle présentait des masses plus profondes. Au milieu d'elles, sur un magnifique chariot, traîné par seize chevaux richement caparaçonnés, s'élevait au haut d'une longue perche le symbole de l'Empire, l'aigle des Césars, tenant un dragon dans ses serres, et cet emblème était pour les confédérés une sorte de palladium, comme l'oriflamme pour leurs adversaires.

Pendant tous ces mouvements, le comte Ferrand, dont les troupes légères avaient repoussé le vicomte de Melun, attaquait l'aile droite des Français, où combattaient le duc Eudes de Bourgogne, Matthieu de Montmorenci et Gaucher de Saint-Paul, qui était soupçonné de favoriser en secret les ennemis de la France. Là se trouvaient aussi 180 chevaliers de Champagne et le sage Guérin. Sa qualité d'évêque l'empêchant de tirer l'épée, il les encourageait par ces paroles : « Étendez-vous ! qu'aucun chevalier ne se fasse un bouclier d'un autre ! et tenez-vous de manière à combattre tous d'un seul front ! » 150 hommes d'armes du Soissonnais s'avancèrent les premiers, et l'orgueil des chevaliers flamands fut indigné qu'on les fît attaquer ainsi par des vilains. Gautier de Ghistelle, Buridan de Furnes et Eustache de Maquilin, se jetèrent avec leurs lances à travers ces combattants, et pénétrèrent jusqu'aux chevaliers de Champagne. « Mort aux Français ! criait Eustache, mort aux Français ! » Mais les Champenois, commandés par Pierre de Reims, enveloppèrent ces trois Flamands : Maquilin fut abattu, mutilé, mis à mort, et les deux autres furent chargés de fers. Gaucher de Saint-Paul s'élança sur le corps de bataille de Ferrand, et y sema le carnage et l'effroi. Beaumont et Montmorenci soutenaient le même combat. Eudes de Bourgogne y fut renversé de cheval ; Michel des Harmes tomba comme un Centaure, avec le sien, sous le coup terrible d'une lance qui traversa son bouclier, sa cuisse et les flancs du coursier. Hugues de Malannal et une foule d'autres furent également démontés et forcés de combattre à pied. Il fallut faire de grands efforts pour sauver et remettre en selle le duc de Bourgogne, dont la corpulence était énorme ; mais il se vengea de ce léger échec par des prodiges de valeur.

Cependant les communes de Picardie et de l'Île de France s'avançaient sous l'oriflamme vers l'endroit qu'avait choisi Philippe-Auguste pour combattre avec sa garde, et que désignait la bannière royale parsemée de fleurs de lis, portée par Galon de Montigni. Les contingents de Corbie, d'Amiens, d'Arras, de Beauvais et de Compiègne se placèrent en avant de Philippe-Auguste pour soutenir les efforts d'Othon lui-même, qui venait à la rencontre du roi de France. Le choc des deux infanteries fut terrible : les Français furent contraints de céder au nombre ; les chevaliers de la garde purent seuls arrêter l'impétuosité des Allemands. Dans ce désordre, Philippe, entouré par une nuée de fantassins et de cavaliers, fut désarçonné, renversé sur la terre sanglante par des crochets de fer, qui le tiraillaient de tous les côtés. Son armure opposa seule un rempart impénétrable aux armes de toutes espèces qui s'efforçaient de le déchirer. Galon de Montigni agitait avec violence la bannière royale pour appeler du secours, et les mouvements de ce gonfalon d'azur, aperçus enfin par les fidèles chevaliers du roi, en attirèrent plusieurs vers le lieu de ce combat terrible, où un seul homme luttait contre une foule innombrable. Pierre de Mauvoisin, Gérard Scropha et quelques autres se jetèrent en désespérés sur cette mêlée ; ils firent un effroyable carnage des assaillants, et dégagèrent Philippe-Auguste, qui se releva avec une légèreté surprenante. Étienne de Longchamps, chevalier normand d'une haute valeur, fut le seul qui perdit la vie dans cette mêlée ; Pierre Tristan eut l'honneur de parvenir le premier jusqu'au roi, et de le remettre à cheval.

L'infanterie d'Othon, accablée par tant de braves et par Philippe lui-même, ne put plus résister à leur attaque ; les communes ralliées la pressèrent avec une vigueur nouvelle. L'empereur, forcé de reculer, fut au moment de tomber dans les fers de son rival. Pierre de Mauvoisin saisit son cheval par la bride, et Gérard Scropha lui porta un coup de couteau qui ne rencontra que l'œil du cheval, où il s'enfonça de toute sa longueur. L'animal, blessé à mort, se cabre, se retourne, et, emportant Othon dans sa fuite, va tomber sans vie à quelque pas de la mêlée. Un écuyer lui en amène un autre, qu'il enfourche à la hâte pour éviter la poursuite de Guillaume de Garlande, de Barthélemi de Roye et de tant d'autres, que rappelle enfin la prudence de Philippe-Auguste, à l'aspect des masses qui viennent secourir l'empereur. L'intrépide Desbarres s'acharne seul à le poursuivre; il le saisit deux fois par la crinière de son casque, deux fois Othon lui échappe; et Desbarres, enveloppé lui-même par une foule de chevaliers germains, luttant contre cent ennemis avec un courage qui lui avait valu depuis longtemps le surnom d'Achille, eût fini par succomber sous le nombre, si Thomas de Saint-Valeri avec ses Picards ne fût accouru pour le délivrer.

Le combat reprit alors sa première violence. Bernard de Hostemale, Othon de Tecklembourg, Conrad de Fortmund, Gérard de Randeradt et autres barons d'Allemagne défendirent avec intrépidité le char impérial, qu'assaillirent les communes de France. Mais ils furent forcés de céder à la valeur de nos troupes. Le char fut mis en pièces, le dragon brisé; et l'aigle apportée aux pieds de Philippe-Auguste. Les quatre barons déjà nommés furent aussi pris, et, comme le roi l'avait dit, on ne revit plus la figure d'Othon pendant le reste de la journée. Cependant Renaud de Boulogne tenait encore contre l'aile gauche des Français, que commandait le comte de Dreux. Renaud, instigateur de cette guerre, avait senti faiblir son courage dès le commencement de la bataille. L'attitude de l'armée de France l'avait déconcerté. Il avait conseillé de remettre la partie, et ce conseil l'avait fait accuser de trahison par l'empereur. Mais, dès que le combat fut décidé, il se conduisit en héros. « Le voilà, ce combat que tu as provoqué, dit-il à son ami Hugues de Boves. Eh bien, tu fuiras comme un lâche, et moi je serai pris ou tué. » Hugues justifia cette prédiction, ainsi que les ducs de Louvain et de Limbourg, qui s'abandonnèrent à une honteuse déroute, tandis que Renaud combattit jusqu'à la fin avec une rare intrépidité. Il avait même pénétré avant Othon jusqu'au roi qu'il trahissait; mais il avait rougi de son ingratitude, et s'était tourné vivement vers Robert de Dreux pour chercher un ennemi qui n'eût pas à lui reprocher l'oubli des plus grands bienfaits.

Renaud avait formé un bataillon carré d'une troupe d'élite. Il était là comme dans un fort; il en sortait comme un lion pour se ruer sur les Français, et y rentrait pour reprendre haleine, pendant que ce bataillon impénétrable faisait tête aux assauts des chevaliers qui le poursuivaient. Il ne restait plus enfin que six chevaliers au comte de Boulogne, et il continuait encore ses sorties meurtrières, quand Pierre de Tourrelle, chevalier français, qui combattait à pied, enfonça son épée dans le ventre du cheval de Renaud. Les deux frères Jean et Quenon de Condune l'assaillirent en même temps, le renversèrent avec son coursier, qui pesa sur lui de tout son poids. Jean de Rouvrai, Hugues et Gautier Desfontaines, Jean de Nivelle, accoururent pour disputer une aussi belle proie. Mais l'évêque Guérin ayant paru, Renaud se rendit à lui au moment où un jeune fantassin du nom de Cornot le blessait à la tête d'un coup d'épée. Arnoul d'Oudenarde et ses amis arrivèrent trop tard pour le sauver. Ils furent pris en même temps et conduits à Philippe-Auguste. Ferrand, comté de Flandre, avait succombé comme lui sous l'effort des chevaliers de Champagne, qui l'avaient chargé de fers. Salisbury, frère naturel du roi Jean sans Terre, et chef de l'armée anglaise, avait été abattu par l'évêque de Beauvais, frère de Robert de Dreux. Cet évêque, moins scrupuleux que l'hospitalier Guérin, n'avait cessé de combattre pendant toute la journée. Mais, pour obéir aux commandements de l'Église, qui abhorre le sang, il s'était servi d'une énorme massue dont il avait abattu le comte de Salisbury. Il ne restait à la fin sur le champ de bataille que 700 fantassins brabançons, qui se défendaient avec une valeur admirable. 50 cavaliers picards et 2,000 hommes de pied, que commandait Thomas de Saint-Valeri, ayant été envoyés contre eux par le roi, les massacrèrent impitoyablement jusqu'au dernier.

Philippe-Auguste, vainqueur de cette ligue formidable, se vit entouré d'illustres captifs, qui, six heures auparavant, se flattaient de partager son royaume. Othon seul, de tant de chefs ennemis, manquait à son triomphe. Il reçut Ferrand et Renaud avec un front sévère, leur rappela les bienfaits dont il les avait comblés, et leur reprocha leur infâme trahison; mais il leur fit grâce de la vie. Le comte de Boulogne fut enfermé dans la citadelle de Péronne. Ferrand fut conduit à Paris, dans la tour du Louvre; et c'est ainsi que se vérifia à sa honte la prédiction de sa tante Mahaud de Portugal. Les Parisiens le reçurent avec des cris de joie, en chantant un couplet qui finissait par ces vers :

Quatre ferrants bien ferrés
Traînent Ferrand bien enferré.

Les autres prisonniers furent répartis dans diverses forteresses du royaume; plusieurs, entassés dans le grand et le petit Châtelet, furent livrés au prévôt de Paris. Guillaume Le Breton, qui pendant toute la bataille avait chanté l'*Exurgat Deus* et autres psaumes, nous a donné la liste des prisonniers de marque faits par les communes, et cette honorable nomenclature atteste à la fois l'existence de ces établissements politiques et les services qu'ils ont rendus dans cette occasion mémorable. Là figurent les communes de Noyon, de Montdidier, de Montreuil, de Soissons, de Crespi, de Bruyères, de Cerni, de Craone, de Vesli, de Corbie, de Compiègne, de Roye, d'Amiens et de Beauvais. Philippe récompensa ses plus braves chevaliers en leur livrant les captifs les plus illustres pour leur rançon. Salisbury fut donné au comte de Dreux, le comté de Boulogne à Jean de Nivelle, qui, d'après l'historien chapelain, ne l'avait guère mérité; Ferrand, à Barthélemy de Roye; Gautier de Boves, à Enguerrand de Couci; Arnoul d'Oudenarde, au comte de Soissons, qui en retira mille marcs d'argent. Le roi des ribauds eut aussi sa récompense : il reçut Roger de Waffale. Tous ces captifs n'avaient pas, du reste, été pris le jour de la bataille. Un grand nombre avaient été poursuivis et recueillis dans les villes flamandes, où ils avaient cherché un refuge. La joie des Français se manifesta de toutes parts par des jeux, des fêtes et des solennités religieuses. Les Poitevins, les Angevins et les Normands, désabusés de leurs illusions, envoyèrent des députés à Philippe-Auguste pour protester de leur fidélité. Le roi Jean sans Terre, qui attendait à Parthenai le résultat de la ligue, se hâta de solliciter une trêve, par l'entremise du comte de Chester et de maître Robert, légat du pape, et Philippe eut la générosité de la signer deux mois après sa victoire. Il céda même aux instances de Jeanne de Flandre, et lui rendit le comte Ferrand, son époux, dans le mois d'octobre, à condition que les forteresses de Valenciennes, d'Oudenarde, d'Ypres et de Cassel seraient démolies. Dix-neuf chevaliers flamands se rendirent garants de cette convention. Une foule de barons français se portèrent cautions pour d'autres prisonniers, et jouissant enfin des conquêtes et de la paix qu'il avait données à la France, Philippe-Auguste fonda près de Senlis l'*abbaye de la Victoire*, en commémoration de la bataille qui avait affermi la couronne sur sa tête. VIENNET, de l'Acad. Française.

BOUVREUIL, genre d'oiseau appartenant à l'ordre des passereaux, et qui se reconnaît aux caractères suivants : bec court, arrondi, renflé et bombé en tous sens; mandibule supérieure courbée, narines placees sur les côtés de la base du bec, arrondies, souvent cachées par les plumes du front; quatre doigts, trois devant, dont l'intermédiaire est plus long que le tarse, et un derrière; ailes courtes, dont les trois premières pennes sont étagées et la quatrième est la plus longue de toutes. Ces oiseaux sont très-agréables, non-seulement par la beauté de leur plumage, mais surtout par une sorte de sociabilité avec l'homme. Pendant l'hiver, on les voit, dans les campagnes, répandus sur les routes et autour des habitations, où ils cherchent des graines pour leur nourriture. Au retour de la belle saison, ils se retirent dans les bois pour s'y livrer à l'amour. Ils construisent sur les arbres ou dans les buissons un nid formé de duvet qu'entoure un tissu de mousse et de lichen, et dans lequel ils déposent quatre à six œufs. Leur chant naturel n'a rien de remarquable; mais, au moyen d'une éducation facile, on leur apprend à imiter le ramage de divers oiseaux, et même à rendre les inflexions de la voix humaine.

Les espèces de ce genre sont assez nombreuses; mais nous n'en possédons qu'une en France. C'est le *bouvreuil commun* (*pyrrhula vulgaris*, Brisson), long de quinze centimètres (quelquefois plus petit d'un tiers : c'est alors le *petit bouvreuil*), cendré dessus, rouge dessous, à calotte noire. La femelle a du gris roussâtre au lieu de rouge. Cet oiseau se trouve dans toute l'Europe; il niche dans les bois, et se nourrit de baies et de graines. Parmi ceux de nos climats, les uns nous restent l'hiver, les autres partent vers la fin d'octobre pour des contrées plus chaudes, et reviennent en avril. La durée de leur vie est de cinq ou six ans. On peut obtenir des mulets du petit bouvreuil et de la serine.

DÉMEZIL.

BOUYOUK-DÉRÈH ou BUYUK-DÉRÈH, c'est-à-dire la *grande vallée*, charmante ville située sur la côte occidentale du Bosphore, à 22 kilomètres de Constantinople et à 13 kilomètres de la mer Noire, à l'endroit où le canal, dans sa plus grande largeur, forme un coude et une espèce de golfe arrondi en demi-cercle. Elle tire son nom de la vallée où elle est située. On lui donne aussi celui de *Libadia* (la prairie), parce qu'il y a dans la partie la plus basse une charmante prairie, au milieu de laquelle s'élève un magnifique bouquet de platanes d'une grosseur extraordinaire, qu'on appelle *yedi-kardasch* (les sept frères), en raison de leur nombre. C'est là que le sultan Selim III allait, pendant l'été, se promener et se divertir. C'est aussi dans cette prairie que, selon les traditions, campa l'armée des croisés, sous les ordres de Godefroy de Bouillon, en 1096, quand l'empereur Alexis Comnène interdit l'approche de Constantinople. C'est la promenade ordinaire des Francs qui habitent Bouyouk-Dérèh. Les Grecs riches, les ministres et les négociants étrangers viennent s'étaler leur luxe et leur importance. Rien de plus enchanteur que la position de Bouyouk-Dérèh et ses environs vus du Bosphore; rien de plus délicieux que ce séjour.

La ville se divise en haute et basse. Dans la première se trouvent les résidences d'été et les jardins des ambassadeurs européens, qui, à la suite du grand incendie arrivé à Péra en 1832, vinrent s'établir en ce lieu. Le quai où sont situés ces palais et la prairie voisine forment la promenade la plus agréable et la plus variée. L'été, au clair de la lune, c'est un spectacle ravissant. La variété des costumes de diverses nations, des groupes nombreux de jolies femmes, leur air voluptueux et romantique, leurs vêtements pittoresques, la fraîcheur du soir, le calme de la mer couverte de bateaux, les sérénades que les amants donnent à leurs maîtresses, tout exalte l'imagination et procure à l'âme une ivresse délicieuse. Dans la basse ville sont les maisons habitées par les Grecs, les Arméniens et quelques Turcs, et construites presque toutes dans le goût européen. Elles forment une rue assez longue qui traverse la vallée.

Bouyouk-Dérèh n'est pas seulement le séjour des étrangers de distinction et des familles opulentes; c'est encore pour eux un lieu de refuge, lorsqu'une épidémie ou une sédition viennent bouleverser Constantinople, Péra ou Galata.

BOWAÏDES. *Voyez* BOUÏDES.

BOWDICH (THOMAS-ÉDOUARD), célèbre par ses voyages en Afrique, était né en 1793, à Bristol, où son père dirigeait une manufacture importante. Après avoir terminé ses études à Oxford, il entra comme commis dans la maison paternelle; mais il ne tarda pas à éprouver un si vif dégoût pour ce genre d'occupations qu'il résolut d'embrasser une autre carrière. La protection d'un de ses parents, employé dans l'un des établissements anglais de la Côte-d'Or, lui fit obtenir la place de commis aux écritures au service de la Compagnie Africaine, laquelle, en 1816, l'envoya à Coast-Castle, où sa jeune femme, dessinatrice habile, ne tarda pas à venir le rejoindre. Quand il fut question d'envoyer un ambassadeur au roi des Aschantis, Bowdich s'offrit pour cette périlleuse entreprise, qu'il exécuta avec autant de courage que de succès.

Après deux années de séjour en Afrique, il revint en Angleterre pour rendre compte à la Compagnie de sa mission et pour se procurer les moyens d'entreprendre dans l'intérieur de l'Afrique un grand voyage de découvertes. Les incidents qui signalèrent cette intéressante exploration ont été consignés par lui dans sa précieuse relation intitulée : *Mission from cape Coast-Castle* (Londres, 1819, in-4°). Habitué à exprimer ses pensées librement et sans réticences, Bowdich s'aliéna la Compagnie Africaine par la révélation des abus qui s'étaient glissés dans son sein, et qui ne tardèrent pas à entraîner sa dissolution; il s'attira ainsi la haine d'un personnage influent, membre du comité d'administration. On lui refusa la juste rémunération des services qu'il avait rendus, ainsi que les moyens de retourner en Afrique continuer ses explorations. Résolu de se procurer par lui-même l'appui qu'il ne pouvait plus trouver dans sa patrie, il se rendit à Paris, où il reçut beaucoup d'encouragements et où le produit de quelques travaux littéraires lui permit de s'embarquer au Havre en 1822, avec sa femme et deux enfants, pour gagner le continent africain, but de toute son ambition. Peu après son arrivée sur les rives de la Gambie, il succomba, en janvier 1824, à une maladie résultat de ses fatigues et de ses soucis.

BOWDITCH (NATHANIEL), le seul astronome de quelque célébrité qu'ait encore produit l'Amérique, naquit le 26 novembre 1773, à Salem, dans l'État de Massachusetts, montra de bonne heure les dispositions les plus heureuses pour les mathématiques, qu'il apprit tout seul, rien qu'avec le secours des livres, et sans jamais suivre les cours d'une université. Il utilisa d'abord les connaissances scientifiques qu'il avait acquises au profit d'une société commerciale, et fit ensuite, en qualité de facteur, le voyage des Grandes Indes. A son retour, il devint président d'une compagnie d'assurances. Son ouvrage sur la science de la navigation, intitulé : *The American practical Navigator*, et qui obtint un succès général, ainsi que sa remarquable traduction de la *Mécanique Céleste*, de Laplace (2 vol. in-4°, Boston, 1829), qu'il accompagna de notes précieuses, lui valurent sa nomination de membre des sociétés savantes de Londres, d'Édimbourg et de Dublin, et de professeur de mathématiques et d'astronomie à l'université de Cambridge, dans l'État de Massachusetts; mais il refusa ces fonctions pour entrer dans le conseil exécutif de cet État. Plus tard, il accepta la direction de la compagnie d'assurances sur la vie de l'État de Massachusetts, devint président de l'Athénée, de l'Institut mécanique et de l'Académie des Sciences et des Arts de Boston. Il mourut dans cette ville, le 16 mars 1837.

BOWLES (WILLIAM LESLIE), poëte anglais, né le 24 septembre 1762, à Kings-Sulton, dans le Northamptonshire, où son père était vicaire, étudia à Winchester, et depuis 1782 au collége de la Trinité d'Oxford. Après avoir pris le grade de docteur en 1792, il entra dans les ordres, et obtint une cure d'abord dans le Wiltshire, puis dans le Gloucestershire. En 1803 il fut nommé chanoine de la cathédrale de Salisbury, et plus tard recteur de Brombill, dans le Wiltshire. Il remplit cette dernière place jusqu'à sa mort, arrivée à Salisbury, le 7 avril 1850.

Bowles s'est fait connaître non-seulement comme infatigable champion des droits et des priviléges de l'Église épiscopale, mais aussi et surtout comme poëte lyrique. Il était encore à Oxford lorsqu'il se fit remarquer par un poëme latin sur le siége de Gibraltar. Cette publication fut suivie des *sonnets* (Londres, 1789); des *Elegiac Stanzas* (1796); de *Hope, an allegorical sketch* (1796); de *Song of the battle of the Nile* (1799); de *Coombe Ellen* (1798); de *Saint-Michael's Mount* (1798). Vinrent ensuite *The Picture* (1803); *The Sorrows of Switzerland* (1801); *The Missionary* (1824), etc. On regarde comme son chef-d'œuvre *The Spirit of Discovery by sea* (1805). Un recueil de ses poëmes a été publié par lui-même (2 vol., 1798-1801). Toutes ses poésies, dans lesquelles il se montre le disciple de Coleridge, sont les créations d'un esprit noble et vertueux, d'un écrivain sage, mais qui semble ignorer l'existence des passions, dont la douce gaieté est parfois attristée par l'attitude roide, compassée du savant, et qui malgré tout cela réussit à émouvoir son lecteur, parce qu'il sait admirablement faire vibrer certaines cordes mystérieuses aboutissant directement au cœur.

Bowles a attaqué Pope comme poëte dans l'édition qu'il a donnée de ses œuvres (10 vol., Lond., 1806), entreprise alors un peu hardie; et il a inutilement cherché à défendre contre Brougham et la *Revue d'Édimbourg* les abus du vieux système anglais d'enseignement. Parmi ses écrits en prose, on ne peut guère citer, outre un recueil de sermons (1826), que sa *Vie de Thomas Ken, évêque de Bath et de Wells* (Londres, 1830-31), ouvrage d'ailleurs un peu sec.

BOWRING (John), célèbre publiciste et savant anglais, est né le 17 octobre 1792, à Exeter, dans le Devonshire. Il utilisa dans de nombreux voyages son heureuse facilité à s'assimiler les langues étrangères, pour contracter partout d'honorables amitiés et acquérir les notions les plus approfondies sur tout ce qui se rattache au caractère particulier de chaque peuple. Les poésies nationales ont surtout excité son attention et servi de but à ses travaux; aussi a-t-il rendu à la littérature d'importants services par ses traductions et ses publications de chants populaires anciens et modernes recueillis dans presque tous les pays de l'Europe. C'est ainsi qu'il a successivement publié : *Specimens of the Russian Poets* (Londres, 1821-23); *Batavian Anthology* (1824) ; *Specimens of the Polish Poets* (1827); *Servian popular Poetry* (1827); *Cheskian Anthology* (1832) ; *Poetry of the Magyars* (1830) ; et *Ancient Poetry and Romances of Spain* (1824).

Lié d'une étroite amitié avec Jérémie Bentham, celui-ci, après la mort de Dumont, lui confia l'exécution de ses dernières volontés ainsi que le soin de publier ses œuvres complètes. Issu d'une famille de vieux puritains, et partageant la foi religieuse des unitaires, M. Bowring se prononça de bonne heure, dans la presse et dans les assemblées publiques, contre les lois qui avaient frappé les dissidents d'incapacité politique. Soupçonné, à cause de l'énergie de ses opinions radicales, d'être un émissaire des révolutionnaires, il fut arrêté le 7 octobre 1822 à Calais, au moment où il se disposait à entreprendre un voyage en France, et transféré à Boulogne dans une étroite prison, d'où l'intervention de Canning le fit enfin sortir. M. Bowring, qui renonça en 1825 aux affaires commerciales, prouva son dévouement aux idées de réforme, dans une série d'articles remarquables, publiés dans la *Revue de Westminster*, recueil fondé en 1824 et rédigé dans l'esprit de l'école de J. Bentham, dont, à partir de 1825, il prit la rédaction en chef; fonctions auxquelles il ne renonça qu'après la révolution de Juillet. En 1828 il visita la Hollande, et fit une série d'articles curieux relatifs ce pays, qui parurent dans le *Morning-Herald*.

L'année suivante, il se rendit à Copenhague pour y recueillir les matériaux d'une anthologie scandinave. Des voyages qu'il entreprit ensuite par ordre du gouvernement dans plusieurs États continentaux, pour s'y livrer à des recherches utiles au commerce, eurent une importance toute politique. Nommé membre d'une commission mixte qui fut chargée de concilier les intérêts commerciaux de l'Angleterre et de la France, les deux rapports qu'il présenta en 1834 et 1835 au parlement, et qu'il rédigea avec M. Villiers, passent pour des chefs-d'œuvre dans leur genre, en raison de l'énorme quantité de faits utiles et exacts qu'ils contiennent. Le même esprit présida à son *Rapport sur le commerce, l'industrie et les fabriques de la Suisse*, beau et grand travail, dans lequel il s'est efforcé de défendre contre le système prohibitif les avantages de la liberté commerciale. Les voyages qu'il fit ensuite en Italie, particulièrement en Toscane, dans le courant de 1836, et plus tard en Syrie et en Égypte, lui fournirent l'occasion de recueillir d'importants documents pour ses communications au parlement. Son dernier voyage politique a été exécuté dans la partie de l'Allemagne soumise au *Zollverein*.

On trouve dans son *Rapport sur l'union douanière allemande* une foule d'aperçus précieux; mais il est facile de remarquer que, dans l'intérêt des manufactures de son pays, il s'efforce de démontrer que l'union douanière ne protége les fabriques de l'Allemagne qu'au détriment de son agriculture. Élu membre du parlement, il a donné, malgré ses relations avouées avec le ministère, de nombreuses preuves d'indépendance, notamment dans la fameuse question d'Orient, en 1840, où il n'hésita pas à se prononcer contre la politique adoptée par le cabinet whig. Le triomphe du principe de la liberté de commerce, sous le ministère de Robert Peel, et la rentrée des whigs dans le cabinet, peut-être aussi le mauvais état de ses affaires, le décidèrent à renoncer à son siége dans le parlement, pour accepter la place lucrative de consul à Canton.

BOXER (Art de), espèce de pugilat, qui fait, pour ainsi dire, partie intégrante du caractère national des Anglais, et qui a des règles et des usages dont l'observation est regardée comme sacrée par les individus que leurs mœurs ou leur position sociale infime portent plus particulièrement à se faire justice eux-mêmes des injures ou des sévices dont ils croient avoir à se plaindre. Considéré sous ce point de vue, l'*art de boxer* peut être mis sur la même ligne que l'*art de tirer la savate*, autre genre de pugilat fort en honneur parmi la populace de la plupart des grandes villes de France.

La dissemblance immense des *deux arts* apparaît toutefois dès qu'on compare dans les deux pays la position sociale des individus qui les protègent, et la considération dont sont environnés ceux qui les pratiquent. Depuis quelques années nos *dandys* parisiens ont essayé d'établir en principe que des leçons de *savate* ne sont pas moins nécessaires au complément d'une éducation à la mode que des leçons de danse ou d'escrime. Mais quoiqu'il y ait en ce moment à Paris tel *professeur de savate* qui ne donne pas de leçons à moins de cinq francs le cachet, et qui, avec son brillant cabriolet, éclabousse et quelquefois même écrase le modeste professeur de philosophie s'en allant à pied enseigner pour quinze sous l'art, si difficile , de mépriser les richesses, nous doutons que jamais *maître en fait de savate* réussisse à devenir parmi nous un personnage tellement important que nos grands seigneurs en fassent leur commensal, et que nos journaux de toutes couleurs (si enclins cependant à la louange, moyennant 2 fr. la ligne) entretiennent la cour et la ville de ses faits et gestes et annoncent à l'avance, et avec fracas, chacune de ses séances académiques.

De l'autre côté de la Manche, au contraire, un *boxeur* de quelque talent, s'il est adroit, s'il se porte bien, et s'il est heureux, ne tarde pas à avoir des admirateurs aussi fanatiques, aussi dévoués que peut en compter en Italie tel *maestro* ou tel chanteur. Dans le Journal de sa vie, lord Byron a grand soin de mentionner les leçons de *boxe* que lui donna le célèbre Jackson. En un mot, en Angleterre le grand boxeur est considéré au moins autant que le grand artiste. Il y a plus même : c'est que, la passion du jeu étant un autre trait distinctif du caractère anglais, il arrive toujours que le jeu s'engage de part et d'autre sur les chances de succès plus ou moins grandes du boxeur préféré, et que des sommes considérables sont quelquefois perdues ou gagnées par ses admirateurs, selon qu'il a été heureux ou malheureux, selon qu'il est sorti de la lutte respirant encore ou qu'il y a perdu la vie. Trop souvent en effet c'est là le triste résultat d'une stupide coutume que la raison et la philosophie ne sauraient trop flétrir, car son moindre inconvénient est d'entretenir dans les masses une froide insensibilité en présence des souffrances les plus aiguës, et d'habituer le peuple à voir couler le sang sans émotion.

En vain les lois anglaises défendent expressément les combats de boxeurs ; tous les jours elles sont éludées, parce que l'esprit national, plus fort qu'elles en ce point, ne peut s'habituer à leur obéir. Le ministère public ne pouvant pas en Angleterre poursuivre d'office, ni connaître légalement d'un délit, lorsqu'il n'y a pas eu dénonciation expresse, signée par un certain nombre de citoyens recommandables, les feuilles publiques annoncent journellement qu'à tel endroit, à tel jour, à telle heure, il y aura assaut entre deux boxeurs célèbres, et jamais la police n'intervient pour empêcher ce scandale, parce que, de mémoire d'homme, le cas de dénonciation ne s'est présenté. Preuve nouvelle que partout les mœurs sont plus puissantes que les lois.

« On parle de la barbarie des temps reculés, disait un auteur de *Lettres sur l'Angleterre*, on la cite avec effroi, en désirant ne pas y revenir. Les lois anglaises, qui font l'admiration de toute l'Europe, imparfaites cependant, n'atteignent pas tous les crimes et ne répriment pas tous les abus : je veux parler d'une coutume atroce, d'un plaisir fait pour des sauvages, qui ne sont satisfaits qu'en voyant des lambeaux de chair et des ruisseaux de sang. Des seigneurs, l'élite de la nation, élèvent chez eux des hommes qu'ils destinent à des combats à coups de poing. Des viandes succulentes et choisies, un régime ordonné, rendent ces hommes gras, forts, et en état de soutenir ce pugilat. Calcul inhumain ! horrible sang-froid ! Quand ils ont acquis le degré de force convenable, on en met deux dans une enceinte, et on les excite à se battre presque jusqu'à ce que la mort s'ensuive. Tout ce que Londres a de brillant en hommes assiste à ces boucheries réglées. Il y a des paris considérables. Le petit maître et l'homme sérieux poussent des cris de joie lorsqu'un coup bien asséné fait jaillir du sang (en argot de boxeur, du *claret*, vin de Bordeaux). On complète une somme pour le malheureux qui peut succomber dans cette lutte, ou pour sa veuve. Des hommes font quelquefois quinze à vingt lieues pour être témoins de ce spectacle ; il va de pair avec les courses de chevaux. L'art de boxer s'apprend en Angleterre comme chez nous on apprend l'escrime : ce combat a ses règles, que l'on ne peut enfreindre. »

Le grand art du boxeur consiste à se tenir constamment couvert, et à porter d'estoc à son adversaire des coups de poing à la figure, et surtout à la poitrine. Ordinairement les boxeurs combattent nus jusqu'aux hanches. Une règle, dont l'inobservation est presque sans exemple, c'est de ne point frapper l'adversaire qu'un coup aura jeté à terre, et d'attendre, pour lui asséner de nouveaux coups, qu'il se soit relevé. Celui des deux combattants qui exprime le premier le désir de cesser la lutte s'avoue par cela même vaincu.

S'il était possible que les traditions de l'art de boxer s'effaçassent un jour de la mémoire du peuple anglais, les règles savantes n'en seraient pourtant pas perdues pour la postérité. Un certain Pierce Egan les a soigneusement colligées et consignées dans son ouvrage intitulé *Boxiana*, ou *Esquisse du pugilat ancien et moderne* (4 vol. ornés de gravures, Londres, 1824).

BOYACA, département le plus oriental et le plus considérable de la république de la Nouvelle-Grenade, touchant à l'est au département de Cundinamarca, appartenant, dans sa partie nord-ouest, aux Cordillères orientales et au territoire du fleuve Magdalena, dans tout le reste, à la grande plaine, et arrosé par la Meta, le Guaviare et d'autres affluents de l'Orénoque, qui le borne à l'est. Sa superficie est évaluée à environ 3,190 myriamètres carrés, sa population à 500,000 âmes. *Tunja*, chef-lieu de ce département, est située à 51 kilomètres au nord-est de Bogota, sur un plateau du versant occidental des Cordillères orientales. C'est une ville bien bâtie, qui compte 12,000 habitants et possède une magnifique église ornée de beaux tableaux, quelques couvents, un collége et d'autres écoles. Bolivar, appelé au commandement de l'armée par le congrès assemblé à Tunja, le 22 novembre 1814, défit les Espagnols, le 1er juillet 1819, sous les murs de la ville, puis auprès de Sogamoso, à 44 kilomètres au nord-est, et enfin, le 7 août, près du village de Boyaca, situé au sud de Tunja, sur la route de Bogota. Cette dernière victoire délivra la Nouvelle-Grenade de la domination espagnole. C'est en mémoire de cette bataille décisive que le département a reçu le nom de Boyaca.

BOYARD. *Voyez* BOÏAR.
BOYAU. *Voyez* INTESTIN.
BOYAUDERIE, BOYAUDIERS. L'industrie a su tirer parti des intestins des animaux, qui sont préparés, soit pour la fabrication des *cordes* dites *à boyau* et des cordes d'instruments, soit pour la confection de la baudruche, que les batteurs d'or emploient pour réduire les métaux en feuilles d'une ténuité extrême. Tels qu'ils sont habituellement tenus, les ateliers des boyaudiers sont certainement ce que l'on peut jamais imaginer de plus horrible : des intestins d'animaux en putréfaction complète jetés çà et là dans des baquets autour desquels travaillent des hommes, des femmes et des enfants, qui passent et repassent à plusieurs fois dans leurs mains les boyaux pour les vider, enlever une membrane qui les rendrait impropres aux usages auxquels on les destine, et les souffler ; les déchets de ces diverses opérations et les matières fécales séjournant avec des eaux infectes sur le sol de l'atelier présentent le spectacle le plus dégoûtant que l'on puisse supposer. Ces ouvriers mangent au milieu de ce cloaque ; de jeunes enfants jouent aux pieds de leurs parents ; et le nourrisson est souvent déposé auprès de sa mère, occupée à ce travail rebutant, et les uns et les autres jouissent généralement d'une bonne santé. Les personnes qui entrent pour la première fois dans une boyauderie ne peuvent qu'avec peine résister à l'odeur infecte qui en émane.

Les petits intestins d'animaux apportés dans l'atelier sont jetés dans des baquets avec de l'eau, et un ouvrier les dégraisse avec un couteau ; il les remet dans l'eau, où ils restent quelque temps, et les retourne en les passant entre les doigts dans toute leur longueur. Il les abandonne ensuite à la putréfaction dans des baquets pendant six à huit jours l'hiver, et deux à trois l'été ; une odeur infecte se dégage dans cette opération, et de grosses bulles viennent crever à la surface ; cependant si la putréfaction avance trop, on l'arrête en jetant dans le baquet un verre de vinaigre : dans tous les cas, des femmes prennent l'un après l'autre chaque boyau, et le ratissent avec l'ongle sur les deux surfaces ; on les lave tous ensuite avec soin, et après les avoir attachés par l'une de leurs extrémités, on les souffle, et on les fait sécher à l'air. Pour les transporter facilement, on y fait un petit trou qui permet à l'air d'en sortir, et on les expose à la vapeur du soufre qui brûle, pour les blanchir, leur ôter leur odeur et les rendre moins attaquables aux insectes.

Une très-simple modification dans la manière d'opérer permet au boyaudier de faire disparaître l'infection du travail dont nous n'avons donné qu'une bien faible idée; il lui suffit de jeter dans ses baquets une petite quantité d'une substance éminemment désinfectante, le *chlorure de chaux*, qui détruit si complétement l'odeur repoussante des boyaux que l'on peut entrer dans un atelier où ce procédé particulier est suivi sans s'apercevoir du genre d'opérations auquel on s'y livre. Cette heureuse application est due à Labarraque, qui a rendu un grand service en s'occupant de porter dans cette industrie de notables améliorations; mais on sera sans doute étonné d'apprendre que l'introduction d'un moyen si simple, si facile, et en même temps si peu dispendieux, éprouve les plus grands obstacles de la part des boyaudiers, et que l'administration parvient avec peine à le leur faire adopter.

Les boyaux de mouton, qui servent plus particulièrement à fabriquer les cordes à boyau et les cordes d'instruments, sont préparés à peu près de la même manière, seulement on en sépare avec soin une membrane qui adhère à leur surface extérieure, et qui sert à faire du fil et des cordes pour raquettes. On les fait tremper dans une faible dissolution de potasse, et on les ratisse dans toute leur longueur. Pour les conserver, on les sale. On les file ensuite sur un métier convenable, et la seule différence que présente le travail des diverses espèces de cordes consiste dans les précautions particulières que l'on prend pour celles qui sont destinées aux instruments. Les cordes de Naples conservent toujours une réputation de supériorité, qui n'est plus vraie que pour les chanterelles; on peut obtenir celles-ci aussi bonnes que celles de Naples en se servant d'intestins de très-petits moutons. H. GAULTIER DE CLAUBRY.

BOYAU DE SIÉGE. Ce mot a été employé, depuis moins de deux siècles, par analogie avec les boyaux des animaux, et pour donner une idée d'une tranchée étroite, longue, tortueuse, dirigée vers une place assiégée. Jusqu'au siége de Maestricht, en 1673, les attaques des siéges offensifs ne cheminaient qu'à l'aide de venelles presque impraticables par leur défaut de largeur. Les tranchées se sont élargies; les parallèles et demi-parallèles ont été inventées, et les boyaux sont devenus des branches en zig-zags, qu'on a surtout perfectionnées de 1716 à 1774. En somme, les boyaux sont des brisures qui établissent une communication entre la première et la troisième parallèle; ils servent à lier les attaques du front de la place et se dirigent sur la capitale d'un bastion par la ligne la plus droite possible, mais de manière à éviter, par des crochets de retour, les lignes du feu de l'ennemi, et à rester libres, conformément aux règles générales du *défilement des ouvrages*, c'est-à-dire à être à l'abri des commandements d'enfilade. Si les boyaux sont voisins de l'enceinte attaquée, si elle les domine surtout, on les blinde afin de les garantir de l'effet des pierriers et des projectiles à tir courbe. Ils doivent n'être obstrués par rien durant la nuit, pour le service des travailleurs et pour la facilité du transport des matériaux; en conséquence, les gardes, à la réserve des détachements qui protégent les travailleurs, s'établissent jusqu'au jour sur le revers de la tranchée. Gal BARDIN.

BOYAUX DU DIABLE, nom vulgaire aux Antilles de la salsepareille.

BOYDELL (JOHN), célèbre marchand de gravures et d'objets d'art, né en 1719, à Dorrington, commença par exercer l'art du graveur, puis se fit collectionneur et marchand d'estampes. Le muséum artistique qu'il avait établi dans *Cheapside* était l'une des merveilles de Londres. Il mourut le 11 décembre 1804, remplissant les fonctions de lord maire de cette capitale. La plus importante de ses entreprises fut la *Shakespeare-Gallery*, à laquelle travaillèrent les dessinateurs et les graveurs les plus célèbres, et qui fit en même temps de lui l'un des plus riches marchands d'objets d'art de l'Europe. Parmi ses autres collections de gravures on distingue surtout sa *Houghton-Gallery*, dont tous les originaux furent achetés par l'impératrice Catherine. On lui est aussi redevable du *Liber veritatis* (2 vol., Londres, 1777), *fac-simile* du précieux ouvrage dans lequel Claude Lorrain déposait les dessins de tous ses tableaux. Les deux premiers volumes de sa *Collection of Prints engraved after the most capital paintings in England* (10 vol., Londres, 1772 et années suivantes), sont les plus remarquables de tous. En 1779 il fit paraître le catalogue de son riche magasin.

BOYER *de Nice* (GUILHELM), troubadour, né à Nice et mort vers l'an 1355 dans une grande vieillesse, ne nous est connu que par ce que nous en dit Nostradamus, le moins véridique de nos historiens. Il nous apprend que Boyer de Nice, amoureux d'une jeune demoiselle de la maison de Berr, composa en son honneur plusieurs chansons galantes; qu'il fut attaché au service de Charles II, roi de Sicile et comte de Provence, et à celui de son fils Robert; enfin, qu'il dédia à ce dernier, qui l'avait nommé *podestat* de Nice, un Recueil de poésies, ainsi qu'un *Traité d'Histoire naturelle*.

BOYER (ABEL), auteur d'un *Dictionnaire anglais-français*, dont on ne compte plus les éditions, était né, en 1664, à Castres. Il sortit de France à la révocation de l'Édit de Nantes, et se retira d'abord à Genève, puis en Angleterre, où il mourut, en 1729, après un séjour de quarante ans.

BOYER (CLAUDE), abbé, né à Alby, en 1618, vint de bonne heure à Paris, et y prêcha avec peu de succès, à ce qu'il paraît. Furetière assure que personne ne pouvait dire avoir dormi à ses sermons, parce qu'il n'avait point trouvé de lieu pour prêcher. Après avoir donné au théâtre plus de douze tragédies ou tragi-comédies, il fut reçu à l'Académie Française en 1666, et continua à travailler pour le théâtre. Il mourut le 2 juillet 1698. Une de ses pièces, *Judith*, qui a été immortalisée par l'épigramme de Racine, fut représentée pour la première fois pendant le carême, et fut assez de vogue. Quand on la reprit après pâques, elle fut sifflée; la Champmeslé s'étonnant de l'inconstance du public, Racine répondit : « Les sifflets étaient à Versailles aux sermons de l'abbé Boileau; ils sont revenus. » Cependant Boyer a été loué par Boursault et par Chapelain, qui voit en lui « un poète de théâtre qui ne le cède qu'au seul Corneille en cette profession. » Despréaux semble plutôt dans le vrai lorsqu'il dit :

Boyer est à Pinchêne égal pour le lecteur.

Content de lui-même, rarement du public, Boyer avait toujours une ingénieuse raison à donner du peu de succès qu'obtenaient ses ouvrages. Ce travers lui valut l'épigramme suivante de Furetière :

> Quand les pièces représentées
> De Boyer sont peu fréquentées,
> Chagrin qu'il est d'y voir peu d'assistants,
> Voici comme il tourne la chose :
> Vendredi la pluie en est cause
> Et dimanche c'est le beau temps.

BOYER (ABEL), né à Castres, en 1664, sorti de France lors de la révocation de l'édit de Nantes, et mort à Chelsey, en Angleterre, le 16 novembre 1729, est auteur de plusieurs ouvrages : le plus connu et celui qui lui fait le plus d'honneur, est le *Dictionnaire anglais-français et français-anglais*, dont l'abrégé a eu de très-nombreuses éditions.

BOYER (JEAN-FRANÇOIS), évêque de Mirepoix, où il fut nommé en 1730 par le crédit du cardinal de Fleury, était né à Paris, le 12 mars 1675, et y mourut, le 20 août 1755. Reçu membre de l'Académie des Sciences en 1736, et admis cinq ans après à remplacer le cardinal de Polignac à celle des Inscriptions et Belles-Lettres, ce fut lui surtout qui empêcha l'élection de Piron; ce qui lui valut les sarcasmes et la haine de plusieurs gens de lettres, entre autres de Collé, qui l'appelait *la chouette des honnêtes gens ecclésiastiques.* Il est juste de dire, pour tempérer un peu l'effet de cette épigramme, que, chargé de l'éducation du dauphin, père de Louis XVI, qui conserva toujours pour lui le plus tendre attachement, et pourvu de la feuille des bénéfices après la mort de son protecteur, le cardinal de Fleury, il vécut sans faste à la cour, passant sa vie dans la pratique d'œuvres de bienfaisance et de charité.

BOYER (JEAN-BAPTISTE-NICOLAS), né à Marseille, en 1693 et reçu docteur à la faculté de Montpellier en 1717, se fit une très-grande réputation, particulièrement dans le traitement des maladies épidémiques et contagieuses. Il en avait fait le sujet de sa première thèse, consacrée à l'exposition du système de l'inoculation, qu'il avait vu pratiquer à Constantinople, où sa famille l'avait d'abord envoyé étudier le commerce. En 1720, à l'occasion de l'horrible épidémie qui désola Marseille, où il avait été envoyé, lui sixième, par le régent, pour s'opposer au progrès du mal et en étudier la nature, il publia sa *Réfutation des anciennes opinions touchant la peste.* Le zèle de Boyer ne trouva malheureusement que trop de sujets de s'exercer encore, principalement dans les années 1734, 1742, 1745, 1750, 1755 et 1757, où diverses parties du royaume devinrent tour à tour la proie des plus cruelles épidémies; et toute sa vie se passa, pour ainsi dire, à vérifier la théorie par la pratique, *et vice versâ.* Grandement récompensé par le gouvernement du roi, qui l'anoblit et le combla de places et de pensions, il mourut en 1768, doyen de la Faculté de Paris et associé de la Société royale de Londres, laissant après lui une renommée que l'on a cherché depuis à lui contester en partie, mais qui, cependant, ne fut pas entièrement le fruit des circonstances.

BOYER (ALEXIS, baron), naquit en 1756, à Uzerche, et mourut à Paris, en 1833. Premier chirurgien de l'empereur Napoléon, chirurgien en chef de l'hôpital de la Charité, professeur à la Faculté de Médecine, membre de l'Académie de Médecine et de l'Institut de France, il fut célèbre comme professeur, comme chirurgien, comme écrivain; et sa carrière, longue et brillante, fut marquée par des travaux assidus et une probité irréprochable. Né d'une famille pauvre, il vint dans la capitale sans éducation, sans ressource, et endura, dans le principe, les privations les plus cruelles; mais son zèle le signala à Desault; il obtint les premiers prix de l'école pratique, et se mit à enseigner lui-même, remportant au concours la place de chirurgien à la Charité, occupant successivement à l'École de Santé les places de médecine opératoire et de clinique chirurgicale, qu'il ne devait quitter qu'à sa mort. C'est à ses leçons que s'étaient formés la plupart des bons chirurgiens de notre époque.

Chirurgien de l'Empereur en 1804, le baron Boyer fit la campagne de Pologne en 1806, et reçut en 1807 la décoration de la Légion d'Honneur; puis il rentra dans sa vie de professeur et de savant. Les changements survenus à la Faculté en 1823 et en 1830 respectèrent sa position, et ne firent même que la consolider. Parmi les œuvres qu'il a laissées, on cite son *Traité complet d'Anatomie* (4 vol., 1797-1799), et celui *Des Maladies chirurgicales, et des opérations qui leur conviennent* (10 vol., 1814-1822), véritable encyclopédie chirurgicale, fruit d'une vaste et judicieuse expérience. Renommé comme praticien, il a laissé une fortune considérable. Il joignait à une grande bienveillance une rare modestie et beaucoup de goût pour la retraite. Sa conversation intéressante pétillait de bonhomie. Il avait épousé la fille d'honnêtes artisans, qui l'avaient aidé, lorsque, pauvre et inconnu, il était arrivé à Paris, et il se plaisait à dire : « Ma femme m'avait fait chirurgien, je l'ai faite baronne. »

BOYER (PIERRE-DENIS), abbé, théologien et directeur du séminaire Saint-Sulpice, né le 19 octobre 1766, à Sévérac-l'Église (Aveyron), mort à Paris, le 24 avril 1842. Il embrassa de bonne heure l'état ecclésiastique, vécut dans la retraite pendant la révolution, et s'unit à l'abbé Émery en 1801 pour relever le séminaire Saint-Sulpice, d'où il fut éloigné en 1811, ainsi que ses collègues, par ordre de l'Empereur. La Restauration le rendit à la chaire de théologie morale, qu'il occupa jusqu'en 1818. Son parent et ami l'abbé Frayssinous se l'associa ensuite dans ses conférences. Boyer se distingua parmi les plus violents adversaires de M. de Lamennais; il a publié un assez grand nombre d'ouvrages. Boyer était gallican et chef de l'école théologique dite des Sulpiciens.

BOYER (JEAN-PIERRE), ancien président de la république d'Haïti, né le 2 février 1776, à Port-au-Prince, d'un mulâtre de cette colonie, alors française, reçut à Paris une éducation soignée, revint dans sa patrie, y embrassa le parti des armes et était déjà chef de bataillon dans la *Légion de l'Égalité*, lorsque les Anglais s'emparèrent de sa ville natale. Fidèle au drapeau de la république française, il se retira à Jacmel, dans le sud de l'île, avec les commissaires Polverel et Santhonax, et le général mulâtre Beauvau, qui prit le commandement de la place. A sa mort, Boyer le remplaça, et fit souvent preuve de talent et de bravoure en combattant les Anglais au fort Biroton, à la Grande-Anse, à Léogane. Deux partis ensanglantaient alors la colonie : les noirs, sous la conduite du fameux Toussaint-Louverture, faisaient une guerre d'extermination aux mulâtres, commandés par le général Rigaud. Boyer suivit la destinée de ce dernier chef, et gagna sur le champ de bataille les épaulettes de général de brigade. Rigaud, appréciant sa capacité, lui confia le commandement de Jacmel. Toussaint fut vainqueur dans cette lutte terrible, et le chef des mulâtres se vit contraint de se réfugier en France, où Boyer le suivit.

Ils reparurent ensemble dans la colonie à la suite de l'expédition de Leclerc, dont on connaît la funeste issue. Rigaud ayant été renvoyé en Europe par ce général, Boyer s'aperçut bientôt que la France n'avait d'autre but que de faire rentrer les esclaves affranchis sous la domination de leurs maîtres, et il conçut le grand projet de délivrer sa patrie en réconciliant les noirs et les hommes de couleur. Honorable déserteur d'une cause qui n'était plus celle de ses concitoyens, il fut un de ceux qui parvinrent à les soustraire au joug de la métropole.

A l'avénement au trône du nègre Dessalines, Boyer se mit avec Péthion à la tête des gens de couleur, et ils contribuèrent ensemble à renverser ce tyran sanguinaire. Christophe visant à son tour à la même domination, ils l'abandonnèrent, et fondèrent une république indépendante dans la partie occidentale de l'île. Boyer, que ses talents militaires et ses connaissances administratives rendaient indispensable à Péthion, fut nommé commandant de Port-au-Prince et créé major général. Il essaya de discipliner ses bataillons à l'européenne, battit en plusieurs rencontres les troupes de Christophe, et sauva Port-au-Prince d'une ruine complète. Péthion, sur son lit de mort usant du pouvoir que lui conférait la constitution, désigna pour son successeur le général Borgelo, honnête homme, mais d'une faiblesse proverbiale. Le peuple ne ratifia pas ce choix, et les pouvoirs de l'État assemblés décernèrent la présidence à Boyer. Celui-ci mit aussitôt de l'ordre dans les finances, améliora l'administration, remplit les caisses publiques, protégea les arts et les sciences. Après la mort violente de Christophe, en 1820, il réunit ses États à la république. En 1825 il obtint de la France la reconnaissance de l'indépendance de Haïti moyennant une indemnité de 150 millions de francs. Sous son gouvernement, la république jouit pendant plus de quinze ans de la paix la plus profonde; mais sa politique, qui tendait à l'asservissement des noirs au profit de sa race, lui suscita beaucoup d'ennemis.

Cette sourde hostilité se fit jour en 1843, dans la seconde chambre, par l'organe de Dumeille, représentant des Cayes. Boyer eut recours aux moyens les plus violents pour faire taire cette opposition, et réduisit presque à néant l'autorité des chambres. Rivière-Hérard, commandant en chef de l'artillerie et partisan de Dumeille, gagna enfin la troupe, s'empara de la ville des Cayes, et marcha, au mois de mars 1843, contre le Port-au-Prince, dont les habitants ne bougèrent pas. Comprenant qu'il était perdu, Boyer, accompagné d'une trentaine de ses adhérents, s'embarqua, le 13 mars, sur la frégate anglaise *le Sylla*, qui le transporta à la Jamaïque. De là il envoya à la section permanente du sénat une adresse où, après avoir rappelé ses services, il donnait sa démission et se condamnait à un exil volontaire. La proclamation du gouvernement provisoire prouva qu'il était tombé victime de sa politique aristocratique, bien qu'après son triomphe il eût exercé son autorité avec beaucoup de modération. Après un long séjour à la Jamaïque, Boyer vint en 1849 à Paris, où il mourut, le 10 juillet 1850. Il était le vrai représentant de la race de couleur, patient, persévérant, aux manières engageantes, mais rusé, et souvent dur et cruel envers ses ennemis.

BOYER (Pierre-François-Xavier, baron), général de division, naquit à Belfort (Haut-Rhin), le 7 septembre 1772. Parti, comme volontaire, à l'âge de vingt ans, dans un des bataillons de la Côte-d'Or, il commandait, peu de temps après, comme capitaine, une compagnie du 1er bataillon du Mont-Terrible, et devenu aide de camp de Kellermann. En 1796 il faisait la campagne d'Italie en qualité d'adjudant général; plus tard, il suivait Bonaparte sur les bords du Nil et en Syrie. Il se distingua à la bataille d'Alexandrie, où il fut grièvement blessé. Le 8 germinal an IX il était général de brigade, et allait prendre part à l'expédition de Saint-Domingue comme chef d'état-major général de l'armée. Chargé d'apporter au premier consul la nouvelle de la mort du général en chef Leclerc, il fut pris dans la traversée, conduit à Londres, et échangé bientôt après. Il se comporta brillamment en Allemagne, aux batailles d'Iéna, de Pultusk, de Friedland et de Wagram. Il devint, en Espagne, la terreur des guerillas; sa division de dragons inspirait partout un effroi indicible. Le grade de général de division lui fut conféré en 1814. Placé à la tête du département du Mont-Blanc, il en fut chassé par la première restauration, leva un corps franc au retour de l'empereur de l'île d'Elbe, combattit l'étranger pendant tout le temps de l'invasion, et fut porté sur la liste des proscrits après Waterloo. Cependant il ne tarda pas à obtenir l'autorisation de rentrer en France, où il vécut pauvre pendant plusieurs années, se livrant aux arts et à la peinture. Réformé sans traitement en 1816, il fut admis à la retraite à la fin de 1824, et autorisé vers la même époque à passer au service du pacha d'Égypte. Il s'occupait des moyens de discipliner les troupes de ce prince, lorsque, deux ou trois ans après, une mésintelligence survenue entre lui et Mohammed-Laz, ministre de la guerre, le força à quitter l'Égypte.

Rétabli sur le cadre d'activité après la révolution de juillet, il partit pour l'Afrique, où il commanda une division lors de l'expédition du général Clauzel dans la province de Tittery. Le gouvernement s'étant décidé à occuper Oran, le commandement de cette place lui fut confié. Il y arriva précédé d'une grande réputation de sévérité, qui lui avait valu en Espagne le surnom de *Boyer le Cruel*. On eut quelque peine à croire que cet homme si doux, si affable dans son intérieur, instruit, capable, spirituel, ami des arts, eût jamais mérité une telle épithète. Mais la dureté impitoyable avec laquelle il sévit bientôt contre les Maures soupçonnés d'avoir des intelligences avec le Maroc, les confiscations, les arrestations sans nombre, les exécutions qui vinrent frapper les habitants d'Oran, ne tardèrent point à prouver qu'on n'avait nullement calomnié le général Boyer. Hâtons-nous de dire, toutefois, que notre situation exigeait peut-être ces manifestations énergiques, implacables. La main de fer du général Boyer, en pesant sur la ville, en y comprimant la révolte et la trahison, faisait respecter notre drapeau aux ennemis extérieurs. Dans maints combats, les Arabes furent terriblement battus, et certes, tout en déplorant la sévérité par trop systématique du commandant supérieur d'Oran, il n'en est pas moins prouvé que la province eût peu à peu regagné toute sa tranquillité s'il avait été maintenu à son poste. Le général Desmichels, qui remplaça le général Boyer, rappelé en France par suite de sa mésintelligence avec le duc de Rovigo, détruisit en quelques jours les efforts de la vigoureuse administration de son prédécesseur. Sa bénignité, sa mansuétude envers les Arabes donna naissance à ce déplorable traité du 26 février 1834, auquel le traité de la Tafna devait servir de pendant. Admis en 1839 sur le cadre de réserve, le général Boyer est mort en 1851.

Il ne faut pas le confondre avec le général de division *Pierre-Paul* Boyer, né le 1er septembre 1787, ancien aide de camp du duc de Nemours, ancien membre du comité de la cavalerie, grand officier de la Légion d'Honneur, mis à la retraite par le gouvernement provisoire le 17 avril 1848, et rappelé à l'activité par le décret de l'Assemblée législative du 11 août 1849.

BOYER D'ARGENS. *Voyez* Argens.
BOYER FONFRÈDE. *Voyez* Fonfrède.
BOYER-PEYRELEAU (Eugène-Édouard, baron), né à Alais (Gard), en 1776, a fait toutes les campagnes de la révolution. Entré au service comme simple soldat en 1793, il conquit tous ses grades, le titre de baron et la décoration de la Légion d'Honneur sur les champs de bataille. Aide de camp, puis chef d'état-major de l'amiral Villaret-Joyeuse, il le suivit à la Martinique, qui fut attaquée, peu de temps après, par les Anglais avec des forces bien supérieures. Chargé de leur enlever le *rocher du diamant* qui ferme l'entrée de la baie du fort Royal, et auquel ils avaient donné le nom de *Gibraltar des Antilles*, le chef d'escadron Boyer, à la tête d'une petite colonne de deux cents braves, se rendit maître de la place en moins de cinquante-six heures. Mais la garnison française de la Martinique fut obligée de céder au nombre et de capituler. Villaret-Joyeuse, malgré la vigueur de sa résistance, fut accusé de n'avoir pas fait tout ce qu'il aurait dû. Boyer ne balança pas. Après avoir partagé la fortune de son général, il voulut partager sa disgrâce; il le suivit en France, et l'accompagna ensuite à Venise.

Cependant en 1812 Boyer-Peyreleau reçut l'ordre de rejoindre l'armée en Russie, et devint adjudant commandant, puis chef d'état-major de la garde impériale. Il entra ensuite dans le corps de cavalerie du général Latour-Maubourg, protégea la retraite des troupes françaises de Leipzig à Mayence, et fut un des officiers qui déployèrent le plus de bravoure dans les sanglantes batailles des plaines de Champagne. Nommé par l'empereur général de brigade après le combat de Saint-Dizier (26 mars 1814), il ne put recevoir son brevet par suite du changement de gouvernement. Il fût néanmoins employé à la fin de la même année à la Guadeloupe, comme commandant en second, et y arbora le drapeau tricolore à la nouvelle du retour de l'île d'Elbe. Impliqué pour ce fait dans le procès intenté à l'amiral Linois, il fut ramené en France et traduit devant un conseil de guerre à Paris. Il se défendit lui-même, montra durant les débats le plus noble caractère, et n'usa pas même du droit d'opposer à ses délateurs les plus justes récriminations. Il fut condamné à mort.

Il s'attendait à subir sa peine dans les vingt-quatre heures; huit jours s'écoulèrent dans cette incertitude. On lui apprit enfin la commutation de sa peine en un emprisonnement de vingt années. Il fut peu de temps après réunis en liberté, mais laissé sans emploi et à la demi-solde. Ce ne fut qu'après la révolution de 1830 qu'il reprit dans l'armée le grade que lui avait conféré l'empereur Napoléon sur le champ de bataille de Saint-Dizier en 1814, et ses concitoyens l'élurent leur représentant à la chambre des députés sous le règne de Louis-Philippe. Le général Boyer a publié en 1823 trois vol. in-8°, ayant pour titre : *Des Antilles françaises, et particulièrement de la Guadeloupe jusqu'au 1er novembre 1816*.

BOYLE (ROBERT). Le grand Bacon venait de mourir. Son génie indépendant avait brisé le sceptre d'Aristote, invoqué l'expérience où l'autorité faisait loi, et placé le point d'appui des sciences dans l'étude, trop longtemps négligée, de la nature. La philosophie des sciences, qu'il avait mise en marche, ne devait plus s'arrêter. Boyle, né en 1626, l'année même où l'Angleterre perdit le chevalier de Vérulam, hérita de sa mission et de ses talents. Fils d'un pair d'Irlande, il avait voyagé pendant plusieurs années de sa jeunesse en France, en Suisse et en Italie. Rappelé dans son pays par la mort de son père et le désir d'employer sa fortune à l'étude de la physique et de la chimie, il se réunit à quelques amis des sciences et de la paix pour former la société des Invisibles, noyau de la Société royale, constituée sous Charles II. La ville d'Oxford leur offrit un asile respecté contre les orages politiques qui grondaient alors sur l'Angleterre, et c'est là que Boyle soumit à un sévère examen les doctrines systématiques des physiciens. Là il perfectionna la machine pneumatique, inventée par Otto de Guericke, et, par de nombreuses expériences, renversa la théorie des chimistes, qui ne reconnaissaient comme principes essentiels des corps que trois éléments : le sel, le soufre et le mercure. Pour lui, la matière n'avait que des propriétés mécaniques, et il pensait qu'il existe une matière indifférente à tout, uniforme et capable de toutes les formes, dont les différentes combinaisons constituent tous les corps. Cette opinion, qu'a partagée Newton, reposait sur une découverte mal comprise. Boyle ayant fait tenir longtemps de l'eau dans une cornue à un feu égal, et n'ayant trouvé qu'un résidu terreux, en conclut à tort que l'eau s'était changée en terre ; elle s'était simplement évaporée.

Il avait remarqué l'augmentation de poids des métaux par la calcination, et dit lui-même que l'air extérieur entrait avec violence dans la cornue lorsqu'il l'ouvrait, ce qui lui indiquait l'absorption de l'air intérieur ; cependant il attribua l'augmentation de poids à la fixation du feu, et admit, par une conséquence forcée de cette erreur, que le feu est pesant. Il établit, avec plus de raison, que l'air calciné est impropre à la respiration ; et l'on trouve dans l'immense recueil de ses œuvres, imprimées en 1680, à Genève, la notion certaine, quoique imparfaite, du gaz produit par la fermentation, que nous nommons *acide carbonique*, et des propriétés de l'air inflammable dans les mines (hydrogène carboné).

Au total, si Boyle a droit au souvenir des hommes, ce n'est pas qu'il ait doté les sciences d'importantes découvertes ; l'histoire de ses travaux est même bien souvent celle de ses erreurs : mais tel est le privilège du génie, lorsqu'il s'allie à l'esprit philosophique, que ses erreurs sont encore un progrès pour la science. En effet, Boyle se trompait dans ses déductions, parce que la science était sans antécédents qui pussent le guider dans l'interprétation de ses expériences ; mais en faisant adopter par l'ascendant de son génie une opinion nouvelle, il détruisait d'absurdes préjugés ; mais en disciplinant son siècle à suivre avec rigueur la voie expérimentale, il assurait le triomphe de la vérité dans l'avenir. Sa véritable gloire est d'avoir été le plus illustre continuateur de Bacon.

On ne connaîtrait pas Robert Boyle tout entier si l'on ne savait qu'il mit autant d'ardeur à rechercher la vérité en matière de religion qu'en fait de science. Cette double tendance tenait à la rare alliance d'un esprit juste et méthodique avec une imagination vive et inquiète. Tourmenté de doutes cruels sur les dogmes de la religion, et trop philosophe pour les admettre sans examen, il résolut de remonter aux sources, étudia les langues orientales, et se fit aider dans ses investigations par les plus savants théologiens de son temps. S'il ne parvint pas à une conviction complète, du moins est-il certain qu'il voulut épargner à d'autres les tourments qu'il avait subis, en aidant de tous ses moyens à leur donner la raison pour base de leur croyance. Il publia plusieurs ouvrages de morale religieuse, fit servir ses connaissances en histoire naturelle à démontrer la toute-puissance de Dieu, fonda, pour le développement des preuves de la religion chrétienne, des leçons publiques, où Clarke prononça ses célèbres discours sur l'existence de Dieu, fit traduire et imprimer à grands frais, en plusieurs langues, la Bible et les Évangiles, contribua de ses deniers à l'établissement des missions destinées à prêcher l'Évangile aux Indiens, et par la pureté de ses mœurs, sa rare modestie, son désintéressement et sa bienfaisance, donna toute sa vie l'exemple des vertus chrétiennes qu'enseignaient ses écrits. Trois rois, Charles II, Jacques II et Guillaume, voulurent s'honorer en l'appelant près d'eux et le comblant de faveurs. Mais il se crut assez récompensé par leur seule intention, et refusa les plus brillantes dignités qu'un citoyen pût réunir dans sa personne : la pairie et la présidence de la Société royale de Londres. Génie et vertu, voilà Boyle. Il mourut à Londres, le 30 décembre 1691. et fut enterré à Westminster. A. DES GENEVEZ.

BOYLE (Liqueur fumante de), nom donné au sulfhydrate d'ammoniaque sulfuré à l'état de dissolution aqueuse. Boyle l'obtenait par la distillation de 100 parties de sel ammoniac, de 100 parties de chaux, avec 50 parties de fleur de soufre. Il mélangeait le tout, puis distillait en chauffant fortement, et recueillait le produit dans un récipient refroidi convenablement. C'est la vapeur de cette composition que certains diseurs de bonne aventure employoient pour faire paraître une écriture noirâtre sur du papier blanc où l'on a tracé d'avance des caractères avec une dissolution d'acétate de plomb.

BOYLEAU (ÉTIENNE). *Voyez* BOILEAU.

BOYNE (Bataille de la). Quoiqu'à proprement parler l'action qui eut lieu sur les rives de la Boyne ne fût qu'un *combat* où la totalité des armées opposées ne fut pas engagée, l'importance de ses résultats, qui firent définitivement perdre la couronne d'Angleterre à Jacques II, l'a toujours fait désigner sous le nom de *bataille*.

En 1689, le roi Jacques, qui s'était réfugié en France, après avoir été détrôné par son gendre Guillaume, prince d'Orange, ayant reçu de Louis XIV l'assurance d'un secours de la France dans la tentative qu'il voulait faire pour reconquérir son royaume, s'embarqua à Brest sur une flotte française, et débarqua le 17 mars à Kinsale, dans le sud-ouest de l'Irlande, d'où il se rendit à Dublin, afin de tâcher d'y faire réunir un parlement qui pût donner de la consistance à son gouvernement. Quoiqu'il résultat des espérances qu'on avait conçues qu'un soulèvement général suivrait de près son arrivée, ces espérances furent en grande partie déçues, et il s'écoula un laps de temps considérable avant qu'on pût réunir des troupes assez nombreuses pour former une armée. Une tentative que fit le roi Jacques pour se rendre maître de la ville de Londonderry, dont il se vit obligé de lever le siège le 28 juillet, ayant échoué, il fut contraint, à l'arrivée d'une armée anglaise commandée par le général Schomberg, de se retirer à Dublin, où il resta tout l'hiver, n'ayant pu réunir qu'environ 20,000 recrues, assez mal armées. Schomberg l'y suivit, et s'établit vers Dundalk, au nord de la Boyne.

Au printemps de 1690, le roi Guillaume, ayant débarqué dans le nord de l'Irlande, s'avança vers Dublin. A cette nouvelle le roi Jacques marcha en avant jusqu'à Dundalk, où, ne se jugeant pas bien placé pour combattre avec des forces inférieures, il se retira derrière la Boyne. Le 29 juin les deux armées se trouvèrent en présence, séparées par la Boyne : celle de Jacques, à la rive droite et à gauche de Drogheda, était forte de 23,000 hommes ; celle de Guillaume, en face, en comptait 45,000. Le 1er juillet le roi

Guillaume, décidé à forcer le passage de la Boyne, s'étendit en portant sa gauche à Sloine, où il comptait passer cette rivière, tandis que sa droite attaquerait le gué qui se trouve à Old-Bridge, et qui était défendu par la gauche de l'armée franco-irlandaise. Jacques, voyant le mouvement de son adversaire, le suivit avec son aile gauche, afin de s'opposer au passage de l'ennemi à Sloine ; mais lorsqu'il arriva, ce passage avait déjà été forcé, après un combat assez vif, et Guillaume se déployait en potence, couvert par une ligne de marais, sur le flanc gauche de son antagoniste, menaçant de lui couper la retraite sur Dublin. Jacques, qui avait également déployé ses troupes, marcha alors à l'ennemi pour l'attaquer et le rejeter au delà de la Boyne; mais les marais dont le roi Guillaume s'était couvert ne permirent pas aux Franco-Irlandais d'aborder l'ennemi, et les efforts pour y parvenir furent inutiles. Cependant Guillaume, profitant de la supériorité de sa cavalerie, s'étendait toujours par sa droite vers Duleck; en même temps, le gué d'Old-Bridge était forcé par le général Schomberg, qui y trouvait la mort. Jacques, se voyant au moment d'être enveloppé par ses deux ailes et par un ennemi supérieur en forces, crut devoir ordonner sans retard la retraite, qui se fit sur Dublin. De là les troupes irlandaises marchèrent sur Limerick, sous les ordres du duc de Tirconnel ; les Français, commandés par le brigadier de Zurlauben, se dirigèrent vers Cork et Kinsale, afin de se rembarquer pour la France. Jacques, ayant également quitté Dublin, s'embarqua d'abord près de Duncannon pour gagner Kinsale, et de là revint à Brest, d'où il était parti. L'affaire de la Boyne ne coûta qu'un millier de morts à chaque armée. Gal G. DE VAUDONCOURT.

BOYRON (MICHEL). *Voyez* BARON.

BOZ, pseudonyme sous lequel Dickens a publié une grande partie de ses ouvrages.

BRA (THÉOPHILE), statuaire, est né à Douai, le 24 juin 1797. Élève de Story et de Bridan, un bas-relief représentant l'exil de Cléombrote, qu'il présenta au concours de 1818, lui valut le 2e grand prix. Ce morceau, comme tous ceux qu'a produits depuis le ciseau de cet artiste, se faisait remarquer par la composition sévère et correcte du dessin, par la large et habile disposition des groupes, par l'irréprochable pureté des lignes. En 1819 il exposa *Aristodème au tombeau de sa fille*, donné par le roi à la ville de Douai, et qui lui valut une médaille d'or. Depuis il a successivement exposé *Saint Pierre et Saint Paul*, qu'on voit à l'église Saint-Louis en l'Île ; *Ulysse dans l'île de Calypso*; *Jean de Bologne*; *Pierre de Francqueville*; *Philippe de Comines*; le sire de *Joinville*; le baron *Dubois*; le *duc d'Angoulême*; le *duc de Berry*; *Saint Marc*, à Saint-Philippe du Roule; *Sainte Amélie*; le maréchal *Mortier*, à Cateau-Cambrésis; le général *Négrier*, à Lille, etc. Outre ces statues, on doit à M. Bra un grand nombre de bas-reliefs et de bustes, entre autres les bustes du général Foy, des docteurs Pinel et Broussais, de Jouy, de M. Guizot, etc. Décoré de la Légion d'Honneur en 1825, M. Bra est retiré à Douai, dont il dirige l'école de dessin.

BRABANÇONNE (La), nom que les Belges ont donné à une chanson patriotique qui fut faite au mois de septembre 1830, à l'occasion de la révolution qui relégua sur le trône de Hollande la maison d'Orange. L'auteur des paroles était un *jeune comédien* français, nommé Jenneval, qui faisait partie du théâtre de Bruxelles au moment de l'insurrection, et qui fut emporté par un boulet à Berchem en combattant les Hollandais. Chaque couplet de la Brabançonne, dont la musique avait été composée par M. Campenhout, que nous avons vu jouer à l'Odéon dans *Robin des Bois*, se terminait par un jeu de mot que nous traiterions de calembour sans le respect dû à une œuvre consacrée par l'enthousiasme d'une nation :

La mitraille a brisé l'orange
Sur l'arbre de la liberté.

Le 23 septembre, pendant qu'on se battait encore à Bruxelles, M. Campenhout électrisait par ses accents les patriotes qui se pressaient autour de lui à l'estaminet de l'Aigle. Après la victoire, la nation décerna une pension de 2,400 fr. à la mère de Jenneval. M. Campenhout reçut du roi Léopold une tabatière d'or et la place de maître de chapelle.

BRABANÇONS. On donnait ce nom dans le moyen âge à des aventuriers appelés aussi *cottereaux*, *routiers*, *cantatours*, *écorcheurs*, etc., qui parcouraient la France, tuant, pillant, et vendant leurs services au plus offrant. Le nom de Brabançons leur était donné sans doute parce que les plus redoutables étaient du Brabant, ou que le plus grand nombre en provenait. C'est le sentiment du père Daniel, historien de la milice française, et tout se réunit pour le confirmer. M. Mone a publié en 1833 en Belgique un texte latin et original du *Roman du Renard*, lequel appartient évidemment au neuvième siècle, et où le mot *brabas* est déjà pris dans cette acception défavorable ; et l'abbé de Cluni écrivait à Louis VII qu'il était difficile de décider si c'était le Brabant qui dévorait ses habitants, ou les habitants qui dévoraient le pays. « Il en est sorti, dit-il, des hommes plus cruels que des bêtes sauvages, qui se sont rués sur nos terres, n'épargnant ni âge, ni sexe, ni conditions, ni églises, ni villes, ni châteaux. » L'histoire nous a conservé les noms de quelques chefs de Brabançons. C'étaient d'abord, au service de Jean sans Terre, *Lupicaire* et *Martin Areas*, et, au service de Philippe-Auguste, *Cadoc*, qui en recevait pour lui et sa bande mille livres par jour, somme exorbitante pour l'époque.

BRABANT, le *Pagus Bracbatensis* des anciens (de *bruch* ou *brac*, boisé, et *bant* ou *band*, terre limitée; *contrée couverte de bois*), pays formant le centre du bassin hollando-belge et occupant une superficie de 204 myriamètres carrés, depuis la rive gauche de la Waal jusqu'aux sources de la Dyle, et depuis la Meuse et les plaines du Limbourg jusqu'à l'Escaut inférieur. Il formait au moyen âge un duché particulier, relevant de la basse Lorraine, et auquel fut incorporé en 1107 le marquisat d'Anvers, et pendant quelque temps, à partir de 1347, la seigneurie de Malines avec celle de Liège, son annexe. Partagé aujourd'hui entre la Hollande et la Belgique, il forme trois provinces : 1° le *Brabant septentrional* ou *hollandais*, avec une superficie de 92 myriamètres 1/2 carrés et une population de 400,000 habitants; 2° la *province d'Anvers*, appartenant à la Belgique, avec une superficie de 41 myriamètres 1/2 carrés et 430,000 habitants, et 3° le *Brabant méridional* ou *belge*, dans une superficie de 61 myriamètres 1/2 carrés, sur laquelle se presse une population compacte de 730,000 âmes. Cette contrée forme une plaine s'inclinant doucement dans la direction du nord-ouest, remplie au nord de landes et de marais, s'élevant au sud avec les petites collines qui servent de transition à la forêt des Ardennes, et où la forêt de Soigne, située au sud de Bruxelles, est la plus vaste étendue de terrain boisé qu'on y rencontre. Elle comprend 8,000 *bonniers* (arpents du pays). Le sol en est abondamment arrosé par la Meuse au nord et par l'Escaut au sud. Des canaux, notamment le canal de Guillaume et celui de Bréda, contribuent à activer au nord le commerce intérieur, dont les transactions sont puissamment secondées au sud par un réseau de chemins de fer ayant Malines pour centre. Sous l'influence d'un climat humide sans doute au nord, mais en général sain et tempéré, une extrême fertilité du sol y favorise admirablement l'agriculture et l'éducation des bestiaux, qui forment la principale occupation de la population. A ces causes premières de richesse et de bien-être, il faut ajouter une industrie exercée partout avec le plus grand soin, et dont la prospérité, particulièrement dans le sud, date déjà de fort loin; industrie source d'un commerce des plus actifs et des plus étendus, et fournissant à la consommation de remarquables produits en toiles, dentelles, cotonnades, draperies et cuirs. Au nord la population est de race hollandaise, au centre de race flamande, et au sud de race wallone. C'est à quelques lieues au sud de Bruxelles, aux villages de Braine, l'Allend, Waterloo, Wavre et Jodoigne, que s'effectue la séparation des langues, et que l'idiome d'origine germaine remplace l'idiome français (wallon).

C'est au temps de César que les Romains entendirent pour la première fois parler du Brabant, pays dont la population provenait du mélange d'éléments germains et celtes. Parmi les différentes peuplades dont elle se composait, celle des Ménapiens, fixée entre le Rhin, la Meuse et l'Escaut, la plus puissante et la plus belliqueuse de toutes, opposa une résistance aussi opiniâtre qu'inutile aux projets de conquête des Romains, qui finirent par incorporer à la province de la Gaule Belgique cette partie de la basse Germanie. Au cinquième siècle les Franks s'emparèrent du Brabant. Au sixième siècle, lors du partage de l'empire Frank, il fut adjugé au royaume d'Austrasie. Au neuvième siècle, il fut réuni à la Lorraine, et après que celle-ci eut été partagée, en 870, la possession en fut attribuée à la France. Mais au commencement du dixième siècle il en fut encore une fois détaché, et réuni alors de nouveau à la Lorraine par Henri Ier; en 959 il fut adjugé à la basse Lorraine, et fit ainsi partie de l'Allemagne. Au commencement du cinquième siècle il se sépara de la Lorraine, quand le duc Othon, fils de Charles le Gros, à qui l'empereur Othon avait donné en fief la basse Lorraine, mourut sans laisser d'enfants. Après avoir été possédé par plusieurs comtes des Ardennes jusqu'à l'année 1076 et par Godefroi de Bouillon, l'empereur Henri V le concéda à titre de fief à Godefroi le Barbu de la famille des comtes de Louvain et de Bruxelles, dont la dynastie s'y maintint jusqu'au milieu du quatorzième siècle. Le titre de *duc de Brabant* apparaît dans les chartes et les documents dès l'année 1190, et finit par remplacer complétement celui de duc de basse Lorraine (*Lothier*). Sous l'autorité de ses ducs particuliers, le Brabant fit de rapides progrès en puissance et en indépendance; cependant il eut à soutenir une foule de querelles avec les États ses voisins, ballotté et hésitant toujours entre les intérêts de la France et ceux de l'Allemagne.

Parmi les six ducs qu'a eus le Brabant, Henri Ier, II et III, et Jean Ier II et III, les plus remarquables furent Jean Ier, qui, par la mémorable victoire de Wœringen (1288), réunit le Limbourg au Brabant, et célèbre aussi en Allemagne comme *Minnesænger*; il publia en 1290 les lois pénales connues sous le nom de *Land-Karten* ou *Land-Keuren*. Jean II, qui donna en 1312 la fameuse *charte de Cortemberg*, fondement de la constitution brabançonne; enfin Jean III, qui, en 1349, obtint de l'empereur Charles IV, sous le nom de *Bulle d'Or Brabantine*, l'important privilége par lequel ce prince accordait au Brabant, en forme d'édit perpétuel, une organisation judiciaire complétement indépendante de toute juridiction étrangère. La descendance mâle des comtes de Louvain s'éteignit en 1335, en la personne de Jean III; en vertu du testament de sa fille Jeanne, qui régna jusqu'en 1406 et épousa Wenceslas de Luxembourg, la souveraineté du Brabant passa à la maison de Bourgogne, et en premier lieu au petit-neveu de cette princesse, Antoine de Bourgogne, fils cadet de Philippe le Hardi. L'acte inaugural de Jeanne et de Wenceslas, du 3 janvier 1356, est la première inauguration proprement connue sous le nom de *Joyeuse entrée*, charte constitutive du Brabant, qui se renouvelait à peu près dans les mêmes termes par tous les souverains de ce pays. Antoine ayant été tué à la bataille d'Azincourt (1413), et ses deux successeurs, Jean IV et son frère Philippe, comte de Saint-Pol, étant venus à mourir sans laisser de postérité, l'un en 1427 et l'autre vers 1430, le Brabant fut formellement reconnu appartenir à la maison de Bourgogne, à titre d'héritage de Philippe le Bon. Mais cette maison ne le conserva pas longtemps, attendu que par le mariage de Marie de Bourgogne avec l'empereur Maximilien il passa à la maison d'Autriche, par conséquent à Charles-Quint, et de celui-ci à son fils Philippe II roi d'Espagne. Le Brabant ne tarda point à se révolter contre l'édit de Religion de ce prince et contre les cruautés du duc d'Albe; toutefois, il n'y eut que la partie septentrionale de la contrée (Bois-le-Duc) qui réussit à conquérir son indépendance et qui fut incorporée à l'union des Pays-Bas sous la dénomination de *Pays de généralité*, tandis que le Brabant méridional resta jusqu'en 1714 à la ligne austro-espagnole. A l'extinction de cette ligne, il fit retour avec les autres provinces méridionales des Pays-Bas à la maison impériale d'Autriche.

Le Brabant autrichien était divisé en trois *quartiers*, qui prenaient leurs noms de leurs principales villes, Bruxelles, Louvain et Anvers.

Le *quartier de Bruxelles* était partagé en pays *Flamingant* et en pays *Wallon*, selon la langue qu'on y parle. Le *Brabant flamingant* comprenait Bruxelles, capitale de tout le pays, Vilvorde et Malines, seigneurie enclavée dans le Brabant, et qui, avec son territoire, formait une province particulière. Dans la partie *wallonne* se trouvaient Nivelle, Genape, Gembloux, Jodoigne, Wavre et Hannat, le marquisat de Trazégnies, le comté de Tilly, les baronnies de Rèves et de Sombreffe.

Le *quartier de Louvain* renfermait les villes de Louvain, Tirlemont, Arschot, Diest, Sichem, Leeuwe et Landen.

Le *quartier d'Anvers* se composait du marquisat du Saint-Empire, qui, comme Malines, formait aussi une province particulière. Il comptait pour villes principales Anvers et Lierre. La Campine brabançonne, qu'il faut distinguer des Campines hollandaise et liégeoise, était comprise dans le quartier d'Anvers, et avait pour villes principales Hoogstraten, Herenthals et Turnhout.

La maison d'Autriche ne conserva pas longtemps la tranquille possession du Brabant. Sous le règne de l'empereur Joseph II, de vives discussions s'élevèrent à propos de l'interprétation à donner aux droits provinciaux que le pays possédait dans sa *Joyeuse entrée*. Les états du Brabant et du Limbourg ayant été supprimés à la suite de ce conflit, les Brabançons se réunirent sans l'autorisation du pouvoir, et dans cette assemblée on ne craignit pas d'agiter hautement la question de se soustraire à la souveraineté de la maison d'Autriche. A la mort de Joseph II Léopold II termina ce différend en rendant aux Brabançons leurs anciens priviléges.

En 1746 les Français avaient conquis le Brabant autrichien, mais ils avaient dû le rendre, aux termes du traité d'Aix-la-Chapelle de 1748. Ils s'en emparèrent de nouveau en 1794, et le traité de Campo-Formio le réunit à la France. Le Brabant septentrional autrichien devint alors le département des Deux-Nèthes, chef-lieu *Anvers*; et le Brabant méridional, le département de la Dyle, chef-lieu *Bruxelles*. Quand en 1810 Napoléon réunit aussi le Brabant hollandais à l'empire français, on y adjoignit une partie des Gueldres pour former le département des Bouches-du-Rhin. En vertu des stipulations du traité de paix conclu à Paris en 1814 et des résolutions du congrès de Vienne, le Brabant devint la principale partie du royaume des Pays-Bas, et forma les trois provinces : le Brabant septentrional, Anvers, et le Brabant méridional. Cette dernière province, ainsi que Bruxelles, capitale de tout le Brabant, devint en 1830 le foyer de l'insurrection belge, et par suite le théâtre d'événements mémorables et de luttes sanglantes, en même temps que le berceau du nouveau royaume de Belgique, tandis que le Brabant septentrional restait sous les lois de la Hollande.

BRABEUTES, mot grec formé de βραβεύς, arbitre, et qui désignait les officiers présidant aux jeux solennels, et surtout aux jeux sacrés. Cette charge ou magistrature était tellement en honneur, que les rois ne dédaignaient pas de l'exercer eux-mêmes. Philippe, roi de Macédoine, après s'en être fait attribuer la qualité, ayant commis ses fonctions à un officier un jour qu'il ne pouvait siéger lui-même, Démosthène en fit contre lui l'objet d'une accusation, regardant cette circonstance comme un attentat à la liberté des Grecs. Le nombre des *brabeutes* n'était point fixé : il s'est trouvé telle circonstance où cette magistrature était dévolue à une seule personne; mais elle était ordinairement le partage de sept ou neuf membres, choisis parmi les familles les plus considérables, et nommés *athlothètes-époptes*, juges des athlètes. Les prix qu'ils distribuaient étaient appelés *brabeia*, et les couronnes *thémiplechtès*, pour marquer que c'était Thémis elle-même qui les avait tressés de ses mains.

BRACCATA et BRACCATI, surnoms qui avaient été donnés à la Gaule Narbonnaise et à ses habitants, et qui leur venaient de l'espèce de vêtement ou *braie* qui était en usage chez eux.

BRACCIO DE MONTONE (ANDRÉ), l'un des plus grands généraux de l'Italie, né le 1er juillet 1368, dans la république orageuse de Pérouse, issu de la famille patricienne et puissante des Fortebracci, fit ses premières armes sous le comte de Montefeltro, puis dans la compagnie de Saint-Georges, sous le fameux Albéric de Barbiano. Une révolution démocratique ayant privé sa famille de sa patrie, de ses biens et de ses titres, Braccio, forcé par la jalousie d'Albéric de s'évader de son camp, fit la guerre avec peu de gloire pour le compte de plusieurs souverains, et dans la vie aventureuse de *condottiere* apprit à connaître tous les défilés et tous les vallons de l'Italie; mais il lui fallait pour rentrer dans sa patrie un champ de bataille plus vaste, une guerre contre le pape, allié des démocrates de Pérouse. Aussi servit-il avec ardeur contre le souverain pontife et les Florentins, Ladislas, roi de Naples, qui le trahit et menaça ses jours : entré dans Pérouse par les victoires de Braccio, il promit aux habitants de n'y laisser entrer ni Braccio ni son parti. Le *condottiere* passa alors au service des Florentins et de Jean XXIII, et profita de la mort de Ladislas et de la déposition du pape au concile de Constance pour fondre avec son armée sur Pérouse, qui, une victoire lui ouvrit les portes, le 7 juillet 1416. Maître et sage réformateur de son pays, Braccio, auquel les travaux de la paix ne pouvaient suffire, s'empara de Rome, d'où fut chassé par Sforza, son rival en gloire et en talents militaires; eut à lutter contre Martin V, élu par le concile de Constance; vainquit Sforza près de Viterbe (1420), et força le pape à demander la paix par l'entremise des Florentins. Braccio vainquit encore Sforza dans une guerre nouvelle, où il combattait pour Jeanne II de Naples, et son fils adoptif, Alfonse d'Aragon, contre le pape et Louis d'Anjou, qui renoncèrent à toute prétention sur Naples.

Mais la paix semblait impossible en Italie comme entre les deux rivaux : en vain Sforza vint dans le camp de Braccio lui demander son amitié, en vain Braccio se réconcilia avec Jeanne, qui lui donna le commandement de ses troupes ; à peine Braccio, devenu prince de Capoue, comte de Foggia, et grand connétable du royaume de Naples, était-il parti pour son gouvernement d'Aquila et des Abruzzes, que Jeanne, brouillée avec Alfonse d'Aragon, et soutenue par Sforza, remettait les deux rivaux aux prises. Braccio assiège Aquila, dont les habitants, excités par Martin V, avaient refusé de lui ouvrir les portes; Sforza vient délivrer cette ville, et meurt au passage du fleuve Pescara, regretté de son rival. Jacques Caldora succède à Sforza, avec une armée quatre fois plus nombreuse que celle des assiégeants, et, secondé par une sortie des habitants, met en déroute Braccio, qui, vaincu pour la première fois et blessé, laisse se mourir, en 1424. Sa perte fut pleurée dans toutes les armées d'Italie. Ses soldats, les *bracceschi*, qu'il avait eu l'art d'attacher à sa fortune, laissèrent croître leur barbe et leurs cheveux, découpèrent leurs habits en signe de deuil, et longtemps après sa mort conservèrent une haine implacable aux *sforzeschi*, leurs rivaux.

Après sa mort, son comté de Montone fut possédé par son fils Oddo, qui lui survécut quelques mois seulement, et qui périt au service des Florentins; son armée fut commandée par ses deux élèves, Nicolas Fortebraccio et Nicolas Piccinino. Ce dernier, qui devait un jour être si célèbre, avait contribué à la défaite et à la mort de son maître par une fausse manœuvre qui permit aux habitants d'Aquila de faire une sortie. La vie de Braccio de Montone a été écrite, en latin du quinzième siècle, par Jean Antoine Campani, évêque de Teramo.   T. TOUSSENEL.

BRACCIOLINI (FRANÇOIS), célèbre poëte italien, né à Pistoja, le 26 novembre 1566, mort le 31 août 1645. Le pape Urbain VIII le combla de bienfaits. Il a laissé entre autres œuvres : *la Croce racquistata*, poëme héroïque, que Tiraboschi consent à voir placer le premier après celui du Tasse, pourvu que ce soit à une longue distance; *le Scherno degli Dei*, poëme dans le genre plaisant, qui fut regardé comme le meilleur après *la Secchia rapita* de Tassoni.

BRACELET, sorte d'ornement, fort ancien, que l'on portait au *bras*, comme l'indique l'étymologie de son nom, et dont l'usage s'est conservé jusqu'à nous.

Les bracelets furent en usage en Égypte à une époque très-reculée. Ils étaient de différentes couleurs; il y en avait beaucoup en fer bien travaillé, et l'on enchâssait des pierres précieuses de diverses espèces, et des émaux de couleurs très-fines et très-vives. Plusieurs de ces bracelets remontent à une époque qui précède de plusieurs siècles les plus anciens monuments grecs. Les bracelets furent plus tard que les bagues en usage chez les Grecs. Ce fut sans doute le costume dorien qui donna l'idée de cette élégante parure. Les brillantes solennités d'Olympie purent inspirer aux belles Éléennes l'envie de se distinguer par le nouveau genre d'ornement, que les autres femmes grecques ne tardèrent pas sans doute à imiter. L'invention et l'usage des bracelets n'ont dû avoir lieu que chez les peuples qui avaient les bras nus. Les Grecs tenant en grande partie leurs costumes de l'Ionie et de l'Orient, et portant des tuniques à manches longues, n'eurent probablement l'idée de se parer de bracelets que quand ils abandonnèrent leur ancienne manière de se vêtir.

Les hommes les adoptèrent aussi bien que les femmes. On voit dans la Vie de Maximin, successeur d'Alexandre-Sévère, écrite par Capitolinus, que cet empereur, dont la taille était, dit-il, de huit pieds un pouce, avait les doigts si gros, qu'il se servait du bracelet de sa femme en guise d'anneau. Les filles n'en portaient jamais, du moins avant d'avoir été fiancées. Il y en avait d'or, d'argent et d'ivoire pour les personnes d'un rang distingué, de cuivre et de fer pour la populace et les esclaves : car c'était tout à la fois un signe d'honneur ou une marque d'esclavage. On en donnait aux gens de guerre en récompense de leur valeur. Une inscription ancienne, rapportée par Gruter, représente la figure de deux bracelets, avec ces mots : L. ANTONIUS L. F. FABIUS QUADRATUS DONATUS TORQUIBUS ARMILLIS AB TIBERIO CÆSARE DIS.

Le bracelet ancien a eu différentes formes. Les femmes en portaient qui avaient la figure d'un serpent, ou bien la forme d'un cordon ou d'une tresse ronde terminée par deux têtes de serpent. Tantôt des bracelets entouraient la partie supérieure du bras, et tantôt ils étaient placés sur le poignet : ces derniers étaient appelés par les Grecs *pericarpia*. On en voit un de trois tours sur une statue de Lucile, femme de l'empereur Lucius Verus. Les Sabins, au rapport de Tite-Live, en avaient de fort pesants, qu'ils portaient au bras gauche. On trouve le bracelet appelé deux fois *dextrocherium* dans Capitolinus; dans la grande inscription d'Isis, il est nommé *lucialium*.

Le bracelet a été la parure des deux sexes, non-seulement

dans plusieurs régions de l'Orient, mais chez diverses peuplades sauvages de l'Océanie, qui emploient à la fabrication des leurs l'écorce de certains arbres, les plumes, les coquilles, la verroterie. Les femmes turques et africaines en portent souvent aux jambes. Enfin l'usage de cet ornement est indiqué dans plusieurs endroits de la Bible.

En France, ce n'est que sous le règne de Charles VII que les femmes adoptèrent la mode des bracelets, avec celle des **pendants d'oreilles et des colliers**. Cet ornement, qu'on ne porte plus guère aujourd'hui qu'à l'extrémité inférieure du **bras**, a reçu des formes aussi variées que la matière dont on le compose. Tantôt on y voit briller l'or, les diamants, les perles, ou d'autres pierres précieuses, tantôt ce sont des camées non moins précieux; souvent ils sont ornés d'un portrait ou de gracieuses peintures; quelquefois ils se composent d'un simple velours, d'un ruban ou d'une tresse de cheveux. Enfin il y en a de *faux*, c'est-à-dire qui sont faits avec des matières simples et communes; l'art moderne est parvenu en effet à l'imitation la plus parfaite des riches métaux et des pierres les plus fines.

BRACHIAL (du grec βραχίων, bras), ce qui appartient au bras ou ce qui en dépend. Plusieurs parties du corps humain ont reçu ce nom en anatomie; tels sont : l'*aponévrose brachiale*, l'*artère brachiale*, les *muscles brachiaux*, le *plexus brachial* et les *veines brachiales*.

L'*aponévrose brachiale* forme une sorte de gaine fibreuse, fine, transparente, celluleuse dans quelques endroits, qui provient des tendons des muscles grand dorsal, grand pectoral et deltoïde, et descend le long du bras, qu'elle enveloppe exactement.

L'*artère brachiale* est placée à la partie interne et antérieure du bras, où elle occupe l'espace compris entre le bas du creux de l'aisselle et la partie moyenne du pli du bras.

Les *muscles brachiaux* sont au nombre de cinq, savoir : deux antérieurs (*biceps et brachial antérieur*), qui fléchissent l'avant-bras; un interne (*coraco-brachial*), qui rapproche le bras de la poitrine; un externe (*deltoïde*), qui élève et porte le bras en dehors; et un postérieur (*triceps brachial*), qui étend l'avant-bras sur le bras.

Le *plexus brachial* est formé par la réunion et l'entrelacement des branches, antérieures des quatre derniers nerfs cervicaux et du premier dorsal; large en haut et en bas, mais étroit sans son milieu, il s'étend depuis la partie latérale et inférieure du cou jusque sous le creux de l'aisselle, où il se partage en plusieurs branches qui vont se distribuer au bras.

Les *veines brachiales* sont au nombre de deux et accompagnent l'artère du même nom; elles reçoivent un assez grand nombre de branches, et se terminent à la veine auxillaire.

BRACHINE, genre d'insectes de l'ordre des coléoptères pentamères, de la tribu des carabiques. Toutes les espèces de ce genre (dont une seule, le *brachinus crepitans*, est commune aux environs de Paris) se trouvent ordinairement sous les pierres. Elles ont la propriété singulière de lancer par l'anus, lorsqu'elles sont inquiétées, une vapeur blanchâtre ou jaunâtre, qui laisse après elle une odeur pénétrante analogue à celle de l'acide nitrique. On a reconnu, en effet, que cette vapeur est très-caustique, rougit le bleu de tournesol, et produit sur la peau la sensation d'une brûlure. Les taches rouges qu'elle y forme passent promptement au brun et durent plusieurs jours, malgré de fréquentes lotions.

BRACHION, genre d'animaux infusoires, qu'on ne voit qu'à l'aide du microscope, et qui vivent dans les eaux stagnantes.

BRACHIOPODES (de βραχίων, bras, et πούς, pied), classe de mollusques qui comprend des animaux sans tête, munis d'une coquille à deux valves, fixée, qui par conséquent ne leur permet pas de se mouvoir, et dont les pieds, en forme de bras ou de tentacules, sont ciliés et rentrent dans l'intérieur de la coquille.

BRACHISTOCHRONE (de βραχίστος, le plus court, et χρόνος, temps). Ce nom fut donné par Jean Bernoulli à la cycloïde, parce que cette courbe jouit de la propriété d'être la route que doit suivre dans le vide un corps soumis à la seule action de la pesanteur, pour arriver dans *le temps le plus court* d'un point à un autre (pourvu que ces deux points ne soient pas sur une même verticale).

BRACHMANES. *Voyez* Brahmanes.

BRACHYCATALEPTIQUE (de βραχύς, court, et χαταληπτίχος, laissant), terme des poésies grecque et latine, désignant proprement un vers trop court ou auquel il manque quelque partie, tel, par exemple, que ce vers latin de trois pieds au lieu de quatre :

Musæ Jovis gnatæ,

cité par Lacroix, dans son *Art de la Poésie latine*. Les Latins appelaient encore ce vers *mutilus*.

BRACHYCÈRE (de βραχύς, court, et κέρας, corne), terme d'entomologie, par lequel on désigne un genre d'insectes coléoptères tétramères, dont les antennes sont fort courtes. Les brachycères ne fréquentent pas les fleurs : on les rencontre toujours à terre, ou grimpant avec peine contre les murs et les rochers.

BRACHYCOME ou **BRACHYSCOME** (de βραχύς, court, et κόμη, chevelure, aigrette), genre formé par Cassini pour plusieurs plantes de la Nouvelle-Hollande, qui ont le port des pâquerettes. Il fait partie des composées-astéroïdées. Les brachycomes sont des herbes vivaces, portant des feuilles pinnatilobées, et des capitules à disque jaune et ornés de rayons blancs.

BRACHYGRAPHIE (de βραχύς, court, et γράφω, j'écris), art d'écrire par abréviation. *Voyez* Sténographie, Abréviation, Tironiennes (Notes), etc.

BRACHYNE. *Voyez* Brachine.

BRACHYPTÈRES (de βραχύς, court, et πτερον, aile). Dans la classification de Cuvier, c'est une tribu d'oiseaux plongeurs, à pieds palmés, ou *palmipèdes*, qui ont les ailes fort courtes : tels sont les *plongeons* ou *grèbes*, les *pingouins* et les *manchots*. Dans celle de M. Duméril, les brachyptères forment une famille qui répond à celle des *brévipennes*, de Cuvier.

BRACHYSÈME (de βραχύς, court, et σῆμα, signe, étendard), genre de la famille des légumineuses, qui renferme quelques arbrisseaux de la Nouvelle-Hollande. On en cultive dans les jardins deux espèces, dont l'une (*brachysema latifolium*, Brown) atteint 1^m,30 à 1^m,60 de hauteur. Ses rameaux grêles et sarmenteux, dont les feuilles sont larges, alternes, ovales et entières, donnent en avril et en mai des fleurs latérales d'un beau rouge, groupées au nombre de deux ou trois.

BRACHYURES (de βραχύς, court, et οὐρά, queue), nom spécial d'une famille de crustacés à dix pattes, dont la queue est très-courte.

BRACONNAGE, BRACONNIER. Le *braconnier* est celui qui chasse sans droits et furtivement sur le terrain d'autrui. Ce mot a entièrement perdu sa signification originaire, désignant dans le principe celui qui s'appliquait à dresser pour la chasse les chiens *braques*. Toujours en guerre avec les grands propriétaires voisins, le braconnier, pour un intérêt minime, mène la vie aventureuse du contrebandier, qu'il surpasse en ruse, en adresse et en audace. Il n'agit, comme lui, que dans les ombres de la nuit, et trop souvent aussi il arrive qu'une rencontre avec la garde détesté est suivie d'un assassinat. Les moyens que le braconnier emploie pour exercer sa coupable industrie sont innombrables : au fusil, dont il ne sert rarement, parce qu'il n'est point assez destructeur, il joint les lacs, les lacets, les tirasses, les tonnelles, les traîneaux, les bricoles, les rêts, les collets, les alliers, les filets, les bourses, les panneaux, et tous autres engins propres à prendre le gibier.

La loi ancienne condamnait au fouet, à l'amende, à la flétrissure, au bannissement et même aux galères pour six ans, non-seulement les braconniers d'habitude, mais ceux qui leur achetaient du gibier, et que l'on considérait comme leurs complices. A la révolution de 1789, on passa de cet excès de rigueur à un excès de mansuétude. Le braconnage ne fut plus considéré que comme un simple délit de chasse; mais, à cause de cette impunité même, il était arrivé à un point d'audace extraordinaire, lorsque fut promulguée la loi du 3 mai 1844. Abrogeant toutes les lois et ordonnances antérieures, même en ce qui concerne les domaines de l'État, cette loi prononce une amende de cinquante francs à deux cents francs contre ceux qui auront chassé pendant la nuit ou à l'aide d'engins et instruments prohibés, d'appeaux, d'appelants, de chanterelles, etc.; ils peuvent, en outre, être punis d'un emprisonnement de six jours à deux mois. Si à ces circonstances vient s'ajouter encore celle que le terrain sur lequel le délit a été commis, est attenant à une maison habitée ou entouré d'une clôture, l'amende est de cent francs à mille francs et l'emprisonnement, toujours facultatif, de trois mois à deux ans. S'il y a récidive, c'est-à-dire condamnation déjà prononcée pour le même délit dans les douze mois précédents, les peines édictées peuvent être portées au double.

BRACONNIÈRE, BRAGONNIÈRE ou TONNELET, arme offensive du moyen âge. On nommait ainsi la partie de l'armure attachée au bas de la cuirasse des chevaliers, et qui servait en même temps, comme les *bandelettes* des Romains, de défense et d'ornement. La braconnière formait une espèce de jupon ou de panier évasé, ayant beaucoup de ressemblance avec les tassettes; elle était à plusieurs lames, couvrait toute la partie du corps depuis le défaut de la cuirasse jusqu'à mi-cuisses : quelques-unes descendaient même jusqu'aux genoux. Les braconnières séparaient la cuirasse des cuissards. La bordure en drap écarlate, qui garnit le bas de la cuirasse des carabiniers et des cuirassiers, paraît être une réminiscence des braconnières.

BRACTÉATES (du latin *bractea*, feuille de métal), nom moderne d'une espèce de monnaie consistant en une feuille d'argent généralement très-mince, et ayant eu cours en Allemagne depuis la fin du onzième siècle jusqu'à la fin du quatorzième. Cette monnaie s'appelait alors *denier* ou *pfennig*. Il est difficile d'admettre qu'elle ait été frappée sur le modèle des monnaies byzantines, qui dans les derniers temps étaient excessivement minces; il est plus simple de croire qu'on a successivement diminué le poids des *deniers*. Au onzième et au commencement du douzième siècle, les bractéates portaient une double empreinte assez peu distincte, à cause du peu d'épaisseur du métal; plus tard, les pièces devinrent si minces qu'on ne put les frapper que d'un côté. On accorde en général une très-faible valeur artistique à cette monnaie; mais c'est une injustice, car beaucoup de bractéates du douzième et du treizième siècle indiquent une grande habileté et beaucoup de délicatesse de burin. Depuis longtemps on a trouvé l'opinion que les bractéates avaient été frappées avec des coins de bois. A partir du milieu du treizième siècle, l'empreinte devient si grossière qu'on se figure à peine avoir sous les yeux une monnaie informe.

La grandeur du module varie beaucoup depuis celle d'une pièce d'un franc jusqu'à celle d'une pièce de cinq francs, selon les pays. Cette monnaie était toujours d'argent, plus ou moins fin, jamais de cuivre, et l'on n'en a trouvé quelques pièces d'or que dans le Danemark. L'opinion la plus vraisemblable est que les bractéates ont été frappées d'abord dans le Thuringe. On n'en fit guère usage que dans l'Allemagne moyenne, dans l'Allemagne du nord-est et en Pologne. On en rencontre moins fréquemment dans l'Allemagne méridionale, rarement en Danemark, en Suède, etc.; on ne les connut ni en Italie, ni en France, ni en Espagne.

Les grandes bractéates cessèrent d'être une monnaie courante en Saxe au commencement du quatorzième siècle, et y furent supplantées, ainsi que dans les pays voisins, par les *gros* frappés à Freiberg; mais les petites ne disparurent en Saxe qu'au commencement du seizième siècle, et dans le Brunswick qu'au milieu du dix-septième.

Selon toute probabilité, le nombre des bractéates a été très-considérable; chaque année on devait retirer de la circulation les vieilles, qui s'usaient et se rompaient si facilement, pour en frapper de nouvelles. Ce n'est que dans ces derniers temps que l'attention s'est fixée sur cette espèce de monnaie et qu'on a commencé à faire des collections de bractéates. Les anciens ouvrages d'Oléarius, Schlegel, Leuckfeld, Schmid, Seelander, etc., contiennent quelques vérités parmi beaucoup d'erreurs; mais on peut consulter le livre de Becker : *Deux cents monnaies rares du moyen âge* (Leipzig, 1813), et surtout celui de Mader, *Essai sur les Bractéates* (Prague, 1808).

BRACTÉE, nom donné en botanique à de petites feuilles situées dans le voisinage des fleurs, qui les accompagnent ou s'entremêlent avec elles. On les distingue des *feuilles florales* (qui accompagnent les fleurs), en ce que celles-ci ne diffèrent pas sensiblement des autres feuilles de la plante, tandis que les bractées offrent une grandeur, une forme, une consistance, souvent même une couleur particulière. Les bractées naissent d'ordinaire au-dessous du point d'insertion des fleurs, et les recouvrent avant leur développement. Certaines sont tachées ou nuancées d'une autre couleur que la couleur verte, commune aux feuilles de presque toutes les plantes, comme dans un grand nombre d'espèces du genre *sauge* et dans le mélampyre des champs, dont les bractées sont purpurines. Elles restent adhérentes plus ou moins longtemps, mais très-peu survivent à la chute des fleurs et des fruits. Quelquefois elles forment au-dessus des premières une touffe de feuilles en manière de couronne ou de chevelure, comme dans la fritillaire connue sous le nom de *couronne impériale*. Quelquefois aussi elles se trouvent placées entre les fleurs, avec lesquelles elles forment, par leur rapprochement, une espèce d'épi serré : on dit alors qu'elles sont *imbriquées*, comme dans la brunelle et l'origan.

On appelle *bractéifères* les individus qui portent une ou plusieurs bractées, ou en sont accompagnés, et *bractéoles* les petites bractées qui viennent sur les pédicelles dans un assemblage de fleurs où il y a plusieurs rangs de bractées.

BRADLEY (JAMES), astronome anglais, un des savants les plus illustres du dix-huitième siècle, naquit en 1692, à Shireborn, dans le comté de Glocester. Destiné d'abord à l'état ecclésiastique, il fit et acheva ses études à l'université d'Oxford. Bientôt après il fut nommé ministre de Brisdtow et ensuite de Welfrie, dans le comté de Pembroke. Ces fonctions ne l'empêchèrent point de se livrer avec ardeur à l'étude des mathématiques et de l'astronomie. Cette dernière science avait pris sa prédilection, et pour aller l'enseigner au collége de Saville à Oxford, où il fut nommé professeur, il résigna ses deux cures à l'âge vingt-neuf ans.

Six ans après, en 1727, il découvrit l'*aberration de la lumière*, dont la divulgation commença sa haute renommée. Ce phénomène, une fois expliqué, permit d'introduire une exactitude jusque alors inconnue dans les observations astronomiques : la position apparente d'une étoile étant prise à l'aide d'un instrument convenable, on put la rétablir dans sa position véritable, ou corriger sa déviation au moyen des vitesses connues de la terre et de la lumière.

Cependant la connaissance de l'aberration ne permettait pas encore d'accorder sans quelques différences les observations faites sur le des étoiles. Ces différences, quoique très-légères, n'échappèrent point à l'esprit scrutateur et profond de Bradley : il les étudia sans relâche pendant plus de dix-huit ans, et parvint en 1747 à fixer leur durée et la loi qui les régissait; il découvrit ainsi la *nutation de l'axe terrestre*.

Ces deux découvertes de Bradley ne sont pas les seules dont il ait enrichi la science, mais ce sont les plus importantes; elles ont fourni le moyen d'introduire une grande exactitude dans les tables des mouvements célestes, si utiles à l'astronomie.

Les travaux de Bradley lui avaient fait promptement une réputation des plus brillantes : en 1730, trois ans après la découverte de l'aberration de la lumière, il avait été nommé professeur d'astronomie et de philosophie naturelle au muséum d'Oxford. En 1741, on lui décerna la place éminente d'astronome royal, vacante par la mort de Halley, et il vint établir sa résidence dans le riche observatoire de Greenwich. Ce lieu fut pour lui une retraite profonde, où il consacra tout son temps aux progrès de la science qui faisait ses délices. Plusieurs volumes in-folio furent remplis en entier de ses propres observations. A ce zèle ardent pour l'étude Bradley joignait une modestie et un désintéressement des plus honorables : il refusa la riche cure de Greenwich, que le roi lui fit offrir; plus tard, lorsque la reine, étant venue à l'Observatoire royal, voulut augmenter le modique revenu annuel de Bradley, il la supplia de n'en rien faire, en ajoutant : « Que si la place d'astronome royal valait quelque chose, on ne la donnerait plus à un astronome. »

Bradley fut membre de la Société royale de Londres, de l'Académie des Sciences de Paris, de celle de Pétersbourg et de l'Institut de Bologne. Après deux années de souffrances, il mourut le 13 juillet 1762, à l'âge de soixante-dix ans.

Auguste CHEVALIER.

BRADSHAW (John), né dans le comté de Derby, en 1586, était avocat et jurisconsulte, lorsque éclata la révolution d'Angleterre. La fermeté de ses principes républicains le fit choisir pour présider la haute cour de justice chargée du procès de Charles Ier, roi d'Angleterre ; dans l'accusation il déclara le roi électif et non héréditaire, et à ce titre, justiciable de la cour souveraine, déléguée par le peuple anglais. Le roi refusant à plusieurs reprises de reconnaître la compétence de ce tribunal, Bradshaw déclara que l'accusé ne comparaîtrait plus que pour entendre son arrêt, et passa outre aux débats : l'émotion causée dans Londres par cette grande cause fit hâter les formalités ; après une deuxième lecture de l'acte d'accusation et une délibération d'une heure, Bradshaw prononça la sentence en ces termes :

« La cour, convaincue que Charles Stuart est coupable des crimes dont il est accusé, le déclare tyran, traître, meurtrier et ennemi du bon peuple d'Angleterre ; ordonne qu'il sera mis à mort, en séparant sa tête de son corps. » Cette sentence était signée de soixante membres, sur soixante neuf présents. Bradshaw, nommé ensuite président du parlement, eut une garde pour la sûreté de sa personne, un logement à Westminster, un traitement de 5,000 livres sterling, avec des domaines considérables ; mais, mécontent de la tournure que prenaient les affaires, il se retira bientôt du parlement, et mourut dans l'obscurité, en 1659.

Lors de la restauration de Charles II, le 30 janvier 1661, anniversaire de l'exécution de Charles Ier, on paya un maçon pour déterrer les cadavres de Cromwell, d'Ireton, son gendre, et de Bradshaw, dont les « odieuses carcasses, traînées sur des claies jusqu'à Tyburn, furent pendues, puis décapitées, leurs troncs infects jetés dans un trou profond, au-dessous de la potence, leurs têtes exposées sur des pieux, au sommet de Westminster-Hall. » Quelques historiens prétendent que, prévoyant la réaction qui allait arriver, Bradshaw répandit le bruit de sa mort, et se retira aux Barbades ou à la Jamaïque, et que ce fut à un cadavre étranger que l'on fit subir ces supplices posthumes. A. FEILLET.

BRADYPE (de βραδύς, lent), nom spécifique d'un genre de mammifères de l'ordre des édentés et de la famille des tardigrades, vulgairement connus sous celui de *paresseux*.

On distingue deux espèces principales de bradypes. La première est l'*aï*, ou *paresseux à trois doigts* (*bradypus tridactylus*), qui doit le premier nom à son cri, et le second à la particularité organique que ce nom signale. Cet animal est de la grosseur d'un chat. Les longs poils qui recouvrent son corps sont raides, et ressemblent à de l'herbe fanée. Leur grande quantité donne à l'aï une apparence d'embonpoint qui n'est que factice ; car il est généralement très maigre. Ses membres, qui sont presque aussi longs que son corps, sont eux-mêmes très-grêles, et se terminent par des ongles d'une extrême longueur, arqués, et dans lesquels semblent résider toute la vigueur et toute la puissance de l'animal. Il n'a que deux sortes de dents : des canines et des molaires ; les incisives n'existent pas. La tête est à peu près arrondie, le museau court, les yeux assez éloignés l'un de l'autre et dirigés en avant, les narines un peu écartées et placées à l'extrémité du museau. Les doigts de l'aï sont soudés entre eux par une membrane qui les recouvre jusqu'à la racine des ongles. C'est à la longueur de ses membres antérieurs, à l'union des doigts qui les terminent et aux ongles longs et crochus dont ils sont armés, que cet animal doit l'extrême difficulté qu'il éprouve à se mouvoir. A ces causes vient se joindre une conformation intérieure encore plus bizarre : le bassin est tellement large et les cavités cotyloïdes placées si en arrière qu'il ne peut rapprocher les cuisses ; en outre, ses intestins sont fort courts, et il n'a point de cœcum ; il est muni d'une sorte de cloaque pour la sortie commune des urines et des excréments.

La femelle du bradype a deux mamelles pectorales. Elle ne met bas communément qu'un seul petit, qui reste cramponné sur son dos pendant toute la durée de l'allaitement. Quand il peut se passer de sa mère, celle-ci s'en débarrasse, et l'infortuné est alors obligé de ramper pour trouver une nourriture que la nature semble ne lui donner qu'à regret. Il est encore fort heureux pour lui qu'il ne soit pas carnivore ; comment ferait-il en effet pour atteindre les animaux nécessaires à sa subsistance, lui qui met une heure à parcourir la longueur de deux ou trois mètres ?

L'aï ne peut rester à terre, la conformation de ses membres ne le lui permet pas ; aussi cherche-t-il constamment à grimper sur les arbres. Ici encore surgissent de nouvelles difficultés : il ne peut faire avancer son corps, il est obligé d'y employer toute la force de ses ongles, et souvent il lui faut trois jours pour arriver jusqu'aux premières branches ; une fois là, il semble renaître, on le dirait animé d'une nouvelle vie ; cramponné par les pieds de devant, il laisse pendre son corps, qui décrit alors un arc de cercle, et reste ainsi suspendu pendant plusieurs semaines à un même arbre, jusqu'à ce qu'il l'ait entièrement dépouillé de ses feuilles, sa seule nourriture. Les orages, le bruit, les vents, la pluie, rien ne lui fait lâcher prise ; son épaisse fourrure le met à l'abri de toutes les intempéries des saisons ; et comme il habite les contrées les plus chaudes du nouveau continent, il ne redoute point les rigueurs de l'hiver, qui le feraient infailliblement périr ; car l'extrême lenteur de ses mouvements doit le rendre très-sensible au froid. Quand il s'est ainsi accroché, la force musculaire qui réside dans ses membres fait qu'il est impossible de lui faire lâcher la branche qu'il a saisie ; il faut nécessairement couper cette branche pour faire tomber l'animal et l'emporter ainsi ; la chute elle-même ne le fait point céder ; les coups ne réussissent pas davantage : on pourrait le tuer que la contraction musculaire persisterait encore quelque temps.

Lorsque l'arbre sur lequel l'aï se trouve ne peut plus lui donner de nourriture, il est bien contraint d'en chercher un autre ; mais il éprouve trop de peine à descendre pour le faire sur-le-champ ; et ce n'est qu'après avoir enduré la faim pendant plusieurs jours qu'il se décide, non point à descendre, mais à se laisser tomber au risque de se briser sur le sol. Heureusement que la nature l'a pourvu de côtes extrêmement solides et de poils très-serrés et très-rudes, qui diminuent le choc. Il se roule donc en boule, et se laisse choir, puis il s'avance lentement vers un autre arbre. C'est dans ce trajet qu'il rencontre le plus d'ennemis : si l'homme n'est pas friand de sa chair, il n'en est pas de même des animaux carnassiers qui habitent les forêts de l'Amérique; et comme il n'a pour se défendre que ses grands bras, qu'il ne peut lever que l'un après l'autre, et encore si lentement que l'on a toujours le temps d'éviter le coup, il ne tarde pas à devenir leur proie.

L'*unau* ou *paresseux à deux doigts* (*bradypus didactylus*) est de moitié moins grand que l'aï; ses bras sont moins longs, son museau plus allongé; il est, en général, moins disproportionné. Du reste, ses mœurs ne semblent pas différer beaucoup de celles de son congénère.

L'aï et l'unau se rencontrent dans l'Amérique méridionale, depuis le Brésil jusqu'au Mexique.   C. FAVROT.

BRADYPEPSIE (de βραδύς, lent, et πέπτω, je digère), digestion lente, faible, imparfaite, qui constitue une maladie, ou plutôt qui est le symptôme de plusieurs désordres ou affections plus ou moins graves.

BRAGA, chef-lieu de la province du *Minho* (Portugal), est une très-ancienne ville, située sur une hauteur, que baigne le Cavado, à 300 kilomètres de Lisbonne. Siége d'un archevêque primat du royaume et d'un chapitre, elle compte une population de 15,000 âmes. Les environs en sont ravissants, notamment les rives du Cavado. Dominée par un château fort, elle contient plusieurs vastes places, une église cathédrale riche en monuments historiques, un grand palais archiépiscopal, un séminaire et un collége. Ses habitants sont très-industrieux; ils s'occupent principalement de l'épuration de la cire, de la fabrication de chandelles de suif et de cire, confectionnent des couteaux, des aiguilles, de la toile, des chapeaux, des armes à feu, et font, en outre, un important commerce de bestiaux. Parmi les ruines nombreuses qui y rappellent l'époque de la domination romaine, on remarque surtout celles d'un temple, d'un amphithéâtre et d'un aqueduc. Non loin de Braga est situé, sur une hauteur, le célèbre monastère dit *Sanctuario do bom Jesus do Monte*.

Sous la domination romaine, Braga portait le nom de *Bracara Augusta*. Lorsque les Suèves eurent enlevé la Lusitanie aux Romains, les conquérants en firent la capitale de leur nouvel empire. Au concile tenu l'an 563, à Bracara, les Suèves et leur roi abjurèrent solennellement l'hérésie d'Arius, qu'ils avaient jusque alors partagée, pour embrasser les doctrines de l'Église catholique. Quand l'empire fondé par les Suèves et les Visigoths s'écroula, Braga tomba au pouvoir des Arabes, puis, en 1040, aux mains des Castillans; plus tard, après l'établissement de la monarchie portugaise, elle passa à la maison de Bourgogne, et conséquemment à la couronne de Portugal.

BRAGANCE (Maison de). Elle est ainsi nommée de la ville de ce nom, chef-lieu de la province portugaise de Tras-os-Montes, et qui fut érigée en duché l'an 1442. Cette ville, siége d'un évêque, suffragant de Braga, située à 440 kilomètres nord-est de Lisbonne, et peuplée de 4,000 âmes, pourrait passer pour une des plus anciennes de l'Europe s'il était prouvé, comme les chroniques l'assurent, qu'elle eût été primitivement bâtie sur une montagne, l'an du monde 2015, par Brigo, roi d'Espagne, qui lui aurait donné son nom.

La maison de Bragance eut pour premier auteur ALPHONSE, fils naturel d'Agnès Perez, et du roi Jean Ier, qui lui-même était petit-fils bâtard de Pierre Ier, dit *le Cruel* ou *le Justicier*. Alphonse fut créé duc de Bragance en 1442, pendant la régence de son frère Pierre, duc de Coïmbre. Il survécut aux six enfants légitimes de son père, et mourut en 1461, alors qu'Alphonse V, son neveu et roi, était complétement affermi sur le trône.

D'un premier mariage avec Béatrix de Barcelos, Alphonse laissa trois enfants, dont l'aîné, ALPHONSE II, fut comte d'Ourem et deuxième duc de Bragance. Le troisième, FERDINAND II, fut décapité en 1483, sous le règne de Jean II, son beau-frère; et sa veuve se retira en Castille, avec ses enfants, après cette terrible exécution, qui n'avait eu d'autre but que de couper court aux complots ambitieux de la noblesse, dont il était le chef.

JACQUES, fils aîné du précédent et quatrième duc de Bragance, fut rétabli dans ce titre par le roi Emmanuel, dont il posséda les bonnes grâces, et qui n'omit rien pour lui faire oublier la fin tragique de son père. Ce monarque, n'ayant pas d'enfants, le désigna même, en 1498, pour son successeur éventuel.

La série des ducs de Bragance n'offre aucune particularité intéressante jusqu'à JEAN Ier, mort en 1582. Ce prince, époux de Catherine, petite-fille et héritière du roi Emmanuel, du chef de son père, vit, par suite de ce mariage, changer en droit positif les anciennes prétentions éventuelles de sa famille à la succession de la couronne. Ce droit s'ouvrit en 1578, par la mort du roi Sébastien, tué en Afrique, et par l'accession au trône du cardinal Henri, mort en 1580. Catherine à cette époque revendiqua ses droits au diadème; mais ce ne fut que soixante ans plus tard qu'ils prévalurent, quand l'ordre légitime fut rétabli par la révolution de 1640, qui enleva le Portugal aux Espagnols.

Tandis que Jean IV, jusque là duc de Bragance, ceignait la couronne, Édouard, son frère, lieutenant général au service de l'Empire d'Allemagne, était livré par Ferdinand III à la cour de Madrid, qui l'envoyait captif au château de Milan, où huit ans après il expirait, dans sa quarante-quatrième année, de chagrin ou de poison.

Depuis Jean IV jusqu'à nos jours, la maison de Bragance a donné au Portugal sept autres souverains, sans compter dom Miguel, roi de fait de 1827 à 1832. Aujourd'hui elle se divise en deux branches régnantes, la ligne masculine au Brésil, la ligne féminine en Portugal. Dom Miguel, frère de dom Pédro Ier, expulsé de ce dernier pays, a tout récemment encore, du fond de la Hesse, protesté de ses droits au trône à propos du prochain accouchement de la princesse qu'il a épousée.

En dehors des têtes couronnées, la maison de Bragance, avant et depuis son avénement, a produit d'illustres personnages. Nous n'en citerons que deux : *Constantin* de BRAGANCE, prince du sang royal, vice-roi des Indes sous dom Sébastien (de 1557 à 1561), vainqueur de Deacou, de Cambaye, de Surate, de Bobyar, de Ceylan, de Manar, guerrier plein de modération, de bonté, de justice, mort en Portugal, sans postérité; *Jean de* BRAGANCE, duc de Lafoëns, né à Lisbonne en 1719, de dom Miguel, frère du roi Jean V, longtemps écarté de la cour par suite de son refus d'embrasser l'état ecclésiastique, excellant dans les belles-lettres, dans les langues étrangères, dans les exercices du corps, dans la poésie et l'improvisation nationale, volontaire intrépide durant toute la guerre de Sept Ans, honoré de l'estime de Marie-Thérèse et de l'amitié de Joseph II, ayant visité, pendant vingt ans, à diverses reprises, l'Angleterre, l'Allemagne, la France, l'Italie, la Suisse, la Grèce, l'Asie Mineure, l'Égypte, la Pologne, la Russie, la Laponie, la Suède, le Danemark, membre de la Société royale de Londres, *premier honneur qu'il eût dû*, disait-il, *à lui seul*, et président de l'Académie des Sciences de Lisbonne, dont il était le fondateur, mort dans cette capitale en 1806.

BRAGES ou **BRAGUES**. *Voyez* BRAIES.

BRAGI, fils d'Odin et de Frigga, est, dans la mythologie scandinave, le dieu de l'éloquence et de la poésie. Sur sa langue sont gravées les runes, de sorte que rien d'inepte ne peut sortir de ses lèvres. Selon l'ancienne Edda, il est le meilleur de tous les s k a l d e s ou poëtes, ou le créateur de la poésie, appelée d'après lui *bragr*. Il n'est point représenté, tel qu'Apollon, sous les traits d'un beau jeune homme, mais sous ceux d'un homme fait et portant une longue barbe comme Odin; seulement son front, toujours serein, ne porte aucune ride. Ce dernier attribut le caractérise mieux que la harpe (*telyn*) que Klopstock et son école lui mettent en main. Son épouse est Idunna. C'est lui qui, avec Hermode, est chargé de recevoir les héros qui arrivent au Walhalla. Dans les circonstances solennelles, comme à l'enterrement d'un roi, on apportait la coupe consacrée à Bragi, et appelée d'après lui *Bragafull* ; chacun se levait devant elle, faisait un vœu solennel et la vidait.

On a donné récemment le nom de *Bragi*, *Braga*, et *Bragur* à plusieurs journaux et autres écrits destinés à réveiller chez les Allemands le sentiment de la nationalité.

BRAGUETTE. Suivant Roquefort, la *brague*, *braguette* ou *brayette*, était ou le devant de la culotte, ou la fente de devant des hauts-de-chausses, ou un lange dont on se servait pour envelopper les enfants au berceau. On portait, dit Voltaire, de longues braguettes détachées du haut-de-chausses, et souvent au fond de ces braguettes on mettait en réserve une orange, qu'on présentait aux dames. Rabelais parle d'un beau livre intitulé : *De la Dignité des braguettes*. C'était la prérogative distinctive du sexe le plus noble; aussi la Sorbonne présenta-t-elle requête pour faire brûler Jeanne d'Arc, convaincue d'avoir porté culotte avec braguette. C'est dans ce sens que le chantre de *la Pucelle* emploie ce mot dans les vers suivants :

A son réveil, Jeanne, cherchant en vain
L'affublement du harnois masculin,
Son bel armet ombragé de l'aigrette,
Et son haubert, et sa large braguette,
Sans raisonner, saisit soudainement
D'un écuyer le dur accoutrement, etc.

On disait autrefois *braguer* pour *mener une vie joyeuse*.

BRAHAM (MAURICE), célèbre ténor anglais, né à Londres, vers 1770, perdit tout jeune ses parents, qui professaient la religion juive. Le chanteur italien Leoni se chargea de l'orphelin, et lui enseigna le chant avec tant de succès, qu'à l'âge de dix ans Braham se fit entendre avec applaudissements au théâtre royal. Il continua à jouir de la faveur du public, jusqu'à ce qu'une affection de la voix le força à renoncer, pour quelques années, à la scène. Lorsqu'il fut heureusement guéri, il donna avec le flûtiste Ashe des concerts à Bath, puis il entra, en 1796, au théâtre de Drury-Lane, et l'année suivante au Théâtre-Italien de Londres, où il obtint beaucoup de succès. Le préjugé qui veut en Angleterre qu'un grand artiste ne puisse se former que sur le continent le força de faire un voyage en Italie. A son passage à Paris, il donna quelques concerts très-brillants, et dans toutes les villes d'Italie qu'il visita il se fit entendre. Sa réputation grandit rapidement; en sorte qu'à la fin du siècle passé pas un chanteur ne jouissait d'une renommée plus étendue ni mieux méritée. Ainsi, les leçons des meilleurs maîtres, la société des musiciens les plus célèbres exercèrent la plus heureuse influence sur son talent. Les offres les plus honorables allèrent le chercher à Hambourg, où il se trouvait en 1801. Il retourna aussitôt à Londres, et débuta au théâtre de Covent-Garden. De 1806 à 1816 il fut attaché au Théâtre-Royal, où il rentra encore plus tard. Il consacra une partie de la grande fortune qu'il avait gagnée par son talent, à élever un théâtre à Londres. Quoique arrivé à un âge avancé, il voulut accompagner ses deux fils *Hamilton* et *Georges*, qu'il avait formés lui-même, dans un voyage qui leur rapporta beaucoup d'honneur et d'argent. Plus tard, il les envoya sur le continent, l'aîné à Leipzig, le cadet à Milan, pour y achever leur éducation musicale. Georges retourna en 1851 à Londres, où il fut couvert d'applaudissements. Maurice Braham s'est fait aussi connaître comme compositeur : ses chansons surtout sont populaires en Angleterre.

BRAHE. *Voyez* TYCHO-BRAHE.

BRAHE (MAGNUS, comte DE), lieutenant général suédois, maréchal du royaume, chancelier et grand écuyer du roi Charles-Jean XIV, dont il fut l'ami particulier, était né en 1790, et descendait d'une très-ancienne famille, qui a donné plusieurs souverains à la Suède, compte sainte Brigitte parmi ses ancêtres, et occupe le premier rang dans la noblesse suédoise. Au nombre des personnages historiques ayant appartenu à cette maison, nous devons surtout mentionner *Pehr* BRAHE, né en 1602, gouverneur de la Finlande au temps de Christine, et dont l'administration sage et éclairée a laissé de durables souvenirs dans cette province, qui lui dut une remarquable prospérité; il mourut en 1680, entouré de l'estime et de la vénération générales.

Erick, comte DE BRAHE, grand-père du comte Magnus, né en 1722, fut décapité par ordre de la diète, comme principal fauteur d'un complot royaliste. Le fils de celui-ci, père du comte Magnus, jouit pendant longtemps de la plus haute faveur auprès de Bernadotte, faveur dont Magnus hérita tout entière et qui s'accrut encore; car Charles-Jean XIV le promut rapidement aux plus importantes dignités du royaume, aux plus hautes charges de la couronne.

Le comte Magnus de Brahe, qui vécut constamment dans l'intimité de l'homme que la révolution de 1809 avait donné pour souverain à la Suède, qui ne le quitta, pour ainsi dire, pas un seul instant pendant tout son long règne, l'accompagnant partout, même dans ses moindres voyages, ne fut jamais accusé d'avoir abusé de son crédit ou profité de son influence personnelle. Presque exclusivement occupé de ce qui était relatif à l'armée, dont le nouveau roi lui avait confié la direction supérieure, il évita pendant longtemps, avec soin, d'intervenir dans des questions étrangères à son département; et ce ne fut guère qu'à partir de 1826 qu'il exerça secrètement une influence réelle et décisive sur la marche des affaires publiques. Alors seulement quelques voix, déjà jalouses, sans doute, de la faveur intime dont le comte Magnus de Brahe jouissait auprès de Charles-Jean, s'élevèrent tout haut pour blâmer amèrement l'omniprésence et l'omnipotence du royal favori. Mais ces clameurs injustes ne tardèrent pas à cesser, chacun ayant acquis la preuve que (chose bien rare assurément, il faut l'avouer) l'ami du prince était cette fois un galant homme dans toute la force de l'expression, dévoué de cœur à son pays et à ses intérêts; que sa bienveillance et son affabilité envers tous n'avaient rien que de naturel, et provenaient de son noble cœur, d'un généreux esprit, enfin que ce n'était pas tant le roi qu'il aimait dans Charles-Jean, que l'homme qu'il considérait, à tort ou à raison, comme le bienfaiteur et comme le sauveur de la Suède.

Quand la maladie vint avertir Bernadotte que sa fin approchait, le comte Magnus de Brahe donna tous les signes de la douleur la plus vraie et la plus profonde; il ne quitta pas, pendant quarante jours de suite, le chevet du vieux maréchal de France passé roi, et reçut pieusement son dernier soupir. Moins de huit mois après, lui-même descendait au tombeau (16 septembre 1844), quoique encore dans la force de l'âge, mais succombant, on peut le dire, au chagrin d'avoir perdu son royal ami. Il faut le reconnaître, il y a dans ce fait, peut-être sans exemple, quelque chose d'aussi honorable pour le prince qui put inspirer de tels regrets, que pour le courtisan qui fut capable de les éprouver.

BRAHILOW. *Voyez* BRAÏLOW.

BRAHMA, mot sanscrit servant dans cette langue à désigner l'Être-Suprême.

Au nom de *Brahma* se rattache le développement religieux de l'Inde pendant trois mille ans. A chaque nouveau progrès de la conscience en recherche de l'essence divine, celle-ci représente une nouvelle idée; aussi emploie-t-on quelquefois le mot *Brahmanisme* pour désigner l'ensemble du monde intellectuel de l'Inde. Le sens primitif du mot *brahma* est *prière*, et en général tout acte saint par lequel l'homme cherche à se rendre la Divinité favorable. Comme personnification, *Brahma* (dans la forme masculine de ce mot) est l'un des dieux particuliers des Hindous, formant avec *Vishnou* et *Siva* la triade des divinités supérieures. Il est le créateur du monde, qui appela le genre humain à l'existence et qui fit connaître les saintes écritures des Védas et le code de Manou, pour servir de guides à l'homme dans la vie. On le représente reposant sur un cygne et ayant quatre visages; ce qui lui permet de voir en même temps tous les endroits du monde. Brahma n'étant l'objet d'aucun culte public, il n'y eut jamais de temples consacrés à son culte. Le culte public a pour objet Siva, Vishnou et autres dieux. Quand les écoles philosophiques se développèrent dans l'Inde, *Brahma* (dans la forme neutre de ce mot) devint un terme employé pour désigner la substance divine sans aucun mélange de personnification; voilà pourquoi il n'est que l'objet d'une pieuse et religieuse contemplation. Cet être divin est la dernière cause de toutes choses, la base fondamentale de l'existence, à laquelle revient la seule vérité. On essayerait vainement de le définir au moyen d'idées terrestres; mais tout ce qui est n'existe que par cet être divin, qui lui-même est infini.

[Ces données autorisent à penser que le monothéisme est la doctrine antique de l'Inde, quoiqu'il soit également avéré que ce monothéisme ne tarda pas à être transformé et défiguré par le polythéisme, qui prit les divers attributs donnés à la Divinité pour autant de manifestations diverses de Dieu, et même pour autant de dieux. Ce n'est point là, au reste, une supposition gratuite : les savants qui ont le plus avant pénétré dans l'étude de la philosophie et de la religion des Hindous ont reconnu que l'antique doctrine est le monothéisme. Le docte Colebrooke, vieilli dans l'étude de l'Inde, dit que le monothéisme est formulé dans les doctrines des Védas, quoiqu'il n'y soit pas peut-être assez exactement distingué du polythéisme; mais qu'il se manifeste de plus en plus dans les écrits postérieurs de la nation, qui, par conséquent, peut prétendre avec raison que l'unité de Dieu est sa doctrine religieuse. L'ancien code de Manou dit expressément que les Védas n'enseignent qu'un seul Dieu, comme maître suprême de tous les dieux et des hommes, et qui devrait être reconnu et adoré dans chaque être. Les fragments des Védas publiés jusqu'à présent définissent Dieu un être immatériel, invisible, au-dessus de toute représentation, dont l'éternité, l'omnipotence, l'omniscience et l'omniprésence éclatent dans ses ouvrages; qui est la lumière divine et incomparable, dont tout provient et à qui tout retourne.

Un catholique éclairé, qui a longtemps habité l'Inde (Papi, dans ses *Lettres sur l'Inde*), porte un jugement très-juste en disant : « Les Indiens ne reconnaissent qu'un seul Être-Suprême, et ne sont donc rien moins qu'idolâtres, comme on a voulu nous le faire croire sérieusement. Ils adorent les images de leurs divinités exactement comme les catholiques celles de la sainte Vierge, des anges et des saints, et pas autrement, quoique la sotte et ignorante populace de l'Inde, ainsi qu'en d'autres pays, ne sache ni ce qu'elle pense, ni ce qu'elle fait, ni ce qu'elle croit. »

Les spéculations sur Dieu, l'univers et les rapports de l'homme et de l'univers avec Dieu, sont portées chez les Indiens à un très-haut degré de perfection; mais la méthode philosophique y est partout mêlée à la poésie, de sorte qu'il devient souvent très-difficile de distinguer le fond spéculatif de son enveloppe poétique.

Les anciens livres et la doctrine philosophique des Indiens n'admettent pas en général une création tirée du néant, quoique les diverses sectes diffèrent dans leurs opinions sur la matière primitive : les *sivaïstes* enseignent que le feu est la matière originaire, et que le monde périra dans une conflagration générale; les *vishnouistes* admettent l'eau, d'autres encore l'air, ou l'éther, comme matière première. Selon les Védas, la force créatrice de l'univers est la pensée de Brahma, à qui il a suffi de penser qu'il voulait créer des mondes, pour qu'ils existassent aussitôt, en vertu de son *Verbe créateur*. Or, comme dans la mythologie hindoue tous les attributs de l'Être-Suprême sont personnifiés, la *vâch*, ou parole articulée (*logos*), sort de Brahma, espèce de déesse, comme la sagesse et la science suprêmes; alors, pénétrant tous les êtres, elle créa d'abord le *brahman*, comme démiurge, nom identique avec Brahma, l'Être-Suprême.

On ne saurait douter que ces idées du *logos* des Indiens n'aient pénétré de bonne heure dans l'Occident. Elles se retrouvent dans la doctrine platonique du *logos* et dans les ouvrages hermétiques des Égyptiens, où l'on lit que Dieu a créé le monde par le *logos*, qui avait été le fils unique, éternel et le plus parfait de Dieu. D'après les Védas, la *mâya* ou l'imagination formatrice est un autre élément nécessaire pour la création. Brahma, en jouant avec la mâya, a produit tout, et tient dans l'univers la même place qu'une araignée dans sa toile; il est le centre unique, exclusif, d'où tout part et où tout vient aboutir.

Dans un autre endroit des Védas, où l'on traite de la création, il est dit qu'il n'y avait d'abord ni être ni non-être (*at* et *asat*), c'est-à-dire qu'il n'y avait pas encore d'existence déterminée, mais que l'être général (*Tad*) ou Brahma se manifesta lui-même pour l'être, tandis que la mâya flottait autour de lui dans un brouillard sans formes. L'Être-Suprême ayant commencé à se contempler lui-même dans l'éclat de la mâya, cette contemplation dissipa les ténèbres; et l'amour devint dans son âme une force productrice de la création. Cette doctrine sur la mâya, comme force productrice, est devenue, par méprise, la base d'un idéalisme qui nie toute existence matérielle. L'école philosophique de Vedanti, confondant cette mâya divine avec l'imagination, qui est souvent trompeuse, regarde le monde comme le produit de la mâya, toute réalité comme une simple apparence et une illusion. Dans le code de Manou, on trouve aussi l'idée cosmogonique de l'œuf du monde, idée qui se reproduit également chez les Chinois, les Japonais, les Assyriens, les Égyptiens et autres peuples. Il y est dit : Lorsque l'Éternel, l'Invisible, qui ne peut être approfondi que par la raison, voulut créer des êtres de sa propre substance divine, il créa d'abord *par une pensée* l'eau, et il y mit la semence. Celle-ci devint un œuf brillant comme le soleil, et ce fut en cet œuf que se développa Brahma, la force créatrice de l'Éternel, qui brisa par la pensée, après une année d'incubation, l'œuf qui le contenait, et dont les deux moitiés se transformèrent ensuite en ciel ou éther, et en terre.

Un point fondamental de la doctrine de Brahma, c'est que Dieu a créé tout bien, et que l'homme, comme créature libre, est seul coupable du mal moral qui existe. Quand l'Éternel, selon la cosmogonie des Védas, eut prononcé le verbe créateur, aussitôt naquirent les prototypes spirituels de toute vie, qui résident continuellement dans l'éther. C'est ainsi que dans la doctrine du *Zend* et Parses les pensées du Créateur devinrent les esprits purs et immortels (*per wers*) des futurs êtres organiques. Ces *divâs* ou *suvâs*, comparables aux anges chez les Juifs, qui en développèrent la doctrine, surtout après leur retour de captivité, jouirent longtemps de leur liberté dans le sein de la béatitude, jusqu'à ce que l'un d'eux, par orgueil et envie, se détourna de l'Éternel, séduisit d'autres esprits, et causa ainsi la perte de la béatitude. C'est alors que l'Être-Suprême résolut de créer le monde matériel, et d'y bannir les esprits déchus, pour les soumettre à un état d'épreuve et de renouvellement. L'âme humaine resta une image (type, *murti*) de la Divinité; car un souffle divin nous anime tous, et nous sommes tous de la même substance.

Une conséquence de cette chute et de la création du monde matériel fut la métempsycose ou plutôt *métensomatosis*, c'est-à-dire la migration de l'âme dans des corps différents, même dans des animaux et des plantes, selon la valeur des actions de l'homme. Mais comme la Divinité, dans sa miséricorde pour les hommes, est descendue plusieurs fois sur la terre pour leur donner une révélation et une loi capable de servir de règle à leurs actions, elle a fixé la durée de ce monde matériel à 12,000, et selon d'autres à 432,000 années. Quand ce terme sera expiré, la Divinité apparaîtra de nouveau, détruira le monde matériel, et établira un royaume divin, spirituel. La chute des esprits a eu aussi des conséquences fatales pour la terre : les pôles ont changé de position, les étoiles se sont égarées de leur route, et toute la terre a été punie par un déluge. Aussi toute vie sur cette terre est-elle une vie de punition, de combat contre le mal et la matière, sans repos, sans stabilité.

La religion et la philosophie indiennes se bornant à indiquer les causes et les conséquences de la chute de l'homme et de tout l'univers, sans insister sur l'indispensable nécessité de notre spontanéité active pour parvenir à un meilleur état futur, l'Indien attend inactif le salut du genre humain, qui doit venir de l'écoulement paisible des trois âges malheureux du monde. Alors commencera la quatrième ère du royaume divin, où le monde se renouvellera, où les dieux inférieurs eux-mêmes disparaîtront, et où Dieu sera tout en tout. Comme aux yeux de l'Indien la Divinité est répandue dans toute la nature, chaque être, l'animal, la plante même, peuvent prétendre à un saint ménagement et à une vive sympathie de la part de l'homme; et cependant, par une de ces contradictions dont abonde l'esprit humain, ce même Indien, qui se ferait scrupule de tuer le moindre insecte, se montrera barbare non-seulement envers le paria, mais encore envers lui-même. Il détestera et persécutera le paria, parce qu'il le regardera comme un être impur, qu'il faut fuir, si on veut éviter sa contagion ; il le traitera avec dureté, pour l'empêcher de transgresser les limites de l'état d'infériorité auquel il est condamné; enfin, il deviendra son propre bourreau, dans la conviction où il est que les souffrances physiques de l'homme sont agréables à Brahma.

L'Être-Suprême, ou *Parabrahma*, est emblématiquement représenté par un cercle dans un triangle, et dans le langage, par la syllabe mystérieuse *Om*, résultant des lettres A, U et M, par laquelle commence et finit la lecture de chaque Écriture sainte. Le nombre des sectateurs de Brahma s'élève de quatre-vingts à cent millions.

H. Ahrens (de Gœttingue)].

BRAHMANES, BRAHMES ou BRAMINES, en hindou *Brâhmana*, c'est-à-dire, fils de Brahma, divins. C'est ainsi que les Hindous désignent leurs théologiens. Ils forment la première des quatre castes héréditaires de l'Inde. Leur mission est de conserver dans toute sa pureté la religion de Brahma. Dès lors leur devoir est d'étudier les Védas, de veiller aux sacrifices et au culte des temples. Ils doivent aussi servir de conseillers aux princes et d'assesseurs à la justice, enfin consoler comme médecins l'humanité souffrante. Les lois anciennes des Hindous exaltent avec les expressions les plus enthousiastes leur sainteté et leur inviolabilité; et la tradition indienne explique leur dignité en disant que cette caste est sortie de la tête de Brahma, tandis que les trois autres, celles des guerriers, des bourgeois et des serviteurs, sont issues des parties inférieures de son corps. Après avoir été reçu membre de sa caste par l'imposition solennelle d'une bandelette, le jeune Brahmane commence l'étude des livres saints et passe *brahmatschâri*. Dès qu'il atteint l'âge de puberté, il est tenu de se marier et de fonder un ménage en qualité de *grihastâ*. Lorsqu'il lui est né un fils et qu'il l'a élevé sous ses propres yeux jusqu'à l'âge de l'adolescence pour le préparer à sa sainte vocation, son devoir est de fuir désormais le monde et de se retirer en qualité de *Vanaprasthâ* dans la solitude de quelque forêt pour s'y livrer à des méditations sur la Divinité, jusqu'à ce que, purifié de tout élément terrestre, il parvienne à la contemplation de Dieu et s'en retourne être pur, comme *Sannyasi*, à la source primitive de toute existence.

Aujourd'hui encore les Bramines jouissent dans l'Inde d'une extrême considération, et remplissent des emplois importants à la cour des différents princes. Cependant il en est aussi beaucoup parmi eux qui vivent dans l'indigence et sont obligés d'embrasser des industries qui ne répondent guère à leur vocation originelle.

BRAHMANISME, religion de Brahma.

BRAHMAPOUTRA, grand fleuve d'Asie, rival et affluent du Gange, avec les eaux sacrées duquel il vient confondre les siennes, au sud de Dakka, dans un de ses principaux embranchements, un peu avant qu'il aille par mille embouchures diverses se jeter dans le golfe du Bengale. On ne connaît pas encore, à la vérité, le point précis où son cours supérieur se rattache à son cours inférieur ; mais ce qu'il y a de plus vraisemblable, c'est qu'il se confond avec le *Dsang-bo-Tsiou* du Thibet, dont les sources sont situées au nord de l'Himalaya, à l'est du lac Manasa, non loin de celles de l'Indus. On peut en inférer que dans son parcours le Brahmapoutra se divise en trois grands embranchements : 1° le *Brahmapoutra supérieur*, sous le nom de Dsang-bo-Tsiou, qui arrose le plateau du Thibet, et cotoie les contre-forts septentrionaux de l'Himalaya dans la direction de l'ouest à l'est pendant l'espace de 200 myriamètres ; 2° son cours central, à travers l'Assam, de l'est à l'ouest, pendant un espace de 75 myriamètres, sous le nom tantôt de *Brahmapoutra*, tantôt de *Lohitiya*, c'est-à-dire fleuve rouge, *Bori-Lohit*, c'est-à-dire vieux fleuve, ou de *fleuve supérieur de l'Assam*; 3° le *Brahmapoutra inférieur*, dont le cours se prolonge sur un espace de 50 myriamètres en traversant la vallée du Bengale dans la direction du nord au sud, sous la dénomination de *Meyna*. Ce n'est que par les renseignements recueillis après la guerre des Birmans, dans les années 1825 et 1826, qu'on a acquis des notions un peu précises sur son cours central.

Trois grandes rivières, le *Dihong*, le *Dibong* et le *Lohit* confondent leurs eaux au-dessous de Sodiya, par 27° 50' de latitude septentrionale et 90° 30' de longitude orientale, avec celles du Brahmapoutra, qui traverse alors l'Assam jusqu'à Goalpara. De ces trois rivières, le Lohit est la mieux connue et celle qui remonte le plus au nord-est. Il s'appelle dans son cours supérieur *Talouka*, prend sa source dans les montagnes couvertes de neige dites *Doung-Djou-Gangri*, dernier prolongement de l'Himalaya à l'est, et ne tarde pas à se réunir au *Talouding*, qui vient de l'est. Après avoir recueilli dans le pays des Mismis, à gauche, le *Gouloum-Ti* et le *Lat-Ti*, et s'être frayé plus loin un passage à travers les chaînes élevées de Langtàn, où il forme une profonde et sauvage vallée, il reçoit pour la première fois le nom sacré de *Brahmapoutra*, c'est-à-dire *fils de Brahma*. C'est à ce point que s'élèvent au-dessus du bassin sacré, désignée sous le nom de *Brahma-Kand*, les infranchissables crêtes du *Deo-Bori*, c'est-à-dire demeure de la Divinité, et, au sud, le pic *Dupha-Boum* des monts Langtàn, qui atteint une élévation de 4548 mètres. A l'ouest s'ouvre la vallée.

Le fleuve se divise encore, en avant de Sodiya et en entourant les plaines de Soukato, en *Bori-Lohit* du nord et en *Soukato-méridional*, rivière dont des cataractes et des rapides rendent la navigation extrêmement difficile. Le Brahmapoutra entre alors dans le pays d'Assam et reçoit encore, au-dessus de Sodiya, le *Tenga-Pani* et le *Noh-Dihing* venant du pays de Sinlphos, et sur sa rive droite le *Kundil-Pani*, sur les bords duquel est construite Sodiya, résidence du gouverneur de l'Assam supérieur. Au-dessous de cette ville il se réunit à l'embranchement le plus occidental du Dihong, l'embranchement central du Dihong présentant une masse d'eau deux fois plus considérable que le Lohit. Le cours inférieur du Brahmapoutra dans la vallée du Bengale commence au-dessous de Goalpara, et, après avoir contourné les monts Garrows, il forme déjà au-dessus de Shirpour une multitude d'embranchements qui se développent de la manière la plus capricieuse dans une contrée affectant la forme d'un delta, sujette dès lors aux inondations et ayant de nombreuses communications avec le Gange. La Megna, qui avait toujours été jadis le plus grand des courants par lesquels s'échappait cette prodigieuse quantité d'eau, se rétrécit et diminue maintenant visiblement de profondeur, de sorte que du mois de décembre au mois de juin la navigation y devient toujours plus difficile au-dessus de Dakka; tandis qu'à partir de Shirpour, le Iénèye, l'un des déversoirs du Gange, arrive à prendre chaque année plus d'ampleur et ne tardera pas à constituer l'embranchement le plus considérable du Brahmapoutra.

De même que le Gange est adoré par les Hindous sous la forme féminine, le Brahmapoutra l'est sous la forme masculine, en sa qualité de fils de Brahma, de la bouche duquel il sort, dit-on. L'Hindou va en pèlerinage à ses sources, le Thibétan à ses embouchures; et là où les deux fleuves confondent leurs eaux, s'élève dans l'île de Ganga-Sagar, l'une des pagodes les plus vénérées qu'il y ait dans toute l'Inde.

BRAHMES. *Voyez* BRAHMANES.

BRAHOUIS ou BRAHOUÉS. *Voyez* BÉLOURJISTAN.

BRAI. Le *brai* proprement dit, ou *brai sec*, qu'on appelle encore *arcanson*, est le résidu que laisse la térébenthine traitée par la distillation pour en extraire l'huile volatile dite *essence de térébenthine* dans le commerce. La colophane, avant sa purification, n'est elle-même autre chose que le brai sec. 100 parties pondérables de térébenthine de France donnent assez communément de 12 à 15 parties d'essence volatile, et de 85 à 88 parties de brai sec ou colophane brute, plus ou moins charbonnée.

On a assez improprement imposé le nom de *brai gras* à un mélange artificiel, composé de parties égales en poids, de goudron, de brai sec et de poix grasse. Ce mélange s'obtient de la manière suivante : on fait préalablement chauffer le goudron dans un vase en fonte de fer ; on y ajoute la poix grasse par portions, et, lorsque ces deux premières substances sont bien incorporées et liquéfiées, on finit par la projection du brai sec réduit en poudre grossière ou en petits fragments. Le tout fond ensemble, s'incorpore, et quand la masse paraît bien homogène, on la coule dans des tonneaux ou autres moules, pour la livrer au commerce. Une plus grande proportion de brai sec dans ce mélange constitue ce qu'on appelle *poix bâtarde*. PELOUZE père.

BRAIE, FAUSSE-BRAIE (*Fortification*). *Voy.* FAUSSE-BRAIE.

BRAIES, BRAGES ou BRAGUES, vieux mots qui signifiaient également autrefois ce que l'on a depuis nommé *haut-de-chausses*, puis *culotte*, c'est-à-dire un *vêtement propre à couvrir le corps depuis la ceinture jusqu'aux genoux*, et d'où la Gaule narbonnaise avait été appelée jadis *Braccata* et ses habitants *Braccati*. De *bragues* ou *brages* est venu le mot *grègues*, pris dans la même acception, et l'on a donné le nom de *braguette* ou *brayette* à l'ouverture pratiquée sur le devant de ce vêtement.

Quoique l'usage des *braies* fût établi à Rome dès le temps d'Auguste, Tacite l'appelle une sorte de vêtement barbare, parce qu'il venait des Gètes, des Sarmates, des Germains et des Gaulois, d'où il a passé chez nous, ainsi que chez les autres peuples modernes. Les habitants de l'Helvétie et de la Bretagne, moins sujets que les autres Gaulois aux invasions des peuples étrangers, et par conséquent, aux bouleversements qui les suivent, n'ont pas encore quitté l'usage des braies. Le gros de la nation gauloise les conserva même après la conquête des Francs. Charlemagne, fidèle au vêtement de ses ancêtres, disait avec humeur à ses Francs : « Voilà nos hommes libres qui prennent les habits du peuple qu'ils ont vaincu. »

Braie se dit encore, sur mer, d'une enveloppe de cuir ou de toile cirée, dont on entoure le pied du mât, ou l'ouverture par où passe la barre du gouvernail, afin d'empêcher que l'eau ne pénètre à fond de cale par ce passage.

BRAÏLOW, BRAILA ou encore IBRAIL, après Giurgewo, la forteresse la plus importante de la Valachie, sur la rive septentrionale du Danube, est bâtie à l'embouchure du Sireth dans le Danube, lequel se partage là en six bras qui entourent un territoire resté neutre entre les Russes et les Turcs. L'un de ces bras forme le port de la ville, dont la population s'élève à 18,000 habitants. On exporte de Braïlow de grandes quantités de blé de la Valachie pour Constantinople ; et la pêche des esturgeons dans la mer Noire y est aussi un élément très actif de prospérité. Pendant les guerres du siècle dernier contre la Turquie, Braïlow fut assiégée et prise plusieurs fois par les Russes, qui la livrèrent aux flammes en 1770. Restituée aux Turcs en 1774 par le traité de paix de Kaïnardji, elle fut alors fortifiée à l'européenne. Dans la dernière guerre entre la Russie et la Turquie, Braïlow succomba encore, en 1828, après une vigoureuse résistance ; mais la paix d'Andrinople la rendit de nouveau aux Turcs.

BRAIRE ou BRAIMENT se dit, par onomatopée, du son que fait entendre l'âne lorsqu'il crie, et cette action est indiquée elle-même par le verbe *braire*, qui, par extension, s'applique aux accents humains lorsqu'ils proviennent d'une voix rauque, dure et désagréable ; d'où sont venus également les mots *brailler*, *braillard* et *brailleur*, pris dans la même acception, et toujours en mauvaise part.

BRAKENBURG (RÉGNIER), peintre hollandais, né à Harlem, en 1650, fut l'élève d'Adrien van Ostade. L'exemple de son maître et son propre goût pour le plaisir le portèrent à peindre des scènes de genre, pleines de gaieté et empruntées généralement aux mœurs du peuple. Ses tableaux se distinguent par une exécution soignée comme par la fraîcheur et la vigueur du coloris. Il a été moins heureux dans le dessin. Il travailla longtemps dans la Frise, et mourut à Harlem, en 1702.

BRAMANTE, dont le véritable nom était *Donato Lazzari*, né en 1444, à Monte-Asdroaldo, dans le duché d'Urbino, fut l'un des architectes les plus célèbres qu'ait produits l'Italie, et en même temps peintre distingué. Destiné par son père à la peinture, mais passionné pour l'art de Bruneleschi, il alla d'abord en Lombardie admirer le fameux dôme de Milan, étudia les règles de la perspective et les mesures de l'antiquité sur les dessins des plus habiles architectes de son siècle, et partit enfin pour Rome et pour Naples, qui lui promettaient de plus grands modèles. L'architecture privée, dont le luxe est si facile et si naturel aux Italiens, commença cette réputation que devait achever la basilique de Saint-Pierre, et le génie de Bramante rencontra celui du pape Jules II. L'ingénieux architecte, chargé d'abord de joindre le Belvédère au Vatican, dont il était séparé par un petit vallon, entoura ce vallon de galeries magnifiques, et l'on admira surtout dans cet édifice un escalier en spirale, décoré des trois ordres grecs, par lequel un cavalier eût pu facilement monter. Ces travaux, exécutés avec tant de promptitude, compromirent la solidité du Vatican, qui bientôt menaça ruine ; aussi plus tard, par un excès de prudence, Sixte V fit-il détruire les ouvrages encore imparfaits de Jules II.

Devenu scelleur de la chancellerie par prix de ses services, inventeur d'une machine pour sceller les bulles, ingénieur dans la guerre de la Mirandole, Bramante entreprit enfin la basilique de Saint-Pierre, cette grande épopée architectonique, comme dit Gœthe, finie par Raphaël et Julien de San-Gallo, Péruzzi et Michel-Ange. Dès que Jules II eut résolu d'abattre l'ancienne église et d'en élever une qui fût digne de la capitale du monde chrétien, Bramante lui soumit plusieurs plans, et se mit en devoir d'exécuter avec sa promptitude ordinaire le plan de l'église aux deux clochers, qui fut adopté et qui fut représenté par Corodasso sur l'une des médailles frappées en son honneur sous les pontificats de Jules II et de Léon X. Il paraît que l'impatience du pape égala celle de l'architecte, car la nouvelle église, dont les premiers travaux de fondation datent de 1506, fut élevée jusqu'à l'entablement avant la mort de Jules II et de Bramante (1514). Mais pour un pareil ouvrage ce n'était pas trop d'un siècle et de Michel-Ange; d'ailleurs, les plans primitifs en furent singulièrement modifiés. On a justement reproché à Bramante d'avoir, dans sa précipitation à renverser l'ancienne basilique, anéanti de curieux monuments, des colonnes, des tombeaux de papes, des mosaïques, des peintures.

On a conservé de lui quelques tableaux, fruit de ses premières études en peinture; on lui attribue quelques fresques dans les Milanais, et l'on cite, parmi ses nombreux travaux avant la construction de la basilique, le cloître des pères de la Paix, la fontaine de Transtevère, celle de la place Saint-Pierre, le palais de la chancellerie et le palais Giraud (aujourd'hui Torlonia). Il fit élever après la basilique le palais qui appartint à Raphaël d'Urbin, dont les colonnes sont d'un seul jet et de briques mêlées. En 1756 on a retrouvé dans la bibliothèque de Milan, et imprimé la même année, ses ouvrages sur l'architecture, sur la perspective et sur la structure du corps humain.

Bramante mourut en 1514, âgé de soixante-dix ans, pleuré de tous les artistes qui avaient connu son obligeance, sa gaieté, et sa bienveillance pour le mérite. Il n'avait jamais éprouvé cette sombre jalousie des artistes italiens, si fougueuse dans Michel-Ange; il fit venir à Rome, il entretint pendant quelque temps et il fit connaître à Jules II le fameux Raphaël d'Urbin, son élève en architecture, qui plaça le portrait de son maître au Vatican, dans l'*École d'Athènes*. Son élève favori fut Barthélemi Snardi, dit *il Bramantino*, qui fit à fresque des portraits si beaux, que Grovio demanda la permission de les copier avant qu'ils fissent place dans le Vatican aux fresques de Raphaël. Bramantino est l'auteur du Saint-Michel qu'on admire à Milan dans la galerie Melzi, et il a bâti l'église Saint-Satyre dans la même ville.   T. Toussenel.

BRAMANTINO (Il). *Voyez* Bramante.

BRAMER, se dit, par onomatopée, du cri de plusieurs animaux, plus particulièrement de celui du cerf, et a pour origine le verbe grec βρεμειν, frémir, rugir, dont les Italiens ont fait leur verbe *bramare*, par lequel ils expriment aussi l'action de braire. *Bramer* à été employé autrefois dans l'acception du cri humain.

BRAMINES, BRAMINS ou BRAMES. *Voy.* Brahmanes.

BRANCARD, espèce de civière à bras et à pieds, sur laquelle on transporte un malade couché, ou des meubles, des objets fragiles, etc.

Le *brancard* était autrefois une marque d'honneur et de distinction qui n'appartenait qu'à la noblesse, dont les membres avaient seuls le droit de se faire porter à l'église le jour de leurs noces, sur un brancard, avec un fagot d'épines et de genièvre.

Les *brancards* d'une voiture à timon et à quatre roues sont les deux pièces de bois, droites et courbées, qui joignent le train de derrière à celui de devant. Dans les voitures à deux roues et charrettes, on nomme *brancards* les deux pièces de bois qui se prolongent en avant et entre lesquelles est placé le cheval.

BRANCAS (Famille de). La maison de Brancas est originaire du royaume de Naples, où elle figurait parmi les plus illustres dès le douzième siècle, sous le nom de *Brancaccio*. Les fables qui entourent le berceau de toutes les anciennes races n'ont pas manqué à celle-ci. Plusieurs légendes et chroniques pieuses racontent naïvement que les saintes Candide si révérées à Naples et martyrisées l'an 73 de notre ère étaient des rejetons de la maison de Brancaccio. Cette tradition a valu aux aînés de la famille le nom de *premier gentilhomme chrétien*.

Basile DE BRANCAS fut le premier qui vint s'établir en France sous Charles VII, par attachement pour la seconde maison d'Anjou. Lorsque cette maison fut obligée de quitter l'Italie, Brancas la suivit en Provence, où ses services furent récompensés par plusieurs grands fiefs, tels que la baronnie d'Oyse, le marquisat de Villars et le comté de Lauraguais.

Son petit-fils, *Barthélemy*, épousa une fille du comte de Forcalquier, dont les Brancas prirent quelquefois le titre. La postérité de Barthélemy se divisa en deux branches principales. L'aînée prenait alternativement le nom de *Forcalquier-Brancas* et de *Céreste*, avec le titre de duc et de grand d'Espagne; à la cadette appartenaient les noms de *Lauraguais* et de *Villars*.

Louis, marquis de Céreste, de la branche aînée, servit honorablement sur terre et sur mer, sous Louis XIV et Louis XV. Il était entré au service en 1690, et ne le quitta que pour exercer à deux reprises les fonctions d'ambassadeur à la cour de Madrid. Il fut créé chevalier des Ordres du roi en 1724, grand d'Espagne en 1730, et maréchal de France en 1741.

Louis-Paul DE BRANCAS, fils du précédent, titré duc de Céreste en 1785, mourut pendant la révolution française. C'était le dernier rejeton de la branche aînée.

André DE BRANCAS, dit *l'amiral de Villars*, issu de la branche cadette, se jeta dans le parti de la Ligue et des Espagnols, et songea, si l'on en croit le président Hénault, à se faire de la Normandie une seigneurie indépendante. Il se maintint dans Rouen longtemps après l'abjuration de Henri IV, et ne se soumit, comme tous les grands chefs catholiques, qu'en faisant ses conditions. Les négociations de Sully le rattachèrent à la cause de la France; mais il tomba, au siège de Doullens, dans les mains des Espagnols, qui le massacrèrent de sang-froid pour se venger de sa défection.

Georges DE BRANCAS, frère puîné de l'amiral et gouverneur du Havre, obtint, en récompense de ses services, l'érection du marquisat de Villars en duché-pairie par lettres de 1626, qui ne furent définitivement enregistrées au parlement de Paris qu'en 1712. Il ne faut pas confondre ce duché avec celui qui fut érigé en faveur du maréchal de Villars, issu d'une famille d'échevinage de Lyon.

Louis-Léon, duc DE BRANCAS-LAURAGUAIS, pair de France, auteur de plusieurs ouvrages en vers et en prose, mourut en 1824; il eut pour successeur à la pairie son neveu, le comte, depuis duc de Brancas, qui n'a eu que deux filles. En lui s'éteint la branche cadette; la grandesse passera à la ligne italienne.

BRANCHE, division du tronc d'un arbre, subdivisée ordinairement elle-même en rameaux. Ce mot vient du latin *branca*, formé de *brachium*, parce que les branches sont comme les bras des arbres.

Toutes les parties qui concourent à former le tronc, dit l'abbé Rozier, se retrouvent dans la branche. Ainsi, on y remarque, au centre, un filet de moelle proportionné à la grosseur et à l'âge de la branche, le bois proprement dit, composé de fibres et de vaisseaux; une espèce d'aubier, surtout dans les grosses branches; des couches corticales, enfin un épiderme. Comme le tronc, la branche a ses yeux, ses boutons, ses bourgeons, ses feuilles, et, de plus que le tronc proprement dit, des fleurs et des fruits, que les branches paraissent directement destinées à produire. Quelques arbres seuls font exception à cette loi générale, le gainier, par exemple, sur le tronc duquel naissent, ainsi que sur les branches, des bouquets de fleurs auxquels succèdent les fruits ou graines. La branche est donc un petit arbre dont toutes les parties sont développées, enté sur un plus gros, qui lui fournit une partie de sa nourriture, la sève ascendante ou terrestre. Ajoutons encore, pour compléter l'analogie, que les branches sont susceptibles de pousser des racines quand on les plante en terre (*voyez* BOUTURE). Mais, en raison de la place qu'elles occupent, elles n'en ont pas besoin; et les fibres, tant ligneuses que corticales, par lesquelles elles sont implantées dans la tige leur en tiennent lieu et leur rendent le même service.

De même que les bourgeons, dont elles proviennent, les branches ont été divisées par les jardiniers en *branches à bois* (qui ne portent que des feuilles) et en *branches à fruits*.

Le mot *branche* s'emploie aussi, par analogie, dans une foule d'acceptions : on dit une *branche* de corail, les *branches* d'un chandelier, d'une balance, etc.; on appelle également ainsi, en anatomie, les rameaux qui sortent d'une grosse veine, et particulièrement de la veine-cave; en termes de chasseur, les *branches* sont les deux parties du bois d'un cerf; en termes d'équitation, ce sont les deux pièces de fer qui tiennent au mors d'un cheval, et où la bride est attachée; en termes d'architecture, les arcs des voûtes, des ogives, etc.; en termes de géométrie, les *branches infinies* des courbes sont les parties qui s'étendent à l'infini : telles sont les branches infinies de l'hyperbole et de la parabole.

Enfin, on applique la même expression aux familles différentes qui sortent d'une source commune, et que l'on distingue en *branche aînée* ou *branche cadette*, *branche masculine* ou *branche féminine*.

Chez les anciens, la *branche des suppliants* était un rameau d'olivier sacré, environné de bandelettes de laine blanche. Thésée, avant de partir pour l'île de Crète, où il allait conduire les enfants des Athéniens que le sort avait destinés à être dévorés par le Minotaure, se rendit au temple de Delphes, et y offrit pour eux à Apollon cette branche des suppliants.

Au figuré, *être comme l'oiseau sur la branche*, c'est être dans une position incertaine et précaire.

BRANCHELLION, nom donné par M. Savigni à un genre d'annélides, ou vers à sang rouge, rangés parmi les animaux parasites et pourvus d'appendices saillants qu'on a pris pour des branchies. De Blainville, de son côté, leur applique celui de *branchiobdelle* (de βράγχια, branchies, et βδέλλα, sangsue), parce que ces animaux sucent le sang de certains poissons; et ce dernier nom a été donné aussi par M. Auguste Odier à une annélide qu'il a observée sur les branchies de l'écrevisse.

BRANCHE-URSINE ou BRANC-URSINE, nom vulgaire de l'acanthe sans épines (*acanthus mollis*).

On donne le nom de *fausse branche-ursine* à une espèce de berce.

BRANCHIAL. Ce terme d'anatomie et de zoologie signifie *qui a trait aux branchies*. Toutes les parties qui entrent dans la composition d'une branchie sont susceptibles d'être spécifiées par cette épithète : tels sont les *vaisseaux* et les *nerfs branchiaux*, les *arcs osseux* ou *cartilagineux branchiaux*. Les parties qui meuvent les pièces solides en forme d'arcs sur lesquelles se ramifient ces vaisseaux et ces nerfs sont aussi désignées sous le nom de *muscles branchiaux*. Lorsqu'on groupe naturellement toutes les parties qui concourent au fonctionnement de la respiration aquatique effectuée par les branchies, on forme *l'appareil branchial*. Cet appareil comprend, 1° les parties qui attirent et servent à l'introduction de l'eau aérée pour ce genre de respiration; 2° celles où se fait l'absorption de l'oxygène de l'air contenu dans l'eau, et 3° celles par le mécanisme desquelles l'eau qui a servi à la respiration est expulsée. En outre de ce mécanisme pour admettre et rejeter l'eau nécessaire à la respiration branchiale, les parties qui exécutent agissent encore comme organes protecteurs de la partie essentielle de l'appareil, qui est la branchie proprement dite. Ces parties protectrices prennent alors les noms d'*opercules*, de *pièces branchiostéges*. Les ouvertures par lesquelles sort l'eau qui a été en contact avec les branchies prennent les noms de *trous branchiaux* ou de *fentes branchiales*.

Les pièces osseuses ou cartilagineuses qui forment la *charpente branchiale* des poissons étant très-nombreuses, on les a distinguées en *médianes*, dont la série constitue une sorte de *sternum branchial*, et en latérales, qui sont les rayons, arcs ou cerceaux branchiaux, qu'il ne faut pas confondre avec les côtes branchiales. L. LAURENT.

BRANCHIALE. Parmi les poissons du sous-genre *ammocète*, de la famille des suceurs de Cuvier, il se trouve une espèce qui porte les noms de *pétromyzon branchialis* (*voyez* LAMPROIE) et de *branchiale*, parce qu'elle suce, dit-on, le sang des branchies des autres poissons. C'est cette espèce qu'on appelle communément *sept œils*. Elle s'enfonce dans le sable, et y respire en attirant l'eau par un mécanisme particulier. Elle est verte sur le dos, et blanche sous le ventre. Sa longueur est d'environ quinze centimètres. Elle est d'un goût agréable; mais sa forme, ressemblant à celle d'un ver, en dégoûte les personnes délicates. On la nomme encore *lamprillon*, *lamproyon*, *chatouille*, et quelquefois aussi *civelle*, dénomination qui est plus souvent employée sur les bords de la Loire pour désigner les jeunes anguilles.

BRANCHIDES, famille sacerdotale, originaire de Milet, ville d'Ionie, où elle desservait un temple dédié à Apollon. Ce temple, appelé Didyméon, était célèbre dans le monde païen par son oracle. Le dieu y était adoré comme auteur de la lumière du jour et de celle de la lune. Quand Xerxès revint de sa honteuse expédition contre la Grèce, les Branchides lui livrèrent leur temple, dont les riches dépouilles l'indemnisèrent des dépenses de son entreprise. En butte, pour cette action, aux ressentiments de leurs compatriotes, les Branchides abandonnèrent l'Ionie pour se retirer dans la Sogdiane, au delà de la mer Caspienne, où ils fondèrent une ville à laquelle ils imposèrent leur nom. Mais le souvenir de la perfidie sacrilége dont ils s'étaient souillés n'était pas encore éteint lorsque Alexandre arriva devant la ville des Branchides, poursuivant Bessus, qui venait d'assassiner Darius et de se mettre à sa place sur le trône. Entourés de peuples barbares, les Branchides, Grecs d'origine, avaient conservé les mœurs et le langage de leur patrie. Ils reçurent le conquérant macédonien avec joie, et se livrèrent à lui sans condition. Celui-ci avait dans son armée un corps de Milésiens portant une haine héréditaire aux Branchides; il convoqua les principaux chefs, et leur laissa le choix de sauver ou de punir leurs ennemis. Mais ces derniers n'ayant pu s'accorder, le monarque les renvoya, en disant qu'il se chargeait lui-même de trancher la question. En effet, il entra dans la ville le lendemain à la tête de sa phalange, suivi des Milésiens et d'un corps de cavalerie. Une fois maître des points les plus importants, il donna le signal, et ses soldats fondirent sur les habitants, qu'il égorgèrent sans distinction de sexe ni d'âge. Le massacre accompli, les maisons furent détruites, les murs de la ville rasés dans leurs fondements, les bois sacrés abattus; on arracha même les racines des arbres, afin d'effacer jusqu'aux moindres traces sur cette terre vouée désormais à la stérilité.

BRANCHIE (mot formé du grec βράγχια, dérivé de βρόγχος, qui signifie *gosier*, *gorge*, parce que les ouïes des poissons sont placées le plus souvent dans la région désignée sous ce nom vulgaire). Les branchies sont des organes respiratoires aquatiques et correspondant aux poumons, qui sont les instruments de la respiration aérienne. Leur forme générale est celle d'une saillie résultant d'un repli ou pincement de l'enveloppe générale du corps ou peau, soit interne, soit externe. Quant aux formes spéciales de ces organes, elles sont si variées, si multipliées, que nous ne pourrions les énumérer toutes ici. Les plus communes sont celles de lames rayonnées, ramifiées ou non, celles de panaches et de pinceaux. Leurs dimensions varient aussi beaucoup, et les rapports de ces dimensions avec celles du corps n'ont point encore été déterminés. Leur situation est fixe dans les reptiles amphibiens et dans les poissons; elle est variable dans les crustacés, dans les annélides et les mollusques.

Étudions les branchies dans la classe des poissons, où la présence de ces organes est un caractère constant. Nous les y rencontrons sous deux formes, savoir : 1° celle de lames en peigne; 2° celle de houppes. Les lames appuient par leur base sur la convexité des arcs branchiaux, dont le nombre est ordinairement de quatre, quelquefois cinq, six et même sept de chaque côté. Elles sont parcourues par les vaisseaux artériels qui viennent du cœur et par les veines qui se rendent dans l'aorte, et recouvertes par un prolongement de la membrane qui revêt l'intérieur de la bouche. Les branchies des poissons sont garanties du contact des corps extérieurs, 1° en dedans par des dentelures et des papules qui hérissent la concavité des arcs branchiaux ; 2° en dehors, tantôt par un opercule et par une membrane et un appareil de pièces osseuses branchiostèges, tantôt par la peau externe seule. C'est à l'aide des mouvements combinés de ses mâchoires, de l'appareil hyoïdien (*voyez* HYOÏDE), des arcs branchiaux, de l'opercule et de l'appareil branchiostége, que le poisson ouvre et ferme alternativement la bouche et les ouïes pour renouveler sans cesse le liquide qui est en contact avec ses branchies, et qu'il établit un courant d'eau qui arrive par la bouche et sort par les deux grandes ouvertures latérales qu'on remarque entre l'opercule et l'épaule. Ce sont ces ouvertures que l'on connaît sous le nom vulgaire d'*ouïes*.

Tel est le mécanisme général de la respiration branchiale des poissons. Nous devons nous borner à l'indiquer ici, et faire remarquer que l'appareil qui l'exécute présente des modifications très-nombreuses et très-remarquables, qui sont relatives à l'organisation de la bouche, des narines et de l'évent. Dans quelques espèces de poissons (l'anguille, l'anabas et les ophicéphales), l'ouverture postérieure de la cavité branchiale est étroite, ou bien il existe quelque réceptacle pour contenir une certaine quantité d'eau : ces animaux peuvent alors sortir du milieu aqueux où ils vivent, ramper sur le rivage, et même, a-t-on dit pour l'anabas, grimper sur les arbres. Tous les poissons dont les ouïes sont très-fendues, tels que les harengs, les maquereaux, meurent à l'instant même où on les tire de l'eau, parce que leurs branchies sont promptement privées d'humidité et même desséchées.

On avait cru que les poissons décomposaient l'eau pour en absorber l'oxygène, mais on sait maintenant par les expériences de M. Silvestre, et par celles de M. de Humboldt, que ces animaux respirent l'air contenu dans ce liquide, et que cet air est plus riche en oxygène que celui de l'atmosphère. Les résultats de ces expériences sont applicables à tous les animaux qui respirent par des branchies. Ces organes sont composés de lamelles dans les crabes et de tubes dans les homards et les écrevisses. Ils sont situés sur les bases des pieds et recouverts par les rebords du corselet ou de la carapace; dans d'autres crustacés, les branchies sont situées extérieurement (squilles); elles sont formées d'un grand nombre de filaments qui donnent l'aspect d'un pinceau. Chez les crevettes, elles sont placées en dedans des pieds, et composées d'une lamelle simple. Ces lamelles branchiales existent à la partie postérieure de l'abdomen dans les cloportes, et sont distinctes des lames entre lesquelles ces animaux portent leurs œufs et leurs petits. MM. Edwards et Audouin ont reconnu que les crabes terrestres, qui font de longs voyages dans les pays chauds, sont pourvus d'organes particuliers qui maintiennent l'humidité autour des branchies, et les empêchent de se dessécher.

Les vers à sang rouge ou annélides sont les uns pourvus et les autres privés d'organes branchiaux. Dans les premiers, c'est tantôt à la tête, tantôt au dos, et tantôt enfin au milieu du corps que sont placées ces branchies, d'où les noms de *dorsibranches*, *céphalobranches* et *mésobranches*. On a cru dans les seconds ces organes existaient en dedans, et on les a nommés pour cette raison *endobranches* (Duméril) ou *entérobranches* (Latreille); mais Blainville pense que ces branchies n'existent point, et que la peau très-molle de ces animaux les remplace dans la fonction respiratoire.

Tous les mollusques, excepté les lymnées, les auricules et les limaces, respirant l'air contenu dans l'eau et vivant dans ce milieu, sont pourvus de ces organes respiratoires aquatiques. Les différences très-nombreuses tirées de la forme et de la situation des branchies ont fourni aux zoologistes de très-bons caractères pour établir, soit des ordres, soit des familles dans cette classe d'animaux. Dans certains coquillages bivalves (*anodontes*, *unio*), les œufs séjournent plus ou moins longtemps entre les lames branchiales, dans un lieu disposé à cet effet, qui constitue une sorte de poche ou bourse marsupiale, et c'est là qu'ils éclosent. D'autres animaux intermédiaires aux mollusques et aux articulés respirent aussi par des branchies : ce sont les balanes, les anatifes et les oscabrions.

Enfin, les larves de quelques insectes (éphémères, etc.), ont des espèces de *fausses branchies*. A travers les lames qui les constituent, on voit des trachées ou tubes aérifères. Ces lames ont pour fonction d'extraire de l'eau une certaine quantité d'air, qui est portée dans les trachées. L'organisation est ainsi préparée pour le passage de la respiration aquatique à la respiration aérienne.   L. LAURENT.

BRANCHIFÈRES (du grec βράγχια, branchies, et φέρω, je porte), se dit des animaux pourvus de *branchies*. De même on emploie le mot *abranches* (composé de βράγχια et d'α privatif) pour désigner ceux qui sont dénués de ces sortes d'organes respiratoires. De Blainville avait proposé de substituer le nom de *branchifères* à celui de *poissons*.

BRANCHIOBDELLE. *Voyez* BRANCHELLION.

BRANCHIODÈLES (de βράγχια, branchies, et δῆλος, apparent). On appelle ainsi les animaux dont les branchies sont apparentes, et, par opposition, on donne le nom d'*endobranches* (d'ἔνδον, en dedans) à ceux dont les branchies sont cachées.

BRANCHIOGASTRES (de βράγχια, branchies, et de γάστηρ, ventre), nom par lequel on désigne les animaux dont les branchies sont situées à l'abdomen, tels que les crevettes, les crustacés, les squilles, etc.

BRANCHIOPE et BRANCHIPE (de βράγχια, branchies, et de πούς, pied), termes employés pour désigner des animaux crustacés dont les pieds sont munis de branchies. Le caractère général de ces animaux microscopiques consiste dans la possession de pieds qui servent à la fois à la natation et à la respiration; ces pieds sont en nombre variable, depuis six jusqu'à plus de cent; en revanche, plusieurs n'ont qu'un œil, d'où ils ont été appelés aussi *monocles*. Schæffer et B. Prévot ont donné sur l'organisation et les mœurs de ces animaux des détails qui sont pleins d'intérêt. On les trouve habituellement et en grande abondance dans les petites mares d'eau douce et trouble; ils nagent sur le dos avec beaucoup de facilité, et le mouvement ondulatoire de leurs pattes, qui est très-curieux à observer, établit un courant d'eau qui suit un canal situé sur leur poitrine, et porte à leur bouche les petits corpuscules dont l'animal se nourrit. Du reste, leurs pieds ou pattes sont impropres à la marche, et pour progresser ils frappent vivement l'eau de droite et de gauche avec leur queue, et se meuvent ainsi comme par bonds et par sauts.

BRANCHIOPODES (de βράγχια, branchies, et πούς, πόδος, pied). C'est un grand groupe de crustacés, dont Latreille a fait un ordre, dans lequel se placent une grande partie de nos crustacés d'eau douce : les *limnadies*, les *branchiopes*, les *daphnies*, les *polyphèmes*, etc. Ils doivent ce nom de *branchiopodes* à la disposition toute spéciale de leurs membres, qui sont à la fois respiratoires et locomoteurs.

Les branchiopodes ont un nombre d'anneaux variable; leur tête, ordinairement distincte, porte un œil ou bien deux ou trois de ces organes; leur bouche a un labre, une paire de mandibules, une lèvre inférieure, et une seule paire de pattes-mâchoires, peu développées; enfin leur abdomen, généralement assez grand, est terminé par une sorte de queue bifurquée.

BRANCHIOSTÉGE (de βράγχια, branchies, et de στέγη, toit, couverture). On appelle *branchiostéges*, en anatomie, les parties membraneuses ou osseuses dont l'usage est de couvrir et de protéger les branchies des poissons. La *membrane branchiostége* est cette partie de la peau qui est située entre les mâchoires et l'épaule de ces animaux. Elle renferme dans son épaisseur des pièces cartilagineuses ou osseuses servant les unes de support, les autres de rayons. Ces pièces solides, la membrane qui les unit et les muscles qui les meuvent forment l'*appareil branchiostége*. Les mâchoires et les pièces operculaires (*voyez* OPERCULE), les côtes branchiales (raies, squales, lamproies), concourent aussi à recouvrir et protéger les branchies. Les différences des organes branchiostéges proprement dits ont servi aux ichthyologistes pour distinguer les espèces.

Artédi, Linné, Gouan, ont donné le nom de *branchiostéges* à un groupe de poissons à branchies libres, dont le squelette cartilagineux est dépourvu de côtes et d'arêtes. Ce groupe comprend les genres *baliste*, *lophie*, *ostracion*, *cycloptère*, *diodon*, *tétrodon*, *pégase*, *mormyre*, *syngnathe* et *centrisque*.   L. LAURENT.

BRANCHIURES (de βράγχια, branchies, et οὐρά, queue). C'est ainsi que l'on nomme les annélides, qui ont leurs branchies à la queue. Viviani en a décrit une espèce dont les individus, selon Cuvier, ne sont pas assez caractérisés, et qui pourraient bien n'être que des larves.

BRANCHU (ALEXANDRINE-CAROLINE CHEVALIER DE LAVIT, femme), artiste de l'Académie royale de Musique, née au cap Français, dans l'île de Saint-Domingue, le 2 novembre 1780, était fille d'un officier de cavalerie, homme de couleur (quarteron), que l'insurrection des noirs priva soudain de toutes ressources, nièce d'un gouverneur du cap de Bonne-Espérance et filleule du maréchal de Brissac. Élève distinguée du Conservatoire, et particulièrement de Garat, elle débuta en 1799 à l'Opéra, qui s'appelait alors *Théâtre de la République et des Arts*, et qui, en quittant la Porte-Saint-Martin, en 1794, était venu s'installer au Théâtre des Arts, rue de la Loi (Richelieu), sur l'emplacement actuel de la place Louvois. Ce fut dans le rôle d'Antigone, de l'opéra d'*Œdipe à Colonne*, de Sacchini, que Melle Chevalier débuta. De taille médiocre, d'un embonpoint assez marqué, de peau, de nez, de lèvres et de visage réfléctant la race noire, quoiqu'au troisième degré, elle avait à la scène une apparence qui n'était dépourvue ni d'éclat ni d'attrait. Ceux-là même qui ne l'ont point vue peuvent s'en faire une idée en consultant la liste des rôles qu'elle a joués : Julia, de *la Vestale* ; Hypermnestre, des *Danaïdes* ; Amazili, de *Fernand Cortez* ; Lamea, des *Bayadères* ; Didon, Olympia ; Marton, dans les *Prétendus*, rôles qui n'auraient pas pu être abordés par une actrice dont l'extérieur aurait eu quelque chose de trop opposé au caractère de grâce de ces personnages. D'ailleurs, sa longue liaison avec Kreutzer aîné, compositeur célèbre, premier violon à l'Opéra, et les hommages prolongés qu'elle reçut de Bonaparte, consul et empereur, sont encore un témoignage de ce que devait être son genre de beauté. En 1804, elle avait épousé Branchu, médiocre danseur de l'Opéra, mort imbécile. Plusieurs enfants naquirent pendant ce mariage.

Au moment où Mme Branchu débuta, un grand opéra n'était presque encore qu'une tragédie lyrique, que les amateurs délicats appelaient même la *tragédie hurlée*. Quelques ouvrages, bien rares, tendaient à faire exception et à entraîner la composition et la vocalisation sur le véritable terrain de l'art musical; *Œdipe à Colonne* était de ce nombre, et Mme Branchu contribua, plus qu'aucune cantatrice de son temps, à préparer la transition qui, par *la Vestale* principalement, amena sur la scène française la révolution lyrique que Rossini, Ad. Nourrit, Levasseur et Mmes Damoreau-Cinti et Falcon devaient y consommer plus tard. C'est qu'en effet Mme Branchu ne fut pas seulement une tragédienne lyrique, c'est-à-dire une actrice de déclamation psalmodiée, violente et *braillarde*, comme ses camarades, hommes et femmes, Lainé, Adrien, Mlle Maillard, etc., elle fut aussi une *cantatrice*, dans le sens actuel, possédant la méthode, le goût, l'art d'une vocalisation étudiée et fort avancée relativement à l'époque où elle occupait la scène. Sans doute ce n'étaient point la légèreté, la vocalise, la *floriture*, qui dominaient dans son talent; c'étaient la force, l'éclat, l'expression, portés souvent jusqu'au sublime. Chez elle, outre la plus grande, la plus juste expression, il y avait la connaissance et l'application de tous ces principes et de toutes ces règles de l'art qui embellissent, perfectionnent la nature et lui sont même préférables; c'est avec cette méthode et ce goût qu'elle parvenait à varier le style des partitions déclamatoires auxquelles elle était enchaînée, ou qu'elle rendait plus sensibles et plus agréables les chants que les compositeurs modernes s'efforçaient ou s'essayaient à introduire dans leurs œuvres.

Relativement aux ouvrages antérieurs, *la Vestale* était un progrès ; et ce fut Mme Branchu qui, par son admirable talent dramatique et sa méthode musicale, amena et réalisa cette révolution. Que l'on juge alors des transports de la génération de ce temps et de la célébrité méritée de Mme Branchu ! Voilà tout le secret, toute l'explication de ses succès et de la réputation de *la Vestale*. Dans les arts, chaque chose, chaque artiste a son temps; et il ne faut les apprécier qu'en considération des progrès ou de la décadence qui ont signalé leur marche.

Virginie, tragédie lyrique en trois actes, poème de Désaugiers aîné, musique de Berton, jouée en 1823, est l'un des derniers ouvrages qu'elle ait *montés* à l'Académie royale de Musique; elle y remplissait le rôle de Valérie, mère de la jeune vierge romaine, et elle assura le succès de cet opéra dans lequel, disions-nous alors, elle a merveilleusement exprimé les douleurs maternelles, chanté, en jeu surtout supérieurement, la scène où elle vient redemander sa fille au décemvir. Le 1er juillet 1825 elle reparut dans l'*Alceste* de Gluck, et y excita les plus vives émotions. Enfin elle prit sa retraite le 27 février 1826, dans une de ses plus belles créations, dans le rôle de Statira de la tragédie lyrique d'*Olympie*. Peu de temps après, Mme Branchu, dont les excellentes qualités privées étaient appréciées de ses camarades et de ses amis, quitta tout à fait le monde pour se livrer à toute la pieuse et chrétienne simplicité d'une retraite absolue. Elle est morte à Passy, le 15 octobre 1850.
   A. DELAFOREST.

BRANC-URSINE. *Voyez* BRANCHE-URSINE.

BRANDAM (ANTOINE), moine portugais, de l'ordre de Citeaux et abbé du monastère d'Alcobaça, né en 1584, et mort en 1637, fut chargé de continuer le grand ouvrage intitulé : *Monarquia Lusitana*, qui avait été interrompu par la mort de Bernard de Britto, moine cistercien, arrivée en 1617. Ce fut lui qui publia en 2 vol. in-fol. (1632) les troisième et quatrième parties de ce grand ouvrage, le plus considérable et le plus rare que l'on possède sur l'histoire de Portugal. Il embrasse les temps compris entre 1137 et 1279. Son neveu *François* BRANDAM, comme lui religieux de l'ordre de Citeaux, dans le même monastère, continua l'œuvre jusqu'en 1325. Un troisième BRANDAM (*Alexandre*), fit imprimer en 1689, à Venise, en 2 vol. in-4°, l'histoire, en italien, de la révolution qui avait porté en 1640 la maison de Bragance au trône de Portugal.

BRANDEBOURG ou BRANDENBURG, autrefois *Brennaborch* ou *Brennabor*, ville qui a donné son nom à la marche de Brandebourg, et qui dépend aujourd'hui de l'arrondissement de Potsdam; elle est située sur le chemin de fer de Berlin à Magdebourg, sur les deux rives de l'Havel, qui la partage en vieille et nouvelle ville, chacune entourée de murailles. Un troisième quartier est formé, dans une île située au milieu de la rivière, par ce qu'on appelle la cathédrale ou le château de Brandebourg. La population est de 17,000 âmes, et 19,000 en y comprenant la garnison et les détenus du pénitencier, établi dans la ville. Parmi ses édifices publics on remarque surtout l'hôtel de ville, et parmi ses nombreuses églises la cathédrale et l'église Sainte-Catherine. Siège d'une division militaire, d'un tribunal de cercle, d'une recette générale et autres autorités supérieures, Brandebourg est le centre d'une fabrication assez active en étoffes de laine, en soieries, en huiles et en cuirs.

BRANDEBOURG, la province la plus importante et en même temps le berceau de la monarchie prussienne, comprenant une superficie de 403 myriamètres carrés avec une population de 2,553,000 habitants, répartie entre 138 villes, 27 bourgs, 3,073 villages et 3,220 hameaux, est située entre le 51° 22' et le 53° 35' de lat. nord, et le 28° 56' et le 33° 52' de long. est, et confine au nord, au Mecklenbourg, à la Poméranie et à la Prusse; à l'est, au grand-duché de Posen et à la Silésie; au sud, à la Silésie et à la Saxe prussiennes; à l'ouest, à cette dernière province, au pays d'Anhalt et au Hanovre. C'est l'extrême contre-fort de la grande plaine de l'Allemagne septentrionale, qui va toujours en s'abaissant davantage vers la Baltique; et le sol y est si bas, que le Havelspiegel près de Berlin ne s'élève qu'à 4m,34° au-dessus de la Baltique. Cette contrée est généralement plate, et ce n'est que du côté de la Silésie qu'on y rencontre de légères ondulations de terrain. Elle est presque partout sablonneuse et stérile, notamment aux environs de Berlin et dans la Basse-Lusace, surnommée la *sablonnière du Saint-Empire Romain*. Les seules exceptions sont le pays des Marches et les contrées marécageuses et basses, par exemple sur les rives de l'Oder, de la Warthe, de la Sprée et de l'Elbe; ces différentes rivières et de nombreux lacs atténuent l'infécondité naturelle du sol.

Le plus important de tous les cours d'eau qu'on y rencontre est l'Oder, qui y reçoit la Warthe et la Netze à sa droite, le Stoberow, la Welse, le Finow, la Neisse de Gœrlitz et le Bober de Silésie à sa gauche. Elle forme entre Wrietzen et Oderberg un grand arc qu'on a coupé en 1755 par le canal de l'Oder, dont la longueur est de 22 kilomètres. Un bon système de canaux ajoute encore aux facilités de la circulation. Le sol produit de la tourbe, de la houille, de l'alun, de la chaux, du plâtre et de l'argile. De vastes forêts fournissent du bois en abondance; ce qui forme un important objet de commerce. L'agriculture donne comme produits des céréales de toutes espèces, du froment, du tabac, du chanvre, du lin, du houblon, des légumes, de la garance et des fruits. On a récemment découvert de vastes *truffières* aux environs de Stolpe et d'Oranienburg, et l'une des trois espèces de truffes qu'on y a rencontrées peut soutenir le parallèle avec les meilleures truffes de France. La culture des vignes aux environs de Berlin et de Potsdam ne donne que de mauvais vins; celui qu'on récolte aux environs de Guben est d'un peu meilleure qualité. Les bêtes à corne, les chevaux, les porcs et les moutons figurent parmi les principaux produits de la province en ce qui est du règne animal. L'agriculture y est pratiquée sur une vaste échelle; et les rivières ainsi que les lacs contiennent un grand nombre de poissons délicats et d'espèces particulières.

Les habitants sont généralement Allemands d'origine. On ne rencontre de Wendes qu'au sud de la province, et les colons français ou hollandais deviennent de plus en plus allemands. A l'exception de 32,514 catholiques, de 19,761 juifs, de 23 mennonites, de 115 catholiques grecs, toute la population professe la religion protestante. Il existe de remarquables haras à Neustadt-sur-la-Dosse, à Finsterwald et à Senftenberg. La culture des pommes de terre et des betteraves s'y fait sur une très-large échelle, à l'effet d'alimenter de matières premières une infinité de distilleries et raffineries de sucre. De nombreuses fabriques de soieries, de cotonnades et d'étoffes occupent en même temps une foule de bras; la fabrication des draps surtout emploie beaucoup de métiers à Luckenwalde, Beeskow, Guben, Spremberg, Krossen, Zullichau, Luterbock, Kotbus, Schwiebus, Peitz, etc. La fabrication des toiles, qui occupe aussi un grand nombre de bras, a son centre à Reppen, Forste, Vetschau, Soldin, etc. La teinturerie de Kaput, fondée en 1764, par Frédéric le Grand, est renommée par son beau rouge garance. Les manufactures de cotonnades les plus importantes après celles de Berlin sont à Potsdam, Straussberg, Zinna, etc. Luckenwalde, Zinna, Strasburg, Forste sont les grands centres de la fabrication des cuirs et de la mégisserie; et Kalau est en possession de fournir à la ville de Berlin une grande partie de sa consommation en chaussures. L'industrie métallurgique a ses usines à Neustadt-Eberswalde, à Hohenfinow, à Baruth, à Hegermuhle. Des fonderies et hauts fourneaux existent à Niederfinow, à Peitz, à Neubruck, à Vietz; des fabriques d'armes, à Potsdam et à Spandau; des fabriques de faulx à Luckenwalde. La plus importante des papeteries est à Spechthausen, près Neustadt; viennent ensuite celles de Berlinchen, Neudamm, Kœnigswalde, etc. Il y a des verreries à Zechlin, Rheinsberg, Friedrichshain, etc.; une importante manufacture de glaces à Neustadt-sur-la-Dosse. On fabrique de la faïence et de la poterie à Francfort, à Rheinsberg, et de la porcelaine à Berlin. Les produits de cette manufacture sont justement renommés.

Le Brandebourg est le centre d'un commerce très-actif, dont les relations sont facilitées par un grand nombre de rivières, de canaux et de routes, ainsi que par les chemins de fer conduisant de Berlin à Kœthen et Leipzig, à Francfort sur l'Oder, à Breslau, à Vienne, à Prague, à Dresde, à Stettin, à Hambourg, dans les provinces orientales et occidentales de la monarchie. Des foires importantes se tiennent à Francfort-sur-l'Oder. L'immigration de colons étrangers, notamment de colons français, ne contribua pas peu à favoriser le développement de l'industrie de cette province, qui, par contre, commence à ressentir de nos jours les désastreux effets de la manie d'émigration qui entraîne de l'autre côté de l'Atlantique tant de populations allemandes.

Au commencement de l'ère chrétienne la province actuelle de Brandebourg était habitée par les Suèves.

Parmi ceux-ci les Semnones occupaient la Marche Centrale, et les Lombards la Vieille-Marche; et il y a quelque vraisemblance dans l'étymologie qui fait dériver l'ancienne dénomination de cette contrée, *Brennaborg*, de Brennus, nom commun à plusieurs chefs des Semnones. Quand ils abandonnèrent leurs foyers pour se joindre à la grande migration des peuples, ils furent remplacés par des populations slaves, entre autres par les *Hévelles*, les *Wilzes*, les *Ukers*, les *Rhétariens* et les *Obotrites*. Entraînés dans de fréquentes guerres avec les Francs et les Saxons de l'ancienne Marche actuelle (qui faisait autrefois partie de la Saxe orientale), ils furent, avec ces derniers, soumis à la puissance de Charlemagne (789); toutefois, ils se rendirent indépendants sous les successeurs de ce monarque, et inquiétèrent la Saxe et la Thuringe par de fréquentes invasions (902). Enfin, *Henri Ier*, roi d'Allemagne, réduisit en 928 *Brennaborch*, principale forteresse des Hévelles, et deux ans plus tard *Lebus*, forteresse des Wendes. Après quoi les

Hévelles, aussi bien que les Rhétariens de l'Uker-Marche durent se soumettre à son autorité. Pour les tenir en bride et pour protéger les frontières de la Saxe, Henri institua, en 930, les Margraves de la Saxe du Nord ou de la Marche du Nord, contrée désignée aujourd'hui sous le nom de Vieille-Marche; et Othon Ier, pour y consolider le christianisme, fonda, en 939 et 946, les évêchés de Brandebourg et de Havelberg.

Quand le christianisme eut pénétré encore plus avant, le margrave *Gero*, mort en 963, constitua la Marche Orientale, appelée aujourd'hui Basse Lusace. Vers le milieu du onzième siècle, *Gotschalk*, prince des Obotrites, réunit plusieurs districts pour en composer un plus grand royaume des Wendes; mais il fut assassiné en 1066, parce qu'il avait abandonné le culte des idoles pour embrasser le christianisme. En 1056 le margraviat de la Saxe Septentrionale passa sous l'autorité des comtes de Stade; et en 1133 l'empereur Lothaire le donna à titre de fief à Albert l'Ours. C'est ce prince, aussi brave qu'habile, qui le premier réussit à mettre fin dans ces contrées à la domination des Wendes. En 1138 il obtint le duché de Saxe à titre de fief; et quand en 1142 il lui fallut le rétrocéder à Henri, il en fut dédommagé l'année suivante par la Marche Orientale, en même temps que par la Saxe Septentrionale il était rendu complètement indépendant de la Saxe; après quoi, ayant réussi à expulser, en 1157, du Brandebourg Jazko, prince des Wendes, qui s'en était emparé, il prit le titre de margrave de Brandebourg. Il s'empara de la Marche Centrale, de Priegnitz, de l'Uker-Marche, où il attira un grand nombre de familles nobles de l'Allemagne, et de colons venus des Pays-Bas et des bords du Rhin pour y remplacer les Wendes turbulents qu'il en expulsa.

Comme margrave de Brandebourg, il eut pour successeur son fils *Othon Ier*, devenu en 1180 duc de Saxe, et dont il est pour la première fois fait mention en 1182 avec la qualification d'archi-chambellan de l'Empire, qu'Albert avait déjà prise. Othon mourut en 1184, et eut pour successeur son fils, *Othon II*, prince faible et complètement placé sous l'influence cléricale, qui régna de 1184 à 1205. C'est lui qui fit don à l'archevêché de Magdebourg de toute la Vieille-Marche, ou du moins d'une grande partie de cette province, ainsi que de quelques parties de la Marche Centrale, mais sous la réserve de pouvoir être récupérées par le Brandebourg à l'expiration d'une année comme fiefs relevant de Magdebourg, et, en cas d'extinction de la branche mâle de la maison de Brandebourg, faisant retour à la branche féminine. Il eut à soutenir de nombreuses mais inutiles luttes contre les Danois; et il est assez vraisemblable qu'il obtint déjà de l'empereur que celui-ci le reconnût comme prince souverain. Son frère *Albert II*, qui régna de 1206 à 1220, fit preuve de plus d'énergie. Il prit une part importante aux guerres que se firent les deux anti-rois Othon IV et Frédéric II, et en fut récompensé en obtenant pour sa maison l'expectative de la Poméranie citérieure.

Albert II, qu'on peut regarder avec une grande vraisemblance comme le fondateur de Berlin, laissa à sa mort deux fils, encore mineurs, *Jean Ier* et *Othon III*, au nom desquels leur mère Mathilde exerça la régence jusqu'en 1226. Les deux frères régnèrent collectivement de 1226 à 1258. C'étaient des princes braves et querelleurs, comme il en fallait à une époque aussi orageuse que celle des derniers Hohenstaufen. L'empereur Frédéric II leur accorda l'investiture de la Marche de Brandebourg et de la Poméranie, en 1231; en 1236 ils forcèrent le duc de Demmin, et en 1250 le duc de Stettin, à reconnaître leur suzeraineté. Ils enlevèrent au premier le pays de Stargard, au second l'Uker-Marche; de sorte que le duc Mestwin de la Poméranie Orientale fut obligé de reconnaître tenir son pays à titre de fief du Brandebourg. Pendant leur lutte contre le margrave Henri l'Illustre, les deux frères se maintinrent, en 1244, en possession des villes de Kœpnick et de Mittenwald. Tempelof ou Templow, près Berlin fut fondé en 1241, par les Templiers, qui quarante-sept ans plus tard acquirent également Zielenzig. Par son second mariage, avec Hedwige de Poméranie, Jean fit revenir formellement à sa maison l'Uker-Marche, déjà gagnée par la force des armes, en même temps que son frère Othon recevait en dot de sa femme Béatrice, princesse de Bohême, les villes de Bautzen, Gœrlitz, Lauban et Lœbau.

Les deux frères se firent en outre donner, en 1248, par l'anti-roi Guillaume de Hollande l'expectative du duché de Saxe, et en 1250 ils acquirent, moyennant argent, du duc Bolesias de Liegnitz les droits de souveraineté sur Lebus. Jean enleva aux Polonais le pays riverain de la Warthe, où il fonda, en 1257, la ville de Landsberg. En 1258 les deux frères opérèrent le partage de leurs possessions, et Stendal et Salzwedel devinrent les sièges de gouvernements distincts constitués par les deux lignes. Brandebourg, la capitale, de même que la suzeraineté des évêchés de Brandebourg et de Havelberg, restèrent communes. Le gouvernement des deux frères fut des plus prospères. Ils fondèrent un grand nombre de villes nouvelles, telles que Francfort sur l'Oder, Neubrandenburg, Bærwalde, Friedland, Kœnigsberg dans la Nouvelle Marche, etc. Sous leur règne, Berlin prit aussi de grands développements; et dès 1238 il est mention de Cologne-sur-la-Sprée, qui en forme la partie principale.

Jean Ier, mort en 1266, fut le fondateur de l'ancienne maison Ascanienne de *Brandebourg-Stendal*; Othon III, mort en 1267, celui de la ligne de *Brandebourg-Salzwedel*. Mais ces deux lignes ne tardèrent pas à s'éteindre; la cadette en 1317, l'aînée en 1320. Jean Ier avait commencé déjà à prendre insensiblement le titre d'*électeur*. Les souverains les plus remarquables de cette dynastie, sous laquelle la souveraineté de la Pomérélie fut acquise en 1269, et la Marche de Landsberg achetée en 1291 au landgrave de Thuringe Albert le Dégénéré, furent *Hermann* et *Othon IV*, à *la flèche*, célèbre aussi comme *minnesænger* (troubadour), qui en 1303 acheta la Basse-Lusace au margrave Diezmann de Misnie, et, après la mort d'Othon, le belliqueux *Waldemar*, qui régna de 1308 à 1319. Ce dernier agrandit le Brandebourg du côté de la Saxe; mais de son règne date un point d'arrêt dans la prospérité du Brandebourg. Le dernier prince de cette dynastie fut *Henri le jeune*, qui mourut sans s'être marié, en 1320, peu après la déclaration de la majorité de l'empereur.

Pendant les troubles sanglants qui éclatèrent alors, l'ordre civil, à peine fondé dans le pays, périt complètement. Le brave Waldemar ne fut pas plus tôt descendu dans la tombe que, dès 1319, Jean de Bohême s'empara de la Haute Lusace, et les ducs de Poméranie de diverses parties de l'Uker-Marche. La confusion générale augmenta encore quand, en 1322, l'empereur *Louis IV*, dit aussi *le Bavarois*, donna le margraviat de Brandebourg en fief à son fils, encore mineur, *Louis*, qui ne put s'en mettre en possession qu'après de longues luttes avec les princes voisins et orgueilleux vassaux. En 1331 il fut battu par les Poméraniens, de sorte qu'en 1338 force lui fut de renoncer à exercer tous droits de suzeraineté sur ce pays, jusqu'en 1348. Dès 1324 les chroniques lui donnent le titre d'électeur et d'archi-chambellan de l'Empire; mais son mariage avec Marguerite de Maultasch, qui lui apporta en dot le Tyrol, le rendit tellement indifférent aux intérêts du Brandebourg, qu'en 1352 il céda complètement les Marches à son frère *Louis le Romain*, que dès l'année 1349 il s'était donné pour co-régent. Ce qui l'y détermina surtout, ce furent les troubles provoqués par le *faux Waldemar*, qui se fit passer pour le défunt margrave Waldemar, et qui vraisemblablement serait demeuré tranquille possesseur de la Marche Électorale, si l'empereur Charles IV, après l'avoir d'abord soutenu, ne l'avait ensuite abandonné. Il mourut en 1355, à Dessau.

Louis le Romain, à son tour, prit pour co-régent son frère *Othon VII*, dit *le Fainéant*, qui plus tard devint seul électeur, et qui en 1363 conclut avec l'empereur Charles IV et avec la maison de Luxembourg une convention d'hérédité réciproque, en vertu de laquelle l'empereur obtint le droit de succession dans la Marche Électorale, et plus tard participa directement au gouvernement en mettant à profit la paresse d'Othon et ses goûts de dissipation. En 1368 Othon vendit la Basse Lusace à l'empereur, qui la réunit à la Bohême; et dès l'année 1373, époque à laquelle Charles IV résidait souvent dans la Marche, par exemple à Mittenwald-sur-la-Notte, ville à laquelle il avait accordé d'importants privilèges, il était forcé de céder entièrement à ce prince la Marche Électorale, que l'empereur promit de lui payer 200,000 florins d'or, outre une pension annuelle et la jouissance de divers châteaux dans le Haut Palatinat.

Par suite de cette convention, Charles IV donna en fief, d'abord à son fils *Wenceslas*, roi de Bohême, puis, quand celui-ci fut devenu roi des Romains, à son second fils *Sigismond*, la Marche Électorale de Brandebourg, qui sous le règne de ce prince, âgé de onze ans seulement, fut en proie aux plus affreux désordres. La noblesse, qui le méprisait, se livrait à des guerres continuelles de seigneur à seigneur; et entre toutes les familles qui commirent alors les plus grands excès, on remarqua surtout celle de Quitzow. Les princes voisins se permettaient d'incessantes incursions, jamais réprimées, et toute sécurité publique disparut. Sigismond finit par se trouver tellement accablé de dettes qu'en 1388 il dut engager la Marche Électorale à son cousin le margrave *Jodocus* ou *Jobst de Moravie*. Mais Jobst, pas plus que son lieutenant, ne put remédier aux désordres intérieurs du pays. A sa mort, arrivée en 1411, la Marche Électorale fit retour à l'empereur Sigismond, qui à la même époque obtint la couronne impériale.

Dès 1402 Sigismond avait vendu la Nouvelle Marche à l'ordre Teutonique; et il établit alors le burgrave de Nuremberg, *Frédéric VI*, de la maison de Hohenzollern, en qualité de gouverneur dans la Marche Électorale. Celui-ci, en récompense des services qu'il avait rendus à l'empereur, notamment d'un prêt de 400,000 florins d'or qu'il lui avait fait, reçut de lui, en 1415, la Marche de Brandebourg, la dignité d'électeur et la charge d'archichambellan de l'Empire, et obtint en 1417, au concile de Constance, la confirmation de cette inféodation; ensuite de quoi il prit dès lors, comme électeur de Brandebourg, le nom de *Frédéric Ier*. C'est à proprement parler du règne de ce Frédéric Ier d'Hohenzollern que commence l'histoire du développement de la Prusse, dont la Marche Électorale et plus tard ce qu'on appela la province de Brandebourg a toujours déterminé depuis les destinées, non pas qu'elle exerçât une suprématie extérieure quelconque sur les autres parties de la monarchie, avec une organisation particulière et indépendante, mais parce qu'elle se trouvait dans le voisinage immédiat des souverains, constituant ainsi le véritable point de centralisation de la Prusse.

En 1838 une société s'est formée pour l'étude de l'histoire du Brandebourg, et les quatre volumes de Mémoires qu'elle a publiés de 1841 à 1849 témoignent de l'activité qu'elle a apportée dans ses investigations.

BRANDEBOURG (Frédéric-Guillaume, comte de), général et ministre prussien, né à Berlin, le 24 janvier 1792, était fils du roi Frédéric-Guillaume II, et issu de son mariage morganatique avec la comtesse de Dœnhoff. Le 28 avril 1794 il fut créé comte en même temps que sa sœur Julie, morte, le 28 janvier 1848, duchesse d'Anhalt-Kœthen, était élevée au rang de comtesse. Entré de bonne heure dans l'armée, le comte de Brandebourg, quoiqu'il se fût distingué dans les campagnes de 1813 à 1815, n'obtint qu'un avancement assez lent; et ce ne fut qu'en 1848, époque où il commandait le premier corps d'armée en Silésie avec le grade de lieutenant général, qu'une importance politique s'attacha tout à coup à son nom. Dès l'été de 1848, quand tout annonçait en Prusse un conflit prochain entre l'assemblée nationale et la cour, ce fut sur le comte de Brandebourg que celle-ci jeta les yeux pour servir d'exécuteur à ses volontés; et c'était bien moins sa capacité comme homme politique qui le désignait pour jouer un tel rôle, que les liens étroits de parenté qui l'unissaient à la famille royale. Le 3 novembre, après la retraite du ministère Pfuel, il fut nommé chef du nouveau cabinet, que l'on désigna sous le nom de ministère Brandebourg-Manteufel. Il suivit dès lors avec une loyauté et une fidélité inébranlables les directions diverses prises par la politique prussienne, de sorte que son nom se rattache à toutes les mesures importantes adoptées par ce cabinet (*voyez* Prusse). Étranger aux exigences du gouvernement constitutionnel, son apparition dans la chambre trahissait toujours un certain embarras. Au mois de novembre 1849, quand le conflit survenu entre la Prusse et l'Autriche fut soumis à l'arbitrage de la Russie, le comte de Brandebourg fut envoyé à Varsovie comme négociateur. Si, outrepassant ses instructions, il fit alors des concessions à l'Autriche au sujet de la renonciation à l'Union et à l'entrée de tous les États de cet empire dans la confédération germanique, il n'agit ainsi que parce qu'il supposait qu'à l'avenir la Prusse et l'Autriche auraient chacune alternativement la présidence de la diète, et que le droit d'Union resterait garanti. Aussi fit-il de nouveau mention de ces conditions à Vienne alors que, après la sortie de M. de Radowitz du cabinet, M. de Manteufel parlait de faire ces concessions sans équivalents. Dans la séance du conseil des ministres tenue le 2 novembre le comte de Brandebourg avait voté à la vérité contre la proposition faite par M. de Radowitz de mobiliser l'armée; mais son cœur de vieux soldat prussien se sentit profondément blessé quand il vit la Prusse entrer toujours davantage dans la voie des concessions vis-à-vis de l'Autriche. On assure également que les impressions personnelles qu'il avait rapportées de Varsovie et les vives discussions qui en résultèrent au sein du cabinet exercèrent une puissante influence sur le développement de la maladie dont le comte de Brandebourg ne tarda point à être atteint. Dans les paroxismes de son état fiévreux, il se croyait au milieu du tumulte et de la confusion des batailles, combattant pour sauver l'honneur de la Prusse. Le comte de Brandebourg mourut le 6 novembre 1850, d'une fièvre cérébrale, hors de tout espoir de maladie. Il a laissé cinq filles et trois fils, dont les deux aînés, frères jumeaux, sont officiers dans l'armée prussienne.

BRANDEBOURG (*Technologie*). Lorsque l'électeur de Brandebourg Frédéric-Guillaume, dit le Grand Électeur, entra en Alsace, en 1674, les gens de sa suite portaient une espèce de casaque qui allait jusqu'à mi-jambes et qui avait des manches plus longues que les bras. Cette mode passa en France sous son nom, qui fut conservé à tous les vêtements qui avaient plus ou moins d'analogie avec le premier modèle, et devint plus tard celui d'une sorte de boutons faits en olive et ornés d'une espèce de galon ou de frange, dont la mode existe encore.

BRANDEIS (en langue bohême, BRANNY HRAD), ville du cercle de Kaurzim, en Bohême, située sur la rive gauche de l'Elbe, dans une plaine fertile, compte 2,800 habitants, qui s'occupent principalement d'agriculture. Cette ville, siège d'un doyenné, possède un gymnase et un vieux château fort, construit, en 941, par le duc Bolesias le Furieux. Pendant la guerre de trente ans la ville eut beaucoup à souffrir. Elle fut occupée en 1631 par les Saxons, et en 1639 par les troupes suédoises, qui le 30 mai mirent sous ses murs les Impériaux en complète déroute. En 1775 un incendie la détruisit presque entièrement. Sa position sur la route de la Silésie et de la Lusace en fait le centre d'un commerce assez actif, qui est cependant déchu depuis l'établissement du chemin de fer.

Il y a encore en Bohême un autre *Brandeis*, bourg de 2,500 habitants environ, appartenant au cercle de Kœnigsgrœtz, et dépendant de la seigneurie de Trautmansdorf. Il s'y tisse beaucoup de toiles de lin. Ce bourg était autrefois un des principaux établissements des frères moraves ou bohêmes.

BRANDES (JEAN-CHRÉTIEN), comédien et poëte dramatique allemand, célèbre par ses aventures, naquit à Stettin, le 15 novembre 1735. Il y apprenait le commerce, lorsqu'une action contraire à la probité l'obligea de s'enfuir et de traverser la Prusse en mendiant son pain. Arrivé en Pologne, il entra d'abord comme apprenti chez un menuisier; puis la faim et la misère le contraignirent à se faire successivement gardeur de pourceaux, batelier au service d'un dentiste ambulant, marchand de tabac et enfin domestique d'un gentil-homme du Holstein, qui lui fit donner quelques leçons, et par qui il eut occasion d'assister à quelques représentations théâtrales. Elles produisirent sur lui une si vive impression qu'il résolut dès lors de se consacrer à la profession de comédien et de s'y préparer de son mieux par des travaux assidus. En 1757 il fut admis dans la fameuse troupe de Schœnemann à Lubeck, où ses débuts furent peu heureux. Il entra alors dans la troupe de Koch. Après avoir été ensuite employé pendant quelque temps dans les bureaux de la *Gazette d'Altona*, puis domestique du général Schenk en Danemark, il remonta sur les planches en 1760, à Stettin, dans la troupe de Schuch; et le public l'accueillit cette fois avec plus de bienveillance. Plus tard il joua alternativement à Munich, à Leipzig, à Hambourg, à Hanovre, à Dresde et dans d'autres villes. La mort prématurée de sa femme (1786) et de sa fille (1788) le rendit inconsolable.

Sa femme, née en 1746, en Lithuanie, était une actrice consommée et l'idole du public. Excellente épouse et mère, c'est pour elle qu'il composa son *Ariadne à Naxos*, pièce dans laquelle elle obtint un succès encore sans analogue. Sa fille, née à Berlin en 1763, était une cantatrice de premier ordre.

Brandes vécut dès lors dans la retraite à Stettin, puis à Berlin, où il se lia avec Lessing, et où il mourut, le 10 novembre 1799, dans un complet état de misère et d'abandon. Comme acteur il ne s'éleva guère au-dessus de la médiocrité; mais comme écrivain dramatique il fit preuve d'une grande fécondité. Ses pièces sérieuses, telles que son drame *Miss Fanny*, sont dépourvues de mérite; en revanche, dans ses comédies il fait preuve d'une grande entente de la scène. L'action est toujours vive, les caractères vrais et bien tracés, le dialogue facile et naturel; toutes qualités qui le distinguent de la plupart des auteurs comiques ses contemporains. Sous ce rapport nous devons surtout mentionner sa comédie intitulée *Trau, schau, wem*, qui obtint à Vienne un prix offert au meilleur ouvrage nouveau en ce genre; *L'Enlèvement*, *Le Marchand anobli*; et *Le comte Olsbach*. Son mélodrame *Ariadne à Naxos*, imitation de l'*Ariadne* de Gerstenberg, dont la musique fut faite une première fois par Benda (1778) et une seconde fois par Reichardt (1780), obtint le plus éclatant succès sur toutes les scènes de l'Allemagne.

Brandes publia lui-même une édition complète de ses œuvres dramatiques (8 vol.; Hambourg, 1790). Peu de temps avant sa mort il écrivit avec autant de naïveté que de sincérité son autobiographie, ouvrage aussi amusant qu'instructif (3 vol., Berlin 1800) qui a été traduit en français par M. Ph. Le Das et compris dans la collection des *Mémoires dramatiques*.

BRANDIS (JOACHIM-DIETRICH), médecin du roi de Danemark, né à Hildesheim, le 18 mars 1762, mort à Copenhague, le 28 avril 1846, fit ses études à l'université de Gœttingue. Reçu docteur en 1785, il fut bientôt après appelé à y occuper une chaire; mais dès la fin de l'année suivante il prit la résolution de retourner dans sa ville natale pour y pratiquer la médecine. Nommé en 1790 médecin des eaux de Driburg, il vint s'établir à Brunswick, puis à Holzeminden. Sa clientèle très-nombreuse ne l'empêcha pas de se livrer à des travaux scientifiques. Outre quelques traductions d'ouvrages de médecine pratique et quelques traités scientifiques, il publia un *Essai sur la Force vitale* (Hanovre, 1795). En 1803 il fut appelé à Kiel en qualité de professeur, et chargé en même temps de la direction de la clinique. Médecin du roi Frédéric VI et de la reine pendant les trois années qu'ils passèrent à Kiel, il gagna à tel point leur confiance que ce prince le manda auprès de lui, en 1809, à Copenhague, et lui conféra le titre de conseiller d'État.

Sans parler de plusieurs opuscules, Brandis, pendant son séjour à Kiel, avait publié sa *Pathologie*; à Copenhague, il fit imprimer son traité *Sur les moyens physiques de guérison* (1818), son *Essai sur la Vie humaine* (Schleswig, 1823); *Sur les différences qui existent entre les maladies épidémiques et les maladies contagieuses* (Copenhague, 1833); *Expériences sur l'emploi du froid dans les maladies* (Berlin, 1833); *Nosologie et Thérapie des cachexies* (2 vol., Berlin, 1834-1839); *Sur la vie et la polarité* (Copenhague, 1836).

Son fils, *Christian-Auguste* BRANDIS, conseiller privé de gouvernement, et professeur de philosophie à Bonn, naquit à Hildesheim, le 13 février 1790. Il fit ses études à Kiel et à Gœttingue, prit ses degrés à Copenhague en 1812, après avoir soutenu une thèse publiée sous le titre *Commentationes Eleaticæ*, et fut chargé du cours de philosophie dans l'université de cette ville; mais il quitta bientôt Copenhague pour Berlin, où il avait à peine commencé ses leçons, que Niebuhr l'emmena avec lui à Rome, comme secrétaire d'ambassade, en 1816. Quelque précieuse que lui fût l'amitié de ce savant, il ne put refuser l'invitation qu'il reçut de retourner à Berlin pour travailler aux longues et pénibles recherches exigées par la réimpression des œuvres d'Aristote que l'Académie royale des sciences de Berlin se proposait d'entreprendre. Il se consacra exclusivement, pendant plusieurs années, à cette publication, dans l'intérêt de laquelle il visita avec Emmanuel Bekker les principales bibliothèques de l'Europe. C'est en 1821 seulement qu'il entra dans la carrière de l'enseignement, comme professeur à Bonn. Il publia dans cette ville la *Métaphysique d'Aristote* (1823), les *Scholia in Aristotelem* (1836) et les *Scholia græca in Aristotelis metaphysicam* (1837). De 1827 à 1830, il publia avec Niebuhr le *Musée rhénan pour la Philologie, l'Histoire et la Philosophie grecques*. En 1837, sur l'invitation du roi Othon, il partit pour la Grèce, où il séjourna plusieurs années comme secrétaire du cabinet du roi. Il a rassemblé ses souvenirs sur ce pays, et les a fait imprimer sous le titre de *Communications sur la Grèce* (3 vol., Leipzig, 1842). Dans son *Manuel de l'histoire de la philosophie grecque et romaine* (Berlin, 1835-1844), il a établi sur une base historique solide la connaissance des systèmes philosophiques de la Grèce; aussi ses services sous ce rapport sont-ils généralement appréciés.

BRANDON. Ce mot vient du verbe *brandir*, et désignait dans l'origine ces bouchons de paille indicateurs que les cabaretiers attachent au-dessus de leur porte, depuis un temps immémorial. C'était également par des brandons liés à une perche et fixés en terre que l'on faisait savoir à tous que le propriétaire du champ où ils se trouvaient n'en avaient plus la libre disposition, et qu'il en avait affecté la valeur au payement d'un créancier. Souvent le brandon était placé par celui-ci, malgré le débiteur, en exécution d'un arrêt de justice. On disait alors de l'héritage qu'il était *sous le brandon* : or, comme le plus souvent cette saisie n'avait pour objet que la récolte et non le fonds, c'est la signification qu'en droit le mot brandon a conservée (*voyez* SAISIE-BRANDON).

Le mot brandon se prenait encore pour signifier une torche ; ce dernier sens lui est resté. On dit au figuré : *Un brandon de discorde, un brandon de guerre civile.*

Le premier dimanche du carême était autrefois appelé le *dimanche des brandons*, parce qu'on allumait sur les places publiques des feux autour desquels le peuple dansait. Les ordonnances de plusieurs de nos rois interdisaient cette fête, qui entraînait souvent de singuliers désordres, ainsi que les *baladoires*, les *nocturnes*, et plusieurs autres danses auxquelles on se livrait dans les églises lors de certaines solennités. Mais en beaucoup d'endroits les évêques et les magistrats firent de vains efforts pour arrêter cet usage, trop fortement enraciné pour qu'il fût possible de l'abolir d'un seul coup. Jusqu'au milieu du dix-septième siècle, on s'opiniâtra à le conserver dans quelques localités. Ainsi, à cette époque, le jour de la fête de saint Martial, apôtre du Limousin, le peuple dansait encore dans le chœur de l'église dont ce saint est le patron. A la fin de chaque psaume, au lieu de chanter le *Gloria Patri*, tout le peuple chantait en langage du pays : *San Marceau pregats per nous, è nous epingaren per bous ;* c'est-à-dire : « Saint Martial, priez pour nous, et nous danserons pour vous. » Avant 1789 cette coutume avait été abolie.

BRANDT (SÉBASTIEN), jurisconsulte et poëte satirique, né à Strasbourg, en 1448, docteur et professeur de droit à l'université de Bâle, conseiller de l'empereur Maximilien Ier, syndic et chancelier de sa ville natale, où il mourut en 1520, est l'auteur du premier livre que l'imprimerie rendit vraiment populaire : le *Vaisseau des Fous, ou le nouveau Vaisseau de Narragonie*, imprimé à Bâle, en 1494. Sous un titre fort trompeur, c'est un recueil de maximes qui servaient de texte aux sermons d'un prédicateur de Strasbourg, non moins fameux dans son temps que Sébastien Brandt lui-même, Geiler de Keisersberg. Le *Vaisseau des Fous* fut traduit dans toutes les langues. Brandt n'a point la gaieté spirituelle et indulgente d'Érasme dans son *Éloge de la Folie*; il censure tous les vices de son temps, comme chrétien et comme philosophe. Il soumet son siècle au jugement sévère de la sagesse antique, et cite les Anciens plus souvent que la Bible. Il est poëte, d'ailleurs, à la façon d'un jurisconsulte, écrivain très-fécond, éditeur de Virgile, traducteur des distiques de Caton en vers allemands. Ses autres ouvrages, moins célèbres et connus seulement des érudits, *Carmina varia, De Moribus* et *facetiis mensæ*, etc., le rangent parmi les humanistes du quinzième siècle. Le *Vaisseau des Fous*, le seul ouvrage original qu'il ait écrit en allemand, est le seul aussi qui marque sa place dans l'histoire politique et littéraire de l'Allemagne parmi les précurseurs de la Réforme et parmi les écrivains qui contribuèrent aux progrès de la langue nationale. T. TOUSSENEL.

BRANDT. A ce nom se rattache la découverte du phosphore au dix-septième siècle. L'Allemand Brandt, mort vers 1692, était un de ces alchimistes qui cherchaient dans de bizarres mélanges l'introuvable secret de la pierre philosophale, usant leur fortune et leur santé à la poursuite des moyens de transformer en or les plus viles matières. En distillant avec du charbon le résidu de l'urine évaporée, Brandt produisit vers 1669 le phosphore, qu'il ne cherchait pas, et ne sut même point tirer parti pour la gloire de cette trouvaille. A. DES GENEVEZ.

BRANDT (GEORGES), un des chimistes les plus laborieux et les plus instruits de son temps, naquit en 1694 dans la province de Westmannie (Suède). Après avoir fait des voyages en divers pays pour s'assimiler toutes les connaissances de l'époque en docimasie, il revint dans son pays, et fut attaché au département des mines et nommé directeur du laboratoire de chimie de Stockholm. Jusque alors on n'avait compté que sept métaux, qui portaient le nom des planètes, et le rapport de ces nombres avec celui des tons de la gamme donnait lieu à des absurdités métaphysiques sans cesse renaissantes. Brandt démontra, en 1732, que le cobalt n'est pas un mélange de divers métaux, mais un métal particulier. En 1733, il eut encore le mérite de prouver que l'arsenic est aussi un métal ; on ne le connaissait qu'à l'état d'oxyde blanc. Il a consigné d'autres travaux intéressants dans les *Mémoires de l'Académie de Stockholm*, dont il était membre. Brandt doit être considéré comme un des créateurs de la chimie positive ; un des premiers, il la tira de l'ornière des systèmes pour la jeter dans la voie de l'expérience. Il mourut en 1768, regretté de tous les amis de la science. A. DES GENEVEZ.

BRANDT (ÉNEVOLD DE), ami de Struensée, dont il partagea le sort, appartenait à une ancienne famille noble du Danemark, et avait rempli à la cour le Chrétien VII les fonctions de gentil-homme de la chambre. Ayant écrit au roi une lettre dans laquelle il lui dévoilait les iniquités de son favori Holk, il fut exilé à Altona, où Struensée fit sa connaissance. Une liaison intime se forma bientôt entre ces deux jeunes hommes, amis du plaisir. En 1770 Struensée le rappela à la cour, pour remplir auprès du roi les fonctions que Holk occupait auparavant. A ce moment, Chrétien VII se livrait aux amusements les plus puérils ; et il lui arrivait souvent de contraindre les gens de son entourage à lutter avec lui. Dans un de ces *jeux de vilains*, il arriva aussi à Brandt d'être maltraité par Chrétien et en conséquence de le mordre à la main pour lui faire lâcher prise ; il en était résulté entre eux un échange de dures paroles. Toutefois, le roi ne tarda pas à lui pardonner cette incartade, et en signe de complète réconciliation il le nomma directeur des fêtes de sa cour. Malgré cela, lorsque après la chute de Struensée, Brandt fut traduit avec lui devant la même cour de justice, les juges ne le condamnèrent pas seulement comme complice de son ami, mais encore comme coupable d'une voie de fait sur la personne sacrée de son souverain. Le roi ayant confirmé la sentence, Brandt périt le premier de la main du bourreau, le 28 avril 1772.

BRANICKI (JEAN-CLÉMENT), grand hetman de la couronne de Pologne, né en 1088, était, par sa mère, petit-fils du célèbre Czarniecki, et le dernier rejeton de la noble et puissante famille des Branicki. Au début de sa vie, il servit dans l'armée française. Revenu en 1715 dans son pays, il fit partie de la confédération qui se forma contre Auguste II. Il vit avec une profonde douleur les désastres toujours croissants de sa patrie ; cependant jamais il ne put prendre sur lui de consentir à l'abolition du moindre des priviléges qui étaient la cause première des malheurs de la Pologne. A la mort d'Auguste III, Branicki, alors premier sénateur et commandant en chef de l'armée, se mit avec Charles Radziwill à la tête du parti républicain, qui en vint même jusqu'à lui offrir la couronne. Le parti monarchique des Czartoryiski ayant eu le dessus dans la diète de 1764, Branicki, accusé de haute trahison, fut banni et dépouillé de toutes ses charges et dignités. Son intention était d'abord de résister à cette sentence ; mais, poursuivi par les troupes russes, il chercha et trouva un asile en Hongrie. Lors de l'accession au trône de Poniatowski, dont Branicki avait épousé la sœur, celui-ci rentra en Pologne, et vécut depuis lors tranquille dans ses biens, ne s'occupant plus que du soin de faire de sa magnifique terre de Biallystock le Versailles de la Pologne. Il y construisit un château dans le style italien, et y fit planter et dessiner un parc immense. Hors d'état de jouer un rôle actif dans la confédération de Bar, il la servit du moins de ses conseils et de sa bourse, et mourut le 9 octobre 1771.

BRANICKI ou BRANECKI (FRANÇOIS-XAVIER), d'une autre famille que le précédent, fut aussi grand hetman de la couronne. Il marcha contre les confédérés de Bar à la tête des troupes royales, puis, vingt ans plus tard, fut un des chefs de la confédération de Targowicz, qui s'opposa à l'établissement de la constitution du 3 mai 1791, et qui, protégée par Catherine II, impératrice de Russie, s'efforça de maintenir les priviléges de la noblesse. Quand Poniatowski se fut rattaché à cette confédération, et que toutes les décisions de la diète constitutionnelle eurent été annulées, X. Branicki se rendit à Pétersbourg, à la tête de la députation qui vint remercier l'impératrice d'avoir contribué au rétablissement des priviléges de la noblesse. Après le partage de la Pologne, devenu sujet russe, il passa le reste de ses jours dans sa terre de Bialocerkiew. Il mourut en 1819. La trahison dont il s'était rendu coupable à l'égard de ses concitoyens lui avait valu toutes sortes de faveurs en Russie.

BRANLE, sorte de danse, composée de plusieurs personnes qui sautent en rond, se tenant par la main et se donnant une agitation continuelle. Le bal chez nos pères s'ouvrait toujours par le *branle simple*, suivi du *branle gai*, qui consistait à tenir le pied en l'air; puis le bal se terminait par le *branle de sortie*. Il en fut ainsi jusqu'au milieu du siècle dernier, où le menuet détrôna le branle. Peu de danses ont joui d'une vogue plus universelle, car on comptait des branles de Boulogne, du Barrois, de Bretagne, du Poitou, du Hainault, d'Avignon, d'Écosse. On inventa aussi le *branle des lavandières*, où les danseurs frappaient dans leurs mains; celui *des sabots*, autrement dit *des chevaux*, où l'on battait du pied le parquet; le *branle de la torche*, parce que le danseur tenait à la main une torche ou un flambeau allumé. Il y avait aussi des branles *morgués* et *gesticulés*, appelés aussi *de la moutarde;* mais enfin tous ces branles se fondirent dans le *branle à mener*, où chacun conduit la danse à son tour et se met ensuite à la queue; d'où il résulte que cette danse semble avoir une étroite parenté avec la *boulangère* et le *carillon de Dunkerque*, qui se partagent même aujourd'hui l'honneur de terminer plus d'un bal de noce.

BRANLE-BAS. C'est un mot terrible en temps de guerre à bord d'un navire que celui de *branle-bas de combat!...* Dès que du haut de la dunette, ou de son banc de quart, le commandant a fait retentir ce signal sur le pont, que cent et cent échos l'ont répété dans les batteries, dans l'entrepont et jusqu'au fond de la cale, et que le tambour a fait un rappel particulier, comme le son du tocsin dans une ville populeuse, tous les matelots se précipitent pour se rendre à leur poste de combat; les canons sont disposés à lancer la foudre; autour de chaque pièce se rangent en file tous les servants; les soutes à poudre sont ouvertes; tous les hamacs, décrochés et montés sur le pont, sont placés de manière à offrir un nouvel obstacle aux boulets de l'ennemi; les cloisons des chambres et des batteries disparaissent, et le navire, naguère brillant des commodités du luxe, change tout à coup d'aspect, et se présente comme une sévère arène de combat; les chirurgiens déploient tous leurs instruments; les lits et les tables qui doivent recevoir les blessés, les linges qui serviront à bander leurs plaies, funèbre appareil des suites du carnage, et qui fait sur l'âme une impression plus profonde que le carnage même.

Au mouvement bruyant qui vient d'agiter le vaisseau succède tout à coup un silence de mort : chacun reste immobile à son poste; tous les yeux se tournent avec anxiété vers le chef, qui va donner le signal du combat : on échange quelques regards significatifs; c'est un adieu d'amis, c'est un soupir de tendresse, c'est une dernière pensée à sa patrie, à tout ce qu'on aime; on n'entend plus que le sillage du bâtiment ou le bruit de la mer qui se brise contre ses flancs; c'est comme le roulement du tonnerre qui prélude aux éclats d'un orage. Ceux qui sont placés de manière à distinguer les objets en dehors du navire, examinent attentivement le vaisseau que l'on va combattre; ils cherchent à deviner le moment où les bouches noires des canons qui sont dirigés contre eux, vomiront le fer et la mort. Quelle poésie sombre et imposante pourrait représenter toutes les passions qui s'agitent en ce moment au fond des cœurs, alors qu'enfermés dans leurs murailles, tous les matelots, debout et immobiles, menacés de la mort, mais incertains du moment précis où elle viendra les atteindre, attendent dans une apparente impassibilité le signal qui leur permettra de renvoyer le trépas à l'ennemi.

Dans cet instant de silence, le commandant fait ordinairement une allocution courte, et qui manque rarement de produire un grand effet. *Gloire, honneur et patrie!* voilà les mots qui réveillent au cœur des matelots des sentiments héroïques. Qu'il est sublime ce signal de Nelson à Trafalgar au moment où toute l'armée était préparée au combat : « L'Angleterre compte qu'aujourd'hui chacun de ses défenseurs fera son devoir! » Et ces paroles furent écoutées avec un religieux recueillement.

Les ténèbres rendent encore le branle-bas plus imposant : au milieu d'une nuit sombre, deux bâtiments se rencontrent; l'un d'eux ignore la présence de l'ennemi dans les parages où il croise; il s'approche, et le hèle dans la langue de son pays; soudain l'autre navire laisse tomber ses mantelets de sabords : il est prêt à combattre; tous les canonniers sont à leurs pièces; deux longues lignes de fanaux éclairent les batteries, et jettent sur l'eau un lugubre reflet, et une horrible décharge de quarante pièces de canon réveille cruellement le premier navire de son erreur. C'est dans la Manche que s'est passée cette scène.

Le mot *branle-bas* vient de ce qu'à ce commandement, tous les hamacs, autrefois nommés *branles*, sont décrochés et mis dans les filets de bastingage.   Théogène PAGE.

BRANNOVICES, BRANNOVIENS ou AULERQUES, peuples des Gaules qui, selon César, habitaient la première Lyonnaise, vers l'ouest, le long de la Loire. Il les cite parmi les clients des Éduens. Davies, qui a donné une belle édition de César, remarque dans une note qu'il n'est fait ailleurs aucune mention des Aulerques-Brannovices. Il ajoute que tous les manuscrits distinguent ces mots par des virgules, *Aulercis, Brannovicibus* et *Brannoviis;* le grec les distingue de même, en sorte qu'il paraîtrait que ce sont trois peuples différents.

BRANTÔME (PIERRE DE BORDEILLE ou DE BOURDEILLES, seigneur de l'abbaye de), naquit en Périgord, vers 1527. Il obtint très-jeune l'abbaye de Brantôme, un des plus riches bénéfices du Périgord. Rien de plus ordinaire alors que de voir des abbayes données à des hommes d'épée, et même à des dames. Les grands bénéfices ecclésiastiques étaient considérés comme des seigneuries amovibles à la disposition du roi, plutôt que comme des charges et des dignités essentiellement religieuses. Homme d'épée et courtisan par état et par goût, Brantôme ne cessa point de suivre les armées et la cour; il fut souvent employé dans des missions diplomatiques, et fut gentil-homme de la chambre des rois Charles IX et Henri III, décoré de leurs ordres et de plusieurs ordres d'Écosse et d'Italie. « Il avoit beaucoup d'esprit et de bonnes lettres, dit Le Laboureur; il estoit fort gentil dans sa jeunesse; mais j'ai appris de ceux qui l'ont connu que le chagrin de ses vieux jours luy fust plus pesant que ses armes et plus déplaisant que tous les travaux de la guerre et les fatigues, tant de mer que de terre, en tous ses voyages. Il regrettoit le temps passé, la perte de ses amis, et ne voyoit rien qui approchast de la cour des Valois, où il avoit esté nourry. »

Brantôme a lui-même esquissé sa biographie en écrivant celle de Duguat : « Dès lors que je commençai, dit-il, de sortir de sujétion de père et de mère et de l'école, je me mis à voyager *aux voyages* que j'ay faits aux guerres et aux cours, dans la France, lorsque la paix y estoit, pour chercher adventure, fust pour guerre, fust pour tuer le monde; en Italie, en Écosse, en Espagne ou en Portugal, dont j'emportai *l'habito* (décoration) *do Christo*, duquel le roi de Portugal m'honora, qui est l'ordre de là. Estant tourné du voyage du Pignon de Velez en Barbarie, puis en Italie, même à Malte pour le siége, à la goulette d'Afrique, en Grèce, et autres lieux estrangers, que j'ay cent fois mieux aimés pour séjour que celuy de ma patrie, etc. » De Thou nomme Brantôme parmi les gentils-hommes français qui passèrent à Malte en 1565. Brantôme avait pris la résolution de s'y faire recevoir chevalier. Strozzi, son ami, l'en empêcha. « Je m'y laissai aller ainsi, ajoute-t-il, aux persuasions de mon ami, et m'en retournay en France, où, pipé d'espérance, je n'ay reçu d'autre fortune, sinon que je suis esté, Dieu merci, assez toujours aimé, connu et bien venu des rois mes maistres, des grands seigneurs et princes, de mes reines, de mes princesses, bref, d'un chascun et chascune, qui m'ont en telle estime, que, sans me vanter, le nom de Brantosme y a esté très-bien en grande renommée; mais toutes telles faveurs, telles grandeurs, telles vanités et telles vanteries, telles gentillesses, tel bon temps, s'en sont allés dans le vent, et ne m'est rien resté que d'avoir esté tout cela, et un souvbenir encore qui quelquefois me plaist, quelquefois me déplaist, m'advançant sur la maudite chenue vieillesse, le pire de tous les maux du monde, en sus la pauvreté, qui ne se peult réparer comme dans un bel âge florissant, à qui rien n'est impossible, me repentant cent mille fois des braves extraordinaires dépenses que j'ay faites autrefois. »

L'abbé de Brantôme, comme tous les vieux pêcheurs, ne se *repentait pas mille fois* de la joyeuse vie qu'il avait menée dans sa *florissante jeunesse*, mais il regrettait les folles dépenses qu'il avait faites, et ne voyait que sa *pauvreté* actuelle et l'impuissance de se livrer encore aux folies du jeune âge. Marguerite de Valois lui adressa ses œuvres. Il eut aussi, sans doute, part aux libéralités que cette princesse prodiguait aux gens de lettres, qui la payaient en éloges et en encens, et par les beaux noms de *déesse* et de *Vénus-Uranie*. Dans la position élevée où il se trouvait placé à la cour, Brantôme ne pouvait rester neutre, et il s'était prononcé en faveur des Guises; il dissimulait avec plus d'adresse que de succès son antipathie pour la maison de Bourbon ; il ne voyait rien au-dessus de la cour des Valois, et les Guise seuls lui paraissaient capables d'en continuer l'éclat et la magnificence : c'était l'opinion de tous les courtisans, dont il partageait les plaisirs et les vices, et dont il a tracé les portraits avec une naïve et cynique fidélité.

Initié à toutes les intrigues galantes et politiques de cette cour si dévote et si corrompue, il se fit le peintre et l'historien de toutes les individualités contemporaines célèbres ou fameuses : *toutes posèrent devant lui*; ses nombreux portraits sont frappants de ressemblance; sa manière n'est qu'à lui. Il n'eut point de modèle, et n'a point de rivaux : il peint d'après nature. Le lecteur avide d'émotions vives et variées le suit dans les camps, à la cour, dans les cabinets des ministres, sous la tente des généraux, dans les solennités publiques, et dans les orgies des petits appartements. Des guerriers habiles et valeureux, des hommes d'État distingués, de grands magistrats, des hommes de cour et de plaisir, des reines, des princesses, de grandes dames, partageaient alors leur temps entre les pratiques de la dévotion la plus minutieuse et celles de la plus stupide superstition. Les *Mémoires des illustres capitaines français et étrangers* ont presque toujours la gravité et l'intérêt de l'histoire; mais ceux des *Dames galantes* n'appartiennent qu'au tableau des mœurs privées, et sont, sous ce rapport, très-intéressants, quoique trop souvent hideux de scandale et de vérité. Dans ce vaste panorama, si animé, si brillant, l'auteur nous montre à nu les faits et les personnages les plus influents de cette époque si féconde en événements extraordinaires. Si pour quelques-uns de ces personnages c'est un monument de gloire, le plus grand nombre n'en retire que le stigmate indélébile de l'infamie. Mais à ces derniers l'auteur courtisan réserve une *fiche de consolation* : le dernier trait n'est qu'un compliment ; l'éloge fait passer l'épigramme, mais sans en émousser la pointe.

Brantôme mourut dans un âge très-avancé, le 5 juillet 1614. Il avait assisté aux grands et déplorables événements des règnes de Charles IX, Henri III, Henri IV, et avait vu commencer celui de Louis XIII. Ses mémoires, publiés en 1616 à Leyde, en 12 petits volumes, obtinrent un succès prodigieux ; ils ont eu de nombreuses éditions en France et à l'étranger.

On doit considérer comme une suite nécessaire des Mémoires de Brantôme ceux de Bordeille de Montrésor, son petit-neveu, publiés aussi à Leyde, et dans le même format, en 1665, 2 vol. in-18. Les œuvres de Brantôme comprennent : 1° *Vies des hommes illustres et grands capitaines français;* 2° *la Vie des grands capitaines étrangers;* 3° *la Vie des dames galantes;* 4° *les Rodomontades et jurements des Espagnols.* On a donné à Brantôme le nom de *valet de chambre de l'histoire*, à cause des détails minutieux et intimes qu'il prodigue dans ses confidences. On l'a appelé aussi le *Plutarque français.* Cette qualification est moins juste : il y a entre l'historien philosophe grec et le biographe courtisan français du seizième siècle toute la distance des héros de Salamine et des Thermopyles aux dames *de la petite bande* de Catherine de Médicis et aux mignons de Henri III.   DUFEY (de l'Yonne).

BRAQUE (de βραχύς, bref, court). Les anciens, en général bons observateurs, avaient fait la remarque que les individus courts de taille agissent d'ordinaire par mouvements brusques, précipités, et sont cassants dans leurs actes ou leurs décisions. Tels sont la plupart des petits hommes, si prompts, si volontaires : tel on nous dépeint, dans l'histoire de France, Pépin le Bref. Ils ont, dit-on, *la tête près du bonnet*, et prennent des déterminations trop rapides pour être toujours prudentes. C'est qu'en eux la circulation est vive ; elle accomplit son cycle en bien moins de temps que chez les géants, longs corps flasques et indolents pour la plupart. Rarement on rencontre des *braques* parmi ceux-ci, tant s'accordent le physique et le moral! Aussi une souris est bien plus mobile qu'un éléphant.

Le tempérament bilieux et le sanguin sont plus souvent *braques*, dans la jeunesse principalement, que le mou lymphatique ou le méticuleux mélancolique, ceux-ci dans leur vieillesse surtout. Les individus à complexion sensible, à fibres grêles, sont exposés à des impressions rapides, pouvant les rendre violents, sans leur donner le temps de réfléchir. Aussi se repentent-ils d'avoir fait ou ordonné des actes très-dangereux ou répréhensibles, comme il arrive à des princes absolus, dans des moments d'ivresse, par exemple.

L'homme distrait est souvent *braque*. C'est un vice organique qu'on peut corriger, avec beaucoup d'attention, à la longue. Ce défaut empêche de bien comprendre et de bien agir.   J.-J. VIREY.

BRAQUE, espèce de chien qui diffère du chien courant par un museau moins long et moins large, par des oreilles plus courtes, à demi pendantes, des jambes plus longues, le corps plus épais, la queue plus charnue et plus courte. Il est blanc ou tacheté de noir ou de fauve. On l'emploie principalement comme chien d'arrêt dans la chasse aux lièvres, aux faisans, etc. Il est admirable pour découvrir à l'odorat la trace des cailles et des perdrix.

Le braque *du Bengale* est moucheté : cette race a moins de nez que la précédente, mais elle chasse bien aussi.

BRAQUEMAR ou **BRAQUEMART** (de βραχεῖα, courte, et μάχαιρα, épée), épée courte et large, qu'on portait le long de la cuisse, à l'époque des premières croisades. Elle reparut momentanément en France, sous Henri IV. sans que l'espadon cessât pour cela d'être en usage.

BRAS. Ce mot, qui désigne dans le langage vulgaire la totalité de chacun des membres supérieurs ou thoraciques de l'homme, a un sens plus restreint pour l'anatomiste : le *bras* pour lui est la partie comprise entre l'épaule et le coude, où commence l'*avant-bras*, qui se termine à la main. Ainsi envisagé, le bras est à peu près cylindrique; sa longueur, qui chez le fœtus est moindre que celle de l'avant-bras, dépasse plus tard celle-ci d'un cinquième environ. Un seul os en constitue la partie centrale : c'est l'*humérus*, dont l'extrémité supérieure s'articule avec l'omoplate et contribue à former l'épaule, tandis que l'extrémité inférieure forme le coude en s'articulant avec le *radius* et le *cubitus*, qui sont les deux os de l'avant-bras.

Divers muscles entourent l'humérus et s'insèrent sur lui, mais quatre seulement appartiennent en propre au bras : ce sont les muscles *triceps brachial* en arrière, *caraco-brachial* en dedans, *brachial antérieur* et *biceps* en avant. Parmi les autres muscles qui appartiennent à l'épaule et qui recouvrent la partie supérieure de l'humérus, le plus important est le *deltoïde*.

Les muscles de l'avant-bras sont beaucoup plus nombreux. Les uns (muscles *rond pronateur*, *carré pronateur*, *grand* et *petit supinateur*) servent aux mouvements de pronation et de supination. Les autres (le *grand palmaire*, le *petit palmaire*, le *cubital antérieur*, le *fléchisseur superficiel* et le *fléchisseur profond des doigts*, le *grand fléchisseur du pouce*, l'*extenseur commun des doigts*, l'*extenseur du petit doigt*, le *cubital postérieur*, le *grand adducteur du pouce*, le *petit extenseur du pouce*, le *grand extenseur du pouce*, l'*extenseur propre de l'index*, le *premier* et le *second radial*) sont destinés à la flexion et à l'extension de la main et des doigts. Enfin un seul muscle, l'*anconé*, sert à l'extension de l'avant-bras sur le bras.

L'artère principale du bras fait suite à l'artère axillaire (*voyez* ARTÈRE), et porte le nom d'*artère humérale* ou *brachiale*. Située d'abord tout à fait en dedans du bras, au-dessous du creux de l'aisselle, elle descend vers l'avant-bras, en se dirigeant un peu en avant et en suivant le trajet d'une ligne qui s'étendrait obliquement du milieu du creux de l'aisselle à la partie moyenne du pli du coude; elle est ainsi appliquée le long du bord interne du biceps. Après avoir donné naissance aux *artères collatérales*, à peu près au niveau du pli du coude, elle se divise en deux branches situées à la partie antérieure de l'avant-bras, et descendant jusqu'à la main, entre les couches formées par les muscles nommés plus haut. La branche interne qui suit assez exactement la direction du cubitus, porte le nom d'*artère cubitale*. L'autre branche, nommé *artère radiale*, côtoie le côté interne de l'avant-bras; en bas, elle n'est recouverte que par la peau, et c'est sur elle que les médecins tâtent le pouls.

Parmi les *veines* du bras, on en voit deux qui accompagnent l'artère brachiale et sont placées au-devant d'elle; les autres (la *basilique* et la *céphalique*), sont isolées, et se continuent dans l'avant-bras, où l'on trouve aussi deux *veines radiales* et deux *veines cubitales*, qui suivent exactement le trajet des artères de même nom. À l'avant-bras appartient encore la *médiane*, qui se divise à trois centimètres environ au-dessous du pli du bras en deux rameaux, qui vont joindre en remontant, l'un sous le nom de *médiane basilique*, la veine basilique, l'autre sous le nom de *médiane céphalique*, la veine céphalique. Il est utile de connaître ces veines pour pratiquer la saignée du bras; il faut surtout se rappeler que l'artère brachiale est souvent très-rapprochée de la veine basilique, et qu'en piquant celle-ci on a quelquefois blessé l'artère, accident assez grave.

Les nerfs du bras et de l'avant-bras sont au nombre de cinq, savoir : le *radial*, le *musculo-cutané*, le *cutané interne*, qui suit le trajet de la veine basilique et peut être lésé lorsqu'on saigne celle-ci; le *médian*, qui accompagne l'artère brachiale; et le *cubital*, qui descend le long de la partie interne du bras et passe au coude, entre deux éminences osseuses nommées l'*épitrochlée* et l'*olécrâne*. Aussi la compression exercée entre ces deux saillies est-elle très-douloureuse; de là encore la douleur et l'engourdissement que l'on éprouve souvent après un léger choc au coude.

Le bras et l'avant-bras ne sont pas sujets à des maladies spéciales : ils peuvent être, comme d'autres parties du corps, le siège d'éruptions cutanées, d'ulcères, d'abcès, etc. Les membres thoraciques, par la longueur des os qui les composent, sont, ainsi que les membres abdominaux, plus fréquemment exposés aux fractures et aux luxations que les autres pièces de notre charpente osseuse. Mais, dans les cas qui peuvent nécessiter l'amputation, l'avant-bras offre l'avantage que cette opération se fait le plus bas possible, tandis que pour la jambe on est obligé de sacrifier le membre entier. C'est sur les bras que se font communément les piqûres du vaccin. Ces membres sont aussi le siège ordinaire des vésicatoires dérivatifs et des cautères.

Quelque nombreux et variés que soient les phénomènes physiologiques du bras et de l'avant-bras, nous pouvons les réduire à quatre principaux, savoir : la *sensation*, la *protection*, les *mouvements* et la *nutrition*. En effet, la peau, plus dense et pourvue de poils plus ou moins nombreux en arrière et en dehors, plus fine, plus délicate et nue en dedans et en avant, protège les parties sous-jacentes. La délicatesse de son tissu, qui la rend plus sensible sur les faces de flexion, est en harmonie avec la direction des mouvements dans le phénomène de l'embrassement, et réciproquement la densité du tissu et les poils plus nombreux des faces d'extension la rendent plus propre à la protection contre l'action des corps extérieurs. La couche fibreuse (*aponévrose* du bras et de l'avant-bras), subjacente à la peau, enveloppe immédiatement les chairs ou muscles, les protège et les bride dans leurs mouvements, tant au dehors qu'au dedans, au moyen des cloisons nombreuses qui vont s'insérer jusqu'aux os. Les chairs (corps charnus des muscles et leurs tendons) forment aussi des couches qui enveloppent les os, et les garantissent des chocs des corps étrangers. Les os, qui sont les organes les plus solides et qui fournissent à un très-grand nombre de muscles leurs points d'insertion, concourent à produire les mouvements dont ils sont les organes passifs, tandis que les muscles en sont les agents ou organes actifs. Les jointures ou articulations du bras avec l'épaule, du bras avec l'avant-bras, et des os de l'avant-bras entre eux, réunissent toutes les conditions pour l'étendue et la variété de ses mouvements. La diversité, la multiplicité de ces mouvements, 1° d'élévation, d'abaissement, d'abduction, d'adduction, de rotation et de circumduction, exécutés par le bras; 2° de flexion, d'extension, de supination, de pronation de l'avant-bras; leur combinaison, leur succession, leur alternative et leur simultanéité, enfin leur rapidité plus ou moins grandes, toujours appropriées aux besoins de l'intelligence, sont les vrais éléments de la force, de la vigueur et de l'adresse du bras et de l'avant-bras, en faisant ici abstraction de la main. Si l'on y joint la sensibilité de la peau des bras, dont l'habitude perfectionne l'exercice, on ne sera nullement étonné des travaux exécutés par des manchots, soit de naissance, soit après l'amputation de la main ou de l'avant-bras, ou même de la partie inférieure du bras. Le balancement des membres supérieurs pendant la marche, leurs mouvements combinés avec ceux de tout le corps dans les gestes, leur situation fixe dans diverses attitudes pendant qu'on fait des efforts, soit pour sauter, soit pour repousser, pour retenir ou résister, leur participation au phénomène de la préhension des corps, enfin la combinaison de tous ces actes ou résultats de la locomotion et de la sensibilité du bras et de l'avant-bras, secondés par l'action de la main, et dirigés par le génie des arts, sont les phénomènes physiologiques par lesquels se manifeste la puissance industrielle de l'espèce humaine.

Les mouvements que nous venons d'énumérer exercent une influence remarquable sur la nutrition des deux parties que nous étudions. L'observation nous apprend qu'en général les maîtres d'escrime, les boulangers, les gabiers (marins chargés des plus rudes travaux de la navigation), ont habituellement les bras bien nourris et très-forts.

Si, procédant depuis les singes jusqu'aux derniers poissons, on jette un coup d'œil rapide sur les parties qui correspondent au bras et à l'avant-bras de l'homme dans toute la série des animaux vertébrés qui ont quatre membres ou au moins deux, on reconnaît tout de suite les modifications nombreuses qu'elles ont dû subir pour la variété infinie des fonctions qu'elles exécutent ou auxquelles elles concourent (*voyez* AILE, NAGEOIRE). Les divers genres de station, de locomotion des vertébrés sur et dans le sol, sur les arbres, dans l'air et dans un milieu aqueux, ont nécessité toutes ces modifications, qui consistent dans des formes très-variées, dans divers degrés d'organisation et dans des proportions différentes du bras et de l'avant-bras, soit entre eux, soit avec l'épaule et la main ou pied antérieur. En général, plus le vertébré devient nageur, et plus le bras et l'avant-bras se raccourcissent, au point que dans les poissons on n'en trouve même plus de vestiges. A l'égard des parties qu'on pourrait regarder comme les membres des insectes, des arachnides et des crustacés, comme des analogues du bras et de l'avant-bras des vertébrés, nous n'en parlerons pas, et nous motiverons notre silence sur ce que les anatomistes les désignent sous d'autres noms.

Bras est souvent synonyme de force, puissance, courage et protection. C'est dans ce sens qu'on dit le *bras de Dieu* et le *bras séculier. Se jeter dans les bras de quelqu'un*, c'est implorer son appui. Malheureusement le protecteur généreux s'expose parfois à *garder* longtemps le protégé *sur les bras. Être le bras droit* de quelqu'un, c'est être en tout son principal agent, son confident, son aide de camp, son acolyte, selon la circonstance et la position. *Avoir le bras long*, c'est avoir du crédit, du pouvoir. *Frapper à bras raccourci*, c'est frapper sans mesure et de toutes ses forces. *Saisir* quelqu'un *à bras-le-corps*, c'est l'emporter dans ses bras. *Les bons bras font les bonnes lames* est un vieux proverbe qui signifie que toute arme est bonne dans la main d'un homme de cœur. *Aux bras ! aux bras !* était un cri de guerre des anciens Francs; et l'*ordre du bras armé*, un ordre militaire du Danemark, réuni plus tard à celui de l'*Éléphant*.

Les bras jouent un grand rôle dans notre civilisation moderne. *Vivre de ses bras*, c'est s'entretenir de ce que leur travail rapporte, comme *rester les bras croisés*, c'est ne rien faire, se tenir dans l'attitude de Napoléon, qui pourtant ne se servait pas mal des siens. *Faire les beaux bras* est le propre des bipèdes qui se donnent de grands airs. N'oubliez-vous de les traiter de messeigneurs *gros comme le bras*, *les bras leur tombent*, vous leur avez *coupé bras et jambes*, par votre indifférence. Ils se jettent accablés dans le premier fauteuil qui leur *tend les bras*.

Vous retrouvez encore le bras dans le *Dictionnaire des Étiquettes*. Voulez-vous accompagner une dame à la promenade, dans ses courses, dans ses visites, votre premier soin est de lui présenter un de vos bras, replié à la jointure du coude, en le soutenant à une certaine hauteur, afin qu'elle pose le sien dessus et s'appuie sur le vôtre en marchant. Cela s'appelle *donner le bras*. La manière dont on l'accepte est pleine de mystères. La légèreté, la pesanteur, la pression du bras qui s'appuie, signifie, dans la langue des amoureux, mille petits riens que le vulgaire ne comprend pas. *Se donner le bras* se dit d'une paire d'amis cheminant *bras dessus bras dessous*, c'est-à-dire le bras de l'un passé dans le bras de l'autre, à la façon de Castor et Pollux, ou de Pylade et Oreste. C'est vieux comme le monde.

BRAS (*Ichthyologie*), nom vulgaire de la raie bouclée.

BRAS (*Marine*), nom donné aux manœuvres appliquées à l'extrémité des vergues pour les faire mouvoir horizontalement sur leur point de contact avec les mâts.

BRASCASSAT (JACQUES-RAYMOND), membre de l'Académie des Beaux-Arts, peintre de paysage et d'animaux, élève de Richard, né à Bordeaux, le 30 août 1805, remporta en 1825 le grand prix de paysage historique, dont le sujet était la *Chasse de Méléagre*; et de Rome, où il était allé compléter ses études, il envoya à l'exposition de 1827 *Mercure et Argus*, paysage historique, et trois vues d'Italie. Il exposa également en 1831 quatre autres paysages; enfin, sept nouvelles productions vinrent, en 1833, consolider sa réputation naissante. Dès 1831 il avait exposé un tableau avec des brebis; mais en 1834 son *Taureau se frottant contre un arbre* et son *Repos d'animaux* semblèrent décider sa vocation. Depuis, il s'est consacré presque exclusivement au genre de peinture que certains maîtres flamands ont si heureusement cultivé. On admira encore au salon de 1837 sa *Lutte de taureaux*. Enfin un grand nombre d'autres tableaux représentant des *repos*, des *pâturages avec animaux*, des *parcs* et des *études*, exposés depuis quatorze ans, ont prouvé que le talent de Brascassat n'a fait que croître dans le genre qu'il a choisi.

Mais pourquoi Brascassat a-t-il entièrement abandonné le paysage historique? Pourquoi semble-t-il avoir quitté pour toujours une route où il pouvait devenir l'émule du Poussin, pour se faire exclusivement dans une autre le rival de Paul Potter? Nous ne saurions le dire; ce qu'il y a de certain, c'est que dans ses tableaux vous croiriez entendre le mouton qui bêle, le chien qui aboie, le taureau qui mugit; ses troupeaux marchent avec le berger, courent avec l'orage, et si deux de ces animaux s'attaquent, vous devinez leur colère, leur délire, leur violent désir de vaincre; vous les croiriez appauvris de toutes les passions des hommes. Quand Brascassat jette dans un de ses cadres, autour desquels la foule se presse attentive, émerveillée, le lièvre, la perdrix, le lapin, la caille, le faisan, abattus par le plomb du chasseur, vous vous demandez où est le Lucullus moderne dont le palais va savourer ces richesses culinaires; cela est en relief, cela vient de mourir, cela conserve son parfum, son duvet; vous admirez par tous vos sens. Il est impossible de colorer plus chaudement, c'est le coup de pinceau large sans tâtonnement, c'est une pâte ferme, une transparence dans les ombres que vous chercheriez vainement autre part à un aussi haut degré. La plume de ses volatiles a son duvet, son moelleux, son luisant; elle se soulève à la brise; les poils de ses vaches, de ses brebis de ses taureaux se hérissent, se combattent, en suivant avec une admirable harmonie l'anatomie de l'animal, et vous vous avancez involontairement pour les flatter de la main ou en chasser les taches que la terre boueuse vient de leur imprimer....

Ce qui surprend tout d'abord dans ce *poëte* d'animaux, c'est la science, mais une science sans recherche, sans calcul, et pourtant il y a là de l'ordre dans le désordre, de l'harmonie dans le chaos. Voyez cette masse innombrable de moutons qui bêlent, broutent, folâtrent, se taquinent, vous diriez une nuée de bambins venant de conquérir leur liberté menacée. Comme ces derniers, ils cheminent, ils s'emboîtent, si je peux m'exprimer ainsi; ils vivent, ils sont heureux, et cependant nous remarquez là-bas, là-bas, le redoutable abattoir qui s'ouvre et réclame sa pâture. J'ai appelé *poëte* l'auteur de ces admirables pages, je n'ai point commis d'erreur. La poésie s'adresse à l'âme, elle la réchauffe au feu de toutes les passions, elle la rend craintive, elle l'endolorit, elle la brise, elle la torture. Je vous défie de ne point vous attendrir aux regards inquiets de cette pauvre petite brebis qui cherche une mère et l'appelle avec un cri tout imprégné de tendresse.

Est-ce que le berger ne s'arme pas de la fourche et de son fusil à l'aspect de ce *loup guetteur*, qui certes n'a pas déjeûné, tant son œil fauve cherche la porte de la bergerie, tant sa gueule rouge est avide de sang ! On dirait que

Brascassat a une cabane bien close sur quelque cime pyrénéenne, et qu'il est venu là étudier les mœurs des hôtes farouches qui peuplent ces lieux solitaires. Qu'il est beau le *parc de brebis!* qu'il est amusant! qu'il est vrai! C'est en présence de ces pauvres petits êtres chétifs que madame de Sévigné pourrait bien s'écrier : « Qui sait ? parmi tous ces drôles, il n'y en a peut-être pas un seul qui soit tendre! » Le berger n'est pas là, n'importe ; les prisonniers n'ont pas envie d'aller chercher pâture ailleurs. Ils sont fatigués de leurs courses de la journée, ils viennent de rentrer, ils vont se reposer et dormir. Tout à l'heure ce sera le calme et le silence..... maintenant c'est encore du bruit, c'est l'instant qui précède le sommeil. Oh! que je porte envie à l'acquéreur de ce cadre! Comment ne voulez-vous pas que le bétail s'engraisse dans ce magnifique *pâturage*, où vous croyez voir la rosée pendue en diamants sur chaque brin d'herbe? Brascassat a fait ici un vol à la nature. Taureaux ou lapins, dogues ou lévriers, brebis ou vaches, tous nos animaux domestiques ont été traduits sur la toile par notre célèbre peintre avec une variété, avec une poésie, qui nous fait dire : Paul Potter vit encore, Brascassat ne mourra point...

Déjà chevalier de la Légion d'Honneur, Brascassat a été élu en 1846 membre de l'Académie des Beaux-Arts, en remplacement du vieux Bidault. Jacques Arago.

BRASIDAS, l'un des plus célèbres généraux des Lacédémoniens, et que ce peuple, chez qui il ne naissait point un lâche, ne craignit pas d'appeler « le plus brave des Spartiates », était fils de Taliès. L'an 431 avant J.-C., dans la première année de la guerre du Péloponnèse, il sauva Méthone (aujourd'hui Modon), près de tomber aux mains des Athéniens. Bientôt, donné pour conseil à Alcidas, il l'accompagna dans une expédition contre Corcyre, qui n'eut aucun résultat avantageux, malgré une si redoutable association : la bravoure et l'expérience. Elles ne purent triompher de la marine formidable des Corcyréens. Quelque temps après, Brasidas fut dangereusement blessé dans un combat livré aux environs de Pylos, entre l'Élide et la Messénie. Sitôt sa blessure fermée, il se jeta, à la tête d'une armée, dans la Chalcidique, portion de la Macédoine que domine le mont Athos, et où les rivages de la mer étaient peuplés de colonies grecques, toutes sous la puissance d'Athènes ou dans son alliance. Ce général prit en courant la plupart de ces villes maritimes, dont plusieurs ouvrirent leurs ports et d'autres demandèrent l'alliance de Lacédémone. Il ne lui restait plus à soumettre que Potidée, la ville la plus importante de cette contrée, sur l'isthme de Pallène. Les Athéniens y envoyèrent, en toute hâte, une armée d'élite, commandée par Cléon. Brasidas marcha contre lui, le rencontra près d'Amphipolis, dans la Thrace, sur le fleuve Strymon. Là fut livré un combat acharné; les Athéniens ne purent résister à l'impétuosité des Spartiates, que poussaient et animaient leurs nombreuses et recentes victoires ; ils furent taillés en pièces. Athènes perdit dans les plaines d'Amphipolis la fleur de ses combattants ; Cléon resta sur le champ de bataille, et Brasidas, mortellement blessé, fut porté à Amphipolis, où il expira. Ce combat eut lieu l'an 422 avant J.-C.

Ainsi périrent aux mêmes lieux, le même jour, au même moment, de la même mort, ces deux hommes si différents, qui seuls prolongèrent la malheureuse guerre du Péloponnèse. « L'un y trouvait, dit Plutarque, des occasions de faire de grandes injustices, l'autre celle de s'illustrer par de grands exploits. » La nouvelle de la victoire arriva à Sparte avant le corps de Brasidas. Les envoyés qui apprirent à sa mère la mort de ce brave des braves cherchaient à prévenir ses larmes en exaltant la valeur et la gloire de son fils ; la Spartiate, indignée qu'on lui fît la honte de la consoler, leur répondit : « Est-ce que Sparte n'est pas pleine de héros ? » Sparte éleva à la mère et au fils un monument public, ne sachant qui des deux avait eu l'âme la plus héroïque.

BRASIDÉES, fêtes qui se célébraient à Amphipolis, et qui avaient été instituées en l'honneur de Brasidas, général lacédémonien, tué devant cette ville, en combattant les Athéniens. Ces fêtes consistaient en sacrifices et en jeux auprès de sa tombe. Il fallait être citoyen de Lacédémone pour avoir le droit d'y paraître, et l'on punissait d'une amende quiconque négligeait d'y assister sans avoir prévenu les magistrats.

BRASIER. On entend à la fois par ce mot un feu de bois ou de charbon bien allumé à demi consumé, une espèce de vase portatif, de vaisseau large et plat, où l'on met de la *braise* allumée pour chauffer une chambre. Chez les anciens, qui n'avaient point d'autre cheminée que celle de la cuisine, les appartements intérieurs ne se chauffaient pas autrement qu'avec des brasiers, dans lesquels on mettait des charbons allumés ; et comme ils avaient la même forme que ceux sur lesquels on allumait le feu sacré dans les temples, et qu'ils reposaient de même sur trois pieds placés en triangle, on donnait indistinctement le nom de *trépieds* aux uns et aux autres. On en fabriquait avec toutes espèces de métaux ; mais on y employait le bronze de préférence, et les artistes s'appliquaient à en orner les contours. Quant aux brasiers modernes, usités encore aujourd'hui en Italie et en Espagne, ils sont de diverses formes, mais habituellement carrés et d'une grandeur proportionnée à celle des appartements que l'on veut chauffer ; les matières qu'on y emploie, leur travail et leurs ornements annoncent toujours le degré de richesse et d'aisance des propriétaires. Dans la plupart des palais ils sont en argent, mais le cuivre entre dans la composition du plus grand nombre ; les plus communs sont formés d'un bassin en tôle, porté par un cadre de bois, revêtu également de plaques de cuivre.

BRASSAGE, opération qui consiste à agiter avec un brassoir des métaux en fusion dont on veut former un alliage. Sans elle, il est clair que les métaux les plus denses tendraient continuellement à se précipiter au fond du creuset.

Il y avait autrefois un *droit de brassage*, qui consistait dans le pouvoir accordé par le roi au maître des monnaies de prendre sur chaque marc d'or, d'argent ou de billon, ouvré en espèces, une certaine somme modique (3 livres par marc d'or et 18 sous par marc d'argent), dont il retenait la moitié pour le déchet de la fonte, pour le charbon et pour les autres frais ordinaires ; l'autre moitié était répartie entre les officiers des monnaies et les ouvriers qui avaient contribué à la fabrication des espèces.

BRASSARDS D'ARMURE, manches qui s'ajoutaient aux armes défensives si elles étaient en fer, ou qui y tenaient à demeure si elles étaient de mailles. L'usage en était déjà connu des anciens Perses ; les chevaliers du moyen âge le firent revivre ; les Français y renoncèrent depuis Henri III. Les Turcs n'ont abandonné que fort récemment les brassards d'armure, qu'ils appelaient *colgiac*, *colgiat*, ou *koltchak*. Gal Bardin.

BRASSE, employé substantivement dans la marine, indique, comme mesure de longueur, l'étendue comprise entre les deux extrémités des bras qu'un homme tiendrait ouverts. La moyenne de cette mesure est de 1^m,62 (5 pieds) dans l'usage ordinaire qu'on en fait à bord des navires. C'est à la *brasse* que l'on détermine la longueur des manœuvres, du filain, des câbles, des lignes de lock. Ainsi, un câble qui a 195 mètres de long, est, pour la marine, un câble de 120 *brasses*. Une ligne de sonde qui rapporte 162^m,40 de fond indique, dans le langage maritime, une hauteur d'eau de 100 *brasses*. La *brasse*, enfin, est l'unité usuelle de la plupart des longueurs que les marins veulent déterminer dans les usages pratiques du bord.

Les marins des autres nations mesurent aussi à la *brasse* les longueurs qu'ils veulent indiquer au moyen d'une unité qu'il est toujours facile de déterminer ; mais chez la plupart des marins étrangers la brasse n'est qu'une mesure de convention, moins aisée à fixer que dans notre marine. La brasse danoise a près de 1^m,95, tandis que la petite brasse hollandaise a à peine 1^m,60.

Le mot *brasse*, impératif du verbe *brasser*, est un commandement que l'on emploie pour ordonner de haler sur le bras d'une vergue que l'on veut orienter. *Brasse tribord* ou *brasse babord* signifie haler sur le *bras* de tribord ou sur le *bras* de babord. — Édouard CORBIÈRE.

La *brasse* a été employée aussi comme mesure dans le commerce, où sa valeur commune était en France de six pieds de roi, mais c'est surtout en Italie qu'elle était d'usage, et sa valeur variait selon les différentes localités.

BRAS SÉCULIER. C'était une maxime d'ordre public en France que nulle exécution sur la personne ou sur les biens ne pouvait se faire en vertu d'une décision ecclésiastique : il fallait l'intervention du juge séculier. Le juge d'église n'avait pas le pouvoir de mettre à exécution ses sentences sur les biens temporels de ceux qu'il condamnait, ni d'imposer des peines *grièves* et allant jusqu'à l'effusion du sang. Aussi l'Église se contentait-elle par ses condamnations de livrer *au bras séculier* ceux qu'elle déclarait coupables. Après la révocation de l'édit de Nantes Louis XIV prononça par édit que les hérétiques ne pourraient pas implorer le recours du *bras séculier*.

BRASSERIE, BRASSEUR. Une *brasserie* est le lieu où se fabrique la bière; le *brasseur* est celui qui se livre à cette fabrication.

L'origine de l'art du brasseur paraît très-ancienne, et remonte peut-être au delà des temps historiques. La Fable y fait intervenir Cérès elle-même, enseignant aux hommes les divers usages qu'ils peuvent faire de ses dons et la préparation d'une liqueur qui remplacerait le vin dans les lieux où la culture de la vigne leur serait interdite. La bière de Péluse acquit une haute renommée chez les Égyptiens; de longues relations de commerce furent établies entre la Grèce et l'Égypte, l'art des Pélusiens traversa la Méditerranée, et vint défier Bacchus en présence de ses coteaux couverts de vignes. Bientôt les Grecs surent préparer plusieurs sortes de bières, et à leur tour ils transmirent aux peuples voisins l'instruction qu'ils avaient reçue d'Égypte, et celle qu'ils tenaient de leur propre expérience. Peu à peu cette instruction fit des progrès, et s'étendit jusque dans les Gaules; on ne l'a pas suivie au delà de la Baltique, où cependant elle dut être aussi bien accueillie que chez nos ancêtres.

Quoique cette histoire de l'art du brasseur en Europe soit appuyée de témoignages imposants, elle n'est peut-être qu'une hypothèse ingénieuse. Plusieurs arts ont pu naître spontanément, et à peu près dans le même temps, parmi des peuplades qui n'avaient entre elles aucune communication. La préparation du *kwasse* des Russes n'est certainement pas une importation, et cette boisson acidule, tirée de la farine du seigle, paraît être un produit de l'art imparfait, tel qu'il put naître chez un peuple encore ignorant et peu civilisé. Avec quelques manipulations et quelques soins de plus, le kwasse serait une bière aussi bonne que plusieurs de celles qui sortent des brasseries belges ou allemandes.

Quoi qu'il en soit, la communauté des brasseurs est une des plus anciennes qui aient été érigées à Paris en corps de jurande, car ses statuts datent de 1268. Mais cette communauté était obscure et peu nombreuse, et tandis que les brasseurs jouaient un rôle important dans les insurrections de Flandre (*voyez* ARTEVELD), Paris réservait aux bouchers le privilège de fournir des chefs aux émotions populaires (*voyez* CABOCHE).

Les brasseurs étaient nommés autrefois *cervoisiers*, du mot *cervoise*, qui est le nom qu'on donnait alors à la bière. Leurs statuts leur défendaient de mettre dans la bière des baies de laurier franc, du poivre long et de la poix-résine, sous peine de vingt sous parisis d'amende au profit du roi, et de confiscation de leurs bassins au profit des pauvres.

Ces statuts, renouvelés en 1489, en 1515 et en 1630, furent confirmés en 1686, et l'on y ajouta en 1714 quelques nouvelles prescriptions. Au moment où la corporation fut abolie, on comptait à Paris soixante-dix-huit maîtres brasseurs, dont le plus grand nombre habitaient le faubourg Saint-Marceau.

Aujourd'hui les brasseries sont régies par le décret du 15 octobre 1810, qui résume les lois antérieures. Ce décret les place, sous le rapport de la police et des précautions à prendre, dans la troisième classe des établissements dangereux et insalubres. Son article 8 porte qu'aucune brasserie ne peut être établie que sur la permission du préfet de police à Paris, et sur celle du maire dans les autres villes; les difficultés qui peuvent s'élever contre la décision du préfet de police ou des maires sont jugées en conseil de préfecture. De plus, le transfèrement d'une brasserie, comme l'interruption de ses travaux pendant six mois, nécessite une nouvelle autorisation. Enfin, les lois des 28 avril 1816 et 12 décembre 1830 réglementent la perception du droit de fabrication des bières (*voyez* BOISSONS). La première de ces lois, par une de ses dispositions, soumet le brasseur à un droit de licence qui n'est valable que pour un an et pour un seul établissement; ce droit varie de 20 à 50 francs.

BRASSIÈRE, petite camisole ou chemise d'enfant, destinée à couvrir seulement les bras et le haut du corps, et surtout à maintenir celui-ci. Les brassières s'attachent par derrière avec des cordons.

BRASSOIR, instrument de fer ou de terre cuite de creuset, dont on se sert pour brasser le métal lorsqu'il est en bain (*voyez* BRASSAGE). Pour l'argent et le billon, les *brassoirs* sont des cuillers de fer ; mais pour l'or, si l'on se servait de *brassoirs* de fer, l'hétérogénéité qui règne entre ces deux métaux, ferait pétiller l'or et s'écarter; d'où il s'ensuivrait des déchets et un embarras dans le travail. On a soin de bien chauffer le *brassoir*, même de terre, avant de s'en servir.

BRASURE. C'est la réunion de deux pièces de fer opérée au moyen de la soudure de cuivre jaune, c'est-à-dire en faisant fondre un alliage de cuivre sur le point où les parties à souder doivent se joindre. On peut aussi braser le fer sans métal intermédiaire : pour cela, on donne une chaude suante aux parties à réunir, puis on les recouvre d'un peu de sable, qui fond et donne naissance à un silicate ayant pour base l'oxyde de fer formé; forgeant ensuite les deux pièces réunies, le silicate de fer est expulsé sous forme de scories, et la brasure est effectuée.

BRAULION ou BRAULE (Saint) est sans contredit le plus obscur de tous les bienheureux, quoique, par son mérite et ses talents, il soit digne d'être rangé parmi les plus illustres. Par suite de cet injuste oubli, nous ignorons l'époque de sa naissance et les diverses particularités de sa vie. Ce qui paraît certain pourtant, c'est qu'il vécut sous les rois visigoths *Sisenand*, *Chintila*, *Tulga* et *Cinthasuind*. « Il releva, dit saint Isidore, son contemporain et son ami, l'Espagne tombée en décadence, rétablit les monuments des anciens, et préserva sa patrie de la rusticité et de la barbarie. » Il fut un des plus savants hommes de son siècle et un des prélats les plus distingués de l'Église d'Espagne. Ayant glorieusement occupé le siége de Saragosse, et assisté aux quatrième, cinquième et sixième conciles de Tolède, il mourut en 646, dans la vingtième année de son épiscopat. Son corps, découvert en 1270, est conservé à Rome dans la basilique de Sainte-Marie-Majeure. Braulion a composé un assez grand nombre d'ouvrages estimés des théologiens; mais son premier titre est d'avoir mis en ordre le fameux traité de saint Isidore, les *Origines*, répertoire de toute l'érudition du septième siècle. — E. LAVIGNE.

BRAUNFELS, petite ville de 1,567 âmes, située sur l'Isar, dans le cercle de Coblentz, arrondissement de Wetzlar (Prusse), est la résidence des princes de Solm-Braunfels.

On y voit un château fort, bâti sur un roc, dans lequel on a placé une belle bibliothèque et une collection d'antiquités. Braunfels est le siége du gouvernement; elle possède deux églises évangéliques et une synagogue. Un aqueduc y amène l'eau *nécessaire* à la consommation des habitants, qui se livrent presque tous à l'agriculture. La seule usine importante est une fabrique de pompes à feu. Lors de la guerre de trente ans, le château fut plusieurs fois pris et repris par les troupes de Mansfeld et par celles de Tilly, et, plus tard, par les Impériaux, puis par les Français commandés par Turenne.

BRAURONIES, fêtes en l'honneur de Diane, ainsi nommées de la ville de Brauron, en Attique, où elles avaient été instituées, et où elles se célébraient de cinq ans en cinq ans. Toutes les cérémonies y étaient présidées par dix personnes appelées *hieropœi*, c'est-à-dire faiseurs de sacrifices. On offrait en sacrifice un bouc ou une chèvre, tandis qu'un chœur d'hommes chantait un livre des poëmes d'Homère, et que de jeunes filles, vêtues de robes jaunes, âgées de cinq à dix ans, et toutes désignées sous le nom d'*arctoi* (ourses), venaient s'y consacrer à Diane. Les anciens auteurs se partageaient sur l'origine de cette solennité : les uns disent que les Phlavides, habitants d'un bourg d'Athènes, étant parvenus à apprivoiser un ours, les enfants jouaient et mangeaient familièrement avec lui, mais qu'une jeune fille en ayant été dévorée, ses frères vengèrent sa mort par celle de l'ours. Aussitôt le pays fut désolé par la peste. L'oracle consulté répondit qu'il fallait consacrer de jeunes vierges au service de Diane, et de là la loi athénienne qui défendait à toute jeune fille de se marier sans s'être auparavant consacrée à Diane, à la fête des *brauronies*. Suivant d'autres, cette fête ne se célébrait qu'en mémoire de la délivrance miraculeuse d'Oreste et d'Iphigénie ; aussi ajoute-t-on qu'une des cérémonies essentielles était d'appliquer légèrement une épée sur la tête d'une victime humaine, et d'en faire couler quelques gouttes de sang, par allusion au danger qu'Oreste avait couru en Tauride d'être sacrifié par sa sœur.

BRAUWER ou **BROUWER** (Adrien), peintre de l'école hollandaise, né en 1608, à Oudenarde, et suivant d'autres à Harlem, où son père était peintre en tapisseries, fut de bonne heure contraint par la pauvreté de ses parents de gagner sa vie lui-même. Il l'essaya d'abord en peignant des fleurs et des oiseaux pour les brodeurs. Le célèbre peintre *Hals* le prit ensuite dans son atelier, et sut exploiter à son grand profit le talent du jeune artiste. Tenu en quelque sorte en chartre privée dans un galetas, et très-misérablement nourri, Adrien Brauwer était obligé de peindre sans relâche de petits tableaux, que son maître vendait ensuite fort cher. D'après les conseils de son camarade d'atelier, Adrien Van Ostade, il prit le parti de s'enfuir à Amsterdam, où sa surprise fut grande en apprenant que ses toiles étaient estimées des connaisseurs. Il gagna alors beaucoup d'argent ; mais, au lieu de s'appliquer avec zèle à son art, il sembla ne plus avoir d'autre domicile que le cabaret, n'en sortant jamais que lorsque le cabaretier insistait trop vivement pour être payé. Il poussait, d'ailleurs, l'amour-propre si loin, qu'il jetait au feu les toiles dont on ne lui donnait pas le prix qu'il avait demandé.

Étant venu à Anvers pendant la guerre des Pays-Bas, on l'y prit pour un espion et on l'enferma dans la citadelle. Il déclara qu'il était peintre, se recommanda au duc d'Aremberg, prisonnier comme lui, et qui lui fit donner tout ce dont il pouvait avoir besoin pour travailler ; et alors il se mit à peindre les soldats chargés de le garder. Il les représenta jouant aux cartes dans leur corps-de-garde, et fit preuve de tant de vigueur et de vérité dans la composition de ce tableau, qu'en le voyant Rubens s'écria aussitôt : « Ce doit être l'ouvrage de Brauwer ; il n'y a que lui pour traiter de pareils sujets avec tant de bonheur ! » Rubens s'offrit pour lui servir de caution et le rendre à la liberté. Ensuite il l'habilla des pieds à la tête, et le recueillit chez lui en lui faisant partager sa table. Au lieu de se montrer reconnaissant de ce généreux procédé, Brauwer s'enfuit secrètement de chez son bienfaiteur pour pouvoir se livrer sans contrainte à la vie crapuleuse. Il ne tarda pas à faire connaissance d'un boulanger appelé Craesbeeck, qui partageait tous ses goûts, devint son commensal, et fit de lui un peintre habile. Mais il noua avec la femme, jeune, jolie et coquette, de son hôte, des relations adultères qui eurent pour tous les trois les suites les plus désagréables. Forcé de fuir, Brauwer se rendit à Paris ; mais, n'y trouvant pas de besogne, il s'en revint encore à Anvers, où il mourut à l'hôpital en 1649. Rubens, qui respectait le talent dans Brauwer, le fit honorablement enterrer dans l'église des Carmélites de cette ville.

Toutes les toiles de cet artiste sont remarquables par la vigueur et l'harmonie des couleurs, ainsi que par la légèreté du clair-obscur ; elles font d'ailleurs tout de suite connaître quels lieux et quelles sociétés il devait hanter le plus volontiers. En revanche, elles respirent une gaieté franche, dont les peintres de genre de l'école hollandaise offrent peu d'exemples.

BRAVACHE. On a coutume d'expliquer le mot *bravache* par ceux de *faux brave*, *fanfaron*. Peut-être en pourrait-on conclure que le *bravache* est celui-là seul qui fait le vaillant en société de poltrons, et pourtant il y en a encore un autre ; c'est celui qui, sûr de son œil et de sa main, pousse les choses à l'extrême, tue son homme, essuie son arme, salue avec élégance, et se retire. Ces deux caractères sont bien distincts. Le premier parle haut, raconte avec fracas les soufflets et les coups d'épée qu'il a donnés, les excuses qu'on lui a faites ; il a sur la poitrine, ou ailleurs, maintes blessures que nul n'a jamais vue : si d'aventure, dans son enfance, l'angle d'une cheminée ou les degrés d'un escalier lui ont balafré le visage, il faudrait que ces accidents eussent laissé des traces bien peu équivoques pour ne point se convertir avec l'âge en coups de taillant et de pointe ; en un mot, c'est un homme formidable *jusqu'au dégainer*. Le second a une politesse affectée, qui laisse poindre une susceptibilité de parade, toujours prête à s'offusquer du moindre mot. Rarement son sang-froid le quitte, même dans les cas les plus graves. S'il lui a plu de prendre pour insulte une parole en l'air, un mouvement de coude, un sourire, il s'approche de votre oreille, et en moins de dix secondes, sans bruit, sans éclat, sans colère, il vous met sur les bras l'*affaire d'honneur* la plus sotte, la plus ridicule, et, qui pis est, de toutes la plus inévitable. Du reste, ce n'est point le courage qui fait la différence des deux espèces de *braves* qu'on vient de signaler : l'un a peur de la mort, l'autre est sûr de la donner. Voilà tout.

BRAVADE, acte par lequel on défie, soit les hommes, soit les choses, et qui se manifeste, sous diverses formes, par l'insolence des gestes ou par l'exagération des paroles. A l'usage des fanfarons, la bravade sert à cacher leur frayeur sous un faux air de hardiesse : c'est pour eux que Corneille a dit :

Les *bravades* enfin sont des discours frivoles,
Et qui songe aux effets néglige les paroles.

A l'égard des choses, elle consiste à se livrer à des excès au-dessus de ses forces, en présence des autres, pour se grandir dans leur opinion : elle monte alors jusqu'à la folie, ou descend jusqu'à l'enfantillage. Chez les anciens, qui combattaient corps à corps et d'homme à homme, les guerriers aimaient à se braver : s'exaltant ainsi jusqu'à la fureur, ils doublaient leurs forces. Les héros d'Homère ne manquent jamais de se lancer des railleries, de se piquer par des reproches et de vanter leurs propres exploits avant d'en venir aux mains. Aujourd'hui que l'on se tue de loin sur les champs de bataille, les guerriers sont *braves sans bravade.*

La *bravade* est un propos de Gascon, une hyperbole, à laquelle on n'ajoute pas foi.

C'est encore le nom d'une fête instituée en Provence, en l'année 1256, par Charles d'Anjou, à son retour de la Terre Sainte. Elle consistait en un tir à l'oiseau, suivi d'une procession où figuraient l'élite de la bourgeoisie et le parlement. La cérémonie se terminait par un feu de joie allumé par le vainqueur sur la place publique.

BRAVE (du grec βραβεῖον, prix du combat). C'est celui qui affronte le danger, court à sa rencontre, ou l'attend sans crainte, celui qui s'expose à la mort par devoir, par générosité. Parmi les braves, les uns le sont par fermeté d'esprit, les autres, et c'est le grand nombre, par tempérament. Ces derniers ne se montrent pas braves tous les jours : subjugués par l'imagination, qui exalte ou énerve leurs facultés, ils paraissent fermes ou timides sans mesure. Que de guerriers, intrépides sur le champ de bataille, ont tremblé devant l'échafaud ! C'est qu'alors le péril est imminent, inévitable, tandis qu'au milieu du feu, le plus brave ne désespère pas de son salut, même en voyant tomber tous ses compagnons. « Montrez-moi un danger que je ne puisse éviter, disait l'intrépide comte de Peterborough, et vous verrez que j'aurai peur comme un autre. » Toutefois, dans les crises les plus terribles de la guerre, on a vu de grands capitaines s'isoler si complètement, qu'ils ne songeaient plus au péril, mais au résultat qu'ils poursuivaient. On demandait au maréchal Ney si dans le cours de sa carrière militaire il avait connu la crainte : « Non, répondit-il, je n'en ai jamais eu le temps. »

Brave comme un César, ou *comme son épée*, expressions proverbiales, qui signifient un homme éminemment brave, par opposition au substantif dépréciateur *faux brave*. Un *brave à trois poils* est un brave déterminé, qualification qui vient de ce que les hommes qui aspiraient à le mériter avaient l'habitude de porter la moustache à la royale, à trois pointes, bouquetée, comme on la portait du temps de Louis XIII.

Brave veut dire aussi par extension vêtu avec recherche, paré de ses beaux habits. *Brave comme un bourreau qui a fait ses Pâques* est un dicton proverbial, sans application aujourd'hui, mais qui signifiait jadis qu'on n'avait pas coutume d'être si bien vêtu, par allusion sans doute à l'obligation imposée aux bourreaux de porter toujours sur leurs habits quelque marque de leur profession, comme une échelle, une potence, hors le jour de Pâques, où il leur était licite d'endosser le costume des autres *manants ou vilains*.

Ce mot a vieilli dans ces diverses acceptions, mais il a conservé toute sa fraîcheur dans la signification familière d'honnête ou de probe : *C'est un brave homme*, dit-on ; *C'est une brave et digne femme*.

BRAVO, nom qu'on donnait jadis en Italie, à Venise surtout, à un spadassin, à un bandit, à un *estafier* à louer, à un *soldurier* domestique, qui faisait métier de tuer pour de l'argent, et qui ne reculait pas, esclave de sa parole, devant les entreprises les plus périlleuses pour satisfaire celui qui l'avait pris à sa solde. « A la fin du quinzième siècle, dit un auteur italien (Pier-Angelo Fiorentino), les *bravi*, armés jusqu'aux dents, une arquebuse en main, un coutelas en poche, coiffés d'une résille espagnole, masqués par une barbe épaisse et d'énormes moustaches à crochets, n'avaient, quand il leur fallait redoubler de précaution, qu'à rabattre une longue tresse de cheveux qu'ils portaient d'habitude sur le devant de la figure. » *Le bravo* est une des meilleures productions du romancier Américain Fenimore Cooper.

Ce mot avait la même signification en espagnol ; il n'exprimait même pas autre chose en France du temps de Louis XIII et sous la minorité de Louis XIV. Bon nombre de grands seigneurs entretenaient alors chez nous des *bravi*, toujours prêts à maltraiter, à tuer même quiconque on désignait à leurs coups. Le maréchal d'Ancre en avait une troupe qui lui servait de gardes du corps, et qu'il appelait ses *coglioni* de mille livres, parce que chacun d'eux recevait cette somme pour veiller sur ses jours ; ce qui ne l'empêcha pas de tomber sous les coups de Vitry. Le mot *bravo*, passant par l'acception de duelliste, s'épura plus tard, en France, grâce à la puissance du préjugé. Dans les armées turques, les *bravi* étaient jadis des cavaliers fanatiques, qui, ivres d'opium, le cimeterre au poing, se précipitaient tête baissée dans les rangs ennemis, où ils trouvaient souvent la mort. En Amérique il y en avait de deux sortes, les uns qui, fuyant la civilisation, s'enfonçaient de plus en plus dans l'intérieur des terres, au risque de se trouver face à face avec les indigènes ; les autres, variété de l'espèce italienne, et dont l'île de Cuba fut le dernier asile, étaient en général des nègres ; mais quantité de blancs de la meilleure compagnie exerçaient aussi ce métier en amateurs, pour leur propre compte. Il fallut que le général Tacon, rentré en Espagne sur la fin de 1838, mît un terme à cette frénésie, qui menaçait de ne plus avoir de bornes.

C'est une espèce perdue en France depuis que les lois y ont fait plier toutes les conditions sous le même niveau. A peine en rencontre-t-on encore, sous un nouveau nom, mais dégénérés et aussi lâches que leurs prédécesseurs étaient intrépides, aux abords des repaires des Phrynés de bas-étage. Quant aux bandits et aux voleurs de grands chemins, ils ne pillent et n'assassinent plus qu'à leur profit ; le partage seul du butin les divise, de temps à autre.

BRAVO! BRAVA! au féminin, BRAVI! au pluriel, exclamations par lesquelles les amateurs enthousiastes témoignent, dans les théâtres d'Italie, et dans les théâtres italiens des autres contrées, leur satisfaction ou leur admiration aux chanteurs et cantatrices. *Bravo Lablache! brava la Grisi, la Garcia! Bravi tutti!* Des théâtres italiens ce terme d'approbation est passé dans tous les autres théâtres et même en de plus petites salles ; dans les concerts, dans les salons, dans les séances académiques, les *bravo*, les *bravissimo*, éclatent quelquefois ; c'est une manière de dire *très-bien!* dans une langue qui n'est pas la sienne.

BRAVO (Don Nicolas), général mexicain. Ce nom de Bravo est demeuré célèbre dans l'histoire des guerres que le Mexique a dû soutenir pour assurer son indépendance politique. Lorsqu'en 1811, après l'avortement d'une première tentative faite par le courageux Hidalgo, pour secouer le joug de la métropole, le curé Morelos, de Nocupetejo, leva de nouveau l'étendard de l'insurrection, et s'empara, par un coup de main aussi hardi qu'habile, de l'important port d'Acapulco, sur l'océan Pacifique, le général de brigade Leonardo Bravo, homme qui jouissait de l'estime générale, *Manuel*, son frère, et *Nicolas*, son fils, devenu plus tard général et vice-président de la république, furent des premiers à répondre à son généreux appel. Leonardo se trouva au nombre des dix-sept prisonniers qui tombèrent au pouvoir des Espagnols, lorsque le brave Morelos se fraya un chemin avec sa petite troupe à travers la nombreuse armée des assiégeants. Leonardo fut condamné à mort par ordre du vice roi Calléja ; en vain son fils offrit pour sa rançon 300 prisonniers espagnols, il fut fusillé. Nicolas Bravo consentit cependant à rendre la liberté à ces prisonniers, en ne leur imposant d'autre condition que l'engagement, de leur part, de se montrer humains à l'égard des champions de l'indépendance que le sort des armes ferait tomber en leur pouvoir ; générosité qu'on ne saurait assez louer, quand on se rappelle l'animosité des parties belligérantes, la haine profonde des colons pour les Espagnols, et la soif de vengeance, si commune alors parmi les populations du Mexique. Son oncle, Manuel, lui aussi, mourut de la main du bourreau, en 1814, après avoir été fait prisonnier.

Quand Morelos eut été pris et fusillé, lorsque le congrès qu'il avait convoqué, eut été dispersé, et que la plupart des chefs de l'insurrection, battus par les Espagnols, eurent accepté une amnistie, le général Bravo, à son tour, déposa les armes. Mais lorsqu'en 1821 la révolution éclata pour la seconde fois à Mexico, Bravo, qui vint rejoindre tout aussitôt Iturbide et Guerrero à Iguala, se montra l'un de leurs plus déterminés partisans. Iturbide ayant été proclamé empereur par l'armée, le congrès, dans le but d'éviter une guerre civile, lui confirma cette dignité; mais Bravo et vingt-trois autres membres du congrès, qui avaient exprimé librement leur désapprobation de ce qu'ils regardaient comme une usurpation, furent arrêtés et jetés en prison le 22 août 1822; et le même jour le congrès fut violemment dissous. Quatre mois plus tard, la révolte de Santa-Anna mettait un terme à la durée de l'empire d'Iturbide. Le Mexique se reconstitua en une république fédérative, composée de dix-neuf États, avec un directoire exécutif, formé de Vittoria, Bravo et Negrette; et le 24 octobre 1824 fut promulguée la constitution nouvelle.

Vittoria ayant été élu président unique au mois de septembre de l'année suivante, Bravo fut placé à la tête de l'armée. Il appartenait au parti des *Escoseces* (Écossais), opposé à celui des *Yorkinos*, et, comme chef de ce parti autant que comme l'un des hommes les plus considérés du pays, il était généralement désigné comme devant succéder à Vittoria dans la présidence. Les *Yorkinos*, dont les chefs étaient Vittoria et Guerrero, ayant réussi à arracher à la législature un décret qui expulsait en masse tous les Espagnols du territoire de la république, Bravo partit de Mexico, à la tête d'un corps de troupes qui lui était dévoué, pour s'opposer à l'exécution de ce décret sauvage, et attendit dans la plaine d'Apan l'arrivée du général Guerrero, que le congrès avait fait marcher contre lui. Complétement défait dans cette rencontre, tels étaient le respect et l'estime qu'inspiraient généralement sa gloire et sa probité, que, malgré l'accusation qu'on élevait contre lui d'avoir voulu établir une république centrale comme acheminement à une monarchie, on ne le condamna pas à mort, et qu'on se borna à l'exiler du territoire de la république. Bravo se rendit alors sur la côte orientale de l'État d'Honduras, dans l'Amérique centrale, où il s'embarqua pour New-York.

Mais lorsqu'au milieu de l'été de 1829, les Espagnols firent une nouvelle tentative pour replacer le Mexique sous le joug de l'ancienne métropole, Bravo, abandonnant son asile, courut avec ses compagnons d'infortune offrir ses services à son pays, menacé dans son indépendance. Il descendit à la Vera-Cruz, où il fut accueilli avec de grandes démonstrations de joie. Le débarquement opéré par les Espagnols avait eu pour résultat de faire cesser pour quelque temps toutes les luttes intestines; dès qu'ils eurent été repoussés, la discorde reparut. Le vice-président Bustamente se déclara contre Guerrero, qui l'année précédente avait usurpé la magistrature suprême, et fut proclamé président par les États confédérés quand il eut triomphé de son adversaire. Le général Bravo fut nommé vice-président. C'est lui qui avait complétement défait les forces dont disposait Guerrero, lequel fut fait prisonnier, puis fusillé. En 1831, sous l'administration de ces deux hommes de mérite, le Mexique jouit quelque temps d'un repos dont il avait tant de besoin pour réparer les maux de la guerre civile. Mais ce calme ne fut pas de longue durée, et c'est à la fin de 1833 nous retrouvons Bravo à la tête d'une petite armée insurgée contre le gouvernement, entretenant la guerre civile dans sa malheureuse patrie. Vers les premiers mois de 1834 il fut battu par le général Vittoria. Depuis lors il a disparu de la scène politique, et ni l'attaque des Français sur Vera-Cruz, en 1839, ni la conquête du Mexique par les États-Unis, en 1847, ni les révoltes continuelles dont son pays n'a cessé d'être le théâtre, ni la révolution française de 1848, qui a ébranlé le globe, n'ont pu le faire sortir de la retraite qu'il s'est, dit-on, choisie dans une petite ville centrale de l'Union-Américaine.

BRAVO-MURILLO (Don JUAN), homme d'État espagnol, né en juin 1803, à Frejenal de la Sierra, dans la province de Badajoz. Ses parents, qui n'avaient qu'une fortune très-médiocre, le destinèrent à l'état ecclésiastique, et l'envoyèrent étudier la théologie à Séville et à Salamanque. N'ayant pas de vocation pour cet état, Bravo-Murillo abandonna la théologie pour la jurisprudence. En 1825 il se fit recevoir avocat à Séville, dont le barreau comptait alors parmi ses membres les avocats les plus célèbres d'Espagne; aussi eut-il beaucoup de peine à se faire remarquer. Renonçant à cette ingrate carrière, il obtint une chaire dans l'université, et fut en même temps chargé des cours de philosophie; cependant il ne tarda pas à reparaître au barreau, vers lequel son goût l'entraînait. Ses talents lui acquirent bientôt une réputation, qu'accrut considérablement son habile défense du colonel Bernardo Marquez, en 1831. Aussi, après la mort de Ferdinand VII, le ministre de la justice Garelly lui offrit-il la place de fiscal près de l'*audiencia* de l'Estramadure à Cacères. Bravo-Murillo l'accepta; c'était un premier pas dans l'administration publique. Dans ses nouvelles fonctions, il se montra ami d'un progrès sage et modéré; aussi, lorsque les progressistes arrivèrent aux affaires, en 1835, le ministre de la justice Gomez Becerra voulut-il l'envoyer à Oviedo; mais il donna sa démission, et redevint avocat.

Comme il avait l'intention de fonder un journal de droit, il se rendit à Madrid, et, en collaboration avec son ami Pacheco, il entreprit, en 1836, la publication du *Bulletin de Jurisprudence*. Son ancien professeur Barrio Ayuso étant entré comme ministre de la justice dans le ministère Isturitz, Bravo-Murillo accepta la place de secrétaire de ce département; puis, la révolution de La Granja ayant renversé ce ministère au bout de trois mois, il donna sa démission, avec l'intention de ne plus s'aventurer sur le terrain de la politique; mais son état d'avocat, qu'il exerçait avec le plus brillant succès à Madrid, l'y ramena forcément. De concert avec Donoso Cortès, Gonzalez Llanos et Donoso Galiano, il fonda le journal d'opposition *El Porvenir*, dont il fut un des plus actifs collaborateurs. En 1837 la province de Séville l'envoya aux Cortès. Ofalia lui offrit la place de ministre de la justice; mais il la refusa. Dans l'assemblée il ne prit guère la parole que quand on débattait des questions de droit; cependant l'occasion ne lui manqua pas de faire admirer son talent et de mettre au jour ses principes modérés. En 1838 Ofalia l'engagea de nouveau à entrer dans le ministère, et lorsque le duc de Frias fut chargé d'en former un nouveau, le portefeuille de la justice lui fut offert; mais il refusa d'entrer dans un cabinet qui était sous l'influence d'Espartero.

Les Cortès ayant été dissoutes bientôt après, Bravo-Murillo, en sa qualité de modéré, ne fut pas réélu. Adversaire du parti dominant, il l'attaqua vigoureusement dans le *Piloto*, qu'il publiait avec Donoso Cortès et Alçala Galiano le père; mais il se sépara de ses deux collaborateurs à l'avénement du ministère Arrazola, dont il n'attendait rien de bon et qu'il ne voulut pas soutenir. Sur ces entrefaites, les Cortès furent dissoutes de nouveau et remplacées par une assemblée plus modérée, où Bravo-Murillo entra comme député de la province d'Avila. Dès lors il ne se contenta plus de discuter les questions de droit; il prit une part active aux débats politiques. Le discours qu'il prononça au sujet de l'abolition des dîmes, mesure qu'il traita d'injuste et d'impolitique, lui fit beaucoup d'ennemis. D'un autre côté, le courage avec lequel il défendit les principes d'une réforme modérée, lui gagnèrent la confiance du parti conservateur, qui le fit entrer dans toutes les commissions, même dans celles des finances.

Lorsque la révolution du 1er septembre 1841 éclata, Bravo-Murillo, menacé dans sa liberté comme chef des modérés, s'enfuit dans les provinces basques, et se réfugia à Bayonne, où il apprit presque en même temps et son bannissement et son rappel par le gouvernement provisoire. Après un court séjour à Paris, il retourna à Madrid pour se livrer exclusivement à la plaidoirie. En 1847 il accepta le portefeuille de la justice dans le ministère transitoire du duc de Sotomayor; mais il donna sa démission quand Pacheco arriva à la tête des affaires. Un nouveau ministère s'étant formé au mois de novembre, il y entra comme ministre du commerce, de l'instruction publique et des travaux publics. En 1849 et 1850 il fut ministre des finances. En 1851, après la retraite de Narvaez, il fut chargé de composer un cabinet. Ses premières mesures eurent pour but des économies dans l'administration des finances, le payement des créanciers de l'État et des réformes dans l'administration.

BRAVOURE. Le courage présente une fermeté de caractère immuable dans les périls : la constance, le sang-froid, en sont les véritables éléments. La *bravoure* s'avance au delà; elle affronte les dangers, elle signale l'ardeur de la jeunesse et les élans de l'héroïsme. Peut-être le tranquille courage qui supporte sans sourciller les approches de la mort est-il une vertu plus difficile que ces transports de bravoure qui précipitent dans le feu de la mêlée des soldats bouillants de valeur. Cependant la bravoure sollicite les postes périlleux; avide de gloire, elle devient parfois téméraire; c'est la *furia francese* qui distingue surtout notre nation; d'autres montrent autant de courage, aucune ne s'anime d'une plus brillante audace : témoignage que César rendait déjà aux Gaulois de son temps.

Cette impétuosité du sang qui s'exalte de promptitude et de colère est comparée à un feu qui éclate avec furie, mais s'éteint bientôt. Dans les fonctions de l'organisme, c'est une sorte de décharge du système nerveux, analogue à un accès de violence. Aussi n'est-on pas brave à toute heure, ni tous les jours, tandis qu'un courage plus flegmatique est toujours préparé. La bravoure convient surtout pour l'attaque; le courage sait résister dans la défense. La première peut vaincre, le second poursuit la victoire et sait en profiter. Dans les affaires civiles, le courage ou la fermeté persévérante devient une qualité très-essentielle. La bravoure n'est de mise que dans les actions militaires, ou celles de la vie sociale qui leur ressemblent. Les hommes d'élan sont braves, les constants ont du courage, quoique le genre de valeur qui est propre à chacun d'eux diffère. On peut dire que la bravoure projette avec explosion sa vaillance, et que le courage ne la dépense qu'avec mesure et égalité.

Ces dispositions paraissent résulter des tempéraments ou des constitutions physiques; car la jeunesse, chaude, sanguine, est plus fougueuse ou plus disposée à la bravoure, tandis que l'âge viril, la maturité, présente une valeur plus calme, plus solide, comme celle des complexions mélancoliques et des caractères flegmatiques. Les peuples des pays froids et humides passent pour constants dans leur courage; il y a plus de nerf et de feu chez les méridionaux : ainsi, les Arabes, les Sarrasins, les Maures, déployèrent une bravoure furibonde qui leur valut de vastes et rapides conquêtes; mais leur empire s'écroula bientôt, tandis que la domination romaine, due au courage réfléchi, aux calculs de l'art stratégique et d'une sévère discipline, survécut par ses lois et ses mœurs à l'invasion des barbares. De même, la science guerrière des Grecs dompta la rage brutale des peuples moins civilisés, et la férocité musulmane a succombé sous la tactique régulière et disciplinée des Européens.

Les liqueurs fortes, l'ivresse, l'opium, ont paru des auxiliaires de la bravoure, en étourdissant sur les périls, en augmentant la circulation du sang. On punissait, au contraire, le soldat romain en le faisant saigner; car on a bien moins d'ardeur belliqueuse lorsqu'on a moins de sang; et c'était une honte pour lui de paraître lâche. Tout le mérite de la bravoure n'émane donc point de la volonté; il y faut encore des dispositions physiques. La chaleur humide de certains climats amollit, relâche et supprime toute bravoure; on ne la connaît guère, en effet, parmi les doux peuples de l'Inde méridionale, quoiqu'ils montrent tout le courage de la résignation et de la patience contre les douleurs et la mort, à laquelle plusieurs s'exposent volontairement.

Les animaux manifestent plus ou moins de force, de courage ou d'audace pour se défendre; on ne peut dire d'aucun qu'il a de la bravoure, puisque cette qualité suppose le désir de se distinguer par sa valeur. Il y a bien une sorte d'émulation entre les chevaux, comme entre les chiens, à la course, à la chasse, etc.; les uns sont plus vifs et plus courageux que d'autres; les femelles préfèrent aussi les mâles vigoureux aux lâches pour l'anoblissement de la race : tel est l'instinct de la nature; mais la bravoure est une qualité propre à l'espèce humaine; car il y entre aussi de la vanité et de l'orgueil de la supériorité.   J.-J. VIREY.

BRAVOURE (Air de). Destiné à faire briller l'habileté et l'organe de quelque grand chanteur, l'*aria di bravura* que les anciens maîtres italiens plaçaient dans presque tous leurs opéras, n'était à proprement parler qu'un exercice de vocalisation, dont on s'explique la dénomination en se rappelant que les Italiens appellent *bravura* le talent, la hardiesse de l'artiste. Cette sorte d'air fut introduite en France par Gluck et Piccini, et avec elle se naturalisa l'expression qui servait à la désigner. Grétry sacrifia à ce goût, et l'on cite même un air de ce genre de Méhul. Mais si la musique italienne a conservé quelques traces des airs de bravoure, ainsi que le témoignent plusieurs productions de Rossini, la scène française se montre aujourd'hui plus sévère à leur égard, et l'on peut dire qu'ils sont actuellement bannis de notre premier théâtre lyrique. Le compositeur doit, avant toute chose, chercher à rendre les passions qui animent ses personnages; quant au chanteur, s'il veut montrer la souplesse de son organe, il a la ressource des fioritures, dont il doit du reste n'user qu'avec réserve.

BRAWER. *Voyez* BRAUWER.

BRAY, vieux mot français dérivé du celtique, dont on a fait *braium* dans la basse latinité, et qui signifiait boue, fange, d'où l'on a tiré le nom de plusieurs lieux, tels que Bray-sur-Somme, bourg du département de la Somme; Bray-sur-Seine, petite ville du département de Seine-et-Marne; Vibraye, Follenbraye, Savigny-sur-Braye, etc. C'était aussi le nom d'un petit pays de Normandie, très-mauvais et très-fangeux dans les temps de pluie, situé autrefois entre le pays de Caux, le comté d'Eu, le Vexin normand, le Vexin français, les diocèses d'Amiens, de Beauvais, et formant aujourd'hui l'arrondissement de Neufchâtel (Seine-Inférieure).

BRAY (FRANÇOIS-GABRIEL, comte DE), homme d'État bavarois, était né à Rouen, en 1765. Secrétaire de la légation française à Ratisbonne, il entra au service de la Bavière, et fut nommé conseiller de la légation bavaroise auprès de la diète. Plus tard, il fut envoyé à Berlin, puis, en 1808, à Saint-Pétersbourg. La faveur dont les Français jouissaient alors en Bavière le fit élever rapidement à la dignité de conseiller privé. C'est à cette époque qu'il se fit naturaliser Bavarois. En 1817 il entra dans le conseil d'État, et à l'occasion de l'octroi de la constitution, il fut créé pair de Bavière. Ambassadeur à Paris en 1820 et à Vienne en 1827, il se retira de la vie publique en 1831, et mourut le 2 septembre 1832, dans sa terre d'Irlbach près de Straubing. Outre une *Exposition de la constitution hollandaise jusqu'en 1795*, il a publié un *Voyage aux salines de Salzbourg et de Reichenhall* (Berlin, 1807), et un *Essai critique sur l'histoire de la Livonie* (Dorpat, 1817).

BRAY (OTHON-CAMILLE-HUGUES DE), fils du précédent, conseiller d'État bavarois, ministre plénipotentiaire à la cour de Russie, est né à Berlin, le 17 mai 1807. Élevé à la cour auprès de laquelle son père était accrédité, il fut initié de bonne heure aux secrets de la diplomatie, et il en profita d'autant mieux que la nature l'avait créé diplomate. Attaché à l'ambassade de Bavière à Vienne, il fut accrédité ensuite auprès de plusieurs petites cours et envoyé à Paris comme conseiller de légation, poste qu'il ne quitta que pour aller remplir celui d'envoyé extraordinaire à Saint-Pétersbourg. Rappelé en 1846, il fut nommé ministre des affaires étrangères; mais il ne tarda pas à déposer son portefeuille, qu'il reprit cependant au mois d'avril 1848, pour le déposer de nouveau le 5 mars 1849. Quelques mois après, il retourna à son poste à Saint-Pétersbourg. Élève de la vieille école diplomatique dont Talleyrand, Metternich et Nesselrode sont les docteurs, M. de Bray comprend peu les nécessités des temps modernes; mais il possède cette habileté qui sait éviter les conflits trop violents. C'est de son premier ministère que date le scandaleux épisode où la fameuse Lola-Montez a joué un des principaux rôles. Appréciant fort bien la situation, il déposa son portefeuille, et se sépara de ses collègues, qui nuisirent aux intérêts de leur parti en tardant trop à suivre son exemple. Il parut ainsi le vrai représentant du principe aristocratique, il est vrai, mais fidèle à ses convictions; et son opposition le rendit assez populaire pour qu'on le vit avec plaisir rappelé aux affaires en 1848. L'influence qu'en sa qualité de ministre des affaires étrangères il a exercée sur la question allemande est digne d'attention. Il appuya d'abord la politique de la Prusse, et se montra l'adversaire de toute concession à l'Autriche, puis, lorsque surgit la question de l'Empire en 1848, il fut le premier à provoquer l'intervention de l'étranger dans les affaires d'Allemagne. On attribua sa démission au peu de succès de son apologie devant la chambre des pairs.

BRAYANTS, hérétiques qui parurent en Allemagne vers 1544. C'était un démembrement de la secte des anabaptistes; et ces imbéciles gagnèrent leur nom en soutenant que la chose la plus agréable à Dieu était de pleurer et de brailler dans leurs temples.

BRAYE ou BRAYOIRE. *Voyez* BROYE.

BRAYER, sorte de bandage, qui sert à contenir les hernies et ainsi nommé, parce qu'il se mettait sous les *braies*.

Brayer se dit aussi, 1° de la partie postérieure (anus) des oiseaux de proie; 2° du morceau de cuir qui sert à soutenir le battant d'une cloche; 3° de l'espèce de sachet de cuir où l'on fait reposer le bâton de la bannière, quand on la porte; 4° du petit morceau de fer qui passe dans les trous qui sont au bas de la chasse du trébuchet et des balances, et qui sert à la tenir en état; 5° des cordages qui servent à élever le bourriquet ou petit bât avec lequel on porte le mortier.

BRAYER (A.), médecin qui a rendu de grands services à la science par ses observations personnelles sur la peste, né dans le département de l'Aisne vers 1775, d'une famille connue dans la magistrature, l'administration et la médecine. Reçu docteur dans les premières années du siècle, il entreprit quelques voyages en Italie et en Orient, nommément à Constantinople, où il pratiqua son art, et où il retourna plusieurs fois. Il revint en France à l'époque où finissait la guerre des Grecs, rapportant une fortune suffisante et l'opinion bien assise que la peste n'est pas contagieuse, non plus que la fièvre jaune. Complétant ses travaux par de nouvelles lectures, il fit paraître en 1836 un ouvrage intitulé *Neuf années à Constantinople* (2 volumes in-8°). Quand l'Académie de Médecine fit une enquête sur la peste et les quarantaines, en 1846, elle appela près d'elle le docteur Brayer, qui la renvoya à son livre, mais en insistant fortement sur ce point qu'il ne croyait pas à la contagion de la peste. Dès 1822, actionnaire et propriétaire pour une part de l'Athénée des Arts, il y passait presque tout son temps. Il finit par tomber en enfance, et alla mourir à Rouen, en 1848. Brayer avait aussi rapporté de ses voyages une plante d'Abyssinie, vermifuge qui, jusque alors inconnu, tue immanquablement le *tænia*. Kunth l'a dédiée au savant qui nous l'a fait connaître (*voyez* BRAYÈRE).

BRAYÈRE, arbre d'Abyssinie, appartenant à la famille des rosacées, ainsi appelé du médecin B r a y e r, qui le premier l'a fait connaître en France, avec ses propriétés anthelmintiques particulièrement applicables à la destruction du *tænia*. Cet arbre, qui atteint jusqu'à vingt mètres de hauteur, a pour caractères botaniques : fleurs pédicellées, entourées de bractées membraneuses; calice tubuleux persistant, rétréci à son orifice; limbe à dix lobes, dont les cinq extérieurs plus grands; cinq pétales très-petits, linéaires, insérés au limbe du calice, de douze à vingt étamines insérées au même endroit, à filets libres; anthères biloculaires, deux ovaires cachés au fond du calice parfaitement libres, uniloculaires, monospermes; ovules pendants, deux styles terminaux, stigmates élargis, légèrement lobés.

BRAYETTE. *Voyez* BRAGUETTE et BRAIES.

BRAZIER (NICOLAS), auteur dramatique et chansonnier, naquit à Paris, le 17 février 1783. Son père tenait une école d'enfants; Brazier ne s'y montra pas assidu : aussi fut-il placé dans une fabrique de bijouterie. C'était, disait-il, une chaîne, et, quoique dorée, il ne la supporta pas longtemps. Plus libre de ses mouvements dans l'administration des droits réunis, où il obtint un modeste emploi, il fit comme l'oiseau auquel on ouvre la cage, il déploya ses ailes, sa poitrine se dilata, et il se prit à fredonner de joyeux refrains. Armand Gouffé, l'ayant entendu dans une réunion bachique, applaudit à sa verve; mais il eut la franchise de lui dire que, même en chansons, il faut non-seulement du bon sens et de l'art, mais un peu d'orthographe et de grammaire. Combien Brazier ne regretta-t-il pas alors de n'avoir pas même ouvert une seule fois le *Traité analytique de la Langue Française* de son père? Mais aussi le voilà s'armant d'une grande résolution, achetant des livres élémentaires; et ayant le courage, lui homme déjà, lui chansonnier applaudi, lui *auteur joué*, d'aller tous les jours *en classe* dans une pension de la rue Saint-Antoine.

Nous venons de dire que Brazier était *auteur joué;* en effet en 1803, à peine âgé de vingt ans, il avait fait représenter sur le petit théâtre des *Délassements* une espèce de monologue dramatique, comme on en faisait dans ce temps-là. Le *Caveau moderne* l'ayant accueilli, il se trouva en rapport avec des auteurs déjà connus, qui ne dédaignèrent pas de s'associer sa gaieté bouillante, son imagination fraîche, sa facilité à tourner le couplet; et plus d'un ranima de la sorte sa verve épuisée. Il faut le dire à sa louange, ses succès ne lui firent pas d'envieux, et ses collaborateurs devinrent et restèrent ses amis. Deux cents pièces pleines de gaieté, trois cents chansons remarquables par un naturel charmant, par une malice pleine de bonhomie, des applaudissements sur tous les théâtres de vaudevilles pendant trente ans, et dans les sociétés chantantes les plus renommées, rendirent assez populaires son nom, son talent et ses ouvrages.

Auteur dramatique, Brazier avait besoin de collaborateurs; il n'avait pour travailler seul ni assez de patience ni assez de goût. Certes, il ne manquait pas d'idées, mais il ignorait l'art de les coordonner. En ce sens, Merle lui fut extrêmement utile. Il n'avait pas, non plus, l'observation populaire au même degré que Dumersan, avec lequel il travailla longues années; mais il égaya toujours le dialogue de ses collaborateurs par des mots francs, par des saillies bouffonnes; et ses couplets, bien tournés et chaleureux, arrachèrent souvent des applaudissements au public. Les refrains de Brazier chansonnier ont trouvé des échos dans toutes les réunions bachiques, aux veillées du bivouac, dans les ateliers, chez les grisettes; mais rarement ils ont pénétré dans les salons. La gaudriole le provoque, le vin l'inspire et la gaieté le soutient.

Tout bon compagnon que fût Brazier, l'ambition littéraire lui vint un jour; il eut la prétention des *œuvres sérieuses* : c'est ainsi qu'il qualifiait les volumes. Aussi en composa-t-il deux à la fin de sa carrière; mais ces volumes, plus lourds de forme que ses gais vaudevilles, étaient aussi légers de fond. Avant que l'idée des livres lui arrivât, il avait nourri une autre marotte, qui ne l'abandonna jamais; l'apôtre fervent du vin et de la gaieté voulut se faire poëte politique comme Béranger, et, prenant sa démangeaison de chanter pour une mission, il se crut royaliste, et se jugea digne de figurer dans ce parti pour avoir fait quelques pièces de circonstance et rimé quelques chansons pour les réjouissances des Champs-Élysées. Il publia un recueil de refrains bourbonniens, intitulé : *Souvenirs de Dix Ans*; mais les méchantes langues remontèrent plus haut, et trouvèrent dans le bagage politico-poétique de l'auteur une chanson datée de la naissance du roi de Rome, avec absolument le même refrain. Quoi qu'il en soit, les Bourbons ne s'en formalisèrent pas, et, par le crédit de M. de Lauriston, Brazier obtint une place à la bibliothèque particulière de Louis XVIII. A cette nouvelle il se rend chez Barbier, alors chef de cette bibliothèque, et il l'aborde en ces termes : « Monsieur, vous savez que je suis votre subordonné; mais vous pensez bien que la place qui m'est accordée est une récompense de mes services, et non une obligation de travail : aussi vous trouverez bon que je ne vienne à peu près ici que pour émarger. » Barbier accueillit fort mal ce discours d'ouverture; mais M. de Lauriston arrangea l'affaire : on nomma un autre employé, qui remplit les fonctions attachées à la place, et Brazier obtint une pension que déguisait une sinécure. En somme, il n'était pas instruit, et il l'avouait de bonne grâce; mais il était plus distrait encore qu'illettré, et parfois on a mis sur le compte de son ignorance ce qui n'était que de l'étourderie. Brazier mourut à Passy, le 22 août 1838, à l'âge de cinquante-cinq ans, laissant une modique fortune à sa veuve.

On a de Brazier deux cent quinze pièces de théâtre, dont près de cent cinquante imprimées. Les plus connues sont : *Préville et Taconnet*, *Le ci-devant Jeune Homme*, *La Carte à payer*, *Je fais mes farces*, *Le Coin de Rue*, *Le Soldat laboureur*, *Les Bonnes d'Enfants*, *Les Cuisinières*, etc., Il a publié, outre les *Souvenirs de Dix Ans*, deux autres volumes de chansons, où la politique et l'esprit de parti n'entrent pour rien. Enfin, il mit au jour deux volumes in-8°, intitulés : *Les Petits Théâtres de Paris*; travail auquel l'auteur attachait une importance exagérée; qui renferme, il est vrai, quelques anecdotes, quelques détails curieux, mais qui pèche du côté de la critique et même de l'exactitude. Étienne ARAGO.

BRÉBEUF (GUILLAUME DE), naquit en 1618, à Thorigny, d'une bonne famille de la basse Normandie, et mourut à Venoix, près de Caen, en 1661, à l'âge de quarante-trois ans. Ce poëte gentilhomme mérita par ses traductions en vers et par son érudition variée d'être rangé au nombre des écrivains en vogue pendant la minorité de Louis XIV. Il débuta par une traduction du VII° livre de *L'Énéide*, en vers burlesques, et publia ensuite une traduction plus sérieuse en même genre de *La Pharsale* de Lucain. Puis il entreprit de traduire sérieusement ce poëme, et sa traduction obtint le plus grand succès. On én admira les hyperboles excessives, l'enflure, les antithèses incessantes, le faux brillants, les pensées gigantesques, les descriptions pompeuses mais peu naturelles; et ébloui comme la cour et la ville par le clinquant de cet ouvrage, et par quelques étincelles de talent qu'on y rencontre de loin en loin, Mazarin fit au traducteur de belles promesses, qu'il oublia d'ailleurs de lui tenir. Toutefois, *La Pharsale* de Brébeuf tomba peu à peu dans l'oubli, à mesure que le goût public, en s'épurant, devint plus sévère. Boileau, par ses critiques et ses plaisanteries, ne contribua pas peu à faire revenir l'opinion publique sur un poëte qu'elle avait d'abord porté aux nues; il fit comprendre tout ce qu'il y avait d'inégal, de boursouflé et d'emphatique dans son style, et dans son *Art poétique* il fit de Brébeuf le type de l'enflure et de l'hyperbole. Nous ne serions pas surpris que quelque bel esprit s'avisât de nos jours de vouloir en appeler de l'arrêt souverain porté par notre grand critique, et essayât de réhabiliter sa victime; car, après tout, on ne saurait disconvenir, quand on a eu le courage de lire Brébeuf malgré l'anathème de Boileau, qu'il s'en faut qu'il soit dépourvu du sens poétique, qu'il y a chez lui ces alliances de mots hardies et faites pour frapper l'imagination, que quelquefois, dans les morceaux descriptifs surtout, il a des traits heureux et qu'alors il reproduit assez fidèlement la vigueur fière et le coloris grandiose de Lucain. Dans quelques morceaux son style est aussi ferme que correct, et il trouve des images brillantes. C'est ce que Boileau reconnaît lui-même, quand il nous dit quelque part :

> Malgré son fatras obscur
> Souvent Brébeuf étincelle...

Enlevé aux lettres par une mort prématurée, Brébeuf ne laisse pas que d'avoir comparativement beaucoup produit. C'est ainsi qu'indépendamment des ouvrages mentionnés ci-dessus, on a de lui des *Entretiens solitaires*, poésies religieuses, fort inférieures, du reste, à ses productions profanes; un recueil d'œuvres diverses, où l'on trouve quelques jolis vers et 150 épigrammes contre une femme fardée, fruit d'une gageure; des *Éloges poétiques*, une *Défense de l'Église romaine*, enfin des *Lettres*.

BREBIS, femelle du bélier. *Voyez* MOUTON, BÉTAIL, etc.
La brebis chez les anciens servait d'holocauste, et on la sacrifiait principalement sur les autels des Furies. Les Égyptiens, plus justes et plus conséquents dans leur idolâtrie, l'avaient, au contraire, en grande vénération, à cause de son utilité, et ils lui avaient même érigé un culte dans les villes de Saïs et de Thèbes. Dans nos livres saints, le terme de *brebis* est souvent employé pour désigner le peuple, dont il peint en effet la docilité et la patience. David dit, dans ses Psaumes : « Nous sommes votre peuple et les *brebis* de votre pâturage. » Le Sauveur dit lui-même « qu'il n'a été envoyé qu'aux *brebis* de la maison d'Israel qui sont perdues. » Les justes sont souvent comparés aussi à des *brebis* exposées aux violences des méchants et à la rage des loups. « C'est pour vous, dit David, qu'on nous égorge chaque jour et qu'on nous considère comme des brebis destinées à la boucherie. » Les séducteurs, dans l'Évangile, sont comparés à des loups qui se couvrent de la peau de *brebis*; Jésus-Christ a dit : « Gardez-vous des faux prophètes, qui viennent à vous couverts de peaux de *brebis*, car ce ne sont au dedans que des loups ravisseurs. » Enfin, il est écrit qu'au jugement dernier les *brebis* (c'est-à-dire les justes), placées à la droite du souverain Juge, seront mises en possession du royaume des cieux.

Le mot *brebis*, pris au figuré, est resté dans notre langue comme qualification du chrétien fidèle. « Il y a plus de réjouissance dans le ciel, dit l'Évangile, pour une brebis égarée qui revient au bercail, que pour les nonante-neuf qui ne l'ont pas quitté. » Les chefs temporels des États sont, eux aussi, dans l'habitude de regarder les pauvres peuples comme leurs *brebis* et de les tondre d'aussi près que faire se peut, en ayant soin de les faire crier le moins possible. Les patientes se hasarderaient-elles à élever un tant soit peu le ton, vite on les déclare *brebis galeuses*, qu'il convient de sacrifier le plus tôt possible, dans l'intérêt bien entendu du troupeau.

Jamais mot ne fut plus fécond en proverbes que celui-là : *La brebis du bon Dieu* est l'être inoffensif, patient, ne se défendant pas, ne se plaignant pas même, quand on l'attaque. *Brebis qui bêle perd sa goulée*, signifie qu'en bavardant trop on perd l'occasion d'agir; *Qui se fait brebis, le loup la mange*, qu'avoir trop de bonté, de douceur, c'est encourager les méchants à vous nuire; *Brebis comptées, le loup les mange*, que l'excès de précaution ne garantit pas toujours du danger; *A brebis tondue Dieu mesure le vent*, qu'il ne nous envoie pas plus de mal que nous n'en pouvons supporter; *Quand brebis enragent, elles sont pires que loups*, qu'il est dangereux de pousser à bout les peuples les plus pacifiques; car Dieu combat toujours pour les faibles.

BRÈCHE (*Art militaire*), ouverture faite par une armée assiégeante *dans l'enceinte* d'une place, pour offrir une voie aux colonnes d'infanterie de siège, et leur faciliter le moyen de donner l'assaut. La manière dont les anciens entamaient la brèche et se portaient à l'escalade, la manière dont ils disputaient et défendaient la brèche, ont été traitées par Vitruve, Beausobre, Borgsdorf, Folard, Guischardt, Humbert, Juste-Lipse, Maubert, Montargues, Montgommeri. Les assiégeants faisaient brèche à l'aide du bélier, par le secours des sapes, par la puissance des leviers et des tarières, et en perçant des galeries, où ils poussaient des étançons ou des soutiens de charpente qu'ils embrasaient pour faire crouler les massifs. Maintenant une brèche est le déchirement d'une pièce de fortification battue par des salves d'artillerie et par les feux convergents des batteries de siège. Une brèche ne saurait avoir moins de 12 mètres de largeur; ce qu'on appelle l'élargir, c'est lui donner un front de 50 à 60 mètres.

L'action de battre en brèche se répète plusieurs fois dans certains sièges, et elle commence dès l'attaque des ouvrages extérieurs. Autrefois on s'y aidait davantage de l'effet des mines et des ressources de la guerre souterraine. Voici maintenant la marche de cette opération : Le jeu soutenu de certaines batteries de siège et les chocs réitérés qu'exercent d'abord des boulets pleins, ensuite des boulets creux, sapent le pied d'un revêtement dans une largeur de 12 à 15 mètres; sa sommité s'écrête; ses débris s'amoncellent, encombrent le fossé, font rampe. A cet instant, les efforts de l'assiégé et les ressources de la défense du corps de la place consistent ou ont consisté à réparer la brèche à proportion qu'elle s'élargit, à l'escarper à mesure qu'elle se talute, à la combler, s'il se peut, avant qu'elle s'aplanisse, à allumer des bûchers au pied de la brèche, ou bien à y enterrer des caissons d'artifice, des coffres fulminants; à rassembler sur la sommité des amas de pierres, de la chaux, des barils pleins d'eau, des barriques et barils ardents ou foudroyants, des bombes, des chemises à feu, des fascines goudronnées, des grenades à main, des orgues à feu; à embarrasser le talus au moyen de chausses-trapes, de chevaux de frise, de hérissons, de herses d'attrape, de hersillons, à piquer, ou à charger, si c'est un bastion plein, des fourneaux et des fougasses sous la brèche; à creuser des coupures dans le bastion, à y construire des retirades, et enfin à la nettoyer vigoureusement si des assaillants tentent de l'emporter.

Voici l'opération contraire, telle qu'elle s'accomplirait, ou s'est exécutée. Les assiégeants, ayant exécuté la descente du fossé pour se porter à l'assaut, reconnaissent le débouché, s'assurent que l'ennemi peut, ou non, voir en brèche, détournent les obstacles dont la rampe est semée, font jouer les batteries de pierriers, la couvrent de fascines et de sacs à terre, surmontent les chicanes de ceux qui la défendent, éventent les fourneaux, rendent le talus praticable au canon, le gravissent de front, en se remparant, si faire se peut, de sacs à terre ou de gabions, et établissent un logement sur la crête de la brèche.

Les assiégeants font brèche ordinairement à deux bastions d'une forteresse en dirigeant à la fois, les coups de leur artillerie contre les faces qui se regardent, et en entamant le pied de chacune vers son milieu, ou vers le tiers de sa longueur, à compter de l'angle flanqué; la continuité des salves fait ensuite crouler la partie supérieure du revêtement, de manière à former une rampe de 25 à 30 mètres de largeur.

On a quelquefois fait brèche à l'angle saillant des faces d'un bastion; mais c'est un usage abandonné, de même que les assiégés ont renoncé à l'usage de *battre la chamade* sur le haut de la brèche, même pour demander *merci*.

On a vu des assiégeants avoir recours à une brèche de courtine dans des cas où les bastions correspondants étaient eux-mêmes entamés; car, autrement, la rampe d'une telle brèche serait impraticable; mais si l'assiégé réussit à élever des ouvrages à la gorge des bastions ruinés, l'assiégeant frappe alors une brèche au milieu de la courtine : ainsi fit le prince Eugène au siège de Lille en 1707, ce qui contraignit Bouflers à se rendre. Lorsqu'une capitulation interrompt ou prévient l'assaut, l'assiégeant, s'il est déjà logé sur la brèche, y pose, jusqu'à ce que la reddition s'effectue, un poste pour garantir la place de tout désordre.

Tel est le résumé des règles et des usages des deux derniers siècles. Ajoutons quelques mots sur les coutumes actuelles. On n'avait jamais fait les brèches aussi considérables que dans les dernières guerres de la Péninsule. L'artillerie anglaise, tirant à grande distance, pratiqua à Ciudad Rodrigo, à Badajoz, à Saint-Sébastien, en 1813, des brèches à grande ouverture : elles avaient à l'extérieur 30, 45 et jusqu'à 100 mètres, et à l'intérieur, 9, 12 et jusqu'à 30 mètres.

On a appelé *brèche praticable* celle qui entame le corps d'une place, produit une rampe de 30 à 40 mètres de large, et est d'un accès assez facile, non-seulement pour être gravie par les assiégeants, mais même pour donner passage aux assiégés se rendant prisonniers et réduits à évacuer la forteresse qu'ils défendaient; la possibilité d'en sortir en descendant, mèche allumée, par une telle route, fut longtemps la seule excuse que le commandant de la place assiégée pût donner pour justifier sa reddition. Un gouverneur se fût déshonoré en sortant par les portes. Cette vieille coutume en avait produit une autre; celle d'abattre un pan de muraille pour recevoir au sein d'une ville un vainqueur revenant de l'expédition où il avait triomphé; on ne croyait pas pouvoir lui rendre un plus insigne honneur.

La langue de la justice militaire a consacré le mot *brèche praticable* dans un décret du 26 juillet 1792, et dans un arrêté du 16 messidor an VI, pour indiquer la criminalité d'un gouverneur qui capitulerait avant l'extrémité où le réduisent le perfectionnement de la brèche et l'impossibilité d'y soutenir l'assaut en élevant un arrière-retranchement. La loi a consacré aussi l'expression *abandon de la brèche*, pour définir le crime du militaire qui, mené à l'assaut, y trahirait ses devoirs, et s'éloignerait de ce poste pour piller; c'est un cas punissable de mort. Dix-huit heures du feu roulant d'une batterie de six pièces avaient rendu praticable la brèche de la citadelle d'Anvers, en 1832.

Gal BAUDIN.

Vingt-quatre heures suffirent au siège de Rome, durant le mois de juin 1849, pour obtenir un pareil résultat dans le flanc du bastion, véritable forteresse, qui communiquait par des tranchées avec San-Pietro in Montorio. La brèche, commencée le 28, était praticable le 29. L'assaut fut donné le 30 dans la nuit. Quand nous fûmes maîtres du terre-plain du bastion, notre mousqueterie balaya de là les abords intérieurs de la poste San-Pancrazio. A six heures du matin le Janicule était évacué par l'ennemi et toute résistance cessait. Le 3 juillet Rome entière était en notre pouvoir.

BRÈCHE (*Géologie*), espèce de marbre, composé de fragments anguleux de diverses couleurs, réunis par une pâte calcaire d'une teinte différente. Quand les fragments sont très-petits, ce marbre prend le nom de *brocatelle*. Les *fausses brèches* sont des marbres veinés, qui ont l'apparence de brèches, ou qui semblent être composés de fragments, à cause de la manière dont les veines s'entrelacent.

BRÈCHES OSSEUSES. Ce sont des cavités que l'on rencontre principalement dans les roches calcaires ou gypseuses, et qui sont remplies de dépôts fragmentaires provenant en grande partie de débris non roulés de la roche elle-même, entremêlés d'ossements plus ou moins brisés de mammifères et souvent de coquilles terrestres. Ces débris, cimentés par des concrétions calcaires, sont enveloppés dans un limon le plus habituellement coloré en rouge par de l'oxyde de fer. On trouve ces brèches osseuses sur les côtes de Gibraltar, de Cette, de Nice, d'Antibes, de la Corse, de la Sardaigne, de la Dalmatie, dans les falaises de l'Algérie; on les rencontre même à de grandes distances dans l'intérieur des terres (dans le Jura, la Bourgogne, etc.), et M. Desnoyers en a observé jusque dans le gypse des environs de Paris, où elles offrent la même physionomie que sur le littoral de la Méditerranée. Pour l'origine des brèches osseuses, *voyez* CAVERNES.

BRÉCHET, terme du langage usuel, dont le vulgaire se sert pour dénommer tantôt l'os de la partie antérieure de la poitrine, ou le *sternum*, tantôt la partie de ce même os dite *cartilage xiphoïde*, ou bien encore la petite excavation qui correspond à ce cartilage. Envisagé sous le rapport de ces trois significations, ce mot n'est point usité dans le langage scientifique de l'anatomie; mais en ostéologie comparée on donne le nom de *bréchet* à la crête médiane et plus ou moins saillante du sternum de tous les oiseaux qui volent et de plusieurs mammifères (chauves-souris, taupes, etc., etc.) qui exécutent des mouvements très-forts avec leurs membres antérieurs. Le bréchet a donc pour usage de fournir des surfaces étendues et une base très-solide pour l'insertion des muscles qui sont les agents de ces grands efforts, soit pour la locomotion aérienne ou le vol, soit pour fouir et creuser très-rapidement la terre.

Le bréchet manque dans l'autruche, le casoar et dans le plus grand nombre des mammifères, ainsi que dans tous les reptiles et les amphibiens, pourvus ou non d'un véritable sternum. L. LAURENT.

BRÉDA, place forte et chef-lieu du district du même nom dans le Brabant septentrional, au confluent de la Mark et de l'Aa. Cette ville, bien bâtie, compte 15,000 habitants. Elle a de nos jours beaucoup perdu de son importance stratégique ; mais elle est encore remarquable par ses belles places et ses nombreuses églises, parmi lesquelles on distingue la cathédrale gothique, avec sa tour de 93 mètres de haut, ses deux orgues et ses tombeaux, dont l'un, celui du comte Engelbert II de Nassau et de sa femme, est magnifique. Le château, vieux bâtiment construit, en 1350, par Jan van Polanen, seigneur de Bréda, et restauré, en 1536, par Henri, comte de Nassau, a reçu de Guillaume III, en 1696, sa forme actuelle. Il a longtemps servi de séjour à Charles II d'Angleterre, et fut converti, en 1828, en une école militaire à laquelle on a réuni, en 1850, l'école de marine de Medemblik. Le principal commerce des habitants consiste en chapeaux, tapis, savon, huile et sel. La ville passe pour salubre, quoique les environs soient extraordinairement marécageux. Cette qualité de terrain fait sa principale force. Entourée de murs, en 1534, par Henri de Nassau, Bréda a été fréquemment assiégée par les Hollandais, les Espagnols et les Français. Prise par les Espagnols en 1581, elle fut reconquise par Maurice d'Orange, en 1590, au moyen d'un bateau de tourbe dans lequel il avait fait cacher soixante-dix soldats. Spinola s'en rendit maître, en 1625, après dix mois de siége. Henri d'Orange la reprit en 1637, en augmenta les fortifications et y bâtit une citadelle. Dans les guerres de la Révolution, Dumouriez s'en empara, le 25 février 1793; mais la défaite de Neerwinden le força à l'évacuer le 4 avril. Dans le mois de septembre 1794 l'armée de Pichegru investit Bréda, qui ne succomba qu'après la conquête de la Hollande dans l'hiver de 1795: Au mois de décembre 1813, la garnison française ayant fait une sortie contre l'avant-garde russe commandée par Benkendorff, la bourgeoisie, dans son enthousiasme patriotique, se souleva en masse, et empêcha les Français de rentrer dans la ville.

Deux congrès ont été tenus à Bréda : le premier, en 1575, entre l'Espagne et les Provinces-Unies, n'eut aucun résultat, l'Espagne s'obstinant à ne pas permettre l'exercice de la religion réformée dans les Pays-Bas; le second, en 1746 et 1747, entre la France, l'Angleterre et la Hollande, se sépara à la suite de la révolution qui plaça le prince d'Orange à la tête du gouvernement hollandais. La paix signée à Bréda, le 31 juillet 1667, entre l'Angleterre, la France, la Hollande et le Danemark, mit un terme à une guerre occasionnée par des rivalités commerciales, et assura ses conquêtes à chacune de ces puissances.

BRÉDA-STREET. *Voyez* LORETTE.

BRÈDE, espèce de morelle non malfaisante, connue sous ce nom aux îles de France et de Bourbon, et aux Antilles sous celui de *laman*, mais beaucoup plus vigoureuse, et à feuilles beaucoup plus larges que celles de la morelle sauvage, comme il arrive toujours dans les espèces cultivées. Ces feuilles se mangent en guise d'épinards, et les habitants des îles susnommées désignent sous l'appellation collective de *brèdes* plusieurs espèces de plantes dont ils font le même usage.

BRÉDISSURE, nom que l'on donne, en pathologie, à l'impossibilité d'écarter les mâchoires, vice produit par l'adhérence de la membrane des gencives avec celle qui revêt la face interne des joues dans l'inflammation des membranes contiguës, et auquel il faut remédier par une opération chirurgicale, quand on n'a pas su le prévenir à temps par l'interposition de corps étrangers.

BREDOUILLE, terme du jeu de trictrac, par lequel on désigne qu'un joueur a pris douze points coup sur coup et sans interruption, c'est-à-dire sans en laisser prendre à son adversaire.

BREDOUILLEMENT, vice de prononciation, qui a de l'analogie avec le bégayement, et qui l'accompagne quelquefois. Dans le bredouillement, il y a précipitation, confusion dans l'articulation des mots, qui sont alors souvent inintelligibles. C'est donc une manière de parler précipitée et peu distincte, dans laquelle on ne prononce qu'une partie des mots, dont on altère plusieurs syllabes. Le bredouillement a aussi quelques rapports avec le balbutiement.

Quoique les mots *bredouiller*, *balbutier*, *bégayer*, soient tirés de racines qui sont à peu près les mêmes onomatopées, ils expriment cependant trois défauts différents, qu'il convient de caractériser. *Balbutier*, c'est parler du bout des lèvres, laisser tomber en quelque sorte ses paroles, affaiblir diverses articulations, prononcer avec peine les lettres *b* et *l*, et faire entendre un sifflement exprimé par *tier*, *cier*. C'est une espèce de bégayement qui peut être habituel ou accidentel. Le *bégayement* consiste dans l'hésitation, dans les suspensions qui divisent par des intervalles plus ou moins prolongés les syllabes d'un mot ou les mots d'une phrase. La volubilité et la confusion caractérisent le bredouillement, dans lequel les articulations des sons semblent rouler précipitamment les unes sur les autres, et sont confondues en un bruit sourd, exprimé par *bre* et *ouil*, d'où le nom donné à ce vice de prononciation, qui est accidentel et involontaire dans l'ivresse, et peut devenir habituel par la répétition fréquente des excès de spiritueux.

« La vieillesse, en émoussant les organes, dit Rouhaud, fait *balbutier*; la suffocation, en coupant la voix, fait *bégayer*; l'ivresse, en brouillant et les idées et le jeu des organes, fait *bredouiller*; celui qui se méfie de ce qu'il dit *bégaye*: celui qui ne veut pas qu'on entende ce qu'il dit *bredouille*. La timidité *balbutie*, l'ignorance *bégaye*, la précipitation *bredouille*. » L. LAURENT.

BREDOW (GABRIEL-GODEFROY), célèbre historien allemand, né à Berlin, le 14 décembre 1773, de parents peu fortunés, fut envoyé au gymnase de Joachimsthal. Il alla ensuite à l'université de Halle, dans le dessein d'y étudier la théologie; mais il ne tarda pas à changer d'idée et à abandonner cette science pour l'archéologie. Devenu, en 1794, membre du séminaire pédagogique, il accepta, en 1796, une place de professeur au collége d'Eutin. Il s'y livra avec ardeur à l'étude de la géographie et de l'astronomie des anciens, et, comme résultat de ses travaux, publia son *Manuel d'Histoire, de Géographie et de Chronologie anciennes* (Altona, 1803; 6ᵉ édition, revue et augmentée par Kunisch, 1837), que ne tardèrent pas à suivre ses *Recherches sur quelques questions d'Histoire, de Géographie et de Chronologie anciennes* (Altona, 1800-1802).

En 1802 Bredow fut élu recteur du collége d'Eutin; puis, en 1804, il fut nommé professeur d'histoire à l'université d'Helmstædt. Il y publia la *Chronique du dix-neuvième siècle* (5 volumes, Altona, 1808-1811), qu'il fut plus tard obligé d'abandonner à Venturini, par suite des tracasseries et des difficultés que lui suscita son respect pour la vérité et son attachement à la cause de la liberté et du progrès. Reprenant alors ses études favorites sur l'antiquité, il forma le projet de présenter une exposition historique de tous les systèmes géographiques, depuis Homère jusqu'au moyen âge. Comme, pour l'exécuter, il lui fallait d'abord entreprendre la révision critique des petits géographes grecs, il vint à Paris en février 1807, et y recueillit de précieux matériaux pour ce travail préparatoire. A son retour à Helmstædt, le libéralisme de son enseignement et patriotisme lui ayant attiré quelques désagréments, il accepta en 1809 à l'université de Francfort-sur-l'Oder une chaire, qui plus tard fut transférée à Breslau, où il mourut, le 5 septembre 1814, regretté de tous ses collègues et de tous ses disciples. Ses ouvrages classiques les plus répandus sont : *Événements mémorables de l'Histoire universelle* (Altona, 1810; 21ᵉ édition, 1838), *Récit détaillé des Événements les plus mémorables de l'Histoire universelle* (Altona, 1810; 12ᵉ édition, 1840).

BRÉE (MATTHIEU-IGNACE VAN), directeur de l'Académie des Beaux-Arts d'Anvers, naquit dans cette ville, le 22 février 1773, y fit une partie de ses études, et alla les achever à Paris, sous Vincent. En 1798, il débuta par *la Mort de Caton*, toile qui excita à un haut degré l'attention. Vinrent ensuite *le Tirage au sort des jeunes Athéniennes consacrées au Minotaure*, *les Adieux de Régulus retournant à Carthage*, *le Baptême de saint Augustin*, *la Pêche miraculeuse*, *le Duc de Brunswick sur son lit de mort*, *l'Entrée de Bonaparte, premier consul, et de Joséphine à Anvers*. Habitué à esquisser rapidement ses idées, Van Brée, au bout de quelques heures seulement, put offrir à Napoléon un tableau représentant les manœuvres de la flotte d'Anvers sur l'Escaut, et un autre, exécuté tout aussi vite, qui représentait l'entrée de Napoléon à Amsterdam au moment où les magistrats viennent lui offrir les clefs de la ville.

En 1816 il exécuta une toile représentant Van der Werf, ce bourgmestre de Leyde qui, en 1576, jeta à la foule, ameutée autour de lui et criant famine, cette exclamation sublime : « Eh bien! prenez mon cadavre, et partagez-vous-le! » Cette vaste page, qui orne aujourd'hui l'une des salles de l'hôtel de ville de Leyde, est remarquable par l'habile disposition des groupes, par la hardiesse du trait, par la vivacité du coloris, qui rappelle celui de Rubens, et fit le plus grand honneur à son auteur. On cite encore de Van Brée sa *Jeanne Sebus se précipitant dans le Rhin*, son *Comte d'Egmont*, qu'un évêque console avant de marcher au supplice; *Rubens mourant et dictant son testament*, toile peut-être moins remarquable qu'un autre tableau de cet artiste, représentant *Rubens au moment où la femme de Moret le présente à Juste Lipse* (propriété du grand-duc de Saxe-Weimar), et enfin son *Tombeau de Néron, près de Rome, avec un groupe de Musiciens ambulants et de lazaroni*.

Van Brée a donné aussi des preuves de son talent en lithographie et en sculpture. Il est mort le 15 décembre 1839.

BRÉE (PHILIPPE-JACQUES VAN), frère et élève du précédent, célèbre aussi comme peintre d'histoire, et né en 1786, à Anvers, vint de bonne heure à Paris, puis alla se perfectionner à Rome, mais pour revenir se fixer à Paris, en 1818. Ses principales toiles sont *les Voyageurs en Orient* (1811); *la Religieuse espagnole* (qui ne put pas être admise à l'exposition); *Atala trouvée par le P. Aubry*, d'après Chateaubriand (1812); *la Reine Blanche et son fils*, le roi de France saint Louis; *Marie Leczinska*, fille du roi de Pologne, à l'âge d'un an; *Marie de Médicis avec son fils*; *Louis XIII, devant Rubens* (1817); *Marie Stuart à l'heure de la mort*; *Pétrarque surpris par Laure à la fontaine de Vaucluse*; *l'Abjuration de Charles-Quint*; *l'Albane et sa famille*; *Deux rois Francs jetés aux bêtes dans le théâtre de Trèves par ordre de l'empereur Constantin*; *le Lever du soleil à la Nouvelle-Zemble* (1828). Van Brée alla s'établir plus tard à Bruxelles, où il fut nommé conservateur du Musée royal. Depuis ce temps, il n'a plus rien produit.

BREF, rescrit adressé par le pape à des souverains, des prélats, des communautés et même des particuliers pour leur accorder des indulgences, des dispenses ou simplement pour leur donner des témoignages d'affection ou d'approbation. Le bref est d'ordinaire sur papier, écrit en italique, sans préambule; il n'est scellé qu'avec de la cire rouge et sous l'anneau du pêcheur. Il porte en tête le nom du pape, et commence par ces mots : *Dilecto filio salutem, et apostolicam benedictionem*, etc. Le collége des secrétaires pour les brefs a été établi par le pape Alexandre VI.

Il y a deux espèces de brefs, les *brefs apostoliques*, c'est-à-dire ceux qui émanent directement des papes, et les *brefs de la pénitencerie*. Avant la révolution de 1789 on pouvait appeler comme d'abus des brefs du pape, s'ils étaient contraires aux libertés de l'Église gallicane et à la constitution de l'État. Aujourd'hui d'après les articles organiques du Concordat, pour avoir autorité en France, les brefs apostoliques doivent être soumis à l'examen du conseil d'État, inscrits sur des registres et promulgués par ordonnance du chef de l'État.

Le mot *bref* avait autrefois d'autres acceptions. On appelait ainsi les lettres qui s'obtenaient en chancellerie à l'effet d'intenter une action contre quelqu'un. Ainsi l'on disait dans nos anciennes coutumes un *bref de restitution*, de *rescision*; on appelait en Normandie *bref de mariage encombré* une action que la femme avait le droit d'exercer à l'effet d'être réintégrée dans ses biens dotaux ou matrimoniaux, qui avaient été aliénés par le mari. — En Bretagne ce mot avait un sens tout différent; il signifiait un *congé ou permission de naviguer*. Il y en avait de trois sortes, *bref de sauveté, bref de conduite*, et *bref de victuailles*. Le premier se donnait pour être exempt du droit de bris et naufrage; le second pour être conduit hors des dangers de la côte; le troisième pour avoir la liberté d'acheter des vivres. On disait également *brieux*.

BREGENZ, chef-lieu du cercle du Vorarlberg, dans le Tyrol autrichien (cercle qu'on désigne aussi quelquefois sous le nom de *cercle de Bregenz*), est situé sur les bords du lac de Constance, à l'embouchure d'une petite rivière appelée aussi *Bregenz*, au pied du mont Gebhard, haut de 300 mètres et que dominent les ruines d'un vieux château fort d'où l'on jouit de la vue la plus délicieuse sur le lac et les vignobles qui l'entourent. On y compte 32,000 habitants. Cette ville est le siége des diverses autorités civiles et militaires du cercle, et le centre d'un commerce assez actif. C'est aussi l'une des plus anciennes cités de l'Allemagne, et elle comptait autrefois au nombre des places fortes destinées à protéger ses frontières au midi. Au temps des empereurs de la maison de Hohenstaufen, Bregenz était le chef-lieu de l'important comté du même nom, dont les titulaires figuraient parmi les seigneurs les plus influents de la Suisse et de la Souabe. Après l'extinction de cette famille de petits dynastes, et à la suite d'une foule de changements et de bouleversements, le comté ainsi que la ville furent achetés au quinzième siècle par la maison de Habsbourg.

BREGUET (Abraham-Louis), horloger célèbre, naquit le 10 janvier 1747, à Neufchâtel, en Suisse, d'une famille française et protestante, qui avait été forcée de s'expatrier lors de la révocation de l'édit de Nantes. Cet homme, destiné à introduire de si grands perfectionnements dans l'un des arts les plus difficiles, n'annonça pas d'abord ce qu'il devait être un jour. Mis au collége par ses parents, il ne réussit point dans les études classiques, et ses instituteurs prirent une assez mauvaise opinion de son intelligence. Pendant qu'il perdait son temps sur du latin et du grec, son père mourut, et sa mère contracta un nouveau mariage avec un horloger. Breguet fut retiré du collége, et commença l'apprentissage du métier de son beau-père. Il ne s'y livrait qu'avec une extrême répugnance, et les progrès de l'apprenti n'étaient pas plus rapides que n'avaient été ceux de l'écolier. Enfin, sa famille ayant fait un voyage à Paris, le jeune homme fut mis en apprentissage régulier chez un horloger de Versailles, et ce fut alors seulement que ses talents et son habileté commencèrent à se manifester. Ce changement tenait sans contredit à ce que l'élève avait enfin rencontré un instituteur tel qu'il le lui fallait.

Lorsque le temps de l'apprentissage fut expiré, le maître exprimait à son apprenti combien il était satisfait de sa conduite et de son travail; mais le jeune homme se jugeait lui-même avec plus de sévérité que son bienveillant instituteur : il se reprochait de n'avoir pas toujours assez bien employé le temps dont le produit devait payer l'instruction qu'il recevait, et demanda, comme une faveur, de continuer à travailler encore trois mois sans salaire. Cette délicatesse ajouta de nouvelles douceurs à l'affection mutuelle du maître et de l'élève.

A peine sorti d'apprentissage, Breguet perdit sa mère et son beau-père, et se trouva seul avec une sœur aînée, chargé de pourvoir par son travail à la subsistance de deux personnes. Cependant, il sentait que son instruction n'était pas complète, et surtout il éprouvait fortement le besoin d'apprendre les mathématiques. Son courage et son assiduité suffirent à tout; il trouva le moyen de suivre régulièrement le cours public que l'abbé Marie faisait alors au collége Mazarin. Le professeur remarqua bientôt le jeune horloger parmi les centaines d'auditeurs que ses leçons attiraient ; ces deux hommes étaient dignes l'un de l'autre, ils se reconnurent et furent inséparables : Breguet acquit un bienfaiteur et un ami, et Marie trouva dans son disciple la plus affectueuse reconnaissance. Il ne fallait rien moins que la violence des orages de la révolution pour arracher l'un à l'autre deux hommes aussi étroitement unis : l'abbé Marie fut contraint de sortir de France, et ne vécut pas longtemps sur la terre d'exil.

Plusieurs années avant nos troubles politiques, Breguet avait formé l'établissement qui a produit tant de chefs-d'œuvre d'horlogerie et de mécanique, et la renommée commençait à publier son nom. Une montre qu'il avait faite fut mise entre les mains d'Arnold, célèbre horloger anglais, qui, frappé de la simplicité du mécanisme et de la parfaite exécution de ce produit d'une industrie qui n'était pas anglaise, se mit sur-le-champ en route pour la France, sans autre but que de faire connaissance avec l'artiste français. Le cœur expansif de Breguet allait au-devant de toutes les nobles amitiés; l'horloger anglais y occupa bientôt une place, et lorsqu'il retourna dans sa patrie, il reçut de son nouvel ami de Paris le témoignage le plus touchant d'estime et d'affection : Breguet lui confia son fils, afin qu'il l'initiât aux secrets de l'art qu'il exerçait avec tant de distinction.

Arnold avait rendu son élève à son père après avoir satisfait complétement aux devoirs de l'amitié. Breguet trouvait dans son fils un collaborateur en état de le seconder. Mais les temps nébuleux de la France approchaient : au milieu de la crise révolutionnaire, le père et le fils durent pourvoir à leur sûreté, et des hommes de l'un et de l'autre parti, qui se faisaient alors une guerre si acharnée, s'empressèrent également de fournir aux deux artistes les moyens de sortir de France. D'autres secours les attendaient au dehors : un ami riche et généreux (M. Disnay Fytche) les força d'accepter un portefeuille qui les mit en état de consacrer leur loisir à des recherches sur leur art. Enfin, après deux années d'absence, Breguet revint à Paris; il s'agissait de former un nouvel établissement, ce qui ne fut pas difficile, en mettant en œuvre les trésors de connaissances que le père et le fils n'avaient pas cessé d'accroître de jour en jour. Depuis cette époque la vie de Breguet fut une continuité de succès, de jouissances, de bonheur. Il fut nommé successivement horloger de la Marine , membre du Bureau des Longitudes , et enfin membre de l'Institut.

Le 17 septembre 1823 la France perdit cet homme, qui avait illustré son industrie. Il nous serait impossible d'énumérer ici tous les services que Breguet a rendus à la navigation, à la physique et à l'astronomie. Ses chronomètres de poche, ses horloges marines, ses montres perpétuelles, ses pendules sympathiques, son compteur astronomique, son thermomètre métallique, ses timbres pour les montres à répétition, son parachute, ses échappements, le mécanisme des télégraphes établis par Chappe, etc., sont des monuments impérissables du génie inventif de cet artiste distingué.   FERRY.

Le fils de Breguet a continué les travaux de son père , et le chef actuel de cette maison est devenu à son tour artiste du Bureau des Longitudes.

BREHAIGNE, ancien mot qu'on applique aux femelles des animaux qui ne conçoivent point, par opposition à celles qui sont fécondes, dites *portières*. Une carpe *brehaigne* n'a ni œufs ni laite. *Voyez* aussi CROCHET.

BRÉHAT (Ile). *Voyez* CÔTES DU NORD (Dép¹. des).

BREISLAK (Scipion), l'un des plus ingénieux géologues des temps modernes, né à Rome, en 1768, et d'un Allemand, avait d'abord été destiné à l'état ecclésiastique; aussi dans les œuvres de Spallanzani est-il désigné sous le titre d'*abbé*. Professeur de physique et de mathématiques à Raguse, l'abbé Fortis le détermina à se vouer exclusivement à l'histoire naturelle. Il fut ensuite professeur au *collegium Nazarenum*; puis il alla visiter Naples, et vint à Paris, où il se lia avec Fourcroy, Chaptal, Cuvier, etc. Plus tard, Napoléon le nomma inspecteur des poudres et salpêtres du royaume d'Italie. Il fut aussi membre de l'Institut et de beaucoup d'autres sociétés savantes. Les premiers écrits par lesquels il se fit connaître comme naturaliste, par exemple, sa dissertation sur la *Solfatare* de Naples, qu'en sa qualité de directeur des alunières et de professeur à l'école royale d'artillerie de Naples, il eut pendant longtemps de fréquentes occasions d'examiner, donnent déjà des aperçus des principes sur lesquels il devait plus tard fonder son système de géologie. Il combattit les idées des Neptunistes, sans toutefois adopter sans réserve celles des Vulcanistes.

Le premier ouvrage important qu'il fit paraître fut sa *Topografia fisica della Campania* (Florence, 1798). Après avoir encore continué quelque temps ses recherches sur les lieux décrits dans cet ouvrage et avoir découvert la communication existant entre les volcans du Latium et ceux de la Campanie, il revint ensuite à Rome, dont il étudia non moins soigneusement les environs ; et le résultat de ses observations le confirma dans l'opinion que la plus grande partie des sept célèbres collines sont les restes d'un volcan éteint. Pour fuir les troubles politiques qui survinrent alors dans sa patrie, il se rendit en France, où il fit paraître une nouvelle édition de l'ouvrage mentionné ci-dessus, augmentée d'une foule d'additions et de rectifications, sous le titre de *Voyages physiques et lithologiques dans la Campanie* (2 vol., Paris, 1801). Breislak utilisa son séjour en France en faisant des recherches sur les volcans éteints de l'Auvergne : à son retour en Italie, il fit paraître son *Introduzione alla geologia* (2 vol., Milan, 1811), dont il donna une seconde édition, complétement refondue, et en français, sous le titre d'*Institutions géologiques* (3 vol., Milan, 1818), ainsi que sa *Descrizione della Lombardia* (Milan, 1822). Il fut un des collaborateurs de la *Biblioteca italiana* depuis la fondation de ce recueil. Breislak mourut à Turin, le 15 février 1826. Après sa mort, on publia encore de lui, dans la *Memoria Lombardo-Veneta* (1838), une longue dissertation *Sopra i terreni tra il lago Maggiore e quello di Lugano*. Il avait légué son célèbre cabinet minéralogique à la famille Borromée.

BREITENFELD, village et terre seigneuriale, situés à environ 2 myriamètres de Leipzig, et célèbres dans l'histoire par trois batailles.

La première, livrée le 7 septembre 1631, entre les Suédois et les Impériaux, ne fut qu'un combat; mais elle eut les suites les plus importantes, car elle assura l'existence du protestantisme et de la liberté en Allemagne. La prise de Magdebourg avait porté à son comble l'orgueil de Tilly, lorsque, dans les premiers jours de septembre 1631, il entra en Saxe à la tête de 40,000 hommes environ, pour contraindre par la force des armes l'électeur Jean-Georges 1er, qui refusait de se soumettre à l'édit de restitution et négociait avec Gustave-Adolphe, à faire cause commune avec l'empereur. Il ne restait plus d'autre ressource à l'électeur que de se jeter dans les bras du roi de Suède, et c'est aussi ce qu'il fit. Schiller raconte qu'avant de livrer bataille Tilly tint un conseil de guerre à Leipz'g, dans la maison du fossoyeur. Les Impériaux furent complétement battus; leurs trois premiers généraux, Tilly, Pappenheim et Furstenberg, furent blessés, et Tilly faillit même être tué par un capitaine suédois. Sur le point le plus élevé du champ de bataille s'élève aujourd'hui, entouré de huit pins, un monument consacré le 7 septembre 1831 par le propriétaire du terrain à la mémoire de Gustave-Adolphe.

La seconde bataille, livrée le 23 octobre 1642, bien que moins importante par ses résultats, fut tout aussi sanglante. Cette fois les chefs étaient, du côté des Suédois, Torstenson, qui avait effectué le passage de l'Elbe à Torgau et assiégeait Leipzig; du côté des Impériaux, l'archiduc Léopold d'Autriche et Piccolomini, accourus de Dresde au secours de la ville. Les Impériaux, complétement battus, perdirent toute leur artillerie, composée de 46 pièces de canon, 121 drapeaux, 69 étendards, et tous leurs bagages. La cavalerie, poursuivie l'espace de 22 kilomètres environ par les Suédois, l'épée dans les reins, se réfugia, dans le plus grand désordre, en Bohême. Aussi l'archiduc, indigné de la conduite de ce corps, le fit-il juger en masse par un conseil de guerre. Le régiment de Madlo, qui le premier avait lâché pied, fut cassé, ses étendards brisés, tous les officiers et soldats déclarés indignes, puis décimés.

La troisième bataille dont Breitenfeld fut le théâtre, est un des épisodes de la grande bataille des Peuples livrée sous les murs de Leipzig, le 16 octobre 1813.

BREITINGER (JEAN-JACOB), connu surtout par les efforts que, de concert avec J.-J. Bodmer, il fit pour propager les notions d'un goût plus pur dans les productions de la littérature allemande, naquit le 1er mars 1701, à Zurich, d'une des plus anciennes familles de cette ville, et y reçut son éducation. Inférieur à Bodmer sous le rapport de la rapidité de conception et aussi sous celui de l'étendue et de la diversité des facultés de l'esprit, il l'emportait sur lui par une érudition plus profonde et plus universelle toujours employée sans aucune ambition personnelle à la seule recherche de la vérité. Après sa *Diatribe in versus obscurrissimos a P. Statio citatos* (Zurich, 1723), il fit paraître son édition des *Septante* (4 vol., 1730). En 1731 il fut nommé professeur des langues grecque et hébraïque au collége de Zurich et chanoine. Secondé par les magistrats, il put opérer de nombreuses et importantes améliorations dans les divers établissements d'instruction publique de sa ville natale. Protecteur du talent naissant, ce fut lui qui lança, entre autres, le grand Haller et le fit connaître.

On a de Breitinger un grand nombre de dissertations sur des sujets divers, entre autres sur les antiquités de la Suisse. Il prit une part active à la rédaction des journaux de critique publiés par Bodmer et à ses éditions de vieux poëtes allemands. Sa *Poésie critique* (2 vol., Zurich, 1740) fut l'origine de la profonde scission qui survint plus tard entre les écrivains suisses et les partisans de Gottsched. Il contribua aussi très-activement à la publication du *Thesaurus scriptorum historiæ Helvetiæ*. Breitinger mourut le 15 décembre 1776.

BREITKOPF (JEAN-GOTTLOB-EMMANUEL), l'un des plus savants typographes dont s'honore l'Allemagne, naquit le 23 novembre 1719, à Leipzig, où son père, *Bernard-Christophe* BREITKOPF établit la même année, avec un capital minime, une fonderie de caractères, une imprimerie et une librairie. Celui-ci ne céda qu'à contre-cœur à l'inclination de son fils, qui voulait se livrer à la culture des lettres. Après plusieurs années d'études académiques, pendant lesquelles il n'en avait pas moins dû seconder son père dans la direction de son établissement industriel, il résolut de faire du perfectionnement de l'imprimerie l'occupation principale de sa vie. Il entreprit alors une réforme générale des caractères, et fut pour l'Allemagne le restaurateur du bon goût en matière de typographie. Ces travaux l'occupèrent jusqu'à sa mort, sans que les résultats obtenus par lui le satisfissent entièrement.

On sait qu'il imagina, en 1755, d'imprimer la musique avec des caractères mobiles. Il y a peu d'utilité à retirer, dans la pratique, du procédé qu'il inventa pour imprimer à l'aide de types mobiles des cartes de géographie, des portraits, et jusqu'à des caractères chinois. Quoiqu'à l'égard de cette dernière invention le pape l'ait fait complimenter et que l'Académie des Sciences de Paris lui ait fait témoigner son approbation, ces caractères ont si mal réussi, qu'il est impossible à un Chinois de les reconnaître; aussi n'a-t-on jamais pu en faire usage. Il chercha en outre à améliorer l'alliage dont on se sert pour la fonte des caractères, à lui donner la dureté convenable, enfin à alléger le travail du fondeur : son infatigable activité s'étendit également jusqu'à la fabrication des presses. Il consigna le résultat de ses laborieuses investigations sur l'histoire des origines et des progrès de l'art typographique dans son *Essai sur l'histoire de l'invention de l'imprimerie* (Leipzig, 1774), et annonça en même temps une *Histoire complète de l'Imprimerie*, qui l'occupa sans relâche, mais qu'il ne put achever, ainsi qu'une *Histoire des Imprimeurs*, qui eut le même sort. En 1784 parut la première partie de son *Essai sur l'origine des cartes à jouer, l'introduction du papier de chiffon et les commencements de la gravure sur bois* : elle ne traite que des deux premiers objets, et est rédigée avec beaucoup d'exactitude. La seconde partie, publiée en 1801 par Roche sur les papiers précieux, mais sans ordre, de l'auteur, n'offre qu'un recueil de matériaux et de fragments. Breitkopf mourut le 28 janvier 1784, laissant une des plus importantes imprimeries et fonderies de caractères de l'Allemagne, ainsi qu'une librairie et un magasin de musique montés sur l'échelle la plus grandiose.

BRELAN, jeu de cartes qui se joue à trois, quatre ou cinq, avec des cartes de piquet, en donnant trois cartes à chaque joueur. Nous ignorons l'époque où ce jeu s'est introduit en France, mais il y était très-répandu sous le règne de Louis XIV, comme on le voit par ces vers de Boileau :

> D'écoliers indiscrets une troupe indocile
> Va tenir quelquefois un *brelan* défendu.

Ces vers prouvent que le brelan devait être connu depuis longtemps à la cour et dans la haute société, puisqu'il était déjà prohibé sous les peines les plus sévères par la police, qui en connaissait les suites funestes. Mais, malgré les défenses, ce jeu se maintint jusqu'à ce que les spéculateurs, trouvant qu'il ne leur offrait pas assez d'avantages, soit parce que chaque coup était trop long, soit parce que les chances en étaient trop égales, imaginèrent des jeux de hasard plus prompts, et où à point égal le bénéfice est pour le banquier. Tels furent le Macao, le Pharaon, et surtout le Trente et Quarante, qui va plus vite que tous les autres, et qui expédie plus promptement les joueurs.

Le brelan est un jeu commode en apparence, parce qu'on ne joue que quand on veut, mais on n'y est guère libre de ne jouer que ce qu'on veut ; car les joueurs y faisant des enchères à l'envi les uns des autres, celui qui s'est engagé pour la première est obligé de la payer ou de risquer à perdre les enchères supérieures qu'il aura acceptées. Ce jeu est d'ailleurs assez égal, lorsque la plus forte enchère est acceptée de part et d'autre. Le point le plus fort, ou le brelan le plus élevé, l'emporte. On sait que le coup appelé *brelan*, et qui a donné son nom au jeu, consiste à avoir trois cartes de même figure ou de même point ; le *brelan favori* ou brelan de valets l'emporte sur tous, même sur le *brelan quatrième* ou *carré* (formé par la carte qui retourne, ajoutée aux trois autres). Du reste, ce jeu offre une grande ressemblance avec la **bouillotte**, qui le remplace aujourd'hui.

Brelan se dit aussi d'une maison où l'on donne, soit clandestinement, soit publiquement, à jouer aux dés ou aux cartes. H. AUDIFFRET.

BRELINGUE ou **BRELINDE**. *Voyez* BERLINE.

BRELOQUE, au propre et au figuré, hochets de peu de valeur : *Cet homme vend bien cher ses breloques*, c'est-à-dire ses fadaises, ses niaiseries, ses billevesées, ses colifichets. Il se dit plus particulièrement des petites clefs, petits cachets, menus bijoux, futiles curiosités, qu'on porte à l'extrémité d'une chaîne de montre. La révolution de 89 trouva les gentils-hommes français étalant fort bas, le long de leurs deux cuisses, deux larges chaînes d'or, que, à leur tour, les bourgeois, singes des nobles, qu'ils n'aimaient pas, portèrent bientôt en acier. La jeunesse dorée de Thermidor essaya de faire revivre cette mode, qui ne prit pas. Les *breloques*, importées de Londres, eurent le dessus. Les deux chaînes se réunirent en une seule, très-courte, qu'on porta, tour à tour, à droite et à gauche, et à laquelle il fut de bon goût d'appendre une touffe épaisse de colifichets, les plus variés, les plus bizarres, les plus originaux ; on y voyait jusqu'à des triangles, des sabres, des bonnets phrygiens, des guillotines microscopiques. Les *breloques* persistèrent sous le Consulat et sous l'Empire. On leur fit subir seulement une épuration indispensable dans les pièces qui les composaient, et on ne les suspendit plus à une chaîne, mais à un beau ruban moiré, rouge, noir, bleu, vert ou violet, selon le goût et l'opinion du propriétaire.

Les malheurs publics des premières années de la Restauration exécutèrent une épouvantable *razzia* sur les *breloques*. On cherchait à faire argent de tout. Plus tard, quand revint la confiance, on ne porta plus qu'une chaîne à gros anneaux, avec une clef unique, calquée sur les grandes clefs des serruriers, puis une véritable clef de montre, ornée d'une monstrueuse cornaline, et enfin, depuis le règne de Louis-Philippe, une imperceptible chaîne et une imperceptible clé à la mode anglaise. Nos voisins d'outre-Manche nous devaient bien ce dédommagement de leurs affreuses *breloques*

thermidoriennes. En tout cas, en dépit des révolutions de la mode, le vieux roi conserva toujours le goût des breloques.

Cet assemblage, d'un goût détestable, n'apparaît plus, de nos jours, dans nos grandes villes que de loin en loin comme complément obligé de la toilette de quelques gros épiciers ou marchands de bois enrichis, administrateurs de douanes du Jura ou des Ardennes, juges de paix du Cantal ou des Landes, sous-préfets en retraite, ou régents de quelque lointain collége communal. Là on ne renonce pas si vite au culte des souvenirs et aux héritages de famille. Quelques femmes excentriques, d'un âge raisonnable, anciennes maîtresses d'hôtel garni, anciennes marchandes de mode, ou *bas bleus* incompris, s'honorent encore aussi d'un bouquet d'imperceptibles *breloques* à la ceinture. *C'est fort bien porté*, disent-elles. Nous le croyons bien. Nous aimons les caricatures complètes.

L'on appelait autrefois *breloques* les boutiques portatives des petits merciers étalagistes ; et l'on traitait au figuré de *bretiques-breloques* les travaux qui s'accomplissaient sans ordre, logique, ni méthode.

Le *breloque* ou plutôt la *berloque*, en style de caserne, est une batterie de caisse, brisée, saccadée, appelant les soldats à la distribution des vivres ou aux repas. Par analogie, au figuré, *battre la breloque* ou *la berloque* se dit d'un pauvre diable qui dans ses discours commence à donner des signes évidents d'aliénation mentale.

BRÊME, genre de poisson, appartenant à la famille des *gymnopomes*. La brème commune (*abramis* d'Athénée) est un poisson de nos eaux douces, dont la chair est blanche et agréable au goût. Sa forme est à peu près celle de la carpe, mais plus plate, et ses écailles sont beaucoup plus grandes. Sa tête est petite, et elle a deux nageoires auprès des ouïes et deux autres au milieu du ventre. Il vit une partie de l'année enfoncé dans la vase et caché sous l'herbe des étangs, et ne s'élève à la surface qu'au temps de la ponte, vers le printemps, qui est aussi le moment favorable pour le pêcher. Ce poisson, qui est très-abondant dans les rivières et les étangs du nord de l'Europe, surtout en Suède, où sa pêche est un objet de commerce important, est beaucoup moins commun en France, où cependant il serait très-facile de le multiplier. Sa croissance n'est pas moins prompte que celle de la carpe.

BRÊME, sur le Weser, l'une des quatre villes libres que l'on compte encore aujourd'hui en Allemagne, avec un territoire de 275 kilomètres carrés, dont la principale partie, divisée en seigneurie de la rive droite et seigneurie de la rive gauche du Weser, renferme la ville, tandis que les bailliages de Vegesack et de Bremerhaven, avec les bourgs du même nom, et situés, l'un à 15 kilomètres et l'autre à 52 kilomètres plus loin au-dessous de la ville, forment des ports séparés et distincts. D'après le recensement le plus récent, la population totale est de 72,820 habitants professant la religion protestante, à l'exception de 1600 catholiques. Sur ce chiffre, 49,700 habitants appartiennent à la ville proprement dite ; le reste est disséminé dans les deux bourgs de Vegesack et de Bremerhaven et dans cinquante-huit villages et hameaux.

La ville se divise en *vieille ville, ville neuve* et *faubourg*. Ce dernier quartier, séparé de la vieille ville par les fossés des anciennes fortifications, décrit, avec celle-ci pour centre, un vaste demi-cercle sur la rive droite du Weser. En face de la vieille ville, sur la rive gauche du fleuve, est située la ville neuve, à laquelle on arrive par deux ponts, jetés l'un sur le fleuve, l'autre sur un de ses embranchements qui a là son embouchure, et qu'on appelle le petit Weser. Les anciennes fortifications ont été depuis le commencement de ce siècle transformées en de délicieuses promenades publiques, qui s'étendent entre la vieille ville et le faubourg, sur les remparts et les contrescarpes d'un point à un autre du Weser ; rien de plus ingénieux ni de meilleur goût que leur disposition. Les édifices anciens les plus remarquables de Brême sont : la cathédrale, bâtie vers l'an 1050 par l'archevêque Adalbert et le sénat, construction gothique commencée en 1405, avec ses fameuses caves, dont l'entrée est décorée de la statue, en pierre, de Roland ; la Bourse, la Marine, les deux hospices d'orphelins ; et, parmi les édifices de construction moderne, l'hôtel de ville, la maison de travail, le muséum avec sa collection d'histoire naturelle, la nouvelle salle de spectacle, la nouvelle caserne, le nouvel hôpital, l'embarcadère du chemin de fer et le grand pont sur le Weser. Brême abonde en instituts charitables de toutes espèces, en établissements d'instruction publique de tous les degrés, et en institutions dans l'intérêt du commerce et de la navigation, qui de tout temps ont été l'objet d'une sollicitude particulière de la part des autorités municipales, attendu que l'existence même de la ville ainsi que sa prospérité reposent avant tout sur le génie maritime et mercantile de sa population.

Brême est située au point où commence le Weser inférieur, là où l'on ressent encore faiblement les effets du flux et du reflux, à 74 kilomètres des côtes et à 111 de la pleine mer. Aujourd'hui encore elle est accessible pour les bâtiments employés au cabotage ou encore pour les bâtiments larges et plats, par conséquent tirant peu d'eau, comme il était d'usage d'en construire autrefois ; mais la plus grande partie des navires sont obligés de s'arrêter et de jeter l'ancre à une grande distance au-dessous de la ville. On créa à cet effet, au commencement du dix-septième siècle, le port de Vegesack, et les proportions toujours plus grandes données à la construction des navires firent reconnaître la nécessité d'ouvrir un nouveau port à Bremerhaven, dont la fondation date de l'année 1827. Cette création a rendu à Brême sa physionomie de ville de mer, déjà à moitié effacée, et a considérablement favorisé le développement de sa grande activité maritime, qui depuis lors s'y trouve presque toute concentrée. Cette séparation que la force des choses a établie entre Brême et ses ports a eu ce résultat naturel que la ville, quoique l'âme communiquant l'impulsion au tout, a plutôt la physionomie d'un entrepôt, et que pour se faire une juste idée de l'importance de Brême comme place de mer et comme marché cosmopolite, on doit passer en revue toute l'étendue de côtes s'étendant depuis la ville jusqu'à Bremerhaven.

Il faut d'ailleurs attribuer en grande partie le nouvel et puissant essor qu'a pris le commerce maritime de Brême aux nombreux comptoirs et établissements que ses citoyens ont fondés dans la plupart des ports de l'Amérique et du monde accessibles au pavillon allemand, de même qu'aux vastes proportions et à la notoire habileté de sa marine, qui en 1850 comptait déjà deux cent dix-neuf gros bâtiments, jaugeant ensemble 132,918 tonneaux de 1,000 kilogrammes, sans compter les navires qui ne faisaient que le cabotage non plus que ceux uniquement employés au service du Weser. Le commerce direct de Brême l'emporte sur ses affaires de commission et d'expédition, et de même ses relations transatlantiques sont bien plus importantes que celles qu'elle entretient avec l'Europe. En tête viennent ses relations avec les États-Unis de l'Amérique septentrionale, puis celles avec les Indes occidentales et les anciennes colonies espagnoles et portugaises du continent américain. Dans ces derniers temps elle en a aussi établi de multiples et très-profitables avec l'Afrique, les Indes orientales, la Chine, l'Australie, etc. Et indépendamment des pêches dans les mers du Nord, elle a également pris une part des plus actives aux pêches de la baleine dans les mers du Sud ; industrie que Brême a introduite la première et qu'elle exerce encore aujourd'hui presque seule parmi les Allemands. Ses principaux objets d'importation sont le tabac, l'huile de baleine, le sucre, le café, le vin, le riz, le coton, les cuirs, les bois de teinture et les grains. Ses exportations consistent en produits des manufactures et des mines de l'Allemagne, verroteries, objets de quincaillerie, grains, comestibles, spiritueux, etc. En 1850 l'importation maritime s'est élevée à 1,508,011 quintaux métriques, représentant une valeur de 62,087,372 francs, et l'exportation maritime à 975,878 quintaux, représentant une valeur de 63,134,405 francs. L'ensemble des importations et exportations par terre et par mer avait formé cette même année un total de 5,264,690 quintaux de marchandises représentant une valeur de 264,069,835 francs. Le nombre des navires arrivant à Brême avec une cargaison varie, année commune, entre 1500 et 1900. Mentionnons en outre que depuis 1827 c'est Brême qui est devenue le grand point d'embarquement pour l'émigration allemande. Dans ces dernières années le chiffre des émigrés qui se sont embarqués à Brême pour l'Amérique a varié entre 28,000 et 32,000. L'activité industrielle de la ville a pour cause et pour limites son commerce maritime ; elle a pour objet principal la fabrication des accessoires de la navigation, tels que cordages, voilures, agrès, poulies, etc., ou encore la construction même des navires, à laquelle sont consacrés de nombreux chantiers. Elle consiste aussi en préparations de matières premières exotiques, ou en fabrication d'objets destinés à l'exportation maritime, comme machines et moulins à vapeur, etc., en distillation de genièvre, fabrication de différentes sortes de bière, etc., deux industries qui y sont exercées dans de vastes proportions. Mais de tous les genres de fabrication, c'est celle des cigares qui s'y fait aujourd'hui sur la plus large échelle, car elle n'occupe pas moins de 4,000 ouvriers.

Aux termes de l'acte constitutif de la confédération germanique, la ville de Brême possède avec les autres villes libres la dix-septième voix dans la diète fédérale. Elle a à Lubeck, en commun avec cette autre ville libre, un tribunal supérieur d'appel ; et jusqu'à présent elle a constitué, au point de vue militaire, une association encore plus étroite avec les villes de Hambourg et de Lubeck, en tant que faisant partie intégrante de la 2ᵉ brigade de la 2ᵉ division du 10ᵉ corps de l'armée fédérale. Outre cette union créée par la confédération germanique, il existe toujours entre les trois villes de Brême, Hambourg et Lubeck, surtout en ce qui touche le commerce extérieur, l'unité d'intérêts formée autrefois par la Hanse. C'est ainsi qu'elles possèdent en commun le *Stahlhof* (maison d'échantillon) à Londres et la maison de la Hanse à Anvers, qu'elles passent des traités de navigation en commun, qu'elles entretiennent des consuls communs, etc. Aux termes de la constitution de 1849, un sénat de seize membres, dont font partie deux bourgmestres alternant tous les ans pour la présidence, y est à la tête des affaires publiques. Ce sénat partage l'autorité législative et administrative avec la bourgeoisie et des comités, appelés *députations*, sortis du sein de celle-ci. Les revenus annuels de la ville s'élèvent à 900,000 thalers.

L'histoire primitive de la ville de Brême remonte à l'année 788, époque où Charlemagne y fonda un évêché qui plus tard fut réuni à l'archevêché de Hambourg, institué seulement en 834. Les titulaires de cet archevêché ayant ensuite transféré leur résidence à Brême, celle-ci fut à son tour érigé en siège archiépiscopal. Les immunités accordées à ce siège favorisèrent de bonne heure parmi les habitants le développement de l'esprit de commune et de cité qui, avec l'appui de l'Église, put même aller jusqu'à les faire se déclarer indépendants ; et en dépit des luttes continuelles que la ville eut à soutenir depuis le commencement du treizième siècle contre ses archevêques, elle parvint toujours avec plus de succès à conserver son indépendance ; de sorte que dès la fin du quatorzième siècle elle était reconnue sans conteste en qualité de ville libre impériale. Pendant ce temps-là, après avoir déjà obtenu par elle-même des privilèges particuliers dans toute l'étendue de ce qui composait alors le domaine de sa navigation, c'est-à-dire depuis les côtes de la Flandre jusqu'à celles de la Norvège, et depuis l'Angleterre jusqu'à la Livonie, de même qu'en 1158 elle avait fondé Riga et contribué également à la fondation de l'Ordre Teutonique, elle était devenue membre de la Hanse, et avait pris part, un peu mollement d'abord, mais ensuite très-activement, à tous ses plans et à toutes ses entreprises.

Sortie de plus en plus puissante des luttes civiles du moyen âge et de guerres continuelles qu'elle eut à soutenir contre les princes et les seigneurs ses voisins, mais surtout contre les Frisons, peuple adonné au brigandage et à la piraterie, maîtresse du Weser inférieur et pendant plus ou moins longtemps de vastes étendues de territoire sur les deux rives de ce fleuve, Brême embrassa de bonne heure et chaleureusement la cause de la réformation. De toutes les villes maritimes saxonnes qui prirent fait et cause pour la ligue de Smalkade, c'est elle qui déploya le plus de zèle et d'ardeur; et par la courageuse constance dont elle fit preuve après la bataille de Muhlberg elle ne contribua pas peu à sauver le protestantisme d'une ruine complète. Mais c'est de cette époque aussi que date sa décadence politique, qui eut pour résultat d'empêcher son commerce de prendre de nouveaux développements. De fréquents troubles ayant eu la religion pour cause, et par suite desquels cette ville, qui sympathisait avec les idées et les principes de Mélanchthon, fut obligée d'embrasser le calvinisme, ruinèrent sa prospérité et lui aliénèrent ses voisins et ses alliés parmi les princes et les villes, tous fermement attachés aux doctrines de Luther. Ajoutez à cela qu'à l'époque où elle jouissait en fait de sa complète indépendance, elle avait négligé de se faire représenter aux diètes impériales, et que si elle s'était soustraite ainsi à la nécessité de contribuer pour sa part aux charges de l'Empire, elle avait en revanche perdu le droit d'invoquer formellement les priviléges et la protection assurés aux membres de l'Empire. Aussi, quand au commencement du dix-septième siècle l'archevêché de Brême passa en des mains plus puissantes, et lorsque, aux termes de la paix de Westphalie, elle finit par être érigée en duché temporel sous la souveraineté de la Suède, les Suédois menacèrent ses libertés et les comtes d'Oldemhourg entravèrent son commerce, notamment en établissant une douane à Elsfleth. Le Hanovre hérita des prétentions de la Suède, et ne consentit enfin à la reconnaître en qualité de ville libre impériale qu'en 1731. Ce ne fut même qu'en 1803 qu'il cessa de lui contester le droit de complète souveraineté sur son propre territoire, déjà singulièrement restreint par diverses cessions antérieures.

Après avoir vu, grâce à la paix de Versailles de 1783, son commerce et sa prospérité reprendre un nouvel essor, elle eut bientôt à supporter les misères de la domination et de l'occupation françaises, puis finit par être complétement incorporée (1810-1813) à l'empire français. Redevenue libre au mois de novembre 1813, elle se hâta alors de prendre part à la grande lutte nationale contre l'étranger; et par les services qu'elle rendit à la cause commune, elle obtint d'être rétablie dès le mois de décembre en possession de son ancien titre de ville libre, en même temps que la reconnaissance formelle de son antique indépendance.

BREMER (FRÉDÉRICKA), Suédoise, qui s'est fait un nom par la publication d'un certain nombre de romans remarquables, est née en 1802, près d'Abo, en Finlande, d'autres disent dans cette ville même. Elle avait à peine trois ans, que son père était réduit, par mauvaises affaires, à vendre ses propriétés et à aller se fixer en Scanie. Plus tard, elle passa plusieurs années en Norvège, chez la comtesse de Sonnerhjelm, et elle est aujourd'hui attachée comme institutrice à un établissement d'instruction publique pour les jeunes personnes, à Stockholm. Ses occupations ne l'ont pas empêchée de faire des voyages en Allemagne, en Angleterre et dans l'Amérique du Nord. L'étude de la littérature de l'Allemagne, la constante lecture de ses poètes et surtout du *Don Carlos* de Schiller, développèrent en elle un talent dont les productions manquent peut-être de maturité, mais qui témoignent d'un talent remarquable sous plusieurs rapports. Depuis quelque temps elle a beaucoup écrit, et c'est peut-être à cette fécondité qu'il faut attribuer le peu de succès de ses dernières productions, quoiqu'on y remarque encore les qualités qui distinguent ses autres ouvrages. Tout ce qui jusqu'à ce jour est sorti de sa plume brille par une sagesse et une pureté vraiment féminines de pensées, par une rectitude de jugement qui souvent n'exclut point une douce ironie, par une connaissance approfondie du cœur humain, par des idées justes et vraies sur le monde, par un rare talent d'exposition, qui souvent devient dramatique, et qui reste toujours merveilleusement simple et lucide. Frédéricka Bremer excelle surtout dans la peinture des scènes de la vie de famille; et ses tableaux, quelquefois un peu minutieux, sont extrêmement attrayants.

Le premier roman qu'ait publié Frédéricka Bremer produisit tout aussitôt à Stockholm une vive sensation; il était intitulé *la Fille du Président*; *les Voisins*, qui parurent après, mirent le comble à sa réputation. Vinrent ensuite *la Famille H.* et *Nina*, dont le succès ne fut pas moindre. On reproche à ses romans *les Voisins* et *la Maison* de manquer d'originalité et d'invention; on adresse la même critique à *Combat et Paix*, œuvre dans laquelle cependant on ne laisse pas que de rendre justice à quelques fort belles parties, et où le lecteur trouve des descriptions les plus saisissantes et les plus vraies d'une nature et d'un sol généralement assez peu connus. La scène de ce roman se passe en Norvège, et Frédéricka Bremer, par la magie de son style, retrace avec un bonheur infini les scènes, tantôt sublimes, tantôt touchantes, qu'y rencontre l'observateur.

Une collection complète de ses romans a paru à Stockholm en sept volumes (1835-1843), sous le titre de *Teckningar ur Hvardagslifvet* (Esquisses de la vie de tous les jours). A ce recueil se rattache *Nya Teckningar ur Hvardagslifvet* (Stockholm, 1844-1848), qui comprend *Un journal*, *En Dalécarlie*, *Vie de frères et sœurs*. Dans son *Morgan-Vækter* (1842), l'auteur a déposé sa profession de foi religieuse. Elle a publié de charmantes impressions de voyages dans *Lif i Norden* (1849) et *Midsommar-Resan* (1849). Ajoutons que les romans de Frédéricka Bremer ont obtenu, non-seulement en Allemagne, mais en France, en Angleterre, en Hollande, les honneurs de la traduction.

BREMERHAVEN, port construit en 1827 à l'endroit où la Geeste se jette dans l'embouchure du Weser, à 52 kilomètres au-dessous de Brême, sur un territoire cédé à cette ville par le Hanovre, et qui, n'étant pas encore protégé par des digues était alors sujet à toutes les inondations causées par les tempêtes. En 1830 on y creusa un bassin de 620 mètres de long sur 62 de large, muni d'une écluse de 11^m,47, et susceptible de recevoir et de mettre à l'abri des navires jaugeant jusqu'à 1500 tonneaux. Dès que ce port fut ouvert au commerce, il s'établit sur ses bords une population qui comptait déjà en 1850 3,500 âmes; et Bremerhaven reçut une organisation ainsi que des institutions municipales. Depuis cette époque, la progression toujours croissante du commerce maritime de Brême a nécessité la construction d'un second bassin long de 496 mètres avec une largeur de 124 mètres, pourvu d'une écluse de 23^m,56 de large et 7^m,75 de profondeur, capable dès lors de recevoir les plus grands navires. Indépendamment de ces deux bassins, on trouve encore à Bremerhaven un grand nombre de chantiers de construction établis le long des rives de la Geeste, ainsi que deux vastes docks, où les navires peuvent entrer à la marée montante. Dans la *Maison des Emigrants*, fondée en 1850, trois mille individus trouvent le gîte et la nourriture. Depuis 1847 un service régulier de bateaux à vapeur créé entre New-York et Bremerhaven a établi de rapides et faciles communications entre l'Amérique du Nord et l'Allemagne. C'est aussi à Bremerhaven que, pendant sa courte existence, était venue stationner la fameuse *flotte allemande*, créée à la suite des événements de 1848. Un télégraphe aérien et un télégraphe électrique mettent Bremerhaven en communication avec Brême.

BRENNER (*Mons Brennius*), nom donné à la pointe des Alpes Rhétiennes dans le comté du Tyrol, entre Inspruck et Sterzing, et entre l'Inn, l'Aicha et l'Adige. Élevé de plus de 1,984 mètres au-dessus du niveau de la mer, le Brenner sépare le bassin de l'Adige de celui de l'Inn. Il est traversé à une hauteur de 1,348 mètres par une route de 17 kilomètres, qui relie Vienne à Inspruck et à Venise. La montagne porte un village du même nom, connu par ses sources minérales. Comme tous les passages qui conduisent à travers le Tyrol et les Alpes Rhétiennes, le Brenner était aussi désigné par les anciens écrivains sous le nom de *Mons Pyrenæus*. Dans la guerre de 1809, le Brenner a été la principale position pour la défense du Tyrol.

BRENNUS, nom ou plutôt titre de plusieurs chefs gaulois, et qui s'est conservé encore jusqu'à nos jours dans le mot gallois *brennin*, qui veut dire roi. Le plus célèbre de tous ceux qui le portèrent est *Brennus*, chef des Sennones, peuplade gauloise de la Haute-Italie, qui, vers l'an 390, envahit le territoire romain. Les Romains furent complétement battus sur les bords de l'Allia, et Brennus arriva lentement sous les murs de la ville éternelle. Pendant ce temps là les trésors et les objets sacrés avaient été déposés au Capitole, où la population jeune et en état de porter les armes s'était retirée, tandis que les autres habitants avaient pris la fuite. Brennus ne rencontra dans la ville déserte que les femmes, les enfants et les vieillards. Ceux-ci avaient mieux aimé mourir que d'abandonner leur patrie. Brennus les trouva assis sur leurs chaises curules, quelques-uns revêtus de leurs ornements sacerdotaux en signe de leur dignité, et d'autres avec le costume de consuls. Ils furent égorgés, en même temps que la ville était livrée aux flammes et au pillage. Cependant une formidable armée romaine se réunissait sur les derrières des Gaulois, tandis que le Capitole assiégé continuait à opposer, sous les ordres du tribun Sulpicius, une vigoureuse résistance. Brennus tenta de le prendre d'assaut. Une nuit il en fit escalader les rochers par ses soldats; et déjà quelques Gaulois étaient parvenus au sommet sans que les sentinelles eussent rien aperçu. Mais alors les oies sacrées qu'on nourrissait dans le temple de Junon, poussèrent de grands cris et réveillèrent ainsi la garnison qui repoussa les assaillants. Toutefois les Romains, privés de toutes communications avec les leurs, désespéraient d'en être secourus, tandis que de son côté Brennus, privé de la paie décimait l'armée, se fatiguait d'un siège long et inutile. Les deux parties résolurent en conséquence d'en venir à un accommodement. Brennus promit de se retirer si on lui donnait mille livres pesant d'or. Déjà on pesait l'or, Brennus venait de jeter encore une épée dans la balance, en s'écriant : *Væ victis!* (Malheur aux vaincus!), mot qui a passé en proverbe, quand Camille, rappelé d'exil et créé didacteur, survint à la tête de l'armée romaine, chassa les Gaulois de la ville et les tailla en pièces dans la plaine voisine. Il est vraisemblable que Brennus périt dans cette déroute; du moins les historiens romains ne font-ils plus dès lors mention de lui. Il est évident d'ailleurs que toute cette histoire de Brennus ne nous est parvenue que fort embellie par la poésie. Nous avons donné le récit de Tite-Live; mais la critique moderne ne l'admet pas sans restriction. *Voyez* notre article ALLIA, t. Ier, p. 388.

Un autre *Brennus* envahit avec Psychorius, l'an 280 av. J.-C., la Macédoine à la tête d'une immense armée gauloise, évaluée à 150,000 fantassins et 30 ou 40,000 cavaliers. Il battit et tua le roi Ptolémée Céraunus, puis Sosthènes, traversa la Thessalie, pénétra en Grèce par les Thermopyles, et marcha sur Delphes pour piller le temple de la ville. Mais une armée grecque accourue en toute hâte, et la terreur que répandit dans leurs rangs un tremblement de terre accompagné d'un orage formidable, contraignirent les Gaulois, après que Brennus lui-même eut péri dans la mêlée, à regagner la Thrace, où ils fondèrent un royaume qui demeura longtemps puissant, mais que les Thraces finirent par subjuguer.

BRENTANO (CLÉMENT), connu comme romancier et comme poëte dramatique, frère de la célèbre Bettina d'Arnim, né à Francfort-sur-le-Mein en 1777, fit ses études à Iéna, et résida ensuite alternativement à Iéna, à Francfort, à Heidelberg, à Vienne et à Berlin. En 1818, mécontent à la fois de lui-même et des hommes, il renonça complétement au monde, et choisit pour séjour l'abbaye de Dulmen, dans le pays de Münster. Dans les derniers temps de sa vie, il vécut à moitié comme un anachorète, résidant tantôt à Ratisbonne, à Munich et à Francfort, où la nature ironique de son esprit le fit toujours beaucoup remarquer. Il mourut à Aschaffenbourg, le 28 juin 1842. Brentano publia ses premières poésies sous le pseudonyme de *Maria*, duquel il signa ses *Satires et Délassements poétiques* (Leipzig, 1800) et son *Godwi*, ou l'*Image de pierre de la mère* (2 vol., Francfort, 1801), livre qu'il désigna lui-même en sous-titre par la qualification de *Roman sauvage*. Le fait est que ce roman est passablement échevelé et pousse un peu loin les bizarreries que se permettait à cette époque la nouvelle école romantique. On y remarque cependant quelques belles pages et de ces passages auxquels on reconnaît aisément le poétique contemplateur. Ses productions dramatiques, tantôt originales, tantôt bizarres, brillent quelquefois par un genre d'esprit éminemment disposé au sarcasme, et quelquefois aussi par de nobles accents lyriques. Ce sont *Les Musiciens joyeux*, opéra (Francfort, 1803); *Ponce de Léon* (Gœttingue, 1804), comédie qui offre les plus heureux incidents; *Victoria et ses frères et sœurs aux étendards flottants et aux mèches allumées* (Berlin, 1804), où une ironie parfois un peu recherchée s'unit à une gaieté merveilleusement baroque. Sa *Fondation de Prague* (Pesth, 1816) est un ouvrage dans lequel la profondeur de la pensée et la force du style répondent à l'esprit poétique de l'inspiration première, quoique la bizarrerie des pensées et l'irrégularité de l'ensemble nuisent à l'effet général. Brentano écrivit aussi quelques ouvrages de circonstance, parmi lesquels nous mentionnerons la cantate *Universitatis litterariæ* (Berlin, 1810), et son *Passage du Rhin*, ronde populaire (Vienne, 1814). Le genre dans lequel il semble avoir le plus complétement réussi est celui des petites nouvelles, et on regarde généralement comme son chef-d'œuvre l'*Histoire du brave Gaspard et du bel Annerl* (2e édit., Berlin, 1851). Son dernier ouvrage, intitulé *Gokel, Hinkel und Gakeleia* (Francfort, 1838), est une amusante et spirituelle satire, dans laquelle il a flagellé avec une impitoyable ironie les ridicules de son siècle. On doit aussi citer avec éloge la nouvelle édition qu'il a donnée de l'ancienne histoire de George Wickram de Colmar, sous le titre : *Le Fil d'Or* (Heidelberg, 1809), ouvrage dont Lessing désirait la réimpression, bien qu'il se soit permis des changements arbitraires dans le texte. Ses *Contes* ont été publiés par Guido Gœrres (2 vol., Stuttgart, 1848).

Sa femme, *Sophie* SCHUBART, née le 27 mars 1761, à Altenbourg, avait épousé en premières noces le professeur Mereau de Iéna. Un divorce lui ayant rendu sa liberté, en 1804, elle se remaria avec Clément Brentano, qu'elle suivit à Francfort et à Heidelberg, où elle mourut le 31 octobre 1806. Outre ses traductions et beaucoup d'articles insérés dans des almanachs et des journaux, elle a laissé des *Poésies* (2 vol., Berlin, 1800-1802), ainsi que plusieurs romans, tels que *Calathiscos* (2 vol., Berlin, 1801-1802), et *Amande et Édouard* (Francfort, 1803), en forme de lettres. On a aussi d'elle une *Suite variée d'Opuscules* (Francfort, 1805). Tout ce qu'elle a écrit se distingue par la pureté et la délicatesse du style, par une grande richesse d'imagination, mais aussi par les défauts qui caractérisent l'école romantique.

BRENTANO (Lorenz), connu par la part qu'il a prise à la révolution dont le grand duché de Bade fut le théâtre en 1848 et 1849, est né en 1810, à Manheim. Brentano fit ses études en droit à Heidelberg, et depuis 1837 il fut attaché successivement au barreau de Rastadt, de Bruchsal et de Manheim. Mêlé de bonne heure aux luttes des partis politiques, il fut enfin, grâce à l'appui d'Itzstein, élu député par sa ville natale, en 1846, après avoir vu sa candidature échouer auparavant à maintes reprises; toutefois il ne commença à jouer un rôle important qu'à l'époque des troubles de 1848. Sans posséder des talents éminents, Brentano a tout au moins l'habileté à l'aide de laquelle on parvient à dominer les masses en temps de révolution. Comme membre de l'Assemblée nationale allemande, il ne se fit remarquer qu'une seule fois, dans une séance du mois d'août 1848, où ses paroles imprudentes soulevèrent le plus furieux tumulte. La révolte de Hecker ayant échoué, Brentano devint le chef du parti révolutionnaire à Bade; il se montra l'orateur le plus fougueux de la chambre, organisa les clubs, et répandit partout une agitation qui donna fort à faire au gouvernement badois en 1848, et au commencement de 1849. Il resta cependant étranger aux émeutes de 1848; mais il se fit le défenseur des émeutiers devant les tribunaux, à la chambre et dans la presse.

Lorsque, au mois de février et de mars 1849, la majorité du parti radical quitta la chambre, il en sortit aussi, et il se constitua le défenseur de Struve devant les assises de Fribourg. Sur ces entrefaites, l'agitation qu'il avait semée porta ses fruits. L'assemblée d'Offenbourg amena une catastrophe plus terrible que Brentano ne l'eût désiré. Un ministère Brentano était dans les vœux d'un grand nombre de radicaux; une régence ou une dictature Brentano les consterna. Ce fut, au reste, avec un médiocre sentiment de satisfaction que Brentano prit, le 14 mai, le gouvernement du pays de Bade, car dès cet instant il fut en butte aux attaques les plus furibondes. Il se déclara contre ceux qui appelaient le règne sanglant de la terreur, condamna les actes de brigandage commis par des aventuriers étrangers, et entra ainsi en lutte ouverte avec Struve et son parti, lutte qui dégénéra presque en un conflit sanglant, le 5 et le 6 juin.

La révolution ayant succombé, il fut, en conséquence de l'attitude qu'il avait eue au pouvoir, accusé par les exaltés de l'avoir trahie. Il est certain qu'il gouverna plutôt avec des éléments du parti contraire qu'avec ses anciens amis politiques. Il conserva, il est vrai, jusqu'à la fin du régime révolutionnaire la direction suprême dans la commission exécutive, dans le gouvernement provisoire, dans la dictature; mais à mesure que les défaites se succédèrent, le mécontentement s'accrut, et, après la déroute de Fribourg, Struve lança le 28 juin, au milieu de l'assemblée constituante une proposition que Brentano considéra comme un vote de méfiance. Au milieu de la nuit, il s'enfuit à Schaffhouse, et l'assemblée l'ayant proclamé traître, il fit paraître un manifeste qui contenait la critique la plus amère de son propre parti. En se défendant d'avoir pillé le trésor public, en se vantant d'avoir empêché le sang de couler, il accusait la plupart de ses anciens amis d'incapacité, et leur reprochait de n'être conduits que par des motifs d'intérêt personnel. Ce manifeste écrasa son parti; mais il lui ferma en même temps la carrière politique, en lui attirant la haine des révolutionnaires, sans lui gagner la sympathie de leurs adversaires. De la Suisse Brentano s'enfuit en France, d'où il passa en Amérique. Il y publiait une feuille allemande et s'occupait d'affaires contentieuses, lorsqu'il mourut en 1853.

BRÉQUIGNI (Louis-Georges-Oudard Feudrix de), né à Granville, en 1716, mort à Paris, en 1795, chez son amie Mme du Boccage, fut reçu en 1759 à l'Académie des Inscriptions et Belles-Lettres, et enrichit les *Mémoires* de cette savante société d'un grand nombre de dissertations curieuses et importantes. Toute sa vie fut consacrée à l'étude de l'histoire et de l'antiquité. Après la paix de 1763, Bréquigni fut envoyé par le gouvernement en Angleterre, pour y faire le dépouillement des titres relatifs à la France, dont le catalogue avait été donné par Thomas Carthe, et que l'on conservait à la Tour de Londres. Bréquigni partit en 1764. Il devait rechercher et examiner les pièces originales qui ne se trouvent point dans les recueils de Cambden, de Rymer, Huane et de Morthon, et transcrire celles qui avaient rapport à la France. A son arrivée à Londres, il fut conduit dans un vaste grenier, où il trouva une immense quantité de papiers entassés sans ordre; on le mena ensuite dans un cabinet obscur, où il en trouva une égale quantité, couverts d'une couche épaisse de poussière infecte et humide. Il travailla trois mois à les classer, puis il examina les titres renfermés dans les coffres de l'échiquier, et y recueillit beaucoup de p èces authentiques relatives à nos anciens rapports avec l'Angleterre. Il revint en France au bout de trois ans.

Nous ne parlerons pas de son *Histoire de l'établissement de l'empire et de la religion de Mahomet*, de son *Essai sur l'Histoire de l'Yémen*, de sa *Table chronologique de rois et chefs arabes*, de son *Histoire des Révolutions de Gênes*, de ses *Vies des anciens Orateurs grecs*, ni du premier volume d'une édition de *Strabon* : mais nous devons insister sur ses travaux relatifs à l'histoire de France. Depuis 1764 il continua, d'abord avec de Villevaut, puis seul, la *Collection des Lois et ordonnances des rois de la troisième race*, immense recueil, dont il publia successivement cinq volumes à partir du neuvième, où Secousse s'était arrêté. Bréquigni y joignit des préfaces qui donnent une histoire exacte de notre législation. Secousse, Foncemagne et Sainte-Palaye avaient projeté un recueil de tous les titres, chartes et diplômes qui n'avaient point été imprimés : ils mourraient avant d'avoir accompli cette œuvre. Bréquigni fut chargé d'exécuter ce plan, et s'associa M. Mouchet. Ils publièrent trois volumes de la *Table chronologique* (1769-1783). Une partie du quatrième volume a été imprimée, mais n'a pas été mise en vente.

En 1791 Bréquigni publia à Laporte du Theil en 3 vol. in-fol. *Diplomata, chartæ, epistolæ, et alia monumenta ad res francicas spectantia*. Il avait encore été chargé par le ministre d'État Bertin d'achever la collection commencée par Batteux, sous le titre de *Mémoires sur les Chinois*, des pères Amiot, Bourgeois, etc. A la mort de Sainte-Palaye, en 1781, ce savant académicien, encore de concert avec M. Mouchet, s'occupa de la continuation du *Glossaire des vieux mots français*; mais leur travail est resté manuscrit. Bréquigni avait été reçu à l'Académie Française en 1772. A. Savagner.

BRERA (Valérien-Louis), né le 15 décembre 1772, à Pavie, professeur de thérapeutique et de clinique médicale à l'université de cette ville, a laissé une longue suite d'ouvrages et de mémoires originaux sur les différentes parties de l'art de guérir. Il s'est en outre attaché à enrichir la littérature médicale de son pays d'une foule de monographies et de traités spéciaux, choisis parmi ce que les littératures étrangères offraient de plus généralement estimé. Mais ce qui contribua surtout à populariser son nom parmi les médecins français, ce sont les beaux et importants travaux sur les vers intestinaux. Les savantes recherches auxquelles il se livra à ce sujet, les précieuses observations qu'elles lui donnèrent lieu de recueillir, sont consignées dans un volume in-4°, publié en 1803, et intitulé : *Lezioni medico-pratiche sopra i principali vermi del corpo umano vivente, e le cause delle malattie verminose*. Ce précieux ouvrage a été traduit en français, en anglais, en allemand et en russe. Bartoli et Calvet en avaient enrichi dès 1804 notre littérature médicale par une traduction qui a eu les honneurs de plusieurs éditions.

A l'âge de vingt et un ans, Brera, qui avait été reçu docteur en philosophie, en médecine et en chirurgie, était déjà au nombre des médecins du grand hôpital de Milan. Il alla ensuite à Vienne (1794) avec le titre de chirurgien militaire; puis, ayant quitté le service, il voyagea en Allemagne, en Hollande, en Belgique, en Écosse et en Suisse, visitant partout les hôpitaux, suivant la pratique des plus habiles médecins, et se liant d'amitié avec les hommes les plus célèbres. De retour en Italie (1796), nous le trouvons médecin et chirurgien des hôpitaux militaires de Milan. Nommé en 1798 professeur de clinique à Pavie, des dissidences scientifiques avec Rasori le forcèrent de renoncer à sa chaire et de se contenter de la place de médecin de l'hôpital de la ville. En 1806 il fut appelé à occuper la chaire de pathologie à Bologne, et en 1808 il obtint celle que la mort de Roidioli rendait vacante à Padoue. Après les événements de 1814 il avait été nommé premier médecin des États vénitiens, puis conseiller d'État de l'empereur d'Autriche. En 1830 le grand-duc de Toscane l'appela à sa cour pour y donner des soins à la grande-duchesse. En 1832, Brera reçut le titre de professeur honoraire à l'université de Padoue. Retiré à Venise, il fonda un journal scientifique, intitulé *Antologia medica*, qui ne parut qu'un an. Sa santé était déjà affaiblie depuis quelques années, quand il mourut, le 4 octobre 1840.

BRESCHET (GILBERT), naquit à Clermont-Ferrand, le 7 juillet 1784. S'étant livré de bonne heure et avec zèle à l'étude de l'anatomie, c'est à ses travaux multipliés plutôt qu'originaux dans cette science qu'il a dû d'être tour à tour chef des travaux anatomiques de la Faculté, chirurgien en second de l'Hôtel-Dieu de Paris, membre de l'Institut et professeur à l'École de Médecine. Cette dernière et fructueuse place ne lui fut octroyée qu'après concours, et Breschet put éprouver à cette occasion combien peu sont compatibles avec la maturité de l'âge et de l'esprit les concours universitaires, qui n'ont été institués que pour la jeunesse, toujours sûre d'y briller. Un de ses compétiteurs, M. Broc, professeur aimé du public enthousiaste, éclipsa tous ses rivaux par son élocution chaleureuse, par la sûreté de sa mémoire et la vivacité de ses ripostes et de ses allures. Il en résulta que les applaudissements et la place n'échurent point à la même personne, et que l'enthousiasme des opposants alla jusqu'à l'émeute, dont l'esprit factieux d'alors saisissait avidement tous les prétextes. Breschet n'en fut pas moins professeur, malgré les clameurs, ni professeur moins utile pour manquer d'éloquence. Il y a plus, l'embarras de sa diction et la répulsion de quelques élèves le rapprochèrent de plus en plus de Dupuytren, qui lui montra en toute occasion un bon vouloir dont le grand chirurgien n'était pas prodigue, qui l'agréa comme adjoint et quelquefois même comme conseiller.

Excellent anatomiste et travailleur plein de zèle, en correspondance assidue avec l'Allemagne universitaire et informé des premiers des progrès des sciences naturelles, Breschet a mis au jour, pendant vingt ans, beaucoup de bons travaux. Ses recherches sur les veines du rachis, sur l'organe de l'ouïe des oiseaux et des poissons, sur les vaisseaux lymphatiques, sur les anévrismes, sur l'ovologie comparée des mammifères, et plusieurs autres travaux, méritent et ont obtenu beaucoup d'estime. Personne ne connaissait mieux que Breschet les productions de l'Allemagne, et il est de ceux qui ont tiré un utile parti de ce commerce intellectuel entre les deux peuples. Peut-être même l'a-t-on trouvé quelquefois trop allemand, soit par une érudition inopportune ou excessive, soit pour l'édification de ses propres ouvrages, où l'originalité ne tient pas toujours assez de place, soit même pour l'ordonnance de son plan où se fait péniblement remarquer une certaine confusion d'arguments.

Breschet a concouru à de nombreuses publications; lui-même avait fondé un recueil estimé qui portait le titre de *Répertoire d'Anatomie*, etc. Celui de ses ouvrages qui nous paraît le plus *viable* est, s'il faut le dire, son *Mémoire sur les veines du rachis*. Sa présence à l'Académie des Sciences aura été peu remarquée, et laissera des traces peu durables. Sa pensée manquait de cette énergie lumineuse et concise sans laquelle ne peuvent être suffisamment formulés ces principes abstraits que toute l'Europe savante adopte et promulgue comme lois.

L'existence du docteur Breschet fut douloureusement abrégée par l'émotion que lui causèrent, dans un voyage en Italie, des voleurs qui le dévalisèrent en menaçant ses jours. Son corps, à peu de temps de là, prit un volume monstrueux, et sa raison même en fut affectée. Il mourut à Paris, le 10 mai 1845. Il avait à l'Institut succédé à Dupuytren, et eut lui-même pour successeur M. Lallemand, de Montpellier. Il n'a laissé qu'une fille, Mme Amédée Thierry.   Isid. Bourdon.

BRESCIA, chef-lieu de la délégation du même nom (superficie, 32 myriamètres carrés; population, 346,000 âmes) dans le gouvernement de Milan, du royaume Lombardo-Vénitien, sur les rives du Mella et de la Garza, qui traversent la ville, est située d'une manière très-pittoresque, dans une vaste et fertile plaine, au pied de quelques collines longeant les rives de ces deux rivières, et est généralement bâtie avec assez de régularité. On a transformé en promenades les remparts de ses anciennes fortifications. Cependant elle est toujours dominée par un château fort, construit du côté du nord sur des rochers élevés et escarpés. Cette ville est le siége des autorités supérieures de la délégation et d'un évêque; elle possède un tribunal de commerce, deux justices de paix et un tribunal de première instance. Elle est ornée d'un grand nombre de beaux édifices publics et de palais appartenant à des particuliers. Nous mentionnerons plus particulièrement la vieille cathédrale, monument magnifique et orné d'une foule de statues; la nouvelle cathédrale, encore inachevée, dont on admire la superbe coupole, et qui contient de précieuses reliques; le palais épiscopal, avec une importante bibliothèque, dont la ville est redevable au cardinal Quirini; la maison des Jésuites, située sur la place du marché et célèbre par ses vastes proportions de même que par son architecture, ses fresques et ses tableaux; enfin les palais des familles Martenigo (construit par Palladio), Gambara, Uggeri, Salini, Fenaroli, Barbisoni, Sigola et Scrardi, remarquables également par leurs collections de tableaux. Outre ses deux cathédrales, Brescia compte encore dix autres églises, dont les plus célèbres sont celles de *Santa-Maria di Miracoli*, *San-Lazaro* où l'on voit des toiles d'Alessandro Buonvicino, et de *Santa-Afra*, plusieurs établissements de bienfaisance, un théâtre construit avec beaucoup de goût, un Athénée, plusieurs gymnases, un cabinet d'histoire naturelle, un cabinet de médailles et un jardin botanique. Il y existe aussi plusieurs académies, entre autres l'*Academia de Filarmonici*, l'une des plus anciennes de l'Italie, et une société d'agriculture.

La population de Brescia, qui en 1847 s'était élevée au chiffre de 36,000 âmes, a beaucoup diminué à la suite des événements qui vinrent l'année suivante bouleverser la péninsule. Les habitants sont aussi actifs qu'industrieux. On y trouve des manufactures de soieries, de rubans, de fil, de futaine, de bas, de bonnets, de toiles, de couvertures de laine, de chapeaux, et d'autres objets en soie, lin, laine et coton, des fabriques d'huile, de papier, etc. Mais les produits les plus en renom de son industrie sont la quincaillerie, et surtout les armes de tous genres; aussi cette ville était-elle déjà surnommée à une époque très-reculée l'*armata*. On y fait en outre un commerce considérable en soie grège et ouvrée, en vins (notamment le fameux *vino santo*), en chanvre, draps, étoffes de soie et laine, et en affaires de commission et d'expédition. Il y existe de remarquables monuments de l'époque romaine, qu'on a réunis, avec le produit de fouilles faites aux environs, dans un musée spé-

BRESCIA

rial élevé sur l'emplacement même où on découvrit le temple d'Hercule enfoui au centre de la ville.

[Brescia s'appelait autrefois *Brixia*, et était le chef-lieu de la peuplade des Gaulois Cénomans, passés en Italie environ 600 ans avant l'ère chrétienne, et qui s'étaient établis entre les Alpes et le Pô, l'Oglio et l'Adige. On attribue communément aux Cénomans la fondation de Brescia, qui serait ainsi postérieure d'environ deux siècles à celle de Rome, attribuée à Romulus. Le nom de *Brixia* est effectivement gaulois, et on peut, sans être obligé à des suppressions ou permutations de lettres, le dériver de *brighseach*, qui signifie, en erse ou gallique, *au-dessus* ou *dominant la plaine*. Telle est en effet, comme on l'a vu plus haut, la situation de Brescia; mais les Gaulois qui s'y établirent peu après Bellovèse en chassèrent les Étrusques, autre nation gauloise taurisque ou cisalpine. Les Étrusques, qui eux-mêmes avaient expulsé des plaines du Pô les Ombriens, autre peuple d'origine gauloise, avaient fondé un empire puissant, et qui comptait plusieurs villes considérables sur les deux rives du Pô. Il est donc assez probable que non-seulement Brescia, mais Vérone, Bergame, Vicence, etc., existaient déjà sous la domination étrusque, et peut-être, avant elle, sous les Ombriens.

Pendant les longues guerres entre les Romains et les Gaulois cisalpins, et plus tard sous la domination romaine, Brescia ne fut le théâtre d'aucun évènement historique qui mérite d'être rapporté. Ravagée par les barbares qui vinrent successivement piller l'Italie, elle fit ensuite partie du royaume des Lombards, dont elle partagea les vicissitudes. Elle s'était rattachée à la ligue des villes lombardes confédérées contre l'empereur Frédéric Barberousse, et entra dans toutes les guerres fomentées par l'ambition et la rivalité des empereurs et des papes. Agitée elle-même par les factions qui se divisaient l'Italie, elle arbora tour à tour l'étendard des guelfes et des gibelins. L'empereur Henri VI la détruisit presque entièrement, et la démantela vers le commencement du treizième siècle. Elle passa ensuite sous la domination des princes de la Scale, seigneurs de Vérone, auxquels elle fut arrachée par le duc de Milan, Galeas Visconti, dans la guerre allumée en 1378 contre les Vénitiens, dont Galéas fut l'allié. En 1402, Adolphe Malatesta s'en était emparé pendant la minorité du fils de Galéas. Enfin en 1421 Philippe-Marie Visconti l'avait recouvrée.

En 1426, les Vénitiens s'étant alliés aux Florentins contre le duc de Milan, leur généralissime, connu sous le nom de Carmagnola, songea à ouvrir la campagne par la prise de Brescia, où il avait pratiqué des intelligences, et s'approcha de cette ville avec son armée. En effet, le 17 mars, les conjurés, au nombre desquels étaient des *avogadores*, lui livrèrent les portes de la ville basse. Mais le gouverneur de la ville conserva la ville haute, les quatre forts qui l'entouraient et la citadelle. Carmagnola se fortifia dans la partie de la ville qui lui était soumise, et lorsque le général milanais, Ange de la Pergola, parut devant Brescia avec une armée au moins aussi forte que celle des Vénitiens, il n'osa les attaquer, et se retira quelques jours après dans Brescia. Une seconde tentative pour jeter du secours dans Brescia fut également inutile; les quatre forts et la citadelle se rendirent enfin du 13 octobre au 20 novembre, et la paix conclue peu après assura la possession de Brescia aux Vénitiens.

La guerre s'étant rallumée pour la quatrième fois, en 1437, entre la république de Venise et le duc de Milan, la ville de Brescia souffrit un nouveau siége, qui fut l'occasion de quelques faits d'armes qui mériteraient d'occuper de la place qu'on ne leur a pas encore accordée dans les ouvrages destinés à développer les principes de la stratégie, car ils prouvent que la guerre de position était déjà connue en Italie dès le quinzième siècle, et que ce pays possédait des généraux capables de la bien faire, ressemblant assez peu au portrait ridicule que les écrivains étrangers se sont

plu à faire des *condottieri* italiens. On retrouve en effet dans leurs opérations quelque chose du génie qui a dirigé les immortelles campagnes de 1796 en Italie; et le théâtre est à peu près le même.

Après la bataille d'Agnadel (14 mai 1509), les habitants de Brescia s'emparèrent des portes de leur ville, et la livrèrent aux Français. Le 4 février 1512, pendant que Gaston de Foix, qui commandait l'armée française en Italie, faisait lever le siége de Bologne, le général vénitien André Gritti se porta à l'improviste sur Brescia, et, ayant fait brusquer un assaut sur trois points différents, enleva la place. Dès le lendemain il commença le siége de la citadelle et la battit si vivement qu'il y eut bientôt une brèche ouverte. Mais Gaston avait deviné les projets du Vénitien sur Brescia, et s'était préparé les moyens d'arriver promptement au secours de la garnison, en faisant jeter un pont sur le Pô. Dès le 5 février, assuré que les confédérés, qu'il avait repoussés de Bologne, se retiraient en Romagne, il se mit en marche, et le 14 février, il arriva devant Brescia. Ayant laissé une partie de son armée en dehors de la ville, devant la porte Saint-Jean, qui seule n'était pas murée, il entra avec le reste dans la citadelle. Il en ressortit presque aussitôt, rangea ses troupes en bataille sur l'esplanade du château, et attaqua l'armée vénitienne, qui s'était également déployée devant lui. L'attaque fut vive et la défense assez molle; les Vénitiens se mirent bientôt en retraite de rue en rue, protégés par les habitants, qui faisaient feu des maisons. Pendant ce temps, la partie de l'armée française qui était hors de la ville, ayant enfoncé la porte Saint-Jean, y entra et attaqua les Vénitiens à dos. Leur défaite fut entière et le carnage affreux. 15,000 soldats ou habitants périrent les armes à la main ; le provéditeur Gritti, le podestat Giustiniani et les principaux chefs furent faits prisonniers; la ville fut livrée à toutes les horreurs de la guerre et pillée pendant sept jours avec tout l'avidité et la férocité qui caractérisaient encore les guerriers de ce siècle. Le seul Bayard, grièvement blessé, sauva non-seulement les habitants de la maison où on l'avait transporté, mais refusa même le cadeau qu'on voulut lui faire à titre de rançon ou de rachat du pillage. Cette action fut beaucoup louée et méritait de l'être eu égard au siècle où elle s'est passée.

Dans cette journée, un enfant de dix à douze ans, fils d'une pauvre femme du peuple, reçut cinq blessures, dont une lui fendit les deux lèvres. Il devint bègue, et on l'appela du nom de *Tartaglia*, qui exprimait ce défaut. Cet enfant fut le célèbre restaurateur des mathématiques, qu'on ne connaît pas sous un autre nom.

Après la mort de Gaston de Foix, malheureusement tué à la bataille de Ravenne, l'armée française fut obligée d'évacuer l'Italie par la mauvaise conduite de ses généraux. Brescia fut assiégée, au commencement de 1513, par les Vénitiens et les Espagnols. Le gouverneur français capitula avec ces derniers, qui gardèrent la place pour leur compte. Lorsque les Vénitiens furent abattus par les efforts réunis des princes signataires de la ligue de Cambrai, coalition dans laquelle Louis XII s'était laissé entraîner par les intrigues du cardinal d'Amboise, les alliés de Louis le quittèrent et se réunirent aux Vénitiens contre lui. Puis, quand l'armée française, victorieuse à Ravenne, eut été obligée, par l'ineptie de ses généraux, la lâcheté d'une noblesse incapable de soutenir de longues fatigues, et la trahison des Suisses, de quitter l'Italie, les coalisés reprirent le projet de dépouiller à leur tour les Vénitiens. Le plus ardent dans cette nouvelle perfidie, Jules II, plus fait pour être flibustier que pape, poussa les choses au point que les Vénitiens se trouvèrent obligés de se jeter dans les bras de la France : cette puissance ouvrit les yeux à ses vrais intérêts, et le traité de Blois, signé le 14 mars 1513, sanctionna l'alliance entre la France et Venise.

Peu après leur alliance avec la France, le roi d'Espagne

ayant retiré ses troupes dans le royaume de Naples, les Vénitiens rentrèrent à Brescia. La même année, après le désastre de notre armée à Novare, ils la perdirent de nouveau. En 1515, *après la bataille de* Marignan (13 septembre), les Vénitiens, appuyés par une division française, assiégèrent Brescia; mais ils furent bientôt obligés de lever ce siége. Enfin, en 1516, Théodore Trivulzi, général des Vénitiens, soutenu par une division française sous les ordres de Lautrec, reprit le siége de Brescia. La place, battue par quarante-huit pièces de grosse artillerie, capitula en peu de jours (24 mai), et rentra sous la domination vénitienne.

Elle y resta jusqu'à la dissolution de la république de Venise. Chef-lieu du département du Mella sous les républiques cisalpine et italienne et le royaume d'Italie, elle tomba en 1814 sous la domination autrichienne. Gal G. DE VAUDONCOURT.]

Les Brescians prirent la part la plus vive au soulèvement de 1848. Dès le mois de mars, à la première nouvelle des événements dont Milan venait d'être le théâtre, ils coururent aux armes, et contraignirent la garnison autrichienne à capituler. Mais complétement antipathiques aux républicains de Milan, ils appelaient de tous leurs vœux une réunion avec le Piémont. Après la bataille de Custozza et la capitulation de Milan, Brescia partagea le sort des autres villes lombardes. Quand, dans les premiers jours de mars 1849, la guerre éclata de nouveau avec la Sardaigne, elle fut la seule des grandes villes de la Lombardie qui osa se soulever contre la domination autrichienne. Malgré la défaite essuyée par l'armée sarde sous les murs de Novare, les Brescians refusèrent de capituler. Le général Haynau vint attaquer leur ville le 30 mars à la tête d'un corps de 3,800 hommes, et la citadelle, qui était toujours demeurée au pouvoir des Autrichiens, commença en même temps un bombardement terrible sur Brescia. Les habitants se défendirent héroïquement jusqu'au 2 avril à midi, au milieu des ruines fumantes de leur cité à moitié détruite. De toutes les conditions moyennant lesquelles Haynau consentit à accorder aux Brescians la vie sauve et à garantir leurs propriétés de tout pillage, la plus dure ne fut pas une contribution de plus de six millions de francs. Il s'écoulera bien du temps avant que Brescia puisse se relever de ce désastre; et, comme pour aggraver ses malheurs, une trombe vint encore dans l'automne de 1850 exercer les plus effrayants ravages sur la ville et sur ses environs.

BRESCOU, îlot situé vis-à-vis d'Agde, dont il n'est éloigné que de 4 kilomètres, près de l'embouchure de l'Hérault. Un château fort, assez considérable, domine ce rocher; Festus Avienus en fait mention dans son poëme intitulé *Ora maritima*. En 1632, le roi Louis XIII en avait décidé et ordonné la démolition; mais, grâce à la sage intervention de Richelieu, on revint sur une décision prise à la légère, et une forteresse complétant l'ensemble du système de défense de cette partie si importante de nos côtes, fut conservée. Le grand ministre avait même entrepris la jonction de l'îlot de Brescou à la terre par une chaussée, dont les préoccupations de l'époque ne permirent pas d'achever la construction, mais dont les débris sont encore visibles aujourd'hui.

BRÉSIL. Cet empire, composé des anciennes colonies portugaises transatlantiques, est le plus vaste du globe après la Russie, la Chine et l'empire Britannique. C'est la contrée la plus favorisée de la nature parmi toutes celles du Nouveau-Monde. Elle comprend les deux cinquièmes de l'Amérique du Sud; avec quelques petites îles de l'Océan Atlantique, et s'étend depuis l'embouchure de l'Oyapoco, par 4° 17' de latitude nord, jusqu'au lac Mirim, sous le 33° degré de latitude sud, et depuis l'Océan, sous le 37° jusqu'au 74° de longitude occidentale, non compris les îles. Elle est bornée au nord par les Guyanes française, hollandaise, anglaise, et par la république de Vénézuéla; à l'ouest par celles de la Nouvelle-Grenade, de l'Équateur, du Pérou, de Bolivie, du Paraguay et de la Plata; au sud par la *Banda Oriental* ou république de l'Uruguay; à l'est par l'océan Atlantique, qui baigne ses côtes sur un développement de plus de 6,500 kilomètres. Les limites politiques du Brésil ont été déterminées par des traités conclus en 1777, 1778 et 1801 avec l'Espagne; mais comme elles n'ont été fixées par l'arpentage que sur un très-petit nombre de points, la plus grande incertitude règne sur son étendue réelle, qu'on n'évalue pas toutefois généralement à moins de 7,516,840 kilomètres carrés : longueur du nord au sud 4,000 kilomètres; largeur 3,500.

L'aspect du Brésil, vu de la pleine mer, est âpre et inégal; mais à mesure qu'on approche des côtes, les sites les plus pittoresques se dessinent à l'envi comme pour surprendre et éblouir les yeux. Ces côtes, par la direction qu'elles affectent, se divisent en orientale, qui est la plus longue, et court du sud-ouest au nord-est, depuis l'extrémité méridionale du territoire jusqu'au cap São-Roque, et en septentrionale, commençant au cap São-Roque pour se diriger vers le nord-ouest. Ces côtes, sans sinuosités considérables, n'offrent, à l'exception de l'estuaire de l'Amazone, que des golfes peu profonds. Des baies très-nombreuses forment, principalement sur la côte orientale, qui est la plus élevée, les plus beaux ports du globe : Bahia, Rio-de-Janeiro, Porto-de-Seguro, Espiritu-Santo, Pernambuco, Angra-dos-Reys, Santos et Maranhão. En pénétrant dans le pays, le sol s'élève graduellement à une hauteur de 1,600 à 2,000 mètres. Çà et là s'offrent des vallées remarquables par la pente abrupte de leurs berges; celle du São-Francisco est la plus belle. Au loin s'étend l'immense plaine de l'Amazone, qui a plus de 800,000 kilomètres carrés de superficie; elle comprend toute la partie centrale de l'Amérique du Sud, la moitié du Brésil, une portion des républiques de Vénézuéla, du Pérou et de la Bolivie. La plaine du Rio de la Plata, qui a près de 600,000 kilomètres carrés de surface, embrasse une partie du Brésil, du Paraguay, de l'État de Buenos-Ayres, de la Banda Oriental et de la Patagonie. Ce sont ces fameuses *pampas*, dénuées d'arbres et couvertes d'innombrables graminées, qui rappellent les savanes du Mississipi, tandis que la plaine de l'Amazone, placée dans un climat plus chaud et plus humide, présente dans ses immenses forêts une force de végétation à laquelle rien ne peut être comparé dans les autres continents. Elle est traversée dans le nord par le vaste désert de Pernambuco, digne d'entrer en comparaison avec ceux de l'Afrique et de l'Asie pour l'étendue, l'aridité du sol, l'abondance et la mobilité du sable; il est borné par Pernambuco, le São-Francisco, Crato, Ceara et Natal. On y trouve quelques oasis d'une belle végétation, mais elles sont rares.

D'après la nature de son territoire, le Brésil se divise en trois régions distinctes, la côte, bande de terre de peu d'étendue, le plateau intérieur, coupé de nombreuses chaînes de montagnes, et la vaste plaine d'alluvion, peu accidentée, qu'arrosent l'Amazone et ses affluents. Le plateau intérieur se subdivise en trois fragments remarquables par leur élévation et leur étendue : ce sont le plateau de la Guyane, le plateau brésilien et le plateau central. Le premier embrasse l'immense formée par l'Orénoque, le Rio-Negro, l'Amazone et l'Atlantique; sa surface est partagée entre le Brésil, la Guyane et la république de Vénézuéla. Sa hauteur est de 400 à 800 mètres. Le second comprend la partie basse des bassins du São-Francisco et du Parana, dans Minas-Geraes et São-Pãolo, et les plus hautes terres de Rio-de-Janeiro, Espiritu-Santo, Bahia, Pernambuco et Piauhy; élévation moyenne : 400 à 500 mètres. Le troisième enfin se déroule à travers Matto-Grosso, Goyaz et São-Pãolo, outre une partie du Rio de la Plata et de la Bolivie. Sa hauteur a été fort exagérée par les géographes; elle ne dépasse pas 400 mètres.

Le caractère particulier de l'orographie du Brésil y détermine de grandes variétés dans le système organique, aussi bien dans le règne animal que dans le règne végétal. L'aspect des forêts vierges, si bien décrites par Spix et Martius, a de tout temps excité l'admiration des voyageurs. La plus grande partie de l'intérieur du pays, depuis l'embouchure de l'Amazone jusqu'aux premiers contre-forts des Andes, surtout dans les latitudes septentrionales, forme une vaste et impénétrable forêt, dont les arbres sont enlacés jusqu'à leur sommet par de fortes lianes, des arbustes et des plantes parasites. Rien de plus majestueux que ces masses de végétation colossale qui semblent s'élancer du chaos et sous la voûte desquelles l'homme errant et craintif n'apparaît que comme un insecte, comme un atome. Aussi n'y séjourne-t-il presque pas. On y trouve fort peu d'habitations, de même que sur les bords du São-Francisco; et la côte elle-même est couverte de forêts vierges à une grande distance dans le sud.

En prenant pour point de départ au sud la pointe d'un grand triangle dont la base septentrionale serait formée par la chaîne de montagnes qui court du cap Oriental de São-Roque à l'extrémité occidentale de *Cordillera geral*, sur la Madeira, affluent de l'Amazone, on rencontre d'abord, le long de la côte, la *serra do Mar*, d'une hauteur moyenne de 1,000 à 1,100 mètres au plus, de laquelle se détachent quelques rameaux isolés et qui sépare du plateau intérieur le littoral, étroite bande de terre, d'ordinaire extrêmement fertile, couverte, dans ses parties incultes, de forêts vierges, comme nous l'avons dit, et descendant par une pente rapide vers l'Océan. Cette chaîne, depuis le cap Frio, au-dessous de Rio-de-Janeiro, court au sud-ouest dans une direction presque parallèle à la côte, jusqu'au 26° 30' de latitude sud. Là elle se divise en deux branches qui embrassent le bassin de l'Uruguay. Derrière, et presque parallèlement, se dessine au sud-ouest la *Serra da Mantiqueira*, dont elle est séparée par le bassin du São-João-da-Parahyba. Cette dernière, qu'on pourrait considérer comme la chaîne centrale du Brésil, et dont les masses principales sillonnent les provinces de Minas-Geraès et de Goyaz, présente les sommets les plus élevés de tout le système brésilien : le Buquira, de 3,440 mètres, et le pic dos Orgaos, de 2,370. A partir de Villa-Rica, cette chaîne continue à courir presque directement au nord, parallèlement à la côte. Jusqu'aux sources du Rio das Contas et à la ville de Cayteté dans la province de Minas-Geraès, c'est-à-dire depuis le 20° 30' jusqu'au 14° de latitude sud, elle porte le nom de *serra do Espinhaço*. C'est une suite de montagnes escarpées et déchirées. Dans sa partie méridionale, elle prend le nom de *serra da Lapa*. Deux rameaux s'en détachent, la *serra de São-Geraldo*, dont le point culminant, l'Itacolumi, atteint une hauteur de 1,680 mètres; et vers le nord, dans la direction du nord-est au nord du Rio-Doce, entre ce fleuve et le Belmonte, la *serra das Esmeraldas*, fière de son Itambé, qui a 1820 mètres de hauteur.

Parmi les sommets les plus élevés de la serra de Espinhaço, on doit citer encore la Piedade (1770 mètres) et au sud-ouest le pic de Itabira (1590 mètres). La partie septentrionale de cette chaîne porte le nom spécial de *serra Branca*. Du 14° au 10° 30' de latitude sud, la cordillère principale continue à se diriger vers le nord, sous le nom de *serra Tiuba*, n'inclinant un peu à l'est qu'à son extrémité, lorsqu'elle approche du São-Francisco. Parallèlement à cette chaîne, et formant avec elle le bassin de ce dernier cours d'eau, s'élance, vers l'ouest, la *serra da Tabatinga*, depuis le 20° jusqu'au 11° 20' de latitude sud, où elle se bifurque. La branche orientale, dite *serra de Piauhy*, puis *serra Ibiapaba*, forme un large croissant, qui se déroule presque jusqu'à la mer au 3° de latitude sud. La branche occidentale, suivant une ligne plus droite vers le nord-nord-ouest, cesse sur la rive orientale du Tocantin, au 4° 40' de latitude sud. Elles embrassent toutes deux le bassin de la Parana-hyba et les provinces de Piauhy et de Maranhão. De la branche orientale se détachent, au nord du São-Francisco, à la pointe la plus orientale de l'Amérique du Sud, dans les provinces de Pernambuco, Rio-Grande-do-Norte et Parahyba, plusieurs chaînons, tels que la *serra Cayriri* et la *Borborema*, qui s'étendent jusqu'à la côte. Les chaînes isolées de la serra Guamane et de la serra de Botarite appartiennent à la province de Céara. Les chaînes parallèles de la serra do Espinhaço et de la serra de Tabatinga sont soudées au sud, près de Villa Rica, par la *serra Negra*, chaînon qui court de l'est à l'ouest et ferme la vallée du São-Francisco. La serra da Tabatinga est également unie à la Cordillera-Grande par un chaînon qui en jaillit, à angle droit, sous le 16° 40' de latitude sud, et qui porte le nom de *Pyreneos*.

La serra de Santa-Marta, qui se détache du nœud de la Cordillera-Grande et des Pyreneos, court au sud-ouest, depuis le 16° 30' de latitude sud jusqu'au 20°, où elle prend le nom de *serra dos Vertentes*. C'est le chaînon le plus méridional de la serra do Espinhaço. Du milieu des affluents de l'Amazone, de l'Uruguay, du Xingu, du Topajos et de la Madeira, s'échappent dans la direction du nord, plusieurs chaînons, peu élevés, tous liés à leur extrémité méridionale par des chaînes transversales. Aucun d'eux ne mérite une attention particulière, si ce n'est la Cordillera geral, qui s'étend au sud-ouest depuis le 14° 10' de latitude sud jusqu'à la Madeira, dans la province de Matto-Grosso, limitrophe de la Bolivie. Parmi ces chaînes de montagnes principales et secondaires on trouve dans les moins élevées du calcaire, dans les moyennes du granit, dans les plus hautes du calcaire et de l'argile schisteuse. Nulle part elles n'atteignent la limite des neiges; mais elles sont extrêmement importantes, à cause des pierres précieuses et de l'or qu'elles renferment dans leurs vallées et leurs ravins. On les considérait jadis comme faisant partie du système des Andes, comme en formant, pour ainsi dire, les premiers échelons; mais cette opinion a été abandonnée depuis qu'on sait que le plateau brésilien a une pente très-roide à l'ouest et qu'il est séparé des Andes par de vastes plaines, surtout dans la partie occidentale de la province de Matto-Grosso. Les chaînes de montagnes du Brésil sont presque toutes liées entre elles par des branches transversales et enserrent de nombreux vallons, de nombreuses vallées, de toutes formes.

Le résultat naturel de la configuration du sol brésilien est subordonné au cours très-étendu de la plupart de ses fleuves, qui, bien que prenant leur source à de faibles distances de la côte, sont forcés de couler au nord ou au sud, parallèlement aux chaînes de montagnes sur un espace de plusieurs degrés, avant d'atteindre l'une de ses deux grandes artères, l'Amazone ou la Plata, dans lesquelles se déchargent presque tous les cours d'eau qui sourdent entre la serra do Mar et les Andes. La majeure partie se jette dans l'Amazone, qui, lui aussi, coule d'abord du sud au nord et ne prend sa direction vers l'est qu'à son entrée dans le Brésil. Le premier de ses affluents de droite est la magnifique Madeira, qui descend de la Bolivie. Viennent ensuite le Topajos et le Xingu, dont les sources sont voisines. Parmi les affluents de gauche, on cite le Rio-Negro ou Japura, qui descend de la Nouvelle-Grenade. Non loin de l'Amazone, en deçà de l'île Marajo, se dessine l'embouchure du Tocantin ou Para, formé de la réunion du Tocantin proprement dit et de l'Araguay ou Rio-Grande. Le Tocantin proprement dit reçoit le Parana, et l'Araguay reçoit le Rio-dos-Mortes. Le Maranhão, qui traverse la province du même nom, se jette dans la baie de São-Luiz, ainsi nommée de cette ville maritime. Plus à l'est, le Parnahyba ou Parahyba arrose la province du même nom, et se rend dans la mer après un cours de 150 kilomètres. Sur la côte orientale, formant la limite des provinces de Sergipe et de Pernambuco, le Rio-São-Francisco tourne à l'est, aux deux tiers de son cours, après avoir longé la serra do Espinhaço, qui le sépare de la côte, et ne se jette dans l'Océan qu'après un cours de 290 kilomètres : c'est le plus grand fleuve du Brésil; il descend de la serra da Canastra dans la province de Minas-Geraës.

Un grand nombre de rivières, plus ou moins considérables, s'épanchent aussi des montagnes parallèles à la côte, et suivent une direction opposée à celle des fleuves de l'intérieur. Les plus remarquables sont : 1° le Rio-Grande de Belmonte ou Jiquitinhonha, qui prend sa source dans la serra do Espinhaço, arrose la province de Bahia, et a son embouchure près du Belmonte; 2° le Rio-Doce, principal cours d'eau des provinces de Minas Geraës et d'Espiritu-Santo, qui vient de la même chaîne de montagnes; 3° le São-João de Parahyba, ou du sud, qui marque la limite entre la province de Espiritu-Santo et celle de Rio-de-Janeiro, et dont la source est dans la serra Mantiqueira; 4° enfin, à l'extrémité méridionale de l'empire, le Jacuhi ou Rio-Grande du sud, qui unit, comme un canal naturel, le lac dos Patos et le lac Mirim. Parmi les affluents que nous avons cités, il en est qui ont un cours égal à celui des plus grands fleuves de l'Europe, le Volga seul excepté.

C'est encore dans les montagnes du Brésil qu'ont leurs sources plusieurs fleuves considérables qui ne lui appartiennent pas, tels que les deux bras principaux de la Plata, le Parana, qui descend de la serra Mantiqueira dans la province de Minas-Geraës, le Tiête, qui vient de la province de São-Pâolo, le Paraguay, qui descend des Campos Pareris dans la province de Matto Grosso, et l'Uruguay, qui prend naissance dans la province de Rio-Grande du sud. Les lacs sont nombreux dans les plaines, surtout dans le bassin de l'Amazone et lorsque vient la saison des pluies; mais aucun n'a ni la surface ni la profondeur de ceux de l'Amérique du Nord. Le lac de Xarayu est même complétement à sec en été. Dans les provinces méridionales la Laguna dos Patos et le Mirim sont les plus considérables.

Le Brésil, dans sa configuration, présente peu de caps : on ne cite guère que celui de São-Roque ou Punta Petetinga, marquant l'angle formé par la réunion des côtes orientale et septentrionale, le cap Nord au-dessus de l'estuaire de l'Amazone, le cap São-Augustin dans la province de Pernambuco et le cap Frio dans celle de Rio-de-Janeiro; mais il possède plusieurs îles, dont les principales sont : Fernando de Noronha, îlot stérile, lieu d'exil pour les criminels, et la Trinidade, toutes deux en pleine mer; Sainte-Catherine, dans la province de ce nom, Marajo ou São-João, grande île alluviale aux embouchures de l'Amazone et du Para, formant à elle seule une *comarca* (un arrondissement); Maranhão, à l'embouchure du fleuve de ce nom; Itaparica, à l'entrée de la baie de Bahia; et Ilha Grande, dans la province de Rio-de-Janeiro.

Ce pays s'étendant, du nord au sud, dans un développement de près de 40 degrés, on conçoit que le climat doit y offrir des variations notables. Néanmoins, elles le sont moins que sur une étendue égale, sous une latitude plus élevée, le Brésil se trouvant presqu'en entier dans la zone torride et ses montagnes n'étant jamais couvertes de neige. Les nuances de son climat sont donc celles de la zone torride et des zones tempérées. On n'y connaît que la saison sèche (*tempo de frio*) et celle des pluies (*tempo de chuva*), bien caractérisées surtout dans le bassin de l'Amazone et sur les côtes, mais qui ne commencent pas partout en même temps. Le nord, situé dans le voisinage de l'équateur, est sujet à des chaleurs excessives, que les pluies, la rosée, l'humidité du sol ne combattent pas toujours efficacement; souvent le soleil y embrase l'atmosphère à un degré funeste pour tout être exposé à son action; le vent du septentrion brûle le sol, la végétation s'éteint, les sources tarissent. C'est alors qu'au travers des plaines sablonneuses, dont les limites fuient le voyageur, commencent ces émigrations de familles entières, dont les membres, hâves, exténués, semblables à des processions de spectres, vont cherchant avec angoisse dans l'immensité du désert un coin de terre qui leur fournisse un peu d'eau et quelques fruits. Vers le nord, au-dessus de Bahia, on a vu des années s'écouler sans qu'il tombât une goutte de pluie; et les moissons se perdre, les troupeaux périr faute d'eau. La température de la partie méridionale est beaucoup moins brûlante, le froid même s'y fait quelquefois assez durement sentir, surtout dans les montagnes, et il n'est pas rare d'y voir le thermomètre descendre jusqu'à 4° au-dessous de zéro. Sur les plateaux, dans les plaines, sur les montagnes, la nature est, en général, d'une prodigieuse activité; il y règne un printemps éternel, et les arbres y sont couverts en même temps de fleurs, de fruits verts et de fruits mûrs. La brise de mer se lève vers le soir et rafraîchit le corps abattu par la chaleur du jour; les nuits sont froides, et la rosée tombe en abondance, mais jamais la neige. Dans les *campos* le climat est assez rude, quoique le froid se manifeste plutôt par la sensation qu'il produit sur l'étranger venant des côtes, que par l'abaissement notable du thermomètre. Les provinces du littoral, celles principalement qui longent les *serras*, sont assez chaudes; nulle part cependant la chaleur n'y est aussi insupportable que sur les rivages du golfe du Mexique, à Panama ou à Acapulco.

En général, c'est un pays fort sain; on n'y connaît pas ces brusques contrastes de température si fréquents sous la zone torride. A peine si parfois le vent d'ouest, passant au-dessus des vastes forêts et des grands marécages, vient apporter sa pernicieuse influence dans l'intérieur et y engendrer, surtout dans la saison des pluies, de dangereuses fièvres putrides, des catarrhes, des dyssenteries, des ophtalmies et des maladies de peau. La plupart des fléaux morbides de notre vieille Europe y sont inconnus; le choléra n'y a jamais pénétré. Région privilégiée entre la plupart de celles des deux Amériques, elle n'avait jusqu'à ces dernières années connu que du nom la fièvre jaune, cette peste des Indes occidentales. Malheureusement voilà qu'elle s'habitue à lui faire de périodiques visites. Ce qu'il y a de certain pourtant, c'est qu'elle y a jusqu'à ce jour exercé beaucoup moins de ravages qu'aux Antilles, à Panama, à la Vera-Cruz et à la Nouvelle-Orléans.

Si le Brésil ne possède pas cette variété de climats qui distinguent les pays montagneux du Nouveau-Monde, le Pérou, Quito, Cundinamarca, il n'en est pas moins riche en productions de la nature. La végétation y est même si puissante, que souvent elle oppose de sérieux obstacles au colon; mais en même temps elle lui offre d'inépuisables ressources de bien-être. Martius, le savant botaniste, qui s'est occupé avec le plus de soin de la Flore brésilienne, assure avoir observé dans ce pays plus de quinze mille plantes nouvelles, jusque alors complétement inconnues. C'est dans ses forêts vierges que vient le meilleur bois de construction dont la durée égale la force; et de précieux bois d'ébénisterie, parmi lesquels on compte cinquante espèces de cèdres et plus de cent espèces de noyers. C'est là qu'on creuse dans d'immenses troncs d'arbres des pirogues qui portent jusqu'à soixante rameurs. On y recueille enfin divers bois de teinture qui sont l'aliment d'un grand commerce avec l'Europe, et en tête desquels il faut citer l'*ibirapitanga* ou bois du Brésil, qui a donné son nom au pays, et le bois de Pernambuco ou de Fernambouc.

Les palmiers, ces princes du règne végétal, abondent aussi au Brésil; ils y offrent une grande variété d'espèces. Les cocotiers, importés d'Afrique, comme l'élaïs de Guinée, y ont réussi parfaitement. Les dattiers poussent d'eux-mêmes. A côté de ces arbres précieux, fleurissent le bananier, qui croît encore sans culture et dont on cultive une variété venue des Indes orientales; l'arbre à pain, l'oranger, le limonier, une multitude d'arbres résineux et beaucoup de fleurs qui se disputent aux nôtres pour l'éclat de leurs nuances et le charme de leurs parfums. L'expérience a appris à tirer du règne végétal des baumes, des médicaments, surtout l'ipécacuanha, la salsepareille, le ricin; il fournit, en outre, des épices : la cannelle, dont l'arbuste croît à l'état sauvage, le poivre, la vanille, le gingembre, le coton, le tabac. Les fougères, ces plantes si modestes dans nos climats, se présentent dans ce pays avec toute la majesté des pins. A côté s'élèvent des forêts d'*araucaria* et des milliers de végétaux devenus nécessaires à l'Europe pour ses arts et ses manufactures. Sur les vastes plateaux de Minas-Novas, on trouve les *carascos*, ou forêts naines, explorées par M. Auguste de Saint-Hilaire, immenses agglomérations d'arbustes d'un mètre à peu près de haut, où domine le *mimosa dumetorum*, mimeuse épineuse, dont le feuillage est d'une délicieuse élégance. Quand le terrain s'abaisse, on rencontre les *cattingas*, qui tiennent le milieu entre les forêts vierges et les *carascos*, et qui présentent un épais fourré de broussailles, de plantes grimpantes et d'arbrisseaux, au milieu desquels s'élèvent, comme des baliveaux, les arbres de moyenne grandeur. La sécheresse dépouille les *cattingas* de leur feuillage, et les oiseaux, les insectes, cessent d'y séjourner dans la saison des pluies. Le riche sol du Brésil s'est, en outre, montré favorable à un grand nombre de plantes exotiques : le café n'y a pas moins bien réussi que la canne à sucre; le froment, l'orge y prospèrent, au moins dans les hautes régions, le riz partout, ainsi que les légumes d'Europe, les pommiers, les poiriers, les figuiers ; mais le climat y paraît moins propice à la vigne. Une abondance extraordinaire de fourrage permet d'y élever de nombreux troupeaux.

Dans les vallées règne une éternelle verdure; le sol y est partout d'une étonnante fertilité. Sans charrue, sans herse, sans pioche, sans bêche, sans même gratter la terre, en y laissant séjourner seulement la cendre des bois qu'on incendie, on y récolte du maïs, des pommes de terre, du manioc, poison subtil, qui passé au four, râpé, réduit en poudre, ou délayé, remplace le pain dans l'intérieur du pays, des patates douces, des melons ordinaires, des melons d'eau, des citrouilles, du thé de toutes qualités, du cacao, de l'indigo, du safran, du piment, etc. Les fruits du pays sont abondants et savoureux. On cite, entre beaucoup d'autres, la goyave, qu'on rencontre partout sur les côtes, la figue de Surinam, qui vient sur les ronces et les terrains abandonnés ; l'ibipitanga, qui ressemble à la cerise, la mangabe, dont on extrait une espèce de vin, le cajou, l'araça, au goût acidule, le sapoti, l'abbio, le cambuca, la jabaticaba, le fruit du comte, la mangue, le coco, l'ananas, la banane, beaucoup de limons, enfin, d'oranges, de citrons, etc.

Le règne animal n'y est pas moins riche. Si les animaux du Brésil et de l'Amérique méridionale, en général, n'offrent pas les proportions colossales de ceux de l'Afrique, ils se distinguent au moins par la variété de leurs formes et la beauté de leurs couleurs. Toutes ces forêts, quand le temps est beau et la température douce, sont peuplées d'oiseaux d'une rare beauté; la famille des perroquets s'y diversifie à l'infini : ce sont les aras au cri rauque, les araras aux joues nues, les amazones au plumage vert, les tavouas, les criks, les caïcas, les guaroubas ; puis viennent les jacamars émeraudes, les pics, les martins-pêcheurs, les todiers, les motmots, les manakins rouges, jaunes, noirs, à tête de feu, les rupicoles, les colibris, appelés en portugais *béijaflors* (baise-fleurs), les oiseaux-mouches, vrais bijoux de la nature, les guitguits azurs, les spatules roses, les fourniers sombres, les picucules, les sittines, les synallaxes, les tijucas noirs, les bataras, les somptueux cotingas, les averanos, les grallaries, les caciques, les caronges, les chipius, les jacarinis, des milliers de colombes au plumage nuancé, des poules, des pigeons, des canards, des oies sauvages, les couroucous dorés et massifs, le sasa, mangeur d'arum, les anis, les coucouas, les guiras, les bashacous, les tamatias, les aracaris à la langue barbelée, le sariama,

qui rappelle le messager du Cap, l'ema ou nandu, qui est l'autruche de l'Amérique, le chimango, terrible oiseau de proie, le héron et beaucoup d'autres échassiers, tels que le kamichi, le courliri, et le savacou au bec bizarre; enfin, sur l'Atlantique, le pélican au large gosier et la frégate au vol rapide.

La famille des singes n'est ni moins nombreuse ni moins variée : ici l'atèle aux longs bras et la gotriche à la queue prenante se balancent sur les lianes des fleuves ; plus loin l'alouate fait entendre sa voix de stentor, le sapajou maraude, le saki s'endort dans sa barbe, le tamarin, le rosalia et le ouistiti jouent avec grâce, tandis que l'unau et l'aï se traînent lents et paresseux. On trouve encore au Brésil le coati au nez mobile, le kinkagou, diverses espèces de tigres, l'onça, le jaguar, la jaguarète, le couguar, des loups, des renards, des cerfs, le margay, le collocola, le pagero, la paca, l'agouti, le cabiai, le chien sauvage, le cobaye, le moco, le tatou, la capivara, le tamandua, le fourmilier à la langue extensible, la loutre d'une très-grande espèce, fort recherchée pour sa fourrure, le tapir ou anta, le pécari, espèce de porc à glande fétide ; un grand nombre de serpents, dont quelques-uns sont d'une dimension prodigieuse, comme le sucuri, serpent amphibie le plus gros du Brésil, le serpent à sonnettes, le boa, le surucoucou, l'iiiboca ; des lézards et des vipères de très-grande espèce. Mille papillons aux plus brillantes couleurs se jouent sur les fleurs et les arbustes; des myriades d'insectes phosphorescents éclairent la nuit la plus sombre ; mais à côté volent lourdement des chauves-souris dangereuses pour les chevaux ; les millepieds, les scorpions vous menacent ; les chenilles, les fourmis, les barates corrompent vos mets comme de nouvelles harpies ; les moustiques troublent votre sommeil, et couvrent votre visage d'enflures et de plaies ; enfin, les chiques ou bichos, s'introduisant dans la plante des pieds à travers la chaussure la plus épaisse, vous occasionnent presque sans relâche de cuisantes douleurs. Il faut être habitué à ces hôtes incommodes pour reconnaître qu'au Brésil la somme du bien l'emporte de beaucoup sur celle du mal ; quelques semaines de séjour ne suffisent pas pour cela.

Les chevaux, les bœufs, les moutons, les chats, les chiens, presque tous les quadrupèdes domestiques d'Europe s'y sont abondamment propagés. Le cheval, de race andalouse, a perdu de son feu et de sa fierté, mais il est intelligent et robuste ; on ne l'attèle jamais. Les mulets sont nombreux dans les provinces méridionales. Le gros bétail donne moins de lait, mais sa peau, sa chair, sa graisse, ses cornes sont d'un bon produit. Le porc se multiplie extraordinairement et s'engraisse avec une étonnante rapidité. Les chèvres forment de grandes troupes, et sont recherchées pour l'abondance de leur lait. On élève moins de brebis. De nombreux essaims d'abeilles donnent de la cire et du miel. La cochenille, production naturelle du pays, est peu cultivée, de même que le ver à soie, qui donne cependant un fil plus fin et plus solide en même temps que celui des Indes. Les rivières, les lacs, les côtes abondent en excellents poissons; la baleine s'ébat sur les côtes; on rencontre de nombreuses tortues dans les parages du Nord. Les fleuves peu rapides et quelques lacs sont infectés de caïmans et de crocodiles.

Quelques provinces du Brésil sont renommées pour leurs richesses minéralogiques ; mais généralement on a évalué beaucoup trop haut la production en or de ce pays. La première mine qu'on en découvrit dans São-Pãolo, dès 1577, était si abondante, que longtemps cette province fut regardée comme un nouveau Pérou. Elle n'était cependant rien, comparée aux riches veines de Minas-Geraës découvertes en 1698, et dont le produit a été pendant quelques années si considérable, qu'il fut question d'entourer la province d'une enceinte de murs pour en défendre l'accès. En 1718 on trouva celle de Villa-Bella dans Matto-Grosso. Elle est moins riche que celles de Villa-Rica, Campanha, Tejuco et Paracatu, dans Minas-Geraès, lesquelles ne furent découvertes que postérieurement. Les meilleurs lavages sont ceux qui s'étendent dans un vaste rayon autour d'Ouro-Preto, autrefois Villa-Rica, dans cette province. Là est établie la fonderie impériale pour tout ce minerai, là se perçoit le *quint* ou la cinquième partie pour le gouvernement. On porte aujourd'hui à cinq millions la valeur déclarée du produit de ces mines. La quantité d'or exploitée en fraude est évaluée au tiers du produit déclaré. Plusieurs rivières, particulièrement celles qui ont leurs sources dans la serra dos Vertentes, roulent de l'or. Non-seulement ce précieux métal se trouve dans Minas-Geraès, Goyaz et Matto-Grosso, mais encore le fer et le cuivre sont répandus à profusion dans les montagnes et le sel dans les plaines qui les avoisinent. Avec un peu plus d'activité les colons tireraient des profits plus considérables de leurs mines de fer de São-Pãolo et de Minas-Geraès ; le sel marin s'exploite en grand dans les provinces de Rio-de-Janeiro, Para, et Rio-Grande du nord. Il existe dans celle de São-Pãolo une espèce particulière d'aimant (le *martite*). On montre dans le cabinet d'Ajuda, à Lisbonne, un fragment de mine de cuivre vierge, extrait d'un vallon du Brésil : il pèse 1,280 kilogrammes, et a un mètre environ de long sur soixante-dix centimètres de large et trente centimètres d'épaisseur ; il existe, en outre, dans le pays des mines d'argent, de mercure, de plomb (Abante et Cuyabara), de soufre, de mercure, de houille, d'ardoises, de pierres meulières et à aiguiser (surtout dans la province Sainte-Catherine), etc. Ce fut vers le commencement du dernier siècle que les premiers diamants furent découverts dans le district de la serra do Frio ; beaucoup se cachent sous la croûte des montagnes, mais il faudrait quelque travail pour les en extraire ; ils sont généralement enveloppés de terre ferrugineuse et de petits cailloux roulés. On en rencontre à Matto-Grosso, São-Pãolo, Goyaz, Minas-Geraès, surtout dans la sauvage serra do Frio, à Fajaès, dans la serra Sincura, dans l'arrayal Diamantino, dans les bassins du São-Francisco et du Jiquitinhonha. Le produit, qui s'en élevait à plus de 50,000 carats par an en 1770, n'est plus aujourd'hui que de moitié. Une quantité presque égale est exploitée et vendue en fraude. Les mines du Brésil ont donné le plus gros diamant connu, celui de l'empereur, qui pèse 1680 carats et ne vaudrait pas moins de 140 millions de francs d'après la manière ordinaire de calculer la valeur de ces gemmes. Ces mines s'exploitent pour le compte du gouvernement, sous la surveillance d'une junta impériale. Les topazes, qui abondent à Capas, sont plus grosses que celles de Saxe et de Sibérie ; leur couleur est jaune paille ou jaune roux ; il y en a aussi d'un bleu verdâtre. Souvent elles deviennent électriques à l'action du feu. Les tourmalines prennent le nom d'émeraudes quand elles sont vertes, et de saphirs quand elles sont bleues. Il y a enfin des améthystes, des rubis, des cymophanes et divers cristaux de roche et aigues-marines.

Pour l'or, comme pour les diamants et les pierres, on n'exploite en général que le lit des torrents ; tout le travail se borne au simple lavage. Là encore, comme dans l'agriculture, l'homme blanc descend à peine à une légère surveillance, et les nègres sont les seuls ouvriers. Nulle part, malgré leur richesse, l'exploitation des mines n'est aussi lucrative que l'agriculture et l'éducation des bestiaux ; elle a été longtemps si inintelligente, qu'une partie du produit se perdait, et qu'on abandonnait la mine avant de l'épuiser. Il n'en est plus de même aujourd'hui : il y a dans la province de Minas-Geraès plusieurs mines exploitées par des compagnies anglaises, où l'on emploie des colons, et où l'on se sert d'instruments perfectionnés. Celle de Gongo Socco mérite d'être visitée. C'est un village des plus beaux, des plus industrieux, habité par plus de huit mille Anglais et Brésiliens, tous blancs et libres.

Il est impossible d'évaluer d'une manière précise la population de l'empire. Les chiffres officiels manquent. On la porte d'ordinaire à 5,120,000 blancs et à 2,312,000 noirs libres, sang-mêlé libres, esclaves, nègres et mulâtres, Indiens etc. Ces derniers se composent d'indigènes, vivant à l'état sauvage ou habitant des demeures fixes, et qu'on désigne sous le nom de *Cabocles*. La majeure partie de la population occupe les villes bâties le long des côtes ; les immenses provinces de Matto-Grosso, de Goyaz et de Para sont en grande partie désertes. Les indigènes ont disparu de presque toutes les provinces du littoral. Un nombre assez considérable habite, dans un état de demi-civilisation, des villages de l'intérieur, s'occupant de l'exploitation des produits bruts de la nature ou bien d'agriculture, mais seulement pour leur subsistance. Dans les provinces septentrionales, sur les bords de l'Amazone, la population consiste presque uniquement en Indiens, dont l'existence est paisible, sans grands besoins, mais aussi sans grande utilité pour l'État. Des tribus indépendantes parcourent les vastes contrées du nord et de l'ouest, où les Européens n'ont pas encore formé d'établissements. Les unes font avec les blancs un commerce d'échange, les autres vivent en état d'hostilité constante avec eux et leur ferment autant que possible l'accès de leurs déserts.

On sait que la population indigène de l'Amérique du Sud est divisée en une multitude infinie de tribus. On en compte dans le Brésil seul plus de cent qui se regardent mutuellement comme des races différentes ; mais ces petites peuplades s'éteignent peu à peu, et l'on ne retrouve plus aujourd'hui beaucoup de tribus mentionnées par les anciens voyageurs. A en juger par leurs langues et leur manière de vivre, toutes appartiennent à une souche commune, dont l'idiome s'est successivement divisé en une foule de dialectes, parmi lesquels on distingue celui des Tupi. De toutes les nations indigènes, c'est celle qui s'est le plus répandu au voisinage des Européens. Sa langue est la plus répandue ; c'est le brésilien proprement dit : aussi l'appelle-t-on *lingoa geral*, langue générale. Après les *Tupi*, on remarque les *Tupininquins* et les *Tupinambas*, répandus dans la province de Bahia, et dont le nombre décroît sensiblement et, à l'autre extrémité de l'empire, les *Guaranis* des sept missions, dans la province de São-Pedro, lesquels, joints à ceux du Paraguay, forment tout ce qui reste du grand empire des jésuites ; les *Omaqoas*, aujourd'hui peu nombreux et vivant le long de l'Amazone ; c'était jadis le peuple navigateur de l'Amérique méridionale, dont ils dévastent les champs et brûlent les habitations, heureux encore ceux-ci quand les barbares ne teignent pas leurs bras dans le sang humain ; les *Puris* d'Espiritu-Santo sur la rive droite du Rio-Doce ; les *Mundrucûs*, nation belliqueuse et féroce, la plus puissante du Para, entre le Xingu et le Tapajos, en ce moment alliée des blancs ; les *Tamoyos*, de la province de Rio-de-Janeiro, nation jadis puissante, qui s'éteint et disparaît ; les *Taperivas*, qui errent dans le nord ; les *Carijos*, de la province de São-Pãolo ; les *Guaycurûs*, dont la taille dépasse souvent six pieds, fixés entre les rives supérieures du Parana et du Paraguay, vivant de chasse, de pêche et de leurs nombreux troupeaux, se divisant en trois classes, les nobles, les guerriers et les esclaves, formant une grande confédération aristocratique, en paix depuis 1791 avec les Brésiliens, et appelés aussi *Cavalheiros*, parce qu'ils font toutes leurs expéditions à cheval ; les *Guanas*, de la partie méridionale de Matto-Grosso, dont le plus grand nombre est devenu agricole ; les *Bororos*, autre nation nombreuse de la même famille ; les *Manitivritanos*, *Chamacocos*, et *Ajuacas*, peuples belliqueux et féroces, alliés des blancs, anthropophages autrefois et faisant la chasse aux hommes pour fournir des esclaves à leurs nouveaux amis : ils habitent les limites de Vénézuéla, ainsi que les *Marépizanos* et les *Guaipunabis*, avec lesquels ils sont souvent en guerre ; enfin les *Manaos*, nation nombreuse et guerrière du Para, dont une grande partie a embrassé le christianisme et vit mêlée à d'autres peuples le long du Rio-Negro, à Tamalonga et à Thomar. Ils ont joué un grand rôle dans le mythe de l'El Dorado des *Omaguas*, et leurs anciennes doctrines religieuses rappelaient dans leur *Manary*, ou auteur du bien, et leur *Saranha*, ou auteur du mal, le dualisme des vieux Scandinaves.

Les nègres libres forment la portion la plus considérable de la population, après les esclaves. La multitude de ceux-ci est, comme dans toute l'Amérique, un fléau pour le pays. Bien qu'on eût appris depuis longtemps à connaître dans certaines provinces, comme dans celles de Bahia et de Pernambuco, le danger de leur supériorité numérique, on ne laissait pas, avant la suppression définitive de la traite, d'importer sans cesse d'Afrique de nouveaux nègres en si grande quantité, qu'en 1841 Pernambuco seul en reçut plus de 5,000. Heureusement la plupart vivent dans le célibat et ne se multiplient pas considérablement. On rencontre surtout les mulâtres dans les provinces du littoral, et les métis dans celles de l'intérieur ; les uns et les autres tendent de plus en plus vers la civilisation, et beaucoup envoient leurs enfants étudier dans les écoles d'Europe, surtout dans celles de France.

A peu d'exception près, les blancs descendent des colons portugais. Quoiqu'ils portent à différents égards les traces de leur origine, l'influence d'un autre genre de vie, d'autres occupations, d'un autre gouvernement, a développé en eux des traits de caractère qu'on ne rencontre pas chez le Portugais et qui lui sont même antipathiques. En outre, l'éducation se répand de plus en plus dans les différentes parties de l'empire. On rencontre dans les hautes régions et dans la classe moyenne de véritables lumières, un bon ton et des formes vraiment polies. Les mœurs s'épurent de plus en plus. Le fanatisme et l'intolérance ne règnent depuis longtemps nulle part ; l'impiété et le mépris de la religion, qui leur avaient succédé, sont aussi passés de mode. L'éducation n'est plus négligée, et l'on a eu à se féliciter de l'habitude prise par certaines familles de faire élever leurs enfants en France. Il en est résulté une pépinière de jeunes talents qui peuplent aujourd'hui les administrations, la magistrature, les chambres, et se distinguent dans les lettres, les sciences et les arts. Le caractère du peuple varie, au reste, selon les provinces. A l'extrémité méridionale de l'empire, dans le Rio-Grande du sud, se perpétue une race énergique et rude, qui, comme les Gauchos des Pampas, s'occupe de l'éducation des bestiaux et couve aussi de fréquentes velléités d'indépendance.

Depuis quelques années le gouvernement central s'est particulièrement occupé du soin de faire disparaître les différences qui existaient, sous le triple rapport intellectuel, moral et religieux, entre les diverses masses disséminées sur un aussi vaste espace, et il songe sérieusement à combattre la diffusion des lumières les caprices révolutionnaires qui de temps en temps se sont fait jour sur tel ou tel point de l'empire. Le salut lui viendra de la liberté de la presse, qui existe au Brésil plus que partout ailleurs sans entraves ni lisières. Plus de journaux politiques, littéraires, historiques, scientifiques même se publient à Rio-de-Janeiro que dans beaucoup de nos capitales d'Europe ; et des villes de moindre importance n'en sont pas même dépourvues, tant le pouvoir a à cœur de favoriser le développement complet de toutes les connaissances humaines. Rio-de-Janeiro, qui en 1820 ne possédait qu'une imprimerie, en compte aujourd'hui plus de trente. On n'y publiait alors qu'un seul écrit périodique ; elle en voit paraître en ce moment plus de vingt, dont un français et un anglais. Dom Jean VI avait créé l'école des Beaux-Arts en appelant au Brésil plusieurs artistes français de mérite.

La littérature de ce pays peut non-seulement s'enorgueillir d'un glorieux passé dans lequel brillent les noms de Gonzaga, Caldas, Claudio, Durão, Basilio da Gama, Gusmão, Alvarenga, Francisco de Lemos, San-Carlos, Gregorio de Mattos ; mais on y publie encore des ouvrages littéraires et scientifiques, qui prouvent que le goût s'y perfectionne ; les poésies de Gonsalves Dias, Magalhaëns, Texeira-Sousa, Norberto, Porto-Alegro, Januario, Paramagua, Pedra Branca et José Bonifacio d'Andrada, les romans populaires de Macedo, les œuvres littéraires et historiques de Pereira da Silva, São-Leopoldo, Acioli, Pizarro, Varenhagen et de beaucoup d'autres encore, en sont la meilleure preuve. Longtemps la littérature nationale, par lassitude des Grecs et des Romains reproduits sans cesse par les Portugais, est allée chercher ses modèles chez les Français, chez les Anglais, chez les Allemands eux-mêmes. Le peintre poète Araujo Porto-Alegre la guide maintenant de plus en plus dans une voie complètement indépendante.

Les écoles supérieures existent principalement dans la capitale, qui possède une université, une école de médecine, une école des ponts et chaussées, une école d'artillerie, une école de commerce, un observatoire, etc., etc. et qui partage avec Bahia les écoles de chirurgie, avec São-Pãolo les écoles de droit, avec Bahia les Académies des Beaux-Arts, avec Para (Belem) les jardins botaniques. Outre la bibliothèque impériale, venue de Portugal, le siège de l'empire en a deux autres, celle des Bénédictins et la bibliothèque nationale, qui compte déjà 62,000 volumes, non compris quelques précieux manuscrits. On doit citer encore les bibliothèques de Bahia et de São-Pãolo. On trouve, en outre, dans la capitale le cercle de lecture brésilien avec une bibliothèque de 12,000 volumes, le cercle de lecture portugais avec une bibliothèque de 18,000 volumes, un institut anglais et un institut allemand (Germania). N'oublions pas l'Institut historique et géographique du Brésil, fondé depuis 1839 et qui publie des mémoires et une intéressante revue trimestrielle.

Bahia, Para, Porto-Alegre (dans le Rio-Grande du sud). Nossa Senhora da Vittoria (dans l'Espiritu-Santo), São-Pãolo, Villa-Réal de Cuyaba, Villa do Rio Pardo (dans le Rio-Grande), Caxoeira (dans le Bahia), Parahyba, etc., etc., possèdent aussi d'estimables écoles, des cours très-suivis de philosophie, des chaires d'études classiques, etc., etc. Mais c'est surtout pour les sciences naturelles que les Brésiliens montrent le plus de goût, ce qui s'explique, du reste, par les magnificences de la nature dont s'enorgueillit à juste titre leur pays.

L'Église catholique, qui est celle de l'État, mais qui n'en exclut aucune et laisse à toutes le libre exercice de leur culte, s'occupe, depuis quelques années, avec une ardeur digne d'éloges de la civilisation et de la moralisation du peuple. Elle possède plusieurs temples, dignes d'admiration à l'extérieur et à l'intérieur, dans lesquels le service divin est célébré avec un éclat et une pompe qu'on chercherait en vain dans beaucoup de nos cathédrales d'Europe ; et pourtant le peuple brésilien, bien différent en cela des habitants des républiques de l'Amérique du Sud, n'a aucun penchant à la superstition et moins encore au fanatisme. A la tête des affaires ecclésiastiques est l'archevêque de Bahia, qui a sous lui huit évêques et un évêque *in partibus*. Les protestants allemands, anglais et français ont leurs temples et leurs cimetières.

L'agriculture et le commerce n'ont fait des progrès réels

dans le Brésil que, depuis les grands changements politiques qui ont attiré l'attention du gouvernement sur ces deux sources fécondes de la richesse nationale et amené l'abolition complète de beaucoup de lois oppressives. Cependant l'immense étendue du territoire de l'empire, sa minime population relative, l'habitude du travail des esclaves, le penchant inné et presque traditionnel d'un trop grand nombre de blancs à la paresse, apportent encore de sérieux obstacles à la culture du sol; et il n'est pas rare de trouver, dans les environs même des grandes villes, de vastes étendues de terrain fertile laissées en friche. A peine la sixième partie du sol est-elle concédée et à peine la cinquantième partie est-elle livrée à l'exploitation ou à la culture. Le commerce, au contraire, est assez considérable, favorisé par le grand nombre d'excellents ports qui s'ouvrent sur la côte orientale en face de l'ancien continent. Le commerce en gros se concentre en majeure partie dans les mains des Portugais, des Anglais, des Français, des Américains du Nord, des Hollandais, des Allemands; celui de détail entre celles des Français, des Portugais et des Brésiliens. La dissémination de la population et le manque de voies de communication entravent le commerce intérieur. On n'a pas de chiffres officiels exacts sur son importance.

Malgré la contrebande, qui, quoiqu'elle ait beaucoup diminué, se pratique cependant encore sur une trop grande échelle, les revenus des douanes du Brésil sont considérables. Les principaux articles d'importation sont l'eau-de-vie, l'huile d'olive (de Portugal et d'Italie), le savon, le goudron, les cordages, les cuirs ouvrés, la morue sèche, les chaussures, la houille, la bière anglaise, le thé, les chapeaux, les peaux tannées, la farine, les étoffes de coton, de laine, de soie, la quincaillerie, les ustensiles de fer, les vases de grès, le beurre (d'Irlande et de France), les meubles, le papier, la poudre, le jambon, le fromage (de Hollande), les vins (de Portugal et de France). Ces divers articles sont débarqués dans les ports de Rio-de-Janeiro, Bahia, Pernambuco, Maranhão, Para, Parahyba, Rio-Grande du sud, Santos, Macayo et Ceara, proportionnellement à la consommation de ces localités et de celles qu'elles approvisionnent. L'exportation prend surtout la route de la Grande-Bretagne, des États-Unis, de la France et du Portugal. Elle consiste en café, sucre, or, diamant; peaux et cornes de bœufs; rhum, cacao, tabac, bois de teinture et de droguerie, coton, vanille, quinquina, plus une petite quantité de thé, dont la culture a été récemment introduite à São-Pãolo. La valeur annuelle des importations est d'environ 150 millions de francs; celle des exportations monte à près de 200 millions. Malgré la fraude, on a exporté en Europe, durant ces dix dernières années, pour plus de 70 millions de francs de diamants et d'or. En somme, depuis trente ans, le commerce du pays a triplé d'importance.

L'industrie y est longtemps restée plus stagnante encore que dans l'ancienne Amérique espagnole; elle ne consistait qu'en sucreries, distilleries de rhum, tanneries et quelques fabriques de cotons grossiers. Aujourd'hui elle prend de tous côtés l'essor, et laisse bien loin en arrière celle des républiques environnantes, que le Brésil surpasse aussi de beaucoup en population, en richesse, en commerce, en civilisation. A la suite des maisons anglaises, françaises, allemandes et suisses, dont nous avons parlé, des artisans de ces différentes nations sont venus s'établir dans le pays. On y a déjà fondé quelques fabriques importantes; il s'y en établira beaucoup d'autres, car le peuple brésilien est en marche, et rien ne l'arrêtera désormais dans la voie du progrès.

La douane prélève sur la plupart des marchandises importées 20 pour 100 de la valeur. En vertu d'un traité conclu en 1827, et qui a expiré en 1844, l'Angleterre jouissait de l'avantage de ne payer que 15 pour 100. Les villes anséatiques, la Prusse, l'Autriche, etc., ont aussi conclu des traités de commerce. Ce n'est, du reste, que depuis le 18 février 1808 que les ports du Brésil sont ouverts indistinctement à toutes les nations. La traite des noirs est aujourd'hui prohibée. Cependant en 1841 quarante-sept navires de divers tonnages faisaient encore voile des côtes du Brésil pour celles d'Afrique, où ils prenaient des chargements d'esclaves, qu'ils débarquaient secrètement sur le littoral. On a calculé que depuis la signature du traité avec l'Angleterre pour la suppression de la traite, en 1831, il n'avait pas été introduit au Brésil, dans un espace de dix ans, moins de 300,000 nègres. Enfin en 1850 les chambres ont assimilé le trafic de chair humaine à la piraterie. Afin d'attirer dans le pays des colons libres, dans l'intérêt de l'industrie, le gouvernement a, par un décret du 18 avril 1818, établi un fonds de secours destiné à encourager la colonisation, et a pris lui-même la direction des anciennes colonies de la couronne.

Les provinces du Brésil sont au nombre de 19 : Rio-de-Janeiro, São-Pãolo, Sainte-Catherine, São-Pedro du Sud, Matto-Grosso, Goyaz, Minas-Géraès, Espiritu-Santo, Bahia, Sergipe, Alagoas, Pernambuco, Parahyba, Rio-Grande du Nord, Ceara, Piauhy, Maranhão, Para et les Amazones, dont les capitales et villes principales sont : Rio-de-Janeiro, São-Pãolo, Nossa Senhora do Destero, Porto-Alegre, Villa-Bella ou Matto-Grosso, Goyaz, Villa Imperial do Oiro Preto, Victoria, Bahia, Sergipe, Alagoas, Pernambuco ou le Recif, Parahyba, Natal, Ceara ou la Fortaleza, Oyeras, São-Luiz ou Maranhão, Para ou Belem, etc.

Chacune de ces provinces est administrée par un chef supérieur civil délégué du pouvoir exécutif et décoré du titre de *Président*, nommé par le gouvernement central, qu'il représente et ayant la surveillance des autorités inférieures. Chaque province possède, en outre, une assemblée provinciale élective de vingt-quatre à trente-six membres, qui vote les impôts et les dépenses de la circonscription et les lois destinées à la régir. Outre les attributions de représentant et délégué du pouvoir central, le Président est le chef du gouvernement provincial et l'exécuteur des lois provinciales votées par cette assemblée. Les provinces sont subdivisées en *commarcas* ou arrondissements, ayant leurs tribunaux administratifs, judiciaires et de police. Toutes ces provinces et commarcas se relient à la capitale de l'empire, qui est Rio-Janeiro, *municipe libre*, qui n'appartient à aucune province. Il résulte de l'ensemble de ces rouages une grande centralisation politique unie à une immense décentralisation administrative, chaque province ayant sa recette particulière, qu'elle administre elle-même, et une recette générale qui fait retour au trésor central de la capitale de l'empire. C'est la fédéralisation de l'Amérique du Nord perfectionnée, s'alliant à une royauté constitutionnelle héréditaire de mâle en mâle.

Les divers pouvoirs de l'État sont : le législatif, le judiciaire, le modérateur et l'exécutif. Le législatif est confié à un sénat, dont les membres sont nommés à vie, et à une chambre des députés, dont les membres élus temporairement reçoivent une indemnité durant les sessions. Ces deux chambres, élues dans chaque province par le peuple, concourent à la confection des lois, mais la chambre des députés a l'initiative de la proposition des impôts, de la fixation du chiffre de l'armée et de la marine, du recrutement, de la mise en accusation des ministres et du choix de la dynastie, en cas d'extinction de la famille impériale. Aucun acte des deux chambres n'a force de loi sans la sanction de l'empereur. Les chambres sont convoquées chaque année; chaque session dure quatre mois. Le pouvoir judiciaire, aussi libre que les autres, est chargé de l'application des lois. Le pouvoir modérateur consiste dans le droit qu'a l'empereur de faire grâce, de convoquer les chambres dans l'intervalle des sessions et de sanctionner les lois. Le pouvoir exécutif est entre les mains de l'empereur. Les ministres sont responsables. La constitution garantit aux citoyens la liberté individuelle, la liberté religieuse, l'inviolabilité des propriétés, le libre exercice de l'industrie et la liberté complète de la presse. La noblesse n'est pas héréditaire. Les revenus de l'empire, qui n'étaient en 1820 que de 38 millions de francs, se sont élevés en 1850 à plus de 140 millions, non compris les revenus provinciaux, qui ne doivent pas atteindre moins de 12 à 15 millions de francs. L'armée de terre, qui n'était en 1820 que de quinze mille hommes, en compte aujourd'hui vingt-six mille, et la garde nationale, près de quatre-vingt mille hommes, parfaitement armés et équipés. Dans cette garde nationale est enrôlé tout habitant libre de quinze à seize ans. Elle se divise en mobile et sédentaire. Jean VI avait laissé au Brésil quatre bricks, deux frégates et un vaisseau délabré; l'empire possède aujourd'hui deux vaisseaux de ligne, 8 frégates et 92 bâtiments de moindre grandeur.

L'histoire du Brésil remonte peut-être plus haut que celle du Pérou et du Mexique. La découverte faite en 1845, dans l'intérieur de ce pays, des ruines d'une ville magnifique, fort ancienne, avec de superbes édifices et des inscriptions d'une écriture inconnue, semblerait confirmer cette opinion, généralement admise. Pour nous, Européens, cette histoire ne commence cependant qu'au seizième siècle. Ce fut le hasard seul qui, en 1500, y conduisit Pedro Alvarès Cabral, navigateur portugais; mais on a tout lieu de croire que dès l'année précédente l'espagnol Vincent Yanez Pinson avait visité les environs de l'embouchure de l'Amazone, ou du moins les côtes de l'île Maranjo. Toutefois, le Portugal se borna d'abord à envoyer au Brésil des malfaiteurs, des juifs, des femmes de mauvaise vie, et d'en rapporter du bois de teinture et des perroquets. On y déporta plus tard des individus condamnés par l'inquisition, et ces malheureux finirent par y cultiver avec tant de succès la canne à sucre, transplantée de l'île de Madère, que les produits de cette culture devinrent bientôt un important objet d'exportation. Ce ne fut qu'en 1531 que, convaincu enfin des avantages de la conquête, le Portugal y dépêcha comme gouverneur Thomé de Sousa, qui fonda, en 1549, la ville de Bahia ou São-Salvador. Les jésuites s'efforcèrent de civiliser les naturels, et le roi dom Jean III autorisa en outre la noblesse de son royaume à y fonder des fiefs, mesure qui hâta singulièrement le défrichement du pays.

Au commencement du dix-septième siècle, la prospérité de ce pays excita la convoitise de la France, de l'Espagne et de la Hollande. Cette dernière puissance enleva une grande partie de la colonie aux Portugais, malgré les efforts d'Albuquerque et d'autres chefs. Une révolution ayant renversé Philippe IV du trône de Portugal pour y placer la famille de Bragance, un arrangement eut lieu, d'après lequel les Hollandais consentirent à céder aux Portugais les provinces du Brésil qui n'étaient pas encore tombées en leur pouvoir. Cependant, le gouvernement batave ayant, à force d'oppression, poussé à bout les colons portugais, ils coururent aux armes, et achevèrent, en 1654, la délivrance de leur patrie américaine. L'importance du Brésil pour le Portugal allait toujours en augmentant; en 1698 on y découvrit des mines d'or et en 1730 des mines de diamants, et de cette époque jusqu'en 1810 la colonie ne rapporta pas à la métropole moins de 14,280 quintaux d'or et de 2,000 livres pesant de diamants.

Jusqu'en 1808 le Brésil avait été administré comme une colonie portugaise. Jean VI, chassé par les Français de ses États d'Europe, y ayant transporté sa résidence, un décret du 16 décembre 1815 éleva ce pays au rang de royaume allié du Portugal. Mais ce prince avait eu le tort grave d'augmenter les impôts, de réclamer, comme droit régalien, la propriété des mines d'or et de pierres précieuses découvertes même dans des domaines particuliers, et de se montrer sans cesse partial pour les Portugais, ses compatriotes, dans l'administration de la justice. Les avantages que le séjour de la cour avait procurés au Brésil, tels que la réforme de nombreux abus, l'établissement de la liberté du commerce, les progrès de la colonisation et de la civilisation, n'avaient pu apaiser un mécontentement qui jetait dans le pays des racines de plus en plus profondes. L'exemple des colonies espagnoles ne fut pas perdu, et les idées d'émancipation se répandirent avec la rapidité de l'éclair. Les troupes brésiliennes se trouvèrent en contact avec les insurgés de la Plata, quand Jean VI prit possession de Montévidéo. Un soulèvement républicain qui éclata à Pernambuco, en avril 1817, fut le prélude de la révolution. Les troupes révoltées demandèrent qu'on appliquât au Brésil la constitution proclamée à Lisbonne, en août 1820, et le prince royal dom Pedro, fils de Jean VI, la jura en son nom et au nom de son père le 26 février 1821. La pénurie du trésor força le roi à suspendre son embarquement pour Lisbonne qu'il avait ordonné. Le sang coula dans plusieurs émeutes, et les 21 et 22 avril Jean VI fit disperser par ses troupes les électeurs qui demandaient la Constitution espagnole.

Las d'un pays qu'il n'avait jamais aimé, le roi s'embarqua le 26 avril pour le Portugal, en déclarant son fils dom Pedro prince régent. Sourdes à leur intérêt, les cortès portugaises repoussèrent de leur sein les députés du Brésil, et décidèrent que ce pays continuerait à être administré comme une colonie. Dom Pedro, qui préférait le Brésil au Portugal, et qui avait la ferme volonté de préserver l'anarchie la patrie de son choix, refusa, le 9 janvier 1822, de retourner à Lisbonne, et força les troupes portugaises à s'embarquer pour cette destination Au mois de juin il convoqua une assemblée constituante, et le 18 décembre il prit le titre d'empereur, qui lui avait été décerné le 12 octobre par la chambre des députés. Dès le 1er août l'indépendance du Brésil avait été proclamée. Cependant les idées démocratiques se propageaient de plus en plus sous l'influence des loges maçonniques. Les frères d'Andrada, ministres de l'empereur, essayèrent de jeter les bases d'un gouvernement stable en fondant le parti républicain et le parti portugais en un seul. Mais cette tâche était au-dessus de leurs forces, et l'empereur se vit forcé de renoncer à leurs services le 11 juillet 1823. Cependant les troupes brésiliennes avaient occupé Montévidéo en décembre 1822, et Bahia en juillet 1823. Tandis que dom Pedro travaillait à faire reconnaître le nouvel empire par les puissances étrangères, la restauration du pouvoir absolu en Portugal par la révolution de mai 1823, remplissait les Brésiliens de méfiance pour les Portugais établis parmi eux et qui occupaient des postes plus ou moins importants dans l'administration et dans l'armée. Il en résulta des chocs violents entre les individus d'abord, puis entre les partis, et enfin des luttes dans les congrès.

Le 10 novembre, des troubles sérieux éclatèrent à Rio-de-Janeiro; les nouveaux ministres durent donner leur démission, et l'empereur entoura de troupes son château de Saint-Christophe, situé à peu de distance de la ville. Le 12 il fit entrer ces troupes dans la capitale, cerna l'assemblée législative, et en força les membres à obéir au décret de dissolution qu'il venait de rendre. Au bout de quinze jours il convoquait un nouveau congrès, auquel il soumettait, le 11 décembre, un projet de constitution très-démocratique, qui fut voté et auquel on prêta serment le 9 janvier 1824. Cette loi fondamentale conférait un pouvoir extraordinaire aux députés, enlevait à l'empereur le *veto* absolu et abolissait tous les priviléges. Cependant le parti républicain se souleva à Pernambuco, qui fut soumis seulement après un long siége, le 17 septembre 1824, par l'armée du général Lima et par la flotte de lord Cochrane.

Après de longues conférences qui s'ouvrirent à Londres et se continuèrent à Lisbonne, puis à Rio-de-Janeiro, un accommodement fut enfin conclu, le 15 novembre 1825, entre le Portugal et le Brésil. Jean VI reconnut l'indépendance du nouvel empire et la souveraineté de dom Pédro. Une seul question n'avait pas été résolue, celle de la succession au trône de Portugal: elle se présenta à la mort de Jean VI, le 10 mars 1826. La constitution défendant à l'empereur de sortir du Brésil sans la permission du congrès, dom Pedro, par acte du 2 mai 1826, abdiqua la couronne de Portugal en faveur de sa fille, dona Maria da Gloria, après avoir donné à ce royaume une constitution libérale. Cependant l'intronisation de la nouvelle reine éprouvant en Europe des obstacles graves par suite de l'usurpation de dom Miguel, la déclaration que fit l'empereur qu'il soutiendrait au besoin par les armes les droits de sa fille mécontenta les Brésiliens, qui craignirent de voir les ressources de leur pays s'épuiser dans un intérêt dynastique. On se plaignait aussi du nombre toujours croissant d'officiers étrangers. Le Brésil venait de soutenir deux ans de guerre contre Buénos-Ayres; le résultat de cette lutte fut l'indépendance de la Banda-Oriental. Dom Pedro avait épousé en premières noces l'archiduchesse Léopoldine, belle-sœur de Napoléon; devenu veuf, il sollicita et obtint la main de la princesse Amélie de Leuchtenberg, fille de notre prince Eugène. La nouvelle impératrice débarqua, avec son frère, à Rio-de-Janeiro le 17 octobre 1829. Cette nouvelle union semblait promettre à dom Pedro un règne long et fortuné; il n'en fut pas ainsi.

Déjà le congrès de 1829 avait, à plusieurs reprises, manifesté une si vive opposition, que l'empereur s'était vu obligé de le dissoudre le 3 septembre. A la fin de cette année, il fit une concession à l'opinion publique en composant son ministère presque exclusivement de Brésiliens; mais il ne put regagner la confiance publique, et les attaques des journaux continuèrent avec un redoublement de violence jusqu'à l'ouverture de la session; le 3 mai 1830, où il présenta, de guerre lasse, une loi restrictive de la liberté de la presse. Un voyage qu'il fit à Minas pour essayer de reconquérir l'opinion n'ayant pas répondu à son attente, il rentra, le 15 mars 1831, à Rio-de-Janeiro, au milieu d'une indifférence générale, qui affligea profondément son cœur. Le 6 avril éclata un soulèvement, à la suite duquel ce prince si bienveillant et si énergique abdiqua, le 7, en faveur de son fils; et le 13 il s'embarqua pour l'Europe avec l'impératrice et le frère de cette princesse. Son rôle était fini en Amérique; un autre non moins brillant commençait pour lui en Portugal, où, après de brillants succès, après avoir foudroyé l'usurpation et replacé sa fille, dona Maria, sur le trône de ses ancêtres, il mourut enseveli dans sa gloire, ainsi que son beau-frère, son compagnon d'armes, le duc de Leuchtenberg.

Quant au Brésil, il a continué, non sans quelques rudes secousses, à marcher dans les voies de progrès et de liberté que lui avait ouvertes le fondateur de son indépendance. La minorité du jeune empereur, dom Pedro II, a été une époque difficile à traverser. Heureusement le Brésil est arrivé au but. Le congrès de 1834, de sa propre autorité, apporté une modification importante à la constitution en accordant à chaque province un corps législatif à l'instar des Etats-Unis et en lui abandonnant le maniement de ses affaires intérieures, administratives, judiciaires, financières et municipales. Cette modification hardie a sauvé l'unité de l'empire et l'hérédité du trône. Elle a été généralement acceptée avec joie, quoiqu'elle soit devenue encore un prétexte de troubles dans quelques provinces. En 1835 la chambre des députés élut à une grande majorité Diego Antonio Feijo régent de l'empire fédératif, excluant la reine de Portugal de la succession au trône, et, en cas de mort de dom Pedro II, encore mineur, appelant à lui succéder sa sœur dona Januaria. Sous la nouvelle régence les partis continuèrent à se montrer si violents, que Feijo dut donner sa démission en septembre 1837. Les députés élurent à sa place l'ancien ministre de la guerre Pedro Araujo de Lima. Celui-ci se maintint jusqu'au mois de juillet 1840, où il voulut dissoudre la chambre, qui s'en vengea en proclamant dom Pedro II majeur à l'âge de quinze ans.

Depuis que ce jeune prince jouit de la plénitude de son pouvoir constitutionnel, le pays a repris sans obstacles sa marche ascendante et progressive; et tout porte à penser que rien désormais ne pourra l'en faire dévier. Le nouvel empereur, bien que d'un naturel doux et bon, ne manque pas d'une certaine énergie, et a déjà donné des preuves d'une intelligence supérieure. Il faut reconnaître d'ailleurs que le Brésil confond dans un même amour ses institutions monarchiques libérales et son jeune souverain. Dom Pedro II a épousé une princesse napolitaine, dona Theresa, dont il a deux filles. Les voyages qu'il a faits en 1849 et 1850 dans les provinces de l'empire ont été pour lui une suite d'ovations. L'union de la princesse dona Francisca, sa sœur, avec le prince de Joinville, fils de Louis-Philippe, a également été vue de bon œil par la nation, malgré la belle dot territoriale qu'on lui a libéralement donnée dans la province de Sainte-Catherine.

Depuis longues années une guerre opiniâtre entre Buénos-Ayres et Montévideo ensanglantait les rives de la Plata; et tous les efforts de l'Angleterre et de la France pour arriver à une pacification de ces contrées avaient échoué contre des complications et des obstacles incroyables, lorsqu'enfin, en 1851, un des généraux des Républiques-Unies eut le courage d'appeler les riverains à la délivrance. Toutefois, cette initiative généreuse commençait à retomber languissante, sans avoir produit de grands fruits, lorsque le Brésil, qui dans ces guerres continuelles voyait souvent son territoire violé par les parties belligérantes, prit en main la cause des opprimés, et, grâce à l'intelligence supérieure de son général le baron de Caxias, grâce à l'intrépidité de ses troupes, obtint par un vigoureux coup de collier ce qu'on attendait vainement de longues années de négociations et d'hostilités. Buénos-Ayres céda aux armes brésiliennes victorieuses. Rosas, renversé du pouvoir, dut prendre la route de l'Europe.

Les institutions libérales conservatrices semblent enfin décidément enracinées au Brésil. Sa constitution est aujourd'hui l'une des plus anciennes parmi celles qui régissent des nations libres. Les chambres se sont mises résolument à l'œuvre, et leurs efforts commencent à être couronnées de succès. Le jeune empire peut citer déjà avec orgueil des hommes d'État distingués et des orateurs du premier ordre, tels que MM. Carneiro-Leão, Paulino, Olinda, Abrantes, Limpo d'Abreu, Eusebio de Queiroz, Rodrigues Torres, Paula Sousa, Alves Branco, Vasconcellos, Pereira da Silva, Ferraz, Pedro Chaves, Moura Magalhãens, Maciel Monteiro, Ramiro, Victor d'Oliveira, Zaccarias et Marinho; d'excellents administrateurs, tels que MM. Felisardo, Pedreira, Jeronimo Coelho, Tosta, Boa-Vista, Gonsalves Martins, Sousa-Ramos et Penna; enfin de remarquables écrivains politiques, tels que MM. Josino, Aprigio, Firmino, Torres-Homem et Rocha. Deux partis politiques sérieux sont en présence : le parti conservateur et le parti libéral, tous deux constitutionnels et ressemblant un peu aux partis anglais tory et whig ; il existe, en outre, une minime fraction républicaine, qui, au lieu de s'accroître, perd chaque jour du terrain, et s'use surtout dans les émeutes qu'elle suscite de temps à autre. En somme, le Brésil est au moment où nous écrivons un pays d'un immense avenir, et qui par sa politique et sa position exerce déjà une influence puissante sur tous les autres États de l'Amérique méridionale.

Eug. GARAY DE MONGLAVE.

BRÉSIL (Bois de). Ce bois de teinture provient du *cæsalpinia brasiliensis*, grand arbre de la famille des papilionacées, qui croît dans l'Amérique méridionale. Ce bois est dur, pesant, compacte, d'un rouge de brique sur une tranche récente de la scie, mais brunissant par le contact de l'air, comme il en arrive à presque tous les bois colorés. Il est susceptible d'un assez beau poli. Il nous arrive en bûches taillées à la hache et dépouillées de leur aubier.

BRÉSILLET (Bois de). Ce bois de teinture provient de même que le bois de Brésil d'une espèce du genre *cæsal-*

pinia, qui croît principalement à la Guiane, et qu'on trouve aussi, quoique en moindre abondance, dans les Antilles. Le brésillet nous arrive recouvert d'un aubier blanchâtre ; l'intérieur est rouge-brun, parsemé de veines transversales plus foncées. Il fournit moins de couleur rouge à la teinture, et d'une qualité moins belle que le bois de Brésil. Il nous est apporté en bâtons de cinq centimètres environ de diamètre, dépouillés de leur écorce.

On donne le nom de *brésillet des Indes* au *bois de sapan*, qui provient du *cæsalpinia sapan*. Cet arbre croît aux Moluques, au Japon, au Brésil et dans les Antilles. Le bois de sapan est dur, pesant, compacte, d'un grain fin, prenant un beau poli. Il est d'une couleur rouge beaucoup plus pâle que celle du bois de Fernambouc. Il donne un beau rouge sur laine et coton. Il nous arrive en bûches dépouillées de leur aubier.

BRESLAU (en langue slave *Wratislawa*), chef-lieu de la Silésie prussienne ainsi que de la régence du même nom, située au centre de cette province et comprenant la partie septentrionale de la basse Silésie et le comté de Glatz, avec une superficie de 136 myriamètres carrés et une population de 1,750,000 âmes. Seconde ville de la monarchie prussienne eu égard au nombre des habitants, et considérée comme la troisième capitale de la Prusse, Breslau est bâtie dans une vaste et fertile plaine, à l'embouchure de l'Ohlau dans l'Oder, qui la traverse en y formant plusieurs bras, et se compose de la Vieille et de la Nouvelle ville, et de cinq faubourgs en partie détruits lors du siége qu'elle soutint en 1806, mais qui depuis ont été presque entièrement reconstruits d'après un plan régulier. De nombreux ponts unissent entre elles les différentes parties de la ville, qui compte aussi beaucoup de places publiques, entre autres le Grand-Marché ou le *Ring*, au milieu duquel s'élève l'hôtel de ville et où l'on voit une statue équestre en bronze de Frédéric le Grand ; le *Salzring*, ou Place-Blucher, où se trouve la statue en bronze que la province de Silésie a fait élever au général Blucher ; le Marché-Neuf, où existe une fontaine jaillissante dite de Neptune ; la place Tauenzien, ornée d'un monument en marbre à la mémoire de Tauenzien, qui défendit héroïquement Breslau à l'époque de la guerre de Sept ans.

Parmi ses nombreuses églises, toutes surmontées de tours fort élevées, onze appartiennent aux protestants et le reste aux catholiques. La plus remarquable parmi les premières est celle de Sainte-Élisabeth, construite par la bourgeoisie de 1253 à 1257, avec un clocher de 121 mètres d'élévation, renfermant une cloche du poids de 220 quintaux et plusieurs autres de moindre volume. On y admire aussi un orgue de toute beauté ; et elle renferme beaucoup de tombeaux, ainsi qu'une bibliothèque riche en manuscrits. Les plus belles églises catholiques sont : la cathédrale, placée sous l'invocation de saint Jean, monument dont on attribue la construction à l'évêque Walther Ier (1148-1176), mais qui date plus vraisemblablement du treizième siècle. Elle est ornée de deux tours, que des incendies ont successivement dépouillées de leur flèche, en 1540 et en 1759, et d'un grand nombre de chapelles, avec un maître autel en argent massif d'un travail remarquable et beaucoup d'autres productions de l'art ; l'église de la Croix, bâtie de 1288 à 1295 ; l'église Notre-Dame (1330-1369) ; l'ancienne église des Jésuites et l'église Sainte-Dorothée, l'édifice le plus élevé de toute la ville. Il y a, en outre, à Breslau une grande synagogue et seize autres de dimensions moindres.

La ville de Breslau contient encore d'autres édifices remarquables ; nous citerons : l'hôtel de ville, monument du quatorzième siècle, orné de belles sculptures, et surmonté d'une haute tour dentelée, avec une belle horloge ; la bourse ; le château royal ; le collége des Jésuites, construit sous le règne de l'empereur Léopold Ier, et affecté aujourd'hui au service de l'université ; l'hôtel de la régence ; le palais de justice ; le palais épiscopal ; l'hôpital de Tous les Saints ; le théâtre de la ville, terminé seulement en 1841, et appartenant à une société d'amis de l'art dramatique ; le palais des États provinciaux ; l'Intendance et la Bibliothèque, etc., etc. Toute la ville est éclairée au gaz, à l'exception des faubourgs situés sur la rive gauche de l'Oder. Elle est le siège des autorités supérieures, tant civiles que militaires, de la province, d'un gouverneur général, d'un consistoire évangélique, d'un prince-évêque et d'un chapitre catholique relevant immédiatement du pape, d'un comptoir de la Banque royale, etc. En y comprenant la garnison, sa population est de 100,800 habitants environ ; 65,000 professent la religion protestante, 29,000 la religion catholique, et près de 6,000 appartiennent à la religion juive.

On y trouve un grand nombre de fabriques, dont les plus importantes sont celles de sucre, de tabac, d'huile, de quincaillerie, d'orfévrerie, de toiles peintes, de garance, de draps, de cuirs, d'épingles, d'aiguilles, d'eau-de-vie, de poteries, de chapeaux de paille, de crayons de mine de plomb, de cire à cacheter et de toile. Il y existe également de grandes brasseries et de grandes fabriques de vinaigre, et pendant longtemps la ville a possédé une fonderie de canons. Le commerce des toiles, des draps, des liqueurs, et en général des produits du sol, des mines et des forges, mais surtout des laines, favorisé par de grands marchés et des foires importantes, y est des plus actifs ; et la navigation sur l'Oder, exploitée en grand par deux puissantes compagnies, met la ville en communication presque quotidienne avec Hambourg. Trois chemins de fer contribuent à donner encore plus d'activité au mouvement commercial. L'un, celui de la haute Silésie, conduit d'une part, par Oppeln et Kosel, à Cracovie et à Varsovie, et de l'autre à Vienne. Le second, celui de Breslau-Schweidnitz-Freybourg, conduit à Schweidnitz et à Freybourg ; le troisième enfin, celui de la basse Silésie et de la Marche, conduit d'une part, par Liegnitz et Bunzlau, à Berlin (avec embranchement sur Glogau), et de l'autre à Dresde.

En fait d'établissements scientifiques existant à Breslau, il faut mentionner en première ligne son université, fondée en 1702, à l'instigation des Jésuites, par l'empereur Léopold Ier, comme faculté de théologie et de philosophie catholiques, et nommée d'abord *Leopoldina*, en l'honneur de ce prince. Ce ne fut qu'en 1811, et lorsqu'on lui eut adjoint l'université de Francfort sur l'Oder, qu'elle devint une université complète comptant quatre facultés, dont l'une, celle de théologie, est divisée en faculté de théologie protestante et en faculté de théologie catholique. La dotation générale de l'université fut alors portée à 320,000 francs, en même temps qu'on en augmentait le personnel enseignant ; et bientôt elle put rivaliser avec la nouvelle université de Berlin. A l'université sont adjoints une bibliothèque de 300,000 volumes, un jardin botanique, des collections d'instruments de physique et de chimie, de minéralogie, de zoologie et d'astronomie, un observatoire, un amphithéâtre et un muséum d'anatomie, deux instituts cliniques et un musée archéologique. Dans ces dernières années, le nombre des étudiants a varié entre six et sept cents. Breslau possède en outre quatre bibliothèques publiques, diverses sociétés savantes, une société biblique et une société des missions, une société philomatique, l'Académie Léopoldine des naturalistes, une société des Arts et Métiers, diverses collections d'archéologie et d'objets d'arts, un cabinet de médailles, et les archives de la Silésie.

Il est déjà fait mention vers l'an 1000 de Breslau, sous les noms de *Wracislawa* ou *Wortizlava*, comme d'une ville importante. Après que le duc Wladislas eut été expulsé de la Pologne par ses frères (1148), la Silésie fut séparée de ce royaume par l'intervention de l'empereur Frédéric Ier (1160), et Breslau devint alors la capitale d'un duché indépendant. En 1241, lors de l'invasion des Mongols, elle fut brûlée par sa propre garnison. A la mort du dernier duc, Henri VI (1335), qui ne laissa point de postérité, la ville et la principauté échurent comme fief immédiat au roi Jean de Bohême, et par conséquent à la maison de Luxembourg. Deux grands incendies, arrivés en 1342 et 1344, détruisirent presque complètement la ville, que l'empereur Charles IV fit ensuite rebâtir d'après ses plans et qu'il agrandit considérablement du côté de l'Ohlau. Lui et ses successeurs lui accordèrent aussi d'importants priviléges, de sorte que sa prospérité et son importance s'accrurent rapidement. En 1418, sous le règne de Wenceslas, la bourgeoisie se révolta contre le sénat, qui affectait des tendances aristocratiques, et beaucoup de sang fut répandu à cette occasion. Plusieurs sénateurs, entre autres, furent égorgés. En 1420 l'empereur Sigismond tira, il est vrai, vengeance de ces excès en envoyant au supplice vingt-trois des meneurs de l'insurrection; mais il décida en même temps qu'à l'avenir quatre membres désignés par les différentes corporations de la bourgeoisie feraient partie du sénat.

Dans la guerre des Hussites, Breslau se déclara contre ces sectaires, puis contre Georges Podiebrad, lorsque celui-ci fut proclamé roi de Bohême; cependant il réussit à se rendre maître de la ville. Plus tard, elle embrassa le parti de Mathias Corvin de Hongrie, à l'effet d'obtenir de lui aide et protection contre Georges. Son ministre Stein entra en Silésie et en Lusace avec le titre formel de gouverneur; et il établit en qualité de capitaine de la principauté de Breslau et de président du sénat un homme entièrement à sa dévotion, Henri Dompnig, qui détruisit les institutions municipales et réduisit presque à néant l'autorité du sénat. Mais celui-ci, quand le roi Mathias vint à mourir, réussit à ressaisir son ancien pouvoir, et résolut alors de se venger des gouverneurs qui lui avaient été imposés. Stein fut assez heureux pour s'échapper; mais Dompnig fut pendu.

Lorsque le roi Louis II de Hongrie eut péri à la bataille de Mohacs, Breslau et la Hongrie passèrent, en 1527, sous l'autorité de Ferdinand d'Autriche, beau-frère du roi défunt. Quelques années auparavant, la grande majorité des habitants avaient embrassé le protestantisme; mais l'évêque, le chapitre, les couvents et les monastères demeurèrent fidèles à la foi catholique.

Pendant la guerre de la succession d'Autriche, Breslau, à la suite d'une surprise, tomba, le 10 août 1741, au pouvoir du roi de Prusse, Frédéric II, qui lui accorda divers droits et priviléges. C'est aussi dans cette ville que fut signée, le 4 juin 1742, entre la Prusse et l'Autriche, la paix qui assura à la Prusse la possession définitive de la Silésie. A l'époque de la guerre de sept ans, les Autrichiens commandés par le prince Charles de Lorraine y battirent, le 22 novembre 1757, les Prussiens, inférieurs en nombre, commandés par le duc Brunswick-Bevern, qui fut fait prisonnier. Mais à la suite de la victoire qu'il remporta à Leuthen, le 5 décembre 1757, Frédéric II reprit bientôt possession de Breslau, où 21,000 Autrichiens durent mettre bas les armes devant lui. En 1760 Laudon tenta de s'emparer de Breslau par un coup de main et un bombardement; mais Tauenzien s'y défendit si bravement, que l'ennemi dut lever le siège.

A l'époque de la guerre soutenue contre la France par la Prusse et la Russie, Breslau fut assiégée, du 7 décembre 1806 au 7 janvier 1807, par un corps d'armée aux ordres du général Vandamme et composé en grande partie de Bavarois et de Wurtembergeois. Le commandant de la place, Thiele, fit alors incendier les faubourgs; mais après avoir soutenu le feu de l'ennemi pendant plusieurs semaines, force lui fut de rendre la ville aux Français, qui en rasèrent les fortifications et comblèrent les fossés. Plus tard on les a transformés en promenades magnifiques.

C'est de Breslau que, le 17 mars 1813, le roi Frédéric-Guillaume III lança sa fameuse proclamation *A mon peuple*, qui avait pour but de soulever les populations prussiennes contre la tyrannique domination de Napoléon. Au mois de juin suivant les Français occupèrent bien encore une fois Breslau; mais aux termes de l'armistice qui ne tarda pas à être conclu alors ils durent l'évacuer. Le rétablissement de la paix générale eut pour résultat le rapide développement de la prospérité de la ville de Breslau, devenue aujourd'hui la cité commerciale la plus riche et la plus importante de la monarchie prussienne après Berlin.

Il serait assez difficile d'indiquer l'époque précise de la fondation de l'évêché de Breslau; ce qu'il y a de certain, c'est qu'il existait déjà en l'an 1000. Jaroslas, fils du duc Boleslas Ier, qui en fut titulaire de 1198 à 1201, y adjoignit la principauté de Neisse, et l'empereur Charles IV divers villes et châteaux, tels que Grottkau; en vertu de quoi, les évêques de Breslau prenaient le titre de *Princes de Neisse* et de *ducs de Grottkau*. L'évêché était aussi surnommé proverbialement *l'évêché d'or*, à cause de l'importance de ses revenus. Les troubles provoqués par les Hussites le firent singulièrement déchoir. En 1742 l'évêque de Breslau devint sujet du roi de Prusse, attendu qu'une très-petite partie de son diocèse demeura alors sous la domination autrichienne. En 1811, sous l'administration épiscopale du prince Joseph de Hohenlohe Bartenstein, on enleva à l'évêché toute espèce de droits temporels et de juridiction seigneuriale.

A peu de distance de Breslau on trouve le village de Kriebelowitz, où Blucher mourut, le 12 septembre 1819 et où il est enterré sous trois tilleuls. Un magnifique monument en granit s'élève aujourd'hui sur sa tombe.

BRESSE. Cette province tire son nom d'une grande forêt qui s'étendait au neuvième siècle depuis le Rhône jusqu'à Châlons, et qu'on nommait *Brixius saltus*. Au moment de la conquête des Gaules par les Romains, ce pays était habité par les Ségusiens ou Sébusiens, originaires du Forez, que les Éduens avaient subjugués. L'étendue de la Bresse était de soixante-quatre kilomètres en tout sens, et ses limites : au nord, le duché de Bourgogne et la Franche-Comté; au sud, le Rhône, qui la séparait du Dauphiné; à l'est, le Bugey; à l'ouest, le Lyonnais et la Saône, qui la séparait du Lyonnais. On divisait la Bresse en *haute* ou *pays de Revermont*, et en *basse*, située à l'ouest de la haute. Au cinquième siècle elle fut conquise par les Bourguignons, et passa, avec leur royaume, sous la domination des fils de Clovis. Elle fit partie du second royaume de Bourgogne, qui se forma vers la fin du neuvième siècle. Lorsque les souverains de ce dernier État furent parvenus à l'empire, plusieurs seigneurs de la Bresse, profitant de leur éloignement, se partagèrent cette province sous le règne de l'empereur d'Allemagne Henri III. Les principaux furent les sires de Baugé, de Coligni, de Thoire, et de Villars.

Les sires de Baugé ou de Bagé furent les véritables seigneurs de la Bresse, et y exercèrent des droits de souveraineté. Leur État tirait son nom de la capitale, et renfermait, outre cette ville, celles de Bourg, de Châtillon, de Saint-Trivier, de Pont-de-Vesle, de Cuiseri, de Mirbel, et tout le pays qu'on appela depuis la basse Bresse, ainsi que le pays de Dombes, depuis Cuiseri et Baugé jusqu'à Lyon. Les premiers sires de Bresse sont inconnus jusqu'à RODOLPHE ou RAOUL, dont on ignore l'origine. Viennent ensuite RENAUD, JOSCERAND ou GAUSCERAND, son fils aîné, et ULRIC ou ODALRIC, fils de Joscerand, qui régnait en 1107. Des actes qui nous restent de lui prouvent que la Bresse reconnaissait alors le roi de France pour suzerain. En 1120 Ulric partit pour la Terre Sainte, et avant son départ répandit des largesses parmi les moines. A son retour, il alla se faire ermite dans la forêt de Brou, près de Bourg, où il finit ses jours dans les exercices de la pénitence et la pratique de la règle de saint Benoît.

RENAUD II, son fils, qui lui succéda, eut, comme ses ancêtres, des querelles avec l'évêque de Mâcon; son fils, RENAUD III, ne jouit pas plus paisiblement de l'héritage de son père : Girard, comte de Mâcon, et son frère Étienne se liguèrent contre lui avec Humbert, sire de Beaujeu, et l'archevêque de Lyon, ramassèrent plusieurs bandes de Brabançons et dévastèrent la Bresse. Ulric, fils de Renaud, fut fait prisonnier par eux. Alors le sire de Baugé eut recours au roi de France, Louis le Jeune, qui écrivit au sire de Beaujeu pour lui enjoindre de mettre Ulric en liberté. ULRIC II n'est connu que par ses libéralités envers les églises; RENAUD IV fut un des bienfaiteurs de la Chartreuse de Montmerle. En 1239 il alla combattre en Palestine, d'où il était de retour en 1247. Après une guerre avec l'abbaye de Tournus, à laquelle il accorda de lui-même des indemnités, il fit un second voyage à la Terre Sainte (1249), où il mourut. GUI, fils aîné de Renaud IV, n'était pas encore majeur lorsqu'il lui succéda. Philippe de Savoie, archevêque de Lyon, son parent, lui donna un curateur, qui autorisa, en 1251, la charte d'affranchissement qu'il accorda aux habitants de Baugé, de Bourg et de Pont-de-Vesle. En 1255, se voyant infirme, il fit son testament, par lequel il institua pour son héritier l'enfant qui naîtrait de sa femme alors enceinte. Elle accoucha d'une fille, nommée Sybille, qui recueillit la succession de son père, mort en 1268.

Sybille porta ces biens dans la maison de Savoie par son mariage avec Amédée, prince de Piémont, qui devint comte de Savoie en 1285. C'est ainsi que la basse Bresse fut réunie au comté de Savoie. Des acquisitions successives furent faites par les comtes de Savoie, qui en 1402 se virent maîtres de toute la Bresse. Ce fut seulement en 1601 que, par un traité conclu à Lyon entre Henri IV et Charles Emmanuel, duc de Savoie, la Bresse fut rendue à la France, avec le Bugey et la baronnie de Gex, en échange du marquisat de Saluce. Depuis, elle fut enclavée dans le gouvernement militaire de Bourgogne, et fait maintenant partie du département de l'Ain. *Voyez* CHALONNAIS.

BRESSON (CHARLES comte), diplomate français, né à Paris en 1798, fut dès son enfance destiné à la carrière diplomatique par son père, chef de division au ministère des affaires étrangères sous Napoléon. Sous la Restauration, Hyde de Neuville le chargea d'une mission auprès de la république de la Colombie. Après la révolution de Juillet, il fut envoyé en Suisse en qualité d'ambassadeur extraordinaire pour notifier à la diète l'avénement au trône de Louis-Philippe, et, à son retour, il fut nommé premier secrétaire de légation à Londres. A la fin de 1830, il fut chargé, avec le secrétaire de légation Cartwright, de communiquer au gouvernement provisoire de la Belgique les résolutions de la Conférence de Londres, et dans cette circonstance il déploya beaucoup d'habileté pour faire accepter aux différents partis les décisions de la diplomatie européenne. Le gouvernement français eut recours encore à ses talents en diverses circonstances, notamment lorsque le trône de Belgique fut offert au duc de Nemours et à l'époque du mariage de la princesse Louise d'Orléans avec Léopold. Au commencement de 1833 il fut élevé au rang d'envoyé de première classe et nommé chargé d'affaires à Berlin, où en véritable élève de Talleyrand, il mit beaucoup d'adresse, dans des circonstances fort difficiles, à rétablir les relations amicales qui avaient existé entre les deux puissances, et surtout à empêcher une alliance trop étroite entre la Prusse et la Russie. Louis-Philippe lui témoigna sa reconnaissance en l'appelant, le 12 novembre 1834, au ministère des affaires étrangères; mais Bresson ne voulut point accepter le portefeuille qui lui était offert. Le voyage des princes français à Berlin, dans l'année 1836, doit être regardé comme le premier résultat du rétablissement de la bonne harmonie entre la Prusse et la France. L'année suivante eut lieu le mariage du duc d'Orléans avec une princesse alliée à la maison de Brandebourg. A cette occasion Bresson fut créé comte et pair de France. Défenseur zélé de la politique du gouvernement, il appuya avec chaleur, en 1841, le projet des fortifications de Paris. Quelques années après, il fut envoyé en ambassade à Madrid, et il eut une grande part à la conclusion des fameux mariages espagnols, le 28 août 1846. Rappelé la même année, il obtint, dans l'été de 1847, après un court séjour à Londres, l'ambassade de Naples; mais à peine arrivé il se coupa la gorge avec un rasoir, le 2 novembre 1847. Son fils avait été créé par la reine d'Espagne grand de première classe, avec le titre de *duc de Sainte-Isabelle*, à l'occasion des mariages espagnols.

BRESSUIRE, autrefois *Bersuria*, depuis *Bersuire*, et enfin *Bressuire*, ville de l'ancien bas Poitou, aujourd'hui chef-lieu d'arrondissement dans le département des Deux-Sèvres, serait, d'après quelques écrivains, l'antique *Segora*, mentionnée dans l'Itinéraire d'Antonin. Elle est située à 55 kilomètres nord de Niort, sur le Dolo, et sa population est de 2,440 âmes. On y fabrique des lainages, des cotonnades, des mouchoirs façon Chollet, et il s'y fait un grand commerce de bestiaux et de grains.

En 1371, époque où les Anglais en étaient maîtres, cette ville était considérable, par le nombre et la richesse de ses habitants, par la bonté de ses fortifications et surtout par son château. Elle avait un gouverneur, une garnison, et Du Guesclin fut obligé d'en faire le siège. Il la prit d'assaut, et en passa la garnison au fil de l'épée; le château capitula, la ville fut pillée par la soldatesque victorieuse, qui y fit un riche butin. Avant la révolution de 1789, les guerres de religion et plusieurs autres causes avaient déjà réduit Bressuire à un état complet de décadence. Son enceinte ne servait plus qu'à assurer la perception de l'octroi.

Tel était l'état de cette ville, lorsqu'elle se vit assiégée, en août 1792, par plus de dix mille Vendéens. Elle n'avait pour la défendre que quelques compagnies de grenadiers et de chasseurs; mais Chollet, Parthenay, Angers, Nantes, Tours, La Rochelle, Rochefort, Saumur, Poitiers, etc., envoyèrent à son secours de nombreux détachements de gardes nationaux. Les deux partis en vinrent aux mains au pied de l'enceinte. Le combat ne fut pas long : les Vendéens, mal armés, pressés de toutes parts, furent entamés, mis en déroute, et se sauvèrent dans le plus grand désordre, laissant six cents hommes sur le carreau. Chaque armée prit plus tard sa revanche; mais la guerre civile n'en consomma pas moins la ruine de Bressuire, qui fut un jour entièrement réduite en cendres, à l'exception de l'Église et d'une seule maison. Le temps a complétement effacé les traces de ces calamités, mais il n'a pas rendu à la ville son ancienne importance.

BREST, place forte de 1re classe, port militaire le plus important de la France, à 545 kilomètres ouest de Paris, à l'extrémité occidentale de la Bretagne, dans une position qui semble l'appeler à la domination de l'Océan, est située presque au fond d'une rade immense, qui s'étend à plus de 16 kilomètres de profondeur dans les terres, et dont la plus grande largeur est d'environ 10 kilomètres. L'entrée, qui en est assez étroite, est défendue sur les deux rives par de nombreuses batteries. Le port proprement dit peut contenir seize vaisseaux de ligne et plus de cinquante autres bâtiments de guerre toujours à flot. La rade pourrait abriter toutes les flottes de l'Europe.

Brest, situé à l'embouchure de la rivière de Penfel qui le traverse, est une des plus grandes préfectures maritimes de la France; il y a un très-bel arsenal et de vastes magasins de tous les objets nécessaires au service de la marine. Sa population est de 35,163 âmes. Malgré son importance et sa population, Brest n'est pas cependant le chef-lieu du département du Finistère. Il n'a qu'une sous-préfecture et un tribunal de première instance; mais les autorités de terre et de mer y résident. Les établissements de la marine militaire envahissant la presque totalité du port, le commerce de Brest est loin d'être aussi important qu'il pourrait le devenir.

Brest est le chef-lieu du 11e arrondissement maritime,

de la 3ᵉ subdivision de la 16ᵉ division militaire, d'une direction d'artillerie de marine, d'une direction d'artillerie de ligne, d'une direction de douanes. Elle possède un tribunal maritime, un tribunal de commerce, une bourse, une école de médecine, chirurgie et pharmacie de la marine, une école navale à bord d'un bâtiment en rade, un collège communal, une école nationale d'hydrographie, une école de maistrance pour les ouvriers du port, deux bibliothèques, dont une contient 20,000 volumes, un jardin botanique, un observatoire de la marine, un entrepôt réel, un mont de-piété, un bagne sur le point d'être fermé, d'importants chantiers et arsenaux de construction pour la marine militaire et marchande, quelques fabriques de toiles vernies, chapeaux, chapeaux cirés, toiles, bonneterie, et plusieurs tanneries. Le commerce y a presque exclusivement pour but les approvisionnements de la ville et du port, et consiste en vins, eaux-de-vie, sardines, denrées coloniales, bois du Nord, houille, chanvre, fers, huiles, armements pour la pêche de la morue. On y remarque l'église Saint-Louis, l'hôtel de ville, la salle de spectacle, le quartier neuf, la cour d'Ajot, les places d'Armes, de Rome, de Bourbon. Mais il y a aussi, surtout dans le quartier de Recouvrance, des rues tortueuses, sombres et escarpées.

La situation de Brest et la beauté de la rade indiquent que ce lieu a dû être habité depuis longtemps. En effet, Ptolémée place chez les Osismiens un lieu appelé *Brivates* ou *Brivates portus*. Or les Osismiens habitaient l'extrémité de la Bretagne, le Finistère; aussi les géographes et les commentateurs s'accordent-ils à reconnaître Brest dans le *Brivates portus* des anciens. Ce seul témoignage ne suffirait sans doute pas, attendu que Ptolémée place le *Brivates portus* entre Vannes et l'embouchure de la Loire, ce qui, au reste, ne doit pas étonner, car il est facile de voir que les positions géographiques qu'il indique dans son ouvrage n'ont aucune exactitude. Mais un autre témoignage vient se joindre au sien : on trouve dans la table théodosienne ou carte de Peutinger l'indication d'une voie romaine qui, partant de Poitiers (Lemunum), et passant par le *portus Namnetum* (Nantes), par Vannes (*Dariorigum*) et par *l'orgamum*, aboutit à un lieu maritime appelé *Gesocribates*, qui est situé au-dessous d'un long promontoire qui représente le Finistère. Il est évident qu'il faut lire ici *Gesobrivates*, ainsi que l'ont fait les commentateurs, et que ce nom est un de ceux (en grand nombre dans cette carte) que les copistes ont mutilés. Le nom de *Geso-Brivates* est parfaitement approprié à la rade de Brest. En gallique ou gaulois, on pourrait le lire *Geis-Briogach* ou *Briovach*, qui signifie la grande rade.

Avant et pendant la domination des Romains dans les Gaules, il ne paraît pas que Brest ait été au nombre des villes de quelque importance. Aucun des anciens monuments historiques ou géographiques qui nous restent, excepté les deux que nous avons cités, n'en fait mention. Il y a même lieu de croire qu'elle n'a point participé au commerce que les Phéniciens faisaient dans le Nord. Leur entrepôt pour la Gaule septentrionale nous est indiqué par Pythéas sous le nom de Corbilo, et placé à l'embouchure de la Loire, c'est-à-dire dans les environs de Nantes. C'était, en effet, le point le plus favorable pour communiquer avec l'intérieur des Gaules. Peut-être les îles Cassitérides, que les anciens plaçaient au nord de l'Espagne, étaient-elles les îles d'Ouessant, Molène, Frielen, Quemenec, etc., situées sur la côte du Finistère, et dont les habitants allaient chercher l'étain chez les Bretons pour le porter à Corbilo; mais ce commerce n'a pu avoir aucune influence sur le port de Brest, privé alors de communications faciles avec l'intérieur.

Brest n'était encore qu'un bourg au dixième siècle. Fortifié en 1065 par le duc de Bretagne Conan Mériadec, qui y fit construire un château très-fort, il devint une place de guerre considérable dans les siècles suivants. Ce n'est cependant qu'au quatorzième siècle que l'histoire commence à en faire sérieusement mention. En 1341 Jean de Montfort, qui disputait à Charles de Blois l'héritage du duc de Bretagne Jean III, prévint son rival en s'emparant de Rennes, de Vannes et du château de Brest. Dans la guerre que fit le roi de France Charles V, au duc Jean IV, Duguesclin assiégea, en 1373, la ville de Brest, défendue par l'Anglais Robert Knolle. La vigoureuse résistance des habitants et de la garnison obligea Duguesclin à convertir le siège en blocus; bientôt les chances de la guerre l'obligèrent à se retirer pour se porter sur d'autres points où les armes de la France éprouvaient des désavantages. Les Anglais, que le duc Jean de Montfort avait appelés à son secours, et qu'il avait été obligé de faire entrer dans Brest pour défendre la place, convoitaient déjà alors la possession de ce point important, et cherchaient à en rester les maîtres. En 1378 le duc Jean IV ne put acheter la protection des Anglais qu'en consentant à ce qu'ils gardassent la ville de Brest jusqu'à la paix, et leur en assurant le domaine absolu s'il mourait sans postérité. Les Anglais se refusèrent, en effet, à la restituer après la paix conclue dans l'année 1381 entre la France et la Bretagne, et ne consentirent à s'en dessaisir qu'en 1395, pour la somme de 120,000 francs d'or.

Dans la guerre maritime qui s'alluma, en 1512, entre la France et l'Angleterre, la duchesse Anne de Bretagne fit équiper dans le port de Brest une flotte dont le principal vaisseau, appelé *La Cordelière*, portait, dit-on, cent canons et douze cents hommes. L'amiral Primauguet, Breton, qui le montait, battit avec une vingtaine de vaisseaux la flotte anglaise, qui comptait cependant plus de quarante voiles. Pendant le combat le feu prit à *La Cordelière*; Primauguet, désespérant de la sauver, accrocha l'amiral ennemi et les deux vaisseaux sautèrent ensemble.

Pendant la guerre de la Ligue, Brest resta fidèle au parti royaliste, et résista aux efforts du duc de Mercœur, dont le projet était de conquérir la Bretagne pour son propre compte. Après la mort de Henri III, les ligueurs de la Bretagne appelèrent les Espagnols à leurs secours, et leur livrèrent Hennebond. Henri IV se vit obligé, de son côté, de recourir à l'alliance des Anglais. Ces derniers envoyèrent cinq à six mille hommes en Bretagne; mais, fidèles à leur système d'envahissement, ils demandèrent la place de Brest en nantissement. Henri IV eut le bonheur d'échapper à cette exigence en gagnant du temps. En 1597, à la sollicitation du duc de Mercœur, les Espagnols dirigèrent une flotte de cent vingt voiles sur Brest pour y faire un débarquement. Le gouverneur, averti de l'approche de cet armement, réunit ce qu'il put de troupes et d'habitants sur la plage du Conquêt pour s'opposer au débarquement. Le 1ᵉʳ novembre la flotte était en vue, et on s'attendait le lendemain à la voir arriver à la côte; mais la nuit suivante une tempête affreuse la dispersa, et détruisit un grand nombre de ses bâtiments.

En 1694 la flotte combinée d'Angleterre et de Hollande débarqua dans le voisinage de Brest une troupe qui espérait enlever cette place d'un coup de main. Les habitants, accourus sur le rivage, l'empêchèrent de s'avancer et l'environnèrent. Alors, une tempête ayant forcé les vaisseaux à s'éloigner, les troupes débarquées, privées de leur protection, furent attaquées et presque toutes passées au fil de l'épée. Les armateurs de Brest et de Saint-Malo se vengèrent des Anglais en détruisant les établissements de la Gambie et de Terre-Neuve.

L'importance du port militaire de Brest ne date que de 1631, époque où le cardinal de Richelieu fit commencer les fortifications et les travaux qui ont été achevés sous Louis XIV et sous Napoléon.   Gᵃˡ G. ᴅᴇ Vᴀᴜᴅᴏɴᴄᴏᴜʀᴛ.

BRET (Aɴᴛᴏɪɴᴇ), auteur dramatique et fils d'un célèbre avocat, naquit à Dijon, en 1717, quitta le barreau pour les lettres, et vint se fixer à Paris, où il mourut le 25 février 1792.

C'était un homme d'esprit, qui s'était fait beaucoup d'amis par son humeur agréable et par son caractère doux et bienveillant. On a de lui : 1° des romans qui se perdent dans la foule de ceux qu'on a publiés depuis ; 2° des *Mémoires sur la vie de Ninon de Lenclos* (1751) ; 3° des *Essais de Contes Moraux et dramatiques* (1765) ; 4° des *Poésies diverses* (1772, 3 volumes) ; 5° son *Théâtre* (Paris, 1778, 2 vol.), contenant plusieurs comédies, dont neuf ont été jouées au Théâtre-Français, où les deux premières surtout eurent beaucoup de succès : *l'École Amoureuse*, en 1 acte et en vers (1745) ; *la Double Extravagance*, en 3 actes, en vers (1750) ; *le Jaloux*, idem (1755) ; *l'Humeur à l'épreuve*, en 1 acte, en prose, jouée en 1767, et en 2 actes, sous le titre *les Deux Sœurs*, et remise sous son premier titre, en 1790, au théâtre du Palais-Royal ; *l'Orpheline, ou le faux généreux*, en 3 actes, en vers (1753) ; *la Maison, ou l'Épreuve Indiscrète*, en 2 actes, en vers (1764) ; *le Protecteur bourgeois, ou la Confiance trahie*, en 5 actes, en vers (1763) ; *les Lettres anonymes*, en 4 actes, en vers ; *les Deux Julies, ou le Père crédule*, comédie-farce en 3 actes, en vers ; 6° sept pièces que l'auteur n'a point fait entrer dans cette édition, et dont deux opéras comiques : *le Déguisement pastoral* (1744) ; *le Parnasse moderne* (1754) ; une comédie, *le Quartier d'Hiver*, jouée à Lyon en 1744 ; deux, tombées, au Théâtre-Français en 1747 et 1765 : *le Concert*, qui, suivant Sainte-Foix , n'était pas le *Concert spirituel* ; et *le Mariage par dépit* ; enfin, deux représentées au Théâtre-Italien en 1758 et 1761 : *l'Entêtement*, pièce relative à la guerre musicale des lullistes et des ramistes ; *les Deux Amis, ou le Vieux Coquet* ; 7° *l'Hôtellerie*, drame en 5 actes, en vers (1785), plusieurs fables, contes et autres poésies dans l'*Almanach des Muses*, etc.

Quoique les ouvrages dramatiques de Bret soient écrits avec facilité, avec beaucoup d'entente de la scène, le style en est parfois trop naturel, et l'esprit y supplée trop souvent à la verve. Depuis 1774, l'ouvrage qui contribua le plus à sa réputation, par sa critique modérée, pleine de justesse et de goût, fut le *Commentaire* qu'il joignit à deux éditions qu'il publia du *Théâtre de Molière*, en 1773 et 1788, 6 volumes, et qui a été reproduit avec des suppléments dans celles qu'ont données Auger en 1818, et M. Taschereau en 1823.
H. AUDIFFRET.

BRETAGNE, *Britannia*, était le nom que portait dans la géographie ancienne l'île formée par l'Angleterre et l'Écosse réunies. Ce nom, qui aurait dû plutôt être écrit *Brittania*, vient des deux mots gaulois *brith* et *tain*, et signifie *pays des Brittes* ou *Bretons*. L'île de Bretagne et sa voisine, l'Irlande, ont été visitées par les Phéniciens, qui allaient y chercher l'étain, et qui pêchaient sur leurs côtes une espèce de thon, qu'ils salaient et apportaient en Grèce. Leur entrepôt pour le commerce de l'ambre et pour celui qu'ils faisaient à Thulé était la pointe orientale de l'Angleterre ou la province de Kent, appelée déjà *Kantium*. Il est fait mention de la Bretagne dans les fragments qui nous restent du voyageur Pythéas, antérieur au siècle d'Alexandre.

Dans l'ancienne géographie, non-seulement l'Angleterre et l'Irlande, mais encore toutes les petites îles qui les entourent, portaient le nom d'*îles britanniques*. Elles étaient originairement habitées par des Gaulois, qui furent successivement refoulés vers l'Écosse et l'Irlande. D'abord les Cimbres ou Kymres, connus sous le nom de *Belges*, après avoir envahi la partie septentrionale de la Gaule, passèrent également en Bretagne, où ils occupèrent la partie méridionale de l'île. Plus tard, les Saxons et les Danois refoulèrent les Belges ou Kymres dans le pays de Galles et la province de Cornouailles, et les Bretons Gaulois au delà du retranchement d'Adrien.

La quatrième année de la guerre des Gaules César fit une expédition en Bretagne ; il y retourna l'année suivante, mais ce ne furent que des reconnaissances sans résultat. Les Bretons achetèrent la paix, et restèrent indépendants. Deux fois l'empereur Auguste voulut faire la guerre aux Bretons. Il en fut détourné la première fois par les supplications des ambassadeurs que ces peuples lui envoyèrent ; la seconde fois, par les hostilités des Salasses et des Cantabres. Lorsque Caligula se rendit dans les Gaules pour rançonner ce pays, il s'avança jusqu'à Boulogne, menaçant d'envahir la Bretagne ; mais cette bravade n'eut aucune suite. Enfin, l'an 43 de l'ère chrétienne, l'empereur Claude passa lui-même, à la tête d'une armée, dans l'île, qui se soumit presque sans défense. Toutefois cette soumission ne fut pas de longue durée : à peine Claude eut-il quitté la Bretagne, que Plautius, qu'il avait laissé pour la gouverner, eut à lutter contre des révoltes partielles. Vespasien, qui lui succéda, acquit dans ce pays une grande réputation militaire, mais sans pouvoir en dompter les habitants. La guerre continua sous ses successeurs. Enfin C. Julius Agricola fut nommé par Vespasien gouverneur de la Bretagne, et ce guerrier, dont Tacite, son gendre, a immortalisé la mémoire, après avoir soumis les Silures, les Ordovices et les Brigantes, porta la guerre chez les Pictes et les Calédoniens, habitants de l'Écosse, et les força à reconnaître la domination des Romains. Agricola profita de sa victoire pour faire faire le tour de la Bretagne à sa flotte, qui soumit en passant les Orcades. Son départ, déterminé par la jalousie de Domitien, fit perdre à Rome le fruit de ses victoires sur les Pictes et les Calédoniens.

Environ trente ans plus tard (en 120), l'empereur Adrien vint visiter la Bretagne, où il s'appliqua à corriger les abus qui s'étaient introduits dans le gouvernement du pays, et se préoccupa surtout de s'assurer la possession tranquille de la partie méridionale. A cet effet, il y construisit une muraille qui s'étendait, dans un développement de 80 milles romains (104 kilomètres), depuis l'embouchure de la Tyne, près de Newcastle, jusqu'à l'*Itium æstuarium* (Galway-Firth), en face d'Annan. Ses ruines sont encore appelées le *rempart des Pictes* (Picts-Wall). Lollius Urbicus, gouverneur de la Bretagne sous le règne d'Antonin le Pieux, ayant remporté de grands avantages sur les Calédoniens, étendit les frontières de l'empire de ce côté, et fit construire un nouveau retranchement entre la rivière d'Esk et l'embouchure de la Tweede (162). La province romaine de Bretagne resta tranquille pendant les dernières années du règne d'Antonin et sous celui de Marc-Aurèle. Mais dès le commencement de celui de Commode les Calédoniens franchirent le retranchement, battirent les troupes, et ravagèrent la Bretagne méridionale. Ulpius Marcellus les contint, et la Bretagne eut près de dix ans de repos sous son commandement ; mais après que Claudius Albinus, qui lui avait succédé, se fut fait reconnaître empereur et eut retiré de l'île la majeure partie des troupes pour renforcer son armée, les ravages des Calédoniens recommencèrent. Le nouveau gouverneur Lupus se vit contraint d'acheter la paix. Enfin l'empereur Sévère, s'étant débarrassé de ses deux rivaux Albin et Niger, se décida à passer lui-même en Bretagne pour y rétablir la tranquillité. Il fit aux Calédoniens (de 208 à 210) une guerre sanglante dans les bois et les marais. L'armée romaine y éprouva de grandes pertes ; mais les Calédoniens, acculés au nord de l'Écosse, se soumirent, et Sévère porta les limites de l'empire un peu au delà d'Édimbourg, et un nouveau retranchement s'éleva de Linsithgow à Glasgow, entre les baies de Clyde et de Forth.

Peu après, Sévère mourut à York. Son fils Caracalla se fit battre par les Calédoniens, et reperdit les conquêtes de son père. Les limites de la Bretagne romaine reculèrent de nouveau jusqu'au mur d'Adrien. L'usurpateur Carausius essaya de les franchir, mais il fut également vaincu. Depuis ce temps, l'affaissement rapide de la puissance romaine ne permit plus aux empereurs de protéger efficacement la Bretagne romaine contre les Bretons calédoniens, ou pictes, ou scotes. En 421 la nécessité de défendre l'empire contre les invasions des barbares fit même retirer les légions qui occupaient la Bretagne. En 446 les Bretons, ne pouvant plus résister aux incursions des Scotes et des Pictes, sollicitèrent un appui que l'empire n'était plus en état de leur accorder. En 447 ils appelèrent à leur secours les Angles et les Saxons. Mais leur chef Hengist s'empara du pays qu'il devait défendre, et contraignit Vortigerne (*Fortighearna*), qui régnait depuis le départ des Romains, à lui donner sa fille, et à lui céder le Kantium. Peu à peu, les Bretons-Kymres ou Belges furent forcés ou de se soumettre ou de se réfugier dans les provinces de Galles ou de Cornouailles ; les Bretons gaëls ou gaulois s'éloignèrent vers le nord, et s'unirent aux Calédoniens, et la monarchie Anglo-saxonne s'établit dans la Bretagne romaine.

Un nombre assez considérable de Bretons-Kymres, qui, sous les ordres d'un chef nommé Conan, avaient suivi l'usurpateur Maxime dans les Gaules, s'étaient établis dans la partie de l'Armorique, qui est au nord-ouest de la Gaule. Après l'invasion des Anglo-Saxons, et pendant leurs guerres avec ces nouveaux dominateurs, plusieurs colonies de Bretons-Kymres passèrent la mer, et s'établirent également dans l'Armorique, où il s'était formé un État qui prit le nom de *Petite-Bretagne*. Celui de *Grande-Bretagne* resta à l'ancienne île Britannique, dont la partie méridionale prit le nom d'*Angleterre*.

Dès l'an 284 quelques familles habitant les côtes de la Bretagne proprement dite, pour échapper aux ravages des pirates saxons, passèrent dans la Gaule. Dioclétien leur permit de s'y établir, et leur assigna des terres dans le pays des Curiosolites et dans celui des Vénètes. En 304 eut lieu une seconde émigration. Ces deux établissements partiels furent suivis, vingt ans après, d'une émigration plus considérable, qui fonda un nouvel État. Maxime, gouverneur de la Grande-Bretagne, s'étant révolté contre l'empereur Gratien, et ayant usurpé la pourpre impériale, passa dans les Gaules avec toutes les troupes qu'il put réunir. Dans ce nombre se trouvait un corps assez considérable de Bretons, sous les ordres de Conan-Mériadec, neveu d'un prince ou régent indigène. Maxime débarqua vers le lieu où s'élève aujourd'hui Saint-Malo. L'empereur Gratien, battu au débarquement, et ensuite près de Paris, se vit obligé de se renfermer dans Lyon, où il fut assiégé, pris et mis à mort. Après la bataille de Paris, Maxime avait confié à Conan le gouvernement de l'Armorique. Ce chef vint s'établir dans le centre de son commandement, non loin du lieu où il avait débarqué. Valentinien ayant vaincu et tué Maxime près d'Aquilée, traita ses soldats avec douceur, et permit aux Bretons qui étaient parmi eux d'aller en Armorique rejoindre Conan. Celui-ci continua de reconnaître l'autorité de l'empire, mais plutôt comme allié que comme sujet. Les Bretons insulaires ne pouvaient plus résister aux ravages réunis des Calédoniens et des Saxons ; beaucoup d'entre eux passèrent encore en Gaule et se réunirent à Conan. En 410 ce dernier profita de la faiblesse de l'empire romain, ravagé en tous sens par les barbares, pour se déclarer indépendant et se faire proclamer roi des Bretons armoricains.

Le nouvel État, qui formait à peu près la moitié de la 3ᵉ Lyonnaise, se composait alors de six peuplades : les *Redons*, les *Curiosolites*, les *Osismiens*, les *Corisopites*, les *Vénètes* et les *Namnètes*, dont le territoire embrassait les départements actuels d'Ille-et-Vilaine, des Côtes-du-Nord, du Finistère, du Morbihan, de la Loire-Inférieure, et qui avaient pour villes principales, les Redons : *Condate* (Rennes) et *Aletum* (Quidaillet, près de Saint Malo) ; les Curiosolites : *Curiosolitum* (Corseuil près de Dinan), et *Ambiliates* (Lamballe) ; les Osismiens : *Vorganium* (Carhaix) et *Brivates* (Brest) ; les Corisopites : *Corisopitum* (Quimper-Corentin) ; les Vénètes : *Dariorigum* (Vannes) ; et les Namnètes : *Condivicnum* (Nantes). Ces peuples étaient des Gaulois proprement dits, distincts des Belges ou Kymres, et que César dit s'appeler dans leur langue *Keltes* ou *Gails*. Mais il se fit chez eux une révolution importante, sous le rapport du langage et des mœurs. Les Bretons arrivés en 284 et en 364, à qui les empereurs romains avaient fait distribuer des terres, avaient bien pu les recevoir comme *letes* ou *leudes*, c'est-à-dire colons ou vassaux ; mais ceux de Conan-Mériadec n'avaient pas été établis au même titre. Ils étaient, sous quelques rapports, les conquérants du pays, les compagnons du chef qui aspirait à la possession absolue des provinces qu'il gouvernait. Leur établissement fut, relativement aux Gaulois indigènes, à peu près pareil à celui des Francs, des Bourguignons et des Goths. La langue kymre, qui était celle des envahisseurs, devint la langue dominante ; mais elle éprouva elle-même une modification, résultant de l'infériorité numérique des Bretons ; elle se mélangea de gaulois, et s'écarta de sa pureté primitive. C'est ce qu'on observe en comparant le kymre armoricain ou langue bretonne avec le kymre de Cornouailles et du pays de Galles. Les règles grammaticales sont les mêmes dans les trois dialectes, mais le premier est mélangé d'un bien plus grand nombre de mots gaulois, ou galliques. C'est donc à tort que l'on a voulu voir dans le breton armoricain le véritable gallois. Ce breton armoricain se rapproche davantage du kymre dans les départements des Côtes-du-Nord, du Finistère et du Morbihan, sans doute parce que cette extrémité de la Gaule était plus agreste et moins peuplée que les départements d'Ille-et-Vilaine et de la Loire-Inférieure, les Bretons s'y établirent en plus grand nombre.

Le troisième successeur de Conan, qui prenait également le titre de roi, et qui s'appelait Audren, se trouva déjà assez affermi pour pouvoir envoyer des secours aux Bretons de Cornouailles, dont les Alains ravageaient les côtes, et y établir son frère, qui prit aussi le titre de roi. Audren resta l'allié des Romains, et leur fournit un corps de troupes qui prit part aux victoires d'Orléans et de Châlons, dont le résultat fut la défaite d'Attila. Les princes ou chefs de la Bretagne continuèrent à porter le titre de roi jusqu'à Hoël Iᵉʳ, qui monta sur le trône en 509. Après cette époque, l'usage général des princes de ce temps de partager leurs domaines entre leurs enfants morcela la Bretagne entre plusieurs comtes, indépendants les uns des autres, quoique celui qui était maître de Rennes s'attribuât la suzeraineté et prit le titre de roi. Cet état de choses dura jusqu'en 799, époque où Charlemagne fit la conquête de la Bretagne, qui resta soumise pendant son règne ; mais sous celui de Louis le Débonnaire elle essaya de reconquérir son indépendance. Deux comtes de Cornouailles, Morvan et Viomarch, se révoltèrent successivement, mais sans pouvoir se maintenir. La Bretagne fut réduite de nouveau, et Louis-le-Débonnaire y établit, en 824, pour gouverneur ou lieutenant général un Breton de naissance obscure, nommé Nomenoé, homme doué de rares qualités, qui profita des troubles intérieurs de la France pour consolider son autorité et préparer les moyens de conquérir son indépendance. Lorsque la bataille de Fontenai eut assez affaibli l'empire des Francs pour qu'aucun des fils de l'empereur Louis ne se trouvât en état d'entreprendre une guerre sérieuse, Nomenoé se déclara indépendant, et gagna, en 845, une grande bataille contre l'empereur Charles le Chauve. Deux ans plus tard il prenait le titre de roi.

La dynastie de Nomenoé régna sur la Bretagne jusqu'en 1169. Deux de ses descendants seuls, Érispoé et Salomon III, eurent le titre de roi ; les autres prirent indifféremment celui de comtes ou de ducs. La Bretagne, morcelée par les partages qui recommencèrent à la mort de Salomon III, ravagée par les Normands jusqu'à leur établissement en Normandie (912), ne jouissait que d'une indépendance précaire, lorsque le traité par lequel Charles le

Simple céda la Normandie à Rollon vint encore compliquer sa position. Le roi de France transmit au nouveau duc de Normandie son prétendu droit de suzeraineté sur la Bretagne, et cet acte, qu'on ne peut expliquer que par les préjugés féodaux, alluma entre les Bretons et les Normands une collision dont le résultat final fut un changement de dynastie. Conan IV ne put prendre possession du duché de Bretagne qu'avec le secours de Henri II, roi d'Angleterre, de cette même maison de Normandie à laquelle on avait attribué la suzeraineté de la Bretagne, et moyennant la cession du comté de Nantes. La guerre civile n'en continua pas moins, et Conan se trouva à peu près réduit à la possession du comté de Rennes. Enfin, après avoir vu pendant dix ans son pays ravagé par les seigneurs bretons et par les Anglais ses adversaires, il eut la lâcheté de se mettre à la discrétion de ces derniers, en mariant sa fille unique Constance à Geoffroi, troisième fils de Henri II. A peine ce mariage était-il conclu, que Henri II se hâtait de dépouiller Conan, et faisait reconnaître duc de Bretagne son fils Geoffroi (1166). Mais il éprouva une vive résistance de la part d'Eudes de Bretagne, son cousin, second mari de Berthe; et ce ne fut qu'en 1169 que son fils put être couronné à Rennes.

Après la mort de Geoffroi (1186), sa veuve Constance fut reconnue duchesse de Bretagne, et dans le neuvième mois de son veuvage elle accoucha d'un fils, qui reçut le nom d'Arthur. La naissance du jeune prince dérangeait les combinaisons de Henri II; il se hâta de passer en Bretagne, et força Constance d'épouser Raoul, comte de Chester. Son successeur, Richard Cœur de Lion, ne se comporta pas mieux à l'égard de Constance. D'un autre côté, le roi de France, Philippe-Auguste, semblait avoir déjà conçu le projet de réunir la Normandie et peut-être ensuite la Bretagne à la couronne. Richard prétendait disposer de son neveu et de la princesse Éléonore. Philippe-Auguste offrait de son côté une protection qui n'était pas plus désintéressée. Enfin, Constance ayant été débarrassée de son second mari, chassé par les Bretons, fit reconnaître son fils duc de Bretagne à l'âge de sept ans, en 1196. Richard, irrité, se saisit de Constance par une perfidie; et les Bretons remirent Arthur au roi de France. Après deux ans d'une guerre cruelle, Richard ayant été tué en 1199, son héritage fut disputé entre son frère Jean Sans Terre, qui se fit reconnaître en Angleterre, et Arthur, qui, à l'aide de Philippe-Auguste, s'empara du Maine, de la Touraine et de l'Anjou. Mais ce dernier abandonna bientôt son protégé, fit la paix avec le nouveau roi d'Angleterre, et Arthur, réduit à la Bretagne, resta vassal de Jean (1200). L'année suivante la duchesse Constance mourut. Ayant fait rompre son second mariage, elle avait épousé en troisièmes noces Gui, vicomte de Thouars, dont elle eut trois filles. La guerre s'étant rallumée entre l'Angleterre et la France, Arthur prit le parti de cette dernière puissance; mais il tomba bientôt au pouvoir de Jean Sans Terre, qui l'égorgea de ses propres mains, et jeta son cadavre dans la Seine.

Le parlement, ayant déclaré le meurtrier coupable de félonie et de trahison, confisqua toutes les terres qu'il possédait en France. Elles furent conquises par Philippe-Auguste, et réunies à la couronne. Cette réunion fut le terme de la rivalité des Capétiens et des Plantagenets ou princes de la maison d'Anjou. Il ne restait plus à décider que la succession de la Bretagne. L'héritière naturelle du duché était Éléonore, sœur aînée d'Arthur. Mais Éléonore, fille de Constance et de Geoffroi d'Anjou, était une Plantagenet. Philippe fit reconnaître duchesse de Bretagne Alix, fille aînée de Constance et de Gui de Thouars. Ce dernier fut nommé régent, mais sous l'autorité du roi de France, qui resta administrateur du duché. Quelques années plus tard, Philippe maria Alix à Pierre de Dreux, arrière-petit-fils de Robert de Dreux, second fils de Louis le Gros, qui fut reconnu en 1213 duc de Bretagne, vassal de France.

Les règnes successifs des ducs de la maison de Dreux, Pierre Ier, Jean Ier, Jean II, Arthur II et Jean III, n'offrent aucun événement bien important. Ils restèrent dans les intérêts de la maison de France, à laquelle ils appartenaient. L'alliance de Jean II avec le roi d'Angleterre Édouard Ier fut elle-même de peu de durée. Les flottes et les troupes auxiliaires anglaises se rendirent odieuses aux Bretons, et que Jean eut le bon esprit de céder au vœu public. Il fut en récompense créé pair de France par lettres-patentes de 1297; mais les Anglais ne perdaient pas de vue la Bretagne : en 1309, à l'occasion du mariage d'Isabelle, fille de Philippe le Bel, avec le roi Édouard, ce dernier eut l'adresse de faire insérer dans le contrat une clause qui lui transportait la suzeraineté de la Bretagne. Mais les états de ce duché, consultés par Arthur II, refusèrent d'y consentir.

La mort de Jean III, arrivée en 1341, fut le signal d'une guerre civile qui ravagea la Bretagne pendant vingt-cinq ans, et la cause des guerres qui suivirent pendant soixante-dix. Le duc Jean, qui ne laissait point d'enfants, était l'aîné des trois fils d'Arthur II. Son frère puîné, Gui, comte de Penthièvre, était également mort, laissant une fille, nommée Jeanne, mariée à Charles de Blois, neveu de Philippe de Valois. Le frère cadet, Jean, comte de Montfort, était encore vivant. L'héritage fut disputé entre Jean de Montfort et Charles de Blois, stipulant pour Jeanne sa femme. Le premier réclamait l'exécution de la loi salique, et l'exclusion des femmes, qui avait eu lieu, disait-il, en Bretagne, lorsqu'il se trouvait des héritiers mâles; Charles de Blois répondait que les femmes ayant été plusieurs fois admises au gouvernement, le droit de représentation devait exister en leur faveur; qu'ainsi, Jeanne, représentant Gui, second fils d'Arthur, devait être préférée au troisième fils. Il n'y avait point alors de droit public qui fixât l'ordre de successibilité en Bretagne. Il était donc facile de prévoir que la discussion ne pourrait être vidée que par la force des armes, et il était inévitable que la rivalité de la France et de l'Angleterre ne vînt prolonger la lutte en la compliquant. C'est ce qui arriva. Jean de Montfort, dès qu'il apprit la mort de son frère, se hâta d'accourir à Nantes, où il se fit reconnaître duc de Bretagne. Il se saisit avec la même rapidité de Rennes, de Brest, de Vannes et des trésors de son prédécesseur. Charles de Blois, beaucoup moins actif, en appela au jugement du roi de France, son oncle. Il était assuré du résultat favorable de cet appel. En effet, un arrêt du 7 septembre 1341, rendu par Philippe de Valois, en son parlement, adjugea le duché de Bretagne à Jeanne, à l'exclusion de Jean de Montfort. Ce dernier appela les Anglais à son secours, et la noblesse du pays se divisa entre les compétiteurs. Charles de Blois, entré en Bretagne avec une armée française, avant l'arrivée des Anglais, eut, dès la première campagne, le bonheur de faire prisonnier Jean de Montfort dans Nantes.

La guerre aurait été ainsi terminée, sans l'intervention d'une héroïne qui releva le parti vaincu. Jeanne de Flandre, épouse de Montfort, se trouvait à Rennes avec son jeune fils, âgé de trois ans. Sans se laisser effrayer par la captivité de son époux, elle se mit à la tête de ses partisans, et se retira avec l'élite de ses troupes à Hennebon, afin de conserver ce point de débarquement aux secours qu'elle attendait d'Angleterre. Assiégée dans cette place par Charles de Blois, son courage héroïque et la constance qu'elle sut inspirer à la garnison, en prolongèrent la défense jusqu'à l'arrivée des secours qu'elle attendait. Pendant le siège, et au moment d'un assaut furieux, elle sortit à la tête de trois cents cavaliers, et chargea si bien les assaillants, qu'elle les força à renoncer à l'assaut. Coupée de la place, elle gagna Auray, réunit ce qu'elle put de ses partisans, et rentra le sixième jour par surprise dans Hennebon. A l'arrivée des Anglais, Charles de Blois fut obligé de lever le siège : il perdit successivement Guérande, Vannes, Carhaix, et éprouva un échec à Quimperlé. En 1342, une seconde tentative sur Hennebon n'eut pas un meilleur succès, et, malgré un assez grave échec que Jeanne de Montfort essuya sur mer près de Guernesey, elle n'en continua pas moins la guerre en Bretagne. Cette même année le roi d'Angleterre vint en personne à son secours, et s'avança jusque devant Rennes. Le roi de France accourut de son côté, et pénétra jusqu'à Ploërmel. Mais au mois de janvier, par la médiation du pape, une trêve de trois ans fut conclue entre les deux souverains, et le champ de bataille resta abandonné aux partisans de Blois et de Montfort.

Deux incidents vinrent renouveler bientôt toute l'activité de la lutte. Le premier fut la mort d'Olivier de Clisson, seigneur breton, du parti de Charles de Blois et de la France : accusé et, dit-on, convaincu d'intelligences avec l'ennemi, il fut arrêté et décapité à Paris (1344), sans autre forme de procès, avec plusieurs autres seigneurs normands et bretons. A cette nouvelle Jeanne de Belleville, sa veuve, ayant réuni quelques troupes, s'empara par surprise de plusieurs places tenues par les troupes de Charles de Blois, et les remit avec sa petite armée à Jeanne de Montfort. Le second incident fut la délivrance du comte de Montfort, qui, ayant pu s'évader de Paris, vint se mettre à la tête de ses partisans (1345); mais il mourut peu après, à Hennebon, laissant à sa veuve le soin des intérêts de leur fils. Après la mort de Jean de Montfort, quelques succès partiels et la prise de Quimper (1346) semblèrent donner la supériorité à son compétiteur. Mais la bataille de Crécy l'ayant privé de l'appui de la France, Charles de Blois reperdit bientôt ces avantages, et fut complétement battu et fait prisonnier à la bataille de la Roche-Derrien (1347). Son épouse, Jeanne de Bretagne, imita le courageux exemple de Jeanne de Montfort : s'étant mise à la tête de ses partisans, elle profita de la haine qu'inspiraient les Anglais pour soulever les peuples pendant la captivité de son époux. Ces hostilités durèrent neuf ans, et Charles de Blois n'obtint la liberté, en 1356, que moyennant une rançon d'environ un million. Pendant ce temps, la guerre, qui n'était presque qu'un brigandage réciproque, n'offrit d'autre événement mémorable que le célèbre combat des Trente; mais cette bravade de courage mutuel n'eut aucune influence sur les événements.

Deux nouveaux champions, devenus l'un et l'autre célèbres, Olivier de Clisson, dans le parti de Montfort, et Bertrand Duguesclin, dans celui de Blois, avaient déjà paru sur la scène. Le honteux traité de Londres, stipulé par le roi Jean, fait prisonnier à Poitiers (1359), en abandonnant la Bretagne aux Anglais, aurait dès lors décidé la question en faveur de Montfort, si les états généraux de France ne se fussent réservé le droit de prononcer sur sa validité. Le traité de Brétigny (1360) remit la décision à l'arbitrage des deux rois de France et d'Angleterre; mais les conférences ouvertes à cet effet n'amenèrent aucun résultat. En 1363 les deux rivaux, se trouvant en présence sur la lande d'Evran, entre Dinan et Bécherel, conclurent un traité qui partageait la Bretagne entre eux. Jeanne de Bretagne, mécontente de ce partage, força son époux à rompre le traité, et la guerre recommença. Enfin, en 1364, les armées se rencontrèrent une dernière fois à Auray. Charles de Blois, ayant attaqué l'ennemi contre l'avis de Duguesclin, perdit la bataille et la vie. Ses fils étant retenus à Londres en otage pour sa rançon, la couronne de Bretagne passa définitivement sur la tête de Jean de Montfort par le traité de Guérande (1365). Sa veuve conserva le comté de Penthièvre. La Bretagne avait été ravagée vingt-trois ans, et 200,000 hommes avaient péri pour décider si elle aurait pour duc un imbécile bigot et superstitieux (Charles de Blois), ou un fou furieux, dont les caprices troublèrent et compromirent le pays pendant trente ans.

Le règne de Jean IV de Montfort ne fut remarquable que par la querelle que son ingratitude et sa perfidie lui suscitèrent avec Olivier de Clisson, et des démêlés avec la France, causés par son affection pour les Anglais. Son fils Jean V lui succéda en 1399, et n'eut pas une conduite plus sage. Le duc Philippe de Bourgogne, régent de France pendant la démence de Charles VI, s'empara également de la régence de la Bretagne, qu'il exerça pendant cinq ans. Le duc Jean, devenu majeur pendant les troubles qu'allumaient en France les rivalités des deux princes du sang et l'inconduite d'Isabeau de Bavière, ne se fit remarquer que par la versatilité avec laquelle il passa d'un parti à l'autre. Les vingt dernières années de son règne furent, en outre, troublées par les querelles que lui suscita la maison de Penthièvre, héritière des prétentions de Charles de Blois. Son fils, François Ier, qui lui succéda en 1442, n'occupe de place dans l'histoire que par ses démêlés avec son frère Gilles, qu'il fit empoisonner et étouffer, et par les remords qui le firent descendre au tombeau quarante jours après (juillet 1450). Il eut cependant soin de régler d'avance la succession de Bretagne, en y appelant les mâles, tant qu'il s'en trouverait, à l'exclusion des filles. Son frère Pierre II, prince bigot et dur, régna obscurément jusqu'en 1457. Il eut pour successeur son oncle Arthur III, comte de Richmont, connétable de France depuis trente ans. Ce guerrier, affaibli par l'âge et de nombreuses campagnes, mourut à la fin de 1458; et la couronne de Bretagne passa, d'après les dispositions de François Ier, à son neveu François II de Bretagne, fils de Richard, comte d'Étampes.

Le règne du duc François II commença par quelques actes d'une administration sage; il reconnut l'autorité suprême des états en matière d'impôts; il favorisa l'industrie par des traités de commerce et par l'établissement de quelques manufactures. Mais bientôt la faiblesse de son caractère le livra à l'influence des favoris. Dès 1465 il entra dans la ligue du *bien public*. Quelque temps après qu'elle eut été dissoute, le duc François conclut une paix séparée avec la France. Mais bientôt il rompit de nouveau avec Louis XI, et s'allia avec les ducs de Berri, d'Alençon et de Bourgogne, et avec l'Angleterre, la Savoie et le Danemark. Repoussé de la Normandie, qu'il s'était proposé d'envahir, et menacé dans la Bretagne même, il se vit obligé de se soumettre de nouveau et de conclure une paix désavantageuse en 1468. Cependant il continua à négocier avec les princes français et le roi d'Angleterre. Ces menées amenèrent une nouvelle guerre, qui se termina en 1473 par une trêve convertie en traité définitif en 1475. La paix dura jusqu'à la mort de Louis XI (1483), malgré la méfiance continuelle qui régnait entre les deux princes. Le roi de France, poursuivant toujours ses projets sur la Bretagne, avait acheté (1470) les droits des maisons de Blois et de Penthièvre. Le duc, de son côté, avait resserré son alliance avec l'Angleterre, en promettant sa fille Anne au fils du roi Édouard IV (1481). Mais la mort du jeune prince (1482) rompit ce mariage menaçant pour la France. Pendant la minorité du roi Charles VIII, sous la régence d'Anne de Beaujeu, la politique du duc François continua à le porter à chercher dans l'alliance de l'Angleterre un appui contre les dangers dont le menaçait la France. Il était alors entièrement gouverné par son premier ministre Pierre Landais. Après le supplice de cet ambitieux, le duc se réconcilia avec la France, et se hâta de convoquer les états, pour y assurer la succession ducale à ses deux filles, Anne et Isabelle, à l'exclusion du prince d'Orange, du sire d'Albret et du vicomte de Rohan, descendants mâles de la maison de Montfort, mais par les femmes. Peu après (1486) il tomba dangereusement malade. La régente de France se hâta de faire avancer des troupes vers Angers pour prendre possession, au nom des droits de la maison de Blois, de l'héritage qu'elle croyait prêt à échoir; mais le duc guérit, et, piqué de ces démonstrations, il se hâta de former contre la régente une ligue, dans laquelle entrèrent Maximilien, roi des Romains, le roi de Navarre, les ducs d'Orléans, de Lorraine et de Foix, les comtes d'Angoulême, de Nevers, de Dunois, et beaucoup de seigneurs français et bretons. Le duc d'Orléans s'évada de France, et se rendit en Bretagne.

Anne de Beaujeu n'en fut que plus ardente à suivre ses projets. Dès le mois de mai suivant (1487), elle fit entrer en Bretagne une armée française, qui prit Ploërmel et Vannes, et assiégea Nantes; elle eut l'adresse d'écarter l'intervention de l'Angleterre. Le duc François, ayant renforcé son armée de corps allemands, espagnols, gascons, et de quelques volontaires anglais, soutint la guerre et obligea les Français à lever le siége de Nantes. En même temps, il négociait le mariage d'Anne, sa fille aînée, avec le roi des Romains. Mais en 1488 une nouvelle armée française entra en Bretagne, et cette campagne fut décisive. Les deux armées se rencontrèrent le 28 juillet à Saint-Aubin du Cormier : le maréchal de Rieux commandait les Bretons, et Louis de La Trémouille les Français. Ce dernier remporta une victoire complète; Louis d'Orléans fut fait prisonnier et envoyé à la tour de Bourges. Abattu par ce désastre, le duc de Bretagne fut obligé de recevoir la paix que lui dicta la France. La condition la plus importante fut la défense de marier sa fille sans le consentement du roi. François II mourut peu après, du chagrin que lui causa cette clause humiliante (7 septembre 1488).

Anne de Bretagne épousa le roi de France Charles VIII, qui l'assiégeait dans Rennes, et à qui elle fit cession de tous ses droits et même de l'exercice de la souveraineté. Réciproquement, si le roi décédait sans enfants avant la duchesse, il renonçait en sa faveur à tous ses droits sur la Bretagne, mais sous condition expresse que la duchesse épouserait ou le nouveau roi ou au moins son héritier présomptif, qui même ne pourrait aliéner le duché et ses appartenances qu'entre les mains du roi. Il est facile de voir qu'un contrat de mariage pareil consommait la réunion de la Bretagne à la France.

Charles VIII, pendant les sept ans qu'il vécut encore, gouverna la Bretagne en son propre nom et sans aucune intervention de son épouse. Il laissa en mourant (1498) la couronne de France et le soin de consommer la réunion de la Bretagne au duc d'Orléans, qui fut Louis XII. Celui-ci, quoique marié depuis vingt-quatre ans, se hâta d'épouser sa veuve; la dispense du pape ne se fit pas attendre.

Après la mort d'Anne et celle de Louis XII, celui-ci ne laissant pas d'enfants mâles, la couronne de France revint au comte d'Angoulême, qui prit le nom de François Ier. Il avait épousé la princesse Claude, fille d'Anne de Bretagne. Le 22 avril 1515 la jeune reine cédait à son époux l'usufruit de la Bretagne, et, par un second acte, du 28 juin, elle lui faisait une cession et donation complète de ses droits et propriétés. A sa mort, en 1524, elle transporta par testament cette donation au dauphin son fils aîné, et n'en laissant au roi que l'usufruit. Cette donation fut ratifiée en 1532 par les états de Bretagne. Le dauphin étant mort en 1536, le titre de duc de Bretagne passa à son frère puîné Henri. Enfin, ce dernier étant monté sur le trône de France, en 1547, il n'y eut plus d'autres ducs de Bretagne que le roi de France.

Sous le règne de Henri III, et dans la prévision de l'extinction de sa race, il s'éleva des prétentions au duché de Bretagne contre Henri IV. Ce dernier, ne descendant pas d'Anne de Bretagne, les descendants des filles de Henri II voulurent faire valoir leurs droits contre l'acte de réunion Philippe, roi d'Espagne, veuf d'Isabelle, fille aînée de Henri II, réclamait le duché de Bretagne au nom de sa fille aînée, qui avait épousé le duc de Savoie. Le duc de Lorraine, époux de la princesse Claude, seconde fille de Henri II, élevait également des prétentions. Enfin, le duc de Mercœur, qui avait épousé Marie de Luxembourg, descendant par les femmes du comte de Penthièvre, espérait également raviver les droits de cette maison. Ce dernier concurrent s'était trouvé le premier en mesure de faire valoir ses prétentions. Aussitôt après l'assassinat du duc de Guise, il fit signer la ligue en Bretagne. La province se partagea entre la ligue et le roi, et la guerre civile éclata. Après la mort de Henri III, la ligue reparut en Bretagne contre Henri IV, qui fut cependant reconnu par la ville de Rennes et par la plus grande partie des royalistes. L'année suivante (1590), un corps espagnol arriva au secours des ligueurs; mais bientôt après la reine d'Angleterre y fit passer un renfort au parti royaliste. L'abjuration de Henri IV et la soumission de Paris (1594) ne mirent point encore fin à la guerre, que le duc de Mercœur chercha, par l'appui des Espagnols, à soutenir pour son propre compte. Cependant une tentative de débarquement des Espagnols ayant échoué par la destruction de leur flotte près de Brest (1597), et le royaume étant pacifié, le duc de Mercœur sentit la nécessité de se soumettre. Ayant obtenu des conditions avantageuses, par l'entremise de Gabrielle d'Estrées, maîtresse de Henri IV, la Bretagne fut pacifiée. Ici finit l'histoire de ce pays, que rien ne tendit plus à séparer de la France.

Les Bretons, comme les dépeint admirablement leur historien Daru, sont francs, braves, laborieux et économes; mais, entêtés dans leurs opinions et leurs préjugés, méfiants par un effet de leur opiniâtreté même, ils ont résisté aux innovations qui pouvaient améliorer leur état moral, et sont restés en partie étrangers aux frottements qui polissent les peuples. La principale cause en est dans le défaut de développement des facultés intellectuelles chez les classes inférieures. L'instruction ne s'y répandra que lentement, mais elle y arrivera un peu tardivement. Les Bretons sont aussi susceptibles que les autres Français de profiter de ses bienfaits. L'agriculture est imparfaite dans la Bretagne, à moitié couverte de bruyères ou de landes incultes. Les mines sont négligées. Les habitants des campagnes, couverts, sur plusieurs points, de sayons de peaux de chèvre ou de brebis, habitent encore trop souvent des cabanes obscures, malsaines et mal soignées; leur nourriture est grossière et parcimonieuse.

Ce pays se divisait en deux parties, la *haute* Bretagne et la *basse* Bretagne, subdivisées en plusieurs diocèses. La haute Bretagne renfermait les diocèses de Rennes, de Nantes, de Saint-Malo, de Dol et de Saint-Brieuc. La basse Bretagne comprenait ceux de Vannes, de Quimper, de Saint-Pol-de-Léon et de Tréguier. Aujourd'hui la Bretagne forme les départements de l'Ille-et-Vilaine, des Côtes-du-Nord, du Finistère, du Morbihan et de la Loire-Inférieure.   Gal G. DE VAUDONCOURT.

BRETAGNE (Toile de). *Voyez* TOILE.
BRETAGNE (A la mode de). *Voyez* MODE.
BRETAGNE (Nouvelle-). *Voyez* NOUVELLE-BRETAGNE.
BRETELLES. C'est le nom donné à ces lanières qui, s'appuyant sur les épaules et embrassant verticalement la poitrine, fixent le haut des pantalons en arrière et en avant. Avant Bretelle, industriel qui les inventa, le haut-de-chausses n'était un peu solidement fixé que par l'os des hanches, dont la saillie répondait de la décence. Les jeunes gens alors, mais surtout les enfants, fixaient le *vêtement essentiel* au gilet. A cette époque, un cavalier devait surveiller son maintien et réfréner sa gourmandise, sous peine de paraître *débraillé*. Les bretelles favorisèrent peu à peu l'intempérance, donnèrent congé aux culottes courtes, et introduisirent l'usage des pantalons; sans les bretelles, on n'eût jamais songé aux sous-pieds, cette innovation révolutionnaire, qui heureusement commence à passer de mode. Un jour, sous-pieds et bretelles se firent antagonisme et contre-poids. Chaque mouvement du corps rejaillit sous la botte et sur les épaules, ce qui enrichit chemisiers et tailleurs, et quelquefois aussi nos orthopédistes. Ces pressions fortes et répétées, que le milieu des bretelles exerce sur les épaules, peuvent en effet, au moins chez les jeunes gens, surtout s'ils sont scrofuleux et disposés au rachitisme, déranger l'axe du corps, incliner la tige vertébrale, et causer des déviations ou même des gibbosités. Le danger en est plus grand que

44.

jamais depuis qu'un caoutchouc trop peu élastique a remplacé sans prudence le fil de laiton du premier inventeur. Les spirales métalliques de Bretelle n'avaient qu'un grave inconvénient, c'était de prendre trop aisément le vert-de-gris. Convenons pourtant que les nouvelles bretelles, avec leurs pattes bifurquées, ont un grand avantage sur l'ancien modèle, lequel concentrait sur un trop petit espace les commotions du corps en mouvement. Aujourd'hui quelques jeunes gens affectent même de supprimer les bretelles, au moyen de la boucle qui assujétit assez imparfaitement le pantalon au-dessus des hanches. Cette réminiscence du temps qui précéda Bretelle n'a guère réussi qu'au Pays latin.

BRETESSES ou **BRETÉCHES**, se dit, dans la science du blason, d'une rangée de créneaux sur une fasce, bande ou pal, ou bien s'entend des côtés d'un blason de plate figure. On dit écu *bretessé* simplement, quand les créneaux d'une fasce, d'un pal ou d'une bande se rapportent et sont vis-à-vis l'un de l'autre.

BRETEUIL (LOUIS-AUGUSTE LE TONNELIER, baron DE), ministre de Louis XVI, naquit, en 1733, à Preuilly en Touraine, d'une famille pauvre et de petite noblesse. Son oncle, l'abbé de Breteuil, chancelier du duc d'Orléans, se chargea des frais de son éducation, et le fit successivement nommer guidon dans les gendarmes, puis cornette dans les chevau-légers de Bourgogne. On le fit remarquer à Louis XV; et dès la même année il fut envoyé près de l'électeur de Cologne, en qualité de ministre plénipotentiaire; le roi l'attacha ensuite à la correspondance secrète qu'il entretenait dans les cours étrangères, et que dirigeait le comte de Broglie. En 1760 il passa en Russie; et il était absent de son poste lorsqu'il apprit par un courrier l'assassinat de Pierre III et l'avènement de Catherine II. Il se hâta de retourner à Saint-Pétersbourg, où l'impératrice lui fit le plus gracieux accueil. Ambassadeur en Suède, il appuya vivement le parti français dans la fameuse diète de 1769. Nommé l'année suivante à l'ambassade de Vienne par le duc de Choiseul, il fut presque aussitôt remplacé par le prince Louis, cardinal de Rohan; ce fut la première cause de la haine que se vouèrent depuis ces deux hommes. Envoyé à Naples, puis à Vienne par Louis XVI, en 1775, il assista, en 1778, au congrès de Teschen, qui étouffa l'embrasement près d'éclater en Europe pour la succession de l'électeur palatin de Bavière, Charles-Théodore, mort sans postérité.

Il revint en France en 1783, et fut nommé ministre d'État avec le portefeuille de la maison du roi et le gouvernement de Paris : c'était le département des lettres de cachet et du cabinet noir. Mais on doit dire que sous son administration le sort des prisonniers d'État fut amélioré, et qu'on commença à user à leur égard de quelque humanité. Cependant le baron de Breteuil ne recula jamais devant les mesures *les plus arbitraires*. On raconte que, pour prévenir les remontrances qu'on craignait de la part des parlements au sujet de l'enregistrement des édits bursaux de Calonne, il envoya aux commandants de la province de Languedoc dix-huit cents lettres de cachet en blanc. Heureusement on n'eut pas occasion d'en faire usage. L'affaire du Collier lui fournit une occasion de se venger du cardinal de Rohan : il le fit arrêter à Versailles même, étant encore revêtu de ses habits pontificaux. Cependant la mésintelligence ne tarda pas à se mettre entre Breteuil et Calonne; les deux rivaux ourdirent mille intrigues; enfin Calonne fut obligé de remettre son portefeuille; mais son successeur Loménie de Brienne ne s'entendit pas mieux avec le baron, qui donna sa démission en 1788. Il continua néanmoins à jouir de toute la confiance de Louis XVI. Il s'opposa de toutes ses forces à la convocation des états généraux que proposait l'archevêque de Sens, premier ministre.

Sa rentrée au pouvoir ne fut qu'une orageuse apparition; il fut mis le 12 juillet 1789 à la tête de ce ministère improvisé par la peur, que son éphémère existence a fait appeler *ministère des cent heures*. On sait les immenses événements qui s'accomplirent alors : le baron de Breteuil dût se retirer; il émigra à Soleure. Louis XVI avant son départ lui remit des pleins pouvoirs tels qu'aucun ministre n'en avait jamais reçu : il était autorisé « à traiter avec les cours étrangères et à proposer au nom du roi tous les moyens propres à rétablir l'autorité royale en France. » Bertrand de Molleville l'accuse, dans ses mémoires, d'avoir abusé de ces pouvoirs en en faisant usage après leur révocation. En 1792 il renonça complètement à la politique, et se retira à Hambourg. Il rentra en France en vertu du sénatus-consulte de floréal an VI : il était dans un état voisin de l'indigence; mais Joséphine obtint pour lui une pension : Napoléon lui accorda 12,000 francs sur sa cassette. Bientôt une riche succession vint ajouter aux bienfaits de l'empereur. Le baron devint l'un des plus assidus courtisans de Cambacérès. Un ministre de Louis XVI faisant antichambre chez un conventionnel, qui dans le procès du roi avait déclaré *l'accusé* coupable, cela se voyait pourtant alors ! Le baron de Breteuil mourut en 1807, ne laissant qu'une fille.

BRÉTIGNY (Traité de). Le roi de France Jean, fait prisonnier par les Anglais à la bataille de Poitiers, avait signé un traité qui faisait passer sous la souveraineté directe de l'Angleterre un tiers de la France. Si grand que fût alors l'épuisement de notre malheureuse patrie, l'esprit public se souleva contre cette lâcheté du monarque, et les états généraux se refusèrent à démembrer le royaume. Aussitôt le prince Noir repassa sur le continent. Dans l'état où se trouvaient les finances et les ressources publiques le meilleur système de défense était d'éviter soigneusement toute bataille rangée et de laisser l'Anglais guerroyer contre les places fortes : ce système eut bientôt les conséquences que l'on s'en promettait. N'obtenant aucun résultat sérieux, et voyant croître chaque jour la haine des populations françaises, exaspérées par le brigandage de ses soldats, Édouard III, qui manquait aussi d'argent, se décida à accepter la médiation du pape Innocent VI. Ce fut à Brétigny, près de Chartres, que s'ouvrirent les conférences, le 1er mai 1360. La Guyenne tout entière, la Gascogne, le Poitou, la Saintonge, le Limousin, l'Angoumois, avec Calais et le comté de Ponthieu, furent cédés au roi d'Angleterre, riche dédommagement de l'abandon de ses droits à la couronne de France, qui fut la seule concession stipulée en échange. La rançon du roi fut fixée par le même traité. Après sa délivrance, le roi Jean acquiesça à Calais au traité de Brétigny. Mais les provinces cédées se refusèrent à devenir anglaises; et leurs plaintes amenèrent de nouvelles hostilités, en 1370. Le traité fut d'autant plus facilement rompu, qu'on avait omis une formalité importante : un des articles portait que la renonciation serait faite publiquement par les deux princes aux droits ou territoires qu'ils se cédaient mutuellement, et cet échange de renonciations n'eut pas lieu.

BRETON (JEAN-BAPTISTE-JOSEPH), longtemps le doyen des journalistes et des sténographes de France, mort à Paris, le 6 janvier 1852, était né dans la même ville, le 16 novembre 1777. Son père était fils du lieutenant général civil et criminel de Pont à Mousson. On ne peut se défendre d'une sorte de sentiment superstitieux en se rappelant qu'il était né en même temps et qu'il est mort en même temps que le gouvernement parlementaire en France. Cette longue existence, si bien remplie par le travail, se trouve comprise entre deux dates célèbres : entre le 10 août 1792, où la force passe des mains d'un seul homme dans les mains d'une assemblée, et le 2 décembre 1851, où elle passe des mains d'une assemblée dans celles d'un seul homme. Breton assistait, comme sténographe, à la séance du 10 août, et il était encore à son poste le 1er décembre 1851. Nous ne croyons pas qu'il ait été donné à aucun autre contemporain d'ouvrir et de fermer un pareil cycle.

Breton a été le compagnon fidèle et constant de la tribune ; il s'est élevé avec elle, il est tombé avec elle. Il est mort dans un âge avancé, plein de jours et plein de bonnes œuvres, après une existence des plus laborieuses et des plus méritantes. Nous ne voulons donc parler ici de Breton que comme d'un personnage historique à sa manière. Telle qu'elle est, cette figure de journaliste sans prétention et de sténographe modeste a sa place à part dans la galerie des portraits de ce siècle. Rien n'est plus intéressant, et, si nous pouvons nous permettre ce mot, rien n'est plus curieux que cette vie calme, mesurée et uniforme, accomplissant régulièrement son cours à travers les temps les plus orageux qui aient jamais bouleversé l'histoire, et venant tranquillement retrouver sa tombe à la place même de son berceau.

Il n'y a pas un homme de ce temps-ci qui ait vu plus et qui ait vu mieux que Breton. Les philosophes qui écrivent l'histoire lui donnent leurs systèmes, les poëtes leurs couleurs ; les hommes privilégiés qui font les événements sont trop acteurs pour pouvoir être juges. C'est comme dans les triomphes et les processions ; ceux qui y figurent comme héros ou comme victimes, qui marchent avec les faisceaux et avec les fanfares, ne voient pas et n'entendent pas. Il n'y a que ceux qui occupent les fenêtres ou les estrades qui peuvent voir et juger successivement le monde qui passe. Eh bien, on pourrait dire que Breton a été pendant soixante ans à la fenêtre ; soixante ans pendant lesquels l'univers a présenté des changements à vue et des effets de kaléidoscope comme nous n'en reverrons peut-être pas. Nous disons *peut-être*.

La sténographie est en quelque sorte un genre de daguerréotypie ; c'est aussi une manière de prendre la nature sur le fait, dans son passage rapide comme l'éclair, sans l'embellissement de l'art, sans l'ennoblissement de l'idéal, mais avec l'exactitude cruelle et la crudité impitoyable de la réalité. Or, Breton a sténographié pendant toute sa vie ; toutes les célébrités du siècle, en défilant devant lui, se sont trouvées traduites et reproduites sous sa plume, et pour ainsi dire plaquées sur sa page blanche, comme si elles avaient passé sous le rayon de lumière de la photographie. Il a vu la muse de l'histoire sans ornements et sans parure, courant les rues telle qu'elle s'était levée le matin, sans avoir eu le temps de s'habiller ou de se costumer. On pourrait dire de lui qu'il a dressé le procès-verbal de ce siècle. Il a été le témoin de l'histoire, témoin modeste, impartial, véridique. Pour nous servir d'une expression un peu spéciale, il ne posait pas, et il ne faisait pas non plus poser les personnages qu'il avait vus. Les *mots* de l'histoire, il les savait tels qu'ils avaient été dits, et non tels qu'ils avaient été faits. Bien souvent sa vieille et malicieuse mémoire a remis des phrases à leur place : bien souvent il a dit à la fable ses vérités. Breton était non-seulement le doyen, mais presque le créateur de la sténographie en France. C'est assurément l'homme d'Europe qui a le plus écrit : il a publié plus de cent volumes de voyages et de romans, traduits de l'anglais et de l'allemand. Il sténographiait déjà en 1792 ; il a été pendant trente-quatre ans sténographe au *Moniteur* et au *Journal des Débats* ; il a été pendant vingt-sept ans gérant de la *Gazette des Tribunaux*, participant à la rédaction du journal, aux comptes-rendus des procès et aux traductions des causes étrangères. Il a écrit les débats des premières et des dernières assemblées délibérantes, les cours de Lagrange et de Berthollet, et ceux de Broussais. C'est quelque chose d'effrayant que de calculer la somme de paroles humaines que cette plume infatigable a versée sur le monde. On frémit quand on songe à tout ce que ce vieillard avait entendu pendant plus de soixante années, et quand on se figure toutes les voix dont il avait recueilli les sons se mettant à parler toutes ensemble et répétant ce concert à la fois sublime et monstrueux qui a rempli les échos de ce siècle.

Mais ce qui donne à Breton une physionomie toute particulière, c'est précisément l'ordre et la méthode avec lesquels tous les événements de son temps se classaient dans son entendement sans le troubler. Spectateur non pas indifférent, mais impassible de cet immense drame qui se jouait dans le monde, il n'en faisait pas la critique ; il se bornait à faire ce qu'on appelle *l'analyse de la pièce*. C'est ainsi qu'il a vu et raconté cette séance du 10 août dans laquelle le malheureux Louis XVI, fuyant les Tuileries ensanglantées, se réfugia avec la reine, avec les enfants de France et Madame Élisabeth dans l'Assemblée Législative : « Le roi constitutionnel, dit Breton, se plaça d'abord sur un fauteuil à côté du président ; mais bientôt, dès que le canon et la fusillade retentirent, on prétexta que la présence du monarque nuisait à la liberté des délibérations. Le roi, la reine, leurs augustes enfants, Madame Élisabeth et leur suite furent relégués dans la tribune du *Logographe*. « Mais, s'écria un membre, où donc « placera-t-on messieurs les journalistes ? — Ces écrivains, dit « Thuriot de La Rosière, sont stipendiés des contre-révolu- « tionnaires et du cabinet occulte des Autrichiens ; ils sont « payés pour dénaturer nos discours et les rendre ridicules ; « nous n'avons plus besoin d'eux ! » Telle fut la fin du *Logographe*. »

Comme on le voit, déjà dans ce temps-là les orateurs se plaignaient qu'on rendît leurs discours ridicules. Nous sommes obligés de croire qu'il suffisait pour cela qu'on les reproduisît exactement, car jamais il n'y eut d'interprète plus fidèle et plus probe que Breton. C'est une justice qui a été souvent rendue au *Journal des Débats*, et que nous pouvons rappeler sans scrupule, qu'il s'est toujours fait remarquer par l'exactitude et l'impartialité de ses comptes-rendus parlementaires. Breton avait sténographié le procès de Babœuf, celui de Georges et de Moreau, celui de la machine infernale. Le même homme qui avait assisté à la déchéance de Louis XVI a assisté aussi à la séance du 24 février 1848. Il avait vu le 18 brumaire, il y était comme sténographe ; et le 1er décembre 1851, comme nous l'avons dit, il sténographiait encore la dernière séance de l'Assemblée Nationale.

Il était d'une assiduité infatigable et d'une exactitude qui ne fut jamais mise en défaut. Comme souvenir personnel, je me rappelle qu'à la séance du 15 mai 1848, quand l'Assemblée Constituante fut envahie par MM. Blanqui, Raspail, Huber et leurs amis, voyant le bureau escaladé, les tribunes publiques et celles des journaux prises d'assaut, et ne sachant pas trop ce que pouvait être devenu Breton et la sténographie dans ce pandémonium, je me mis à prendre des notes rapides au crayon pour pouvoir raconter tant bien que mal la séance. Mais Breton avait imperturbablement sténographié tous les discours, toutes les interruptions, tous les cris, avec son sang-froid septuagénaire, et le lendemain la séance paraissait tout entière dans le *Journal des Débats*.

Breton était d'une obligeance constante et d'une ressource inépuisable ; c'était une mine précieuse de souvenirs et de précédents. Il était toujours prêt au travail, et après avoir fait sa propre besogne, il se mettait tranquillement à traduire pour les autres des colonnes de journaux étrangers, car il savait à peu près toutes les langues de l'Europe. Il était interprète près les cours et tribunaux pour l'anglais, l'allemand, l'italien, l'espagnol, le hollandais et le flamand.

Il y a, surtout en ces temps d'agitation et d'ambition comme les nôtres, quelque chose qui inspire un véritable respect dans cette vie de travail honnête, régulier et incessant.

Le *Dictionnaire de la Conversation* doit à Breton l'article *Sténographie*, où il a fait l'histoire de l'art qu'il pratiquait, ainsi qu'un grand nombre d'autres articles, où cet excellent vieillard a le plus souvent consigné ses souvenirs personnels.

John Lemoinne.

BRETON DE LOS HERREROS (Don Manuel), le poëte peut-être le plus populaire et le plus aimé qu'il y ait aujourd'hui en Espagne, est né le 19 décembre 1800, à Quel, dans la province de Logroño. Après avoir fait ses études à Madrid, il servit comme volontaire dans l'armée, de 1814 à 1822. Il fut à cette époque placé dans le département des finances, puis nommé secrétaire de l'intendance de Jativa, et bientôt après de celle de Valencia. Constamment dévoué à la cause de la liberté, il dut renoncer à cette carrière lors du rétablissement du pouvoir absolu dans sa patrie. Pour ne pas tomber entièrement à la charge de sa famille, il demanda au théâtre des moyens d'existence, et composa des pièces qui lui ont acquis une réputation durable. Ce ne fut qu'en 1834 qu'on songea de nouveau à lui confier à Madrid des fonctions publiques, qu'il ne sollicitait même pas; plus tard on le nomma conservateur de la Bibliothèque nationale, et il perdit cet emploi en 1840, parce qu'un poème de circonstance, composé par lui en l'honneur d'Espartero par ordre de la junte, n'avait obtenu aucun succès. Cependant l'Académie royale d'Espagne ne l'en admit pas moins, en 1837, au nombre de ses membres.

A l'âge de dix-sept ans Breton de los Herreros avait déjà composé une comédie : *A la vejez viruelas*, qui obtint en 1824 les honneurs de la représentation, et dont le succès fut des plus éclatants. Depuis lors, doué d'une fécondité et d'une facilité peu communes, il n'a pas fourni à la scène espagnole moins de *cent cinquante* ouvrages, les uns complètement originaux, les autres imités de vieux auteurs nationaux ou bien traduits du français et de l'italien; et la plupart de ces pièces ont obtenu les plus brillants succès, tant sur les théâtres de la capitale que sur ceux des provinces. Il a en outre publié des *Poesias suellas* (Madrid, 1831), ainsi que les poèmes satiriques : *Contra el furor filarmonico, o mas bien contra los que desprecian el teatro español* (1828); *Contra los hombres en defensa de las mugeres* (1829); *El carnaval* (1833); *Contra la mania contagiosa de escribir para el publico* (1833); *La Hipocresia* (1834); *Contra los abusos y despropositos introducidos en el arte de la declamacion teatral* (1834); *Recuerdos de un baile de mascaras, cuento en verso* (1834); *Epistola moral sobre las costumbres del siglo* (1841). Tous ces poèmes se distinguent par l'élégance et en même temps par l'énergie de la diction, ainsi que par l'harmonieuse facilité de la versification. La satire et la comédie, voilà son véritable élément : il y est léger, original et complètement espagnol. Mais si ses œuvres dramatiques se distinguent plus par les effets de scène et par de brillants détails que par l'originalité de l'invention et la richesse de la composition, on peut dire de presque toutes qu'elles amusent le spectateur depuis la première scène jusqu'à la dernière. Dans ses derniers drames, il a su d'ailleurs se défendre de l'influence des classiques français et se rattacher aux grands modèles du vieux théâtre national. On publie depuis 1850 à Madrid une édition complète de ses œuvres en cinq volumes.

BRETONS. Ce nom était un appellatif qui désignait les peuples de l'Angleterre méridionale; ceux de l'Armorique gauloise ne l'ont porté que depuis l'établissement de Conan-Mériadec et de ses compatriotes (*voyez* BRETAGNE). Le nom de *Bretons* est dérivé du mot gaulois *brith*, *brit* ou *breith*, qui signifie peint, bariolé, tatoué. Encore aujourd'hui, les peuples de la petite Bretagne donnent aux insulaires de la grande le nom de *Breizads*. C'était donc une épithète, un sobriquet, qu'ils devaient, selon César, à l'usage qu'ils avaient de se peindre ou de se tatouer en bleu avec la guède (*vitrum* ou *glastum*). Du temps du conquérant romain, la plus grande partie de ce qui forme aujourd'hui l'Angleterre proprement dite, était habitée par des peuplades belges venues du continent opposé; le nord de l'Angleterre et de l'Écosse l'étaient par des Gaulois indigènes. Le nom de Bretons n'a été porté que par les premiers, et ne s'est jamais appliqué aux Gaulois du nord de l'île. Ces derniers étaient divisés en deux peuples, les Calédoniens (*Kael-Dun*, aujourd'hui *Kaeldoch*), ou Gaulois montagnards, et les Méates ou Majates (de *magh*, *maigh*, *maith*, plaine), ou Gaulois de la plaine. Ces derniers, plus agricoles, étaient appelés par leurs voisins montagnards, qui vivaient de chasse, *cruitnich*, ou mangeurs de blé. Les Bretons, au contraire, dont ils étaient limitrophes, et dont ils ravageaient les terres, les appelaient *Pictes*, non parce qu'ils avaient l'habitude de se peindre, mais du mot *biktich* ou *piktich*, qui signifie larron ou pillard.

Pendant tout le temps de la domination des Romains en Bretagne, et probablement auparavant, les Calédoniens et les Pictes firent une guerre incessante aux Bretons pour reprendre le pays qui leur avait été enlevé. Ce furent ces ravages continuels qui obligèrent les Bretons amollis, après que les Romains les eurent abandonnés, à appeler à leur secours les Anglo-Saxons, qui les subjuguèrent par trahison. Les Bretons étaient du temps de César plus sauvages et plus féroces que les Gaulois du continent, à l'exception toutefois des habitants du Kantium, que leur commerce avec les étrangers avait rendus plus humains. Ils se peignaient en bleu, ainsi que nous l'avons vu, se rasaient la barbe, ne conservant que la moustache, et portaient une longue chevelure. L'infanterie faisait la force principale de leurs armées; mais ils avaient aussi de la cavalerie et des chars de guerre. Ils s'adonnaient peu à l'agriculture, et vivaient principalement de la chasse et des produits de leurs troupeaux. La discipline religieuse des Druides s'était formée chez les Bretons, et les jeunes Gaulois qui voulaient s'y perfectionner allaient l'étudier en Bretagne. Les Bretons recueillaient l'étain, que dans les temps reculés ils apportaient dans le Kantium, où les Phéniciens venaient le chercher. Plus tard, ce furent les Gaulois qui l'apportèrent par terre, du Kantium à Marseille. Les Bretons étaient d'assez hardis navigateurs, et non-seulement ils parcouraient les côtes de leur pays et celles des Gaules, dans des barques d'osier couvertes de cuir, mais ils enseignèrent aux Phéniciens le chemin de Thulé ou de la Norwège, par les Orcades et les îles de Shetland.
Gal G. DE VAUDONCOURT.

BRETONS (Bas-). Si l'on tire une ligne transversale de Paimpol à l'embouchure de la Vilaine, au-dessous de la Roche-Bernard, toute la partie de la presqu'île armoricaine comprise entre cette ligne et l'Océan forme la Basse-Bretagne. Cette contrée dans les anciens jours a subi plus d'une invasion, sans que le type de la race primitive et à quelques égards autochthone en ait été sensiblement altéré. Celtique d'origine (ses Dol-menn et ses Menn-hirs ne l'attestent pas moins que sa langue), elle en a longtemps conservé les mœurs, le culte et les habitudes. Transplanté sur cette terre, le christianisme s'y est teint de quelques antiques superstitions. Aucun changement, si l'on excepte un petit nombre de mots empruntés par la nécessité au vocabulaire français, ne s'est introduit dans son idiome, dont la prononciation gutturale et durement aspirée s'apprend avec une extrême difficulté par toute personne qui ne l'a pas parlée depuis sa naissance. Cet idiome n'est pas près de périr, et cela par une raison péremptoire tirée de la configuration du sol.

Le pays, si l'on excepte les villes et quelques bourgades, renferme peu d'habitations agglomérées. Déchiré par des torrents, hérissé de roches qui ont perdu leur terre végétale, il manque de plaines. Indépendamment des *montagnes-noires* (*ménéz-du*), dont la chaîne se prolonge de l'est à l'ouest, sa surface consiste principalement en collines et en vallons, sur lesquels sont éparses, à de grandes distances l'une de l'autre, les cabanes des cultivateurs. Une commune formée de deux cents feux ainsi disséminés n'a guère moins de deux lieues carrées de superficie. À travers ce terrain toujours accidenté, circulent des ruisseaux torrentueux en hiver, seule saison pendant laquelle les enfants aient le loisir d'aller chercher au loin quelque instruction, car les travaux de l'été les retiennent auprès de leurs familles. Il est rare que le clocher paroissial s'élève au centre de la commune, qui, à parler exactement, n'a pas de chef-lieu. Placées, comme elles le sont presque partout, auprès du temple rustique, il est naturel que les écoles soient peu fréquentées. De retour sous le toit paternel, l'enfant, qui n'entretient de rapports avec ses auteurs que par la communauté de l'idiome celtique, a bientôt oublié des leçons reçues à longs intervalles. Ainsi, cet idiome triomphe de la langue française sous la chaume de la vieille Armorique, et y régnera longtemps de génération en génération. Ne croyez donc pas que là on puisse s'entendre sur vos nouvelles mesures; ne comptez guère plus sur le respect exigé en faveur de votre système métrique et décimal. Réfractaire à votre science, le paysan bas-breton calculera comme ses pères, mesurera comme eux, parlera comme eux; et tout au plus, subjugué par le succès récent d'un voisin, il adoptera quelque méthode inusitée d'agriculture. Encore faudra-t-il qu'il s'écoule des années avant qu'il s'y décide.

Le caractère du Bas-Breton n'a pas subi les modifications remarquées chez le peuple de Paris depuis l'époque où l'empereur Julien le jugeait triste et taciturne. Il est resté tel en Bretagne que le lui a donné primitivement le culte druidique, sur lequel a été entée une religion sévère; il est tel qu'il devait résulter d'un ciel inclément, de vents presque continuels, de tempêtes qui enlèvent les toitures des édifices, de travaux contrariés par des pluies glaciales ou des sécheresses prolongées, d'une nourriture sobre, céréale en majeure partie, et qui sous un climat froid et nébuleux appelle des excitants alcooliques, dont le propre est de conduire le paysan, comme les classes populaires, à l'intempérance. Celle-ci est trop avantageuse au fisc pour n'être pas affligeante pour la morale. De cette lutte contre les autans, de cette culture pénible sur un sol tourmenté, devait naître une opiniâtreté au niveau des obstacles à vaincre, une humeur mélancolique, un langage durement accentué, une gravité qui ne s'oublie que dans l'ivresse des foires et des fêtes patronales, une danse monotone, une joie triste, de la lenteur dans la démarche, de l'hésitation dans les premiers mouvements; mais une ténacité invincible dans les déterminations une fois prises, un oubli de tout péril personnel, et un mépris de la mort calme et sans jactance.

La conformation physique du Bas-Breton est en rapport avec sa physionomie morale. Vous trouverez en Basse-Bretagne peu de tailles sveltes et élancées. La grande majorité de la population ne surpasse pas pour les hommes la hauteur de cinq pieds (ancienne mesure), et pour les femmes celle de quatre pieds dix pouces. Le corps des premiers est osseux, la poitrine est large, le cou est court et fortement musclé; la tête, généralement plus voisine de la forme ronde que d'une forme ovale, est volumineuse; l'œil, souvent déprimé dans son orbite, est surmonté d'épais sourcils; la pensée y réside profondément; elle n'en jaillit pas de prime abord : il faut l'interroger, et alors elle se manifeste dans la fermeté du regard; l'action marche bientôt à la suite, et quelquefois sous l'incitation d'une colère tranquille. Gardez-vous dans ces occasions de vouloir y apporter aucun obstacle : vous arrêteriez plutôt le torrent qui descend des montagnes ou le souffle impétueux qui en balaye les gorges.

Napoléon, parcourant les lignes de son armée pendant qu'il se livrait la bataille de Lutzen, fixa son attention curieuse sur quelques compagnies de conscrits à figures impassibles, que leur chef de bataillon haranguait dans une langue inconnue : ces figures commencèrent par devenir soucieuses, ensuite elles s'animèrent; bientôt la voix du jeune commandant éclata dans un dernier cri de vigueur; le fameux *Torré-penn* (cassez-leur la tête) fut prononcé, et l'on marcha résolument devant une batterie chargée à mitraille. La moitié de cette brave jeunesse y périt, mais l'autre enleva deux canons, bientôt dirigés par elle contre l'étranger, dont les artilleurs gisaient assommés sur leurs pièces. C'était le bataillon du Finistère, à peine formé trois mois auparavant, auquel son chef (M. Pascal Keranvéyés) adressait des paroles puissantes, empruntées au dialecte celtique, le seul que ces jeunes gens connussent.

Interrogez les officiers de marine : ils vous diront que le matelot provençal ou bordelais a de l'intelligence, qu'il ne manque pas d'activité, qu'il est propre à un coup de main; qu'obéissant au porte-voix, il sera prompt à la manœuvre; que dans un grain ou un remous il aura vitement cargué les voiles, et que pendant un temps donné il résistera à une bourrasque. Mais parlez-leur d'une tempête prolongée, telle qu'on en essuie au cap Horn ou aux approches du cap de Bonne-Espérance, ils opineront tous pour le matelot de la Basse-Bretagne, car ils savent bien que celui-ci, dans son flegme, abordera les huniers sans murmure au milieu des éclairs; qu'il tiendra sur la vergue pendant les nuits les plus orageuses; que trempé d'une pluie glaciale il continuera son dur service; qu'avec deux doigts d'eau-de-vie sur l'estomac et une feuille de tabac dans la bouche, il luttera aussi courageusement contre l'ennemi que contre la tempête, et surtout si cet ennemi appartient à la Grande-Bretagne.

Le Bas-Breton en effet a la haine de l'Anglais; il ne sait pas pourquoi, il ne saurait le dire : elle est dans son sang, elle est dans les récits du foyer paternel, elle est dans les contes des veillées, comme dans les chants populaires, nous dirions presque dans l'air que l'enfant respire. Voyez ces visages mornes, ces têtes entourées d'une chevelure épaisse qui retombe à flots sur de larges épaules, cette stature roide, juchée sur des sabots qui l'exhaussent de dix centimètres, ce justaucorps qui recouvre autant de gilets qu'en dépouille Auriol dans une course du Cirque-Olympique, ces braies plissées et gonflées comme des ballons qui, tenant à peine sur les reins, descendent jusqu'à des guêtres de cuir noir posées à cru sur la jambe; voyez cette démarche rendue lente par l'accoutrement qui la gêne, ces lèvres paresseuses qui vous font attendre une réponse où brille l'épargne des paroles, cette indécision qui semble soupçonner votre véracité, car le paysan bas-breton est naturellement défiant : eh bien, criez à son de trompe qu'une descente d'Anglais s'est effectuée sur le littoral de la vieille Armorique, et tout cela retrouvera de la vie ! Les vieillards redemanderont à leur mémoire le souvenir des anciens griefs vrais ou supposés; les adultes détacheront du manteau de la cheminée leurs fusils pour les fourbir; les femmes et les enfants crieront; les travaux agricoles seront suspendus : de tous les animaux qui composent la richesse de la ferme, le cheval sera seul soigné, et les hommes valides marcheront. Sur des lèvres naguère immobiles se placera la menace; l'imprécation retentira dans les chemins de traverse; les yeux presque éteints auront des éclairs; les groupes se formeront à la porte des églises, sur la tombe des ancêtres; des messes seront payées aux recteurs; des *ex-voto* seront promis aux autels; les bourgs et les villes offriront le même spectacle d'animation; et à tant de haines, qui ne formeront qu'une seule et immense haine, il ne faudra que des chefs pour les conduire à la victoire ! Ce n'est pas une simple guerre qui s'improvisera : vous seriez tenté de dire que l'on va courir à une vengeance.

La foi du Bas-Breton va jusqu'à la superstition. Pour lui, il est peu de fontaines ou de grottes qui n'aient un patron dans le ciel. A chaque bienheureux de la légende armoricaine est affecté le droit de guérir; à tel mal suffit telle oraison; de telle rencontre on tirera tel présage : s'il menace un enfant, on ira trouver le prêtre, qui récitera les premiers versets de l'Évangile selon Saint-Jean, après lui avoir posé un bout de l'étole sur la tête. Ne mécontentez ni les mendiants ni les vieilles femmes : vous avez beau appartenir au dix-neuvième siècle, vous ne seriez pas à l'abri des mauvais sorts qui vous seraient jetés. Cependant ces pauvres, ces vieillards, ont leur part dans la justice distributive du paysan bas-breton. Aucun ne se montrera à la porte des cabanes sans recevoir son aumône : celle-ci consistera en pain, en farine ou en menue monnaie ; on s'entretiendra familièrement avec lui ; on en apprendra les nouvelles qu'il recueille ou qu'il promène de village en village. Dans les repas de noces, dans les danses dont ils sont suivis, les pauvres ont une place acquise ; assis à table immédiatement après les autres convives, ils sont servis par les jeunes époux. Bientôt ils ouvriront le bal champêtre avec eux ; le nouveau marié prendra par la main une mendiante, dont les guenilles auront été lessivées pour ce jour solennel, et un vieil estropié s'accostera sans crainte de la jolie fille qui vient de prononcer le serment de l'épouse.

Le mendiant en effet, dans sa vie errante, jouit, avec les tailleurs, du privilége de préparer les conventions matrimoniales. Ceux-ci, toutefois, ont plus d'occasions que l'autre de mettre les futurs conjoints en rapport : chargés de confectionner, sans restriction, les vêtements des deux sexes (ce qui les met en faveur auprès des jeunes femmes), par bandes, leur grand bâton blanc à la main, ils vont passer des semaines d'une ferme à l'autre. C'est à qui aura le bonheur de les installer dans la grange qui va devenir leur atelier ; quatre fois, depuis le lever jusqu'au coucher du soleil, on leur présente une nourriture délicatement apprêtée, et à laquelle ils ne manquent jamais de faire honneur. Mais leur rétribution métallique est minime, une pièce de cinquante centimes est le salaire le plus large accordé à leur travail, sur lequel chaque servante s'est réservé des droits qui font partie de ses gages. Chose extraordinaire ! chose presque incroyable ! partout bien accueillis, fêtés même, les tailleurs sont partout un objet de mépris quasi légal. Un enfant naît-il mal conformé, « on en fera un tailleur, » disent les père et mère ; est-il plus tard atteint de quelque infirmité, on le réserve à la même profession ; si son intelligence se développe tardivement, il n'échappera pas à cette destinée !

Le grand défaut du peuple de la Basse-Bretagne consiste, nous l'avons déjà dit, dans l'abus des liqueurs spiritueuses ; enlevez à l'intempérance les campagnes et les villes de la vieille Armorique, et vous aurez un peuple grave, peu démonstratif, mais n'oubliant ni le bien ni le mal qu'on lui a fait, enduroi à la fatigue, soumis aux lois, mais murmurant contre l'impôt du sel et du tabac, chérissant par-dessus tout son clocher, et mourant quelquefois de nostalgie quand il s'en éloigne. KÉRATRY.

BRETONS (Chevaux). *Voyez* CHEVAL.

BRETTE, BRETTEUR. La *brette* que portaient nos aïeux était une espèce d'épée longue et étroite, une rapière, une arme d'estoc. Son nom de *brette* lui venait de ce qu'elle avait été originairement fabriquée en Bretagne. On appelle aussi quelquefois *Brette*, au lieu de *Bretonne*, une femme ou une fille née en Bretagne, et *Basse-Brette* celle qui est née dans la Basse-Bretagne.

De *brette* on a fait les verbes *bretter* et *bretailler* et le mot *bretteur*, nom pris toujours en mauvaise part, et par lequel on désigne encore les gens toujours prêts, sur le moindre prétexte, à tirer la *brette* du fourreau, pour venger une prétendue injure, ou même faisant métier de provoquer et d'insulter les gens honnêtes et paisibles, afin d'avoir l'occasion de se mesurer avec eux, et de faire ainsi, sans beaucoup de danger et à peu de frais, montre d'un courage qui n'est pas toujours à l'épreuve de toutes les rencontres. C'est ce que l'on a également nommé *ferrailleur*, et ce qu'on peut appeler, en termes plus relevés, si la chose en vaut la peine, *spadassin*.

BREUGHEL (PIERRE), chef d'une célèbre famille de peintres flamands, dit aussi, en raison du caractère ou des sujets ordinaires de ses tableaux, *Pierre le Drôle* ou Breughel *le Paysan*, naquit en 1510 suivant les uns, et en 1530 suivant les autres, à Breughel, village peu éloigné de Breda, dont il prit le nom, et fut l'élève de Pierre Koeck van Aelst. Il voyagea en France et en Italie, recueillant partout les points de vue ou les sujets naturels qui lui plaisaient, et à son retour dans sa patrie, il se fixa à Anvers, où il fut reçu membre de la Société des Peintres, et où il épousa la fille de son maître. Plus tard il s'établit à Bruxelles, où il mourut, en 1570 suivant les uns, et en 1590 suivant les autres. Dans ses noces de paysans, ses fêtes et ses danses champêtres, il a peint sous de vives couleurs la joie franche de l'homme des champs, telle qu'il l'avait observée de ses yeux d'artiste. Une de ses toiles les plus célèbres est celle qu'on voit dans la galerie de Vienne, portant la date de 1563 et représentant la construction de la Tour de Babel. Beaucoup de ses tableaux ont été gravés par d'autres sur cuivre, mais il gravait aussi lui-même à l'eau-forte.

Pierre BREUGHEL, son fils, dit Breughel *le jeune*, ou *l'Infernal*, parce qu'il traitait de préférence des sujets où il fallait accumuler les contrastes les plus frappants, comme les scènes de brigands, d'évocations de démons et de sorcières, etc., né à Bruxelles, en 1569, mourut en 1625. Son *Orphée séduisant les divinités infernales par les accents de sa lyre*, qu'on voit dans la galerie de Florence, et sa *Tentation de saint Antoine* sont des tableaux de premier ordre.

Jean BREUGHEL, frère du précédent, dit Breughel *de velours*, parce qu'il ne portait guère que des vêtements de cette étoffe, naquit suivant les uns en 1568, et suivant les autres en 1575. Il mourut en 1640, et même dès 1625 à ce que prétendent quelques auteurs. Ce fut un artiste extrêmement fécond, qui excella dans le paysage et dans la peinture des petites figures, sujets qu'il exécutait d'ordinaire avec la plus minutieuse exactitude. Il peignit aussi, pour d'autres maîtres, tantôt des fonds de paysage, tantôt des figures sur un fond ; c'est ainsi qu'il fit un tableau d'*Adam et Ève dans le paradis terrestre* dont Rubens exécuta les deux figures principales. Cette toile et ses *Quatre éléments*, de même que son *Vertumne et Bellone*, œuvres également exécutées en société avec Rubens, sont les productions les plus remarquables de Breughel *de velours*.

Son fils, *Jean* BREUGHEL, reçu membre de la confrérie de Saint-Luc d'Anvers en 1629, imita sa manière.

Les autres membres de cette famille qui vécurent en des temps postérieurs sont : *Ambroise* BREUGHEL, qui fut docteur de l'Académie de Peinture d'Anvers, entre 1635 et 1670, et se fit une réputation comme peintre de fleurs ; *Abraham* BREUGHEL, dit *Rhingraf* ou *le Napolitain*, remarquable peintre de fruits, de fleurs et d'oiseaux, né à Anvers, qui résida longtemps à Rome et à Naples, et mourut dans cette dernière ville, en 1900 ; son frère, *Jean-Baptiste* BREUGHEL, comme lui peintre de fleurs et de fruits, mais artiste d'un talent bien inférieur, mort à Rome, après 1700 ; enfin *Gaspard* BREUGHEL, fils d'Abraham, qui cultiva le même genre que son père.

BREUIL, terme d'eaux et forêts, qui signifie un bois taillis, ou buisson fermé de haies et de murs, dans lequel les bêtes ont accoutumé de se retirer. Ce mot, dont M. Hase fait remonter l'étymologie au grec περιβόλιον, que les Grecs modernes prononcent *brivolion*, et qui dans le Levant a signifié au moyen âge un verger, un jardin cultivé devant la maison, a formé par la suite plusieurs noms de lieux : une partie de la place Saint-Marc à Venise a été appelée *Broglio*, d'un petit bois qu'il y avait autrefois en cet endroit ; et ce nom est devenu aussi celui de plusieurs familles, par exemple celles de Broglie, des Debreuil, des Dubreuil, etc.

BREUILLES. En termes de marine, on appelle ainsi toutes les petites cordes, telles que martinets, garcettes, petites cargues, etc., qui servent à carguer ou trousser les voiles, opération pour laquelle a été fait le verbe *breuiller* ou *brouiller*.

On donne encore le nom de *breuilles* aux entrailles ou intestins des poissons, et l'on dit, par exemple, qu'avant de caquer le hareng, il faut lui arracher les *breuilles*.

BREUVAGE. On n'entend pas indistinctement par ce mot toute espèce de *boisson*. Ce dernier nom est le terme générique dont on se sert plus particulièrement pour désigner les liquides dont l'homme fait usage pour satisfaire sa soif, flatter ou réveiller le sens du goût. *Breuvage* s'emploie plus spécialement pour indiquer les liqueurs préparées, composées, qu'on destine plutôt à produire quelque effet extraordinaire qu'à servir de boisson habituelle. Quand Homère, dans son *Odyssée*, parle d'un breuvage composé de fromage, de farine et de miel détrempés dans du vin de Pramne, il faut moins l'entendre d'une boisson d'un usage habituel chez ses héros, que d'une potion qu'on leur apportait après le combat ou après de longues fatigues afin de réparer leurs forces. Dans le onzième livre de l'*Iliade* la belle Hécamède sert un pareil breuvage à Machaon, qu'on ramène blessé du combat.

Quant aux breuvages ou *philtres* des anciens, destinés à inspirer de la haine ou de l'amour, leur recette et leurs effets ne sont pas bien connus. Les breuvages de haine (μισητρα) étaient composés, dit Dacier, du suc de l'herbe appelé *promothea*, mêlé au fiel de quatre animaux, et l'on suppose que c'est avec un breuvage semblable que Circé changea les compagnons d'Ulysse en pourceaux. Les historiens et les poëtes nous ont laissé quelques indications à l'aide desquelles on pourrait recomposer les breuvages dangereux connus dans les différents âges et chez les différents peuples, et cet art, depuis Médée jusqu'à la célèbre Brinvilliers, n'a cessé d'avoir des praticiens. Quant aux breuvages d'amour, on ignore absolument leur composition ; on sait seulement qu'on en présentait aux jeunes mariés, qui avaient le nom spécial de *brouets*, usage qui s'est longtemps conservé chez les peuples modernes.

A bord des navires, *breuvage* indique un mélange égal de vin et d'eau qu'on donne quelquefois pour boisson à l'équipage ; mais son acception la plus fréquente est encore celle de potion, de médicament.

BRÈVE (*Prosodie*). *Voyez* QUANTITÉ.

BRÈVE (*Musique*). C'est une note dont la durée n'est que le tiers de celle qui la précède : la noire est brève après une blanche pointée, la croche après une noire pointée, etc. Il n'en est pas de même dans le plain-chant, où la brève vaut la moitié de la longue.

Brève est encore le nom de cette ancienne note qu'on appelle aussi *carrée*, à cause de sa figure, et qu'on ne rencontre plus que dans le chant d'église : la *brève droite* ou *parfaite* vaut trois rondes dans la mesure triple ; la *brève altérée* ou *imparfaite* ne vaut, dans la mesure double, que deux rondes, qui prennent le nom de *semi-brèves*. *Voyez* ALLA BREVE.

BRÈVE (*Ornithologie*), genre d'oiseaux de l'ordre des passereaux dentirostres, famille des fourmiliers. Ce genre a pour caractères : Bec allongé, robuste, crochu ; tarses longs et scutellés ; queue et ailes très-courtes, d'où leur vient sans doute leur nom.

BREVET (du latin *brevis*, court), se prend dans le même sens que bref pour désigner des lettres courtes dont on ne garde minute que par *abréviation*. Les brevets sont délivrés par le chef de l'État pour établir en faveur de chaque fonctionnaire le titre en vertu duquel il exerce, ou pour donner à un particulier un titre spécial. Ils sont expédiés par les ministères ou par la chancellerie, et contiennent seulement la nomination du titulaire, avec une formule générale. Il est interdit d'exercer certaines industries, comme l'imprimerie, la librairie, sans avoir obtenu un brevet. On appelait autrefois *ducs à brevet* ceux chez qui cette dignité, conférée par brevet, n'était que viagère. L'on nommait aussi *brevet de joyeux avénement* ou *brevet de serment de fidélité* les lettres par lesquelles un prince accordait à un ecclésiastique non pourvu de bénéfice la première prébende qui viendrait à vaquer dans un chapitre, en sorte que le titulaire était saisi de plein droit de ce bénéfice sitôt qu'il venait à vaquer. Les *brevets d'assurance* ou *de retenue* étaient des actes par lesquels le roi accordait à une personne la survivance d'une fonction, à la charge de payer une somme déterminée au titulaire auquel elle devait succéder.

En droit un *acte en brevet* se dit de celui que le notaire remet aux parties sans en garder minute. On peut faire de cette manière les certificats de vie, procurations, actes de notoriété, quittances de fermages, de loyers, de salaires, arrérages de pensions et rentes, et autres actes simples. Une obligation pure et simple, même contenant constitution d'hypothèque, peut toujours être délivrée en brevet, à quelque somme qu'elle s'élève ; l'usage est constant. Les actes en brevet n'emportent pas exécution : lorsqu'on veut les faire revêtir de la forme exécutoire, on les dépose chez le notaire qui en délivre une grosse.

BREVETS D'INVENTION. On nomme ainsi les titres délivrés par le gouvernement pour assurer à une personne qui les obtient, le droit exclusif de fabriquer, vendre ou employer, pendant un nombre d'années déterminé, la chose qui fait l'objet du brevet.

Avant la révolution de 1789 l'industrie en France était enchaînée par des réglements despotiques, qui défendaient au génie toute découverte, toute invention, sous peine d'en voir les résultats confisqués ; les priviléges accordés par le gouvernement étaient tout à fait arbitraires, et donnaient lieu à une foule d'abus intolérables. La moindre innovation devenait un motif de poursuites acharnées de la part de ceux qui avaient des priviléges. Les inventeurs français prenaient le parti de se réfugier dans les pays étrangers, qu'ils enrichissaient du fruit de leurs découvertes. Les corporations exerçaient une tyrannie d'autant plus odieuse que les priviléges étaient accordés à perpétuité. L'industrie demandait à grands cris son émancipation. En 1762 une déclaration de Louis XV réduisit les priviléges à quinze années. C'était une amélioration, mais elle était bien insuffisante. On devait attendre de Louis XVI une réforme plus complète ; Turgot s'associa aux généreux projets du monarque. Ce ministre fit rendre l'édit mémorable de 1776, par lequel étaient supprimés tous les priviléges et toutes les corporations ; mais cette suppression aurait dû être précédée d'une indemnité ; des plaintes s'élevèrent de toutes parts : l'édit fut rapporté, et le ministre remit au roi son portefeuille.

Ainsi l'industrie ne se vit un moment délivrée de ses entraves que pour retomber sous l'oppression du monopole. Cet état de choses se maintint jusqu'à ce que l'Assemblée Constituante eût brisé toutes les corporations et supprimé tous les priviléges, pour donner à tous les Français les mêmes droits et leur imposer les mêmes obligations.

Le gouvernement restitua à l'industrie tous ses titres ; le génie d'invention se livra à son essor, sans avoir à redouter les obstacles et les persécutions. Toutefois une loi était nécessaire pour constater les découvertes, les perfectionnements, les améliorations, et pour en assurer la propriété à leurs auteurs. C'est dans cette vue que fut promulguée la loi du 7 janvier 1791 sur les brevets d'invention.

Cette loi reconnaît en principe que tout genre d'industrie, toute découverte ou nouvelle invention est la propriété de l'auteur, auquel la loi doit en garantir la pleine et entière jouissance pendant un temps déterminé. Elle assimile aux *brevets d'invention* les *brevets de perfectionnement*, et elle définit le *perfectionnement* : « Tout moyen d'ajouter à quelque fabrication que ce puisse être un nouveau genre de perfection. » Elle crée des *brevets d'importation*, et accorde à celui qui importera le premier en France une découverte brevetée à l'étranger les mêmes avantages que s'il en était l'inventeur. Elle assure à tout inventeur la propriété et la jouissance exclusive, mais temporaire, de son invention, par la délivrance d'un titre ou patente, dont elle fixe la durée à cinq, dix ou quinze ans, au choix de l'inventeur ;

ce dernier terme ne pouvant jamais être prorogé que par un décret spécial du Corps législatif. Elle prescrit la tenue, au secrétariat de chaque préfecture, d'un catalogue des inventions brevetées, que toute personne a droit de consulter, même pendant la durée du privilège. En outre, le ministère de l'intérieur doit conserver pour la même fin le dépôt général des *spécifications* ou *descriptions des découvertes brevetées*. Elle définit la propriété exclusive et privative que possède chaque inventeur sur l'exercice et les fruits de sa découverte, invention ou perfectionnement, lui reconnaissant le droit de former des établissements dans toute l'étendue de la France, de céder la propriété de sa patente, en un mot, d'en disposer comme d'une propriété mobilière, pour la défense et la conservation de laquelle elle lui donne l'action en contrefaçon. Elle déclare qu'à l'expiration ou à la déchéance de chaque brevet d'invention, la découverte tombe dans le domaine public, ordonnant d'en publier la description et le plan, afin d'en rendre la jouissance plus promptement accessible à tous; enfin elle déclare la déchéance encourue : 1° si l'inventeur s'est servi dans sa fabrication de moyens secrets, non détaillés dans sa description; 2° si la découverte était avant la demande du brevet décrite et consignée dans un ouvrage imprimé et publié; 3° si dans l'espace de deux ans, à compter de la date du brevet, l'inventeur n'a pas mis sa découverte en activité, sans avoir justifié des motifs de son inaction; 4° si après avoir pris patente en France l'inventeur en a pris une pour le même objet en pays étranger 5° si l'invention est illicite et contraire aux lois. *Voyez* INVENTION.

Rappelons aussi qu'un arrêté des consuls de la république, en date du 27 septembre 1800, ordonnait que, pour prévenir l'abus que les brevetés peuvent faire de leurs titres, il devait être inséré, par annotation au bas de chaque expédition, la déclaration suivante : « Le gouvernement en accordant un brevet d'invention, sans examen préalable, n'entend garantir en aucune manière ni la priorité, ni le mérite, ni le succès d'une invention. » Cependant un comité consultatif avait été établi au ministère de l'intérieur; et il était chargé d'avertir officieusement les personnes qui demandaient un brevet de l'existence certaine ou présumée de brevets déjà pris pour des découvertes analogues.

La loi du 5 juillet 1844 est venue améliorer cette législation. Elle consacre les mêmes principes que celle de 1791; elle indique aussi ce qu'on doit considérer comme invention ou découverte nouvelle, et ce qui n'est pas susceptible d'être breveté; elle conserve aux brevets la même durée de cinq, dix et quinze ans; mais elle en augmente la taxe; ainsi on doit payer 500 francs au lieu de 300 francs pour un brevet de cinq ans, 1,000 francs au lieu de 800 francs pour un brevet de dix ans; pour un brevet de quinze ans le prix est resté le même, à savoir 1,500 francs. Cette taxe, il est vrai, peut être payée par annuités de 100 francs, sous peine de déchéance, si le breveté laisse écouler un terme sans l'acquitter.

Suivant l'ancienne législation, toute personne qui voulait obtenir un brevet devait acquitter d'abord la moitié de la taxe variable selon la durée du brevet, plus 50 francs pour l'expédition de son titre. Quant à l'autre moitié, la loi de 1791 accordait la faculté de ne l'acquitter que dans les six mois, à la charge par le requérant de déposer une soumission de la verser dans ce délai.

Selon la loi du 5 juillet 1844, la demande d'un brevet d'invention doit être adressée au ministre de l'agriculture et du commerce, avec 1° une description de la découverte, invention ou application faisant l'objet du brevet réclamé; 2° les dessins ou échantillons nécessaires pour l'intelligence de la description; 3° un bordereau des pièces déposées. La demande doit être limitée à un seul objet principal, avec les objets de détail qui le constituent; il importe de mentionner la durée que le demandeur veut assigner à son brevet dans les limites de cinq, dix et quinze ans ; et cela sans restrictions, conditions ni réserves. La description ne peut être écrite en langue étrangère; elle doit être sans ratures ni surcharges. Il faut joindre à la demande un duplicata de la description et des dessins ; le tout doit être signé par le demandeur ou par un mandataire. Le dépôt de toutes ces pièces ne peut avoir lieu que sur la production d'un récépissé constatant le versement d'une somme de 100 francs, à valoir sur le montant de la taxe du brevet. Pour mieux assurer sûrement la priorité au véritable inventeur, le procès-verbal, constatant le dépôt des pièces, doit énoncer l'heure de leur remise.

La durée du brevet court à partir du jour du dépôt; mais la loi veut que la délivrance des brevets soit faite avec toute la célérité possible. Ainsi, après l'enregistrement des pièces qui a lieu dans les cinq jours du dépôt, il n'y a plus qu'à expédier les brevets dans l'ordre de la réception des demandes ; et cette expédition ne peut être retardée, puisque les brevets sont délivrés sans examen préalable.

A défaut de l'observation des conditions et des formalités exigées par la loi, la demande est rejetée, et dans ce cas la moitié de la somme versée reste acquise au trésor, à moins que la demande ne soit reproduite dans les trois mois qui suivent la notification du rejet de la requête. Alors seulement il est tenu compte de la totalité de la somme versée.

On se hâte ordinairement de faire constater une invention, une découverte, pour acquérir un droit de priorité ; mais il n'est pas d'inventeur qui ne sente le besoin de compléter son œuvre par une foule d'améliorations, de perfectionnements et d'additions que l'usage et la pratique lui révèlent ; la loi de 1844 a sagement réservé à l'inventeur des droits à cet égard : il peut demander, à peu de frais, des *certificats d'addition*, ou des *brevets de perfectionnement* en observant les mêmes formalités que pour les brevets d'invention.

La *cession des brevets*, totale ou partielle, soit à titre gratuit, soit à titre onéreux, ne peut être faite que par acte notarié et après le payement de la taxe.

Comme les brevets sont accordés autant dans un intérêt public que dans un intérêt privé, toute personne est autorisée à prendre communication, sans frais, des descriptions, dessins, échantillons et modèles des brevets délivrés; les *brevets d'importation* ont été supprimés; mais la loi fixe *les droits des étrangers* qui peuvent aussi obtenir en France des brevets d'invention, en se conformant à ses prescriptions.

Les brevets délivrés dans les cas suivants sont nuls et de nul effet : 1° si la découverte, invention ou application n'est pas nouvelle; 2° si la découverte, invention ou application n'est pas, aux termes de l'article 3, susceptible d'être brevetée; 3° si les brevets portent sur des principes, méthodes, systèmes, découvertes et conceptions théoriques, dont on n'a pas indiqué les applications industrielles; 4° si la découverte, invention ou application est reconnue contraire à l'ordre ou à la sûreté publique, aux bonnes mœurs ou aux lois de l'État, sans préjudice, dans ce cas et dans celui du paragraphe précédent, des peines qui pourraient être encourues pour la fabrication ou le débit d'objets prohibés; 5° si le titre sous lequel le brevet a été demandé indique frauduleusement un objet autre que le véritable objet de l'invention; 6° si la description jointe au brevet n'est pas suffisante pour l'exécution de l'invention, ou si elle n'indique pas d'une manière complète et loyale les véritables moyens de l'inventeur; 7° si le brevet a été obtenu contrairement aux dispositions de l'article 18.

Cet article 18 porte que : « *Nul* autre que le breveté ou ses ayant-droits ne pourra *pendant une année* prendre valablement un brevet pour un changement, perfectionnement ou addition à l'invention qui fait l'objet du brevet primitif. Néanmoins, toute personne qui voudra prendre un brevet pour changement, addition ou perfectionnement à une découverte déjà brevetée, pourra dans le cours de ladite année former une demande, qui sera transmise, et restera déposée sous cachet, au ministère de l'Agriculture et du Commerce. L'année expirée, le cachet sera brisé et le brevet délivré. Toutefois le breveté principal aura la préférence pour les changements, perfectionnements et additions pour lesquels il aurait lui-même pendant l'année demandé un certificat d'addition ou un brevet. »

Il arrive souvent que des demandeurs de brevets s'imaginent avoir inventé une découverte, qui en France ou à l'étranger, et antérieurement à la date du dépôt de la demande, a reçu une publicité suffisante pour pouvoir être exécutée; une telle découverte n'est pas susceptible d'un brevet; en pareil cas le brevet obtenu est nul.

Pour conserver le brevet qui a été délivré, il est indispensable de remplir certaines conditions : ainsi le breveté sera déchu de tous ses droits : 1° s'il n'a pas acquitté son annuité avant le commencement de chacune des années de la durée de son brevet; 2° s'il n'a pas mis en exploitation sa découverte ou invention en France dans le délai de deux ans, à dater du jour de la signature du brevet, ou s'il cesse de l'exploiter pendant deux années consécutives, à moins que dans l'un ou l'autre cas il ne justifie des causes de son inaction; 3° s'il a introduit en France des objets fabriqués en pays étranger et semblables à ceux qui sont garantis par son brevet.

La loi, pour parer aux fascinations des annonces et pour rappeler que le gouvernement n'exerce aucun examen des objets brevetés et ne garantit en rien leur valeur, exige que tout breveté, sous peine de cinquante francs à mille francs d'amende, ajoute dans tous ses actes de publicité relatifs à son brevet ces mots : *Sans garantie du gouvernement;* disposition que les intéressés éludent journellement en n'ajoutant que les initiales de ces quatre mots.

Les juges de paix connaissaient autrefois de toutes les actions relatives aux brevets; mais, par une loi du 25 mai 1838, cette attribution fut changée dans les termes qui suivent : « les actions concernant les brevets d'invention seront portées, s'il s'agit de nullité ou de déchéance des brevets, devant les tribunaux civils de première instance; s'il s'agit de contrefaçon, devant les tribunaux correctionnels. » Ces dispositions ont été conservées par la loi de 1844.

En matière de déchéance et de nullité, une difficulté grave s'était présentée : on s'était demandé par qui les actions devaient être exercées. Les uns soutenaient que toute personne avait le droit de former une action en nullité ou déchéance d'un brevet; les autres affirmaient que ce droit n'appartenait qu'à ceux qui *y ont intérêt ;* cette dernière opinion a été adoptée, et se trouve consignée dans la loi de 1841.

Dans la matière qui nous occupe, le délit de contrefaçon est défini : « Toute atteinte portée aux droits du breveté, soit par la fabrication de produits, soit par l'emploi de moyens faisant l'objet de son brevet. » La loi établit les peines encourues par ce délit. L'action correctionnelle pour l'application des peines ne peut être exercée par le ministère public que sur la plainte de la partie lésée. Le tribunal correctionnel, saisi d'une action pour délit de contrefaçon, statue sur les exceptions tirées par le prévenu, soit de la nullité ou de la déchéance du brevet, soit des questions relatives à la propriété dudit brevet.

Pour la saisie ou la simple description des objets contrefaits, la loi prescrit des règles dont on ne peut s'écarter; c'est en vertu d'une ordonnance du président du tribunal de première instance que les propriétaires du brevet peuvent faire procéder, par tous huissiers, à la désignation et description détaillée, avec ou sans saisie, des objets prétendus contrefaits. L'ordonnance est rendue sur simple requête, et sur la représentation du brevet; elle contient, s'il y a lieu, la nomination d'un expert, pour aider l'huissier dans sa description. Lorsqu'il y a lieu à la saisie, l'ordonnance du président peut imposer au requérant un cautionnement, qu'il sera tenu de consigner avant d'y faire procéder. Le cautionnement est toujours imposé à l'étranger breveté qui requiert la saisie. Il est laissé copie au détenteur des objets décrits ou saisis, tant de l'ordonnance que de l'acte constatant le dépôt du cautionnement, le cas échéant; le tout à peine de nullité et de dommages-intérêts contre l'huissier. Mais si, dans le délai de huitaine, le propriétaire du brevet ne s'est pas pourvu par la voie civile ou par la voie correctionnelle, la saisie ou description est nulle de plein droit, sans préjudice des dommages-intérêts qui peuvent être réclamés.

La confiscation des objets reconnus contrefaits et, s'il y a lieu, celle des instruments ou ustensiles destinés spécialement à leur fabrication, sont, même en cas d'acquittement, prononcées contre le contrefacteur, le receleur, l'introducteur et le débitant. Les objets confisqués sont remis au propriétaire du brevet, sans préjudice de plus amples dommages-intérêts et de l'affiche du jugement, s'il y a lieu.

Telle est la loi du 5 juillet 1844 sur les brevets d'invention; elle forme à elle seule un code complet, car elle a abrogé toutes les lois et tous les décrets antérieurs. Les vœux et les intérêts de l'industrie ont-ils été entièrement satisfaits par cette loi? Fallait-il, comme le demandaient certains industriels, consacrer la perpétuité de la propriété des inventions dans les arts? Mais ce serait retomber dans les abus de l'ancien régime et fermer la porte à tous progrès; car il arrive presque toujours qu'une invention n'est véritablement perfectionnée que par des personnes étrangères à l'invention. La durée de quinze ans est-elle suffisante pour rémunérer les inventeurs? Nous le croyons pour la plupart des cas, surtout lorsque l'invention est vraiment utile. Malheureusement on voit une foule d'industriels prendre des brevets pour des inventions sans portée et ne pouvant en aucun cas rembourser les frais des annuités. D'ailleurs, beaucoup d'industriels ne prennent des brevets que pour le bruit qu'ils font dans les annonces, et dans l'espoir d'intimider la concurrence. On peut regretter que, comme le législateur en 1791, celui de 1844 ait borné la matière des brevets aux découvertes relatives aux arts industriels, et que ces titres soient expédiés sans examen préalable. Suivant la loi actuellement en vigueur, l'invention de nouveaux produits industriels, l'invention de nouveaux moyens ou l'application de moyens connus pour obtenir un résultat ou un produit industriel peuvent seuls devenir l'objet d'un brevet valable? La loi de 1791 était plus favorable à l'inventeur, puisqu'elle reconnaissait l'invention partout où elle existe réellement en disant que : « Tout moyen d'ajouter à quelque fabrication que ce puisse être un nouveau genre de perfection serait regardé comme une invention. » On reconnaîtra que cette rédaction a une portée aussi large que juste, si l'on considère combien sont difficiles à saisir les caractères d'une invention qui ne révèle son utilité que par ses résultats, et qu'il est impossible d'embrasser les inventions de toute espèce dans une simple définition.

On peut aussi, dans certains cas, regretter que les brevets d'importation ne puissent être pris que par les inventeurs brevetés à l'étranger; exemple que l'Angleterre est loin de nous offrir. On peut, en outre, reprocher à la loi actuelle de multiplier les causes de déchéance; d'ouvrir par là une source aux procès; de faire dépendre la validité des brevets de la preuve testimoniale; de mettre des obstacles à l'obtention de ces titres par l'imposition de formalités nombreuses et difficiles; enfin d'augmenter la taxe des brevets de cinq ans et de dix ans. Il est vrai que, d'un autre côté, le système des annuités paraît très-favorable aux inventeurs, et les soustrait aux griffes de l'usure; mais un système d'annuités progressives, augmentant à mesure que l'invention doit produire ses effets, nous aurait paru préférable à des annuités toujours égales. J. DE LASSIME, avocat à la cour d'appel.

BRÉVIAIRE, livre d'office à l'usage des ecclésiastiques, renfermant les *heures canoniales* qu'on est dans l'usage de lire en public, ou en particulier, dans l'église catholique. Ce mot vient du latin *breviarium*, fait de *brevis*, court, parce qu'il contient des morceaux détachés de l'Ecriture et des Pères, et qu'il en est, en quelque sorte, le résumé, l'abrégé. Il est composé d'antiennes, d'hymnes, d'oraisons, de versets, de répons, de canons, ouvrages de l'Église ou de ses évêques, et de rubriques qui marquent la différence des fêtes de l'année et règlent les rites qu'on doit suivre dans l'office divin. L'obligation pour les ecclésiastiques de le lire chez eux, quand ils ne peuvent y assister, était autrefois générale pour les chrétiens. Elle s'est peu à peu réduite aux seuls clercs. Au quinzième siècle, c'était un cas réservé au jugement des évêques que d'avoir été trois jours sans dire le Bréviaire. Joly, grand-chantre de Notre-Dame de Paris, dans une *consultation* publiée en 1644, prétend que l'obligation de réciter le Bréviaire en particulier n'est appuyée que sur une coutume qui sert de loi, et qu'avant le concile de Bâle on n'en avait fait l'objet d'aucune constitution. C'est dans le concile de Latran, tenu sous les papes Jules II et Léon X, que fut décrétée la constitution qui oblige expressément les ecclésiastiques à réciter le Bréviaire, sous peine, en cas d'omission, d'être privés temporairement des fruits de leurs bénéfices, et même d'être dépouillés de ces bénéfices si, après avoir été avertis, ils ne s'amendent point.

Le Bréviaire que le clergé grec appelle *horloge*, ordre (τάξις), *eucologe* (εὐχολόγιον), et qu'on retrouve aussi chez les Arméniens et Slaves orientaux, est composé de *Matines*, *Laudes*, *Prime*, *Tierce*, *Sexte*, *None*, *Vêpres* et *Complies*, c'est-à-dire de sept différentes heures, conformément à ce mot du prophète David : *Septies in die laudem dixi tibi.* (Ps. cxviii.) On y inséra aussi des *Vies de Saints*, telles qu'on les écrivait alors, c'est-à-dire pleines de faits qui ne sont point avérés. Aussi les papes et les évêques ont-ils dû, à plusieurs reprises, le réformer, selon le décret du concile de Trente. Avant ce concile, le Bréviaire n'était pas uniforme pour tous les diocèses; il y en avait de distincts pour chacun d'eux, comme pour chaque ordre religieux. Le pape Pie V, le premier, fit dresser un Bréviaire pour l'usage universel de l'Église, intitulé : *Breviarium romanum ex decreto sacro-sancti concilii Tridentini restitutum*, auquel Clément VIII et Urbain VIII apportèrent, à leur tour, des réformes. Enfin, plusieurs évêques de France firent travailler également à la réformation des Bréviaires de leurs diocèses respectifs. Avant Pie V, le cardinal Quignon, du titre de Sainte-Croix, avait publié, sur l'invitation des papes Clément VII et Paul III, un Bréviaire purgé de tout ce qui lui avait paru fabuleux ou hasardé. Son dessein était, comme il le déclare lui-même dans la préface placée en tête du livre, qu'on lût principalement l'Ecriture-Sainte toute l'année, et les psaumes en entier chaque semaine. Le destinant principalement à l'usage de ceux qui récitent le Bréviaire en particulier, il en avait retranché le petit office de la Vierge, les traits ou versets, les répons, et plusieurs autres choses semblables que le chant avait introduites dans l'Église; et les histoires des saints qu'il y avait laissées, étaient rapportées de manière à ne rien offrir qui pût choquer les personnes graves et savantes. Les papes Jules III et Paul IV autorisèrent ce Bréviaire, dont il y a un assez grand nombre d'éditions, principalement en France. Cette réformation du Bréviaire parut néanmoins trop libre aux docteurs de la Faculté de théologie de Paris. Ils en firent, l'an 1535, une critique, en forme de censure, sous le titre de *Notæ censurariæ in sacrum Quignonis Breviarium*; mais, nonobstant cette censure, le Bréviaire du cardinal Quignon fut réimprimé plusieurs fois avec approbation des docteurs de Sorbonne et privilége du roi. On en compte au moins quatre éditions sorties des presses de Lyon. Les docteurs mêmes se servirent de l'autorité de ce Bréviaire, en 1574, pour établir la conception immaculée de la sainte Vierge contre le jésuite Maldonat : ce qui fait voir manifestement que, quoique supprimé plus tard, il était alors en usage, au moins parmi les ecclésiastiques de France, qui le récitaient comme un véritable Bréviaire romain.

On a prétendu retrouver l'origine du bréviaire dans ces petits livres dont les moines se servaient en voyage, et dans lesquels étaient contenus les psaumes, les leçons et les oraisons qu'on lisait au chœur dans de grands volumes. Le P. Mabillon dit avoir vu dans le trésor de Cîteaux deux de ces petits livres, lesquels n'avaient que trois doigts de large, mais étaient plus longs. Ils paraissaient fort petits quand ils étaient fermés, mais quand on les ouvrait, ils semblaient trois fois plus grands, parce que les feuillets en étaient pliés en trois; ils n'étaient écrits que d'un côté, et le texte en était si fin et si abrégé, que toute une période se trouvait renfermée en fort peu d'espace. Les feuillets en étaient attachés par un filet, et on enfermait ces petits livres dans des sacs de cuir.

Les lois canoniques exigeaient, du reste, jadis le concours du chapitre pour les modifications et changements des bréviaires, et, suivant l'ancien droit français, il fallait de plus des lettres patentes pour en autoriser la publication. Les parlements étaient très-exacts à faire observer ces règlements.

BRÉVIPENNES (de *brevis*, court, et de *penna*, plume), nom d'une famille d'oiseaux de l'ordre des échassiers, qui n'ont point de pouce, et dont les ailes sont trop courtes pour leur permettre de voler : tels sont l'autruche, le casoar, etc.

BRÉVIROSTRES (de *brevis*, court, et de *rostrum*, bec), nom d'une famille d'oiseaux du même ordre que les brévipennes, et dont le bec est gros et court : tels sont l'agami, le flamant, etc.

BREWSTER (Sir David), un des plus savants physiciens d'Angleterre, naquit en Écosse, vers 1785. Ses premières études furent dirigées vers la pharmacie, qu'il abandonna plus tard pour l'optique. Les services qu'il a rendus à cette dernière science lui ont valu le titre de baronet, Secrétaire de la Société royale des Sciences depuis nombre d'années, il passe sa vie alternativement à Édimbourg et dans sa terre d'Allerly sur la Tweed. Il doit surtout sa réputation à ses recherches sur la polarisation de la lumière et à ses découvertes touchant la polarisation elliptique, autant qu'elle est produite par la réflexion des métaux, découvertes qu'il a publiées en partie dans les *Transactions* de la Société des Sciences, en partie dans divers écrits périodiques, entre autres dans le *Journal Philosophique d'Édimbourg*, qu'il a fait paraître avec Jameson jusqu'au 10e volume, et dans son *Journal d'Édimbourg*, auquel il donna plus tard le titre de *Journal Philosophique et Journal des Sciences de Londres et d'Édimbourg*. L'*Encyclopédie d'Édimbourg*, dont il est l'éditeur, et qui a été publiée de 1808 à 1830 en 18 vol. in-4°, lui doit d'excellents articles, principalement sur les sciences naturelles. Il a inséré aussi des articles remarquables sur les différentes branches de la science dans la nouvelle édition de la grande *Encyclopédie Britannique*, publiée en 1842. Dans ses *Lettres sur la Magie naturelle* (Londres, 1831), il a analysé avec autant d'esprit que de science la magie naturelle, principalement les phénomènes provenant d'illusions d'optique; dans son *Traité d'Optique* (Londres, 1832), il a exposé avec beaucoup d'érudition la théorie de la lumière; dans la *Vie de sir Isaac Newton* (Londres, 1832), il a décrit les recherches de Newton et ses découvertes. L'invention du kaléidoscope a rendu le nom de Brewster populaire. En 1850 Brewster fut appelé à présider l'Association britannique pour la propagation des sciences, qui cette année s'assemblait à Édimbourg. Dans son discours d'ouverture, il peignit avec éloquence, et sous de saisissantes couleurs, les progrès faits par les sciences depuis quelques années. En 1851 il présida le Congrès de la Paix, qui s'était assemblé à Londres. En 1849 l'Académie des Sciences de Paris, dont il était correspondant depuis 1825, l'a choisi pour associé étranger à la place de Berzélius.

BRÉZÉ (Famille de). Cette famille, qui s'est éteinte et dont la seigneurie de Brézé, en Anjou, est entrée, au commencement du quinzième siècle, dans la maison de Maillé, par l'alliance de Jeanne de l'Estang, dame de Brézé, avec Péan de Maillé, seigneur de Saint-Georges du Bois, a donné des grands sénéchaux à l'Anjou, un maréchal à la Normandie, un grand veneur et un grand aumônier, évêque de Meaux, à la France.

Le premier membre bien connu de cette famille est *Jean* DE BRÉZÉ, seigneur de la Varenne, mort en 1351 ; puis vient *Pierre* DE BRÉZÉ, grand sénéchal de Poitou, d'Anjou, etc., qui suivit Charles VII au secours de la ville de Saint-Maixent, en 1440, et reçut quatre années après, au mois de décembre, en considération de ses services, plusieurs terres confisquées sur le roi de Navarre. Il assista, en 1447, au siége du Mans et, en 1450, à la bataille de Formigny. Après la mort de Charles VII, Louis XI le fit enfermer au château de Loches, d'où il ne sortit qu'à la condition d'aller servir le duc d'Anjou en Sicile et de consentir au mariage de son fils avec la sœur naturelle du roi. Il fut tué, le 17 juillet 1465, à la journée de Montlhéry, laissant, entre autres enfants, Jacques de Brézé, maréchal et grand sénéchal de Normandie, mort le 14 août 1494 ; il avait épousé Charlotte, bâtarde de France, fille naturelle du roi Charles VII et d'Agnès Sorel.

Louis DE BRÉZÉ, leur fils, grand veneur de François 1er, fut fait chevalier de l'ordre de ce prince à la cérémonie de Compiègne, le jour de Saint-Michel 1527. Il épousa en premières noces Catherine de Dreux, dont il n'eut pas d'enfant, et ensuite Diane de Poitiers, depuis duchesse de Valentinois. Deux filles naquirent de cette union, Françoise de Brézé, mariée à Robert de la Marck, quatrième du nom, duc de Bouillon, maréchal de France, et Louise de Brézé, qui épousa Claude de Lorraine, duc d'Aumale, fils puiné de Claude, duc de Guise. *Gaston* DE BRÉZÉ, frère de Louis, et depuis le fils, *Louis* DE BRÉZÉ, évêque de Meaux et trésorier de la Sainte-Chapelle de Paris, fut nommé grand aumônier de France par lettres patentes du 1er juin 1556 à la sollicitation de la duchesse de Valentinois, assista au Concile de Trente. Les deux filles de Gaston épousèrent, Catherine, Nicolas de Dreux, et Françoise, Gilles Le Roy, seigneur de Chillon, d'où sont sortis les seigneurs de Breuil et de Gaignouville.

La famille actuelle de *Dreux-Brézé* n'a avec l'ancienne maison de Brézé d'autres rapports que la possession de la terre de ce nom et quelques relations de parenté fort éloignées par des alliances prises dans les mêmes familles. D'après des titres dont l'examen aurait été fait par ordre du roi Louis XVIII, et qui ont été déposés aux archives du royaume, elle se rattacherait à Pierre, comte de Dreux, mort en 1345. Comme elle était fort nombreuse, on trouve dans les anciennes histoires beaucoup de ses membres simples hommes d'armes et l'un simple auditeur au Châtelet de Paris en 1378. Dans le seizième siècle, Méry de Dreux, arrière-petit-fils de Pierre, avait eu deux fils, dont la postérité subsiste encore. Claude de Dreux, seigneur de *la Maison-Neuve*, dont descendent les *Dreux de Nancré*, restés dans la carrière des armes, et Thomas de Dreux, seigneur de *la Pommeraye*, qui entra dans la magistrature, et dont les descendants occupèrent des charges aux parlements de Bretagne et de Paris. Ce dernier est la tige des Dreux-Brézé, qui prirent le nom de *Brézé* au dix-septième siècle, lors de l'échange que Thomas de Dreux, conseiller au parlement de Paris, fit avec le grand Condé du marquisat de *la Galissonnière*, pour la terre de Brézé ; il s'appela dès lors marquis de Brézé, la terre de ce nom ayant été en sa faveur érigée en marquisat par lettres patentes d'août 1685.

Thomas de Dreux, baron *de Berrye*, marquis *de Dreux*, seigneur et marquis DE BRÉZÉ, fils du précédent, lieutenant général des armées du roi, gouverneur de Loudun et des îles Sainte-Marguerite, acheta en 1701, de Blainville, frère de Seignelay, ministre et secrétaire d'État, la charge de grand maître des cérémonies de France, créée par le roi Henri III, pour M. de Rhodes, et qui sembla depuis devenir héréditaire dans la famille de Dreux-Brézé. Il mourut, après s'en être démis en faveur de son fils, le 26 mars 1749. Son petit-fils aura une place dans l'histoire pour la réponse que lui fit Mirabeau lorsqu'il vint au nom du roi Louis XVI dissoudre l'Assemblée nationale. Nous lui consacrons un article spécial, ainsi qu'à trois de ses fils.

BRÉZÉ (HENRI-ÉVRARD, baron DE BERRYE, marquis DE DREUX et DE), grand maître des cérémonies, pair de France, chevalier des ordres du roi, maréchal de camp, etc., avait épousé une fille du général de Custine. Né en 1762, il succéda, à l'âge de dix-neuf ans, à son père dans la charge de grand maître des cérémonies. Il dut, peu d'années après son entrée en fonctions, pourvoir aux préparatifs des états généraux : la tâche était difficile. Il débuta dans ce rôle délicat le 20 juin 1789, jour choisi par la majorité des membres du clergé pour se réunir aux députés du tiers état. Afin de prévenir cette fusion, la cour avait ordonné la fermeture des salles, sous prétexte de travaux pour une séance royale, et le marquis dut notifier l'arrêté du roi au président Bailly. C'est cet incident qui décida la séance du jeu de paume. Les dernières paroles du roi avaient été une injonction formelle de se retirer; toute la noblesse et une partie du clergé avaient obéi; mais les députés des communes et l'autre partie du clergé étaient restés immobiles à leur place. Tout à coup Mirabeau se lève, et, dans une improvisation entraînante, propose de ne se séparer qu'après avoir donné une constitution à la France. En ce moment le grand maître paraît, et s'adressant au président : « Monsieur, lui dit-il, vous avez entendu les ordres du roi? » — Je vais prendre ceux de l'Assemblée, répond Bailly ; elle est ajournée après la séance royale, et je ne puis la séparer sans qu'elle en ait délibéré. — Est-ce là votre réponse, et puis-je en faire part au roi ? — Oui, Monsieur. » Puis, se tournant vers les députés qui l'entouraient : « Je crois, ajouta-t-il, que la nation assemblée ne peut recevoir d'ordre. » Ce fut alors que Mirabeau, s'élançant vers le marquis, lui adressa la fameuse apostrophe, sur laquelle on a fait bien des variantes. A l'occasion d'un incident qui s'éleva, le 15 mars 1833, à la chambre des pairs entre le fils du maître des cérémonies, et M. Villemain, voici comment le premier a prétendu rétablir le texte des paroles de Mirabeau.

« Je remercie l'orateur d'avoir rappelé un souvenir historique, qui se rattache à la mémoire de mon père; les historiens du temps ont tous rapporté ce fait d'une manière plus ou moins inexacte. Mon père voulut, au retour du roi Louis XVIII, rétablir la vérité ; mais ce prince lui demanda de n'en rien parler, et il se soumit à sa volonté. Je puis dire aujourd'hui comment les choses se passèrent : Mon père fut envoyé par Louis XVI pour ordonner à l'Assemblée nationale de se séparer ; il entra couvert : tel était son devoir, puisqu'il parlait au nom du roi. De grandes clameurs se firent entendre à sa vue ; on lui cria de se découvrir ; mon père s'y refusa énergiquement. Alors Mirabeau se leva, et ne lui dit point : *Allez dire à votre maître*, etc..., mais : *Nous sommes ici par le vœu de la nation ; la force matérielle seule pourrait nous faire désemparer*. Mon père prit aussitôt la parole, et, s'adressant à Bailly : » Je ne puis reconnaître, dit-il, en M. Mirabeau que le député du bailliage d'Aix, et non l'organe de l'assemblée. » Puis, il se retira quelques minutes après, et alla rendre compte au roi de cet incident. Voilà exactement, messieurs, comment les choses se passèrent; j'en appelle aux souvenirs des membres de cette chambre qui siégeaient à l'Assemblée nationale. »

Le marquis de Brézé n'abandonna pas dans le malheur le prince dont il avait partagé la fortune : jusqu'à la journée du 10 août, il resta constamment près de sa personne, et ce ne fut que du moment où il désespéra de le servir en France, qu'il suivit le cours de l'émigration. Plus tard, par déférence pour les ordres de Louis XVIII, qu'il était allé rejoindre à Vérone, il rentra dans sa patrie. A la Restauration, il courut à Calais recevoir le chef des Bourbons, reprit ses fonctions de grand maître des cérémonies, et en cette qualité pourvut avant tout à la sépulture des cendres des rois de France. Il présida plus tard aux cérémonies du sacre de Charles X. A la chambre des pairs il suivit la ligne qu'il crut lui être tracée par son éducation, sa position sociale et les liens qui l'attachaient à la famille royale. Il mourut avant sa chute, en 1829, laissant plusieurs enfants.

BRÉZÉ (SCIPION, marquis de DREUX-), né aux Andelys, le 13 décembre 1793, fut admis, de bonne heure, à l'École militaire de La Flèche. Il en sortit avec le grade d'officier, et fit dans les armées de l'empire les campagnes de 1812, 1813 et 1814. Au moment de la Restauration, il entra dans l'une des compagnies rouges de la maison du roi, et devint aide de camp du maréchal Soult. Après le second retour de Louis XVIII, en 1815, il devint capitaine de cuirassiers dans la garde royale. Il en sortit en 1827, avec le grade de lieutenant-colonel, sa santé ne lui permettant pas de suivre la carrière militaire.

A la mort de son père, il lui succéda à la chambre des pairs et dans la charge de grand maître des cérémonies de la maison du roi. A la chambre, il se montra aussi attaché au roi qu'aux institutions constitutionnelles. Lorsque éclata la révolution de 1830, le 31 juillet, dans une séance privée de la chambre des pairs, où MM. Hyde de Neuville, Guizot et Sébastiani vinrent faire une communication au nom de la chambre des députés, M. de Brézé, tout en appuyant, comme moyen d'ordre public, la lieutenance générale de M. le duc d'Orléans, soutint que cette charge, pour avoir toute sa valeur et toute sa légalité, devait être accompagnée de la déclaration publique, par le lieutenant général, de n'user des pouvoirs qui lui seraient conférés, que dans *la limite de ses devoirs et de la constitution.*

Les événements du 7 août ayant dépassé et renversé toutes les espérances des amis de la monarchie légitime, M. de Brézé crut devoir rester à la chambre des pairs pour y défendre les droits de l'autorité et de la liberté réelle. S'opposant aux violences populaires, il réclama, avec non moins de courage, l'accomplissement régulier de toutes les promesses de la charte de 1830. Partisan de l'hérédité de la pairie, mais sentant que cette institution pouvait dès à présent manquer par sa base, il préférait pour la formation de la chambre des pairs un mode d'élections sagement réparties, à la combinaison qui prévalut à leur nomination royale soumise à quelques conditions de factice indépendance. Dans le projet de loi d'élection à la chambre des députés, ainsi que dans les lois précédentes sur les attributions municipales et départementales, M. de Brézé réclama le *droit commun*, la participation de tous les contribuables, au moyen de degrés successifs, à l'élection des députés; constamment il s'opposa à l'octroi des fonds secrets; vingt fois il monta à la tribune pour faire prévaloir l'honneur et les intérêts de la France dans toutes les questions de la péninsule espagnole, et pour combattre l'influence et la position que l'on laissait prendre aux prétentions et à l'orgueil de l'Angleterre. Il combattit les lois de septembre, et jeta un grand jour sur toutes les cupides obscurités dont on avait entouré l'exécution de la loi des 100 millions pour les travaux publics, etc., etc. Il serait aussi long que difficile d'énumérer, même en les abrégeant, les discours qu'il prononça à la chambre des pairs.

Après avoir, dans la session de 1842, parlé de nouveau contre les fortifications et l'embastillement de Paris, prononcé l'éloge funèbre du maréchal duc de Bellune, et discuté le projet de loi sur la régence, le marquis de Brézé, dont la santé se trouvait de plus en plus fatiguée de tant d'efforts, crut devoir suspendre le cours de ses travaux parlementaires. Il mourut le 21 novembre 1845, dans son château de Brézé.

BRÉZÉ (EMMANUEL-JOACHIM-MARIE), comte, puis, à la mort de son frère aîné, marquis DE DREUX-), naquit le 25 décembre 1797, aux Andelys (Eure). Voué, comme son frère aîné, à la carrière des armes, il entra, en 1812, dans les pages de la maison de l'empereur, et fut admis, à la Restauration, comme lieutenant, dans les chevau-légers. Il ne prit aucun service pendant les Cent-Jours, et fut nommé, au second retour des Bourbons, lieutenant au huitième régiment de chasseurs à cheval. Fatigué de l'oisiveté des garnisons, il voulut étudier toutes les parties du service militaire, et après avoir visité nos grands établissements de guerre, d'industrie et de commerce, continua les mêmes études en Italie, en Suisse, en Pologne, en Allemagne, en Russie, en Suède, en Danemark, en Angleterre, et suivit toutes les grandes manœuvres de nos armées sur les champs de bataille, depuis Lodi jusqu'à la Moskowa. En Russie, l'ambassadeur de France, le comte de La Ferronnays, lui conseilla d'embrasser la carrière diplomatique, et, tout en conservant son grade dans l'armée, M. de Brézé fut nommé attaché à l'ambassade de Russie, et accompagna notre ministre au congrès de Vérone. La guerre d'Espagne le ramena sous les drapeaux. Il fit la campagne de 1823 comme capitaine d'état-major, en qualité d'aide de camp du maréchal Moncey, et trouva les occasions de se distinguer. Après la campagne, il fut nommé aide de camp du maréchal Suchet, fit partie, en 1826, de l'ambassade extraordinaire du duc de Raguse à l'occasion du couronnement de l'empereur Nicolas, visita toutes les colonies militaires de cavalerie situées près d'Odessa, et adressa sur ce sujet un travail important aux ministres des affaires étrangères et de la guerre. En 1827 il fut attaché, dans son grade, à la première division militaire. Après le 9 août 1830, il donna sa démission.

BRÉZÉ (PIERRE-SIMON-LOUIS-MARIE DE DREUX-), frère des précédents, né à Brézé (Maine-et-Loire), le 2 juin 1811, est entré dans la carrière ecclésiastique, où il s'est fait remarquer, non-seulement par l'exercice de toutes les vertus sacerdotales, mais encore par plusieurs bons sermons qu'il a prêchés dans diverses églises de la capitale. Il avait été l'un des vicaires généraux de M. de Quélen, archevêque de Paris. Nommé évêque de Moulins par décret du 28 octobre 1849, il a été sacré le 14 avril 1850. Lors du passage du président de la république à Moulins, en septembre 1852, M. de Brézé le félicita dans une harangue où il lui sembla un peu prêcher pour son saint, en disant au prince qu'il espérait qu'une parole créatrice tombée de sa bouche ouvrirait dans le diocèse un plus convenable asile au siège principal de la prière. Il était difficile au reste de se servir d'une plus élégante périphrase pour signaler au chef du pouvoir exécutif l'état de délabrement de la cathédrale de Moulins.

BRIAL (Dom MICHEL-JEAN-JOSEPH), un des derniers membres de la congrégation de Saint-Maur, naquit à Perpignan, le 26 mai 1743. Il embrassait, à dix-huit ans, la règle de Saint-Benoît et prononçait ses vœux en 1764, dans l'abbaye de la Daurade, à Toulouse. Sur l'invitation de ses supérieurs, il vint, en 1771, à Paris, seconder dom Clément, resté seul chargé de continuer le *Recueil des Historiens de France*, et prit part à la publication des douzième et treizième volumes, qui parurent en 1786. La suppression des ordres religieux interrompit bientôt tous les grands travaux littéraires des bénédictins. Quand il fut question de les reprendre, dom Brial, qui n'avait pas cessé de se livrer à l'étude de nos anciens monuments avec une ardeur infatigable, se chargea de poursuivre seul la publication du recueil de nos historiens, et en mit au jour les quatorzième, quinzième, seizième, dix-septième et dix-huitième volumes, laissant même, à sa mort, des matériaux pour le dix-neuvième. Il succéda, en 1805, à Villoison dans la classe d'histoire de l'Institut national, qui reprit plus tard son nom d'Académie des Inscriptions et Belles-Lettres. Quoique presque exclusivement occupé de rassembler des matériaux pour le recueil de nos historiens, il ne laissa pas de coopérer aux volumes treize à seize de la continuation de l'*Histoire Littéraire*, commencée par dom Rivet, ainsi qu'aux *Notices et extraits des Manuscrits de la Bibliothèque du Roi*. Il payait encore son tribut à l'Académie par de savantes dissertations, car nul n'était plus versé que lui dans l'histoire du moyen âge. Après avoir fondé deux écoles gratuites dans les communes de Baixas et Pia, près de Perpignan, lieux de naissance de son père et de sa mère, il mourut à Paris, le 24 mai 1828, à l'âge de quatre-vingt-cinq ans.

Dom Brial était membre de la Légion d'Honneur. Il avait formé une bibliothèque curieuse, riche en histoire ecclésiastique et littéraire, en histoire des villes et des provinces de France, et où se trouvaient bon nombre de manuscrits, avec une précieuse collection de chartes des onzième, douzième et treizième siècles. Ce monument national a été dispersé par suite de la vente publique qui en fut faite en août 1828.

BRIANÇON, ville de l'ancien Dauphiné, aujourd'hui chef-lieu de sous-préfecture dans le département des Hautes-Alpes, à 57 kilomètres nord-est de Gap, avec une population de 3,277 âmes, est bâtie sur la rive droite de la Durance, qu'on y traverse sur un pont d'une seule arche de 40 mètres d'ouverture. Elle est défendue par sept forts commandant les vallées par lesquelles on peut l'approcher, et communiquant entre eux par des chemins et des voies souterraines. L'art et la nature rendent cette position inexpugnable, et en font l'une des places de guerre les plus importantes que nous ayons en France. Cette ville, fort irrégulièrement bâtie, est, après l'hospice du mont Saint-Bernard et l'auberge construite sur le Faulhorn, le lieu constamment habité le plus élevé de l'Europe; le *fort l'Infernit* n'est pas situé à moins de 2,458 mètres au-dessus du niveau de la Méditerranée. Les habitants de Briançon fabriquent quelques menus objets de quincaillerie et de clouterie, une espèce de résine connue sous le nom de *manne de Briançon*, et font avec l'Italie un commerce de transit assez actif. Les environs de la ville offrent les points de vue les plus pittoresques et les plus romantiques. Quant à la s t é a t i t e connue sous le nom de *craie de Briançon*, elle provient de Fenestrelles en Piémont.

Appelée *Brigantium* sous la domination romaine, la ville de Briançon, pendant le moyen âge, par suite de sa position, resta longtemps indépendante, puis elle se rattacha au Dauphiné, et passa, en 1349, en même temps que cette province, sous la souveraineté de la France. La paix conclue à Ryswick, en 1697, l'adjugea au duc de Savoie; en 1709, pendant la guerre de la succession d'Espagne, les Impériaux y furent complétement battus par les Français; enfin, en 1713, la Savoie dut la restituer à la France. Briançon avait pour devise : *Petite ville et grand renom*.

BRIARE (Canal de). Les travaux de ce canal, commencés sous Henri IV, qui y employa 6,000 hommes de troupes, furent terminés en 1642 par Louis XIII, et coûtèrent 10 millions de francs. C'est, suivant la remarque de M. de Humboldt, le plus ancien canal *à point de partage*. Sa longueur totale est de 55,301 mètres. Il commence à Montargis, sur le Loing, l'un des affluents de la Seine, passe à Ouzouer, Rogny, Châtillon, Conflans, et aboutit à Briare sur la Loire, mettant ainsi les deux fleuves en communication directe au moyen du *canal de Loing*. Ses écluses sont, dit-on, les premières que l'on ait construites en France. On en compte douze jusqu'au bief de partage, et douze sur l'autre pente. Le produit annuel de ce canal est évalué à environ 400,000 fr.

BRIARÉE, géant célèbre, fils de la Terre et de Titan ou Cœlus. Les poëtes nous le représentent avec cent bras, opposant à ses ennemis autant d'épées et de boucliers, cinquante têtes et autant de bouches enflammées. Cependant il fut vaincu deux fois: la première par Neptune, qui le précipita dans la mer d'un coup de son trident; et la seconde, lors de la révolte des Titans, auxquels il s'était uni, par Jupiter lui-même, qui l'emprisonna sous l'Etna. Plus tard, Jupiter lui pardonna, en faveur du service qu'il en reçut lorsque Junon, Minerve et Neptune osèrent conspirer contre le maître des dieux. Assis auprès de lui, Briarée, à leur approche, leur lança des regards si terribles, qu'ils produisirent sur eux un effet plus grand que celui de la foudre, et que, saisis d'effroi, ils se hâtèrent d'abandonner leur entreprise. Jupiter, en reconnaissance, prit auprès de lui Briarée, avec Cottus et Gygès, deux autres géants, pour lui servir de gardes. Les Carystiens lui rendaient des honneurs sous le nom de Briarée, qu'il conservait dans le ciel, et les habitants de Chalcis sous celui d'Égéon, qu'il avait pris sur la terre.

BRIBE se dit familièrement des restes d'un repas, et dans le sens figuré, de choses décousues, de peu d'importance. Par *bribes de latin* ou *de grec* on désigne vulgairement des passages tirés d'auteurs qui ont écrit dans ces deux langues, passages souvent tronqués par ceux qui leur font ces emprunts.

BRIC-A-BRAC, très-vieille expression, qui ne s'emploie plus que dans cette locution vulgaire : *marchand de bric-à-brac*, c'est-à-dire celui qui achète dans les ventes publiques, et débite en détail aux amateurs, sur les quais de Paris, ou dans des boutiques sombres et pleines de poussière, de vieux tableaux, de vieux cuivres, de vieilles ferrailles, mille choses sans nom, qui n'ont plus de formes, qui n'en ont peut-être jamais eu; des objets de hasard, des sculptures en ivoire, des bronzes pompadours, des porcelaines de Saxe, de Chine, du Japon, des madrépores, des stalactites, des singes et des oiseaux empaillés. Il suffit qu'une chose date ou vienne de loin pour exciter sa convoitise et celles de ses clients habituels. Prouvez qu'une pantoufle a chaussé Agrippine ou Montézuma, et il vous l'achètera argent comptant pour l'exposer sous verre avec étiquette dans sa boutique, où elle fera un excellent effet. Balzac, dans son roman de *La Peau de Chagrin*, a inventorié d'une façon très-originale une boutique de bric-à-brac.

Le goût du bric-à-brac n'est pas, au reste, nouveau dans ce bas-monde. Denis le Tyran achetait les tablettes d'Eschyle. On se disputa la flûte de Timothée, qui l'avait achetée lui-même sept talents à Corinthe. Le fils du tyran Pittacus gagna les prêtres du temple d'Apollon à Lesbos pour échanger contre une lyre vulgaire celle d'Orphée, qu'on y conservait et qui avait eu jadis la puissance de se faire suivre processionnellement par les animaux, les arbres et les pierres. Un contemporain de Lucien paya trois mille drachmes la lampe de terre d'Épictète. On a tour à tour recherché le bâton que le philosophe P e r e g r i n u s déposa en montant sur son bûcher, celui sur lequel s'appuyait Olden B a r n e v e l t en marchant au supplice, et la canne historique de M. de Voltaire. On a montré les os de Géryon à Thèbes, la peau du sanglier de Calydon chez les Tégéens et les cheveux d'Isis à Memphis. Maintenant, pour peu que la foi vous sauve, vous pourrez vous procurer, en y mettant le prix, la robe de Rabelais, celle de Jean-Jacques quand il adopta le costume arménien, le coffre dans lequel se sauva Grotius, le sabre de Pierre le Grand, les cruches façonnées par Jacqueline de Bavière, la chaîne de diamants et le fauteuil de Rubens, la plume de Juste-Lipse et le gobelet de bois dans lequel fut portée la première santé des g u e u x.

Denon, le plus grand amateur de bric-à-brac du globe, montrait à ses visiteurs une écritoire de Voltaire, des momies d'Égypte, des raretés de la Chine et du Japon, l'imitation en cire d'une des belles mains de la princesse Pauline, des os du Cid et de Chimène, d'Héloïse et d'Abailard, de Molière et de La Fontaine, des cheveux d'Inès de Castro, d'Agnès Sorel et du général Désaix, une partie de la moustache de Henri IV, un fragment du linceul de Turenne, un morceau ensanglanté de la chemise de Napoléon mourant à Sainte-Hélène; souvenirs précieux pour les amateurs, amas de bric-à-brac pour le vulgaire. A ce propos on citera toujours le spirituel concierge du château de Fontainebleau vendant successivement à plusieurs milliers d'Anglais la *véritable* plume dont Napoléon s'était servi en 1814 pour signer son acte d'abdication.

BRICK ou **BRIG**. C'est par abréviation que cette dénomination a été employée pour désigner l'espèce de bâtiments à laquelle elle s'applique. Le mot primitif était *brigantin*, d'où l'on a fait d'abord le mot *brig*, puis *brick*. La dénomination de *brick* entraîne avec elle l'idée d'un genre particulier de gréement et de mâture, plutôt que l'idée d'une espèce particulière de construction. On appelle *brick* un navire pourvu de deux mâts perpendiculaires ou à peu près, et d'un beaupré gréé comme celui des trois-mâts; ou, pour donner une définition plus complète de ce genre de navires, on pourrait dire qu'un brick est un trois-mâts auquel on aurait retiré son mât d'artimon.

Une des voiles principales des bricks a conservé le nom qui rappelle la dénomination sous laquelle les bricks étaient connus primitivement; c'est la *brigantine*, grande voile que l'on grée sur l'arrière du grand mât, et dont la partie inférieure s'étend sur la *bome* ou le *guy*. A bord des trois-mâts, cette voile, beaucoup plus petite, porte le nom d'*artimon*, qu'elle emprunte au mât sur lequelle elle se trouve établie.

Les bricks sont généralement plus petits que les trois-mâts. En France même on ne grée en bricks que des navires d'assez médiocre tonnage. Il est peu de bricks de trois cents tonneaux chez nous. Chez les Anglais et les Américains, il n'est pas rare d'en trouver de cinq cents tonneaux et plus; mais la difficulté de manœuvrer des bricks de cette capacité, où les parties du gréement sont moins divisées qu'à bord des trois-mâts, tend à diminuer de jour en jour le nombre de ces bricks immenses. On nomme *corvettes-bricks* dans la marine militaire les grands bricks de guerre. Mais aujourd'hui on emploie plus généralement le nom de *corvette* pour désigner les bâtiments de l'État à trois-mâts au-dessous des frégates. Le mot *brick* s'emploie seul pour indiquer l'espèce des navires de guerre à deux mâts.

Les *bricks-goëlettes* sont les navires dont le gréement participe à la fois de celui des bricks par leur mât de misaine, qui supporte une hune, et de celui des goëlettes par leur mât de hunière, qui n'a que des barres au lieu de hune. Quand on donne le nom d'*hermaphrodites* aux *bricks-goëlettes*, on ne veut pas dire que ce sont des bâtiments de deux sexes, mais des bâtiments de deux genres. Éd. CORBIÈRE.

BRICOLE. Ce mot, que l'on croit venir de l'espagnol *brincar*, qui signifie *jouer*, exprime, dans le sens propre, la réflexion d'un corps solide à la rencontre de que'que autre corps dur. Il est surtout d'usage à la paume et au billard : à la paume, quand la balle s'écarte de la ligne droite pour aller frapper la muraille; au billard, quand une bille ne touche une autre bille qu'après avoir été renvoyée par la bande.

Dans l'acception la plus habituelle, on appelle *bricole* la partie du harnais d'un cheval de trait contre laquelle s'appuie son poitrail, lorsqu'il va en avant. On doit avoir soin qu'elle soit toujours soutenue à une hauteur telle, qu'elle ne puisse gêner sa respiration.

Par analogie, on donne le même nom à un morceau de cuir très-épais qui sert aux porteurs à soutenir leur fardeau ou à s'atteler à une voiture à bras. C'est enfin un filet en forme de bourse dont on use à la chasse pour prendre les cerfs et les daims.

Au figuré *bricole* signifie une excuse frivole, une espèce de tromperie adroite, ou bien encore une manière détournée de posséder un livre, une brochure ou tout autre objet défendu :

> Petit écrit donné sous le manteau,
> Qu'on se dérobe et qui vient par *bricole*,
> Ou bien moulé par Pierre du Marteau,
> Fût-il mauvais, nous paraît toujours beau,
> Et pour l'avoir on ne plaint la pistole.

BRIÇONNET (GUILLAUME), connu sous le nom de *cardinal de Saint-Malo*, petit-fils de Bernard Briçonnet, maître des requêtes de l'Hôtel sous Charles V, naquit à Tours, et fut d'abord commis à la généralité de Languedoc. Louis XI le nomma général des finances de cette province. Il n'embrassa qu'assez tard l'état ecclésiastique, ayant d'abord été marié. Le roi, en mourant, le recommanda à son fils, qui le nomma surintendant des finances. Briçonnet, qui aimait la guerre, favorisa cette passion chez son maître, et lui fournit les moyens de la satisfaire. C'est par son avis que Charles VIII entreprit la conquête du royaume de Naples. Briçonnet, qui avait perdu sa femme, embrassa l'état ecclésiastique, et devint évêque de Saint-Malo en 1490. Il accompagna le roi dans les guerres d'Italie, et fonda la grandeur de la maison de Médicis en couvrant de sa protection Pierre de Médicis, que les Florentins voulaient massacrer, après avoir pillé son palais.

La réputation de Briçonnet comme ministre fut toujours digne d'éloges; mais comme politique deux fautes lui ont été reprochées, la première d'avoir, à l'entrée en campagne, ajouté aux promesses de Ludovic Sforce une confiance qu'elles ne méritaient pas; la seconde, en 1495, d'avoir dissuadé le roi, maître de Rome, de s'emparer de la personne du pape Alexandre VI et de le faire déposer pour ses crimes, d'après l'avis de la plus grande partie du sacré collége. Cette conduite lui valut le chapeau de cardinal. Au retour d'Italie, le duc d'Orléans, depuis Louis XII, assiégé dans Navarre par Ludovic Sforce, en sortit à la suite d'une négociation dont furent chargés le prince d'Orange, Philippe de Comines et le cardinal de Saint-Malo.

Après la mort de Charles VIII, Briçonnet dut remettre les finances au cardinal d'Amboise; mais Louis XII le chargea de négociations importantes auprès du pape Jules II, dont il refréna l'humeur belliqueuse, bravant les foudres du Vatican, assemblant malgré lui le concile de Lyon, en opposition à celui de Latran, et le maintenant jusqu'à l'exaltation de Léon X, successeur de Jules II, qui leva l'excommunication dont il avait été frappé. De l'évêché de Saint-Malo il était passé à l'archevêché de Reims, où il fut remplacé par son frère Robert Briçonnet, chancelier de France. Il devint alors archevêque de Narbonne, et fut en outre gratifié par Louis XII de la riche abbaye de Saint-Germain-des-Prés et du gouvernement du Languedoc. Les deux fils qu'il avait eus de son mariage avant d'entrer dans les ordres furent tous deux évêques, l'un de Meaux, l'autre de Lodève, et il officia souvent l'aîné lui servant de diacre, le puîné de sous-diacre. Il fut un des principaux bienfaiteurs de l'Hôtel-Dieu de Paris, protégea les arts, les lettres, les sciences, et mourut fort vieux, à Narbonne, le 14 décembre 1514.

BRIÇONNET (GUILLAUME), fils du précédent, connu d'abord sous le nom de comte de Montbrun, fut successivement évêque de Lodève et de Meaux. Avant de se retirer dans son diocèse, il avait été chargé par Louis XII et François Ier de diverses négociations auprès du saint-siége, avait assisté aux conciles de Pise et de Latran, et avait été, sur la démission de son père, pourvu de l'abbaye Saint-Germain-des-Prés. Revenu à Meaux, il attira auprès de lui plusieurs savants, tels que Guillaume Farel, Jacques *Faber* ou Lefèvre, Gérard Roussel, François Vatable, parmi lesquels figuraient des docteurs de l'université de Paris, zélés calvinistes, qui lui firent partager leurs opinions. Mais bientôt, craignant de perdre son évêché et les faveurs de la cour, il changea de conduite, et se mit à poursuivre avec acharnement le parti qu'il avait d'abord favorisé. Excommunications, processions, jeûnes, proscriptions, rien ne fut négligé par lui pour prouver son zèle. Aussi les cordeliers, qui l'avaient deux fois traduit au parlement pour hérésie, furent-ils traités de calomniateurs. Il mourut en 1533, dans son château d'Aymans, près de Montereau. Comme son père, il avait protégé les lettres et accru la bibliothèque de l'abbaye de Saint-Germain-des-Prés.

BRIÇONNET (ROBERT), d'abord conseiller au parlement, président aux enquêtes, pourvu de la riche abbaye de Saint-Waast d'Arras, archevêque de Reims et chancelier de France, oncle du précédent, dut son élévation rapide à la faveur de son frère le cardinal de Saint-Malo. Il mourut en 1497, à Moulins.

BRIDAINE (JACQUES), fils d'un chirurgien, naquit à Uzès, le 21 mars 1701. Il passa du collège des jésuites d'Avignon au séminaire Saint-Charles de la même ville. Ce fut là qu'il perfectionna par des études approfondies les qualités extraordinaires dont la nature l'avait doué, et ses supérieurs, en l'entendant expliquer le catéchisme dans différentes églises, ne tardèrent pas à pressentir un talent de premier ordre dans ce jeune novice qui à l'imagination la plus vive joignait un esprit d'une rectitude, d'une pénétration admirable, et la conviction la plus profonde. Aussi, à peine Bridaine était-il revêtu des premiers ordres qu'il fut envoyé en mission à Aigues-Mortes. Son début dans cette ville aurait découragé tout autre que lui. Chaque jour il prêchait dans le désert. Le mercredi des Cendres, fatigué d'attendre son auditoire, il s'élance de l'église une clochette à la main, et parcourt toutes les rues de la ville entraînant la foule sur ses pas, impatiente de connaître l'issue d'une telle singularité. Ce fut au milieu des sarcasmes universels, des éclats de rire prolongés, que Bridaine monta en chaire. Mais il prend la parole, et, par une sublime paraphrase sur la mort, il a bientôt fait succéder à une bruyante dérision le silence et l'admiration. A partir de cette époque sa réputation alla toujours en croissant, et le fameux sermon qu'il prononça en 1751 devant la plus illustre compagnie assemblée, pour l'entendre y mit le comble. Le cardinal Maury en a retenu et nous en a conservé l'exorde, et s'il n'a pas eu besoin d'appeler son talent au secours de sa mémoire, il faut convenir que jamais l'éloquence spontanée des missionnaires ne se signala avec plus de force et d'éclat, et que les discours les plus estimés des grands orateurs sacrés n'offrent rien qui surpasse ce morceau sublime. Le talent de Bridaine aurait pu le porter aux plus hautes dignités de l'Église; mais il voulut rester missionnaire, et tout ce qu'il accepta fut le pouvoir que lui conféra Benoît XIV de faire des missions dans toute la chrétienté. Jamais cependant il ne sortit de France; mais, si l'on en excepte les provinces du Nord, il n'est point de ville, de bourg, de village, qu'il n'ait fait retentir des accents de son éloquence. Pendant toute sa vie il fut à l'œuvre, et il venait d'accomplir sa deux cent cinquante-sixième mission quand il succomba à Roquemaure, près d'Avignon, le 22 décembre 1767.

Bridaine était né avec une éloquence populaire, pleine de verve, d'images et de mouvements. Il avait un si puissant et si heureux organe, qu'il rendait croyable tous les prodiges que l'histoire nous raconte de la déclamation des anciens; et il se faisait aussi aisément entendre de dix mille personnes en plein air que s'il eût parlé sous la voûte du temple le plus sonore. Nul n'a possédé à un si haut point que lui le rare talent de s'emparer d'une multitude assemblée. Son art consistait à captiver et à soutenir l'attention par l'attrait de la nouveauté et de l'imprévu. C'est là le secret de tant de sensations extraordinaires, de tant de conversions éclatantes qui furent le fruit de ses efforts. Étant un jour à la tête d'une procession, il prononça une grande exhortation sur la brièveté de la vie, et finit par dire à la multitude qui le suivait : « Je vais vous ramener chacun chez vous... » Et il les conduisit dans un cimetière.

On a du père Bridaine des *Cantiques spirituels*; *Lectures et méditations pour le temps de la retraite, extraites des discours inédits du P. Bridaine*; *Règlement de vie pour une pieuse demoiselle, précédé de la méthode pour assister avec fruit au saint sacrifice de la messe*; *Sermons inédits du P. Bridaine, publiés sur ses manuscrits autographes*.

BRIDE, bande de cuir attachée à un mors, et qui sert à conduire un cheval, à discipliner ses mouvements, à gouverner sa fougue. La bride se compose des deux rênes, d'une *têtière* et du *mors*. Le *bridon* est une espèce de bride légère, dont le mors brisé n'a point de branches et qu'on emploie quelquefois indépendamment de la bride. *Courir à toute bride, à bride abattue*, c'est lancer un cheval de toute sa force, le faire courir de toute sa vitesse.

Bride s'emploie figurément pour exprimer ce qui arrête, ce qui contient nos penchants. Il faut user de toutes choses avec modération, et ne pas *lâcher la bride* à nos sens; précepte fort sage, mais fort difficile à pratiquer, surtout dans la jeunesse. *Lâcher la bride* à son imagination, c'est s'abandonner au courant de ses pensées, caresser les plus folles, les plus désordonnées, sorte d'exaltation qui fait les grands poëtes et les grands artistes.

Bride sert encore à désigner plusieurs pièces d'habillement. *Mettre des brides* à un bonnet, c'est l'assujettir sur la tête en cousant des cordons à chaque extrémité pour les nouer ensemble en passant sous le cou. On met aussi des brides aux boutonnières d'une chemise. Ce sont des points en travers de la couture destinés à prévenir les déchirures. Les *brides* sont encore de petits tissus de fil qui, dans la dentelle, servent à joindre les fleurs les unes aux autres.

BRIDGETOWN. *Voyez* BARBADE.

BRIDGEWATER (FRANCIS-HENRI EGERTON, comte DE), naquit le 11 novembre 1756, et descendait du célèbre Thomas Egerton, chancelier sous Jacques Ier. Destiné à l'état ecclésiastique par son père, l'évêque de Durham, il n'eut pas plus tôt terminé avec succès à Oxford ses études commencées d'une manière brillante à Eton, qu'il obtint un bénéfice dans la résidence même de son père; et plus tard il y joignit deux cures considérables, que, selon l'usage de l'Église anglicane, il conserva religieusement jusqu'à sa mort sans en jamais remplir les fonctions. Humaniste distingué, il se fit connaître du monde lettré, en 1796, par la publication de l'*Hippolyte* d'Euripide, et plus tard il donna des fragments de deux odes de Sapho. En 1798 il fit imprimer l'histoire de la vie du chancelier Egerton, dont il parut en 1807 une nouvelle édition, destinée uniquement à ses amis, et à laquelle il joignit une notice sur son parent le duc de Bridgewater, mort en 1803, et célèbre par ses entreprises de canalisation. Il reproduisit cet éloge dans une lettre aux Parisiens et à la nation française sur la navigation intérieure, qu'il publia de 1819 à 1820 à Paris, où il faisait sa résidence depuis le rétablissement de la paix générale, et y ajouta une notice sur l'ingénieur Brindley, qui avait dirigé les travaux de construction du célèbre canal de Bridgewater.

Ce duc de Bridgewater, dont il a donné la biographie, mourut sans enfants, laissant pour héritier de son immense fortune et de son nom un cousin, le général Egerton; mais son titre de duc s'éteignit avec lui, et son héritier ne put prendre que le titre de comte.

Ce comte de Bridgewater mourut vingt ans plus tard, en 1823, et sans laisser non plus d'enfants; de sorte que ses titres et ses biens passèrent à son frère puîné, déjà immensément riche, *Francis Henri* EGERTON, objet de cet article, et qui continua d'habiter Paris. Il s'occupait avec un soin tout particulier de réunir les matériaux de l'histoire des membres de sa famille, et fit imprimer à cet effet, en 1826, sous le titre de *Family Anecdotes*, un magnifique volume in-folio, tiré à un petit nombre d'exemplaires, pour être distribués à ses amis. Son genre de vie était des plus étranges. Son hôtel (l'ancien hôtel de Noailles, rue Saint-Honoré, dont le jardin s'étendait jusqu'à la rue de Rivoli, et sur l'emplacement duquel on perça après sa mort la rue d'Alger et une partie de la rue Monthabor); son hôtel, disons-nous, était rempli de chiens et de chats. Deux de ces chiens, affublés de vêtements assez semblables à ceux des hommes, dinaient à tour de rôle à la table de mylord; et il n'était pas rare de rencontrer au *bois*, aux Champs-Élysées et sur le boulevard une demi-douzaine de ces fashionables de nouvelle espèce, allant à la promenade des moelleux coussins d'une calèche attelée de quatre chevaux, et accompagnés de deux valets en grande livrée.

Dans sa jeunesse le comte de Bridgewater avait été un chasseur déterminé; mais les infirmités de l'âge ayant fini par lui rendre impraticable ce délassement, il avait imaginé de réunir dans le jardin de son hôtel quelques douzaines de lapins et de pigeons. Traîné dans un fauteuil à roues, notre vieux Nemrod poursuivait cet innocent gibier dans les allées et dans les fourrés, en abattait quelques pièces à coups de fusil, et se les faisait triomphalement servir sur sa table comme produit de sa chasse.

Le comte de Bridgewater mourut à Paris, le 12 février 1829; et l'acte de ses dernières volontés portait l'empreinte de l'excentricité de son caractère. C'est ainsi que tous ses domestiques et quelques personnes admises dans son intimité y figuraient pour des legs plus ou moins considérables, mais avec cette clause restrictive que s'il mourait assassiné ou empoisonné ses dispositions testamentaires seraient nulles. Il n'est pas vrai cependant, comme on le prétendit dans le temps, qu'il ait fait mention de ses chiens dans ce testament.

Il léguait en outre ses manuscrits et une somme de 5,000 li. sterling au *British Museum*, ainsi qu'une somme de 8,000 livres sterling (200,000 fr.) pour être décernée en prix, par la Société royale de Londres, aux auteurs des ouvrages dans lesquels la puissance, la sagesse et la bonté infinies de Dieu seraient le mieux démontrées par les merveilles de la création, de même que pour couvrir les frais de la publication de ces ouvrages. Cette utile fondation nous a valu une série d'excellents traités dus à des savants célèbres, que l'on a traduits dans la plupart des langues de l'Europe, et dont le plus célèbre, à bon droit, est le *Traité de Géologie et de Minéralogie* de Buckland. On cite en outre, de Whewell, une *Physique* et une *Astronomie*; de Prout, une *Chimie* et une *Météorologie*; de Kirby, les *Mœurs et Instincts des Animaux*; de Roget, une *Physiologie comparée des Animaux et des Plantes*; de Charles Bell, la *Main humaine*; de Kidd, *Rapports du Monde extérieur à la corporéité de l'Homme*; de Chalmers, des *Considérations générales sur la révélation de la puissance, de la sagesse et de la bonté de Dieu dans les rapports du monde extérieur avec la nature morale et intellectuelle de l'homme*.

BRIDGEWATER (Canal de), dans le comté de Lancaster, un des plus anciens canaux de la Grande-Bretagne, a reçu son nom du duc Francis Egerton de Bridgewater (né en 1726, mort le 8 mars 1803), qui, possédant de riches mines de charbon de terre près de Worsleymill, à quelques kilomètres de Manchester, et ne pouvant les exploiter à cause de la cherté des frais de transport, obtint du parlement l'autorisation de faire creuser un canal jusqu'à Manchester. Le célèbre James Brindley fut chargé des travaux, qui durèrent de 1758 à 1772. Ce canal franchit des montagnes, des vallées, des fleuves, perce des rochers, traverse l'Irwell et la Mersey sur des aqueducs d'une grande hauteur, et porte des bateaux de charbons du poids de 120 à 160 quintaux. Plus tard le duc le fit continuer jusqu'à Liverpool. Le succès de ce canal encouragea plusieurs sociétés à entreprendre sur divers points des travaux semblables; le duc lui-même en fit creuser un second, long de 140 kilomètres, qui, au moyen de quatre-vingt-dix écluses, conduit l'eau à une hauteur de 163 mètres, franchit une montagne et met en communication Hull et Liverpool, c'est-à-dire la mer du Nord et la mer d'Irlande.

BRIE, ancienne province de France qu'habitaient les *Meldi* du temps de César, et qui lors du dénombrement ordonné par Honorius se trouvait comprise dans la quatrième Lyonnaise. Lorsque les Francs eurent conquis ce pays sur les Romains, ils l'incorporèrent au royaume de Neustrie. Dès le neuvième siècle il eut des seigneurs particuliers, qui prenaient le titre de comtes de Meaux. Herbert de Vermandois, étant devenu comte de Troyes ou de Champagne, en 968, réunit ces deux provinces, dont la destinée depuis lors a toujours été commune, et qui furent réunies à la couronne en 1361.

La Brie se divisait en *Brie champenoise* et *Brie française*. Meaux, chef-lieu d'un bailliage et de la lieutenance générale du gouvernement de toute la Brie, était la capitale de la Brie champenoise. Celle-ci, bornée au nord par le Valois et le Soissonnais, au sud et à l'est par la Champagne, et à l'ouest par la Brie française et l'Ile-de-France, présentait une superficie de 24 myriamètres carrés. Les autres villes principales de la Brie champenoise étaient Coulommiers, Provins, Montmirail, Sézanne et Château-Thierri. La Brie française était bornée au nord par l'Ile-de-France et la Brie champenoise, au sud par la Seine, qui la séparait du Gâtinois; ses limites à l'est étaient la Brie champenoise et à l'ouest la Seine, qui la séparait du Hurepoix. Elle n'avait qu'une superficie d'environ 14 myriamètres carrés. C'est de cette partie que viennent le beurre et le fromage de Brie, si estimés par les Parisiens et par les étrangers. La ville de Brie-Comte-Robert était le chef-lieu de la Brie française. Les autres villes étaient : Lagny, Corbeil, qui a eu ses comtes particuliers depuis Aymon (946) jusqu'au fameux Hugues du Puiset, sur lequel le roi Louis le Gros confisqua le comté de Corbeil, vers 1122 ; Rozoy-sur-Yères, Villeneuve-Saint-Georges, Tournans et Nangis. On divisait aussi la Brie en haute et basse. Meaux était la capitale de la première, et Provins, ancienne résidence des comtes de Brie, le chef-lieu de la seconde. Enfin Château-Thierri était aussi capitale d'une portion de la Brie champenoise, appelée la *Brie pouilleuse*. La Brie fait aujourd'hui partie des départements de Seine-et-Marne, de l'Aisne et de la Marne. LAINÉ.

BRIEN. *Voyez* O'BRIEN.

BRIENNE, petite ville du département de l'Aube, située sur la rive droite de la rivière de ce nom, avec une population de 2,000 âmes environ, est divisée en deux bourgades distantes de mille pas environ, appelées Brienne-la-Ville ou la Vieille et Brienne-le-Château. Cette ville, qui n'a conservé de vestiges d'aucune fondation remarquable, si ce n'est l'école où Bonaparte commença son éducation militaire, a joui anciennement d'une certaine célébrité. C'était le chef-lieu et le séjour ordinaire des anciens comtes de la maison de Brienne, vassaux immédiats des comtes de Champagne, dont leur fief formait l'une des sept pairies, et arrière-vassaux de la couronne de France.

BRIENNE (Maison de). Elle eut pour chef Engilbert Ier, comte de Brienne, qui vivait en 990, sous le règne de Hugues Capet. Il était alors uni à Mansfrède, veuve de Fromond Ier, comte de Sens. Engilbert II, leur fils, vécut jusque après l'année 1055. Il fut père de Gauthier Ier, comte de Brienne, marié avant l'année 1068 avec Eustachie, fille de Milon III, comte de Tonnerre, et d'Azeka, comtesse de Bar-sur-Seine. Cette alliance amena le comté de Bar-sur-Seine dans la maison de Brienne, Eustachie ayant hérité de ce comté de son frère, le comte Hugues Renaud, évêque de Langres. Gautier en avait eu trois fils, qui laissèrent postérité, savoir : Érard Ier, dont nous parlerons plus bas; Milon Ier, comte de Bar-sur-Seine, mort en 1125. Gui, son fils aîné, épousa Pétronille de Chacenai, dont vinrent Milon II et Manassès, successivement comtes de Bar-sur-Seine, le premier décédé en 1152, le second promu à la prêtrise et nommé doyen de Langres vers 1166. Pétronille, fille unique de Milon II et de la comtesse Agnès, porta en mariage le comté de Bar-sur-Seine (1168) à Hugues du Puiset, vicomte de Chartres, père de Milon III, comte de Bar-sur-Seine. Après la mort de Milon III, du Puiset (1218), Laurence du Puiset, sa nièce, femme de Pons de Cuiseaux, et Pétronille de Brienne, fille de Thibaud, frère de Milon II, partagèrent entre elles le comté de Bar-sur-Seine, qu'elles vendirent peu après à Thibaud, comte de Champagne. Engilbert de Brienne, troisième fils du comte Gautier Ier, eut en apanage la terre de Conflans en Champagne, dont il prit le nom, conformément à l'usage du temps, en conservant les armes de Brienne. Il fut le fondateur de la maison de Conflans, qui s'est continuée jusqu'à ce jour, et dont était le maréchal d'Armentières, mort en 1774.

ÉRARD Ier, comte de Brienne, mort en 1104, n'est connu, comme ses pères, que par des actes de libéralité envers les abbayes. Alix de Rouci le rendit père de GAUTIER II, comte de Brienne, qui fit le voyage de Jérusalem en 1147, et laissa d'Agnès de Baudemont ÉRARD II et André de Brienne. Ce dernier fournit la branche de Rameru, éteinte à la fin du treizième siècle. ÉRARD II, comte de Brienne en 1156, laissa d'Agnès de Montfaucon, *dite* de Montbéliard, GAUTIER III et JEAN DE BRIENNE.

Celui-ci, né avec la passion des armes, était destiné par son père à l'état ecclésiastique. Il osa résister à la volonté paternelle, et pour s'y soustraire implora la généreuse hospitalité des moines de Citeaux. Touché des inutiles efforts qu'il tentait pour dompter un penchant qui contrarierait le vœu de sa famille, un de ses oncles, le sire de Châteauvillain, le fit sortir du cloître, et dirigea lui-même ses premiers pas dans une carrière où sa valeur éleva rapidement sa famille au faîte de la puissance et de la gloire. La renommée de ses exploits à la conquête du royaume de Naples, où il accompagna le comte de Brienne, son frère aîné, ayant retenti jusqu'en Orient, les chrétiens de la Palestine envoyèrent une ambassade au roi Philippe-Auguste pour lui demander la main de ce guerrier pour la jeune Marie de Montferrat, reine de Jérusalem, et son épée contre les infidèles. La vie de Jean de Brienne, couronné roi de Jérusalem en 1210, offre un long enchaînement de vicissitudes, où la part des revers ne contribua pas moins que celle des succès à sa gloire. Dépossédé pendant son absence de la Palestine par l'empereur Frédéric II, son gendre (1223), il fut appelé par le choix des barons français de l'empire d'Orient à gouverner cet État chancelant avec le titre d'empereur, alors attaché à la régence, durant la minorité de Baudouin II de Courtenai. Dans la guerre terrible qu'il soutint contre les Grecs et les Bulgares réunis sous les murs de Constantinople, il sut à quatre-vingts ans rajeunir sa vieille renommée par de miraculeuses victoires. Parvenu au comble de la grandeur, il déposa les insignes de l'autorité souveraine pour terminer une vie de héros sous l'humble habit d'un disciple de saint François d'Assise (1237). De Bérengère de Castille, sa seconde femme, sœur du roi Ferdinand III, il avait eu, entre autres enfants, Alfonse de Brienne, grand chambrier de France et comte d'Eu par son mariage avec Marie de Lusignan; Jean de Bricune, grand bouteiller de France, et Louis Ier de Brienne, vicomte de Beaumont au Maine par la vicomtesse Agnès sa femme (1253), qui fut la souche de la seconde race des vicomtes de Beaumont, dont le dernier, Louis II, fut tué à la bataille de Cocherel, en 1364.

GAUTIER III, comte de Brienne, s'était signalé avec son frère à la défense d'Acre contre les infidèles, en 1188, lorsque Tancrède, roi de Sicile, lui donna, en 1191, la main d'Albérie, sa fille aînée, sœur du jeune roi Guillaume. Celui-ci ayant été dépouillé de ses États pendant sa minorité par l'empereur Henri VI, Gautier, comte de Brienne, à la tête de soixante guerriers déterminés, passe le mont Cenis, et entreprend la conquête d'un royaume que la valeur de quelques chevaliers normands avait fondé depuis un siècle; la fortune sourit à la témérité de son entreprise, car en peu de mois on le vit en possession de la Pouille et des principales places du royaume de Naples. Il était à la veille d'expulser entièrement les troupes impériales de ce royaume, lorsqu'une aveugle confiance dans ses succès et dans la bravoure de ses soldats vint causer sa perte. Au conseil qu'on lui donnait de se tenir plus en garde contre ses ennemis, il n'avait qu'une réponse : *ils n'oseraient*. Le comte Diépold, qu'il avait vaincu jusque alors toutes les fois qu'il avait pu l'atteindre, lui fit expier cet excès de confiance et de présomption. L'an 1203, assiégé dans un château sur le Sarno, le général allemand fait une sortie de grand matin, surprend le camp de Gautier de Brienne, en fait un horrible carnage, et ramène Gautier dans la place couvert de blessures. On vint lui offrir de briser ses fers s'il voulait renoncer à la couronne de Sicile. On se flattait de vaincre sa persévérance et son courage par les plus cruelles privations, mais il se laissa mourir de faim plutôt que de renoncer à un trône qu'il avait si glorieusement conquis.

GAUTIER IV, comte de Brienne, hérita de la valeur de son père, mais ne recueillit pas le fruit de ses conquêtes. Appelé à la Terre Sainte par Jean de Brienne, roi de Jérusalem, son oncle, et ci-devant son mentor et son tuteur, il fit sous lui l'apprentissage des armes, et rendit redoutable aux Sarrasins le titre de *comte de Jaffa*, sous lequel il était connu. Il commandait l'aile droite à la bataille de Gaza (1244) : apercevant du désordre dans les mouvements que faisait l'armée karismienne pour se mettre en bataille, il voulut profiter du moment pour fondre sur les infidèles; mais toutes les prières qu'il fit pour se faire absoudre par le patriarche de Jérusalem d'une excommunication qu'il avait encourue ne purent lui obtenir l'honneur de sauver l'armée chrétienne par une victoire. L'évêque de Rama, indigné d'un refus qui allait avoir des suites si funestes, s'avança vers Gautier de Brienne, lui donna l'absolution, et se précipita avec lui dans les rangs ennemis. Mais ceux-ci avaient eu le temps de prendre les positions les plus avantageuses. Trente mille guerriers perdirent la vie ou la liberté dans cette bataille, où la victoire fut disputée pendant deux jours. Gautier de Brienne, fait prisonnier et traîné à la suite des vainqueurs jusque sous les murs de Jaffa, fut attaché à une croix par les Karismiens, qui, en montrant les outrages et les tourments dont ils l'accablaient, se flattaient de soumettre cette ville. Mais Gautier, loin de se laisser abattre, exhorta de toute la force de sa voix les habitants et la garnison à ne pas trahir leur religion et leur patrie par une fausse compassion ou une indigne faiblesse, et à défendre jusqu'à la dernière extrémité une ville chrétienne. Les défenseurs de Jaffa, enflammés par ce dévouement sublime, repoussèrent les infidèles, et Gautier de Brienne marcha avec joie au supplice qui l'attendait au Caire, où il avait été conduit après la retraite des Karismiens.

Il laissa de Marie de Chypre, fille du roi Hugues Ier, Jean, comte de Brienne, mort sans postérité, et HUGUES, qui lui succéda avant 1270. L'année précédente, il avait accompagné Charles de France, comte d'Anjou, à la conquête du royaume de Naples, et en avait reçu en récompense de ses exploits les comtés de Liches, de Tripazzo et de Tibenrano dans la terre d'Otrante. Il devint aussi duc d'Athènes, par son mariage avec Isabelle de la Roche, fille de Guillaume, duc d'Athènes et sire de Thèbes. GAUTIER V, leur fils, comte de Brienne et de Liches, duc d'Athènes, entreprit une guerre heureuse contre Jean de Durazzo, duc de Patras, et contre Thomas, despote d'Acarnanie, qu'il contraignit à faire la paix, après leur avoir repris plus de trente châteaux qu'ils lui avaient enlevés. Il fut tué par les Catalans, en 1312. Jeanne de Chastillon, sa femme, fille de Gaucher V, comte de Porcean, l'avait rendu père de GAUTIER VI, comte de Brienne et de Liches, duc d'Athènes.

Élevé à la cour de Robert le Bon, roi de Sicile, Gautier VI fut nommé par le duc de Calabre, fils de ce prince, son vicaire ou gouverneur général pour l'État de Florence en 1326, et fut opposé l'année suivante à l'empereur Louis de Bavière, qui voulait pénétrer dans le royaume de Naples. Après une tentative infructueuse pour reconquérir son duché d'Athènes, envahi par les Catalans (1331), il revint en Italie (1331), et de là se rendit en France, à la cour du roi Philippe de Valois, qui l'employa dans ses guerres contre les Anglais en 1339 et 1340. L'année suivante, Robert, roi de Sicile, appela Gautier au secours des Florentins contre les Pisans, qui leur avaient enlevé la ville de Lucques. Ébloui par l'ascendant que lui avaient acquis ses services, il aspira au pouvoir souverain, se fit élire capitaine et conservateur du peuple de Florence, puis seigneur à vie, le 8 septembre 1342. Cette élection souleva de nombreux mécontentements. Gautier, par une politique aussi atroce que dissimulée, fit périr publiquement plusieurs Florentins dévoués à sa cause qui lui avaient dénoncé des complots tramés contre lui, pour persuader au peuple qu'il ne croyait pas que les grands fussent capables de conspirer sa perte. Ces lâches cruautés n'eurent point le succès qu'il s'en était promis. Assiégé dans son palais le 3 août de la même année, son pouvoir despotique fut anéanti, et il fut heureux d'obtenir la vie sauve au prix de celles du provéditeur et de son fils, que la populace mit en pièces et dont elle dévora les lambeaux palpitants et à moitié rôtis sur des charbons. Gautier revint en France, et il fut élevé à la dignité de connétable par le roi Jean, le 9 mai 1356. Il fut tué à la bataille de Poitiers, le 19 septembre de la même année. Comme il n'avait pas d'enfants, sa riche succession passa à sa sœur Isabeau, comtesse de Brienne et duchesse d'Athènes, femme de Gautier IV, seigneur d'Enghien. Marguerite d'Enghien, sa petite fille, porta le comté de Brienne, avec ses droits sur le duché d'Athènes, à Jean de Luxembourg, son mari. Leurs descendants ont possédé le comté de Brienne jusqu'en 1605; à cette époque il fut porté par mariage dans la maison de Béon du Massès, et de celle-ci il passa, en 1623, dans la famille de Loménie, qui le possédait au moment de la révolution.

Louise de Béon avait, en 1625, fondé à Brienne, un couvent de minimes, destiné à l'éducation des enfants du pays, lequel fut, en 1730, converti en collège et, en 1776, en succursale de l'école militaire de Paris, destinée à recevoir cent élèves du roi et cent pensionnaires. L'école militaire de Brienne fut supprimée en 1790; les bâtiments en furent vendus et démolis; mais le château bâti par Loménie, comte de Brienne, ministre de la guerre sous Louis XVI, n'a rien perdu de sa magnificence. LAINÉ.

BRIENNE (LOMÉNIE DE). *Voyez* LOMÉNIE.
BRIENNE (NICÉPHORE). *Voyez* NICÉPHORE-BRYENNE.
BRIENNE (Combat et Bataille de). Les coalisés avaient passé le Rhin le 1er janvier 1814 : le centre et la gauche sous les ordres de Schwartzenberg, au nombre d'environ 317,000 hommes, à Bâle et à Manheim ; la droite, sous les ordres de Blucher, à Coblentz. Il n'y avait devant Schwartzenberg que 9,000 hommes, sous les ordres de Victor, et devant Blucher que 16,000 hommes, commandés par Marmont. Macdonald, avec 21,000 hommes, occupait Cologne; Maison, avec 13,000, la Belgique ; une réserve de 14,000 hommes s'organisait. Le point de jonction des deux grandes armées coalisées devait être entre Châlons-sur-Marne et Bar-sur-Seine. Refoulés par des forces supérieures, Victor et Marmont se replièrent derrière la Meuse et les Vosges. Macdonald, débordé par Blucher, se retira en toute hâte par les Ardennes, afin de gagner Châlons, indiqué par l'empereur pour point de concentration de toutes ses forces. Quelques renforts avaient porté notre armée, non compris le corps de Maison, à près de 73,000 hommes, qui furent placés sous les ordres de Mortier, Victor, Marmont, Macdonald et Ney. Le 27, Napoléon, ayant réuni les corps de Victor, Marmont et Ney, marcha sur Saint-Dizier, où il espérait prévenir Blucher, et empêcher la jonction des deux grandes armées des alliés. Il en chassa facilement l'ennemi ; mais il apprit que Blucher était déjà à Brienne et Schwartzenberg à Bar-sur-Aube, et que la jonction qu'il voulait empêcher avait eu lieu. Il comprit dès lors la nécessité de couvrir Paris, et résolut de marcher sur Troyes pour se réunir à l'aile droite, commandée par Mortier.

Le 28 donc, laissant Marmont à Saint-Dizier, il s'avança par Vassy sur Montierender, avec les corps de Victor et de Ney. Blucher se concentra autour de Brienne; Schwartzenberg entre Bar-sur-Aube et la Marne. Le 29 l'empereur se dirigea de Montierender sur Brienne avec les corps de Victor et de Ney : Marmont étendit sa cavalerie du côté de Vassy. Vers midi, la cavalerie légère du général Piré rencontra devant Mézières un corps de l'armée de Blucher, qui l'arrêta, Grouchy déploya peu après à la gauche de Piré les divisions Lefebvre-Desnouettes, Briche et Lhéritier. La cavalerie russe de l'Allen, vigoureusement chargée, fut alors obligée de se replier sur Brienne, sous la protection des carrés de son infanterie. Traversant le bourg à toute bride, elle rejoignit à trois heures le gros de l'armée de Blucher, qui était en position dans Brienne et autour. Une demi-heure après, le corps de Victor étant arrivé, la division Duhesme attaqua le bourg. Au bout d'une heure, le corps de Ney arrivant aussi, la division Decouz appuya l'attaque de la division Duhesme. Nos forces s'élevaient à 27,000 hommes, celles de l'ennemi à 40,000, et pourtant Ney allait le forcer à évacuer Brienne, quand une faute grave nous fit reperdre nos avantages.

La cavalerie de Grouchy était restée derrière l'infanterie, au lieu de couvrir sa gauche. Blucher s'en aperçoit, et fait charger la division Duhesme par 44 escadrons, qui la culbutent et lui enlèvent une batterie. Cet échec oblige Ney à rétrograder. Blucher, croyant l'affaire terminée avec le jour, donne ordre d'évacuer Brienne à minuit, et se met à table. Tout à coup, vers huit heures du soir, le général Château, chef d'état-major de Victor, pénètre dans le château, par le parc, avec deux bataillons, et Blucher a juste le temps de s'enfuir. Puis les Français descendent rapidement dans la ville, tandis que deux brigades accourent soutenir leur attaque. Les Russes, serrés de près, mettent le feu à Brienne. Enfin, l'ennemi, rebuté de ses pertes qui s'élevaient plus de trois mille hommes, évacue la ville à onze heures du soir, pour se retirer sur les hauteurs de Trannes, tandis que nous restons en position derrière Brienne, en occupant le château. Nous avions à regretter les généraux Baste et Decouz et un nombre d'hommes à peu près égal. Tel fut le *combat* de Brienne. Passons à la *bataille*.

Le 30, l'empereur, voulant couvrir le corps de Marmont, qui devait le rejoindre, fit un mouvement en avant, chassant les alliés devant lui et déployant sa petite armée de Dienville à Chaumesnil. Schwartzenberg, inquiet, suspendit sa marche sur Troyes. Le 31 Napoléon s'arrêta pour attendre Marmont. Enfin Marmont rejoignit le 1er février au point du jour; il avait pris la route la plus longue, courant risque de se faire envelopper par des forces supérieures. Mais le but de Napoléon était atteint, il avait donné signe de vie et réussi à masser ses forces. Dès lors il fit commencer la retraite de l'armée par les deux divisions du maréchal Ney. Mais, vers midi, les rapports de ses avant-postes lui ayant annoncé de grands mouvements parmi les coalisés, il reconnut lui-même la marche des colonnes qui venaient l'attaquer, et rappela les divisions de Ney. 36,000 Français allaient être assaillis par 123,000 adversaires, que pouvaient renforcer encore 68,000 hommes.

A deux heures de l'après-midi le prince de Wurtemberg, débouchant des bois qui longent la Gibrie, refoula nos avant-postes sur les hauteurs voisines, et attaqua le village avec six bataillons, une brigade de cavalerie et du canon. Nous n'avions là que deux faibles bataillons, qui ne se replièrent sur Petit-Mesnil qu'après avoir tenu bon plus d'une heure. Mais Victor, sentant l'importance de ce point stratégique, s'en rendit maître de nouveau par une brusque attaque. Cependant plus de 24,000 hommes s'avançaient contre la brigade Joubert, qui, trop faible pour résister avec ses 2,500 hommes, fut refoulée sur Morvilliers et obligée d'abandonner quatre canons dans des chemins défoncés. Marmont vit enfin qu'il était urgent de combler la lacune qui le séparait du centre, et la brigade Joubert reçut ordre d'appuyer sa droite par Chaumesnil, le reste du corps d'armée devant suivre ce mouvement.

Malheureusement, sur ces entrefaites, le corps de Wrède ayant achevé de déboucher, son avant-garde attaqua les abattis dont le patriotisme des habitants de Morvilliers avait pendant la nuit couvert leur village, qu'un ruisseau séparait encore des ennemis. Le passage fut forcé, Marmont attaqué et son mouvement suspendu; une charge de 1800 de nos cavaliers, qui tentèrent de le soutenir, échoua contre 9,000 Austro-Bavarois, et le déploiement continua sans que les alliés pussent cependant gagner du terrain. A quatre heures et demie, quatre divisions ennemies étaient déployées devant Morvilliers, lorsque le prince de Wurtemberg envoya demander du renfort à Wrède. Pendant que ceci se passait à notre gauche, les autres colonnes des coalisés s'avançaient sur la Rothière et Dienville. Ce dernier point fut vigoureusement défendu par le général de brigade Boudier, qui repoussa héroïquement à plusieurs reprises les attaques de deux brigades autrichiennes appuyées de dix canons. A la droite de l'Aube le général Gérard soutint jusqu'à la fin de la bataille les assauts réitérés de la division Giulay, malgré sa nombreuse artillerie. Au centre, le corps d'armée du général Sacken, arrivé devant la Rothière, avait engagé un combat terrible sur toute la ligne, sans pouvoir pendant deux heures entières entamer les divisions Colbert, Guyot et Piré, qui, malgré leur infériorité numérique, menacèrent plus d'une fois de broyer ses masses.

Blucher, voyant la bataille si longtemps stationnaire, résolut d'en finir en renforçant les colonnes d'attaque. A quatre heures, des réserves russes, celle des gardes, une division de grenadiers, deux brigades de cuirassiers, s'élançaient vers la Rothière. La faible division Duhesme, de 4,000 hommes, attaquée par 20,000, perdit la moitié du village jusqu'à l'église, mais empêcha l'ennemi de passer outre. Vers cinq heures les divisions Colbert, Guyot et Piré étaient rejetées sur Brienne par le poids de 15,000 cuirassiers, malgré les efforts des divisions Desnouettes et Briche pour prendre la cavalerie ennemie en flanc. Blucher profita de ces succès pour balayer le reste du village de la Rothière. Joubert ne put, malgré son héroïque défense, tenir à Chaumesnil contre des forces si supérieures. Sa retraite obligea Marmont à évacuer Morvilliers. Le prince de Wurtemberg, appuyé d'une brigade bavaroise et d'une division de grenadiers russes, attaqua de nouveau la Gibrie, qui fut emporté après un combat opiniâtre, et Victor se replia sur Petit-Mesnil. Après cinq heures, les coalisés étaient ainsi maîtres de la Rothière, de la Gibrie, de Chaumesnil et de Morvilliers.

Napoléon vit bien alors que la bataille était perdue; mais il s'agissait d'arriver à la chute du jour qui s'approchait, pour assurer la retraite de l'armée. L'essentiel était d'empêcher le corps austro-bavarois de déboucher par Chaumesnil, d'acculer l'armée sur l'Aube ou de lui couper la route de Brienne en culbutant le corps de Marmont. L'empereur se porta donc en toute hâte vers Chaumesnil; mais de Wrède y était déjà, couvert par seize bouches à feu. L'artillerie française fut bientôt démontée, sept pièces furent perdues, la division Guyot, réduite à cinq cents chevaux, fut enfoncée par quinze cents chevaux autrichiens et bavarois. Cependant l'ennemi fut contenu, et la nuit, qui arriva, permit à Napoléon de commencer sa retraite. Pour la masquer, Oudinot attaqua de nouveau la Rothière, la cavalerie Milhaud se développa devant Chaumesnil, et celle de Nansouty se maintint entre la droite et le centre. Oudinot pénétra jusqu'à l'église de la Rothière. Blucher, croyant avoir affaire à de fortes masses, envoya contre le maréchal une division de grenadiers russes et une brigade autrichienne, qui forcèrent nos troupes à se replier à 400 mètres en arrière du village, où elles prirent position.

Vers huit heures du soir commençait enfin la retraite. Ney et Nansouty se mirent les premiers en marche. Drouot incendia la Rothière pour contenir l'ennemi et couvrir le mouvement. Victor et Marmont s'ébranlèrent à leur tour. Gérard tint bon à Dienville jusqu'à minuit, et la cavalerie Milhaud occupa la plaine entre le bois d'Ajou et l'Aube. Les divers corps des alliés conservèrent leurs positions de l'entrée de la nuit. Notre perte, d'après les bulletins ennemis eux-mêmes, s'éleva à 4,000 morts ou blessés et 1,000 prisonniers. Nous perdîmes de plus 54 pièces de canon et les généraux Marguet et Forestier. Les coalisés, de leur propre aveu, eurent 6,000 morts ou blessés, et au nombre de ces derniers quatre généraux. L'importance de la bataille de Brienne parut telle à l'Allemagne entière, qu'elle y fut célébrée dans des relations dignes des Mille et une Nuits. On n'y avait vu en définitive que 35,000 Français résistant avec un héroïsme admirable à 120,000 ennemis.   Gal G. DE VAUDONCOURT.

BRIEUX (JACQUES MOISANT ou MOSANS DE), littérateur normand du dix-septième siècle et l'un des meilleurs poètes latins de son temps, naquit à Caen, vers 1614, de parents nobles, attachés à la réforme. Il fit ses premières études à l'académie de Sedan; après avoir passé deux années à l'université de Leyde, où il reçut des leçons du célèbre Vossius, il visita l'Angleterre, et recueillit, dans les manuscrits des bibliothèques de ce pays, des notes qu'il devait mettre plus tard à profit. De retour en France, il se fit recevoir avocat, et ne tarda pas à occuper une charge de conseiller au parlement de Metz. Mais sa santé, qui s'altéra de bonne heure, l'obligea de revenir à Caen. A dater de ce jour, il cultiva les lettres, non-seulement pour y trouver une distraction à ses souffrances, mais encore pour obéir à ses goûts les plus chers. Moisant de Brieux fut le fondateur de l'Académie royale de Caen, dont les premières séances eurent lieu dans sa maison. En 1674, âgé de près de soixante ans, tourmenté de la pierre, il prit la résolution de se faire opérer; il expira peu de jours après.

Moisant de Brieux était bon poète latin, savant critique et philologue distingué. Le recueil complet de ses œuvres, aujourd'hui fort difficile à se procurer, se compose de quatre petits volumes, sortis des presses de Jean Cavelier, imprimeur à Caen. En voici le titre : *Origines de quelques coutumes anciennes et plusieurs façons de parler triviales, avec un vieux manuscrit en vers touchant l'origine des chevaliers bannerets* (1672); *Recueil de pièces en prose et en vers* (1674); *le Divertissement de M. D. B.* (1673); *Poematum Pars altera* (1669).

Les amateurs de livres rares, et même ceux qui veulent étudier l'histoire littéraire de notre vieille France, les compatriotes de Moisant de Brieux, achètent fort cher l'œuvre complète de ce philologue; le dernier exemplaire, provenant de la bibliothèque de Ch. Nodier, a été payé 146 francs.

LE ROUX DE LINCY.

BRIÈVETÉ (en latin *brevitas*, fait de *brevis*, courte durée d'une chose), qualification ou plutôt *qualité* de ce qui est court, car bien rarement la brièveté est regardée comme un défaut : celle même de la vie, dont nous nous plaignons, n'est réellement regrettable que relativement au bon emploi qu'on fait de l'existence et au bien qu'elle laisse inachevé. Tant d'hommes l'usent dans l'exercice du mal, que, pour eux et la société, on peut dire trop souvent, lorsqu'ils arrivent au terme fatal, que leur vie a été trop longue de moitié. Dans les écrits, dans les discours, la brièveté est bien plus souvent aussi une qualité qu'un défaut. La langue française a trouvé le secret de joindre la brièveté à la clarté, sans nuire à l'élégance : ce sont ces qualités qui ont assuré sa prééminence, et qui l'ont rendue d'un usage si universel. Il y a une brièveté qui vient de la sécheresse et du peu d'étendue de l'esprit : celle-là est un défaut ; celle qu'il faut louer, c'est la brièveté qui est le produit de la réflexion et du jugement (*voyez* CONCISION). Pascal, s'excusant de la longueur d'une lettre sur ce qu'il n'a pas eu le temps de la faire plus courte, résume parfaitement et le mérite de la brièveté et l'opération de l'esprit qu'exige cette qualité. Il ne faut pas trop presser cependant les conséquences de ce principe et chercher à atteindre une trop grande brièveté : on courrait le risque, comme l'ont dit Horace et Boileau, de ne rencontrer que l'obscurité. Il y a des genres en poésie qui plus que tous exigent la brièveté, laquelle constitue en grande partie leur mérite : telle est surtout l'épigramme.

BRIFAUT (CHARLES), membre de l'Académie Française, naquit à Dijon, le 15 février 1781. Son père était un simple artisan, recommandable dans sa profession. L'abbé Volfius, en ce temps-là évêque constitutionnel de la Côte-d'Or, trouvant dans le jeune Brifaut d'heureuses dispositions, résolut de les faire fructifier en lui ouvrant les portes de l'école centrale, devenue depuis le lycée de Dijon. Le jeune homme justifia par ses progrès l'intérêt qu'il avait inspiré à son protecteur. Fixé à Paris en 1804, le comte Berlier, conseiller d'État, lui accorda une protection toute particulière. Il travailla pour plusieurs journaux, notamment pour la *Gazette de France*. Ses principaux titres littéraires sont une tragédie de *Ninus II*, qui fut assez favorablement accueillie, malgré les critiques méritées qui fondirent sur elle aux premières représentations, et une autre tragédie de *Jeanne Gray*, reçue au Théâtre-Français en 1807, dont le gouvernement impérial ne permit pas la représentation, et qui fut fort mal accueillie du public quand elle put être jouée, en 1814. M. Brifaut donna plus tard, en 1820, une troisième tragédie : *Charles de Navarre*, qui réussit mieux que *Jeanne Gray*, quoiqu'elle n'obtînt qu'un succès bien faible.

Les autres ouvrages qu'il a publiés sont : 1° la *Journée de l'Hymen*, 1810 ; 2° une *Ode sur la naissance du roi de Rome*, 1811 ; ces deux pièces ont été aussi insérées dans le recueil officiel intitulé : *L'Hymen et la Naissance*, 1812, donné en prix à tous les lycées de l'Empire ; 3° *Rosemonde*, poëme en trois chants, 1813 ; 4° *Stances sur le retour de Louis XVIII*, mai 1814 ; 5° *Olympie*, tragédie lyrique, en collaboration avec Dieulafoi, musique de Spontini, jouée avec un honnête succès au Grand Opéra, le 20 décembre 1819 ; 6° *Dialogues, contes et autres poésies* (2 vol., 1824). C'est à l'aide de cet estimable bagage que M. Brifaut a vu s'ouvrir devant lui, en 1826, les portes de l'Académie Française.

Depuis, il a publié encore : 1° *Les Déguisements, ou une folie de grands hommes*, comédie en un acte et en vers, 1829 ; 2° *le Droit de Vie ou de Mort*, poëme, 1829 ; 3° son discours prononcé, en séance publique de l'Académie Française, le 15 juillet 1841, en réponse au discours de réception de M. Ancelot ; 4° une notice ou préface, en tête d'une traduction de l'anglais de *Laure de Montreville, ou l'empire sur soi-même*, de Mme Brunton. M. Brifaut a aussi plusieurs ouvrages en portefeuille, entre autres : *Amour et Opinion*, comédie en cinq actes et en vers. C'est, en somme, un talent oublié et qui pourtant a bien valu et vaut bien encore celui de M. Ponsard. *Arcades ambo !*

BRIG. *Voyez* BRICK.

BRIGADE. Ce mot, qui paraît avoir la même origine que les mots *brigue* et *brigand*, a longtemps signifié une agrégation tactique d'hommes de guerre, quelle que fût sa force. Ce terme générique, et non spécial, a été depuis Henri IV un de ceux que l'art militaire a employés le plus diversement, puisqu'il a exprimé tout à la fois un ensemble de deux ou trois hommes et un corps d'armée. Ainsi, la gendarmerie de Henri IV se décomposait en brigades de vingt-cinq maîtres ; ainsi, Louis XIII défendait en 1635 au maréchaux de Brézé et de Châtillon de partager l'armée en deux brigades, pour s'en faire à chacun un commandement exclusif. Suivant de La Fontaine, le mot *brigade* se prenait pour *lignes tactiques*. « L'armée, dit-il, est divisée quelquefois en deux brigades : avant-garde et bataille ; et quelquefois en trois : avant-garde, bataille, et arrière-garde. La brigade est composée d'artillerie, cavalerie et infanterie. » Ailleurs ce même écrivain prend le mot en un sens tout différent. « Quelquefois, dit-il, on sépare les batailles en deux brigades, on les espace de trois à quatre cents pas : l'une est appelée brigade de l'aile droite, l'autre brigade de l'aile gauche. L'aile droite est commandée par le général et ses maréchaux de camp ; l'autre par les autres maréchaux de camp. A présent, on donne à chaque brigade un autre officier, appelé maréchal de bataille. »

D'Espagnac prétend, sans s'appuyer sur aucune preuve et sans prendre le soin de nous éclairer par des dates, que quand la force des compagnies de cavalerie variait de cinquante à deux ou trois cents maîtres, elles se partageaient en brigades, et celles-ci en sous-brigades et quadrilles ; de même que les compagnies d'infanterie se partageaient en brigades subdivisées en biges, en terses, en escouades. Le mot *brigade* prit dans la milice suédoise un sens plus fixe à partir de Gustave-Adolphe ; mais dans la milice française il resta longtemps indéterminé. Depuis Louis XIV il continua à s'employer quelquefois comme synonyme de fraction quelconque : il en était ainsi dans les gardes du corps ; quelquefois il prenait une acception bien plus étendue. La *grande brigade* était celle que commandait le brigadier (sorte de général). Montécuculi nomme brigade, un *grand membre d'armée*, une association de bataillons ou d'escadrons. Puységur, qui servit sous Louis XIV et sous Louis XV, est celui qui le premier donne de la précision dans notre langue au mot brigade : il la comprenait dans l'infanterie comme une agglomération de huit bataillons, dans la cavalerie comme un ensemble de huit escadrons. D'après Dupain de Montesson, ce terme signifierait l'accouplement de deux compagnies de cavalerie. *L'Encyclopédie méthodique* dit qu'une brigade est une division. Le mot brigade dans les régiments de cavalerie de Maurice de Saxe signifiait compagnie ; ailleurs le mot *brigade de boulangers* donnait l'idée de trois pétrisseurs et de leur chef enfourneur ; le mot *brigade de maréchaussée* exprimait un poste de deux cavaliers ; la *brigade des grenadiers à cheval* était un escadron ou le tiers d'une compagnie ; la *brigade des grenadiers de France* était un bataillon de douze compagnies ; la *brigade d'artillerie* indiquait un ensemble de vingt bouches à feu avec leur matériel et leurs servants ; enfin *les brigades du génie*, *les brigades de la maison du roi*, et *les brigades de mulets*, offraient un sens non moins disparate. Le général de Cessac dans *l'Encyclopédie* s'élève énergiquement contre une pareille aberration, sans que les législateurs se soient souciés de purger de ces taches la langue militaire.

Le sens commun voulait que les mots *brigade* et *brigadier* découlassent l'un de l'autre ; mais, tandis que le mot brigade (escouade) tombait en désuétude, alors qu'on maintenait pourtant le mot brigadier (caporal), la grande brigade (agrégation tactique) prenait force, alors même qu'on supprimait son brigadier (espèce de général). La loi de l'an VII (23 fructidor), rendue sur le rapport du général de Cessac, appelle *brigades d'ouvriers artistes* des corps au nombre de trente-deux, composés chacun de soixante hommes ; elle appelle *demi-brigade* des corps composés chacun de plus de trois mille hommes.

Occupons-nous uniquement de la *brigade d'armée*, ou de la brigade active, considérée comme un ensemble de corps brigadés, qu'il ne faut pas confondre avec ceux qui par le fait de l'embrigadement ont pris, à la fin du dernier siècle, une forme jusque là inusitée, en s'appelant *demi-brigades*. Dans les usages modernes, une brigade se compose ordinairement de la moitié d'une division ; elle est une agrégation tactique dans un corps d'armée ou dans une armée agissante. Gustave-Adolphe est l'inventeur des brigades ; il accoupla ses régiments d'infanterie en 1630 ; telle était sa terrible brigade jaune et bleue, nommée ainsi parce qu'un de ses régiments était à habit bleu, l'autre à habit jaune ; mais dans cette union de deux corps en un ni les bataillons ni même les régiments n'opéraient comme unités tactiques ; aussi la brigade n'était-elle dans son armée qu'une fusion éventuelle de divers habillements ou armes s'amalgamant à raison de l'analogie tactique et de l'armement des soldats. Cette brigade n'avait encore rien de semblable à celle qu'on mettrait actuellement en ligne par régiments et bataillons. A l'imitation de Gustave, Turenne essaya de former dans l'armée française des brigades de trois à quatre mille hommes ; mais cet embrigadement réussit mal ; ce ne furent que des tâtonnements, parce que les troupes n'étaient assujetties à aucune règle précise de formation, et qu'elles étaient un composé de régiments, ou plutôt d'agrégations régimentaires, dont la force variait depuis quatre bataillons jusqu'à un demi-bataillon. Quelque imparfaites qu'aient été jusqu'aux temps modernes les brigades françaises, on peut les considérer de nos jours, suivant l'expression du colonel Carrion, comme les instruments de grande tactique, comme les seuls éléments en grand des armées.

La création des divisions dépouilla les brigades de leur importance : ce furent les divisions qui devinrent de grands membres de l'armée ; il en fut ainsi jusqu'à la création des corps d'armée. La force que doivent avoir les brigades françaises et l'étendue de front qu'il convient de leur donner se rattachent à des questions jusque ici mal résolues. On n'est pas beaucoup plus avancé qu'au temps où l'*Encyclopédie* voulait vaguement qu'une brigade se composât d'un ou de plusieurs régiments. Dans les usages modernes, elle n'est le plus ordinairement que la moitié d'une division. On voit sous Louis XIV et Louis XV la brigade prendre pour dénomination le nom affecté au premier des régiments qui la composaient, c'est-à-dire le nom du régiment chef de brigade ; elle se formait tantôt de trois, de quatre, tantôt de cinq, de six, ou de huit bataillons. Les *brigades de la milice prussienne* étaient sous Frédéric II de cinq bataillons. Accompagnées de batteries d'artillerie, et fournies de tout le matériel de campagne, elles étaient commandées par un général de brigade. Nos premiers bataillons de miliciens s'embrigadèrent par cinq, à l'imitation des Prussiens. La milice anglaise a composé ses brigades de deux, de trois ou de quatre bataillons, sous un major-général, ou plutôt général-major.

Le règlement de 1753 (17 février), indiquant le mode de rassemblement de l'armée, détermine la formation en brigades. Cette disposition a été recopiée de règlement en règlement, jusqu'en 1792 (5 avril), époque où la brigade a été confiée à un chef qui de 1793 à 1815 s'est appelé *général de brigade*, de 1815 à 1848 *maréchal de camp* et de nouveau *général de brigade* depuis 1848. La brigade n'a pas encore positivement de tactique écrite ; il n'existe pas d'école de brigade ; il n'est établi de règles pour l'alignement des brigades que dans les évolutions de lignes de 1791, c'est-à-dire dans un document vague, dont il faut consulter l'esprit, non la lettre, puisqu'il n'était pas reconnu tactiquement de brigade en 1791. L'ordonnance de composition de 1788 essayait d'instituer en temps de paix les brigades sous forme permanente ; elle divisait l'armée en cinquante-deux brigades. C'était un résultat de l'opinion de Guibert, qui voulait qu'en guerre on mît ces brigades à trois mille cinq cents hommes. Cette formation, alors tant blâmée, a réussi dans divers services étrangers. Les brigades permanentes et les divisions permanentes y sont adoptées, et probablement un jour les brigades cessant, en France, d'être temporaires, entreront suivant une mesure précise dans les divisions d'armée, et auront une force et une forme constitutives et pareilles pour toutes. En cela nous imiterons la milice russe, imitatrice elle-même des théories françaises. Aujourd'hui, celle-ci tient en permanence les brigades d'armée comme nous étions à la veille de le faire en 1788, et elle compose ses brigades d'infanterie de trois régiments de bataille, et d'un régiment de chasseurs à pied. Une brigade d'armée ne deviendrait alors un cadre administratif que dans le cas où elle serait détachée loin de la métropole et livrée à elle-même, ou du moins immédiatement soumise aux décisions qui lui seraient transmises par la correspondance ministérielle ; dans tous les autres cas elle ne formerait jamais un cadre administratif. En ce moment chez nous la brigade se compose de deux régiments, au moins, soit d'infanterie, soit de cavalerie, sous les ordres d'un général de brigade. Il faut deux ou trois brigades pour une division. Lorsque les circonstances l'exigent, on forme des brigades mixtes d'infanterie et de cavalerie légère : elles sont spécialement chargées du service d'avant-garde.

Dans un sens plus restreint, *brigade* est une subdivision de compagnie de gendarmerie, composée de cinq à six hommes, à pied ou à cheval, sous les ordres d'un *brigadier*. Les brigades sont réparties dans les communes de France pour le service de la police de sûreté. Gal BARDIN.

BRIGADE DE SÛRETÉ. Pour apprécier l'utilité d'une institution, il est quelquefois nécessaire de détourner les yeux de la honte de son origine, comme aussi trop souvent les plus nobles créations dégénèrent entre les mains des hommes. Que de choses sublimes dans leur principe se sont lentement dépouillées de tous leurs brillants attributs pour tomber enfin dans une dégradation dont il est difficile qu'elles se relèvent ! Par un retour opposé, de la souche la plus ignoble peut éclore un germe fécond, que le temps développe et fortifie, en le purgeant peu à peu de toutes les souillures de ses premières années. Ces dernières réflexions peuvent s'appliquer à la *brigade de sûreté*. En effet, il faut bien l'avouer, c'est à Vidocq qu'elle doit sa naissance. Ce célèbre forçat, évadé du bagne de Toulon ou de Brest, mais appréhendé de nouveau, était en 1812, détenu à Bicêtre, où il attendait le moment d'une réintégration, qu'il voulait éviter à tout prix. Une idée lumineuse le sauva de ce malheur. Il offrit à la police de la servir *loyalement*, et, par compensation, ne demanda que la liberté. Quelques défiances, bien légitimes sans doute, vinrent à la traverse. Cependant, comme le nouveau postulant était de ces hommes qu'il vaut mieux avoir pour ami que pour adversaire, la police accepta le pacte, et nous ne pouvons que lui en savoir gré. Après un noviciat de deux mois à la Force, Vidocq fut jugé digne du bien auquel il aspirait. Une évasion adroitement concertée le transporta bientôt sur un théâtre plus digne de son génie. Dans les nouveaux rôles qu'il y remplit, il s'attira de plus en plus la confiance de l'administration qui l'employait. Enfin il parut mériter d'être chef de service, et la brigade de sûreté vit le jour.

Ce ne fut d'abord qu'une faible escouade de quatre acolytes, que Vidocq recruta parmi ses anciens camarades. Autour de ce mince noyau vinrent se grouper par la suite de nouveaux éléments d'une nature parfaitement homogène. En 1817 on comptait jusqu'à douze membres dans la compagnie. Elle avait déjà rendu quelques importants services; mais dès cette époque la nouvelle phalange devint véritablement la terreur des malfaiteurs de toutes sortes qui infestaient la capitale. Ces derniers dès lors ne la désignèrent plus que sous le nom de *la Rousse*. Dans le cours des années 1823 et 1824 la brigade de sûreté prit un nouvel accroissement; le nombre des agents dont elle se composait fut porté à vingt-huit, et jusqu'en 1827, époque à laquelle Vidocq fut remplacé par son ancien secrétaire *Coco-Lacour*, ce nombre fut peu augmenté. Depuis, le service de sûreté a vu augmenter encore le nombre de ses agents. Son personnel a dû subir aussi des épurations. Pendant longtemps il ne fut recruté que dans les prisons. Aujourd'hui, dit-on, il ne faut avoir subi aucune condamnation pour en faire partie. Le service des agents de la police de sûreté consiste principalement à surveiller les lieux publics, à procéder à l'arrestation des repris de justice, à éclairer les juges sur les antécédents des individus arrêtés, etc.

BRIGADIER. Il y avait autrefois des brigadiers dans tous les corps de la maison du roi, dans l'artillerie, le génie et les carabiniers. Leurs fonctions, toutes particulières, ne s'étendaient pas au dela du corps auquel ils appartenaient; il y avait aussi des brigadiers des armées du roi : c'étaient des officiers généraux qui étaient subordonnés aux lieutenants généraux et aux maréchaux de camp. Ce titre était assez équivoque. Il existe encore dans l'armée espagnole, et a cessé d'exister dans l'armée russe. En France, leur brevet ne leur donnait aucune autorité particulière, ni pendant la guerre, ni pendant la paix; ils tiraient tout leur pouvoir des lettres de service qu'ils obtenaient. Ce grade répond à peu près à celui d'*adjudant général*, qui a existé durant les guerres de la Révolution et les premières guerres de l'Empire. Il était intermédiaire entre ceux de colonel et de général de brigade.

Il y a encore de nos jours dans la gendarmerie à pied et à cheval des brigadiers, dont le grade correspond à celui de caporal d'infanterie de ligne, et dont les titulaires commandent des brigades de six hommes à pied ou de cinq hommes à cheval casernées dans de petites localités.

Ce grade correspond aussi à celui de caporal, dans les escouades de la garde républicaine à pied et à cheval, la gendarmerie mobile, l'artillerie, tous les régiments de cavalerie, tous les régiments d'infanterie légère et tous les bataillons de chasseurs de Vincennes.

Dans les préposés des douanes, le grade de brigadier équivaut à celui de sergent et celui de sous-brigadier à celui de caporal. Les employés de l'octroi, les sergents de ville et les garçons de la Banque ont aussi des *brigadiers*.

BRIGAND, BRIGANDAGE, BRIGANDINE. Roquefort, dans son *Glossaire de la Langue Romane*, donne à penser que le mot *brigand* est venu de celui de *brigandine*, espèce d'armure légère servant de cuirasse et faite de lames de fer jointes ensemble. Originairement on aurait nommé *brigands* les soldats qui portaient cette armure; puis, comme ceux que la ville de Paris soudoya en 1356, pendant la captivité du roi Jean, commirent une infinité de vols, on aurait donné indistinctement leur nom à tous les voleurs. Ainsi en latin le mot *latro*, qui signifiait originairement soldat, fut appliqué aux voleurs, par suite des rapines auxquelles les soldats se livrèrent. Le même auteur, dans son *Dictionnaire étymologique de la Langue Française*, a rapporté plus tard une autre origine du mot *brigand*, qu'il fait venir cette fois de l'italien *brigante*, sous lequel on désigna d'abord ceux qui formaient des *brigues*, des partis, et fomentaient des séditions pendant les guerres civiles, puis les troupes qui exerçaient le pillage à main armée, puis enfin les scélérats, les voleurs de grands chemins, les assassins; et il rejette bien loin l'opinion qui ferait venir cette odieuse qualification des *Brigantes*, peuple de la Rhétie célèbre par son amour pour la liberté. On ne saurait l'appliquer davantage aux *Brigantes* de l'Angleterre ou Bretagne septentrionale, qui défendirent si longtemps leur indépendance contre les Romains.

Quoi qu'il en soit de ces étymologies diverses et de beaucoup d'autres encore, on entend d'ordinaire par *brigand* celui qui commet des vols à force ouverte sur les grands chemins, et par *brigandage* la profession de ceux qui exercent ces vols. Mais ces mots ont reçu dans le monde une plus grande extension; on les applique aussi aux extorsions ou concussions dont les particuliers ne peuvent pas se défendre, ainsi qu'aux individus qui s'y livrent impunément, à l'abri des lois et des vices de notre organisation sociale, qui semble parfois plus favorable aux fripons qu'aux honnêtes gens.

Sous la dénomination odieuse de *brigands de la Loire*, quelques Français, ennemis de la Révolution et de l'Empire, ont voulu flétrir les débris de la vieille armée, retirés derrière la Loire en vertu de l'armistice signé sous les murs de Paris le 3 juillet 1815.

BRIGANTES. Il paraît y avoir eu plusieurs peuples de ce nom. Ptolémée, Tacite et Crevier, parlent d'un peuple de l'île de Bretagne qui portait ce nom et habitait, selon le premier, au-dessous des Elgoviens et des Otadins, de façon qu'il s'étendait d'une mer à l'autre. Il possédait d'après sa géographie les villes d'Epdacum, Vinnovie, Caturactanie, Calate, Isurie, Rhigodune, Olicane et Eboracum. La cité des *Brigantes* passait pour la plus populeuse du pays. Petilius Cerealis, général des Romains, étant arrivé dans l'île de Bretagne, jeta partout la terreur en attaquant cette cité. Après plusieurs combats, dont quelques-uns furent sanglants, il soumit et ravagea une grande partie de la province. Le canton que possédaient ces Brigantes comprenait les provinces d'York et de Lancastre, l'évêché de Durham, le Westmoreland et le Cumberland.

Selon Ptolémée, il y aurait eu en Hibernie (aujourd'hui l'Irlande) un autre peuple du même nom : c'étaient les plus orientaux de l'île, et ils occupaient les comtés de Wexford et Kilkenny. Mais on croit qu'il y a dans l'écrivain grec, le seul qui en parle, un renversement de lettres, et qu'il faut lire *Birgantes*, parce qu'ils prenaient indubitablement leur nom de la rivière de Birgus, qui arrosait leur pays, et que Cambden croit être la même que le Barrow d'aujourd'hui.

BRIGANTIN. Autrefois on appelait ainsi ce qu'on nomme *brick* aujourd'hui. Dans le langage actuel, le mot *brigantin* désigne un petit brick.

BRIGANTINE. *Voyez* BRICK.

BRIGANTIUM, *Voyez* BRIANÇON et BREGENZ.

BRIGGS (HENRI), mathématicien célèbre, né en 1556, à Warleywod, près d'Halifax, dans le comté d'York, de parents peu fortunés, put aller suivre, à l'âge de vingt-trois ans, les cours de l'université de Cambridge, où il se fit tout aussitôt remarquer par ses rares dispositions pour les mathématiques. Ses progrès furent si rapides que nous voyons qu'en 1588 il professait déjà cette science au collége de Saint-Jean de cette université. Plus tard, en 1592, il fut nommé à la première chaire de géométrie qu'on institua au collége de Gresham, à Londres, et il alla ensuite exercer les mêmes fonctions à Oxford (1619). Personne ne s'occupa plus que lui du calcul des *logarithmes* et de la propagation de cette utile invention, qui était alors toute récente, et à laquelle il contribua tant à perfectionner. Neper, son ami et le véritable inventeur des logarithmes, avait d'abord dressé en forme de tables les logarithmes appelés aujourd'hui *naturels*, ou, de son nom, *népériens*; mais Briggs remarqua qu'un autre système serait d'un usage beaucoup plus commode; il proposa de changer la base choisie par Neper, et de la remplacer par 10, base du système vulgaire de numération; Neper approuva cette modification. Vers la fin de sa vie, Neper se proposait encore de calculer ces nouvelles tables avec Briggs; mais la mort de son ami laissa à celui-ci toute cette tâche à entreprendre et à terminer.

Il publia en 1618, comme échantillon du nouveau système logarithmique, appelé encore généralement aujourd'hui *système ordinaire* ou *logarithmes de Briggs*, les logarithmes des mille premiers nombres naturels calculés avec huit décimales, sous le titre de *Logarithmorum Chilias prima*. Quelques années plus tard parut son *Arihmetica logarithmica* (Londres, 1624), contenant les logarithmes des nombres naturels de 1 à 20,000 et de 90,000 à 100,000, avec quatorze décimales, œuvre qui exigea le travail le plus assidu pendant plusieurs années. Briggs engagea d'autres calculateurs à l'aider à combler les grandes lacunes qui restaient encore, tandis que lui-même entreprenait une table des logarithmes des sinus et des tangentes calculés avec quatorze décimales et de centième en centième de degré, et une table des sinus, tangentes et sécantes naturels calculés, les premiers avec quinze décimales, et les tangentes et les sécantes avec dix. Ce travail, dont l'immensité effraye quand on se rappelle que les méthodes expéditives inventées depuis n'existaient pas alors, parut après sa mort, par les soins de Henri Gellibrand, son successeur au collège de Gresham, sous le titre de *Trigonometria Britannica* (Gouda, 1623, in-folio). Indépendamment d'une patience et d'une force d'application dont rien n'approche, Briggs était doué d'une grande puissance d'invention, car on trouve dans ses ouvrages les germes de quelques-unes des plus importantes découvertes qu'on ait faites en mathématiques, telles que la construction des tables par différences, l'interpolation, etc., etc.

Cet illustre savant mourut à Oxford, le 25 janvier 1630, et fut inhumé dans la chapelle de Merten-College. Un de ses biographes nous le représente comme l'homme de l'accueil le plus affable, exempt de toute espèce d'orgueil, de morgue, d'envie et d'ambition. Méprisant souverainement les richesses, il vivait content de son sort, préférant ses calmes études à l'existence la plus brillante.

BRIGHELLA, personnage de la comédie improvisée, qui fait partie du théâtre national italien. Ferrarais grossier, insolent et rusé, tout de blanc habillé, il est assez semblable au célèbre *Pierrot*.

BRIGHT (Maladie de). Cette maladie était connue sous le nom vague d'*hydropisie* avant qu'elle eût été décrite par Bright, médecin anglais. On la désigne aujourd'hui plus spécialement sous le nom de *néphrite*.

BRIGHTON, et primitivement BRIGHTHELMSTONE, ville du comté de Sussex, sur la côte méridionale de l'Angleterre, communiquant avec Londres par un chemin de fer, n'était d'abord qu'une bourgade de pêcheurs, visitée seulement par le petit nombre de voyageurs qui gagnaient les côtes de France par Dieppe; mais depuis une centaine d'années elle est devenue une ville importante, et c'est maintenant l'un des bains de mer les plus brillants et les plus fréquentés de l'Angleterre.

La ville s'étend en partie dans une petite vallée formée par la Steyne, dans la direction de Lewes, qu'un chemin de fer met également en communication avec elle, et en partie sur les deux rives de la mer. On y compte aujourd'hui 54,000 habitants, qui s'occupent de pêche, de commerce et de navigation. Elle possède un grand nombre de beaux édifices, et surtout une foule de maisons construites dans le meilleur style. On y admire notamment le quartier appelé *Crescent* ou *Kemp-Town*, imposant demi-cercle formé par les plus magnifiques constructions, sur une grande et belle place ornée d'une statue de bronze, d'assez mauvais goût, mais d'une grande ressemblance, et représentant Georges IV en uniforme de dragons. Les établissements de bains, surtout ceux qui sont connus sous le nom de *Mohammed Baths*, y sont organisés de la manière la plus grandiose et à la mode anglaise. Brighton est redevable de son rapide accroissement à la prédilection que Georges IV avait conçue pour ce séjour. Il n'était encore que prince régent lorsqu'il eut la fantaisie d'aller y prendre des bains de mer; et il s'y plut tellement qu'il y revint ensuite tous les ans, s'y fit bâtir une magnifique habitation d'été, dans le genre oriental (*Marine-pavillon*), et donna par-là à tous les seigneurs de sa cour l'envie d'y fixer leur résidence pendant la belle saison.

A peu de distance de Brighton on trouve une remarquable digue (*Pier*), construite en forme de pont, longue de 374 mètres, large de 4 mètres 66 centimètres, et terminée en 1822. Elle est supportée par de fortes chaines de fer, rattachées à chaque extrémité à quatre colonnes creuses en fonte, et a coûté plus de 30,000 liv. ster. Il existe aussi à Brighton des sources d'eaux minérales.

Il est possible que ce soit sur l'emplacement où s'élève aujourd'hui cette ville que César, ainsi que le veut la tradition, vint débarquer quand il quitta la Gaule pour entreprendre la conquête de la Bretagne, car de nos jours encore les relations sont multiples entre ce point et celui de la côte opposée, Dieppe. On a même trouvé dans les environs différentes antiquités romaines, et en 1750 une grande quantité de médailles de l'époque d'Antonin.

Brighton est célèbre dans l'histoire des rois malheureux. C'est de Brighton que Charles II, à l'issue de la fatale bataille de Worcester, essaya de s'enfuir en France; c'est à Brighton que le roi Louis-Philippe, expulsé de France par la révolution de Février, passa dans le cercle de sa famille une grande partie du petit nombre de jours qui lui restaient encore à vivre.

BRIGITTE (Sainte), naquit, vers 1302, de Birger, prince du sang royal de Suède et sénéchal d'Upland, suivant les uns, de la famille Brahe, selon d'autres. Élevée par des parents chrétiens et vertueux, elle épousa, à seize ans, Ulf Gudmarson, prince de Néricie, et mit au monde huit enfants, dont le dernier fut sainte Catherine de Suède. Puis, les deux époux s'engagèrent à passer le reste de leur vie dans l'état de continence, et firent ensemble le pèlerinage de Saint-Jacques de Compostelle. A leur retour, Ulf mourut dans le monastère d'Alvastre, de l'ordre de Cîteaux; Brigitte fonda le couvent de Wadstena, d'après celui de Fontevrault. Soixante religieuses et vingt-cinq religieux l'habitaient dans deux bâtiments séparés; mais ils célébraient l'office en commun. Brigitte leur donna la règle de saint Augustin, en y ajoutant quelques règlements particuliers. L'ordre, dit du *Saint-Sauveur*, fut approuvé par Urbain V II a fleuri en Suède jusqu'à la Réforme, possédant encore des maisons en Allemagne, en Italie, en Portugal et en Flandre.

La fondatrice étant allée visiter les tombeaux des apôtres à Rome, y établit pour les pèlerins et étudiants suédois un hospice, qui fut réorganisé sous Léon X. Une dévotion semblable la conduisit, à soixante-neuf ans, en Palestine. De retour en Italie, elle mourut à Rome, le 23 juillet 1373; et deux Suédois de sa suite rapportèrent ses reliques à l'église de Wadstena, où on les voit encore. Elle fut canonisée par Boniface IX, et plus solennellement par le concile de Constance.

Les révélations de Brigitte : *Revelationum libri octo*, écrites par ses confesseurs Pierre, prieur d'Alvastre, et Mathias, chanoine de Linkœping, furent vivement attaquées par le célèbre Gerson, mais elles obtinrent l'approbation du concile de Bâle, qui en permit l'impression. Elles ont eu de nombreuses éditions. Le plus bel exemplaire manuscrit se conserve dans la bibliothèque du comte de Brahe, au château de Skogkloster, près d'Upsal. On les a traduites dans toutes les langues, et particulièrement en français. On attribue encore à sainte Brigitte un sermon sur la Vierge et quinze discours sur la passion de Jésus-Christ, précédés d'un préambule condamné par la congrégation de l'*Index*. Tous ces ouvrages sont en latin.

BRIGNOLES, excellente espèce de prunes sèches, qui ont reçu leur nom de la ville de Brignoles, dans le département du Var, où on les prépare.

BRIGUE, désir ambitieux d'obtenir quelque charge ou quelque dignité. Ducange dérive ce mot de *briga*, signifiant, dans la basse latinité, *noise*, *querelle*, *contestation*, trois compagnes ordinaires, en effet, de la brigue. Cependant, nos plus récents dictionnaires la définissent un assemblage de mesures *secrètes et détournées* que l'on emploie pour obtenir quelque chose en engageant dans ses intérêts plusieurs personnes.

Suivant Montesquieu, la brigue, dangereuse dans un sénat, dangereuse dans un corps noble, ne l'est pas dans le peuple, dont la nature est d'agir par passion. Dans les États où il n'a point de part au gouvernement, il s'échauffera pour un acteur comme il aurait fait ailleurs pour les affaires. Le malheur pour une république, c'est quand il n'y a plus de brigues; et cela arrive lorsqu'on a corrompu le peuple à prix d'argent. La brigue, du reste, n'est pas née d'hier, les anciennes sociétés l'ont connue comme les modernes. Plusieurs écrivains du siècle d'Auguste nous ont laissé la peinture des intrigues et des démarches auxquelles se livraient chez les Romains ceux qui aspiraient aux honneurs de l'élection. Ils allaient vêtus de blanc par toute la ville, quêtant des suffrages sur les places et dans les assemblées publiques. En ce temps, la brigue se pratiquait ouvertement à Rome, comme elle se pratique encore en Angleterre, et on y sacrifiait aussi de grandes sommes d'argent. Cicéron impute à cette cause le taux excessif de l'intérêt de l'argent, qui de son temps variait de quatre à huit pour cent. Souvent la brigue coûtait pour une seule tribu jusqu'à dix mille francs de notre monnaie. Or, il y en avait trente-cinq; par là on peut juger des sommes immenses auxquelles revenaient les charges, bien qu'elles fussent gratuites pour la plupart. Sur ce point nous pourrions en remontrer aux anciens, car l'on ne brigue volontiers chez nous que les emplois qui rapportent ou qui mettent sur la voie de faire de grands profits.

On n'oubliera pas de longtemps nos premières années de suffrage universel quand pour une place à la législative, rapportant vingt-cinq francs par jour, des légions d'affamés se précipitaient sur la voie publique et se battaient à qui, sur les murs, resterait le champ-clos pour la profession de foi et la formule sacramentelle : *Nommons le citoyen...!* C'est alors que l'acception du mot *brigue* ne se borne pas aux démarches isolées d'un seul individu pour arriver à la satisfaction d'un désir ambitieux; il s'entend de la réunion combinée des démarches de plusieurs personnes en faveur d'une seule, et quelquefois aussi des efforts de tout un parti pour faire triompher un système ou une opinion : dans ces deux cas, la brigue peut être honorable : il est glorieux, en effet, pour un homme d'être porté à des fonctions publiques par le suffrage indépendant ou par l'estime généreuse d'une partie de ses concitoyens, qui s'honorent eux-mêmes en protégeant le talent et les vertus civiques; et il n'y a rien que d'honorable à poursuivre, par des moyens que ne réprouvent ni les lois ni la morale, le triomphe d'une opinion ou d'un système que l'on croit réellement propre à faire le bonheur de son pays. Mais employer son crédit à pousser un vil flatteur ou un bas intrigant à la place que devrait occuper le mérite modeste; caresser les vices des grands ou flatter les passions du peuple pour leur faire adopter des mesures dont on attend sa propre satisfaction; les enivrer du récit et de la peinture de leur puissance pour les porter à en abuser davantage; hâter et provoquer, en un mot, les fautes d'un pouvoir qu'on ne veut renverser que pour s'élever soi-même sur ses ruines, sont des actes infâmes, pour lesquels la société ne saurait avoir trop de mépris ni témoigner une trop grande réprobation. D'un autre côté, se faire petit avec les petits, humble avec les humbles, vicieux avec les vicieux, emprunter tour à tour, en un seul jour, mille formes diverses et se dépouiller de son individualité pour vivre momentanément de la vie de ceux dont on recherche les suffrages ou dont on a besoin, c'est une autre lâcheté insigne.

Entre *cabale*, *intrigue* et *brigue*, il y a une distinction à faire qui est tout en faveur de cette dernière : une *intrigue* est toujours sourde, oblique et tortueuse; une *cabale* emploie d'ordinaire les menées couvertes; la *brigue* parle presque toujours haut, agit vivement et à front découvert. L'esprit d'*intrigue* suppose de l'adresse et des dispositions innées pour la ruse et l'astuce; l'esprit de *cabale* n'est que le goût du bruit et des tracasseries; la naissance d'une *brigue* dépend souvent des circonstances, et sa conduite du concours de plusieurs personnes qui n'y sont amenées par aucune disposition spéciale de leur caractère. En un mot, il faut de la finesse dans une *intrigue*, de la persévérance dans une *brigue*, qui peut avoir, quand elle est puissante, quelque chose d'imposant; mais il n'y a dans une *cabale* que de la petitesse et du ridicule.

BRIL (Matthieu), peintre de l'école flamande, né à Anvers, en 1550, vint très-jeune encore se fixer à Rome, où il mourut en 1584, à peine âgé de trente-quatre ans. On sait seulement de cet artiste qu'il peignit à fresque, dans les galeries et les salons du Vatican, des paysages, qui furent généralement estimés et lui méritèrent une pension du pape Grégoire XIII.

BRIL (Paul), né à Anvers, en 1556, n'avait encore que quatorze ans lorsqu'il s'échappa de la maison paternelle pour aller retrouver son frère *Matthieu*, dont il fut d'abord l'élève et qu'il surpassa ensuite. Après la mort de Matthieu, qui fut bientôt suivie de celle de Grégoire XIII, il fut chargé par le nouveau pape Sixte V de la continuation des travaux de son frère, et devint titulaire de la pension que ce dernier tenait de la munificence pontificale. C'est surtout dans le paysage qu'excellait Paul Bril : tout le monde s'accorde à reconnaître la légèreté de sa touche et la vérité de sa manière. Ses tableaux, dans lesquels Annibal Carrache ne dédaignait pas de placer quelquefois des figures de sa main, offrent tous des lointains charmants, et le seul reproche qu'on puisse faire à Paul Bril, c'est d'avoir trop fait dominer la couleur verte dans ses paysages. On peut en juger par les deux tableaux de cet artiste que possède notre musée : *les Pèlerins d'Emmaüs* et *Syrinx changée en roseau*. Paul Bril mourut à Rome, en 1626; on trouve des ouvrages de lui dans plusieurs églises d'Italie, dans les galeries de Florence, de Dusseldorf, etc.

BRILLANT, dans son acception la plus générale, signifie tout ce qui attire, étonne et même fatigue l'œil. C'est une règle absolue du goût, que le brillant ne doit jamais constituer exclusivement le fond d'une œuvre littéraire, autrement la lecture en deviendrait impossible. L'esprit a besoin de faire quelques pauses, même pour admirer; il se lasse bien vite des sensations qui ne lui permettent ni repos ni trêve. On supporte mieux ce qui est brillant dans l'improvisation, parce qu'au sein d'une assemblée nombreuse l'esprit est souvent préoccupé; alors tout ce qui est *trait* le réveille. Dans un cercle où les femmes sont nombreuses, une conversation brillante produit plus d'effet qu'une conversation qui n'est que profonde. Il est des écrivains dont le brillant est populaire; néanmoins, cette qualité n'a de valeur que tempérée par d'autres. Voltaire, par exemple, est *brillant*; mais il règne aussi dans son style un naturel, une facilité qui ne se démentent jamais. C'est quand une littérature commence à s'épuiser, que sous mille formes différentes il n'en jaillit que du *brillant*. Plus de grandeur! plus d'ensemble! On ne cite les écrivains que par fragments; l'ère de la décadence est venue.

On dira d'un homme et d'une femme qui ont longtemps fréquenté le monde, que leurs manières sont *brillantes*; on ne pourrait en dire autant d'un jeune homme et d'une jeune fille sans nuire à leur réputation, parce que, considéré sous cet aspect, *brillant* emporte l'idée d'une sorte d'assurance qui ne convient pas à cet âge. La pudeur et la modestie ne doivent jamais faire défaut à la jeunesse : elles affirment sa date. Les qualités *brillantes* ne sont pas de mise dans toutes les positions : elles supposent de la richesse, du pouvoir, de hautes dignités. Dans les rapports ordinaires, au sein de la solitude, on se contente de manières nobles et simples. L'audace brillante caractérise l'officier sur le champ de bataille; l'air calme est l'apanage du magistrat sur son siège. La prodigalité d'un prince, suivant les objets auxquels elle s'attache, sera brillante; elle peut même quelquefois être utile; mais dans toutes les classes l'ordre est précieux. Quand, après avoir passé une partie de son existence au milieu de sociétés d'élite, on les abandonne, soit pour se renfermer dans sa famille, soit pour se livrer à des études sérieuses, on perd vite tout ce qu'à l'extérieur on avait de *brillant*. Sans doute, si l'on est doué de vertus, plus intimement connu alors de tout ce qui nous approche, on en est mieux aimé; par de nobles travaux, on atteint aussi par fois à la gloire, mais on cesse d'être le type de la vogue ou de la mode; relativement à ce que dans le monde on appelle la foule, on n'est plus désormais qu'estimable.

BRILLAT-SAVARIN (ANTHELME) était né le 1er avril 1755, à Belley (Ain). Si, vous trouvant au commencement de l'hiver de 1825 dans le salon de Mme Récamier, vous aviez demandé : « Quel est cet aimable vieillard, dont la haute taille est restée si droite, qui conserve sous des cheveux blancs ce frais visage, cet air souriant, et qui répand encore tant de grâce et d'enjouement dans la conversation? » l'un des invités vous eût répondu : « C'est M. Brillat-Savarin, un de mes ex-collègues à l'Assemblée constituante; » un autre : « C'est M. Brillat-Savarin, l'ancien président du tribunal civil du département de l'Ain; » celui-là : « C'est M. Brillat-Savarin, que j'ai rencontré à New-York, en 1794, maître de langue française, et premier violon dans je ne sais plus quel petit théâtre; » enfin, celui-ci : « C'est M. Brillat-Savarin, l'ex-secrétaire de l'état-major général des armées de la république en Allemagne, aujourd'hui conseiller à la cour de cassation. » Mais si deux ou trois mois plus tard vous aviez adressé aux mêmes personnes la même question, elles vous auraient toutes répondu : « C'est M. Brillat-Savarin, l'auteur de la *Physiologie du Goût*. » A ce mot disparaissent le législateur, le président, le secrétaire, et même le conseiller à la cour de cassation. Aussi la publication du nouveau code causa-t-elle une violente rumeur parmi les membres de ce corps. Ils jugèrent que leur gravité était compromise, et se tinrent pour non moins offensés que les sénateurs romains le jour où l'empereur Claude s'écria, en entrant au sénat : « Pères conscripts, dites-moi, je vous prie, est-il possible de vivre sans petit-salé? » Fort heureusement, messieurs les conseillers ne pouvaient casser les arrêts de leur confrère; ils étaient trop compétents dans l'espèce pour n'en pas reconnaître *in petto* la sublimité. Comment, d'ailleurs, se prononcer dès l'abord sur ce fin mélange de sérieux et de plaisanterie, qui déconcerte et ceux qui voudraient le tourner en dérision et ceux qui essayeraient de le prendre tout à fait au sérieux?

Faut-il le considérer comme l'Évangile ou la satire de la gastronomie? Brillat-Savarin ne se moque-t-il pas lorsque, s'adressant à Richerand. « Oui! je révélerai à tout Paris, à toute la France, à l'univers entier, le seul défaut que je te connaisse. » Richerand (d'un ton inquiet) : « Et lequel, s'il vous plait? — Un défaut habituel, dont toutes mes exhortations n'ont pu te corriger. » Richerand (effrayé) : « Dis donc enfin, c'est trop me tenir à la torture. — Tu manges trop vite! » N'est-ce pas par suite de la même tournure d'esprit que la *Physiologie* est divisée non en chapitres, mais en méditations, ce qui lui donne un certain air de parenté avec les poésies de M. de Lamartine (la méditation VII roule sur la théorie de la friture). Toutefois, en cherchant à découvrir et à poursuivre la veine satirique de ce nouveau *Temple du Goût*, nous pourrions égarer nos lecteurs et leur faire soupçonner à tort que le plus léger mépris, le moindre dédain de la gastronomie perce dans les écrits de notre professeur. Loin de là, il est impossible de mieux apprécier toutes les jouissances dont les gourmets se repaissent. Brillat-Savarin corromprait les plus sobres, et il n'est pas de Spartiate à qui telle description de caille, de bécasse, de poularde, d'éperlan, ne mit si bien l'eau à la bouche, qu'on ne le vît courir d'un pied léger, pour tâter de cet enthousiasme, chez Véry ou aux *Frères Provençaux*. Ne me parlez plus de vos sciences ni de vos beaux-arts! ni du charme de la musique! Quel rossignol vaut un bec-figue? un bec-figue bien gras! malheureux, ignoreriez-vous le prix du bécfigue? « La nature lui a donné une amertume légère et un parfum unique, si exquis, qu'ils engagent, remplissent et béatifient toutes les puissances dégustatrices. Prenez-le par le bec, saupoudrez-le d'un peu de sel, ôtez-en le gésier, enfoncez-le adroitement dans votre bouche, mordez, tranchez tout près de vos doigts, et mâchez vivement; il en résultera un suc assez abondant pour envelopper tout l'organe, et vous goûterez un plaisir inconnu au vulgaire! »

La méditation sur le goût est, au dire des savants, au point de vue d'analyse et de description scientifiques, une étude achevée, où l'art n'a rien à reprendre, rien à ajouter, et pour les ignorants comme nous une lecture aussi piquante qu'instructive. L'esprit y est poussé jusqu'au *vis comica*. Quelques traits entre mille : « L'odorat et le goût ne forment qu'un seul sens, mais le nez fait toujours fonction de sentinelle avancée, et qui crie : Qui va-là? « Et plus loin : « C'est toujours le nez à bâbord que les professeurs rendent leurs arrêts. » Il ne faut que consulter la table des matières de la *Physiologie* pour comprendre avec quelle largeur, quelle méthode et quel agrément tout l'ouvrage est traité. Le but de la gastronomie s'élève : « C'est la conservation des individus; elle considère l'action des aliments sur le moral de l'homme, sur son imagination, son esprit, son jugement, son courage et ses perceptions, soit qu'il veille, soit qu'il dorme, soit qu'il repose. » Brillat-Savarin étend le ressort de son sujet jusque dans l'histoire de tous les siècles, et touche chemin faisant à ces graves questions des sens et de leur perfectionnement, du repos, du sommeil, des rêves et de la mort; se défendant avec grand respect du rôle des Broussais, des Cousin et des Frayssinous, il se connaît en assaisonnements, et n'ajoute rien de trop à sa dissertation. Science et morale n'y sont versées qu'à petites doses, mais suffisantes. Vous allez voir par une seule citation comment perce l'oreille du lion sous la peau du gastronome : « Le corps humain, écrit-il, cette machine si compliquée, serait bientôt hors de service si la Providence n'y avait placé un ressort qui l'avertit du moment où ses forces ne sont plus en équilibre avec ses besoins. Ce moniteur est l'appétit. » Tour ingénieux, exactitude, trait incisif, tout est là, et ces heureuses rencontres ne sont pas rares dans Brillat-Savarin.

Il eût pu dépenser d'une autre manière son érudition, sa science et sa philosophie; il a préféré, avec un tact exquis pour sa gloire, faire d'une Cendrillon une princesse, de la cuisinière bourgeoise une dixième muse, *Gasterea*, qui préside aux jouissances du goût. Brillat-Savarin est le grand prêtre de la gourmandise sociale, de celle qui veut qu'on réunisse l'élégance athénienne, le luxe romain et la délicatesse française. Le vrai plaisir de la table, c'est le choix du lieu, les apprêts du repas, le rassemblement des convives. Ainsi le comprenaient trois grand hommes, Achille, Horace, et Brillat-Savarin. Patrocle mettait lui-même sur un brasier le vase qui renfermait les épaules d'une brebis, d'une chèvre grasse et le large dos d'un porc succulent; le divin Achille divisait les viandes et les perçait avec des pointes de fer; Automédon, semblable aux immortels, soufflait le feu; Patrocle ensuite distribuait le pain autour de la table, Achille découpait, Ajax chassait la faim et la soif au plus vite, tandis que le sage Ulysse parlait comme quatre. Pour Horace, il dressait sa table sous le portique de sa maison de Tibur, située dans le pays des anciens Sabins. Des esclaves apportaient des parfums et des roses ; on se couronnait de myrte, et Mécène alors souriait à une aile de poulet proprement découpée, et goûtait jusqu'à trois fois d'un chevreau de haute saveur, tandis que Virgile, en attendant un coup de ce vin fameux récolté sous le consulat de Manlius, mangeait à petit bruit des noix, des figues et du raisin. Quant à Brillat-Savarin, il improvisait : un jour il arrive dans une petite maison de campagne où l'attendait un magnifique turbot ; mais on ne savait comment le faire cuire. Il aperçoit dans la buanderie une chaudière : « Soyez sans inquiétude, s'écrie-t-il avec cette foi qui transporte des montagnes, le turbot cuira tout entier ; il cuira à la vapeur ; il va cuire à l'instant. » Et il étend sur une claie un lit de bulbes et d'herbes de haut goût ; sur ce lit repose le poisson ; la claie couvre la chaudière ; la chaudière est mise en ébullition, et le turbot, en absorbant tout l'arôme de l'assaisonnement, cuit sans rien perdre de ses principes.

La mort interrompit Brillat-Savarin dans le cours de ses exploits, le 2 février 1826. Il a laissé après lui la réputation d'un excellent homme. Tout le prouve dans sa vie et dans ses écrits. Cependant, nous lui reprocherons d'avoir oublié dans sa *Physiologie du Goût* de verser quelques larmes sur la destinée du gastronome sans argent. A qui devons-nous de préférence conseiller la lecture de ce livre? Sera-ce à la jeunesse? Non, vraiment : nous ne voudrions pas exciter la gourmandise des demoiselles à marier, dans la crainte de voir grossir ces tailles si fines, si flexibles, et nous serions même d'avis que jusqu'à la signature du contrat la mère en défendît la lecture à sa fille. Nous ne le mettrions point non plus entre les mains de l'âge mûr : les maris et les femmes de trente ans pourraient y succomber trop tôt, comme aux délices de Capoue. Mais, avec M. de Cussy, nous en conseillerions l'étude aux sexagénaires, parce qu'une table bien servie est le dernier rayon de soleil qui caresse les vieillards.

Jules PATON.

BRIMBELLE. Voyez AIRELLE.

BRIMBORION, autrefois *Bimborion*, jouet d'enfant, que Roquefort fait venir de *bimbelot*, et Ménage et Pasquier, de *brebiarium* ou *breviarum*. Ce mot n'est plus d'usage que pour signifier, au figuré et dans le langage familier, les choses de peu de valeur, auxquelles les esprits frivoles peuvent seuls attacher quelque prix. Un dicton veut que ce soit par des brimborions qu'on prenne les enfants et les femmes.

BRIN. Ce mot signifie, dans son acception la plus générale, la première tige des plantes lorsqu'elles commencent à croître, ou les courts et menus jets des herbes, des joncs, comme un brin de paille, de foin, etc., ou des corps faibles et déliés, comme un brin de fil, de laine, de soie, etc. On arrache *brin à brin* les mauvaises herbes d'un jardin. Par analogie, on dit, en parlant de gens pauvres, qu'ils n'ont pas un *brin* de paille, et familièrement qu'une personne n'a pas un *brin* d'amour, d'estime ou d'amitié pour une autre. On voit que dans toutes ces acceptions le mot *brin* est pris comme diminutif. Il reçoit une plus grande extension dans certains cas : on dit, par exemple, en agriculture, qu'un arbre est de *brin*, lorsqu'il n'a qu'une tige, et qu'il provient de semence. Les arbres de brin croissent plus vite, viennent plus droits, vivent plus longtemps que les autres, et sont en tout préférables. Aussi est-ce par analogie que l'on dit d'un jeune homme, d'une jeune fille, d'une femme, que ce sont de *beaux brins* d'homme, de fille ou de femme, pour dire qu'il sont droits, grands et bien venus.

En termes de charpente, on dit que les meilleures planches se font de *brin*, c'est-à-dire de troncs d'arbres qui n'ont pas été sciés dans leur longueur, mais qui ont été seulement équarris à la coignée. Ce bois est beaucoup plus solide, parce que le fil n'en est pas rompu, et que le cœur reste intact.

En termes de corderie, les filaments de chanvre peigné les plus longs qui restent dans les mains des peigneurs, sont dits de *premier brin*, et ceux que l'on retire des dents du peigne, et qui sont plus courts, de *second brin*.

BRINDES ou **BRINDISI** (*Brundusium*), ville du royaume de Naples, sur le golfe Adriatique, à 40° 52' de latitude septentrionale ; et à 15° 40' à l'est du méridien de Paris. Elle fut très-célèbre vers la fin de la république romaine, et conserva quelque importance même après la chute de l'empire, jusqu'à ce que la puissance et l'esprit de domination des Vénitiens entraînât sa décadence. L'entrée de son port, autrefois spacieux et très-sûr, fut obstruée pour forcer le commerce à se concentrer dans les ports que la république de Venise possédait alors sur les côtes et les îles de l'Adriatique et dans l'Archipel. Cette violence ne réussit que trop bien : des atterrissements successifs comblèrent une grande partie du port de Brindes, et en firent un marais dont les miasmes causèrent souvent des maladies épidémiques. Le mal était devenu si grave, qu'il fallut y porter au moins quelque remède, et procurer aux eaux stagnantes une voie d'écoulement. On fit cette ouverture assez large pour permettre le passage de quelques petits bâtiments ; mais ces améliorations ne suffisaient pas pour ramener le commerce. Il serait cependant important pour le royaume de Naples d'avoir au moins un bon port sur cette partie de ses côtes. Aujourd'hui que les moyens de curage sont plus puissants et moins dangereux qu'ils ne le furent autrefois, et que l'emploi des machines à vapeur remplace le grand nombre d'hommes employés dans ces travaux, il devient possible de remettre les choses dans leur ancien état, et de faire en sorte que le moderne *Brundusium* reprenne l'éclat et l'opulence de l'ancien.

FERRY.

BRINDILLES, nom donné en jardinage aux branches à fruits, minces et courtes, ayant des feuilles ramassées et en forme de dard, au milieu desquelles il existe toujours un ou plusieurs boutons à fruits, qui sont presque assurés, et qui donnent d'ordinaire les plus gros et les plus exquis.

BRINDLEY (JAMES), l'un des plus célèbres architectes hydrauliques qu'ait produits l'Angleterre, naquit en 1716 à Tunsted, dans le comté de Derby, de parents pauvres. Après avoir reçu une éducation très-incomplète, il entra, à l'âge de dix-sept ans, comme apprenti, chez un constructeur de moulins. Une machine propre à élever l'eau qu'il construisit en 1752 pour une mine de charbon de terre commença sa réputation. Une machine à filer la soie, construite sur un plan entièrement nouveau, et quelques autres travaux du même genre, lui valurent l'amitié et la protection du célèbre duc de *Bridgewater*, qui lui confia l'exécution du plan gigantesque qu'il avait formé d'établir une communication par eau entre ses propriétés de Worsley et les villes de Manchester et de Liverpool (voyez BRIDGEWATER [Canal de]) ; et depuis ce moment jusqu'à la mort de Brindley aucun travail de ce genre n'a été entrepris en Angleterre sans qu'on eût au moins recours à ses conseils. Entre autres idées fécondes qu'il avait conçues, nous citerons son plan d'assèchement des marais du Lincolnshire, ainsi que celui qu'il avait formé pour débarrasser les docks de Liverpool de la boue qui les obstrue. Il avait aussi conçu le projet d'unir l'Irlande à l'Angleterre au moyen d'un pont de bateaux. Ses inventions étaient aussi diverses qu'ingénieuses, et il atteignait le but qu'il se proposait par les moyens les plus simples. Il lui arrivait rarement d'avoir sous les yeux un plan, un modèle. Quand il rencontrait une difficulté sérieuse, son habitude était de se mettre au lit et d'y rester quelquefois plusieurs jours sans prendre absolument aucune nourriture, absorbé tout entier dans la recherche des moyens d'en triompher. Il mourut en 1772.

BRINDONIER, genre de la polygamie diœcie et de la famille des gutlifères, tribu des garciniées. Il comprend le *brindonia indica*, arbre pyramidal dont toutes les parties laissent écouler quand on les entame un suc jaune, qui s'épaissit et se transforme en une sorte de gomme gutte. Le fruit de cet arbre est très-estimé dans l'Inde; son acidité s'oppose à ce qu'on le mange crû, mais on en fait des gelées et des sirops très-recommandés dans les fièvres aiguës.

BRINKMAN (Charles-Gustave, baron de), homme d'État et poëte suédois, né le 24 février 1764, dans une terre appartenant à son père, et située aux environs de Brœnn-Kyrka, dans le gouvernement de Stockholm, étudia d'abord à Upsal, puis successivement à Halle, où il se lia intimement avec Schleiermacher, à Leipzig et à Iéna. Il ne revint en Suède qu'en 1790, et y embrassa la carrière diplomatique. En 1792 il fut nommé secrétaire de légation à Dresde, et en 1798 chargé d'affaires à Paris, qu'il dut quitter après le 18 brumaire. Il passa en 1801 en la même qualité à Berlin, où il fut suspendu de ses fonctions lorsque son souverain eut renvoyé au roi de Prusse les insignes de ses ordres. Il ne tarda pas toutefois à être accrédité de nouveau près de la même cour, et l'accompagna dans sa fuite, lorsque les désastres de 1806 la forcèrent d'abandonner Berlin. En 1807 il se rendit à Londres en qualité de ministre plénipotentiaire; mais en 1810 il fut rappelé à Stockholm, où on le nomma membre du conseil d'État. En 1829 l'Académie royale l'admit au nombre de ses membres. En 1835 il légua à l'université d'Upsal sa bibliothèque, forte de 10,000 volumes, comprenant toute la littérature ancienne et moderne, et riche surtout en sources historiques relatives aux annales de la Suède. Brinkman mourut le 10 janvier 1848. Il possédait des connaissances philologiques très-étendues, et il écrivait le français, l'anglais et l'allemand avec autant de facilité que le suédois. Ses premières œuvres poétiques (2 vol., Leipzig, 1789) parurent sous le pseudonyme de *Selmar*. Il publia plus tard à Paris un petit volume de poésies pour ses amis; puis des *Aperçus philosophiques et Poésies* (Berlin, 1801) sous le voile de l'anonyme. Son poëme *le Monde du Génie* obtint en 1821 le prix de poésie, au jugement de l'Académie de Stockholm. Lié d'amitié avec Mme de Staël, il entretint avec elle une correspondance littéraire et philosophique.

BRINVILLIERS (Marie-Marguerite Dreux d'Aubrai, marquise de), célèbre empoisonneuse du dix-septième siècle. La famille d'Aubrai jouissait, comme toutes les familles de robe du second degré, d'une honnête aisance. On ne voyait alors de grandes fortunes que dans les premières familles parlementaires. Mlle d'Aubrai ne pouvait donc prétendre qu'à un mariage bourgeois. Sa taille était petite, mais bien prise; sur sa figure, douce et naïve, respiraient à la fois l'innocence

Et la grâce, plus belle encor que la beauté.

Le jeune marquis Gobelin de Brinvilliers, fils d'un président à la chambre des comptes et mestre de camp du régiment de Normandie, s'éprit du plus violent amour pour elle; il était héritier de trente à quarante mille livres de rente. Ce mariage, qui eut lieu en 1651, était fort au-dessus des prétentions et des espérances de la famille d'Aubrai. Le marquis laissait à sa jeune épouse la liberté dont il voulait jouir lui-même; il eut l'imprudence d'introduire dans sa maison un aventurier, se disant bâtard d'une noble famille, natif de Montauban, se faisant appeler le chevalier Gaudin de Sainte-Croix, et portant l'épaulette de capitaine de cavalerie. Le marquis, homme de plaisir, n'avait plus avec sa femme que des *rapports de convenance*. Sainte-Croix le remplaça bientôt dans le cœur de celle qu'il avait laissée sans défense contre la séduction; la marquise, tout entière à sa nouvelle passion, ne savait rien refuser à son amant. La fortune du mari ne put longtemps suffire à tant de dissipation et de désordre, et la marquise, qui avait sacrifié à son amant et la fortune de son époux et sa propre réputation, n'attendait plus qu'une occasion pour éclater. Elle avait déjà obtenu sa séparation de biens; elle cessa dès lors de se contraindre, elle brava l'opinion publique et les remontrances de sa famille. Son mari restait témoin impassible et muet de son propre déshonneur; mais le père de la marquise, justement indigné des désordres de sa fille, fit arrêter en 1663 Sainte-Croix dans le carrosse même de sa complice adultère, et le fit emprisonner à la Bastille. Toutefois, il n'eut pas assez de prudence ou de crédit pour l'y retenir plus d'une année.

Sainte-Croix se lia, pendant son séjour à la Bastille, avec un Florentin nommé Exili, habile dans la composition des plus subtils poisons, qui s'était déjà fait connaître à Rome, sous le pontificat d'Innocent X, par plus de cent cinquante empoisonnements, et qui semblait avoir hérité des funestes secrets de ce Florentin fameux qui s'était mis aux gages de Catherine de Médicis, et qu'on appelait alors l'*empoisonneur de la reine*. La surveillance importune des geôliers, le défaut d'ustensiles et de matières ne permirent sans doute au maître que d'initier son élève dans la théorie de son art infernal. Mais, rendu à la liberté peu après le chevalier de Sainte-Croix, il s'établit dans la maison de la marquise de Brinvilliers, qui devint bientôt leur complice. La femme adultère va préluder dans la carrière du crime par le plus grand de tous, le parricide. Elle s'est hâtée de se réconcilier avec son père : il sera sa première victime. Elle n'a rien oublié pour écarter les soupçons : elle a renoncé aux fêtes, aux spectacles, aux réunions brillantes; elle affecte la plus minutieuse dévotion, ne fréquente plus que les églises, les hôpitaux et les oratoires des dévots les plus vantés. Une liaison intime s'établit entre elle et le financier Penautier, trésorier général du clergé. Elle a fait sur de pauvres malades les premiers essais des poisons fabriqués sous ses yeux par son amant et l'Italien Exili : aucun des malades auxquels elle a donné ses biscuits *préparés* n'ont survécu à la violence du poison. Elle répétait chaque jour ses terribles essais. « Elle empoisonnait, dit Mme de Sévigné, des tourtes de pigeonneaux, dont plusieurs mouraient dans sa maison par dessein d'empoisonner. Le chevalier du Guet avait été de ces *jolis repas*, et s'en meurt depuis deux ou trois ans. » Elle fit un autre essai sur sa femme de chambre, à qui elle donna une tranche de jambon : cette malheureuse n'en mourut point, mais elle fut longtemps malade et ne put recouvrer sa première santé.

Ce poison était trop faible : la marquise le fit plus violent, et en donna à son père dans un bouillon, qu'elle lui présenta elle-même dans sa maison de campagne, à Offemont. La mort du vieillard n'éveilla aucun soupçon. Son fils aîné, Antoine, lui succéda dans sa charge de lieutenant civil, en 1667; le même sort l'attendait. La marquise avait placé près de lui Hamelin, dit La Chaussée, ancien domestique de Sainte-Croix, et digne valet d'un tel maître. Il tenta d'abord d'empoisonner le nouveau lieutenant civil en lui donnant à boire; mais le poison avait rendu le vin si amer que son nouveau maître n'acheva pas de boire. La Chaussée, sans pâlir, sans s'émouvoir, improvisa une excuse : il s'était étourdiment, dit-il, servi d'un verre dans lequel le valet de chambre avait pris médecine; il obtint son pardon. M. d'Aubrai fut moins heureux en 1670. Il s'était rendu à la campagne avec son frère, conseiller au parlement, et six amis : on leur servit une tourte empoisonnée. Depuis ce fatal repas, le lieutenant civil devint étique; il dépérissait chaque jour, et mourut deux mois après. L'autopsie, faite le 17 juin, révéla la cause de sa mort ; l'hypocrite La Chaussée ne fut pas même soupçonné, et passa au service du conseiller, qui ne survécut que six semaines à son frère. Il légua à La

Chaussée une pension de cent écus. Toujours dominée par sa passion pour Sainte-Croix, la marquise n'hésita pas à briser le dernier obstacle qui s'opposait à son mariage avec son amant; elle empoisonna plusieurs fois son mari, et toujours sans succès : Sainte-Croix, qui redoutait d'unir son sort à sa complice, administrait chaque fois un contre-poison, « De sorte qu'ainsi ballotté, écrivait madame de Sévigné, tantôt empoisonné, tantôt désempoisonné, il finit par demeurer en vie. »

Un accident tout à fait imprévu découvrit le mystère de tant de crimes. Sainte-Croix expira, en juillet 1672, victime de son art infernal. Il travaillait à une composition nouvelle; le masque de verre dont il s'était couvert la figure pour se garantir des vapeurs du poison tomba, et il fut à l'instant asphyxié. Rien ne révéla la cause de sa mort; mais étant sans famille connue, et aucun héritier ne s'étant présenté, le commissaire de police mit les scellés dans l'appartement du défunt. On y trouva une cassette sur laquelle était un billet ainsi conçu : « Je supplie très-humblement ceux ou celles entre les mains de qui tombera cette cassette de me faire la grâce de vouloir bien la rendre en mains propres à madame la marquise de Brinvilliers, demeurant rue Neuve-Saint-Paul, attendu que tout ce qu'elle renferme la regarde... Au cas qu'elle fût plus tôt morte que moi, de la brûler et tout ce qui sera dedans, sans rien ouvrir ni innover; et, afin qu'on n'en prétende cause d'ignorance, je jure devant le Dieu, que j'adore, et tout ce qu'il y a de plus sacré, qu'on n'expose rien qui ne soit véritable. Si d'aventure l'on contrevient à mes intentions, toutes justes et raisonnables en ce chef, j'en charge en ce monde et en l'autre leur conscience, pour la décharge de la mienne, protestant que c'est ma dernière volonté. Fait à Paris, ce 22 mai 1672. De Sainte-Croix. « On lisait au bas : *Paquet qu'il faut remettre à M. Penautier*.

Le commissaire, sans s'arrêter aux énonciations de ce billet, fit ouvrir la cassette : on y trouva treize paquets ayant chacun huit cachets au moins, sur lesquels on lisait : *Papiers à brûler, le tout sans ouvrir le paquet*. Un de ces paquets contenait une quantité considérable de sublimé; l'on y trouva de plus beaucoup de lettres d'amour avec une promesse de 30,000 francs souscrite par la marquise au profit de Sainte-Croix. La marquise, informée de la saisie de la cassette, la réclama avec les plus vives instances, mais sans succès. Pour écarter ou du moins pour affaiblir les soupçons d'intimité avec le défunt, elle donna pouvoir à un procureur de poursuivre devant les tribunaux l'annulation de l'obligation de 30,000 francs, et se réfugia en pays étranger. Les papiers trouvés dans la cassette ne prouvaient autre chose que la liaison adultère qui avait existé entre la marquise et le chevalier, mais rien quant à sa complicité dans la composition des poisons et à leur emploi : une démarche imprudente de La Chaussée révéla l'affreux mystère. Ce valet osa faire une opposition au scellé, sous prétexte qu'il lui était dû deux cents pistoles et cent écus blancs (300 livres) pour prix de ses gages pendant sept ans. La veuve du lieutenant civil, qui d'ailleurs soupçonnait ce valet de n'avoir pas été étranger à la mort de son époux, le fit arrêter. La Chaussée, mis à la question, avoua tous ses crimes : il déclara que Sainte-Croix lui avait donné le poison pour faire périr les frères de la marquise et que celle-ci n'ignorait aucune de ces circonstances; il fut condamné à mort et rompu vif. Glazer, pharmacien qui avait fourni des drogues à Sainte-Croix, fut aussi arrêté, et déclara que le chevalier et la marquise travaillaient ensemble; il n'échappa qu'à une faible majorité de voix à la peine capitale; mais la marquise fut condamnée par contumace à avoir la tête tranchée.

Retirée d'abord en Angleterre, elle était venue chercher un asile plus sûr dans les Pays-Bas, et s'était réfugiée dans un couvent de Liège. Son asile fut découvert, et l'exempt de police Desgrais se rendit dans cette ville déguisé en abbé; il obtint du conseil de Liège l'extradition de la marquise, et pénétra dans le couvent. Il épuisa toutes les ressources de la séduction, et réussit : on convint d'une partie de promenade hors ville; la marquise, arrivée à ce rendez-vous de plaisir, se vit à l'instant cernée par une escouade d'archers déguisés; l'exempt Desgrais leur remit sa prisonnière, et se rendit au couvent, où il s'empara de tous les papiers de la marquise. On trouva, dit-on, dans une cassette un cahier de seize feuillets contenant la *confession générale* de cette infâme : elle s'y accusait d'avoir *cessé d'être fille* à sept ans, d'avoir mis le feu à une maison, d'avoir empoisonné son père, ses frères et un de ses enfants, de s'être empoisonnée elle-même. On a peine à croire à l'existence d'un pareil écrit, surtout dans la situation où se trouvait la marquise, condamnée par un arrêt et exposée à être arrêtée à chaque instant. Elle avait changé de nom, d'habitudes, de goûts, renoncé aux plaisirs de la société; elle s'était ensevelie vivante dans la solitude d'un couvent, et elle aurait pu créer elle-même un document capable de rendre tant de sacrifices, tant de précautions inutiles et de la conduire à l'échafaud ! Tant de prudence à la fois et tant d'étourderie ! tout cela paraît inconciliable. Elle montra plus d'une fois dans le cours de l'instruction la même préoccupation et la même imprévoyance. Elle eût dû se méfier d'elle-même; mais il faut convenir qu'elle n'avait pas le choix de ses moyens de salut. Ainsi, tandis que Desgrais visitait ses papiers au couvent, et qu'elle était restée avec les archers déguisés, elle tenta de corrompre l'un d'eux, et elle crut avoir réussi : elle lui confia une lettre pour un M. Théria. Elle l'invitait à la faire enlever, à s'emparer de la cassette qu'elle avait laissée au couvent et à brûler sa confession. L'archer prit son argent, qu'il garda, et remit la lettre à l'exempt Desgrais. Cependant, l'arrestation avait fait du bruit, et Théria avait offert 1,000 pistoles aux archers de Maëstricht pour la laisser évader; il lui eût été plus facile, et au même prix, de soudoyer une vingtaine d'hommes déterminés, et de la faire enlever de force à huit archers mal armés.

Arrivée à Rocroi, elle fut interrogée par un conseiller de la grand'chambre envoyé exprès; elle nia tout. Pendant son séjour à la Conciergerie, elle écrivit à Penautier, *son ami*, l'informant qu'elle avait tout dissimulé et l'invitant à tout tenter pour la sauver. Sa lettre fut interceptée; Penautier fut arrêté et conduit en prison. On les confronta tous deux : dès qu'ils furent en présence, ils versèrent des larmes; la marquise déclara qu'il était innocent. Mais comment croire à l'innocence d'un ami de la Brinvilliers et de Sainte-Croix ? Peu de témoins furent entendus dans l'instruction : la fille d'un apothicaire déposa qu'un jour que la marquise était dans un état complet d'ivresse, elle lui avait dit, en lui montrant une cassette : « Il y a là-dedans bien des successions. » La marquise s'était rappelé cette imprudente exclamation, et elle avait recommandé au témoin de brûler cette boîte si elle venait à mourir. Elle répétait souvent : « Quand un homme déplaît, il faut lui donner un coup de pistolet dans un bouillon. » Elle recevait dans sa prison les soins et les conseils de deux prêtres : l'un lui conseillait de tout avouer, l'autre de nier tout : « Je puis donc, disait la marquise, faire en conscience tout ce qu'il me plaira. » Ses juges établirent la preuve de sa culpabilité sur sa confession; l'accusée objectait qu'elle l'avait écrite dans un accès de fièvre. Son avocat, Nivelle, démontra dans un mémoire qu'on ne pouvait admettre comme preuve le seul aveu d'un accusé, suivant la maxime *Non creditur perire volenti*; mais à cette confession écrite se joignaient la déclaration de La Chaussée et d'autres dépositions moins précises, moins directes, mais dont la combinaison entraîna la conviction des juges. Elle ne se dissimulait pas le sort qui l'attendait, et n'en paraissait pas effrayée: elle demanda un jour à faire une partie de piquet *pour se désennuyer*. Lorsqu'elle entra dans la chambre de la question, elle aperçut trois seaux d'eau : « C'est assurément, dit-elle, pour me noyer ; car, de la taille dont je suis, on ne prétend pas que je boive tout cela. »

Le seul appareil de cette torture l'avait cependant effrayée ; elle avoua tous ses crimes, et en révéla plusieurs qui avaient échappé à l'accusation. Elle eut ensuite un entretien d'une heure avec le procureur général : le sujet n'en a jamais été rendu public. La lecture de son arrêt de mort l'étonna moins que l'appareil de la question ; elle paraissait préoccupée d'autre chose, et pria le greffier de recommencer. « Ce tombereau, dit-elle, m'a d'abord frappée, j'en ai perdu l'attention pour tout le reste. » Le reste, c'était l'échafaud et le bûcher ! Elle avait souvent tenté de se suicider dans sa prison, et elle aurait réussi si ses premières tentatives n'eussent provoqué la plus sévère et la plus active surveillance. Résignée à la mort, elle montra le plus grand repentir, et le docteur Pirot, son confesseur, assura que « pendant les vingt-quatre dernières heures de sa vie elle fut si pénétrée de douleur, si bien éclairée des lumières de la grâce, qu'*il aurait souhaité être à sa place.* » A défaut de l'Eucharistie, qu'on lui refusa, elle avait demandé un morceau de pain bénit, comme on en avait donné au maréchal de Marillac ; cette *grâce* lui fut également refusée : elle en parut plus affligée que surprise. Elle comptait sur l'intervention des amis de Penautier et du haut clergé ; elle espérait sa grâce ; son mari, lui-même, sollicitait vivement ; il lui rendait de fréquentes visites dans sa prison ; il y était près d'elle la veille même de l'exécution de l'arrêt. L'espoir ne l'abandonna que sur l'échafaud ; elle ne fit entendre que ces mots : « C'est donc tout de bon ! »

Une foule immense se pressait sur la place de Grève et dans les rues ; on y remarquait beaucoup de dames. La marquise en reconnut plusieurs avec lesquelles elle avait été très-liée, et jeta sur elles un dernier regard d'indignation et de mépris : « Voilà, leur dit-elle, un beau spectacle à voir ! » Mme de Sévigné était une de ces curieuses ; elle raconte ainsi les principales circonstances de cette exécution : « Le 16 juillet 1676, vers les six heures du soir, on l'a menée nue, en chemise, la corde au cou, à Notre-Dame, faire amende honorable, et puis on l'a remise dans le même tombereau, où je l'ai vu jeter à reculons sur de la paille, avec une cornette basse en chemise, un docteur auprès d'elle, le bourreau de l'autre côté. En vérité, cela m'a fait frémir... Ceux qui ont vu l'exécution disent qu'elle est montée à l'échafaud avec bien du courage. Pour moi, j'étais sur le pont de Notre-Dame (alors couvert de maisons) avec la bonne d'Escars ; jamais il ne s'est vu là tant de monde ; jamais Paris n'a été si ému ni si attentif... Elle dit à son confesseur, en chemin, de faire mettre le bourreau devant elle, afin de ne pas voir *ce coquin de Desgrais qui l'avait prise*. Son confesseur la reprit de ce sentiment ; elle dit : « Ah ! mon « Dieu, je vous en demande pardon, qu'on me laisse donc « cette étrange vue... » Elle monta seule et nu-pieds sur l'échafaud, et fut un quart d'heure mirodée, rasée, dressée et redressée par le bourreau : ce fut un grand murmure et une grande cruauté. Le lendemain on cherchait ses os, parce que le peuple disait qu'elle était sainte... Enfin, c'en est fait, la Brinvilliers est en l'air ; son pauvre petit corps a été jeté, après l'exécution, dans un fort grand feu et ses cendres au vent, de sorte que nous la respirerons, et, par la communication des petits esprits, il nous prendra quelque humeur empoisonnante, dont nous serons tous étonnés... » Cette dernière phrase est pénible à lire : pour l'honneur de Mme de Sévigné, ses éditeurs auraient bien dû la supprimer, ainsi qu'une autre lettre écrite à Mme de Grignan sur le même sujet. Mme de Sévigné y montre plus de la légèreté : elle regrette que la coupable ait été traitée *si doucement*, et qu'elle n'ait *pas eu la question*. Le peintre Lebrun se trouva, lui aussi, sur le passage de Mme de Brinvilliers. Il dessina ses traits, et son dessin, morceau précieux, offre un mélange presque unique de grâces, de dureté et d'angoisse.

Madame de Brinvilliers eut-elle d'autres complices que La Chaussée et Sainte-Croix ? Cette question a longtemps occupé le parlement, et n'a pas été légalement résolue. Le receveur général Penautier avait acquis une fortune rapide et colossale ; son intimité avec la marquise et le chevalier était-elle tout à fait désintéressée ? On peut ne pas le croire. Tout le haut clergé, l'archevêque de Paris, sollicitèrent vivement sa liberté après le supplice de la marquise, et on assurait dans le temps que le procureur général garda un officieux silence sur les révélations qui lui avaient été faites par la marquise dans le long et mystérieux entretien que j'ai cité. Plusieurs domestiques de madame de Brinvilliers avaient été arrêtés, et ne furent remis en liberté qu'après la mort de leur maîtresse. Deux autres personnes, dont on ne sait pas les noms, *Bastard* et *Lemaître*, ne furent arrêtés que le 4 août, vingt jours après l'exécution, et conduits à la Bastille. Le premier avait été presque aussitôt transféré à la Conciergerie. Lemaître n'avait été interrogé que par le lieutenant général de police La Reynie. La veuve de Sainte-Croix, que celui-ci avait abandonnée depuis longtemps, avait été aussi arrêtée ; elle fut bientôt mise en liberté sans jugement. Belleguise, principal commis de Penautier, échappa aux poursuites de la justice en se réfugiant hors à pays étranger. Penautier ne subit qu'une courte détention ; le maréchal de Gramont, l'un des beaux esprits de la cour de Louis XIV, avait prévu l'issue de cette affaire : Penautier était fort riche et avait de puissantes protections : « Il en sera quitte, disait le maréchal, pour supprimer sa table. » La chimie, qui depuis a fait d'immenses et rapides progrès, était alors peu avancée. Les poisons saisis dans la cassette de Sainte-Croix furent soumis à l'examen d'une commission de docteurs, dont le rapport n'offre aucun résultat satisfaisant. « Le poison de Sainte-Croix, disent-ils, a passé par toutes les épreuves ; il surmonte l'art et la capacité des médecins ; il se joue de toutes les expériences. Ce poison nage sur l'eau ; il est supérieur à cet élément, et le fait obéir ; il se sauve de l'expérience du feu, où il ne laisse qu'une matière douce et innocente. Dans les animaux, il se cache avec tant d'art et d'adresse qu'on ne peut le connaître. Toutes les parties de l'animal sont saines et vivantes ; dans le même temps qu'il fait couler une source de mort, ce poison artificieux y laisse l'image et les marques de la vie. »

La marquise de Brinvilliers fut jugée par le parlement ; elle subit son arrêt le 17 juillet 1676, quatre ans après la mort de son amant, complice de ses crimes. Les empoisonnements se multiplièrent avec une effrayante progression en 1677 et 1678, et ce ne fut que par lettres-patentes du 7 avril 1679 que fut établie la chambre royale de l'Arsenal qu'on appela *cour des poisons*. Dufey (de l'Yonne).

BRIOCHE, sorte de pâtisserie ou de gâteau fait de fleur de farine, de beurre et d'œufs. On mêle à la pâte le levain mis préalablement en fermentation, et lorsque la pâte est bien levée, on l'expose à un feu doux. Le pain bénit, comme on sait, est fait de la même pâte. On mange les brioches chaudes ou froides, mais chaudes elles sont très indigestes.

On emploie assez souvent, dans le langage vulgaire, le mot de *brioche* avec la signification de *bévue*.

BRIOCHÉ (JEAN), célèbre arracheur de dents du dix-septième siècle, avait créé, vers l'année 1650, un théâtre de marionnettes aux foires Saint-Germain et Saint-Laurent. Après avoir longtemps amusé Paris et les provinces, il passa en Suisse, et alla s'établir à Soleure avec ses acteurs de bois ; mais la gravité de ses nouveaux spectateurs s'effraya de la figure de Polichinelle, de son attitude, de ses gestes et surtout de ses discours, et Brioché, dénoncé comme magicien, fut arrêté et emprisonné. Ce fut à grand'peine qu'un capitaine au régiment des gardes suisses, nommé Dumont, qui se trouvait en ce moment à Soleure pour y faire des recrues, parvint à le faire élargir, en expliquant aux magistrats le mécanisme des marionnettes, dont il s'était beaucoup amusé à Paris dans leur nouveauté. Brioché, on le pense bien, se hâta de mettre à profit son élargissement pour fuir un sol si peu hospitalier, et revint chercher sur la terre classique du rire et de la folie des succès et une réputation qui ne lui faillirent pas plus, à ce qu'il paraît, que la fortune, jusqu'au moment où il mourut, regretté de tous les enfants de la capitale, grands et petits, dont il avait fait longtemps les délices.

Fauchon ou *François* Brioché, son fils, lui succéda, et ne fut pas moins célèbre que lui. Brioché avait un singe célèbre que Cyrano de Bergerac tua d'un coup d'épée, le prenant pour un homme qui lui faisait la grimace. Cette anecdote a fourni le sujet d'un opuscule extrêmement rare, intitulé : *Grand combat de Cyrano contre le singe de Brioché.*

BRION. *Voyez* Bryon.

BRIOUDE (en latin *Brivas*, *Brivata*), ville de France, chef-lieu de l'arrondissement de ce nom, dans le département de la Haute-Loire, à quarante-cinq kilomètres nord-ouest du Puy, près de la rive gauche de l'Allier, avec une population de 4,852 âmes, une belle église sous l'invocation de saint Julien, fondée au neuvième siècle, et autrefois collégiale d'un chapitre noble, un tribunal de commerce, une société d'agriculture, un collége communal, une petite bibliothèque, une imprimerie, des fabriques de toiles et de lainages, d'abondantes récoltes de vins passables, et un grand commerce de grains, vins, chanvre et antimoine. Sur la rive droite de l'Allier, à quatre kilomètres, on trouve *Brioude la vieille*, avec une population de 1,158 âmes et un beau pont d'une seule arche, qui date de 1454.

L'origine de Brioude est fort ancienne. Le corps de saint Julien, décapité sous l'empire de Maxime, y fut transporté en 303. Elle fut assiégée par l'armée de Théodoric en 532. L'église, où s'étaient réfugiés les habitants, fut livrée au pillage. Brioude fut enfin prise et saccagée par les Bourguignons, par les Sarrasins, par les Normands, par le vicomte Héraclius de Polignac, escorté d'une bande de seigneurs pillards et par le seigneur de Castelnau, *roi des Compagnies*, qui en fit sa place d'armes. Vinrent ensuite les luttes des habitants avec les chanoines et de ceux-ci avec les protestants et les ligueurs. Avant la révolution de 1789, cette ville, chef-lieu d'une élection, possédait une prévôté, une juridiction de juges-consuls et un bailliage.

BRIQUEBEC, chef-lieu de canton, situé dans le département de la Manche, à 13 kilomètres sud-ouest de Valogne. On y exploite une mine de cuivre, et on y trouve des eaux minérales qui contiennent l'hydrochlorate de fer, et sont employées comme toniques, diurétiques et apéritives. Briquebec compte 4,414 habitants.

BRIQUES. Quelques contrées manquent complétement de pierres à bâtir; dans beaucoup d'autres leur exploitation serait trop coûteuse pour qu'elles pussent être employées à la construction des habitations. On a cherché à y suppléer au moyen de pierres artificielles formées d'une matière commune et facilement exploitable. L'argile, que la nature semble avoir placée de préférence et à dessein dans les pays où manque la pierre, l'argile réunit les conditions les plus favorables à cette fabrication. Aussi a-t-on dès la plus haute antiquité façonnée en *briques*. Après avoir profité de son humidité naturelle pour lui donner une forme régulière, on lui fait prendre la dureté et la solidité nécessaires aux constructions en la privant complétement d'eau. Si les briques ont été séchées au soleil, on dit qu'elles sont *crues*; si elles doivent leur dureté à l'action du feu, ce sont des *briques cuites.*

L'usage des *briques crues* remonte aux premiers âges historiques. C'étaient d'abord des masses d'argile grossièrement façonnées. Le temps apprit à les mouler et à y mêler de la paille hachée pour augmenter leur consistance. Exposées pendant plusieurs années à l'air, elles acquéraient de la solidité. Comme l'humidité les détruit promptement, elles ne conviennent pas aux pays froids; mais dans les climats chauds elles sont aussi durables que les briques cuites, témoin les ruines de Babylone. Les murs d'enceinte de cette ville et la fameuse tour de Babel ou Belus étaient probablement construits de briques crues, liées par un mortier de terre et de bitume, et c'est encore ainsi que l'on bâtit à Bagdad. En Égypte, à dix lieues au-dessus du Caire, on voit les ruines d'une pyramide que l'on croit avoir été élevée par Asychis. Elle est en briques crues formées, suivant les voyageurs, d'une terre noire et argileuse, mêlée de petits cailloux, de coquillages et de paille hachée, terre qui n'était peut-être que du limon du Nil. Chez les Grecs et les Romains, on sait que plusieurs édifices étaient de briques crues. Maintenant, dans presque toute l'Asie, on construit encore les maisons en briques crues, et on les protège contre l'action dégradante des eaux pluviales par un enduit d'argile ou de chaux et de plâtre mêlés.

Il est probable que la fabrication des briques crues a précédé dans le développement des arts celle des briques cuites. Cependant on rencontre dans les ruines les plus anciennes ces deux espèces de matériaux. Là où fut l'immense Babylone, on trouvé des briques cuites couvertes d'un émail qui indique un très-haut degré de perfection, et par conséquent une origine déjà très-ancienne de l'art du briquetier. D'après Hérodote, à mesure que l'on creusait les fossés de cette ville on convertissait la terre déblayée en briques, et lorsqu'il y en avait un certain nombre de façonnées, on les faisait cuire dans des fours. Diodore de Sicile parle d'un stade immense construit par l'ordre de Sémiramis, dont les murs étaient en briques cuites et ornés de bas-reliefs représentant toutes espèces d'animaux avec leurs couleurs naturelles. Il semble qu'il y eut après la destruction de la civilisation assyrienne une grande lacune dans l'emploi des briques cuites. On ne les retrouve chez les Romains que sous les empereurs; le Panthéon d'Agrippa est peut-être le plus ancien édifice de ce genre. Cette nation, qui inventait peu, n'apprit probablement que par ses campagnes en Asie toutes les ressources de l'art du briquetier. Avec l'usage des briques cuites on les voit adopter le mode de construction des Babyloniens, c'est-à-dire que les faces seules des murs sont en briques, et que l'intérieur est en blocages. Ces briques ont la forme de triangles rectangles et présentent l'hypothénuse à l'extérieur et l'angle droit à l'intérieur, disposition qui avait évidemment pour but de donner de l'homogénéité à la maçonnerie. De plus, de grandes briques carrées, placées de quatre en quatre pieds, et formant toute l'épaisseur du mur, reliaient solidement ensemble les deux parements. Hérodote, en parlant des murs de Babylone, appelle ce genre de maçonnerie αἱμασία, mot qui désigne sa couleur rouge (αἷμα, sang). Vitruve lui donne le nom d'ἔμπλεκτόν.

Chez les Romains, beaucoup de murs extérieurs étaient faits de briques plates comme le sont les murs de l'église de la Madonna di Monti à Rome. Le pavé des bains et d'autres édifices était souvent en briques très-minces, placées de champ et faisant entre elles un certain angle; on appelait cet ouvrage *opus spicatum*, par analogie avec un épi de blé. Les rues de Sienne et celles de plusieurs autres villes d'Italie sont encore ainsi pavées, et l'on donne à cet arrangement le nom de *spina pesce*, à cause de sa ressemblance avec des arêtes de poisson. En général, les Romains savaient donner toutes sortes de formes aux briques, suivant l'usage auquel ils les destinaient, cintres, voussures, noyaux de colonnes, ornements d'architecture, etc. Les dimensions en étaient également variables; cependant elles ont en général beaucoup de surface et peu d'épaisseur.

Chez les modernes, la forme et les dimensions des briques

ont plus d'uniformité. C'est un parallélipipède rectangulaire, dont la longueur est double de la largeur et quadruple de l'épaisseur. En France, on les classe en *grandes, moyennes* et *petites*, les premières destinées à faire des cloisons et des voûtes, les secondes des murs, des revêtements, des languettes de cheminées, et les dernières spécialement consacrées aux tuyaux de cheminées et aux petits foyers. Le bas prix et la solidité des briques cuites en ont beaucoup multiplié l'emploi chez les peuples modernes. L'immense ville de Londres en est presque entièrement construite, et leur doit l'aspect singulier de ses rues. Péking, la capitale de l'empire chinois, paraît aussi principalement bâtie en briques. Nous avons en France beaucoup de constructions de ce genre : telles sont les villes de Lille, Toulouse, etc. A Paris, on n'en fait usage que pour certaines parties des édifices. Cela tient à l'abondance des carrières de moellon, et surtout à la cherté des briques. La fabrication aux environs de notre capitale se fait en petit, et la cuisson a lieu dans des fours. Dans les pays où l'on en fait grand usage, comme l'Angleterre, la Hollande, la Belgique et la Flandre, on les cuit au moyen de la houille en plein air et en tas immenses qui en contiennent jusqu'à un million. Aussi ne reviennent-elles qu'à 9 ou 10 fr. le millier en Flandre, et même à 6 ou 7 fr. à Anvers, tandis qu'elles coûtent plus de 50 fr. à Paris.

Pour les constructions qui doivent supporter un haut degré de chaleur, telles que l'intérieur des fours à verrerie et à porcelaine, la chemise et le creuset des hauts fourneaux, on fait une espèce de briques particulières connues sous le nom de *briques réfractaires*. Les procédés de fabrication sont les mêmes que pour les briques ordinaires. Il n'y a de différence que dans le plus grand soin apporté à la manipulation et dans le choix des matériaux, qui ne doivent constituer aucune combinaison vitrifiable. Les argiles pures, étant infusibles, sont recherchées pour cette fabrication; les argiles magnésifères y paraissent également propres. Elle est donc dans les pays qui possèdent ces argiles l'objet d'une industrie profitable.

On pourrait remplacer avec avantage cette espèce de briques par celle que Pline appelle *briques flottantes*. Composées de chaux carbonatée pulvérulente, ou farine fossile, et d'un peu d'argile, elles sont assez légères pour flotter sur l'eau; aussi les anciens les employaient-ils dans certaines constructions hydrauliques. Elles transmettent si mal la chaleur, qu'on peut tenir une extrémité entre ses doigts tandis que l'autre est encore rouge. On en fabriquait en Espagne et en Italie. Nous avons en France de la farine fossile en plusieurs endroits, notamment à Nanterre, près Paris, et surtout en Auvergne, près de Pontgibaut.

A. Des Genevez.

BRIQUET. Tel est le nom vulgaire et générique d'une multitude d'instruments divers à l'aide desquels on peut instantanément se procurer du feu et de la lumière. Le briquet le plus anciennement en usage, et qui a précédé les perfectionnements offerts par la chimie et la physique des modernes, instrument que le plus grand nombre persiste à préférer à tout le reste, consiste dans un morceau d'acier de forme et de dimension appropriées à son objet, dont la percussion rapide sur un silex fait jaillir des étincelles, qui reçues sur un corps très-inflammable, tel que l'amadou, le papier ou le bois pourri, etc., produit une inflammation instantanée. Chacun sait que cet effet est dû à l'oxydation complète et rapide des molécules d'acier détachées du briquet dans l'acte de la percussion; le combustible léger une fois enflammé, il ne s'agit plus que d'en approcher une allumette soufrée, à laquelle le feu se communique. Le reste s'entend sans description.

Mais tout s'est raffiné, sinon perfectionné. On connaît aujourd'hui un grand nombre de briquets, dont la construction repose sur divers principes scientifiques. Le plus curieux sans doute est le *briquet pneumatique*, ou *briquet à air comprimé*, fondé sur la propriété que l'air a, par l'effet d'une subite compression, de laisser tamiser du calorique. Il consiste le plus ordinairement en un cylindre métallique (ordinairement de laiton, ou d'étain) dans lequel on fait glisser à frottement forcé une tige appliquée sur un piston. Sur l'extrémité inférieure du piston, on attache une espèce de petit godet qui contient de l'amadou bien préparé et bien sec. Le piston, ramené à l'extrémité supérieure du cylindre, est poussé vers le bas par un mouvement brusque et instantané; l'air comprimé dégage du calorique, et l'amadou prend feu. On retire à soi la tige, et on procède ensuite comme dans le cas de l'inflammation de l'amadou par la percussion du briquet d'acier sur le silex.

On a aussi le *briquet rotatif*. Figurez-vous l'archet d'un foret. Une petite roue d'acier et un petit cylindre sont fixés l'un et l'autre sur un axe commun. Ce cylindre est creusé en gorge à sa surface pour enrouler la corde de l'archet. L'axe est retenu entre deux appuis placés aux deux extrémités : par ce moyen il peut librement tourner sur ces points, et il entraîne dans sa rotation la roue qui lui est perpendiculaire. Pour produire du feu avec ce petit instrument, on fait tourner rapidement la roue d'acier au moyen de l'archet, et on présente en même temps à la circonférence, c'est-à-dire sur le limbe de cette roue, un silex auquel est collé en dessous un morceau d'amadou : il jaillit bientôt de nombreuses étincelles et l'amadou s'enflamme. Ce n'est, comme on voit, qu'une modification de l'ancien briquet.

Le *briquet à gaz hydrogène* est un instrument plus compliqué, plutôt destiné aux cabinets de physique qu'à l'usage domestique. Il consiste en un vase de verre rempli de gaz hydrogène, qui peut s'en échapper par un orifice capillaire, qu'on ferme à volonté par le robinet qui y est ajusté. A l'instant où ce gaz s'écoule, quand le robinet est ouvert, on l'enflamme à l'aide d'une étincelle électrique produite par un appareil spécial.

Le *briquet phosphorique* est encore celui dont l'usage est le plus familier. On en trouve de plusieurs espèces, mais qui toutes reposent sur les mêmes principes et les mêmes propriétés du phosphore. Assez ordinairement on fait liquéfier le phosphore à une douce chaleur. Pour cela, on en met une très-petite quantité dans un flacon de cristal, allongé et étroit; quand le phosphore est fondu, on plonge dans ce flacon une petite tige de fer rougie au feu : le phosphore mis en contact avec cette tige s'enflamme; il faut alors agiter pendant quelques instants, et quand la couleur de la masse a passé au rouge un peu foncé, on retire la tige et on bouche hermétiquement le flacon; puis on laisse refroidir : le briquet est préparé. Il ne reste plus qu'à adapter le flacon dans un étui où, à l'extrémité opposée, on place une quantité plus ou moins grande d'allumettes ordinaires bien soufrées, qu'il suffit de presser contre le phosphore, en leur imprimant surtout un léger mouvement de torsion, pour les enflammer. Dans cet acte, il se détache quelque parcelle du phosphore; on retire vivement l'allumette du flacon, et l'inflammation de la molécule enlevée a lieu rapidement, surtout si l'on brandit un peu vivement l'allumette dans l'air, ce qui renouvelle les points de contact de l'oxygène atmosphérique.

Il y a encore pour la fabrication du briquet phosphorique un autre procédé, assez fréquemment en usage, et qui consiste à introduire dans un petit vase cylindrique de cristal ou de plomb un cylindre de phosphore qu'on y refoule à l'aide d'une tige du même diamètre à peu près. Cette opération exige des précautions pour être exempte de tout danger ; car, par exemple, si l'on n'avait pas l'attention de choisir des bâtons de phosphore bien pleins, c'est-à-dire sans creux ni cavité dans l'intérieur, ce qui n'arrive que trop souvent quand ils ont été moulés à une basse température, l'air intercepté dans le cylindre pourrait occasionner une déflagration par suite de la compression exercée. Mais les briquets ainsi préparés, quand ils ont bien réussi, sont plus durables que ceux de la variété précédente; ils s'humectent moins facilement. Pour se servir de ces briquets, il faut frotter un peu rudement la surface découverte du phosphore, afin d'en détacher quelque parcelle qui s'attache au soufre de l'allumette, et l'enflamme en même temps qu'elle brûle elle-même. Pour arriver à cet effet, quand l'allumette a été retirée du flacon, on en frotte l'extrémité sur quelque corps solide et rugueux, tel que le liége, le feutre, etc.

Il existe une troisième méthode pour la fabrication du briquet phosphorique. Celui-ci est dit à *mastic inflammable*. Le moyen consiste à faire enflammer du phosphore dans un vase à très-petit orifice, à y projeter immédiatement de la magnésie calcinée, et à bien agiter la masse à l'aide d'une tige de fer, pour faciliter la combinaison. Le tout devient pulvérulent et perd sa compacité : alors on bouche le flacon, pour s'en servir avec une allumette, comme dans les précédentes méthodes. On présume qu'il se produit dans cette opération un phosphure de magnésie excessivement inflammable. Cependant cet effet n'est pas certain : quoi qu'il en soit, le mélange de phosphore et de magnésie (si ce n'est point une combinaison chimique parfaite) est susceptible de s'enflammer très-facilement, surtout si l'atmosphère dans laquelle on opère est humide, ou si on a préalablement soufflé sur l'allumette.

Enfin, le *briquet chimique* auquel le nom de *Fumade* a dû toute sa célébrité a été décrit à l'occasion des **allumettes** oxygénées. Dans le même article nous avons parlé des allumettes chimiques, qui tendent à remplacer partout les briquets phosphoriques, chimiques, etc. PELOUZE père.

BRIQUET ou SABRE-BRIQUET, mot qui n'a d'abord été pris comme synonyme de *sabre* que par dérision : les soldats de cavalerie, pour tourner en ridicule une lame très-courte par comparaison à la leur, avaient trivialement comparé le sabre d'infanterie à un briquet à faire du feu. L'inattention des commis de la guerre introduisit ce mot dans notre langue. Il exprimait l'arme de taille des hommes de troupe de l'infanterie française; cette arme avait remplacé l'ancienne épée, et a été remplacée elle-même par le **sabre poignard** en 1831. Les caprices de la mode ont décidé de ces changements, bien plus que le calcul ou le raisonnement. Ce fut vers 1760 qu'on donna aux grenadiers le sabre en remplacement de l'épée; les autres hommes de troupes ne portaient cette même arme ne le prirent que depuis l'ordonnance du 1er octobre 1786. Elle reçut en l'an xi une forme nouvelle qui l'alourdissait. L'usage du sabre-briquet avait plus d'antagonistes que de partisans; Bonaparte l'avait tour à tour donné et ôté à ses voltigeurs, et il avait même rendu en l'an xii un décret qui le retirait aux compagnies de grenadiers, et y substituait un pic-hoyau, décret inédit, *inconnu*, parce qu'il est resté sans exécution, mais qui n'a pas été rapporté.

A l'heure qu'il est, le sabre-briquet n'a été conservé qu'aux gardes républicains et aux gendarmes à pied. Il se compose d'une lame à un tranchant, légèrement cambrée, sans gouttière ni pans creux, avec un faux tranchant vers la pointe. La monture est en cuivre coulé d'une seule pièce et à poignée ornée en dedans de godrons. Gal BARDIN.

BRIQUETTES. On connaît sous ce nom, à Paris et en divers autres lieux, un mélange de charbon de terre ou de coke avec de l'argile. On est superflu sans doute de dire que l'argile du mélange ne contribue en rien aux propriétés calorifiques du combustible; mais elle offre un assez bon moyen de ralentir assez la combustion, en diminuant le nombre et l'étendue des surfaces exposées à l'air, pour que l'émission de la chaleur soit successive, et qu'elle accomplisse l'objet qu'on a en vue, celui d'un chauffage très-modéré, mais longtemps continué. Quand la fraude n'est pas introduite dans cette fabrication, comme il n'arrive que trop souvent, c'est-à-dire quand au lieu de houille ou de bon coke on n'a pas employé dans la façon des briquettes du mâchefer et autres résidus déjà brûlés, ce qui est assez difficile à discerner à l'œil, l'emploi de ces briquettes peut être assez avantageux.

Pour fabriquer les briquettes, on délaye de l'argile dans l'eau en proportion suffisante pour obtenir une bouillie un peu épaisse; on a disposé à part de la houille ou du coke cassés et passés à la claie; on verse sur ce tas la bouillie argileuse, et on en fait le mélange le plus exactement possible à la pelle. Dans cet état, on en fait des boulettes informes qu'on presse fortement entre les mains; quand la matière ainsi pressée s'est suffisamment tassée, on l'introduit et on la replace de nouveau dans un moule de bois, en tout semblable à ceux en usage dans le travail des briques. Ce moule doit être posé à plat sur une planche unie. On le remplit *à comble* à l'aide d'une palette en fer, quand la boule faite à la main n'a pas suffi à la capacité du moule. On frappe ensuite sur le petit tas qui excède les bords un ou deux coups avec la palette, dont le revers est bien uni. Pour retirer la palette, il faut la faire glisser rapidement et bien horizontalement, appuyant sur les bords du moule. On soulève le moule entre les deux mains en le faisant glisser sur la table, et la briquette est posée sur une planche. Pour la détacher du moule, il ne faut plus qu'appuyer légèrement des deux pouces sur la surface supérieure de la briquette, en redressant en même temps les doigts qui étaient recourbés en dessous pour soutenir la briquette pendant qu'elle était en l'air.

Les briquettes se rangent, au fur et à mesure qu'elles sortent des moules, sur la même planche; et celle-ci étant totalement couverte, on passe à une autre. On a coutume d'élever ainsi trois, quatre et même cinq rangées de planches les unes au-dessus des autres. Avant d'employer les briquettes, il faut qu'elles soient autant sèches que possible. Cette fabrication a surtout pour objet de tirer parti du *grabeau* et *menuise* de houille et de coke, principalement de ce dernier, qui en produit beaucoup. PELOUZE père.

BRIQUÉVILLE (ARMAND-FRANÇOIS, comte DE), colonel de cavalerie et député, d'une des plus anciennes maisons de la noblesse française, naquit en 1785, à Bretteville, (Manche). Tombé au pouvoir des républicains, son père mourut en criant *Vive le roi!* Cependant, au moment de marcher au supplice, il dit en embrassant son fils : « Je donne ma vie aux Bourbons, mais ne les servez jamais ; ce sont des ingrats. » Briquéville entra à dix-sept ans à l'école de Fontainebleau, d'où il sortit avec le grade de sous-lieutenant de cavalerie. Depuis ce moment sa vie ne fut marquée que par de brillants faits d'armes et d'héroïques actions. L'enfant de l'aristocratie, le rejeton des vieilles races, devint un des plus fermes, des plus courageux, des plus dévoués défenseurs de tous les droits consacrés par la Révolution. Il aimait la liberté avec enthousiasme, la gloire avec passion, la France avec idolâtrie. Lieutenant de dragons en 1807, capitaine en 1808, chef d'escadron et officier d'ordonnance de Napoléon en 1812; lieutenant-colonel des lanciers de la garde impériale en 1813, il n'est pas un de ces grades qu'il n'eût gagné à la pointe de son épée, pas un champ de bataille qu'il n'eût rougi de son sang, pas un combat où sa valeur n'eût conquis les acclamations de l'armée. En Italie, en Prusse, en Espagne, en Pologne, en Russie, en France, depuis Iéna jusqu'à Waterloo et sous les murs de Paris, il défendit son pays avec un dévouement digne des temps héroïques.

Après la chute de l'Empire, Briquéville, toujours fidèle à Napoléon, quitta le service; mais sa retraite fut précédée par un fait d'une admirable nationalité. Rencontrant Louis XVIII escorté par des cavaliers prussiens, le jeune colonel s'élance, à la tête de ses lanciers, vers l'officier qui commande ces étrangers, lui intime l'ordre de lui céder la place, et s'adressant au roi : « Sire, lui dit-il, c'est sous la protection des Français que votre majesté doit rentrer en France. » Il conduisit, en effet, la famille royale jusqu'au château de Saint-Ouen; mais là il déclara respectueusement que ses affections et sa conscience lui faisaient un devoir de se retirer, et il donna sa démission, malgré les bienveillantes instances du monarque. Au retour de l'empereur, Briqueville accomplit des prodiges à la bataille de Ligny, où il fut mis à l'ordre du jour de l'armée. Le 17 et le 18 juin, faisant partie du corps de Grouchy, il fut l'un des officiers qui insistèrent le plus énergiquement pour marcher sur le canon de Waterloo. Après ce grand désastre le jeune colonel, frémissant d'indignation et de douleur, se précipita, entre Sèvres et Versailles, sur une colonne de cavaliers prussiens, dont il fit un horrible carnage, et du milieu de laquelle il sortit la tête entr'ouverte par un coup de sabre et le poignet droit à demi abattu. Criblé de blessures et accablé de souffrances, il ne fit pas moins partie de plusieurs conspirations tendant au renversement des Bourbons; puis il vécut dans la retraite jusqu'au moment où la reconnaissance de ses concitoyens l'envoya à la chambre des députés.

C'était en 1827. La Restauration, à laquelle il reprochait surtout son origine étrangère, n'eut jamais de plus ferme ni de plus incorruptible adversaire. Pour Briqueville, le Palais-Bourbon était un nouveau champ de bataille, où il combattait sans cesse pour la défense des libertés publiques. Il salua avec enthousiasme la révolution de Juillet; mais ses illusions ne tardèrent pas à s'évanouir, et il revint bientôt à l'opposition constitutionnelle, dans les rangs de laquelle il attaqua avec toute l'ardeur de son caractère *cette série d'actes arbitraires, d'humilités extérieures et d'usurpations hardies*; enfin, ce système funeste qui, disait-il, *se masquait toujours avec les mots d'ordre et de devoir.* Une attaque assez vive contre le maréchal Soult amena entre le fils du maréchal et le colonel une rencontre, à l'issue de laquelle Briqueville vint déclarer à la tribune qu'il maintenait tout ce qu'il avait dit la veille.

Vers le milieu du mois de mars 1844, Briqueville, qui pressentait sa fin prochaine, se traîna mourant à la chambre des députés, pour demander que les restes mortels du maréchal Bertrand reposassent sous la même nécropole que les glorieuses dépouilles de Napoléon. Après avoir payé ce pieux tribut à la fidélité et à la gloire, le soldat de l'Empire s'alita pour ne plus se relever. Il expira le 20 mars, en prononçant les mots : *patrie, gloire, désespoir.* B. SARRANS.

BRIS. Ce mot s'applique généralement au fait de l'homme, et implique presque toujours l'idée d'un délit; cependant il a en droit une tout autre acception quand il s'agit d'un bris de navire. *Voyez* BRIS ET NAUFRAGE.

Le *bris de clôture* est un délit prévu par l'article 456 du Code Pénal, et puni d'un emprisonnement d'un mois au moins, d'une année au plus, et d'une amende qui ne peut être au-dessous de 50 francs. Lorsqu'il accompagne un autre crime, il en forme l'une des circonstances aggravantes, et prend le nom d'effraction.

Le *bris de porte* sort de la classe des délits lorsque l'autorité publique, voulant faire une perquisition légale dans le domicile d'un citoyen, éprouve quelque obstacle et se voit dans la nécessité d'ordonner le bris des portes au nom de la loi.

Le *bris de prison* est une effraction faite à une prison pour faciliter l'évasion d'un prisonnier. Le Code Pénal (art. 241, 244, 245) détermine la peine à infliger à ceux qui se rendent coupables de pareils actes.

Le *bris de scellés* est un délit qui consiste dans la rupture des scellés apposés par un officier public sur des objets dont il n'a pu encore être fait inventaire. La loi établit une différence dans la peine dont ce délit est puni selon qu'il a été commis par celui à la garde de qui les scellés avaient été confiés, ou par une autre personne, et selon les circonstances dont il est accompagné. (Art. 249 à 256.)

On a désigné autrefois sous le nom de *bris de marché* le délit de coalition ayant pour but soit d'empêcher certaines marchandises d'arriver à un marché, soit de fixer le prix de certaines denrées de manière à en assurer le monopole aux parties coalisées.

BRISACH ou BREISACH, que les Allemands appellent *Alt-Breisach* (Vieux-Brisach), est une ville du grand-duché de Bade, chef-lieu du district de ce nom, dans le cercle du Haut-Rhin, à 20 kilomètres ouest de Fribourg et 55 sud de Strasbourg, sur la rive droite du Rhin, vis-à-vis du fort Mortier et de *Neuf-Brisach*, ville de France dans le département du Haut-Rhin, à 12 kilomètres sud-est de Colmar, et 2 de la rive gauche du Rhin, place de guerre de 1re classe, bâtie en 1690 par Louis XIV, et fortifiée en 1699 par Vauban (après la perte du Vieux-Brisach), avec une population de 2,000 âmes, une direction d'artillerie, un arsenal et une grande fabrication de calicot.

Quant au Brisach badois, bâti sur un mamelon de formation basaltique, il fut longtemps ville libre impériale, et passa pour une des places les plus fortes de l'Allemagne jusque vers le milieu du siècle dernier, où ses fortifications furent en partie détruites par ordre de l'impératrice Marie-Thérèse. On y remarque l'église de Saint-Étienne, monument d'architecture gothique, qui contient les tombeaux d'un grand nombre de personnages célèbres. Un pont jeté sur le Rhin le met en communication avec la rive gauche. Sa population est de 3,200 âmes; son commerce et sa navigation sur le fleuve sont considérables; sa douane est une des plus actives de cette frontière, ainsi que sa fabrication de tabac.

Sa situation, abrupte, isolée, dut en faire de bonne heure un point stratégique important Jules César en parle, sous le nom de *mons Brisacius*, comme d'une forteresse des Séquaniens. Après la domination romaine, Brisach, suivant les destinées des pays voisins, appartient tantôt à l'Empire, tantôt à quelqu'un de ses puissants vassaux. Durant la guerre de trente ans, les Suédois et les Français le menacèrent à deux reprises. Enfin elle dut succomber en 1638 devant l'armée commandée par le duc Bernard de Saxe-Weimar. L'année suivante, l'empereur Ferdinand essaya vainement de la reprendre, et la paix de Westphalie en assura la possession à la France, qui la regarda comme une des clefs de son territoire jusqu'en 1697, que, par la paix de Ryswyck, Louis XIV, dont la période de revers avait commencé, fut contraint de la rendre à l'Empire. Pendant la guerre de la succession d'Espagne, les Français s'en emparèrent par surprise, et s'y maintinrent jusqu'en 1715, où la paix de Radstadt la rendit à l'Autriche. En 1793 les Français s'en rendirent maîtres de nouveau, et en rasèrent les fortifications; mais la paix de Lunéville en attribua la possession au duc de Modène, puis elle fut donnée à l'archiduc Ferdinand, et définitivement annexée par la paix de Presbourg au grand-duché de Bade.

BRISANTS, masse de rochers ou de coraux contre lesquels la mer frappe ou brise. On donne aussi ce nom aux lames produites par le choc de la mer contre les côtes et contre les rochers à fleur d'eau ou sous l'eau, et contre les bancs qui, ayant autant d'inégalités dans le fond du sol que dans leur profondeur, sont assez élevés pour produire de telles lames. Dans ces deux cas, les brisants sont utiles, en ce que, d'abord, le mouvement ondulatoire qui se communique à la surface de l'eau annonce la présence du danger, et qu'en outre le mouvement rétrograde que leur choc imprime au navire suffit quelquefois pour le mettre hors de toute atteinte.

Les brisants, très-dangereux pour les petits navires, qu'ils tourmentent beaucoup, sont incommodes pour les gros, qu'ils empêchent de gouverner en amortissant leur air. À l'abord d'une côte, à l'entrée d'une baie, d'une rade, d'un port, leur mouvement ondulatoire donne aux navires une telle levée, que parfois ils ne peuvent passer sans le plus grand danger sur des hauts-fonds où ils auraient ou assez d'eau sans cette levée. Parfois aussi ils rendent totalement impraticable l'entrée d'un port ou l'abord d'une côte.

BRISE. On entend vulgairement par ce mot un petit vent frais et périodique qui souffle dans certains parages. En termes de marine, c'est la qualification générique du vent quand il n'est pas à la tempête. On dit une *faible brise*, une *petite brise*, une *jolie brise*, une *bonne brise*, une *brise carabinée*, une *brise de terre*, une *brise du large*. Il ne faut pas confondre la brise de terre avec le vent de terre, ni la brise du large avec le vent du large. La brise du large et celle de terre sont les brises régulières qui se succèdent dans la zone torride, et même un peu en dehors. La *brise de terre* souffle vers le matin ; elle est moins forte que celle du large. Elle souffle sur la terre refroidie quand l'air n'est plus raréfié : à ce moment, la chaleur que la mer a conservée, raréfie l'air qui lui est supérieur, et alors celui de terre accourt pour remplir la dilatation qu'opère la raréfaction au large. La *brise du large* se fait sentir vers midi, et dure plus ou moins, quelquefois jusqu'à sept ou huit heures, et quelquefois jusqu'à minuit : elle est régulière sur les côtes des continents et des grandes îles entre les tropiques. La *brise carabinée* est le grand frais ; elle fait riser (serrer) les huniers au plus près.

BRISÉES. On entend au propre par ce mot, en termes d'eaux et forêts, des branches que l'on coupe dans un taillis ou de la grands arbres pour marquer les bornes des coupes. En termes de chasse, ce sont également des branches que le veneur rompt aux arbres ou qu'il sème sur son chemin pour reconnaître l'endroit où est la bête et où on l'a détournée : on dit *frapper aux brisées* pour courre lorsque le veneur a fait son rapport.

Dans le style figuré, on se sert du mot *brisées* dans la même acception, c'est-à-dire pour indiquer la voie pratiquée par quelqu'un, et que l'on veut suivre : *aller* ou *marcher sur les brisées* de quelqu'un, c'est suivre ses traces, c'est entrer, en quelque sorte, en émulation, en concurrence, en rivalité avec lui.

BRISÉIS ou HIPPODAMIE, fille de Brisès, grand prêtre de Jupiter à Lyrnesse, capitale de la Cilicie, et femme de Mynès, roi de cette contrée, tomba, après la mort de son époux et la prise de cette ville par les Grecs durant la guerre de Troie, dans le partage des vainqueurs firent du butin, entre les mains d'Achille, qui en devint éperdûment amoureux, et promit d'en faire sa femme. Mais Agamemnon, que les conseils d'Achille avaient obligé de rendre à Chrysès, frère de Brisès, sa fille Chryséis, dont il avait fait son esclave, fit enlever au héros sa captive, et la garda dans sa tente, où il la traita, du reste, avec toutes sortes d'honneurs et de respects. Le ressentiment qu'Achille conçut de cette action faillit avoir des suites funestes pour les Grecs, qui se virent privés de l'appui du héros, retenu durant près d'une année dans sa tente sans vouloir prendre aucune part aux combats. Enfin, Agamemnon, effrayé des victoires d'Hector, consentit, à la prière des Grecs, à rendre Briséis à Achille, et la lui renvoya avec de riches présents ; mais celui-ci refusa de la reprendre. On ignore ce qu'elle devint après la mort d'Achille, dont la colère et l'inaction après l'enlèvement de sa captive font le sujet principal de l'*Iliade*.

BRISE-LAMES. On nomme ainsi un ensemble de claires-voies prismatiques, faites en bois et flanquées de liège, longues chacune de vingt mètres, qui dépassent de deux mètres la surface agitée de la mer, et qu'on amarre solidement à environ trois kilomètres des côtes. C'est une espèce de digue en bois, à la fois résistante et mobile. Les sections du brise-lames sont placées en ligne, ou plutôt en échiquier de manière à se prêter un mutuel appui. La lame qui vient du large passe à travers le brise-lames comme à travers un crible élastique, et perdant son élan, la mer reste calme dans le bassin que le brise-lames enserre et protège.

Les premiers essais de cet appareil ont été faits à Penzance et en avant de Brighton. En 1846 on en a construit un dans le port de la Ciotat (Bouches-du-Rhône).

BRISE-MOTTE. On appelle ainsi tout instrument propre à pulvériser les mottes trop grosses que laisse l'opération du labourage. Tels sont les *rouleaux compresseurs* de Schattenmann, soit unis soit garnis de pointes, et le *rouleau squelette*, qui, formé de disques de fonte enfilés dans un axe de fer, offre des tranchants moins sujets à s'émousser que les dents des rouleaux à pointes.

Après le passage du rouleau, les mottes semblent quelquefois encore tout entières ; mais on ne tarde pas à s'apercevoir de l'atteinte qu'elles ont reçue ; car en faisant succéder à ce travail celui de la herse, elles se brisent, s'émiettent sans peine, tandis qu'elles résistaient avant le passage du rouleau.

BRISE-PIERRE, instrument dont on se sert pour concasser la pierre qui entre dans le ferrement des routes. En chirurgie, c'est le nom de plusieurs instruments de lithotritie employés pour briser la pierre dans la vessie.

BRISER. En termes de blason c'est charger un écu de brisures, comme lambel, bordure, etc., pour distinguer les branches et les cadets de leur aîné, auquel appartiennent les armes pleines.

BRIS ET NAUFRAGE (Droits de). Ce droit a longtemps existé en France : c'était la confiscation de ce qui restait d'un vaisseau qui avait fait naufrage et s'était brisé sur les côtes. Il est vraiment curieux de rechercher l'origine d'un usage si barbare, qui s'était établi chez les peuples riverains de la mer, et que jusque vers la fin du dix-septième siècle, au milieu d'une civilisation très-avancée, notre législation avait osé consacrer. On en trouve des traces chez toutes les nations maritimes ; mais c'est dans la barbarie des premiers âges qu'il a pris naissance. Lorsque les hommes commencèrent à s'organiser en sociétés, les tribus demi-sauvages étaient en guerre permanente ; la piraterie devait donc être en quelque sorte le droit des gens de ceux qui habitaient le littoral des mers ; tout étranger étant un ennemi, quelle loi eût pu protéger les naufragés ? On trouvait tout naturel de prendre ce qu'offrait la tempête ; et d'ailleurs, il était difficile qu'on respectât un malheureux que la colère des dieux semblait poursuivre.

Mais quand des relations de commerce et d'amitié se furent établies entre les nations, que des conventions réciproques eurent offert une protection aux citoyens de pays divers, il est probable qu'alors on dut considérer les hommes que la tempête poussait sur les côtes, avec quelques débris de leur fortune, comme ayant autant de droits que ceux qui y abordaient tranquillement pour y faire un trafic avantageux. Alors la féroce coutume de piller les naufragés, de les réduire en esclavage, de les immoler comme des bêtes fauves, ou même de les sacrifier en holocauste sur les autels de la Divinité, disparut sans doute, et les naufragés, en mettant le pied sur le rivage d'une nation civilisée par le commerce, purent dire comme Ménélas dans Euripide. Ναυηγὸς ἐγὼ ξένος, ἀσυλήτον γένος ; (*Sum naufragus, spoliare quod genus est nefas*). Les Égyptiens, qui, par des raisons de sûreté intérieure ou de commerce, fermaient quelques-uns de leurs ports aux étrangers, firent une exception en faveur de ceux que la tempête contraignait à chercher un asile dans ces ports réservés. La législation romaine avait pris toutes les mesures qui étaient en son pouvoir pour empêcher que les naufragés ne fussent pillés ; la loi prononçait des peines sévères contre ceux qui élevaient sur la côte des feux pour attirer les navigateurs dans les écueils, (*ne piscatores, lumine ostenso, fallant navigantes, quasi in portum aliquem delaturi*, etc.). Les lois de Constantin consacrèrent le principe, qu'il était odieux que le fisc s'enrichit de la misère des marins que les flots mêmes avaient épargnés.

L'invasion des barbares dans l'empire romain renversa ces sages institutions, et l'atroce coutume de s'emparer des malheureux échappés au naufrage et de voler les débris de leur fortune fut remise en vigueur. Cependant ce droit horrible ne fut pas admis partout sans réclamations ; le code des Visigoths condamnait à une amende considérable ceux qui pillaient les naufragés ; et l'empire d'Orient au moyen âge avait fait revivre les belles lois romaines à cet égard. Mais quand le système féodal eut embrassé la France comme un réseau de fer, les droits sacrés des naufragés, oubliés pendant les troubles, ne furent pas rétablis ; les seigneurs féodaux trouvèrent plus agréable de mettre au nombre de leurs prérogatives le pillage des navires que l'orage poussait sur leurs côtes ; quelques-uns même, ainsi que des chefs de brigands, s'entendaient avec les *locmans* ou pilotes pour faire échouer les navires sur des pointes de rochers ; et c'est dans ces siècles que l'histoire de la Bretagne nous retrace la barbarie de certains habitants des côtes, qui attachaient pendant la nuit des feux à la queue des vaches ou aux cornes des taureaux pour tromper les yeux des marins qui s'approchaient de leurs rivages.

Alors s'organisa ce honteux brigandage, et il fut inscrit dans nos lois sous le nom de *Droit de bris et naufrage*. Il passa à la couronne quand la royauté se substitua au pouvoir des seigneurs féodaux, et Louis XI l'énonçait en termes formels comme faisant partie de l'apanage de son frère. Quand les prérogatives de l'amiral de France furent fixées, ce droit lui fut concédé, et il continua ainsi à être en usage avec quelques modifications, jusqu'à ce qu'enfin Louis XIV l'abolit entièrement dans tous les pays de son obéissance, par son ordonnance de 1681. Il fit même des règlements pour obliger les paroisses voisines de la mer à aider dans le sauvetage des navires et des marchandises ceux qui feraient naufrage sur leurs côtes. Nous nous abstiendrons de donner des éloges à cette ordonnance ; il est remarquable qu'elle n'ait pas été faite et mise en vigueur plusieurs siècles plus tôt, car une loi de Richard Cœur-de-Lion avait déjà rendu cette justice aux marins qui échappaient au naufrage.

Théogène PAGE, cap. de vaisseau, chef de division.

BRISEURS D'IMAGES. *Voyez* ICONOCLASTES.

BRISE-VENT, terme par lequel on désigne, en horticulture et en jardinage, un rempart de paille ou de roseaux pratiqué pour mettre des plantes ou des couches à l'abri du vent. Ces brise-vent ou paillassons doivent être placés perpendiculairement, et maintenus dans cette position par le secours de piquets fichés en terre ; ils ont communément de un à deux mètres de hauteur, et leur longueur est proportionnée au terrain que l'on veut abriter. On se sert aussi, pour le même objet, de lignes d'arbres rapprochés et tenus très-courts. *Voyez* ABRI.

BRISGAU. Ce pays réuni au bailliage d'Ortenau forme l'une des plus belles et des plus riches contrées du grand-duché de Bade, où il fait partie des cercles du Haut-Rhin et du Rhin central.

Le Brisgau comprend une superficie d'environ 33 myriamètres carrés, et une population de 150,000 âmes répartie entre dix-sept villes, dix bourgs et quatre cent quarante villages. Ce pays est généralement montagneux, particulièrement aux environs de Triberg, de Saint-Pierre et de Saint-Blaise ; il renferme les pics les plus élevés de la Forêt-Noire, dont les plateaux vont toujours en diminuant d'élévation, et en formant une suite de terrasses à mesure qu'ils se rapprochent davantage du Rhin, sorte de fertiles plaines et de ravissantes montagnes, entre lesquelles serpentent des vallées étroites, parfaitement cultivées et extrêmement peuplées. Sur tous les points le sol est arrosé par de petits affluents du Rhin, dont les plus importants sont l'Elz, le Treisam, le Glotter, le Wiesen et le Neumagen. On y trouve aussi plusieurs petits lacs, la plupart situés dans les parties les plus élevées de la montagne. Dans les plaines l'agriculture est pratiquée avec une remarquable intelligence. On y récolte d'excellentes espèces de vins, d'excellents grains, et quantité de fruits, de chanvre et de légumes de tous genres. La culture des pins dans les montagnes et les riches pâturages des vallées constituent les principales richesses des habitants de la Forêt-Noire, qui s'occupent avec succès de l'éducation des bestiaux, du flottage et du commerce des bois, de la fabrication de toutes sortes d'objets en fer et en bois, et surtout de celle des horloges et pendules si connues sous le nom d'*horloges de la Forêt-Noire*. L'exploitation de quelques mines donne en outre d'assez importants produits en fer, plomb, cuivre et argent.

A l'époque de la domination romaine, que rappellent encore une foule d'antiquités, le Brisgau faisait partie du pays des Alemans et était habité par l'une de leurs tribus, celle des *Brisgarii*. Au moyen âge ce gau fut gouverné par des comtes, et à partir du onzième siècle par les *Bestilons*, devenus plus tard ducs de Zæhringen. A l'extinction de leur race, en la personne du duc *Berthold V*, dit *le Riche*, mort en 1218, une partie du Brisgau passa sous l'autorité des margraves de Bade, descendants du duc de Zæhringen, Berthold Ier, et une autre partie aux gendres du dernier comte, les comtes de Kybourg et d'Urach. Hedwige, fille et héritière du dernier comte de Kybourg, ayant épousé le comte, devenu plus tard l'empereur Rodolphe Ier de Habsbourg, cette partie du Brisgau devint la propriété de la maison de Habsbourg.

Après avoir acheté en 1370 au comte d'Urach Fribourg chef-lieu du Brisgau, l'Autriche sut insensiblement s'adjuger la souveraineté de tout le pays, de sorte qu'en 1386 le duc Frédéric d'Autriche réunissait déjà sous son autorité presque tout le Brisgau, à l'exception de Badenweibern et de quelques petites parcelles de territoire qui passèrent sous les lois des souverains de Bade. A l'origine l'Autriche fit administrer le Brisgau par des baillis ; mais en 1470 la mauvaise gestion du bailli Pierre de Hagenbach fut cause qu'on y convoqua des états provinciaux à l'effet d'administrer le *gau* de concert avec eux. Depuis cette époque le Brisgau partagea toujours, jusqu'à la fin du dix-huitième siècle, les destinées de l'Autriche et des contrées du Haut-Rhin.

Aux termes de la paix de Lunéville, en 1801, l'Autriche céda le Brisgau avec l'Ortenau (à l'exception du Frickthal, qui comptait une population de plus de 20,000 âmes répartie sur une superficie de plus de 275 kilomètres carrés, et que la France fit réunir à la république Helvétique), au duc de Modène. A la mort de ce prince, arrivée en octobre 1803, il eut pour successeur son gendre, l'archiduc Ferdinand d'Autriche, qui prit le titre de duc de Brisgau. Mais la paix de Presbourg le contraignit à faire la cession de son duché au grand-duché de Bade et au royaume de Wurtemberg, et celui-ci fit, moyennant indemnité, abandon de sa portion au grand-duché.

BRISOIR. *Voyez* BROYE.

BRISSAC (Famille de). La maison de Cossé-Brissac, appartenant à l'ancienne chevalerie, et l'une des plus illustres de France, tire son nom de la terre de Cossé dans le Maine et de celle de Brissac dans l'Anjou. Elle a donné quatre maréchaux de France, six chevaliers des ordres du roi, un grand maître de l'artillerie, deux colonels généraux d'infanterie et plusieurs gouverneurs de provinces. La branche aînée, devenue ducale en 1611, s'est éteinte le 9 septembre 1792, par la mort du duc de Brissac, massacré au château de Versailles.

Nous consacrons un article spécial au maréchal dit *le beau Brissac*. Son frère *Arthur* de Cossé-Brissac fut aussi un capitaine distingué. Il signala son courage et son dévouement dans diverses campagnes, de 1551 à 1567, et reçut de Charles IX le bâton de maréchal de France. Détenu pendant dix-sept mois à la Bastille par ordre de Catherine de Médicis, sur le soupçon d'avoir pris parti pour le duc d'Alençon, il ne recouvra sa liberté que sous Henri III, et mourut en 1582.

Timoléon DE Cossé, dit *le comte* DE BRISSAC, fils de Charles, avait déjà mérité par sa valeur les plus hautes distinctions militaires, lorsqu'en 1569 il fut tué, à vingt-cinq ans, au siége de Mucidan, en Périgord. *Charles II* DE Cossé-BRISSAC, son frère, servit en Piémont sous leur père, et y resta jusqu'à l'évacuation de ce pays, en 1574. Monté sur la flotte de Strozzi, lors de l'expédition des Açores en 1582, il en ramena les débris après la défaite, prit une part active à la lutte du roi contre les *Seize*, abandonna le parti royal, accepta de Mayenne le gouvernement de la Rochelle, et, gouverneur de Paris pour la Ligue, avec le titre de maréchal, en 1594, en remit l'année suivante les clés à Henri IV, qui lui conserva ses titres et dignités, et l'employa dans plusieurs affaires importantes. Créé duc et pair en 1611, il se signala, en 1617, à l'assemblée des grands du royaume, et mourut en 1621, au siége de Saint-Jean d'Angely.

Jean-Paul-Timoléon DE Cossé-BRISSAC, né en 1698, soutint glorieusement le nom de ses ancêtres. Il servit d'abord en 1714 sur les galères de Malte, se signala au siége de Corfou, ainsi que dans diverses actions contre les Turcs, fut, à son retour, créé mestre de camp, puis, en 1768, élevé à la dignité de maréchal de France, et mourut en 1784. *Louis-Joseph-Timoléon*, duc DE Cossé-BRISSAC, son aîné, fut tué en 1757 à la bataille de Rosbach, ne laissant pas de postérité.

Louis-Hercule-Timoléon, duc DE Cossé-BRISSAC, pair et grand pannetier de France, gouverneur de Paris, capitaine-colonel des Cent-Suisses de la garde du roi et chevalier de ses ordres, né en 1734, fut nommé en 1791 commandant général de la garde constitutionnelle de Louis XVI. Décrété d'accusation lors du licenciement de ce corps en 1792, il fut transféré à Orléans, puis à Versailles, où il fut massacré, dans les premiers jours de septembre, avec les autres prisonniers.

Timoléon DE Cossé, duc DE BRISSAC, de la même branche que les précédents, né en 1775, servit d'abord comme volontaire dans la garde constitutionnelle de Louis XVI, et disparut de la scène politique jusqu'à l'Empire, où il devint chambellan de madame-mère et préfet, d'abord du département de Marengo, puis de celui de la Côte-d'Or. Lors de la première invasion, il prit des mesures énergiques pour arrêter les progrès des alliés. Mais, dégagé, par la mauvaise fortune de Napoléon, de ses serments et de la fidélité qu'il lui avait vouée, il envoya son adhésion au rétablissement des Bourbons. Elevé à la pairie en 1814, le duc de Brissac, qui avait constamment voté en faveur des principes monarchiques, se rallia plus tard à la nouvelle royauté créée par la révolution de Juillet. La révolution de février lui enleva son siége au Luxembourg, mais en 1852 il a accepté une candidature au conseil général de Maine-et-Loire.

BRISSAC (CHARLES DE COSSÉ-), maréchal de France, né en 1506, fut, dès sa jeunesse, attaché au dauphin. Il débuta dans la carrière des armes en 1528, et se distingua au siége de Naples, où il fut fait prisonnier par les Espagnols. Il n'avait alors que vingt-trois ans. Du reste, il déploya de grands talents dans toutes les guerres que François 1er eut à soutenir, et rendit à ce prince d'éminents services. En 1547 il fut nommé colonel de la cavalerie légère. A peine Henri II eut-il succédé à son père, qu'il prodigua ses faveurs à Brissac : il le décora du grand collier de son ordre, et lui donna la charge de grand maître de l'artillerie. Peu de temps après, Brissac fut envoyé en ambassade à Charles-Quint, et joignit la réputation de politique habile à celle de bon capitaine. La guerre ayant éclaté en Italie, Henri lui confia le gouvernement du Piémont, et le nomma en même temps maréchal de France. Brissac ouvrit la campagne de 1551 par la prise de Quiers et de Saint-Damian; mais il fut peu secondé par la cour : on l'abandonna à ses propres forces; on ne lui envoya ni argent, ni troupes, ni munitions, ni vivres : il était encore trop heureux lorsque les ennemis qu'il avait auprès du roi n'augmentaient pas les embarras de sa position. Brissac, ayant presque toujours à lutter contre des forces supérieures, n'éprouva jamais d'échecs. Non-seulement il conserva le pays qui lui était confié, mais il en recula les limites. Il sut par sa justice, par la sagesse de son administration, par ses manières affables, se concilier l'esprit des habitants. Pendant plus de dix ans il les maintint dans les mêmes dispositions à l'égard de la France. Il fit régner parmi ses troupes la discipline la plus sévère, et les soldats, souvent exposés aux plus rudes privations, n'osaient commettre ni désordres ni violences.

Après la mort de Henri II, Brissac se vit forcé d'abandonner le théâtre de ses victoires. Il revint en France, où il sollicita le payement de 100,000 livres qu'il avait empruntées pour la solde des troupes. Ne pouvant l'obtenir aussi promptement qu'il le désirait, il donna aux marchands piémontais qui les lui avaient avancées une somme de 20,000 écus, qu'il réservait pour la dot d'une de ses filles. Cet acte de désintéressement fit beaucoup de bruit à la cour : on ne put s'empêcher de l'admirer, mais on l'oublia bientôt. Brissac combattit les protestants, et se rangea dans le parti mixte qu'on désignait sous le nom de *politiques;* mais il ne joua dans ces troubles qu'un rôle secondaire. On lui avait donné le gouvernement de Picardie. Sa modération ne fit accuser d'indifférence pour la religion par les catholiques, et les protestants ne l'en déchirèrent pas moins dans leurs écrits. Il ne changea pas pour cela de conduite. Il contribua beaucoup à la prise du Havre, et ce fut son dernier exploit. Il mourut en 1563, à l'âge de cinquante-sept ans. Brissac ne dut pas sa fortune à ses seuls services : il était doué de tous les agréments extérieurs. On ne l'appelait à la cour que *le beau Brissac*. Il y brilla par les grâces de sa personne, par son habileté et par son esprit. On prétend même que l'intérêt tout particulier que lui portait Diane de Poitiers ne fut pas étranger à son avancement dans l'armée. Boivin du Villars, secrétaire du maréchal, a laissé des *Mémoires* qui méritent d'être consultés. Th. DELBARE.

BRISSON (BARNABÉ), né en 1531, d'une famille noble, se distingua de bonne heure par ses grands talents et son ambition pour les places. Il était encore simple avocat au parlement de Paris quand Henri III disait qu'aucun prince de l'Europe ne pouvait se vanter de posséder un homme aussi savant que son Brisson. Avocat général au parlement en 1575, et président à mortier en 1583, il ne cessa d'unir les recherches les plus savantes à l'exercice de ses fonctions. En 1587 le roi, après l'avoir nommé conseiller d'État, lui avoir confié plusieurs négociations importantes et l'avoir envoyé en ambassade en Angleterre, le chargea de mettre en ordre les ordonnances rendues sous son règne et sous celui de ses prédécesseurs. Cet ouvrage, connu sous le nom de *Code Henri*, fut achevé en trois mois, et mérita de grands éloges à Brisson, qui avait travaillé avec le coup d'œil d'un véritable législateur.

Lorsque, par suite de la journée des barricades (1588), le roi se retira de Paris et convoqua le parlement à Tours, un assez grand nombre des membres quittèrent également la capitale. Brisson fut de ceux qui restèrent, et la Ligue le nomma premier-président, à la place d'Achille de Harlay, prisonnier à la Bastille. Ce fut entre ses mains que le duc de Mayenne prêta serment en qualité de *lieutenant général de l'État et couronne de France*. On a interprété très-diversement la conduite que Brisson tint en cette circonstance. Il protesta secrètement devant deux notaires contre tout ce qu'il pourrait faire de préjudiciable aux intérêts du roi, déclarant qu'il ne cédait qu'à la force, et que, dans l'impossibilité de sortir de Paris, il se prêtait en apparence aux volontés de la ligue pour sauver sa vie et celle de sa famille. Il peut aussi être resté au milieu de l'insurrection pour rendre service à la cause du roi dans ce poste périlleux. Achille de Harlay, qui ne le pensait pas, l'appelait *Barrabas*, au lieu de Barnabas ou Barnabé. Mézeray lui reproche d'avoir voulu *nager entre deux partis*. On peut consulter encore sur ce point Pasquier et de Thou. Quoi qu'il en soit, le parti que Brisson avait embrassé le conduisit à sa perte. Devenu suspect aux Seize par sa mansuétude envers des partisans du roi traduits en justice, et probablement aussi par une vague connaissance que l'on eut de sa protestation, les plus furieux de ses ennemis le firent arrêter le 15 novembre 1591, au moment où il se rendait en toute sécurité au parlement. Saisi à neuf heures du matin, conduit au Petit-Châtelet et confessé à dix, il fut pendu à onze à une poutre de la chambre du conseil, parce qu'on voulait profiter de l'effervescence du peuple. Il avait supplié ses bourreaux de lui laisser achever en prison un de ses ouvrages déjà fort avancé, mais on ne l'écouta pas. Le lendemain, son corps fut exposé sur la place de Grève, au milieu d'autres morts, avec un écriteau portant : *Barnabé Brisson, chef des hérétiques et des politiques*. « Miroir, certes (dit Pasquier dans sa préoccupation contre les égarements de la foule), et exemple admirable pour enseigner à tous magistrats de ne se rendre populaires. »

Brisson joignait à un degré surprenant la connaissance du droit à celle des littératures anciennes et de l'histoire. Son érudition nous paraît aujourd'hui fréquemment indigeste, il est vrai, mais c'était le défaut général de son temps et de son école. Ses principaux ouvrages sont : 1° le dictionnaire qu'il composa sur le droit romain sous le titre : *De verborum quæ ad jus pertinent significatione* (Lyon, 1559, in-folio), augmenté par Tabor et Itter (1683 et 1721), et refondu avec succès par J.-G. Heineccius (Halle, 1743). A.-G. Cramer a publié en 1815 un *Supplément* à ce lexique. Il faut aussi considérer comme tels plusieurs articles importants du *Magasin de Droit civil*, par Hugo. 2° *De formulis et solemnibus pop. romani verbis* (Paris, 1583, in-folio, dernière édition, par Bach, Leipzig, 1754). 3° *De regio Persarum Principatu*, ouvrage publié la dernière fois à Strasbourg, en 1710, avec des notes. 4° *Le Code Henri*. — Les divers traités de Brisson sur des parties isolées du droit ont été recueillis en un volume, Paris, 1606 ; et réimprimés à Leyde en 1747. Muntz.

BRISSON (Mathurin-Jacques), né le 30 avril 1725, à Fontenai-le-Comte (Vendée), censeur royal, membre de l'Académie des Sciences, et ensuite membre de l'Institut national, depuis son origine. Il avait montré dès son jeune âge les plus heureuses dispositions pour les sciences naturelles, et il leur consacra sa vie entière. Ami et collaborateur de Du Fay, de Réaumur, il les aida dans leurs plus importantes opérations, et se fit dans le monde savant une réputation telle qu'on le désigna pour enseigner aux enfants de France les éléments de l'histoire naturelle et de la physique. Successeur de l'abbé Nollet au Collége de France, il prouva dès l'ouverture de son cours que la perte que venait de faire la science pouvait être réparée. Il occupa cette chaire depuis 1770 jusqu'à son décès, arrivé le 23 juin 1806, à Croissy, près de Versailles. Un fait physiologique fort curieux se rattache à cette mort. Quelque temps auparavant une attaque d'apoplexie avait altéré toutes ses idées, effacé toutes ses connaissances, même celle de la langue française, et il ne prononçait plus que des mots du patois poitevin qu'il avait parlé dans son enfance et oublié depuis.

Les nombreux et savants ouvrages de ce savant physicien sont avec ceux de Nollet, de Du Fay et de Réaumur, l'histoire la plus complète de l'état des sciences naturelles à la fin du dix-huitième siècle. Il publia en 1754 le *Système du règne animal et Ordre des Oursins de mer*, traduit de Th. Klein (3 vol. in-8°) ; en 1756, le *Règne animal, divisé en neuf classes, avec la division et description des deux premières, savoir celles des quadrupèdes et des cétacés* ; en 1768, *Ornithologie, ou Méthode contenant la division des oiseaux en ordres, sections, genres, espèces, et leurs variétés* (6 vol. in-4° avec planches) ; en 1781, *Dictionnaire raisonné de Physique* (2 vol. in-4°, avec atlas) ; en 1784, *Observations sur les nouvelles découvertes aérostatiques et sur la probabilité de pouvoir diriger les ballons*; en 1787, *De la Pesanteur spécifique des corps* (in-4°) ; en 1789 et 1800, *Éléments ou Principes Physico-Chimiques*, à l'usage des écoles centrales (il avait été professeur à l'école centrale des Quatre-Nations), 4 vol. in-8° ; en 1797, *Principes élémentaires de l'histoire naturelle et chimique des substances minérales* (in-8°) ; en 1799, *Instructions sur les nouveaux poids et mesures* (in-8°), et *Réduction des mesures et poids anciens en mesures et poids nouveaux*, etc. On doit encore à Brisson une traduction de l'*Histoire de l'Électricité* de Priestley. Dufey (de l'Yonne).

BRISSOT, BRISSOTIENS. Il ne s'agit point ici de Brissot de Warville ni des adhérents à ses principes, qui partagèrent sa proscription. *Pierre* Brissot était un médecin du Poitou, au seizième siècle. Chaud partisan de Galien et d'Hippocrate, adversaire prononcé de la médecine arabe, alors dominante au sein de l'école, il soutenait que dans la pleurésie il fallait saigner du côté où est le mal, et non du côté opposé, comme le prétendait Avicenne. Les expériences qu'il fit pendant les épidémies de 1515 et de 1516 à Paris obtinrent, dit-on, le plus grand succès ; mais il trouva un adversaire acharné dans Denys, médecin de Charles-Quint. Les deux sectes se distinguèrent par les noms de *Brissotiens* et de *Dionysiens* ; mais il n'y eut d'autre sang répandu que celui des malades. Breton.

BRISSOT DE WARVILLE, député à la Convention nationale, né à Chartres, le 14 janvier 1754, était fils d'un traiteur. Une vocation naturelle le porta dès ses plus jeunes ans vers l'étude et la réflexion ; il se formait à l'austérité des vertus républicaines dans la lecture de Plutarque, ce livre des nobles âmes, qui fut aussi l'enseignement de Jean-Jacques et de Mme Roland ; il se préparait à l'étude des langues et à celle des sciences, dont elles sont le plus utile instrument ; il rêvait de Cromwell ; il subissait l'influence de la philosophie novatrice et radicale par laquelle le dix-huitième siècle avait préludé aux grands et terribles événements qui devaient marquer sa dernière période. Paris attira bientôt à lui le jeune étudiant de Chartres. On le destinait au barreau ; il dut y recevoir avocat. Alors se trouvaient jetés de tous côtés, dans l'obscurité, sans nom, sans avenir probable, mais avec la soif de la gloire et la haine d'un gouvernement sans dignité, tous les hommes auxquels la révolution devait donner un nom, fatal pour quelques-uns, glorieux pour la plupart. A Chartres, Brissot avait connu Bouvet, membre de la Constituante, où il avait siégé sans éclat ; Sergent, que les massacres de septembre ont cruellement illustré ; Pétion, qui devait plus tard partager les destinées politiques de la Gironde. A Paris, il se trouva placé chez le même procureur que Robespierre, livré alors à des études de morale et de législation ; il se lia avec Marat, occupé à des travaux purement scientifiques. Il prévoyait peu sans doute qu'il aurait un jour à combattre les infâmes attaques du dernier, et que l'autre l'enverrait à la mort.

Le barreau, avec ses discussions positives et ses intérêts étroits, offrait peu de charme à son esprit spéculatif ; il se voua aux travaux plus attrayants des lettres. Ses premières études lui fournirent l'occasion d'écrire sur les lois criminelles ; et son ouvrage, pour être tombé dans l'oubli, n'a peut-être pas été sans influence sur les réformes qu'a subies cette partie de notre législation. Il embrassa donc la profession d'homme de lettres : cette profession offrait peu de ressources à un homme nouveau, qui la suivait sans fortune et sans esprit d'intrigue. Il ne tarda point à s'y trouver dans l'abandon, et à recueillir le découragement pour prix de ses efforts consciencieux et désintéressés. D'Alembert l'avait repoussé avec froideur; Voltaire avait répondu par quelques mots de bienveillance à l'envoi de sa *Théorie des Lois criminelles*; il s'était trouvé en relation avec Linguet, La Harpe, Palissot, Marmontel; il avait mérité les éloges de Servan, Dupaty, Condorcet et Mirabeau; mais l'avenir ne s'ouvrait point devant lui. Il se sentait mal à l'aise au milieu de cette vieille société, dont il provoquait la régénération sans l'espérer encore. Le besoin d'un air plus libre le poussa hors de France. L'Angleterre offrait alors aux esprits agités par des rêves d'indépendance le spectacle d'un gouvernement constitutionnel. La littérature de nos voisins était peu connue de nous, leurs institutions politiques l'étaient moins encore : Brissot voulut les étudier. Il se rendit à Londres, y établit une correspondance suivie, et vint travailler à Boulogne au *Courrier de l'Europe*. C'est dans cette ville qu'il épousa la fille d'une digne femme, qui aimait à se prendre à tous les sentiments généreux, et de qui l'auteur de cette notice, son petit-fils, a pu, il y a quelques années encore, recueillir les traditions de tout ce qu'il y avait de pur, de simple et de vertueux dans l'homme qu'elle avait choisi pour son gendre.

Brissot revint bientôt en France; il ne tarda pas à être dénoncé et envoyé à la Bastille. C'était le disposer mal à rester dans sa patrie. La vie lui était lourde; la prison toujours menaçante, les libellistes déjà ameutés contre lui, le besoin même, contre lequel son désintéressement ne l'avait pas mis en garde, tout devait le porter vers une autre existence. Il passe en Amérique, admire la noble simplicité de Franklin, reçoit la bienveillante hospitalité de Washington, et s'enthousiasme des doctrines de Penn et des quakers. Le voilà enfin au milieu de ces institutions qu'il a toujours aimées, chez un peuple riche de bien-être et d'indépendance; il a trouvé une terre d'asile. Mais bientôt le bruit de nos premières agitations politiques traverse les mers et le rappelle en France, où il doit aussi mettre la main à l'œuvre, et porter la cognée dans le vieil arbre du despotisme.

Il était de ces hommes nouveaux que les révolutions mettent sur la scène, et il y apportait une partie des qualités que réclame un pareil rôle : une grande activité d'esprit, une âme élevée, un patriotisme sincère. Mais, il faut bien le reconnaître, les embarras de sa position, les orages de sa jeunesse aventureuse, quelques relations mauvaises, contractées dans ses travaux littéraires, devaient altérer son influence, et le désignaient d'avance aux poignards de la calomnie. Ses travaux du *Courrier de l'Europe* l'avaient habitué à la guerre des journaux. Il crée *Le Patriote français*, qu'il soutient avec une infatigable persévérance. Il fonde ainsi, un des premiers, cette presse périodique, appelée à tenir une grande place dans l'histoire des gouvernements, et qui s'éleva à la puissance d'une autorité politique. Dans cette œuvre, il était aidé par Roland et sa femme, l'un des plus mâles caractères de notre révolution, par Girey-Dupré et par Mirabeau lui-même.

Au 14 juillet 1789 il était membre du corps municipal de Paris : ce fut lui, dit-on, qui reçut les clés de la Bastille, dans laquelle il avait été enfermé cinq ans auparavant. Enfin, en 1791, après onze ballottages successifs, il fut appelé à l'Assemblée législative comme député de Paris. Ses connaissances politiques, son activité, le destinaient à y jouer un rôle important. Il y proposa peu de lois; mais il était du comité diplomatique, et il exerça ainsi une grande influence sur les déterminations relatives à la paix et à la guerre. Il fut aussi un des plus ardents promoteurs de la liberté des noirs et des hommes de couleur. Au mois de janvier 1792 il dénonça les projets de l'Autriche, et proposa d'en exiger une satisfaction, se plaignant de la conduite des ministres de France, surtout de celle de M. Delessart, contre lequel il sollicita un décret d'accusation. La guerre était résolue hors de France, et déjà même presque commencée; il fut du nombre de ceux qui pensèrent qu'il convenait de la déclarer plutôt que de la subir, et fit enfin prévaloir cette opinion dans l'assemblée. Il prononça le 9 juillet un discours véhément contre le roi de Prusse et contre Louis XVI et sa cour; il finissait par dire que *frapper les Tuileries, c'était frapper le mal dans sa racine*.

Cependant, depuis longtemps déjà, des divisions avaient éclaté entre les divers côtés de l'Assemblée. Dès 1791 Brissot s'était trouvé en opposition avec Robespierre au club des Jacobins. Le 25 juillet 1792 il déclara à la tribune que les ennemis de la constitution pouvaient être divisés en trois classes : *les rebelles de Coblentz*, *les partisans des deux chambres*, et *les régicides*, qui voulaient une république et un dictateur. Il invitait les législateurs à réprimer également ces divers ennemis. Les girondins, ses amis politiques, qui furent aussi, par l'influence qu'il exerçait parmi eux, désignés sous le nom de *brissotins*, les girondins voulaient arrêter le char de la révolution, que les montagnards précipitaient en avant. Étaient-ils assez puissants pour faire faire halte au mouvement populaire? Avaient-ils cette fermeté de caractère qui peut seule s'interposer entre les exigences d'une théorie aveugle et les nécessités de l'ordre et du gouvernement? Il est permis d'en douter; mais il serait pénible aussi de penser que la révolution ne put se sauver elle-même qu'avec le régime de sang et de terreur que la Gironde tenta de prévenir, et dont elle aima mieux être victime que complice.

Le 10 août renversa le trône, déjà miné de toutes parts, et l'influence de Brissot s'affaiblit dès ce jour même, quoiqu'il eût quelques amis dans le nouveau ministère, tels que Roland, Servan, Clavière et Lebrun; mais tout le pouvoir était tombé dans les mains de Danton, homme de violence et d'énergie, incapable de céder à aucun obstacle, même à la nécessité du crime. Le jugement du roi marqua plus profondément encore la division des montagnards et des girondins. Les deux partis s'accusent réciproquement; aux jacobins Brissot, Vergniaud, Lanjuinais, reprochent de ne vouloir que du sang. La gironde, au contraire, est accusée de royalisme. Brissot reste encore à la tête du comité diplomatique. C'est en son nom qu'il provoque la guerre contre l'Angleterre et la Hollande, dont les préparatifs hostiles annonçaient assez les projets. Mais la force n'était pas du côté des girondins; ils sont attaqués dans le sein de la Convention, suspendus le 31 mai, et mis en accusation le 2 juin, en présence d'une insurrection populaire.

C'était leur arrêt de mort. Brissot tenta de s'y soustraire; il s'éloigna de Paris. Son projet était de passer en Suisse, et il faut dire qu'il ne fut pas de ceux qui songèrent à faire marcher les départements contre la Convention. Il fut arrêté à Moulins, transféré à Paris, et mis en jugement avec le reste des proscrits, dans les derniers jours d'octobre. La défense des girondins ne manqua ni de force ni de courage; mais était-il de leur dignité de se défendre? Y a-t-il encore quelque place pour la justice et la raison dans les jugements révolutionnaires, qui ne sont qu'un mensonge politique? Deux partis seulement se présentaient aux accusés : se taire et dédaigner de prendre part à un débat hypocrite, ou proclamer hautement leur système, leur doctrine, et se porter accusateurs de leurs bourreaux. Mais pourquoi discuter sur des faits comme des prévenus vulgaires? pourquoi accepter le rôle d'accusés, invoquer des *alibi*, justifier les intentions personnelles? Dans les procès politiques, la barre de l'accusé est-elle autre chose qu'une tribune? Après trois jours d'inutiles débats, la sentence de mort fut prononcée; tous les condamnés montèrent sur l'échafaud le 31 octobre 1793. On rapporte sur leurs derniers instants des détails pleins d'intérêt et de grandeur. Leur mort fut digne de leur vie.

Brissot n'a laissé aucune fortune; c'est une gloire assez commune dans ces temps de désintéressement et de passions énergiques, mais elle mérite encore d'être citée. Comme écrivain, il a toujours travaillé avec trop de rapidité pour avoir pu donner à ses écrits la profondeur, la correction et la maturité qui peuvent seules obtenir les suffrages de la postérité. Sa *Théorie des Lois Criminelles* appartient à l'école de Bentham, et a commencé à poser les bases du système de modération dans les peines, qui a fini par prévaloir. Il y a quelques pages bien pensées dans son *Traité de la Vérité*. Quant à ses écrits politiques, ils ont été se perdre dans l'oubli où s'engloutissent tant de talents et de hautes pensées à nos époques de troubles et de dissensions civiles. On a publié il y a quelque temps des mémoires composés avec ses papiers. Ils ne sont pas sans intérêt ; mais l'éditeur n'a pas assez songé que des détails curieux pour une famille souvent offrent peu d'attrait au public. Ses mœurs étaient aussi pures que son âme était élevée. Ami des quakers, il conservait dans son extérieur, sans affectation pourtant, la simplicité que ces sectaires ont adoptée.

Cette notice ne peut être mieux terminée que par un extrait des *Mémoires de madame Roland*, où elle trace le portrait de Brissot. « Ses manières simples, sa franchise, sa négligence naturelle, me parurent en parfaite harmonie avec l'austérité de ses principes. Mais je lui trouvais une sorte de légèreté d'esprit et de caractère qui ne convenait pas également bien à la gravité de sa philosophie ; elle m'a toujours fait peine, et ses ennemis en ont toujours tiré parti. A mesure que je l'ai connu davantage, je l'ai plus estimé. Il est impossible d'unir un plus entier désintéressement à un plus grand zèle pour la chose publique, et de s'adonner au bien avec plus d'oubli de soi-même. Mais ses écrits sont plus propres que sa personne à l'opérer, parce qu'ils ont toute l'autorité que donne à des ouvrages la raison, la justice et les lumières, tandis que sa personne n'en put prendre aucune, faute de dignité. C'est le meilleur des humains, bon époux, tendre père, fidèle ami, vertueux citoyen. Sa personne est aussi douce que son caractère est facile ; confiant jusqu'à l'imprudence, gai, naïf, ingénu comme on l'était à quinze ans, il était fait pour vivre avec des sages, et pour être la dupe des méchants. Savant publiciste, livré dès sa jeunesse à l'étude des rapports sociaux et des moyens de bonheur pour l'espèce humaine, il juge bien l'homme, et ne connaît pas du tout les hommes. Il sait qu'il existe des vices, mais il ne peut croire vicieux celui qui lui parle avec un bon visage ; et quand il a reconnu des gens comme tels, il les traite comme des fous qu'on plaint, sans se défier d'eux. Il ne peut pas haïr ; on dirait que son âme, toute sensible qu'elle soit, n'a point de consistance pour un sentiment aussi vigoureux. Avec beaucoup de connaissances, il a le travail extrêmement facile, et il compose un traité comme un autre copie une chanson. Aussi l'œil exercé discerne-t-il dans ses ouvrages, avec un fonds excellent, la touche hâtive d'un esprit rapide et souvent léger. Son activité, sa bonhomie, qui ne se refuse à rien de ce qu'il croit être utile, lui ont donné l'air de se mêler de tout, et l'ont fait accuser d'intrigues par ceux qui avaient besoin de l'accuser de quelque chose. Le plaisant intrigant que l'homme qui ne songe jamais ni à lui ni aux siens, qui a autant d'incapacité que de répugnance pour s'occuper de ses intérêts, et qui n'a pas plus de honte de la pauvreté que de crainte de la mort, regardant l'une et l'autre comme le salaire accoutumé des vertus publiques. Je l'ai vu consacrant tout son temps à la révolution, sans autre but que de faire triompher la vérité et de concourir au bien général, rédigeant assidûment son journal, dont il aurait pu faire un objet de spéculation, se contentant de la modeste rétribution que lui donnait son associé. » Des souvenirs de famille, qu'il nous a été permis de recueillir, confirment en tous poins ce portrait. Brissot a mérité ce que dit de lui son collaborateur Girey-Dupré : *Il a vécu comme Aristide, il est mort comme Sidney*.   Vivien, de l'Institut.

BRISSOTINS. *Voyez* Brissot de Warville.

BRISTOL, l'une des plus importantes villes de commerce de l'Angleterre, constitue avec sa banlieue un territoire à part dans le comté de Somerset. Elle est située dans une belle vallée et bâtie presque circulairement sur les flancs d'une montagne, aux bords de l'Avon et du Froome, dont le lit a été considérablement élargi, constituent des quais et rendu navigable pour des bâtiments du port de mille tonneaux, à environ quinze kilomètres de la mer et à deux cents de Londres. Elle possède un port spacieux pour les bâtiments de long cours, à la construction duquel on a employé, de 1803 à 1809, plus de 600,000 liv. sterl., ainsi que plusieurs faubourgs, mieux bâtis que la vieille ville, qui est fort irrégulière, entre autres le beau faubourg de Clifton, où l'on remarque les places de *Royal York-Crescent* et de *Lower Crescent*.

Cette ville, siége d'un évêché, possède un grand nombre d'églises et de chapelles, dont les plus remarquables sont la cathédrale, édifice gothique de cent huit mètres de long, l'église de *Sainte-Marie Redcliffe*, célèbre par l'histoire de l'infortuné Chatterton, et la chapelle du lord-maire, un magnifique palais épiscopal, une bourse construite en 1760 dans le style grec, plusieurs banques particulières, un théâtre que Garrick déclarait être le meilleur qu'il eût jamais vu, sous le rapport de ses dimensions, un bazar couvert, une palais de commerce orné d'un portique grandiose, où les négociants se réunissent tous les jours de trois à quatre heures, et où l'on trouve tous les journaux de la Grande-Bretagne, la liste des navires arrivés dans le port ou en partance, et une petite bibliothèque. Parmi les sept ponts unissant entre eux ses différents quartiers, séparés par les deux rivières qui viennent y mêler leurs eaux, on doit plus particulièrement mentionner le pont suspendu jeté sur l'Avon, haut de 70 mètres et large de 10, sous lequel les navires du plus fort tonnage peuvent passer toutes voiles déployées. En fait d'édifices publics, il faut encore citer le palais de justice, le bazar couvert, construit en 1827 sur l'emplacement du cimetière Saint-Jacques, et un hôtel de ville aux proportions grandioses, terminé en 1826.

On trouve à Bristol un hospice pour les aveugles, une maison de correction pour les filles perverties, un refuge pour les pauvres, ainsi qu'un grand nombre d'hôpitaux et d'établissements de bienfaisance. Il y existe aussi une université fondée par souscription et ouverte en 1829, un collège, une école de marine et divers autres établissements d'instruction publique, un institut littéraire et une bibliothèque de 15,000 volumes. Les nombreuses fabriques de la ville livrent à la consommation des tapis, des étoffes de laine et de coton, de la dentelle, des toiles à voile, des savons, des soieries, des chapeaux, des cuirs, des poteries, des aiguilles, des ustensiles en laiton et en étain, de l'huile de vitriol, de la térébenthine et des matières colorantes. On y voit aussi une grande quantité d'affineries de cuivre, de raffineries de sucre, de distilleries, de brasseries, de filatures et de savonneries. Le voisinage de houillères importantes y a favorisé la création d'importantes usines pour la fabrication du verre, de marchandises en fer, en cuivre, en laiton et en plomb, de la faïence, etc.

Le commerce de Bristol a surtout pour débouchés l'Irlande et les Indes occidentales, et emploie environ 2,000 navires, dont 300 appartiennent à son port. Elle exporte principalement les produits fabriqués dans les villes voisines, et ses importations consistent surtout en tabac, vins, cafés, sucres, rhums, térébenthines, qu'elle tire de l'Amérique, de la France, de l'Allemagne et de la Russie. Elle expédie aussi chaque année de nombreux bâtiments à Terre-Neuve pour la pêche. Le commerce y est encore rendu plus actif par le chemin de fer de 260 kilomètres de long qui la met en communication avec Londres, et par un autre de 44 kilomètres de long conduisant à Cheltenham, et qu'on doit continuer jusqu'à Birmingham. La population de Bristol est aujourd'hui de plus de 150,000 âmes. Les eaux minérales de Bristol, *Holwells*, situées dans une ravissante contrée entre Bristol et Clifton sur l'Avon, attirent chaque année un grand nombre d'étrangers. Les *pierres* ou *diamants de Bristol*, pierres fausses imitant le diamant, qu'on trouve aux environs de la ville, sont en grand renom.

On appelle canal de Bristol un golfe de l'océan Atlantique qui pénètre dans les terres entre les côtes méridionales du pays de Galles et celles de Devon, et entre Hartlands et Saint-Gavers-Point, et où vient déverser ses eaux la Severn, dont la large embouchure forme déjà comme un petit golfe. La marée y atteint une hauteur de 3 à 4 mètres, quelquefois même, par les grandes eaux, de 5 à 8 mètres, et permet aux navires de long cours de remonter jusqu'à Bristol.

La tradition veut que Bristol existât dès le quatrième siècle de notre ère, et il en est déjà fait mention vers l'an 430 comme d'une place extrêmement forte. Vers la fin du douzième siècle elle passait pour une ville aussi riche qu'importante. La fondation de son évêché date du règne de Henri VIII. Mais sa grande prospérité commerciale ne remonte qu'à l'année 1727, époque où des travaux d'art rendirent l'Avon navigable.

Le 28 octobre 1831 une formidable émeute éclata à Bristol à l'occasion de l'arrivée dans cette ville de sir Ch. Wetherell, qui venait d'y être nommé *recorder* après avoir manifesté dans le parlement une opposition haineuse contre le bill de la réforme parlementaire. La populace assaillit l'hôtel de ville et les prisons, détruisit la maison de correction (*Bridewell*), les bureaux de la douane, le palais épiscopal, et pilla diverses autres maisons, qu'elle livra ensuite aux flammes. Ce ne fut que le 31 octobre, et après un combat des plus vifs, que les troupes envoyées sur les lieux purent rétablir le bon ordre. On porte à cinq cents le nombre des victimes de ces déplorables scènes, et on évalue à plus de 300,000 livres sterl. les dégâts commis dans cette occasion.

BRISTOL est aussi le nom de divers districts et villes des États-Unis, entre autres d'un canton de l'État de Rhode-Island avec la ville du même nom pour chef-lieu, un bon port, une marine importante et 3,500 habitants; d'un bourg de 1,000 habitants dans l'État de Connecticut; enfin d'un canton de l'État de Massachusets, de 15 myriamètres carrés de superficie, avec une population de 64,000 âmes.

BRISURE, synonyme de *fracture*, se dit particulièrement, dans la plupart des arts mécaniques, d'une forme donnée à une ou plusieurs parties d'un tout en conséquence de laquelle on peut les séparer, les réunir, les fixer dans une direction rectiligne, les disposer en angles, en plier les parties les unes sur les autres, les raccourcir, les étendre, etc.

En termes de fortification, on nomme *brisure de la courtine* une ligne de huit à dix mètres, en prolongement de la ligne de défense qui sert à former ce qu'on appelle le *flanc couvert*.

En termes de blason, la *brisure* est une altération de la simplicité et intégrité de l'écu, par l'introduction de certaines pièces ou figures qui servent à la distinguer des armes pleines d'un aîné ou d'un descendant légitime, et qui sont propres à celles des cadets ou des bâtards de même famille. Tels sont le *lambel*, la *bordure*, la *filière*, l'*engrêlure*, le *bâton péri* et le *filet en bande* ou *en barre* (dans ce dernier cas marque de bâtardise). La brisure passe à toute la postérité, et ne cesse que lorsque le droit ouvert de succession a rendu le plus proche de la race habile à hériter du titre d'aînesse et des pleines armes.

BRITANNIA (Pont). Ce pont tubulaire jeté entre l'Angleterre et l'île d'Anglesey, sur le golfe de Conway et le canal de Menai, est assurément un des travaux les plus admirables qui aient jamais été exécutés. Il consiste en un tunnel de fer assez solide pour permettre le passage des convois de chemin de fer. Les deux ingénieurs Fairbairn et Stephenson se disputent la gloire de l'invention de ce projet gigantesque. Fairbairn paraît en avoir conçu la première idée; mais c'est à Stephenson qu'appartient incontestablement le mérite de l'avoir développée et mise à exécution. Le tunnel proprement dit est fait de plaques de fer rivées ensemble et formant une longue caisse dont la coupe transversale est un rectangle. Le pont ne reçoit la solidité nécessaire que de tubes de fer carrés, solidement assujettis dans le sens de leur longueur dessus et dessous, au nombre de huit en haut et de six en bas. Des essais répétés avec un modèle de près de 31 mètres ayant réussi, on se mit à l'œuvre, en 1847, et un pont de $121^m,84$ de long, sur $4^m,14$ de large et $7^m,31$ de hauteur fut jeté d'abord sur le golfe de Conway. A 31 mètres environ de son emplacement, ce pont fut assemblé sur des pilotis, d'où on l'enleva à la marée montante au moyen de pontons pour le mettre en place le 6 mars 1848. Deux presses hydrauliques mues par la vapeur l'ajustèrent sur les culées. Le pont du canal de Menai, construit de la même manière, fut achevé en 1850. Il a $454^m,75$ de long, et repose, outre les deux culées, sur trois piles, dont celle du milieu est construite sur le rocher Britannia dans le canal. Les deux sections moyennes ont chacune $143^m,85$.

BRITANNIA (Métal), alliage fort employé dans la fabrique anglaise, de couleur blanche, semblable à l'argent, et composé de parties égales de laiton, d'étain, d'antimoine et de bismuth, qu'on fait fondre ensemble et auxquelles on ajoute assez d'étain pour que l'alliage prenne la dureté et la couleur convenables. On emploie le britannia à faire des théières, des pots au lait, etc.

BRITANNICUS (Claudius-Tiberius), né l'an de Rome 794, et de J.-C. 42, de l'empereur Claude et de Messaline, reçut, comme son père, le surnom de *Britannique*, dont le sénat avait salué ce dernier au retour d'une expédition dans la Bretagne, où une fois il avait fait preuve de quelque courage. Fils de l'imbécile Claude et de l'impudique Messaline, ce malheureux prince paraissait réservé par le sort à être lié, tant par le sang que par les alliances, à ce que la cour enfermait de plus honteux et de plus exécrable. Messaline ayant été massacrée par un tribun dans les jardins de Lucullus, par l'ordre surpris à Claude et par les soins empressés de Narcisse, le seul héritier de l'illustre famille Claudia, à laquelle Rome devait trois empereurs, passa sous la tutelle d'une belle-mère digne en tout point du lit qu'elle venait d'occuper et de celle qu'elle y remplaçait, sous la tutelle enfin d'Agrippine, mère de Néron. Cette femme, violente et artificieuse, se hâta, par mille moyens, de frayer à son fils une route à l'empire, dont elle convoitait sa part; elle l'entourait d'égards, de dignités et d'une garde d'honneur, l'ayant proclamé *prince de la jeunesse*, tandis qu'elle laissait dans l'ombre, le caressant en apparence, le jeune Britannicus. Toutefois, la tendresse de Claude pour cet enfant, né pendant son règne, circonstance réputée heureuse pour lui et le peuple romain, offusquait la veuve de Domitius; il l'élevait dans ses bras, le montrait aux soldats dans le Champ-de-Mars et aux citoyens dans le Cirque; dans son palais, il le tenait souvent sur ses genoux; enfin, lorsqu'il eut atteint l'âge de treize ans, il voulut qu'il fût revêtu de la robe virile « pour que Rome, disait-il, eût cette fois un vrai César. » Cependant, par une de ces inconséquences qui signalaient chacune de ses actions, il avait adopté, dès l'âge de sept ans, L. Domitius, l'ambitieuse espérance d'Agrippine. La présomption de l'empire était déjà si forte dans ce fils adoptif, qu'étant encore enfant, lui et sa mère supportaient impatiemment la familiarité de Britannicus, l'appelant de son surnom de famille, Ænobarbus (*Barbe-de-Cuivre*). Agrippine s'en plaignit amèrement à son faible époux, rejetant néanmoins toute la faute sur les instituteurs du jeune prince : l'exil ou la mort furent le résultat de ces condoléances préparées à loisir.

Claude étant mort empoisonné par des champignons que le fils d'Agrippine, par une horrible arrière-pensée, appela toujours depuis *le mets des dieux*, L. Domitius, sous le nom de Néron, devint César. Déjà trop à l'étroit sur un trône qu'il devait à sa mère et qu'elle partageait avec lui, il méditait en silence un second parricide. Quoi qu'il en soit, souvent les noms de Claude et de Britannicus et le mot de poison étaient violemment échangés entre le fils et la mère, et au milieu de leurs divisions cette dernière menaçait l'empereur qu'elle s'était fait, de lever le voile qui cachait à demi aux Romains leurs communs forfaits et de remettre l'empire au frère d'Octavie. Ces menaces faisaient une impression profonde sur Néron, qui dissimulait. Entre temps, arrivèrent les Saturnales : dans une orgie qui eut lieu au palais même des Césars, Britannicus, qui touchait à sa quatorzième année, faisait partie du festin, dont la royauté était échue à Néron. Au milieu même de la joie expansive d'une pareille fête, la jeunesse, le noble sang du fils de Claude remuèrent vaguement les poisons de l'envie dans l'âme du nouvel empereur. Pour l'humilier aux yeux des jeunes seigneurs de son âge, il lui commanda de chanter, croyant embarrasser sa timidité naturelle, et en faire la risée des convives. Il en fut autrement : Britannicus se leva d'un air d'assurance, et déclama, d'une voix émue, des vers d'Ennius, parmi lesquels se trouvait cette exclamation :

O pater ! ô patria! ô Priami domus!
O mon père! ô patrie! ô palais de Priam!...

Cette allusion à ses infortunes, à son héritage ravi, toucha jusqu'aux larmes des convives chez lesquels le vin et le génie de la fête bannissaient toute dissimulation. Dès lors un amer ressentiment s'attacha au cœur de Néron; dès lors il jura la mort du frère d'Octavie. Que fit-il? il ordonna de suspendre le supplice d'une célèbre empoisonneuse, nommée Locuste, que Julius Pollion, tribun d'une cohorte prétorienne, tenait sous sa garde, et par l'entremise de ce dernier il se procura un poison qui devait être des plus actifs; il fut servi par ses gouverneurs mêmes au confiant Britannicus : de violentes coliques furent les seuls effets qu'il produisit. Néron, trompé dans son attente, faillit punir de mort le malentendu du tribun, et rendre Locuste au dernier supplice; mais sa prudente colère se ravisa. Il fit venir l'empoisonneuse jusque dans le palais d'Auguste; là il ne rougit point de l'accabler lui-même de coups, lui reprochant sa trahison ou son incapacité; et comme elle s'excusait sur le dessein qu'elle avait eu de cacher un si grand crime : « Crois-tu, lui repartit Néron, que je craigne la loi Julia? » C'était une loi portée contre les empoisonneurs et les parricides. « Répare ton erreur, ajouta-t-il, fabrique moi un poison prompt comme le fer! »

Dans les appartements mêmes de Néron, sous ses yeux, fut élaboré le fatal breuvage; on l'essaya sur un chevreau qu'on avait fait venir : il n'expira qu'au bout de cinq heures. Locuste, toute tremblante de son demi-succès, combina autrement ses substances délétères : la combinaison lui parut efficace. Un marcassin fut amené; on la lui fit avaler : il tomba mort comme frappé de la foudre. A cette vue les yeux de Néron laissèrent percer sa joie. On porta la coupe empoisonnée à l'heure du festin dans la salle du triclinium. A une table séparée, placée vis-à-vis celle de l'empereur, était assis Britannicus, avec la jeune noblesse de Rome. Comme tous ses mets et sa boisson étaient d'avance goûtés par un esclave, et qu'on ne voulait ni omettre cette coutume, ni dévoiler le crime par la mort de tous deux, un moyen fut imaginé : on présenta à Britannicus, après l'épreuve, un breuvage non encore empoisonné, mais si chaud qu'il fallut le renvoyer : ce fut dans l'eau froide qu'on y ajouta que le poison avait été versé. A peine Britannicus eut-il vidé la coupe, que tous ses membres furent agités d'horribles convulsions, et qu'il perdit tout d'un coup la voix et la vie. Les plus jeunes de ses compagnons d'enfance se jettent sur lui et l'embrassent : « Les imprudents prirent la fuite, dit le profond historien des *Annales*; mais les plus pénétrants restèrent impassibles à leur place, les regards attachés sur Néron, qu'ils observaient silencieusement. » Lui, sans changer de visage, négligemment penché sur son lit : « C'est un accès d'épilepsie, dit-il, auquel il est sujet; qu'on l'emporte! » Après un court et affreux silence, la joie recommença, et, couronné de roses, Néron fit circuler la coupe du festin. La terreur et les prévisions d'Agrippine passèrent, malgré elle, sur son visage, qu'elle s'efforçait de contraindre, et Octavie, frappée de stupeur, resta immobile et muette. Cependant, quelques écrivains ont avancé qu'Agrippine n'était point étrangère à cet empoisonnement.

Cette même nuit, pendant que l'hymne des festins faisait retentir le palais de Néron, le bûcher de Britannicus se dressait dans le Champ-de-Mars, car il était encore assis à la table des convives qu'on préparait déjà les funérailles. Le corps de cet infortuné rejeton de la maison Claudia, auquel sa sœur Octavie ne put dire un dernier adieu, l'adieu des morts, fut emporté sans pompe. Par ordre de Néron, on avait plâtré son visage : il fut placé en cet état sur le bûcher. Avant que les torches y missent le feu, une pluie mêlée de tonnerres effroyables, que le peuple attribua au courroux des dieux, tomba par torrents, et emportant ce fard, ce masque du crime, sous lequel le poison avait déjà consommé ses ravages, montra à la lueur des éclairs, écrit sur sa face toute noire, le forfait de Néron. Du reste, il paraît que ce jeune prince annonçait déjà la faiblesse d'esprit de son père, le seul héritage auquel il lui fût permis d'aspirer. Mais la dernière goutte du sang de l'illustre maison de Claudia, tarie par sa mort, mais sa jeunesse, mais ses malheurs et sa faiblesse même, ne laissèrent pas que de jeter un deuil véritable dans la ville de Rome. Néron feignit aussi d'y prendre part. Il s'excusait du convoi nocturne et précipité de son malheureux beau-frère sur la douleur qu'eût ressentie le peuple romain à l'aspect d'une pompe funèbre plus longue et plus solennelle. « Les anciens, disait-il avec attendrissement, jetaient un voile sur les corps de ceux qui avaient été moissonnés dans la fleur de leurs années, pour les dérober aux regards. » En même temps il dotait, en récompense de ses services, l'empoisonneuse Locuste de terres considérables. Il lui donna, comme aux vestales, un collége. Là, elle formait des disciples qui pussent perpétuer son art silencieusement homicide.

Ce fut l'an 808 de la fondation de Rome, et l'an 55 de J.-C., que mourut le frère d'Octavie. Britannicus ne fut point, malgré son jeune âge, si tôt oublié dans Rome. Titus, son ami d'enfance, qui au fatal festin goûta après lui de la coupe empoisonnée, lui fit élever deux statues, une d'or, qu'il garda dans l'intérieur de son palais, et une d'ivoire, qui, selon l'usage des pompes romaines, était portée dans les fêtes publiques, avec les images des dieux et des héros. Il nous est parvenu des médailles de Britannicus, dont la tête offre encore les traits de la plus tendre jeunesse.

Racine a composé sur la mort de Britannicus une tragédie, où il y a des scènes admirables et le type d'un caractère qui ne peut être surpassé, celui d'Agrippine. Cependant, peut-être n'a-t-il pas tiré de ce sujet toutes les ressources tragiques et tous les effets dont il était susceptible. Tacite, selon nous, est resté plus dramatique que le poëte.   DENNE-BARON.

BRITANNIQUE (Empire). On désigne sous ce nom l'ensemble des États soumis au sceptre de la Grande-Bretagne dans les différentes parties du monde. L'empire romain, l'empire de Charles-Quint, si vaste, que le soleil, comme il le disait lui-même, ne se couchait jamais sur ses États, étaient peut-être aussi étendus que l'empire Britannique, mais n'ont jamais approché de sa puissance et de sa richesse. Il se compose :

1° En Europe, de la Grande-Bretagne, qui comprend elle-même l'Angleterre, le pays de Galles, l'Écosse avec ses îles, celles de Jersey, Guernesey, Man, etc.; de l'Irlande, de Gibraltar, Malte, Gozzo, Helgoland, avec une *population totale* de 27,151,935 habitants. Il conviendrait peut-être d'y joindre les îles Ioniennes, sur lesquelles le gouvernement britannique étend un protectorat qui n'est qu'une souveraineté déguisée.

2° En Afrique, le cap de Bonne-Espérance, Sierra Leone, la Gambie, l'île Maurice, Cape-Coast-Castle, les forts danois de la Côte-d'Or, achetés en 1850, Accra, Sainte-Hélène, l'Ascension et les Seychelles avec une population de 383,318 habitants.

3° En Asie, Ceylan, Hong-Kong en Chine, l'île de Labuan, plus les vastes possessions de la compagnie des Indes-Orientales, qui s'accroissent tous les jours, et qui, en y comprenant les pays soumis à sa protection, renferment 134,360,071 habitants.

4° En Amérique, le Canada, le Nouveau-Brunswick, la Nouvelle-Écosse ou Acadie, le Cap Breton, l'île du Prince-Édouard, Terre-Neuve, la baie d'Hudson avec les terres Arctiques, l'Orégon avec l'île de Vancouver, Antigoa, les Barbades, la Dominique, la Grenade, la Jamaïque, Montserrat, Nevis, Saint-Christophe, Sainte-Lucie, Saint-Vincent, Tabago, Tortola, Anguilla, la Trinité, les îles Bahama, les Bermudes, la Guyane et Honduras, avec une population totale de 3,022,034 habitants.

5° Dans les terres australes, la Nouvelle-Galles du Sud, la Terre de Van Diémen, la Nouvelle-Zélande, l'Australie occidentale, méridionale et septentrionale, les îles Auckland. La population de ces colonies dépasse un million d'âmes. Il faut y joindre encore les îles Falkland ou Malouines, situées à l'extrémité de l'Amérique méridionale.

On peut voir par ce simple tableau qu'aucune puissance, excepté la Chine peut-être, n'atteint le chiffre énorme de la population que renferme l'empire Britannique. Sans la diversité de mœurs, de lois et de races existant parmi cette masse d'hommes, d'ailleurs si disséminée, le monde ne pourrait lui opposer de contre-poids.

BRITANNIQUES (Iles). On appelle ainsi un groupe d'îles situées dans l'océan Atlantique, entre les 50 et 60° 52' de latitude nord et les 10° 30' et 12° 40' de longitude ouest, et qui comprend celles de la Grande-Bretagne, d'Irlande, des Hébrides, des Orcades, de Shetland, de Man, d'Anglesey, de Wight, des Sorlingues, etc., dont se compose le royaume uni de la Grande-Bretagne.

BRITISH MUSEUM, nom d'un des plus vastes édifices de Londres et des plus riches en collections d'objets d'arts et de sciences. Sir Hans Sloane, mort en 1753, ayant laissé par testament sa collection d'histoire naturelle et sa bibliothèque de 50,000 volumes, riche en manuscrits précieux, à la ville de Londres, moyennant une somme de 20,000 livres, à répartir entre ses héritiers, le parlement vota la somme, et le comte d'Halifax acheta, au prix de 10,250 livres, l'ancien palais du duc de Montague dans *Great-Russell-Street* pour y déposer les collections de Sloane. Telle fut l'origine du *British Museum*, qui s'accrut rapidement par achats, donations, etc. Sa première acquisition fut celle des manuscrits de Harley; il s'enrichit ensuite de la bibliothèque de Cotton, puis, en 1801, des monuments égyptiens d'Alexandrie; la même année, des marbres d'Elgin; en 1805, de la collection de Townley; en 1825, de la bibliothèque de Georges III; mais c'est surtout depuis 1845 que Fellow et Layard ont accru ses richesses, le premier des monuments lyciens, le second des marbres d'Halicarnasse et des antiquités assyriennes. Cet agrandissement rapide a nécessité de nouvelles constructions. En 1807 on ajouta une galerie à l'ancien bâtiment; en 1828 on construisit une aile sur le côté oriental : on fit aussi quelques changements aux côtés nord et ouest. On va reconstruire enfin le côté sud d'après le plan de Smirke, en sorte qu'il ne restera plus rien de l'édifice primitif, construit dans le style Louis XIV.

Le *British Museum*, dont la façade principale, donnant sur Russell-Street, est ornée de colonnes, n'est pas à tout prendre un bel édifice. Les manuscrits, les livres et les collections archéologiques occupent le rez-de-chaussée. Les manuscrits, dont on portait le nombre en 1848 à trente et un mille, sont placés à droite dans l'aile orientale. Un catalogue systématique en a été dressé en partie par les soins de J. Forshall et de l'orientaliste Rosen sous le titre : *Catalogus codicum manuscriptorum orientalium qui in British Museum asservantur* (part. 1 et 2, Lond., 1838-1846); il ne comprend encore que les manuscrits syriens, karchouniens, et une partie des manuscrits arabes. Les manuscrits de Burney ont été également catalogués dans le *Catalogus of manuscripts in the British Museum : New series* (Lond., 1834-40). Après les manuscrits vient la Bibliothèque, composée de bibliothèques particulières, et riche en 1851 de 400,000 volumes (Consultez Panizzi, *Bristish Museum*. *A short guide to that portion of the library of printed books now open to the public* [Londres, 1851]). On y remarque surtout le fonds de Grenville (20,240 volumes), le fonds de Georges III (80,000 volumes), et celui de Joseph Banks (16,000 volumes). On travaille à un catalogue général systématique. Les anciens catalogues n'embrassent que certaines parties, comme *Catalogus bibliothecæ Musei Britannici* (7 vol., Londres, 1813); — *Catalogue of prints, drawings*, etc., *attached to the library of King George III* (Londres, 1829); — *List of additions made to the collections in the British Museum in the years* 1831-1840 (Londres, 1833-1843); — Panizzi, *catalogue of printed books in the British Museum* (vol. I, Londres, 1841).

A l'extrémité orientale et dans une partie du corps de bâtiment se trouvent deux grandes salles de lecture. Les collections d'objets d'arts remplissent le rez-de-chaussée de l'aile gauche occidentale. Les parties les plus importantes en sont décrites dans *Ancient Marbles of the British Museum*, par Taylor Combe (8 vol., Londres, 1812 et suiv.), et dans *Description of the collections of Ancient Terra-rotta in the British Museum* (Londres, 1813). Parmi les monuments de l'art grec, placés dans les deux salles extérieures, se distinguent les marbres d'Elgin, les monuments de Lycie, du style le plus pur et le plus noble. Les salles intérieures contiennent la galerie de Townley à l'ouest, et les antiquités égyptiennes, dont la plupart ont été enlevées aux Français par Nelson. On remarque, entre autres, la célèbre inscription de Rosette et le papyrus de Sallier. Consultez *Select papyrus in the hieratic character from the collections of the British Museum* (Londres, 1842). A côté de la salle égyptienne sont les bronzes, les terres cuites, les médailles antiques, orientales et modernes, provenant des collections de Sloane, Cotton, Georges IV, Cracherode, Knight, lady Banks, Marsden. Les antiquités assyriennes ne sont pas encore classées.

Les collections d'histoire naturelle occupent les étages supérieurs; la zoologie, cinq salles; la minéralogie, classée d'après Berzélius, soixante armoires; les fossiles ne sont pas mis en ordre. Dans l'année 1847-1848, les recettes du Musée se sont élevées à 53,999 liv. st. 18 schell.; les dépenses à 49,845 liv. 2 sch., dont 21,041 liv. 10 sch. pour l'administration, 18,707 liv. 3 sch. pour acquisitions nouvelles, 6,514 liv. 7 sch. pour travaux de reliure, etc. Le nombre des visiteurs, de 517,440 en 1842-1843, s'est élevé à 897,985 en 1847-1848. Le public est admis les lundis, mercredis et vendredis de dix à quatre heures en hiver, de dix à sept en été. Les étudiants ont accès dans les salles tous les jours de neuf à quatre heures. Le musée est fermé du 1er au 7 janvier, du 1er au 7 mai et du 1er au 7 septembre, ainsi que les jours de fête. Consultez, outre les ouvrages cités, *Synopsis of the British Museum* (Londres, 1827, 44ᵉ édit., 1844).

BRITOMARTIS, belle nymphe de Crète, fille de Jupiter et de Charmis, passionnée pour la chasse, fut, selon Pausanias et Diodore de Sicile, l'inventrice des filets, et en reçut le surnom de *Dictynne* (de δίχτυος, filet). Plusieurs auteurs l'ont confondue à tort avec Diane, qui, selon d'autres, la fit mettre, après sa mort, au rang des divinités, sous le nom d'*Aphea*, et lui fit ériger des temples par les Éginètes et les Crétois. Quelques historiens ont prétendu aussi que le surnom de *Dictynne* lui vient de ce qu'elle se cacha dans des filets de pêcheur pour se soustraire aux poursuites de Minos, épris de sa beauté. Diodore de Sicile réfute cette opinion, qu'il qualifie d'erreur grossière, une déesse, fille du plus grand des dieux, n'ayant besoin d'aucun secours humain pour défendre sa pudeur, et rien d'ailleurs n'étant plus contraire à la réputation de sagesse et de justice dont jouit Minos que de lui imputer un dessein aussi impie. *Britomartis*, du reste, signifiait en langue crète, une vierge douce, humaine, et Diodore ajoute que les Crétois adoraient en elle la *déesse des alliances*.

BRIVES, ou BRIVES-LA-GAILLARDE, ville du département de la Corrèze, chef-lieu d'arrondissement, située sur la rive gauche de la Corrèze, à 20 kilomètres de Tulle, avec une population de 8,382 habitants. Elle possède un tribunal de commerce, un collège, une petite bibliothèque de 2,000 volumes, une imprimerie, des filatures de coton, des blanchisseries de cire; on y fabrique des lainages et de la bougie. Il s'y fait un commerce actif de truffes et de dindes truffées, de marrons, de vins du pays, d'huile de noix, de bestiaux et de laines.

BRIZARD (JEAN-BAPTISTE BRITARD, *dit*), né à Orléans, le 7 avril 1721, mort à Paris, le 30 janvier 1791, avait obtenu quelques succès dans la peinture, qu'il avait étudiée sous Carle van Loo, lorsque le goût du théâtre le jeta des troupes d'amateurs, où il s'était d'abord exercé, sur la scène du Théâtre-Français, où il débuta le 30 juillet 1757 dans l'emploi des pères nobles et des rois, et où il remplaça le fameux Sarrasin. Il avait reçu de la nature toutes les qualités physiques et intellectuelles désirables pour conserver aux personnages qu'il représentait la dignité avec laquelle nos auteurs classiques, et principalement le grand Corneille, les ont traduits sur la scène. Un avantage qu'il devait moins à l'âge qu'à un accident où il faillit perdre la vie, avait ajouté encore au prestige de son talent. En voyageant sur le Rhône, la petite barque qu'il montait ayant chaviré, il se saisit d'un anneau de fer des piles d'un pont, et y resta suspendu jusqu'à ce qu'on vint le secourir; mais son angoisse en ce suprême danger fut telle, que ses cheveux en blanchirent. Ce changement fut, du reste, très-favorable à son emploi, et quelques critiques ont répété qu'il devait une partie de ses succès à ses cheveux. La Harpe, qui lui attribua la chute de sa tragédie des *Brames*, fut le plus injuste de tous; et il faudrait bien se garder de juger l'artiste d'après l'opinion intéressée de l'auteur. Les contemporains de Brizard lui ont rendu plus de justice : tous ont reconnu en lui une énergique sensibilité, propre à rendre les passions de la tragédie, et à les lui faire deviner presque sans le secours de l'étude et de la méditation. Aussi, dispensé de préparer d'avance ses effets, et d'étudier le ton et l'accent à donner à ses rôles, n'avait-il besoin que de sa mémoire hors du théâtre et de son âme sur la scène; son débit était une sorte d'inspiration. Toujours noble dans le pathétique, ce qui est bien plus difficile qu'on ne l'imagine, l'expression des plus grandes douleurs n'altérait jamais sa physionomie que pour la rendre plus intéressante, et il déchirait le cœur sans jamais déplaire aux yeux.

Pendant les vingt-neuf années qu'il resta au théâtre, il créa plus de vingt rôles dans les tragédies nouvelles, et en remplit un grand nombre dans des comédies et des drames anciens; mais son plus beau triomphe fut le personnage du roi *Lear* dans la tragédie de Ducis, qui a consacré une épitaphe à son digne interprète, mort dans la retraite en 1791, et dont on voyait le tombeau au Musée des monuments français. Ajoutons un trait à la louange de Brizard : c'est qu'il ne fut pas moins estimé dans le monde pour ses qualités personnelles qu'il aimé au théâtre pour son talent.

BRIZE, genre de la famille des graminées, connu par l'élégance de son port, et qui se rencontre dans les pâturages secs et calcaires, où il procure aux chèvres et aux moutons un fourrage assez recherché par ces animaux. Il paraît que les anciens l'employaient aussi dans l'économie domestique, car Galien attribue au pain fait avec les semences de cette graminée une propriété narcotique à laquelle sans doute elle a dû son nom, tiré du verbe grec βρίζειν, qui signifie *assoupir*.

BRIZEUX (A.), poëte contemporain, fut longtemps connu sous le seul vocable de *l'auteur de Marie*. C'est un des caractères distinctifs du génie de M. Brizeux, d'avoir toujours recherché, dans sa vie privée comme dans ses écrits, les voiles, l'ombre et le mystère. Dans ces temps-ci, où chacun a si grand'soif des regards de la foule, du fracas des bravos et de l'éclat des auréoles, ce fut à peine si, après dix ans de gloire anonyme, il permit à son éditeur d'écrire son nom sur la couverture de ses livres. Et s'il y consentit, c'est qu'il savait bien qu'en le faisant, l'éditeur n'apprenait plus rien au public. Tous ceux qui lisent les vers savaient son nom lorsqu'il parut imprimé. Il avait en effet déjà semé en avant sur sa route, dès 1828, avec Busoni, *Racine*, comédie en un acte et en vers; en 1836, quelques lignes bretonnes intitulées : *Barzonek pé Kanaouen ar Vretonad*, et le poëme de *Marie*, dont la troisième édition parut en 1840, et qu'il publia sous le titre modeste de roman.

Ce poëme se compose d'une suite de morceaux détachés, n'ayant d'autre liaison entre eux que les impressions générales de l'auteur au moment où il les composait : un même sentiment général, toujours exquis, du calme et du recueillement qu'inspire sa chère Bretagne. Ce poëme lui fit d'un seul coup toute la réputation dont il jouit. Du reste, cette composition n'avait pas absorbé tous les instants de M. Brizeux; il travaillait en outre à un grand poëme sur la Bretagne : il avait aussi voyagé en Italie et préparé sa traduction de la *Divine Comédie*, qu'il publia plus tard.

En 1841 il donna les *Ternaires*; ce fut encore un succès. Dans les *Ternaires*, livre lyrique, composé, comme *Marie*, de pièces détachées, l'auteur essaya un rhythme nouveau, quoi qu'en aient pu dire quelques détracteurs, ou, s'il n'était pas nouveau, tellement oublié au moment de sa résurrection, qu'il lui doit une vie nouvelle. M. Brizeux, qui avait professé vers 1832 un cours de littérature à l'Athénée de Marseille, a travaillé à la *Revue des Deux Mondes*, et la plupart des pièces de vers qu'il y a publiées ont été réimprimées dans ses œuvres. Enfin, *les Derniers Bretons*, ce grand poëme qu'il avait fait si longtemps attendre, et dont il avait donné des extraits dans cette revue, a été publié dernièrement, et, chose extraordinaire pour un ouvrage déflorée dans les recueils et trop vanté peut-être par ses amis, il a obtenu un succès plus complet encore que celui qu'on lui avait prédit.

BRIZO. Les Grecs habitants de l'île de Délos honoraient sous ce nom, dérivé du verbe βρίζειν, la déesse des songes, ou plutôt des prédictions qui se faisaient par les songes, et ils avaient fait de cette divination un art particulier, sous le nom de *Brizomancie*.

BROC, vase à anse fait ordinairement de bois, en forme de poire, garni de cercles de fer et avec un bec évasé, qui sert surtout à distribuer et à vendre le vin. Il y avait autrefois chez les princes et dans les maisons des riches des brocs d'argent destinés au premier de ces usages. Le broc servalt aussi de mesure, et sa valeur variait suivant les localités ; c'était ce qu'on appelait à Paris la *quarte*, et ailleurs le *pot* ; le broc contenait généralement environ deux pintes de Paris.

BROCANTEUR. Ce nom, presque toujours pris en mauvaise part, sert à désigner certains marchands d'objets d'arts et de curiosité, dont la valeur reelle est quelquefois très-minime, tandis que la valeur fictive en est portée à un taux excessif, qui varie encore suivant les circonstances et le caprice des amateurs. Cette variation extrême dans le prix des objets que vend un brocanteur lui donne les moyens de faire des bénéfices considérables en echangeant des objets de nature bien différente, telle qu'une tabatiere contre une pierre gravée antique, un tableau moderne contre une paire de pistolets ou une paire de bracelets. Le brocanteur seul est apte à apprécier avec justesse des objets de nature aussi variée, tandis que l'acquéreur ne sait donner une exacte évaluation qu'à celui vers lequel son goût le pousse. L'habitude aussi de faire des opérations hasardeuses met le brocanteur dans la nécessité de tenter de gros bénéfices ; et quelquefois la cupidité l'amène à se servir pour cela de moyens peu délicats. Le commerce de tableaux a quelquefois pour intermediaires des peintres, et plusieurs l'ont fait honorablement ; mais souvent aussi, les tableaux passant par les mains des brocanteurs, il n'est sorte de supercherie et de fraude dont on n'ait le droit de se méfier. On en a vu faire avec adresse des copies d'un tableau de mérite, les placer dans d'anciennes bordures, et les offrir ainsi à la curiosité comme des originaux de Téniers ou de tel autre maître.

BROCARD, sorte de moquerie plus acérée que la raillerie, et qui participe de l'injure et de la bouffonnerie. Souvent douce, la raillerie n'attaque d'ordinaire que de légères imperfections de l'esprit et des manières ; le brocard, toujours amer, poignant, entame jusqu'à l'honneur. En politique, où il enflamme les passions populaires, il assassine. En littérature, si plus d'un écrivain usa de cette arme contre ses rivaux, les victimes, heureusement, ne rencontrèrent que des rieurs et non des juges : Cotin et Pradon moururent dans leur lit. Néanmoins, lancé par une main habile, le brocard blesse mortellement et fait expirer jusqu'à la renommée la mieux accréditée ; Chapelain l'éprouva : longtemps roi du Parnasse, lui, qui distribuait les réputations, perdit la sienne, immolée par les brocards de Boileau. Pompignan, harcelé par les *si*, les *quoi*, les *car*, qui pleuvaient sur lui de tous côtés, courut se cacher, en disant :

Je n'y puis plus tenir, de brocards on m'assomme.

Malgré Richelet, qui prétend que le mot *brocard* est rude et sonne mal dans le beau style, il a conservé tous ses droits dans le langage, mais non dans notre société nouvelle, où sa puissance a beaucoup déchu ; c'est que, dans nos gouvernements nouveaux, les petits défauts de l'individu s'anéantissent dans la lutte des intérêts généraux. Alors on calomnie, on déchire, on perce son ennemi, et, si l'on fouille dans la vie privée, c'est pour en tirer moins des ridicules que des accusations. Aussi le brocard ne règne-t-il plus que dans certaines localités de province, où le désœuvrement l'alimente. C'est là que dans un couplet il stigmatise la gaucherie ou désole la vanité. Dans les grandes villes il s'est réfugié dans les petits journaux, parce que la bouffonnerie y tient la place du raisonnement ; encore à peine égaye-t-il plus d'un jour la malignité. SAINT-PROSPER jeune.

On qualifiait autrefois de *brocards de droit* les éléments ou les premières maximes de droit : tels sont ceux d'Azo, intitulés *Brocardia Juris*. Vossius dérive ce mot du grec *protarchia* (premiers éléments) ; mais Donjat pense qu'il a été formé du nom de *Burchard*, évêque de Worms, auteur d'une collection de canons qu'on appelait *Brocardia* ; et comme son ouvrage était plein de sentences que l'on citait souvent, *brocard* signifia par la suite un bon mot, une maxime sentencieuse, un trait de raillerie.

BROCART. Ce mot, qui est devenu l'appellation commune de toutes les étoffes de soie, satin, gros de Naples ou de Tours, taffetas ouvragés de fleurs et d'arabesques, etc., était originairement le nom d'une étoffe tissue d'or, d'argent, ou des deux ensemble, tant en chaîne qu'en trame, et avait été appliqué ensuite à celles où il y avait quelques parfilures de soie pour relever les fleurs d'or.

BROCATELLE. On appelle de ce nom une étoffe de grosse soie ou de coton, faite à l'imitation du brocart.
C'est aussi le nom d'une variété de brèche.

BROCELIANDE, forêt merveilleuse de la petite Bretagne, où se trouvait une fontaine magique, si l'on en croit les romans de la Table-Ronde. Quand un chevalier assez imprudent en avait confiant en son courage versait de l'eau sur le perron d'émeraude de cette fontaine, il y éclatait des prodiges que la voix humaine avait peur de raconter. Un affreux orage s'élevait ; la pluie, la grêle, le tonnerre, succédaient tout à coup au calme le plus profond ; puis, le ciel reprenant toute sa sérénité, les oiseaux les plus rares, au chant le plus mélodieux, couvraient les branches d'un arbre enchanté qui ombrageait la fontaine. Bientôt un chevalier aux armes brillantes, à la taille gigantesque, caracolant sur son grand cheval de bataille, s'avançait pour défier l'imprudent qui avait troublé son repos. Du premier coup de lance il le jetait sur l'arène, et s'éloignait, emmenant avec lui le coursier du vaincu. Le roman du *Chevalier au lion*, celui de *Tournoiement Antechrist*, parlent de cette forêt, dont Wace voulut inutilement voir les prodiges.

La alai jo merveilles querre,
Vis la forêt et vis la terre,
Merveilles quis, mais n'es trouvai,
Fol m'en revins, fol i alai,
Fol i alai, fol m'en revins,
Folie quis, pri fol me tins. (*Roman du Rou*.)
DE REIFFENBERG.

BROCHAGE, opération qui consiste à plier les feuilles d'un livre sortant de l'imprimerie, à les mettre dans leur ordre de pagination, à les coudre ensemble et à les couvrir d'une feuille unie ou portant le titre du livre. L'*assemblage*, qui consiste à mettre en ordre les feuilles imprimées pour en former des volumes, précède le brochage, et s'effectue de la manière suivante : sur une table longue sont autant de *formes* (tas renfermant chacun un nombre déterminé d'une même feuille imprimée) rangées de gauche à droite suivant l'ordre de leurs *signatures* (lettre ou chiffre placé en bas de la première page de chaque feuille) ; l'assembleur lève une feuille sur chacune de ces formes ainsi rangées, de sorte que la feuille A ou 1 se trouve sur la feuille B ou 2, celle-ci sur la feuille C ou 3, et ainsi de suite ; cet amas de feuilles assemblées forme une pile ; les piles étant réunies en *corps*, il ne reste plus qu'à plier les feuilles, et après que le brocheur en a collationné l'ordre on peut procéder au *brochage* proprement dit.

Pour cela, on prend la première feuille et on la renverse sur une *garde*, feuillet de papier destiné à être cousu en même temps que la feuille : cette garde est repliée dans toute sa longueur d'une quantité moindre que la largeur de la marge intérieure, afin qu'elle ne couvre pas l'impression. Ayant enfilé une grande aiguille courbe, on en perce la feuille par dehors au tiers environ de sa longueur ; on tire le fil en dedans, en le laissant déborder à peu près de cinq centimètres, plus ou moins selon le format ; on fait un second point au-dessous, du dedans au dehors, vers le milieu de la longueur de cette feuille, et on tire le fil en dehors sans déranger le bout qui passe. On pose ensuite la seconde feuille sur la première ; et après l'avoir piquée de la même manière et aux mêmes hauteurs, on tend le fil et on le noue avec le bout que l'on a laissé passer. La troisième feuille étant posée sur la seconde, on opère de même, et on ne coud la quatrième que lorsqu'on a passé son aiguille entre le point qui lie la première feuille avec la seconde; par ce moyen, il se forme un entrelacement que les brocheuses nomment *chaînette*, et qui donne de la solidité à l'ouvrage. Arrivé à la dernière feuille, on ajoute une garde comme on l'a fait pour la première, mais placée en sens inverse.

Cette opération terminée, on passe avec un pinceau de la colle sur le dos du volume ainsi cousu; on colle de même la feuille qui est destinée à le couvrir; on pose le dos du volume à plat sur le milieu de cette feuille encollée; on relève les deux côtés de la feuille sur les gardes en l'y appliquant légèrement, et on appuie fortement sur le dos pour que la couverture s'y colle bien. Il ne reste plus ensuite qu'à faire sécher le volume à l'air libre ou sous une pression convenable, puis à rogner et à ébarber s'il y a lieu. Si le livre doit être satiné, on fait passer préalablement les feuilles au satinage.

BROCHE. Ce mot désigne généralement une baguette de bois ou de métal. Mais on appelle spécialement *broche* la tringle de fer plus large qu'épaisse dont on se sert pour rôtir la viande, en la faisant tourner devant le feu. La broche, toujours pointue d'un bout, se termine ordinairement vers l'autre en manivelle qu'on tourna d'abord à la main, au moyen d'un bâton percé, ce qui permettait de se tenir à une certaine distance du feu; plus tard, un chien, enfermé dans une roue à tambour, fut chargé de ce travail; enfin, les découvertes de l'horlogerie à roues dentées donnèrent lieu à l'invention des *tournebroches*.

Pris dans sa première et sa plus générale acception, le mot *broche* reçoit dans les arts et métiers diverses applications qui se rapprochent toutes plus ou moins d'une même origine et de la signification d'outil, instrument, machine, de figure ou de forme longue et menue, et dont la fonction ordinaire est de traverser ou de soutenir d'autres parties. Ainsi, *broche*, en termes de serrurerie, est la pointe de fer qui fait partie d'une serrure et qui doit entrer dans le trou d'une clef forée; on appelle aussi *broches rondes* ou *broches carrées* des morceaux de fer ronds ou carrés dont les serruriers se servent pour tourner plusieurs pièces à chaud et à froid. En termes de filature, *broche* se dit de petites verges de fer qu'on adapte aux rouets, aux métiers à filer, et sur lesquelles le fil, le coton, la laine s'enroulent à mesure qu'ils sont filés. On évalue l'importance d'une filature d'après le nombre de *broches* qu'elle contient. Les escompteurs appellent *broches* des effets à ordre de mince valeur. En termes d'artificier, c'est aussi une petite verge ronde, conique, de fer ou de bois fort, tenant au culot du moule d'une fusée volante, pour ménager un trou de même figure dans la matière combustible dont on la charge. Les *broches*, en termes de balancier, sont de petits morceaux de fer ronds qui passent au travers de la virole du peson. En termes de marchand cirier, ce sont de petits morceaux de bois poli, en forme de cône très-pointu, avec lesquels on perce les gros bouts des cierges, afin de pouvoir les faire entrer dans les fiches des chandeliers. En termes de chasse, ce sont les défenses du sanglier, et l'on appelle aussi de ce nom la première tête ou le premier bois d'un chevreuil. *Broche* se dit encore de certaines aiguilles qui servent à tricoter des bas, à faire du ruban, du *brocart* et autres étoffes. Enfin on appelle *broche* un petit bijou dont la forme et la matière varient à l'infini et qui sert à attacher sur la poitrine un châle, une écharpe, un mantelet, etc.

BROCHER. Ce verbe est employé dans des acceptions diverses, et où l'on retrouve tour à tour les différentes significations du mot *broche*, d'où il a été formé. En termes du maréchal ferrant, *brocher*, c'est enfoncer à coups de *brochoir* les clous qui fixent le fer à la corne du sabot d'un cheval. Mais les acceptions de ce mot qui reçoivent l'emploi le plus fréquent sont celles qu'il tire du mot *broche* considérée comme aiguille. *Brocher* a signifié d'abord en ce sens, et en termes d'ourdisseur et de passementier, passer de l'or, de l'argent, de la soie ou de la laine entre des broches ou aiguilles qui servaient à faire une étoffe nommée de là *brocart*. On l'a étendu ensuite à l'action ou opération qui consiste à enrichir une étoffe de clinquant, de chenille, de fil d'argent, de cantille, etc., par le moyen de petites navettes nommées *espolins*. De là ce mot a été employé, par analogie, dans beaucoup d'autres façons de parler.

Brocher et *brochant*, en termes de blason, se disent des bandes, cotices ou bâtons et autres pièces, telles que lions, aigles, etc., qu'on fait passer d'un bout de l'écu à l'autre, ou qui traversent sur d'autres pièces : on dit que des chevaux *brochent* sur des burelles, pour dire qu'ils passent dans l'écu sur des burelles; on dit aussi d'une famille, d'un maison, qu'elle porte d'azur au lion d'or, à la fasce de gueules *brochant sur le tout*.

Brocher se dit enfin, dans son acception la plus usuelle, de l'opération qui constitue le brochage.

BROCHET, genre de poissons de la famille des *esoces*. Les brochets ont de très-petits os intermaxillaires au milieu de la mâchoire supérieure. Ces os, ainsi que le vomer, les palatins, les pharyngiens, la langue et les arcs branchiaux, sont hérissés de dents en carde. Leur mâchoire inférieure est armée de longues dents pointues sur les côtés. Leur museau est obtus, oblong, déprimé; la vessie natatoire très-grande. Le brochet commun (*esox lucius*) est très-connu; sa voracité est passée en proverbe. Ce poisson a été surnommé *requin des eaux douces*; il ravage promptement les viviers et les étangs; il n'épargne pas même son espèce, dévore ses propres petits, et ne dédaigne pas les restes des cadavres putréfiés. Il se nourrit aussi de grenouilles, et l'on a prétendu avoir trouvé jusqu'à des canards entiers dans de gros brochets. Lorsque ces poissons en saisissent d'autres dont les piquants pourraient les blesser, ils ont la précaution de les retenir quelque temps dans leur vaste gueule, afin de les tuer et de pouvoir les avaler ensuite sans résistance et sans danger. Lorsque la proie est trop grande pour pouvoir être engloutie tout entière, le brochet n'en avale que la portion qui peut entrer, et pendant qu'il la digère, il attend patiemment que la fermentation putride du reste lui permette de l'ingérer. Il ressemble sous ce rapport au boa.

Parmi les exemples de longévité de ce poisson, le plus remarquable est celui du brochet de Kaiserslautern, qui avait six mètres de long, qui pesait 175 kilogrammes, et avait vécu au moins deux cent trente-cinq ans. On prétend que l'empereur Frédéric-Barberousse lui-même l'avait jeté le 5 octobre 1262 dans l'étang où il fut pris en 1497, et que cet énorme brochet portait un anneau d'or qui pouvait s'élargir, et sur lequel était gravée l'indication de sa naissance. Son squelette a été conservé longtemps à Manheim.

Les pêcheurs et les marchands de poissons donnent les noms vulgaires de *lançons* ou *lancerons* aux jeunes brochets, de *poignards* aux moyens brochets, de *carreaux* ou *loups* aux vieux, de *pansars* aux grosses femelles pleines d'œufs, et de *lévriers* aux mâles les plus allongés. Les plus petits brochets sont appelés *brochetons*.

On ne fait aucun usage en médecine des parties de ce poisson. On estime beaucoup sa chair, qui fournit une bonne nourriture, quoique ferme et un peu réfractaire à la digestion. Les brochets des grandes rivières et des lacs sont les plus estimés; on les sert sur les tables les plus somptueuses. Le brochet au *bleu* et le foie de ce poisson sont très-recherchés par les gourmands. Ses œufs provoquent souvent le vomissement et la diarrhée.

Une seule femelle porte jusqu'à 148,000 œufs. La fécondité n'a lieu qu'à l'âge de trois ans. Les plus jeunes femelles commencent la ponte au printemps; celles d'un âge moyen la continuent pendant toute la saison, qui se termine par la ponte des plus âgées, qu'on nomme *grenouillettes* ou *grenouillées*, parce qu'elles pondent à peu près à la même époque que les grenouilles. L'influence du soleil est nécessaire pour faciliter l'éclosion des œufs du brochet, placés peu profondément sous l'eau. Les oiseaux, et surtout les hérons, qui mangent des œufs de brochet, sont purgés et les rendent sans altération. On prétend que lorsqu'ils les déposent dans des amas d'eau qui n'ont aucune communication entre eux, ils propagent ainsi l'espèce de ce poisson, qui est répandue dans toutes les eaux douces des zones tempérées et froides de l'ancien Monde. Sur les bords du Volga et du Jaïk, on fume la chair du brochet, en la séchant après l'avoir marinée dans une saumure. Ce poisson abonde tellement dans ces contrées, qu'au dire de Pallas, on en pêche une quantité incroyable. On les réunit en tas énormes, que la gelée durcit et garantit de la putréfaction, et on les vend à un prix très-modique. On nomme *rois des brochets* les individus dont le corps parsemé de taches ou marbrures noires présente aussi de belles teintes jaunes. L. LAURENT.

BROCHETTE, diminutif de broche, petit morceau de bois ou de fer, long et pointu, qui, dans l'usage le plus ordinaire, sert à unir, à soutenir ou à rapprocher les parties dans lesquelles on le passe, et qui trouve des applications fréquentes dans les arts et métiers. On donne aussi le nom de *brochette* à une espèce de petite boucle en or et à jour, qui sert à passer à la boutonnière diverses croix ou décorations d'ordres. Enfin, l'on entend par le mot de *brochette* un petit morceau de bois mince, au bout duquel on donne à manger, ou, comme on dit généralement, la *becquée*, aux oiseaux que l'on soustraits au nid de leur mère, et qui se trouvent ainsi privés de ses soins. Par extension, on dit des enfants qui sont élevés avec beaucoup de soin et d'attention, qu'ils sont élevés *à la brochette*.

BROCHET VOLANT. *Voyez* ISTIOPHORE.

BROCHURE, réunion de quelques feuilles imprimées, qui dans leur ensemble ne peuvent composer un volume, et qui se vendent ordinairement non reliées. C'est le livre populaire par excellence. Il coûte peu, et ménage la bourse et le temps de celui qui l'achète, ce qui est une double économie. L'imprimerie et la Réforme donnèrent une grande impulsion à la brochure. Les premiers livres n'apparurent qu'en petit nombre et sous la forme gigantesque de l'in-folio. Enchaînés sur des pupitres, ils ne sortaient jamais du cabinet des érudits; il fallait les lire et les étudier sur place. Cependant, la diffusion des lumières produisit bientôt à cet égard un salutaire effet. L'in-quarto prit la place de l'in-folio, puis Alde l'ancien imagina l'in-octavo, qui permit de faire du livre un compagnon assidu au lit, au coin du feu, à table, en voyage. Cette heureuse modification multiplia les écrivains et les lecteurs, mais multiplia surtout les brochures, arme rapide et redoutable par sa légèreté, pénétrant sans peine dans les masses et courant de main en main. La Réforme accrut encore cette avalanche, qui n'épargna ni le catholicisme dans ses dogmes, ni la royauté dans ses prérogatives. Les questions à l'ordre du jour furent agitées avec une hardiesse et parfois un talent remarquable. La politique s'en mêla. C'était le temps de la Satire Ménippée, qui est moins une brochure qu'un pamphlet, et qui fit plus de tort à la Ligue que toutes les victoires de Henri IV. Nous traiterons à part du pamphlet, qu'on peut définir la brochure chargée à mitraille. La brochure est le *rail-way* de la pensée, le pamphlet en est le brûlot.

Attaqué par les brochures et les pamphlets, excommunié par Sixte-Quint, Henri III trouve des plumes ardentes pour le défendre. Enfin, la Ligue meurt d'épuisement. A ces discussions âpres, hardies, envenimées, succèdent le calme et l'indifférence. Le temps des brochures est passé, et le goût de la politique reste le privilège de quelques esprits d'élite. Dans le siècle suivant, la révolte des princes, les états généraux de 1614, les querelles de Louis XIII avec sa mère, avec son frère, les ministères de Richelieu et de Mazarin (*voyez* FRONDE et MAZARINADES), font naître de nouveaux déchaînements, de nouvelles guerres de plume, plus terribles encore que celles d'épée. Les puissants se voient déchirer sans pitié par des brochures qui distillent ce que la haine a de plus âcre, l'esprit de plus sarcastique, la logique de plus entraînant. La Ligue avait produit des écrivains pleins de sève, des publicistes habiles; on les retrouve sous la Fronde, apportant des plus idées d'ordre et de liberté pratique qui manquaient à leurs devanciers.

La guerre des brochures se ralentit sous Louis XIV, à part les brochures en vers de Boileau, qui, en poursuivant le mauvais goût, firent les délices de la cour et de la ville. Quant à la prose, elle avait passé la frontière, et, des presses de Hollande et des Pays-Bas, baffouait les intrigues galantes de la cour et les prétentions du roi de France à la monarchie universelle. Les querelles du jansénisme servirent de texte à une autre série de brochures, dont la marche fut ouverte par les *Provinciales* ou *Petites Lettres*, comme on les appelait d'abord (*voyez* PASCAL), et fermée par les *Nouvelles Ecclésiastiques*, qu'un enfant, blotti dans la hotte d'un chiffonier, affichait par une petite fenêtre sur les murs de Paris.

En ce temps-là l'attention publique, paresseuse et impatiente, eût craint de s'imposer un long examen; aussi les auteurs, pour lui plaire, jetaient leurs idées ou traduisaient leurs livres en brochures, dont la brièveté amusait ou instruisait sans fatiguer. Une brochure, lancée au plus fort de la querelle des Gluckistes et des Piccinistes, souleva Grimm, et ébaucha sa fortune, achevée depuis par son esprit. Devinant ce que serait entre ses mains la portée d'une telle arme, Voltaire s'en saisit : on peut même affirmer que la partie de ses œuvres qui a exercé le plus d'influence se compose de brochures. Arsenal toujours plein de traits acérés, ses coups frappaient tantôt les croyances religieuses, tantôt les erreurs de la justice, ou la rouille des lois féodales. C'est ainsi qu'il réhabilitait Calas, brisait l'échafaud de Sirven et émancipait les serfs du Jura. Retranché dans Ferney, durant les trente dernières années de sa vie, c'est de là qu'il lançait ses arrêts formulés en brochures et sonnait la réforme.

Celle-ci s'avançait, précipitée par des ministres inhabiles et violents dans leur faiblesse. Gênés par les parlements, ils les abattirent pour y substituer une autre magistrature, qui succomba, en naissant, sous les brochures de Beaumarchais. Attaqué dans ses institutions comme dans ses actes, l'édifice monarchique était encore miné à sa base par les économistes, examinant dans leurs brochures les ressorts de l'association humaine et proposant de les changer. Peu compris de la foule, ils enrôlèrent beaucoup d'esprits distingués, qui, imbus de leurs doctrines, saisirent l'occasion de les appliquer quand la monarchie essaya de se raffermir en convoquant les états généraux. L'ouverture de cette grande solennité fut marquée par la querelle des trois ordres relative au vote des députés. Une simple brochure de Sieyès emporta la question. — *Qu'est-ce que le tiers-état?* disait-il. *Tout ! — Qu'a-t-il été jusqu'à présent? Rien ! — Que veut-il être? Quelque chose !* La monarchie s'écroula. Nous passons sur sa chute et sur les brochures nombreuses que la révolution fit éclore, hardies et raisonneuses sous la plume des publicistes de la Constituante, cyniques, subversives, dignes du nom de *pamphlets* sous celles d'Hébert, de Marat, de Babeuf, etc., etc., n'ayant pas toutefois laissé de traces aussi profondes que celle de Sieyès, parce qu'elles étaient toutes dominées par les journaux et plus encore par les événements de l'époque. Le parti royaliste eut aussi ses brochures, qu'il continua dans l'émigration.

Parvenu au consulat, puis au trône, Bonaparte s'empara de la presse, n'en permettant l'usage qu'à ses flatteurs et aux instruments de ses desseins. Momentanément la brochure fut étouffée dans son nid. Mais le colosse, vaincu par les armes, ne tarda pas à être accablé par la brochure, qui ressuscita le fiel au cœur et une plume acérée au bout des ongles. Le canon se taisait à peine, que Châteaubriand publiait la sienne : *De Bonaparte et des Bourbons*, dont 80,000 exemplaires, échappés des presses de Lenormant, ne suffisaient pas à l'avidité des lecteurs; puis, la lutte s'étant engagée entre les partisans de la vieille monarchie et ceux des droits du peuple, Châteaubriand intervint encore. Ennemi des hommes d'État alors au timon des affaires, il se déclara pour le maintien des conquêtes légales de la révolution, et *La Monarchie selon la Charte* fut le fruit de sa conviction.

En même temps, un jeune garde d'honneur, à peine de retour de l'armée, M. de Salvandy, lançait courageusement à la face des étrangers qui inondaient Paris une brochure étincelante de verve : *La Coalition et la France*. Les hauts alliés se plaignirent avec menace de cette protestation de la patrie écrasée réclamant par une bouche de vingt ans, et délibérèrent s'ils ne devaient pas répondre avec toutes les armées de l'Europe coalisée au défi d'un enfant. D'autres publicistes, Bonald, Benjamin Constant, Fiévée, Montlosier, montrèrent, sous des bannières différentes, un talent remarquable, mais aucun n'égala Paul-Louis Courier, l'ancien canonnier à cheval, le célèbre vigneron, qui, plus qu'eux tous, joignait à la puissance du raisonnement le prestige d'un style plein de science et de bonhommie. Cependant une fois Montlosier obtint un succès non moins universel par sa *Dénonciation contre les Jésuites*.

La polémique des brochures ne cessa de captiver exclusivement l'attention qu'au moment où les journaux conquirent enfin leur indépendance. Toutefois ce triomphe fut de peu de durée. La censure, rétablie en 1826, pesa lourdement sur les journaux, qui commencèrent à paraitre avec de longues colonnes en blanc. Mais toutes les bribes abattues par les ciseaux des censeurs ne furent pas perdues : on en composa des brochures courageuses, brûlantes, qui se succédèrent coup sur coup et furent dévorées par le public. Dans cette guerre de plume, on retrouve M. de Salvandy, devenu rédacteur du *Journal des Débats*.

Sans parler du déluge de brochures républicaines, humanitaires, socialistes, etc., etc., qui suivit la révolution de 1830 et surtout celle de 1848, on peut citer encore, après celles de Paul-Louis Courier, celles que M. de Cormenin a publiées sous le pseudonyme de Timon. En résumé, cependant, lorsque les journaux sont libres, à moins de tourner au pamphlet ou au libelle, que peut révéler la brochure qui ne soit su d'avance? Que peut-elle enseigner qu'on n'ait appris déjà. Les brochures littéraires, frappées du même coup, se transforment en *revues*. Mais lorsque la presse périodique est muselée, la pensée comprimée éclate immédiatement en brochures. Le gouvernement issu du coup d'État du 2 décembre 1851 l'a si bien senti, qu'en soumettant les journaux au régime du double avertissement, il s'est bien gardé d'oublier de frapper d'un droit de timbre toute publication au-dessous de dix feuilles. Il est cependant des hommes qui, au risque d'avoir moins de lecteurs, préfèrent toujours exprimer leurs idées dans des brochures, parce qu'ils n'y sont point gênés par les besoins d'un livre ou d'un journal fait en commun. Et puis un homme d'esprit l'a dit, « Il faut au moins une idée pour faire une brochure : on peut faire un livre sans cela. »

Si nous tournons les yeux du côté de l'Angleterre, nous y verrons l'auteur de *Robinson* expier par le pilori et une amende qui le ruina des opinions religieuses antipathiques au parlement; puis les brochures de l'auteur de *Gulliver* faire et défaire les ministres et placer Swift au-dessus d'eux. Sous Georges III, les *Lettres de Junius* foudroyèrent les mandataires du pouvoir et devinrent des Philippiques rivales de celles de Démosthène. Les brochures de Cobbett préparèrent les voies au chartisme anglais; celles de Cobden ont par leur persistance enlevé d'assaut la liberté commerciale.

Parmi les autres peuples de notre hémisphère, les Russes n'osent pas encore penser, les Italiens n'osent plus penser, les Espagnols et les Portugais se disposent à penser. En Suède, en Danemark, en Pologne, en Allemagne, depuis les brochures de Heine, la vie politique circule par cette voie en attendant qu'elle puisse s'ébattre dans des journaux libres. Chez les Américains du Nord, les brochures, depuis celles de Franklin, sont les auxiliaires obligés du journalisme, qu'elles appuient et ne gênent pas. Il en est de même de l'empire du Brésil et des autres républiques américaines.

BROCKEN (*Mons Bructerus, Melibocus*), appelé aussi par le peuple *Blocksberg*. C'est le nom que l'on donne à la cime la plus haute du Harz. Situé dans le comté de Stolberg-Wernigerode, le Brocken s'élève à 1086 mètres au-dessus de la mer, et forme le centre d'une masse granitique qu'a percée l'argile schisteuse et le quartz mêlé de schiste et de mica, et qu'on appelle le *Brockengebirge*. Sur son sommet, arrondi et couvert de tourbe, sont dispersés de gros blocs de granit, qui semblent être les débris d'une pyramide granitique. Autour de cette espèce de dôme se groupent d'autres montagnes, aux pentes rapides vers le nord, mais se reliant, sur les autres faces, aux plateaux de Harz : les *Brandtklippen* au nord; les *Zeterklippen* à l'est, avec le *Petit Brocken*, la *Heinrichshœhe* et les *Hohneklippen*, les *Feuersteinklippen*, les *Schnarcherklippen*, le *Wormberg*, l'*Achtermannshœhe*, le *Kœnigsberg* et les *Hischhœrner* au midi; le *Brockenfeld* et l'*Abbensteiner-klippe* à l'ouest. Les nombreux ruisseaux qui prennent leurs sources dans ces montagnes ou qui s'échappent de leurs marais se rendent dans les bassins, soit de l'Elbe, soit du Weser, et se réunissent dans les principales artères, le Radau, l'Elker, l'Isle, l'Holzemme, le Kalten-Bode, le Warmen-Bode et l'Oder.

Des routes assez commodes conduisent d'Elbingerode et d'Ilsenbourg jusqu'au sommet du Brocken. A 125 ou 155 mètres au-dessous de la cime, on quitte les forêts d'arbres conifères pour entrer dans la région des pins des Alpes, qui disparaissent à leur tour, bien que le point culminant de la montagne offre encore des traces de végétation. Outre différentes espèces d'orchis, les botanistes y récoltent le lichen d'Islande, ou *mousse du Brocken*, que les gens pauvres ramassent pour le vendre, l'anémone alpine, ou *fleur du Brocken*, et surtout la *betula nana*, plante rare, qu'on trouve encore quelquefois dans les environs du Langenwerk.

La montagne est ordinairement enveloppée de brouillards et de nuages, qui, tourmentés par un vent presque continuel, offrent à l'imagination les plus bizarres tableaux, dans lesquels la tradition populaire veut voir des danses de sorcières, etc. (*voyez* BLOCKSBERG). Le phénomène du *spectre du Brocken* fait une singulière impression : il consiste en la réflexion d'ombres d'hommes et de maisons sur un voile de nuages faisant face au soleil couchant. Lorsque le ciel est serein, on jouit d'une vue ravissante sur une contrée de 125 kilomètres de circonférence, et avec une lunette d'approche on découvre le cadran de la cathédrale de Magdebourg. En 1800, le comte de Stolberg-Wernigerode a fait bâtir sur la cime la plus élevée du Brocken un grand bâtiment à un étage qui offre toutes commodités aux étrangers et devant lequel s'élève un tour en bois d'où l'on jouit d'une magnifique perspective.

BROCKHAUS (FRÉDÉRIC-ARNOLD), célèbre libraire allemand, naquit à Dortmund, le 4 mai 1772. Malgré le penchant qu'il manifesta de bonne heure pour les lettres, son père le destina au commerce, et le mit dès 1788 chez un négociant de Dusseldorf. De retour dans sa famille en 1793, il obtint la permission d'aller suivre pendant deux ans les cours de l'université de Leipzig; mais en 1795 il fut rappelé et mis, avec un de ses parents, à la tête d'un magasin de marchandises anglaises, qu'il abandonna en 1804, dans l'intention de se faire libraire. Il s'associa donc avec Rohloff, et établit à Amsterdam une maison de librairie. En 1806 il entreprit la publication du journal *de Ster* (l'Étoile), que ses tendances libérales firent bientôt supprimer; l'*Amsterdamsch Avond-Journal*, qu'il publia ensuite, n'eut également qu'une courte existence. La réunion de la Hollande à la France, en 1810, ayant porté le coup le plus rude à son commerce, Brockhaus retourna en Allemagne, et s'établit d'abord à Altenbourg, où il commença, en 1812, une réimpression du *Conversation's-Lexicon*, dont il avait acheté et terminé la première édition, commencée en 1796. Le succès prodigieux de cette publication, favorisé par le rétablissement de la paix en 1815, lui permit de donner le plus grand développement à ses entreprises de librairie.

De 1813 à 1816 Brockhaus publia la *Feuille Allemande*, dans un esprit de patriotisme qui ne resta pas sans influence sur l'opinion. En 1817 il transporta à Leipzig sa maison, à laquelle il joignit une imprimerie. Six éditions du *Conversation's-Lexicon* se succédèrent rapidement. Outre ce grand ouvrage, il a édité l'*Urania*, depuis 1810 ; le *Manuel de la Littérature Allemande* d'Ersch, depuis 1812 ; les *Contemporains*, depuis 1816 ; *Hermès*, depuis 1819 ; la *Feuille de Conversations littéraires*, depuis 1820 ; le *Dictionnaire Bibliographique* d'Ébert, l'*Histoire des Hohenstaufen* de Raumer, etc. Les opinions libérales de Brockhaus et son admiration pour le gouvernement constitutionnel lui attirèrent souvent des persécutions de la part du gouvernement prussien, et l'exposèrent aux chicanes de la censure saxonne. Il mourut le 20 août 1823.

Son fils aîné, *Frédéric* BROCKHAUS, né à Dortmund, le 23 septembre 1800, l'a remplacé à la tête de la maison qu'il avait fondée. Secondé par son frère *Henri*, né à Amsterdam, en 1804, il a donné à sa librairie et à son imprimerie un très-grand développement, et y a ajouté une fonderie de caractères. Avant qu'il quittât les affaires, en 1850, il avait publié trois nouvelles éditions du *Conversation's-Lexicon*, et un grand nombre d'ouvrages importants. Le troisième frère, *Hermann*, né à Amsterdam, en 1806, professeur de littérature indienne à Iéna en 1839, et aujourd'hui à Leipzig, s'est fait connaître par la traduction des cinq prem'ers livres du *Kathâ sarit sâgara* (en sanscrit et en allemand, Leipzig, 1839), une édition du *Prabodha candrodaya*, avec les scolies indiennes (Leipzig, 1845), une édition de la traduction persane des *Sept Maîtres sages* (Leipzig, 1845), une édition du *Vendidad Sade*, qu'il a enrichie d'un index et d'un petit glossaire de la langue zend (Leipzig, 1850). Il a publié aussi un projet, à peu près généralement adopté, *sur l'impression des ouvrages sanscrits en caractères latins* (Leipzig, 1841).

BROCOLI ou **CHOU BROCOLI**. Cette race de chou est très-voisine des choux-fleurs, dont elle ne diffère que par ses feuilles ondulées, par ses dimensions plus grandes et par ses couleurs. Les variétés préférées du brocoli sont le *blanc*, le *violet* et le *violet nain hâtif*, tous les trois pommés ; il y en a aussi de rouges, de jaunâtres, de verts, les uns pommés, les autres sans pomme. Tous les brocolis pommés s'assaisonnent comme les choux-fleurs ; les autres se mangent en salade.

BRODEQUIN, sorte de chaussure en usage chez les anciens, laquelle couvrait le pied et la moitié de la jambe. Elle se composait du *calceus* et de la *caliga*. Le *calceus*, de cuir ou de bois, était la semelle ; elle affectait la forme quadrangulaire ; la *caliga*, d'étoffe souvent précieuse, était l'espèce de bottine qui le surmontait et qui s'attachait plus ou moins haut sur la jambe. Le *calceus* était quelquefois si épais, qu'un homme de médiocre taille, chaussé du *brodequin*, pouvait paraître de la taille des héros. Les jeunes filles l'adoptèrent bientôt pour se grandir, puis les chasseurs et les voyageurs pour se garantir du sable et de l'humidité.

Des anciens le brodequin passa chez les modernes. Marot, dans une de ses notes sur une ballade de Villon, appelle le *brodequin* une belle chaussure, une chaussure galante, et dit qu'elle consistait en une sorte de chausse semelées, dont la tige était faite d'une peau si fine, qu'elle se retournait comme le cuir d'un gant.

De nos jours le *brodequin* diffère de la bottine en ce qu'on le lace sur le cou-de-pied, tandis que celle-ci se boutonne ou se lasse sur le côté. On n'en fait guère qu'en cuir, tandis que les bottines sont presque toujours en étoffes de toutes couleurs. Les brodequins sont surtout portés par les enfants, dont ils assurent la marche, en même temps qu'ils empêchent le pied de se déformer, et qu'ils le préservent de la poussière, du sable et de la boue, contre lesquels le soulier seul est de moindre défense.

Dans l'application aux choses du théâtre, il faut avoir bien soin de distinguer le brodequin du **cothurne** : un poëte comique chausse le brodequin ; un poëte tragique, le cothurne ; le premier est un attribut de Thalie, l'autre un attribut de Melpomène. Mercier a donc eu grandement raison de dire :

Voltaire, plein d'un feu divin,
Chausse le cothurne tragique ;
Ma muse, naïve et comique,
Ne chausse que le brodequin.

Brodequins s'est dit autrefois d'une espèce de torture ou de question à laquelle on soumettait, non pas toujours les criminels seuls, mais quelquefois aussi les accusés, les simples prévenus, pour leur arracher par la douleur l'aveu d'un crime que souvent ils n'avaient pas commis. On la donnait, disent les anciens auteurs, avec quatre petits ais forts et épais, dont deux se plaçaient chacun à la partie extérieure de la jambe droite et de la jambe gauche, et les deux autres entre les deux jambes. On liait ensuite tout cet appareil avec de bonnes cordes, puis l'on prenait des coins de fer ou de bois, que l'on introduisait, de force, à coups de maillet, entre les deux ais qui séparaient les jambes, de manière à opérer une pression si puissante et si terrible qu'elle faisait éclater les os.

BRODERIE. L'origine de cet art doit remonter à une haute antiquité, car on en trouve des traces dans les premiers livres de la Bible, et la mythologie grecque en attribue l'invention à Minerve. On appelle *broderie* un dessin tracé à l'aiguille avec un fil quelconque sur toute espèce d'étoffes. Les broderies les plus simples se font avec du coton blanc, dont on fait usage sur de la mousseline, du jaconas, de la batiste, etc. On en fait aussi avec de la soie ou de la laine de couleur sur des étoffes diverses. On fait encore des broderies en or et en argent, soit en fil rond, soit en *lame*, soit en *paillette*. Enfin, on fait des broderies en *soies nuancées*, et dans lesquelles on cherche à rendre les couleurs naturelles des objets que l'on veut représenter. Toutes ces broderies ont des noms particuliers, tirés de l'espèce de point ou de la matière que l'on emploie. Ainsi, on dit broder en *blanc* ou en *or*, broder au *passé*, au *plumetis*, au *point de chaînette*, au *point de marque*, au *nuancé*, à *l'aiguille*, au *crochet*, à la *main*, au *métier*, en *application*. Cette dernière broderie consiste à coudre sur l'étoffe des morceaux d'une autre étoffe découpée pour former des pleins et des clairs d'un agréable effet. Sur les mousselines ou autres tissus blancs, on brode souvent à la main, ayant seulement l'attention de bâtir son dessin par-dessous l'étoffe ou de le dessiner sur l'étoffe par un procédé qui varie. Pour les broderies en or et en argent, et surtout pour les broderies en soie nuancée, on trace d'avance le dessin que l'on veut broder, et ensuite on monte l'étoffe sur un châssis à pied, que l'on nomme *métier à broder*.

Avant la révolution de 1789, les brodeurs sur étoffe formaient une corporation dans laquelle n'étaient pas admises les *brodeuses*, qui faisaient seulement des broderies en blanc sur le linge. Maintenant, toutes les espèces de broderies sont faites par des femmes ; mais ce sont ordinairement des hommes qui font les dessins, soit sur papier, soit sur étoffe.

Les broderies sont l'objet d'un commerce très-étendu. De plus, il est peu de dames qui ne consacrent quelques-uns de leurs loisirs à exécuter; de ces charmants travaux d'aiguille. Ainsi la *broderie* dite *à l'anglaise*, qui se fait au *point de cordonnet* allié souvent au *point de feston*, a occupé dans ces derniers temps beaucoup de doigts plus ou moins aristocratiques; aujourd'hui que ce genre de broderie est à la portée de presque toutes les bourses, l'engouement passager qui l'a accueilli semble se reporter sur d'autres genres. Mais la *broderie en tapisserie*, qui consiste à remplir un canevas avec de la laine ou de la soie, de manière à imiter un dessin donné, est toujours en vogue, comme élément d'inépuisables paires de pantoufles, ronds de serviettes, dessous de lampe, etc., etc., que vous imposent vos nièces, cousines et arrière-cousines, aux époques solennelles de votre fête ou du renouvellement de l'année.

Au figuré, la *broderie*, sans être précisément un mensonge, en approche quelque peu : on *brode* quand on ajoute à un récit des détails dont on n'est pas sûr, souvent même dont on sait la fausseté, mais qui offrent l'avantage de rendre plus intéressant le fait que l'on raconte.

Broderie, enfin, sert encore à désigner en musique de légères variations que le musicien ajoute à sa partie dans l'exécution, pour orner des passages trop simples, et par le moyen desquelles il peut faire briller la légèreté de ses doigts ou la flexibilité de son gosier.

BRODY, importante ville de Galicie Autrichienne, dans le cercle de Zloczow, à peu de distance des frontières russes de l'ancienne Volhynie, au milieu d'une plaine marécageuse environnée de forêts, à 88 kilomètres de Lemberg, et érigée depuis 1799 en ville libre commerciale, est le siège d'une chambre impériale, d'une direction générale des douanes et d'un tribunal de commerce. On y trouve cinq faubourgs et plusieurs places publiques, entre autres le vieux Marché à la place du château ou Marché-Neuf. Les rues en sont sales et les maisons construites en bois; on y voit aussi un château seigneurial avec parc, appartenant au comte Potocki, un grande église catholique et deux grandes églises grecques, trois synagogues, une école israélite, un collège catholique et une école catholique pour les filles, enfin un hôpital richement doté.

La population de Brody est d'environ 25,000 âmes, dont près des sept huitièmes professent la religion juive; le reste se compose de Polonais, d'Allemands et de fonctionnaires publics ; et après Lemberg, c'est la ville la plus peuplée et la plus commerçante de la Galicie. Elle constitue le principal lieu d'échange entre l'empire d'Autriche et la Russie, on pourrait même dire entre l'Orient et l'Occident. Quarante maisons de commerce de premier ordre et deux cents maisons d'importance moindre, les unes et les autres pour la plupart entre les mains d'Israélites, y font des affaires immenses en bestiaux, chevaux, cires, suifs, cuirs, pelleteries, vins de France, du Rhin et de Hongrie, anis, fromages, soies, verres, porcelaines et sels. Il y existe aussi d'importantes manufactures de cordes et tanneries.

BRODZINSKI (Casimir), l'un des poètes polonais les plus distingués des temps modernes, naquit en 1791, à Krolowsko, dans l'ancienne starostie de Lipna. En 1809, à l'époque du grand-duché de Varsovie, il entra à Cracovie dans les rangs des défenseurs de la patrie, et servit, en qualité de sous-officier, dans un régiment d'artillerie. La publication de ses premières œuvres poétiques remonte à la même époque; elles avaient pour titre: *Pienia wiejskie* (Cracovie, 1811), et prouvèrent que la vie intime du paysan polonais offre à la poésie une riche source. On admira surtout la vérité avec laquelle il savait peindre les mœurs et exprimer les idées propres au peuple. Après avoir séjourné quelque temps à Varsovie et à Modlin, il fit, avec les Français, la campagne de 1812 contre les Russes Revenu, en 1813, à Cracovie, avec les débris de l'armée polonaise et les épaulettes d'officier, il fit encore les campagnes d'Autriche et de Saxe. Prisonnier à la bataille de Leipzig, il fut mis en liberté sur sa parole, et passa alors une année à Cracovie. Il alla ensuite à Varsovie, et devint professeur d'esthétique à l'université de cette ville. Bien avant Mickiewicz, il avait tenté de donner une vie nouvelle à la poésie polonaise par l'imitation de modèles choisis dans les poésies étrangères; il ne pouvait donc manquer d'être l'un des plus fervents défenseurs de ce novateur, lorsqu'il commença son apostolat littéraire. Les poésies de Brodzinski, et surtout les nombreuses dissertations critiques qu'il fit paraître dans des revues et des journaux, contribuèrent puissamment au triomphe de la nouvelle école romantique, et l'eurent bientôt classé parmi les critiques polonais les plus influents.

Depuis la dissolution de l'université de Varsovie, à la suite des événements de 1831, il vivait sans emploi à Varsovie, souffrant d'une maladie de poitrine, lorsqu'il obtint enfin, à grand'peine, la permission d'aller prendre les eaux en Bohême ; mais il ne lui était pas donné de revoir le sol natal. Il mourut le 10 octobre 1835, à Dresde, où ses compatriotes lui ont élevé un modeste monument. Doux et sensible, l'amour de la patrie et le sentiment religieux formaient le fond de son caractère et le type de son existence. On a commencé à Wilna une édition de ses œuvres. Brodzinski avait aussi traduit *Job*, les *Souffrances du jeune Werther* et un choix de chants populaires serbes et bohèmes.

BROEK (on prononce *Brouk*), village de 1,100 âmes, dans la province de Nord-Hollande, à 4 kilomètres nord-est d'Amsterdam, célèbre par la minutieuse propreté de ses habitants, dont beaucoup, anciens négociants retirés des affaires, sont deux et trois fois millionnaires, et qui n'admettraient pas chez eux un étranger sans lui avoir fait préalablement quitter ses bottes ou ses souliers, pour chausser des espèces de babouches destinées à garantir de toute espèce de souillure leurs parquets et les somptueux tapis qui les recouvrent. Cette formalité est tellement de rigueur, que Napoléon et l'empereur Alexandre eux-mêmes, quand ils vinrent visiter ce village, furent obligés de s'y soumettre comme de simples mortels. L'entrée de Brock est d'ailleurs soigneusement interdite aux bestiaux, aux chevaux, aux voitures, aux équipages même les plus légers, afin que les rues ne soient jamais salies; car vraiment ce serait dommage ! Représentez-vous en effet, si vous le pouvez, des rues pavées en marbre à peu près comme le sont les antichambres et les salles à manger de nos habitations parisiennes, aussi soigneusement entretenues, balayées et lavées. Le long des maisons de ces villageois millionnaires règne un espace séparé de la voie publique par une balustrade en fer battu ornée de pommes de cuivre étincelantes de fourbissure. Cette espèce de trottoir est pavé en mosaïque à la manière de celles qu'on peut voir dans les ruines de Pompéi. L'aspect extérieur des habitations répond complétement à ce que promet cette voie publique ; ce sont de véritables palais en miniature, tout étincelants de dorures et de peintures renouvelées ou tout au moins rafraîchies chaque année ; l'entrée ordinaire en est placée sur les derrières, où l'architecte a discrètement ménagé une porte bâtarde. Quant à la porte unique donnant sur la rue, porte toujours d'apparence somptueuse, elle ne s'ouvre que dans trois circonstances bien solennelles de la vie de chacun des propriétaires de ces bijoux : les baptêmes, les mariages et les enterrements. A l'intérieur, ce ne sont que tableaux, marbres, vases et curiosités ; ce ne sont que bois précieux et luisants, porcelaines d'Asie, cristaux, albâtres, porphyres.

Un voyageur français qui a publié une description très-piquante de la Hollande et de ses mœurs, sous le titre de *Quatre mois dans les Pays-Bas*, M. Lepeintre-Desroches, nous apprend que cet opulent village, tout féerique qu'il paraît d'abord, est d'une tristesse incomparable, et qu'on y rencontre si peu de passants qu'on le croirait désert. Les prudents habitants de Broek, aussi économes qu'opulents et aussi sédentaires qu'économes, se voient rarement entre eux. Quiconque se présente dans une maison sans venir de la part d'un ami bien intime, à moins qu'il n'ait quelque *bonne affaire* à proposer, se voit impitoyablement fermer la porte, comme il arriva, entre autres, à l'empereur Joseph II. Le même écrivain ajoute en parlant de Broek : « Les pièces qui servent aux usages communs, telles que l'antichambre et l'office, sont resplendissantes de netteté. Il n'y a pas jusqu'à la cuisine qui ne soit remarquable sous ce rapport, et les nombreux ustensiles qui y sont placés, soit en fer, soit en cuivre, sont d'un éclat ravissant. Quelques-uns sont garnis d'étoffes de coton ou de laine fine aux endroits où la main doit les saisir, tant est grande l'attention des gens de cette contrée dans les plus petits détails. »

Notre voyageur ne dit pas tout. Cette cuisine qu'il décrit si bien, et qu'on ne peut se représenter que comme un magasin d'orfèvrerie, n'est qu'une *cuisine d'apparat!* ces ustensiles d'un *éclat si ravissant*, on ne les touche jamais que pour en raviver le poli par de savantes frictions le poli qui se ternirait à la longue sans cette précaution; et il y a dans chaque maison, mais bien mystérieusement caché à tous les regards, un réduit dans lequel s'apprêtent les mets destinés à l'alimentation de la famille, réduit dont l'habitant de Broek dissimule avec autant de soin l'existence que celle du cabinet où ce d'able d'Alceste veut à toute force mettre le sonnet d'Oronte.

Écoutons encore parler M. Lepeintre-Desroches: « Mais ce qui s'y voit de plus merveilleux peut-être, c'est la laiterie, c'est l'étable, qui ne sont pas moins éclatantes de couleur, de propreté et de clarté que tout le reste. On peut dire que la Hollande est le paradis des vaches; elles y sont logées beaucoup plus agréablement que la plupart des bourgeois de nos villes. A Broek surtout, les nourrisseurs semblent avoir redoublé d'attention pour elles : ils les ont placées de manière à ce que chacune a son cabinet séparé, bien verni, bien peint, bien frotté; elle-même est soigneusement épongée et nettoyée; ses pieds posent sur un plancher bien lavé, et pendant que sa tête s'allonge dans une mangeoire de bois bien ciré, sa queue est retroussée artistement et attachée au plafond par le bout avec un cordon..... »

Une seule chose nous étonne, c'est que les habitants de Broek n'aient pas encore songé à entourer d'une serviette le cou de leurs vaches quand elles prennent leur nourriture, ainsi qu'on a grand soin de le faire chez Franconi au *cheval gastronome.*

BROEKHUYSEN (JAN VAN), plus connu sous le nom de *Janus Broukusius*, poëte et philologue hollandais distingué, né le 20 novembre 1649, à Amsterdam, appartenait à une famille considérée, et fut élevé au collège de sa ville natale, où il composa, à l'occasion de l'installation d'un nouveau bourgmestre, un poëme dont les heureuses pensées et la latinité d'une remarquable pureté firent grande sensation. Encouragé par les éloges qui lui en revinrent de toutes parts, Broekhuysen voulait se consacrer dorénavant à la culture des lettres; mais ce projet fut contrecarré par son tuteur, qui avait décidé dans sa sagesse qu'il ferait de lui un apothicaire. Il se soumit d'abord, résigné, aux volontés de cet esprit positif; cependant peu de temps après il déserta l'officine du pharmacopole chez lequel il avait été mis en apprentissage pour s'engager au service de son pays. En 1674 il partit avec le grade de capitaine-lieutenant à bord de l'escadre aux ordres de l'amiral Ruyter pour les îles des Indes occidentales; mais ni les orages ni les tempêtes ne purent lui faire oublier la poésie. C'est ainsi qu'il se trouvait à la hauteur de l'île Saint-Dominique quand il traduisit en vers latins le 44ᵉ psaume de David, et composa son *Céladon ou le Désir de revoir sa patrie*. Revenu dans l'automne de la même année à Utrecht, il eut occasion d'y nouer des relations avec plusieurs savants, notamment avec Grevius; et il y fit paraître un recueil de ses poëmes latins (Utrecht, 1684), qu'il traduisit aussi en hollandais. A peu de temps de là il obtint un emploi comme officier à Amsterdam. En 1697 il prit son congé, avec le grade de capitaine, et mourut le 15 décembre 1707. Ses éditions de Sannazar, de Properce (1702; nouv. édit., 1726) et de Tibulle (1708; 2ᵉ édit., 1727) prouvent la vaste étendue de ses connaissances.

BROEMSEBRO, petit village de Suède, dans la province de Calmar, resté célèbre dans l'histoire par la paix qui s'y négocia, en 1645, entre la Suède et le Danemark, et en vertu de laquelle cette dernière puissance dut abandonner à la première plusieurs provinces. *Voyez* DANEMARK.

BROENDSTED (PETER-OLUF), si célèbre par l'étendue de ses connaissances philologiques et archéologiques, était né le 17 novembre 1780, à Horsens, en Jutland, d'un père ministre protestant. Après avoir fait ses études à l'université de Copenhague, il vint, en 1806, passer deux ans à Paris, d'où il se rendit en Italie. Il en partit en 1810, avec l'architecte Haller de Hallerstein, Linckh et de Stackelberg, pour entreprendre en commun un voyage scientifique en Grèce, et y faire exécuter des fouilles qui produisirent des résultats immenses pour les progrès de l'archéologie. De retour à Copenhague en 1813, il y fut pourvu d'une chaire de philologie grecque. Croyant que la publication du grand ouvrage qu'il se proposait de publier sur son voyage en Grèce ne pouvait point se faire avantageusement en Danemark, il sollicita et obtint du gouvernement danois sa nomination aux fonctions d'agent accrédité près du gouvernement pontifical, et se rendit à Rome en 1818. Pendant les années 1820 et 1821 il entreprit une tournée dans les îles ioniennes et en Sicile, puis se rendit à Paris, avec l'autorisation de son gouvernement, pour y commencer l'impression de son livre Cet ouvrage, véritable monument élevé à la science et au sol classique de la Grèce, et imprimé aux frais du gouvernement danois, fut publié en allemand sous le titre de : *Reisen und Untersuchungen in Griechenland* (2 vol. in-4°, Paris, 1826-1830). Il en parut, en même temps, une traduction française.

On a encore de Broendsted quelques opuscules archéologiques, entre autres : *An Account of some greek vases found near Vulci* (Londres, 1832); *les Bronzes de Siris* (in-4°, Copenhague, 1837), et de précieux *Essais sur l'histoire de Danemark*, d'après les manuscrits français du moyen âge (Copenhague, 1817-1818). Il a en outre publié, sur les papiers laissés par le major Muller, des *Souvenirs d'un Séjour en Grèce pendant les années 1827 et 1828* (Paris 1833), qui offrent de l'intérêt sous le point de vue de l'art militaire. Après son voyage en Angleterre en 1826, Broendsted fut nommé conseiller de légation. Revenu en 1832 en Danemark, il fut nommé directeur du cabinet des antiques de Copenhague, et professeur de philologie et d'archéologie à l'université de cette ville. Lorsqu'il mourut, le 26 juin 1842, des suites d'une chute de cheval, il en était devenu recteur.

BROGLIE (Famille DE). Cette famille, originaire de Quiers en Piémont, et dont le véritable nom (*Broglio* ou *Broglia*, intrigue) paraît n'avoir été d'abord qu'un simple sobriquet, a donné à la France plusieurs hommes qui se sont distingués dans les armes et la diplomatie.

BROGLIE (FRANÇOIS-MARIE, comte DE) est le premier dont l'histoire fasse mention. Il était page du prince Maurice de Savoie, et se signala, en 1639, comme capitaine de ses gardes, à la prise de Chivasso, de Quiers, de Trino, de Montcallier et au siége de Coni, qu'il défendit pendant trois mois contre les Français. Le duc de Savoie le créa, en 1643, comte de Revel, ce qui ne l'empêcha pas de quitter bientôt sa patrie pour aller s'établir en France. Broglie s'attacha à la fortune de Mazarin, et entra dans l'armée française, où il était déjà capitaine dans le régiment de cavalerie italienne en 1647. Il se signala en diverses occasions par une bravoure extraordinaire, et par une souplesse de caractère qui lui permit de tirer parti des troubles de la ronde. Les biens de plusieurs gentils-hommes passés au service de l'Espagne ayant été confisqués en 1651, le comte de Broglie obtint une partie de leurs dépouilles, dont le produit lui servit à lever et équiper un régiment de cavalerie étrangère, qui prit son nom. Il fut tué au siége de Valence, en 1656. Depuis six mois il avait reçu des lettres de naturalisation; mais elles ne furent enregistrées à la chambre des comptes qu'un an environ après sa mort. Sa famille n'en continua pas moins à jouir des faveurs de la cour; elle compta, en très-peu de temps, trois maréchaux. C'est qu'il entrait alors dans la politique de la royauté d'élever les familles étrangères aux dépens des maisons indigènes : les Schomberg et les Rosen ne furent pas moins bien traités que les Broglie.

BROGLIE (Victor-Maurice, comte de), fut pourvu d'un régiment d'infanterie anglaise dès l'âge de trois ans. Il servit sous Turenne en Alsace, fut blessé au combat de Mulhouse en 1674, et passa ensuite dans l'armée du maréchal de Créqui. Il leva à ses frais, en 1674, un régiment d'infanterie, et en 1702 un de cavalerie, qui portèrent son nom. Gouverneur du Languedoc, il poursuivit avec cruauté les protestants révoltés des Cévennes, fut créé maréchal de France, alors que depuis quarante ans il ne comptait plus dans l'armée active, et mourut en 1727, dans son château de Buhy, trois ans après sa nomination.

BROGLIE (François-Marie, duc de), né à Paris, en 1671, troisième fils du précédent, fit à partir de 1689 toutes les campagnes des Pays-Bas, d'Allemagne et d'Italie, se distingua par sa valeur, et fut employé souvent dans des négociations diplomatiques. Il passa successivement par tous les grades, et obtint en 1734 le bâton de maréchal. Ce fut lui qui dans la guerre de la succession d'Autriche eut le commandement en chef des armées de Bavière et de Bohême; mais obligé de battre en retraite jusqu'aux frontières de France avec son corps d'armée, il tomba en disgrâce, et mourut le 22 mai 1745. Il avait été créé duc en 1742.

BBOGLIE (Victor-François, duc de), fils aîné du précédent, naquit le 19 octobre 1718. Il servit d'abord, sous les ordres du maréchal son père, dans la guerre de 1733, guerre de dynastie, entreprise dans l'intérêt de Stanislas, devenu beau-père de Louis XV. De l'armée de la haute Alsace, commandée par le maréchal de Coigny, il passa à celle du Rhin, et se fit remarquer à la bataille de Haguenau et au siège de Fribourg. En 1757 il assista, sous les ordres du maréchal d'Estrées, au combat de Hastenbeck, s'empara de Minden et de Reithein, et rejoignit en Saxe le maréchal de Soubise. Après la funeste bataille de Rosbach, il retourna dans le Hanovre, et prit Brême en 1758. Un an après, attaqué par le duc Ferdinand de Brunswick, dans le camp qu'il avait établi à Bergen, il se défendit si courageusement, que l'empereur François 1er lui conféra le titre de prince du saint-empire romain. Il fut ensuite nommé gouverneur général du pays Messin, dit *les trois Évêchés*, et créé maréchal de France le 16 décembre 1759, n'ayant encore que quarante-deux ans. Jomini le regarde comme le seul général français qui se soit montré constamment habile dans la guerre de Sept-Ans.

En 1789 le maréchal de Broglie fut appelé au commandement de l'armée réunie entre Versailles et Paris sous prétexte de protéger la liberté des états généraux, mais en réalité pour assurer le succès du plan adopté par la cour afin de les dissoudre. Le vieux maréchal appréciait mieux que les habitués de Trianon les obstacles que rencontrerait une pareille entreprise; il ne partageait pas l'illusion de la cour sur les moyens de résistance des patriotes; et à la première nouvelle de l'insurrection parisienne, il avait dit à Louis XVI « que, ne pouvant compter sur la fidélité et l'obéissance des troupes, il aimait mieux aller se faire tuer à la tête d'une armée que d'attendre qu'on vînt l'assassiner dans son hôtel. » Nommé ministre de la guerre le 12 juillet 1789, il ne conserva le portefeuille que quatre jours. L'armée réunie sous les murs de Paris était désignée sous le nom d'armée du maréchal de Broglie; une tête de colonne s'étant présentée à la barrière d'Enf r dans la nuit du 14 au 15 juillet, toute la population parisienne se prépara à la plus vigoureuse résistance; mais l'armée abandonna la même nuit son camp, ses bagages et ses munitions. Le maréchal se retira précipitamment à Luxembourg; il avait cru d'abord pouvoir s'assurer des places de la Lorraine, dont il était gouverneur : mais il courut les plus grands dangers à Verdun, et Metz lui ferma ses portes.

Broglie encouragea de tous ses moyens l'émigration, dont il avait le premier donné l'exemple; il fit les plus grands efforts pour exciter et armer les puissances étrangères contre la France. Dénoncé à l'Assemblée constituante, il n'échappa au décret d'accusation que par le dévouement de son fils (*voyez* plus loin), qui osa prendre sa défense. Mais le vieux maréchal écrivit de Trèves à l'Assemblée pour désavouer les démarches et les assertions de son fils, repoussant comme une injure le décret qui l'avait absous, et démentant avec une sorte d'indignation l'officieux mensonge de son fils, qui pour le justifier avait affirmé qu'il ne s'était pas réuni aux émigrés, et qu'il était resté absolument étranger aux négociations des princes pour provoquer une coalisation contre le nouveau gouvernement de la France. Le maréchal croyait son honneur et sa conscience intéressés à tout tenter pour rétablir l'ancien régime. Il se mit à la tête des premiers corps d'émigrés organisés sous les auspices et par les ordres des princes, et prit part aux opérations de la campagne de 1792. Après la mort de Louis XVI, il fut membre du conseil de régence, et contre signa en cette qualité la déclaration par laquelle Monsieur (depuis Louis XVIII) réglait les attributions de cette régence. Passé en Angleterre en 1794, il leva, au service de ce gouvernement, un corps qui, après avoir été employé dans quelques expéditions contre la république française, fut réformé en 1796. Le maréchal passa l'année suivante au service de la Russie, avec un grade égal à celui qu'il avait eu en France lors de son émigration, mais sans activité. Lorsque Bonaparte fut élevé à l'empire, le maréchal obtint l'autorisation de rentrer en France. En 1804 il se disposait à revenir dans sa patrie et à se soumettre au serment de fidélité à l'empereur, lorsqu'il tomba malade à Munster en Westphalie, et y mourut, à l'âge de quatre-vingt-six ans.

BROGLIE (Charles-François, comte de), frère du précédent, né le 20 août 1719 fit quelques campagnes de la guerre Sept-Ans, mais se distingua plutôt comme diplomate que comme militaire. En 1752 il fut nommé ambassadeur de France auprès de l'électeur de Saxe, roi de Pologne. De Varsovie il correspondait directement avec Louis XV. Prévoyant la catastrophe qui menaçait la nationalité polonaise, il mit tout en œuvre pour conjurer ce malheur. Son crédit s'y usa peu à peu, et il finit par être rappelé. C'est alors qu'il alla servir en Allemagne dans le corps de réserve placé sous les ordres de son frère. Après plusieurs actions d'éclat, il obtint le grade de lieutenant général en 1760; et se signala l'année suivante à la défense de Cassel. A la fin de la guerre, Louis XV lui confia la direction du ministère secret, chargé de correspondre directement avec lui et de lui fournir des renseignements sur la situation de l'Europe. Dans cette position difficile, il ne tarda pas à se brouiller avec le conseil des ministres, et finit par être exilé. Rappelé ensuite, il contribua puissamment, à son tour, à la disgrâce du duc de Choiseul. Exilé de nouveau quelque temps avant la mort de Louis XV, il expira en 1781, après avoir dirigé la correspondance secrète pendant dix-sept ans.

BROGLIE (Maurice-Jean-Madeleine, abbé de), frère des deux précédents, né en 1766, émigra en Pologne pendant la révolution. A son retour en 1803, il fut nommé aumônier de l'empereur, et en 1805 évêque d'Acqui en Piémont.

A cette époque, il épuisa dans ses mandements les formules de la plus pompeuse adulation envers le vainqueur d'Austerlitz. Mais son langage et sa conduite changèrent lorsqu'il devint évêque de Gand. On le vit alors refuser des mains de Napoléon la croix d'Honneur et manifester une opposition constante dans le concile national de 1811. Le lendemain de la dissolution de cette assemblée, il fut enfermé à Vincennes, puis exilé à Beaune, et enfin relégué à l'île Sainte-Marguerite. Après la chute de l'empereur, il rentra dans son diocèse, compris alors dans les Pays-Bas, refusa ses prières au roi protestant Guillaume de Nassau, et, condamné par contumace à la déportation par la cour d'assises de Bruxelles, vint mourir obscurément à Paris, en 1821.

BROGLIE (CLAUDE-VICTOR, prince DE), fils du troisième maréchal de ce nom et neveu des deux précédents, fut député de la noblesse de Colmar et de Schélestadt aux états généraux de 1789. Loin de partager les erreurs paternelles, il adopta les principes de la révolution, se réunit au tiers état, et vota presque toujours avec le côté gauche. Déjà avant la révolution il avait combattu pour la liberté dans la guerre d'Amérique. Il émut l'Assemblée par l'énergie avec laquelle il défendit son père; mais sa piété filiale ne le mit pas à l'abri d'un démenti de la part du vieux maréchal, qui crut s'honorer en avouant, de la terre étrangère, des faits que son fils regardait comme déshonorants. Claude-Victor fut en 1791 nommé général de brigade à l'armée du Rhin; mais son refus de prêter le serment exigé après le 10 août le fit destituer. Voulant néanmoins combattre encore l'ennemi, il demanda à servir comme simple volontaire, et vint le 11 mars 1793 haranguer la Convention à la tête de la section des Invalides. Menacé cependant dans sa liberté, il se décida à prendre la fuite, fut arrêté dans le département de la Saône, traduit devant le tribunal révolutionnaire, condamné à mort et exécuté le 27 juin 1794.

BROGLIE (VICTOR-AMÉDÉE-MARIE), frère puîné du précédent, né à Broglie, en octobre 1772, destiné d'abord à l'Église, émigra avec sa famille, et s'enrôla dans le régiment dit des *cocardes blanches*, commandé par le maréchal son père. Après la mort du prince son frère, il en prit le titre et devint colonel du régiment qui portait son nom. En 1796 et 1797 il combattit dans les rangs des alliés contre la France, et fut en 1799 décoré de la croix de Saint-Louis, nommé gentilhomme d'honneur du duc d'Angoulême à l'époque de son mariage, et promu au grade de maréchal de camp. Rentré plus tard en France, il reçut en 1813, de l'empereur, l'offre d'un régiment de gardes d'honneur, qu'il n'accepta point. A l'avénement de Louis XVIII, il remplit diverses missions, fut nommé inspecteur de cavalerie, se retira dans la Normandie durant les Cent-Jours, et siégea en 1815 au côté droit de la chambre introuvable. Il vivait depuis longtemps dans la retraite, quand il mourut en janvier 1852, dans son château de Ranes.

BROGLIE (ACHILLE-CHARLES-LÉONCE-VICTOR, duc DE), neveu du précédent, le plus jeune des quatre enfants de Claude-Victor de Broglie, né le 29 novembre 1785, n'avait que neuf ans lorsqu'il perdit son père sur l'échafaud. Le même sort menaçait sa mère, née de Rosen, petite-fille du maréchal de France de ce nom, alors détenue dans les prisons de Vesoul; mais un domestique dévoué parvint à la faire évader et à lui fournir les moyens de passer à l'étranger. Revenue en France après le 9 thermidor, elle épousa en secondes noces Voyer d'Argenson, qui devint un autre père pour le jeune Victor. Il lui fit donner une éducation des plus fortes, sut lui conserver la belle terre de Broglie, et usa de son crédit, sous le régime impérial, pour le faire d'abord exempter de la conscription, puis nommer successivement auditeur au conseil d'État, intendant en Illyrie et ensuite à Valladolid, enfin attaché aux ambassades de Varsovie et de Vienne.

En 1813 M. de Broglie accompagna M. de Narbonne au congrès de Prague, et se lia peu de temps après avec Talleyrand, qui en 1814 le fit comprendre dans l'ordonnance royale constitutive de la chambre des pairs. Vers la même époque, M. de Broglie, admis dans l'instructive intimité de Mme de Staël, demanda la main de sa fille, et l'obtint (*voyez* l'article ci-après). Ce ne fut qu'après la seconde restauration qu'il prit le titre de duc, qui n'avait plus été porté dans la famille depuis le maréchal. Dans les cercles politiques, dont la charte de 1814 et les institutions qu'elle comportait amenèrent tout aussitôt la formation, M. de Broglie prouva combien étaient profondes les études qu'il avait faites de toutes les branches de la législation et de la politique, ainsi que des besoins moraux des générations nouvelles, et la voix publique le désigna dès lors parmi les hommes destinés à jouer un rôle important sous le régime représentatif dont la France était enfin appelée à jouir.

Lors des Cent-Jours il accepta les fonctions d'officier supérieur dans la garde nationale; et après le désastre de Waterloo, quand la chambre des pairs eut à juger le malheureux maréchal Ney, qu'une capitulation formelle protégeait pourtant contre toute réaction, M. de Broglie fut du petit nombre de ses juges qui votèrent pour la non-culpabilité. Ayant atteint sa trentième année, âge fixé pour avoir voix délibérative dans l'Assemblée, la veille même du jour où devait être prononcée la sentence, il se hâta de revendiquer l'usage de son droit, afin d'essayer d'épargner à la Restauration un des actes qui la compromirent le plus dans l'opinion publique, et de conserver à la France un de ses plus illustres guerriers. A partir de ce moment M. de Broglie ne cessa de combattre les différentes lois d'exception auxquelles le gouvernement royal crut devoir recourir. Pendant toute la Restauration, il se montra le constant adversaire des mesures réactionnaires, éleva souvent la voix en faveur de la liberté individuelle et de la liberté de la presse, solennellement promise et garantie par la Charte, et fut un des plus ardents promoteurs de l'émancipation des noirs, qui ne cessa de le préoccuper. Depuis longtemps lié à la société *Aide-toi, le ciel t'aidera*, il accepta la présidence de celle pour l'abolition de l'esclavage et de la *Société des Amis de la Liberté de la Presse*. Dans les réunions de cette dernière association politique, il énonça souvent des vues aussi larges que justes sur la matière qui faisait l'objet spécial de ses études. Le gouvernement de la Restauration laissa la *Société des Amis de la Presse* répandre librement ses brochures, et la seule vengeance qu'il tira de son président fut de le tenir constamment éloigné des affaires. Il fallut que la révolution de juillet s'accomplît pour qu'on pût voir M. de Broglie descendre enfin des hautes théories dans lesquelles il avait été jusque alors condamné à planer, pour entrer dans la carrière positive des faits pratiques.

Le 30 juillet 1830 il fut nommé, par le gouvernement provisoire, secrétaire provisoire chargé du portefeuille de l'intérieur. Le 11 août suivant Louis-Philippe le nommait ministre de l'instruction publique et des cultes et président du conseil d'État. Mais dès le 2 novembre M. de Broglie donnait sa démission par raison d'incompatibilité d'humeur avec un cabinet dont M. Dupont de l'Eure était appelé à faire partie, et qui lui semblait devoir suivre une politique trop favorable aux idées au nom desquelles s'était faite la révolution. Il se posa tout aussitôt dans la chambre des pairs comme l'adversaire du parti populaire, et se prononça nettement pour le maintien de l'hérédité de la pairie, fidèle en cela aux convictions de toute sa carrière politique, car la constitution anglaise et son principe aristocratique lui avaient toujours paru le modèle des institutions convenables à la France; et c'est dans cette persuasion qu'en 1820 il avait voté avec le ministère et appuyé la loi constitutive du double vote. Il ne laissa, d'ailleurs, dans le cours de cette laborieuse session échapper aucune occasion de manifester ses principes franchement monarchiques, se prononçant, par exemple, avec force pour le maintien de la cérémonie funèbre du 21 janvier, commémorative de la mort de Louis XVI, et combattant, dans la discussion de la loi d'exil rendue contre la branche aînée de la maison de Bourbon, l'expression d'*ex-roi* employée par le projet ministériel pour désigner Charles X.

Rappelé aux affaires en octobre 1832, lorsque le gouvernement issu des barricades se fut décidé à donner la main aux cabinets étrangers pour faire rentrer le flot révolutionnaire dans son lit, il fut chargé du portefeuille des affaires étrangères, et le conserva jusqu'au 4 avril 1834. Sous son ministère, les chambres votèrent le traité relatif à l'emprunt grec; il appuya aussi de son éloquence la demande des États-Unis qui réclamaient 25 millions. Après un court intervalle, il reprit encore le même portefeuille, en novembre 1834, et le garda jusqu'en février 1836, en y joignant, depuis le mois de mars 1835, la présidence du conseil. En sa qualité de ministre des affaires étrangères, M. de Broglie négocia et conclut avec le gouvernement anglais la convention relative à la répression de la traite des nègres, et consacra le fameux *droit de visite*, dont il a tant été question dans les dernières années du règne de Louis-Philippe. Les stipulations primitives de cette convention de 1836 furent postérieurement aggravées par un acte supplémentaire négocié par M. Guizot à son arrivée au ministère des affaires étrangères. Mais, sur un vote infirmatif de la chambre des députés, M. Broglie lui-même fut renvoyé à Londres, et négocia un nouveau traité.

Après avoir été longtemps regardé comme l'un des chefs du parti *doctrinaire*, il semblait, quelques années avant la révolution de Février, s'éloigner de cette coterie d'orgueilleux et d'égoïstes, et pencher même un peu vers la sphère d'action de M. Thiers et de M. Odilon Barrot.

On n'entendit pas parler de lui sous le gouvernement provisoire et la Constituante. Mais il se réveilla lors des élections à la Législative; il était un des quinze membres du comité électoral de la rue de Poitiers, et le département de l'Eure l'envoya à la nouvelle assemblée. Au Palais-Bourbon il devint, sous la république, un des chefs de la droite, un des *Burgraves*, un des protecteurs du journal l'*Assemblée nationale*. Dans le but de rallier encore une fois les vieux partis, disloqués par tant de discussions brûlantes, il présenta, au milieu de 1851, une proposition pour la révision de la constitution, qui fut discutée et repoussée le 19 juillet, bien que 446 voix l'eussent adoptée, parce que cette majorité était insuffisante, aux termes de la constitution de 1848, pour en déterminer l'adoption. Après le coup d'État du 2 décembre M. de Broglie s'est effacé de la scène publique.

[BROGLIE (Albertine de Staël, duchesse de), naquit à Paris, vers l'an 1797. Fille de Mme de Staël, qui veilla seule sur son éducation, on conçoit aisément tout ce que les soins d'une pareille mère, joints au spectacle des graves événements dont sa jeunesse fut témoin, durent faire pour cultiver une heureuse nature. Aussi a-t-elle dignement soutenu l'héritage de ce beau nom. Mariée en 1815 à M. le duc de Broglie, elle trouva dans cette union, qui ne fut jamais troublée par le plus léger nuage, tout ce qui peut contribuer au bonheur de la vie, et, quel que fût l'éclat de sa haute position, il est juste de dire qu'elle l'a rehaussée encore par une renommée sans tache et par l'exemple admirable qu'elle a donné de toutes les vertus domestiques. A son tour, elle présida ellemême à l'éducation de ses enfants, et ce n'était qu'après avoir pleinement satisfait à tous les devoirs de famille, qu'elle donnait une partie de son temps au monde, dont elle fut un des plus beaux ornements. Son salon n'était pas seulement le rendez-vous de toutes les illustrations politiques, c'était un de ces salons qui deviennent de plus en plus rares à Paris, et où, comme aux beaux jours du dix-huitième siècle, la haute société venait chercher les plaisirs de l'esprit. Là se rendait l'élite des écrivains, des orateurs, des artistes, et tout ce qu'il y avait à Paris d'étrangers célèbres par le rang ou par les talents.

Mme la duchesse de Broglie était zélée protestante, et dans sa religion même elle appartenait à une secte connue par la rigidité de ses principes et par l'austérité de ses pratiques; mais la sévérité du méthodisme n'avait pas réagi sur son caractère, et en elle la piété se conciliait avec une extrême bienveillance, avec une affabilité gracieuse et avec des égards, on peut le dire, affectueux pour tout ce qui se distinguait par quelque mérite. Sans jamais produire son nom au public, Mme de Broglie a écrit elle-même plusieurs morceaux aussi remarquables par la délicatesse de l'expression que par la tendance morale; ce sont pour la plupart des essais de morale religieuse. Ils ont été recueillis depuis sa mort, sous ce titre : *Fragments sur divers sujets de religion et de morale* (imprimerie royale, 1840). Le premier de ces opuscules est une préface à la traduction de l'*Histoire des Quakers*, publiée en 1820. Puis les préfaces de deux ouvrages d'Erskine, l'un, *Réflexions sur l'évidence intrinsèque du christianisme*; l'autre, *Essai sur la Foi*. On connaît la notice intéressante que Mme de Broglie publia sur son frère, M. Auguste de Staël, lorsqu'elle donna l'édition complète de ses œuvres. Un des écrits les plus remarquables de ce recueil est celui qui est intitulé *Sur les associations bibliques de femmes* (1824). L'auteur y traite du rôle qui appartient aux femmes dans les associations philanthropiques, et montre la part qui leur est réservée dans la tâche difficile de moraliser les populations. A la suite viennent quatre *comptes rendus de la société auxiliaire de femmes, à la société des missions évangéliques de Paris*. Enfin, ce volume contient encore trois morceaux inédits, une Introduction à la traduction du *Salut gratuit* d'Erskine; le *Caractère du Christ*, et une *Paraphrase de la parabole de l'enfant prodigue*.

Au milieu des plus brillantes prospérités, jouissant, avec un calme heureux, de la considération européenne qui entourait son époux, Mme la duchesse de Broglie avait eu ellemême de pénibles épreuves à soutenir. Peu après la mort de son frère, enlevé dans la force de l'âge, elle fut cruellement frappée par la perte d'une jeune fille accomplie, à peine âgée de quinze ans. Il avait fallu toute sa résignation religieuse pour résister à ces douleurs maternelles, de toutes les plus inconsolables. Toutefois, elle avait marié en 1836 sa seconde fille à M. le comte d'Haussonville. Elle venait d'être témoin des succès de son jeune fils, couronné dans les concours de l'université, lorsqu'elle fut subitement enlevée à l'amour des siens, au mois de septembre 1838, dans sa quarante-unième année. Le corps de Mme la duchesse de Broglie a été transporté dans la sépulture de sa famille, à Coppet, où reposent déjà les corps de sa mère et de son frère, auprès de ceux de M. et Mme Necker.   Abtaud.]

BROHAN. Trois actrices ont illustré ce nom à la Comédie française.

BROHAN (Mme Suzanne), fille d'un ancien militaire retraité dans une petite ville de province, née en 1807, montra de bonne heure une ardeur si exclusive pour la comédie, que sa famille comprit tout d'abord qu'il n'y avait à lutter contre un penchant qui avait le double caractère d'un instinct et d'une passion. On ne résigna donc à seconder plutôt qu'à combattre la nature, et Suzanne Brohan fut envoyée à Paris pour y perfectionner par l'étude les heureuses dispositions dont la avait douée. C'était en 1819. Suzanne, alors âgée de douze ans, fut admise au Conservatoire, où elle devint bientôt l'une des plus brillantes élèves de l'excellent professeur Michelot. En 1820 elle obtint le deuxième prix de déclamation; en 1821 elle eut le premier, puis partit pour Orléans, où elle remplit avec grand succès les rôles de soubrettes. Après deux années de séjour dans les départements, deux années pendant lesquelles ses différents essais furent autant de triomphes, elle s'en vint débuter au second Théâtre-Français. Le premier rôle qu'elle joua fut celui de Dorine de *Tartufe*. La nouvelle Dorine avait des qualités précieuses. Son regard était charmant, sa physionomie fine, sa bouche riante et moqueuse, sa taille souple et ronde, sa tournure pleine d'aisance et de vivacité; puis il y avait dans toute sa personne je ne sais quelle séduction provoquante, à laquelle il était impossible de résister. La voix était nette et clairement accentuée, le débit intelligent et vrai, la prononciation franche. Le parterre fut conquis, et proclama Suzanne Brohan une de ses idoles.

En 1828 le Vaudeville enleva à l'Odéon la piquante soubrette, pour qui les vaudevillistes en renom écrivirent leurs meilleurs ouvrages. Sans rappeler toutes les créations par lesquelles Mme Brohan se signala durant les sept années qu'elle resta au Vaudeville, citons seulement une des plus parfaites : Marion Delorme de *Marie Mignot*. La Comédie-Française daigna un jour s'apercevoir que Suzanne Brohan lui manquait. Des propositions furent faites à la spirituelle actrice. Suzanne Brohan était comme toutes les comédiennes qui ont vécu du temps de Mlle Mars; il lui semblait que le beau idéal de la vie artistique, c'était de fouler les planches où trônait la plus illustre des actrices : ce fut avec bonheur qu'en 1835 elle fit sa première apparition sur la scène française. Cette fois encore elle prit pour rôle de début Dorine de *Tartufe*; elle y joignit Madelon des *Précieuses ridicules*. L'une et l'autre tentative furent des plus heureuses; on apprécia ce jeu fin, quoique naturel, cette voix un peu faible peut-être, mais nette et limpide, cette sûreté d'exécution qui pousse la gaieté, l'entrain jusqu'aux dernières limites établies par le goût, mais ne les dépasse jamais. En quelques mois, Mme Suzanne Brohan avait pris sa place.

Malheureusement, l'excellente artiste ne tarda pas à s'apercevoir là, comme dans la rue de Chartres, que pour réussir au théâtre il faut autre chose que du talent, autre chose que la faveur publique, et que la comédie qu'on joue à la clarté de la rampe demande moins d'énergie, moins de persévérance que n'en exige la comédie qu'on joue dans l'ombre des coulisses. Elle vit, à n'en pas douter, qu'au Théâtre-Français comme au Vaudeville l'intrigue est plus forte que l'esprit; et comme sur ce terrain, qui n'était pas le sien, dans ce monde qu'elle connaissait à peine, les petites difficultés, les petites haines et les petits complots prenaient à ses yeux, effrayés, des proportions gigantesques, elle n'essaya pas de lutter, et s'en revint à son Vaudeville. De nouveaux succès l'y attendaient. Elle s'y fit remarquer surtout dans *Pierre le Rouge*, pièce dans laquelle son talent souple et ingénieux brilla d'un triple éclat sous trois aspects divers. Plus tard, elle fit preuve d'une verve merveilleuse dans *Un Monsieur et une Dame*. Mais, soit que les applaudissements du public n'aient pas paru à Mme Suzanne Brohan une compensation suffisante des tracasseries du foyer, soit que sa santé, qui n'a jamais été florissante, réclamât, comme on l'a dit, un repos absolu, une renonciation complète aux travaux de la scène, l'excellente artiste prit sa retraite définitive, alors qu'à peine âgée de trente-cinq ans, elle était dans toute la plénitude de son talent.

BROHAN (Augustine), fille de la précédente, débuta en 1841, à peine âgée de seize ans, sous l'égide du nom maternel, au Théâtre-Français. Comme autrefois sa mère, soit hasard, soit superstition, elle choisit le rôle de Dorine de *Tartufe*. La critique fit observer que jouer Dorine à seize ans, c'est beaucoup d'audace, car Dorine est une fille consommée, qui sait les choses sur le bout du doigt, et ne se gêne guère pour les dire : mais chez les Brohan l'audace est une vertu de famille; et quand elle se vit aux prises avec ce vert dialogue, Mlle Augustine Brohan ne broncha pas, et, tout comme l'avait fait sa mère en 1823, elle s'empara vigoureusement du personnage, et le joua avec une vivacité, un nerf, une verdeur qui d'abord étonna, puis ra-

vit d'aise le vénérable orchestre du Théâtre-Français, peu habitué à pareille fête. Dans la même soirée elle aborda le rôle de Lise des *Rivaux d'eux-mêmes*. Ici, il ne s'agissait plus d'être franche du collier, il fallait finasser, ruser, avoir de la grâce, de la chatterie, quelque peu de fine fourberie; Mlle Augustine Brohan eut de tout cela! Aussi dès cette première soirée le public prit en grande affection ce frais sourire, ces dents si blanches, toujours prêtes à se laisser voir, ces yeux tout à la fois vifs, doux et agaçants, cette taille à facilement envelopper dans les dix doigts, cette physionomie railleuse, ces gestes sobres, bien qu'aisés, cette voix mordante, qui ne permet pas à l'oreille la moins attentive de perdre une syllabe de la poésie franche et forte de Molière.

Dès cette première soirée il fallut convenir que l'hérédité du talent n'est pas toujours un vain mot. Avec le même bonheur qui avait protégé ses premiers pas, Mlle Augustine Brohan parcourut successivement le répertoire de Marivaux, de Regnard, de Destouches, de Lesage, etc. Chose étonnante ! la Comédie-Française comprit que ce bonheur était du talent, et du meilleur; elle se hâta (elle, d'ordinaire si lente dans ses résolutions, surtout quand ces résolutions sont bonnes) d'enchaîner à tout jamais Mlle Augustine Brohan, sa vive et précoce intelligence, son fin regard, par une promesse de sociétaire. Cette promesse reçut son accomplissement, et depuis l'âge de dix-neuf ans à peine Mlle Brohan fait partie de la société. Mais ce talent, si plein de sève, d'avenir, est-il bien à sa place au Théâtre-Français? Cette exubérance de gaieté, de jeunesse, se déploiera-t-elle en toute liberté sur cette scène un peu collet-monté? Un théâtre de genre, avec ses pièces aux faces multiples, aux couleurs variées, avec les hardiesses qu'une condition plébéienne autorise, ne serait-il pas essentiellement favorable à l'épanouissement complet de cette verve luxuriante.....?

Édouard LEMOINE.

Quoi qu'il en soit, Mlle Augustine Brohan n'a pas cessé d'appartenir au Théâtre-Français, d'en gâter le public, et d'être son enfant gâté. Son talent, ses séduisantes qualités y font plus que jamais courir la foule, et ses apparitions sur la scène se comptent toujours par des succès. Huit ans après ses débuts, au mois de mars 1849, un proverbe composé par elle et intitulé : *Il ne faut jamais compter sans son hôte*, était représenté dans une matinée dramatique et musicale à l'hôtel Forbin-Janson. La piquante actrice y joua le rôle de la duchesse, dans lequel elle déploya de l'esprit comme quatre...... Brohan. Cette charmante bluette fut vivement applaudie, et il est grand dommage, en vérité, qu'un premier essai aussi heureux n'ait pas encore décidé son auteur à en tenter un deuxième. Par malheur Mlle Augustine Brohan n'aime pas le théâtre, et à peine âgée de vingt-six ans, elle rêve déjà, dit-on, la retraite, le calme et l'obscurité de la vie privée.

BROHAN (Madeleine), sœur cadette d'Augustine, et fille de Suzanne Brohan, n'est encore qu'une enfant de dix-huit ans, vivant sous l'aile de sa mère. Mais cette enfant est déjà sociétaire du Théâtre-Français; et cette enfant précoce s'est de prime abord placée au premier rang et révélée comme une artiste hors ligne. Née le 22 octobre 1833, son entrée dans la vie destinée au théâtre, la jeune élève du Conservatoire remporta le premier prix de comédie dans le concours qui eut lieu le 25 juillet 1850. Le 15 septembre de la même année, elle débutait au Théâtre-Français dans le rôle de Marguerite des *Contes de la reine de Navarre*, de M. Scribe; ce début fut un éclatant triomphe. On admira cette excellente diction, cette tenue parfaite; on se trouva pris sous le charme de cette souriante et fraîche jeunesse, de cette voix charmante, et ce qui étonna surtout de l'aimable jeune fille, ce fut cette largeur d'exécution, cette intelligence du détail, qu'on n'était pas en droit d'attendre d'une artiste inexpérimentée et novice comme l'était Madeleine. Elle s'essaya ensuite dans l'ancien répertoire de la comédie, et joua avec beaucoup de succès les rôles de Célimène du *Misanthrope* et de Sylvia dans *Le Jeu de l'Amour et du Hasard*. En fait de rôles nouveaux, elle n'a depuis *les Contes* joué que Marianne des *Caprices de Marianne*, et *Mademoiselle de la Seiglière*, de Jules Sandeau. Elle a été reçue sociétaire de la Comédie-Française au mois de novembre 1851.

BROIE. *Voyez* BROYE.

BROMALES. *Voyez* BRUMALES.

BROMATES, sels résultant de la combinaison de l'acide bromique avec une base. Tous les bromates, excepté ceux d'argent et de protoxyde de mercure, sont solubles dans l'eau. Ils détonnent vivement sous le choc du marteau. Ils peuvent servir aux mêmes usages que les chlorates, avec lesquels ils sont isomorphes. Ces deux classes de sels se comportent presque toujours de la même manière : ainsi, les bromates soumis à l'action de la chaleur se décomposent en oxygène et en bromures analogues aux chlorures qu'on obtient des chlorates dans les mêmes circonstances. Enfin, comme dans les chlorates, l'oxygène de l'acide des bromates est à l'oxygène de leur base comme 5 est à 1.

BROMATOLOGIE (de βρῶμα, aliment, et λόγος, discours), science ou traité des aliments. En hygiène, on traite sous ce nom des aliments, des boissons, de quelques opérations culinaires et des condiments ou assaisonnements; on indique leur action sur l'organe du goût, sur l'estomac et sur tout l'organisme Quant à la partie de la science qui traite spécialement de la description des aliments, on l'appelle *bromographie* (de βρῶμος, pour βρῶμα, et γράφειν, décrire).

BROME (de βρῶμος, espèce de graminée, ou de βρῶμα, aliment, parce que les graines des bromes servent de nourriture aux oiseaux), genre de plantes de la famille des graminées, dont les espèces, au nombre d'environ quatre-vingts, sont répandues dans presque toutes les contrées du globe, et particulièrement en dehors des tropiques. Toutes les espèces indigènes à la France, et on en compte dix-huit, conviennent plus ou moins pour la composition des prairies. La plus propre à remplir cette destination est le *brome des prés* (*bromus pratensis*, Lamarck), qui se voit dans toutes les prairies confondu au milieu des autres herbes. Si une portion de ces prairies a été fatiguée par un chemin qui y aurait été pratiqué momentanément, si par toute autre cause, telle que des meules qui auraient été laissées trop longtemps, ou des feux que les pâtres auraient établis, l'herbe naturelle au pré est fatiguée ou détruite, on voit d'abord s'y établir des poas, des houlques, qui gazonnent ces places d'une erbe serrée et fine, bientôt surmontée d'une herbe plus élevée, qui est ordinairement un brome et presque toujours le *bromus pratensis* ou le *bromus mollis*, ce qui indique l'utilité d'en répandre les graines dans des circonstances semblables pour rétablir plus rapidement le niveau dans les herbes de la prairie. Le brome des prés, croissant spontanément dans les sols les plus mauvais, a fourni tout naturellement la pensée de le cultiver en grand en de pareilles circonstances ; la pratique a justifié cette pensée pour des sols réfractaires à d'autres graminées, où on obtient une herbe abondante et du foin, tout en gazonnant d'une plante vivace des terrains qui se trouvent ainsi améliorés et propres à la dépaissance ou disposés à recevoir plus utilement d'autres cultures. Mais nous conseillerons de le mêler de quelques plantes qui tapissent la terre ou garnissent les parties inférieures et moyennes un peu nues du brome des prés ; par ce moyen, on crée immanquablement une prairie touffue et élevée, dont on peut faire du foin ou un pâturage de bonne qualité, abondant et permanent. C. TOLLARD aîné.

Le brome des prés fleurit en juin. C'est une belle espèce, d'un vert glauque, dont la hauteur varie de 0ᵐ,65 à 0ᵐ,95 ; ses racines dures, épaisses, vivaces, donnent naissance à plusieurs tiges droites presque nues; les feuilles sont parsemées de poils rares, les épillets panachés de vert, de violet ou de pourpre, et composés de six à neuf fleurs.

Le *brome seiglin* (*bromus secalinus*, Linné), ainsi nommé de ce qu'on le trouve fréquemment dans les champs de seigle et d'avoine négligés, a des tiges glabres, hautes d'environ un mètre; les feuilles sont planes, à peine parsemées de quelques poils courts; les épillets ovales lancéolés, glabres, un peu comprimés, d'un beau vert, bordés de blanc, renfermant dix à douze fleurs.

Le *brome velu* (*bromus mollis*, Linné) se reconnaît à l'aspect blanchâtre et pubescent de toutes ses parties, au duvet mou qui recouvre ses graines et ses épillets. On le trouve ordinairement le long des chemins et des murs et, comme le brome seiglin, dans les prés secs et les terres négligées. Ces deux espèces sont souvent très-communes parmi les céréales, et leurs semences, mêlées à celle du seigle et du froment, sont peu nuisibles il est vrai, mais communiquent au pain une saveur amère et désagréable. Dans les années de disette, on a cherché à les employer ; mais on n'en obtenait qu'un pain noir et pesant. Le meilleur parti qu'on puisse en tirer, c'est d'en nourrir la volaille. La panicule du brome velu fournit une couleur propre à teindre en vert.

Le *brome rude* (*bromus squarrosus*, Linné), qui habite le midi de l'Europe et se répand jusque dans l'Afrique septentrionale, croît sur le bord des champs et fleurit en juin et juillet. Il est très-remarquable par la grosseur de ses épillets larges, pendants, comprimés, comprenant un grand nombre de fleurs, dont les valves sont grandes, obtuses, très-glabres et membraneuses.

Le *brome des toits* (*bromus tectorum*, Linné), très-commun sur les toits, les vieux murs, et dans les lieux stériles, s'étend du midi au nord de l'Europe. Il croît presque toujours par touffes. Les épillets sont rapprochés, d'un vert blanchâtre et luisant, mollement balancés sur leur chaume flexible. La panicule est inclinée d'un seul côté, presque horizontalement.

Les autres espèces indigènes du genre *brome* sont le *brome stérile*, le *brome des buissons*, le *brome à petites fleurs*, le *brome des bois*, etc.

BROME (de βρωμος, fétidité). C'est le nom par lequel on désigne un corps simple trouvé, en 1826, dans les eaux mères des marais salants, où il existe à l'état de combinaison avec la magnésie. Ce corps, dont on doit la découverte à M. Balard, est de consistance liquide, d'une couleur rouge hyacinthe ou rouge noirâtre, suivant qu'on le voit par réfraction ou par réflexion : son odeur est suffocante et offre beaucoup de ressemblance avec celle du chlore et particulièrement de son oxyde; il est très-volatil et répand des vapeurs rutilantes; mis en contact avec la peau, il y fait la tache en jaune, il n'est congelable qu'à une très-basse température; sa densité est 2,96.

Le brome a déjà été conseillé dans certains cas de médecine, tels que les scrofules, la phthisie, la chlorose, etc.; cependant, il est encore peu usité. Espérons qu'il ne tardera pas à être plus généralement prescrit par les praticiens. Je l'ai employé (à l'état d'hydrobromate de fer, etc.) avec un succès assez marqué dans quelques cas d'affections strumeuses, dans plusieurs maladies chroniques de la poitrine, etc., pour qu'il me soit permis de le citer ici comme un médicament destiné à jouer par la suite un rôle des plus importants dans la thérapeutique. Dʳ P.-L. COTTEREAU.

BROMÉLIACÉES, famille de plantes monocotylédones, qui a pour type le genre *bromelia*, dont on a démembré l'*ananas*. Les broméliacées ont des fleurs hermaphrodites, généralement régulières, disposées en épis, plus rarement en grappes ou en panicules. Toutes les plantes de cette famille sont originaires, soit des Antilles, soit du continent de l'Amérique méridionale. Elles se font remarquer par un port tout particulier; ce sont des plantes vivaces, quelquefois des arbustes rameux, portant des feuilles très-nombreuses, épaisses et roides, souvent armées de dents épineuses sur leurs bords.

BROMHYDRIQUE (Acide). Cet acide, composé d'hydrogène et de brome, est un gaz incolore, fumant à l'air comme l'acide chlorhydrique, dont il rappelle l'odeur et avec lequel il présente une grande analogie, tant par sa composition que par ses propriétés. Seulement, à une température élevée, l'acide bromhydrique se décompose en partie; il est par conséquent moins stable que l'acide chlorhydrique.

Pour préparer l'acide bromhydrique pur, on met des fragments de phosphore dans un vase auquel est adapté un tube; on verse par dessus une couche d'eau, puis on ajoute du brome. Une vive réaction a lieu aussitôt; il se forme un bromure de phosphore, qui décompose l'eau et donne naissance à de l'acide hypophosphoreux, qui reste, et à de l'acide bromhydrique, qui se dégage et qu'on recueille, comme le chlore, dans un flacon rempli d'air.

BROMIOS (du grec βρέμειν, frémir, résonner, vibrer). *Voyez* BACCHUS.

BROMIQUE (Acide). Liquide, incolore, inodore, composé de 2 volumes de brome et de 5 d'oxygène, cet acide, isomorphe avec les acides iodique et chlorique, forme avec les bases des bromates analogues aux chlorates et aux iodates. Il se prépare absolument de la même manière que l'acide chlorique.

BROMURES, composés binaires résultant de la combinaison du brome avec un corps simple. Isomorphes avec les chlorures, ils peuvent les remplacer parfaitement dans certains usages. M. Roseleur s'en était servi avec succès pour la dorure galvanoplastique.

BRONCHES (de βρόγχος, gosier). On appelle ainsi les subdivisions de la trachée-artère. Lorsque celle-ci est parvenue dans la poitrine au niveau de la deuxième ou troisième vertèbre, elle se partage d'abord en deux rameaux secondaires, qui portent spécialement les noms de *bronche droite* et *bronche gauche*. Ces deux rameaux se subdivisent ensuite en pénétrant dans les poumons en des branches de plus en plus ténues, qui se terminent enfin, d'après l'opinion de la plupart des anatomistes, par de petites vésicules arrondies où s'opère la revivification du sang. M. Rochoux, sur des recherches microscopiques, suppose que chaque bronche n'a que quinze divisions successives, et porte à 32,768 le nombre de leurs ramifications dernières. Il suppute que chacune de ces ramifications aboutit à 17,790 cellules aériennes, ce qui porte le nombre total de ces cellules à 582,942,720. C'en est assez à coup sûr pour donner une vaste idée du champ respiratoire et des innombrables points de rencontre de l'air et du sang (*voyez* RESPIRATION). Les bronches, qu'entourent un grand nombre de ganglions lymphatiques, sont formées dans leur partie interne d'une membrane muqueuse, mince et rougeâtre, qui présente à sa face libre des orifices excréteurs d'un grand nombre de follicules muqueux sécrétant plus ou moins abondamment ce fluide assez épais que l'on rejette par la toux.

La membrane muqueuse qui tapisse les bronches est sujette à une inflammation qui porte le nom de *bronchite* ou *catarrhe pulmonaire*. Cette membrane est aussi le siège du *croup*, maladie funeste surtout dans l'enfance. La rupture des dernières ramifications des bronches produit l'espèce d'hémorragie qui a reçu le nom d'*hémoptysie*. Quelquefois enfin on observe la carie du cartilage des bronches dans la *phthisie laryngée*.

BRONCHIQUE, qui appartient aux bronches. Les cellules ou culs-de-sacs qui terminent les bronches, les glandes ou ganglions lymphatiques, les artères, les veines et les nerfs de ces organes, sont désignés sous les appellations de *ganglions bronchiques*, *artères bronchiques*, *veines bronchiques*, *nerfs bronchiques*.

BRONCHITE, inflammation des bronches. *Voyez* CATARRHE PULMONAIRE.

BRONCHOCÈLE (de βρόγχος, gosier, bronche, et de κήλη, tumeur), synonyme de goître.

BRONCHOTOMIE (de βρόγχος, gorge, bronche, et τομή, coupure, incision), nom impropre que l'on a donné à une opération chirurgicale autrement appelée *trachéotomie*.

BRONGNIART, nom d'une famille de savants qui a eu l'heureux privilége de donner un grand nombre de membres à notre Académie des Sciences.

BRONGNIART (ANTOINE-LOUIS), pharmacien du roi Louis XVI, se fit connaître par des cours particuliers de physique et de chimie à une époque où ces deux sciences comptaient à Paris peu de professeurs. La facilité avec laquelle il s'énonçait, la clarté de ses démonstrations, le firent nommer professeur au Collége de Pharmacie, et lorsque Rouelle le jeune mourut, il fut appelé à la chaire de professeur de chimie appliquée aux arts, et se trouva collègue de Fourcroy au Lycée républicain et au Jardin des Plantes. Pendant une partie de la révolution, il remplit les fonctions de pharmacien militaire, puis fut professeur au Muséum d'Histoire Naturelle. Il est mort à Paris, le 24 février 1804. Il a publié un *Tableau analytique des combinaisons et des décompositions de différentes substances, ou Procédés de chimie pour servir à l'intelligence de cette science* (Paris, 1778). Il a travaillé, en 1792, avec Hassenfratz, au *Journal des Sciences, Arts et Métiers*, et à d'autres feuilles périodiques.

BRONGNIART (ALEXANDRE-THÉODORE), architecte, frère du précédent, naquit à Paris, le 15 février 1739. La construction d'un grand nombre d'hôtels, le dessin élégant de plusieurs jardins, enfin son habileté dans les arts d'ornement, lui avaient fait une belle réputation lorsqu'il fut chargé en 1807 de la construction de la Bourse de Paris. Quoi qu'en ait dit l'auteur de *Notre-Dame de Paris*, par un amour un peu trop exclusif du moyen âge, ce monument est l'une des gloires de notre capitale. Rien en effet ne manque à la majesté de l'édifice, qu'une plus noble destination. Il semble qu'un sanctuaire pour les chefs-d'œuvre des arts ou les collections de la science serait mieux placé derrière cette magnifique colonnade qu'un champ clos pour les âpres combats de l'agiotage et de la chicane.

Brongniart n'eut pas le bonheur de voir son grand ouvrage terminé; enlevé aux arts le 6 juin 1813, ses restes furent déposés au cimetière du Père-Lachaise, dont les nobles et simples dispositions sont encore son ouvrage, ainsi que les grandes avenues qui avoisinent les Invalides et l'École militaire. Son fils Alexandre Brongniart a publié, en 1814, ses *Plans du portail de la Bourse et du cimetière de Mont-Louis*, en 6 planches avec une notice.

[**BRONGNIART** (ALEXANDRE), savant naturaliste, fils du célèbre architecte dont nous venons de parler, naquit à Paris, le 5 février 1770. Il termina de bonne heure ses premières études scientifiques à l'École des Mines, et, à peine âgé de vingt ans, il visitait les mines du Derbyshire, d'où il rapporta un *Mémoire sur l'Art de l'Émailleur*, qui, inséré dans les *Annales de Chimie*, fut son début dans la carrière céramique. A son retour d'Angleterre, choisi pour préparateur par son oncle Antoine-Louis Brongniart, il se livra à la pratique de la chimie. Il étudiait également la médecine, lorsque, la première réquisition appelant tous les Français à la frontière, il fut attaché comme pharmacien à l'armée des Pyrénées. Là, pendant un séjour de quinze mois dans les montagnes, il ne négligea ni la zoologie, ni la botanique, ni surtout la géologie. C'est au milieu de ces paisibles travaux que, accusé d'avoir favorisé l'évasion de Broussonet, il fut mis en prison. Rendu à la liberté après le 9 thermidor, il revint à Paris, où il fut nommé ingénieur des mines. Bientôt après il fut appelé à professer l'histoire naturelle à l'école centrale des Quatre Nations, et en 1800 Berthollet, qui avait deviné tout ce que promettait le jeune Brongniart, le fit nommer directeur de la manufacture de porcelaine de Sèvres. Depuis cet instant jusqu'à sa mort, cet établissement, où il fit renaître l'art presque perdu de la peinture sur verre, lui fut redevable d'incessantes améliorations : ainsi c'est Brongniart qui créa le musée céramique de cette manufacture, magnifique collection de poteries, de verreries, d'émaux de tous les pays et de toutes les époques, classés avec l'ordre et la méthode qui caractérisaient tous ses travaux.

Déjà en 1805 Brongniart avait publié son *Essai sur une Classification naturelle des Reptiles*, excellent travail qui sert encore de base à l'erpétologie, lorsqu'en 1807 il fit paraître son *Traité élémentaire de Minéralogie*, œuvre capitale, qui devint le texte assidûment perfectionné des leçons qu'il fit pendant longtemps à la Faculté des Sciences comme adjoint de Haüy, et qu'il continua au Muséum d'Histoire Naturelle lorsqu'il fut appelé à y remplacer cet illustre savant. Le premier de ces ouvrages rapprocha Brongniart et Cuvier : leurs communes recherches les conduisirent à des faits d'une immense importance en géologie, qu'ils consignèrent dans leur *Description géologique et minéralogique des environs de Paris* (1811; 3ᵉ édition, 1835).

Brongniart venait de coopérer à une grande révolution scientifique. A partir de cette époque sa vie, déjà si laborieuse, n'est plus qu'une suite non interrompue de précieux travaux. Ses nombreux voyages en France, en Suisse, en Italie, en Suède, en Norvège, etc., enrichissent la science d'une foule d'observations utiles et de connaissances nouvelles. Il analyse la glaubérite d'Espagne et détermine la webstérite d'Auteuil. Il publie un *Mémoire sur les trilobites* (1814), où il pose les bases de la classification de ces singuliers crustacés. Il fait paraître un grand nombre de mémoires importants dans les *Annales des Sciences naturelles* et dans les *Comptes rendus de l'Académie des Sciences* ; il donne de savants articles au *Dictionnaire Technologique* et au *Dictionnaire des Sciences Naturelles* ; il annote, dans la *Bibliothèque Latine-Française*, la traduction de Pline, d'Ajasson de Grandsagne, etc.; il publie sa *Classification des Roches*, son *Tableau des Terrains qui composent l'écorce du globe*, etc., et, enfin, en 1844, il résume les travaux d'une grande partie de sa vie dans son *Traité des Arts Céramiques* (2 vol. in-8°).

Travailleur infatigable, Brongniart remplissait rigoureusement tous les devoirs que lui imposaient ses fonctions d'ingénieur en chef des mines, de directeur de la Manufacture de Sèvres, de professeur au Muséum et de membre de l'Académie des Sciences (depuis 1815). Comme professeur, il possédait à un haut degré le don d'instruire, et son cours de minéralogie recevait un grand intérêt des considérations géologiques dont il se plaisait à l'enrichir. Affable envers tous, se faisant un devoir de protéger les jeunes gens qui aimaient la science, il fut enlevé à l'affection de ses élèves, le 7 octobre 1847.   E. MERLIEUX.]

[BRONGNIART (ADOLPHE-THÉODORE), fils du précédent. Né à Paris, vers 1798, il manifesta dès le collège une prédilection prononcée pour la botanique : en sorte qu'à elle seule, la famille Brongniart embrassait il y a quinze ou vingt ans les principales divisions de l'histoire naturelle : Brongniart père cultivait la minéralogie et la géologie; Audouin, l'un de ses gendres, la zoologie, mais surtout l'entomologie; et M. Adolphe Brongniart la botanique, principalement la cryptogamie. Et même il y a trente ans M. J.-B. Dumas, autre beau-frère de M. Adolphe Brongniart, se montrait un habile physiologiste et micrographe, direction première qu'il n'eût sans doute point quittée, si la chimie ne l'avait pas entouré de ses séductions irrésistibles.

M. Ad. Brongniart, aujourd'hui professeur au Jardin des Plantes, membre de l'Institut, où il a succédé à Desfontaines (1834), docteur et agrégé de la Faculté de Médecine, a composé plusieurs ouvrages de botanique, entre autres une *Classification des Champignons* (1825), et l'*Énumération des genres de plantes cultivés au Muséum d'Histoire Naturelle de Paris* (1843); mais le principal lui a été suggéré par les travaux de Cuvier, l'intime ami et le collaborateur de son père. *Histoire des Végétaux Fossiles, ou Recherches botaniques et géologiques sur les végétaux renfermés dans les diverses couches du globe*, tel est le titre de ce bel ouvrage, dont il a déjà paru 24 livraisons formant 2 vol. gr. in-4°, avec 160 planches. M. Ad. Brongniart soumit à l'Institut dès 1828 les premières vues et comme le prodrôme de ce grand travail, qui fit sensation et fut utile au progrès d'une science naissante. L'auteur, frappé de voir coïncider dans les couches profondes du globe les débris d'énormes végétaux cryptogames avec ceux de reptiles et de poissons gigantesques, en infère avec vraisemblance qu'à cette première époque, à ce premier cataclysme dont le sein de la terre offre le témoignage, il n'existait encore ni mammifères, ni oiseaux, ni à plus forte raison aucun individu de l'espèce humaine. Il fait plus : en cela d'accord avec Buffon, quand il suppose l'incandescence et le refroidissement de la terre, M. Ad. Brongniart conjecture que l'atmosphère, à ces premiers temps de la création, n'avait pas la composition qu'on lui voit aujourd'hui ; que sans doute elle contenait plus d'azote et moins d'oxygène, plus d'acide carbonique et plus de chaleur, ainsi que semblent l'attester ces énormes reptiles à respiration imparfaite et ces grands végétaux cryptogames, lesquels, en effet, ne consommaient pas autant d'oxygène, mais devaient exiger plus de chaleur que les animaux mammifères et les végétaux phanérogames de nos jours. Il est regrettable que la faible santé de M. Brongniart ait retardé la terminaison de ce savant ouvrage, si digne de motiver une réputation de premier ordre.   Isidore BOURDON.]

BRONIKOWSKI (ALEXANDRE-AUGUSTE-FERDINAND D'OPELN), célèbre romancier allemand, naquit le 28 février 1783, à Dresde, où son père, Polonais d'origine, remplissait les fonctions d'adjudant général de l'électeur. Il entra d'abord au service de Prusse ; mais, fait prisonnier à Breslau en 1807, il donna sa démission, et habita alternativement Breslau, Prague et Dresde. En 1812 il prit du service dans l'armée polonaise, fut nommé major dans les huians de la garde, et attaché à l'état-major du duc de Bellune. Au rétablissement de la paix, il prit sa retraite, et vécut à Varsovie jusqu'en 1823, époque où il alla s'établir à Dresde. De 1830 à 1832, il résida à Halberstadt, puis revint encore se fixer à Dresde, où il mourut, le 21 janvier 1834.

Il était déjà âgé de quarante-deux ans, lorsque le besoin de vivre fit de lui un écrivain, et il donna bientôt des preuves d'une étonnante fécondité. Réduit à travailler pour assurer sa subsistance quotidienne, il était impossible qu'il songeât jamais à écrire une œuvre sérieuse. Ses romans témoignent du laisser-aller avec lequel il les composait; il étendait son sujet le plus qu'il pouvait, au lieu de le resserrer et de le limiter suivant les préceptes de l'art. Il se pourrait toutefois que ce fussent précisément ses défauts qui aient fait son succès et qui aient valu au public si nombreux à ses romans et à ses nouvelles, dans lesquels on ne saurait sans injustice méconnaître une rare habileté à disposer un plan et à exciter l'intérêt. Bronikowski emprunta de préférence ses sujets à l'histoire de Pologne, comme on peut le voir d'après la liste suivante de ses ouvrages : *Hippolyte Boratynski* (4 vol., Dresde, 1825-1826); *Olgierd et Olga, ou la Pologne au onzième siècle* (5 vol., 2ᵉ édition, 1832); *la Pologne au dix-septième siècle, ou Jean III Sobieski et sa cour* (5 vol., 1829); *Les dames Koniecpolski* (4 vol., 1833-1835). On a aussi de lui une *Histoire de la Pologne* (4 vol., 1827).

BRONKHORST (PETER VAN), peintre hollandais, né le 16 mai 1588, à Delft; réussissait particulièrement à représenter des perspectives de temples et d'églises, et savait les animer par de petites figures d'un fini admirable. On voit à l'hôtel de ville de Delft deux grandes et belles toiles de cet artiste, représentant l'une, le *Jugement de Salomon*, et l'autre, *Jésus-Christ chassant les marchands du Temple*. Ces deux tableaux sont, suivant Descamps, les principaux ouvrages de Bronkhorst, qui mourut le 22 juin 1661.

BRONKHORST (JEAN VAN), né à Utrecht, en 1603, mort en 1680, est surtout renommé comme peintre sur verre. Il existe de lui de précieuses peintures de ce genre à Amsterdam, dans la *Nieuwe-Kerk*. Il a aussi beaucoup gravé d'après Poelemburg.

BRONKHORST (JEAN VAN), peintre célèbre, né à Leyde, en 1648, était pâtissier de son état, et ne faisait de la peinture, qu'il avait apprise sans le secours d'aucun maître, que pour se délasser; mais il ne tarda pas à atteindre dans ses productions un haut degré de perfection. Il peignait de préférence les animaux, et surtout les oiseaux, dont il excellait à reproduire le plumage brillant et léger. Il mourut à Hoorn, en 1726.

BRONTE (CHARLOTTE), plus connue sous le pseudonyme de *Currer Bell*, et surnommée à tort la George Sand d'Angleterre, naquit en 1824, dans le Cumberland, où son père était vicaire de campagne. Les sites romantiques de sa patrie firent de bonne heure une profonde impression sur son esprit, et lui inspirèrent le désir de peindre l'état social des paysans anglais, d'esquisser les traits caractéristiques de la vie de province qui rappellent encore à tant d'égards la naïveté des mœurs patriarcales. Son premier roman *Jane Eyre* (Londres, 1848) fit une vive sensation par la nouveauté du style non moins que par la hardiesse des paradoxes dont il abonde; il ne tarda pas à être traduit dans toutes les langues de l'Europe. Chacun se demandait qui pouvait être ce *Currer-Bell* qui avait su tracer un caractère aussi vigoureux que celui de Rochester, le héros du roman, et qui connaissait en même temps à fond les mystères du cœur féminin, lorsque l'apparition de *Shirley* (Londres, 1849) vint révéler le secret. On trouve dans ce nouveau roman de si fines nuances dans la peinture du caractère de la femme, qu'il était évident que l'auteur appartenait au beau sexe. *Jane Eyre* est dédié à Thackeray, que Charlotte Bronte a certainement pris pour modèle, à en juger par son style et par les traits mordants d'ironie dont elle perce l'hypocrisie des mœurs modernes.

Ses deux sœurs cadettes, *Emily* et *Anne*, mortes, toutes deux à la fleur de l'âge, la première le 19 décembre 1848, la seconde le 28 mai 1849, se sont aussi fait connaître dans la littérature sous les pseudonymes d'*Ellis* et d'*Acton Bell*, qu'elles avaient pris, comme leur sœur aînée, parce qu'elles redoutaient la réputation de bas-bleus et qu'elles n'osaient cependant se donner pour des auteurs du sexe masculin. Elles ont publié *Wuthering heights* et *Agnès Grey* (Londres, 1850), romans qui révèlent autant de talent que de sensibilité.

BRONTÈS. *Voyez* CYCLOPES.

BRONZAGE. C'est l'art de donner la couleur et l'apparence du bronze à des objets de bois, de plâtre, de carton, etc. Ces objets doivent être d'abord recouverts d'une couche uniforme de colle ou de vernis, et lorsque cette couche est sur le point de sécher, on la saupoudre, à l'aide d'un petit sachet, de poudre à bronzer que l'on prépare avec des feuilles d'étain, d'or, de l'or mussif ou du cuivre; on frotte ensuite la surface avec un linge humide. On peut mêler d'avance la poudre à bronzer avec de l'huile siccative, et puis appliquer le mélange avec une brosse. Du reste, il y a un grand nombre de recettes pour former des couleurs imitant le bronze, mais toutes, ou du moins les meilleures, ont pour base le cuivre jaune pulvérisé aussi fin que possible, par la raison que cette poussière s'oxydant à l'air (c'est-à-dire prenant la couleur de vert-de-gris), il en résulte que l'objet qui en est couvert prend l'apparence du bronze.

Le bronzage des canons de fusil et autres objets en fer s'opère, tantôt en les exposant à l'action de l'acide chlorhydrique en vapeur, tantôt en les traitant par de l'eau régale très-étendue; le plus souvent, on chauffe légèrement le canon, et on le frotte vivement avec un mélange d'huile d'olives et de chlorure d'antimoine fondu, dont on renouvelle l'action à plusieurs reprises. Quelquefois on frotte ensuite avec un linge imbibé d'eau seconde. Enfin, on lave le canon avec de l'eau pure, on l'essuie, on le sèche, et on le polit avec un brunissoir d'acier.

On entend aussi quelquefois par *bronzage* l'art de recouvrir d'un enduit métallique par la galvanoplastie des objets de matière quelconque.

BRONZE. On appelle ainsi des alliages de cuivre et d'étain auxquels on ajoute quelquefois un peu de zinc ou de plomb. Beaucoup plus dur que le cuivre, le bronze était employé par les anciens pour faire des haches, des épées, etc. (*voyez* AIRAIN). Une foule d'objets divers, comme des instruments aratoires, des lampes, des anneaux, etc., se retrouvent encore bien conservés dans les fouilles que l'on fait dans les pays habités autrefois par les Romains. Sans contredit le fer et l'acier se façonnent mieux, et peuvent donner des instruments plus légers et plus commodes, mais nous aurions à peine une idée de ceux qui étaient en usage dans les temps reculés, si ces substances avaient toujours servi à les confectionner; la rouille en aurait à peine respecté quelques fragments, tandis que le bronze enfoncé dans la terre s'altère assez fortement, il est vrai, mais de manière cependant à conserver encore une grande partie de ses formes.

C'est surtout pour des objets qui doivent retracer quelques faits importants ou perpétuer la mémoire d'événements qui font époque pour une nation, que le bronze présente un incontestable avantage : ainsi, les monnaies des Romains coulées avec ce métal se sont conservées jusqu'à nos jours, malgré les vicissitudes extraordinaires qu'elles ont éprouvées, tandis que toutes celles que l'on a frappées en cuivre depuis deux cents ans ont déjà éprouvé de si fortes altérations que leur existence dans quelques siècles est très-problématique D'ailleurs, le bronze n'a par lui-même qu'une très-faible valeur : on a peu d'intérêt à détruire des objets qui en sont composés, et à l'exception des tourmentes politiques ou des bouleversements des nations, qui anéantissent souvent les monuments les plus précieux, le bronze est beaucoup plus respecté que ne l'est le cuivre, dont il est si facile de tirer immédiatement parti.

L'art de fondre des statues de bronze était déjà arrivé à un certain degré de perfection vers l'an 700 avant J.-C.; mais il prit un grand développement pendant le règne d'Alexandre. A cette époque, le célèbre Lysippe parvint, par de nouveaux procédés de moulage et de fusion, à des résultats remarquables que nous a transmis l'histoire. Bientôt après on coula d'énormes colonnes en bronze. On rapporte que le consul romain Mutionus trouva plusieurs milliers de statues à Athènes, à Olympie, à Delphes, etc.

Chez les modernes les usages les plus importants du bronze sont la fabrication des statues, des bouches à feu, des cloches, des tam-tam ou des cymbales, des médailles, des pendules et des ornements destinés à la dorure.

Le bronze destiné aux statues ou aux monuments doit être assez fusible pour couler promptement dans toutes les parties du moule, quelque délicates qu'elles soient; il doit être dur, afin de pouvoir résister aux chocs que les statues peuvent recevoir par accident; il doit être à l'épreuve de l'influence des saisons et de nature à pouvoir acquérir à l'intérieur, avec le temps, cette teinte verdâtre ou *patine*, qu'on admire tant dans les bronzes antiques. La composition chimique de l'alliage est donc un objet de la première importance. Les frères Keller, fondeurs célèbres du temps de Louis XIV, dirigeaient toute leur attention sur ce point : des statues coulées par eux ont été trouvées composés de cuivre, 91 à 91,68 ; étain, 1 à 2,32 ; zinc, 4,93 à 6,09, et plomb, 1,07 à 1,61 ; variations tellement faibles que l'on ne saurait trop admirer le talent des fondeurs qui les ont exécutées.

C'est toujours dans des fours à réverbère que l'on fond le bronze ; la température doit être assez élevée pour le faire liquéfier promptement, parce que s'il reste trop longtemps exposé à l'air, une portion considérable du zinc, de l'étain et du plomb, s'oxyde, et le cuivre se fond plus difficilement, coule mal, et ne peut prendre tous les détails du moule, ce qui donne lieu à des inconvénients immenses. Le refroidissement doit être aussi prompt que possible dans les moules, afin d'empêcher que les métaux ne se séparent entre eux dans l'ordre de leur densité. Enfin, on a reconnu qu'il était avantageux d'ajouter au bronze une petite quantité de fer, pour augmenter sa dureté et sa ténacité.

Les marchands donnent le nom de *bronze artistique* à une composition dans laquelle il entre peu de cuivre et qui est fort peu propre à rendre la beauté des formes plastiques.

BRONZES (Industrie des). Depuis la Renaissance jusqu'à la fin du règne de Louis XV le bronze, employé seulement à de grands travaux d'art, n'était pas encore du domaine de l'industrie. Mais, à l'époque de la faveur de madame Dubarry, Goutherie inventa la dorure au mat. Le bronze, devenu objet de luxe et d'ameublement, prit dès lors une place importante dans la fabrication parisienne. Cependant, il y a quarante ans Paris comptait au plus six fabriques de premier ordre. Mais le luxe en pénétrant dans les classes moyennes a popularisé les bronzes et fait surgir en peu d'années un grand nombre d'établissements dont le but est de satisfaire à ces nouveaux besoins.

L'industrie des bronzes est aujourd'hui au premier rang des grandes industries de luxe. Elle produit des pendules, des candélabres, des lustres, des pièces de surtout, de de-feu, des statuettes, des garnitures de meubles, etc., etc. On estime que l'atelier de bronzes de Paris, sans rival et à proprement dire sans concurrent dans le monde, fabrique, année commune, pour environ 25 millions de produits, dans lesquels la matière première entre pour un tiers de la valeur ; le surplus est le prix de l'invention et le salaire de six mille ouvriers distingués, sculpteurs, fondeurs, ciseleurs et monteurs, doreurs et metteurs au vert. L'exportation monte à peu près aux deux tiers de la production.

BRONZINO (ANGIOLO), peintre, graveur et poëte, né à Florence, vers 1502, mort dans la même ville, en novembre 1572, se distingua surtout dans la peinture. Élève du Pontormo, qu'il aida dans un grand nombre d'ouvrages, il termina ceux de la chapelle de San-Lorenzo, à Florence, que la mort de son maître laissait inachevée. Quoique Bronzino ait cherché surtout à imiter le style de Michel-Ange, on retrouve dans ses tableaux d'histoire une manière froide et étudiée. Il réussissait mieux dans le portrait, et il en existe de lui qui sont de véritables chefs-d'œuvre ; tel est, dans la galerie électorale de Dresde, celui de la duchesse Éléonore, femme de Cosme Ier de Médicis.

Les principales toiles de ce maître, dont s'enorgueillit l'École florentine, sont à Pise et à Florence. Dans cette dernière ville, on remarque surtout un *Christ dans les Limbes*. Le musée du Louvre n'a qu'un tableau de cet artiste, *le Christ apparaissant à la Madeleine*, tableau longtemps attribué par erreur à Alessandro Allori, qui, élève et neveu de Bronzino, se fit appeler du nom de son maître.

BROOKE (HENRY), poëte anglais, né en Irlande, en 1706. Il suivit quelque temps malgré lui la profession d'avocat consultant ; mais son goût dominant était pour la poésie et la littérature. Ce goût, fortifié par la société de Pope et de Swift, se manifesta par un poëme philosophique sur *la Beauté universelle* ; sa tragédie de *Gustave Wasa*, jouée à Dublin, pièce remarquable par les sentiments de liberté dont elle est remplie, produisit un tel effet que le parlement crut en devoir défendre la représentation ; ce qui augmenta tellement l'enthousiasme que lorsqu'en 1739 la pièce fut publiée par souscription, elle rapporta à l'auteur beaucoup plus que n'aurait pu le faire un long succès au théâtre. Il est aussi l'auteur de plusieurs romans, parmi lesquels nous citerons *Le Fou de qualité*, ouvrage ingénieux, d'un ton original et un peu bizarre, et qui obtint un grand succès. *Juliette Grenville*, composée dans les dernières années de sa vie, indique le déclin de ses facultés. Il mourut en 1783.

BROOKE (FRANÇOISE MOORE, mistress), morte en 1789, a composé plusieurs romans, entres autre l'*Histoire de Julie Mandeville* dans le genre de Richardson ; l'*Histoire d'Émilie Montague*, des poésies pastorales, et une tragédie. *Rosine*, drame en musique, est demeurée en Angleterre son ouvrage le plus goûté.

BROOKE (JAMES), Anglais célèbre par la position qu'il a su se faire à Bornéo, est né à Londres, en 1803. Il entra de bonne heure au service de la compagnie des Indes orientales, se signala dans la guerre contre les Birmans, et fut nommé capitaine. En 1830, dans un voyage qu'il fit en Chine, il visita plusieurs îles de l'archipel Indien, et ne tarda pas à reconnaître que c'était un théâtre sur lequel on pouvait acquérir un nom immortel. Sans se laisser rebuter par les difficultés qu'il rencontra, il partit d'Angleterre, en 1837, et débarqua à Singhapouen, qu'il avait choisi pour son centre d'opération. Il se mit en relation avec des marchands de tous genres, et fit voile, en 1838, pour Sarawak, province du royaume de Bornéo, depuis longtemps déchirée par la guerre civile. Le radja Mouda-Hassim ayant réclamé son secours contre les rebelles, il consentit à le seconder à condition qu'il lui abandonnerait l'administration du pays. Un traité fut signé le 24 septembre 1846 Brooke sut si bien profiter de sa position, qu'en peu d'années il devint le maître du pays, et qu'il força le sultan de Bornéo à lui en accorder l'investiture. Dès lors il prit le titre de *radja de Sarawak*, et il donna à sa principauté une constitution qui proclame l'égalité de tous devant la loi, punit de mort la piraterie, et déclare libres le commerce et l'industrie. Le sultan, ayant essayé de se débarrasser de cet étranger impérieux, fut traité comme un traître sans foi, en 1846, et forcé de céder l'île de Labouan aux Anglais.

Brooke cependant n'agit qu'en son nom ; il ne reçut aucun secours du gouvernement britannique. Dans un voyage qu'il fit en Angleterre il fut reçu avec les plus grands honneurs, et nommé gouverneur de Labouan, commissaire et consul général auprès du sultan et de tous les princes indépendants de Bornéo. Depuis son retour dans l'archipel Indien, en 1847, il n'a pas cessé de travailler à étendre la domination anglaise dans ces contrées. En 1850 il fut envoyé à Siam ; mais sa mission, qui avait pour but d'obtenir de nouveaux avantages au commerce anglais, ne réussit pas. En 1851 il résolut de faire un nouveau voyage en Europe, vraisemblablement pour s'entendre avec le gouvernement anglais sur l'exécution des plans qu'il a conçus relativement à l'Indo-Chine et à l'archipel Indien. Consultez Keppel, *L'Expédition de Bornéo pour la suppression de la piraterie*, avec des extraits du *Journal* de J. Brooke (2 vol., Londres, 1847).

BROSSARD (SÉBASTIEN DE), maître de musique de l'église cathédrale de Strasbourg, et, en dernier lieu grand chapelain, maître de musique et chanoine de l'église cathédrale de Meaux, né en 1660, et mort en 1730, est le premier auteur français qui ait publié un *Dictionnaire de Musique*. Cet ouvrage, incomplet aujourd'hui, était néanmoins très-remarquable pour l'époque où il fut composé, et rendit à l'art des services réels. J.-J. Rousseau, qui n'était ni aussi savant musicien ni aussi érudit dans l'histoire de la musique que Brossard, a constamment attaqué ce dernier, sans avouer les emprunts qu'il lui avait faits. Il lui reproche surtout d'avoir donné un vocabulaire italien au lieu d'un dictionnaire français, mais c'était positivement le but de Brossard, et c'est en cela même que son ouvrage fut utile, puisqu'il expliquait la nomenclature des termes latins, grecs et italiens qui étaient alors d'un fréquent usage dans la musique. Il existe plusieurs éditions du dictionnaire de Brossard; la première est de 1703, in-fol. Il a laissé en manuscrits de nombreux matériaux pour un dictionnaire historique de la musique et des musiciens, qu'il se proposait de mettre au jour. Sa *Lettre, en forme de dissertation, à M. Demoz, sur sa nouvelle méthode d'écrire le plain-chant et la musique*, parut en 1729. Il a aussi composé des messes, des motets, des cantates et le *Prodromus musicalis*, imprimé en 1695, in-fol. Brossard fit hommage à Louis XIV de tous ses travaux et de sa belle bibliothèque musicale; cette magnifique collection fut placée à la Bibliothèque Nationale; elle se compose d'un grand nombre de pièces, parmi lesquelles il en est de très-rares, et qui sont d'un prix infini pour l'histoire de la musique. F. Danjou.

BROSSARD (Amédée-Hippolyte, marquis de), né le 8 mars 1784 à Folleny (Seine-Inférieure), s'enrôla d'abord, en 1795, parmi les Vendéens, et passa l'année suivante à l'armée de Condé. Rentré en France en 1806, il s'engagea dans les gendarmes d'ordonnance, après avoir servi en Portugal comme garde de la marine. Au bout de deux ans il était lieutenant dans un régiment de chasseurs à cheval. Il fit toutes les campagnes de la grande armée, et devint sous la Restauration lieutenant-colonel au corps d'état-major. C'est en qualité de chef d'état-major de la première division qu'il fut attaché, en 1830, à l'armée expéditionnaire d'Afrique. Maréchal de camp en 1833, on lui confia le commandement militaire du département de la Drôme, d'où il fut envoyé à Oran en 1837, pour y remplacer le général de L'Etang, rappelé en France. C'est lui qui fit construire le camp de la Chiffa, établir la redoute d'Oued-Laleg (rivières des Sangsues), et occuper Misserglim. Il bloqua la ville de Blidah pendant plusieurs jours, et refoula vigoureusement dans leurs montagnes les Béni-Salah, dont les agressions incessantes compromettaient la tranquillité de cette petite cité. Il donna souvent des preuves de valeur et de capacité. Une accusation de concussion, de corruption de fonctionnaires publics, d'excitation à la haine et au mépris du gouvernement qui le força de comparaître devant le conseil de guerre de Perpignan, vint suspendre tout à coup le cours de sa carrière militaire. L'arrêt d'acquittement qui le renvoya absous ne parut pas justifier son caractère aux yeux du ministre, qui en 1839 l'admit à faire valoir ses droits à la retraite.

BROSSE, BROSSERIE. Tout le monde connaît l'instrument dont on se sert pour nettoyer les habits, les souliers, les voitures, etc. Les brosses se font en soies de porc ou de sanglier, en crins de cheval, en brins de bruyère, en racines de riz, etc., que l'on fixe de deux manières sur le *fût* ou *patte* de la brosse, suivant que celle-ci est percée de trous à *jour* ou de trous *foncés*. Pour une patte de brosse on prend une planchette de bois dur, débitée à la scie. Souvent la patte est courbée en arc de cercle; celles qui sont destinées à faire des brosses communes sont toutes droites. Les trous des pattes se percent avec une mèche de vilbrequin montées sur l'arbre d'un tour-en-l'air, que l'on fait mouvoir avec le pied; pour que les trous soient aussi bien espacés entre eux que possible, on fixe sur le fût un calibre de tôle de même grandeur : ce calibre est percé d'autant de trous que le fût peut en comporter. Au moyen de cette précaution, on perce vite, avec régularité, sans tâtonnement. Si les trous ne doivent pas être percés d'outre en outre, on fixe une virole sur la mèche, qui l'empêche d'avancer au delà d'une certaine limite, de façon que tous les trous ont la même profondeur.

Comme nous l'avons déjà dit, il y a deux manières de fixer les poils, les crins, etc., sur la patte : quand les trous de celle-ci sont à jour, on prend un pinceau de poils, on le courbe en U, on le saisit avec une ficelle que l'on introduit double dans un trou par le dos de la patte; on tire cette ficelle avec force, et l'on oblige ainsi le pinceau à entrer dans les trous, qu'il doit remplir exactement; quelquefois la ficelle est remplacée par un fil de laiton. L'inspection d'une brosse même grossière fera concevoir tout de suite la manière dont les pinceaux de poil et la ficelle sont enlacés entre eux. Lorsque les trous du fût sont *foncés*, on lie d'abord les pinceaux avec un bout de cordon, et, après les avoir trempés dans de la poix ou de la colle forte bouillante, on les introduit avec force dans les trous. Lorsque les pinceaux sont fixés, soit d'une manière soit d'une autre, on les égalise avec de gros ciseaux.

La grosse brosserie se fait en province; les brosses fines se font dans les grandes villes : leurs pattes sont faites de bois choisis, travaillés et polis avec soin, et leur dos est couvert d'une feuille de bois pour cacher les points de la ficelle ou du fil de laiton.

Les peintres appellent *brosses* de gros pinceaux qui se font en serrant fortement, avec un fil de fer ou une cordelette des bottes de crins au bout d'un manche en bois. On coupe ensuite de niveau les crins aux deux bouts, et, pour assurer la solidité de la brosse, on enduit le haut des crins d'un mélange de cire et de résine. Teyssèdre.

BROSSE (Jacques de). *Voyez* Debrosse.

BROSSE (Pierre et Guy de la). *Voyez* Labrosse.

BROSSES (*Zoologie*). On nomme ainsi des amas ou faisceaux peu étendus de poils roides ou soies courtes, insérées perpendiculairement à la peau. Quelques espèces de cerfs et d'antilopes sont pourvues de *brosses* à la partie externe et supérieure du métatarse. Plusieurs rongeurs, et surtout la marmotte, portent un petit pinceau de poils longs ou soies sur un tubercule situé sur la surface postérieure et interne de l'avant-bras. On observe aussi des brosses sur le corps de quelques chenilles, à l'extrémité de l'abdomen de certaines larves, et sous les tarses de la plupart des diptères. Le premier article du tarse des pattes postérieures des abeilles est garni en dedans de plusieurs rangées de poils, dirigées en travers, qui forment une *brosse*.

Les *brosses* doivent être distinguées en *persistantes* et en *temporaires*. Les premières sont employées à divers usages, qui ne sont point encore suffisamment déterminés. On sait seulement que les diptères (mouches, etc.) peuvent à l'aide des brosses de leurs pattes marcher sur les corps les plus polis, et que les abeilles ouvrières s'en servent pour balayer et recueillir le pollen qui s'est attaché aux poils du corps. Les brosses temporaires ne sont que des amas de poils, dont certaines chenilles se servent, après les avoir détachés de leur peau, pour en construire leur cocon à l'aide d'une petite quantité de matière soyeuse qu'elles filent pour les agglutiner. L. Laurent.

BROSSES (Charles de), premier président au parlement de Bourgogne, naquit à Dijon, le 1er février 1709. Son père, conseiller en cour souveraine, il appartenait à une ancienne famille originaire de Savoie, qui avait servi avec honneur dans les rangs français lors des guerres de Louis XII en Italie. Charles de Brosses prit ses degrés à l'université de Dijon. Reçu conseiller au parlement en 1730, président, avec dispense d'âge, en 1741, puis nommé premier président quand on rétablit les parlements, après la crise Maupeou, il était zélé parlementaire. Il avait subi un exil de six mois en 1744, pour avoir opiné contre M. de Tavannes, commandant pour le roi en Bourgogne, à l'occasion d'une dispute de préséance entre ce grand seigneur et le parlement. Il rédigea souvent les remontrances de sa compagnie, et refusa, en 1771, de figurer dans le parlement de la création Maupeou.

Le président de Brosses se recommande surtout par les

services qu'il a rendus aux lettres. Sa prédilection pour Salluste lui fit concevoir de bonne heure le projet de recomposer l'*Histoire de la République romaine*, ouvrage perdu de ce grand écrivain. Il entreprit cette œuvre de patience, en rapprochant les fragments épars dans les grammairiens de l'antiquité, et en les classant à peu près comme Cuvier recomposait un éléphant fossile à la vue de quelques débris d'ossements antédiluviens. Dès qu'il fut ébauché, ce travail parut si remarquable à l'Académie des Inscriptions, qu'elle s'associa de Brosses comme membre honoraire. Quelques années auparavant, en 1729, l'espoir de découvrir des manuscrits précieux pour son œuvre lui avait fait entreprendre le voyage d'Italie, qu'il exécuta de concert avec Sainte-Palaye, son intime ami. Il parcourut pendant une année entière toute cette contrée, à l'exception de la Sicile. De retour en France, il recueillit et fit transcrire les lettres qu'il avait adressées à ses amis durant ce voyage. Une copie de ces lettres, qu'il n'avait pas destinées à l'impression, tomba entre les mains d'un sieur Seryès, commis à la garde des papiers saisis dans les bibliothèques d'émigrés. On peut supposer que le gardien spécula sur le dépôt, car il le fit imprimer en l'an VII (4 vol. in-8°). Cette édition, désavouée par la famille de l'auteur, renferme une foule de fautes grossières. Telle qu'elle est, toutefois, elle donne l'idée de la verve d'esprit et d'enjouement dont de Brosses était doué, de ses connaissances rares et variées et de la justesse de ses observations.

De Brosses est le premier qui ait fait connaître en France les fouilles d'Herculanum, par une dissertation lue à l'Académie des Inscriptions en 1748, imprimée en 1750, sous le titre de *Lettres sur Herculée* (in-12). L'année 1756 vit paraître un ouvrage plus important encore, l'*Histoire des Navigations aux terres australes* (2 vol. in-4°). Ce grand travail fut suivi d'une dissertation d'un genre bien différent : *Du culte des dieux fétiches* (1760, in-12), qui a été réimprimée dans l'*Encyclopédie Méthodique*, et à laquelle Benjamin-Constant a fait de fréquents emprunts dans son ouvrage *sur la Religion*. Il y a de l'érudition dans cet opuscule ; mais la science contemporaine n'en a point confirmé les conclusions, qui tendent à faire considérer le polythéisme antique comme un matérialisme absolu. En 1765, de Brosses publia son *Traité de la Formation mécanique des Langues* (2 vol. in-12). Enfin, en 1777, parut à Dijon l'*Histoire du septième siècle de la république romaine* (3 volumes in-4°), chef-d'œuvre des presses de Frantin père, sur laquelle de Brosses comptait pour forcer les portes de l'Académie Française, que Voltaire lui barrait avec un acharnement peu honorable.

La brouillerie du président de Brosses avec le *philosophe de Ferney* est un des faits les moins bien connus de l'histoire anecdotique du dix-huitième siècle. Une correspondance assez longue eut lieu entre les deux écrivains. Si nous sommes bien informé, il résulte de cette correspondance, où l'esprit étincelle de part et d'autre, que les torts n'étaient pas réciproques, et qu'ils ne peuvent être imputés qu'à Voltaire, dont les héritiers ont payé 40,000 fr. à la famille de Brosses, à titre de dommages-intérêts, pour éviter une instance juridique. Il s'agissait de la terre de Tournai, au pays de Gex, que Voltaire avait achetée à vie du président de Brosses, et dont le poète ne jouissait pas précisément en bon père de famille.

Indépendamment des œuvres dont nous avons parlé, de Brosses avait composé un fort grand nombre de mémoires et de dissertations sur plusieurs objets d'art et sur différents points de l'histoire ancienne. Ils ont été presque tous insérés dans les *Mémoires de l'Acad. des Inscriptions*. Le président de Brosses mourut le 7 mai 1777.   DUFEY (de l'Yonne).

BROSSETTE (CLAUDE), né à Lyon, en 1671, et mort en 1743, était seigneur de Varennes-Rappetour, avocat, avocat général, administrateur de l'hôpital de Lyon, fondateur et secrétaire de l'Académie de Lyon, bibliothécaire de Lyon, échevin de Lyon ; mais tous ces titres n'auraient pas sauvé son nom de l'oubli s'il ne l'avait associé par un commentaire à la renommée impérissable de Boileau. Brossette est le type du commentateur servile, enthousiaste et minutieux. Tout lui est bon pour grossir son commentaire. Ce qui frappe surtout en lui, c'est l'assurance imperturbable, c'est la bonhomie de conviction avec laquelle il ressasse les anecdotes les plus niaises, les observations les plus puériles. Il est encore curieux de remarquer son exactitude à relever et à mettre en relief les passages que Despréaux a imités des anciens. Brossette est là, son Perse, son Juvénal et son Horace à la main, pour défendre pied à pied, même dans ses parties les plus médiocres, l'ouvrage d'un homme qu'il proclame infaillible. Dans Boileau il n'est rien qu'il ne cherche à louer ; chaque page et chaque vers, chaque pensée, chaque hémistiche, chaque expression a sa dose égale d'éloges et d'encens.

Mais laissons là ce commentateur, où se trouvent, au surplus, quelques anecdotes intéressantes au milieu de tant de fatras. Montrons Brossette dans ses rapports personnels avec Boileau. Le siècle de Louis-XIV était révolu. Despréaux, après avoir, en 1699, recueilli les derniers soupirs de Racine, ne paraissait plus à la cour : Il avait perdu le talent de louer, il ne le regrettait pas : qu'en eût-il fait durant les dernières années du grand roi ? Célèbre en Europe, admiré en France, mais consumé d'infirmités et d'ennuis, survivant à tous ses amis, il s'apercevait à peine de son influence et de sa gloire. L'homme qui s'intéressait le plus à lui dans ces tristes temps, c'était Brossette ; mais Brossette demeurait à cent lieues de Paris, et il y avait bien d'autres distances entre ces deux hommes. Aussi leur correspondance n'est-elle pas celle de la véritable amitié ; le ton de Boileau est celui d'un maître ordinairement bon, quelquefois chagrin, et Brossette, trop peu fait pour être son disciple, n'est qu'un éditeur futur, qui lui *prend* avec respect *la mesure* d'un commentaire. En lisant leur correspondance, on y voit, moins que cela encore, un *valet de chambre* bénévole, qui importune son maître des plus humbles prévenances, qui s'immisce officieusement dans ses moindres affaires, qui, sans en être requis, exécute ses commissions, qui va même jusqu'à se faire le camarade d'un valet que Boileau a chassé pour surprendre les secrets de leur commun patron. Rien de plus ennuyeux à lire que les lettres de Brossette à Boileau, si ce n'est peut-être les lettres de Boileau à Brossette. Despréaux, qui est parfois attachant dans quelques-unes de ses lettres à Racine, demeure constamment au-dessous de lui-même dans ses missives à son commentateur futur. On n'y trouve qu'une répétition ennuyeuse d'excuses de sa part, sur sa négligence ou sa lenteur à répondre à son correspondant, dont l'indulgence intéressée est inépuisable. Dans toutes les lettres de Boileau, qui sont au nombre de soixante-et-une, il en est à peine quatre ou cinq qui soient d'un intérêt réel pour l'histoire littéraire, celle entre autres où, d'un ton aigre-doux, Boileau jugé le *Télémaque*, et établit un parallèle entre son auteur et le romancier grec Héliodore, qui était évêque comme Fénelon. Du reste, Brossette, qui dans sa correspondance s'appesantit sur les virgules de Boileau, mérita la bouche cet éloge qui dut le combler : « Vous saurez bientôt mieux que moi-même votre Boileau. »

Brossette a fait, en outre, un commentaire des œuvres de Mathurin Régnier. C'est encore une œuvre de minuties. Cependant on y trouve sur la vie, la mort et la fortune de Régnier, des documents particuliers, puisés dans des papiers de famille, et qui ne sont pas sans intérêt. Brossette avait fait aussi un commentaire de Molière, qui n'a jamais été imprimé, et qu'on croit perdu. Courtisan empressé de tous les gens de lettres, il fut en correspondance avec J.-B. Rousseau et même avec Voltaire, alors ennemi acharné de Rousseau le poëte, comme il le fut plus tard de Rousseau le philosophe. Voltaire, qui possédait si bien la recette du compliment goguenard, écrivait à Brossette : « Vous ressemblez à Pomponius Atticus, courtisé à la fois par César et par Pompée. » Il y aurait eu là de quoi faire tourner la tête au commentateur de Despréaux, si en cette occasion Voltaire, sans doute sans le savoir, n'avait été le plagiaire de Boileau, qui à propos de fromages à lui envoyés par Brossette lui écrivait : « En comblant ainsi de vos dons l'auteur que vous avez entrepris de commenter, vous ne jouez pas simplement le personnage de Servius et d'Asconius Pédianus, mais de Mécénas et du cardinal de Richelieu. » La première édition du Boileau de Brossette (2 vol. in-4°) est de 1716. Il tenait chez lui une assemblée de littérateurs et de savants, qui fut érigée en Académie de Lyon en 1700, et dont il se fit nommer secrétaire perpétuel. Sa femme étant morte, il imagina de faire détacher de son cerveau la glande pinéale, que quelques anciens regardaient comme le siège de l'âme, et il la porta constamment enchâssée dans une bague. Il avait continué l'*Éloge historique de la ville de Lyon*, du père Ménestrier, de 1669 à 1711, et s'était approprié le tout sans façon. Charles Du Rozoir.

BROU. C'est le nom vulgaire que porte le mésocarpe qui entoure la noix proprement dite et quelques autres fruits analogues. Le brou de la noix est d'un vert foncé, teint les doigts, et s'ouvre plus ou moins régulièrement en quatre parties quand le fruit est mûr. Celui de l'amande est couvert d'un duvet blanchâtre, et sa couleur est d'un vert clair; il s'ouvre en deux parties. Celui de la noisette laisse percer le fruit, et alors son sommet est découpé en manière de frange. On pourrait compter au rang des brous celui du marronnier d'Inde et du marronnier châtaignier, si l'on n'était pas convenu de l'appeler *hérisson*, à cause de la ressemblance de ses piquants avec ceux du hérisson. Le goût des brous varie suivant les espèces de fruits : celui de la noix est très-amer et astringent, celui de l'amande est acide et âpre, celui de la noisette est très-acide et piquant. Le brou protège le fruit jusqu'à la maturité.

Les usages que différents arts retirent du brou des noix ont porté les chimistes à en faire l'analyse. M. Braconnot en a retiré de l'amidon, une substance âcre et amère très-altérable, de l'acide malique, du tannin, de l'acide citrique, du phosphate de chaux, de l'oxalate de chaux et de la potasse. L'incinération du brou a donné pour produit de la potasse, de la chaux et de l'oxyde de fer.

Les brous de noix amoncelés pendant quelque temps perdent leur couleur verte et acquièrent une couleur brune. Si dans cet état on les fait bouillir dans de l'eau assez longtemps pour les réduire en pâte, on aura une eau qui donnera au bois de chêne ou de mérisier la couleur du bois d'acajou. On peut s'en servir pour donner aux planchers et aux carreaux de brique une couleur brune qui tient bien. Les teinturiers employaient aussi le brou de noix dans les couleurs brunes et communes.

Le brou de noix a encore la propriété de faire périr les pucerons et autres insectes qui dévorent les plantes, lorsqu'on les arrose avec de l'eau dans laquelle on l'a fait macérer, sans que cet arrosage soit en rien nuisible à ces plantes.

Enfin on en fait une liqueur connue sous le nom de *liqueur de brou de noix* ou simplement *brou de noix*, et que l'on assure être un bon stomachique. Pour obtenir cette liqueur, il faut prendre quatre-vingts noix déjà un peu grosses, mais non encore formées, les piler, et les faire infuser pendant assez longtemps dans quatre litres d'eau-de-vie; après quoi on les égoutte sur un tamis, au-dessus d'un vase, et l'on mêle à la liqueur qui en provient la valeur d'un kilogramme de sucre, puis on la laisse reposer encore quelque temps, avant de la filtrer à la chausse et de la mettre en bouteilles.

BROU, hameau du département de l'Ain, à quelques kilomètres de Bourg, célèbre par son église gothique, d'une belle architecture, ornée de vitraux estimés, et qui renferme des mausolées de princes de la maison de Savoie. Cette église, consacrée à Notre-Dame, fut construite par les ordres de Marguerite d'Autriche, fille de l'empereur Maximilien Ier, et tante de Charles-Quint. La devise *Fortune, infortune, fort une*, adoptée par cette princesse, qui *eut deux maris et si mourut pucelle*, est répétée de toutes parts dans l'église de Brou. Commencée en 1511, cette église fut achevée en 1536. Le frontispice est couronné par trois frontons; celui du milieu est le plus élevé. Le portail, dont l'arc est surbaissé, est couvert d'ornements et d'arabesques remarquables par la richesse du travail et la perfection des détails. L'intérieur de l'édifice est généralement simple; mais un luxe éblouissant est déployé dans le chœur : une pierre éclatante de blancheur, le marbre de Carrare, des vitraux rehaussés de mille couleurs sur lesquels se jouent les rayons du soleil, tout rappelle dans ce sanctuaire la richesse des temples byzantins. C'est dans cette partie de l'église que se trouvent les mausolées en marbre blanc de Marguerite de Bourbon, femme de Philippe II, prince de Savoie, celui de Marguerite d'Autriche, et au milieu celui de Philibert le Beau, fils du premier et mari de la seconde. Ces monuments, d'un style admirable et d'une belle exécution, sont ainsi que l'église l'œuvre de Colomban, artiste dijonnais, dont on voit la statue en marbre non loin des tombeaux. On remarque encore à Notre-Dame de Brou les boiseries du chœur, le jubé, une chapelle gothique revêtue en marbre, un tabernacle d'autel fait d'une espèce d'albâtre, le tout parfaitement sculpté. En avant du portail il existe un cadran solaire elliptique azimutal, situé horizontalement devant la porte d'entrée. Construit au seizième siècle et restauré par Lalande, ce cadran présente cela de curieux que c'est la personne qui veut savoir l'heure qui sert de style : en se plaçant sur une lettre qui marque, le long de la méridienne, le mois où l'on est, on voit son ombre se projeter à la circonférence sur le chiffre qui doit indiquer l'heure.

BROUALLE, genre de plantes de la famille des scrophularinées, renfermant un certain nombre d'espèces indigènes de l'Amérique tropicale. Les principales sont : 1° la *broualle élevée* ou *violette bleue* (*browallia elata*, L.), dont les tiges, de la hauteur de 0^m,65, sont très-rameuses, les feuilles lancéolées, et les fleurs axillaires, souvent au nombre de trois, d'un beau bleu lilas, et à tube long et jaune doré; 2° la *broualle à tige tombante* (*browallia demissa*, L.), de Panama, dont les tiges, de la hauteur de 0^m,32 et tombantes, à feuilles entières et ovales, portent des fleurs estivales, axillaires, solitaires, à tube cylindrique et limbe à cinq divisions, d'un violet bleuâtre, taché en jaune à la base de la division supérieure. Ces deux espèces demandent une terre légère et substantielle, ainsi qu'une exposition chaude, et elles se multiplient de graine sur couche et sous châssis.

BROUCKÈRE (Charles de), l'un des principaux auteurs de la révolution belge, né à Bruges, en 1796, descend d'une famille honorable de la Flandre, anoblie par le roi des Pays-Bas Guillaume Ier. Son père avait occupé des fonctions importantes de magistrature sous la domination française. Au commencement du règne de Guillaume Ier il fut nommé gouverneur de Limbourg, place qu'il conserva jusqu'en 1828; et plus tard il devint membre de la première chambre des états généraux. Élevé à l'École Polytechnique de Paris, M. Charles de Brouckère annonça de bonne heure les plus brillantes dispositions, mais en même temps aussi un caractère impatient de toute discipline. En 1815 il entra en qualité de sous-lieutenant dans l'artillerie des Pays-Bas, et cinq ans après il abandonnait le service militaire pour l'administration. Élu député de la province du Limbourg à la seconde chambre des états généraux, il y prit place parmi les plus fermes défenseurs des droits du peuple belge, et se signala surtout comme membre de l'opposition, dans la session de 1828 par ses efforts heureux pour faire annuler deux décrets de 1815 restrictifs de la liberté de la presse et de la liberté individuelle. La même année il se prononça pour la liberté illimitée de l'enseignement, vote qui le mit fort en crédit dans la coalition formée à cette époque entre les catholiques et les libéraux, et qu'en sa qualité de rédacteur de différents journaux influents il n'avait pas peu aidé à constituer. On remarqua toutefois vers 1830 qu'il se rapprochait visiblement de la politique gouvernementale, peut-être bien séduit par les brillants avantages que le pouvoir lui fit, dit-on, entrevoir s'il consentait à servir ses intérêts.

Avant la lutte sanglante qui s'engagea en septembre dans les rues de Bruxelles, il avait eu, ainsi qu'un autre député de la capitale, une entrevue avec le prince Frédéric, qui se trouvait à Vilvorde, et lui avait représenté dans les termes les plus pressants la situation grave où la couronne et la dynastie se trouvaient placées. Il alla ensuite assister à la session extraordinaire des états généraux convoquée à La Haye ; et après les décisives journées de septembre il avait même encore hésité alors à se prononcer ouvertement contre la maison régnante. Mais, habile à s'accommoder aux circonstances, il ne tarda pas à se rattacher complétement au nouvel ordre de choses ; il vota donc dans le congrès national pour l'exclusion perpétuelle de la famille de Nassau-Orange, et plus tard aussi pour l'élection du duc de Nemours au trône de Belgique. Adversaire du traité des dix-huit articles, il se déclara ensuite contre l'élection immédiate d'un chef suprême de l'État, et repoussa la candidature du prince Léopold. Président du comité de finances sous le gouvernement provisoire, il fut par la suite ministre des finances du régent ; portefeuille qu'il conserva dans le premier cabinet constitué par Léopold.

Après l'insuccès des opérations militaires entreprises contre la Hollande en août 1831, il accepta le ministère de la guerre, où il rendit de notables services par la meilleure organisation qu'il sut lui donner. Les chambres ayant refusé d'allouer les crédits qu'il demandait pour son département, et les débats législatifs relatifs à un marché de fournitures passé par lui d'urgence menaçant d'attaquer jusqu'à sa probité, il donna sa démission au mois de mars 1832 ; mais à peu de temps de là il était nommé directeur de la Monnaie. Il s'était démis en même temps de ses fonctions de représentant, en déclarant qu'il renonçait pour toujours à la carrière parlementaire. En 1834 il accepta une chaire gratuite à la nouvelle université libérale créée à Bruxelles, et plus tard une chaire d'économie politique à l'école de commerce de la même ville. Son cercle d'activité s'agrandit singulièrement quand, au commencement de 1835, il conçut le projet d'une banque nationale de Belgique. Devenu directeur de cet établissement, il contribua beaucoup par là au développement de l'esprit d'association dans son pays ; mais en 1838 une crise, provoquée en partie par la jalousie d'une institution rivale, porta une atteinte irréparable au crédit de la banque de Belgique, et entraîna la ruine d'une foule d'entreprises industrielles où s'engouffrèrent d'énormes capitaux. M. de Brouckère donna alors sa démission des fonctions de directeur de ce grand établissement de crédit, pour ne plus se consacrer désormais qu'à la direction de la Monnaie et à celle de la société de la *Vieille Montagne*, dont il tire des bénéfices immenses.

En 1840, malgré ses déclarations si positives, les électeurs de Bruxelles l'arrachèrent à ses occupations, exclusivement industrielles, pour lui confier de nouveau le mandat législatif. Vers la fin de la même année, le ministère Rogier le nomma bourgmestre de Bruxelles ; et dans l'exercice de ces fonctions il a su faire preuve de la plus louable énergie, notamment lors des crises produites en 1846 par la cherté des subsistances, et en 1849 par le choléra. Les services qu'il rendit alors ont fait oublier et ses manières rudes et blessantes, et de nombreuses fautes, résultat de son opiniâtreté et de sa précipitation. Ajoutons qu'il présida le congrès des économistes tenu à Bruxelles en 1847 et le congrès agricole de 1848 ; enfin qu'il est l'un des membres les plus actifs de la plupart des commissions nommées pour apprécier la production industrielle du pays. Tout dès lors nous porte à penser que la carrière politique de M. de Brouckère n'est point encore définitivement close, et à voir en lui un en-cas toujours prêt pour telle nouvelle combinaison ministérielle qu'exigeraient les circonstances.

BROUCKÈRE (Henri de), frère du précédent, est né en 1801. Lorsque la révolution éclata, il était procureur du roi à Ruremonde. Envoyé au congrès national, qui le nomma l'un de ses secrétaires, il y déploya une grande activité. Il fut du nombre des commissaires chargés d'aller offrir la couronne de Belgique au prince Léopold. Dans la chambre des députés, dont il fut membre jusqu'à la promulgation de la loi des incompatibilités, en 1848, il ne cessa de combattre avec une inébranlable fermeté, et quelquefois avec talent, les envahissements de l'influence cléricale. Après avoir occupé pendant plusieurs années le siége de conseiller à la cour d'appel de Bruxelles, il fut nommé par le ministre Rogier gouverneur d'Anvers, en 1840. Plus tard il fut envoyé en la même qualité à Liége ; mais il donna sa démission en 1846, à l'avénement du ministère de Theux. Depuis 1849 il remplit les fonctions de ministre de Belgique auprès du pape et des autres cours italiennes.

BROUET, breuvage qu'on portait autrefois avec solennité aux nouveaux mariés, le lendemain de leurs noces, et que l'on servait aussi aux nouvelles accouchées, ce qui le faisait appeler *brouet de l'épousée* ou *de l'accouchée* ; il était fait d'œufs, de lait et de sucre : c'est ce que nous avons nommé depuis un *lait de poule*.

Le *brouet noir* des Spartiates, au dire de Plutarque, était le plus exquis de tous leurs mets ; les vieillards surtout lui donnaient la préférence sur les viandes, qu'ils laissaient volontiers aux jeunes gens. On raconte qu'un roi de Pont, qui avait beaucoup entendu vanter le brouet noir, voulant en essayer, fit venir exprès de Sparte un cuisinier, qui fut chargé de lui apprêter ce mets fameux ; et comme après y avoir goûté il s'étonnait de le trouver détestable, un Lacédémonien qui était présent lui dit qu'il y manquait deux choses, les exercices du Plataniste et les bains de l'Eurotas, réponse pleine de sens, et qui prouve en effet que la plupart des choses n'ont qu'une qualité relative au goût, aux mœurs et aux habitudes d'un peuple. Quant à la composition de ce célèbre brouet, quoique la frugalité des Spartiates n'est pas faite d'ailleurs pour donner une haute idée, il paraît qu'elle n'est pas bien connue : les uns prétendent que c'était un mélange grossier de sel, de vinaigre, de sang et de petits morceaux de viande ; d'autres, de la graisse de porc, assaisonnée avec du vinaigre et du sel. Quoi qu'il en soit, il n'est guère probable que nos gastronomes modernes aient à regretter de ne pas le mieux connaître, et il est passé dans l'usage de dire d'un mauvais potage, que c'est le *brouet noir des Spartiates*.

BROUETTE, petit tombereau à bras et à une seule roue, employé dans le jardinage et dans les travaux de terrassement. Quand il s'agit de faire des transports à une certaine distance, on emploie plusieurs brouettes, dont les rouleurs se relayent successivement ; il est important de les espacer de manière à obtenir le maximum d'effet. On a reconnu que le travail le plus avantageux est le transport d'une charge de 40 kilogrammes à une distance de 34 mètres (c'est-à-dire qu'il faudrait plus de dépense si on diminuait la charge en augmentant la distance, ou si on diminuait la distance en augmentant la charge) : le premier rouleur mène la brouette chargée à 34 mètres ; là il trouve le second, revenant avec sa brouette vide ; il lui transmet la brouette chargée et retourne à vide au point de chargement. On peut établir ainsi une ligne de relais assez prolongée, tandis qu'avec la civière, par exemple, le changement de porleurs est beaucoup plus incommode; il est plus difficile encore avec la hotte.

La résistance au roulement dépend de la nature du sol; il faut donc préparer avec soin la voie que doit parcourir la brouette, si l'on veut que l'ouvrage soit fait économiquement: pour peu que le terrain ne soit pas résistant, il faut même le planchéier. Quand la brouette doit franchir des pentes, on les dispose de manière à ce qu'elles ne dépassent pas huit centimètres par mètre.

C'est au célèbre Pascal que l'on attribue l'invention de la brouette, nommée d'abord *vinaigrette*, dont l'usage est si simple, si économique et si expéditif.

BROUGHAM AND VAUX (Henri BROUGHAM [on prononce *Broum*], baron), ancien lord chancelier d'Angleterre, est né à Édimbourg, en 1779, d'une famille originaire du Westmoreland. Élève de l'école supérieure, puis de l'université d'Édimbourg. Henri Brougham y fut le condisciple d'une foule d'hommes dont le nom a jeté depuis de l'éclat, soit dans les sciences, soit dans la politique. Il eut l'immense avantage d'être dirigé dans ses études par son oncle maternel, le célèbre historien Robertson; et, suivant l'usage des écoles d'Angleterre, il fit partie d'une association (*the Speculative Club*) au sein de laquelle se discutaient les plus hautes questions de morale, de religion et de politique. Malgré ses succès dans ces joûtes toutes scolastiques, véritables tournois littéraires où le talent naissant essaye ses forces et prélude aux luttes plus sérieuses du barreau ou de la tribune, Henri Brougham poursuivait en même temps des travaux d'un ordre tout différent. Tandis que Mansfield, son condisciple, préludait par des vers aux triomphes qu'il lui était réservé de remporter dans la chambre haute, lui, il se livrait à l'étude des hautes mathématiques, et semblait bien plus désireux de s'illustrer dans le domaine des sciences que de parvenir aux honneurs et aux dignités qui dans notre système politique attendent infailliblement l'homme d'État et le jurisconsulte éminents. Il n'avait encore que dix-sept ans quand il composa un *Essai sur la Vitesse de la Lumière*, qui fut jugé assez remarquable pour obtenir les honneurs de l'impression dans les *Philosophical Transactions*. Plus tard, en 1803, il ajouta encore à sa réputation comme mathématicien par un *Essai sur les propriétés de l'hyperbole conique et le rapport de la ligne harmonique aux courbes de différents ordres*; travail qui lui ouvrit d'emblée les portes de la Société Royale de Londres, au retour d'un voyage qu'il venait de faire avec son ancien condisciple, lord Stuart de Rothsay, dans la seule partie du continent alors accessible aux *touristes* anglais, la Norvège et la Suède.

Pendant la courte trêve qu'on appela Paix d'Amiens, Brougham était venu à Paris, et avait été présenté à Carnot, non comme homme politique, car rien alors ne faisait encore pressentir en lui le futur lord chancelier d'Angleterre, mais comme savant; et cependant jamais il n'avait sérieusement songé à faire des sciences l'occupation exclusive de sa vie. Dans cette carrière, en effet, il y a chez nous trop peu d'honneurs et surtout de trop médiocres émoluments réservés au talent, pour jamais tenter un ambitieux. Ainsi que la plupart de ses condisciples, Brougham s'était livré à l'étude des lois, et comme eux il avait débuté au barreau d'Édimbourg. Mais là encore la gloire, les honneurs, lui arrivaient trop lentement au gré de son impatience. Le champ-clos de la politique et ses luttes retentissantes avaient bien autrement d'attraits à ses yeux que les joûtes du prétoire et la défense de la veuve ou de l'orphelin. C'est vers la politique qu'il se sentait donc véritablement entraîné. Aussi dès cette même année 1803 publiait-il son *Inquiry into the colonial policy of the european powers* (Londres, 2 vol.). Après un exposé fidèle des systèmes de colonisation suivis chez les Grecs, les Carthaginois et les Romains, l'auteur, arrivant à l'époque moderne, montrait l'origine et les progrès de la traite des nègres, réclamait énergiquement non-seulement l'abolition de cet infâme trafic, mais encore celle de l'esclavage lui-même; grandes et réparatrices mesures qu'il lui a été donné de voir réaliser depuis, et dont il peut à bon droit revendiquer l'initiative pour l'éternel honneur de son nom. Il allait même plus loin encore dans l'ouvrage précité, puisqu'il y exprimait formellement l'espoir, « qu'un jour viendrait où dans les îles fertiles de l'Amérique on verrait les nègres africains, graduellement civilisés, obtenir la légitime et paisible possession d'un sol fécondé jadis par les sueurs et les souffrances de leurs pères »

C'est à peu près vers la même époque qu'à la pléiade de jeunes gens de talent au milieu desquels Brougham avait été élevé conçut un projet à l'exécution duquel chacun d'eux consacra désormais tous ses efforts, et dont la réalisation n'a pas exercé une médiocre influence sur la direction de l'esprit public dans la Grande-Bretagne. Nous voulons parler de la fondation de la *Revue d'Édimbourg*.

Lors de la grande crise de 1790, au moment où la révolution française éveillait si puissamment les sympathies de toutes les nations, la ville d'Édimbourg n'était pas restée étrangère à ce mouvement général des intelligences. Une grande partie de sa jeunesse avait hautement embrassé les idées et les espérances de l'époque, mais son imprudent enthousiasme avait été réprimé de la manière la plus sévère par des dispositions législatives. Bientôt, en criant *à la trahison* contre tous les réformateurs politiques, les tories réussirent à mettre de leur côté la grande masse de la population, à éteindre toute étincelle de libéralisme en Écosse, nous pourrions même dire dans la Grande-Bretagne. Fox et les autres membres de l'opposition firent bien retentir le parlement de leurs protestations; mais ils mettaient dans leur langage trop d'emportement et d'indignation pour ne pas compromettre leur influence et leur popularité, à une époque où la nation, dans les paroxysmes de sa fièvre antigallicane, paraissait avoir abdiqué sa raison. Les esprits sages comprirent alors l'inutilité d'une lutte violente, fût-elle même parlementaire, et la nécessité d'amener une réaction dans l'esprit public sans recourir à des armes autres que celles du raisonnement. C'est dans une situation absolument semblable que la France s'est trouvée depuis, à l'époque de la restauration. Là comme chez nous, désespérant d'être jamais écoutés par des majorités parlementaires aussi compactes que bien disciplinées, quand même ils parviendraient à se glisser dans leurs rangs, les amis de la liberté et les partisans du progrès, retranchés derrière la presse, ne visèrent plus désormais à violenter l'opinion publique, mais à étendre par le raisonnement seul l'empire des idées libérales, convaincus que lorsque les esprits seraient assez mûrs, une révolution toute pacifique serait la conséquence de leur patriotique persévérance. Seulement, en Angleterre, la tâche des novateurs fut plus pénible, de même que le résultat de leurs efforts devait être plus lent, parce que les masses y ét ient encore tout imbues de préjugés et de bigoterie; en France, au contraire, le parti libéral, alors même qu'il était le plus opprimé par le pouvoir, a constamment formé la grande majorité du pays.

En fondant la *Revue d'Édimbourg* Brougham et ses amis ne se proposaient rien moins que une complète rénovation de la presse périodique; or, pour opérer ce grand œuvre il fallait à la fois du talent et du courage. A cet égard nos jeunes écrivains étaient en fonds; et ils firent preuve de tact en choisissant pour théâtre de leur activité la capitale de l'Écosse, ville placée en dehors de l'influence gouvernementale et des agitations politiques. En effet ils étaient sûrs de trouver dans son université, antique foyer de science et de lumière, des intelligences pour comprendre leur entreprise et, au besoin, des talents pour la seconder. L'apparition de leur revue eut toute l'importance d'un événement. Jamais en effet le torysme n'avait encore rencontré d'adversaires si habiles et si énergiques; jamais doctrines si libérales, si fécondes, n'avaient encore été présentées aux méditations du peuple. Et ce ne fut pas seulement par son influence directe que la *Revue d'Édimbourg* opéra en Angleterre, dans l'esprit public, une révolution dont à cinquante ans de distance on retrouve aujourd'hui de si nombreuses traces, mais bien encore par la direction nouvelle qu'elle donna à la presse. Les sciences politiques, restées pour ainsi dire jusque alors le secret et le monopole d'une aristocratique minorité, devinrent à partir de ce moment accessibles à la jeunesse studieuse et à la masse des citoyens. La critique, demeurée aussi jusque alors un vil trafic de calomnies ou de louanges vénales, sortit bientôt de cet état de dégradation pour prendre dans les moindres journaux un ton digne et respectable.

Cependant Brougham ne négligeait pas pour cela les travaux de sa profession, et diverses causes importantes lui fournirent l'occasion de se d stinguer aussi bien comme avocat que comme écrivain. L'une de ces causes, relati.e au titre et aux biens des ducs de Roxburg, ayant été déférée par voie d'appel à la chambre haute, Brougham se chargea de la plaider de nouveau sur ce théâtre si imposant; et le succès qu'il obtint à la barre de la première cour de justice de l'Angleterre fut si grand, qu'il résolut de quitter le barreau d'Édimbourg pour celui de Londres. Il s'attacha à la *cour du banc du roi*, et fut bientôt compté parmi les avocats les plus célèbres de la capitale.

Les luttes du barreau ne suffisaient pas toutefois pour absorber l'activité de son esprit, et au plus fort même de ses succès comme avocat il trouvait encore le temps d'approfondir la grande question de la liberté commerciale, dont le principe triomphe aujourd'hui, mais qu'il eut la gloire de proclamer le premier.

Personne n'a oublié cette époque funeste où la France et l'Angleterre, comme si les champs de bataille leur manquassent pour assouvir les haines qui les armaient l'une contre l'autre, imaginèrent de se faire une guerre de restrictions et d'exclusions commerciales. Aux décrets de Berlin de Napoléon, l'Angleterre répondait par ses *orders in council*, qui déclaraient de bonne prise tout navire neutre qui oserait commercer avec la France, ou même entrer dans ses ports. Dès 1806 Brougham s'était élevé avec force, dans la *Revue d'Édimbourg*, contre cette politique aussi inhumaine qu'insensée; il n'avait même pas hésité à se prononcer dès lors contre la coutume vraiment barbare qui permet de capturer les vaisseaux marchands d'une nation ennemie, et à proclamer qu'il y aurait justice à adopter pour la guerre maritime les principes admis pour la guerre de terre, lesquels n'autorisent la violation des propriétés particulières qu'autant qu'un général s'y trouve contraint pour assurer sa propre subsistance. Il ne comprenait pas, disait-il, comment le pillage des propriétés d'un industrieux négociant peut être sur terre un acte entraînant la flétrissure pour celui qui le commet, et en même temps licite et honorable du moment où il a lieu sur mer. Mais il ne se contenta pas d'appuyer son opinion de considérations empruntées à l'équité naturelle ou à la philanthropie : chargé, en 1808, dans une enquête solennelle, de porter la parole à la barre de la chambre des communes, au nom des négociants intéressés dans la question, il prouva clairement que le mépris des droits des puissances neutres était en définitive beaucoup plus préjudiciable à l'Angleterre qu'à la France. Le discours qu'il prononça en cette occasion, fort de dialectique et puissant d'éloquence, produisit au dehors une impression profonde, sans toutefois convaincre l'assemblée. Deux ans à peine ne furent écoulés, que déjà les faits s'étaient chargés de vérifier ses prévisions; le commerce de notre pays était anéanti et ses ressources épuisées.

Cette triste confirmation donnée à ses doctrines par les événements ouvrit à Brougham les portes de la chambre des communes; cependant, il faut le dire à la honte des villes commerciales dont il avait si bien plaidé les intérêts, aucune d'elles ne le choisit pour mandataire. Ce fut à un pair de l'opposition que Brougham dut son siège à la chambre basse. Le duc de Bedford le nomma en 1810 membre des communes pour son *bourg-pourri* de Camelford. Le nouveau représentant débuta au parlement par attaquer vivement le ministère au sujet de l'opiniâtreté avec laquelle il persistait dans la rigueur de sa politique commerciale, au risque de pousser les Américains à déclarer la guerre à l'Angleterre. Le discours qu'il prononça, en juin 1812, pour demander le retrait des *orders in council*, fut considéré comme l'un des plus brillants et en même temps des plus profonds qu'on eût encore entendus à Westminster. L'effet en fut tel, que le ministère tory, quoique fort de sa majorité et de ses victoires sur le continent, dut céder sur ce point, mais trop tard il est vrai, pour éviter une guerre entre les États-Unis et l'Angleterre. Après un pareil triomphe parlementaire, Brougham crut pouvoir se porter candidat à la représentation de la ville de Liverpool; mais son compétiteur, Canning, l'emporta. Ce fut là, entre ces deux hommes d'État, le prélude d'une rivalité à laquelle la mort de Canning seule mit un terme. A la suite de cet échec électoral, Brougham resta pendant deux ans éloigné du parlement; et pour y rentrer il lui fallut encore, comme à son début, profiter d'une fiction de droit constitutionnel et accepter le mandat législatif d'un autre bourg-pourri, Winchelsea, propriété du duc de Cléveland.

Pendant les années qui suivirent la conclusion de la paix générale en 1814, Brougham appliqua presque exclusivement son attention aux intérêts commerciaux et à la détresse du pays. Les différents discours qu'il prononça à ce sujet seront toujours précieux à consulter pour quiconque voudra étudier l'histoire du progrès et de la décadence de la prospérité commerciale de l'Angleterre. La Sainte-Alliance et ses projets rétrogrades n'eurent pas dans le parlement d'adversaire plus constant, plus redoutable que lui. Ses énergiques accents retentirent bien au delà du détroit, et ne contribuèrent pas peu à tirer les populations du continent de l'état de stupeur dans lequel les avait jetées le triomphe de l'oligarchie européenne à Waterloo. Une des questions dans lesquelles il déploya sans contredit le plus de talent, d'éloquence et de patriotisme, fut celle de l'instruction primaire, soulevée en 1818. Castelereagh lui-même fut obligé de rendre hommage à la supériorité que déploya Brougham dans cette mémorable discussion. Il échoua toutefois dans ses efforts pour donner une application plus généralement utile aux riches fondations des établissements d'instruction supérieure, ou, en d'autres termes, et pour employer le jargon naguère à la mode, *démocratiser* l'instruction publique. Il n'en déploya que plus d'activité en dehors de la sphère parlementaire à l'effet de propager l'instruction dans les classes inférieures. C'est ainsi qu'il exposa ses vues sur cette importante question dans un livre remarquable intitulé : *Pratical Observations upon the Education of the People* (Londres, 1835), et qu'il seconda de toute son influence la création de la Société pour la diffusion des connaissances utiles, laquelle a publié depuis 1825 une nombreuse collection d'ouvrages à l'usage du peuple, dont fait partie un livre de Brougham ayant pour titre : *A Discourse on the objects, advantages and pleasures of Science* (1827). En 1835 il fut nommé lord recteur de l'université de Glasgow, et il contribua beaucoup vers la même époque à la création de l'université de Londres.

Peu de temps auparavant, un incident fameux à jamais dans nos annales parlementaires était venu mettre le sceau à la popularité de son talent. Nous voulons parler du honteux procès d'adultère intenté en plein parlement par Georges IV à la reine son épouse. Brougham, choisi par cette princesse pour son défenseur, déploya dans sa plaidoirie une si noble éloquence, qu'il réussit à enflammer les passions populaires en faveur de sa cliente.

Brougham prit la part la plus active aux délibérations

48.

relatives à l'émancipation des catholiques (1828 et 1829), grande mesure d'équité que le parti des whigs avait toujours appelée de ses vœux; acte solennel de réparation, dont, contre l'attente générale, l'honneur revint au duc de Wellington, hautement renié par son parti dans cette occurrence. Un autre remarquable triomphe de Brougham à la chambre basse fut le discours qu'il prononça à propos d'une motion relative à l'amélioration de la procédure civile et criminelle et des lois pénales anglaises, et cette discussion lui fournit l'occasion de signaler les nombreux abus qui souillaient l'administration de la justice et des lois.

Cependant l'opinion libérale avait fait insensiblement tant de progrès dans la nation, que Brougham avait pu résigner le patronage du duc de Cléveland et obtenir les suffrages des électeurs d'un grand et important comté, celui d'York. Une glorieuse révolution s'était accomplie en France, et avait excité l'admiration de toutes les nations européennes. Plein de sympathie et d'enthousiasme pour la victoire remportée en juillet 1830 par le principe révolutionnaire, le peuple anglais ne demandait qu'un prétexte pour imiter ses voisins. Dans cette crise terrible le duc de Wellington, alors premier ministre, étant venu avec sa légèreté habituelle déclarer en plein parlement qu'à ses yeux la réforme parlementaire était une mesure aussi inutile que pernicieuse, Brougham proposa aussitôt sa célèbre motion pour la réforme du parlement; et le duc, abandonné par sa majorité, dut résigner ses fonctions. La formation d'un ministère whig ne laissait pas cependant que d'offrir de nombreuses difficultés; Brougham refusa longtemps d'entrer au conseil; mais lord Grey, chargé de la composition du nouveau cabinet, vainquit ses répugnances en lui offrant la plus éminente dignité du royaume, la place de lord chancelier; et Brougham, créé, au mois de novembre 1830, baron du royaume sous le titre de *Brougham and Vaux*, vint s'asseoir sur le sac de laine et présider la chambre haute. En cette qualité il lui fut donné de prêter un puissant concours à la réforme parlementaire, grande et juste mesure politique, qui n'eut pas dans la chambre haute de plus habile ni de plus opiniâtre défenseur que le nouveau lord chancelier; il faut d'ailleurs ajouter à sa louange qu'il sut prêcher d'exemple dans son département, en détruisant sans rémission les nombreux et lucratifs abus que l'usage autorisait dans la chancellerie et dont ses différents prédécesseurs ne s'étaient pas fait faute de profiter. CROWE, de Londres.

L'une des premières mesures législatives proposées par lord Brougham fut la réforme de la législation en matière de banqueroutes, réforme opérée en dépit de la vive résistance de tous les gens de loi, habitués à vivre grassement en eau trouble. En même temps il donnait un remarquable exemple de désintéressement et d'abnégation personnelle en réduisant de 7,000 livres sterling (175,000 fr.) le chiffre des émoluments attachés à ses fonctions.

Les tories ayant ressaisi le pouvoir à la fin de 1834, lord Lyndhurst remplaça en qualité de chancelier lord Brougham, qui par quelques indiscrétions s'était attiré l'inimitié des chefs du parti whig et celle du roi Guillaume; aussi quand les whigs revinrent aux affaires l'année suivante, ne fut-il point appelé à faire partie du nouveau cabinet. Cette exclusion, sans rejeter précisément Brougham dans le parti tory, le mit cependant dans une espèce d'opposition à l'égard des whigs; et il se laissa alors aller à concourir à quelques actes (par exemple au blâme exprimé en 1838 par la chambre au sujet de l'administration de lord Durham au Canada) qu'on ne peut expliquer que par une irritation personnelle. Au reste, il demeura constamment fidèle aux grands principes qu'il avait professés toute sa vie, notamment sur la réforme électorale, sur la législation relative aux céréales, sur l'éducation populaire et l'émancipation des nègres. Pendant un séjour qu'il fit à Paris en 1839, il publia sous le voile de l'anonyme une brochure sur la situation respective des partis en France. En 1840 il se prononça contre O'Connell, et indirectement contre le ministère whig, dans un remarquable discours où il jetait une vive lumière sur l'état de l'Angleterre, en même temps qu'il y traitait de la plus douloureuse des plaies dont souffre ce pays : la condition sociale et politique de ses classes laborieuses. Il indiquait comme unique remède à la situation l'abolition de la législation restée jusque alors en vigueur en matière de céréales, et une extension nouvelle à donner au droit de représentation politique. En 1842 il se prononça de nouveau pour l'abolition complète de toutes les restrictions apportées au commerce des grains, sauf à ne procéder que graduellement dans cette œuvre réparatrice.

Lord Brougham n'est pas seulement l'un des plus grands jurisconsultes que l'Angleterre ait jamais eus, il possède en outre les connaissances les plus variées dans presque tous les autres domaines de la science. L'un des premiers orateurs du parlement en ce qui est de la finesse et souvent du mordant de l'esprit, de l'éclat du débit, de la vigueur et de la flexibilité de l'organe, il n'a jamais eu de rival comme dialecticien. Autant il brille comme homme politique, autant dans la vie privée il montre d'amabilité et de bienveillance à tous ceux qui l'entourent. Fidèle en amitié, il est d'un commerce aussi sûr qu'agréable.

Nous sera-t-il permis maintenant d'ajouter, dans l'unique intérêt de la vérité historique, qu'avec l'âge ce qu'il y avait d'excentrique dans le caractère de lord Brougham n'a fait que se manifester avec plus de force et l'a poussé à certaines démarches en désaccord complet avec tous les principes de sa carrière antérieure. Ses paroles et ses actes trahissent trop souvent une certaine irritabilité nerveuse à laquelle, par exemple, il faut sans doute attribuer l'étrange sortie qu'il se permit à l'égard du chevalier Bunsen, envoyé de Prusse à Londres, qui à la séance de la chambre haute du 17 juin 1850 s'était placé dans la tribune attribuée aux pairesses. Il salua d'abord la révolution française de 1848 de ses plus sympathiques acclamations, et alla même alors jusqu'à demander au ministre de la justice du gouvernement provisoire, Crémieux, si en raison de la propriété qu'il possède aux portes de la ville de Cannes, et où il a l'habitude de venir passer ses vacances parlementaires, il ne pourrait pas se faire recevoir citoyen français. Mais il ne tarda point à complétement changer d'idées à cet égard, ainsi qu'on peut le voir dans sa *Lettre au marquis de Lansdowne*, où il s'exprime au sujet de la révolution de Février et de ses auteurs dans les termes les plus amers. Il n'a pas fait preuve d'une moindre inconséquence à l'occasion de la fameuse exposition universelle de Londres. Après s'être prononcé de la manière la plus vive contre ce projet quand il en fut pour la première fois question, et après avoir déclaré qu'il le regardait comme dangereux pour le commerce anglais, il en devint tout à coup l'un des plus chauds partisans.

Lord Brougham a beaucoup écrit depuis qu'il n'occupe plus de fonctions publiques. Entre autres ouvrages qu'on a de lui nous citerons, indépendamment du recueil de ses discours (4 vol., 1838) et d'un *Essai sur la Constitution anglaise* (1844) : *Sketches of Statesmen of the time of Georges III* (1839) et *Lives of Men of Letters and Science who flourished in the time of Georges III*. Sur le frontispice d'un domaine qu'il possède près de Cannes (Var), on lit ce distique :

Inveni portum : spes et fortuna valete,
Sat me lusistis; ludite nunc alios.

BROUGHTON (Archipel de), groupe d'îles basses, situées dans l'Océanie, archipel des Fidgi, à l'est de la Nouvelle-Zélande, par 44° de latitude sud et 178° de longitude ouest. Il se compose des îles *Cornwallis, Pitt* et *Chatam*. Cette dernière est la plus considérable de toutes; sa longueur peut aller à 48 kilomètres; le terrain s'y élève graduellement, et forme, dans l'intérieur, des collines d'un aspect agréable. Bien que la végétation y ait beaucoup de force, les arbres n'y atteignent guère qu'une élévation moyenne. Les habitants sont des hommes de moyenne taille, vigoureux, bien proportionnés. Leur corps n'offre aucune trace de tatouage. Une peau de phoque et une natte tressée avec art forment leur vêtement. Leur teint est d'un brun foncé, et leurs traits sont vivement accusés. Ils ont des filets et des lignes fabriqués avec un beau chanvre qui croît probablement dans leur île. Cet archipel tire son nom du navigateur Brougthon, qui le premier le visita. Le nom du même navigateur a également été donné à un autre groupe d'îles, situé sur la côte occidentale de l'Amérique septentrionale, au nord de l'île de Vancouver, par 50° 47' nord et 128° 66' longitude ouest et découvert pendant le voyage de recherches entrepris par Vancouver.

BROUGHTON (WILLIAM-ROBERT), navigateur anglais, né dans le comté de Glocester, mort à Florence, en 1821, commandait le brick *le Chatam* dans la célèbre expédition de Vancouver. Il découvrit en 1790 plusieurs îles à l'embouchure de l'Orégon, sur la côte occidentale de l'Amérique du Nord et leur donna son nom. Il reconnut en outre l'archipel du Japon, la côte orientale de l'Asie, et une partie de l'Océanie. En 1797 il eut part à la prise de Java, en qualité de commodore.

BROUILLAMINI, terre rouge et visqueuse, espèce de bol, que l'on a confondu avec le *bol d'Arménie*, et d'où serait venu son nom, selon quelques étymologistes. On lui attribuait autrefois de grandes vertus médicales; mais son usage le plus réel était celui que les peintres en faisaient pour appliquer l'or à leurs ornements, et les potiers pour teindre leurs pots en rouge. On désigne généralement aujourd'hui sous ce nom, ou sous celui de *bol en bille*, en pharmacie, des masses de bol de la grosseur et de la longueur du doigt.

Brouillamini se dit, dans un autre sens, et dans une acception familière ou burlesque, de tout ce qui est obscur, embarrassé; il est alors synonyme d'*imbroglio*, et tire, comme lui, son origine du verbe *brouiller*.

BROUILLARD. Les brouillards, que l'on observe fréquemment en Europe, paraissent le soir et le matin. Ils sont la suite du refroidissement de l'atmosphère. Pendant la journée, la température de l'atmosphère s'élève, l'air peut retenir la vapeur formée à la surface de la terre; le soir, la terre perd par le rayonnement une partie de la chaleur qu'elle a reçue du soleil, elle se refroidit et refroidit l'air atmosphérique; celui-ci abandonne une partie de la vapeur qu'il a dissoute pendant la journée; cette vapeur se précipite sur la terre, et il arrive souvent que le brouillard disparaît quelques heures après le coucher du soleil; quelquefois il dure toute la nuit. Enfin il arrive que le brouillard ne se manifeste que le matin, c'est-à-dire vers le moment où la terre a perdu le plus de chaleur. La cause des brouillards étant une fois indiquée, il est facile de se rendre raison de ces diverses circonstances. La présence d'un brouillard doit produire le même effet que celle d'un nuage sur le refroidissement de la terre; elle doit le ralentir. Aussi a-t-on remarqué qu'en général le froid est peu intense pendant que la terre est couverte de brouillards.

Les pièces d'eau un peu étendues, les lacs, les rivières, etc., sont souvent couverts, le soir et le matin, de brouillards plus ou moins épais. Voici pourquoi : la surface de l'eau se refroidit moins que la terre et que l'air, parce qu'à mesure qu'une couche se refroidit, elle se précipite et est remplacée par une nouvelle couche plus chaude, en sorte que, pour que la surface d'une pièce d'eau soit à la température à laquelle elle serait si elle ne changeait pas de position, il faut que toute la masse d'eau ait subi le même refroidissement qu'elle a subi d'abord. La surface d'une eau courante ou tranquille doit donc être, en général, plus chaude que l'air et que la terre qui l'environnent; mais la couche d'air qui est immédiatement en contact avec elle prend sa température et se sature de vapeur. Cette couche d'air chaud et humide s'élève, se mêle à l'air plus froid, abandonne de la vapeur et produit un brouillard. Si l'air est agité par la pluie ou par le vent, la température de l'air est sensiblement uniforme; la couche qui touche la surface de l'eau n'a pas le temps de se saturer de vapeur, il ne doit pas se former de brouillard; c'est ce que l'observation confirme.

Quoique les brouillards doivent généralement leur origine à l'humidité, ils ne sont pas tous de même nature. Assez souvent i's répandent une odeur fétide, qui atteste qu'ils peuvent retenir et entraîner diverses substances gazeuses autres que la vapeur de l'eau; parfois même ils semblent tellement chargés de particules étrangères, qu'ils mouillent à peine les corps avec lesquels ils se trouvent en contact, et qu'on a pu les désigner sous le nom de *brouillards secs*. Ces brouillards agissent chimiquement sur la végétation : ils fertilisent la terre en la pénétrant à l'époque des labours et des semailles, et ils ajoutent plus tard à la nourriture que les feuilles puisent dans l'atmosphère. Mais si leur durée est trop longue, ils contribuent indirectement, en abaissant la température, en arrêtant les rayons lumineux et en entretenant une humidité particulière, à faciliter la propagation de la rouille des blés, du charbon, de la carie, l'avortement des fleurs, la coulure des fruits, etc.

BROUILLARD (*Comptabilité*). Voyez LIVRES DE COMMERCE.

BROUILLE, rupture momentanée, altération légère dans le commerce de l'amitié. Diminutif de brouillerie, *brouille* n'est usité que dans la conversation et le style familier : On dit qu'il y a de la *brouille* dans le ménage, qu'après la *brouille* vient le raccommodement, etc. Ce mot paraît être tout moderne, et ne date peut-être que du commencement de ce siècle.

BROUILLER, de l'italien *brogliare*, *imbrogliare*, s'emploie dans l'acception de mêler, d'établir de la confusion ou du désordre dans les affaires, dans les idées ou entre les personnes.

En termes d'équitation, *brouiller un cheval*, c'est le conduire si maladroitement, qu'on l'oblige à agir sans règle; un cheval *se brouille* lorsque par trop d'ardeur, ou par l'inhabileté de son cavalier, il confond tous les mouvements qu'on lui imprime.

BROUILLERIE, commencement de discorde, dissension légère qui divise et menace d'altérer les sentiments dans la famille ou l'amitié. Les brouilleries les plus légères quand elles sont fréquentes détruisent à la longue les affections et usent l'amitié, tandis qu'elles fortifient l'amour. Aussi, les amants, s'ils cessent d'aimer, ne se querellent-ils pas longtemps : ils se quittent. Pascal appelle *brouilleries* des disputes hérissées de chicanes. Toutefois, si le mot brouillerie a figuré dans le style noble, il n'a pu s'y maintenir, et n'est guère admis maintenant que dans le style simple ou familier.

Brouillerie, dans un autre sens, était un amas d'objets de peu de valeur, qui ne méritaient pas d'être décrits séparément. On dit aujourd'hui *broutilles*.

BROUILLON, celui qui brouille et confond toutes choses faute de réflexion ou de discernement. C'est un vice de tempérament insupportable dans la vie privée et dangereux dans les affaires publiques. Dans le premier cas le brouillon parle sans savoir ce qu'il dit, agit sans avoir la conscience de ce qu'il fait; il affirme ou dénie au hasard, comme il place et déplace sans motif ce qu'il touche. En politique le brouillon est un ambitieux, qui trouble l'État par amour du changement, par inconstance d'esprit. Il n'a point de vues profondes, de plan médité, il s'abandonne à son penchant et s'élance dans les révolutions par goût ou pour venger une injure. A Rome, Clodius était un *brouillon*, César un *politique*.

Brouillon se dit aussi des premières idées jetées sur le papier et destinées à être revues, corrigées, transcrites de nouveau. Dans la tenue des livres, *Brouillon* est synonyme de *Brouillard* ou *main-courante* (voyez Livres de Commerce).

BROUISSURE. *Voyez* Brulure (*Agriculture*).

BROUNISTES, disciples de Robert Brown, qui se sépara de l'Église dominante par suite des mesures sévères adoptées à partir de 1573 contre les puritains. Dans ses attaques passionnées, il ne ménageait pas plus les presbytériens que l'Église épiscopale; car, bien que partageant quelques-unes des doctrines des premiers, il condamnait leur constitution synodale et presbytérale, comme contraire aux traditions apostoliques. Suivant lui, chaque communauté devait former une société ou congrégation (d'où le nom de *congrégationnalistes*) subsistant par elle-même et se gouvernant elle-même, indépendante de toute autorité étrangère. Cette constitution, dans laquelle chaque membre de la communauté avait les mêmes droits et la même puissance, entraînait la nécessité de la suprématie des majorités. Chaque communauté élisait librement son ministre ou lui ôtait ses pouvoirs, et ce prêtre n'avait point le privilège de l'enseignement, car chaque frère avait le droit de prophétiser. En ce qui touche la liturgie, Robert Brown condamnait toutes les formules de prières, ainsi que le mode d'administration des sacrements et la cérémonie ecclésiastique du mariage. Après la mort de Brown, ses partisans, dont le nombre augmenta plutôt qu'il ne diminua, sous la direction de leur deuxième docteur, le jurisconsulte Henri Barrow (d'où le nom de *barrowistes* qu'on leur donne aussi quelquefois), se virent forcés, par suite des persécutions dirigées contre eux, de se réfugier en Hollande, et de s'établir à Amsterdam, Middelbourg et Leyde. C'est dans ce pays que John Robinson, leur chef à Leyde, mort en 1626, leur inspira des idées plus modérées, et transforma leur communauté en celle des *indépendants*, qui plus tard prit une si grande importance politique. Vers 1643, les uns revinrent s'établir en Angleterre, et les autres passèrent dans l'Amérique septentrionale. Aujourd'hui, les *indépendants* ne diffèrent des autres sectes protestantes que parce qu'ils rejettent toute formule de foi et ne font point ordonner leurs prêtres.

BROUNISTES (*Hist. médicale*). *Voy.* Brown (John).

BROUSSA. *Voyez* Brousse.

BROUSSAILLES, mauvais bois qui profite peu, tels que haies, buissons, ronces, épines, bruyères, etc. On a dit autrefois *brossailles*.

BROUSSAIS (François-Joseph-Victor), naquit à Saint-Malo (Ille-et-Vilaine), le 17 décembre 1772. A peine avait-il terminé ses études classiques au collége de Dinan, que la révolution survint. Pendant quinze mois il servit l'État, d'abord comme simple grenadier, puis en qualité de sous-officier. Durant les trois premières années de la république il fut employé comme chirurgien sous-aide, dans la marine militaire, à Saint-Malo, dans les différents hôpitaux de Brest, et à bord des vaisseaux français. Il reçut de son père les premières notions de chirurgie, et il commença à étudier l'anatomie sous la direction de Billard et Duret. Pendant deux ans il exerça sur une corvette de l'État les fonctions de chirurgien de seconde classe. Revenu dans ses foyers en 1798, Broussais continua ses études médicales par l'étude de la botanique, de la matière médicale, et la lecture des livres de médecine. Muni de tant d'instruction et de connaissances pratiques déjà étendues, il se rendit à Paris en 1799, où pendant quatre années il suivit les cours qui s'y faisaient alors, et fut reçu docteur en 1803, après avoir soutenu une thèse qui portait pour titre : *De la fièvre hectique, considérée comme dépendante d'une lésion d'action des différents systèmes, sans vice organique*. Après avoir exercé la médecine pendant deux ans dans la capitale, Broussais fut nommé médecin militaire, et successivement il exerça l'art de guérir dans les hôpitaux de la Belgique, de la Hollande, de l'Autriche et de l'Italie. Revenu à Paris en 1808, pour refaire sa santé, que les fatigues de la guerre avaient altérée, il publia son *Histoire des Phlegmasies ou inflammations chroniques*, fondée sur de nouvelles observations de clinique et de pathologie, et presque aussitôt il repartit continuer les fonctions qui lui étaient confiées. Ce fut le moment où commença pour Broussais une existence nouvelle, le moment où il entreprit la réforme médicale à laquelle il s'est dévoué jusqu'à son dernier jour. Pendant six ans il remplit les fonctions de médecin principal à l'armée d'Espagne. La restauration le ramena à Paris, où il fut désigné comme second professeur à l'hôpital militaire du Val-de-Grâce, devenu hôpital d'instruction.

La publication de l'*Histoire des Phlegmasies chroniques* avait surpris la France, et en particulier l'école de Paris, livrée au charme des systèmes de nosologie. On n'y jurait que par Pinel, Sauvages et Alibert; Brown, Cullen et Sydenham y recevaient aussi de fervents et aveugles hommages. Broussais, qui avait abandonné son livre à sa propre fortune, se fiant à l'importance des idées qu'il contenait du soin de le faire rechercher, fut très-étonné de voir qu'on le connaissait à peine, et qu'il devait le discrédit où il était tombé dès son apparition à la critique peu fondée qu'en avait faite Pinel dans le *Journal de Médecine*, publié par Corvisart, J.-J. Leroux et autres. Il sentit aussitôt que sa vie devait être une existence de lutte pénible, mais nécessaire au triomphe des opinions scientifiques qui avaient sa foi. Il accepta donc cette condition attachée à l'œuvre de tout réformateur, avec l'ardeur que donne une conviction profonde, la constance d'un homme que rien ne saurait faire dévier, et toute l'habileté d'un tacticien expérimenté. Dès 1815 il commença à se livrer aux fonctions de l'enseignement particulier, et lorsque par la puissance de sa parole, appuyée de la puissance plus irrésistible encore des faits, il se fut créé un auditoire disposé à suivre ses traces, il porta un noble défi à ses adversaires et à cette masse d'indifférents qui préfèrent le repos de l'ignorance aux inquiétudes de la recherche.

Dès 1817 parut l'*Examen de la Doctrine Médicale généralement adoptée et des systèmes de nosologie*. Le gant fut aussitôt ramassé qu'il avait été jeté : un haro universel s'éleva contre le réformateur audacieux qui portait une main téméraire sur l'arche sainte des systèmes nosologiques. La première édition de l'*Examen des Doctrines*, devenue si rare aujourd'hui, est avant tout un livre de critique, entrepris dans le but de combattre les systèmes nosologiques qui régnaient alors, en remontant jusqu'à Brown, qui les animait de son esprit, comme Sauvages les avait guidés dans leur fausse et minutieuse analyse. Les jugements passionnés, les attaques de l'ignorance et de la mauvaise foi ne manquèrent pas à ce livre. Broussais riposta avec autant de courage que de résolution. On en trouve des témoignages nombreux dans les travaux de polémique qu'il inséra pendant longtemps au *Journal universel des Sciences Médicales*, ainsi que dans les articles dogmatiques qu'il publia dans plusieurs volumes du grand *Dictionnaire des Sciences Médicales*. Du reste, le ton qui régnait dans la polémique de Broussais ne permettait guère à ceux qu'il attaquait de rester impassibles. A la multiplicité des faits et à la profondeur du raisonnement il joignait l'ironie, le sarcasme, et des qualifications peu bienveillantes pour ses adversaires. Logicien rigoureux et sévère, il ne négligeait aucune occasion de mettre dans toute leur nudité les fautes de raisonnement de ses ennemis. Habile à saisir le point faible d'une discussion, il s'y attachait avec une hardiesse que rien ne pouvait arrêter. Observateur sagace, analyste sévère, sa polémique devenait formidable pour ceux qu'il combattait, en raison de la prodigieuse multiplicité des faits pratiques qu'il déroulait à leurs yeux.

En 1821, Broussais publia la deuxième édition de l'*Examen des Doctrines Médicales*, ouvrage tout neuf, relativement à la première édition, depuis longtemps épuisée, en ce que l'auteur y agrandit son point de vue, et du rôle de critique s'élève à la fonction, autrement digne et importante, d'historien de la science. Mais dans cette édition, la partie critique occupe encore une si large place, que le plan historique de l'auteur n'y est pas nettement dessiné. Aussi beaucoup de noms et de systèmes qui eurent une haute influence sur la marche de la science s'y trouvent-ils négligés ou à peine indiqués, quelquefois méconnus et mal jugés. Dans la troisième édition du même ouvrage, qui a paru de 1829 à 1834, Broussais fait de nombreux efforts pour effacer de plus en plus le critique à l'ombre de l'historien. Mais son livre, quelque remarquable qu'il soit, n'est point encore une histoire de la médecine.

En 1822 Broussais fonda les *Annales de la Médecine physiologique*, journal qui devint le théâtre de sa lutte avec les médecins, et où il publia par fragments son *Traité de Physiologie pathologique*, et, sous le titre de *Commentaire des propositions de pathologie*, un véritable traité de médecine. Des efforts qu'il déployait Broussais reçut la plus belle récompense. La doctrine physiologique devint au bout de peu d'années la théorie à laquelle se rattachèrent la très-grande majorité des médecins de France et de Belgique; elle pénétra en Espagne, en Italie, et dans les deux Amériques ; il n'y eut que l'Angleterre et l'Allemagne qui furent pour elle deux terres ingrates, où jusqu'ici elle n'a pu jeter de racines un peu profondes. Nommé en 1820 premier professeur à l'hôpital du Val-de-Grâce, Broussais fut appelé dès sa fondation à l'Académie royale de Médecine, en qualité de membre titulaire, en même temps que l'Académie des Sciences et la Faculté de Médecine le repoussaient.

La réforme médicale tentée par Broussais offre deux moments bien distincts : le *Traité des Phlegmasies chroniques*, la première édition de l'*Examen des Doctrines Médicales* et les leçons orales en remplissent la première période. Renverser l'hypothèse de l'essentialité des fièvres, combattre ce que l'auteur a nommé l'*ontologie médicale*, et la poursuivre jusqu'en ses derniers retranchements, étudier les phlegmasies aiguës et chroniques sous toutes leurs formes, dans toutes leurs périodes, voilà ce que fit Broussais jusqu'en 1821. Avec la seconde édition de l'*Examen des Doctrines*, et la fondation des *Annales de la Médecine physiologique*, commence une autre phase de la vie scientifique de leur auteur. Il s'agit moins pour lui de continuer à défendre une cause désormais gagnée dans l'esprit des médecins, à savoir la non-essentialité des fièvres et la théorie des phlegmasies aiguës et chroniques, que de faire reconnaître l'*irritation* comme la loi générale de la vie, considérée à l'état normal et à l'état anormal. Cette grande tâche, Broussais l'a remplie de 1821 à 1828. Mais à cette époque la doctrine physiologique, qui semblait désormais à l'abri de toute atteinte sérieuse, se crut menacée, sinon dans son existence, au moins dans ses progrès, par la résurrection de l'*éclectisme philosophique*, qui engendra presque aussitôt l'*éclectisme médical*. Laënnec venait de mourir, emportant avec lui cet esprit étroit de polémique sophistique, qui, avec son talent d'observation, contribua si puissamment à la grande réputation dont il jouit de son vivant. Il arriva à la doctrine physiologique que, ne pouvant plus l'attaquer dans son ensemble, on crut triompher d'elle en lui faisant quelques concessions, et en mettant des doutes plus ou moins ingénieux à la place des principes que l'on contestait. M. Andral, qui accepta cette mission de pur dévouement (car elle n'exige ni courage ni puissance de création), fut celui qui planta en regard de la bannière dogmatique de Broussais le drapeau pâle et timide de l'éclectisme médical.

Broussais sentit tout ce qu'il y avait d'habilement perfide dans les concessions qui lui étaient faites, bien que ceux qui les lui faisaient obéissent tout simplement à leur propre conviction. Il sentait aussi que l'éclectisme médical devait nécessairement conduire à un scepticisme aussi pénible pour le médecin que dangereux pour le malade. Déjà les rangs de ses zélateurs, s'ils ne s'éclaircissaient point encore, s'ébranlaient manifestement : on lui reprochait de n'avoir pas découvert une loi générale, puisque tous les phénomènes physiologiques et pathologiques ne pouvaient être expliqués par la théorie de l'*irritation*, lui-même n'ayant jamais songé à ramener les fonctions et les désordres du système nerveux sous l'empire de sa loi générale. Il nous semble que c'est à cet état de choses que nous devons le livre publié en 1828 sous le titre de *l'Irritation et de la Folie*, où son auteur essaye de rattacher à l'histoire de la science sa propre découverte (tant il est vrai que les hommes de génie ont toujours besoin de se sentir liés à la tradition!), et combat l'éclectisme philosophique et médical avec la même ardeur qu'il avait mise à poursuivre l'ontologie médicale.

En 1831 Broussais reçut enfin une tardive justice : la Faculté de Médecine l'admit dans son sein. Lors du rétablissement de l'Académie des Sciences morales et politiques, en 1832, il fut appelé à en faire partie. Il était en outre commandeur de la Légion d'Honneur et inspecteur général du service de santé des armées. Dr Léon Simon.

Le choléra, qui en 1832 vint décimer la population de Paris, fut pour Broussais l'occasion d'une nouvelle polémique. Mais Casimir Périer ayant été atteint par le fléau, Broussais ne put le sauver; ses adversaires s'emparèrent de cette occasion pour critiquer plus que jamais le système de l'irritation.

Parmi les dernières publications de Broussais, une des plus importantes est son *Cours de Phrénologie*, qui parut en 1836.

Broussais mourut à Vitry, près de Paris, le 17 novembre 1838. Ses cendres ont été déposées au Val-de-Grâce, où un monument lui a été élevé par souscription.

BROUSSAIS (ANNE-MARIE-CASIMIR), fils du précédent, naquit à Saint-Servan (Ille-et-Vilaine), le 10 février 1803. Il se livra à l'étude de la médecine sous la direction de son père, et en 1831 il commença à être attaché aux hôpitaux comme chef de service. En 1833 il entra au Val-de-Grâce comme professeur. Il fut enlevé à la science au mois de juillet 1847.

Les principales publications de Casimir Broussais sont, outre un grand nombre d'analyses, d'observations et de rapports de médecine, sa thèse pour l'agrégation *sur l'anatomie pathologique*, publiée en 1829; sa thèse soutenue en 1833 au concours pour la chaire de clinique interne, sur cette question : *Existe-t-il des maladies générales primitives ou consécutives?* (in-4° de 28 pages); *Atlas historique et bibliographique de la Médecine* (1829); *Hygiène Morale* (1837); *Lettre sur la Fièvre Typhoïde* (1842); *Histoire des Méningites cérébro-spinales qui ont régné épidémiquement dans différentes garnisons en France, depuis 1837 jusqu'en 1842* (1843); etc.

BROUSSE ou BOURSAH, l'ancienne *Pruse*, capitale de la Bithynie, devenue plus tard la résidence des sultans turcs, dans l'eyalet d'Anatolie, située au pied de l'Olympe ou Keshish, montagne boisée haute de 1500 mètres, dans une ravissante situation, à 29 kilomètres de Mundania, sur les bords de la mer de Marmara, compte 60,000 habitants dont 6,000 Arméniens, 4,000 Grecs et 2,000 Juifs. La ville proprement dite est en partie construite sur des rochers coupés à angle droit et entre lesquels s'élèvent de grands arbres. Elle est entourée de remparts et de fortes murailles; un château fort, bâti sur un autre rocher et dont les murs, d'origine cyclopéenne, attestent la haute antiquité, la domine. Elle est le siège d'un pacha, d'un mollah, d'un métropolitain grec et d'un archevêque arménien. On y voit deux palais impériaux, un nombre infini de mosquées, entre autres celle des trois sultans (Mourad Ier, Bajazet Ier et Mohammed Ier); la mosquée du sultan Orkhan et celle de Mourad Ier se distinguent par leur architecture et leurs proportions grandioses; trois églises grecques et une église arménienne, plusieurs synagogues, de magnifiques promenades, des jardins admirablement dessinés et riches en ombrages, d'excellentes sources thermales, une foule de fontaines et de nombreux caravansérails. Les habitants fabriquent de la gaze, du velours, des étoffes de soie, des toiles, des tapisseries, des têtes de pipe, des étoffes et des broderies d'or et d'argent, dont on exporte annuellement de 3 à 4,000 quintaux pesant, et qu'on expédie, avec du vin, du safran, de la térébenthine, de la noix de galle, etc , à Smyrne, à Constantinople et à Angora. Les Grecs et les Arméniens y vivent très-rigoureusement séparés les uns des autres dans les deux petits faubourgs situés au bas de la ville et entourés chacun de fossés et de ponts-levis. Le monument du sultan Othman Ier, orné de marbre et de jaspe, est situé en dehors de la ville, dans le voisinage de laquelle on trouve aussi les bains de Jenni et d'Eski-Kaplizza. Dans la montagne d'Eskischehir, voisine de Brousse, et aussi à Klitshik, on trouve beaucoup d'écume de mer, qu'on taille en têtes de pipe à Brousse même, mais qu'on ne sculpte qu'à Vienne, à Lemgo et dans d'autres villes. Dans ces derniers temps, Brousse est singulièrement déchue de son antique prospérité.

Prise, en 1325, par Orkhan, fils d'Othman, pendant la dernière maladie de son père, Pruse, ou Brousse, devint alors la capitale des sultans othomans. Ce prince y fonda, en 1334, avec une magnificence vraiment royale, une mosquée, un hôpital et une académie, qui devint si fameuse par le mérite de ses professeurs, qu'on y accourait en foule du fond de l'Arabie et de la Perse. Mourad Ier, s'étant emparé d'Andrinople en 1360, y transporta la résidence des sultans. Bajazet Ier fit bâtir à Brousse une superbe djami ou mosquée, avec une medresseh, ou collége. Cet orgueilleux monarque ayant été vaincu et fait prisonnier par Tamerlan, Brousse fut conquise par le vainqueur en 1402. On y prit la femme et les deux filles de Bajazet; et, quoiqu'un des fils du sultan en eût enlevé le trésor public, on y trouva des richesses immenses; les perles et les pierres précieuses s'y mesuraient au boisseau. Après avoir brûlé Brousse, Tamerlan la rendit à Mousa, l'un des fils du sultan. Bajazet y fut enterré l'année suivante. Ses fils s'en disputèrent la possession durant quelques années : elle resta à Mahomet Ier, qui mit fin à l'anarchie. En 1413 le sultan de Caramanie assiégea cette ville, dont il pilla les faubourgs. En 1481 le prince Djem, ou Zizim, disputant l'empire à son frère Bajazet II, fut proclamé sultan à Brousse, dont les habitants lui fournirent des sommes considérables. Lorsque après ses revers et son long séjour en France, ce prince eut été empoisonné en Italie, son corps, réclamé par Bajazet, fut transporté à Brousse pour y être enterré. En 1490 un violent incendie consuma cette ville. En 1693, sous le règne d'Achmet II, Misri-Effendi, cheik ou mollah de Brousse, enrôla trois mille derviches sous son étendard, et se rendit à Andrinople, où il déclama contre le gouvernement dans la grande mosquée. Le sultan triompha de sa révolte, et s'empara par ruse de sa personne; mais il n'osa sévir contre lui, et le fit reconduire respectueusement dans sa résidence.

BROUSSEL (PIERRE), conseiller à la grand'chambre du parlement de Paris, joua un rôle important dans les troubles de la Fronde. Il s'était toujours prononcé contre les nouveaux impôts, et surtout contre l'accroissement exorbitant des *acquits au comptant*, bons sur le trésor, émis par le roi lui-même, sans être ordonnancés par un ministre, et sans que le motif en fût indiqué.

Le parlement avait cassé le testament de Louis XIII, et, sur la renonciation formelle du duc d'Orléans et du prince de Condé à la régence, il l'avait déférée à la veuve du feu roi, Anne d'Autriche. Il pouvait dès lors la considérer comme responsable des actes de la régence, ou du moins s'arroger le droit et le devoir de contrôler ses actes. Toute la France avait été aussi surprise qu'indignée de voir que le pouvoir fût passé de fait entre les mains de deux étrangers : le cardinal Mazarin avait été fait premier ministre, et le ministère des finances avait été remis à un autre Italien, Emerio, qui, pour avoir francisé son nom (d'Émeri), n'en était pas moins étranger. Cette double promotion avait contrarié de hautes ambitions; l'augmentation des impôts excitait de violents murmures. A la tête des frondeurs se signalait René de Longueil de Maisons, président à mortier. Le conseiller Broussel partageait ses opinions et ses vœux pour la réformation des abus; plus que septuagénaire, il avait encore toute l'énergie du jeune âge, et manifestait avec la plus courageuse franchise sa haine contre le despotisme ministériel La cour, effrayée de l'opposition du parlement et de son refus d'enregistrer les nouveaux édits bursaux, après avoir essayé de la violence et des moyens de séduction, avait été forcée de céder. Le parlement réclamait 1° la diminution des impôts; 2° l'établissement d'une cour de justice chargée de surveiller l'emploi des revenus de l'État et de poursuivre les ministres et les autres agents concussionnaires; 3° la suppression des intendants; 4° l'abolition des *acquits au comptant*. La régente, ou plutôt son premier ministre, avait envoyé au parlement une déclaration où l'on faisait les plus belles promesses pour l'avenir, et qui en réalité ne bornait à une modique réduction des impôts existants. On délibéra longtemps si cette déclaration serait préalablement soumise au rapport d'une commission : la majorité opina pour l'affirmative. Le conseiller Broussel osa se charger du rapport; ses conclusions ne furent point favorables au pouvoir.

Le duc d'Orléans s'était constitué médiateur entre la cour et le parlement ; il insistait pour l'enregistrement. Broussel persistait, au contraire, à soutenir ses conclusions pour le rejet « Le nom d'intendant, disait-il , est si odieux et si suspect au peuple, qu'il faut en abolir et en ôter la mémoire; il faut le rayer de nos fastes, comme de mauvais augure et pernicieux à la *république*. » Nos pères n'entendaient par ce mot que l'*intérêt général du pays*. Les délibérations du parlement sur cette déclaration se prolongeaient; mais il était facile d'en prévoir le résultat. La cour fit remettre une nouvelle déclaration, moins restreinte, et qui ne fut pas mieux accueillie. Tout rapprochement devint dès lors impossible ; le ministère était à bout de voie : la nouvelle de la victoire de Lens lui rendit le courage et l'espérance ; il se hâta d'exploiter à son profit l'enthousiasme populaire. Le ministère affecta la modération ; il semblait ne pas vouloir profiter de ses avantages. Il flattait le parlement. Mais Mazarin méditait un odieux guet-apens contre les membres qui s'opposaient à ses usurpations. L'exécution du coup d'État fut ajournée au 26 août (1648), jour fixé pour le *Te Deum* : toutes les cours souveraines y assistèrent; le parlement s'y rendit en plus grand nombre qu'à l'ordinaire, précisément parce que la cour avait fait répandre le bruit qu'il avait résolu de rester étranger à cette solennité. Toutes les rues, depuis le Palais-Royal jusqu'à Notre-Dame, étaient bordées de gardes françaises et de gardes suisses, qui continuèrent à stationner après le retour du roi et de son cortége. Cette circonstance fut remarquée et provoqua dans le public une agitation inquiète. Cominges, lieutenant des gardes de la régente, qui avait ordre d'arrêter Broussel, le président de Blancménil et Charton, était resté à l'église après la cérémonie : on s'étonnait qu'un officier des gardes du corps n'eût pas suivi la cour.

Les membres du parlement étaient encore à Notre-Dame, on leur donna avis du stationnement extraordinaire des troupes de la garde royale, et on en concluait que leur liberté était menacée. Tous sortirent en même temps et avec précipitation; ils s'écoulèrent par toutes les issues. La foule accourue pour voir le cortége circulait sur le parvis et dans les rues voisines, où l'on s'aperçut du mouvement : des groupes nombreux se formèrent. Cominges avait envoyé deux exempts pour se saisir de Blancménil et de Charton ; celui-ci, prévenu à temps, s'était évadé. Lui-même s'était réservé l'*expédition* la plus difficile : la régente attachait la plus haute importance à l'arrestation du vieux Broussel, et avant de sortir de la cathédrale elle avait réitéré ses ordres à Cominges, « Allez, lui avait-elle dit ; et que Dieu vous assiste ! » L'officier avait combiné son plan : il avait envoyé d'avance son carrosse, quatre gardes et un exempt à l'extrémité de la rue Saint-Landri, où demeurait Broussel. Les portières étaient abattues, les mantelets levés pour pouvoir donner des ordres en cas d'attaque. Cominges s'empare de la porte de la maison, y laisse deux gardes, et pénètre dans l'appartement du magistrat. Le vieillard achevait son dîner ; sa famille était réunie ; il n'était vêtu que d'une vieille robe de chambre. L'officier lui signifie l'ordre de la reine, et présente la lettre de cachet. Broussel ne demande que le temps de s'habiller ; sa famille se précipite éplorée ; une vieille servante se place à une fenêtre, et crie à la foule qu'on vent enlever son maitre. Les groupes grossissent, on se dispose à briser le carrosse : les gardes en défendent l'approche. Cominges arrache le vieillard des bras de sa famille, et, le fer sur la poitrine, il le menace de le tuer s'il ne marche à l'instant. Il l'entraîne, et le jette dans le carrosse ; mais au premier détour la foule oppose ses masses compactes, et à peine est-on entré dans la rue des Marmousets, que de l'étude d'un notaire on lance un banc de bois qui barre le passage. Le carrosse ne franchit cet obstacle que pour aller se briser sur le quai des Orfèvres, vis-à-vis de l'hôtel du premier président.

L'officier a perdu l'espoir d'emmener son prisonnier, et ne songe plus qu'à sa sûreté personnelle : il s'élance de la voiture l'épée à la main, traverse les premiers groupes. Des soldats du régiment des gardes accourent à ses cris, le placent au milieu de leurs rangs serrés ; d'autres courent pour s'emparer du premier carrosse venu : il s'en présente un ; ils forcent la dame qui l'occupe d'en descendre, et y font monter Broussel. Le carrosse de Cominges avait été entièrement brisé ; l'autre carrosse se rompt. L'envoyé de la reine était perdu et son prisonnier délivré, si Guitaut, son oncle, capitaine des gardes de la régente, ne fût accouru à son secours. Il se précipite dans ce troisième carrosse avec Broussel, et parvient aux Tuileries, où l'attendait un relais qui le conduit au château de Madrid et de là à Saint-Germain, où il fait coucher le vieillard. Le président Blancménil avait été conduit sans obstacle au château de Vincennes. D'autres officiers des gardes portaient des lettres de cachet à trois conseillers qu'ils étaient chargés de conduire l'un à Mantes, l'autre à Provins et le troisième à Compiègne. Aucun de ces magistrats ne put être arrêté.

Cominges avait conduit à fin sa périlleuse entreprise ; mais Paris était soulevé ; des groupes armés, menaçants, parcouraient la ville ; toutes les boutiques se ferment ; bientôt douze cent soixante barricades s'élèvent comme par enchantement. Le maréchal de La Meilleraie marche à la tête du régiment des gardes. Les flots du mouvement populaire le pressent et l'arrêtent à chaque pas. Aux cris de *Broussel ! Broussel ! Vive le roi seul ! Vive Broussel !* des pierres sont partout lancées sur le maréchal et sur sa troupe ; dégagé par le coadjuteur, il arrive au Palais-Royal. La régente était effrayée ; de nombreux courtisans cherchaient à la rassurer : « Ce n'est qu'un feu de paille, disaient-ils. Que pouvait faire une populace sans chef pour celui qu'elle s'était donné ? Le *tribun du peuple*, Broussel, était au pouvoir de sa majesté. » Les rapports du maréchal et du coadjuteur sont considérés comme l'expression de la peur, qui exagère tout, et les courtisans beaux esprits répondent aux effrayants récits du coadjuteur et du maréchal par des épigrammes et des éclats de rire. Bientôt, cependant, l'émeute gronde autour du palais ; un lieutenant des gardes annonce que le peuple menace de forcer les postes ; le chancelier, pâle et tremblant, à grand'peine échappé aux groupes furieux, confirme l'imminence du danger. Le vieux Guitaut s'écrie : « Il faut rendre ce vieux coquin de Broussel mort ou vif. » Le cardinal de Retz appuie cet avis. « Je vous entends, monsieur le coadjuteur, dit la régente ; vous voudriez que je rendisse la liberté à Broussel ; je l'étranglerais plutôt, de mes mains et ceux qui... » Et elle s'élance sur le coadjuteur avec un geste menaçant ; le cardinal Mazarin l'arrête, lui dit un mot à l'oreille, et sa fureur s'évanouit.

Force était de céder enfin aux Parisiens. On fait publier que les prisonniers vont être rendus à la liberté ; les amis que la cour compte dans le parlement proposent un arrêt qui fasse détruire les barricades et cesser les rassemblements. Mais les Parisiens veulent voir *de leurs yeux* Broussel en liberté, et bientôt le vieux magistrat est tiré de sa prison et ramené à Paris dans un carrosse de la cour, attelé de six chevaux. Son arrivée fut un triomphe : le calme se rétablit ; à sa rentrée au parlement, il fut reçu en audience solennelle et complimenté par le premier président au nom de toutes les chambres. Ce calme, toutefois, ne fut qu'une trêve passagère : un cri général s'élevait contre Mazarin ; le parlement et le peuple demandaient son renvoi. La reine, le roi et le cardinal avaient été forcés de s'enfuir de Paris, les frondeurs restaient maîtres de la capitale. Le vieux Broussel avait été nommé gouverneur de la Bastille après la prise de cette forteresse par le peuple en 1649. Lorsque la paix fut rétablie entre les frondeurs et la cour, il fut convenu qu'il conserverait ce commandement et que le château ne serait pas immédiatement remis au roi. Il eut pour successeur dans ce poste son fils, qui donna quelques années après sa démission, moyennant une indemnité de 90,000 francs. En 1652 les frondeurs, ayant destitué le prévôt des marchands, mirent à sa place Broussel, leur idole. Il avait été, avec un grand nombre de frondeurs, excepté de l'amnistie publiée après la rentrée du roi dans Paris. Le *tribun du peuple* n'était plus redoutable ; il se survivait à lui-même. Il ne s'était nullement opposé à la capitulation qui avait mis fin aux troubles. L'exception dont il fut frappé n'était ni juste ni politique : c'était une infraction à la foi des traités. Le vieillard mourut en exil. Dufey (de l'Yonne.)

BROUSSONNET (Pierre-Marie-Auguste), naquit à Montpellier, le 28 février 1761. Fils d'un médecin, les riches productions du lieu de sa naissance et les collections de son père firent de lui un botaniste avant même son entrée au collège : il connut Linné avant Virgile, et cela eut la plus grande influence sur sa destinée. Sa thèse doctorale *Sur la Respiration* (1778) atteste d'assez grandes connaissances en histoire naturelle : c'est un bon travail de physiologie comparée ; on y trouve à la fois de l'érudition et de la sagacité. Après sa réception, le jeune Broussonnet vint à Paris. Il se lia alors avec les savants de la capitale ; il étudia attentivement les belles collections du Jardin du Roi, et, peu satisfait des classifications de Buffon et de Daubenton, il conçut le projet qu'a depuis réalisé Cuvier, d'appliquer à toutes les parties de l'histoire naturelle la nomenclature si simple et si commode de Linné, qu'il mettait judicieusement au-dessus des autres arrangements systématiques. Peut-être ne prévoyait-il pas plus que Linné lui-même ne l'avait prévu, qu'il arriverait un moment où l'histoire naturelle ne serait plus qu'une vaine liste de noms barbares, qu'un aride catalogue, qu'un puéril alphabet, sans idées, sans vues, sans grandeur, à l'usage de ceux qui, au préjudice de la pensée, distribuent dans l'ordre le plus parfait des milliers de mots stériles dans leur vaine mémoire. Cette nouveauté un peu superficielle attira sur lui l'attention des savants, sans exciter en eux aucune sollicitude de rivalité, puisque après tout les idées de Broussonnet n'étaient qu'un simple reflet de celles de Linné. D'ailleurs, les zoologistes d'alors n'étaient pas fâchés de rompre indirectement, et comme malgré eux, avec Buffon, dont le grand nom, perpétuellement répété de toutes parts, avait quelque chose de blessant pour les contemporains survivants du célèbre écrivain.

Pour mieux accomplir son projet, Broussonnet résolut de visiter les principaux cabinets d'histoire naturelle de l'Europe, espérant y trouver des espèces plus nombreuses que n'en possédait alors le Muséum de Paris. Sa première visite fut pour Londres; la générosité de Banks l'y retint longtemps, et lui rendit le séjour de cette ville aussi agréable que fructueux. C'est à Londres que Broussonnet publia sa *Première décade des Poissons*, commencement d'ouvrage qui le plaça tout d'abord au premier rang des naturalistes et le fit adopter par les deux premiers corps savants de l'Europe : la Société Royale de Londres et l'Académie des Sciences de Paris. Il avait à peine vingt-quatre ans. Broussonnet publia à peu près à la même époque une *Histoire des Chiens de Mer*, un *Mémoire sur les Poissons électriques, les Silures, la Torpille*, etc.; une *Description des Vaisseaux spermatiques des poissons*, un mémoire assez curieux touchant les *mouvements comparés des animaux et des plantes*, et un autre mémoire *sur les dents* des animaux de tout ordre, etc.

Broussonnet aurait pu fournir une carrière brillante sans quitter l'histoire naturelle; mais il se laissa aller à l'inconstance de son caractère, à la tentation provoquée par un administrateur de ses amis, M. Berthier de Sauvigni, qui l'attira vers l'agriculture en le nommant secrétaire de la Société Royale nouvellement instituée à Paris. Plus tard il quitta l'agronomie pour la politique, comme il avait déjà quitté la zoologie pour l'agriculture, et d'abord la botanique pour la zoologie.

Membre de l'Assemblée de 1789, il fut chargé plus tard de l'approvisionnement de la ville de Paris de concert avec Vauvilliers. 1792 vint ensuite lui faire expier par de vifs regrets son ambition des trois années précédentes. Retiré d'abord volontairement dans une campagne des environs de Montpellier, Broussonnet fut ensuite emprisonné, comme girondin, dans la citadelle de cette ville, d'où il s'évada, comme par miracle. Ce fut avec beaucoup de peines, et non sans de grands dangers, qu'il se fraya un chemin en Espagne, où il eût essuyé les plus mortelles privations si la noble amitié de Banks ne se fût ingéniée à lui procurer de secourables consolations en lui expédiant 1,000 guinées. Protégé à Madrid par cet Anglais généreux, Broussonnet s'en vit repoussé par les Français, émigrés et malheureux comme lui, comme lui expiant des erreurs et fuyant l'échafaud, espérant comme lui des jours meilleurs, mais autrement que lui. Il lui fallut donc bientôt quitter Madrid, d'où il passa à Lisbonne; et comme la haine ne manqua pas de le précéder jusqu'au sein du Portugal, il n'avait pour trop heureux de devoir à la protection du duc de La Foëns, président de l'Académie des Sciences de Lisbonne et prince du sang, la permission de vivre caché dans l'hôtel de cette académie. Mais quand l'inquisition du lieu fut instruite par des Français de Madrid que la bibliothèque de Lisbonne donnait refuge à un franc-maçon de Montpellier, force fut à Broussonnet d'aller chercher à Maroc la liberté de vivre inoffensif et ignoré, qu'il n'avait pu trouver dans la péninsule.

Broussonnet s'était trouvé si libre et si heureux à Maroc, qu'au moment où la tranquillité fut rétablie en France il demanda instamment le consulat de Mogador, et plus tard celui des Canaries. Il venait d'être nommé consul au cap de Bonne-Espérance, quand son parent, le célèbre Chaptal, alors ministre de l'intérieur, l'appela à la chaire de botanique de Montpellier, qu'il aurait dû pour son bonheur occuper vingt ans plus tôt. Il succomba, en 1807, à une attaque d'apoplexie, qui avait d'abord déterminé des effets singuliers : après avoir assez promptement recouvré l'usage des sens, les mouvements, les facultés de l'esprit et la parole, Broussonnet ne put jamais ni prononcer ni écrire convenablement les noms substantifs et les noms propres en quelque langue que ce fût, tandis que les épithètes et les adjectifs lui arrivaient en foule. C'est à Broussonnet qu'est due l'introduction en France du *mûrier à papier*, plante dont il avait observé un individu femelle à Oxford, et à laquelle le botaniste Lhéritier a donné le nom de *Broussonnetia* (*voyez* BROUSSONNETIER). Isidore BOURDON.

BROUSSONNETIER, genre de la famille des amentacées, établi par Ventenat en l'honneur du naturaliste français Broussonnet. Il se rapproche beaucoup du genre *mûrier*, et le *broussonnetier à papier* (*broussonnetia papyracea*) avait même reçu de Linné le nom de *mûrier à papier*. Mais le genre *broussonnetier* se reconnaît à un pistil simple et par sa semence qui recouvre le calice.

Le *broussonnetier à papier*, originaire du Japon, est un grand arbre à tête arrondie et à feuilles rudes; les unes à cœur et entières, les autres à deux ou trois lobes; ses fleurs sont dioïques : les mâles sont en chatons et les femelles en forme de petites têtes verdâtres. En automne, il sort de leur calice des filets rouges, saillants, succulents et mangeables. Son écorce sert au Japon à faire du papier. Il s'accommode de toute espèce de terrain, et se multiplie de graines et de marcottes.

Une autre espèce est employée, dans l'Amérique australe, pour teindre en jaune : c'est le *broussonnetia tinctoria*, décrit par M. de Humboldt, et qui se distingue par ses feuilles lisses et ses branches épineuses.

BROUT. On donne ce nom aux jeunes pousses d'arbre que les bestiaux *broutent* au printemps.

BROUTER (de βρύττειν, manger), paître, manger l'herbe ou les feuilles des arbres. *L'herbe sera bien courte, s'il ne trouve de quoi brouter*, se dit d'un homme industrieux qui sait trouver à subsister aisément où d'autres auraient peine à vivre.

BROUTILLES, diminutif de *brout*, menues branches, et au figuré petites choses inutiles ou de peu de valeur.

BROUWER (ADRIEN). *Voyez* BRAUWER.

BROWN (ROBERT), fondateur de la secte religieuse des *brounistes*, était né vers 1550, à Northampton, et avait fait ses études à Cambridge. En 1581 il devint ministre à Norwich, où les Hollandais avaient fondé une communauté anabaptiste, et y fit de nombreux prosélytes, de concert avec le maître d'école Nicolas Harrison. Jeté en prison par suite de l'excessive ardeur de sa polémique, il fut remis en liberté, grâce à l'intervention de son parent Cécil, lord-trésorier, et continua ses prédications passionnées, d'abord à Middlebourg, en Zéelande, où il publia un écrit sur la prompte réformation (Middlebourg, 1582), et ensuite en Angleterre, jusqu'à ce qu'il eut été anathématisé par l'évêque de Peterborough. Il se soumit alors, extérieurement du moins, à l'Église dominante, et obtint une cure dont il dissipa les revenus en menant une vie scandaleuse. A l'âge de quatre-vingts ans il était encore si vert, qu'il rossa d'importance un employé du fisc, fait pour lequel il fut mis en prison; il y mourut en 1630. Sa secte lui survécut.

BROWN (JOHN) naquit en 1735, de parents obscurs, à Buncle, village du comté de Berwick, en Écosse. Les heureuses dispositions qu'il manifesta dès ses plus jeunes années engagèrent ses parents à lui faire faire des études ; mais auparavant ils avaient essayé d'en faire un tisserand. Admis à l'âge de seize ans à l'école latine de Dunse, il y fit de rapides progrès, et au bout de quelques années il obtint une place de sous-maître dans sa classe. En 1755 sa réputation de philologue lui fit obtenir une place de précepteur dans une famille de haute distinction des environs de Dunse, place que ses manières dures et pédantesques lui firent perdre presque aussitôt. Ce fut alors qu'il se rendit à Édimbourg pour se livrer à l'étude de la philosophie et de la théologie, carrière qu'il ne tarda pas à abandonner. De retour à Dunse, en 1758, Brown reprit une place de sous-maître, qu'il occupa jusqu'en 1759, époque où il trouva des moyens d'existence suffisants en traduisant pour quelques misérables guinées les thèses des candidats qui allaient subir leurs examens. Dès ce moment, il s'abandonna sans réserve aux études médicales, où l'appelaient ses goûts et où il devait tenir un rang si élevé. Ayant obtenu des professeurs de l'université la faveur de suivre *gratis* leurs cours, dont le prix était trop élevé pour ses faibles moyens, il ne tarda pas à se concilier de la part des professeurs et des élèves une estime égale à celle dont il avait joui autrefois dans l'école de Dunse. S'étant marié en 1765, il prit des élèves en pension, dans le but de subvenir aux nouvelles dépenses que nécessitait la tenue de sa maison, ce qui lui réussit d'abord ; mais le défaut d'ordre et d'économie qui régnait dans son ménage et les excès auxquels il se livrait depuis quelques années amenèrent la plus grande confusion dans ses affaires domestiques ; Brown fit banqueroute. On dit que depuis lors sa conduite fut d'une scandaleuse irrégularité, et qu'il se livra à la débauche sans mesure comme sans scrupule.

Parmi les professeurs qui brillaient alors à l'université d'Édimbourg, le célèbre Cullen fut de tous celui qui l'entoura de plus de bienveillance. Brown fut admis comme précepteur dans sa propre maison, et Cullen lui facilita les moyens de répéter ses leçons aux étudiants de l'université, moyennant rétribution. Brown fut sensible à l'amitié dont Cullen l'honorait, et pendant longtemps il ne laissa échapper aucune occasion de lui rendre l'hommage que méritaient ses travaux et son caractère. Mais au bout de quelques années une violente inimitié succéda de part et d'autre à cette intimité si profonde.

Ce fut en 1779 que pour la première fois Brown publia son ouvrage intitulé : *Elementa Medicinæ* (éléments de médecine), et qu'il donna des leçons publiques dans le but d'expliquer le système dessiné à grands traits dans son livre. Bientôt les hommes les plus forts de l'université d'Édimbourg s'attachèrent à lui : on ajoute que les plus déréglés des étudiants se passionnèrent pour son système. La conduite de Brown et le ton insultant de sa polémique envers les professeurs de l'université nuisirent à la hardiesse et à la nouveauté de ses idées ; elles furent repoussées, et leur auteur fut accablé de mépris.

Au dix-huitième siècle trois hommes de génie, quoique d'un mérite différent, se disputèrent les suffrages de l'Europe médicale : c'étaient le *vitaliste* Stahl, le *solidiste* Frédéric Hoffmann, et le savant *éclectique* Boerhaave. Mais de même que la philosophie inclinait vers le matérialisme, la physiologie et la médecine s'engageaient résolûment dans les voies du solidisme. Aussi la victoire resta-t-elle à Frédéric Hoffmann, que Cullen continuait à Édimbourg. Toutefois, les théories mécaniques de Fr. Hoffmann, qui faisait de l'homme une simple machine, dont tous les actes pouvaient être nombrés et tous les désordres fonctionnels soumis aux inflexibles prévisions du calcul, avaient quelque chose de trop déterminé et de trop grossier, pour qu'on s'y arrêtât longtemps. A la machine humaine, si ingénieusement combinée par Hoffmann, il ne manquait qu'une chose, la vie. Brown se chargea de la lui donner ; il ressuscita le *vitalisme*.

Selon cet illustre et fougueux réformateur, les êtres vivants diffèrent des corps inorganiques par la propriété d'être affectés par les corps extérieurs de manière à ce que leurs fonctions s'exécutent. Les agents extérieurs et de plus certaines fonctions de l'organisme, comme les contractions musculaires, l'action cérébrale dans le double phénomène de la pensée et des passions, constituent ce qu'il nomme les influences de la vie. L'*incitabilité* est la propriété ou la faculté en vertu de laquelle agissent ces deux genres d'influences : ces dernières sont les puissances *incitantes*, et l'incitation est l'effet résultant de l'impression des puissances *incitantes* sur l'*incitabilité* : c'est la vie elle-même. Inconnue dans son essence, l'*incitabilité* varie selon les individus, les différentes espèces d'animaux et selon les âges. Elle a son siège dans la substance médullaire du cerveau et des nerfs ainsi que dans la fibre musculaire : elle est une et indivisible dans tout l'organisme vivant. Parmi les stimulants (puissances incitantes), il en est de généraux, qui agissent de manière à exciter tout l'organisme ; tandis que d'autres bornent leur action aux endroits sur lesquels ils sont appliqués, et n'affectent l'ensemble du corps humain qu'après avoir produit un changement local. L'incitation résultant de l'action des puissances stimulantes sur l'organisme, si l'action de ces dernières est en rapport parfait avec la somme d'incitabilité répandue dans l'économie, la santé sera le résultat de cette heureuse harmonie. Mais si cette action est trop faible ou trop forte, la santé est troublée, et dans le premier cas il y a accumulation de l'incitabilité dans les organes ou faiblesse directe ; dans le second cas, épuisement de l'incitabilité par la violence du stimulus, ou faiblesse indirecte. D'où, selon Brown, deux classes de maladies : l'une par défaut, l'autre par excès d'incitation.

Dans ce système la santé et la maladie ne sont que des efforts divers du même principe d'action ; c'est-à-dire qu'elles résultent toujours de la désharmonie qui existe entre l'action trop faible ou trop forte de puissances incitantes sur l'incitabilité. Toute maladie est générale ou locale. Les premières sont générales dès leur début, et supposent une *opportunité* ou *diathèse* préalable. Elles proviennent de ce que l'incitabilité a été primitivement affectée. Les secondes affectent toujours un point déterminé de l'économie, ne deviennent générales que dans leur cours, et ne supposent jamais l'opportunité. Partant de ces données, Brown n'admettait en dernière analyse que deux formes générales de maladie : la forme *sthénique* et la forme *asthénique*, en d'autres termes, par excès ou par défaut d'incitation. Il niait de la manière la plus positive les maladies spécifiques, comme la siphilis, la goutte, etc., les *idiosyncrasies* ou dispositions individuelles et les maladies héréditaires. Aussi négligeait-il constamment les caractères qui auraient pu l'éclairer sur les différences que peuvent présenter les maladies, c'est-à-dire les symptômes, qu'il déclarait trompeurs. Pour lui, le rôle du praticien se bornait à reconnaître si la maladie est générale ou locale, sthénique ou asthénique, et à quel degré de sthénie ou d'asthénie elle était parvenue. Cette triple détermination une fois faite, il ne s'agissait plus que de fixer la médication ; chose assez facile, puisqu'il en était des médicaments comme des maladies ; qu'ils étaient ou stimulants ou débilitants, selon qu'ils étaient réputés guérir les maladies asthéniques ou les maladies sthéniques.

Doué d'un esprit éminemment synthétique, Brown releva le vitalisme, entièrement banni par les théories mécaniques de Hoffmann. Par lui, la physiologie et la médecine, à jamais débarrassées du servage des explications physiques et chimiques, ont reconnu une indépendance qu'on essaye encore, mais inutilement, de leur faire perdre. Qu'ensuite *incitabilité* ne soit qu'une hypothèse, qui le nierait ? Qu'il ait erré sur la détermination des maladies *sthéniques* et *asthéniques*, cela se peut, cela est vrai. Mais pour en avoir fait une fausse application, la donnée n'en est pas moins juste, et de nos jours on ne conçoit encore d'autre division rationnelle de la multitude presqu'infinie de maladies dont le corps humain est susceptible, que la *sthénie* et l'*asthénie*, bien qu'on leur donne d'autres noms et qu'on les comprenne différemment. Dans ces derniers temps, l'un des principes cardinaux de la théorie brownienne a été le sujet d'attaques aussi vives que peu méritées. Nous voulons parler de la *diathèse*, dont l'école italienne s'est emparée, que l'école française nie d'une manière exclusive, et à laquelle l'école homœopathique accorde une faveur presque absolue, sans la nommer. Dans notre opinion, il en est de la diathèse de Brown comme de la sthénie et de l'asthénie ; elle ne peut être niée sans absurdité, mais elle demande à être comprise autrement qu'elle ne l'a été jusque ici.

Toute féconde que soit la méthode analytique, à quelques

brillants résultats qu'elle nous ait conduits, elle laisse sans solution aucune les plus hauts problèmes de la science. Si elle nous a conduits d'une manière sûre à la connaissance des altérations de chaque organe et de chaque système organique pris en particulier, elle ne nous a rien appris sur la vie unitaire de tout organisme humain et sur les modifications que la maladie imprime à l'homme tout entier. C'est dans cette direction, abandonnée mal à propos par la médecine française, que se feront désormais tous les progrès que la science médicale attend et désire.

Quoi qu'il en soit de ces réflexions, l'apparition du système de Brown fut le signal d'une lutte acharnée. Ses partisans se liguèrent contre les professeurs d'Édimbourg, les médecins de l'hôpital, et contre la Société de Médecine. On raconte qu'il s'éleva entre les étudiants des disputes si fréquentes et si pénibles que la Société de Médecine émit un règlement en vertu duquel tout membre qui en attaquerait un autre dans une discussion scientifique serait expulsé de la Société.

Par suite de son inconduite, Brown fut mis en prison pour dettes. Ses élèves y allaient assister à ses çons, et là il lançait l'anathème à ses ennemis avec une énergie que rien ne pouvait refréner. Ce fut à cette époque qu'il se livra sans aucun ménagement à l'usage des liqueurs spiritueuses. En 1786 il quitta Édimbourg pour se rendre à Londres, où il espérait que sa situation s'améliorerait. Dès son arrivée, un charlatan se présente, qui lui propose, moyennant une somme considérable, de prêter son nom à des pilules qu'il voulait débiter sous le nom de *pilules excitantes de Brown*. Entraîné par la pauvreté et les besoins que ses excès et la négligence de ses affaires créaient autour de lui, il accepta. Mais sa position n'en reçut aucune amélioration, en raison du genre de vie qu'il menait. En 1787 il publia, sans se nommer, des observations qui étaient écrites pour le peuple. Il ne réussit pas mieux auprès de lui qu'auprès des savants. Enfin, en 1788, accablé de misère et de dégoûts, ruiné par les excès, il périt d'une attaque d'apoplexie, après avoir bu en se couchant une forte dose de laudanum, comme il avait coutume de faire tous les soirs. Brown laissa six enfants, que des secours bienfaisants sauvèrent de la misère, ainsi que sa veuve, pendant les premiers temps qui suivirent sa mort. L'aîné de ses deux fils a parcouru la carrière médicale avec honneur. Dr Léon Simon.

BROWN (Robert), un des savants botanistes de notre temps, est né en 1781. Sur la recommandation de sir Joseph Banks, on l'attacha comme botaniste à l'expédition chargée par le gouvernement anglais, en 1801, d'explorer une partie des côtes de la Nouvelle-Hollande, sous les ordres du capitaine Flinders. Celui-ci se vit forcé, par le mauvais état de son navire, de retourner en Europe, et tomba entre les mains des Français, qui le retinrent prisonnier pendant plusieurs années à l'île-de-France. Brown, qui était resté à la Nouvelle-Hollande avec le peintre de fleurs Ferdinand Bauer, visita d'abord une foule de lieux alors complètement à l'état de nature, et où s'élèvent aujourd'hui de florissantes colonies. Il passa ensuite dans la terre de Van-Diémen, puis aux îles du détroit de Bass, et revint en Angleterre, en 1805, avec quatre mille différentes espèces de plantes de la Nouvelle-Hollande. Le soin de mettre en ordre et de décrire cette collection, la plus riche qu'on eût encore apportée en Europe de ces lointaines contrées, l'occupa pendant plusieurs années.

Choisi par Banks pour être le conservateur de sa collection d'objets d'histoire naturelle, la plus complète qu'un particulier ait jamais possédée, non-seulement il eut désormais un sort agréable et assuré, mais encore les ressources de travail les plus précieuses. Il imprima alors un *Prodromus Floræ Novæ-Hollandiæ*, etc. (Londres, 1810), dont il supprima plus tard toute l'édition, parce que, malgré l'excellence de ce travail, il n'en était pas complètement satisfait. Malgré cette précaution, ce remarquable ouvrage n'est pas demeuré perdu pour le monde savant; car Oken le publia dans son *Isis*, et Nees d'Esenbeck le réimprima (Nuremberg, 1827) avec des notes et des additions. Ce chef-d'œuvre a donné une nouvelle direction à la phytographie. Dans ses *General Remarks on the Botany of Terra Australis* (Londres, 1814), ainsi que dans une publication postérieure, relative à la division des familles de plantes dans la Nouvelle-Hollande, Robert Brown a considéré le monde végétal du point de vue le plus élevé, et prodigué une incroyable richesse de remarques ingénieuses et profondes sur l'histoire de la nature. Par une prédilection qu'on s'explique facilement pour une contrée qui lui a fourni la matière de si belles expériences scientifiques, il publia enfin un *Supplementum primum Floræ Novæ-Hollandiæ* (Londres, 1820), pour lequel d'autres voyageurs mirent à sa disposition les herbiers qu'ils avaient recueillis dans ce pays.

Sa grande et légitime réputation a engagé plusieurs autres voyageurs à le charger de la mise en lumière et de la publication de leurs collections. C'est ainsi qu'il a publié des appendices botaniques aux relations des voyages entrepris dans les mers polaires par Ross, Parry et Edward Sabine, et qu'il a aidé à la publication de son voyage le chirurgien Richardson, qui en accompagnant Franklin dans son expédition avait aussi eu l'occasion de recueillir les matériaux les plus précieux. Il a en outre décrit successivement l'herbier recueilli par Horsfield à Java, de 1802 à 1815, et les plantes rapportées de l'Abyssinie par Salt, de l'intérieur de l'Afrique par Oudney et Clapperton, et de l'expédition sur le fleuve du Congo par Christen Smith, compagnon de Tuckey dans son voyage. Sir Joseph Banks, mort en 1820, l'a institué légataire de ses riches collections et de sa bibliothèque, qui devront à son décès faire retour au *British Museum*.

Brown n'est pas seulement l'homme qui connaît le mieux le règne végétal, il fait servir ces connaissances à un plus noble but. Le système naturel lui doit beaucoup; car, quoiqu'il ait cherché par principe à être aussi simple que possible dans ses divisions et dans son style, quoiqu'il se soit abstenu de toute innovation d'une nécessité douteuse, il a beaucoup contribué à étendre les anciennes familles et à en établir de nouvelles. Il a beaucoup travaillé aussi sur la physiologie des plantes. Une de ses plus belles découvertes est celle du mouvement, encore mal expliqué, des particules moléculaires dans le pollen. Ses *Mélanges de Botanique* sont une mine féconde. En 1849 il a remplacé l'évêque de Norwich dans la présidence de la Société Linnéenne.

BROWNE (Georges, comte de), feld-maréchal russe, était né en Irlande, le 15 juin 1698, d'une ancienne famille noble catholique. Après avoir fait ses études à Limerick, il entra en 1725 au service de l'électeur palatin, puis en 1730 au service russe avec le grade de capitaine. Une émeute, dans la répression de laquelle il ne déploya pas moins de courage que de résolution, lui fournit bientôt l'occasion de se mettre en évidence, et à partir de ce moment jusqu'en 1762 il prit part à toutes les guerres que la Russie eut à soutenir. Fait prisonnier des Turcs à Kroska, il fut à trois reprises successives vendu comme esclave, et ne recouvra la liberté que grâce à l'intervention de l'ambassadeur de France à Constantinople. Dans la guerre de Sept-Ans, qu'il fit avec le grade de général major, il fut fait prisonnier par les Prussiens à l'affaire de Zorndorf. Ayant réussi à s'évader, il fut blessé si grièvement, qu'il ne put plus rejoindre son corps.

L'empereur Pierre III le nomma feld-maréchal; l'intention de ce prince était de faire sous ses ordres la guerre qu'il s'était décidé à déclarer au Danemark. Browne n'ayant pas craint de déclarer à l'empereur que cette guerre serait aussi injuste qu'impolitique, Pierre III lui fit donner l'ordre de résigner toutes ses dignités et de quitter le territoire russe. Il n'avait pas encore eu le temps d'obéir, que déjà l'empereur le faisait rappeler en sa présence pour lui rendre ses grades et honneurs, et le nommer gouverneur de la Livonie, fonctions qu'il conserva pendant trente ans, et dans l'exercice desquelles il rendit d'importants services à cette province. En 1779 Joseph II le créa comte de l'Empire. Quelques années avant de mourir, il demanda à l'impératrice Catherine II de lui accorder sa retraite : « Non, monsieur le comte, lui répondit l'impératrice : il n'y a que la mort qui pourra nous séparer. » Browne mourut à Riga, le 18 septembre 1792. Vingt ans auparavant, il avait lui-même fait faire son cercueil, qu'il examinait fréquemment. Il avait aussi l'habitude de se faire lire chaque année l'acte contenant l'expression de ses dernières volontés.

BROWNE (MAXIMILIEN-ULYSSE, comte DE), cousin du précédent et feld-maréchal-général autrichien, était né en 1705, à Bâle, d'un père qui avait été obligé de quitter l'Irlande comme partisan de Jacques II, pour entrer au service de l'empereur, et qui mourut en 1721 avec le grade de colonel et le titre de comte de l'Empire, qu'il avait obtenu en 1716. Il embrassa jeune encore la profession des armes, se distingua dans la campagne d'Italie, contre les Français et les Sardes en 1734, fit de 1737 à 1739 trois campagnes contre les Turcs, et, en récompense de ses services, fut nommé feld-maréchal-lieutenant et membre du conseil aulique. Lorsqu'éclata la guerre de la succession d'Autriche, il opposa en 1740 une vive résistance à l'invasion de la Silésie par les Prussiens. Obligé de battre en retraite devant des forces supérieures, il opéra sa jonction avec le feld-maréchal Neipperg, et commanda l'aile droite à la bataille de Mollwitz, le 10 avril 1741. L'année suivante, en qualité de plus ancien des feld-maréchaux-lieutenants, il exerça le commandement supérieur à la bataille de Chotusitz près de Czaslaw. Il fit ensuite les campagnes de Bavière, de Bohême, du Rhin et d'Italie jusqu'à la mort de l'empereur Charles VII. En 1746 il commanda l'armée des Impériaux en Italie, contribua puissamment au gain de la sanglante bataille de Plaisance, et se rendit maître des défilés de la Bocchetta, fait d'armes qui entraîna la soumission de Gênes. En récompense de ses services, il fut, à la paix, nommé gouverneur de la Transylvanie. En 1751 il reçut le commandement général de la Bohême, et fut élevé en 1754 au grade de feld-maréchal général. Lorsque Frédéric le Grand recommença la guerre, Browne, qui manquait de tout, tant la cour de Vienne avait été prise à l'improviste, déploya une telle activité, qu'il put bientôt entrer en campagne; mais il fut battu à Lowositz, le 1er octobre 1756, et ne put dégager l'armée saxonne enfermée entre Kœnigstein et Pirna. Il contraignit cependant les Prussiens à évacuer la Bohême. Appelé à Vienne, il opina pour qu'on prît l'offensive, mais il ne fut pas écouté. Grièvement blessé à la bataille de Prague, où il déploya la plus grande bravoure (6 mai 1757), il mourut le 26 juin 1757, à Prague, des suites de ses blessures. En disant que c'était du feld-maréchal Browne qu'il avait appris la science de la guerre, Frédéric II fit de ce guerrier la plus belle oraison funèbre qu'il eût pu ambitionner.

BROWNING (ROBERT), poète anglais moderne, naquit vers 1810. Il débuta par un conte en vers, *Pauline*, suivi bientôt d'un drame, *Paracelse* (1835), où il tenta la réhabilitation de ce philosophe, en y ajoutant les portraits de quelques-uns de ces esprits profonds qui amenèrent la Réforme. En 1837 Browning fit représenter *Strafford*, tragédie historique où il peint avec vigueur la vie et le caractère de l'infortuné ministre de Charles Ier. En 1848 il publia un recueil d'essais dramatiques sous le titre *Bells and pomegranates*, où l'on remarque un grand changement dans son style et une tendance sensible à se rapprocher de la réalité. Son dernier ouvrage, *Christmas eve, and easter day* (1850), est un poème philosophico-religieux, rempli de pensées hardies et riche en descriptions poétiques, mais où l'on trouve encore trop de ces singularités, de ces bizarreries, qui déparent les autres créations du poète. — La femme de Browning, *Élisabeth* BARRET, s'est aussi acquis un nom dans la littérature par sa *Casa Guidi windows* (1851), où elle peint avec éloquence l'état politique actuel de l'Italie.

BROYE, BRAYE ou BRAYOIRE. Cet instrument, que dans quelques localités on appelle aussi *brisoir*, *maque* ou *tillotte*, sert pour rompre le fil du chanvre à une certaine longueur, et pour séparer la filasse de la chènevotte. Cette petite machine est on ne peut plus simple. Deux pièces de bois réunies à l'une de leurs extrémités correspondantes la composent principalement. A cette extrémité elles s'embrèvent l'une dans l'autre, le tenon de l'une des pièces étant maintenu dans la mortaise de l'autre à l'aide d'une cheville ou axe traversier très-résistant. La pièce inférieure est montée sur quatre pieds de banc, dont les deux antérieurs sont plus élevés que les deux autres; l'espèce de table du banc est donc fortement inclinée : cette disposition procure plus de solidité, et elle offre en outre de la commodité au teilleur pour son travail. Assez communément, le banc de la broye est formé d'une pièce de bois de 12 à 15 centimètres d'équarrissage, et de $2^m,25$ à $2^m 50$ de long. Cette pièce est creusée dans presque toute sa longueur par deux grandes mortaises, larges de 3 centimètres, qui la traversent dans toute son épaisseur. Les trois languettes que laissent entre elles ces mortaises sont taillées en couteau non tranchant dans leur partie supérieure. Une autre pièce moins large que la première, qui porte une poignée du bout opposé au chevillage, et qui a sur son prolongement deux semblables languettes, taillées pareillement en couteau et par-dessous, est attachée sur la première par une cheville de fer qui la traverse, comme nous l'avons dit plus haut, à l'autre extrémité, et fait l'office d'une goupille de charnière. Les deux languettes de la pièce supérieure entrent dans les rainures de la pièce inférieure.

L'ouvrier broyeur, ou plutôt la broyeuse, car c'est presque toujours une femme, tient d'une main une poignée de tiges de chanvre, qu'elle engage entre les mâchoires de la broye, dont elle élève et abaisse successivement la poignée. Par cette manœuvre, les chènevottes sont brisées à plusieurs reprises; en réitérant l'opération, et en tirant un peu à elle sa poignée de chanvre elle force la majeure partie des chènevottes à se séparer de la filasse. L'ouvrière secoue ensuite fortement ce qu'elle tient, pour faire tomber les chènevottes qui adhèrent encore. Cette filasse, ainsi nettoyée assez imparfaitement, et qui retient encore en grande quantité des fragments de chènevottes, se plie en deux, se tord grossièrement, et, dans cet état, elle attend le sérançage.

Dans ces derniers temps, plusieurs philanthropes et spéculateurs ont rêvé aux moyens de substituer à toute espèce de rouissage du chanvre un broyage perfectionné qui pût éviter cette opération insalubre; mais il faut malheureusement reconnaître que tant de travaux n'ont eu qu'un résultat fort incertain et fort contesté, pour ne pas dire pis. La filasse donnée par les procédés purement mécaniques s'est toujours montrée dure, cassée, courte, et les déchets sont très-considérables.

Les fragments des tiges qui résultent du broyage et du sérançage servent quelquefois à faire des allumettes, ou pour chauffer les fours des boulangers. Le charbon qui en provient est réputé, dans la fabrication de la poudre à canon, comme égal à celui de la bourgène. PELOUZE père.

BROYEUR (Art du). Un grand nombre de substances plus ou moins dures exigent un broyage préalable à leur emploi. Le plus communément on entend par *broyage* celui des couleurs pour la peinture à l'huile ou en détrempe.

L'art du broyeur est en général pénible, quand il s'exerce sans le secours de moteurs étrangers à la force mécanique de l'homme, et dans ce cas il ne peut même guère avoir pour objet que de petites masses. D'ailleurs, la malpropreté du métier rebute, et le danger des émanations délétères exige de grandes précautions pour s'en garantir; car un grand nombre de couleurs sont tirées du règne minéral, et ce sont des poisons plus ou moins subtils, qu'il est extrêmement dangereux de respirer. Le mélange même qui en est fait avec l'*huile, loin de diminuer le danger*, ne fait souvent que le rendre plus difficile à éviter. Si d'une part l'huile s'oppose à la diffusion des poussières dans l'atmosphère que l'on respire, de l'autre la dissolution qu'elle opère d'une petite portion des substances malfaisantes les rend plus ou moins vaporisables, et dans ce cas le danger est imminent : c'est ce qui a lieu principalement dans le broyage des oxydes de plomb. Aussi les vues des philanthropes se sont-elles depuis longtemps tournées vers les moyens de substituer le travail des mécaniques à celui de l'homme dans le broyage des couleurs de peinture. Le but qu'on se proposait a été en grande partie atteint. Nous en avons sous nos yeux à Paris un heureux exemple dans le *bateau broyeur*, qui fonctionne depuis nombre d'années avec succès et économie en rivière, et qui est amarré contre le quai de l'Horloge.

Néanmoins, comme ces moyens mécaniques sont malheureusement fort loin d'avoir partout remplacé le broyage à main d'homme, rappelons que quand on broie à sec il faut avoir soin de se placer dans un courant d'air déterminé par un feu d'appel dans une cheminée à l'extrémité opposée de l'atelier. De plus cet art exige des précautions et une grande propreté. Le broyeur doit fréquemment nettoyer sa pierre et sa molette, à l'aide de son couteau et d'un peu d'huile; il ne doit pas souffrir les espèces de couennes qui se forment par l'action de l'air. Cette propreté devient d'autant plus indispensable à la fin de chaque broyage, que si l'on a à changer de couleur, on doit éviter le mélange des teintes. Quand la pierre et la molette ont été décrassées, il est bon de les essuyer avec de la mie de pain médiocrement tendre pour achever le nettoyage; on peut même finir, pour plus de précaution, par un lavage avec une dissolution alcaline faible, une grande affusion d'eau ensuite pour faire disparaître l'alcali, et un séchage convenable.

Il serait assez inutile de décrire minutieusement la manœuvre du broyage : elle consiste principalement à écraser d'abord avec le coin de la molette la substance qu'on veut réduire en poudre ou en pâte fine. On travaille ensuite par un mouvement circulaire imprimé à la molette. On n'humecte la couleur, soit d'huile, de colle ou d'eau de gomme, que graduellement, et à mesure que la sécheresse de la masse en fait sentir le besoin. Le mouvement circulaire tend continuellement à refouler la matière à la circonférence de la pierre; il faut donc de temps à autre la ramener au centre, à l'aide du couteau ou spatule de broyeur; on rassemble la couleur en un tas; on la reprend par parties et successivement; on continue à broyer, et ainsi de suite. Les pierres à broyer et les molettes sont généralement de porphyre, de grès compacte ou de marbre. Pelouze père.

BRUANT, genre d'oiseaux appartenant à l'ordre des passereaux , et qui se distingue facilement à son bec conique, court, droit, sans aucune échancrure, et dont la mandibule supérieure, plus étroite et rentrant dans l'inférieure, a au palais un tubercule saillant et dur. Ce sont de petits oiseaux dont le chant est monotone, qui se nourrissent de graines pendant l'hiver, de graines et d'insectes pendant l'été, qui ont peu de prévoyance, donnent dans tous les pièges qu'on leur tend, et sont recherchés comme petit gibier. Il y en a diverses espèces dans les deux continents; nous citerons seulement celles que l'on trouve en France.

Le *bruant commun* ou *bruant jaune* (*emberiza citrinella*, Linné), long de 0ᵐ, 17, a le dos fauve, tacheté de noir, la tête et tout le dessus du corps jaune, les deux pennes externes de la queue à bord interne blanc; il est répandu dans toute l'Europe, depuis la Suède jusqu'en Italie. Il établit son nid soit à terre, sous une motte, au milieu de l'herbe, soit dans un buisson ou sur les basses branches d'un petit arbre. Ce nid, composé à l'extérieur de mousse, de feuilles et de paille, est garni en dedans d'un petit matelas de crin et de laine, sur lequel la femelle pond, plusieurs fois par an, quatre ou cinq œufs d'un blanc sale, tachetés de brun. Cette mère a tant d'affection pour sa progéniture, qu'elle se laisse souvent prendre à la main sur ses œufs plutôt que de les abandonner. Ces oiseaux ne s'enfoncent guère dans l'épaisseur des bois; ils se tiennent sur leur lisière, le long des haies, dans les bosquets et les taillis. L'hiver ils se rapprochent des habitations en troupes innombrables, et sont alors très-faciles à prendre.

Le *bruant fou* (*emberiza cia*, Linné) habite particulièrement les contrées montagneuses, et n'est que de passage en France. Il diffère du précédent en ce qu'il a le dessous gris roussâtre, et les côtés de la tête blanchâtres, entourés de lignes noires en triangle. Son nom vient de la facilité avec laquelle on le prend à l'aide de toute sorte de pièges; mais cette espèce de folie n'est, dit Buffon, qu'une maladie de famille, que le bruant dont il s'agit ici a seulement dans un plus haut degré.

Le *bruant des haies* ou *zizi* (*emberiza cirlus*, Linné) est long de 0ᵐ, 16. Il a les parties supérieures variées de roux et de marron, les parties inférieures d'un jaune clair, la gorge et le haut du cou noirs, les sourcils jaunes, les moustaches noires, le plastron jaune, la poitrine cendrée avec ses côtés roux ainsi que ceux du ventre, la tête et la nuque olivâtre tacheté de noir. La femelle a les parties inférieures plus ternes et la poitrine maculée de roussâtre. Ces oiseaux sont plus communs au midi que dans nos contrées; cependant on en voit chaque année quelques individus, au printemps et en automne, dans les environs de Paris. Leur chant, que l'on a cherché à rendre par les syllabes, *zis, zis, zis, zis, gor, gor, gor*, a, malgré sa monotonie, quelque chose d'agréable, surtout quand il se mêle à celui des autres oiseaux. Aussi recherche-t-on ce bruant pour le garnir les volières, dans lesquelles on le nourrit avec du chènevis et de la navette, et où il vit ainsi en captivité pendant cinq ou six ans.

Le *bruant des roseaux* (*emberiza schœniculus*, Linné), a chez le mâle, le bec noir ainsi que la tête, la gorge et le devant du cou, un collier blanc sur la partie supérieure du cou, une ligne au-dessus, des yeux et une bande au-dessous de la même couleur, le dessous du corps d'un blanc teinté de roux, les flancs un peu tachetés de noirâtre, les pennes des ailes et de la queue d'un beau brun et frangées de roux, excepté les deux dernières de chaque côté de la queue, dont la plus interne est toute d'un blanc de neige et la suivante seulement bordée de blanc. Dans la saison des amours, le bec prend une teinte jaunâtre, les joues sont d'un roux brun, la gorge entièrement noire, le dessous du corps d'un blanc pur avec des taches noires sur les côtés. Il a 0ᵐ, 15 de longueur. La femelle, un peu plus petite que le mâle, en diffère d'ailleurs par la privation du collier et de teinte noire sur la gorge, par la tête variée de brun et de roux clair, et par les parties blanches de son plumage, qui sont souvent plus ou moins lavées de roux. Cet oiseau, que l'on trouve depuis les provinces méridionales de l'Italie jusque dans les régions froides de la Suède et de la Russie, niche au bord des lacs, des rivières et des marais. Il attache aux roseaux un nid composé de joncs secs et de mousse, garni de poils intérieurement, et dans lequel il pond quatre ou cinq œufs, d'un gris foncé, avec des taches et des raies brunes; il affectionne les lieux marécageux pour fréquenter les plaines et les hauteurs, où il recherche sa nourriture le long des haies et dans les champs cultivés. Il s'élève peu de terre, et ne se perche que sur les buissons ou les petits arbres. Au printemps le mâle fait entendre nuit et jour un gazouillement assez remarquable. On nourrit ces oiseaux en cage avec de la navette, du chènevis et du millet ; mais ils supportent difficilement la captivité.

Nous consacrons des articles spéciaux au *proyer* et à *l'ortolan*, qui appartiennent aussi à ce genre. Enfin, le *bruant de neige* ou *ortolan de neige* (*emberiza nivalis*, Linné) est long de 0^m 175. Son plumage, composé principalement de blanc, de noir et de roux, varie, quant aux proportions de ces diverses couleurs, selon les époques de l'année : en hiver il devient presque tout blanc ; mais même lorsque la robe d'été est complétement formée, il reste toujours sur l'aile une large bande longitudinale blanche, qui fait reconnaître cet oiseau. Il a pour patrie les contrées les plus septentrionales de l'Europe, d'où il descend dans les plus grands froids, pour se répandre dans le nord de la France et de l'Allemagne, qu'il ne fait que parcourir, en troupes assez nombreuses. Démezil.

BRUANT (Libéral), architecte du milieu du dix-septième siècle, est moins connu aujourd'hui que ses ouvrages ne pouvaient le faire présumer. C'est à lui que sont dus les plans de l'hôtel des Invalides, dont il conduisit l'exécution, à la réserve du dôme, ajouté postérieurement à l'extrémité de l'église ; et c'est cette partie, sans doute la plus magnifique et la plus brillante de tout l'ensemble, qui a pu contribuer à obscurcir le renom de celui qui n'eut à sa disposition que le côté utile. Architecte du roi, Bruant a encore partagé avec d'autres architectes la conduite de l'église des Augustins, dite aujourd'hui des Petits-Pères, dont Pierre Le Muet avait jeté les fondemens. Il partage aussi avec Le Van l'honneur d'avoir donné les dessins de l'église de la Salpétrière.

Cet artiste, qui fut un des huit membres fondateurs de l'Académie d'Architecture, mourut vers 1697.

BRUCE (Robert), roi d'Écosse. Ce fameux Robert Bruce, dont les *faits* et *gestes* bien avérés ont atteint ou surpassé les plus romanesques aventures que les poètes aient prêtées à leurs fabuleux héros, avait à la fois dans ses veines le sang des *rois de la mer* (les corsaires normands), et celui des monarques galliques de l'Écosse. Son père, Robert Bruce, comte d'Annandale et de Carrick en Écosse, de Cléveland en Angleterre, était né d'un autre Robert Bruce, surnommé *Edel* ou *le Noble*, puissant baron de race normande, et d'Isabelle d'Écosse, fille du prince David, comte d'Huntingdon.

Après la mort du roi d'Écosse Alexandre III et de sa petite-fille Marguerite, dite la Vierge de Norvège, qui le suivit de près au tombeau, une effroyable confusion s'éleva dans ce royaume : il ne se présenta pas moins de dix prétendants, parents ou alliés à divers degrés de la famille royale qui venait de s'éteindre : parmi eux figurait le lord d'Annandale, père de notre héros. Dans une contrée habitée par des races diverses, hostiles les unes aux autres, régies partie par le système féodal, partie par l'aristocratie patriarcale des chefs de clans, une assemblée nationale ne pouvait résoudre pacifiquement la question ; les grands écossais eurent donc recours à la médiation d'Édouard Ier, roi d'Angleterre, et le prièrent de décider entre les compétiteurs. Édouard leur signifia qu'avant de recevoir un roi de sa main, ils eussent à le reconnaître lui-même comme seigneur suzerain de l'Écosse. Chacun des candidats s'étant déclaré prêt à tenir la couronne du roi d'Angleterre en qualité de vassal, Édouard choisit John Baliol ou de Bailleul, comte de Galloway. Plus tard, Bailleul s'étant décidé à recourir aux armes, le monarque anglais se rapprocha de Bruce, lui fit espérer la dépouille du *rebelle*, et lui persuada de se joindre avec ses partisans aux ennemis de l'Écosse. Bailleul fut vaincu et détrôné : Bruce vint alors réclamer la promesse du roi d'Angleterre. « Croyez-vous que nous n'ayons rien à faire qu'à vous conquérir des royaumes ? » lui répondit brusquement Édouard. Bruce s'éloigna, la rage dans le cœur ; cependant ses vaines espérances le ramenèrent encore aux pieds du tyran.

Ce n'était pas auprès d'un tel père, ni à la cour de l'oppresseur de l'Écosse, que le jeune Robert Bruce pouvait acquérir des notions bien exactes de ses devoirs envers sa patrie. Aussi, lorsque l'illustre William Wallace eut soulevé l'Écosse contre la tyrannie anglaise, et que la reconnaissance nationale eut promu ce grand homme à la dignité de régent, Robert suivit le lord d'Annandale dans les rangs de l'armée qu'Édouard conduisait contre Wallace, et combattit à Falkirk contre les Écossais (1298). Ceux-ci succombèrent après une héroïque résistance : le lord d'Annandale, qui enviait la gloire de Wallace, et le soupçonnait de vouloir se faire roi à son détriment, s'attacha vivement à la poursuite du régent d'Écosse. Il arriva sur les bords du Carron à l'instant où Wallace venait de franchir ce torrent étroit et rapide : ils se reconnurent, s'interpellèrent l'un l'autre, et entamèrent un entretien dans lequel Bruce reprocha d'abord à Wallace sa prétendue ambition, et les maux qu'il causait à l'Écosse en se jetant pour son intérêt personnel dans des périls insurmontables ; mais le régent se disculpa si noblement, et, prenant l'offensive à son tour, fit si bien sentir à Bruce l'indignité de sa propre conduite, que le lord d'Annandale resta comme atterré, puis partit en silence, sans songer davantage à inquiéter la retraite de Wallace. Le jeune Robert avait assisté à cette scène ; quelques historiens prétendent même que ce fut lui qui adressa la parole à Wallace : quoi qu'il en soit, l'entrevue du torrent de Carron fit sur lui une impression ineffaçable. Lord Annandale mourut peu après, rongé de chagrin et de remords.

Telle est la version la plus accréditée sur l'occasion qui dessilla les yeux de Robert Bruce ; voici cependant à cet égard une autre tradition : Robert Bruce, ayant aidé les soldats d'Édouard à remporter la victoire contre les patriotes écossais, se mit à table sans prendre le temps de laver ses mains, encore ensanglantées. « Voyez, se dirent à voix basse les lords anglais, voyez donc cet Écossais qui mange son propre sang ! » Bruce entendit ces paroles ; il se leva de table, entra dans une chapelle voisine, où, pleurant amèrement, il demanda pardon à Dieu, et fit vœu d'employer tous ses efforts à délivrer l'Écosse du joug étranger. Pendant plusieurs années, il ne laissa toutefois rien paraître des pensées qui l'agitaient : il retourna même à la cour d'Édouard, qui le surveillait avec inquiétude, ainsi que John Cumyn, lord de Badenoch (surnommé le *rouge Cumyn*, à cause de la couleur de ses cheveux), cousin germain du Bailleul. Édouard comptait les neutraliser réciproquement. Mais le jeune Bruce s'assura que Cumyn n'était pas moins las que lui de se voir le jouet d'Édouard : alors il s'ouvrit sans réserve à ce rival, qui devint son allié. Ils convinrent que s'ils réussissaient à ravir l'Écosse aux Anglais, Robert serait roi et Cumyn lieutenant général du royaume.

Sur ces entrefaites, Wallace, livré aux Anglais par la trahison, fut amené à Londres, et périt sur l'échafaud. A ce moment, Bruce somma John Cumyn de remplir ses engagements. Il l'envoya en Écosse préparer les voies à la révolte, tandis que lui-même, gardant le poste le plus périlleux, demeurait à la cour d'Édouard pour prévenir ses soupçons, attendant son destin avec calme. Tout à coup, un soir, il reçut du comte Gower une bourse pleine d'or et une paire d'éperons. Profitant de l'avertissement, il mit l'or dans son escarcelle, les éperons à ses talons, fit ferrer ses chevaux à rebours, afin de dérouter ceux qui le poursuivraient, et partit. Il gagna rapidement la frontière d'Écosse, altéré de vengeance contre Cumyn ; car il pensait à bon droit que c'était de lui qu'était venue la révélation. Cumyn était à Dumfries, sur les confins de l'Annandale. Robert y courut, et eut avec le traître une conférence seul à seul dans une église ; ce tête-à-tête fut très-orageux, et se termina de la façon la plus tragique : on ne sait que vaguement ce qui s'y passa ; mais deux anciens frères d'armes de Wallace, qui attendaient Bruce à la porte de l'église, le virent s'élancer de la nef, pâle, sanglant, dans une agitation extrême. Il venait de blesser grièvement Cumyn. Eux se précipitèrent dans le lieu saint, et l'achevèrent à coups de poignard. Ce fatal événement entourait Robert Bruce de dangers nouveaux : aux armes d'Édouard allaient s'unir pour l'accabler, et l'implacable ressentiment de la maison de Cumyn, toute puissante dans plusieurs provinces d'Écosse, et les foudres de l'église, offensée par un meurtre commis au pied des autels. Robert, à travers toute l'Écosse méridionale, couverte de garnisons anglaises, pénétra jusqu'à Scone, réunit ses plus hardis partisans dans l'abbaye de cette ville, où se faisait d'ordinaire le couronnement des rois d'Écosse, et là, sans le concours des pairs du royaume, une femme, Isabelle Mac-Duff, comtesse de Buchan, posa le diadème sur le front de l'audacieux prétendant, en vertu d'un privilège réservé aux descendants du fameux vainqueur de Mac-Beth. Lorsque le roi d'Angleterre apprit l'entreprise de Bruce, quoique affaibli par l'âge et la maladie, il jura solennellement, dans un grand festin, d'en tirer vengeance, et entra en Écosse avec une puissante armée.

Le règne de Robert commença sous de lugubres auspices. Il avait été couronné le 29 mars 1306. Le 18 mai il était excommunié par une bulle du pape, qui le retranchait de la communion des fidèles, et donnait implicitement à chacun le droit de le mettre à mort; le 19 juin il était attaqué près de Methven par un corps d'armée anglais aux ordres du comte de Pembroke : les patriotes furent écrasés par le nombre. Robert, abattu sous son cheval frappé à mort, faillit demeurer prisonnier. Forcé d'évacuer les Basses Terres, il se jeta dans l'*Alben* (la montagne), avec ses frères Édouard et Nigel, et le jeune lord James Douglas, depuis si célèbre sous le nom de Douglas le Noir. Là ils errèrent longtemps, sans autres moyens de subsistance que le produit de leur pêche dans les lacs des vallées ou de leur chasse dans les forêts des monts Grampiens : l'épouse de Bruce, la comtesse de Buchan, et d'autres femmes ou filles de proscrits partageaient cette vie de fatigues et de périls. Robert, poussé vers l'ouest par les forces anglaises, voulut se retirer dans le pays de Lorn ; mais il y trouva d'autres ennemis, et Jan de Lorn, chef de la tribu des Mac-Dougal, vint fondre sur lui à Dalry avec toutes les forces du parti de Cumyn. La petite armée de Bruce fut accablée pour la seconde fois : tous ses compagnons eussent péri, si lui-même ne les eût sauvés par des prodiges de valeur. Se postant à cheval dans un étroit défilé, entre un roc escarpé et un lac profond, il repoussa seul l'attaque des ennemis jusqu'à ce que les siens eussent achevé leur retraite. Malgré quatre autres échecs, il continua de lutter contre ses revers avec une constance inébranlable, relevant par son exemple le courage de ses compagnons; enfin, lorsque l'hiver couvrit de neige les Hautes Terres, ne pouvant plus traîner avec lui les généreuses femmes qui s'étaient dévouées à sa fortune, il les enferma dans le château de Kildrummie sur le Don, la seule forteresse qui fût encore en son pouvoir, sous la garde de son frère Nigel, puis il alla de colline en colline, de lac en lac, poursuivi et traqué comme une bête fauve, jusqu'à la pointe du promontoire de Cantyre, d'où il passa dans la petite île de Rath-Erin, sur la côte d'Irlande.

Il put reprendre haleine quelques mois dans cette retraite sûre, et employa la *morte saison* à envoyer des messages aux chefs des Hébrides et des montagnes du nord-ouest de l'Écosse, qui, retranchés au fond de leurs déserts, s'étaient peu inquiétés jusque alors de la guerre nationale ; mais il n'était pas au bout de ses misères. Il apprit bientôt que Kildrummie avait été forcé par les Anglais, Nigel Bruce lâchement égorgé, la reine et ses compagnes emmenées prisonnières et traitées avec la dernière rigueur, et lady Buchan, attachée à un gibet. Ce dernier coup étourdit l'infortuné : il sentit son cœur faillir, et se demanda s'il ne vaudrait pas mieux renoncer à une entreprise qui attirait de si affreuses calamités sur tout ce qu'il aimait. Cependant la soif de la vengeance raffermit son âme. Sur ces entrefaites, Angusog, chef de la grande tribu des Mac-Donald, à qui le titre de seigneur des Hébrides ou *lord des Iles* donnait une sorte de suprématie parmi les montagnards, renvoya les députés de Robert avec promesse de foi et d'assistance, et tous les chefs des clans galliques imitèrent cet exemple, à l'exception de Mac-Dougal. Robert quitta Rath-Erin au commencement du printemps de 1307, et mit à la voile pour la côte sud-ouest de l'Écosse, fort peu accompagné, mais comptant sur une diversion au nord, de la part de ses nouveaux amis des montagnes. Il débarqua d'abord dans l'île d'Arran, et là il attendit impatiemment des nouvelles de son comté de Carrick, où il avait pratiqué des intelligences. Tout à coup il vit briller de loin une flamme. C'était le signal convenu avec ses affidés dans le cas où les habitants auraient pris les armes en sa faveur. Aussitôt Bruce vola vers ses barques avec trois cents braves, et, franchissant le détroit, aborda près du cap de Turnberry. Mais l'homme qui avait été chargé d'allumer le feu accourut tout consterné, annonçant que la terreur inspirée par les Anglais avait empêché tout mouvement dans le pays. Il ignorait absolument qui avait mis le feu au bûcher. « N'importe ! dit Bruce, puisque me voilà sur la terre d'Écosse, je ne reculerai pas : advienne ce qui plaira au ciel ! » Et il mit le pied dans ses domaines.

La circonstance singulière qui avait amené le débarquement du roi Bruce frappa vivement l'imagination poétique des Écossais, et plus tard il passa pour certain que ce n'était point une main humaine qui avait donné le signal de Turnberry. Robert, en attendant qu'il vît autour de lui des forces suffisantes pour attaquer régulièrement les Anglais, entreprit une guerre de partisan contre les garnisons qui occupaient les forteresses et les détachements qui battaient la campagne, guerre active, infatigable, de chaque jour et de chaque heure. Il demeura souvent presque seul, et courut vingt fois le risque de périr ou d'être vendu aux tyrans comme Wallace. Il fut poursuivi à diverses reprises avec des limiers appelés chiens de *slot* (flair) qui étaient dressés à *courre* l'homme, et qu'on employait d'habitude à la recherche des grands criminels. Une fois il fut assailli par trois bandits, désireux de gagner la récompense promise à qui prendrait Robert Bruce mort ou vif. La force prodigieuse de Robert et la bonté de son armure le sauvèrent, et il étendit à ses pieds les trois assassins. Bientôt il fut rejoint par cent cinquante hommes d'armes que lui ramenaient son frère Édouard et James Douglas : sans prendre le temps de réparer ses forces, il alla fondre à l'improviste sur les ennemis qui l'avaient si bien relancé, et les mit en pleine déroute. Ce succès décida le soulèvement de tous les patriotes du midi de l'Écosse : Bruce se vit promptement en état de tenir la campagne contre tous les lieutenants d'Édouard, et battit les lords Pembroke et Clifford.

Le vieux roi d'Angleterre frémit de rage en apprenant les succès du *rebelle*, et il s'avança, suivi d'une armée formidable, jusqu'aux frontières d'Écosse. Il ne devait pas les franchir : la force factice qui l'exaltait l'abandonna soudain ; il fut forcé de s'arrêter à trois milles de la Tweed, languit peu de jours, et expira le 6 juillet 1307. Dès lors le parti national prit une supériorité décidée dans toute l'Écosse : Bruce, son frère Édouard, ses deux fameux capitaines Douglas et Randolph, remportèrent des avantages continuels sur les Anglais et leurs fauteurs. Randolph, comte de Murray, neveu du roi Robert, reprit Édimbourg, la capitale du royaume, et Robert tira une vengeance terrible des Cumyn. Trente seigneurs de ce nom furent pris et décapités en un seul jour, comme traîtres à la patrie. Les Mac'-Dougal furent écrasés à leur tour sur les bords du Loch-Awe et dans les gorges de Cruachan-Ben. Jan de Lorn échappa presque seul à l'épée de Bruce. Les généraux du roi Édouard ne tenaient plus dans l'intérieur de l'Écosse qu'une seule ville importante, Stirling, sur le Forth. Lorsqu'on sut en Angleterre ce qui était advenu des conquêtes d'Édouard Ier, grâce à l'incurie de son successeur, l'orgueil national se souleva si violemment, qu'Édouard II fut forcé de s'arracher à ses plaisirs : le puissant royaume des Anglo-Normands s'ébranla d'une extrémité à l'autre, et tous les aventuriers de l'Europe furent invités à venir prendre part au pillage de l'Écosse.

Mais, de son côté, l'Écosse s'apprêtait à bien recevoir ses ennemis : les Gaëls descendaient en masse des rochers d'*Alben* ; les barons des Basses Terres et les chefs des clans de la frontière (*border*) faisaient entre eux des pactes de fraternité d'armes à la vie et à la mort, pour *Robert Bruce* et le pays, contre tout homme, Français, Anglais ou Écossais (c'est-à-dire Normand, Anglo-Saxon ou Scott d'origine), qui contesterait le choix du peuple. Bruce convoqua ses guerriers sous les murs de Stirling, et l'on ne tarda pas à voir paraître l'armée d'invasion, qui avait passé la Tweed et traversé les Lothians sans obstacle. Cent mille soldats inondaient au loin la plaine : Anglais, Aquitains, Gallois, Irlandais. Robert ne comptait sous sa bannière au lion rouge que 30,000 combattants : il les disposa entre la ville de Stirling et le ruisseau de Bannock (Bannock-Burn), et, sans chercher à leur dissimuler l'infériorité de leur nombre, il leur fit une harangue pleine d'énergie. Des cris d'enthousiasme et de fureur lui répondirent ; bientôt la grande armée ennemie se déploya en vue des Écossais. Plusieurs chevaliers de renom s'avancèrent en éclaireurs à peu de distance des légions écossaises. Ils reconnurent, à son heaume surmonté d'une couronne d'or, Robert, qui parcourait le front de ses lignes sur un petit *poney* de montagne, n'ayant à la main qu'une courte hache d'armes. Alors un chevalier anglo-normand, sir Henry de Bohun, se trouvant tout près du roi d'Écosse, résolut de terminer la guerre d'un seul coup, et, piquant son *dextrier*, il courut ventre à terre, la lance en arrêt, sur Robert Bruce. Celui-ci le vit venir, l'attendit tranquillement, évita son coup de lance en se détournant un peu, et, se dressant sur ses étriers, lui asséna un si furieux coup de hache qu'il fracassa comme du verre le casque et la tête de Bohun.

Le combat ne s'engagea pas ce jour-là : le lendemain (24 juin 1314), vers l'aurore, le roi Édouard, voyant les Écossais se prosterner tous ensemble, s'écria avec ton joyeux : « Ils se mettent à genoux ! Ils demandent grâce ! — Oui, répondit un baron anglais ; mais c'est à Dieu, non point à nous. » L'armée d'Écosse se releva au même instant, et la charge sonna. Les redoutables archers anglais commençaient à faire pleuvoir une grêle de traits meurtriers sur les bataillons de Bruce, quand ce prince lança sur les archers ses meilleurs hommes d'armes. En un moment les archers furent criblés de coups de lances ou foulés sous les pieds des chevaux. Toute la chevalerie anglaise partit alors d'un élan qui fit trembler la terre ; mais tout à coup chevaux et cavaliers s'abattirent les uns sur les autres, et roulèrent dans des milliers de fosses que Robert, la veille, avait fait creuser et recouvrir de gazon. Les montagnards et les autres fantassins écossais, fondant sur cette cavalerie en désarroi, en firent un horrible carnage, puis Robert assaillit le gros de l'armée ennemie. Bien que la fleur des guerriers d'Édouard fût anéantie, ses bataillons étaient si nombreux, que le combat se soutenait encore, lorsque les valets, les conducteurs de chariots, les vivandiers écossais, que Robert avait renvoyés derrière une colline, saisis tout à coup d'un accès de vaillance patriotique, s'armèrent de tout ce qui leur tomba sous la main, et débouchèrent sur les flancs de l'ennemi. Les Anglais, les prenant pour un corps d'armée, perdirent courage, rompirent leurs rangs, et une immense déroute succéda à la bataille. Cette grande multitude fut presque entièrement exterminée, soit par les victorieux compagnons de Bruce, soit par les populations de la plaine et des monts Cheviots. Le roi Édouard lui-même, serré de près par Douglas le Noir, ne gagna qu'avec peine Dunbar, d'où il se sauva en Angleterre sur une misérable barque.

L'enthousiasme des Écossais pour leur libérateur alla jusqu'à l'idolâtrie. La couronne était désormais fixée d'une manière inébranlable dans la maison de Bruce, mais peu s'en fallut que Robert ne trouvât un rival dans son frère Édouard. Ce prince, aussi ambitieux qu'intrépide, annonça hautement la prétention d'être associé au trône. Robert eût sans doute éprouvé bien des embarras de la part de cet esprit turbulent et inquiet, si d'autres espérances n'eussent détourné l'attention d'Édouard : les chefs des clans irlandais lui offrirent le trône de la *verte Erin*, s'il voulait les aider à chasser leurs oppresseurs anglo-normands. Édouard accepta, au grand contentement de Robert, et les deux frères s'en allèrent ensemble délivrer l'Irlande, dont ils enlevèrent la meilleure partie aux Anglais. Cependant, Robert fut instruit que l'Angleterre, à peine revenue de l'étourdissement où l'avait jetée la défaite de Bannok-Burn, témoignait quelques velléités de vengeance : il se hâta de retourner en Écosse ; mais ses lieutenants avaient déjà battu complètement les agresseurs, repris Berwick, la dernière place que les Anglais eussent conservée jusque alors au nord de la Tweed ; puis ils s'étaient jetés à leur tour sur le territoire ennemi, avaient ravagé le Northumberland et pénétré jusqu'à York. Robert continua l'œuvre si bien commencée, et traita si rudement les Anglais, qu'il les mit hors de combat pour plusieurs années. Ces avantages furent achetés par la mort du roi d'Irlande Édouard Bruce, devenu victime de sa téméraire valeur, et combattant les Anglais qui lui disputaient son royaume ; cette catastrophe fit rentrer l'Irlande sous la domination anglo-normande.

Quand Bruce se vit enfin possesseur d'un pouvoir incontesté, il s'occupa de rétablir l'ordre en Écosse. Il rendit aux légitimes héritiers tous les biens confisqués par Édouard Ier et donnés à des Anglais ; puis il força les détenteurs de propriétés d'une origine suspecte à exhiber leurs titres. Mais beaucoup de barons se conférèrent pour ne pas restituer le bien mal acquis, et un jour, entourant le roi Robert, ils tirèrent tous à la fois leurs épées, en lui criant : « Voici nos titres ! » Ils conspirèrent ensuite avec les ennemis de leur pays, et firent des offres de service au roi d'Angleterre. Bruce déjoua ce complot, et les livra tous à un parlement national, qui fut surnommé le *parlement noir*, à cause de la sévérité qu'il déploya contre les traîtres, sans exception de rang ni de naissance. Un neveu du roi Bruce fut condamné à mort, et exécuté comme les autres.

Édouard II, espérant profiter de ces agitations de l'Écosse, trouva moyen de réunir une nombreuse armée, malgré les pertes encore récentes de l'Angleterre. Le roi Robert le laissa pousser jusqu'à Édimbourg ; la disette et les maladies se mirent dans les troupes d'Édouard, qui voulut alors songer à la retraite ; mais Robert le poursuivit, l'atteignit à Bylan I, et remporta, de nouveau, sur lui une éclatante victoire (1323). Les fatigues inouïes qu'il avait endurées accélérèrent sa vieillesse ; une lèpre cruelle, qu'il avait contractée durant sa vie errante à travers les bois et les marais, revint l'assaillir ; devenu peu à peu incapable de conduire au combat ses vieux compagnons d'armes, il continua de veiller de loin sur ses amis et ses ennemis, car sa tête ne partageait en rien l'affaiblissement de son corps. La dernière année de son règne fut signalée par une brillante expédition que Douglas et Randolph firent par son ordre en Angleterre : leurs succès amenèrent un traité de paix par lequel le jeune Édouard III, fils d'Édouard II, abandonna toute prétention de suzeraineté sur l'Écosse, et donna en mariage sa sœur, Jeanne Plantagenet, à David Bruce, fils du roi Robert.

Après que la paix de Northampton fut signée, Robert,

sentant qu'il n'avait que peu de jours à vivre, appela près de lui ses meilleurs amis et les grands de son royaume : il leur demanda de garder leur foi à son jeune fils David, et, dans le cas où David mourrait sans postérité (ce qui arriva en effet), de reconnaître pour roi Robert Stewart (*voyez* STUART), fils de Marie, sœur de Robert Bruce. Il dit ensuite que son intention avait toujours été d'aller combattre les infidèles en Palestine pour expier le crime qu'il avait commis en tuant le *rouge Cumyn* au pied des autels, mais que puisque la mort l'en empêchait, il priait son grand ami James Douglas de porter son cœur en *Terre Sainte*. Le libérateur de l'Écosse rendit le dernier soupir un moment après (1329). Il était âgé d'environ cinquante-quatre ans; il y en avait vingt-trois qu'il s'était fait couronner à Scone James Douglas ne put accomplir jusqu'au bout le désir suprême de son chef : ayant pris sa route par l'Espagne, il alla combattre les Maures de Grenade. Mais il s'abandonna imprudemment à la poursuite d'une troupe d'ennemis, et, séparé des siens, se vit tout à coup enveloppé. Alors, détachant de son cou le cœur du roi Bruce, qu'il portait embaumé dans une boîte d'argent, il lui parla comme s'il eût encore battu dans la poitrine de Robert : « Marche! lui dit-il, marche le premier, ainsi que tu l'as toujours fait! Douglas te suivra, ou mourra près de toi! » Et lançant le précieux dépôt au milieu des assaillants, il s'y précipita après lui. Le soir de la bataille, les Castillans retrouvèrent son cadavre étendu sur la boîte d'argent.   Henry MARTIN.

BRUCE (DAVID), fils du précédent, né en 1321, n'était âgé que de huit ans lorsque la mort de Robert Ier, son père, l'appela à recueillir la couronne d'Écosse, en 1329. Comme il arrivait toujours dans ces siècles où l'on ne reconnaissait d'autre droit que celui du plus fort, la minorité de ce prince vit tout aussitôt renaître les troubles que le bras vigoureux de Robert avait eu de la peine à comprimer. Quoique fiancé par avance à la princesse Jeanne d'Angleterre, fille du roi Édouard II, ce fut par son beau-frère Édouard III qui se montra le plus redoutable et le plus perfide de ses ennemis Ce prince lui suscita un rival dans la personne d'un fils de Bailleul, appelé *Édouard*; et secondé par les secours de toutes espèces que lui fournit l'Angleterre, le prétendant réussit à faire la conquête de l'Écosse, où il fut même couronné roi en 1332. Les serviteurs de David ne parvinrent pas sans peine à sauver les jours de l'héritier légitime du trône, en le faisant passer en France. La politique constante de la France en ces siècles était de soutenir les rois d'Écosse contre les attaques ou les usurpations des rois d'Angleterre. Pendant ce temps-là, l'usurpateur ne laissa pas que de voir son autorité contestée par quelques seigneurs puissants et demeurés fidèles à la dynastie légitime. La lutte en vint à prendre des proportions de plus en plus formidables; et en faisant appel à ce vif sentiment de la nationalité qui a toujours caractérisé les populations écossaises, les Murray, les Douglas et Robert Stuart finirent par faire triompher la cause de David Bruce, qui put rentrer en Écosse en 1342. Sa première pensée fut de tirer vengeance de l'appui prêté par l'Angleterre à l'usurpation d'Édouard Bailleul; mais le sort des armes trahit son courage. Repoussé dans deux invasions successives, il fut fait prisonnier en 1346. Sa captivité dura onze ans, et ce ne fut que lorsqu'il eut pris l'engagement d'instituer pour héritier un prince de la maison d'Angleterre qu'Édouard III, vaincu par les larmes de sa sœur, consentit, en 1357, à lui permettre de rentrer dans ses États. Instruit par le malheur, David Bruce ne s'occupa plus que du soin de cicatriser de son mieux les plaies profondes faites à l'Écosse par les malheurs des temps. Il mourut en 1370, sans laisser de descendance; et les seigneurs écossais considérant le traité qui assurait à un prince anglais la succession de David comme un abus de la force, le déchirèrent en proclamant les droits de Robert Bruce, neveu du roi défunt.

BRUCE (JACQUES-DANIEL, comte), ingénieur russe, d'origine écossaise, né à Moscou, en 1670, entra dans l'artillerie, et fut nommé gouverneur de Novgorod. Malheureux en 1701 dans son attaque contre Narwa, il encourut la disgrâce de Pierre le Grand. Toutefois il réussit à se justifier, et fut réintégré dans son grade. C'est lui qui à Pultawa commandait l'artillerie. Depuis 1711 il était grand-maître de cette arme; et en 1721 il fut l'un des négociateurs de la paix de Nystadt. Peu d'écrivains ont mieux connu la situation réelle et les ressources de la Russie. Après avoir été quelque temps en correspondance avec Leibnitz par ordre de l'empereur, il traduisit en russe divers ouvrages anglais et allemands relatifs aux sciences. Il composa aussi un traité de géométrie et un calendrier séculaire connu sous le nom de *Calendrier de Bruce* ou encore de *Tchornaia Kinga* (Livre noir). Il avait réuni une précieuse bibliothèque, ainsi qu'une riche collection de médailles, d'histoire naturelle, d'instruments d'astronomie et de mathématiques, dont l'Académie des Sciences de Saint-Pétersbourg fit l'acquisition en 1736. Le comte Jacques-Daniel Bruce mourut en 1735.

BRUCE (JAMES), né en 1730, à Kinnaird, en Écosse. Ce célèbre voyageur n'était pas destiné par ses parents à une vie aventureuse; car ils l'envoyèrent à Londres chez un riche négociant en vins, dont il devint l'associé en épousant sa fille. Mais bientôt Mme Bruce, atteinte d'une maladie de poitrine, mourut à Paris, dans les bras de son mari. Livré à un désespoir sincère, Bruce chercha des distractions dans les voyages Il avait étudié le droit, les mathématiques, un peu d'astronomie, et avait acquis une légère teinture des langues orientales. Il parcourut, en 1757, le Portugal, l'Espagne, la France et les Pays-Bas. Vif dans ses enthousiasmes, ardent dans ses projets, il voulut à Madrid publier les nombreux documents arabes qui dormaient à l'Escurial sous une épaisse couche de poussière et qui y reposent encore dans une paix profonde. Le gouvernement espagnol mit obstacle à un projet dans la réalisation duquel il vit sans doute un immense péril pour la monarchie. Décidé à entreprendre un voyage en Afrique, il accepta en 1761 le consulat d'Angleterre à Alger, que lord Halifax lui offrit; Le personnage de Vénus sur le disque du soleil était attendu. Bruce se munit de tous les instruments nécessaires pour l'observer dans l'Afrique septentrionale, pendant que Cook recevait la même mission pour les îles de la mer du Sud, et que Chappe d'Hauteroche faisait dans ce but le voyage de la Sibérie. Après un an de séjour à Alger, devenu familier avec l'arabe vulgaire, Bruce, qui ne cherchait qu'une occasion d'exercer son ardeur de locomotion, abandonna son consulat, visita Palmyre et Balbec, et entreprit, en 1768 un voyage aux sources du Nil. Déjà un missionnaire portugais pensait avoir découvert ces sources célèbres; mais la relation portugaise n'était pas encore connue dans le monde savant. Bruce partit au mois de juin 1768. Le gouvernement anglais recommanda à Bruce de traverser l'Égypte pour son agrément, et de ne commencer sérieusement ses travaux que par delà les cataractes. Pénétrant hardiment à travers les déserts, notre explorateur atteignit enfin cette mystérieuse Abyssinie, si mal connue avant lui, et si imparfaitement appréciée aujourd'hui encore. Il arriva à Gondar, sa capitale, et fut parfaitement accueilli du roi et de tous les princes de ces contrées, en qualité de wakil ou de médecin. Après deux ans de séjour, il reprit, mais lentement, le chemin de l'Europe; car il mit près de treize mois à arriver au Caire.

En passant par Luxor, l'ancienne Thèbes aux cent portes, Bruce examina le fameux sarcophage de 3m33 de longueur, qui, suivant quelques savants, a renfermé la momie de Ménès, et, suivant d'autres, celle d'Osimandyas. Il admira dans ce même tombeau plusieurs peintures à l'encaustique, et notamment deux joueurs de lyre, dont les instruments, si l'on s'en rapporte aux dessins de notre voyageur et de son secrétaire, ont une ressemblance étonnante avec nos harpes modernes. C'est une des nombreuses parties de sa relation dont la véracité a été révoquée en doute. Lorsque, plus tard, Bruce se vanta chez un ministre de cette précieuse découverte, un de ses interlocuteurs lui dit en jouant sur le mot anglais *lyre*, qui se prononce comme le mot *liar*, menteur : « A votre arrivée il y en avait deux, mais à votre départ il y en avait un de moins. » Malgré ces critiques, le *Voyage aux sources du Nil*, imprimé en 5 volumes in-4°, obtint un grand succès. Le roi Georges III acheta pour la bibliothèque de Kew, moyennant 2,000 livres sterling (50,000 francs), les dessins originaux, et fit les frais de la gravure. Cet ouvrage, publié à Londres en 1790, a obtenu en France les honneurs d'une traduction complète. Indépendamment de l'intérêt scientifique, les aventures du voyageur sont fort attachantes.

Un des amis qu'il s'était faits, nommé *Abd'el-Kader*, l'exposa à être assassiné en racontant à tout venant que Bruce était un prince, qu'il avait beaucoup d'or sur lui, et que le respect dont il avait été l'objet de la part des voyageurs anglais à Sidda était une preuve incontestable de son opulence. Bruce mit fin à ces conjectures périlleuses pour lui en disant : « Je suis un des moindres serviteurs du roi d'Angleterre ; cependant, vos correspondants ne vous ont pas tout à fait trompés. Mes ancêtres ont été rois de l'Écosse, ma patrie, et ils méritent d'être comptés parmi ceux qui ont porté la couronne avec le plus d'éclat ; mais leurs descendants n'ont pas à beaucoup près hérité de leur puissance et de leurs trésors. » Si Bruce pouvait se vanter d'être issu des monarques qui ont jadis donné des lois à l'Écosse, il a obtenu cet insigne honneur, que dans une circonstance difficile un de ses petits-neveux a paru fier de porter son nom et d'avoir suivi ses traces. *Michel* BRUCE, qui fut à l'âge de vingt-six ans jugé par la cour d'assises de Paris, et condamné à trois mois de prison, comme le principal auteur de l'évasion de Lavalette, ajouta, à l'audience du 23 avril 1816, quelques explications à la plaidoirie de M. Dupin, son avocat, et prononça ces paroles : « Messieurs, je suis encore jeune, mais j'ai eu déjà l'avantage de beaucoup voyager..... J'ai toujours observé chez les nations les plus barbares, même chez celles qui sont presque encore dans l'état primitif de la nature, que c'était une chose sacrée pour elles que de secourir ceux qui avaient recours à leur protection... J'ai cru, homme civilisé, devoir imiter les vertus des barbares. » Quant à James Bruce, notre voyageur, qui avait revu l'Écosse après une absence de onze ans, et y avait épousé une seconde femme (qu'il perdit en 1785) pour se venger de ses héritiers, qui s'étaient partagé ses biens pendant son absence, il mourut à Londres, en 1794, des suites d'une chute sur un escalier. BRETON.

BRUCEA, genre d'arbrisseaux de la famille des térébinthacées, ainsi nommé en l'honneur de James *Bruce*, qui rapporta d'Abyssinie la première espèce connue, le *brucea antidysenterica*, dont le nom indique les propriétés, on l'emploie en effet avec succès contre la dyssenterie. Dans les serres, où on est forcé de le retenir en Europe, il n'atteint guère que la hauteur de deux mètres, quoique dans son pays natal il s'élève jusqu'à quatre ou cinq mètres. De grandes feuilles ovales rassemblées à l'extrémité des rameaux lui donnent une assez belle apparence ; mais ses fleurs sont petites et sans éclat : il n'est donc recommandable que par ses propriétés médicales, qui résident principalement dans son écorce, dont on extrait la brucine. Cette dernière matière se trouve également dans les écorces des autres espèces de brucea qu'on rencontre aux îles Sandwich, à Sumatra et en Chine.

BRUCELLES, petites pinces faites d'une seule pièce, dont les branches font ressort. Les horlogers et les bijoutiers se servent de brucelles pour saisir les petites pièces qui entrent dans la composition de leurs ouvrages. Il y a de ces sortes de pinces en acier trempé et en cuivre écroui ; on peut en improviser soi-même au besoin, avec un bout de fil de fer ou de cuivre non recuit, que l'on ploie en deux en forme de V.

BRUCHE (de βρύχω, je ronge). Ce genre d'insectes, de l'ordre des coléoptères, renferme les hôtes habituels des pois secs, des vesces, des gesses, des lentilles, des fèves, etc. Gmelin en compte jusqu'à vingt-sept espèces, qui toutes rongent à l'état de larves la substance intérieure des graines, et souvent causent par conséquent les plus graves dommages. L'insecte dépose ordinairement ses œufs sur les gousses encore vertes de la légumineuse à laquelle il s'est attaché, de sorte que le petit ver préexiste dans la graine au moment de la récolte. On conçoit dès lors facilement que la bruche éclose ensuite et se multiplie de nouveau dans les lieux les mieux clos, de manière à dévorer de proche en proche tout ce qui peut alimenter sa voracité. « On est parvenu, nous apprend Leclerc-Thouin, à limiter le mal à son origine en enveloppant les semences de sable fin ou de cendres ; ces deux moyens ne nuisent en rien à leur faculté germinative. On peut aussi, quand elles ne sont pas destinées à la reproduction, conserver ces mêmes semences intactes en les exposant pendant quelque temps, dans un four, à une chaleur de 40 à 45 degrés, qui est suffisante pour faire périr les larves et sans inconvénients ultérieurs pour les usages culinaires. » DÉMEZIL.

BRUCINE, alcaloïde découvert, en 1819, par Pelletier et Caventou, dans l'écorce du *brucea antidysenterica*. Quelque temps après, on retrouva de la brucine unie à la strychnine dans la noix vomique. La brucine se présente sous la forme de prismes obliques à base parallélogrammique, ou en masses feuilletées d'un blanc nacré, ou encore en champignons ; elle est incolore et d'une saveur amère très-prononcée. C'est à la brucine que la fausse angusture doit ses propriétés vénéneuses : elle agit sur la moelle épinière en déterminant des contractions tétaniques. Insoluble dans l'éther, la brucine se dissout dans 850 parties d'eau froide ou dans 500 d'eau bouillante. L'acide sulfurique la colore d'abord en rose ; cette teinte passe ensuite au jaune et enfin au vert jaunâtre. Une solution d'étain la colore en violet. Ces réactions distinguent la brucine de la morphine et de la strychnine.

BRUCKER (JEAN-JACQUES), naquit le 22 janvier 1696, à Augsbourg. Il mit de bonne heure à profit les leçons qu'il avait reçues à l'université d'Iéna ; mais la supériorité de son talent et les brillants succès qu'il obtint, tout en lui attirant l'admiration de ses compatriotes, ne furent point récompensés comme ils le méritaient. Grâce aux efforts de rivaux envieux, il fut forcé de s'expatrier, et accepta à Kauffeuern une place de pasteur. La réputation qu'il ne tarda pas à y acquérir et surtout la vanité de ses concitoyens le firent enfin rappeler dans sa ville natale, où il rentra avec honneur dans la carrière de la prédication. Mais ce ne devait pas être là son véritable titre à la gloire. Sa préoccupation favorite avait toujours été l'histoire de la philosophie, et dès l'année 1719, lorsqu'il était encore à Iéna, il avait publié son ouvrage *Tentamen introductionis in historiam doctrinæ de Ideis*, qu'il compléta ensuite sous le titre d'*Historia philosophica doctrinæ de ideis*. Il avait aussi fait paraître plusieurs dissertations relatives à des matières philosophiques.

Ces travaux n'étaient que le prélude du grand ouvrage qu'il publia longtemps après, et qu'il intitula : *Historia critica Philosophiæ, a mundi incunabilis ad nostram usque ætatem deducta* (5 vol. in-4°, réimpr. avec augment. d'un 6ᵉ vol. en 1767, à Leipzig). Ce travail, vraiment extraordinaire par la patience et les innombrables recherches qu'il dut coûter à son auteur, est moins, il est vrai, un ouvrage original qu'une compilation ; mais c'est une compilation immense, fruit d'une érudition aussi judicieuse que vaste, où

49.

sont exposés avec fidélité, mais avec trop de détail peut-être, la vie et les systèmes de chaque philosophe. On reproche à Brucker d'avoir manqué de méthode, de n'avoir point fait présider à son ensemble une idée systématique qui en liât toutes les parties, en un mot d'avoir trop donné à l'analyse et de n'avoir point établi un ordre qui servît de soutien et de guide à l'esprit, et lui permît de parcourir ces régions immenses sans succomber de lassitude ou d'effroi. Mais ce reproche est sans fondement pour qui considère l'époque à laquelle Brucker accomplissait sa grande tâche, et l'état où était alors l'histoire de la philosophie, dont on peut dire qu'il fut le père. Il était impossible en effet de donner une disposition régulière à tous ces matériaux avant qu'ils fussent au moins rassemblés. C'est ce que fit Brucker, et ce qui permit à ses successeurs d'embrasser plus facilement tant d'opinions diverses, de les classer, de les ramener à l'unité philosophique, et de faire un système avec des systèmes. Or le philosophe d'Augsbourg ne pouvait commencer par une telle synthèse, et malgré la supériorité de méthode qu'on est forcé de reconnaître aux historiens de la philosophie qui ont profité de son œuvre, on ne peut enlever au livre de Brucker le mérite d'une féconde analyse, qui rivalise par la richesse et l'exactitude des faits avec la hardiesse des généralisations plus brillantes, mais aussi quelquefois aventureuses, des autres historiens, et à laquelle aimeront souvent mieux recourir ceux qui veulent chercher la vérité dans les faits plutôt que de la voir à travers les idées systématiques d'un auteur.

Brucker a publié lui-même un extrait de son grand ouvrage sous le titre de : *Institutiones Historiæ Philosophicæ*; et dont Born a donné une nouvelle édition, fort augmentée (Leipzig, 1790). Brucker a produit aussi plusieurs autres ouvrages d'érudition. Les principaux sont : *Monument élevé à l'honneur de l'érudition allemande, ou vies des savants allemands qui ont vécu dans les quinzième, seizième et dix-septième siècles* (5 vol. in-4°, en allemand); *Disputatio de Comparatione Philosophiæ gentilis cum Scriptura* (in-4°, Iéna, 1729); *Questions sur l'Histoire de la Philosophie depuis le commencement du monde jusqu'à la naissance de Jésus-Christ* (Ulm, 1736, 7 vol. in-12, en allemand). Brucker mourut en 1770 dans sa ville natale, quelques années après la réimpression de son grand ouvrage.

C.-M. PAFFE.

BRUCOLAQUES, nom que les Grecs chrétiens donnaient aux cadavres des personnes mortes excommuniées, qu'ils prétendaient être possédés du démon, et dont celui-ci était censé ranimer les organes à certaines heures de la nuit. Les *brucolaques* apparaissaient donc pour effrayer et tourmenter les vivants. Leurs corps ne pouvaient se dissoudre, à moins que l'évêque n'accordât l'absolution. Autrement, pour paralyser l'œuvre du démon il fallait exhumer les *brucolaques*, leur arracher le cœur, le mettre en pièces et les ensevelir de nouveau après cette opération, ou bien brûler leur corps et en jeter les cendres au vent : ce qui a été conseillé également contre les vampires.

BRUCTÈRES, nation germanique, sur les deux rives de l'Ems, ayant pour limites la Lippe, la Vecht, la Weser, et pour voisins les Ansibars, les Chauces et les Frisons. Son territoire répondait à ceux de Munster (Prusse rhénane), d'Osnabruck et de Hanovre Il était couvert de marais (*bruch* en allemand) et de forêts, que les Romains appelèrent *sylva casia*. On divisait cette nation en *grands* et *petits Bructères*, ceux-ci au nord-ouest, ceux-là à l'est et au sud vers les sources de la Lippe. Ils avaient des flottilles, et livrèrent un combat naval sur l'Ems à Drusus. Alliés des Chérusques, ils prirent part à leur levée de boucliers contre les Romains, contribuèrent à la défaite de Varus, enlevèrent l'aigle de la vingt-et-unième légion, reprirent encore les armes pour secourir les Marses attaqués par Rome, et furent battus par Sterninus, qui leur reprit l'aigle qu'ils gardaient comme un trophée. Sous Vitellius et Vespasien, ils se prononcèrent pour Civilis. Velléda, la prophétesse, était Bructère d'origine; elle habitait du moins une tourelle de leur pays. Battus par les Chamaves et les Angrivars, pillés, brûlés, dévastés, égorgés par Constantin, forcés de recevoir un chef qu'ils avaient expulsé, ils entrèrent en grand nombre dans la milice romaine. Alliés des Francs, subjugués par les Saxons, ils changèrent leur nom en celui de *Berthari* au huitième siècle.

BRUEYS et PALAPRAT, « nés tous deux dans le midi de la France, et qui avaient, dit La Harpe, la vivacité d'esprit et la gaîté qui caractérisent les habitants de cette contrée, réunis tous deux par la conformité d'humeur et de goût, après avoir mis en commun leur travail et leur talent, sans que cette association délicate ait jamais produit entre eux de jalousie, nous ont laissé deux pièces d'un comique naturel et gai : *L'Avocat Patelin* et *Le Grondeur*. »

Né à Aix en 1640, d'une famille ancienne et protestante, *David-Augustin* DE BRUEYS avait été élevé dans la religion de ses parents, qui le destinaient au barreau; mais, se sentant peu de goût pour la jurisprudence, il avait préféré l'étude de la théologie, à laquelle il s'était livré avec tant d'ardeur, qu'il était devenu en peu de temps un des membres les plus distingués du consistoire de Montpellier. Bossuet, frappé du talent qu'il remarqua dans une *Réponse* que Brueys avait faite en 1681 à son *Exposition de la Doctrine Catholique*, au lieu de répliquer, voulut voir son antagoniste, l'accueillit avec distinction, entreprit de le convertir, et y réussit. Brueys se montra aussi zélé défenseur des doctrines qu'il venait d'embrasser si subitement, qu'il l'avait été précédemment des croyances de ses pères, et divers écrits, tels que l'*Examen des raisons qui ont donné lieu à la séparation des protestants* (1682); la *Défense du culte extérieur de l'église catholique* (1686); la *Réponse aux plaintes des protestants contre les moyens qu'on a employés pour leur réunion, et contre le livre intitulé : La politique du clergé de France* (ibid.); le *Traité de l'Eucharistie en forme d'entretiens* (ibid.); le *Traité de la Sainte Messe* (1683), et le *Traité de l'Église* (1687), vinrent successivement témoigner, sinon de la sincérité de sa conversion, du moins de la merveilleuse facilité avec laquelle son style et son raisonnement avaient su se plier à sa nouvelle position.

Ce qui pourtant semblerait annoncer de sa part une foi assez vive, c'est la résolution qu'il prit d'embrasser l'état ecclésiastique après la perte de sa femme. Le clergé et le roi l'avaient comblé de pensions et de bénéfices en récompense des écrits en faveur de la religion catholique, et tout devait faire penser que sa vocation était dès lors bien décidée, lorsqu'un voyage qu'il fit à Paris et la fréquentation du théâtre éveillèrent en lui une nouvelle faculté, dont l'exercice devait lui assurer un nom dans les fastes de la scène. Étranger aux intrigues du monde, et surtout à celles qui se pratiquent dans les coulisses, il lui fallait quelqu'un qui facilitât ses premiers pas, fit recevoir ses ouvrages et en soutînt les répétitions; il trouva ce secours dans un de ses compatriotes, qui devint bientôt son ami, son collaborateur, et n'aurait, assurent certains biographes, apporté d'autre contingent que celui-là à leur fraternelle association.

C'était *Jean de Bigot* PALAPRAT, issu d'une famille de robe, né à Toulouse, en 1650, fait capitoul en 1675, chef du consistoire en 1684, qui avait quitté tous ces honneurs pour se livrer aux lettres et s'attacher, en qualité de secrétaire, au duc de Vendôme. Les premiers fruits de cette association furent le *Grondeur* et le *Muet*, représentés tous les deux avec succès sur la scène française la même année (1691). Le dernier de ces deux ouvrages, au jugement de La Harpe, est fort inférieur à l'autre; le fond en est emprunté à l'*Eunuque* de Térence, et il offre des situations que le jeu seul du théâtre fait valoir. Nous ne nous étendrons pas sur l'*Avocat Patelin*, pour lequel nous partageons la prédilection de l'auteur du *Lycée*, mais que Brueys et Palaprat n'ont eu que le mérite d'approprier à la scène, sans y rien ajouter d'essentiel. *Le Grondeur* restera donc le chef-d'œuvre des deux amis. Sans doute le troisième acte, tout entier du genre de la farce, ne vaut pas, à beaucoup près, celui de *l'Avocat Patelin*; mais les deux premiers sont bien faits, et cette pièce, très-remarquable d'ailleurs par l'intérêt de l'action, la vivacité de l'intrigue et du dialogue, la verve et le comique du principal caractère, qui est très-bien dessiné, toujours en situation et parfaitement soutenu jusqu'au dénoûment, a mérité de rester au répertoire, où elle occupe un rang distingué parmi nos comédies du second ordre.

Elle fut le sujet d'une rupture entre les deux amis : elle avait été composée primitivement en cinq actes; Palaprat, chargé de la faire représenter pendant un voyage de Brueys, fut obligé, pour la faire agréer des comédiens, de la réduire en trois, et il paraît qu'elle eut d'abord un succès assez médiocre, quoiqu'on ait continué de la représenter depuis sans le secours des deux autres. A son retour, Brueys se fâcha sérieusement, et tint, à ce qu'on prétend, le propos suivant, auquel on ne sache pas que Palaprat ait rien opposé pour sa justification : « Le premier acte du *Grondeur* est entièrement de moi, et *il est excellent*; le second a été gâté par quelques scènes de farce de Palaprat, et *il est médiocre*; le troisième est entièrement de lui, et *il est détestable!* » Le silence de Palaprat, et plus encore peut-être la nullité des ouvrages qu'il fit représenter depuis sous son nom seul (*Hercule et Omphale; Les Sifflets; Le Ballet Extravagant* et *La Prude du temps*), ont confirmé le soupçon assez probable que l'on avait déjà de la supériorité du talent de Brueys. On n'a pas même conservé le souvenir de deux autres de leurs pièces faites en commun : *le Secret Révélé* et *le Concert Ridicule*. Mais il est juste de dire aussi que celles que Brueys fit seul ne valent pas mieux; ce sont : *Le Sot toujours sot*, ou *la Force du sang; L'Important; Les Empiriques; L'Opiniâtre; Les Quiproquo* et *Les Embarras du Théâtre*. Elles forment, avec trois mauvaises tragédies, *Gabinie, Asba* et *Lysimacus*, et une paraphrase en prose de *l'Art poétique* d'Horace, qui avait été son premier début dans la carrière littéraire (1683), la collection de ses œuvres, réunies en 3 vol. in-12 (Paris, 1735).

On lit dans la Vie de l'auteur, qui est de l'abbé de Launay, et qui se trouve en tête de cette édition, le récit d'un procès assez singulier auquel donna lieu le premier des ouvrages que nous avons cités comme étant de Brueys seul. Un de ses amis, ayant voulu faire jouer cette pièce à la Comédie-Italienne, apprit qu'on l'avait déjà présentée à la Comédie-Française comme l'œuvre de Palaprat, dans les papiers duquel on en avait trouvé une copie après la mort de ce dernier; qu'elle avait été mise sur-le-champ en répétition et qu'on allait bientôt l'y représenter. Le lieutenant de police, à qui cet ami porta sa plainte, décida que la pièce serait jouée le même jour sur les deux théâtres, et qu'elle reviendrait de droit à celui où elle obtiendrait le plus de succès. Cet arrêt fut exécuté; les Italiens l'emportèrent, et la pièce dut rester à Brueys. Du reste, l'association des deux collaborateurs ne paraît pas avoir été dissoute par les dissentiments qui s'élevèrent entre eux, mais par le départ de Palaprat, qui fut obligé de suivre le grand-prieur de Vendôme à la guerre d'Italie, après l'issue de laquelle il vint mourir à Paris, le 23 octobre 1721. De son côté, Brueys s'était retiré à Montpellier, où il mourut deux ans plus tard, le 25 novembre 1723, à l'âge de quatre-vingt-trois ans, mêlant à ses dernières études sur le théâtre de pieuses méditations et de nouveaux écrits théologiques, dont voici les titres : *Traité de l'Obéissance des Chrétiens aux puissances temporelles* (1709); *Histoire du Fanatisme de notre Temps* (4 vol., 1692, 1709 et 1713); *Traité du Légitime Usage de la Raison, principalement sur les objets de la foi* (Paris, 1717).

Le recueil de Brueys et Palaprat a été publié en cinq volumes in-12; et ces deux poëtes ont fourni à Étienne le sujet d'une fort jolie comédie.

BRUEYS D'AIGALLIERS (François-Paul), issu d'une noble famille de Languedoc, naquit à Uzès, en 1753. Destiné à la marine dès l'âge de treize ans, il fit en 1766 sa première campagne comme volontaire à bord du vaisseau *le Protecteur*. Garde de la marine en 1768, il fut employé dans l'escadre destinée à agir contre les Barbaresques; puis, lieutenant de vaisseau en 1780, dans l'armée navale du comte de Grasse, il participa aux cinq combats qu'il livra aux amiraux Hood et Graves. Nommé en 1784 au commandement de l'Aviso *le Chien de Chasse*, il employa quatre années à parcourir les Antilles, ainsi que la Côte-Ferme, depuis l'île de la Trinité jusqu'à Puerto-Cabello, fit de nombreux relèvements, leva des plans de forteresses et recueillit de précieux renseignements sur le commerce de ces contrées. Fait capitaine de vaisseau en 1792, il fut chargé de l'installation du nouveau pavillon national dans les Échelles du Levant et dans les ports de l'Adriatique. Les circonstances, plus que ses talents, l'avaient rapidement porté en 1796 au grade de contre-amiral. Ce fut en cette qualité qu'il alla établir une croisière dans la Méditerranée. Bonaparte avait conçu pour lui une estime particulière, parce que, chargé par le général en chef de l'armée d'Italie de mettre, avec son escadre de six vaisseaux, les Ragusains dans les intérêts de la France, il s'était parfaitement acquitté de sa mission.

Nous parlons de Brueys parce qu'à son nom se rattache un funèbre souvenir pour notre marine, celui du désastre d'Aboukir. Mais, tout en blâmant ses fautes, nous sommes heureux de pouvoir donner un regret à sa mémoire : il mourut comme un vrai soldat français, en combattant courageusement pour son pays. La marine française n'aurait pas eu tant d'affronts à laver si tous les officiers sous ses ordres eussent imité sa valeur. Brueys, promu au grade de vice-amiral, commandait la flotte qui porta l'armée française en Égypte. Cette flotte se composait de treize vaisseaux, quatre frégates, trois bricks et trois bombardes, escortant un nombre considérable de bâtiments de transport. Après la prise de Malte, il opéra heureusement le débarquement de nos troupes à Alexandrie, puis il alla mouiller dans la rade d'Aboukir. Bonaparte, tout occupé de son armée et de sa conquête, s'en remit à l'amiral du salut de sa flotte, et celui-ci, soit ignorance de l'art, soit apathie naturelle, prit des dispositions qui coûtèrent cher à la France. C'était une faute d'abord que de rester à mouillage dans une rade ouverte à tous les vents, comme celle d'Aboukir; c'était une faute que de se laisser attaquer à l'ancre par une escadre à la voile et favorisée par le vent; c'était encore une faute que de tenir ses vaisseaux si éloignés les uns des autres et hors de la protection de toute batterie de terre. Nous n'osons pas lui reprocher l'inactivité de son arrière-garde pendant toute l'action; il ne lui fut sans doute pas possible de donner des ordres au milieu du combat : l'histoire flétrira l'amiral Villeneuve, qui assista tranquillement sans bouger au massacre de ses compagnons d'armes.

Brueys montait *l'Orient*, vaisseau de 120 canons; attaqué par le vaisseau anglais *le Bellérophon*, de 74, il l'écrasa de son feu, et l'eût coulé sans lui celui-ci fût resté engagé quelques minutes de plus. Mais l'Anglais, désemparé, coupa ses câbles et se laissa dériver vers l'arrière-garde, qui l'accueillit à coups de canons, et le força d'amener son pavillon. Pendant tout le combat, l'amiral, quoique blessé à la figure et à la main dès la première heure de l'action, resta sur la dunette au milieu de son état-major, lorsque après trois heures de combat un boulet le coupa presque en deux. Les matelots se précipitèrent pour l'enlever et le transporter au poste des blessés, mais il s'y opposa : « Laissez-moi, leur dit-il d'une voix ferme, un amiral français doit mourir sur son banc de quart. » Quelques minutes après il n'existait plus,

(1er août 1798). Le malheur de Brueys fut d'avoir eu à combattre un rival qui possédait le génie de la guerre : Nelson s'affranchit des vieilles routines de la tactique navale; il osa penser, contre l'opinion commune d'alors, qu'une escadre bien embossée n'était pas inexpugnable; il attaqua les Français, et le génie enchaîna la victoire. Théogène PAGE.

BRUGES, chef-lieu de la Flandre occidentale, province du royaume de Belgique, est située dans une plaine fertile, à 12 kilomètres de la mer. Les trois canaux de Gand, de L'Écluse et d'Ostende qui viennent converger dans la ville, sont assez profonds pour pouvoir en permettre l'accès aux bâtiments du plus fort tonnage. La population actuelle de Bruges est de 49,000 habitants; mais telle est l'étendue de son circuit, qu'elle en pourrait contenir 200,000, comme au temps de son antique prospérité. On compte dans l'intérieur de la ville cinquante-quatre ponts, dont douze en bois et tournants, pour laisser passer les navires. Les édifices les plus remarquables sont : la halle, bâtiment carré, qui s'élève sur la grande place avec un beffroi haut de 170 mètres, et dont le carillon, composé de quarante-huit cloches, est en grande réputation; l'hôtel de ville, de style gothique, construit vers la fin du quatorzième siècle, et dont les trente-trois statues, représentant des comtes et des comtesses de Flandre, furent jetées au feu en 1792 par les Français; le Palais de Justice, d'abord résidence des comtes de Flandre, mais qui aujourd'hui n'offre plus rien de remarquable, que la célèbre cheminée en bois sculpté qu'on voit dans la salle d'audience du *Franc de Bruges*. Elle fut exécutée en 1559, et indépendamment d'une foule d'ornements, d'armoiries et de portraits, on y voit les statues en pied de Charles-Quint, de Maximilien et de Marie de Bourgogne, de Charles le Téméraire et de Marguerite sa femme. Citons encore l'église Notre-Dame avec sa flèche haute de 140 mètres, où l'on admire une statue de la Vierge par Michel-Ange, dont Horace Walpole offrit 80,000 florins, plusieurs toiles remarquables de Segbert, de Crayer, van Oost, E. Quellyn, ainsi que les tombeaux de Charles le Téméraire et de sa fille, Marie de Bourgogne ; l'église Saint-Sauveur, dont l'extérieur est des plus simples, mais qui n'en est que plus magnifiquement décoré à l'intérieur, et dont la principale richesse, consistant en toiles de J. van Oost, van Hoek, E. Quellyn, Hemling, etc., a beaucoup souffert dans un incendie arrivé en 1839 ; la chapelle où, suivant la tradition, Dietrich d'Alsace déposa, en 1150, quelques gouttes du sang de J.-C. A l'occasion du 700e anniversaire de ce fait, un superbe jubilé a encore été célébré à Bruges en 1850, avec toutes les pompes extérieures dont s'entoure la religion catholique. Il faut mentionner en outre l'église de Jérusalem, construite par Pierre Adornes d'après le modèle du Saint-Sépulcre; le vaste séminaire épiscopal, dit abbaye de Durer ; l'église de l'hôpital Saint-Jean, où l'on conserve les reliques de sainte Ursule et une des murailles de laquelle Hemling a peint *le Martyre des onze mille Vierges de Cologne*, peinture que la ville considère comme le plus précieux de ses trésors.

Bruges est le siége d'un évêché (depuis 1559), d'une cour d'assises et des autorités administratives supérieures de la Flandre occidentale. Elle possède un collége royal, une Académie des Beaux-Arts, un muséum, un jardin botanique, une bibliothèque publique contenant 9,000 volumes et 450 manuscrits, un théâtre et de nombreux établissements de bienfaisance. Les principaux produits de l'industrie des habitants sont les tissus de fil, de laine et de coton, les tissus mêlés et les dentelles. La brasserie, la distillerie et la construction des navires donnent également lieu à d'importantes transactions. L'exportation des produits du sol et des manufactures belges, de même que l'importation des articles d'épicerie, des matières tinctoriales, des vins, des huiles et des fruits secs, alimentent un commerce des plus actifs, mais qui n'approche cependant point de la prospérité dont jouissait autrefois cette ville.

De toutes les villes de la Belgique c'est celle qui a le plus conservé de la physionomie du moyen âge; et il est possible de remonter dans son histoire jusqu'au troisième siècle de notre ère, époque où, dit-on, saint Chrysole vint prêcher l'Évangile à ses habitants. Au septième siècle elle avait pris assez d'extension pour avoir le titre de ville et être considérée comme la capitale de toute la contrée environnante désignée sous le nom de Flandre. Son commerce maritime était déjà considérable avant la conquête d'Angleterre par les Normands, et il prit alors un tel essor avec les seigneurs normands que les marchands de Bruges formèrent à Londres une hanse particulière, investie de nombreux priviléges, et qui vint à acquérir tant d'influence qu'en 1242 le comte de Flandre s'engagea à ne choisir désormais d'échevins que parmi les membres de cette association. La richesse de cette ville au moyen âge était extraordinaire, ainsi qu'on en peut encore juger de nos jours par les nombreux monuments et édifices qui nous restent de cette époque. Mais l'ensablement successif des ports de Sluys et Damme, auquel les habitants de Bruges ne purent porter remède, empêchés qu'ils étaient par des guerres civiles et des émeutes sans cesse renaissantes, amena la décadence de leur ville en même temps qu'il favorisa les développements, toujours plus grands, d'Anvers, cité rivale. Les événements qui aboutirent à la captivité de l'empereur Maximilien dans le château de Cranen (1488) exercèrent sur leur commerce la plus délétère influence; et il n'y eut bientôt plus que le monopole des laines, devenu d'une haute importance pour les Anglais après la perte de Calais (1460), qui le préserva d'un complet anéantissement. Les émigrations en masses qui à l'époque du règne sanglant de Philippe II furent le résultat des persécutions religieuses n'eurent pas des suites moins désastreuses.

Vers la fin du seizième siècle les tapisseries fabriquées à Bruges jouissaient d'une immense réputation en Europe, et les premières tapisseries de haute et de basse lisse qui sortirent des ateliers de la célèbre manufacture fondée à Paris par les frères Gobelin étaient l'ouvrage d'un ouvrier de Bruges, appelé Jans ou Jansen. On prétend que ce fut à Bruges qu'en 1450 l'art de tailler le diamant fut inventé par Louis de Berken ou Berquen.

En 1704 les Hollandais mirent le siége devant Bruges, qui fut prise par les Français en 1708 et 1745. Lors de la réunion de la Belgique à la France, elle devint le chef-lieu du département de la Lys. Elle a donné le jour à van Oort, le peintre célèbre, à l'imprimeur Colard-Mansion (1472) et au mathématicien Stevin, auquel elle a récemment élevé une statue. C'est à Bruges qu'en 1429 le duc Philippe le Bon institua l'ordre de la Toison d'or. Le sang est beau dans cette ville, et les femmes de Bruges jouissent d'un renom de beauté justement mérité, qui date de loin, comme on peut le voir par des vers latins que nous citons plus loin à l'article Bruxelles, et qui caractérisent les avantages particuliers à chacune des villes principales de la Belgique.

BRUGES (Jean DE). *Voyez* EYCK (Van).
BRUGNET. *Voyez* BOLET.
BRUGNON, espèce de pêche, dont la chair est plus ferme et la peau plus lisse et plus colorée que celle des pêches ordinaires, et qui mûrit à la fin de septembre : le *brugnon violet* est le plus estimé; il y en a aussi une espèce musquée.

BRÜHL (Henri, comte DE), ministre d'Auguste III, roi de Pologne et électeur de Saxe, naquit le 13 août 1700 à Weissenfels, où son père remplissait les fonctions de maréchal de la cour et de conseiller intime du duc de Saxe-Weissenfels. Il était le quatrième de cinq enfants, et sa mère, née Van der Heyde, appartenait aux maisons de Chemnitz et de Mislareuth. De bonne heure il entra, en qualité de page, au service de la duchesse Élisabeth, veuve du duc Jean-Georges de Saxe-Weissenfels, qui résidait alors le plus souvent à Leipzig. Son caractère insinuant et la douceur de ses manières lui concilièrent bientôt non-seulement les bonnes grâces de la duchesse, mais encore, à peu de temps de là, celles d'Auguste II, dont il fut nommé page en 1720. Par la suite, le roi le nomma chambellan, et se fit accompagner par lui dans tous ses voyages. Brühl profita de la faveur dont il jouissait près de son maître pour parvenir rapidement aux emplois administratifs les plus importants. Auguste II étant venu à mourir le 1er février 1733 à Varsovie, Brühl partit en toute hâte pour Dresde avec les diamants de la couronne, dont il se trouvait par hasard dépositaire à ce moment. Il venait mander cet événement à l'héritier d'Auguste II, et déploya alors une activité extrême pour lui assurer la succession à la couronne de Pologne, en dépit des nombreux concurrents qui devaient la lui disputer. Par cette conduite, par son manége insinuant à l'effet de se mettre bien avec le comte Sulkowski, favori d'Auguste III, il réussit, mais non pourtant sans peine, à gagner la bienveillance de ce prince, qui d'abord éprouvait de l'éloignement pour lui, et qui finit par le confirmer dans la possession de ses différentes charges.

A partir de ce moment la fortune ne cessa pas un seul instant de favoriser Brühl, qui d'ailleurs possédait merveilleusement l'art de dominer son maître, et savait éloigner avec un art et une adresse infinis tous ceux qui auraient pu être tentés d'essayer de lui nuire dans son esprit. Aussi bien jamais prince ne fut servi d'une manière plus servile qu'Auguste III. Brühl faisait constamment partie de sa suite, passait à ses côtés des journées entières sans lui adresser un seul mot, tandis que le monarque désœuvré rôdait à droite et à gauche chassant machinalement devant lui la fumée de sa pipe, et les yeux fixés sur Brühl sans le voir pour cela. « Brühl, ai-je de l'argent? » Telle était l'éternelle question qui revenait sur ses lèvres; et pour pouvoir lui répondre : « Oui, Sire! » Brühl épuisait les caisses publiques, et accablait le pays de dettes. Afin de mieux assurer sa position, Brühl se maria avec la comtesse Franziska-Mariana-Antonia Kolowrat-Krakowski, dont la mère était grande-maîtresse de la maison de la reine. Grâce à cette alliance et à l'influence qu'elle lui permit d'exercer sur l'esprit de la reine, il obtint en 1738 le renvoi du comte Sulkowski, le seul personnage de l'intimité du roi qui lui portât encore ombrage; intrigue pour la réussite de laquelle il fut puissamment secondé par le directeur de la conscience de ce prince, le P. Guarini, qu'il était parvenu à mettre dans ses intérêts.

Une fois Sulkowski tombé en disgrâce, les plans ambitieux et rapaces de Brühl ne rencontrèrent plus d'obstacle. Dès l'année 1733 il avait été chargé de l'inspection générale des caisses publiques et nommé ministre de cabinet, avec le département des affaires civiles pour attributions. Quatre ans après, en 1737, il était appelé à la direction des affaires de la guerre, et le 7 février 1738 à celle des affaires étrangères. Trois jours plus tard, immédiatement après la retraite de Sulkowski, il était nommé grand chambellan. Enfin, en 1747, Auguste III lui accorda le titre de premier ministre, avec préséance sur toutes les charges de l'électorat de Saxe et sous réserve de cumuler ses nouvelles attributions avec toutes ses autres fonctions, dont les appointements lui étaient, comme de juste, conservés. Non content de tant de faveurs, Brühl, aussi avide qu'ambitieux, était encore accablé de dons et de présents. Ainsi, en 1740 il reçut d'Auguste III à titre gratuit la seigneurie de Forsta et de Pfurten, située dans la basse Lusace, avec le droit de prendre le titre de baron de Forsta et de Pfurten; puis, par décret de donation en date de 1746, le domaine de Gangloffsœmmern, aliéné jadis par sa famille, avec les quatre villages qui en dépendaient, et lors de la mort de la reine, tout l'apanage de cette princesse (la starostie de Zips), à titre d'indemnité pour les pertes et dommages qu'il avait essuyés pendant la guerre de sept ans. En outre, à l'aide de créatures qui lui étaient complétement dévouées, il se livrait sur les certificats d'impôt (steuerscheinen), espèce de papier-monnaie mis alors en circulation, aux opérations d'agiotage les plus désastreuses pour le pays, commettant ou autorisant constamment aussi les iniquités les plus révoltantes dans l'administration de la justice.

En abandonnant le protestantisme pour le catholicisme, et en se fabriquant un arbre généalogique qui le faisait descendre d'un comte Brühl, voiwode de Posen, son but avait été d'acquérir également en Pologne des biens et des charges de la couronne. En conséquence, aux domaines qu'il possédait déjà en Saxe il en ajouta d'autres, situés en Pologne, et plus tard il se fit octroyer par son maître ou fit octroyer à ses fils diverses charges de la couronne. Les souverains étrangers, eux aussi, semblaient lutter à qui comblerait de plus de grâces et d'honneurs le tout-puissant favori d'Auguste III. L'impératrice Élisabeth lui accorda l'ordre de Saint-André, et l'empereur Charles VI le créa comte du Saint-Empire.

Brühl dépensait chaque année des sommes énormes pour l'entretien de la cour de son maître, mais plus encore pour l'entretien de sa propre maison. Il avait deux cents domestiques, et ses gardes du corps étaient mieux payés que ceux du roi lui-même. Sa table était servie avec un luxe, une délicatesse et une profusion inouïs. Sa garde-robe était la plus brillante et la plus fastueuse qu'on pût voir. « Brühl, disait Frédéric II, est l'homme de notre siècle qui a le plus d'habits, de dentelles, de montres, de bottes, de souliers et de pantoufles. César n'aurait compté au nombre de ces têtes bien frisées et parfumées qu'il ne redoutait guère. » Le résultat de tant de folies et odieuses prodigalités fut que lorsque la guerre de sept ans vint à éclater, et quand, en 1756, Frédéric II envahit la Saxe, cette puissance ne put mettre en ligne que 17,000 hommes, qui ne tardèrent pas à se trouver contraints de mettre bas les armes dans leur camp de Pirna, parce qu'ils manquaient d'approvisionnements en tout genre. Quant au roi et à ses ministres, ils s'enfuirent à Varsovie, où ils demeurèrent jusqu'à la paix d'Hubertsbourg.

Auguste III mourut peu après son retour à Dresde, le 5 octobre 1763, et vingt-trois jours plus tard Brühl suivait son maître dans la tombe. Le prince Xavier, qui le haïssait personnellement, fit, en sa qualité d'administrateur de la Saxe, placer sous séquestre tous les biens de Brühl, et ordonna que sa gestion des affaires publiques fût l'objet d'une enquête. Mais comme Brühl avait eu la précaution de faire apposer au roi sa signature à tous les actes de son administration, cette enquête n'eut aucun résultat, et les fils de Brühl héritèrent de ses biens.

Après avoir fait justice de la conduite de Brühl, on ne saurait nier que son goût pour le faste et la dépense n'ait du moins singulièrement contribué à encourager les beaux-arts et les sciences en Saxe. L'hôtel qu'il s'était fait construire sur la terrasse dite de Brühl, jadis théâtre de tant de fêtes brillantes, est un des plus beaux édifices de Dresde. Sa bibliothèque, qui se composait de 62,000 volumes, forme maintenant le fonds le plus important de la Bibliothèque Royale à Dresde.

BRÜHL (Frédéric-Aloys, comte de), fils aîné du précédent, né à Dresde, le 31 juillet 1739, fut élevé avec autant de soins que de prudence par sa mère, femme remarquable sous tous les rapports, d'un grand sens et de beaucoup d'esprit, et fit ses études universitaires à Leipzig et à Dresde. A dix-neuf ans il portait déjà le titre de grand maître de l'artillerie de Pologne; et après avoir voyagé dans les diverses contrées de l'Europe, il alla assister à quelques-unes des campagnes des Autrichiens en Transylvanie A la mort d'Auguste III, il perdit toutes les charges qu'il occupait en Pologne; cependant le successeur de ce prince, le roi Stanislas, lui en rendit plus tard quelques-unes. Mais il n'en vécut pas moins dès lors dans une philosophique retraite, à Pforten, partageant ses loisirs entre la culture des lettres et des sciences et un petit cercle d'amis distingués. Il mourut le 30 janvier 1793, à Berlin, où il était venu rendre visite à son frère Charles. C'était l'un des plus beaux hommes de son temps, et il possédait une force musculaire prodigieuse. En outre, il excellait sur divers instruments, dessinait et peignait avec goût, connaissait les mathématiques à fond et surtout leurs applications à l'arme de l'artillerie, dont il était allé étudier pendant un an les secrets dans une fonderie de canons à Augsbourg. Parlant et écrivant avec autant de grâce que de facilité la plupart des langues de l'Europe, c'était le plus brillant causeur qu'on pût rencontrer. Le théâtre faisait un de ses amusements de prédilection; aussi en avait-il construit un pour son usage particulier dans son château de Pforten, dont il avait peint lui-même les décorations et composé le répertoire, et où il remplissait des rôles dans ses propres ouvrages. Les pièces de ce répertoire et d'autres essais dramatiques de lui ont paru sous le titre de : *Divertissements dramatiques* (en allemand, 5 vol., Dresde, 1785-1790). Quelques-unes de ces pièces, entre autres *La Contribution forcée*, anecdote vraie de la guerre de sept ans, accommodée à la scène, se sont soutenues avec succès pendant longtemps sur la scène allemande. La meilleure de toutes cet peut-être celle qui a pour titre : *Comment on démasque un fripon* (Dresde, 1787). Ses comédies sont écrites avec négligence, mais elles abondent en traits de vrai comique. D'ailleurs, on est doublement choqué du langage si trivial et si bas qu'on y rencontre, quand on se rappelle que l'auteur était un homme du monde accompli. Il traduisit aussi en français l'Alcibiade de Meissner.

BRUHL (Charles-Frédéric-Maurice-Paul, comte de); petit-fils du tout-puissant ministre d'Auguste III, né au château de Pforten, le 18 mai 1772, mort à Berlin, le 9 août 1837, intendant général des musées royaux, prit le goût du théâtre dans la maison de son oncle; et plusieurs fois il parut dans des pièces dont les principaux rôles étaient joués par Reinecke, Brandes et sa femme, par son père et son oncle eux-mêmes. Plusieurs fois aussi il figura comme acteur sur le théâtre de société que la spirituelle duchesse Amélie avait organisé dans son propre palais. Le séjour qu'il fit à Weimar avec ses parents à dater de 1785, et où il eut occasion de faire la connaissance de Gœthe, qui lui donna des leçons de minéralogie, et celle de Herder et de Wieland, qui l'initièrent à d'autres parties des connaissances humaines, exerça une influence décisive sur la direction ultérieure de sa vie. Après avoir occupé à partir de 1790 divers emplois administratifs à Berlin, il fut nommé en 1800 chambellan du prince Henri de Prusse, lequel il passa quelques années à Rheinsberg, sans devenir pour cela étranger à l'art théâtral, puisque ce prince entretenait à ses frais une troupe de comédiens français. Plus tard il fut placé avec le même titre auprès de la reine douairière, et en 1810 auprès de la reine Louise. En 1815 on l'app. la à l'intendance générale des théâtres royaux, place dans les attributions de laquelle était la direction de toutes les fêtes données à la cour. Dans ces fonctions, le comte de Brühl se montra homme de tact et de goût, et, sauf un court intervalle où le chagrin de la mort de son fils et quelques désagréments administratifs le portèrent à donner sa démission, il les conserva jusqu'à sa mort. Il était excellent musicien, peintre distingué et élève de Genelli; on a aussi de lui quelques gravures qui ne sont pas sans mérite.

BRUINE, petite pluie extrêmement fine qui tombe très-lentement. Elle est le produit d'un brouillard qui se résout, ou d'un nuage qui se dissout dans toute son étendue, également et lentement, en sorte que les particules aqueuses ne se réunissent pas en très-grand nombre, mais forment de petites gouttes, dont la pesanteur spécifique n'est presque pas différente de celle de l'air. Alors ces petites gouttes tombent insensiblement, et produisent une *bruine* qui dure quelquefois tout un jour lorsqu'il ne fait point de vent. Elle a lieu pareillement lorsque la dissolution de la nuée commence par le bas et continue de se faire lentement vers le haut, car alors les particules de vapeurs se réunissent et se convertissent en petites gouttes, à commencer par les inférieures, qui tombent aussi les premières; ensuite celles qui se trouvent un peu plus élevées suivent les précédentes, et celles-ci ne grossissent pas dans leur chute, parce qu'elles ne rencontrent plus de vapeurs en chemin : elles tombent sur la terre avec le même volume qu'elles avaient en quittant la nuée; mais si la partie supérieure de la nuée se dissout la première et lentement de haut en bas, il ne se forme d'abord dans la partie supérieure que de petites gouttes qui, venant à tomber sur les particules qui sont placées plus bas, se joignent à elles, et, augmentant continuellement en grosseur par les parties qu'elles rencontrent sur leur passage, produisent enfin de grosses gouttes, qui se précipitent sur la terre en forme de pluie.

BRUIT. On considère le bruit comme un assemblage de sons irréguliers, plus ou moins nombreux et discordants. Cette distinction est-elle suffisamment exacte? Dans le bruit y a-t-il réellement irrégularité du mouvement vibratoire? le calcul fournit-il une évaluation numérique différente de celle du son? ou bien n'y a-t-il que perception confuse de sons plus ou moins nombreux et discordants? Cette dernière opinion est plus probable. On pourrait donc penser que si l'on dégage dans un bruit composé, quelque léger, quelque éclatant qu'il soit, tous les bruits simples qui le constituent, chacun de ces bruits simples serait appréciable par notre oreille, et deviendrait dès ce moment un *son*.

Quelle variété, quelle multiplicité de mots dans les diverses langues pour exprimer, soit l'idée générale du bruit, soit les mêmes ou les différentes sortes de bruit! Et cependant, nous dit-on, l'imitation de ce phénomène, ou l'onomatopée, a présidé à la formation première des langues! Bornons-nous à indiquer ici les principaux termes qui ont servi aux Grecs et aux Latins à désigner une grande variété de bruits. Cette indication aura l'avantage de rappeler les noms que nous avons puisés dans ces deux langues anciennes, et de montrer ceux qui sont susceptibles d'enrichir encore soit notre langage usuel, soit la nomenclature des sciences et des arts.

Les Grecs appelaient βρυχή, ψοφος, le bruit en général; πάταγος, grand bruit, fracas, bruit de la mer, du tonnerre, du vent; κλαγγή, bruit clair et sonore ou des trompettes; τρισμος, bruit d'une porte qui crie; ψιττυρισμα, doux bruit, murmure agréable; κρότος, bruit produit par un battement quelconque; φονη, ήχώ, bruit de la voix, θόρυβος, grand bruit, tumulte, tintamarre; κραυγή, bruit de clameur, vocifération, criaillerie, criarderie; κοδονισμος, tintement d'oreille; βόρβος, bourdonnement; θρύλλος, bruit de chuchotement, murmure; λιγύς, qui fait un bruit clair; ποππυσμα, sifflement pour appeler et pour flatter un cheval; έρις, bruit, querelle; ψήμη, bruit public, nouvelle; δόξα, bruit, renom, réputation.

Les Latins appelaient *sonitus*, le bruit ou son; *murmur*, *murmurillum*, *admurmuratio*, *obmurmuratio*, *mussatio*, *musitatio*, murmure, mussitation, gronder, grommeler; *fremitus*, *fremor*, frémissement; *susurrus*, *susurrum*, *susurramen*, *susurratio*, léger murmure, bruit sourd; *fragor*, fracas; *clangor*, bruit aigu et éclatant; *stridor*, bruit aigre, perçant; *strepitus*, bruit rude, retentissant; *crepitus*, *crepitatio*, craquement, crépitation; *frendere*, grincer des dents; *bombus*, bourdonnement; *plausus alarum*, bruit du battement des ailes; *poppysmus*, claquement des mains qui applaudissent; *sllopus*, bruit du claquement sur une joue gonflée; *rumor*, bruit, nouvelle qui court, rumeur; *fama*, renom, renommée, bruit de bonne ou mauvaise réputation; *tumultus*, tumulte, bruit, émeute, sédition; *turba, turbamentum, turbatio,* trouble, bruit, mouvement populaire, remuement séditieux.

Ajoutons à tous ces noms les mots français suivants, qui sont des onomatopées : *cliquetis* des armes, *gazouillement* des oiseaux, *glou-glou* de la bouteille, *tac-tac* du moulin, *tic-tac* d'une montre, *tic-toc* des verres, le *frôlement* d'une robe, le *fracas* d'une chose qui se brise en tombant, le *roulement* du tonnerre, etc., et nous aurons réuni, sinon tous, du moins un nombre suffisant de termes pour spécifier les diverses sortes de bruit.

Tout en avouant son ignorance sur la nature du fluide éthéré qu'on présume devoir remplir tout l'espace, et dans lequel se meuvent les corps célestes, l'intelligence humaine peut encore analogiquement supposer une sorte de bruit résultant des mouvements plus ou moins rapides de translation, de rotation et de nutation de ces grandes masses astronomiques, soit stellaires, soit planétaires ; mais elle ne possède aucun moyen de vérifier son hypothèse. Le phénomène supposé est tellement hors de la sphère de son action qu'il est impossible de l'y amener, du moins pour le percevoir directement. On ne peut l'admettre qu'hypothétiquement; mais nous entendons distinctement les bruits très-variés du vol des oiseaux, des insectes et de quelques poissons, ceux de la marche sur le sol des quadrupèdes et des reptiles, et nous savons de plus que les animaux vivant dans l'eau et ceux qui creusent le sol y produisent de véritables bruits, qui sont perçus par les autres habitants de ces deux milieux, lorsqu'ils sont pourvus d'organes auditifs. Nous formons ainsi un premier groupe de *bruits* produits par les mouvements de translation des corps dans les milieux ambiants. Nous devons le faire suivre immédiatement de tous ceux que déterminent les mouvements intérieurs du globe terrestre, les éruptions volcaniques et les phénomènes météoriques, caractérisés par des mouvements de translation en divers sens des matériaux qui constituent soit l'écorce, soit l'atmosphère terrestre. A ce deuxième groupe nous rattachons le *bruit* produit par les aérolithes ou pierres tombées du ciel.

L'action que les vents ou grands courants d'air atmosphérique exercent sur tous les corps de la surface du globe, y déterminent des mouvements vibratoires, qui sont quelquefois des *sons* ou bruits appréciables, tels que le sifflement des cordes et des portes; mais le plus souvent ce sont de vrais *bruits*, tels que le mugissement de la mer, le souffle du vent heurtant les édifices, les montagnes, agitant les plantes herbacées, les arbustes, les forêts, brisant les branches et les troncs des plus grands arbres, les déracinant même quelquefois. Si l'imagination est mollement portée aux douces rêveries par le *bruissement* du feuillage qu'agitent les zéphyrs au sein d'une campagne riante, la raison humaine la plus élevée ne peut contempler sans effroi le spectacle affreux des ravages produits par la tempête, et surtout par les terribles ouragans de la zone torride. Le bruit sourd, le souffle impétueux qui accompagne ces grandes commotions de l'atmosphère, suffit seul pour imprimer un sentiment de terreur à tous les êtres animés.

Fixées au sol, immobiles, les plantes ne donnent lieu à des bruits que par l'agitation de leurs parties plus ou moins flexibles. Les mouvements qu'on observe dans la sensitive, l'*hedisarum girans*, ne sont point assez rapides pour produire le plus léger bruit; mais on connaît une plante, dite *sablier élastique* (*hura crepitans*), dans laquelle, lors de la maturité du fruit, les pièces qui composent les capsules se séparent brusquement, éclatent avec bruit, et lancent au loin leurs graines. Quelque rapides qu'on suppose l'ascension et la descente de la sève, quelque accéléré que soit l'accroissement des tiges, ces mouvements ne peuvent donner lieu à des *bruits* susceptibles d'être perçus. L'expression populaire *entendre l'herbe qui pousse* est une métaphore, une exagération pour exprimer l'acuité de la finesse de l'ouïe. Mais si les végétaux sont en général muets et silencieux, à cause de la privation de mouvements, on doit s'attendre à ce que les animaux pourvus d'organes musculaires très-variés, destinés à mouvoir des gaz, des liquides et des solides, produiront, en outre de la voix et de la parole, un très-grand nombre de *bruits*, que les physiologistes, les médecins et les naturalistes devront étudier avec soin.

En envisageant sous un point de vue général tous les mouvements vibratoires bruyants que produisent les êtres animés, il convient d'en former deux ordres : le premier comprend tous les bruits qui se passent dans l'intérieur des animaux, sans servir à les mettre en relations réciproques ; le deuxième ordre renferme tous ceux à l'aide desquels les animaux s'appellent, établissent leurs relations et communiquent entre eux.

Dans le premier ordre se trouvent les bruits du cœur et des vaisseaux pendant leurs battements, les divers bruits de la r e s p i r a t i o n, plus ceux du b â i l l e m e n t, du h o q u e t, de la t o u x, de l'éternuement, du crachement, du m o u c h e r, du s o u p i r, du g é m i s s e m e n t, du s a n g l o t et du r i r e, observés dans les divers âges dans les deux sexes de l'espèce humaine, auxquels il faut joindre les mêmes bruits observables dans la série des animaux, toujours sans y comprendre les phénomènes de la voix, du chant, de la parole. Pour compléter ce groupe de bruits inutiles pour la manifestation des actes de l'intelligence, il faut comprendre dans cette énumération physiologique tous ceux produits par les gaz qui parcourent les voies intestines. On les désigne dans la pratique médicale sous les noms d'*éructations*, de b o r b o r y g m e s ou *gargouillements*, de *f l a t u o s i t é s* et de *vents*.

Dans le deuxième ordre, ou celui des *bruits significatifs*, il faut d'abord distinguer ceux produits par le larynx et la bouche, dont il sera traité aux articles Voix, Chant et Parole, et mentionner ensuite les divers bruits qui, à défaut de la voix, peuvent servir au même but. Parmi ces derniers, qui n'ont point été suffisamment étudiés, il faut ranger le bruit que les animaux produisent par le choc de leurs parties, soit entre elles, soit contre un corps étranger, ou par d'autres mécanismes : tels sont le bruit que les lapins font avec leurs pattes de derrière, le claquement du bec des cigognes, le petit bruit causé par les vrillettes, par le bachine-pétard, le b o u r d o n n e m e n t d'un grand nombre d'insectes, etc. Bournons-nous à indiquer encore parmi les bruits significatifs le *crocro*, bruit fait par un poisson, le *feutement* et le *rourou* des chats, le *grognement* des cochons, des chiens hargneux ou en colère, etc. Disons enfin que ces sons produits par la bouche des animaux ont reçu différents noms suivant les espèces.

L'homme produit encore dans l'exercice de son industrie une infinité de bruits. Citerons-nous celui du marteau, du tambour, du tamtam, des cloches, du canon, de la machine à vapeur, cadence déplorable pour les nerfs des petites maîtresses, indicateur grandiose de la puissance humaine.

L. LAURENT.

BRUIX (Eustache), né à Saint-Domingue, en 1759, était d'une famille originaire du Béarn, dont plusieurs membres s'étaient fait un nom dans les armes en France et en Espagne. Pour lui, il passa de très-bonne heure dans la mère patrie, et ce fut à Paris qu'il reçut les premiers éléments des sciences qui devaient développer son penchant pour les dangers et les hasards de la mer. Il avait à peine quinze ans, qu'il s'embarquait, comme simple volontaire, sur un navire marchand, et le métier dans lequel il devait s'illustrer lui était déjà familier lorsqu'il fut nommé garde de la marine à Brest, en 1778. Il fit ses premières campagnes dans la guerre d'Amérique, sur les frégates *le Fox*, *la Concorde* et *la Médée*, sous les amiraux d'Orvilliers, de Grasse, d'Estaing, et obtint en 1784 le commandement du *Pivert*, puis en 1792 celui de *la Sémillante*. Pendant les quatre années qui suivirent la conclusion du traité de Versailles, il seconda Puységur dans les opérations qui préparaient la publication des cartes précieuses qu'on doit à cet officier sur les côtes et les débouquements de Saint-Domingue; et à l'âge de vingt-cinq ans les connaissances distinguées qu'il avait acquises lui ouvrirent les portes de l'Académie de marine. Il venait d'être appelé au commandement de l'*Indomptable*, lorsqu'en 1793 il fut compris dans la mesure générale prise en France à l'égard des anciens officiers du corps de la marine. Rendu en 1794 à son service, il remplit jusqu'en 1796 les fonctions de major général de l'escadre commandée par l'amiral Villaret-Joyeuse, fut nommé ensuite major général de la marine à Brest, puis directeur de ce port, et enfin vice-amiral et ministre de la marine, après avoir été major général de l'armée de l'amiral Morard de Galles, destinée à l'expédition d'Irlande, qui échoua, comme on sait, mais dans laquelle il fit preuve d'une grande habileté.

Pendant le peu de temps qu'il remplit les fonctions de ministre il s'occupa constamment des moyens d'exécution d'un plan de campagne qu'il avait conçu. Chargé de diriger lui-même cette expédition, il partit pour Brest en mars 1799, et prit le commandement de l'armée navale préparée par ses soins. Il déploya alors pour la première fois sur un grand théâtre le pavillon amiral, le montra sur des mers couvertes de flottes ennemies, dont il trompa la vigilance, ravitailla Gênes, fit sa jonction, à Cadix et à Carthagène avec l'armée navale espagnole, rentra avec elle à Brest, et mit le sceau à sa réputation par l'habileté de ses manœuvres durant cette campagne. Nommé en 1801 au commandement de l'armée réunie sur la rade de l'île d'Aix, les fatigues avaient tellement dérangé sa santé, qu'il se vit contraint de revenir, en toute hâte à Paris. Il y resta jusqu'à la reprise des hostilités. Amiral et commandant en chef de la flottille de Boulogne, en 1803, il y déploya toute son activité; mais il ne se fit jamais illusion sur l'inutilité de cet armement, et il le témoigna même souvent à Napoléon. Bientôt sa santé délabrée le força de quitter ce commandement. Il revint à Paris, où il mourut, le 18 mars 1805. On a de lui un *Essai sur les moyens d'approvisionner la marine* (1794, in-8°).

BRÛLEMENT DES CORPS. La coutume de brûler les corps au lieu de les inhumer était presque générale chez les Grecs et chez les Romains. Elle a précédé chez les premiers le temps de la guerre de Troie. Il ne faut cependant pas en inférer que ce fût la seule ni même la plus ancienne. Il paraît bien démontré que l'on commença par inhumer les corps, en les rendant à la terre; mais les deux usages paraissent aussi avoir subsisté en même temps à Rome. Sylla, victorieux de Caïus Marius, fit déterrer son corps et le fit jeter à la voirie; et ce fut sans doute par la crainte d'un pareil traitement qu'il ordonna que son propre corps, fût brûlé après sa mort. Quoi qu'il en soit, il fut le premier des patriciens cornéliens à qui on éleva un bûcher.

Voici comment la chose se pratiquait : le mort, couronné de fleurs et revêtu de ses plus beaux habits, était posé sur le bûcher, que ses proches parents allumaient avec des torches, en détournant le visage, pour témoigner qu'ils ne lui rendaient qu'avec répugnance ce dernier devoir. Dès que le bûcher était consumé, la mère, les sœurs ou les parentes du défunt, vêtues de noir, ramassaient les cendres et les os, et les mettaient sous leurs habits pour les emporter et les enfermer ensuite dans une urne. Les fils recueillaient de la même manière les restes de leur père, et, à défaut d'enfants on de veuve, ce devoir était rempli par les autres parents ou par les héritiers. Les consuls ou les officiers des empereurs ramassaient les ossements de ceux-ci : au décès d'Auguste, les premiers de l'ordre équestre s'acquittèrent pieds nus de ce devoir religieux. Avant de se retirer, les assistants criaient au défunt : *Vale, vale, vale, nos te ordine quo natura permiserit cuncti sequemur*. « Adieu, adieu, adieu ; nous te suivrons tous dans l'ordre où la nature le permettra ! »

Au rapport de Pline, l'usage de brûler les corps ne remontait pas bien haut à l'époque où il écrivait; et néanmoins Plutarque, dans sa *Vie de Numa*, dit que ce prince fut inhumé, parce qu'il avait expressément défendu, en mourant, que l'on brûlât son corps : ce qui serait une preuve en faveur de l'ancienneté d'une coutume qui, du reste, semble avoir été en horreur à plusieurs peuples. Hérodote rapporte que les Perses la détestaient et la regardaient comme impie, par suite du culte qu'ils rendaient au feu. Les Égyptiens n'étaient pas non plus dans l'usage de brûler les cadavres, mais par une autre raison : selon eux le feu était une bête inanimée, et ils pensaient qu'il n'était pas permis de donner les cadavres à dévorer à des bêtes. Macrobe, qui vivait à la fin du quatrième siècle de l'ère chrétienne, assure que de son temps la coutume n'était plus à Rome de brûler les corps. On croit qu'elle cessa sous l'empire des Antonins.

Avant l'établissement de la monarchie française dans les Gaules, on brûlait plus souvent les corps qu'on ne les inhumait, et cet usage dura jusqu'aux derniers temps du paganisme. César rapporte que peu de temps avant son arrivée dans cette province, on faisait brûler avec le cadavre d'un grand personnage ses esclaves, ses vassaux et tous ceux qu'il avait désignés lui-même avant sa mort pour l'accompagner dans l'autre monde. On vit souvent aussi chez les Celtes, dit Diodore de Sicile, un fils, ou un amant inconsolable, jeter dans le bûcher de son père ou de sa bien-aimée des lettres qui, dans la croyance commune de ces temps, devaient lui parvenir et l'entretenir du regret que causait sa perte. Chez les modernes, la coutume de l'inhumation a été généralement admise ; il n'y a eu d'exception que pour des cas particuliers, tels que le besoin de se soustraire à des causes épidémiques que la putréfaction des cadavres pouvait augmenter, ou la difficulté de creuser la terre pour procéder aux inhumations.

Ces deux intentions avaient dicté les mesures ordonnées par le gouvernement russe, dans une grande partie de l'empire, pendant l'hiver de 1812, à l'égard des soldats prisonniers, français ou autres, échappés au fer des populations et qu'achevaient de décimer les épidémies. Pendant quelque temps la haine de ces peuples, entretenue par leur superstition, leur avait fait refuser tout concours à l'inhumation de ceux qui mouraient ainsi sous un ciel rigoureux, loin de leur patrie. Un lieu séparé, un lieu frappé de réprobation était réservé dans beaucoup d'endroits à leur sépulture ; mais la terre se refusait à recevoir leurs dépouilles, comme de leur vivant le ressentiment de ces populations les avait poursuivis d'asile en asile. Les mains exténuées et découragées de leurs compatriotes ne pouvaient creuser qu'à demi le lit où ils devaient reposer du sommeil éternel, et au retour de la belle saison leurs corps, en partie couverts de neige, vinrent se remonter aux regards attristés et réclamer de nouvelles funérailles, qui cette fois leur furent accordées par des mains et par des cœurs que la réflexion avait dépouillés de haine. Ils purent reposer enfin dans une terre redevenue hospitalière, la face religieusement tournée vers la patrie. Mais pendant ce temps des ordres généraux avaient été donnés dans la plupart des gouvernements de la Russie, où l'on brûla longtemps les corps de ceux qui avaient ainsi succombé, avec tous les effets d'habillement qui leur avaient appartenu. En Angleterre, où l'on inhume à peu de profondeur, et dans des cimetières trop restreints, il s'est trouvé qu'au moment où une épidémie vint chasser précipitamment de leur dernière demeure des corps dont le temps n'avait pu produire la dissolution ; un cri d'alarme se fit alors entendre : on vit se former des sociétés pour ramener l'ancienne coutume de brûler les corps. Mais cette coutume, plus rationnelle peut-être, semble trop en désaccord avec les habitudes et les croyances chrétiennes pour devenir d'une pratique commune.

Quant au *brûlement volontaire des vivants*, à cet hymen affreux, à cette association monstrueuse de la vie et de la mort sur le même bûcher, on sait qu'il existe encore dans les Indes, où il est entretenu par la superstition. *Voyez* SUTTIES.

BRULER, supplice du feu. *Voyez* BÛCHER.

BRULERIE. Ce mot a deux acceptions bien différentes dans les arts industriels. D'abord on nomme *brûlerie* le lieu où l'on convertit le vin ou d'autres boissons fermentées en alcool (*voyez* DISTILLATION). Nous n'avons point à nous en occuper ici ; mais nous parlerons de la *brûlerie des bois dorés et des tissus d'or et d'argent.*

De grandes quantités d'or et d'argent ont été pendant longtemps perdues, parce qu'on ignorait alors le moyen simple et peu coûteux de reprendre ces métaux précieux aux matières de luxe sur lesquelles ils avaient été appliqués en lames si minces qu'on regardait presque comme impossible de les en séparer. Il s'en faut bien que cette extraction soit négligée aujourd'hui. On pousse même à cet égard la vigilance à un point qui ne semble pas justifié aux yeux de ceux qui sont étrangers aux moyens qu'on emploie et à l'importance des résultats qu'on obtient.

Pour les bois dorés, on a d'abord recours à un trempage dans l'eau bouillante, et qui a pour but de dissoudre la colle de la dorure. L'exposition de ces bois à la vapeur très-chaude de l'eau dans un milieu hermétiquement fermé a un effet encore plus prompt et plus certain. Les feuilles d'or, détachées du mastic sur lequel elles reposaient, tombent au fond d'un vase, et on peut hâter cet effet à l'aide d'une brosse. Mais il ne faut pas croire que ces lames d'or, d'une ténuité presque incalculable, se trouvent complétement isolées : elles entraînent toujours avec elles une quantité de *blanc* ou de mastic infiniment plus pesante qu'elles-mêmes. C'est cette espèce de *magma* (pâte) qui doit être recueilli, desséché, pilé dans un mortier et exposé ensuite à un feu de moufle pour brûler tout ce qui reste de combustible, tel que la colle ou l'huile, etc., qui entraient dans la composition du *blanc* ou *assiette* de la dorure. Les mêmes procédés sont applicables aux plâtres dorés, etc.

Quant aux tissus dorés et argentés divers, tels que galons, gazes, etc., il ne s'agit d'abord que de les brûler directement et d'en recueillir les cendres. Peut-être convient-il a-t-il moins de risque de perte à dissoudre la soie et les tissus de cette espèce qui sont recouverts de métaux précieux en les soumettant à l'ébullition dans une forte lessive d'alcali caustique. La soie se saponifie, et en étendant ce produit d'une grande quantité d'eau on peut recueillir la poussière métallique au fond du vase.

Les métaux ainsi obtenus sont fondus dans un creuset et soumis ensuite à l'affinage. PELOUZE père.

BRULLOW (CHARLES), peintre d'histoire, d'un remarquable talent, né à Saint-Pétersbourg, en 1800, apprit les premiers éléments de son art à l'académie de cette ville. En 1823 il fit le voyage d'Italie aux frais d'une société d'amis des arts, protégé par l'impératrice Élisabeth, et y exécuta plusieurs excellentes copies de Raphaël. Mais le travail qui l'a surtout rendu célèbre, c'est une grande page que la gravure a depuis longtemps popularisée, représentant *Le Dernier jour de Pompéi*, d'après le récit de Pline. Ce beau tableau orne maintenant la galerie de l'Ermitage, à Saint-Pétersbourg. Il a dix mètres de long, et renferme vingt-trois figures principales de grandeur naturelle, dont les attitudes peignent la terreur. Brullow fut nommé peintre de la cour, chevalier de l'ordre de Wladimir, membre honoraire de l'Académie de Milan et de celle de Bologne, et l'Académie de Saint-Pétersbourg proposa à l'empereur de créer pour lui une dignité académique. De retour dans sa patrie, il peignit pour la cathédrale de Kasan une *Ascension* et quelques portraits de saints. Son second tableau, *Le Siège de Pskow*, prouve que son talent est resté stationnaire. Depuis quelques années, il s'occupe de la décoration de la nouvelle église d'Isaac. Ses portraits se distinguent par la vigueur du coloris ; on vante aussi beaucoup les tableaux de genre de cet artiste.

Son frère *Alexandre*, qui l'a accompagné en Italie et a demeuré quelque temps à Paris, est un architecte de mérite. Il a bâti l'église évangélique de Saint-Pierre, le théâtre de Michailoff, l'observatoire de l'Académie des Sciences et a restauré, avec Strassof, le Palais d'hiver. L'empereur lui a donné une pension et la croix de Saint-Wladimir.

BRÛLOT, bâtiment incendiaire, destiné à être dirigé sur un navire ennemi et à l'envelopper dans son explosion, en s'attachant à lui. Tous les navires, quelles que soient leurs dimensions, peuvent être affectés à cet usage. On a vu les Anglais consacrer jusqu'à de vieilles frégates au service de brûlots : dans la fameuse expédition incendiaire contre la division française mouillée en rade des Basques, près de Rochefort, on vit de très-forts bâtiments de guerre sauter en l'air à côté des vaisseaux à bord desquels ils devaient porter l'incendie.

On choisit ordinairement pour faire des brûlots de vieux navires, qui offrent un double avantage, celui d'entraîner une perte moins réelle et d'être plus facilement brisés lorsque éclate l'explosion qui doit disperser leurs débris.

Pour atteindre le but qu'on se propose en envoyant un brûlot à l'ennemi, on place des barils de poudre dans la cale du brûlot ; on remplit son entrepont et on couvre son pont de la plus grande quantité possible d'artifices ; on garnit son gréement de cravates et de panaches inflammables, et on a soin de suspendre au bout de ses vergues des grapins qui puissent s'accrocher aux manœuvres du navire qu'il s'agit d'incendier. Lorsque le brûlot a un entrepont et des sabords, on a soin de ménager à l'incendie que l'on prépare toutes les issues qu'il faut ouvrir à la flamme pour qu'elle puisse se répandre à l'extérieur et embraser tous les objets qu'on veut lui faire dévorer. Après avoir ainsi disposé toutes les matières qui doivent prendre feu instantanément, on verse sur la mâture, le gréement, le pont et les bordages intérieurs et extérieurs du navire autant d'huile de térébenthine qu'on peut en répandre. Cette substance si inflammable est destinée à donner une nouvelle activité au feu et à servir de conducteur à l'incendie dans les parties où il pourrait s'arrêter.

Entre les barils de poudre, les saucissons et les pots à feu placés dans la cale, l'entrepont ou sur le pont, on sème des bombes farcies, des grenades panachées, qui doivent éclater dans un temps calculé par les artificiers. On a poussé quelquefois si loin la précision dans ces sortes de préparations que l'on a retrouvé dans des débris de brûlots des horloges grossièrement faites, au moyen desquelles on était parvenu à régler mécaniquement l'heure à laquelle devait partir l'artifice.

Dans les diverses compositions employées pour le munitionnement des brûlots, on remarque principalement les objets que l'on désigne sous les noms de *fagots, saucissons, panaches, rubans de feu, cravates* et *barils ardents*. Les *fagots* sont des gerbes de sarments de vigne, que l'on trempe dans un liquide composé de résine, de brai sec, d'huile et d'esprit de térébenthine, de poudre et de salpêtre pulvérisé. On nomme *saucisson* un long sac de toile goudronnée farci de soufre, de salpêtre et de poudre en poussière. Les *panaches* sont des mèches de chanvre trempées dans une mixtion de poudre, de soufre et d'huile de térébenthine. Les *rubans à feu* se font en trempant des paquets de copeaux de menuisier dans une décoction d'huile de lin, d'esprit-de-vin et de térébenthine, saturée de poudre, de brai sec et de soufre. Les *cravates*, dont on enveloppe les haubans, les cahaubans et les principales manœuvres de brûlot, sont de longues mèches d'étoupe ou de serpillière usée, que l'on plonge dans une préparation semblable à celle dont nous venons de parler. Les *barils ardents*, destinés à être placés dans le haut de la cale ou l'entrepont et à faire explosion, renferment de la poudre, du suif et du goudron ; ils contiennent aussi quelquefois des *grenades farcies* et des *lances à feu*, qui éclatent à l'instant où le baril s'enflamme.

On concevra aisément, en lisant ce simple exposé des objets principaux qui entrent dans le munitionnement des brûlots, l'effet que l'on doit attendre de ces sortes d'appareils destructifs. Mais pour obtenir tous les résultats qu'on peut en espérer il faut, autant que possible, que les brûlots ne soient envoyés que pendant la nuit : pendant le jour, il serait trop facile à l'ennemi de se prémunir contre ce genre d'attaque, pour qu'il se laissât surprendre sans précaution par l'abordage de ces sortes de navires, dont il est toujours aisé de deviner l'espèce dès qu'on peut les apercevoir, fût-ce même de très-loin.

Des hommes dévoués à une mort presque certaine ont quelquefois réussi à diriger des brûlots avec un appareil bien moindre que celui dont nous venons de donner une idée : munis de quelques chemises soufrées, qu'ils allaient clouer, dans de légères embarcations, sur le bordage du navire qu'ils voulaient incendier, ils ne pouvaient que bien difficilement, dans une expédition aussi hasardeuse, échapper à la vengeance des équipages qu'ils avaient essayé de faire sauter.

Anciennement, l'usage des brûlots était une chose tellement consacrée et prévue pour les besoins ordinaires de la guerre maritime, qu'il existait dans la marine des officiers désignés sous le nom de *capitaines de brûlots*. Aujourd'hui on ne connaît plus cette dénomination, et les brûlots ne deviennent qu'accidentellement un moyen de destruction contre les flottes ennemies. La promptitude avec laquelle on peut, dans un instant donné et avec les ressources nécessaires, transformer en brûlots les navires et les embarcations ordinaires, rend pour ainsi dire inutile la longue prévoyance et les vastes préparatifs qui auparavant présidaient à l'armement de ces sortes de bâtiments spéciaux. Espérons que bientôt l'humanité, qui doit aujourd'hui régler entre les nations civilisées jusqu'aux moyens qu'elles ont de s'entre-détruire, finira par proscrire entre les peuples belligérants l'emploi funeste des brûlots.
Édouard CORBIÈRE.

Brûlot, suivant Perrault, est aussi le nom d'une machine (*catapulta incendiaria*) dont les anciens se servaient pour lancer des dards auxquels était attachée une matière combustible qu'on allumait lorsqu'on les voulait darder.

On appelle encore de ce nom, dans les manufactures de glaces, une sorte de polissoir étroit avec lequel on termine certains endroits de la surface de la glace qui ont échappé au poli.

Au figuré, *brûlot* se dit trivialement d'un morceau de pain, de viande ou d'autre chose, bien épicé de sel et de poivre qui brûle le gosier de celui auquel on le donne; mais on s'en sert plus habituellement pour désigner un homme ardent, inquiet et remuant, qui par ses discours excite au tumulte et à la révolte.

BRÛLURE, lésion déterminée par l'action d'une chaleur intense appliquée aux organes. Le calorique seul en est l'agent, bien qu'on attribue la propriété de brûler à certains corps désorganisateurs, tels que les acides concentrés, diverses substances caustiques, corrosives, et dont le mode d'action diffère de celui de la chaleur concentrée : ces agents *cautérisent* (voyez CAUTÉRISATION), mais ne brûlent pas. La puissance ou le degré d'activité des corps dits *comburants* est en raison directe de leur capacité calorifique et de leur faculté conductrice : ainsi, les métaux se trouvent au premier rang, puis les corps gras, et enfin les liquides. On distingue divers degrés de la *brûlure*, suivant la profondeur à laquelle elle pénètre; Dupuytren en admet six : 1er degré, rubéfaction de la peau; 2e degré, vésication ou épanchement de sérosité sous l'épiderme; 3e degré, destruction de la couche superficielle de la peau; 4e degré, désorganisation de toute l'épaisseur de la peau; 5e degré, destruction des parties molles subjacentes à la peau; 6e degré, combustion des os et de toute l'épaisseur d'un membre.

Chacun sait de quelle sensation douloureuse la brûlure est accompagnée; mais un phénomène bien digne de remarque, c'est la tendance de la désorganisation à se propager au delà des limites du point primitivement affecté; de sorte qu'une brûlure légère, au premier aspect, est souvent suivie de graves désorganisations; aussi les divers remèdes préconisés contre la brûlure ont-ils la plupart pour effet de s'opposer à l'extension du mal. Une foule de remèdes ont été imaginés pour remédier à un accident aussi fréquent que douloureux, et l'*onguent pour la brûlure* est devenu proverbe comme synonyme de *remède de commère*. Cependant, parmi les recettes populaires il en est quelques-unes d'assez rationnelles; ainsi, les pulpes de carottes, de pommes de terre, etc., ont pour effet de calmer la douleur par le fait de la fraîcheur qu'elles comportent, et de modérer l'irritation par le mucilage qu'elles contiennent; l'encre agit aussi par sa fraîcheur et par l'astriction que détermine le gallate de fer qui en forme la base; la farine absorbe de la sérosité qui tend à s'exhaler, et s'oppose à la formation des vésicules, etc. C'est à peu près ainsi qu'on peut interpréter l'action du coton cardé et du duvet du typha, qu'on a vantés pendant un temps; mais un remède fort simple, et qui, selon nous, mérite le plus de confiance, c'est l'eau froide, dans laquelle on maintient la partie brûlée aussi longtemps qu'il est nécessaire pour prévenir ou modérer la réaction inflammatoire, c'est-à-dire pendant plusieurs heures, et même pendant un jour, en ayant soin de renouveler l'eau à mesure qu'elle s'échauffe. Lorsque la partie n'est pas susceptible d'être immergée, on emploie des compresses imbibées d'eau, qu'on renouvelle souvent. L'eau froide n'a pas seulement l'avantage, déjà très-précieux, de calmer immédiatement la douleur, mais encore elle s'oppose efficacement au développement des phénomènes inflammatoires. On peut favoriser son action résolutive en y versant une certaine quantité d'*extrait de Saturne* (sous-acétate de plomb liquide).

Lorsque l'action du calorique a été assez vive pour désorganiser les tissus, les parties mortifiées doivent nécessairement être éliminées par la suppuration : alors les brûlures rentrent dans la catégorie des plaies suppurantes, et réclament un traitement analogue. Les vastes brûlures, par la douleur et la réaction qu'elles occasionnent, entraînent fréquemment des accidents cérébraux ou abdominaux qui causent la mort : celle-ci peut encore être le résultat des suppurations abondantes fournies par les tissus endommagés.

Les cicatrices qui succèdent aux brûlures ont une tendance prononcée à se rétrécir, à se crisper, de manière à rapprocher les parties circonvoisines : c'est ainsi qu'on a vu des brûlures du dos de la main amener progressivement le renversement des doigts, jusqu'à les mettre en contact avec l'avant-bras. Il faut donc s'attacher à prévenir ces rétractions en maintenant les parties dans une extension permanente jusqu'à parfaite guérison ; si les doigts sont affectés, on les maintiendra sur une palette; si c'est une ouverture naturelle qui soit le siége de la brûlure, on combattra la tendance à l'oblitération, au moyen de corps dilatants. Lorsque deux surfaces contiguës ont été dépouillées de leurs téguments, il faut les tenir écartées, au moyen d'un appareil convenable, afin de prévenir leur adhésion mutuelle. Les procédés à suivre pour obtenir une cicatrice régulière comportent des détails minutieux, dans lesquels nous ne pouvons entrer. Enfin, lorsque la cicatrice s'est opérée d'une manière vicieuse, il ne reste plus qu'à l'enlever en totalité et à travailler sur nouveaux frais pour en obtenir une plus régulière. Il nous resterait à émettre quelques considérations sur les moyens préservatifs de la brûlure; mais la simple raison suffit pour y pourvoir. Chacun sait ce qu'il convient de faire pour éviter et pour *étouffer* le feu. L'eau froide que l'on jette quelquefois sur des personnes dont les vêtements sont en feu peut causer de graves accidents; il est plus sage d'éteindre le feu en les enveloppant de draps ou de couvertures.

On a prétendu que les accidents occasionnés par la foudre n'étaient que le résultat de la commotion électrique; mais il est avéré que les atteintes du tonnerre peuvent occasionner de véritables brûlures, plus ou moins profondes, et qui ne diffèrent des autres que par la stupeur qui les accompagne le plus ordinairement. Un préjugé qui existe encore parmi le peuple, et qui fut longtemps partagé par les chirurgiens, c'est de croire que les projectiles lancés par la poudre à canon brûlent les parties qu'ils traversent; mais l'aspect noirâtre des blessures de ce genre n'est que le résultat de la contusion extrême dont elles sont accompagnées.

Il est un genre de brûlure qui constitue un des phénomènes les plus étonnants de la pathologie, phénomène dont l'essence n'est pas encore bien déterminée : il est connu sous le nom de *combustion spontanée*, et nous en traiterons dans un article particulier. Dr FORGET.

BRÛLURE (*Agriculture*). L'écorce du tronc d'un arbre exposé contre un mur à toute l'action du soleil du midi est sujette à se fendre, à s'écailler, à se dessécher; ce qui prive les branches de la plus grande partie de la séve nécessaire à leur nourriture, et accélère toujours leur mort. On appelle cet effet *brûlure*. Certains arbres fruitiers, tels que le pêcher et l'abricotier, sont plus sujets que d'autres. La vigne, dont l'écorce extérieure se renouvelle tous les ans, la brave impunément.

Les gelées produisent quelquefois des effets analogues, en formant de la glace sous l'écorce, glace qui, comme on le sait, offre toujours plus de volume que l'eau qui lui a donné naissance.

On a indiqué un grand nombre de moyens pour garantir les arbres de cet inconvénient, tels que d'empailler leurs troncs, de les envelopper de toile cirée, etc. Tous ces préservatifs sont nuisibles, en ce qu'ils privent l'écorce de l'influence d'un air renouvelé, qu'ils conservent autour d'elle une humidité constante, ce qui l'attendrit, la pourrit, etc. Le seul de ces moyens qui mérite confiance, c'est l'établissement d'un abri à quelque distance du tronc, abri qu'il est plus économique de faire avec deux planches formant un angle droit et ne se joignant pas tout à fait, de manière que l'air puisse circuler.

On appelle aussi *brûlure* les effets de la chaleur du soleil ou des fortes gelées sur les bourgeons encore tendres, dont le résultat est de rendre ceux-ci subitement noirs.

Dans quelques pays on dit que le froment ou les autres céréales sont *brûlés* quand leurs racines sont frappées de mort par l'évaporation de toute l'eau de la terre qui les entourait. Cette sorte de brûlure est plus commune dans les terrains sablonneux, dans ceux qui ont peu de profondeur, dans les expositions méridionales, qu'ailleurs; il est des années sèches et chaudes où elle cause de grandes pertes aux cultivateurs. Quand cette brûlure se manifeste au commencement de l'été, la récolte est totalement perdue, l'épi se dessèche complétement. Quand elle vient plus tard, le grain est seulement *retrait*. Dans tous les cas la paille perd beaucoup de sa qualité. Les moyens d'empêcher cette sorte de brûlure varient suivant les circonstances : si le terrain n'a pas de profondeur, on doit ou le rechanger, ou le couvrir de litière, de mousse, etc, ou planter de grands arbres, s'il y a possibilité; ces derniers moyens, ainsi que les irrigations, s'appliquent aux terrains sablonneux et exposés au midi.

Une autre espèce de brûlure se remarque souvent sur les arbres en espalier comme sur ceux en plein vent, même dans les pépinières; c'est le dessèchement de l'extrémité des branches pendant les chaleurs de l'été. Elle a pour cause la perméabilité ou la sécheresse du sol, un vent hâlant, comme le vent du nord-est dans le climat de Paris. Dans le premier cas, le manque d'humidité diminue la production de la séve, ce qui affaiblit sa force d'ascension, et par suite prive de ses bienfaits les rameaux les plus élevés. Dans le second, qu'on nomme *brouissure*, l'évaporation considérable qui se fait par ses rameaux, n'étant plus remplacée par la même quantité de séve, donne à la chaleur du soleil la puissance de les dessécher, positivement comme l'écorce dans le cas précité.

Une dernière espèce de brûlure, qu'on appelle quelquefois improprement *blanc*, est produite par l'eau des rosées, des gelées blanches, etc., sur les feuilles des arbres, principalement des arbres en espalier placés au levant. Elle se reconnaît à des taches blanches, qui deviennent ensuite noires. Le résultat est une véritable sphacélation du parenchyme, qui anéantit son action vitale, en ne permettant plus ni absorption ni transpiration. Lorsque ces taches sont peu nombreuses, leur effet sur l'arbre n'est pas sensible; mais lorsque les feuilles en sont couvertes, l'arbre languit, ses fleurs ne nouent point, ses fruits tombent avant le temps, ou restent petits et sans saveur. On a expliqué la désorganisation du parenchyme sous les gouttes d'eau ou les globules de glace, de différentes manières. Les uns ont dit : elles agissent comme de véritables lentilles, et réfractent les rayons du soleil de manière à produire une assez forte chaleur à leur foyer; mais Bénédict Prévot a prouvé, par des calculs et par des expériences, qu'il ne pouvait en être ainsi. D'autres ont pensé que le fait s'expliquait par la présence de corps froids s'opposant à la transpiration en quelques endroits de la surface des feuilles, tandis que cette fonction se faisait partout ailleurs. D'autres, enfin, ont vu dans ce phénomène un commencement de fermentation. Toutes ces explications offrent des difficultés lorsqu'on les soumet à une rigoureuse analyse; la dernière paraît cependant la plus plausible. Quoi qu'il en soit, constatons que cette brûlure n'a pas lieu lorsqu'on secoue la rosée, lorsqu'on fond la gelée blanche avec de l'eau froide, ou en brûlant du fumier ou de la paille mouillée avant le lever du soleil.

BRUMAIRE. Voyez CALENDRIER RÉPUBLICAIN.

BRUMAIRE (Journée du 18) ou du 9 novembre 1799. Cette journée mit fin au gouvernement directorial en France, et, plaçant le pouvoir dans les mains du général Bonaparte, devenu premier consul de la république, ne tarda pas à le rendre le seul héritier de la révolution.

La république, jusque là presque partout victorieuse, venait de perdre l'Allemagne et ce magnifique présent que Bonaparte avait fait à la France, l'Italie; elle déplorait les défaites que rappellent les noms de *Stokach* et de *Magnano*, et voyait avec effroi la Suisse envahie et le Var menacé. A l'intérieur, les partis relevaient la tête, les royalistes parlaient publiquement du prochain retour des Bourbons, les jacobins s'entretenaient de leurs espérances, et le Directoire, gouvernement sans force et sans génie, qui quelquefois frappait les restes de la *Montagne* et quelquefois semblait les ménager et les craindre, donnait à la France le droit d'accuser hautement ses sympathies secrètes pour le parti des jacobins. Ce gouvernement sans fixité, sans unité, qui n'offrait de garanties ni à l'ordre ni à la paix, qui n'assurait ni l'indépendance ni la liberté du pays, commençait à lui peser; néanmoins on le supportait encore : on attendait un homme qui osât le briser et se mettre à sa place. Cet homme remportait alors en Égypte quelques-unes de ses plus éclatantes victoires; Bonaparte avait deviné juste, en pensant que s'il portait la gloire du nom français sur ce sol antique et lointain, où tant de gloires avaient déjà passé, il frapperait vivement, irrésistiblement, l'imagination nationale.

Cependant, les succès en Afrique firent bientôt place aux revers; au milieu de ces revers Napoléon Bonaparte, un peu découragé sans doute, apprit par les dépêches de ses frères, Lucien et Joseph, membres du Conseil des Cinq-Cents, les dangers qui à l'intérieur menaçaient la France, et la faiblesse toujours croissante du Directoire. Il eut bientôt pris son parti, et, confiant à Kléber le commandement de son armée, il s'embarqua, bravant à la fois et les vents qui lui étaient contraires, et les vaisseaux anglais qui couvraient la mer. Le 15 vendémiaire il mouillait triomphant dans le golfe de Fréjus. L'enthousiasme qui éclata partout sur son passage fut extrême, et dut bien l'affermir dans l'espoir qu'il caressait déjà : il partit pour Paris *incognito*, et descendit sans bruit et sans éclat dans sa maison de la rue Chantereine; quelques instants après son arrivée, il allait au Directoire, et s'entretenait des intérêts publics avec Gohier, président du gouvernement. C'est le 25 de ce mois qu'il fut présenté solennellement au Directoire en corps; là, rendant compte de sa présence en France, il dit que ses victoires d'Aboukir et de Mont-Thabor lui avaient permis de confier sans inconvénient son armée à un habile général, et de voler au secours de la patrie; qu'il la regardait comme sauvée, et s'en réjouissait. Le Directoire, sans se méprendre sur le but de ce brusque retour, dissimula; il ménagea le jeune conquérant, parce qu'il le craignait, et le président Gohier le complimenta sur ses victoires.

En arrivant en France, Bonaparte avait essuyé un premier mécompte; il croyait voir le territoire envahi, et il trouvait le contraire : Masséna venait de remporter sa belle victoire de Zurich; les Anglo-Russes avaient capitulé. Les Anglais, d'autre part, étaient descendus sur les côtes de Hollande, mais on les avait repoussés; nous reprenions en Italie une vigoureuse offensive; notre influence s'étendait sur la Suisse, la Hollande, le Piémont; la barrière du Rhin nous appartenait, et Bernadotte avait fortement réorganisé les armées; les dangers les plus imminents étaient donc conjurés. Toutefois, Bonaparte ne perdit pas courage ; car enfin cette France que ses conquêtes avaient rendue si puissante, si grande, il ne la retrouvait pas telle qu'il l'avait laissée; les magnifiques résultats du traité de Campo-Formio, on ne les avait pas reconquis, et l'invasion, repoussée une fois, pouvait au premier jour reparaître plus menaçante; enfin la France avait encore besoin de lui. Il employa cinq semaines à préparer son coup d'État ; pendant ces cinq semaines il interrogea les partis, calcula leurs forces, et les caressa tous avec une rare habileté : aux jacobins il dit qu'il consoliderait leur chère république, et que lui seul pouvait le faire; que son gouvernement, plus ferme que celui du Directoire, les préserverait du retour des Bourbons. Quant aux royalistes, il les flatta vaguement de l'espoir de rencontrer en lui un nouveau Monck quand l'heure d'une restauration sonnerait et que la France se serait assez réconciliée avec les principes monarchiques et le nom de Bourbon. Mais c'est dans le parti qu'on appelait alors le parti des *politiques* ou *modérés* qu'il trouva le plus de sympathie : ce parti-là, c'était la généralité, les cinq sixièmes de la France; c'étaient tous les hommes tranquilles, amis de l'ordre et de la paix, par goût ou par calcul, qui forment la majorité sous presque tous les gouvernements, hommes sans passions politiques, toujours prêts à faire bon marché des principes quand l'horreur de l'anarchie ou de la guerre combat en eux le goût des théories; cet immense parti craignait alors le triomphe des jacobins, et des jacobins infatigables, derrière lesquels il voyait encore des échafauds tout prêts. Donc, en cherchant bien autour de lui, il ne trouvait que l'épée de Bonaparte, l'épée d'Arcole et d'Aboukir, qui brillait d'un éclat assez vif pour rallier toutes les dissidences et promettre au pays assez de force et de puissance pour faire respecter le pouvoir en le rendant redoutable aux factions. Il restait cependant un autre parti, que Bonaparte, dans son énergique langage, avait flétri sous le nom de faction des *pourris* : celui-là ne valait vraiment pas la peine qu'on lui demandât son assentiment. Ces *pourris*, que Barras représentait dans le sein du Directoire, c'étaient des hommes sans conscience, sans honneur, ne s'occupant des affaires publiques que comme d'un moyen de faire fortune; des hommes dont l'ignoble cupidité s'accommodait fort bien du trouble et du désordre, qui favorisaient leurs malversations, et d'un gouvernement sans force, sans dignité, dont l'insouciance, laissant flotter au hasard les rênes de l'État, fermait complaisamment les yeux sur toutes leurs rapines ; il ne se composait, du reste, que de quelques individus épars.

Comme on le voit, Bonaparte n'avait à surmonter que d'assez faibles obstacles. Il s'entoura avec soin, dès le premier jour, de toutes les notabilités de l'époque : Talleyrand, Régnault de Saint-Jean-d'Angely, Cambacérès, Fouché, Roger-Ducos. Gohier et Moulin eux-mêmes, ces deux patriotes si purs et si zélés, mais hommes d'État médiocres, lui firent assidûment leur cour. Dubois-Crancé, ministre de la guerre et fougueux jacobin, venait le consulter avec respect sur les affaires de son département. Il semblait déjà que rien ne se pût faire sans lui. Les meilleurs généraux de la république accoururent aussi se grouper autour de leur jeune compagnon d'armes, qu'ils semblaient déjà regarder comme leur maître futur : Lannes, Murat, Berthier, Bessières, qui l'avaient suivi en Égypte et en étaient revenus avec lui, attachant leur fortune à la sienne; Jourdan, Augereau, Macdonald, Beurnonville, Leclerc, Lefebvre lui-même, malgré ses sympathies républicaines et ses tendances jacobines, lui formaient comme un brillant état-major; toutes ces gloires militaires du futur empire français semblaient s'inscrire et prendre date pour un avenir qui s'approchait; autour de Bonaparte, comme autour de leur centre naturel, on voyait bourdonner toutes ces ambitions ardentes de soldats parvenus, tous ces appétits insatiables de gloire, d'honneurs et de fortune, qui dévoraient déjà ces généraux de la république, pour lesquels la république n'avait pas fait assez. Bonaparte comptait donc au nombre de ses partisans les militaires, la plupart des membres du Conseil des Anciens, et puis cette majorité toute puissante dont l'assentiment lui garantissait la consécration de son succès, la majorité du pays. Que pouvaient contre ces masses quelques républicains purs, mais rares et d'une médiocre capacité, qui redoutaient dans Bonaparte le restaurateur à venir du principe monarchique? Que pouvaient contre lui quelques jacobins fanatiques, qu'il n'avait pu séduire, et quelques *pourris* sans courage, qu'il avait méprisés?

Toutes ces chances de succès, la faiblesse de tous ces obstacles, n'avaient pourtant pas endormi sa prudence; résolu, s'il le fallait, à triompher par la force, à tout prix, il travailla d'abord à arracher la démission de chacun des cinq Directeurs, pour se brouiller le moins possible avec la légalité. Alors, tout naturellement, à la demande des Anciens et de quelques membres du conseil des Cinq-Cents, il aurait saisi les rênes de l'État, sans avoir besoin de recourir aux armes. Il obtint ce qu'il voulut de l'abbé Sieyès et de Roger-Ducos. Sieyès avait vu d'abord avec un dépit mal dissimulé le peu de déférence que Bonaparte lui marquait à dessein depuis son retour d'Égypte ; ce dernier, qui affectait déjà de temps en temps un profond mépris pour ce qu'il nommait les théories, parut d'abord traiter l'orgueilleux abbé avec une complète indifférence, et même ne point lui parler quand il le rencontrait dans quelque salon ; il lui répugnait de faire des avances à ce *théoricien défroqué*. Cependant l'abbé Talleyrand, cet homme si habile, qui avait deviné le génie de Bonaparte, et qui pressentait qu'un prochain avenir allait ouvrir une scène plus vaste à son ambition, voulut rapprocher Sieyès et le vainqueur de l'Orient (c'est le nom qu'on donnait à Bonaparte depuis son retour d'Égypte) : il dit à ce dernier que le crédule Sieyès servirait avec joie ses projets, dans l'espoir de mettre enfin au jour cette fameuse *constitution* sortie de son génie, et qui depuis si longtemps dormait en portefeuille en attendant un moment favorable; que, du reste, après le succès, il serait très-facile de se débarrasser d'un collègue importun ; il dit aussi au ci-devant abbé membre du Directoire que le moment était venu où sa constitution devait être mise à l'épreuve et triompher de toutes les moqueries; que Bonaparte, d'ailleurs soldat par nature et par goût, bornerait son ambition à la direction des détails purement militaires du gouvernement, et que lui, Sieyès, embrassant tout le reste, l'effacerait complétement : il le leur dit, et les persuada tous deux. Quant à Roger-Ducos, doublure de son collègue défroqué, il n'agissait que sous ses inspirations. Bonaparte songea ensuite à séduire Gohier et Moulin; mais il ne trouva en eux que des républicains austères, incorruptibles, à la sagacité desquels, malgré la médiocrité de leur génie, son ambition n'avait point échappé, et qui, loin de se prêter à la favoriser, étaient disposés, au contraire, à la combattre de leur mieux. Ces deux *directeurs*, qui d'ailleurs admiraient les talents militaires du jeune conquérant de l'Italie, l'auraient volontiers mis à la tête des armées de la république : ils auraient consenti tout au plus à l'admettre au nombre des directeurs, mais ils ne voulaient pas d'un changement de constitution, de la substitution violente d'un gouvernement à un autre, dussent-ils y trouver eux-mêmes leur part toute faite. Quant à Barras, qui sentait s'échapper de ses mains son cinquième de royauté républicaine, il eût bien voulu associer ses intérêts à ceux de Bonaparte; mais ce dernier le méprisait, et d'ailleurs sa maladresse, qui dans l'intimité d'un tête-à-tête laissa percer aux yeux du jeune général une ambition ridicule et déplacée, coupa court à tout arrangement.

Si presque tous les généraux s'étaient groupés autour du vainqueur de l'Orient, il en restait quelques-uns ne manifestant pas hautement leur répugnance pour la révolution qui se préparait, mais cachant à grand'peine leur dépit sous leur maladresse; Bernadotte surtout, qui affectait alors des sentiments républicains, qu'il se chargea plus tard de démentir en montant sur un trône, refusa positivement d'abord de s'atteler au char de Bonaparte. On dit même que le 18 brumaire il offrit à Gohier et à Moulin de repousser la force par la force, et de combattre le coup d'État; mais il demandait qu'un ordre signé par la majorité du Directoire légitimât au moins son intervention armée, et lui donnât un droit en lui imposant un devoir. Gohier et Moulin y consentirent, dit-on ; mais le timide Barras, redoutant un revers et les ressentiments de Bonaparte, paralysa par son refus le bon vouloir de Bernadotte. Jourdan et Augereau, plus sincères dans leur républicanisme, mais moins redoutables et bien moins résolus, ne dissimulaient pas mieux leurs sympathies pour le gouvernement usé que Bonaparte allait faire tomber pour en ramasser les débris. Mais ce qui surprit tout le monde, ce fut de voir Moreau, ce républicain qui conspira plus tard contre le premier consul, se laisser entraîner par cette puissance de séduction dont Bonaparte se servit si souvent pour charmer jusqu'à ses ennemis et prêter son concours au coup d'État qui se préparait.

Le 15 brumaire, trois jours seulement avant l'explosion, plusieurs membres des deux Conseils donnèrent à Bonaparte, dans l'église Saint-Sulpice, un banquet par souscription. Ce fut au sortir de ce banquet, où il ne fit que paraître peu d'instants, et où sa froideur et son silence calculé surprirent tout le monde, qu'il se rendit immédiatement chez Sieyès, pour arrêter avec lui leurs plans définitifs : ils convinrent qu'ils suspendraient les Conseils pendant trois mois; que dans cet intervalle les trois consuls (Bonaparte, Sieyès et Roger-Ducos), s'investissant eux-mêmes des pouvoirs extraordinaires réclamés par les circonstances, feraient une constitution nouvelle, après quoi le gouvernement rentrerait dans l'ordre régulier nouvellement tracé. Voici les moyens d'exécution dont ils convinrent également : le Conseil des Anciens supposerait un complot de jacobins contre la représentation nationale, et transférerait à Saint-Cloud, sous ce prétexte, le Corps législatif; Bonaparte serait chargé par le décret d'en faire protéger l'exécution par la force armée. La constitution armait bien le Conseil des Anciens du droit de transférer, dans certains cas, le Corps législatif, mais elle lui refusait celui de faire intervenir la force des armes dans cette translation : ainsi, si la première moitié du décret était légale, la seconde ne l'était pas. Sieyès et Bonaparte pensèrent qu'à Saint-Cloud un appareil militaire contiendrait plus aisément la résistance des républicains du Conseil des Cinq Cents ; qu'il serait là moins difficile d'en obtenir ou de leur arracher, s'il le fallait, le décret constitutif du Consulat, une fois que Sieyès et Roger-Ducos auraient donné leur démission de directeurs, et entraîné par leur exemple celle de leurs collègues, moins dociles. Cependant Dubois-Crancé, instruit de cette conspiration si menaçante pour le Directoire, voulut en informer Gohier et Moulin, qui, malgré les défiances que leur inspirait l'ambition de Bonaparte, refusèrent de croire qu'il dût si tôt les prendre corps à corps, et s'endormirent dans leur imprudente sécurité.

Cependant Bonaparte prenait ses mesures : il fit dire le 17 aux divers officiers généraux qui d'ordinaire se rassemblaient chez lui pour lui faire leur cour, qu'il les recevrait le 18 au matin ; Moreau ne fut pas oublié; il annonça, en outre, à quelques colonels (entre autres à Sébastiani), qui tous avaient donné des gages d'un dévouement complet à sa fortune, que le même jour 18 il passerait leurs régiments en revue. Au Conseil des Anciens la proposition fut faite; on omit à dessein d'envoyer des lettres de convocation aux membres dont on se méfiait : elle fut adoptée, et Cornet, président de la commission des inspecteurs, fut chargé d'apporter à Bonaparte le décret qui lui attribuait le commandement des troupes cantonnées à Paris. Alors ce dernier harangua rapidement les généraux et les officiers qui se pressaient dans son antichambre : pour s'accommoder aux exigences du temps, il leur parla patrie et liberté, et sortit accompagné de cette brillante escorte, de quelques régiments sous les armes, et d'une foule de curieux ou de militaires, qui inondaient les rues Chantereine et du Mont-Blanc. Il courut au Conseil des Anciens : là il s'écria : « Citoyens représentants, la république allait périr, votre décret vient de la sauver. » Son discours produisit sur l'assemblée une vive impression. Cependant tout Paris, instruit de ces événements, en attendant l'issue avec anxiété ; les Cinq-Cents, étonnés, s'étaient rendus à la salle de leurs séances; là, Lucien , le décret de translation à la main, leur avait enjoint de se retirer ; les plus fougueux avaient bien protesté contre ce décret imprévu, mais force leur fut d'obéir à un acte régulier et légal, émané d'un pouvoir compétent. Bonaparte, dont le coup d'œil pénétrant avait déjà pris la mesure des hommes qui l'entouraient, chargea l'intrépide Murat d'occuper Saint-Cloud à la tête de sa cavalerie; quant à Moreau, il accepta une mission bien peu digne de lui : il fut chargé de garder les directeurs retenus à la porte du Luxembourg, avec un millier de soldats. Aussi, le directeur Moulin, auquel il eut à signifier les ordres qu'il avait reçus de Bonaparte, le consigna avec mépris à l'antichambre, en lui disant que c'était là la place qui lui convenait. Fouché rendit aussi un grand service en suspendant les douze municipalités de Paris, redoutables par l'esprit de jacobinisme qui les animait presque toutes. Sieyès et Roger-Ducos avaient donné leur démission ; et le pusillanime Barras n'avait pas osé refuser la sienne à l'intervention de Talleyrand.

Mais le lendemain la face des affaires changea tout à coup, et la fortune sembla abandonner un instant Bonaparte: les membres du Conseil des Cinq-Cents, seul asile où le républicanisme à cette époque se fût réfugié, ébranlèrent ceux d'entre les Anciens qui n'avaient pas reçu de lettres de convocation. Augereau et Jourdan attendaient à Saint-Cloud qu'une décision législative leur permît de se prononcer contre le coup d'État. Au Conseil des Cinq-Cents, Gaudin avait pris la parole en faveur de Bonaparte, mais inutilement; des cris : *A bas le dictateur! vive la constitution de l'an III!* étouffèrent sa voix. La Constitution ou la mort! s'écria l'impétueux Delbrel; un grand nombre de voix répondirent à ce cri; on prêta serment à la constitution de l'an III, et l'enthousiasme avec lequel on le prêta rappela presque le fameux serment du jeu de paume : c'est alors qu'Augereau, croyant le coup d'État définitivement manqué, dit en raillant à Bonaparte, que *ses affaires étaient désespérées :* « Elles allaient plus mal à Arcole, *répondit Napoléon;* et en effet il se rendit immédiatement au Conseil des Anciens, y ranima le dévouement refroidi des membres favorables, paralysa par ses protestations de républicanisme la résistance des membres républicains, et, quelques instants après il parut au Conseil des Cinq-Cents, à la tête de quelques grenadiers; des cris menaçants retentirent à sa vue. Le tumulte fut tel, qu'il le déconcerta lui-même ; il prononça, ou plutôt il balbutia un discours emphatique et froid qui n'émut personne. C'est alors qu'Aréna, député corse, le secoua, dit-on, par le collet de son habit, en le menaçant de l'assassiner; mais un grenadier, qui ne le quittait pas, l'arracha du milieu de cette foule orageuse, irritée. Les républicains des Cinq-Cents demandaient ardemment sa mise *hors la loi* ; mais Lucien, qui présidait le conseil, refusa obstinément de la mettre aux voix. En vain voulut-on l'y contraindre : « Misérables, s'écria-t-il, moi ! mettre hors la loi mon propre frère ! » Alors, Bonaparte qui écoutait dans le jardin de Saint-Cloud, et auquel pas un mot, pas une menace, pas un cri poussé dans cette lutte, n'échappait, harangua ses troupes lui-même; Murat aussi harangua sa cavalerie : « Ils sont là cinq cents avocats, dit-il à ses soldats, qui voudraient nous priver de notre général ! Soldats, pourriez-vous le souffrir? — Non ! non ! s'écrièrent-ils tous; » et c'est alors que les habitants du village assistèrent à un douloureux spectacle : l'assemblée envahie par les baïonnettes, qui arrivaient à temps au secours de Lucien menacé Les députés furent réduits à s'élancer par les fenêtres dans les jardins de Saint-Cloud, pour échapper à la pointe des baïonnettes dirigées contre leurs poitrines, et à fuir çà et là, pêle-mêle, encore revêtus de leurs toges.

On voit par le récit qui précède que Bonaparte, dans ce premier succès, fut merveilleusement servi par la fortune; si les cinq trônes populaires n'eussent pas été envahis par la médiocrité ou la faiblesse, si le Directoire eût compté un seul homme d'énergie et de talent, le 18 brumaire n'eût pas eu lieu peut-être. Si Barras se fût rallié à ses collègues Gohier et Moulin; si, d'avance Bonaparte, ils eussent investi Bernadotte des pouvoirs extraordinaires qu'il réclamait, peut-on savoir qui aurait triomphé dans cette lutte? Enfin si Lucien, intimidé, eût laissé voter la mise *hors la loi* de son frère, ou si l'on eût jeté à sa place, sur le fauteuil du président, un membre plus républicain, qui eût pu répondre que ces soldats, ces généraux eux-mêmes, groupés derrière Bonaparte, ne l'eussent pas abandonné? Cet immense ascendant qu'il prit sur eux plus tard ne faisait que commencer, et n'avait pas encore subi de grandes épreuves : ne comptait-on pas, d'ailleurs, à cette époque des généraux qui, eux aussi, avaient été l'idole de leurs soldats, et que leurs soldats avaient pourtant laissé proscrire, et mourir sur les échafauds de la Convention? Disons cependant, pour être justes et vrais, que la révolution du 18 brumaire satisfit à une grande nécessité; que la France éprouvait alors le besoin d'un gouvernement jeune, fort au dehors comme au dedans, à la place de ce gouvernement décrépit du Directoire, qui végéta si misérablement jusqu'au jour de sa chute. La France craignait les jacobins; elle les repoussait, elle les distinguait à peine des républicains purs; le Directoire, au contraire, ménageait les républicains, qui sympathisait avec eux : il fallait donc quelqu'un qui délivrât la France de ses importunes terreurs. Masséna, par la victoire de Zurich, venait de sauver d'une invasion imminente notre territoire en péril; mais des dangers semblables ne pouvaient-ils pas nous menacer encore? Il fallait dès lors confier au plus habile général le soin de défendre la France. Ce coup d'État fut donc essentiellement populaire : si la constitution le condamnait, la raison nationale donnait à Bonaparte un *bill d'impunité.* Du reste, à cette occasion pas une goutte de sang ne fut versée; mais cinquante-cinq députés furent exclus, et un décret de déportation fut lancé contre cinquante-neuf des principaux meneurs du parti républicain. Trois ans après Bonaparte mettait la couronne impériale sur sa tête.

A. GUY D'AGDE.

BRUMALES, fêtes instituées par Romulus et abolies par le sixième concile, qui avaient été ainsi appelées de *Brumius,* surnom de Bacchus, suivant les uns, en l'honneur duquel on les célébrait; selon d'autres, de *bruma,* hiver. Elles avaient lieu en effet dans cette saison, du 24 novembre au 25 décembre. Quelques auteurs prétendent cependant qu'elles se célébraient à deux époques différentes de l'année, le 18 février et le 15 août.

BRUME. Les marins nomment ainsi le brouillard. Il faut un certain abaissement dans la température de l'air environnant pour que les molécules aqueuses puissent ainsi se rapprocher; aussi voit-on rarement des brumes dans les régions tropicales, tandis qu'elles sont presque continuelles dans les mers polaires. Les brumes sont aussi plus fréquentes à la mer que les brouillards ne le sont sur terre; car, l'évaporation de l'eau s'opérant sans cesse, l'atmosphère qui repose sur la surface de la mer se remplit de vapeurs qui deviennent visibles aussitôt qu'un changement dans la température en rapproche suffisamment les parties.

Il est facile de comprendre à quels dangers les brumes exposent les marins, surtout lorsqu'ils sont près des côtes ou qu'ils naviguent en escadre. D'abord, comme les calculs de latitude et de longitude ne peuvent se faire qu'à l'aide de l'observation des astres, les brumes, en privant de la vue du soleil et des étoiles, ne permettent pas de déterminer la position du navire par des moyens astronomiques; en second lieu, les brumes sont souvent si épaisses, qu'il est impossible de distinguer les objets à soixante pas devant soi ; dans ce cas on doit prendre beaucoup de précautions en approchant des côtes ; il faut se maintenir sous petites voiles et sonder fréquemment ; les diverses profondeurs de l'eau servant alors à fixer la route du navire. Si l'on navigue en escadre, on se fait des signaux convenus, soit en battant le tambour, soit en tirant des coups de canon, ou au moyen de quelques décharges de mousqueterie; autrement on courrait risque de s'aborder les uns les autres. La navigation sur le banc de Terre-Neuve offre de grands dangers à cause des brumes épaisses qui enveloppent presque perpétuellement ces parages; mais elle présente plus de périls encore dans les mers du Nord, où, au milieu des ténèbres occasionnées par la brume, on est à chaque instant exposé à se briser contre des îles de glace. Ces énormes glaçons, détachés de la croûte qui recouvre les parties polaires du globe, ne peuvent être aperçus que de près par une espèce de lumière phosphorescente qui les entoure et en dessine vaguement les formes. Les brumes sont fréquentes dans la mer Noire pendant l'hiver, et elles y sont d'autant plus redoutables, qu'elles sont ordinairement accompagnées de coups de vent violents, et que les courants qui règnent dans cette mer ne permettent souvent de fixer sa position sur la carte que par les relèvements des côtes.

En temps de guerre, les brumes présentent encore d'autres dangers aux marins. Avant d'engager le combat avec une flotte ennemie, on doit connaître sa force et son ordre de bataille, et quand le temps est brumeux on est exposé à faire de grandes erreurs de compte. C'est probablement à la brume épaisse qui couvrait alors la mer qu'il faut attribuer la défaite de Tourville par les Anglais, au combat de La Hogue. Tourville ne put compter le nombre des vaisseaux ennemis ; il vira sur leur flotte, alors réunie tout entière et rangée en bataille, croyant que ce n'en était qu'une partie et qu'il en aurait bon marché; mais quand il longea la ligne ennemie, le ciel s'éclaircit tout à coup, et il put compter un nombre de vaisseaux supérieur à celui de sa flotte. Alors il n'était plus temps de faire retraite pour éviter l'engagement; la fuite eût été plus dangereuse encore que le combat.... Il aborda l'ennemi ; mais la fortune ne seconda pas sa valeur, et en quelques heures la belle marine de Louis XIV sembla anéantie.

Le brouillard ou la brume, qu'il soit suspendu dans l'atmosphère en vésicules liquides, ou qu'il soit condensé en légers flocons de glace, produit, comme l'on sait, des effets de réfraction très-remarquables : tout le monde a observé les grands cercles de lumière frêle et douteuse qui environnent souvent le disque du soleil, et surtout celui de la lune. La lueur du halo est un effet de réfraction à travers une atmosphère brumeuse, et quelquefois, par l'effet de la brume, le soleil paraît blanc, bleu ou rosé. C'est ainsi que nous l'avons vu, dans la Floride occidentale, présenter pendant huit jours un disque bleu, mais pâle, dont on distinguait les taches à l'œil nu.

On avait d'abord attribué à une brume épaisse le phénomène connu sous le nom de *ténèbres du Canada* : il consiste, comme on sait, en une profonde obscurité, qui survient tout à coup au milieu du jour; mais il est probable que dans les circonstances où on l'a observé l'atmosphère était remplie de cendres lancées par l'éruption d'un volcan inconnu, ou peut-être de tourbillons de fumée dus à l'incendie de quelque grande forêt. Le fond du ciel, dans les intervalles des nuages, paraissait noir comme de l'encre, et le soleil rouge comme du sang. Théogène PAGE, capitaine de vaisseau.

BRUMOY (PIERRE), savant jésuite, naquit à Rouen, en 1688, et mourut à Paris, le 16 avril 1742. Il entra encore bien jeune (en 1704) dans la société de Jésus, et fit l'éducation du prince de Talmont. Il fut un des rédacteurs du *Journal de Trévoux*. Il prit part aux travaux de plusieurs de ses confrères : ainsi, il termina l'*Histoire des Révolutions d'Espagne*, que le P. d'Orléans avait laissée inachevée ; et chargé de continuer l'*Histoire de l'Église gallicane* des PP. Longueval et Fontenay, il en rédigea le onzième et le douzième volume. Mais le plus connu de ses ouvrages est le *Théâtre des Grecs*, dont la première édition parut en 1730, en 3 volumes in-4°. Le P. Brumoy ne manquait ni d'instruction ni d'esprit : on en trouve la preuve dans ce livre ; mais il n'avait pas plus que son siècle la véritable intelligence de l'antiquité; et c'est là surtout ce dont on regrette l'absence dans son *Théâtre des Grecs*. Comme tous ses contemporains, il est soumis à ce préjugé qui transportait dans les temps anciens les idées , les mœurs et les usages de la cour de Louis XIV et de Louis XV. Ce point de vue a trop souvent faussé son jugement, et il en résulte aussi des infidélités graves dans sa manière de traduire.

L'auteur a mis en tête de l'ouvrage trois discours, l'un sur le théâtre grec, le second sur l'origine de la tragédie, et le troisième sur le parallèle du théâtre ancien et du théâtre moderne. Les progrès qu'ont faits depuis un siècle les études philologiques et la connaissance de l'antiquité nous ont mis à même de reconnaître un assez grand nombre d'erreurs dans ce travail du P. Brumoy ; et c'est surtout dans ses appréciations des anciens comparés aux modernes qu'on peut surprendre cette espèce d'illusion d'optique dont nous parlions plus haut, et qui lui fait habiller Œdipe, Jocaste, Électre, à la mode de Versailles. Cet ouvrage, qui dans son temps a pu mériter un certain succès, a donc vieilli pour nous. D'ailleurs, le P. Brumoy avait suivi, pour nous faire connaître la tragédie et la comédie grecques, un système qui ne nous suffit plus : il n'avait traduit en entier que sept tragédies, se bornant à donner des autres pièces de simples extraits ou des analyses, qui en défigurent complètement la physionomie. On avait cherché à remédier à cet inconvénient dans les éditions postérieures de 1785-1789, en y joignant les traductions d'Eschyle par Laporte-Dutheil, de Sophocle par Rochefort, d'Euripide par Prévost, d'Aristophane par Dupuis, etc. Aussi le nombre des volumes, qui dans cette édition s'élevait déjà à treize, a-t-il été porté à seize dans une réimpression qui fut donnée en 1820-1825, sous le nom de M. Raoul Rochette. ARTAUD.

BRUN. On désigne généralement par ce mot une couleur tirant sur le noir, mais moins prononcée. Quand on applique cette désignation aux personnes, elle s'entend non-seulement de la teinte des cheveux, mais encore de celle de la peau, qui est d'ordinaire moins blanche chez les *bruns* et chez les *brunes* que chez les personnes blondes. On dit de celle dont la couleur des cheveux tient le milieu entre le blond et le noir foncé, qu'elle est d'un *brun clair* ou *châtain*. Cette couleur chez les cheveux s'appelle *bai brun*. Les personnes brunes passent pour avoir plus d'activité biotique que les personnes blondes (*voyez* BIOLOGIE).

Appliqué aux choses, le mot *brun* est employé comme synonyme de *sombre*, *obscur*; on dit que le temps est *brun*, pour dire qu'il est obscur, et cette qualification a même fait créer exprès le substantif *brune*, par lequel on indique le temps de la journée qui précède et annonce la nuit.

Le *brun rouge* est une espèce d'oxyde de fer naturellement jaune, auquel une calcination lente a donné une couleur rouge obscure très-belle.

Brunâtre et *brunette* sont des diminutifs de *brun* : le premier s'applique aux choses dont la couleur approche du brun; le second se dit poétiquement et tendrement des femmes dont les cheveux sont noirs.

BRUN (JOHANN-NORDHALL), célèbre poëte et orateur sacré norvégien, naquit le 21 mars 1746, dans une petite ferme aux environs de Drontheim, en Norvége, et y reçut sous l'œil vigilant de ses parents l'éducation agreste et religieuse du paysan norvégien, ne travaillant pas seulement aux champs, comme tous ses compagnons d'enfance, mais acquérant en outre une habileté extraordinaire dans l'exercice du patin, qui est si familier aux montagnards de la Norvége. On comptait faire de lui un soldat, et, suivant l'usage de l'époque, on avait obtenu, dès qu'il avait eu atteint l'âge de douze ans, son inscription sur les contrôles d'un régiment d'infanterie en qualité de sous-lieutenant. Mais plus tard, un ami de la famille, ayant remarqué combien sous ses habitudes brusques et rustiques se cachait de finesse d'esprit et de dispositions pour les belles-lettres, obtint de ses parents qu'on lui fit suivre des études classiques et qu'on le destinât à l'Église.

Le jeune Brun fit en conséquence ses premières études à l'école de la cathédrale de Drontheim, et y obtint de grands succès. En 1763 il vint suivre les cours de l'université de Copenhague, où il fut reçu docteur en théologie en 1767. En 1772 nommé ministre de sa paroisse natale, il revint s'y fixer, et fut nommé en 1793 grand prévôt, puis en 1804 évêque de Bergen. Comme orateur évangélique, prêtre sage, éclairé, tolérant, Brun a laissé une réputation justement méritée; il s'est en même temps fait un nom durable comme poëte et comme écrivain. Son premier poëme, *La Fête de la Nature*, lui valut d'illustres et puissantes amitiés. Il publia plus tard les tragédies de *Zarine*, et d'*Einar Tambeskjælver*, compositions non moins originales que hardies, dans lesquelles l'éclat du style le dispute à la profondeur de la pensée. En 1791 il fit paraître l'opéra *Les Noces d'Hendrid et de Sigrid*, puis successivement son *Recueil de Poëmes* (le plus estimé de ses ouvrages), *La République sur l'île*, comédie, et *Jonathan*, poëme. Toutes les productions de Brun sont restées classiques en Norvége. Mais on y a surtout conservé le souvenir de ses deux chants nationaux *For Norge, kæmpers fædreland* (Pour la Norvége, la patrie des braves), et *Boer* jeg paa det høie Fjeld (Quand je suis sur la haute montagne), composés l'un et l'autre à un moment où le feu sacré dans toute son énergie animait le poëte; devenus tout aussitôt populaires, ils retentiront longtemps encore sur nos montagnes. AALHOLM (d'Arendal).

BRUN (Frédéricke-Sophie-Christiane), née le 3 juin 1765, dans le duché de Gotha, suivit, quelques semaines après sa naissance, son père, Balthazar *Munter*, poëte lyrique de quelque mérite, appelé à remplir les fonctions de prédicateur allemand à Copenhague. Une éducation forte développa rapidement les heureuses dispositions qu'elle tenait de la nature, et de bonne heure elle manifesta un talent réel pour la poésie. Mariée, à l'âge de dix-huit ans, à M. Brun, homme riche, et de plus, haut fonctionnaire du gouvernement danois, elle accompagna son mari, d'abord à Pétersbourg, puis à Hambourg, et, après y avoir passé quelques mois vivant dans la société intime de Klopstock, s'en revint à Copenhague. Lors du rigoureux hiver de 1788 à 1789, elle perdit subitement l'ouïe, dans une nuit, par l'effet du froid excessif, et ne put jamais depuis recouvrer cette faculté. Jeune et spirituelle, elle se consola pourtant bientôt de cette triste infirmité en cultivant les sciences et la poésie. En 1791 elle entreprit, avec son mari, au midi de l'Europe, un voyage qui lui fournit l'occasion de faire à Lyon la connaissance de Matthison, et à Genève celle de Bonstetten, voyage dont elle a décrit les impressions dans les deux premiers volumes de ses œuvres en prose (Zurich, 4 vol., 1799-1801); les deux autres sont consacrés au récit d'un second voyage qu'elle fit en Italie avec la princesse de Dessau et avec Matthison.

Après avoir passé l'hiver à Rome, où elle se lia avec Zoëga, Fernow et Angelica Kaufmann, elle visita, dans l'été de 1796, Ischia, dont les eaux sulfureuses rétablirent sa santé délabrée. En 1801 elle quitta encore le Danemark pour visiter la Suisse, et elle resta alors tout un hiver à Coppet, chez Necker, dans la société de sa fille, Mme de Staël. Elle passa l'été suivant à Rome. Elle a raconté ce voyage de Suisse dans les deux premiers volumes de ses *Épisodes* (1807-1818), et son second séjour à Rome, dans *La Vie à Rome* (Leipzig, 1833). Le troisième et le quatrième volume de ses *Épisodes* contiennent le récit d'un troisième voyage qu'elle fit encore de 1806 à 1809, par suite de la mauvaise santé de sa fille Ida, tant en Suisse, où elle vécut alors constamment dans l'intimité de Sismondi et de Bonstetten, qu'à Rome, où elle fut témoin de l'enlèvement de Pie VII par ordre de Napoléon.

Tous les ouvrages de Mme Brun, n'omettons pas de le dire, furent composés en allemand. Revenue vers 1810 en Danemark, elle résida depuis cette époque constamment à Copenhague, recevant l'élite de la société dans sa maison, qui rappelait les *bureaux d'esprit* de notre Paris du dix-huitième siècle, et faisant avec autant de grâce et d'esprit que Mme Dudefland ou Mme Geoffrin les honneurs d'un salon où l'on ne parlait jamais d'autre langue que le français, et où la haute société danoise et quelques élus du corps diplomatique venaient s'approvisionner à l'envi de saillies et de bons mots, de jugements ingénieux, de pensées spirituelles et de piquantes anecdotes, racontées avec un charme qui en doublait le prix. Elle mourut le 25 mars 1835, un an avant M. Brun, lequel avait, au reste, accepté avec une abnégation de bon goût, et vraiment méritoire, ce rôle de comparse auquel est condamné par tous pays le mari d'un bas-bleu.

Quelques phrases équivoques de Matthison ont donné à penser qu'elle s'était convertie au catholicisme; mais rien n'autorise à croire que cette supposition soit fondée. A trois époques différentes de sa vie, en 1795, en 1806 et en 1820, Mme Brun publia des recueils de vers dont le succès fut grand en Allemagne, et qui obtinrent même les honneurs de plusieurs éditions. Aussi vit-on plus d'une fois Bœttiger et Matthison tenir à honneur d'être les parrains et de soigner l'impression des ouvrages de l'amie de Mme de Staël, de Klopstock et Bonstetten.

Le frère de Mme Brun, Munter, était évêque de la Seelande. On raconte les aventures les plus divertissantes des singulières distractions de ce prélat protestant, homme d'ailleurs d'une grande érudition, et qui a laissé dans son diocèse une mémoire justement vénérée.

BRUNCK (Richard-François-Philippe), l'un des plus ingénieux critiques des temps modernes, né à Strasbourg, le 30 décembre 1729, fut élevé à Paris chez les jésuites de la rue Saint-Jacques, où il fit de fortes études. Les affaires, dans lesquelles il se trouva lancé dès sa sortie du collége, semblaient avoir mis entre lui et les lettres anciennes une barrière éternelle. Le hasard en disposa autrement. Lors des campagnes de Hanovre, étant commissaire des guerres et en quartier d'hiver à Giessen, un professeur chez lequel il logea't, homme érudit, réveilla en lui ses premières amours pour les muses grecques. Il reprit ses études à leur source même; on vit le commissaire des guerres, de retour à Strasbourg, étudiant de trente ans, venir s'asseoir sur les bancs de l'université, mêlé avec des hellénistes imberbes. Persuadé que toutes les fautes qu'on trouve dans les poëtes et les auteurs grecs proviennent uniquement de la négligence des critiques, il bouleversait les textes, effaçait et restituait à son caprice, avec bonheur sans doute, mais trop légèrement. On ne saurait toutefois disconvenir que peu de savants ont contribué aussi efficacement que lui au réveil de la philologie.

Brunck ne faisait point de commentaires: il collationnait simplement les manuscrits les uns avec les autres; laissant de côté les matières d'érudition, ses notes étaient purement philologiques. Receveur des finances, en riche, il pouvait immédiatement, et sans l'entremise d'un libraire, faire imprimer ses textes, circonstance qui explique le grand nombre de ses travaux. Il avait la patience de refaire lui-même les copies des auteurs dont il remettait les œuvres sous presse. Son premier ouvrage est l'*Anthologie grecque*, qu'il publia sous le titre d'*Analecta Veterum Poetarum Græcorum* (3 vol., Strasbourg, 1772-1776); Anacréon, Callimaque, Théocrite, Bion, Moschus et autres petits poëtes en font partie, œuvres d'ailleurs d'une trop longue haleine pour être une portion intégrante de l'*Anthologie*, dont le titre seul indique le genre et l'étendue des pièces qu'elle comporte. Ce premier ouvrage, où notre philologue a fauché sans ménagement à travers les textes, doit être lu avec précaution. Brunck, dans la suite, en détacha *Anacréon*, qu'il donna à part, collationné et recorrigé sur le manuscrit du *Vatican* (Strasbourg, 1778 et 1786). L'*Électre* et l'*Œdipe-Roi* de Sophocle, l'*Andromaque* et l'*Oreste* d'Euripide, le *Prométhée*, les *Perses*, les *Sept Chefs devant Thèbes* d'Eschyle, la *Médée*, l'*Hécube*, les *Phéniciennes*, l'*Hippolyte* et les *Bacchantes* d'Euripide parurent successivement dans l'espace de deux années. Sa critique, sévère et presque toujours saine, de ces drames célèbres du théâtre des Grecs, fit ardemment désirer une édition complète de *Sophocle*. Elle ne parut qu'en 1786, six ans après les pièces détachées. C'est, disent les érudits, le chef-d'œuvre de Brunck. Elle valut à son auteur une pension du roi de 2,000 livres. Brunck avait déjà donné un *Apollonius de Rhodes* (Strasbourg, 1780); son poëte de prédilection. On cite de lui, comme un trait de modestie et de bienveillance, d'avoir remis à M. Caussin un commencement de traduction qu'il en avait faite, sachant que ce professeur en préparait une de son côté. Après *Apollonius* avait paru *Aristophane*, avec une traduction latine, que suivit une édition de *Virgile*.

La révolution vint à éclater; bien que Brunck en eût embrassé les principes, il ne laissa pas que de perdre sa pension; mais, dans la suite, on la lui restitua. Il fut un des premiers membres de la Société populaire de Strasbourg; et s'il y montra une modération qui le mit à couvert de tout reproche, il lui dut son incarcération durant la Terreur. La mort seule de Robespierre le rendit à la liberté. Ruiné deux fois, il vendit deux fois ses livres, qu'il pleurait, dit-on, comme il eût fait de ses propres enfants. Dès lors il prit en haine cette science dont les fruits sont ordinairement si amers : il ne voulut plus entendre parler d'auteurs grecs. Toutefois, il se laissa aller aux charmes de la poésie latine ; en 1797 il donna une magnifique édition de *Térence;* *Plaute*, qui devait succéder, allait être mis sous presse, quand la mort le surprit, le 12 juin 1803.

Avec moins d'emportement que le savant J. Scaliger, Brunck avait plus de causticité ; sa lettre française sur le *Longus* de Villoison, espèce de polémique littéraire, en est une preuve; elle existe manuscrite à la Bibliothèque Nationale de Paris. Brunck fut membre associé de l'Académie des Inscriptions, et depuis de l'Institut.   DENNE-BARON.

BRUNDUSIUM, aujourd'hui *Brindisi*. *Voyez* BRINDES.

BRUNE (GUILLAUME-MARIE-ANNE), maréchal de l'empire, naquit à Brives-la-Gaillarde (Corrèze), le 13 mars 1763, d'un père avocat, qui le destinait à la même profession. Il suivit en conséquence à Paris les cours de l'École de Droit et ceux du Collége de France. Mais la littérature était plus de son goût que la procédure. Ayant eu occasion de passer ses vacances chez quelques amis du Poitou et de l'Angoumois, c'avait été pour lui une existence toute de plaisir et de bonheur, dont il esquissa le tableau dans un ouvrage intitulé : *Voyage pittoresque et sentimental dans quelques provinces occidentales de la France.* Cet essai, en prose et en vers, offrait des détails gracieux et spirituels ; il fut publié en 1788, sans nom d'auteur. La révolution vint distraire Brune de ses études ; il se fit inscrire des premiers dans la garde nationale parisienne, improvisée après les journées de juillet 1789 : c'était l'un des plus beaux grenadiers de la nouvelle armée citoyenne. Il se dévoua avec toute l'énergie de son âme et toute la candeur de son âge à la cause de la révolution, écrivit dans quelques journaux, et se lia avec les principaux orateurs des sociétés patriotiques. En 1790 il établit une imprimerie. Des pertes imprévues, d'injustes persécutions, le forcèrent, au bout d'un an, d'abandonner son entreprise. Cependant la guerre étrangère était imminente; Brune s'enrôla dans le 2ᵉ bataillon de volontaires de Seine-et-Oise, et fut élu, le 18 octobre 1791, adjudant-major.

L'année suivante, à l'ouverture de la première campagne, il fut nommé adjoint aux adjudants généraux. Il était à Rodenach, près de Thionville, lorsqu'il fut appelé à Paris; il y arriva le 5 septembre, et le 7 le conseil exécutif privisoire le nommait commissaire général, chargé de diriger les mouvements militaires et l'organisation des nouveaux bataillons, la remonte, la confection et l'envoi des armes et des munitions, le service, enfin, des transports de la guerre dans tous les départements, et spécialement entre Paris, Châlons et Reims. L'ennemi avait franchi les frontières ; la trahison lui avait ouvert les portes de plusieurs places fortes, et ses colonnes n'étaient qu'à 120 kilomètres de la capitale. Une administration aussi vaste, aussi compliquée, n'était pas au-dessus des moyens de Brune et de son infatigable activité : c'eût été pour tout autre moins désintéressé une source de fortune ; mais, préférant la gloire et les dangers du champ de bataille aux séduisantes éventualités d'une grande spéculation, il demanda comme une faveur et obtint enfin, le 25 septembre 1792, l'autorisation d'aller reprendre sa place dans l'état-major de l'armée, alors aux prises avec les vieilles bandes prussiennes, dans les plaines de la Champagne.

Il partit donc pour le camp de Meaux, et prit une part honorable aux brillants faits d'armes de cette première campagne; à partir de ce jour son nom se rattache à l'histoire de la longue et glorieuse lutte de la France contre l'Europe coalisée. Il gagna tous ses grades au champ d'honneur. On le trouva toujours prêt pour les missions les plus difficiles et les plus périlleuses; partout il se montra, avec une égale supériorité, homme d'État et homme de guerre. Il avait heureusement arrêté les progrès des fédéralistes du Calvados et prévenu l'explosion d'une guerre civile imminente. Le gouvernement voulut le rapprocher du ministère; mais Brune aima mieux partager les fatigues et les périls de ses frères d'armes. Après la bataille de Hondschootte, et tandis qu'il faisait ses dispositions pour faire lever le siége de Dunkerque, le comité de salut public l'appela à Paris, et lui confia une mission à la fois politique et militaire dans la Gironde. Après avoir ramené le calme par le seul appareil de la force, il protégea l'entrée des représentants Isabeau et Tallien à Bordeaux, et prit le commandement de la division. Son départ excita de justes regrets ; et les Bordelais lui conservèrent longtemps un souvenir d'estime et de reconnaissance. Il avait été rappelé à Paris pour une nouvelle organisation de l'infanterie française. Les anciens régiments de ligne et les bataillons de volontaires formèrent des demi-brigades, composées d'un bataillon de ligne et de deux bataillons de volontaires. Tous avaient reçu le baptême de feu. Il prit, après la révolution de thermidor, le commandement de la dix-septième division militaire, et fut mis à la tête d'une de celles qui avaient été réunies sous les ordres de Barras et de Bonaparte dans la journée du 13 vendémiaire. Envoyé dans le midi, il dispersa les bandes de pillards et d'assassins qui infestaient ces belles contrées. Paris le revit, en 1796, au camp de Grenelle, combattre la même faction avec le même courage et le même bonheur. Il n'était que général de brigade quand il vint prendre sa place dans l'armée d'Italie, commandée par Bonaparte.

Brune assista à toutes les affaires où combattit la division de Masséna, dont il faisait partie, et qui s'immortalisa par sa conduite. Seul, à la tête des grenadiers de la soixante-quinzième, il repoussa les colonnes autrichiennes qui attaquaient le village de Saint-Michel. Ses habits furent percés de sept balles ; aucune ne l'avait grièvement atteint. Il fut aussi un des héros de Rivoli. Le général en chef l'appela ensuite au commandement de son avant-garde, et le promut au grade de général de division sur le champ de bataille. Après la paix de Campo-Formio, il rentrait en France avec sa division, destinée à l'armée dite *d'Angleterre*, lorsqu'il reçut en chemin une dépêche du Directoire qui le nommait ambassadeur extraordinaire de la république à Naples. Il s'agissait de faire expliquer le roi sur les motifs de ses nouveaux armements. D'un vaste plan avait été combiné par les princes d'Italie pour opérer une contre-révolution ; et l'assassinat du général Duphot avait été le prélude de cette violation du droit des gens. Brune, au lieu d'accepter cette mission, aima mieux continuer sa route vers Paris, où il obtint son changement de destination, et peu après le commandement en chef de l'armée dirigée sur la Suisse par le pays de Vaud. Cette expédition fut rapide et glorieuse ; la Suisse se vit sauvée de ses propres excès et des calamités de la guerre civile. Le vainqueur n'abusa point de ses avantages : un plan d'administration sagement combiné garantit les personnes et les propriétés publiques et particulières. Talleyrand écrivit à cette occasion au général Brune : « Tout ce qui sait apprécier les hommes trouve que vous avez atteint la perfection de conduite en Suisse, et pense que les plus belles destinées vous sont réservées. »

Brune fut appelé en 1799 au commandement de l'armée qui entrait en Hollande ; les talents qu'il déploya dans cette campagne le placèrent au rang des meilleurs généraux de l'époque. Il battit les Anglais à Bergen, et força le duc d'York à signer une capitulation humiliante. Chargé en 1800 du commandement des troupes qui occupaient la Vendée, il prit une grande part à la pacification de ce pays. Placé à la tête de l'armée d'Italie, il montra son habileté ordinaire dans ce

50.

poste important. En 1803 il fut nommé ambassadeur à Constantinople; et, après avoir exercé cette mission pendant deux ans, il revint à Paris en 1805. Lors de l'organisation de l'empire, Napoléon l'avait fait, en son absence, maréchal de France et grand aigle de la Légion-d'Honneur. Il lui donna un commandement dans l'armée des Côtes-du-Nord, à Boulogne, et le nomma ensuite gouverneur des villes anséatiques et chef de l'armée qu'il destinait à s'emparer de la Poméranie. Cette campagne se termina par la prise de Stralsund; mais, après avoir signé avec la Suède le traité qui mettait la France en possession de Rugen et des îles adjacentes, Brune fut rappelé pour avoir, disaient les uns, fait mention dans cet acte de *l'armée française*, et non de *l'armée de sa majesté impériale et royale*, pour avoir, selon d'autres, prêté les mains aux concussions de Bourrienne à Hambourg. Quoi qu'il en soit, il cessa d'être employé jusqu'à la chute de Napoléon. Il envoya, en avril 1814, au sénat son adhésion aux changements politiques provoqués par l'entrée des alliés dans Paris; mais, mal accueilli par les Bourbons, il reprit l'épée durant les cent jours, et fut mis à la tête de l'armée du Var.

Après le désastre de Waterloo, il avait résolu de s'embarquer à Toulon et de se retirer en Bretagne, pour éviter la rencontre des bandes de Verdets qui infestaient le midi, où elles avaient déjà égorgé beaucoup de soldats et d'officiers de l'ancienne armée. Les nouvelles autorités établies par les Bourbons s'y opposèrent, et il fut obligé de prendre la voie de terre. Il échappa comme par miracle à un guet-apens qui l'attendait à Aix; mais d'autres assassins épiaient son passage à Avignon, et cette fois, moins heureux, il succomba. La France entière jeta un cri d'horreur et d'indignation en apprenant la fin déplorable de l'illustre victime. Le gouvernement royal fut forcé plus tard de faire droit à sa malheureuse veuve; toutefois un seul des assassins fut traduit aux assises de Riom, et cela quand déjà cinq années s'étaient écoulées depuis le fatal événement. Nous emprunterons à l'acte d'accusation le récit des faits.

« Dans la matinée du 2 août 1815, le maréchal Brune traversait la ville d'Avignon pour se rendre de Marseille à Paris. Pendant que l'on changeait les chevaux de sa voiture et de celle de ses aides de camp, un officier de la garde nationale alla présenter les passeports au visa du commandant de la place, ce qui retarda de quelques moments le départ. Cependant, un groupe, qui s'était formé autour des voitures dès le premier moment où l'on avait su qu'elles contenaient le maréchal Brune et sa suite, s'étant considérablement augmenté, des cris de menace et de fureur se firent entendre, et des gens du peuple dételèrent eux-mêmes les chevaux. Instruit que M. de Saint-Chamans, nouveau préfet de Vaucluse, arrivé à Avignon depuis quelques heures, était logé, comme lui, à l'hôtel du Palais-Royal, devant lequel se passait cette scène de désordre, le maréchal réclama sa protection. Cet administrateur parvint à faire ouvrir une issue au maréchal, qui sortit par la porte de l'Oule, pour suivre la route de Paris, resserrée entre le Rhône et les remparts de la ville. Mais à l'instant où les voitures quittaient l'hôtel les furieux qui avaient accablé le maréchal d'outrages et de menaces coururent après lui en prenant des rues détournées; ils se trouvèrent en nombre considérable et munis d'armes de toutes espèces sur son passage, et lui fermèrent la route. Les voitures furent assaillies à coups de pierres; on cria qu'il fallait le tuer. Le préfet et quelques magistrats, avertis de son nouveau danger, accoururent. L'impossibilité absolue de lui faire continuer sa route ne fut que trop facilement reconnue : il n'y eut d'autre parti à prendre que de le ramener en ville, la foule menaçante entourant et suivant la voiture.

« De retour à l'hôtel, le maréchal descend à la porte, et se précipite dans l'intérieur; la voiture des deux aides de camp entre dans la remise. Aussitôt on ferme, on barricade toutes les portes de l'hôtel, malgré les efforts des assaillants, dont un avait même interposé son bras entre les battants pour empêcher qu'on ne la fermât, et ne le retira qu'après la menace sérieuse de le lui casser s'il ne le retirait rapidement. Les autorités de la ville, dès que l'on put disposer des troupes, s'assemblèrent devant l'hôtel du Palais-Royal. Leur voix fut méconnue; leur force devint impuissante, leurs efforts inutiles : elles ne purent empêcher le pillage des voitures, de divers effets et d'une partie de l'argent qu'elles contenaient. On résista même avec violence à la force publique et aux officiers ou agents de l'autorité administrative et judiciaire, qui cherchaient à rétablir l'ordre et à prévenir des crimes. L'acharnement de la foule contre le maréchal était au comble; on criait qu'il fallait lui faire éprouver le sort de la princesse de Lamballe, dont on lui imputait d'avoir porté la tête au bout d'une pique; des furieux conseillaient même, si l'on ne pouvait pénétrer jusqu'au maréchal, de mettre le feu à l'hôtel. Des gens armés se portèrent sur les toits des maisons, des fusils furent braqués sur les fenêtres et les cheminées, se disposant à faire feu sur Brune s'il cherchait par là un moyen d'évasion, quand un homme se montra à la croisée de l'appartement du maréchal, indiquant par ses signes qu'il n'échapperait pas et que sa dernière heure était venue. Déjà on était parvenu, par les toits des maisons voisines, sur celui de l'hôtel; de là on s'était introduit dans le grenier, d'où des gens armés étaient descendus dans la chambre du maréchal. Un premier coup de feu lui fut tiré : il n'en fut pas atteint; mais l'instant d'après il fut renversé mort d'un second coup, et tomba la face contre terre. Aussitôt un homme, signalé pour être un portefaix d'Avignon (le fameux Trestaillon), parut à la croisée de l'appartement occupé par le maréchal, et annonça sa mort par ses signes, qui y répondit par des cris de joie. Les officiers de justice firent constater l'état du cadavre par des gens de l'art : il fut physiquement reconnu que le maréchal avait été atteint d'un coup d'arme à feu, qui, ayant pénétré *par le derrière du cou*, *était sorti par le devant*, et dans une direction indiquant que le coup avait été tiré de haut en bas, mais cependant assez horizontalement encore pour qu'après avoir traversé le cou, la balle eût pu frapper le trumeau de la cheminée à une hauteur à peu près égale à celle d'un homme debout. Sur le milieu de l'appartement, et particulièrement à la place sur laquelle gisait le cadavre, on remarquait un trou à la poutre du plafond, qui ne pouvait être que l'empreinte de la balle du premier coup, que le maréchal avait évité en relevant avec son bras le pistolet au moment où l'on faisait feu sur lui.

« Dans la crainte que le séjour prolongé du corps dans l'hôtel ne fût la cause de quelques excès nouveaux, soit sur la personne des deux aides de camp, renfermés dans une chambre, soit même sur l'hôtel, que la bande menaçait de piller ou de brûler, on ordonna que la sépulture du maréchal eût lieu incontinent. En vain un détachement armé, sous la conduite d'un officier, chercha à protéger les porteurs du cadavre : à peine le cortége eut-il passé la porte de l'Oule, que le corps fut enlevé aux porteurs, précipité dans le Rhône, et au moment où il surnagea on le cribla d'une cinquantaine de coups de fusil. Enfin sur une des poutres formant le parapet du pont on grava ces mots, qui sont restés lisibles pendant longtemps :

C'EST ICI LE CIMETIÈRE DU MARÉCHAL BRUNE,
2 AOUT M DCCC XV. »

L'acte d'accusation signale ensuite Guindon, dit Roquefort, comme *un des assassins*. « Un individu, y est-il dit, que la mort a depuis mis hors de la justice des hommes (Trestaillon), ayant tiré le premier coup de pistolet, qui n'atteignit pas le maréchal, Guindon, dit Roquefort, lui reprochant sa maladresse, le repoussant à l'écart et se mettant à sa place, prononça ces affreuses paroles : *Je vas te faire voir comment il fallait faire...* Déjà il avait tiré son coup de carabine, et le maréchal Brune n'était plus. A peine a-t-il été question d'informer sur cette affaire, que cet homme a pris la fuite. » L'assassinat fut commis le 2 août 1815, l'acte d'accusation est daté du 2 juin 1820 !

La veuve du maréchal Brune avait présenté une requête au roi, le 19 mars 1819, contre les assassins de son époux ; elle demandait l'évocation de l'affaire devant une autre cour d'assises que celle du département de Vaucluse ; elle désignait celle de Paris comme la seule où les juges et les jurés pussent prononcer avec une entière indépendance, et s'inscrivait en faux contre un procès-verbal qui attribuait la mort du maréchal à un suicide. Cette requête était signée par elle et par M° Dupin aîné, son conseil.

L'allégation de suicide ne pouvait soutenir un examen sérieux ; il résulte en effet du premier procès-verbal rédigé sur les lieux, et immédiatement, que la mort a été causée par un coup de feu porté par derrière le cou et tiré de haut en bas. La raison publique et les magistrats repoussèrent cette assertion comme mensongère et invraisemblable.

Le fait allégué contre le maréchal pour exciter la fureur des assassins était également atroce et faux : il avait été tout à fait étranger à la mort de la princesse de Lamballe : il ne se trouvait pas alors à Paris, mais à l'armée, et n'était arrivé dans la capitale que le 5 septembre, deux jours après les massacres, et sur un ordre du conseil exécutif provisoire.

Dans sa requête au ministre de la justice, en date du 19 mai 1819, la maréchale signale comme auteurs immédiats du crime, Fargès, taffetatier, et Guindon, dit Roquefort, portefaix. Le jeune homme qui le premier avait insulté le maréchal et excité la fermentation publique « était fils d'un personnage exerçant à Paris, au sein d'un des premiers corps de l'État, des fonctions dont l'influence s'étendait sur tout le département de Vaucluse ; un autre jeune homme, M. Verger, fils du procureur du roi, commandait le poste qui arrêta les voitures du maréchal, lui demanda des passeports, éleva des difficultés mal fondées sur leur validité, et retarda sa marche jusqu'à ce que le rassemblement se fût accru au point de la rendre impossible. » (*Requête au roi*). Après un silence de plus de cinq années, l'affaire fut envoyée devant la cour d'assises de Riom. Un seul accusé, Guindon, portefaix, fut signalé ; il était contumax. Les débats, ouverts le 24 février 1821, se terminèrent le lendemain, et l'arrêt *par défaut* condamna Guindon à la peine de mort.

Mme Brune, morte en 1829, a été réunie à son époux dans un même tombeau. Elle avait été fort belle à l'époque de son mariage, et était demeurée aussi spirituelle que charitable. En 1841 un monument a été élevé au maréchal Brune à Brives-la-Gaillarde, par une souscription de ses compatriotes. DUFEY (de l'Yonne).

BRUNEAU (MATHURIN), soi-disant *Charles de France et de Navarre*, fils d'un pauvre sabotier, aima mieux être fils de roi, et se donna Louis XVI pour père. C'est en cette qualité qu'il fixa l'attention publique pendant les deux premiers mois de 1818. Il résulte de la procédure intentée contre lui à la police correctionnelle de Rouen qu'il naquit en 1784, à Vezins (Maine-et-Loire), où son père faisait des sabots. Se sentant de l'aversion pour ce métier, qu'on lui avait appris de bonne heure, et n'ayant pas de goût que pour une vie oisive et vagabonde, il abandonna sa famille en 1795, pour *faire son tour de France*. Partout il alla d'abord se donnant pour le *fils du baron de Vezins*, ancien seigneur de son village. Admis, cependant, malgré ce titre, comme domestique chez la comtesse de Turpin-Crissé, sa paresse et son inconduite le firent renvoyer au bout de quelques mois. On ne sait que vaguement ce qu'il devint ensuite ; il est probable qu'il vécut dans le vagabondage et la mendicité ; car en 1803 on le retrouve écroué à la maison de répression de Saint-Denis, près de Paris, comme imbécille et sans asile. Remis en liberté, le prétendu baron s'engagea dans le quatrième régiment d'artillerie de marine comme aspirant canonnier, et s'embarqua à Lorient sur la frégate *la Cybèle*. Le bâtiment étant arrivé en Amérique, Bruneau déserta, et parcourut une partie des États-Unis. Il séjourna plusieurs années à New-York et à Philadelphie, où il exerça la profession de garçon boulanger. Il a prétendu avoir, pendant sa résidence dans ce pays, épousé une riche héritière, morte en lui laissant de nombreux enfants ; mais il n'a pu justifier de ces faits.

En septembre 1816 il repartit pour la France, et débarqua à Saint-Malo, muni d'un passeport américain sur lequel il était désigné sous le nom de *Charles de Navarre, citoyen des États-Unis*. S'étant dirigé vers son département, il y revit plusieurs individus qui l'avaient connu autrefois, et auprès desquels il s'obstina à se faire passer pour *Louis XVII, dauphin de France*, fable dont il avait vraisemblablement conçu l'idée depuis longtemps. Ses efforts pour la faire accueillir échouèrent à cette époque auprès des personnes qui se rappelaient ses traits, et il ne rencontra partout qu'incrédulité et que raillerie. Plus heureux dans une autre circonstance, il profita de l'erreur d'une femme dont le fils, parti pour l'armée, avait cessé depuis longtemps de donner de ses nouvelles, et se servit habilement de quelques particularités qui lui étaient connues pour jouer le rôle de ce fils, échappé aux dangers de la guerre. A ce titre il tira de la veuve Phelippeaux environ 800 francs. Les autorités locales ayant découvert l'imposture, il fut incarcéré. Alors, reprenant son auguste caractère, il écrivit, du fond de sa prison, au gouverneur de l'île anglaise de Guernesey une lettre signée *Dauphin-Bourbon*, par laquelle il l'invitait à faire savoir au roi d'Angleterre que le fils de Louis XVI était dans les fers. Cette lettre ayant été interceptée, il fut dirigé vers la maison de détention de Rouen. Là, il fit la connaissance d'un nommé Branzon, condamné à la réclusion pour détournement de deniers publics, et il en fit son secrétaire. Les débats n'ont pu établir avec certitude si Branzon fut la dupe du roman fabriqué par Mathurin Bruneau, ou s'il crut, en se rendant l'instrument de cette intrigue, pouvoir la faire servir à sa fortune. Ce qu'il y a de positif, c'est qu'il ne tarda pas à devenir le confident intime du faux dauphin, au nom duquel il écrivit à la duchesse d'Angoulême, puis à diverses autres personnes, dont il obtint des secours pour le royal prisonnier. La curiosité et l'amour du merveilleux amenèrent bientôt près du fils du sabotier nombre de personnes, dont quelques-unes, détrompées par ses manières basses et grossières, lui retirèrent l'intérêt que leur avait inspiré d'abord sa position, et dont les autres, douées d'une foi robuste, ou entrevoyant dans cette affaire quelque avantage personnel, se prêtèrent avec empressement à servir ses desseins. Dans cette dernière catégorie figurèrent un prêtre et des femmes dont l'esprit enthousiaste avait saisi avidement l'espoir de replacer sur le trône un enfant longtemps persécuté, puis délaissé, et d'associer peut-être leur nom à son rétablissement. Ce fut probablement dans le même but que se forma à Paris, vers la même époque, une association chargée de recueillir des dons volontaires pour le prétendu dauphin ; mais la police, après avoir suivi quelque temps en silence la marche de cette intrigue, en fit arrêter les chefs, qui furent traduits devant les tribunaux. Il résulta de la procédure qu'ils n'avaient eu d'autre dessein que de profiter des circonstances et de l'extrême crédulité de quelques royalistes pour lever sur eux le tribut que paye trop souvent la bonhomie à l'astuce.

Cependant, du fond de sa prison, Mathurin Bruneau continuait à entretenir d'actives correspondances ; on s'étonnait, non sans raison, de l'indifférence apparente avec laquelle le gouvernement recevait des réclamations auxquelles le devoir le plus sacré exigeait qu'il fût fait droit si elles étaient fondées, et dont il fallait démasquer l'imposture si elles ne l'étaient pas. Enfin, en février 1818, le sabotier usurpateur, avec son secrétaire et ses principaux agents, fut traduit devant la police correctionnelle de Rouen. Une foule immense assista à ce procès, dans lequel le principal personnage, si l'on doit s'en rapporter au compte-rendu des journaux, sembla se charger de dissiper lui-même les préventions favorables qui pouvaient exister à son égard. L'incohérence de ses propos, la bassesse de son langage et de ses manières, son ignorance absolue des bienséances les plus communes, excitèrent le rire et soulevèrent le mépris de l'auditoire. Quelques-unes de ses réponses auraient même paru déceler un esprit aliéné, si l'on n'avait eu lieu de soupçonner que cette imbécillité était feinte, d'après la remarque faite par plusieurs personnes, et en particulier par son secrétaire Branzon, qu'avant de paraître devant le tribunal il raisonnait et s'exprimait tout différemment. Enfin, dans son audience du 19 février, le tribunal correctionnel rendit un jugement qui condamna Mathurin Bruneau, comme convaincu d'usurpation de nom, d'escroquerie et de vagabondage, à cinq années de détention, à l'expiration desquelles il subirait une réclusion de deux autres années pour sa conduite turbulente et ses outrages envers les juges. L'arrêt portait, en outre, qu'après avoir subi la totalité de cette peine, il serait remis entre les mains de l'autorité militaire pour être pris, à son égard, comme déserteur, telle disposition qu'elle jugerait convenable.

Le faux dauphin entendit la lecture de cette sentence avec une tranquillité, une indifférence, que n'avaient pas donné lieu d'attendre de lui les violences auxquelles il s'était laissé emporter durant les débats, et de laquelle on a même induit qu'il s'attendait à des conclusions plus rigoureuses. Ainsi se termina cette affaire, qui, après avoir longtemps fixé les regards de l'Europe, finit par aller grossir l'histoire des impostures par lesquelles à toutes les époques des ambitieux plus ou moins adroits se jouent de la crédulité des peuples. Bruneau et ses coaccusés ne se pourvurent point en cassation. Pour couper court à la correspondance qu'il ne cessait d'entretenir depuis sa condamnation, on l'écroua, le 14 mai 1821, dans la prison de Caen, d'où il fut transféré, le 20 du même mois, au Mont-Saint-Michel. On prétendait à cette époque que l'individu qui avait comparu devant la police correctionnelle de Rouen n'était pas le même que celui qui précédemment s'était donné pour le fils de Louis XVI, et qu'entre les prisons et l'audience il y avait eu substitution de personne; mais qu'importe, après tout, ce bruit? qu'importe cette substitution vraie ou fausse? Que Mathurin Bruneau ait été ou n'ait pas été un dauphin, qu'est-ce que la France pouvait avoir à perdre ou à gagner à cela?

Depuis 1821 on n'avait plus entendu parler de Mathurin Bruneau, lorsque la *Gazette des Tribunaux* publia une lettre écrite de la Guyane française, le 5 août 1844, dans laquelle on remarque les passages suivants : « Il existe à Cayenne un homme que le monde appelle Mathurin Bruneau et qui signe Symphorien Bruneau. Il paraît âgé d'environ soixante-cinq ans, est d'une taille élevée, a une figure toute bourbonnienne. Il est arrivé à la Guyane fort peu de temps après le procès de Mathurin Bruneau, et a reçu pendant longtemps la ration et des secours du gouvernement. Son éducation paraît aussi peu développée et son langage aussi grossier que celui du fameux Mathurin Bruneau. Comme lui, il parle avec une prétention ridicule, et se sert souvent de la première personne du pluriel; comme lui, il sait faire du pain; comme lui surtout il a un talent remarquable pour confectionner des sabots. Tout le monde ici le croit l'ancien dauphin, et, quand on lui en parle, sans l'avouer précisément, il ne prend pas la peine de le nier. Il résulte du procès du soi-disant fils de Louis XVI qu'il avait navigué quelque temps et séjourné plusieurs années aux États-Unis. Celui-ci a également habité ce pays, et passe pour assez bon marin.

Il s'est procuré un mauvais bateau-ponté avec lequel, à l'aide de quelques nègres, il a fait des voyages de cabotage sur les côtes de la Guyane et au Brésil. De jeunes esclaves nègres et mulâtres disparaissant de Cayenne, on soupçonna Mathurin Bruneau de les entraîner dans un marronnage prolongé, sans les inscrire sur son rôle d'équipage. Arrêté et interrogé par le consul français de Para, accusé de détournement de mineurs, le pauvre Bruneau, dans sa prison, passait le jour et la nuit à écrire. La chambre des mises en accusation, reconnaissant le consentement des mineurs et le manque absolu de violence et de fraude, l'a renvoyé devant la police correctionnelle, comme prévenu de transport d'esclaves à l'étranger, délit prévu et puni par les lois spéciales de la colonie. »

Mathurin Bruneau est le sujet d'une des meilleures chansons de Béranger. Qui n'a répété ce refrain bien connu :

Croyez-moi, prince de Navarre,
Prince, faites-nous des sabots.

E. G. DE MONCLAVE.

BRUNEHAUT (dans la langue germanique *Brunhild*, fille brillante), était fille d'Athanagild, roi des Visigoths d'Espagne. Sigebert, roi d'Austrasie, dédaignant de recevoir dans son lit des femmes de basse naissance, comme faisaient ses frères, demanda sa main, et l'obtint. » C'était, dit Grégoire de Tours, une jolie fille, belle de visage, séduisante en ses manières, honnête et décente dans ses mœurs, douée de prudence dans les conseils et d'un langage flatteur. » La même année Chilpéric, roi de Soissons, voulut faire comme son frère un noble mariage, et épousa Galswinthe, sœur aînée de Brunehaut. Mais bientôt il l'abandonna pour sa concubine Frédégonde; l'infortunée Galswinthe fut étouffée entre deux matelas. Ce meurtre fit éclater entre les deux reines une haine furieuse, qui ne devait pas causer, mais animer la guerre entre les Francs d'Austrasie et ceux de Neustrie. C'est en vain que le saint évêque de Paris, Germain, essaya de s'interposer entre les partis : Brunehaut ne cessait de pousser son époux à la vengeance; Sigebert poursuivit Chilpéric, et se préparait à l'assiéger dans Tournay, quand deux assassins, envoyés par Frédégonde, vinrent le frapper dans son camp avec des couteaux empoisonnés. Aussitôt la fortune changea de face : l'armée austrasienne se dissipa, et fit sa soumission au roi de Neustrie; Brunehaut tomba au pouvoir de son ennemi. Cependant Chilpéric, dont la cupidité se trouvait assouvie par les riches trésors enlevés à sa captive, la traita avec plus de douceur qu'elle ne s'y attendait; mais la veuve de Sigebert, qui ne se sentait pas en sûreté en présence de l'implacable Frédégonde, séduisit le fils de Chilpéric, Mérovée. Ce prince vint la rejoindre à Rouen, qui lui avait été donné pour résidence, et fit bénir son union avec la femme de son oncle par son parrain, l'évêque Prétextat.

Quelque temps après, Brunehaut parvint à se sauver et à gagner l'Austrasie, où régnait, sous l'autorité des grands, son fils Childebert, âgé de six ans. A peine de retour dans ses États, elle eut à lutter contre les seigneurs austrasiens; ces leudes, plus nombreux et plus compactes que les nobles francs, vivaient disséminés dans la Neustrie et dans la Gaule méridionale; en même temps plus voisins des forêts de la Germanie, leur ancienne patrie, ils en avaient mieux gardé les mœurs rudes et farouches, et se croyaient plus de droits à l'indépendance. Aussi virent-ils avec dépit la veuve de Sigebert jalouse de régner au nom de son fils comme elle avait régné au nom de son époux. Ses efforts pour restaurer l'administration impériale, les Gallo-Romains, dont elle aimait à s'entourer au milieu d'un peuple encore sauvage, les leudes même qu'elle avait attachés à sa personne (chose inouïe jusque alors et qui n'avait lieu que pour un roi), furent autant de causes qui soulevèrent les mécontents. Elle eut pourtant d'abord si peu d'autorité, qu'elle ne put donner asile à son second mari, l'imprudent Mérovée. Ce jeune prince, trahi par son favori Gontran Boson, dut chercher dans la mort un refuge contre la vengeance de sa marâtre. Déjà l'évêque de Rouen, Prétextat, avait payé de sa vie sa complaisance pour le fils de Chilpéric.

Cependant Brunehaut parvint à raffermir son autorité chancelante; par le traité d'Andelot (587), elle obtint de Gontran, roi de Bourgogne, son beau-frère, les villes de Cahors, Bordeaux, Limoges et celles aujourd'hui détruites de Béarn et de Bigorre. Elles avaient formé le douaire de Galswinthe, et Gontran avait lui-même autrefois condamné Chilpéric à les remettre à la reine d'Austrasie en réparation du meurtre de sa sœur, lorsqu'il avait été pris pour arbitre par les deux frères. La prospérité et l'éclat de son gouvernement fut un nouveau tourment pour Frédégonde, qui ne pouvait, comme sa rivale, régner sous le nom de son fils; selon sa coutume, elle lui envoya deux assassins, deux prêtres, que l'on punit d'un affreux supplice. Après la mort de Childebert, peut-être empoisonné par les grands d'Austrasie, Brunehaut se flatta de conserver son autorité sous son petit-fils Théodebert en l'énervant par les plaisirs. Elle lui donna pour maîtresse une jeune esclave; mais il se trouva que cette esclave était une femme de tête et de cœur, qui acquit une grande influence sur le roi d'Austrasie, et s'en servit pour chasser Brunehaut. La vieille reine se réfugia en Bourgogne, qui appartenait à Thierry, son autre petit-fils. Dans cette nouvelle cour Brunehaut souilla ses cheveux blancs de débauches que l'on n'avait pas eu à reprocher à sa jeunesse; elle fit maire du palais le Romain Protadius, son amant; elle procura des concubines à Thierry pour garder son influence sur lui. En même temps elle s'attira la haine du clergé en faisant lapider saint Didier, évêque de Vienne, et en chassant saint Colomban, qui s'était établi dans les Vosges, pour convertir un pays encore païen. Ils étaient coupables à ses yeux de pousser Thierry au mariage en repoussant les bâtards de l'hérédité du trône. Cependant son gouvernement tyrannique ne fut pas sans gloire militaire; après avoir mis aux prises ses deux petits-fils, elle fit tonsurer et tuer plus tard le roi d'Austrasie, vaincu. Ici s'arrête la dernière période de prospérité de Brunehaut : la mort subite de Thierry vint ranimer les espérances de la noblesse franque. Plutôt que de voir la vieille reine ressaisir encore une fois le pouvoir pendant la minorité des fils de Thierry, Varnachaire, maire de Bourgogne, et Pépin, chef d'une illustre maison austrasienne, se laissèrent battre par Clotaire II. Brunehaut, âgée de quatre-vingts ans, tomba aux mains du fils de Frédégonde. Celui-ci lui reprocha la mort de dix rois ou princes; sans doute il lui comptait les crimes de sa mère. Après trois jours de torture, elle fut promenée sur un chameau à travers le camp, et livrée aux insultes des soldats; puis on l'attacha par les cheveux, par un pied et par un bras, à la queue d'un cheval sauvage, qu'on remit en liberté. Les lambeaux de son corps furent brûlés et ses cendres jetées au vent.

Ainsi périt Brunehaut, fille, sœur, mère et aïeule de rois, « et, dit Sismondi, d'une des plus puissantes reines dont la terre ait vu se prolonger la domination. Quoiqu'elle eût souvent éprouvé une fortune contraire, elle avait toujours su se relever par la force de son caractère, par un courage indomptable, de rares talents, et un art pour gouverner les hommes que ne posséda au même degré aucun des princes de la première race.... On l'accusa de beaucoup de crimes qu'elle n'avait pas commis, et ce qui reste d'avéré parmi ses forfaits ne passe pas la mesure commune des rois de la race de Clovis. Ceux qui la condamnèrent et qui la firent périr n'étaient pas moins féroces qu'elle, et n'avaient pas ses talents.... L'architecture semble avoir été son principal luxe; elle y consacra les trésors qu'elle amassait par les concussions qui ont souillé sa mémoire et qui causèrent sa ruine; elle donna à toutes ses constructions un caractère de grandeur imposante, qui frappait l'imagination du peuple. Ses monuments, sa puissance et ses malheurs avaient fait une impression si profonde sur l'esprit des hommes, qu'on lui attribua ensuite un grand nombre d'ouvrages qui n'étaient point d'elle. Tout ce qu'on rencontrait de grand, de fort, de durable, prenait le nom de Brunehaut. Il y a en Belgique, et peut-être encore dans d'autres contrées, des *chaussées de Brunehaut* dont les larges pavés et la construction inébranlable semblent plutôt signaler des ouvrages romains. » La mythologie scandinave et les chroniques des Nibelungen, par une coïncidence toute fortuite, contiennent l'histoire et les épisodes de la rivalité d'une Brunehild avec Crimehild et Gudruna. On a eu tort d'y voir un souvenir défiguré de la longue querelle des reines d'Austrasie et de Neustrie; le seul rapport que l'héroïne de l'Edda puisse avoir avec la fille d'Athanagild, c'est qu'elle personnifie comme elle les passions de la haine et de la domination chez la femme.

W.-A. DUCKETT.

BRUNEL (MARC-ISAMBERT), ingénieur célèbre, est né en 1769, à Hacqueville, dans le département de l'Eure. Après avoir fait ses classes au collége de Gisors, il entra au séminaire; mais, ne se sentant qu'une médiocre vocation pour l'état ecclésiastique, et ne pouvant obtenir de son père la permission de suivre la carrière d'ingénieur, il prit, en 1786, du service dans la marine royale. La révolution, qui éclata bientôt, le força à s'expatrier. En 1793 il passa en Amérique, et arriva à New-York, où, se livrant tout aussitôt à son goût inné pour la mécanique et les sciences qui s'y rapportent, il ne tarda pas à être chargé de la direction d'une fonderie de canons, et de celle des fortifications du port. En 1799 il abandonna cependant cette position pour se rendre à Londres, où il se fixa. Une immense machine à fabriquer des poulies, qu'il monta en 1806 pour le service de la marine, machine qui depuis n'a cessé de fonctionner et de livrer ses produits à la marine avec une économie de 24,000 livres sterling par an, lui valut du gouvernement anglais une récompense de 2,000 livr. sterl. (50,000 francs); quelque temps après il construisit à Chatam, pour l'amirauté, une scierie dont tout le mécanisme excita l'admiration des juges compétents. Il inventa encore successivement une machine à dévider le coton, une scie circulaire pour découper en plaques les bois précieux, et une mécanique à faire des souliers pour l'armée.

Il s'était déjà fait la réputation la plus honorable en même temps que la position la plus lucrative, lorsqu'il lui fut donné de mettre le comble à sa célébrité par la construction du tunnel sous la Tamise, dont il avait conçu le plan dès 1819, époque où il eut une entrevue avec l'empereur Alexandre, auquel il proposa de construire un passage sous la Newa dans un endroit où l'accumulation des glaces et la force de la débâcle rendaient impossible l'établissement d'un pont. Ce projet n'ayant pas eu de suites, Brunel ne put commencer qu'en 1825 l'exécution de son gigantesque monument, qui, terminé en 1842, après une lutte incessante contre des obstacles qui eussent fait reculer tout autre, a été solennellement inauguré le 25 mars 1843.

Brunel était vice-président de la Société royale de Londres, honneur bien rarement conféré à un étranger; et en 1841 le gouvernement anglais avait récompensé ses beaux travaux en le créant baronnet. Il a succombé à une longue maladie, le 14 décembre 1849.

Son fils, qui en 1842 faillit périr pour avoir imprudemment avalé, en jouant, une pièce d'or, et qui n'échappa alors à une mort imminente qu'en se soumettant aux plus dangereuses opérations, s'est aussi rendu très-célèbre comme ingénieur civil. Il a pris une part importante à la construction du chemin de fer de Londres à Bristol, et a secondé son père dans les travaux du tunnel.

BRUNELLE, nom vulgaire du genre *prunella*, de la famille des labiées et de la didynamie gymnospermie. Les brunelles croissent dans toutes les régions du globe. On en connaît une quinzaine d'espèces, dont la plupart sont assez communes en France : nous citerons principalement la *brunelle commune* et la *brunelle à grandes fleurs*.

La *brunelle commune* (*prunella vulgaris*, Linné) se rencontre partout sous nos pas ; ses feuilles sont ovales, pétiolées, entières ou un peu dentées, quelquefois à trois lobes ou fortement laciniées ; les fleurs sont purpurines, bleuâtres, ou blanches, assez petites ; la lèvre supérieure du calice tronquée, à trois dents, à peine sensibles.

La *brunelle à grandes fleurs* (*prunella grandiflora*), qui entre dans l'ornement des jardins, montre en juillet ses fleurs en épi, fort grandes, renflées, bleues, pourpres, rosées ou blanches. Elle demande une terre légère et une exposition découverte, et se multiplie de graines ou d'éclats

Les vaches, les moutons et les chèvres broutent toutes les espèces du genre *brunelle*.

BRUNELLESCHI (Filippo), né en 1377 et mort en 1444, descendait d'une ancienne famille de Florence, qui comptait quelques hommes célèbres dans les sciences ou dans l'exercice des professions libérales. Son père était notaire, son grand-père avait été médecin, et le jeune Filippo, que l'on destinait à l'une de ces deux carrières, reçut d'abord une instruction conforme à l'une et à l'autre de ces directions ; mais une aptitude naturelle à toutes les choses d'adresse, ainsi qu'une rare et précoce intelligence pour tous les travaux de la main, l'appelaient à une vocation que son père ne voulut point contrarier. Le jeune Brunelleschi fut placé par lui chez un orfévre. L'art de l'orfévrerie était alors à Florence tout autre chose que ce qu'il est le plus souvent chez nous et de nos jours. Cet art se liait intimement, et par une multitude de procédés et par le nombre, la grandeur et le genre de ses productions, à tous les arts du dessin ; il était surtout (ainsi que le fait voir l'histoire de cette époque) l'apprentissage et l'école de la sculpture. Brunelleschi, tout en se livrant aux opérations qui constituent la partie commerciale du travail des métaux, en vint bientôt à ne les considérer que comme des moyens applicables aux œuvres du génie, et sa liaison avec le jeune Donatello, qui était destiné à être le premier sculpteur de son siècle, lui inspira le désir de se montrer son émule. Il le devint en effet, à un point tel qu'il se vit compris au nombre des sept compétiteurs qui eurent à disputer l'exécution des portes de bronze du baptistère de Florence, concours dans lequel Brunelleschi et son ami Donatello durent céder la palme à Lorenzo Ghiberti, dont ils s'empressèrent de reconnaître la supériorité, et dont Brunelleschi refusa même de partager la gloire. Mais dès ce moment il conçut le projet d'en poursuivre et d'en obtenir une que aucun autre ne pût lui disputer : les études qu'il avait faites en géométrie, en optique et en mécanique, lui donnaient les moyens de choisir parmi les arts libéraux celui qui pouvait lui offrir le plus de chances : il se décida pour l'architecture, et partit avec Donatello pour aller à Rome étudier les modèles de l'art antique, alors méconnus dans sa propre patrie.

Bientôt Brunelleschi conçut le projet de réunir par une immense coupole les quatre nefs de Sainte-Marie-des-Fleurs à Florence, sa patrie. Il voulait élever au-dessus de cet édifice une voûte, non pas en bois de charpente, mais en pierre et en matériaux solides, et lui donner une dimension proportionnée à sa largeur et à la grande hauteur du reste de l'église. Mais un tel projet demandait à être médité en silence, et à n'être exposé au grand jour qu'avec les plus grandes précautions, sous peine de le voir regarder comme un de ces tours de force dont il n'était permis qu'à l'imagination de faire les frais. Cette œuvre immense, Brunelleschi sut l'exécuter, et il fut servi dans son projet par une de ces circonstances qui semblent naître quelquefois si à propos pour le génie quand il ne les fait pas naître lui-même. En 1407, l'année même du retour de Brunelleschi dans sa patrie, fut convoquée à Florence une assemblée d'architectes et d'ingénieurs pour délibérer sur la meilleure manière de terminer l'église de Sainte-Marie-des-Fleurs, objet qui depuis longtemps était celui de ses méditations. Un premier avis, ouvert par lui, et qui concernait quelques dispositions à prendre avant la résolution de la question principale, ne trouva point de contradicteurs, et fut adopté à l'unanimité ; mais, politique adroit autant qu'artiste savant, Brunelleschi retarda autant qu'il put la solution que son génie avait trouvée, et, dans le double but de se dérober à la curiosité pour l'exciter davantage, et de recueillir toutes les lumières dont il avait besoin de s'entourer, il s'absenta jusqu'à trois reprises différentes de Florence, pour retourner à Rome, dans l'intervalle de différentes conférences qui eurent lieu au sujet de l'entreprise projetée.

Près de treize années se passèrent ainsi en essais et en tentatives infructueuses d'une part, en ajournements habilement ménagés de l'autre ; enfin, en 1420, un congrès composé des architectes les plus renommés de l'Europe s'étant réuni à Florence, Brunelleschi ne voulut pas différer davantage de leur exposer son plan, s'attendant à trouver dans cette brillante réunion de savants encore plus d'approbateurs et de témoins de son triomphe que de véritables rivaux ; mais on le railla quand on l'entendit proposer d'élever à la hauteur de quatre-vingt-quatorze mètres une coupole de plus de quarante-deux mètres de diamètre ; on ne le comprit pas quand il dit qu'il ferait deux coupoles inscrites l'une dans l'autre et de manière à laisser entre elles un assez grand vide ; on l'injuria, on le traita tout haut d'insensé quand il eut affirmé que pour cintrer ces immenses voûtes il n'emploierait aucune espèce de soutien ou de forme intérieure de charpente. Habitués aux légèretés de forme de la bâtisse gothique, ses compétiteurs ne savaient autre chose qu'élever très-haut, à l'aide d'arcs-boutants, des murs évidés par toutes sortes de découpures, des voûtes en tiers-point, formées de petite maçonnerie légère, et dont la poussée se trouvait divisée et répartie sur plusieurs points. Or, il s'agissait avant tout, dans l'érection de la coupole projetée, d'établir un nouveau système de bâtir, en vertu duquel la construction toute seule, dans cette vaste circonférence et avec sa prodigieuse portée, se servît à elle-même et d'échafaudage et de point d'appui.

Tel était, en effet, le problème que Brunelleschi avait su résoudre, et dont la communication du modèle en relief qu'il avait exécuté eût convaincu les moins experts ; mais il mit une sorte d'amour-propre à les amener à lui par d'autres moyens, à les élever, pour ainsi dire, dans leur propre estime en les conduisant à deviner une partie de son secret par ce qu'il leur en laissait voir. Non-seulement il était parvenu à le réduire au silence, il avait encore obtenu leurs suffrages. Mais on voulut apporter à la direction de l'entreprise, qui venait de lui être définitivement adjugée, des conditions humiliantes pour son orgueil, en lui donnant pour collègue, chargé plutôt de surveiller que de seconder ses travaux, ce même Lorenzo Ghiberti, avec lequel il s'était jadis trouvé en rivalité, et dont il avait refusé de devenir l'associé. Sa vengeance était prête : une feinte maladie fut le piège qu'il tendit à l'incapacité de son collègue, qui fut bientôt obligé de se retirer de lui-même pour ne pas mettre au grand jour son impuissance et l'immense supériorité du génie de Brunelleschi. Dès ce moment Brunelleschi devint entièrement maître de son projet, et le public, mis dans le secret de l'artiste par l'exposition de son modèle, ne put se lasser d'admirer la puissance de talent et la rare intelligence qu'il avait apportées à en coordonner toutes les parties. Il eut avant de mourir la satisfaction de voir sa coupole achevée, à la réserve de l'extérieur du tambour, pour la décoration duquel il avait laissé des dessins qui furent soustraits ou perdus.

Cette coupole est en quelque sorte l'expression du génie et de la vie tout entière de Brunelleschi. Il fit cependant d'autres ouvrages importants. Le grand-duc Côme de Médicis et le pape Eugène IV l'employèrent dans une foule de travaux, qui eussent suffi à la réputation de plusieurs autres architectes; nous citerons seulement parmi ces travaux le célèbre palais Pitti, qui, augmenté depuis par les soins d'Ammanati, est devenu le séjour des grands-ducs de Toscane à Florence.

Quoique la sépulture de sa famille fût dans l'église de Saint-Marc, le corps de Brunelleschi fut inhumé dans celle de Sainte-Marie-des-Fleurs : touchant hommage rendu par le peuple de Florence à son grand artiste.

BRUNELLIER, genre de plantes qui renferme six à huit espèces, dont deux sont originaires des îles Sandwich et Rawak, et les autres de l'Amérique méridionale. Ce genre, que M. de Jussieu place dans la famille des zanthoxylées, fut dédié par Ruiz et Pavon au botaniste bolonais Brunelli. Les *brunelliers* sont des arbres à fleurs diclines, disposées en panicules ou en corymbes axillaires ou terminaux.

BRUNET (Jacques-Charles), célèbre bibliographe, naquit le 2 novembre 1780, à Paris, où son père était libraire. Après avoir quelque temps exercé lui-même cette profession, il débuta dans la carrière bibliographique par la rédaction de plusieurs catalogues de ventes de livres, dans le nombre desquels on peut citer celui de la bibliothèque du comte d'Ourches (1811) comme offrant un vif intérêt, et comme ayant conservé une grande valeur. En 1802, il avait déjà publié un Supplément au *Dictionnaire Bibliographique* de Duclos et de Cailleau. Plus tard il donna son *Manuel du Libraire et de l'Amateur de Livres* (Paris, 1810, 3 vol.), et il fit suivre ce livre de ses *Nouvelles Recherches bibliographiques pour servir de supplément au Manuel* (3 vol., Paris, 1834; 4ᵉ édition, 1842-1843). Ces ouvrages, fruit d'un travail immense, ont fait dire que M. Brunet pouvait à bon droit passer pour le créateur de la bibliographie générale; ils ne sont pas moins estimés et recherchés à l'étranger qu'en France, et font tout à fait autorité dans la matière. On lui doit encore une *Notice sur les différentes éditions des Heures gothiques* ornées de gravures et imprimées à Paris à la fin du quinzième et au commencement du seizième siècle (1834); des *Notices sur deux anciens romans intitulés* : Les Chroniques de Gargantua (1834); et les *Poésies françaises de J.-E. Alione* (d'Asti), composées de 1494 à 1520, publiées pour la première fois en France avec une notice historique et bibliographique.

BRUNET (MIRA, *dit*), né à Paris, en 1766, est parmi les acteurs de nos théâtres secondaires celui dont le nom et la réputation ont été le plus populaires, le plus répandus. Pendant le cours de sa vogue, l'une des plus longues que l'on puisse citer dans les annales de la scène, on ne disait plus : Allons aux Variétés; mais, allons *chez Brunet*. Cette faveur si prononcée, si constante, était justifiée, il faut le dire, par un jeu d'une vérité, d'une naïveté, d'un naturel parfaits dans un genre inférieur; Brunet eut, en outre, l'avantage si précieux de venir à temps. Son public n'avait plus ce dédain aristocratique pour la peinture des mœurs du peuple, qui avant la révolution de 1789 eût pu nuire à l'effet des tableaux dont il était le personnage principal. Et nul mieux que Brunet, dont la figure seule provoquait le rire le plus franc, ne pouvait répondre à ce besoin de l'époque. Cette révolution qui devait changer tant de destinées, tant de carrières, le lança dans celle du théâtre; son père tenait dans le quartier de la Halle un bureau de loterie d'un grand rapport. Quoique le jeune Mira eût un goût très-vif pour le spectacle, surtout pour celui qu'égayaient alors les *lazzis* de Carlin, il ne songeait nullement à jouer la comédie autrement qu'en société, et était destiné à hériter du bureau et des occupations de son père. Une particularité assez piquante de son enfance, c'est que Talma, dont les parents habitaient aussi ce quartier, fut son condisciple dans une des modestes pensions de l'arrondissement. Assurément leurs camarades ne se doutaient guère qu'ils avaient auprès d'eux la tragédie et la farce, Manlius et Cadet-Roussel.

Lors de la suppression des loteries, en 1790, le fils du buraliste songea à se faire une ressource de ce qui n'avait été jusque là pour lui qu'un amusement. Il obtint de ses parents, non sans difficulté, et sous la condition de changer son nom de famille contre celui de *Brunet*, la permission d'aller essayer en province son talent dramatique. Deux ans de scène à Rouen le firent appeler à Paris, où il débuta sur le théâtre de la Cité dans *Le désespoir de Jocrisse*, rôle qu'avait créé Baptiste Cadet, et qu'après cet acteur il était difficile d'aborder. Sorti avec bonheur de cette épreuve, Brunet devint bientôt, à son tour, un des sujets les plus aimés du public, et quelque temps après il passa au Palais-Royal, sur le théâtre de Mˡˡᵉ Montansier, dont cet Atlas de la bouffonnerie fut pendant neuf ans la plus ferme colonne. L'affluence qu'il y attirait devint certainement le principal motif du décret impérial qui fit fermer cette salle en 1807, comme nuisant à la prospérité du Théâtre-Français; la foule n'en suivit pas moins Brunet, d'abord au théâtre de la Cité, où fut représentée cent fois de suite *La famille des Innocents*, puis dans la salle des Variétés, construite au boulevard Montmartre, où ses anciens directeurs contractèrent avec lui une association dont ils n'eurent pas à se repentir. Il resta attaché à ce théâtre jusqu'en 1833, qu'il prit sa retraite, après avoir fait rire le public pendant trente-cinq ans. Il était alors presque septuagénaire et jouissait d'une modeste aisance, fruit de ses longs travaux.

L'espace nous manquerait pour citer seulement les principaux rôles de sa création; sa carrière théâtrale offre trois grands types bien distincts. Dans les *niais*, où il se montra surtout l'acteur de la nature, il sut différencier les nuances de ce type, et faire ressortir tour à tour la simplicité de Jocrisse, la *candidité* d'Innocentin, les prétentions comiques de Cadet-Roussel, la malice du *Niais de Sologne*, la poltronnerie de Tremblin et d'Agnelet, etc. Les *travestissements* lui valurent des succès auxquels n'ont jamais atteint ceux qui remplissent ce même emploi : ce sont des hommes déguisés en femmes, tandis que Brunet était réellement *Cendrillon*, *Belle-belle*, *Flamméa*, etc. Quoiqu'il eût alors près de cinquante ans, l'illusion était complète. Enfin, plusieurs rôles *grimés*, plusieurs caractères qui se rapprochaient davantage de la comédie, tels que ceux de Vautour, de Pépin, du vieux procureur de *L'intérieur de l'Étude*, ajoutèrent encore à sa renommée théâtrale, et prouvèrent que le naturel n'excluait pas chez lui la variété.

Plus d'une fois on a voulu créer à Brunet un autre genre de réputation, en lui prêtant quelques mauvais bons mots politiques dont il était fort innocent. Un de ces mensonges imprimés qui se propagent de recueil en recueil a fait croire aussi à beaucoup de lecteurs qu'il avait été emprisonné sous le consulat, pour avoir, dans son rôle de Jocrisse, plaisanté sur les préparatifs de descente en Angleterre, et comparé les bateaux de Boulogne à des *coquilles de noix*. Cette anecdote est tout à fait controuvée, mais en voici une plus authentique, dans laquelle apparaît la grande figure de l'empereur en regard avec le masque bouffon de Brunet. A l'époque où circulait déjà parmi les personnes de la cour impériale le bruit du divorce avec Joséphine, sans qu'il eût encore transpiré dans le public, les acteurs du théâtre des Variétés furent appelés à Grosbois par le prince de Neufchâtel, pour y contribuer aux plaisirs de la fête qu'il y donnait à Napoléon. On représentait devant l'illustre assemblée *Cadet-Roussel*, *professeur de déclamation*. La première moitié de la pièce divertit beaucoup les spectateurs, sans en excepter l'hôte célèbre de Berthier; mais lorsqu'un des personnages dit à Cadet que son élève ne vient chez lui que pour décider sa femme à un *divorce*, ce mot fatal comprima soudain la gaieté. Ce fut bien pis encore lorsque Cadet-Roussel-Brunet s'écria, avec ce sérieux si comique du singulier professeur : « Est-ce que vous croyez que c'est pour le plaisir que je me suis marié? C'est pour ne pas laisser finir la perpétuité de ma famille : c'est pour me voir renaître à moi-même... » Cette fois, des chuchotements, des regards dirigés timidement sur l'impératrice, le silence morne et glacial des courtisans pendant tout le reste de cette parade déconcertèrent totalement Brunet et ses acteurs, qui l'achevèrent tant bien que mal et le plus vite possible. Joséphine n'avait pu cacher son trouble; l'empereur, plus maître de lui-même, fit bonne contenance jusqu'à la fin. « Qu'avez-vous fait, malheureux ? » vint dire alors, tout effrayé, aux acteurs, qui ne l'étaient guère moins, l'aide de camp du prince de Wagram, l'auteur Reveroni Saint-Cyr, malencontreux ordonnateur du spectacle. « Je ne connaissais pas cette pièce; il fallait me prévenir. » Mais, pendant ce temps, l'empereur, rentré dans les salons, disait au prince, un peu troublé aussi : « Berthier, mon secret était bien gardé, car ces bonnes gens auraient à coup sûr choisi un autre ouvrage. » Le grand homme en effet ne garda point rancune à Cadet-Roussel, et Brunet, l'un des comédiens qui le délassaient le mieux de ses importantes préoccupations, vint souvent encore jouer devant lui et sa cour. Piron comptait parmi ses titres de gloire celui d'avoir fait rire le guet; l'acteur qui amena plus d'une fois le sourire sur les lèvres de Napoléon peut à juste titre se glorifier d'un bien plus beau succès.   Ourry.

BRUNETTI (Angelo), surnommé *Cicéruacchio*, voiturier du Transtévère, s'est rendu fameux lors des événements arrivés à Rome pendant les années 1848 et 1849. Quoiqu'il n'eût reçu aucune instruction, il sut, grâce à une intelligence peu ordinaire et à ses rares talents, dominer la multitude, et pendant longtemps il exerça une grande influence sur la populace de Rome. Il n'employa d'abord son crédit qu'à prévenir les excès, à fortifier les Romains dans leur vénération pour Pie IX et à diriger les démonstrations quotidiennes de reconnaissance pour le pape réformateur. Cependant, lorsque la réforme dégénéra en révolution, lorsque le pape refusa formellement de déclarer la guerre à l'Autriche, Ciceruacchio changea de rôle. Aveuglé par sa vanité ou par les louanges des républicains, il ne tarda pas à devenir un instrument entre les mains des démocrates. On n'a jamais pu prouver, il est vrai, qu'il ait pris part à l'assassinat de Rossi; mais il a participé à la révolution du 16 novembre 1848. Il se montra zélé partisan de la république; cependant, comme on n'avait plus besoin de lui, on le laissa de côté. Une fois les Français à Rome, il s'enfuit à Gênes.

BRUNETTO LATINI. *Voyez* Latini.

BRUNFELS ou **BRUNSFELS** (Othon), médecin et botaniste allemand du seizième siècle, naquit vers 1464, près de Mayence, et mourut à Berne, le 23 novembre 1534. Fils d'un tonnelier, il fut dès sa jeunesse entraîné vers l'étude des sciences, et parvint au grade de licencié en théologie et en philosophie. Ses parents n'ayant pu lui fournir les ressources qui lui auraient été nécessaires pour poursuivre ses travaux, il prit le froc dans un couvent de chartreux situé aux environs de Mayence. Quand les doctrines de Luther commencèrent à se répandre en Allemagne, Brunfels était déjà arrivé à la cinquantaine; elles produisirent une vive impression sur son esprit, et le déterminèrent à abandonner son couvent pour se faire prédicateur protestant. Mais malgré son zèle pour la réforme, sa constitution chétive et maladive le força de renoncer au rôle d'apôtre, pour se contenter du modeste rôle de maître d'école à Strasbourg. Il y passa neuf années, étudiant en même temps la médecine et les sciences naturelles; et reçu docteur en médecine en 1530 à Bâle, il remplit pendant deux ou trois ans les fonctions de médecin inspecteur à Berne. Les derniers moments de sa vie paraissent avoir été exclusivement consacrés à la botanique, dont il fut le restaurateur au seizième siècle, et à la rédaction de ses ouvrages. Il traça à la science une route nouvelle en donnant l'exemple des herborisations pour apprendre à connaître les plantes indigènes. C'est ainsi qu'il fit connaître plus de cent trente espèces qui étaient demeurées inconnues à ses prédécesseurs. Plumier lui a consacré, sous le nom de *brunfelsia*, un genre de solanées. On a de Brunfels un grand nombre d'ouvrages relatifs soit à la médecine, soit à la botanique; nous citerons entre autres : *Herbarum vivæ Icones ad naturæ imitationem summa cum diligentia effigiatæ, una cum effectibus earumdem* (Strasbourg, 1530, in-fol.); *Catalogus illustrium Medicorum, seu de primis medicinæ scriptoribus* (ibid., 1533); *Onomasticon seu Lexicon Medicinæ simplicis*, avec les ouvrages de Théophraste (ibid., 1534); *Epitome Medices, summam totius medicinæ complectens* (Anvers et Paris, 1540); *Chirurgia Parva* (Francfort, 1569).

BRUNFELSIA, genre de solanées, établi par Plumier en l'honneur d'Othon Brunfels. Il se compose d'arbrisseaux de l'Amérique méridionale. Le *brunfelsier des Antilles* (*brunfelsia americana*) est même un arbre assez grand dans les contrées où il est indigène. Il a besoin pour fleurir d'une bonne terre substantielle et d'une chaleur continuelle, et ne peut exister chez nous que dans les serres chaudes, où il reste nain, mais dont il fait le plus bel ornement, par son feuillage, toujours vert, et ses charmantes fleurs, grandes et blanches, qui répandent pendant tout l'été l'odeur la plus suave. Il se multiplie de boutures, sur couche chaude et sous châssis ombragé.

Une espèce particulière, le *brunfelsier ondulé* (*brunfelsia undulata*), originaire de la Barbade et de la Jamaïque, où il s'élève jusqu'à $6^m,50$, ne parvient guère en France qu'à un mètre ou $1^m,30$. Ses feuilles sont lancéolées, rétrécies à la base, et ses fleurs, qui paraissent de mars à septembre, sont grandes, à tube long et verdâtre, un peu courbé, à limbe légèrement ondulé, d'un blanc jaunâtre, et répandant une odeur d'œillet assez prononcée. Cette espèce demande la même culture que la précédente.

BRUNI (Leonardo), surnommé l'*Arétin*, était né en 1369, à Arezzo. En 1383, les bandes françaises aux ordres d'Enguerrand de Coucy, et réunies aux exilés d'Arezzo, s'emparèrent de cette ville, qu'elles saccagèrent; et il eut la douleur de voir son père emmené prisonnier par les vainqueurs, tandis que lui-même était enfermé par eux comme sujet dangereux. Il n'avait encore que quatorze ans. Un portrait de Pétrarque appendu dans la pièce où il se trouvait détenu lui inspira la pensée de suivre les traces de ce grand poète; et il n'est pas plus tôt été remis en liberté, qu'il alla à Florence continuer sous Jean de Ravenne ses études commencées dans sa ville natale. Elles furent des plus complètes, et il nous apprend lui-même que son ardeur pour le travail était si grande qu'il répétait ses leçons pendant son sommeil. Après avoir donné quelques instants à l'étude de la jurisprudence, il se livra tout entier à l'étude de la langue grecque, sous la direction de Jean Chrysoloras, qui faisait alors à Florence des cours de langue et de littérature grecques. Nommé secrétaire apostolique par le pape Innocent VII, il remplit successivement les mêmes fonctions près de Grégoire XII, d'Alexandre V, et de Jean XXIII. Ce souverain pontife ayant été déposé par le concile de Constance, Leonardo Bruni revint à Florence, où il se fixa et où il se consacra désormais à la culture des lettres, quoique revêtu à diverses reprises du titre de chancelier de la république. Il en remplissait les fonctions, lorsque la mort vint le frapper en 1444. Il laissait divers ouvrages historiques, qui ont tous été imprimés. La république lui fit des obsèques magnifiques. On plaça sur sa poitrine un exemplaire de son *Histoire de Florence*, ouvrage écrit en latin dès 1415, traduit en italien par Acciajuoli et imprimé à Venise en 1473 (la première édition du texte original ne parut qu'en 1610, à Strasbourg). Son éloge funèbre fut prononcé par Giannoni

Manetti, qui fut autorisé par les magistrats à le couronner de lauriers; et on lui éleva dans l'église de Santa-Croce un mausolée en marbre, que l'on y voit encore. Les autres ouvrages de Leonardo Bruni ont pour titre : *De Temporibus suis* (1475); *De bello Italico adversus Gothos gesto* (1470); *Commentarium Rerum Græcarum* (1539); on a aussi de lui des Vies de Pétrarque et du Dante.

Un poète du même nom, Antonio BRUNI, vivait dans la seconde moitié du seizième siècle et remplit les fonctions de secrétaire auprès du duc d'Urbin, François-Marie II. Il mourut à la suite d'excès de table. Lié d'amitié avec le Marini, il imita son style, alors fort goûté. On a de lui : *Epistole eroiche* (Milan, 1626); chacune de ces épîtres est ornée d'une gravure, d'après le Guide, le Dominiquin, etc.; divers poèmes, entre autres *Le Tre Grasie, cive la celeste e la terrestre* (Rome, 1633), et une tragédie, *Radaminto*.

BRUNIE, genre composé d'arbrisseaux du Cap. Il renferme un grand nombre d'espèces, dont plus de vingt sont cultivées dans les jardins européens : dans le nombre, on distingue la *brunie lanugineuse*, arbrisseau de $0^m,60$ à $1^m,20$ de haut, très-élégant, à rameaux effilés, droits, couverts de feuilles linéaires et laineuses dans le bas. Elle fleurit en mai, et ses fleurs, réunies en têtes globuleuses, forment un corymbe terminal. Toutes les espèces de brunies réclament la même culture que les bruyères.

Ce genre a servi de type à M. Brongniart pour établir la famille des *bruniacées*, dont les espèces étaient auparavant placées à la suite des rhamnées.

BRUNINGS (CHRISTIAN), né en 1736, à Neckarau, en Palatinat, et mort en 1805, passe à bon droit pour l'un des hommes qui se sont le plus distingués dans l'architecture hydraulique. De bonne heure il s'était familiarisé avec les diverses sciences se rapportant à cet art. Il était percepteur de l'octroi des digues en Hollande, lorsqu'en 1769 les états généraux le nommèrent inspecteur général des digues. Les travaux les plus importants qu'il ait exécutés sont les ouvrages construits pour arrêter les ravages du lac de Harlem, l'endiguement de ce qu'on appelle dans les Pays-Bas *les eaux houtes*, lesquelles à l'époque des fortes marées inondaient souvent de vastes étendues de territoire; enfin, la construction du canal de dérivation du Wahal, et du canal de Pannerden, travail qui a amélioré le lit du Rhin, du Wahal et du Leck. On lui doit aussi l'échelle graduée pour mesurer la crue des eaux et mettre en garde contre l'inondation. En 1778 il fit paraître deux volumes de *Rapports* et de *Procès-verbaux sur l'eau des rivières supérieures* (Amsterdam, 2 vol., avec atlas). Quand il mourut, le directoire de la république batave mit au concours le plan du monument qui devait lui être élevé dans la cathédrale de Harlem; mais les changements politiques survenus peu après firent oublier l'exécution de ce projet. Toutefois, le prix (200 ducats) proposé pour le meilleur éloge de cet habile architecte avait été adjugé, en 1807, à son élève et successeur Conrad.

BRUNIR, opération qui consiste à polir, ou plutôt à rendre brillante une pièce de métal au moyen du brunissoir. Il y a en effet une grande différence entre *brunir* et *polir* : on polit en usant les aspérités, les inégalités d'une pièce de métal ou de toute autre matière, au moyen de matières dures broyées plus ou moins fin, telles que le grès, l'émeri, le rouge d'Angleterre, le tripoli, la poudre de diamant, etc. Toutes sortes de matières sont susceptibles de poli plus ou moins parfait, suivant leur nature; mais on ne peut brunir en général que les matières métalliques, attendu que le brunissoir ne fait que resserrer et niveler, s'il est permis de parler ainsi, les molécules de la surface que l'on brunit sans les enlever. On ne saurait brunir une glace, une table de marbre, etc. — *Brunt* se dit, en terme d'orfévrerie, par opposition au *mat*.
TEYSSÈDRE.

Brunir signifie aussi peindre en brun, devenir brun.

En termes de relieur, *brunir* un livre signifie éclaircir, polir les tranches d'un livre, en les frottant avec une *dent de loup*, une *dent d'agate* ou de *silex*.

Brunir se dit, enfin, en termes de vénérie, de l'action des cerfs, des daims ou chevreuils, qui, après avoir *frayé*, c'est-à-dire frotté légèrement leur tête aux arbres pour la dépouiller de sa première robe ou enveloppe velue, vont la teindre, ainsi que leur bois, aux charbonnières, aux terres rougeâtres, etc.

BRUNISSOIR, instrument d'acier trempé, auquel on donne ordinairement la forme d'une amande plus ou moins allongée, et que l'on fixe par un de ses bouts dans un manche en bois, à l'aide duquel on peut appuyer plus ou moins fort sur la pièce de métal que l'on veut brunir. On fait usage du brunissoir en le faisant glisser par un mouvement de va-et-vient sans quitter la pièce que l'on veut brunir : par ce frottement répété l'ouvrier, sans rien enlever de la superficie métallique, ne fait qu'abattre ou refouler les petites rugosités que la lime ou le marteau peuvent avoir laissées sur la pièce.

Le brunissoir sert également dans divers arts et métiers; mais il varie de forme et de grandeur suivant le besoin de l'ouvrage sur lequel on l'emploie. Les serruriers, éperonniers, armuriers et coutellers se servent des brunissoirs, aussi bien que les ciseleurs, les fabricants de bronze, les doreurs sur métal ou sur bois, les horlogers, les potiers d'étain, les orfèvres, les bijoutiers, les relieurs, les graveurs et les planeurs. Le brunissoir de ces derniers est d'une assez grande dimension; son manche a environ $0^m,60$ de long, et l'ouvrier le tient à deux mains. Celui dont se servent les orfèvres et les bijoutiers n'est quelquefois qu'une simple pointe, ou un crochet, auquel on donne le nom de *dent de loup*; souvent aussi, au lieu d'être en acier, c'est une agate, dont la dureté donne un poli encore plus parfait que l'acier même. Lorsque les potiers d'étain se servent du brunissoir, ils ont soin de mouiller leur pièce avec de l'eau de savon; les planeurs se servent d'eau pure; les serruriers et les armuriers emploient quelquefois de l'huile.

BRUNN, appelé par les Slaves *Brno*, située en Moravie, au confluent de la Zwittawa et de la Schwartzawa, dans une contrée fertile et agréable, est en partie entourée de murs et de fossés qui la séparent de ses quatorze faubourgs. Les rues n'en sont pas larges, mais bien pavées et garnies de trottoirs. On y compte sept places publiques, décorées de fontaines jaillissantes : les plus remarquables sont la Grande Place, le Marché aux Herbes et la place des Dominicains. Les édifices les plus considérables sont : la cathédrale de Saint-Pierre, bâtie au sommet d'un rocher, non loin de la résidence de l'évêque et de celle des membres du chapitre, et d'où l'on jouit d'une vue magnifique; l'église gothique de Saint-Jacques, avec une tour haute de 92 mètres et une collection extrêmement précieuse de livres datant des débuts de l'imprimerie; l'église des Minorites; le couvent des Augustins, situé dans le faubourg d'*Alt-Brunn*, avec une église gothique, et qui possède un beau tableau de Luc Kranach ainsi qu'une riche bibliothèque; l'église des Capucins; l'église des Dominicains et celle d'Obrowitz. Citons encore l'hôtel du gouverneur, l'hôtel de ville, où l'on admire un portail magnifique et diverses antiquités; l'école des aveugles; le palais de justice; celui du prince de Kaunitz, etc., etc.; enfin, le superbe embarcadère où viennent converger les chemins de fer de l'empereur Ferdinand et du Nord.

Brunn est le siège des autorités civiles et militaires supérieures de la province, d'une direction générale des finances, d'une cour d'appel pour la Moravie et la Silésie. On y trouve un grand et un petit séminaire, un collége avec une bibliothèque, une école pour les aveugles et une école pour les sourds-muets, une maison de correction pour les enfants dépravés, un théâtre avec une redoute, un couvent d'ursulines avec une école de filles, plusieurs écoles primaires, et diverses sociétés pour la culture des sciences et de lettres ou le perfectionnement de l'économie agricole. La population est de 50,000 âmes, en y comprenant les faubourgs. On y trouve des fabriques de draps, de liqueurs, de sucre, d'étoffes de laine et de cuir. Il s'y fait aussi un commerce de transit fort important avec la Bohême et le reste des États autrichiens, avec l'Italie, la Pologne, la Russie, l'Amérique et la Perse. Les anciennes fortifications ont été transformées en promenades publiques.

A l'ouest de la ville, non loin du *Petersberg*, haut de 200 mètres, s'élève le *Spielberg*, qui atteint une hauteur de 272 mètres, d'où l'on découvre le panorama le plus magnifique, dont les Français essayèrent de détruire les fortifications en 1809, et qu'on a transformé de nos jours en prison d'État. En dehors de la ville on trouve la colonne de Zdérad, le plus ancien monument de la Moravie. Sur le Pétersberg, appelé aujourd'hui *Fauzensberg*, orné de jardins et de terrasses, s'élève un obélisque en marbre de Moravie, haut de 20 mètres, et consacré à la mémoire de l'empereur François, de ses alliés et de la bataille de Leipzig.

Brunn a été plusieurs fois assiégé; par exemple : en 1428, par les Taborites; en 1467, par le roi de Bohême Georges Podiebrad, qui voulait punir les habitants d'avoir pris fait et cause pour le roi de Hongrie Mathias Corvin, et à l'époque de la guerre de trente ans par Torstenson, qui fut réduit à en lever le siége. Après la capitulation d'Ulm (20 octobre 1805) et la prise de Vienne Napoléon transféra le théâtre des opérations militaires aux environs de Brunn jusqu'au moment où la bataille d'Austerlitz amena la conclusion de la paix de Presbourg.

BRUNNER (Appareil de), appareil au moyen duquel on effectue l'analyse de l'air par une seule opération. Il se compose d'un flacon rempli d'eau et muni d'un robinet fermé à sa partie inférieure. Le bouchon de ce flacon livre passage à un tube recourbé rempli de chlorure de calcium qui communique avec un second tube plein de phosphore, lequel communique pareillement avec un troisième tube plein de potasse caustique, qui, à son tour, arrive dans un tube plein d'amiante, mouillée avec de l'acide sulfurique ; l'extrémité de ce dernier tube est fermée à la lampe. Toutes les jointures étant parfaitement lutées, si on ouvre le robinet et que l'on brise l'extrémité fermée à la lampe, l'air entre aussitôt par cette extrémité et traverse successivement tous les tubes dans un sens inverse de celui de notre énumération. Mais, en vertu des affinités chimiques des gaz qui le composent pour les matières renfermées dans les tubes, l'air dépose dans le premier tube qu'il rencontre la vapeur d'eau qu'il contient; dans le suivant, son acide carbonique, et dans celui qui vient après son oxygène : de sorte qu'il n'arrive dans le flacon que de l'azote. Quant au chlorure de calcium du tube recourbé il n'a pour destination que d'absorber l'humidité qui pourrait provenir du flacon et altérer ainsi les résultats de l'analyse. On arrête l'opération en fermant le robinet, et on voit immédiatement quel volume d'eau l'azote a déplacé. Pour connaître les quantités absorbées d'oxygène, d'acide carbonique et de vapeur d'eau, il suffit de peser exactement le phosphore, la potasse et l'amiante, avant et après le passage de l'air : les différences de ces pesées sont évidemment les quantités cherchées.

Cet ingénieux appareil porte le nom de son inventeur, artiste adjoint au Bureau des Longitudes. E. MERLIEUX.

BRUNNOW (PHILIPPE, baron DE), conseiller d'État, envoyé extraordinaire et ministre plénipotentiaire de la cour de Russie à Londres, est né le 31 août 1797, à Dresde, d'une famille originaire de la Poméranie, et fut élevé, avec son frère Ernest Georges, dans la maison paternelle, qu'il ne quitta qu'en 1815, pour aller suivre les cours de l'Université de Leipzig. A l'époque du congrès d'Aix-la-Chapelle, en 1818, il entra au service de la Russie, et fut alors particulièrement protégé par le conseiller d'État Stourdza. Les ministres Nesselrode et Capo-d'Istria ayant eu bientôt l'occasion d'apprécier ses rares dispositions pour la carrière diplomatique, il fut attaché au ministère des affaires étrangères, et adjoint à Stourdza, à l'effet de rédiger un projet de code civil pour la Bessarabie. Après avoir assisté aux congrès de Troppau et de Laybach, il fut attaché pendant une année, comme secrétaire, à l'ambassade de Londres, puis vint prendre part aux délibérations du congrès de Vérone, et occupa ensuite une haute position administrative à Saint-Pétersbourg. Attaché plus tard à la personne du comte Woronzoff, gouverneur général d'Odessa, il fit, comme employé civil, les campagnes de 1828 et 1829 contre les Turcs. Nommé alors conseiller d'État et employé dans le cabinet même de M. de Nesselrode, il remplit à Saint-Pétersbourg les fonctions de premier rédacteur du ministère des affaires étrangères, et dans ce poste put acquérir une connaissance intime de l'esprit et de la direction de la politique russe.

En 1839 il fut accrédité comme ministre plénipotentiaire auprès des cours de Stuttgard et de Hesse-Darmstadt ; mais dès l'automne de la même année son gouvernement le chargea d'une mission spéciale à Londres, à l'effet d'opérer un rapprochement plus intime entre les cabinets de Saint-James et de Saint-Pétersbourg, à propos de la question d'Orient, en profitant du refroidissement survenu entre la France et la Grande-Bretagne. Ses premières tentatives demeurèrent, à ce qu'il paraît, infructueuses, car dès la fin de cette même année il était revenu à son poste diplomatique en Allemagne. Quelques semaines plus tard, cependant, il partait de nouveau pour Londres, à l'effet d'y renouer les négociations précédemment entamées, et au printemps de 1840 il y était accrédité d'une manière permanente. C'est à ses efforts et à son habileté que le cabinet de Saint-Pétersbourg fut redevable de la conclusion du célèbre traité du 15 juillet 1840 ; traité qui brisa l'alliance diplomatique de l'Angleterre et de la France, et qui, en mettant les puissances du Nord d'accord avec le cabinet de Londres sur la question d'Orient, en amena une solution provisoire. M. de Brunnow, qui eut ordre de ne rien négliger pour faire croire aux tendances pacifiques de la Russie, resta dès lors à poste fixe en Angleterre, et prit part aux négociations qui aboutirent au traité de commerce de 1849 entre la Russie et la Grande-Bretagne. Quand lord Palmerston éleva des réclamations contre la Grèce, Rome, la Toscane, la Sardaigne et Naples en 1850, la Russie fit mine d'abord de rappeler son ambassadeur ; mais M. de Brunnow parvint à rétablir les relations sur un pied amical entre deux États que le traité relatif au Schleswig-Holstein et à la succession danoise a liés solidairement l'un à l'autre. Le succès obtenu par M. de Brunnow dans les négociations pour la conclusion du traité du 15 juillet 1840 l'a tout aussitôt fait compter à bon droit parmi les plus habiles diplomates de l'époque.

BRUNNOW (ERNEST-GEORGES DE), frère du précédent, connu comme romancier et comme propagateur zélé des doctrines de l'homœopathie, est né à Dresde, le 6 avril 1796. Bien différent en cela de son frère cadet, qui se dévoua complètement aux intérêts russes et se faisait même nationaliser en Russie, celui-ci est toujours resté Allemand. A l'Université de Leipzig, où il étudiait le droit, une liaison nécessitée par une maladie d'yeux qui lui était survenue le mit en rapport avec Hahnemann, et l'amitié qui s'établit alors entre eux se resserra encore plus tard à Dresde, où M. de Brunnow fut pendant deux années attaché à la régence provinciale, en qualité d'assesseur. Forcé alors, par la faiblesse de sa vue, de renoncer à tout service public, les soins d'Hahnemann prévinrent cependant l'aggravation du mal; aussi, dans son admiration et sa reconnaissance pour le médecin qu'il regardait comme son sauveur, M. de Brunnow résolut-il de consacrer désormais toutes ses facultés à la propagation de l'homœopathie. Après s'être convenablement préparé par des études médicales, il traduisit en français l'*Organon* d'Hahnemann (Dresde, 1824);

il entreprit ensuite, conjointement avec Stapf et Gross, la traduction en latin de la *Doctrine Médicale pure* du maître (2 vol., Dresde, 1825-1826). En 1830 il prit une part active à la fondation de la société centrale homœopathique, dont il devint tout aussitôt membre. Dans la carrière des lettres, M. de Brunnow s'est fait avantageusement connaître par un Recueil de *Poésies*, publié à Dresde en 1833 ; par la *Nouvelle Psyché*, roman (Bunzlau, 1837) ; par le *Troubadour* (2 vol., Dresde, 1837), tableau historico-romantique ; par *Ulrich de Hutten* (3 vol., Leipzig, 1843-1844), grand roman historique ; enfin, par le *Colonel de Carpezan* (Leipzig, 1844), roman. Il venait de publier un *coup d'œil sur Hahnemann et l'Homœopathie* (Leipzig, 1844) lorsqu'il mourut à Dresde, le 4 mai 1845.

BRUNO ou **BRUNON**, dit **LE GRAND**, archevêque de Cologne et duc de Lorraine, l'un des personnages les plus importants de son siècle, naquit vers l'an 928. Troisième fils du roi Henri Ier, et frère de l'empereur Othon Ier, il fut élevé d'abord par l'évêque d'Utrecht, Baldrich, qui lui enseigna les premiers éléments des lettres grecques et latines, et ensuite par l'évêque Israel Scotigena et plusieurs savants grecs. L'étendue peu commune de son savoir, sa sagacité et son éloquence, ne le faisaient pas moins briller entre les évêques et les prêtres de son temps que sa charité, son humilité et la gravité de son caractère ne le rendaient respectable aux yeux des laïques. Lorsqu'il fut plus avancé en âge, Othon l'appela dans le Palatinat, où il occupa bientôt le premier rang parmi les historiens, les poëtes et surtout les philosophes réunis à cette cour, contribuant à policer par son commerce beaucoup de seigneurs spirituels et temporels au service de son frère, et formant autour de lui comme une espèce d'école d'ecclésiastiques dont il faisait ensuite des évêques. Nommé plus tard archevêque de Cologne et archichancelier de l'empereur, il l'accompagna, en 951, dans sa première expédition contre l'Italie ; et, bien différent des autres proches parents d'Othon 1er, qui tous se révoltèrent les uns après les autres contre ce prince, il se montra en tout et partout le plus fidèle de ses adhérents. Aussi Othon Ier, reconnaissant, le nomma-t-il en 954, après la déposition de son turbulent gendre Conrad, duc et seigneur suprême de la Lorraine, laquelle fut divisée en deux gouvernements administrés chacun par un duc particulier, placé sous ses ordres. Il lui confia, en outre, le soin de défendre cette province contre les tentatives de Conrad, qui disposait encore de quelques ressources.

Bruno le Grand mourut à Reims, le 11 octobre 965, comme il se rendait à Compiègne pour y opérer une réconciliation entre son neveu, le roi Lothaire, et les fils de Hugues Capet. Protecteur éclairé des lettres et des sciences, on lui attribue un Commentaire sur le Pentateuque et plusieurs Vies de saints.

BRUNO (Saint), apôtre de la Prusse, descendant de l'ancienne famille de Querfurt, fut de bonne heure pourvu d'un canonicat dans l'Église de Magdebourg. Il construisit une église à Querfurt, et vint à la cour de l'empereur Othon III, qui l'envoya à Rome, en 995, au secours du pape Grégoire V. Lors de la déposition de ce pontife, Bruno lui resta fidèlement attaché. Aussi, Grégoire V, quand il fut rétabli sur le trône pontifical, voulut-il, dans sa reconnaissance, l'appeler aux suprêmes honneurs ecclésiastiques. Mais Bruno n'aspirait qu'à aller porter aux païens les lumières de l'Évangile. Désigné pour être la compagnon de saint Adalbert, il se rendit en 999, deux ans après la mort de cet apôtre du Nord, en Prusse, où il fut parfaitement accueilli. En l'an 1004, abandonnant à d'autres missionnaires la continuation de son œuvre apostolique, il s'en retourna à Rome, et fut nommé chapelain de l'empereur Henri II. Les habitants de la Prusse ayant ensuite témoigné les plus mauvaises dispositions pour les missionnaires, et une vive répugnance à embrasser la religion qu'ils venaient leur prêcher, Bruno ne tarda pas à revenir parmi eux. Mais tous ses efforts pour propager parmi ces barbares la religion du Christ demeurèrent alors infructueux, et il périt, avec dix-huit de ses compagnons, assassiné sur les frontières de la Lithuanie en 1003. Le duc Bolesias de Pologne acheta les corps de ces martyrs de la foi, et plus tard Bruno fut canonisé.

BRUNO (Saint), *de Reims*. On ne peut assigner à sa naissance une époque précise. Il paraît cependant qu'elle doit être placée entre 1030 et 1040. Il était de Cologne, où il reçut le jour d'une famille noble de l'Allemagne. Après avoir commencé ses études sous les yeux de ses parents, il alla les continuer à Reims, où l'avait attiré la célébrité de cette école, et il se distingua surtout dans l'étude de la théologie. C'est sans doute pour cette raison qu'il est souvent appelé *Bruno de Reims*. De retour dans sa patrie, et déterminé à embrasser l'état ecclésiastique, il fut admis dans le clergé de Cologne et nommé chanoine de Saint-Cunibert. On ne connaît point les détails des courses apostoliques auxquelles il se livra après avoir été ordonné prêtre, et à la suite desquelles il s'établit à Reims, où l'archevêque Gervais lui conféra le titre d'*écolâtre*, qui lui donnait la direction des études des clercs. Il eut dans ses fonctions de nombreux disciples, dont le plus célèbre fut Urbain II (Eudes ou Odon). Devenu chancelier de l'église de Reims, il n'en accusa pas moins de simonie l'archevêque Manassès, auquel il devait cette dignité, et le fit suspendre par le concile d'Autun. Furieux d'avoir succombé aux attaques de Bruno, Manassès fit briser les portes de sa maison, vendit sa prébende, et le dépouilla de ses biens. Malgré l'indulgence de Grégoire VII et d'un concile de Rome (1078), qui leva la suspense du concile d'Autun, Manassès fut déposé deux ans après au concile de Lyon (1080), et quitta son diocèse. Le siége de Reims était vacant depuis deux ans, et Bruno réunissait l'unanimité des suffrages, lorsqu'il prit la résolution de tout quitter pour Jésus-Christ. Il a transmis lui-même dans une lettre les motifs de son éloignement du monde. Il rapporte « qu'étant dans un jardin voisin de la maison d'Adam, chez qui il demeurait alors, et conversant, avec deux de ses amis, des vanités du monde, ils s'embrasèrent tellement de l'amour de Dieu et du désir des biens éternels qu'ils firent vœu d'abandonner le siècle et de revêtir l'habit monastique. »

Ce fragment réfute une fable qui fut accréditée parmi ses disciples, et qui explique plusieurs des tableaux de la belle galerie de Lesueur. D'après l'ancienne tradition de l'ordre, ce qui l'aurait déterminé à embrasser la vie solitaire serait un événement singulier arrivé en sa présence à l'enterrement d'un célèbre docteur de Paris, de son ami particulier, mort en 1082 après une vie qui passait pour sainte et exemplaire. Ce docteur aurait été porté à l'église : là, comme on chantait sur son corps l'office des morts, à cet endroit des leçons de Job, *Responde mihi*, il aurait levé la tête, affirmant d'une voix terrible qu'il était accusé par un juste jugement de Dieu : ce qui aurait fait remettre au lendemain sa sépulture. Mais, l'office des morts ayant été recommencé, il aurait élevé de nouveau la voix au même passage, assurant qu'il était jugé par un juste jugement de Dieu ; et enfin, au troisième jour, qui aurait été encore pris pour délai, il aurait ajouté, en présence d'une infinité de personnes qu'un événement si extraordinaire avait attirées à l'église, qu'il était condamné par un juste jugement de Dieu.

Les deux amis de Bruno ne persistèrent point dans leur résolution ; mais lui n'en resta pas moins fidèle à son vœu. Comme il cherchait un maître éclairé dans la science du salut, il le trouva dans saint Robert, que les solitaires de Molesme avaient choisi pour abbé, et qui fonda ensuite l'ordre de Cîteaux. Bruno eut recours à ses conseils, et pour se former à la vie monastique il eut de fréquentes relations avec les religieux de Molesme. Puis, il s'associa à deux clercs, Pierre et Lambert, qui, lorsque Bruno prit la résolution de quitter l'abbaye, allèrent élever à Sèchefontaine, au diocèse de Langres, une église et des maisons où ils pratiquèrent la vie érémitique.

Cependant Bruno, en abandonnant les confins de la Champagne et de la Bourgogne, était venu en Dauphiné. Hugues, évêque de Grenoble, avait été son élève dans l'école de Reims. Bruno se présenta à lui avec six compagnons, dans lesquels le pieux évêque crut reconnaître sept étoiles dont il avait eu la vision, et les conduisit dans une vallée, située à seize kilomètres de Grenoble, et appelée *Chartrouse* ou *Chartreuse*, d'où l'ordre a pris son nom. C'est là qu'au sein d'une nature imposante, non loin d'un torrent, au milieu d'une forêt de sapins qui frappe encore le voyageur d'admiration et de respect, s'éleva, inconnu et obscur, en 1084, vers la fête de saint Jean-Baptiste, le berceau d'un ordre monastique destiné à être un des plus riches et de plus puissants du globe (*voyez* CHARTREUX). Il ne paraît pas, du reste, que Bruno ait donné de règle particulière à ses disciples. Cependant l'austérité de leurs mœurs est attestée par Guibert, abbé de Nogent en 1104, c'est-à-dire vingt années après leur établissement. Déjà Bruno et ses compagnons avaient obtenu des actes authentiques des diverses cessions que leur avaient faites leurs bienfaiteurs, dont le nombre prouve la vénération qu'on avait pour lui et son nouvel institut.

Urbain II, élevé sur le saint-siége le 12 mars 1088, voulut, au milieu des difficultés que lui suscitait le pouvoir rival de l'antipape Guibert, avoir auprès de lui son ancien maître, et appela du fond de sa solitude Bruno pour s'éclairer de ses conseils. Celui-ci se rendit, quoique avec répugnance, aux ordres du pontife, suivi de quelques-uns de ses disciples. Les autres, un instant dispersés, revinrent dans leur désert sous la conduite de Landevin, que Bruno leur avait désigné pour prieur. La considération dont jouissait Bruno auprès d'Urbain fit concevoir (1090) au prince normand de la Pouille et de la Calabre le désir de lui confier l'archevêché de Reggio ; mais il refusa cette offre, et en fit à sa place un de ses anciens élèves de Reims, Rangier, religieux bénédictin du monastère de la Cave. Bruno cependant, au milieu des honneurs qu'on lui rendait à Rome, n'aspirait qu'à la retraite, et, avec la permission du pontife, il accepta en Calabre le territoire *della Torre* (de la Tour), dans le diocèse de Squillace, que lui donna le comte Roger, et où il bâtit un monastère. Il lui fut donc facile d'assister en 1091 au concile qu'Urbain II convoqua à Bénévent, et celui de Troia dans la Pouille. Il n'est pas aussi certain qu'il ait pris part à celui de Plaisance, au mois de mars 1095. Le comte Roger, qui avait voulu que Bruno baptisât son fils (depuis Roger II, roi de Sicile), ne se borna pas à la donation *della Torre*; il fit bâtir un monastère, à un kilomètre du premier. Il donna aussi à l'ordre naissant le monastère de Sainte-Marie d'Arsaphias, auquel il ajouta plus tard celui de Saint-Jacques de Montauro. Voici à quelle occasion, si l'on en croit quelques hagiographes et la célèbre galerie de Lesueur :

Le comte Roger assiégeait Capoue. Un de ses officiers, nommé Sergius, avait promis pour une somme d'argent de le livrer avec toute son armée. Bruno apparut au comte pendant la nuit, et l'avertit assez à temps pour qu'il prévint les perfides projets dont il allait être victime. Le saint religieux refusa toutefois la plus grande partie des biens que le prince reconnaissant lui offrit, se contentant de lui voir accorder la vie à cent douze familles de ceux qui étaient entrés dans la conspiration. Pendant qu'il gouvernait saintement sa chartreuse *della Torre*, il reçut la visite de Landevin, envoyé par ses frères du Dauphiné, à la sollicitude desquels il répondit par une lettre pleine d'onction et d'attachement paternel, que l'on trouve imprimée dans ses œuvres. Il mourut le 6 octobre 1101, à la Tour, où il fut enterré. Il ne pouvait guère être âgé de plus de soixante-huit ans. Le culte de saint Bruno, autorisé dans les églises des chartreux par Léon X, en 1514, fut étendu à toutes les autres par Grégoire XV, en 1623.

Il y a plusieurs éditions des œuvres de saint Bruno. A l'exception des commentaires sur les Psaumes et sur saint Paul, de deux lettres, dont l'une à ses frères de la Chartreuse, et d'une élégie de quatorze vers *sur l'imprudent oubli de la mort*, citée par les Bollandistes, dont la poésie n'est pas très-remarquable, le reste est attribué à saint Bruno d'Aste, et à Bruno, évêque de Wurtzbourg, duc de Carinthie. Les commentaires sur les Psaumes et sur saint Paul, écrits dans un latin passable, annoncent un esprit exercé aux études les plus profondes de la philosophie de l'époque. Son goût pour la solitude respire dans la plupart de ses ouvrages. Les tableaux représentant la vie de saint Bruno dont Lesueur avait orné le cloître des chartreux de Paris, après être restés longtemps au musée du Luxembourg, ont été transportés au Louvre.

H. BOUCHITTÉ, recteur de l'académie d'Eure-et-Loir.

BRUNO (GIORDANO), penseur célèbre, qui fut le précurseur des différents systèmes panthéistes modernes, naquit à Nole au milieu du seizième siècle. Il entra de bonne heure dans l'ordre des Dominicains ; mais, ayant émis des doutes sur la transsubstantiation et l'immaculée Conception, il devint suspect, et dut fuir. En 1580 il était à Genève, d'où il se chassèrent les calvinistes orthodoxes ; il vint à Paris, où il ouvrit un cours sur le *grand art* de Raimond Lulle ; mais ses querelles avec les partisans fanatiques d'Aristote l'obligèrent à quitter aussi cette ville et à se retirer à Londres, où il vécut quelques années sous la protection de l'ambassadeur de France Michel de Châteauneuf de la Mauvissière, et où il composa ses ouvrages les plus importants. En 1585 il se rendit, par Paris et Marbourg, à Wittemberg, où il professa publiquement de 1586 à 1588, et où il prononça pour discours d'adieu un éloge enthousiaste de Luther. Les années suivantes il habita Prague, Brunswick, Helmstedt, Francfort. On ignore les raisons qui le portèrent à retourner en Italie en 1592. Il passa quelques années à Padoue sans être inquiété ; mais en 1598 l'inquisition l'arrêta à Venise, et le fit transférer à Rome, où, après une captivité de deux ans, ayant refusé de se rétracter, il fut brûlé vif, le 17 février 1600, comme hérétique et violateur de ses vœux.

Ses écrits, dont les plus importants sont en italien, annoncent un esprit plein de force et d'énergie, facile à s'irriter, capable d'enthousiasme, mais ne brillant pas par la clarté. Sa *Cena delle ceneri* est une apologie de l'astronomie de Copernic, le *Spaccio della bestia trionfante* (Paris, 1584), une allégorie dans le goût du mime, pleine de remarques satiriques sur son siècle. Dans la *Cabala del cavalo Pegaseo coll' agiunta del asinio Cillenico* (Paris, 1585), il vante ironiquement le bonheur de l'ignorance. Les poésies qu'il a publiées sous le titre *Degli eroici Furori* (Paris, 1585), célèbrent l'amour divin. Il avait fait imprimer auparavant une comédie satirique, *Il Candelajo* (1582). Les principaux de ses écrits, sans parler de ses nombreux traités latins sur la Mnémonique et la Topique de Lul'e, sont ses ouvrages de métaphysique, entre autres *Della causa, principio ed uno* (Venise, 1584); *Del infinito universo e mondi* (Venise, 1584), et son poëme *De innumerabilibus, immenso et infigurabili, seu de universo et mundis*, publié à Francfort, 1591 avec le traité *De monade, numero et figura*. F.-G. Jacobi attira de nouveau l'attention sur les idées de Bruno dans ses *Lettres sur la doctrine de Spinoza*. Les éditions originales de ses œuvres sont très-rares ; Wagner a publié ses œuvres italiennes (2 volumes, Leipzig, 1830), célèbrent l'amour divin. Il avait fait imprimer une notice sur la vie, et Gfœrer une partie de ses ouvrages latins dans son *Corpus Philosophorum* (Stuttgard, 1834 et suiv.). Consultez Bartholmès, *Jordano Bruno de Nola* (2 vol., Paris, 1846); Clémens, *Giordano Bruno et Nicolas de Cusa* (Bonn, 1847).

[Le résumé suivant fera suffisamment connaître la philosophie de Bruno.

Théologie ou philosophie première. 1° Il est un principe premier de l'existence, c'est-à-dire Dieu. Ce principe peut tout être et est tout. La puissance et l'activité, la réalité et la possibilité sont en lui une unité indivisible et inséparable. Il est le fondement intérieur et non pas seulement la cause extérieure de la création. C'est lui qui vit dans tout ce qui vit. 2° La *natura naturans* ou cause générale et active des choses s'appelle encore la raison générale divine, qui est tout et produit tout. Elle se manifeste comme la forme générale de l'univers, déterminant toutes choses. Elle est l'artiste intérieur et présent partout, qui opère tout en tous, forme la matière de son propre fonds, la figure, et incessamment la ramène en soi-même. 3° Le but de la *natura naturans* est la perfection du tout, qui consiste en ce que toutes les formes possibles viennent à l'être. Le principe *un*, en créant la multitude des êtres n'en reste pas moins un en soi. Cet *un* est infini, immense et par conséquent immobile et immuable. 4° Il n'est, d'aucune manière, ni plus formel, ni plus matériel, ni plus esprit, ni plus corps : c'est l'harmonie parfaite de l'un et du tout. Il n'a point de parties, il est indivisible. 5° L'*un* principe est une monade, *minimum* et *maximum* de tout être. L'identité elle-même toute pure produit toutes les oppositions ; elle est simplement le fondement de toute composition ; indivisible et sans forme, elle est le fondement de tout ce qui est sensible ou figuré. 6° L'esprit intelligent qui est au-dessus de toutes choses est *Dieu* ; l'esprit intelligent qui est, demeure et travaille en toutes choses, est la *nature* ; l'esprit intelligent de l'homme, qui pénètre tout, est la *raison*. 7° Dieu dicte et ordonne, la nature exécute et fait, la raison contemple et discourt. 8° La perfection d'un État comme celle d'un homme consiste dans la subordination des volontés particulières à la sage volonté du maître suprême, qui n'a pour but que le bien du tout. Il est donc convenable de ne pas chercher avec une ardeur sans mesure tout bien inférieur, mais à ambitionner le véritable salut éternel en Dieu.

Cosmologie. 1° La *natura naturata*, comme l'univers éternel et incréé, est aussi en germe tout ce qu'elle peut être et devenir. Mais, dans son développement successif à l'extérieur, elle n'est jamais que ce qu'elle peut être à la fois en existence formelle, et elle manifeste alors une opération dont les produits sont incessamment divers. 2° La matière, le premier être, tous les êtres sensibles et intelligents, toutes les existences actuelles ou possibles, sont l'être lui-même. 3° La matière en soi ne saurait avoir aucune forme déterminée et aucune dimension, puisquelle les a toutes, puisque, bien plus, elle les fait naître toutes de son propre sein. Elle n'est donc pas ce *prope nihilum*, μὴ ὂν de quelques philosophes ; elle n'est pas non plus un sujet simplement passif, mais bien une puissance active. 4° Il y a dans l'univers un extérieur et un intérieur, matière et forme, corps et esprit, renfermés dans une unité absolue et identique. 5° La foule des espèces, etc., se trouve dans le monde, non comme dans un simple réservoir où les innombrables individus sont entre eux et avec l'ensemble liés comme les membres d'un organisme. 6° Chaque chose est seulement la substance générale, présentée d'une manière particulière et isolée, et étant à chaque instant tout ce qu'elle peut être à cet instant. Ce qui change cherche seulement une autre forme d'être, mais n'aspire point à une existence nouvelle en soi. 7° Dans le tout sont toutes les oppositions, qui dans les choses se présentent divisées, mais qui, dans leur être réel, rentrent de nouveau dans l'unité. 8° L'univers est comme un système numérique ; la *monade* est le fondement, l'unité qui est tout ; le nombre *deux* est le principe de l'opposition ; le nombre *trois* lie les opposés en un tout ; le nombre *quatre* est le symbole de la perfection extérieure, etc. Bruno, on le voit, essayait de renouveler la doctrine des nombres, cultivée dans l'antique Égypte, commune à Pythagore et à Platon, que prétendirent connaître les néo-platoniciens d'Alexandrie et dont on trouve des traces dans les premières écoles chrétiennes. Elle a été renouvelée à la fin du dernier siècle et au commencement de c. lui-ci par quelques écoles mystiques allemandes et françaises.

Psychologie, morale et doctrine de la science. 1° Tout, dans la nature, jusqu'aux dernières parties de la matière, est animé ; seulement, les êtres animés ne sont pas tous dans une jouissance effective de la vie. 2° L'action morale est celle seulement qui se fait avec ou par l'intelligence, qui suppose un dessein, c'est-à-dire un but, auquel un rapport vers quelque chose sert de fondement. 3° Le but le plus élevé de l'action libre, de laquelle seule est capable l'être intelligent, ne saurait être autre que le but de l'intelligence divine elle-même. 4° Le but de toute philosophie est de connaître l'unité de toute opposition, et, en conséquence, l'infini dans le fini, la forme dans la matière, le spirituel dans le corporel : elle démontre donc comment la manifestation des formes sort de l'identité. 5° En général, pour pénétrer dans les profondeurs de la science, on ne doit jamais se lasser de considérer chaque chose dans les deux termes contraires, jusqu'à ce que l'on ait trouvé l'accord des deux.

Giordano Bruno s'occupa aussi d'astronomie, et y porta la même originalité et la même profondeur que dans ses autres études. Huet, évêque d'Avranches, croit, non sans quelque raison, que Descartes lui a emprunté son système du monde. Il se livra, en outre, à l'étude de l'alchimie, comme le prouvent plusieurs de ses ouvrages. BOUCHITTÉ].

BRUNOY (N. marquis DE) était fils et neveu des plus riches banquiers de leur époque. Son père, Paris-Monmartel, avait été nommé en 1722 garde triennal du trésor du roi Louis XV, et était ensuite devenu banquier de la cour ; la publication du registre de ce monarque, dont l'authenticité ne peut être contestée, a révélé les importantes opérations faites par ce banquier avec ce prince, qui, *afin de récompenser ses services*, érigea en marquisat pour son complaisant agent la seigneurie de *Brunoy* (village peuplé aujourd'hui de mille habitants, à quatre kilomètres de Corbeil). Bientôt le vieux manoir où le roi Dagobert venait *s'esbattre* avec sa cour, où Philippe de Valois avait passé le printemps de 1346, et dont les moines de Saint-Denis, donataires de ce séjour royal et de ses dépendances, tiraient de gros fermages, parut trop étroit à ce fils d'un *argentier* du dix-huitième siècle, qui y ajouta de nouvelles et splendides constructions. L'hôtel de Paris-Monmartel était à Paris, vers le milieu du dix-huitième siècle, le rendez-vous habituel des gens de lettres et des artistes les plus distingués. L'heureux propriétaire ne se donnait pourtant pas les airs d'un Mécène ; c'était un homme de bon sens et de bon goût, affable sans affectation, obligeant pour le plaisir d'obliger, encourageant les talents sans les humilier ; mais son fils n'hérita pas plus de ses goûts que de ses excellentes qualités.

Une fois possesseur d'une grande fortune, qu'il croyait inépuisable, il se livra aux fantaisies les plus excentriques ; puis, voulant se signaler par de pieuses prodigalités, il préluda par le décor de Brunoy des plus splendides ornements. Ce ne fut partout qu'or, argent et diamants sur les autels. Les mémoires du temps ont décrit le faste prodigieux de ses processions. Celle de juin 1772 fut plus magnifique encore que les précédentes, et coûta, dit-on, 500,000 livres. « L'entretien du jour, disent les *Mémoires de Bachaumont*, à la date du 21 juin 1772, roule sur la procession de Brunoy, dont on fait les détails les plus singuliers, ainsi que du personnage qui l'a dirigée. On assure que tout s'y est passé dans le meilleur ordre et de la manière la plus édifiante pour le public. C'est M. de Brunoy qui dirigeait la marche et le cérémonial. Comme personne ne se connaît mieux que lui en liturgie, il n'y a pas eu une révérence d'omise. Il y avait plus de cent cinquante prêtres, qu'il avait *loués* à plus de dix lieues à la ronde. Il avait, en outre, donné des chapes à quantité de particuliers ; en sorte qu'il en résultait un cortége de quatre cents personnes. On comptait vingt-cinq mille pots de fleurs, six reposoirs, dont l'un tout en fleurs et de l'élégance la plus exquise. Après la procession, ce magnifique seigneur a donné un repas de huit cents couverts, composé de prêtres, de *chapiers* et de paysans, ses amis ; car c'est dans cet ordre qu'il les cherche. On comptait plus de cinq cents carrosses venus de Paris, et le spectacle du monde, épars dans les campagnes, y faisant des repas champêtres, n'était pas un des moindres coups d'œil de la fête. Elle doit recommencer jeudi prochain, et le récit de ce qui s'est passé augmentera vraisemblablement la multitude de curieux. » Ces solennités fastueuses se renouvelèrent pendant quelques années. Les fêtes de Longchamps les firent oublier ; ce fut un scandale de plus.

Il était réservé au marquis de Brunoy d'étonner tout Paris par une autre fantaisie plus excentrique. Il annonça, en 1775, la résolution de se rendre en Palestine, d'y visiter le tombeau de Jésus-Christ et des apôtres. Il devait faire ce long voyage à pied dans le modeste costume d'un pèlerin vulgaire, en sandales, le bourdon au poing, l'escarcelle à la ceinture, etc. ; mais il n'avait pas l'intention de partir seul : trente hommes devaient l'accompagner, et il assurait à chacun d'eux une prime de 600 francs payée avant le départ, et une pension viagère à ceux qui reviendraient avec lui en France. Tous les frais de route d'ailleurs à sa charge. Ce pèlerinage n'eut pas lieu. A ces conditions cependant, il ne devait avoir que l'embarras du choix. L'obstacle n'était pas là ; Brunoy avait plus de vanité que de dévotion ; il ne vit plus que l'ennui et la fatigue d'un si long voyage, sans faste, sans éclat, sans rien qui le distinguât des mercenaires qui l'escorteraient, et il y renonça.

L'heureux successeur de Pâris-Monmartel dans l'exploitation des finances de la France, le banquier favori du régent et de Louis XV, Beaujon, eut aussi des fantaisies de grand seigneur. Mais ses *folies* furent d'un autre genre que celles du marquis de Brunoy. N'oublions pas qu'il fonda à Paris un grand établissement de bienfaisance, auquel les pauvres ont donné son nom. Que reste-t-il du marquis de Brunoy? Le souvenir d'une stérile et scandaleuse prodigalité et celui de son interdiction, sollicitée et obtenue par ses parents.   Dufey (de l'Yonne).

FIN DU TROISIÈME VOLUME.

www.ingramcontent.com/pod-product-compliance
Lightning Source LLC
Chambersburg PA
CBHW061729300426
44115CB00009B/1145